Bartenbach/Volz Arbeitnehmererfindergesetz
4. Auflage

Arbeitnehmererfindergesetz

Kommentar zum Gesetz über
Arbeitnehmererfindungen

Von

Dr. iur. Kurt Bartenbach Dr. iur. Franz-Eugen Volz
Rechtsanwalt, Köln Betzdorf / Sieg

4., völlig neu bearbeitete und erweiterte Auflage

Bearbeitungsstand: 30. Juni 2002

Carl Heymanns Verlag KG · Köln · Berlin · Bonn · München

Die Deutsche Bibliothek - CIP-Einheitsaufnahme

Bartenbach, Kurt/Volz, Franz-Eugen:
Arbeitnehmererfindergesetz: Kommentar zum Gesetz über Arbeitnehmererfindungen / von Kurt Bartenbach ; Franz-Eugen Volz. 4., völlig neu bearb. u. erw. Aufl. – Bearb.-Stand: 30. Juni 2002
Köln ; Berlin ; Bonn ; München : Heymanns 2002

ISBN 3-452-24969-7

Das Werk ist urheberrechtlich geschützt. Die dadurch begründeten Rechte, insbesondere die der Übersetzung, des Nachdrucks, der Entnahme von Abbildungen, der Funksendung, der Wiedergabe auf photomechanischem oder ähnlichem Wege und der Speicherung in Datenverarbeitungsanlagen, bleiben vorbehalten.

© Carl Heymanns Verlag KG · Köln · Berlin · Bonn · München 2002
50926 Köln
E-Mail: service@heymanns.com
http://www.heymanns.com

ISBN 3-452-24969-7

Satz: John und John, Köln

Druck: Grafik + Druck, München

Gedruckt auf säurefreiem und alterungsbeständigem Papier

Für Ulla Bartenbach

Vorwort zur 4. Auflage

In der öffentlichen Diskussion ist seit geraumer Zeit eine grundlegende Modernisierung und Umgestaltung des Gesetzes über Arbeitnehmererfindungen. Einen Anfang hat der Gesetzgeber zu den Hochschulerfindungen gemacht. Mit der am 7. Februar 2002 in Kraft getretenen Neufassung des § 42 ArbEG ist das – bis ins 19. Jahrhundert zurückreichende – Hochschullehrerprivileg weggefallen; die Erfindungen an Hochschulen sind nicht mehr generell freie Erfindungen, sondern unterliegen als Diensterfindungen nunmehr im Grundsatz dem Inanspruchnahmerecht des Dienstherrn. Diese vorrangig im Interesse des Technologietransfers zwischen Hochschule und Wirtschaft begründete Novellierung kann nur der Auftakt für eine weitergehende Reform sein. Dabei gilt es, das ArbEG insgesamt an geänderte Rahmenbedingungen anzupassen, zugleich an Bewährtem festzuhalten, sich von Überflüssigem zu trennen, Transparenz und Rechtsklarheit zu schaffen und durch interessengerechte, praxisnahe und nachvollziehbare Vergütungsregelungen zu Innovationen und – in jeder Beziehung – zur Erfinderfreude beizutragen.

Die 4. Auflage berücksichtigt neben der angesprochenen Novellierung des § 42 die am 1. Januar 2002 in Kraft getretene Schuldrechtsreform. Diese wirkt sich insbesondere im Bereich der Verjährung, der Verwirkung, bei Verzug und der Verletzung erfinderrechtlicher Pflichten aus.

Die Neuauflage berücksichtigt die Entwicklungen in Rechtsprechung, Rechtslehre und Schiedsstellenpraxis in den letzten fünf Jahren seit der 3. Auflage. Um den Umfang des Buches in Grenzen zu halten, wurde auf die erneute Aufnahme zwischenzeitlich überholter Themen verzichtet. Hilfreich war zugleich die 1999 erschienene Neuauflage unseres Kommentars zu den Amtlichen Vergütungsrichtlinien (KommRL).

Auch bei dieser Auflage gilt unser besonderer Dank den beiden früheren Vorsitzenden der Schiedsstelle, Herrn Vors. Richter am BPatG Dipl.-Ing. Ortwin Hellebrand und Herrn Ltd. Regierungsdirektor a.D. Gernot Kaube. Zu Dank verpflichtet sind wir Herrn Dr. Roland von Falkenstein, dem heutigen Vorsitzenden der Schiedsstelle, der die Neuauflage mit zahlreichen Hinweisen und Ideen wohltuend begleitet hat. Danken möchten wir zugleich für die vielen Anregungen und teilweise auch kritischen Anmerkungen, die wir aus der betrieblichen Praxis von Erfindern und Arbeitgebern sowie aus den von Kurt Bartenbach geführten Patentrechtlichen Arbeitskreisen erhalten haben und die in die Kommentierung eingeflossen sind.

Kurt Bartenbach   *Franz-Eugen Volz*

Köln, im Juli 2002

Vorwort zur 1. Auflage

Seiner Zielsetzung nach wendet sich dieser Kommentar nicht nur an Juristen, sondern auch und gerade an die betriebliche Praxis. Das im Jahre 1957 einstimmig verabschiedete Gesetz über Arbeitnehmererfindungen (ArbEG) hat sich in der Praxis – nicht zuletzt dank des ausgewogenen Tätigwerdens der Schiedsstelle – bewährt. Die hier vorgelegte Kommentierung konnte auf dem von Rechtsprechung, Lehre und betrieblicher Praxis geschaffenen hohen Erfahrungs- und Entwicklungsstand aufbauen. Sie ist um eine praxisbezogene Erläuterung der vielfältigen Rechtsprobleme bemüht.

Gerade wegen der engen Verknüpfung des Rechts der Arbeitnehmererfindung mit dem Arbeitsrecht einerseits und dem Patent- und Gebrauchsmusterrecht andererseits war es ein besonderes Anliegen, trotz der Eigenständigkeit des ArbEG seine Einbindung in die allgemeine Rechtssystematik und Rechtsordnung angemessen zu berücksichtigen. Aus diesem Grunde wurden insbesondere zahlreiche arbeitsrechtliche Aspekte ausführlicher behandelt, etwa bei der Kennzeichnung der Arbeitnehmer- bzw. Arbeitgebereigenschaft, der das ArbEG ergänzenden wechselseitigen arbeitsrechtlichen Pflichten der Arbeitsvertragsparteien sowie des Mitwirkungsrechts des Betriebsrates bzw. Personalrates.

Die Rechtsprechung ist aufgrund des 23-jährigen Bestehens des ArbEG nicht allzu umfangreich. Deshalb bedurfte es bei einer Vielzahl der sich gerade für die Praxis ergebenden Rechtsprobleme neben der eigenen Wertung der Bezugnahme auf das einschlägige Schrifttum und die Entscheidungspraxis der Schiedsstelle. Besondere Aufmerksamkeit ist namentlich der sich aus den Meinungsverschiedenheiten über die Schutzfähigkeit einer Diensterfindung ergebenden Problematik gewidmet. Die Bestimmungen über die Vergütung, die – in Abweichung von der gemeinsamen Bearbeitung – von Herrn Bartenbach allein kommentiert wurden, bilden einen ihrer zentralen Bedeutung entsprechenden Schwerpunkt; die Erläuterung der Vergütungsrichtlinien ist einer gesonderten Veröffentlichung vorbehalten. Herrn Volz oblag im Übrigen die alleinige Kommentierung der den öffentlichen Dienst betreffenden Vorschriften (§§ 40-42).

Sind die Vergütungsrichtlinien im Rahmen des § 11 abgedruckt, beschränkt sich der Anhang auf die Wiedergabe der zum ArbEG ergangenen Verordnungen einschließlich der für den öffentlichen Dienst bedeutsamen Allgemeinen Anordnungen sowie der steuerrechtlichen Bestimmungen für Erfindungen und technische Verbesserungsvorschläge.

Ein chronologisches Register der BGH-Entscheidungen ist beigefügt. Im Hinblick auf eine praktikable Handhabung des Kommentars wurde auf ein ausführliches Sachregister Wert gelegt. Auf die nachfolgenden Benutzungshinweise wird aufmerksam gemacht.

Vorwort zur 1. Auflage

Ein besonderer Dank gilt Herrn Prof. Dr. Dieter Gaul für seine im nun schon langjährigen Zusammenwirken mit Herrn Bartenbach vermittelten zahlreichen Anregungen und Ratschläge und die aus vielfachen Diskussionen gewonnenen Erkenntnisse. Verbunden mit dem Wunsch, dass auch die weitere Zusammenarbeit diesem Buch zukünftig zugute kommt, ist ihm diese Arbeit gewidmet.

Weiterer Dank gebührt Herrn Ltd. Regierungsdirektor Gernot Kaube, dem Leiter der Schiedsstelle für Arbeitnehmererfindungen beim Deutschen Patentamt, für vielfache Anregungen und weiterführende Hinweise. Aus der betrieblichen Praxis konnten Erfahrungen und Vorschläge nutzbar gemacht werden, für die wir uns an dieser Stelle bedanken. Anerkennung und Dank gebühren nicht zuletzt dem im privaten Bereich während des langen Bearbeitungszeitraums gezeigten Verständnis und der Geduld, ohne die diese Kommentierung nicht hätte erstellt werden können.

Für Anregungen jeder Art sind die Bearbeiter dankbar.

Kurt Bartenbach *Franz-Eugen Volz*

Köln, den 1. 5. 1980

Benutzungshinweise

1. **Paragraphen** des »Gesetzes über Arbeitnehmererfindungen« werden grundsätzlich ohne Zusatz »ArbEG« zitiert. Paragraphen der übrigen Gesetze sind mit den üblichen Abkürzungen des Gesetzes bezeichnet, z.B. § 119 BGB, § 1 PatG.

2. **Entscheidungen** werden mit dem Entscheidungsdatum – und soweit üblich – mit Stichwort zitiert. Nach der Fundstelle wird die Zahl der Seite aufgeführt, auf der der Abdruck beginnt; die nachfolgende Zahl bedeutet die Seite, auf die besonders hingewiesen werden soll, ggf. mit Angabe der Spalte (z.B. BGH v. 28.6.1962 GRUR 1963, 135, 137 l.Sp. – Cromegal). Für BGH-Entscheidungen zum ArbEG befindet sich vor dem Sachverzeichnis ein chronologisches Entscheidungsregister, das auf Parallelfundstellen verweist.
Der Zusatz »allg.« (allgemein) verdeutlicht, dass die betreffende Entscheidung zwar keine Stellungnahme zu Rechtsproblemen des ArbEG enthält, jedoch dafür nutzbare allgemeine Rechtsgedanken.

3. **Kommentare** zum ArbEG werden – im Gegensatz zu den Kommentaren sonstiger Gesetze – ohne einen Zusatz (»ArbEG«) zitiert. Überschriften der weiterführenden **Aufsätze**, die mit dem jeweils behandelten Thema in Zusammenhang stehen, werden nicht angegeben; sie befinden sich vor der Kommentierung der einzelnen Paragraphen.

4. **Komm RL** ist der Hinweis auf die 1999 im Carl Heymanns Verlag erschienene 2. Auflage der Kommentierung der Verfasser mit dem Titel »Arbeitnehmererfindervergütung«, **Kommentar zu den Amtlichen Richtlinien für die Vergütung von Arbeitnehmererfindungen im privaten Dienst (RL)**. Das Zitat »Komm RL Rz. 5 zu RL Nr. 11« bedeutet dementsprechend, dass auf die Kommentierung bei Randziffer 5 zur Vergütungsrichtlinie Nr. 11 in diesem gesonderten Vergütungskommentar verwiesen wird.

5. Im **Literaturverzeichnis** sind nur eigenständige Publikationen – getrennt nach Gewerblichem Rechtsschutz einerseits und sonstigen Rechtsgebieten andererseits – aufgeführt. Die eine spezielle Vorschrift betreffenden Aufsätze sind mit Titel vor der Kommentierung des jeweiligen Paragraphen aufgeführt. Aufsätze, die zum ArbEG allgemein bzw. zu einer Vielzahl von arbeitnehmererfinderrechtlichen Problemen Stellung nehmen, finden sich am Beginn der Einleitung vor § 1.

6. **Fußnoten** (Fn.) werden innerhalb der Kommentierung eines Paragraphen durchnummeriert, wobei zur Aufnahme künftiger Zitate Fußnotennummern – wie jeweils angegeben – freigehalten werden. Durch Rückverweisung auf eine frühere Fußnote kann die aufsteigende Zahlenfolge der Fußnoten im Text unterbrochen sein.

7. Das **Sachregister** enthält die wichtigsten Stichworte, ggf. untergliedert, um so die konkrete Fundstelle schnell ermitteln zu können. Die Stichworte verweisen zunächst auf den jeweiligen Paragraphen; die nachfolgende Ziffer bezeichnet die Randziffer der Kommentierung innerhalb der Vorschrift.

8. **Zitiervorschlag:** (z.B.) Bartenbach/Volz, KommArbEG, Rz. 1 zu § 12.

Inhalt

Vorworte	VII
Benutzungshinweise	XI
Abkürzungen	XV
Literatur	XXVII

Gesetz über Arbeitnehmererfindungen

Übersicht über die Paragraphenfolge	1
Text	5
Kommentierung	25

Anhänge

1. Zweite Verordnung zur Durchführung des Gesetzes über Arbeitnehmererfindungen vom 1. 10. 1957	1299
2. Gesetz zur Änderung des Gesetzes über Arbeitnehmererfindungen vom 18. 1. 2002	1305
BGH-Entscheidungsregister	1307
Sachregister	1323

Abkürzungen

a.A.	anderer Ansicht
a.a.O.	am angegebenen Ort
abl.	ablehnend
ABl.EG	Amtsblatt der Europäischen Gemeinschaften (Nr., Seite und Datum)
ABl.EPA	Amtsblatt des Europäischen Patentamtes (Jahr und Seite)
Abs.	Absatz
abw.	abweichend
a.E.	am Ende
a.F.	alte Fassung
AG	Aktiengesellschaft, Amtsgericht
AiB	Arbeitsrecht im Betrieb (Jahr und Seite)
AktG	Aktiengesetz
allg.	allgemein
allg. A.	allgemeine Ansicht
Alt.	Alternative
a. M.	anderer Meinung
AMBl. (Bay. ArbMin.)	Amtsblatt des bayerischen Arbeitsministeriums
Amtl. Begr.	Amtliche Begründung
Anh.	Anhang
Anl.	Anlage
Anm.	Anmerkung
AnwKomm-BGB	Anwaltkommentar Schuldrecht
AP	Nachschlagewerk des Bundesarbeitsgerichts (Gesetzesstelle und Entscheidungs-Nr.); bis 1954 als Zeitschrift: Arbeitsrechtliche Praxis (Jahr und Nr.)
AR-Blattei	Arbeitsrechts-Blattei
ArbEG	Gesetz über Arbeitnehmererfindungen vom 25.7.1957
ArbG	Arbeitgeber, Arbeitsgericht
ArbGG	Arbeitsgerichtsgesetz
ArbN	Arbeitnehmer
ArbNErf.	Arbeitnehmererfindung
ArbPlSchG	Arbeitsplatzschutzgesetz
ArbR	Arbeitsrecht
ArbRHdb.	Arbeitsrechtshandbuch
ArbuR	Arbeit und Recht (Band und Seite)
ArbZG	Arbeitszeitgesetz

Abkürzungen

ARS	Arbeitsrechtssammlung (Band und Seite)
ARSt.	Arbeitsrecht in Stichworten (Band und Entscheidungsnummer)
Art.	Artikel
AT	Allgemeiner Teil
AUA	Arbeit und Arbeitsrecht (Jahr und Seite)
AÜG	Gesetz zur Regelung der gewerbsmäßigen Arbeitnehmerüberlassung
Aufl.	Auflage
ausf.	ausführlich
AWD	Außenwirtschaftsdienst des BB (Jahr und Seite)
Az.	Aktenzeichen
AZO	Arbeitszeitordnung
BAG	Bundesarbeitsgericht
BAGE	Entscheidungen des Bundesarbeitsgerichts (Band und Seite)
BAnz.	Bundesanzeiger (Jahr und Seite)
BArbBl.	Bundesarbeitsblatt (Jahr und Seite)
BauR	Baurecht (Jahr und Seite)
BayVBl.	Bayerische Verwaltungsblätter (Jahr und Seite)
BB	Der Betriebsberater (Jahr und Seite)
BBG	Bundesbeamtengesetz
Bd.	Band
bearb., Bearb.	bearbeitet, Bearbeiter
Begr.	(Amtliche) Begründung
Beil.	Beilage
BeschFG	Gesetz über arbeitsrechtl. Vorschriften zur Beschäftigungsförderung (Beschäftigungsförderungsgesetz)
Beschl.	Beschluss
Bespr.	Besprechung
bestr.	bestritten
betr.	betrifft, betreffend
Betr.	Betrieb
BetrAVG	Gesetz zur Verbesserung der betrieblichen Altersversorgung
BetrVG	Betriebsverfassungsgesetz
BFH	Bundesfinanzhof
BFHE	Sammlung der Entscheidungen und Gutachten des Bundesfinanzhofs (Band und Seite)
BGB	Bürgerliches Gesetzbuch
BGBl.	Bundesgesetzblatt (Jahr, Teil und Seite)

Abkürzungen

BGH	Bundesgerichtshof
BGHZ	Entscheidungen des Bundesgerichtshofs in Zivilsachen (Band und Seite)
BKartA	Bundeskartellamt
Blatt	Blatt für Patent-, Muster- und Zeichenwesen (Jahr und Seite)
BlfStSozArbR	Blatt für Steuer-, Sozialversicherungs- und Arbeitsrecht (Jahr und Seite)
BMA	Bundesminister für Arbeit und Sozialordnung
BPatG	Bundespatentgericht
BPatGE	Entscheidungen des Bundespatentgerichts (Band und Seite)
BPersVG	Bundespersonalvertretungsgesetz
BR	Deutscher Bundesrat
BR-Drucks.	Drucksache des Deutschen Bundesrates
BRAGO	Bundesgebührenordnung für Rechtsanwälte
BRRG	Beamtenrechtsrahmengesetz
BS	Beschwerdesenat
BSG	Bundessozialgericht
BStBl.	Bundessteuerblatt (Jahr, Teil und Seite)
BT	Deutscher Bundestag
BT-Drucks.	Drucksache des Deutschen Bundestages (Wahlperiode/lfd. Nr. und Seite)
BUrlG	Mindesturlaubsgesetz für Arbeitnehmer (Bundesurlaubsgesetz)
BVerfG	Bundesverfassungsgericht
BVerfGE	Entscheidungen des Bundesverfassungsgerichts (Band und Seite)
BVerwG	Bundesverwaltungsgericht
BVerwGE	Entscheidungen des Bundesverwaltungsgerichts (Band und Seite)
BVwVfG	Verwaltungsverfahrensgesetz (des Bundes)
BWB	Bundesamt für Wehrtechnik und Beschaffung
BWMBl.	Ministerialblatt des Bundesministers für Wirtschaft (Jahr und Seite)
Chemie-Ing.-Techn.	Chemie-Ingenieur-Technik (Jahr und Seite)
CR	Computer und Recht (Jahr und Seite)
DB	Der Betrieb (Jahr und Seite)
DB.	Durchführungsbestimmung
ders.	derselbe
dies.	dieselben

XVII

Abkürzungen

diff.	differenzierend
Diss.	Dissertation
DÖD	Der öffentliche Dienst (Jahr und Seite)
DÖV	Die öffentliche Verwaltung (Jahr und Seite)
DPAVO	Verordnung über das Deutsche Patentamt
DPMA	Deutsches Patent- und Markenamt
Drucks.	Drucksache
DVBl.	Deutsches Verwaltungsblatt (Jahr und Seite)
DVO	Durchführungsverordnung
DVO 1943	Durchführungsverordnung zur Verordnung über die Behandlung von Erfindungen von Gefolgschaftsmitgliedern vom 20.3.1943
EDB-PatG-DDR-1990	Erste Durchführungsbestimmung des Präsidenten des Patentamtes der DDR zum Patentgesetz – Diensterfindungen – vom 30.6.1990
eee-Recht	Elektronik-Technologie, Elektronik-Anwendung, Elektronik-Marketing (Jahr und Seite)
EG	Europäische Gemeinschaft
EG-Komm.	Kommission der Europäischen Gemeinschaft
EGBGB	Einführungsgesetz zum Bürgerlichen Gesetzbuch
EGInsO	Einführungsgesetz zur Insolvenzordnung
EGR	Entscheidungssammlung Arbeitnehmererfindungrecht, hrsg. von Gaul/Bartenbach (Gesetzesstelle und Entscheidungsnr.)
EGV	Vertrag z. Gründung d. Europ. Wirtschaftsgemeinschaft
EinigsV	Einigungsvertrag vom 31.8.1990 zwischen der Bundesrepublik Deutschland und der DDR
Einl.	Einleitung
Entscheidungen 4. ZK	Landgericht Düsseldorf, Entscheidungen der 4. Zivilkammer (Jahr und Seite)
Entw.	Entwurf
EPA	Europäisches Patentamt
EPÜ	Übereinkommen vom 5.10.1973 über die Erteilung europäischer Patente
EPÜAO	Ausführungsordnung zum EPÜ
Erf.	Erfindung
Erfk	Erfurter Kommentar zum Arbeitsrecht
ErstrG	Gesetz über die Erstreckung von gewerblichen Schutzrechten vom 23.4.1992
EuGH	Gerichtshof der Europäischen Gemeinschaften
EV	Einigungsvorschlag der Schiedsstelle

Abkürzungen

EWG	Europäische Wirtschaftsgemeinschaft
EWGV	Vertrag z. Gründung der Europäischen Wirtschaftsgemeinschaft
EzA	Entscheidungssammlung zum Arbeitsrecht (Gesetzesstelle und Entscheidungsnr.)
f., ff.	folgende, fortfolgende
Festschr.	Festschrift
Fn.	Fußnote
GBl.	Gesetzblatt der Deutschen Demokratischen Republik (Jahr, Teil und Seite)
GebrMG	Gebrauchsmustergesetz
GenG	Gesetz betreffend die Erwerbs- und Wirtschaftsgenossenschaften
GeschmMG	Gesetz über das Urheberrecht an Mustern und Modellen
GewO	Gewerbeordnung
GG	Grundgesetz für die Bundesrepublik Deutschland vom 23.5.1949
ggf.	gegebenenfalls
GK	Gemeinschaftskommentar Betriebsverfassungsgesetz, bearb. von Fabricius/Kraft/Wiese/Kreutz
GKG	Gerichtskostengesetz
GmbH	Gesellschaft mit beschränkter Haftung
GmbHG	Gesetz betreffend die Gesellschaften mit beschränkter Haftung
GPatG	Gesetz über das Gemeinschaftspatent und zur Änderung patentrechtlicher Vorschriften (Gemeinschaftspatentgesetz)
GPÜ	Übereinkommen vom 15.12.1975 über das europäische Patent für den Gemeinsamen Markt
GRUR	Zeitschrift für Gewerblichen Rechtsschutz und Urheberrecht (Jahr und Seite)
GRUR Ausl.	Gewerblicher Rechtsschutz und Urheberrecht, Auslands- und internationaler Teil (Jahr und Seite)
GRUR Int.	Gewerblicher Rechtsschutz und Urheberrecht, internationaler Teil (Jahr und Seite)
GVBl.	Gesetz- und Verordnungsblatt (Jahr und Seite)
GVG	Gerichtsverfassungsgesetz
GVO	Gruppenfreistellungsverordnung
GWB	Gesetz gegen Wettbewerbsbeschränkungen

XIX

Abkürzungen

Hdb.	Handbuch
HGB	Handelsgesetzbuch
h.L.	herrschende Lehre
h.M.	herrschende Meinung
HRG	Hochschulrahmengesetz
hrsg., Hrsg.	herausgegeben, Herausgeber
HzA	Handbuch zum Arbeitsrecht, hrsg. v. W. Leinemann
i.d.F.	in der Fassung
i.d.R.	in der Regel
i.d.S.	in dem (diesem) Sinne
i.e.S.	im engeren Sinne
i.H.a.	im Hinblick auf
I&M	Innovation & Management (Heft/Jahr und Seite)
InsO	Insolvenzordnung
Inst.	Institut
InstGE	Entscheidungen der Instanzgerichte z. Recht des geistigen Eigentums (Band und Seite)
int.	international
IntPatÜG	Gesetz über internationale Patentübereinkommen
IP	Industrial Property (Jahr und Seite)
IPR	Internationales Privatrecht
IPRG	Gesetz zur Neuregelung des Internationalen Privatrechts
i.V.m.	in Verbindung mit
i.w.S.	im weiteren Sinne
JA	Juristische Arbeitsblätter (Jahr und Seite)
JR	Juristische Rundschau (Jahr und Seite)
JurBüro	Das juristische Büro (Jahr und Seite)
JW	Juristische Wochenschrift (Jahr und Seite)
JZ	Juristen-Zeitung (Jahr und Seite)
KG	Kammergericht, Kommanditgesellschaft
KGaA	Kommanditgesellschaft auf Aktien
KMK-HSchR/NF	Veröffentlichungen der Kultusministerkonferenz – Informationen zum Hochschulrecht/Neue Folge
KO	Konkursordnung
Komm.	Kommentar, Kommission

KommRL	Bartenbach/Volz, Die Erfindervergütung, Komm. zu den Amtl. Richtlinien für die Vergütung von Arbeitnehmererfindungen, 2. Aufl. 1999
krit.	kritisch
KSchG	Kündigungsschutzgesetz
KTS	Zeitschrift für Konkurs-, Treuhand- und Schiedsgerichtswesen (Jahr und Seite)
l.	links, linke
LAG	Landesarbeitsgericht
LBG	Landesbeamtengesetz
Lehrb.	Lehrbuch
LG	Landgericht
Lit.	Literatur
LM	Nachschlagewerk des BGH in Zivilsachen, hrsg. von Lindenmaier-Möhring (Gesetzesstelle und Entscheidungs-Nr.)
LS.	Leitsatz
LSP	Leitsätze für die Preisermittlung
LStr.	Lohnsteuerrichtlinien
ltd.	leitend
m.	mit
MarkenG	Gesetz über den Schutz von Marken und sonstigen Kennzeichen
MDR	Monatsschrift für Dt. Recht (Jahr und Seite)
MiB	Mitteilungen des Bundesamtes für Wehrtechnik und Beschaffung
MinBl.	Ministerialblatt
MitBestG	Gesetz über die Mitbestimmung der Arbeitnehmer
Mitt.	Mitteilungen der Deutschen Patentanwälte (Jahr und Seite)
MünchArbR	Münchener Handbuch zum Arbeitsrecht
MünchKomm.	Münchener Kommentar zum Bürgerlichen Gesetzbuch
MuW	Markenschutz und Wettbewerb (Jahr und Seite)
m.w.N.	mit weiteren Nachweisen
NachwG	Gesetz über den Nachweis der für ein Arbeitsverhältnis geltenden wesentlichen Bedingungen – Nachweisgesetz
neuerer	»der neuerer« (Jahr, Heft und Seite)
n.F.	neue Fassung

XXI

Abkürzungen

NJ	Neue Justiz (Jahr und Seite)
NJW	Neue Juristische Wochenschrift (Jahr und Seite)
NVO-DDR	Neuerer-Verordnung (DDR) vom 22.12.1971
NW	Nordrhein-Westfalen
NZA	Neue Zeitschrift für Arbeits- und Sozialrecht
NZI	Neue Zeitschrift für das Recht der Insolvenz und Sanierung
OGH	Oberster Gerichtshof
OHG	offene Handelsgesellschaft
OLG	Oberlandesgericht
OLGZ	Entscheidungen der Oberlandesgerichte in Zivilsachen (Jahr und Seite)
OVG	Oberverwaltungsgericht
OWiG	Gesetz über Ordnungswidrigkeiten
PA	Patentamt
PatÄndG-DDR-1990	Gesetz zur Änderung des Patentgesetzes und des Gesetzes über Warenkennzeichen (der DDR) vom 29.6.1990 (GBl. I Nr. 40 S. 571)
PatG	Patentgesetz
PatG-DDR-1983	Gesetz über den Rechtsschutz für Erfindungen-Patentgesetz (der DDR) vom 27.10.1983 (GBl. I Nr. 29 S. 284)
PCT	Patent Cooperation Treaty-Vertrag über die internationale Zusammenarbeit auf dem Gebiet des Patentwesens (Patentzusammenarbeitsvertrag)
Personal	Personal, Mensch und Arbeit im Betrieb (Jahr und Seite)
PrPG	Produktpirateriegesetz
PVÜ	Pariser Verbandsübereinkunft zum Schutz des gewerblichen Eigentums
r.	rechts, rechte
RA	Rechtsanwalt
RabelsZ	Zeitschrift für ausländisches und internationales Privatrecht, begründet von Ernst Rabel (Jahr und Seite)
RAG	Reichsarbeitsgericht
RAnz.	Deutscher Reichsanzeiger (Jahr und Seite)
RdA	Recht der Arbeit (Jahr und Seite)
RDV	Recht der Datenverarbeitung (Jahr und Seite)
Referentenentw.	Referentenentwurf eines Gesetzes zur Änderung des Gesetzes über Arbeitnehmererfindungen, erstellt von

	den Bundesministerien für Arbeit und Sozialordnung und der Justiz (Stand 25. 10. 2001)
RegEntw.	Regierungsentwurf
RG	Reichsgericht
RGBl.	Reichsgesetzblatt (Jahr, Teil und Seite)
RGZ	Entscheidungen des Reichsgerichts in Zivilsachen (Band und Seite)
RiA	Recht im Amt (Jahr und Seite)
RiW	Recht der internationalen Wirtschaft (des BB); seit 1957: AWD; ab 1975: RiW/AWD (Jahr und Seite)
RL	Richtlinie
RLn	Richtlinien für die Vergütung von Arbeitnehmererfindungen im privaten Dienst vom 20.7.1959
RPA	Reichspatentamt
Rpfleger	Der deutsche Rechtspfleger (Jahr und Seite)
Rspr.	Rechtsprechung
Rz.	Randziffer
s.	siehe
S.	Satz, Seite
s.a.	siehe auch
SaarEinglG	Gesetz über die Eingliederung des Saarlandes auf dem Gebiet des gewerblichen Rechtsschutzes vom 30.6.1959
SAE	Sammlung arbeitsrechtlicher Entscheidungen
s. b.	siehe bei
Schiedsst.	Schiedsstelle für Arbeitnehmererfindungen beim Deutschen Patent- und Markenamt
Schriftenrh.	Schriftenreihe
Schulze	Rechtsprechung zum Urheberrecht, Entscheidungssammlung, hrsg. von E. Schulze (Gericht, lfd. Nr.)
SGB	Sozialgesetzbuch
SGG	Sozialgerichtsgesetz
Slg.	Sammlung
SoldatenG	Gesetz über die Rechtsstellung der Soldaten
SortenschutzG	Sortenschutzgesetz
SortG	Sortenschutzgesetz
Sp.	Spalte
StBp	Die steuerliche Betriebsprüfung (Jahr und Seite)
str.	streitig
st. (ständ.) Rspr.	ständige Rechtsprechung
StGB	Strafgesetzbuch

Abkürzungen

TB	Tätigkeitsbericht (Jahr und Seite)
TVG	Tarifvertragsgesetz
TzBfG	Teilzeit- und Befristungsgesetz
UFITA	Archiv für Urheber-, Film-, Funk- und Theaterrecht (Jahr und Seite)
UmwBerG	Gesetz zur Bereinigung des Umwandlungsrechts v. 28.10.1994
UmwG	Umwandlungsgesetz
Univ.	Universität
unstr.	unstreitig
unveröffentl.	unveröffentlicht
unzutr.	unzutreffend
UrhG	Gesetz über Urheberrecht und verwandte Schutzrechte (Urheberrechtsgesetz)
UrhSchiedsVO	Verordnung über die Schiedsstelle für Urheberrechtsstreitfälle
UWG	Gesetz gegen den unlauteren Wettbewerb
v.	vom, von, vor
VDI	Verein Deutscher Ingenieure
Verf.	Verfahren, Verfasser
VersR	Zeitschrift für Versicherungsrecht (Jahr und Seite)
VerwR	Verwaltungsrecht
VGH	Verwaltungsgerichtshof
vgl.	vergleiche
VglO	Vergleichsordnung
VMBl.	Ministerialblatt des Bundesministers für Verteidigung (Jahr und Seite)
VO	Verordnung
VPP	Verband der vertretungsberechtigten Patentingenieure und Patentassessoren e.V.; Vereinigung von Fachleuten auf dem Gebiet des gewerblichen Rechtsschutzes
VwGO	Verwaltungsgerichtsordnung
VwVfG	Verwaltungsverfahrensgesetz (des Bundes)
VwZG	Verwaltungszustellungsgesetz
WehrPflG	Wehrpflichtgesetz
WiB	Wirtschaftsrechtliche Beratung (Jahr und Seite)
WissHG	Gesetz über die wissenschaftlichen Hochschulen des Landes Nordrhein-Westfalen
WM	Wertpapiermitteilungen (Jahr und Seite)

WRP	Wettbewerb in Recht und Praxis (Jahr und Seite)
WZ	Warenzeichen
WZG	Warenzeichengesetz
z.	zu, zum, zur
z.B.	zum Beispiel
ZB.	Zwischenbescheid der Schiedsstelle
ZBR	Zeitschrift für Beamtenrecht (Jahr und Seite)
ZfA	Zeitschrift für Arbeitsrecht (Jahr und Seite)
ZHR	Zeitschrift für das gesamte Handels- und Wirtschaftsrecht (Jahr und Seite)
ZIP	Zeitschrift für Wirtschaftsrecht (Jahr und Seite)
ZPF	Zeitschrift Post- und Fernmeldewesen
ZPO	Zivilprozessordnung
ZRP	Zeitschrift für Rechtspolitik (Jahr und Seite)
ZS	Zivilsenat
z.T.	zum Teil
zust.	zustimmend
zutr.	zutreffend
zw.	zwischen

Literatur

A. Gewerblicher Rechtsschutz und Urheberrecht

Adrian/Nordemann/ Wandtke	Erstreckungsgesetz und Schutz des geistigen Eigentums, Berlin 1992
Althammer/Ströbele	Markengesetz, Komm. 6. Aufl. 2001
Bartenbach, Britta	Die Patenzlizenz als negative Lizenz, Köln 2002
Bartenbach	Zwischenbetriebliche Forschungs- und Entwicklungskooperation und das Recht der Arbeitnehmererfindung, Köln, Berlin, Bonn, München 1985
Bartenbach/ Buddeberg u.a.	Formularsammlung zum Gewerblichen Rechtsschutz, 2. Aufl. Weinheim 1998
Bartenbach/Gennen	Patentlizenz- und Know-how-Vertrag, 5. Aufl. Köln 2001
Bartenbach/Volz	Arbeitnehmererfindervergütung, Kommentar zu den Amtlichen Richtlinien für die Vergütung von Arbeitnehmererfindungen, 2. Aufl. Köln, Berlin, Bonn, München 1999
Bartenbach/Volz	Arbeitnehmererfindungsrecht einschl. Verbesserungsvorschlagswesen (Reihe APP), 2. Aufl. Neuwied 2001
Belz	Die Arbeitnehmererfindung im Wandel der patentrechtlichen Auffassungen, Diss. Nürnberg 1958
Benkard	Patentgesetz, Gebrauchsmustergesetz, Patentanwaltsgesetz, Komm., 9. Aufl. München 1993
Bernhardt/Kraßer	Lehrbuch des deutschen Patentrechts, 4. Aufl. München 1986
Borrmann	Erfindungsverwertung, 4. Aufl. 1973
Brändel	Technische Schutzrechte, Heidelberg 1995
Brandi-Dohrn/Gruber	Europ. u. internationales Patentrecht, 4. Aufl. 1998
Brinkmann/Heidack	Betriebliches Vorschlagswesen, 1982
Bruchhausen	Patent-, Sortenschutz und Gebrauchsmusterrecht 1985
Bühring	Gebrauchsmustergesetz, Komm., 5. Aufl. 1997
Busse	Patentgesetz und Gebrauchsmustergesetz, Komm., 5. Aufl. 1999
Collin	Innovations-Handbuch, Wien 1995
Dantz	Das Inanspruchnahmerecht an einer Diensterfindung, Diss. Saarbrücken 1969
Dick	Bewertung und Verwertung von Erfindungen, 2. Aufl. 1968
Dohr	Die Nichtigkeitsklage des Arbeitnehmers bei der Arbeitnehmererfindung, Diss. Köln 1961

Eichmann/v. Falckenstein	Geschmacksmustergesetz, Komm., 2. Aufl. 1997
Eidenmüller	Die Diensterfindung und ihre wirtschaftlichen Auswirkungen, Diss., München 1959
Emmert	Technische Verbesserungsvorschläge von Arbeitnehmern in arbeitsrechtlicher Sicht, Diss. Bielefeld 1982
Erfinder	in der Bundesrepublik. Eine empirische Untersuchung zum Entstehungs-, Entwicklungs- und Verarbeitungsprozeß von Erfindungen, bearb. v. Schneider, Inst. f. freie Berufe an der UNI Erlangen/Nürnberg, 1973
Festschrift	für Dieter Gaul, 1980 (Hrsg. v.d. Techn. Akad. Wuppertal zum 25jähr. Dozentenjubiläum)
Festschrift	für Dieter Gaul, 1992 (Hrsg. v. D. Boewer und B. Gaul)
Festschrift	25 Jahre Bundespatentgericht (Hrsg. vom Bundespatentgericht, 1986)
Festschrift	zum 20jährigen Bestehen des VPP. Entwicklungstendenzen im gewerblichen Rechtsschutz, 1975
Festschrift	für Rudolf Nirk 1992 (Hrsg. von Bruchhausen, Hefermehl, Hommelhoff und Messer)
Festschrift	für Karlheinz Quack, 1990
Festschrift	für Helmut Schippel, 1996 (Hrsg. v. d. Bundesnotarkammer)
Festschrift	zum hundertjährigen Bestehen der Deutschen Vereinigung für gewerblichen Rechtsschutz und Urheberrecht, 1991 (Hrsg. v. Beier, Kraft, Schricker und Wadle)
Fischer	Grundzüge des gewerblichen Rechtsschutzes, 2. Aufl. 1986
Formular-Kommentar,	Bd. 3. Handels- und Wirtschaftsrecht III. Gewerblicher Rechtsschutz (21. Aufl.) 1979
Fromm/Nordemann	Urheberrecht, Komm., 8. Aufl. 1994
Führungsinstrument Vorschlagswesen	Führungsinstrument Vorschlagswesen (hrsg. v. DIB), 3. Aufl. 1993
Furler/Bauer/Loschelder	Geschmacksmustergesetz, 4. Aufl. 1985
von Gamm	Gesetz gegen den unlauteren Wettbewerb, Komm., 3. Aufl. 1993
von Gamm	Geschmacksmustergesetz, 2. Aufl. 1989
von Gamm	Urheberrechtsgesetz, Komm., 1968
Gaul	Die Arbeitnehmererfindung, 2. Aufl. 1990
Gaul	Der erfolgreiche Schutz von Betriebs- und Geschäftsgeheimnissen, 1994
Gaul/Bartenbach	Handbuch des gewerblichen Rechtsschutzes, Köln (Stand 2000)
Gaul/Bartenbach	Arbeitnehmererfindung und Verbesserungsvorschlag, 2. Aufl. Düsseldorf 1972

Gaul/Bartenbach	Entscheidungssammlung Arbeitnehmererfindungsrecht (EGR), 2. Aufl. 1988 (Stand 1996)
Gaul/Bartenbach	Betriebliche Regelung des Erfindungswesens, 5. Aufl. 1991 (= Heidelberger Musterverträge Heft 26)
Gaul/Bartenbach	Betriebliche Regelungen des Verbesserungsvorschlagswesens mit Mustern und Erläuterungen, 1984 (= Heidelberger Musterverträge Heft 65)
Gerstenberg/Buddeberg	Geschmacksmustergesetz, Komm., 3. Aufl. Heidelberg 1996
Haas	Der Vergütungsanspruch einer unbeschränkt in Anspruch genommenen Diensterfindung vor Patenterteilung, Diss. Würzburg 1975
Haertel/Krieger/Kaube	Arbeitnehmererfinderrecht, 4. Aufl. 1995
Halbach	Gesetz über Arbeitnehmererfindungen, Komm., 1962
Hartung	Die Vergütung der Verbesserungsvorschläge, Diss. Köln 1979
Heine/Rebitzki	Arbeitnehmererfindungen, Komm., 3. Aufl. 1966
Heine/Rebitzki	Die Vergütung für Erfindungen von Arbeitnehmern im privaten Dienst, Komm., 1960
Hellebrand/Kaube	Lizenzsätze für technische Erfindungen, Köln, Berlin, Bonn, München, 2. Aufl. 2001
Hellebrand/Schmidt	Aktuelle Schiedsstellenpraxis/Rechtsprechungsdatenbank ArbEG – CD-ROM – Frankfurt 2001
Himmelmann	Vergütungsrechtl. Ungleichbehandlung von Arbeitnehmererfindern und Arbeitnehmer-Urhebern, Diss. Baden-Baden, 1998
Hubmann/Götting	Gewerblicher Rechtsschutz, 7. Aufl. 2002
IMAI	Kaizen, 11. Aufl. 1993
Isay	Patent- und Gebrauchsmusterrecht, Komm., 6. Aufl. 1932
Janert	Betriebliche Verfahrensweisen im Arbeitnehmer-Erfinderrecht und ihre rechtlichen Probleme, Diss. Göttingen 1969
Johannesson	Arbeitnehmererfindungen 1979
Kelbel	Patentrecht und Erfinderrecht, 2 Bde. 1966/67
Keukenschrijver	Sortenschutzgesetz, 2001
Klauer/Möhring	Patentrechtskommentar, 3. Aufl. 1971
Klaus	Arbeitnehmererfindungen und ihre rechtliche Behandlung, 1964
Kraßer/Schricker	Patent- und Urheberrecht an Hochschulen, 1988.
Krauss	Das betriebliche Vorschlagswesen aus rechtlicher Sicht, 1977 (= Abh. z. Arbeitnehmer- und Wirtschaftsrecht, Bd. 32) 1977
Kremnitz	Was steht mir an Erfindervergütung zu?, 1967

Kremnitz	Das Arbeitnehmererfinderrecht in der Praxis des Unternehmers, 1977
Kumm	Leitfaden für Erfinder des öffentlichen Dienstes, 1980
Kurz	Geschichte des Arbeitnehmererfindungsrechts, Köln 1997
Langen/Bunte	Komm. z. Kartellgesetz, 9. Aufl. 2001
Langloh	Das Angestelltenerfinderrecht, Diss. Hamburg 1956
Leuze	Urheberrechte der Beschäftigten im öffentl. Dienst und in den Hochschulen, Berlin 1999
Lindenmaier	Das Patentgesetz, Komm., 6. Aufl. 1973
Lindenmaier/Lüdecke	Die Arbeitnehmererfindungen, Komm., 1961
Loth	Gebrauchsmustergesetz, Komm., München 2001
Lüdecke	Erfindungsgemeinschaften, 1962
Lüdecke	Lizenzgebühren für Erfindungen, 1955
Lüdecke/Fischer	Lizenzverträge, 1957
Mes	Patentgesetz u. Gebrauchsmustergesetz, Komm. 1998
Möhring/Nicolini	Urheberrechtsgesetz, Komm., 2. Aufl. 2001
Möller	Die Übergangsbestimmungen für Arbeitnehmererfindungen in den neuen Bundesländern, Berlin 1996
Müller/Pohle	Erfindungen von Gefolgschaftsmitgliedern, 1943
Münchener Prozeßformularbuch	Bd. 4 Gewerbl. Rechtsschutz München 2000
Nirk	Gewerblicher Rechtsschutz, Studienbuch, 1981
Nirk/Kurtze	Geschmacksmustergesetz, Komm., 2. Aufl. 1997
Nirk/Ullmann	Gewerblicher Rechtsschutz u. Urheberrecht, Grundriß Bd. I, 2. Aufl. 1999
Nordemann	Wettbewerbsrecht, 8. Aufl. 1996
Pedrazzini	Die patentfähige Erfindung, 1957
Portmann	Die Arbeitnehmererfindung (Schweiz), Bern 1986
Reichel	Patente, Arbeitnehmererfindungen, 1981
Reimer	Patentgesetz und Gebrauchsmustergesetz, Komm., 3. Aufl. 1968
Reimer/Schade/Schippel/ Kaube/Leuze	Das Recht der Arbeitnehmererfindung, Komm., 7. Aufl. 2000
Reimer/Schippel	Die Vergütung von Erfindungen, Gutachten 1956 (= Schriftenreihe des BMA H. 2)
Reitzle/Butenschön/ Bergmann	Gesetz über Arbeitnehmererfindungen, 2. Aufl. Weinheim 2000
Riemschneider/Barth	Die Gefolgschaftserfindung, Komm., 2. Aufl. 1944
Röpke	Arbeitsverhältnis und Arbeitnehmererfindungen, Düsseldorf o. J. (um 1961) (= Das Verhältnis der Verpflichtungen aus dem Arbeitsverhältnis zu den Verpflichtun-

	gen aus dem Gesetz über Arbeitnehmererfindungen, Diss. Köln, 1961)
Röpke	Der Arbeitnehmer als Erfinder, 1966
Schaub	Arbeitsrechts-Handbuch, 9. Aufl. München 2000
Schoden	Betriebliche Arbeitnehmererfindungen und betriebliches Vorschlagswesen, 1995
Scholz	Die rechtliche Stellung des Computerprogramme erstellenden Arbeitnehmers nach Urheberrecht, Patentrecht und Arbeitnehmererfindungsrecht, 1989
Schricker	Urheberrecht, Komm., 2. Aufl. 1999
Schulte	Patentgesetz, Komm., 6. Aufl. 2001
Schwab	Erfindung und Verbesserungsvorschlag im Arbeitsverhältnis, 2. Aufl. 1991 (Schriften z. AR-Blattei, Bd. 15)
Seetzen	Der Verzicht im Immaterialgüterrecht, 1969
Singer/Stauder	Europäisches Patentübereinkommen, Komm. 2. Aufl. 2000
Stumpf	Der Know how Vertrag, 3. Aufl. 1977
Stumpf/Groß	Der Lizenzvertrag, 7. Aufl. 1998
Tetzner, H.	Das materielle Patentrecht der Bundesrepublik Deutschland, Komm., 1972
Tetzner, V.	Leitfaden des Patent- und Gebrauchsmusterrechts, 3. Aufl. 1983
Thom	Betriebliches Vorschlagswesen, 3. Aufl. 1991
Trimborn	Erfindungen von Organmitgliedern, Diss. Berlin 1998
Ullrich	Privatrechtsfragen der Forschungsförderung in der BRD, 1984 (= Staatl. Forschungsförderung u. Patentschutz, Bd. 2)
van Venroy	Patentrecht einschl. Arbeitn. Erf. Recht, 1996
Villinger	Materialien f. e. Harmonisierung d. Rechts d. Arbeitnehmererfindungen, 1994
Vollrath	Praxis d. Patent- u. Gebr. Musteranmeldung, 4. Aufl. 1997
Volmer	Arbeitnehmererfindungsgesetz, Komm., 1958
Volmer	Richtlinien über Vergütungen für Arbeitnehmererfindungen und Prämien für Verbesserungsvorschläge, Komm., 1964
Volmer/Gaul	Arbeitnehmererfindungsgesetz, Komm., 2. (durch D. Gaul bearbeitete) Aufl. 1983
Volz	Das Recht der Arbeitnehmererfindung im öffentlichen Dienst, 1985
Wagner/Thieler	Wegweiser für den Erfinder, Berlin 1994
Werum	Der Schutz von Halbleitererzeugnissen der Mikroelektronik i. dt. Rechtssystem, 1990

Literatur

Werdermann	Der Begriff der Diensterfindung und die dogmatische Begründung des Inanspruchnahmerechts, Diss. Bonn, 1960
Witte	Die Betriebserfindung, Diss. Erlangen, 1957
Wunderlich	Die gemeinschaftliche Erfindung, 1962 (= Schriftenr. z. Gewerbl. Rechtsschutz H. 12)
Zeller	Erfindervertragsrecht, 1952

B. Sonstige Rechtsgebiete

Bauer	Unternehmensveräußerung u. Arbeitsrecht, 1983
Bauer	Arbeitsrechtliche Aufhebungsverträge, 6. Aufl. 1999
Bauer/Diller	Wettbewerbsverbote, München 2. Aufl. 1999
Baumbach/Hefermehl	Wettbewerbsrecht, Komm., 20. Aufl. 2000
Baumbach//Hopt	Handelsgesetzbuch, Komm., 30. Aufl. 2000
Baumbach/Lauterbach/ Albers/Hartmann	Zivilprozeßordnung, Komm., 59. Aufl. 2001
Becker/Wulfgramm	Arbeitnehmerüberlassungsgesetz, Komm., 3. Aufl.1985
Böhle/Stamschräder/Kilger	Konkursordnung, Komm., 15. Aufl. 1987
Boewer/Bommermann	Lohnpfändung, 1987
Däubler/Kittner/Klebe/ Schneider	BetrVG, 7. Aufl. 2000
Dauner-Lieb/Heidel/ Lepa/Ring	Anwaltkommentar Schuldrecht, 2002
Dietz/Richardi	Betriebsverfassungsgesetz, Komm., 7. Aufl. 1998
Diller	Gesellschafter u. Gesellschaftsorgane als Arbeitnehmer, 1994
Erdmann/Jürging/ Kammann	Kommentar zum Betriebsverfassungsgesetz, 1972
Erfurter Kommentar	zum Arbeitsrecht, 2. Aufl. 2001
Erman	Handkommentar zum Bürgerlichen Gesetzbuch, 10. Aufl., 2000
Eyermann/Fröhler	Verwaltungsgerichtsordnung, Komm., 8. Aufl. 1980
Fabricius/Kraft/Wiese	Betriebsverfassungsgesetz, Gemeinschaftskommentar, Bd. I, 6. Aufl. 1997; Bd. II, 5. Aufl. 1994
Festschrift	für Alfred Hueck, 1959
Festschrift	für Arthur Nikisch, 1958
Fitting/Kaiser/ Heither/Engels	Betriebsverfassungsgesetz, Komm., 20. Aufl. 2000
Forsthoff	Lehrbuch des Verwaltungsrechts, Bd. I (AT), 10. Aufl. 1973

Frankfurter Kommentar zur Insolvenzordnung	hrsg. v. K. Wimmer, 3. Aufl. 2002
Fromm/Nordemann	Urheberrecht, Komm., 8. Aufl. 1994
Galperin/Löwisch	Kommentar zum Betriebsverfassungsgesetz, 6. Aufl. 1982
Gamillscheg	Internationales Arbeitsrecht, 1959
von Gamm	Kartellrecht, Komm., 2. Aufl. 1990
Gemeinschaftskommentar	– GWB –. Hrsg. v. H. Müller-Henneberg u. G. Schwartz, 3. Aufl. 1972 ff.
Germelmann/Matthes/ Prütting	Arbeitsgerichtsgesetz, Komm., 3. Aufl. 1999
Gnade/Kehrmann/ Schneider/Blanke	Kommentar zum Betriebsverfassungsgesetz, 7. Aufl. 1997
Grunsky	Arbeitsgerichtsgesetz, Komm., 7. Aufl. 1995
Handbuch	zum Arbeitsrecht, hrsg. von W. Leinemann, Neuwied (Stand 2000)
Hauck	ArbGG, 1996
Hess/Schlochauer/Glaubitz	BetrVG, Komm., 5. Aufl. 1997
Höfer/Reiners/Wüst	Gesetz zur Verbesserung der betrieblichen Altersversorgung, Komm., Stand 1999
v. Hoyningen-Huene	Die Billigkeit im Arbeitsrecht, 1978
Hueck	Hueck/v. Hoyningen-Huene, KSchG 12. Aufl. 1997
Hueck/Nipperdey	Lehrbuch des Arbeitsrechts, Bd. I, 7. Aufl. 1967
Immenga/Mestmäcker	Gesetz gegen Wettbewerbsbeschränkungen, Komm., 3. Aufl. 2001
Jäger/Henckel	Konkursordnung, Komm., 9. Aufl. 1980–1982
Kassleler Handbuch z. Arbeitsrecht	2. Aufl. 2000
Kissel	Gerichtsverfassungsgesetz, Komm., 2. Aufl. 1994
Kopp	Verwaltungsgerichtsordnung, Komm., 9. Aufl., 1992
Küstner	Handbuch des gesamten Außendienstrechts, 1./5. Aufl. 1979/1988
Lieb	Arbeitsrecht, 6. Aufl. 1997
Lipke/Vogt/Steinmeyer	Sonderleistungen im Arbeitsverhältnis, 2. Aufl. 1995
Löwisch	Betriebsverfassungsgesetz, Komm., 4. Aufl. 1996
Münchener Handbuch zum Arbeitsrecht	2. Aufl. 2000
Münchener Kommentar zum Bürgerlichen Gesetzbuch	4. Aufl. 2000 ff.
Nikisch	Arbeitsrecht, Bd. I, 3. Aufl., 1961
Palandt	Bürgerliches Gesetzbuch, Kommentar, 61. Aufl. 2002

Literatur

Plog/Wiedow/Beck	Kommentar zum Bundesbeamtengesetz, ab 1958 (Stand März 1995)
Schaub	Arbeitsrechts-Handbuch, 9. Aufl. 2000
Soergel/Baur	Bürgerliches Gesetzbuch, 12. Aufl. 1988 ff.; 13. Aufl. 2000 ff.
von Staudinger	Kommentar zum Bürgerlichen Gesetzbuch, 13. Aufl. 1993 ff.
Stege/Weinspach	Betriebsverfassungsgesetz, 8. Aufl. 1999
Stein/Jonas	Kommentar zur Zivilprozeßordnung, 21. Aufl. 1993 ff.
Stöber	Forderungspfändung, 10. Aufl. 1993
Thomas/Putzo	Zivilprozeßordnung, Komm., 23. Aufl. 2001
van Venrooy	Patentrecht, 1996
Wichmann	Arbeitnehmer, Lehrling und Pensionär im Konkurs- und Vergleichsverfahren des Arbeitgebers, 1965
Wiedemann/Wank	Tarifvertragsgesetz, Komm., 6. Aufl. 1999
Wolf/Horn/Lindacher	AGB-Gesetz, 4. Aufl. 1999
Wolff/Bachof/Stober	Verwaltungsrecht, Bd. I, 11. Aufl. 2000, Bd. II, 6. Aufl. 2000, Bd. III, 4. Aufl. 1978
Zöller	Zivilprozeßordnung, 22. Aufl. 2002

Aufsätze sind vor den betr. §§ aufgeführt; zusammenfassende Darstellungen s. Lit. bei Einl. vor § 1.

Gesetz über Arbeitnehmererfindungen

vom 25.7.1957 (BGBl. I, S. 756)

geändert durch Gesetz vom 23.3.1961 (BGBl. I, S. 274, ber. S. 316), vom 4.9.1967 (BGBl. I, S. 953), vom 15.8.1986 (BGBl. I, S. 1446), vom 24.6.1994 (BGBl. I, S. 1325), vom 5.10.1994 (BGBl. I, S. 2911) vom 22.12.1997 (BGBl. I, S. 3224), vom 16.7.1998 (BGBl. I, S. 1827) und vom 18. 1. 2002 (BGBl I, S. 414).

Übersicht über die Paragraphenfolge

Einleitung vor § 1		27
1. Abschnitt	Anwendungsbereich und Begriffsbestimmungen	47
§ 1	Anwendungsbereich	47
§ 2	Erfindungen	125
§ 3	Technische Verbesserungsvorschläge	145
§ 4	Diensterfindungen und freie Erfindungen	163
2. Abschnitt	Erfindungen und technische Verbesserungsvorschläge von Arbeitnehmern im privaten Dienst	193
1.	*Diensterfindungen*	193
§ 5	Meldepflicht	193
§ 6	Inanspruchnahme	253
§ 7	Wirkung der Inanspruchnahme	295
§ 8	Freigewordene Diensterfindungen	325
Einleitung vor §§ 9–12		353
§ 9	Vergütung bei unbeschränkter Inanspruchnahme	363
§ 10	Vergütung bei beschränkter Inanspruchnahme	513
§ 11	Vergütungsrichtlinien	529
Anhang 1 zu § 11 (Richtlinien für die Vergütung von Arbeitnehmererfindungen im privaten Dienst)		537
Anhang 2 zu § 11 (Richtlinien für die Vergütung von Arbeitnehmererfindungen im öffentlichen Dienst)		560
§ 12	Feststellung oder Festsetzung der Vergütung	561
§ 13	Schutzrechtsanmeldung im Inland	669
§ 14	Schutzrechtsanmeldung im Ausland	707

Übersicht über die Paragraphenfolge

§ 15	Gegenseitige Rechte und Pflichten beim Erwerb von Schutzrechten	739
§ 16	Aufgabe der Schutzrechtsanmeldung	751
§ 17	Betriebsgeheimnisse	805
2.	*Freie Erfindungen*	829
§ 18	Mitteilungspflicht	829
§ 19	Anbietungspflicht	843
3.	*Technische Verbesserungsvorschläge*	867
§ 20		867
4.	*Gemeinsame Bestimmungen*	907
§ 21	Erfinderberater	907
Anhang	*zu §§ 20, 21*	919
§ 22	Unabdingbarkeit	931
§ 23	Unbilligkeit	943
§ 24	Geheimhaltungspflicht	967
§ 25	Verpflichtungen aus dem Arbeitsverhältnis	985
§ 26	Auflösung des Arbeitsverhältnisses	1011
§ 27 (a.F.)	Konkurs	1031
§ 27 (n.F.)	Insolvenzverfahren	1033
Anhang	*zu § 27*	1073
5.	*Schiedsverfahren*	1077
Einleitung vor § 28		1077
§ 28	Gütliche Einigung	1079
§ 29	Errichtung der Schiedsstelle	1095
§ 30	Besetzung der Schiedsstelle	1097
§ 31	Anrufung der Schiedsstelle	1103
§ 32	Antrag auf Erweiterung der Schiedsstelle	1111
§ 33	Verfahren vor der Schiedsstelle	1113
§ 34	Einigungsvorschlag der Schiedsstelle	1129
§ 35	Erfolglose Beendigung des Schiedsverfahrens	1145
§ 36	Kosten des Schiedsverfahrens	1153
6.	*Gerichtliches Verfahren*	1155
§ 37	Voraussetzungen für die Erhebung der Klage	1155
§ 38	Klage auf angemessene Vergütung	1165
§ 39	Zuständigkeit	1171
3. Abschnitt	Erfindungen und technische Verbesserungsvorschläge von Arbeitnehmern im öffentlichen Dienst, von Beamten und Soldaten	1187
Einleitung vor §§ 40–42		1187
§ 40	Arbeitnehmer im öffentlichen Dienst	1191

§ 41	Beamte, Soldaten	1213
§ 42 a.F.	Besondere Bestimmungen für Erfindungen an Hochschullehrern und Hochschulassistenten	1221
§ 42 n.F.	Besondere Bestimmungen für Erfindungen an Hochschulen	1239

4. Abschnitt   Übergangs- und Schlussbestimmungen 1283

§ 43	Übergangsvorschrift	1283
§ 44	(weggefallen)	1287
§ 45	Durchführungsbestimmungen	1289
§ 46	Außerkrafttreten von Vorschriften	1291
§ 47	(weggefallen)	1293
§ 48	Saarland	1295
§ 49	In-Kraft-Treten	1297

Erster Abschnitt Anwendungsbereich und Begriffsbestimmungen

§ 1 Anwendungsbereich

Diesem Gesetz unterliegen die Erfindungen und technischen Verbesserungsvorschläge von Arbeitnehmern im privaten und im öffentlichen Dienst, von Beamten und Soldaten.

§ 2 Erfindungen

Erfindungen im Sinne dieses Gesetzes sind nur Erfindungen, die patent- oder gebrauchsmusterfähig sind.

§ 3 Technische Verbesserungsvorschläge

Technische Verbesserungsvorschläge im Sinne dieses Gesetzes sind Vorschläge für sonstige technische Neuerungen, die nicht patent- oder gebrauchsmusterfähig sind.

§ 4 Diensterfindungen und freie Erfindungen

(1) Erfindungen von Arbeitnehmern im Sinne dieses Gesetzes können gebundene oder freie Erfindungen sein.

(2) Gebundene Erfindungen (Diensterfindungen) sind während der Dauer des Arbeitsverhältnisses gemachte Erfindungen, die entweder
1. aus der dem Arbeitnehmer im Betrieb oder in der öffentlichen Verwaltung obliegenden Tätigkeit entstanden sind oder
2. maßgeblich auf Erfahrungen oder Arbeiten des Betriebes oder der öffentlichen Verwaltung beruhen.

(3) Sonstige Erfindungen von Arbeitnehmern sind freie Erfindungen. Sie unterliegen jedoch den Beschränkungen der §§ 18 und 19.

(4) Die Absätze 1 bis 3 gelten entsprechend für Erfindungen von Beamten und Soldaten.

Zweiter Abschnitt Erfindungen und technische Verbesserungsvorschläge von Arbeitnehmern im privaten Dienst

1. Diensterfindungen

§ 5 Meldepflicht

(1) Der Arbeitnehmer, der eine Diensterfindung gemacht hat, ist verpflichtet, sie unverzüglich dem Arbeitgeber gesondert schriftlich zu melden und hierbei kenntlich zu machen, dass es sich um die Meldung einer Erfindung handelt. Sind mehrere Arbeitnehmer an dem Zustandekommen der Erfindung beteiligt, so können sie die Meldung gemeinsam abgeben. Der Arbeitgeber hat den Zeitpunkt des Eingangs der Meldung dem Arbeitnehmer unverzüglich schriftlich zu bestätigen.

(2) In der Meldung hat der Arbeitnehmer die technische Aufgabe, ihre Lösung und das Zustandekommen der Diensterfindung zu beschreiben. Vorhandene Aufzeichnungen sollen beigefügt werden, soweit sie zum Verständnis der Erfindung erforderlich sind. Die Meldung soll dem Arbeitnehmer dienstlich erteilte Weisungen oder Richtlinien, die benutzten Erfahrungen oder Arbeiten des Betriebes, die Mitarbeiter sowie Art und Umfang ihrer Mitarbeit angeben und soll hervorheben, was der meldende Arbeitnehmer als seinen eigenen Anteil ansieht.

(3) Eine Meldung, die den Anforderungen des Absatzes 2 nicht entspricht, gilt als ordnungsgemäß, wenn der Arbeitgeber nicht innerhalb von zwei Monaten erklärt, dass und in welcher Hinsicht die Meldung einer Ergänzung bedarf. Er hat den Arbeitnehmer, soweit erforderlich, bei der Ergänzung der Meldung zu unterstützen.

§ 6 Inanspruchnahme

(1) Der Arbeitgeber kann eine Diensterfindung unbeschränkt oder beschränkt in Anspruch nehmen.

(2) Die Inanspruchnahme erfolgt durch schriftliche Erklärung gegenüber dem Arbeitnehmer. Die Erklärung soll sobald wie möglich abgegeben werden; sie ist spätestens bis zum Ablauf von vier Monaten nach Eingang der ordnungsgemäßen Meldung (§ 5 Abs. 2 und 3) abzugeben.

§ 7 Wirkung der Inanspruchnahme

(1) Mit Zugang der Erklärung der unbeschränkten Inanspruchnahme gehen alle Rechte an der Diensterfindung auf den Arbeitgeber über.

(2) Mit Zugang der Erklärung der beschränkten Inanspruchnahme erwirbt der Arbeitgeber nur ein nichtausschließliches Recht zur Benutzung der Diensterfindung. Wird durch das Benutzungsrecht des Arbeitgebers die anderweitige Verwertung der Diensterfindung durch den Arbeitnehmer unbillig erschwert, so kann der Arbeitnehmer verlangen, dass der Arbeitgeber innerhalb von zwei Monaten die Diensterfindung entweder unbeschränkt in Anspruch nimmt oder sie dem Arbeitnehmer freigibt.

(3) Verfügungen, die der Arbeitnehmer über eine Diensterfindung vor der Inanspruchnahme getroffen hat, sind dem Arbeitgeber gegenüber unwirksam, soweit seine Rechte beeinträchtigt werden.

§ 8 Frei gewordene Diensterfindungen

(1) Eine Diensterfindung wird frei,
1. wenn der Arbeitgeber sie schriftlich freigibt;
2. wenn der Arbeitgeber sie beschränkt in Anspruch nimmt, unbeschadet des Benutzungsrechts des Arbeitgebers nach § 7 Abs. 2;
3. wenn der Arbeitgeber sie nicht innerhalb von vier Monaten nach Eingang der ordnungsgemäßen Meldung (§ 5 Abs. 2 und 3) oder im Falle des § 7 Abs. 2 innerhalb von zwei Monaten nach dem Verlangen des Arbeitnehmers in Anspruch nimmt.

(2) Über eine frei gewordene Diensterfindung kann der Arbeitnehmer ohne die Beschränkungen der §§ 18 und 19 verfügen.

§ 9 Vergütung bei unbeschränkter Inanspruchnahme

(1) Der Arbeitnehmer hat gegen den Arbeitgeber einen Anspruch auf angemessene Vergütung, sobald der Arbeitgeber die Diensterfindung unbeschränkt in Anspruch genommen hat.

(2) Für die Bemessung der Vergütung sind insbesondere die wirtschaftliche Verwertbarkeit der Diensterfindung, die Aufgaben und die Stellung des Arbeitnehmers im Betrieb sowie der Anteil des Betriebes an dem Zustandekommen der Diensterfindung maßgebend.

§ 10 Vergütung bei beschränkter Inanspruchnahme

(1) Der Arbeitnehmer hat gegen den Arbeitgeber einen Anspruch auf angemessene Vergütung, sobald der Arbeitgeber die Diensterfindung beschränkt in Anspruch genommen hat und sie benutzt. § 9 Abs. 2 ist entsprechend anzuwenden.

(2) Nach Inanspruchnahme der Diensterfindung kann sich der Arbeitgeber dem Arbeitnehmer gegenüber nicht darauf berufen, dass die Erfindung zur Zeit der Inanspruchnahme nicht schutzfähig gewesen sei, es sei denn, dass sich dies aus einer Entscheidung des Patentamts oder eines Gerichts ergibt. Der Vergütungsanspruch des Arbeitnehmers bleibt unberührt, soweit er bis zur rechtskräftigen Entscheidung fällig geworden ist.

§ 11 Vergütungsrichtlinien

Der Bundesminister für Arbeit erlässt nach Anhörung der Spitzenorganisationen der Arbeitgeber und der Arbeitnehmer (*§ 10 a* des Tarifvertragsgesetzes) Richtlinien über die Bemessung der Vergütung.

§ 12 Feststellung oder Festsetzung der Vergütung

(1) Die Art und Höhe der Vergütung soll in angemessener Frist nach Inanspruchnahme der Diensterfindung durch Vereinbarung zwischen dem Arbeitgeber und dem Arbeitnehmer festgestellt werden.

(2) Wenn mehrere Arbeitnehmer an der Diensterfindung beteiligt sind, ist die Vergütung für jeden gesondert festzustellen. Die Gesamthöhe der Vergütung und die Anteile der einzelnen Erfinder an der Diensterfindung hat der Arbeitgeber den Beteiligten bekannt zu geben.

(3) Kommt eine Vereinbarung über die Vergütung in angemessener Frist nach Inanspruchnahme der Diensterfindung nicht zustande, so hat der Arbeitgeber die Vergütung durch eine begründete schriftliche Erklärung an den Arbeitnehmer festzusetzen und entsprechend der Festsetzung zu zahlen. Bei unbeschränkter Inanspruchnahme der Diensterfindung ist die Vergütung spätestens bis zum Ablauf von drei Monaten nach Erteilung des Schutzrechts, bei beschränkter Inanspruchnahme spätestens bis zum Ablauf von drei Monaten nach Aufnahme der Benutzung festzusetzen.

(4) Der Arbeitnehmer kann der Festsetzung innerhalb von zwei Monaten durch schriftliche Erklärung widersprechen, wenn er mit der Festsetzung nicht einverstanden ist. Widerspricht er nicht, so wird die Festsetzung für beide Teile verbindlich.

(5) Sind mehrere Arbeitnehmer an der Diensterfindung beteiligt, so wird die Festsetzung für alle Beteiligten nicht verbindlich, wenn einer von ihnen der Festsetzung mit der Begründung widerspricht, dass sein Anteil an der Diensterfindung unrichtig festgesetzt sei. Der Arbeitgeber ist in diesem Falle berechtigt, die Vergütung für alle Beteiligten neu festzusetzen.

(6) Arbeitgeber und Arbeitnehmer können voneinander die Einwilligung in eine andere Regelung der Vergütung verlangen, wenn sich Umstände wesentlich ändern, die für die Feststellung oder Festsetzung der Vergütung maßgebend waren. Rückzahlung einer bereits geleisteten Vergütung kann nicht verlangt werden. Die Absätze 1 bis 5 sind nicht anzuwenden.

§ 13 Schutzrechtsanmeldung im Inland

(1) Der Arbeitgeber ist verpflichtet und allein berechtigt, eine gemeldete Diensterfindung im Inland zur Erteilung eines Schutzrechts anzumelden. Eine patentfähige Diensterfindung hat er zur Erteilung eines Patents anzumelden, sofern nicht bei verständiger Würdigung der Verwertbarkeit der Erfindung der Gebrauchsmusterschutz zweckdienlicher erscheint. Die Anmeldung hat unverzüglich zu geschehen.
(2) Die Verpflichtung des Arbeitgebers zur Anmeldung entfällt,
1. wenn die Diensterfindung frei geworden ist (§ 8 Abs. 1);
2. wenn der Arbeitnehmer der Nichtanmeldung zustimmt;
3. wenn die Voraussetzungen des § 17 vorliegen.
(3) Genügt der Arbeitgeber nach unbeschränkter Inanspruchnahme der Diensterfindung seiner Anmeldepflicht nicht und bewirkt er die Anmeldung auch nicht innerhalb einer ihm vom Arbeitnehmer gesetzten angemessenen Nachfrist, so kann der Arbeitnehmer die Anmeldung der Diensterfindung für den Arbeitgeber auf dessen Namen und Kosten bewirken.
(4) Ist die Diensterfindung frei geworden, so ist nur der Arbeitnehmer berechtigt, sie zur Erteilung eines Schutzrechts anzumelden. Hatte der Arbeitgeber die Diensterfindung bereits zur Erteilung eines Schutzrechts angemeldet, so gehen die Rechte aus der Anmeldung auf den Arbeitnehmer über.

§ 14 Schutzrechtsanmeldung im Ausland

(1) Nach unbeschränkter Inanspruchnahme der Diensterfindung ist der Arbeitgeber berechtigt, diese auch im Ausland zur Erteilung von Schutzrechten anzumelden.
(2) Für ausländische Staaten, in denen der Arbeitgeber Schutzrechte nicht erwerben will, hat er dem Arbeitnehmer die Diensterfindung freizugeben und ihm auf Verlangen den Erwerb von Auslandsschutzrechten zu ermöglichen. Die Freigabe soll so rechtzeitig vorgenommen werden, dass der Arbeitnehmer die Prioritätsfristen der zwischenstaatlichen Verträge auf dem Gebiet des gewerblichen Rechtsschutzes ausnutzen kann.
(3) Der Arbeitgeber kann sich gleichzeitig mit der Freigabe nach Absatz 2 ein nichtausschließliches Recht zur Benutzung der Diensterfindung in den betreffenden ausländischen Staaten gegen angemessene Vergütung vorbehalten und verlangen, dass der Arbeitnehmer bei der Verwertung der freigegebenen Erfindung in den betreffenden ausländischen Staaten die Verpflichtungen des Arbeitgebers aus den im Zeitpunkt der Freigabe bestehenden Verträgen über die Diensterfindung gegen angemessene Vergütung berücksichtigt.

§ 15 Gegenseitige Rechte und Pflichten beim Erwerb von Schutzrechten

(1) Der Arbeitgeber hat dem Arbeitnehmer zugleich mit der Anmeldung der Diensterfindung zur Erteilung eines Schutzrechts Abschriften der Anmeldeunterlagen zu geben. Er hat ihn von dem Fortgang des Verfahrens zu unterrichten und ihm auf Verlangen Einsicht in den Schriftwechsel zu gewähren.

(2) Der Arbeitnehmer hat den Arbeitgeber auf Verlangen beim Erwerb von Schutzrechten zu unterstützen und die erforderlichen Erklärungen abzugeben.

§ 16 Aufgabe der Schutzrechtsanmeldung oder des Schutzrechts

(1) Wenn der Arbeitgeber vor Erfüllung des Anspruchs des Arbeitnehmers auf angemessene Vergütung die Anmeldung der Diensterfindung zur Erteilung eines Schutzrechts nicht weiterverfolgen oder das auf die Diensterfindung erteilte Schutzrecht nicht aufrechterhalten will, hat er dies dem Arbeitnehmer mitzuteilen und ihm auf dessen Verlangen und Kosten das Recht zu übertragen sowie die zur Wahrung des Rechts erforderlichen Unterlagen auszuhändigen.

(2) Der Arbeitgeber ist berechtigt, das Recht aufzugeben, sofern der Arbeitnehmer nicht innerhalb von drei Monaten nach Zugang der Mitteilung die Übertragung des Rechts verlangt.

(3) Gleichzeitig mit der Mitteilung nach Absatz 1 kann sich der Arbeitgeber ein nichtausschließliches Recht zur Benutzung der Diensterfindung gegen angemessene Vergütung vorbehalten.

§ 17 Betriebsgeheimnisse

(1) Wenn berechtigte Belange des Betriebes es erfordern, eine gemeldete Diensterfindung nicht bekannt werden zu lassen, kann der Arbeitgeber von der Erwirkung eines Schutzrechts absehen, sofern er die Schutzfähigkeit der Diensterfindung gegenüber dem Arbeitnehmer anerkennt.

(2)* Erkennt der Arbeitgeber die Schutzfähigkeit der Diensterfindung nicht an, so kann er von der Erwirkung eines Schutzrechts absehen, wenn er zur Herbeiführung einer Einigung über die Schutzfähigkeit der Diensterfindung die Schiedsstelle (§ 29) anruft.

(3) Bei der Bemessung der Vergütung für eine Erfindung nach Absatz 1 sind auch die wirtschaftlichen Nachteile zu berücksichtigen, die sich für

---

* § 17 Abs. 2 i.d.F. des Gesetzes zur Änderung des Patentgesetzes, des Warenzeichengesetzes und weiterer Gesetze vom 4. September 1967 (BGBl. I S. 953).

den Arbeitnehmer daraus ergeben, dass auf die Diensterfindung kein Schutzrecht erteilt worden ist.

2. Freie Erfindungen

§ 18 Mitteilungspflicht

(1) Der Arbeitnehmer, der während der Dauer des Arbeitsverhältnisses eine freie Erfindung gemacht hat, hat dies dem Arbeitgeber unverzüglich schriftlich mitzuteilen. Dabei muss über die Erfindung und, wenn dies erforderlich ist, auch über ihre Entstehung so viel mitgeteilt werden, dass der Arbeitgeber beurteilen kann, ob die Erfindung frei ist.
(2) Bestreitet der Arbeitgeber nicht innerhalb von drei Monaten nach Zugang der Mitteilung durch schriftliche Erklärung an den Arbeitnehmer, dass die ihm mitgeteilte Erfindung frei sei, so kann er die Erfindung nicht mehr als Diensterfindung in Anspruch nehmen.
(3) Eine Verpflichtung zur Mitteilung freier Erfindungen besteht nicht, wenn die Erfindung offensichtlich im Arbeitsbereich des Betriebes des Arbeitgebers nicht verwendbar ist.

§ 19 Anbietungspflicht

(1) Bevor der Arbeitnehmer eine freie Erfindung während der Dauer des Arbeitsverhältnisses anderweitig verwertet, hat er zunächst dem Arbeitgeber mindestens ein nichtausschließliches Recht zur Benutzung der Erfindung zu angemessenen Bedingungen anzubieten, wenn die Erfindung im Zeitpunkt des Angebots in den vorhandenen oder vorbereiteten Arbeitsbereich des Betriebes des Arbeitgebers fällt. Das Angebot kann gleichzeitig mit der Mitteilung nach § 18 abgegeben werden.
(2) Nimmt der Arbeitgeber das Angebot innerhalb von drei Monaten nicht an, so erlischt das Vorrecht.
(3) Erklärt sich der Arbeitgeber innerhalb der Frist des Absatzes 2 zum Erwerb des ihm angebotenen Rechts bereit, macht er jedoch geltend, dass die Bedingungen des Angebots nicht angemessen seien, so setzt das Gericht auf Antrag des Arbeitgebers oder des Arbeitnehmers die Bedingungen fest.
(4) Der Arbeitgeber oder der Arbeitnehmer kann eine andere Festsetzung der Bedingungen beantragen, wenn sich Umstände wesentlich ändern, die für die vereinbarten oder festgesetzten Bedingungen maßgebend waren.

3. Technische Verbesserungsvorschläge

§ 20

(1) Für technische Verbesserungsvorschläge, die dem Arbeitgeber eine ähnliche Vorzugsstellung gewähren wie ein gewerbliches Schutzrecht, hat der Arbeitnehmer gegen den Arbeitgeber einen Anspruch auf angemessene Vergütung, sobald dieser sie verwertet. Die Bestimmungen der §§ 9 und 12 sind sinngemäß anzuwenden.

(2) Im Übrigen bleibt die Behandlung technischer Verbesserungsvorschläge der Regelung durch Tarifvertrag oder Betriebsvereinbarung überlassen.

4. Gemeinsame Bestimmungen

§ 21 Erfinderberater

(1) In Betrieben können durch Übereinkunft zwischen Arbeitgeber und Betriebsrat ein oder mehrere Erfinderberater bestellt werden.

(2) Der Erfinderberater soll insbesondere den Arbeitnehmer bei der Abfassung der Meldung (§ 5) oder der Mitteilung (§ 18) unterstützen sowie auf Verlangen des Arbeitgebers und des Arbeitnehmers bei der Ermittlung einer angemessenen Vergütung mitwirken.

§ 22 Unabdingbarkeit

Die Vorschriften dieses Gesetzes können zuungunsten des Arbeitnehmers nicht abgedungen werden. Zulässig sind jedoch Vereinbarungen über Diensterfindungen nach ihrer Meldung, über freie Erfindungen und technische Verbesserungsvorschläge (§ 20 Abs. 1) nach ihrer Mitteilung.

§ 23 Unbilligkeit

(1) Vereinbarungen über Diensterfindungen, freie Erfindungen oder technische Verbesserungsvorschläge (§ 20 Abs. 1), die nach diesem Gesetz zulässig sind, sind unwirksam, soweit sie in erheblichem Maße unbillig sind. Das Gleiche gilt für die Festsetzung der Vergütung (§ 12 Abs. 4).

(2) Auf die Unbilligkeit einer Vereinbarung oder einer Festsetzung der Vergütung können sich Arbeitgeber und Arbeitnehmer nur berufen, wenn sie die Unbilligkeit spätestens bis zum Ablauf von sechs Monaten nach Beendigung des Arbeitsverhältnisses durch schriftliche Erklärung gegenüber dem anderen Teil geltend machen.

§ 24 Geheimhaltungspflicht

(1) Der Arbeitgeber hat die ihm gemeldete oder mitgeteilte Erfindung eines Arbeitnehmers so lange geheim zu halten, als dessen berechtigte Belange dies erfordern.

(2) Der Arbeitnehmer hat eine Diensterfindung so lange geheim zu halten, als sie nicht frei geworden ist (§ 8 Abs. 1).

(3) Sonstige Personen, die auf Grund dieses Gesetzes von einer Erfindung Kenntnis erlangt haben, dürfen ihre Kenntnis weder auswerten noch bekannt geben.

§ 25 Verpflichtungen aus dem Arbeitsverhältnis

Sonstige Verpflichtungen, die sich für den Arbeitgeber und den Arbeitnehmer aus dem Arbeitsverhältnis ergeben, werden durch die Vorschriften dieses Gesetzes nicht berührt, soweit sich nicht daraus, dass die Erfindung frei geworden ist (§ 8 Abs. 1), etwas anderes ergibt.

§ 26 Auflösung des Arbeitsverhältnisses

Die Rechte und Pflichten aus diesem Gesetz werden durch die Auflösung des Arbeitsverhältnisses nicht berührt.

§ 27 *Konkurs (Fassung 1957)*

(1) Wird über das Vermögen des Arbeitgebers der Konkurs eröffnet, so hat der Arbeitnehmer ein Vorkaufsrecht hinsichtlich der von ihm gemachten und vom Arbeitgeber unbeschränkt in Anspruch genommenen Diensterfindung, falls der Konkursverwalter diese ohne den Geschäftsbetrieb veräußert.

(2) Die Ansprüche des Arbeitnehmers auf Vergütung für die unbeschränkte Inanspruchnahme einer Diensterfindung (§ 9), für das Benutzungsrecht an einer Erfindung (§§ 10, 14 Abs. 3, § 16 Abs. 3, § 19) oder für die Verwertung eines technischen Verbesserungsvorschlages (§ 20 Abs. 1) werden im Konkurs über das Vermögen des Arbeitgebers im Range nach den in § 61 Nr. 1 der Konkursordnung genannten, jedoch vor allen übrigen Konkursforderungen berücksichtigt. Mehrere Ansprüche werden nach dem Verhältnis ihrer Beträge befriedigt.

§ 27 Insolvenzverfahren *(n. F.)**

Wird nach unbeschränkter Inanspruchnahme der Diensterfindung das Insolvenzverfahren über das Vermögen des Arbeitgebers eröffnet, so gilt Folgendes:

(1) Veräußert der Insolvenzverwalter die Diensterfindung mit dem Geschäftsbetrieb, so tritt der Erwerber für die Zeit von der Eröffnung des Insolvenzverfahrens an in die Vergütungspflicht des Arbeitgebers (§ 9) ein.

(2) Veräußert der Insolvenzverwalter die Diensterfindung ohne den Geschäftsbetrieb, so hat der Arbeitnehmer ein Vorkaufsrecht. Übt der Arbeitnehmer das Vorkaufsrecht aus, so kann er mit seinen Ansprüchen auf Vergütung für die unbeschränkte Inanspruchnahme der Diensterfindung gegen die Kaufpreisforderung aufrechnen. Für den Fall, dass der Arbeitnehmer das Vorkaufsrecht nicht ausübt, kann der Insolvenzverwalter mit dem Erwerber vereinbaren, dass sich dieser verpflichtet, dem Arbeitnehmer eine angemessene Vergütung (§ 19) für die weitere Verwertung der Diensterfindung zu zahlen. Wird eine solche Vereinbarung nicht getroffen, so erhält der Arbeitnehmer eine angemessene Abfindung aus dem Veräußerungserlös.

(3) Verwertet der Insolvenzverwalter die Diensterfindung im Unternehmen des Schuldners, so hat er dem Arbeitnehmer eine angemessene Vergütung für die Verwertung aus der Insolvenzmasse zu zahlen.

(4) Will der Insolvenzverwalter die Diensterfindung weder im Unternehmen des Schuldners verwerten noch veräußern, so gilt § 16 Abs. 1 und 2 entsprechend. Verlangt der Arbeitnehmer die Übertragung der Erfindung, so kann er mit seinen Ansprüchen auf Vergütung für die unbeschränkte Inanspruchnahme der Diensterfindung gegen den Anspruch auf Erstattung der Kosten der Übertragung aufrechnen.

(5) Im Übrigen kann der Arbeitnehmer seine Vergütungsansprüche nur als Insolvenzgläubiger geltend machen.

5. Schiedsverfahren

§ 28 Gütliche Einigung

In allen Streitfällen zwischen Arbeitgeber und Arbeitnehmer auf Grund dieses Gesetzes kann jederzeit die Schiedsstelle angerufen werden. Die Schiedsstelle hat zu versuchen, eine gütliche Einigung herbeizuführen.

---

* Neugefasst durch Art. 56 des Einführungsgesetzes zur Insolvenzordnung v. 5.10.1994 (BGBl. I S. 2911, 2938).

§ 29 Errrichtung der Schiedsstelle

(1) Die Schiedsstelle wird beim Patentamt errichtet.
(2) Die Schiedsstelle kann außerhalb ihres Sitzes zusammentreten.

§ 30 Besetzung der Schiedsstelle

(1) Die Schiedsstelle besteht aus einem Vorsitzenden oder seinem Vertreter und zwei Beisitzern.
(2)* Der Vorsitzende und sein Vertreter sollen die Befähigung zum Richteramt nach dem Gerichtsverfassungsgesetz besitzen. Sie werden vom Bundesminister der Justiz am Beginn des Kalenderjahres für dessen Dauer berufen.
(3) Die Beisitzer sollen auf dem Gebiet der Technik, auf das sich die Erfindung oder der technische Verbesserungsvorschlag bezieht, besondere Erfahrung besitzen. Sie werden vom Präsidenten des Patentamts aus den Mitgliedern oder Hilfsmitgliedern des Patentamts für den einzelnen Streitfall berufen.
(4) Auf Antrag eines Beteiligten ist die Besetzung der Schiedsstelle um je einen Beisitzer aus Kreisen der Arbeitgeber und der Arbeitnehmer zu erweitern. Diese Beisitzer werden vom Präsidenten des Patentamts aus Vorschlagslisten ausgewählt und für den einzelnen Streitfall bestellt. Zur Einreichung von Vorschlagslisten sind berechtigt die in § 11 genannten Spitzenorganisationen, ferner die Gewerkschaften und die selbständigen Vereinigungen von Arbeitnehmern mit sozial- oder berufspolitischer Zwecksetzung, die keiner dieser Spitzenorganisationen angeschlossen sind, wenn ihnen eine erhebliche Zahl von Arbeitnehmern angehört, von denen nach der ihnen im Betrieb obliegenden Tätigkeit erfinderische Leistungen erwartet werden.
(5) Der Präsident des Patentamts soll den Beisitzer nach Absatz 4 aus der Vorschlagsliste derjenigen Organisation auswählen, welcher der Beteiligte angehört, wenn der Beteiligte seine Zugehörigkeit zu einer Organisation vor der Auswahl der Schiedsstelle mitgeteilt hat.
(6)* Die Dienstaufsicht über die Schiedsstelle führt der Vorsitzende, die Dienstaufsicht über den Vorsitzenden der Bundesminister der Justiz.

§ 31 Anrufung der Schiedsstelle

(1) Die Anrufung der Schiedsstelle erfolgt durch schriftlichen Antrag. Der Antrag soll in zwei Stücken eingereicht werden. Er soll eine kurze

---

* § 30 Abs. 2 und 6 i.d.F. des Sechsten Gesetzes zur Änderung und Überleitung von Vorschriften auf dem Gebiet des gewerblichen Rechtsschutzes vom 23. März 1961 (BGBl. I S. 274).

Darstellung des Sachverhalts sowie Namen und Anschrift des anderen Beteiligten enthalten.

(2) Der Antrag wird vom Vorsitzenden der Schiedsstelle dem anderen Beteiligten mit der Aufforderung zugestellt, sich innerhalb einer bestimmten Frist zu dem Antrag schriftlich zu äußern.

§ 32 Antrag auf Erweiterung der Schiedsstelle

Der Antrag auf Erweiterung der Besetzung der Schiedsstelle ist von demjenigen, der die Schiedsstelle anruft, zugleich mit der Anrufung (§ 31 Abs. 1), von dem anderen Beteiligten innerhalb von zwei Wochen nach Zustellung des die Anrufung enthaltenden Antrags (§ 31 Abs. 2) zu stellen.

§ 33 Verfahren vor der Schiedsstelle

(1)[*] Auf das Verfahren vor der Schiedsstelle sind §§ 41–48, 1042 Abs. 1 und § 1050 der Zivilprozessordnung sinngemäß anzuwenden. § 1042 Abs. 2 der Zivilprozessordnung ist mit der Maßgabe sinngemäß anzuwenden, dass auch Patentanwälte und Erlaubnisscheininhaber *(Artikel 3 des Zweiten Gesetzes zur Änderung und Überleitung von Vorschriften auf dem Gebiet des gewerblichen Rechtsschutzes vom 2. Juli 1949 – WiGBl. S.179)*[**] sowie Verbandsvertreter im Sinne des § 11 des Arbeitsgerichtsgesetzes von der Schiedsstelle nicht zurückgewiesen werden dürfen.

(2) Im Übrigen bestimmt die Schiedsstelle das Verfahren selbst.

§ 34 Einigungsvorschlag der Schiedsstelle

(1) Die Schiedsstelle fasst ihre Beschlüsse mit Stimmenmehrheit. § 196 Abs. 2 des Gerichtsverfassungsgesetzes ist anzuwenden.

(2) Die Schiedsstelle hat den Beteiligten einen Einigungsvorschlag zu machen. Der Einigungsvorschlag ist zu begründen und von sämtlichen Mitgliedern der Schiedsstelle zu unterschreiben. Auf die Möglichkeit des Widerspruchs und die Folgen bei Versäumung der Widerspruchsfrist ist in dem Einigungsvorschlag hinzuweisen. Der Einigungsvorschlag ist den Beteiligten zuzustellen.

(3) Der Einigungsvorschlag gilt als angenommen und eine dem Inhalt des Vorschlags entsprechende Vereinbarung als zustande gekommen, wenn nicht innerhalb eines Monats nach Zustellung des Vorschlages ein schriftlicher Widerspruch eines der Beteiligten bei der Schiedsstelle eingeht.

---

[*] Geändert durch Art. 2 § 17 des Schiedsverfahrens-Neuregelungsgesetzes vom 22.12.1997 (BGBl. I, S. 3224, 3228).

[**] Aufgehoben durch § 188 der Patentanwaltsordnung vom 7. September 1966 (BGBl. I S. 557); vgl. dort §§ 177 ff. für Erlaubnisscheininhaber.

(4) Ist einer der Beteiligten durch unabwendbaren Zufall verhindert worden, den Widerspruch rechtzeitig einzulegen, so ist er auf Antrag wieder in den vorigen Stand einzusetzen. Der Antrag muss innerhalb eines Monats nach Wegfall des Hindernisses schriftlich bei der Schiedsstelle eingereicht werden. Innerhalb dieser Frist ist der Widerspruch nachzuholen. Der Antrag muss die Tatsachen, auf die er gestützt wird, und die Mittel angeben, mit denen diese Tatsachen glaubhaft gemacht werden. Ein Jahr nach Zustellung des Einigungsvorschlages kann die Wiedereinsetzung nicht mehr beantragt und der Widerspruch nicht mehr nachgeholt werden.

(5) Über den Wiedereinsetzungsantrag entscheidet die Schiedsstelle. Gegen die Entscheidung der Schiedsstelle findet die sofortige Beschwerde nach den Vorschriften der Zivilprozessordnung an das für den Sitz des Antragstellers zuständige Landgericht statt.

§ 35 Erfolglose Beendigung des Schiedsverfahrens

(1) Das Verfahren vor der Schiedsstelle ist erfolglos beendet,
1. wenn sich der andere Beteiligte innerhalb der ihm nach § 31 Abs. 2 gesetzten Frist nicht geäußert hat;
2. wenn er es abgelehnt hat, sich auf das Verfahren vor der Schiedsstelle einzulassen;
3. wenn innerhalb der Frist des § 34 Abs. 3 ein schriftlicher Widerspruch eines der Beteiligten bei der Schiedsstelle eingegangen ist.

(2) Der Vorsitzende der Schiedsstelle teilt die erfolglose Beendigung des Schiedsverfahrens den Beteiligten mit.

§ 36 Kosten des Schiedsverfahrens

Im Verfahren vor der Schiedsstelle werden keine Gebühren oder Auslagen erhoben.

6. Gerichtliches Verfahren

§ 37 Voraussetzungen für die Erhebung der Klage

(1) Rechte oder Rechtsverhältnisse, die in diesem Gesetz geregelt sind, können im Wege der Klage erst geltend gemacht werden, nachdem ein Verfahren vor der Schiedsstelle vorausgegangen ist.

(2) Dies gilt nicht,
1. wenn mit der Klage Rechte aus einer Vereinbarung (§§ 12, 19, 22, 34) geltend gemacht werden oder die Klage darauf gestützt wird, dass die Vereinbarung nicht rechtswirksam sei;
2. wenn seit der Anrufung der Schiedsstelle sechs Monate verstrichen sind;

3. wenn der Arbeitnehmer aus dem Betrieb des Arbeitgebers ausgeschieden ist;
4. wenn die Parteien vereinbart haben, von der Anrufung der Schiedsstelle abzusehen. Diese Vereinbarung kann erst getroffen werden, nachdem der Streitfall (§ 28) eingetreten ist. Sie bedarf der Schriftform.

(3) Einer Vereinbarung nach Absatz 2 Nr. 4 steht es gleich, wenn beide Parteien zur Hauptsache mündlich verhandelt haben, ohne geltend zu machen, dass die Schiedsstelle nicht angerufen worden ist.

(4) Der vorherigen Anrufung der Schiedsstelle bedarf es ferner nicht für Anträge auf Anordnung eines Arrestes oder einer einstweiligen Verfügung.

(5) Die Klage ist nach Erlass eines Arrestes oder einer einstweiligen Verfügung ohne die Beschränkung des Absatzes 1 zulässig, wenn der Partei nach den §§ 926, 936 der Zivilprozessordnung eine Frist zur Erhebung der Klage bestimmt worden ist.

§ 38 Klage auf angemessene Vergütung

Besteht Streit über die Höhe der Vergütung, so kann die Klage auch auf Zahlung eines vom Gericht zu bestimmenden angemessenen Betrages gerichtet werden.

§ 39 Zuständigkeit*

(1)** Für alle Rechtsstreitigkeiten über Erfindungen eines Arbeitnehmers sind die für Patentstreitsachen zuständigen Gerichte (§ 143 des Patentgesetzes) ohne Rücksicht auf den Streitwert ausschließlich zuständig. Die Vorschriften über das Verfahren in Patentstreitsachen sind anzuwenden.

(2) Ausgenommen von der Regelung des Absatzes 1 sind Rechtsstreitigkeiten, die ausschließlich Ansprüche auf Leistung einer festgestellten oder festgesetzten Vergütung für eine Erfindung zum Gegenstand haben.

---

*   § 39 Abs. 1 i.d.F. des Gesetzes zur Änderung des Gebrauchsmustergesetzes vom 15. August 1986 (BGBl. I S. 1446), sowie des Kostenrechtsänderungsgesetzes v. 24. Juni 1994 (BGBl. I S. 1325).
** Satz 3 der Fassung 1986 ist im Hinblick auf die Neufassung des § 65 Abs. 2 GKG durch das Kostenrechtsänderungsgesetz 1994 aufgehoben (Art. 9 Nr. 5), und zwar mit Wirkung ab 1.7.1994 (Art. 12).

Dritter Abschnitt Erfindungen und technische Verbesserungsvorschläge von Arbeitnehmern im öffentlichen Dienst, von Beamten und Soldaten

§ 40 Arbeitnehmer im öffentlichen Dienst

Auf Erfindungen und technische Verbesserungsvorschläge von Arbeitnehmern, die in Betrieben und Verwaltungen des Bundes, der Länder, der Gemeinden und sonstigen Körperschaften, Anstalten und Stiftungen des öffentlichen Rechts beschäftigt sind, sind die Vorschriften für Arbeitnehmer im privaten Dienst mit folgender Maßgabe anzuwenden:
1. An Stelle der Inanspruchnahme der Diensterfindung kann der Arbeitgeber eine angemessene Beteiligung an dem Ertrage der Diensterfindung in Anspruch nehmen, wenn dies vorher vereinbart worden ist. Über die Höhe der Beteiligung können im Voraus bindende Abmachungen getroffen werden. Kommt eine Vereinbarung über die Höhe der Beteiligung nicht zustande, so hat der Arbeitgeber sie festzusetzen. § 12 Abs. 3 bis 6 ist entsprechend anzuwenden.
2. Die Behandlung von technischen Verbesserungsvorschlägen nach § 20 Abs. 2 kann auch durch Dienstvereinbarung geregelt werden; Vorschriften, nach denen die Einigung über die Dienstvereinbarung durch die Entscheidung einer höheren Dienststelle oder einer dritten Stelle ersetzt werden kann, finden keine Anwendung.
3. Dem Arbeitnehmer können im öffentlichen Interesse durch allgemeine Anordnung der zuständigen obersten Dienstbehörde Beschränkungen hinsichtlich der Art der Verwertung der Diensterfindung auferlegt werden.
4. Zur Einreichung von Vorschlagslisten für Arbeitgeberbeisitzer (§ 30 Abs. 4) sind auch die Bundesregierung und die Landesregierungen berechtigt.
5. Soweit öffentliche Verwaltungen eigene Schiedsstellen zur Beilegung von Streitigkeiten auf Grund dieses Gesetzes errichtet haben, finden die Vorschriften der §§ 29 bis 32 keine Anwendung.

§ 41 Beamte, Soldaten

Auf Erfindungen und technische Verbesserungsvorschläge von Beamten und Soldaten sind die Vorschriften für Arbeitnehmer im öffentlichen Dienst entsprechend anzuwenden.

§ 42 Besondere Bestimmungen für Erfindungen von Hochschullehrern und Hochschulassistenten (Fassung 1957)*

(1) In Abweichung von den Vorschriften der §§ 40 und 41 sind Erfindungen von Professoren, Dozenten und wissenschaftlichen Assistenten bei den wissenschaftlichen Hochschulen, die von ihnen in dieser Eigenschaft gemacht werden, freie Erfindungen. Die Bestimmungen der §§ 18, 19 und 22 sind nicht anzuwenden.

(2) Hat der Dienstherr für Forschungsarbeiten, die zu der Erfindung geführt haben, besondere Mittel aufgewendet, so sind die in Absatz 1 genannten Personen verpflichtet, die Verwertung der Erfindung dem Dienstherrn schriftlich mitzuteilen und ihm auf Verlangen die Art der Verwertung und die Höhe des erzielten Entgelts anzugeben. Der Dienstherr ist berechtigt, innerhalb von drei Monaten nach Eingang der schriftlichen Mitteilung eine angemessene Beteiligung am Ertrage der Erfindung zu beanspruchen. Der Ertrag aus dieser Beteiligung darf die Höhe der aufgewendeten Mittel nicht übersteigen.

§ 42 Besondere Bestimmungen für Erfindungen an Hochschulen (Fassung 2002)*

Für Erfindungen der an einer Hochschule Beschäftigten gelten folgende besonderen Bestimmungen:
1. Der Erfinder ist berechtigt, die Diensterfindung im Rahmen seiner Lehr- und Forschungstätigkeit zu offenbaren, wenn er dies dem Dienstherrn rechtzeitig, in der Regel zwei Monate zuvor, angezeigt hat. § 24 Abs. 2 findet insoweit keine Anwendung.
2. Lehnt ein Erfinder auf Grund seiner Lehr- und Forschungsfreiheit die Offenbarung seiner Diensterfindung ab, so ist er nicht verpflichtet, die Erfindung dem Dienstherrn zu melden. Will der Erfinder seine Erfindung zu einem späteren Zeitpunkt offenbaren, so hat er dem Dienstherrn die Erfindung unverzüglich zu melden.
3. Dem Erfinder bleibt im Fall der Inanspruchnahme der Diensterfindung ein nicht ausschließliches Recht zur Benutzung der Diensterfindung im Rahmen seiner Lehr- und Forschungstätigkeit.
4. Verwertet der Dienstherr die Erfindung, beträgt die Höhe der Vergütung 30 vom Hundert der durch die Verwertung erzielten Einnahmen.
5. § 40 Nr. 1 findet keine Anwendung.

---

* Neu gefasst durch Art. 1 Nr. 2 des Gesetzes zur Änderung des ArbEG vom 18. 1. 2002 (BGBl I, S. 414); zum Übergangsrecht siehe § 43.

Vierter Abschnitt   Übergangs- und Schlussbestimmungen

§ 43   Erfindungen und technische Verbesserungsvorschläge vor In-Kraft-Treten des Gesetzes (Fassung 1957)*

(1) Die Vorschriften dieses Gesetzes sind mit dem Tage des In-Kraft-Tretens dieses Gesetzes auch auf patentfähige Erfindungen von Arbeitnehmern, die nach dem 21. Juli 1942 und vor dem In-Kraft-Treten dieses Gesetzes gemacht worden sind, mit der Maßgabe anzuwenden, dass es für die Inanspruchnahme solcher Erfindungen bei den bisher geltenden Vorschriften verbleibt.

(2) Das Gleiche gilt für patentfähige Erfindungen von Arbeitnehmern, die vor dem 22. Juli 1942 gemacht worden sind, wenn die Voraussetzungen des § 13 Abs. 1 Satz 2 der Durchführungsverordnung zur Verordnung über die Behandlung von Erfindungen von Gefolgschaftsmitgliedern vom 20. März 1943 (Reichsgesetzbl. I S. 257) gegeben sind und die dort vorgesehene Erklärung über die unbefriedigende Behandlung der Vergütung im Zeitpunkt des In-Kraft-Tretens dieses Gesetzes noch nicht abgegeben war. Für die Abgabe der Erklärung ist die Schiedsstelle (§ 29) zuständig. Die Erklärung kann nicht mehr abgegeben werden, wenn das auf die Erfindung erteilte Patent erloschen ist. Die Sätze 2 und 3 sind nicht anzuwenden, wenn der Anspruch auf angemessene Vergütung im Zeitpunkt des In-Kraft-Tretens dieses Gesetzes bereits rechtshängig geworden ist.

(3) Auf nur gebrauchsmusterfähige Erfindungen, die nach dem 21. Juli 1942 und vor dem In-Kraft-Treten dieses Gesetzes gemacht worden sind, sind nur die Vorschriften über das Schiedsverfahren und das gerichtliche Verfahren (§§ 28 bis 39) anzuwenden. Im Übrigen verbleibt es bei den bisher geltenden Vorschriften.

(4) Auf technische Verbesserungsvorschläge, deren Verwertung vor In-Kraft-Treten dieses Gesetzes begonnen hat, ist § 20 Abs. 1 nicht anzuwenden.

§ 43   Übergangsvorschrift (Fassung 2002)*

(1) § 42 in der am 7. Februar 2002 (BGBl. I, S. 414) geltenden Fassung dieses Gesetzes findet nur Anwendung auf Erfindungen, die nach dem 6. Februar 2002 gemacht worden sind. Abweichend von Satz 1 ist in den

---

*   Neu gefasst durch Art. 1 Nr. 3 des Gesetzes zur Änderung des ArbEG vom 18. 1. 2002 (BGBl I, S. 414).

Fällen, in denen sich Professoren, Dozenten oder wissenschaftliche Assistenten an einer wissenschaftlichen Hochschule zur Übertragung der Rechte an einer Erfindung gegenüber einem Dritten vor dem 18. Juli 2001 vertraglich verpflichtet haben, § 42 des Gesetzes über Arbeitnehmererfindungen in der bis zum 6. Februar 2002 geltenden Fassung bis zum 7. Februar 2003 weiter anzuwenden.

(2) Für die vor dem 7. Februar 2002 von den an einer Hochschule Beschäftigten gemachten Erfindungen sind die Vorschriften des Gesetzes über Arbeitnehmererfindungen in der bis zum 6. Februar 2002 geltenden Fassung anzuwenden. Das Recht der Professoren, Dozenten und wissenschaftlichen Assistenten an einer wissenschaftlichen Hochschule, dem Dienstherrn ihre vor dem 6. Februar 2002 gemachten Erfindungen anzubieten, bleibt unberührt.

§ 44 Anhängige Verfahren*

§ 45 Durchführungsbestimmungen

Der Bundesminister der Justiz wird ermächtigt, im Einvernehmen mit dem Bundesminister für Arbeit die für die Erweiterung der Besetzung der Schiedsstelle (§ 30 Abs. 4 und 5) erforderlichen Durchführungsbestimmungen zu erlassen. Insbesondere kann er bestimmen,
1. welche persönlichen Voraussetzungen Personen erfüllen müssen, die als Beisitzer aus Kreisen der Arbeitgeber oder der Arbeitnehmer vorgeschlagen werden;
2. wie die auf Grund der Vorschlagslisten ausgewählten Beisitzer für ihre Tätigkeit zu entschädigen sind.

§ 46 Außerkrafttreten von Vorschriften

Mit dem In-Kraft-Treten dieses Gesetzes werden folgende Vorschriften aufgehoben, soweit sie nicht bereits außer Kraft getreten sind:
1. die Verordnung über die Behandlung von Erfindungen von Gefolgschaftsmitgliedern vom 12. Juli 1942 (Reichsgesetzbl. I S. 466);
2. die Durchführungsverordnung zur Verordnung über die Behandlung von Erfindungen von Gefolgschaftsmitgliedern vom 20. März 1943 (Reichsgesetzbl. I S. 257).

§ 47 Besondere Bestimmungen für Berlin**

---

* Aufgehoben durch Art. 1 Nr. 4 des Gesetzes zur Änderung des ArbEG v. 18. 1. 2002 (BGBl. I, S. 414).
** Aufgehoben durch Art. 4 des 2. Gesetzes zur Änderung des PatG u. anderer Gesetze (2. PatGÄnd.G) v. 16.7.1998 (BGBl. I, S. 1827).

§ 48 Saarland*

Dieses Gesetz gilt nicht im Saarland.

§ 49 **In-Kraft-Treten**

Dieses Gesetz tritt am 1. Oktober 1957 in Kraft.

---

* Überholt durch § 1 Abs. 1 des Gesetzes zur Einführung von Bundesrecht im Saarland vom 30. Juni 1959 (BGBl. I S.313), in Verbindung mit § 41 des Gesetzes über die Eingliederung des Saarlandes auf dem Gebiet des gewerblichen Rechtsschutzes vom 30. Juni 1959 (BGBl. I S. 338).

Kommentierung

Einleitung

Lit. vor § 1

Lit.: *Aubert*, Das Ges. ü. ArbNErf., ZPF 1958, 105; *Bartenbach*, Grundzüge d. Rechts d. ArbNErf., NZA Beil. 1990, Nr. 2, 21; *ders.,* Überlegungen z. Novellierung d. ArbEG, VPP-Rundbrief 1999, 41; *Bartenbach/Volz*, Geschichtliche Entwicklung u. Grundlagen d. ArbNErfR. – 25 J. ArbEG, GRUR 1982, 693; *dies.*, ArbNErf, VVe, HzA Gruppe 14; *Beil*, Der 2. Entw. e. Ges. ü. Erf. v. ArbN u. Beamten, Chemie-Ing.-Technik 1956, 137; *ders.*, Das neue Ges. ü. ArbNErf., Chemie-Ing.-Technik 1957, 421, 489, 633, 775; *Brede*, Das Recht d. ArbNErf. NWB 1982, 1361(= Fach 26, S. 1751); *von Bredow*, Novellierung des ArbEG, VPP-Rundbrief 1999, 47; *Dänner*, Studie BDI/BDA z. ArbEG, Industrieposition, Kritik am Iststand, VPP-Rundbrief 1999, 31; *Danner*, Die Behandlg. d. zu e. geltend zu machenden Monopol führenden Arbeitsergebn. v. ArbN – das ArbEG, wie es ist u. wie es sein müsste, GRUR 1983, 91; *Dünnwald*, Der Urheber i. öffentl. Dienst, 1999; *Franke*, Darstellung d. Ist-Situation ArbEG-Intern. Vergleich, VPP-Rundbrief 1999, 28; *Friedrich*, Das neue Ges. ü. ArbNErf., JZ 1957, 696; *ders.*, Zum Ges. ü. ArbNErf., GRUR 1958, 270; *Gaul*, Wechselwirkungen zw. Urheberrecht u. Arbeitsrecht, insbes. Grenzfragen d. ArbNErfR, NJW 1961, 1509; *ders.*, 20 Jahre ArbNErfR, GRUR 1977, 686; *Geidel*, Das Ges. ü. ArbNErf., BlfStSozArbR 1958, 121 u. ZRArbWiss. 1958, 90; *Greif*, ArbN als Erfinder, Der ltd. Angest. 1969, 46; *Heilmann/Taeger*, Prakt. Rechtsfragen d. ArbNErfR., BB 1990, 1969; *Heine*, Neuregelung d. Rechts d. ArbNErf., DB 1957, 549; *Hegel*, Gedanken z. Recht d. ArbNErf., Mitt. 1957, 3; *Hellebrand*, Änderungsbedarf f. d. ArbEG aus d. Sicht d. Schiedsstellenpraxis, VPP-Rundbrief 1999, 34; *Herbst*, Ges. ü. ArbNErf., NWB 57/Fach 26, 383; *Herold*, Das Recht d. ArbNErf., BlStSoz ArbR 1957, 297; *Herschel*, 25 Jahre ArbEG, RdA 1982, 265; *Hueck*, Gedanken z. Neuregelung d. Rechts d. ArbNErf., Festschr. f. *Nikisch* (1958), S. 63; *Joos*, Grundlagen u. Möglichkeiten d. Angleichung d. Arbeitnehmererfinderrechts, GRUR Int. 1990, 366; *Johannesson*, Erfinder – Erfindung – »Betriebserf.«, GRUR 1973, 581; *Kockläuner*, Bewährtes dt. Arbeitnehmererfinderrecht?, GRUR 1999, 664; *Knoblauch*, Das Recht d. ArbNErf., Der ltd. Angest. 1957, 122; *Kunze*, ArbNErf.- u. ArbNUrhR als ArbR, RdA 1975, 42; *Kurz*, Z. Geschichte des Arbeitnehmererfindungsrechts, 1997; *ders.*, Die Vorarbeiten zum ArbeitnehmererfindungsG, GRUR 1991, 422; *Leidgens*, Das neue Ges. ü. ArbNErf., BlfStSozArbR 1957, 280; *Lewcke*, Die ArbNErf., DB 1957, 424; *Meier*, Bewährtes deutsches ArbErfR?, GRUR 1998, 779; 11; *Müller-Pohle*, ArbNErf. – Gegenwärtiges u. künftiges Recht, GRUR 1950, 172; *Neumeyer*, Der angest. Erfinder als Gegenstand d. Gesetzgebung, Mitt. 1971, 213; *ders.*, Das Recht d. ArbNErf., AWD 1974, 395; *Sautter*, Einige Probleme d. prakt. Handhabung d. Ges. ü. ArbNErf. aus industrieller Sicht, Mitt. 1971, 203; *Schade*, Zu Fragen d. ArbNErfR, GRUR 1958, 519; *ders.*, Aus der bish. Praxis der Schiedsst. f. ArbNErf. i. München, Mitt. 1959, 253; *ders.*, ArbEG u. betriebl. Vorschlagswesen, VDI-Zeitschr. 1961, 50; *ders.*, ArbNErf., BB 1962, 260; *ders.*, Zur Auslegung d. Ges. ü. ArbNErf. durch Gerichte u. Schiedsst., GRUR 1965, 634; *ders.*, Aktuelle Probleme auf d. Gebiet d. ArbNErf., GRUR 1970, 579; *ders.*, Aktuelle Probleme i. Recht d. ArbNErf., VDI-Information Nr. 27/1971; *ders.*, ArbNErf., RdA 1975, 157; *ders.*, Der Erfinder, GRUR 1977, 390; *Schippel*, Die Entwicklung des Arbeitnehmererfinderrechts, in: Festschr. 100 J. GRUR (1991) Bd. 1, S. 585; *Schoden*, Das Recht d. ArbNErf. u. d. betriebl. VV-Wesen, BetrR 1982, 119; *Schopp*, ArbNErf., Rpfleger 1971, 203; *Schultze-Rhonhof*, Vorschläge f. d. Reform d. Rechts d. ArbNErfinder, GRUR 1956, 440; *Schwab*, Das ArbNErf.-Recht in d. Rechtsprechung, Anwaltsbl. 1982, 41; *ders.* Das Arbeitnehmererfinderrecht, AlB 1998, 513; *Straus*, Die intern.-privatrechtl. Beurteilung von ArbNErfindungen i. eur. Patentrecht, GRUR Int. 1984, 1; *ders.*, Der Erfinderschein – Eine Würdigung aus der Sicht der ArbNErf., GRUR Int. 1982, 706; *ders.*, ArbNErfRecht. Grundlagen u. Möglichkeiten d. Rechtsausgleichung, GRUR Int. 1990, 353; *Volmer*, Das

Einleitung

Rechtsausgleichung, GRUR Int. 1990, 353; *Volmer*, Das Ges. ü. ArbNErf., RdA 1957, 241; *ders.*, Das Recht d. ArbNErf., AR-Blattei, Erf. v. ArbN I; *ders.*, ArbNErf. u. Vollbeschäftigung, DB 1978, 209; *Wagner*, Erf. v. ArbN., AuA 1991, 40; *Wendel*, Zur Neuregelung d. Rechts d. ArbNErfinder, AuR 1958, 297; *Wenzel*, Zum Recht d. Erf. v. ArbN u. Beamten, DöD 1957, 221; *Windisch*, Rechtsprechung im Bereich d. ArbNErf., GRUR 1985, 829; *Zumbach*, Die Angestelltenerf. im schweiz. u. deutschen Recht, Diss. Basel 1959; (o. Verf.) Zum Ges. ü. ArbNErf., Der Arbeitgeber 1957, 497; Neuregelg. d. Rechtes d. ArbNErf., BB 1957, 584. S. auch Lit. b. § 3.

Übersicht

A. Allgemeines	1-2	
B. Zielsetzung des ArbEG	3-9	
C. Die Arbeitnehmererfindung im ausländischen Recht	10-15	
D. Das ArbEG im Überblick	16-30	
E. Arbeitnehmererfindungen aus der Zeit der ehemaligen DDR	31-38	
I. Geltung bundesdeutschen Rechts	31	
II. Geltung des Erfinderrechts der ehemaligen DDR		
1. Rechtsangleich in der ehemaligen DDR	32	
2. Erstreckungsgesetz	33-35	
3. »Gemachte Erfindungen«	36	
III. Anzuwendendes DDR-Recht	37-38	

A. Allgemeines

1 Das am 25.7.1957 erlassene Gesetz über Arbeitnehmererfindungen (ArbEG) bildet den Abschluss einer bereits nach In-Kraft-Treten des PatG von 1877 einsetzenden Rechtsentwicklung[1]. Das ArbEG hat die als Provisorien gedachten Kriegsverordnungen (VO über die Behandlung von Erfindungen von Gefolgschaftsmitgliedern vom 12.7.1942 und DVO vom 20.3.1943[2]) abgelöst (vgl. § 46).

2 Ca. **80-90 % aller im Inland eingereichten Patentanmeldungen** beruhen auf Arbeitnehmererfindungen[3]. Dabei ist jedoch nicht zu übersehen,

---

[1] Ausf. zur hist. Entwicklung: Kurz, Geschichte des Arbeitnehmererfindungsrechts, 1997, u. ders., GRUR 1991, 422; Hueck in Festschr. f. Nikisch (1958) S. 63 ff.; Bartenbach/Volz, GRUR 1982, 693 ff.; Schippel in Festschrift 100 J. Dt. Vereinigg. f. Gewerbl. Rechtsschutz u. UrhR. (1991), S. 585 ff.; Volmer, ArbEG Einl. Rz. 13 ff.; Volmer/Gaul, Einl. Rz. 34 ff.; Reimer/Schade/Schippel/Kaube, ArbEG Einl. S. 67 ff.

[2] RGBl. (1942) I, 466 bzw. RGBl. (1943) I, 257.

[3] Genaue Statistiken fehlen, so dass die Angaben auf Schätzungen beruhen und dementsprechend schwanken; die Schiedsstelle geht von 80% (EV. v. 13.9.1982 – Arb.Erf. 48/81 – unveröffentl.) bzw. 85 % (EV. v. 27.6.1989 – ArbErf. 100/88 – unveröffentl.) aus, was mit den Ermittlungen des DPA im Wesentlichen übereinstimmt (vgl. RdA 1984, 303); auch das Schrifttum geht von 80–90 % aus: vgl. Schwab, Erfindung und Verbesserungsvorschlag, S. 1; Bernhardt/Kraßer, Lehrb. d. PatR, 1986, § 21 I a 1 m.H.a. die Untersuchungen des IFO-Institutes, Patentwesen u. techn. Fortschritt, Tl. I, 1974, S. 51, wonach seinerzeit 87 % aller patentierten Erf. f. d. Bereiche Elektrotechnik, Chemie u. Maschinenbau v. ArbN stammten;

dass die Zeit der Pioniererfindungen und der überragenden technischen Innovationssprünge auf vielen Gebieten der Technik der Vergangenheit angehört und heute im Wesentlichen Verbesserungserfindungen entwickelt werden; hinzu kommt, dass die Erfindungstätigkeit häufig der Marktnachfrage folgt, im Vordergrund also nicht die technische Fortentwicklung steht, sondern vielmehr die Entdeckung von Nachfragepotentialen mit dem vorrangigen Drang nach dem sicheren Produkt. Gegenwärtig ist die ganz überwiegende Zahl der neuen Produkte nicht durch Erfindungen beeinflusst, sondern durch Marktanalyse und Befriedigung von Marktnachfrage. Hier kann das ArbEG bei sachgerechter Handhabung als angemessene Motivationshilfe dienen, nicht nur kurzfristigen Innovationsbedarf zu befriedigen, sondern auch langfristig technisches Neuland zu betreten und mit Hilfe von (Vorrats-)Erfindungen neue Märkte zu eröffnen.

Das ArbEG hat sich in seiner über 45-jährigen Geltung im Wesentlichen bewährt[3a]. Nicht zu verkennen ist indes, dass einzelne Bestimmungen in der Rechtspraxis keine nennenswerte Bedeutung haben, jedoch nicht unerheblichen administrativen Aufwand verursachen, wie etwa die Arbeitgeberpflichten im Zusammenhang mit der Auslandsfreigabe (§ 14) und der Aufgabe von Schutzrechtspositionen (§ 16)[3b]. Auch das Institut der beschränkten Inanspruchnahme (§§ 6, 7 Abs. 2, § 10) hat sich nicht zuletzt aus der Sicht der Arbeitnehmererfinder kaum bewährt; entsprechendes gilt für den sog. qualifizierten Verbesserungsvorschlag (§§ 3, 20 Abs. 1). Der im Ursprung nachvollziehbaren Überlegung, den Arbeitsvertragsparteien innerbetrieblich die Hilfe eines Erfinderberaters (§ 21) zur Verfügung zu stellen, ist die Praxis nicht gefolgt; diese Aufgaben nehmen Gewerkschaften und Verbände wahr, ergänzt durch die Unterstützung der inzwischen zahlreichen Patentinformationszentren. Für beide Arbeitsvertragsparteien hat sich die Ausfüllung des Begriffs der angemessenen Vergütung i. S. d. § 9 als schwierig erwiesen. Dabei ist weitgehend unstreitig, dass auch dem Arbeitnehmererfinder ein über das Arbeitsentgelt hinausgehender Vergütungsan-

---

Busse/Keukenschrijver, PatG Rz. 1 Einl. ArbEG; auf Grund der fortschreitenden techn. Entwicklung, die zunehmend erhebliches know-how und den steigenden Einsatz persönlicher und sachlicher Mittel notwendig macht, dürften nunmehr die %-Zahlen in diesen Bereichen eher über als unter 80 % liegen. Auch der Antrag der SPD-Fraktion v. 6.3.1996 zur innovativen Forschungs- und Technologiepolitik geht davon aus, dass 90 % der Erfinder als Arbeitnehmer beschäftigt sind (BT-Drucks. 13/3979, S. 8 zu Ziff. 4-6); die BReg. geht in einer Anfrage-Antwort v. 22. 4. 2002 von »mehr als 80 % aller Patentanmeldungen in der Bundesrepublik Deutschland« aus (in BT-Drucks. 14/8949, S. 23).

3a Siehe auch BReg. v. 22. 4. 2002 (Fn. 3); vgl. aber die Kritik u. a. von Meier GRUR 1998, 779 ff.

3b Vgl. hierzu auch die BDI/BDA-Studie zu den Auswirkungen des ArbEG in der Praxis, Juli 1998.

Einleitung

spruch zustehen muss, wie dies auch von Verfassungs wegen geboten ist[3c]. Die Ermittlung der angemessenen Vergütung wirft trotz detaillierter Vergütungsrichtlinien des BMA (vgl. § 11) unverändert Probleme auf, so dass sie in der betrieblichen Praxis wiederholt zu Auseinandersetzungen führt. Dies belegt auch die Fülle der Einigungsvorschläge der Schiedsstelle zu diesem Themenbereich. Hier ist eine Modernisierung sinnvoll, die sowohl den berechtigten wechselseitigen Interessen der Arbeitsvertragsparteien als auch der Harmonisierung innerhalb der EU-Staaten Rechnung trägt, nicht zuletzt unter dem Aspekt einer gleichmäßigen Behandlung im Rahmen der zunehmend länderübergreifenden Forschungs- und Entwicklungsarbeiten.

2.1 Die zunehmende Kritik haben die Bundesministerien für Justiz und für Arbeit und Sozialordnung zum Anlass genommen, eine Reform des ArbEG einzuleiten[3d]. Das ArbEG soll insbesondere von komplizierten Verfahrensregelungen befreit und das wenig transparente Vergütungssystem soll vereinfacht werden. Erreicht werden sollen diese Ziele im Wesentlichen durch Erleichterungen bei der Meldung und Inanspruchnahme von Erfindungen, durch den Wegfall der Anmeldepflicht des Arbeitgebers einschließlich seiner Anbietungspflichten sowie durch eine Neuregelung der Erfindervergütung in Form der Zahlung von Pauschalen in bestimmten Zeitabständen. Die technischen Verbesserungsvorschläge sollen vollständig aus dem Anwendungsbereich des Gesetzes herausgenommen werden. Die Beratungen des Referentenentwurfs sind – nach Anhörung der beteiligten Kreise[3e] – noch nicht abgeschlossen[3f].

B. Zielsetzung des ArbEG

3 Zielsetzung des ArbEG ist es, den Interessenwiderstreit angemessen zu lösen, der sich daraus ergibt, dass aus arbeitsrechtlichen Gesichtspunkten das Ergebnis der Arbeit dem Arbeitgeber gebührt, wohingegen das Patentrecht die Erfindung ausschließlich dem (Arbeitnehmer-)Erfinder selbst zugesteht[4] (§ 6 Satz 1 PatG). Der Gesetzgeber hat das ArbEG – wie das BVerfG

3c BVerfG Beschl. v. 24. 4. 1998 NJW 1998, 3704, 3705 – Induktionsschutz von Fernmeldekabeln.
3d Siehe Referentenentwurf eines Gesetzes zur Änderung des Gesetzes über Arbeitnehmererfindungen vom 25. 10. 2001 (Referentenentwurf), S. 15 ff.
3e Vgl. dazu das Protokoll der Anhörung des BMJ und BMA (GRUR 2000, 1000 ff. sowie die Stellungnahme des Grünen Vereins, abgedruckt in GRUR 2000, 385 ff.
3f Vgl. auch Antwort der BReg. v. 24. 4. 2002 in BT-Drucks. 14/8949, S. 23.
4 Amtl. Begr. BT-Drucks. II/1648 S. 12 = Blatt 1957, 225; zur Zielsetzung s. auch BGH v. 23.4.1974 GRUR 1974, 463, 464 – Anlagengeschäft; v. 2.6.1987 GRUR 1987, 900, 901 – Entwässerungsanlage u.v. 15.5.1990 GRUR 1990, 667 – Einbettungsmasse; ferner BPatG v. 8.11.1990 GRUR 1991, 755, 756 – Tiegelofen.

Einleitung

hervorhebt[4a] – als **Kollisionsnorm** zwischen arbeitsrechtlichen Grundsätzen und den aus dem allgemeinen Erfinderrecht folgenden Rechten konzipiert. Da Arbeitsverhältnis und Erfindung unterschiedlichen Normen unterworfen sind, erfüllt das ArbEG die Brückenfunktion einer Kollisionsregelung, die die wesentlichen Fragen des Innenverhältnisses zwischen dem erfindenden Arbeitnehmer und dem die Erfindung fördernden und ggf. verwertenden Arbeitgeber beantwortet[4b]. In Anbetracht der durch das Arbeitsverhältnis vorgegebenen Abhängigkeit des Arbeitnehmers wird ein gerechter Ausgleich vor allem durch soziale Gesichtspunkte bestimmt, so dass das ArbEG als ein dem **Arbeitsrecht zuzuordnendes Schutzgesetz** zugunsten des Arbeitnehmererfinders anzusehen ist[5] (s. aber Rz. 3 vor §§ 40-42); den §§ 1, 40-42 zufolge stellt es nach Auffassung im Schrifttum zugleich öffentliches Dienstrecht dar[5a].

Das ArbEG soll das Gebiet der Arbeitnehmererfindung möglichst **umfassend** und **abschließend** regeln, und zwar sowohl hinsichtlich des Personenkreises als auch im Hinblick auf benachbarte Sachgebiete, auf die sich das Arbeitnehmererfinderrecht auswirkt[6]; der Gesetzgeber hat aus diesen Gründen auch technische Neuerungen von Arbeitnehmern des öffentlichen Dienstes, Beamten und Soldaten aufgenommen (§§ 40-42). Sachlich enthält das ArbEG über das eigentliche Recht der Arbeitnehmererfindung hinausgehend Bestimmungen über das Schiedsverfahren (§§ 28-36), das gerichtliche Verfahren (§§ 37-39) und die Stellung des Erfinders in der Insolvenz des Arbeitgebers (§ 27). Andererseits lässt es gemäß § 25 die sonstigen Verpflichtungen aus dem Arbeitsverhältnis im Grundsatz unberührt.

Allgemein will das ArbEG durch eine ausführliche Regelung dieses Rechtsgebietes Lücken schließen, Streitfragen klären und so ein großes Maß an Rechtssicherheit bewirken; durch die Setzung kurzer Fristen soll

4

5

4a BVerfG v. 24. 4. 1998 (Fn. 3 c).
4b Windisch GRUR 1985, 829, 830 .
5 Str., wie hier Schiedsst. v. 26.1.1988 Blatt 1988, 349, 352 l.Sp.; Kunze RdA 1975, 42, 44; Bauer, Int. Priv. Recht d. ArbN.Erf., 57; Volmer/Gaul Einl. Rz. 29 ff.; Gaul BB 1981, 1787; Schwab AnwBl. 1982, 41; Volz, Öffentl. Dienst, 18 f.; Bernhardt/Kraßer, Lehrb. d. PatR, § 21 I b 1; a.A. (Zuordnung zum Gewerbl. Rechtsschutz) Haertel/Krieger GRUR 1957, 98, 108; wohl auch Maunz/Dürig/Herzog GG Anm. 116 zu Art. 73. Vgl. im Übrigen auch Amtl. Begr. (Fn. 4) S. 39 zu § 21 = Blatt 1957, 240 u. Ausschussbericht zu BT-Drucks. II/3327 S. 2 = Blatt 1957, 249; s. auch OLG Frankfurt v. 29.10.1970 OLGZ 71, 372, 375 (Anlagengeschäft); Schiedsst. v. 26.6.68 Blatt 1969, 25, 26.
5a Volmer (Fn. 1) Rz. 11; Volmer/Gaul Einl. Rz. 31; Volz (Fn. 5) 17 ff. Dagegen gehen Bundesregierung und Parlament zum Entwurf d. Gesetzes zur Änderung des ArbEG bzgl. § 42 n. F. davon aus, dass eine keine hochschul- und dienstrechtliche Norm, sondern spezielle Teilregelung auf dem Gebiet der gewerbl. Rechtsschutzes ist (s. BT-Drucks. 14/5975 v. 9. 5. 2001, S. 8 u. BT-Drucks. 583/01 v. 17. 1. 2001, S. 14).
6 Amtl. Begr. (Fn. 4) S. 14 = Blatt 1957, 225.

Einleitung

zudem eine schnelle Klärung der Rechtsbeziehungen über Arbeitnehmererfindungen zwischen Arbeitgeber und Arbeitnehmer erzielt werden[7].

6   Das BVerfG hat die **Verfassungsgemäßheit des ArbEG** bestätigt: Auch bei Arbeitnehmererfindungen genießt das allgemeine Erfinderrecht an der fertigen und verlautbarten Erfindung den Eigentumsschutz des Art. 14 Abs. 1 GG; daran ändert auch der Charakter als Diensterfindung nichts[8]. Das ausgewogene System wechselseitiger Rechte und Pflichten entspricht insbesondere auch den gestuften verfassungsrechtlichen Anforderungen an Eingriffe in das Verfügungs- und Verwertungsrecht, wie sie für das allgemeine Urheberrecht entwickelt worden sind[9]. Dies betrifft insbesondere die unbeschränkte Inanspruchnahme, durch die kraft Gesetzes die vermögenswerten Rechte an der Diensterfindung auf den Arbeitgeber übergehen und an deren Stelle ebenfalls kraft Gesetzes der Anspruch auf angemessene Vergütung tritt; damit wird die zum Kernbereich der Eigentumsgarantie gehörende Zuordnung des wirtschaftlichen Werts der Erfindung an den Erfinder gewährleistet[10].

Rz. 7-9 frei

C. Die Arbeitnehmererfindung im ausländischen Recht

10   Im **Vergleich zum Ausland** verfügt die Bundesrepublik mit dem ArbEG über ein detailliertes, zugleich erfindungsfreundliches Spezialgesetz. Eigenständige Regelungen dieser schwierigen Rechtsmaterie in einem Sondergesetz stellen – auch im Vergleich zu den EU-Staaten – eine Ausnahme dar. So verwundert es nicht, dass sich die erste Initiative der EG-Kommission für eine Harmonisierung des Arbeitnehmererfinderrechts im Rahmen der Europäischen Gemeinschaft weitgehend an den Regelungen des ArbEG orientiert hatte, teilweise aber noch darüber hinausgegangen war[15]; dort ist es allerdings bei der Kollisionsregelung des Art. 60 Abs. 1 EPÜ bislang geblieben (s. dazu Rz. 35 zu § 1).

---

7   Amtl. Begr. (Fn. 4) S. 16 = Blatt 1957, 226.
8   BVerfG v. 24. 4. 1998 NJW 1998, 3704, 3705 l. Sp. – Induktionsschutz von Fernmeldekabeln.
9   BVerfG v. 24. 4. 1998 (Fn. 8) S. 3705 l. Sp.
10 BVerfG v. 24. 4. 1998 (Fn. 8) S. 3705 r. Sp.
11-14 frei
15 Vgl. dazu Kretschmer GRUR 1980, 37; s. im Übrigen die »Vergleichende Untersuchung über das Recht der Arbeitnehmererfindungen in den Mitgliedstaaten der EG«, hrsg. v. d. EG-Komm., 1977 (= Slg. Studien, Reihe Arbeitsrecht Nr. 2); Straus GRUR Int. 1984, 1; ders. GRUR 1990, 353. Die Arbeiten an einer Richtlinie zum Arbeitnehmererfinderrecht hatte die EG-Komm. zwischenzeitlich eingestellt; vgl. Schwartz in Festschr. f. H. v. d. Groeben (1987), S. 333, 349.

Einleitung

Bezogen auf die europäischen Länder ist eine spezialgesetzliche Regelung nur in Dänemark, Finnland, Norwegen, Polen und Schweden anzutreffen. In anderen Ländern, wie etwa Großbritannien, Frankreich, Italien, den Niederlanden, Österreich, Portugal, Spanien und Ungarn, sind die Regelungen zum Arbeitnehmererfinderrecht Bestandteil der Patentgesetze oder – wie etwa in der Schweiz – im allgemeinen bürgerlichen Recht verankert. Weitere Staaten, so die USA, Luxemburg, Belgien und Kanada, haben diese Fragen weitgehend der Rechtsprechung überlassen und nur für bestimmte Bereiche, etwa für den öffentlichen Dienst (Verwaltungs-)Vorschriften erlassen. Auch eine erneute Initiative der EG-Kommision Ende der 80er-Jahre des letzten Jahrhunderts hat (bisher) noch nicht zu konkreten Vorschlägen geführt[16]. Neuere Gesetzesregelungen in einzelnen Auslandsstaaten orientieren sich z. T. an § 120 des WIPO-Mustergesetzes über Erfindungen für Entwicklungsländer (so etwa die Regelung in den Vereinigten Arabischen Emiraten[16a]).

Im Schrifttum haben sich insbesondere *Gaul*[17] und *Villinger*[17a] ausführlich mit den Fragen des Rechts der Arbeitnehmererfindung in ausländischen Staaten befasst.

16 Vgl. a. die Vorschläge von Villinger, »Materialien für eine Harmonisierung d. Rechts d. Arbeitnehmererfindungen«, 1994.
16a Stark, GRUR Int. 2000, 202, 209.
17 In Volmer/Gaul Einl. Rz. 165 ff. im Anschluss an Gaul/Schmelcher, Das Recht der Arbeitnehmererfindung in den westeuropäischen Ländern, ZfA 1982, 401 ff.; vgl. i. übrigen die rechtsvergleichenden Darstellungen von Bauer, Das internationale Privatrecht der Arbeitnehmererfindungen, Göttingen Diss. 1970 u. ders. AWD 1970, 512 f.; Neumeyer, Das Recht der Arbeitnehmererfindung in den Ländern des Gemeinsamen Marktes, DB 1978, 538 ff.; ders., Die Arbeitnehmererfindung in rechtsvergleichender Sicht, GRUR Ausl. 1962, 65; ders., Der angestellte Erfinder als Gegenstand der Gesetzgebung, Mitt. 1971, 213 ff.; Godenhjelm, Die internationalen Bestrebungen zur Vereinheitlichung des Rechts der Arbeitnehmererfindung, GRUR Int. 1966, 125; ders., Employees' Inventions in: International Encyclopedia of Comparative Law, Bd. XIV, Tübingen/Den Haag/Paris 1973 (Bespr. v. Dietz i. GRUR Int. 1984, 558); Schippel, Die Grenzen der Privatautonomie im intern. Arbeitsrecht und die Arbeitnehmererfindung, Mitt. 1971, 229; Straus, Die international-privatrechtliche Beurteilung von Arbeitnehmererfindungen im Europäischen Patentrecht, GRUR Int. 1984, 1; ders., Rechtsvergleichende Bemerkungen zum Begriff des Arbeitnehmererfinders, GRUR Int. 1984, 401; ders., Arbeitnehmererfinderrecht: Grundlagen u. Möglichkeiten d. Rechtsangleichung, GRUR Int. 1990, 353; Phillips (Hrsg.), Employees' Inventions, A comparative study, Sunderland/Fernsway/England 1981 (Bespr. von Straus i. GRUR Int. 1984, 199); Ramm, Vgl. Untersuchg. über d. Recht d. ArbNErf. in d. Mitgliedsstaaten d. EG, hrsg. v. d. EG-Komm., 1978 (= Slg. Studien, Reihe ArbR 2); Weinmiller, Bemerkungen z. ArbNErfR in d. EG, GRUR Int. 1975, 281; Reimer/Schade/Schippel/Kaube S. 85 ff. mit zahlreichen Nachweis. Vgl. auch die Auswahlbibliographie zum Arbeitnehmererfinderrecht (in Europa) von Hentschel GRUR Int. 1990, 369.
17a Villinger, Materialien für eine Harmonisierung d. Rechts d. Arbeitnehmererfindungen, 1994, 206 ff. (m. Vorschlägen für eine Harmonisierung im EU-Bereich).

11   Nachfolgend soll ein kurzer **Überblick** über die Regelungen zum Recht der Arbeitnehmererfindung im **Ausland** gegeben werden; ergänzend sei auf die Internet-Information der WIPO unter »http://clea-wipo.int/« zum ausländischen Arbeitnehmererfinderrecht verwiesen:
In **Äthiopien** bestimmt Art. 7 des Gesetzes Nr. 123/1995 über Erfindungen die Zuordnung von Erfindungen, die im Arbeitsverhältnis geschaffen worden sind.[17b] In **Algerien**[18] behandeln Art. 16 und 17 der Rechtsverordnung Nr. 93-17 über den Schutz von Erfindungen v. 7.12 1993 die in Erfüllung des Arbeitsvertrages anlässlich eines ausdrücklich erteilten Erfindungsauftrags geschaffenen Diensterfindungen. In den **Andenstaaten** normiert der Beschluss Nr. 344 v. 21. 10. 1993[18a] im Rahmen der gemeinsamen Regelung über den Gewerblichen Rechtsschutz die Zuordnung und Vergütung der im Anstellungsverhältnis geschaffenen Erfindungen (1. Kap. 2. Abschn. Art. 8 – 11).

In **Argentinien** regelt das Patent- und Gebrauchsmustergesetz Nr. 24, 481, modifiziert durch Gesetz Nr. 25.572 in Art. 10, die Rechtsfragen betr. die während eines Beschäftigungsverhältnisses gemachten Erfindungen.[18c]
In **Belgien** fehlt derzeit eine Regelung zum Arbeitnehmererfinderrecht, so dass hier Regelungen weitgehend der Parteidisposition überlassen bleiben[19].
Brasilien hat Regelungen zum Arbeitnehmererfinderrecht in Art. 40-43 des Gesetzes Nr. 5772 über das gewerbliche Eigentum und andere Vorschriften vom 21.12.1971[20] aufgenommen. Auch **Bulgarien** hat das Recht der Arbeitnehmererfindung im Rahmen des Gesetzes über Patente vom 18.3.1993[21] geregelt, und zwar insbesondere in Art. 15.
Chile behandelt das Recht der Diensterfindung in den Art. 68 ff. des Gesetzes Nr. 19.039 v. 24. 1. 1991.[22] Die **Volksrepublik China** hat am 12.3.1984 erstmals ein Patentgesetz verabschiedet, in dem auch die Arbeitnehmererfindungen erfasst sind[23]; diese Bestimmungen sind durch die »Änderung des Patentgesetzes« v. 25. 8. 2000 wesentlich neugestaltet worden (Art. 6)[23a].

17b   GRUR Int. 2000, 531 sowie Eshete GRUR Int. 2000, 512.
18   Blatt 1995, 344.
18a   GRUR Int. 1994, 917, 918.
18b   frei
18c   GRUR Int. 1998, 587, 588.
19   Vgl. §§ 8-12 PatG v. 28.03.1984 Blatt 1987, 140; Neumeyer, DB 1978, 538, 542; Gaul/Schmelcher (Fn. 17), 445 f. = Volmer/Gaul Einl. 281 ff.
20   Blatt 1974, 155 ff.; vgl. dazu Gomez-Segade, Grundzüge u. Einzelheiten d. Spanischen PatG, GRUR Int. 1988, 99 ff.; Kaßnar, Arbeitnehmererfindungen: Rechtswirklichkeit in Brasilien, GRUR Int. 1984, 726 ff.
21   Blatt 1994, 7 ff. = GRUR Int. 1993, 940 ff.; Chivarov/Kowal-Wolk, GRUR Int. 1993, 910, 913 f.
22   Blatt 1996, 470.
23   §§ 2, 6, 7, 16, 17 PatG 1984, Blatt 1984, 188; s. dazu Bauer, GRUR Int. 1984, 255 f.
23a   In Kraft getreten am 1. 7. 2001; s. dazu GRUR Int. 2001, 541, 542.

Einleitung

Ebenso wie die anderen skandinavischen Länder verfügt **Dänemark**[24] über eine eigenständige Regelung in dem Gesetz über Arbeitnehmererfindungen aus dem Jahre 1972.
Ferner hat **Finnland** mit dem Gesetz Nr. 656 über Arbeitnehmererfindungen vom 29.12.1967 eine eigenständige Regelung, ergänzt durch die am 1.10.1988 in Kraft getretenen Änderungen, geändert durch Gesetz Nr. 1698 v. 22.12.1995[26], geschaffen. In **Frankreich** gilt das Patentgesetz 1990/1993[27] (angepasst durch Gesetz Nr. 96–1106 v. 18. 12. 1996) i.V.m. den Dekreten Nr. 79-797 bezüglich Erfindungen von Arbeitnehmern vom 4.9.1979[28], ergänzt durch das Dekret Nr. 84-864 vom 17.7.1984[29] und Dekret Nr. 80-645 betr. Erfindungen von Beamten und Angestellten des öffentlichen Dienstes vom 4.8.1980[29a].
In **Georgien** enthält das Patentgesetz Nr. 302 vom 16.3.1992 Regelungen über Arbeitnehmererfindungen[29b].
Für **Griechenland** wurde zunächst das dortige Patentgesetz 2527/192, geändert durch Gesetz Nr. 1023/1980, ergänzt durch die Bestimmung über Arbeitnehmererfindungen in Art. 668 ZGB[30]; ferner gilt Art. 6 des Gesetzes Nr. 1733/1987 vom 16.9.1987[31]. In **Großbritannien** ist das Recht der Arbeitnehmererfindungen durch Art. 39-43 des Patents Act 1977[32] (Fassung 1989) gesetzlich geregelt[33].

---

24 Neumeyer, DB 1978, 538, 540; Gaul/Schmelcher (Fn. 17), 422 ff. (= Volmer/Gaul Einl. Rz. 184 ff.); vgl. auch v. Zweigberk, Die Nordische Patentrechtsvereinheitlichung, GRUR Int. 1966, 136.
25 frei
26 Blatt 2001, 310; s. auch den Hinweis i. GRUR Int. 1989, 240 f.; das Gesetz von 1967 ist abgedruckt in Blatt 1974, 218; s. i. übrigen Volmer/Gaul Einl. Rz. 288; vgl. auch Straus (Fn. 17).
27 Blatt 1993, 180; s. auch Vianés, GRUR Int. 1980, 1 ff., 7 f.; Ullrich, GRUR Int. 1985, 710; Schmidt-Szalewski, GRUR Int. 1990, 342; dies. GRUR Int. 1999, 848, 850; GRUR Int. 2001, 93; s. i. übrigen Gaul/Schmelcher (Fn. 17), 425 ff. (= Volmer/Gaul Einl. Rz. 195 ff.; vgl. auch Kaube, Über d. Behandlg. d. Arbeitnehmererfinderrechts i. verschiedenen ausgewählten Ländern GRUR Int. 1982, 224; z. Höhe der Erf.vergütung s. Court de cassation v. 21. 11. 2000 GRUR Int. 2001, 785 – Hoechst Marion Roussel/Raynaud, m. Anm. Petit.
28 Blatt 1981, 171.
29 Blatt 1985, 41.
29a Blatt 1982, 156.
29b GRUR Int. 1992, 937.
30 GRUR Int. 1981, 35; vgl. Simitis, Das griechische Patentrecht, GRUR Int. 1970, 142, 144, wonach Art. 688 ZGB dem Art. 343 d. schweizerischen OR nachgebildet wurde; vgl. auch Gaul/Schmelcher (Fn. 17), 428 ff. (= Volmer/Gaul Einl. Rz. 213 ff.).
31 Blatt 1988, 330, 332.
32 Blatt 1981, 200 ff., 230 ff.; s. dazu Neumeyer DB 1978, 538, 540; Cornish, Employees' Inventions, in: Bowen u.a., Patents Act 1977, London 1978, 79 ff.; Phillips, Employees' Inventions and the Patents Act 1977, Hampshire 1978; Empoyees' In-

Einleitung

In **Indonesien** ordnet Art. 13 PatG 1997 die Rechte an einer Arbeitnehmererfindung dem Arbeitgeber zu.[33a]
Irland hat derzeit noch keine Neufassung des Patentgesetzes verabschiedet, so dass hier das bis 1977 auch in Großbritannien geltende Patentgesetz Nr. 12 von 1964 i.d.F. von 1966[34] Anwendung findet, in dem lediglich eine Regelung über Streitigkeiten bezüglich Arbeitnehmererfindungen enthalten ist[35]. In **Israel** regeln die §§ 131 ff. d. Patentgesetzes vom 8.8.1967[35a] diesen Fragenkreis. Grundlage des Arbeitnehmererfinderrechts in **Italien** sind nach wie vor die Artikel 23-26 der Königlichen Verordnung Nr. 1127 v. 29.6.1939[36], zuletzt geändert durch die VO Nr. 338 v. 22.6.1979[36a].

Für **Japan** enthält § 35 des Patentgesetzes 1959, ergänzt durch das Gesetz Nr. 27/1987, eine Sonderregelung für Arbeitnehmererfindungen[37].

Jugoslawien hat das Recht der Arbeitnehmererfindungen in den Art. 95 ff. des Patentgesetzes v. 24. 3. 1995 geregelt.[37a]

Das Patentrecht in **Kanada** kennt eine gesetzliche Regelung im Patentgesetz von 1990 (§§ 20, 49, 50) nur für Bedienstete im öffentlichen Bereich (Public Servants Inventions Act Nr. 2 und 3)[38]. In **Kasachstan** finden sich Regelungen lediglich in dem neuen Patentgesetz (Art. 9, 31) aus dem Jahre 1993[38a]. Im Patentgesetz aus dem Jahre 1990 der Republik **Korea** findet sich

---

ventions and English Law, in: Phillips (Fn. 17), 108 ff.; vgl. auch Gaul/ Schmelcher (Fn. 17), 429 ff. (= Volmer/Gaul Einl. Rz. 215 ff.).
33   Blatt 1991, 412; s. dazu Cornish, GRUR Int. 1990, 339.
33a Rott, GRUR Int. 2000, 42, 44
34   Blatt 1966, 251 ff.
35   Vgl. Neumeyer DB 1978, 538, 541; Gaul/Schmelcher (Fn. 17), 432 f. (= Volmer/ Gaul Einl. Rz. 231 ff.).
35a S. dazu Blum, Die Neuregelung d. Patentrechts in Israel, GRUR Int. 1967, 401, 407.
36   GRUR Ausl. 1955, 544; s. dazu Beck, Die Angestelltenerfindung in der italienischen Gesetzgebung, GRUR 1949, 400.
36a GRUR Int. 1980, 490 f.; vgl. dazu Ubertazzi/Vohland, Das neue italienische Patentrecht, GRUR Int. 1980, 9 ff.; Gaul/Schmelcher (Fn. 17), 433 ff. (= Volmer/Gaul Einl. Rz. 235 ff.); Ubertacci, Die Zuordnung von Arbeitnehmererfindungen im italienischen Recht, GRUR Int. 1986, 365 ff. u.z. Vorbenutzungsrecht des Arbeitgebers OGH v. 14.10.1981 GRUR Int. 1982, 560.
37   Blatt 1961, 346 ff.; Blatt 1971, 237 f.; Blatt 1975, 294 ff.; Blatt 1981, 319 ff. u. Blatt 1989, 233, 239; vgl. dazu Nakayama, Das Arbeitnehmererfinderrecht in Japan, GRUR Int. 1980, 23 ff.; Heath, Z. Vergütung von Arbeitn.Erfindungen in Japan GRUR Int. 1995, 352; ders. Erlangung und Durchsetzung von Patentrechten in Japan GRUR Int. 1998, 555, 569; s. auch Kaube (Fn. 27) u. Volmer/Gaul Einl. Rz. 355 f.; zur Auslegung d. Art. 35 PatG vgl. LG Osaka v. 18.05.1979 GRUR Int. 1980, 59; vgl. auch Dui in: Phillips, Employees' Inventions, 1981, The law and practice in Japan, 66 ff.; Heath GRUR Int. 1995, 382 und Bezirksgericht Tokyo v. 30.9.1992 GRUR Int. 1995, 415 – Eisenbauteile; Obergericht Osaka v. 27.5.1994 GRUR Int. 1995, 413 u. Obergericht Tokyo v. 23.5.1995 GRUR Int. 1995, 417.
37a Blatt 1999, 234, 243 f.
38   Industrial property 1990/12 (62); vgl. auch Straus (Fn. 17), 405.
38a Blatt 1993, 257.

Einleitung

in §§ 39, 40 eine rudimentäre Regelung des Arbeitnehmererfindungsrechts[38b] und ebenso für **Kroatien** in Art. 11 des am 31. 7. 1999 in Kraft getretenen Patentgesetzes.[38c]
Litauen regelt das Recht der Diensterfindungen in Art. 8 des Patentgesetzes (Ges. Nr. I-372) v. 18. 1. 1994.[38d] In **Luxemburg** enthält das Patentgesetz vom 20.7.1992 i. d. F. v. 24. 5. 1998 in Art. 13 Regelungen über Arbeitnehmererfindungen[39].
Das Gesetz über den gewerblichen Rechtsschutz i.d.F. v. 29. 4. 1999 in **Mexiko**[39a] verweist für Arbeitnehmererfindungen auf Art. 163 des Bundesarbeitsgesetzes.
Für die **Niederlande** enthalten die Art. 12 ff. des Reichspatentgesetzes 1995 vom 15.12.1994 eine Sonderregelung[40]. In **Norwegen** besteht eine spezialgesetzliche Regelung mit dem Gesetz Nr. 21 über Arbeitnehmererfindungen vom 17.4.1970[41].
In **Österreich** sind die Vorschriften der §§ 6-19 des Patentgesetzes vom 11.1.1897 i.d.F. v. 1.12.1984[42] maßgeblich.
In **Polen** wurde durch das Gesetz über den gewerblichen Rechtsschutz vom 30. 6. 2000, in Kraft getreten am 22. 8. 2001, auch das Recht der Arbeitnehmererfindungen geregelt (vgl. Art. 11 Abs. 3, Art. 22 f.)[42a]. In **Por-**

38b   Industrial property 1991/2; s. auch Heath (Fn. 37) S. 387.
38c   Blatt 2000, 230, 231.
38d   Blatt 1997, 50.
39   Blatt 1998, 292 f.; vgl. auch die Information in GRUR Int. 1993, 95; zum früheren Patentgesetz vgl. Neumeyer DB 1978, 538, 542; Volmer/Gaul Einl. Rz. 286.
39a   GRUR Int. 2002, 117, 119.
40   Blatt 1996, 230 ff.; GRUR Int. 1996, 122 ff.; z. früheren Recht s. GRUR Ausl. 1955, 544; Blatt 1980, 130 ff.; s. auch Neumeyer DB 1978, 538 f.; Gaul/Schmelcher (Fn. 17), 435 ff. (= Volmer/Gaul Einl. Rz. 244 ff.).
41   Industrial property 1971, 238; Blatt 1976, 179; s. i. übrigen d. Hinweise b. Neumeyer, DB 1978, 538 u. Straus (Fn. 17), 403; vgl. (aber) auch Volmer/Gaul Einl. Rz. 288.
42   Blatt 1976, 357 f. (weitgehend unverändert durch Bundesgesetz v. 17.06.1977, Blatt 1977, 323). Vgl. dazu Abel, Die Diensterfindung im österreichischen Recht GRUR Ausl. 1962, 117; Volmer, Das Arbeitnehmererfindungsrecht im Entwurf eines österreichischen Arbeitsgesetzbuches, GRUR Ausl. 1962, 122; Collin Diensterfindungen in Österreich, GRUR Int. 1971, 287; ders., Die Diensterfindung, Wien 1976; ders., Die Vergütung von Diensterfindungen, RdW 1984, 342; ders., Innovationshandbuch unter bes. Berücksichtigung der Diensterfindungen und des Vorschlagswesens, Wien 1985; Nowotny, Erfindungen von Universitätslehrern, zugleich ein Beitrag zum Begriff der Diensterfindung, ÖBl. 1979, 1 ff.; Schönherr, Die Gesellschafterfindung in wirtschaftlicher Praxis und Rechtswissenschaft, Festschrift für Kastner 19/2 S. 401 ff.; Hamburger, Diensterfindervergütung im österreichischen Steuerrecht, ÖBl. 1965, 108; Straus (Fn. 17), 402 ff.; Gaul/Schmelcher (Fn. 17), 438 ff. (= Volmer/Gaul Einl. Rz. 252 ff.); zur Entstehung des Vergütungsanspruchs, zum Rechnungslegungsanspruch, zur Verjährung s. Urteil OGH v. 18.02.1986 GRUR Int. 1986, 822 – Bohrmaschinen und zur Erfindung von Vorstandsmitgliedern OGH v. 05.02.1985 GRUR Int. 1986, 64 – Vorstandsmitglied).
42a   GRUR Int. 2001, 927 ff.

Einleitung

tugal ist eine erfinderrechtliche Regelung (für Patente, Gebrauchs- und Geschmacksmuster) eingebettet in das Gesetz Nr. 16/95 über gewerbliche Schutzrechte v. 24. 1. 1995 (§§ 54, 124, 147)[43].
Rumänien verfügt über eine Regelung in Art. 5 und 6 des Gesetzes über Erfindungspatente vom 11.10.1991[43a]. Die **Russische Föderation** hat eine Regelung in Art. 8 des Patentgesetzes vom 23.9.1992 getroffen[43b].
Schweden verfügt über eine spezialgesetzliche Regelung im Gesetz Nr. 345 über das Recht an Erfindungen von Arbeitnehmern vom 18.6.1949[44]. In der **Schweiz** gilt Art. 332 und 332a des Bundesgesetzes über Obligationenrecht (OR), eingefügt durch Gesetz vom 25.6.1971[45].
Singapur hat die Regelung des Arbeitnehmererfindungsrechts in den am 23.2.1995 in Kraft getretenen Patent Act 1994 (geändert durch das Patentänderungsgesetz 1995[45a]; dort Sec. 49 f.) einbezogen[45b].
In der **ehemaligen Sowjetunion** war das Arbeitnehmerrecht in dem Gesetz über Erfindungen aus dem Jahre 1991 geregelt; dies dürfte nur noch von rechtshistorischem Interesse sein[46]. Für **Spanien** gelten die Art. 15 ff. des Gesetzes Nr. 11/86 über Patente vom 20.3.1986[47].

---

43   GRUR Int. 1997, 698 ff. (z. früheren Recht s. GRUR Ausl. 1955, 547).
43a Blatt 1992, 457 ff. = GRUR Int. 1992, 291 ff.; vgl. dazu Eminesen GRUR Int. 1993, 291 ff. und GRUR Int. 1992, 170 ff.
43b Blatt 1993, 12 ff.; das Arbeitnehmererfindungsrecht entspricht weitgehend der Regelung im sowjetischen Patentgesetz v. 31.5.1991 (GRUR Int. 1991, 714 ff.).
44   GRUR Ausl. 1955, 548 ff.; Neumeyer, Erfahrungen mit dem schwedischen Gesetz über Arbeitnehmererfindungen, GRUR Ausl. 1956, 344 f.; Gaul/Schmelcher (Fn. 17), 409 ff. (= Volmer/Gaul Einl. Rz. 167 ff.).
45   Blatt 1972, 239, 240; s. hierzu Kantongericht St. Gallen v. 09.02.1983 GRUR Int. 1984, 708 – Orthophotogerät; Pedrazzini, Bemerkungen zur Struktur der Dienstenfindung, Zürich 1961; Portmann, Die Arbeitnehmererfindung, Bern 1986; Rehbinder, Die Arbeitnehmererfindung i. Festschr. z. 130jähr. Bestehen d. eidgenössischen PatG (Bern 1988), 71 ff.; Troller, Probleme d. Arbeitnehmererfindung i. schweiz. Recht, Schweiz. Mitt. 1980, 99 ff.; vgl. auch Dolder, Nachwirkende Nichtangriffspflichten d. Arbeitnehmererfinders i. schweiz. Recht, GRUR Int. 1982, 158 ff.; Spoendlin, Zur Behandlung immaterieller Arbeitsergebnisse i. Arbeits- u. Auftragsverhältnis, in Festschr. F. Vischer, Zürich 1983, 727 ff.; Zumbach, Die Angestelltenerfindung i. schweiz. u. deutschen Recht, Diss. Basel 1959; vgl. auch Gaul/Schmelcher (Fn. 17), 441 ff. (= Volmer/Gaul Einl. Rz. 267 ff.).
45a Blatt 1999, 273 ff, 286.
45b Leong, Grundzüge d. neuen Patentgesetzes von Singapur, GRUR Int. 1996, 112, 115 f.
46   Vgl. insbes. Dietz GRUR Int. 1976, 139 ff.; Strauss, Der Erfinderschein – eine Würdigung aus Sicht der Arbeitnehmererfindung, GRUR Int. 1982, 706 ff.; Zur Erfindervergütung s. Oberstes Gericht d. UdSSR v. 16.06.1981 GRUR Int. 1991, 714 ff.; ausführl. Volmer/Gaul Einl. Rz. 296 ff.
47   Blatt 1987, 21 ff.; Gomez-Segade, Grundzüge u. Einzelheiten d. span. Patentrechts, GRUR Int. 1988, 99, s. auch GRUR Int. 1988, 149.

Einleitung

Für **Taiwan** sind die §§ 7-10 PatG i.d.F. v. 21.1.1994 maßgeblich[47a]. In **Thailand** gelten die §§ 11-13 des Patentgesetzes BE 2522 (1979), geändert durch Patentgesetz (Nr. 2) BE 2535 (1992)[47b]. In der **Tschechoslowakei** regelt § 9 PatG 1991[47c] diesen Rechtsbereich. In der **Türkei** wurde am 27.6.1995 das neue Patentgesetz (Rechtsverordnung mit Gesetzeskraft Nr. 551, Amtsblatt Nr. 22326) verabschiedet, das auch – in Anlehnung an das deutsche ArbEG – Regelungen zum Recht der Arbeitnehmererfindungen enthält[47d] (Art. 16 ff.).

Das Gesetz der **Ukraine** über den Schutz von Rechten an Erfindungen und Gebrauchsmustern v. 15.12.1993[47e] behandelt in Art. 9 die hierauf bezogenen Rechte und Pflichten der Arbeitsvertragsparteien.

In **Ungarn** ist zum 1.1.1996 eine umfassende Neuregelung des Patentrechts in Kraft getreten (Gesetz Nr. XXXIII vom 25.4.1995 über den Patentschutz von Erfindungen[48]); dort enthält der 1. Teil Regelungen über das Arbeitnehmererfinderrecht. Mit RegierungsVO Nr. 63/1998 v. 31.3. 1998 wurde das Arbeitnehmererfindungswesen im Bereich der Verbesserungsvorschläge neu geregelt.[48a] Durch diese Regelungen sind u.a. die Verordnung über Diensterfindervergütungen 77/1989[48b] und die VO Nr. 78/1989 a aufgehoben worden.

Die **USA** haben keine gesetzliche Regelung des Arbeitnehmererfindungsrechts; die Zuordnung von Erfindungen wird vielmehr im Wesentlichen durch das abdingbare common law bestimmt[49]. Entscheidend sind das Arbeitsrecht und vertragliche Vereinbarungen. Amerikanische Gerichte neigen dazu, eine implizite vertragliche Verpflichtung des Arbeitnehmers zur Rechtsübertragung anzunehmen, sofern dieser »zum Erfinden« angestellt wurde; einen Anspruch auf Vergütung sieht das Gesetzesrecht nicht vor[49a].

Die **Vereinigten Arabischen Emirate** behandeln das Arbeitnehmererfindungsrecht in Art. 9 des Bundesgesetzes Nr. 44 von 1992 über die Regelung und den Schutz des industriellen Eigentums für Erfindungspatente,

---

47a GRUR Int. 1995, 391; s. hierzu auch Heath GRUR Int. 1995, 382, 387.
47b Blatt 1983, 169 ff. u. Blatt 1995, 240 f.
47c Industrial property 1991/9.
47d GRUR Int. 1996, 76 f; Ortan GRUR Int. 1996, 709, 710.
47e Blatt 1996, 330, 332.
48 S. hierzu Bodewig GRUR Int. 1995, 742.
48a GRUR Int. 1998, 824.
48b Vgl. zum früheren Recht Blatt 1984, 4 f.; Blatt 1992, 488; ebenso die Übersicht von Bodewig GRUR Int. 1983, 681 u. GRUR Int. 1989, 798.
49 Industrial property 1992/6, s. Kaube (Fn. 29); Neumeyer Forschungspolitik u. Arbeitnehmererfinderrecht i.d. Vereinigten Staaten, GRUR Int. 1967, 369; Sutton, Les inventions d'employés aux Etats-Unis d'Amerique, Prop. Ind. 1982; Neumeyer, The employed inventor in the United States, R & D policies, Law and Practices Cambridge 1971 (Bespr. Schippel GRUR Int. 1972, 377); Volmer/Gaul Einl. Rz. 348 ff., 373.
49a Schmidt-Szalewski b. Ohly GRUR Int. 1994, 879, 881.

Einleitung

industrielle Muster und Modelle.[49b] Ansonsten ist in den arabischen Staaten keine einheitliche Handhabung festzustellen.[49c]
Vietnam hat mit der Verordnung über den Schutz des gewerblichen Eigentums aus dem Jahre 1989 (dort § 8, §§ 17 ff.) eine Regelung zum Arbeitnehmererfindungsrecht geschaffen[50].
Weißrußland hat das Arbeitnehmererfindungsrecht bruchstückhaft in §§ 2, 4, 8, 21, 33 des Patentgesetzes 1993 geregelt[51].

Rz. 12-15 frei

D. Das ArbEG im Überblick

16   Das **ArbEG gliedert** sich in vier Abschnitte, die zum Teil ihrerseits wieder in Unterabschnitte aufgeteilt sind. Der erste Abschnitt enthält in den §§ 1-4 Begriffsbestimmungen, die für das gesamte Gesetz Geltung haben. Im 2. Abschnitt (§§ 5-39) folgen die Vorschriften über Erfindungen und technische Verbesserungsvorschläge von Arbeitnehmern im privaten Dienst einschl. der Bestimmungen über das Schiedsverfahren und das gerichtliche Verfahren; im 3. Abschnitt befinden sich die Vorschriften betreffend den öffentlichen Dienst. Die Übergangs- bzw. Schlussbestimmungen sind im 4. Abschnitt zusammengefasst.

17   Der **persönliche Anwendungsbereich** des Gesetzes erstreckt sich auf Arbeitnehmer im privaten und öffentlichen Dienst, Beamte (Hochschulbeschäftigte, vgl. § 42) und Soldaten (§§ 1, 40-42). Die auf Grund des ArbEG entstandenen Rechte und Pflichten werden durch eine Auflösung (Beendigung) des Arbeits- oder Dienstverhältnisses nicht berührt (§ 26). Rechte und Pflichten aus dem ArbEG entstehen nur im Verhältnis zwischen Arbeitgeber und Arbeitnehmer bzw. deren Gesamtrechtsnachfolgern; sie stellen keine dingliche Belastung der Erfindung dar und gehen daher im Falle der Übertragung der Erfindung durch den Arbeitgeber nicht auf den Erwerber (Einzelrechtsnachfolger) über. Sonderregelungen sind allerdings mit Wirkung ab 1. 1. 1999 für das Insolvenzverfahren getroffen (§ 27 n.F.).

18   In **sachlicher Hinsicht** erfasst das ArbEG die schutzfähigen, d. h. die patent- und gebrauchsmusterfähigen Erfindungen (§ 2) und die (nicht schutzfähigen) technischen Verbesserungsvorschläge, letztere aber nur insoweit, als es in § 3 eine Begriffsbestimmung aufstellt und über § 20 Abs. 1 (nur) für qualifizierte technische Verbesserungsvorschläge eine Vergütungsregelung enthält. § 20 Abs. 2 stellt klar, dass die Handhabung im Übrigen, ins-

---

49b   GRUR Int. 2000, 143, 144; s. dazu Stark GRUR Int. 2000, 202, 209
49c   Vgl. die – zwischenzeitlich aber teilweise überholte – Übersicht bei Mangalo, Das Recht der Arbeitnehmererfindung in der arabischen Welt, 1980.
50   Industrial property 1989/11; s. hierzu auch Heath (Fn. 47a).
51   Blatt 1993, 371 ff.

besondere der sog. einfachen technischen Verbesserungsvorschläge, einer Regelung durch Tarifverträge oder durch Betriebsvereinbarungen überlassen bleiben soll.

Hinsichtlich der (schutzfähigen) **Erfindungen** unterscheidet das ArbEG streng zwischen gebundenen (Diensterfindungen) und freien Erfindungen (§ 4). Mit Rücksicht auf den dabei festzustellenden maßgeblichen Einfluss (Anteil) des Betriebes (Unternehmens) sieht das ArbEG eine Befugnis zur (einseitigen) Überleitung aller vermögenswerten Rechte an einer Erfindung auf den Arbeitgeber nur im Falle der Diensterfindung (§ 4 Abs. 2) vor. Ausgehend von dem Grundsatz, dass alle Rechte an der Erfindung in der Person des Erfinders entstehen (Erfinderprinzip, § 6 Satz 1 PatG), ist der Arbeitgeber bei diesen Erfindungen zur Rechtsüberleitung mittels Erklärung der **Inanspruchnahme** berechtigt (§§ 6, 7). Bei der Inanspruchnahme gesteht das Gesetz dem Arbeitgeber ein Wahlrecht zu, ob er alle vermögenswerten Rechte an der Erfindung auf sich überleiten (unbeschränkte Inanspruchnahme, § 6 Abs. 1, § 7 Abs. 1) oder nur ein betriebsbezogenes Nutzungsrecht (beschränkte Inanspruchnahme, § 6 Abs. 1, § 7 Abs. 2) erwerben will. Für den öffentlichen Dienst eröffnet § 40 Nr. 1 als dritte »Möglichkeit« die Inanspruchnahme einer angemessenen Beteiligung. 19

Damit der Arbeitgeber über die Existenz einer Diensterfindung unterrichtet wird und eine Entscheidungsgrundlage erhält, ist der Arbeitnehmer gem. § 5 verpflichtet, nach Fertigstellung der Diensterfindung diese dem Arbeitgeber zu **melden**. Zum Ausgleich des durch die Inanspruchnahme bewirkten Rechtsverlustes sehen die §§ 9, 10 **Vergütungsansprüche** des Arbeitnehmers vor; deren Bemessung dienen die gem. § 11 erlassenen Vergütungsrichtlinien, denen jedoch keine Gesetzeskraft zukommt. 20

Zur Wahrung der Prioritätsrechte an der Erfindung wird der Arbeitgeber durch § 13 zur unverzüglichen **Schutzrechtsanmeldung im Inland** verpflichtet, die nur in Ausnahmefällen (§ 13 Abs. 2), insbesondere bei der geheimzuhaltenden, betriebsgeheimen Erfindung (§ 17) entfällt. Das Recht zur **Auslandsanmeldung** erwirbt der Arbeitgeber erst mit unbeschränkter Inanspruchnahme (§ 14), da er erst ab diesem Zeitpunkt als alleiniger Rechtsinhaber über die Erfindung verfügen kann. 21

Vor unbeschränkter Inanspruchnahme kann der Arbeitgeber durch **Freigabe** der Erfindung (§ 8) auf seine Rechte verzichten; die gleiche Wirkung tritt bei nicht fristgerechter Ausübung des Inanspruchnahmerechts ein. Über frei gewordene Diensterfindungen kann der Arbeitnehmer dann seinerseits im Grundsatz frei verfügen (§ 8 Abs. 2). Soweit der Arbeitgeber eine Diensterfindung unbeschränkt in Anspruch genommen und zum Schutzrecht angemeldet hat, kann er diese Anmeldung und parallele Schutzrechtspositionen im Ausland unter den Voraussetzungen des § 16 aufgeben. 22

Von den frei gewordenen Diensterfindungen sind die (von Anfang an) **freien Erfindungen** eines Arbeitnehmers (§ 4 Abs. 3) zu unterscheiden. 23

Einleitung

Für diese unterliegt der Arbeitnehmer nur einer Mitteilungs- (§ 18) und ggf. einer Anbietungspflicht (§ 19).

24 Vorrangig dem Schutz des Arbeitnehmers als dem sozial Schwächeren dienen die Regeln der §§ 22, 23 zur **Wirksamkeit von Vereinbarungen** der Arbeitsvertragsparteien über Tatbestände des ArbEG.

25 Bei allen Meinungsverschiedenheiten zwischen Arbeitgeber und Arbeitnehmer auf Grund des ArbEG kann die beim DPMA errichtete **Schiedsstelle** angerufen werden (§§ 28-36), der aber keine streitentscheidende, sondern lediglich streitschlichtende Funktion über die Vorlage eines Einigungsvorschlages zukommt. Bei bestehendem Arbeitsverhältnis ist der Klageweg grundsätzlich erst nach erfolglos beendetem Schiedsstellenverfahren (§ 35 Abs. 1) eröffnet (§ 37). Ausschließlich zuständig für **Rechtsstreitigkeiten** über Arbeitnehmererfindungen sind die Patentkammern der Landgerichte (§ 39 Abs. 1), es sei denn, es handelt sich um eine Rechtsstreitigkeit, die allein Ansprüche auf Leistung einer festgestellten oder festgesetzten Vergütung zum Gegenstand hat (§ 39 Abs. 2). Für Letztere sowie für Streitigkeiten über technische Verbesserungsvorschläge sind die Arbeits- bzw. Verwaltungsgerichte zuständig (§ 2 Abs. 2 ArbGG, § 126 BRRG).

Rz. 26-30 frei

E. Arbeitnehmererfindungen aus der Zeit der ehemaligen DDR

Lit.: *Adrian*, Schutz des geistigen Eigentums nach der Herstellung der deutschen Einheit, in: Adrian/Nordemann/Wandtke, Erstreckungsgesetz und Schutz des geistigen Eigentums, Berlin 1992, 11; *Bartenbach/Volz*, Die Rechte der Erfinder, in I & M 7/1991, 34; *dies.*, Anmerkungen zu den Einigungsvorschlägen der Schiedsst. zum DDR-Erfinderrecht, GRUR 1994, 619; *Gaul*, Die erfinderrechtl. Auswirkungen d. ErstrG, Mitt. 1992, 289; *Möller*, Die Übergangsbestimmungen für Arbeitnehmererfindungen in den neuen Bundesländern, Berlin 1996; *v. Mühlendahl*, Gewerblicher Rechtsschutz im vereinten Deutschland, München 1993; *v. Mühlendahl/Mühlens*, Gewerblicher Rechtsschutz im vereinten Deutschland, GRUR 1992, 725; *Mulitze*, Erfindervergütung in der DDR neu geregelt, in I & M 8/1990, 48 u. 9/1990, 50; *ders.*, Neues Recht bei der Erfindervergütung, in I & M 6/1991, 41 u. 7/1991, 38; *ders.*, Ansprüche aus Diensterfindungen, in I & M 11/1991, 22; *Rose*, Einigungsvertrag – Erstreckungsgesetz und Arbeitnehmererfindung, in: Adrian/Nordemann/Wandtke, Erstreckungsgesetz und Schutz des geistigen Eigentums, Berlin 1992, 119.

I. Geltung bundesdeutschen Rechts

31 Der Beitritt der ehemaligen DDR zur Bundesrepublik Deutschland, der durch den Vertrag vom 31. August 1990 über die Herstellung der Einheit Deutschlands[52] (**Einigungsvertrag**) und die Vereinbarung vom 18. Septem-

---

52 BGBl. II S. 885, 962 in Verbindung mit dem Einigungsvertragsgesetz vom 23.9.1990 (BGBl. II S. 885); auszugsweise abgedruckt in KommRL Anhang 1.

Einleitung

ber 1990[53] zum 3. Oktober 1990 wirksam wurde, hatte auch Auswirkungen auf das Recht der Arbeitnehmererfindungen: Nach Art. 8 des Einigungsvertrages gilt im Beitrittsgebiet – also in den Ländern Brandenburg, Mecklenburg-Vorpommern, Sachsen, Sachsen-Anhalt und Thüringen sowie in Berlin-Ost – Bundesrecht, soweit durch den Einigungsvertrag nichts anderes bestimmt wird. Nach Anlage I Kapitel III Sachgebiet E Abschnitt II Nr. 1 § 11 des Einigungsvertrages verbleibt es für vor dem Beitritt, also vor dem 3. Oktober 1990, im Beitrittsgebiet gemachte Erfindungen (siehe dazu Rz. 36) bei der Anwendung des DDR-Rechts. Im Umkehrschluss bedeutet dies, dass bundesdeutsches Recht, d.h. das **ArbEG** und die dazu erlassenen Vergütungsrichtlinien, uneingeschränkt **für alle nach dem 2. Oktober 1990 gemachten Erfindungen** gilt (zu technischen Verbesserungsvorschlägen siehe Rz. 2 zu § 3; zum Begriff »gemachte Erfindung« siehe Rz. 36; zu den Einzelbestimmungen des ArbEG siehe die Verweise in Rz. 5).

II. Geltung des Erfinderrechts der ehemaligen DDR

1. Rechtsangleichung in der ehemaligen DDR

Bereits vor dem Beitritt hatte die ehemalige DDR den gewerblichen Rechtsschutz in wesentlichen Bereichen novelliert. Diese Rechtsänderung war Auswirkung des Vertrages vom 18. Mai 1990 über die Schaffung einer Währungs-, Wirtschafts- und Sozialunion[54], in dem sich der DDR-Gesetzgeber zu den Prinzipien einer der sozialen Marktwirtschaft verpflichteten Wirtschaftsverfassung bekannt hatte. Mit dem Gesetz zur Änderung des Patentgesetzes und des Gesetzes über Warenkennzeichen vom 29. Juni 1990[55] (**PatÄndG-DDR-1990**), das **am 1. Juli 1990 in Kraft** trat, war eine weitgehende Angleichung des DDR-Patentrechts an bundesdeutsches Recht erfolgt. In diesem Zusammenhang wurden durch Art. 1 § 9 PatÄndG-DDR-1990 auch wesentliche Regelungen des bundesdeutschen Arbeitnehmererfinderrechts eingeführt, sodann ergänzt durch die Erste Durchführungsbestimmung des Präsidenten des Patentamtes der Deutschen Demokratischen Republik zum Patentgesetz – Diensterfindungen – vom 30. Juni 1990[56] (**EDB-PatG-DDR-1990**). Mit In-Kraft-Treten der Durchführungsbestimmungen am 3. August 1990 sind in der DDR auch die vergütungsrechtlichen Grundsätze des ArbEG eingeführt worden; insbesondere gelten gemäß § 6 Abs. 3 EDB-PatG-DDR-1990 die Vergütungsrichtlinien bei der Ermittlung der angemessenen Vergütung entsprechend. Für **vor dem**

32

---

53 BGBl. II S. 1239.
54 BGBl. II S. 537.
55 GBl. I Nr. 40 S. 571, auszugsweise abgedruckt in KommRL Anhang 3.
56 GBl. I Nr. 46 S. 841; abgedruckt in KommRL Anhang 4.

Einleitung

1. Juli 1990 gemachte Erfindungen enthält § 11 EDB-PatG-DDR-1990 Sonderregelungen (vgl. dazu Rz. 47 ff.).

2. Erstreckungsgesetz

33 Mit dem am 1. Mai 1992 in Kraft getretenen Gesetz vom 23. April 1992 über die Erstreckung von gewerblichen Schutzrechten – Erstreckungsgesetz – (ErstrG)[57] ist die **Rechtseinheit Deutschlands** auf dem Gebiet des gewerblichen Rechtsschutzes – in Ausfüllung des Auftrages des Einigungsvertrages (Anl. I Kap. III Sachgeb. E Abschn. II Nr. 1 § 13) – **vollendet** worden[58]. Da das Arbeitnehmererfinderrecht bereits durch das PatÄndG-DDR-1990 und die EDB-PatG-DDR-1990 weitgehend an bundesdeutsches Recht angeglichen worden war, konnte sich das ErstrG mit geringfügigen Modifizierungen des fortwirkenden DDR-Arbeitnehmererfinderrechts durch seine §§ 49, 50 begnügen.

34 Nach § 49 Satz 1 ErstrG sind auf Erfindungen, die in der DDR vor dem Beitritt (3. Oktober 1990) gemacht (vgl. dazu Rz. 36) worden sind, die **Vorschriften des ArbEG über Entstehen und Fälligkeit des Vergütungsanspruchs bei unbeschränkter Inanspruchnahme** anzuwenden, soweit der Vergütungsanspruch bis zum 1. Mai 1992 (In-Kraft-Treten des ErstrG) noch nicht entstanden (vgl. dazu Rz. 41) war. Damit sollte »im Interesse der Arbeitnehmer aus den neuen Bundesländern generell sichergestellt werden, dass an das Entstehen des Vergütungsanspruchs keine strengeren Voraussetzungen geknüpft werden als nach dem Gesetz über Arbeitnehmererfindungen«[59]. Im Übrigen verbleibt es nach § 49 Satz 2 ErstrG bei den bisher für DDR-Erfindungen nach dem Einigungsvertrag geltenden Regelungen (vgl. dazu Rzn. 41 ff.). Änderungen des fortwirkenden materiellen Arbeitnehmererfinderrechts der DDR hat das ErstrG also nur bezüglich des Vergütungsanspruchs vorgenommen, und zwar auch nur begrenzt auf das Entstehen und die Fälligkeit des Vergütungsanspruchs, nicht jedoch z.B. hinsichtlich der Vergütungshöhe; Letzteres wirkt sich insbesondere bei der Vergütung für DDR-Erfindungen aus, die vor dem In-Kraft-Treten des PatÄndG-DDR-1990 (1. Juli 1990) gemacht worden sind (vgl. dazu Rzn. 42 ff.).

35 Seit dem 1. Mai 1990 gelten gemäß § 49 Satz 1 ErstrG auch für Arbeitnehmererfindungen, die in der DDR vor dem Beitritt gemacht worden sind, die Vorschriften für das **Schiedsstellenverfahren** (§§ 28 bis 36 ArbEG) und das **gerichtliche Verfahren** (§§ 37 bis 39 ArbEG; siehe dazu Rz. 1.2 zu § 37). Die am 1. Mai 1992 bei der Schlichtungsstelle für Vergü-

---

57 BGBl. I S. 938; auszugsweise abgedruckt in KommRL Anhang 2.
58 Vgl. Amtl. Begr. zum Entwurf eines ErstrG in BT-Drucks. 12/1399 = Blatt 1992, 213, 248; v. Mühlendahl (1993), S. 5.
59 Amtl. Begr. zum Entwurf eines ErstrG (Fn. 58).

Einleitung

tungsstreitigkeiten des Deutschen Patentamtes[60] (vgl. dazu § 28 PatÄndG-DDR-1990) noch anhängigen Verfahren sind mit § 50 ErstrG auf die Schiedsstelle übergeleitet worden (siehe Rz. 34 ff. zu § 28).

3. »Gemachte Erfindung«

Für die Frage, nach welchen Rechtsvorschriften Arbeitnehmererfindungen aus dem Beitrittsgebiet zu behandeln sind, stellen der Einigungsvertrag (Anlage 1 Kapitel III Sachgebiet E Abschnitt II Nr. 1 § 11; siehe Rz. 31) und das Erstreckungsgesetz (§ 49, siehe dazu Rz. 33 ff.) allein darauf ab, zu welchem Zeitpunkt die Erfindung gemacht worden ist. Nach überwiegender Auffassung[61] bestimmt sich der Begriff der »gemachten« Erfindung nach denselben Grundsätzen, wie sie von Rechtsprechung und Lehre zu den insoweit gleich lautenden § 4 Abs. 2 und § 5 Abs. 1 ArbEG entwickelt worden sind (vgl. dazu Rz. 16 ff. zu § 4). Für die uneingeschränkte Geltung des ArbEG und der Vergütungsrichtlinien kommt es also allein darauf an, ob die Erfindung nach dem Beitritt (3. Oktober 1990) fertig gestellt worden ist. Auf zuvor fertig gestellte Erfindungen findet weiterhin das PatÄndG-DDR-1990 i.V.m. der EDB-PatG-DDR-1990 – modifiziert durch § 49 Satz 1 ErstrG (vgl. dazu Rz. 34, 37) – Anwendung.

36

III. Anzuwendendes DDR-Recht

Die erfinderrechtliche Behandlung aller vor dem Beitritt fertig gestellten Arbeitnehmererfindungen bestimmt sich nach dem Mitte 1990 neu gefassten **PatÄndG-DDR-1990 und der EDB-PatG-DDR-1990** (vgl. dazu Rz. 32). Soweit es sich um Erfindungen handelt, die **zwischen** dem In-Kraft-Treten des PatÄndG-DDR-1990 (**1. Juli 1990**) und dem Beitritt (**3. Oktober 1990**) fertig gestellt worden sind, finden sich die einschlägigen Regelungen in Art. 1 § 9 PatÄndG-DDR-1990 i.V.m. den §§ 1 bis 10 EDB-PatG-DDR-1990. Für **vor dem 1. Juli 1990 fertig gestellte Erfindungen** (sog. Alterfindungen) sind in Art. 3 PatÄndG-DDR-1990 und den §§ 11-13 EDB-PatG-DDR-1990 Übergangsregelungen enthalten, die insbesondere

37

---

60 Vgl. dazu im Einzelnen Müller (1996), S. 305 f.
61 Vgl. Bartenbach/Volz KommRL Einl. Rz. 183; vgl. auch dies. in I & M 7/91 S. 34 u. dies. in GRUR 1994, S. 619 unter Bezugnahme auf Schiedsstelle v. 4.2.1993 in GRUR 1994, 611 – Regelkreisanordnung; ausf. Möller (1996), S. 102 ff.; a.A. Rose in: Adrian/Nordemann/Wandtke (1992) S. 119, 121, wonach der Zeitpunkt der Patentanmeldung maßgeblich sein soll; in diesem Sinne wohl auch Mulitze in I & M 7/91, S. 38.

hinsichtlich der Vergütung teilweise auf das zuvor geltende DDR-Recht[62] verweisen. Im Übrigen können sich für den Vergütungsanspruch Modifizierungen aus § 49 Satz 1 ErstrG (vgl. Rz. 34) bezüglich dessen Entstehen und Fälligkeit ergeben.

38 Zu den Einzelheiten des – zwischenzeitlich auf Grund Zeitablaufs weitgehend überholten – Übergangsrechts wird auf die Vorauflage (dort Einl. Rz. 38 ff.) sowie auf die Untersuchungen von *Möller*[63] verwiesen.

Auf den relevanten **Geltungsbereich des ArbEG** in den neuen Bundesländern ist in der Vorauflage **bei den jeweiligen Bestimmungen des ArbEG** eingegangen (siehe *dort* Rz. 2.1 zu § 3, Rz. 2.1 zu § 4, Rz. 3.1 zu § 5, Rz. 4 zu § 6, Rz. 3.1 zu § 8, Rz. 1.1 zu § 9, Rz. 5.1 zu § 10, Rz. 7 zu § 11, Rz. 1 zu § 13, Rz. 4 zu § 14, Rz. 4.1 zu § 16, Rz. 1.1 zu § 17, Rz. 4.1 zu § 18, Rz. 3 zu § 23, Rz. 3.1 zu § 25, Rz. 2.1 zu § 26, Rz. 4 zu § 27, Rz. 34 ff. zu § 28, Rz. 1.2 zu § 37, Rz. 9 vor §§ 40-42 und Rz. 3.1 zu § 42 a.F.).

---

62 Vgl. dazu ausf. Möller (1996), S. 73 ff.
63 Ruth Möller, Die Übergangsbestimmungen für Arbeitnehmererfindungen in den neuen Bundesländern, Berlin 1996.

1. Abschnitt Anwendungsbereich und Begriffsbestimmungen

§ 1 Anwendungsbereich

Diesem Gesetz unterliegen die Erfindungen und technischen Verbesserungsvorschläge von Arbeitnehmern im privaten und im öffentlichen Dienst, von Beamten und Soldaten.

Lit.: *Bartenbach*, Erfindungen durch Handelsvertreter, Der Handelsvertreter 1972, 1006, 1068; *ders.*, Betriebsübergang u. ArbNErfR, Festschr. Gaul (1980), 9; *ders.*, Die Rechtsstellung der Erben e. ArbNErfinders, Mitt. 1982, 205; *Bauer*, Das Intern. Privatrecht d. Arbeitnehmererf., Diss. 1970; *ders.*, Die Arbeitnehmererf. i. intern. Privatrecht, AWD 1970, 512; *Becker*, Die Zahlung von Erfindervergütungen an Vorstandsmitglieder u. ihre Behandlg. i. Geschäftsbericht – eine Erwiderung, GRUR 1965, 127; *Brandi-Dohrn*, Arbeitnehmererfindungsschutz bei Softwareerstellung CR 2001, 285; *Gaul*, Wechselwirkungen zw. UrhR u. ArbR, insbes. Grenzfragen d. Arbeitnehmererfinderrechts, NJW 1961, 1509; *ders.*, Die Erfindervergütung b. Vorstandsmitgliedern u. ihre Behandlg. im Geschäftsbericht, GRUR 1963, 341; *ders.*, 20 Jahre Arbeitnehmererfinderrecht, GRUR 1977, 686; *ders.*, Betriebsinhaberwechsel u. ArbNErfR, GRUR 1981, 379; *ders.*, Der pers. Geltungsbereich des ArbEG, RdA 1982, 268; *ders.*, Zur Behandlg. v. schutzwürdigen Erfindungen durch GmbH-Geschäftsführer, GmbHRdschr. 1982, 101; *ders.*, Der Einfluss d. Betriebsübergangs auf ArbNErf., GRUR 1987, 590; *ders.*, Künstlerische Leistungen eines Arbeitnehmers, NJW 1986, 163; *ders.*, Die ArbNErf. nach dem Betriebsübergang, GRUR 1994,1; *Gennen*, Rechte an Arbeitsergebnissen, ITRB 2001, 138; *Grunert*, Arbeitnehmererfindungen i. d. Grauzone zwischen Patent- und Urheberrecht, Mitt. 2001, 234; *Jestaedt*, Die Vergütung d. Geschäftsführers f. unternehmensbezogene Erfindungen, Festschrift Nirk 1992, 493 ff.; *Kroitzsch*, Erf. i.d. Vertragsforschg. u.b.F.- u. E.-gemeinschaften unter bes. Berücksichtigg. d. ArbEG, GRUR 1974, 177; *Rehbinder*, Der Urheber als Arbeitnehmer, WiB 1994, 460; *Sack*, Probleme d. Auslandsverwertung inländischer Arbeitnehmererfindungen, RIW 1989, 612; *Schippel*, Der persönliche Geltungsbereich des Ges. ü. Arbeitnehmerfindungen u. s. Ausdehnung durch Analogie u. Parteivereinbarung, GRUR 1959, 167; *ders.*, Die Grenzen d. Privatautonomie i. Int. Arbeitsvertragsrecht u.d. ArbNErf., Mitt. 1971, 229; *Schramm*, Auftrags-, Dienst- und Gesellschaftserfindung, BB 1961, 105; *Stern*, Erf. i.R.d. Durchführg. e. baugewerbl. ArGE, BauR 1974, 217; *Ullmann*, Das urheberrechtl. geschützte Arbeitsergebnis – Verwertungsrecht u. Verg.pflicht, GRUR 1987, 6; *Villinger*, Verg.ansprüche d. ArbNErf. b. Gesamtrechtsnachfolge u. Betr.inhaberwechsel, GRUR 1990, 169; *Volmer*, Begriff des ArbN im ArbNErfindungsrecht, GRUR 1978, 329; *ders.*, Begriff d. ArbG i. ArbEG, GRUR 1978, 393; *Wandtke*, Zum Vergütungsanspruch d. Urhebers i. Arbeitsverhältnis, GRUR 1992, 139; *ders.*, Reform d. Arbeitnehmer-Urheberrechts? GRUR 1999, 390; *Weiß*, Die dt. Arbeitnehmererfindung im Konzern m. ausländ. Leitg., GRUR Ausl. 1956, 99. S. auch Lit. bei Einl. vor § 1.

Einleitung

Übersicht

- A. Allgemeines 1
- B. Sachlicher Anwendungsbereich 2-6
  - I. Technische Neuerungen 2
  - II. Urheberschutzfähige Leistungen 3-4
  - III. Geschmacksmuster 5
  - IV. Halbleitererzeugnisse 5.1
  - V. Marken (Warenzeichen) 6
- C. Persönlicher Geltungsbereich 7-153
  - I. Arbeitnehmer im privaten Dienst 8-94
    1. Abgrenzung privater/öffentlicher Dienst 8
    2. Arbeitnehmerbegriff 9-17
       - a) Pflicht zur Arbeitsleistung 10-13
         - aa) Arbeitsvertrag 10
         - bb) Faktisches Arbeitsverhältnis 11-13
       - b) Persönliche Abhängigkeit 14, 15
       - c) Indizien für den Arbeitnehmerstatus 16, 17
    3. Einzelfälle 18-91
       - a) Arbeitnehmer in mehreren Arbeits- oder sonstigen Rechtsverhältnissen 19-23
       - b) Arbeitnehmerähnliche Personen 24-27
       - c) Ausgeschiedene Arbeitnehmer 28-30
       - d) Aushilfsarbeitsverhältnisse 31
       - e) Ausländische Arbeitnehmer 32-35
       - f) Auslandseinsatz von Arbeitnehmern 36-39
       - g) Auszubildende 40
       - h) Doktoranden 41, 42
       - i) Franchisenehmer 43
       - j) Freie Mitarbeiter 44-49
       - k) Handelsvertreter 50-55
       - l) Leiharbeitnehmer 56-63
         - aa) Begriff 56
         - bb) Nicht gewerbsmäßige Arbeitnehmerüberlassung 57, 58
         - cc) Gewerbsmäßige Arbeitnehmerüberlassung 59-63
       - m) Leitende Angestellte 64-67
       - n) Organmitglieder (gesetzliche Vertreter) ... 68-76.1
       - o) Pensionäre 77-82
       - p) Praktikanten 83, 84
       - q) Probearbeitsverhältnisse 85
       - r) Teilzeitbeschäftigung u. Job-Sharing 86
       - s) Umschüler 87
       - t) Volontäre 88
       - u) Wehrpflichtige Arbeitnehmer 89, 90
       - v) Werkstudenten, Schüler 91
    4. Vertragliche Anwendbarkeit des ArbEG 92-94
  - II. Arbeitgeber im privaten Dienst 95-135
    1. Arbeitgeberbegriff 95-99
    2. Arbeitgeberähnliche Personen 100
    3. »Betrieb« im Sinne des ArbEG (Unternehmen) 101-104
    4. Besondere Erscheinungsformen 105-135
       - a) Arbeitsgemeinschaften, zwischenbetriebliche Kooperation 106-107.2
       - b) Ausländische Arbeitgeber 108-113
       - c) Betriebsübergang 114-128
         - aa) Betriebsinhaberwechsel (Betriebsnachfolge) 114-126.3
         - bb) Umwandlung von Rechtsträgern durch Verschmelzung, Spaltung, Vermögensübertragung und Formwechsel, sonstige Gesamtrechtsnachfolge 127, 128
       - d) Konzerne und sonstige verbundene Unternehmen 129-132.1
       - e) Leiharbeitsverhältnisse u.ä. 133-135
  - III. Der öffentliche Dienst 136-140
    1. Arbeitgeber u. Arbeitnehmer im öffentlichen Dienst 137, 138
    2. Beamte und Soldaten 139
    3. Hochschulbeschäftigte 140

IV. Die Rechtsstellung von Erben..................................146-153	E. Räumlicher Geltungsbereich............155-159
D. Zeitlicher Geltungsbereich............... 154	F. Das gesetzliche Schuldverhältnis nach dem ArbEG........................160-162

A. Allgemeines

§ 1 legt den Geltungsbereich des ArbEG in zweifacher Hinsicht fest, einmal dem Gegenstand und zum anderen dem Kreis der Personen nach. Der räumliche Geltungsbereich ist in Verbindung mit den §§ 47 a.f., 48 zu bestimmen (s. Rz. 155), der zeitliche in Verbindung mit §§ 43 a.f., 49 (s. Rz. 154). 1

B. Sachlicher Anwendungsbereich

I. Technische Neuerungen

Nach dem Wortlaut des § 1 unterliegen nur die rein **technischen** Erfindungen, die patent- oder gebrauchsmusterfähig sind (Einzelheiten s. bei § 2), sowie die sonstigen, diese Qualifikationsmerkmale nicht erfüllenden technischen Neuerungen im Sinne des § 3 (= technische Verbesserungsvorschläge; zur Abgrenzung gegenüber sonstigen Arbeitsergebnissen s. Rz. 6 zu § 3) dem ArbEG; dabei ist es (zunächst) ohne Belang, wie, wo, auf welchem Gebiet der Technik und aus welchen Gründen die technische Neuerung von dem Arbeitnehmer (Beamten, Soldaten) entwickelt worden ist (s. Rz. 6 zu § 4 u. Rz. 15 zu § 3). Mangels Regelungslücke kann das ArbEG auf die im privaten oder öffentlichen Dienst von Arbeitnehmern geschaffenen nicht technischen schöpferischen Leistungen weder unmittelbar noch analog angewendet werden[1]. 2

II. Urheberschutzfähige Leistungen

Urheberrechtlich geschützte Werke sind persönliche geistige Schöpfungen auf den Gebieten der Literatur, Wissenschaft und Kunst (vgl. § 2 UrhG). Zu den schutzfähigen Werken gehören nach § 2 Abs. 1 UrhG – neben den Sprachwerken einschließlich Computerprogrammen (Nr. 1) – auch Darstellungen wissenschaftlicher oder technischer Art, wie Zeichnungen[2], Pläne, Karten, Skizzen, Tabellen und plastische Darstellungen (Nr. 7). Zur 3

---

1 Vgl. Gaul NJW 1961, 1509, 1510; eine analoge Anwendung des § 20 Abs. 1 auf Pflanzensorten bejahen Bay. VGH München v. 31.3.1982 GRUR 1982, 559, 561 – Albalonga m. krit. Anm. Hesse Mitt. 1984, 81 u. Straus, GRUR 1986, 767, 775 f.; weitergehend auch MünchArbR/Sack § 100, Rz 7.
2 Siehe zu technischen Zeichnungen u. a. BGH v. 28. 5. 1998 GRUR 1998, 916 – Stadtplanwerk m. krit. Anm. Schricker EwiR § 2 UrhG 2/98, 801; v. 10. 5. 1984 GRUR 1985, 129, 130 – Elektrodenfabrik; v. 16. 3. 1956 GRUR 1956, 284.

§ 1

Einbeziehung der **Computerprogramme** (§ 2 Abs. 1 Nr. 1 UrhG; zum Patentschutz siehe Rz. 7 zu § 2) stellt § 69 a UrhG besondere Grundsätze zu den Schutzvoraussetzungen auf. Angesichts der schnellen Entwicklungsprozesse auf diesem Gebiet enthält sich das UrhG einer Begriffsbestimmung, geht aber von einer weiten Auslegung aus; so sind nach § 69 a Abs. 1 UrhG Programme jeder Art einschließlich Entwurfsmaterial geschützt. § 69 a Abs. 3 UrhG minimiert die Schutzvoraussetzungen, um so zu erreichen, dass der Urheberrechtsschutz eines Programms die Regel, fehlende Schöpfungshöhe dagegen die Ausnahme ist.[3]

Allgemein gilt, dass Schutzobjekt des UrhG nur die Darstellung als solche ist, nicht deren Gegenstand bzw. Inhalt; das zugrunde liegende technische Gedankengut ist urheberrechtlich frei und jedermann zugänglich[4]. Während sich also bei der (auch) patentfähigen Software der Schutz auf die technische Idee erstreckt, schützt das UrhG nur die Struktur des Programmes (vgl. auch § 69 a Abs. 2 UrhG).

Bei bloß urheberrechtsfähigen Leistungen eines Arbeitnehmers/Beamten finden die – auf patent- bzw. gebrauchsmusterfähige Erfindungen oder entsprechende technische Verbesserungsvorschläge abstellenden – spezialgesetzlichen Regeln das **ArbEG keine Anwendung**, auch nicht analog.[5] Diese mangelnde Anwendbarkeit betrifft auch die Bestimmungen über qualifi-

---

3 Vgl. Begr. in BT-Drucks. 12/4597 v. 23. 3. 1993 (zu § 69 a UrhG-E-); vgl. dazu u. a. BGH v. 14. 7.1993 CR 1993, 752, 753 – Buchhaltungsprogramm, wonach § 69 a Abs. 3 UrhG über § 137 a Abs. 1 Satz 1 UrhG auch für die vor In-Kraft-Treten der Gesetzesänderung (24. 6. 1993) geschaffenen Computerprogramme gilt; bestätigt durch BGH v. 24. 10. 2000 GRUR 2001, 155, 157 – Wetterführungspläne I; vgl. zur erforderlichen Gestaltungshöhe auch OLG Düsseldorf v. 27. 3. 1997 CR 1997, 337 f. – Dongle-Umgehung u. v. 26. 7. 1995 WiB 1996, 501; OLG Karlsruhe v. 13. 6. 1994 WiB 1995, 223 m. Anm. Vogt; LG München v. 28. 8. 1998 CR 1998, 655, 656; siehe auch OGH Wien v. 28. 10. 1997 GRUR Int. 1998, 1008 – Einzigartiges EDV-Programm.; vgl. zur Neuregelung insgesamt Michalski DB 1993, 1961 ff.

4 Vgl. BGH v. 29. 3. 1984 GRUR 1984, 659, 660 – Ausschreibungsunterlagen; v. 27. 2. 1981 GRUR 1982, 520, 422 – Fragen-Sammlung; v. 21. 11. 1980 GRUR 1981, 353 – Staatsexamensarbeit.

5 Ganz h.M., z. B. BAG v. 12. 3. 1997 DB 1997, 1571, 1572 – Schaufensterdekoration; BGH v. 24. 10. 2000 GRUR 2001, 155, 157 u. v. 23. 10. 2001 GRUR 2002, 149, 151 f. – Wetterführungspläne I + II (zu § 20 Abs. 1 ArbEG i. H. a. Computerprogramm) unter Aufhebung von OLG Düsseldorf v. 5. 3. 1998 WRP 1998, 1202, 1208 ff; Reimer/Schade/Schippel/Kaube Rz. 9 zu § 2; Ullmann GRUR 1987, 6, 12 f.; Dressel GRUR 1989, 319, 320 f.; Rehbinder WiB 1994, 460, 463; Fromm/Nordemann, UrhG Rz. 4 zu § 69 b; Brandi-Dohrn CR 2001, 285, 290; Grunert Mitt. 2001, 234; a. A. LG München v. 16. 1. 1997 CR 1997, 351, 353 f. (zum Computerprogramm), aufgehoben durch OLG München v. 25. 11. 1999 CR 2000, 428; Schwab NZA 1999, 1254, 1257.

§ 1

zierte technische Verbesserungsvorschläge[6] (§ 20 Abs. 1), ferner das Hochschulprivileg des § 42[7].

Soweit urheberschutzfähige Werke von einem Arbeitnehmer in Erfüllung seiner Verpflichtungen aus dem Arbeitsverhältnis geschaffen werden, bestimmen sich die **Nutzungsrechte des Arbeitgebers** gemäß § 43 UrhG nach den allgemeinen Grundsätzen der §§ 31 ff. UrhG. § 43 UrhG bestätigt damit das Urheberschaftsprinzip, d. h. auch bei den im Arbeits- bzw. Dienstverhältnissen geschaffenen Werken erwächst das Urheberrecht zunächst in der Person des Werkschöpfers[8], und lässt damit die Urhebereigenschaft des Arbeitnehmers unangetastet[9] Ein (vertraglich abdingbares) Nutzungsrecht zugunsten des Arbeitgebers normiert das UrhG für aufgaben- bzw. weisungsbezogen geschaffene **Computerprogramme**. Nach § 69 b UrhG hat der Arbeitgeber – mangels abweichender ausdrücklicher Vereinbarung[10] – eine vergütungsfreie[10a] ausschließliche Befugnis zur alleinigen Benutzung des Programms in Form einer gesetzlichen ausschließlichen Lizenz.[11]

4

Für **sonstige urheberschutzfähige Leistungen,** die Arbeitsergebnisse darstellen, gehen Rechtsprechung und Lehre von der Zuordnung zum Arbeitgeber aus, und zwar auf Grund einer Verpflichtung des Arbeitnehmers zur Nutzungsrechtseinräumung.[12] Besteht die arbeitsvertragliche Pflicht in der Schaffung solcher Leistungen, ist im Allgemeinen von einer stillschwei-

---

6   BGH v. 24. 10. 2000 (Fn. 3).
7   Zu § 42 a.F. vgl. Kraßer/Schricker, PatR an Hochschulen (1988), S. 99 f.; Schricker/Rojahn, UrhG, Rz. 31, 131 zu § 43; i. Anschl. daran KG v. 6. 9. 1994 NJW-RR 1996, 1066, 1067 – Poldock.
8   Vgl. auch BVerfG v. 29. 7. 1998 NJW 1999, 414 – DIN-Normen; BGH v. 5. 3. 1998, 673 – Popmusikproduzenten; Gaul NJW 1986, 163
9   KG v. 6. 9. 1994 NJW-RR 1996, 1066, 1067 – Poldock; vgl. auch Balle NZA 1997, 868 f.; Schwab NZA 1999, 1254, 1257 f. (dort auch zum Namensnennungsrecht).
10 Vgl. KG v. 28. 1. 1997 NZA 1997, 718 – Computerprogramm.
10a BGH v. 23. 10. 2001 GRUR 2002, 149, 152 – Wetterführungspläne II.
11 BGH v. 24. 10. 2000 GRUR 2001, 155, 157 – Wetterführungspläne I u. v. 23. 10. 2001 (Fn. 10a) S. 151.
12 Vgl. u. a. BAG v. 12. 3. 1997 DB 1997, 1571 f. – Schaufensterdekoration; v. 21. 8. 1996 CR 1997, 88 (Nutzungsrecht an Computerprogramm); v. 13. 9. 1983 GRUR 1984, 429 – Statikprogramm; BGH v. 9. 5. 1985 GRUR 1985, 1041 – Inkasso-Programm; LAG München v. 16. 5. 1986 RDV 1987, 145; s. auch BGH v. 22. 2. 1974 GRUR 1974, 480, 483 – Hummelrechte; v. 26. 10. 1951 NJW 1952, 661 – Krankenhauskartei; KG v. 29. 11. 1974 GRUR 1976 m 264 – Gesicherte Spuren; OGH Wien v. 28. 10. 1997 GRUR Int. 1998, 1008; Balle NZA 1997, 868, 870 f.; Sundermann GRUR 1988, 350 ff.; Henkel BB 1987, 833 f.; Ullmann GRUR 1987, 6 ff; Kindermann NZA 1984, 209 ff; Schmidt ZTR 1987, 170 f. (zum öffentl. Dienst).

§ 1

genden Nutzungsrechtseinräumung auszugehen.[13] Je nach arbeitsvertraglich übernommenem Pflichtenkreis und bei berechtigtem Verwertungsinteresse des Arbeitgebers wird eine stillschweigende Vorausverfügung des Arbeitnehmers über Nutzungsrechte angenommen,[14] es sei denn, der Arbeitnehmer erklärt ausdrücklich einen entsprechenden Vorbehalt.[15] Der Umfang der Rechtseinräumung wird nach h. M allerdings auch im Arbeitsverhältnis – soweit es nicht um die Sondervorschrift des § 69 b UrhG für Computerprogramme geht[16] – von der in § 31 Abs. 5 UrhG normierten **Zweckübertragungslehre**[17] eingeschränkt; danach hat der Urheber im Zweifel Rechte nur in dem Umfang zu übertragen, wie dies zur Erreichung des Vertragszweckes erforderlich ist, hier also vom Arbeitgeber für betriebliche Zwecke benötigt wird[18] (s. auch Rz. 74).

Eine **freie, allein dem Arbeitnehmer zustehende Werkschöpfung** ist jedenfalls dann gegeben, wenn die urheberschutzfähige Schöpfung in keinem inneren Zusammenhang mit den arbeitsvertraglichen Pflichten und mit dem Berufsbild des Arbeitnehmers sowie dem Arbeitsbereich des Arbeitgebers steht.[19] Frei sind auch die vom Arbeitnehmer vor Beginn des Arbeitsverhältnisses geschaffenen Werke. Bringt der Arbeitgeber Nutzungsrechte an derartigen urheberrechtsfähigen Leistungen – auch wenn er dazu nicht gesetzlich verpflichtet ist[20] (siehe auch Rz. 334 zu § 9) – unentgeltlich in das Arbeitsverhältnis ein und tätigt der Arbeitgeber zur Verwertung Investitionen, etwa durch Änderung der Betriebsabläufe, kann dem Arbeitgeber über die Beendigung des Arbeitsverhältnisses hinaus ein einfaches Nutzungsrecht verbleiben.[21]

Die **Vergütungsansprüche** des angestellten Urhebers sind umstritten.[22] § 20 Abs. 1 ArbEG scheidet allerdings als Anspruchsgrundlage ebenso aus[23]

---

13 Z. B. BAG v. 12. 3. 1997 DB 1997, 1571 f. – Schaufensterdekoration; BGH v. 26. 10. 1951 NJW 1952, 661 f. – Krankenhauskartei; Schricker/Rojahn, UrhG, Rz. 40 ff. zu § 43 m. w. Nachw.
14 Vgl. BAG v. 13. 9. 1983 (Fn. 12); Schricker/Rojahn, UrhG, Rz. 45 ff. zu § 43 m. w. Nachw; Balle NZA 1997, 868, 870
15 BAG v. 13. 9. 1983 (Fn. 12)
16 Nach BGH v. 24. 10. 2000 (Fn. 11) ist die Anwendbarkeit im Geltungsbereich des § 69 b UrhG ausgeschlossen.
17 Vgl. dazu u. a. BGH 27. 9. 1995 NJW 1995, 3252.
18 Vgl. dazu Schricker/Rojahn, UrhG, Rz. 48 ff. zu § 43 m. w. Nachw.
19 OLG Karlsruhe v. 27. 5. 1987 GRUR 1987, 845, 848 – Schutzrechtsverwarnung.
20 BGH v. 10. 5. 1984 GRUR 1985, 129 – Elektrodenfabrik; Busse/Keukenschrijver PatG, Rz. 11 zu § 15.
21 BAG v. 21. 8. 1996 CR 1997, 88, 89 (dort für Nutzungsrecht am Computerprogramm); vgl. auch OGH Wien v. 28. 10. 1997 GRUR Int. 1998, 1008 – Einzigartiges EDV-Programm.
22 Vgl. im Einzelnen die Übersichten bei Schricker/Rojahn, UrhG, Rz. 64 ff. zu § 43; Schwab NZA 1999, 1254, 1257

§ 1

wie §§ 9, 10 ArbEG analog.²⁴ Im Grundsatz ist davon auszugehen, dass urheberrechtsfähige Leistungen des Arbeitnehmers, die der Arbeitgeber kraft Gesetzes (§ 69 b UrhG) oder kraft Arbeitsvertrags verwerten kann, durch den Arbeitslohn abgegolten sind, so dass deren Verwertung durch den Arbeitgeber vergütungsfrei ist.²⁵ Nach h. M. kommt für urheberrechtsfähige Arbeitsergebnisse von Arbeitnehmern ein ergänzender Anspruch aus §§ 36, 43 UrhG in Betracht, wenn zwischen Gehalt und dem Gewinn des Arbeitgebers aus dem Nutzungsrecht ein grobes Missverhältnis besteht²⁶; ob dies angesichts der Regelung in § 69 b UrhG auch für Computerprogramme gilt, ist aber zweifelhaft.²⁷ Ein solches Missverhältnis wurde jedenfalls dann abgelehnt, wenn der Gewinn lediglich rd. das Doppelte eines Durchschnittsgehalts ausmachte.²⁸ Folgt man dem BAG, dass auch im Arbeitsverhältnis die Frage einer angemessenen Vergütung für urheberrechtlich geschützte Werke durch § 36 UrhG abschließend geregelt ist²⁹, scheidet ein weitergehender Vergütungsanspruch aus³⁰, und zwar – entgegen weit verbreiteter Auffassung –³¹ auch unter dem Aspekt der Sonderleistung (siehe dazu Rz. 332 ff. zu § 9).

23 BGH v. 24. 10. 2000 GRUR 2001, 155, 157 – Wetterführungspläne (zu § 20 Abs. 1 ArbEG i. H. a. Computerprogramm) unter Aufhebung von OLG Düsseldorf v. 5. 3. 1998 WRP 1998, 1202, 1208 ff.; a. A. Schwab NZA 1999, 1254, 1257.
24 BAG v. 12. 3. 1997 NZA 1997, 765, 766 – Schaufensterdekoration.
25 So im Ergebn. BGH v. 24. 10. 2000 (Fn. 23) u. v. 23. 10. 2001 (Fn. 10a) S. 152; einschränkend Brandi-Dohrn CR 2001, 285, 291, der § 69 b UrhG nur als Zuordnungs-, nicht aber als Vergütungsregelung versteht; vgl. (aber) auch BAG v. 12. 3. 1995; weitergehend dagegen u. a. Balle (Fn. 12); auf die Ungleichbehandlung zum AN-Erfinder weist Himmelmann, GRUR 1999, 897, hin.
26 BAG v. 12. 3. 1995 NZA 1997, 765, 766 f. – Schaufensterdekoration; für eine Anwendbarkeit des § 36 UrhG Balle NZA 1997, 868, 871; Rehbinder WiB 1994, 461, 467; Fromm/Nordemann/Vinck, UrhG, Rz. 4 zu § 43; Schricker/Rojahn, UrhG, Rz. 71 f. zu § 43 m. w. Nachw. – allerdings ablehnend für Beamte.
27 Im Ergebnis hier eine Vergütung wohl grundsätzlich ablehnend BGH v. 24. 10. 2000 (Fn. 23).
28 So i. Ergebnis BAG v. 12. 3. 1995 (Fn. 26) m.H.a BGH v. 27. 6. 1991 BGHZ 115, 63, 67 – Horoskop-Kalender, wonach »ein zusätzlicher Gewinn des Arbeitgebers von 7 000 DM bei einem durchschnittlichen Gehalt eines angestellten Dekorateurs noch nicht zu einem groben Missverhältnis« führt.
29 BAG v. 12. 3. 1995 a. a. O. (Fn. 26)
30 Vgl. auch BAG v. 13. 9. 1983 GRUR 1984, 429 – Statikprogramm m. krit. Anm. Ulmer GRUR 1984, 437; abl. auch Schricker/Rojahn, UrhG, Rz. 68 zu § 43.
31 Vgl. BGH v. 11. 11. 1977 AP Nr. 30 zu § 612 BGB – Ratgeber für Tierheilkunde; OLG Hamburg v. 22. 1. 1976 Schulze OLGZ Nr. 162; Schricker/Rojahn, UrhG, Rz. 67 ff. zu § 43 m. w. Nachw.; s. auch Henkel BB 1987, 833 ff.; Ullmann (Fn. 12); Balle (Fn. 12).
32-37 frei

§ 1

III. Geschmacksmuster

5 Für **Geschmacksmuster** (zur Abgrenzung zu technischen Erfindungen vgl. Rz. 27 f. zu § 2), also neue und eigenartige zweidimensionale Muster und dreidimensionale Modelle der Erscheinungsformen von Erzeugnissen oder Teilen von Erzeugnissen, die sich insbesondere aus den Merkmalen der Linien, Konturen, Farben, der Gestalt, Oberflächenstruktur und der Werkstoffe des Erzeugnisses selbst oder seiner Verzierung ergeben[38], bestimmt der abdingbare (verfassungsrechtlich bedenkliche) § 2 GeschmMG vom 11.1.1876 (i.d.F. v. 18.12.1986 – BGBl. I, 2501), dass im Arbeits- oder Auftragsverhältnis geschaffene Muster als Arbeitsergebnis entgegen dem sonstigen Erfinder- bzw. Urheberprinzip **originär in der Person des Unternehmers** entstehen[39]. Mangels gesetzlicher Regelung, die auch nicht durch das am 1.7.1988 in Kraft getretene Gesetz zur Änderung des GeschmMG v. 18.12.1986 erfolgt ist, richten sich evtl. Vergütungsansprüche nach getroffenen Vereinbarungen bzw. arbeitsrechtlichen oder dienstvertraglichen Grundsätzen[40] (vgl. auch Rz. 28 zu § 2 u. Rz. 332 ff. zu § 9). Das ArbEG erfasst die geschmacksmusterfähige Schöpfung als ausschließlich durch ästhetische Wirkung bestimmte Gestaltung nicht[41], da es sich auf technische Neuerungen beschränkt. Wegen der Unterschiede in den Regelungsmaterialien und in den Rechtsfolgen ist das ArbEG auch nicht analog anwendbar[41a]. Mit dem Arbeitsentgelt sind grundsätzlich alle Nutzungsrechte an dem geschmacksmusterrechtlich geschützten Arbeitsergebnis abgegolten, selbst dann, wenn das Unternehmen hiermit erhebliche Gewinne erzielt.

IV. Halbleitererzeugnisse

5.1 Die durch das Gesetz über den Schutz der Topographien von mikroelektronischen Halbleitererzeugnissen (Halbleiterschutzgesetz) vom 22.10.1987

---

38 So die Definition in § 1 Nr. 1, § 2 des Referentenentwurfs für ein Geschmacksmusterreformgesetz v. 22. 4. 2002 i. Umsetzung d. Richtlinie 98/71/EG d. Eur. Parlaments u. d. Rates v. 13. 10. 1998 über d. rechtl. Schutz v. Mustern u. Modellen (Abl. EG Nr. L 289 S. 28); vgl. auch die Definition eines Geschmacksmusters in Art. 3 a der GemeinschaftGeschmacksmusterVO v. 12. 12. 2001 Abl. EG v. 5. 1. 2002 S. L 3/1.

39 So wohl h.M., z.B. Hubmann/Götting Gewerbl. Rechtsschutz § 31 II; Hesse GRUR 1980, 404, 411; Nirk, Gewerbl. Rechtsschutz 1981, S. 170; s. i. einzelnen MünchArb/Sack § 100 Rz. 93 ff.; a.A. z.B. Ulmer Urheber- und Verlagsrecht 2. Aufl. § 94 II 2; hiernach wird § 2 GeschmMG nur als Vermutung für eine Rechtsübertragung gedeutet; i.d.S. auch § 7 Abs. 2 des Referentenentwurfs (Fn. 8).

40 Nirk/Kurtze, GeschmMG Rz. 2, 28 zu § 2; ebenso Schiedsst. ZB. v. 12.12.1966 Blatt 1967, 159; MünchArb/Sack § 98 Rz. 21; auch § 7 Abs. 2 d. Entwurfs (Fn. 8) enthält keinen Hinweis auf eine Vergütungspflicht; vgl. auch Hubmann i. Festschrift A. Hueck, 43 ff.; Ullmann, GRUR 1987, 6 ff.

41 Nirk/Kurtze (Fn. 10) Rz. 3; Eichmann/v. Falckenstein Rz. 3 zu § 2.

41a Eichmann/v. Falckenstein Rz. 3 zu § 2; Furler/Bauer/Loscheider GeschmMG Rz. 12 zu § 2.

§ 1

(BGBl. I S. 2294; geändert durch Gesetz v. 7.3.1990 BGBl. I S. 422) geschützten dreidimensionalen Strukturen von mikroelektronischen Halbleitererzeugnissen werden durch § 2 Abs. 2 dieses Gesetzes unmittelbar (originär[41b]) dem Arbeitgeber zugeordnet, soweit durch Vertrag nichts anderes bestimmt ist. Einer besonderen Überleitung bedarf es also nicht. Der Schutz von Topographien erfolgt nicht wegen ihrer erfinderischen Qualität, sondern wegen der Eigenart der dreidimensionalen Struktur (vgl. § 1 Satz 1 Halbleiterschutzgesetz). Mit diesem maßgeblichen Kriterium der Eigenart entsprechen die sachlichen Voraussetzungen einer dreidimensionalen Struktur denen von Geschmacksmustern[42]. Eine – auch analoge – **Anwendung des ArbEG** entfällt auch hier[42a] (vgl. Rz. 5). Sollte die Entwicklung der Topographie zugleich eine (schutzfähige) Erfindung darstellen (vgl. § 2 ArbEG) oder Werkhöhe i.S.d. Urheberrechts erreichen, bleibt es insoweit bei den Regeln des ArbEG bzw. des Urheberrechts[43].

Auch begründet ein Halbleiterschutz als solcher noch keinen Vergütungsanspruch nach § 20 Abs. 1 ArbEG, da es dort entscheidend auf die tatsächliche Vorzugsstellung ankommt (s. Rz. 13 zu § 20). Eventuelle **Vergütungsansprüche** des Arbeitnehmers richten sich ausschließlich nach allgemeinen arbeitsrechtlichen Grundsätzen.

V. Marken (Warenzeichen)

Im Arbeits- oder Dienstverhältnis geschaffene Marken, insbesondere Wörter, Abbildungen, Buchstaben, Zahlen, Hörzeichen, dreidimensionale Gestaltungen einschl. der Form einer Ware oder ihrer Verpackung sowie sonstige Aufmachungen einschl. Farben und Farbzusammenstellungen, die geeignet sind, Waren oder Dienstleistungen eines Unternehmens von denjenigen anderer Unternehmen zu unterscheiden (§ 3 MarkenG), geschäftliche Bezeichnungen (§ 5 MarkenG) und geografische Herkunftsangaben (§ 126 MarkenG) fallen nicht in den sachlichen Anwendungsbereich des ArbEG[44]. Wegen der bewussten Beschränkung des ArbEG auf technische Neuerungen scheidet auch eine analoge Anwendung aus. Soweit Bezeichnungen zugleich eigentümliche geistige Schöpfungen darstellen, etwa bei

6

41b Werum (1990) S. 96.
42   Allg. A. vgl. Benkard/Bruchhausen, PatG Vorbem. 4 c vor § 1 GebrMG; Nirk/Kurtze, GeschmG Annex BZ zu § 1 vor RZ 55.
42a Ebenso Busse/Keukenschrijver, PatG Rz. 22 zu § 2 HalblschG.
43   Amtl. Begr. z. HalbleiterG (zu § 2 d. Entw.) in Blatt 1987, 374, 377 f.
44   Ebenso Volmer/Gaul Rz. 20 zu § 1 (z. früheren WZG); de lege ferenda fordert Danner (GRUR 1983, 91, 97) eine Einbeziehung von Marken und Design, zumindest in vergütungsrechtlicher Hinsicht.

§ 1

Werbesprüchen und Werbeslogans, kann Urheberrechtsschutz[45] mit den Konsequenzen des § 43 UrhG in Betracht kommen (s. auch oben Rz. 3). Im Übrigen gelten die allgemeinen arbeitsrechtlichen Grundsätze.

C. Persönlicher Geltungsbereich

7   Der vom ArbEG erfasste Personenkreis erstreckt sich auf **Arbeitnehmer** im privaten und öffentlichen Dienst, **Beamte** und **Soldaten**. Eigenständige Begriffsbestimmungen für diese Personengruppen gibt das ArbEG nicht, setzt diese vielmehr voraus. Gemessen an der Zahl der Erfindungen und technischen Verbesserungsvorschläge und entsprechend ihrer wirtschaftlichen Tragweite hat das ArbEG in der Praxis vorrangige Bedeutung für technische Neuerungen von Arbeitnehmern im privaten Dienst[49]. Das ArbEG findet nur Anwendung, wenn das Arbeits-/Dienstverhältnis deutschem Recht unterliegt[50] (vgl. Rz. 32 ff. u. 108 ff. zu § 1). Dabei knüpfen die Regelungen des ArbEG zunächst an den Bestand eines Arbeitsverhältnisses an (s. Rz. 10 ff. zu § 4), so dass Unterbrechungen, die dessen Rechtsbestand unberührt lassen (z.B. Urlaub, Kurzarbeit usw.) ohne Einfluss sind[50a] (zum Ruhen des Arbeitsverhältnisses s. Rz. 14 ff. zu § 26; zum faktischen Arbeitsverhältnis s. Rz. 11 ff. zu § 1). Für die während der Dauer des Arbeitsverhältnisses gemachten Erfindungen bleiben die daran nach dem ArbEG begründeten Rechte und Pflichten auch nach dessen Beendigung gemäß § 26 bestehen.

I. Arbeitnehmer im privaten Dienst

1. Abgrenzung privater/öffentlicher Dienst

8   Dem **privaten Dienst** sind alle Unternehmen mit privater Rechtsform zuzuordnen. **Öffentlicher Dienst** sind alle Verwaltungen und Betriebe des Bundes, der Länder, der Gemeinden und sonstiger Körperschaften, Anstalten und Stiftungen des öffentlichen Rechts (vgl. §§ 1 BPersVG, 130 BetrVG; Einzelheiten s. Rz. 4 ff. zu § 40).

---

45 Vgl. v. Gamm UrhG Anm. 21 zu § 2; Fromm/Nordemann, Urheberrecht Rz. 39 zu § 2; s. auch BGH vom 27. 2.1963 GRUR 1963, 485, 487 – Micky Maus Orange; abw. Möhring/Nicolini, UrhG, Anm. 3 f. zu § 1.
46-48 frei
49 Vgl. d. empirische Untersuchung: Erfinder in der BRD, hrsg. v. Inst. f. freie Berufe an d. Univ. Erlangen-Nürnberg (1973).
50 Bernhardt/Kraßer Lehrb. d. PatR, § 21 I c 1.
50a Allg. A., z.B. Gaul RdA 1982, 268, 276.

§ 1

Für die Abgrenzung ist nicht die Art der Tätigkeit, sondern die **formelle Rechtsform** des Unternehmens bzw. der Verwaltung entscheidend[51]. Folglich sind dem privaten Dienst auch solche Unternehmen mit privater Rechtsform zuzuordnen, die der öffentlichen Hand (ausschließlich oder überwiegend, z.b. in Form von Gesellschaftsanteilen) gehören. Ausgehend von dieser formalen Betrachtungsweise zählen auch sog. gemischt-wirtschaftliche Unternehmen mit privater Rechtsform ebenso zum privaten Dienst wie sog. Regiebetriebe (z.b. Versorgungseinrichtungen), die in der Rechtsform einer juristischen Person des privaten Rechts geführt werden. Im Gegensatz hierzu stehen die öffentlichen Verwaltungen und die unmittelbar von der öffentlichen Hand geführten Unternehmen (sog. Eigenbetriebe).

Unerheblich ist es, ob auf die Arbeitsverhältnisse der Beschäftigten Tarifverträge des öffentlichen Dienstes angewendet werden[52]. Auf die Abgrenzung ist es auch ohne Einfluss, inwieweit ein Unternehmen – wie es in der Privatwirtschaft dem Grundsatz und im öffentlichen Bereich der Ausnahme entspricht – auf die Erzielung von Gewinn ausgerichtet ist[53].

Diese Differenzierung entspricht im Übrigen der Betrachtungsweise des Betriebsverfassungsgesetzes (vgl. § 130 BetrVG)[54] und des Bundespersonalvertretungsgesetzes (vgl. §§ 1, 95 BPersVG; s. auch § 187 BBG). Weitere Einzelheiten siehe bei § 40.

2. Arbeitnehmerbegriff

Das ArbEG legt den **im Arbeitsrecht allgemein geltenden Arbeitnehmerbegriff** zugrunde[55]. Nach ständiger Rechtsprechung des BAG ist Arbeitnehmer derjenige, der auf Grund eines privatrechtlichen Vertrages im Dienste eines Dritten zur Leistung weisungsgebundener, fremdbestimmter

9

---

51 Allg. A. i. Anschl. an Amtl. Begr. in BT-Drucks. II/1648, S. 50 = Blatt 1957, 246; s. z.B. Reimer/Schade/Schippel/Kaube Rz. 9 zu § 1 u. Rz. 1 zu § 40; Volmer/Gaul Rz. 213 ff. zu § 1 u. 12 ff. zu § 40; Volz, Öffentl. Dienst S. 43 ff.
52 Vgl. BAG v. 7.11.1975 BB 1976, 270 u.v. 30.7.1987 DB 1987, 2658 (jeweils zu § 130 BetrVG); zust. Reimer/Schade/Schippel/Leuze Rz. 3 zu § 40.
53 Z. Anwendbarkeit d. ArbEG auf Mitarbeiter staatl. Forschungseinrichtungen vgl. Schiedsst. v. 8. 2.1973 Blatt 1973, 215.
54 Einzelheiten bei Dietz/Richardi BetrVG Rz. 2-6 zu § 130; Fitting/Kaiser/Heither/Engels BetrVG Rz. 3, 4 zu § 130.
55 Ganz h.M.; z.B. BGH v. 24.10.1989 GRUR 1990, 193 a.E. – Autokindersitz; OLG Hamburg v. 6.11.1958 GRUR 1960, 487, 488 – Geruchbeseitigungsverfahren; Schiedsst. v. 6.2.1987 Blatt 1987, 362, 363 u.v. 15.2.1996 Arb.Erf. 67/94 (unveröffentl.); Gaul RdA 1982, 268 u. Volmer/Gaul Rz. 25 ff. zu § 1; Busse/Keukenschrijver, PatG, Rz. 2 zu § 1 ArbEG; MünchArbR/Sack § 99 Rz. 6; Schaub ArbRHdb. § 115 II 2; s. auch Amtl. Begr. in BT-Drucks. II/1648 S. 17 = Blatt 1957, 227; vgl. auch BGH v. 25.2.1958 GRUR 1958, 334, 336; diff. Volmer GRUR 1978, 329, 330.

§ 1

Arbeit in persönlicher Abhängigkeit verpflichtet ist, wobei das Weisungsrecht Inhalt, Durchführung, Zeit, Dauer und Ort der Tätigkeit betreffen kann[56]. Auch erfinderrechtlich ist dementsprechend Arbeitnehmer, wer z.B. im Rahmen einer Arbeitsbeschaffungsmaßnahme in abhängiger Stellung beschäftigt wird.[57]

a) Pflicht zur Arbeitsleistung

aa) Arbeitsvertrag

10 Die Arbeitsleistungspflicht wird durch einen privatrechtlichen[60] – in der Regel schriftlich abzufassenden[61] – Vertrag begründet; als Unterfall des Dienstvertrages (§§ 611 ff. BGB) ist er auf die persönliche Leistung von Diensten gerichtet.

Arbeitsvertragliche Regelungen, die die Rechte und Pflichten aus dem ArbEG zuungunsten des Arbeitnehmers ändern, sind nach § 22 Satz 1 ArbEG unwirksam (s. dort Rz 5 ff.). Möglich sind allerdings arbeitsvertragliche Regelungen, die den Aufgaben- und Pflichtenkreis des Arbeitnehmers bezüglich seiner Forschungs- und Entwicklungstätigkeit konkretisieren; zur erfinderischen Tätigkeit als Gegenstand des Arbeitsvertrages s. Rz. 25 ff. zu § 25; z. Begriff der Sonderleistung Rz. 332 ff. zu § 9; zu den arbeitsvertraglichen Auswirkungen zur Kennzeichnung einer Diensterfindung s. Rz 23 ff. zu § 4 u. zum Anteilsfaktor s. Rz 271 u. 281 zu § 9.

bb) Faktisches Arbeitsverhältnis

11 Erbringt jemand ohne oder ohne wirksamen Arbeitsvertrag, aber mit Wissen und Willen des Arbeitgebers tatsächliche Arbeitsleistungen, besteht ein **faktisches Arbeitsverhältnis**, aus dem sich quasivertragliche Ansprüche

---

56 BAG v. 22. 4. 1998 NZA 1998, 1275 u. 1277, jeweils m. w. N.; Hanau/Strick AuA 1998, 185; Griebeling NZA 1998, 1137 u. RdA 1998, 208; s. auch BVerfG v. 18. 2. 2000 NZA 2000, 653.
57 Schiedsst. v. 6. 2. 1987 (Fn. 25).
58-59 frei
60 Dementsprechend sind Personen, die auf Grund eines öffentlich-rechtlichen Gewaltverhältnisses zur Arbeit verpflichtet sind (z.B. Strafgefangene, Anstaltsinsassen), keine Arbeitnehmer, vgl. Schaub ArbRHdb. § 8 II 2.
61 Vgl. § 2 NachwG. Formerfordernisse können sich auch aus tarifvertraglichen Abschlussnormen ergeben; vgl. hierzu z.B. BAG v. 15.11.1957 AP Nr. 2 zu § 125 BGB u. BAG BB 1986, 2056; vgl. auch die EG-Richtlinie v. 14.10.1991 (91/533 /EWG) über d. Pflicht d. ArbG. z. Unterrichtung d. ArbN. über d. f. seinen Arbeitsvertrag oder sein Arbeitsverh. geltenden Bedingungen (ABlEG 1 288/32).
62-66 frei

§ 1

für die tatsächlich erbrachten Leistungen ergeben[67] (z. Weiterbeschäftigung während des Kündigungsschutzstreits s. Rz 5 zu § 26; z. ausländischen Arbeitnehmern unten Rz 32 ff.).

In diesem Zeitraum fertig gestellte Erfindungen oder technische Verbesserungen lösen grundsätzlich die **Rechte und Pflichten aus dem ArbEG** für beide Seiten aus[68]. Wird das faktische Arbeitsverhältnis durch einseitige Beendigungserklärung mit ex nunc-Wirkung aufgelöst, steht der Erfinder »faktisch« einem ausgeschiedenen Arbeitnehmererfinder (vgl. § 26) gleich. 12

Die der Billigkeit entsprechenden Grundsätze des faktischen Vertragsverhältnisses gelten jedoch nach **Treu und Glauben** (§ 242 BGB) grundsätzlich nicht zugunsten der Partei, die die Nichtigkeitsgründe positiv gekannt hat (venire contra factum proprium)[71]. Beispielsweise kann ein Arbeitgeber gegenüber einem von ihm beschäftigten Erfinder keine Rechte aus den §§ 5, 6 ArbEG geltend machen, wenn er diesen in Kenntnis des Umstandes beschäftigt, dass dieser in einem rechtlich noch fortdauernden, früher begründeten Arbeitsverhältnis zu einem Dritten steht. Zwar ist ein Doppelarbeitsverhältnis rechtlich möglich (vgl. unten Rz. 19 ff.). Liegt aber ein kollusives Zusammenwirken[73] des neuen Arbeitgebers mit einem vertragsbrüchigen Arbeitnehmer vor, begründet dies die Nichtigkeit des zweiten Arbeitsvertrages gemäß § 138 Abs. 1 BGB und verwehrt zugleich den Partnern die Berufung auf die Grundsätze des faktischen Arbeitsverhältnisses; in diesem »Arbeitsverhältnis« getätigte Erfindungen sind dem »Erstarbeitgeber« als dem allein Berechtigten zu melden (§ 5 ArbEG) bzw. mitzuteilen (§ 18 ArbEG). 13

Zum Verstoß gegen ein Wettbewerbsverbot siehe Rz. 40 ff. zu § 26.

b) Persönliche Abhängigkeit

Erforderlich für die Annahme eines Arbeitsverhältnisses ist weiter, dass die Arbeitsleistung für einen Dritten in persönlicher Abhängigkeit erbracht werden muss (vgl. auch § 84 HGB). Eine bloß **wirtschaftliche Abhängigkeit**, bei der der Dienstleistende zwar hinsichtlich der Art und Dauer seiner Tätigkeit und der Höhe der Vergütung auf den Dienstgeber angewiesen sein kann, im Übrigen aber seine Arbeit »selbstbestimmt« ausübt (z.B. An- 14

---

67   Vgl. BAG v. 27. 2.1985 (GS) DB 1985, 2203; v. 5.12.1957 AP Nr. 2 zu § 123 BGB; v. 15.11.1957 AP Nr. 2 zu § 125 BGB; BGH v. 16.1.1995 BB 1995, 536 betr. fehlerhaften Anst.-Vertrag eines KG-Geschäftsführers; Schaub ArbRH db § 35 III 3 ff.
68-70 frei
71   Schaub ArbR Hdb. § 35 III 6.
72   frei
73   Zum Begriff vgl. Palandt/Thomas, BGB, Rz. 24 zu § 826 BGB.

§ 1

gehörige freier Berufe wie Architekten, freie Ingenieure, Patent- und Rechtsanwälte), reicht hierfür nicht aus[74].

15 Für die in der Praxis relevante Abgrenzung zwischen Arbeitnehmer und **freiem Mitarbeiter** ist der **Grad der persönlichen Abhängigkeit** entscheidend, in der sich der zur Dienstleistung Verpflichtete jeweils befindet. (s. Rz. 44 f.; z. Franchisenehmer s. Rz. 43).

c) Indizien für den Arbeitnehmerstatus

16 **Anknüpfungspunkte** für ein Arbeitsverhältnis sind insbesondere der Umfang der Weisungsgebundenheit des Dienstverpflichteten bei der Ausübung seiner Tätigkeit und die Eingliederung in den Betrieb des Dienstberechtigten[80].

17 Aus der Sicht des Arbeitnehmererfindungsrechts können für den Arbeitnehmerstatus eines Erfinders insbesondere eine weisungsgebundene Entwicklungstätigkeit in einer fremden Arbeitsorganisation und die Nutzung der dort bereit gestellten Arbeitsmittel sprechen.

3. Einzelfälle

18 Nachstehend sind einzelne problematische Fallgestaltungen und die Auswirkungen bei der Anwendung des ArbEG dargestellt.

a) Arbeitnehmer in mehreren Arbeits- oder sonstigen Rechtsverhältnissen

19 Zeitlich nicht kollidierende Arbeitsverhältnisse eines Arbeitnehmers mit mehreren Arbeitgebern sind zulässig[90]. Derartige **Doppelarbeitsverhältnisse** sind insbesondere im Konzernbereich[91] (s. z. partiellen Organstellung eines Arbeitnehmers Rz. 71), bei Hochschulwissenschaftlern im Rahmen genehmigter Nebentätigkeit (s. Rz. 36 f. zu § 42) und bei zwischenbetrieblicher Kooperation anzutreffen. Zur Arbeitgebereigenschaft in diesen Fällen vgl. unten Rz. 106 f. und Rz. 129 ff.

---

74 BAG v. 13.7. 1995 DB 1995, 2271 u. v. 3.6. 1998 DB 1998, 2274; Schaub ArbRHdb. § 8 II 3.
75-79 frei
80 S. etwa BAG v. 12.9. 1996 NZA 1997, 600; Kasseler Handbuch/Worzalla Rz 88 ff.; Schaub ArbRHdb. § 8 II 3.
81-89 frei
90 BAG v. 19.6.1959 AP Nr. 1 zu § 611 BGB – Doppelarbeitsverhältnis; Palandt/Putzo, BGB Einf. § 611, Rz. 36; vgl. auch BAG v. 2.10.1974 BB 1975, 468; zum Umfang vertragl. Nebentätigkeitsverbote s. BAG v. 26.8.1976 DB 1977, 544.
91 Vgl. z.B. den Sachverhalt bei LG Braunschweig v. 1.7.1975 GRUR 1976, 585 (betr. GmbH – Geschäftsführertätigkeit).

§ 1

Die Zuordnung der in mehreren voneinander unabhängigen Arbeitsverhältnissen (zum sog. einheitlichen Arbeitsverhältnis s. Rz. 132.1) geschaffenen Erfindungen und technischen Verbesserungsvorschläge entscheidet sich danach, in welcher Eigenschaft bzw. auf welcher Grundlage der Erfinder diese technischen Neuerungen entwickelt hat (**Sphärentheorie**)[92]. Auch das *BAG*[92a] differenziert bei Mehrfachfunktionen einer Person nach Rechtsverhältnissen und lässt für die Beurteilung jeweils dasjenige entscheidend sein, aus dem der Anspruch hergeleitet wird. Diesen Überlegungen widerspricht der *BGH*[92b] für den Fall, dass die einzelnen Funktionen tatsächlich nicht trennbar sind.

Lassen sich die einzelnen betrieblichen Funktionen des Arbeitnehmers trennen, bestimmt sich auf dieser Grundlage, ob überhaupt eine Diensterfindung gegeben ist, und damit, ob und wem die Erfindung zu melden ist (§ 5) oder ob sie ggf. (bei freier Erfindung) allen Arbeitgebern mitgeteilt (§ 18) werden muss, jeweils mit den entsprechenden Folgewirkungen gem. dem ArbEG. Maßgeblich für die Abgrenzung ist, ob ein und welcher Arbeitgeber die durch die Erfindung gelöste Aufgabe gestellt hat bzw. auf wessen betriebliche Erfahrungen die Erfindung entscheidend zurückzuführen ist und ob der Erfinder dabei im Verhältnis zu diesem als Arbeitnehmer tätig geworden ist.

Stellt sich die Erfindung **im Verhältnis zu jedem Arbeitgeber als Diensterfindung** dar, ist nicht entscheidend, wessen Anstoß für die Entwicklung der Erfindung »prioritätsbegründend« ursächlich war[93]. Jedem gegenüber hat die Meldung (§ 5) zu erfolgen[94]. Die Rechte an der Diensterfindung stehen allen Arbeitgebern nach jeweiliger Inanspruchnahme gemeinschaftlich zu (§§ 741 ff. BGB entsprechend)[95]. Der unterschiedliche Einfluss der »betrieblichen Anteile« der einzelnen Arbeitgeber kann allenfalls bei der Bemessung der auf die Arbeitgeber in Bruchteilsgemeinschaft übergegangenen »Miterfinder«-Anteile berücksichtigt werden. Verzichtet ein Arbeitgeber zugunsten seines Arbeitnehmers auf sein Inanspruchnahmerecht, so wird die Erfindung insoweit entsprechend § 8 frei. Der Arbeitnehmer tritt dann in eine Bruchteilsgemeinschaft mit dem anderen Arbeit-

20

21

---

92 So zutr. Volmer GRUR 1978, 329, 332; zust. Schiedsst. v. 5.7.1991 GRUR 1992, 499, 501 r.Sp. – Einheitliches Arbeitsverhältnis; s. auch Schiedsst. v. 1. 7. 1999 Arb.Erf 49/97 (unveröffentl.).
92a V. 10.7.1980 GmbH-Rundschau 1981, 113, 114.
92b V. 24.10.1989 GRUR 1990, 193, 194 – Auto-Kindersitz.
93 Vgl. Gaul/Bartenbach GRUR 1979, 750 f.; abw. Volmer (Fn. 62).
94 Gaul/Bartenbach (Fn. 63) S. 752; Bernhardt/Kraßer, Lehrb. d. PatR, § 21 III a 5.
95 Demgegenüber ordnen Volmer/Gaul (Rz. 48 zu § 1 u. 24 f. zu § 5) die Erfindung unter dem Gesichtspunkt der Sachnähe dem Arbeitsverhältnis zu, das gegenständlich der Erfindung am nächsten kommt; ebenso Gaul RdA 1982, 268, 270.
96 frei

geber, wenn dieser von der unbeschränkten Inanspruchnahme Gebrauch macht.

Wegen Einzelheiten zur Bruchteilsgemeinschaft s. Rz. 52 f. zu § 5.

22 Ist die Erfindung dagegen nur **im Verhältnis zu einem Arbeitgeber eine Diensterfindung**, so muss sie nur diesem gemeldet werden. Dem anderen Arbeitgeber ist sie entsprechend § 18 mitzuteilen, um dessen Kontrollrecht aus § 18 Abs. 2 zu wahren; wegen dessen Geheimhaltungspflicht wird § 24 dadurch gegenüber dem anderen Arbeitgeber nicht verletzt.

23 Die Grundsätze dieser Sphärentheorie gelten entsprechend bei der Entscheidung, ob eine **freie Erfindung** (§ 4 Abs. 3) vorliegt und wem sie mitzuteilen (§ 18) bzw. anzubieten (§ 19) ist. In Zweifelsfällen ist wegen des Kontrollrechts aus § 18 Abs. 2 die Mitteilung an alle Arbeitgeber zu richten, sofern nicht im Einzelfall der Ausnahmetatbestand des § 18 Abs. 3 gegeben ist.

Die Sphärentheorie greift auch hinsichtlich der Zuordnung von **technischen Verbesserungsvorschlägen** Platz (s. dazu allgemein Rz. 26 f. zu § 3).

b) Arbeitnehmerähnliche Personen

24 Im Unterschied zum Arbeitnehmer sind arbeitnehmerähnliche Personen wegen fehlender Eingliederung in eine betriebliche Organisation und wegen im Wesentlichen freier Zeitbestimmung **nicht persönlich abhängig**; an die Stelle der persönlichen Abhängigkeit und Weisungsgebundenheit tritt das Merkmal der **wirtschaftlichen Unselbständigkeit**. Diese Personen werden auf Grund von Dienst- oder Werkverträgen für den Dienstberechtigten in wirtschaftlich abhängiger Stellung tätig (vgl. § 12 a Abs. 1 TVG). Zu der wirtschaftlichen Abhängigkeit hinzu treten muss, dass diese Personen in ihrer gesamten sozialen Stellung, d.h. in ihrer wirtschaftlichen Unselbständigkeit, einem Arbeitnehmer vergleichbar **sozial schutzbedürftig** sind[97].

An der wirtschaftlichen Abhängigkeit gegenüber **bestimmten** (auch mehreren) **Personen**, fehlt es regelmäßig, wenn die Arbeitsleistung beliebig vielen angeboten bzw. erbracht wird (s. z.B. von Patent- oder Rechtsanwälten, Unternehmensberatern).

25 Da der Wortlaut des § 1 ArbEG die arbeitnehmerähnlichen Personen nicht erfasst, **scheidet** eine unmittelbare **Anwendbarkeit des Gesetzes** auf diesen Personenkreis **aus**; auch eine analoge Anwendung der Gesamtheit aller Bestimmungen des ArbEG kommt u. E. grundsätzlich nicht in Be-

---

[97] Einzelheiten s. b. BAG v. 13.9.1956 GRUR 1957, 242, 243 m. Anm. Volmer u.v. 8.6.1967 AP Nr. 6 zu § 611 BGB – Abhängigkeit; BAG v. 15.4.1993 DB 1993, 2163, 2165; v. 6.7.1995 NZA 1996, 33, 36 u. v. 25. 7. 1996 ZIP 1996, 1714; BGH v. 4. 11. 1999 NJW 1999, 218, 220 – Eismann; Herschel DB 1977, 1185 f.; Wiedemann/Stumpf, TVG Rz. 14 ff. zu § 12 a; Heither/Schönherr ArbGG B § 5-05/2.

§ 1

tracht[98]. Es ist zwar nicht zu verkennen, dass der Gesetzgeber über die bloß prozessuale Gleichstellung von Arbeitnehmern und arbeitnehmerähnlichen Personen in § 5 ArbGG hinaus auch in einzelnen Bereichen des materiellen Rechts eine Gleichstellung beider Personengruppen ausdrücklich vollzogen hat (vgl. § 2 Satz 2 BUrlG, § 17 Abs. 1 Satz 2 BetrAVG). Aber gerade die Regelung des § 12 a TVG verdeutlicht, dass der Gesetzgeber sich zu einer grundsätzlichen Gleichstellung beider Personenkreise (noch) nicht entschlossen hat. Zudem darf nicht übersehen werden, dass das ArbEG nicht nur Rechte zugunsten des Arbeitnehmers enthält; insbesondere die Möglichkeit der Inanspruchnahme einer Diensterfindung und die damit verbundene Zuordnung der Erfindung zum Arbeitgeber führt konsequenterweise zu einem Rechtsverlust für den Arbeitnehmer.

Nach der hier vertretenen Auffassung kann die arbeitnehmerähnliche Person über die **Zuordnung** einer von ihr gemachten Erfindung frei entscheiden, sofern nicht dahingehende Verpflichtungen aus dem ihrem Tätigwerden zugrunde liegenden Vertragsverhältnis (z. B. Werkvertrag §§ 631 ff. BGB oder Dienstvertrag §§ 611 ff. BGB) oder – etwa bei Erfindungen, die maßgeblich auf Vorarbeiten des Unternehmens beruhen und in dessen Arbeitsbereich fallen – aus dem Grundsatz von Treu und Glauben (§ 242 BGB) folgen (vgl. auch Rz. 48, 55, 75, 92 ff.). Eine analoge Anwendung einzelner Schutzbestimmungen des ArbEG (insbesondere Vergütungsvorschriften[98a], die Anmeldepflicht des Arbeitgebers nach § 13 und seine Pflichten im Zusammenhang mit der Aufgabe und Freigabe von Rechten an der Erfindung bzw. Schutzrechtspositionen) können nur dann je nach dem Maß der sozialen Schutzbedürftigkeit des arbeitnehmerähnlichen Erfinders zum Tragen kommen, wenn er zuvor seine Erfindung seinem Vertragspartner überlassen hat[99].

26

---

98 So auch Staudinger/Nipperdey/Neumann BGB (14. Aufl.) Bem. 117 zu § 611 BGB; Schaub Arbeitsrechtshandbuch § 9 II 2 u. § 115 II 2 a; Volmer GRUR 1978, 329, 334; s. auch Soergel/Kraft, BGB Rz. 48 zu § 611 u. Schiedsst. (Berlin) v. 30.7.1958 Arb. Erf. 1 (B)/58 zitiert bei Klaus, ArbNErf. (1964), 14 (zum Fall der Umwandlung des Verh. in Dienstverh. als freier Mitarb.); a.A. Busse/Keukenschrijver, PatG Rz. 4 zu § 1 ArbEG; Gaul GRUR 1977, 686, 689; ders. RdA 1982, 268, 274; Volmer/Gaul Rz. 59 ff., 224 zu § 1; Schwab, Erf. u. VV, 1991, 5; Herschel DB 1977, 1185, 1189; diff. Reimer/Schade/Schippel/Rother Rz. 6 zu § 1 u. Schippel GRUR 1959, 167, 168 f.; ders. i. Münch.-Vertrags-Hdb., Bd. 3, Form. V 1 Anm. 1; Bernhardt/Kraßer, Lehrb. d. PatR, § 21 I a 2; s. auch Fn. 69.

98a Bernhard/Kraßer (Fn. 68) sprechen sich für eine »Orientierung« an § 9 bei Einräumung von Rechten an Erf. aus, wenn eine diesbezügl. Vertragsabrede fehlt; z. Urheber- u. Leistungsrechtsschutz arbeitnehmerähnlicher Personen s. v. Olenhusen GRUR 2002, 11 ff

99 BGH v. 10.7.1959 Az I ZR 73/58 (unveröffentl.) hat offengelassen, »ob die Anwendung der Bestimmungen über die Vergütung von Arbeitnehmererfindungen schon damit begründet werden kann, dass der Erfinder arbeitnehmerähnl. Person i.S.d. § 5

§ 1

27 Keinesfalls anwendbar sind die Bestimmungen der §§ 28 ff. über das Schiedsverfahren[100]; gleiches gilt für die Regeln über das gerichtliche Verfahren (§ 37 ff.)[101]. Die Zuständigkeit der Patentstreitkammer beim Landgericht kann sich indes unter dem Aspekt des § 143 PatG ergeben, etwa wenn die Vertragsparteien über die Nutzungsbefugnis an einer vom arbeitnehmerähnlichen Erfinder geschaffenen patentfähigen Erfindung streiten (vgl. §§ 139 ff. PatG). Im Übrigen bewendet es bei den allgemeinen Zuständigkeitsregeln (vgl. insbes. § 5 Abs. 1 S. 2 ArbGG)[102].
Zu freien Mitarbeitern s. Rz. 44 ff. u. zu Organmitgliedern s. Rz. 68 ff.

Der **Scheinselbständige** ist entweder Arbeitnehmer oder (in der Regel) arbeitnehmerähnliche Person (vgl. § 7 Abs. 4 Satz 1 Nrn. 1–5 SGB IV)[103].

c) Ausgeschiedene Arbeitnehmer

28 Die Auflösung eines Arbeitsverhältnisses lässt die Erfüllung der Rechte und Pflichten aus dem ArbEG für alle **bis zum rechtlichen** Ende des Arbeitsverhältnisses **fertig gestellten** (zum Begriff siehe Rz. 16 f. zu § 4) Erfindungen und Verbesserungsvorschläge unberührt (§ 26). Unerheblich ist, ob auf Grund einer **Freistellung** die Verpflichtung eines Arbeitnehmers zur Dienstleistung schon vorher beendet wird[106]. Einzelheiten s. Rz. 10 ff. zu § 4 und § 26.
Zur Stellung der Pensionäre s. Rz. 77 ff.

29 Hat ein Arbeitnehmer eine (unberechtigte) Kündigung wirksam durch **Kündigungsschutzklage** angefochten, zwischenzeitlich aber ein neues Arbeitsverhältnis begründet (vgl. auch § 12 KSchG), so gelten hinsichtlich der in diesem Zeitraum gemachten Erfindungen die Grundsätze der Sphärentheorie[107] (s. Rz. 20 f.). Zu den Auswirkungen der Weiterbeschäftigung im Kündigungsschutzprozess s. Rz. 5 zu § 26.

30 Scheidet ein Arbeitnehmer unter **Vertragsbruch** oder durch **Provozieren einer Kündigung** kurz vor Fertigstellung einer schutzwürdigen Erfindung mit dem Ziel aus, die Erfindung seinem Arbeitgeber zu entziehen, ist in Anwendung der Rechtsgedanken der §§ 242, 162 BGB – bezogen auf diese Erfindung – das Arbeitsverhältnis als so lange fortbestehend anzusehen, als es unter Beachtung der vertraglichen Kündigungsfristen angedauert

---

ArbGG« ist; nach Soergel/Kraft (Fn. 68) soll allein der (Dienst-) Vertrag maßgebend sein, wobei eine Vergütung auch im Voraus abdingbar sei.
100 So auch Volmer (Fn. 68); a.A. Reimer/Schade/Schippel/Kaube Rz. 4 zu § 28; offengelassen Schiedsst. Beschluss v. 13.2.1977 Arb. Erf. 47/75 (unveröffentl.).
101 A.A. Volmer (Fn. 68).
102 Vgl. auch BAG v. 13.9.1956 (Fn. 67).
103 S. hierzu Bauer/Diller/Lorenzen NZA 1999, 169; Buchner DB 1999, 146.
104-105 frei
106 Die rechtliche, nicht die tatsächliche Beendigung ist maßgebend, vgl. BGH v. 18.5.1971 GRUR 1971, 407, 408 – Schlussurlaub – m. Anm. Schippel.
107 Näheres zu diesem Problemkreis s. Gaul/Bartenbach GRUR 1979, 750 f.

hätte[108]. Zum Überleitungsanspruch des Arbeitgebers bei pflichtwidrig unterlassener Entwicklungstätigkeit des Arbeitnehmers s. Rz. 16 zu § 4 u. Rz. 22 zu § 26, zum Recht des Arbeitgebers auf Einsicht in die Akten von Schutzrechtsanmeldungen eines ausgeschiedenen Arbeitnehmers beim Patentamt s. Rz. 16 zu § 4.

d) Aushilfsarbeitsverhältnisse

Das Aushilfsarbeitsverhältnis ist ein – wenn auch regelmäßig befristetes – dem Anwendungsbereich des **ArbEG unterliegendes** Arbeitsverhältnis (vgl. § 622 Abs. 5 Satz 1 Nr. 1 BGB, § 14 Abs. 1 Nrn. 1, 3 TzBfG), dessen Zweck erkennbar in der Deckung eines vorübergehenden Arbeitskräftebedarfs liegt (Ersatz- oder Zusatzkräfte)[112], welches auch bei zeitlich begrenzten Forschungsvorhaben bzw. projekten gegeben sein kann[113]. Wegen der üblicherweise nur kurzen Dauer der Betriebszugehörigkeit ist besonders sorgfältig zu prüfen, ob bei einer in dieser Zeit entwickelten Erfindung die Voraussetzungen des § 4 Abs. 2 ArbEG (Aufgaben- oder Erfahrungserfindung) erfüllt sind. In dieser Zeit gemachte (s. dazu Rz. 10 ff. zu § 4) technische Verbesserungsvorschläge sind dem Arbeitgeber zuzuordnen (s. Rz. 15, 26 f. zu § 3). Zu Pensionären s. Rz 77 ff.

31

e) Ausländische Arbeitnehmer

Die Wirksamkeit eines Arbeitsvertrages mit ausländischen Arbeitnehmern, also Personen, die keine deutsche Staatsangehörigkeit gemäß Art. 116 Abs. 1 GG besitzen (vgl. § 1 Abs. 2 AuslG), ist zunächst von der Erfüllung **öffentlich-rechtlicher** Vorschriften betreffend die Arbeitsaufnahme (etwa Arbeitsgenehmigung, § 284 SGB III) abhängig[114]. (zum faktischen Arbeitsverhältnis s. Rz. 11 f.). Dies trifft allerdings nicht die Angehörigen der EU-Staaten (Art. 39 EGV).

32

Rz. 33 frei

Für die Mehrzahl im Inland tätiger ausländischer Arbeitnehmer sind die (privatrechtlichen) arbeitsrechtlichen Beziehungen auf Grund zwischen-

34

---

108 Vgl. BGH v. 16.11.1954 GRUR 1955, 402, 404 – Anreißgerät; Nikisch ArbR, Bd. 1 § 28 II b (dort Fn. 14); Gaul/Bartenbach GRUR 1979, 750, 751; Volmer/Gaul Rz. 52 zu § 4 (analog § 628 Abs. 2 BGB); Münch ArbR/Sack § 99 Rz. 10.
109-111 frei
112 Bei Unwirksamkeit eines Aushilfsvertrages mangels Aushilfsbedürfnisses des Arbeitgebers (s. u.a. BAG v. 10.6.1988 AP Nr. 5 zu § 1 BeschFG 1985 u. v. 3.10.1984 NZA 1985, 561 f.; Schaub ArbRHdb. § 41 I, II) liegt ein unbefristetes Arbeitsverhältnis vor (§ 16 TzBfG).
113 Vgl. Antwort der BReg. in BT-Drucks. 14/8949, S. 23.
114 S. hierzu Keßler AuA 1999, 306 ff.; Kasseler Handbuch/Braasch 1.2 Rz. 32 ff.
115-117 frei

§ 1

staatlicher Abkommen[118] durch Musterarbeitsverträge ausdrücklich **deutschem Recht unterworfen.** Der im Privatrecht geltende Grundsatz der **Parteiautonomie** wird aber auch im Arbeitsrecht im Fall einer sog. Auslandsberührung anerkannt[119] (vgl. Art. 30 EGBGB; s. Rz. 108 ff.). Insoweit können die Arbeitsvertragsparteien grundsätzlich das für sie maßgebliche Recht selbst bestimmen, soweit nicht die – auch hier relevanten – **Einschränkungen des Art. 30 EGBGB** eingreifen (s. dazu Rz. 109 f.).

35   Haben die Arbeitsvertragsparteien von der in Art. 27 EGBGB eingeräumten Möglichkeit einer Rechtswahl keinen Gebrauch gemacht oder ist eine von ihnen getroffene Rechtswahl nach dem dafür maßgebenden Recht (vgl. Art. 27 Abs. 4 i.V.m. Art. 31 EGBGB) unwirksam (zum ArbEG s. Rz. 110), so bestimmt sich das anzuwendende Recht nach Art. 30 Abs. 2 EGBGB. Für **Angehörige der EU-Mitgliedstaaten** hat bereits die EWG VO Nr. 1612/68 v. 15.10.1968 alle Arbeitnehmer aus diesen Staaten den Staatsangehörigen des Heimatstaates arbeitsrechtlich in vollem Umfang gleichgestellt.

Gemäß Abs. 2 Nr. 1 des Art. 30 EGBGB ist grundsätzlich das Recht des Staates maßgebend, in dem der Arbeitnehmer in Erfüllung seines Arbeitsvertrages gewöhnlich seine Arbeit verrichtet, also das **Recht des gewöhnlichen Arbeitsortes (Arbeitsstatut).** Dies gilt auch dann, wenn er vorübergehend in einen anderen Staat entsandt wird, wobei entscheidend darauf abzustellen ist, dass der Zeitpunkt der Rückkehr von vornherein einigermaßen exakt festliegt[120] (vgl. auch § 2 Abs. 2 NachwG). Derartige Sachverhalte sind denkbar bei Montagetätigkeiten im Ausland, der Unterweisung eines ausländischen Vertragspartners im Rahmen einer Anlagenerstellung, bei Kooperations- oder sonstigen Forschungstätigkeiten, bei Abordnungen zu Ausbildungs- oder Schulungszwecken.

Fehlt es an einem **ständigen Arbeitsort**, verrichtet der Arbeitnehmer seine Arbeit also gewöhnlich nicht in ein und demselben Staat, so sieht Art. 30 Abs. 2 Nr. 2 EGBGB eine Anknüpfung an das Recht des Staates vor, in dem sich die Niederlassung befindet, die den Arbeitnehmer eingestellt hat. Die Anknüpfung an den gewöhnlichen Arbeitsort bzw. – falls ein solcher fehlt – an den Ort der Niederlassung scheidet jedoch dann aus, wenn sich aus der Gesamtheit der Umstände ergibt, dass der Arbeitsvertrag oder das Arbeitsverhältnis engere Verbindungen zu einem anderen Staat aufweist. In diesem Fall ist das Recht dieses anderen Staates anzuwenden (Art. 30 Abs. 2 a.E. EGBGB).

Liegt also bei ausländischen Arbeitnehmern der Schwerpunkt ihres Arbeitsverhältnisses im Inland, greifen mangels zulässiger Rechtswahl (Art. 30 Abs. 1 EGBGB) die Normen des **ArbEG** als arbeitsrechtliches Schutzge-

---

118 S. die Abkommen bei Staudinger/Firsching BGB Rz. 500 vor Art. 12 EGBGB.
119 St. Rspr., vgl. BAG v. 20.7.1967 AP Nr. 10 zu IPR-Arbeitsrecht u.v. 20.7.1970 AP Nr. 4 zu § 38 ZPO; v. 10. 4.1975 AWD 1975, 521.
120 Däubler RIW 1987, 249, 251; Palandt/Heldrich Art. 30 EGBGB, Rz. 7.

§ 1

setz (vgl. Einl. Rz. 3) **in vollem Umfang ein**[121] (zur mangelnden Abdingbarkeit des ArbEG s. unten Rz. 110).
Eine **arbeitnehmererfinderrechtliche Kollisionsregelung** enthält **Art. 60 Abs. 1 EPÜ**[122]. Nach Art. 60 Abs. 1 Satz 2 EPÜ bestimmt sich bei einem Arbeitnehmererfinder das Recht auf das europäische Patent nach dem Recht des Staates, in dem der Arbeitnehmer überwiegend beschäftigt ist; ist letzeres nicht feststellbar, so ist das Recht des Staates anzuwenden, in dem der Arbeitgeber den Betrieb unterhält, dem der Erfinder angehört (Recht des Arbeitsplatzes bzw. Unternehmenssitzes[123]).
Im Hinblick auf die unterschiedliche Ausgestaltung des Arbeitnehmererfinderrechts in der EU (s. dazu Einleitung Rz. 11) stellt Art. 60 Abs. 1 Satz 2 EPÜ eine Minimallösung dar, die mehr Fragen aufwirft als sie Antworten gibt. Geregelt wird letztlich nur das Recht auf das europäische Patent. Nach h.M. handelt es sich um eine Gesamtrechtsverweisung, die über das materielle Arbeitnehmererfinderrecht auch das nationale Kollisionsrecht der Arbeitnehmererfindung umfasst[124]. Demzufolge ist eine abweichende Rechtswahl in dem Umfang möglich, wie dies vom nationalen Kollisionsrecht zugelassen wird[125] (s. dazu Rz. 110).

f) Auslandseinsatz von Arbeitnehmern

Erfindungen, die ein bei einem inländischen Unternehmen beschäftigter Arbeitnehmer im Ausland fertig stellt (s. Rz. 16 f. zu § 4), unterliegen mangels abweichender Rechtswahl (s. hierzu Rz. 34 f., 109 f.) nicht dem Recht des jeweiligen Staates, in dem Schutzrechte angemeldet bzw. erworben werden[130] (patentrechtliches Territorialitätsprinzip). Gegenstand des Arbeitnehmererfindungsrechts ist schon die Erfindung als solche und nicht erst das darauf bezogene Schutzrecht[130a]. Wegen der untrennbaren Verbindung zwischen Arbeitsverhältnis (s. auch § 2 Abs. 2 NachwG) und Arbeitnehmererfindung muss auch für das internationale Privatrecht der Arbeitnehmererfindung mit der h.M. auf die Anknüpfungsgrundsätze zurückge-

36

---

121 Ebenso Schiedsst. v. 9.1.1986 Arb. Erf. 30/85 (unveröffentl.); Palandt/Heldrich Art. 30 EGBGB Rz. 6; Soergel/v. Hoffmann Art. 30 EGBGB Rz. 22.
122 Hierzu i. einzelnen Straus GRUR Int. 1984, 1ff.; ders. GRUR Int. 1990, 353; Sack Festschr. Steindorff, 1347, 1357 ff. u. ders. in Münch ArbR § 99, Rz. 112.
123 Singer/Stauder EPÜ Rz. 12 zu Art. 60.
124 Straus u. Sack (Fn. 92) m.w.N; ablehnend Singer/Stauder EPÜ Rz. 20 zu Art. 60.
125 Straus GRUR 1984, 1, 3; MünchArbR/Sack (Fn. 92); Benkard/Ullmann PatG Einl. Int. Teil Rz. 111.
126-129 frei
130 A.A. M. Wolff Das Intern. Privatrecht Deutschlands (1954) S. 183; wohl auch Drobnig, RabelsZ 40 (1976), 195, 206 f.
130a Vgl. auch BFH v. 26.8.1993 DB 1994, 258 (zur Zuordnung der Erfindungsrechte z. Inlandsbetrieb).

§ 1

griffen werden, die für das betreffende Arbeitsverhältnis maßgeblich sind[131], also das **Arbeitsstatut**.

Das Arbeitsstatut gilt jedoch – worauf *Sack* zu Recht aufmerksam macht[131a] – nicht uneingeschränkt. Nach dem Arbeitsstatut entscheiden sich insbesondere die Fragen, ob es sich um eine Arbeitnehmererfindung handelt, ob diese Diensterfindung oder freie Erfindung ist, wer das Recht auf das Patent hat einschließlich der materiellen Verwertungs- und Verfügungsbefugnisse, ferner Bestehen, Fälligkeit und Höhe von Vergütungsansprüchen. Demgegenüber regelt das patentrechtliche Territorialitätsprinzip die mit dem Patentschutz im Zusammenhang stehenden Fragen, wie insbesondere das Recht auf Erteilung des Patents und das Recht aus dem Patent sowie die Erfinderpersönlichkeitsrechte (Erfindernennung usw.).

37 Da bei vorübergehendem Auslandseinsatz – etwa zu Forschungs- oder Montagezwecken – gemäß Art. 30 Abs. 2 Nr. 1 EGBGB grundsätzlich das **Recht des gewöhnlichen Arbeitsortes** entscheidend ist, auch dann, wenn der Arbeitnehmer im Ausland in eine feste betriebliche Organisation eingegliedert wird[132], gilt für die beim Auslandseinsatz fertig gestellten Erfindungen von Arbeitnehmern inländischer Unternehmen das ArbEG[132a] (s. im Übrigen Rz. 34 f.; zur Zuständigkeit des Betriebsrates s. Rz. 3 Anhang zu §§ 20, 21); das betrifft auch Tätigkeiten in multinationalen Konzernen[132b].

38 Geht ein deutscher Arbeitnehmer bei einem Auslandseinsatz ein **Arbeitsverhältnis mit dem ausländischen Unternehmen** ein – z.B. auch mit einem rechtlich selbständigen Tochterunternehmen seines (bisherigen) Arbeitgebers –, so ist die ausdrücklich oder stillschweigend getroffene Rechtswahl maßgeblich (vgl. auch Rz. 34 f.). Bei fehlendem Parteiwillen gelten die allgemeinen Grundsätze des internationalen Arbeitsrechts, vorrangig wiederum mit der Anknüpfung an den Schwerpunkt des Arbeitsverhältnisses (vgl. Art. 30 Abs. 2 EGBGB). Sofern in dieser Zeit das inländische Arbeitsverhältnis ruht, gelten ggf. für die Zuordnung der Erfindung die Grundsätze des Doppelarbeitsverhältnisses (vgl. dazu oben Rz. 19 ff. sowie Rz. 14 ff. zu § 26).

---

131 H. M.: Schiedsst. v. 16.1.1991 Arb.Erf. 70/90 (unveröffentl.); Bauer Das Intern. Privatrecht der Arbeitnehmererfindung (1970) S. 59 ff. u. ders. AWD 1970, 512; Gamillscheg Intern. Arbeitsrecht (1959) S. 326 ff.; Reimer/Schade/Schippel/Rother Rz. 14 zu § 1; Staudinger/Firsching BGB Rz. 43 vor Art. 12 EGBGB, jeweils m.w.N.; Münchkomm/Marting Art. 30 EGBGB Rz. 58; Birk RabelsZ 46 (1982), 400.

131a In Festschr. Steindorff, 1347 ff. u. ders. Münch ArbR § 99, Rz. 100 ff. m.w.Nachw.

132 BAG v. 25.4.1978 u .v. 21.10.1980 AP Nrn. 16, 17 Intern. Privatrecht – Arbeitsrecht; LAG Frankfurt v. 28.3.1994 ZIP 1994, 1626, 1628.

132a Ebenso Schiedsst. v. 19.6.1991 (Fn. 101);Volmer/Gaul Rz. 254 f. zu § 1.

132b Vgl. auch LG Braunschweig v. 1.7.1975 GRUR 1976, 585, 587 a.E. – Polysiocyanatgemisch.

§ 1

Wird ein bei einem inländischen Unternehmen beschäftigter Arbeitnehmer mit **wechselndem Auslandseinsatz** tätig, ist auf den Sitz des Unternehmens (»einstellende Niederlassung«) gem. Art. 30 Abs. 2 Nr. 2 EGBGB als Anknüpfungspunkt abzustellen[133]. Es verbleibt auch in diesen Fällen grundsätzlich bei der **Geltung des ArbEG** (s. Rz. 110; vgl. auch Art. 60 Abs. 1 Satz 2 EPÜ und dazu oben Rz. 35).

39

Das Tätigwerden bei einem ausländischen verbundenen Unternehmen begründet regelmäßig weder einen Vertragsbeitritt dieses Unternehmens noch einen weiteren Arbeitsvertrag[136].

g) Auszubildende

Die weite Fassung des § 3 Abs. 2 BBiG, wonach die für den Arbeitsvertrag geltenden Rechtsvorschriften und Rechtsgrundsätze auf den Berufsausbildungsvertrag anzuwenden sind, soll auch die **Anwendung des ArbEG** auf Auszubildende gewährleisten[140] (vgl. auch RL Nr. 34-8. Gruppe). Dies gilt jedenfalls, soweit sich ihre Berufsausbildung im Rahmen des arbeitstechnischen Zwecks eines Produktions- oder Dienstleistungsbetriebes vollzieht und sie deshalb in vergleichbarer Weise wie die sonstigen Arbeitnehmer in dem Betrieb eingegliedert sind (vgl. auch § 5 Abs. 1 BetrVG).

40

Für den **öffentlichen Dienst** wird dies durch § 4 Abs. 1 BPersVG klargestellt. Auch die Auszubildenden im öffentlichen Dienst unterliegen daher uneingeschränkt dem ArbEG[140a].

Wird die Ausbildung im Rahmen **überbetrieblicher Berufsausbildung** durchgeführt, etwa in Berufsbildungszentren, fehlt es an der betrieblichen Eingliederung und der darauf bezogenen Tätigkeit. Diese Auszubildenden sind nicht als Arbeitnehmer anzusehen[140b] und unterliegen deshalb **nicht dem ArbEG**.

---

133 Zum früheren Recht vgl. Gamillscheg (Fn. 101) S. 128 f.; Bauer (Fn. 101) S. 86; s. auch BAG v. 10.4.1975 AWD 1975, 521.
134-135 frei
136 LAG Frankfurt v. 28.3.1994 (Fn. 102); Windbichler, Arbeitsrecht i. Konzern, 1989, S. 68 ff.; dies. RdA 1999, 146, 149; Rüthers ZfA 1990, 245, 278.
137-139 frei
140 Volmer GRUR 1978, 331 m.H.a. Amtl. Begr. z. BBiG in BT-Drucks. V/4260 u. 7/3714 S. 74 (schriftl. Ausschussber.); i. Ergbn. ebenso BAG v. 9.7.1997 NZA 1997, 1181 – Pulsinduktionsmetall-Detektoren.
140a Ebenso Reimer/Schade/Schippel/Rother Rz. 2 zu § 1; f. analoge Anwendung d. ArbEG Gaul GRUR 1977, 688 f. u. RdA 1982, 268, 271; Volmer/Gaul Rz. 55 zu § 1.
140b Vgl. allgem. BAG v. 21.7.1993, NZA 1994, 713 unter Aufgabe von BAG v. 26.11.1987 DB 1988, 972.

§ 1

h) Doktoranden

41 Ein Doktorandenverhältnis (vgl. § 21 HRG)[140c] ist mangels persönlicher, weisungsgebundener Abhängigkeit und wegen seiner öffentlich-rechtlichen Ausrichtung – auch erfinderrechtlich – einem Arbeitsverhältnis nicht gleichzustellen[141]; § 42 findet daher keine Anwendung[142]. Die Zuordnung von im Zusammenhang mit der Erstellung einer Dissertation entwickelten Erfindungen wird auch durch das zwischen Doktorand und Hochschule bzw. Hochschullehrer (»Doktorvater«) bestehende hochschulrechtliche Verhältnis[141] nicht beeinflusst. Etwas anderes gilt dann, wenn der Doktorand zugleich als Arbeitnehmer eine Rechtsposition gemäß § 42 ArbEG einnimmt (s. hierzu Rz. 10 ff. zu § 42)[142] oder sich als Mitarbeiter in einem Anstellungsverhältnis zu seinem Hochschullehrer befindet, dem insoweit die Stellung eines Arbeitgebers (im privaten Dienst) zukommt[142a]. Es besteht kein Zugriffsrecht der Hochschule bzw. des »Doktorvaters«[142b]; auch Mitteilungs- bzw. Anbietungspflichten entsprechend §§ 18, 19 ArbEG gelten für den (nicht angestellten) Doktoranden nicht[142c].

42 Gewährt ein Unternehmen einem Doktoranden die Möglichkeit, zur Erstellung der Dissertation betriebliche Forschungsmittel oder sonstige Einrichtungen zu nutzen, wird hierdurch allein kein Arbeitsverhältnis begründet. Vertragliche Regelungen betr. die Überleitung bzw. Nutzung von Doktorandenerfindungen – evtl. unter Einbeziehung der materiellen Bestimmungen des ArbEG (vgl. Rz. 92 ff.) – sind jedoch zulässig und stellen sich im Einzelfall als angemessener Ausgleich für die Bereitstellung sächlicher Mittel dar.

Im Einzelfall kann sich – bei Übernahme von Arbeitspflichten – die Stellung des Doktoranden mit der Rechtssituation eines Praktikanten (s. Rz. 83 f.) bzw. Werkstudenten (s. Rz. 91) überschneiden.

i) Franchisenehmer

43 Der Franchisenehmer im Rahmen eines üblichen Franchise-Vertrages (z. Begriff s. Art. 1 Nr. 3 a EG-Gruppenfreist. VO 4087/88 v. 30. 11. 1988 f.; abgelöst durch EG-GruppenfreistellungsVO Nr. 2790/99 für vertikale Ver-

---

140c Vgl. dazu BGH v. 14.12.1959 JZ 1960, 366f.
141 Vgl. zu § 42 a.F. ausf. Wimmer GRUR 1961, 449 ff., 452 f.; Ballhaus GRUR 1984, 1, 6; Kraßer/ Schricker PatR an Hochschulen (1988), 27, 39; Heine/Rebitzki Anm. 2 zu § 42; Volmer/Gaul Rz. 32 zu § 42.
142 So Amtl. Begr. zu § 42 n.F. in BT-Drucks. 14/5975 S. 6 (zu Art. 1 Nr. 2 d. Entw.); übereinstimmend die Amtl. Begr. des RegEntw. in BR-Drucks. 583/01 S. 7.
142a Vgl. auch Amtl. Begr. BT-Drucks. II/1648 S. 52 (zu § 43 d. Entw.) = Blatt 1957, 247; BAG v. 29.6.1988 DB 1989, 388.
142b Kraßer b. Ohly, GRUR Int. 1994, 879, 880.
142c So zu Recht Reimer/Schade/Schippel/Leuze Rz. 8 zu § 42; vgl. (aber) auch Wimmer (Fn. 112) S. 454.

einbarungen v. 22. 12. 1999[142d]) ist im Regelfall kein Arbeitnehmer, sondern selbständiger **Gewerbetreibender**[143]. Die selbständige Tätigkeit kennzeichnen die unternehmerischen Erwerbschancen, das eigene Unternehmerrisiko, die Verfügungsmöglichkeit über die eigene Arbeitskraft und die im Wesentlichen freigestaltete Tätigkeit und Arbeitszeit[144], wobei eine notwendige Integration z. B. in die Absatzorganisation des Franchisegebers der Annahme der Selbständigkeit nicht entgegensteht[144a]. Maßgebend ist stets, dass der Franchisenehmer seine Geschäfte völlig selbständig und auf eigene Rechnung betreibt[144b]. Demgegenüber liegt ein Arbeitsverhältnis vor (bzw. eine arbeitnehmerähnliche Stellung), wenn der Franchisegeber die Verfügungsgewalt über die gesamte Arbeitszeit inne hat und der Franchisenehmer daher – einem Arbeitnehmer ähnlich – außerstande ist, seine Arbeitskraft auch nur teilweise für andere Zwecke zu verwenden, er vielmehr vollständig in die Organisation des Franchisegebers eingebunden ist[144c].

Für die von (selbständigen) Franchisenehmern entwickelten Erfindungen gelten **nicht** die Regelungen des **ArbEG**, sondern die Grundsätze für Handelsvertreter (s. Rz. 54) entsprechend. Hat die Überlassung von Know-how zur Erfindung geführt, so kann sich mangels ausdrücklicher Abrede daraus nach Treu und Glauben die Pflicht zur Einräumung (einfacher) Nutzungsrechte ergeben.

j) Freie Mitarbeiter

Der freie Mitarbeiter unterliegt **grundsätzlich nicht dem ArbEG**[145] Sein Vertragsverhältnis unterscheidet sich vom Arbeitsverhältnis durch den **Grad der persönlichen Abhängigkeit**, in der sich der zur Dienstleistung Verpflichtete jeweils befindet[145a]. Die Abgrenzung kann nur auf Grund ei-

44

142d Amtsblatt EG L 336/21 v. 29. 12. 1999 = GRUR Int. 2000, 425 ff.; Einzelheiten bei Bartenbach/Gennen, Patentlizenz- u. Know-how-Vertrag Rz. 910 ff. u. 940 ff.; Polley/Seeliger WRP 2000, 1203 ff.; Semler/Bauer DB 2000, 193 ff.
143 OLG Schleswig v. 27.8.1986 NJW-RR 1987, 220; Weltrich DB 1988, 806; Skaupy NJW 1992, 1790; abw. LAG Düsseldorf v. 20.10.1987 NJW 1988, 725 = DB 1988, 293.
144 LSG Berlin v. 27.10.1993 NZA 1995, 139 m.w.N.
144a OLG Düsseldorf v. 30. 11. 1998 AZ 16U 182/96 (unveröffentl.).
144b BAG v. 16. 7. 1997 EZA § 5 ArbGG 1979 Nr. 24; Skaupy BB 1969, 113 ff.; Kustner Anm. zu BAG AP Nr. 1 zu § 84 HGB; LSG Berlin v. 27.10.1993 (Fn. 114).
144c BAG v. 16. 7. 1997 EZA § 5 ArbGG 1979 Nr. 24; BGH v. 4. 11. 1998 BB 1999, 11 – Eismann – Franchisevertrag; vgl. auch Skaupy NJW 1992, 1790; Weltrich DB 1988, 806; Worzalla Arb.Verhältnis – Selbständigkeit, Scheinselbständigkeit, 1996, S. 77 ff.
145 Allgem. Ansicht z.B. Gaul RdA 1982, 268, 275 f.; Volmer/Gaul Rz. 78 zu § 1; Bernhardt/Kraßer Lehrb. d. PatR § 21 II a 2; Benkard/Bruchhausen PatG Rz. 25 ff. zu § 6 m.w.N.
145a BAG v. 07.2.1990 EzA Nr. 31 zu § 611 BGB Arbeitnehmerbegriff; v. 20.7.1994 DB 1994, 2502 u.v. 9.6.1993 DB 1994, 787; Niebler/Meier/Dobber, Arbeitnehmer oder freier Mitarbeiter? (1994) S. 29 ff.; Irens WiB 1995, 694.

§ 1

ner Gesamtwürdigung aller Umstände des Einzelfalles vorgenommen werden[145b]. Dabei kommt es weniger darauf an, was die Vertragspartner zunächst gewollt (und vertraglich fixiert haben), als darauf, wie sie ihr Rechtsverhältnis nach objektiven Maßstäben tatsächlich durchgeführt haben[145c] (wirklicher Geschäftsinhalt[145d]). Denn die praktische Handhabung lässt Rückschlüsse darauf zu, von welchen Rechten und Pflichten die Parteien in Wirklichkeit ausgegangen sind[145e]. Eine wirtschaftliche Abhängigkeit ist weder erforderlich noch ausreichend. Während der Arbeitnehmer **fremdbestimmte Arbeit** im Rahmen einer von Dritten vorgegebenen Arbeitsorganisation erbringt (s. Rz. 9), leistet der freie Mitarbeiter, der sich durch Dienstvertrag (§§ 611 ff. BGB) zur Erbringung von Diensten verpflichtet, in größerem Maße **selbstbestimmte Arbeit**.

Insoweit enthält **§ 84 Abs. 1 Satz 2 HGB** ein typisches allgemein geltendes[145f] **Abgrenzungsmerkmal**. Hiernach ist selbständig, wer im Wesentlichen frei seine Tätigkeit gestalten und seine Arbeitszeit bestimmen kann.[145g] Für die Abgrenzung entscheidend sind demnach die Umstände der Dienstleistung, also insbesondere, ob der Vertragspartner innerhalb eines bestimmten zeitlichen Rahmens über die Arbeitsleistung des Mitarbeiters verfügen kann[145h], ob vom Mitarbeiter eine ständige Dienstbereitschaft erwartet wird bzw. Arbeiten ihm letztlich »zugewiesen« werden. Dabei ist es im Rahmen der Erbringung von Leistungen höherer Art unerheblich, wenn die fachliche Weisungsgebundenheit zurücktritt. Denn die Art der Tätigkeit kann es mit sich bringen, dass dem Dienstverpflichteten ein hohes Maß an Gestaltungsfreiheit, Eigeninitiative und fachlicher Selbständigkeit verbleibt, was der Annahme eines Arbeitsverhältnisses nicht entgegenstehen muss[146].

45 Bei der Klärung, ob und in welchem Maße ein Dienstverpflichteter persönlich abhängig ist, muss vor allem die Eigenart der jeweiligen Tätigkeit berücksichtigt werden[115a].

Wesentliches **Indiz** für eine selbstbestimmte Tätigkeit ist es, inwieweit der Einzelne seine schöpferische Leistung ohne Hilfe des technischen Apparates seines Auftraggebers und unabhängig von einer dort vorgegebenen

---

145b St. Rspr. BAG; z. B. v. 20.7.1994 (Fn. 115a); v. 9.3.1977 AP Nr. 21 zu § 611 BGB – Abhängigkeit u.v. 16.8.1977 AP Nr. 23 zu § 611 BB – Abhängigkeit; Kunz/Kunz DB 1994, 326.
145c Vgl. BAG v. 14. 2.1974 AP Nr. 12 zu § 611 BGB – Abhängigkeit = DB 1974, 1487 u.v. 3.10.1975 DB 1976, 299.
145d BAG v. 26. 5. 1999 AP Nr. 104 zu § 611 BGB – Abhängigkeit.
145e BAG v. 20.7.1994 (Fn. 115a).
145f BAG v. 09. 06.1993 (Fn. 115 a).
145g BAG v. 7.2.1990 u.v. 20.7.1994 (Fn. 115 a).
145h BAG v. 09. 06.1993 (Fn. 115 a); Berger-Delhey/Alfmeier NzA 1991, 257 ff.
146 BAG v. 09. 06.1993 (Fn. 115 a); v. 15. 03.1978 (Fn. 115 a); a.A. Volmer GRUR 1978, 329, 334; vgl. auch BAG v. 08. 02.1962 AP Nr. 1 zu § 611 BGB Erfinder.
147 frei

§ 1

Organisation (Forschungsteam u.ä.) erbringen kann; ferner, inwieweit der Einzelne seine Arbeitskraft grundsätzlich nach selbst gesetzten Zielen unter eigener Verantwortung und mit eigenem Risiko am Markt verwerten kann[148].

Freie Mitarbeiterverhältnisse sind insbesondere denkbar mit Mitarbeitern von Ingenieurbüros[148a], mit Hochschulangehörigen für Forschungsaufgaben außerhalb der Hochschultätigkeit (vgl. Rz. 17 zu § 42), Pensionären (vgl. hierzu Rz. 77 ff.). Bei freien Patent- und Rechtsanwälten kann ein Dienstvertrag dann vorliegen, wenn ein Dauerberatungsverhältnis vereinbart ist; andernfalls liegt regelmäßig ein Geschäftsbesorgungsvertrag (§ 675 BGB) bzw. – bei Gutachtenerstellung oder Rechtsauskünften über Einzelfragen – ein Werkvertrag (§§ 631 ff. BGB) vor[149]. 46

Im Einzelfall kann ein freier Mitarbeiter den Status einer arbeitnehmerähnlichen Person haben (vgl. dazu Rz. 24 f.). 47

Das **ArbEG** findet **keine Anwendung** (s. Rz. 44). Vielmehr bleiben freie Mitarbeiter im Grundsatz **Inhaber aller Rechte an von ihnen geschaffenen Erfindungen** bzw. Erfindungsanteilen (als Miterfinder). Eine Verpflichtung zur Abtretung dieser Rechtsposition auf den Auftraggeber bzw. Dienstherrn kann nur durch dahingehende – den Einschränkungen der §§ 22, 23 ArbEG nicht unterliegende – **Vertragsabsprache** begründet werden[150]; ausnahmsweise kann aber nach Treu und Glauben eine Übertragungspflicht bestehen (vgl. Rz. 72, 75). 48

Mit Rücksicht auf die persönlichkeits- und vermögensrechtlichen Interessen des (freien) Erfinders bedarf es grundsätzlich einer ausdrücklichen oder wenigstens klar erkennbaren stillschweigenden Abrede[151]; die Pflicht zur Übertragung der Erfindungsrechte folgt regelmäßig noch nicht aus der Erfüllung des erteilten Auftrages und der Entgegennahme des Werklohnes bzw. der sonstigen Vergütungen[121]. Auch hier ist der allgemein im Immaterial-Güterrecht geltende **Zweckübertragungsgrundsatz** einschlägig[152] (s. dazu Rz. 4). Ein (eigenständiger) Forschungsauftrag zur Lösung eines bestimmten technischen Problems wird aber vielfach die (stillschweigende) Verpflichtung enthalten, dahingehende Erfindungen auf den Auftraggeber

---

148 Vgl. BAG v. 15.3.1978 (Fn. 115 a).
148a s. dazu BGH v. 6.4.1995 NJW 1995, 2629, betr. einen als freier Mitarbeiter tätigen Projektingenieur f. Mess- und Regelungstechnik.
149 Vgl. Palandt/Putzo BGB Rz. 16, 21 vor § 611.
150 Vgl. z.B. den Fall bei Hans. OLG v. 18.11.1949 GRUR 1950, 90; vgl. auch Ullrich, Privatrechtsfragen der Forschungsförderung S. 132 ff.
151 BGH v. 20. 2.1979 GRUR 1979, 540, 542 – Biedermeiermanschetten m. zust. Anm. Schwanhäuser; v. 25.1.1983 GRUR 1983, 237, 238 r.Sp. – Brückenlegepanzer I; s. auch Benkard/Bruchhausen, PatG Rz. 26 ff. zu § 6 m.w.Nachw.
152 Vgl. BGH v. 30.10.1990 GRUR 1991, 127, 129 – Objektträger (zur Gesellschaftererfindung) u. BAG v. 21. 8. 1996 CR 1997, 88, 89 zur Einräumung eines Nutzungsrechts an einem Computerprogramm.

§ 1

zu übertragen[153]. Mangels einer weitergehenden Absprache wird der freie Mitarbeiter regelmäßig gehalten sein, seinem Auftraggeber jedenfalls ein Nutzungsrecht an einer auf den Auftragsgegenstand bezogenen Erfindung einzuräumen[154]. Bei der Bemessung des Umfanges des Nutzungsrechts sind die konkreten Umstände des Einzelfalles wertend zu berücksichtigen.

49 Für die im Rahmen der §§ 315, 316 BGB oder auch des § 157 BGB zu ermittelnde billige oder angemessene **Vergütung** (§ 612 Abs. 2, § 632 Abs. 2 BGB) eines freien Mitarbeiters, der eine nicht routinemäßige wissenschaftliche Tätigkeit ausgeübt hat, kommt es auf die Bedeutung der Dienstleistung an, die in erster Linie aus den schon bei Abschluss des Dienstvertrages erkennbaren Umständen, daneben aus dem erzielten Umsatz, abzulesen ist[155] (s. auch Rz. 12 f. vor §§ 9-12, Rz. 332 ff. zu § 9 u. Rz. 76 zu § 1).

Zur vertraglichen Anwendbarkeit der materiellen Regeln der ArbEG s. Rz. 92 ff., zur Verjährung s. Rz. 45 zu § 9, zum Auskunftsanspruch s. Rz. 163 zu § 12.

k) Handelsvertreter

50 Nach der Legaldefinition des § 84 Abs. 1 HGB ist Handelsvertreter, wer (kraft Vereinbarung) als selbständiger Gewerbetreibender ständig damit betraut[160] ist, für einen anderen Unternehmer Geschäfte zu vermitteln oder in dessen Namen abzuschließen. Selbständig ist, wer im Wesentlichen frei seine Tätigkeit gestalten und seine Arbeitszeit bestimmen kann (§ 84 Abs. 1 Satz 2 HGB).

51 Das Merkmal der **Selbständigkeit** unterscheidet den Handelsvertreter vom Arbeitnehmer (Handlungsgehilfen). Maßgeblich für die Abgrenzung ist das Gesamtbild der Tätigkeit, also die gesamte tatsächliche Ausgestaltung der Beziehungen zwischen Unternehmen und Beauftragtem[161]. Entscheidende **Indizien**[162] für die Selbständigkeit sind: Weisungsfreiheit, Freiheit im Einsatz der Arbeitskraft, eigenes Unternehmen und Unternehmer-

---

153 Ähnl. Benkard/Bruchhausen, PatG Rz. 28 zu § 6 m.H.a. PA Mitt. 1935, 314, 315.
154 Vgl. auch BGH v. 21.3.1961 GRUR 1961, 432, 435 l.Sp. o. – Klebemittel m. Anm. Schippel.
155 BGH v. 21.3.1961 (Fn. 124) S. 435 r.Sp.; Benkard/Bruchhausen (Fn. 121) Rz. 30 m.w.Nachw.; zur Frage der bes. Vergütung einer erfinderischen Sonderleistung s. BGH v. 13.7.1956 GRUR 1956, 500.
156–159 frei
160 BGH v. 18.11.1971 DB 1972, 36: Wer des öfteren Geschäfte für einen anderen vermittelt, ohne dazu vertraglich verpflichtet zu sein, ist nicht Handelsvertreter.
161 BAG v. 28.4.1972 AP Nr. 1 zu § 88 HGB u.v. 21. 2.1990 AP Nr. 57 zu § 611 BGB Abhängigkeit; s. auch BAG v. 20.4.1964 AP Nr. 1 zu § 90 a HGB; Baumbach/Hopt HGB Rz. 36 zu § 84; BGH v. 4. 3. 1998 DB 1998, 1460.
162 BAG v. 28.4.1972 (Fn. 131); ausführlich hierzu Küstner, Handbuch des gesamten Außendienstrechts Bd. I B I 1 f. Rz. 12 ff.

§ 1

risiko; eine evtl. wirtschaftliche Abhängigkeit ist unbeachtlich[163] (s. auch Rz. 44 f.).

Mangels Arbeitnehmereigenschaft unterliegt der Handelsvertreter nicht dem **ArbEG**[164].   52

Gleiches gilt für sog. **Eigenhändler**, die unter Dauervertrag Waren kaufen und sie in eigenem Namen und auf eigene Rechnung weiterverkaufen (Vertragshändler)[165]; ebenso für **Kommissionsagenten** (Kommissionsvertreter), die – wie der Eigenhändler – zwar im eigenen Namen, aber auf Rechnung des Kommittenten handeln (§§ 383, 384 HGB)[166].   53

Ein-Firmenvertreter, also Handelsvertreter, die vertraglich nicht für weitere Unternehmen tätig werden dürfen oder denen dies nach Art und Umfang der von ihnen verlangten Tätigkeit nicht möglich ist (§ 92 a Abs. 1 HGB), werden wegen ihrer starken wirtschaftlichen Abhängigkeit in prozessrechtlicher Beziehung wie Arbeitnehmer behandelt (vgl. § 5 Abs. 3 ArbGG n.F.)[167]; dies bedeutet aber nicht, dass damit auch materielles Arbeitsrecht zur Anwendung kommt[168]. Auf diese in Art. 3 des Gesetzes zur Änderung des HGB vom 6.8.1953 (BGBl. I 771, 776) i.V. mit Art. 91 VO v. 29.10.2001 (BGBl. I 2785) genannten arbeitnehmerähnlichen Personen[167] findet das ArbEG im Grundsatz keine Anwendung[169] (Einzelheiten bei Rz. 24 f.).   54

Für den Handelsvertreter besteht grundsätzlich **keine Pflicht zur Übertragung** von ihm entwickelter Erfindungen auf seinen Auftraggeber[170]. Im Einzelfall kann sich jedoch nach Treu und Glauben eine Pflicht zur Einräumung von Nutzungsrechten ergeben, soweit die Erfindung im Tätigkeitsbereich des Auftraggebers liegt. Darüber hinaus können sich für den Handelsvertreter Verwertungsbeschränkungen aus seiner Geheimhaltungspflicht und einem Wettbewerbsverbot ergeben[140]. Da der Handelsvertreter wegen seines evtl. Zugangs zum technischen Know-how seines Auftraggebers und den Entwicklungsvorstellungen und -bedürfnissen des Marktes und seiner Kunden Anregungen für eigene Erfindungen erhalten kann, wird sich eine auf die Überleitung oder jedenfalls die Nutzung derartiger Erfindungen und sonstiger technischer Entwicklungsergebnisse ausgerichtete Vereinbarung ggf. unter Einbeziehung der Vergütungsregeln des Ar-   55

---

163 BGH v. 20.1.1964 VersR 1964, 331.
164 Allg. A., z.B. Reimer/Schade/Schippel/Rother Rz. 7 zu § 1; Einzelheiten bei Bartenbach, Der Handelsvertreter 1972, 1006 ff., 1068 ff.; Volmer/Gaul Rz. 75 ff. zu § 1.
165 Zum Begriff s. BGH v. 23.9.1975 BB 1976, 6; s. auch OLG Köln v. 27.11.1974 BB 1975, 8; v. Gamm NJW 1979, 2489 f.
166 Zum Begriff Baumbach/Hopt HGB Rz. 2 zu § 383 u. Rz. 18 zu § 84.
167 So schon BAG v. 20.4.1964 AP Nr. 1 zu § 90 a HGB.
168 Küstner (Fn. 132) Rz. 73.
169 A.A. Volmer/Gaul Rz. 79 zu § 1, die eine analoge Anwendung des ArbEG bejahen.
170 Vgl. dazu Bartenbach (Fn. 134).

§ 1

bEG (vgl. dazu Rz. 92 ff.) empfehlen. Häufig genügt auch eine Optionsabrede bzw. Vorhandregelung zugunsten des Auftraggebers[170a].

l) Leiharbeitnehmer

aa) Begriff

56 Leiharbeitnehmer ist der Arbeitnehmer, der von seinem Arbeitgeber (Verleiher) zur (vorübergehenden) Arbeitsleistung einem anderen Unternehmen (Entleiher) überlassen wird[172]. Dabei wird zwischen gewerbsmäßiger und nicht gewerbsmäßiger Arbeitnehmerüberlassung danach unterschieden, ob der Verleiher sich seinem eigentlichen Geschäftsbereich nach (z.B. als Zeitarbeitsunternehmen) mit der gewerbsmäßigen Überlassung von Arbeitskräften an Dritte befasst oder ob dies nur ausnahmsweise im Rahmen seines sonstigen Geschäftsbetriebes geschieht[173].

Kein Leiharbeitsverhältnis liegt vor, wenn **Arbeitnehmer eines Werkunternehmers** im Betrieb des Bestellers zur Erfüllung werk- oder dienstvertraglich übernommener Pflichten als dessen Erfüllungsgehilfen tätig werden, ohne dem Direktionsrecht des Auftraggebers zu unterstehen[174] (z.B. bei Montagearbeiten). Die Rechte und Pflichten aus dem ArbEG bestimmen sich unverändert im Verhältnis zum Werkunternehmer als dem alleinigen Arbeitgeber[175].

bb) nicht gewerbsmäßige Arbeitnehmerüberlassung

57 Nur die gewerbsmäßige Überlassung von Arbeitnehmern zur Arbeitsleistung (vgl. Art. 1 § 1 Abs. 1 Satz 1 AÜG) unterliegt dem Gesetz zur Regelung der gewerbsmäßigen Arbeitnehmerüberlassung (Arbeitnehmerüberlassungsgesetz – AÜG). Davon zu unterscheiden sind die diesem Spezialgesetz entzogenen (nicht gewerbsmäßigen) Leiharbeitsverhältnisse, bei denen Arbeitnehmer von ihrem Arbeitgeber nicht gewerbsmäßig, sondern **nur gelegentlich an Dritte »ausgeliehen«** werden. Derartige Fallgestaltungen sind z.B. bei der Abordnung von Mitarbeitern (mit deren Zustimmung – vgl. § 613 Satz 2 BGB) im Rahmen von zwischenbetrieblichen Forschungs- und Entwicklungskooperationen gegeben. § 1 Abs. 1 Satz 2 AÜG nimmt die Abordnung von Arbeitnehmern zu einer zur Herstellung eines Werkes

---

170a Zur Wirksamkeit solcher Abreden s. Bartenbach/Gennen, Patentlizenz- u. Know-how-Vertrag Rz. 325 ff. u. 328 f.
171 frei
172 BAG v. 8.11.1978 AP Nr. 2 zu § 1 AÜG u .v. 15.6.1983 DB 1983, 2420.
173 Ständ. Rechtspr. seit BAG v. 10. 2. 1977 EzA AÜG Erlaubnispflicht Nr. 3; Kasseler Handbuch/Düwell 4.5 Rz. 162 ff.; s. auch BGH v. 9.3.1971 AP Nr. 1 zu § 611 BGB – Leiharbeitsverhältnis; Becker/Wulfgramm, AÜG, Einl. Rz. 16 m.w.N.
174 Vgl. im Einzelnen Heussler NZA 1994, 302 ff.
175 Volmer GRUR 1978, 393, 399.

§ 1

gebildeten **Arbeitsgemeinschaft** ausdrücklich vom Anwendungsbereich des AÜG aus, wenn der Arbeitgeber Mitglied der Arbeitsgemeinschaft ist, für alle Mitglieder der Arbeitsgemeinschaft Tarifverträge desselben Wirtschaftszweiges gelten und alle Mitglieder auf Grund des Arbeitsgemeinschaftsvertrages zur selbständigen Erbringung von Vertragsleistungen verpflichtet sind. Das AÜG ist ferner nicht anzuwenden auf die **Arbeitnehmerüberlassung zwischen Konzernunternehmen** i.S.d. § 18 AktG, wenn der Arbeitnehmer seine Arbeit vorübergehend nicht bei seinem Arbeitgeber leistet (Art. 1 § 1 Abs. 3 Nr. 2 AÜG). Der Einsatz eines Arbeitnehmers der Konzern-Muttergesellschaft bei einer Tochter-Gesellschaft ist keine Arbeitnehmerüberlassung i. S. d. AÜG, wenn die Tochter-Gesellschaft nicht über eine eigene Betriebsorganisation verfügt oder mit der Muttergesellschaft einen Gemeinschaftsbetrieb führt, da es jeweils an dem Erfordernis der Arbeitnehmerüberlassung fehlt, dass der Arbeitnehmer vollständig in einen Betrieb des Entleihers eingegliedert wird[175a].

Die arbeitsvertraglichen Beziehungen zwischen Verleiher und Leiharbeitnehmer bleiben während der Ausleihe bestehen; der **Verleiher** und nicht der Entleiher ist damit **Arbeitgeber** des Leiharbeitnehmers[176]. Folglich bestimmen sich die **Rechte und Pflichten aus dem ArbEG** ausschließlich im Verhältnis zwischen diesen Arbeitsvertragsparteien[176a]. Unerheblich ist, ob und inwieweit der Arbeitnehmer während der Ausleihe in den Betrieb des Entleihers integriert wird[177]. Auch bei noch so intensiver Eingliederung des Leiharbeitnehmers in den betrieblichen Arbeitsablauf beim Entleiher erwachsen diesem keine Rechte aus dem ArbEG. Er kann allenfalls mit dem Verleiher vereinbaren, dass dieser vom Leiharbeitnehmer gemachte Diensterfindungen unbeschränkt in Anspruch nimmt und anschließend auf ihn überträgt.

Allein im Verhältnis zum Verleiher als Arbeitgeber beurteilt sich auch die Frage, ob überhaupt eine **Diensterfindung** (§ 4 Abs. 2) vorliegt[177a]. Dies kann einmal bei entsprechender Aufgabenstellung des Verleihers – auch bezogen auf die Tätigkeit des Arbeitnehmers während der Ausleihe – der Fall sein; eine Diensterfindung liegt zudem dann vor, wenn die vom Leiharbeitnehmer gemachte Erfindung maßgeblich auf Erfahrungen und Arbeiten des Verleihers beruht. Wird dagegen die Erfindung auf Grund von eigenen Direktiven des Entleihers (außerhalb einer Bevollmächtigung durch den Verleiher) oder auf der Grundlage von Erfahrungen und Arbeiten seines Betriebes entwickelt, handelt es sich um eine freie Erfindung im Sinne des § 4 Abs. 3[177]; während der Verleiher dann ggf. auf sein Unter-

58

175a BAG v. 3. 12. 1997 ZIP 1998, 1597.
176 Allg. A., vgl. BGH v. 9.3.1971 (Fn. 143); BAG v. 8.7.1971 AP Nr. 2 zu § 611 BGB – Leiharbeitsverhältnis u .v. 18.1.1989 BB 1989, 1408.
176a Schaub ArbRHdB § 115 II 2.
177 Abw. die von Volmer a.a.O. (Fn. 145) S. 393, 401 vorgenommene Differenzierung.
177a Vgl. auch RG v. 22.12.1939 ARS 1939, 224, 226.

§ 1

nehmen bezogene Rechte aus den §§ 18, 19 geltend machen kann, bleibt der Entleiher auf eine vom Willen des Arbeitnehmers abhängende Vereinbarung beschränkt.

cc) Gewerbsmäßige Arbeitnehmerüberlassung

59 Obschon auch bei der gewerbsmäßigen Arbeitnehmerüberlassung der Verleiher Arbeitgeber des Arbeitnehmers bleibt und zwischen Entleiher und Leiharbeitnehmer keine arbeitsvertraglichen Beziehungen – von der Ausnahme des Art. 1 § 10 Abs. 1 AÜG abgesehen – bestehen[178], enthält **Art. 1 § 11 Abs. 7 AÜG** für Arbeitnehmererfindungen eine Sondervorschrift. Diese Norm stellt die Fiktion auf, dass für die vom Leiharbeitnehmer während der Dauer der Tätigkeit beim Entleiher gemachten (= fertig gestellten, s. hierzu Rz. 16 f. zu § 4) Erfindungen oder technischen Verbesserungsvorschläge der **Entleiher »als Arbeitgeber** im Sinne des ArbEG gilt.« Der Entleiher wird also kraft gesetzlicher Regelung unter Ausschluss des Verleihers **alleiniger Träger aller Rechte und Pflichten aus dem ArbEG**. Ihm gegenüber hat der Arbeitnehmer seiner Meldepflicht (§ 5) nachzukommen. Das entleihende Unternehmen ist nunmehr insbesondere in der Lage, eine Erfindung des bei ihm tätigen Leiharbeitnehmers durch einseitige Erklärung in Anspruch zu nehmen und auf sich überzuleiten (§§ 6, 7). Dadurch soll dem Umstand Rechnung getragen werden, dass vom entliehenen Arbeitnehmer während des Leiharbeitsverhältnisses gemachte Erfindungen regelmäßig in den Tätigkeitsbereich des Entleihers fallen. Nur der Entleiher ist vergütungspflichtig (§§ 9, 10). Endet das Leiharbeitsverhältnis, findet § 26 Anwendung.

60 Probleme wirft aber die gesetzliche Regelung des Art. 1 § 11 Abs. 7 AÜG bei der Frage auf, nach welchen Kriterien das **Vorliegen der Diensterfindung** zu beurteilen ist. Nach einer Mindermeinung ist die Abgrenzung, ob eine freie oder gebundene Erfindung im Sinne des § 4 ArbEG vorliegt, im Verhältnis zu dem »bisherigen« Arbeitgeber (Verleiher) zu bestimmen[179].

61 Diese am Wortlaut des § 11 Abs. 7 orientierte Beurteilung des Erfindungscharakters deckt sich aber nicht mit dem Zweck der Regelung. Soll diese dem Entleiher das Recht am Arbeitsergebnis sicherstellen, so muss die Fiktion bereits an die Entwicklung der Erfindung anknüpfen, also daran, ob die Erfindung im Verhältnis zum Entleiher eine Diensterfindung darstellt[180]. Es muss also entscheidend sein, ob die Erfindung aus der dem

---

178 Aus Art. 1 § 1 AÜG folgende allg. A., vgl. z.B. Becker/Wulfgramm AÜG Rz. 49 zu Art. 1 § 11.
179 So Gaul GRUR 1977, 686, 691.
180 Vgl. auch Ausschussbericht zu BT-Drucks. VI/3505 S.4 (zu § 11 Abs. 6).

§ 1

Leiharbeitnehmer im Entleiherbetrieb obliegenden Tätigkeit entstanden ist bzw. maßgeblich auf **Erfahrungen oder Arbeiten des Entleihers** beruht[181]. In diesem Sinne ist auch die Beurteilung einer technischen Neuerung als **technischer Verbesserungsvorschlag** vorzunehmen. Entwickelt der Arbeitnehmer im Entleiherbetrieb einen technischen Verbesserungsvorschlag, wird dieser von einer dort bestehenden Betriebsvereinbarung über das Vorschlagswesen erfasst; der Arbeitnehmer ist zur Mitteilung verpflichtet und hat unter den Voraussetzungen der Betriebsvereinbarung einen Prämienanspruch[181a].

Um jeglichen Zweifeln vorzubeugen, kann es empfehlenswert sein, diesen Problemkreis durch ergänzende Vereinbarung zwischen Entleiher und Verleiher zu regeln[182]. 62

Nutzt der Entleiher seine »Arbeitgeber«-Rechte (insbesondere §§ 6, 7, 18, 19 ArbEG) nicht, so besteht keine Pflicht des Leiharbeitnehmers, seine während dieser Zeit fertig gestellten Erfindungen und technischen Verbesserungsvorschläge zusätzlich noch dem Verleiher zu melden bzw. mitzuteilen[183]; durch die Arbeitgeberfiktion des Art. 1 § 11 Abs. 7 AÜG sind letzterem diese Rechte genommen. Ob auf vertraglicher Grundlage erfinderrechtliche Verpflichtungen zugunsten des Verleihers begründet werden können, erscheint wegen des Normzwecks des Art. 1 § 11 Abs. 7 AÜG und § 22 ArbEG zweifelhaft. 63

Zutreffend verweist *Schüren*[184] darauf, dass die praktische Bedeutung des Art. 1 § 11 Abs. 7 AÜG wegen der Begrenzung der Dauer des Einsatzes eines Leiharbeitnehmers auf z.Z. 24 aufeinander folgende Monate (Art. 1 § 3 Abs. 1 Nr. 6 AÜG n.F.) gering ist.

m) Leitende Angestellte

Als leitender Angestellter wird angesehen, wer mit eigenem erheblichem Entscheidungsspielraum ausgestattet (jedenfalls auf Teilbereichen) anstelle des Unternehmers Arbeitgeberfunktionen ausübt und/oder eine hoch qualifizierte, mit besonderer Verantwortung verbundene Tätigkeit (Schlüsselposition) leistet[190], auch z.B. im Bereich Forschung und Entwicklung[190a]. 64

---

181 So i. Ergebn. auch Becker/Wulfgramm AÜG Rz. 47 zu Art. 1 § 11; Franßen/Haesen Rz. 52 zu Art. 1 § 11; Sandmann/Marschall Rz. 15 zu Art. 1 § 11; Schüren/Feuerborn/Hamann Rz. 106 zu Art. 1 § 11; Volmer/Gaul Rz. 72 zu § 1 u. 27 zu § 5; Schwab, Erf. u. VV, S. 46 f.; Schiedsst. v. 7.3.1984 Arb.Erf. 64/83 (unveröffentl.).
181a ArbG Frankfurt v. 10. 12. 1985 EzA AÜG § 11 AÜG Inhalt Nr. 1.
182 Vgl. dazu Gaul/Bartenbach (Fn. 149).
183 Gaul/Bartenbach Handbuch C 107, 109; a.A. Volmer (Fn. 145) S. 400.
184 i. Schüren/Feuerborn/Hamann, AÜG Rz. 107 zu Art. 1/§ 11.
185-189 frei
190 BAG v. 17.11.1966 AP Nr. 1 zu § 611 BGB – Leitender Angestellter; s. auch BAG v. 9.12.1975 DB 1976, 631; v. 8. 2.1977 AP Nr. 16 zu § 5 BetrVG 1972; v. 23.1.1986 DB 1986, 1131; v. 29.1.1980 DB 1980, 1545; Kronich, AuA 2001, 484 ff.

§ 1

Dieser Oberbegriff erfährt in einzelnen arbeitsrechtlichen Gesetzen eine Modifizierung (vgl. auch § 2 Abs. 2 Nr. 2 der 2. VO zur Durchf. d. ArbEG[191]).

65 Auch der leitende Angestellte ist wegen seiner persönlichen Abhängigkeit (vgl. zum Arbeitnehmerbegriff Rz. 9 f.) Arbeitnehmer. Da das ArbEG keine gesetzliche Differenzierung – wie etwa § 5 Abs. 3 BetrVG – trifft, **gilt** es für diesen Personenkreis **uneingeschränkt**[192]. Die hervorgehobene betriebliche Funktion des leitenden Diensterfinders wirkt sich aber – vergütungsmindernd – bei der Berechnung des Anteilfaktors A (insbesondere beim Teilfaktor c – vgl. RL Nr. 33-36) aus (vgl. insbes. RL Nr. 35 Satz 5, 6; s. dazu Komm RL Rz. 7 ff. zu RL Nr. 35 und zum ltd. kaufm. Angestellten Rz. 25 ff. zu RL Nr. 36).

66 Die in § 5 Abs. 3 BetrVG erfolgte Herausnahme der leitenden Angestellten aus dem Kreis der Arbeitnehmer ist bei leitenden Diensterfindern insoweit bedeutsam, als sonst gegebene Mitbestimmungs- bzw. Mitwirkungsrechte des Betriebsrats (Kontrollrechte gem. § 80 Abs. 1 BetrVG, Akteneinsichtsrecht gem. § 80 Abs. 2 BetrVG, Unterstützung von Arbeitnehmerbeschwerden gem. § 84 Abs. 1, § 82 Abs. 2 BetrVG u.a., vgl. hierzu Rz. 7 ff., 24 ff. Anhang zu §§ 20, 21) für diese Gruppe nicht bestehen.

Eingeschränkte Informations- und Mitwirkungsrechte sind durch das Sprecherausschussgesetz für den **Sprecherausschuss** geschaffen worden (vgl. hierzu Anhang zu §§ 20, 21).

Rz. 67 frei

n) Organmitglieder (gesetzliche Vertreter/Gesellschafter)

68 Mangels arbeitsrechtlicher Weisungsgebundenheit und auf Grund ihrer Repräsentantenstellung und ihres Einflusses auf die Unternehmensgeschicke (zu arbeitgeberähnlichen Personen – siehe auch Rz. 100) sind die gesetzlichen Vertreter von juristischen Personen und Personengesamtheiten

---

190a Für den Sektionsleiter eines Forschungsunternehmens, der auch am Abschluss von Lizenzverträgen beteiligt war vgl. BAG v. 23. 3. 1976 AP Nr. 14 zu § 5 BetrVG 1972 u. ArbG Berlin v. 23.1.1978 DB 1978, 1085; für den Leiter d. pharmazeutischen Entwicklung LAG Baden-Württemberg v. 8.3.1978 DB 1978, 843.
191 V. 1.10.1957 (BGBl. I S. 1680), geändert durch VO v. 22.8.1968 (BGBL. I S. 994).
192 BGH v. 25.2.1958 GRUR 1958, 334, 336 = AP Nr. 1 zu § 43 ArbNErfG m. Anm. Volmer; OLG Hamburg v. 6.11.1958 GRUR 1960, 487, 488; Gaul GRUR 1977, 686, 688; Volmer/Gaul Rz. 50 zu § 1; Gaul RdA 1982, 268, 270 f.; dies entspricht auch dem Rechtszustand unter der DVO 1943, s. Riemschneider/Barth Vorbem. 1 zu §§ 3 ff. DVO 1943; im Ergebn. auch Schiedsst. v. 2.4.1992 Arb.Erf. 44/91 (unveröffentl.).
193-200 frei

§ 1

(Organmitglieder) keine **Arbeitnehmer** im Sinne des ArbEG[201] (vgl. auch § 5 Abs. 2 Nr. 1 BetrVG). Sah noch der Regierungsentwurf von 1952 die Anwendbarkeit des ArbEG auch auf diesen Personenkreis vor, so wurde diese Anregung zur Vermeidung von Interessengegensätzen bereits im Gesetzentwurf von 1955 endgültig fallengelassen[202]. Daher **verbietet sich auch** eine **analoge Anwendung des ArbEG**[203].
Organmitglieder **juristischer Personen** sind bei der: 69
- AktGes.: die Vorstandsmitglieder (§ 78 AktG)[204] und ihre Stellvertreter (§ 94 AktG),
- KGaA: die Komplementäre nach Maßgabe des Gesellschaftsvertrages (§ 278 Abs. 2 AktG, §§ 25, 161 HGB),
- bergrechtl. Gewerkschaft: der Repräsentant bzw. Grubenvorstand (§ 17 PreußAllgBergG a.F.),
- Genossenschaft: die Vorstandsmitglieder (§ 24 GenG),
- GmbH: die Geschäftsführer (§ 35 Abs. 1 GmbHG)[205],
- Stiftung: die Mitglieder des nach dem Stiftungsgeschäft bestellten Vertretungsorgans (§§ 85, 86 BGB)

---

201 Allg. A., BGH v. 22.10.1964 GRUR 1965, 302, 304 – Schellenreibungskupplung; v. 24.10.1989 GRUR 1990, 193 – Auto-Kindersitz; OLG Düsseldorf v. 17.9.1987 Az. 2 U 180/86 (unveröffentl.); Schiedsst. Beschl. v. 27.8.1986 Arb.Erf. 19/86 u. v. 26. 6. 1997 Arb.Erf. 1(B)/96 (beide unveröffentl.); ausf. Trimborn S. 91 ff.; Diller, Gesellschaft u. Gesellschaftsorgane als Arbeitnehmer, 1994, 43 ff.; Gaul GRUR 1977, 686, 690; Volmer GRUR 1978, 329, 333; Gaul in GmbH-Rdsch. 1982, 101 u. ders. DB 1990, 671; Volmer/Gaul Rz. 106 f. zu § 1; Busse/Keukenschrijver, PatG, Rz. 3 zu § 1 ArbEG; vgl. z. entspr. österr. Recht OGH Wien v. 5. 2.1985 GRUR Int. 1986, 64 – Vorstandsmitglied; zur teilw. Vergleichbarkeit eines GmbH-Geschäftsführers mit einem Arbeitnehmer vgl. Köhl DB 1996, 2597 ff. u. BAG v. 26. 5. 1999 NJW 1999, 3731.
202 Vgl. Amtl. Begr. BT-Drucks. II/1648 S. 17 = Blatt 1957, 227.
203 BGH v. 22.10.1964 (Fn. 171); ferner BGH v. 24.10.1989 GRUR 1990, 193 – Auto-Kindersitz; OLG Hamm v. 18.9.1985 NJW-RR 1986, 780; Reimer/Schade/Schippel/Rother Rz. 4 zu § 1 m. Hinweis auf BGH v. 21.5.1963 Az. I a ZR 104/63 – (unveröffentl.); OLG Düsseldorf v. 10. 6. 1999 GRUR 2000, 49 – Geschäftsführer-Erfindung; Trimborn S. 91 ff.
204 S. Reimer/Schade/Schippel/Rother Rz.4 zu § 1 m.H.a. BGH v. 11.11.1959 – Malzflocken, insoweit nicht in GRUR 1960,350 = BGHZ 31, 162 (Hinweis auch bei BGH v. 22.10.1964, Fn. 171); ebenso Schiedsst. Beschl. v. 20.11.1990 Arb.Erf. 6/90 (unveröffentl.); vgl. auch BFH v. 26.6.1970 BStBl. II 1970, 824.
205 Vgl. dazu BGH v. 22.10.1964 (Fn. 171) m.w.N., v. 10.5.1988 GRUR 1988, 762, 763 – Windform u.v. 24.10.1989 (Fn. 173); OLG Düsseldorf v. 10. 6. 1999 GRUR 2000, 49, 50 – Geschäftsführer-Erfindung; Schiedsst. v. 29.10.1958 Blatt 1959, 16 = GRUR 1959, 182 (LS) m. Anm. Friedrich u. v. 26. 6. 1997 Arb.Erf. 1(B)/96 (unveröffentl.); LG Braunschweig v. 1.3.1977 (Endurteil) in EGR Nr. 4 zu § 1 ArbEG; ausf. Gaul GmbHRdsch. 1982, 101 u. DB 1990, 671; vgl. auch Bauer DB 1979, 2178, 2180 f.; Schramm BB 1961, 105 u. Jestaedt in Festschr. Nirk 1992, S. 493 ff.; dies gilt auch schon für den Geschäftsführer einer Vor-GmbH, vgl. BAG v. 13. 5. 1996 BB 1996, 1774.

§ 1

sowie die im Falle der Liquidation an deren Stelle tretenden **Liquidatoren** (§§ 66 GmbHG, 83 GenG) bzw. bei Auflösung der Aktiengesellschaft deren Abwickler (§ 269 AktG). Der bei Konkurs/Insolvenzverfahren einer juristischen Person das Verwaltungs- und Verfügungsrecht ausübende Konkursverwalter (§ 6 Abs. 2 KO)/ **Insolvenzverwalter** (§ 56 InsO) unterliegt ebenfalls nicht dem ArbEG, auch nicht der in dessen Auftrag die GmbH abwickelnde Geschäftsführer[205a].

70 Das ArbEG findet ferner **keine**, auch keine entsprechende **Anwendung** auf solche Personen, die bei einer **Personengesamtheit** (durch Gesetz, Satzung oder Gesellschaftsvertrag) zur Vertretung und/oder zu Geschäftsführung berufen sind[206]:
- BGB-Gesellschaft: alle oder einzelne Gesellschafter (§§ 709, 710, 714 BGB),
- KG: die persönlich haftenden Gesellschafter (Komplementäre[206a] – §§ 164, 170 HGB),
- OHG: alle oder einzelne Gesellschafter (§§ 114, 125 HGB),
- Verein (nicht rechtsfähiger): Vereinsvorstand (§§ 54, 26 BGB analog[206b]).

71 Ist ein Organmitglied – etwa im Rahmen eines Konzerns – für **andere rechtlich selbständige Unternehmen** (z.B. Konzerntöchter) zusätzlich **in einem Anstellungsverhältnis** tätig oder umgekehrt ein leitender Mitarbeiter der Muttergesellschaft als Geschäftsführer einer konzernabhängigen Gesellschaft[206c] eingesetzt, so hängt die Anwendbarkeit des ArbEG davon ab, in welcher Eigenschaft die Erfindung entwickelt wird[206d] (vgl. auch Rz. 19 f.). Der Geschäftsführer einer abhängigen GmbH, dessen Bestellung ein Vertragsverhältnis mit dem herrschenden Unternehmen zugrunde liegt, gilt nur im Verhältnis zur GmbH nicht als Arbeitnehmer[206e]. Andererseits liegt in der Bestellung zum Geschäftsführer einer konzernabhängigen Ge-

---

205a ebenso Reimer/Schade/Schippel/Rother Rz. 5 zu § 1; vgl. allgem. LAG Hamm BB 1975, 331
206 BGH v. 30.10.1990 GRUR 1991, 127, 129 – Objektträger m.H.a. BGH v. 16.11.1954 GRUR 1955, 286, 289 – (Schnell-)Kopiergerät; Trimborn S. 212 u. 222.
206a Vgl. BGH v. 16.11.1954 u.v. 30.10.1990 (beide Fn. 176); v. 10.11.1970 GRUR 1971, 210, 212 – Wildverbissverhinderung; v. 24.10.1989 GRUR 1990, 193 – Auto-Kindersitz Gaul DB 1990, 671; OLG Hamm v. 18.9.1985 (Fn. 173); vgl. auch RG v. 11.6.1932 GRUR 1932, 1028 = RGZ 1936, 415.
206b So Schiedsst. v. 16.8.1988 Blatt 1989, 57, 58 für einen Vorstandsfunktionen ausübenden Vereinsgeschäftsführer; s. allg. BAG v. 28.9.1995 NJW 1996, 614 m. Anm. Krasshöfer EWiR 1996, 201.
206c S. dazu BAG v. 20.10.1995 NZA 1996, 200 m. Anm. Miller EWiR 1996, 247.
206d Diese Differenzierung übersieht LG Braunschweig i. Urt. v. 1.7.1975 (Zwischenurteil) GRUR 1976, 585 – Polyisocyanatgemisch.
206e BAG v. 21. 2. 1994 BB 1994, 1224; Schiedsst. v. 1. 7. 1999 Arb.Erf. 49/97 (unveröffentl.)

§ 1

sellschaft allein noch keine (stillschweigende) Aufhebung des Arbeitsverhältnisses mit der Obergesellschaft[206f].
Grundsätze der Shärentheorie (Rz. 20) gelten nach der hier vertretenen Auffassung auch für den **Geschäftsführer einer Komplementär-GmbH, der zugleich in einem Dienstverhältnis zur KG steht** und als solcher nach den Umständen des Einzelfalls Arbeitnehmer der KG sein kann[206g]. Nach Auffassung des BGH scheidet die differenzierende Betrachtung bei Doppelfunktionen und damit die Anwendbarkeit des ArbEG trotz des Arbeitnehmerstatus aus, wenn es sich nach den tatsächlichen Gegebenheiten bei beiden Gesellschaften um *ein* Unternehmen handelt und die Organstellung und betriebliche Funktion des Erfinders nicht trennbar sind, dieser vielmehr insgesamt Arbeitgeberfunktion ausübt[207]. Anderseits verbleibt es insgesamt bei dem Arbeitnehmerstatus, wenn ein Arbeitnehmer zusätzlich die Stellung eines Geschäftsführers der Komplementär-GmbH einnimmt, dies faktisch aber nur eine formale Position ohne Änderung der Arbeitnehmereigenschaft darstellt[207a].

Von den Organmitgliedern zu unterscheiden sind **Gesellschafter**, die zugleich **in einem Arbeitsverhältnis zur Gesellschaft** stehen. Eine evtl. Arbeitnehmerstellung bestimmt sich ausschließlich nach den allgemeinen Kriterien für die Arbeitnehmereigenschaft (s. oben Rz. 9 f.). Besteht ein Arbeitsverhältnis, kommen die allgemeinen Regeln des Arbeitsrechts,[207b] und damit auch des ArbEG, zur Anwendung. 71.1

Stammen die Erfindungen aus einer **Vortätigkeit** eines Organmitgliedes als Arbeitnehmer, gilt insoweit selbstverständlich das ArbEG[207c]. Maßgebend ist der arbeitsrechtliche Status zum Zeitpunkt der Fertigstellung der Erfindung[207d]. Wechselt der Arbeitnehmer aus einem Anstellungsverhältnis in eine Organstellung, findet das ArbEG auf die von ihm als Organ fertig gestellten Erfindungen auch dann keine Anwendung, wenn das bisherige Arbeitsverhältnis trotz des Abschlusses des nachfolgenden Dienstverhältnisses als ruhend fortbestehen sollte (s. etwa zur Konzernsituation oben Rz. 71). 71.2

206f BAG v. 20. 10. 1995 (Fn. 176 c) u. v. 25. 6. 1997 ZIP 1997, 1930 ff.
206g BAG v. 10.7.1980 NJW 1981, 302; v. 15.4.1982 GmbHRdsch. 1984, 70 u. v. 13. 7. 1995 NJW 1995, 3338, 3339.
207 BGH v. 24.10.1989 (Fn. 176 a) S. 194.
207a BAG v. 13.7.1995 (Fn. 176 e).
207b Vgl. allg. BAG v. 9. 1. 1990 AP Nr. 6 zu § 35 GmbHG; vgl. auch Schiedsst. v. 26. 6. 1997 Arb.Erf. 1 (B)/96 u. v. 15. 2. 1996 Arb.Erf. 67/94 (beide unveröffentl.)
207c Gaul DB 1990, 671; vgl. auch BGH v. 21. 12. 1989 GRUR 1990, 515 – Marder.
207d LG Düsseldorf v. 14. 9. 1999 Entscheidungen 4. ZK 2000, 3, 5 – Ozonerzeuger.
207e frei

§ 1

72 Mangels Anwendbarkeit des ArbEG unterliegen Erfindungen von Organmitgliedern der **freien Vereinbarung**[207f]; die Gesellschaft kann sie nicht einseitig im Wege der Inanspruchnahme auf sich überleiten. Ob und in welchem Umfang (Rechtsübertragung oder bloße Einräumung von einfachen oder ausschließlichen Nutzungsrechten) ein Organmitglied bzw. Gesellschafter verpflichtet ist, in seiner Person entstehende (§ 6 Satz 1 PatG) Rechte an einer von ihm entwickelten Erfindung auf die von ihm vertretene juristische Person oder Personengesamtheit zu übertragen, bestimmt sich zunächst nach dem Inhalt des Dienstvertrages[207g](§§ 611 ff. BGB) bzw. des Gesellschaftsvertrages[207h]. Ist der Dienstvertrag fehlerhaft, so ist das Organmitglied für die Dauer seiner Beschäftigung so zu behandeln, als wäre der Vertrag wirksam[207i] (»faktischer Geschäftsführer«).

73 Das Organmitglied bzw. der Gesellschafter kann über seine zukünftigen Erfindungen – sofern deren Gegenstand jedenfalls bestimmbar ist – **im Voraus** zugunsten seiner Gesellschaft **verfügen oder sich im Voraus zur Übertragung verpflichten**[207k]. Bei der Vorausverfügung erwirbt die Gesellschaft ohne weiteren Übertragungsakt das Recht an der Erfindung; bei bloßer Übertragungsverpflichtung bedarf es noch des Übertragungsaktes[207l]. Möglich ist auch die Vereinbarung eines Optionsrechts zugunsten der Gesellschaft bzw. Personengesamtheit, um dieser das einseitige Recht zur Übernahme der Erfindung (entsprechend §§ 6, 7 Abs. 1 ArbEG) einzuräumen[207m].

Eine pauschale Einbeziehung der Regeln des ArbEG ist zwar zulässig[208] (s. Rz. 92 ff.), aber nicht vorteilhaft. Zur Vermeidung insbesondere formaler Probleme bei der Inanspruchnahme einer Erfindung kann sich eine Regelung dahin empfehlen, dass das Organmitglied bzw. der Gesellschafter im Voraus seine zukünftigen Erfindungen (im Arbeitsbereich des Unter-

---

207f BAG v. 7.10. 1993 DB 1994, 428, 429 v. 28.9. 1995 BB 1996, 114 u. v. 18.12. 1996 WiB 1997, 652 ff. m. Anm. Boemke; Martens in Anm. AP Nr. 3 zu § 5 ArbGG 1979.
207g BGH v. 16.11. 1954 (Fn. 176); bestätigt durch BGH v. 30.10. 1990 (Fn. 176); OLG Düsseldorf v. 10. 6. 1999 GRUR 2000, 49, 50 – Geschäftsführer-Erfindung; Trimborn S. 249 ff.; Benkard/Bruchhausen Rz. 27 zu § 6 PatG; Schulte Rz. 19 f. zu § 6; vgl. auch zur F.+E.-Kooperation Ullrich GRUR 1993, 338 ff.
207h Vgl. etwa BGH v. 10.5. 1988 (Fn. 175); vgl. auch BGH v. 22.10. 1964 (Fn. 171) u. v. 24.10. 1989 (Fn. 176 a).
207i BGH v. 16.11. 1954 (Fn. 176); bestätigt durch BGH v. 30.10. 1990 (Fn. 176).
207k Vgl. allg. BGH v. 16.1.1995 NJW 1995, 1158 (zum »faktischen Geschäftsführer« einer GmbH & Co. KG).
207l Vgl. BGH v. 16.11.1954 (Fn. 176); bestätigt durch BGH v. 30.10.1990 (Fn. 176); Benkhard/Bruchhausen (Fn. 177 g).
207m Benkard/Bruchhausen Rz. 27 zu § 6 PatG.
208 Vgl. BGH v. 22.10.1964 (Fn. 171) u.v. 10.5.1988 GRUR 1988, 762, 763 – Windform; LG Braunschweig v. 1.3.1977 (Fn. 175) m.h.a. Schiedsst. v. 29.10.1958 Blatt 1959, 16; Schippel GRUR 1959, 167 ff.

§ 1

nehmens) überträgt; zum Vergütungsanspruch s. Rz. 75 ff. Denkbar ist auch die Einzelübertragung nach Fertigstellung der Erfindung, etwa durch »assignment« nach US-Recht[208a]. Die Zuständigkeit der Schiedsstelle kann nicht vereinbart werden[208b] (s. Rz. 17 zu § 28); für ein Gerichtsverfahren gelten nicht die §§ 37 ff., sondern die allgemeinen prozessualen Vorschriften, so dass z. B. auch bloße Zahlungsklagen in die Zuständigkeit der ordentlichen Gerichte fallen[208c].

Bei **Fehlen einer** ausdrücklichen **Abrede** kann nicht ausnahmslos von einer Pflicht zur Übertragung bzw. Rechtseinräumung ausgegangen werden[208d]. Vielmehr ist dann nach den Grundsätzen der ergänzenden Vertragsauslegung der hypothetische Parteiwille zu erforschen[209]. Entscheidend sind die Umstände des Einzelfalls[209a]. Für die Entscheidung können insbesondere folgende **Kriterien** bedeutsam sein:

– der **Zweck des Dienstverhältnisses** bzw. der übernommenen Funktionen, etwa ob das Organmitglied bzw. der Gesellschafter für den technischen Bereich eingesetzt wurde, ggf. mit dem Ziel, auf technische Neuerungen bedacht zu sein[209b], bzw. – insbesondere bei einer Personengesellschaft – **Sinn und Zweck der Gesellschaft**[209c];

– die **Treuepflicht**, sei es aus der Stellung als Gesellschafter insbesondere bei einer Personengesellschaft[209d], ggf. aber auch aus der als Organmitglied juristischer Personen[209e]. Beruht beispielsweise die Erfindung überwiegend auf Mitteln, Erfahrungen und Vorarbeiten des Unternehmens, kann nach Treu und Glauben (§ 242 BGB) eine Pflicht bestehen, Erfindungsrechte ganz oder zum Teil der Gesellschaft zu übertragen[210].

74

208a S. den Fall b. BGH v. 17. 10. 2000 GRUR 2001, 226 – Rollenantriebseinheit.
208b Schippel (Fn. 178) S. 170.
208c Vgl. allgem. OLG Hamm v. 27. 3. 1998 NZA – RR 1998, 372.
208d BGH v. 16.11.1954 (Fn. 176) u.v. 30.10.1990 (Fn. 176).
209 BGH v. 11. 4. 2000 GRUR 2000, 788, 790 – Gleichstromsteuerschaltung; OLG Düsseldorf v. 10.6.1999 (Fn. 177g).
209a Benkard/Bruchhausen Rz. 28 zu § 6 PatG; auch Gaul GRUR 1977, 686, 691, der aus der »engen organschaftlichen Beziehung« bzw. aus dem Dienstvertrag eine generelle Anbietungspflicht herleitet (ebenso ders. in GmbHRdsch. 1982, 101, 103); ähnl. Heine/Rebitzki Anm. 4 zu § 1.
209b Vgl. etwa BGH v. 22.10.1964 GRUR 1965, 302, 304 – Schellenreibungskupplung u. v. 11. 4. 2000 (Fn. 179); OLG Düsseldorf v. 10.6.1999 (Fn. 177g); LG Düsseldorf v. 14. 9. 1999 Entsch. 4. ZK. 2000, 3, 7 – Ozonerzeuger.
209c Vgl. BGH v. 24.6.1952 GRUR 1953, 29, 30 – Plattenspieler I, v. 16.11.1954 (Fn. 176) u. v. 11. 4. 2000 (Fn. 179); vgl. auch BFH v. 26.9.1970 BFHE 100, 25, 28; Ullrich (Fn. 177e) S. 342 f.
209d Vgl. BGH v. 16.11.1954 (Fn. 176) u. v. 11.4. 2000 (Fn. 179); vgl. auch BGH v. 30.10.1990 (Fn. 176); OLG Hamm v. 18.9.1985 NJW-RR 1986, 780, 781.
209e Vgl. BGH v. 22.10.1964 (Fn. 179b); zu weitgehend Teile des Schrifttums (s. die Nachw. in Fn. 179a).
210 OLG Düsseldorf v. 10. 6. 1999 (Fn. 177g); Jestaedt/FS für Nirk, S. 493, 500 ff.; Gaul GRUR 1963, 341 u. ders. GRUR 1977, 686, 691; so im Ergebn. wohl auch BGH v.

§ 1

Bei einem »abhängigen Organ«[210a] reicht regelmäßig die bloße Tatsache, dass Anregungen zu der Erfindung aus dem Unternehmensbereich kamen oder dass ein Unternehmen mit dem Einsatz der Erfindung wirtschaftliche Vorteile erlangen könnte, für sich allein noch nicht zur Annahme einer Übertragungspflicht aus; im Übrigen ist zu beachten, dass die Treuepflicht als solche dem Organmitglied vorrangig das Unterlassen schädigender Verwertungshandlungen auferlegt, während positive Zweckförderungs-/Leistungspflichten vertraglich zu regeln sind[210b];
– die rechtliche **Behandlung früherer Erfindungen**, etwa wenn diese bereits einvernehmlich übergeleitet wurden[210c];
– das Inkenntnissetzen der Gesellschaft von einer fertig gestellten Erfindung allein genügt nicht, eine Übertragung des Rechts an der Erfindung und damit auch des Rechts, das Schutzrecht übernehmen zu können, anzunehmen[210d];
– der für das Immaterialgüterrecht allgemein geltende **Zweckübertragungsgrundsatz**[211], wonach der Erfinder als Rechtsinhaber im Zweifel nur insoweit eine Verfügung trifft, als dies zur Erreichung des schuldrechtlich festgelegten Zwecks unbedingt erforderlich ist[211a] (s. auch Rz. 4). Dieser Erfahrungssatz lässt jedoch die Vertragsfreiheit unberührt und hindert im Einzelfall die Auslegung dahin nicht, der Erfinder und sein Vertragspartner hätten sich auf eine weitergehende Verpflichtung, insbesondere auf eine Vollrechtsübertragung geeinigt[211b].

75 Ob dem Organmitglied bzw. Gesellschafter für die Übernahme und Nutzung seiner Erfindung (Miterfinderanteils) eine **Erfindervergütung** zusteht, richtet sich nach der z. B. im Dienstvertrag oder in einer gesonderten Regelung[211c] getroffenen **Vereinbarung**. Diese kann in der Vorgabe konkreter Vergütungsparameter oder in der Einbeziehung der **materiellen**

22.10.1964 (Fn. 179a), der zutr. darauf hinweist, »dass eine Gehaltserhöhung weder als stillschweigende Abgeltung schon bestehender Vergütungsansprüche noch als stillschweigende Vorausabgeltung späterer Erfindungen gewertet werden kann«; vgl. auch BGH v. 24.10.1989 (Fn. 176 a); a.A. Becker GRUR 1965, 127, 128; diff. Bauer DB 1979, 2178, 2180 f.; zur Vergütg. vgl. ferner Gaul in DB 1990, 671 ff. u. Jestaedt in Festschr. Nirk 1992, S. 493 ff.
210a Zum Begriff vgl. Schaub ArbRHdb. § 14 II 1.
210b Vgl. BGH v. 7. 12. 72 WM 1973, 990, 991 f., wonach Sonderpflichten nicht ohne Einverständnis des geschäftsführenden Gesellschafters eingeführt werden können.
210c Vgl. BGH v. 22.10.1964 (Fn. 179b) S. 306 u. v. 11. 4. 2000 (Fn. 179).
210d Vgl. BGH v. 30.10.1990 GRUR 1991, 127, 128 – Objektträger.
211 BGH v. 30.10.1990 (Fn. 180d).
211a BGH v. 16.11.1954 (Fn. 176); Benkard/Bruchhausen Rz. 13 zu § 15 PatG m.w.N.
211b BGH v. 11. 4. 2000 (Fn. 179).
211c Vgl. etwa BGH v. 22. 10. 1964 (Fn. 179 b) zur Vereinbarung der DVO 1943 (= ArbEG) bezgl. d. Vergütung; vgl. auch BGH v. 10. 5. 1988 (Fn. 175), v. 11. 4. 2000 GRUR 2000, 788 f. – Gleichstromsteuerschaltung u. v. 17. 10. 2000 GRUR 2001, 226, 227 – Rollenantriebseinheit.

Vergütungsregelungen des ArbEG[211d] (vgl. Rz. 92 ff.) bzw. der **Vergütungsrichtlinien** (zur Bestimmung von Erfindungswert und Anteilsfaktor) bestehen.

Soweit ein Organmitglied Einfluss auf Produktentscheidungen nimmt, kann sich zur Vermeidung möglicher Interessenkonflikte eine **Pauschalvergütungsregelung** (s. dazu Rz. 57 ff. zu § 9 u. RL Nr. 40 lit. c) empfehlen. Zulässig ist auch der völlige Verzicht des Organmitglieds auf Vergütung[211e] (zum Verzicht auf Vergütungsansprüche s. allgemein Rz. 21 zu § 23).

Für die Annahme einer **stillschweigenden** Vereinbarung reicht allein der Umstand, dass das Unternehmen die Patentanmeldung vornimmt und der Erfinder auf seine Erfindernennung nach außen verzichtet, nicht aus; erforderlich ist vielmehr, dass sich das Organmitglied (der Gesellschafter) bewusst ist und damit rechnet, sich durch sein Verhalten im Zusammenhang mit der Anmeldung seiner Erfindung durch das Unternehmen gleichzeitig dem ArbEG zu unterwerfen[211f] (s. auch Rz. 93 f.). Besteht auf Grund des Geschäftsführervertrages unter dem Gesichtspunkt einer angemessenen **Gesamtvergütung** ein Zusammenhang zwischen dem Gehalt des Organmitglieds und den Erfindervergütungen, muss im Einzelfall überprüft werden, ob hieraus eine Beschränkung der vereinbarten entsprechenden Anwendung der Regeln des ArbEG auf den Zeitraum des Bestehens des Dienstverhältnisses folgt[211g].

Haben die Dienstvertragsparteien die Geltung der materiellen Regelungen des ArbEG ausdrücklich vereinbart, kann diese Abrede nachträglich aufgehoben werden, auch zuungunsten des Organmitglieds, da für dieses die §§ 22, 23 ArbEG nicht gelten (s. oben Rz. 70)[212].

Mangels ausdrücklicher Vereinbarung ist zu prüfen, ob es sich bei der Entwicklung einer technischen Neuerung um eine durch die vereinbarten Dienstbezüge (einschließlich Tantieme)[212a] abgegoltene Vertragserfüllung

76

211d BGH v. 22. 10. 1964 (Fn. 179 b) S. 303; Schippel GRUR 1959, 167 ff.; vgl. auch BGH v. 10. 5. 1988 (Fn. 175); LG Braunschweig v. 1. 3. 1977 EGR Nr. 4 zu § 1 ArbEG; s. (aber) auch BGH v. 24. 10. 1989 (Fn. 176 a) S. 194 r. Sp.; Reimer/Schade/Schippel/Rother Rz. 4 zu § 1.
211e Vgl. z. entspr. österr. Recht OGH Wien v. 5. 2. 1985 GRUR Int. 1986, 64 – Vorstandsmitglied.
211f OLG Nürnberg v. 18. 12. 1990 Az. 3 U 3517/87 (unveröffentl.).
211g Abgelehnt v. OLG München i. Urt. v. 6. 2. 1992 Az. 6 U 2295/91 (unveröffentl.) hins. d. Formulierung: »Sollten das Gehalt und die Ihnen zufließenden Erfindervergütungen eines Jahres zusammen den Betrag von x DM p. a. unterschreiten, wird der Differenzbetrag ausgeglichen.«
212 Ebenso Bauer, Aufhebungsverträge Rz. 610.
212a LG Mannheim v. 14. 1. 2000 Az. 7 O 363/99 (unveröffentl.).

§ 1

handelt[212b]. Dies ist der Fall, wenn dem Organmitglied (auch) Forschungs- und Entwicklungsaufgaben dienstvertraglich (gesellschaftsvertraglich) zugewiesen sind oder ihm sonst die Verpflichtung zukommt, seine Arbeitskraft auch dem technischen Bereich zu widmen und insoweit die Unternehmenszwecke zu fördern,[213] und die Erfindung im Unternehmensbereich liegt[213a].

Beruht dagegen die Erfindung auf einer überobligatorischen **Sonderleistung**, insbesondere weil dem Organmitglied (Gesellschafter) solche Aufgaben nicht zugewiesen sind, löst die Überleitung der Erfindungsrechte einen **Vergütungsanspruch** aus[213b]. Dem Organmitglied steht für die Nutzung seiner übertragenen Erfindung seitens des Unternehmens gem. bzw. entsprechend **§ 612 BGB eine angemessene Vergütung**[214] zu (s. auch oben Rz. 48 f. und Rz. 12 ff. vor §§ 9 – 12; Rz. 332 ff. zu § 9), wobei die Vertragsfreiheit aber auch andere Gestaltungen zulässt[214a]. Für die Feststellung der Vergütungshöhe nach § 612 Abs. 2 BGB sind nach Auffassung des BGH nicht die Regeln des ArbEG und die Vergütungsrichtlinien heranzuziehen, soweit dies auf eine analoge Anwendung des ArbEG hinausliefe[214b].

Fehlt es an einer **üblichen Vergütung** i. S. d. § 612 BGB oder lässt sich eine solche nicht feststellen, z. B. weil erhebliche Spielräume bestehen, gelten mangels abweichender Vereinbarungen die **§§ 315, 316 BGB**[214c]. Nach § 316 BGB steht die Bestimmung der Gegenleistung im Zweifel dem Vertragsteil zu, welcher die Gegenleistung zu fordern hat. Dieser hat sie nach billigem Ermessen unter umfassender Interessenabwägung zu bestimmen (§ 315 Abs. 1 BGB); die Bestimmung ist für den anderen Vertragsteil nur verbindlich, wenn sie der Billigkeit entspricht. Ist dies nicht der Fall, so wird die Bestimmung durch Urteil getroffen (§ 315 Abs. 3 BGB)[215]. Die Entgelte, die freie Erfinder im Rahmen von Lizenzverträgen erzielen können, sind dann nicht zugrunde zu legen, wenn die Erfindung dem Unternehmen kraft Vereinbarung oder aus sonstigen Rechtsgründen zu überlassen ist[215a] bzw. im Rahmen des Unternehmens mit Hilfe betrieblicher Mittel

---

212b BGH v. 11. 4. 2000 (Fn. 181c), 791; OLG Düsseldorf v. 10. 6. 1999 GRUR 2000, 49, 50 – Geschäftsführer-Erfindung; s. auch LG Düsseldorf v. 14. 9. 1999 Entscheidungen 4. ZK 2000, 3, 7 f. – Ozonerzeuger.
213 Bestätigt durch LG Düsseldorf v. 21. 12. 1995 (Fn. 173); vgl. auch BFH v. 2. 6. 1976 BFHE 119, 410, 413.
213a OLG Hamm v. 18. 9. 1985 NJW-RR 1986, 780, 781.
213b OLG Düsseldorf v. 10. 6. 1999 (Fn. 182 b).
214 BGH v. 24. 10. 1989 GRUR 1990, 193, 194 – Auto-Kindersitz.
214a BGH v. 11. 4. 2000 GRUR 2000, 788, 791 – Gleichstromsteuerschaltung.
214b BGH v. 24. 10. 1989 (Fn. 184); a.A. Schiedsst. v. 1. 7. 1999 Arb.Erf. 49/97 (unveröffentl. – zum Anteilsfaktor).
214c LG Düsseldorf v. 21. 12. 1995 Az. 4 O 161/95 (unveröffentl.).
215 BGH v. 24. 10. 1989 (Fn. 184); LG Nürnberg v. 17. 7. 1991 Az. 3 O 10116/86 (unveröffentl.)
215a BGH v. 24. 10. 1989 (Fn. 184) S. 194, 195 u. LG Nürnberg v. 17. 7. 1991 (Fn. 185).

§ 1

entstanden ist. Hat der Dienstherr aus der Erfindung keinen wirtschaftlichen Gewinn gezogen und ist nicht absehbar, dass sie zukünftig von wirtschaftlichem Wert ist, entspricht eine Vergütung nicht billigem Ermessen[215b].
Bei der Leistungsbestimmung ist eine retrospektive Betrachtung vorzunehmen, d. h., es ist zu fragen, welche Vergütung Unternehmen und Organerfinder als vernünftige Vertragsparteien bei Abschluss eines Lizenzvertrages vereinbart hätten, wenn sie die künftige Entwicklung und namentlich den Umfang der Benutzungshandlung vorhergesehen hätten[216], wobei wertend die besondere Verpflichtung des Organmitglieds, durch eigene Aktivitäten zum Unternehmenserfolg beizutragen, zu berücksichtigen ist.

Aufsichtsratsmitglieder stehen als solche nicht – automatisch – in einem Arbeitsverhältnis zur Gesellschaft[218]. Im Rahmen der zwingenden Mitbestimmung für die GmbH[219] und die AG (§ 96 AktG) müssen dem Aufsichtsrat angehörende Belegschaftsvertreter Arbeitnehmer (Arbeiter und Angestellte) des Unternehmens sein[219a], so dass auf Erfindungen dieses Personenkreises (während der Dauer des Aufsichtsratsmandats) das ArbEG Anwendung findet[219b]. Die Zuordnung von Erfindungen sonstiger Aufsichtsratsmitglieder richtet sich nach allgemeinen Regeln.

76.1

o) Pensionäre

Der Eintritt in das Pensionsalter bzw. die Vollendung eines bestimmten Lebensalters führen – außerhalb des öffentlichen Dienstes (vgl. § 41 BBG, § 60 BAT) – nicht automatisch zur Beendigung des Arbeitsverhältnisses[220]. Im Regelfall wird dieser Auflösungsgrund jedoch einzelvertraglich bzw. kollektivrechtlich vereinbart[221]. Mit der Beendigung des aktiven Dienstes

77

215b LG Düsseldorf v. 21. 12. 1995 (Fn. 214 c).
216 Ebenso für den Schutzrechtsverletzer: BGH GRUR v. 13. 3. 1962 GRUR 1962, 401, 404 – Kreuzbodenventilsäcke III; v. 18. 2. 1992 GRUR 1992, 599, 600 – Teleskopzylinder; v. 30. 5. 1995 GRUR 1995, 578, 579 – Steuereinrichtung II; ebenso für den Bereicherungsschuldner: LG Düsseldorf v. 23. 1. 1996 Az. 4 O 42/94 (unveröffentl.); auf eine retrospektive Betrachtung abstellend bei § 315 BGB abstellend: BGH v. 9. 5. 1994 ZIP 1994, 1017, 1018 r. Sp.
217 frei
218 Lutter/Hommelhoff GmbHG Rz 45 z. § 52; vgl. i. einz. Trimborn, Erfindungen von Organmitgliedern, 1998, S. 328 ff.
219 § 1 Abs. 1 Nr 1 MitbestG 1976, § 1 Abs. 1 u. Abs. 2 Montan MitbestG 1951; § 1 Satz 1 MitbestErgG 1956; § 77 Abs. 1 BetrVG 1952.
219a § 15 Abs. 1 i. V. m. § 7 MitbestG 1976; § 76 Abs. 2 Satz 2 BetrVG 1952.
219b Trimborn (Fn. 218) S. 329.
220 BAG v. 28.9.1961 AP Nr. 1 zu § 1 KSchG = NJW 1962, 73.
221 S. Art. 2 Gesetz z. Änderung des SGB VI v. 26.7.1994 BGBl. I, 1797; s. dazu aber BVerfG v. 8.11.1994 NZA 1995, 45.

§ 1

scheidet der nunmehrige Pensionär aus dem Arbeitsvertrag rechtlich aus. Zwischen ihm und dem Arbeitgeber besteht kein die Betriebszugehörigkeit vermittelndes Arbeitsverhältnis mehr[222]. Mangels Arbeitnehmereigenschaft findet das **ArbEG** auf den Pensionär für die nach Ausscheiden fertig gestellten Erfindungen und technischen Verbesserungsvorschläge (vgl. § 26) **keine Anwendung**[223].

Schließt der Arbeitgeber mit seinem Mitarbeiter für die Zeit nach Erreichen der Altersgrenze einen (zumeist befristeten) sog. **Beratervertrag,** ist im Einzelfall zu prüfen, ob diesem der Status eines freien Mitarbeiters (s. Rz. 44 ff.) zukommt oder ob durch eine hiermit evtl. verbundene persönliche Abhängigkeit nicht weiterhin bzw. erneut ein Arbeitsverhältnis begründet wird (vgl. hierzu Rz. 14 f.). Zu Vereinbarungen anlässlich der Aufhebung des Arbeitsverhältnisses s. Rz. 55 zu § 26 u. unten Rz. 81 f.

78 Der Pensionär kann über die nach (rechtlicher) Beendigung seines Arbeitsverhältnisses fertig gestellten Erfindungen auch dann, wenn es sich um eine Erfahrungserfindung (vgl. § 4 Abs. 2 Nr. 2) handelt, ohne die Beschränkungen der §§ 18, 19 verfügen.

79 Letzteres gilt auch dann, wenn unter Zahlung einer betrieblichen Altersversorgung ein **Ruhestandsverhältnis** begründet wird[224]. Versorgungsleistungen sind Entgelt für die bis zum Eintritt in den Ruhestand erbrachten Dienste[224a]. Zwar unterliegt der Pensionär im Rahmen dieses Rechtsverhältnisses einer – eingeschränkten – Treuepflicht (vgl. auch Rz. 31 ff. zu § 26) zugunsten seines bisherigen Arbeitgebers[225]. Aus dieser Treuepflicht folgt aber keine Pflicht des Pensionärs zur Übertragung von Erfindungsrechten auf den früheren Arbeitgeber bzw. zur Unterlassung eigener Verwertungshandlungen, wie zudem ein Rückschluss aus den §§ 18, 19 ergibt. Da § 18 primär der Erhaltung des Arbeitsfriedens und dem Schutz des Arbeitnehmererfinders vor etwaigen Ersatzansprüchen bei unzutreffender Bewertung einer Diensterfindung als »freie« dient[226], verbietet sich mangels vergleichbarer Rechtssituation die Anerkennung einer Mitteilungspflicht des Pensi-

---

222 BAG (GS) v. 16.3.1956 AP Nr. 1 zu § 57 BetrVG 1952 NJW 1956, 1086, 1087.
223 OLG Düsseldorf v. 26.5.1961 Blatt 1962, 193 = EGR Nr. 2 zu § 1 ArbEG; Schiedsst. v. 13.9.1994 Arb.Erf. 20/94 (unveröffentl.); Volmer/Gaul Rz. 81 ff. zu § 1.
224 Wie hier auch Volmer/Gaul Rz. 81 zu § 1 u. Gaul RdA 1982, 268, 275 (anders noch GRUR 1977, 686, 690); ebenso für den Ruhestandsbeamten Schiedsst. v. 19.11.1985 Arb.Erf. 50/85 (unveröffentl.); a.A. Volmer GRUR 1978, 329; Reimer/Schade/Schippel/Kaube Rz. 10 zu § 26; Röpke Arbeitsverhältnis und Arbeitnehmererfindung S. 78.
224a BAG v. 15.6.1993 NZA 1994, 502, 505 m.w.N.
225 Vgl. Höfer/Abt. BetrAVG, ArbGr. Rz. 376; s. auch BAG v. 7.5.1966 AP Nr. 109 zu § 242 BGB – Ruhegehalt = NJW 1966, 1985; abw. Bohn DB 1967, 641.
226 Vgl. Amtl. Begr. BT-Drucks. II/1648, S. 36 = Blatt 1957, 238.

onärs entsprechend § 18²²⁷. Die Treuepflicht des Pensionärs begründet auch keine Anbietungspflicht analog § 19²²⁷ᵃ. Ähnlich wie in § 18 stellt der Wortlaut des § 19 ausdrücklich auf Verwertungshandlungen »während der Dauer des Arbeitsverhältnisses« ab, schränkt also als Ausnahmebestimmung das umfassende freie Verfügungsrecht des Erfinders (§§ 6, 9 PatG) auf diesen konkreten Zeitraum ein.

Ein (grober²²⁸) Verstoß des Pensionärs gegen seine Rücksichtnahmepflicht aus dem Ruhestandsverhältnis führt nicht zur Einschränkung fortbestehender Vergütungsansprüche aus früheren Diensterfindungen (§ 26). 80

Den früheren Arbeitsvertragsparteien steht es frei, die Anwendbarkeit einzelner oder aller materieller Bestimmungen des **ArbEG** auch für Erfindungen eines Pensionärs zu **vereinbaren**²²⁹ (s. dazu Rz. 92 ff. und Rz. 16 zu § 22). 81

Inwieweit ein **nachvertragliches Wettbewerbsverbot** die Verwertungsbefugnisse einschränkt, entscheidet sich nach dem Vertragsinhalt und ggf. nach seiner Auslegung (§§ 133, 157 BGB; vgl. auch Rz. 34 ff. zu § 26). 82

Zur Behandlung von Erfindungen, die vor Beendigung des Arbeitsverhältnisses fertig gestellt sind, siehe § 26 (s. auch oben Rz. 28 ff. zum ausgeschiedenen Arbeitnehmer).

p) Praktikanten

Praktikant ist derjenige, der zeitweilig in einem Unternehmen arbeitet, um sich die zur Vorbereitung auf einen Beruf notwendigen praktischen Kenntnisse, Fertigkeiten und Erfahrungen anzueignen (z.B. Praktikum vor Beginn oder während des Studiums an einer Technischen Hochschule)²³⁵. Im Unterschied zum Auszubildenden strebt der Praktikant meist keine abgeschlossene bzw. systematische Fachausbildung an; andererseits unterscheidet er sich vom Arbeitnehmer im eigentlichen Sinne durch seine (jedenfalls eingeschränkte) Ausbildungsabsicht. Nach h.M. wird das Praktikantenverhältnis wegen der dem Praktikanten neben der Lernpflicht regelmäßig obliegenden Arbeitspflicht als **Arbeitsverhältnis** im weiteren Sinne angese- 83

---

227 Ebenso Volmer/Gaul Rz. 84 zu § 1; a.A. Röpke Arbeitsverhältnis und Arbeitnehmererfindung S. 78; Reimer/Schade/Schippel/Kaube Rz. 10 zu § 26, die §§ 18, 19 analog anwenden wollen.
227a Volmer/Gaul (Fn. 197).
228 BAG v. 18.10.1979 AP Nr. 1 zu § 1 BetrAVG – Treuebruch = BB 1980, 470, wonach der Verstoß des ArbN so schwer wiegen muss, dass die Berufung auf die Versorgungszusage arglistig erscheint.
229 Einzelheiten bei Gaul/Bartenbach, Handbuch C 130 ff.
230-234 frei
235 BAG v. 5, 8.1965 AP Nr. 2 zu § 21 KSchG 1951; vgl. auch BAG v. 19.6.1974 AP Nr. 3 zu § 3 BAT; LAG Rheinl.-Pfalz v. 8.6.1984 NZA 1986, 293; Scherer NZA 1986, 280.

§ 1

hen[236] (vgl. § 3 Abs. 2 i.V. mit § 19 BBiG). Der Praktikant ist damit in der Regel auch **Arbeitnehmer i.S. des ArbEG**[237]. Zur Vermeidung von Meinungsverschiedenheiten empfiehlt sich die ausdrückliche Einbeziehung des ArbEG in den Praktikantenvertrag. Die vorgenannten Grundsätze gelten auch bei dem Betriebspraktikum eines Schülers[238].

83.1 Eine noch stärkere arbeitsvertragliche Ausrichtung ergibt sich bei dem **Praktischen Studienjahr** als Teil des von einigen Fachhochschulen angebotenen Studiengangs. Für dieses praktische Studienjahr wird ein Arbeitsvertrag zwischen dem Studenten und einem Unternehmen abgeschlossen. Dieser Vertrag unterliegt den allgemeinen Regeln des ArbEG.

84 Unerheblich ist, dass ein **Student**, wenn er ein Praktikum während des Studiums absolviert, zugleich Mitglied der Hochschule ist (§ 36 HRG). Beide Rechtsverhältnisse ergänzen sich, ohne sich zu überschneiden[239]. Ansprüche aus dem ArbEG auf eine Praktikantenerfindung kann allenfalls der den Praktikanten beschäftigende Arbeitgeber geltend machen, nicht aber – wie die abschließende Regelung der §§ 40-42 zeigt – die Hochschule (s. auch Rz. 16 zu § 42).

Zur Rechtsstellung des Doktoranden s. Rz. 41 ff., von Werkstudenten und Schülern Rz. 91, von Teilzeitkräften Rz. 86.

q) Probearbeitsverhältnis

85 Sinn und Zweck eines Probearbeitsverhältnisses ist es, dass sich die Vertragsparteien in der Probezeit gegenseitig kennenlernen wollen und können[240]. Das Probearbeitsverhältnis ist entweder ein befristetes (vgl. § 14 Abs. 1 Satz 2 Nr. 5 TzBfG) oder – wenn keine erkennbare Befristung vereinbart wurde[240] – unbefristetes Arbeitsverhältnis (vgl. § 622 Abs. 3 BGB). Der Probearbeitnehmer ist uneingeschränkt **Arbeitnehmer im Sinne des ArbEG**[242].

---

236 Nikisch ArbR Bd. I § 56 IV; Schaub ArbRHdb. § 16 IV 1; Schmidt BB 1971, 313, 316; Weber i. Anm. zu BAG v. 19.6.1974 AP Nr. 3 zu § 3 BAT; Scherer (Fn. 205).
237 Allg. A., z.B. Volmer GRUR 1978, 329, 331.
238 Zutr. Volmer (Fn. 237) unter Bezug auf BAG v. 20.1.1977 BlStSozArbR 1978, 7; a.A. Schaub (Fn. 236) § 16 V 2.
239 Weber in Anm. AP Nrn. 2, 3 zu § 3 BAT.
240 Vgl. BAG v. 1.8.1968 AP Nr. 10 zu § 620 BGB – Probearbeitsverhältnis; vgl. auch Eich DB 1978, 1785 ff.; Gaul ArbR i. Betr. Bd. I C II 1 ff.
241 frei
242 Allg. A., z.B. Volmer Rz. 12 zu § 1; Volmer/Gaul Rz. 39 zu § 1 – zumindest analoge Anwendung.

§ 1

Liegt lediglich ein sog. **Einfühlungsverhältnis** ohne Arbeitspflicht des potentiellen Arbeitnehmers und evtl. ohne Entgeltanspruch[242a] vor, besteht noch kein Arbeitsverhältnis[242b]. Es sollen erst die Voraussetzungen einer evtl. zukünftigen Zusammenarbeit geklärt werden. Hierbei vom potentiellen Arbeitnehmer entwickelte Erfindungen sind freie Erfindungen.

r) Teilzeitbeschäftigung und Job-Sharing

Eine **Teilzeitbeschäftigung** (s. Teilzeit- und Befristungsgesetz – TzBfG) ist bei den Arbeitnehmern gegeben, deren regelmäßige Wochenarbeitszeit kürzer ist als die vergleichbarer vollzeitbeschäftigter Arbeitnehmer des Betriebes (vgl. § 2 Abs. 1 Satz 1 TzBfG)[242c]. Eine besondere Erscheinungsform eines Teilzeitarbeitsverhältnisses ist das sog. **Job-Sharing,**[242d] bei welchem der Arbeitgeber mit zwei oder mehreren Arbeitnehmern vereinbart, dass sie sich die Arbeitszeit an einem Arbeitsplatz teilen (Arbeitsteilung – vgl. § 13 Abs. 1 Satz 1 TzBfG). Ein weiterer Unterfall ist das sog. **Job-Pairing** (– Turnus-Arbeitsverhältnis), bei welchem sich Gruppen von Arbeitnehmern auf bestimmten Arbeitsplätzen in festgelegten Zeitabschnitten abwechseln, ohne dass eine Arbeitsplatzteilung im Sinne des § 13 TzBfG vorliegt (vgl. § 13 Abs. 3 TzBfG).

86

Teilzeitbeschäftigte sind Arbeitnehmer, soweit sie die allgemeinen Voraussetzungen (s. hierzu Rz. 9 ff. zu § 1) erfüllen, also insbesondere ihre Arbeitspflichten in persönlich abhängiger Beschäftigung erbringen. **Erfindungen** und Verbesserungsvorschläge dieser Teilzeitbeschäftigten unterliegen den **gleichen Grundsätzen wie solche von vollzeitbeschäftigten Arbeitnehmern**[243]. Dies folgt auch aus dem in § 5 TzBfG normierten Benachteiligungsverbot. Soweit ein Arbeitnehmer mehrere Teilzeitbeschäftigungsverhältnisse nebeneinander eingeht oder eine Teilzeitbeschäftigung neben einer Hauptbeschäftigung erbringt, gelten die erfinderrechtlichen Grundsätze zum Doppelarbeitsverhältnis (s. dazu Rz. 19 ff. zu § 1)[244].

s) Umschüler

Soweit eine berufliche Umschulung, also die Ausbildung zu einer anderen beruflichen Tätigkeit (vgl. § 1 Abs. 4, § 47 BBiG), im Rahmen eines Ar-

87

242a Vgl. hierzu Schaub ArbRHdb. § 40 I 1.
242b LAG Hamm v. 24.5.1989 BB 1989, 1759.
242c Schaub BB 1990, 1069.
242d Schaub (Fn. 242a) § 44 V.
243 Gaul, ArbR i. Betr. C 11I 65; vgl. auch Volmer/Gaul Rz. 44 f. zu § 1.
244 Volmer/Gaul Rz. 46 ff. zu § 1.

beitsvertrages erfolgt (§ 1 Abs. 5 BBiG), unterliegt der Umschüler als Arbeitnehmer auch dem persönlichen Anwendungsbereich des ArbEG[245].

t) Volontäre

88 Volontäre sind in Anlehnung an die durch das BBiG weitgehend aufgehobene[246] Legaldefinition des § 82 a HGB solche Personen, die dem Arbeitgeber zur Leistung von Diensten im Rahmen einer von diesem vorzunehmenden Aus-(Weiter-)bildung verpflichtet sind, ohne dass mit der Ausbildung eine vollständig abgeschlossene Fachausbildung in einem anerkannten Ausbildungsberuf beabsichtigt ist[247]. Die Abgrenzung zum Praktikanten (vgl. Rz. 83 f.) ist schwierig; sie wird vielfach danach vorgenommen, dass der Praktikant für seine weitere (meist wissenschaftliche) Ausbildung ein erfolgreich abgeschlossenes Praktikum nachweisen muss[247]. Soweit der Volontär seine Arbeitsleistung in persönlich abhängiger Stellung erbringt (wobei offen bleiben kann, ob dies entgeltlich oder unentgeltlich geschieht[248]), ist er Arbeitnehmer im Sinne des ArbEG[249]. In allen anderen Fällen, in denen es nicht auf die Erbringung von Dienstleistungen ankommt, muss die Arbeitnehmereigenschaft im Einzelfall geprüft werden (s. dazu Rz. 9 ff.). Sie ist zu verneinen, wenn es dem Volontär lediglich um einen betrieblichen Einblick und Überblick geht, ohne weisungsgebunden Arbeit zu verrichten. Zur Vermeidung von Meinungsverschiedenheiten sollte die Anwendbarkeit der materiellen Bestimmungen des ArbEG ausdrücklich vereinbart werden.

u) Wehrpflichtige Arbeitnehmer

89 Wird ein Arbeitnehmer (vgl. § 15 Arbeitsplatzschutzgesetz) zum Grundwehrdienst oder zu einer Wehrübung einberufen, so **ruht** gem. § 1 Abs. 1 ArbPlSchG[250] das **Arbeitsverhältnis** während des Wehrdienstes, d.h., es besteht rechtlich fort, wobei allerdings die Hauptpflichten aus dem Arbeits-

---

245 Differenzierend Volmer/Gaul Rz. 89 ff. zu § 1 (i.H.a. § 47 AFG); Schaub ArbRHdb. § 17 VII; wie hier Kasseler Handbuch/Taubert 5.1 Rz. 15.
246 Vgl. dazu Baumbach/Hopt HGB Rz. 1–3 zu § 82 a HGB; Einzelheiten b. Schmidt BB 1971, 622, 623 f. u. Scherer NZA 1986, 283 f.
247 Vgl. Schmidt (Fn. 246) m.w.N., der zutreffend die von Nikisch ArbR Bd. I S. 887 vorgenommene Gleichstellung von Volontär und Praktikant, für den auf Grund v. Ausbildungsbestimmungen ein Praktikum für ein bestimmtes Berufs-/Studienziel notwendig ist, ablehnt; zur Abgrenzung vgl. auch Kasseler Handbuch/Bengelsdorf 5.2 Rz. 87; Weber in Anm. zu BAG v. 19.6.1974 AP Nr. 3 zu § 3 BAT; Scherer NZA 1986, 280, 281.
248 Zum Meinungsstreit i.H.a. §§ 19, 10 BBiG vgl. Schaub ArbRHdb. § 16 III.
249 S. auch Volmer GRUR 1978, 329, 331.
250 Einzelheiten bei Kasseler Handbuch/Pods 3.3 Rz. 131 ff.

§ 1

verhältnis, insbesondere Arbeitsleistung, Arbeitsentgelt, ruhen (zum Ruhen des Arbeitsverhältnisses s. Rz. 14 ff. zu § 26). Dies gilt auch dann, wenn ein ausländischer Arbeitnehmer aus dem EU-Bereich zur Erfüllung seiner Wehrpflicht in seinem Heimatland einberufen wird[251]. Dagegen wird gem. § 1 Abs. 4 ArbPlSchG ein befristetes Arbeitsverhältnis durch die Einberufung nicht verlängert; ebenso, wenn ein Arbeitsverhältnis aus anderen Gründen während des Wehrdienstes geendet hätte.

Macht der Arbeitnehmer in dieser Zeit bei der Bundeswehr eine Erfindung, so gelten für die Zuordnung der Erfindung die Grundsätze über die Behandlung von Erfindungen eines Arbeitnehmers im Doppelarbeitsverhältnis entsprechend[252] (siehe Rz. 19 f., Sphärentheorie). Ist die Erfindung im Verhältnis zum Bund eine Diensterfindung, gelten die Sonderregelungen der §§ 40, 41. 90

Zu Besonderheiten bei Erfindungen von Soldaten vgl. § 41.

Für **Zivildienstleistende** folgt aus § 78 Abs. 2 ZDG die Anwendbarkeit des ArbEG (als öffentliches Dienstrecht, s. Einl. Rz. 3)[253], so dass das vorstehend für Wehrpflichtige Gesagte entsprechend gilt.

v) Werkstudenten, Schüler

Bei Werkstudenten und Schülern liegt regelmäßig ein (meist befristetes) Arbeitsverhältnis vor, da sie – jedenfalls vorrangig – nicht zu Zwecken der Berufsausbildung, sondern zum Gelderwerb gegen Arbeitsleistung in persönlich abhängiger Stellung tätig werden[256]. Sie sind damit in der Regel Arbeitnehmer auch i.S.d. ArbEG[257]. 91

Zu Doktoranden s. Rz. 41 ff.; zu Praktikantenverhältnissen vgl. Rz. 83 f.; zu Studenten als Hochschulangehörige s. Rz. 15 f. zu § 42.

---

251 Vgl. EuGH v. 15.10.1969 AP Nr. 2 zu Art. 177 EWG-Vertrag; zu sonstigen ausländ. ArbN s. LAG Frankfurt v. 2.3.1973 NJW 1974, 2198.
252 Zu dieser Problematik s. auch Heine/Rebitzki Anm. 3 zu § 41; Reimer/Schade/Schippel/Kaube Rz. 19 zu § 41; Volmer/Gaul Rz. 53 ff. zu § 41 u. Rz. 178 ff. zu § 1, Rz. 154 zu § 4 u. Rz. 30 ff. zu § 5; Gaul RdA 1982, 268, 277; Volz, Öffentl. Dienst, S. 50 ff. m.w.N.; abw. Volmer Rz. 28 f. zu § 41.
253 Volz, Öffentl. Dienst, S. 48.
254-255 frei
256 Vgl. Schaub, ArbRHdb. § 16 V 1; vgl. auch LAG Frankfurt v. 6.8.1952 RdA 1952, 400; Schmidt BB 1971, 622.
257 Ebenso Volmer/Gaul Rz. 51 zu § 1.
258-259 frei

§ 1

4. Vertragliche Anwendbarkeit des ArbEG

92 Ob angesichts des Ausnahmecharakters des ArbEG und des durch das Optionsrecht des Arbeitgebers (vgl. §§ 6, 7) bedingten Eingriffs in die Erfinderrechte der persönliche Geltungsbereich des Gesetzes im Wege der **Analogie** auf andere Personengruppen ausgedehnt werden kann[260], erscheint fraglich. Jedenfalls ist seine entsprechende Anwendbarkeit bei den sonstigen typischen Erscheinungsformen des Arbeitslebens wie arbeitnehmerähnlichen Personen (vgl. Rz. 24 f.), Organmitgliedern (Rz. 68 f.), wenn auch aus unterschiedlichen Gründen, nicht angebracht. Hiervon zu trennen ist die Frage eines in Ausnahmefällen aus Treu und Glauben herzuleitenden Anspruchs auf Übertragung von Erfindungsrechten (vgl. dazu Rz. 48, 55, 72-76, 79).

93 Der privatrechtliche Grundsatz der **Vertragsfreiheit** (Art. 2 GG, § 311 Abs. 1 BGB) gestattet es, die Anwendbarkeit des ArbEG ausdrücklich oder stillschweigend (formlos) zu vereinbaren[261] (»Behandlung als Arbeitnehmer/ Arbeitnehmererfindung im Sinne des ArbEG«). Allerdings gilt dies nur für die **materiellen Bestimmungen des ArbEG,** nicht dagegen für die verfahrensrechtlichen (§ 17 Abs. 2, § 19 Abs. 3, §§ 28-39; vgl. auch Rz. 6, 17 zu § 28)[262] sowie für § 27. Zulässig wäre es allenfalls, durch einen Schiedsvertrag gemäß § 1025 ZPO (unter Beachtung der Formvorschrift des § 1027 ZPO) den Vorsitzenden, seinen Stellvertreter oder einzelne Beisitzer der Schiedsstelle (nicht aber »die Schiedsstelle« als Einheit) als Schiedsrichter eines privaten Schiedsgerichts zu bestellen, sofern nicht die Schranke des § 101 ArbGG i.V. mit § 4 ArbGG für den dort genannten Personenkreis (etwa »arbeitnehmerähnliche Personen«) entgegensteht.

Für eine **stillschweigende Vereinbarung des ArbEG** müssen eindeutige, konkrete Anhaltspunkte bestehen[262a]. Allein die Tatsache, dass ein (freier) Erfinder zur Übertragung von Erfindungsrechten verpflichtet ist, der Vertragspartner für ihn die Erfindung zum Patent anmeldet oder der Erfinder auf seine Erfindernennung nach außen verzichtet, reicht dafür nicht aus[262b]. Erforderlich ist stets, dass sich der Erfinder bewusst war und damit rechne-

---

260 Für eine grundsätzl. Analogiefähigkeit Schippel GRUR 1959, 167, 168; Volmer/ Gaul Rz. 66 zu § 1 für arbeitnehmerähnliche Personen.
261 Allg. A., BGH v. 22.10.1964 GRUR 1965, 302, 306 – Schellenreibungskupplung u.v. 10.5.1988 GRUR 1988, 762, 763 – Windform; LG Düsseldorf v. 5.4.2001 InstGE 1, 50, 53 – Schraubenspindelpumpe; Schiedsst. v. 29.10.1958 Blatt 1959, 16, 17; im Anschluss daran LG Braunschweig v. 1.3.1977 EGR Nr. 4 zu § 1 ArbEG; s. auch BGH v. 16.11.1954 NJW 1955, 541 m. Anm. Volmer S. 789; Benkard/Bruchhausen, PatG, Rz. 27 zu § 6.
262 Schiedsst. v. 29.10.1958 (Fn. 261) m. krit. Anm. Friedrich GRUR 1959, 182; Reimer/Schade/Schippel/Rother Rz. 4 zu § 1; Einzelheiten b. Schippel (Fn. 230) S. 169.
262a Vgl. BGH v. 24.10.1989 GRUR 1990, 193, 194 r.Sp. – Auto-Kindersitz.
262b OLG Nürnberg v. 18.12.1990 Az. 3 U 3517/87 (unveröffentl.).

§ 1

te, sich durch sein Verhalten dem ArbEG zu unterwerfen, und zugleich die andere Vertragspartei durch eindeutige Willensäußerungen zu erkennen gibt, dass das ArbEG angewendet werden soll[262c] (zu Organmitgliedern s. Rz. 74).

Haben die Parteien global »das ArbEG« einbezogen, ist im Einzelfall im Wege der **Auslegung** (§§ 133, 157 BGB) zu ermitteln, ob sich dies auf alle oder einzelne materielle Bestimmungen des ArbEG, ggf. einschließlich der Vergütungsrichtlinien bezieht; hier sollte auch gewertet werden, dass das ArbEG mit seinen wechselseitigen und wechselbezüglichen Rechten und Pflichten in seiner Gesamtheit als ausgewogene Regelung konzipiert ist[263]. Bei den den Besonderheiten des Arbeitsverhältnisses Rechnung tragenden Normen (z. B. §§ 4, 25, 26 ArbEG) tritt an die Stelle des »Arbeitsverhältnisses« das jeweilige »Vertragsverhältnis«. Bezieht sich die Vereinbarung über die Geltung des ArbEG auf eine Erfindung, die keine Diensterfindung ist, beurteilt sich der Rechtsübergang sowohl hinsichtlich der Voraussetzungen (»Erfindungsmeldung«) als auch hinsichtlich der Rechtsfolgen (»fristgerechte Inanspruchnahme«) nach den Bestimmungen des ArbEG.[263a]

94

Für die (insbesondere) zugunsten des Arbeitnehmers geltenden Schutzbestimmungen der §§ 22, 23 ArbEG besteht – sofern keine besonderen Umstände vorliegen – regelmäßig kein Bedürfnis (s. auch Rz. 5 zu § 23). Zwischen Nichtarbeitsvertragsparteien gilt allein der Grundsatz der Vertragsfreiheit. Im Regelfall gelten diese Vorschriften also nur dann, wenn sie auch ausdrücklich bzw. erkennbar in den Vertrag einbezogen sind. Selbst wenn die Parteien die Unabdingbarkeitsregel des § 22 mit einbeziehen wollten, steht dies einer späteren vertraglichen Modifizierung der materiellen Vorschriften des ArbEG auf Grund der Vertragsfreiheit nicht entgegen[264]. Inwieweit die Parteien allein durch die Vereinbarung des Inanspruchnahmerechts eine Vorausverfügung (s. dazu Rz. 73) über die Erfindungsrechte treffen wollten, ist nicht von vornherein eindeutig[265] und muss deshalb auf Grund der jeweiligen Umstände ausgelegt werden.

Im Einzelfall kann es sich empfehlen, die zukünftige Nutzung durch eine **Pauschalabfindung** abzugelten oder aber zur Vermeidung zukünftiger Streitigkeiten die wesentlichen Vergütungsberechnungskriterien, wie etwa Bezugsgröße, Lizenzsatz, Anwendung der Abstaffelung u.a., festzulegen. Sollen die **Vergütungsrichtlinien** insgesamt in das Vertragsverhältnis einbezogen und damit auch ein Anteilsfaktor wirksam werden, empfiehlt sich

---

262c OLG Nürnberg v. 18.12.1990 (Fn. 262 b).
263 Vgl. allg. BGH v. 2.6.1987 GRUR 1987, 900, 901 f. – Entwässerungsanlage.
263a LG Düsseldorf v. 5.4.2001 (Fn. 261).
264 Dies entspricht etwa der st. Rspr. zum vereinbarten Schriftformzwang, der jederzeit formlos wiederaufgehoben werden kann; vgl. BGH v. 2.6.1976 NJW 1976, 1395 m.w.N.
265 Nach Schippel (Fn. 260) S. 169 soll dies regelmäßig als Vorausabtretung auszulegen sein.

§ 1

eine entsprechende vertragliche Absprache. Bei der Höhe der zu vereinbarenden Erfindervergütung kann auch berücksichtigt werden, inwieweit freie Mitarbeiter seitens des Unternehmens sonstige wirtschaftliche und/oder technische Unterstützung durch die Bereitstellung von Personal oder sachlichen Mitteln erfahren. Möglich ist auch eine Regelung, dass eine Vergütung erst ab einer bestimmten Umsatzhöhe geschuldet wird.

Haben die Vertragsparteien lediglich vereinbart, dass die Vergütung nach den Regeln des ArbEG erfolgen soll, so spricht dies mangels abweichender Anhaltspunkte dagegen, dass auch die sonstigen Vorschriften des ArbEG anwendbar sein sollen[266].

Haben die Parteien dabei zusätzlich bestimmt, dass sämtliche Erfindungen »Eigentum des Arbeitgebers werden«, lässt dies auf den Willen der Vertragsparteien schließen, der Arbeitgeber schulde zwar eine Vergütung für die Erfindungen, könne aber im Übrigen über die Erfindungen nach Belieben verfahren, wie es dem Wesen des Eigentums entspricht (vgl. § 903 BGB)[266].

Soweit **technische Verbesserungsvorschläge** in Betracht kommen, sollten von vornherein feste Pauschalsätze vereinbart werden, die sich an internen Erfahrungssätzen des Unternehmens orientieren können; es kann aber auch vereinbart werden, dass technische (nicht qualifizierte) Verbesserungsvorschläge dem Unternehmen ohne zusätzliche Gegenleistung zur Verfügung stehen.

S. auch zur arbeitnehmerähnlichen Person Rz. 24 ff., zu freien Mitarbeitern Rz. 44 ff., zu Organmitgliedern Rz. 68 ff.

II. Arbeitgeber im privaten Dienst

1. Arbeitgeberbegriff

95 **Arbeitgeber im Sinne des ArbEG** ist der des **Arbeitsrechts** (s. Rz. 99), also jede natürliche und juristische Person sowie Personengesamtheit, in deren Dienst wenigstens ein in persönlich abhängiger Stellung Tätiger (Arbeitnehmer) steht[270]; er ist der Gläubiger der Arbeitsleistung. Für den Arbeitgeberbegriff und damit für die Anwendbarkeit des ArbEG ist es ohne Belang, ob er mit seinem Unternehmen erwerbswirtschaftliche Ziele verfolgt[271].

96 Bei Arbeitsverträgen mit einer **juristischen Person** ist diese Arbeitgeber; die durch den Arbeitsvertrag vermittelten Weisungsbefugnisse übt sie jedoch durch ihre Organe, etwa bei der AG durch den Vorstand, bei der

---

266 OLG Düsseldorf v. 17.9.1987 Az. 2 U 180/86 (unveröffentl.).
267-269 frei
270 Vgl. Gaul ArbR i. Betr. A V 1; s. auch Hueck/Nipperdey, Lehrb. ArbR Bd. I § 15 I; Schaub ArbRHdB. § 17.
271 Vgl. Schiedsst. v. 4.8.1972 Blatt 1973, 205.

§ 1

GmbH durch den/die Geschäftsführer aus. Letztere wiederum sind als Organmitglieder zur Delegation ihrer Rechte auf andere betriebliche Ebenen befugt. Die Organmitglieder (siehe Rz. 68 f.) nehmen also Arbeitgeberfunktionen wahr, sind somit beispielsweise – sofern keine Delegation etwa auf die Patentabteilung erfolgt (vgl. hierzu Rz. 14 ff. zu § 5) – Adressat der Meldepflicht gem. § 5.

Eine **Personengesamtheit** wird unter ihrer Firma Partner des Arbeitsvertrages und damit Arbeitgeber[272]. Sie übt ihre Arbeitgeberrechte durch die vertretungsberechtigten Gesellschafter aus. 97

Ist jemand nicht Arbeitgeber, erweckt er aber den Irrtum, Inhaber oder persönlich haftender Gesellschafter eines kaufmännischen Unternehmens zu sein, so muss er sich an diesem **Rechtsschein** festhalten lassen, soweit die Arbeitnehmer darauf vertrauen und vertrauen dürfen[273]. Er haftet nach Rechtsscheingrundsätzen, ohne zugleich Berechtigter (Arbeitgeber) i.S. des ArbEG zu werden. Die Rechtsstellung des (wahren) Arbeitgebers aus dem ArbEG bleibt davon unberührt. 98

Mangels eigenständiger Begriffsbestimmung gilt die **arbeitsrechtliche Definition** des Arbeitgebers **auch im Arbeitnehmererfindungsrecht**[274]; im ArbEG hat der Gesetzgeber zur Kennzeichnung des in diesem Zusammenhang maßgeblichen Innenverhältnisses von dem früher verwendeten Begriff des »Unternehmers« abgesehen, da bei dieser Bezeichnung die Stellung nach außen, also im Wirtschaftsleben, im Vordergrund steht[275]. 99

2. Arbeitgeberähnliche Personen

Vom Arbeitgeber zu unterscheiden sind die sog. »arbeitgeberähnlichen Personen«. Sie üben für den Arbeitgeber dessen Weisungsrecht und seine sonstigen Funktionen selbst aus, sie repräsentieren ihn[276]. Dazu rechnen insbesondere die gesetzlichen Vertreter juristischer Personen (siehe hierzu Rz. 68 f.). Ansonsten ist nach arbeitsrechtlichen Kriterien zu bestimmen, ob sie Arbeitnehmer auch im Sinne des ArbEG sind (s. Rz. 9 ff., 24 ff., 64 ff.). 100

3. »Betrieb« im Sinne des ArbEG (Unternehmen)

Eine Differenzierung ist hinsichtlich der Begriffe **Unternehmen/Betrieb** vorzunehmen, wobei das ArbEG nur die Bezeichnung »Betrieb« verwendet (Ausnahme in § 27 Nrn. 3, 4 n. F., s. dort Rz. 108). 101

---

272 Vgl. z.B. BSG v. 31.7.1963 Slg. Breithaupt 1963, 1027 (f. d. KG).
273 Vgl. BAG v. 19.4.1979, BB 1979, 1036; s. auch BGH v. 26.11.1979 NJW 1980, 784 allg. zur Rechtsscheinhaftung n. § 129 HGB.
274 Vgl. zum Arbeitgeberbegriff im ArbEG ausf. Volmer GRUR 1978, 393, 394; Volmer/Gaul Rz. 108 ff. zu § 1.
275 Vgl. Amtl. Begr. BT-Drucks. II/1648 S. 22 (zu § 4) = Blatt 1957, 230.
276 Vgl. BGH v. 16.12.1953 BGHZ 12, 1, 8 f.; s. auch Volmer GRUR 1978, 329, 333.

§ 1

102 Während der Begriff des Arbeitgebers und der des Betriebes auf den arbeitstechnischen Zweck abstellen, kommt es bei dem **Begriff des Unternehmens** allein auf die wirtschaftliche Wertung und Zielsetzung an[277]. Unternehmen ist die organisatorische Einheit, die bestimmt wird durch den wirtschaftlichen oder ideellen Zweck, dem ein Betrieb oder mehrere organisatorisch verbundene Betriebe desselben Unternehmens dienen[278].

103 Ebenso wie es für den Unternehmensbegriff an einer für die gesamte Rechtsordnung allgemein verbindlichen Definition fehlt[279], gilt dies auch für den **Betriebsbegriff.** Sein Bedeutungsumfang ist deshalb für den jeweiligen Rechtsbereich eigenständig auszulegen[280]. Im Allgemeinen wird im Arbeitsrecht hierunter die organisatorische Einheit verstanden, innerhalb derer der Arbeitgeber mit seinen Arbeitnehmern durch Einsatz technischer (sächlicher) und immaterieller Mittel bestimmte arbeitstechnische Zwecke fortgesetzt verfolgt, die sich nicht in der Befriedigung von Eigenbedarf erschöpfen[281]. Durch die arbeitstechnische Zweckbestimmung der organisatorischen Einheit unterscheidet sich der Betrieb von dem weiter gefassten Unternehmensbegriff[281].

104 In welchem Sinne die im ArbEG verwendete Bezeichnung »Betrieb« zu verstehen ist, bedarf der Auslegung. Ein Abstellen auf die den Betriebsbegriff kennzeichnende organisatorisch-technische Einheit würde dem Normzweck einiger Bestimmungen, die – wie etwa § 17 Abs. 1, § 19 Abs. 1 Satz 1 – über die betriebsinterne Sphäre hinausgehen und an die Außenwirkung eines Unternehmens im Wirtschaftsleben anknüpfen, nicht gerecht. Wenn der Gesetzgeber ausdrücklich den Begriff »Unternehmer« zugunsten des Begriffs »Arbeitgeber« fallen ließ, um damit deutlicher auf die Beziehungen der Arbeitsvertragsparteien abzustellen[245], war es nur konsequent, unter Vermeidung des Begriffs »Unternehmen« den des »Betriebes« zu verwenden. Davon ausgehend kann angenommen werden, dass der Gesetzgeber in gleicher Weise eine Identität von Betrieb und Unternehmen zugrunde gelegt hat; »Betrieb« ist für ihn die Kennzeichnung des gesamten für die Arbeitsvertragsparteien maßgeblichen Bereichs eines Unternehmens. Eine Einschränkung auf »einzelne Betriebe« (Betriebsstätten) innerhalb der Organisation eines Unternehmens war damit nicht beabsichtigt. Bestätigt wird dies auch durch die Neufassung des § 27, der – in Abgrenzung zum »Geschäftsbetrieb« (§ 27 Nrn. 1 u. 2) – nunmehr vom »Unternehmen« spricht

---

277 Gaul (Fn. 270) A V 5.
278 So Hueck/Nipperdey (Fn. 270) § 16 VI.
279 Vgl. BAG v. 5.12.1975 AP Nr. 1 zu § 47 BetrVG 72 m.w.N.
280 Schaub ArbRHdb. § 18 I 1.
281 BAG v. 26.8.1971 AP Nr. 1 zu § 23 KSchG 1969; Hueck/Nipperdey (Fn. 270) § 16 II.

§ 1

(§ 27 Nrn. 3 u. 4). Im ArbEG deckt sich somit der Begriff des Betriebs grundsätzlich mit dem des Unternehmens[282].

4. Besondere Erscheinungsformen

Da die Entwicklung einer Erfindung durch einen Arbeitnehmer mit seiner betrieblichen Tätigkeit im Zusammenhang steht, richtet sich die Bestimmung des »Arbeitgebers« im Sinne des ArbEG entscheidend danach, wer letztlich als Gläubiger des Arbeitsvertrages berechtigt ist, vom Arbeitnehmer die vertragliche Arbeitsleistung zu fordern[290].   105

a) Arbeitsgemeinschaften, zwischenbetriebliche Kooperation

Die Zusammenarbeit einzelner Unternehmen im Bereich der Forschung und Entwicklung ist in vielfältigen Modalitäten denkbar[290a]. Bei der **nichtkoordinierten Einzelforschung** wie auch bei der **koordinierten Einzelforschung** mit planmäßigem Erfahrungs- und Ergebnisaustausch werden die einzelnen Arbeitnehmer der Kooperationspartner im Rahmen des bestehenden Arbeitsverhältnisses tätig, ohne dass eine Veränderung der Arbeitgeberposition eintritt. Dies gilt auch im Rahmen der **Gemeinschaftsforschung**, soweit unter Beibehaltung der unternehmerischen Eigenständigkeit lediglich eine Abordnung einzelner Mitarbeiter zu einem der Kooperationspartner erfolgt. Bei solchen Arbeitsgemeinschaften, die zwischen mehreren Unternehmen gebildet werden, bleibt regelmäßig das Arbeitsverhältnis der hierbei mitwirkenden Arbeitnehmer zu ihrem Arbeitgeber unverändert bestehen, so dass die Rechte und Pflichten aus dem ArbEG jeweils nur im Verhältnis zu dieser Arbeitsvertragspartei begründet werden[291].   106

Tritt die zwischenbetriebliche Kooperation als solche nach außen hin im Rechtsverkehr auf (**BGB-Außengesellschaft**) und stellt die Personengesamtheit selbst Arbeitnehmer ein, ist sie auf Grund nunmehr anerkannter eigener Rechtspersönlichkeit selbst Arbeitgeber, soweit sie durch Teilnahme am Rechtsverkehr selbst Rechte und Pflichten begründet[292]. Entspre-   106.1

---

282 So auch Volmer (Fn. 274) S. 396; ferner Gaul GRUR 1977, 686, 693 u. ders. in Volmer/Gaul Rz. 112 ff. zu § 1; Bernhardt/Kraßer, Lehrb. d. PatR, § 21 II b 2; Schwab, Erf. u. VV, S. 11; zust. auch Schiedsst. v. 10.10.1989 Arb.Erf. 37/89 (unveröffentl.); abw. noch Neumann-Duesberg, AR-Blattei »Betrieb I«, A VII.
283–289 frei
290 So auch Volmer (Fn. 274) S. 397; s. auch allg. BAG v. 16.10.1974 DB 1975, 183.
290a Vgl. z.B. Ullrich GRUR 1993, 338 ff.
291 Ausführl. hierzu Bartenbach, Zwischenbetriebliche Forschungs- und Entwicklungskooperation 1985, S. 66 ff.; Lüdecke Erf.gemeinschaften (1962) S. 77, 113 f.
292 So nunmehr BGH v. 29.1.2001 Mitt. 2001, 176 – Rechtsfähigkeit der BGB-Gesellschaft m. Anm. Ann; s. hierzu auch Schmidt NJW 2001, 993 ff.; insoweit überholt BAG v. 16.10.1974 AP Nr. 1 zu § 705 BGB u. v. 6.7.1989 BauR 1974, 217 ff.

§ 1

chendes gilt, wenn die Kooperationspartner Arbeitnehmer mit deren Zustimmung zur Tätigkeit in der Arbeitsgemeinschaft (BGB-Außengesellschaft) abstellen und zwischen der Kooperation als Personengesamtheit einerseits und dem jeweiligen Arbeitnehmer andererseits ein neues unmittelbares Arbeitsverhältnis begründet wird, während das bisherige Arbeitsverhältnis mit einzelnen Kooperationspartnern ruht (zum Ruhen des Arbeitsverhältnisses s. Rz. 14 ff. zu § 26).

Beschränken sich die Bindungen der Kooperationspartner auf das Innenverhältnis zueinander (**BGB-Innengesellschaft**), so bleiben die jeweiligen Kooperationspartner, soweit sie Arbeitnehmer für die gemeinschaftliche Forschungs- und Entwicklungstätigkeit abordnen, uneingeschränkt deren Arbeitgeber auch in arbeitnehmererfinderrechtlicher Hinsicht; die Rechtsbeziehungen beschränken sich ausschließlich auf das Innenverhältnis der Kooperationspartner, ohne unmittelbar Rechtswirkungen in arbeitsrechtlicher und damit auch arbeitnehmererfinderrechtlicher Hinsicht gegenüber den jeweiligen Arbeitnehmern zu tätigen[293].

107 Im Verhältnis zum jeweiligen Arbeitgeber ist zu klären, ob eine Diensterfindung im Sinne des § 4 Abs. 2 vorliegt (siehe hierzu Rz. 14 zu § 4). Nur der jeweilige Arbeitgeber ist Adressat der Meldung (s. Rz. 9, 58 zu § 5), nur er kann die auf seine Mitarbeiter zurückzuführenden ideellen Erfindungsanteile diesen gegenüber in Anspruch nehmen (Einzelheiten s. Rz. 74 f. zu § 6). Der jeweilige Arbeitgeber ist alleiniger Schuldner der Vergütungsansprüche seiner Arbeitnehmererfinder (s. Rz. 4 ff., 191 ff., 314 zu § 9).

Kommt bei einer BGB-Außengesellschaft im Sinne der §§ 705 ff. BGB der Gesellschaft selbst Arbeitgeberstellung zu, beurteilt sich das Vorliegen einer Diensterfindung im Verhältnis zu dieser Gesellschaft; deshalb reicht es grundsätzlich aus, wenn im Verhältnis zu einem Kooperationspartner die qualifizierenden Voraussetzungen einer Diensterfindung im Sinne von § 4 Abs. 2 festzustellen sind. Für die Erfüllung der Meldepflicht gem. § 5 muss der Arbeitnehmer der Außengesellschaft gegenüber seiner Meldepflicht nachkommen. Die Inanspruchnahme gem. § 6 kann im (Außen-)Verhältnis zum Arbeitnehmer in der Regel von jedem geschäftsführenden Gesellschafter wirksam erklärt werden (vgl. § 714 BGB); gegebenenfalls bedarf sie (im Innenverhältnis) der Genehmigung. Für Vergütungsansprüche des Arbeitnehmererfinders haftet die Gesellschaft und nicht die einzelnen Kooperationspartner als Gesamtschuldner persönlich. Ist dagegen der einzelne Kooperationspartner der Arbeitgeber, bestehen die Rechte und Pflichten aus dem ArbEG nur mit diesem. Einzelheiten zur Vergütung s. Rz. 191 ff. zu § 9; bei Miterfinderschaft dort Rz. 314.

Zur Problematik eines Doppelarbeitsverhältnisses s. Rz. 19 f. zu § 1.

●

---

293 Vgl. auch BFH v. 11.2.1983 BStBl. 1983 II, 442.

§ 1

107.1 Gesellschaftsrechtliche Auswirkungen prägen auch die Rechtsfragen bei **Beendigung** der Forschungs- und Entwicklungskooperation. Dies gilt nicht nur für den Auflösungsgrund, sondern auch für die Auseinandersetzung dieser Kooperation in Bezug auf die eingebrachten und von ihr entwickelten Arbeitsergebnisse bzw. Schutzrechte. Dabei greifen wiederum erfinderrechtliche Regeln insbesondere hinsichtlich der Vergütung der Arbeitnehmererfinder im Rahmen der Schuldenberichtigung gem. § 733 Abs. 1 BGB ein[294].

107.2 Im Grundsatz sind die Rechtsinstitute der BGB-Gesellschaft (§§ 705 ff. BGB) und der Bruchteilgemeinschaft (§§ 741 ff. BGB) zur Regelung der Rechtsbeziehungen innerhalb einer zwischenbetrieblichen Forschungs- und Entwicklungskooperation ausreichend. Da jedoch im Einzelfall die vorgegebene gesetzliche Regelung lückenhaft ist bzw. bei ihrer Übertragung auf die einzelnen Erscheinungsformen der zwischenbetrieblichen Kooperation den wirtschaftlichen Interessen der Kooperationspartner zuwiderlaufende Fragen auftreten lässt, erscheint eine umfassende vertragliche Ausgestaltung der Rechtsbeziehungen empfehlenswert.

Zur Zuständigkeit der Schiedsstelle s. auch Rz. 16 zu § 28.

b) Ausländische Arbeitgeber

108 Die Anwendbarkeit des ArbEG wird nicht durch den Umstand beeinflusst, dass eine im Inland tätige juristische Person deutschen Rechts unter ausländischer Leitung oder Kapitalbeteiligung steht[300]. Nur bei Arbeitsverhältnissen mit **Auslandsberührung** greift das internationale Arbeitsrecht ein. Zur Auslandsberührung rechnen insbesondere die Fälle, in denen eine Vertragspartei Ausländer ist oder beide Parteien Ausländer sind, aber im Inland tätig werden[301]. Für das Recht der Arbeitnehmererfindung ist auf das **Arbeitsstatut** abzustellen (s. oben Rz. 36; zu Art. 60 Abs. 1 EPÜ s. Rz. 35).

109 Arbeitsverträge mit Auslandsberührung unterliegen dem Grundsatz der **Privatautonomie** (Art. 27 i.V.m. Art. 30 EGBGB). Die Vertragsparteien können damit das für ihre Arbeitsvertragsbeziehung maßgebliche Recht selbst bestimmen. Die Privatautonomie ist allerdings gemäß **Art. 30 Abs. 1 EGBGB** eingeschränkt; sie darf nicht dazu führen, dass dem Arbeitnehmer der Schutz entzogen wird, den ihm die zwingenden Bestimmungen des Rechts gewähren, das nach Art. 30 Abs. 2 EGBGB (bei Fehlen einer Rechtswahl) sonst anzuwenden wäre. Die arbeitsrechtlichen Schutzvor-

---

294 Bartenbach (Fn. 291) S. 137 ff.
295-299 frei
300 Vgl. Weiss GRUR Ausl. 1956, 99; Schippel Mitt. 1971, 229, 230; s. auch Bauer Int. PrivatR d. ArbNErf. (1970) S. 72 ff. u. ders. AWD 1970, 512 ff.
301 Z.B. BAG v. 20.7.1967 AP Nr. 10 – Int. Privatr./Arbeitsrecht; vgl. zur Auslandsberührung ausf. Schippel (Fn. 300); s. auch allgem. Hickl NZA Beilage 1/1987, 10 ff.; Hohloch RIW 1987, 353 ff.

§ 1

schriften des abbedungenen Rechts sind also – trotz der Rechtswahl – weiterhin anzuwenden. Im Hinblick darauf, dass das ArbEG ein arbeitsrechtliches Schutzgesetz zugunsten des Arbeitnehmers ist (vgl. Einl. Rz. 3) und mit Rücksicht auf die Unabdingbarkeitsregelung des § 22 ArbEG können deshalb die Normen des **ArbEG zugunsten einer ausländischen Rechtsordnung nicht abbedungen** werden[301a] (Art. 30 Abs. 1 EGBGB), wenn nach Art. 30 Abs. 2 EGBGB für das Arbeitsverhältnis bei Fehlen einer Rechtswahl sonst deutsches Arbeitsrecht zur Anwendung käme (s. dazu auch Rz. 34 f).

110 Eine **Ausnahme** ist nur dann denkbar, wenn die gewählte ausländische Rechtsordnung mit ihren zwingenden Vorschriften dem Arbeitnehmer einen gleichwertigen oder besseren Schutz als das ArbEG vermittelt[302]. Angesichts der detaillierten und ausgewogenen Regelung des ArbEG kann jedenfalls gegenwärtig kaum davon ausgegangen werden, dass eine ausländische Rechtsordnung einen vergleichbaren Rechtsschutz in seiner Gesamtheit gewährt (zum Auslandsrecht s. Einl. Rz. 10 f).

110.1 **Nach Erfindungsmeldung** kann für den jeweiligen konkreten Erfindungsgegenstand gemäß § 22 Satz 2 eine abweichende Regelung getroffen werden, die dann jedoch weiterhin unter der Unbilligkeitskontrolle des § 23 steht.

111 Angesichts der speziellen Kollisionsregelung in Art. 30 EGBGB bleibt in Bezug auf das ArbEG für einen Rückgriff auf Art. 6 EGBGB (**ordre public**) nur eingeschränkt Raum[303]. Die ordre-public-Klausel greift nur ein, wenn die Anwendung einer Vorschrift des ausländischen Rechts zu einem mit wesentlichen Grundsätzen des deutschen Rechts offensichtlich unvereinbaren Ergebnis führt[303a].

112 Mangels ausdrücklich oder stillschweigend getroffener **Rechtswahl** oder bei Unwirksamkeit dieser Rechtswahl (s. Rz. 110) bestimmt sich das anzuwendende Recht nach Art. 30 Abs. 2 EGBGB (s. hierzu Rz. 34 f.). Grundsätzlich ist inländisches Recht – und damit zwingend gemäß Art. 30 Abs. 1 EGBGB das ArbEG – anzuwenden, wenn ein ausländisches Unternehmen

---

301a Sack Festschr. Steindorff (1990) S. 1347, 1353 u. ders. in MünchArbR § 99, Rz. 110 f.; zust. Palandt/Heldrich BGB Rz. 6 zu Art. 30 EGBGB (IPR); vgl. auch Gaum GRUR 1991, 805 f.; abl. Reimer/Schade/Schippel/Rother Rz. 14 zu § 1; Soergel/v. Hoffmann Art. 30 EGBGB Rz. 22.
302 Amtl. Begr. z. Entw. z. Neuregelung des IPR in BT-Drucks. 10/504 zu Art. 30 Abs. 1 EGBGB S. 81; vgl. auch Däubler, RIW 1987, 249 ff. u. Palandt/Heldrich BGB, Art. 30 EGBGB, Rz. 5 m.w.N.
303 Vgl. dazu Sack (Fn. 301a); s. auch Birk RabelsZ 46 (1982), 400; z. früheren Recht vgl. auch Schade GRUR 1978, 569, 574; Volmer Rz. 36 zu § 1; nach Volmer/Gaul (Rz. 260 zu § 1) besitzt das ArbEG »kein so schweres Gewicht, dass es als unverzichtbarer Teil des ordre public angesehen werden könnte.«; krit. dazu Gaum (Fn. 301a), der zu Recht auf die Besonderheiten i.H.a. Art. 5 Abs. 3 GG bei § 42 ArbEG hinweist.
303a BGH v. 19. 3. 1997 NJW 1997, 1697, 1700 – Isle of Man-Rechtswahlklausel.

§ 1

im Inland eine Niederlassung, sei es eine handelsregisterlich eingetragene Filiale oder einen sonstigen Betrieb oder Betriebsteil, unterhält und der Arbeitnehmer gewöhnlich in dieser Betriebsstätte tätig wird oder das Arbeitsverhältnis bzw. der Arbeitsvertrag nach der Gesamtheit der Umstände eine engere Verbindung zum Inland aufweist[304]. Die gemeinsame Staatsangehörigkeit bei ausländischen Vertragsparteien kann ein starkes Indiz dafür sein, dass von dem Recht des gemeinsamen Heimatstaates auszugehen ist[305].

Da die Parteiautonomie ihre Grenzen an den Rechten Dritter findet, können insbesondere die **personellen Mitwirkungsrechte des Betriebsrates** nach dem deutschen Betriebsverfassungsgesetz, auch soweit sie sich erfinderrechtlich auswirken (vgl. hierzu Rz. 1 ff. Anhang zu §§ 20, 21), nicht durch die Wahl ausländischen Rechts berührt werden[313]. Das Betriebsverfassungsgesetz unterliegt dem Territorialitätsprinzip und erfasst sämtliche in seinem räumlichen Geltungsbereich befindlichen Betriebe, gleichgültig, ob es sich um den Betrieb eines deutschen oder ausländischen Unternehmens handelt[314]. Darüber hinaus ist deutsches Betriebsverfassungsrecht auch auf Arbeitnehmer eines inländischen Betriebes anzuwenden, die im Ausland tätig sind, wenn »Ausstrahlungen« des inländischen Betriebs gegeben sind; ein einmal begründeter betriebsverfassungsrechtlicher Status eines Arbeitnehmers wird durch einen vorübergehenden Auslandsaufenthalt nicht beeinträchtigt[315]. Voraussetzung hierfür ist, dass zunächst eine persönliche, tätigkeitsbezogene und rechtliche Bindung an den entsendenden Betrieb vorliegt, was bei einem Arbeitnehmer, der während der Dauer seines Arbeitsverhältnisses niemals im inländischen Betrieb seines Arbeitgebers tätig gewesen, sondern nur für einen einmaligen befristeten Auslandseinsatz beschäftigt ist, nicht der Fall ist[315].

Zur Beschäftigung ausländischer Arbeitnehmer s. Rz. 32 f.; zum Auslandseinsatz s. Rz. 36 f.

113

---

304 In diesem Sinne auch Schiedsst. v. 9.1.1986 ArbErf 30/85 (unveröffentl.).
305 Vgl. auch BGH v. 27.11.1975 GRUR 19/6, 385, 387 – Rosenmutation; BAG v. 10.4.1975 AP Nr. 12 – Int. Privatrecht/Arbeitsrecht.
306-312 frei
313 BAG v. 9.11.1977 AP Nr. 13 – Int. Privatrecht/Arbeitsrecht.
314 BAG v. 25.4.1978 AP Nr. 16 – Int. Privatrecht/Arbeitsrecht.
315 BAG v. 21.10.1980 DB 1981, 696, 697.
316-317 frei

§ 1

c) Betriebsübergang[318]

aa) Betriebsinhaberwechsel (Betriebsnachfolge)

114 Geht ein Betrieb oder Betriebsteil durch Rechtsgeschäft auf einen anderen Betriebsinhaber über[318a] (**Einzelrechtsnachfolge**), so tritt dieser gemäß § 613 a Abs. 1 BGB kraft Gesetzes in die Rechte und Pflichten aus den im Zeitpunkt des Übergangs bestehenden Arbeitsverhältnissen ein, sofern der einzelne Arbeitnehmer der Überleitung des Arbeitsverhältnisses nicht fristgerecht widerspricht. Der Arbeitnehmer kann dem Übergang des Arbeitsverhältnisses innerhalb von 3 Wochen nach Zugang der Unterrichtung über den Übergang (§ 613 a Abs. 5 BGB) schriftlich gegenüber dem bisherigen Arbeitgeber oder dem neuen Inhaber widersprechen (§ 613 a Abs. 6 BGB; zu den Folgen der durch den Widerspruch bedingten Auflösung des Arbeitsverhältnisses s. hier Rz. 116 und Rz. 19 ff. zu § 26).

§ 613 a BGB ist auf Dienstverhältnisse von Organmitgliedern von Kapitalgesellschaften nicht anwendbar[319].

Der **Erwerber** tritt grundsätzlich nicht neben, sondern anstelle des früheren Arbeitgebers in das Arbeitsverhältnis ein[322]. Der Betriebserwerber wird neuer Arbeitgeber mit allen Rechten und Pflichten aus dem bisherigen Arbeitsverhältnis[322a] – vom Fall der Veräußerung im Insolvenzfall (s. dazu Rz. 126.1 f.) abgesehen – und Schuldner aller bisher entstandenen und fällig gewordenen Ansprüche der Arbeitnehmer aus dem Arbeitsverhältnis; daneben haftet der bisherige Arbeitgeber im Rahmen der zeitlichen Beschränkung des § 613 a Abs. 2 BGB gesamtschuldnerisch fort (s. Rz. 118.6).

115 Werden die auf den übernommenen Betrieb bezogenen **Erfindungsrechte** (einschließlich evtl. Schutzrechtspositionen) auf den Betriebserwerber

---

318 Ausf. zur erfinderrechtl. Problematik Bartenbach i. Festschr. Gaul (1980), 9 ff.; Gaul GRUR 1981, 379 ff., ders. GRUR 1987, 590 ff. u. GRUR 1994, 1; Bauer Unternehmensveräußerung u. ArbR (1983), 67 ff.
318a Zum Begriff des Betriebsübergangs s RL 98/50/EG des Rates vom 29. 6. 1998 zur Änderung der Richtlinie 77/187/EWG zur Angleichung der Rechtsvorschriften der Mitgliedstaaten über die Wahrung von Ansprüchen der Arbeitnehmer beim Übergang von Unternehmen, Betrieben oder Betriebsteilen, NZG 1998, 742 ff = ZIP 1998, 1328 ff. m. Anm. Aichinger ELR 1998, 399 ff.; BAG v. 3. 9. 1998 NZA 1999, 147 v. 22. 1. 1998 NZA 1998, 638 u.v. 22. 1. 1998 NJW 1998, 2994; EuGH v. 11. 3. 1997 NZA 1997, 433 – Ayse-Süzen; Schiefer NZA 1998, 1095; ders. NJW 1998, 1817 ff.; Willemsen/Annuß NJW 1999, 2073. Zum Betriebsübergang bei Übertragung von Patent- und Gebrauchsmusterrechten s. LAG Hamm v. 28. 3. 1979 DB 1979, 1365; und bei Übernahme des Know how BAG v. 9. 2. 1994 NJW 1995, 73 f.
319 BGH v. 11. 4. 2001 GRUR 2000, 788, 792 – Gleichstromsteuerschaltung.
320-321 frei.
322 So BAG seit Urteil v. 2. 10. 1974 u. v. 22.6.1978 AP Nrn. 1, 12 zu § 613 a BGB; s. zuletzt EG-Richtlinie 2001/23 (EG v. 12. 3. 2001, ABl. EG L 82 v. 22. 3. 2001, 16 ff.) z. Betriebs- und Unternehmensübergang.
322a BAG v. 10.8.1994 BB 1995, 521, 522.

§ 1

übertragen und widerspricht der **Arbeitnehmererfinder** der Fortführung seines Arbeitsverhältnisses mit diesem **nicht**, ist umstritten und bislang höchstrichterlich noch nicht geklärt. ob unter »**Rechten und Pflichten**« i.S.d. § 613 a Abs. 1 BGB auch solche aus dem ArbEG zu verstehen sind. Dies ist u.E. zu bejahen[323]. Zwar handelt es sich bei der Rechtsbeziehung zwischen Arbeitgeber und Arbeitnehmererfinder nicht um eine solche aus dem Arbeitsvertrag; vielmehr entsteht mit der Fertigstellung einer Erfindung durch den Arbeitnehmer gem. § 4 ArbEG ein gesetzliches Schuldverhältnis (s. Rz. 160). Auch die den Arbeitsvertragsparteien in Bezug auf eine solche Erfindung obliegenden Rechte und Pflichten haben ihre Grundlage in den Regeln des ArbEG. Dennoch findet gemäß § 1 ArbEG dieses gesetzliche Schuldverhältnis letztlich seinen Rechtsgrund im Arbeitsverhältnis (s. auch Einl. Rz. 3). Zweck des § 613 a BGB ist es in erster Linie, dem Arbeitnehmer Bestandsschutz zu gewähren[324] und sicherzustellen, dass erworbene Rechtspositionen infolge des Betriebsübergangs nicht geschmälert werden[324a]. Damit soll also nicht nur das Arbeitsverhältnis des betroffenen Arbeitnehmers unabhängig von seiner inhaltlichen Ausgestaltung aufrecht erhalten werden; es soll vielmehr mit seinem **konkreten Umfang an Rechten und Pflichten auf den Erwerber übergehen**[325]. Bereits aus den Gesetzesmaterialien des ArbEG ergibt sich, dass der Gesetzgeber seinerzeit als selbstverständlich davon ausging, dass der Betriebsnachfolger auch arbeitnehmererfinderrechtlich in jeder Hinsicht in die Rechtsstellung des früheren Betriebsinhabers eintreten sollte[326]. Der sodann 1972 geschaffene § 613 a BGB, der den sozialen Schutz des Arbeitnehmers sichern soll, kann hieran nach seiner Zwecksetzung nichts geändert haben. Dementsprechend ist der Gesetzgeber auch bei der Neufassung des § 27 ArbEG im Rahmen der In-

---

323 Bartenbach (Fn. 318), 9; so auch Schiedsst. v. 12.5.1987/26.1.1988 Blatt 1988, 349, 350 f.; bestätigt durch EV. v. 4.7.1989 Arb.Erf. 110/88, v. 26.10.1993 Arb.Erf. 105/92, v. 4.7.1995 Arb.Erf. 3 (B)/93 u. v. 2. 12. 1999 Arb.Erf. 45/98 (alle unveröffentl.); ebenso Bauer (Fn. 318), 68; ders. i. Hölters, Handbuch des Unternehmens- und Beteiligungskaufs (1989), 332; Busse/Keukenschrijver, PatG, Rz. 10 zu § 9 ArbEG; Schaub, ArbRHdb. § 115 II 2c; MünchArbR/Wank § 120 Rz. 124; Schwab, Erf. u. VV S. 44 f.; Staudinger/Richardi BGB Rz. 136 zu § 613 a; MünchKomm-Schaub BGB Rz. 66 § 613 a; wohl auch Reimer/Schade/Schippel/Kaube Rz. 13 a zu § 5; a.A. Gaul GRUR 1981, 379, 384 f. u. GRUR 1987, 590, 593 ff; ders. differenzierend in Der Betriebsübergang (1993), S. 374 ff. u. in GRUR 1994, 1 ff.; Volmer/Gaul Rz. 148 ff. zu § 1 i. Bezug a. schutzfähige Erfindungen; im Anschluss daran auch LG Nürnberg-Fürth v. 27.11.1985 Az. 3 0 5382/84 ArbNErfG-Modem (unveröffentl.); Villinger GRUR 1990, 169 u. ders. CR 1996, 393, 400.
324 Vgl. BAG v. 2.10.1974 u.v. 20.7.1982 AP Nrn. 1, 31 zu § 613 a BGB.
324a BAG v. 21.3.1991 AP Nr. 49 zu § 615 BGB; v. 10.8.1994 (Fn. 322 a).
325 Birk i. Anm. zu BAG v. 26.1.1977 EzA Nr. 11 zu § 613 a BGB; BAG v. 10.8.1994 (Fn. 322 a).
326 Amtl. Begr. i. BT-Drucks. II/1648, S. 16 (Zu V.) = Blatt 1957, 226; vgl. auch Volmer Rz. 8 zu § 9; Reimer/Schade/Schippel/Kaube Rz. 13a zu § 5.

§ 1

solvenzrechtsreform von der Geltung des § 613 a BGB ausgegangen (s. Rz. 6 zu § 27 n. F.).

Die gegenteilige Auffassung[327], die zwischen betriebs- und unternehmensbezogenen Rechtspositionen differenzieren will, übersieht, dass auch das Arbeitsverhältnis grundsätzlich nicht an den Betrieb, sondern an das Unternehmen anknüpft und der Übergang der Arbeitsverhältnisse nicht Voraussetzung, sondern Rechtsfolge eines (bloßen) Betriebsübergangs ist. Eine andere Betrachtung würde gerade in vergütungsrechtlicher Sicht eine unbillige Schlechterstellung des Arbeitnehmers in den Fällen bedeuten, in denen der Betriebserwerber die Erfindung bzw. Schutzrechtsposition zum Zwecke der Weiternutzung mit übernimmt; denn dann bliebe der Arbeitnehmererfinder trotz fortgeführter Nutzung durch seinen »neuen« Arbeitgeber hinsichtlich der Erfindervergütung auf eine Beteiligung am – ggf. fiktiv zu berechnenden – Verkaufserlös seines früheren Arbeitgebers beschränkt, obschon das **bisherige Arbeitsverhältnis rechtlich unverändert fortbesteht,** also lediglich ein Wechsel in der Person des Arbeitgebers stattgefunden hat.

Selbst wenn man den Begriff der Rechte und Pflichten aus dem Arbeitsverhältnis im Sinne des § 613 a BGB nicht in diesem weiten Sinne verstehen will, ist **jedenfalls** – ausgehend von seinem Normzweck – eine **analoge Anwendung** dieser Vorschrift geboten.

Der **Betriebsnachfolger tritt also** – auch **arbeitnehmererfinderrechtlich** – in jeder Hinsicht **in die Rechtsstellung des früheren Betriebsinhabers** ein. Die an die Beendigung des Arbeitsverhältnisses anknüpfenden Regeln des ArbEG, wie etwa § 23 Abs. 2, § 26 kommen daher nicht zum Zuge, und zwar weder im Verhältnis zum »neuen« noch zum bisherigen Arbeitgeber.

116 Ein Wirksamwerden des § 613 a BGB scheidet aber dann aus, wenn der **Arbeitnehmer der Fortführung seines Arbeitsverhältnisses** mit dem Betriebsnachfolger innerhalb von 3 Wochen nach Zugang der Unterrichtung nach § 613 a Abs. 5 BGB **widerspricht** (§ 613 a Abs. 6 BGB); in diesem Fall bleibt seine arbeitsvertragliche Bindung zum bisherigen Arbeitgeber bestehen[328]. Dieser ist weiterhin alleiniger Träger aller Rechte und Pflichten aus dem ArbEG. Hat er die Rechte an unbeschränkt in Anspruch genommenen Diensterfindungen auf den Betriebsnachfolger übertragen, stehen dem Arbeitnehmererfinder **keine Vergütungsansprüche gegen den Rechtsnachfolger** zu (s. auch Rz. 7 zu § 7); er hat lediglich gegenüber seinem Arbeitgeber einen Anspruch auf Beteiligung an dem – ggf. fiktiv zu ermittelnden – Kaufpreis für die Rechte an der Erfindung analog RL Nr. 16[328a] (s.

---

327 Gaul GRUR 1981, 379, 384 f. u. GRUR 1987, 590, 593 ff.; Volmer/Gaul Rz. 148 ff. zu § 1; wie hier aber wohl nunmehr Gaul, Der Betriebsübergang (1993), S. 374 ff.
328 Ständ. Rspr. z.B. BAG v. 19. 3. 1998 ZIP 1998, 1080, 1082.
328a Ebenso Gaul GRUR 1994, 1, 3 u. Busse/Keukenschrijver PatG, Rz. 11 zu § 9 ArbEG.

§ 1

Rz. 251 ff. zu § 9). Gleiches gilt im Ergebnis auch dann, wenn das Arbeitsverhältnis vor bzw. mit Betriebsübergang beendet wurde.

Voraussetzung für eine Haftung des Erwerbers nach § 613 a BGB ist der rechtsgeschäftliche Übergang eines Betriebes oder Betriebsteils unter Wahrung der Identität der betreffenden wirtschaftlichen Einheit; dabei bezieht sich der Begriff »Einheit« auf eine organisatorische Gesamtheit von Personen und Sachen zur auf Dauer angelegten Ausübung einer wirtschaftlichen Tätigkeit mit eigener Zielsetzung[329]. Werden bei Produktionsbetrieben nur Schutzrechte und Schutzrechtspositionen einschl. Konstruktionsunterlagen und sonstiges Know how übertragen, ohne die zugehörigen sächlichen Mittel und die für die Umsetzung des Know hows maßgeblichen Mitarbeiter, so scheidet eine Anwendbarkeit des § 613 a BGB selbst dann aus, wenn auf Grund der übertragenen immateriellen Betriebsmittel ein bestimmtes Produktionsprogramm fortgeführt werden könnte[329a]. Gleiches gilt, wenn lediglich sächliche Betriebsmittel (Maschinen pp.) ohne dazugehöriges technisches Know how überlassen werden, so dass eine Aufrechterhaltung der bisherigen Produktion nicht möglich ist[330]. Demgegenüber ist die Übernahme des wesentlichen Know-how-Trägers ein starkes Indiz für eine Betriebsübernahme[330a]. 117

Liegt ein **Betriebsübergang** im Sinne des § 613 a BGB vor, **besteht** das **Arbeitsverhältnis** mit dem neuen Betriebsinhaber **fort und gehen** die Rechte an einer **Diensterfindung** auf den Betriebserwerber **über**, ergeben sich folgende **erfinderrechtliche Konsequenzen:** 118

Ebenso wie § 613 a BGB dem »neuen« Arbeitgeber Pflichten überträgt, gehen auch die **Rechte** aus dem Arbeitsverhältnis auf ihn über. Er kann also die Erfüllung noch offener Arbeitnehmerpflichten (etwa Melde- oder Mitteilungspflichten/Anbietungspflichten) ebenso verlangen, wie die Wahrung allgemeiner arbeitsrechtlicher Pflichten (z.B. Treue- und Geheimhaltungspflicht). Er allein kann das Inanspruchnahmerecht gem. §§ 6, 7 ausüben; ihm allein stehen die Nutzungsrechte zu.

Sind die Rechte an einer vom früheren Betriebsinhaber unbeschränkt in Anspruch genommenen Erfindung auf den Betriebserwerber mit übertragen worden, so haftet der Erwerber gemäß § 613 a Abs. 1 BGB auch für die darauf bezogenen **Pflichten** aus dem ArbEG. 118.1

Er ist damit in erster Linie Schuldner der **Vergütungsansprüche,** die aus (ggf. auch unterbliebenen, s. dazu Rz. 201 ff. zu § 9) Verwertungshandlungen des bisherigen Arbeitgebers bis zum Zeitpunkt des Betriebsübergangs 118.2

---

329 BAG v. 3. 9. 1998 NZA 1999, 147, 149 m. w. N.; ebenso Busse/Keukenschrijver (Fn. 323).
329a Schiedsst. v. 24.7.1985 Blatt 1989, 225.
330 Willemsen ZIP 1986, 477, 481 f. m.w.N.
330a BAG v. 9.2.1994 NZA 1994, 612; Schiefer NZA 1998, 1095, 1097 f.

§ 1

entstanden sind[330b], und zwar zeitlich unbefristet. Auf Grund der Arbeitgeberauswechslung wird der neue Arbeitgeber in vollem Umfang anstelle des bisherigen für alle zukünftigen Verwertungshandlungen alleine vergütungspflichtig (zur gesamtschuldnerischen Haftung des bisherigen Arbeitgebers s. Rz. 118.6).

118.3 Soweit bereits eine **Vergütungsvereinbarung** bzw. **Vergütungsfestsetzung** gemäß § 12 Abs. 1 oder 3 erfolgt ist, bleibt der Erwerber hieran gebunden; der Betriebsinhaberwechsel stellt grundsätzlich keine wesentliche Änderung im Sinne des § 12 Abs. 6 dar; allerdings hat der neue Arbeitgeber bei unbilligen Vergütungsregelungen die Korrekturmöglichkeit des § 23. Ist bisher eine Vergütungsfeststellung noch nicht getroffen, ist diese vom neuen Arbeitgeber vorzunehmen, und zwar auch für etwaige Nutzungshandlungen vor Betriebsübergang.

Da eine bloße Arbeitgeberauswechslung erfolgt, erfährt der Vergütungsanspruch inhaltlich keine Veränderung; insbesondere bleibt ein den Vergütungsanspruch mindernder **Anteilsfaktor** (vgl. RL Nrn. 30 ff.) erhalten. Ist eine **Abstaffelung** des Erfindungswertes (RL Nr. 11) angemessen, so sind in den Gesamtumsatz grundsätzlich auch die Umsätze des früheren Arbeitgebers einzubeziehen.

118.4 **Vergütungszahlungen für zukünftige Nutzungen** kann der (neue) Arbeitgeber nicht mit dem Hinweis darauf ablehnen, dass er evtl. im Zusammenhang mit dem Betriebsübergang **für die mitübertragenen Erfindungsrechte** einen gesonderten **Kaufpreis** gezahlt habe und nunmehr doppelt belastet würde[330c]. § 613 a BGB begründet zu Lasten des Betriebserwerbers besondere Pflichten unabhängig davon, ob er im Zusammenhang mit dem Betriebserwerb selbst bereits wirtschaftliche Leistungen erbracht hat. Diese Rechtsfolge der Haftung des Betriebserwerbers tritt unabhängig davon ein, welche Zahlungen der neue Arbeitgeber für diese dem bisherigen Betriebsinhaber geleistet hat. Dem Schutzgedanken des § 613 a BGB steht es entgegen, diese Haftungsvorschrift davon abhängig zu machen, ob und aus welchen Motiven wirtschaftliche Vorleistungen vom Betriebserwerber anlässlich des Betriebserwerbs erbracht wurden. Der möglichen »Doppelbelastung« kann der Betriebserwerber dadurch Rechnung tragen, dass er bei dem Betriebserwerb im Rahmen der Kaufpreisbestimmung wegen seiner zukünftigen Vergütungsbelastungen eine Minderung verlangt[330d].

118.5 Erbringt der neue Arbeitgeber für die Übernahme der Erfindungsrechte irgendwelche Zahlungen an den bisherigen Arbeitgeber, ist der Arbeitnehmererfinder konsequenterweise an diesen Einnahmen seines bisherigen Ar-

---

330b Schiedsst. v. 12.5.1987/26.1.1988; im Ergebnis auch EV. v. 4.7.1989 u.v. 26.10.1993 (sämtl. Fn. 323).
330c Vgl. Schiedsst. v. 9.3.1985 Blatt 1985, 383, 384 u.v. 26.1.1988 (Fn. 323) S. 353; ebenso Busse/Keukenschrijver (Fn. 323).
330d Zust. Busse/Keukenschrijver (Fn. 323) Rz. 11, m.d.H., dass Maßstab hierfür der Anteilsfaktor ist.

§ 1

beitgebers nicht zu beteiligen, da § 613 a BGB keine Besserstellung der übernommenen Arbeitnehmer, sondern nur einen Bestandsschutz bewirken soll.

Entsprechend allgemeinen Grundsätzen[330d] haftet der **bisherige Arbeitgeber** in voller Höhe für Vergütungsansprüche, die vor dem Betriebsübergang entstanden und fällig waren, und zwar neben dem Erwerber. Darüber hinaus haftet der bisherige Arbeitgeber gem. § 613 a Abs. 2 Satz 1 BGB **befristet** gesamtschuldnerisch für solche Vergütungsansprüche, die vor Betriebsübergang entstanden sind, aber erst innerhalb eines Jahres nach Betriebsübergang fällig werden. Die Fälligkeit des Vergütungsanspruchs bestimmt sich nach allgemeinen Grundsätzen (s. dazu Rz. 20 ff. zu § 9). Die Haftung beschränkt sich allerdings auf solche Nutzungshandlungen bzw. vergütungspflichtigen Umstände (z.B. Vorratswirkung), die in die Zeit bis zum Betriebsübergang fallen (§ 613 a Abs. 2 Satz 2 BGB). Da der Vergütungsanspruch bei unbeschränkter Inanspruchnahme (dem Grunde nach) erst mit Zugang der Inanspruchnahmeerklärung entsteht (s. Rz. 11 ff. zu § 9), scheidet eine Haftung des bisherigen Arbeitgebers dann aus, wenn die Inanspruchnahme erst durch den Betriebserwerber erfolgt. 118.6

Dem neuen Arbeitgeber obliegen auch die **sonstigen arbeitgeberseitigen Pflichten** aus dem ArbEG wie die Anmeldepflicht gemäß § 13, die Freigabepflicht nach § 14 Abs. 2 bzw. die Pflicht zur Mitteilung der Aufgabeabsicht nach § 16 Abs. 1 ebenso wie die Informationspflicht nach § 15. Er unterliegt (weiterhin) der Geheimhaltungspflicht nach § 24 Abs. 1. 118.7

Problematisch sind die Fälle, in denen das **Arbeitsverhältnis** zwar mit dem Betriebserwerber **fortbesteht**, die vor Betriebsübergang entstandenen **Erfindungsrechte** aber beim früheren Betriebsinhaber verbleiben. Klarzustellen ist hierbei, dass eine Betriebsübertragung nicht automatisch auch einen Übergang der Rechte an einer Erfindung auf den Betriebsnachfolger bewirkt, da diese stets dem Unternehmen als Rechtsträger zuzuordnen sind[330g] (zum Unternehmensbegriff s. Rz. 101 ff. zu § 1). Insoweit bedarf es also einer zusätzlichen, auf diese Rechtsübertragung gerichteten Absprache (vgl. aber § 27 Abs. 2 MarkenG), es sei denn, dass ein Unternehmen in seiner Gesamtheit mit allen Aktiva übergeht. Zu den Rechtsfolgen des Verbleibs s. Rz. 120. 119

Soweit es sich um **unternehmensbezogene Mitbenutzungsrechte** des Betriebsveräußerers gemäß § 7 Abs. 2, § 14 Abs. 3, § 16 Abs. 3, § 19 Abs. 1 (s. hierzu Rz. 5, 31 zu § 7 und 80 ff. zu § 16) handelt, sind diese nicht isoliert mit einem Betrieb oder Betriebsteil übertragbar; aus ihrer Unternehmensbezogenheit folgt vielmehr, dass sie nur im Zusammenhang mit einer Überleitung des gesamten Unternehmens auf den Betriebserwerber übertragen werden können. Insoweit bleibt der bisherige Betriebsinhaber bei 119.1

330e–330f frei
330g Gaul GRUR 1981, 379, 382, 385; ders. GRUR 1987, 590, 590, 592 u. GRUR 1994, 1.

§ 1

einer bloßen Betriebs- oder Betriebsteilveräußerung Inhaber einfacher Benutzungsrechte, es sei denn, sie werden mit Zustimmung des (übernommenen) Arbeitnehmers dem Betriebserwerber eingeräumt. Verwertet der frühere Arbeitgeber ihm verbliebene einfache Benutzungsrechte weiter, so hat der Arbeitnehmer analog § 26 ArbEG für diese Nutzungshandlungen weiterhin seine Vergütungsansprüche gegenüber dem bisherigen Arbeitgeber. Für Vergütungsansprüche aus der Ausübung dieser einfachen Benutzungsrechte durch den bisherigen Arbeitgebers vor Betriebsübergang haftet der neue Arbeitgeber neben dem früheren Arbeitgeber auf Grund der Wirkung des § 613 a BGB gesamtschuldnerisch.

119.2 Im Übrigen bleibt der Arbeitnehmer Inhaber aller sonstigen Rechte an einer **freien oder frei gewordenen Erfindung**. Setzt er sein Arbeitsverhältnis mit dem Betriebsnachfolger fort, folgt daraus nicht die Verpflichtung, diesem Rechte an solchen Erfindungen übertragen zu müssen. Es obliegt vielmehr seiner freien Entscheidung, dem neuen Arbeitgeber Nutzungsrechte oder die gesamte Rechtsposition einzuräumen. Dies bestimmt sich nach den Grundsätzen des allgemeinen Vertragsrechts außerhalb des ArbEG.

120 Bei einem Verbleib der gesamten Erfindungsrechte beim früheren Betriebsinhaber haften der bisherige und der neue Betriebsinhaber gemäß § 613 a Abs. 1 und 2 BGB gesamtschuldnerisch für Vergütungsansprüche auf Grund von **Nutzungshandlungen vor Betriebsübergang**[330h]. Dagegen ist der auf Grund seiner Rechtsinhaberschaft allein zur Weiternutzung der Erfindung berechtigte frühere Betriebsinhaber entsprechend § 26 ArbEG für seine Verwertungshandlungen **nach dem Betriebsübergang** alleiniger Schuldner des Vergütungsanspruchs; § 613 a Abs. 1 BGB ist insoweit nicht einschlägig. An Eigennutzungen wie auch Lizenzeinnahmen seines früheren Arbeitgebers ist der Arbeitnehmer gemäß § 9 ArbEG zu beteiligen[330i] (analog § 26 ArbEG).

120.1 Hat der bisherige Betriebsinhaber dem **Betriebserwerber lizenzvertragliche Nutzungsrechte** eingeräumt, stehen u.E. dem Arbeitnehmererfinder, der sein Arbeitsverhältnis mit dem neuen Betriebsinhaber fortführt, für dessen Nutzungen nach Betriebserwerb Vergütungsansprüche gegen diesen zu[330j] (s. aber auch Rz. 7 zu § 7). Dies gilt jedenfalls bei ausschließlicher Lizenzvergabe, sofern diese bei wirtschaftlicher Betrachtungsweise einer Übertragung aller Erfindungsrechte gleichgestellt werden kann. Maßgeblich muss sein, ob die bisherige Nutzungssituation beim Betriebsveräußerer unverändert im übergeleiteten Betrieb fortbesteht. Konsequenz wäre dann, dass (zusätzliche) Vergütungsansprüche aus Lizenzeinnahmen gegenüber

---

330h Bartenbach i. Festschr. Gaul (1980), 9, 14 f.; ebenso Bauer (Fn. 288), 69.
330i Im Ergebnis wie hier Gaul (Fn. 330 g) S. 595; Schiedsst. v. 12.5.1987 (Fn. 293) S. 349 r.Sp.
330j Schiedsst. v. 12.5.1987/26.1.1988 (Fn. 323); a.A. Gaul (Fn. 330 g) S. 595.

dem früheren Arbeitgeber nicht bestehen, zumal eine »Verbesserung« der wirtschaftlichen Stellung des Arbeitnehmers nicht von § 613 a BGB umfasst sein dürfte.

Für **technische Verbesserungsvorschläge** gelten die vorstehenden Grundsätze in gleicher Weise[330k]. Zu beachten bleibt allerdings, dass das in einem technischen Verbesserungsvorschlag verkörperte Wissen unmittelbar betriebs- bzw. unternehmensbezogen ist, also bei der Übertragung des Betriebes oder Betriebsteils, in welchem es bisher genutzt wurde, im Zweifel auch ohne dahingehende Absprache mitübergeht. 121

Soweit Ansprüche, für die § 613 a BGB anwendbar ist, Gegenstand eines anhängigen **Rechtsstreits oder Schiedsstellenverfahrens** bilden, finden verfahrensrechtlich die §§ 265, 325, 727 ZPO (entsprechend) auf den neuen Betriebsinhaber Anwendung[330m]. 122

Rz. 123 frei

Neben § 613 a BGB kann sich eine **(zusätzliche) Haftung** des Betriebsnachfolgers für die zum Zeitpunkt des Geschäftsübergangs bestehenden Verbindlichkeiten des früheren Arbeitgebers **aus § 25 HGB**[330o] unter den dort genannten Voraussetzungen ergeben[330p] einschließlich der Verpflichtungen aus dem ArbEG[330q]. Diese Regelungen beziehen sich ebenfalls auf Ansprüche aus Arbeitsverhältnissen. Während der früher geltende § 419 BGB die vertragliche Übernahme des – bei wirtschaftlicher Betrachtungsweise – ganzen bzw. nahezu des gesamten Aktivvermögens voraussetzte, greift § 25 HGB als Fall eines gesetzlichen Schuldbeitritts bei Fortführung des Handelsgeschäfts unter Beibehaltung der bisherigen Firma (Handelsname, § 17 HGB) ein[330p]. 124

§ 25 HGB gewinnt insbesondere für den **ausgeschiedenen Arbeitnehmer** Bedeutung, da auf diesen § 613 a BGB, der ein zur Zeit des Betriebsübergangs bestehendes (übergeleitetes) Arbeitsverhältnis voraussetzt, nicht anwendbar ist[330q]. Die zu diesem Zeitpunkt bereits ausgeschiedenen Mitarbeiter müssen ihre Rechte dort geltend machen, wo sie entstanden sind, also beim Betriebsveräußerer[330r]. 125

Zum **Erwerb eines Betriebes** aus der Hand eines **Konkursverwalters** siehe Vorauflage Rz. 126 zu § 1. 126

330k Insoweit bejahen auch Gaul (GRUR 1981, 379, 384) u. Volmer/Gaul (Rz. 151 ff. zu § 1) die Anwendbarkeit d. § 613 a BGB.
330l frei
330m BAG v. 15.12.1976 BB 1977, 395 f. u.v. 4.3.1993 NZA 1994, 260, 261.
330n frei
330o § 419 BGB ist gem. Art. 33 Nr. 16 EGInsO Ende 1998 außer Kraft getreten.
330p Vgl. BAG v. 24.3.1974 AP Nr. 6 zu § 613 a BGB m.w.N.
330q Vgl. Schiedsst. v. 26.1.1981 Blatt 1982, 56; Gaul 1994, 1, 3.
330r BAG v. 11.11.1986 DB 1987, 2047.
331-332d frei

§ 1

126.1 Für den Insolvenzfall hat § 27 n.F. mit **Wirkung ab 1.1.1999** bezüglich der Vergütungspflichten eine Sonderregelung getroffen, wenn der Betriebserwerber die Diensterfindung zusammen mit dem Geschäftsbetrieb erwirbt. Demzufolge wird § 613 a BGB durch die Sondervorschrift des § 27 Nr. 1 ArbEG n.f. verdrängt, soweit deren Anwendungsbereich reicht (s. im Einzelnen Rz. 47 ff. zu § 27 n.F.). Wird die Diensterfindung vom Insolvenzverwalter ohne den Geschäftsbetrieb veräußert, kann sich eine fortwirkende Vergütungspflicht des Erfindungserwerbers aus einer entsprechenden Vereinbarung zwischen ihm und dem Insolvenzverwalter ergeben (§ 27 Nr. 2 S. 3 n.F.; s. dort Rz. 89 ff.).

126.2 Bei »**formlosen**« Liquidationen außerhalb des gesetzlich vorgesehenen Konkurs- oder sonstigen Insolvenzverfahrens verbleibt es dagegen bei der **uneingeschränkten Haftung des Bettiebserwerbers** aus § 613 a BGB, also auch insbesondere hinsichtlich der »Altverbindlichkeiten«[332e]. Dies gilt auch, wenn vor der Betriebsveräußerung die Konkurseröffnung mangels Masse abgelehnt worden ist[332f].

bb) Umwandlung von Rechtsträgern durch Verschmelzung, Spaltung, Vermögensübertragung und Formwechsel; sonstige Gesamtrechtsnachfolge

127 Das **Gesetz zur Bereinigung des Umwandlungsrechts** (UmwBerG; BGBl. I 1994 S. 3210) hat die Möglichkeiten zur Umwandlung eines Unternehmens vereinheitlicht; es regelt die Umwandlung von Rechtsträgern durch Verschmelzung (§§ 2–122 UmwG), durch Spaltung (§§ 123, 173 UmwG) in Form der Aufspaltung (§ 123 Abs. 1 UmwG), Abspaltung (§ 123 Abs. 2 UmwG) und Ausgliederung (§ 123 Abs. 3 UmwG), ferner durch Vermögensübertragung (§§ 174–189 UmwG) in Form der Vollübertragung (§ 174 Abs. 1 UmwG) und der Teilübertragung (§ 174 Abs. 2 UmwG), sowie schließlich durch Formwechsel (§§ 190-304 UmwG)[332h]. § 324 UmwG bestimmt, dass § 613 a Abs. 1 und Abs. 4 BGB durch die Wirkungen der Eintragung einer Verschmelzung, Spaltung oder Vermögensübertragung unberührt bleibt. Nach allgemeiner Ansicht kommt hierin der gesetzgeberische Wille zum Ausdruck, dass auf diese Umwandlungen mit Arbeitgeberwechsel die Grundsätze des § 613 a BGB anzuwenden sind und § 324 UmwG danach konstitutiv die Anwendung der Rechtsfolgen des

---

332e BAG v. 20.11.1984 APNr. 38 zu § 613a BGB Willemsen ZIP 1986, 477, 486.
332f BAG v. 20.11.1984 (Fn. 332e) unter Aufgabe v. BAG v. 3.7.1980 AP Nr. 22 zu § 613 a BGB.
332g frei
332h S. zu den arbeitsrechtl. Auswirkungen Bauer/Lingemann NZA 1994, 1057; Kreßel BB 1995, 925; Neye DB 1994, 2069; Kallmeyer ZIP 1994, 1746; Bachner NJW 1995, 2881; Wlotzke DB 1995, 40 ff.; Düwell, NZA 1996, 393.

§ 613 a Abs. 1 und 4 BGB begründet[332i]. Damit gelten die zuvor (s. oben Rz. 114 ff.) dargestellten Rechtsgrundsätze auch bei diesen Umwandlungsformen. Dagegen ist § 613 a Abs. 2 BGB unanwendbar bei Verschmelzung, Spaltung und Vermögensübertragung nach § 11 Nrn. 1–3 UmwG (vgl. § 613 a Abs. 3 BGB). Angesichts des eindeutigen Gesetzeswortlauts des § 613 a Abs. 3 BGB kommt eine analoge Anwendung der Regeln in § 613 a Abs. 1 und 4 BGB auf sonstige Fälle der Gesamtrechtsnachfolge – auch außerhalb des Umwandlungsgesetzes – nicht in Betracht[332k].

Auch der **Erbfall** (§§ 1922 ff. BGB) stellt eine **Gesamtrechtsnachfolge** 128 dar, die als solche die Rechte und Pflichten aus dem Arbeitsverhältnis und damit auch aus dem ArbEG unverändert fortbestehen lässt mit Ausnahme der höchstpersönlichen Pflichten (s. dazu Rz. 146 ff. zu § 1).

d) Konzerne und sonstige verbundene Unternehmen[333]

Bei einer von **verbundenen Unternehmen**, die wirtschaftlich durch Vertrag oder kapitalmäßige Beherrschung unter einheitlicher Leitung stehen[333a], (vgl. §§ 15 ff. AktG) gebildeten Unternehmensgruppe ist Arbeitgeber nicht der Konzern, sondern regelmäßig nur das rechtlich selbständige Unternehmen, welches auf Grund des Arbeitsvertrages Gläubiger der Arbeitsleistung ist[334], sofern kein einheitliches Arbeitsverhältnis vorliegt (s. hierzu Rz. 132; zur Rechtslage bei mehreren Arbeits-/Dienstverhältnissen vgl. Rz. 19 f.). 129

Folgerichtig können weder das **herrschende Unternehmen** (Konzernmutter, Dachgesellschaft) noch ein anderes Konzernunternehmen Rechte und Pflichten aus dem ArbEG ausüben, sofern sie nicht selbst Partei des Arbeitsverhältnisses sind[335]. Wenn in einzelnen gesetzlichen Sonderregelun-

---

332i Vgl. Amtl. Begr. BR-Drucks. 75/94 S. 31; BAG v. 25.5.2000 RdA 2001, 236, 239 – Kreiskrankenhaus; Kreßel (Fn. 332 h) S. 928; Bauer/Lingemann (Fn. 332 h) S. 1061; Wlotzke (Fn. 332 h) S. 42 f.
332k Bauer/Lingemann (Fn. 332 h) S. 1062 m.w.N.
333 Vgl. z. d. Problemkreis insbes. Schade GRUR 1978, 569 ff.; vgl. auch Kraushaar ZRP 1972, 279 ff.; Weiss GRUR Ausl. 1956, 99 f. und allg. Windbichler RdA 1999, 146 ff.
333a Theisen, Der Konzern, 1991, 19 ff.; Klein BB 1995, 225 ff.
334 Vgl. BAG v. 14.10.1982 DB 1983, 2635 – betr. »konzernbezogenen Kündigungsschutz«; ebenso für den Bereich d. ArbEG: Schiedsst. v. 10.10.1989 Arb.Erf. 37/89 (unveröffentl.); LG Düsseldorf v. 29.12.1999 Entscheidungen 4. ZK. 2000, 8, 10 – Abfallsammelbehälter u. OLG München v. 8.2.2001 Mitt. 2001, 207, 210 – Verwertung durch eine ausländische Muttergesellschaft.
335 Ebenso Volmer/Gaul Rz. 140 f. zu § 1; insoweit unzutr. LG Braunschweig v. 1.7.1975 GRUR 1976, 585, 586 – Polyisocyanatgemisch I u.v. 1.3.1977 – EGR Nr. 4 zu § 1 ArbEG – Polyisocyanatgemisch II; wie hier LG Düsseldorf v. 29.12.1999 (Fn. 334).

§ 1

gen die Arbeitnehmer sämtlicher Konzernunternehmen als Arbeitnehmer des herrschenden Unternehmens gelten (vgl. § 5 MitbestimmungsG), kann aus diesen Ausnahmebestimmungen nicht der Schluss gezogen werden, dass auch individualarbeitsrechtlich durch eine Eingliederung eines Arbeitgebers in einen Konzernverbund Rechtsbeziehungen zwischen den übrigen am Arbeitsvertrag nicht beteiligten Konzernunternehmen und den einzelnen Arbeitnehmern entstehen.

Zur Vertretungsbefugnis einer zentralen Patentabteilung vgl. Rz. 16 zu § 5.

130 Auch wenn ein konzerngebundener Arbeitgeber (z.B. Tochterunternehmen) die Rechte an einer unbeschränkt in Anspruch genommenen **Diensterfindung** auf das herrschende Konzernunternehmen oder andere Konzerngesellschaften **überträgt**, bleibt er mangels anders lautender Vereinbarungen mit dem Erfinder (vgl. § 415 BGB) grundsätzlich Alleinschuldner insbesondere der Vergütungsansprüche[336], da diese Rechte des Arbeitnehmers keine dingliche Belastung der Erfindung darstellen und nicht mit übergehen[337] (s. auch Rz. 7 zu § 7). Diese Schuldnerstellung beschränkt sich grundsätzlich allerdings auf den wirtschaftlichen Nutzen, der dem Arbeitgeber selbst zufließt, so dass ihn eine Haftung für Verwertungshandlungen des Rechtserwerbers im Regelfall nicht trifft (s. Rz. 187 zu § 9).

131 Erfolgt innerhalb eines Konzerns eine Verlagerung von Betriebs-, Verwaltungs- und Fertigungs- bzw. Vertriebsstellen auf einzelne Tochtergesellschaften, neigt die Schiedsstelle dazu, bei **enger wirtschaftlicher Verflechtung** den Konzern als wirtschaftliche Einheit anzusehen, so dass sie eine Übertragung von Erfindungsrechten innerhalb des Konzerns überhaupt nicht als Verkauf von Rechten bewertet[339]. Folgerichtig bemisst sich dann ein Vergütungsanspruch des Arbeitnehmererfinders nicht nach einem (fiktiven) Veräußerungserlös aus der Übertragung von Erfindungsrechten, sondern nach dem Umfang der Verwertungshandlungen der konzernverbundenen Unternehmen[340]. Schuldner des Vergütungsanspruchs bleibt weiterhin der Arbeitgeber.

Der Auffassung der Schiedsstelle kann jedenfalls in den Fällen einer arbeitsteiligen Aufspaltung in rechtlich selbständige Besitz-, Entwicklungs-,

---

336 OLG München v. 8.2.2001 (Fn. 334); Volmer GRUR 1978, 393, 402; Volmer/Gaul Rz. 141 zu § 1.
337 Vgl. Amtl. Begr. in BT-Drucks. II/1648 S. 16 (zu V) = Blatt 1957, 226.
338 frei
339 Schiedsst. v. 25.7.1983 Arb.Erf. 14/82 (unveröffentl.); einschränkend OLG München v. 8.2.2001 (Fn. 334); s. auch Schade GRUR 1978, 569, 572 f.; Reimer/Schade/Schippel/Kaube Rz. 1 zu § 11/RL Nr. 17; i. Ergebn. ebenso LG Braunschweig (Fn. 335); Zur kartellrechtl. Bewertung des Konzerns als wirtsch. Einheit s. EuGH v. 24.10.1996 ZIP 1997, 87 – Parker Pen.
340 OLG Düsseldorf v. 7.5.1992 Az. 2 U 117/91 (unveröffentl.).

§ 1

Produktions- und Vertriebsgesellschaften zugestimmt werden (s. im Übrigen Rz. 185 ff. zu § 9).

Auch wenn im Konzernverbund regelmäßig die **Einräumung von Nutzungsrechten oder die Übertragung von Erfindungsrechten** durch Konzernfirmen **ohne unmittelbare Gegenleistung** erfolgt, liegt hierin noch keine Umgehung des ArbEG[341]. Damit derartige unternehmenspolitische Vorgänge nicht zum Nachteil des Arbeitnehmererfinders gereichen, ist ihm nach Treu und Glauben (§ 242 BGB) jedenfalls ein Anspruch darauf zuzuerkennen, von seinem Arbeitgeber so gestellt zu werden, wie er bei der Rechtseinräumung gegen angemessenes Entgelt an beliebige (konzernfremde) Dritte stehen würde (s. hierzu Rz. 187 f. zu § 9). 132

Stellt sich der Konzern als wirtschaftliche Handlungseinheit dar, kann es gerechtfertigt sein, zur Ermittlung des Erfindungswertes die Verwertungshandlungen anderer Konzernunternehmen heranzuziehen (s. Rz. 131). Zur Vergütungsberechnung vgl. im Übrigen Rz. 185 f. zu § 9; zur Konzernnutzung bei betriebsgebundenen nicht ausschließlichen Nutzungsrechten s. Rz. 80 zu § 16; zur konzernweiten Nutzung eines technischen Verbesserungsvorschlages s. Rz. 27 zu § 20; zur Geheimhaltungspflicht gegenüber Konzernunternehmen s. Rz. 8 zu § 24.

Steht ein Arbeitnehmer mit mehreren Konzern- oder sonst verbundenen Unternehmen in arbeitsvertraglichen Beziehungen, so kann u.U. ein sog. **einheitliches Arbeitsverhältnis** anzunehmen sein, wenn zumindest eine tatsächliche Einflussnahme der verschiedenen Arbeitgeber auf Abschluss oder Durchführung der vom Arbeitnehmer mit dem jeweils anderen Arbeitgeber abgeschlossenen Vereinbarung besteht[342]. Im Prinzip ist dann die Ausgangslage nicht anders, als wenn ein Arbeitnehmer mit demselben Arbeitgeber mehrere Vereinbarungen getroffen hätte und sich die Frage ihres rechtlichen Zusammenhangs stellt. Dieser rechtliche Zusammenhang ist anzunehmen, wenn nach den Vorstellungen der Vertragsschließenden die einzelnen Vereinbarungen nur gemeinsam gelten und zusammen durchgeführt werden sollen, also derart voneinander abhängen, dass sie miteinander »stehen und fallen«, d.h. Teile eines einheitlichen Rechtsgeschäfts sein sollen[343]. Ein einheitliches Arbeitsverhältnis könnte in Fortführung der Rechtsprechung des BAG dazu führen, dass die Rechte und Pflichten aus dem ArbEG auf der Arbeitgeberseite einheitlich wahrzunehmen sind, etwa eine Diensterfindung gegenüber allen Arbeitgebern zu melden ist und von allen in Anspruch genommen werden kann, so dass dann die Verwertungshandlungen aller Arbeitgeber gleichermaßen nach § 9 vergütungspflichtig 132.1

---

341 Unklar Schade (Fn. 339).
342 Schiedsst. v. 5.7.1991 GRUR 1992, 499, 501 f. – Einheitliches Arbeitsverhältnis; allgemein hierzu BAG v. 27.3.1982, NJW 1982, 1703 = DB 1982, 1569; krit. hierzu Schwerdtner ZIP 1982, 900.
343 BAG a.a.O. (Fn. 342), S. 1705; BGH v. 17.4.2000 LM Nr. 34 zu § 139 BGB.

§ 1

sind.[343a] Dies sollte jedenfalls dann gelten, wenn die Voraussetzungen einer Diensterfindung im Verhältnis zu jedem der beteiligten Arbeitgeber gegeben sind; liegen die Voraussetzungen einer Diensterfindung nur im Verhältnis zu einem der Beteiligten vor, kann sich im Einzelfall doch die Situation des einheitlichen Arbeitsverhältnisses im Sinne einer einheitlichen Bewertung und Behandlung auswirken.

Wird eine Diensterfindung von einem (in einem Konzernverbund stehenden) Arbeitgeber in Anspruch genommen, als Schutzrecht angemeldet und benutzt, führt die Einheitlichkeit des Arbeitsverhältnisses dazu, dass jedenfalls dieser Arbeitgeber Schuldner des Vergütungsanspruchs ist, selbst wenn die Diensterfindung kurz vor der Begründung des einheitlichen Arbeitsverhältnisses und während des Bestehens eines Arbeitsverhältnisses nur mit dem anderen Arbeitgeber gemacht worden ist[343b].

e) Leiharbeitsverhältnisse u.ä.

133 Das Leiharbeitsverhältnis ist dadurch gekennzeichnet, dass der Arbeitgeber (Verleiher) einen Arbeitnehmer zur (vorübergehenden) Arbeitsleistung einem anderen Unternehmen (Entleiher) überlässt (Einzelheiten hierzu s. Rz. 56 f.). Im Rahmen der gewerbsmäßigen Arbeitnehmerüberlassung kann eine **Auswechslung des Arbeitgebers** gem. Art. 1 § 10 Abs. 1 AÜG dann eintreten, wenn der Verleiher ohne die nach Art. 1 § 1 AÜG erforderliche Erlaubnis einen Leiharbeitnehmer einem Entleiher überlässt (offene illegale Arbeitnehmerüberlassung)[344]. Zur Absicherung des Leiharbeitnehmers fingiert das Gesetz bei der dann vorliegenden Unwirksamkeit des Vertrages zwischen Verleiher und Entleiher sowie zwischen Verleiher und Leiharbeitnehmer (Art. 1 § 9 Nr. 1 AÜG) wie auch im Fall der verdeckten illegalen Arbeitnehmerüberlassung (bei bloß förmlicher Kennzeichnung als Dienst- oder Werkvertrag)[344a] ein **Arbeitsverhältnis zwischen Entleiher und Leiharbeitnehmer**, und zwar bezogen auf den zwischen dem Entleiher und dem Verleiher für den Beginn der Tätigkeit vorgesehenen Zeitpunkt. Tritt die Unwirksamkeit erst nach Aufnahme der Tätigkeit beim Entleiher ein, so gilt das Arbeitsverhältnis zwischen Entleiher und Leiharbeitnehmer mit dem Eintritt der Unwirksamkeit als zustandegekommen. Das Arbeitsverhältnis gilt als befristet, wenn die Tätigkeit des Leiharbeitnehmers bei dem Entleiher nur befristet vorgesehen war und ein die Befristung des Arbeitsverhältnisses sachlich rechtfertigender Grund vorliegt. Inhalt und Dauer dieses Arbeitsverhältnisses bestimmen sich nach den für

---

343a Schiedsst. v. 5.7.1991 (Fn. 342).
343b Schiedsst. v. 5.7.1991 (Fn. 342), S. 502; zust. Busse/Keukenschrijver, PatG, Rz. 9 zu § 9 ArbEG.
344 S. dazu BAG v. 9.11.1994 NZA 1995, 572 m. Anm. Hamann WiB 1995, 632; s. auch Irens WiB 1995, 694.
344a S. Schüren AÜG Art. 1 § 10 Rz. 20, 22.

§ 1

den Betrieb des Entleihers geltenden Vorschriften und sonstigen Regelungen.
Wegen der auf das ArbEG bezogenen Fiktion des Entleihers als Arbeitgeber i.S.d. ArbEG gem. Art. 1 § 11 Abs. 7 AÜG vgl. Rz. 59 f.

Zu unterscheiden von den Leiharbeitsverhältnissen sind Arbeitsverhältnisse mit **Personalführungsgesellschaften,** zu denen sich mehrere Arbeitgeber zusammengeschlossen haben[344b]. Diese Gesellschaft schließt die Arbeitsverträge ab und entlohnt die Arbeitnehmer. Ihr obliegt neben der Personalbeschaffung vor allem die zentrale Personaleinsatzplanung im Hinblick auf die angeschlossenen Unternehmen. Arbeitgeber im Sinne des ArbEG ist grundsätzlich das den Arbeitnehmer abrufende Unternehmen[345]. 134

Das Leiharbeitsverhältnis ist ferner abzugrenzen gegen mittelbare Arbeitsverhältnisse, Maschinenüberlassungsverträge nebst dazu gehörigem Bedienungspersonal sowie Gruppenarbeitsverhältnisse[346] und Werkverträge (Montageverträge)[347]. 135

III. Der öffentliche Dienst

Der Zielsetzung des ArbEG folgend, das Gebiet der Arbeitnehmererfindung möglichst umfassend zu regeln, ergreift dieses Gesetz auch die Erfindungen und technischen Verbesserungsvorschläge von Angehörigen des öffentlichen Dienstes[351]. Gemäß dem **Grundsatz der Gleichstellung** (s. Einl. Rz. 4 ff. vor §§ 40-42) gelten die Vorschriften des 1. und 4. Abschnitts (§§ 1-4, 43-49) uneingeschränkt auch für den öffentlichen Dienst; über die §§ 40, 41 finden die Vorschriften des 2. Abschnitts (§§ 5-39) »entsprechende« Anwendung (vgl. hierzu Rz. 4 zu § 41). Besonderheiten für den öffentlichen Dienst normieren die §§ 40 bis 42. 136

1. Arbeitgeber und Arbeitnehmer im öffentlichen Dienst

Arbeitgeber im öffentlichen Dienst ist die juristische Person des öffentlichen Rechts als Partner des Arbeitsvertrages, die berechtigt ist, vom Arbeitnehmer die vertragliche Arbeitsleistung zu fordern (s. Rz. 5 ff. zu § 40). 137

344b Schaub ArbRHdb. § 120 I 2.
345 Volmer GRUR 1978, 393, 399.
346 Ausf. hierzu Volmer (Fn. 345), 398 f.; Schwab, Erf. u. VV, 49 f.; Becker/Wulfgramm AÜG Einl. Rz. 21 ff. m.w.N.
347 Vgl. BAG v. 11.4.1984 AP Nr. 7 zu § 10 AÜG.
348-350 frei
351 Vgl. Amtl. Begr. BT-Drucks. II/1648 S. 14 f. = Blatt 1957, 226; ausf. Volz, Öffentl. Dienst (1985) u. Leuze GRUR 1994, 415 ff.
352-360 frei

§ 1

138 Arbeitnehmer im öffentlichen Dienst ist derjenige, der auf Grund eines privatrechtlichen Vertrages oder diesem gleichgestellten Rechtsverhältnisses in solchen Betrieben oder Verwaltungen in persönlich abhängiger Stellung beschäftigt ist, die in der Rechtsträgerschaft einer juristischen Person des öffentlichen Rechts stehen. Einzelheiten s. bei § 40.

2. Beamte und Soldaten

139 Beamte im Sinne des ArbEG sind nur solche im staatsrechtlichen Sinne (s. dazu Rz. 5 ff. zu § 41). Soldat im Sinne des ArbEG ist jeder, der auf Grund der Wehrpflicht oder freiwilliger Verpflichtung in einem Wehrdienstverhältnis steht (s. dazu Rz. 18 f. zu § 41). Zu den Zivilbediensteten der Bundeswehr und der NATO s. Rz. 21 f. zu § 41; zum Wehrpflichtigen s. auch Rz. 89 f.

3. Hochschulbeschäftigte

140 Ausgehend von der in Art. 5 Abs. 3 GG verankerten Wissenschaftsfreiheit bestimmt § 42 besondere Vorrechte für die Erfindungen von Hochschulwissenschaftlern. Einzelheiten s. bei § 42.

Rz. 141-145 frei

IV. Die Rechtsstellung von Erben

146 Die Rechtsposition der Erben eines Arbeitnehmererfinders oder Arbeitgebers bestimmt sich nach den allgemeinen Grundsätzen des bürgerlichen Rechts. Demzufolge geht gemäß § 1922 BGB im Wege der **Gesamtrechtsnachfolge** mit dem Tod das Vermögen als Ganzes auf die Erben über, soweit es sich nicht um höchstpersönliche, unvererbliche Rechtspositionen handelt[361]. Wenn der Erblasser nicht durch Verfügung von Todes wegen den Kreis der Begünstigten bestimmt hat, sei es als Erben, sei es als Vermächtnisnehmer (§ 1939 BGB), verbleibt es bei der gesetzlichen Erbfolge (§§ 1924 ff. BGB).
Zur Feststellung der Erbenposition kann die **Vorlage eines Erbscheins** verlangt werden, der gemäß § 2365 BGB die gesetzliche Vermutung der Richtigkeit der darin aufgeführten Erbfolge begründet.

147 Auszugehen ist von dem Grundsatz, dass die Rechte und Pflichten aus dem ArbEG durch Auflösung des Arbeitsverhältnisses – auch durch Tod – unberührt bleiben, soweit es sich um während der Dauer des Arbeitsverhältnisses gemachte Arbeitnehmererfindungen handelt (§ 26 ArbEG).

---

361 Ausführl. Bartenbach Mitt. 1982, 205 ff.

§ 1

Wurde eine Diensterfindung **vor dem Tod des Arbeitnehmererfinders fertig gestellt,** sind nunmehr dessen Erben gehalten, die Meldepflicht nach § 5 zu erfüllen[362], sofern sie über den Wissensstand des Erblassers etwa auf Grund von persönlichen Aufzeichnungen oder sonstigen Informationen des Erfinders pp. verfügen. Eine **Inanspruchnahmeerklärung** des Arbeitgebers muss gegenüber den Erben erfolgen, wobei bei mehreren Miterben entsprechend dem Grundsatz der Gemeinschaftsverwaltung (vgl. § 2033 Abs. 2 BGB) Willenserklärungen an den Nachlass gegenüber allen Miterben abzugeben sind; folglich genügt die Inanspruchnahmeerklärung lediglich an einen Miterben zur vollständigen Rechtsüberleitung nicht, es sei denn, dieser ist von den übrigen Miterben entsprechend bevollmächtigt worden. Im Rahmen ihrer Möglichkeiten sind die Erben auch verpflichtet, den Arbeitgeber beim Schutzrechtserwerb gemäß § 15 Abs. 2 zu unterstützen[363]. Auch die **Mitteilungspflicht** nach § 18 ist von den Erben – sofern sie hierzu in der Lage sind – noch zu erfüllen[364]; sie unterliegen aber **nicht** der **Anbietungspflicht** nach § 19 Abs. 1, da diese nur bei Verwertungsabsichten »während der Dauer des Arbeitsverhältnisses« besteht. Die Geheimhaltungspflicht nach § 24 Abs. 2 ist von den Erben solange zu beachten, wie die Diensterfindung nicht frei geworden ist[365].

148

Die Erben des Arbeitnehmererfinders rücken auch in die Rechte des Arbeitnehmererfinders ein. Dies gilt insbesondere für den **Vergütungsanspruch** des verstorbenen Arbeitnehmers, der uneingeschränkt übertragbar und damit vererblich ist[366]. Die Erben sind nunmehr auch Vertragspartner einer einvernehmlich vorzunehmenden Vergütungsfeststellung bzw. Adressat einer einseitig durchzuführenden Vergütungsfestsetzung (§ 12 Abs. 1 und 3). Bereits zu Lebzeiten des Arbeitnehmererfinders verbindlich gewordene Vergütungsregelungen wirken auch gegenüber den Erben[367].

149

Macht der Arbeitgeber von seinem Recht zur unbeschränkten Inanspruchnahme keinen Gebrauch, wird die Erfindung zugunsten der Erben

150

---

362 Heine/Rebitzki Anm. 2 zu § 26; Riemschneider/Barth Gefolgschaftserfindungen, Anm. 3 zu § 8 DVO (1943); unklar Lindenmaier/Lüdecke Anm. 2 zu § 26; ablehnend Volmer/Gaul Rz. 12, 20 zu § 5, der insoweit nur eine Verpflichtung zur Übergabe von Unterlagen des verstorbenen Arbeitnehmers annimmt.
363 Heine/Rebitzki (Fn. 362); a.A. Lindenmaier/Lüdecke (Fn. 332); Reimer/Schade/Schippel/Klaube Rz. 1 zu § 26.
364 Heine/Rebitzki (Fn. 362).
365 Ebenso Heine/Rebitzki (Fn. 362).
366 Ganz h.M. z.B. Schiedsst. v. 18.1.1966 Blatt 1966, 124; v. 21.4.1997 Arb.Erf. 75/95 (unveröffentl.); LG Düsseldorf v. 17.9.1991 Az. 40 335/89 (unveröffentl.); Heine/Rebitzki Anm. 6 zu § 9; im Ergebnis auch OLG Frankfurt v. 19.12.1991 GRUR 1993, 910 – Bügelverschließmaschinen; Busse/Keukenschrijver, PatG, Rz. 4 zu § 9 ArbEG; Reimer/Schade/Schippel/Kaube Rz. 17 zu § 9; diff. aber Volmer Rz. 9 zu § 9, wonach die Übertragbarkeit erst nach Konkretisierung i.S.d. § 12 ArbEG eintritt.
367 S. dazu insbes. Bartenbach (Fn. 361) S. 207 f.

gem. § 8 Abs. 1 frei; diese können hierüber frei verfügen. Die durch die Treuepflicht für den Arbeitnehmer begründeten Verwertungsbeschränkungen (s. hierzu Rz. 52 ff. zu § 8) entfallen.

151 Wegen der Höchstpersönlichkeit des Anspruchs auf **Auslandsfreigabe** (§ 14 Abs. 2, s. dort Rz. 22) muss der Arbeitgeber – anders als etwa bei einem ausgeschiedenen Arbeitnehmer – nach dem Tod des Arbeitnehmererfinders Freigabeverpflichtungen aus § 14 Abs. 2 gegenüber den Erben nicht mehr beachten[368], es sei denn, dass der verstorbene Arbeitnehmererfinder zuvor bereits seinen Übertragungsanspruch geltend gemacht und eine Freigabeerklärung erhalten hat. Gleiches gilt für das unvererbliche Vorkaufsrecht aus § 27 Nr. 2 (s. dort Rz. 75). Dagegen hat der Arbeitgeber den Übertragungsanspruch nach § 16 Abs. 2 auch gegenüber den Erben zu erfüllen[367].

152 Zur Stellung der Erben im Schiedsstellen- und Klageverfahren s. Rz. 15 zu § 28.

153 Ist das Arbeitsverhältnis mit einer natürlichen Person als Arbeitgeber begründet, endet das Arbeitsverhältnis bei **Tod des Arbeitgebers** im Zweifel nicht, es sei denn, dass sich dies aus den Umständen und der Art des Arbeitsverhältnisses ergibt[369]. Dementsprechend gehen regelmäßig alle Rechte und Pflichten aus dem ArbEG auf den oder die Erben des verstorbenen Arbeitgebers über. Erlischt das Arbeitsverhältnis, so haben die Erben die (bis zu diesem Zeitpunkt begründeten) Pflichten des verstorbenen Arbeitgebers gemäß § 26 zu erfüllen.

Sind die Rechte aus einer in Anspruch genommenen Diensterfindung durch Gesamtrechtsnachfolge (z.B. Erbfall nach dem Arbeitgeber) auf den Arbeitnehmererfinder übergegangen, so hat er nunmehr als Rechtsnachfolger die Stellung eines freien Erfinders, so dass mit Wirkung ab diesem Zeitpunkt die Rechte und Pflichten aus dem ArbEG erlöschen[370].

D. Zeitlicher Geltungsbereich

154 Gemäß § 49 erfasst das ArbEG – von der früheren Übergangsbestimmung des § 43 a.F. abgesehen – die nach dem 30.9.1957 fertig gestellten Erfindungen und technischen Verbesserungsvorschläge.

E. Räumlicher Geltungsbereich

155 Das ArbEG gilt in räumlicher Hinsicht in der **Bundesrepublik Deutschland**. Untersteht das Arbeitsverhältnis also dem Recht der Bundesrepublik,

---

368 A.A. Reimer/Schade/Schippel/Kaube Rz. 2 zu § 14.
369 Schaub ArbRHdb. § 121 II 6.
370 Vgl. BFH v. 16.8.1973 BFHE 110, 155, 158 f.
371-376 frei

so findet das ArbEG Anwendung[377]. Die Regelungen des § 47 a.f. (Besondere Bestimmungen für Berlin) und des § 48 (Saarland) sind überholt. Einzelheiten des internationalen Arbeitnehmererfindungsrechts s. Rz. 32 ff., 36 ff. u. 108 ff.; zu den **neuen Bundesländern** s. Einl. Rz. 31 ff.

Rz. 156-159 frei

F. Das gesetzliche Schuldverhältnis nach dem ArbEG

Mit der **Fertigstellung der Arbeitnehmererfindung** (§ 4) durch den Arbeitnehmer entsteht ein gesetzliches Schuldverhältnis[430], und zwar ausschließlich zwischen Arbeitgeber und Arbeitnehmer[430a]; gemäß § 1 findet es seinen Ursprung im Arbeitsverhältnis. Nach (nunmehr relativierter[430b]) Auffassung der Schiedsstelle[431], die ebenfalls von einem gesetzlichen Schuldverhältnis ausgeht, soll dieses aber erst mit der (unbeschränkten) Inanspruchnahme einer Diensterfindung entstehen. Diese Auffassung verkennt, dass bereits die Fertigstellung der Diensterfindung Rechte und Pflichten aus dem ArbEG begründet, und zwar für den Arbeitnehmer die Meldepflicht (§ 5) und den daran anknüpfenden Anspruch auf Schutzrechtsanmeldung durch den Arbeitgeber (§ 13); damit korrespondiert der Anspruch des Arbeitgebers insbesondere auf unverzügliche Meldung und auf Unterbleiben von Verfügungen, die sein Inanspruchnahmerecht beeinträchtigen können (vgl. § 7 Abs. 3); darüber hinaus ist bereits ab Fertigstellung eine Inanspruchnahme der Diensterfindung möglich, auch wenn diese noch nicht gemeldet ist (s. Rz. 44 zu § 6). Schließlich ergeben sich für beide Beteiligte mit der Fertigstellung wechselbezügliche Pflichten, wie insbesondere die Geheimhaltungspflicht (§ 24) und – im Nachgang zur Meldung – die Möglichkeit von abweichenden Vereinbarungen (§ 22 S. 2). Aus alledem folgt, dass das gesetzliche Schuldverhältnis nach dem ArbEG zwischen Arbeitgeber und Arbeitnehmer nicht erst an die unbeschränkte Inanspruchnahme anknüpft, sondern bereits an das Vorliegen einer Diensterfindung.

160

Eine Konsequenz des gesetzlichen Schuldverhältnisses ist es, dass die Verletzung der wechselseitigen Pflichten für den anderen Teil **Schadenser-**

161

---

377 Bernhardt/Kraßer, Lehrb. PatR § 21 I c 1 m.H.a. BGH v. 27.11.1975 GRUR 1976, 385, 387 – Rosenmutation.
378-429 frei
430 Vgl. auch OLG Frankfurt v. 19.12.1991 EGR Nr. 12 zu § 25 ArbEG – Bügelverschließmaschinen.
430a Schiedsst. v. 30.4.1995 Arb.Erf. 87/93 (unveröffentl.).
430b S. Reimer/Schade/Schippel/Kaube Rz. 20 zu § 9 m.H.a. Schiedsst. v. 4.4.1997 Arb.Erf. 64/95 (unveröffentl.).
431 Schiedsst. v. 26. 2.1993 GRUR 1996, 49, 53 – Gießereimaschinen; v. 4.6.1993 GRUR 1994, 615, 618 – Anspruchentstehung; v. 16.9.1993 Arb.Erf. 174/92 u.v. 15.11.1994 Arb.Erf. 3/93 (beide unveröffentl.).

§ 1

satzansprüche begründen kann, wie dies auch die Schiedsstelle anerkennt[432]. Anspruchsgrundlage sind nunmehr § 280 Abs. 1, § 619 a BGB, die – unter Einschluss der Verletzung von Schutz- und Obhutspflichten (vgl. § 241 Abs. 2 BGB) – auch für gesetzliche Schuldverhältnisse gelten[433].

162 Das gesetzliche Schuldverhältnis begründet vom Bestand des Arbeitsverhältnisses grundsätzlich unabhängige (vgl. § 26) auf längere Zeit wechselseitige Leistungs- und Nebenpflichten. Diese ent- und bestehen im Grundsatz auch unabhängig vom Willen der Parteien, sind allerdings einzelerfindungsbezogen in den Schranken der §§ 22, 23 dispositiv. Das Schuldverhältnis kann einem vertraglichen Dauerschuldverhältnis nicht gleichgestellt werden; so unterliegt es z.B. weder § 314 BGB noch Art. 229 § 5 Satz 2 EGBGB[434]. Allerdings gilt die Grundregel des Art. 229 § 5 Satz 1 EGBGB auch für gesetzliche Schuldverhältnisse[435] nach dem ArbEG, die vor dem 1.1.2002 entstanden sind.

---

432 So z.B. für die Verletzung der Freigabepflicht nach § 14 Abs. 2: Schiedsst. v. 15 11.1994 (Fn. 431); vgl. auch OLG Frankfurt v. 19.12.1991 EGR Nr. 12 zu § 25 ArbEG – Bügelverschließmaschinen.
433 Siehe Amtl. Begr. in BT-Drucks. 14/6040 S. 136 (zu § 280 Abs. 1 Satz 1 des Entwurfs); bestätigt durch BGH v. 6.2.2002 GRUR 2002, 609, 611 – Drahtinjektionseinrichtung.
434 Dies zeigt auch der Normzweck der Überleitungsvorschrift zum SchuldRModG, den Parteien die Möglichkeit zur Anpassung »ihrer Verträge« an das neue Recht (s. Amtl. Begr. zum SchuldRModG BT-Drucks. 14/6040, S. 272) zu eröffnen.
435 S. allg. AnwKomm – BGB – Mansel, Art. 229 § 5 EGBGB Rz. 5, 27.

§ 2 Erfindungen

Erfindungen im Sinne dieses Gesetzes sind nur Erfindungen, die patent- oder gebrauchsmusterfähig sind.

Lit.: *Danner*, Die Wechselbeziehungen zw. Erfindungen und techn. Verbesserungsvorschlägen unter dem Aspekt des ArbEG, Mitt. 1960, 178; *ders.*, Bemerkungen z.d. Urt. d. BGH v. 2.12.1960 – Chlormetylierung, GRUR 1962, 25; *Gaul*, Die Arbeitnehmererfindung im technischen, urheberrechtsfähigen u. geschmacksmusterfähigen Bereich, RdA 1993, 90; *Hesse*, Züchtungen u. Entdeckungen neuer Pflanzensorten d. ArbN, GRUR 1980, 404; *ders.*, Der ArbN als Züchter o. Entdecker neuer Pflanzensorten, Mitt. 1984, 81; *Fischer*, Die Bedeutg. d. Schutzfähigkt. f.d. Vergütungspfl. d. ArbG, GRUR 1963, 107; *Gennen*, Softwareerfindungen u. Arbeitnehmererfindungsrecht ITRB 2001, 84; *Kumm*, Systematische Kennzeichnung d. schutzfähigen u.d. nicht schutzfähigen Erfindungen, GRUR 1967, 621; *Lindenmaier*, Definition d. techn. Verbesserungsvorschläge, RdA 1957, 1218; *Sack*, Probleme d. Auslandverwertg. inländ. ArbNErf., RIW 1989, 612; *Straus*, Z. Anwendbarkeit d. ErfVO auf Sortenschutz f. Pflanzenzüchtungen freier Erfinder GRUR 1986, 767; *Volmer*, Das Wesen der Erfindung u.d. techn. Verbesserungsvorschläge, RdA 1957, 166; *ders.*, Die Computererfindung, Mitt. 1971, 256; *Witte*, Die Behandlg. v. augenscheinl. nicht schutzfähigen Diensterf., GRUR 1965, 586; s. auch Lit. bei §§ 3, 4, 9, 14, 20.

Übersicht

A. Allgemeines 1	2. Zweifel an der Schutz-
B. Erfindungsbegriff 2-5	fähigkeit 16-21
C. Schutzfähigkeit 6-26	3. Auswirkungen endgültiger
I. Patentfähigkeit 6	Schutzrechtsversagung 22-24
II. Ausnahmen von der Patent-	V. Schutzfähigkeit nach aus-
fähigkeit 7, 8	ländischem Recht 25, 26
III. Gebrauchsmusterfähigkeit 9-11	D. Abgrenzung zum Geschmacks-
IV. Feststellung der Schutz-	muster- und Urheberrecht 27-29
fähigkeit der Erfindung 12-24	E. Abgrenzung zum technischen
1. Bindende Entscheidung über	Verbesserungsvorschlag 30
die Schutzfähigkeit 12-15	

A. Allgemeines

In Abweichung von § 3 Abs. 1 DVO 1943[1] stellt § 2 klar, dass Erfindungen im Sinne des ArbEG nur patent- oder gebrauchsmusterfähige Erfindungen sind. Damit knüpft das ArbEG mangels eigenständiger Begriffsbestimmung ausschließlich an die (zum Zeitpunkt der Fertigstellung der Erfindung geltenden) Regeln des **deutschen Patent- und Gebrauchsmusterge-** 1

---

1   Vgl. dazu Riemschneider/Barth Anm. 1 zu § 3 DVO 1943.

§ 2

setzes an[2] (zu den neuen Bundesländern s. Einl. Rz. 31 ff.). Im Hinblick auf Art. 66 EPÜ steht das europäische Patent bei Bestimmung der Bundesrepublik Deutschland als Vertragsstaat dem nationalen Patent gleich[2a] (s. auch Rz. 27 zu § 13; zu den Bestrebungen einer EU-weiten Harmonisierung des Gebrauchsmusterschutzes s. Rz. 9). Patent- und Gebrauchsmustergesetz enthalten jedoch nur die Qualifikationsmerkmale für die Schutzfähigkeit einer Erfindung (vgl. §§ 1-5 PatG; §§ 1-3 GebrMG) und setzen ihrerseits den Begriff der Erfindung voraus. Zur Schutzfähigkeit ausschließlich nach Auslandsrecht s. Rz. 25 f.

B. Erfindungsbegriff

2   Ein einheitlicher Erfindungsbegriff hat sich trotz vielfacher Ansätze[3] bisher noch nicht herausgebildet. Nach h.M. soll die Erfindung eine auf schöpferischer Leistung[4] beruhende Lehre zum planmäßigen Handeln[5] darstellen, also einen individuellen geistigen Inhalt als Ergebnis einer produktiven Geistestätigkeit zum Ausdruck bringen[6]. Unerheblich für den Begriff der »Erfindung« (im weiteren Sinne) muss es sein, ob die gefundene Lehre absolut oder relativ **neu** ist[7]; entscheidend ist allein der schöpferische Vorgang. Das Merkmal der absoluten Neuheit ist erst maßgeblicher Gesichtspunkt für die Schutzfähigkeit der Erfindung (vgl. §§ 3 PatG, 3 GebrMG).

3   Durch diesen Schaffensvorgang unterscheidet sich die Erfindung von der auf bloßem Kennenlernen beruhenden, gemäß § 1 Abs. 2 Nr. 1 PatG, § 1 Abs. 2 Nr. 1 GebrMG bzw. Art. 52 Abs. 2 lit. a EPÜ nicht schutzfähigen **Entdeckung**, also dem bloßen Auffinden von Vorhandenem, Vorgegebe-

---

2   Allg. A., z.B. BayVGH v. 31.3.1982 GRUR 1982, 559, 560 – Albalonga; Schiedsst. v. 7.2.1984 Arb. Erf. 39/81 (unveröffentl.); Volmer/Gaul Rz. 4, 86, 93 zu § 2; Windisch GRUR 1985, 829, 834 f.; Reimer/Schade/Schippel/Kaube Rz. 8 zu §; abweichend dagegen dies. Rz. 2 zu § 11/RL Nr. 26 (entsprechende Anwendung der §§ 9 ff.). In den Auswirkungen aber streitig.
2a Windisch (Fn. 2); Volmer/Gaul Rz. 90 f. zu § 2.
3   Vgl. u.a. Müller Mitt. 1926, 122; Lindenmaier GRUR 1939, 155; ders. GRUR 1953, 12 ff. u. BB 1957, 1218; Pedrazzini, Die patentfähige Erfindung 1957; Volmer RdA 1957, 166 ff. u. Mitt. 1971, 256, 258 f.; Elben, Technische Lehre und Anweisung an den menschlichen Geist nach geltendem und künftigem Recht Diss. 1960; Kumm GRUR 1967, 621 ff.; vgl. auch Adrian Mitt. 1995, 329 ff.
4   Volmer (Fn. 3) S. 167 m.w.N.; Busse/Keukenschrijver PatG Rz. 18 ff. zu § 1; diff. z.B. Hubmann/Götting Gewerbl. Rechtsschutz § 4 II 1; s. auch Reimer/Nastelski PatG Rz. 34 zu § 1; Schick Mitt. 1982, 181 ff.
5   BGH v. 21.3.1958 GRUR 1958, 602 – Wettschein u.v. 1.7.1976 GRUR 1977, 152 f. – Kennungsscheibe.
6   Gaul/Bartenbach Handbuch B 1 ff.
7   So auch Volmer (Fn. 3); str.

nem[8]. Mit der schöpferischen Leistung entsteht zugleich das unübertragbare, unverzichtbare **Erfinderpersönlichkeitsrecht**, also das geistig-persönliche Band des Erfinders zu seinem Werk (zu den Rechtswirkungen s. Rz. 24 ff. zu § 7; zum Erfinderprinzip vgl. Rz. 4 zu § 4).

Sowohl der Bezug des § 2 auf das Patent- und Gebrauchsmusterrecht als auch der in § 3 verwendete Oberbegriff der technischen Neuerung verdeutlichen, dass das ArbEG nur die schöpferischen Leistungen auf **technischem Gebiet** erfasst. »Technik« bezieht sich auf die »Welt der realen Dinge«[10]; sie arbeitet mit den Mitteln der Naturkräfte und bedeutet planmäßiges Handeln unter Einsatz beherrschbarer Naturkräfte zur Erreichung eines kausal übersehbaren Erfolges, der die unmittelbare Folge dieses Einsatzes sein muss[11]. Ist die Technik durch Einwirkung auf die Natur gekennzeichnet[11a], scheiden bloße Anweisungen an den menschlichen Geist, die also nur die menschliche Verstandestätigkeit ansprechen, als Erfindung aus[12] (vgl. § 1 Abs. 2 Nr. 3 PatG, § 1 Abs. 2 Nr. 3 GebrMG, Art. 52 Abs. 2 lit. c EPÜ).

Erfindung (im weiteren Sinn) ist demnach – unabhängig von der Frage der Schutzfähigkeit – das auf einer individuellen Geistestätigkeit beruhende Aufzeigen einer Anweisung zur (wiederholbaren) Lösung einer technischen Aufgabe mittels Nutzbarmachung von Naturgesetzlichkeiten[13].

8 Klauer/Möhring/Technau PatG Rdnr. 3 zu § 1; Schulte PatG Rdnr. 65 zu § 1; vgl. auch RG v. 19.12.1938 GRUR 1938, 533, 536; Schickedanz GRUR 1972, 161 ff.
9 frei
10 RG v. 21.1.1933 GRUR 1933, 289; BGH v. 27.3.1969 GRUR 1969, 672 – Rote Taube (»im Gegensatz zur Welt des rein Geistigen und der Kunst«); OLG Düsseldorf v. 5. 3. 1998 WRP 1998, 1202, 1209 ff. – Wetterführungspläne (z. Technizität einer softwarebezogenen Lehre), einschränkend die aufhebende Entscheidung des BGH v. 24. 10. 2000 GRUR 2001, 155, 157 f.
11 BGH v. 1.7.1976 (Fn. 5); v. 11.3.1986 GRUR 1986, 531, 533 – Flugkostenminimierung u.v. 22.6.1976, GRUR 1977, 96, 98 – Dispositionsprogramm; vgl. auch BGH v. 13.5.1980 GRUR 1980, 849, 850 – Antiblockiersystem; v. 11.6.1991 Blatt 1991, 388 – Chinesische Schriftzeichen; v. 11.6.1991 GRUR 1992, 33 – Seitenpuffer u.v. 4.2.1992 GRUR 1992, 430 – Tauchcomputer.
11a Vgl. auch EPA v. 1. 7. 1998 GRUR Int. 1999, 1053 ff – Computerprogrammprodukt/IBM.
12 BGH v. 27.3.1969 (Fn. 10) u.v. 7.6.1977 Blatt 1977, 41 – Prüfverfahren; s. auch BGH v. 21.4.1977 GRUR 1977, 567 – Straken.
13 Vgl. BGH v. 1.7.1976 (Fn. 5): »... technische Erfindung, d.h. Regel zu technischem Handeln, (die) ... eine Erkenntnis auf technischem Gebiet anwendet, d.h. eine Lehre enthält, mit bestimmtem technischen Mittel zur Lösung einer technischen Aufgabe ein technisches Ergebnis zu erzielen«; vgl. auch BGH v. 11.3.1975 GRUR 1975, 430, 432 – Bäckerhefe; v. 16.9.1980 GRUR 1981, 39, 41 – Walzstabteilung; v. 13. 12. 1999 GRUR 2000, 498 – Logikverifikation u.v. 11. 5. 2000 GRUR Int. 2000, 930 ff. – Sprachanalyseeinrichtung; Busche Mitt. 2001, 49 ff.; Engelhard, Mitt. 2001, 58 ff.; vgl. auch Art. 332 Abs. 1 SchweizOR. Das Merkmal der Wiederholbarkeit ist streitig (vgl. BGH v. 12.2.1987 GRUR 1987, 131).
14-21 frei

§ 2

C. Schutzfähigkeit

I. Patentfähigkeit

6 Die **Patentfähigkeit** einer Erfindung setzt gem. § 1 Abs. 1 PatG voraus, dass die zugrunde liegende Lehre zum technischen Handeln absolut neu ist (§ 3 PatG bzw. Art. 54, 55 EPÜ), auf einer erfinderischen Tätigkeit beruht (§ 4 PatG bzw. Art. 56 EPÜ; früher: Erfindungshöhe) und gewerblich anwendbar (§ 5 PatG bzw. Art. 57, 52 Abs. 4 EPÜ) ist.

Für Erfindungen aus der Zeit der **ehemaligen DDR** enthält das ErstrG übergangsrechtliche Sonderbestimmungen (zum Erfinderrecht s. Einl. Rz. 31 ff.).

II. Ausnahmen von der Patentfähigkeit

7 Ausnahmen von der Patentfähigkeit regelt der nicht abschließende (»insbesondere«)[22] Negativkatalog des § 1 Abs. 2 PatG, der Art. 52 Abs. 2 EPÜ entspricht. Danach werden Entdeckungen, wissenschaftliche Theorien und mathematische Methoden (Nr. 1), ferner ästhetische Formschöpfungen (Nr. 2) sowie Pläne, Regeln und Verfahren für gedankliche Tätigkeiten, für Spiele oder für geschäftliche Tätigkeiten ebenso wie Programme für Datenverarbeitungsanlagen (Nr. 3) und schließlich die Wiedergabe von Informationen (Nr. 4) nicht als Erfindung i. S. des PatG angesehen. Durch § 1 Abs. 3 PatG wird klargestellt, dass der mangelnde Erfindungscharakter sich nur auf die oben genannten Gegenstände oder Tätigkeiten als solche bezieht.

Für Computerprogramme bedeutet dies, dass sie als solche, d. h. der bloße Programmtext[23] bzw. als Verfahrensanspruch, gemäß § 1 Abs. 2 Nr. 3 PatG (Art. 52 Abs. 2 lit c EPÜ) mangels technischen Charakters grundsätzlich nicht patentfähig sind[24]. Ein generelles Verbot der Patentierbarkeit von Lehren, die von Programmen für Datenverarbeitungsanlagen

---

22 Amtl. Begr. BT-Drucks. 7/3712 S. 27.
23 OLG Düsseldorf v. 5. 3. 1998 WRP 1998, 1202, 1210 u. insoweit bestätigend BGH v. 24. 10. 2000 GRUR 2001, 155, 157 f. – Wetterführungspläne I m. w. N.
24 Einzelheiten s. Vorschlag für eine Richtlinie des EP u. d. Rates über die Patentierbarkeit computerinplementierter Erfindungen v. 20. 2. 2002 Kom (2002) 92; BGH v. 11.3.1986 GRUR 1986, 531, 533 f. – Flugkostenminimierung u. v. 16.9.1980 GRUR 1981, 39, 40 – Walzstabteilung; v. 17. 10. 2001 GRUR 2002, 143 – Suche fehlerhafter Zeichenketten BPatG v. 18.3.1986 BPatGE 28, 77 u. v. 20. 8. 1985 BPatGE 27, 186; s.i. übr. Benkard/Bruchhausen PatG Rz. 104 zu § 1 m.w.N. und Bericht dt. AIPPI – Landesgruppe GRUR Int. 1997, 118 ff.

Gebrauch machen, besteht allerdings nicht, wie sich schon im Umkehrschluss aus § 1 Abs. 2 Nr. 3, Abs. 3 PatG und der parallelen Regelung in Art. 52 EPÜ ergibt[25] (vgl. auch Art. 27 TRIPS-Abkommen). So erkennt der **BGH** die technische Natur von Computerprogrammen insbes. dann an, wenn die programmbezogene Lehre die Funktionsfähigkeit der Datenverarbeitungsanlage als solche betrifft und damit das unmittelbare Zusammenwirken ihrer Elemente ermöglicht[26]. Darüber hinaus spricht der BGH einer Vorrichtung (Datenverarbeitungsanlage), die in bestimmter Weise programmtechnisch eingerichtet ist, technischen Charakter zu[26a]. Während also das Urheberrecht das Computerprogramm als solches – allerdings beschränkt auf seine Struktur – schützt (s. Rz. 3 zu § 1), gewährt die Rechtsprechung im Rahmen des Patentrechts Schutz für Computerprogramme, sofern sie für Vorrichtungen (Datenverarbeitungsanlagen oder Computer) beansprucht werden, also die hierin verkörperte technische Lehre[26b]. Zur Einstufung als technischer Verbesserungsvorschlag s. Rz. 22 zu § 3, zu den allgemeinen Auswirkungen bei Patentschutz im Ausland s. Rz. 26.1.

Das **EPA** vertritt seit jeher die Auffassung, eine Erfindung sei in ihrer Gesamtheit zu würdigen, so dass eine Mischung technischer und nichttechnischer Bestandteile einer Schutzfähigkeit nach Art. 52 EPÜ nicht zwingend entgegenstehe[27]. Folgerichtig sei ein Anspruch auf ein technisches Verfahren, das programmgesteuert ablaufe, nicht zwingend auf ein Computerprogramm als solches gerichtet und könne deshalb einem europäischen Patentschutz zugänglich sein[28]. Eine Mischung aus konventioneller Computerhardware, d.h. technischen Merkmalen, und durch Software (Computerprogramme) realisierten Verarbeitungsmerkmalen, d.h. funktionalen Merkmalen, könne patentfähig sein, wenn ein technischer Beitrag zur (allgemeinen Computer-)Technik geleistet werde und dieser Beitrag technischer Natur ist[28a]. Gleiches soll gelten, wenn das auf einem Computer lau-

---

25 BGH v. 11. 5. 2000 (Fn. 13) S. 932.
26 BGH v. 11.6.1991 GRUR 1992, 33 – Seitenpuffer; v. 11.6.1991 GRUR 1992, 36 – Chinesische Schriftzeichen; v. 4.2.1992 GRUR 1992, 430 – Tauchcomputer; BPatG v. 13. 2. 1992 GRUR 1992, 681; v. 28. 8. 1998 CR 1998, 651; v. 7. 5. 1998 Mitt. 1998, 473 – Sprachanalyseeinrichtung; vgl. hierzu auch Betten GRUR 1995, 775 m. w. N.; Jander Mitt 1996, 1 ff.; Schiuma GRUR Int. 1998, 852 ff.; Melullis GRUR 1998, 843 ff.; zum US-Recht s. Horman GRUR 1997, 115; vgl. auch BPatG v. 9. 1. 1997 BPatGE 37, 228, 231, wonach sich die Lehre nicht allein in programmtechnischen Maßnahmen erschöpfen darf.
26a BGH v. 11. 5. 2000 (Fn. 13).
26b BGH v. 11. 5. 2000 (Fn. 13); vgl. auch Esslinger CR 2000, 502 ff.; Brandi-Dohrn CR 2001, 285, 289.
27 EPA v. 21.5.1987 GRUR Int. 1988, 585, 586 – Röntgeneinrichtung/KOCH & STERZEL.
28 EPA v. 31.5.1994 CR 1995, 208 – Computermanagementsystem.
28a EPA v. 16.4.1993 CR 1995, 214 – Texas/Menübasiertes Eingabesystem u.v. 21.9.1993 CR 1995, 205 – IBM/Elektr. Dokumentenverteilungssystem.

§ 2

fende oder in einem Computer geladene Programm einen technischen Effekt bewirkt oder bewirken kann, der über die normale physikalische Wechselwirkung zwischen Software und Hardware hinausgeht[28b].

8   Während § 1 Abs. 2 PatG solche Neuerungen erfasst, die keine Erfindungen im Sinne des PatG darstellen, enthält § 2 PatG – übereinstimmend mit Art. 53 EPÜ – einen Katalog von Erfindungen, die gesetzlich **vom Patentschutz ausgeschlossen** werden. Darunter fallen einmal solche Erfindungen, deren Verwertung gegen die öffentliche Ordnung, d. h. gegen tragende Grundsätze unserer Rechtsordnung, oder gegen die guten Sitten verstoßen würde (§ 2 Nr. 1 PatG/Art. 53 lit. a EPÜ).

Pflanzensorten oder **Tierarten** sowie im Wesentlichen biologische Verfahren zur Züchtung von Pflanzen oder Tieren werden nach § 2 Nr. 2 PatG (Art. 53 lit. b EPÜ) vom Patentschutz grundsätzlich (s. aber § 2 Nr. 2 S. 2 2. Halbs. PatG/Art. 53 lit. d 2. Halbs. EPÜ) ausgeschlossen, mit Ausnahme von mikrobiologischen Verfahren und den mit Hilfe dieser Verfahren gewonnenen Erzeugnissen. Pflanzensorten sind insbesondere deshalb vom Patentschutz ausgenommen, weil für sie ein spezielles Schutzrecht zur Verfügung steht, sei es national über den Schutz nach dem Sortenschutzgesetz vom 11.12.1985 bzw. europäisch mit der VO EG Nr. 2100/94 des Rates über den gemeinschaftlichen Sortenschutz vom 27.7.1994[28c] oder international mit dem Übereinkommen zum Schutz von Pflanzenzüchtungen vom 2.12.1961, dem die Bundesrepublik gemäß Gesetz vom 10.5.1968 (BGBl. II, S. 428) beigetreten ist.

Ist ein Arbeitnehmer Ursprungszüchter oder Entdecker einer Sorte, entsteht das Recht auf den Sortenschutz zwar (zunächst) in seiner Person[29] (vgl. § 8 Abs. 1 S. 1 SortG). Ähnlich wie bei der Zuordnung urheberschutzfähiger Leistungen (s. hierzu Rz. 3 ff. zu § 1) geht aber das Recht auf den Sortenschutz auf den Arbeitgeber als Arbeitsergebnis (vgl. § 950 BGB) über[29a]. Dies gilt gemäß Art. 11 Abs. 4 der VO-EG Nr. 2100/94 auch für den gemeinschaftlichen Sortenschutz; danach bestimmt sich das Recht auf den gemeinschaftlichen Sortenschutz nach dem nationalen Recht, das für das Arbeitsverhältnis gilt[29b]. Auf sortenschutzfähige Leistungen finden die für Diensterfindungen geltenden Vorschriften des ArbEG weder unmittelbar noch analog Anwendung[29c]. Zur Vergütung verwerteter Sortenschutz-

---

28b EPA v. 1. 7. 1998 GRUR Int. 1999, 1053 ff. – Computerprogrammprodukt/IBM.
28c Amtsbl. EG Nr. L 227 1.9.1994, 1 = Blatt 1995, 353; s. hierzu Keukenschrijver SortG Einl. Rz. 31.
29   Ausführl. zur erfinderrechtlichen Problematik Hesse GRUR 1980, 404 ff.; MünchArbR/Sack § 100 Rz. 3 ff.; Wuesthoff SortG Rz. 6 zu § 12 u. Keukenschrijver SortG Einl. Rz. 27.
29a MünchArbR/Sack § 100 Rz. 9.
29b GRUR Int. 1996, 918, 920.
29c H.M.: BPatG v. 16.7.1973 Mitt. 1984, 94 – Rosenmutation; BayVGH München v. 31.3.1982 GRUR 1982, 559, 561 – Albalonga m. krit. Bespr. Hesse Mitt. 1984, 81 ff.;

rechte s. Rz. 13.1 zu § 20. Soweit es sich um patentfähige Pflanzenzüchtungen i.S.d. § 2 Nr. 2 2. Halbs. PatG (Art. 53 lit. b 2. Halbs. EPÜ) handelt[30], gilt selbstverständlich das ArbEG.

Verfahren zur chirurgischen oder therapeutischen Behandlung des menschlichen oder tierischen Körpers und Diagnostizierverfahren, die am menschlichen oder tierischen Körper vorgenommen werden, wird der Patentschutz gemäß § 5 Abs. 2 PatG (Art. 52 Abs. 4 EPÜ) mangels gewerblicher Anwendbarkeit versagt, so dass auch insoweit das ArbEG keine Anwendung findet. Letzteres gilt jedoch nicht für Erzeugnisse zur Anwendung in einem der vorstehend genannten Verfahren (§ 5 Abs. 2 S. 2 PatG, Art. 52 Abs. 4 S. 2 EPÜ).

III. Gebrauchsmusterfähigkeit

§ 2 verkörpert den für das gesamte ArbEG verbindlichen Grundsatz der Gleichstellung von Patent und Gebrauchsmuster (zur Schutzrechtsanmeldung s. Rz. 10 ff. zu § 13; zur Vergütung s. RL Nr. 28 u. Rz. 250 zu § 9).

Auch das **Gebrauchsmustergesetz** erwähnt den Begriff der Erfindung als Schutzfähigkeitsvoraussetzung ausdrücklich (§ 1 Abs. 1 GebrMG), so dass auch für Gebrauchsmuster eine (technische) **Erfindung** begriffsnotwendig ist[31]. Durch die Verwendung des eigenständigen Begriffs des »**erfinderischen Schrittes**« in § 1 Abs. 1 GebrMG soll zum einen klargestellt werden, dass auch eine gebrauchsmusterfähige Erfindung, um Schutz erlangen zu können, eine gewisse Erfindungsqualität (Erfindungshöhe) voraussetzt und nicht nur auf rein handwerkliches Können zurückzuführen sein darf[32]. Auf diese Weise bleiben Erfindungen, die die Technik nicht wenigstens in einem gewissen Ausmaß bereichern, auch von dem Gebrauchsmusterschutz ausgeschlossen[32a]. Zum anderen soll aber das erforderliche –

9

---

ders. GRUR 1980, 404, 407 ff.; i. Anschluss daran Keukenschrijver SortG Rz. 16 zu § 8; Leßmann GRUR 1986, 279, 282; vgl. auch OVG Münster v. 17.11.1989 GRUR 1991, 38 ff. u. Straus GRUR 1986, 767 ff. zur Anwendbarkeit der ErfVO; ferner BFH v. 10.11.1994 BStBl. II 1995, S. 455; Schade in Festschrift für R. Klaka (1987), 115 ff.; a.A. MünchArbR/Sack § 100 Rz. 7, 10 f.; LG München v. 16.1.1976 EGR Nr. 8 zu § 2 ArbEG.

30 Vgl. BGH v. 30.3.1993 GRUR 1993, 651 – Tetraploide Kamille; s. auch BGH v. 12.2.1987 GRUR 1987, 231 ff. – Tollwutvirus.
31 In d. Fassung des Art. 5 Nr. 1 des PrPG v. 7.3.1990 BGBl. I, S. 428; vgl. dazu Benkard/Bruchhausen PatG Rz. 6 f. zu § 1 GebrMG; so z. früheren Recht bereits absolut h.M., vgl. z.B. RG vom 29.3.1928 RGZ 120, 224, 227; vgl. auch BGH v. 19.12.1968 GRUR 1969, 271 ff. – Zugseilführung; a.A. noch Conradt GRUR 1963, 405 ff.
32 Amtl. Begr. z. Entw. e. Gesetzes z. Änd. d. GebrMG in BT-Drucks. 10/3903, S. 17 f.
32a Vgl. Amtl. Begr. (Fn. 32).

§ 2

im Verhältnis zum Patent geringere – Maß an erfinderischer Leistung für den Gebrauchsmusterschutz durch den Begriff des »erfinderischen Schrittes« gegenüber dem Begriff der »erfinderischen Tätigkeit« im Patentgesetz (§ 4 PatG) deutlich abgehoben werden[33]. An der geltenden Praxis in der Rechtsprechung, wonach das Gebrauchsmuster im Verhältnis zum Patent ein geringeres Maß an »Erfindungshöhe« erfordert, sollte sich mit der Neufassung des Gebrauchsmusterrechts nichts ändern[32].
Mit Wirkung ab 1.7.1990 ist die frühere Beschränkung auf Arbeitsgerätschaften, Gebrauchsgegenstände oder Teile davon, die eine neue **Gestaltung, Anordnung, Vorrichtung oder Schaltung** aufweisen, entfallen. Mit dem zum 1.1.1987 auf Schaltungen ausgedehnten Schutz sollen neben den elektrischen auch opto-elektronische, pneumatische und hydraulische Schaltungen vom Gebrauchsmusterschutz erfasst werden[32]. Damit können nicht nur die körperlichen Schaltungen, sondern auch reine Schaltschemata und Schaltprinzipien in den Gebrauchsmusterschutz einbezogen werden[32]. Fallen gelassen ist seit 1.7.1990 auch das **Raumformerfordernis** (vgl. § 1 Abs. 1 GebrMG). Ausgenommen vom Gebrauchsmusterschutz sind insoweit nur noch Verfahren (§ 2 Nr. 3 GebrMG).

Schließlich muss ein Gebrauchsmuster in Übereinstimmung mit § 1 Abs. 1 PatG **gewerblich anwendbar** sein (§ 1 Abs. 1 GebrMG; vgl. dazu § 5 PatG). Entsprechend § 2 PatG sieht auch § 2 GebrMG einen Ausnahmekatalog für die nicht schutzfähigen Gegenstände vor (s. dazu Rz. 7 f.).

Im Hinblick auf die Beliebtheit des Gebrauchsmusterschutzes bei der europäischen Industrie, insbesondere bei kleineren und mittleren Unternehmen, werden von der EG-Kommission die Möglichkeiten zur Harmonisierung des Gebrauchsmusterschutzes in der EG geprüft[34].

10   Erfindungen, für die ein Gebrauchsmusterschutz verlangt wird, sind beim Patentamt schriftlich anzumelden, und zwar jede gesondert (§ 4 Abs. 1 GebrMG). Im Unterschied zum Patenterteilungsverfahren findet für die Eintragung eines Gebrauchsmusters gemäß § 8 GebrMG grundsätzlich **nur eine Prüfung der formellen Anmeldevoraussetzungen** des § 4 GebrMG statt, nicht jedoch eine Prüfung des Gegenstandes der Anmeldung auf Neuheit, erfinderischen Schritt und gewerbliche Anwendbarkeit (vgl. § 8 Abs. 1 Satz 2 GebrMG). Geprüft wird allerdings auch, ob einer der

---

33   Amtl. Begr. (Fn. 32); so bereits z. früh. Recht ständ. Rspr., z.B. RG vom 12.6.1920, RGZ 99, 211, 212; BGH v. 2.11.1956 GRUR 1957, 270 – Unfallverhütungsschuh; Bühring GebrMG Rz. 157 zu § 1.
34   Vgl. dazu Grünbuch (über) Gebrauchsmusterschutz im Binnenmarkt, hrsg. v. d. EG-Komm. (KOM (95) 370 v. 19.7.1995) u. geänd. Vorschlag f. e. Richtlinie des Eur. Parlaments u. d. Rates über die Angleichung d. Rechtsvorschriften betr. den Schutz v. Erfindungen durch Gebrauchsmuster (KOM (1999), 309 v. 25.6.1999); s. hierzu GRUR-Eingabe GRUR 2000, 134.
35   frei

§ 2

Ausnahmetatbestände des § 2 GebrMG[36] vorliegt; eine umfassende Prüfung, insbesondere der materiellen Schutzvoraussetzungen, bleibt einem späteren Verletzungsprozess oder Löschungsverfahren vorbehalten.
Gemäß § 7 GebrMG führt das Patentamt allerdings auf Antrag eine **Recherche** hinsichtlich der in Betracht zu ziehenden öffentlichen Druckschriften durch, wodurch die Aussichten eines Löschungsantrages oder von Verletzungsverfahren besser und frühzeitiger geprüft werden können.
Die Eintragung eines Gebrauchsmusters hat die Wirkung, dass allein der Inhaber befugt ist, den Gegenstand des Gebrauchsmusters zu benutzen (vgl. §§ 11 ff. GebrMG).
Patent- und Gebrauchsmusterschutz schließen sich nicht gegenseitig aus. Soweit also die Erfindungsidee ihren Niederschlag z.B. in einem Arbeitsgerät oder Gebrauchsgegenstand findet, ist **gleichzeitig Patent- und Gebrauchsmusterschutz** möglich[37]. Die früher gemäß § 2 Abs. 6 GebrMG zulässige sog. Gebrauchsmusterhilfsanmeldung ist durch die Möglichkeit ersetzt worden, den Anmeldetag einer nach dem 1.1.1987 mit Wirkung für die Bundesrepublik Deutschland für denselben Gegenstand eingereichten Patentanmeldung in Anspruch zu nehmen (**Abzweigung** – vgl. § 5 GebrMG; s. dazu Rz. 11.1 zu § 13).

11

IV. Feststellung der Schutzfähigkeit der Erfindung

1. Bindende Entscheidung über die Schutzfähigkeit

Die Entscheidung über die **Patentfähigkeit** einer Erfindung trifft letztlich das Patentamt im Patenterteilungsverfahren (§§ 35 ff. PatG); im Beschwerdeverfahren entscheiden das Bundespatentgericht (BPatG, §§ 73 ff. PatG) und ggf. der BGH im Rechtsbeschwerdeverfahren (§§ 100 ff. PatG). Im Nichtigkeitsverfahren vor dem Bundespatentgericht (§§ 81 ff. PatG i.V. mit § 22 PatG) bzw. vor dem BGH (§§ 110 ff. PatG) wird die Rechtsbeständigkeit eines erteilten Patents überprüft. Bei Erlangung eines europäischen Patents unter Benennung der Bundesrepublik als Vertragsstaat (vgl. Art. 79 EPÜ) vollzieht sich das Erteilungsverfahren vor dem EPA (Art. 90-112 EPÜ). Die Prüfung der Nichtigkeit eines europäischen Patents unterliegt dagegen für das jeweilige Hoheitsgebiet eines Vertragsstaates dem dort nach dem nationalen Recht vorgesehenen Nichtigkeitsverfahren[38] (vgl. Art. 138 EPÜ).

12

---

36 BGH v. 30.1.1964 GRUR 1965, 234, 236 – Spannungsregler u.v. 3.10.1968 GRUR 1969, 184, 185 – Lotterielos.
37 BPatG v. 1.9.1983 GRUR 1984, 115, 117 – Verbundfolienbahn aus Kunststoff; Benkard/Bruchhausen PatG Rz. 5 Vorbem. z. GebrMG; Loth GebrMG Vorbem. Rz. 26 ff.; vgl. auch Amtl. Begr. z. Ges. z. Änderg. d. GebrMG (Fn. 32) S. 23.
38 Vgl. BGH v. 4.5.1995 GRUR Int. 1996, 56 – Zahnkranzfräser; Brinkhof GRUR 1993, 177 ff.
39-40 frei

§ 2

13 Die Eintragung eines Gebrauchsmusters erfolgt durch das Deutsche Patent- und Markenamt (§ 8 GebrMG). Die (materielle) **Schutzfähigkeit des Gebrauchsmusters** wird erst im Löschungsverfahren vor dem Patent- und Markenamt (§ 17 GebrMG), anschließend vor dem Bundespatentgericht oder ggf. vor dem BGH (§ 18 GebrMG) sowie im Gebrauchsmuster-Verletzungsstreit durch die Verletzungsgerichte (§ 19 GebrMG) überprüft (vgl. Rz. 10).

14 Unabhängig von einer Klärung der Schutzfähigkeit durch die dazu berufenen Behörden bzw. Gerichte kann im Übrigen eine bindende Feststellung der Schutzfähigkeit unter den Voraussetzungen des § 17 ArbEG oder im Einvernehmen zwischen Arbeitgeber und Arbeitnehmer getroffen werden. Eine vertragliche **Vereinbarung** der Arbeitsvertragsparteien **über die Schutzfähigkeit** einer Erfindung ist – ggf. auch auf der Grundlage eines Einigungsvorschlages der Schiedsstelle – grundsätzlich zulässig[41]. Dabei ist auch denkbar, dass die Arbeitsvertragsparteien im Anschluss an die Erfindungsmeldung (vgl. § 22) einverständlich eine technische Neuerung als technischen Verbesserungsvorschlag bewerten und in Zukunft so behandeln wollen[42] (vgl. auch § 13 Abs. 2 Nr. 2), so dass die Vorschriften über Diensterfindungen selbst dann nicht mehr eingreifen, wenn es sich objektiv um eine schutzfähige Erfindung handeln sollte.

15 Eine derartige (konkludente) Vereinbarung bzw. ein Anerkenntnis der Schutzfähigkeit durch den Arbeitgeber darf mangels eines entsprechenden Erklärungswillens nicht bereits in einer Inanspruchnahme (§§ 6, 7) oder Schutzrechtsanmeldung (§ 13) gesehen werden[43]. Vielmehr ist nach der Inanspruchnahme die Schutzfähigkeit zunächst grundsätzlich zu unterstellen und die Erfindung vorläufig als schutzfähig zu behandeln (s. unten Rz. 18 f. u. Rz. 17 f. zu § 6), wohingegen die abschließende Klärung der Frage der Schutzfähigkeit in aller Regel bis zum endgültigen Ergebnis des Erteilungsverfahrens in der Schwebe bleibt[44]. Andererseits kann aber das Berufen auf

---

41 Vgl. dazu Rebitzki GRUR 1963, 555, 556; Reimer/Schade/Schippel/Kaube Rz. 7 zu § 2; s. auch RG v. 7.2.1932 RGZ 139, 87, 91 – Kupferseidenfaden u. BGH v. 9.1.1964 GRUR 1964, 449, 452 – Drehstromwicklung.
42 Vgl. dazu Gaul NJW 1961, 1509, 1514 f.
43 Vgl. Danner Mitt. 1960, 171, 175 f.; Fischer GRUR 1963, 107, 109 f.; Rebitzki (Fn. 41) m.w.N.; Haas Vergütungsanspruch (1975) S. 16 ff.; Janert Betriebl. Verfahrensweisen (1969) S. 8, 10 ff. m.w.N.; Busse/Keukenschrijver, PatG, Rz. 18 zu § 6 ArbEG (zur Inanspruchnahme); s. auch OLG Frankfurt v. 28.10.1965 GRUR 1966, 425, 426 – Strophocor; BGH v. 30.3.1971 GRUR 1971, 475, 476 – Gleichrichter; abw. BGH v. 2.12.1960 GRUR 1961, 338, 339 – Chlormethylierung; OLG Frankfurt v. 1.12.1960 BB 1961, 1323; s. auch BGH v. 23.6.1977 GRUR 1977, 784, 787 – Blitzlichtgeräte; Karl Mitt. 1960, 242, 244; Volmer BB 1960, 1332, 1333; Windisch GRUR 1985, 829, 832 ff.
44 BGH v. 30.3.1971 (Fn. 43); vgl. auch BGH v. 2.6.1987 GRUR 1987, 900, 902 – Entwässerungsanlage; LG München v. 25. 3. 1998 AZ. 21 0 20044/89 (unveröffentl.) geht von einer Indizwirkung der Inanspruchnahme für die Schutzfähigkeit aus.

§ 2

eine mangelnde Schutzfähigkeit bei Vorliegen besonderer Umstände nach Treu und Glauben ausgeschlossen sein[45] (s. auch Rz. 24). Im Hinblick auf § 10 Abs. 2 bewirkt die Erklärung der beschränkten Inanspruchnahme eine vergütungsbegründende Bindung des Arbeitgebers (s. Rz. 21 zu § 10).

2. Zweifel an der Schutzfähigkeit

Ist die Schutzfähigkeit einer technischen Neuerung noch nicht bestands- bzw. rechtskräftig festgestellt und bestehen darüber Meinungsverschiedenheiten zwischen Arbeitgeber und Arbeitnehmer, so steht dies im Grundsatz der Anwendbarkeit aller Bestimmungen des ArbEG nicht entgegen[49], es sei denn, diese stellen ausdrücklich auf die Erteilung eines Schutzrechts ab (vgl. § 12 Abs. 3 Satz 2, § 16 Abs. 1); dies gilt auch für alle die Fälle, in denen es insbesondere wegen der Schwierigkeit einer zuverlässigen Erfassung des einschlägigen Standes der Technik und zutreffenden Würdigung der technischen Bedeutung einer Neuerung als zweifelhaft erscheinen kann, ob und in welchem Umfang die materiellen Voraussetzungen eines Schutzrechtes gegeben sind und ob eine Schutzrechtserteilung erreicht werden kann und das Schutzrecht Löschungs- bzw. Nichtigkeitsklagen standhält[50].

Die **Wirkungen des ArbEG** sind **zunächst** nicht von dem Nachweis (Feststellung) der Schutzfähigkeitsmerkmale, also der Schutzrechtserteilung, abhängig; sie **knüpfen** – als Arbeitshypothese[51] – entsprechend dem Wortlaut des § 2 bereits **an die einer Erfindung von vornherein anhaftende Eigenschaft (»Fähigkeit«) an, dass hierfür ein (deutsches) Schutzrecht erteilt werden kann**[52], eine Eigenschaft, die lediglich im Prüfungsver-

16

---

45 Vgl. dazu OLG Frankfurt v. 28.10.1965 (Fn. 43); ebenso LG Düsseldorf v. 16. 3. 1999 AZ. 4 O 171/98 (unveröffentl.).
46-48 frei
49 BGH v. 2.12.1960 (Fn. 43) m. abl. Anm. Friedrich; v. 2.6.1987 GRUR 1987, 900, 901 f. – Entwässerungsanlage u.v. 15.5.1990 GRUR 1990, 667, 668 – Einbettungsmasse; Schiedsst. v. 4. 6. 1993 GRUR 1994, 615, 619 – Anspruchsentstehung; vgl. auch Schiedsst. v. 8. 4. 1993 Mitt. 1996, 245, 246 – Vorführbare Mustergeräte; a.A. Danner Mitt. 1960, 171, 174 u. ders., GRUR 1962, 25, 26; Rebitzki GRUR 1963, 555 ff.; vgl. auch Heine/Rebitzki Anm. 5 zu § 9; Reimer/Schade/ Schippel/Kaube Rz. 6 zu § 2; offengelassen von OLG Karlsruhe v. 14.7.1976 Az. 6 U 61/74 (unveröffentl.), wonach bei Streit d. Arbeitsvertragsparteien über die Schutzfähigkeit »mindestens diejenigen Vorschriften« des ArbEG »anzuwenden sind, welche den Rechtsanspruch (des ArbG) an der wirklichen oder vermeintlichen Diensterfindung und die Klärung ihrer Patent- oder Gebrauchsmusterfähigkeit regeln«.
50 BGH v. 2.6.1987 (Fn. 49), 902; vgl. auch BGH v. 15.5.1990 (Fn. 49); Schiedsst. v. 17.10.1988 Blatt 1989, 366, 367 r.Sp. u.v. 8.2.1991 GRUR 1991, 753, 755 – Spindeltrieb.
51 Windisch GRUR 1985, 829, 835.
52 BGH v. 28.1.1962 GRUR 1963, 135, 136 – Cromegal m. krit. Anm. Friedrich = LM Nr. 2 zu § 12 ArbEG (LS) m. zust. Anm. Löscher; zust. auch Volmer BB 1964,

§ 2

fahren bestätigt oder verneint wird[52a]. Über den Wortlaut des § 2 hinaus ergibt sich dies auch aus den Bestimmungen der §§ 5 (Meldepflicht), 6 (Inanspruchnahme), 13 (Anmeldung) und 18 (Mitteilungspflicht), für deren Anwendbarkeit es selbstverständlich nicht auf eine vorherige, verbindliche Feststellung oder Prüfung der Schutzfähigkeit ankommen kann[53]. Für die Forderung[54], insoweit nach formellen und materiellen Bestimmungen des ArbEG zu differenzieren, findet sich im Gesetz keine Stütze, da § 2 eine einheitliche Begriffsbestimmung der Erfindung i.S. des ArbEG geben soll[55].

17 Eine solche Differenzierung scheidet auch im Hinblick auf die Gleichstellung von Patent- und Gebrauchsmusterfähigkeit nach § 2 aus, handelt es sich doch bei der Eintragung des Gebrauchsmusters lediglich um einen »bloßen Registrierungsakt«, ohne dass damit etwas über die materiellen Schutzrechtsvoraussetzungen ausgesagt wird (s. Rz. 10). Insoweit ist es folgerichtig, dass der Arbeitgeber sich gegenüber seinem Arbeitnehmer nicht auf die mangelnde Schutzfähigkeit eines erteilten Gebrauchsmusters (etwa zur Abwehr von Vergütungsansprüchen) berufen kann, solange diese nicht in dem dafür vorgesehenen Verfahren (s. Rz. 10) festgestellt wurde[56] bzw. die Vernichtbarkeit des Gebrauchsmusters offenbar oder wahrscheinlich geworden ist, so dass das Gebrauchsmuster nach den Umständen seine wirtschaftliche Wirkung verliert[56] (vgl. auch RL Nrn. 28, 43 sowie Rz. 35 zu § 9).

18 Bei dieser – auch aus Gründen der Praktikabilität des ArbEG gebotenen – Auslegung müssen im Einzelfall mögliche Belastungen insbesondere bei der Vergütungspflicht des Arbeitgebers hingenommen werden (vgl. auch Rz. 14 zu § 9). Für das Wirksamwerden aller im ArbEG vorgesehenen Rechtsfolgen formaler (insbesondere Meldung und Mitteilung gem. §§ 5, 18; Schutzrechtsanmeldung gem. § 13) und materieller Art (insbesondere Inanspruchnahme gem. §§ 6, 7, Freiwerden gem. § 8, Vergütungspflicht gem. § 9) kommt es demzufolge bis zur abschließenden amtlichen oder gerichtlichen Feststellung der Schutzfähigkeit jeweils nur auf die **Möglichkeit einer Schutzrechtserteilung** an. Etwaige **Zweifel** an der Schutzfähigkeit **entbinden** die Arbeitsvertragsparteien also **nicht** von ihren gesetzlichen Pflichten.

1223, 1224 f.; so auch schon RG v. 7.2.1932 (Fn. 41) zum Reichstarifvertrag »Chemie« v. 13.7.1927; sehr str., w. Nachw. s. Fn. 50, 51, 54.
52a Schiedsst. v. 4.6.1993 (Fn. 49).
53 So auch Busse/Keukenschrijver, PatG Rz. 2 zu § 5 ArbEG; Löscher (Fn. 52); Volmer (Fn. 52) S. 1225.
54 So Fischer GRUR 1971, 430, 431; vgl. auch Reimer/Schade/Schippel/Kaube Rz. 6 zu § 2; Haas (Fn. 43) S. 36 ff.
55 Vgl. Amtl. Begr. BT-Drucks. II/1648 S. 18 = Blatt 1957, 227.
56 BGH v. 23.6.1977 GRUR 1977, 784, 786 ff. – Blitzlichtgeräte.

§ 2

Durch das Abstellen auf die bloße Möglichkeit einer Schutzrechtsertei- 19
lung ergibt sich für die Praxis die Konsequenz, dass die Arbeitsvertragsparteien zur Wahrnehmung ihrer Pflichten (bzw. Wahrung ihrer Rechte) zunächst von der (potentiellen) Schutzfähigkeit einer technischen Neuerung ausgehen müssen.
Nach der hier vertretenen Auffassung gilt dies jedoch dann nicht, wenn eine **Schutzfähigkeit** im Einzelfall **offensichtlich ausgeschlossen** ist[56a] (vgl. auch § 33 Abs. 2 PatG). Demgegenüber geht die Schiedsstelle selbst in diesen Fällen von einer Anmeldepflicht des Arbeitgebers nach § 13 aus, sofern die Schutzunfähigkeit nicht unstreitig ist. Das Gesetz überlasse es weder dem Arbeitnehmererfinder noch dem Arbeitgeber, kraft eigener Autorität verbindlich für den anderen Teil festzustellen, ob eine gemeldete Diensterfindung schutzfähig ist oder nicht; vielmehr sei dies allein Sache der dazu berufenen Patenterteilungsbehörden, wie das auch § 13 Abs. 1 zeige[56b].
Will der Arbeitgeber in solchen Fällen seiner Schutzrechtsanmeldepflicht nicht nachkommen, gibt ihm das ArbEG nach Auffassung der Schiedsstelle[56c] nur drei Möglichkeiten:
– Zunächst kann er **auf die Inanspruchnahme** der ihm als Erfindung gemeldeten technischen Lehre **verzichten**. Sie wird damit gem. § 8 Abs. 1 Nr. 3 für den Arbeitnehmer frei. Unterlässt der Arbeitnehmer eine Schutzrechtsanmeldung oder gelingt es ihm nicht, die Erteilung eines Schutzrechts zu erreichen, steht fest, dass es sich um ein dem Arbeitnehmer bereits durch sein Arbeitsentgelt vergütetes Arbeitsergebnis handelt.
– Nach einer unbeschränkten Inanspruchnahme besteht für den Arbeitgeber in solchen Zweifelsfällen die Möglichkeit, nach § 13 Abs. 2 Nr. 2 die **Zustimmung** des Arbeitnehmererfinders **zur Nichtanmeldung** einzuholen.
– Schließlich kann der Arbeitgeber die ihm gemeldete technische Lehre als **Betriebsgeheimnis nach § 17** behandeln und zur Klärung der Schutzfähigkeit nach § 17 Abs. 2 die Schiedsstelle anrufen.
Die Auffassung der Schiedsstelle läuft auf eine zu formale Betrachtung hinaus, die es allein dem Arbeitnehmer überlässt, durch eine förmliche Erfindungsmeldung das Verfahren nach dem ArbEG in Gang zu setzen, und zwar auch in den Fällen, in denen von einer Schutzfähigkeit i.S.v. § 2 keine Rede mehr sein kann, etwa dann, wenn der Arbeitnehmer den Gegenstand

---

56a Im Ergebn. auch Busse/Keukenschrijver, PatG Rz. 4 zu § 13 ArbEG, wonach eine Anmeldepflicht (nur) bei eindeutiger Schutzunfähigkeit entfällt. Nach OLG Karlsruhe v. 21.11.1972 (Mitt. 1973, 112) ist eine offensichtl. Patentunfähigkeit dann gegeben, wenn die Zurückweisung d. Anmeldung v. DPMA bereits in Aussicht gestellt u. ein ausländ. Parallelpatent rechtskräftig für nichtig erklärt ist.
56b Schiedsst. v. 8. 2. 1991 (Rn. 50); ebenso Reimer/Schade/Schippel/Kaube Rz. 5 zu § 13; Schiedsst. v. 18.11.1994 Arb.Erf. 97/93 (unveröffentl.).
56c Schiedsst. v. 18.11.1994 (Fn. 56 b).

§ 2

einer bereits geschützten Neuerung meldet. Die hier vertretene Auffassung steht in Einklang mit der höchstrichterlichen Rechtsprechung, die den Anwendungsbereich des ArbEG dann bejaht, wenn die Schutzfähigkeit einer technischen Neuerung zweifelhaft ist[56d]. Davon kann nicht mehr gesprochen werden, wenn die Schutzunfähigkeit offensichtlich, d.h. für den Sachkundigen zweifelsfrei erkennbar ist.

20 Damit **verbietet sich** zugleich die Überlegung, **§ 20 als Auffangtatbestand** anzusehen[57]. Es widerspricht der den §§ 2 und 3 zugrunde liegenden Systematik (Negativabgrenzung), eine schutzfähige Erfindung bis zur Schutzrechtserteilung (insbes. hinsichtlich der Vergütung) als technischen Verbesserungsvorschlag zu behandeln[58]. Die schutzfähige Erfindung stellt auf eine objektive Neuheit ab, der Verbesserungsvorschlag auf die betriebliche Neuheit[58a]. Durch die »vorläufige« Behandlung einer Erfindung als Verbesserungsvorschlag würde zudem eine den eindeutigen Zuweisungsregeln der §§ 39 ArbEG, 2 Abs. 2 lit. a ArbGG n.F. widersprechende gerichtliche Zuständigkeit begründet. Auch die Anmeldepflicht des Arbeitgebers gem. § 13 Abs. 1 ArbEG könnte nicht relevant werden, da § 20 eine derartige Pflicht aus der Natur der Sache heraus nicht vorsieht. Schließlich würde eine Schutzrechtsanmeldung und die damit verbundene Offenlegung (vgl. § 32 Abs. 2 PatG) eine evtl. gegebene Vorzugstellung gemäß § 20 Abs. 1 ArbEG zunichte machen. Nach § 22 Satz 2 ArbEG steht es den Arbeitsvertragsparteien aber frei, vertraglich – insbesondere in vergütungsrechtlicher Hinsicht – die Behandlung einer potentiellen Erfindung als technischen Verbesserungsvorschlag bis zur Klärung der Schutzfähigkeit zu vereinbaren[59] (s. auch Rz. 12 zu § 20).

21 Gibt der Arbeitgeber die »Diensterfindung« frei, weil er sie nicht für schutzfähig hält, so geht er das Risiko ein, dass der Arbeitnehmer bzw. ein Dritter, dem der Arbeitnehmer die Neuerung zulässigerweise (s. Rz. 72 zu § 8) überträgt, die Neuerung zum Schutzrecht anmeldet[60]; siehe im Übrigen

---

56d BGH v. 2.6.1987 GRUR 1987, 900, 902 – Entwässerungsanlage u.v. 15.5.1990 GRUR 1990, 667, 668 – Einbettungsmasse.
57 So aber: Melullis GRUR 2001, 684, 687; Bock Mitt. 1971, 220, 233 f.; Danner Mitt. 1960, 171, 176; Fischer GRUR 1971, 430, 434; Gaul GRUR 1977, 686, 698; Haas a.a.O. (Fn. 43) S. 133 ff.; Schulz-Süchting GRUR 1973, 293, 299; Brandi-Dohrn CR 2001, 285, 287; OLG Düsseldorf v. 5. 3. 1998 WRP 1998, 1202, 1211 – Wetterführungspläne; früher Bartenbach Festschrift VVPP S. 131, 141 f.; wie hier: s. Nachw. Fn. 58.
58 Karl Mitt. 1960, 242, 244; Löscher (Fn. 52); Volmer (Fn. 52) S. 1225; im Ergebnis auch Johannesson Arbeitnehmererfindungen Anm. 2.2 zu § 9; vgl. auch Volmer/Gaul Rz. 25 zu § 20; Schiedsst. v. 27.8.1980 EGR Nr. 8 zu § 20 ArbEG u.v. 4.11.1982 Blatt 1983, 107, 108.
58a Grabinski GRUR 2001, 922, 923.
59 Vgl. dazu Janert Betriebl. Verfahrensweisen (1969) S. 31 ff.
60 Schiedsst. v. 4.11.1982 Blatt 1983, 107.
61-65 frei

§ 2

§ 8, insbesondere dort Rz. 60 ff. Zu **Meinungsverschiedenheiten** über die **Schutzfähigkeit** anlässlich der Erfindungsmeldung s. Rz. 23 zu § 5, des Inanspruchnahmerechts s. Rz. 17 f. zu § 6 u. 36 ff. zu § 8, der Vergütung s. Rz. 14 zu § 9, der Schutzrechtsanmeldung s. Rz. 53 ff. zu § 13 und zu der geheimzuhaltenden Erfindung s. Rz. 43 ff. zu § 17. Zur Behandlung als qualifizierter Verbesserungsvorschlag bei unverschuldetem **Irrtum** über die Schutzfähigkeit s. Rz. 24 zu § 3.

3. Auswirkungen endgültiger Schutzrechtsversagung

Wird in einem dazu vorgesehenen amtlichen oder gerichtlichen Verfahren bestands- bzw. rechtskräftig die Schutzunfähigkeit einer Erfindung festgestellt, so **entfallen** nunmehr grundsätzlich – mangels abweichender Vereinbarung der Arbeitsvertragsparteien – die auf eine Diensterfindung bezogenen, gegenseitigen **Rechte und Pflichten aus dem ArbEG**. Die Feststellung der Schutzunfähigkeit wirkt im Grundsatz ex tunc[66] (vgl. § 58 Abs. 2 PatG). Besonderheiten bestehen allerdings hinsichtlich der Vergütung einer Diensterfindung: Einmal können bereits geleistete Vergütungen nicht mehr zurückverlangt werden (§ 12 Abs. 6 Satz 2; s. dort Rz. 154 ff.); andererseits sind Nutzungen bis zur endgültigen Versagung eines Schutzrechts noch zu vergüten, jedoch unter Berücksichtigung eines Risikoabschlags (vgl. hierzu Rz. 33 zu § 9 u. Rz. 64 ff. zu § 12). Bei der beschränkten Inanspruchnahme bleibt der Vergütungsanspruch des Arbeitnehmers gem. § 10 Abs. 2 Satz 2 unberührt, soweit er bis zur rechtskräftigen Entscheidung fällig geworden ist (s. Rz. 19 ff. zu § 10). 22

Diese nicht schutzfähige Erfindung kann eine sonstige technische Neuerung im Sinne des § 3 darstellen, die als Arbeitsergebnis von vornherein dem Arbeitgeber zugeordnet war und möglicherweise nunmehr unter den Voraussetzungen des § 20 als (einfacher) technischer Verbesserungsvorschlag zu vergüten ist. 23

Bei Zurücknahme bzw. Fallenlassen einer Schutzrechtsanmeldung unter Verstoß gegen § 16 ArbEG oder bei sonstigem vorzeitigen Wegfall der Schutzrechtsposition auf Grund **fehlerhaften Verhaltens des Arbeitgebers** (etwa Nichtzahlung der Jahresgebühren), kann es dem Arbeitgeber im Einzelfall nach Treu und Glauben (§§ 162, 242 BGB) verwehrt sein, sich auf die mangelnde Schutzfähigkeit einer Erfindung zu berufen (s. Rz. 20 zu § 3 u. Rz. 73 zu § 16; zur Schadensberechnung s. Rz. 330 f. zu § 9). 24

Zur »Freigabe« einer nicht schutzfähigen Diensterfindung siehe Rz. 42 ff. zu § 8.

---

66 Vgl. auch Schiedsst. v. 21.6.1976 Blatt 1977, 173, 175 (hins. der Inanspruchnahme).
67-73 frei

§ 2

V. Schutzfähigkeit nach ausländischem Recht

25 Die Schutzfähigkeit im Sinne des § 2 knüpft mit dem Bezug auf die Patent- und Gebrauchsmusterfähigkeit ausschließlich an das zum Zeitpunkt der Fertigstellung der Erfindung geltende deutsche Patent- und Gebrauchsmusterrecht an, wobei dem ein europäisches Patent nach dem EPÜ bei Bestimmung der Bundesrepublik Deutschland als Vertragsstaat gleichsteht (s. Rz. 1, 6). Zum Inlandsbegriff s. Rz. 24 zu § 13. Ein im Ausland erlangtes Schutzrecht eröffnet, **sofern im Inland** ein paralleler **Schutz nicht möglich ist,** – entgegen der Auffassung der Schiedsstelle und h.M.[74] – den sachlichen Anwendungsbereich des § 2 nicht, so dass eine Behandlung als **Arbeitnehmererfindung ausscheidet**[75]. Dies wird auch durch die unterschiedliche Gestaltung der Schutzrechtsanmeldung im In- oder Ausland gemäß §§ 13, 14 bestätigt; wäre es dem Gesetzgeber auf die Klärung der Schutzfähigkeit in einem beliebigen Staat angekommen, hätte es nahe gelegen, auf den Zwang zur Inlandsanmeldung (§ 13) dann zu verzichten, wenn jedenfalls eine Auslandsanmeldung erfolgt, also von einer Gleichstellung der inländischen mit ausländischen Schutzrechtsanmeldungen auszugehen. Ein Wirksamwerden des § 14 knüpft nach der gesetzlichen Systematik daran an, dass eine Schutzfähigkeit der Erfindung nach inländischem Recht gegeben ist[76] (s. auch Rz. 4 zu § 14). Allerdings gilt bis zur (rechtsbeständigen) Klärung der inländischen Schutzfähigkeit die **Arbeitshypothese der Schutzfähigkeit** auch in Bezug auf Auslandsanmeldungen und darauf bezogene Auslandsverwertungshandlungen (Behandlung »als ob«[76a]), Erst nach endgültiger Klärung der inländischen Schutzunfähigkeit sind ausländische Schutzrechtsanmeldungen bzw. darauf erteilte Schutzrechte trotz formalen Auslandsschutzes als Arbeitsergebnis ggf. mit den Vergütungsfolgen aus § 20 bzw. als Sonderleistung zu behandeln (streitig, s. hierzu Rz. 15 f. zu § 9).

---

74 Ständ. Entscheidungspraxis, z.B. EV. v. 19.1.1970 Blatt 1970, 426 u.v. 26.4.1976 Blatt 1977, 202; im Ergebn. auch Schiedsst. v. 12. 6. 1996 Arb.Erf. 87/94 (unveröffentl.); ebenso Reimer/Schade/Schippel/Kaube Rz. 12 zu § 14 (bezügl. Erfindervergütung); eine grundsätzliche Anwendbarkeit des § 2 ArbEG auch auf bloß auslandsschutzfähige Neuerungen bejaht auch Sack RIW 1989, 612, 613 (dort Fn. 6) u. ders. in MünchArbR § 99, Rz. 15; diff. Busse/Keukenschrijver, PatG, Rz. 2 zu § 2 ArbEG, wonach das ArbEG bei von inländischen Patent-/Gebrauchsmusterschutz ausgeschlossenen Erfindungen gilt, nicht dagegen bei »Nichterfindungen«.

75 So schon RG v. 7.12.1932 RGZ 139, 87, 91 – Kupferseidenfaden – zu § 9 Reichstarifvertrag Chemie v. 13.7.1927; ebenso Volmer/Gaul Rz. 86 zu § 2 u. 42 f. zu § 4; wie hier auch Schaub ArbR Handb. § 115 II 3 b; insoweit noch übereinstimmend Reimer/Schade/ Schippel/Kaube Rz. 8 zu § 2.

76 Bartenbach, Zwischenbetriebliche. F. u. E-Kooperation, 47 f.

76a Windisch GRUR 1985, 829, 833; s. auch Volmer/Gaul Rz. 87 zu § 2, Rz. 17, 68 zu § 3 u. Rz. 43 zu § 4.

§ 2

Steht die inländische Schutzfähigkeit fest, ist eine **unterschiedliche Schutzdauer** der jeweiligen Schutzrechtsposition im In- bzw. Ausland ohne Einfluss. Angesichts der jedenfalls in den Industrieländern festzustellenden zunehmenden Angleichung der nationalen Schutzrechtsordnungen einerseits und des weltweit möglichen Informationszugriffs ist heute stärker die Wechselbezüglichkeit von Entscheidungen über die Schutzfähigkeit bzw. -unfähigkeit zu beachten:

Stellt sich **im Inland die mangelnde Schutzfähigkeit** einer Erfindung heraus, ist regelmäßig nicht zu erwarten, dass parallel angemeldete Auslandsschutzrechte erteilt werden bzw. Bestand haben[77]. Dies gilt jedenfalls dann, wenn das Inlandspatent mangels Neuheit versagt worden ist; wird dagegen die inländische Schutzfähigkeit mangels erfinderischer Tätigkeit (Erfindungshöhe) i.S.d. § 4 PatG versagt, wird zu beachten sein, dass die inländischen Anforderungen hieran relativ hoch sind, und zwar vielfach höher als in anderen Staaten, so dass Erteilung und Bestand eines Auslandsschutzrechtes nicht ausgeschlossen sind.

Ist **im Inland rechtsbeständig ein Patent** erteilt worden, lässt dies grundsätzlich den Rückschluss auf eine Patentfähigkeit einer ausländischen Parallelanmeldung ebenso zu wie auf die Rechtsbeständigkeit eines erteilten ausländischen Parallelpatentes. Wird jedoch nachträglich ein Stand der Technik aufgedeckt, der im deutschen Patenterteilungsverfahren nicht in Betracht gezogen worden ist, erlaubt eine Patenterteilung in der Bundesrepublik nicht zwingend den Rückschluss auf ein potentielles oder rechtsbeständiges paralleles Auslandsschutzrecht[78].

Eine technische Neuerung (§ 3), für die **nur Auslandsschutz** möglich ist, steht dem Arbeitgeber nach der hier vertretenen Auffassung als Arbeitsergebnis ohne unbeschränkte Inanspruchnahme zu (s. Rz. 26 f. zu § 3), kann jedoch als qualifizierter Verbesserungsvorschlag vergütungspflichtig sein (s. Rz. 16 zu § 9 und Rz. 14 zu § 20); abweichend von § 14 kann er hierfür auch ohne Inanspruchnahme Auslandsschutzrechte erwerben; eine Freigabepflicht gem. § 14 Abs. 2 besteht in diesem Fall nicht, sie kann sich allenfalls in besonders gelagerten Ausnahmefällen aus Treu und Glauben (§ 242 BGB) ergeben (streitig, s. Rz. 4 zu § 14). Entsprechendes gilt hinsichtlich einer Freigabepflicht nach § 16 (s. dort Rz. 9).

26

---

77 So BGH v. 10.7.1979 GRUR 1979, 869, 872 l.Sp. a. E. – Oberarmschwimmringe. Nach EV. v. 24.7.1989 (Arb.Erf. 88/88 – unveröffentl.) vermag die Schiedsst. dem BGH-Urteil nicht darin zu folgen, dass Auslandspatente grundsätzlich nicht zu beachten seien, wenn das deutsche Schutzrecht nicht erteilt bzw. gelöscht wird; sie gesteht aber zu, dass Auslandsschutzrechte nicht isoliert vom Inlandsschutz gewertet werden dürfen und bei versagtem Inlandsschutz gefährdet sind, so dass eine Reduzierung des Erfindungswertes bzw. nur eine vorläufige Vergütung in Betracht kommt.

78 BGH v. 8.12.1981 GRUR 1982, 227 – Absorberstab-Antrieb II.

§ 2

Bei der Prüfung der Schutzfähigkeit im Rahmen des § 17 ist ebenfalls ausschließlich auf deutsches Recht abzustellen.

Die vorstehenden Grundsätze gelten selbstverständlich auch dann, wenn im Ausland kein technisches, sondern ein »sonstiges« Schutzrecht (etwa Geschmacksmuster) erteilt wird.

Zur Frage der Erfindervergütung für im Ausland erteilte Schutzrechte bei mangelnder Schutzfähigkeit im Inland vgl. Rz. 15 f. zu § 9.

Ist eine Neuerung nach deutschem bzw. europäischem Recht einem Patentschutz nicht zugänglich und scheidet mangels technischen Charakters auch eine Einstufung als technischer Verbesserungsvorschlag aus (s. dazu Rz. 22 zu § 3), kommt das ArbEG nach der hier vertretenen Auffassung selbst dann nicht zur Anwendung, wenn für die Neuerung im Ausland Patentschutz erreicht wird. Dies kann sich insbesondere für den Bereich der Computerprogramme auswirken[79]. Die Folge der fehlenden Anwendbarkeit des ArbEG ist letztlich Konsequenz der Wertentscheidung des nationalen Gesetzgebers in §§ 2, 3 ArbEG einerseits und der Patentrechtsordnung (PatG, EPÜ) andererseits.

D. Abgrenzung zum Geschmacksmuster- und Urheberrecht

27 **Geschmacksmusterfähig** sind ästhetisch wirkende, gewerbliche Muster und Modelle, soweit sie neu und eigentümlich sind (vgl. § 1 GeschmMG)[79a]. Zu den Schutzvoraussetzungen s. Art. 4 der GemeinschaftsgeschmacksmusterVO u. § 1 Nr. 1, § 2 des Referentenentwurfs f. ein Geschmacksmusterreformgesetz v. 22.4.2002. Zwar ist auch für ein Geschmacksmuster (s. Rz. 5 zu § 1) eine gewerbliche Verwertbarkeit erforderlich und somit das Geschmacksmustergesetz auch dem Gebiet des gewerblichen Rechtsschutzes zuzuordnen[80]; jedoch besteht der entscheidende Unterschied zum Patent- und Gebrauchsmuster darin, dass bei letzteren der Schutzgedanke auf dem Gebiet der Technik liegt, während das Geschmacksmuster den ästhetischen Gehalt des auf individueller Leistung beruhenden Formgedankens schützt; Patent- und Gebrauchsmuster entsprechen dem Nützlichkeitsgedanken, das Geschmacksmuster dem des Gefälligen[81].

28 Technische Schutzrechte und Geschmacksmuster schließen sich aber nicht gegenseitig aus[82]. Die technische Gestaltung und die ästhetische Form können in einem Erzeugnis verbunden sein oder es kann dieselbe Form technisch bedingt und zugleich ästhetisch wirkend sein, so dass insbeson-

---

79 Zum internationalen Vergleich s. Hübner Mitt. 1996, 384 ff.
79a Vgl. auch die Richtlinie 98/7i/EG über den rechtlichen Schutz von Mustern und Modellen, Blatt 1999, 24 ff.
80 Vgl. Gaul/Bartenbach Handbuch A 122 ff., str.
81 RG v. 30.6.1923 RGZ 107, 100, 102; vgl. auch BGH v. 27.3.1969 GRUR 1969, 672 – Rote Taube; vgl. auch Eichmann/v. Falckenstein, GeschmMG Allgem. Rz. 23 f.
82 RG (Fn. 81); OLG Düsseldorf v. 12.7.1959 GRUR 1961, 459 – Rückblickspiegel.

re ein Zusammentreffen von Geschmacksmuster und Gebrauchsmuster möglich wird[83]. Nur in solchen Fällen kann es sich zugleich um Erfindungen im Sinne des § 2 ArbEG handeln; nach den obigen Maßstäben beurteilt sich auch, ob ein Geschmacksmuster, für das nur eine relativ objektive Neuheit erforderlich ist[84], zugleich einen technischen Verbesserungsvorschlag im Sinne der §§ 3, 20 ArbEG darzustellen vermag[85] (s. auch Rz. 22 zu § 3). Von diesen (seltenen) Situationen abgesehen, ist eine geschmacksmusterfähige Schöpfung dem Anwendungsbereich des ArbEG entzogen.[86]

Ebenfalls keine schutzfähigen Erfindungen im Sinne des § 2 ArbEG stellen **urheberschutzfähige**, individuelle **Leistungen** dar, soweit ihnen nicht ausnahmsweise daneben Patent- oder Gebrauchsmusterschutz zukommt (Näheres s. Rz. 3 f. zu § 1; zu Computerprogrammen s. Rz. 7). 29

E. Abgrenzung zum technischen Verbesserungsvorschlag

Auch technische Verbesserungsvorschläge sind gem. § 3 technische Neuerungen, für die aber ein Patent- oder Gebrauchsmusterschutz nicht möglich ist (Einzelheiten Rz. 9 ff. zu § 3). Soweit im Einzelfall zweifelhaft ist, ob eine als Diensterfindung gemeldete Neuerung schutzfähig ist, gelten die oben unter Rz. 16 f. dargestellten Grundsätze. 30

---

83 Lidle GRUR 1965, 223; Benkard/Bruchhausen PatG Rz. 5 Vorbem. GebrMG m.w.N.
84 BGH v. 8.5.1968 NJW 1968, 2193 ff.; str.
85 Vgl. Schiedsst. v. 12.12.1966 Blatt 1967, 159 = GRUR 1968, 195 (LS) m. Anm. Schippel.
86 Allg. A., Schiedsst. EV. v. 23.3.1981 Arb. Erf. 56/79 (unveröffentl.); Volmer/Gaul, ArbEG Rz. 13 ff. zu § 1, wonach es aber de lege ferenda wünschenswert sei, Geschmacksmuster in den Geltungsbereich des ArbEG einzubeziehen; ähnlich Danner GRUR 1984, 565 ff.

§ 3 Technische Verbesserungsvorschläge

Technische Verbesserungsvorschläge im Sinne dieses Gesetzes sind Vorschläge für sonstige technische Neuerungen, die nicht patent- oder gebrauchsmusterfähig sind.

Lit.: *Danner*, ArbEG, techn. VV u. betr. Vorschlagswesen, GRUR 1984, 565; *Dörner*, Zum »qualifizierten« techn. Verbesserungsvorschlag, GRUR 1963, 72; *Einsele*, Abgrenzung VV zur Erfindung, Betriebl. Vorschl.wesen 1989, 178; *Emmert*, Techn. Verbesserungsvorschläge v. ArbN in arbeitsrechtl. Sicht, Diss. Bielefeld 1982; *Gaul*, Der VV i.S. Abgrenzung z. Arb.NErf., BB 1983, 1357 ff; *ders.*, Gemeinsamkeiten u. Unterschiede v. schutzwürdigen Erf. u. VV, GRUR 1984, 713; *Gaul/Bartenbach*, Die kollektivrechtl. Ordnung d. betr. Vorschlagswesens DB 1980, 1843; dies. Individualrechtl. Rechtsprobleme betriebl. Verbesserungsvorschläge DB 1978, 1161; *Hagen*, Über techn. Verbesserungsvorschläge, GRUR 1959, 163; *Halbach*, Die Pflicht z. Mitteilung v. techn. Verbesserungsvorschlägen, AuR 1960, 371; *Hartung*, Die Vergütung der VV, Diss. Köln 1979; *Hubmann*, Das Recht am Arbeitsergebnis, Festschr. f. Hueck, 1959, S. 43; *Krauss*, Das betriebl. Vorschlagswesen aus rechtl. Sicht, 1977 (= Abh. z. Arb.- u. WirtschaftsR Bd. 32); *May*, Der Verbesserungsvorschlag als Erfindungsanmeldung, BB 1960, 628; *Mönig*, Der techn. Verbesserungsvorschlag i.S. von § 20 Abs. 1 ArbEG, GRUR 1972, 518; *Pleyer*, Vermögens- u. persönlichkeitsrechtl. Probleme d. betriebl. Vorschlagswesens i. d. BRD u. d. Neuererbewegung i.d. DDR, Festschr. f. Pedrazzini (1990), S. 449; *Röpke*, Arbeitsrechtl. Verpflichtungen b. Verbesserungsvorschlägen, DB 1962, 369, 406; *Schultz-Süchting*, Der techn. Verbesserungsvorschlag i. System d. ArbEG, GRUR 1973, 293; *Troidl*, Techn. Verbesserungsvorschläge nach d. Ges. ü. ArbNErf., BB 1974, 468; *Voigt*, Zum »techn. Verbesserungsvorschlag« nach d. Ges. ü. ArbNErf., BB 1969, 1310; *Volmer*; Zur Problematik des techn. Verbesserungsvorschlags, BB 1960, 1332. S. auch Lit. vor § 1 und bei §§ 2, 9, 20.

Übersicht

A. Allgemeines	1-2.2
B. Begriff des technischen Verbesserungsvorschlages	3-25
I. Technische Neuerung als Oberbegriff	4-8
II. Keine Patent- oder Gebrauchsmusterfähigkeit, Betriebs-/Unternehmensbezogenheit	9-17
III. Fälle des technischen Verbesserungsvorschlages	18-24
IV. Persönlichkeitsrecht	25
C. Zuordnung des technischen Verbesserungsvorschlages zum Arbeitgeber	26, 27
D. Mitteilungspflicht des Arbeitnehmers	28-30.4
E. Schutz des technischen Verbesserungsvorschlages	31, 32
F. Vergütung	33, 34

§ 3

A. Allgemeines

1   Von der näheren Regelung technischer Verbesserungsvorschläge im ArbEG hatte der Regierungsentwurf von 1955 – im Gegensatz zum Regierungsentwurf von 1952 – abgesehen, um diese Materie ausschließlich den Tarif- bzw. Betriebsparteien zu überlassen[1]. Durch die Ausweitung des jetzigen § 20 (s. dazu Rz. 1 zu § 20) war zur Klarstellung eine Aufnahme in den »ersten Abschnitt« des ArbEG (Begriffsbestimmungen) notwendig geworden[2]. Das Institut des technischen Verbesserungsvorschlages war auch im früheren Recht unter der DVO 1943 anerkannt; § 5 Abs. 6 DVO stellte aber lediglich klar, dass für (technische) Verbesserungsvorschläge eine Belohnung gewährt werden konnte.

2   Eigenständige Regelungen über technische Verbesserungsvorschläge enthält das ArbEG im Übrigen nur hinsichtlich des Anwendungsbereichs (§ 1), der Vergütung (§ 20), der Zulässigkeit darauf bezogener Individualabreden (§ 22), der Stellung im Konkurs (§ 27 Abs. 2 a.F.) sowie der Anwendbarkeit dieser Vorschriften auf den öffentlichen Dienst (§§ 40, 41). Darüber hinaus finden die Bestimmungen der §§ 12, 23, 25, 26 auch auf qualifizierte technische Verbesserungsvorschläge – bezogen auf deren Vergütung – Anwendung; dagegen scheidet bei den auf schutzfähige Erfindungen im Sinne des § 2 bezogenen Vorschriften grundsätzlich eine – auch analoge – Anwendbarkeit auf technische Verbesserungsvorschläge aus. Gemäß Art. 1 § 11 Abs. 7 AÜG gilt bei der gewerbsmäßigen Arbeitnehmerüberlassung (s. dazu Rz. 59 ff. zu § 1) der Entleiher als Arbeitgeber i.S. des ArbEG auch in Bezug auf technische Verbesserungsvorschläge jeder Art.

2.1   Auf Neuerervorschläge aus der Zeit der **ehemaligen DDR**[2a] findet das ArbEG (§§ 3, 20) ebenso wenig Anwendung wie die erfinderrechtlichen Übergangsbestimmungen (s. dazu Einl. Rz. 31 ff.), nachdem die DDR-Neuererverordnung und die diesbezüglichen Anordnungen und Durchführungsbestimmungen insoweit ersatzlos am 8.8.1990 aufgehoben worden sind[2b]. Für die ab dem 3.10.1990 fertig gestellten (qualifizierten) technischen Verbesserungsvorschläge gilt uneingeschränkt das ArbEG.

Zum Schiedsstellenverfahren s. Rz. 63 zu § 20 u. Rz. 22 zu § 28, zum gerichtlichen Verfahren s. Rz. 11, 20, 27 ff. zu § 39; zu den Besonderheiten bei mehreren Vorschlagenden s. Rz. 48 f. zu § 20.

---

1   Vgl. Amtl. Begr. BT-Drucks. II/1648 S. 18 = Blatt 1957, 228.
2   Vgl. Ausschussbericht zu BT-Drucks. II/3327 S. 4 = Blatt 1957, 251.
2a Vgl. dazu u.a. Pleyer in Festschr. Pedrazzini (1990) S. 449 ff.; Möller, Übergangsbestimmungen f. ArbNErf. i. d. neuen Bundesländern (1996) S.10 ff. m.w.N.
2b Beschluss d. DDR-Ministerrates gem. Bekanntmachung v. 8.8.1990 GBl. I Nr. 59 S. 1438.

§ 3

Im Rahmen der **Reform des ArbEG** sollen die technischen Verbesserungsvorschläge insgesamt, also einschließlich der qualifizierten Verbesserungsvorschläge i. S. d. § 20 Abs. 1, aus dem Anwendungsbereich des ArbEG herausgenommen werden. Ihre Regelung bleibt den Tarifvertrags-, den Betriebs- oder den Arbeitsvertragsparteien überlassen.[2c]   2.2

B. Begriff des technischen Verbesserungsvorschlages

Nach der Legaldefinition des § 3 sind technische Verbesserungsvorschläge solche Vorschläge für sonstige technische Neuerungen, die nicht patent- oder gebrauchsmusterfähig i.S. des deutschen Rechts (s. dazu Rz. 1 zu § 2) sind. Der Begriff des Vorschlages indiziert das Aufzeigen der Lösung eines (technischen) Problems, so dass das Erkennen eines bestimmten Mangels oder Bedürfnisses und dessen Mitteilung für sich allein grundsätzlich noch keinen Vorschlag für eine Verbesserung darstellen können[2d] (vgl. auch Rz. 7).   3

I. Technische Neuerung als Oberbegriff

Dem Wortlaut des § 3 zufolge werden die schutzfähige Erfindung einerseits und der technische Verbesserungsvorschlag andererseits dem Oberbegriff »technische Neuerung« untergeordnet[3].   4

Ausgehend vom allgemeinen Sprachgebrauch[4] indiziert der Begriff der **Neuerung** eine menschliche Tätigkeit, die darauf hinzielt, etwas »Neues« im weiteren Sinne zu schaffen, zu entwickeln. Die Neuerung setzt also nach der hier vertretenen Auffassung eine individuelle, schöpferische Geistesleistung des einzelnen voraus, die über das bloße Auffinden von Vorhandenem, Vorgegebenem, d.h. Entdecken, hinausgehen muss[4a]. Dabei kann sich der Maßstab des »Neuen« begrifflich von dem absolut Neuen, also für jedermann Unbekannten, bis hin zum relativ Neuen spannen, was sich letztlich auf das für eine Einzelperson Unbekannte (subjektiv Neue) zu reduzieren vermag.   5

Durch die Bezugsgröße »**Technik**« ist auch für die Neuerung eine Nutzbarmachung der belebten und unbelebten Natur mittels Anwendung von Naturgesetzlichkeiten bzw. Einsatzes beherrschbarer Naturkräfte erforder-   6

2c Referentenentwurf S. 19.
2d Schiedsst. v. 12.12.1973 Arb. Erf. 35/73 (unveröffentl.).
3   Vgl. Volmer RdA 1957, 166, 170 u. ders. BB 1960, 1332.
4   Vgl. dazu Wahrig Deutsches Wörterbuch (1986) S. 934.
4a A.A. Volmer (Fn. 3) u. Rz. 1 zu § 3; Gaul BB 1983, 1357, 1358 u. Volmer/Gaul Rz. 7, 85 zu § 3; MünchArbR/Sack § 99, Rz. 1; wie hier im Ergebn. auch Krauss Betriebl. Vorschlagswesen (1977) S. 29; Dörner GRUR 1963, 72, 73.

§ 3

lich (zum Begriff der Technik siehe Rz. 4 zu § 2). Dementsprechend hat die Schiedsstelle in ständiger Praxis hervorgehoben, dass der patentrechtliche Begriff der »Technik« auch für den technischen Verbesserungsvorschlag gilt[5]. Folgerichtig kann z.b. in dem Vorschlag, einen Regler für die Stromverteilung in bestimmte Stromversorgungsnetze wieder abzuschalten, wenn zuvor die Gegebenheiten, die zum Einsatz dieses Reglers geführt hatten, entfallen sind, keine technische, sondern nur eine wirtschaftliche Maßnahme gesehen werden[5a] (s. auch Rz. 22).

Damit findet das ArbEG auf nichttechnische, insbesondere kaufmännische, organisatorische oder werbemäßige Verbesserungsvorschläge keine (analoge) Anwendung (s. Rz. 22).

7   Der Begriff des **Vorschlages** indiziert die Darstellung und Übermittlung – sei es mündlich oder schriftlich – der Lösungsmöglichkeit für ein bestimmtes Bedürfnis, Problem bzw. für eine konkrete Aufgabe (zur Mitteilung s. Rz. 28 ff.); er zielt auf eine Änderung oder Neuerung des gegenwärtigen Zustands des Betriebes[5b]. Dementsprechend reichen das bloße Erkennen eines bestimmten Mangels bzw. Bedürfnisses und dessen Mitteilung ebenso wenig aus[5c] wie bloße pauschale Zielvorstellungen zu einem technischen Problem[5d]. Hinzutreten muss vielmehr das nachvollziehbare Aufzeigen eines Lösungsweges[5c] bzw. das Darlegen eines ausschöpfbaren technischen Grundgedankens, der zumindest einen Hinweis auf einen eigenständigen Lösungsansatz in sich birgt[5d].

Eine Neuerung technischer Art im Sinne des § 3 ist mithin immer gegeben, wenn jemand auf Grund eines Erkenntnisprozesses einen objektiv nachvollziehbaren Weg zum planmäßigen Handeln aufzeigt, wie unter Einsatz beherrschbarer Naturkräfte bzw. unter Ausnutzung von Naturgesetzlichkeiten ein bisher – absolut oder relativ – nicht bekannter, kausal übersehbarer Erfolg erreicht werden kann. Damit kommt die technische Neuerung dem Begriff der Erfindung im weiteren Sinne gleich (s. dazu Rz. 2 zu § 2).

8   Aus der Unterordnung unter den Oberbegriff der technischen Neuerung folgt auch für den technischen Verbesserungsvorschlag die Notwendigkeit einer **schöpferischen Leistung**[6] (s. Rz. 5, 7, 10). Damit verbietet es sich,

---

5   Schiedsst. Beschl. v. 24.7. 1973 Arb. Erf. 39/72, EV. v. 21.5.1980 Arb. Erf. 48/79, v. 5.11.1985 Arb. Erf. 11/85, v. 7.11.1985 Arb. Erf. 13/85, v. 30.10.1989 Arb. Erf. 30/89 u.v. 25.1.1994 Arb.Erf. 139/92 (alle unveröffentl.).
5a Schiedsst. v. 5.11.1985 (Fn. 5).
5b Fitting/Kaiser/Heither/Engels BetrVG Rz. 37 i zu § 87.
5c I.d. Sinne Schiedsst. v. 12. 12. 1973 Arb. Erf. 35/73 (unveröffentl.).
5d BAG v. 9.5.1995 Az. 9 AZR 580/93 (unveröffentl.).
6   Vgl. auch Schiedsst. v. 6.8.1965 EGR Nr. 1 zu § 3; Kumm GRUR 1967, 621, 622; Schultz-Süchting GRUR 1973, 293, 294 f.; BFH v. 25.1.1966 BFHE 84, 466, 470 spricht von »erfinderischer Sonderleistung«; a.A. Volmer (Fn. 3); Volmer/Gaul Rz. 84 f. zu § 3; Krauss Betriebliches Vorschlagswesen (1977) S. 29.

§ 3

den Begriff des technischen Verbesserungsvorschlags ausschließlich betriebswirtschaftlich zu verstehen[7]. Demzufolge sind auch technische Anregungen und Überlegungen von Mitarbeitern im Rahmen **kontinuierlicher Verbesserungsprozesse (KVP/»Kaizen«)** nicht zwangsläufig bereits technische Verbesserungsvorschläge im Sinne des § 3, können es aber sein[7a] (z.b. technische Verbesserung eines Arbeitsverfahrens/Produkts als Ergebnis eines KVP-Prozesses; s. auch Rz. 22). Aus dem gleichen Grunde besteht zwischen dem technischen Verbesserungsvorschlag als sonstiger technischer Neuerung und der schutzfähigen Erfindung an sich kein Aliud-Verhältnis[8]; vielmehr ist von einem **Stufenverhältnis** auszugehen. Ein solches »Stufenverhältnis« rechtfertigt es aber wegen der in den §§ 2, 3 zum Ausdruck gekommenen Gesetzessystematik mit dem Abgrenzungskriterium der »Schutzfähigkeit« nicht, jede Erfindung bis zur Schutzrechtserteilung als »schutzunfähigen« technischen Verbesserungsvorschlag anzusehen[10] (s. Rz. 20 zu § 2).

II. Keine Patent- oder Gebrauchsmusterfähigkeit, Betriebs-/Unternehmensbezogenheit

Die mangelnde Patent- bzw. Gebrauchsmusterfähigkeit (zum Begriff s. Rz. 6-11 zu § 2) ist das entscheidende **Abgrenzungskriterium** des technischen Verbesserungsvorschlags zur schutzfähigen Erfindung im Sinne des § 2. Zwar stellt auch der technische Verbesserungsvorschlag als technische Neuerung eine Erfindung im weiteren Sinne dar (s. Rz. 7), jedoch fehlen von Anfang an die Schutzvoraussetzungen der §§ 1 ff. PatG, 1 ff. GebrMG. Auf welchen Gründen die Schutzunfähigkeit beruht, ist für die Einstufung einer technischen Nennung als Verbesserungsvorschlag grundsätzlich ohne Belang[15]. 9

Namentlich sind an den **Grad der schöpferischen Leistung** keine so hohen Anforderungen wie an eine erfinderische Tätigkeit im Sinne des § 4 PatG zu stellen. Ebenso wenig aber wie eine bloße Entdeckung (s. dazu Rz. 3 zu § 2 u. hier Rz. 5) eine schöpferische Leistung und damit einen technischen Verbesserungsvorschlag darstellt, kommt auch dem Kennenlernen und bloßen Vermitteln von Erfahrungswissen Dritter eine Qualität 10

---

7 So aber Volmer Rz. 3 zu § 3; Troidl BB 1974, 468, 469.
7a Vgl. dazu u.a. Pfisterer AiB 1995, 329 ff.; vgl. ferner Imai, Kaizen – der Schlüssel zum Erfolg der Japaner im Wettbewerb, 11. Aufl. 1993.
8 So aber Volmer GRUR 1966, 90; wie hier Schwab AlB 1999, 445, 448.
9 Haas Vergütungsanspruch (1975) S. 127 ff.; Schultz-Süchting (Fn. 6), S. 299 m.w.N.; Reimer/Schade/Schippel/Kaube Rz. 3 zu § 3; Volmer/Gaul Rz. 34 ff. zu § 3.
10 So aber Danner Mitt. 1960, 171, 176; Schultz-Süchting (Fn. 9); ähnl. Haas (Fn. 9) S. 133 f.
11-14 frei
15 I. d. S. wohl Busse/Keukenschrijver, PatG Rz. 1 zu § 3 ArbEG.

§ 3

als technischer Verbesserungsvorschlag zu[16], es sei denn, die Umsetzung auf die konkreten betrieblichen Belange hat ein gewisses Maß an individueller Leistung des Vorschlagenden erfordert (s. auch Rz. 5). Gleiches gilt, wenn eine besondere Einsatzmöglichkeit handelsüblicher Waren durch einfaches Ausprobieren ermittelt wird[17] (s. auch Rz. 5).

11 Wird der Erfindung eine Schutzfähigkeit nur zuerkannt, wenn die darin enthaltene Lehre zum technischen Handeln sich von dem allgemeinen Stand der Technik hinsichtlich Neuheit und erfinderischer Tätigkeit abhebt (vgl. §§ 1, 3, 4 PatG), so bedarf es zur Kennzeichnung eines technischen Verbesserungsvorschlages als schutzunfähiger technischer Neuerung dieser absoluten Bezugsgröße nicht; ausgehend von der Zielsetzung des ArbEG, im Arbeitsverhältnis geschaffene schöpferische Leistungen einer angemessenen Regelung zuzuführen, kann nur die »**Betriebsebene**« als Anknüpfungspunkt herangezogen werden[18]. Dabei muss sich die »Betriebsbezogenheit« nicht auf den Betrieb als organisatorisch-arbeitstechnische Einheit beschränken, sondern kann den Arbeitsbereich des Unternehmens (zum Unternehmensbegriff s. Rz. 101 f. zu § 1) umfassen; deshalb liegt ein »betrieblicher Verbesserungsvorschlag« auch dann vor, wenn seine Verwirklichung nicht in dem Betrieb, in dem der Arbeitnehmer tätig ist, erfolgen soll und/oder kann, vielmehr eine unternehmensbezogene Aktivität betrifft[19]. Wegen des ungeschriebenen Tatbestandsmerkmals der »**Unternehmensbezogenheit**« kann ein technischer Verbesserungsvorschlag nur vorliegen, wenn eine nicht schutzfähige Lehre zum technischen Handeln den »innerbetrieblichen« Stand der Technik des jeweiligen Unternehmens verbessert; d.h. zunächst, sie muss gegenüber den bisherigen »innerbetrieblichen« Arbeiten und Erfahrungen (s. dazu Rz. 26 ff. zu § 4) neu sein; ggfls. kann aber auch der Erfahrungsstand kooperierender Unternehmen einzubeziehen sein[19a].

12 Wegen dieser **relativen Neuheit** kann sich je nach dem »innerbetrieblichen« Stand der Technik eine Neuerung in einem Unternehmen als technischer Verbesserungsvorschlag darstellen und in einem anderen nicht; gesteigerte Anforderungen können nur im Hinblick auf die vergütungsrechtlich relevante Frage der Abgrenzung zwischen einfachem und qualifiziertem Verbesserungsvorschlag notwendig sein (s. dazu Rz. 52 zu § 20). Ist denkbar, dass – etwa im Hinblick auf geheim gehaltene Erfindungen – der

---

16 A.A. Volmer Rz. 15 zu § 3; Troidl (Fn. 7).
17 Schiedsst. v. 6.8.1965 EGR Nr. 1 zu § 3 ArbEG.
18 Im Ergebnis h. M.: vgl. Mönig GRUR 1972, 518, 519; Schultz-Süchting (Fn. 6), S. 295; Troidl (Fn. 7); Schippel GRUR 1963, 523; Busse/Keukenschrijver, PatG, Rz. 3 zu § 3; s. auch BGH v. 26. 11. 1968 GRUR 1969, 341, 342 (zu II 2 b) – Räumzange; Dörner (Fn. 4a) S. 74; a.A. Kumm GRUR 1967, 621, 624.
19 Gaul/Bartenbach DB 1978, 1161, 1162.
19a OLG Braunschweig v. 17.7. 1997, Az. 2 U 6/97 u. Busse/Keukenschrijver, PatG, Rz. 2 zu § 3 ArbEG m. H. a. OLG Braunschweig v. 17.7. 1997; s. hierzu auch Grabinski GRUR 2001, 922, 923.

§ 3

interne Stand der Technik über dem äußeren Stand der Technik liegt, so ergibt sich in solchen Fällen die Konsequenz, dass (vorrangig) eine schutzfähige Erfindung in Betracht kommt, obwohl der betriebsinterne Stand nur geringfügig verbessert wird.

Ist zwar das Erfordernis eines absoluten technischen Fortschritts für die patentrechtliche Schutzfähigkeit weggefallen, so indiziert doch der Begriff des »Verbesserungs«-Vorschlages, dass die technische Neuerung den internen Stand der Technik des betreffenden Unternehmens heben und insoweit **fortschrittlich** sein muss[20]. 13

Aus der Unternehmensbezogenheit folgt zugleich, dass die vorgeschlagene technische Neuerung in dem Unternehmen **gewerblich verwertbar** (im weiteren Sinne) sein muss, also nicht alleine der Nutzung im privaten Bereich zu nicht gewerblichen Zwecken oder nur zur Verwertung außerhalb des Unternehmens des Arbeitgebers dienlich sein darf; gewerblich verwertbar sind aber als technische Verbesserungsvorschläge (im Unterschied zu schutzfähigen Erfindungen)[21] auch solche Neuerungen, die ausschließlich in Betrieben Verwendung finden, welche kein Gewerbe ausüben[22] (z.B. freie Berufe; öffentlicher Dienst, vgl. §§ 40, 41). 14

Wegen der für einen technischen Verbesserungsvorschlag begrifflich notwendigen »Unternehmensbezogenheit« verbietet sich u. E. die im Hinblick auf eine Mitteilungspflicht vorgeschlagene **Differenzierung nach dem Tätigkeitsbereich** des Arbeitnehmers in »dienstliche«, »gebundene« oder »freie« technische Verbesserungsvorschläge[23], zumal das ArbEG eine solche Unterscheidung nur hinsichtlich schutzfähiger Erfindungen anerkennt (s. auch Rz. 28 f.). Die Zuordnung eines technischen Verbesserungsvorschlages zu einem Unternehmen kann nicht davon abhängen, in welcher Funktion ein Arbeitnehmer diesen Vorschlag entwickelt hat bzw. inwieweit die Verbesserung in Zusammenhang mit der geschuldeten Arbeit entstanden ist[23a], sondern vielmehr davon, ob dieser Verbesserungsvorschlag im **vorhandenen oder vorbereiteten Arbeitsbereich des Unternehmens** 15

---

20 Vgl. LAG Hamburg v. 28. 4. 1960 ARSt. XXIV Nr. 349; Dörner (Fn. 4a), S. 75; Busse/Keukenschrijver, PatG Rz. 3 zu § 3 m. H. a. OLG Braunschweig v. 17. 7. 1997 (Fn. 19 a); Lindenmaier/Lüdecke Anm. zu § 3; s. auch Volmer/Gaul Rz. 18 zu § 3; Schultz-Süchting (Fn. 18); Danner Mitt. 1960, 171, 173; unklar Kumm GRUR 1967, 621, 624.
21 Vgl. BGH v. 20.1.1977 GRUR 1977, 652 – Benzolsulfonylharnstoff.
22 Krauss (Fn. 6) S. 27; zust. Volmer/Gaul Rz. 29 zu § 3.
23 So aber Volmer BB 1960, 1332, 1334; Janert Betriebl. Verfahrensweisen (1969) S. 156 ff.; Röpke Arbeitsverhältnis und Arbeitnehmererfindung S. 137 u. ders. DB 1962, 369, 370; Schwab, AlB 1999, 445, 446 (»Differenzierungstheorie«); Halbach AuR 1960, 171, 172 f.; Krauss (Fn. 6) S. 66 ff.; Schopp Rpfleger 1971, 203, 207 f.; vgl. auch Westhoff RdA 1976, 353, 357 u. Fitting/Kaiser/Heither/Engels BetrVG Rz. 375 zu § 87; wie hier: Reimer/Schade/Schippel/Kaube Rz. 8 zu § 3; Gaul BB 1983, 1357, 1361; Volmer/Gaul Rz. 22 f., 50 ff. zu § 3; Mönig GRUR 1972, 518, 519.
23a So aber LG Düsseldorf v. 16. 10. 1990 Az. 40/126/90 (unveröffentl.).

§ 3

(vgl. dazu Rz. 29 zu § 18) **nutzbar** gemacht werden kann. Somit ist beispielsweise auch der den technischen Bereich eines Unternehmens betreffende Verbesserungsvorschlag eines kaufmännischen Mitarbeiters des Rechnungswesens dem Unternehmen zuzuordnen und daher dem Arbeitgeber mitzuteilen; der Tätigkeitsbereich des Vorschlagenden kann sich lediglich bei der Bemessung der Vergütung auswirken. Dementsprechend stellt beispielsweise die Entwicklung einer Neuerung während einer vorübergehenden Tätigkeit bei einem Geschäfts- oder Kooperationspartner einen dem Arbeitgeber zuzuordnenden technischen Verbesserungsvorschlag dar, da es ausreicht, wenn der Verbesserungsvorschlag einen Bezug zum Arbeitsverhältnis aufweist und dem Arbeitgeber nützlich ist[23b]. Entwickelt dagegen ein Angestellter z.B. eines optischen Unternehmens ein Verfahren zur Verbesserung von Blechwalzanlagen, so handelt es sich nicht um einen (dem Arbeitgeber zuzuordnenden) Verbesserungsvorschlag, da hier die notwendige Unternehmensbezogenheit fehlt.

16 Entsprechend den allgemeinen Rechtsgrundsätzen können solche technischen Neuerungen, die gegen das Gesetz bzw. die guten Sitten verstoßen, nicht als technische Verbesserungsvorschläge behandelt werden[24].

17 Nach der hier vertretenen Auffassung ist der technische Verbesserungsvorschlag dahin zu **definieren**, dass er jede (dem Arbeitgeber übermittelte) Lehre zum technischen Handeln umfasst, die einerseits nicht schutzfähig ist, andererseits den internen Stand der Technik des jeweiligen Unternehmens bereichert, also zumindest im Hinblick auf dieses Unternehmen (relativ) neu, fortschrittlich und gewerblich verwertbar ist[25].

III. Fälle des technischen Verbesserungsvorschlages

18 Damit kommen als technische Verbesserungsvorschläge solche technischen Neuerungen in Betracht, denen zwar die spezifischen Schutzrechtsvoraussetzungen des deutschen Patent- oder Gebrauchsmusterrechts fehlen bzw. denen ein Monopolschutz aberkannt wird (s. Rz. 7-10, 12 zu § 2), die aber Einrichtungen, Erzeugnisse oder Verfahren des jeweiligen Unternehmens verbessern. Findet die Neuerung nur für einen (speziellen) Kundenauftrag Anwendung, ist sie aber ansonsten als (allgemeine) Verbesserung im Betrieb ungeeignet, so scheidet ein technischer Verbesserungsvorschlag aus[30].

19 Ist eine Neuerung im **Ausland**, nicht aber im Inland schutzfähig, so kann sie ebenfalls (nur) einen technischen Verbesserungsvorschlag darstellen (streitig, s. Rz. 25 zu § 2 u. Rz. 13 ff. zu § 20). Anderseits kann eine

---

23b I. d. S. BSG v. 26. 3. 1998 NZA-RR 1998, 510, 511.
24 Dörner GRUR 1963, 72, 75.
25 Im Anschluss hieran Schwab Erf. u. VV, 35 u. Volmer/Gaul Rz. 26 zu § 3.
26-29 frei
30 LAG Hamburg v. 28. 4. 1960 ARSt. XXIV Nr. 349.

§ 3

schutzfähige Erfindung nach Meldung kraft Parteidisposition (vgl. § 22) für die Zukunft als technischer Verbesserungsvorschlag behandelt werden (s. Rz. 14 zu § 2).

Dagegen stellen Erfindungen eines Arbeitnehmers nach **Ablauf ihrer Schutzdauer** keine technischen Verbesserungsvorschläge mehr dar, da diese zum Zeitpunkt ihrer Fertigstellung schutzfähig im Sinne des § 2 waren und sich damit ein Rückgriff auf § 3 von Anfang an verboten hat[31] (siehe auch Rz. 20 zu § 2). Nutzt der Arbeitgeber den Erfindungsgegenstand nach regelmäßigem Schutzrechtsablauf weiter, so kann eine anschließende Vergütungspflicht nur kraft Vereinbarung (Zusage) entstehen, es sei denn, einer der in RL Nr. 43 bezeichneten Ausnahmefälle läge vor. Wurde die vorzeitige Beendigung der Schutzdauer dagegen durch vorwerfbares Verhalten des Arbeitgebers – etwa Versäumung der Zahlung fälliger Jahresgebühren – herbeigeführt, so hat der Arbeitnehmer aus Pflichtverletzung (§ 280 Abs. 1, § 619 a BGB) hinsichtlich der Vergütung einen Anspruch darauf, so gestellt zu werden, als sei die Schutzfähigkeit bis zu dem unter regelmäßigen Umständen bei dem betreffenden Arbeitgeber zu erwartenden Ablauf der Schutzdauer noch gegeben (vgl. Rz. 24 zu § 2). 20

Wird das Schutzrecht versagt bzw. nachträglich vernichtet oder gelöscht, so steht die **mangelnde Schutzfähigkeit** der technischen Neuerung fest. Diese ist ggf. als technischer Verbesserungsvorschlag zu behandeln; obschon die Vernichtung bzw. Löschung ex tunc wirkt, muss die technische Neuerung im Hinblick auf vorangegangene Nutzungshandlungen des Arbeitgebers namentlich vergütungsrechtlich als schutzfähig behandelt werden (s. Rz. 22, 23 zu § 2 und Rz. 61 zu § 12). 21

Mangels technischen Charakters sind vom Anwendungsbereich des ArbEG Verbesserungsvorschläge rein ästhetischer, kaufmännischer, organisatorischer, werbemäßiger oder wissenschaftlicher Natur **ausgeschlossen**[31a] (s. auch Rz. 6). Damit scheiden grundsätzlich Vorschläge zur Rationalisierung und Automatisierung als solche, also ohne Aufzeigen von Wegen zur technischen Verbesserung von Produktionsanlagen u.ä., ebenso aus[32], wie Vorschläge, die reine Organisationsanweisungen enthalten (etwa, welche Arbeitsprozesse wann vorzunehmen sind[32a] oder dahingehende Vorschläge im Rahmen eines KVP-Prozesses/Kaizen), ferner solche Vorschläge, die ausschließlich in den Bereich eines Geschmacksmusters fallen[33] (vgl. Rz. 27 zu § 2). Gleiches gilt für die bloße Auswahl des geeignetsten unter 22

---

31 A.A. Volmer Rz. 12 zu § 3.
31a ebenso Fitting/Kaiser/Heither/Engels BetrVG Rz. 378 zu § 87.
32 Reimer/Schade/Schippel/Kaube Rz. 5 zu § 3 m.w.N.; Grabinski GRUR 2001, 922, 923.
32a Schiedsst. v. 30.10.1989 Arb. Erf. 30/89 (unveröffentl.); vgl. auch LAG Hamm v. 4. 9. 1996 NZA-RR 1997, 258 ff.
33 Vgl. Schiedsst. v. 12.12.1966 Blatt 1967, 159 m. Anm. Schippel GRUR 1968, 195.

§ 3

mehreren bekannten Mitteln, Stoffen, Verfahren[34]. Auch (urheberschutzfähige) **Computerprogramme** scheiden als technische Verbesserungsvorschläge aus (s. Rz. 3 f. zu § 1), es sei denn, sie haben technischen Charakter im patentrechtlichen Sinne[34a] (s. dazu Rz. 7 zu § 2); zu deren Zuordnung zum Arbeitgeber s. Rz. 27; zu deren Vergütung Rz. 332 f. zu § 9 u. Rz. 12 zu § 20; zur Urheberschutzfähigkeit von Darstellungen technischer Art wie Zeichnungen, Plänen, Modellen s. § 2 Abs. 1 Ziff. 7 UrhG sowie Rz. 4 zu § 1. Gleiches gilt für mit Hilfe mathematischer Methoden aufgestellte Berechnungstabellen als Hilfsmittel zur Verbesserung der Einstellung von Apparaturen[34b], oder sonstige reine Anweisungen an den menschlichen Geist, ferner für rein wirtschaftliche/organisatorische Maßnahmen (s. auch Rz. 6, 7), wie etwa die Feststellung, dass auf Grund veränderter Umstände einzelne Teile einer Anlage überflüssig geworden sind[34c]. Zur sortenschutzfähigen Neuerung s. Rz. 3 zu § 1 u. Rz. 8 zu § 2.

23 Bestehen zwischen Arbeitgeber und Arbeitnehmer **Meinungsverschiedenheiten über die Schutzfähigkeit** oder hegt der Arbeitgeber diesbezüglich Zweifel, so muss er – um die Gefahr eines Rechtsverlustes (§ 8 Abs. 1 Nr. 3) zu vermeiden – die technische Neuerung als Diensterfindung behandeln, also insbesondere zum Schutzrecht anmelden (§ 13)[35] und in Anspruch nehmen (§§ 6, 7), da nach § 2 zunächst die (theoretische) Möglichkeit einer Schutzrechtsfähigkeit ausreicht[36] (Näheres s. Rz. 16 ff. zu § 2). Der Arbeitnehmer hat ggf. das Recht zur Anmeldung (Ersatzvornahme) gemäß § 13 Abs. 3 (s. Rz. 61 ff zu § 13).

24 Bei ordnungsgemäßer Meldung einer Diensterfindung geht ein **Irrtum** des Arbeitgebers über ihre **Schutzfähigkeit** grundsätzlich zu seinen Lasten (vgl. auch Rz 17 zu § 6). Irrt der Arbeitnehmer über die Schutzfähigkeit und teilt er eine objektiv schutzfähige Erfindung lediglich als technischen Verbesserungsvorschlag mit, hat der Arbeitgeber entsprechend seiner Fürsorgepflicht den Arbeitnehmer zu einer ordnungsgemäßen Meldung i. S. d. § 5 aufzufordern, wenn er die Schutzfähigkeit erkennt[37]. Irren beide Arbeitsvertragsparteien über eine tatsächlich bestehende Schutzfähigkeit einer mitgeteilten Neuerung und unterbleiben deshalb sowohl Erfindungsmeldung als auch Inanspruchnahme sowie Schutzrechtsanmeldung, kommt mangels rechtswirksamer Inanspruchnahme eine Vergütung nach den §§ 9, 10 nicht in Betracht; im Einzelfall kann sich jedoch eine Vergütung als

---

34 Schiedsst. v. 6.8.1968 EGR Nr. 1 zu § 3 ArbEG.
34a Schiedsst. v. 25.1.1994 Arb.Erf. 139/92 (unveröffentl.).
34b Schiedsst. v. 7.11.1985 Arb.Erf. 13/85 (unveröffentl.).
34c Schiedsst. v. 5.11.1985 Arb.Erf. 11/85 (unveröffentl.).
35 Schiedsst. v. 21.6.1976 Blatt 1977, 173, 175.
36 Vgl. auch Schultz-Süchting GRUR 1973, 293, 295 f.; Volmer BB 1960, 1332 ff. gegen May BB 1960, 628 ff.
37 Gaul NJW 1961, 1509, 1514; zu weitgehend hins. einer Prüfpflicht des Arbeitgebers: LG Düsseldorf v. 27. 3. 1973 GRUR 1974, 173, 174 – Blockeinweiser.

§ 3

(qualifizierter) technischer Verbesserungsvorschlag nach § 20 ergeben[38]. Durch die Prämierung einer zunächst als Verbesserungsvorschlag eingereichten technischen Lehre erwirbt der Arbeitgeber ein dauerhaftes einfaches Nutzungsrecht, welches nicht dadurch beseitigt wird, dass diese technische Lehre später als Erfindung gemeldet und mangels Inanspruchnahme frei wird.[39]

IV. Persönlichkeitsrecht

Aus dem Erfordernis einer individuellen Leistung (s. Rz. 2 zu § 2) folgt zugleich, dass dem Schöpfer des technischen Verbesserungsvorschlages in gewissem Umfange Persönlichkeitsrechte zugestanden werden müssen[40], die allerdings nicht so weit reichen können wie das im Patentrecht anerkannte Erfinderpersönlichkeitsrecht (vgl. dazu Rz. 24 f. zu § 7). Das sich aus der Anerkennung der schöpferischen Persönlichkeit (Art. 1, 2 GG) ergebende Persönlichkeitsrecht des Arbeitnehmers ist immer dann tangiert, wenn er durch Handlungen Dritter in Bezug auf den von ihm entwickelten technischen Verbesserungsvorschlag in seiner »Erfinderehre« und/oder seiner beruflichen Stellung widerrechtlich belastet wird. Geriert sich etwa ein Arbeitskollege unberechtigterweise als Urheber des technischen Verbesserungsvorschlages, so hat der Arbeitnehmer einen Unterlassungsanspruch (§ 1004 BGB analog) und kann ggf. Schadensersatz verlangen (§ 823 Abs. 1 BGB)[41].

25

C. Zuordnung des technischen Verbesserungsvorschlages zum Arbeitgeber

Die auf Diensterfindungen bezogenen Regelungen des ArbEG können sinnvoll auf technische Verbesserungsvorschläge weder unmittelbar noch analog angewendet werden (als Ausnahme vgl. § 20 Abs. 1 Satz 2). Die »Überleitung« erfolgt durch die **Übermittlung** des in der technischen Neuerung enthaltenen **Wissensstandes**; eines besonderen Rechtsübertragungsaktes bedarf es nicht[41a]. Der Arbeitgeber kann den technischen Ver-

26

---

38 Schiedsst. v. 25. 1. 1994 Arb.Erf. 139/92 (unveröffentl.); bestätigt durch OLG Düsseldorf v. 5. 3. 1998 WRP 1998, 1202, 1208 ff. (betr. Softwareprogramm), aufgehoben durch BGH v. 24. 10. 2000 GRUR 2001, 155 – Wetterführungspläne I.
39 Schiedsst. v. 7. 10. 1999 Arb.Erf. 43/98 u. v. 2. 2. 1999 Arb.Erf. 43/97 (beide unveröffentl.).
40 Zustimmend Gaul BB 1983, 1357, 1360 f. u. Volmer/Gaul Rz. 40 zu § 3; vgl. auch Pleyer in Festschr. Pedrazzini (1990) S. 449 ff.; a.A. Reimer/Schade/Schippel/Kaube Rz. 6 zu § 3; Klauer/Möhring/Nirk, PatG Rz. 11 in Anh. zu § 3 PatG; Kumm GRUR 1967, 621, 624.
41 Ebenso Gaul (Fn. 40), 1361.
41a Zust. LG Düsseldorf v. 22. 3. 2001 Az. 4 O 211/00 (unveröffentl.).

§ 3

besserungsvorschlag als Arbeitsergebnis ohne förmliche Meldung bzw. Inanspruchnahme verwerten[42] (zur Erklärung der Inanspruchnahme einer gemeldeten Diensterfindung »als Verbesserungsvorschlag« s. Rz. 7 zu § 6). Er kann über die mitgeteilten bzw. ihm sonst zur Kenntnis gelangenden Verbesserungsvorschläge frei verfügen, sie also insbesondere auch Dritten, etwa Kooperationspartnern, zur Verfügung stellen.

27 Soweit ein Arbeitnehmer arbeitsvertraglich verpflichtet ist, sich um technische Neuerungen zu bemühen (s. Rz. 25 f. zu § 25), handelt es sich um **tätigkeitsbezogene Arbeitsergebnisse,** die unmittelbar dem Arbeitgeber zuzuordnen sind[43]. Grundlage hierfür ist der Austauschgedanke (Dienstleistung gegen Entgelt)[43a]. Gleiches gilt, wenn der Verbesserungsvorschlag das Ergebnis einer Tätigkeit auf Grund des Direktionsrechts des Arbeitgebers ist. Diese Zuordnung als Arbeitsergebnis erfasst auch Weiterentwicklungen von Diensterfindungen, soweit solche nicht eigenständig schutzfähig sind[43b].

Die Zuordnung solcher Verbesserungsvorschläge zum Arbeitgeber, die nur »bei Gelegenheit« der Erfüllung der arbeitsvertraglich umschriebenen Aufgaben entstanden sind, wurde bislang ebenfalls aus der (diesbezüglich nicht unbedenklichen) Annahme eines Arbeitsergebnisses hergeleitet[44]. Zutreffend dürfte jedoch die Annahme einer **gewohnheitsrechtlich anerkannten Zuordnung** sein[45], auch wenn hierbei der Gesichtspunkt der schöpferischen Leistung des Arbeitnehmers nicht voll zum Tragen kommt. Zur »Differenzierungstheorie« s. Rz. 15, 29.

Zur Zuordnung von urheberrechtsfähigen Leistungen siehe Rz. 4 zu § 2.

---

42 BGH v. 9.1.1964 GRUR 1964, 449, 452 – Drehstromwicklung; Schiedsst. v. 27.8.1980 EGR Nr. 8 zu § 20; v. 5.11.1986 Blatt 1987, 209 u.v. 27.8.1980 EGR Nr. 24 zu § 5 ArbEG; Mönig GRUR 1972, 518, 519; Reimer/Schade/Schippel/Kaube (Fn. 40).
43 Allg. A., vgl. insbes. Hubmann, Festschr. f. Hueck, S. 43 ff.; Buchner GRUR 1981, 7 ff.; Volmer/Gaul Rz. 49 ff. zu § 3; Krauss (Fn. 6), S. 67; BGH v. 9.1. 1964 (Fn. 42); LG Düsseldorf v. 22. 3. 2001 Az. 4 O 211/00 (unveröffentl); Schiedsst. ZB. v. 23.12.1981 Arb. Erf. 48/81 u. v. 17. 4. 2001 Arb.Erf. 82/99 (beide unveröffentl.); vgl. auch BAG v. 13.9.1983 GRUR 1984, 429 – Statikprogramme (betr. urheberschutzfähige Computerprogramme) und BGH v. 22.2.1974 GRUR 1974, 480 – Hummelrechte.
43a Hubmann (Fn. 43).
43b Ebenso Busse/Keukenschrijver, PatG Rz. 2 zu § 7 ArbEG.
44 So wohl Kumm (Fn. 40); Bock Mitt. 1971, 220, 222; Reimer/Schade/Schippel/Kaube Rz. 6 zu § 3; s. auch BGH v. 9. 1. 1964 (Fn. 42) u. Schiedsst. v. 12.10.1978 Blatt 1979, 255, 257; ablehnend die Vertreter der »Differenzierungstheorie« für »freie« technische Verbesserungsvorschläge (s. Fn. 54).
45 Mönig (Fn. 42); Schaub ArbRHdb. § 115 V 2; Gaul/Bartenbach DB 1978, 1161, 1165; Volmer/Gaul Rz. 49 f., 144 zu § 3; krit. Krauss (Fn. 6) S. 69 f.

46-50 frei

§ 3

D. Mitteilungspflicht des Arbeitnehmers

Um dem Arbeitgeber die »faktische« Position des sich im technischen Verbesserungsvorschlag niederschlagenden Wissens um technische Vorgänge zu vermitteln, ist der Arbeitnehmer zur **Mitteilung** verpflichtet. Zwar enthält das ArbEG keine nähere Regelung über eine Mitteilungspflicht des Arbeitnehmers bei technischen Verbesserungsvorschlägen, geht jedoch – wie § 22 zeigt – davon aus; zudem enthält der Verbesserungs-»Vorschlag« bereits begrifflich diese Pflicht. Dabei kann offen bleiben, ob sich eine solche Rechtspflicht – mangels arbeitsvertraglicher oder kollektivrechtlicher Absprache – in der Regel nur aus der Treuepflicht des Arbeitnehmers[51] oder (auch) aus der Arbeitspflicht[52] bzw. aus Gewohnheitsrecht herleiten lässt.

28

Die Mitteilungspflicht wird ausgelöst durch die Fertigstellung des technischen Verbesserungsvorschlages (s. dazu Rz. 16 f. zu § 4); sie erstreckt sich auf alle technischen Verbesserungsvorschläge[53], ohne dass begrifflich eine Differenzierung zwischen »freien«, »gebundenen« und »dienstlichen« Verbesserungsvorschlägen vorgenommen werden kann (vgl. dazu Rz. 15). Der Arbeitnehmer ist in jedem Fall gehalten, die Interessen und das Wohl des Arbeitgebers und des Betriebes nach besten Kräften wahrzunehmen, also auch außerhalb seiner eigentlichen Arbeit liegende Verbesserungen des Betriebsgeschehens mitzuteilen[54].

29

Gesetzlich werden an die Mitteilung keine besonderen Anforderungen wie etwa bei der Erfindungsmeldung (vgl. § 5) gestellt. Solche können sich aus dem Arbeits- oder Tarifvertrag bzw. aus einer Betriebsvereinbarung ergeben (vgl. auch Rz. 57 zu § 20). Da § 20 Abs. 1 nur eine gesetzliche Sonderregelung für die Vergütung vorgibt, greift auch bei **qualifizierten technischen Verbesserungsvorschlägen** im Übrigen Absatz 2 des § 20 ein; dementsprechend sind auch qualifizierte technische Verbesserungsvorschläge einer kollektivrechtlichen oder arbeitsvertraglichen Regelung insoweit zugänglich, als das ArbEG keine Vorgaben enthält (vgl. auch § 22). Folglich sind qualifizierte Verbesserungsvorschläge dann **schriftlich mitzuteilen**, wenn kollektiv-rechtlich für Verbesserungsvorschläge eine Schriftform vorgeschrieben ist[55]. Fehlt es insoweit an einer Regelung durch Tarifvertrag, Betriebsvereinbarung oder Einzelabrede (Arbeitsvertrag), reicht

30

---

51 So Mönig (Fn. 42); Danner Mitt. 1960, 171, 175; Hubmann Festschr. f. Hueck S. 49; Röpke DB 1962, 369, 370; LG Düsseldorf v. 16.10.1990 Az. 40 126/90 (unveröffentl.).
52 Vgl. Reimer/Schade/Schippel/Kaube Rz. 7 zu § 3.
53 So die wohl h.M.: Heine/Rebitzki Anm. 2 zu § 20; May BB 1960, 628; Mönig (Fn. 42); Reimer/Schade/Schippel/Kaube Rz. 7 f zu § 3.
54 Reimer/Schade/Schippel/Kaube Rz. 8 zu § 3.
55 So i. Ergebn. auch Schiedsst. v. 5.11.1986 Blatt 1987, 209, 210; wie hier auch Schiedsst. v. 26. 2. 1997 Arb.Erf. 56/95 (unveröffentl.); Volmer/Gaul Rz. 91 zu § 3.

§ 3

auch für qualifizierte Vorschläge eine **mündliche Mitteilung** grundsätzlich aus[56].

Adressat der Mitteilung ist der Arbeitgeber bzw. eine von ihm dazu beauftragte Person, sofern sich keine besonderen Vorgaben aus einzelvertraglichen bzw. kollektiv-rechtlichen Regelungen ergeben.

30.1 Für die **Mitteilung qualifizierter technischer Verbesserungsvorschläge** ergeben sich bei Fehlen einer einzelvertraglichen bzw. kollektiv-rechtlichen Regelung folgende Besonderheiten:

Da der Arbeitgeber die freie Entscheidung über den Einsatz eines qualifizierten Verbesserungsvorschlages haben muss, darf er – ebenso wie bei der Diensterfindung – auch beim qualifizierten Verbesserungsvorschlag nicht ohne sein Wissen und Wollen in eine Vergütungspflicht nach § 20 Abs. 1 gelangen (s. Rz. 25 zu § 20).

Folglich muss auch ein qualifizierter Verbesserungsvorschlag **gesondert** mitgeteilt werden, darf also beispielsweise nicht in turnusmäßigen Untersuchungs- bzw. Arbeitsberichten oder sonstigen Arbeitsunterlagen quasi »versteckt« enthalten[56a] sein (s. im Übrigen Rz. 40 zu § 5).

Aus der Bedeutung eines qualifizierten Verbesserungsvorschlages folgt auch, dass der Vorschlag die Qualifizierung der technischen Neuerung in gewisser Weise erkennen lassen muss. Zwar ist eine **Kenntlichmachung** im Rechtssinne (vgl. § 5 Abs. 1 Satz 1, s. dazu dort Rz. 41 ff.) nicht vorgeschrieben. Ist der Arbeitnehmer der Überzeugung, dass eine Qualifizierung gegeben ist oder liegen ihm entsprechende Anhaltspunkte vor, hat er den Arbeitgeber im Rahmen der Mitteilung darauf **hinzuweisen**, dass er seinen **Verbesserungsvorschlag als qualifiziert ansieht**. Aus der Mitteilung muss für den Arbeitgeber erkennbar werden, dass der Arbeitnehmer bestimmte Erwartungen hinsichtlich Bedeutung und Qualität des Vorschlages und damit auch hinsichtlich der Vergütung hat[56b]. Dabei ist es allerdings zu weitgehend, wenn die Schiedsstelle fordert, dass der Arbeitnehmer auf die durch den Vorschlag vermittelte wettbewerbliche Vorzugsstellung hinweist (Hinweis: »dass der Arbeitgeber damit in den Besitz einer technischen Lehre gelangt, die ihm alleine, nicht aber den Wettbewerbern zur Verfügung steht«)[56c]. Da der Arbeitnehmer in der Regel eine derartige Qualifikation seines Vorschlages nicht überblicken kann, würde eine solche Information und Wertung den Arbeitnehmer im Einzelfall überfordern; es kann deshalb von ihm nicht generell eine Aussage erwartet werden, inwieweit sein Vor-

---

56 Schiedsst. v. 1. 12. 1988, Arb.Erf. 94/87 (unveröffentl.), v. 5. 11. 1986 u. v. 26. 2. 1997 (beide Fn. 55).

56a So i. Ergebn. auch Schiedsst. v. 21. 5. 1982 Arb.Erf. 14/81; (unveröffentl.).

56b Schiedsst. v. 23. 9. 1996 Arb.Erf. 2(B)/93; ähnl. Schiedsst. v. 26. 2. 1997 Arb.Erf. 56/95; v. 14. 11. 2000 Arb.Erf. 13/97 u. v. 10. 5. 2001 Arb.Erf. 18/99 (sämtl. unveröffentl.).

56c Schiedsst. v. 23. 9. 1996 (Fn. 56 b); einschränkend noch Schiedsst. v. 25. 1. 1994 Arb.Erf. 139/92 (unveröffentl.).

§ 3

schlag dem Arbeitgeber eine schutzrechtsähnliche Vorzugsstellung vermittelt[57]. Es reicht folglich aus, wenn die Mitteilung für den Arbeitgeber zweifelsfrei erkennen lässt, dass der Vorschlag über eine besondere Qualität verfügen soll[57a] bzw. auf die Vorteile gegenüber Produkten/Verfahren von Wettbewerbern hingewiesen wird[58] und der Arbeitgeber damit Anlass hat, seinerseits in die Prüfung der Qualifizierung des Vorschlages einzutreten und damit die Entscheidung über die Verwertung zu treffen. Allerdings ist es nicht Aufgabe des Arbeitgebers, stets – ohne weitere Anhaltspunkte – eine Überprüfung eingegangener Verbesserungsvorschläge dahin vorzunehmen, ob es sich hierbei um Vorschläge i. S. d. § 20 Abs. 1 handelt. Erst dann, wenn er eine solche Qualifizierung erkannt hat oder zweifelsfrei hätte erkennen müssen, treffen ihn auch gesteigerte Pflichten, sei es hinsichtlich der Vergütung gemäß § 20 Abs. 1, sei es hinsichtlich der Geheimhaltung (s. dazu Rz 35 zu § 20).

Versäumt der Arbeitnehmer eine gesonderte Mitteilung, aus der die mögliche Qualität des Vorschlages ersichtlich ist, scheidet eine Vergütungspflicht des Arbeitgebers nach § 20 Abs. 1 aus[58a] (vgl. Rz. 25 zu § 20). Dies gilt etwa dann, wenn die Mitteilung als bloßer Verbesserungsvorschlag im Rahmen eines betrieblich geregelten Vorschlagswesens ohne weitere Hinweise erfolgt.

Inhaltlich sollte – neben dem zwingend gebotenen Hinweis auf die besondere Qualität des Vorschlages – nach Art einer Erfindungsmeldung die Beschreibung der technischen Lehre, des Anwendungsbereichs im Unternehmen sowie die Angabe der beteiligten Personen enthalten sein. Sie muss so deutlich abgefasst werden, dass die neue technische Lehre für den Arbeitgeber nachvollziehbar ist[58b] bzw. sie muss Ansatzpunkte für die Problemlösung aufzeigen[58c]. Ggf. hat der Arbeitgeber im Rahmen seines Direktions- und Beanstandungsrechts auf hinreichende Konkretisierung hinzuwirken (vgl. auch § 5 Abs. 3). Allerdings kann ein Vergütungsanspruch für einen benutzten qualifizierten technischen Verbesserungsvorschlag nicht mit dem Hinweis abgelehnt werden, die ursprüngliche Mitteilung des Arbeitnehmers beschreibe die technische Neuerung nicht hinreichend oder sei sonstwie unvollständig (vgl. auch die Differenzierung zwischen den zwingenden Voraussetzungen des § 5 Abs. 1 zu den Inhaltsangaben nach § 5 Abs. 2 bei der Erfindungsmeldung (s. dazu Rz. 34 zu § 5). 30.2

Ist der technische Verbesserungsvorschlag von **mehreren Arbeitnehmern** entwickelt worden, so ist jeder zur Mitteilung verpflichtet[59]. Sie kann 30.3

---

57 So früher Schiedsst. ZB v. 6. 8. 1979 Arb.Erf. 64/78 (unveröffentl.).
57a Schiedsst. 21. 5. 1982 Arb.Erf. 14/81 (unveröffentl.).
58 So im Ergebn. auch Schiedsst. v. 26. 2. 1997 (Fn 56 b).
58a I. Ergebn. ebenso Schiedsst. v. 23. 9. 1996 u. v. 14. 11. 2000 (Fn. 56 b).
58b Ebenso Volmer/Gaul Rz. 90 zu § 3.
58c BAG v. 9. 5. 1995. Az. 9 AZR 580/93 (unveröffentl.).
59 Ebenso Volmer/Gaul Rz. 120 zu § 3.

§ 3

auch gemeinschaftlich erfolgen (vgl. die Grundsätze in Rz. 54 ff. zu § 5). Zur Bestimmung der »Miturheberschaft« bei Gruppenvorschlägen s. Rz. 48 f. zu § 20).

30.4 Verletzt der Arbeitnehmer seine **Mitteilungspflicht** schuldhaft, so macht er sich jedenfalls unter dem Aspekt der Pflichtverletzung des Arbeitsvertrages schadensersatzpflichtig nach § 280 Abs. 1, § 241 Abs. 2, § 619 a BGB (s. auch Rz. 56 ff. zu § 5). Zu den Auswirkungen auf die Vergütungspflicht s. hier Rz. 30.1 sowie Rz 25 zu § 20.

E. Schutz des technischen Verbesserungsvorschlages

31 Die spezielle Geheimhaltungspflicht des § 24 ArbEG gilt nur für schutzfähige Erfindungen, findet damit auf technische Verbesserungsvorschläge keine Anwendung; insoweit verbleibt es bei den allgemeinen Regelungen[65] (vgl. Rz. 2 zu § 24). Der Auswertung eines technischen Verbesserungsvorschlages durch einen Konkurrenten kann sich der Arbeitgeber nur dann erwehren, wenn dies einen **Wettbewerbsverstoß** im Sinne des § 1 UWG darstellt (z.B. sittenwidriger, sklavischer Nachbau). Hat der Arbeitgeber den technischen Verbesserungsvorschlag zum **Betriebsgeheimnis** (s. Rz. 16 zu § 20 u. Rz. 39 zu § 24) erklärt, so kann ein Verrat der technischen Neuerung gegen § 17 UWG verstoßen und zugleich zum Schadensersatz (§§ 823, 826 BGB) verpflichten; daneben kann sich der Verrat eines technischen Verbesserungsvorschlages – auch wenn keine Geheimhaltung verlangt war, ein Interesse des Arbeitgebers an der Unterlassung einer Offenbarung an Dritte aber billigenswerterweise nahe lag – als Verstoß gegen die Treuepflicht des Arbeitnehmers darstellen, ggf. mit der Folge einer Haftung aus Pflichtverletzung des Arbeitsvertrages[66] (§ 280 Abs. 1, § 241 Abs. 2, § 619 a BGB).

32 Mangels Ausschließungsrechts des Arbeitgebers **kann jeder** die nicht schutzfähige **technische Neuerung für seine Zwecke nutzen**, ohne dass ihn der Arbeitgeber rechtlich daran zu hindern vermag. Dies gilt zwar im Grundsatz auch für den vorschlagenden Arbeitnehmer selbst. Während des bestehenden Arbeitsverhältnisses wird sich regelmäßig eine Mitteilung an Dritte (Wettbewerber) – soweit sie nicht bereits unter § 17 UWG fällt – aber als Verstoß gegen die arbeitsvertragliche Treuepflicht darstellen; eine (gewerbliche) Eigenverwertung durch den Arbeitnehmer selbst verletzt das arbeitsvertragliche Wettbewerbsverbot (s. auch Rz. 52 ff. zu § 8, Rz. 37 ff. zu § 25 u. Rz. 34 ff. zu § 26). Ist der Arbeitnehmer ausgeschieden, so kann er grundsätzlich sein beim früheren Arbeitgeber erworbenes Wissen frei verwerten, den technischen Verbesserungsvorschlag z.B. seinem neuen Ar-

---

60-64 frei
65 S. dazu auch Röpke DB 1962, 369, 371 f.; Volmer/Gaul Rz. 138 ff. zu § 3.
66 S. auch Volmer/Gaul Rz. 39 ff., 142 zu § 3.

§ 3

beitgeber mitteilen. Dies gilt in der Regel selbst dann, wenn es sich um Betriebsgeheimnisse seines früheren Arbeitgebers im Sinne des § 17 UWG gehandelt hat (näheres s. Rz. 34 ff. zu § 26).

F. Vergütung

Handelt es sich um einen **qualifizierten technischen Verbesserungsvorschlag** im Sinne des § 20 Abs. 1, so folgt daraus bei Verwertung durch den Arbeitgeber die Vergütungspflicht, wobei die Bestimmungen der §§ 9 und 12 sinngemäß anzuwenden sind (vgl. im Einzelnen Rz. 24 ff. zu § 20, s. auch dort Rz. 12 zum beiderseitigen Irrtum über die Schutzfähigkeit). 33

Bei einem **einfachen technischen Verbesserungsvorschlags** hängt die Frage der Vergütung davon ab, ob der technische Verbesserungsvorschlag eine Sonderleistung darstellt bzw. eine Prämie nach dem betrieblichen Vorschlagswesen in Betracht kommt (s. im Einzelnen Rz. 60 f. und 65 f. zu § 20). 34

§ 4 Diensterfindungen und freie Erfindungen

(1) Erfindungen von Arbeitnehmern im Sinne dieses Gesetzes können gebundene oder freie Erfindungen sein.
(2) Gebundene Erfindungen (Diensterfindungen) sind während der Dauer des Arbeitsverhältnisses gemachte Erfindungen, die entweder
1. aus der dem Arbeitnehmer im Betrieb oder in der öffentlichen Verwaltung obliegenden Tätigkeit entstanden sind oder
2. maßgeblich auf Erfahrungen oder Arbeiten des Betriebes oder der öffentlichen Verwaltung beruhen.
(3) Sonstige Erfindungen von Arbeitnehmern sind freie Erfindungen. Sie unterliegen jedoch den Beschränkungen der §§ 18 und 19.
(4) Die Absätze 1 bis 3 gelten entsprechend für Erfindungen von Beamten und Soldaten.

Lit.: *Friedrich*, Zur Abgrenzg. d. Diensterf., GRUR 1951, 211; *Johannesson*, Erfinder – Erfindungen – »Betriebserfindg.«, GRUR 1973, 581; *Pedrazzini*, Bemerkungen z. Struktur d. Dienstref., Festschr. z. Zentenarium d. schw. Jur.-Ver. (1961), 103; *Riemschneider*, Zur Frage d. Betriebserf. GRUR 1958, 433; *Schade*, Der Erfinder, GRUR 1977, 390; *Volmer*, Die Betriebserf., NJW 1954, 92; *ders.* Die Computererfindung, Mitt. 1971, 256 ff.; *Werdermann*, Der Begriff d. Diensterf. u.d. dogmat. Begründung d. Inanspruchnahmerechts, Diss. Bonn 1960; *Witte*, Die Betriebserf., Diss. Erlangen 1957; *ders.*, Betriebserf. GRUR 58, 163; s. auch Lit. bei § 2.

Übersicht

A. Allgemeines.................................... 1-6	1. Betrieb (Unternehmen)........ 20
I. Arbeitnehmererfindungen......... 1, 2.1	2. Öffentliche Verwaltung....... 21
II. Vergleich zum früheren Recht... 3-5	3. »Obliegende Tätigkeit«....... 22-32
1. Betriebserfindung........................ 4	4. Kausalität............................. 33, 34
2. Anregungserfindung.............. 5	IV. Erfahrungserfindung
III. Grundsatz (Abs. 1).................... 6, 6.1	(Abs. 2 Nr. 2).............................. 35-46
B. Diensterfindungen (Abs. 2)............ 7-46	1. Erfahrungen oder Arbeiten
I. Begriff.. 7-9	des »Betriebes«..................... 36-41
II. Fertigstellung während der	2. »Maßgeblich beruhen«........ 42-46
Dauer des Arbeitsverhältnisses.. 10-18	C. Freie Erfindungen (Abs. 3).............. 47, 48
1. »Dauer des Arbeitsver-	D. Erfindungen von Beamten und
hältnisses«............................ 10-15	Soldaten (Abs. 4)............................. 49
2. »Gemacht«............................ 16-17	E. Mehrere Erfinder............................. 50
3. Beweislast............................. 18-18.3	F. Zweifel bzw. Meinungsverschieden-
III. Aufgabenerfindung	heiten hinsichtlich des Charakters
(Abs. 2 Nr. 1)................................ 19-34	der Erfindung.................................. 51-54

§ 4

A. Allgemeines

I. Arbeitnehmererfindungen

1 § 4 regelt in Ergänzung zu § 2 den sachlichen Anwendungsbereich des ArbEG hinsichtlich schutzfähiger Erfindungen. Die Bestimmung unterteilt die Erfindungen von Arbeitnehmern in zwei Gruppen, einmal die gebundene Erfindung (Diensterfindung), zum anderen die freie Erfindung. Diese Unterteilung ist für das Arbeitnehmererfindungsrecht von ausschlaggebender Bedeutung. § 4 erkennt als Diensterfindungen nur die schutzfähigen technischen Neuerungen an, die als Auftrags- (Aufgabenerfindung – Abs. 2 Nr. 1) oder als Erfahrungserfindung (Abs. 2 Nr. 2) während der Dauer des Arbeitsverhältnisses entstanden sind[1].

2 Nur die Diensterfindungen (§ 4 Abs. 2) unterliegen den Beschränkungen der §§ 5-17, insbesondere dem Inanspruchnahmerecht des Arbeitgebers (§§ 6, 7), da allein bei diesen das Unternehmen (Arbeitgeber) einen entscheidenden Anteil zu deren Zustandekommen beigetragen hat. Freie Erfindungen (§ 4 Abs. 3), also solche, die ohne oder nur mit unbedeutendem Einfluss des Unternehmens entwickelt worden sind, sollen dagegen im Grundsatz dem Arbeitnehmer verbleiben; für sie besteht lediglich eine Mitteilungs- und ggf. Anbietungspflicht nach §§ 18, 19.

2.1 Die Vorschrift gilt auch für die ab dem 3.10.1990 in den **neuen Bundesländern** fertig gestellten Arbeitnehmererfindungen (s. Einl. Rz. 31). Für die dort zuvor gemachten Arbeitnehmererfindungen wirkt das DDR-Recht gemäß Einigungsvertrag fort (s. Einl. Rz. 32 ff.). Den Begriff der Diensterfindung hatte die ehemalige DDR erst kurz vor dem Beitritt in § 9 Abs. 1 des am 1.7.1990 in Kraft getretenen PatÄndG-DDR-1990 eingeführt[1a]. Zuvor galt für Arbeitnehmererfindungen die Zuordnung zum sog. Ursprungsbetrieb (Arbeitgeber) als sog. Wirtschaftspatent (vgl. §§ 8, 10 PatG-DDR-1983), auf die das DDR-Übergangsrecht weiterhin Anwendung findet[1b] (s. dazu Einl Rz. 31 ff.). Den Begriff der freien Erfindung kannte das DDR-Recht nicht (s. Rz. 4.1 zu § 18).

---

1 Vgl. Amtl. Begr. BT-Drucks. II/1648, S. 12 f., 18 ff. = Blatt 1957, 214 f., 228 f. mit Einzelheiten z. geschichtl. Entwicklung.
1a S. dazu Möller, Die Übergangsbestimmungen f. ArbNErf. i. d. neuen Bundesländern (1996), S. 114 ff.; s. auch Schiedsst. v. 4.2.1993 GRUR 1994, 611, 612 – Regelkreisanordnung m. Anm. Bartenbach/Volz S. 619 ff.
1b Schiedsst. v. 6.10.1992 GRUR 1994, 608 ff.; v. 4.2.1993 (Fn. 1a) u.v. 4.6.1993 GRUR 1994, 615 ff. – Anspruchsentstehung; Reimer/Schade/Schippel/Himmelmann Einl. S. 104 ff.; ausf. Möller (Fn. 1 a) S. 42 ff., 163 ff., 249 ff.

§ 4

II. Vergleich zum früheren Recht

Die Unterscheidung zwischen Diensterfindung und freier Erfindung – von der § 4 ausgeht – war im Prinzip schon vor der VO 1942 bzw. der DVO 1943 anerkannt[1c]. 3

1. Betriebserfindung

Als dritte Art der Arbeitnehmererfindung war die sog. (unpersönliche) Betriebserfindung von Bedeutung, die aber mit Einführung des Erfinderprinzips durch das PatG 1936 (vgl. § 3 Satz 1 PatG a.F., jetzt § 6 Satz 1 PatG) **gegenstandslos** geworden ist und folgerichtig im ArbEG keine Anerkennung gefunden hat[2]. Als Betriebserfindung wurden insbesondere solche Erfindungen gekennzeichnet und dem Arbeitgeber unmittelbar zugeordnet, die zwar innerhalb eines Betriebs entstanden, aber so weitgehend durch Erfahrungen, Hilfsmittel, Anregungen und Vorarbeiten des Betriebes beeinflusst waren, dass sie nicht auf erfinderische Leistungen einzelner Personen zurückgeführt werden konnten, also die Tätigkeit des Arbeitnehmers eine nebensächliche war, ohne selbst die Merkmale einer schöpferischen Leistung zu besitzen[3]. Heute sind derartige Erfindungen regelmäßig den Erfahrungserfindungen (Abs. 2 Nr. 2) zuzuordnen. 4

2. Anregungserfindung

Eine weitere Wandlung[4] hat der Begriff der Diensterfindung insoweit erfahren, als der Gesetzgeber auch die früher als Unterfall der Diensterfindung behandelte sog. Anregungserfindung (§ 4 Abs. 1 Halbs. DVO 1943) aus dem Kreis der gebundenen Erfindungen herausgenommen hat. Hierunter wurden die Erfindungen verstanden, die, obwohl sie nicht auf betrieblichen Erfahrungen oder Vorarbeiten beruhen, auf irgendwelche Verknüpfungen zwischen Betrieb und erfinderischer Tätigkeit des Arbeitnehmers 5

1c Vgl. Amtl. Begr. (Fn. 1).
2 Heute wohl allg. A., vgl. BGH v. 5.5.1966 GRUR 1966, 558, 560 – Spanplatten; Hueck in Festschr. f. Nikisch (1958) S. 63, 76 f. u. ders. i. Anm. ARS 39, 24; Busse/Keukenschrijver, PatG, Rz. 2 zu § 4 ArbEG; Reimer/Schade/Schippel/Kaube Rz. 23 ff. zu § 4; Volmer NJW 1954, 92 ff.; Volmer/Gaul Einl. Rz. 85 f., 127 u. Rz. 7 ff. zu § 4, der sich allerdings in Ausnahmefällen de lege ferenda für die Wiedereinführung der Betriebserf. ausspricht! (insbes. Rz. 20 zu § 4); Wunderlich Die gemeinschaftliche Erfindung S. 82 ff.; unklar OLG Düsseldorf v. 30.10.1970 GRUR 1971, 215; a.A. noch Witte GRUR 1958, 433 f.
3 Vgl. RG v. 7.12.1932 RGZ 139, 87, 93; Entw. d. PatG v. 1936, zitiert bei Klauer/Möhring/Nirk PatG Rz. 3 in Anh. zu § 3.
4 Vgl. dazu Volmer Rz. 7 zu § 3; s. auch Friedrich GRUR 1951, 211 ff.

§ 4

zurückzuführen sind[5]. Dagegen sollten die Erfindungen, die durch bloße betriebliche Anregungen bedingt sind, d.h. z.B. durch eine reine Anschauung von Maschinen oder Fertigungsvorgängen des Betriebes, dem Arbeitnehmer wegen des geringen betrieblichen Anteils als freie Erfindungen zustehen[6]. Derartige Anregungserfindungen erfüllen heute im Regelfall die Voraussetzungen für freie Erfindungen (Abs. 3). Den Interessen des Arbeitgebers trägt das ArbEG auch insoweit durch die Mitteilungs- und Anbietungspflicht des Arbeitnehmers gem. §§ 18, 19 Rechnung.

III. Grundsatz (Abs. 1)

6 § 4 Abs. 1 stellt zunächst klar, dass das ArbEG in seinem **sachlichen Anwendungsbereich** nur noch von freien und gebundenen Erfindungen von Arbeitnehmern ausgeht, also insbesondere die frühere Betriebserfindung nicht mehr anerkennt (s. Rz. 4). Zugleich folgt aus Abs. 1, dass alle Erfindungen von Arbeitnehmern des privaten und öffentlichen Dienstes vom ArbEG erfasst werden; dieser Grundsatz gilt – Abs. 4 zufolge – uneingeschränkt auch für Erfindungen von Beamten und Soldaten. Damit findet das ArbEG auf **alle Erfindungen** von Personen Anwendung, die sich in persönlich abhängiger Stellung befinden, **gleichgültig, wie, wo, auf welchem Gebiet und aus welchen Gründen** bzw. Motiven die Erfindung entwickelt bzw. gemacht worden ist; s. auch Rz. 9 und die Beispiele bei Rz. 15. An der Eigenschaft als Arbeitnehmererfindung ändert auch der Umstand nichts, dass etwa ein Dritter (freier Erfinder) mitgearbeitet hat und der Arbeitnehmer (nur) Miterfinder ist (s. auch Rz. 73 zu § 6). Zur Erfindung auf Grund eines eigenständigen Entwicklungsauftrages s. Rz. 14 zu § 22.

6.1 Für die **Abgrenzung der Diensterfindung zur freien Erfindung** kommt es nicht darauf an, ob und inwieweit die Erfindung in den Arbeitsbereich des Unternehmens fällt (s. Rz. 9). Entsprechend der in § 4 Abs. 3 vorgenommenen Negativdefinition der freien Erfindung ist allein entscheidend, inwieweit eine Erfindung aus dem Aufgabenbereich des Arbeitnehmers (s. Rz. 19 ff.) bzw. dem Erfahrungsbereich des Unternehmens (s. Rz. 35 ff.) entstanden ist.

---

5 Amtl. Begr. (Fn. 1) S. 19 f. = Blatt 1957, 228 f.
6 Vgl. Amtl. Begr. (Fn. 1) S. 19 = Blatt 1957, 228 u. Busse/Keukenschrijver, PatG Rz. 2 zu § 4 ArbEG; abw. noch RG v. 14.10.1936 GRUR 1936, 1053, 1055.

§ 4

B. Diensterfindungen (Abs. 2)

I. Begriff

Diensterfindungen sind nach Wegfall der so genannten Anregungserfindung (s. Rz. 5) gem. der Legaldefinition des § 4 Abs. 2 nur die Auftrags- (Nr. 1) und die Erfahrungserfindung (Nr. 2). Der weitgehend verwendete Begriff der Auftragserfindung lässt die hier maßgebliche arbeitsvertragliche Betrachtungsweise nicht so deutlich werden, so dass der Begriff der **Aufgabenerfindung** u.E. sachgerecht ist. 7

Kriterium für die Feststellung einer Aufgabenerfindung ist der Einfluss der dem Arbeitnehmer im Betrieb (Unternehmen – s. Rz. 20) oder in der öffentlichen Verwaltung obliegenden Tätigkeit auf die Entwicklung des Erfindungsgegenstandes. Die Bewertung als Erfahrungserfindung hängt davon ab, ob die schutzfähige Erfindung (§ 2) maßgeblich auf Erfahrungen oder Arbeiten des Betriebs oder der öffentlichen Verwaltung beruht. Vgl. auch RL Nrn. 31 ff. 8

Die Eigenschaft als Diensterfindung ist weder davon abhängig, dass eine Erfindung dem Arbeitgeber nützlich ist, noch ob sie in den **Arbeitsbereich des Unternehmens** fällt, dort also verwendet bzw. verwertet werden kann[6a], noch ob ihr Einsatz beim betreffenden Arbeitgeber gewinnversprechend oder sonstwie wirtschaftlich sinnvoll ist[6b]. Dagegen gewinnt der Arbeitsbereich des Unternehmens für die Pflichten des Arbeitnehmers bei freien Erfindungen Bedeutung (vgl. § 18 Abs. 3, § 19 Abs. 1). 9

II. Fertigstellung während der Dauer des Arbeitsverhältnisses

1. »Dauer des Arbeitsverhältnisses«

Als »Dauer des Arbeitsverhältnisses« ist die Zeit vom rechtlichen Beginn des Arbeitsverhältnisses bis zu seiner Beendigung im Rechtssinne zu verstehen, ohne dass es darauf ankommt, wann der Arbeitnehmer seine Arbeit tatsächlich aufnimmt oder ob er bis zum letzten Tag tatsächlich tätig ist[7]. Der Zeitpunkt der tatsächlichen Arbeitsaufnahme ist lediglich in Fällen eines faktischen Arbeitsverhältnisses bei rechtsunwirksamem Arbeitsvertrag 10

6a Vgl. Amtl. Begr. (Fn. 6); Schiedsst. v. 25.4.1991 Arb.Erf. 74/90 (unveröffentl., zitiert b. Reimer/Schade/Schippel/Kaube Rz. 11 zu § 4 u.v. 30.9.1993 Arb.Erf. 176/92 (unveröffentl.); ebenso Volmer/Gaul Rz. 35 zu § 4.
6b Vgl. Schiedsst. v. 6.2.1987 Blatt 1987, 362, 363 r. Sp.
7 Vgl. BGH v. 18.5.1971 GRUR 1971, 407, 408 – Schlussurlaub mit zust. Anm. Schippel.

§ 4

(s. hierzu Rz. 11 f. zu § 1 und Rz. 13 zu § 26) bedeutsam; hier kommt es für eine Diensterfindung auf die tatsächliche Arbeitserbringung an[7a]. Das Gesetz stellt ausdrücklich auf den umfassenden Begriff des Arbeitsverhältnisses ab und nicht auf den der Arbeitszeit (vgl. § 2 Abs. 1 AZG). Daraus folgt zugleich, dass es nicht darauf ankommt, inwieweit eine Erfindung während der Arbeitszeit entwickelt bzw. fertig gestellt worden ist (vgl. im Übrigen Rz. 15).

11 Ist eine Erfindung bereits **vor Begründung eines Arbeitsverhältnisses** und vor tatsächlicher Arbeitsaufnahme fertig gestellt, handelt es sich um die Erfindung eines freien Erfinders[7b], es sei denn, dieser unterliegt noch Pflichten aus einem vorangegangenen Arbeitsverhältnis. Ein Rückdatieren eines später abgeschlossenen Arbeitsvertrages kann zwar die Wirkungen des späteren Arbeitsverhältnisses auch auf einen früheren Zeitraum erstrecken, ohne dass aber damit zugleich die von vornherein »ungebundene« Erfindung zur Diensterfindung wird[8]. Vielmehr kann in der einverständlichen Rückdatierung allenfalls die Vereinbarung liegen, die bisher freie Erfindung dem neuen Arbeitgeber zur Nutzung zur Verfügung zu stellen. Hierzu bedarf es aber einer ausdrücklichen oder jedenfalls eindeutig erkennbaren stillschweigenden Abrede[9]. Auch wenn der Arbeitnehmer nach dem Anstellungsvertrag gehalten ist, dem Arbeitgeber sein gesamtes technisches Wissen zu vermitteln und seine volle Arbeitskraft zur Verfügung zu stellen, folgt weder hieraus noch aus der Höhe des vereinbarten Gehaltes, dass der Arbeitnehmer verpflichtet ist, dem neuen Arbeitgeber Nutzungsrechte an diesem vor Begründung des Arbeitsverhältnisses geschaffenen Erfindungspotential zu überlassen; vielmehr bedarf es zu einer solchen Annahme weitergehender Anhaltspunkte[10].

Wollen die Parteien eines neuen Arbeitsverhältnisses frühere (freie) Erfindungen des Arbeitnehmers in ihr Vertragsverhältnis einbeziehen, kommt es für den **Umfang der Nutzungsbefugnisse des Arbeitgebers** (einfaches, ausschließliches Nutzungsrecht, Übertragung der gesamten Rechte) auf die Umstände des Einzelfalls an[10a] (s. auch Rz. 48 f. zu § 1).

7a Zust. Schiedsst. v. 5.7.1991 GRUR 1992, 499, 502 l. Sp. – Einheitliches Arbeitsverhältnis.
7b Busse/Keukenschrijver, PatG Rz. 6 zu § 4 ArbEG m. H. a. BGH v. 16. 1. 1962 Az. I ZR 48/60 (unveröffentl.).
8 A.A. Schiedsst. v. 24.5.1972 Blatt 1973, 29, 30 = EGR Nr. 4 zu § 4 ArbEG m. abl. Anm. Bessel-Lorck.
9 BGH v. 20.2.1979 GRUR 1979, 540, 542 – Biedermeiermanschetten.
10 Vgl. BGH v. 10.5.1984 GRUR 1985, 129, 130 – Elektrodenfabrik (zu urheberrechtlich geschützten Darstellungen); BAG v. 13.9.1983 GRUR 1984, 429, 430 – Statikprogramm (zu urheberrechtsfähigen Computerprogrammen).
10a vgl. BAG v. 21. 8. 1996 CR 1997, 88, 89 (zur Einräumung eines einf. Nutzungsrechtes an einem Computerprogramm).

§ 4

Nach den Umständen des Einzelfalls richtet es sich auch, ob und in welchem Umfang die Übertragung der Rechte an dieser freien Erfindung auf den Arbeitgeber bzw. die Einräumung von Nutzungsbefugnissen **vergütungspflichtig** sein sollen. Der Arbeitgeber kann (nur) in besonders gelagerten Ausnahmefällen davon ausgehen, dass sie kostenlos erfolgt, etwa dann, wenn die Bereitstellung dieser Erfindungsposition eine Grundlage für den Abschluss des Arbeitsvertrages überhaupt war und der Arbeitnehmer nicht klargestellt hat, dass dies nur gegen Zahlung eines Entgelts über die Gehaltszahlung hinaus geschehen soll[11]. Dies mag auch dann gelten, wenn der Arbeitnehmer von sich aus ohne jegliche Veranlassung seitens seines Arbeitgebers eine solche Erfindungsposition in das Unternehmen »eingebracht« hat und dort nutzen lässt[11a]. Zur Höhe der Vergütung s. Rz. 14 vor §§ 9-12; s. im Übrigen auch Rz 48 f., 72 ff., 92 ff. zu § 1 sowie Rz. 57 ff. zu § 6.

Hatte der Arbeitnehmer bereits vor Beginn des Arbeitsverhältnisses eine **Idee zur Lösung** eines technischen Problems, wird die Lösung sodann auf der Grundlage der betrieblichen Bedürfnisse des Arbeitgebers und der technischen Gegebenheiten des Unternehmens fortentwickelt und fertig gestellt, erfüllt dies die Voraussetzungen einer Diensterfindung[12].

Zur Fertigstellung einer Erfindung bei notwendigen Versuchen nach Aufnahme eines neuen Arbeitsverhältnisses s. Rz. 17.

Die durch das Arbeitsverhältnis begründete und für § 4 Abs. 2 ausschlaggebende Beziehung des Arbeitnehmers zum Unternehmen dauert so lange an, wie ein arbeitsrechtliches Band zwischen Arbeitgeber und Arbeitnehmer vorhanden ist, mag die Verpflichtung zur Arbeitsleistung auch schon durch vorzeitige **Freistellung** oder einen **Schlussurlaub** ihr Ende gefunden haben[12a].

12

Unter einer **Beendigung des Arbeitsverhältnisses** ist nicht der Abbruch der tatsächlichen Beschäftigung, sondern erst die rechtliche Beendigung des Arbeitsverhältnisses zu verstehen[12b]. Ist die Erfindung während der Dauer des Arbeitsverhältnisses fertig gestellt worden, so bleiben die daran nach dem ArbEG anknüpfenden Rechte und Pflichten von dessen Beendigung unberührt bestehen (§ 26). Fällt die Fertigstellung dagegen in die Zeit nach rechtlichem Ende des Arbeitsverhältnisses, stellt diese technische Neuerung keine Diensterfindung in Bezug auf den früheren Arbeitgeber dar; dies gilt unabhängig davon, ob der Arbeitnehmer (nicht erfinderische) Erfahrungen oder Arbeiten des früheren Betriebes nutzbar gemacht hat oder ob die er-

---

11 Vgl. BAG v. 13.9.1983 (Fn. 10).
11a Vgl. zu urheberrechtsfähigen Leistungen BGH v. 10.5. 1984 (Fn. 10).
12 Schiedsst. v. 25.7.1991 Arb.Erf. 86/89 (unveröffentl.); bestätigt durch BAG v. 9. 7. 1997 NZA 1997, 1181, 1182 – Pulsinduktionsmetall-Detektoren.
12a BGH v. 18.5.1971 (Fn. 7); vgl. auch Schiedsst. v. 6.2.1987 (Fn. 6 b) m. H.a. BGH v. 14.7.1966 Az. I a ZR 58/64 (unveröffentl.).
12b BAG v. 8. 8. 1985 AP Nr. 94 zu § 4 TVG – Ausschlussfristen.

§ 4

finderische Tätigkeit auf den damaligen Arbeits- und Pflichtenkreis bzw. auf eine seinerzeit (pflichtgemäß erfüllte) Aufgabenstellung zurückgeht (s. im Übrigen Rz. 16, 18). Stellt der vom Arbeitnehmer übernommene Entwicklungsanteil bereits einen erfinderischen Beitrag (s. hierzu Rz. 46 ff. zu § 5) zu einer von ihm nach Ausscheiden weiterentwickelten Erfindung dar, kann es sich nach Auffassung des BGH[12c] um eine widerrechtliche Entnahme zu Lasten des früheren Arbeitgebers handeln, der insoweit zur unbeschränkten Inanspruchnahme berechtigt sein soll. Ihm wird das Recht zuerkannt, mit Hilfe des Vindikationsanspruchs gemäß § 8 PatG eine Mitinhaberschaft an der Gesamterfindung geltend zu machen. Zur widerrechtlichen Entnahme von Erfindungsgedanken aus dem Bereich des früheren Arbeitgebers s. auch Rz. 15 ff. zu § 7.

13 § 117 AFG a. F. wirkte sich mit seiner Fiktion des Fortbestandes des Arbeitsverhältnisses als Sondervorschrift nur sozial – nicht dagegen erfinderrechtlich aus[12d] (vgl. nunmehr §§ 140 ff. SGB III).

Weitere Einzelheiten zur Beendigung eines Arbeitsverhältnisses, auch zu den Folgen von Streik und Aussperrung s. Rz. 3 ff. zu § 26; zur unberechtigten Kündigung s. Rz. 29 f. zu § 1; zur Weiterbeschäftigung während des Kündigungsschutzprozesses s. Rz. 5 zu § 26.

14 Das **Ruhen** des Arbeitsverhältnisses führt nicht zu dessen rechtlicher Beendigung (s. Rz. 14 ff. zu § 26). Besteht zu dieser Zeit ein weiteres Arbeits- bzw. Dienstverhältnis (z.B. als Wehrpflichtiger), so gelten für die Feststellung und Zuordnung einer Diensterfindung die Grundsätze zum Doppelarbeitsverhältnis (s. dazu Rz. 19 f. zu § 1).

Zur Feststellung und Zuordnung einer Diensterfindung bei **Abordnung** eines Arbeitnehmers s. Rz. 36 f., 106 f. zu § 1 und Rz. 17 zu § 26; bei sonstigen Doppelarbeitsverhältnissen Rz. 19 f. zu § 1 und bei Leiharbeitsverhältnissen Rz. 58 zu § 1; zur Beweislast s. hier Rz. 18.

14.1 Ob im Rahmen einer **zwischenbetrieblichen Kooperation** eine Diensterfindung vorliegt, ist ausschließlich im Verhältnis zum jeweiligen Arbeitgeber zu klären[13] (s. auch Rz. 106 f. zu § 17). Besteht – wie im Regelfall – das **Arbeitsverhältnis** auch bei Tätigkeit des Arbeitnehmers innerhalb einer Forschungs- und Entwicklungskooperation unverändert **mit dem jeweiligen Kooperationspartner** als Arbeitgeber fort, bestimmt sich allein im Verhältnis zu letzterem, ob eine Diensterfindung anzunehmen ist. Entwickelt ein zu einer Kooperationsgemeinschaft abgeordneter Arbeitnehmer eine Erfindung auf dem Forschungsgebiet der Kooperation, so wird regelmäßig eine **Aufgabenerfindung** im Sinne des § 4 Abs. 2 Nr. 1 vorliegen, da

---

12c BGH v. 17.1.1995 Mitt.1996, 16, 18 – Gummielastische Masse.
12d Ausf. Volmer/Gaul Rz. 58 ff. zu § 4.
13 Bartenbach, Zwischenbetriebliche Forschungs- und Entwicklungskooperation (1985) S. 76 ff.; Volmer/Gaul Rz. 68 ff. zu § 4.

§ 4

üblicherweise ein konkreter Forschungs- und Entwicklungsauftrag gegeben ist.

Fehlt ausnahmsweise ein (auch stillschweigend) erteilter Entwicklungsauftrag, wird doch zumindest auf Grund der Abordnung zur Kooperation diese Aufgabe dem dem Arbeitnehmer durch seine tatsächliche Stellung zugewiesenen Arbeits- und Pflichtenkreis entsprechen – also jedenfalls eine Aufgabenerfindung im weiteren Sinne vorliegen. Eine solche kann auch dann noch in Betracht kommen, wenn die vom abgeordneten Arbeitnehmer gemachte Erfindung nicht unmittelbar in das Forschungsgebiet der Kooperation fällt, sondern nur bei Gelegenheit der Kooperation entwickelt wird. Denn auch ohne besondere Vertragsabsprache bzw. ohne besonderen Auftrag kann sich unmittelbar aus dem Tätigkeitsbereich des Arbeitnehmers eine Pflicht ergeben, um technische Verbesserungen bemüht zu sein[14]. Dabei ist es ohne Belang, ob die Erfindung in dem Unternehmen des Arbeitgebers selbst oder in der räumlichen Sphäre eines anderen Kooperationspartners entwickelt worden ist, da der in § 4 Abs. 1 verwendete Begriff des »Betriebes« nicht im räumlichen Sinne einer bestimmten Betriebs- bzw. Arbeitsstätte zu verstehen ist, sondern den Bezug zum Arbeitsverhältnis und damit zum Arbeitgeber kennzeichnet (s. Rz. 20).

Zur Feststellung einer **Erfahrungserfindung** können auch all diejenigen Erfahrungen und Arbeiten herangezogen werden, die erst im Rahmen einer zwischenbetrieblichen Kooperation dem Arbeitnehmer zur Kenntnis gelangen, wobei es regelmäßig ohne Belang ist, ob diese Erfahrungen bzw. Arbeiten unmittelbares Ergebnis der Kooperationstätigkeit sind oder ob die Kooperationspartner auf Grund ihres Kooperationsverhältnisses eigene Erfahrungen, know how o.ä. beigesteuert hatten, welche dann den Arbeitnehmern des jeweils anderen Kooperationspartners vermittelt werden[14b]. Die Bedeutung einer zwischenbetrieblichen Forschungs- und Entwicklungskooperation liegt ja gerade darin, dass auf Grund eines Austauschs von Erfahrungswissen und Fertigkeiten ein gemeinschaftliches Forschungsergebnis erzielt werden soll.

Steht der Arbeitnehmer in einem **eigenständigen Arbeitsverhältnis** zu der zwischenbetrieblichen Kooperation als **Personengesamtheit** (s. hierzu Rz. 106 f. zu § 1) und ist diese als Außengesellschaft selbst Arbeitgeber, reicht es für das Vorliegen einer Diensterfindung aus, wenn zumindest im Verhältnis zu einem Kooperationspartner die qualifizierenden Voraussetzungen einer Diensterfindung festzustellen sind. 14.2

Kommt es für das Merkmal »während der Dauer des Arbeitsverhältnisses« grundsätzlich nur auf das Bestehen rechtlicher Bindungen zwischen Arbeitgeber und Arbeitnehmer an, ist es insoweit **unerheblich, wann und** 15

---

14   Vgl. LG Düsseldorf vom 4.12.1973 GRUR 1974, 275 – Mischröhre.
14a frei
14b Bartenbach (Fn. 13). S. 78 f.

§ 4

wo der Arbeitnehmer die Erfindung entwickelt bzw. fertig stellt[14c] (s. auch Rz. 6, 9, 10). Dieses Merkmal ist auch bei schöpferischen Leistungen des Arbeitnehmers während einer krankheitsbedingten Arbeitsverhinderung, seiner Freizeit[14d], seines Erholungsurlaubs[15] (einschließlich des Zeitraums einer Freistellung bzw. eines unbezahlten Sonderurlaubs oder eines Schlussurlaubs zum Ende des Arbeitsverhältnisses[15a], bei Kurzarbeit[15b], auf dem Weg von und zur Arbeitsstätte[15c], auf Dienstreisen usw. ebenso erfüllt, wie wenn er diese Arbeiten sonstwie räumlich außerhalb der Betriebsstätte erbringt. Ebenso wenig wie die Entwicklung der Erfindung in der Privatwohnung für sich allein eine freie Erfindung begründet[15d], rechtfertigt der Umstand, dass die Erfindung in den vom Arbeitgeber zur Verfügung gestellten bzw. zugänglich gemachten Arbeitsräumen fertig gestellt worden ist, bereits die Annahme einer Diensterfindung[15e]. Bei der Fertigstellung einer Diensterfindung evtl. ausbleibende dienstliche Einflüsse und (technische) Unterstützungshandlungen des Arbeitgebers sind ggf. bei der Vergütungsbemessung im Rahmen der Bestimmung des Anteilfaktors zu berücksichtigen[15f] (vgl. RL Nrn. 31 ff.; s. auch Rz. 43).

Ohne Einfluss ist auch die **Willensrichtung** des Arbeitnehmererfinders, ob er also für das Unternehmen oder für sich selbst tätig werden wollte[16].

Der Eigenschaft als Diensterfindung steht – bei Vorliegen der sonstigen Voraussetzungen – auch nicht entgegen, dass die Erfindung ausschließlich oder im Wesentlichen mit **eigenen finanziellen** (technischen) **Mitteln** des Erfinders oder Dritter entwickelt wurde[16a].

14c So auch Reimer/Schade/Schippel/Kaube Rz. 16 zu § 4 u. Schiedsst. v. 6. 2. 1987 Blatt 1987, 362, 363 – jeweils m.H.a. BGH v. 14.7.1966 – Az. I a ZR 58/64 – (unveröffentl.); vgl. auch Hueck/Nipperdey, Lehrb. ArbR § 53 II 4 Fn. 17 m.H.a. RG v. 9.7.1919 JW 1920, 382; Volmer/Gaul Rz. 56 zu § 4.
14d RG v. 9.7.1919 JW 1920, 382; Schiedsst. v. 1.10.1987 Blatt 1988, 221; v. 6.2.1987 (Fn. 14) u. v. 4. 6. 1997 Arb.Erf. 82/95 (z. Veröffentl. i. EGR vorgesehen); s. auch Kantonsgericht St. Gallen v. 9.2.1983 GRUR Int. 1984, 708, 709 – Orthophotogerät.
15   Vgl. Schiedsst. v. 1.10.1987 Blatt 1988, 221.
15a BGH v. 18.5.1971 GRUR 1971, 407 – Schlussurlaub m.H.a. RG v. 25.2.1933 RGZ 140, 53, 57.
15b Gaul RdA 1982, 268, 276.
15c Schiedsst. v. 6.2.1987 (Fn. 14 c).
15d Vgl. PA v. 17.2.1904 Blatt 1910, 187.
15e So bereits RG v. 22.4.1898 JW 1898, 365.
15f LG Berlin v. 8.4.1972 Az. 16 O 23/72 (unveröffentl.).
16   So bereits die durch Gesetz überholte Rechtsprechung des RG z.B. v. 2.2.1887 JW 1887, 209 u.v. 14.9.1903 RGZ 56, 223; vgl. auch Schiedsst. v. 1.10.1987 Blatt 1988, 221 u.v. 6.2.1987 Blatt 1987, 362, 363.
16a Vgl. Schiedsst. v. 1.10.1987 (Fn. 16).

§ 4

2. »Gemacht«

Die Diensterfindung muss während der Dauer des Arbeitsverhältnisses 16
»gemacht«, d.h. innerhalb dieses Zeitraums **fertig gestellt** worden sein. Eine Erfindung – gleich welcher Patentkategorie sie zuzuordnen wäre – ist dann fertig, wenn die ihr zugrunde liegende Lehre **technisch ausführbar** ist, wenn also der Durchschnittsfachmann nach den Angaben des Erfinders ohne eigene erfinderische Überlegungen notfalls mit Hilfe orientierender, das übliche Maß nicht übersteigender Versuche mit Erfolg arbeiten kann[17] (vgl. auch Rz. 26 f. zu § 5). Dabei ist nicht auf die Meinung des Erfinders, sondern auf die Erkenntnis eines Durchschnittsfachmanns abzustellen[18]. Irrtum oder Unkenntnis des Erfinders über die technische Ausführbarkeit der Erfindung sind unbeachtlich[19].

Hat der Arbeitnehmer **kurz vor Fertigstellung die Auflösung** seines Arbeitsverhältnisses veranlasst, um so die Verpflichtung zur Meldung einer Diensterfindung zu vereiteln, ist der Arbeitgeber entsprechend § 162 BGB zur Inanspruchnahme berechtigt (s. Rz. 30 zu § 1). Ein Anspruch auf Erfindungsmeldung und ein hierauf bezogenes Inanspruchnahmerecht kann sich für den Arbeitgeber aus dem Gesichtspunkt des Schadensersatzes wegen Pflichtverletzung (§ 280 Abs. 1, § 619 a BGB) ergeben, wenn der Arbeitnehmer es **pflichtwidrig unterlassen** hat, während der Dauer des Arbeitsverhältnisses Überlegungen hinsichtlich einer ihm aufgetragenen technischen Verbesserung anzustellen[20]. Im Übrigen hat der Arbeitgeber ein berechtigtes Interesse an der Einsicht in die Anmeldeunterlagen einer von seinem Arbeitnehmer kurze Zeit nach dessen Ausscheiden eingereichten Patentanmeldung[20a] (s. auch Rz. 18).

---

17 BGH v. 10.11.1970 GRUR 1971, 210, 212 – Wildverbissverhinderung m. Anm. Fischer; im Anschluss daran ständ. Praxis d. Schiedsst., z.B. EV v. 27.6.1991 Arb.Erf. 96/89 (unveröffentl.); vgl. auch Amtl. Begr. zum Entw. d. Gesetzes z. Änderung des ArbEG v. 9. 5. 2001 BR-Drucks. 13/5975, S. 8 (zu § 43 Abs. 1 ArbEG n. F.); BGH v. 27.11.1975 GRUR 1976, 213, 214 – Brillengestelle; Benkard/Bruchhausen PatG Rz. 51 ff. zu § 1; Schulte PatG Rz. 170 zu § 35; s. auch Röpke Arbeitsverhältnis und Arbeitnehmererfindung S. 31 u. Schiedsst. v. 5.7.1991 GRUR 1992, 499, 500 r. Sp. – Einheitliches Arbeitsverhältnis.
18 BGH v. 10.11.1970 (Fn. 17) in Abweichung von der früheren Rechtsprechung: BGH v. 30.3.1951 GRUR 1951, 404, 407 – Wechselstromgeneratoren u.v. 5.5.1966 GRUR 1966, 558, 559 – Spanplatten u. RG-Rspr., z.B. v. 22.1.1936 RGZ 150, 95, 98; vgl. auch BAG vom 1.11.1956 NJW 1957, 477 = AP Nr. 4 zu § 2 ArbNErfind-VO m. Anm. Volmer.
19 BGH v. 10.11.1970 (Fn. 17); Benkard/Bruchhausen PatG Rz. 51 zu § 1.
20 BGH vom 21.10.1980 GRUR 1981, 128, 129 – Flaschengreifer (dort noch pVV).
20a BPatG v. 4.3.1981 BB 1982, 1380 (dort Nr. 8) = BPatGE 23, 278; s. auch BGH v. 26.9.1972 GRUR 1973, 154 – Akteneinsicht XII (betr. Zusatzanmeldung durch Arbeitnehmer).

§ 4

17 Versuche, die erst dem Auffinden einer Lösung der gestellten Aufgabe dienen, die dem Erfinder erst Klarheit darüber geben sollen, ob der von ihm eingeschlagene Weg zum beabsichtigten technischen Erfolg führt, zeigen, dass noch keine fertige Erfindung vorliegt; dagegen wird der Zeitpunkt der Fertigstellung nicht dadurch beeinflusst, dass noch Versuche zum Ausprobieren der gefundenen technischen Lehre erfolgen[21], etwa, um die Produktionsreife zu erreichen[21a]. Auch insoweit kommt es nicht auf die subjektive Auffassung des Erfinders an, sondern auf die (objektive) Erkenntnis des Durchschnittsfachmanns[22]. Hat der Arbeitnehmer das Ergebnis seiner Versuche nicht als Erfindung erkannt, kann auch in der bloßen Vorlage der Versuchsunterlagen keine Erfindungsmeldung liegen[22a].

Eine Diensterfindung wird nicht dadurch ausgeschlossen, dass die (wesentlichen) Vorarbeiten bereits vor Beginn des Arbeitsverhältnisses erbracht worden sind[23]. Nach Auffassung des LG Frankfurt[24] liegt eine Diensterfindung selbst dann noch vor, wenn der Arbeitnehmer auf Grund früher gemachter Erfahrungen zu Beginn eines (neuen) Arbeitsverhältnisses das erfinderische Verfahren »theoretisch bereits zu Ende gedacht hat, es jedoch noch praktischer Versuche zur Ermittlung von Temperaturen und Druckverhältnissen der Anlage bedarf, um die Patentbeschreibung zu vollenden« (s. auch Rzn. 11, 40).

3. Beweislast

18 Die Beweislast dafür, dass eine Erfindung während der Dauer des Arbeitsverhältnisses fertig gestellt worden ist, trifft den **Arbeitgeber**[26] (Dienstherrn). Die ursprünglich vorgesehene gesetzliche Beweisvermutung ist er-

---

21 BGH vom 10.11.1970 (Fn. 17); vgl. auch BGH vom 27.11.1975 (Fn. 17), v. 21.2.1989 GRUR 1990, 997 – Ethofumesat u.v. 11.7.1995 GRUR 1995, 109, 113 f. – Klinische Versuche.
21a Schiedsst. v. 27.6.1991 (Fn. 17).
22 Benkard/Bruchhausen PatG Rz. 53 zu § 1 m. H. a. BGH vom 10.11.1970 (Fn. 17).
22a BGH v. 17.1.1995 Mitt. 1996, 16, 17 – Gummielastische Masse.
23 MünchArbR/Sack § 99, Rz. 10 m.w.Nachw.
24 Urteil v. 23.4.1980 AZ 2/6 O 476/76 (unveröffentl.) – dort 10 Wochen bis zum Entwurf der Patentanmeldung; krit. auch Busse/Keukenschrijver, PatG Rz. 6 zu § 4.
25 frei.
26 Amtl. Begründung BT-Drucks. II/1648 S. 20 = Blatt 1957, 229; Hueck/Nipperdey, Arbeitsrecht, Bd. 1, § 53 II 4 (dort) Fn. 16; BGH v. 21.10.1980 GRUR 1981, 128 (zu 3 a) – Flaschengreifer; OLG Nürnberg v. 18.12.1990 AZ. 3 U 3517/87 (unveröffentl.); LG Düsseldorf v. 28.7.1955 Mitt. 1957, 157, 158; LG Mannheim v. 25.8.1989 Az. 7 O 87/88 (unveröffentl.); Schiedsst. v. 16.1.1990 Arb. Erf. 86/88 (unveröffentl.); Schippel GRUR 1971, 409; Busse/Keukenschrijver, PatG, Rz. 9 zu § 4 ArbEG; Volmer/Gaul Rz. 71 zu § 4; Münch ArbR/Sack § 99, Rz. 10; s. auch RG v. 12.12.1941 GRUR 1942, 210.

§ 4

satzlos gestrichen worden[27] (s. Rz. 2 zu § 26). Allerdings spricht bei einer Erfindung, die der Arbeitnehmer unmittelbar nach seinem Ausscheiden selbst zum Schutzrecht anmeldet, wegen des engen zeitlichen Zusammenhangs eine **tatsächliche Vermutung** dafür, dass diese Erfindung noch während der Dauer des Arbeitsverhältnisses zustande gekommen ist[28]; dies insbesondere dann, wenn die Erfindung dem unmittelbaren früheren Aufgabengebiet des Arbeitnehmers zuzuordnen ist bzw. langdauernde Entwicklungsarbeiten oder Versuchsreihen erfordert, ferner, wenn der Arbeitnehmer vor seinem Ausscheiden nicht aufgeklärte Entwicklungsarbeiten beim Arbeitgeber durchgeführt hat und eine Schutzrechtsanmeldung – trotz Vorhandenseins nur unzureichender technischer Hilfsmittel für entsprechende Entwicklungen – bereits relativ kurze Zeit nach dem Ausscheiden erfolgte[28a].

Solches führt nicht zu einer Umkehr der Beweislast, wohl aber im Einzelfall als **Beweisanzeichen** zur Anwendung des prima facie-Beweises[29]; in diesen Fällen kann sich eine Behauptungs- und Beweislast des Arbeitnehmers dahin ergeben, einen anderen als den vom Arbeitgeber dargestellten und bewiesenen typischen Geschehensablauf darlegen zu müssen[30] und ggf. die Tatsachen, aus denen die Abweichung hergeleitet werden soll, zu beweisen[31]. Hierdurch wäre der Anscheinsbeweis erschüttert, so dass wieder die allgemeinen Beweisregeln eingreifen, d. h. der Arbeitgeber muss nun seinerseits wieder der ihn treffenden Darlegungs- und Beweislast in vollem Umfang nachkommen (s. auch Rz. 26 zu § 25 u. Rz. 22 zu § 26 u. Rz. 14 zu § 18).   **18.1**

Bei einem **neu eingetretenen Arbeitnehmer** kann die Tatsache, dass die Erfindung einige Monate nach Beginn des Arbeitsverhältnisses dem Arbeitgeber mitgeteilt wird, eine tatsächliche Vermutung für eine Fertigstellung während der Dauer des Arbeitsverhältnisses begründen[31a].   **18.2**

---

27   § 25 Abs. 2 d. Reg.-Entw. 1955, BT-Drucks. (Fn. 26) S. 7; vgl. Ausschussber. zu BT-Drucks. II/3327 S. 8 f. (zu § 25) = Blatt 1957, 254.
28   Wie hier Volmer/Gaul Rz. 75 ff. zu § 4; Bernhardt/Kraßer, Lehrb. d. PatR § 21 II b 2; Münch ArbR/Sack § 99, Rz. 8; Amtl. Begr. (Fn. 26) S. 41 = Blatt 1957, 241 (zu § 25 d. Entw.).
28a   OLG München v. 27.1.1994 Mitt. 1995, 316, 318 – Widerrechtliche Entnahme (dort bei Gebrauchsmusteranmeldung durch die Ehefrau eines ausgeschiedenen Leiters der Entwicklungsabt. ca. 18 Mon. nach Beendigung des Arbeitsverh.); zust. auch Busse/Keukenschrijver PatG Rz. 9 zu § 4 ArbEG.
29   BGH v. 21.10.1980 GRUR 1981, 128 – Flaschengreifer; OLG München v. 27.1.1994 (Fn. 28 a); vgl. auch Reimer/Schade/Schippel/Kaube Rz. 20 zu § 4 m.H.a. BGH v. 16.11.1954 GRUR 1955, 286, 290 u. DPA v. 27. 6. 1960 Blatt 1960, 314; allgem. z. Anscheinsbeweis i. Arbeitsverhältnis BAG v. 18.1.1995 ZIP 1995, 941.
30   Gaul/Bartenbach GRUR 1979, 750, 751.
31   Vgl. BGH v. 21.10.1980 (Fn. 29) u. OLG München v. 27.1.1994 (Fn. 28 a).
31a   Schiedsst. v. 10.3.1991 EGR Nr. 80 zu § 12 ArbEG.

§ 4

18.3 Die Beweislastverteilung zu Lasten des Arbeitgebers bedeutet jedoch nicht, dass auch der Anspruch des Arbeitgebers auf **Auskunftserteilung** über die im unmittelbaren Anschluss an das Arbeitsverhältnis (= Anmeldung innerhalb von 6 Monaten nach Ausscheiden) vom Arbeitnehmer auf dem Arbeitsbereich seines früheren Arbeitgebers getätigten Schutzrechtsanmeldungen von einem entsprechenden Nachweis abhängig ist[32].
Zum pflichtwidrigen Unterlassen erfinderischer Leistungen während des Arbeitsverhältnisses und zum Einsichtsrecht des Arbeitgebers in die Anmeldeakten s. Rz. 16.

III. Aufgabenerfindung (Abs. 2 Nr. 1)

19 Die Aufgaben- oder Auftragserfindung (s. Rz. 7) ist dadurch gekennzeichnet, dass sie aus der dem Arbeitnehmer im Betrieb oder in der öffentlichen Verwaltung obliegenden Tätigkeit entstanden ist. Dabei geht die h.M von einer **weiten Auslegung** aus[33].

1. Betrieb (Unternehmen)

20 Im ArbEG deckt sich der Begriff des Betriebs grundsätzlich mit dem des **Unternehmens** (Einzelheiten s. Rz. 104 zu § 1). Es kommt also nicht auf die Tätigkeit des Arbeitnehmers in einer bestimmten Betriebsstätte bzw. einem Betrieb an[35], zumal § 4 Abs. 2 Nr. 1 über den Begriff der dem Arbeitnehmer »obliegenden Tätigkeit« den Bezug zum Arbeitsverhältnis und damit zum Arbeitgeber (Unternehmer) herstellt.
Zur Kennzeichnung der Diensterfindung im Doppelarbeitsverhältnis s. Rz. 19 f.; im Konzern Rz. 129; bei Arbeitsgemeinschaften Rz. 106; im Leiharbeitsverhältnis Rz. 56 f.; bei Betriebsübergang Rz. 114 f. – jeweils zu § 1.

2. Öffentliche Verwaltung

21 Unter »öffentlicher Verwaltung« sind alle Dienststellen zu verstehen, in denen Arbeitnehmer im öffentlichen Dienst oder Beamte beschäftigt sind, gleichgültig, ob es sich im Einzelfall um Behörden, Anstalten, (Eigen-/Wirtschafts-)Betriebe, Institute, Stiftungen oder sonstige Verwaltungen handelt[36]. Für die Bestimmung der hier maßgeblichen organisatorischen Einheit ist regelmäßig die Feststellung der jeweiligen Anstellungskörper-

---

32 LG Mannheim v. 25.8.1989 (Fn. 26).
33 Münch ArbR/Sack § 99 Rz. 11.
34 frei.
35 Abw. Volmer Rz. 14 ff. zu § 4; wie hier Volmer/Gaul Rz. 116 ff. zu § 4.
36 Amtl. Begr. (Fn. 26).

§ 4

schaft (Dienstherr – Arbeitgeber) entscheidend[36a] (s. auch Rz. 5 ff. zu § 40), so dass darunter die organisatorische Zusammenfassung von Verwaltungs- bzw. Betriebseinheiten unter einem einheitlichem Dienstherrn/Arbeitgeber zu verstehen ist (vgl. auch Rz. 49).

3. »Obliegende Tätigkeit«

Eine **Aufgabenerfindung** liegt immer dann vor, wenn der Arbeitnehmer arbeitsvertraglich oder kraft Direktionsrechts seines Arbeitgebers, Dienstherrn bzw. Vorgesetzten (ausdrücklich oder stillschweigend) einen **bestimmten Forschungs- oder Entwicklungsauftrag erhalten** hat und aus dieser Tätigkeit eine Erfindung hervorgeht[37] (**Aufgabenerfindung im engeren Sinne**)[38]. Handelt es sich im Einzelfall um jeweils abgeschlossene Aufgabenstellungen, werden diese mit Erreichen des Entwicklungsziels beendet, es sei denn, dass noch eine Restaufgabenstellung bestehen bleibt. Ist dies nicht der Fall und entwickelt der Arbeitnehmer außerhalb des ihm sonst zugewiesenen Pflichtenkreises eine Erfindung, liegt eine Aufgabenerfindung nicht vor[38a].   22

Daneben wird die dem Arbeitnehmer »obliegende Tätigkeit« über eine evtl. nur allgemeine Umschreibung im Arbeitsvertrag hinaus durch seine tatsächliche Stellung im Unternehmen bzw. durch den **ihm tatsächlich zugewiesenen (konkreten) Arbeits- und Pflichtenkreis bestimmt**[39] (**Aufgabenerfindung im weiteren Sinne**). Darunter fällt nicht nur das spezielle Aufgabengebiet eines Arbeitnehmers, sondern darüber hinaus der gesamte Bereich seiner ihm im Unternehmen tatsächlich zugewiesenen Arbeiten, Aufgaben und Leistungspflichten. Es genügt, wenn die Erfindung im Rahmen des Pflichtenkreises des Arbeitnehmers liegt[39a]. Ein Unternehmer darf   23

36a Ebenso Volmer/Gaul Rz. 80 f. zu § 4 (abw. dagegen Rz. 219 zu § 1 u. Rz. 16 zu § 40); Volz, Öffentl. Dienst, S. 57 ff.; Bernhardt/Kraßer, Lehrb. d. PatR, § 21 II b 2; a. A. (»Kleinste organisator. Einheit«) Volmer Rz. 17 zu § 4; vgl. auch Kelbel, PatR u. ErfR, Bd. 1 S. 102.
37 Allg. A., z.B. LG Düsseldorf v. 4.12.1973 GRUR 1974, 275 – Mischröhre; s. auch Amtl. Begr. (Fn. 26) S. 19 = Bl. 1957, 228; vgl. auch RG v. 21.2.1931 RGZ 131, 328, 331 u.v. 14.10.1936 GRUR 1936, 1053, 1054; BGH v. 23.5.1952 GRUR 1952, 573 – Zuckerdiffuseur.
38 Schiedsst. v. 3.10.1961 Blatt 1962, 54 m. Anm. Schippel GRUR 1962, 359.
38a Schiedsst. v. 30.9.1993 Arb.Erf. 176/92 (unveröffentl.).
39 So schon RG v. 5.2.1930 RGZ 127, 197, 204 u.v. 21.2.1931 (Fn. 37) zu § 4 DVO 1943; ähnlich Reimer/Schade/Schippel/Kaube Rz. 8 zu § 4 m.H.a. BGH v. 14.7.1966 Az. I a ZR 58/64 (unveröffentl.); Schiedsst. v. 3.10.1961 (Fn. 38); v. 6.2.1987 Blatt 1987, 362, 363 r. Sp.; v. 21.9.1993 Arb.Erf. 52/92 (unveröffentl.); v. 30.9.1993 (Fn. 38 a); Lindenmaier/Lüdecke Anm. 4 zu § 4; Nikisch ArbR Bd. 1 § 28 II 3 b m.w.N.; vgl. auch BGH v. 17.1.1995 Mitt. 1996, 16, 17 r.Sp. – Gummielastische Masse.
39a Busse/Keukenschrijver PatG Rz. 3 zu § 4 ArbEG.

§ 4

grundsätzlich erwarten, dass ein Arbeitnehmer seine gesamte Kraft und sein gesamtes Wissen in den Dienst des Unternehmens stellt, auch auf den Gebieten, die nicht im unmittelbaren Aufgabenbereich liegen[39b]. Je höher ein Arbeitnehmer in der Unternehmenshierarchie steigt, umso mehr erweitert sich vielfach sein Arbeits- und Pflichtenkreis[39c]. Die Voraussetzung einer dem Arbeitnehmer »obliegenden Tätigkeit« ist immer schon dann erfüllt, wenn die dem Erfinder übertragene Tätigkeit Probleme aufwirft oder Überlegungen veranlasst, die zu der Erfindung geführt haben. Nicht erforderlich ist, dass die Lösung dieser Probleme mit zu den speziellen Aufgaben des Arbeitnehmers gehört. Unerheblich ist auch, woher der Arbeitnehmer die Kenntnisse besitzt, die es ihm ermöglichen, die Lösung dieser Probleme anzugehen[39d].

Eine **Differenzierung** zwischen Aufgabenerfindung im engeren und weiteren Sinne ist aber entbehrlich, da die rechtlichen Konsequenzen – vom vergütungsrechtlich relevanten Anteilsfaktor (vgl. RL Nrn. 30 ff.) abgesehen – gleich sind.

24 Die Arbeitsvertragsparteien sind grundsätzlich frei darin, **vertraglich** eine besondere Pflicht des Arbeitnehmers, **auf technische Neuerungen hinzuarbeiten**, zu begründen. Auch in den Arbeitsvertrag einbezogene Arbeits- bzw. Stellenbeschreibungen können ebenso wie eine Arbeitsordnung zu einer solchen Pflicht des Arbeitnehmers führen (Näheres s. Rz. 25 f. zu § 25).

Derartige Regelungen verstoßen nicht gegen § 22. Zwar kann dadurch zu Lasten des Arbeitnehmers (vgl. §§ 18, 19) der Kreis der gebundenen Erfindungen erweitert werden; § 4 Abs. 2 Nr. 1 geht indes davon aus, dass es dem Arbeitgeber frei steht, den Tätigkeitsbereich seiner Arbeitnehmer zu bestimmen, so dass das ArbEG über § 4 Abs. 2 Nr. 1 erst an diese Ausübung der arbeitsvertraglichen Gestaltungsfreiheit und die dadurch geschaffene Situation anknüpft.

25 Dagegen begründet ein allgemeiner **Hinweis,** auf technische Neuerungen bedacht zu sein bzw. auf solche hinzuwirken, für sich allein ebenso wie die allgemeine Treuepflicht des Arbeitnehmers[40] regelmäßig noch keine aufgabenbezogene Erfindung im Sinne des § 4 Abs. 2 Nr. 1 (vgl. auch RL Nr. 31 a.E.; zum Forschungs- und Entwicklungsbereich s. aber Rz. 26). Es würde dem rechtspolitischen Zweck des § 4 zuwiderlaufen, durch derartig umfassende Bindungen praktisch jede Erfindung zur Aufgabenerfindung zu machen. Daher muss ein **Zusammenhang** dieser allgemeinen Pflicht **mit** der dem Arbeitnehmer **zugewiesenen bzw. von ihm ausgeübten Tätigkeit** be-

---

39b Schiedsst. v. 26.3.1980 Arb.Erf. 34/79 (unveröffentl.); LG Düsseldorf v. 4.12.1973 EGR Nr. 5 zu § 4 ArbEG.
39c Schiedsst. v. 6.2.1987 (Fn. 39).
39d LG Düsseldorf v. 4.12.1973 (Fn. 39 b).
40 Zu weit Lindenmaier/Lüdecke (Fn. 39); zu Recht kritisch Dantz Inanspruchnahmerecht (1968) S. 7; vgl. auch Werdermann Dienster. (1960) S. 21-23.

§ 4

stehen[41]. Vor allem muss dem Arbeitnehmer auch tatsächlich die Möglichkeit eingeräumt sein, im Rahmen seiner arbeitsvertraglich umschriebenen Stellung eine derartige auf die Entwicklung technischer Neuerungen gerichtete Tätigkeit zu entfalten. Eine bloß verbale Pflichtzuweisung kann eine außerhalb des tatsächlich gehandhabten Pflichtenkreises liegende Entwicklung dieses Arbeitnehmers grundsätzlich nicht zur Aufgabenerfindung machen.

Insoweit stellt § 4 Abs. 2 Nr. 1 ausdrücklich darauf ab, dass die Erfindung **aus** der dem Arbeitnehmer (allgemein oder speziell) obliegenden **Tätigkeit entstanden** sein muss. Nach der tatsächlichen Stellung beurteilt sich auch die Frage, ob im Rahmen einer dienstlichen Vertretung die Aufgaben des Vertretenen zugleich dem Vertreter zugerechnet werden können[41a]. Im Regelfall scheidet eine Aufgabenerfindung aber aus, wenn der Erfinder von seiner Arbeitspflicht freigestellt ist oder ihm kraft Direktionsrechts des Arbeitgebers (weitere) Forschungs- oder Entwicklungsarbeiten auf dem erfindungsgemäßen Gebiet untersagt wurden; in diesen Fällen liegen jedoch vielfach die Voraussetzungen einer Erfahrungserfindung (s. Rz. 35 II.) vor; keine Aufgaben-, sondern allenfalls eine Erfahrungserfindung kommt auch im Falle einer »betrieblichen Auslobung« in Betracht[41b].

Auch ohne besondere Vertragsabsprache bzw. ohne besonderen Auftrag im Rahmen des Direktionsrechts kann sich **unmittelbar aus dem Tätigkeitsbereich** des Arbeitnehmers eine Pflicht, um technische Verbesserungen bemüht zu sein, ergeben[42]. Dies gilt insbesondere für Mitarbeiter in Forschungs- und Entwicklungslaboratorien[43], in Konstruktions-, Versuchs- und Fertigungsabteilungen[44], im Organisationsbereich, in REFA-, Arbeitsstudien- und Arbeitsvorbereitungsabteilungen.

26

Bei der Abgrenzung der dem Arbeitnehmer obliegenden Tätigkeit kommt es nicht allein auf die **Verteilung der Zuständigkeiten** an, wie sie sich aus der Organisation eines Unternehmens ergibt; vielmehr kann die Pflicht des Arbeitnehmers, im Interesse seines Arbeitgebers tätig zu werden und auch solche beruflichen Erfahrungen und Kenntnisse, die er auf anderen Gebieten erworben hat, für seinen Arbeitgeber nutzbar zu machen, im

27

---

41 Vgl. Riemschneider/Barth Anm. 1 zu § 4 DVO 43; im Ergebnis auch LG Düsseldorf v. 4.12.1973 (Fn. 37) = EGR Nr. 5 zu § 4 ArbEG m. krit. Anm. Gaul u.v. 28.7.1955 Mitt. 1957, 157.
41a Weitergehend Volmer/Gaul Rz. 95 zu § 4.
41b Zur Auslobung i.S.d. § 657 BGB s. Dantz Inanspruchnahmerecht (1968) S. 4 f. u. RG v. 22.4.1898 JW 1898, 365 Nr. 53; Volmer/Gaul Rz. 92 f. zu § 4.
42 Vgl. LG Düsseldorf v. 4.12.1973 (Fn. 37); so schon RG v. 5. 2. 1930 (Fn. 39) u.v. 17.10.1936 GRUR 1937, 41, 42; ebenso Volmer/Gaul Rz. 98 f. zu § 4.
43 LG Düsseldorf v. 4.12.1973 (Fn. 37); BGH v. 14.7.1966 Az. I a ZR 58/64 (unveröffentl); vgl. auch BGH v. 21.10.1980 GRUR 1981, 128, 129 – Flaschengreifer.
44 RG v. 17.10.1936 (Fn. 42) m.w.N.; vgl. auch BGH v. 23.5.1952 AP 53 Nr. 120 m. Anm. Volmer = GRUR 1952, 573 – Zuckerdiffuseur.

§ 4

Einzelfall über die Grenzen seiner Ressortaufgaben hinausgehen[45]. Auch eine nicht dem Arbeitnehmer selbst, sondern seiner Abteilung erteilte Aufgabenstellung sowie ein dem Mitarbeiter als Mitglied einer Forschungs- und Entwicklungsgruppe zugestandener Forschungsfreiraum können eine Aufgabenerfindung begründen.

Die **Höhe des Arbeitsentgelts** ist dagegen ebenso wenig ausschlaggebendes Kriterium für die Annahme einer aufgabenbezogenen Erfindung[46] wie die bloße Tatsache einer **leitenden Stellung** im Unternehmen bzw. der öffentlichen Verwaltung[47] (s. aber auch Rz. 23). Maßgebend bleibt stets, dass die Erfindung aus dem Zusammenhang mit dem dem Erfinder obliegenden Tätigkeitsbereich hervorgegangen ist, wobei es gleichgültig ist, ob der Lösungsweg oder lediglich die »Aufgabe der Erfindung« seinem Fachgebiet (Tätigkeitsbereich) angehört[45]. Damit ist der Ausgangspunkt der Vergütungsrichtlinien Nrn. 34 bis 36 bedenklich, soweit sie vorrangig in Anwendung der früheren Rechtsprechung des RG[48] auf typisierte Erwartungshorizonte bei leitenden Positionen (ab der Ebene der unteren betrieblichen Führungskräfte, d.h. ab Gruppe 6 der RL Nr. 34 – vgl. auch RL Nr. 36) und sogar auf die Gehaltshöhe (RL Nr. 35) mit unzulänglichem Bezug auf die konkrete Tätigkeit abstellen.

28 Weist der **Aufgabenbereich** des Arbeitnehmers (bzw. Beamten, Soldaten) **keine Beziehung zu technischen Fragen** – etwa im kaufmännischen Bereich (vgl. RL Nr. 36 S. 1) – auf und/oder ist er mit lediglich untergeordneter Tätigkeit betraut bzw. fehlt ihm jegliche technische Vorbildung, so fällt in der Regel eine erfinderische Betätigung nicht in seinen Pflichtenkreis[49]. Gleiches gilt, wenn der Erfindungsgegenstand zu dem betrieblichen Aufgabengebiet des Arbeitnehmers keinen hinreichenden Bezug hat[49a]. Eine Aufgabenerfindung scheidet auch dann aus, wenn die Erfindung im Rahmen einer dem Arbeitnehmer ausdrücklich erlaubten **Nebentätigkeit** außerhalb seiner arbeitsvertraglichen Verpflichtungen entwickelt worden ist[50]. Da solche Nebentätigkeiten üblicherweise nur gestattet werden, wenn ein Tätigwerden außerhalb des Arbeitsbereiches des Unternehmens liegt, wird es auch regelmäßig an einer Erfahrungserfindung fehlen; ein bloßes Interes-

---

45 KG v. 24.3.1965 Az. 5 U 532/62 bestätigt durch BGH v. 14.7.1966 (Fn. 43).
46 BGH v. 14.7.1966 (Fn. 43) bezeichnet die Rspr. d. RG insoweit seit Einführung des gesetzl. Arbeitnehmererfindungsrechts als bedeutungslos.
47 Abw. Lindenmaier/Lüdecke Anm. 4 zu § 4 im Anschl. an die Rspr. d. RG (Fn. 39); s. auch RG v. 11.6.1932 RGZ 136, 415, 418.
48 S. Rspr.-Nachw. Fn. 39, 47; s. auch Fn. 46.
49 Vgl. LG Düsseldorf v. 4.12.1973 (Fn. 37); so auch ständ. Rspr. d. RG, z.B. v. 5.2.1930 (Fn. 39); vgl. aber auch Schiedsst. v. 6.2.1987 Blatt 1987, 362; z. T. abw. Reimer/Schade/Schippel/Kaube Rz. 9 zu § 4 m.H.a. RL Nr. 34.
49a Schiedsst. v. 10.3.1993 EGR Nr. 80 zu § 12 ArbEG.
50 Schiedsst. v. 20.5.1994 Arb.Erf. 149/92 (unveröffentl.); ebenso Reimer/Schade/Schippel/Kaube Rz. 9 zu § 4.

§ 4

se des Arbeitgebers, zukünftig auf diesem Gebiet tätig zu werden, reicht hierfür nicht aus[50a]. Etwas anderes kann gelten, wenn sich die Bereiche der arbeitsvertraglichen Aufgaben einerseits und der Nebentätigkeit andererseits überschneiden, da § 4 keine zeitliche Begrenzung derart enthält, dass alles, was ein Arbeitnehmer außerhalb seiner Arbeitszeit erarbeitet, ein freies Arbeitsergebnis ist[50b] (s. Rz 10, 15).

Diese Grundsätze verdeutlichen, dass **jeweils im Einzelfall der individuelle Pflichtenkreis bestimmt werden muss**, und dass sich eine schematische Handhabung mangels sicher zu treffender Unterscheidungsmerkmale verbietet[51].

Da es auf den tatsächlich zugewiesenen (konkreten) Arbeits- und Pflichtenkreis ankommt (s. Rz. 23), ist es ohne Einfluss, inwieweit dieser **Pflichtenkreis** gemäß § **2 Abs. 1 Satz 2 Nr. 5 NachwG** bzw. die diesen ergänzenden Mitteilungen über Änderungen der wesentlichen Vertragsbedingungen (§ 3 Satz 1 NachwG) **schriftlich fixiert** worden ist. Ein etwaiger Verstoß gegen die zwingenden Vorschriften des NachwG ist erfinderrechtlich ohne Einfluss, d. h. es nimmt einer Erfindung, die im tatsächlichen Aufgabenbereich des Arbeitnehmers liegt, nicht den Charakter einer Diensterfindung. Allenfalls könnten sich daraus Beweisanforderungen ergeben, soweit eine Fixierung nach §§ 2, 3 NachwG im Rahmen einer Gesamtwürdigung Berücksichtigung findet. Die praktische Bedeutung dürfte allerdings gering sein, da § 2 Abs. 1 Satz 2 Nr. 5 NachwG nur eine Bezeichnung bzw. allgemeine Beschreibung der vom Arbeitnehmer zu leistenden Tätigkeit fordert, letztlich also einen Tätigkeitsrahmen, für den die Verwendung einer Berufsbezeichnung bzw. eines Berufsbildes häufig ausreicht[52].

In folgenden Fällen wurde **beispielsweise** eine aufgabenbezogene Erfindung **bejaht**[55]:
- bei einem **Volkswirt**, der mit der Leitung eines neuen Produktbereichs betraut war und sich dabei intensiv in technische Entwicklungsarbeiten eingeschaltet hatte[56];
- bei dem **kaufmännischen Leiter** einer Niederlassung mit der Pflicht zu Kundenkontakten auch auf technischem Gebiet und der damit verbundenen Beteiligung an der technischen Entwicklung seiner Firma[57];
- bei einem **Entwicklungsingenieur** für die Entwicklung einer Mischröhre, obwohl seine Tätigkeit im Schaltlabor sich auf die Entwicklung

---

50a Schiedsst. v. 20.5.1994 (Fn. 50).
50b Schiedsst. v. 4. 6. 1997 Arb.Erf. 82/95 (unveröffentl.)
51 Zutr. so schon RG v. 21.2.1931 (Fn. 37).
52 vgl. etwa Birk NZA 1996, 281, 286.
53-54 frei
55 Die Rspr. d. RG (Fn. 39, 47) ist insoweit überholt.
56 Schiedsst. v. 3.10.1961 Blatt 1962, 54 m. Anm. Schippel GRUR 1962, 359.
57 Schiedsst. v. 14.8.1972 Blatt 1973, 144.

§ 4

von Schaltungen für Röhren bezog (zutreffender: Erfahrungserfindung)[58];
- bei einem in die Unternehmensleitung berufenen **Dipl.-Kaufmann**, der erhebliche Mängel der vorhandenen Maschine erkannte und entscheidend an Verbesserungen beteiligt war (besser: Erfahrungserfindung)[59];
- bei einem **Elektroingenieur** als vorübergehendem Leiter eines Entwicklungslabors mit relativ weisungsfreier Stellung, der im Zusammenhang mit Weiterentwicklungsarbeiten eine Erfindung macht, die (auch) zur Verbesserung der betreffenden Produkte führt, obschon der Erfindungsgegenstand nicht auf seinem eigentlichen Fachgebiet liegt und die Erfindung nicht unmittelbar in den Produktionsbereich des Unternehmens fällt[60];
- bei einem **Projektleiter** (Ingenieur) einer speziellen Forschungsgruppe, auch wenn er in seiner Freizeit von sich aus mit eigenen Studien begonnen hatte, da die Erfindung auf dem dem Erfinder zugewiesenen speziellen Forschungsgebiet lag und ihm damit die Möglichkeit wie auch die Pflicht gegeben war, die einschlägigen Probleme zu erkennen und mit seiner Erfindung zu deren Lösung beizutragen; dies insbesondere dann, wenn er erkannt hatte, dass andere Mitarbeiter seines Arbeitgebers eine falsche Entwicklungsrichtung eingeschlagen hatten[61];
- bei einem **Leiter der Konstruktionsabteilung**, auch wenn nur ein genereller Auftrag an die Abteilung zur Lösung eines bestimmten technischen Problems gegeben war[62];
- bei einem mit einer **Arbeitsbeschaffungsmaßnahme** betrauten Arbeitnehmer (promovierter Dipl.-Ing.), der die Erfindung zwar außerhalb der Arbeitszeit entwickelt hatte (hier: auf der Bahnfahrt zur Arbeitsstelle), der Erfindungsgegenstand (hier: Mehrscheibenisolierglas und Wärmedämmplatte) aber im Bereich der ABM-Maßnahme (hier: Bestandsaufnahme u. Umsetzung eines Handlungskonzepts auf d. Gebiet d. Energieeinsparung) lag[63];
- bei einem **wissenschaftlichen Mitarbeiter einer Universität**, der im Rahmen eines zwischen der Universität und einem Privatunternehmen

---

58 LG Düsseldorf v. 4.12.1973 GRUR 1974, 275 – Mischröhre = EGR Nr. 5 zu § 4 ArbEG m. krit. Anm. Gaul.
59 Schade GRUR 1965, 634, 635 m. H. auf Praxis der Schiedsstelle.
60 BGH v. 14.7.1966 Az. I a ZR 58/64 (unveröffentl.).
61 Kantonsgericht St. Gallen v. 9.2.1983 GRUR Int. 1984, 708, 709 – Orthophotogerät – zu Art. 332 Abs. 1 d. schweiz. OR, der schon das bloße Mitwirken an der Fertigstellung einer Erfindung f. d. Anerkennung einer aufgabenbezogenen Dienstfindung ausreichen lässt.
62 BGH v. 21.10.1980 GRUR 1981, 128, 129 – Flaschengreifer; vgl. Buchner GRUR 1985, 1, 10.
63 Schiedsst. v. 6.2.1987 Blatt 1987, 362.

§ 4

abgeschlossenen Forschungs- und Entwicklungsvertrages auf Weisung seines vorgesetzten Professors tätig geworden war[64];
- bei einem **Chemiker**, der mit Versuchen auf dem erfindungsgemäßen Gebiet beruflich befasst war[65].

Verneint wurde u.a. eine tätigkeitsbezogene Erfindung trotz Zugehörigkeit des Arbeitnehmers zu einer **Versuchsabteilung**, da dies eine reine Anfangstätigkeit ohne intensive Beschäftigung mit den dort anfallenden Problemkreisen war[71]; ferner bei einem Arbeitnehmer, der mit dem bloßen Instandhalten von Stanzwerkzeugen befasst war, bei Entwicklung einer prinzipiell anders ausgestalteten Lochstanzmaschine[72]. 31

Lässt sich eine aufgabenbezogene Erfindung – wofür der Arbeitgeber (Dienstherr) **beweispflichtig** ist (s. auch Rz. 18) – nicht feststellen, bleibt zu prüfen, ob eine Erfahrungserfindung (§ 4 Abs. 2 Nr. 2) vorliegt (hierzu Rz. 35 f.). 32

4. Kausalität

Die Aufgabenerfindung muss aus der dem Arbeitnehmer obliegenden Tätigkeit entstanden sein, d.h. sie muss kausal auf den Aufgaben- und Pflichtenkreis des Arbeitnehmers zurückzuführen sein, ohne dass die bestehende Aufgabe zweckgerichtet auf eine technische Neuerung hinzuzielen brauchte. Dies ist grundsätzlich schon dann gegeben, wenn die dem Arbeitnehmer **obliegende Tätigkeit Probleme aufwirft oder Überlegungen veranlasst**, die zu der Erfindung führen, ungeachtet, ob die Problemlösung selbst mit zu dem Aufgabenkreis des Arbeitnehmers gehört[80]. Unerheblich ist auch, woher der Arbeitnehmer die Kenntnisse zur Problemlösung besitzt oder erhält[80], insbesondere, ob er auf dem internen Stand der Technik aufbaut oder von den im Betrieb bekannten Vorstellungen abweicht und neue Lösungswege geht[81]. 33

Sind an der Erfindung **mehrere Arbeitnehmer** beteiligt, ist diese auch dann insgesamt Diensterfindung, wenn sie in den Arbeits- und Pflichten-

---

64 LG Düsseldorf v. 26.6.1990 GRUR 1994, 53 – Photoplethysmograph.
65 BGH v. 17.1.1995 Mitt. 1996, 16, 17 – Gummielastische Masse.
66-70 frei
71 Schade BB 1962, 260, 261 m.H.a. Schiedsst. Arb.Erf. 16/59.
72 LG Düsseldorf v. 28.7.1955 Mitt. 1957, 157, 158; vgl. auch BAG v. 13.9.1983 GRUR 1984, 429, 430 – Statikprogramme zur Erstellung eines Computerprogramms durch einen angestellten Statiker.
73-79 frei
80 LG Düsseldorf v. 4.12.1973 (Fn. 58).
81 BGH v. 23.5.1952 GRUR 1952, 573 Zuckerdiffuseur = AP 53 Nr. 120 m. Anm. Volmer; OLG Hamburg v. 6.11.1958 GRUR 1960, 487; Busse/Keukenschrijver PatG Rz. 4 zu § 4 ArbEG.

§ 4

kreis eines Miterfinders fällt und der andere »freiwillig« mitgearbeitet hat (s. aber zum öffentl. Dienst Rz. 49, zu Miterfindern s. Rz. 50).

34 Eine **Ursächlichkeit fehlt**, wenn ein konkreter Entwicklungsauftrag erst nach Fertigstellung der Erfindung (Rz. 16) erteilt wird[81a], ebenso wenn ein konkreter Entwicklungsauftrag durch eine vorangegangene andere Problemlösung bereits erfüllt war und der Arbeitnehmer später von sich aus das Problem auf erfinderische Weise löst[82]; ferner, wenn der Arbeitgeber nach Misserfolgen den Auftrag fallen lässt und der Arbeitnehmer nach längerer Zeit aus eigenem Antrieb die Arbeiten für sich wieder aufnimmt und dabei zu einer Erfindung gelangt[83]; in solchen Fällen kann aber eine Erfahrungserfindung vorliegen.

IV. Erfahrungserfindung (Abs. 2 Nr. 2)

35 Die maßgeblich auf Erfahrungen oder Arbeiten des Betriebes beruhenden Erfindungen bilden die sog. Erfahrungserfindungen, gleichgültig, ob sie für das Unternehmen verwertbar sind oder nicht[90] (s. Rz. 9). Derartige Erfindungen stellen nicht das ausschließliche Verdienst des Erfinders, sondern letzten Endes eine »**Gemeinschaftsarbeit**« des Unternehmens und des Erfinders dar, was die Gewährung eines gesetzlichen Inanspruchnahmerechts zugunsten des Arbeitgebers rechtfertigt[90].

1. Erfahrungen oder Arbeiten des »Betriebes«

36 Erfahrungen und Arbeiten des »Betriebes« sind im Grundsatz verkörpert durch den sog. **inneren Stand der Technik** eines Unternehmens[90a].
Weder der Wortlaut noch der Gesetzessinn fordern es, dass dieser betriebsinterne Stand über dem allgemeinen Stand der Technik liegen muss[91], der Arbeitnehmer also die Erkenntnisse nicht ebenso gut aus einem anderen Unternehmen oder aus dem Schrifttum gewinnen konnte[91] (s. auch Rz. 39, 45).

37 Der Begriff des **Betriebes** ist auch hier im »untechnischen« Sinne zu verstehen, so dass auf den gesamten Unternehmensbereich und nicht auf einzelne Betriebsstätten abzustellen ist (vgl. Rz. 20; zur Unterscheidung Betrieb/Unternehmen s. Rz. 104 zu § 1).

81a LG Düsseldorf v. 4.12.1973 (Fn. 58).
82 Vgl. RG v. 14.10.1936 GRUR 1936, 1053.
83 Vgl. Riemschneider/Barth Anm. 1 zu § 4 DVO S. 113; Dantz, Inanspruchnahmerecht (1968) S. 4.
84-89 frei
90 Amtl. Begr. BT-Drucks. II/1648 S. 19 f. = Blatt 1957, 228 f.
90a Vgl. auch Vollrath GRUR 1987, 670, 671 f.
91 Ebenso Volmer/Gaul Rz. 115 zu § 4; a. A. Werdermann Diensterf. (1960) S. 26, 32; Dantz Inanspruchnahmerecht (1968) S. 11; Bernhardt/Kraßer § 21 II b 5.

§ 4

Die **Begriffe** »Erfahrungen« und »Arbeiten« sind **weit auszulegen**[91a]; beide Begriffe überschneiden sich häufig, so dass eine Abgrenzung im Einzelfall schwierig, aber letztlich auch entbehrlich ist. Sind an der Erfindung **Miterfinder** beteiligt, so reicht es aus, wenn die maßgeblichen betrieblichen Erfahrungen oder Arbeiten, ohne die die Erfindung nicht zustande gekommen wäre, nur von einem (Arbeitnehmer-)Erfinder genutzt wurden (s. aber auch Rz. 50).

38

Unter »**Erfahrungen**« sind alle Informationen und Kenntnisse, Knowhow, Übungen u.ä. zu verstehen, mithin das gesamte im Unternehmen vorhandene Wissen auf technischem Gebiet, z.B. Kenntnis von Produktionsabläufen und Fertigungsmethoden, Kunstgriffe, praktische Kniffe, Verfahrensweisen, Fabrikationsgeheimnisse, Rezepturen usw.[91b]; Erkenntnisse aus einem Erfahrungsaustausch (z.B. mit Kollegen, Lieferanten, Geschäfts-[91c], Konzern- oder Kooperationspartnern) oder aus dienstlich veranlassten Tagungen fallen ebenso hierunter wie Erfahrungen negativer Art, etwa auf Grund von Kundenbeanstandungen[90], eigenen Fehlentwicklungen im Unternehmen[92], Analysen von Konkurrenzprodukten oder sonstigen aus der betrieblichen Tätigkeit gewonnenen Erkenntnissen über spezifische technische Probleme[92a].

39

Gleichgültig ist, ob dieser technische Wissensstand in Arbeitsunterlagen oder sonstigen Informationsträgern schriftlich oder sonstwie fixiert wurde oder ob sich dieser in den Kenntnissen der Mitarbeiter niedergeschlagen hat. Zu den Erfahrungen zählt auch das vom Erfinder selbst im Rahmen seiner bisherigen Tätigkeit im Unternehmen entwickelte bzw. von Dritten durch Einkauf von Know-how oder durch Abschluss von Lizenzverträgen erworbene Erfahrungsgut[93]. Handelt es sich dagegen um Kenntnisse des Erfinders aus früheren Arbeitsverhältnissen (s. aber auch RL Nr. 17) oder rührt das Wissen ausschließlich aus Umständen her, die keinen unmittelbaren Bezug zum Unternehmen aufweisen (z.B. Fortbildungsveranstaltung aus eigenem Antrieb ohne betriebl. Kostenbeteiligung), so fehlen »betriebliche Erfahrungen«; in solchen Fällen kann aber eine Aufgabenerfindung nahe liegen. Hat der Arbeitnehmer eine freie Erfindung auf den Arbeitge-

40

91a Demgegenüber geht Sack (MünchArbR § 99 Rz. 12) davon aus, dass die Erfahrungserf. i.S.d. § 4 Abs. 2 Nr. 2 insgesamt eng zu verstehen sei.
91b Zust. Schiedsst. v. 20.5.1994 Arb.Erf. 149/92 (unveröffentl.).
91c So im Ergebn. auch Schiedsst. v. 9.11.1987 Arb.Erf. 98/86 (unveröffentl.).
92   Vgl. (auch) Schiedsst. v. 8.5.1972 Blatt 1972, 382, 383 u.v. 1.10.1987 Blatt 1988, 221.
92a I.d.S. z.B. Schiedsst. v. 25.4.1991 Arb.Erf. 74/90 (unveröffentl.) – dort bejaht für einen Service-Ingenieur, dem auf Grund seiner Kundenbetreuung ein – auch ansonsten bekanntes – techn. Problem bewusst wurde.
93   Schiedsst. v. 4. 6. 1997 Arb.Erf. 82/95 (unveröffentl.); Reimer/Schade/Schippel/Kaube Rz. 11 zu § 4 m. H. a. BGH v. 14.1.1966 Az. I a ZR 58/64 (unveröffentl.); diff. Werdermann (Fn. 91) S. 29 f.
93a Z.B. Schiedsst. v. 21.9.1993 Arb.Erf. 52/92 (unveröffentl.) u. v. 4.6.1997 (Fn. 93).

§ 4

ber übertragen, so können allerdings eigenständige Weiterentwicklungen des Arbeitnehmers Diensterfindungen (Erfahrungserfindungen) darstellen, insbesondere, wenn der Betrieb die Ersterfindung innerbetrieblich verwertet[93a].

41 In Abgrenzung zu »Erfahrungen« setzt der Begriff »**Arbeiten**« eine praktische Anwendung, Umsetzung oder sonstige praktische Ergebnisse im Unternehmen voraus (s. auch RL Nr. 32). Das Auswechseln des früheren Begriffs der »Vorarbeiten« (§ 4 Abs. 1 DVO 1943) durch den Begriff »Arbeiten« soll verdeutlichen, dass nicht etwa nur auf Arbeiten des Unternehmens, die eine bestimmte Zweckrichtung aufweisen, abgestellt werden kann[90]; somit können mangels Zweckgebundenheit alle praktischen Ergebnisse, die unabhängig von der Erfindung nur bei Gelegenheit irgendeiner Betätigung auf technischem Gebiet angefallen sind (z.B. bei fehlgeschlagenen Versuchen), »Arbeiten« darstellen. Arbeiten können auch – ebenso wie Erfahrungen – eigene Vorarbeiten des Arbeitnehmers im Unternehmen sein. Neben Arbeitsergebnissen, Studien und Versuchen gehören auch bisher entwickelte technische Neuerungen, auf denen der Erfinder aufbaut, zum Kreis der Arbeiten. Ebenso wie bei »Erfahrungen« ist auf den gesamten, dem Unternehmen zuzurechnenden Bereich abzustellen; auch für den Begriff der »Arbeiten« ist eine schriftliche oder sonstige Fixierung (z.B. Labor-/Versuchsberichte) nicht notwendig, so dass mündliche Mitteilungen ausreichen können (s. oben Rz. 39 f.).

2. »Maßgeblich beruhen«

42 Eine Zuordnung der Erfindung zum Arbeitgeber ist nur dann gerechtfertigt, wenn diese maßgeblich auf den Erfahrungen bzw. Arbeiten des Unternehmens beruht; der innere Stand der Technik des Unternehmens muss also nicht nur kausal sein, sondern darüber hinaus **in erheblichem Maße zu der Erfindung beigetragen** haben.

43 An einem **ursächlichen Zusammenhang** fehlt es stets, wenn dem Erfinder die Erfahrungen bzw. Arbeiten des Unternehmens nicht zugänglich waren und er sich diese daher nicht zunutze machen konnte. Aber auch wenn dem Arbeitnehmer dieses technische Wissen verfügbar war, ist entscheidend, ob gerade dadurch das Zustandekommen der Erfindung beeinflusst wurde, sei es, dass die technische Neuerung ohne diese Zutaten nicht, nicht so schnell oder nicht in diesem Umfange möglich gewesen wäre. Dabei kann aber die bloße Bereitstellung und Verwendung von Betriebsmitteln (Räumen, Gerätschaften, technischen Hilfsmitteln) oder das Abordnen von Arbeitskräften nicht ausreichen, wenn nicht gleichzeitig Wissen und/oder praktische Ergebnisse aus dem Unternehmensbereich zur Problemlösung beigetragen haben[94] (s. auch Rz. 15).

---

94 S. auch Werdermann (Fn. 91) S. 32; abw. Halbach Anm. 7 zu § 4.

§ 4

Im Unterschied zur Aufgabenerfindung (s. Rz. 19 f.) reicht eine bloße 44
Ursächlichkeit allein nicht aus, sondern der Beitrag des Unternehmens
muss maßgeblich, d.h. **von erheblichem Einfluss** gewesen sein[95] bzw. in
erheblichem Maße dazu beigetragen haben[95a]. Dies kann nur – ausgehend
von der fertig gestellten Erfindung unter Berücksichtigung ihres Entstehungsprozesses – im Einzelfall festgestellt werden, ohne dass allgemein gültige Maßstäbe verfügbar sind.

Regelmäßig wird es an einem maßgeblichen Beitrag **fehlen**, wenn sich der
Einfluss des Unternehmens auf die Erfindung nur als nebensächlich (unbedeutend) darstellt, z. B. nur als Anstoß, sich mit dem Erfindungsgegenstand
zu befassen. Gleiches gilt, wenn der Erfindungsgegenstand keinen hinreichenden Bezug zum Arbeitsbereich des Unternehmens aufweist[95b]. Diese
Maßgeblichkeit des betrieblichen Wissens fehlt auch, wenn die Überlegungen der vom Arbeitnehmer entwickelten neuen technischen Lehre erheblich über den Bereich hinausgehen, in welchem er tätig war und seine Erfahrungen sammeln konnte[95c]. Zur Erfindung im Rahmen einer Nebentätigkeit s. Rz. 28.

Schlägt sich das innerbetriebliche Wissen nur in **einzelnen Ausführungsformen der Erfindung** (Schutzansprüchen) maßgeblich nieder, handelt es sich nach Auffassung der Schiedsstelle[95d] insoweit um eine gebundene und im Übrigen um eine freie Erfindung (bedenklich).

Der **maßgebliche betriebliche Einfluss** wird in der Regel zu **bejahen**
sein, wenn das »betriebliche« Erfahrungsgut in der Erfindung erkennbar
seinen Niederschlag gefunden hat. Letzteres ist beispielsweise dann der
Fall, wenn die Erfindung ein konkretes Problem auf einem Gebiet löst, auf
dem das Unternehmen seit längerem Erfahrungen gesammelt hat und der
Erfinder im Rahmen seiner beruflichen Tätigkeit damit befasst war[92].

Da aber eine bloße Anregung keine Diensterfindung begründen kann (s.
Rz. 5), muss der maßgebliche betriebliche Beitrag vorrangig nicht bei der
Aufgabenstellung, sondern **bei der Erfindungslösung** gegeben sein.

Für die Bestimmung des maßgeblichen Einflusses ist zudem nicht der
Abstand zwischen innerem und äußerem Stand der Technik ausschlaggebend, da vorrangig das Gesamtmaß der Beeinflussung und nicht allein die
Qualität eines einzelnen Beitrages entscheidend sein kann (s. Rz. 37). Eine
Berufung auf den äußeren Stand der Technik ist dem Erfinder nur dann

---

95 Wie hier Volmer/Gaul Rz. 125 zu § 4; Busse/Keukenschrijver PatG Rz. 5 zu § 4
    ArbEG; zu weitgehend Werdermann (Fn. 91) S. 35, wonach für § 4 Abs. 2 Nr. 2
    nicht die Leistung des Erfinders, sondern d. betriebl. Erfahrungen f. d. Auffinden d.
    Erfindungsgedankens entscheidend sein sollen.
95a Schiedsst. v. 20.5.1994 Arb.Erf. 149/92 (unveröffentl.).
95b Schiedsst. v. 10.3.1993 EGR Nr. 80 zu § 12 ArbEG.
95c Schiedsst. v. 30.9.1993 Arb.Erf. 176/92 (unveröffentl.).
95d Schiedsst. v. 30.9.1993 (Fn. 95 c).

§ 4

möglich, wenn allein dieser Einfluss entscheidend war, mit der Folge, dass eine freie Erfindung vorliegt.

45 In folgenden Fällen wurde **beispielsweise** eine Erfahrungserfindung bejaht:
- bei einem **Laborleiter** für Technologie der Faserverbundstoffe in einem mit Raum- und Luftfahrttechnik befassten (öffentlichen) Forschungsinstitut für die Entwicklung eines Gabelbaums für Segelbretter aus kohlefaserverstärktem Kunststoff aus Anlass seiner Freizeitbetätigung als Hobbywindsurfer[96],
- bei der **Auswertung von Erkenntnissen** (hier: Musterstücke) **eines Drittunternehmens**, mit dem der Arbeitgeber in Geschäftsbeziehungen eintritt, und von denen der Arbeitnehmer als Beauftragter des Arbeitgebers Kenntnis erlangt hat[97],
- bei einem **Betriebsleiter**, der im Rahmen seiner Tätigkeit **von negativen Erfahrungen auf einem technischen Spezialgebiet** Kenntnis erhielt und dessen Erfindung gerade zur Lösung dieser Probleme diente[98].

46 Die **Beweislast** für das Vorliegen einer Erfahrungserfindung trägt der Arbeitgeber (Dienstherr). Berührt der Gegenstand der Erfindung offensichtlich den betrieblichen Tätigkeitsbereich des Arbeitnehmers, so kann u.U. eine **tatsächliche Vermutung** für eine Erfahrungserfindung sprechen, sofern nicht bereits eine Aufgabenerfindung (s. Rz. 19 ff.) vorliegt (vgl. auch Rz. 18).

C. Freie Erfindungen (Abs. 3)

47 Nach der in § 4 Abs. 3 vorgegebenen **Negativabgrenzung** (»sonstige Erfindungen«) sind alle sonstigen Erfindungen von Arbeitnehmern »freie Erfindungen« (zur Abgrenzung s. insbes. Rz. 6, 9, 15). Damit will das Gesetz als freie Erfindungen solche bezeichnen, die von einem Arbeitnehmer zwar während der Dauer des Arbeitsverhältnisses gemacht werden, die jedoch weder aus dem Aufgabenbereich des Arbeitnehmers im Betrieb des Arbeitgebers entstanden sind, noch maßgeblich auf betrieblichen Erfahrungen oder Arbeiten beruhen. Daraus folgt, dass die freien Erfindungen sich überhaupt nicht als betriebliches Arbeitsergebnis darstellen, sondern dem außerbetrieblichen Lebensbereich des Arbeitnehmers zuzurechnen sind[100]. Zu den freien Erfindungen rechnen auch die bloßen Anregungserfindungen (s. Rz. 5). Als Ausnahmevorschrift behandelte § 42 Abs. 1 a.F. einen weite-

---

96 Schiedsst. v. 1. 10.1987 Blatt 1988, 221.
97 Schiedsst. v. 9.11.1987 (Fn. 91c).
98 Schiedsst. v. 8.5.1972 Blatt 1972, 382.
99 frei.
100 BGH v. 29.11.1984 NJW 1985, 1031, 1032 – Fahrzeugsitz.

ren Komplex freier Erfindungen von Hochschullehrern und -assistenten (nunmehr im Regelfall Diensterfindungen, s. § 42 n.F.).
Der Wortlaut des Abs. 3 könnte darauf schließen lassen, dass auch solche Erfindungen als freie Erfindungen i. S. d. ArbEG gelten, die **vor rechtlichem Beginn des Arbeitsverhältnisses fertig gestellt** worden sind. Insoweit ist die Fassung verunglückt. Das ArbEG bestimmt nur die Rechtsbeziehungen für solche Erfindungen, die **während der (rechtlichen) Dauer des Arbeitsverhältnisses gemacht** worden sind. Dies ergibt sich sowohl aus § 1 als auch aus § 4 Abs. 2 und den §§ 18, 19. Bei Erfindungen, die der Arbeitnehmer außerhalb des rechtlichen Bestandes eines Arbeitsverhältnisses geschaffen hat, unterliegt er nicht dem ArbEG und damit auch nicht dessen Schutzwirkungen einerseits und den Verpflichtungen andererseits; er ist in der Verfügung über solche Rechtspositionen wie ein sonstiger freier Lizenzgeber uneingeschränkt (§§ 6, 9 PatG). Folgerichtig kann sich ein Arbeitnehmer, der mit seinem Arbeitgeber Vereinbarungen über solche freien Erfindungen getroffen hat, nicht auf die Unbilligkeitsregelung des § 23 ArbEG berufen (s. oben Rz. 11). Hat der Arbeitnehmer eine Erfindung in einem früheren (oder anschließenden) Arbeitsverhältnis fertig gestellt, unterliegen solche Erfindungen den Bindungen des ArbEG im Verhältnis zu dem jeweiligen Arbeitgeber.

Nicht zu den freien Erfindungen zählen die frei gewordenen (§ 8) bzw. später aufgegebenen (§ 16) Diensterfindungen oder solche, die kraft zulässiger Abrede (s. dazu Rz. 27 zu § 22) von der Behandlung als Diensterfindungen ausgeschlossen sind; in diesen Fällen kommen also (erneute) Mitteilungs- und Anbietungspflichten (§§ 18, 19) nicht in Betracht.

Unter steuerrechtlichen Gesichtspunkten sieht der BFH eine auf den Arbeitnehmer im Wege der Gesamtrechtsnachfolge übergegangene Diensterfindung als freie Erfindung an[101].

Während die Diensterfindung wegen ihrer Beziehung zum Unternehmen bestimmten rechtlichen Bindungen unterworfen ist, legt das Gesetz dem Arbeitnehmer als freiem Erfinder lediglich einzelne **Verpflichtungen** auf, die aus dem Bestehen des Arbeitsverhältnisses als solchem und der sich daraus ergebenden Treuepflicht sowie dem Schutzcharakter der §§ 18, 19, 22, 23 abzuleiten sind[100]. Über die freien Erfindungen kann ein Arbeitnehmer wie ein freier Erfinder grundsätzlich frei verfügen (§ 8 Abs. 2, Einzelheiten dort Rz. 48 ff.). Mangels »betrieblicher« Beteiligung am Zustandekommen solcher Erfindungen kann der Arbeitgeber die Erfindungsrechte insbesondere nicht durch (einseitige) Inanspruchnahme auf sich überleiten; sie sind also unbelastet (»frei«) vom »Optionsrecht« des Arbeitgebers aus §§ 6, 7. Der Arbeitnehmer unterliegt allerdings – wie § 4 Abs. 3 Satz 3 klarstellt – der Mitteilungspflicht gem. § 18 und der Anbietungspflicht nach § 19 (Näheres s. dort).

48

---

101 BFH v. 16.8.1973 BFHE 110, 155, 158.

§ 4

Darüber hinaus können sich weitere Einschränkungen aus der über § 25 einbezogenen arbeitsvertraglichen Treuepflicht ergeben (s. dort Rz. 40 f. u. Rz. 52 ff. zu § 8)[102].
Nach den Erfahrungen der Schiedsstelle liegt die Quote der verwerteten freien bzw. frei gewordenen Erfindungen, auf die ein Schutzrecht erteilt worden ist, weit unter 5 %[103].

D. Erfindungen von Beamten und Soldaten (Abs. 4)

49 § 4 Abs. 4 ergänzt den (auf die §§ 5-39 bezogenen) Regelungsinhalt der §§ 41, 40 und stellt klar, dass die Begriffsbestimmungen der Absätze 1-3 auf Erfindungen von Beamten und Soldaten Anwendung finden[110] (vgl. auch Rz. 13 zu § 40). Um den Geltungsbereich des § 4 über Berufssoldaten hinaus auch auf Wehrpflichtige zu erstrecken, wurde die Gruppe der »Soldaten« ausdrücklich erwähnt, so dass Diensterfindungen auch solche Erfindungen sind, die aus der einem Wehrpflichtigen bei Ableistung seines Wehrdienstes obliegenden Tätigkeit entstanden sind oder maßgeblich auf Erfahrungen oder Arbeiten der Bundeswehr beruhen[110a] (s. auch Rz. 89 f. zu § 1).
Diensterfindungen können selbstverständlich auch solche sein, die der Beamte/Soldat im Zusammenwirken mit einem privaten Auftragnehmer oder Kooperationspartner seines Dienstherrn macht[111].
Die Tatsache, dass der Beamte die Erfindung im Rahmen einer genehmigten bzw. genehmigungsfreien Nebentätigkeit (s. dazu Rz. 28 u. Rz. 14 zu § 41) entwickelt hat, steht der Annahme einer Diensterfindung (Erfahrungserfindung) nicht entgegen[111a].

E. Mehrere Erfinder

50 Soweit an dem Zustandekommen einer Erfindung mehrere Personen beteiligt sind (Miterfinder, s. dazu Rz. 44 ff. zu § 5), kann sich die Erfindung für den einen Erfinder als Diensterfindung und für den anderen als freie Erfindung darstellen, sei es mangels Arbeitnehmereigenschaft (vgl. dazu Rz. 9 f. zu § 1) oder weil die Voraussetzungen des § 4 Abs. 2 für seinen Beitrag nicht zutreffen (s. aber auch Rz. 33, 38). Bei derartigen »gemischten Erfin-

---

102 Amtl. Begr. (Fn. 90) S. 16, 18 = Blatt 1957, 227, 228.
103 Mitgeteilt in EV v. 3.12.1982 Arb.Erf. 25/82 (unveröffentl.).
104-109 frei
110 Vgl. auch Volz, Öffentl. Dienst (1985) S. 55 ff.
110a Ausschussber. zu BT-Drucks. II/3327 S. 4 = Blatt 1957, 251.
111 Vgl. z.B. OLG Frankfurt v. 30.4.1992 GRUR 1992, 852 – Simulation von Radioaktivität; LG Düsseldorf v. 26.6.1990 GRUR 1994, 53 – Photoplethysmograph.
111a so im Ergebn. Schiedsst. ZB v. 7. 7. 1998 Arb.Erf. 101/96 (unveröffentl.).

§ 4

dungsgemeinschaften«[112] die sich mit Fertigstellung der Erfindung rechtlich regelmäßig als Bruchteilsgemeinschaft im Sinne des § 741 BGB darstellen (s. dazu Rz. 52 f. zu § 5), ergreift das Inanspruchnahmerecht des Arbeitgebers nur den Bruchteil des Arbeitnehmers, für den die Erfindung eine Diensterfindung ist; der Arbeitgeber rückt damit in die Bruchteilsgemeinschaft mit den übrigen (»freien«) Miterfindern ein (Näheres s. Rz. 71 ff. zu § 6). Für den Arbeitnehmer, für den die Erfindung eine freie im Sinne des § 4 Abs. 3 darstellt, verbleibt es hinsichtlich seiner Anteile bei der Mitteilungs- und Anbietungspflicht (§§ 18, 19) und den Beschränkungen aus der arbeitsvertraglichen Treuepflicht (dazu s. Rz. 40 f. zu § 25 u. Rz. 52 ff. zu § 8); er bleibt Teilhaber der Bruchteilsgemeinschaft.

F. Zweifel bzw. Meinungsverschiedenheiten hinsichtlich des Charakters der Erfindung

Ist der Arbeitnehmer im Zweifel, ob es sich um eine Diensterfindung oder eine freie Erfindung handelt, so sollte er diese gem. § 5 melden (s. Rz. 6, 24 f. zu § 5). Teilt er die Erfindung dagegen (nur) als freie mit, so eröffnet § 18 Abs. 2 dem Arbeitgeber, der von einer Diensterfindung ausgeht, ein Widerspruchsrecht (s. Rz. 32 ff. zu § 18); die Beweislast für eine Diensterfindung verbleibt beim Arbeitgeber[113] (s. Rz. 18, 32, 46). Sieht der Arbeitgeber eine als Diensterfindung gemeldete Erfindung dagegen als freie an, kann er die »Diensterfindung« mangels Einigung mit dem Arbeitnehmer gem. § 8 Abs. 1 Nr. 1 unter Entledigung des Zwangs zur Schutzrechtsanmeldung (§ 13) freigeben (s. dazu Rz. 21 ff. zu § 8), wodurch er allerdings seine Rechte aus § 19 verliert. 51

Droht bei einer gemeldeten Diensterfindung eine **Schutzrechtsanmeldung des Arbeitnehmers,** kann der Arbeitgeber dagegen aus § 823 Abs. 2, § 1004 BGB analog i.V. mit § 13 ArbEG unter Beachtung des Schiedsstellenverfahrens (§§ 28 ff.) auf Unterlassung klagen (§ 39) und notfalls ohne vorherige Anrufung der Schiedsstelle (§ 37 Abs. 4) eine einstw. Verfügung erwirken; nach unbeschränkter Inanspruchnahme hat er zudem einen Anspruch auf Übertragung der Anmelderechte und Herausgabe der Anmeldeunterlagen (s. dazu Rz. 11 ff. zu § 7). 52

Entsprechend kann ein Arbeitnehmer aus seinem Erfinderrecht (§ 6 PatG) vorgehen, wenn die Anmeldung einer freien Erfindung durch den Arbeitgeber droht. Ist der Arbeitgeber zu Unrecht der Auffassung, es handele sich um eine Diensterfindung, kann der Arbeitnehmer auch Klage auf Feststellung, dass die Erfindung eine freie darstellt, erheben[114], soweit im Schiedsstellenverfahren (§§ 28 ff.) keine gütliche Einigung zustande ge- 53

---

112 Ausführl. dazu Lüdecke Erfindungsgemeinschaften (1962) S. 11 ff.
113 Allg. A., z.B. Volmer/Gaul Rz. 139 zu § 4.
114 S. RG v. 5.2.1930 RGZ 127, 197 ff.

§ 4

kommen ist (s. auch Rz. 51 f. zu § 13). Zur Auslandsanmeldung s. Rz. 6 f. zu § 14.

54   Bei **beiderseitigem** unverschuldeten **Irrtum** über die Schutzfähigkeit hat die Schiedsstelle eine Vergütung nach § 20 Abs. 1 vorgeschlagen (s. dort Rz. 12).

Zu Zweifeln oder zu Meinungsverschiedenheiten über die Schutzfähigkeit s. im Übrigen Rz. 16 f. zu § 2, Rz. 17 f. zu § 6 u. Rz. 53 f. zu § 13; zur »widerrechtlichen Entnahme« s. Rz. 15 ff. zu § 7; zur Meldepflicht des Arbeitnehmers s. Rz. 22 f. zu § 5.

2. Abschnitt Erfindungen und technische Verbesserungsvorschläge von Arbeitnehmern im privaten Dienst

1. Diensterfindungen

§ 5 Meldepflicht

(1) Der Arbeitnehmer, der eine Diensterfindung gemacht hat, ist verpflichtet, sie unverzüglich dem Arbeitgeber gesondert schriftlich zu melden und hierbei kenntlich zu machen, dass es sich um die Meldung einer Erfindung handelt. Sind mehrere Arbeitnehmer an dem Zustandekommen der Erfindung beteiligt, so können sie die Meldung gemeinsam abgeben. Der Arbeitgeber hat den Zeitpunkt des Eingangs der Meldung dem Arbeitnehmer unverzüglich schriftlich zu bestätigen.
(2) In der Meldung hat der Arbeitnehmer die technische Aufgabe, ihre Lösung und das Zustandekommen der Diensterfindung zu beschreiben. Vorhandene Aufzeichnungen sollen beigefügt werden, soweit sie zum Verständnis der Erfindung erforderlich sind. Die Meldung soll dem Arbeitnehmer dienstlich erteilte Weisungen oder Richtlinien, die benutzten Erfahrungen oder Arbeiten des Betriebes, die Mitarbeiter sowie Art und Umfang ihrer Mitarbeit angeben und soll hervorheben, was der meldende Arbeitnehmer als seinen eigenen Anteil ansieht.
(3) Eine Meldung, die den Anforderungen des Absatzes 2 nicht entspricht, gilt als ordnungsgemäß, wenn der Arbeitgeber nicht innerhalb von zwei Monaten erklärt, dass und in welcher Hinsicht die Meldung einer Ergänzung bedarf. Er hat den Arbeitnehmer, soweit erforderlich, bei der Ergänzung der Meldung zu unterstützen.

Lit.: *Gaul*, Die unvollständige Erf.meldung nach dem ArbEG, DB 1982, 2499; *May*, Der Verbesserungsvorschlag als Erfindermeldung, BB 1960, 628; *Seehaus*, Das Erfordernis d. Schriftform f. Erfindungsmeldungen u. Inspruchnahme b.d. ArbNErf., GRUR 1952, 220; *Volmer*, Der Verlust e. Erfindungsmeldung u. s. Folgen, RdA 1965, 269; s. auch Lit. bei § 6. Zur Miterfinderschaft s. unten Lit. vor Rz. 44.

§ 5

Übersicht

A. Allgemeines	1-3.2
B. Rechtsfolgen der Meldung	4
C. Rechtsnatur der Meldung	5, 6
D. Beteiligter Personenkreis	7-9.5
I. Arbeitnehmer als Meldepflichtiger	7, 8
II. Arbeitgeber als Adressat	9-9.5
E. Zugang der Meldung	10-19
I. Zugang unter Anwesenden	11
II. Zugang unter Abwesenden	12
III. Übermittlungsrisiko	13
IV. Meldung an Bevollmächtigte des Arbeitgebers	14-17
V. Übergabe der Meldung an sonstige Dritte	18, 19
F. Gegenstand der Meldepflicht	20, 21.1
G. Entscheidung des Arbeitnehmers	22-25
H. Zeitpunkt der Meldung	26-32
I. Fertigstellung der Erfindung – »gemacht«	26, 27
II. Unverzüglich	28, 29
III. Entfallen der Meldepflicht	30-32
1. Verzicht des Arbeitgebers auf die Meldung	30
2. Sonstige Fälle	31, 32
J. Formerfordernisse und Mindestvoraussetzungen	33-43
I. Grundsatz	33, 34
II. Schriftform	35-39
1. Grundsatz	35-37
2. Verzicht auf die Schriftform	38, 39
III. Gesonderte Meldung	40
IV. Kenntlichmachen der Erfindungsmeldung	41-43.1
K. Miterfinder	44-58
I. Begriffsbestimmung	44-51.3
II. Rechtsverhältnisse der Miterfinder zueinander	52-53.1
III. Gemeinsame Meldung	54-58
L. Betriebliche Doppelerfindung	59, 60
M. Bestätigung durch den Arbeitgeber	61-64
N. Inhalt der Meldung (Abs. 2)	65-93
I. Abgrenzung der Muss- und Sollvorschriften	65-67
II. »Beschreiben«	68
III. Maßstab für den Darstellungsumfang	69
IV. Einzelheiten der Darstellung	70-83
1. Technische Aufgabe	70
2. Lösung	71
3. Zustandekommen	72, 73
4. Einzelbegriffe des § 5 Abs. 2 Satz 2 und 3	74-82
a) Vorhandene Aufzeichnungen	76
b) Erforderlich	77
c) Dienstl. erteilte Weisungen/Richtlinien	78
d) Erfahrungen oder Arbeiten d. Betriebes	79
e) Mitarbeiter, Art und Umfang ihrer Mitarbeit	80-82
5. Unvollständige Erfindungsmeldung	83
V. Beanstandungsrecht und Unterstützungspflicht des Arbeitgebers (Abs. 3)	84-93
1. Grundsatz	84-86
2. Erfordernisse der Beanstandung, Form und Inhalt	87, 87.1
3. Beanstandungsfrist	88
4. Ergänzung der Erfindungsmeldung durch den Arbeitnehmer	89, 89.2
5. Unterstützungspflicht des Arbeitgebers	90, 91
6. Beginn der Inanspruchnahmefrist	92, 93
O. Folgen einer Verletzung der Meldepflicht	94-98

A. Allgemeines

1 Die **Meldepflicht** stellt eine **Konkretisierung** der dem Arbeitnehmer im Rahmen der arbeitsrechtlichen **Treuepflicht** obliegenden Informations-

pflicht[1] dar. Die Regelung dient der Rechtsklarheit und **Rechtssicherheit**[2]. Sie soll – mit besonderer Beweisfunktion ausgestattet – dem Arbeitgeber eine tatsächliche Unterrichtung über abgeschlossene innerbetriebliche Forschungs- und Entwicklungsarbeiten, den beteiligten Personenkreis, den Anteil des Betriebes und den Grad der erfinderischen Leistung vermitteln, um ihm eine Entscheidung über die Frage der Inanspruchnahme zu ermöglichen[2]. Die Meldepflicht hat damit nicht nur die allgemeine Unterrichtung des Arbeitgebers von den durchgeführten Arbeiten zum **Zweck**, sondern soll ihn gezielt auf vom Arbeitnehmer getätigte Erfindungen hinweisen, um ihm die Frage einer Inanspruchnahme oder Freigabe nahe zu bringen[2a], ihn also auf die von ihm zu treffende (fristgebundene) Entscheidung aufmerksam zu machen[2b]. Deshalb ist bei der Neufassung des ArbEG trotz vielfältiger gegenteiliger Anregungen am Schriftformerfordernis festgehalten und eine »gesonderte« Meldung vorgeschrieben worden[2c].

Daneben dient die Erfindungsmeldung – ergänzt durch § 15 Abs. 2 – als Grundlage der Anmeldung zum Schutzrecht, die der Arbeitgeber gemäß § 13 unverzüglich nach Zugang der Meldung durchzuführen hat[2d].

Abs. 1 stellt klar, dass der Arbeitnehmer – gleich, ob als Allein- oder Miterfinder – eine Diensterfindung, die er während der Dauer des Arbeitsverhältnisses gemacht hat, dem Arbeitgeber gesondert schriftlich melden muss; zudem wird die Bestätigungspflicht des Arbeitgebers in Satz 2 geregelt. Bestimmungen über den Inhalt der Meldung enthält Abs. 2. Gerade im Hinblick auf die Inanspruchnahmefrist des § 6 Abs. 2 Satz 2 kommt der Fiktion des Abs. 3 bezüglich der Ordnungsgemäßheit der Meldung besondere Bedeutung zu. 2

Eine schwächere Form der Meldung stellt die **Mitteilungspflicht** nach § 18 für freie Erfindungen dar, die dem Arbeitgeber die Prüfung ermöglichen soll, ob die vom Arbeitnehmer als frei betrachtete Erfindung nicht doch eine Diensterfindung ist[2]; zur Mitteilungspflicht bei technischen Verbesserungsvorschlägen s. Rz. 28 f. zu § 3. 3

§ 5 gilt uneingeschränkt auch in den **neuen Bundesländern** für die seit dem 3.10.1990 fertig gestellten Diensterfindungen (s. Einl. Rz. 31)[3]. 3.1

Bei der **Reform des ArbEG** sollen auch die Vorgaben für den Inhalt einer Erfindungsmeldung vereinfacht werden. Auf Grund der beabsichtigten 3.2

---

1 Vgl. Röpke Arbeitsverh. u. ArbNErf. S. 32 ff.; Reimer/Schade/Schippel/Kaube Rz. 1 zu § 5.
2 Vgl. Amtl. Begr. BT Drucks. II/1648 s. 21 – Blatt 1957, 229.
2a BGH v. 17.1.1995 Mitt. 1996, 16 – Gummielastische Masse m.H.a. BGH v. 25.2.1958 GRUR 1958, 334, 336.
2b Hellebrand Mitt. 2001, 195, 196.
2c LG Düsseldorf v. 10.4.1984 Az. 4 O 55/83 – Polymerisationsanlage (unveröffentl.).
2d Schiedsst. v. 19.12.1988 Blatt 1989, 368, 369 l.Sp.
3 Zu Alterfindungen vgl. Möller, Übergangsbestimmungen f. ArbNErf. i. d. neuen Bundesländern (1996) S. 119 ff.

§ 5

Umstellung der Erfindervergütungsansprüche auf Pauschalbeträge (s. hierzu Rz. 1.2 zu § 9) sind zahlreiche Angaben wie beispielsweise dem Arbeitnehmer erteilte Weisungen oder Richtlinien oder sonstige Angaben zum zukünftig wegfallenden Anteilsfaktor nicht mehr erforderlich.[3a] Zudem soll de lege ferenda die Textform (§ 126 b BGB) ausreichen.

B. Rechtsfolgen der Meldung

4 Die Meldung löst – unabhängig vom Willen der Vertragsparteien – als gesetzliche Rechtsfolge insbesondere das Ingangsetzen der Inanspruchnahmefrist (§ 6 Abs. 2 Satz 2) aus, wobei sie allerdings nicht Voraussetzung für die Inanspruchnahme selbst ist (s. Rz. 44 zu § 6); ferner begründet sie als Obliegenheit des Arbeitgebers dessen Beanstandungsmöglichkeit gemäß § 5 Abs. 3 Satz 1; sie löst (unabhängig von einer Inanspruchnahme, vgl. hierzu Rz. 4 f. zu § 13) die Pflicht des Arbeitgebers zur Schutzrechtsanmeldung im Inland (§ 13 – »gemeldete Diensterfindung«) bzw. zur Anerkennung der Schutzfähigkeit oder zur Anrufung der Schiedsstelle gemäß § 17 aus. Sie eröffnet ferner die Möglichkeit zum Abbedingen der Bestimmungen des ArbEG gemäß § 22 Satz 2. Der Inhalt der Meldung (Offenbarung) beeinflusst die – vorläufige – Vergütungsbemessung (vgl. Rz. 13, 33 zu § 12; s. aber auch Rz. 83 ff. zu § 9) ebenso wie den Umfang, in welchem eine Diensterfindung gemäß § 8 Abs. 1 frei werden kann (vgl. Rz. 40 f., 46 zu § 8). Schließlich verpflichtet sie die Arbeitsvertragsparteien zur besonderen Geheimhaltung nach § 24.

C. Rechtsnatur der Meldung

5 Da die Erfindungsmeldung ohne Rücksicht auf den Willen des Meldenden Rechtsfolgen kraft Gesetzes nach sich zieht, ist sie kein Rechtsgeschäft. Sie ist als auf einen tatsächlichen Erfolg gerichtete Erklärung **Rechtshandlung**[4] in Form einer »geschäftsähnlichen Handlung«[5]. Durch die willentlich übermittelte Information über eine fertig gestellte (schutzfähige) technische Neuerung und die Beanspruchung der Urheberschaft hieran[5a] unterscheidet sie sich von bloßen Tathandlungen (Realakten), wie etwa der Fertigstellung

---

3a S. Referentenentwurf S. 17, 20.
4 BGH v. 24.11.1961 GRUR 1962, 305, 307 – Federspannvorrichtung; OLG München v. 13.1.1977 Mitt. 1977, 239, 240; Volmer RdA 1965, 269, 270.
5 H. M., LG Düsseldorf v. 29. 2. 2000 Entscheidungen 4. ZK. 2000, 32, 37 – Müllbehältergreifvorrichtung; Fricke/Meier-Beck, Mitt. 2000, 199, 201; Röpke (Fn. 1) S. 29 Fn. 82; Busse/Keukenschrijver, PatG, Rz. 5 zu § 5 ArbEG; Volmer (Fn. 4) S. 269; Volmer/Gaul Rz. 11 zu § 5; Riemschneider/Barth Anm. 1 zu § 3 DVO 1943, die zu »Tathandlungen« neigen.
5a Hellebrand Mitt. 2001, 195, 197.

§ 5

einer Erfindung. Zur Wirkung einer in der Erfindungsmeldung enthaltenen Angabe über Miterfinderanteile s. unten Rz. 51.1 sowie Rz. 32.2 zu § 12.

Auf die Erfindungsmeldung können einzelne Vorschriften über Willenserklärungen nach §§ 104 ff. BGB analog Anwendung finden, etwa die §§ 130 ff. BGB über die Empfangsbedürftigkeit. Etwaige Vorbehalte[6] des Arbeitnehmers, wie Bedingungen, Befristungen (vgl. §§ 158 ff. BGB) und Auflagen, sind unbeachtlich.

Für die Meldung als geschäftsähnliche Handlung ist auch eine **Stellvertretung** zulässig[6a] (s. auch Rz. 35, 54). Wegen der Tragweite der Erfindungsmeldung und der im Interesse des Arbeitgebers gebotenen Klarheit muss eine Vertretungsbefugnis entweder durch einen entsprechenden Zusatz bei der Unterzeichnung oder durch eine hinreichend deutliche Erklärung im Text der Erfindungsmeldung offen gelegt werden[6b].

Die Rechtsfolgen einer Erfindungsmeldung (s. dazu Rz. 4) treten auch dann ein, wenn der Arbeitnehmer hierin (zulässigerweise) **Zweifel** an der Eigenschaft der gemeldeten Erfindung als Diensterfindung im Sinne des § 4 Abs. 2 äußert[6c] (s. dazu auch unten Rz. 22 ff. u. Rz. 51 zu § 4). Versäumt der Arbeitgeber – etwa wegen einer Auseinandersetzung mit dem Arbeitnehmer im Rahmen des § 18 – eine (vorsorgliche) unbeschränkte Inanspruchnahme gem. § 6, wird die Erfindung mit Ablauf der Inanspruchnahmefrist in jedem Fall frei[7] (§ 8 Abs. 1 Nr. 3).

6

D. Beteiligter Personenkreis

I. Arbeitnehmer als Meldepflichtiger

Meldepflichtig sind Arbeitnehmer (s. Rz. 9 f. zu § 1) im privaten (vgl. Rz. 8 zu § 1) und öffentlichen Dienst (vgl. § 40), Beamte und Soldaten (vgl. § 41; zur Ausnahme bei Hochschulwissenschaftlern s. § 42 Nr. 2). Die Meldepflicht wird durch eine zwischenzeitliche Auflösung des Arbeitsverhältnisses nicht berührt (§ 26). Pensionäre (s. Rz. 77 zu § 1) oder sonst ausgeschiedene Arbeitnehmer (s. Rz. 28 zu § 1) bleiben hinsichtlich der bis zur rechtlichen Beendigung des Arbeitsverhältnisses fertig gestellten Dienst-

7

---

6 Vgl. auch OLG München v. 13.1.1977 (Fn. 4), das sogar den Willen des Arbeitnehmers, keine Erfindung zu melden, sondern lediglich ein Gespräch über seine Erfindung anzuregen, für unbeachtlich hält.
6a Ebenso Busse/Keukenschrijver, PatG Rz. 5 zu § 5 ArbEG; vgl. allg. MünchKomm Thiele BGB Rz. 6 zu § 164; a.A. Volmer/Gaul Rz. 16 zu § 5 (wie hier jedoch dies. Rz. 37 zu § 5).
6b LG Düsseldorf v. 17.9.1991 Az. 4 O 13/91; Schiedsst. v. 15. 1. 1997 Arb.Erf. 39/95 (beide unveröffentl.).
6c Ebenso Busse/Keukenschrijver, PatG Rz. 3 zu § 5 ArbEG m. H. a BGH v. 14. 7. 1966 Az. I ZR 58/64 (unveröffentl.).
7 Schiedsst. v. 28.3.1966 Blatt 1967, 131; vgl. auch BPatG v. 21.1.1959 Blatt 59, 115.

§ 5

erfindungen meldepflichtig. Zur Auskunftspflicht eines früheren Arbeitnehmers über unmittelbar nach seinem Ausscheiden bewirkte Schutzrechtsanmeldungen siehe Rz. 14 zu § 18 und Rz. 16, 18 zu § 4.

8 **Arbeitgeberähnliche Personen** (Organmitglieder; s. dazu Rz. 68 f. zu § 1) können entweder kraft ausdrücklicher, die materiellen Bestimmungen des ArbEG einbeziehender vertraglicher Regelung zur Meldung oder auf Grund dienst- bzw. gesellschaftsvertraglicher Treuepflicht zur umfassenden Information über von ihnen geschaffene Erfindungen verpflichtet sein (vgl. im Übrigen Rz. 92 f. zu § 1). Mangels anderslautender Absprache ist für derartige Informationen grundsätzlich das den Vertrag des Organmitglieds gegenzeichnende Organ zuständig (etwa Aufsichtsrat, Beirat, Gesellschafterversammlung). Zulässig ist aber auch die Bestimmung der Patentabteilung als Adressat.

Entsprechende Grundsätze gelten für **freie Mitarbeiter** (s. dazu Rz. 44 f. zu § 1). Zur Meldung mehrerer Arbeitnehmer s. unten Rz. 54 ff.; zur Meldepflicht von Erben s. Rz. 148 zu § 1.

II. Arbeitgeber als Adressat

9 **Empfänger** der Erfindungsmeldung ist der »Arbeitgeber« (zum Begriff und den Erscheinungsformen s. Rz. 95 ff. zu § 1) bzw. der Dienstherr, also die oberste Dienstbehörde ggf. über den Dienstvorgesetzten (s. Rz. 13 zu § 41). Daraus folgt, dass Mitteilungen gegenüber Dritten, wie z.B. die Erstellung von Kundenangeboten mit Beschreibung der Erfindung, nicht als Meldung angesehen werden können[8]. Zur Meldepflicht beim Doppelarbeitsverhältnis s. Rz. 21 f. zu § 1.

9.1 Bei der **zwischenbetrieblichen Kooperation** unter Beteiligung mehrerer Arbeitgeber muss der einzelne Arbeitnehmererfinder stets gegenüber seinem Arbeitgeber als Gläubiger des Arbeitsvertrages die Meldung vornehmen, es sei denn, dieser habe einen Dritten (Kooperationspartner) zur Entgegennahme bevollmächtigt (vgl. Rz. 106 zu § 1; vgl. auch Rz. 15, 54).

9.2 Ist dagegen die **Kooperation als Personengesamtheit Arbeitgeber** (s. Rz. 106 f. zu § 1), so kann die Meldung jedem Kooperationspartner gegenüber erbracht werden, wobei der Zugang bei einem der Partner ausreicht[9]. Steht der Arbeitnehmererfinder auf Grund des Abschlusses eines neuen Arbeitsvertrages mit der Kooperationsgemeinschaft als Personengesamtheit und des Ruhens seines bisherigen Arbeitsvertrages mit einem Kooperationspartner in einem **Doppelarbeitsverhältnis** (s. hierzu Rz. 19 f. zu § 1), so hat er grundsätzlich sowohl der Kooperationsgemeinschaft als auch dem bisherigen Arbeitgeber gegenüber seiner Meldepflicht zu entsprechen,

---

8 Schiedsst. v. 30.11.1981 Arb.Erf. 33/80 (unveröffentl.).
9 Bartenbach, Zwischenbetriebliche Forschungs- und Entwicklungskooperation (1985) S. 83; Volmer/Gaul Rz. 22 zu § 5.

§ 5

soweit nicht der einzelne Arbeitgeber darauf ausdrücklich oder stillschweigend verzichtet hat (s. Rz. 30 zu § 5).

Gerade bei der zwischenbetrieblichen Kooperation gewinnt die Regelung des § 5 Abs. 1 und 2 erhebliche Bedeutung, wonach im Falle der gemeinschaftlichen Erfindung dem Arbeitnehmererfinder die Möglichkeit der **gemeinsamen** anstelle der **Einzelmeldung** eingeräumt wird (s. hierzu Rz. 54 zu § 5). Diese Regelung bezieht sich indes auf diejenigen Arbeitnehmer-Miterfinder, die in einem Arbeitsverhältnis zum selben Arbeitgeber stehen. Dabei muss jeder Arbeitnehmer-Miterfinder an der gemeinsamen Meldung mitwirken, da ein Miterfinder bei bloßer Erwähnung durch die übrigen Miterfinder seiner Meldepflicht nicht genügt[10]. Wird – was insbesondere bei größeren Kooperationsgemeinschaften nicht auszuschließen ist – die Miterfindereigenschaft eines Mitarbeiters erst nachträglich bekannt, so bleibt dieser wegen der damit verbundenen Rechtsfolgen (u.a. Inanspruchnahmefrist gem. § 6 Abs. 2 Satz 2) auch dann zur Meldung verpflichtet, wenn seinem Arbeitgeber die Erfindung schon durch die frühere Meldung anderer Miterfinder in vollem Umfang bekannt war (s. Rz. 56).

9.3

Haben **Arbeitnehmer verschiedener Kooperationspartner** (unabhängig voneinander) die gleiche erfinderische Lösung entwickelt, liegt also keine Miterfinderschaft vor, greifen **nicht** die Grundsätze der **betrieblichen Doppelerfindung** (s. Rz. 29, 59 f.) ein[10a]; vielmehr liegt im Verhältnis zu jedem Kooperationspartner als Arbeitgeber eine eigenständige (Allein-) Erfindung vor. Beeinflusst wird die Rechtslage aber dann, wenn einer der Kooperationspartner in Erfüllung seiner Anmeldepflicht aus § 13 Abs. 1 ArbEG bereits eine Schutzrechtsanmeldung betrieben hat. Hier greifen dann zu Lasten der anderen Kooperationspartner die Prioritätsgrundsätze des § 6 Satz 3 PatG ein, wonach demjenigen das Recht auf das Patent zusteht, der die Erfindung zuerst zum Schutzrecht angemeldet hat. Der andere Kooperationspartner verliert mit der Schutzrechtserteilung zugunsten des Erstanmelders sein Recht auf das Patent, es sei denn, dass die erste Anmeldung vor der Offenlegung z.B. durch Rücknahme wegfällt[10b]. Gegenüber einem erteilten Patent können die anderen Kooperationspartner evtl. unter den Voraussetzungen des § 12 PatG ein Vorbenutzungsrecht beanspruchen. Ihren Arbeitnehmererfindern steht allenfalls ein Vergütungsanspruch nach § 20 Abs. 2 unter dem Aspekt der Sonderleistung zu (s. hierzu Rz. 332 ff. zu § 9). Eine andere Frage ist es, ob und inwieweit der erstanmeldende Kooperationspartner gesellschaftsrechtlich gehalten ist, dieses

9.4

---

10 Lüdecke, Erfindungsgemeinschaften S. 73 m.w.N.
10a Zust. LG Düsseldorf v. 29. 12. 1999 Entscheidungen 4. ZK. 2000, 8, 12 – Abfallsammelbehälter.
10b Vgl. Schulte PatG Rz. 18 zu § 6.

§ 5

Schutzrecht in die Kooperationsgemeinschaft einzubringen bzw. seinen Kooperationspartnern Nutzungsrechte hieran zu vermitteln[10c].

9.5 Haben **mehrere Arbeitnehmer desselben Arbeitgebers** eine Doppelerfindung getrennt voneinander entwickelt, ist danach zu differenzieren, ob auf Grund einer Erfindungsmeldung bereits **Außenwirkungen** für eine Erfindung entstanden sind[10d]. Sind etwa Schutzrechtsanmeldungen, Lizenzvergaben oder eine Anerkennung der Schutzfähigkeit gem. § 17 für diese Erfindung vorgenommen worden, vermag der nachmeldende Erfinder, der entweder später fertig geworden ist oder verspätet gemeldet hat, seinem Arbeitgeber keine zusätzliche Monopolposition mehr zu vermitteln; hier gilt mit Rücksicht auf die Regelung des § 5 uneingeschränkt der Grundsatz der (innerbetrieblichen) Priorität (s. Rz. 60).

Ist **noch keine Außenwirkung** herbeigeführt, kann sich u.U. unter Zusammenfassung der Erfindungen durch den Arbeitgeber eine Behandlung der Erfinder wie Miterfinder (insbesondere hinsichtlich der Vergütung) anbieten[10e].

Zu den Auswirkungen eines Betriebsübergangs (§ 613 a BGB) s. Rz. 114 f. zu § 1.

E. Zugang der Meldung

10 Die an die Meldung anknüpfenden gesetzlichen Rechtsfolgen (s. dazu Rz. 4) treten erst mit deren »Eingang« (vgl. § 5 Abs. 1 Satz 3) beim Arbeitgeber ein, also mit deren Zugang (vgl. § 130 Abs. 1 BGB analog). »Zugegangen« ist die Meldung, wenn sie derart in den Machtbereich des Arbeitgebers gelangt ist, dass diesem unter gewöhnlichen Verhältnissen die **Möglichkeit der Kenntnisnahme** eröffnet ist[11]. Eine bloße Zugriffsmöglichkeit der Geschäftsleitung auf Erfindungsunterlagen reicht nicht aus[11a]; andererseits kommt es auf eine tatsächliche Kenntnisnahme der Geschäftsleitung von ihr übermittelten Unterlagen grundsätzlich nicht an[12].

10c S. hierzu Bartenbach (Fn. 9) S. 121 ff.
10d Zust. LG Düsseldorf v. 29. 12. 1999 (Fn. 10 a).
10e Bartenbach (Fn. 9) S. 86 m.w.N; Zust. LG Düsseldorf v. 29. 12. 1999 (Fn. 10 a).
11 So f.d. Zugang von Willenserklärg.: RGZ 50, 191, 194; BGH v. 27.1.1965 NJW 1965, 965, 966; BAG v. 13.10.1976 DB 1977, 546; zust. Schiedsst. v. 21.11.1995 Arb.Erf. 16/94 (unveröffentl.).
11a Schiedsst. v. 21. 11. 1995 (Fn. 11); bestätigt durch LG München v. 20. 3. 1998 Az. 21 O 13505/96 (unveröffentl.).
12 So für Willenserklärungen h.M., z.B. BGH v. 30.10.1974 NJW 1975, 382, 384.

§ 5

I. Zugang unter Anwesenden

Ein wirksames Zugehen unter Anwesenden liegt bei einer schriftlichen 11
Mitteilung mit deren (endgültiger) Aushändigung an den Arbeitgeber vor[13].
Eine Meldung fehlt, wenn ein Arbeitnehmer dem Arbeitgeber Konstruktionszeichnungen, Berechnungen, Laborberichte, Versuchsprotokolle oder vergleichbare Unterlagen erkennbar nur zur vorläufigen Überprüfung übergibt (s. Rz. 40, 43). Um Zweifeln vorzubeugen, ob der Arbeitnehmer bloß eine solche – vorübergehende – Hergabe und nicht doch eine ordnungsgemäße Erfindungsmeldung vornehmen will, empfiehlt sich seitens des Arbeitgebers stets eine förmliche Beanstandung unter den Voraussetzungen des § 5 Abs. 3.

II. Zugang unter Abwesenden

Unter Abwesenden ist eine schriftliche Mitteilung dann zugegangen, wenn 12
sie die allgemeine (etwa die Posteingangsstelle) oder für den Einzelfall bestimmte (etwa die Patentabteilung) Empfangseinrichtung des Adressaten erreicht hat und eine angemessene Frist verstrichen ist, innerhalb derer nach den Gepflogenheiten des Verkehrs eine Kenntnisnahme erwartet werden konnte[14].

III. Übermittlungsrisiko

Bis zum Zugang beim Arbeitgeber trägt der **Arbeitnehmer** das Übermitt- 13
lungsrisiko[15]; er ist – gerade im Hinblick auf § 6 Abs. 2 Satz 2 – **für den Zugang beweispflichtig;**[15a] er muss – um den Vorwurf der Pflichtverletzung zu vermeiden – die Kontrolle darüber behalten, ob die Meldung den

---

13 So für Willenserklärungen RG v. 27.10.1905 RGZ 61, 414, 415; obschon die Mitteilung i.S.d. § 5 Abs. 1 rechtlich nicht eine Willenserklärung, sondern eine geschäftsähnliche Handlung (s. oben Rz. 5) darstellt, ist dafür auch eine »Entäußerung« notwendig.
14 Vgl. zur Willenserklärg. RG v. 10.11.1933 RGZ 142, 402, 407; BGH v. 30. 10. 1974 (Fn. 12); ArbG Hagen v. 1.4.1976 DB 1976, 1159; eine Zeitspanne zur Erwartung der Kenntnisnahme wird von dem Schrifttum z.T. nur dann gefordert, wenn es auf die Frage der Rechtzeitigkeit des Zugangs ankommt (MünchKomm-Förschler BGB § 130 Rz. 14), was in den Fällen der Prioritätsfeststellung bei innerbetrieblichen Doppelerfindungen bedeutsam sein kann; zur betrieblichen Praxis s. Janert Betriebl. Verfahrensweisen (1969) S. 15 ff.; zum Zugang einer Festsetzung durch Übergabe an einen Wohnungsbesucher des Arbeitnehmers ausf. Schiedsst. v. 25.10.1989 Blatt 1991, 253, 254.
15 Ebenso Volmer/Gaul Rz. 66 zu § 5; Busse/Keukenschrijver, PatG Rz. 10 zu § 5 ArbEG; zu den Folgen eines Verlustes der Erfindungsmeldung ausführl. Volmer RdA 1965, 269 ff.
15a Schiedsst. v. 7.11.1997 ArbErf. 29/96 (unveröffentlicht).

§ 5

Empfänger auch tatsächlich erreicht und damit ihren Zweck erfüllt[16]. Benutzt der Arbeitnehmer für seine Erfindungsmeldung den allgemeinen Postweg, so genügt eine Übermittlung durch einfachen Brief regelmäßig nicht[16]. Unterbleibt insbesondere eine baldige Eingangsbestätigung (vgl. § 5 Abs. 1 Satz 3) oder sonstige Reaktion des Arbeitgebers, so muss der Arbeitnehmer von sich aus aktiv werden und ggf. die Meldung »wiederholen«[16a]; bei Nichtzugang der ersten treten mit Zugang der zweiten Meldung die gesetzlichen Folgen ein[17].

Bei mehreren räumlich getrennten **Betrieben** hat der Arbeitgeber organisatorisch sicherzustellen, dass die Meldung ordnungsgemäß zur unverzüglichen Bearbeitung – etwa durch eine zentrale Patentabteilung – gelangt[17a] (s. auch Rz. 16).

IV. Meldung an Bevollmächtigte des Arbeitgebers

14 Erfolgt die Meldung an einen vom Arbeitgeber allgemein (z.b. Generalbevollmächtigter, Prokurist, Handlungsbevollmächtigter, Organmitglied) oder für den Einzelfall zur Entgegennahme Bevollmächtigten (sog. Empfangsvertreter i.S. des § 164 Abs. 3 BGB), so bewirkt der Zugang an diesen Personenkreis zugleich den Zugang an den Arbeitgeber, ohne dass es auf dessen Kenntnisnahme ankommt[18].

15 Als mitbestimmungsfreie Maßnahme des Arbeitsvollzuges kann der Arbeitgeber (Dienstherr) kraft seines – insoweit durch § 22 nicht eingeschränkten – Direktionsrechts die Entgegennahme der Erfindungsmeldung auf **bestimmte Personen** oder Bereiche (Abteilungen) des Unternehmens (Betriebes) **beschränken**[19]. Eine solche Anordnung muss allerdings den betreffenden Arbeitnehmern bekannt gemacht werden (z.b. durch Einzelhinweis – insbesondere bei leitenden Angestellten – oder Aushang am schwarzen Brett, sofern die Arbeitsordnung diese Informationsquelle in ihre Regelung einbezieht). Erfolgt diese organisatorische Regelung im Rah-

---

16 Vgl. BGH v. 31.1.1978 GRUR 1978, 430, 434 – Absorberstabantrieb I (f. d. vergleichbaren Fall d. Zugangs d. Freigabeerklärung nach § 14); Volmer (Fn. 15) S. 271 folgert das Erfordernis eines Einschreibebriefes aus § 24 Abs. 2; vgl. auch BGH v. 8.12.1981 GRUR 1982, 227, 229 – Absorberstabantrieb II u.v. 5.6.1984 GRUR 1984, 652 – Schaltungsanordnung; s. allg. z. Zugangsnachweis beim Einwurf – Einschreiben Reichert NJW 2001, 2523 f.
16a Wie hier Volmer/Gaul Rz. 66 u. 166 zu § 5.
17 Volmer (Fn. 15) S. 270.
17a Volmer/Gaul Rz. 67 zu § 5.
18 MünchKomm-Förschler BGB Rz. 18 zu § 130; s. auch BAG v. 13.10.1976 (Fn. 11) u.v. 16.1.1976 DB 1976, 1018.
19 Da d. ArbN dadurch nicht an e. »selbstbestimmten« Meinung gehindert wird, steht § 22 ArbEG nicht entgegen; i. Ergebnis ebenso Volmer/Gaul Rz. 54 ff. zu § 5; abw. Volmer (Fn. 15) S. 272.

§ 5

men einer – leitende Angestellte im Sinne des § 5 Abs. 3 BetrVG (vgl. hierzu Rz. 64 f. zu § 1) allerdings nicht einbeziehenden (freiwilligen, vgl. § 88 BetrVG) – Betriebsvereinbarung, entfaltet diese nach § 77 BetrVG als kollektivrechtliche Regelung ihre normative Wirkung auch dann, wenn der einzelne Arbeitnehmer hiervon keine Kenntnis nimmt.

Voraussetzung für die Wirksamkeit einer solchen Anordnung ist ihre **Zumutbarkeit** für die betroffenen Arbeitnehmer. Gegebenenfalls muss der Arbeitgeber klarstellen, dass er das »spezifische Organisationsrisiko«[20] selbst trägt, also etwa zusätzliche Versandkosten sowie ein zusätzliches Verlustrisiko übernimmt. In diesem Rahmen können auch zur Verschwiegenheit verpflichtete Betriebsfremde (z.B. ein das Unternehmen beratender Patent- oder Rechtsanwalt) zur Entgegennahme der Erfindungsmeldung ebenso bevollmächtigt werden wie eine zentrale Patentabteilung innerhalb eines Unternehmensverbundes (vgl. hierzu Rz. 129 f. zu § 1). Aus seiner Fürsorgepflicht und im Hinblick auf § 13 Abs. 1 Satz 3 hat der Arbeitgeber aus Gründen alsbaldiger Prioritätssicherung dafür Sorge zu tragen, dass die Meldung ohne schuldhaftes Zögern weitergeleitet und bearbeitet wird[21]. 16

Verstößt der Arbeitnehmer **gegen** eine derartige **betriebliche Ordnung des Meldewesens**, etwa durch Übergabe an einen unzuständigen Vorgesetzten (zur Übergabe an Organmitglieder s. Rz. 17), liegt keine wirksame Erfindungsmeldung vor.[21a] Wenn ein Vorgesetzter trotz fehlender Zuständigkeit die Erfindungsmeldung vorbehaltlos entgegennimmt, handelt er zwar auch fehlerhaft; jedoch richtet sich die dienstliche Ordnung des Meldewesens vorrangig an den Erfinder, der mit seinem Fehlverhalten die erste Ursache für eine mögliche Verzögerung oder für einen fehlenden Eingang der Erfindungsmeldung bei der zuständigen Stelle (Patentabteilung) setzt, was er sich nach Treu und Glauben (§ 242 BGB) – etwa in Hinblick auf den Lauf der Inanspruchnahmefrist – zurechnen lassen muss[21b]. Im Einzelfall kann ausnahmsweise etwas anderes gelten, wenn der Erfinder etwa auf Grund einer bisherigen (abweichenden) tatsächlichen Übung annehmen durfte, der betreffende Vorgesetzte sei hierzu (dennoch) berechtigt gewesen[21c]. Hat der Arbeitgeber einzelnen Personen eine Vollmacht zur Entgegennahme von Erfindungsmeldungen eingeräumt oder sind diese durch betriebliche Ordnung entsprechend ermächtigt, so bedeutet dies ohne weitere 16.1

---

20 Vgl. hierzu BAG v. 5.5.1977 EzA Nr. 57 zu § 626 BGB n.F.
21 So zu Recht Janert Betriebl. Verfahrensweisen (1969) S. 24.
21a Schiedsst. v. 7.10.1999 Arb.Erf. 43/98 (unveröffentl.).
21b Für den öffentl. Dienst ebenso Volz, Öffentl. Dienst (1985) S. 70; vgl. auch Volmer/Gaul Rz. 45, 59 ff. zu § 5; a.A. Volmer RdA 1965, 269, 272 u. Schiedsst. ZB. v. 9.2.1978 Arb.Erf. 62/77 (unveröffentl.), die bei vorbehaltloser Entgegennahme durch einen unzuständigen Vorgesetzten einen Wechsel in der Verantwortungssphäre zu Lasten des Arbeitgebers annehmen, sofern die mangelnde Zuständigkeit dem ArbN nicht positiv bekannt gewesen ist.
21c Schiedsst. v. 9.2.1978 (Fn. 21b).

§ 5

Anhaltspunkte noch nicht, dass sie auch zu anderen Handlungen bzw. Erklärungen, wie etwa einem Verzicht auf die Schriftform oder auf das Inanspruchnahmerecht oder auch zu Inanspruchnahmeerklärungen ermächtigt sind[21d].

17 Da der Vertretene sich nicht durch Vollmachtserteilung an Dritte eigener Rechtsbefugnisse berauben kann, eine »**verdrängende Vollmacht**« rechtlich nicht möglich ist[22], bleibt eine unmittelbare Meldung an den Arbeitgeber als natürliche Person oder an die ihn repräsentierenden Organmitglieder mit der Entgegennahme durch diese ebenfalls wirksam[23]. Allerdings kann dieser Personenkreis mit Rücksicht auf eine wirksam getroffene Organisationsregelung, die ja zur Vermeidung von Übermittlungsrisiken auch im Interesse des Arbeitnehmers vorgenommen wird, u.U. aus berechtigtem Grund die **Annahme** der Erfindungsmeldung **verweigern**[24] (streitig).

Erfolgt tatsächlich eine solche Annahmeverweigerung, ist die Meldung nicht zugegangen[25]. Meldet der Arbeitnehmer seine Erfindung etwa einem mit diesem Problemkreis nicht vertrauten Organmitglied mit dem Ziel der Umgehung des zuständigen Empfängerkreises, so kann seine **Berufung auf** einen **Ablauf der Inanspruchnahmefrist** – ebenso wie bei Verstoß gegen eine betriebliche Ordnung des Meldewesens (s. Rz. 16) – gegen Treu und Glauben (§ 242 BGB) verstoßen[25a].

V. Übergabe der Meldung an sonstige Dritte

18 Übergibt der Arbeitnehmer die Meldung einem sonstigen Dritten, so ist entscheidend, ob dieser nach der Verkehrsauffassung als vom Arbeitgeber zur Annahme ermächtigt und geeignet angesehen werden kann (Empfangsbote)[26], was sich z.B. aus der Stellung im Betrieb oder einer bisherigen tatsächlichen Übung ergeben kann. Mit Abgabe an einen **Empfangsboten** des Arbeitgebers trägt letzterer das Übermittlungsrisiko[26a]; die Meldung geht dem Arbeitgeber aber erst in dem Zeitpunkt zu, in dem nach dem regelmäßigen Lauf der Dinge seine Kenntnis bzw. die seines Vertreters zu erwarten ist[27]. Fehlt es an einer Ermächtigung und Eignung, so ist dieser Dritte lediglich **Erklärungsbote** des Arbeitnehmers; der Arbeitnehmer trägt bis zum

---

21d I.d.S. Schiedsst. v. 21.5.1982 Arb.Erf. 14/81 (unveröffentl.).
22 MünchKomm-Thiele BGB Rz. 129 f. zu § 164 u. Rz. 102 zu § 167.
23 So i. Ergebn. auch Reimer/Schade/Schippel/Kaube Rz. 12 zu § 5; Volmer (Fn. 15) S. 269; Volmer/Gaul Rz. 45 zu § 5.
24 Abw. wohl Volmer (Fn. 15), S. 273.
25 Vgl. allg. MünchKomm-Förschler BGB Rz. 31 zu § 130.
25a Vgl. auch Volmer/Gaul (Fn. 23), wonach sich der ArbN gem.. § 162 BGB bei Delegation nicht auf einen Ablauf der Inanspruchnahmefrist berufen kann.
26 Palandt/Heinrichs BGB Rz. 4 zu § 130.
26a Schiedsst. v. 21.5.1982 (Fn. 21 d).
27 Vgl. BGH v. 31.1.1978 (Fn. 16).

§ 5

Zugang der Meldung beim Arbeitgeber das Übermittlungsrisiko[27a]. Geht die Meldung dem Arbeitgeber nicht zu, wird die Inanspruchnahmefrist zwangsläufig nicht ausgelöst[27b].

Für die **Abgrenzung** von Empfangsvertretern (§ 164 Abs. 3 BGB) und Empfangsboten ist maßgebend, ob die »Empfangsstelle« nach außen hin mit eigener Empfangszuständigkeit ausgestattet ist (Vertreter) oder ob sie nur als unselbständige Empfangsvorkehrung des Arbeitgebers eingesetzt wird (Bote)[28]. Im Regelfall wird der Arbeitgeber seiner Patentabteilung eine solche eigene Empfangszuständigkeit zuweisen[29]. Dagegen kann der Arbeitnehmer bei einem unmittelbaren Vorgesetzten nicht von einer entsprechenden Empfangsermächtigung ausgehen, wenn der Vorgesetzte nicht zur Geschäftsleitung gehört[30].   19

F. Gegenstand der Meldepflicht

Im Gegensatz zu § 3 Abs. 1 DVO 1943 beschränkt sich die Meldepflicht auf die während der Dauer des Arbeitsverhältnisses bis zu dessen rechtlicher Beendigung **fertig gestellten** (s. hierzu Rz. 16 zu § 4 u. unten Rz. 26 f.) **Diensterfindungen** i.S. des § 4 Abs. 2, da nur für diese ein anerkennenswertes Interesse an einer völligen Offenbarung der Erfindung besteht[35]. **Freie Erfindungen** unterliegen der (evtl. eingeschränkten)[36] Mitteilungspflicht gemäß § 18. Mangels einer Regelungslücke verbietet sich eine analoge Anwendung des § 5 für **technische Verbesserungsvorschläge**; eine Mitteilungspflicht ergibt sich aber aus dem Arbeitsverhältnis (siehe Rz. 28 f. zu § 3).   20

Auch wenn im Einzelfall **nachträgliche Verbesserungen, Weiterentwicklungen, Ergänzungen**[37] oder Änderungen einer bereits gemeldeten Diensterfindung für sich betrachtet die Voraussetzungen der Schutzfähigkeit gemäß § 2 nicht erfüllen, unterliegen diese, sofern sie mit dem Gegenstand der ursprünglichen Meldung zu einer einheitlichen Diensterfindung zusammengefasst werden können – ggf. durch Ergänzung oder Berichtigung bereits eingereichter Anmeldungen (vgl. § 38 PatG, Art. 123 EPÜ   21

27a Schiedsst. v. 21.5.1982 (Fn. 21 d).
27b Schiedsst. v. 26.9.1991 Arb.Erf. 6/91 (unveröffentl.).
28 Vgl. MünchKomm-Thiele BGB Rz. 58 vor § 164.
29 Z. Stellung d. Patentabt. vgl. Gaul/Bartenbach Handbuch C 209 ff, u. Gaul in VVPP-Festschr. (1975) S. 31 ff.; ders. DB 1982, 2499, 2501.
30 I.d.S. Schiedsst. v. 21.5.1982 (Fn. 21 d).
31-34 frei
35 Amtl. Begr. BT-Drucks II/1648 S. 21 = Blatt 1957, 229.
36 Vgl. BGH v. 25.2.1958 GRUR 1958, 334, 336.
37 Ausführlich z. Problematik d. unvollständigen Erfindungsmeldung Gaul DB 1982, 2499.

§ 5

i.V.m. Regel 86 EPÜ AO) –, noch der Meldepflicht nach § 5[37a]. Stellen diese Verbesserungen eigenständige schutzfähige Erfindungen dar (vgl. etwa § 16 Abs. 1 Satz 2 PatG – Zusatzpatent; s. auch Rz. 20 zu § 6), so begründen sie eine zusätzliche eigenständige Meldepflicht[37b]. Darüber hinaus kann sich aus § 15 Abs. 2 ArbEG sowie aus der arbeitsrechtlichen Treuepflicht eine ergänzende oder auch weitergehende Auskunfts-, Informations- und Unterstützungspflicht, etwa hinsichtlich der technischen Durchführung oder der betrieblichen Nutzbarmachung, ergeben (vgl. auch Rz. 33 zu § 25). Zur Befriedigung des Informationsanspruchs des Arbeitgebers sind diese ergänzenden Pflichten grundsätzlich auch dann noch zu erfüllen, wenn die ursprünglich gemeldete Diensterfindung zwischenzeitlich frei geworden ist[37c]. Der Arbeitnehmer kann sich nicht darauf verlassen, dass der Arbeitgeber auch hinsichtlich der Weiterentwicklung kein Interesse an der Übernahme der Erfindung hat[37d] (s. auch Rz. 86).

21.1 An einer Meldung i. S.d. Abs. 1 fehlt es dann, wenn der Arbeitnehmer **überhaupt keine Diensterfindung** meldet. Dies betrifft einmal die Fälle, in denen der Arbeitnehmer eine bereits nach § 8 **frei gewordene Diensterfindung** erneut meldet; durch die erneute Meldung erlangt diese nicht die Rechtsnatur zurück, es sei denn, sie enthält einen überschießenden weiteren Erfindungsgehalt[37e]. Eine erneute Erfindungsmeldung löst keine arbeitnehmererfinderrechtlichen Wirkungen aus, setzt also auch keine erneute Inanspruchnahmefrist in Gang, kann aber ggf. als Angebot zu einer vertraglichen Überleitung der frei gewordenen Erfindung (s. dazu Rz. 59 ff. zu § 6) umgedeutet werden[38]. Meldet der Arbeitnehmer aus Unkenntnis eine **freie Erfindung** (§ 4 Abs. 3), ist dies zwar eine Mitteilung i. S. d. § 18; der Arbeitnehmer kann sich aber nicht auf den Ablauf der Bestreitens-Frist berufen (s. dazu Rz. 49 zu § 18; zur berechtigten Meldung bei Zweifeln über den Charakter der Erfindung siehe Rz. 51 ff. zu § 4). Wird eine **nicht schutzfähige Erfindung** gemeldet, ist diese dennoch grundsätzlich zunächst als Erfindungsmeldung zu werten (s. Rz. 24 f sowie Rz.16 ff. zu § 2; zur Kenntlichmachung als technischer Verbesserungsvorschlag s. Rz. 43.1).

An einer Meldung fehlt es auch, wenn der Arbeitnehmer keine eigene, sondern die **Erfindung eines Dritten** meldet (zur Schutzrechtsanmeldung siehe Rz. 21 zu § 7).

Ferner liegt dann keine Meldung vor, wenn der Erfinder nicht die Diensterfindung, also nicht die von ihm entwickelte technische Lehre meldet und

---

37a I.d.S. wohl auch Schiedsst. v. 9.1.1986 Arb.Erf. 30/85 (unveröffentl.); Volmer/Gaul Rz. 93, 96 f., 111, 116 f. zu § 5.
37b Schiedsst. v. 5.12.1995 Arb.Erf. 37/94 (unveröffentl.); Volmer/Gaul Rz. 93 zu § 5.
37c So auch Reimer/Schade/Schippel/Kaube Rz. 6 zu § 5.
37d Schiedsst. v. 9.1.1986 Arb.Erf. 30/85 (unveröffentl.); s. auch Gaul DB 1982, 2499, 2503 f.
37e Schiedsst. v. 21. 11. 2000 Arb.Erf. 11/98 (unveröffentl.).
38   Schiedsst. v. 5. 5. 1998 Arb.Erf. 37/96 (unveröffentl.).

damit das Schriftstück **nicht den wahren Erfindungsgehalt** wiedergibt. Daran sind allerdings – auch mit Blick auf die Abgrenzung zu den Inhaltsvorgaben des Abs. 2 (siehe dazu Rz. 65 ff.) – strenge Anforderungen zu stellen. Hier geht es nicht um eine mangelnde Kenntlichmachung (siehe Rz. 43 f.) bzw. eine unzureichende Beschreibung i. S. d. Abs. 2 (siehe Rz. 68 ff.); vielmehr betrifft das insbesondere die Fälle eines bewusst unterlassenen, unrichtigen oder verschleiernden Offenbarens der Erfindung, um den Arbeitgeber zu täuschen. Dies gilt etwa, wenn der Arbeitnehmer bewusst nur einen Teil der Diensterfindung meldet[39] bzw. den Erfindungsgegenstand arglistig unkorrekt oder unvollständig darstellt.[40] Nach der hier vertretenen Auffassung liegt in solchen seltenen Fällen keine Meldung i. S. des Abs. 1 vor.[41] Gleiches gilt, wenn der Arbeitnehmer die Diensterfindung als »freie Erfindung (§ 4 Abs. 3) getarnt« hat (s. Rz. 40 zu § 18). Als Rechtsfolge derartiger vorsätzlicher »Nichtmeldungen« kommen die gesetzlichen Wirkungen einer Erfindungsmeldung nicht zum Tragen. Demzufolge wird insbesondere die Inanspruchnahmefrist für die wahre Diensterfindung nicht in Gang gesetzt;[42] deren Freiwerden kraft Fristablaufes nach § 8 Abs. 1 Nr. 3 scheidet aus. Eine nach § 8 Abs. 1 Nrn. 1 erklärte Freigabe kann der Arbeitgeber wegen arglistiger Täuschung nach § 123 BGB anfechten[43]; gleiches gilt für eine etwaige bloß beschränkte Inanspruchnahmeerklärung und das damit bedingte Freiwerden der wahren Diensterfindung nach § 8 Abs. 1 Nr. 2 (siehe auch dort Rz. 37); dabei kann die Anfechtungserklärung auch in der Forderung auf Schutzrechtsübertragung liegen[43a]. Darüber hinaus behält der Arbeitgeber seinen Anspruch auf Erfüllung der Meldepflicht aus § 5. Er kann die wahre Diensterfindung damit unbeschränkt in Anspruch nehmen. Daneben hat er auf Grund der schuldhaften Verletzung der Meldepflicht Schadensersatzansprüche (siehe dazu Rz. 95). Hat der Arbeitnehmer die Diensterfindung bereits zum Patent angemeldet, liegt patentrechtlich eine widerrechtliche Entnahme vor (s. dazu Rz. 15 ff. zu § 7); nach unbeschränkter Inanspruchnahme kann der Arbeitgeber vom Arbeitnehmer die Umschreibung der gesamten Schutzrechtsposition verlangen.[44] Zu den Rechtsfolgen einer unvollständigen Erfindungsmeldung siehe im Übrigen Rz. 83.

---

39 Vgl. OLG Düsseldorf v. 8. 11. 1957 GRUR 1958, 425, 437 – Kohlenstaubfeuerung.
40 Vgl. Schiedsst. v. 17. 10. 1988 Blatt 1989, 366, 368 f.
41 In diesem Sinne wohl auch Schiedsst. v. 17. 10. 1988 (Fn. 40); vgl. (aber) auch Reimer/Schade/Schippel/Kaube Rz. 13, 18 zu § 8.
42 Vgl. auch Schiedsst. v. 17. 10. 1988 (Fn. 40).
43 Schiedsst. v. 17. 10. 1988 (Fn. 40); Gaul DB 1982, 2499, 2504; Volmer/Gaul Rz. 129 ff. zu § 5.
43a Schiedsst. v. 17. 10. 1988 (Fn. 40).
44 Vgl. OLG Düsseldorf v. 8. 11. 1957 (Fn. 39); Schiedsst. v. 17. 10. 1988 (Fn. 40); vgl. auch Busse/Keukenschrijver PatG Rz. 4 zu § 8 ArbEG u. Rz. 21 zu § 13 ArbEG.

§ 5

G. Entscheidung des Arbeitnehmers

22 Im Gegensatz zum früheren Recht treffen den Arbeitnehmer auf Grund der im ArbEG vorgenommenen Unterteilung in gebundene und freie Erfindungen (vgl. § 4 Abs. 1) unterschiedliche Pflichten, nämlich für die Diensterfindung die Meldepflicht (§ 5), für die freie Erfindung die Mitteilungspflicht (§ 18); bezüglich technischer Verbesserungsvorschläge besteht ebenfalls eine Mitteilungspflicht (vgl. dazu Rz. 28 f. zu § 3). Für den Arbeitnehmer ist es in der Praxis **vielfach schwierig zu erkennen**, ob es sich bei der von ihm entwickelten technischen Neuerung um einen technischen Verbesserungsvorschlag oder um eine **schutzfähige Erfindung** handelt, und, zudem im letzteren Fall, ob diese eine Diensterfindung (§ 4 Abs. 2) oder freie Erfindung (§ 4 Abs. 3) darstellt.

23 Es versteht sich von selbst, dass die Meldung nicht vom amtlichen bzw. gerichtlichen Nachweis der Schutzfähigkeit der technischen Neuerung abhängt (vgl. etwa § 13 Abs. 1), sondern bereits an die Möglichkeit anknüpft, dass ein (deutsches) Schutzrecht erteilt werden kann (s. Rz. 16 ff. zu § 2). Insoweit kommt es nicht auf die Vorstellung der Arbeitsvertragsparteien, sondern auf die **objektive Möglichkeit der Schutzfähigkeit an**[44a]. Da der Arbeitnehmer seinem Arbeitgeber aber nicht die Möglichkeit der Prüfung der Schutzfähigkeit und seines Inanspruchnahmerechts nehmen darf und auch technische Verbesserungsvorschläge mitzuteilen sind (s. hierzu Rz. 28 ff. zu § 3), erstreckt sich die Meldepflicht nicht nur auf solche technischen Neuerungen, die objektiv patentfähig sind, sondern auch auf Entwicklungen, die nach dem innerbetrieblichen Stand der Technik neu und als Lösung von Aufgaben mit technischen Mitteln ihrer Art nach geeignet sind, patentiert bzw. gebrauchsmustergeschützt zu werden[45]. Da es nicht auf die Beurteilung des Arbeitnehmers ankommen kann, ob tatsächlich eine Diensterfindung vorliegt, dient die unverzügliche Meldung (s. unten Rz. 28 ff.) gerade dem Zweck, dem Arbeitgeber die Beurteilung zu ermöglichen, ob es sich bei den Entwicklungsergebnissen um eine Diensterfindung handelt[45a]. **Auch eine Neuerung, bei der zweifelhaft** erscheint, **ob und in welchem Umfang die materiellen Voraussetzungen eines Schutzrechts** (Patent, Gebrauchsmuster) **gegeben** sind, **unterliegt also der Meldepflicht**[46] (s. auch oben Rz. 5 sowie Rz. 16 f. zu § 2).

23.1 Die im ArbEG getroffene Unterteilung in schutzfähige und nicht schutzfähige technische Neuerungen (§§ 2, 3) sowie in gebundene und freie Erfindungen (§ 4 Abs. 1) räumt dem Arbeitnehmer lediglich eine **vorläufige**,

---

44a Ebenso Busse/Keukenschrijver PatG Rz. 2 zu § 5 ArbEG.
45   LG Berlin v. 8.4.1972 Az. 16 O 23/72 (unveröffentl.).
45a OLG München v. 10.9.1992 GRUR 1994, 625 – Prägemaschine.
46   BGH v. 2.6.1987 GRUR 1987, 900, 902 r.Sp. – Entwässerungsanlage; vgl. auch Schiedsst. v. 17.10.1988 (Fn. 40) S. 367 r.Sp.

pflichtgemäße **Entscheidungsbefugnis**[47] und Verantwortung[47a] darüber ein, ob er eine von ihm fertig gestellte technische Neuerung als Diensterfindung meldet (§ 5) oder (lediglich) als freie Erfindung bzw. als technischen Verbesserungsvorschlag mitteilt (s. aber auch Rz. 43).

Hat der Arbeitnehmer **Zweifel**, ob es sich um eine **gebundene oder freie Erfindung** handelt, sollte er – auch im Hinblick auf die Fristen (vgl. § 6 Abs. 2, § 8 Abs. 2 Nr. 3) und die Anmeldepflicht des Arbeitgebers (§ 13) – eine Erfindung unverzüglich gem. § 5 melden[48] (s. auch Rz. 51 zu § 4 u. oben Rz. 6). Ohne gegen seine Pflichten aus § 5 zu verstoßen, kann der Arbeitnehmer aber mit der Meldung zugleich seine Auffassung zum Ausdruck bringen, dass es sich seines Erachtens nach um eine freie Erfindung handelt[49] bzw. die technische Neuerung (nur) einen technischen Verbesserungsvorschlag darstellt (vgl. auch Rz. 6, 13). Wählt der Arbeitnehmer die abgeschwächte Form der Mitteilung für eine freie Erfindung, löst dies gem. § 18 Abs. 2 ein Kontrollrecht des Arbeitgebers aus.

Ein schuldhafter **Irrtum** des Arbeitnehmers über den Charakter der von ihm gefundenen technischen Neuerung[50] zum Nachteil des Arbeitgebers kann u.a. Schadensersatzpflichten auslösen (s. dazu Rz. 94 f.).

H. Zeitpunkt der Meldung

I. Fertigstellung der Erfindung – »gemacht«

Die Meldepflicht hat der Arbeitnehmer unverzüglich zu erfüllen, sobald er die Diensterfindung »gemacht«, sie also **fertig gestellt** hat. Einzelheiten s. Rz. 16 f. zu § 4; zum pflichtwidrigen Unterlassen der Fertigstellung während der Dauer des Arbeitsverhältnisses s. Rz. 22 zu § 26.

Meldet der Arbeitnehmer eine **noch unfertige Erfindung**, so fehlt es an dem Erfordernis der »gemachten« Diensterfindung gemäß § 5 Abs. 1[54]. Hier liegt keine Erfindungsmeldung vor, so dass die Inanspruchnahmefrist nicht ausgelöst wird[55]. Eine solche Information begründet keine »innerbetriebliche Priorität« (s. hierzu Rz. 59 f) und nimmt auch nicht an der sich auf Mängel gemäß § 5 Abs. 2 beschränkenden Fiktionswirkung des § 5 Abs. 3 teil. Der Arbeitgeber hat aber im Rahmen seiner arbeitsrechtlichen

---

47   Vgl. auch Amtl. Begr. (Fn. 35); s. auch BGH v. 25. 2. 1958 (Fn. 36).
47a Schiedsst. v. 10.2.1994 Arb.Erf. 18/93 (unveröffentl.).
48   S. auch Lindenmaier/Lüdecke Anm. 2 zu § 5; Heine/Rebitzki Anm. 3 zu § 5
49   Ausf. dazu Röpke ArbN als Erf. (1966) S. 92 ff. u. ders. Der leitende Angestellte 1962, 104 ff.
50   BGH v. 14.7.1966 Az. I a ZR 58/64 (unveröffentl.).
51-53 frei
54   So auch Schiedsst. v. 19.4.1960 Blatt 1960, 280; im Ergebn. auch BGH v. 17.1.1995 Mitt. 1996, 16 – Gummielastische Masse.
55   Vgl. auch BGH v. 30.3.1951 GRUR 1951, 404 – Wechselstrom-Generatoren.

§ 5

Fürsorgepflicht den Arbeitnehmer auf derartige von ihm erkannte Mängel aufmerksam zu machen[55a].

II. Unverzüglich

28 Der Arbeitnehmer hat die Erfindung nach ihrer Fertigstellung unverzüglich zu melden, also i.S. der Legaldefinition des § 121 Abs. 1 Satz 1 BGB **»ohne schuldhaftes Zögern«**. Dies bedeutet ein nach den Umständen des Einzelfalles zu messendes, beschleunigtes Handeln, durch das dem Interesse des Arbeitgebers an einer möglichst frühzeitigen Offenbarung von technischen Neuerungen und ihrer Prioritätssicherung Rechnung getragen wird[56].

29 Unverzüglich ist nicht dasselbe wie »sofort«[57]; vielmehr ist dem Arbeitnehmer eine **angemessene Überlegungsfrist** zuzugestehen[58], innerhalb derer er sich etwa über die Konzeption der Erfindung – ggf. unter Einschaltung der Patentabteilung oder eines Erfinderberaters (vgl. § 21) – schlüssig werden kann. Im Einzelfall wird stets auf eine verständige Abwägung der beiderseitigen Interessen abzustellen sein[57]. Ob ein Zögern schuldhaft ist, beurteilt sich danach, inwieweit das Zuwarten durch die Umstände des Einzelfalls gerechtfertigt war.

Verzögert der Arbeitnehmer die Erfindungsmeldung, kann dies im Falle einer Doppelerfindung für ihn selbst einen Prioritätsverlust bewirken (vgl. hierzu Rz. 59 f.). Da Nutzungshandlungen vor Inanspruchnahme nicht vergütungspflichtig sind (vgl. § 9 Abs. 1 sowie Rz. 31 f. zu § 9) vermindert der Arbeitnehmer u.U. auch seine Vergütungsansprüche. Der Arbeitgeber hat zu beachten, dass auch eine verspätete Meldung wirksam ist und die Inanspruchnahmefrist gemäß § 6 auslöst[59]. Insofern ist das Merkmal der Unverzüglichkeit nicht Wesensbestandteil einer Meldung. Zu sonstigen Rechtsfolgen bei fehlerhafter Meldung vgl. Rz. 94 f.

55a Ebenso Schwab, Erf. u. VV, S. 12.
56 Vgl. f. d. Anfechtungsfrist n. § 121 BGB RG v. 22.2.1929 RGZ 124, 115, 118.
57 Vgl. BGH v. 26.1.1962 DB 1962, 660.
58 Vgl. auch allg. Palandt/Heinrichs BGB Rz. 3 zu § 121.
59 Ebenso Schiedsst. v. 28.3.1966 Blatt 1967, 131; v. 8.1.1986 Blatt 1986, 273; LG Mannheim v. 26.6.1974 Az. 7 O 26/74 (unveröffentl.), bestätigt durch OLG Karlsruhe v. 14.7.1976 Az. 6 U 61/74 (unveröffentl.); Busse/Keukenschrijver PatG Rz. 4 zu § 5 ArbEG.
60-65 frei.

§ 5

III. Entfallen der Meldepflicht

1. Verzicht des Arbeitgebers auf die Meldung

Ein Verzicht auf die Erfindungsmeldung als solche ist im Hinblick auf § 22 dann unbedenklich, wenn sich dieser zugleich (stillschweigend) auf das Inanspruchnahmerecht erstreckt[66]. Eine Regelung zuungunsten des Arbeitnehmers ist allerdings gegeben, wenn keine »vorweggenommene Freigabe« (vgl. § 8 Abs. 1) gewollt ist, da dann insbesondere die vom Gesetzgeber auch zugunsten des Arbeitnehmers mit der Meldung bezweckte eindeutige Fristensituation nicht eintreten könnte[67]. 30

Von dem in der Praxis seltenen Verzicht auf die Erfindungsmeldung selbst ist der Verzicht auf die Schriftform der Meldung zu unterscheiden (vgl. hierzu Rz. 39).

2. Sonstige Fälle

Darüber hinaus **entfällt die Meldepflicht** mit **Freigabe** einer Diensterfindung, von der der Arbeitgeber auf sonstige Weise Kenntnis erlangt hat[68]. Hierbei trägt allerdings der Arbeitgeber das Risiko, auf eine Erfindung zu verzichten, von deren Gegenstand und Bedeutung er sich mangels formeller Meldung ggf. noch kein abschließendes Bild machen konnte (zur evtl. Irrtumsanfechtung vgl. Rz. 37 ff. zu § 8). 31

Dagegen wird die Meldepflicht **nicht** dadurch **gegenstandslos**, dass der Arbeitnehmer den Arbeitgeber von Anfang an über alle Entwicklungsarbeiten voll informiert[68a] bzw. dieser auf Grund sonstiger Umstände Kenntnis erlangt hat.[68b] 32

Der Arbeitnehmer bleibt auch dann zur Erfindungsmeldung verpflichtet, wenn der Arbeitgeber eine ihm zur Kenntnis gelangte Diensterfindung (vorsorglich) vor formeller Meldung unbeschränkt in Anspruch nimmt[69], da an die Meldung außer dem Ingangsetzen der Inanspruchnahmefrist noch weitere Rechtsfolgen (vgl. Rz. 4) anknüpfen. Aus diesem Grunde und wegen des notwendigen Informationsgehaltes für den Arbeitgeber entfällt die Pflicht zur ordnungsgemäßen Meldung auch dann nicht, wenn der Arbeitgeber die Diensterfindung bereits gemäß § 13 zur Erteilung eines Schutz-

---

66 Weitergehend LG Düsseldorf v. 7.1.1965 EGR Nr. 5 zu § 5 ArbEG u.v. 4.11.1975 Az. 4 O 260/74 (unveröffentl.).
67 So zutr. Volmer Rz. 17 zu § 5 ArbEG; nicht eindeutig Volmer/Gaul Rz. 193 f. u. 198 f. zu § 5; abw. Reimer/Schade/Schippel/Kaube Rz. 3 zu § 5.
68 Allg. A., vgl. Röpke Arbeitsverh. u. ArbNErf. S. 65; Busse/Keukenschrijver PatG Rz. 3 zu § 5 ArbEG.
68a BGH v. 17.1.1995 Mitt. 1996, 16 – Gummielastische Masse.
68b Schiedsst. v. 4. 6. 1997 Arb.Erf. 82/95 (unveröffentl.).
69 A.A. Volmer Rz. 18 zu § 5.

§ 5

rechts angemeldet hat, und zwar gleichgültig, ob er auf Grund einer (die Voraussetzungen einer Erfindungsmeldung nicht erfüllenden) Information des Arbeitnehmers oder auf sonstige Weise dazu in der Lage war[70] (zum Verzicht auf eine schriftliche Meldung in derartigen Fällen s. Rz. 37, 38). Der Arbeitnehmer ist von seiner Meldepflicht auch dann nicht entbunden, wenn sich diese auf eine selbständig schutzfähige Weiterentwicklung (s. hierzu Rz. 20 zu § 6) einer vom Arbeitgeber freigegebenen Diensterfindung bezieht (s. Rz. 21).

J. Formerfordernisse und Mindestvoraussetzungen

I. Grundsatz

33 Gemäß § 5 Abs. 1 Satz 1 ist die Diensterfindung gesondert schriftlich zu melden und als Erfindungsmeldung kenntlich zu machen. Im Interesse der Rechtssicherheit und Rechtsklarheit sowie zur Vermeidung von Streitigkeiten sind an diese Erfordernisse grundsätzlich **strenge Anforderungen** zu stellen[73]. Die Formvorschrift des § 5 Abs. 1 dient nicht nur der Beweiserleichterung und damit dem Schutz des Arbeitnehmers insbesondere im Hinblick auf den Beginn der Inanspruchnahmefrist nach § 6 Abs. 2 Satz 2, sondern auch dem Schutz des Betriebes, in dem die Erfindung gemacht worden ist; der Arbeitgeber soll nicht der Gefahr eines unvorhergesehenen einschneidenden Fristablaufs mit drohendem Rechtsverlust ausgesetzt sein[74]. Die Formerfordernisse sollen deshalb sicherstellen, dass der Arbeitgeber zuverlässige Kenntnis von der Erfindung erhält, aufmerksam (problembewusst[74a]) wird, vor die Entscheidung über eine Inanspruchnahme gestellt zu sein[74b] und damit eine Grundlage für eine Entscheidung über die Inanspruchnahme hat[75]. In dieser Gesetzesanweisung liegt somit kein übertriebener Formalismus[75a].

---

70 Schiedsst. v. 27.8.1984 (unveröffentl.).
71-72 frei
73 OLG Karlsruhe v. 18.4.1958 Mitt. 1958, 220, 222 m.w.N.; OLG München v. 17.9.1992 GRUR 1993, 661, 663 – Verstellbarer Lufteinlauf; Schiedsst. v. 8.2.1991 GRUR 1991, 753, 754 – Spindeltrieb u.v. 7.2.1995 Arb.Erf. 6(B)/93 u. Arb.Erf. 7(B)/93 (unveröffentl.). Im EV v. 30.6.1994 Arb.Erf. 181/92 (unveröffentl.) betont die Schiedsst. ihre ständ. Praxis, die wohlüberlegten Formvorschriften des ArbEG hinsichtl. Meldung und Inanspruchnahme streng auszulegen, weil sie der Klarheit über die Zuordnung der Rechte an einer Diensterfindung dienen und weil sie z.T. dem Arbeitnehmer als sozial Schwächerem im Verhältnis zum Arbeitgeber einen besonderen Schutz geben sollen.
74 OLG Düsseldorf v. 17.3.1977 Az. 2 U 117/76 (unveröffentl.).
74a Schiedsst. v. 12. 3. 2002 Arb.Erf. 92/99 (unveröffentl.).
74b Schiedsst. v. 7.2.1995 Arb.Erf. 6 (B)/93 u. Arb.Erf. 7(B)/93 (unveröffentl.).
75 LG Düsseldorf v. 8. 3. 1984 Az. 4 O 155/893 – Gasflaschenpalette (unveröffentl.); s. auch BGH v. 17.1.1995 Mitt. 1996, 16 – Gummielastische Masse.
75a Schiedsst. v. 15. 4. 1989 Arb.Erf. 3/88 (unveröffentl.).

§ 5

Sofern eine Erfindungsmeldung diese **Formvoraussetzungen** des Abs. 1 nicht beachtet, etwa bei bloß mündlicher Information des Arbeitgebers, und auch ein eindeutiger Verzicht des Arbeitgebers hierauf (s. Rz. 39) nicht feststellbar ist, **fehlt** es an einer **Meldung**[75b], so dass die hieran anknüpfenden Rechtsfolgen (vgl. Rz. 4), insbesondere der Beginn der Inanspruchnahmefrist, nicht eintreten[76]. Damit unterscheiden sich die Formerfordernisse des § 5 Abs. 1 von den Inhaltsmerkmalen des Abs. 2, bei denen Mängel durch Zeitablauf geheilt werden können[77] (vgl. § 5 Abs. 3; s. auch unten Rz. 84 ff.).

34

Weitere **Mindestvoraussetzung** i.S. des Abs. 1 ist, dass für den Arbeitgeber aus der Erklärung selbst in irgendeiner Weise die Absicht des Arbeitnehmers erkennbar wird, hiermit eine von ihm entwickelte technische Neuerung (Diensterfindung) zu melden (s. im Übrigen Rz. 11, 11 ff., 65 u. 85).

Zur Unvollständigkeit s. Rz. 83 ff., zur vorsätzlich unrichtigen Meldung s. Rz. 21.1.

II. Schriftform

1. Grundsatz

Die Meldung ist vom Arbeitnehmer in einer Urkunde aufzunehmen, die von ihm (bzw. seinem Bevollmächtigten, s. Rz. 5, 54) eigenhändig[78] durch **Namensunterschrift** unterzeichnet werden muss (§ 126 Abs. 1 BGB); eine notarielle Beurkundung und ein gerichtlicher Vergleich stehen dem gleich (§ 126 Abs. 4, § 127 a BGB).

35

Seit 1. August 2001 lässt § 126 Abs. 3 BGB mangels abweichender Gesetzesregelung auch für den Bereich des ArbEG die **elektronische Form** i. S. d. § 126 a BGB ausreichen. Dafür muss das Dokument – neben der Hinzufügung des Namens – mit einer sog. qualifizierten elektronischen Signatur i. S. d. § 2 Nr. 3 SigG versehen sein (§ 126 a Abs. 1 BGB). Demzufolge bedarf es u. a. eines von einem Zertifizierungsdienstanbieter vergebe-

---

75b Schiedsst. v. 7.2.1995 (Fn. 74a).
76 Vgl. BGH v. 25.2.1958 GRUR 1958, 334, 336 m. Anm. Friedrich; LAG Baden-Württemberg v. 24.1.1958 DB 1958, 312 = ARSt. XX Nr. 244; LG Düsseldorf v. 6.7.1973 EGR Nr. 8 zu § 5 ArbEG; Schiedsst. vom 22.8.1985 Blatt 1986, 205, 206; s. auch Schiedsst. v. 18.2.1976 EGR Nr. 18 zu § 5 ArbEG; OLG Düsseldorf (Fn. 74); Busse/Keukenschrijver PatG Rz. 5 zu § 5 ArbEG.
77 BGH v. 25. 2. 1958 (Fn. 76).
78 Schiedsst. v. 22.8.1985 (Fn. 76) u. v. 21. 11. 1995 Arb.Erf. 16/94, bestätigt durch LG München v. 20. 3. 1998 Az. 21 O 13505/96 (beide unveröffentl.). Bei Stellvertretung muss d. Bevollmächtigte b.d. Unterzeichnung seine Stellvertretereigenschaft durch Zusatz klarlegen oder im Text hinreichend andeuten (vgl. Soergel/Siebert BGB Rz. 13 zu § 126).

§ 5

nen, dem betreffenden Inhaber ausschließlich zugeordneten Signaturschlüssels. Eine qualifizierte elektronische Signatur muss nach den detaillierten Maßgaben des § 2 Nrn. 2, 3 SigG u. a. auf einem zum Zeitpunkt ihrer Erzeugung gültigen qualifizierten Zertifikat beruhen, mit einer dafür geeigneten Hard- und Software (»sicheren Signaturerstellungseinheit«) erzeugt sein, den Namen des Signatur-Schlüsselinhabers und die sonstigen gesetzlich vorgesehenen Identifizierungsmittel bzw. Integritätsnachweise enthalten und dabei auch angeben, dass es sich um ein qualifiziertes Zertifikat handelt[78a]. Daneben wird das (ggf. konkludente) Einverständnis des Erklärungsempfängers mit der alternativen Verwendung der elektronischen Form vorausgesetzt[78b]: Wie sich aus der Formulierung des § 126 Abs. 3 BGB (»kann ersetzt werden«) ergibt, darf dem Erklärungsempfänger die elektronische Form nicht gegen seinen Willen aufgezwungen werden; vielmehr muss er deren Anwendung billigen, sei es ausdrücklich, schlüssig oder nach Maßgabe der bisherigen Geschäftsgepflogenheiten, wenn daraus folgt, dass die Beteiligten mit dem Zugang einer elektronischen Willenserklärung rechnen müssen[78c]. Für den Zugang gelten die Grundsätze des § 130 BGB mit den Besonderheiten, die sich aus der elektronischen Datenübermittlung ergeben[78d]. Die Möglichkeit der elektronischen Form gilt unter den Voraussetzungen für die Erfindungsmeldung i. S. d. § 5 ebenso wie für alle anderen Fälle, in denen die materiellen Regeln des ArbEG die Schriftform vorsehen (z. B. § 6 Abs. 2, § 8 Abs. 1 Nr. 1, § 12 Abs. 3, § 18 Abs. 1). Für Veträge gibt § 126 a BGB vor, dass die Parteien bei einem im elektronischen Wege beabsichtigten Vertragsabschluss jeweils ein gleich lautendes Dokument in dieser Weise elektronisch signieren müssen[78e]. Zur Textform s. Rz. 36.1.

Die Schriftform wurde in Anlehnung an die Regelung des § 3 Abs. 1 DVO 1943 beibehalten, da diese wegen der Bedeutung der Meldung für die Inanspruchnahme aus Gründen der Rechtssicherheit und Rechtsklarheit unentbehrlich ist[79]. Die Schriftform ist für die Wirksamkeit einer Erfin-

---

78a Vgl. dazu u. a. Hähnchen NJW 2001, 2831 ff.; Susanne Hähnchen, Das Gesetz zur Anpassung der Formvorschriften des Privatrechts u. anderer Vorschriften an den modernen Rechtsgeschäftsverkehr; Roßnagel, NJW 2001, 1817; Palandt-Heinrichs BGB § 126 Rz. 3 ff.
78b So Palandt/Heinrichs BGB Rz. 6 zu § 126 a m.H.a. Stellungn. D. BReg. in Amtl. Begr. zum Entwurf e. Ges. z. Anpassung d. Formvorschriften d. Privatrechts u. anderer Vorschriften an den modernen Rechtsverkehr BT-Drucks. 14/4987 S. 41.
78c So Stellungn. d. BReg. (Fn. 78 b).
78d Siehe dazu Amtl. Begr. (Fn. 78 b) S. 11 f.
78e Zu Einzelheiten siehe die BGB-Kommentare, u. a. Palandt/Heinrichs BGB Rz. 10 zu § 126 a.
79 Vgl. Amtl. Begr. BT-Drucks. II/1648 S. 21 = Blatt 1957, 229.

dungsmeldung ein **zwingendes Erfordernis**[79a]. Deshalb ist eine schriftliche Meldung auch dann nicht überflüssig, wenn der Arbeitgeber bereits **anderweitig Kenntnis** von der Diensterfindung hat[80].

Die Urkunde kann zwar – wie im Regelfall – aus mehreren Blättern bestehen, jedoch muss nach dem Grundsatz der **Urkundeneinheit** die Zusammengehörigkeit der einzelnen Blätter eindeutig erkennbar sein (z.B. Zusammenheften, Nummerierung, Sinnzusammenhang)[81]; die Unterschrift unter die Haupturkunde umfasst die inhaltliche Bezugnahme auf etwaige Anlagen (z.B. Aufzeichnungen i.S. des § 5 Abs. 2 Satz 2) nur dann, wenn letztere derart mit der Haupturkunde körperlich verbunden (z.B. durch Aufleimen, Binden, Zusammenheften) sind, dass die Auflösung nur durch teilweise Substanzzerstörung möglich oder die Verbindung noch derart ist, dass sie die beabsichtigte Zusammengehörigkeit äußerlich erkennbar macht und ihre Lösung Gewaltanwendung erfordert[82]. Da die Unterschrift die Urkunde räumlich abschließen muss, bedürfen Nachsätze im Unterschied zu im Text eingefügten Änderungen oder Verbesserungen grundsätzlich der (nochmaligen) Unterzeichnung[83]. Deshalb hat es die Schiedsstelle mangels »Unter«-Schrift auch nicht ausreichen lassen, wenn der Arbeitnehmer eine von ihm entworfene Patentanmeldung auf deren erster Seite oben mit seinem Namenszug versieht[83a]. 36

Von der Schriftform einschließlich der elektronischen Form ist die im Zivilrecht neu eingeführte **Textform** zu unterscheiden (§ 126 b BGB). Diese genügt für die Erfindungsmeldung nicht. Im Unterschied zur Schriftform ist die Textform dank des Verzichts auf eine eigenhändige Unterschrift und auf das Urkundenerfordernis nicht an das Papier gebunden, sondern kann daneben auch in einem elektronischen Dokument erfüllt werden[83b]. Gemäß § 126 b BGB kann unter Verzicht auf die eigenhändige Unterschrift »die Erklärung in einer Urkunde oder auf andere zur dauerhaften Wiedergabe in Schriftzeichen geeigneten Weise« abgegeben werden (z. B. Fax, E-mail), und zwar unter Angabe der Person des Erklärenden (insbesondere Namensangabe) und Erkennbarmachung des Erklärungsabschlusses, etwa durch nachgebildete Namensunterschrift (Faksimile) oder auf andere Weise (z. B. Grußformel mit maschinenschriftlicher »Unterschrift«). Die Textform ersetzt – wie auch § 126 Abs. 3 BGB zeigt – eine 36.1

79a Schiedsst. v. 22.8.1985 Blatt 1986, 205; v. 7.2.1995 Arb.Erf. 6(B)/93 u. Arb.Erf. 7(B)/93 u. v. 26.2.1997 Arb.Erf. 56/95 (beide unveröffentl.); LG München v. 20. 3. 1998 (Fn. 78).
80 So i. Ergebn. auch OLG Düsseldorf v. 28. 2. 1950 GRUR 1950, 524; zustimmend LG München v. 20. 3. 1998 (Fn. 78).
81 S. MünchKomm-Förschler BGB Rz. 10 zu § 126 m.w.N.
82 BGH v. 13. 11. 1963 BGHZ 40, 255, 263.
83 Soergel/Siebert/Hefermehl BGB Rz. 5 zu § 126.
83a Schiedsst. v. 17.5.1990 Arb.Erf. 11/89 (unveröffentl.).
83b Amtl. Begr. (Fn. 78b) S. 12.

§ 5

gesetzlich vorgeschriebene Schriftform nicht. Folglich **reicht** die bloße Textform in denjenigen Fällen **nicht aus**, in denen das ArbEG die Schriftform vorschreibt, wie hier für die Erfindungsmeldung. Insoweit verbleibt es bei der bisherigen Rechtspraxis, wonach Übermittlungen im Wege der **Telekommunikation** (Telefax bzw. Telekopie, telegrafische oder fernschriftliche Übermittlungen einschließlich E-Mail[83c]) die gesetzlichen Schriftformerfordernisse des ArbEG nicht erfüllen[83d]. Schreibt das ArbEG keine Form vor, kann eine Übermittlung per Textform zu Beweiszwecken sinnvoll – wenn auch nicht geboten – sein (zum Zugang einer E-Mail s. Rz. 29 zu § 16).

Eine (bestätigende) »Nachreichung« der unterschriebenen Originalerklärung erfüllt selbstverständlich das Schriftformerfordernis; gesetzliche Fristen werden jedoch dadurch nur dann gewahrt, wenn dieses Original dem Erklärungsempfänger innerhalb der Frist zugeht. Im Einzelfall ist zu prüfen, ob ein Verzicht auf die Schriftform in Betracht kommt (s. dazu unten Rz. 38 f.).

37 **Einzelfälle: Erstellt** ein Mitarbeiter der **Patentabteilung** auf der Grundlage der mündlichen Angaben des Erfinders eine Meldung, die der Erfinder akzeptiert und unterzeichnet, erfüllt dies (selbstverständlich) die Voraussetzungen des § 5[83e]. Fertigt der Arbeitgeber (Patentabteilung oder beauftragter Patentanwalt) auf Grund mündlicher Mitteilung des Erfinders den **Entwurf einer Schutzrechtsanmeldung,** die der Erfinder unterzeichnet, vermag dies im Einzelfall die Voraussetzung einer ordnungsgemäßen Meldung zu erfüllen[84]; jedenfalls kann hierin ein Indiz für einen Verzichtswillen des Arbeitgebers bezüglich der Schriftform liegen (s. auch Rz. 39). Entsprechendes kann gelten, wenn der Arbeitgeber (unter Mitwirkung des Erfinders) ein Auftragsschreiben an seinen Patentanwalt unter konkreter Darstellung des Erfindungsgedankens mit dem Ziel formuliert[85], diesen mit der Durchführung eines Schutzrechtserteilungsverfahrens zu beauftragen. Dagegen soll nach Ansicht der Schiedsstelle keine schriftliche Erfindungsmeldung vorliegen, wenn der Arbeitnehmer seine Darstellung des Erfindungsgedankens dem Patentsachbearbeiter vorträgt und dieser dann eine Zusammenstellung der erfinderischen Gedanken fertigt, die den Patentanwalt befähigen soll, daraus Patentanmeldungen zu fertigen[86]; unterbleibe eine

---

83c Schiedsst. v. 25. 9. 1998 Arb.Erf. 100/96 (unveröffentl.)
83d Schiedsst. v. 7. 10. 1999 Arb.Erf. 43/98 unveröffentl.; s. auch ZB v. 22.7.1992/EV v. 4.3.1993 EGR Nr. 79 zu § 12 ArbEG (zu § 12 Abs. 4); v. 18.1.1994 ArbErf 21/93 (zu § 6 Abs. 1) u.v. 14.2.1995 ArbErf 46/93 (zu § 12 Abs. 4) – beide unveröffentl.
83e So im Ergebn. LG Düsseldorf v. 22. 3. 2001 Az. 4 O 211/00 (unveröffentl.).
84 A.A. BGH v. 14.7.1966 Az. I a 58/64 (unveröffentl.); auszugsweise wiedergegeben bei Schiedsst. v. 22.8.1985 Blatt 1986, 205, 206 r.Sp.
85 LG Düsseldorf (Fn. 75); Schiedsst. v. 22.8.1985 (Fn. 84); vgl. auch BGH v. 14.7.1966 (Fn. 84).
86 Schiedsst. v. 22.8.1985 (Fn. 85).

Unterschrift durch den Erfinder, sei der Patentsachbearbeiter nicht Vertreter des Erfinders bei der Unterschriftengestaltung[86a]. Richtigerweise wird man aber in dem Verhalten des vom Arbeitgeber bevollmächtigten Patentsachbearbeiters den Ausdruck eines Verzichtswillens auf die Schriftform sehen können. Gleiches kann gelten, wenn der Arbeitnehmer eine Meldung seiner Erfindung einem vom Arbeitgeber beauftragten Patentanwalt zur Niederschrift erklärt[87]; auch hier kann bei fehlender Unterschrift von einem Verzichtswillen des Arbeitgebers ausgegangen werden, jedenfalls dann, wenn er dieses Vorgehen veranlasst hat. In der **Anrufung der Schiedsstelle** kann – nach Zustellung an den Arbeitgeber – möglicherweise eine Meldung liegen[88]; daran sind jedoch im Hinblick auf die Voraussetzungen in § 5 Abs. 1, »gesonderte« und »kenntlich gemachte« Meldung, strenge Anforderungen zu stellen.

2. Verzicht auf die Schriftform

Da die Meldung eine geschäftsähnliche Handlung und kein Rechtsgeschäft darstellt (vgl. Rz. 5), kann der Arbeitgeber (ausdrücklich oder stillschweigend) ungehindert durch § 125 BGB[90] auf die Schriftform – auch noch nachträglich – verzichten[91] (zum Verzicht auf die Meldung als solche s. Rz. 30). 38

Stets sollte jedoch bedacht werden, dass ein derartiger Verzicht für beide Parteien erhebliche **Risiken** in sich birgt, namentlich Beweisschwierigkeiten etwa im Hinblick auf das »Ob« der Meldung, deren Ordnungsmäßigkeit und deren Umfang (vgl. § 5 Abs. 2 und 3) oder bezüglich des Zeitpunktes, auf den es für die Fristen und Termine nach § 6 Abs. 2, § 8 Abs. 1 Nr. 3, § 13 Abs. 1 Satz 2, § 17 Abs. 1, § 22 Satz 2 und § 24 Abs. 1 ankommt.

Ein **stillschweigender Verzicht** auf dieses Formerfordernis kann nicht ohne Vorliegen beachtlicher Umstände, die (eindeutig) für einen dahin gehenden Willen des Arbeitgebers sprechen, angenommen werden[92]. Ein 39

86a I.d.S. auch Schiedsst. v. 7.2.1995 Arb.Erf. 6 u. 7 (B)/93 (unveröffentl.).
87 Einschränkend Schiedsst. v. 15.4.1989 Arb.Erf. 3/88 (unveröffentl.).
88 So wohl Schiedsst. v. 17.7.1979 Blatt 1980, 234 r.Sp.
89 frei.
90 Ebenso Busse/Keukenschrijver PatG, Rz. 6 zu § 5 ArbEG.
91 So schon Amtl. Begr. (Fn. 79); BGH v. 24.11.1961 GRUR 1962, 305, 307 – Federspannvorrichtung m. krit. Anm. Friedrich; BGH v. 14.7.1966 (Fn. 84) u.v. 17.1.1995 Mitt. 1996, 16 – Gummielastische Masse; OLG Karlsruhe v. 12.2.1997 Mitt. 1998, 101, 102 – Umschreibung während d. Vindikationsrechtsstreits; Schiedsst. v. 19.4.1960 Blatt 1960, 280, 281 u.v. 6.8.1982 Arb.Erf. 62/81 (unveröffentl.); LG Düsseldorf v. 30.9.1975 EGR Nr. 15 zu § 5 ArbEG; Volmer/Gaul Rz. 39 zu § 5; vgl. auch Schiedsst. v. 22.8.1985 (Fn. 85); a.A. LAG Baden-Württemberg (Fn. 76); diff. Klauer/Möhring/Nirk PatG Rz. 16 Anh. zu § 3 (nur wenn Fristbeginn zweifelsfrei).
92 So BGH v. 24.11.1961 (Fn. 91); Schiedsst. v. 18.2.1976 EGR Nr. 18 zu § 5 ArbEG; vgl. auch Schiedsst. v. 22.8.1985 (Fn. 84) u. Volmer/Gaul Rz. 199 zu § 5.

§ 5

(schlüssiger) Verzicht auf die Schriftform setzt voraus, dass der Arbeitgeber überhaupt erkennen kann, dass ein ihm vom Arbeitnehmer vorgelegtes Arbeitsergebnis von letzterem als schutzfähige Diensterfindung bewertet wird. Dabei ist notwendig, dass **inhaltlich** die sonstigen Erfordernisse einer Erfindungsmeldung i.S.d. § 5 Abs. 1 erfüllt sind, also eine **gesonderte** Meldung derart erfolgt, dass der Erfindungscharakter herausgestellt wird[92a]. Die (konkludente) Meldung muss so beschaffen sein, dass der Arbeitgeber aufmerksam gemacht wird, damit vor die Entscheidung über die Inanspruchnahme gestellt zu sein[92b] (s. auch Rz. 32 zu § 6). Der Arbeitnehmer muss den Arbeitgeber zumindest darauf hinweisen, dass er die mitgeteilten Entwicklungsarbeiten für bedeutsam und als Ausdruck eines ggf. patentfähigen allgemeinen Lösungsprinzips oder einer Erfindung ansieht; ein Tätigkeitsbericht ohne näheren Hinweis auf eine mögliche Bedeutung als Erfindung genügt nicht[92c].

An den Nachweis eines (stillschweigenden) Verzichts sind **strenge Anforderungen** zu stellen[92d]. Ob ein Verzicht vorliegt, ist nach den Umständen des Einzelfalles unter Beachtung der Grundsätze von Treu und Glauben zu beurteilen[92e]. Solches mag beispielsweise dann anzunehmen sein, wenn der Arbeitgeber im Bewusstsein einer Erfindungsmeldung bisher die Nichtbeachtung der Schriftform stets geduldet hat[93], oder in den Fällen, in denen die eigenhändige Unterschrift fehlt, weil auf einem vom Arbeitgeber ausgegebenen Meldungsformular keine Unterschrift für den Arbeitnehmer vorgesehen war[94]. Auch kann die spätere Anfertigung und Einreichung einer Patentanmeldung auf der Grundlage einer formlosen Meldung bzw. die Beauftragung eines Patentanwalts mit einer Schutzrechtsanmeldung unter abschließender (schriftlicher) Darstellung des Erfindungsgegenstandes[95]

92a BGH v. 17.1.1995 Mitt. 1996, 16, 17 – Gummielastische Masse.
92b LG Düsseldorf v. 10.4.1984 Az. 4 O 55/83 – Polymerisationsanlage (unveröffentl.), wonach auch die Erfindung erläuternde Gespräche selbst in Verbindung mit einer vom Arbeitgeber vorgenommenen Schutzrechtsanmeldung allein nicht ausreichen; ähnl. Schiedsst. v. 7.2.1995 Arb.Erf. 6 (B) u 7 (B)/93 (unveröffentl.).
92c BGH v. 17.1.1995 (Fn. 92 a).
92d OLG Düsseldorf v. 16. 8. 2001 Az. 2 U 105/00 (unveröffentl.); Schiedsst. v. 7.2.1995 (Fn. 92 b) u. v. 5. 5. 1998 Arb.Erf. 37/96 (unveröffentl.); Busse/Keukenschrijver PatG Rz. 6 zu § 5 ArbEG.
92e Vgl. Amtl. Begr. BT-Drucks II/1648 S. 21 = Blatt 1957, 229.
93 Zust. OLG Düsseldorf v. 16. 8. 2001 (Fn. 92 d); LG Braunschweig v. 1.6.1976 EGR Nr. 14 zu § 5 ArbEG.
94 Vgl. Schiedsst. v. 22.8.1985 Blatt 1986, 205, 206.
95 LG Düsseldorf v. 8.3.1984 Az. 4 O 155/83 – Gasflaschenpalette (unveröffentl.); v. 17.9.1991 Entscheidungen 4. ZK 2000, 25, 27 f. – Reißverschluss u. v. 29. 2. 2000 Entscheidungen 4. ZK 2000, 32, 35 – Müllbehältergreifvorrichtung; Fricke/Meier-Beck, Mitt. 2000, 199, 202.

§ 5

ebenso ein Indiz für den Verzichtswillen sein[95a] wie die Zahlung von Vergütungsbeiträgen für die Nutzung mündlich gemeldeter Diensterfindungen[96] (s. auch die Beispiele in Rz. 37); in derartigen Fällen bringt der Arbeitgeber zum Ausdruck, hinreichend mit dem Gegenstand der Diensterfindung vertraut zu sein, und es sei regelmäßig nicht ersichtlich, welches Interesse er noch an einer schriftlichen Erfindungsmeldung haben könnte[96a]. Nach Ansicht des OLG Karlsruhe[96b] ist bei Kleinstbetrieben die Annahme eines Verzichts auf die Schriftform einer Erfindungsmeldung besonders nahe liegend. Dies erscheint dann bedenklich, wenn in einem solchen Kleinstbetrieb keine Kenntnis der wechselseitigen Rechte und Pflichten aus dem ArbEG besteht, was Voraussetzung für den (auch schlüssig zu erklärenden) Verzichtswillen ist.

Dagegen verbietet sich die Annahme eines Verzichtswillens, wenn die Arbeitsvertragsparteien (oder der Arbeitgeber für den Arbeitnehmer erkennbar) lediglich von einem (nicht meldepflichtigen – s. Rz. 28 ff. zu § 3) Verbesserungsvorschlag ausgehen[97]. Gleiches gilt für die bloße Bekanntgabe von Versuchsergebnissen, und zwar auch dann, wenn der Arbeitgeber von Anfang an über sämtliche Entwicklungsarbeiten voll informiert war[98].
Zum Beginn der Inanspruchnahmefrist s. Rz. 51 zu § 6.

III. Gesonderte Meldung

Mit Rücksicht auf die vom Zeitpunkt der Meldung der Diensterfindung an laufende Inanspruchnahmefrist fordert das Gesetz eine »gesonderte«, d. h. getrennte, **für sich stehende Meldungsurkunde**; sie darf also z.B. nicht eingefügt (»versteckt«) in andere Berichte eingereicht werden[99]. Demzufolge reichen bloße Tätigkeitsberichte oder allgemeine Unterrichtungen des Arbeitgebers über Versuchsergebnisse und Entwicklungsarbeiten nicht aus[99a]. Ein Verzicht auf eine gesonderte Meldung liegt nicht schon in einem Verzicht auf die Schriftform[99b].

40

95a Schiedsst. v. 18.2.1976 (Fn. 92); Volmer/Gaul Rz. 201 zu § 5; a. A. m. beachtlichen Argumenten Hellebrand, Mitt. 2001, 195 ff.
96   LG Düsseldorf v. 7.1.1965 EGR Nr. 5 zu § 5 ArbEG.
96a OLG Düsseldorf v. 16. 8. 2001 Az. 2 U 105/00 (unveröffentl.); LG Düsseldorf v. 17.9.1991 (Fn. 95).
96b OLG Karlsruhe v. 12. 2. 1997 (Fn. 91).
97   LG Düsseldorf v. 10.4.1984 (Fn. 92 b).
98   BGH v. 17.1.1995 (Fn. 92 a).
99   LG Düsseldorf v. 18.5.1972 Az. 4 O 213/71 (unveröffentl.); Schiedsst. v. 22.4.1992 Arb.Erf. 45/91 (unveröffentl.).
99a BGH v. 17.1.1995 (Fn. 92a); vgl. auch Busse/Keukenschrijver, PatG Rz. 6 m. H. a. OLG München v. 18. 9. 1997 Az. 6 U 1781/92 (unveröffentl.).
99b BGH v. 17. 1. 1995 (Fn. 92 a).

§ 5

IV. Kenntlichmachen der Erfindungsmeldung

41 Die vom Arbeitnehmer vorgelegten Unterlagen müssen schließlich **eindeutig erkennen lassen**, dass es sich um die Meldung einer (Dienst-) erfindung handelt. Dadurch soll insbesondere sichergestellt werden, dass sich der Arbeitgeber der Bedeutung des Schriftstückes im Hinblick auf die nunmehr beginnende Inanspruchnahmefrist bewusst wird und im Interesse des Arbeitgebers verhindert werden, dass sich ein Arbeitnehmer nach geraumer Zeit auf irgendwelche Berichte oder sonstige Informationen berufen und damit den Ablauf der Inanspruchnahmefrist behaupten kann[99c] (s. auch Rz. 33).

Das Kenntlichmachen muss nicht ausdrücklich unter Verwendung der Worte »Meldung« oder »Erfindungsmeldung« erfolgen; insgesamt ist kein formaler Wortlaut vorgeschrieben[100]; vielmehr kann auch in anderer Weise ersichtlich werden, dass eine neue Lehre zu technischem Handeln gefunden worden ist[101], sofern für den Arbeitgeber deutlich erkennbar wird, dass hiermit eine **Erfindung** gemeldet werden soll[101a]. Hierfür genügt der eindeutige Hinweis darauf, dass der Meldende glaubt, eine Erfindung gemacht zu haben[102]. Mitteilungen, deren Hauptaussage in eine ganz andere Richtung geht als in die einer Erfindungsmeldung, können nur unter besonderen Umständen, d.h. wenn starke weitere Indizien hinzutreten, dass solche Mitteilungen vom Arbeitgeber als Erfindungsmeldung aufgefasst werden mussten, als Erfindungsmeldung qualifiziert werden[102a]. Ohnehin ist gegenüber der Forderung, auch außerhalb der schriftlichen Urkunde liegende Umstände wertend miteranzuziehen[102b], Zurückhaltung geboten, da dies schwerlich mit dem Begriff des »Kenntlichmachens« in Einklang zu bringen ist (zum möglichen Verzicht auf dieses Erfordernis s. Rz. 38).

42 Wegen der vom Gesetz vorgegebenen Formstrenge kann unter besonderen Umständen[102c] ein Kenntlichmachen im Einzelfall auch z.B. durch die Kennzeichnung als »Entwurf einer Patentanmeldung«[103] oder als »Zusatz

---

99c LG Düsseldorf v. 18. 5. 1972 (Fn. 99) u. U. v. 29. 12. 1999 Entscheidungen 4. ZK. 2000, 8, 13 – Abfallsammelbehälter.
100 Amtl. Begr. (Fn. 79); LG Düsseldorf v. 27.3.1973 GRUR 1974, 173, 174 – Blockeinweiser; Schiedsst. v. 27.8.1980 EGR Nr. 24 zu § 5 ArbEG.
101 Vgl. OLG München v. 13.1.1977 Mitt. 1977, 239; LG Düsseldorf v. 29. 12. 1999 (Fn. 99 c); im Ergebn. so auch ständ. Praxis Schiedsst., z.B. v. 1.2.1988 Arb.Erf. 55/87 (unveröffentl.).
101a Schiedsst. v. 27.8.1980 (Fn. 100); im Ergebn. ebenso Schiedsst. v. 18.2.1983 Arb.Erf. 23/82 (unveröffentl.).
102 Schiedst. v. 5. 5. 1998 Arb.Erf. 37/96 (unveröffentl.).
102a Schiedsst. v. 7.2.1995 Arb.Erf. 6 u. 7(B)/93 (unveröffentl.).
102b LG Düsseldorf v. 18.5.1972 (Fn. 99).
102c Schiedsst. v. 12. 3. 2002 Arb.Erf. 92/99 (unveröffentl.).
103 LG Düsseldorf v. 8.3.1983 Az. 4 O 155/82 (unveröffentl.); einschränkend Schiedsst. v. 7.2.1995 (Fn. 102 a).

§ 5

zur Patentanmeldung« erfolgen[103a]. In einem Anmeldungsentwurf wird üblicherweise nur die Erfindung als solche umschrieben, aber nicht ohne weiteres die an den Arbeitgeber gerichtete Warnfunktion bezüglich Fristenablauf und Entstehen des Vergütungsanspruchs verfolgt, die einer formgerechten Erfindungsmeldung eigen ist.[103b]

Ebenso genügt die Vorlage einer unterschriebenen Konstruktionszeichnung ohne weiteren Hinweis grundsätzlich nicht[104] (s. auch Rz. 11). Übliche Laborberichte erfüllen in der Regel ebenso wenig die Voraussetzungen einer Erfindungsmeldung[104a] (s. auch Rz. 40) wie die Vorlage von Entwicklungs- bzw. Arbeitsberichten, in denen der Arbeitnehmer unter Einbeziehung einer nicht näher gekennzeichneten Erfindung seinem Vorgesetzten einen bestimmten Entwicklungs- bzw. Arbeitsstand schildert und um eine Entscheidung über das weitere Vorgehen bittet[104b]. Ein bloßer Hinweis auf frühere Mitteilungen reicht nicht aus, weil auch hierbei die Signalwirkung der Kenntlichmachung für den Arbeitgeber fehlt. Allerdings kann die **spätere Einreichung einer Schutzrechtsanmeldung** durch den Arbeitgeber auf Grund einer vorangegangenen Information des Arbeitnehmers ein Indiz für eine ausreichende Kenntlichmachung sein[104c] (vgl. auch Rz. 39). Als Meldung reicht auch die »Meldung einer Produktidee« ohne weiteren Hinweis auf eine mögliche Erfindungsqualität nicht aus[104d].

43

Eine **Kennzeichnung als »Verbesserungsvorschlag«** reicht regelmäßig nicht zur Kenntlichmachung aus[105]. Das ArbEG trennt das Erfindungswesen und das Vorschlagswesen sehr deutlich (vgl. §§ 2, 3, 20). Zum anderen ist auch in der Betriebspraxis seit jeher eine organisatorische Trennung zwischen Erfindungs- und Vorschlagswesen – jedenfalls in größeren Unternehmen – anzutreffen, so dass bei einer falschen Kennzeichnung die Gefahr der Zuleitung an eine unzuständige Fachabteilung besteht. Eine als Verbesserungsvorschlag angesehene Erklärung des Arbeitnehmers wird üblicherweise wegen des regelmäßig geringeren Stellenwertes der Verbesserungsvorschläge und deren originärer Zuordnung zum Arbeitgeber einer anderen tatsächlichen und rechtlichen Behandlung – häufig auch durch ei-

43.1

103a Schiedsst. v. 19.4.1960 (Fn. 91).
103b Schiedsst. v. 12. 3. 2002 (Fn. 102c).
104 OLG Karlsruhe v. 18.4.1958 Mitt. 1958, 220, 222; LG Düsseldorf v. 29. 9. 1999 (Fn. 99 c) u. Schiedsst. ZB. v. 29.8.1985 Arb.Erf. 13/84 (unveröffentl.).
104a Schiedsst. v. 5.11.1986 Arb.Erf. 61/85 (unveröffentl.); s. auch BGH v. 17.1.1995 (Fn. 92 a).
104b Schiedsst. v. 8.2.1988 Arb.Erf. 75/87 (unveröffentl.) u.v. 1.2.1988 (Fn. 101)
104c Schiedsst. v. 12. 3. 2002 (Fn. 102c).
104d Schiedsst. v. 17. 4. 2001 Arb.Erf. 82/99 (unveröffentl.).
105 I. Ergebn. ebenso Schiedsst. v. 18.2.1983 (Fn. 102), v. 27.8.1980 EGR Nr. 24 zu § 5 ArbEG u. v. 26. 2. 1997 Arb.Erf. 56/95 (unveröffentl.); Busse/Keukenschrijver PatG Rz. 7 zu § 5 ArbEG; a.A. LG Düsseldorf v. 27.3.1973 (Fn. 100) m. krit. Anm. Gaul i. EGR Nr. 10 zu § 5 ArbEG; vgl. auch Einsele BVW 1989, 178 ff. (danach waren in einem Unternehmen immerhin 16 % der mitgeteilten VV'e patentrechtl. relevant).

§ 5

nen anderen Personenkreis – zugeführt. Wenn der Gesetzgeber mit der Pflicht zur besonderen Kenntlichmachung die Erfindungsmeldung geradezu mit einer Signalwirkung ausstatten wollte, um einer unzutreffenden Behandlung vorzubeugen, geht es nicht an, eine gerade das Gegenteil bewirkende Kennzeichnung als ausreichend anzusehen. Zudem ist es allein Sache des Arbeitnehmers, dafür Sorge zu tragen, dass seine Erfindungsmeldung auch als solche erkannt wird.

Etwas anderes wird dann gelten, wenn der Arbeitnehmer in der Meldung eines Verbesserungsvorschlages zugleich **erkennbar** die Bitte äußert, die technische Neuerung auch **auf** ihre **Schutzfähigkeit hin zu überprüfen**[106] oder sonstige eindeutige Hinweise auf die Schutzfähigkeit enthalten sind[107].

Ebenso kann es für eine Kenntlichmachung als Erfindungsmeldung ausreichen, wenn der Arbeitnehmer eine **Mitteilung nach § 18** vornimmt, zugleich aber Zweifel am Freisein der Erfindung äußert[108] (vgl. auch Rz. 25); ansonsten genügt eine »Mitteilung« – auch wegen der u.U. geringeren inhaltlichen Anforderungen – regelmäßig nicht als Erfindungsmeldung (s. auch Rz. 42 f. zu § 18).

Diese Grundsätze gelten auch und gerade für den **öffentlichen Dienst** mit der hier verstärkt anzutreffenden organisatorischen Unterscheidung zwischen Erfindungs- und Vorschlagswesen[109].

K. Miterfinder

Lit.: *Bartenbach*, Zwischenbetriebl. Forschungs- bzw. Entw.Kooperation u. d. Recht d. ArbN-Erfindung, 1985; *Beier*, Die gemeinschaftl. Erf. v. ArbN, GRUR 1979, 669; *Beil*, Erfindernennung u. Miterfinder, Chemie-Ing.-Technik 1953, 633; *Fischer*, Verwertungsrechte bei Patentgemeinschaften, GRUR 1977, 313; *Lüdecke*, Erfindungsgemeinschaften, 1962; *Schade*, Die gemeinschaftl. u. d. Doppelerf. v. ArbN, GRUR 1972, 510; *Seeger/Wegner*, Offene Fragen d. Miterfinderschaft, Mitt. 1975, 108; *Sefzig*, Das Verwertungsrecht des einzelnen Miterfinders, GRUR 1995, 302; *Spengler*, Die gemeinschaftl. Erf., GRUR 1938, 231; *Storch*, Die Rechte d. Miterfinders i.d. Gemeinschaft, Festschr. f. A. Preu 1988 S. 39; *Villinger*, Rechte d. Erfinders/Patentinhabers u. daraus ableitbare Rechte von Mitinhabern von Patenten, CR 1996, 331 ff.u. 393 ff.; *Wunderlich*, Die gemeinschaftl. Erf., 1962 (= Schriftenrh. z. gewerbl. Rechtssch. 12); *Zeller*, Gemeinschaftserf., GRUR 1942, 247.

I. Begriffsbestimmung

44 § 5 Abs. 1 Satz 2 knüpft an die Tatsache, dass »mehrere Arbeitnehmer an dem Zustandekommen der Erfindung beteiligt« sind, die Möglichkeit einer gemeinsamen Meldungsabgabe an. Damit gibt das ArbEG (vgl. auch § 12

---

106 Vgl. dazu auch May BB 1960, 628.
107 Schiedsst. ZB. v. 23. 1. 1980 Arb.Erf. 41/79 (unveröffentl.), auszugsweise bei Volz, Öffentl. Dienst (1985) S. 67 ff. (dort Fn. 9).
108 Vgl. Schiedsst. v. 12. 8. 1966 Blatt 1967, 131 m. Anm. Schippel GRUR 1967, 291.
109 Volz (Fn. 107).

§ 5

Abs. 2 Satz 1) ergänzend Kriterien für die Definition des Begriffs »Miterfinderschaft«, der seine **Rechtsgrundlage im Patentrecht** findet (vgl. § 6 Satz 2 PatG). Während der Einzelerfinder eindeutig als derjenige bestimmt werden kann, dessen individuelle geistige Tätigkeit zu einer Erfindung geführt hat[110], ist eine einhellige Begriffsbestimmung des Miterfinders durch Rechtsprechung und Schrifttum nicht gefunden. 45

Das RG hat in ständiger **Rechtsprechung** in Übereinstimmung mit einem Teil der Lehre gefordert, dass als Miterfinder nur derjenige anerkannt werden könne, der einen schöpferischen bzw. **erfinderischen Beitrag** zu der Erfindung beigesteuert hat[111]. In seinem »*Spanplatten*«-Urteil hat der BGH diese Rechtsprechung des RG im Grundsatz aufrechterhalten[112]. Auch wenn der BGH anerkennt, dass der Hilfsbegriff »schöpferischer Beitrag« (Anteil) weitgehend unbestimmt ist und der Praxis keine genügende Hilfe zur Abgrenzung gibt, hat er bislang weitgehend daran festgehalten[113]. Allerdings stellt er klar, dass der einzelne Beitrag für sich allein keine Erfindungsqualität besitzen muss; es dürfe kein zu strenger Maßstab an die Qualität des Beitrages angelegt werden[113a]. In früheren Entscheidungen[113a] hat er auf das von *Lüdecke*[113b] herausgestellte Kriterium der »**qualifizierten Mitwirkung**«, wonach Miterfinder nur der sein kann, der am Zustandekommen der Erfindung, also bei der Aufgabenstellung oder der Lösung, durch solche Gedankengänge mitgewirkt hat, die das Durchschnittskönnen auf diesem Gebiet übersteigen, verwiesen. 46

Damit scheiden **bloß handwerkliches Mitarbeiten und technische Hilfestellungen** (»konstruktive Mithilfe«[113c]) ebenso wie **Beiträge materieller Art** (Geld, Bereitstellung von Personal, Hilfsmittel oder Arbeitsmöglichkeiten) von vornherein aus[113d]. Gleiches gilt für Hinweise auf technische Zwangsläu-

---

110 BGH v. 16.11.1954 NJW 1955, 541, 542 – Schnellkopiergerät m. Anm. Volmer S. 789; vgl. auch § 8 Abs. 2 UrhG.
111 RG v. 18.12.1937 GRUR 1938, 156, 162; v. 16.5.1939 Mitt. 1939, 199; v. 10.10.1939 GRUR 1940, 339, 341; vgl. auch OLG Düsseldorf v. 30.10.1970 GRUR 1971, 215 – Einsackwaage; LG Hamburg v. 31. 10. 1956 GRUR 1958, 77 lässt den gegenseitigen Austausch »erfinderischer Gedanken« ausreichen.
112 Urteil v. 5.5.1966 GRUR 1966, 558, 559f. m. Anm. Schippel.
113 S. BGH v. 30.4.1968 GRUR 1969, 133, 135 – Luftfilter – m. Anm. Schippel u.v. 23.6.1977 GRUR 1977, 784, 787 – Blitzlichtgeräte; vgl. auch BGH v. 26.11.1968 GRUR 1969, 341, 342 – Räumzange (»zum Gesamtergebnis der Entwicklung ... einen wesentlichen Beitrag geleistet hat«); v. 20.2.1979 GRUR 1979, 540, 541 f. – Biedermeiermanschetten; BGH v. 17.1.1995 Mitt. 1996, 16, 18 – Gummielastische Masse u. v. 17. 10. 2000 GRUR 2001, 226, 227 – Rollenantriebseinheit.
113a BGH v. 5.5.1966 (Fn. 112) u. v. 17. 10. 2000 (Fn. 113).
113b Lüdecke Erfindungsgem. (1962) S. 31.
113c BGH v. 17. 10. 2000 (Fn. 113).
113d OLG Karlsruhe v. 13.7.1983 GRUR 1984, 42, 44 f. – Digitales Gaswarngerät; Hubmann/Götting § 13 I.

§ 5

figkeiten, die sich für den Durchschnittsfachmann aus der gestellten Aufgabe aufdrängen[113e] oder für Ratschläge mit allgemein geläufigen Erkenntnissen.[113f] Auch die bloße Erkenntnis, dass eine von Dritten entwickelte technische Lehre schutzfähig ist, begründet keine Miterfinderschaft.[113g]

47 Die Erscheinungsform der sog. Zufallserfindung und die heute unter Einsatz von modernen Technologien nicht seltenen Erfindungen auf Grund planmäßiger Versuchsreihen (Auswahlerfindungen) machen allerdings deutlich, dass beim Zustandekommen einer Erfindung vielfach Einzelleistungen erbracht werden, die wertmäßig kaum als »qualifizierte Mitwirkung« anzusehen wären, die aber dennoch für das Zustandekommen der Erfindung wesentlich sind und einen in der erfinderischen Lösung selbst enthaltenen Gedanken beitragen. Um diesen Mangel der *Lüdecke'schen* Definition auszugleichen, ist auch der BGH bereit, die Anforderungen an den Begriff der qualifizierten Leistung in derartigen Fällen graduell so stark abzustufen, dass er sich damit ziemlich dem Punkt nähert, an dem letztlich jeder Mitarbeiter, der eine über die bloße Aufgabenstellung hinausgehende Leistung erbringt, auch Miterfinder sein kann[113h].

Bei einer Gesamtleistung von geringer Erfindungshöhe, bei der die einzelnen Anteile der mehreren Beteiligten das jeweilige Maß des Durchschnittskönnens eines Fachmanns auf dem betreffenden Gebiet kaum übersteigen, kann es gerechtfertigt sein, nur sehr **geringe Anforderungen** für den Erwerb einer Mitberechtigung an der Erfindung zu stellen; denn andernfalls könnte sich ergeben, dass ein individueller Erfinder für eine solche Erfindung überhaupt nicht zu ermitteln wäre[113i] (»Das Ganze ist mehr als die Summe seiner Teile«). So kann es genügen, eine in einem Unteranspruch beschriebene besondere Ausbildung des im Hauptanspruchs dargestellten Gegenstandes entwickelt zu haben[114] (s. auch Rz. 32.1 zu § 12).

47.1 Andererseits lässt der BGH den Weg offen, auch **andere Kriterien** zur Bestimmung der Miterfinderschaft heranzuziehen. Letztlich besagen die Merkmale des »schöpferischen Anteils« bzw. der »qualifizierten Mitwirkung« nur, dass das, was ein Beteiligter zu der Erfindung beigesteuert hat, über den Stand der Technik und das Fachkönnen des Durchschnittsfachmanns hinausgeht[115]. Zur Beurteilung der Beteiligung an der erfinderischen Gesamtleistung ist eine rückschauende Betrachtung des Standes der Tech-

---

113e I.d.S. Schiedsst. v. 27.6.1991 Arb.Erf. 96/89 (unveröffentl.).
113f Schiedsst. v. 18. 12. 2001 Arb.Erf. 57/98 (unveröffentl.).
113g Schiedsst. v. 8. 2. 1996 Arb.Erf. 61/94 (unveröffentl.).
113h BGH v. 5. 5. 1966 (Fn. 112).
113i BGH v. 5.5.1966 (Fn. 112) u. LG Düsseldorf v. 22.1.1991 Az. 4 O 298/89 (unveröffentl.).
114 LG Düsseldorf v. 13.10.1994 Az. 4 O 45/93; Schiedsst. v. 9.6.1995 Arb.Erf. 102/93 m.H.a. EV v. 27.6.1991 Arb.Erf. 96/89 (sämtl. unveröffentl.) u. BGH v. 20.2.1979 (Fn. 113); vgl. (aber) auch BGH v. 17. 10. 2000 (Fn. 113).
115 LG Düsseldorf v. 22.1.1991 (Fn. 113h).

nik mit der Kenntnis der Erfindung zu vermeiden; insbesondere können nicht nachträglich gewonnene Erkenntnisse herangezogen werden[115a].

Die geistige **Mitarbeit** muss **bei der Problemlösung** stattfinden; hieran fehlt es, wenn lediglich eine Aufgabe gestellt bzw. Anregungen oder bloße Ideen, die noch nicht Gestalt angenommen haben, vermittelt werden; der Aufgabensteller als solcher ist also noch nicht Miterfinder[116]. Etwas anderes gilt jedoch dann, wenn er über die bloße Aufgabenstellung hinaus Lösungshinweise gibt[117]. Das Beisteuern eines Ausführungsbeispiels nach Vorliegen der fertigen Erfindung genügt ebenso wenig wie deren Ausgestaltung mit einer aus dem Stand der Technik entnommenen bekannten Maßnahme oder die Mithilfe bei der Abfassung der Anmeldeunterlagen[118].

Im Urteil vom 20.6.1978 stellt der BGH – ohne sich mit seiner bisherigen Rechtsprechung auseinander zu setzen – auf einen **kausalen Beitrag** zur Erfindung ab; nur solche Beiträge nimmt er hiervon aus, die den Gesamterfolg nicht beeinflusst haben, also unwesentlich in Bezug auf die Lösung sind und solche, die auf Weisung des Erfinders oder eines Dritten geschaffen wurden[121].

48

Damit kommt der BGH der Begriffsbestimmung von *Wunderlich*[122] nahe, wonach Miterfinder alle diejenigen sind, die im gemeinsamen geistigen Schaffen an der Konzeption der erfinderischen Idee gearbeitet haben und dabei selbständig tätig geworden sind. Zutreffend verzichtet *Wunderlich* bewusst darauf, allzu hohe Anforderungen an die einzelnen Teilbeträge der Beteiligten zu stellen. Entscheidend sind allein die **sich in der Erfindung niederschlagende** (kausale) **geistige Mitarbeit und das selbständige, nicht weisungsgebundene Handeln**[122a]. **Miterfinder** ist folglich derjenige, der durch einen auf Grund eines **eigenständigen** Erkenntnisprozesses gewonnenen **Beitrag** adäquat-kausal am Zustandekommen einer (schutzfähigen) Erfindung, d. h. an der Lösung des betreffenden technischen Problems, mitgewirkt hat[122b].

49

Auch die **Schiedsstelle** will eine Miterfindereigenschaft dann bejahen, wenn eigene qualitative Beiträge vorliegen, die nicht auf weisungsgemäß

49.1

115a Vgl. Benkard/Ullmann PatG Rz. 64 zu § 14.
116 LG Düsseldorf v. 22.1.1991 (Fn. 113h) m.H.a. Bernhardt/Kraßer Lehrb. d. PatRechts § 19 III 2; Beier GRUR 1979, 671.
117 Vgl. BGH v. 10.11.1970 GRUR 1971, 210, 213 – Wildverbissverhinderung.
118 Busse/Keukenschrijver PatG Rz. 32 zu § 6 m.H.a. BGH v. 28. 2. 1963 Az. I a ZR 92/63 u. v. 28. 4. 1970 Az. X ZR 42/67 (beide unveröffentl.).
119-120 frei
121 GRUR 1978, 583, 585 – Motorkettensäge m. Anm. Harmsen; bestätigt durch BGH v. 17.1.1995 (Fn. 113); ähnl. Beil in Chemie-Ing.-Technik 1953, 633, 634.
122 Wunderlich, Gemeinschaftl. Erf. (1962) S. 66; vgl. auch LG Nürnberg/Fürth v. 25.10.1967 GRUR 1968, 252, 254 – Softeis.
122a Wie hier Volmer/Gaul Rz. 191 zu § 2 u. Rz. 16 zu § 4; zustimmend Reimer/Schade/Schippel/Kaube Rz. 26 zu § 5.
122b Bartenbach, Zwischenbetriebl. Forschungskoop. (1985) S. 52 ff., 59.

§ 5

ausgeführten Arbeiten beruhen[123]. Weisung ist dabei nicht im arbeitsrechtlichen Sinne zu verstehen, sondern im Sinne einer (fallbezogenen) Anweisung zu konkretem Handeln. Danach beurteilt sich auch, ob Beiträge zu einem sog. **Brainstorming** eine Miterfinderschaft begründen[123a].

50   Ob ein derartiger **kausaler, selbständiger, geistiger Beitrag** zur Erfindung geleistet worden ist, darf **nicht isoliert** auf der Grundlage des Einzelanteils des Arbeitnehmers geprüft werden, sondern ist **vom schließlich gefundenen Enderfolg der fertigen Erfindung her** zu werten. Dies beurteilt sich nach der Gesamtlösung der Aufgabe mit den vorgeschlagenen Mitteln und dem Zustandekommen der Lösung[123b]. Die Beiträge der Miterfinder müssen für sich betrachtet nicht selbst erfinderisch sein, so dass es ausreicht, wenn sie in nicht nur durchschnittlicher, handwerklicher Weise kausal für die erfindungsgemäße Lösung des technischen Problems gewesen sind[123c] bzw. ihnen hinsichtlich der gelösten Aufgabe eine mehr als unwesentliche oder untergeordnete Bedeutung zukommt. Eine Alleinerfinderschaft wird in der Regel nur dann gegeben sein, wenn ein weiterer »Erfindungsanteil« keinen beachtenswerten Beitrag zum Gegenstand der Anmeldung oder des Schutzrechts geliefert hat. Insoweit stellt die Rechtsprechung nur geringe Anforderungen an den Erwerb einer Beteiligung an der Erfindung. Aus der Tatsache allein, dass der »entscheidende Gedanke« nur von einem Beteiligten stammt, folgt noch nicht, dass andere als Miterfinder ausscheiden[123d].

Nicht erforderlich ist, dass der Erfinder an allen schöpferischen Elementen der Erfindung mitgewirkt hat; die Miterfinder brauchen nicht überall einen Beitrag zum gemeinsamen Werk zu erbringen[123e]. Für die Miterfindereigenschaft als solche sind deshalb der Umfang und die Größe der Beiträge nicht entscheidend, sofern sie nur geistiger (schöpferischer) Art sind.

50.1   Auf den **Zeitpunkt** der Erbringung des Beitrags oder dessen Erfassung als Haupt- oder Unteranspruch kommt es für die Miterfindereigenschaft nicht an. Die schöpferische Mitwirkung kann bei einer stufenweise entstehenden Erfindung (gemeinsame Konzeption) auch in einem Vorstadium erfolgen, wenn sie als unselbständiger Beitrag zum einheitlichen Schöpfungs-

---

123   EV v. 23.4.1979 Blatt 1980, 233, 234. Nach dem EV v. 21.9.1993 (ArbErf 52/92 – unveröffentl.) sind die Beiträge zur erfinderischen technischen Lehre auch dann miterfinderisch i.S.d. BGH-Rechtsprechung, wenn sie zwar für sich allein keine Erfindungsqualität besitzen, aber »das Kriterium einer qualifizierten Mitwirkung i.S. eines noch schöpferischen Beitrages erfüllen, wobei an die Qualität des Beitrages kein zu strenger Maßstab angelegt werden dürfe.«
123a   Ausführl. Volmer/Gaul Rz. 224 ff. zu § 2 u. Rz. 17 zu § 4.
123b   BGH v. 17.1.1995 (Fn. 113) m.H.a. BGH v. 20.2.1979 GRUR 1979, 540, 541 r.Sp. – Biedermeiermanschetten.
123c   OLG Frankfurt v. 28.1.1982 Az. 6 U 234/79 (unveröffentl.).
123d   BGH v. 17.11.1995 (Fn. 113) m.H.a. BGH v. 5.5.1966 GRUR 1966, 558, 559 f. – Spanplatten.
123e   Vgl. zur Miturheberschaft BGH v. 14.7.1993 GRUR 1994, 39, 40 – Buchhaltungsprogramm.

§ 5

prozess der Gesamtlösung geleistet wird[123f]. Demzufolge ist bis zur Fertigstellung der Erfindung auch eine **sukzessive Miterfinderschaft** möglich[124], etwa, wenn die technische Idee eines Dritten aufgegriffen und einer funktionsfähigen Lösung zugeführt wird[124a]. Dies gilt auch für Weiterentwicklungen des ursprünglich gemeldeten Erfindungsgegenstandes, sofern diese in die frühere Erfindungsmeldung/Schutzrechtsanmeldung einbezogen werden (vgl. § 40 PatG – Innere Priorität; s. auch Rz. 20 zu § 6). Eine Erfindergemeinschaft entsteht auch dann, »wenn mehrere zwar dieselbe Erfindung unabhängig voneinander gemacht haben, dann aber ihre beiderseitigen Erfinderleistungen in gemeinsamer Überprüfung und gegenseitiger Billigung in einer einheitlich geformten und in einer Patentanmeldung niedergelegten Fassung verschmelzen«[125]. Dagegen liegt eine durch Zusammenarbeit gekennzeichnete Miterfinderschaft nicht vor, wenn der Arbeitgeber ausdrücklich bestimmte Mitarbeiter mit Entwicklungsarbeiten beauftragt und einen späteren (Allein-)Erfinder bewusst nicht miteinbezieht[125a]. Ebenso kann eine spätere, wegen Fristablaufs nicht mehr in frühere Schutzrechtsanmeldungen einzubeziehende Weiterentwicklung mangels eigenständiger Schutzfähigkeit keine Miterfinderschaft begründen[126].

51 Ob jemand Miterfinder ist (bleibt), lässt sich abschließend nur auf der **Grundlage eines erteilten Schutzrechts** bestimmen (s. i. Einzelnen Rz. 30 ff. zu § 12). Wird ein Schutzrecht nicht in dem ursprünglich erhofften Umfang erteilt, kann u.U. der Beitrag eines Miterfinders aus den endgültigen Schutzrechtsansprüchen wieder herausfallen[127]. Ebenso wie sich die Bestimmungen des ArbEG zunächst nur an der Möglichkeit eines Schutzrechts orientieren (s. Rz. 18 f. zu § 2), muss für die Kennzeichnung einer Miterfinderschaft und die Feststellung der daran anknüpfenden Rechtsfolgen (Meldung, Inanspruchnahme, vorläufige Vergütung usw.) **vorerst** die **objektive Möglichkeit** einer Miterfinderschaft ausreichen (s. aber auch Rz. 33 zu § 12).

51.1 Haben sich sämtliche am Zustandekommen einer Diensterfindung beteiligten **Mitarbeiter über ihre Miterfindereigenschaft geeinigt**, kann der Arbeitgeber dies bei der Schutzrechtsanmeldung (§ 13), der Inanspruch-

---

123f Vgl. BGH v. 9.5.1985 GRUR 1985, 1041 – Inkassoprogramm.
124 Vgl. RG v. 18.8.1937 GRUR 1938, 256; Spengler GRUR 1938, 231, 234; Lüdecke (Fn. 113 b) S. 6 m.w.N.; s. auch RG v. 17.10.1938 JW 1939, 239 (LS); Klauer/Möhring/Nirk PatG Rz. 16 zu § 3 m.w.N.; vgl. auch OLG München v. 17.9.1992 GRUR 1993, 661, 663 – Verstellbarer Lufteinlauf.
124a So im Ergebn. z.B. Schiedsst. v. 3.8.1993 Arb.Erf. 22/92 (unveröffentl.)
125 So schon RG v. 17.10.1938 (Fn. 124); s. auch BGH v. 23.6.1977 GRUR 1977, 784 – Blitzlichtgeräte; vgl. auch BGH v. 14.7.1993 GRUR 1994, 39, 40 – Buchhaltungsprogramm (betr. d. Miturheberschaft an einem Computerprogramm).
125a OLG München v. 17.9.1992 (Fn. 124).
126 Vgl. BGH v. 28.4.1970 GRUR 1970, 459, 460 – Scheinwerfereinstellgerät.
127 Vgl. auch BGH v. 20.2.1979 GRUR 1979, 540, 541 f. – Biedermeiermanschetten u.v. 2.12.1960 GRUR 1961, 338, 341 l.Sp. a.E. – Chlormethylierung.

§ 5

nahme (§§ 6, 7) und bei der Vergütungsregelung (§ 12) zugrunde legen[127a]. Dies gilt insbesondere dann, wenn er aus eigenem Wissen keine Kenntnis vom Zustandekommen der Erfindung hat und die Erfindungsmeldung(en) keinen Anlass bietet(n), von dem übereinstimmenden Vorbringen abzuweichen. Der Arbeitgeber ist also grundsätzlich nicht zur Nachforschung hinsichtlich der Angaben über eine Miterfinderschaft und auch nicht nach evtl. weiteren Miterfindern verpflichtet[128]. Besteht Anlass zu Zweifeln, kann der Arbeitgeber im Einzelfall auf Grund seiner Fürsorgepflicht gehalten sein, konkreten Hinweisen auf einen anderen Miterfinder nachzugehen und diesen ggf. zur Meldung aufzufordern[129]. Da sich der Arbeitgeber durch eine solche vorsorgliche Aufforderung zur Abgabe einer Meldung auf einfache Weise Klarheit verschaffen kann, läuft er Gefahr, dass andernfalls sein passives Verhalten als Verzicht auf die Meldung mit der Folge eines Freiwerdens dieses Miterfinderanteils nach Ablauf der Inanspruchnahmefrist gewertet werden könnte[129].

Zur Änderung oder Ergänzung von Erfinderbenennungen s. Rz. 26 zu § 7; zur Bestimmung des Umfangs der Miterfinderanteile s. Rz. 30 ff. zu § 12; zur Schutzrechtsaufgabe und den Verwertungsrechten bei Erfindergemeinschaften s. Rz. 93 ff. zu § 16.

51.2 Die **Darlegungs- und Beweislast** für das Bestehen einer Miterfindereigenschaft hat derjenige, der eine Mitberechtigung an einer Erfindung in Anspruch nimmt[132]. Es gibt keinen **Anscheinsbeweis**, wonach bei gemeinsamen Versuchen und Gesprächen, die dem Auffinden einer Lösung vorhandener Probleme dienen, die Lebenserfahrung darauf hindeutet, dass der entscheidende Gedanke, die endgültige Lösung, nicht lediglich von einem oder einzelnen oder mehreren Beteiligten stammt, sondern auf der Miterfinderschaft aller beruht[133]. Denn es gehört nicht zum Wesen einer Zusammenarbeit mehrerer Beteiligter, dass sich die auf die Lösung gerichteten Versuche und Überlegungen der Beteiligten nicht trennen lassen und der Lösungsgedanke nur als Beitrag aller gewertet werden kann[134]. Auch bei einer Zusammenarbeit mehrerer bleibt eine Aufteilung in Anteile, die den einzelnen Beteiligten zuzurechnen sind, sowie eine isolierte Würdigung der

---

127a BGH v. 17.5.1994 GRUR 1994, 898, 902 – Teilkristalline Copolyester; vgl. auch BGH v. 20.6.1978 GRUR 1978, 583, 584 – Motorkettensäge.
128 Vgl. Ausschussbericht zu BT-Drucks. II/3327, S. 4 (zu § 4 d. Entw.) = Blatt 1957, 251; BGH v. 17.5.1994 (Fn. 127a).
129 Vgl. auch LG Düsseldorf v. 7. 1. 1965 EGR Nr. 5 zu § 5 ArbEG.
130-131 frei.
132 Vgl. OLG München v. 17.9.1992 GRUR 1993, 661 – Verstellbarer Lufteinlauf.
133 LG Düsseldorf v. 22.1.1991 Az. 4 O 298/89 (unveröffentl.).
134 So aber wohl LG Nürnberg-Fürth v. 25.10.1967 GRUR 1968, 252, 254 f. – Softeis.

§ 5

einzelnen Teilbeiträge unter dem Gesichtspunkt der schöpferischen Qualität grundsätzlich möglich[135].

Hat der Arbeitgeber im Rahmen der **Schutzrechtsanmeldung** einen Arbeitnehmer als Miterfinder benannt, sieht die Schiedsstelle in ständiger Praxis hierin ein starkes Indiz für dessen Erfinderschaft[135a]; gleiches gilt bei Abgabe einer einvernehmlichen Erfinderbenennung gegenüber dem Patentamt[135b]. Zur Begründung wird auf den aktuellen Bezug zwischen Zustandekommen und Einreichung der Schutzrechtsanmeldung verwiesen sowie darauf, dass das Verhältnis zwischen beteiligten Arbeitnehmern und/oder zwischen Arbeitgeber und Arbeitnehmern zu diesem frühen Zeitpunkt regelmäßig noch nicht mit etwaigen Interessensstreitigkeiten befrachtet ist[135c] (vgl. auch die – widerlegbare – Urheberschaftsvermutung nach § 10 Abs. 1 UrhG[135d]).

Allerdings ist der **Arbeitgeber nicht** zwingend **an seine frühere Erfindernennung** gegenüber den Schutzrechtserteilungsbehörden **gebunden**. Es widerspricht insbesondere nicht dem Grundsatz von Treu und Glauben (§ 242 BGB), wenn der Arbeitgeber einen zunächst von ihm angenommenen, später als unrichtig erkannten Standpunkt ändert, insbesondere wenn er die bei Eingang der Erfindungsmeldung möglichen Nachforschungen unterlassen und die Angaben der Arbeitnehmererfinder in der Erfindungsmeldung ohne eigene Prüfung hingenommen hat[135e].

Die Geltendmachung des Anspruchs auf Miterfinderschaft, auf vermeintliche Alleinerfinderschaft oder eines höheren Miterfinderanteil unterliegt schneller der **Verwirkung** als z.B. der Vergütungsanspruch[135f] (s. dazu Rz. 46 ff. zu § 9). Dies hat seinen Grund einmal in der umfassenden Meldepflicht des Arbeitnehmers nach § 5 Abs. 1 und zum anderen darin, dass der Arbeitgeber mangels eigener Kenntnis der Erfindungsgeschichte auf die Informationen des Arbeitnehmers angewiesen ist. Hinzu kommt, dass das Recht der Allein- oder Miterfinderschaft zunächst eine Rechtsposition ist, die nicht gegenüber dem Arbeitgeber geltend gemacht wird, sondern gegenüber den weiteren, als Miterfinder genannten Personen, die ihre Miterfinderschaft behaupten[135g]. Die Abklärung innerhalb der Miterfinder kann regelmäßig erfolgen, ohne dass damit eine Belastung des Arbeitsverhältnisses verbun-

51.3

---

135 Vgl. Benkard/Bruchhausen PatG Rz. 32 zu § 6; LG Düsseldorf v. 22.1.1991 (Fn. 133).
135a Schiedsst. v. 30.11.1993 Arb.Erf. 140/92 u.v. 25.1.1995 Arb.Erf. 79/93 (beide unveröffentl.).
135b Schiedsst. v. 21.9.1993 Arb.Erf. 52/92 (unveröffentl.).
135c Schiedsst. v. 30.11.1993 (Fn. 135a) u. ZB. v. 2.5.1995 Arb.Erf. 63/93 (unveröffentl.).
135d S. dazu BGH v. 14.7.1993 GRUR 1994, 39, 40 – Buchhaltungsprogramm.
135e BGH v. 20.6.1978 GRUR 1978, 583, 584 – Motorkettensäge.
135f Schiedsst. ZB. v. 2.5.1995 (Fn. 135c); v. 6. 10. 1998 Arb.Erf. 117/96 u. v. 17. 6. 1999 Arb.Erf. 91/96 (beide unveröffentl.).
135g Schiedsst. v. 6. 10. 1998 (Fn. 135 f).

§ 5

den ist. Dem Zeitmoment kommt auch deshalb besondere Bedeutung zu, weil die Aufklärung der Erfindungsgeschichte mit zunehmendem Zeitablauf ungenauer und unsicherer wird, nicht zuletzt weil es häufiger nicht auf präsente Beweisunterlagen, sondern auf das Erinnerungsvermögen der beteiligten Personen ankommt. Zur Darstellungs- und Beweislast des Arbeitnehmers für den Vergütungsanspruch s. Rz. 299 f zu § 9. Dieser Verwirkungseinwand gilt auch zu Lasten des Arbeitgebers, wenn dieser sich zur Minderung von geltend gemachten Vergütungsansprüchen nachträglich auf die Existenz weiterer Miterfinder beruft.[135h] Deren Miterfinderrechte und Vergütungsansprüche wären verwirkt.[135i] (s. dazu Rz. 46 ff. zu § 9).

II. Rechtsverhältnis der Miterfinder zueinander

52 Das Verhältnis der Miterfinder zueinander **bestimmt sich** mangels ausdrücklicher Regelung im PatG und ArbEG **nach den Vorschriften des bürgerlichen Rechts** über die Bruchteilsgemeinschaft (§§ 741 ff. BGB) oder die bürgerlich-rechtliche Gesellschaft (§§ 705 ff. BGB)[136]. Welches der beiden Rechtsinstitute vorliegt, entscheidet sich vorrangig nach dem Anlass der Zusammenarbeit: Erfolgt diese auf Grund eines – auch stillschweigend geschlossenen – Vertrages zur Erreichung eines gemeinsamen Zwecks, der Schaffung der Erfindung und ggf. anschließender Verwertung (etwa bei der Forschungs- und Entwicklungskooperation), handelt es sich regelmäßig um eine **BGB-Gesellschaft**[137]. Entwickeln Arbeitnehmer dagegen – wie im Regelfall – ohne besondere Vereinbarung auf Grund der bloßen Tatsache der gemeinsamen erfinderischen Tätigkeit eine Erfindung, liegt eine **Bruchteilsgemeinschaft** i.S. des § 741 BGB vor[138]. Die Bruchteilsgemeinschaft entsteht mit der Fertigstellung (zum Begriff vgl. Rz. 16 f. zu § 4) der Erfindung und endet ggf. mit der unbeschränkten Inanspruchnahme aller Erfin-

---

135h Schiedsst. v. 17. 6. 1999 (Fn. 135 f) – dort 15 Jahre nach Schutzrechtsanmeldung und Erfinderbenennung.
135i Schiedsst. v. 17. 6. 1999 (Fn. 135 f).
136 Ganz h. M.; BGH v. 17. 10. 2000 GRUR 2001, 226, 227 – Rollenantriebseinheit; Lindenmaier/Weiss PatG Rz. 26 ff. zu § 3; Schulte PatG Rz. 17 zu § 6; Einzelheiten s. Lit. Fn. 124; krit. u.a. Fischer GRUR 1977, 313 ff.; s. auch Sefzig GRUR 1995, 302 ff. u. Villinger CR 1996, 331, 334 ff., 393 ff.
137 RG (Fn. 124); vgl. auch BGH v. 20.2.1979 GRUR 1979, 540, 542 r.Sp. – Biedermeiermanschetten; ebenso zur Miturheberschaft (§ 8 UrhG) BGH v. 5. 3. 1998 WM 1998, 1020 – Popmusikproduzenten m. Anm. van Look EWiR § 705 BGB 2/98 S. 495.
138 BGH v. 17. 10. 2000 (Fn. 136); Reimer/Neumar PatG Rz. 11 ff. zu § 3; Schiedsst. v. 1.3.1961 Blatt 1962, 17; Volmer/Gaul Rz. 153 zu § 5 u. 200 zu § 7; ausführl. Lüdecke Erfindungsgem. (1962), 111 ff. u. Bartenbach, Zwischenbetriebl. Kooperation (1985) 62 f; vgl. auch OLG Frankfurt v. 30.4.1992 GRUR 1992, 852, 854 – Simulation von Radioaktivität (dort zum Forschungsauftrag).

§ 5

dungsanteile durch den Arbeitgeber (s. hierzu Rz. 70 ff. zu § 6)[139]. Zur Beweislast s. Rz. 51.2.

Mit der BGB Gesellschaft hat die Bruchteilsgemeinschaft gemeinsam, dass das einzelne Mitglied nicht ohne Zustimmung der anderen über das gemeinsame Recht als solches verfügen kann, eine Verfügung vielmehr von allen gemeinschaftlich vorgenommen werden muss (§ 718 Abs. 1 bzw. § 747 Satz 2 BGB)[139a]. Dies gilt etwa für die Vergabe ausschließlicher Lizenzen[140]. Dem einzelnen Gesellschafter ist gemäß § 719 Abs. 1 BGB wegen der gesamthänderischen Bindung des Gesellschaftsvermögens auch die Verfügung über seinen Anteil verboten, während das einzelne Gemeinschaftsmitglied einer Bruchteilsgemeinschaft hierüber – ggf unter Beachtung evtl. bestehender Geheimhaltungspflichten – frei verfügen kann (§ 747 Satz 1 BGB)[140a]. 53

Eine Realteilung des Schutzrechts – etwa nach Patentansprüchen – ist nach deutschem Recht nicht zulässig[141]. Dementsprechend sind die einzelnen Erfinder, gleich, an welchen Teilen der Erfindung sie mitgewirkt haben, stets als Miterfinder am gesamten (Schutz-)Recht beteiligt[142] (zur Bestimmung des Miterfinderanteils s. Rz. 30 ff. zu § 12). 53.1

III. Gemeinsame Meldung

Jeder Miterfinder ist für die Erfüllung seiner **eigenen Meldepflicht verantwortlich,** so dass die Meldung eines anderen Miterfinders grundsätzlich kein Ersatz für eine eigene Meldung ist.[145] Melden einzelne Miterfinder nicht, läuft ihnen gegenüber auch keine Inanspruchnahmefrist.[145a] (z. Inanspruchnahmefrist bei Miterfindern s. Rz. 70 ff zu § 6). Das Gesetz (§ 5 Abs. 1 Satz 2) räumt aber neben der Einzelmeldung die Möglichkeit der gemeinsamen Meldung ein; jeder Miterfinder muss die gemeinsame Meldung eigenhändig unterschreiben (§ 5 Abs. 1 Satz 1 i.V.m. § 126 BGB, s. auch Rz. 35 f.); zulässig ist es aber auch, dass einer der Miterfinder von al- 54

---

139 Einzelheiten b. Bartenbach/Volz GRUR 1978, 669, 671 ff.
139a BGH v. 17. 10. 2000 (Fn. 136).
140 LG Düsseldorf v. 26.6.1990 GRUR 1994, 53, 56 – Photoplethysmograph; Sefzig, GRUR 1995, 302 zur Lizenzvergabe bei Miterfindern.
140a BGH v. 20. 2. 1979 GRUuR 1979, 540, 541 – Biedermeiermanschetten; v. 17. 10. 2000 (Fn. 136); MünchKomm-Schmidt, BGB Rz. 55 zu § 741 u. Rz. 2 zu § 747; Storch i. FS Preu 1998, 39, 43.
141 Schiedsst. v. 7.1.1991 Arb.Erf. 33/89 u.v. 9.6.1995 Arb.Erf. 102/93 (beide unveröffentl.).
142 Schiedsst. v. 7.1.1991 u.v. 9.6.1995 (Fn. 141).
143-144 frei
145 Schiedsst. v. 15.1.1997 Arb.Erf. 39/95 (unveröffentl.).
145a Reimer/Schade/Schippel/Kaube Rz. 27 zu § 5 m. H. a. Schiedsst. v. 16.9.1993 Arb.Erf. 171/92 (unveröffentl.).

§ 5

len zur Abgabe der gemeinsamen Meldung bevollmächtigt wird und dieser – erkennbar – die Erklärung für alle unterschreibt und abgibt (zur Bevollmächtigung s. Rz. 5). Ansonsten ersetzt die Erfindungsmeldung eines Miterfinders nicht die der anderen[146].

55 Führt bereits ein Arbeitsabschnitt eines geplanten größeren Forschungs- und Entwicklungsvorhabens zu einer fertigen Erfindung (s. Rz. 16 zu § 4), so dürfen die hieran beteiligten Erfinder mit ihrer Meldung nicht bis zur Vollendung des Gesamtwerkes warten.

56 Wird **nachträglich** die Miterfindereigenschaft eines Mitarbeiters bekannt, so bleibt dieser wegen der hiermit verbundenen Rechtsfolgen auch dann zur Meldung verpflichtet, wenn dem Arbeitgeber die Erfindung schon durch die frühere Meldung in vollem Umfang bekannt war[147].

57 Sind – etwa im Rahmen einer **zwischenbetrieblichen Kooperation** – mehrere Arbeitnehmer unterschiedlicher Arbeitgeber am Zustandekommen einer Diensterfindung beteiligt, hat jeder Arbeitnehmer seinem Arbeitgeber gegenüber die Meldepflicht zu erfüllen (vgl. auch oben Rz. 9 ff. u. Rz. 74 f. zu § 6).

58 Der Arbeitgeber hat Anspruch darauf, eigene **Erklärungen aller beteiligter Miterfinder** über Ausgangstatbestand, Inhalt und Zustandekommen der technischen Lehre zu erhalten.[149] Nur soweit es zum Verständnis des Arbeitgebers nicht erforderlich ist, bestehen weder ein Bedürfnis noch eine rechtliche Notwendigkeit, in einer gemeinsamen Meldung für jeden Miterfinder gesondert das Zustandekommen der Erfindung und die sonstige Erfindungsgeschichte zu beschreiben[150]; es reicht vielmehr aus, wenn aus einer »**Gesamtbeschreibung**« die Besonderheiten (in Bezug auf die Angaben nach § 5 Abs. 2) für den einzelnen Miterfinder ersichtlich werden.

L. Betriebliche Doppelerfindung

59 Wenn mehrere Erfinder **unabhängig** voneinander ein- und dieselbe Erfindung **entwickelt** haben (vgl. § 6 Satz 3 PatG) u. Art. 60 Abs. 2 EPÜ, liegt eine sog. Doppelerfindung[155] vor. Diese in der Praxis seltene Fallkonstellation muss genau getrennt werden von der Situation einer durch – auch suk-

---

146 Volmer/Gaul Rz. 151 zu § 5; im Ergebn. auch Schiedsst. v. 23.4.1979 Blatt 1980, 233.
147 Ebenso Busse/Keukenschrijver PatG Rz. 17 zu § 5 ArbEG; vgl. auch OLG Düsseldorf v. 28.2.1950 GRUR 1950, 524; zur etwaigen Schadensersatzpflicht dieses »neuen« Miterfinders vgl. Gaul/Bartenbach Handbuch C 217 ff.
148 frei.
149 Schiedsst. v. 19. 2. 1997 Arb.Erf. 55/95 (unveröffentl.).
150 A.A. Volmer/Gaul Rz. 147 zu § 5.
151-154 frei.
155 Schiedsst. v. 5. 5. 1998 Arb.Erf. 37/96 (unveröffentl.); vgl. auch Redies GRUR 1937, 416; Dörner 1962, 169, 170 f.; Schade GRUR 1972, 510, 517 f.

zessiv möglichen – Zusammenarbeit gekennzeichneten Miterfinderschaft (vgl. hierzu Rz. 50) und von dem Fall bewusster oder unbewusster Aneignung fremden Gedankengutes.

Soweit auf Grund einer früheren Meldung eines Erfinders bereits **Außenwirkungen** (Schutzrechtsanmeldungen – »first-to-file«-Prinzip des § 6 Satz 3 PatG, Lizenzvergaben, Anerkennung der Schutzfähigkeit gem. § 17) für diese Erfindung entstanden sind, vermag der nachmeldende Erfinder, der entweder später fertig geworden ist oder verspätet gemeldet hat, seinem Arbeitgeber keine Grundlage für eine Schutzrechtsanmeldung[156] und eine dadurch begründete Monopolposition mehr zu vermitteln; hier gilt mit Rücksicht auf die Regelung des § 5 uneingeschränkt der **Grundsatz der (innerbetrieblichen) Priorität**[157]. Ist dagegen noch keine Außenwirkung entstanden, verbietet sich jede schematische Lösung[158]. Eine Entscheidung ist im Einzelfall – insbesondere unter Berücksichtigung eines evtl. Verstoßes des Arbeitnehmers gegen das Unverzüglichkeitsgebot des § 5 Abs. 1 Satz 1 – nach den Grundsätzen von Treu und Glauben vorzunehmen. Im Grundsatz muss maßgeblich bleiben, dass die Erfindungsmeldung nach dem ArbEG letztlich das einzige förmliche Mittel ist, die innerbetriebliche Priorität zu sichern. Der Arbeitnehmererfinder trägt hierzu durch die Erfüllung seiner Pflicht zur unverzüglichen Meldung einer fertig gestellten Erfindung bei.

60

U.U. kann sich unter Bewertung der beiden Erfindungen als zeitgleich und ihrer Zusammenfassung[159] durch den Arbeitgeber eine Behandlung der Erfinder als Miterfinder (insbesondere hinsichtlich der Vergütung) anbieten[159a] (s. auch Rz. 9.5).

M. Bestätigung durch den Arbeitgeber

Der Arbeitgeber ist gemäß § 5 Abs. 1 Satz 3 verpflichtet, den Zeitpunkt des Eingangs (vgl. Rz. 10) der Meldung dem Arbeitnehmer **unverzüglich** (s. Rz. 28) **schriftlich** (s. Rz. 35 ff.) zu bestätigen. Auch diese Regelung dient

61

---

156 So zutr. Reimer/Schade/Schippel/Kaube Rz. 28 zu § 5.
157 Ebenso OLG München v. 17.9.1992 GRUR 1993, 661, 663 – Verstellbarer Lufteinlauf u. LG Düsseldorf v. 29. 12. 1999 Entscheidungen v. 4. ZK. 2000, 8, 12 – Abfallsammelbehälter; kritisch hierzu Schiedsst. v. 10.10.1996 Arb.Erf. 34/94 (unveröffentl.). Gaul/Bartenbach Handbuch C 220 f., die darauf verweisen, dass dies dann nicht gilt, wenn betriebl. Vorgänge (z.B. Arbeitsplatzwechsel) den unterschiedlichen Meldungseingang beeinflusst haben; s. im Übrigen Volmer/Gaul Rz. 202 ff. zu § 2; vgl. auch Schiedsst. Arb.Erf. 34/58 mitgeteilt bei Schade Mitt. 1959, 253, 256 f.
158 Vgl. die Kompromissvorschläge v. Volmer Rz. 33 ff. zu § 2; krit. dazu Dörner (Fn. 155); Volmer/Gaul Rz. 217 ff. zu § 2 (fiktive Miterfinderschaft); s. auch Riemschneider/Barth Anm. 3 zu § 3 DVO 1943.
159 Vgl. hierzu auch BGH v. 23.6.1977 GRUR 1977, 784, 787 – Blitzlichtgeräte.
159a Zust. LG Düsseldorf v. 29. 12. 1999 (Fn. 157).

§ 5

in Anbetracht der Bedeutung der Erfindungsmeldung der Rechtssicherheit und Rechtsklarheit. Der Arbeitnehmer soll hierdurch den Lauf der durch die Meldung in Gang gesetzten Fristen überprüfen können. Die Bestätigung bezieht sich deshalb nur auf den **Zeitpunkt des Eingangs**, nicht aber auf die Ordnungsmäßigkeit der Meldung; nur insoweit kann ihr Beweisfunktion zukommen[160].

62 Erhält der Arbeitnehmer **innerhalb angemessener Frist keine Eingangsbestätigung,** ist es – sofern er noch ein Übermittlungsrisiko trägt (vgl. Rz. 13, 14) – seine Obliegenheit, sich nach dem Verbleib zu erkundigen (s. Rz. 13). Ist nach Eingang einer ordnungsgemäßen Meldung die Inanspruchnahmefrist verstrichen, kann der Arbeitnehmer über seine Erfindung frei verfügen (§ 8 Abs. 1 Nr. 3). Dem Arbeitnehmer obliegt lediglich die Beweislast für den Zugang der Meldung[160a].

63 Erfolgt auf Grund einer Beanstandung des Arbeitgebers gemäß § 5 Abs. 3 eine **Ergänzung der Erfindungsmeldung** durch den Arbeitnehmer, ist wegen des Neubeginns des Laufs der Inanspruchnahmefrist (vgl. § 6 Abs. 2 Satz 2) auch der Eingang der Ergänzung zu bestätigen[161].

64 Bei **mehreren Erfindern** muss der Arbeitgeber entsprechend der Art der Meldung entweder jedem Einzelnen oder dem beauftragten Miterfinder gegenüber den Eingang bestätigen.

N. Inhalt der Meldung (Abs. 2)

I. Abgrenzung der Muss- und Sollvorschriften

65 Während Abs. 1 die Mindestvoraussetzungen normiert, um überhaupt von einer (wirksamen) Meldung sprechen zu können (s. Rz. 33 f., 85), wird durch § 5 Abs. 2 die Pflicht des Arbeitnehmers, seine Erfindung eindeutig zu beschreiben, konkretisiert. Nach der vom Gesetzgeber vorgenommenen Differenzierung **muss** (»hat«) der Arbeitnehmer die technische Aufgabe, ihre Lösung und das Zustandekommen der Diensterfindung beschreiben (Satz 1); im Übrigen **soll** er die ergänzenden Informationen gemäß Satz 2 und 3 erbringen.

66 Die Umwandlung der bloßen Sollvorschrift des § 3 Abs. 2 DVO 1943 in die Mussvorschrift des § 5 Abs. 2 Satz 1 bezweckt, dem Arbeitgeber tatsächlich zu gewährleisten, binnen kurzer Frist über die Erfüllung seiner Anmeldepflicht gemäß § 13 und die Ausübung seines Inanspruchnahmerechts entscheiden zu können[162]. Insoweit konkretisiert § 5 Abs. 2 die all-

---

160 Ebenso Bernhardt/Kraßer Lehrb. d. PatR § 21 III a 2.
160a Schiedsst. v. 7.2.1995 Arb.Erf. 6(B)/93 u. 7(B)/93 (unveröffentl.).
161 So zutr. Reimer/Schade/Schippel/Kaube Rz. 22 zu § 5.
162 Vgl. Amtl. Begr. BT-Drucks. II/1648 S. 22 = Blatt 1957, 230.

gemeine arbeitsrechtliche Aufklärungs- bzw. Mitteilungspflicht des Arbeitnehmers[163].

Der Arbeitgeber kann **kraft** seines **Direktionsrechts** im Rahmen einer Richtlinie oder Arbeitsordnung – seinen Arbeitnehmern **weitere Inhaltserfordernisse** (etwa durch spezifizierte Formblätter) aufgeben, die bei der Beschreibung der Erfindung zu beachten sind[163]. Ein Nichtbeachten dieser Zusatzerfordernisse begründet jedoch keine fehlerhafte Meldung[163a], sofern sie im Übrigen den Anforderungen des § 5 Abs. 1 und 2 entspricht. Gleiches gilt für möglicherweise weitergehende Erfordernisse nach § 15 Abs. 2. 67

II. »Beschreiben«

»Beschreiben« bedeutet **deutliches und vollständiges Darstellen und Erläutern** von technischer Aufgabe, Lösung und Zustandekommen der Erfindung. Der Arbeitnehmer hat im Rahmen seiner Meldung den Erfindungsgehalt **vollständig zu offenbaren.** Bezogen auf die technische Aufgabe und Lösung muss dies dergestalt erfolgen, dass die Erfindung ausgeführt und deren Brauchbarkeit beurteilt werden kann[163b] (vgl. die Offenbarungspflicht gem. § 34 Abs. 4 PatG, Art. 83 EPÜ, die hier Anhaltspunkt für den Mindestumfang der Erfindungsmeldung ist). Entsprechend § 1 Abs. 1, § 4 GebrMG muss der Erfinder bei einer gebrauchsmusterfähigen Erfindung den »erfinderischen Schritt« (s. Rz. 9 zu § 2) kennzeichnen. 68

Die Beschreibung hat die **gesamte Erfindung** zu erfassen. So genügt z. B. die bloße Schilderung eines technischen Effekts nicht, wenn nicht zugleich dargestellt wird, in welcher Weise und mit welchen technischen Mitteln dieser Effekt erreicht bzw. zur Erreichung eines bestimmten Ergebnisses eingesetzt werden soll.[163c] Eine unzureichende Beschreibung liegt auch vor, wenn nur der Grundgedanke der Erfindung (Hauptanspruch), nicht dagegen dem Arbeitnehmer ersichtliche Ausführungsformen (Unteransprüche) gemeldet werden[163d] – s. aber auch Rz. 71. Zur vorsätzlich unvollständigen Meldung s. Rz. 21.1.

Der Begriff des Beschreibens, der das Verständlichmachen für einen Dritten indiziert, zeigt, dass das **Schwergewicht** der Erfindungsmeldung **im Verbalen** und nicht in der Darstellung in Zeichnungen und Modellen liegt, so dass die bloße Hereingabe von Zeichnungen oder Mustern keine ausreichende Erfindungsmeldung darstellt[164]. Den Anforderungen des

---

163 Vgl. im Einzelnen dazu Gaul/Bartenbach Handbuch C 236 ff.
163a Busse/Keukenschrijver, PatG Rz. 9 zu § 5 ArbEG.
163b Busse/Keukenschrijver PatG Rz. 8 zu § 5 ArbEG m. H. a. OLG Nürnberg v. 24.8.1967 GRUR 1968, 147, 148 – Farbnebel.
163c Schiedsst. v. 25. 9. 1998 Arb.Erf. 100/96 (unveröffentl).
163d Vgl. Schiedsst. v. 19.12.1988 Blatt 1989, 368, 369 f.; vgl. auch Schiedsst. v. 17.10.1988 Blatt 1989, 366, 367.
164 Schiedsst. v. 27.8.1984 Arb.Erf. (unveröffentl.).

§ 5

Abs. 2 genügt auch die bloße Bezugnahme auf bereits im Unternehmen eingesetzte Werkstücke nicht[164a].

III. Maßstab für den Darstellungsumfang

69 Da die Meldung der Entschließung des Arbeitgebers über Schutzrechtsanmeldung und Inanspruchnahme dienen soll, ist sein technisches Verständnis (vgl. auch § 5 Abs. 2 Satz 2) **Maßstab** für den Darstellungsumfang. Die Meldung muss vom Arbeitnehmer so substantiiert werden, dass sein Arbeitgeber aus ihr heraus das Wesen der Erfindung verstehen und deren (technische) Brauchbarkeit ggf. durch einen Sachverständigen begutachten lassen kann[165]. Der Arbeitgeber muss in die Lage versetzt werden, sich ein **umfassendes Bild** von dem zu machen, was der Arbeitnehmer erfunden hat[166]. Grundsätzlich kann der Arbeitgeber keine weitergehenden Angaben über die technische Aufgabe und deren Lösung verlangen, als sie ein Prüfer des Patentamtes für die Beurteilung einer Schutzrechtsanmeldung benötigt[166a] (vgl. § 34 Abs. 4 PatG; Art. 83 EPÜ). Weitergehende Informationspflichten können sich aus arbeitsvertraglichen Grundsätzen ergeben.

Nicht Inhalt der Erfindungsmeldung ist jedoch die Darstellung, ob die Erfindung Vorteile gegenüber anderen Lösungen im Betrieb bringt oder deren Einsatz im Unternehmen wirtschaftlich sinnvoll ist; weder ist das Merkmal des technischen Fortschritts eine Patentierungsvoraussetzung (s. Rz. 6 zu § 2), noch fällt die Klärung der wirtschaftlichen Verwertung in den Bereich des Arbeitnehmers. Diese Prüfung obliegt vielmehr allein dem Arbeitgeber[167] (zum Beanstandungsrecht s. unten Rz. 87 f.). Zu weitergehenden Mitteilungspflichten auf Grund der Treuepflicht s. Rz. 33 f. zu § 25. Zur unvollständigen Erfindungsmeldung s. Rz. 83.

Reicht eine Darstellung mit Worten nicht aus, muss der Arbeitnehmer weitere Unterlagen, insbesondere solche zeichnerischer Art, beifügen. Die Pflicht zur **Beifügung ergänzender Unterlagen**, u.U. auch der vorhandenen Aufzeichnungen gem. § 5 Abs. 2 Satz 2, folgt dann bereits unmittelbar aus der Mussvorschrift des § 5 Abs. 2 Satz 1. Unerheblich ist dabei, ob derartige Unterlagen vorhanden sind. Gegebenenfalls muss der Arbeitnehmer eine mit technischen Daten versehene Zeichnung (oder ein entsprechendes Modell) noch anfertigen[165] (s. auch Rz. 76).

164a Schiedsst. v. 8.1.1986 Blatt 1986, 273.
165 Zutr. OLG Nürnberg v. 24.8.1967 GRUR 1968, 147, 148 – Farbnebel; Schiedsst. v. 19.12.1988 (Fn. 163d); eingehend Gaul DB 1982, 2499.
166 Schiedsst. v. 17.10.1988 (Fn. 163d).
166a Schiedsst. v. 8.4.1993 EGR Nr. 34 zu § 6 ArbEG.
167 Schiedsst. v. 8.4.1993 (Fn. 166a).

§ 5

IV. Einzelheiten der Darstellung

1. Technische Aufgabe

Der Gesetzgeber hat mit den Kriterien »technische Aufgabe« und »Lö- 70
sung« die jedenfalls früher einhellige patentrechtliche Auffassung zugrunde
gelegt, wonach Aufgabe und Lösung Bestandteil jeder Erfindung seien[168].
Die neuere höchstrichterliche Rechtsprechung sieht die Erfindung allein in
der Lösung des technischen Problems[169]. Folglich bedeutet »technische
Aufgabe« die anhand des von der Erfindung erreichten Erfolges nach objektiven Kriterien zu bestimmende Aufgabenstellung. Aufgabe ist die Zielvorstellung, auf dem Gebiet der Technik einen Erfolg herbeizuführen[169a].
Dabei ist nicht eine auf die Geistesrichtung des Erfinders abgestellte subjektive Charakteristik dessen entscheidend, was der Erfinder gewollt hat;
vielmehr ist maßgeblich eine auf den von der Erfindung erreichten **technischen Erfolg** (gesehen aus der Zeit von ihrer Vollendung) gerichtete objektive Charakteristik der fertigen Erfindung[170] (vgl. auch Rz. 268 ff. zu § 9).
Es muss der konkrete Bezug zwischen »Aufgabenstellung« und dem in der
Erfindungsmeldung festgehaltenen Erfindungsgegenstand dargestellt werden.

2. Lösung

»Technische Lösung« ist die **Angabe der technischen Mittel,** mit denen 71
das über die (objektive) technische Problem-(Aufgaben-)stellung angestrebte technische Ergebnis erreicht wird[171], also dessen »was die Erfindung
tatsächlich leistet«[171a]. Der Erfinder ist jedoch in keiner Weise verpflichtet,
in der Erfindungsmeldung Ansprüche für eine Schutzrechtsanmeldung zu
formulieren; diese Verpflichtung trifft allein den Arbeitgeber gem. § 13
Abs. 1[171b] (s. auch Rz. 87). Die Erfindungsmeldung muss jedoch die gesamte
Erfindung umfassen, also den Grundgedanken sowie die vom Erfinder in

---

168 Zur früheren Lehre von »Aufgabe und Lösung« s. RG GRUR 1935, 535, 536 f.;
BGH v. 6.7.1971 GRUR 1971, 80 – Trioxan.
169 BGH v. 26.9.1989 Blatt 1990, 75 – Schlüsselmühle i. Anschluss an Hesse GRUR
1981, 853 ff.; s. auch BGH v. 11.11.1980 GRUR 1981, 186, 188 – Spinnturbine II;
Bruchhausen in Festschrift 25 Jahre BPatG (1986) S. 125 ff.; vgl. auch § 5 d. VO zur
Änderung der PatAnmeldVO v. 1.1.2002 (BGBl. I 2002 S. 32).
169a Schulte PatG Rz. 38 zu § 1.
170 BGH v. 27.10.1966 GRUR 1967, 194, 196 – Hohlwalze m.w.N.
171 Vgl. Schulte PatG Rz. 39 zu § 1; s. auch BGH v. 23.3.1965 GRUR 1965, 533, 534 –
Typensatz u. v. 16. 6. 1998 GRUR 1998, 899, 900 – Alpinski..
171a Busse/Keukenschrijver PatG Rz. 76 zu § 1 m. H. a. BGH v. 19. 11. 1996 Az. X ZR
111/94 (unveröffentl.).
171b Schiedsst. v. 17.7.1985 Arb.Erf. 1/85 (unveröffentl.).

§ 5

Betracht gezogenen Ausgestaltungen bzw. Ausführungsform(en) – s. Rz. 68.

3. Zustandekommen

72 Das »Zustandekommen« der Erfindung kennzeichnet den **Weg von der gestellten Aufgabe bis zur Lösung,** also die Vorgänge, die kausal für die Entwicklung der Problemlösung waren, wobei auch ein Abweichen von ursprünglichen Absichten und Planungen darzustellen ist. Eine Erfindungsmeldung, die keine klaren Angaben über das Zustandekommen enthält, ist nicht ordnungsgemäß[172]. Mit diesem Erfordernis soll dem Arbeitgeber die Möglichkeit eröffnet werden, Einzelheiten zur Abgrenzung zwischen Dienst- und freier Erfindung zu erfahren, ferner zur Bestimmung der Erfinder- bzw. Miterfindereigenschaft und des Anteilsfaktors (RL Nrn. 30 ff.). Daraus folgt, dass diese Angaben nicht entbehrlich sind und deren Fehlen zu Recht beanstandet werden kann, selbst wenn die Erfindung bereits zum Patent angemeldet worden ist[172a].

73 Die in der Sollbestimmung des § 5 Abs. 2 Satz 3 aufgeführten Inhaltsmerkmale charakterisieren üblicherweise das Zustandekommen. Auch wenn der Gesetzgeber diese Kriterien nicht von der Mussvorschrift des § 5 Abs. 2 Satz 1 erfassen lässt, liegt es **nicht im Ermessen des Arbeitnehmers,** ob er dienstlich erteilte Weisungen, berufliche Erfahrungen, Mitarbeiter usw. angibt. Denn andernfalls würde sich die nach Satz 1 geforderte Angabe des Zustandekommens der Erfindung ohne Erläuterung insbesondere der betrieblichen Einflüsse (vgl. Satz 3) im Wesentlichen auf die Darstellung des Entwicklungsprozesses als solchen beschränken. Die Beschreibung des bloßen Entwicklungshergangs ist der Entscheidung des Arbeitgebers, insbesondere über sein Inanspruchnahmerecht, in der Regel aber wenig förderlich. Die Entschließung des Arbeitgebers über eine Inanspruchnahme hängt von der Prüfung ab, ob überhaupt eine Diensterfindung (§ 4 Abs. 2) vorliegt, und wird auch von der Überlegung beeinflusst, in welchem Umfang er später Erfindervergütungen zahlen muss; deren Höhe ist wiederum von der Frage, ob und wie viele Miterfinder (mit evtl. unterschiedlichem Anteilsfaktor A) beteiligt waren, und von der Berechnung des Anteilsfaktors abhängig. Entgegen dem missverständlichen Wortlaut des § 5 Abs. 2 Satz 2 und 3 (»soll«) ist im Regelfall eine Pflicht zur Darstellung betrieblicher Einflüsse anzunehmen. Diese Pflicht folgt regelmäßig bereits zwingend aus § 5 Abs. 2 Satz 1 bei der Angabe über das Zustandekommen der Erfindung.

---

172 Schiedsst. v. 12.7.1963 Blatt 1963, 342.
172a Schiedsst. v. 27.8.1984 Arb.Erf. (unveröffentl.).

§ 5

4. Einzelbegriffe des § 5 Abs. 2 Satz 2 und 3

Soweit die in der Sollvorschrift des § 5 Abs. 2 Satz 2 und 3 behandelten Konkretisierungen der Mitteilungspflicht nicht bereits in den Bereich der Mussvorschrift des § 5 Abs. 2 Satz 1 fallen (s. Rz. 73), hängt deren Erfüllung von dem **pflichtgemäßen Ermessen des Arbeitnehmers** ab, das sich an den sachgerechten Erfordernissen des Einzelfalles unter Würdigung der Belange des Arbeitgebers orientieren muss. 74

Die in § 5 Abs. 2 Satz 3 aufgeführten Inhaltsmerkmale geben den **betrieblichen Einfluss** auf das Zustandekommen der Erfindung wieder. Sie sollen dem Arbeitgeber die Abgrenzung zwischen freier und gebundener (Aufgaben- oder Erfahrungs-)Erfindung (vgl. § 4 Abs. 2) sowie die Feststellung einer Erfinder- bzw. Miterfindereigenschaft ermöglichen und ihm zugleich Bewertungskriterien bei der Vergütungsbemessung vermitteln. 75

a) Vorhandene Aufzeichnungen

Da es für das Erkennen der Erfindung auf das Verständnis des Arbeitgebers ankommt (s. Rz. 69), ist der in Abs. 2 Satz 2 verwendete Begriff der »vorhandenen Aufzeichnungen« **weit auszulegen**[173]. Hierunter sind die im Zeitpunkt der Meldung existenten und dem Erfinder zugänglichen bzw. von ihm erstellten[173a] Unterlagen, insbesondere Berechnungen, Notizen, erläuternde Zeichnungen, sonstige Niederschriften wie Besprechungsprotokolle, Fachveröffentlichungen, Patentschriften, Versuchsberichte u. ä. sowie im Einzelfall auch Modelle zu verstehen. S. im Übrigen oben Rz. 69. 76

b) Erforderlich

»Erforderlich« sind diese Aufzeichnungen, soweit sie – bezogen auf den Verständnishorizont des jeweiligen Arbeitgebers – für das Erfassen von Wesen und Bedeutung der Erfindung notwendig sind. 77

c) Dienstlich erteilte Weisungen/Richtlinien

Mit dem Begriff »dienstlich erteilte Weisung« und »Richtlinien« wird der Bezug zu dem Kriterium der »im Betrieb oder in der öffentlichen Verwaltung obliegenden Tätigkeit« des § 4 Abs. 2 Nr. 1 (vgl. hierzu Rz. 22 f. zu § 4) hergestellt. Während die **Weisung** die Ausübung des Direktionsrechts[174] durch den Arbeitgeber/Dienstvorgesetzten im Einzelfall kennzeichnet, legt die **Richtlinie** als abstrakt für bestimmte Personengruppen 78

---

173 Schiedsst. v. 19.12.1988 Blatt 1989, 368, 370; so auch Volmer Rz. 44 zu § 5.
173a Herschel RdA 1982, 265, 267 (m.H.a. §§ 402, 413 BGB).
174 Zum Direktionsrecht vgl. BAG v. 10.11.1965 AP Nr. 2 zu § 611 BGB-Beschäftigungspflicht.

§ 5

oder Arbeitsbereiche geltende Regelung Grundsätze für die Art und Weise der zu leistenden Arbeit fest. Der Begriff der »dienstlich erteilten Weisung« ist wegen der ihm zugrunde liegenden hierarchischen Blickrichtung enger als der der (betrieblichen) Aufgabenstellung gem. Vergütungsrichtlinie Nr. 31, der jede betriebliche Einflussnahme, also auch die von Arbeitskollegen, Kunden etc. mit umschließt (vgl. Rz. 272 zu § 9).

d) Erfahrungen oder Arbeiten des Betriebes

79 Der Begriff der »Erfahrungen oder Arbeiten des Betriebes« (der öffentlichen Verwaltung) entspricht dem des § 4 Abs. 2 Nr. 2 (s. dort Rz. 36 f.).

e) Mitarbeiter, Art und Umfang ihrer Mitarbeit

80 Wie der umfassende, wertneutrale Begriff des »Mitarbeiters« verdeutlicht, sind darunter sowohl die **Miterfinder** (zur Definition vgl. Rz. 44 f.) als auch sonstige am Zustandekommen der Erfindung beteiligte Personen (»**Erfindungsgehilfen**«)[175] zu verstehen. Damit wird der Arbeitnehmer der häufig schwierigen Abgrenzung zwischen Miterfindern und Erfindungsgehilfen enthoben. Die Angabe beschränkt sich nicht auf betriebsangehörige Mitarbeiter. Aufzuführen sind **Name** (bei Außenstehenden ggf. die Anschrift), Stellung im Betrieb oder sonstige Funktion.

81 Zu ergänzen ist diese Angabe durch die Beschreibung von **Art und Umfang der Mitarbeit** dieser Dritten. Diese Informationen über die Tätigkeit der Mitarbeiter sollen dem Arbeitgeber eine abschließende Bewertung der Erfindung (insbesondere unter dem Aspekt Diensterfindung, Miterfindereigenschaft, Miterfinderanteile, Vergütungsbemessung) ermöglichen. Die **Art** der Mitarbeit soll den bzw. die Einzelbeiträge charakterisieren, also darlegen, inwieweit es sich um bloß handwerkliche Mitarbeit, unterstützende Gehilfentätigkeit, Beiträge materieller oder geistiger Art handelt (vgl. Rz. 46), ferner, ob diese Beiträge weisungsfrei oder weisungsgebunden (vgl. Rz. 49) erbracht wurden. Der **Umfang** der Mitarbeit kennzeichnet dagegen die Dauer der Leistung des Einzelnen während des Zustandekommens der Erfindung ebenso wie die Größenordnung seiner Beteiligung am Erfindungsergebnis.

82 Der Arbeitnehmer soll in diesem Zusammenhang schließlich hervorheben, was er als »**seinen eigenen Anteil ansieht**«; er soll seinen eigenen Beitrag am Zustandekommen der Erfindung unter Bewertung seines Erfinder- bzw. Miterfinderanteils aufzeigen und charakterisieren. Die Anteile der übrigen Beteiligten muss er dabei nicht qualifizieren. Selbstverständlich ist es ihm aber unbenommen, seine eigene Wertung zu äußern.

---

175 Wie hier Heine/Rebitzki Anm. 6 zu § 5; abw. Volmer Rz. 43 zu § 5 (nur Miterfinder).

§ 5

Diese Angaben erfolgen vorbehaltlich einer abschließenden, späteren Überprüfung und Bewertung durch den Arbeitgeber (vgl. auch § 12 Abs. 2); sie begründen keine Bindungswirkung für die Arbeitsvertragsparteien. Eine **Absprache zwischen den Mitarbeitern** (Miterfindern) kann der Arbeitgeber ebenso wenig verlangen wie deren (interne) Einigung über die Größe ihrer Anteile[176], auch wenn einvernehmliche Vorschläge der Beteiligten sicherlich sinnvoll sind (vgl. auch hier Rz. 51.1 sowie Rz. 32.2, 39 zu § 12).

5. Unvollständige Erfindungsmeldung

Bei **Unvollständigkeit** einer Erfindungsmeldung ergeben sich zusammenfassend nachstehende **Rechtsfolgen**[177]:
Werden der **Gegenstand einer Diensterfindung** (technische Aufgabe und deren Lösung, s. Rz. 70 f.) **oder deren Entstehungsgeschichte** (Zustandekommen, Weisungen oder Richtlinien, benutzte Erfahrungen oder Arbeiten des Betriebes, Mitarbeiter sowie Art und Umfang ihrer Mitarbeit, s. im Einzelnen Rz. 72 ff.) **nicht vollständig beschrieben**, so hat der Arbeitgeber das Recht zur Beanstandung (s. Rz. 84 ff.); ungeachtet dessen kann der Arbeitgeber Ergänzungen verlangen, insbesondere soweit diese zur Schutzrechtsanmeldung (§ 13, s. auch § 15 Abs. 2) oder zur Vergütungsbemessung (Anteilsfaktor, Miterfinderanteil) notwendig sind (s. Rz. 84).

Bei Verschulden sind **Schadensersatzansprüche** wegen Pflichtverletzung (§ 280 Abs. 1, § 619 a BGB) denkbar (s. Rz. 95 f.), wobei jedoch die Grundsätze über schadensgeneigte Arbeit Einschränkungen gebieten sollen[178] (vgl. hierzu Rz. 30 zu § 21). Jedenfalls ist ein etwaiges Mitverschulden des Arbeitgebers oder seiner Erfüllungsgehilfen (z.B. wegen Nichtbeachtung der Unterstützungspflicht gem. Abs. 3 Satz 2) zu berücksichtigen (s. auch Rz. 90 f.). Hat der Arbeitnehmer irrtümlich den Erfindungsgegenstand unvollständig erfasst, scheiden in der Regel auf Geld (entgangener Gewinn) gerichtete Schadensersatzansprüche aus, wenn die Meldung keine (endgültigen) Einschränkungen des möglichen Monopolschutzes bewirkt hat. Ist dagegen die Entstehungsgeschichte fehlerhaft, kann im Einzelfall – etwa bei bewusst unzutreffender Darstellung der Beteiligung an der Erfindung – insbesondere ein Schadensersatzanspruch wegen unrichtig bzw. zu viel gezahlter Erfindervergütung in Betracht kommen (s. auch Rz. 160 zu § 12).

Hat der Arbeitnehmer **vorsätzlich** gehandelt, bestehen Schadensersatzansprüche auch gemäß § 826 BGB (s. Rz. 95). Darüber hinaus kann ein der-

83

---

176 Vgl. auch BGH v. 2.12.1960 GRUR 1961, 338, 339 r.Sp. – Chlormethylierung.
177 Ausf. dazu Gaul DB 1982, 2499 u. Volmer/Gaul Rz. 72 ff. zu § 5.
178 So Volmer/Gaul Rz. 107 zu § 5.
179 frei

§ 5

artiges Verhalten eine Kündigung des Arbeitsverhältnisses aus wichtigem Grund rechtfertigen (s. Rz. 97). Zur bewusst unvollständigen Meldung s. Rz. 21.1.

Hat der Arbeitnehmer die Unvollständigkeit verschuldet oder erkennt er später die Unvollständigkeit, bleibt er aus der gesetzlichen Meldepflicht nach § 5 und der arbeitsvertraglichen Pflicht, den Arbeitgeber über alle Aspekte seiner Arbeitsergebnisse zu informieren, zur Ergänzung der Erfindungsmeldung und damit zur unverzüglichen **Nachmeldung** verpflichtet[180]. Im Rahmen des bei schuldhafter Verletzung der Meldepflicht bestehenden Schadensersatzanspruches ist er auch gehalten, alle Erklärungen abzugeben bzw. Rechtshandlungen vorzunehmen, die für ein Rückgängigmachen oder Änderung der patentrechtlich relevanten Umstände und zur Herstellung des ordnungsgemäßen Zustandes erforderlich sind (vgl. § 249 BGB).

Hat der Arbeitgeber die Diensterfindung auf Grund der fehlerhaften Erfindungsmeldung freigegeben (§ 8), ist er zur **Anfechtung der Freigabe wegen Irrtums** (§ 119 Abs. 2) oder ggf. wegen arglistiger Täuschung (§ 123 BGB) berechtigt (s. Rz. 36 ff. zu § 8 u. hier Rz. 21.1, 95).

Zum **Fehlen der Mindestvoraussetzungen** einer Meldung im Sinne des Abs. 1 s. Rz. 33 ff., 85.

V. Beanstandungsrecht und Unterstützungspflicht des Arbeitgebers (Abs. 3)

1. Grundsatz

84 § 5 Abs. 3 Satz 1 sieht zur Vermeidung von Meinungsverschiedenheiten[162] der Arbeitsvertragsparteien über die Erfüllung der Inhaltserfordernisse des Abs. 2 vor, dass eine insoweit nicht ordnungsgemäße Erfindungsmeldung als ordnungsgemäß gilt, wenn der Arbeitgeber sie nicht innerhalb von zwei Monaten nach Zugang substantiiert beanstandet. Diese **Fiktionswirkung** greift selbst dann ein, wenn keinerlei Offenbarung der Erfindung i.S. des Abs. 2 erfolgt ist[181] (zur vorsätzlich unvollständigen Erfindungsmeldung s. aber Rz. 21.1). Die Fiktionsregelung begründet i. H. a. die Rechte und Pflichten aus dem ArbEG (s. Rz. 4) die Ordnungsgemäßheit der Meldung, so dass insbesondere mit Wirkung ex tunc die Inanspruchnahmefrist beginnt (s. Rz. 92). Kann der Arbeitgeber mangels ausreichender Kenntnis des Erfindungsgegenstandes seiner Anmeldepflicht nach § 13 Abs. 1 nicht

---

180 Schiedsst. v. 4. 6. 1997 Arb.Erf. 82/95 (unveröffentl.).
181 Vgl. OLG München v. 13.1.1977 Mitt. 1977, 239, 240; zust. Schiedsst. v. 8.1.1986 Arb.Erf. 75/84 (unveröffentl.) – bei fehlender Beschreibung d. Lösung d. Aufgabe; ebenso Schiedsst. v. 18.12.1992 Arb.Erf. 81/88 (unveröffentl.); Busse/Keukenschrijver PatG Rz. 11 zu § 5 ArbEG.

§ 5

nachkommen[182], so folgt dann aus § 15 Abs. 2 die Verpflichtung des Arbeitnehmers, dem Arbeitgeber ergänzende Angaben zu machen.[182a] Bedarf der Arbeitgeber zur Erfüllung seiner Pflichten aus dem ArbEG – etwa zur Bestimmung des Anteilsfaktors oder von Miterfinderanteilen im Rahmen der Vergütungsregelung – weiterer Angaben, so wäre es treuwidrig, wenn sich der Arbeitnehmer auf die Fiktionswirkung berufen würde; der Arbeitnehmer ist also – ungeachtet des § 5 Abs. 3 – nach Treu und Glauben (§ 242 BGB) verpflichtet, dem Arbeitgeber das Erforderliche mitzuteilen[182].

Die Fiktionsregelung des § 5 Abs. 3 geht von **einer – nicht ordnungsgemäßen – Meldung** aus, **die** zwar den **Voraussetzungen des § 5 Abs. 1, nicht aber** denen des **Abs. 2 entspricht**; sie bezieht sich also nur auf die Anforderungen des Abs. 2[182b]. **Mangelt es bereits** an einem **Form- bzw. Mindesterfordernis des § 5 Abs. 1** (gesonderte, als Erfindungsmeldung kenntlich gemachte, schriftliche Erklärung), liegt überhaupt keine Meldung vor (vgl. Rz. 34). Gleiches gilt, wenn eine Diensterfindung als »freie Erfindung« gemäß § 18 Abs. 1 mitgeteilt wird (s. oben Rz. 43 a.E. u. nachfolgend Rz. 86). In solchen Fällen wird weder die Inanspruchnahmefrist in Gang gesetzt, noch greift die Heilungswirkung des § 5 Abs. 2 ein[183]. Vielmehr bleibt die Meldepflicht nach § 5 bestehen. Einer Beanstandung durch den Arbeitgeber bedarf es folglich nicht; selbstverständlich hat er aber das Recht, eine formgerechte Erfindungsmeldung i. S. d. Abs. 1 zu fordern, ggf. verbunden mit einer Beanstandung i. S. d. Abs. 3, sofern auch inhaltliche Ergänzungen erforderlich sind.

Dementsprechend ist eine Meldung nur dann ordnungsgemäß, wenn sie einmal die Erfordernisse des Abs. 1 und zum anderen von Anfang an oder kraft Heilung gem. § 5 Abs. 3 die Voraussetzungen des Abs. 2 erfüllt.

Hat der Arbeitgeber eine ihm zugegangene Mitteilung des Arbeitnehmers über Entwicklungsergebnisse ausdrücklich als (ordnungsgemäße) Meldung einer Diensterfindung anerkannt, so kann er sich – insbesondere im Hinblick auf den Lauf der Inanspruchnahmefrist gemäß § 6 Abs. 2 – nicht mehr darauf berufen, die Meldung entspreche nicht den Erfordernissen des § 5 Abs. 2[183a].

85

86

---

182 Nach Volmer Rz. 22 zu § 13 soll die Anmeldepflicht mit Ablauf der Beanstandungsfrist wirksam werden.
182a Schiedsst. v. 4. 3. 1999 Arb.Erf. 87/97 (unveröffentl.).
182b BGH v. 25.2.1958 GRUR 1958, 334, 337; Schiedsst. v. 22.8.1985 Blatt 1986, 205, 206; 8. 4. 1993 EGR Nr. 34 zu § 6 ArbEG = Mitt. 1996, 245 – Vorführbereite Mustergeräte; ausf. zur unvollst. Erf.meldung Gaul DB 1982, 2499 ff.
183 BGH v. 25.2.1958 (Fn. 182b); Schiedsst. v. 22.8.1985 (Fn. 182a), v. 18.12.1992 Arb.Erf. 81/88 u. v. 26. 2. 1997 Arb.Erf. 56/95 (beide unveröffentl.).
183a OLG Karlsruhe v. 13.7.1983 GRUR 1984, 42, 43 – Digitales Gaswarngerät; Busse/Keukenschrijver PatG Rz. 11 zu § 5 ArbEG.
183b frei

§ 5

Das Recht zur Beanstandung **verliert** der Arbeitgeber nicht bereits durch eine Schutzrechtsanmeldung (s. auch Rz. 72) oder eine zwischenzeitliche Inanspruchnahme (s. auch Rz. 32).

2. Erfordernisse der Beanstandung, Form und Inhalt

87 Will der Arbeitgeber die Fiktionswirkung des § 5 Abs. 3 vermeiden, so muss er innerhalb von zwei Monaten nach Eingang (vgl. hierzu Rz. 10) der Meldung erklären, **dass und in welcher Hinsicht die Meldung ergänzungsbedürftig** ist. Da § 5 Abs. 3 Satz 1 **keine Schriftform** für eine Beanstandung verlangt, kann sie auch mündlich erfolgen[183c]. Die Schriftform empfiehlt sich aus Gründen des Nachweises der Beanstandung.

Die Beanstandung muss **eindeutig** für den Erfinder als solche **erkennbar** sein; dafür reicht es allerdings aus, dass der Arbeitgeber zur Anfertigung der Patentanmeldung auf die Notwendigkeit ergänzender Unterlagen und/oder Beschreibungen (Zeichnungen) verweist und deren Vorlage anfordert[183d]. Gleiches gilt, wenn der Arbeitgeber den Arbeitnehmer um Korrektur einer auf dessen Meldung beruhenden Patentanmeldung bittet[183e]. Eine bloß formularmäßige bzw. unsubstantiierte Beanstandung ohne Darstellung des Ergänzungsbedarfs ist keine solche i.S.d. § 5 Abs. 3[183f], so dass die vorgelegte Meldung als ordnungsgemäß gilt.

87.1 Das Beanstandungsrecht räumt dem Arbeitgeber nicht die Befugnis zu beliebigen Fragen ein; es steht ausschließlich im Zusammenhang mit den Anforderungen, die § 5 Abs. 2 an den Inhalt der Erfindungsmeldung stellt[184]. Ergänzung i.S. einer Berichtigung oder Vervollständigung kann deshalb nur hinsichtlich der **Inhaltsmerkmale des Abs. 2** verlangt werden. So ist z.B. eine Beanstandung, die darauf abzielt, die Möglichkeiten der mit der Erfindung angestrebten technischen Vorteile und deren wirtschaftliche Verwertung zu prüfen, nicht im Sinne des § 5 Abs. 3 zulässig[184a]. Auch darüber hinausgehende Forderungen, wie etwa Verwendung betrieblicher Meldeformulare, sind – bezogen auf die Fiktionswirkung des § 5 Abs. 3 – unbeachtlich und können allenfalls sonstige arbeitsrechtliche Konsequenzen auslösen[185], es sei denn, § 15 Abs. 2 ist einschlägig. Eine Erfindungs-

---

183c Schiedsst. v. 8.4.1993 EGR Nr. 34 zu § 6 ArbEG = Mitt. 1996, 245 – Vorführbereite Mustergeräte; Beschl. v. 21. 11. 2000 Arb.Erf. 11/98 (unveröffentl.).
183d Schiedsst. v. 17.5.1990 Arb.Erf. 11/89 (unveröffentl.); siehe auch EV v. 19.12.1988 Blatt 1989, 368, 369 r.Sp.
183e Schiedsst. v. 8.4.1993 (Fn. 183c).
183f Vgl. Schiedsst. v. 19. 4. 1960 Blatt 1960, 282 m. Anm. Heydt GRUR 1961, 134; v. 8.4.1993 (Fn. 183c); im Ergebn. ebenso Beschl. v. 21. 11. 2000 (Fn. 183c).
184 Schiedsst. v. 8.4.1993 (Fn. 183c).
184a Schiedsst. v. 8.4.1993 (Fn. 183c).
185 Zur weitergehenden arbeitsrechtl. Mitteilungspfl. vgl. inbes. Röpke Arbeitsverh. u. ArbNErf. S. 33 ff.; s. auch hier Rz. 33 ff. zu § 25.

meldung kann auch nicht zu dem Zweck beanstandet werden, die Frist für die unbeschränkte Inanspruchnahme damit hinauszuschieben und Zeit für eine interne Prüfung der Patentfähigkeit und der weiteren Behandlung der Erfindung zu gewinnen[185a]. Der Arbeitgeber kann sich nicht darauf berufen, dass der Arbeitnehmer im Zweifel wisse, was er noch angeben müsse[184]. Stellt der Arbeitnehmer – obschon er rechtlich dazu nicht verpflichtet ist – in der Meldung Patentansprüche auf, so dürfen diese i. H. a. die durch § 5 bezweckte Überprüfungsmöglichkeit des Arbeitgebers nicht in Widerspruch zur Beschreibung der Diensterfindung stehen, so dass eine Beanstandung durch den Arbeitgeber zu Recht erfolgt[185b] (s. auch Rz. 71).

Soweit der Arbeitgeber Angaben über die **technische Aufgabe und ihre Lösung** verlangt, ist Maßstab das Verständnis des Durchschnittsfachmanns zur Nacharbeitung der erfinderischen Lehre (vgl § 34 Abs. 4 PatG). Eine Beanstandung kann insoweit ausgesprochen werden, als die technische Lehre der Erfindung zu unklar dargestellt ist, um sie zu verstehen; demgegenüber gehört die Darlegung von Beispielen zum Beleg der behaupteten technischen Vorteile zu den Erfordernissen einer Patentanmeldung, nicht jedoch zu dem Kern der technischen Lehre[185c]. Solche zusätzlichen Informationen kann der Arbeitgeber ggf. im Rahmen des § 15 Abs. 2 ArbEG abfordern. Sie dienen in der Regel nicht dem Verständnis der technischen Lehre der Erfindung.[185d] Insoweit muss der Arbeitnehmer mit seiner Erfindungsmeldung nicht die Patentfähigkeit seiner erfinderischen Lehre nachweisen. Darüber hinausgehende Fragen insbesondere zur wirtschaftlichen Verwertung der Erfindung liegen außerhalb der Patentierungsvoraussetzungen; das Ergebnis dieser Überprüfungen liegt im Risikobereich des Arbeitgebers, wie schon RL Nr. 23 Abs. 2 zeigt; diese Fragen können nicht in der Inanspruchnahmefrist durch Beanstandung der Erfindungsmeldung geklärt werden[185e](s. auch Rz. 69).

3. Beanstandungsfrist

Die Beanstandungserklärung ist eine **empfangsbedürftige Willenserklärung**, die dem Arbeitnehmer innerhalb des Zwei-Monats-Zeitraumes zugegangen sein muss. Wegen des Untergangs des Beanstandungsrechts des Arbeitgebers nach Ablauf von zwei Monaten und der hieran geknüpften Rechtsfolgen handelt es sich bei der Zwei-Monats-Frist um eine – nicht

88

185a Schiedsst. v. 8.4.1993 (Fn. 183 c); v. 17.2.1998 Arb.Erf. 61/96 u. v. 4.3.1999 Arb.Erf. 87/97 (beide unveröffentl.).
185b Schiedsst. v. 17.7.1985 Arb.Erf. 1/85 (unveröffentl.).
185c Schiedsst. v. 17.2.1998 (Fn. 185 a).
185d Schiedsst. v. 4.3.1999 Arb.Erf. 87/97 (unveröffentl.).
185e Schiedsst. v. 8.4.1993 EGR Nr. 35 zu § 5 ArbEG.

§ 5

verlängerungsfähige[186] – **Ausschlussfrist**[187] (s. dazu auch Rz. 45 zu § 6; zur Fristberechnung dort Rz. 50 f.). Der Arbeitgeber kann den Zeitraum der Zwei-Monats-Frist (»innerhalb von zwei Monaten«) grundsätzlich voll ausnutzen, so dass auch mehrfache, substantiierte Beanstandungen bei hinreichendem Anlass innerhalb dieser Frist möglich sind. Ein »Nachschieben« von weiteren Beanstandungen nach Ablauf der 2-monatigen Beanstandungsfrist ist im Hinblick auf den Wortlaut des § 5 Abs. 3 Satz 1 grundsätzlich nicht möglich (»..., dass und in welcher Hinsicht ...«). Kein Nachschieben von Gründen stellt es dar, wenn der Arbeitgeber nach Fristablauf ursprünglich geltend gemachte Mängel weiter konkretisiert bzw. substantiiert. Zur Beanstandung einer Ergänzung der Erfindungsmeldung s. Rz. 89.

Bei Vorliegen besonderer Umstände (etwa drohendem Prioritätsverlust) kann der Arbeitgeber zu einer unverzüglichen Beanstandung gehalten sein, ohne dass dies Einfluss auf die Fiktionswirkung des Abs. 3 hat (s. Rz. 5 zu § 13).

Nach Ablauf von 2 Monaten nach Zugang der Erfindungsmeldung können Mängel nicht mehr geltend gemacht werden; der Arbeitgeber kann sich dann nicht mehr darauf berufen, die Meldung sei unvollständig gewesen[187a].

4. Ergänzung der Erfindungsmeldung durch den Arbeitnehmer

89 Der Eingang der Ergänzung seitens des Arbeitnehmers ist nicht an diesen Zeitraum gebunden; jedoch muss sie entsprechend § 5 Abs. 1 Satz 1 ebenfalls »**unverzüglich**« erfolgen; zudem hat der Arbeitnehmer die entsprechenden **Formerfordernisse** des § 5 Abs. 1 zu beachten[187b], da erst mit dem Eingang der Ergänzung eine den Lauf der Inanspruchmefrist in Gang setzende ordnungsgemäße Meldung vorliegt und der Arbeitgeber entsprechend dem Rechtsgedanken des § 5 Abs. 1 eindeutig hierauf aufmerksam gemacht werden soll. Eine solche Ergänzung kann auch im Rahmen eines zwischen den Arbeitsvertragsparteien anhängigen Schiedsstellen- (s. Rz 18 zu § 31) oder Gerichtsverfahrens erfolgen.

Erweist sich die Ergänzung **wiederum als unvollständig** bzw. ergänzungsbedürftig – was etwa bei einer wesentlichen »Umstellung« des Erfindungsgegenstandes oder einer Einfügung zwischenzeitlicher Weiterentwicklungen der Fall sein kann –, setzt die »Meldung« erneut die zweimonatige Beanstandungsfrist – allerdings beschränkt auf diese Ergänzungsmeldung – in Gang.

---

186 Zur Ausschlussfrist vgl. auch Bartenbach Mitt. 1971, 232, 234 f.
187 So auch Volmer Rz. 63 zu § 5; Busse/Keukenschrijver PatG Rz. 12 zu § 5 ArbEG.
187a Schiedsst. v. 8.1.1986 Blatt 1986, 273.
187b Ebenso Busse/Keukenschrijver PatG Rz. 13 zu § 5 ArbEG.

§ 5

Da ein Nachschieben von (zusätzlichen) Beanstandungsgründen nach Ablauf der 2-Monatsfrist nicht möglich ist (s. oben Rz. 88), **beginnt die Inanspruchnahmefrist** (s. unten Rz. 92 f.) mit dem Zeitpunkt, in dem die – gemäß fristgerechter Beanstandung – ergänzte Erfindungsmeldung beim Arbeitgeber eingeht. Eine Stellungnahme des Arbeitnehmererfinders zu verspäteten Beanstandungen ist ohne Einfluss auf den Lauf dieser Inanspruchnahmefrist. Die ergänzte Erfindungsmeldung gilt dann als ordnungsgemäß, wenn der Arbeitnehmer abschließend zu den fristgerecht beanstandeten Punkten Stellung genommen hat. Dem Arbeitgeber ist es verwehrt, eine insoweit ordnungsgemäß ergänzte Erfindungsmeldung wegen anderweitiger Mängel, die bereits in der ursprünglichen Erfindungsmeldung lagen, aber nicht fristgerecht beanstandet wurden, nachträglich zu beanstanden. 89.1

Entsprechend § 5 Abs. 1 Satz 3 wird der Arbeitgeber als verpflichtet angesehen, den Eingang einer Ergänzungsmeldung zu bestätigen.[187c] 89.2

5. Unterstützungspflicht des Arbeitgebers

Damit der Arbeitgeber nicht durch ein mehrfaches Zurückweisen einer Meldung wegen nicht ordnungsgemäßer Abfassung den Beginn der Inanspruchnahmefrist über Gebühr hinauszögern kann, begründet § 5 Abs. 3 Satz 2 eine Rechtspflicht des Arbeitgebers zur **Unterstützung** (zum Inhalt s. Rz. 20 zu § 21) bei der Ergänzung[188] (vgl. auch § 21 Abs. 2). Diese besteht auch ohne ausdrückliches Verlangen des Arbeitnehmers. 90

In den Rahmen dieser besonderen Erscheinungsform der Fürsorgepflicht[189] gehört es auch, dass der Arbeitgeber ggf. den Erfinder auf ein Nichteinhalten der Formvorschriften bei der Ergänzungsmeldung entsprechend § 5 Abs. 1 aufmerksam macht (vgl. auch Rz. 17 zu § 25). Ein Unterlassen der Unterstützungspflicht kann bewirken, dass es dem Arbeitgeber nach Treu und Glauben versagt ist, sich auf ein Nicht-in-Gang-Setzen der Inanspruchnahmefrist zu berufen. 91

6. Beginn der Inanspruchnahmefrist

Der Wortlaut des § 5 Abs. 3 lässt es offen, wann bei unterbliebener Beanstandung die Inanspruchnahmefrist des § 6 Abs. 2 beginnt. Da § 6 Abs. 2 Satz 2 2. Halbs. die inhaltlich ordnungsgemäße Erfindungsmeldung mit der fiktiv ordnungsgemäßen gleichsetzt, ist davon auszugehen, dass die Hei- 92

187c So Volmer/Gaul Rz. 183 zu § 5.
188 Ausschussber. zu BT-Drucks II/3327 S. 4 = Blatt 1957, 251.
189 Röpke (Fn. 185) S. 93.

§ 5

lungswirkung des § 5 Abs. 3 ex tunc, also von Anfang an eintritt[190]; sie beginnt also **ab Zugang der (nicht beanstandeten) Erfindungsmeldung**. Dies entspricht auch dem durch § 5 besonders geschützten Interesse des Arbeitnehmers an einer eindeutigen Regelung über den Ablauf der Inanspruchnahmefrist.

Erfüllt die Meldung nicht die Voraussetzungen des § 5 Abs. 1, wird die Inanspruchnahmefrist dagegen nicht in Gang gesetzt (s. Rz. 85).

93 Hat der Arbeitgeber eine Erfindungsmeldung gemäß § 5 Abs. 3 Satz 1 inhaltlich beanstandet, beginnt die Inanspruchnahmefrist erst **mit Zugang der** (vervollständigten s. Rz. 89) **Ergänzungsmeldung**, da erst jetzt die für den Beginn maßgebliche ordnungsgemäße Meldung (vgl. § 6 Abs. 2 Satz 2 2. Halbs.) vorliegt[191]. Die Inanspruchnahmefrist wird aber nur dann herausgeschoben, wenn die Beanstandung berechtigt war, also eine den Erfordernissen des § 5 Abs. 2 nicht entsprechende Meldung vorlag[192]. Eine inhaltlich **unzulässige Beanstandung**, die sich ausschließlich auf nicht in Abs. 2 behandelte Fragen bezieht (s. dazu Rz. 87.1), lässt den Beginn der Inanspruchnahmefrist unberührt[193].

O. Folgen einer Verletzung der Meldepflicht

94 Kommt der Arbeitnehmer seiner Meldepflicht nicht nach, hat der Arbeitgeber einen **Erfüllungsanspruch**, den er auch noch nach Beendigung des Arbeitsverhältnisses (vgl. § 26) durchsetzen kann[199]. Dieser auf die Erbringung einer unvertretbaren Handlung gerichtete Anspruch kann nach gerichtlicher Geltendmachung gem. § 888 ZPO vollstreckt werden[200]. Zum pflichtwidrigen Unterlassen der Fertigstellung einer Erfindung während der Dauer eines Arbeitsverhältnisses s. Rz. 22 zu § 26.

94.1 Der Anspruch auf Erfüllung der Meldepflicht ist als **Auskunftsanspruch** darauf gerichtet, dem Arbeitgeber die gesamte durch § 5 vorgegebene Information über den Gegenstand einer technischen Neuerung zu vermitteln[200a]. Zugleich hat der Arbeitnehmer dem Arbeitgeber mitzuteilen, ob

---

190 So auch Volmer Rz. 68 zu § 5; i. Ergebn. auch Schiedsst. v. 19.4.1960 (Fn. 183 f.) u.v. 8.1.1986 (Fn. 187a); v. 28.2.1991 Blatt 1992, 21 – Exzentrizitätsmessung u. Beschl. v. 21. 11. 2000 Arb.Erf. 11/98 (unveröffentl.).
191 Schiedsst. v. 12.7.1963 Blatt 1963, 342; v. 19.12.1988 Blatt 1989, 368, 369; Bernhardt/Kraßer Lehrb. d. PatR § 21 III a 2; Busse/Keukenschrijver PatG Rz. 12 zu § 6.
192 Schiedsst. v. 19.12.1988 (Fn. 191).
193 Schiedsst. v. 8.4.1993 EGR Nr. 35 zu § 5 ArbEG u. v. 4. 3. 1999 Arb.Erf. 87/97 (unveröffentl.).
194-198 frei.
199 Vgl. BGH v. 25.2.1958 GRUR 1958, 334 ff.; vgl. auch BGH v. 21.10.1980 GRUR 1981, 128 – Flaschengreifer.
200 Vgl. OLG Nürnberg v. 24.8.1967 GRUR 1968, 147, 148 – Farbnebel.
200a LG Düsseldorf v. 16.10.1990 Az. 4 O 126/90 (unveröffentl.).

§ 5

und ggf. welche Schutzrechte er selbst oder durch Dritte für diese technische Neuerung angemeldet hat oder hat anmelden lassen, ferner, ob und ggf. welche Verfügungen er über solche Schutzrechtspositionen vorgenommen hat. Gegenüber diesem auf §§ 242, 259 BGB gestützten Auskunftsanspruch[201] kann der Arbeitnehmer nicht einwenden, es handele sich nicht um eine Diensterfindung, sondern um eine freie Erfindung oder einen nicht schutzfähigen Verbesserungsvorschlag oder ein sonstiges Arbeitsergebnis. Eine Rechtsgrundlage findet die Auskunftspflicht bei der Diensterfindung in § 5, bei der freien Erfindung in § 18, bei einem Verbesserungsvorschlag und einem (sonstigen) Arbeitsergebnis in der arbeitsvertraglichen Treuepflicht. Da die Auskunftspflicht den Arbeitgeber in die Lage versetzen soll, zu überprüfen, ob und welche Rechte ihm an technischen Entwicklungsarbeiten seiner (ausgeschiedenen) Arbeitnehmer zustehen[201a], ist er bereits dann zu bejahen, wenn nur die Möglichkeit besteht, dass die Arbeitsergebnisse einer der genannten Alternativen zuzuordnen sind. Der Arbeitgeber braucht sich nicht auf die Bewertung seines Arbeitnehmers zu verlassen, sondern muss die Möglichkeit haben, die erforderliche Nachprüfung selbständig vorzunehmen[201b].

Besteht die Gefahr, dass der Arbeitnehmer Arbeitsergebnisse **Dritten offenbart**, so dass hierdurch eine Absicherung durch Schutzrechtsanmeldung gefährdet ist, kann der Arbeitgeber gfls. auch im Wege der **einstweiligen Verfügung Unterlassungsansprüche** durchsetzen[201c]. Dieser Anspruch ist darauf gerichtet, dem Arbeitnehmer zu verbieten, über seine während des Anstellungsverhältnisses durchgeführten Entwicklungsarbeiten sowie erzielten Entwicklungsergebnisse Dritten zu berichten oder Dritte hierüber zu informieren. Dabei sind an die Bestimmtheit des Unterlassungsantrags keine strengen Anforderungen zu stellen.[201d] 94.2

Hat der Arbeitnehmer vorsätzlich oder fahrlässig gegen die ihm obliegende Meldepflicht verstoßen – sei es durch falsche, unterlassene, unvollständige (s. dazu auch Rz. 83) oder sonstwie fehlerhafte Meldung –, kann der Arbeitgeber unter den Voraussetzungen der §§ 119, 123 BGB eine irrtümlich erklärte »Freigabe« der Erfindung ggf. **anfechten** (s. Rz. 37 zu § 8). Wird der Erfindungsgegenstand bewusst unkorrekt bzw. unvollständig offenbart, liegt hierin ein arglistiges Verhalten im Sinne von § 123 BGB (s. dazu Rz. 21.1). 95

Wegen einer solchen Pflichtverletzung sowie bei Prioritätsverlust wegen verspäteter Meldung kann der Arbeitnehmer auch für den dadurch dem Arbeitgeber entstandenen Schaden ersatzpflichtig werden. Ein Anspruch

---

201 Vgl. LG Düsseldorf v. 5.4.2001 InstGE 1, 50, 56 – Schraubenspindelpumpe.
201a BGH v. 25.2.1958 (Fn. 199).
201b LG Düsseldorf v. 16.10.1990 (Fn. 200a).
201c OLG München v. 10.9.1992 GRUR 1992, 625 – Prägemaschine.
201d Busse/Keukenschrijver PatG Rz. 1 zu § 5 ArbEG m.H. a. OLG München v. 10.9.1992 (Fn. 201 c).

§ 5

seines Arbeitgebers auf **Schadensersatz** ergibt sich mangels eigenständiger arbeitnehmererfinderrechtlicher Regelung[202] einmal aus Pflichtverletzung (§ 280 Abs. 1, § 619 a BGB) und zum anderen aus unerlaubter Handlung gemäß §§ 823, 826 BGB; da § 5 (auch) den schutzwürdigen Interessen des Arbeitgebers Rechnung tragen soll (vgl. dazu Rz. 1), ist diese Vorschrift Schutzgesetz im Sinne des § 823 Abs. 2 BGB. An einem schuldhaften Verhalten wird es im Regelfall fehlen, wenn sich der Arbeitnehmer an Weisungen oder Empfehlungen der Patentabteilung bzw. eines Erfinderberaters (§ 21) gehalten hat[202a].

96 Hat der **Arbeitnehmer** unter schuldhafter Verletzung seiner Meldepflicht ein **Schutzrecht angemeldet,** kann der Arbeitgeber die **Umschreibung** dieser Schutzrechtsposition (nach unbeschränkter Inanspruchnahme) verlangen[202b] (s. auch Rz. 11 ff. zu § 7, Rz. 40 zu § 8 und Rz. 46 ff. zu § 13 sowie hier Rz. 21.1).

96.1 Dem Arbeitgeber können auch **Unterlassungs- bzw. Schadensersatzansprüche** gegen den Arbeitnehmer gem. §§ 823, 826 BGB oder aus Pflichtverletzung (§ 280 Abs. 1, § 619 a BGB) zustehen (s. auch Rz. 49 zu § 13). Dies kann beispielsweise dann der Fall sein, wenn der Arbeitnehmer im Rahmen der Schutzrechtsanmeldung den Erfindungsgegenstand nicht voll ausgeschöpft hat, auf Patentansprüche verzichtet[202c] bzw. das Patentbegehren sonst einschränkt oder gar die Schutzrechtsposition ganz aufgibt. Anmeldung und Verzicht stellen einen widerrechtlichen Eingriff in das nach Inanspruchnahme dem Arbeitgeber zustehende Erfinderrecht dar, das als Immaterialgüterrecht ein sonstiges Recht i.S.d. § 823 Abs. 1 BGB ist[202d]. Die Durchsetzung eines Schadensersatzanspruches ist von der Feststellung der Schutzfähigkeit abhängig. Können Patentbehörden und -gerichte – etwa wegen Fristablaufs – mit dieser Frage nicht mehr befasst werden, ist die Schutzfähigkeit durch die ordentlichen Gerichte zu klären[202e].

96.2 Zivilrechtliche Unterlassungs- bzw. Schadensersatzansprüche werden insbesondere dann bedeutsam, wenn die patentrechtlichen Ansprüche wegen Fristablaufs (vgl. § 7 Abs. 2, § 21 Abs. 1 Nr. 3 i.V.m. § 59 Abs. 1 S. 1 PatG, § 8 S. 3 PatG) nicht mehr geltend gemacht werden können.

---

202 Der Gesetzgeber hat auf eine eigenständige Normierung verzichtet, da die allg. Vorschriften ausreichend seien, s. Amtl. Begr. II/1648 S. 22 = Blatt 1957, 230.
202a Volmer/Gaul Rz. 71 zu § 5.
202b Schiedsst. v. 17.10.1988 Blatt 1989, 366, 368 r.Sp.; s. auch OLG Düsseldorf v. 8.11.1957 GRUR 1958, 435, 437 – Kohlenstaubfeuerung u. LG Düsseldorf v. 5.4.2001 (Fn 201).
202c BGH v. 17.1.1995 Mitt. 1996, 16 – Gummielastische Masse im Anschl. an OLG München v. 23.9.1993 GRUR 1994, 746 (LS).
202d BGH v. 17.1.1995 (Fn. 202c) m.H.a. BGH v. 24.10.1978 GRUR 1979, 145, 148 – Aufwärmvorrichtung.
202e BGH v. 17.1.1995 (Fn. 202c).

§ 5

Die Ansprüche aus unerlaubter Handlung (§§ 823, 826 BGB, § 17 UWG) können ggf. auch gegenüber **Dritten** durchgesetzt werden. 96.3

Der Arbeitnehmer hat **Nutzungen** aus etwaigen Verfügungs- bzw. Verwertungshandlungen vor Schutzrechtsübertragung auf den Arbeitgeber jedenfalls nach Bereicherungsrecht (§§ 812 ff. BGB) herauszugeben, ggf. unter Abzug seiner notwendigen Aufwendungen[202f]. 96.4

Im Übrigen kann der dem Arbeitgeber entstehende **Schaden** (§§ 249 ff. BGB) im Prioritätsverlust und den daraus resultierenden Folgen – etwa in einem entgangenen Gewinn (§ 252 BGB) aus der Verwertung der Erfindung und/oder in einer sonstigen Verschlechterung seiner Wettbewerbsstellung – liegen.

Der **Arbeitgeber** ist sowohl für die schuldhafte Pflichtverletzung seitens des Arbeitnehmers als auch hinsichtlich des Schadensumfangs grundsätzlich **darlegungs- und beweispflichtig**. Hierzu gehört zunächst ein Nachweis der **Schutzfähigkeit**. Dies bedeutet gem. § 252 Satz 2 BGB nicht die Feststellung, dass die Erteilung eines Schutzrechtes mit Gewissheit zu erwarten gewesen ware; vielmehr reichen Nachweise aus, dass eine Patenterteilung mit Wahrscheinlichkeit erwartet werden konnte[203]. Zum Nachweis der Schutzfähigkeit paralleler Auslandsanmeldungen s. Rz. 25 zu § 2. Ergibt eine Prüfung eine von vornherein fehlende Schutzfähigkeit der Erfindung, so ist ein Schadensersatzanspruch wegen Verletzung der Meldepflicht ausgeschlossen; hier kommen eventuelle Schadensfolgen aus der Nichtmeldung eines Arbeitsergebnisses in Betracht (s. hierzu Rz. 28 ff. zu § 3). Die ursprüngliche Schutzunfähigkeit steht fest, wenn sich dies aus einer Entscheidung der Erteilungsbehörde oder eines Gerichts ergibt (vgl. auch Rz. 19 ff. zu § 10). Wird dagegen die Schutzrechtserteilung auf Grund eines Standes der Technik versagt, der erst nach dem Zeitpunkt liegt, in welchem der Arbeitgeber bei ordnungsgemäßer Meldung eine Schutzrechtsanmeldung vorgenommen hätte, so kann dies der Nachweis einer an sich gegebenen Schutzfähigkeit sein. Anhaltspunkte für oder gegen eine Schutzfähigkeit können sich auch aus einem parallelen Schutzrechtserteilungsverfahren, etwa eines Wettbewerbers, für eine vergleichbare Erfindung ergeben. 97

Der Arbeitgeber hat schließlich darzulegen und nachzuweisen, dass er bei rechtzeitiger Meldung die **Diensterfindung in Anspruch genommen** und tatsächlich zum Gegenstand von In- und/oder parallelen Auslandsschutzrechtsanmeldungen gemacht bzw. nach § 17 als Betriebsgeheimnis behandelt hätte. Ein starkes Indiz in diesem Zusammenhang können der im Arbeitsbereich des Unternehmens liegende Erfindungsgegenstand und die bisherige Unternehmenspolitik bei vergleichbaren Erfindungen sein. Entspricht es grundsätzlich der Unternehmenspolitik, keine oder nur in gerin- 97.1

202f Vgl. Bernhardt/Kraßer, Lehrb. PatR, § 20 I c 3.
203 BGH v. 8.12.1981 GRUR 1982, 227, 228 – Absorberstab-Antrieb II.

§ 5

gem Umfang Schutzrechtsanmeldungen zu betreiben, bedarf es konkreter Anhaltspunkte für eine behauptete, hiervon abweichende Absicht.

97.2 Dem Arbeitgeber obliegt des Weiteren der Nachweis, in welchem Umfang ihm **konkrete Verwertungsmöglichkeiten** offen gestanden hätten. Das bloße Vorenthalten der Möglichkeit, eine Erfindung zum Schutzrecht anzumelden, begründet noch nicht die Wahrscheinlichkeit einer Schadensentstehung[204]. Angesichts der Tatsache, dass nur ein geringer Teil der erteilten Schutzrechte einer erfolgreichen Verwertung zugeführt wird, sind vielmehr die Darlegung und der Nachweis konkreter Anhaltspunkte dafür notwendig, dass gerade bei rechtzeitiger Meldung der Erfindung mit einem Schutzrecht nach dem gewöhnlichen Lauf der Dinge ein Gewinn, sei es durch Eigenproduktion, durch Lizenzvergabe oder durch Verfolgung von Verletzungshandlungen erzielt worden wäre[204].

97.3 **Schadensmindernd** kann es sein, wenn unter den Voraussetzungen des § 12 PatG durch die Erfindung ein **Vorbenutzungsrecht** zugunsten des Arbeitgebers begründet worden ist. Ebenso kann sich ein etwaiges **Mitverschulden** (§ 254 BGB) des Arbeitgebers oder seiner Erfüllungsgehilfen einschränkend auswirken, etwa wegen Nichtbeachtung der Unterstützungspflicht (s. dazu Rz. 90 f.) oder fehlerhafter Hinweise bzw. unsachgemäßer Bearbeitung durch Patentsachbearbeiter[205]. Zum Nachweis des Schadens und seiner Berechnung s. im Übrigen auch Rz. 70 ff. zu § 16 für den parallelen Fall des Schadensersatzanspruches des Arbeitnehmers wegen schuldhafter Verletzung der Freigabe bzw. Aufgabe einer Diensterfindung.

Der Arbeitgeber kann mit seinem Schadensersatzanspruch gegen eventuelle Erfindervergütungsansprüche in der Regel **aufrechnen** (§§ 387 ff. BGB[206]), soweit diese nicht gem. §§ 394 BGB, 850 ff. ZPO unpfändbar sind[207] (zur Unpfändbarkeit von Erfindervergütungsansprüchen vgl. Rz. 8 ff. i. Anh. zu § 27).

98 Schließlich kann ein Fehlverhalten eines Arbeitnehmers bei der Erfüllung der Meldepflicht **arbeitsrechtliche Konsequenzen** bis zur Kündigung aus wichtigem Grund (§ 626 BGB) nach sich ziehen[208] (in besonders schwerwiegenden Fällen, insbesondere bei Wiederholung nach vorhergegangener Abmahnung oder bei Vorschieben eines anderen Arbeitnehmers als angeblichem Erfinder zur Manipulation des Anteilsfaktors A).

---

204 BGH v. 8.12.1981 (Fn. 203) S. 229 m.H.a. BGH v. 27.11.1969 GRUR 1970, 296, 298 f.- Allzweck-Landmaschine.
205 S. auch Volmer/Gaul Rz. 107 f. zu § 5.
206 Vgl. Riemschneider/Barth Anm. 4 zu § 3 DVO 1943; vgl. auch BAG v. 18.5.1972 AP Nr. 2 zu § 39 ArbNErfG m. Anm. Volmer.
207 Zum Wegfall des Aufrechnungsverbotes des § 394 BGB bei vorsätzl. Arbeitsvertragsverletzung s. BAG v. 31.3.1960 NJW 1960, 1589.
208 Vgl. dazu Röpke Arbeitsverh. u. ArbNErf. S. 32; LAG Stuttgart AP Nr. 1 zu § 25 ArbNErfG.

§ 6 Inanspruchnahme

(1) Der Arbeitgeber kann eine Diensterfindung unbeschränkt oder beschränkt in Anspruch nehmen.
(2) Die Inanspruchnahme erfolgt durch schriftliche Erklärung gegenüber dem Arbeitnehmer. Die Erklärung soll sobald wie möglich abgegeben werden; sie ist spätestens bis zum Ablauf von vier Monaten nach Eingang der ordnungsgemäßen Meldung (§ 5 Abs. 2 und 3) abzugeben.

Lit.: *Ballreich*, Die Inanspruchn. v. Diensterf. i. d. Max-Planck-Ges., Mitt. d. Max-Planck-Ges. 1958, 193; *Bartenbach*, Übergang e. Diensterf. auf d. ArbG trotz Nichtbeachtung v. Form u. Frist d. Inanspruchn., Mitt. 1971, 232; *Bartenbach/Volz*, Die nichtausschl. Benutzungsrechte des ArbG n. d. ArbEG und Veräußerung d. Diensterf. durch d. ArbN, GRUR 1984, 257; *Dantz*, Das Inanspruchnahmerecht a. e. Diensterf., Diss. Saarbrücken 1968; *Datzmann*, Meldung u. Inanspruchn. v. Diensterf., BB 1976, 1375; *Fischer*; Der Benutzungsvorbehalt n. d. ArbEG i. Verfahrens- u. Anlagengeschäft, GRUR 1974, 500; *Flaig*, D. nichtausschl. Recht d. ArbG z. Benutzung e. gebundenen o. freien Erf. gem. d. ArbEG Mitt. 1982, 47; *Fricke/Meier-Beck*, Der Übergang d. Rechte a. d. Diensterfindung auf d. Arbeitgeber, Mitt. 2000, 199; *Friedrich*, Das Aneignungsrecht d. Unternehmens an Gefolgschaftserf., GRUR 1943, 222; *Gaul*, Die Schutzrechtsveräußerung durch d. ArbN u. deren Auswirkungen auf d. Mitbenutzungsrecht d. ArbG, GRUR 1984, 494; *Gaul/Bartenbach*, Das einf. Mitbenutzungsrecht d. ArbG nach Inhalt u. Umfang, Mitt. 1983, 81; *Hellebrand*, Nochmals: Der Übergang der Rechte an der Diensterfindung auf den Arbeitgeber, Mitt. 2001, 195; *Kunze*, Die nichtausschließl. Benutzungsrechte d. ArbG in arbeitsrechtl. Sicht, AuR 1977, 294; *Packebusch*, Zur Problematik d. gesetzl. Regelung d. beschr. Inanspruchn. e. Diensterf., GRUR 1959, 161; *Rosenberger*, Zum 3. Mal: Meldung u. Inanspruchn. v. Diensterf., BB 1977, 251; *Trueb*, Derivativer u. originärer Erwerb d. ArbNErf. d. d. ArbG i. intern. Privatr., GRUR Ausl. 1961, 14; *Volmer*; Nochmals: Meldung u. Inanspruchn. v. Diensterf., BB 1976, 1513; s. auch Lit. bei §§ 4, 14, 16.

Übersicht

A. Allgemeines 1-4.1
B. Bedeutung der Inanspruchnahme 5-18
   I. Rechtsnatur 5-8
   II. Erklärungsinhalt – Abgrenzung unbeschränkte/beschränkte Inanspruchnahme... 9-12
   III. Wahlrecht des Arbeitgebers . 13-16
      1. Grundsatz 13, 14
      2. Wechsel in der Art der Inanspruchnahme 15
      3. Verzicht des Arbeitgebers auf das Inanspruchnahmerecht 16

   IV. Inanspruchnahme bei Zweifeln des Arbeitgebers an der Schutzfähigkeit der Diensterfindung 17, 18
C. Gegenstand der Inanspruchnahme 19-25
D. Form und Frist der Inanspruchnahme 26-67
   I. Formerfordernis 27-39
      1. Schriftform (Abs. 2 Satz 1) 27-30
      2. Verzicht auf die Schriftform 31-34
      3. Inanspruchnahme durch schlüssige Handlungen des Arbeitgebers 35-39

§ 6

II. Frist (Abs. 2 Satz 2).................. 40-56
  1. Zeitraum........................... 40-49
    a) »Sobald wie möglich«
      (1. Halbs.).................... 41-43
    b) »Vier-Monats-Frist«
      (2. Halbs.).................... 44-49
  2. Fristbeginn, Fristberechnung...... 50-56
III. Vertragliche Überleitung der Diensterfindung auf den Arbeitgeber........................ 57-67
  1. Grundsatz........................... 57
  2. Innerhalb der Inanspruchnahmefrist........... 58
  3. Nach Ablauf der Inanspruchnahmefrist........... 59, 60

4. Vereinbarungen auf Grund schlüssigen Verhaltens. 61-67
  a) Erfordernisse................. 62
  b) Einzelfälle................... 63-65
  c) Inhalt und Umfang........ 66, 67
E. Anfechtung der Inanspruchnahmeerklärung.................... 68, 69
F. Besonderheiten bei mehreren Beteiligten..................... 70-75
  I. Mehrere Arbeitnehmer-Miterfinder.................. 70-73
  II. Mehrere Arbeitgeber (insbes. zwischenbetriebliche Kooperation)..................... 74, 75
G. Besonderheiten beim öffentlichen Dienst............................ 76

A. Allgemeines

1 Auf Grund des in § 6 PatG niedergelegten **Erfinderprinzips** ist dem deutschen Patent- und Arbeitnehmererfindungsrecht die Möglichkeit einer sog. Betriebserfindung (»Erfindung ohne Erfinder«; vgl. Rz. 4 zu § 4) fremd. Auch mit Rücksicht auf das Erfinderpersönlichkeitsrecht (s. Rz. 24 ff. zu § 7) scheidet ein originärer Rechtserwerb des Arbeitgebers an einer Diensterfindung (§ 4 Abs. 2) aus[1], wie er bei (sonstigen) Arbeitsergebnissen möglich ist (vgl. dazu Rz. 27 zu § 3). Dem Arbeitgeber steht an den während des Arbeitsverhältnisses gemachten Erfindungen auch kein Vorbenutzungsrecht i.S.d. § 12 PatG zu[1a] (s. Rz. 59 zu § 8). Es bedarf deshalb des in § 6 Abs. 1 dem Arbeitgeber vorbehaltenen Rechts der Inanspruchnahme einer Diensterfindung. Zur Überleitung der Erfindungen von freien Mitarbeitern s. Rz. 48 f., von Handelsvertretern Rz. 55, von Leiharbeitnehmern Rz. 56 f., von Organmitgliedern Rz. 72 f., von Pensionären Rz. 77 f. – jeweils zu § 1.

2 Durch das Inanspruchnahmerecht des Arbeitgebers hat der Gesetzgeber anerkannt, dass das Unternehmen einen (entscheidenden) Anteil zu dem Zustandekommen einer Diensterfindung beigetragen hat und deren wirtschaftlicher Wert daher sowohl dem Arbeitgeber als auch dem Arbeitnehmer zugute kommen muss[2]. **Rechtsdogmatisch** soll das Inanspruchnahmerecht in dem zwischen Arbeitnehmern und Arbeitgeber bestehenden sozia-

---

1   BGH v. 16.11.1954, GRUR 1955, 286 – Schnellkopiergerät.
1a Vgl. OLG München v. 17.9.1992 GRUR 1993, 661, 662 f. – Verstellbarer Lufteinlauf; Busse/Keukenschrijver PatG Rz. 41 zu § 12.
2   Amtl. Begr. BT-Drucks II/1648, S. 19 (zu § 3) = Blatt 1957, 228; vgl. auch Hellebrand, Mitt. 2001, 195, 197.

§ 6

len Abhängigkeitsverhältnis wurzeln, das die Grundlage für die Zurechnung der Diensterfindung als (fremdbestimmtes) Arbeitsergebnis bilde[3].

Während § 6 die grundsätzliche Inanspruchnahmebefugnis (einschl. des Wahlrechts des Arbeitgebers) und deren Formalien festschreibt, normiert § 7 die **Wirkungen der Inanspruchnahme**. Macht der Arbeitgeber von seinem Inanspruchnahmerecht keinen oder fehlerhaft Gebrauch, so wird die Diensterfindung gem. § 8 Abs. 1 Nr. 3 frei. 3

§ 6 mit der dem Arbeitgeber eingeräumten Möglichkeit zur einseitigen Rechtsüberleitung stellt **eine der zentralen Bestimmungen** des ArbEG dar. Ihre Bedeutung für den Arbeitgeber korrespondiert mit der für den Arbeitnehmer elementaren Regelung des Vergütungsanspruchs in den §§ 9, 10. Der im ArbEG verankerte Übergang der Rechte aus der Diensterfindung an den Arbeitgeber und die über den gesetzlichen Vergütungsanspruch gewährleistete Zuordnung des wirtschaftlichen Wertes der Erfindung an den Arbeitnehmer entspricht den **verfassungsrechtlichen Anforderungen** an Eingriffe in das Verfügungs- und Verwertungsrecht des Erfinders[3a]. 3.1

Die §§ 6, 7 gelten uneingeschränkt auch in den **neuen Bundesländern** für alle ab dem 3.10.1990 fertiggestellten Diensterfindungen[3b] (s. Einl. Rz. 31). 4

Um der Problematik der Nichtbeachtung der Formerfordernisse bei der Rechtsüberleitung von Erfindungen (s. Rz. 59 ff.) Rechnung zu tragen, soll im Rahmen der **Reform des ArbEG** die Inanspruchnahme durch eine Fiktionsregelung ersetzt werden: Die Inanspruchnahme gilt Kraft Gesetzes als erklärt, wenn der Arbeitgeber die Erfindung nicht innerhalb von 4 Monaten nach der Meldung frei gibt.[3c] Die Möglichkeit der beschränkten Inanspruchnahme einer Erfindung soll gänzlich entfallen.[3d] Mit Inanspruchnahme soll die Schutzfähigkeit der Diensterfindung grundsätzlich vermutet werden.[3e] 4.1

---

3   Ausführl. Dantz, Inanspruchnahmerecht (1968) S. 22 ff., 32 f.; Werdermann Diensterf. (1960) S. 58 ff., 98.

3a S. BVerfG v. 24. 4. 1998 NJW 1998, 3704 f. – Induktionsschutz von Fernmeldekabeln.

3b Zur Behandlung von Erfindungen aus der Zeit vor dem 3. 10. 1990 s. ausf. Möller, Die Übergangsbestimmungen f. ArbNErf. i. d. neuen Bundesländern (1996), insbes. S. 119 ff.; vgl. auch Schiedsst. v. 4.2.1993 GRUR 1994, 611, 612 – Regelkreisanordnung m. Anm. Bartenbach/Volz.

3c Referentenentwurf S. 16 f.

3d Referentenentwurf S. 17.

3e Referentenentwurf S. 22.

§ 6

B. Bedeutung der Inanspruchnahme

I. Rechtsnatur

5   Mit der Fertigstellung (vgl. Rz. 16 f. zu § 4) einer Diensterfindung (§ 4, s. dazu unten Rz. 19) erlangt der Arbeitgeber kraft Gesetzes ein Recht auf ihre Inanspruchnahme, also die Befugnis zur **Aneignung der vermögenswerten Rechte** an der Erfindung (zum unübertragbaren Erfinderpersönlichkeitsrecht vgl. Rz. 24 f. zu § 7). Die zunächst dem Arbeitnehmer zugeordnete Diensterfindung entsteht demnach von vornherein belastet mit diesem Aneignungsrecht des Arbeitgebers[4]. Auch wenn die **Erfindungsmeldung** durch den Arbeitnehmer (§ 5) in der Regel die Grundlage für eine Inanspruchnahme bildet, so ist sie doch nicht deren Voraussetzung; vielmehr kann die Inanspruchnahme auch ohne Erfindungsmeldung auf Grund anderweitiger Kenntnis des Arbeitgebers von der Fertigstellung einer Diensterfindung wirksam ausgesprochen werden[5].

6   Die Inanspruchnahme ist ein vom Willen des Erklärungsempfängers unabhängiges **einseitiges, gestaltendes Rechtsgeschäft**[6]. Die Wirkung der Inanspruchnahme ist zwingend, kann also auch gegen den Willen des Arbeitnehmers herbeigeführt werden[6a]; dessen etwaiger Widerspruch gegen die Inanspruchnahme ist unbeachtlich[7]. Die Erklärung kann nur vom Arbeitgeber bzw. von einem hierzu kraft gesetzlicher Vertretungsmacht oder auf Grund einer (Sonder-)Vollmacht Berechtigten abgegeben werden[8]. Zum vollmachtlosen Vertreter s. Rz. 30.

6.1   Die Rechtsfolge des § 7 tritt ein mit **Zugang** der Erklärung beim Arbeitnehmer – empfangsbedürftige Willenserklärung (vgl. § 130 BGB)[16]. **Beweispflichtig** für den Zugang der Inanspruchnahmeerklärung ist der Arbeitgeber[17]. Allein der Nachweis der Absendung der Inanspruchnahmeerklärung (etwa durch die Firmenpost) reicht ebenso wenig aus wie das Lö-

---

4   Vgl. Friedrich GRUR 1943, 222, 223.
5   OLG Nürnberg v. 19.11.1974 Az. 3 U 137/73 – Blitzlichtgeräte (unveröffentl.); im Ergebn. auch BGH v. 2.6.1987 GRUR 1987, 900, 901 r.Sp. – Entwässerungsanlage; Schiedsst. v. 7.2.1995 Arb.Erf. 6(B)/93 u. Arb.Erf. 7(B)/93 (unveröffentl.); v. 4.6.1997 Arb.Erf. 82/95 (z. Veröffentl. i. EGR vorgesehen) u. v. 12.3.2002 Arb.Erf. 92/99 (unveröffentl.); Busse/Keukenschrijver PatG Rz. 14 zu § 6.
6   Allg. A., z.B. OLG Nürnberg v. 29.4.1969 GRUR 1970, 135 – Kunststoffskimatte; Fricke/Meier-Beck Mitt. 2000, 199.
6a Vgl. BAG v. 30.4.1984 DB 1984, 1831, 1832.
7   Schiedsst. v. 6.2.1987 Blatt 1987, 362, 364; Busse/Keukenschrijver PatG Rz. 5 zu § 6.
8   Vgl. auch BGH v. 9.1.1964 GRUR 1964, 449, 452 – Drehstromwicklung.
9-15   frei
16 BGH v. 23.6.1977 GRUR 1977, 784, 786 – Blitzlichtgeräte.
17 BGH v. 5.6.1984 GRUR 1984, 652 – Schaltungsanordnung; Volmer/Gaul Rz. 38 zu § 6 und Rz. 38 zu § 7.

§ 6

schen von Kontrollfristen; diese **Beweiszeichen** können jedoch im Zusammenhang mit weiteren Indizien (etwa Aufnahme der Fertigung in Kenntnis oder gar unter Mitwirkung des Arbeitnehmers) auf Grund ihrer Häufung im Einzelfall Beweis für den Zugang erbringen[17a]. Zum Zugang s. i. übrigen Rz. 10 zu § 5 und Rz. 2 f. zu § 7.

Als empfangsbedürftige Willenserklärung unterliegt die Inanspruchnahmeerklärung regelmäßig – sofern nicht Befreiung erteilt ist – dem **Verbot des Selbstkontrahierens** gemäß § 181 BGB[16], was für Patentsachbearbeiter in Bezug auf die Inanspruchnahme eigener Diensterfindungen beachtlich ist.   6.2

Aus ihrem Charakter als sog. Gestaltungsgeschäft[18] ergibt sich zugleich ihre **Bedingungsfeindlichkeit**[19]. Einer unbedingten Inanspruchnahme steht nicht entgegen, dass der Arbeitgeber die Inanspruchnahme von der Schutzfähigkeit der Erfindung abhängig macht, da die Schutzfähigkeit keine echte Bedingung, sondern eine rechtliche Voraussetzung der Inanspruchnahme ist[20] (vgl. auch § 17 Abs. 2; zu Zweifeln an der Schutzfähigkeit s. Rz. 17 f.). Nach Auffassung der Schiedsstelle kann in der Erklärung des Arbeitgebers, die gemeldete Erfindung »als qualifizierten technischen Verbesserungsvorschlag in Anspruch zu nehmen« eine wirksame Inanspruchnahme verbunden mit der Erklärung zum Betriebsgeheimnis nach § 17 liegen[20a].   7

In der Inanspruchnahme liegt **keine Anerkennung der Erfindereigenschaft** gegenüber dem Erklärungsempfänger[21]. **Ebenso wenig** kann sie de lege lata als **Anerkenntnis der Schutzfähigkeit** angesehen werden (s. Rz. 15 zu § 2 und unten Rz. 17; zur Reform s. oben Rz. 4.1).   7.1

Das Inanspruchnahmerecht ist kein (dingliches) Anwartschaftsrecht[22], vielmehr ein **Recht eigener Art,** ein der Diensterfindung von vornherein   8

17a BGH v. 5.6.1984 (Fn. 17).
18 Müller-Pohle (1943) S. 57.
19 Allg. A., Klauer/Möhring/Nirk Anh. zu § 3 Anm. 23; Bartenbach Mitt. 1971, 232, 233; Busse/Keukenschrijver PatG Rz. 6 zu § 6 ArbEG; Volmer/Gaul Rz. 49 zu § 6; vgl. auch Schiedsst. v. 8. 4. 1993 Mitt. 1996, 245 f. – Vorführbereite Mustergeräte.
20 OLG Karlsruhe v. 13.7.1983 GRUR 1984, 42, 43 – Digitales Gaswarngerät; zust. auch Busse/Keukenschrijver PatG Rz. 6 zu § 6 ArbEG.
20a Schiedsst. v. 10.2.1994 Arb.Erf. 18/93 (unveröffentl.); dort war für den Arbeitnehmer erkennbar, dass der Arbeitgeber von einer Patentanmeldung i.H.a. die wegen einer Vorbenutzung des Erfindungsgegenstandes ungünstige patentrechtliche Beweissituation bei Verletzungsklagen absehen und die Erfindung betriebsgeheim verwerten wollte.
21 Schiedsst. ZB. v. 23.1.1980 Arb.Erf. 41/79 (unveröffentl.).
22 S. aber Dantz (Fn. 3) S. 34; Volmer Vorbem. 9, 10 vor § 5 u. Rz. 10 zu § 6; Weiss GRUR 1958, 64; wohl auch Johannesson Anm. 2.2 zu § 9; Schopp Rpfleger 1971, 203, 205; Bernhardt/Kraßer Lehrb. d. PatR § 21 III b 7; vgl. auch Volmer/Gaul Rz. 10 zu § 6.

§ 6

anhaftendes gesetzliches **Optionsrecht**[23]. Es ist ein **höchstpersönliches** Recht des Arbeitgebers[24] und als solches nicht übertragbar, pfändbar bzw. verpfändbar oder vererbbar[24] (zum Betriebsübergang s. Rz. 114 ff. zu § 1). Dagegen ist die durch eine unbeschränkte Inanspruchnahme erworbene Rechtsposition frei übertragbar (vgl. Rz. 6 zu § 7).

II. Erklärungsinhalt – Abgrenzung unbeschränkte/beschränkte Inanspruchnahme

9   **Inhaltlich** muss die Inanspruchnahmeerklärung nicht die Verwendung der Worte »die Diensterfindung wird unbeschränkt/beschränkt in Anspruch genommen« enthalten[28]; als Gestaltungsgeschäft muss sich jedoch (für den Arbeitnehmererfinder) der Aneignungswille und der Umfang der Aneignungsabsicht klar und unzweideutig aus der Erklärung ergeben. Die Erklärung, sich die Entscheidung über eine Inanspruchnahme vorzubehalten, reicht nicht aus, auch wenn die Inanspruchnahme als sehr wahrscheinlich dargestellt wird[29]. Ausreichende Bindungswirkung zeigt dagegen die Erklärung »Hiermit teilen wir Ihnen mit, dass wir uns entschlossen haben, Ihre Diensterfindung unbeschränkt in Anspruch zu nehmen«, da dies nur eine verbindlichere Formulierung der gebräuchlichen Erklärung »wir nehmen Ihre Diensterfindung unbeschränkt in Anspruch« ist[29a].

10 Die **Auslegung** einer Inanspruchnahmeerklärung richtet sich maßgeblich nicht nach den Vorstellungen und Erwartungen des Erklärenden, sondern danach, wie der Empfänger sie verstehen muss[30]. So soll nach Auffassung der Schiedsstelle der Hinweis in der Meldungsbestätigung (§ 5 Abs. 1 Satz 3), bei Vorbekanntsein der gemeldeten Erfindung werde eine Arbeitnehmervergütung nicht gezahlt, jedenfalls bei einem im Erfinderrecht bewanderten Arbeitnehmer als Inanspruchnahmeerklärung ausreichen[31]. Aus dem Formbedürfnis der Inanspruchnahmeerklärung (vgl. Rz. 27 f.) folgt

---

23   Bartenbach (Fn. 19); Busse/Keukenschrijver PatG Rz. 4 zu § 6 ArbEG; vgl. auch Heine/Rebitzki Anm. 2 zu § 7; Werdermann (Fn. 3) S. 58.
24   Busse/Keukenschrijver PatG Rz. 4 zu § 6 ArbEG; Volmer Rz. 11 zu § 6; Reimer/Schade/Schippel/Kaube Rz. 3 zu § 6; s. auch BPatG v. 25.2.1960 BPatGE 10, 207, 213.
25-27 frei
28   Ebenso Schiedsst. v. 8.2.1991 GRUR 1991, 753, 754 – Spindeltrieb.
29   OLG Karlsruhe v. 13.7.1983 GRUR 1984, 42, 43 – Digitales Gaswarngerät; zust. Busse/Keukenschrijver PatG Rz. 10 zu § 6 ArbEG.
29a Vgl. Schiedsst. v. 28.2.1991 Blatt 1992, 21 – Exzentrizitätsmessung.
30   Vgl. allg. z. Ausrichtung am »Empfängerhorizont« BGH v. 17.11.1969 LM Nr. 31 zu § 133 (C) BGB u.v. 25.1.1977 JZ 1977, 341; abw. MünchKomm-Mayer-Maly BGB Anm. 29 zu § 133.
31   Schiedsst. v. 8.2.1991 (Fn. 28); zust. Busse/Keukenschrijver PatG Rz. 10 zu § 6 ArbEG.

§ 6

keine Beschränkung der Auslegung auf diese Urkunde selbst. Vielmehr können gemäß § 133 BGB auch außerhalb der Urkunde liegende Umstände herangezogen werden[32], wie etwa begleitende Erklärungen, Vorbesprechungen, sonstiges an einen bestimmten (gewollten) Inhalt der Erklärung anknüpfendes Verhalten[33] (etwa in Kenntnis des Arbeitnehmers erfolgende parallele Schutzrechtsanmeldungen durch den Arbeitgeber mit Unterzeichnung der Erfindernennung durch den Arbeitnehmer; s. auch Rz. 7 und 62).

Im Hinblick auf die Rechtswirkungen bestehen grundlegende **Unterschiede** zwischen unbeschränkter und beschränkter Inanspruchnahme: 11

Mit der **unbeschränkten** Inanspruchnahme wird der Arbeitgeber unmittelbar Rechtsnachfolger des Arbeitnehmers hinsichtlich aller vermögenswerten Rechte an der Diensterfindung (§ 7 Abs. 1). Diese Rechtsüberleitung beschränkt sich nicht auf die Arbeitsvertragsparteien; sie hat vielmehr auch Außenwirkung gegenüber jedermann. Damit und im Hinblick auf § 7 Abs. 3 kommt dem Inanspruchnahmerecht quasi-dingliche Wirkung zu[33a].

Dagegen hat die **beschränkte** Inanspruchnahme nur schuldrechtliche Wirkung – vergleichbar einer einfachen Lizenz (s. hierzu Rz. 29 ff. zu § 7). Sie bedeutet – wie § 8 Abs. 1 Nr. 2 klarstellt (s. Rz. 29 zu § 8) – einen Verzicht des Arbeitgebers auf die volle Rechtsüberleitung. Sie hat darüber hinaus die Konsequenz, dass dem Arbeitgeber nach § 10 Abs. 2 im Grundsatz der Einwand der mangelnden Schutzfähigkeit genommen ist (s. Rz. 21 zu § 10).

Nimmt der Arbeitgeber **ohne nähere inhaltliche Kennzeichnung** des Umfangs der Rechtsüberleitung eine Diensterfindung »in Anspruch«, ist regelmäßig von seinem Willen zur unbeschränkten Inanspruchnahme auszugehen. Wenn auch im vergleichbaren Bereich des Urheberrechts der Grundsatz gilt, dass derjenige, der zu einer vertraglichen Rechtsübertragung verpflichtet ist, nicht mehr Rechte als für die Erfüllung des Vertragszwecks notwendig übertragen will (vgl. § 31 Abs. 5 UrhG – Zweckübertragungstheorie), muss andererseits angenommen werden, dass derjenige, der gesetzlich befugt ist, alle Rechte durch einseitige Erklärung auf sich überzuleiten, dies im Zweifel auch will, zumal der Wille des bisherigen Rechtsinhabers, des Arbeitnehmers, hier unbeachtlich ist[34]. Zudem ist die unbeschränkte Inanspruchnahme in der betrieblichen Praxis, jedenfalls im privaten Dienst, die Regel (s. Rz. 14). 12

Erklärt dagegen der Arbeitgeber, sich ein »einfaches Nutzungsrecht« vorbehalten, im Übrigen die technischen Neuerungen aber dem Erfinder

---

32 Einschränkend b. dingl. Rechtsgeschäften allerdings BGH v. 28.3.1969 LM Nr. 13 zu § 133 (b) BGB.
33 Vgl. BAG v. 10.4.1973 AP Nr. 37 zu § 133 BGB.
33a Bartenbach (Fn. 19); vgl. auch LG Braunschweig v. 26.1.1955 NJW 1955, 994 m.H.a. Friedrich GRUR 1943, 222, 226.
34 Bartenbach (Fn. 19), S. 234; vgl. auch Volmer Rz. 24 zu § 6 u. Volmer/Gaul Rz. 50 ff. zu § 6; Schiedsst. v. 8.2.1991 (Fn. 28).

§ 6

überlassen zu wollen, so liegt darin auch ohne die Verwendung des Begriffs »beschränkte Inanspruchnahme« eine solche[35].
Die **Beweislast** für den Umfang der Inanspruchnahme trägt der Arbeitgeber.

III. Wahlrecht des Arbeitgebers

1. Grundsatz

13 Das Gesetz überlässt es der **freien Entscheidung** des Arbeitgebers, ob und mit welchem Umfang er eine Inanspruchnahme erklärt[35a]; der Arbeitnehmer hat kein Mitspracherecht (s. auch Rz. 6 zu § 7); dessen Widerspruch ist unbeachtlich (s. Rz. 6). Will der Arbeitgeber eine Diensterfindung verwerten, kann er sie in vollem Umfang auf sich überleiten (§ 7 Abs. 1) oder sich auf ein nicht ausschließliches Benutzungsrecht hieran (§ 7 Abs. 2) beschränken. Hinsichtlich der beschränkten Inanspruchnahme wird allerdings das Wahlrecht des Arbeitgebers durch die sog. Unbilligkeitsregelung des § 7 Abs. 2 Satz 2 (vgl. Rz. 39 f. zu § 7) beeinflusst.

Wenn der Arbeitgeber zur Fristwahrung eine Diensterfindung **vorsorglich in Anspruch nimmt,** obwohl er sich über deren Verwertung noch nicht im Klaren ist, liegt hierin keine Gesetzesumgehung[36] (vgl. auch RL Nr. 23). Bei fehlendem Verwertungsinteresse hat er zur »Freigabe« allerdings das Verfahren nach § 16 zu beachten (s. Rz. 24 ff. zu § 8 und Rz. 9 zu § 7).

Schließlich lässt es das ArbEG nicht zu, eine **teilweise Inanspruchnahme** in dem Sinne auszusprechen, dass der Arbeitgeber zugleich neben seinem Arbeitnehmer Mitberechtigter (§ 741 BGB) an der Erfindung wird (s. auch Rz. 22); dies kann nur durch Vereinbarung nach Erfindungsmeldung (vgl. § 22) herbeigeführt werden (zur »Mitberechtigung« bei mehreren Arbeitnehmererfindern s. Rz. 72). Ein Wahlrecht auf **Ertragsbeteiligung anstelle der Inanspruchnahme** gewährt § 40 Nr. 1 (nur) dem Arbeitgeber im öffentlichen Dienst[37] (s. Rz. 15 ff. zu § 40; s. aber für Hochschulerfindungen § 42 Nr. 5).

14 Zu einer bloß beschränkten Inanspruchnahme wird sich der Arbeitgeber u.U. entschließen bei Zusatzerfindungen zur näheren Ausgestaltung einer Haupterfindung, ferner bei Erfindungen, die er nur in geringem Umfang – z.B. zur Arbeitssicherheit – verwerten kann bzw. denen er an sich keine

---

35 Schiedsst. ZB. v. 29.2.1984 Arb.Erf. 27/83 (unveröffentl.).
35a Allg. A., z. B. Busse/Keukenschrijver PatG Rz. 3 zu § 6 ArbEG.
36 Schiedsst. v. 27.2.1984 Blatt 1984, 301 f.; zust. Busse/Keukenschrijver PatG Rz. 3 zu § 6 ArbEG.
37 Z. Wahlrecht u.d. Entscheidungsfindung i. öffentl. Dienst s. Volz, Öffentl. Dienst, S. 31 f., 72 ff.

§ 6

Bedeutung für sein Unternehmen beimisst, an denen er sich aber ein Benutzungsrecht für noch nicht absehbare Nutzungsfälle vorbehalten will[38].
In der **Praxis** ist – soweit die Diensterfindung nicht vollständig freigegeben wird (vgl. § 8 Abs. 1 Nr. 1) – die unbeschränkte Inanspruchnahme die Regel; dagegen spielt die beschränkte Inanspruchnahme im privaten Dienst eine völlig unbedeutende Rolle, da der Arbeitgeber sich schon aus Wettbewerbsgründen regelmäßig für eine unbeschränkte Inanspruchnahme entscheiden wird[39]. Dagegen ist sie im Bereich des öffentlichen Dienstes häufiger anzutreffen[40].

2. Wechsel in der Art der Inanspruchnahme

Hat der Arbeitgeber einmal von seinem Wahlrecht Gebrauch gemacht, sich also für eine Form der Inanspruchnahme entschieden, ist er hieran gebunden, soweit nicht die Grundsätze über Willensmängel (§§ 116 ff. BGB – vgl. dazu Rz. 68 f.) eingreifen. Nach der **Systematik des ArbEG** ist die (einseitige) nachträgliche Umwandlung einer unbeschränkt ausgesprochenen Inanspruchnahme in eine beschränkte ebenso wie der Verzicht auf die durch eine unbeschränkte Inanspruchnahme erlangte gesamte Rechtsposition wegen der Rechtswirkung des § 7 Abs. 1 nur unter den Voraussetzungen der §§ 14, 16 bzw. durch Vereinbarung mit dem Arbeitnehmer (§ 22) möglich (streitig, s. Rz. 25 ff., 30 zu § 8). Ein Wechsel von der beschränkten zur unbeschränkten Inanspruchnahme ist dem Arbeitgeber – außer im Fall des § 7 Abs. 2 Satz 2 – ebenfalls nicht möglich; vielmehr bedarf es auch hier einer vertraglichen Vereinbarung (Abtretung der Erfinderrechte) mit dem Arbeitnehmer (s. Rz. 28 zu § 8).

15

3. Verzicht des Arbeitgebers auf das Inanspruchnahmerecht

Auf das Recht der unbeschränkten bzw. beschränkten Inanspruchnahme der Diensterfindung kann der Arbeitgeber entweder durch eine auch vor der Meldung zulässige (vgl. § 22) Vereinbarung mit dem Arbeitnehmer oder einseitig im Wege der Alternativen des § 8 Abs. 1 verzichten (vgl. Rz. 9, 10, 25 zu § 8).

16

---

38 Vgl. d. Beispiele i.d. Amtl. Begr. BT-Drucks II/1648 S. 23 f. = Blatt 1957, 230 f.
39 Nach Janert, Betriebl. Verfahrensweisen (1968) S. 56 bei weniger als 5 % der Erfindungsmeldungen.
40 Vgl. Volz, Öffentl. Dienst S. 80 f.
41-50 frei

§ 6

IV. Inanspruchnahme bei Zweifeln des Arbeitgebers an der Schutzfähigkeit der Diensterfindung

17   In der Inanspruchnahme liegt kein Anerkenntnis der Schutzfähigkeit der Erfindung durch den Arbeitgeber (streitig, s. Rz. 15 zu § 2). Da aber § 2 nicht auf eine im Schutzrechtserteilungsverfahren festgestellte oder wenigstens geprüfte, sondern nur auf eine **theoretisch mögliche Schutzfähigkeit** abstellt (Einzelheiten hierzu s. Rz. 16 ff. zu § 2), löst eine (auch nur vorsorglich erklärte, s. dazu Rz. 13) Inanspruchnahme je nach ihrem Umfang die Vergütungsfolge des § 9 bzw. § 10 unter den dort genannten Voraussetzungen aus (s. Rz. 57 ff. zu § 12); sie bewirkt auch im Übrigen, dass die technische Neuerung vorläufig als (schutzfähige) Diensterfindung erfinderrechtlich zu behandeln ist. Damit finden neben den §§ 9-12 auch die sonstigen materiellen Vorschriften des ArbEG (§ 14 Abs. 2, 3 – s. dort Rz. 14; § 15; § 16 – s. dort Rz. 9; § 17 – s. dort Rz. 43 ff.; §§ 23-27) Anwendung[51]. Auf Grund der Inanspruchnahme wird die technische Neuerung bis zur Feststellung einer Schutzunfähigkeit so behandelt, als ob es sich um eine (schutzfähige) Diensterfindung handelt[51a]. Zur Zuständigkeit der Schiedsstelle s. Rz. 12 ff. zu § 28 und zu der der Gerichte s. Rz. 11 ff., 31 ff. zu § 39.

17.1   Hat der Arbeitgeber (berechtigte) **Zweifel an der Schutzfähigkeit** einer ihm gemeldeten Diensterfindung, sollte er sie dennoch in Anspruch nehmen[51b]. Er kann sie zwar als bloßes Arbeitsergebnis (ggf. mit der Vergütungspflicht nach § 20) behandeln und auf eine Inanspruchnahme verzichten; ist die Diensterfindung entgegen der Ansicht des Arbeitgebers aber schutzfähig, tritt dann allerdings die Rechtsfolge des Freiwerdens der Erfindung gem. § 8 Abs. 1 Nr. 3 mit dem daraus folgenden uneingeschränkten Verfügungsrecht des Arbeitnehmers ein. Insoweit »zwingt« diese Rechtsfolge des § 8 Abs. 1 Nr. 3 den an der Neuerung interessierten Arbeitgeber bei Zweifeln an der Schutzfähigkeit zu einer Inanspruchnahme, es sei denn, er trifft eine unter Beachtung der §§ 22, 23 zulässige Vereinbarung mit dem Arbeitnehmer[52], etwa zur Nichtanmeldung nach § 13 Abs. 2 Nr. 2; s. aber auch Rz. 36 ff., 72 zu § 8.

17.2   Der **Entscheidungspraxis** der Gerichte wie auch der Schiedsstelle ist die **Tendenz** zu entnehmen, der Arbeitgeber sei bei Zweifeln an der Schutzfähigkeit einer ihm gemeldeten Erfindung stets gehalten, zunächst eine Inan-

---

51   Vgl. auch BGH v. 2.6.1987 GRUR 1987, 900, 902 l.Sp. – Entwässerungsanlage u.v. 15.5.1990 GRUR 1990, 667, 668 – Einbettungsmasse; Windisch GRUR 1985, 829, 832 ff.
51a Vgl. Windisch (Fn. 51) S. 832.
51b Vgl. BGH v. 2.6.1987 u.v. 15.5.1990 (beide Fn. 51).
52   Vgl. auch Schiedsst. v. 28.3.1966 Blatt 1967, 131.

§ 6

spruchnahme auszusprechen[53], will er ein (gänzliches) Freiwerden der Erfindung vermeiden. Bis zur amtlichen bzw. gerichtlichen Klärung der Schutzfähigkeit hätte dies zur Folge, dass der Arbeitgeber die Erfindung nicht als bloßes Arbeitsergebnis behandeln dürfte, sondern auf der Grundlage der §§ 9 ff. (vorläufig) vergüten müsste. So bejaht die Schiedsstelle (im Einzelfall) das Freiwerden einer technischen Neuerung bei unterbliebener Inanspruchnahme des Arbeitgebers, der sich auf das bloße Vorliegen eines Arbeitsergebnisses beruft, unabhängig davon, ob und wie die Frage der Schutzfähigkeit überhaupt geklärt wird[54] (vgl. auch oben Rz. 7).

Bestehen Zweifel an der Schutzfähigkeit, ist eine Schutzunfähigkeit also nicht offensichtlich, hätte dies zur Konsequenz, dass der Arbeitgeber bei Berufung auf das Vorliegen eines Arbeitsergebnisses nach Ablauf der Inanspruchnahmefrist nicht mehr befugt wäre, die an ein Arbeitsergebnis anknüpfenden arbeitsrechtlichen Ansprüche durchzusetzen; dieses »**Arbeitsergebnis**« wäre zugunsten des Arbeitnehmers frei geworden mit allen darauf bezogenen Nutzungs- und Verwertungsrechten (vgl. Rz. 46 ff. zu § 8). Der Arbeitgeber bliebe dann auf die Geltendmachung allgemeiner patentrechtlicher Gegenansprüche wie jeder Dritte beschränkt, also etwa die Geltendmachung der Schutzunfähigkeit einer vom Arbeitnehmer eingereichten Patentanmeldung im Rahmen des Einspruchsverfahrens oder der Nichtigkeits- bzw. Löschungsklage (s. Rz. 27 ff. zu § 25).

Derartige Tendenzen, eine vom Arbeitnehmer als Diensterfindung gemeldete technische Neuerung auch bei (objektiven) Zweifeln an deren Schutzfähigkeit stets auf der Grundlage des ArbEG als schutzfähige Erfindung zu behandeln, dürfen aber nicht dazu führen, den gewohnheitsrechtlich begründeten und gefestigten arbeitsrechtlichen Grundsatz der originären Zuordnung von (nicht schutzfähigen) Arbeitsergebnissen zum Arbeitgeber (s. Rz. 26 f. zu § 3) unbeachtet zu lassen. Ansonsten hätte es der Arbeitnehmer in der Hand, allein durch die Wahl einer förmlichen Erfindungsmeldung gemäß § 5 (zunächst) die für ihn günstige Rechtsfolge der Behandlung als Diensterfindung gemäß dem ArbEG auszulösen, sofern die Schutzunfähigkeit nicht offensichtlich ist. Andererseits darf nicht verkannt werden, dass das ArbEG einen möglichst umfassenden Schutz des erfinderisch tätigen Arbeitnehmers anstrebt und zunächst auf eine potentielle Schutzfähigkeit abstellt (s. Rz. 16 ff. zu § 2); zudem muss eine möglichst großzügige Anerkennung von Vergütungsansprüchen als Motivation für zukünftige Innovationen dienen. Jedoch sollte das dem ArbEG zugrunde

---

53 BGH v. 2.6.1987, v. 15.5.1990 u. Windisch (alle Fn. 51); Schiedsst. v. 7.9.1987 Arb.Erf. 44/86 u.v. 10.2.1994 Arb.Erf. 18/93 (beide unveröffentl.); vgl. OLG Karlsruhe v. 13.7.1983 GRUR 1984, 42 – Digitales Gaswarngerät; Schiedsst. v. 8.2.1991 GRUR 1991, 753, 755 – Spindeltrieb u. v. 8. 4. 1993 Mitt. 1996, 245, 246 – Vorführbereite Mustergeräte; wie hier wohl Busse/Keukenschrijver PatG Rz. 18 zu § 6 ArbEG..
54 Schiedsst. v. 7.9.1987 (Fn. 53), ähnl. Schiedsst. v. 10.2.1994 (Fn. 53).

§ 6

liegende sinnvolle Nebeneinander von schutzfähiger Erfindung einerseits und nicht schutzfähigem Arbeitsergebnis andererseits (§§ 2, 3) weiterhin berücksichtigt bleiben, jedenfalls dann, wenn von vornherein belegbares Material zweifelsfrei gegen eine Schutzfähigkeit spricht[55] (s. Rz. 19 zu § 2).

18 Erweist sich im Schutzrechtserteilungsverfahren bzw. in einem Nichtigkeits- oder Löschungsverfahren die **Erfindung endgültig als nicht schutzfähig**, bewendet es bis zu diesem Zeitpunkt zwar hinsichtlich der Rechtsfolgen bei den durch eine Inanspruchnahme zunächst begründeten Pflichten (insbesondere der Vergütungspflicht). Mit der endgültigen Schutzrechtsversagung steht aber fest, dass die technische Neuerung lediglich einen Verbesserungsvorschlag bzw. sonstiges Arbeitsergebnis darstellt, das von vornherein dem Arbeitgeber zusteht. Damit erweist sich die Inanspruchnahme als gegenstandslos[56], wobei jedoch der (vorläufige) Vergütungsanspruch des Arbeitnehmers für die Vergangenheit unberührt bleibt (s. Rz. 61 zu § 12); diese Rechtslage ist vergleichbar mit der bei Lizenzverträgen über vernichtbare Schutzrechte[57] (vgl. auch Rz. 42 ff. zu § 8; Rz. 35 f. zu § 9; Rz. 22, 24 ff. zu § 10).

C. Gegenstand der Inanspruchnahme

19 Das Inanspruchnahmerecht erfasst die (schutzfähige) Diensterfindung im Sinne des § 4 Abs. 2. Es setzt die **fertige** (s. dazu Rz. 16 f. zu § 4) **Diensterfindung** voraus. Scheidet der Arbeitnehmer vor Fertigstellung der von ihm geplanten Erfindung aus den Diensten des Arbeitgebers aus, so kann der Arbeitgeber das bis dahin geschaffene Entwicklungsergebnis nur dann in Anspruch nehmen, wenn es selbständig schutzfähig ist (s. aber auch Rz. 12 zu § 4). Andererseits kann mit endgültiger Fertigstellung das Inanspruchnahmerecht evtl. dem neuen Arbeitgeber zustehen, sofern es sich diesem gegenüber ebenfalls um eine Diensterfindung handelt. Die unfertigen Entwicklungsergebnisse kann der bisherige Arbeitgeber aber u.U. als Arbeitsergebnis (s. Rz. 26 f. zu § 3) nutzen. Zur **Beweislast** bei Ausscheiden des Erfinders s. Rz. 18 zu § 4, zur **Übertragungspflicht** bei unterlassener Erfindungsleistung s. Rz. 22 zu § 26.

20 Die ausgesprochene Inanspruchnahme erfasst den **gesamten Gegenstand (Umfang)** der fertigen Diensterfindung, und zwar auch soweit dazugehöri-

---

55 Vgl. auch Volmer/Gaul Rz. 17 ff. u. 150 ff. zu § 8.
56 Schiedsst. v. 21.6.1976 Blatt 1977, 173, 175 u.v. 7.9.1987 (Fn. 53); zust. Busse/Keukenschrijver PatG Rz. 18 zu § 6 ArbEG.
57 Vgl. dazu BGH v. 13.7.1977, 308, 310 – Speisekartenwerbung u.v. 28.9.1976 GRUR 1977, 107, 109 – Werbespiegel m.w.N.

58-65 frei

ge Teile in der Erfindungsmeldung nicht offenbart worden sind[66]. Zur vorsätzlich unrichtigen Meldung einer Erfindung s. Rz. 21.1 zu § 5.

Zukünftige Weiterentwicklungen des Erfindungsgegenstandes bedürfen einer eigenständigen, hierauf bezogenen Inanspruchnahme nur, wenn der Gegenstand dieser Nachmeldung selbständig schutzfähig ist (zur Meldepflicht s. Rz. 32 zu § 5). Im Übrigen handelt es sich um von vornherein dem Arbeitgeber ohne Inanspruchnahme zustehende Arbeitsergebnisse (vgl. Rz. 26 f. zu § 3), selbst dann, wenn der Arbeitgeber diese Weiterentwicklung etwa im Rahmen der inneren Priorität (§ 40 PatG) in eine bereits anhängige Schutzrechtsanmeldung einbezieht. Stammt diese Weiterentwicklung von einem anderen Arbeitnehmer und wird dieses Entwicklungsergebnis in eine Schutzrechtsanmeldung mit einbezogen, bedarf es in jedem Fall einer Inanspruchnahmeerklärung gegenüber diesem, sofern sein Beitrag eine (sukzessive) Miterfinderschaft begründet (s. hierzu Rz. 44 ff., 50 zu § 5; z. Mitteilungspflicht von Verbesserungen s. Rz. 36 zu § 25; zu den vergütungsrechtlichen Auswirkungen s. Rz. 110 zu § 12).

Eine (pauschale) Inanspruchnahme **zukünftiger Erfindungen** eines Arbeitnehmers – etwa in einer betrieblichen Arbeitsordnung oder einem Arbeitsvertrag – ist mit Rücksicht auf § 22 ausgeschlossen[67].

§ 6 Abs. 1 stellt klar, dass **jede Diensterfindung** in Anspruch genommen werden kann, **ungeachtet** ihrer **Verwertbarkeit im Arbeitsbereich** des Unternehmens des Arbeitgebers[68] (z. Abgrenzung vgl. § 18 Abs. 3). Bei **mehreren** (gemeldeten) Diensterfindungen muss zur vollständigen Rechtsüberleitung jede unbeschränkt in Anspruch genommen werden, sei es gesondert oder zusammengefasst in einer Erklärung. 21

Mangels Abrede mit dem Arbeitnehmer ist der Arbeitgeber nicht befugt, **einzelne**, selbständig nicht schutzfähige **Teile** der Diensterfindung in Anspruch zu nehmen, da sich die Befugnis des § 6 Abs. 1 nur auf die Diensterfindung als Ganzes bezieht[69] (s. auch Rz. 13). Sind **mehrere Arbeitnehmer** als Miterfinder am Zustandekommen der Diensterfindung beteiligt, kann der Arbeitgeber jeweils nur den auf den einzelnen Miterfinder entfallenden ideellen Anteil an der gesamten Erfindung, nicht aber einen realen Anteil der Erfindung beanspruchen (s. unten Rz. 70 f. u. Rz. 53.1 zu § 5). 22

Das Inanspruchnahmerecht erstreckt sich **nicht auf freie Erfindungen** im Sinne des § 4 Abs. 3. Teilt der Arbeitgeber nicht die Auffassung des Ar- 23

---

66 Zust. Busse/Keukenschrijver PatG Rz. 2 zu § 7 ArbEG; so wohl auch Volmer/Gaul Rz. 43 ff. zu § 7, der indes eine Ausnahme (unzutreffend) dann machen will, wenn der ArbN die Erfindung bewusst oder unbewusst für den ArbG nicht erkennbar unvollständig offenbart hat.
67 Vgl. BGH v. 16.11.1954 GRUR 1955, 286, 287 – Schnellkopiergerät (zu § 9 DVO 1943).
68 Vgl. Amtl. Begr. (Fn. 38) S. 19 = Blatt 1957, 228.
69 Reimer/Schade/Schippel/Kaube Rz. 10 zu § 6 m. H. a. Schiedsst. v. 10. 2. 1994 Arb.Erf. 18/93 (unveröffentl.); Busse/Keukenschrijver, PatG Rz. 2 zu § 7 ArbEG.

§ 6

beitnehmers, es handele sich um eine freie Erfindung, muss er gemäß § 18 Abs. 2 widersprechen (s. dort Rz. 32 ff.) und fristgerecht (vorsorglich) die Erfindung in Anspruch nehmen[70]. Zur Hemmung der Frist des § 6 Abs. 2 Satz 2 kann er auch den Arbeitnehmer innerhalb der Frist des § 5 Abs. 3 auffordern, eine ordnungsgemäße Meldung im Sinne des § 5 Abs. 2 vorzulegen, falls die Mitteilung diesen Erfordernissen nicht bereits entspricht.

24   Bloße **Verbesserungsvorschläge** bedürfen keiner Inanspruchnahme[71]. Der Arbeitgeber hat kraft Gewohnheitsrechts einen Anspruch auf Mitteilung dieser Arbeitsergebnisse (s. Rz. 28 f. zu § 3). Nach der hier vertretenen Auffassung ist auch für solche technischen Neuerungen, die nur **nach ausländischem Recht**, nicht jedoch nach deutschem Recht **schutzfähig** sind, auf Grund des durch § 2 vorgegebenen Erfindungsbegriffs keine Inanspruchnahme erforderlich[72] (s. im Übrigen Rz. 25 zu § 2). Zur Inanspruchnahme als qualifizierten Verbesserungsvorschlag s. Rz. 7.

25   Für den Bereich der **Hochschulerfindungen** geht § 42 nunmehr generell vom Inspruchnahmerecht aus, enthält aber Sonderregelungen (Einzelheiten s. dort).

D. Form und Frist der Inanspruchnahme

26   Die wohl überlegten Formvorschriften des Gesetzes müssen **streng ausgelegt** werden[80] (s. auch Rz. 33 zu § 5). Andernfalls würden dem Arbeitnehmer auf einem Umweg die Rechte genommen, die ihm das Gesetz als dem sozial Schwächeren einräumt[81].

I. Formerfordernis

1. Schriftform (Abs. 2 Satz 1)

27   Die Inanspruchnahme erfolgt durch schriftliche Erklärung des Arbeitgebers (seines Bevollmächtigten) gegenüber dem Arbeitnehmer (§ 6 Abs. 2 Satz 1). Die allein Beweiszwecken dienende[82] Schriftform ist **Wirksam-**

---

70 Vgl. auch Schiedsst. v. 8.5.1972 Blatt 1972, 382, 383.
71 BGH v. 9.1.1964 GRUR 1964, 449, 452 – Drehstromwicklung.
72 Ebenso Volmer/Gaul Rz. 29 zu § 6.
73-79 frei
80 Ebenso ständ. Praxis d. Schiedsst., z.B. v. 30.6.1994 Arb.Erf. 181/92 (unveröffentl.); Busse/Keukenschrijver PatG Rz. 9 zu § 6 ArbEG; vgl. auch Schiedsst. v. 8.2.1991 GRUR 1991, 754, 755 – Spindeltrieb.
81 Vgl. Schiedsst. v. 19.4.1960 Blatt 1960, 280, 281.
82 BGH v. 9.1.1964 (Fn. 71).

§ 6

keitsvoraussetzung[83], ihre Nichtbeachtung führt zur Nichtigkeit der Inanspruchnahme als einseitiges Rechtsgeschäft gemäß § 125 BGB, so dass – mangels »Wiederholung« einer formgerechten Inanspruchnahme innerhalb der Frist des § 6 Abs. 2 – die Diensterfindung gemäß § 8 Abs. 1 Nr. 3 frei wird. Eine bloß mündliche Inanspruchnahme ist nur bei beiderseitigem Formverzicht ausreichend[84] (s. dazu Rz. 31).

Die Inanspruchnahmeerklärung ist vom Arbeitgeber (Bevollmächtigten) eigenhändig zu **unterschreiben** (§ 126 Abs. 1 BGB)[85]. Dem steht die **elektronische Form** gleich (§ 126 Abs. 3, § 126 a BGB; s. Rz. 35 zu § 5). Da eine Textform nicht ausreicht (s. Rz. 36.1 zu § 5), fehlt es an der notwendigen Schriftform, wenn die Unterschrift auf der dem Empfänger zugegangenen Erklärung im Wege der mechanischen Vervielfältigung, sei es durch Matrizenabzug, Fotokopie, Stempelaufdruck, Faksimile oder durch Schreibmaschine oder Fernschreiber bzw. Telefax[85a] hergestellt wird[86]. Ein Telegramm genügt selbst dann nicht, wenn das Aufgabeformular die eigenhändige Unterschrift trägt, weil die Urschrift dem Empfänger nicht zugeht[87] (vgl. i. Übrigen Rz. 35 ff. zu § 5). 28

Eine **Stellvertretung** bei Abgabe der Inanspruchnahmeerklärung und ihrer Unterzeichnung ist zulässig und in der Praxis verbreitet, etwa durch Mitarbeiter der Patentabteilung[88]. Die Stellvertretung muss sich aus einem Vermerk bei der Unterschrift (für das Handelsrecht vgl. §§ 51, 57 HGB) oder aus dem Text der Urkunde ergeben[89]. Zulässig ist auch, dass der Vertreter ohne Zusatz über das vertretungsweise Handeln mit dem Namen des Vertretenen unterzeichnet[90]. Daneben bleibt – was insbesondere bei Inanspruchnahme kurz vor Fristablauf bedeutsam werden kann – im Ausnahmefall die Rechtsfolge der Unwirksamkeit der Inanspruchnahme gem. § 174 Satz 1 BGB beachtlich, wenn der Arbeitnehmer mangels sonstiger Kenntnisse von der Bevollmächtigung (etwa als neu eingetretener Mitarbeiter) wegen der Nichtvorlage (§ 174 Satz 2 BGB) einer ordnungsgemäßen Vollmachtsurkunde die Inanspruchnahmeerklärung unverzüglich zurückweist. Eine Genehmigung gem. § 177 BGB kommt in einem solchen Fall nicht in Betracht. 29

---

83 Bestätigt durch LG Düsseldorf v. 17.9.1991 Entscheidungen 4. ZK. 2000, 25, 28 – Reißverschluss u. v. 22. 3. 2001 Az. 4 O 211/00 – Blasformmaschine (unveröffentl.); a.A. Volmer/Gaul Rz. 17 zu § 7.
84 Volmer BB 1976, 1513; unzutr. Datzmann BB 1976, 1375; unklar Reimer/Schade/Schippel/Kaube Rz. 15, 16 zu § 6.
85 OLG Nürnberg v. 29.4.1969 GRUR 1970, 135 – Kunststoffskimatte.
85a Bestätigt zu § 126 a.F. durch Schiedsst. v. 4.3.1993 EGR Nr. 79 zu § 12 ArbEG u.v. 18.1.1994 Arb.Erf. 21/93 (unveröffentl.).
86 BGH v. 23.3.1970 NJW 1970, 1078, 1080 (zu § 126 BGB a.F.).
87 BGH v. 27.5.1957 BGHZ 24, 297, 300 ff. (zu § 126 BGB a.F.).
88 Vgl. im einz. Volmer/Gaul Rz. 5 ff. zu § 7.
89 St. Rspr., RG v. 12.12.1907 RGZ 67, 204, 214 u.v. 30.9.1919 RGZ 96, 286, 289 (zu § 126 BGB a.F.).
90 BGH v. 3.3.1966 BGHZ 45, 193, 195 m.w.N. (zu § 126 BGB).

§ 6

Die Zurückweisung ist ausgeschlossen, wenn der Arbeitgeber den Arbeitnehmer von der Bevollmächtigung in Kenntnis gesetzt hat; ein In-Kenntnis-Setzen i.S.v. § 174 Satz 2 BGB liegt in aller Regel darin, dass der Arbeitgeber die Berufung eines bestimmten Mitarbeiters zum **Leiter der Patentabteilung** veröffentlicht, womit das Recht zur Inanspruchnahmeerklärung verbunden zu sein pflegt[91], auch wenn im Einzelfall keine Handlungsvollmacht oder Prokura erteilt ist. In einem solchen Fall genügt es, wenn der Arbeitnehmer weiß, dass der Unterzeichner der Inanspruchnahmeerklärung Leiter der Patentabteilung ist.

30 Im Falle **vollmachtlosen Handelns** gelten die Grundsätze des § 180 BGB, ggf. mit der Möglichkeit der nachträglichen Zustimmung gem. §§ 177-179 BGB[92]. Nach Ablauf der Frist des § 6 Abs. 2 Satz 2 kann der Arbeitgeber wegen deren Rechtscharakter als Ausschlussfrist (vgl. Rz. 45) eine Inanspruchnahmeerklärung eines vollmachtlosen Vertreters nicht mehr wirksam mit rückwirkender Kraft genehmigen[93]. – Weitere Einzelheiten zur Schriftform s. Rz. 35 f. zu § 5. Zur Frage der Verwirkung s. Rz. 34.

2. Verzicht auf die Schriftform

31 Mit der herrschenden Meinung ist zumindest ein (beiderseitiger) Verzicht auf die Schriftform **nach Meldung** der Diensterfindung (§ 22 Satz 2) möglich[100] (s. auch Rz. 57). An den Nachweis eines (stillschweigenden) Verzichts sind allerdings strenge Anforderungen zu stellen[101].

32 Die **Schiedsstelle** vertritt indes in diesem Zusammenhang in ständiger Praxis die Auffassung, dass hinsichtlich der Erfordernisse von **Meldung**

---

91 Vgl. allgemein z. Kündigungserklärung BAG v. 30.5.1972 EzA § 174 BGB Nr. 1 u.v. 18.5.1994 EzA § 102 BetrVG 1972 Nr. 85.
92 Vgl. auch BGH v. 9.1.1964 (Fn. 71) zur Anscheinsvollmacht.
93 Ebenso Busse/Keukenschrijver PatG Rz. 8 zu § 6 ArbEG; Volmer/Gaul Rz. 69 zu § 6; offen gelassen BGH v. 14.7.1966, Az. I a ZR 58/64 (unveröffentl.); vgl. dazu allg. BGH v. 15.6.1960 BGHZ 32, 375, 383; bejahend aber KG v. 24.3.1965 Az. 5 U 532/62 (unveröffentl.).
94-99 frei
100 Vgl. BGH v. 9.1.1964 GRUR 1964, 449, 452 – Drehstromwicklung; ebenso zu § 9 DVO 1943: BGH v. 28.6.1962, GRUR 1963, 135 – Cromegal; LG Düsseldorf v. 17. 9. 1991 Entscheidungen 4. ZK 2000, 25, 28 – Reißverschluss; v. 29. 2. 2000, Entscheidungen 4. ZK 2000, 33, 36 – Müllbehältergreifvorrichtung u. v. 22. 3. 2001 Az. 4 O 211/00 – Blasformmaschine (unveröffentl.); Schiedsst. v. 8. 2. 1996 Arb.Erf. 61/94 u. v. 12.3.2002 Arb.Erf. 92/99 (beide unveröffentl.); Busse/Keukenschrijver PatG Rz. 9 zu § 6 ArbEG; Fricke/Meier-Beck Mitt. 2000, 199, 201; Reimer/Schade/Schippel/Kaube Rz. 15 zu § 6; Dantz (Fn. 3) S. 42 f.; s. auch OLG Karlsruhe v. 13.7.1983 GRUR 1984, 42, 43 f. – Digitales Gaswarngerät; Schade RdA 1975, 157, 160; a.A. allg. zu § 125 BGB MünchKomm-Förschler BGB Anm. 30 zu § 125.
101 Bartenbach Mitt. 1971, 232, 235; Schiedsst. v. 8.2.1991 GRUR 1991, 753, 754 – Spindeltrieb u. LG Düsseldorf v. 22. 3. 2001 (Fn. 100).

§ 6

und Inanspruchnahme nicht mit verschiedenem Maß gemessen werden sollte, wenn weder die Meldung noch die Inanspruchnahme schriftlich erfolgt seien; im Regelfall könne – insbesondere bei Verwertung der Diensterfindung durch den Arbeitgeber – von einem vereinbarten Übergang der Diensterfindung ausgegangen werden[101a] oder die **Berufung auf den Formmangel** sei nach § 242 BGB **wechselseitig ausgeschlossen**[102]. Konsequent hat die Schiedsstelle andererseits die Möglichkeit einer formlosen (schlüssigen) Inanspruchnahme bei ordnungsgemäß gemeldeten Diensterfindungen abgelehnt, so dass sie diese stets mangels schriftlicher Inanspruchnahmeerklärung – trotz Nutzungsaufnahme – gemäß § 8 Abs. 1 als frei geworden angesehen hat[103] (s. aber auch Rz. 34). Zur Begründung verweist die Schiedsstelle auf eine (im Strafrecht entwickelte) **Parallelwertung in der Laiensphäre**, die darauf abstellt, dass die Beteiligten ein bestimmtes tatsächliches Ergebnis erreichen wollen, welches ihnen richtig erscheine, auch wenn sie sich über die genauen gesetzlichen Vorschriften nicht im Klaren seien[104]. Die Schiedsstelle geht in solchen Fällen davon aus, dass dann, wenn die Arbeitsvertragsparteien das Gesetz über Arbeitnehmererfindungen nicht kennen, sie dieses bei tatsächlicher Kenntnis mit den sich daraus ergebenden Rechten und Pflichten ordnungsgemäß gehandhabt hätten. In diesen Fällen sieht die Schiedsstelle in ständiger Praxis spätestens den Zeitpunkt der Anmeldung der Diensterfindung zum Patent als den mit dem Zeitpunkt der Inanspruchnahme gleichzusetzenden Zeitpunkt an[104a].

Zu dem gleichen Ergebnis gelangt die Schiedsstelle in ihrer neueren Entscheidungspraxis mit der Begründung, von einem Verzicht des Arbeitgebers auf die Schriftform der Meldung könne nur unter der Bedingung des gleichzeitigen Verzichts des Arbeitnehmers auf die Schriftform der Inanspruchnahmeerklärung ausgegangen werden[105].

Diese Auffassung der Schiedsstelle erscheint nicht unbedenklich. Sie unterstellt – entgegen den tatsächlichen Gegebenheiten – eine stets vorhande-

---

101a Z.B. Schiedsst. v. 6.8.1992 EGR Nr. 5 zu § 15 ArbEG m.d.Hinw., dass dabei alle Umstände des beiderseitigen Verhaltens für einen beiderseitigen Übertragungswillen sprechen müssen; ebenso Schiedsst. v. 10.1.1995 Arb.Erf. 142/92 (unveröffentl.); im Ergebnis auch Schiedsst. v. 8. 2. 1996 (Fn. 100) u. v. 15. 1. 1997 Arb.Erf. 39/95 (unveröffentl.); OLG Karlsruhe v. 12. 2. 1997 Mitt. 1998, 101, 103 – Umschreibung während des Vindikationsrechtsstreits.
102 Vgl. Schiedsst. v. 19.4.1960 Blatt 1960, 280, 282, v. 18.2.1976 EGR Nr. 18 zu § 5 ArbEG u.v. 22.8.1985 Blatt 1986, 205, 206 a. E.; ähnl. Reimer/Schade/Schippel/Kaube Rz. 17 zu § 6.
103 Ständ. Praxis, z.B. Schiedsst. v. 13.6.1989 Arb.Erf. 116/88 u.v. 30.6.1994 Arb.Erf. 181/92 (beide unveröffentl.).
104 Schiedsst. v. 29.11.1985 Arb.Erf. 71/83 (unveröffentl.) u.v. 4.8.1986 Blatt 1987, 207, 208.
104a Schiedsst. v. 4.8.1986 (Fn. 104).
105 Schiedsst. v. 19. 2. 1997 Arb.Erf. 55/95 (unveröffentl.); vgl. auch OLG Karlsruhe v. 12. 2. 1997 (Fn. 101 a).

§ 6

ne »Waffengleichheit« der Arbeitsvertragsparteien, die in vielen Fällen den tatsächlichen Gegebenheiten nicht entspricht[105a]. Häufig stehen sich der in Arbeitnehmererfinderfragen unerfahrene Arbeitnehmer und der fachkundige Arbeitgeber gegenüber. Diese Rechtsfolge müsste sich demnach auf die Fälle der tatsächlichen Unkenntnis beider Arbeitsvertragsparteien von den gesetzlichen Bestimmungen beschränken. Die Schiedsstelle verkennt u.E., dass es im Zivilrecht und damit auch im ArbEG – anders als im Strafrecht – für den Eintritt gesetzlicher Rechtsfolgen grundsätzlich nicht auf die Kenntnis der Beteiligten ankommt. Schließlich übersieht die Schiedsstelle, dass das ArbEG Erfindungsmeldung und Inanspruchnahme nach unterschiedlichen Regeln behandelt. Insoweit nimmt die Schiedsstelle in dogmatischer Hinsicht unberechtigt eine Gleichstellung der Arbeitnehmer**pflicht** zur Erfindungsmeldung mit dem **Recht** des Arbeitgebers zur Inanspruchnahme vor: Die Meldung unterliegt als bloß geschäftsähnliche Handlung (vgl. Rz. 5 zu § 5) im Gegensatz zur Inanspruchnahme nicht der Nichtigkeitsfolge des § 125 BGB; bei unvollständiger Erfindungsmeldung sieht das ArbEG in § 5 Abs. 3 eine gewisse Heilungsmöglichkeit vor. Schließlich beschränkt sich die Erfindungsmeldung in ihren Rechtswirkungen im Wesentlichen auf das Ingangsetzen der Inanspruchnahmefrist (§ 6 Abs. 2 Satz 2), während die Inanspruchnahme wesentlich weiterreichende, nicht vergleichbare unmittelbare Wirkungen mit der Überleitung der Diensterfindung auslöst[105b].

Sachgerecht erscheint es deshalb, darauf abzustellen, dass § 6 in erster Linie den Schutz des Arbeitnehmers bezweckt, der Klarheit darüber gewinnen soll, ob der Arbeitgeber die gemeldete Erfindung auf sich überleiten will oder ob dem Arbeitnehmer die Erfindung zur alleinigen Disposition zur Verfügung steht[105c]. Ausgehend hiervon bedarf es für die Annahme eines stillschweigenden Verzichts auf die Schriftform der Inanspruchnahme der Feststellung, dass die Erklärungen und Handlungen des Arbeitnehmers einen Übertragungswillen eindeutig offenbaren[105d] und ferner solcher Umstände, die den sicheren Schluss rechtfertigen, auch der Arbeitnehmer begnüge sich mit einer formlosen und demnach schlüssig erklärten Inanspruchnahme[105e]. Weiter setzt dies voraus, dass der Arbeitgeber ebenso erkennbar gewillt ist, die Diensterfindung in Anspruch zu nehmen und nicht etwa deutlich macht, ihm sei die

---

105a Bestätigt durch LG Düsseldorf v. 17.9.1991 (Fn. 100), v. 29.2.2000 (Fn. 100) S. 37 u. v. 22. 3. 2001 (Fn. 100).
105b So auch LG Düsseldorf v. 23. 1. 1996 AZ. 4 O 42/94 u. v. 22. 3. 2001 (beide unveröffentl.).
105c LG Düsseldorf v. 17.9.1991 (Fn. 100) S. 29.
105d Schiedsst. v. 12.3.2002 Arb.Erf. 92/99 (unveröffentl.).
105e LG Düsseldorf v. 17.9.1991 (Fn. 100) S. 29, v. 29. 2. 2000 (Fn. 100) S. 37 u. v. 22. 3. 2001 (Fn. 100); Fricke/Meier-Beck, Mitt. 2000, 199, 201; Volmer/Gaul Rz. 35 zu § 6.

Übernahme gleichgültig oder er lehne sie ab.[105f] Solche Umstände darzulegen, ist im Streitfall Sache des Arbeitgebers.[105g]
So kann der Arbeitgeber dadurch, dass er eine **Patentanmeldung einreicht**, u. U. zu erkennen geben, eine ausreichende Sachinformation »auf andere Weise« erhalten zu haben[106], also von einer Erfüllung der Meldepflicht auszugehen. Dies gilt jedenfalls dann, wenn ihm trotz fehlender Schriftlichkeit der Erfindungsmeldung die Notwendigkeit einer fristgerechten Entscheidung über die Inanspruchnahme bewusst geworden ist (vgl. auch Rz. 1 u. 39 zu § 5). Mangelt es an einer vergleichbaren Rechtssituation zwischen Erfindungsmeldung und Inanspruchnahme, haben allgemeine Billigkeitserwägungen gegenüber gesetzlichen Formvorschriften in der Regel zurückzutreten, um die Formvorschriften nicht zur Bedeutungslosigkeit herabzusetzen[107]. Das Rechtsgebot von Treu und Glauben (§ 242 BGB) kann nur in besonders gelagerten Ausnahmefällen eingreifen, was nur anzunehmen ist, wenn das Ergebnis ansonsten schlechthin untragbar erscheint[108].

Demzufolge kann grundsätzlich eine **fehlerhafte Erfindungsmeldung** dem Arbeitnehmer **nicht das Recht nehmen, sich auf eine Formnichtigkeit der Inanspruchnahme zu berufen,** wie umgekehrt der Arbeitgeber nicht aus der formwidrigen Meldung ein Abbedingen der ihm gesetzlich obliegenden Schriftform der Inanspruchnahme ableiten darf.   33

Davon bleibt allerdings die Möglichkeit eines auf sonstige Weise – ausdrücklich oder konkludent – zustande gekommenen **Überleitungsvertrags** unberührt[109] (s. Rz. 57 f.).

Wurde die Erfindung über längere Zeit vom Arbeitgeber mit Kenntnis des Arbeitnehmererfinders genutzt, so kann Letzterer – trotz ordnungsgemäßer Meldung – sein Recht, sich auf eine fehlerhafte (nicht schriftliche) Inanspruchnahme zu berufen, **verwirken**[110] (zur Verwirkung allgemein s. Rz. 46 f. zu § 9). Zum Einwand des Rechtsmissbrauchs s. Rz. 35 zu § 8 u. unten Rz. 49.   34

105f Schiedsst. v. 12.3.2002 (Fn. 105d).
105g LG Düsseldorf v. 17.9.1991 (Fn. 100) u. v. 29. 2. 2000 (Fn. 100) S. 37; Volmer/Gaul Rz. 38 zu § 6.
106 Kritisch hierzu mit beachtlichen Argumenten Reimer/Schade/Schippel/Kaube Rz. 22 zu § 6 i. Ablehnung von LG Düsseldorf v. 17. 9. 1991 u. v. 29. 2. 2000 (Fn. 100); ebenso Hellebrand Mitt. 2001, 195 ff.; vgl. auch Schiedsst. v. 26.6.1968 Blatt 1969, 23, 26 l.Sp. oben.
107 Vgl. auch BGH v. 10.6.1977 NJW 1977, 2072.
108 Vgl. allg. BGH v. 18.10.1974 NJW 1975, 43; § 242 BGB bei gesetzlichen Formvorschriften stets verneinend u. a. Häsemeyer, Die gesetzliche Form der Rechtsgeschäfte (1971), 291 ff.
109 Im Ergebn. ähnl. Halbach Anm. 3 zu § 6; Volmer Rz. 27 zu § 6; vgl. auch Schiedsst. v. 28.3.1966 Blatt 1967, 131.
110 Schiedsst. v. 6.10.1989 Arb.Erf. 8/89 (unveröffentl.) – dort bei 4 Jahren nach Meldung und 2 Jahren nach Ausscheiden.
111-119 frei

§ 6

3. Inanspruchnahme durch schlüssige Handlungen des Arbeitgebers

35 Eine Inanspruchnahmeerklärung als einseitige Handlung kann grundsätzlich **nicht durch einseitiges schlüssiges Handeln des Arbeitgebers** erfolgen[120], und zwar auch nicht durch Handeln innerhalb der Inanspruchnahmefrist (zur vertraglichen Überleitung s. Rz. 57 ff.). In ständiger Praxis betont die Schiedsstelle[120a], dass der Arbeitgeber die vom Gesetzgeber aus Gründen der Klarheit und der Beweisführung an die wechselseitigen, gesetzlich vorgeschriebenen Erklärungen der Meldung und Inanspruchnahme geknüpften Formerfordernisse für diese jeweils einseitigen Erklärungen nicht durch einseitiges konkludentes Handeln ersetzen könne, vielmehr dem durch § 6 Abs. 2 Satz 1 vorgeschriebenen Schriftformerfordernis als Wirksamkeitsvoraussetzung Folge zu leisten habe. Insbesondere bei vorangegangener schriftlicher Erfindungsmeldung sei eine nicht schriftlich erklärte schlüssige Inanspruchnahme seitens des Arbeitgebers wegen Umgehung der Formvorschrift des § 6 Abs. 2 Satz 1 nicht möglich[120b]. Mit Rücksicht auf dieses Formerfordernis des § 6 Abs. 2 S. 1 bedürfe es vorab jedenfalls eines beiderseitigen Abbedingens der Form[121], woran grundsätzlich strenge Anforderungen zu stellen seien (s. dazu Rz. 31).

Dementsprechend hat auch die Schiedsstelle in ständiger Praxis allein in der Aufnahme von **Benutzungshandlungen durch den Arbeitgeber** noch keine (schlüssige) Inanspruchnahme gesehen, und zwar gleichgültig, ob damit die Entscheidung zugunsten oder zu Lasten des Arbeitnehmers ausfiel[122] (vgl. auch Rz. 65). Solche tatsächlichen Benutzungshandlungen ergeben sich aus dem Betriebsablauf mehr oder weniger zwangsläufig; es handelt sich hier um einen tatsächlichen Vorgang, während die Inanspruchnahme eine Willenserklärung voraussetzt[122a]. Abgesehen davon offenbaren

---

120 DPA v. 21.2.1959 Blatt 1959, 115; Schiedsst. v. 24.5.1972 Blatt 1973, 29, 30; v. 6.8.1992 EGR Nr. 5 zu § 15 ArbEG; vgl. auch Schiedsst. v. 19.4.1960 Blatt 1960, 280, 281; v. 25.2.1991 Arb.Erf. 32/90; v. 13.3.1994 Arb.Erf. 180/92; v. 10.1.1995 Arb.Erf. 142/92; v. 5.3.1998 ArbErf 85/96 (alle unveröffentl.); Volmer/Gaul Rz. 43 zu § 6; Reimer/Schade/Schippel/Kaube Rz. 22 zu § 6; abw. wohl Lindenmaier/Lüdecke Anm. 3 zu § 6.
120a Schiedsst. v. 6.8.1992 (Fn. 120); v. 30.6.1994 Arb.Erf. 181/92 (unveröffentl.) u. v. 5. 3. 1998 (Fn. 120).
120b Schiedsst. v. 6.8.1992 (Fn. 120); v. 30.6.1994 (Fn. 120a) u. v. 5.3.1998 (Fn. 120).
121 OLG Karlsruhe v. 13.7.1983 GRUR 1984, 42, 43 f – Digitales Gaswarngerät.
122 Schiedsst. v. 27.8.1980 EGR Nr. 18 zu § 6 ArbEG; v. 8.2.1988 Arb.Erf. 75/87 (unveröffentl.); OLG Düsseldorf v. 5. 3. 1998 WRP 1998, 1202, 1208 – Wetterführungspläne in Bestätigung von Schiedsst. EV. v. 25. 1. 1994 Arb.Erf. 139/92 (unveröffentl.); LG Frankfurt v. 22. 11. 2000 Az. 2/6 O 239/00 (unveröffentl.).
122a LG Düsseldorf v. 17.9.1991 Entscheidungen 4. ZK. 2000, 25, 28 – Reißverschluss; Volmer/Gaul Rz. 43 zu § 6; i. Ergebn. wohl auch Schiedsst. v. 17.5.1985 Arb.Erf. 1/85 (unveröffentl.).

betriebliche Verwertungshandlungen jedenfalls nicht den Verzichtswillen des Arbeitnehmers auf das Schriftformerfordernis des § 6 Abs. 2 Satz 1.

Davon sind die Fälle zu unterscheiden, bei denen in einer schriftlichen Erklärung des Arbeitgebers innerhalb der Inanspruchnahmefrist incidenter eine Inanspruchnahme liegen könnte. Diesbezüglich ist von dem Grundsatz auszugehen, dass eine Inanspruchnahme als Gestaltungserklärung klar und eindeutig sein muss (s. Rz. 7), was bei Anwendung der Auslegungsregeln der §§ 133, 157 BGB zu beachten ist. 36

Die Schutzrechtsanmeldung im Inland durch den Arbeitgeber vermag eine Inanspruchnahmeerklärung nicht zu ersetzen[122b]. Sie ist vielmehr im Hinblick auf die Inanspruchnahme wertneutral, da gemäß § 13 Abs. 1 der Arbeitgeber zur Inlandsanmeldung unabhängig von der Inanspruchnahme allein berechtigt und verpflichtet ist, so dass hieraus nicht auf seinen Willen geschlossen werden kann, die gemeldete Diensterfindung in Anspruch zu nehmen[122c]. Dies folgt in zeitlicher Hinsicht auch daraus, dass zum Zeitpunkt der – unverzüglich vorzunehmenden – Schutzrechtsanmeldung (§ 13 Abs. 1 S. 2) die Inanspruchnahmefrist häufig noch nicht abgelaufen sein wird; überdies ist die Anmeldepflicht des Arbeitgebers – wie auch § 13 Abs. 4 S. 2 zeigt – gesetzlich völlig unabhängig von einer Inanspruchnahme der Diensterfindung ausgestaltet (s. Rz. 4 zu § 13). Zudem könnte die Rechtsfolge des § 13 Abs. 4 nicht eintreten, wenn in der Schutzrechtsanmeldung bereits eine schlüssige Inanspruchnahme läge.[123] 37

Keine Inanspruchnahme ist damit auch die (schriftliche) Ankündigung des Arbeitgebers, die Diensterfindung zum Schutzrecht anmelden zu wollen[123a]. Gleiches gilt für die Abgabe der Erfinderbenennung (s. dazu Rz. 64). Als Inanspruchnahme kann auch eine Einspruchseinlegung wegen widerrechtlicher Entnahme (§ 21 Abs. 1 Nr. 3 PatG) nicht gelten[123b] (s. dazu Rz. 18 zu § 7).

122b LG Frankfurt v. 22. 11. 2000 (Fn. 122); Busse/Keukenschrijver PatG Rz. 10 zu § 6 ArbEG; Fricke/Meier-Beck Mitt. 2000, 199, 200; s. im Übr. die Nachw. in Fn. 122c.
122c Schiedsst. v. 18.2.1976 EGR Nr. 18 zu § 5 ArbEG; v. 17.7.1985 Arb.Erf. 1/85 (unveröffentl.); v. 8.4.1993 Mitt. 1996, 245, 246 – vorführbereite Mustergeräte u.v. 12.3.2002 (Fn 105d); Fricke/Meier-Beck Mitt. 2000, 199, 200; Reimer/Schade/Schippel/Kaube, Rz. 20 zu § 6; Volmer/Gaul Rz. 40 f. zu § 6 u. 104 zu § 8; a.A. dies. Rz. 88 zu § 6 (bei Schutzrechtsanmeldung einer vom ArbG formlos bekannt gewordenen Diensterfindung); vgl. auch OLG Nürnberg v. 29.4.1969 GRUR 1970, 135 – Kunststoffskimatte; Schiedsst. v. 8.2.1991 GRUR 1991, 753, 754 – Spindeltrieb; abw. noch LG Düsseldorf v. 18.5.1972 Az. 4 O 213/71 (unveröffentl.); wie hier LG Düsseldorf v. 17.9.1991 (Fn. 122 a) S. 29, v. 29. 2. 2000 Entscheidungen 4. ZK 32, 37 – Müllbehältergreifvorrichtung u. v. 22. 3. 2001 Az. 4 O 211/00 – Blasformmaschine (unveröffentl.).
123 LG Düsseldorf v. 22. 3. 2001 (Fn. 122c).
123a Schiedsst. v. 13.10.1994 Arb.Erf. 180/93 (unveröffentl.).
123b Reimer/Schade/Schippel/Kaube Rz. 20 zu § 6 m.w.N.

§ 6

Ebenso wenig reichen (schriftliche) **Informationen** an den Arbeitnehmer **über das Schutzrechtserteilungsverfahren** aus, da der Arbeitgeber hiermit nur seiner gesetzlichen Informationspflicht nach § 15 Abs. 1 nachkommt[123c], die unabhängig von einer Inanspruchnahme besteht. Auch ein Einschalten bzw. eine im Rahmen des § 15 Abs. 2 liegende Mitwirkung des Arbeitnehmers bei der Erstellung der Unterlagen für eine Schutzrechtsanmeldung ist wiederum wertneutral[123d]; der Arbeitnehmer erfüllt damit seine gesetzliche Pflicht zur Förderung der dem Arbeitgeber obliegenden Anmeldepflicht[123e] und handelt zugleich im eigenen Interesse, da die Anmeldung bei ausbleibender Inanspruchnahme auf ihn übergeht[124]. Erfolgen diese Aktivitäten allerdings nach Ablauf der Inanspruchnahmefrist, kann dies ein Indiz für das Einverständnis des Arbeitnehmers mit dem Verbleib der Erfindungsrechte beim Arbeitgeber sein[124a]. Denn zu diesem Zeitpunkt ist jede Mitwirkungspflicht des Arbeitnehmers entfallen (s. Rz. 6 zu § 15). Siehe im Übrigen unten Rz. 39, 64.

Nach LG Düsseldorf[125] soll die **Weiterverfolgung der Patentanmeldung** durch den Arbeitgeber im eigenen Namen nach Ablauf der Vier-Monatsfrist des § 6 Abs. 2 gerade im Hinblick auf § 13 Abs. 4 ArbEG ebenso auf dessen Inanspruchnahmewillen schließen lassen wie die Vornahme korrespondierender Auslandsmeldungen (s. dazu Rz. 39).

38 Auch eine **Auslandsanmeldung** und deren (schriftliche) Mitteilung an den Arbeitnehmer ist alleine noch ohne hinreichende Aussage hinsichtlich eines Inanspruchnahmewillens des Arbeitgebers[126]. Denn sie setzt ja gerade eine vorangegangene schriftliche unbeschränkte Inanspruchnahme voraus (§ 14 Abs. 1); vgl. (aber) auch unten Rz. 64.

Ebenso kann alleine die Erklärung des Arbeitgebers, eine ihm gemeldete Diensterfindung als **Betriebsgeheimnis** im Sinne des § 17 behandeln zu wollen, die Inanspruchnahme nicht ersetzen. § 17 stellt nämlich nur eine Alternative zur Anmeldepflicht des Arbeitgebers nach § 13 Abs. 1 dar. Der Hinweis auf die Behandlung nach § 17 enthält für sich allein noch nicht die Erklärung, die Diensterfindung auch in vollem Umfang überleiten zu wollen (vgl. auch Rz. 20, 50 zu § 17). Dies gilt insbesondere dann, wenn der Arbeitgeber die Schutzfähigkeit bestreitet und ein Verfahren nach § 17

123c LG Düsseldorf v. 17.9.1991 (Fn. 122 a); Reimer/Schade/Schippel/Kaube Rz. 20 zu § 6.
123d Bartenbach Mitt. 1971, 232, 237 f; ebenso ständ. Praxis d. Schiedsst. z.B. v. 6.8.1992 EGR Nr. 5 zu § 15 ArbEG; v. 10.1.1994 Arb.Erf. 142/92 u. v. 30.6.1994 Arb.Erf. 181/92 (beide unveröffentl.).
123e LG Düsseldorf v. 22. 3. 2001 (Fn. 122 c).
124 Bartenbach (Fn. 123 d); vgl. auch OLG Karlsruhe v. 13.7.1983 GRUR 1984, 42, 44 – Digitales Gaswarngerät; Schiedsst. v. 8.2.1991 (Fn. 122c) u.v. 6.8.1992 (Fn. 123d).
124a Ebenso Hellebrand Mitt. 2001, 199.
125 V. 18.5.1972 (Fn. 122c); offen gelassen von LG Düsseldorf v. 17.9.1991 (Fn. 122a).
126 Wie hier Volmer/Gaul Rz. 41 zu § 6; a.A. LG Düsseldorf v. 18.5.1972 (Fn. 122c).

§ 6

Abs. 2 vor der Schiedsstelle einleitet. Erkennt er dagegen die Schutzfähigkeit der Diensterfindung ausdrücklich an, kann dies ein Indiz für seinen Willen zur unbeschränkten Inanspruchnahme sein.

Bei den vorgenannten Sachverhalten müssen regelmäßig **weitere Tatbestände hinzutreten**, aus denen der Arbeitnehmer einen entsprechenden Inanspruchnahmewillen des Arbeitgebers zweifelsfrei erkennen kann. Hierzu rechnen etwa die parallele Aufnahme von Vergütungsverhandlungen[127], eindeutige (formlose) Erklärungen über die Zuordnung der Erfindung zum Unternehmen (»Unsere Erfindung«) oder auch die Hinzuziehung des Arbeitnehmererfinders zu Lizenzvertragsverhandlungen bzw. Kundengesprächen über den Gegenstand der Erfindung. Im Einzelfall ausreichend ist auch eine intensive, wesentlich über die nach § 15 Abs. 2 geschuldete Unterstützung hinausgehende Mitwirkung an der Schutzrechtsanmeldung des Arbeitgebers vor dem Hintergrund einer dem Arbeitnehmer angekündigten und von ihm unwidersprochen hingenommenen Verwertung durch den Arbeitgeber[128] (s. auch Rz. 37, 39).

39

Nur durch das Abstellen auf derartige zusätzliche Umstände wird verhindert, dass einerseits der Erfinder über die Inanspruchnahme und den daran anknüpfenden Vergütungsanspruch im unklaren bleibt und andererseits ein Arbeitgeber entgegen der Warnfunktion des Formerfordernisses quasi in eine Vergütungspflicht »hineinrutscht« (»aufgedrängte Bereicherung«)[129].

Bei schlüssiger Inanspruchnahme ist im Zweifel eine unbeschränkte gewollt (s. oben Rz. 12).

Zur Anrufung der Schiedsstelle im Rahmen des § 17 zur Klärung der Schutzfähigkeit einer Erfindung nach Ablauf der »Inanspruchnahmefrist« s. Rz. 50 f. zu § 17. Zur schlüssigen vertraglichen Überleitung s. Rz. 61 ff.

II. Frist (Abs. 2 Satz 2)

1. Zeitraum

Der Arbeitgeber soll gem. § 6 Abs. 2 Satz 2 1. Halbs. seine Entscheidung über Inanspruchnahme oder Freigabe sobald wie möglich treffen; eine Inanspruchnahmeerklärung ist spätestens bis zum Ablauf von vier Monaten nach Eingang der ordnungsgemäßen Meldung (vgl. § 5 Abs. 2 und 3) abzugeben, und zwar unabhängig von der Prüfung der Erfindungsqualität (s. Rz. 17 f.), der technischen Ausführbarkeit und der wirtschaftlichen Verwertbarkeit (s. Rz. 45).

40

---

127 LG Frankfurt v. 22. 11. 2000 Az. 2/6 O 239/00 (unveröffentl.).
128 So im Ergebn. Schiedsst. v. 17.5.1990 Arb.Erf. 11/89 (unveröffentl.).
129 Vgl. auch Schiedsst. v. 5.11.1986 Blatt 1987, 209 z. vergleichbaren Situation des d. ArbG nicht mitgeteilten Einsatzes eines qualifizierten Verbesserungsvorschlags.
130-135 frei

§ 6

a) »Sobald wie möglich« (1. Halbsatz)

41 Diese **Ordnungsvorschrift** (»soll«) stellt einen Appell an den Arbeitgeber dar, dem Arbeitnehmer möglichst schnell Klarheit über das weitere Schicksal seiner Erfindung zu vermitteln[136]. »Sobald wie möglich« ist nicht gleichbedeutend mit »unverzüglich« (vgl. § 121 Abs. 1 Satz 1 BGB – ohne schuldhaftes Zögern), sondern ist u.U. zeitlich weiter gestreckt. Dieses Merkmal knüpft – im Unterschied zur Vier-Monats-Frist des § 6 Abs. 2 2. Halbs. – nicht an die ordnungsgemäße Meldung der Diensterfindung an, sondern vielmehr an die tatsächliche umfassende Kenntnisnahme des Arbeitgebers von Zustandekommen und Inhalt der Erfindung. Ab diesem Zeitpunkt wird ihm eine hinsichtlich ihrer Länge vom Einzelfall abhängige **Überlegungsfrist** zugestanden, innerhalb der er so schnell wie möglich alle für seine Entscheidung maßgeblichen Informationen beschaffen und Erkenntnisquellen ausschöpfen muss.

42 Hält der Arbeitgeber dieses Gebot nicht ein, nutzt er vielmehr die viermonatige Inanspruchnahmefrist voll aus, berührt dies die Wirksamkeit einer Inanspruchnahme nicht[137], wie dies auch die Freigabetatbestände des § 8 Abs. 1 Nr. 2 und 3 verdeutlichen.

In besonders gelagerten Ausnahmefällen mag eine willkürliche Verzögerung der Entscheidung über Inanspruchnahme oder Freigabe einen Verstoß gegen die arbeitsrechtliche Fürsorgepflicht darstellen, der u.U. Schadensersatzansprüche – z.B. wegen entgangener Vergütung (vgl. § 9, der den Vergütungsanspruch erst mit Inanspruchnahme entstehen lässt) oder entgangenen Gewinns (z.B. wegen später Freigabe unterbliebene Lizenz- oder sonstige Verwertungen) – auslöst[138]. Wegen der insgesamt (für die betriebliche Praxis) sehr kurzen Zeitspanne des § 6 Abs. 2 wird dieses Problem allerdings kaum akut werden.

Rz. 43 frei

b) »Vier-Monats-Frist« (2. Halbs.)

44 Der Arbeitgeber muss seine Entscheidung spätestens vor Ablauf von vier Monaten **nach der ordnungsgemäßen Meldung** der Diensterfindung ge-

---

136 Vgl. Amtl. Begr. BT-Drucks. II/1648 S. 25 = Blatt 1957, 232.
137 Vgl. Begr. des BR in Anl. 2 zu BT-Drucks. II/1648 S. 60; s. auch Volmer/Gaul Rz. 42 zu § 8.
138 Ähnl. Reimer/Schade/Schippel/Kaube Rz. 25 zu § 6; Volmer Rz. 28 zu § 6 u. Volmer/Gaul Rz. 78 f. zu § 6; eine Pflichtverletzung generell verneinend Ausschussbericht zu BT-Drucks. II/3327 S. 4 = Blatt 1957, 251 u. im Anschl. daran Heine/Rebitzki Anm. 5 zu § 6; Halbach Anm. 5 zu § 6; wohl auch Busse/Keukenschrijver PatG Rz. 11 zu § 6 ArbEG (sanktionslose Ordnungsvorschrift).

§ 6

troffen haben. Andernfalls tritt die Wirkung des Freiwerdens der Erfindung gemäß § 8 Abs. 1 Nr. 3 ein (s. dort Rz. 31 ff.).
Eine **Erfindungsmeldung** i.S.d. § 5 ArbEG ist allerdings **nicht Voraussetzung** für die Inanspruchnahme[138a], so dass es rechtlich möglich ist, auch eine (noch) nicht gemeldete Diensterfindung in Anspruch zu nehmen[138b], etwa wenn es an einer die Mindestvoraussetzungen des § 5 Abs. 1 erfüllenden Meldung fehlt oder wenn der Arbeitgeber auf sonstige Weise von der Diensterfindung Kenntnis erlangt hat (z.B. Meldung durch einen Miterfinder).
Da § 6 Abs. 2 Satz 2 2. Halbs. bestimmt, dass das Inanspruchnahmerecht nur innerhalb dieser **Vier-Monats-Frist** ausgeübt werden kann mit der Folge, dass mit Fristablauf das nicht gewahrte Inanspruchnahmerecht untergeht, ist diese Vier-Monats-Frist im Hinblick auf ihre Gestaltungswirkung eine gesetzliche **Ausschlussfrist**[139]. Diese Ausschlussfrist beginnt ohne Rücksicht auf den Willen der Arbeitsvertragsparteien zu laufen, unabhängig auch von ihrer Kenntnis über Beginn und Ende der Frist[140]. Sie läuft auch unabhängig davon, ob sich der Arbeitgeber während der Frist über die technische Ausführbarkeit oder wirtschaftliche Verwertbarkeit der Erfindung im Klaren ist[140a]. Zur nachträglichen Genehmigung bei vollmachtslosem Vertreter s. Rz. 30. 45

Auch aus der Treuepflicht ist der **Arbeitnehmer nicht gehalten,** den Arbeitgeber auf einen evtl. Fristablauf für die Inanspruchnahme **aufmerksam zu machen**[141]. Die Regelung des § 8 Abs. 1 Nr. 3 verdeutlicht, dass die Beachtung des Fristablaufs allein Sache des Arbeitgebers ist[142]. 46

Die Ausschlussfrist ist als Einwendung von Amts wegen zu beachten[143]. 47
U. E. ist eine **Fristverlängerung** trotz der grundsätzlichen Zulässigkeit von

---

138a Amtl. Begr. BT-Drucks. II/1648 S. 22 = Blatt 1957, 230.
138b BGH v. 2.6.1987 GRUR 1987, 900, 901 r.Sp. – Entwässerungsanlage u.v. 17.1.1995 Mitt. 1996, 16, 17 – Gummielastische Masse; LG Frankfurt v. 22.11.2000 Az. 2/6 O 239/00 (unveröffentl.); Schiedsst. v. 18.12.1992 Arb.Erf. 81/88; v. 7.2.1995 Arb.Erf. 6(B)/93 u. 7(B)/93 u. v. 12.3.2002 Arb.Erf. 92/99 (sämtl. unveröffentl.).
139 H. M., z.B. BGH v. 14.7.1966 Az. I a ZR 58/64 (unveröffentl.); LAG Baden-Württemberg v. 24.1.1958 DB 1958, 312; so auch BR (Fn. 137); Busse/Keukenschrijver, PatG Rz. 9 zu § 8 ArbEG.
140 BGH v. 23.5.1952 GRUR 1952, 573 – Zuckerdiffuseur = AP 53 Nr. 120 m. Anm. Volmer; s. auch LG Bremen v. 4.12.1956 MDR 1956, 747.
140a Vgl. etwa Schiedsst. v. 8. 4. 1993 Mitt. 1996, 245, 246 – Vorführbereite Mustergeräte.
141 Bartenbach Mitt. 1971, 232, 234 ff.; vgl. aber auch Schiedsstelle v. 12.8.1966 Blatt 1967, 132.
142 Vgl. auch Schiedsst. v. 23.4.1979 Arb.Erf. 68/78 (unveröffentl.) mit dem allg. Hinweis, dass Unterrichtungspflichten b. gesetzlichen Fristen für die Arbeitsvertragsparteien nicht bestehen.
143 Palandt/Heinrichs BGB Rz. 7 Überbl. vor § 194.

§ 6

Parteivereinbarungen im Sinne von § 22 Satz 2 **nicht möglich**[144]. Wegen des auf Grund der gesetzlichen Fiktionswirkung eintretenden Rechtsverlusts gilt dies jedenfalls für die Zeit nach Fristablauf. Selbstverständlich steht es den Arbeitsvertragsparteien aber frei, Vereinbarungen über die »Inanspruchnahme« selbst bzw. eine nachträgliche Überleitung der Rechte an der Erfindung zu treffen (s. Rz. 57 ff.), um so eine »faktische Verlängerung« zu erreichen[144a]. Allerdings unterliegen derartige Vereinbarungen strengen Anforderungen bezüglich Eindeutigkeit und Klarheit[145].

48 Auf Grund des wesensmäßigen Unterschieds zur Verjährungsfrist ist eine **Hemmung** im Sinne des § 209 BGB bei Ausschlussfristen grundsätzlich ausgeschlossen[146].

49 Dagegen ist der unverzüglich geltend zu machende[147] Einwand der **unzulässigen Rechtsausübung** (§ 242 BGB) auch gegenüber der Berufung auf die Ausschlussfristen möglich[148]; etwa, wenn der Arbeitnehmer bewusst einen Irrtum des Arbeitgebers über den Fristablauf bewirkt hat oder Fristüberschreitungen seitens des Arbeitgebers durch Verhaltensweisen aus der Sphäre des Arbeitnehmers veranlasst sind[149] (s. auch Rz. 35, 40 zu § 8).

Korrespondiert ein im Übrigen nicht für Schutzrechtsfragen zuständiger leitender Mitarbeiter mit dem Patentanwalt des Arbeitgebers über Patentangelegenheiten und erweckt er diesem gegenüber den Eindruck, der einzige Ansprechpartner für diesen Anmeldungsvorgang zu sein, ist es seine Sache, Hinweisen des Patentanwalts auf eine notwendige Inanspruchnahme

---

144 Bartenbach (Fn. 141) S. 235; i. Anschluss daran Volmer/Gaul Rz. 82, 96 zu § 6; offen gelassen bei OLG Karlsruhe v. 13.7.1983 GRUR 1984, 42, 43 – Digitales Gaswarngerät; vgl. auch LAG Frankfurt v. 25.4.1978 BB 1979, 1604 zur Ausschlussfrist des § 99 BetrVG; s. dazu aber BAG v. 17.5.1983 DB 1983, 2638, 2639, das diese Frist für verlängerbar erachtet; hiergegen ausdrückl. LAG Berlin v. 22.9.1986 DB 1987, 234 u. LAG Sachsen v. 8.8.1995 NZA-RR 1996, 331; a.A. Beil in Chemie-Ing.-Technik 1957, 489; Busse/Keukenschrijver PatG Rz. 11 zu § 6 ArbEG; Volmer Rz. 34 zu § 6; Reimer/Schade/Schippel/Kaube Rz. 29 zu § 6; Hueck/Nipperdey Lehrb. ArbR, Bd. 1 § 53 II 7 a Fn. 23; unklar BGH v. 23.5.1952 AP 53 Nr. 120 – Zuckerdiffuseur (zu § 4 DVO 43); abweichend wohl auch Ausschussber. in BT-Drucks. II/3327, S. 4 = Blatt 1957, 251 u. Schiedsst. Beschl. v. 9.3.1981 Arb. Erf. 56/80 (unveröffentl.).
144a Schiedsst. v. 8.4.1993 EGR Nr. 34 zu § 6 ArbEG – Vorführbereite Mustergeräte.
145 Vgl. BGH v. 23.5.1952 (Fn. 144).
146 Vgl. dazu u. allg. RG v. 17.3.1930 RGZ 128, 46, 47 u.v. 22.7.1938 RGZ 158, 137, 140; OLG Celle WM 1975, 652, 654; OLG Hamm v. 11.3.1996 NZV 1996, 498 f.; vgl. auch BVerwG v. 19.12.1996 NVwZ 1996, 1217 f.; vgl. aber auch die Rspr. zu § 626 Abs. 2 BGB, z. B. LAG Frankfurt v. 28.2.1985 BB 1986, 258.
147 Vgl. BGH v. 3.2.1953 NJW 1953, 541.
148 Vgl. Schiedsst. v. 12.8.1966 Blatt 1967, 132; vgl. allg. RG v. 23.11.1933 RGZ 142, 280, 285 u.v. 30.5.1935 RGZ 148, 298, 301.
149 Vgl. auch BGH v. 23.5.1952 GRUR 1952, 573 – Zuckerdiffuseur = AP 53 Nr. 120 m. Anm. Volmer; Schiedsst. v. 12.8.1966 (Fn. 148) u.v. 8.5.1972 Blatt 1972, 382; Volmer/Gaul Rz. 94 zu § 6.

§ 6

der Diensterfindung zu entsprechen oder jedenfalls den Arbeitgeber hierauf aufmerksam zu machen. Ein bewusstes Untätigbleiben oder Verschweigen des Arbeitnehmers hinsichtlich der Inanspruchnahmeerklärung hat als Pflichtverletzung des Arbeitsvertrages zur Folge, dass er sich nach den Grundsätzen von Treu und Glauben (§ 242 BGB) nicht auf den Ablauf der Inanspruchnahmefrist berufen darf.[150]

Zur evtl. Unterbrechung einer Frist durch Anrufung der Schiedsstelle vgl. Rz. 18 f. zu § 31.

2. Fristbeginn, Fristberechnung

Die Frist **beginnt** erst mit Eingang der ordnungsgemäßen, den gesetzlichen Erfordernissen des § 5 entsprechenden Meldung[151], gemäß § 187 Abs. 1 BGB also mit dem auf den Zugang der Meldung folgenden Tag[152]. Wenn § 6 Abs. 2 Satz 2 2. Halbs. nur auf die Absätze 2 und 3 des § 5 Bezug nimmt, so bedeutet dies nicht, dass damit die Formerfordernisse des § 5 Abs. 1 (insbesondere die Schriftform) entbehrlich sind[152a]. Eine nicht die Mindesterfordernisse des § 5 Abs. 1 erfüllende Meldung setzt die Inanspruchnahmefrist nicht in Gang (s. Rz. 85 zu § 5). Entspricht die Erfindungsmeldung dagegen nicht den inhaltlichen Vorgaben des § 5 Abs. 2, kommt es darauf an, ob der Arbeitgeber von der Möglichkeit einer Beanstandung nach § 5 Abs. 3 Gebrauch gemacht hat (s. Rz. 92 ff. zu § 5). Im Ergebnis löst eine Erfindungsmeldung, die die Mindesterfordernisse des § 5 Abs. 1 erfüllt, die Inanspruchnahmefrist auch dann aus, wenn sie keine Offenbarung der erfinderischen Lehre enthält, der Arbeitgeber dies aber nicht fristgerecht gem. § 5 Abs. 3 beanstandet hat (s. Rz. 84 zu § 5). Auch eine verspätete Erfindungsmeldung setzt die Frist in Gang (s. Rz. 29 zu § 5). 50

Zum Übertragungsanspruch des Arbeitgebers bei pflichtwidrigem Unterlassen der Fertigstellung der Erfindung während des Arbeitsverhältnisses s. Rz. 22 zu § 6; zum Lauf der Inanspruchnahmefrist bei Beanstandung der Erfindungsmeldung durch den Arbeitgeber nach § 5 Abs. 3 s. Rz. 84 f. u. 92 f. zu § 5.

Hat der Arbeitgeber vorab auf die Vorlage einer ordnungsgemäßen **Meldung** i. S. des § 5 **verzichtet** (s. dazu Rz. 30 zu § 5) oder eine Mitteilung ausdrücklich als ordnungsgemäße Meldung anerkannt (s. dazu Rz. 86 zu § 5), beginnt diese Frist mit dem auf die tatsächliche Kenntnis des Arbeitgebers folgenden Tag zu laufen, bei nachträglichem Verzicht indes erst mit 51

---

150 Schiedsst. v. 5. 3. 1998 Arb.Erf. 85/96 (z. Veröffentl. i. EGR vorgesehen).
151 Schiedsst. v. 7.2.1995 Arb.Erf. 6(B)/93 u. Arb.Erf. 7(B)/93 (unveröffentl).
152 Ebenso Busse/Keukenschrijver PatG Rz. 122 a § 6 ArbEG.
152a Vgl. auch LG Düsseldorf v. 30.9.1975 EGR Nr. 15 zu § 5 ArbEG; insoweit liegt wohl ein gesetzgeberisches Redaktionsversehen vor.

§ 6

Zugang der Verzichtserklärung beim Arbeitnehmer[153]. Liegt ein Verzicht des Arbeitgebers lediglich auf das Schriftformerfordernis vor (s. Rz. 38 ff. zu § 5), wird man zur Fristberechnung jedenfalls auf den Zeitpunkt der Einreichung einer Patentanmeldung durch den Arbeitgeber abstellen können[157]. In solchen Fällen wäre die Berufung des Arbeitgebers auf die mangelnde Schriftform treuwidrig[157a].
Ansonsten kann die Frist ohne Meldung nicht beginnen[158].

52 Wegen sonstiger Einzelheiten der **Fristberechnung** ist auf die §§ 187 ff. BGB zurückzugreifen.[158a]

53 Die Vier-Monatsfrist **endet** nach § 188 Abs. 2 BGB mit Ablauf desjenigen Tages des letzten Monats, welcher durch seine Zahl dem Tage entspricht, an dem die Erfindungsmeldung dem Arbeitgeber zugegangen ist (z.B. bei Zugang der Meldung am 2. Januar endet die Frist mit Ablauf des 2. Mai dieses Jahres). Weisen die Monate unterschiedliche Dauer auf und fehlt in dem letzten Monat der für den Fristablauf maßgebliche Tag, so endet die Frist gem. § 188 Abs. 3 BGB mit Ablauf des letzten Tages dieses Monats (z.B. bei Zugang der Meldung am 31. Oktober endet die Frist mit Ablauf des 28. [29.] Februar des folgenden Jahres). Fällt der letzte Tag auf einen Samstag, Sonntag oder gesetzlichen Feiertag, so tritt nach § 193 BGB an die Stelle eines solchen Tages der nächste Werktag.

54 Es reicht nicht aus, dass die Inanspruchnahme innerhalb der Frist erklärt wird; vielmehr muss sie dem Arbeitnehmer **vor Fristablauf zugegangen** sein (Einzelheiten s. Rz. 10 f. zu § 5). Das Übermittlungsrisiko trägt der Arbeitgeber. Er ist für den ordnungsgemäßen Zugang seiner Inanspruchnahmeerklärung **beweispflichtig**[159] (s. hierzu oben Rz. 6.1).

55 Nach **Fristablauf** ohne Inanspruchnahme tritt die Wirkung des Freiwerdens der Erfindung gem. § 8 Abs. 1 Nr. 3 ein. Diese Wirkung erfasst die Diensterfindung ihrem Gegenstand nach nur in dem Umfang, in dem sie in der Erfindungsmeldung offenbart worden ist (s. Rz. 56 zu § 8).
In der nach Fristablauf erklärten »Inanspruchnahme« kann aber das Angebot zur rechtsgeschäftlichen Überleitung der frei gewordenen Erfindung auf den Arbeitgeber liegen[160] (s. hierzu Rz. 59 f.).

---

153 Zust. Busse/Keukenschrijver PatG Rz. 12 zu § 6 ArbEG.
154-156 frei
157 Ebenso Volmer/Gaul Rz. 201 zu § 5; bestätigt durch LG Düsseldorf v. 17.9.1991 Entscheidungen 4. ZK. 2000, 25, 28 – Reißverschluss u. v. 29. 2. 2000 Entscheidungen 4. ZK. 2000, 32, 35 – Müllbehältergreifvorrichtung.
157a LG Düsseldorf v. 17.9.1991 (Fn. 157).
158 Vgl. DPA v. 21.1.1959 Blatt 1959, 115; Schiedsst. v. 7.2.1995 Arb.Erf. 6(B)/93 u. Arb.Erf. 7(B)/93 (unveröffentl.).
158a Allg. A., z. B. Busse/Keukenschrijver PatG Rz. 12 zu § 6.
159 BGH v. 5.6.1984 GRUR 1984, 652 f. – Schaltungsanordnung.
160 Schiedsst. Beschl. v. 9.3.1981 Arb.Erf. 56/80 (unveröffentl.); Busse/Keukenschrijver PatG Rz. 13 zu § 6 ArbEG.

§ 6

Macht ein Arbeitnehmer zu Unrecht die Rechtsfolge des § 8 Abs. 1 Nr. 3 geltend, so ist der Arbeitgeber grundsätzlich nicht gehalten, den Arbeitnehmer etwa auf die Ungültigkeit seiner Erfindungsmeldung und den deshalb unterbliebenen Lauf der Inanspruchnahmefrist aufmerksam zu machen[161] (s. auch Rz. 20 zu § 25). Will er sich aber nicht der Gefahr der Verwirkung seiner Ansprüche aussetzen, sollte er alsbald den Arbeitnehmer zur Vornahme einer ordnungsgemäßen Meldung gemäß § 5 Abs. 1 auffordern, um Klarheit über den Fristenlauf schaffen, oder – falls er bereits Kenntnis vom Erfindungsgegenstand hat – seine Entscheidung über die Inanspruchnahme treffen zu können.

56

III. Vertragliche Überleitung der Diensterfindung auf den Arbeitgeber

1. Grundsatz

Eine ausdrücklich oder konkludent getroffene – formlos gültige – Vereinbarung zwischen Arbeitgeber und Arbeitnehmer über die einverständliche Überleitung einer Diensterfindung auf den Arbeitgeber ist **grundsätzlich möglich**[162] (zur schlüssigen Inanspruchnahme s. Rz. 35 f.). Sie setzt zu ihrer Wirksamkeit gem. § 22 Satz 2 an sich zunächst eine ordnungsgemäße Meldung der Diensterfindung gem. § 5 voraus[163] (vgl. hierzu Rz. 38 ff. zu § 22). Bei bloß mündlicher Unterrichtung des Arbeitgebers über den Erfindungsgegenstand durch den Arbeitnehmer ohne Beachtung der Schriftform wird aber in einer auf diese Erfindung bezogenen vertraglichen Überleitung regelmäßig zugleich der zulässige Verzicht auf die Schriftform (vgl. Rz. 39 zu § 5) liegen, so dass § 22 Satz 2 nicht entgegensteht[164].

57

2. Innerhalb der Inanspruchnahmefrist

Unbedenklich sind alle Vereinbarungen zwischen Arbeitgeber und Arbeitnehmer, die innerhalb der Inanspruchnahmefrist anstelle der einseitigen unbeschränkten Inanspruchnahme eine vertragliche Überleitung der Rech-

58

---

161 LG Düsseldorf v. 30.9.1975 (Fn. 152a).
162 Ganz h.M., z.B. Schiedsstelle v. 21.3.1973 EGR Nr. 8 zu § 6 ArbEG m. zust. Anm. Gaul u. v. 12.3.2002 Arb.Erf. 92/99 (unveröffentl.); OLG Karlsruhe v. 13.7.1983 GRUR 1984, 42, 44 – Digitales Gaswarngerät; LG Düsseldorf v. 22. 3. 2001 Az. 4 O 211/00 – Blasformgerät (unveröffentl.); Reimer/Schade/Schippel/Kaube Rz. 18 ff. zu § 6; s. auch BGH v. 23.5.1952 (Fn. 149); BFH v. 25.1.1963 BFHE 76, 503, 505; Busse/Keukenschrijver PatG Rz. 10, 15 zu § 6 ArbEG.
163 LG Düsseldorf v. 18.5.1972 EGR Nr. 7 zu § 6 ArbEG; Schiedsst. v. 25.11.1959 Blatt 1960, 279, 280 m. Anm. Friedrich GRUR 1961, 133.
164 Vgl. auch OLG Düsseldorf v. 9.7.1971 EGR Nr. 6 zu § 6 ArbEG; s. aber LAG Baden-Württemberg v. 24.1.1958 DB 1958, 312.
165-169 frei

§ 6

te an der Diensterfindung zum Gegenstand haben[170]. Dies folgt daraus, dass der Arbeitgeber in diesem Zeitraum die Rechtsüberleitung auch einseitig – sogar gegen den Willen des Arbeitnehmers – bewirken könnte[171]. Obschon für die Inanspruchnahme Schriftform vorgeschrieben ist, hierauf aber wirksam verzichtet werden kann (vgl. oben Rz. 31), sind diese Vereinbarungen auch formlos gültig.

3. Nach Ablauf der Inanspruchnahmefrist

59 Zurückhaltung im Hinblick auf §§ 8, 23 ist bei solchen Vereinbarungen angebracht, die die Überleitung von Diensterfindungen nach Ablauf der Inanspruchnahmefrist betreffen. Hierdurch gibt der Arbeitnehmer eine ihm zwischenzeitlich durch das ArbEG (vgl. § 8 Abs. 1 Nr. 3) zugewachsene Rechtsposition auf.

Ist sich der Arbeitnehmer seiner nunmehr uneingeschränkten **Rechtsinhaberschaft an der Erfindung bewusst** und erklärt er sich (ausdrücklich oder schlüssig) mit der nachträglichen Zuordnung seiner Erfindung zum Arbeitgeber oder gar ihrer Behandlung als Diensterfindung einverstanden, ist regelmäßig jedenfalls die Übertragung der Erfindung rechtswirksam. Eine etwaige Unbilligkeit[172] weiterer damit verbundener Abreden (z.B. der Vergütungsregelung) und deren aus § 23 folgende Unwirksamkeit ergreift in der Regel nicht nach § 139 BGB die Abtretung der Rechte an der Erfindung; denn der Arbeitgeber hätte im Zweifel auch bei höheren Vergütungsansprüchen die von ihm zu nutzende Erfindung erworben, und der Arbeitnehmer hätte angesichts seiner zunächst bekundeten Bereitschaft, die Erfindung auch ohne Vergütung oder gegen eine solche auf der Basis des ArbEG zu überlassen, die Erfindung selbstverständlich auch zu einem ihm evtl. zustehenden (höheren) Vergütungsanspruch als freier Erfinder (ohne Anteilsfaktor) abgetreten[171]. Zur Bestimmung des angemessenen Vergütungsbetrages siehe Rz. 16 ff. vor §§ 9 – 12.

60 **Kennt der Arbeitnehmer seine Rechtsposition** aus § 8 Abs. 1 Nr. 3 **nicht**, besteht – selbst unter dem Aspekt der Fürsorgepflicht – grundsätzlich keine Pflicht des Arbeitgebers, ihn vor Abschluss einer Vereinbarung hierauf aufmerksam zu machen[172a] (s. auch Rz. 20 zu § 25). Gegebenenfalls stehen dem Arbeitnehmer aber die Anfechtungsrechte gem. §§ 119, 123 BGB zu, unabhängig von der Befugnis, sich auf § 23 ArbEG zu berufen. Die vorstehenden Überlegungen zu § 139 BGB gelten hier nicht uneinge-

---

170 Ebenso ständ. Praxis d. Schiedsst., z.B. EV. v. 15.11.1994 Arb.Erf. 3/93 (unveröffentl.).
171 Vgl. OLG Düsseldorf v. 9.7.1971 EGR Nr. 6 zu § 6 ArbEG.
172 Vgl. auch Rosenberger BB 1977, 251, der in solchen Fällen eine Unbilligkeit grundsätzlich verneint.
172a A.A. LG Düsseldorf v. 1.7.1986 Az. 4 O 70/86 (unveröffentl.).

schränkt, da der Zuordnungswille des Arbeitnehmers durch seine Unkenntnis über sein freies Verfügungsrecht beeinflusst gewesen sein kann und er sonst u.U. anderweitige Verfügungen getroffen hätte.

4. Vereinbarungen auf Grund schlüssigen Verhaltens

Hinsichtlich der Vereinbarungen auf Grund schlüssigen Verhaltens der Arbeitsvertragsparteien ist zu beachten, dass diese von dem mit der strengen Inanspruchnahmeregelung verfolgten Gesetzeszweck abweichen, sich daher auf eindeutige **Ausnahmesachverhalte** beschränken müssen. 61

Die Schiedsstelle hat regelmäßig in den Fällen, in denen eine ordnungsgemäße Meldung vorlag, eine schlüssige Übertragung abgelehnt[173] (s. auch Rz. 35). Ausnahmen lässt sie unter Anlegung eines strengen Maßstabes nur dann gelten, wenn Erklärungen und Handlungen des Arbeitnehmers einen **Übertragungswillen eindeutig** offenbaren[173a]. Wenn der Arbeitgeber sich von den Formvorschriften des ArbEG lösen will, obliegt es ihm, klare und eindeutige Verhältnisse zu schaffen[173b].

Die Schiedsstelle hat aber in den Fällen, in denen der Arbeitnehmer zuvor seiner Pflicht zur schriftlichen Erfindungsmeldung nicht nachgekommen ist, einen beiderseitigen Verzicht auf die Schriftformerfordernisse und zugleich eine schlüssige Inanspruchnahme/Überleitung für möglich erachtet (s. Rz. 32).

a) Erfordernisse

In einer stillschweigenden Hinnahme bzw. in einem tatsächlichen Verhalten des Arbeitnehmers liegt nur dann eine schlüssige Erklärung, wenn hieraus nach Treu und Glauben[174] der Schluss gezogen werden kann, dass der Arbeitnehmer auf Grund eines bestimmten rechtsgeschäftlichen Willens gehandelt hat[174]. Somit gehört zum Tatbestand der schlüssigen Willenserklärung nicht der innere wirkliche Wille des Handelnden, sondern der **nach außen zur Geltung gebrachte Wille**[175]. Der innere Wille, der vom Erklärungstatbestand abweicht, bildet lediglich ein mögliches Korrektiv, das nach den Regeln der Anfechtung (§§ 119 ff. BGB) geltend zu machen ist. Ergänzend bleibt § 23 beachtlich (s. Rz. 59). Aus dem gesamten Sach- 62

---

173 Schiedsst. v. 19.12.1983 Arb.Erf. 29/83 u. v. 12.3.2002 Arb.Erf. 92/99 (beide unveröffentl.).
173a Schiedsst. v. 8.4.1993 EGR Nr. 34 zu § 6 ArbEG u. v. 5. 3. 1998 Arb.Erf. 85/96 (unveröffentl.); vgl. auch Schiedsst. v. 6.8.1992 EGR Nr. 5 zu § 15 ArbEG.
173b Schiedsst. v. 8.4.1993 (Fn. 173 a) u. LG Düsseldorf v. 22. 3. 2001 (Fn. 162).
174 LG Düsseldorf v. 17.9.1991 Entscheidungen 4. ZK. 2000, 25, 30 – Reißverschluss u. v. 29. 2. 2000, 32, 38 – Müllbehältergreifvorrichtung; Fricke/Meier-Beck, Mitt. 2000, 199, 203; vgl. allg. Soergel/Siebert/Knopp BGB Rz. 13 zu § 157.
175 Staudinger/Coing BGB Einl. 2 e, h vor § 104.

§ 6

verhalt muss sich – nach außen erkennbar **unzweideutig**[176] – ergeben, dass der Arbeitnehmer seine Erfindung dem Arbeitgeber übertragen und Letzterer die Erfindung übernehmen will[177]. Der durch die Übertragung bewirkte Rechtsverlust setzt regelmäßig die Kenntnis dieses Rechts voraus. Kennt der Arbeitnehmer seine Rechtsposition aus § 8 Abs. 1 Nr. 3 nicht (zur Möglichkeit der Kenntnisnahme s. aber Rz. 63), kann dahinstehen, ob eine Pflicht des Arbeitgebers besteht, den Arbeitnehmer vor Abschluss einer Überleitungsvereinbarung darauf hinzuweisen, dass die Diensterfindung frei geworden ist und infolgedessen der alleinigen Verfügung des Arbeitnehmers untersteht (s. Rz. 60); eine stillschweigende Überleitung kann jedenfalls dann nicht in Betracht kommen, wenn die Unkenntnis des Arbeitnehmers von der ihm mit dem Freiwerden der Diensterfindung zugefallenen Rechtsposition für den Arbeitgeber erkennbar ist[177a] (s. Rz. 65). Ein bloßes Schweigen oder eine Passivität gegenüber Handlungen der anderen Arbeitsvertragspartei reichen regelmäßig nicht aus[178], es sei denn, daraus kann wegen besonderer Umstände eine bewusste Billigung des anderen gesehen werden.

Klare und eindeutige Verhältnisse werden üblicherweise nur durch eine entsprechende ausdrückliche Vereinbarung erzielt und können sich nur in besonderen Ausnahmefällen aus dem Verhalten der Beteiligten in so ausreichend schlüssiger Weise ergeben, dass die Regelungen des ArbEG als durch Vereinbarung abbedungen angesehen werden können[178a].

Auf einen Annahmewillen des Arbeitgebers wird regelmäßig die durch ihn veranlasste, seinen Interessen entsprechende Verwertung der Erfindung schließen lassen. An einem Annahmewillen fehlt es aber, wenn der Arbeitgeber sich selbst als Erfinder ansieht[179] bzw. zweifelsfrei davon ausgeht, dass er bereits zuvor Rechtsinhaber geworden ist[180].

Für die Umstände, die eine konkludente Überleitung begründen, ist der Arbeitgeber **darlegungs- und beweispflichtig**[181].

---

176 So für die vergleichbare schlüssige Einräumung urheberrechtlicher Nutzungsbefugnisse BGH v. 20.11.1970 GRUR 1971, 362, 363 – Kandinsky II m.w.N.
177 Vgl. Schiedsst. v. 24.5.1972 Blatt 1973, 29, 30; v. 6.8.1992 (Fn. 173 a); OLG Karlsruhe v. 13.7.1983 (Fn. 162). LG Düsseldorf v. 22. 3. 2001 (Fn. 162) u. v. 23. 1. 1996 Entscheidungen 4. ZK. 1996, 17, 19 f. – Hochregalanlage.
177a LG Düsseldorf v. 17.9.1991 (Fn. 174).
178 Schiedsst. v. 8.4.1993 (Fn. 173 a).
178a So im Ergebn. Schiedsst. v. 8.4.1993 (Fn. 173a).
179 OLG Nürnberg v. 29.4.1969 GRUR 1970, 135 – Kunststoffskimatte.
180 BGH v. 20.11.1970 (Fn. 176); LG Düsseldorf v. 17.9.1991 (Fn. 174) S. 31 u. v. 29.2.2000 (Fn. 174) S. 39; Fricke/Meier-Beck, Mitt. 2000, 199, 204.
181 LG Düsseldorf v. 22. 3. 2001 (Fn. 162).
182-185 frei

§ 6

b) Einzelfälle

Ein schlüssiges, auf Vollrechtsübertragung gerichtetes Verhalten des Arbeitnehmers wurde im Einzelfall angenommen, wenn er eine Schutzrechtsanmeldung auf den Namen seines Arbeitgebers aktiv, selbständig oder gar in eigener Verantwortung über eine Mitwirkungshandlung i.S.d. § 15 Abs. 1 hinaus betreibt[186], intensiv als gleichzeitiger Patentsachbearbeiter bzw. als Verantwortlicher für Patentangelegenheiten an dem Schutzrechtserteilungsverfahren für den Arbeitgeber ohne Geltendmachung eigener Rechte tätig geworden ist[187] oder sich in die »Handhabung« seines Arbeitgebers, ausgehend davon, dass diesem die Erfindung zustehen soll, widerspruchslos (billigend) gefügt hat[188]. In gleichem Sinne bewertet es das OLG Karlsruhe[188a], wenn die Diensterfindung einem konkreten betrieblichen Verbesserungsbedürfnis entspricht, die Geschäftsleitung die mündliche Darstellung des Erfindungsgedankens aufgreift und den Erfinder mit der Ausführung dieses Vorschlags beauftragt. Eine schlüssige Überleitung kann darin liegen, dass der Arbeitgeber in Übereinstimmung mit dem Arbeitnehmer das Schutzrecht für sich angemeldet und den Erfindungsgegenstand verwertet hat[189] oder wenn sich der Erfinder mit der Zahlung einer festgesetzten Vergütung einverstanden erklärte[190] bzw. der Arbeitnehmer auf die arbeitgeberseitige Mitteilung hin, dieser gehe von einer Inanspruchnahme der Diensterfindung aus, die Festlegung der Vergütung verlangte[191]. Dies gilt ferner, wenn der Arbeitnehmer seinen Arbeitgeber (nach Freiwerden) zur unbeschränkten Inanspruchnahme bzw. zum Einsatz der Erfindung auffordert und ihn um Mitteilung bittet, inwieweit diese in Produkte/Verfahren eingearbeitet worden ist und ob der Arbeitgeber die Erfindung betrieblich einsetzt bzw. diese unbeschränkt in Anspruch nimmt[191a]. Auch in den Fällen, in denen der Arbeitgeber die Diensterfindung verwertet und der Arbeitnehmer an den Arbeitgeber mit der Forderung nach Vergütungszahlungen gemäß den Vorgaben des ArbEG herantritt, kommt nach Auffassung der Schiedsstelle der Wille des Arbeitnehmers zum Ausdruck, die

63

---

186 Schiedsst. v. 18.2.1970 Blatt 1971, 171 u.v. 15.4.1989 Arb.Erf. 3/88 (unveröffentl.); vgl. auch Schiedsst. v. 6.8.1992 EGR Nr. 5 zu § 15 ArbEG.
187 Schiedsst. v. 19.4.1960 Blatt 1960, 280, 281 f. m. Anm. Heydt GRUR 1961, 133 f.; Schiedsst. v. 24.5.1972 Blatt 1973, 29, 30; i. Ergebn. ebenso LG Düsseldorf v. 18.5.1972 Az. 4 O 213/71 (unveröffentl.).
188 Schiedsst. v. 16.4.1973 Mitt. 1974, 137; i. Ergebn. auch Schiedsst. v. 25.7.1991 Arb.-Erf. 86/89 (unveröffentl.).
188a OLG Karlsruhe v. 12.2. 1997 Mitt. 1998, 101, 103 – Umschreibung während d. Vindikationsrechtsstreits
189 LG Düsseldorf v. 4.11.1975 Az. 4 O 260/74 i. Anschl. a. Schiedsst. v. 12.11.1973 Arb.Erf. 49/72 (beide unveröffentl.).
190 Schiedsst. v. 10.1.1983 Arb.Erf. 55/81 (unveröffentl.).
191 Schiedsst. v. 2.3.1983 Arb.Erf. 57/82 (unveröffentl.).
191a Vgl. Schiedsst. v. 6.8.1992 (Fn. 186).

§ 6

Rechte an der Diensterfindung trotz Freiwerdens dem Arbeitgeber gegen Vergütungszahlung gemäß § 9 anzubieten[191b], der dieses Angebot durch die weitere Nutzung annimmt, ggf. auch durch (verfristete) Inanspruchnahmeerklärung[191c]. Im Ergebnis nimmt die Schiedsst. eine einvernehmliche Überleitung regelmäßig dann an, wenn der Arbeitgeber die Erfindung mit Kenntnis des Arbeitnehmers widerspruchslos verwertet und die Parteien sodann über die Höhe der angemessenen Arbeitnehmererfindervergütung streiten[191d].

Von einer schlüssigen Übertragung geht die Schiedsstelle auch dann aus, wenn der Arbeitgeber eine frei gewordene Diensterfindung zum Schutzrecht anmeldet und der Arbeitnehmer erklärt, er akzeptiere diese Schutzrechtsanmeldung. Dies gilt auch dann, wenn der Arbeitnehmer sich des Freiwerdens der Diensterfindung nicht bewusst war, da – wie die Schiedsstelle hervorhebt – er diese Rechtsfolgen unschwer durch Nachlesen der Bestimmungen der §§ 6, 8 ersehen konnte[191e]. Auf die Kenntnis des Freiwerdens der Diensterfindung kommt es zumindest dann nicht an, wenn äußerlich erkennbar deren Zuordnung zum Arbeitgeber gewollt ist.[191f]

Für eine schlüssige Übertragung spricht eine Teilnahme des Arbeitnehmers an Lizenzvertragsverhandlungen über seine Erfindung ebenso wie die intensive Einschaltung des Arbeitnehmers in eine geplante Produktionsaufnahme[191g], ferner eine jahrelange widerspruchslose Duldung einer Erfindungsverwertung des Arbeitgebers und die Entgegennahme von Vergütungszahlungen, die eindeutig diese Nutzungsfälle betreffen[191h].

64 Soweit der Arbeitnehmer **Aktivitäten bei einer (inländischen) Schutzrechtsanmeldung** (§ 13 Abs. 1) zugunsten seines Arbeitgebers entfaltet, kann hieraus solange nicht auf seinen Willen zur Rechtsübertragung geschlossen werden, solange er noch der Mitwirkungspflicht nach § 15 Abs. 2 unterliegt[192]. Mit Freiwerden der Diensterfindung durch Fristablauf (§ 8 Abs. 1 Nr. 3) entfällt diese Mitwirkungspflicht; der Arbeitnehmer kann das Freiwerden der Erfindung gegenüber dem Arbeitgeber geltend machen und damit auch die Mitwirkung an dem Erwerb von Rechten an der Erfindung auf den Namen des Arbeitgebers verweigern[192a]. Anmeldeaktivitäten des

---

191b So z.B. EV. v. 28.6.1994 Arb.Erf. 54/93; v. 21.11.1995 Arb.Erf. 16/94 u. v. 23.4.1998 Arb.Erf. 92/96 (alle unveröffentl.).
191c So z.B. Schiedsst. v. 30.6.1994 Arb.Erf. 181/94 (unveröffentl.).
191d Z.B. EV v. 13. 2. 1996, Arb.Erf. 63/94 (unveröffentl.).
191e Z.B. Schiedsst. v. 18.11.1994 Arb.Erf. 87/93 (unveröffentl.).
191f Schiedsst. v. 12.3.2002 Arb.Erf. 92/99 (unveröffentl.).
191g Vgl. auch BGH v. 5.6.1984 GRUR 1984, 652, 653 – Schaltungsanordnung.
191h Schiedsst. Z.B. v. 27.3.1981 Arb.Erf. 33/80 (unveröffentl.); s. auch Volmer/Gaul Rz. 45 zu § 6.
192 OLG Karlsruhe v. 13.7.1983 GRUR 1984, 42, 44 – Digitales Gaswarngerät; Schiedsst. v. 5. 3. 1998 Arb.Erf. 85/96 (unveröffentl.).
192a Schiedsst. v. 6.8.1992 (Fn. 186) u. v. 5.3.1998 (Fn. 192); LG Düsseldorf v. 29.2.2000 Entscheidungen 4. ZK. 2000, 33, 36 f. – Müllbehältergreifvorrichtung; Fricke/Meier-Beck, Mitt. 2000, 199, 200.

§ 6

Arbeitnehmers nach Freiwerden der Diensterfindung können ein Indiz für seinen Willen zur Rechtsübertragung sein.
Eine Angabe des Arbeitgebers in der **Erfinderbenennung** (vgl. § 37 PatG, Art. 81 EPÜ sowie VO über die Benennung des Erfinders vom 29.5.1981) über eine Inanspruchnahme entfaltet als solche keine Rechtswirkung[192b]. Diese Erfinderbenennung richtet sich an das Deutsche Patent- und Markenamt bzw. an das EPA und nicht an den Arbeitnehmererfinder und erfolgt üblicherweise ohne Mitwirkung des Arbeitnehmererfinders. Hierin liegt also keine Inanspruchnahmeerklärung, sondern die Behauptung, dass eine solche Inanspruchnahme erfolgt sei[192c]. Wegen der Unterstützungspflicht des Arbeitnehmers bei der Vorbereitung der Patentanmeldung gilt dies auch dann, wenn der Arbeitnehmer seinen Namen auf der Erfindernennung selbst geschrieben hat[192d]. Erhält der Arbeitnehmer eine Kopie der Erfinderbenennung, erfüllt der Arbeitgeber damit seine Informationspflicht nach § 15 Abs. 1. Ein Schweigen des Arbeitnehmers nach Erhalt einer solchen Information kann deshalb regelmäßig keine schlüssige Zustimmung zu der darin enthaltenen Behauptung über eine Inanspruchnahme darstellen.
Wirkt der Erfinder an der Ausfüllung der Erfindernennung mit, was vor allem bei dem **Antrag auf Nichtnennung als Erfinder, der von ihm eigenhändig zu unterschreiben ist, in Betracht kommt, kann die zeitliche Abfolge maßgebend sein.** Hat der Arbeitnehmer den Blanko-Formulartext unterzeichnet, liegt eine in Bezug auf eine Inanspruchnahme neutrale Erklärung des Arbeitnehmers vor[192e]. In einem solchen Fall kann der Arbeitnehmer dem Formulartext nicht entnehmen, dass der Arbeitgeber die zum Schutzrecht angemeldete Erfindung als übergegangene Diensterfindung für sich beansprucht. Etwas anderes kann dann gelten, wenn der Formulartext bereits einen Hinweis des Arbeitgebers auf eine zuvor erfolgte (angebliche) Inanspruchnahme enthält. Hier kann vom Arbeitnehmer erwartet werden, dass er einer solchen Erklärung widerspricht, wenn diese nicht zutrifft. Unterlässt er dies, so dokumentiert er mit seiner Unterschrift regelmäßig zugleich seine Zustimmung zur Überleitung der Erfindungsrechte.
Allein die Tatsache, dass der Erfinder für eine **Patentanmeldung im Ausland** (vgl. § 14 Abs. 1) die erforderliche Übertragungserklärung abgegeben hat, soll nicht ausreichen[193]; dagegen können darüberhinausgehende Mitwirkungshandlungen einen Übertragungswillen indizieren. So kann nach Auffassung der Schiedsstelle[193a] die Unterzeichnung eines **assignments** für eine US-Patentanmeldung des Arbeitgebers (also der Erklärung der

---

192b Bestätigt durch LG Düsseldorf v. 22. 3. 2001 Az. 4 O 211/00 (unveröffentl.).
192c LG Düsseldorf v. 22. 3. 2001 (Fn. 192b).
192d LG Düsseldorf v. 22. 3. 2001 (Fn. 192b).
192e LG Düsseldorf v. 17.9.1991 (Fn 174).
193 So Schade BB 1962, 260, 261 m.H.a. Schiedsst. v. 5.4.1961 Arb.Erf. 16/60 (unveröffentl.).
193a Schiedsst. v. 15.4.1989 Arb.Erf. 3/88 (unveröffentl.).

§ 6

Übertragung der Rechte an der Erfindung vom Erfinder auf den Anmelder) diesen Zuordnungswillen dokumentieren[193b]. Auch ein vom Arbeitnehmer (ausdrücklich) erklärter Verzicht auf die Übernahme der Erfindungsrechte für eigene Auslandsanmeldungen kann ein Indiz für einen solchen Zuordnungswillen hinsichtlich der gesamten Erfindung zum Arbeitgeber sein.

65 Ein bloßes **Dulden betrieblicher Vorgänge**, auf die der Arbeitnehmer üblicherweise keinen Einfluss hat, gestattet keinen Rückschluss auf einen rechtsgeschäftlichen Übertragungswillen[194]. Insbesondere das widerspruchslose Hinnehmen der vom Arbeitgeber durchgeführten Eigen- und Fremdnutzung der Diensterfindung reicht für sich allein grundsätzlich nicht aus[195]. Es müssen vielmehr weitere Tatbestände hinzutreten, die einen entsprechenden Übertragungswillen zweifelsfrei erkennen lassen (s. Rz. 63).

Das bloße **Verhandeln** des Arbeitgebers mit dem Arbeitnehmer **über** die **Vergütung** von Nutzungshandlungen, bei denen erkennbar dem Erfinder seine Rechtsposition hinsichtlich des Freiwerdens seiner Erfindung nicht bewusst geworden ist, kann auch noch kein ausreichendes Indiz für eine einvernehmliche Überleitung der (frei gewordenen) Erfindung auf den Arbeitgeber sein, da ein derartiger Rechtsverzicht die Kenntnis des Rechts voraussetzt[196].

c) Inhalt und Umfang

66 Von der Feststellung des Zustandekommens einer schlüssigen Vereinbarung ist – da ja hier eine Übertragung außerhalb des ArbEG vorliegt – die ihres **Inhalts** zu trennen, namentlich, ob die Einräumung eines einfachen Nutzungsrechts (vergleichbar dem Recht aus der beschränkten Inanspruchnahme – § 7 Abs. 2) oder die Vollrechtsübertragung gewollt ist, ferner, ob die Vergütung nach den Regeln des ArbEG für eine in Anspruch genommene Diensterfindung oder für einen freien Erfinder (also ohne den Anteilsfaktor A – vgl. RL Nrn. 30 ff.) erfolgen soll[206].

67 Der **Umfang der Rechtseinräumung** kann sich nur nach dem Einzelfall bestimmen, ohne dass hierfür Regeln aufgestellt werden können. Ein Hinweis kann sich aus der Höhe der Vergütung wie auch daraus ergeben, ob

---

193b Vgl. auch den Fall bei BGH v. 17. 10. 2000 GRUR 2001, 226 – Rollenantriebseinheit.
194 Vgl. Volmer BB 1976, 1513.
195 Vgl. auch BGH v. 5.6.1984 GRUR 1984, 652, 653 – Schaltungsanordnung.
196 LG Düsseldorf v. 22. 3. 2001 (Fn. 192b); i.d.S. wohl auch Schiedsst. v. 19.12.1983 Arb.Erf. 29/83 (unveröffentl.).
197-205 frei
206 Bartenbach Mitt. 1971, 232, 238 ff.; vgl. auch BGH v. 24.9.1979 GRUR 1980, 38, 39 r.Sp. – Fullplastverfahren v. 14. 11. 2000 GRUR 2001, 223, 224 – Bodenwaschanlage, der beim Erwerb einer Vorrichtung die Einräumung von Nutzungsrechten bewusst von deren Vergütung trennt; s. auch Schiedsst. v. 22.2.1985 Blatt 1985, 195; BGH v. 9.1.1964 GRUR 1964, 449, 441 – Drehstromwicklung.

§ 6

sich dem Arbeitnehmer nach der Marktsituation noch anderweitige Verwertungsmöglichkeiten eröffnen und inwieweit ihm diese Nutzungen »überlassen« werden.

Im Ubrigen wird mangels anderweitiger Anhaltspunkte davon auszugehen sein, dass die Arbeitsvertragsparteien **im Zweifel die (ausgewogenen) Regeln des ArbEG** über die Behandlung als (unbeschränkt in Anspruch genommene) Diensterfindung (§§ 9 ff.) zugrunde legen wollen, sofern dies der Billigkeit (vgl. § 23) und dem Vertragszweck entspricht[206a]. Soweit aus dem Zweckübertragungsgrundsatz (siehe dazu Rz. 4 zu § 1) hergeleitet wird, es sei nur eine – ggf. zeitlich beschränkte – Nutzungsrechtseinräumung gewollt[206b], kann dem nicht gefolgt werden: Bei vorbehaltloser schlüssiger Rechtseinräumung an einer Diensterfindung will der Arbeitnehmer im Zweifel die umfassenden Pflichten des Arbeitgebers, die bei unbeschränkter Inanspruchnahme bestehen (§§ 9, 12 bis 16, 23, 24, 26) mitvereinbaren. Damit korrespondiert das regelmäßige Interesse des Arbeitgebers an einem vollen Rechtserwerb aus betrieblichen Zwecken. Dementsprechend wird auch das dem ArbEG für Diensterfindungen zu Grunde liegende **Leitbild des vollen Rechtsübergangs** (vgl. § 7 Abs. 1) gewollt sein (siehe auch oben Rz. 12). Insoweit unterscheiden sich die Vorstellungen der Arbeitsvertragsparteien bei Diensterfindungen von den Sachverhalten, auf die die Zweckübertragungslehre üblicher Weise zugeschnitten ist.

Im Falle einer einvernehmlichen konkludenten Überleitung der Rechte an der Erfindung auf den Arbeitgeber geht die Schiedsstelle deshalb zu Recht davon aus, dass die Arbeitsvertragsparteien alle Rechte und Pflichten des ArbEG für Diensterfindungen vereinbaren. Dementsprechend hält die Schiedsstelle den Arbeitgeber u.a. für verpflichtet, die unverzügliche Schutzrechtsanmeldung nach § 13 Abs. 1 zu bewirken, auch ohne dass eine Meldung des Arbeitnehmers nach § 5 vorangegangen ist[207]. Ebenso ist der Arbeitgeber zur Auslandsfreigabe gemäß § 14 Abs. 2 verpflichtet[207a]. Andererseits führt die beiderseitige Fehleinschätzung nach Auffassung der Schiedsstelle dazu, dass die Arbeitsvertragsparteien bezüglich der auf diese Fehleinschätzung zurückgehenden Pflichtverletzungen, insbesondere der Verletzung der Meldepflicht einerseits und der Verletzung der Schutzrechtsanmeldepflicht andererseits, keinen Schadensersatz schulden[208].

Zur **Vergütung** s. Rz. 16 ff. vor §§ 9–12.

206a Davon geht die Schiedsst. in ständ. Praxis aus, sofern keine Anhaltspunkte für eine bloße Einräumung von Benutzungsrechten vorliegen, z.B. i. Ergeb. Schiedsst. v. 6.8.1992 EGR Nr. 5 zu § 15 ArbEG; v. 15.11.1994 Arb.Erf. 3/93; v. 18.11.1994 Arb.Erf. 87/93; v. 8. 2. 1996 Arb.Erf. 61/94 (sämtl. unveröffentl.).
206b So Fricke/Meier-Beck, Mitt. 2000, 199, 205.
207 Schiedsst. v. 25.1.1994 Arb.Erf. 139/92 (unveröffentl.); v. 15.11.1994 (Fn. 206a).
207a Ständ. Praxis d. Schiedsst., z.B. v. 15.11.1994 (Fn. 206a).
208 Schiedsst. v. 25.1.1994 (Fn. 207).

§ 6

E. Anfechtung der Inanspruchnahmeerklärung

68 Als Willenserklärung unterliegt die Inanspruchnahmeerklärung den **allgemeinen Grundsätzen über Willensmängel** gem. §§ 116 ff. BGB. Ein **Irrtum** des Arbeitgebers **über die Schutzfähigkeit** der Erfindung berechtigt i. d. R. nicht zur Anfechtung nach § 119 BGB. Auch wenn die Schutzfähigkeit an sich eine verkehrswesentliche Eigenschaft im Sinne des § 119 Abs. 2 BGB darstellt (s. hierzu Rz. 37 zu § 8), so fehlt es jedoch grundsätzlich an der Kausalität. Beachtlich bleibt, dass § 2 lediglich die Möglichkeit der Schutzrechtserteilung genügen lässt (vgl. Rz. 17), so dass sich eine im Erteilungsverfahren herausstellende mangelnde Schutzfähigkeit die vorläufige Vergütungspflicht des Arbeitgebers für die bis zur endgültigen Schutzrechtsversagung vorgenommenen Nutzungstatbestände nicht berührt[209] (s. auch Rz. 65 zu § 12). Eine rückblickende Bewertung der Schutzfähigkeit ist nicht zulässig[210]. Ein Irrtum des Arbeitgebers **über die Verwertbarkeit** der Erfindung berechtigt als unbeachtlicher Motivirrtum ebenfalls grundsätzlich nicht zur Anfechtung. Zum beiderseitigen Irrtum über die Schutzfähigkeit und Behandlung als qualifizierter Verbesserungsvorschlag s. Rz. 12 zu § 20.

69 Eine **Täuschung** des Arbeitgebers durch den Arbeitnehmer über die Schutzfähigkeit (z.B. durch Meldung eines einem Dritten erteilten Patentes zur Erschleichung von Vergütungsansprüchen) berechtigt den Arbeitgeber zur Anfechtung gem. § 123 BGB (womit er die Vergütungsfolgen einer Inanspruchnahme beseitigt) und zu Schadensersatzforderungen (§§ 823, 826 u. § 280 Abs. 1, § 619 a BGB).

Zur Inanspruchnahme einer freien Erfindung als »Diensterfindung« vgl. Rz. 43 zu § 18.

F. Besonderheiten bei mehreren Beteiligten

I. Mehrere Arbeitnehmer-Miterfinder

70 Da jeder einzelne Arbeitnehmer-Miterfinder (zum Begriff s. Rz. 44 f. zu § 5) in seiner Beziehung zum Arbeitgeber von den anderen am Zustandekommen der Diensterfindung beteiligten Arbeitnehmer-Miterfindern unabhängig ist, löst jede Erfindungsmeldung (vgl. auch § 5 Abs. 1 Satz 2) eines Miterfinders eine **gesonderte,** nur seinen Anteil an der Erfindung betreffende **Inanspruchnahmefrist** aus[220]. Die Inanspruchnahme wirkt nur

---

209 BGH v. 23.6.1977 GRUR 1977, 784, 786 f. – Blitzlichtgerät; s. auch BGH v. 28.6.1962 GRUR 1963, 135 ff. – Cromegal.
210 BGH v. 30.3.1971 GRUR 1971, 475, 477 – Gleichrichter.
211-219 frei
220 Allg. A., z.B. Schiedsst. v. 23.4.1979 Blatt 1980, 233; Volmer/Gaul Rz. 60 f. zu § 6.

§ 6

gegenüber dem Miterfinder, gegenüber dem sie ausgesprochen worden ist[221].

Auch bei einer gemeinsamen Meldung im Sinne des § 5 Abs. 1 Satz 2 muss der Arbeitgeber **jedem einzelnen** Miterfinder gegenüber die Inanspruchnahme erklären[222] (zur Form s. Rz. 27 ff.). Auf Grund der zwischen den Miterfindern bestehenden Bruchteilsgemeinschaft gem. §§ 741 ff. BGB (s. dazu Rz. 51 f. zu § 5) ergreift die Inanspruchnahme jeweils nur den Anteil des einzelnen Miterfinders (§ 747 Satz 1 BGB)[223]. Allerdings können die Miterfinder einen von ihnen oder einen Dritten zur Entgegennahme der Inanspruchnahmeerklärung bevollmächtigen (vgl. auch Rz. 54 zu § 5). 71

Will der Arbeitgeber die Rechte an einer Diensterfindung in vollem Umfang erlangen, muss er die **unbeschränkte Inanspruchnahme jedem Miterfinder gegenüber** erklären. Grundsätzlich denkbar – allerdings im Hinblick auf das Gleichbehandlungsgebot (s. dazu Rz. 21 zu § 25) und die arbeitsrechtliche Fürsorgepflicht bedenklich[224] und auch im Regelfall nicht zweckmäßig – ist es, nur gegenüber einzelnen Miterfindern die Diensterfindung in Anspruch zu nehmen[225]. In diesem Fall rückt der Arbeitgeber in die Bruchteilsgemeinschaft mit den übrigen Miterfindern ein[226]. Gleiches gilt, wenn er die Inanspruchnahmefrist einzelnen gegenüber versäumt. Dann verschafft die unbeschränkte Inanspruchnahme eines oder einzelner Bruchteile dem Arbeitgeber jedenfalls ein Eigennutzungsrecht an der gesamten Erfindung gemäß § 743 Abs. 2 BGB[227] (s. auch Rz. 99 zu § 16). Im Übrigen unterliegt er aber den durch die Bruchteilsgemeinschaft vermittelten Bindungen, ist also insbesondere gehindert, über die Erfindung als ganzes etwa durch Verkauf bzw. Lizenzvergabe zu verfügen. Dies gilt auch dann, wenn er gegenüber einzelnen Miterfindern unbeschränkt, den Übrigen gegenüber nur beschränkt in Anspruch nimmt mit der Folge, dass zugunsten der letzteren die Erfindungsanteile gemäß § 8 Abs. 1 Nr. 2 frei werden (vgl. im Übrigen Rz. 68 zu § 8). 72

Will der Arbeitgeber die Erfindung lediglich **beschränkt in Anspruch nehmen,** bedarf es einer solchen Inanspruchnahmeerklärung gegenüber allen Miterfindern. Nur auf diese Weise erhält der Arbeitgeber ein einfaches Benutzungsrecht, ohne in die Bruchteilsgemeinschaft der Miterfinder ein-

---

221 Schiedsst. v. 23.4.1979 (Fn. 220); Volmer/Gaul (Fn. 220).
222 Lüdecke Erfindungsgem. (1962) S. 75 ff., 77 mit eingehender Darstellung dieses Problemkreises.
223 Reimer/Schade/Schippel/Kaube Rz. 11 zu § 6 m.w.N.
224 Vgl. Wunderlich, Die gemeinschaftl. Erfindung S. 133 f.
225 H. M. Reimer/Schade/Schippel/Kaube (Fn. 223); Lindenmaier/Weiss PatG Rz. 31 zu § 3; Lüdecke (Fn. 222) S. 78; Wunderlich, a.a.O. (Fn. 224); a.A. Halbach Anm. 4 zu § 6, »wonach die Inanspruchnahme »unteilbar« sei.
226 Lüdecke (Fn. 225); Wunderlich a.a.O. (Fn. 224) S. 133.
227 Bernhardt/Kraßer Lehrb. PatR § 21 III b 4 a. E. (aber streitig; zum Meinungsstand s. Sefzig GRUR 1995, 302 ff.).

291

§ 6

zurücken[228]. Versäumt er einzelnen Miterfindern gegenüber eine beschränkte Inanspruchnahme oder unterlässt er diese bewusst, ist zweifelhaft, ob er dann überhaupt – ungeachtet einer unbilligen Erschwerung i. S. d. § 7 Abs. 2 Satz 2 – ein solches einfaches Nutzungsrecht erwerben kann. Dieses Nutzungsrecht entsteht richtigerweise wohl nur dann, wenn es sich auf sämtliche Anteile an dem gemeinsamen Recht (Bruchteilsgemeinschaft) bezieht, da anderenfalls eine der Bruchteilsgemeinschaft wesensfremde Vervielfältigung dieses auf den Anteil an der Bruchteilsgemeinschaft beschränkten Nutzungsrechts eintreten würde[228]. Dieses Ergebnis könnte der Arbeitgeber formal nach dem oben Gesagten dadurch vermeiden, dass er nur gegenüber einem Miterfinder unbeschränkt in Anspruch nimmt und damit über das Einrücken in die Bruchteilsgemeinschaft ein Eigenverwertungsrecht erwerben würde. Ein solches Vorgehen verbietet sich aber aus den obigen arbeitsrechtlichen Überlegungen.

73   Haben neben den Arbeitnehmern **noch freie Miterfinder** an dem Zustandekommen der Erfindung mitgewirkt, so richtet sich das Überleitungsrecht letzteren gegenüber nach der mit diesen getroffenen vertraglichen Abrede (vgl. Rz. 48 f. zu § 1). Verbleiben den freien Miterfindern ihre ideellen Erfindungsanteile, so tritt der Arbeitgeber nach unbeschränkter Inanspruchnahme gegenüber seinen Arbeitnehmern an deren Stelle in die mit den freien Erfindern bestehende Bruchteilsgemeinschaft ein[229].

II. Mehrere Arbeitgeber (insbes. zwischenbetriebliche Kooperation)

74   Ist eine Erfindung beispielsweise im Rahmen einer zwischenbetrieblichen Kooperation unter Beteiligung der Miterfinder mehrerer Arbeitgeber entstanden, sind die **Rechte und Pflichten aus dem ArbEG jeweils nur im Verhältnis der Arbeitsvertragsparteien** begründet (s. hierzu Rz. 106 zu § 1) und auch nur in dieser Beziehung auszuüben. Der jeweilige Arbeitgeber (Kooperationspartner) kann also nur die auf seine Mitarbeiter zurückzuführenden ideellen Erfindungsanteile diesen gegenüber in Anspruch nehmen[235]. Das Inanspruchnahmerecht als höchstpersönliches Recht (s. oben Rz. 8) kann er nicht auf die übrigen Kooperationspartner übertragen; es steht ihm aber frei, zur Abgabe der Inanspruchnahmeerklärung einen anderen Kooperationspartner oder sonstigen Dritten zu bevollmächtigen[236]. Die Inanspruchnahme wirkt auch nur gegenüber dem Miterfinder, dem gegenüber sie ausgesprochen ist (s. oben Rz. 70) und ergreift nur den dem

---

228   Bernhardt/Kraßer (Fn. 227).
229   Lüdecke (Fn. 222), S. 75 ff., 77, 114 f.
230-234 frei
235   Vgl. z.B. OLG Frankfurt v. 30.4.1992 GRUR 1992, 852, 854 l.Sp. – Simulation von Radioaktivität; ausf. Bartenbach, Zwischenbetriebl. Koop. S. 86 ff.
236   S. auch BGH v. 9.1.1964 GRUR 1964, 449, 452 – Drehstromwicklung; Bartenbach (Fn. 235).

§ 6

einzelnen Arbeitnehmererfinder zustehenden Bruchteil an den Erfindungsrechten (oben Rz. 71).

Soll die Erfindung als Ganzes der zwischenbetrieblichen Kooperation zugute kommen, ist eine **unbeschränkte Inanspruchnahme** seitens der einzelnen Kooperationspartner gegenüber der Gesamtheit ihrer jeweiligen Arbeitnehmererfinder erforderlich. Zur Wirkung einer (auch unvollständigen) Inanspruchnahme s. Rz. 5 zu § 7; zum Betriebsübergang s. Rz. 114 f.; zur Konzernsituation s. Rz. 129 ff. und zum Leiharbeitsverhältnis s. Rz. 133 f., jeweils zu § 1.

Erklärt jeder Kooperationspartner gegenüber seinen Arbeitnehmererfindern lediglich eine **beschränkte Inanspruchnahme,** so ist dies nach der herrschenden Meinung allenfalls geeignet, jedem Partner ein auf die Bedürfnisse seines eigenen Unternehmens ausgerichtetes Eigennutzungsrecht zu vermitteln; die zwischen den Arbeitnehmermiterfindern gegebene Bruchteilsgemeinschaft (s. dazu Rz. 51 f. zu § 5 und oben Rz. 71) bleibt zwischen diesen bestehen, ohne dass die Kooperationspartner als Teilhaber einrücken; eine Rechtsgemeinschaft »an der Erfindung« entsteht zwischen den einzelnen Arbeitgebern nicht[237]. Ob allerdings eine damit zwangsläufig verbundene Vervielfältigung der Benutzungsrechte an den einzelnen Erfindungsanteilen mit dem Wesen der Bruchteilsgemeinschaft vereinbar ist, erscheint sehr fraglich (vgl. oben Rz. 72). Jedenfalls wird ein solches letztlich auch dem Wesen einer Kooperation widersprechendes Vorgehen eine unbillige Erschwerung der Nutzungsbefugnisse der Arbeitnehmererfinder im Sinne des § 7 Abs. 2 Satz 2 darstellen.

Steht der Arbeitnehmer in einem **Arbeitsverhältnis zur Kooperation als Personengesamtheit** (vgl. Rz. 107 zu § 1), ist jeder Kooperationspartner als Arbeitgeber im Verhältnis zum Arbeitnehmererfinder zur Inanspruchnahme berechtigt. 75

Zur Vergütung s. Rz. 191 f. zu § 9.

G. Besonderheiten beim öffentlichen Dienst

Bei Erfindungen von Arbeitnehmern im öffentlichen Dienst kann der Arbeitgeber/Dienstherr die Diensterfindung (s. Rz. 21 f., 49 zu § 4) ebenfalls nach (im Verhältnis zum Bediensteten) freier – intern aber haushaltsrechtlich beeinflusster – Entscheidung unbeschränkt oder (wie vielfach praktiziert) beschränkt in Anspruch nehmen oder freigeben[250] (§ 8 Abs. 1 Nr. 1). Er kann aber auch gem. § 40 Nr. 1 anstelle der Inanspruchnahme der Diensterfindung eine angemessene Beteiligung an dem Ertrag der Dienst- 76

---

237 Zutr. Lüdecke (Fn. 222) S. 144.
238-249 frei
250 Ausf. dazu Volz, Öffentl. Dienst (1985) S. 71 ff.

§ 6

erfindung beanspruchen, wenn dies vorher vereinbart worden ist (Einzelheiten s. Rz. 15 ff. zu § 40). Nach § 42 n. F. unterliegen nunmehr auch Erfindungen an Hochschulen als Diensterfindung im Grundsatz dem Inanspruchnahmerecht nach §§ 6, 7, nicht jedoch dem Beteiligungsanspruch nach § 40 Nr. 1 (§ 42 Nr. 5). Im Falle der unbeschränkten Inanspruchnahme verbleibt dem Hochschulwissenschaftler nach § 42 Nr. 3 ein einfaches Benutzungsrecht.

§ 7 Wirkung der Inanspruchnahme

(1) Mit Zugang der Erklärung der unbeschränkten Inanspruchnahme gehen alle Rechte an der Diensterfindung auf den Arbeitgeber über.
(2) Mit Zugang der Erklärung der beschränkten Inanspruchnahme erwirbt der Arbeitgeber nur ein nichtausschließliches Recht zur Benutzung der Diensterfindung. Wird durch das Benutzungsrecht des Arbeitgebers die anderweitige Verwertung der Diensterfindung durch den Arbeitnehmer unbillig erschwert, so kann der Arbeitnehmer verlangen, dass der Arbeitgeber innerhalb von zwei Monaten die Diensterfindung entweder unbeschränkt in Anspruch nimmt oder sie dem Arbeitnehmer freigibt.
(3) Verfügungen, die der Arbeitnehmer über eine Diensterfindung vor der Inanspruchnahme getroffen hat, sind dem Arbeitgeber gegenüber unwirksam, soweit seine Rechte beeinträchtigt werden.

Lit.: S. bei § 6.

Übersicht

A. Allgemeines	1
B. Zugang der Inanspruchnahmeerklärung	2-4
C. Wirkungen der unbeschränkten Inanspruchnahme (Abs. 1)	5-27
I. Übergang »aller Rechte an der Diensterfindung auf den Arbeitgeber«	5-26
1. Erwerb der vermögenswerten Rechte	5, 5.1
2. Materielle Befugnisse des Arbeitgebers	6-9
3. Verfahrensrechtliche Stellung gegenüber Schutzrechtserteilungsbehörden	10-23
a) Arbeitgeber als Herr des Erteilungsverfahrens	10
b) Inlandsschutzrechtsanmeldung des Arbeitnehmers vor Inanspruchnahme	11-18
aa) Übergang der Verfahrenspositionen auf den Arbeitgeber	11-13
bb) Beseitigung von Schutzumfangseinschränkungen	14
cc) Geltendmachung der widerrechtlichen Entnahme (§ 7 Abs. 2, § 21 Abs. 1 Nr. 3 PatG, § 13 Abs. 3 GebrMG)	15-18
c) Inlandsschutzrechtsanmeldung des Arbeitnehmers nach Inanspruchnahme	19, 20
d) Inlandsschutzrechtsanmeldungen durch Dritte	21
e) Auslandsschutzrechtsanmeldungen durch den Arbeitnehmer oder Dritte	22
f) Ergänzende Ansprüche des Arbeitgebers	23
4. Verbleib der Persönlichkeitsrechte beim Arbeitnehmer	24-26.1

§ 7

II. Pflichten des Arbeitgebers gegenüber dem Arbeitnehmer.... 27
D. Wirkungen der beschränkten Inanspruchnahme (Abs. 2 Satz 1) 28-59
  I. Das nichtausschließliche Recht zur Benutzung............ 28-38
    1. Inhalt des Benutzungsrechts 29-35
    2. Nutzungsrecht des Arbeitgebers im Ausland............ 36, 37
    3. Einschränkungen des Nutzungsrechts durch Geheimhaltungspflichten . 38
  II. Unbilliges Erschweren anderweitiger Verwertung (Abs. 2 S. 2).............. 39-59
    1. Grundsatz...................... 39, 40
    2. Unbilliges Erschweren...... 41-48
  3. Verlangen des Arbeitnehmers – Wahlrecht des Arbeitgebers................... 49-51
  4. Fristbeginn.................. 52, 53
  5. Rechtsfolgen nach § 8 Abs. 1 Nr. 3 2. Alt....... 54-58
  6. Beweis........................... 59
E. Verfügungsbeschränkungen des Arbeitnehmers (Abs. 3).............. 60-68
  I. Verfügungen vor Inanspruchnahme.................... 60-66
    1. Relative Unwirksamkeit ... 60
    2. Arten der Verfügungen...... 61-63
    3. Rechtsfolgen................. 64-66
  II. Verfügungen nach Inanspruchnahme.................... 67, 68
F. Eigenverwertungshandlungen des Arbeitnehmers.............. 69, 70

A. Allgemeines

1 In Ergänzung zu § 6 regelt diese Bestimmung die Wirkung der Inanspruchnahme, je nachdem, ob der Arbeitgeber die Diensterfindung unbeschränkt (Abs. 1) oder nur beschränkt (Abs. 2) in Anspruch genommen hat. Der Möglichkeit einer beschränkten Inanspruchnahme, die nach früherem Recht nur für den öffentlichen Dienst vorgesehen war (vgl. § 11 Abs. 3 DVO 1943)[1], sind aus Billigkeitsgründen im Interesse der Arbeitnehmer durch § 7 Abs. 2 Satz 2 gewisse Grenzen gesetzt. Die beschränkte Inanspruchnahme hat gem. § 8 Abs. 1 Nr. 2 die Wirkung einer Freigabe (s. dort Rz. 29 f.). Zum Schutz des Arbeitgebers vor Verfügungen des Arbeitnehmers vor Inanspruchnahme bestimmt Abs. 3 deren relative Unwirksamkeit.

Die Inanspruchnahme stellt zwar kein Anerkenntnis der Schutzfähigkeit der technischen Neuerung dar (vgl. Rz. 15 zu § 2); jedoch bewirkt diese Erklärung, dass die technische Neuerung vorläufig so behandelt wird, als ob es sich um eine (schutzfähige) Diensterfindung handelt (s. Rz. 17 f. zu § 6).

Zur Geltung in den neuen Bundesländern s. Rz. 4 zu § 6.

B. Zugang der Inanspruchnahmeerklärung

2 Sowohl die unbeschränkte als auch die beschränkte Inanspruchnahme setzen zum jeweiligen Rechtserfolg den Zugang der schriftlichen Erklärung im Sinne des § 6 Abs. 2 Satz 1 (s. dort Rz. 54 und Rz. 10 f. zu § 5) voraus.

---

1 Krit. z. dieser Ausweitung: Herschel RdA 1982, 265, 267.
2 frei

§ 7

Wegen der dem Arbeitgeber obliegenden **Beweislast** für den (rechtzeitigen) Zugang der Inanspruchnahmeerklärung (s. dazu Rz. 6 zu § 6) wäre das Schriftstück gegen datierte Empfangsbestätigung auszuhändigen oder per Einschreiben (mit Rückschein) zu übersenden (s. Rz. 29 zu § 16). 3

Die in § 7 Abs. 1 bzw. 2 genannten **Rechtswirkungen** treten unmittelbar **mit Zugang** der Erklärung beim Arbeitnehmer Kraft Gesetzes ein, ohne dass es noch einer Zustimmung bzw. Mitwirkungshandlung des Arbeitnehmers bedarf[3]. 4

C. Wirkungen der unbeschränkten Inanspruchnahme (Abs. 1)

I. Übergang »aller Rechte an der Diensterfindung auf den Arbeitgeber«

1. Erwerb der vermögenswerten Rechte

Aufgrund des gesetzlichen Rechtsübergangs wird der Arbeitgeber **Rechtsnachfolger** des Arbeitnehmers hinsichtlich **aller übertragbaren vermögenswerten Rechte** an der Erfindung einschließlich etwaiger vom Arbeitnehmer bereits erworbener Schutzrechtspositionen (s. Rz. 11 f. – Vollrechtserwerb), und zwar unabhängig vom Umfang der Erfindungsmeldung (s. hierzu Rz. 20 zu § 6). Dieser Kraft Gesetzes eintretende Rechtsübergang ist wegen des daran ebenfalls Kraft Gesetzes anknüpfenden Vergütungsanspruchs **verfassungskonform** (s. Rz. 3.1 zu § 6). 5

Nach Auffassung der Schiedsstelle entsteht durch die unbeschränkte Inanspruchnahme ein gesetzliches Schuldverhältnis zwischen Arbeitgeber und Arbeitnehmererfinder bezüglich der Diensterfindung, das alle Merkmale eines Dauerschuldverhältnisses trägt, nämlich einer **lizenzvertraglichen Beziehung zwischen Arbeitnehmererfinder** als Lizenzgeber **und Arbeitgeber** als Lizenznehmer; die Leistung des Arbeitnehmererfinders sei nicht bereits mit Schaffung der Diensterfindung und ihrer Meldung an den Arbeitgeber vollbracht, sondern bestehe vielmehr in der permanenten Gewährung der Nutzungs- und Verwertungsrechte an der Erfindung[3a]. Dieser Auffassung kann u.E. nicht beigetreten werden; vielmehr entsteht das durch das ArbEG begründete gesetzliche Schuldverhältnis bereits mit Fertigstellung der Diensterfindung und wird durch deren Inanspruchnahme konkretisiert (s. Rz. 160 zu § 1) und die Rechtspositionen der Arbeitsver-

---

3 Allg. A., vgl. BGH v. 10.11.1970 GRUR 1971, 210, 212 – Wildverbissverhinderung; OLG Nürnberg v. 29.4.1969 GRUR 1970, 135 – Kunststoffskimatte; Busse/Keukenschrijver PatG Rz. 1 zu § 7 ArbEG; s. z. früheren Recht auch LG Braunschweig v. 26.1.1955 NJW 1955, 994; Friedrich, GRUR 1943, 222, 226.
3a Schiedsst. v. 26.2.1993 GRUR 1996, 49, 53 – Gießereimaschinen m. krit. Anm. Bartenbach/Volz; bestätigt d. Schiedsst. v. 4.6.1993 GRUR 1994, 615, 618.

§ 7

tragsparteien unterscheiden sich grundlegend von denen zwischen Lizenzparteien[3b].

5.1   Erfolgt bei der **zwischenbetrieblichen Kooperation** eine unbeschränkte Inanspruchnahme seitens der einzelnen Kooperationspartner gegenüber der Gesamtheit ihrer jeweiligen Arbeitnehmererfinder (s. hierzu Rz. 74 f. zu § 6), wird mit Zugang der Inanspruchnahmeerklärung die bisherige Bruchteilsgemeinschaft der Miterfinder von den betreffenden Kooperationspartnern fortgeführt[4]; ggf. wird die Erfindung bei Vorliegen eines Gesellschaftsverhältnisses (§§ 705 ff. BGB) zwischen den Kooperationspartnern Bestandteil des Gesamthandsvermögens (§ 718 BGB)[5]. Nehmen die einzelnen Arbeitgeber die Erfindungsanteile mit unterschiedlichem Umfang in Anspruch oder verzichten sie teilweise auf die Inanspruchnahme, bilden einzelne Kooperationspartner mit der jeweiligen Rechtsüberleitung eine Bruchteilsgemeinschaft mit den verbleibenden Miterfindern, deren Erfindungsanteile nicht in Anspruch genommen worden sind (vgl. § 747 BGB).

Haben bei einer Erfindergemeinschaft neben den Arbeitnehmern noch **freie Miterfinder** an dem Zustandekommen der Erfindung mitgewirkt, so richtet sich das Überleitungsrecht letzteren gegenüber nach den mit diesen getroffenen vertraglichen Absprachen (s. Rz. 73 zu § 6).

2. Materielle Befugnisse des Arbeitgebers

6   Als nunmehr **alleiniger Berechtigter** kann der Arbeitgeber die Rechte an der Erfindung in allen Benutzungsarten z. B. des § 9 PatG selbst nutzen bzw. hieran (ausschließliche oder einfache) Nutzungsrechte (Lizenzen) vergeben; aufgrund der Vollrechtsübertragung hat er auch das Recht, im Ausland Schutzrechtsanmeldungen zu tätigen (vgl. § 14 Abs. 1). Er kann über die Erfindung auch insoweit frei verfügen, als er sie als ganzes oder – zur Erlangung von Auslandsschutzrechten – teilweise Dritten überträgt[8] (s. auch Rz. 3 zu § 13).

Die unbeschränkte Inanspruchnahme begründet keine Pflicht des Arbeitgebers zur wirtschaftlichen Verwertung der Diensterfindung, auch

---

3b   Vgl. dazu Vorauflage (1997), dort Rz. 5 zu § 7.
4   Vgl. Lüdecke, Erfindungsgem., S. 114, der allerdings von der Entstehung einer neuen Bruchteilsgemeinschaft ausgeht; vgl. auch Schiedsst. v. 1. 3. 1961 Blatt 1962, 17 m. Anm. Schippel GRUR 1962, 191 f. u.v. 23.7.1991 Blatt 1993, 114, 155 – Mischer; OLG Frankfurt v. 30.4.1992 GRUR 1992, 852, 854 – Simulation von Radioaktivität.
5   Einzelheiten bei Bartenbach, Zwischenbetr. Kooperation S. 89.
6   frei
7   Schiedsst. v. 9.5.1985 Blatt 1985, 383, 384 u. LG Düsseldorf v. 29.9.1999 Entscheidungen 4. ZK. 2000, 8, 11 – Abfallsammelbehälter.
8   Allg. A., z.B. Schiedsst. v. 8.6.1973 Blatt 1973, 366, 367 u.v. 19.12.1991 GRUR 1992, 847, 848 – Geschäftsaktivitäten-Veräußerung; Busse/Keukenschrijver PatG Rz. 3 zu § 7 ArbEG.

§ 7

nicht unter dem Gesichtspunkt der Optimierung der Vergütungsansprüche des Arbeitnehmererfinders[8a]. Die **Verwertung** der Erfindung steht vielmehr **im Belieben des Arbeitgebers**; in seiner unternehmerischen Ermessensfreiheit ist er lediglich begrenzt durch das Gebot der guten Sitten und durch das Verbot von Rechtsmissbrauch und Willkür[9].

Mit dem Übergang der Erfindungsrechte auf den Arbeitgeber wird die Diensterfindung dem **Einflussbereich des Arbeitnehmers** – mit Ausnahme seiner Persönlichkeitsrechte (s. dazu Rz. 24 ff) – gänzlich **entzogen**; er ist nicht befugt und rechtlich nicht in der Lage, auf die Entschließungen des Arbeitgebers zur wirtschaftlichen Auswertung der Erfindung Einfluss zu nehmen[10]. Ein Mitspracherecht hinsichtlich der Verwertung der Erfindung ist dem Erfinder vom Gesetzgeber ebenso wenig eingeräumt worden[10a] wie ein Anspruch auf Übernahme der Diensterfindung, wenn der Arbeitgeber diese nicht verwertet[11] (vgl. aber auch RL Nr. 22 S. 3; s. i. übrigen Rz. 89 zu § 9 u. Rz. 15 ff. zu § 16). Da der Arbeitgeber das Risiko einer Verwertung der Diensterfindung insofern völlig allein trägt, als ihn auch etwaige Verluste allein treffen, liegt der Entschluss, ein solches Verwertungsrisiko einzugehen, im Kernbereich der unternehmerischen Entscheidungsfreiheit[11a].

Unterlässt der Arbeitgeber eine Verwertung, so geben weder das ArbEG noch das allgemeine Recht dem Erfinder einen Anspruch, vom Arbeitgeber eine Begründung seiner Entscheidung zu erhalten; dies gilt auch bei einer beschränkten Inanspruchnahme[12]. Aus dem Gesichtspunkt der Fürsorgepflicht bzw. aus Treu und Glauben (§ 242 BGB) könnte solches allenfalls dann in Betracht gezogen werden, wenn Anhaltspunkte für einen willkürlichen Verzicht auf Nutzungshandlungen gegeben sind oder wenn der Arbeitgeber damit von einer vorherigen Verwertungszusage abrückt.

Zur Vergütungspflicht bei nicht verwerteten Erfindungen s. Rz. 210 ff. zu § 9 sowie RL Nrn. 20 ff.

Die **Übertragung** der Erfindungsrechte durch den Arbeitgeber **auf Dritte** beseitigt das durch das ArbEG begründete Rechtsverhältnis zwischen Arbeitgeber und Arbeitnehmer nicht. Gerade weil die **Rechte und Pflich-**

7

8a   Schiedsst. v. 29.5.1996 Arb.Erf. 9/95 (unveröffentl.).
9   Vgl. BAG v. 30.4.1965 GRUR 1966, 88 – Abdampfverwertung.
10   BGH v. 17.4.1973 GRUR 1973, 649, 651 r.Sp. – Absperrventil; vgl. auch BVerfG v. 24. 4. 1998 NJW 1998, 3704, 3705 – Induktionsschutz von Fernmeldekabeln; s. auch Antwort der BReg. betr. Förderung d. Tätigkt. d. ArbNErf. v. 7. 11. 1974 in BT-Drucks. 7/2758 S. 5; vgl. auch den Fall Schiedsst. v. 28.1.1970 Blatt 1970, 454, 456 u.v. 19.12.1991 (Fn. 8).
10a Schiedsst. v. 9.9.1993 Arb.Erf. 155/92; v. 22.3.1994 Arb.Erf. 77/93; v. 17. 1. 1996 Arb.Erf. 43/94; v. 23. 4. 1998 Arb.Erf. 92/96 (alle unveröffentl.).
11   Schiedsst. v. 14.9.1981 Arb.Erf. 59/80 (unveröffentl.); v. 9.9.1993 (Fn. 10a) u. v. 24. 10. 1995 Arb.Erf. 21/94 (unveröffentl.).
11a Schiedsst. v. 9.9.1993 (Fn. 10a).
12   Schiedsst. v. 19.11.1985 Arb.Erf. 56/85 (unveröffentl.).
13-19 frei

§ 7

ten aus dem ArbEG nur im Verhältnis zwischen den Arbeitsvertragsparteien entstehen, also keine dingliche Belastung der Erfindung darstellen, gehen sie im Falle der Übertragung der Erfindungsrechte durch den Arbeitgeber **nicht auf den Rechtserwerber über**[20]. Der Rechtserwerber übernimmt die Erfindungsrechte unbelastet und kann damit nach Belieben verfahren[20a]. Dies gilt insbesondere für den Vergütungsanspruch, der ebenfalls rein obligatorischer Natur ist[21]; das ArbEG kennt keine § 34 Abs. 5 UrhG vergleichbare Norm. Den Rechtserwerber trifft auch keine Anbietungspflicht nach § 16[21a]. Der Arbeitgeber bleibt für seine gesamten Verwertungshandlungen und für den Verkauf (vgl. RL Nr. 16; zur unterbliebenen Schutzrechtsanmeldung s. Rz. 3 zu § 13) weiterhin vergütungspflichtig (vgl. dazu Rz. 4 ff, 251 f zu § 9). Da es an einer Arbeitgeberstellung des Rechtserwerbers fehlt, entfaltet auch eine von diesem vorgenommene Vergütungsfestsetzung (vgl. § 12 Abs. 3) keinerlei rechtliche Wirkung[22]. Allenfalls kann hierin das Angebot des Rechtserwerbers an den Arbeitnehmer liegen, mit dessen Einverständnis eine eigene (gesamtschuldnerische oder den Arbeitgeber befreiende) Vergütungspflicht zu begründen. Zum Insolvenzverfahren s. § 27 n.F., dort insbes. Rz. 89 ff.

Im Übrigen können Arbeitgeber und Rechtserwerber bzw. ein sonstiger Dritter (z.B. im Konzernbereich die Konzernmutter) ohne Zustimmung des Arbeitnehmers eine Schuldmitübernahme durch den Rechtserwerber bzw. den Dritten vereinbaren[23], etwa in dem Sinne, dass der Arbeitgeber im Innenverhältnis von Vergütungspflichten freigestellt wird.

Durch Vertrag zwischen Arbeitnehmer und Rechtserwerber bzw. einem sonstigen Dritten kann die Übernahme der Pflichten des Arbeitgebers aus dem ArbEG durch den Rechtserwerber oder den Dritten vereinbart werden (vgl. § 414 BGB); ebenso kann der Arbeitnehmer einer Gesamtregelung zwischen Arbeitgeber und dem Rechtserwerber gemäß § 415 BGB dahin zustimmen, dass Letzterer hinsichtlich aller vermögenswerten Rechte und Pflichten aus dem ArbEG an die Stelle des Arbeitgebers tritt[24] (siehe

---

20 Amtl. Begr. BT-Drucks. II/1648 S. 16 = Blatt 1957, 226; Schiedsst. v. 26.1.1981 Blatt 1982, 56; v. 6.5. 1996 Arb.Erf. 1/95 u. v. 9.1.2001 Arb.Erf. 69/00 (beide unveröffentl.); Busse/Keukenschrijver PatG Rz. 3 zu § 7 ArbEG; Reimer/Schade/Schippel/Kaube Rz. 1 zu § 7.
20a Schiedsst. v. 19.12.1991 GRUR 1992, 847, 848 – Geschäftsaktivitäten-Veräußerung
21 Allg. A., z.B. Schiedsst. ZB. v. 12. 5. 1987 Blatt 1988, 349; s. auch die Nachw. in Fn. 20, 20a.
21a Schiedsst. v. 19.12.1991 (Fn. 20a).
22 Schiedsst. v. 6.8.1986 Arb.Erf. 99/85 (unveröffentl.).
23 Vgl. dazu allg. BGH v. 26.11.1964 BGHZ 42, 381, 384 f.; jedoch hat d. ArbN eine Zurückweisungsmöglichkeit nach § 333 BGB.
24 Schiedsst. v. 26.1.1981 (Fn. 20) u.v. 12.5.1987 (Fn. 21); so auch Reimer/Schade/Schippel/Kaube Rz. 19 zu § 9; vgl. auch Schiedsst. v. 5.7.1991 GRUR 1992, 499, 500 – Einheitliches Arbeitsverhältnis.

§ 7

dazu Rz. 6 zu § 9). Zur Betriebsnachfolge und Vermögensübernahme s. Rz. 114 ff. zu § 1.

§ 7 Abs. 1 gestattet es dem Arbeitgeber uneingeschränkt, die Erfindungsrechte auf Dritte zu übertragen, und zwar auch in Form einer Vorausabtretung (zum Rechtsmissbrauch s. Rz. 63). Aus der **freien Verfügungsbefugnis** des Arbeitgebers folgt zugleich, dass er auch aus der arbeitsrechtlichen Fürsorgepflicht (vgl. Rz. 2 ff. zu § 25) heraus nicht gehalten ist, dafür Sorge zu tragen, dass der Arbeitnehmer gegenüber dem Dritten dieselbe Rechtsstellung erhält, als wäre er dessen Arbeitnehmer[25]. Es besteht auch ansonsten kein Anspruch des Arbeitnehmers darauf, dass der Rechtserwerber die Pflichten aus dem ArbEG übernimmt bzw. vom Arbeitgeber entsprechend verpflichtet wird[25a] (vgl. aber auch § 27 Nr. 2 Satz 3). Verfehlt ist deshalb die Ansicht des LG Frankfurt[26], wonach der Arbeitgeber beim Verkauf der Erfindungsrechte dem Erwerber die Wahrung der allein dem Arbeitgeber nach § 16 obliegenden Anbietungspflicht aufzuerlegen habe; ansonsten sei er verpflichtet, dem Arbeitnehmer vor Abschluss des Kaufvertrages »in allen Konsequenzen« mitzuteilen, er beabsichtige, dem Schutzrechtserwerber vorbehaltlos die Möglichkeit des Fallenlassens einzuräumen.

Zu den Konsequenzen der Rechtsübertragung für die Pflicht zur Schutzrechtsanmeldung s. Rz. 3 zu § 13.

Die unbeschränkte Inanspruchnahme löst als weitere **Rechtsfolge** – unabhängig von dem ohnehin schon ab Meldung der Erfindung (§ 5) gemäß § 13 Abs. 1 bestehenden Recht zur Inlandsanmeldung – das Recht des Arbeitgebers aus, gem. § 14 Abs. 1 die Erfindung **im Ausland zur Schutzrechtserteilung anzumelden;** der Arbeitgeber ist auch befugt, mehrere unbeschränkt in Anspruch genommene Diensterfindungen ohne Einverständnis der Arbeitnehmer in einer **Gemeinschaftserfindung zu verbinden** (s. Rz. 10.1 zu § 13). Die unbeschränkte Inanspruchnahme begründet die Vergütungspflicht dem Grunde nach (s. Rz. 11 f. zu § 9), während bei der beschränkten Inanspruchnahme das Entstehen des Vergütungsanspruchs vom Beginn der Nutzungshandlungen durch den Arbeitgeber abhängig ist (s. Rz. 7 ff. zu § 10).

8

Von seiner Rechtsposition kann sich der Arbeitgeber nicht durch Freigabe (§ 8 – s. dort Rz. 24 ff.), sondern nur durch Aufgabe im Sinne des § 16 trennen.

9

---

25   Zust. Reimer/Schade/Schippel/Kaube Rz. 1 zu § 7; vgl. auch Schiedsst. v. 8.6.1973 Blatt 1973, 366, 367; abw. Volmer Rz. 14 zu § 7.
25a Schiedsst. v. 14. 12. 1995 Arb.Erf. 41/94 (unveröffentl.).
26   Urt. v. 4.7.1973 Az. 2/6 O 182/72 (unveröffentl.).
27-35 frei

§ 7

3. Verfahrensrechtliche Stellung des Arbeitgebers gegenüber Schutzrechtserteilungsbehörden

a) Der Arbeitgeber als Herr des Erteilungsverfahrens

10 Der Arbeitgeber ist gem. § 13 bei Inlandsanmeldungen alleiniger Herr des Erteilungsverfahrens, ohne dass besondere Mitwirkungsrechte des Arbeitnehmers bestehen (s. Rz. 41 f. zu § 13). Die gleiche Rechtsposition nimmt er nach unbeschränkter Inanspruchnahme in Bezug auf die von ihm getätigten Auslandsschutzrechtsanmeldungen ein (§ 14).

b) Inlandschutzrechtsanmeldung des Arbeitnehmers vor Inanspruchnahme

aa) Übergang der Verfahrensposition auf den Arbeitgeber

11 Soweit der Arbeitnehmer vor Inanspruchnahme bereits eine Schutzrechtsanmeldung im Inland getätigt oder gar Schutzrechte erworben hat – was bei Verletzung der Meldepflicht durch den Arbeitnehmer, gleich aus welchen Gründen, zeitlich möglich ist (vgl. auch Rz. 46 f. zu § 13) –, tritt der Arbeitgeber mit der unbeschränkten Inanspruchnahme auch in die verfahrensmäßigen Rechte an der Anmeldung oder aus dem Schutzrecht unmittelbar ein[36]. Einer Übertragung dieser Rechte im Sinne der §§ 398 ff. BGB bedarf es daher nicht[37], ebenso wenig der Geltendmachung des auf Rechtsübertragung gerichteten erfinderrechtlichen Vindikationsanspruchs nach § 8 Satz 1 PatG[38].

12 Da der Arbeitgeber bereits der sachlich Berechtigte ist, ist für das Inland lediglich noch die formale **Umschreibung** der Anmeldung bzw. des Schutzrechts in der Rolle (vgl. § 30 Abs. 3 PatG, § 8 Abs. 4 GebrMG) erforderlich[37]. Der Inhaberwechsel ist der Patentbehörde nachzuweisen. Dabei kommt es nach § 30 Abs. 3 PatG mit Rücksicht auf das Wesen des blossen Registerverfahrens nicht auf den vollen Nachweis der materiellrechtlichen Wirksamkeit des Rechtsübergangs an[39]. Die Form des Nachweises

---

36 So auch z. früheren Recht LG Braunschweig v. 26.1.1955 NJW 1955, 994, 995 i. Anschl. an Friedrich GRUR 1943, 222, 226 f.; im Ergebn. auch Schiedsst. v. 28.2.1991 GRUR 1991, 910, 911 – Exzentrizitätsmessung (dort m.H.a. § 13 Abs. 4 S. 2 ArbEG).
37 Reimer/Schade/Schippel/Kaube Rz. 3 zu § 7; Busse/Keukenschrijver PatG Rz. 6 zu § 7.
38 Benkard/Bruchhausen, PatG Rz. 2 zu § 8; LG Braunschweig (Fn. 36); abw. wohl BGH v. 17.1.1995 Mitt. 1996, 16, – Gummielastische Masse, der einen Vindikationsanspruch nach § 8 PatG gewährt; vgl. auch OLG München v. 27.1.1994 Mitt. 1995, 316; unklar BGH v. 10. 11. 1970 GRUR 1971, 210, 212 f. – Wildverbissverhinderung.
39 Vgl. BGH v. 5.6.1968 GRUR 1969, 43, 45 – Marpin.

§ 7

steht im Ermessen der Erteilungsbehörde, die üblicherweise den Nachweis durch Urkunden verlangt. Da hier ein gesetzlicher Rechtsübergang vorliegt, hat der Arbeitgeber ggf. Anspruch darauf, dass der Arbeitnehmer ihm gem. §§ 413, 412, 403 BGB eine öffentlich beglaubigte Urkunde über den Rechtsübergang erstellt[40], deren Kosten der Arbeitgeber zu tragen hat (§ 403 Satz 2 BGB). Ein Nachweis durch eidesstattliche Versicherung des Arbeitgebers, dass es sich bei dem Erfinder um seinen Arbeitnehmer handelt, und dass dessen Diensterfindung unbeschränkt fristgerecht in Anspruch genommen worden ist, müsste ebenfalls genügen[41]. Anmeldeunterlagen (Urkunden) hat der Arbeitnehmer gem. § 402 i.V.m. §§ 412, 413 BGB herauszugeben.

Solange die Erteilungsbehörde im Einzelfall vorgelegte Unterlagen für den Nachweis als nicht ausreichend ansieht, kann der Arbeitgeber dem Arbeitnehmer ggf. durch einstweilige Verfügung ein Verfügungsverbot auferlegen lassen[42], da dieser andernfalls mit Rücksicht auf seine formale Rechtsposition weiterhin allein Berechtigter im Erteilungsverfahren bleibt und insoweit zu Lasten des Arbeitgebers verfügen könnte. Eine Sicherung kann auch durch eine im Wege der einstweiligen Verfügung durchsetzbare Sequestration erfolgen (vgl. §§ 938, 940 ZPO). Zu Auslandsanmeldungen durch den Arbeitnehmer bzw. Schutzrechtsanmeldungen durch Dritte siehe unten Rz. 21, 22. 13

Zur **Kostentragung** siehe im Übrigen Rz. 49 f. zu § 13.

Die vorstehenden Ansprüche stehen dem Arbeitgeber auch dann zu, wenn der Arbeitnehmer den ursprünglichen Erfindungsgegenstand bei der Schutzrechtsanmeldung durch zusätzliche (weiterentwickelte) Merkmale ergänzt bzw. erweitert hat. Nach Auffassung des BGH hat der Arbeitgeber über den Vindikationsanspruch nach § 8 PatG einen Anspruch auf Einräumung einer Mitinhaberschaft[42a] (s. auch Rz. 12 zu § 4). 13.1

bb) Beseitigung von Schutzumfangseinschränkungen

Das Einrücken des Arbeitgebers in die verfahrensmäßigen Rechte an einer Schutzrechtsanmeldung bzw. einem Schutzrecht bedeutet, dass er diese Schutzrechtsposition in dem Zustand übernimmt, wie er durch den Arbeitnehmer geschaffen wurde, evtl. mit einer erheblichen Einschränkung des Schutzumfangs durch Verzichtserklärungen des Arbeitnehmers im Erteilungsverfahren (zur Frage, inwieweit derartige Beschränkungen Verfügungen im Sinne des § 7 Abs. 3 darstellen, s. Rz. 60 ff.). Zwar kann ein Verzicht im Erteilungsverfahren, da er auch materiellrechtliche Wirkungen hat, we- 14

---

40 Benkard/Bruchhausen (Fn. 38).
41 Volmer Rz. 11 zu § 7.
42 Vgl. den Sachverhalt b. BGH v. 10.11.1970 (Fn. 38).
42a BGH v. 17.1.1995 Mitt. 1996, 16 – Gummielastische Masse.

§ 7

gen Irrtums nach den §§ 119 ff. BGB angefochten werden. Selbst wenn evtl. Anfechtungsgründe des Arbeitnehmers prinzipiell vom Arbeitgeber als Rechtsnachfolger (wegen der Rückwirkung des § 7 Abs. 3 kommt insoweit § 166 Abs. 1 BGB analog in Betracht)[43] geltend gemacht werden können, ist die Anfechtung jedoch dann ausgeschlossen, wenn der Verzicht Grundlage einer Entscheidung geworden ist, die Wirkung nach außen entfaltet, also z.b. (früher) nach Erlass des Bekanntmachungsbeschlusses[44]. Auf diesem Wege kann der Arbeitgeber nach Inanspruchnahme also u.U. nicht jede unberechtigte Einschränkung des Gegenstandes der Schutzrechtsanmeldung durch den Arbeitnehmer beseitigen. Dies ist ihm nur über die Geltendmachung einer widerrechtlichen Entnahme (§ 7 Abs. 2, § 21 Abs. 1 Nr. 3 PatG; vgl. auch § 13 Abs. 3 GebrMG) möglich[45]. Zur Zulässigkeit s. Rz. 15; zu Schadensersatzansprüchen s. hier Rz. 23 u. Rz. 96 zu § 5.

*cc) Geltendmachung der widerrechtlichen Entnahme
(§ 7 Abs. 2, § 21 Abs. 1 Nr. 3 PatG, § 13 Abs. 3 GebrMG)*

15 Ob die Schutzrechtsanmeldung eines Arbeitnehmers vor Inanspruchnahme eine widerrechtliche Entnahme nach § 7 Abs. 2, § 21 Abs. 1 Nr. 3 PatG darstellt, ist äußerst umstritten. Die wohl herrschende Meinung bejaht eine widerrechtliche Entnahme durch den Arbeitnehmer mit der Begründung, dass das zunächst in der Person des Arbeitnehmers entstandene Erfindungsrecht von Anfang an mit dem dinglichen Aneignungsrecht des Arbeitgebers (vgl. §§ 6, 7 Abs. 1) sowie mit der Geheimhaltungspflicht nach § 24 Abs. 2 belastet sei und der Arbeitnehmer wegen des alleinigen Anmelderechts des Arbeitgebers aus § 13 Abs. 1 als Nichtberechtigter anmelde[51].

---

43   Zum Übergang des Anfechtungsrechts bei Vollrechtsübertragung vgl. Palandt/Heinrichs, BGB, Rz. 7 zu § 413.
44   BGH v. 15.3.1977 Mitt. 1977, 135 – Aluminium-Oxydation.
45   Vgl. auch Busse/Keukenschrijver PatG Rz. 6, 13 zu § 7 ArbEG.
46-50 frei
51   BPatG v. 25.2.1969 BPatGE 10, 207, 214-216 u. DPA v. 21.1.1959 Blatt 1959, 115, 117 m. zust. Anm. Friedrich GRUR 1959, 275; im Ergebn. OLG München v. 18.9.1997 Az. 64 1781/92 (unveröffentl.); LG Berlin v. 21.12.1959 Az. 16 O 35/57 (unveröffentl.); vgl. auch BGH v. 21. 10. 1980 GRUR 1981, 128, r.Sp. – Flaschengreifer u.v. 17.1.1995, Mitt. 1996, 16, 17 – Gummielastische Masse; RG v. 10.6.1929 Mitt. 1929, 179; Schiedsst. v. 28.3./12.8.1966, Blatt 1967, 131; OLG München v. 27.1.1994 Mitt. 1995, 316; zust.: Busse/Schwendy, PatG Rz. 75 zu § 21 PatG; Benkard/Rogge, PatG, Rz. 12 zu § 7; Reimer/Nastelski PatG Rz. 23 zu § 4; Reimer/Schade/Schippel/Kaube Rz. 4 zu § 7 u. Rz. 16 zu § 13; Volmer/Gaul Rz. 138 zu § 5 u. Rz. 278 zu § 13; Gaul/Bartenbach Handbuch C 310; Schulte, PatG Rz. 17 zu § 21; s. auch Bernhardt/Kraßer Lehrb. d. PatentR § 21 IV a 3; Koch Mitt. 1965, 23; Asendorf GRUR 1990, 229, 235; f. analoge Anwendung Volmer Rz. 53 zu § 13. Zur Gesellschaftererfindung vgl. OLG Karlsruhe v. 23.9.1981 GRUR 1983, 67, 69 – Flipchart-Ständer.

§ 7

Wenn auch im Ergebnis dieser Ansicht zuzustimmen ist, ist ihre Begründung allerdings nicht unbedenklich[52], da der anmeldende Arbeitnehmer vor Inanspruchnahme einerseits materiell alleiniger Inhaber der Erfindungsrechte und damit auch Inhaber des Rechts auf das Patent (§ 6 Satz 1 PatG) ist, andererseits ein Übergang auf den Arbeitgeber zu diesem Zeitpunkt noch ungewiss erscheint. Fordert man für § 7 Abs. 2 i.V.m. § 21 Abs. 1 Nr. 3 PatG zudem, dass der Anmelder als Unberechtigter seine Kenntnis zumindest aus dem Erfindungsbesitz des Berechtigten herleitet[53], so kann dies beim Arbeitnehmer nie zutreffen. Diese Bedenken werden durch den Zweck des § 7 Abs. 2 i.V.m. § 21 Abs. 1 Nr. 3 PatG verstärkt, der als Durchbrechung des in § 7 Abs. 1 PatG zugrunde gelegten Anmelderprinzips in erster Linie dem Schutz des wahren Erfinders vor unberechtigten Anmeldungen, die dessen Recht auf das Patent gefährden könnten, dienen soll[54] (vgl. auch Art. 138 Abs. 1 lit. e EPÜ).

16

Schließt man sich dagegen der Auffassung an, dass die widerrechtliche Entnahme sich nicht darauf gründet, dass der Anmelder ohne oder gegen den Willen des Berechtigten die Kenntnis von der Erfindung entnommen hat, sondern allein darauf, dass die Erfindung unbefugt zur Patenterteilung angemeldet wurde und der Fortbestand eines solchen Patents verhindert werden soll[55], so ist der herrschenden Meinung im Hinblick auf § 13 Abs. 1 ArbEG dann zuzustimmen, sobald der Arbeitnehmer die **Diensterfindung gemeldet** hat und damit die alleinige Anmeldebefugnis des Arbeitgebers nach § 13 Abs. 1 begründet wird. In diesem Zeitpunkt tritt auch die formale Stellung des Arbeitgebers als Erfindungsbesitzer im Sinne des § 7 Abs. 2 PatG hinzu.

17

Solange noch **keine Erfindungsmeldung** erfolgt ist und der Arbeitgeber auch keine sonstige Kenntnis vom Erfindungsgegenstand hat[56], kann der Arbeitgeber mangels Erfindungsbesitzes an sich nicht Verletzter (vgl. § 13 Abs. 1 ArbEG) sein. Da aber bereits die Schutzrechtsanmeldung durch den Arbeitnehmer eine Verfügung im Sinne des § 7 Abs. 3 ArbEG darstellt (vgl. Rz. 60 ff.), ist sie im Verhältnis zum Arbeitgeber unwirksam, und zwar unabhängig von der Erfindungsmeldung oder einer Kenntnis des Arbeitgebers bereits ab Fertigstellung der Erfindung. Wenn somit auch die relative Unwirksamkeit nach § 7 Abs. 3 nicht den verfahrensrechtlichen Vorgang der Anmeldung erfasst, begründet sie aber doch die mangelnde Berechtigung

---

52 § 7 Abs. 2 PatG vor Inanspruchnahme ablehnend: Lindenmaier/Lüdecke Anm. 1 zu § 7; Klauer/Möhring/Nirk PatG Rz. 26 zu § 4; Riemschneider/Barth Anm. 4 zu § 6 DVO 43; Tetzner PatG Anm. 40 zu § 4.
53 Vgl. Reimer/Nastelski PatG Anm. 25 zu § 4.
54 Vgl. zum Schutzzweck Benkard/Rogge PatG Rz. 8 ff. zu § 21.
55 Benkard/Rogge PatG Rz. 12 zu § 21; ähnl. OLG Düsseldorf v. 15.8.1969 BB 1970, 1110.
56 Zu d. Voraussetzungen d. Erfindungsbesitzes s. Reimer/Nastelski Anm. 22 zu § 4; RG v. 16.12.1938 GRUR 1939, 193, 197 u.v. 13.6.1939 GRUR 1940, 35, 39.

§ 7

des Arbeitnehmers im Verhältnis zu seinem Arbeitgeber. Anderenfalls könnte die Anwendung des § 8 PatG dadurch umgangen werden, dass der Arbeitnehmer mit Vorbedacht durch Unterlassen einer Meldung die Inanspruchnahme der Erfindung durch den Arbeitgeber verhindert[56a]. Der Arbeitgeber ist also Anspruchsinhaber im Sinne des § 7 Abs. 2 i.V.m. § 21 Abs. 1 Nr. 3 PatG[57].

18   Der Arbeitgeber kann den **Einspruch** nach § 7 Abs. 2 i.V.m. § 21 Abs. 1 Nr. 3 PatG bereits vor unbeschränkter Inanspruchnahme **einlegen**. Da in der Einspruchseinlegung noch keine (schlüssige) Inanspruchnahme (s. auch Rz. 37 f. zu § 6) liegt, ist für die weitere Durchsetzung des Einspruchs der Nachweis einer wirksamen (fristgerechten) unbeschränkten Inanspruchnahme erforderlich[58]. Für die Entscheidung über die Vorfrage, ob eine Diensterfindung vorliegt, von deren Beantwortung die Beurteilung der im Einspruchsverfahren geltend gemachten Widerrechtlichkeit abhängt, sind die in § 39 Abs. 1 Satz 1 ArbEG für Patentstreitsachen nach § 143 PatG bestimmten Gerichte ausschließlich zuständig[59], so dass regelmäßig eine Aussetzung des Einspruchsverfahrens analog § 148 ZPO erfolgen wird.

Die vorstehenden Grundsätze gelten weitgehend für **Gebrauchsmusteranmeldungen** entsprechend (vgl. § 13 Abs. 3 GebrMG). Zur widerrechtlichen Entnahme bei Übernahme erfinderischer Beiträge nach Ausscheiden s. Rz. 12 zu § 4.

c) Inlandsschutzrechtsanmeldung des Arbeitnehmers nach Inanspruchnahme

19   Nach erfolgter unbeschränkter **Inanspruchnahme** ist der Arbeitnehmer in jedem Fall Nichtberechtigter i. S. des § 7 Abs. 2 PatG, da nunmehr alle Erfindungsrechte auf den Arbeitgeber übergangen sind; er begeht damit eine widerrechtliche Entnahme[60]. Den dem Arbeitnehmer verbliebenen Persönlichkeitsrechten (s. dazu Rz. 24 ff.) wird durch die Befugnisse aus den §§ 37, 63 PatG (Art. 81 EPÜ i.V.m. Regeln 17-19 EPÜ AO) Rechnung getragen. Der Arbeitgeber hat die patentrechtlichen Ansprüche aus § 8 PatG

56a   So BGH v. 17.1.1995 (Fn. 51).
57   Im Ergebn. ebenso BGH v. 17.1.1995 (Fn. 51) u. Volmer/Gaul Rz. 10 zu § 6.
58   DPA v. 21.1.1959 u. BPatG v. 25.2.1969 (beide Fn. 51); zust. Benkard/Rogge, PatG, Rz. 12 zu § 12; Busse/Schwendy, PatG Rz. 75 zu § 21 PatG.
59   BPatG v. 25.2.1969 (Fn. 51); Schiedsst. v. 4. 3. 1999 Arb.Erf. 87/97 (unveröffentl.); Koch Mitt. 1965, 23; Busse/Keukenschrijver PatG Rz. 6 zu § 7 ArbEG entgegen Busse/Schwendy PatG Rz. 103 zu § 59 PatG; a. A. Benkard/Schäfers PatG, Rz. 63 zu § 59; Reimer/Schade/Schippel/Kaube Rz. 5 zu § 7.
60   Ganz h.M., vgl. z.B. DPA v. 21.1.1959 (Fn. 51); BGH v. 17.1.1995 Mitt.1996, 16, 17 – Gummielastische Masse; Busse/Keukenschrijver PatG Rz. 6 zu § 7 ArbEG; Benkard/Rogge PatG Rz. 12 zu § 21; w.N.s. Fn. 51.

§ 7

(vgl. aber auch Rz. 11 f.) bzw. § 21 Abs. 1 Nr. 3 PatG (§ 13 Abs. 3 GebrMG)[61].

Ist die **Erfindung** gemäß § 8 Abs. 1 bzw. § 18 Abs. 2 **frei geworden**, liegt in einer danach erfolgenden Anmeldung selbstverständlich keine widerrechtliche Entnahme[62]. Hat der Arbeitnehmer die Anmeldung schon vorher betrieben, entfällt eine Widerrechtlichkeit im Sinne des § 21 Abs. 1 Nr. 3 PatG im Zeitpunkt des Freiwerdens[63]. 20

d) Inlandsschutzrechtsanmeldungen durch Dritte

Meldet ein Dritter die Diensterfindung zur Schutzrechtserteilung an, ohne Inhaber der Rechte zu sein, so erfüllt dies den Tatbestand der **widerrechtlichen Entnahme** und der Arbeitgeber kann nach h.M. gemäß § 8 PatG Abtretung des Erteilungsanspruchs bzw. des Patents verlangen[64] (s. oben Rz. 11). Dabei ist es gleichgültig, ob die Anmeldung durch eigenmächtiges Handeln des Dritten erfolgt oder aufgrund einer Übertragung der Rechte an der Erfindung durch den Arbeitnehmer. Eine solche Verfügung durch den Arbeitnehmer wäre vor der Inanspruchnahme gem. § 7 Abs. 3 ArbEG im Verhältnis zum Arbeitgeber unwirksam. Nach der Inanspruchnahme ist der Arbeitnehmer nicht mehr Rechtsinhaber und damit rechtlich nicht mehr in der Lage, Dritten die Rechte an der Erfindung zu übertragen; ein gutgläubiger Erwerb von Rechten ist ausgeschlossen. 21

Der Arbeitgeber kann dem Dritten ggf. durch einstweilige Verfügung ein Verfügungsverbot auferlegen lassen bzw. eine Sequestrierung beantragen (vgl. oben Rz. 13).

e) Auslandsschutzrechtsanmeldungen durch den Arbeitnehmer oder Dritte

Vergleichbare Situationen können sich in Bezug auf Auslandsanmeldungen bzw. europäische oder internationale Anmeldungen ergeben, so dass dann die dort normierten Grundsätze zur Anmeldung von Nichtberechtigten Anwendung finden (vgl. z.B. Art. 61, 138 Abs. 1 lit. e EPÜ). 22

Bei einer europäischen Patentanmeldung kommt ein an das EPA zu richtender Antrag auf Aussetzung des Verfahrens in Betracht (Regel 13 EPÜ-AO). Da im PCT eine der Regel 13 EPÜAO vergleichbare Bestimmung fehlt, ist bei PCT-Anmeldungen eine vorrangige Sicherung in deren Sequestrierung zu sehen, die auch im Wege der einstweiligen Verfügung durchgesetzt werden kann (vgl. §§ 938, 940 ZPO).

---

61 Vgl. allg. BGH v. 16.12.1993 Mitt. 1994, 75 – Lichtfleck.
62 Schiedsst. v. 12.8.1966 Blatt 1967, 131; Benkard/Rogge PatG, Rz. 12 zu § 21.
63 Vgl. Schulte PatG Rz. 17 zu § 21; Busse/Keukenschrijver PatG Rz. 6 zu § 7 AbEG.
64 OLG München v. 27.1.1994 Mitt. 1995, 316, 317 – Widerrechtliche Entnahme (dort Schutzrechtsanmeldung durch die Ehefrau eines ausgeschiedenen Arbeitnehmers).
65-70 frei

§ 7

Einzelheiten zu Auslandsschutzrechtsanmeldungen durch den Arbeitnehmer siehe Rz. 39 ff. zu § 14.

f) Ergänzende Ansprüche des Arbeitgebers

23 Neben den patentrechtlichen Ansprüchen gem. § 7 Abs. 2 i.V.m. § 21 Abs. 1 Nr. 3 bzw. § 8 PatG (s. dazu Rz. 11) stehen dem Arbeitgeber u.U. Unterlassungs- bzw. Schadensersatzansprüche gegenüber dem Arbeitnehmer zu (s. dazu Rz. 96 zu § 5).

4. Verbleib der Persönlichkeitsrechte beim Arbeitnehmer

24 Unberührt von der unbeschränkten Inanspruchnahme bleibt das **Erfinderpersönlichkeitsrecht** des Arbeitnehmers, welches durch das geistig-persönliche Band des Erfinders als Schöpfer zu seinem Werk gekennzeichnet ist[71]. Als höchstpersönliches Recht ist es unübertragbar, nicht verzichtbar und unpfändbar[72]. Es verbleibt dem Erfinder auch nach Erlöschen des Schutzrechts[73]. Auf Grund der in § 7 Abs. 1 geregelten Rechtswirkungen der unbeschränkten Inanspruchnahme werden – worauf *Windisch* hinweist[73a]– die ursprünglichen Rechte des Erfinders in vermögens- und persönlichkeitsrechtliche Elemente aufgespalten.

25 Das Persönlichkeitsrecht des Erfinders auf Anerkennung seiner **Erfinderehre** stellt als besondere Ausgestaltung des aus den Art. 1 und 2 GG abzuleitenden allgemeinen Persönlichkeitsrechts ein absolutes Recht dar[74]. Als solches genießt es den Rechtsschutz nach § 823 Abs. 1 BGB, d. h., eine Verletzungshandlung kann zum Schadensersatz verpflichten und gem. §§ 1004, 823 BGB analog einen vorbeugenden Unterlassungsanspruch gewähren[74];

---

71 Vgl. BGH v. 20. 6. 1978 GRUR 1978, 583, 585 – Motorkettensäge m. Anm. Harmsen u.v. 21.9.1993 Blatt 1994, 121, 122 – Akteneinsicht XIII; vgl. auch BGH v. 30.4.1968 GRUR 1969, 133 – Luftfilter; Hubmann/Götting, Gewerbl. Rechtsschutz § 15 II 1; ausführl. Lang Persönlichkeitsrecht und Persönlichkeitsschutz des Erfinders im Vergleich mit dem Persönlichkeitsrecht des Urhebers, Diss. 1953; Vocke, Das Persönlichkeitsrecht d. Erfinders unter bes. Berücksichtigung d. Erfindungen ohne Schutzrecht, Diss. 1965; Wank Das Persönlichkeitsrecht des Erfinders, Diss. 1938; Benkard/Bruchhausen PatG Rz. 16 f. zu § 6 PatG m.w.N.; Windisch GRUR 1993, 352, 357 f.; vgl. auch Dölemeyer/Kippel in Festschr. 100 J. GRUR (1991) Bd. I S. 185 ff.
72 BGH v. 20.6.1978 (Fn. 71); BPatG v. 12.11.1986 GRUR 1987, 234 – Miterfinder; vgl. auch Amtl. Begr. BT-Drucks. II/1648 S. 25 = Blatt 1957, 232; Volmer/Gaul Rz. 5 zu § 6; z. T. abw. Hubmann/Götting, Gewerbl. Rechtsschutz § 22 II 1 c.
73 Schulte PatG Rz. 8 zu § 6.
73a (Fn. 71) S. 357 m.H.a. BGH v. 20.6.1978 (Fn. 71).
74 BGH v. 30.8.1968 GRUR 1969, 133 – Luftfilter m. Anm. Schippel.

bei besonders schwerwiegenden Eingriffen kann ein Schmerzensgeldanspruch gerechtfertigt sein[75].

Das Recht auf die Erfinderehre hat außer in § 6 PatG besonders in den §§ 37, 63 PatG seinen Niederschlag gefunden[75a]. Der nicht oder nicht richtig benannte Arbeitnehmererfinder muss nicht die **Erfindernennung** (§ 63 Abs. 1 PatG) abwarten, sondern kann schon vorher die Berichtigung der Erfinderbenennung (§ 37 PatG) vom Arbeitgeber als Anmelder verlangen[75b]. Miterfinder haben allerdings keinen Anspruch darauf, dass in der Erfindernennung und bei der Erfinderbenennung der Umfang oder das Ausmaß ihrer Beteiligung angegeben werden[75c]. Ist ursprünglich ein falscher Erfinder genannt worden, sind der Arbeitgeber als Patentsucher bzw. -inhaber und der zu Unrecht benannte Erfinder dem wahren Erfinder gegenüber verpflichtet, die Zustimmung zur Berichtigung der Nennung gegenüber dem Patentamt zu erklären (§ 63 Abs. 2 PatG; Regel 19 Abs. 1 EPÜAO). Soll dagegen noch ein zusätzlicher (Mit-)Erfinder in die Erfinderbenennung mit aufgenommen werden, bedarf es keiner Zustimmung der bereits genannten Erfinder, da es sich insoweit nicht um »zu Unrecht Genannte« handelt[76]. Die Änderung der Erfinderbenennung durch den Arbeitgeber im Rahmen der Patentanmeldung gegenüber dem Patentamt (§ 37 PatG) bedarf vor Veröffentlichung der Patentanmeldung auch dann keiner Zustimmung des bisher genannten (falschen) Erfinders, wenn es sich um eine Erfinderauswechslung bei einer Alleinerfinderschaft handelt[77].

26

Aus dem Erfinderpersönlichkeitsrecht ergibt sich kein Anspruch darauf, bei einer **öffentlichen Erwähnung** bzw. Beschreibung der Erfindung oder etwa auf dem erfinderischen Erzeugnis selbst als Erfinder genannt zu werden[78].

26.1

II. Pflichten des Arbeitgebers gegenüber dem Arbeitnehmer

Neben der im Vordergrund stehenden Vergütungspflicht (§ 9) verbleibt es bei der Pflicht des Arbeitgebers zur unverzüglichen Schutzrechtsanmeldung im Inland (§ 13 Abs. 1), sofern er dieser nicht schon pflichtgemäß nach Erhalt der Erfindungsmeldung nachgekommen ist. Die dem Arbeit-

27

---

75 Vgl. OLG Frankfurt v. 6.6.1963 GRUR 1964, 561, 562 – Plexiglas.
75a BGH v. 30. 8. 1968 (Fn. 74); zum Namensnennungsrecht des angestellten Urhebers vgl. Schwab NZA 1999, 1254 ff.
75b BGH v. 30. 8. 1968 (Fn. 74).
75c BGH v. 30. 8. 1968 (Fn. 74).
76 Ebenso EPA v. 8.11.1983 GRUR Int. 1984, 441 – FUJITSU; a.A. BPatG v. 6.4.1984 GRUR 1984, 646 – Erfindernachbenennung i. Anschl. a. Schippel GRUR 1969, 135.
77 BPatG v. 7.10.1971 BPatGE 13, 53, 55 f.; ebenso Benkard/Schäfers PatG Rz. 8 zu § 63.
78 Hubmann/Götting (Fn. 71) § 15 II 1 a; s. auch BGH v. 17.3.1961 GRUR 1961, 470, 472 – Mitarbeiter-Urkunde m. Anm. Moser v. Filseck.

§ 7

nehmer in § 13 Abs. 3 eingeräumte Befugnis zur »Ersatzvornahme« nach Fristsetzung verstärkt insoweit die Anmeldepflicht des Arbeitgebers (s. dazu Rz. 61 ff. zu § 13). Weitere Pflichten ergeben sich unter den Voraussetzungen des § 14 Abs. 2 u. 3, § 15 Abs. 1 und des § 16. Eine Pflicht des Arbeitgebers, die unbeschränkt in Anspruch genommene Diensterfindung zu verwerten, besteht grundsätzlich nicht (vgl. Rz. 6).

D. Wirkungen der beschränkten Inanspruchnahme (Abs. 2 Satz 1)

I. Das nichtausschließliche Recht zur Benutzung

28 Mit der beschränkten Inanspruchnahme erwirbt der Arbeitgeber ein einfaches, nicht ausschließliches Benutzungsrecht an der Diensterfindung (§ 7 Abs. 2 Satz 1). Im Übrigen wird die Diensterfindung gem. § 8 Abs. 1 Nr. 2 frei (s. dort Rz. 29 f.); eine Pflicht des Arbeitnehmers zur Schutzrechtsanmeldung oder zur Aufrechterhaltung eines Schutzrechtes besteht nicht (s. Rz. 48 ff. zu § 8).
Zum Verzicht auf das Benutzungsrecht s. Rz. 9 zu § 8.
Erfüllt der Arbeitgeber ihm bei Ausübung des Nutzungsrechts obliegende Auskunfts- (s. hierzu Rz. 162 ff. zu § 12) und Vergütungspflichten (§ 10) nicht, ändert dies am Bestand des Nutzungsrechts nichts. Insbesondere steht dem Arbeitnehmer kein Kündigungsrecht zu, auch nicht analog § 23 Abs. 3 Satz 6 PatG[79]; die auf freiwilliger Basis begründete Lizenzbereitschaft i.S.d. § 23 PatG kann nicht mit einfachen Nutzungsrechten i.S.d. ArbEG gleichgestellt werden, die von vornherein auf der Diensterfindung kraft Gesetzes lasten.

1. Inhalt des Benutzungsrechts

29 Wegen des gleichen Gesetzeswortlauts entspricht das Recht im Sinne des § 7 Abs. 2 Satz 1 inhaltlich dem Recht in § 14 Abs. 3, § 16 Abs. 3, § 19 Abs. 1; es ist dem einer **einfachen Lizenz** gleichgestellt[86]. Im Gegensatz zu den letztgenannten Rechten ist hier im Hinblick auf § 10 die Vergütungs-

---

79 A.A. Ohl GRUR 1992, 77, 80.
80-85 frei
86 BGH v. 23.4.1974 GRUR 1974, 463, 464 – Anlagengeschäft = LM Nr. 1 zu § 16 ArbEG m. Anm. Bruchhausen; OLG Frankfurt v. 29.10.1970 OLGZ 71, 373, 374 (Anlagengeschäft); Schiedsst. v. 28.5.1968 Blatt 1968, 349; s. auch BGH v. 15.5.1990 GRUR 1990, 667, 668 – Einbettungsmasse; Kunze AuR 1977, 294 ff.; Bartenbach/Volz GRUR 1984, 257; Volmer/Gaul Rz. 75 zu § 7; abw. Heine/Rebitzki Anm. 3 zu § 7; Kraft GRUR 1970, 381, 383; s. auch Sack RIW 1989, 612, 614 f. (zu § 14 Abs. 2, § 16 Abs. 3).

pflicht des Arbeitgebers vom Bestand eines Schutzrechtes (Schutzrechtsanmeldung) unabhängig (s. Rz. 11 zu § 10).

Anders als die in § 15 Abs. 2 PatG, § 22 Abs. 2 GebrMG geregelte vertragliche Einräumung einer (einfachen) Lizenz **entsteht** dieses Benutzungsrecht unmittelbar **kraft Gesetzes mit Zugang** der Inanspruchnahmeerklärung. Es erzeugt lediglich gesetzlich niedergelegte, schuldrechtliche Wirkungen[87].

30

Das nicht ausschließliche Benutzungsrecht ist **betriebsgebunden**[88], also unternehmensbezogen (z. Begriff s. Rz. 80 ff. zu § 16); dies folgt daraus, dass § 7 Abs. 2 das Benutzungsrecht dem Arbeitgeber zuweist, der seine wirtschaftliche Zielsetzung nicht über einzelne Betriebsstätten, sondern über das Unternehmen als die organisatorische Zusammenfassung betriebstechnischer Mittel, der Arbeitskraft der Mitarbeiter sowie der immateriellen Mittel verfolgt. Das Benutzungsrecht ist also nicht auf eine bestimmte Betriebsstätte beschränkt; der Arbeitgeber kann es vielmehr in seinem durch die Rechtseinheit abgegrenzten Unternehmen nutzen[89] (zum Konzern s. Rz. 80 zu § 16).

31

Das Benutzungsrecht umfasst **alle Nutzungsarten,** auf die sich ein etwa erteiltes Schutzrecht erstrecken würde (vgl. § 9 PatG); der Arbeitgeber ist also berechtigt, den Gegenstand der Diensterfindung herzustellen oder herstellen zu lassen (Lohnfertigung durch Dritte, vgl. hierzu Rz. 83 zu § 16), ihn in den Verkehr zu bringen, feilzuhalten oder sonstwie zu gebrauchen[90].

32

Allerdings bleibt der Arbeitgeber mangels Abrede mit dem Arbeitnehmer auf eine **Eigennutzung** beschränkt und ist nicht befugt, Unterlizenzen zu vergeben oder das Nutzungsrecht zu übertragen[91] (s. Rz. 81 f. zu § 16); daher ist dieses Benutzungsrecht auch unpfändbar (§ 851 ZPO). Schließlich folgt aus der »Unternehmensgebundenheit« eine Begrenzung auf die unmittelbare Benutzung (weiteres s. Rz. 84 zu § 16, dort auch zur Stellung der Abnehmer des Arbeitgebers). Ferner ist der Arbeitgeber nicht berechtigt, eine befugte anderweitige Benutzung der Diensterfindung durch den Arbeitnehmer als Rechtsinhaber (vgl. § 8 Abs. 1 Nr. 2) oder durch Dritte, denen dieser das Recht vermittelt hat, zu verbieten[92].

33

---

87 BGH v. 23.4.1974 (Fn. 86) S. 465; vgl. auch BGH v. 29. 4. 1965 GRUR 1965, 591, 595 – Wellplatten; abw. Volmer Rz. 23 zu § 7, der von einem »dinglichen, gegen alle wirkenden Nutzungsrecht« spricht; zust. Dantz Inanspruchnahmerecht S. 85; insoweit zu Recht krit. OLG Frankfurt (Fn. 86).
88 BGH v. 23. 4. 1974 (Fn. 86); Reimer/Schade/Schippel/Kaube Rz. 10 zu § 7; Busse/Keukenschrijver PatG Rz. 9 zu § 7 ArbEG.
89 Ebenso Volmer/Gaul Rz. 26 zu § 6; Busse/Keukenschrijver PatG Rz. 9 zu § 7 AbEG; zum Unternehmensbegriff vgl. Hueck/Nipperdey Lehrb. ArbR Bd. I § 126 VI.
90 So Amtl. Begr. BT-Drucks. II/1648 S. 25 f. = Blatt 1957, 232; vgl. auch OLG Frankfurt (Fn. 86) S. 375 f.
91 BGH v. 23.4.1974 (Fn. 86).
92 Amtl. Begr. (Fn. 90).

§ 7

34   Ebenso wie der einfache Lizenznehmer ist der Arbeitgeber **nicht zur** tatsächlichen **Ausübung** des Nutzungsrechts **verpflichtet**[101]. § 10 Abs. 1, wonach der Arbeitgeber nur tatsächlich erfolgte Verwertungen vergüten muss, verdeutlicht, dass eine Nutzung der Erfindung im Ermessen des Arbeitgebers steht. Auch die arbeitsrechtliche Fürsorgepflicht ändert daran nichts[102]. Dem Gedanken der Rücksichtnahme auf die Interessen des Arbeitnehmers ist durch § 7 Abs. 2 Satz 2 abschließend Rechnung getragen. Der Arbeitnehmer hat also weder ein Mitspracherecht bei der Frage, ob und wie sein Arbeitgeber die Erfindung nutzt, noch einen Anspruch auf Begründung, warum etwaige Nutzungshandlungen unterbleiben (s. oben Rz. 6).

35   Das Nutzungsrecht aus § 7 Abs. 2 Satz 1 **wirkt** auch **gegenüber Dritten**, denen der Arbeitnehmer Erfindungsrechte, Schutzrechte oder hierauf bezogene Lizenzen übertragen hat[103]. Dies folgt zum einen aus § 15 Abs. 3 PatG bzw. § 22 Abs. 3 GebrMG, wonach ein Rechtsübergang oder die Erteilung einer Lizenz nicht Lizenzen berührt, die Dritten vorher erteilt worden sind. Diese gesetzliche Neuregelung soll die nachteiligen Konsequenzen der »Verankerungsteil«-Entscheidung des BGH[104] beseitigen[105]. Darüberhinaus bedingt die von der Rechtsprechung angenommene inhaltliche Gleichstellung der einfachen Lizenz mit den gesetzlichen Nutzungsrechten des Arbeitgebers[106] in den Rechtsfolgen zudem keine völlige Identität dieser beiden Nutzungsbefugnisse. Dass der Gesetzgeber des ArbEG das Fortbestehen dieser gesetzlichen Nutzungsrechte im Falle der Veräußerung der Erfindung bzw. hierauf erworbener Schutzrechtspositionen durch den Arbeitnehmer als selbstverständlich vorausgesetzt hat, findet seinen Niederschlag nicht nur in der Amtl. Begründung[107], sondern auch und gerade in § 7 Abs. 3, der nach seinem erkennbaren Normzweck die uneingeschränkte Erhaltung der Rechte des Arbeitgebers in Bezug auf Diensterfindungen sichern soll. Dass es an einer ausdrücklichen Regelung – anders als etwa im

---

93-100 frei
101   H. M., z.B. Heine/Rebitzki Anm. 3 zu § 7; Volmer/Gaul Rz. 77 zu § 7; Busse/Keukenschrijver PatG Rz. 9 zu § 7 ArbEG; zur vertragl. Ausübungspflicht des Lizenznehmers vgl. Bartenbach/Gennen, Patentlizenz- u. Know-how-Vertrag Rz. 1895 ff.
102   A. A. Peter Schade, Die Ausübungspflicht b. Lizenzen (1967) S. 67.
103   H. M. – jedoch m. teilw. abw. Begr. – Volmer Rz. 30 zu § 7; Reimer/Schade/Schippel/Kaube Rz. 20, 22 zu § 7 u. Rz. 6 zu § 14; Heine/Rebitzki Anm. 3 zu § 7; Busse/Keukenschrijver, PatG Rz. 9 zu § 7 ArbEG; Bartenbach/Volz, GRUR 1984, 257 ff.; Bernhardt/Kraßer Lehrb. d. PatR., § 21 III b 6 u. 7; vgl. auch Brandi-Dohrn GRUR 1983, 146, 147; a.A. Volmer/Gaul, Rz. 83 zu § 7, 140 ff. zu § 14 und 194 zu § 16; ders. in GRUR 1984, 494 ff. (dort namentlich nur im Hinblick auf §§ 14 Abs. 3, 16 Abs. 3 und 19 Abs. 1) u. b. Gaul/Bartenbach, Mitt. 1983, 81 ff.
104   V. 23.3.1982, GRUR 1982, 411 ff.
105   Amtl. Begr. z. Entwurf des GebrMÄndG i. BT-Drucks. 10/3903 S. 33 (Stellungnahme BR).
106   BGH v. 23.4.1974 GRUR 1974, 436 ff. – Anlagengeschäft; s. oben Rz. 29 f.
107   S. d. Nachw. b. Bartenbach/Volz (Fn. 103).

§ 7

Urheberrechtsgesetz (§ 33) – fehlt, ist in der Rechtssituation begründet, die der Gesetzgeber bei Schaffung des ArbEG im Jahre 1957 vorfand, als die ganz herrschende Lehre vom Fortbestand auch der einfachen Lizenz bei Veräußerung des lizenzierten Schutzrechts ausging[108]. Jedenfalls rechtfertigt sich eine analoge Anwendung der §§ 33, 43 UrhG, da der Erwerber einer frei gewordenen bzw. aufgegebenen Diensterfindung aufgrund der an die Diensterfindung anknüpfenden gesetzlichen Bindungen stets damit rechnen muss, dass der Arbeitgeber von seinen gesetzlichen Befugnissen Gebrauch gemacht hat und demzufolge derartige Nutzungsrechte des Arbeitgebers bestehen[109]. Deshalb muss der Erwerber von Erfindungsrechten das gesetzliche Benutzungsrecht des Arbeitgebers uneingeschränkt gegen sich gelten lassen.

Aus dem Gesichtspunkt der arbeitsrechtlichen **Treuepflicht** (Rz. 28 ff. zu § 25) kann der Arbeitnehmer im Einzelfall gehalten sein, die berechtigten Belange seines Arbeitgebers insoweit zu wahren, als er im Rahmen der Veräußerung der Erfindung mit dem Erwerber den Fortbestand der Nutzungsrechte seines Arbeitgebers vereinbart (Vertrag zugunsten Dritter – § 328 BGB).

Diese Grundsätze gelten uneingeschränkt für das **Inland** sowie zukünftig für das **europäische Gemeinschaftspatent** (vgl. Art. 40 Abs. 2 GPÜ). Inwieweit das Benutzungsrecht des Arbeitgebers jedoch in Bezug auf die Erwerber paralleler **ausländischer Schutzrechte** Wirkung entfaltet, bestimmt sich nach der jeweiligen ausländischen Rechtsordnung[110]. Aus dem Gesichtspunkt der arbeitsrechtlichen Treuepflicht hat der Arbeitnehmer auch hier gfls. durch Absprache mit dem Rechtserwerber den ungehinderten Fortbestand der Nutzungsrechte sicherzustellen (s. im Übrigen Rz. 51 zu § 14).

Zur beschränkten Inanspruchnahme und dem daraus folgenden Benutzungsrecht bei Miterfindern und bei zwischenbetrieblichen Kooperationen s. Rz. 72 u. 74 zu § 6. Weitere Einzelheiten s. Rz. 79-84 zu § 16.

2. Nutzungsrecht des Arbeitgebers im Ausland

Erwirbt der Arbeitnehmer Auslandsschutzrechte auf die Diensterfindung (zur evtl. Pflicht des Arbeitnehmers, Schutzrechtsanmeldungen zu betreiben, s. Rz. 50 zu § 8), steht ihm zwar gegenüber jedem Dritten hinsichtlich dessen Nutzungshandlungen in dem jeweiligen Staat (Territorialitätsprinzip) ein Verbietungsrecht zu (vgl. § 9 PatG). Ausgehend vom Wortlaut

36

---

108 S. Lüdecke/Fischer, Lizenzverträge, A 26 m.w.N.
109 Vgl. Volz, Arbeitnehmererfindungen im öffentl. Dienst, S. 81 ff.
110 Vgl. auch Volmer Rz. 27 ff. zu § 7; zur Anerkennung einfacher Lizenzen in ausländischen Patentrechtsordnungen s. Stumpf/Groß, Lizenzvertrag Rz. 361 m.w.N.
111-120 frei

§ 7

des § 7 Abs. 2 Satz 1, der das Nutzungsrecht des Arbeitgebers nicht auf das Inland begrenzt, hat der Arbeitnehmer ein solches Verbietungsrecht aber weder gegenüber Nutzungshandlungen des Arbeitgebers mit Auslandswirkungen (z.B. Export) noch gegenüber dessen Nutzungshandlungen im jeweiligen Schutzrechtsland (Betriebsstätte des Arbeitgebers im Ausland)[121].

37 Dies entspricht dem Gesetzeszweck des § 7 Abs. 2, der dem Arbeitgeber ein Nutzungsrecht an der Diensterfindung als solcher unabhängig davon einräumen will, ob und in welchen Staaten der Arbeitnehmer Schutzrechte erwirbt; zum Ausgleich dafür unterliegt der Arbeitgeber der Vergütungspflicht aus § 10 Abs. 1 grundsätzlich unabhängig von Schutzrechtstatbeständen. Ein Korrektiv stellt im Übrigen die Unbilligkeitsregelung des § 7 Abs. 2 Satz 2 dar. Bestätigt wird dieses Ergebnis durch die Regelung des § 14 Abs. 3, wonach ein vorbehaltenes (inhaltsgleiches) Nutzungsrecht gegenüber allen evtl. Auslandsanmeldungen des Arbeitnehmers wirkt. Gilt dies aber bereits bei der bloß partiellen Freigabe, muss dies erst recht (vgl. § 8 Abs. 1 Nr. 2) bei der beschränkten Inanspruchnahme der Fall sein (zur Rechtsposition des Arbeitgebers gegenüber Erwerbern ausl. Schutzrechte s. aber Rz. 35). Zur »Erschöpfung« des Patents s. Rz. 37 zu § 14, zu Nutzungsbefugnissen der Abnehmer des Arbeitgebers s. Rz. 84 zu § 16.

3. Einschränkungen des Nutzungsrechts durch Geheimhaltungspflichten

38 Soweit durch die Nutzung des Arbeitgebers die Gefahr begründet ist, dass der Gegenstand der Erfindung offenkundig wird, würde letztere damit zum Stand der Technik und stünde gem. § 3 Abs. 1 PatG (vgl. auch Art. 54 Abs. 1, 2 EPÜ) einer beabsichtigten nachfolgenden Schutzrechtsanmeldung des Arbeitnehmers entgegen. Die eingeschränkte[122] (vgl. Art. XI § 3 VI 2 IntPatÜG) Neuheitsschonfrist des § 3 Abs. 4 PatG stellt keinen ausreichenden Schutz zugunsten des Arbeitnehmers dar, zumal diese für Auslandsanmeldungen keine Wirkung hat. Die Gefahr der Neuheitsschädlichkeit kann es in Anwendung der Geheimhaltungspflicht gem. § 24 Abs. 1 dem Arbeitgeber gebieten, die Erfindung erst dann zu nutzen, wenn zuvor Klarheit über Absicht und Zeitpunkt einer Schutzrechtsanmeldung durch den Arbeitnehmer besteht. Weitere Einzelheiten bei Rz. 20 ff. zu § 24 u. Rz. 58 ff. zu § 8.

---

121 Volmer Rz. 27, 28 zu § 7; zust. Dantz, Inanspruchnahmerecht S. 86; Busse/Keukenschrijver PatG Rz. 9 zu § 7 ArbEG; a.A. Münch ArbR/Sack § 99 Rz. 87 (nur in den Fällen des § 14 Abs. 3, § 16 Abs. 3).
122 S. dazu Mitt. Präs. DPA v. 16.4.1980 Blatt 1980, 157, 167.

§ 7

II. Unbilliges Erschweren anderweitiger Verwertung (Abs. 2 Satz 2)

1. Grundsatz

Erschwert das nicht ausschließliche Benutzungsrecht des Arbeitgebers (§ 7 Abs. 2 Satz 1) eine anderweitige Verwertung der Diensterfindung durch den Arbeitnehmer unbillig, kann er vom Arbeitgeber verlangen, dass dieser sich innerhalb von zwei Monaten für die volle Freigabe oder die unbeschränkte Inanspruchnahme der Erfindung entscheidet. Trifft der Arbeitgeber diese Entscheidung nicht oder nicht fristgerecht, tritt die Rechtsfolge des gänzlichen Freiwerdens der Diensterfindung gem. § 8 Abs. 1 Nr. 3 ein. 39

Sinn der Regelung ist es, dem Arbeitnehmer zur Durchsetzung seiner anderweitigen Verwertungsrechte bessere wirtschaftliche Ausgangsbedingungen zu verschaffen[123]. Insoweit eröffnet das Gesetz nur in diesem Ausnahmefall einen Wechsel in der Art der Inanspruchnahme (s. Rz. 25 ff. zu § 8). 40

2. Unbilliges Erschweren

Der Begriff des »unbilligen Erschwerens« ist ein voll nachprüfbarer, **unbestimmter Rechtsbegriff,** der nur unter Berücksichtigung aller Umstände des Einzelfalls ausgefüllt werden kann. 41

Ein **Erschweren** liegt in solchen tatsächlichen oder rechtlichen Umständen, die sich auf die beabsichtigte oder bereits laufende Verwertung der Erfindung seitens des Arbeitnehmers bei wirtschaftlicher Betrachtungsweise mit gewisser Wahrscheinlichkeit nachteilig auswirken können. 42

Allein die Tatsache der bloß beschränkten Inanspruchnahme und die damit verbundene Einschränkung der Nutzungsmöglichkeiten des Arbeitnehmers ist noch nicht ausreichend. Denn eine solche Erschwernis ist mit jeder beschränkten Inanspruchnahme und dem dadurch begründeten nicht ausschließlichen Recht des Arbeitgebers zur Benutzung verbunden. Das Gesetz fordert deshalb zusätzlich eine **Unbilligkeit** dieser Erschwernis. Der Begriff der Unbilligkeit schließt bereits von seinem Wortsinn her die Gebote der Angemessenheit und der Gerechtigkeit in sich ein. Daher muss der Grundsatz von Treu und Glauben (§ 242 BGB) den Bewertungshintergrund bilden, auf dem sich die Frage der Unbilligkeit im Einzelfall entscheidet. Dabei setzt die Unbilligkeit quantitativ eine nicht unerhebliche Einschränkung der Verwertungsmöglichkeiten voraus, die dem Gebot von Treu und Glauben in erheblichem Umfang zuwiderläuft[124]. Für die Beurteilung sind im jeweiligen Einzelfall die Interessen des Arbeitnehmers und die des Arbeitgebers festzustellen und wertend gegeneinander abzuwä- 43

---

123 Vgl. dazu auch den Ausschussber. zu BT-Drucks. II/3327 S. 2, 3 = Blatt 1957, 250.
124 Vgl. auch BGH v. 20.2.1970 DB 1970, 827; RG v. 9.2.1935 RGZ 147, 58, 63 (beide zu § 319 Abs. 1 S. 1 BGB).

§ 7

gen[125]. Hierbei dürfen aber nicht Einzelaspekte maßgeblich sein, sondern das **Gesamtbild**, da ein wirtschaftlich belastender Umstand durch einen anderen Vorteil des Arbeitnehmers wieder ausgeglichen werden könnte. Insoweit muss eine Erschwernis in einem Land, in dem der Arbeitnehmer etwa ein Schutzrecht erworben hat, mit Rücksicht auf sonstige Verwertungsmöglichkeiten der Diensterfindung in anderen Ländern noch keine unbillige Belastung des Arbeitnehmers ergeben[126].

44 Da § 7 Abs. 2 dem Arbeitgeber »nachträglich« noch die Möglichkeit einer Vollrechtsüberleitung eröffnet, muss **im Zweifel die Entscheidung zugunsten des Arbeitnehmers** ausfallen. Einschränkungen, die nicht von einigem Gewicht sind, muss der Arbeitnehmer allerdings bereits aus dem Gebot der gegenseitigen Rücksichtnahme hinnehmen. Ferner setzt die unbillige Erschwerung begrifflich nicht den Vorwurf des Missbrauchs voraus; letzterem kann jedoch im Rahmen der Interessenabwägung ausschlaggebendes Gewicht zukommen.

45 Ob eine unbillige Erschwerung vorliegt, ist aus der **Sicht eines vernünftigen, unparteiischen und sachkundigen Dritten** zu beurteilen[127]. Maßgeblicher Zeitpunkt für die Beurteilung ist der tatsächliche Zustand im Augenblick des Zugangs der Erklärung des Arbeitnehmers (Verlangen). Zu diesem Zeitpunkt müssen also die maßgeblichen Umstände vorliegen bzw. bereits deren späterer Eintritt feststehen; für die Frage des unbilligen Erschwerens reicht es dann aus, wenn die nachteiligen Folgen wahrscheinlich bzw. bei gewöhnlichem Lauf der Dinge üblicherweise eintreten. Die **Darlegungs- und Beweislast** trägt der Arbeitnehmer (s. Rz. 59).

46 Im Anschluss an Volmer[127] lässt sich ein **Indiz** für die Bestimmung der Unbilligkeit daraus herleiten, dass der – fiktive – Gesamtgewinn des Arbeitnehmers bei alleiniger Verwertung (Soll-Wert) dem Gewinn gegenübergestellt wird, den er bei Verwertung durch den Arbeitgeber (§ 10 Abs. 1) und durch daneben bestehende eigene anderweitige Verwertungshandlungen erzielt (Ist-Gewinn); eine erhebliche Differenz wird in der Regel auf eine unbillige Erschwerung hinweisen.

47 Eine solche Sachlage ist in der Regel gegeben, wenn ein potentieller Lizenzgeber vom Abschluss eines Lizenzvertrages mit dem Arbeitnehmer deshalb Abstand nehmen will, weil ihm der Benutzungsvorbehalt des Arbeitgebers als Hindernis in der uneingeschränkten Verwertung erscheint. Ist im Einzelfall bei überragender Marktposition des Arbeitgebers die anderweitige Verwertungsmöglichkeit des Arbeitnehmers praktisch ausgeschlossen, so kann auch dies das Recht des Arbeitnehmers aus § 7 Abs. 2 Satz 2 auslösen.

---

125 So auch Reimer/Schade/Schippel/Kaube Rz. 15 zu § 7.
126 A.A. wohl Volmer Rz. 42 zu § 7.
127 Volmer Rz. 32 zu § 7 u. Volmer/Gaul Rz. 92 f. zu § 7; zust. auch Busse/Keukenschrijver PatG Rz. 11 zu § 7 ArbEG.

§ 7

Unbeachtlich aber müssen solche vom Arbeitnehmer angeführten Verwertungsmöglichkeiten bleiben, deren Ausübung ihm selbst bei völliger Freigabe der Erfindung aus sonstigen Gründen verboten wäre; eine derartige Schranke kann die Treuepflicht des Arbeitnehmers sein[128] sowie als Ausfluss hieraus ein arbeitsvertragliches oder nachvertragliches Wettbewerbsverbot, welches einer eigenen Nutzung durch den Arbeitnehmer entgegenstehen kann (vgl. hierzu Rz. 52 ff. zu § 8), ferner Schranken der allgemeinen Rechtsordnung (öffentlich-rechtliche Verbote, kartellrechtliche Beschränkungen usw.). 48

3. Verlangen des Arbeitnehmers – Wahlrecht des Arbeitgebers

Das Verlangen des Arbeitnehmers ist im Hinblick auf das daran anknüpfende Wahlrecht des Arbeitgebers eine **empfangsbedürftige Willenserklärung** (§ 130 BGB). Einzelheiten dazu s. Rz. 10 f. zu § 5. 49

Die Erklärung nach § 7 Abs. 2 muss in sich klar und eindeutig sein, so dass der Arbeitgeber ohne weiteres deren Bedeutung erkennen kann; eine bestimmte **Form**, etwa Schriftlichkeit, fordert das Gesetz indes nicht[129]. Auch schreibt die Vorschrift nicht ausdrücklich eine **Begründung** seitens des Arbeitnehmers vor; da das Verlangen des Arbeitnehmers nicht schlechthin, sondern nur unter engen Voraussetzungen zulässig ist, wird man den Arbeitnehmer allerdings als verpflichtet ansehen müssen, dem Arbeitgeber ausreichende Tatsachen darzulegen, um diesem die Überprüfung der Rechtmäßigkeit des Anspruchs zu ermöglichen, ohne dass dadurch jedoch der Fristbeginn beeinflusst wird (s. Rz. 53). Bei veränderten Umständen kann der Arbeitnehmer ein zunächst ergebnisloses »Verlangen« erneut geltend machen. 50

Das Verlangen des Arbeitnehmers im Sinne des § 7 Abs. 2 Satz 2 löst das **Wahlrecht des Arbeitgebers** zwischen einer (nachträglichen) unbeschränkten Inanspruchnahme und einer völligen Freigabe aus. Entscheidet der Arbeitgeber sich nicht innerhalb von zwei Monaten für eine unbeschränkte Inanspruchnahme, tritt die Wirkung des Freiwerdens gemäß § 8 Abs. 1 Nr. 3 ein, so dass der Arbeitgeber auch sein bisheriges beschränktes Nutzungsrecht verliert. 51

4. Fristbeginn

Streitig ist, wann diese Frist **beginnt**. § 8 Abs. 1 Nr. 3 knüpft den Fristbeginn an das **Verlangen** des Arbeitnehmers. Da diese Erklärung des Arbeitnehmers eine einseitige empfangsbedürftige Willenserklärung ist, beginnt 52

---

128 Peters GRUR 1961, 514, 518 f.
129 Reimer/Schade/Schippel/Kaube Rz. 18 zu § 7; abw. Volmer Rz. 39 zu § 7.
130-139 frei

§ 7

die Zwei-Monats-Frist mit Zugang des auf § 7 Abs. 2 Satz 2 gestützten Verlangens des Arbeitnehmers beim Arbeitgeber[140] (§ 130 BGB – Einzelheiten zum Zugang vgl. Rz. 10 f. zu § 5).

53 Der Fristbeginn ist nicht abhängig von der (gebotenen, s. Rz. 50) schlüssigen Darlegung[141] bzw. der Glaubhaftmachung[142] oder gar dem vollständigen Nachweis[143] der die Unbilligkeit im Sinne des § 7 Abs. 2 Satz 2 begründenden Umstände, da § 7 Abs. 2 S. 2 und § 8 Abs. 1 Nr. 3 keine besonderen inhaltlichen Anforderungen an das »Verlangen« stellen.

5. Rechtsfolgen nach § 8 Abs. 1 Nr. 3 2. Alt.

54 Von dieser aus Gründen der Rechtssicherheit eindeutigen Feststellung des Fristbeginns ist die der **Rechtsfolge** des § 8 Abs. 1 Nr. 3 zu unterscheiden. § 8 Abs. 1 Nr. 3 lässt die Wirkung des Freiwerdens – entgegen der wohl h.M.– nur eintreten, wenn eine unbillige Erschwerung **objektiv gegeben** ist[144]. Dies folgt daraus, dass § 8 Abs. 1 Nr. 3 nicht formal auf einen bloßen Fristablauf abstellt, sondern umfassend auf § 7 Abs. 2 und damit auf dessen gesamte tatbestandlichen Voraussetzungen Bezug nimmt (»im Falle des § 7 Abs. 2«).

55 Diese missglückte gesetzliche Regelung[145] zwingt die Arbeitsvertragsparteien – sofern sie sich nicht verständigt haben (§ 22) – **Meinungsverschiedenheiten** über das Vorliegen der unbilligen Erschwerung durch Anrufung der Schiedsstelle (§ 28) und/oder der ordentlichen Gerichte (§§ 37, 39) klären zu lassen.

56 Will der Arbeitgeber weiterhin Nutzungsrechte behalten, muss er mit Rücksicht auf die nicht verlängerbare (vgl. Rz. 47 zu § 6) und auch durch Anrufung der Schiedsstelle nicht zu unterbrechende (vgl. Rz. 18 f. zu § 31) Ausschlussfrist des § 8 Abs. 1 Nr. 3 (vgl. Rz. 33 zu § 8) vorsorglich die Erfindung unbeschränkt in Anspruch nehmen. Dies kann mit dem (ausdrücklichen) **Vorbehalt der Begründetheit** der unbilligen Erschwerung verbunden werden. Eine solche Erklärung stellt eine zulässige Rechtsbedingung dar.

---

140 So auch Volmer Rz. 36 zu § 7 u. Volmer/Gaul Rz. 105 zu § 7; Reimer/Schade/Schippel/Kaube Rz. 18 zu § 7; Dantz Inanspruchnahmerecht S. 101 m.w.N.
141 So aber Halbach Anm. 7 zu § 7.
142 So aber Lindenmaier/Lüdecke Anm. 5 zu § 7.
143 So aber Heine/Rebitzki Anm. 5 zu § 7.
144 Vgl. Pakebusch GRUR 1959, 161; ebenso Busse/Keukenschrijver PatG Rz. 12 zu § 7 ArbEG; vgl. auch Reimer/Schade/Schippel/Kaube Rz. 18 zu § 7; abw. Volmer Rz. 33 ff. zu § 7 u. Volmer/Gaul Rz. 106 zu § 7, die über den Fristbeginn hinaus auf eine formale Betrachtung abstellen und als Korrektiv den Einwand der unzulässigen Rechtsausübung zulassen.
145 Vgl. insoweit die Kritik v. Friedrich GRUR 1958, 270.

§ 7

Mit **rechtskräftiger Feststellung einer unbilligen Erschwerung** wird die unbeschränkte Inanspruchnahme bestätigt; umgekehrt wird sie mit Verneinung des Tatbestandsmerkmals des § 7 Abs. 2 Satz 2 gegenstandslos, da nunmehr feststeht, dass die rechtlichen Voraussetzungen für die Möglichkeit einer nachträglichen (einseitigen) Inanspruchnahme nicht vorgelegen haben (s. auch Rz. 15 zu § 6). Es bewendet bei dem bisherigen nicht ausschließlichen Benutzungsrecht, das unverändert fortbestanden hat. Zwischenzeitliche Verfügungen des Arbeitgebers oder Arbeitnehmers stehen unter dem Risiko des Ausgangs des amtlichen bzw. gerichtlichen Verfahrens.

Erweist sich die unbeschränkte Inanspruchnahme des Arbeitgebers mangels unbilliger Erschwerung als gegenstandslos, so hat er evtl. – über sein einfaches Nutzungsrecht hinausgehende – Verfügungen über die Rechte an der Diensterfindung als Nichtberechtigter getroffen (§ 185 BGB). Wird die Wirksamkeit der unbeschränkten Inanspruchnahme bestätigt, gilt Entsprechendes für zwischenzeitliche Verfügungen des Arbeitnehmers über die Diensterfindung, allerdings mit der Möglichkeit der Genehmigung durch den Arbeitgeber gem. § 185 BGB.

Hat der Arbeitnehmer die **unbeschränkte Inanspruchnahme ohne Vorbehalt erklärt**, treten die allgemeinen Folgen gemäß § 7 Abs. 1 ein (s. oben Rz. 5 ff.). War vor der ursprünglichen Erklärung der beschränkten Inanspruchnahme noch keine Schutzrechtsanmeldung durch den Arbeitgeber erfolgt, entfiel mit Zugang der beschränkten Inanspruchnahmeerklärung die Verpflichtung des Arbeitgebers zur Anmeldung (§ 13 Abs. 2 Nr. 1); nur der Arbeitnehmer war zur Schutzrechtsanmeldung berechtigt (§ 13 Abs. 4 Satz 1). Die Rechte aus einer vom Arbeitnehmer durchgeführten Schutzrechtsanmeldung gehen kraft Gesetzes mit Zugang der unbeschränkten Inanspruchnahmeerklärung gemäß § 7 Abs. 1 auf den Arbeitgeber über. Die Umschreibung in der Patentrolle erfolgt aufgrund des vom Arbeitgeber zu führenden Nachweises über die (nachträgliche) unbeschränkte Inanspruchnahme gemäß § 7 Abs. 2 i.V.m. Abs. 1. Dem Arbeitnehmer aus der Schutzrechtsanmeldung entstandene notwendige Kosten muss der Arbeitgeber erstatten, da dieser (nunmehr wieder) seiner Anmeldepflicht zu genügen hat (vgl. auch Rz. 20 ff. zu § 13). War noch kein Schutzrechtserteilungsverfahren eingeleitet, lebt die Verpflichtung des Arbeitgebers zur unverzüglichen Schutzrechtsanmeldung nach § 13 Abs. 1 mit Zugang der unbeschränkten Inanspruchnahmeerklärung wieder auf. Zu Auslandsanmeldungen ist er nunmehr berechtigt (§ 14 Abs. 1).

Hat der Arbeitgeber ohne Erklärung einer unbeschränkten Inanspruchnahme die Frist verstreichen lassen, tritt die Wirkung des **Freiwerdens** der Diensterfindung gem. § 8 Abs. 1 Nr. 3 nicht ein, wenn das Vorliegen einer unbilligen Erschwerung verneint wird. Soweit der Arbeitgeber mit Rücksicht auf ein Verlangen des Arbeitnehmers gem. § 7 Abs. 2 Satz 2 eine schriftliche Freigabe erklärt hat (Fall des § 8 Abs. 1 Nr. 1 und nicht der

§ 7

Nr. 3), kann er diese Erklärung ggf. gem. §§ 119, 123 BGB anfechten (vgl. Rz. 37 zu § 8).

6. Beweis

59 Für die Umstände der unbilligen Erschwerung ist der Arbeitnehmer nach allgemeinen Grundsätzen **beweispflichtig**[146]. Er muss grundsätzlich den vollen Beweis für die die unbillige Erschwerung begründenden Umstände erbringen[147] (s. Rz. 45); eine bloße Glaubhaftmachung (§ 293 ZPO) reicht nicht aus. Dagegen können Erfahrungssätze (§ 286 ZPO) als Grundlage eines Anscheinsbeweises besondere Bedeutung gewinnen. Als Beweismittel mag insbesondere die Vorlage von Lizenzvertragsangeboten, Korrespondenzunterlagen, amtlichen Bescheiden oder Sachverständigengutachten dienen.

E. Verfügungsbeschränkungen des Arbeitnehmers (Abs. 3)

I. Verfügungen vor Inanspruchnahme

1. Relative Unwirksamkeit

60 Um den Arbeitgeber davor zu schützen, dass der Arbeitnehmer durch anderweitige Verfügungen über die Diensterfindung vor (beschränkter oder unbeschränkter) Inanspruchnahme dessen Rechte beeinträchtigt, bestimmt Abs. 3, dass derartige Verfügungen zwar nicht gegenüber dem Dritten, wohl aber dem Arbeitgeber gegenüber unwirksam sind[156]; es handelt sich hierbei um ein **relatives Verfügungsverbot**[157] (vgl. § 135 BGB). Im Übrigen stellt sich eine solche Verfügung als Verstoß gegen die arbeitsrechtliche Treuepflicht dar.

2. Arten der Verfügungen

61 Diese von Amts wegen zu beachtende[158] relative Unwirksamkeit erfasst **alle Verfügungen**, die unmittelbar darauf gerichtet sind, auf die **vermögens-**

---

146 Busse/Keukenschrijver PatG Rz. 11 zu § 7 ArbEG.
147 H.M.; z.B. Reimer/Schade/Schippel/Kaube Rz. 16 zu § 7; Wendel AuR 1958, 297, 300; Volmer/Gaul Rz. 94 zu § 7; abw. Volmer Rz. 33 zu § 7.
148-155 frei
156 Amtl. Begr. BT-Drucks. II/1648 S. 26 = Blatt 1957, 232.
157 Ebenso LG Düsseldorf v. 5.4.2001, InstGE 1, 50, 55 – Schraubenspindelpumpe; vgl. auch Staudinger/Dilscher, BGB Rz. 9 zu § 135; Volmer/Gaul Rz. 108 zu § 7; ebenso MünchArbR/Sack § 99, Rz. 47.
158 A. A. allg. Staudinger/Dilscher, BGB Rz. 15 zu § 135; wie hier Volmer/Gaul Rz. 113 zu § 7.

§ 7

werten **Rechte an der Erfindung** einzuwirken, sie zu übertragen, zu belasten, aufzuheben oder sonstwie zu ändern[159]. Darunter fallen beispielsweise die Abtretung der übertragbaren Erfinderrechte, einfache oder ausschließliche Lizenzvergaben, Verpfändungen, nicht aber die tatsächliche Eigennutzung durch den Arbeitnehmer (s. Rz. 69). Entsprechend § 135 Abs. 1 Satz 2 BGB steht der rechtsgeschäftlichen Verfügung eine Verfügung gleich, die im Wege der Zwangsvollstreckung oder Arrestvollziehung erfolgt. Im Falle der Zwangsvollstreckung kann der Arbeitgeber die Drittwiderspruchsklage gem. §§ 771, 772 ZPO erheben bzw. Erinnerung gem. § 766 ZPO einlegen. Zur Insolvenz s. § 80 InsO.

Der **gute Glaube eines Dritten** an die unbeschränkte Verfügungsbefugnis des Arbeitnehmers über die Erfindungsrechte ist nicht geschützt[160], da es an einer § 135 Abs. 2 BGB entsprechenden Regelung fehlt. 62

Die **Schutzrechtsanmeldung** bewirkt aufgrund ihres Doppelcharakters nicht nur, dass der Anmelder in ein prozessuales Verhältnis zur Patenterteilungsbehörde tritt[161], sondern als rechtsgestaltender Akt daneben auch, dass damit das Anwartschaftsrecht auf das Patent zur Entstehung gelangt[162]; daraus folgt, dass die Anmeldung als eine (auch) rechtsgeschäftliche Handlung[163] unmittelbar auf die Erfindungsrechte einwirkt, mithin eine Verfügung mit materiellrechtlicher Wirkung darstellt[164]. Nichts anderes kann auch für die Rücknahme einer Patentanmeldung[165], Verzicht und Teilverzicht[166], Lizenzbereitschaftserklärung (§ 23 PatG)[167] gelten. Zu den Rechten des Arbeitgebers in Verfahren vor den Erteilungsbehörden s. Rz. 10 ff. 63

3. Rechtsfolgen

Sobald der Arbeitgeber die Erfindung **unbeschränkt in Anspruch nimmt,** sind alle vom Arbeitnehmer vor Zugang der Inanspruchnahmeerklärung getroffenen Verfügungen (dem Arbeitgeber gegenüber) **unwirksam**; die 64

---

159 Zum Verfügungsbegriff s. allg. RG v. 22. 12. 1922 RGZ 106, 109, 111 f.; BGH v. 15.3.1951 BGHZ 1, 294, 304.
160 Reimer/Schade/Schippel/Kaube Rz. 22 zu § 7; Herschel RdA 1982, 265, 267; Volmer/Gaul Rz. 112 zu § 7; MünchArbR/Sack § 99 Rz. 47.
161 BPatG v. 2.12.1970 BPatGE 12, 153, 155.
162 PA v. 9.1.1954 GRUR 1954,118, 119f.; Schulte PatG Rz. 13 zu § 35.
163 Vgl. Reimer/Trüstedt, PatG Anm. 2 zu § 26.
164 So schon Isay, PatG (1936) S. 142; a.A. Lindenmaier/Lüdecke Anm. 1 zu § 7; Volmer Rz. 46 zu § 7; offengelassen für § 7 Abs. 3 bei Reimer/Schade/Schippel/Kaube Rz. 24 zu § 7.
165 Vgl. auch BGH v. 7.12.1976 Blatt 1977, 171 – Rücknahme der Patentanmeldung; BPatG v. 1.10.1973 BPatGE 16, 11, 13.
166 Vgl. BGH v. 23.5.1965 GRUR 1966, 146, 149 – Beschränkter Bekanntmachungsantrag.
167 Vgl. auch BPatG v. 28.4.1972 BPatGE 13, 159, 160.
168-171 frei

§ 7

Diensterfindung geht ohne weitere Erfordernisse auf den Arbeitgeber über, ohne durch Rechte Dritter belastet zu sein.[172] Einer Geltendmachung seiner Rechte gegenüber Dritten bedarf es nicht; allerdings wird ein entsprechender Hinweis auf die eigene Rechtsposition zweckmäßig sein. Genehmigt der Arbeitgeber die von seinem Arbeitnehmer getroffene Verfügung und verzichtet er damit auf seine durch die Inanspruchnahme erworbene uneingeschränkte Rechtsposition, wird die Verfügung voll wirksam[173] (§ 185 Abs. 2, § 184 BGB). Zum Schutzrechtserteilungsverfahren s. Rz. 11 ff.

65 Da derartige Verfügungen gegen die Treuepflicht verstoßen, hat der Arbeitgeber ggf. einen **Schadensersatzanspruch** gegenüber seinem Arbeitnehmer aus Pflichtverletzung[174] (§ 280 Abs. 1, § 619 a BGB).

66 Bei **beschränkter Inanspruchnahme** sind solche Verfügungen nicht insgesamt, sondern nur insoweit unwirksam, als sie das nicht ausschließliche Benutzungsrecht des Arbeitgebers beeinflussen[175]. Beispielsweise entsteht das Benutzungsrecht des Arbeitgebers auch bei vorheriger Abtretung der Erfindungsrechte an Dritte, da diese selbst wirksam ist[176] (s. auch Rz. 35).

Im Falle des **Freiwerdens** der Diensterfindung (§ 8) entfällt die schwebende Unwirksamkeit der vorangegangenen Verfügung des Arbeitnehmers, so dass die getroffene Verfügung voll wirksam bestehen bleibt[177].

II. Verfügungen nach Inanspruchnahme

67 Rechtsgeschäftliche Verfügungen des Arbeitnehmers nach **unbeschränkter** Inanspruchnahme haben mangels Rechtsinhaberschaft keine Wirkung, da bei der Abtretung von Rechten grundsätzlich ein gutgläubiger Erwerb nicht möglich ist[178] (ggf. aber Genehmigung nach § 185 BGB).

Verfügungen des Arbeitnehmers im Schutzrechtserteilungsverfahren nach unbeschränkter Inanspruchnahme lösen die Rechte des Arbeitgebers gem. § 7 Abs. 2, § 8 PatG aus (s. dazu Rz. 19).

68 Bei nur **beschränkter** Inanspruchnahme kann der Arbeitnehmer grundsätzlich über seine (übertragbaren) Erfinderrechte verfügen (s. Rz. 48 ff., 52 ff. zu § 8 u. Rz. 40 f. zu § 25); derartige Verfügungen lassen aber das gesetzliche Benutzungsrecht des Arbeitgebers unberührt (s. oben Rz. 35).

---

172 Ebenso LG Düsseldorf v. 5.4.2001 InstGE 1, 50, 55 – Schraubenspindelpumpe.
173 LG Düsseldorf v. 5.4.2001 (Fn. 172).
174 Ebenso Busse/Keukenschrijver PatG Rz. 14 zu § 7 ArbEG.
175 LG Düsseldorf v. 5.4.2001 (Fn. 172).
176 Ebenso Reimer/Schade/Schippel/Kaube Rz. 22 zu § 7.
177 LG Düsseldorf v. 5.4.2001 (Fn. 172).
178 OLG Karlsruhe v. 23.9.1981 GRUR 1983, 67, 69 – Flipchart-Ständer (zur Gesellschaftererfindung).

§ 7

F. Eigenverwertungshandlungen des Arbeitnehmers

Bei einer noch nicht in Anspruch genommenen Diensterfindung ist der Arbeitnehmer bis zur Freigabe (§ 8) nicht zu Eigenverwertungshandlungen berechtigt; er darf also den Gegenstand der Diensterfindung nicht selbst herstellen, durch Dritte herstellen lassen (Lohnfertigung), in den Verkehr bringen, feilhalten oder sonstwie gebrauchen. Dieses Verbot der Eigenverwertung folgt aus § 24 Abs. 2 sowie aus der arbeitsrechtlichen Treuepflicht (vgl. dazu Rz. 28 ff., 38 zu § 25) und wird bestätigt durch einen Rückschluss aus § 8. Entsprechendes gilt selbstverständlich nach unbeschränkter Inspruchnahme, da der Arbeitnehmer alle vermögenswerten Rechte an der Diensterfindung verloren hat. Dabei ist es ohne Belang, ob der Arbeitnehmer zwischenzeitlich ausgeschieden ist[179].

Dem Arbeitnehmer steht auch kein **Vorbenutzungsrecht** i. S. des § 12 PatG zu.

69

---

179 BGH v. 14.7.1966 Az. I a ZR 58/64 (unveröffentl.).

§ 8 Frei gewordene Diensterfindungen

(1) Eine Diensterfindung wird frei,
1. wenn der Arbeitgeber sie schriftlich freigibt;
2. wenn der Arbeitgeber sie beschränkt in Anspruch nimmt, unbeschadet des Benutzungsrechts des Arbeitgebers nach § 7 Abs. 2;
3. wenn der Arbeitgeber sie nicht innerhalb von vier Monaten nach Eingang der ordnungsgemäßen Meldung (§ 5 Abs. 2 und 3) oder im Falle des § 7 Abs. 2 innerhalb von zwei Monaten nach dem Verlangen des Arbeitnehmers in Anspruch nimmt.

(2) Über eine frei gewordene Diensterfindung kann der Arbeitnehmer ohne die Beschränkungen der §§ 18 und 19 verfügen.

Lit.: *Peters*, Die Verwertung e. frei gewordenen Diensterf. GRUR 1961, 511; *Röpke*, Das Recht d. ArbN auf Verwertg. e. frei gewordenen Diensterf. GRUR 1962, 127; *Vollrath*, D. frei gewordene Diensterf. u. d. benutzten geheimen Erfahrungen d. Betriebs GRUR 1987, 670; *Vorwerk*, Kann d. ArbG e. freie ArbN-Erf. benutzen? GRUR 1975, 4; s. auch Lit. bei §§ 13, 16.

Übersicht

A. Allgemeines 1-9	E. Unwirksamkeit einer Freigabe 36-41
I. Bedeutung der Regelung 1, 2	I. In den Fällen des § 8 Abs. 1 Nr. 1 u. 2 36-38
II. Überblick 3	II. Im Fall des § 8 Abs. 1 Nr. 3 39-41
III. Wesen des Freiwerdens – Verhältnis zu §§ 14, 16, 18, 19 ... 4-9	F. Freigabe einer nicht schutzfähigen technischen Neuerung 42-45
B. Schriftliche Freigabe (Nr. 1) 10-28	G. Rechtsfolgen des Freiwerdens 46-65
I. Inhalt 10-16	I. Für den Arbeitnehmer 46-57
II. Form und Zeitpunkt 17-20	1. Grundsatz 46, 47
III. Einzelfälle der Freigabe nach Nr. 1 21-28	2. Anmelderecht 48-50
1. Freigabe vor unbeschränkter Inanspruchnahme 21-23	3. Verfügungs- und Verwertungsrecht 51-56
a) Vor Schutzrechtsanmeldung 22	a) Grundsatz 51
b) Nach Schutzrechtsanmeldung 23	b) Schranken 52-56
2. Freigabe nach unbeschränkter Inanspruchnahme und vor Schutzrechtsanmeldung 24-28	4. Sonstige Rechtsfolgen 57
	II. Für den Arbeitgeber 58-64
	1. Verwertung einer frei gewordenen Diensterfindung durch den Arbeitgeber 58-63.3
C. Freigabe durch beschränkte Inanspruchnahme (Nr. 2) 29, 30	2. Sonstige Rechtsfolgen 64
D. Freiwerden durch Fristablauf (Nr. 3) 31-35	III. Für Dritte 65
	H. Mehrere Arbeitnehmererfinder 66-69
	J. Meinungsverschiedenheiten über die Schutzfähigkeit 70

§ 8

A. Allgemeines

I. Bedeutung der Regelung

1 § 8 stellt klar, dass der Arbeitgeber frei darin ist, auf die Überleitung einer ihm gemeldeten Diensterfindung zu verzichten. § 8 soll insoweit die **Fälle des Freiwerdens** einer Diensterfindung **zusammenfassen**. Mit einer Freigabe bringt der Arbeitgeber zum Ausdruck, eine Diensterfindung nicht verwerten zu wollen oder zu können.

2 In inhaltlicher Übereinstimmung mit dem früheren Recht, das allerdings keine ausdrückliche Regelung enthielt, ist in Abs. 1 Nrn. 1 u. 3 bestimmt, dass eine Diensterfindung frei wird, wenn der Arbeitgeber sie ausdrücklich oder dadurch stillschweigend freigibt, dass er die Inanspruchnahmefrist ohne ausdrückliche Erklärung verstreichen lässt[1]; Abs. 1 Nr. 2 soll dagegen klarstellen, dass eine nur beschränkte Inanspruchnahme der Diensterfindung deren Freigabe unter Vorbehalt eines nicht ausschließlichen Nutzungsrechts bedeutet[1]. Abs. 2 erfasst die Verfügungsbefugnis des Arbeitnehmers über die frei gewordene Erfindung.

Die **wirtschaftliche Bedeutung** dieser Vorschrift sollte angesichts des Umstandes nicht überschätzt werden, dass in der Praxis die Quote der verwerteten freien oder frei gewordenen Erfindungen weit unter 5 % liegt (s. Rz. 48 zu § 4).

2.1 Auf Grund der Tendenzen in Rechtsprechung und Schiedsstellenpraxis, das ArbEG auch bei **Zweifeln an der Schutzfähigkeit einer gemeldeten Diensterfindung** eingreifen zu lassen, empfiehlt es sich für den Arbeitgeber im eigenen Interesse (Obliegenheit), auch in diesen Fällen eine Inanspruchnahme auszusprechen, will er das Freiwerden der Diensterfindung ausschließen (vgl. Rz. 17 zu § 6).

II. Überblick

§ 8 knüpft systematisch an die Meldung der Erfindung (§ 5) und die dadurch ausgelöste Frist zur Inanspruchnahme (§ 6 Abs. 2) an; damit besteht zwischen Freigabe und **Erfindungsmeldung** zugleich ein **sachlicher Zusammenhang** (s. Rz. 5, 46).

3 § 8 Abs. 1 regelt **drei Tatbestände des Freiwerdens** einer Diensterfindung (zum Umfang s. Rz. 46), einmal die Fälle der Freigabe vor Inanspruchnahme, sei es vor (s. Rz. 22) bzw. nach (s. Rz. 23) Schutzrechtsanmeldung (Nr. 1); zum anderen die Freigabe auf Grund beschränkter Inanspruchnahme (Nr. 2, s. Rz. 29 f.), ferner das Freiwerden mangels Inanspruchnahme (Nr. 3, s. Rz. 31 f.). Die Freigabe nach unbeschränkter Inan-

---

1 Amtl. Begr. BT-Drucks. II/1648 S. 26 = Blatt 1957, 232.

spruchnahme und nach Schutzrechtsanmeldung regelt § 16 (s. Rz. 5, 7). Eine Freigabe nach unbeschränkter Inanspruchnahme ohne vorherige Schutzrechtsanmeldung ist – von den Ausnahmen des § 14 Abs. 2 abgesehen – nicht möglich (s. Rz. 24 ff.; s. auch Rz. 35 f. zu § 17). Im öffentlichen Dienst kommt die Beanspruchung einer Ertragsbeteiligung durch den Arbeitgeber (Dienstherrn) gem. § 40 Abs. 2 einer Freigabe gleich (s. Rz. 15 ff. zu § 40). Einen Sonderfall des Freiwerdens enthält § 18 Abs. 2 (s. Rz. 33). Nicht ausdrücklich erwähnt ist die Möglichkeit von **Vereinbarungen** der Arbeitsvertragsparteien über das Freiwerden von Diensterfindungen, die nach § 22 auch schon vor Erfindungsmeldung zulässig sind (s. Rz. 20).

§ 8 gilt uneingeschränkt auch in den **neuen Bundesländern**, soweit es sich um Diensterfindungen handelt, die ab dem 3.10.1990 fertiggestellt sind[1a].

3.1

III. Wesen des Freiwerdens – Verhältnis zu §§ 14, 16, 18, 19

§ 8 wird für Diensterfindungen ergänzt durch die Spezialregelungen der §§ 14, 16. Verwandte Sondervorschriften enthalten hinsichtlich der von Anfang an freien Erfindungen (geborene freie Erfindungen, § 4 Abs. 3) § 18 Abs. 2 (s. Rz. 33) und § 19 Abs. 2.

4

Während § 8 die **Diensterfindung im Ganzen**[2] erfasst (s. Rz. 46), erstreckt sich eine Freigabe gem. § 14 Abs. 2 auf die dem Arbeitnehmer vom Arbeitgeber eingeräumte Befugnis zum Erwerb einzelner Auslandsschutzrechte. Die an eine Aufgabeabsicht des Arbeitgebers anknüpfende Übertragung (mit Wirkung ex nunc) gemäß § 16 Abs. 1 u. 2 kann sich auf einzelne vom Arbeitgeber getätigte In- und/oder Auslandsanmeldungen bzw. ihm erteilte Schutzrechte (s. dazu Rz. 12 ff. zu § 16) beschränken, aber auch die gesamte vorhandene Schutzrechtsposition des Arbeitgebers erfassen. Die Freigabe gem. § 14 Abs. 2 bzw. die Rechtsübertragung gem. § 16 Abs. 1 u. 2 setzen im Gegensatz zu den Freigaben gem. § 8 Abs. 1 eine zuvor erklärte unbeschränkte Inanspruchnahme voraus.

5

Die Freigabe gem. § 8 Abs. 1 wirkt auf den Zeitpunkt der Entstehung des Rechts zurück, also **ex tunc**[3]. Die originär in der Person des Arbeitnehmers begründete Diensterfindung verbleibt ihm als Rechtsinhaber weiterhin, nunmehr frei von dem Aneignungsrecht des Arbeitgebers gem. § 6 Abs. 1. Es erfolgt **kein Rechtsübergang**; anders als im Falle des § 16 wird der Ar-

6

1a S. zu Übergangsrecht für zuvor fertiggestellte Erfindungen Möller, Übergangsbestimmungen f. ArbNErf. i. d. neuen Bundesländern (1996), S. 290 ff.
2   Unzutr. Volmer Rz. 6 zu § 6, der über § 14 Abs. 2 hinausgehende, räumlich begrenzte Freigaben der Diensterfindung selbst innerhalb eines Staates befürwortet; wie hier Volmer/Gaul Rz. 12 u. 34 zu § 8; Busse/Keukenschrijver PatG Rz. 1 zu § 8 ArbEG.
3   Schiedsst. v. 15.10.1964 Blatt 1965, 66 u. LG Düsseldorf v. 22.3.2001 Az. 4 O 211/00 – Blasformgerät (unveröffentl.).

§ 8

beitnehmer nicht Rechtsnachfolger seines Arbeitgebers[4]. Hatte der Arbeitnehmer zwischenzeitlich Verfügungen über die Diensterfindung getroffen, so entfällt deren relative, schwebende Unwirksamkeit (vgl. § 7 Abs. 3) mit dem Freiwerden (s. Rz. 66 zu § 7). Die Freigabe bedeutet den Verzicht[5] des Arbeitgebers auf den Erwerb der vollen Rechtsinhaberschaft an der Diensterfindung gem. § 7 Abs. 1. Die Erfindung ist als eine **von Anfang an freie Erfindung** zu behandeln[6]. Konsequenterweise entlastet § 8 Abs. 2 den Arbeitnehmer von den für eine (geborene) freie Erfindung (§ 4 Abs. 3) geltenden Beschränkungen der §§ 18,19, um ihm eine freie Verfügungsbefugnis zu gewähren.

7   Im Gegensatz dazu wirkt die **Freigabe** für Schutzrechtsanmeldungen im Ausland gemäß § 14 Abs. 2 ebenso wie die mit der Aufgabe verbundene Übertragung der Schutzrechtspositionen nach § 16 Abs. 1 u. 2 ex nunc[6a]; erst mit der dabei erforderlichen Abtretung (§§ 413, 398 ff. BGB) wird der Arbeitnehmer mit Wirkung für die Zukunft Rechtsinhaber und ist damit zugleich (nur) Rechtsnachfolger des Arbeitgebers. Bei dem Rechtsübergang gem. § 16 Abs. 1 u. 2 erwirbt der Arbeitnehmer die Rechtsposition zudem nur noch in dem Umfang, in dem sie zu diesem Zeitpunkt besteht (vgl. Rz. 13 zu § 16).

8   Nicht von § 8 Abs. 1 erfasst ist nach der hier vertretenen Ansicht die Situation einer »Freigabe« nach unbeschränkter Inanspruchnahme, aber vor Schutzrechtsanmeldung (s. Rz. 24 f.).

9   Will der Arbeitgeber auf ein vorbehaltenes nicht ausschließliches **Benutzungsrecht** (vgl. § 7 Abs. 2, § 14 Abs. 3, § 16 Abs. 3, § 19 Abs. 1) »verzichten«, ist dies wegen des bloß schuldrechtlichen Charakters des Benutzungsrechts[7] nur durch formlosen Erlass-(Vertrag) mit dem Arbeitnehmer möglich[7a]. Demgegenüber lässt die herrschende Auffassung einen Verzicht des Arbeitgebers durch einseitige Erklärung gegenüber dem Arbeitnehmer zu[8], und zwar mit dem Hinweis, der Arbeitgeber könne das Recht in gleicher Weise wieder aufgeben, wie er es sich vorbehalten habe[9]. Die h.M. verkennt, dass mit beschränkter Inanspruchnahme bzw. Vorbehalt ein schuldrechtlich wirkendes, inhaltlich im Wesentlichen einer einfachen Lizenz gleichgestelltes Benutzungsrecht entsteht (s. Rz. 29 ff. zu § 7). Wegen der Wesensgleichheit des Verzichts mit dem Erlass i.S.d. § 397 BGB ist un-

---

4   H. M., z. B. Reimer/Schade/Schippel/Kaube Rz. 1 zu § 8; Busse/Keukenschrijver PatG Rz. 4 zu § 8 ArbEG; unzutr. BFH v. 16.8.1973 BFHE 110, 155, 158.
5   Reimer/Schade/Schippel/Kaube Rz. 13 zu § 8.
6   Schiedsst. v. 28.3.1966 Blatt 1967, 131, 132.
6a Schiedsst. v. 15.10.1964 (Fn. 3).
7   BGH v. 23.4.1974 GRUR 1974, 463, 465 – Anlagengeschäft.
7a Bestätigend Schiedsst. v. 25. 11. 1997 Arb.Erf. 24/96 (unveröffentl.).
8   BGH v. 15.5.1990 GRUR 1990, 667, 668 – Einbettungsmasse; Reimer/Schade/Schippel/Kaube Rz. 9 zu § 8.
9   So BGH v. 15.5.1990 (Fn. 8).

serem Recht ein einseitiger Verzicht auf Ansprüche – anders als bei Gestaltungsrechten – fremd[10]. Insoweit kommt es hier nicht auf die vom BGH offen gelassene Frage an, ob ein solcher Verzicht auch für die Vergangenheit wirkt, in der der Arbeitgeber die Diensterfindung auf Grund seines Benutzungsrechts verwertet hat, und welche Rechtsfolgen sich bejahendenfalls für die Ansprüche des Arbeitnehmers aus der Vergangenheit ergeben[11]. Einer durch solchen Rechtsverzicht angestrebten Vergütungsfreiheit steht auch § 10 Abs. 2 entgegen, wonach die Vergütungspflicht bis zur rechtsbeständigen Entscheidung über die Schutzunfähigkeit fortbesteht[12].
Erklärt der Arbeitnehmer nicht sein – nach diesseitiger Auffassung notwendiges – Einverständnis mit dem Verzicht, trotz des damit für ihn verbundenen Vorteils, nunmehr unbelastet von Nutzungsrechten über die Diensterfindung bzw. die Schutzrechtsposition verfügen zu können, kann sich der Arbeitgeber nur durch Nichtausübung dieses Rechts weiteren Zahlungspflichten entziehen. Zur Nichtigkeitsklage des Arbeitgebers s. Rz. 17 f. zu § 25; zum Wegfall der Vergütungspflicht gem. § 10 Abs. 2 s. dort Rz. 18; zum Bestand des Nutzungsrechts bei »Rückerwerb« der freigegebenen Erfindung durch den Arbeitgeber s. Rz. 70 b zu § 14. So stellt es eine Freigabe der Erfindungsrechte dar, wenn ein diese Rechte enthaltender »Verbesserungsvorschlag zum Erwerb von Patent- oder Gebrauchsmusterschutz« freigegeben wird[13].

B. Schriftliche Freigabe (Nr. 1)

I. Inhalt

Den Begriff der Freigabe verwendet das ArbEG nicht nur in § 8 Abs. 1 Nr. 1, sondern auch in § 14 Abs. 2; dieser Begriff ist entsprechend dem allgemeinen Sprachgebrauch dahin zu verstehen, dass der Arbeitgeber ihm gesetzlich eingeräumte Rechte zugunsten eines Dritten (des Arbeitnehmers) aufgibt bzw. fallen lässt. Im Rahmen des § 8 Abs. 1 Nr. 1 bezieht sich dieser **Rechtsverzicht** auf das an eine Diensterfindung anknüpfende gesetzliche Optionsrecht auf Inanspruchnahme im Sinne des § 6 Abs. 1   10

Für eine **Freigabeerklärung** ist die Verwendung von Begriffen wie »freigeben«, »aufgeben« bzw. »fallenlassen« nicht erforderlich; ausreichend ist, dass ein entsprechender Wille des Arbeitgebers zweifelsfrei aus der Erklärung unter Würdigung der Begleitumstände hervorgeht (§ 133 BGB; vgl. auch Rz. 26 zu § 14).   11

---

10 Vgl. RG v. 12.11.1909 RGZ 72, 165, 171; Palandt/Heinrichs BGB Rz. 1 zu § 397
11 BGH v. 15.5.1990 (Fn. 8).
12 Schiedsst. v. 25. 11. 1997 Arb.Erf. 24/96 (unveröffentl.).
13 Schiedsst. v. 2. 2. 1999 Arb.Erf. 43/97 (unveröffentl.).
14-15 frei

§ 8

12 Wesensmerkmal des kraft ausdrücklicher gesetzlicher Regelung einseitig zulässigen Verzichts ist es, dass die Wirkung unmittelbar mit Zugang der Erklärung eintritt, **ohne** dass es auf eine **Mitwirkung des Arbeitnehmers** als Erklärungsempfänger ankommen kann; demzufolge kann die Freigabe sogar bei entgegenstehendem Willen des Arbeitnehmers ausgesprochen werden. Eine Belastung ist damit für den Arbeitnehmer nicht verbunden, da es ihm überlassen bleibt, ob er die Rechte an der Diensterfindung, insbesondere die Anmelderechte, nutzt bzw. weiterführt.

13 Auch ein **Übergang der Rechte aus einer Schutzrechtsanmeldung** gemäß § 13 Abs. 4 Satz 2 (vgl. dazu Rz. 72 ff. zu § 13) belastet den Arbeitnehmer nicht; diese Bestimmung stellt nur klar, dass zu der in § 6 Satz 1 PatG geregelten materiellen Berechtigung des Arbeitnehmers an der Erfindung (Erfinderprinzip) noch der prozessuale Anspruch auf Erteilung des Patents (vgl. § 7 Abs. 1 PatG) hinzutritt.

14 Die Freigabeerklärung ist eine erst mit **Zugang** beim Arbeitnehmer wirksam werdende, empfangsbedürftige Willenserklärung (§ 130 BGB; s. dazu Rz. 10 zu § 5); der Arbeitgeber hat dafür Sorge zu tragen, dass diese Erklärung dem Arbeitnehmer tatsächlich zugeht[16] (s. Rz. 25 zu § 14). Sie kann vom Arbeitgeber ohne Anfechtungsgrund im Sinne der §§ 119 ff. BGB nicht mehr einseitig widerrufen werden (zur Anfechtung s. Rz. 37 f.).

15 Da sich der Arbeitnehmer als Empfänger der Freigabeerklärung über die damit geschaffene Rechtslage für von ihm zu treffende Maßnahmen (z.B. Anmeldung, Fristen, Gebühren, Rechtsmittel) endgültig im Klaren sein muss, ist diese Gestaltungserklärung **bedingungs- und auflagenfeindlich**[17] (vgl. aber für den öffentl. Dienst § 40 Nr. 3 u. unten Rz. 55).

16 Beispielsweise kann der Arbeitgeber seine Freigabe nicht davon abhängig machen, dass der Arbeitnehmer die Erfindung zum Schutzrecht anmeldet und/oder sie nicht verwertet. Nach Meldung sind allerdings die Verwertung beschränkende Vereinbarungen zulässig[18] (§ 22 Satz 2), etwa dahingehend, dass dem Arbeitgeber ein Rückübertragungsanspruch bei Nichtanmeldung innerhalb einer bestimmten Frist eingeräumt wird.
Die Rechtsfolgen einer bedingten Freigabe bestimmen sich nach den allgemeinen zivilrechtlichen Grundsätzen zu § 139 BGB. Ggf. kann darin auch ein Vertragsangebot liegen bzw. die Erklärung in ein solches umgedeutet werden (§ 140 BGB).

---

16 Vgl. BGH v. 31.1.1978 GRUR 1978, 430, 434 – Absorberstabantrieb I m. Anm. Goltz.
17 Schiedsst. ZB. v. 23.6.1983 Arb.Erf. 3 (B)/83 (unveröffentl.); Reimer/Schade/Schippel/Kaube Rz. 14 zu § 8; Volmer/Gaul Rz. 46, 62 f. zu § 8; Busse/Keukenschrijver PatG Rz. 3 zu § 8 ArbEG.
18 Schiedsst. v. 23.6.1983 (Fn. 17).

II. Form und Zeitpunkt

Um eindeutige Beweismöglichkeiten (§ 416 ZPO) zu schaffen, fordert § 8 Abs. 1 Nr. 1 **Schriftform** i. S. des § 126 BGB; die schriftliche Erklärung muss also vom Arbeitgeber bzw. einem Bevollmächtigten eigenhändig unterschrieben sein bzw. in elektronischer Form abgegeben werden (Einzelheiten bei § 5 Rz. 35 ff.). Auf dieses Schriftformerfordernis kann aber nach Erfindungsmeldung einvernehmlich (formlos) verzichtet werden (§ 22 Satz 2).

Die arbeitsrechtliche Fürsorgepflicht kann es dem Arbeitgeber nicht nur gebieten, dem Arbeitnehmer mit der Freigabeerklärung die Diensterfindung betreffende **Unterlagen herauszugeben** (vgl. auch § 15 Abs. 1 Satz 1, § 16 Abs. 1; s. im Übrigen Rz. 64), sondern zudem sonstige sachdienliche Informationen zu erteilen[19].

Aus dem Gebot, sich »**sobald wie möglich**« zur Inanspruchnahme zu äußern (vgl. § 6 Abs. 2 Satz 2), folgt mittelbar, dass sich der Arbeitgeber innerhalb dieser Zeitspanne auch über die Alternativentscheidung einer Freigabe schlüssig werden soll[20]. Wie die besonderen Freigabetatbestände des Abs. 1 Nrn. 2 u. 3 verdeutlichen, ist es grundsätzlich nicht als Pflichtverletzung des Arbeitgebers anzusehen, wenn er die Inanspruchnahmefrist des § 6 Abs. 2 Satz 2 bzw. die Frist des § 7 Abs. 2 Satz 2 ausschöpft[21] (vgl. dazu Rz. 42 zu § 6).

Die schriftliche Freigabe kann auch **vor bzw. ohne** ordnungsgemäße **Meldung** durch den Arbeitnehmer im Sinne des § 5 erfolgen; in der Freigabeerklärung liegt dann zugleich ein Verzicht auf die Erfindungsmeldung[22]. Als Abrede zugunsten des Arbeitnehmers (vgl. § 22) kann eine Freigabe zu jedem Zeitpunkt vertraglich vereinbart werden, es sei denn, sie ist mit Zusatzbestimmungen verknüpft, die den Arbeitnehmer im Verhältnis zum ArbEG rechtlich schlechter stellen (vgl. Rz. 17 ff. zu § 22). So können z. B. schon im Anstellungsvertrag bestimmte technische Bereiche zugunsten des Arbeitnehmers »freigestellt« werden. Nach unbeschränkter Inanspruchnahme ist die Freigabe nicht mehr einseitig möglich (s. dazu Rz. 24 f.).

---

19 Volmer Rz. 16 zu § 8; s. auch Volmer/Gaul Rz. 83 ff., 89 zu § 8.
20 Wie hier nunmehr Reimer/Schade/Schippel/Kaube Rz. 3 zu § 8.
21 Wie hier Volmer/Gaul Rz. 42 zu § 8.
22 Schiedsst. v. 2. 2. 1999 Arb.Erf. 43/97 (unveröffentl.).
23-26 frei

§ 8

III. Einzelfälle der Freigabe nach Nr. 1

1. Freigabe vor unbeschränkter Inanspruchnahme

21 § 8 Abs. 1 Nr. 1 behandelt vorrangig den Regelfall, dass sich die Freigabe – ggf. auch in der Form des § 8 Abs. 1 Nr. 2 – für den Arbeitgeber als Alternative zur unbeschränkten Inanspruchnahme darstellt, mithin also die Entscheidung über die Freigabe innerhalb der Inanspruchnahmefrist des § 6 Abs. 2 Satz 2 fällt.

a) Vor Schutzrechtsanmeldung

22 Die Wirkung der Freigabe tritt unabhängig davon ein, ob der Arbeitgeber bereits Schutzrechtsanmeldungen vorgenommen hat. Der Arbeitgeber kann also auch vor Schutzrechtsanmeldung freigeben. Damit entfällt gemäß § 13 Abs. 2 Nr. 1 seine sonst gegebene Pflicht zur unverzüglichen Inlandsanmeldung (vgl. im Übrigen Rz. 32 zu § 13). Nur noch der Arbeitnehmer ist zur Schutzrechtsanmeldung befugt (§13 Abs. 4 Satz 1). Siehe auch Rz. 48 ff.

b) Nach Schutzrechtsanmeldung

23 Im Hinblick auf die von dem Ausspruch der unbeschränkten Inanspruchnahme unabhängige (vgl. Rz. 4 zu § 13) Pflicht des Arbeitgebers zur unverzüglichen Schutzrechtsanmeldung der Diensterfindung im Inland (vgl. § 13 Abs. 1) wird häufig eine Freigabe der Schutzrechtsanmeldung nachfolgen. In diesem Fall gehen gem. § 13 Abs. 4 Satz 2 die Rechte aus der Anmeldung auf den Arbeitnehmer über; einer vertraglichen Rückübertragung der Rechte bedarf es nicht (s. Rz. 75 zu § 13).

2. Freigabe nach unbeschränkter Inanspruchnahme und vor Schutzrechtsanmeldung

24 Da § 16 nur die Situation nach unbeschränkter Inanspruchnahme und nach Schutzrechtsanmeldung behandelt, bleibt offen, ob § 8 Abs. 1 Nr. 1 den in der Praxis seltenen Fall der »Freigabe« der Diensterfindung nach unbeschränkter Inanspruchnahme und vor Schutzrechtsanmeldung mit erfasst; die Sonderregelung des § 14 Abs. 2, die zwar von dieser letztgenannten Fallgestaltung ausgeht, beschränkt sich auf die Freigabe (Verzicht) für Auslandsanmeldungen; mit Zugang dieser Freigabeerklärung wird der Arbeitnehmer ex nunc Rechtsnachfolger des Arbeitgebers.

25 Der Wortlaut des § 8 Abs. 1 Nr. 1 enthält keine zeitliche Schranke für die Freigabeerklärung. Allerdings verdeutlicht die Gesamtregelung des § 8 im Vergleich zu § 16 die Vorstellung des Gesetzgebers, dass der Arbeitgeber mit der Freigabe durch einseitige, von einer Mitwirkung des Arbeitnehmers

unabhängige (ausdrückliche oder konkludente) Erklärung die Rechtsfolge des rückwirkenden Freiwerdens der Diensterfindung vom Optionsrecht des § 6 zugunsten des Arbeitnehmers herbeiführen kann. Dieses Ziel wird bei einer »Freigabe« nach vorhergegangener unbeschränkter Inanspruchnahme nicht erreicht. Der durch diese **Inanspruchnahme** bewirkte Rechtsinhaberwechsel (vgl. § 7 Abs. 1) kann **nicht** mehr **durch einseitige Erklärung des Arbeitgebers rückgängig** gemacht werden[27] (s. auch Rz. 15 f. zu § 6).

Ein einseitiger Rechtserwerb ist nach unserer Zivilrechtsordnung nur kraft ausdrücklicher gesetzlicher Regelung möglich (vgl. etwa § 7 Abs. 1 ArbEG, §§ 946 ff. BGB). Erst recht bedürfte eine einseitige dingliche Rückübertragung – will man sie überhaupt für zulässig halten (aufgedrängte Bereicherung) – einer ausdrücklichen gesetzlichen Grundlage. Eine solche lässt das ArbEG nur im Falle der Auslandsfreigabe gemäß § 14 Abs. 2 zu (s. dort Rz. 16). Soweit der Gesetzgeber sonst im ArbEG eine Rückabwicklung berücksichtigt, wird ein Wahlrecht eingeräumt und damit das gesetzliche Leitbild der (zweiseitigen) rechtsgeschäftlichen Übertragung eingehalten (vgl. § 16 Abs. 1 und 2). Bestätigt wird dies auch durch die Neuregelung in § 27 Nr. 4 n. F.; die Vorschrift sieht eine Rückübertragung von nicht verwerteten Diensterfindungen ausdrücklich im Verfahren nach § 16 vor, so dass es auch insoweit der Mitwirkung des Arbeitnehmers bedarf und die Übertragung einseitig vom Arbeitgeber (Insolvenzverwalter) nicht vollzogen werden kann. Die Gegenansicht[28] lässt den **systematischen Unterschied** zwischen den Fällen des Freiwerdens nach § 8 und der Aufgabe nach § 16 unberücksichtigt, der gerade darin besteht, dass hier der Arbeitnehmer Rechtsinhaber bleibt, wohingegen er nach § 16 Rechtsnachfolger (ex nunc) wird.

26

Würde § 8 Abs. 1 Nr. 1 dahin ausgelegt, dass auch nach unbeschränkter Inanspruchnahme und vor Schutzrechtsanmeldung ein einseitiger Rechtsübergang durch den Arbeitgeber bewirkt werden könnte, hätte die Freigabe gem. Nr. 1 jeweils einen unterschiedlichen Inhalt, je nachdem, wann sie erfolgte: vor unbeschränkter Inanspruchnahme bloßer Verzicht auf das gesetzliche Aneignungsrecht, nach unbeschränkter Inanspruchnahme automatischer Rechtsinhaberwechsel. Es ist nicht vorstellbar, dass der Gesetzgeber einem Rechtsinstitut eine unterschiedliche Rechtswirkung beigeben wollte. Diesem Ergebnis steht auch nicht § 13 Abs. 4 entgegen, der von der Situation der Anmeldung vor unbeschränkter Inanspruchnahme ausgeht[29].

27

---

27 A.A. Volmer Rz. 12 zu § 8; wohl auch BGH v. 9.1.1964 GRUR 1964, 449, 451 – Drehstromwicklung, aber offen gelassen.
28 Vgl. Reimer/Schade/Schippel/Kaube Rz. 6, 16 zu § 8; Volmer Rz. 12-15 zu § 8; wohl auch BGH v. 9.1.1964 (Fn. 27) u. Schiedsst. v. 17.10.1988 Blatt 1989, 366, 368 l.Sp. (anders deren neuere Praxis, s. Fn. 30).
29 Vgl. dazu Amtl. Begr. (Fn. 1) S. 32 = Blatt 1957, 235 (zu § 12 d. Entw.).

§ 8

28   Die Regelung der einseitigen Freigabe gem. § 8 Abs. 1 Nr. 1 umfasst mithin nicht die »Freigabe« nach unbeschränkter Inanspruchnahme und vor Schutzrechtsanmeldung[30]. Will sich der Arbeitgeber von der auf ihn übergeleiteten Diensterfindung und evtl. inzwischen hieran – etwa durch Lizenzabreden – erworbenen Rechten (und Pflichten) wieder trennen, bedarf es einer gem. § 22 zulässigen **Vereinbarung** mit dem Arbeitnehmer. Im Falle einer wegen § 13 Abs. 1 regelmäßig nicht treuwidrigen Ablehnung durch den Arbeitnehmer kann der Arbeitgeber **nur den Weg über § 14 Abs. 2, § 16 Abs. 1 u. 2 gehen**; er muss also die Diensterfindung zunächst gem. § 13 Abs. 1 anmelden. Vor Anmeldung eines solchen Schutzrechts kann er dem Arbeitnehmererfinder die Diensterfindung weder vollständig noch unter Vorbehalt eines nicht ausschließlichen Benutzungsrechts freigeben, wie dies § 16 vorsieht, es sei denn, dass er die Kosten für eine ggf. von dem Arbeitnehmererfinder beabsichtigte inländische Schutzrechtsanmeldung übernimmt[30a]. Andernfalls macht der Arbeitgeber sich wegen Versäumung seiner Anmeldepflicht gem. § 13 Abs. 1 schadensersatzpflichtig[30b].

Aus diesen Grundsätzen folgt zugleich:

Ein einseitiger **Wechsel** des Arbeitgebers **in der Art der Inanspruchnahme** ist nicht möglich: Dies gilt einmal bei unbeschränkter Inanspruchnahme, so dass eine nachträgliche Umwandlung der unbeschränkten in eine beschränkte Inanspruchnahme nur mit Einvernehmen des Arbeitnehmers (§ 22 Satz 2) möglich ist[31], sofern der Arbeitgeber nicht den Weg des § 16 beschreitet[32]. Ein Wechsel von der beschränkten zur unbeschränkten Inanspruchnahme ist ebenfalls nur einvernehmlich möglich, es sei denn, der Arbeitnehmer hat ein unbilliges Erschweren nach § 7 Abs. 2 geltend gemacht[33] (s. dazu Rz. 39 ff. zu § 7). Zum Verzicht auf das Nutzungsrecht s. Rz. 9.

---

30   Wie hier Klauer/Möhring/Nirk PatG Rz. 26 Anh. zu § 3 m.H.a. Seetzen Der Verzicht i. Immaterialgüterrecht (1965) S. 113; Busse/Keukenschrijver, PatG Rz. 8 zu § 8 ArbEG (vgl. auch dort Rz. 11 zu § 13 ArbEG); Volmer/Gaul Rz. 14 ff., 30 ff., 53 ff. u. 98 ff. zu § 8; jetzt auch Schiedsst.: Im EV. v. 5.3.1991 (in einem obiter dictum) hat sie hervorgehoben, eine einseitige Freigabe nach unbeschränkter Inanspruchnahme sei ausgeschlossen (Arb.Erf. 56/90 – unveröffentl.); ebenso wie hier u.a. Schiedsst. v. 15.4.1993 Arb.Erf. 12/92; v. 10.2.1994 Arb.Erf. 18/93; v. 18.11.1994 Arb.Erf. 97/93 (unveröffentl.); vgl. auch Schiedsst. v. 8.2.1991 GRUR 1991, 753, 755 – Spindeltrieb; zur Gegenansicht s. Fn. 28.
30a   Schiedsst. v. 18.11.1994 (Fn. 30).
30b   Schiedsst. v. 18.11.1994 (Fn. 30).
31   A. A. BGH v. 9.1.1964 (Fn. 27); Volmer Rz. 5 zu § 8; wie hier Busse/Keukenschrijver PatG Rz. 2 zu § 6 ArbEG u. Rz. 8 zu § 8 ArbEG; Volmer/Gaul Rz. 96 ff. zu § 8.
32   So wohl auch BGH v. 28.6.1962 GRUR 1963, 135, 138 – Cromegal; insoweit bestätigt durch BGH v. 23.4.1974 GRUR 1974, 463, 465 – Anlagengeschäft.
33   Wie hier Dautz, Inanspruchnahmerecht (1968), S. 102; im Ergebn. auch Busse/Keukenschrijver PatG Rz. 2 zu § 6; Volmer/Gaul Rz. 17 zu § 6.

§ 8

Zur Freigabe im Fall des § 17 s. dort Rz. 35 f., zur teilweisen Freigabe einzelner Erfindungsbereiche bzw. Patentkategorien s. Rz. 13 zu § 16.

C. Freigabe durch beschränkte Inanspruchnahme (Nr. 2)

§ 8 Abs. 1 Nr. 2 stellt lediglich klar, dass eine nur beschränkte Inanspruchnahme einer Diensterfindung (vgl. § 7 Abs. 2) deren Freigabe unter Vorbehalt eines nicht ausschließlichen Benutzungsrechts bedeutet[33a]. Hierin liegt ein (stillschweigender) Verzicht auf das Optionsrecht, der mit Zugang der Erklärung der beschränkten Inanspruchnahme wirksam wird (s. auch Rz. 10 f.). 29

Da § 7 Abs. 2 an das in § 6 Abs. 1 festgelegte Wahlrecht des Arbeitgebers zwischen beschränkter und unbeschränkter Inanspruchnahme anknüpft, wird durch die Bezugnahme in § 8 Abs. 1 Nr. 2 deutlich, dass ein **nachträglicher Wechsel** des Arbeitgebers von der unbeschränkten auf die beschränkte Inanspruchnahme entgegen der h.M. – von § 8 Abs. 1 nicht erfasst ist. Dies ist nur unter der Voraussetzung des § 16 möglich (s. Rz. 28). Es ist daher bedenklich, die Situation, dass der Arbeitgeber trotz Freigabe die Eigennutzung fortsetzt, als »beschränkte Freigabe« i. S. des § 8 Abs. 1 Nr. 2 anzusehen[34] (s. Rz. 56). 30

D. Freiwerden durch Fristablauf (Nr. 3)

Die Fälle der **stillschweigenden** Freigabe durch Fristablauf werden in § 8 Abs. 1 Nr. 3 behandelt. 31

Lässt der Arbeitgeber nach Eingang der **ordnungsgemäßen Meldung** (§ 5 Abs. 2 u. 3) die Inanspruchnahmefrist des § 6 Abs. 2 Satz 2 verstreichen, ohne die Diensterfindung unbeschränkt in Anspruch zu nehmen, so gilt dies gem. § 8 Abs. 1 Nr. 3 als Freigabe (Einzelheiten zur Inanspruchnahmefrist als Ausschlussfrist s. Rz. 45 f. zu § 6; s. dort Rz. 27 ff. zum Formerfordernis der Inanspruchnahme). Dies dürfte nach der neueren Rechtsprechung auch in den Fällen gelten, in denen die Schutzfähigkeit zweifelhaft ist[34a] (s. im Einzelnen Rz. 17 f. zu § 6). 32

§ 8 Abs. 1 Nr. 3 mit der Folge des Freiwerdens kommt dagegen nicht zur Anwendung, wenn es bereits – ungeachtet des § 5 Abs. 2, 3 – an einer förmlichen **Meldung** im Sinne des § 5 Abs. 1 **fehlt**[35] (s. auch Rz. 41; z. Verzicht des Arbeitgebers s. Rz. 51 zu § 6); zur vorsätzlich falschen Erfindungsmel- 33

33a Amtl. Begr. (Fn. 1).
34 So aber BGH v. 9.1.1964 (Fn. 27).
34a Vgl. BGH v. 15.5.1990 GRUR 1990, 667, 668 – Einbettungsmasse.
35 BGH v. 17.1.1995 Mitt. 1996, 16, 17 – Gummielastische Masse; LG Düsseldorf v. 30.9.1975 EGR Nr. 15 zu § 5 ArbEG; Busse/Keukenschrijver PatG Rz. 9 zu § 8 ArbEG; weitergehend wohl Volmer/Gaul Rz. 104 zu § 8.

§ 8

dung s. Rz. 21.1 zu § 5). Ohne Belang ist es aber, ob eine **Meldung verspätet war**[36].

Die Diensterfindung wird auch frei, wenn der Arbeitgeber sein durch das Verlangen des Arbeitnehmers im Rahmen der Unbilligkeitsregelung des § 7 Abs. 2 Satz 2 ausgelöstes Wahlrecht nicht fristgerecht ausübt; die Zwei-Monats-Frist als Ausschlussfrist beginnt mit dem Zugang des Verlangens des Arbeitnehmers (s. Rz. 52 f., 54 ff. zu § 7).

Einen **Sonderfall** des stillschweigenden Freiwerdens enthält § 18 Abs. 2, wenn der Arbeitgeber nach Mitteilung einer »freien Erfindung« deren Eigenschaft als freie nicht fristgerecht bestreitet[37].

34 Die Wirkung der Freigabe tritt **unabhängig von der Kenntnis** der Arbeitsvertragsparteien über Beginn und Ende der Inanspruchnahmefrist ein[38].

Die **Beweislast** für ein Freiwerden trägt der Arbeitnehmer, so dass er insbesondere den Zugang der ordnungsgemäßen Meldung der Erfindung beim Arbeitgeber darzulegen und zu beweisen hat[38a].

35 Im Einzelfall kann dem Arbeitnehmer ein Berufen auf den Fristablauf wegen Verstoßes gegen **Treu und Glauben verwehrt** sein, etwa wenn er sich – im Bewusstsein des Fristablaufs – mit Erprobungsversuchen des Arbeitgebers, der sich damit Klarheit über eine etwaige Inanspruchnahme verschaffen will, einverstanden erklärt[39]. S. auch Rz. 49 zu § 6 u. unten Rz. 38.

Zur Verwirkung s. Rz. 34 zu § 6.

Unbedenklich zulässig ist nach Erfindungsmeldung (vgl. § 22 Satz 2) eine **Vereinbarung** zwischen Arbeitgeber und Arbeitnehmererfinder, wonach dem Arbeitgeber das **(Options-)Recht** eingeräumt wird, eine frei gewordene Diensterfindung in dem bei unbeschränkter Inanspruchnahme gesetzlich vorgesehenen Umfang und gegen die gesetzliche Vergütungspflicht vertraglich auf sich überzuleiten[39a].

E. Unwirksamkeit einer Freigabe

I. In den Fällen des § 8 Abs. 1 Nr. 1 u. 2

36 Die Freigabeerklärungen nach Nrn. 1 und 2 stellen Willenserklärungen dar und unterliegen somit den bürgerlichrechtlichen Bestimmungen über die

---

36 Schiedsst. v. 28.3.1966 Blatt 1967, 131 u.v. 6.1.1986 Blatt 1986, 273.
37 Vgl. dazu Schiedsst. v. 8.5.1972 Blatt 1972, 382.
38 BGH v. 23.5.1952 AP 53 Nr. 120 – Zuckerdiffuseur m. Anm. Volmer; s. auch LG Bremen v. 12.4.1956 MDR 1956, 747.
38a Schiedsst. v. 7.2.1995 Arb.Erf. 6(B)/7(B)/93 (unveröffentl.).
39 Vgl. BGH v. 23.5.1952 (Fn. 38).
39a Schiedsst. v. 8.4.1993 EGR Nr. 34 zu § 6 ArbEG (LS).

§ 8

Nichtigkeit (§§ 116, 118, 125 BGB) und **Anfechtbarkeit** wegen Irrtums oder arglistiger Täuschung (§§ 119-124 BGB).

Gibt der Arbeitgeber eine gemeldete Diensterfindung »frei«, weil er sie 37 **nicht für schutzfähig hält**, so liegt hierin die Erklärung an den Arbeitnehmer, über diese technische Neuerung frei verfügen zu können, also auch Schutzrechtsanmeldungen zur Klärung der Schutzfähigkeit zu betreiben[40]. Ist der Arbeitgeber irrig von der Schutzunfähigkeit der Diensterfindung ausgegangen, so ist die Freigabeerklärung nach der Systematik des ArbEG, die auf die bloße Möglichkeit der Schutzrechtserteilung abstellt (s. dazu Rz. 16 ff. zu § 2) und vorrangig dem Arbeitgeber die Klärung der Schutzfähigkeit überlässt (vgl. § 13 Abs. 1 und die Überlegungsfrist des § 6 Abs. 2 Satz 2), nicht gem. § 119 Abs. 2 BGB wegen Irrtums über eine verkehrswesentliche Eigenschaft der Erfindung (s. dazu Rz. 36 zu § 17) anfechtbar[41] (s. auch Rz. 17 f. zu § 6). Zweifelhaft ist, ob für eine Anfechtung nach § 119 BGB dann Raum ist, wenn der Arbeitgeber übersehen hat, dass die freigegebene Erfindung im Zusammenhang mit einem Forschungsauftrag steht[41a]; in derartigen Fällen mag die Prüfung eines Rückübertragungsanspruchs nach Treu und Glauben (§ 242 BGB) näher liegen. Eine Anfechtung nach § 119 BGB scheidet jedenfalls auch dann aus, wenn sich der Arbeitgeber lediglich über die wirtschaftliche Verwertbarkeit bzw. Bedeutung einer Diensterfindung irrt[41b]. Ein Anfechtungsrecht nach § 119 BGB kann jedoch dann bestehen, wenn der Arbeitnehmer die Erfindung **nicht vollständig gemeldet** hatte und der Arbeitgeber deshalb den Charakter als Diensterfindung oder deren Inhalt, Umfang bzw. Bedeutung verkannt und diese freigegeben hat.[42]

Als **Rechtsfolge** einer wirksamen **Anfechtung nach § 119 BGB** wird die Freigabeerklärung von Anfang an nichtig (§ 142 Abs. 1 BGB), so dass die ursprüngliche Inanspruchnahmesituation wieder gegeben ist. War die Meldung ordnungsgemäß, ist nach Ablauf der Inanspruchnahmefrist eine einseitige Inanspruchnahmeerklärung i. S. d. §§ 6, 7 nicht mehr möglich; hat der Arbeitgeber innerhalb der Inanspruchnahmefrist eine (vorsorgliche) unbeschränkte Inanspruchnahme versäumt, scheidet eine Überleitung nach §§ 6, 7 endgültig aus.[45] Insoweit hat – ungeachtet des § 122 BGB – im Inte-

---

40 Ebenso Schiedsst. ZB. v. 6.8.1979 Arb.Erf. 64/78 (unveröffentl.).
41 Zust. Busse/Keukenschrijver PatG Rz. 3 zu § 8 ArbEG; a. A. Röpke, Arbeitsverh. u. ArbNErf. S. 66.
41a So aber möglicherweise Schiedsst. ZB. v. 23.6.1983 Arb.Erf. 3 (B)/83 (unveröffentl.).
41b Vgl. DPA GRUR 1962, 238.
42 Ebenso Busse/Keukenschrijver PatG Rz. 11 zu § 5 ArbEG; vgl. auch Gaul DB 1982, 2499, 2502; Volmer/Gaul Rz. 123 ff. zu § 5.
43-44 frei
45 Im Ergebn. ebenso Riemschneider/Barth Anm. 5 zu § 4 DVO 43 (S. 124, dort Fn. 15).

§ 8

resse der Rechtssicherheit die Gesetzesfolge des Freiwerden zugunsten des Arbeitnehmers nach § 8 letztlich Vorrang gegenüber dem Interesse des Arbeitgebers an der Rechtsüberleitung, die aus in seiner Sphäre liegenden Gründen unterblieben ist. Anders ist letztlich die Rechtslage, wenn die »irrtümliche« Freigabe auf einer unvollständigen Erfindungsmeldung beruht (siehe dazu Rz. 83 zu § 5); hier kann dem Arbeitnehmer ein Berufen auf den Fristablauf nach Treu und Glauben (§ 242 BGB) versagt sein (s. auch Rz. 35). Inwieweit eine Schadensersatzpflicht des Arbeitgebers nach § 122 BGB besteht, ist Tatfrage.[45a]

Hat der Arbeitnehmer **vorsätzlich eine falsche bzw. unvollständige Erfindungsmeldung** abgegeben, um eine Freigabe zu erschleichen, rechtfertigt dies eine Anfechtung wegen arglistiger Täuschung nach § 123 BGB und lässt das Inanspruchnahmerecht des Arbeitgebers unberührt fortbestehen (siehe im Einzelnen Rz. 21.1 zu § 5).

Zur Unwirksamkeit bei einer **Freigabe unter Auflagen oder Bedingungen** s. Rz. 15 f.

Rz 38 frei

II. Im Fall des § 8 Abs. 1 Nr. 3

39 Im Falle eines (stillschweigenden) Freiwerdens i. S. des § 8 Abs. 1 Nr. 3 ist für eine **Anfechtung grundsätzlich kein Raum**. Einmal stellt die Nichtabgabe einer Inanspruchnahmeerklärung innerhalb der Frist des § 6 Abs. 2 Satz 2 nicht ihrerseits zwangsläufig eine Willenserklärung dar[46]. Vielmehr bedarf es für die Annahme einer (stillschweigenden) Willenserklärung und damit für die Möglichkeit einer Anfechtung weiterer, begleitender Umstände, die nach außen hin erkennbar geworden sind. Eine Anfechtung nach § 119 BGB scheidet jedoch wegen des hier zwangsläufig vorgegebenen Ablaufs der Inanspruchnahmefrist (vgl. Rz. 39) aus.

40 Dem Arbeitnehmer kann es im Einzelfall verwehrt sein, sich auf den Ablauf der Inanspruchnahmefrist zu berufen (siehe Rz. 35). Eine Anfechtung nach § 123 BGB kommt mangels Erklärung selbst dann nicht in Betracht, wenn die Erfindung wegen einer **arglistigen Täuschung** des Arbeitnehmers nicht als Diensterfindung erkannt wurde[47] oder die Erfindungsmeldung wesentliche Inhalte bewusst ausließ (s. dazu Rz. 21.1 zu § 5).

Rz 41 frei

45a Vgl. Volmer/Gaul Rz. 127 zu § 5.
46 Vgl. allg. OLG Celle v. 16.9.1969 NJW 1970, 48.
47 So zutr. Busse/Keukenschrijver PatG Rz. 10 zu § 8 ArbEG; a. A. Reimer/Schade/Schippel/Kaube Rz. 18 zu § 8; Volmer/Gaul Rz. 118 zu § 8 u. noch Vorauflage (1997).

§ 8

F. Freigabe einer nicht schutzfähigen technischen Neuerung

Da § 8 zunächst nur an die Möglichkeit der Schutzfähigkeit anknüpft (s. Rz. 16, 18 zu § 2), kann sich in einem vom Arbeitnehmer nach einer Freigabe i. S. des § 8 Abs. 1 Nr. 1-3 (weiter-)betriebenen Anmeldeverfahren die Schutzunfähigkeit der technischen Neuerung ergeben. Damit wird die auf eine »Diensterfindung« bezogene Freigabe an sich **gegenstandslos**, da nunmehr feststeht, dass es sich bei der Neuerung von vornherein um ein bloßes – dem Arbeitgeber gehörendes – Arbeitsergebnis (s. dazu Rz. 26 f. zu § 3) gehandelt hat[49].   42

Auf Grund der Freigabe durch den Arbeitgeber war der Arbeitnehmer befugt, im Rahmen des § 8 über dieses Wissen zu verfügen, dieses also auch an Dritte (Wettbewerber) weiterzugeben bzw. im Rahmen von Schutzrechtserteilungsverfahren offenzulegen[52]. Hierdurch entstandene Wettbewerbsverluste oder sonstige Vermögensnachteile des Arbeitgebers muss dieser hinnehmen. Insbesondere scheiden **Schadensersatzansprüche** des Arbeitgebers (§§ 280 Abs. 1 i.V.m. 619 a, 823, 826 BGB, 17 UWG) in der Regel aus, da es an einer rechtswidrigen Verletzungshandlung des Arbeitnehmers fehlt, dieser lediglich von seiner ihm in § 8 Abs. 2, § 13 Abs. 4 eingeräumten Befugnis (»zunächst«) rechtmäßig Gebrauch gemacht hat, nämlich die Schutzfähigkeit im Erteilungsverfahren klären zu lassen bzw. über die Erfindung frei zu verfügen[53] (s. auch Rz. 17 f. zu § 6 u. unten Rz. 49). Im Übrigen wäre es Sache des Arbeitgebers gewesen, bei einem besonderen Geheimhaltungsinteresse seinerseits die gerade für diesen Fall vorgesehene Möglichkeit des Verfahrens nach § 17 zu nutzen.   43

Ein Verschuldensvorwurf kann den Arbeitnehmer jedoch dann treffen, wenn er der Schutzfähigkeit offensichtlich entgegenstehende Tatsachen positiv kannte oder jedenfalls – etwa auf Grund eines spezifizierten Hinweises des Arbeitgebers – zweifelsfrei kennen musste.   44

Der Arbeitgeber ist zur **Nutzung** dieses technischen Wissens – wie jeder Dritte – berechtigt (s. auch Rz. 58 f.). Problematisch sind allerdings die Fälle, in denen der Arbeitnehmer auf eine im Inland nicht schutzfähige Neuerung ein **Auslandspatent** erwirbt. Konsequenz der hier vertretenen Auffassung (s. Rz. 25 f. zu § 2) wäre ein Nutzungsrecht des Arbeitgebers an diesen Auslandsschutzrechten als Arbeitsergebnis, gfls. allerdings verbunden mit einer Vergütungspflicht als qualifizierter technischer Verbesserungsvorschlag (s. auch Rz. 63). Hatte der Arbeitgeber die (vermeintliche)   45

---

48 frei
49 Ebenso Volmer/Gaul Rz. 150 zu § 8.
50-51 frei
52 So wohl auch Volmer/Gaul Rz. 153 zu § 8.
53 Nach OLG Karlsruhe v. 14.7.1976 Az. 6 U 61/74 (unveröffentl.) wird auch eine vermeintliche Erfindung nach § 8 frei und steht dem ArbN uneingeschränkt zu; vgl. auch OLG Karlsruhe v. 13.7.1983 GRUR 1984, 42 f. – Digitales Gaswarngerät.

§ 8

Diensterfindung zuvor beschränkt in Anspruch genommen (§ 8 Abs. 1 Nr. 2), bleibt der Vergütungsanspruch des Arbeitnehmers aus § 10 Abs. 1 unberührt, soweit er bis zur rechtskräftigen Entscheidung über die mangelnde Inlandsschutzfähigkeit fällig geworden ist (§ 10 Abs. 2 Satz 2; s. dort Rz. 24).

Zu Meinungsverschiedenheiten über die Schutzfähigkeit s. Rz. 17 zu § 6 u. unten Rz. 72.

G. Rechtsfolgen des Freiwerdens

I. Für den Arbeitnehmer

1. Grundsatz

46 Mit dem Freiwerden **bleibt der Arbeitnehmer Inhaber der Erfindung.** Von der Freigabe wird allerdings im Zweifel nur das **erfasst, was** der Arbeitnehmer gem. § 5 dem Arbeitgeber **gemeldet** hat[54] (vgl. auch Rz. 40). Von einer nicht den Anforderungen des § 5 Abs. 2 entsprechenden Erfindungsmeldung, die der Arbeitgeber nicht nach § 5 Abs. 3 beanstandet hat, ist im Zweifel alles das erfasst, was der Arbeitnehmer ersichtlich melden wollte; etwaige Unklarheiten gehen zu Lasten des Arbeitgebers[55].

Dem Arbeitgeber stehen mit Freiwerden keine Rechte an der Diensterfindung mehr zu, es sei denn, er hätte sie beschränkt in Anspruch genommen (§ 7 Abs. 2 Satz 1, § 8 Abs. 1 Nr. 2, s. Rz. 55 ff.). Nach Erfindungsmeldung (vgl. § 22) kann mit dem Arbeitnehmer – insbesondere zur Wahrung von Betriebsgeheimnissen – ein **Verzicht** auf die Rechtswirkungen des Freiwerdens vereinbart werden[56]; im Hinblick auf § 23 bedarf es jedoch im Grundsatz einer hinreichenden wirtschaftlichen Gegenleistung.

47 Abs. 2 stellt klar, dass die Diensterfindung nunmehr der Sphäre des Unternehmens – ggf. mit Ausnahme eines einfachen Benutzungsrechts – entzogen ist und es dem Arbeitnehmer im Grundsatz freisteht, die Erfindung nach seinem Belieben zu verwerten[57]. Das nachträgliche Freiwerden hat zur Folge, dass die Erfindung als von Anfang an frei anzusehen ist[58].

---

54 OLG Düsseldorf v. 8.11.1957 GRUR 1958, 435, 436 – Kohlenstaubfeuerung; LG Düsseldorf v. 30.6.1975 EGR Nr. 15 zu § 5 ArbEG; Schiedsst. v. 4.6.1997 Arb.Erf. 82/95 (veröffentl.); Heine/Rebitzki Anm. 2 zu § 8; vgl. auch Schiedsst. v. 17.10.1988 Blatt 1989, 366, 368 u. BGH v. 17.1.1995 Mitt. 1996, 16, 17 – Gummielastische Masse.
55 Im Ergebn. so Schiedsst. v. 8.6.1986 Blatt 1986, 273, 274.
56 Vollrath GRUR 1987, 670, 675 f.
57 Vgl. auch Amtl. Begr. BT-Drucks. II/1648 S. 26 = Blatt 1957, 232.
58 Schiedsst. v. 28.3.1966 Blatt 1967, 131, 132.

§ 8

2. Anmelderecht

Der Arbeitnehmer ist nunmehr **allein** befugt, entweder eine zuvor vom Arbeitgeber gem. § 13 Abs. 1 betriebene Schutzrechtsanmeldung fortzuführen (§ 13 Abs. 4 Satz 2) oder mangels vorheriger Anmeldung diese selbst zu betreiben (§ 13 Abs. 4 Satz 1). 48

Dieses Recht steht ihm auch dann zu, wenn die Schutzfähigkeit bei objektiver Betrachtungsweise nicht ausgeschlossen erscheint, der Arbeitgeber dies aber verneint hat und die technische Neuerung als bloßes Arbeitsergebnis, ggf. als technischen Verbesserungsvorschlag, nutzen will[58a]. Würde man dem Arbeitnehmer in solchen Fällen das Recht absprechen, eine Klärung der Schutzfähigkeit im Erteilungsverfahren herbeizuführen, würden die Rechte des Arbeitnehmers aus § 8 Abs. 2, § 13 Abs. 4 ins Leere laufen (s. auch Rz. 58 f. zu § 13). Zum Ersatz der Anmeldekosten des Arbeitgebers s. Rz. 21 zu § 13. 49

Eine **Pflicht** des Arbeitnehmers zur Schutzrechtsanmeldung, zur Fortführung des Erteilungsverfahrens bzw. zur Aufrechterhaltung eines Schutzrechts besteht – auch im Falle einer beschränkten Inanspruchnahme (§ 7 Abs. 2) – weder nach dem ArbEG noch folgt sie aus der Treuepflicht[59]; davon gehen § 10 Abs. 2 ebenso wie RL Nr. 25 Abs. 3 Satz 4 aus (zum Problem des Freiwerdens schutzunfähiger technischer Neuerungen s. Rz. 42 ff.; zur widerrechtlichen Entnahme bei Freiwerden s. Rz. 59; zur Kostenerstattung bei Fortführung von Schutzrechtsanmeldungen des Arbeitgebers s. Rz. 22 f. zu § 13). 50

3. Verfügungs- und Verwertungsrecht

a) Grundsatz

Abs. 2 stellt zunächst klar, dass der Arbeitnehmer nach Freiwerden der Diensterfindung nicht zur Mitteilung und Anbietung im Sinne der §§ 18, 19 verpflichtet ist – eigentlich eine Selbstverständlichkeit, da die §§ 18, 19 nur für die freie Erfindung im Sinne des § 4 Abs. 3 gelten. Als alleiniger Inhaber der Erfindungsrechte bzw. des Schutzrechts kann der Arbeitnehmer darüber **verfügen**. Er kann sie also einem Dritten (auch erneut dem Arbeitgeber) anbieten, auf diesen übertragen, Lizenzbereitschaft erklären (§ 23 PatG), einfache oder ausschließliche Lizenzen erteilen; ebenso steht es ihm zu, Verletzungshandlungen Dritter abzuwehren; in die Erfinderrechte können seine Gläubiger vollstrecken (s. dazu Rz. 5 in Anh. zu § 27). Im Grundsatz geht das ArbEG weiter davon aus, dass der Arbeitnehmer seine 51

58a Vgl. auch Busse/Keukenschrijver PatG Rz. 5 zu § 8 ArbEG.
59 So auch Reimer/Schade/Schippel/Kaube Rz. 10, 14 zu § 7; Volmer/Gaul Rz. 79 ff. zu § 7 u. Rz. 125 ff. zu § 8; Busse/Keukenschrijver PatG Rz. 6 zu § 8.

§ 8

Erfindung durch eigene Nutzung **verwerten** kann (s. nachfolgend Rz. 52 f.). Ein Anspruch des Arbeitgebers auf wirtschaftliche Beteiligung besteht nicht, selbst dann, wenn er die erfindungsgemäßen Produkte nunmehr von seinem (ausgeschiedenen) Arbeitnehmer bezieht[59a].

b) Schranken

52 Inwieweit sich Schranken für das Verfügungs- bzw. Verwertungsrecht des Arbeitnehmers aus dessen arbeitsvertraglicher Bindung, insbesondere hinsichtlich des aus der Treuepflicht abzuleitenden Wettbewerbsverbots und der Verschwiegenheitspflicht (zum Inhalt vgl. Rz. 28 ff. zu § 24 u. Rz. 37 f. zu § 25) ergeben, ist umstritten. Nach § 25 2. Halbs. sollen die Verpflichtungen aus dem Arbeitsverhältnis (nur) bestehen bleiben, soweit sich nicht aus dem Freiwerden etwas anderes ergibt. Diese Klausel soll gerade im Hinblick auf das Institut der beschränkten Inanspruchnahme klarstellen, dass die frei gewordene Erfindung dem Arbeitnehmer zur freien Verfügung steht, nicht aber, dass der Arbeitnehmer seinem Arbeitgeber durch eigene Verwertung selbst Konkurrenz machen darf[60]. Da § 25 2. Halbs. keinen völligen Dispens von arbeitsrechtlichen Verpflichtungen ausspricht, ist es gerechtfertigt, solche Verwertungshandlungen der frei gewordenen Diensterfindung auszuschließen, die in den Kernbereich arbeitsvertraglicher Beziehungen derart störend hineinwirken können, dass sie den Fortbestand des Arbeitsverhältnisses untragbar werden lassen. Aus § 25 2. Halbs. folgt also, dass der Arbeitnehmer hinsichtlich der Beschränkung aus der Treuepflicht insoweit befreit wird, als dies für eine Verfügung über die Erfindung notwendig ist[61], nicht aber hinsichtlich der Möglichkeiten zur Eigenverwertung.

53 § 8 Abs. 2 gibt dem Arbeitnehmer demzufolge ein im **Grundsatz freies Verfügungsrecht, nicht jedoch ein Recht zur Eigenverwertung, soweit er dadurch während des Arbeitsverhältnisses** (zum Nutzungsrecht nach Arbeitsvertragsende s. Rz. 56) **in Konkurrenz zu seinem Arbeitgeber tritt**[62]; er kann die Erfindung also dann nicht selbst verwerten, wenn diese Eigennutzung in den Arbeitsbereich seines Arbeitgebers fällt[63] (s. auch Rz. 37 zu § 19). Als treuwidrige Eigenverwertung ist die Nutzung der Er-

---

59a So bereits z. früherem Recht RG v. 16.3.1937 ARS 30, 78, 81.
60 Ausschussber. zu BT-Drucks. II/3327 S. 8 = Blatt 1957, 254.
61 Hueck in Festschr. f. Nikisch (1958) S. 63, 79.
62 So auch Reimer/Schade/Schippel/Kaube Rz. 21 zu § 25 u. Rz. 20 zu § 8; wie hier nunmehr Volmer/Gaul Rz. 131 ff. zu § 8 (zu weitgehend bei Rz. 121 zu § 25, wonach der ArbN mit Freiwerden berechtigt sei, »jedwede Verwertung vorzunehmen«); Bernhardt/Kraßer Lehrb. d. PatR § 21 III b 4; ähnl. Ausschussbericht (Fn. 60); vgl. auch Busse/Keukenschrijver PatG Rz. 6 zu § 8 u. Rz. 2 zu § 25 ArbEG.
63 Heine/Rebitzki Anm. 3 zu § 8.

§ 8

findung in einem arbeitnehmereigenen Unternehmen ebenso anzusehen[64] wie die Zwischenschaltung eines Strohmannes, etwa die Beteiligung des Arbeitnehmers mit seiner Erfindung als stiller Teilhaber eines Konkurrenten seines Arbeitgebers[65].
Maßstab für die Frage, ob der Arbeitnehmer in Konkurrenz zu seinem Arbeitgeber tritt, sind die **Grundsätze des § 60 HGB**, der über den dort geregelten Personenkreis der kaufmännischen Angestellten hinaus auch für alle sonstigen Arbeitnehmer (entsprechend) gilt[65a]. Dem Arbeitnehmer wird also, auch wenn er kein Handlungsgehilfe ist, jede Form eigener Tätigkeit verboten, die seinem Arbeitgeber Konkurrenz machen könnte; insbesondere darf er Dienste und Leistungen nicht Dritten im Marktbereich seines Arbeitgebers anbieten, und zwar auch dann nicht, wenn er sicher ist, dass der Arbeitgeber den vom Arbeitnehmer betreuten Sektor oder Kunden nicht erreichen wird[65b]. Entscheidend ist letztlich, dass Arbeitgeber und Arbeitnehmer als Anbieter für denselben Kundenkreis in Betracht kommen können[65c]. Erlaubt sind allenfalls Aktivitäten in einem Bereich, in dem eine Wettbewerbssituation schlechthin ausgeschlossen ist, z.B. bei Auslandsaktivitäten des Arbeitnehmers und eindeutiger Beschränkung des Arbeitgebers auf den Inlandsmarkt.

Dagegen darf der Arbeitnehmer die **Erfindung** grundsätzlich – wie sich aus § 25 2. Halbs. ergibt – ohne Verstoß gegen die Treuepflicht auch einem **Konkurrenten** seines Arbeitgebers **anbieten**[60], sie auf diesen übertragen oder diesem eine Lizenz daran erteilen[66]. Das gilt selbst dann, wenn der Arbeitgeber die Erfindung beschränkt in Anspruch genommen hat[67]. Allerdings kann die Treuepflicht dem Arbeitnehmer im Rahmen des Zumutbaren gebieten, bei mehreren wirtschaftlich vergleichbaren Möglichkeiten (z.B. bei mehreren Interessenten) auf berechtigte Interessen seines Arbeitgebers Rücksicht zu nehmen und ggf. diejenige zu wählen, welche seinen Arbeitgeber am wenigsten belastet[68].

54

---

64 Abw. für den Fall eines mit Wissen des ArbG geführten »Eigenbetriebs«: Röpke GRUR 1962, 127, 130; Volmer Rz. 42 zu § 8.
65 Röpke (Fn. 64); Heine/Rebitzki (Fn. 63); vgl. auch BGH v. 2.6.1987 GRUR 1987, 900, 903 – Entwässerungsanlage.
65a Ständ. Rspr. BAG, z.B. v. 16.10.1975 AP Nr. 8 zu § 60 HGB.
65b BAG v. 16.6.1976 NJW 1977, 696.
65c BAG v. 3.5.1983 AP Nr. 10 zu § 60 HGB.
66 H. M., Halbach Anm. 1 zu § 25; Röpke (Fn. 64); Reimer/Schade/Schippel/Kaube Rz. 21 zu § 25; Volmer Rz. 37 zu § 8; krit. Heine/Rebitzki (Fn. 63).
67 H. M., Hueck (Fn. 61) S. 81; Reimer/Schade/Schippel/Kaube (Fn. 66); Bernhardt/Kraßer Lehrb. d. PatR § 21 III b 4; abw. Peters GRUR 1961, 514, 518.
68 Ähnl. Lindenmaier/Lüdecke Anm. 8 zu § 25; Röpke (Fn. 64); Reimer/Schade/Schippel/Kaube (Fn. 66) u. Rz. 20 zu § 8; vgl. auch MünchArbR/Sack § 99 Rz. 45 (Lizenzvergabe an Konkurrenten nur ausnahmsweise bei Vorliegen ganz besonderer Umstände treuwidrig).

§ 8

55   Das Verfügungsrecht des Arbeitnehmers wird im Grundsatz auch nicht durch seine **Verschwiegenheits- bzw. Geheimhaltungspflicht** eingeengt. Die gesetzliche Geheimhaltungspflicht endet gem. § 24 Abs. 2 mit Freiwerden der Erfindung; die arbeitsrechtliche Verschwiegenheitspflicht tritt gem. § 25 2. Halbs. mit Freiwerden zurück. Soll letztere Bestimmung grundsätzlich das freie Verfügungsrecht des Arbeitnehmers sicherstellen, so wäre es unberechtigt, dessen Befugnis mit Hinweis auf die Verschwiegenheitspflicht entgegen der gesetzlichen Wertung auszuhöhlen[69]. Der Arbeitnehmer ist also in seinem Verfügungsrecht grundsätzlich auch dann nicht beschränkt, wenn eine Verfügung über die Erfindungsrechte notwendigerweise eine Offenbarung des damit verbundenen betriebsinternen Standes der Technik seines Arbeitgebers mit sich bringt[70]. Die Gegenansicht[71] lässt die im damaligen Gesetzgebungsverfahren geänderte Fassung des § 25 unberücksichtigt (zum »Abkauf« der Rechtswirkungen d. Freiwerdens siehe Rz. 46). Allerdings kann die arbeitsvertragliche Verschwiegenheitspflicht den Arbeitnehmer über das Wettbewerbsverbot hinaus an einer Eigenverwertung hindern, wenn dadurch betriebliche Kenntnisse und Erfahrungen offenbart werden.

Für den **öffentlichen Dienst** können sich jedoch Beschränkungen auf Grund allgemeiner Anordnungen nach § 40 Nr. 3 ergeben (s. Rz. 34 ff. zu § 40), ferner aus dem Nebentätigkeitsrecht (s. dazu Rz. 14 zu § 41).

Nach Erfindungsmeldung (§ 22) können die Arbeitsvertragsparteien jedoch **Vereinbarungen über Verwertungsbeschränkungen** zu Lasten des Arbeitnehmers treffen, die lediglich durch die allgemeinen Grenzen der §§ 23 ArbEG, 134, 138 BGB eingeschränkt sind (s. auch Rz. 16)[72].

56   Nach **Beendigung des Arbeitsverhältnisses** ist der Arbeitnehmer in seinem Verfügungs- und Verwertungsrecht mangels ausdrücklicher Vereinbarung grundsätzlich unbeschränkt (vgl. dazu Rz. 34 ff. zu § 26).

---

69   So zu Recht Hueck (Fn. 61) S. 79; Röpke (Fn. 64) S. 129; vgl. auch Depenheuer Mitt. 1997, 1, 5; aber str.
70   Wie hier Hueck (Fn. 61) S. 79 f.; Hueck/Nipperdey, LehrbArbR Bd. 1, § 53 II 11 b; Nikisch ArbR Bd. 1, § 28 II 5 c; Halbach Anm. 1 zu § 25; Reimer/Schade/Schippel/Kaube Rz. 20 zu § 25 m.w.N.; Volmer/Gaul Rz. 135 f. zu § 8 (s. auch dort Rz. 81); ähnl. Volmer Rz. 19 zu § 25; zu weitgehend Röpke (Fn. 64) S. 129, der auch für den Erwerber nützliche betriebliche Kenntnisse einbeziehen will; nach Einzelfällen auf der Grundlage der Treue- und Fürsorgepflicht diff.: Janert, Betriebl. Verfahrensweisen (1969) S. 68 ff.; ähnlich Vollrath GRUR 1987, 670, 674 f., wonach die Abwägung zwischen Verfügungsrecht d. ArbN u. Geheimhaltungsinteresse d. ArbG im Einzelfall entscheidet.
71   Beil in Chemie-Ing.-Technik 1957, 757, 759; Friedrich GRUR 1958, 270, 281; Heine/Rebitzki Anm. 2 zu § 25; Lindenmaier/Lüdecke Anm. 8 zu § 25; Peters GRUR 1961, 514, 517 f.; vgl. auch Amtl. Begr. BT-Drucks. II/1648 S. 40 (zu § 24) = Blatt 1957, 240, die aber durch den später zugefügten 2. Halbs. des § 25 überholt ist.
72   Schiedsst. ZB. v. 23.6.1983 Arb.Erf. 3 (B)/83 (unveröffentl.).

73–80 frei

§ 8

4. Sonstige Rechtsfolgen

Neben der gesetzlich geregelten Beendigung der Geheimhaltungspflicht 57
(§ 24 Abs. 2, s. dort Rz. 35 ff. sowie oben Rz. 55) erlöschen weitere Pflichten aus dem ArbEG[81]. Die Meldepflicht (§ 5) entfällt bei vorheriger Freigabe (s. Rz. 31 zu § 5). Das relative Verfügungsverbot des § 7 Abs. 3 wird ebenso wie die Unterstützungspflicht nach § 15 Abs. 2 gegenstandslos (Ausnahme ggf. bei beschränkter Inanspruchnahme, s. Rz. 66 zu § 7). Vergütungsansprüche des Arbeitnehmers entstehen außer im Falle des § 10 nicht (s. auch Rz. 60 ff.). Vereinbarungen über die frei gewordene Erfindung sind unbeschadet des § 22 in den allgemeinen Grenzen zulässig (s. oben Rz. 55). Da keine Pflichten des Arbeitnehmers aus den §§ 18, 19 bestehen, kann der Arbeitnehmer wegen des vorangegangenen Verzichts des Arbeitgebers auch nicht aus der Treuepflicht gehalten sein, die Erfindung (erneut) dem Arbeitgeber anzubieten[82].
Zur vertraglichen Überleitung einer frei gewordenen Diensterfindung auf den Arbeitgeber s. Rz. 61 ff. zu § 6; zur Zuständigkeit der Schiedsstelle s. Rz. 22 zu § 28; zur widerrechtlichen Entnahme i. S. d. PatG s. Rz. 20 zu § 7, zur vorsätzlich falschen Erfindungsmeldung s. Rz. 21.1 zu § 5.

II. Für den Arbeitgeber

1. Verwertung einer frei gewordenen Diensterfindung durch den Arbeitgeber

Hat der Arbeitnehmer nach Freigabe auf seine Erfindung ein **Schutzrecht** 58
erworben, ist der Arbeitgeber nach §§ 9 PatG, 11 GebrMG an der Nutzung des Erfindungsgegenstandes gehindert; der Arbeitnehmer kann – wie jeder Dritte – die Rechte aus dem Patent (GebrM) geltend machen (§§ 139 ff. PatG, 24 ff. GebrMG)[82a]. Nur im Falle einer beschränkten Inanspruchnahme folgt ein Benutzungsrecht des Arbeitgebers aus § 7 Abs. 2 ArbEG (zum Umfang s. Rz. 29-37 zu § 7).
Nutzt der Arbeitgeber den Gegenstand der frei gewordenen Diensterfindung bereits **vor Offenlegung** der vom Arbeitnehmer betriebenen Schutzrechtsanmeldung, kann dies gegen seine Geheimhaltungspflicht gem. § 24 Abs. 1 verstoßen und Schadensersatzansprüche auslösen. Unabhängig davon unterliegt er ggf. Bereicherungsansprüchen nach § 812 BGB. Er hat 59

---

81 Ausführl. Röpke Arbeitsverh. u. ArbNErf. S. 65 ff.
82 I. Ergebn. ebenso Schiedsst. v. 28.12.1982 Arb.Erf. 17/82 (unveröffentl.); a.A. Röpke (Fn. 81) S. 72; Volmer Rz. 20 zu § 25.
82a Vgl. Schiedsst. v. 4.11.1982 Blatt 1983, 107; v. 8.1.1986 Blatt 1986, 273, 274 r.Sp.; LG Düsseldorf v. 17.9.1991 Entscheidungen 4. ZK. 2000, 25, 31 – Reißverschluss; Benkard/Rogge PatG Rz. 2 zu § 139.

§ 8

zwar die Kenntnis vom Erfindungsgegenstand wegen seines Anspruchs auf Erfindungsmeldung (§ 5) nicht rechtsgrundlos erlangt. Ein Verwertungsrecht hätte er jedoch nur bei beschränkter oder unbeschränkter Inanspruchnahme erworben. Mit Zugang der Inanspruchnahmeerklärung wäre eine solche Nutzung vergütungspflichtig. Der Arbeitgeber kann bei unterlassener Inanspruchnahmeerklärung nicht besser stehen. Die angemaßte tatsächliche Nutzung erfolgt ohne Rechtsgrund. Diese Vergütungspflicht besteht bis zur Offenlegung der Patentanmeldung.

In Bezug auf ein vom Arbeitnehmer erworbenes Patent steht dem Arbeitgeber **kein Vorbenutzungsrecht** i. S. d. § 12 PatG zu, da dies dem Sinn der Freigabe widersprechen würde[83] (s. auch Rz 7 zu § 18). Zudem fehlt der für ein Vorbenutzungsrecht erforderliche[83a] selbständige Erwerb des Erfindungsbesitzes, da der Erfindungsgegenstand auf Grund gesetzlicher Pflicht aus § 5 ArbEG (zunächst) für die befristete Prüfungsmöglichkeit einer Inanspruchnahme anvertraut ist[83b]. Etwas anderes kann im Ausnahmefall jedoch dann gelten, wenn ein solches Vorbenutzungsrecht wirksam durch eigenständige Erfindungsleistungen Dritter zugunsten des Arbeitgebers begründet worden ist[83c]. Wird die Erfindung vom Arbeitgeber allerdings in Anspruch genommen, scheidet ein Vorbenutzungsrecht begrifflich aus[83d].

Der Arbeitgeber, der die Erfindung nach Freigabe selbst zum Schutzrecht anmeldet, begeht trotz seines evtl. Erfindungsbesitzes eine **widerrechtliche Entnahme** im Sinne des § 8 PatG[84]. Gegenüber dem erfinderrechtlichen Vindikationsanspruch des Arbeitnehmers ist ein Einwand des Arbeitgebers über die angeblich mangelnde Schutzfähigkeit der Erfindung grundsätzlich unzulässig[85]. Der Arbeitnehmer hat einen einklagbaren Anspruch auf Einwilligung des Arbeitgebers in die Umschreibung der Schutzrechtsanmeldung[85].

60   Gibt der **Arbeitgeber** die Diensterfindung nach § 8 Abs. 1 Nr. 1 oder Nr. 3 frei und **nutzt** er die **Erfindung** (trotzdem) weiter, so liegt darin grundsätzlich keine (wirksame) beschränkte Inanspruchnahme, weil es an

---

83   OLG München v. 17.9.1992 GRUR 1993, 661, 662 f. – verstellbarer Lufteinlauf; Reimer/Schade/Schippel/Kaube Rz. 25 zu § 8; Busse/Keukenschrijver PatG Rz. 5 zu § 8 ArbEG u. Rz. 41 zu § 12 PatG; diff. Klauer/Möhring/Nirk PatG Rz. 27 Anh. zu § 3; abw. Oberster Pat.-u. Markensenat Wien v. 14.10.1981 GRUR Int. 1982, 560.
83a Vgl. allg. Benkard/Bruchhausen PatG, Rz. 9 zu § 12 m. w. Nachw.
83b LG Düsseldorf v. 9. 10. 1997 Az. 4 O 13/97 (unveröffentl.).
83c Vgl. auch OLG München v. 17.9.1992 GRUR 1993, 661, 662 f. – Verstellbarer Lufteinlauf.
83d Busse/Keukenschrijver PatG Rz. 17 zu § 6 ArbEG m. H. a. OLG München v. 17. 9. 1992 (Fn. 83 c); Schiedsst. v. 1. 7. 1999, Arb.Erf. 49/97 (unveröffentl.).
84   Busse/Schwendy PatG Rz. 73 zu § 21 PatG; Schulte PatG Rz. 17 zu § 21.
85   OLG Karlsruhe v. 13.7.1983 GRUR 1984, 42, 43 – Digitales Gaswarngerät; s. auch BGH v. 17.1.1995 Mitt. 1996, 16, 17 – Gummielastische Masse.

§ 8

den Voraussetzungen der §§ 7, 8 fehlt[86]. Beruhen derartige Nutzungshandlungen auf einer (stillschweigenden) Vereinbarung, so bestimmt sich die Vergütungspflicht hiernach (s. im Übrigen Rz. 12 vor §§ 9-12 u. unten Rz. 63).

Mangels Vereinbarung mit dem Arbeitnehmer ist der Arbeitgeber eingeschränkt zur Verwertung einer frei gewordenen, ungeschützten Diensterfindung berechtigt. Zwar kann jeder Dritte eine ungeschützte Erfindung benutzen, es sei denn, die besonderen Voraussetzungen der §§ 826 BGB, 1 UWG liegen vor[96]. Für den Arbeitgeber ergibt sich jedoch die Besonderheit, dass er gem. § 24 Abs. 1 zur Geheimhaltung verpflichtet ist, solange es berechtigte Interessen des Arbeitnehmers erfordern (vgl. Rz. 14 ff., insbes. Rz. 20 f. zu § 24; s. auch Rz. 38 zu § 7). 61

Erst wenn derartige Geheimhaltungsinteressen nicht mehr bestehen, kann der Arbeitgeber die ungeschützte Erfindung grundsätzlich nutzen[97] (s. auch Rz. 20, 23 f. zu § 24). Ansonsten verbleibt es bei den allgemeinen Rechten, die sich – wie für einen freien Schutzrechtsinhaber – aus dem Patent ergeben[97a].

Eine weitere Einschränkung eines Verwertungsrechts des Arbeitgebers ergibt sich dann, wenn er sich gegenüber dem Arbeitnehmer rechtsgeschäftlich zu einem Unterlassen verpflichtet hat; eine solche Unterlassungserklärung kann allenfalls dann (stillschweigend) in einer Freigabeerklärung gesehen werden, wenn der Arbeitgeber damit zugleich (eindeutig) die Schutzfähigkeit der Erfindung anerkannt hat[98]. 62

Umstritten ist, inwieweit der Arbeitgeber – unbeschadet von etwaigen Schadensersatzansprüchen wegen Verletzung der Geheimhaltungspflicht (§ 24 Abs. 1) bzw. von patentrechtlichen Verletzungsansprüchen – für die Verwertung einer frei gewordenen Diensterfindung **vergütungspflichtig** ist. Problemlos sind die Fälle, in denen eine (auch stillschweigend übliche) vertragliche Vereinbarung vorliegt. Im Übrigen wird weitgehend nach dem Zeitpunkt der Nutzungshandlung differenziert, und zwar nach Nutzungshandlungen vor und nach Freiwerden der Diensterfindung: 63

Die wohl herrschende Meinung erkennt einen Vergütungsanspruch für **Benutzungshandlungen vor Freiwerden** nur unter den Voraussetzungen einer arbeitsrechtlichen Sonderleistung an[98a], wenn also der Arbeitnehmer mit seiner (später frei gewordenen) Diensterfindung eine Leistung außer- 63.1

---

86 A. A. BGH v. 9.1.1964 GRUR 1964, 449, 451 l.Sp. – Drehstromwicklung.
87-95 frei
96 Vgl. dazu Kraßer GRUR 1970, 587 ff. u. GRUR 1977, 177 ff.
97 Im Ergebn. so auch Janert, Betriebl. Verfahrensweisen (1969) S. 42; Vorwerk GRUR 1975, 4, 7; vgl. (aber) auch Volmer/Gaul Rz. 138 ff. zu § 8.
97a Schiedsst. v. 8.1.1986 Blatt 1986, 273, 274.
98 So zu Recht Janert (Fn. 97) S. 41; bestätigend LG Düsseldorf v. 17.9.1991 Entscheidungen 4. ZK. 2000, 25, 31 – Reißverschluss.
98a LG Düsseldorf v. 17.9.1991 (Fn. 98); Volmer/Gaul Rz. 144 ff. zu § 8.

§ 8

halb seines eigentlichen vertraglichen Tätigkeitsbereichs erbracht hat, die durch das vereinbarte Arbeitsentgelt nicht abgegolten ist (vgl. hierzu Rz. 332 ff. zu § 9 u. Rz. 66 zu § 20). Weitergehende Vergütungsansprüche werden für diesen Zeitraum nicht zuerkannt[98b]. Insbesondere können Vergütungsansprüche nicht aus den §§ 9, 10 hergeleitet werden, da es an einer (beschränkten oder unbeschränkten) Inanspruchnahme fehlt. Auch § 20 Abs. 1 bildet keinen Auffangtatbestand genereller Art (s. Rz. 11 zu § 9).

63.2 Nach herrschender Meinung scheiden – mangels gesetzlicher Grundlage – jedwede Vergütungsansprüche für **Nutzungshandlungen** des Arbeitgebers **ab Freiwerden** der Diensterfindung aus[98c]. Allerdings soll ein Vergütungsanspruch analog § 10 Abs. 2 (nur) dann in Betracht kommen, wenn der Arbeitgeber die Schutzfähigkeit der Diensterfindung (stillschweigend) anerkannt hat. Ansonsten scheidet auch eine Vergütung nach § 20 Abs. 1 aus, da der Arbeitgeber wegen des Freiwerdens keine monopolähnliche Stellung (s. dazu Rz. 12 ff. zu § 20) mehr besitzt[99]. Verzichtet der Arbeitnehmer darauf, eine mangels Inanspruchnahme frei gewordene Diensterfindung selbst zum Schutzrecht anzumelden, bleiben nach Auffassung der Schiedsstelle die Nutzungshandlungen des Arbeitgebers grundsätzlich vergütungsfrei[99a]; der Arbeitgeber läuft allerdings – worauf die Schiedsstelle zutreffend hinweist – Gefahr, die Nutzung unterlassen zu müssen, wenn der Arbeitnehmer (oder dessen Rechtserwerber) später doch ein Schutzrecht erwirkt (s. Rz. 72); zur Vergütung bei Übertragung von Rechten an frei gewordenen Diensterfindungen s. Rz. 12 ff. von §§ 9-12.

63.3 Ob die letztgenannte Auffassung vor dem Hintergrund der höchstrichterlichen Rechtsprechung zu den wechselseitigen Rechten und Pflichten aus dem ArbEG bei ungewisser Schutzfähigkeit (vgl. dazu Rz. 16 ff. zu § 2) haltbar ist, erscheint fraglich. Dies gilt auch im Hinblick auf die umstrittene »Drehstromwicklung«-Entscheidung des BGH[99b], gemäß der dem Arbeitnehmer bei (nachträglicher) Freigabe der Diensterfindung ein Vergütungsanspruch aus § 10 für eine vom Arbeitgeber fortgesetzte Benutzung zuerkannt worden ist (zum u. E. unzulässigen Wechsel von der unbeschränkten zur beschränkten Inanspruchnahme s. oben Rz. 26). Soweit höchstrichterlich ein Vergütungsanspruch analog § 10 ArbEG bejaht werden sollte, muss es dem Arbeitgeber jedenfalls gestattet sein, unter den Voraussetzungen des § 12 PatG sich etwa auf ein (vergütungsfreies) Vorbenutzungsrecht zu berufen.

98b   Volmer/Gaul Rz. 143 zu § 8.
98c   Schiedsst. v. 4.11.1982 Blatt 1983, 107; LG Düsseldorf v. 17.9.1991 (Fn. 98); Volmer/Gaul Rz. 142 zu § 8.
99   So Schiedsst. v. 4.11.1982 (Fn. 98c); ebenso bereits Schiedsst. ZB. v. 6.8.1970 Arb. Erf. 64/78 (unveröffentl.).
99a   Schiedsst. v. 30.5.1989 Arb.Erf. 116/88 (unveröffentl.).
99b   Urt. v. 9.1.1964 GRUR 1964, 449 ff.

§ 8

Falls Nutzungshandlungen des Arbeitgebers die ihm obliegende Geheimhaltungspflicht nach § 24 Abs. 1 verletzen (z. B. offenkundige Vorbenutzungshandlungen), hat die Schiedsstelle[99c] den Arbeitgeber unter dem Aspekt des Schadensersatzes verpflichtet, den Arbeitnehmer vergütungsmäßig so zu stellen, wie er bei einer Schutzrechtsanmeldung vor Nutzungsaufnahme gestanden hätte.

2. Sonstige Rechtsfolgen

Bei vorheriger Freigabe kann der Arbeitgeber keine Meldung vom Arbeitnehmer (§ 5) verlangen (s. Rz. 31 zu § 5). Eine Vergütungspflicht trifft ihn unter der Voraussetzung des § 10 (s. auch Rz. 60, 63). Sein Recht und seine Pflicht zur Schutzrechtsanmeldung erlöschen (§ 13 Abs. 4); bisherige Auslagen anlässlich des Schutzrechtserteilungsverfahrens kann er nicht vom Arbeitnehmer ersetzt verlangen (s. Rz. 22 f. zu § 13). Seine Geheimhaltungspflicht nach § 24 Abs. 1 bleibt grundsätzlich bestehen (s. Rz. 14 ff., 20 zu § 24). Die Fürsorgepflicht gebietet es dem Arbeitgeber, die für eine Schutzrechtsanmeldung bzw. für die Fortführung des Schutzrechtserteilungsverfahrens erforderlichen Unterlagen dem Arbeitnehmer zu übergeben[100]. Dies kann im Einzelfall auch die Herausgabe bzw. Zurverfügungstellung solcher Materialien (z.B. Muster, Modelle usw.) erfassen, die der Arbeitnehmer selbst gefertigt bzw. an denen er maßgeblich mitgewirkt hat[100a], jedenfalls soweit dem keine berechtigten Belange des Arbeitgebers (Geheimhaltungsbedürftigkeit, weitergehender Inhalt, zukünftiger betrieblicher Bedarf usw.) entgegenstehen (s. auch Rz. 18). Zur Zulässigkeit von Löschungs- und Nichtigkeitsklagen gegen das auf Grund der frei gewordenen Erfindung erlangte Schutzrecht des Arbeitnehmers s. Rz. 47 f. zu § 25.

64

III. Für Dritte

Dritte werden von der Freigabe nur insoweit berührt, als die relative Unwirksamkeit von Verfügungen des Arbeitnehmers nach § 7 Abs. 3 mit der Freigabe entfällt. Da nach der hier vertretenen Ansicht eine Freigabe im Sinne des § 8 nach unbeschränkter Inanspruchnahme nicht möglich ist (s. Rz. 28), konnte der Arbeitnehmer mangels Rechtsinhaberschaft in solchen Fällen nicht wirksam über Rechte an der »frei gewordenen« Diensterfindung verfügen; Rechte Dritter (z.B. Lizenzen) können damit vor Abtretung der Erfindungsrechte vom Arbeitgeber auf den Arbeitnehmer nicht entste-

65

99c   EV v. 16. 7. 1998 Arb.Erf. 32/96 (unveröffentl.).
100   Ähnl. Volmer Rz. 16 zu § 8; Schiedsst. v. 1.10.1973 Arb.Erf. 34/71, bestätigt durch OLG Karlsruhe v. 14.7.1976 Az. 6 U 61/74 (beide unveröffentl.).
100a So im Ergebn. OLG Karlsruhe v. 14.7.1976 (Fn. 100).

§ 8

hen. Zur Aufgabe von Diensterfindungen, die mit Rechten Dritter belastet sind, s. Rz. 62 f. zu § 16.

H. Mehrere Arbeitnehmererfinder

66 Korrespondierend zu der Inanspruchnahmeerklärung muss auch die Freigabe eines ideellen Erfindungsanteils **jedem einzelnen Miterfinder gegenüber erklärt** werden[101], zumal bei nicht gemeinsamer Meldung (vgl. § 5 Abs. 1 Satz 2) für jeden Miterfinder unterschiedliche Fristen i. S. d. § 6 Abs. 2 Satz 2 laufen können.

67 Wegen der ex tunc-Wirkung (s. Rz. 6) einer allen Miterfindern gegenüber erklärten Freigabe i. S. d. § 8 Abs. 1 Nrn. 1-3 besteht die durch die Fertigstellung der Diensterfindung entstandene **Bruchteilsgemeinschaft** (§ 741 BGB) zwischen den Miterfindern unverändert fort[101] (siehe hierzu Rz. 52 f. zu § 5), nunmehr unbelastet von dem Optionsrecht des Arbeitgebers gem. § 6 Abs. 1. Das Verfügungsrecht der Miterfinder richtet sich mangels anders lautender Absprache nach dem Recht der Bruchteilsgemeinschaft (§§ 743 ff. BGB).

68 Erfolgt das **Freiwerden nur gegenüber einzelnen Miterfindern** und nimmt der Arbeitgeber im Übrigen die Erfindungsanteile unbeschränkt in Anspruch, tritt er in die Bruchteilsgemeinschaft mit den sonstigen Miterfindern, deren Anteile er freigegeben hat, ein[101]. Ein auf einzelne Miterfinder beschränktes Freiwerden muss – entsprechend einer personenmäßig begrenzten Inanspruchnahme (vgl. Rz. 72 zu § 6) – grundsätzlich rechtlich möglich sein, ist jedoch im Hinblick auf die arbeitsrechtliche Fürsorgepflicht und das Gleichbehandlungsgebot bedenklich[102]. Im Übrigen kann ein solches Vorgehen mit Rücksicht auf die im Einzelfall unmittelbar oder evtl. analog anzuwendende Korrekturmöglichkeit des § 7 Abs. 2 zulässig sein. Zweckmäßig ist es zumeist nicht, da kein Mitglied der Bruchteilsgemeinschaft freie Verfügungsrechte über die Diensterfindung im Ganzen erhält (s. auch Rz. 72 zu § 6).

69 Benutzt der Arbeitgeber die auf einzelne Erfinder begrenzte Freigabe, um dadurch wesentliche Pflichten des ArbEG (z.B. Vergütungspflichten) zu umgehen, so stellt sich ein solches Vorgehen als rechtsmissbräuchlich (§ 242 BGB) dar[102]. Ggf. können sich die betroffenen Arbeitnehmererfinder auf den in § 7 Abs. 2 Satz 2 zum Ausdruck gekommenen Rechtsgedanken berufen und eine einheitliche Behandlung (Freigabe oder Inanspruchnahme) verlangen.

---

101 Lüdecke Erfindungsgemeinschaften S. 81, 112.
102 Wunderlich, Die gemeinschaftl. Erfindung S. 133 f.; Busse/Keukenschrijver PatG Rz. 2 zu § 8 ArbEG; s. auch Volmer/Gaul Rz. 74 f., 115 zu § 8.

§ 8

J. Meinungsverschiedenheiten über die Schutzfähigkeit

Ist die technische Neuerung (objektiv) nicht schutzfähig, handelt es sich also um ein bloßes Arbeitsergebnis (s. Rz. 26 ff. zu § 3), ist eine Freigabe nach § 8 an sich gegenstandslos (s. im Übrigen oben Rz. 2.1, 42 ff.). 70

Gibt der Arbeitgeber die »Diensterfindung« frei, weil er sie nicht für schutzfähig hält, so geht er das Risiko ein, dass der Arbeitnehmer selbst bzw. ein Rechtserwerber die Neuerung zum Schutzrecht anmeldet[103]. Hält der Arbeitnehmer die freigegebene technische Neuerung für schutzfähig und verlangt er vom Arbeitgeber z.B. für dessen Verwertungshandlungen ein Entgelt oder eine Unterlassung der Nutzung, richtet sich die Durchsetzbarkeit dieser Ansprüche nach allgemeinen schutzrechtlichen Bestimmungen (s. im Einzelnen oben Rz. 58 ff.). Insoweit hat der Arbeitgeber die gleiche Rechtsposition wie jeder Dritte, der den Gegenstand der Diensterfindung nutzt (s. im Übrigen auch Rz. 17 f. zu § 6).

Vom Zeitpunkt des Freiwerdens an steht der Arbeitnehmer – von eventuellen Vergütungsansprüchen abgesehen (s. dazu Rz. 63) – einem freien Erfinder gleich, der gegen Verwertungshandlungen Dritter nach den Vorschriften des PatG geschützt ist[104].

---

103 Schiedsst. v. 4.11.1982 Blatt 1983, 107; Reimer/Schade/Schippel/Kaube Rz. 27 zu § 8.
104 LG Düsseldorf v. 17.9.1991 (Fn. 98), dort allerdings nur mit Anerkennung eines Vergütungsanspruchs bei arbeitsvertragl. Sonderleistung.

Einleitung vor §§ 9-12

Lit.: *Bartenbach*, Die Erfindervergütg. b. benutzten, nicht patentgeschützten Diensterf., VVPP-Festschr. (1975) 131; *Bartenbach/Fischer*, Aktivierungspflicht f. ArbNErf.Vergtg. (§ 5 Abs. 2 EStG), GRUR 1980, 1025; *Bengelsdorf*, Berücksichtigung v. Verg. f. ArbNErf. u. VV b. d. Karenzentschädigung gem. § 74 Abs. 2 HGB? DB 1989, 1024; *Bock*, Erfindervergütg. f. benutzte, nichtgeschützte Diensterf., Mitt. 1971, 220; *Böcker*, Steuerl. Prüfung u. Behandlung v. Lizenzzahlungen an verbundene ausländ. Untern., StBp 1991, 73; *Brandner*, Geschäftsgrundlage u. Inhaltskontrolle bei d. Regelung d. Vergütung f. Urheber u. Erfinder, GRUR 1993, 173; *Buchner*, Die Vergütg. f. Sonderleistungen d. ArbN – ein Problem d. Äquivalenz d. i. Arbverh. z. erbringenden Leistungen, GRUR 1985, 1; *Danner*, Der Erfindungswert, das A und O d. Erfindervergütg., GRUR 1976, 232; *Derichs*, Treu u. Glauben u. d. Nullfälle i. Recht d. ArbNErf., GRUR 1961, 66; *Dick*, Bewertung d. ArbNFrf. i. d. Praxis, GRUR 1962, 226; *Fischer, E.*, Die Bedeutung d. Schutzfähigkt. d. Diensterf. f. d. Vergütungspfl. d. ArbG, GRUR 1963, 107; *ders.*, Die Erfindervergütg. f. d. Benutzung e. nicht patentfähigen Erf., GRUR 1971, 420; *Fischer, F. B.*, Ein Vorschlag z. Vereinfachg. d. Ermittlg. d. Erfindungswerts v. ArbNErf., GRUR 1971, 131; *ders.*, Lizenzanalogie Kaufanalogie, GRUR 1972, 118; *Gaul*, Die Vorzugsstellung d. ArbG i.S.d. § 9 ArbEG, GRUR 1980, 1029; *ders.*, Die ArbNErfVergütg. b. Gesamtanlagen u. d. Abstaffelungsproblem, GRUR 1983, 209; *ders.*, Die ArbNErfVergütg. b. Vorratspatent, Mitt. 1984, 144; *ders.*, Der erfassbare betriebl. Nutzen als Grundlage d. Erfindervergütungsberechng., GRUR 1988, 254; *Gaul/Bartenbach*, Die Änderg. d. RL Nr. 11 – Abstaffelg., GRUR 1984, 11; *Gaul/Wexel*, Der Einfluss d. Arbeitsentgelts auf d. ErfVergütg., BB 1984, 2260; *Groß*, Aktuelle Lizenzgebühren in Patentlizenz-, Know-how- und Computerprogrammlizenz-Verträgen, BB 1995, 885; *Haas*, Der Vergütungsanspr. e. unbeschränkt i. Anspr. gen. Diensterf. vor Patenterteilung, Diss. Würzbg. 1975; *Hahne*, Die Erfindervergütg. i. industriellen Rechnungswesen, GRUR 1972, 336; *Halbach*, Die Nullfälle i. Recht d. Arb.NErf., GRUR 1960, 457 u. 1961, 338; *Hagen*, Formel z. Bemessung d. Aufgabenlösungs-Summanden b. d. Anteilsfaktor A d. VergRLn. f. ArbNErf., GRUR 1979, 207; *Hegel*, Zur Ermittlg. d. betriebl. Nutzens v. ArbNErf., GRUR 1975, 307; *Heine*, Z. Ermittlg. d. Erf.wertes n. d. RLn. f. d. Vergütg. v. ArbNErf. i. priv. Dienst, GRUR 1960, 321; *Hellebrand*, Wann ist b. d. Ermittlg. d. Erfindungswertes nach d. Lizenzanalogie z. Berechnung d. Arbeitnehmererfindervergütung e. Abstaffelung b. hohen Umsätzen zulässig u. geboten? GRUR 1993, 449; *ders.*, Gewinn und Lizenzgebühr: Gibt es einen quantifizierbaren Zusammenhang? GRUR 2001, 678; *Hellebrand/Kaube*, Lizenzsätze für technische Erfindungen, 2. Aufl. 2001; *Henn*, Adäquate Kausalität d. Erfindungswerts, GRUR 1968, 121; *Himmelmann*, Vergütungsrechtl. Ungleichbehandlung von Arbeitnehmer – Erfinder u. AN – Urheber GRUR 1999, 897; *Hoffmann/Bühner*, Z. Ermittlg. d. betriebl. Nutzens v. ArbNErf., GRUR 1974, 445; *Johannesson*, Erfindervergütg. unter d. Monopolprinzip d. Ges. ü. ArbNErf., GRUR 1970, 114; *ders.*, Zur jüngsten Rspr. d. BGH z. Erfindervergütg., GRUR 1972, 63; *ders.*, Lizenzbasis, Lizenzsatz u. Erfindungswert i. Vergütungsregelungen nach d. Lizenzanalogie, GRUR 1975, 588; *ders.*, Die Vergütungsformel f. d. ArbNErf., GRUR 1981, 324; *Karl*, Vergutg. e. ArbNErf. vor d. Patenterteilg. als techn. Verbesserungsvorschlag, Mitt. 1960, 242; *ders.*, Die sog. Millionenstaffelung b. d. Vergütg. v. ArbNErf., GRUR 1968, 565; *Kaube*, Neue Lösungsvorschläge d. Schiedsst. hinsichtl. n. zu erwartender bzw. von nicht benutzten Schutzrechten, GRUR 1986, 15; *ders.*, Zur Staffelung nach Nr. 11 der VergütungsRLn., GRUR 1986, 572; *Kraushaar*, Die Vergütg. d. ArbNErf. b. Vergabe e. kostenlosen Lizenz, ZRP 1972, 279; *Krekeler*, Erfindervergütg. n. d. RL b. Lizenzeinnahmen (zu RL Nr. 14 Abs. 3, GRUR

353

Einleitung vor §§ 9-12

1978, 576; *Kremnitz*, Was steht mir an Erfindervergütg. zu?, 1967; *ders.*, Probleme d. Vergütg. nach d. ArbEG aus d. Sicht d. ArbNErfinders, Mitt. 1971, 209; *Krieger*, Zum Verhältnis v. Monopolprinzip im Recht d. ArbNErf., in Festschr. K. Quack (1991), 41; *Osann*, Vergütg. v. ArbNErf. unter Ermittlg. d. Erfindungswertes nach d. erfassb. betriebl. Nutzen, GRUR 1964, 113, *Pietzker*, Zur adäquaten Kausalität b. Ermittlg. d. Erfindungswerts, GRUR 1968, 172; *Rebitzki*, Zur Rspr. d. BGH i. d. Frage d. Vergütgspfl. f. Diensterf., GRUR 1963, 555; *Reimer/Schippel*, Die Vergütung v. ArbNErf., Gutachten 1956 (Schriftenrh. d. BArbMin. 2); *Rogge*, Schadensersatz nach der Lizenzanalogie bei Verletzung v. Patenten, Urheberrechten u. anderen Schutzrechten, Festschr. Nirk (1992), 929; *Röpke*, Die Vergütgspfl. f. ArbNErf. als arbeitsrechtl. Verpflichtg., RdA 1963, 405; *Rosenberger*, Zur Erfindervergütg. für nicht benutzte Schutzrechte, GRUR 1986, 782; *ders.*, Kriterien f. d. Erf.wert, erhebliche Unbilligkeit v. Verg.vereinbarungen, Verg. b. zu enger Fassung v. Schutzrechtsansprüchen, GRUR 1990, 238; *Schade*, Meinungsstreit zw. BGH u. d. Schiedst. b. DPA?, BB 1964, 1381; *ders.*, Zur Ermittlg. d. Erfindgswerts n. d. betriebl. Nutzen, insbes. z. Problematik d. Nr. 12 d. RL 59, GRUR 1968, 114; *ders.*, Ermäßigung d. Lizenzsatzes b. bes. hohen Umsätzen u. Verwertung d. ArbNErf., Mitt. 1969, 291; *ders.*, Die Bezugsgröße f. d. Lizenz b. Erf. a. Teilen e. Vorrichtung o. e. Verfahrens, VVPP-Festschr. (1975) 148; *Schickedanz*, Zur Frage d. Vergütg. v. ArbNErf. u. techn. Verbesserungsvorschlägen, DB Beil. 4, 75; *Schweikhardt*, Zur »Abstaffelung« nach d. RL f. d. Vergütg. v. ArbNErf. i. priv. Dienst, GRUR 1968, 340; *Sickinger*, Genießt d. Anspr. auf Erfindervergütg. d. Lohnpfändungsschutz d. §§ 850 ff. ZPO, GRUR 1985, 785; *Tetzner*, H., Zum Vergütungsanspr. b. ArbNErf., GRUR 1967, 513; *Volmer*, Das Monopolprinzip u. d. Leistungsprinzip i. ArbNErfindungsrecht, RdA 1956, 212; *ders.*, D. (unechte) Monopolprinzip i. ArbNErfindgsrecht u. s. Bedeutg. f. d. Praxis, BB 1964, 1223; *Weisse*, D. Ermittlg. d. Erfindungswerts v. ArbNErf., GRUR 1966,165; *Werner*, Zur Anrechnung d. Dienstgehalts auf d. ArbN-Erfindungsvergütung, BB 1983, 839; *Werres*, Analoge Anwendung d. Staffel d. RL b. Lizenzeinnahmen, GRUR 1977, 139; *ders.*, Erwiderung auf d. Beitrag ... (Krekeler), GRUR 1979, 213; *Willich*, Erfvergtgsanspr. b. außerbetriebl. Nutzung v. Diensterf., GRUR 1973, 406; *Willich/Preisher*, Zur Ermittlung d. Anteilsfaktors b. d. Erfvergtg., insbes. f. i. d. Forschung u. Entwicklg. tätige Erfinder, GRUR 1975, 526; *Windisch*, Rspr. im Bereich d. ArbNErf., GRUR 1985, 829; *Witte*, Vergütungsrechtliche Probleme b. Auftragsdiensterf., Mitt. 1962, 195.

S. auch Lit. bei Einf. vor § 1 u. bei §§ 11, 12.

1 Die Vergütung für in Anspruch genommene **Diensterfindungen** (§ 4 Abs. 2) wird in den §§ 9-12 behandelt. Bei der Einräumung von Nutzungsrechten an **freien Erfindungen** (§ 4 Abs. 3) ist die Höhe des Entgelts weitgehend der Parteiabsprache überlassen (vgl. § 19). § 20 Abs. 1 regelt die Vergütung für qualifizierte **technische Verbesserungsvorschläge** unter Bezug auf die §§ 9 und 12. Für einfache technische Verbesserungsvorschläge ist die Vergütung nicht gesetzlich geregelt, sondern der betrieblichen Praxis, insbesondere der Regelung durch Tarifverträge und Betriebsvereinbarungen, überlassen (s. Rz. 51 zu § 20).

Für die Vergütung von **Erfindungen** aus der Zeit der **ehemaligen DDR** wirken auf Grund des Einigungsvertrages die erfinderrechtlichen DDR-Übergangsbestimmungen fort, modifiziert lediglich durch § 49 ErstrG. Für

Einleitung vor §§ 9-12

Diensterfindungen, die in den **neuen Bundesländern** ab dem 3. Oktober 1990 fertig gestellt worden sind, gelten uneingeschränkt die §§ 9 ff. (siehe dazu Einl. Rz. 31 ff.).

Gemäß §§ 40, 41 gelten für die Angehörigen des **öffentlichen Dienstes** diese Vergütungsvorschriften »entsprechend«. Eine Sonderbestimmung zur Vergütungshöhe enthält § 42 Nr. 4 bei Hochschulerfindungen (s. Rz 145 ff. zu § 42 n.F.). 2

Die Vergütungsansprüche des Arbeitnehmers stellen den wirtschaftlichen Ausgleich für die dem Arbeitgeber durch Inanspruchnahme überlassenen Erfindungsrechte dar, und zwar in **verfassungskonformer** Weise (s. Rz 1.2 zu § 9). Insoweit stehen die Vergütungsbestimmungen korrespondierend zur Inanspruchnahme (§§ 6, 7). Ihnen kommt als den wichtigsten Rechten des Arbeitnehmers **zentrale Bedeutung** zu. Eine zufrieden stellende Regelung der Vergütung wird im besonderen Maße Motivation für den Arbeitnehmer sein, schöpferischen Ideen nachzugehen; sie liegt daher sowohl im Interesse des Arbeitgebers, der sich diese Leistungen nutzbar machen kann, als auch im allgemeinen Interesse, da von Erfindungen die Fortentwicklung von Technik und Wirtschaft abhängig ist[1]. 3

Nach der **Gesetzessystematik** regelt § 9 die Vergütung bei unbeschränkter, § 10 die bei beschränkter Inanspruchnahme. Bei der unbeschränkten Inanspruchnahme lässt § 9 Abs. 1 den Vergütungsanspruch (dem Grunde nach) bereits mit Zugang der Inanspruchnahmeerklärung (§§ 6, 7 Abs. 1) entstehen (h.M.); er wird aber im Regelfall erst durch die Aufnahme der tatsächlichen Verwertung der Erfindung seitens des Arbeitgebers konkretisiert. Dagegen ist gem. § 10 Abs. 1 das Entstehen des Vergütungsanspruchs über die Erklärung der beschränkten Inanspruchnahme (§§ 6, 7 Abs. 2) hinaus stets von der Benutzung der Diensterfindung durch den Arbeitgeber abhängig. Ergänzende Sonderregelungen enthalten § 14 Abs. 3, § 16 Abs. 3 und § 17 Abs. 3. 4

In allen Fällen ist der Anspruch auf **angemessene Vergütung** gerichtet, wobei jeweils (vgl. § 10 Abs. 1 Satz 2) für die Bemessung der Vergütung die (nicht abschließenden) Kriterien des § 9 Abs. 2 maßgeblich sind (zur Ausnahme des § 42 Nr. 4 s. dort Rz. 145 ff.). 5

Bei der regelmäßig schwierigen Ermittlung der angemessenen Vergütung sollen die nach § 11 erlassenen **Richtlinien für die Vergütung** von Arbeitnehmererfindungen im privaten Dienst vom 20.7.1959 (abgedr. bei § 11 Anh. 1) sowie die Rln. für die Vergütung von Arbeitnehmererfindungen im 6

---

[1] Vgl. Ausschussber. zu BT-Drucks. II/3327 S. 2 = Blatt 1957, 249 f.; vgl. auch Amtl. Begr. z. Entw. e. Ges. z. Änderung d. ArbEG v. 9.5.2001 (BT-Drucks 14/5975, zu § 42 Nr. 5 d. Entw.): »Ein Anreiz für die Hochschullehrer, zu forschen und die Forschungsergebnisse dem Dienstherrn zu melden, kann nur auf finanziellem Wege erfolgen.«

Einleitung vor §§ 9-12

öffentlichen Dienst vom 1.12.1960 (abgedr. bei § 11 Anh. 2) eine besondere Hilfe geben (ausf. dazu Bartenbach/Volz KommRL).

7 Das Verfahren der einverständlichen Feststellung oder einseitigen Festsetzung der Vergütung (der Höhe nach) und damit die Bestimmung ihrer **Fälligkeit** ist sowohl für Allein- als auch für Miterfinder in § 12 geregelt. Nach der höchstrichterlichen Rechtsprechung wird auch bei der unbeschränkten Inanspruchnahme der Vergütungsanspruch schon vor endgültiger Schutzrechtserteilung unabhängig vom Stand des Erteilungsverfahrens spätestens **drei Monate nach Nutzungsaufnahme** fällig (vgl. Rz. 58 ff. zu § 12). Den Risiken des Erteilungsverfahrens kann durch einen die Vergütung mindernden **Risikoabschlag** Rechnung getragen werden (s. Rz. 64 ff. zu § 12), der nach Schutzrechtserteilung grundsätzlich nachzuzahlen ist.

8 Eine **Sicherstellung der Vergütungsansprüche** gewährleisten die §§ 22, 23, die die Vertragsfreiheit zum Schutze des Arbeitnehmers einengen. § 12 Abs. 6 behandelt die nachträglichen, wesentlichen Veränderungen der Bemessungsgrundlagen der Vergütungsberechnung und den hieran anknüpfenden Neuregelungsanspruch, unterstützt durch das Rückforderungsverbot des § 12 Abs. 6 Satz 2.

9 Seine **Grundlage** findet der Vergütungsanspruch nicht darin, dass der Arbeitnehmererfinder eine besondere (wirtschaftliche) Leistung erbracht hat, die über das nach dem Arbeitsvertrag Geschuldete bzw. zu Erwartende hinausgeht (**Sonderleistungsprinzip**)[2]. Es geht also nicht darum, ob der Arbeitnehmer eine herausragende Sonderleistung im und für den Betrieb erbracht hat[2a]. Vielmehr beruht dieser Anspruch auf der Tatsache, dass der Arbeitgeber dank der technischen Neuerung in die Lage versetzt wird, ein Ausschlussrecht zu erwerben (**Monopolprinzip**/Schutzrechtstheorie)[3]. Letzteres entspricht dem Willen des Gesetzgebers, der sich – abweichend vom

---

2 So aber wohl Volmer ArbEG Einl. Rz. 78 u. Rz. 2 zu § 9; ders. in Anm. AP Nr. 3 zu § 9 ArbNErfG (Prinzip des Leistungserfolges); zust. Hubmann RdA 1959, 238; diff. aber Volmer in BB 1964, 1223 u. BB 1968, 253, 258, u. Volmer/Gaul Einl. Rz. 136 ff.; ähnl. noch Bartenbach in Festschr. VVPP (1975) S. 131, 133 ff.
2a Vgl. BAG v. 30.4.1984 DB 1984, 1831, 1832.
3 Ganz h.M.; vgl. Krieger Festschr. Quack (1991), 41, 50 ff; Fischer GRUR 1963, 107, 108; Johannesson GRUR 1970, 114, 115 ff. u. ders. Arbeitnehmererfindungen Anm. 1.1 zu § 9; Heine/Rebitzki Anm. 1 zu § 9; Klauer/Möhring/Nirk PatG Anh. zu § 3 Rz. 4; Rebitzki GRUR 1963, 555; Reimer/Schade/Schippel/Himmelmann/Kaube Einl. S. 97 ff. u. Rz. 3 ff. zu § 9; Lindenmaier/Lüdecke Anm. 4 zu § 11 RL Nr.2; Schade GRUR 1958, 519, 522 f.; Busse/Keukenschrijver, PatG, Rz. 2 zu § 9 ArbEG; s. auch BGH v. 13.11.1997 GRUR 1998, 684, 689 – Spulkopf, wonach die wirtschaftl. Vorrangstellung des Arbeitgebers gegenüber den Mitbewerbern im Markt Maßstab der Erfindervergütung ist; s. ferner Röpke RdA 1963, 405 ff.; Schiedsst. v. 6.2.1970 Blatt 1970, 456, 457; v. 6.3.1986 Arb.Erf. 43/85 (unveröffentl.); v. 4.8.1987 Blatt 1988, 171, 172; v. 18.12.1992 Arb.Erf. 81/88 u.v. 29.2.1996 Arb.Erf. 20/93 (beide unveröffentl.); vgl. auch Schiedsst. v. 18.1.1990 Blatt 1990, 336 u.v. 30.9.1992 EGR Nr. 69 zu § 9 ArbEG (VergHöhe).

Einleitung vor §§ 9-12

früheren Recht der DVO[4] und in Ablehnung anderslautender Vorschläge[5] – zur Übernahme des Monopolprinzips in das Gesetz[6] entschlossen hat[7]. Ein maßgeblicher Grund für die Ablehnung des Sonderleistungsprinzips wurde in der Gefahr gesehen, dass sonst der Kreis der leitenden Angestellten bzw. der Mitarbeiter im Forschungs- und Entwicklungsbereich »leer ausgehen würde«.[8]

Das Monopolprinzip darf aber nicht dahin missverstanden werden, dass es auf eine tatsächlich bereits vorhandene, rechtliche oder faktische Monopol-(Vorzugs-)Stellung ankommt[9]; vielmehr muss – ebenso wie für die Bestimmung des sachlichen Anwendungsbereichs des ArbEG nach § 2 (s. Rz. 16 ff. zu § 2) – die dem Arbeitgeber durch die Inanspruchnahme vermittelte Möglichkeit einer Schutzrechtserlangung (bei unbeschränkter Inanspruchnahme) bzw. die Einräumung von Nutzungsrechten an potentiellen Schutzrechten (bei beschränkter Inanspruchnahme) für einen Vergütungsanspruch ausreichend sein[10]. 10

Die **Höhe der Vergütung** wird zunächst bestimmt durch den **allgemeinen Vergütungsgrundsatz,** wonach der Erfinder grundsätzlich an allen wirtschaftlichen Vorteilen zu beteiligen ist, die seinem Arbeitgeber auf Grund der Erfindung zufließen (s. Rz. 2 zu § 9). Daneben kommt auch die individuelle, über die betrieblichen Einflüsse hinausgehende (Sonder-) Leistung des Erfinders bei der Erfindungsentwicklung zum Tragen (vgl. § 9 Abs. 2; s. Rz. 261 ff. zu § 9), ausgedrückt durch den Anteilsfaktor A (RL Nrn. 30 ff.). Allerdings wird nicht die schöpferische Leistung als solche belohnt (s. Rz. 79 zu § 9). Eine pauschale Vergütungsbemessung erfolgt derzeit nur bei Hochschul-Erfindern (s. Rz. 145 ff. zu § 42 n.F.) 11

---

4   Entgegen der Ansicht des 17. Ausschusses (i. Ausschussber. Fn. 1) ging § 5 DVO vom Sonderleistungsprinzip aus (vgl. auch RL 1944 »Erfinderische Sonderleistungen«, s. dazu Riemschneider/Barth Anm. 3 zu § 5 DVO 1943).
5   Reimer/Schippel Vergütung von Arbeitnehmererfindungen Gutachten 1956 (Schriftenreihe des Bundesarbeitsministeriums H. 2) S. 18 ff., 41 f.; Schulze-Rhondorf GRUR 1956, 440, 447 ff.; vgl. auch die Kritik von Volmer RdA 1956, 212 ff.
6   Insbes. in § 9 Abs. 2 sind die Worte »Anteil des Betriebes am Zustandekommen der Diensterfindung« an die Stelle der »schöpferischen Leistung« (so § 5 Abs. 1 Satz 2 DVO 1943) getreten, worauf Reimer/Schade/Schippel/Kaube Rz. 6 zu § 9 zutr. hinweisen.
7   Vgl. Amtl. Begr. in BT-Drucks. II/1648, S. 26 = Blatt 1957, 232 u. Ausschussber. (Fn. 1); s. i. Einzelnen Kurz, GRUR 1991, 422 ff.
8   So Ausschussber. (Fn. 1) S. 2 = Blatt 1957, 250.
9   So aber u. a. Friedrich GRUR 1963, 139; Rebitzki GRUR 1963, 555, 557; wohl auch Reimer/Schade/Schippel/Kaube/Himmelmann ArbEG S. 98 f. u. Rz. 6 ff. zu § 9.
10 Vgl. Volmer BB 1964, 1223,1226, der in diesem Zusammenhang von einem »unechten Monopolprinzip« spricht; nach Himmelmann (Fn. 9) »abgeschwächte Monopoltheorie«; Johannesson GRUR 1970, 114, 115 u. GRUR 1971, 63, 64; s. auch Fischer GRUR 1963,107, 108.
11-19 frei

Einleitung vor §§ 9-12

12   Das **Entgelt** für die **Übertragung von freien** (§ 4 Abs. 3), **frei gewordenen** (§ 8 Abs. 1) oder **vor Beginn des Arbeitsverhältnisses fertig gestellten Erfindungen** des Arbeitnehmers ist weitgehend der Parteiabsprache überlassen; gleiches gilt für die Einräumung von Nutzungsrechten an diesbezüglichen Schutzrechten, soweit es sich nicht um vorbehaltene Nutzungsrechte an frei gewordenen bzw. aufgegebenen (Dienst-) Erfindungen handelt (s. dazu § 10, § 14 Abs. 3, § 16 Abs. 3, § 19 Abs. 1).

13   Fehlt eine ausdrückliche Vereinbarung, so bestimmt sich die Vergütungspflicht nach den Umständen des Einzelfalles. Von einer Vergütungspflicht ist stets auszugehen, da ein Verzicht auf üblicherweise zustehende Zahlungsanprüche nur angenommen werden kann, wenn ein solcher eindeutig erklärt worden ist (s. Rz. 21 zu § 23). Bezüglich der Höhe ist jedoch nach Fallgestaltung zu differenzieren:

14   Handelt es sich um eine **vor Beginn des Arbeitsverhältnisses fertig gestellte Erfindung**, wird im Zweifel ein angemessenes Entgelt geschuldet (vgl. Rz. 11 zu § 4). Aus der Bereitschaft des Arbeitnehmers, die Erfindungsrechte dem neuen Arbeitgeber zu überlassen bzw. hieran Nutzungsrechte einzuräumen, folgt nicht ohne weiteres, dass die Vergütung nach den Grundsätzen der Vergütungsrichtlinien für eine Diensterfindung zu bestimmen ist[20]. Die Gegenleistung bestimmt sich danach, in welchem Umfang Erfindungsrechte auf den Arbeitgeber übertragen werden. Bei Übertragung aller vermögenswerten Rechte an der Erfindung (**Rechtskauf**; §§ 453, 433 BGB), bestimmt sich die Leistung im Zweifel nach §§ 315, 316 BGB. Im Regelfall wird dies auf einen angemessenen, marktüblichen Pauschalbetrag abzielen. Statt dessen können sich die Beteiligten aber auch auf eine fortlaufende angemessene Lizenzgebühr entsprechend den Lizenzsätzen im Falle einer ausschließlichen Lizenzvergabe einigen, wobei dann die vom Arbeitgeber zu tragenden Kosten (Schutzrechtsverwaltung usw.) in Ansatz zu bringen wären.

14.1   Im Falle der **Nutzungsrechtseinräumung** gilt bei Fehlen einer ausdrücklichen Vereinbarung im Zweifel ein Entgelt entsprechend § 612 Abs. 1, § 632 Abs. 1 BGB als **stillschweigend vereinbart**[21]. Der Höhe nach schuldet der Arbeitgeber – mangels abweichender Anhaltspunkte – denjenigen Betrag, der im Zeitpunkt der Nutzungsrechtseinräumung für die betreffende Erfindung **üblicherweise gezahlt** worden wäre (analog § 612 Abs. 2, § 632 Abs. 2 BGB[22]), und zwar – je nach Umfang der Nutzungsrechtseinräumung– für ausschließliche bzw. einfache Lizenzen (vgl. auch

---

20   Bartenbach Mitt. 1971, 232, 239; vgl. auch BGH v. 24.9.1979 GRUR 1980 38, 39 – Fullplastverfahren – dort für Lizenzvergabe.
21   BGH v. 10.5.1984 GRUR 1985, 129, 130 – Elektrodenfabrik (bezügl. Überlassung von vor Beginn des Arbeitsverhältnisses geschaffenen urheberrechtl. geschützten Leistungen); vgl. auch BGH v. 24.10.1989 Mitt. 1990, 99, 100 – Auto-Kindersitz.
22   BGH v. 10.5.1984 (Fn. 21); LG Düsseldorf v. 17.9.1991 Entscheidungen 4. ZK, 2000, 25, 32 – Reißverschluss

Einleitung vor §§ 9-12

§ 19 ArbEG). Da bei der Bestimmung der Üblichkeit auch die persönlichen Verhältnisse der Beteiligten und der Ort der Benutzungshandlung nicht unberücksichtigt bleiben[23], erscheint es zulässig, auch hier die Grundsatze zur Ermittlung des Erfindungswertes (RL Nrn. 3 ff.) heranzuziehen (s. dazu Rz. 101 ff. zu § 9). Die Berücksichtigung eines Anteilsfaktors scheidet jedoch aus, da der Arbeitnehmer bezüglich dieser Erfindungen freier Erfinder ist.

Im Falle der Übertragung einer **während des Arbeitsverhältnisses** entwickelten **freien Arbeitnehmererfindung** (§ 4 Abs. 3) bzw. der Einräumung diesbezüglicher Nutzungsrechte ist ebenfalls davon auszugehen, dass im Zweifel ein **übliches Entgelt** (Kaufpreis, Lizenzgebühr) stillschweigend vereinbart ist. Im Ergebnis unterscheidet sich diese Situation nicht von einer Rechtseinräumung im Verfahren nach § 19, so dass die dazu entwickelten Grundsätze heranzuziehen sind (s. dazu auch Rz. 28 f. zu § 19). Nach Auffassung der Schiedsstelle ist jedoch in den Fällen, in denen ein Arbeitnehmer seinem Arbeitgeber eine Erfindung, deren Gebundenheit zweifelhaft ist, zur Schutzrechtsanmeldung und Übernahme anbietet, mangels abweichender Anhaltspunkte regelmäßig davon auszugehen, dass dieses Angebot gegen Vergütung als Diensterfindung entsprechend § 9 erfolgt; denn die Übernahme der Kosten und des Aufwandes für die Schutzrechtserwirkung durch den Arbeitgeber sei typisch für das schuldrechtliche Verhältnis zwischen Arbeitnehmererfinder und Arbeitgeber bei der Übertragung von Schutzrechten an einer freien Erfindung, so dass man auch bezüglich der Gegenleistung von einer Vergütung als Diensterfindung auszugehen habe[29].

15

In der Praxis häufig ist die **schlüssige Überleitung von Diensterfindungen** auf den Arbeitgeber (s. auch Rz. 9 zu § 9). Dabei ist danach zu differenzieren, ob eine ordnungsgemäß nach § 5 gemeldete Diensterfindung ohne förmliche Inanspruchnahme schlüssig auf den Arbeitgeber übergeleitet ist, oder ob eine Diensterfindung, die weder ordnungsgemäß gemeldet noch ordnungsgemäß in Anspruch genommen wurde, auf den Arbeitgeber übergegangen ist (s. dazu Rz. 32 f., 35 ff. u. 61 ff. zu § 6).

16

Wurde die Diensterfindung **ohne ordnungsgemäße Erfindungsmeldung** und **ohne fristgerechte Inanspruchnahmeerklärung** auf den Arbeitgeber übergeleitet, ist bei Fehlen abweichender Anhaltspunkte davon auszugehen, dass die Arbeitsvertragsparteien die Erfindung umfassend den Regelungen des ArbEG unterwerfen wollen (s. Rz. 67 zu § 6); als Rechtsfolge wollen sie nur das ins Auge fassen, was sich typischerweise bei Austausch ordnungsgemäßer Erklärungen als gesetzliche Folge ergeben hatte[29a].

17

---

23   Palandt/Putzo BGB Rz. 8 zu § 612.
24-28 frei
29   Schiedsst. v. 10.3.1993 EGR Nr. 80 zu § 12 ArbEG.
29a Schiedsst. v. 23.4.1998 Arb.Erf. 92/96 (unveröffentl.).

Einleitung vor §§ 9-12

Dementsprechend bestimmt sich die Vergütungspflicht uneingeschränkt nach § 9 unter Einschluss des Anteilsfaktors[30]. Dies ist sachlich auch deshalb berechtigt, weil – mangels Meldung – kein Freiwerden gem. § 8 Abs. 1 Nr. 3 eintreten konnte.

18 Problematisch sind dagegen die Fälle einer schlüssigen Überleitung einer Diensterfindung, die wegen **Versäumung einer fristgerechten Inanspruchnahme nach ordnungsgemäßer Meldung** freigeworden ist. In diesen Fällen geht die h.M. davon aus, dass sich die Vergütungspflicht im Zweifel, d.h. mangels abweichender Vereinbarungen, ebenfalls nach § 9 ArbEG (einschließlich eines Anteilsfaktors) bestimme[31]. Die Schiedsstelle begründet dies mit ihrer in langjähriger Praxis gewonnenen Erfahrung, dass freigewordene Diensterfindungen von Arbeitnehmererfindern regelmäßig auf der Basis der gesetzlichen Vergütungsverpflichtung auf den Arbeitgeber übergeleitet werden, so dass eine tatsächliche Vermutung hierfür spreche, es sei denn, dass besondere Umstände vorliegen, die etwas anderes nahelegen[32]. Dementsprechend kann nach Auffassung der Schiedsstelle von einer Rechtseinräumung gegen marktübliche Lizenzgebühren, die nicht um den Anteilsfaktor gemindert sind, nur bei Vorliegen besonderer Anhaltspunkte ausgegangen werden[32a].

18.1 Dem Einwand der Gegenauffassung[33], der Arbeitnehmer stehe dem Arbeitgeber bezüglich dieser Erfindungen auf Grund der Regelungssystematik des ArbEG wie ein freier Erfinder gegenüber[33], entgegnet das LG Düsseldorf mit dem Hinweis, dass die Erfindervergütung nach Maßgabe des § 9 i.V.m. den Vergütungsrichtlinien für das Benutzungsverhältnis zwischen Arbeitnehmer und seinem die Erfindung verwertenden Arbeitgeber üblich sei und zudem berücksichtigt werden müsse, dass der Arbeitgeber am Zustandekommen der Diensterfindung beteiligt gewesen sei[34].

18.2 Unseres Erachtens darf einerseits nicht übersehen werden, dass die ausgewogenen Regelungen des ArbEG einen – im Verhältnis zum freien Erfinder – geminderten Zahlungsanspruch nur bei erfolgter Inanspruchnahme anerkennen (§§ 9, 10) und eben diese Situation im Falle des Freiwerdens

---

30 Wohl allg. A., z.B. Schiedsst. v. 15.11.1994 Arb.Erf. 3/93; v. 8.2.1996 Arb.Erf. 61/94 (alle unveröffentl.) u. v. 23.4.1998 (Fn. 29a).
31 So LG Düsseldorf in ständ. Rspr., z.B. Urt. v. 4.11.1975 Az. 4 O 260/74 im Anschluss an Schiedsst. EV. v. 12.11.1973 Arb.Erf. 40/72 (beide unveröffentl.); v. 17.9.1991 (Fn. 22); ständ. Praxis Schiedsst., z.B. v. 30.6.1994 Arb.Erf. 181/92; v. 18.11.1994 Arb.Erf. 97/93 (beide unveröffentl.); Reimer/Schade/Schippel/Kaube Rz. 18 zu § 19; Volmer/Gaul Rz. 100 zu § 6 (s. dort aber auch Rz. 110 zu § 8); vgl. auch Schiedsst. v. 22.2.1985 Blatt 1985, 195 u.v. 6.8.1992 EGR. Nr. 5 zu § 15 ArbEG.
32 Schiedsst. v. 30.6.1994 (Fn. 31).
32a Schiedsst. v. 30.6.1994 (Fn. 31).
33 Vgl. (noch) Bartenbach Mitt. 1971, 232, 238 f.; s. auch OLG Düsseldorf v. 9.7.1971 EGR Nr. 6 zu § 6 ArbEG u. Fricke/Meier-Beck, Mitt. 2000, 199, 206.
34 LG Düsseldorf v. 17.9.1991 (Fn. 22).

Einleitung vor §§ 9-12

der Diensterfindung nicht mehr eintreten kann. Andererseits ist zu würdigen, dass der **Arbeitnehmer die Erfindung nicht im Markt anbietet**, sondern in die nachträgliche Zuordnung zum Arbeitgeber einwilligt. Zudem steht der Erfinder dem Arbeitgeber nicht wie ein üblicher Lizenzgeber gegenüber: Der **Arbeitgeber** führt das **Schutzrechtserteilungsverfahren** durch, **trägt die Kosten** der Schutzrechtserteilung und Aufrechterhaltung und kommt für die Produktionsreife und Aufrechterhaltung des Schutzrechts einschließlich dessen Verteidigung auf; ferner hat der Arbeitnehmer im Hinblick auf § 12 Abs. 3 einen bindenden Anspruch auf vorläufige Vergütung; er kommt im Übrigen in den Genuss der weiteren zu seinen Gunsten vorgegebenen Regelungen (§§ 14, 16). All dies wird auch bei der Feststellung einer üblichen Vergütung im Rahmen des § 612 Abs. 2 BGB zu würdigen sein. Unbeschadet der notwendigen Prüfung der besonderen Umstände jedes Einzelfalles erscheinen vor diesem Hintergrund die Überlegungen der Schiedsstelle, mangels abweichender Anhaltspunkte einen übereinstimmenden Willen, neben den sonstigen Bestimmungen des ArbEG über Diensterfindungen auch die zur Vergütung (§§ 9, 11) zugrunde zu legen, vertretbar, sofern sich der Arbeitnehmer nicht ausdrücklich zuvor auf ein Freiwerden der Diensterfindung berufen hat[35].

19 Macht der Arbeitnehmer Erfindervergütung unter Ansatz eines Anteilsfaktors geltend, liegt darin regelmäßig ein Indiz dafür, dass die Vergütungsberechnung in üblicher Weise wie für eine in Anspruch genommene Diensterfindung erfolgen soll[36].

20 Konnten sich die Beteiligten über die Höhe der Vergütung nicht einigen, hat die Schiesstelle in ihrer früheren Praxis als Kompromiss auch vorgeschlagen, zwar von den §§ 9, 10 ArbEG i.V.m. den RLn. 1959 auszugehen, jedoch den Anteilsfaktor zu verdoppeln.

21 Zur Vergütung von **Erfindungen freier Mitarbeiter** und **Organmitglieder** s. Rz. 48 f., 76 zu § 1; zur Vergütung einer freigegebenen Diensterfindung bei deren Verwertung durch den Arbeitgeber Rz. 63 zu § 8; zur Vergütung als Sonderleistung s. Rz. 332 ff. zu § 9; zur Vergütung freier Arbeitnehmererfindungen bei Anbietung nach § 19 s. dort Rz. 28 f.; zur Abstaffelung hoher Umsätze s. Rz. 28 zu § 19; zur Verjährung s. Rz. 39 ff., 45 zu § 9; zur Anwendbarkeit des Kartellrechts s. Rz. 139 zu § 9.

---

35 Beschl. v. 9.3.1981 Arb.Erf. 56/80 (unveröffentl.).
36 Schiedsst. v. 21.11.1995 Arb.Erf. 16/94 (unveröffentl.).

§ 9 Vergütung bei unbeschränkter Inanspruchnahme

(1) Der Arbeitnehmer hat gegen den Arbeitgeber einen Anspruch auf angemessene Vergütung, sobald der Arbeitgeber die Diensterfindung unbeschränkt in Anspruch genommen hat.

(2) Für die Bemessung der Vergütung sind insbesondere die wirtschaftliche Verwertbarkeit der Diensterfindung, die Aufgaben und die Stellung des Arbeitnehmers im Betrieb sowie der Anteil des Betriebes an dem Zustandekommen der Diensterfindung maßgebend.

Lit.: Siehe Einl. vor §§ 9-12 u. bei § 11

Übersicht

- A. Allgemeines.................... 1, 2
  - I. Übersicht.................... 1
  - II. Allgemeiner Vergütungsgrundsatz.................... 2
- B. Rechtsnatur und Schuldner des Vergütungsanspruchs.................... 3-10
  - I. Rechtsnatur.................... 3
  - II. Schuldner.................... 4-10
- C. Entstehung und Fälligkeit des Vergütungsanspruchs.................... 11-30
  - I. Entstehung dem Grunde nach.................... 11-19
    1. Unbeschränkte Inanspruchnahme.................... 11, 12
    2. Schutzfähige Diensterfindung.................... 13-18
       a) Zweifel an der Schutzfähigkeit.................... 14
       b) Auslandsschutzrechte bei mangelnder Inlandsschutzfähigkeit.................... 15, 16.1
       c) Einrede des Rechtsmissbrauchs.................... 17, 18
    3. Rechtsfolge.................... 19
  - II. Fälligkeit.................... 20-30
- D. Dauer des Vergütungsanspruchs.................... 31-38
- E. Verjährung, Verwirkung des Vergütungsanspruchs, Ausschlussfristen.................... 39-51
  - I. Verjährung.................... 39-45.1
    1. Die neuen Verjährungsvorschriften.................... 39-43.2
    2. Das Übergangsrecht.................... 44-44.2
    3. Grundsätze zum bis 31.12. 2001 geltenden Verjährungsrecht.................... 45
  - II. Verwirkung.................... 46-50
  - III. Ausschlussfristen.................... 51
- F. Art der Vergütung.................... 52-68
  - I. Geld- oder Sachleistung.................... 52, 53
  - II. Zahlung der Vergütung.................... 54-68
    1. Laufende Zahlung.................... 55, 56
    2. Pauschalvergütung.................... 57-61
    3. Erfindervergütung in Form von Gehaltsanhebungen/Sonderzahlungen.................... 62-67
    4. Sonstige Formen der Vergütungszahlung.................... 68
- G. Bemessung der Vergütung.................... 69-300
  - I. Angemessenheit (Abs. 1).................... 69-73
  - II. Bemessungskriterien – Prinzip der Vergütungsbemessung (Abs. 2).................... 74-82
  - III. Erfindungswert – Grundsatz.................... 83-100
    1. Die Erfindungsmeldung als Grundlage des Vergütungsanspruchs?.................... 83-85
    2. Wirtschaftliche Verwertbarkeit.................... 86-89
    3. Tatsächliche Verwertung.................... 90-100
  - IV. Erfindungswert bei (tatsächlicher) betrieblicher Eigennutzung.................... 101-184

§ 9

1. Betriebliche Eigennutzung 101, 102
2. Berechnung des Erfindungswerts 103-184
   a) Verhältnis der Berechnungsmethoden zueinander 103-119
   b) Lizenzanalogie 120-160
      aa) Grundsatz 120-123
      bb) Wahl der Lizenzsätze 124
      cc) Wahl der richtigen Bezugsgröße (RL Nrn. 7, 8) 125-127
      dd) Gesamterfindungswert (RL Nr. 19) / Höchstbelastbarkeit 128-130.3
      ee) Übliche Lizenzsätze (RL Nr. 10) 131-135
      ff) Einfluss des Kartellrechts 136-140
      gg) Abstaffelung (RL Nr. 11) 141-160
         (1) Anwendungsbereich 141-148
         (2) Abstaffelungstabelle 149-160
   c) Ermittlung des Erfindungswertes nach dem erfassbaren betrieblichen Nutzen (RL Nr. 12) 161-175
   d) Schätzung des Erfindungswertes (RL Nr. 13) 176-184
V. Erfindungswert bei Konzernnutzung 185-190
VI. Erfindungswert bei Nutzung durch Kooperationspartner 191-195
VII. Erfindungswert bei Forschungs- und Entwicklungsaufträgen 196-200
VIII. Erfindungswert bei Sperr- und Vorratspatent (RL Nrn. 18, 21) 201-209
IX. Erfindungswert für nicht verwertete Erfindungen (RL Nrn. 20 ff.) 210-220
X. Erfindungswert bei Lizenzvergaben 221-244
   1. Lizenz- und Know-how-Verträge (RL Nrn. 14, 15) ...221-235
   2. Austauschverträge (RL Nr. 17) 236-238
   3. »Lizenzeinnahmen« auf Grund von Schutzrechtsverletzungen Dritter 239-240.1
   4. Erfindungswert beim Verkauf von Konstruktionszeichnungen 241-244
XI. Erfindungswert bei Auslandsnutzungen 245-249
XII. Erfindungswert für gebrauchsmusterfähige Erfindungen (RL Nr. 28) 250
XIII. Erfindungswert bei Verkauf der Erfindung (RL Nr. 16) 251-260
XIV. Anteilsfaktor (RL Nrn. 30 ff.) 261-291
   1. Grundsatz 261-266
   2. Stellung der Aufgabe (RL Nr. 31/Teilwert a) 267-273
   3. Lösung der Aufgabe (RL Nr. 32/Teilwert b).....274-279.1
   4. Aufgaben und Stellung des Arbeitnehmers im Betrieb (RL Nrn. 33-36/ Teilwert c) 280-290
   5. Berechnung des Anteilsfaktors (RL Nr. 37) 291
XV. Rechnerische Ermittlung der Vergütung (RL Nr. 39) 292-298
XVI. Beweisfragen 299, 300
H. Sonderformen der Vergütungsberechnung 301-310
J. Vergütung bei Miterfinderschaft 311-320
K. Nullfall 321-329
L. Schadensberechnung nach Vergütungsgrundsätzen 330, 331
M. Vergütungspflichtige Sonderleistungen 332-340
N. Besonderheiten für den öffentlichen Dienst 341-349
O. Steuerliche Behandlung der Erfindervergütung 350, 351

§ 9

A. Allgemeines

I. Übersicht

§ 9 hat die Vergütung für unbeschränkt in Anspruch genommene (§§ 6, 7 Abs. 1) Diensterfindungen (§ 4 Abs. 2) zum Gegenstand. Im Unterschied zum früheren Recht (vgl. § 5 DVO 1943) erstreckt sich die Vergütungspflicht mit Rücksicht auf § 2 nicht nur auf patentfähige, sondern auch auf gebrauchsmusterfähige Erfindungen, da diese ebenfalls ein monopolartiges Ausschlussrecht gewähren können[1]. 1

Während Absatz 1 die Entstehung des Vergütungsanspruchs dem Grunde nach regelt, werden in Absatz 2 die maßgeblichen Kriterien für die Bemessung der Höhe beispielhaft aufgeführt. Zum Überblick über die Vergütungsregelungen des ArbEG s. Einleitung vor §§ 9-12.

In den **neuen Bundesländern** gilt § 9 uneingeschränkt für die ab dem Beitritt (3.10.1990) fertig gestellten und unbeschränkt in Anspruch genommenen Diensterfindungen. Für Alterfindungen aus der Zeit der ehemaligen DDR wirkt das DDR-Erfinderrecht, insbesondere das Übergangsrecht des Art. 3 PatÄndG-DDR-1990 in Verbindung mit § 11 EDB-PatG-DDR-1990, fort. Gemäß § 49 Satz 1 ErstrG gelten jedoch für die ab Mai 1992 entstandenen Vergütungsansprüche die §§ 9, 12 ArbEG, soweit es um Fragen des Entstehens und der Fälligkeit des Anspruches geht (s. dazu Einl. Rz. 31 ff.). 1.1

Nach der Entscheidung des **BVerfG** vom 24.4.1998[1a] stellt § 9 ArbEG eine zulässige Inhaltsbestimmung des Eigentums im Sinne von Art. 14 Abs. 1 Satz 2 GG dar, durch die die schutzwürdigen Interessen des Arbeitnehmererfinders und die Belange des Arbeitgebers bzw. Dienstherrn zu einem gerechten Ausgleich gebracht werden; insoweit kommt § 9 die Funktion zu, die grundsätzliche Zuordnung des wirtschaftlichen Wertes der Erfindung dem Arbeitnehmer als Ergebnis seiner geistigen und persönlichen Leistung zu gewährleisten. 1.2

Mit der Reform des ArbEG will der Gesetzgeber die dem Arbeitnehmer zustehende »angemessene Vergütung« (s. § 9 Abs. 1) in Form von Pauschalbeträgen im Gesetz selbst festschreiben[1b]. Damit entfällt die individuelle Ermittlung von Erfindungswert und Anteilfaktor; die Amtlichen Vergütungsrichtlinien fallen weg. Vorgesehen sind Pauschalvergütungen in bestimmten Zeitabständen. Der Arbeitnehmer erhält eine 1. Vergütung nachdem der Arbeitgeber die Diensterfindung in Anspruch genommen hat. Eine 2. Vergütung bei Verwertung wird 3 1/2 Jahre nach Verwertungsbeginn fällig. Anspruch auf eine 3. (abschließende) Vergütungspauschale hat 1.3

---

1 Vgl. Amtl. Begr. BT-Drucks. II/1648, S. 26 = Blatt 1957, 232.
1a In NJW 1998, 3704 f. – Induktionsschutz von Fernmeldekabeln.
1b Referentenentwurf S. 17 f.

§ 9

der Arbeitnehmer bei hohen erfindungsgemäßen Umsätzen. Für die Höhe dieser Vergütung sieht der Entwurf je nach Umsatz oder Einnahmen unterschiedlich gestaffelte Beträge vor. Orientiert an einer durchschnittlichen Patentlaufzeit von 8 Jahren soll diese Vergütung (vergangenheitsbezogen) 8 1/2 Jahre nach Verwertungsbeginn fällig werden.

II. Allgemeiner Vergütungsgrundsatz

2 Der Arbeitnehmererfinder ist nach § 9 grundsätzlich an allen wirtschaftlichen (geldwerten) Vorteilen zu beteiligen, die seinem Arbeitgeber/Dienstherrn als dem (alleinigen) Schuldner des Vergütungsanspruchs auf Grund der Diensterfindung (kausal) tatsächlich (s. Rz. 23) zufließen (**allgemeiner Vergütungsgrundsatz**[2]). Dieser – auch vom BGH unter Berufung auf die Amtliche Begründung zum ArbEG anerkannte[2a] – Grundsatz ist Ausfluss des Monopolprinzips (s. Rz. 9 vor §§ 9-12). Der Vergütungsanspruch rechtfertigt sich aus der Überlegung des Gesetzgebers, dass der Arbeitnehmer das Arbeitsentgelt nur für seine arbeitsvertraglich geschuldete Arbeitsleistung erhält, nicht aber für die Überlassung der zunächst ihm zustehenden Erfindungsrechte (§ 6 Satz 1 PatG), die dem Arbeitgeber eine alleinige Verwertung erlauben. Die Erfindervergütung nach dem ArbEG ist deshalb keine Gegenleistung für die Ausführung von Arbeiten oder die Leistung von Diensten[3], sondern ein Ausgleich für die Zuordnung des wirtschaftlichen Wertes der Erfindung an den Arbeitgeber und damit[3a] abhängig von den (wirtschaftlichen) Vermögenswerten, die der Arbeitgeber durch die Erfindung erwirbt[3b] (s. im Übrigen Rz. 69 ff.). Andererseits ist der Erfinder auch nur an den Erträgen zu beteiligen, die das Monopol bringt[4].

2.1 Der allgemeine Vergütungsgrundsatz hat **zwei wesentliche Aspekte:**
– der Nutzen muss auf der Erfindung und nicht auf anderen Umständen beruhen (Kausalität; s. Rz. 2.2),
– es ist nur auf die wirtschaftlichen Auswirkungen beim betreffenden Arbeitgeber und nicht bei Dritten abzustellen (s. Rz. 2.4).

2.2 Es muss sich um **geldwerte** (also nicht bloß ideelle) **Vorteile** aus der Erfindung handeln, wobei aber auch mittelbare einzubeziehen sind (s. dazu

---

2   Vgl. z.B. Schiedsst. v. 19.12.1991 GRUR 1992, 848 – Geschäftsaktivitäten – Veräußerung; v. 18.1.1990 Blatt 1990, 336; v. 26.11.1992 EGR Nr. 70 zu § 9 ArbEG (VergHöhe); v. 30.3.1995 Arb.Erf. 87/93 (unveröffentl.); Busse/Keukenschrijver, PatG, Rz. 5 zu § 9 ArbEG; vgl. auch Willich GRUR 1973, 406, 408 f.
2a BGH v. 13.11.1997 GRUR 1998, 684, 688 – Spulkopf; v. 13.11.1997 GRUR 1998, 689, 692 – Copolyester II. m.H.a. Amtl. Begr. (Fn 1) u. v. 23.10.2001 GRUR 2002, 149, 151 – Wetterführungspläne II.
3   BGH v. 25.11.1980 GRUR 1981, 263, 265 – Drehschiebeschalter.
3a S. BVerfG v. 24.4.1998 NJW 1998, 3704 f. – Induktionsschutz von Fernmeldekabeln.
3b So Volmer, Verg. RLn. Rz. 2 zu RL 1959/Nr. 9.
4   Schiedsst. v. 4.8.1987 Blatt 1988, 171, 172.

§ 9

Rz. 95). Darauf, ob der Arbeitgeber diesen Vermögensvorteil **mit oder ohne (wirksamen) Rechtsgrund** erlangt (z.B. aus einem kartellrechtswidrigen Lizenzvertrag), kommt es nicht an, sofern dem Arbeitgeber dieser Vorteil verbleibt. Die Erfindung muss für die Vorteile **ursächlich** sein[4a]. Umstände, die nicht in kausalem Zusammenhang zu der Erfindung selbst stehen, bleiben dagegen außer Ansatz. Dies gilt etwa im öffentlichen Dienst für die Frage, ob und wieviel Haushaltsmittel für die Vergütungszahlung zur Verfügung stehen[5]. Ebenso wenig ist vergütungspflichtig die **abstrakte Bedeutung der erfinderischen Leistung** als solche (s. Rz. 79).

Die Beteiligung des Arbeitnehmererfinders am wirtschaftlichen Nutzen seines Arbeitgebers bedeutet nicht, dass er dessen **wirtschaftliches Risiko** in vollem Umfang mitträgt. So wird z.B. bei der Berechnungsmethode nach der Lizenzanalogie (s. hierzu Rz. 120 ff.) – im Unterschied zur Berechnung nach dem erfassbaren betrieblichen Nutzen (s. Rz. 161 ff.) – zunächst darauf abgestellt, ob überhaupt ein erfindungsgemäßer Umsatz erzielt wird. Insoweit reicht im Regelfall die bloße Herstellung der erfindungsgemäßen Produkte noch nicht aus. Wird die erfindungsgemäße Ware zwar umgesetzt oder die Erfindung Dritten lizenziert, erlangt der Arbeitgeber aber dafür keine Gegenleistung (z.B. Insolvenz des Abnehmers, Devisenbeschränkungen im Ausland, hohe Kosten der Durchsetzung des Lizenzgebührenanspruchs[5a]) kann der Arbeitnehmer dafür keine Vergütung beanspruchen[5b] (s. auch Rz. 23). Bringt der erzielte Umsatz dem Arbeitgeber **keinen oder nur einen geringen Gewinn** oder sogar **Verlust**, enthebt ihn dies allein aber nicht der Verpflichtung, Vergütung zu zahlen[6]. Nach ständiger Praxis der Schiedsstelle wird der Tatsache des Verlustes bei der Methode der Lizenzanalogie (s. Rz. 120 ff.) nicht durch Reduzierung der rechnerischen Bezugsgröße, sondern regelmäßig durch **Minderung des Lizenzsatzes** Rechnung getragen[7], da jeder Lizenzsatz grundsätzlich in einer gewissen Relation zum jeweiligen Unternehmensgewinn steht (s. Rz. 134). Im

2.3

4a Vgl. auch BGH v. 13.11.1997 u. v. 23.10.2001 (alle Fn. 2a).
5 Zutreffend wird bei Volmer/Gaul (ArbEG Rz. 157 zu § 40) darauf hingewiesen, dass etwa fehlende Haushaltsmittel keine Bemessungsfaktoren darstellen und es Sache des Arbeitgebers/Dienstherrn ist, ggf. durch Bereitstellung außerplanmäßiger Mittel die erforderlichen Voraussetzungen für die Erfüllung des Vergütungsanspruchs zu schaffen.
5a Schiedsst. v. 23.4.1995 Arb.Erf. 177/92 (unveröffentl.).
5b Allg. A., z.B. Schiedsst. v. 22.3.1994 Arb.Erf. 77/93 (unveröffentl.); vgl. auch Schiedsst. v. 22. 6. 1995 Mitt. 1996, 220, 221 l. Sp. – Bedienungseinrichtung.
6 Schiedsst. v. 8. 8. 1989 Arb.Erf. 90. 93, 103/88 (unveröffentl.) bei »Umsatz mit Verlust«; v. 14. 7. 1992 Arb.Erf. 58/91; v. 26. 10. 1995 Arb.Erf. 9 (B) 93; v. 27. 4. 1995 Arb.Erf. 35/94 u. v. 29. 5. 1996 Arb.Erf. 9/95 (sämtlich unveröffentl.) u. v. 17. 6. 1998 Arb.Erf. 86/96 (z. Veröffentl. i. EGR vorgesehen).
7 Schiedsst. v. 11. 11. 1987 Arb.Erf. 22/87; v. 25. 7. 1991 Arb.Erf. 86/96 (beide unveröfftl.) u. v. 27. 4. 1995 (Fn. 6); Reimer/Schade/Schippel/Kaube Rz. 9 zu § 11/RL Nr. 6.

§ 9

Einzelfall kann die Vergütung auf den Wert Null schrumpfen[8], etwa wenn sie dem Arbeitgeber wegen ungewöhnlicher Verluste nicht (mehr) zuzumuten ist (s. auch Rz. 321 ff.).

2.4 Zweiter Teilaspekt des allgemeinen Vergütungsanspruchs ist die **Begrenzung auf den Nutzen des jeweiligen Arbeitgebers**[11], d.h. die objektiv zu bestimmenden Vorteile des Arbeitgebers aus der (tatsächlichen oder möglichen) Verwertung der Diensterfindung sind **unternehmens**bezogen zu ermitteln[12]. Auf die Möglichkeiten einer gewinnbringenden Verwertung bei Dritten kommt es ebenso wenig an wie (grundsätzlich) auf die Vorteile, die ein Lizenznehmer oder ein Erfindungserwerber zieht[13]. Insoweit kommt hier das allgemeine Prinzip des ArbEG zum Ausdruck, dass Rechte und Pflichten aus diesem Gesetz ausschließlich zwischen Arbeitgeber/Dienstherrn und angestelltem/bedienstetem Erfinder ent- bzw. bestehen und keine dingliche Belastung der Arbeitnehmererfindung darstellen (s. Rz. 4 ff.).

Relevant wird der allgemeine Vergütungsgrundsatz namentlich in Fällen einer Forschungs- und Entwicklungskooperation des Arbeitgebers mit Drittpartnern (s. dazu Rz. 191 ff.), ferner bei Forschungsaufträgen (s. Rz. 196 ff.) und sonstiger Veräußerung der Erfindung (s. dazu Rz. 4, 251 ff.) oder bei Vergabe von Nutzungsrechten (s. Rz. 221 ff.). Vergütungspflichtig sind also im Grundsatz nur die Verwertungshandlungen bzw. sonstigen Einnahmen (Verkaufserlös, Lizenzeinnahmen usw.) oder geldwerten Vorteile des betreffenden Arbeitgebers aus der Diensterfindung, nicht dagegen die Vermögensvorteile, die seinen Vertragspartnern zufließen (vgl. auch Rz. 192, 314); dies gilt im Grundsatz auch bei Konzernverbundenheit des Arbeitgebers (s. Rz. 185 ff.). Ebenso wenig sind abstrakte volkswirtschaftliche Vorteile zu vergüten (s. Rz. 79). Da aber bereits die Erfindung und die hieran anknüpfende Möglichkeit der monopolgeschützten Verwertung einen Vermögenswert darstellt, sind nicht ausgenutzte Verwertungsmöglichkeiten des betreffenden Arbeitgebers mit zu

---

8 Schiedsst. v. 23. 4. 1998 Arb.Erf. 92/96 (z. Veröffentl. i. EGR vorgesehen).
9-10 frei
11 Vgl. Schiedsst. v. 1.3.1961 Blatt 1962,17, 18 = GRUR 1962, 291 (LS) m. Anm. Schippel; v. 19.12.1991 (Fn. 2) ebenso Schiedsst. v. 10.12.1990 Arb.Erf. 27/90 (unveröffentl.), dort f.d. Fall d. Schutzrechtsübertragung im Rahmen eines Forschungsauftrages; Schiedsst. v. 20.1.1995 Arb.Erf. 12/94 (unveröffentl.) – dort zur zwischenbetriebl. Kooperation; LG Düsseldorf v. 18.6.1991 Az. 4 O 254/90 (unveröffentl.), dort zum Konzernbereich; OLG Frankfurt v. 30.4.1992 GRUR 1992, 852, 854 – Simulation von Radioaktivität (dort zum Forschungsauftrag); Willich (Fn. 2); Reimer/Schade/Schippel/Kaube Rz. 2 zu § 11/RL Nr. 17; Bartenbach, Zwischenbetriebl. F.-E.-Kooperation, S. 126 f.; Volz, Öffentl. Dienst, S. 103 f.
12 BGH v. 13. 11. 1997 GRUR 1998, 684, 687 – Spulkopf u. v. 13. 11. 1997 GRUR 1998, 689, 692 – Copolyester II; OLG Düsseldorf v. 16. 8. 2001 Az. 2 U 105/00 (unveröffentl.).
13 Ebenso Busse/Keukenschrijver, PatG, Rz. 1 zu § 9 ArbEG.
14-19 frei

berücksichtigen (s. dazu Rz. 86 ff. u. RL Nrn. 20 ff.). Aus dem allgemeinen Vergütungsgrundsatz folgt schließlich, dass nicht auf den Betrieb (Betriebsstätte), in dem der Erfinder tätig ist, abgestellt werden kann, sondern auf den gesamten Unternehmensbereich des Arbeitgebers. Relevant werden kann dieses Problem sowohl im öffentlichen Dienst (s. dazu Rz. 6 ff. zu § 40) als auch in den Fällen der Konzernnutzung[20] (s. dazu Rz. 185 ff.).

B. Rechtsnatur und Schuldner des Vergütungsanspruchs

I. Rechtsnatur

Der gesetzliche Anspruch auf Erfindervergütung ist ein **Anspruch eigener Art**, der zwar belohnenden Charakter hat, jedoch im Grundsatz – wie auch § 26 verdeutlicht – **kein Arbeitsentgelt** darstellt[21]. Denn die Erfindervergütung ist nicht – wie das Arbeitsentgelt – die arbeitsvertraglich geschuldete Gegenleistung des Arbeitgebers zum Ausgleich der vertraglichen Arbeitsleistung des Arbeitnehmers. Etwas anderes mag dann gelten, wenn die Erfindervergütung (ganz oder teilweise) durch Gehaltsanhebung erbracht wird (s.u. Rz 62, 63) und hierbei eine klarstellende Abgrenzung zum Arbeitsentgelt nicht erfolgt (s.u. Rz 64). Auch wenn es sich bei der Erfindervergütung nicht um Arbeitsentgelt handelt, ändert dies nichts daran, dass der Erfindervergütungsanspruch im Arbeitsverhältnis seinen Ursprung findet[22], also seiner Natur nach dem Arbeitsverhältnis zuzuordnen ist[23].

Erst recht stellen Lizenzeinnahmen des Arbeitnehmers aus der Überlassung einer **freien Erfindung** an den Arbeitgeber kein Arbeitsentgelt dar[24].

Es erscheint allerdings vertretbar, die Vergütung für Erfindungen und Verbesserungsvorschläge als Arbeitsentgelt i.S.d. § 14 SGB IV anzusehen[25];

3

---

20 Wie hier Busse/Keukenschrijver (Fn. 13).
21 BGH v. 11.12.1980, GRUR 1981, 263, 265 – Drehschiebeschalter u.v. 23.6.1977 GRUR 1977, 784, 786 – Blitzlichtgeräte; i. Ergebn. ebenso Schiedsst. ZB v. 5.8.1981 Arb. Erf. 20/81 (unveröffentl.); zust. Schiedsst. v. 26.1.1988 Blatt 1988, 349, 352; vgl. auch BGH v. 21.6.1979 GRUR 1979, 800, 802 – Mehrzweckfrachter; BAG v. 21.6.1979 DB 1979, 2187; BFH v. 28.1.1976 BFHE 118, 430, 433; Busse/Keukenschrijver (Fn. 13) Rz. 3; Reimer/Schade/Schippel/Kaube Rz. 17 zu § 9; Sickinger GRUR 1985, 785, 787 f.
22 Schiedsst. ZB v. 9.3.1973 Arb. Erf. 33/72 (unveröffentl.) u.v. 26.1.1988 (Fn. 21); ähnl. Volmer i. Anm. AP 3 zu § 9 ArbNErfG; offen gelassen bei BAG v. 21.6.1979 (Fn. 21).
23 Schiedsst. ZB v. 9.3.1973 (Fn. 22); s. auch Schiedsst. ZB v. 12.5.1987 Blatt 1988, 349, 350 l.Sp.
24 BGH v. 29.11.1984 NJW 1985, 1031, 1032 – Fahrzeugsitz; LAG Frankfurt v. 29.7.1983 BB 1984, 278, 279; zust. Schwab Erf. u. VV. S. 43; Bauer/Diller Wettbewerbsverbote Rz. 243.

§ 9

sie ist dann auch beitragspflichtig in der **Sozialversicherung**[26]. Mangels anderslautender betrieblicher Regelung kann sie im Einzelfall auch bei der Berechnung einer Ruhegeldanwartschaft mit zu berücksichtigen sein[27]. Vergütungsansprüche können nicht (erzwingbarer) Inhalt eines **Sozialplanes** i. S. d. § 112 BetrVG sein[28], da eine dem Sozialplan zugrunde liegende Auflösung des Arbeitsverhältnisses die Rechte und Pflichten aus dem ArbEG nach § 26 unberührt lässt; s. im Übrigen z. Mitbestimmungsrecht des Betriebsrates Rz. 6 Anhang zu §§ 20, 21.

Die Erfindervergütung ist kein auf das **Arbeitslosengeld** anrechnungsfähiges Einkommen i.S.d. SGB III. Erfindervergütung, die im Zeitraum nach rechtlicher Beendigung eines Arbeitsverhältnisses bezogen wird, stellt kein Nebeneinkommen i.s.d. § 141 Abs. 1 Satz 1 SGB III dar, weil sie nicht in einem Zeitraum erarbeitet wurde, in dem Anspruch auf Arbeitslosengeld besteht. Die Erfindervergütung ist auch keine Entlassungsentschädigung i.s.d. § 143 a SGB III, weil es sich nicht um eine Leistung handelt, die im Zusammenhang mit dem Ausscheiden gewährt wird[28a].

Die Höhe der Vergütung ist unabhängig von den Unkosten, die der Arbeitnehmererfinder für die Entwicklung der Diensterfindung aufgewendet hat (vgl. auch RL Nr. 32); insoweit enthält die Vergütung keine Elemente einer **Unkostenerstattung** (z. Unkostenerstattung s. Rz. 8 ff. zu § 25).

Die Erfindervergütung ist nicht bei der Bemessung der **Karenzentschädigung** für ein Wettbewerbsverbot nach § 74 Abs. 2 HGB zu berücksichtigen[29], die sich an den vom Arbeitnehmer vor seinem Ausscheiden aus dem Arbeitsverhältnis »zuletzt bezogenen vertragsmäßigen Leistungen« orientiert[30].

II. Schuldner

4   Der durch § 9 Abs. 1 mit der Erklärung der unbeschränkten Inanspruchnahme entstandene (vgl. hierzu Rz. 11 f) Vergütungsanspruch löst lediglich schuldrechtliche Wirkungen zwischen den Arbeitsvertragsparteien aus. Gesetzlicher **Schuldner des Vergütungsanspruchs** ist allein der Arbeitgeber[32]

---

25   BSG v. 26. 3. 1998 NZA-RR 1998, 510, 511; BAG v. 9.7.1985 BB 1986, 1228 i. Anschl. a. LAG Frankfurt v. 29.7.1983 (Fn. 24); zust. Schwab (Fn. 24) S. 52, 84; i. Ergebn. ebenso Benner/Bals i. BB-Beil. Nr. 12/ 1983 S. 6.
26   BSG v. 26. 3. 1998 (Fn. 25); Benner/Bals (Fn. 25); Schwab (Fn. 25); diff. unter Bezug auf d. Steuerrecht: Volmer/Gaul Rz. 172 zu § 12 m.w.N.
27   BAG v. 9.7.1985 u. LAG Frankfurt v. 29.7.1983 (beide Fn. 25).
28   Volmer/Gaul Rz. 317 zu § 12.
28a Im Ergebn. auch ErfK/Ascheid § 140 SGB III Rz. 7.
29   Grundlegend Bengelsdorf DB 1989, 1024 ff; Schaub ArbRHdb.§ 58 V 3.
30   S. hierzu i. Einzelnen Bauer/Diller Wettbewerbsverbote (1995) Rz. 236 ff.
31   frei
32   Allg. A., vgl. z.B. BGH v. 2.6.1987 GRUR 1987, 900, 901 – Entwässerungsanlage, OLG Frankfurt v. 30.4.1992 GRUR 1992, 852, 854 – Simulation von Radioaktivität; Schiedsst. v. 12.5.1987 Blatt 1988, 349; v. 19.12.1991 GRUR 1992, 847, 848 u. v.

§ 9

(zum Konzern s. Rz. 130 zu § 1 u. Rz. 185 ff; zur Kooperation s. Rz. 191; zum Forschungsauftrag s. Rz. 199; zum Betriebsübergang s. Rz. 118 ff. zu § 1). Der Vergütungsanspruch stellt also **keine dingliche Belastung** der Erfindung dar und geht im Falle der **Übertragung der Erfindung** durch den Arbeitgeber nicht auf den Erwerber über (s. Rz. 7 zu § 7).

In Fällen dieser **Einzelrechtsnachfolge** ist **Bezugsgröße** für die Ermittlung der Vergütung die dem Arbeitgeber dabei zugeflossene Vermögensbereicherung (s. Rz. 251 f.). 5

Eine **Haftung des Dritten** kommt nur in Betracht, wenn dieser – obschon ein dahingehender Anspruch des Arbeitnehmers nicht besteht (s. Rz. 7 zu § 7) – eine solche durch Vertrag mit dem Arbeitnehmer (§ 414 BGB) bzw. durch Vertrag mit dem Arbeitgeber unter Genehmigung des Arbeitnehmers (§ 415 BGB) übernommen hat[34]. Nach § 415 Abs. 1 Satz 2 BGB kann eine Genehmigung durch den Arbeitnehmer erst nach Mitteilung der Schuldübernahme erfolgen; zulässig ist auch eine Einwilligung, also eine Zustimmung vor Abschluss des Vertrages[34a] (§ 183 Abs. 1 BGB). Die Genehmigung setzt die hinreichende Information des Arbeitnehmers durch die Vertragspartei voraus[34b]. Aus einem längeren Schweigen des Arbeitnehmers kann noch nicht geschlossen werden, dass die Genehmigung als verweigert gilt[34c]. Ein solcher Schluss ist erst dann zulässig, wenn ihm eine Frist zur Erklärung über die Genehmigung gesetzt worden ist (vgl. § 415 Abs. 2 BGB). Insoweit ist auch eine spätere Genehmigung denkbar. 6

Ob eine Schuldübernahme, ein Schuldbeitritt oder eine nur im Innenverhältnis (zwischen Arbeitgeber und Dritten) wirkende Erfüllungsübernahme bzw. Freistellungsverpflichtung gewollt war, ist Auslegungsfrage. Kommt es den Vertragspartnern darauf an, dass die Arbeitnehmererfinder einen solventen Schuldner für ihre zukünftigen Vergütungsansprüche erhalten, spricht dies für eine (den Schuldner auswechselnde) Schuldübernahme[34d].

Verpflichtet sich ein Dritter – beispielsweise der Auftraggeber eines Forschungs- und Entwicklungsauftrages oder der Schutzrechtserwerber bzw. Kooperationspartner – gegenüber dem Arbeitgeber zur Zahlung anfallender Erfindervergütungen, so betrifft dies regelmäßig nur das (Innen-) Verhältnis des Dritten zum Arbeitgeber; ein eigener unmittelbarer Leistungsanspruch des Arbeitnehmers gegenüber dem Dritten besteht im Zweifel 6.1

---

30. 10. 1998 Arb.Erf. 10/97 (unveröffentl.); Busse/Keukenschrijver, PatG, Rz. 7 zu § 9 ArbEG; Reimer/Schade/Schippel/Kaube Rz. 17 zu § 9.
33 frei
34 Schiedsst. 26.1.1981 (Fn. 33) u. v. 30. 10. 1998 (Fn. 32).
34a Vgl. dazu ausführl. Schiedsst. v. 5.7.1991 GRUR 1992, 499, 500, 502 – Einheitliches Arbeitsverhältnis.
34b Schiedsst. v. 11.9.1996 Arb.Erf. 18/95 (unveröffentl.).
34c Schiedsst. v. 5.7.1991 (Fn 34 a).
34d Vgl. Schiedsst. v. 5.7.1991 (Fn. 34 a) S. 502 f.

§ 9

nicht (§ 329 BGB). Diese im Innenverhältnis wirkende Freistellung des Arbeitgebers von seinen Vergütungspflichten bezieht sich im Zweifel auch nur auf die vergütungspflichtigen Verwertungshandlungen des Arbeitgebers. Übernimmt der Dritte vertraglich die »Pflicht zur Zahlung der Erfindervergütung für den Arbeitgeber im Rahmen der Vergütungsrichtlinien nach dem ArbEG«, begründet dies mangels abweichender Anhaltspunkte keine Verpflichtung des Dritten, dem Erfinder eigene Verwertungen zu vergüten; vielmehr bedeutet dies regelmäßig nur, dass der Dritte den Arbeitnehmer in dem Umfang zu vergüten hat, wie der Arbeitgeber tatsächlich eine Vergütung schuldet[35].

Denkbar ist selbstverständlich, dass Arbeitgeber und der Dritte als (echten) **Vertrag zugunsten des Arbeitnehmererfinders** (vgl. § 328 BGB) vereinbaren, letzteren vergütungsrechtlich so zu stellen, als sei er Arbeitnehmer des Dritten[35a]. Welche Ansprüche der Arbeitnehmer daraus erwirbt, richtet sich nach dem Vertragsinhalt, der ggf. durch Auslegung zu ermitteln ist. Ergibt sich aus der Vereinbarung – insbesondere bei einer Übertragung der Erfindungsrechte vom Arbeitgeber auf den Dritten –, dass der Arbeitnehmer Vergütungsansprüche aus der Nutzung der Diensterfindung durch den Dritten, auf die er ohne eine solche Vereinbarung keinen Rechtsanspruch hätte, erwerben soll, kann darin vergütungsrechtlich der Gegenwert für die Übertragung der Rechte an der Diensterfindung gesehen werden; liegen keine Anhaltspunkte für sonstige betragsmäßig erfassbare Vorteile des Arbeitgebers aus der Übertragung der Diensterfindung vor, etwa weil es sich um die Erfüllung einer Verpflichtung aus einem Forschungs- und Entwicklungsvertrag handelt, so hat der Arbeitnehmer keinen weitergehenden Vergütungsanspruch gegen seinen Arbeitgeber[35b]. Auslegungsfrage ist es weiterhin, ob durch die Zustimmung des Arbeitnehmers der Arbeitgeber von eigenen Vergütungspflichten befreit wird (§§ 414 ff. BGB) oder ob ein Schuldbeitritt mit der Folge einer gesamtschuldnerischen Haftung von Arbeitgeber und Drittem gewollt ist. Im Zweifel ist letzteres anzunehmen.

7   **Ausnahmsweise** entsteht die **Haftung eines Dritten** im Falle des Betriebsübergangs (§ 613 a BGB) oder bei Übernahme eines Handelsgeschäfts (§ 25 HGB); Einzelheiten dazu s. Rz. 114 ff. zu § 1. Zum Insolvenzverfahren s. § 27 n.F., dort insbes. Rz. 41 ff., 89 ff., 105 ff.

---

35   Schiedsst. v. 20.1.1995 Arb.Erf. 12/94 (unveröffentl.) – dort zur Erfindungsübertragung bei einer Gemeinschaftserfindung einer zwischenbetrieblichen Kooperation; ebenso Schiedsst. v. 30. 10. 1998 Arb.Erf. 10/97 (unveröffentl.).

35a Vgl. Schiedsst. v. 13.8.1976 Blatt 1977, 53, 54; bestätigt durch Schiedsst. v. 15.1.1989 Arb.Erf. 41/88 u.v. 9.9.1993 Arb.Erf. 155/93 (beide unveröffentl.) – zum Forschungs- bzw. Entwicklungsauftrag; vgl. auch Schiedsst. v. 30. 10. 1998 (Fn. 35) zur Übernahme der Vergütungspflichten des (bisherigen) Arbeitgebers i. Zusammenhang mit einer Schutzrechtsübertragung.

35b Schiedsst. v. 9.9.1993 (Fn. 35a) – dort zur Übertragung im Rahmen eines Entwicklungsauftrages.

§ 9

Der Vergütungsanspruch des Arbeitnehmers ist **vererblich** (s. Rz. 149 zu § 1) und bereits mit seinem Entstehen dem Grunde nach **übertragbar**[36] und **pfändbar**[37], allerdings in den Grenzen der §§ 400 BGB, 850 ff. ZPO (Einzelheiten s. Rz. 8 ff. Anhang zu § 27); bei einer Aufrechnung ist § 394 BGB zu beachten. 8

Soweit die **Zuordnung einer (frei gewordenen) Diensterfindung** zum Arbeitgeber nicht durch einseitige Inanspruchnahme (§§ 6, 7 Abs. 1), sondern **auf Grund** einer vertraglichen **Vereinbarung** (Abtretung) erfolgt, ist im Zweifel davon auszugehen, dass die Vergütungsgrundsätze des ArbEG und der Vergütungsrichtlinien (RL) stillschweigend Vertragsinhalt geworden sind (s. Rz. 16 ff. vor §§ 9-12). 9

Rz. 10 frei

C. Entstehung und Fälligkeit des Vergütungsanspruchs

I. Entstehung dem Grunde nach

1. Unbeschränkte Inanspruchnahme

Sobald der Arbeitgeber die Diensterfindung gemäß §§ 6, 7 Abs. 1 unbeschränkt in Anspruch genommen hat, also **mit Zugang** (s. dazu Rz. 10 ff zu § 5) **der wirksamen Inanspruchnahmeerklärung** beim Arbeitnehmer, entsteht der Vergütungsanspruch[55], und zwar zunächst dem Grunde nach[56]. Hintergrund ist, dass der Arbeitgeber gemäß § 7 mit dem Zugang der entsprechenden Erklärung alle vermögenswerten Rechte an der Diensterfindung erwirbt[57]. 11

---

36 LG Düsseldorf v. 17.9.1991 Az. 4 O 335/89 Entsch. 4. ZK. 2000, 25, 32 – Reißverschluss; im Ergebn. auch OLG Frankfurt v. 19.12.1991 GRUR 1993, 910 – Bügelverschließmaschine; Lindenmaier/Lüdecke Anm. 1 zu §§ 9, 10; Reimer/Schade/Schippel/Kaube Rz. 17 zu § 9; Busse/Keukenschrijver, PatG, Rz. 4 zu § 9 ArbEG; abw. Volmer Rz. 9 zu § 9 (erst nach Konkretisierung i.S.d § 12); vgl. auch Volmer/Gaul Rz. 306 zu § 12.
37 Abw. Volmer (Fn. 36); s. auch Volmer/Gaul Rz. 310 ff. zu § 12.
38-54 frei
55 BVerfG Beschl. v. 24.4.1998 NJW 1998, 3704, 3705 r. Sp. – Induktionsschutz v. Fernmeldekabeln; BGH v. 4.10.1988 GRUR 1990, 271, 272 – Vinylchlorid; v. 29.11.1988 GRUR 1989, 205, 207 – Schwermetalloxidationskatalysator; v. 15.5.1990 GRUR 1990, 667, 668 – Einbettungsmasse; v. 17.5.1994 GRUR 1994, 898, 900 – Copolyester I; Schiedsst. v. 21.3.1995 Arb.Erf. 57/93 (unveröffentl.).
56 BGH v. 2.12.1960 GRUR 1961, 338, 339 – Chlormethylierung; Schiedsst. v. 27.2.1984 Blatt 1984, 301, 302; v. 9.5.1985 Blatt 1985, 383, 384 u.v. 5.5.1989 Blatt 1985, 344, 345; v. 4.2.1993 GRUR 1994, 611, 613; Reimer/Schade/Schippel/Kaube Rz. 20 zu § 9; Volmer/Gaul Rz. 21 zu § 9; Busse/Keukenschrijver, PatG, Rz. 1, 13 zu § 9 ArbEG.
57 OLG Düsseldorf v. 26.7.1995 Az. 2 U 6/89 (unveröffentl.).

§ 9

Der Entscheidungspraxis der *Schiedsstelle*, wonach der Vergütungsanspruch **erst mit Benutzung der Diensterfindung** durch den Arbeitgeber entstehen[58] soll, jedenfalls »in zahlbarer Höhe«[59], kann aus den in der Vorauflage dargelegten Gründen nicht gefolgt werden[60].
Entsprechend dem eindeutigen Wortlaut des § 9 Abs. 1 sind grundsätzlich **Verwertungshandlungen** des Arbeitgebers **vor Inanspruchnahme** der Diensterfindung nicht nach den Bestimmungen des ArbEG vergütungspflichtig und damit (de lege lata) grundsätzlich **vergütungsfrei**[62]; dies kann insbesondere bei Versäumung der unverzüglichen Meldung (§ 5 Abs. 1) durch den Arbeitnehmer praktisch werden[63].
Zur Nutzung durch den Arbeitgeber **vor dem Freiwerden der Diensterfindung** s. Rz. 63 zu § 8.
Diese Vergütungsfreiheit ist in den Fällen bedeutsam, in denen eine **Inanspruchnahme** seitens des Arbeitgebers trotz seiner (Weiter-)Nutzung **unterbleibt**[64] (vgl. auch Rz. 58 ff. zu § 8), sofern sich nicht aus den Umständen eine stillschweigende Vereinbarung zwischen den Arbeitsvertragsparteien über Nutzung und Vergütung ergibt (s. dazu Rz. 16 ff. vor §§ 9-12). Mangels Abrede hat der Arbeitnehmer für Nutzungshandlungen nach evtl. durch ihn erlangten Schutzrechtspositionen Verletzungsansprüche gegen den Arbeitgeber, der sich in Bezug auf den vom Arbeitnehmer geschaffe-

---

58 EV. v. 4.6.1993 GRUR 1994, 615, 618 f. – Anspruchsentstehung m.H.a. EV. v. 26.2.1993 GRUR 1996, 49, 52 f. – Gießereimaschinen m. Anm. Bartenbach/Volz.
59 So Schiedsst. v. 4.4.1997 Arb.Erf. 64/95 auszugsweise bei Reimer/Schade/Schippel/Kaube Rz. 20 zu § 9.
60 Siehe Vorauflage (1997) Rz. 11 zu § 9.
61 frei
62 Ebenso ständ. Praxis d. Schiedsst., z.B. EV. v. 23.4.1979 Arb.Erf. 68/78; v. 8.1.1986 Arb.Erf. 75/84; v. 8.2.1988 Arb.Erf. 75/87; v. 26.9.1991 Arb.Erf. 6/91; v. 17.2.1994 Arb.Erf. 20/94; v. 3.3.1995 Arb.Erf. 90/93 u. v. 25. 6. 1998 Arb.Erf. 88/96 (sämtl. unveröffentl.); ferner OLG Düsseldorf v. 16. 8. 2001 Az. 2 U 105/00 (unveröffentl.); LG Hamburg v. 7.2.1990 EGR Nr. 34 zu § 5 ArbEG; Schaub ArbRHdb. § 115 III 8; Reimer/Schade/Schippel/Kaube Rz. 20 zu § 9 (m.H.a. evtl. Schadensersatzansprüche wegen verletzter Geheimhaltung n. § 24 Abs. 1); Busse/Keukenschrijver (Fn. 56) Rz. 14 m.H.a. einen evtl. Bereicherungsanspruch. Für Einzelfälle wird in der Praxis eine analoge Anwendung des § 9 mit dem Hinweis befürwortet, der Gesetzgeber sei wohl im Hinblick auf das Erfinderprinzip von einer Verwertung durch den Arbeitgeber erst nach Inanspruchnahme ausgegangen. Auch die Schiedsstelle erwähnt in ihrem EV. v. 17.2.1994 (a.a.O.) die Möglichkeit, dass im Einzelfall die vergütungsfreie Nutzung vor Inanspruchnahme unbillig sein könnte, etwa wenn eine verspätete, der Nutzungsaufnahme nachfolgende Erfindungsmeldung vom Arbeitgeber zu verantworten ist und nicht von dem gesetzlich zu unverzüglicher Meldung verpflichteten Erfinder.
63 Schiedsst. v. 21.3.1995 (Fn. 55); s. auch Fn. 62.
64 Hier im Ergebn. eine Vergütung ablehnend Schiedsst. Arb.Erf. 29/87 (unveröffentl.); s. auch Janert Betriebl. Verfahrensweisen (1969) S. 40 ff.
65-70 frei

§ 9

nen Erfindungsbesitz nicht auf ein Vorbenutzungsrecht nach § 12 PatG berufen kann (s. dazu Rz. 59 u. 63 zu § 8). Im Übrigen sind auch Ersatzansprüche wegen Verletzung der Geheimhaltungspflicht nach § 24 Abs. 1 denkbar (s. dort Rz. 3 ff.).

Im Unterschied zu dem Vergütungsanspruch bei beschränkter Inanspruchnahme gemäß § 10 Abs. 1 ist – dem eindeutigen Wortlaut des § 9 Abs. 1 zufolge – die Entstehung (dem Grunde nach) von einer Verwertungshandlung des Arbeitgebers ebenso unabhängig[71] wie von einer positiven Entscheidung der Erteilungsbehörde[72]. Im Regelfall sind jedoch im Zeitpunkt der Inanspruchnahme die für die Bemessung der Vergütung entscheidenden Tatsachen noch nicht bekannt; solange die **maßgeblichen Vergütungskriterien** aber **noch nicht ermittelt werden können**, kann zwangsläufig auch noch kein Vergütungsanspruch geltend gemacht werden[73]. Dementsprechend bedeutet »Entstehung dem Grunde nach« also nicht, dass der Arbeitgeber verpflichtet ist, »jetzt zu zahlen«, sondern erst bei Eintritt der Fälligkeit, die in der Regel durch **Aufnahme von Benutzungshandlungen** begründet wird[73]. Außer für die Fälligkeit des Vergütungsanspruchs (s. dazu unten Rz. 20 ff. sowie Rz. 55 ff. zu § 12) gewinnt der Umfang der Benutzungshandlungen Bedeutung für die Bemessung der Höhe der Vergütung (s. unten Rz. 69 ff.).

12

2. Schutzfähige Diensterfindung

Voraussetzung für den Vergütungsanspruch ist, dass es sich um eine Diensterfindung (§ 4 Abs. 2; zur Überlassung freier bzw. frei gewordener Erfindungen s. Rz. 12 ff. vor §§ 9-12) handelt, also um eine nach deutschem (europäischem) Recht patent- bzw. gebrauchsmusterfähige Erfindung i.S.d. § 2.

13

a) Zweifel an der Schutzfähigkeit

Für das Entstehen des Vergütungsanspruchs dem Grunde nach sind zunächst die Schutzrechtslage und Zweifel an der Schutzfähigkeit ohne Belang, da es bis zur abschließenden Klärung der Schutzfähigkeit nur auf die objektive **Möglichkeit einer Schutzrechtserteilung** ankommt[75a] (ausführlich hierzu Rz. 16-21 zu § 2). Nimmt der Arbeitgeber eine Erfindung in Anspruch, ist er grundsätzlich auch vergütungspflichtig und kann sich zu-

14

---

71 Vgl. z.B. LAG Frankfurt v. 19. 5. 1960 GRUR 1961, 135 – Schwingankermotor; missverständl. BGH v. 23.6.1977 GRUR 1977, 784, 788 – Blitzlichtgeräte.
72 BGH v. 28.6.1962 GRUR 1963, 135, 136 – Cromegal m. Anm. Friedrich.
73 Schiedsst. v. 20.10.1986 Arb. Erf. 82/85 (unveröffentl.).
74 frei
75 Schiedsst. v. 10.4.1986 Arb. Erf. 15/85 u.v. 17.9.1991 Arb.Erf. 62/86 (beide unveröffentl.).
75a OLG Düsseldorf v. 26.7.1995 Az. 2 U 6/89 (unveröffentl.).

§ 9

nächst nicht auf mangelnde Schutzfähigkeit berufen[76]. Allerdings wird der Ungewissheit des Ergebnisses des Erteilungsverfahrens vergütungsrechtlich durch die Berücksichtigung eines **Risikoabschlages** Rechnung getragen (vgl. hierzu Rz. 64 ff. zu § 12). Stellt sich später die Schutzunfähigkeit der Diensterfindung heraus, wird z. B. ein zunächst erteiltes Patent widerrufen, wird trotz der Rückwirkung einer solchen Entscheidung der Vergütungsanspruch grundsätzlich nur für die Zukunft betroffen; der Arbeitgeber ist bis zur Rechtskraft einer solchen Entscheidung zur Vergütungszahlung verpflichtet, weil er bis dahin faktisch eine Vorzugsstellung gegenüber Mitbewerbern hatte[77]. Zur Vergütung bei im Erteilungsverfahren zusammengelegten Diensterfindungen s. Rz. 43 zu § 13; zur Behandlung als qualifizierten Verbesserungsvorschlag bei unverschuldetem **Irrtum** über die Schutzfähigkeit s. Rz. 12 zu § 20.

b) Auslandsschutzrechte bei mangelnder Inlandsschutzfähigkeit

15 Da der Vergütungsanspruch i. S. d. § 9 eine nach deutschem (europäischem) Recht schutzfähige Diensterfindung (§ 2) voraussetzt, besteht bei (im Erteilungsverfahren oder gerichtlich rechtskräftig festgestellter) mangelnder inländischer Schutzfähigkeit ein Anspruch auf Erfindervergütung gemäß § 9 auch dann nicht, wenn für die technische Neuerung in ausländischen Staaten Schutzrechte erteilt worden sind[83] (s. auch Rz. 25 zu § 2). Die gegenteilige Meinung, die keinen Unterschied zwischen in- und ausländischen Schutzrechten machen will, kann sich nicht auf RL Nr. 26 stützen, da diese erkennbar von der Situation ausgeht, dass neben dem deutschen Schutzrecht **zusätzlich** entsprechende Auslandsschutzrechte bestehen (vgl. RL Nr. 26 Abs. 1 S. 3; s. i. übr. auch Rz. 14 zu § 20 u. unten Rz. 245 ff.).

---

76 BGH v. 2.6.1987 GRUR 1987, 900, 902 – Entwässerungsanlage u.v. 15.5.1990 GRUR 1990, 667, 668 – Einbettungsmasse; bestätigt durch BGH v. 6.2.2002 GRUR 2002, 609, 610 – Drahtinjektionseinrichtung.
77 BGH v. 6.2.2002 (Fn. 76) m. H. a. BGH v. 2.6.1987 (Fn. 76).
78-82 frei
83 Wie hier Heine/Rebitzki Anm. 1 zu § 9 m. H.a. LAG Mainz v. 29.11.1957 Az. I SA 266/56 (unveröffentl.); Gaul/Bartenbach i. Anm. EGR Nr. 9 zu § 9 ArbEG (Verg-Anspr.); Volmer/Gaul Rz. 86, 87 zu § 2 u. Rz. 295 f., 807, 818 zu § 9; vgl. auch Windisch GRUR 1985, 829, 833; OLG Hamburg v. 15.7.1978 EGR Nr. 23 zu § 9 ArbEG(Verg Anspr.) zu I B 1 u. C 2 b d.Gr.; a.A. Schiedsst. v. 30.10.1969 Blatt 1970, 426; v. 1.12.1970 Blatt 1971, 143; v. 26.4.1976 Blatt 1977, 202 ff.; v. 21.12.1978 Arb. Erf. 62/78; v. 25.7.1983 Arb.Erf. 14/82; v. 11.3.1985 Arb. Erf. 17/84 v. 3.4.1985 Arb. Erf. 28/84; im Ergebn. auch EV v. 12, 6. 1996 Arb.Erf. 87/94 (alle unveröffentl.); v. 8.9.1986 Blatt 1987, 306, 307; LG Düsseldorf v. 21.6.1983 Az. 4 O 266/81 (unveröffentl.); Reimer/Schade/Schippel/Kaube Rz. 12 § 14 u. Rz. 2 f. zu § 11/RL Nr. 26; Sack RIW 1989, 612, 619 u. ders. MünchArbR § 99 Rz. 15; vgl. auch Schiedsst. ZB v. 23.2.1978 Blatt 1979, 410, 412.

§ 9

Hier kann wegen des Charakters einer (im Inland) nicht schutzfähigen technischen Neuerung (§ 3) nur ein **Vergütungsanspruch nach § 20**[84] bzw. nach den Grundsätzen der vergütungspflichtigen Sonderleistung (s. dazu Rz. 65 zu § 20 u. unten Rz. 332 ff.) in Betracht kommen. Über § 20 ist die rechtliche Wirkung des Auslandsschutzrechtes nur insoweit beachtlich, als sie sich zugleich im Auslandsmarkt faktisch (wirtschaftlich) auswirkt (vgl. auch Rz. 245 f.); damit wird der unterschiedlichen Wertigkeit von Prüf- und Registrierschutzrechten im Ausland ebenso wie der jeweiligen Markt- bzw. Wettbewerbssituation angemessen Rechnung getragen. Im Ergebnis folgt dem auch die Schiedsstelle: Unter Aufrechterhaltung des Vergütungsanspruchs aus § 9 nimmt sie Abstriche in der Wertigkeit vor und setzt einen **niedrigeren Lizenzsatz** an, wenn z.B. der Bestand eines erteilten ausländischen Schutzrechts auf Grund der Versagung des parallelen Inlandsschutzrechts gefährdet erscheint[85].

Solange allerdings die inländische Schutzunfähigkeit noch nicht rechtskräftig feststeht, gelten – entgegen der Praxis der Schiedsstelle – auch für Auslandsverwertungen in Bezug auf dort bestehende Schutzrechtspositionen die Grundsätze der **vorläufigen Vergütung** (vgl. Rz. 63 zu § 12). Wird ein Inlandsschutz rechtskräftig versagt, steht dem Arbeitnehmer u. E. in Bezug auf diese vorläufige Vergütung trotz formeller Schutzrechtserteilung im Ausland ein Nachzahlungsanspruch nicht zu (s. dazu Rz. 69 zu § 12). Die zukünftigen Verwertungshandlungen sind ausschließlich unter den Voraussetzungen des § 20 oder nach den Grundsätzen der Sonderleistung zu vergüten (s. insoweit zuvor Rz. 15).

Die diesseitigen Überlegungen müssen entsprechend gelten, wenn ein inländisches Schutzrecht nicht im Erteilungsverfahren versagt, sondern anschließend im **Einspruchs-, Nichtigkeits- oder Löschungsverfahren** widerrufen bzw. vernichtet worden ist.

Andererseits wirkt sich ein unterschiedlicher **Ablauf der Schutzdauer** bei festgestellter inländischer Schutzfähigkeit auf die Höhe und Dauer der Vergütungspflicht nicht generell aus. Ist das inländische Schutzrecht abgelaufen, bleiben auf das Inland beschränkte Verwertungshandlungen grundsätzlich vergütungsfrei (s. RL Nr. 42); dagegen sind Verwertungshandlungen in den ausländischen Staaten, in denen die Laufzeit von Parallelschutzrechten noch nicht abgelaufen ist, weiterhin gemäß § 9 vergütungspflichtig[86] (vgl. RL Nr. 42 S. 4).

16

16.1

---

84 Ebenso Volmer/Gaul (Fn. 83); weitergehend lehnt Einsele i. Betriebl. Vorschlagswesen 1986, 97, 102, sowohl einen VergAnspr. nach § 9 als auch nach § 20 Abs. 1 mangels räumlicher Geltung d. ArbEG ab, wobei er unberücksichtigt lässt, dass für den Geltungsbereich allein auf das Arbeitsverhältnis abzustellen ist, nicht auf die Verwertung der technischen Neuerung.
85 Schiedsst. v. 26.4.1976 (Fn. 83); vgl. auch LG Düsseldorf v. 21.6.1983 (Fn. 83) u. Sack RIW (Fn. 83).
86 Siehe auch Volmer/Gaul Rz. 67 zu § 3; i. Ergebnis ebenso Schiedsst. v. 4.3.1985 Arb.Erf. 41/84 u.v. 17.3.1994 Arb.Erf. 177/92 (beide unveröffentl.).

§ 9

c) *Einrede des Rechtsmissbrauchs*

17 Die Geltendmachung von Vergütungsansprüchen durch den Arbeitnehmer ist rechtsmissbräuchlich (§ 242 BGB), wenn er die Grundlagen des Anspruchs durch **unredliches Verhalten** erworben hat[87]. Dies kann z.b. dann der Fall sein, wenn der Arbeitnehmererfinder (etwa als Patentsachbearbeiter) bestimmenden Einfluss auf die Erteilung und Durchführung des Schutzrechtserteilungsverfahrens nimmt und dieses Verfahren trotz Kenntnis von schutzrechtshindernden Tatbeständen (etwa offenkundige Vorbenutzung, entgegenstehender Stand der Technik) betreibt[95].

18 Einem **Rückforderungsanspruch** des Arbeitgebers (Pflichtverletzung § 280 Abs. 1, § 619 a, § 823 Abs. 2, § 826 BGB, ggf. § 812 BGB) für bereits erbrachte Zahlungen steht § 12 Abs. 6 Satz 2 nicht entgegen (s. Rz. 157 zu § 12).

3. Rechtsfolge

19 Der Anspruch entsteht mit Zugang der Inanspruchnahmeerklärung zunächst nur **dem Grunde nach** (s. Rz. 11); er bedarf also noch seiner Konkretisierung, insbesondere nach den Kriterien des § 9 Abs. 2 im Rahmen des Verfahrens nach § 12. Erst ab Fälligkeit hat der Arbeitgeber seiner Zahlungspflicht nachzukommen (s. auch Rz. 12).

II. Fälligkeit

20 Der **gesetzliche Vergütungsanspruch** ist fällig, sobald der Arbeitnehmer als Gläubiger vom Arbeitgeber die Vergütung verlangen kann (§ 271 BGB). Während § 9 Abs. 1 den Vergütungsanspruch zwar schon mit Inanspruchnahme dem Grunde nach entstehen lässt, bestimmt sich die Fälligkeit, also der Zeitpunkt, von dem an der Arbeitgeber Vergütung zahlen muss, nach § 12. Grundsätzlich wird der Vergütungsanspruch erst fällig, wenn die wirtschaftliche Verwertbarkeit der Diensterfindung (bei dem konkreten Arbeitgeber) feststeht[96], also die für die Bemessung der Vergütungshöhe entscheidenden Kriterien bekannt sind[96a] (s. auch Rz. 12).

21 Nach den höchstrichterlich entwickelten Rechtsgrundsätzen ist maßgebliches Kriterium für den Fälligkeitseintritt auch bei unbeschränkter Inanspruchnahme nicht der Gang des Erteilungsverfahrens mit dem meist ungewissen Zeitpunkt der Patenterteilung, sondern die **Nutzungsaufnahme**

---

87 BGH v. 6.2.2002 GRUR 2002, 609, 610 – Drahtinjektionseinrichtung.
88-94 frei
95 Vgl. BGH v. 23.6.1977 GRUR 1977, 784, 787 – Blitzlichtgeräte.
96 Schiedsst. v. 3.4.1985 Arb. Erf. 28/84 u. v. 5.12.2000 Arb.Erf. 30/98 (beide unveröffentl.); Busse/Keukenschrijver, PatG, Rz. 15 zu § 9 ArbEG.
96a Schiedsst. v. 3.5.1979 Blatt 1985, 344, 345 l.Sp; Reimer/Schade/Schippel/Kaube Rz. 21 zu § 9.

seitens des Arbeitgebers[97]. Solange der Gegenstand der in Anspruch genommenen Erfindung vom Arbeitgeber noch nicht in Benutzung genommen und ein Schutzrecht noch nicht erteilt ist, hat der Arbeitnehmer in der Regel noch keinen fälligen gesetzlichen Anspruch auf eine (endgültige) Erfindervergütung[98]. Weitere Einzelheiten s. Rz. 55 ff. zu § 12.

Da die Erfindervergütung kein Arbeitsentgelt ist (s. Rz. 3), gilt die Fälligkeitsregelung des § 614 BGB nicht. Aus der Unverbindlichkeit der Vergütungsrichtlinien (vgl. RL Nr. 1) folgt, dass auch die Empfehlung der jährlichen Abrechnung in RL Nr. 40 Abs. 1 (s. dazu Rz. 55.1) als solche keine Fälligkeit bewirken kann. Ausgangspunkt ist vielmehr, dass spätestens **drei Monate nach Aufnahme der Benutzung** der Vergütungsanspruch nicht nur bei beschränkter Inanspruchnahme (§ 12 Abs. 3 Satz 2), sondern auch bei unbeschränkter Inanspruchnahme **fällig** ist (dort zunächst in vorläufiger Höhe); auch die Pflicht des Arbeitgebers zur Vergütungsfestsetzung entsteht spätestens drei Monate nach Nutzungsaufnahme (s. Rz. 56, 60 zu § 12), d.h. dann ist zugleich der Festsetzungsanspruch des Arbeitnehmers fällig[99]. Der Vergütungsanspruch kann spätestens nach Ablauf von drei Monaten ab Nutzungsaufnahme – ggf. nach erfolglosem Schiedsstellenverfahren (vgl. §§ 28 ff.) – durch Zahlungsklage geltend gemacht werden (s. Rz. 44 zu § 12). Zu den weiteren Einzelheiten s. Rz. 56 ff. zu § 12.

Davon zu unterscheiden, ist die Frage, in welchem **Umfang** Vergütungsansprüche fällig sind. Dies richtet sich nach **§ 271 BGB**. Maßgebend ist zunächst eine Bestimmung der Leistungszeit durch eine **Vergütungsvereinbarung** oder durch eine widerspruchslos gebliebene **Vergütungsfestsetzung** (s. Rz. 55.2). Bei den noch nicht im Verfahren nach § 12 konkretisierten Vergütungsansprüchen handelt es sich nicht um Ansprüche auf regelmäßig wiederkehrende Leistungen[100]. Erst wenn in einer auch auf die Zukunft (nicht auf eine bloße Pauschalabfindung) ausgerichteten Vergütungsregelung fortlaufende Zahlungstermine festgelegt werden, erhalten die Vergütungsansprüche zugleich den Charakter als regelmäßig wiederkehrende Leistungen[100a]. Die Vergütungsregelung bestimmt dann den Zeitpunkt, ab dem der Arbeitnehmer die Vergütung (für den Abrechnungszeitraum) verlangen kann und damit auch den Zeitpunkt der **Fälligkeit** dieser Vergütungsansprüche. Derartige Fälligkeitstermine können später nicht einseitig geändert werden (zum Anpassungsanspruch s. § 12 Abs. 6). Im

---

97 Grundlegend BGH v. 28.6.1962 GRUR 1963, 135, 138 – Cromegal; streitig.
98 BGH v. 23.6.1977 (Fn. 95) S. 788 u. Schiedsst. v. 27.2.1984 Blatt 1984, 301, 302.
99 Grundlegend BGH v. 28.6.1962 (Fn. 97) S. 137 f.; ebenso Busse/Keukenschrijver (Fn. 96).
100 S. BGH v. 25.11.1980 GRUR 1981, 263, 265 – Drehschiebeschalter (zu § 197 BGB a.F.) m.H.a. Urt. v. 23.9.1958 GRUR 1959, 125, 128 f. – Pansana; Schiedsst. v. 4.8.1986 Blatt 1987, 207; vgl. auch BGH v. 21.6.1979 GRUR 1979, 800, 803 – Mehrzweckfrachter.
100a In diesem Sinne wohl BGH v. 25.11.1980 (Fn. 100); Schiedsst. v. 4.8.1986 (Fn. 100).

§ 9

Falle des Widerspruchs gegen eine Vergütungsfestsetzung werden jedenfalls die damit gleichwohl begründeten Zahlungspflichten des Arbeitgebers entsprechend fällig (s. Rz. 75 f. zu § 12).

24 Fehlt eine **Vergütungsregelung,** umfasst die 3 Monate nach Benutzungsaufnahme eintretende Fälligkeit (s. Rz. 22) grundsätzlich die Vergütung für die bis dahin erfolgten Nutzungshandlungen. Die für die Fälligkeit maßgebliche Leistungszeit wird dann im Übrigen **durch die Umstände bestimmt** (§ 271 Abs. 1 2. Alt. BGB). Dabei können nunmehr die Maßstäbe der RL Nr. 40 und der allgemeinen Praxis (s. Rz. 55.1) wertend herangezogen werden. Maßstab können auch frühere Vergütungsregelungen mit dem Arbeitnehmer bzw. die allgemeine Handhabung beim Arbeitgeber sein. Ansonsten ist angesichts unangemessener Risiken auf Grund des Rückforderungsverbotes des § 12 Abs. 6 und nach der bei § 271 Abs. 1 BGB zu berücksichtigenden Verkehrssitte einerseits davon auszugehen, dass – vom Aspekt der Vorratsschutzrechte (s. dazu Rz. 201 ff.) bzw. unausgenutzter Verwertungsmöglichkeiten (s. Rz. 214) abgesehen – stets nur eine der Verwertung nachfolgende Vergütung beansprucht werden kann (s. Rz. 23). Anderseits kann der Arbeitnehmer die Vergütung nicht sofort mit jeder Erfindungsverwertung verlangen, sondern erst angemessene Zeit später; dies belegen die in § 12 Abs. 3 Satz 2 angesprochene Dreimonatsfrist bei beschränkter Inanspruchnahme und die höchstrichterliche Rechtsprechung zum Verständnis als Endtermine (s. Rz. 56, 60 zu § 12). Der Arbeitnehmer hat keinen Anspruch auf **Pauschalvergütung;** eine solche kann nur in Ausnahmefällen nach der Unternehmensübung oder nach der Verkehrssitte angezeigt sein (Rz. 57 ff.).

25 Fällig wird die Vergütung nur in dem Umfang, wie der Arbeitgeber vergütungspflichtig ist. Im Falle einer tatsächlichen Verwertung kommt es für die Vergütungspflicht des Arbeitgebers auf den ihm **tatsächlich zufließenden** wirtschaftlichen **Nutzen** aus der Diensterfindung an (allgem. Vergütungsgrundsatz, s. oben Rz. 2). Dies bedeutet beispielsweise bei der Anknüpfung der Vergütung an Umsätze des Arbeitgebers mit erfindungsgemäßen Produkten, dass eine Vergütungspflicht nur dann und erst dann vorliegt, wenn die Erlöse aus den Umsatzgeschäften dem Arbeitgeber tatsächlich zugeflossen sind[100b] (s. auch Rz. 2.3); darauf stellt auch Satz 3 der RL Nr. 7 für den Regelfall ab. Zum Sachpatent s. Rz. 33.

26 An die Fälligkeit knüpft die Frage des **Verzugs des Arbeitgebers** an. Die Schuldrechtsreform hat die Verzugsvoraussetzungen letztlich nicht geändert.

Wie bisher begründet u.E. **allein die nicht fristgerechte Erfüllung der gesetzlichen Festsetzungspflicht** nach § 12 Abs. 3 (s. dort Rz. 41 ff.) noch keinen Verzug des Arbeitgebers. Insoweit gilt seit 1.1.2002 nach § 286 BGB

100b Ständ. Praxis Schiedsst. z.B. EV. v. 28.9.1993 Arb.Erf. 133/92 (unveröffentl.).

§ 9

n.F. nichts anderes als nach § 284 BGB a.F.[100c] In beiden Fällen ist Fälligkeit der Vergütung Voraussetzung. Unterschiede ergeben sich aber bezüglich der Mahnung. Da § 284 BGB a.F. nur noch auf die vor 2002 entstandenen Schuldverhältnisse anzuwenden ist (Art. 229 § 5 Satz 1 EGBGB, s. Rz. 162 zu § 1), folgt daraus:
- Soweit die Erfindung *vor* 2002 fertig gestellt worden ist, kann die 30-Tage-Regelung des § 284 Abs. 3 BGB a.F. zum Tragen kommen. Diese erfasst auch gesetzliche Ansprüche und mithin Vergütungsansprüche, so dass für den Verzug – anstelle einer Mahnung – eine der **Rechnung gleichwertige Zahlungsaufforderung** ausreicht[101]. Der Verzug tritt 30 Tage nach Fälligkeit und Zugang der Zahlungsaufforderung ein.
- Soweit die Erfindung *seit* 2002 fertig gestellt wird, ist dagegen u.E. neben der Fälligkeit grundsätzlich die **Mahnung** erforderlich (§ 286 Abs. 1 Satz 1 BGB n.F./§ 284 Abs. 1 Satz 1 BGB a.F.). Für eine kalendermäßig bestimmte Zeit (§ 286 Abs. 2 Nr. 1 BGB n.F./§ 284 Abs. 2 Satz 2 BGB a.F) fehlt es an der (auch mittelbaren) Festlegung eines bestimmten Kalendertages[101a]. Die Annahme einer durch ein Ereignis bestimmten Leistungszeit i.S.d. § 286 Abs.2 Nr. 2 BGB n.F. kann zwar durch Gesetz erfolgen[101b], eine Fristsetzung »3 Monate nach Benutzungsaufnahme bzw. Schutzrechteserteilung« reicht u.E. jedoch nicht als mit dem Ereignis beginnende Leistungszeitbestimmung aus, da die Frist vor Eintritt der Fälligkeit gesetzt wird und damit die ab dem Ereignis beginnende Länge der Frist unangemessen auf »Null schrumpfen« würde[101c]. Ebenfalls scheidet eine allgemeine Anwendung der Billigkeitsregelung des § 286 Abs. 2 Nr. 4 BGB n.F., die nur einzelfallbezogen unter Interessenabwägung einen sofortigen Verzugseintritt anordnet. Auch die 30-Tages-Regelung in § 286 Abs. 3 BGB n.F. kommt nicht zum Tragen, da davon – im Unterschied zu § 284 Abs. 3 BGB a.F. – nur vertragliche Ansprüche auf »Entgelt«, nicht aber gesetzliche Ansprüche

---

100c Zu § 284 BGB a.F. so u.a. LG Nürnberg v. 17.7.1991 Az. 3 O 10116/86 (unveröffentl.); ebenso ständ. Praxis Schiedsst., z.B. EV v. 10.6.1974 Arb.Erf. 90/73; v. 13.9.1982 Arb.Erf. 48/81; v. 7.3.1991 Arb.Erf. 38/90; v. 30.4.1994 Arb.Erf. 181/92; v. 23.3.1995 Arb.Erf. 177/92; 5.8.1998 Arb.Erf. 103/96 (alle unveröffentl.); v. 22.6.1995 Mitt. 1996, 220, 222 f. – Bedienungseinrichtung; Busse/Keukenschrijver, PatG, Rz. 14 zu § 12 ArbEG; Reimer/Schade/Schippel/Kaube Rz. 36 zu § 12.
101 Reimer/Schade/Schippel/Kaube Rz. 36 zu § 12; zum Begriff s. u.a. Palandt/Heinrichs BGB § 284 Rz. 29.
101a Zu § 284 BGB a.F. Schiedsst. v. 31.1.1995 Arb.Erf. 144/92 (unveröffentl.); Reimer/Schade/Schippel/Kaube Rz. 36 zu § 12.
101b Vgl. Amtl.Begr. z. SchuldRModG BT-Drucks. 14/6040 S. 145 (zu § 286 Abs. 2 Nr. 2 BGB-E); AnwKom-BGB-Schulte-Nölke § 286 Rz. 29.
101c Vgl. allg. Amtl.Begr. z. SchuldRModG BT-Drucks. 14/6040 S. 146 (zu § 286 Abs. 2 Nr. 2 BGB-E); vgl. auch die Wertung in Art. 3 Abs. 1 Buchst. b lit. iv der EU-Zahlungsverzugsrichtlinie v. 29.6.2000.

§ 9

erfasst[102] werden, wie etwa die Erfindervergütung. Denkbar bleibt ansonsten nur der Verzicht auf die Mahnung, wenn der Arbeitgeber eine Erfüllung des Vergütungsanspruchs ernsthaft und endgültig i.S.d. § 286 Abs. 2 Nr. 3 BGB n.F. verweigern sollte[102a].

27   Ist die **Vergütung** nach § 12 **vereinbart oder festgesetzt**, kommt es nach dem Inhalt der Vergütungsregelung darauf an, ob damit der Zahlungstermin kalendermäßig i.S.d. § 286 Abs. 2 Nr. 2 BGB n.F./§ 284 Abs. 2 Satz 1 BGB a.F. bestimmt ist. Dafür kann es ausreichen, wenn ein bestimmter Kalendertag mittelbar festgelegt ist, wie etwa »bis Ende 2004«[102b], so dass dann bei Nichtleistung zum Jahreswechsel Verzug ohne Mahnung eintritt[102c]. Ansonsten bedarf es auch hier der Mahnung[102d].

28   Als **Mahnung** genügt jede eindeutige und bestimmte Aufforderung, mit der der Gläubiger unzweideutig zum Ausdruck bringt, dass er die geschuldete Leistung verlangt[103]. Nach Auffassung der Schiedsstelle muss die Aufforderung keinen bezifferten Geldbetrag enthalten, da der Vergütungsanspruch insoweit einem betragsmäßig unbestimmten Anspruch gleichgestellt werden kann und (nur) der Arbeitgeber gemäß § 12 zur Vergütungsberechnung verpflichtet wird[103a]. Eine Fristsetzung oder Androhung von Folgen ist nicht notwendig[103b]. Eine Mahnung wird auch durch Anrufung der Schiedsstelle mit Zustellung an den Arbeitgeber (Antragsgegner) begründet[103c] bzw. durch Widerspruch gegen eine Vergütungsfestsetzung nach § 12 Abs. 4 ArbEG.[103d] Leistungsklage und Mahnbescheid sind nach Maßgabe des § 286 Abs. 1 Satz 2 BGB n.F. (§ 284 Abs. 1 Satz 2 BGB a.F.) der Mahnung gleichgestellt.

28.1   Die Mahnung erfasst naturgemäß nur die fälligen Vergütungsansprüche; eine **Mahnung vor Fälligkeit** ist bedeutungslos. Folglich sind ohne entsprechende Vergütungsregelung keine zukünftigen Nutzungen einbezogen, so dass insoweit später bei Nichtzahlung eine diesbezügliche Mahnung bzw. erneutes In-Verzug-Setzen erforderlich bleibt[103e].

---

102   Vgl. Gegenäußerung BReg. zur Stellungn. Bundesrat z. SchuldRModG-E in BT-Drucks. 14/6857 S. 57 sowie dazu Rechtsausschuss in BT-Drucks. 14/7052 S. 186; AnwKom-BGB-Schulte-Nölke § 286 Rz. 42.
102a Die Regelung entspricht gemäß der Amtl.Begr. z. SchuldRModG (BT-Drucks. 14/6040 S. 146 – zu § 286 Abs. 2 Nr. 3 BGB-E) der Rechtsprechung zur Entbehrlichkeit der Mahnung nach § 242 BGB.
102b Vgl. die Beispiele bei Palandt/Heinrichs BGB Rz. 21 zu § 284 BGB a.F.
102c Vgl. allg. BGH v. 25.1.2001 NJW 2001, 2878, 2879.
102d Volmer/Gaul Rz. 158 zu § 12.
103   BGH v. 10.3.1998 DB 1998, 1459.
103a Schiedsst. v. 31.1.1995 Arb.Erf. 144/92 (unveröffentl.).
103b S. allg. Palandt/Heinrichs BGB Rz. 17 zu § 284 BGB a.F.
103c Schiedsst. v. 14.3.1995 Arb.Erf. 48/93; v. 23.3.1995 Arb.Erf. 177/92 (alle unveröffentl.) u. v. 22.6.1995 Mitt. 1996, 220, 222 f – Bedienungseinrichtung.
103d Schiedsst. v. 13.11.2001 Arb.Erf. 76/99 (unveröffentl.).
103e Schiedsst. v. 23.10.1989 Arb.Erf. 109/88 (unveröffentl.).

§ 9

Rechtsfolge der Mahnung ist der Verzug des Arbeitgebers, sofern er die 28.2
verzögerte Zahlung zu vertreten hat (vgl. § 286 Abs. 4 BGB n.F./§ 285
BGB a.F.). Der Verzug löst seinerseits als wesentliche Rechtsfolgen einmal
einen Anspruch auf **Schadensersatz** wegen Verzögerung der Leistung nach
§ 280 Abs. 1 u. 2 i.V.m. § 286 BGB n.F. aus, der an die Stelle des früheren
Anspruchs auf Verzugsschaden aus § 286 BGB a.f. getreten ist[104]. Dazu
gehören beispielsweise die notwendigen Kosten der Rechtsverfolgung.

Daneben schuldet der Arbeitgeber während des Verzuges die **Verzugszin-** 28.3
sen nach § 288 BGB n.F. (zu Prozesszinsen s. § 291 BGB n.F.). Der Verzugs-
zinssatz beträgt 5 %-Punkte über dem Basiszinssatz i.S.d. § 247 BGB n.F.
Der höhere Zinssatz nach § 288 Abs. 2 BGB n.F. gilt – ebenso wie § 286
Abs. 3 BGB n.F. (s. Rz. 26) – nur für Entgeltforderungen aus vertraglichen
Rechtsgeschäften und nur im Geschäftsverkehr[104a]. Für Alt-Ansprüche gilt
§ 288 BGB a.F. i.V.m. dem Übergangsrecht (vgl. Art. 229 § 7 EGBGB). Einen weitergehenden Schaden (insbesondere Kreditaufnahme zu höheren Zinsen) kann der Arbeitnehmer nach § 288 Abs. 4 BGB n.F. (§ 288 Abs. 2 BGB
a.F.) geltend machen. Zinseszinsen können nicht verlangt werden (§ 289 BGB
n.F./a.F.). Der Arbeitgeber kann die Verzugszinsen nach § 288 Abs. 1 Satz 1
BGB aus der in Geld geschuldeten **Brutto**vergütung verlangen[104b].

Liegt kein Verzug vor, geht das LG Düsseldorf[105] davon aus, Zinsen in 28.4
Höhe von 3,5 % über dem jeweiligen Basiszinssatz ab dem 1. Februar des
Folgejahres zu berücksichtigen. Eine solche Verzinsungsregelung sei Bestandteil eines gedachten Lizenzvertrages, in dem die geschuldeten Lizenzgebühren nicht zeitnah, sondern mit erheblicher Verzögerung gezahlt werden und vernünftige Vertragsparteien diesem Vorteil des Lizenznehmers
durch Vereinbarung einer angemessenen Verzinsung der geschuldeten Lizenzgebühren Rechnung trügen[105a]. Dem ist nicht zuzustimmen, da es eine
solche allgemeine Lizenzvertragspraxis nicht gibt.

Ob der Arbeitgeber gegenüber einem fälligen Vergütungsanspruch ein 29
Zurückbehaltungsrecht geltend machen kann, bestimmt sich nach § 273
BGB (vgl. zum Zurückbehaltungsrecht des Arbeitnehmers Rz. 39 zu § 25).
Soweit der Arbeitgeber einer Vergütungsforderung eigene Schadensersatzansprüche oder sonstige Geldforderungen entgegenhält, liegt in der Ausübung eines Zurückbehaltungsrechts regelmäßig eine Aufrechnungserklä-
rung mit der Folge, dass die Forderungen, soweit sie sich decken, getilgt

---

104 Zu möglichen Unterschieden i.H.a. Art. 3 Abs. 1 Buchst. E) der EU-Zahlungs-
verzugrichtlinie vgl. AnwKom-BGB-Schulte-Nölke § 286 Rz 18 f.
104a AnwKom-BGB Schulte-Nölke § 288 Rz. 7.
104b So zum Arbeitsentgelt BAG (GS) v. 7.3.2001 BB 2001, 2270.
105 St. Rspr. z.B. v. LG Düsseldorf 14.7.1988 Mitt. 1990, 101 – Dehnungsfugenabdeckprofil; u. v. 10.3.1998 Az. 4 O 329/95 (unveröffentl.); v. 13.10. 1998 Entscheidungen
4. ZK 1998, 107, 113 – Schaltungsanordnung; OLG Düsseldorf v. 12.3.1998 Az. 2 U
199/93 (unveröffentl.).
105a LG Düsseldorf v. 14.7.1988 (Fn. 105) – Dehnungsfugenabdeckprofil.

§ 9

sind. Denkbar wäre ein Zurückbehaltungsrecht, wenn der Arbeitnehmer wesentliche Pflichten aus dem ArbEG nicht erfüllt, wie etwa die Pflicht zur Meldung anderer Diensterfindungen, zur Mitteilung freier Erfindungen oder Mitwirkungspflichten beim Erwerb oder der Aufrechterhaltung von Schutzrechtspositionen (§ 15 Abs. 2). Treu und Glauben verbieten es, ein Zurückbehaltungsrecht geltend zu machen, wenn dies unverhältnismäßig ist oder der Gegenanspruch des Arbeitgebers bereits anderweitig ausreichend gesichert ist (Rechtsgedanke aus § 320 Abs. 2 BGB).

30 Gegenüber einem auf Vergütungsforderungen bezogenen **Auskunfts- bzw. Rechnungslegungsanspruch** kommt ein Zurückbehaltungsrecht nicht in Betracht. Der Arbeitnehmer bedarf der Auskunft, um sich über die ihm zustehenden Rechte klar zu werden; mit diesem Inhalt des Auskunfts- bzw. Rechnungslegungsanspruchs als einer Vorbereitung der endgültigen Auseinandersetzung über die Vergütung ist die Geltendmachung eines Zurückbehaltungsrechts nach dem Inhalt des gesetzlichen Schuldverhältnisses nicht vereinbar[106]. Dies gilt selbst dann, wenn der Arbeitgeber seinerseits Ansprüche auf Schadensersatz wegen möglicher Schutzrechtsverletzung durch den Arbeitnehmererfinder haben sollte[107].

D. Dauer des Vergütungsanspruchs

31 Da erst die Erklärung der unbeschränkten Inanspruchnahme den Vergütungsanspruch dem Grunde nach entstehen lässt (s. oben Rz. 11 f.), und die Fälligkeit an die danach folgenden Verwertungshandlungen des Arbeitgebers anknüpft (Rz. 20) sind die (die Grenzen des § 24 beachtenden) **Nutzungshandlungen** des Arbeitgebers in der Zeit **vor Inanspruchnahme** jedenfalls **nicht** nach den Bestimmungen des ArbEG **vergütungspflichtig** (s. Rz. 11).

32 Zu den Fällen der Weiternutzung durch den Arbeitgeber trotz unterbliebener Inanspruchnahme s. oben Rz. 11.

33 Eine zeitliche Begrenzung des Vergütungsanspruchs ist im ArbEG nicht ausdrücklich festgelegt. Aus dem dem ArbEG zugrunde liegenden Monopolprinzip (s. Rz. 9 f. Einl. vor §§ 9-12) folgt, dass sich in der Regelfall die Vergütungsdauer nach der **Laufzeit des Schutzrechts** (s. dazu Rz. 14 zu § 13) bestimmt[108] (s. auch RL Nr. 42). Solange ein Schutzrecht besteht und verwertet wird (zur Verwertbarkeit s. Rz. 82 ff.), ist grundsätzlich eine Erfindervergütung zu zahlen[109]; erlischt das Schutzrecht, so entfällt trotz wei-

---

106 BGH v. 25.2.1958 GRUR 1958, 334, 337.
107 OLG Hamburg v. 19. 2. 1981 EGR Nr. 31 zu § 12 ArbEG.
108 Allg. A. vgl. BGH v. 28.6.1962 (Fn. 97) u.v. 15.5.1990 GRUR 1990, 667, 668 – Einbettungsmasse; Amtl. Begr. (Fn. 1) u. Ausschussber. zu BT-Drucks. II/3327 S. 5 = Blatt 1957, 251 f.; Schiedsst. v. 3.1.1979 Blatt 1983, 159; s. auch Schiedsst. v. 19.1. 1970 Blatt 1970, 426, 427; ebenso Busse/Keukenschrijver, PatG, Rz. 16 zu § 9 ArbEG.
109 Schiedsst. v. 20.11.1967 Blatt 1969, 23, 25 l.Sp.

§ 9

terer Benutzung regelmäßig zugleich ein Vergütungsanspruch[110] (zur Situation paralleler Auslandsschutzrechte s. Rz. 16; zur Schutzrechtsaufgabe s. aber Rz. 24 zu § 16). Somit addiert sich die Zeitspanne zwischen Inanspruchnahme und Schutzrechtsanmeldung mit der tatsächlichen Schutzrechtsdauer zur **maximalen Vergütungsdauer**[110a].

Nur in besonders gelagerten **Ausnahmefällen** kann die Zahlung einer Vergütung für einen darüber hinaus geltenden Zeitraum angemessen sein, insbesondere wenn eine faktische Monopolstellung und damit verbunden eine wirtschaftliche Vorzugsstellung für den Arbeitgeber erhalten bleiben[111] (Grundsatz der Angemessenheit). Insoweit sind die in **RL Nr. 42, Sätze 4-6** behandelten Ausnahmefälle Ausdruck und Konkretisierung des gesetzgeberischen Willens; daraus geht hervor, dass eine über die Laufdauer des Schutzrechts hinausgehende Vergütungspflicht nur dann in Betracht kommen kann, wenn die Summe der bisherigen Leistungen noch keine angemessene Beteiligung des Arbeitnehmers am wirtschaftlichen Wert seiner Erfindung darstellt und ferner die Monopolstellung praktisch noch weiter fortbesteht[112] (zur Schutzrechtsaufgabe s. aber Rz. 24 zu § 16). Siehe im Übrigen KommRL Rz. 11 ff zu RL Nr. 42. Zum Schutzrechtskomplex s. Rz. 130; zum Schutzzertifikat für Arzneimittel und zu § 24a Arzneimittelgesetz s. Rz. 141 zu § 12; zur Vererblichkeit s. Rz. 149 zur § 1.

Bei einem **Sachpatent** genügt für die Vergütungspflicht selbstverständlich, dass noch während des Bestehens des Schutzrechts mit der Herstellung der erfindungsgemäßen Vorrichtung begonnen worden ist, auch wenn die Kaufpreiserlöse dem Arbeitgeber erst später zufließen[112a].

Der Vergütungsanspruch bleibt grundsätzlich bis zur Nichtigkeitserklärung, Löschung bzw. bis zum Widerruf des Schutzrechts oder bis zur rechtskräftigen Zurückweisung der Schutzrechtsanmeldung erhalten[112b].

Ein **Nichtigkeits- bzw. Löschungsverfahren** bringt den Vergütungsanspruch – trotz rückwirkender Kraft der Entscheidung – erst ab dem Zeitpunkt der Rechtskraft des Urteils, das die Vernichtung des Schutzrechts ausspricht, zum Wegfall[113]. Da der Arbeitgeber bis zu diesem Zeitpunkt die

34

---

110 Schiedsst. v. 3.1.1979 Blatt 1983, 159.
110a Schiedsst. v. 21.3.1995 Arb.Erf. 57/93 (unveröffentl.).
111 Amtl. Begr. (Fn. 1) S. 27 = Blatt 1957, 233 u. Ausschussber. (Fn. 108); Busse/Keukenschrijver (Fn. 108).
112 Schiedsst. v. 23.2.1988 Blatt 1988, 293, 294 gg. Volmer/Gaul Rz. 1125 ff. zu § 9/RL Nr. 42; vgl. auch Schiedsst. v. 3.1.1979 (Fn. 110).
112a Schiedsst. v. 28.9.1993 (insoweit nicht in EGR Nr. 2 zu § 11 ArbEG/RL Nr. 42).
112b BGH v. 15.5.1990 (Fn. 108).
113 BGH v. 23.6.1977 GRUR 1977, 784, 786 f. – Blitzlichtgeräte m. Anm. Müller-Börner = AP Nr. 3 zu § 9 ArbNErfG m. Anm. Volmer; v. 2.6.1987 GRUR 1987, 900, 902 – Entwässerungsanlage u.v. 15.5.1990 GRUR 1990, 667, 668 – Einbettungsmasse; LG Düsseldorf v. 13.10.1998 Entscheidungen 4. ZK. 1998, 107, 112 – Schaltungsanordnung; so auch ständ. Rspr. z. Lizenzvertrag, vgl. RG v. 21.11.1914 RGZ 86, 45, 53 ff., 56; BGH v. 12.4.1957 GRUR 1957, 595, 596 – Verwandlungs-

§ 9

Vorteile der Monopolstellung nutzen konnte, bleibt er grundsätzlich bis zur Rechtskraft der Entscheidung zur Vergütung verpflichtet und kann die erbrachten Vergütungsleistungen gem. § 12 Abs. 6 Satz 2 nicht zurückfordern[113] (vgl. auch RL Nr. 43 S. 1; s. KommRL Rz. 13 ff zu RL Nr. 43, dort auch zur Teilnichtigkeit).

35 Ausnahmsweise entfällt die Vergütungspflicht (ex nunc) bereits zu einem früheren Zeitpunkt, wenn dem Arbeitgeber infolge offenbar oder wahrscheinlich gewordener **Vernichtbarkeit des Schutzrechts** dessen wirtschaftliche Vorteile derart entzogen werden, dass ihm eine weitere **Vergütungszahlung** nach Treu und Glauben (§ 242 BGB) **nicht mehr zugemutet** werden kann[114]; dies gilt jedenfalls dann, wenn Wettbewerber, ohne eine Verletzungsklage fürchten zu müssen, nach dem Schutzrecht arbeiten[114a] (vgl. RL Nr. 43 Sätze 2, 3), das Schutzrecht also wegen seiner offenbaren oder wahrscheinlichen Vernichtbarkeit von den Konkurrenten nicht mehr beachtet wird und dadurch die auf Grund des Ausschließungsrechts gegenüber den Mitbewerbern erlangte Vorzugsstellung verlorengeht[114b]. Dann entfällt der Vergütungsansprch des Arbeitnehmererfinders bereits mit dem tatsächlichen Verlust der durch die Schutzrechtsposition zunächst begründeten Vorzugsstellung[114c]. Dagegen vermag eine drohende Vernichtbarkeit allein den Wegfall der Zahlungsverpflichtung nicht zu begründen[115]; werden im Einzelfall von Dritten bestimmte Bedenken gegen eine Schutzfähigkeit erhoben, kann dies aber die Höhe der Vergütung beeinflussen (vgl. RL Nr. 28)[116], etwa im Fall der bestandswahrenden Einräumung von Freilizenzen[116a]; bei einer bestehenden Vergütungsregelung kommt eine Anpassung nach § 12 Abs. 6 in Betracht (s. Rz. 117 zu § 12). Zum Risikoabschlag bei anhängiger Nichtigkeitsklage s. Komm RL Rz. 2 ff. zu RL Nr. 43; zum sog. **Nullfall** s. unten Rz. 321 ff.; zur Vergütungsminderung bei Freilizenzen s. KommRL Rz. 48 ff. zu RL Nr. 43; zur Vergütung bei Abhängigkeit von älteren Schutzrechten s. Rz. 72.2 zu § 12 und zum Risikoabschlag bei vorläufiger Vergütung s. Rz. 68.3 zu § 12.

---

tisch, v. 26.6. 1969 GRUR 1969, 677, 678 – Rüben-Verladeeinrichtung m.w.N. u.v. 25.1.1983 GRUR 1983, 237 – Brückenlegepanzer I; i. Anschl. daran wie hier Reimer/Schade/Schippel/Kaube Rz. 24 zu § 9 (s. aber auch dort Rz. 4 zu § 11/RL Nr. 43); Busse/Keukenschrijver, PatG, Rz. 17 zu § 9 ArbEG.

114 BGH v. 23.6.1977 (Fn. 113); bestätigt durch BGH v. 29.9.1987 GRUR 1988, 123,124 – Vinylpolymerisate u.v. 15.5.1990 (Fn. 113); so auch ständ. Rspr. z. Lizenzvertrag: vgl. RG (Fn. 113) u. BGH v. 12.4.1957 (Fn. 113); ausf. Bartenbach/Volz Mitt. 1991, 46 ff.
114a BGH v. 23.6.1977 (Fn. 113) u.v. 29.9.1987 (Fn. 114); LG Düsseldorf v. 13.10.1998 (Fn. 113).
114b BGH v. 15.5.1990 (Fn. 113).
114c BGH v. 15.5.1990 (Fn. 113); Busse/Keukenschrijver, PatG, Rz. 17 zu § 9 ArbEG.
115 BGH v. 23.6.1977 (Fn. 113); so auch z. Lizenzvertrag BGH v. 28.6.1957 GRUR 1958,175, 177 – Wendemanschette II.
116 BGH v. 23.6.1977 (Fn. 113).
116a Schiedsst. v. 10.8.1993 Arb.Erf. 14/92 u.v. 3.3.1995 Arb.Erf. 90/93 (beide unveröffentl.); v. 22.6.1995 Mitt. 1996, 220, 221 f. – Bedienungseinrichtung.

§ 9

Dem endgültigen Wegfall eines Schutzrechts gleichzustellen ist die **rechtskräftige Schutzrechtsversagung** im Erteilungsverfahren; auch hier kann selbst aus dem Gesichtspunkt der Angemessenheit (s. unten Rz. 69 ff.) keine Zahlung über den Zeitpunkt der Versagung hinaus beansprucht werden[117]. Bis zum Abschluss des Schutzrechtserteilungsverfahrens einschließlich eines Einspruchsverfahrens ist nach den Grundsätzen der höchstrichterlichen Rechtsprechung eine sog. vorläufige Vergütung zu zahlen (s. dazu Rz. 64 ff. zu § 12). Zur Rückforderung bereits gezahlter Vergütungen s. Rz. 154 ff. zu § 12.

Im Übrigen gelten für das **Erlöschen** des Vergütungsanspruchs die allgemeinen zivilrechtlichen Grundsätze; danach erlischt der Anspruch insbesondere infolge vollständigen Bewirkens der Vergütungsleistungen (Erfüllung, §§ 362 ff. BGB, s. dazu Rz. 18 ff. zu § 16), durch Hinterlegung (§§ 372 ff. BGB), Aufrechnung (§§ 387 ff BGB, beachte § 394); ferner durch (formlosen) Erlassvertrag (§ 397 BGB), der allerdings gem. § 22 ArbEG erst nach Meldung (§ 5 ArbEG) und unter Beachtung des § 23 ArbEG wirksam ist, an dessen Nachweis aber strenge Anforderungen gestellt werden[119] (z. Verzicht s. auch Rz. 96 zu § 12 u. Rz. 21 zu § 23); zur Pauschalvergütung s. Rz. 21 ff. zu § 23; zur Ausgleichsquittung bei Ausscheiden des Arbeitnehmers s. Rz. 56 ff. zu § 26. Erlöschensgrund ist ebenfalls die vollständige Befriedigung im Wege der Zwangsvollstreckung (vgl. §§ 815, 819 ZPO).

Zur Dauer der Vergütungspflicht bei **betriebsgeheimen Erfindungen** s. Rz. 68 ff. zu § 17. Zur Anpassung einer Vergütungsregelung wegen **veränderter Umstände** s. Rz. 143.

36

37

38

E. Verjährung, Verwirkung des Vergütungsanspruchs, Ausschlussfristen

I. Verjährung

1. Die neuen Verjährungsvorschriften

Die Verjährung des Anspruchs des Arbeitnehmers auf Zahlung einer Vergütung für die Diensterfindung ist im ArbEG nicht geregelt; sie richtet sich damit nach den allgemeinen **Verjährungsregelungen des BGB**. Diese sind durch das am 1.1.2002 in Kraft getretene **Schuldrechtsmodernisierungsgesetz** vom 26.11.2001 (BGBl. I S. 3138) grundlegend umgestaltet worden

39

---

117 OLG Düsseldorf v. 11.1.1974 EGR Nr. 35 zu § 9 ArbEG (VergHöhe) Gleichrichter II m. zust. Anm. Gaul/Bartenbach; vgl. auch Schiedsst. v. 27.4.1967 Mitt. 1967, 218, 219 m. Anm. Schade; BGH v. 20.11.1962 GRUR 1963, 315, 317 r.Sp. – Pauschalabfindung g u.v. 15.5.1990 (Fn. 113).
118 frei
119 Ebenso Volmer/Gaul Rz. 321 ff. zu § 12; vgl. auch Schiedsst. v. 1.12.1996 EGR Nr. 6 zu § 10 ArbEG.
120-129 frei

§ 9

(*nachfolgend: BGB n.F.*). Die Anwendung der §§ 194 ff. BGB n.F. – einschließlich der regelmäßigen Verjährung – auf die Ansprüche aus dem ArbEG ist gerechtfertigt; dies entspricht nicht nur der allgemeinen Auffassung zum alten Recht[130] sondern dies zeigen auch die unmittelbare Einbeziehung aller arbeitsrechtlichen Ansprüche (ausgenommen § 18a BetrAVG) sowie die Verweisungen in Bestimmungen des gewerblichen Rechtsschutzes (vgl. u.a. §§ 141 PatG, 24c GebrMG, 20 MarkenG, 102 UrhG, 9 Abs. 3 HalbleiterschutzG). Das frühere, bis Ende 2001 geltende Recht (*nachfolgend: BGB a.F.*) kommt allerdings im Grundsatz noch für die am 1.1.2002 bestehenden und noch nicht verjährten Ansprüche zur Anwendung (s. dazu Rz. 45).

40 Wie jedes Recht, von einem anderen ein Tun oder Unterlassen zu verlangen, unterliegt auch die Erfindervergütung der Verjährung nach § 194 Abs. 1 BGB. Dafür gilt im Grundsatz die – gesetzliche und vertragliche Ansprüche gleichermaßen umfassende[131] – **regelmäßige Verjährungsfrist von 3 Jahren** gemäß **§ 195 BGB n.F.** Dabei ist es nunmehr ohne Belang, ob der Vergütungsanspruch auf unbeschränkter oder beschränkter Inanspruchnahme (§§ 9, 10, 42 Nr. 4 ArbEG), auf vertraglicher Überleitung (s. dazu Rz. 12 ff. vor §§ 9–12) oder auf einem vorbehaltenen Benutzungsrecht (§ 14 Abs. 3, § 16 Abs. 3, § 19 Abs. 1 ArbEG) beruht, ferner ob der Anspruch nach § 12 ArbEG vereinbart oder festgesetzt worden ist und schließlich, ob Anspruchsinhaber Arbeitnehmer im privaten und öffentlichen Dienst, Beamte oder Soldaten sind. Zur Verjährung des Anpassungsanspruchs aus § 12 Abs. 6 ArbEG s. Rz. 96.2 zu § 12.

Der regelmäßigen Verjährung unterliegen grundsätzlich auch die Zahlungsansprüche des Erfinders aus dem Gesichtspunkt der Pflichtverletzung (§§ 280 Abs. 1, 619 a BGB n.F.), der ungerechtfertigten Bereicherung (§§ 812 ff. BGB, s. aber § 852 BGB) und der unerlaubten Handlung (§§ 823 ff. BGB)[132], allerdings insbesondere mit den sich aus § 199 Abs. 3, §§ 202 ff. BGB n.F. ergebenden Besonderheiten.

Da hier der Verjährungsbeginn auch von subjektiven Voraussetzungen abhängt (Kenntniserlangung, s. Rz. 40.3), handelt es sich um eine relative Frist, so dass den **Verjährungshöchstfristen** – insbesondere der 10-Jahres-Höchstfrist nach § 199 Abs. 4 BGB n.F. – besondere Bedeutung zukommt (s. Rz. 41).

40.1 **Beginn der regelmäßigen Verjährung** ist nach § 199 Abs. 1 BGB n.F. der Schluss des Kalenderjahres, in dem der Anspruch entstanden ist und in

---

130 Zu §§ 194 ff. BGB a.F. z.B. BGH v. 23.6.1977 GRUR 1977, 784, 786 – Blitzlichtgeräte m. Anm. Müller-Börner = AP Nr. 3 zu § 9 ArbNErfG m.Anm. Volmer; v. 25.11.1980 GRUR 1981, 263, 265 – Drehschiebeschalter; OLG Düsseldorf v. 29.3.1957 DB 1957, 555; vgl. auch BGH v. 21.6.1979 GRUR 1979, 800, 802 f. – Mehrzweckfrachter; Schiedsst. v. 4.8.1986 Blatt 1987, 207; Reimer/Schade/Schippel/Kaube Rz. 25 zu § 9; Volmer/Gaul Rz. 345 zu § 12.
131 S. allg. Amtl. Begr. zum SchuldRModG S. 103 f. (zu § 195 BGB-E).
132 Vgl. allg. AnwKomm-BGB-Mansel § 195 BGB Rz. 14, 17.

§ 9

dem der Arbeitnehmer (Gläubiger) zugleich von den den Anspruch begründenden Umständen und der Person des Schuldners (Arbeitgebers) Kenntnis erlangt oder ohne grobe Fahrlässigkeit erlangen müsste. Nach **Ablauf von drei Jahren** tritt die Verjährung ein (Fristablauf gemäß § 188 Abs. 2 BGB, z.B. Beginn am 31.12.2003 24.00 Uhr/ Ende am 31.12.2006 24.00 Uhr; zur Ausnahme bei Hemmung, Neueintritt usw. s. Rz. 43).

Für das **Entstehen des Anspruchs** (§ 199 Abs. 1 Nr. 1 BGB n.F.) gelten die bereits zu § 198 BGB a.F. aufgestellten Grundsätze[133]. Im Unterschied zur h.M. zu § 195 BGB a.F. (s. Rz. 45) ist das Entstehen damit grundsätzlich gleichbedeutend mit der Fälligkeit des Anspruchs[134]. Die **Fälligkeit** des Vergütungsanspruchs bestimmt sich nach der getroffenen Vergütungsregelung i.S.d. § 12, ansonsten nach § 271 BGB (s. dazu Rz. 20 ff.). **40.2**

Zusätzliche subjektive Voraussetzung ist im Unterschied zum früheren Recht – die Kenntnis oder die grob fahrlässige Unkenntnis der **anspruchsbegründenden Umstände**, also der Umstände, auf denen der Vergütungsanspruch beruht. Letzteres umfasst nicht alle Einzelheiten zu Art, Umfang und exakter Höhe des jeweiligen Vergütungsanspruchs. Ferner kommt es grundsätzlich nicht auf eine zutreffende rechtliche Würdigung an[135], auch wenn dies angesichts der rechtlichen Komplexität des ArbEG im Einzelfall zu relativieren sein dürfte. Erfasst werden alle Elemente des materiellrechtlichen Anspruchs, deren Vorliegen Voraussetzung für eine zusprechende gerichtliche Entscheidung ist[136]. Die anspruchsbegründenden Umstände erstrecken sich u. E. auf die für Rechtsinhaberschaft, Grundlage und Entstehen (Fälligkeit) des Vergütungsanspruchs relevanten Tatsachen, also Erfinder-/Miterfindereigenschaft, Charakter als Diensterfindung bzw. freie Erfindung (§ 4 ArbEG), erfolgte [unbeschränkte/beschränkte] Inanspruchnahme (§§ 9, 10, 42 Nr. 4 ArbEG) oder sonst wie vorbehaltenes Benutzungsrecht (§ 14 Abs. 3, § 16 Abs. 3, § 19 Abs. 1) bzw. Überleitung (vgl. § 19 ArbEG sowie Rz. 12 ff. vor §§ 9–12) sowie Verwertung durch den Arbeitgeber bzw. – als Ausnahme – Verwertbarkeit. Dazu können ferner zählen der Stand des Erteilungsverfahrens bei der vorläufigen Vergütung (s. dazu Rz. 50 ff. zu § 12), Tatsache und Inhalt einer Vergütungsregelung i.S.d. § 12 ArbEG (vgl. auch § 39 Abs. 3 ArbEG) sowie die eine Vergü- **40.3**

---

133 Beschlussempfehlung BT-Rechtsausschuss in BT-Drucks. 14/7052 S. 180 (zu § 199 BGB-E).
134 Beschlussempfehlung BT-Rechtsausschuss in BT-Drucks. 14/7052 S. 180 (zu § 199 BGB-E); AnwKomm-BGB-Mansel § 198 BGB Rz. 18; zu § 198 Abs. 1 BGB a.F. s. auch Amtl.Begr. zum SchuldRModG S. 108 (zu § 199 BGB-E) m.H.a. BGHZ 53, 222, 225 und BGHZ 55, 340, 341; Palandt/Heinrichs BGB § 198 Rz. 1 m.H.a. u.a. BGH ZIP 2001, 611, 613.
135 Vgl. zu § 852 BGB a.F., der als Vorbild vom Gesetzgeber herangezogen worden ist (Amtl.Begr. zum SchuldRModG S. 108), u.a. BGH v. 17.10.1995 NJW 1996, 117, 118; vgl. aber auch BGH v. 6.11.1973 DB 1974, 427 f.
136 So AnwKomm-BGB-Mansel § 198 BGB Rz. 31.

§ 9

tungsanpassung nach § 12 Abs. 6 ArbEG bzw. eine Unwirksamkeit nach § 23 ArbEG begründenden Umstände. Die Kenntnis sollte für die anspruchsbegründenden Tatsachen zumindest in den wesentlichen Grundzügen bzw. Grunddaten gegeben sein, wenn auch nicht im Detail.

Ebenfalls von den subjektiven Merkmalen umfasst ist die Person des **Schuldners** des Vergütungsanspruchs; das ist grundsätzlich der Arbeitgeber bzw. – bei Beamten/Soldaten – der Dienstherr (s. dazu Rz. 4 ff.; zur Insolvenz vgl. § 27 ArbEG). **Kenntnis** bedeutet das positive Wissen. Dem steht die **grob fahrlässige Unkenntnis** (Kennenmüssen) gleich. Daran stellen die Gesetzesmaterialien strenge Anforderungen[137]: Diese liegt vor, wenn die im Verkehr erforderliche Sorgfalt in ungewöhnlich großem Maße verletzt worden ist, ganz naheliegende Überlegungen nicht angestellt oder beiseite geschoben wurden und dasjenige unbeachtet geblieben ist, was im gegebenen Fall jedem hätte einleuchten müssen. Während die erfindungsbezogenen Umstände (Allein-/Miterfindereigenschaft einschließlich Anteilsfaktor, Eigenschaft als Diensterfindung) regelmäßig in der Erkenntnissphäre des Arbeitnehmers liegen, entziehen sich die sonstigen für den Vergütungsanspruch relevanten Tatsachen im Regelfall seiner Kenntnis. Die rechtliche Möglichkeit eines Auskunftsanspruchs (s. Rz. 162 f. zu § 12) ändert daran nichts, da unterlassene Rechtswahrnehmung kein Merkmal der groben Fahrlässigkeit ist[138]. Anhaltspunkte für ein grob fahrlässiges Verhalten könnten gegeben sein, wenn der Arbeitnehmer einer begründeten Vergütungsfestsetzung widerspricht (§ 12 Abs. 4 ArbEG), seine weitergehenden Vergütungsansprüche aber nicht verfolgt. Ähnliches kann bei Widerspruch gegen einen Einigungsvorschlag (§ 34 Abs. 3 ArbEG) gelten oder wenn ein leitender Mitarbeiter bzw. ein Angehöriger der Patentabteilung längere Zeit untätig zuwartet, obschon ihm die relevanten Tatsachen zugänglich wären.

41 Nicht selten werden diese subjektiven Merkmale fehlen. Damit in solchen Fällen der Eintritt der Verjährung im Interesse des Rechtsfriedens und auch der Rechtssicherheit für den Schuldner nicht auf unabsehbare Zeit hinausgeschoben wird[139], sieht das Gesetz absolute Verjährungsfristen vor. Während sich § 199 Abs. 2 und 3 BGB n.F. auf Schadensersatzansprüche bezieht, gilt für die erfinderrechtlichen Vergütungsansprüche die allgemeine **Verjährungshöchstfrist von 10 Jahren** des § 199 Abs. 4 BGB n.F., und zwar Tag genau[140] ab Entstehen des Anspruchs und nicht erst ab Jahresende (zur Ausnahme bei Hemmung usw. s. Rz. 43). Die Wirkung der Verjährungshöchstfrist ist von der Kenntnis bzw. dem Kennenmüssen unabhängig und tritt im Grundsatz auch dann ein, wenn der Anspruch noch nicht nach § 199 Absatz 1 BGB n.F. verjährt ist.

---

137 Amtl.Begr. zum SchuldRModG S. 108 (zu § 199 BGB-E) m.H.a. die BGH-Rspr. [BGHZ 10, 14, 16; 89, 153, 161; NJW-RR 1994, 1469, 1471; NJW 1992, 3235, 3236].
138 Vgl. auch die Beispiele bei Palandt/Thomas BGB § 852 Rz. 4.
139 Vgl. Amtl.Begr. zum SchuldRModG S. 108 f (zu § 199 Abs. 2 und 3 BGB-E).
140 So AnwKomm-BGB-Mansel § 199 BGB Rz. 73.

§ 9

§ 195 BGB n.F. vorgehende **besondere Verjährungsfristen** dürften für arbeitnehmererfinderrechtliche Vergütungsansprüche die Ausnahme sein (zum Fristbeginn s. § 201 BGB n.F.). Die 30-jährige Verjährungsfrist des § 197 Abs. 1 Nrn. 3 bis 5 BGB n.F. für rechtskräftig festgelegte Ansprüche, Ansprüche aus vollstreckbaren Vergleichen (§ 794 Abs. 1 Nr. 1 ZPO) bzw. Urkunden (§ 794 Abs. 1 Nr. 5 ZPO) sowie vollstreckbare Ansprüche auf Grund Feststellung im Insolvenzverfahren (vgl. § 201 Abs. 2, § 215 Abs. 2 S. 2, § 257 InsO) kann zwar grundsätzlich auch erfinderrechtliche Vergütungsansprüche betreffen. Soweit es sich aber im Einzelfall um regelmäßig wiederkehrende Leistungen handelt (s. Rz. 23 zu § 9), ist die Ausnahme nach § 199 Abs. 2 BGB n.F. zu beachten. 42

Die Bestimmungen der §§ 203 ff. BGB n.F. über **Hemmung**, Ablaufhemmung und **Neubeginn** (früher Unterbrechung) der Verjährung, die sowohl die Regel- als auch die Verjährungshöchstfristen des § 199 BGB n.F. erfasst, können bei Vergütungsansprüchen einschlägig werden. Dies gilt insbesondere für den nunmehr auf Schuldner-Anerkenntnis und Vollstreckungsmaßnahmen beschränkten Neubeginn der Verjährung (§ 212 BGB n.F.). Relevant sind ferner die gemäß § 209 BGB n.F. nicht in die Verjährungsfrist einzurechnenden Zeiträume einer Hemmung. Das betrifft neben Verhandlungen zwischen den Arbeitsvertragsparteien (§ 203 BGB n.F.) insbesondere eine nach § 204 BGB n.F. verjährungshemmende Rechtsverfolgung durch Klage auf Leistung oder Feststellung des Anspruchs. Dazu reicht allerdings die bloße Auskunftsklage nicht aus[141]; zur Hemmung bei Anrufung der Schiedsstelle s. Rz. 18 f. zu § 31) – sowie die Ablaufhemmung bei Verhandlungen nach § 203 Satz 2 BGB n.F. und – für Erben – nach § 211 BGB n.F. 43

Die **Rechtsfolgen** der Verjährung bestimmen sich nach § 214 ff. BGB n.F., die weitgehend dem bisherigen Recht entsprechen. Der Anspruch wird durch die Verjährung nicht beseitigt; vielmehr hat der Arbeitgeber als Schuldner ein dauerndes, im Prozess nur auf Einrede zu beachtendes Leistungsverweigerungsrecht (§ 214 Abs. 1 BGB n.F.); die Verjährung hindert die Erfüllbarkeit nicht (§ 214 Abs. 2 BGB n.F.). Zum Verhältnis der Ausschlussfrist nach § 23 Abs. 2 ArbEG s. Rz. 37 zu § 23. 43.1

In Erweiterung des bisherigen Rechts unterliegen die Verjährungsvorschriften im Grundsatz der Vertragsfreiheit (§ 311 Abs. 1 BGB n.F.), sind also **dispositiv**. Das gilt im Grundsatz auch für Vergütungsansprüche. Eine zeitliche Obergrenze zieht § 202 Abs. 2 BGB n.F. Im Falle Allgemeiner Geschäftsbedingungen ist die Inhaltskontrolle nach § 307 BGB n.F. zu beachten. Zu Alt-Ansprüchen s. Rz. 15. 43.2

---

141 Vgl. zur Unterbrechung nach § 209 BGB a.F. allgemein BAG v. 5.9.1995 NJW 1996, 1693.

§ 9

2. Das Übergangsrecht

44 Beim **Übergangsrecht** ist von der **Grundregel** des Art. 229 § 6 Abs. 1 Satz 1 EGBGB auszugehen. Diese ist lex specialis gegenüber der für Arbeitsverhältnisse und gesetzliche Schuldverhältnisse (vgl. zum ArbEG Rz. 160 zu § 1) geltenden allgemeinen Überleitungsvorschrift des Art. 229 § 5 EGBGB mit ihrer beschränkten Fortgeltung des BGB a.f. für das Jahr 2002 bei Dauerschuldverhältnissen. Nach Art. 229 § 6 Abs. 1 EGBGB gilt das neue Verjährungsrecht der §§ 194 ff. BGB n.F. (s. Rz. 39 ff.) für die **am 1.1.2002 bestehenden**, also zuvor entstandenen (fälligen, s. Rz. 40.2) und nach BGB a.F. noch nicht verjährten **Ansprüche** (einschließlich des Auskunftsanspruchs[142]) allerdings mit folgenden wichtigen **Ausnahmen**:

- Ist die **Verjährungsfrist nach neuem Recht länger als nach BGB a.F.**, so gilt im Grundsatz die kürzere Frist des BGB a.f. über 2001 hinaus nach Maßgabe von Art. 229 § 6 Abs. 2 EGBGB fort. Das betrifft insbesondere die gemäß § 12 ArbEG konkretisierten Vergütungsansprüche, die u.E. der 2-jährigen Verjährung nach § 196 BGB a.f. unterliegen (s. Rz. 45).
- Im umgekehrten Fall, wenn also die **Verjährungsfrist nach BGB n.F. kürzer als nach BGB a.F.** ist, erfolgt nach Maßgabe des Art. 229 § 6 Abs. 4 EGBGB eine Günstigerprüfung wie folgt: Für die Verjährungsfrist nach BGB n.F. wird als Fristbeginn der 1.1.2002 angesetzt; läuft die Verjährungsfrist nach BGB a.F. gleichwohl früher ab, gilt diese ebenfalls über 2001 hinaus fort; läuft sie dagegen später ab, so gilt die Verjährungsfrist nach BGB n.F., berechnet ab 1.1.2002. Diese Regelung kann zu einer deutlichen Fristverkürzung für die der 30-jährigen Verjährung nach § 195 BGB a.f. unterliegenden Vergütungsansprüche (s. Rz. 45) führen, da die Verjährung für Vergütungsansprüche wegen der 3-jährigen Frist des § 195 BGB n.F. bereits am 31.12.2004 eintreten kann (relative Verjährungsfrist nach § 199 Abs. 1 BGB n.F., s. Rz. 40 f.), spätestens am 31.12.2011 (Höchstverjährungsfrist nach § 199 Abs. 4 BGB n.F., s. Rz. 41); die 30-jährige Verjährungsfrist des § 195 BGB a.F. kommt also nur noch dann zum Tragen, wenn danach der Anspruch bereits vor dem 31.12.2004 (relative Verjährungsfrist) bzw. dem 31.12.2011 (Höchstverjährungsfrist) verjährt.

44.1 Aus Art. 229 § 6 Abs. 1 EGBGB folgt zugleich: Ist der Vergütungsanspruch **vor dem 1.1.2002** nach altem Recht **verjährt**, gilt BGB a.F., d.h. an der Verjährung ändert sich nichts. Entsteht der Vergütungsanspruch erst

---

[142] Vgl. dazu AnwKomm-BGB-Mansel Art. 229 EGBGB § 6 Rz. 5 m.H.a. Staudinger/Rauscher BGB Art. 231 § 6 EGBGB Rz. 6.

§ 9

nach 2001, d.h. wird er erst **ab 1.1.2002 fällig** (zum Begriff s. Rz. 40.2), so gilt neues Verjährungsrecht[143].
Für **Beginn, Hemmung, Ablaufhemmung** und **Neubeginn** (Verjährungsunterbrechung) sind die aus Art. 229 § 6 Abs. 1 Satz 2, Abs. 2 EGBGB folgenden Vorgaben zu beachten[144].   44.2

3. Grundsätze zum bis Ende 2001 geltenden Verjährungsrecht

Soweit die vor 2002 entstandenen Vergütungsansprüche nach früherem Recht verjährt sind, verbleibt es dabei (Folge aus Art. 229 § 6 Abs. 1 EGBGB, s. Rz. 44.1). Eine Verlängerung war bis Ende 2001 nicht möglich (vgl. § 225 BGB a.F.), ist allerdings bei noch nicht verjährten Alt-Vergütungsansprüchen ab 2002 nach Maßgabe des § 202 Abs. 2 BGB n.F. möglich[145], ohne dass der Erfinder darauf einen Anspruch hat (vgl. auch § 22 Satz 1 ArbEG).   45

Nach dem vor dem 1.1.2002 geltenden Recht (BGB a.F.) unterlag der Erfindervergütungsanspruch der **regelmäßigen Verjährungsfrist von 30 Jahren** gemäß § 195 BGB a.F.[146], und zwar beginnend (§ 198 Satz 1 BGB a.F.) mit Zugang der Inanspruchnahmeerklärung beim Arbeitnehmer[147], bei schlüssiger Überleitung (s. Rz. 32 zu § 6) spätestens im Zeitpunkt der Patentanmeldung[148].

Für die im Verfahren nach § 12 ArbEG wirksam **konkretisierten** (s. dort Rz. 3) **Vergütungsansprüche** galt nach früher h.M. die **2-jährige Verjährungsfrist** entsprechend § 196 Abs. 1 Nr. 8, 9 BGB a.F. bei Arbeitnehmern[149] (s. Vorauflage Rz. 41 zu § 9), dagegen bei Beamten und Soldaten 4

---

143 Vgl. allg. Palandt/Heinrichs BGB Überbl. vor § 194 Rz. 1; AnwKomm-BGB-Mansel Art. 229 EGBGB § 6 Rz. 3, wonach das auch dann gilt, wenn das Rechtsverhältnis, auf das sich der Anspruch stützt, vor dem 1.1.2002 entstanden ist.
144 Vgl. dazu allg. Palandt/Heinrichs BGB Überbl. vor § 194 Rz. 3 f; AnwKomm-BGB-Mansel Art. 229 EGBGB § 6 Rz. 7 ff.
145 AnwKomm-BGB-Mansel Art. 229 EGBGB § 6 Rz. 20 f.
146 Allg. A., z.B. BGH v. 23.6.1977 GRUR 1977, 784, 786 – Blitzlichtgeräte m. Anm. Müller-Börner = AP Nr. 3 zu § 9 ArbNErfG m. Anm. Volmer; v. 25.11.1980 GRUR 1981, 263, 265 – Drehschiebeschalter; OLG Düsseldorf v. 29.3.1957 DB 1957, 555; Schiedsst. v. 4.8.1986 Blatt 1987, 207; Reimer/Schade/Schippel/Kaube Rz. 25 zu § 9; Volmer/Gaul Rz. 345 zu § 12.
147 H.M., Schiedsst. v. 4.8.1986 Blatt 1987, 207; Reimer/Schade/Schippel/Kaube Rz. 25 zu § 9; Vorauflage Rz. 43 zu § 9.
148 Schiedsst. v. 4.8.1986 Blatt 1987, 207; MünchArbR/Sack § 99 Rz. 68.
149 So Volmer Rz. 51 zu § 9 u. Anm. AP Nr. 3 zu § 9 ArbNErfG; Volmer/Gaul Rz. 346 zu § 12; Schaub ArbRHdb. § 11 S III 11; a.A. Reimer/Schade/Schippel/Kaube Rz. 25 zu § 9 (4-jährige Verjährung nach § 197 BGB a.F.); offen gelassen von BGH v. 23.6.1977 GRUR 1977, 784, 786 – Blitzlichtgeräte u. v. 25.11.1980 GRUR 1981, 263, 265 – Drehschiebeschalter; nach MünchArbR/Sack [§ 99 Rz. 68] 30 Jahre gem. § 195 BGB a.F.

§ 9

Jahre nach § 197 BGB a.F.[150] Verjährungsbeginn war hier der Schluss des Kalenderjahres, in dem die Konkretisierung des Vergütungsanspruchs erfolgt ist (§ 201 BGB a.F.). Bei Widerspruch des Arbeitnehmers nach § 12 Abs. 4 ArbEG lebte die regelmäßige 30-jährige Verjährungsfrist wieder auf[151]; das galt auch bei Nichtigkeit der Vergütungsregelung, etwa nach § 23 ArbEG[152]. Für Zahlungsansprüche aus Lizenzverträgen über **freie Erfindungen galt die 4-jährige Verjährung** nach § 197 BGB[153], sofern es sich um regelmäßig abzurechnende Lizenzgebühren und nicht um eine einmalige Pauschalabfindung gehandelt hat.

45.1 Bei der Geltendmachung von Erfindervergütungen nach **anderweitigen Anspruchsgrundlagen** bestimmte sich auch früher die Verjährung nach den für den Anspruch maßgeblichen Vorschriften. So galt bei unerlaubter Handlung die Verjährungsfrist des § 852 Abs. 1 BGB a.F. (z.B. bei Verletzung der Meldepflicht aus 13 ArbEG), bei positiver Vertragsverletzung von erfinderrechtlichen Pflichten grundsätzlich die 30-jährige Verjährungsfrist des § 195 BGB. Wurde die Erfindervergütung im Rahmen eines schadensersatzrechtlichen Bereicherungsanspruchs nach § 852 Abs. 3 BGB a.F. (jetzt § 852 BGB n.F.) geltend gemacht, unterlag sie ebenfalls der 30-jährigen Verjährung[154].

II. Verwirkung

46 Ein Arbeitnehmer verwirkt seinen Vergütungsanspruch, wenn er eine so lange Zeit nicht mit seinem Anspruch hervortritt (**Zeitmoment**), dass der Arbeitgeber bei verständiger Würdigung aller Umstände des Einzelfalles dem Verhalten des Arbeitnehmers entnehmen konnte, dass dieser seinen Anspruch nicht mehr geltend machen werde, er sich damit in seinen Vermögensentscheidungen bei objektiver Beurteilung darauf einrichten durfte und sich darauf eingerichtet hat (**Umstandsmoment**); in einem solchen Fall verstößt die verspätete Geltendmachung gegen **Treu und Glauben**[155] (§ 242 BGB – Vertrauensschutz). Bei der Verwirkung stehen Zeit- und Um-

---

150 H.M., Schiedsst. ZB. v. 9.3.1973 Arb.Erf. 33/72 (unveröffentl.); Volmer/Gaul Rz. 35 zu § 41; Volz Öffentl. Dienst (1985), S. 99; zweifelnd BGH 25.11.1980 GRUR 1981, 263, 265 – Drehschiebeschalter.
151 Allg. A., z.B. BGH v. 25.11.1980 GRUR 1981, 263, 265 – Drehschiebeschalter.
152 LG Braunschweig v. 12.5.1979 Az. 9c O 13/69 (unveröffentl.).
153 Vgl. allg. BGH v. 23.9.1958 GRUR 1959, 125 – Pansana u. v. 21.6.1979 GRUR 1979, 800, 802 ff. – Mehrzweckfrachter.
154 OLG Frankfurt v. 19.12.1991 GRUR 1993, 910, 912 – Bügelverschließmaschinen.
155 BGH v. 23.6.1977 GRUR 1977, 784, 785 – Blitzlichtgeräte m. Anm. Müller-Börner = AP Nr. 3 zu § 9 ArbNErfG m. Anm. Volmer; LG Düsseldorf v. 7.4.1998 Entscheidungen 4. ZK. 1998, 54 – Verwirkung der Arbeitnehmererfindervergütung u. v. 14.9.1999 Entscheidungen 4. ZK. 2000, 3, 6 f. – Ozonerzeuger; BAG v. 25.4.2001, DB 2001, 1833, 1834; Busse/Keukenschrijver, PatG, Rz. 23 zu § 9 ArbEG; Schiedsst. v. 4.8.1986 (Fn. 137) u.v. 1.2.1996 Arb.Erf. 57 u. 80/94 (unveröffentl.).

standsmoment nicht unabhängig nebeneinander, sondern in einer Wechselwirkung[156]. Je länger der Arbeitnehmer zuwartet, umso geringere Anforderungen sind an das Umstandsmoment zu richten – und umgekehrt[157]. Offen ist, inwieweit der Berechtigte Kenntnis von den ihm zustehenden Rechten haben muss[158].
Angesichts der kurzen neuen Verjährungsfristen (s. hierzu Rz. 39 ff.) kann erfinderrechtlich u.E. eine Verwirkung zukünftig nur in Ausnahmefällen und nur im Rahmen der Verjährungshöchstfristen (s. Rz. 41) wirksam werden. Dies schließt nicht aus, dass in krassen Ausnahmefällen eine Verwirkung auch innerhalb der Regelverjährungsfrist von 3 Jahren (Rz. 40) greift. Zu Einzelfragen der Verwirkung, die innerhalb des Übergangsrechts (s. dazu Rz. 45) beachtlich sein kann, s. Vorauflage Rz. 46 ff. 47

Nach Beendigung des Arbeitsverhältnisses ist vom Arbeitnehmererfinder zu verlangen, dass er seine Vergütungsansprüche baldmöglichst anmeldet[160]. Hier sind die Gründe für eine zurückhaltende Annahme einer Verwirkung entfallen. Auch die durch § 23 Abs. 2 vorgegebene Ausschlussfrist von 6 Monaten nach Beendigung des Arbeitsverhältnisses zeigt, dass der Gesetzgeber dem Arbeitnehmer nur ersparen will, das Arbeitsverhältnis selbst durch die Auseinandersetzung mit dem Arbeitgeber zu belasten[161]. 48

Im Allgemeinen kommt es für den Einwand der Verwirkung nicht darauf an, ob der Arbeitnehmer sich seines Vergütungsanspruchs **bewusst** war[162], es sei denn, der Arbeitgeber hat dem Arbeitnehmer anspruchsbegründende Tatsachen pflichtwidrig[163] bzw. treuwidrig verheimlicht[164]. 49

Anders als die Verjährung hindert die Verwirkung den Arbeitnehmer nicht nur an der Geltendmachung seines Vergütungsanspruchs, sondern **lässt den Anspruch** selbst **entfallen;** der Arbeitnehmer verliert also bei Verwirkung seinen Vergütungsanspruch insgesamt[165]; ggf also auch Ansprüche für Nutzungen des Arbeitgebers nach Beendigung des Arbeitsver- 50

---

156 Allgem. BGH v. 19.12.2000 GRUR 2001, 323 – Temperaturwächter (z. Ansprüchen wg. Patentverletzung).
157 BGH v. 19.12.2000 (Fn. 147a).
158 S. BGH v. 15.9.1999 GRUR 2000, 144, 145 f. – Comic-Übersetzungen II.
159 frei
160 Schiedsst. v. 1.2.1996 Arb.Erf. 57 u. 80/94 (unveröffentl.).
161 LG Düsseldorf v. 12.12.1995; auch LG Düsseldorf Urt. v. 12.12.1995 Az. 4 O 139/95 (unveröffentl.) geht unter Berufung auf § 23 Abs. 2 ArbEG davon aus, dass vom ArbN während eines noch länger fortbestehenden Arbeitsverhältnisses zumindest erwartet werden kann, seinen Vergütungsanspruch dem Grunde nach geltend zu machen; s. auch Urteil v. 7.4.1998 Entscheidungen d. 4. ZK. 1998. 54, 56 – Verwirkung.
162 Schiedsst. v. 15.2.1996 Arb.Erf. 67/94 (unveröffentl.).
163 Schiedsst. v. 17.3.1994 Arb.Erf. 177/92 (unveröffentl.).
164 Vgl. Schiedsst. v. 4.8.1986 Blatt 1987, 207, 209; allg. BGH v. 27.6.1957 BGHZ 25, 47, 53.
165 Schiedsst. v. 4.8.1986 Blatt 1987, 207, 208.

§ 9

hältnisses[166]. Auf Grund dieses in einem Streitfall vorgetragenen Sachverhalts ist die Verwirkung als Einwendung **von Amts wegen zu prüfen**[167].

III. Ausschlussfristen

51 Einzelvertragliche Verfallklauseln bzw. tarifvertragliche Ausschlussfristen, die auch einzelvertraglich einbezogen sein können[172], erfassen nur die unmittelbaren, typischerweise anfallenden Ansprüche aus dem Arbeitsverhältnis[173] und führen zum Erlöschen des Anspruchs, sofern er nicht fristgerecht geltend gemacht wird. Erfindervergütungsansprüche fallen auch wegen des gesetzlichen Konkretisierungsverfahrens (vgl. §§ 12, 20 Abs. 1) im Zweifel nicht hierunter[181], es sei denn, dies wird in der Klausel ausdrücklich klargestellt. Dass ohne diese Klarstellung Vergütungsansprüche hiervon nicht erfasst werden, folgt auch aus dem Normzweck des § 22 Satz 1 (s. dazu Rz. 7 zu § 22). Zur Ausschlussfrist bei Vergütungen für einfache Verbesserungsvorschläge s. Rz. 61.3 zu § 20.

Allgemeine vertragliche oder tarifliche Ausschlussfristen gelten darüber hinaus auch nicht ohne weiteres für sonstige Vergütungsansprüche aus schöpferischen Sonderleistungen eines Arbeitnehmers[182].

F. Art der Vergütung

I. Geld- oder Sachleistung

52 Das ArbEG schreibt zwar nicht ausdrücklich vor, wie der Arbeitgeber die Vergütung zu erbringen hat. Das Gesetz geht jedoch – wie § 12 Abs. 3 Satz 1, Abs. 6 Satz 2 zeigt – von **Geldleistungen** aus (vgl. auch RL Nr. 40).

Im Zusammenhang mit **der Europäischen Wirtschafts- und Währungsunion** ist Folgendes zu beachten:

---

166 LG Düsseldorf v. 7.4.1998 (Fn. 155).
167 Vgl. BGH v. 10.11.1965 NJW 1966, 343, 345 – Kupferberg.
168-171 frei
172 BAG v. 17.6.1997 NJW 1998, 1732, 1733.
173 Weitergehend BAG v. 17.6.1997 (Fn. 172).
174-180 frei
181 Schiedsst. v. 20.11.1967 Blatt 1969, 23 f. u. v. 11.11.1998 Arb.Erf. 19/97 (unveröffentl.); BAG v. 21.6.1979 DB 1979, 2187 – allgemein zu schöpferischen Sonderleistungen eines Arbeitnehmers; Busse/Keukenschrijver, PatG, Rz. 25 zu § 9 ArbEG; ablehnend auch Reimer/Schade/Schippel/Kaube Rz. 30a zu § 9; s. auch Volmer/Gaul Rz. 357 f. zu § 12; a.A. für konkretisierte VergAnspr. Schwab Erf. u. VV S. 8.
182 BAG v. 21.6.1979 DB 1979, 2187.
183-189 frei

§ 9

Seit 1.1.2002 ist der EURO das einzige gesetzliche Zahlungsmittel. Frühere, auf DM lautende Vergütungsregelungen sind zum 1.1.2002 auf EURO umgestellt (Art. 14 EURO VO).
Im Einzelfall kann – ausnahmsweise – bei Einverständnis der Beteiligten auch eine Vergütung in Form von geldwerten Sachleistungen erfolgen.

Dem Arbeitnehmer wegen der Erfindungsleistung gewährte ideelle bzw. immaterielle **Vorteile** vermögen dagegen die Vergütungszahlung nicht zu ersetzen und stellen nur eine »begleitende« Anerkennung dar[190] (s. auch Rz. 68). Entsprechendes gilt im Grundsatz für eine **berufliche Beförderung** und für **Sonderzahlungen**; bei einer Gehaltserhöhung und sonstigen Vermögensvorteilen, ist im Einzelfall abzugrenzen, ob diese z. B. wegen eines erweiterten Aufgabenbereichs in Anrechnung auf die Erfindervergütung erbracht werden[191] (s. Rz. 62 ff). 53

II. Zahlung der Vergütung

Die Vergütung kann in Form einer laufenden Beteiligung oder in einer einmaligen bzw. mehrmaligen Gesamtabfindung gezahlt werden. Einzelheiten dazu enthält RL Nr. 40. Im Hinblick auf § 12 steht dem Arbeitgeber insoweit ein Initiativrecht, nicht aber ein den Arbeitnehmer bindendes Wahlrecht zu[192]. Denn auch die Art der Zahlung der Vergütung steht unter dem **Gebot der Angemessenheit** i. S. v. § 9 Abs. 1. 54

Der **Erfüllungsort** für die Zahlung der Erfindervergütung bestimmt sich nach § 269 BGB; Vereinbarungen (etwa über bargeldlose Zahlung) sind unabhängig von § 22 ArbEG zulässig[193].

1. Laufende Zahlung

Die laufende Zahlung ist die in der Praxis **übliche Zahlungsweise**. RL Nr. 40 Abs. 1 Satz 2 geht zutreffend davon aus, dass bei einer Berechnung nach der Lizenzanalogie bzw. nach dem erfassbaren betrieblichen Nutzen die Vergütung zweckmäßig **nachkalkulatorisch** errechnet wird. Damit wird dem Umstand Rechnung getragen, dass der Vergütungsanspruch zwar dem Grunde nach bereits mit unbeschränkter Inanspruchnahme entsteht (s. dazu Rz. 11), jedoch regelmäßig erst mit Benutzung fällig wird (s. oben Rz. 20 ff sowie Rz. 55 ff. zu § 12). Um Schätzungen zu vermeiden, sollte zunächst das Vorliegen aller maßgeblichen Bewertungskriterien für einen 55

---

190 Zust. Busse/Keukenschrijver, PatG, Rz. 26 zu § 9 ArbEG.
191 Wie hier Volmer Rz. 11 zu § 12; vgl. auch Volmer/Gaul Rz. 21 zu § 12.
192 Zu weitgehend Reimer/Schade/Schippel/Kaube Rz. 1 zu § 11/RL Nr. 40.
193 Ebenso Volmer/Gaul Rz. 159 zu § 12.
194-198 frei

§ 9

bestimmten Nutzungszeitraum abgewartet werden, bevor der Arbeitgeber einen Vorschlag zur Vergütungsfeststellung unterbreitet. Nach der höchstrichterlichen Rechtsprechung muss der Arbeitgeber – sofern es nicht zuvor zu einer einvernehmlichen Vergütungsfeststellung im Sinne von § 12 Abs. 1 kommt (s. dazu Rz. 14 ff. zu § 12), spätestens mit Ablauf von 3 Monaten nach Aufnahme der Benutzung den Vergütungsanspruch vorläufig festsetzen (s. dazu Rz. 60 zu § 12). Hiermit steht der Hinweis auf eine jährliche Abrechnung in RL Nr. 40 Abs. 1 Satz 2 nicht in Widerspruch, da dieser Abrechnungsrhythmus auf die Folgezeit bezogen ist und der Ausfüllung der in der Festsetzung berücksichtigten Bemessungsfaktoren dient (s. auch Rz. 11 ff. zu § 12).

55.1 RL Nr. 40 Abs. 1 Satz 2 empfiehlt die jährliche Abrechnung und sieht es zudem im Einzelfall als angemessen an, entsprechende Abschlagszahlungen zu leisten; dies entspricht der bei Lizenzverträgen üblichen Fälligkeitsabrede[199] mit einem jährlichen Fälligkeitstermin ebenso wie dem den §§ 9,12 ArbEG zugrunde liegenden Leitmotiv, dem Arbeitnehmer möglichst frühzeitig eine Beteiligung an dem durch seine Erfindung vermittelten wirtschaftlichen Vorteil seines Arbeitgebers zukommen zu lassen.

Der Begriff der **jährlichen Abrechnung** orientiert sich an dem für den Arbeitgeber maßgeblichen Geschäftsjahr, also im Regelfall dem Kalenderjahr. Bezieht sich der Jahresabschluss auf das vorangegangene Kalenderjahr, so wird nach weitverbreiteter betrieblicher Übung und früher ständiger Entscheidungspraxis der Schiedsstelle für die Abrechnung und Zahlung der Erfindervergütung auf den (allerdings häufig nicht einzuhaltenden) 31. März des auf den Abrechnungszeitraum folgenden Jahres abgestellt[200]; seit 1989 ist die Schiedsstelle dazu übergegangen, Abrechnung und Zahlung bis zum 30. Juni des Folgejahres vorzuschlagen[201]. Im Übrigen stellt sie häufig auf eine Abrechnung und Zahlung **innerhalb von 3 Monaten nach Ablauf des jeweiligen Betriebsabrechnungszeitraumes** ab[201a].

55.2 Eine Bestimmung der Leistungszeit in der **Vergütungsvereinbarung** (§ 12 Abs. 1) bzw. Vergütungsfestsetzung (§12 Abs. 3, 4) ist maßgeblich für die Fälligkeit (s. dazu Rz. 20 ff.). Sie bestimmt den Zeitpunkt, ab dem der Arbeitnehmer die Vergütung verlangen kann. In der betrieblichen Praxis werden im Regelfall auch für die Folgezeit konkrete Abrechnungs- und Zahlungstermine festgelegt (z.B. »Die Vergütung ist jeweils fällig und zahl-

---

199 Vgl. BGH v. 24.11.1981 GRUR 1982, 286 – Fersenabstützvorrichtung.
200 So noch Schiedsst. v. 21.3.1989 Arb.Erf. 50/88 (unveröffentl.).
201 So z.B. Schiedsst. v. 5.7.1989 Arb.Erf. 53/88 (unveröffentl.); v. 27.9.1990 EGR Nr. 81 zu § 9 ArbEG (VergAnspr.).
201a So z.B. Schiedsst. v. 30.11.1993 Arb.Erf. 140/92; v. 20.9.1994 Arb.Erf. 106/93 (alle unveröffentl.). Die Praxis ist aber nicht einheitlich; im Einzelfall – insbes. bei kleineren Unternehmen – hat die Schiedsst. den 1. April für den Abrechnungszeitraum des vorangegangenen, am 31. Dezember endenden Geschäftsjahres zugrunde gelegt (EV. v. 15.9.1994 Arb.Erf. 172/94 – unveröffentl.).

§ 9

bar am ... des Folgejahres«). Fehlt in der Vergütungsregelung eine ausdrückliche Terminbestimmung und hilft auch eine **Auslegung** (§ 133, 157 BGB) nicht weiter, so kann sich ggf. unter dem Aspekt der **betrieblichen Übung** eine Konkretisierung der Leistungszeit ergeben, sofern diese mit den Grundsätzen des § 22 vereinbar ist. Ansonsten gelten auch dann die Grundsätze des § 271 BGB (s. dazu Rz. 24).

Durch die Vergütungsvereinbarung bzw. (widerspruchslos gebliebene) Vergütungsfestsetzung kann auch ein von der Empfehlung der RL Nr. 40 Abs. 1 **abweichender Abrechnungsrhythmus** wirksam begründet werden. Hierbei kann es im Einzelfall noch dem Gebot der Angemessenheit der Vergütung entsprechen, wenn aus sachgerechten betriebsbedingten Gründen (etwa bei sehr zeitaufwendigen Abrechnungen im Konzernbereich bzw. mit Auslandspartnern, bei der langjährigen Durchführung von Großprojekten oder der Abhängigkeit von einem mit anderen Vertragspartnern vereinbarten abweichenden Zahlungsrhythmus (vgl. zu letzterem RL Nr. 40 Abs. 1 Satz 3) der Arbeitgeber einen längeren Abrechnungszeitraum (etwa 2-3-Jahres-Rhythmus) wählt. In diesen Fällen erscheint es angebracht, zwischenzeitlich den bekannt gewordenen Umsatzgrößen oder den gesicherten Umsatzerwartungen angepasste Abschlagszahlungen vorzunehmen oder auch Abschlagszahlungen, die sich an der Vergütungszahlung des Vorjahres oder an einem Durchschnitt früherer Vergütungszahlungen orientieren, wobei ein etwaiger Zinsverlust bei der jeweiligen Endabrechnung auszugleichen wäre. 55.3

Seit Wegfall der Steuervergünstigung zum 31. 12. 1988 spielen **einkommensteuerrechtliche Gesichtspunkte** keine Rolle mehr (s. Rz. 350).

Ob zwischenzeitlich **Abschlagszahlungen** zu leisten sind, richtet sich ebenfalls nach der Vergütungsregelung i.S.d. § 12, ansonsten nach dem Grundsatz der Angemessenheit i. S. d. § 9 Abs. 1, wobei sowohl die berechtigten Belange des Arbeitgebers als auch die des Arbeitnehmers zu berücksichtigen sind (s. auch RL Nr. 40 Abs. 1 Satz 2). Ob ein Rechtsanspruch auf Abschlagszahlungen innerhalb eines Jahreszeitraumes besteht, ist zweifelhaft, muss jedenfalls für den Regelfall verneint werden[202] (s. auch Rz. 158 zu § 12). Bei sicher zu erwartenden besonders hohen Vergütungsansprüchen können im Einzelfall Abschlagszahlungen angemessen sein. 55.4

Rechnungsgröße für die laufende Zahlung können der Umsatz bzw. die Erzeugung (vgl. RL Nrn. 6-11, 18, s. Rz. 122), der erfassbare betriebliche Nutzen (RL Nr. 12, s. Rz. 161 ff.) oder eingehende Lizenzzahlungen (RL Nrn. 14, 15, s. Rz. 221 ff.) sein. 56

---

202 So im Grundsatz Schiedsst. v. 8.8.1989 Arb.Erf. 90, 103/88 (unveröffentl.) wegen der unzumutbaren Belastung des ArbG mit überschlägigen Berechnungen; dafür in Ausnahmefällen Volmer, VergRL Rz. 4 zu RL 1959/40.

§ 9

2. Pauschalvergütung

57 Die Zahlung einer einmaligen oder mehrmaligen festen Summe (Gesamtabfindung/Pauschalvergütung) ist in der betrieblichen Praxis **verbreitet**. Die Pauschalvergütungsabrede **dient letztlich beiden Arbeitsvertragsparteien**, da sie im Interesse der Vermeidung von Meinungsverschiedenheiten eine alsbaldige Klärung des gesamten Vergütungsanspruchs herbeiführen kann, womit Arbeitgeber und Arbeitnehmer der Ungewissheit über das künftige Schicksal einer Diensterfindung und damit der Unsicherheit ihrer rechtlichen, technischen und wirtschaftlichen Entwicklung vorbeugend Rechnung tragen können[203].

57.1 Für den **Arbeitnehmererfinder** liegt der **Vorteil** einer Pauschalabrede darin, frühzeitig in den Genuss einer summenmäßig höheren Vergütungszahlung zu gelangen, die bereits zukünftige Vergütungsansprüche mitumfasst. Ergibt sich später eine ursprünglich nicht berücksichtigte ungewöhnliche Nutzungsentwicklung, kann er einen Abänderungsanspruch nach § 12 Abs. 6 (s. dazu Rz. 111 ff. zu § 12) geltend machen; wegen des Rückforderungsverbotes aus § 12 Abs. 6 Satz 2 behält er bei unerwarteter Negativentwicklung (geringerer Nutzungsanfall, überholende Technologie, Wegfall der Schutzrechtsposition etc.) seinen Anspruch auf den ihm gezahlten vollen Vergütungsbetrag[203a]. Ein **Nachteil** für den Arbeitnehmererfinder wäre dann feststellbar, wenn die zukünftigen Nutzungshandlungen seines Arbeitgebers über den ursprünglich gemeinsam vorgestellten Nutzungsrahmen hinausgehen, diese Nutzungssteigerung aber noch nicht die Voraussetzungen für eine Anpassung nach § 12 Abs. 6 Satz 1 erfüllt (s. dazu Rz. 112 u. 131 zu § 12).

57.2 Der **Vorteil** für den **Arbeitgeber** ist darin zu sehen, dass er von vornherein mit dem festgelegten Gesamtvergütungsbetrag kalkulieren kann[204]; er erspart die sich zukünftig wiederholenden u.U. zeitaufwendigen Jahresabrechnungen und damit verbundene evtl. umfangreiche Rechnungslegungspflichten. Bedenkt man, dass nach allgemeiner Erfahrung maximal 10 % aller zur Schutzrechtserteilung angemeldeten Erfindungen wirtschaftliche Bedeutung erlangen und die gezahlte Pauschalvergütung auch dann nicht zurückgefordert werden kann, wenn der Arbeitgeber zukünftig gar nicht mehr nach der Diensterfindung arbeitet, liegt das **Risiko** einer pauschalen Zahlung regelmäßig beim Arbeitgeber[205].

57.3 Die Pauschalvergütungsabrede empfiehlt sich insbesondere in den in RL Nr. 40 Abs. 2 genannten Fällen, wenn es sich also um **kleinere, wirtschaft-**

---

203 BGH v. 17.4.1973 GRUR 1973, 649, 651 – Absperrventil.
203a Schiedsst. v. 13.1.1986 Blatt 1991, 201, 202.
204 Seiz BB 1985, 808.
205 Schiedsst. v. 6.3.1980 Blatt 1982, 277; Busse/Keukenschrijver, PatG, Rz. 28 zu § 9 ArbEG.

§ 9

lich unbedeutende bzw. **gering genutzte Erfindungen** handelt (lit. a) bzw. wenn die Diensterfindung als **Vorrats- oder Ausbaupatent** verwendet wird (lit. b) (s. dazu RL Nr. 21 u. unten Rz. 201 ff.).
Auch in der unter lit. c geschilderten Fallsituation der **Interessenkollision** liegt eine Pauschalvergütungsabrede nahe, also dann, wenn ein Erfinder auf Grund seiner herausragenden betrieblichen Stellung die Verwertung seiner Erfindung beeinflussen und in die Entwicklung neuer Technologien zugunsten seiner Diensterfindung eingreifen könnte[205]. Zweckmäßig ist die Pauschalabrede auch bei **Ausscheiden** eines Arbeitnehmers, um damit zukünftigen Rechnungslegungsstreitigkeiten vorzubeugen[206]. Daneben kommt die Pauschalvergütung außer bei **betriebsgeheimen Erfindungen** (RL Nr. 27) auch bei **Schutzrechtskomplexen** (RL Nr. 19, s. dazu Rz. 128 ff.) und bei technischen **Verbesserungsvorschlägen** (RL Nr. 29) in Betracht[207], ebenso bei Vorbehalt eines **nicht ausschließlichen Nutzungsrechts** nach §§ 14 Abs. 3 bzw. 16 Abs. 3[208], sowie in allen Fällen, in denen die zu erwartende Vergütung in keinem vernünftigen Verhältnis zu dem mit einer laufenden Vergütung verbundenen Verwaltungsaufwand steht[209].

Auch wenn einer der vorerwähnten Sachverhalte der RL Nr. 40 vorliegt oder eine Pauschalvergütungsabrede aus Gründen des Betriebsfriedens oder aus sonstigen Sachgründen zweckmäßig erscheint, kann sie u.U. solange (noch) **nicht empfehlenswert** sein, wie noch offen ist, welche technischen und/oder wirtschaftlichen Entwicklungen der Erfindungseinsatz zukünftig mit sich bringt, etwa weil eine Produktion gerade erst angelaufen ist oder es sich um eine gänzlich neue Technologie handelt. Für die Ermittlung einer Pauschalabfindung sollte schon eine breitere Basis vorhanden sein, etwa dass auf Grund des planmäßigen Einsatzes der Diensterfindung schon von einer bestimmten Tendenz der zukünftigen Entwicklung ausgegangen oder zumindest auf Erfahrungen aus dem Einsatz vergleichbarer Technologien zurückgegriffen werden kann[210]. Auch wenn der Ausgang eines Schutzrechtserteilungsverfahrens noch offen ist, kann es sich empfehlen, zunächst abzuwarten, zumal – bezogen auf Inlandspatentanmeldungen – ein Drittel aller Anmeldungen nicht zur Patenterteilung führt (s. auch Rz. 60).

57.4

Ein **Anspruch** des Arbeitgebers wie auch des Arbeitnehmers **auf Abschluss einer Pauschalvergütungsvereinbarung besteht nicht**,[210a] auch nicht im Falle einer denkbaren Interessenkollision oder eines Ausscheidens des Arbeitnehmers aus dem Arbeitsverhältnis.

57.5

---

206 Vgl. Schiedsst. ZB v. 12.3.1969 Blatt 1969, 363 r.Sp.; ebenso LG Düsseldorf v. 30.9.1975 Az. 4 O 215/72 (unveröffentl.).
207 Lindenmaier/Lüdecke Anm. 4 zu § 11/RL Nr. 40.
208 Volmer VergRL Rz. 4 zu RL 1959/40.
209 Schiedsst. v. 24.9.1985 Arb.Erf. 22/85 (unveröffentl.).
210 Schiedsst. v. 6.3.1980 (Fn. 205).
210a Ebenso Schiedsst. v. 10.3.1994 Arb.Erf. 75/93 (unveröffentl.).

§ 9

57.6 Das **Zustandekommen einer Pauschalvergütung** setzt stets eine Einigung der Arbeitsvertragsparteien bzw. eine widerspruchslos gebliebene Vergütungsfestsetzung (§ 12 Abs. 3, 4; s. dort Rz. 50) voraus. An einer (auch konkludenten) Pauschalvergütungsregelung fehlt es regelmäßig dann, wenn sich die Parteien keine Vorstellungen über die Grundlagen der Vergütungsberechnung und über die Spannbreite einer Verständigung nach oben und unten gebildet haben[210b]. Nimmt dagegen ein Arbeitnehmer stillschweigend Vergütungszahlungen an, bei denen er erkennen muss, dass der Arbeitgeber hiermit die (bislang geschuldete und/oder zukünftige) Erfindervergütung pauschal abgelten wollte, so liegt darin regelmäßig seine Einverständniserklärung mit einer Pauschalabfindung[211] (vgl. Rz. 18.3 zu § 12).

58 Pauschalvergütungsabreden können mit unterschiedlichem **Inhalt** getroffen werden, sei es durch die Festlegung einer jährlich neu fällig werdenden Jahrespauschalvergütungssumme (vgl. RL Nr. 40 Abs. 2 Satz 1 »mehrmalige feste Summe«), sei es durch Vereinbarung eines (einmaligen) Gesamtvergütungsbetrages für die gesamte zukünftige Nutzung, sei es durch die Festlegung eines höheren Lizenzsatzes und damit höheren Erfindungswertes unter gleichzeitiger Begrenzung des zu vergütenden Nutzungszeitraumes, sei es durch Vereinbarung eines einmaligen oder regelmäßigen Sockelbetrages, der dann in einem u.U. schon festgelegten Rahmen steigt, wenn ein bestimmter Nutzungsumfang (erheblich) überschritten wird. Da die Regelung der Höhe der Abfindung das Wesentliche einer Pauschalabrede ist, kann von einer solchen nur ausgegangen werden, wenn insoweit eine Einigung vorliegt, sei es auch in der Form, dass die Bemessung der Höhe durch einen Vertragsteil gemäß § 315 BGB bzw. durch einen Dritten (§ 317 BGB) erfolgt[212].

Die in RL Nr. 40 Abs. 3 behandelte **Verbindung von laufender Zahlung und Gesamtabfindung** ist in zwei unterschiedlichen Arten denkbar: Einmal der Wechsel von einer bisherigen laufenden Vergütungszahlung zu einer (einmaligen) Gesamtabfindung für sämtliche zukünftigen Nutzungsfälle (s. dazu Rz. 59 sowie Komm RL zu RL Nr. 41) und zum anderen der Wechsel von einer Pauschalvorableistung zu späteren laufenden Vergütungszahlungen. Die letztgenannte Form ist im Lizenzvertragsbereich mit freien Erfindern nicht unüblich, etwa bei nicht anrechenbaren Beteiligungen des Lizenznehmers an Entwicklungskosten des Lizenzgebers (down payment), oder auch als Ausgleich für die bloße Bereitschaft zum Vertragsabschluss (vgl. auch Rz. 229); solches ist aber bei der Erfindervergütung nicht praktisch.

Stets ist zu fordern, dass die getroffene Pauschalabrede **eindeutig** ist und dem Arbeitnehmererfinder deutlich macht, ob und in welchem Umfang

---

210b LG Düsseldorf v. 12.12.1995 Az. 4 O 139/95 (unveröffentl.).
211 Schiedsst. v. 2.12.1981 Blatt 1982, 302, 303.
212 Schiedsst. v. 4.8.1989 Blatt 1989, 398, 399.

§ 9

etwaige weitergehende Vergütungsansprüche mit abgegolten sein sollen[213]. Dabei ist allerdings keine Auflistung der einzelnen Vergütungsparameter erforderlich; es genügt die bloße Angabe der vereinbarten Vergütungssumme[214].

Bei der **Bemessung der Höhe** der Pauschalvergütung sind die rechtliche, technische und wirtschaftliche Entwicklung der Erfindung zu berücksichtigen. In **rechtlicher Hinsicht** kommt es insbesondere auf den Stand des Schutzrechtserteilungsverfahrens und die Chance einer Schutzrechtserteilung ebenso wie auf das Risiko einer späteren Vernichtung (Löschung) an. Bei einer Miterfinderschaft ist zu würdigen, ob eine endgültige Schutzrechtserteilung eine Einschränkung des ursprünglich angestrebten Schutzumfangs ergeben und damit Einfluss auf den Umfang eines Miterfinderanteils haben kann (s. auch Rz. 30, 33 zu § 12). In **technischer Hinsicht** ist etwa das Risiko einzuschätzen, ob und in welcher Zeit die erfinderische Lehre durch Verbesserungen oder Alternativlösungen technisch überholt sein wird. Dieser Gesichtspunkt ist ebenso wie die Produktionsreife (Investitionskosten) auch bei den **wirtschaftlichen** Aspekten zu beachten, die sich im Übrigen vornehmlich an der aktuellen und künftigen Marktsituation zu orientieren haben. Hierzu gehören insbesonder der erwartete Umsatz, die Marktstellung des Unternehmens, seine Kapazität, die Aufnahme des Produktes im Markt, die Marktbedürfnisse, die Möglichkeit von Lizenzvergaben, die Wettbewerbssituation sowie die vermutliche Dauer der Vorzugsstellung bis hin zum Verkauf der Schutzrechtsposition. Evtl. zukünftig für das erfindungsgemäße Produkt im Markt erzielbare Teuerungszuschläge können häufig mit dem mit einer vorzeitigen Gesamtvergütungszahlung verbundenen Abzinsungseffekt kompensiert werden. Andererseits kann es auf technisch »schnelllebigen« Gebieten gerechtfertigt sein, wegen der zukünftig zu erwartenden Verbilligung eines (Massen-) Produkts einen Abschlag vorzunehmen[220].

59

Im Rahmen der Pauschalabfindung ist es weder begrifflich angebracht noch üblich, von der **Gesamtlaufdauer** des zu vergütenden Schutzrechts auszugehen; insoweit weist RL Nr. 41 (auch heute noch) zutreffend darauf hin, dass nur wenige Schutzrechte für die gesamte gesetzliche Laufdauer aufrechterhalten werden. Bestehen keine besonderen Anhaltspunkte dafür, dass das konkrete Schutzrecht für eine bestimmte Dauer aufrechterhalten wird, sollte zunächst geprüft werden, ob **im Unternehmen Erfahrungswerte** über die durchschnittliche betriebliche Nutzungsdauer von Schutzrechten auf dem betreffenden oder vergleichbaren Gebiet vorhanden sind.

59.1

---

213 Ebenso LG Düsseldorf v. 12.12.1995 (Fn. 210b).
214 Vgl. z. Pauschallizenzgebühr OLG München v. 28.6.1990 WuW 1991, 412 – Windsurfing.
215-219 frei
220 Schiedsst. Arb.Erf. 33/87 – unveröffentl.

§ 9

Fehlt ein (vergleichbarer) unternehmensbezogener Innovationszyklus, so ist im Regelfall der Pauschalierung eine **durchschnittliche Nutzungsdauer gewerblich genutzter Patente in den einzelnen Branchen – gerechnet ab Anmeldung** (vgl. § 16 PatG), **zugrunde zu legen**. Die Schiedsstelle[221] wie auch die betriebliche Praxis berücksichtigen hierbei Umfrageergebnisse aus der deutschen Industrie, die im Branchenmittel eine durchschnittliche Nutzungsdauer der gewerblich genutzten Patente von etwa 10,6 Jahren nachgewiesen haben[222] (s. im Einz. Rz. 14 zu § 13 sowie Komm RL Rz. 14 zu RL Nr. 41).

Die durchschnittliche Nutzungsdauer kann aber nur dann voll in Ansatz gebracht werden, wenn die Pauschalvergütung zu einem frühen Zeitpunkt nach Inanspruchnahme bzw. Schutzrechtsanmeldung festgestellt oder vereinbart wird.

Für die Pauschalabfindung der zukünftigen Nutzungshandlungen geht die Schiedsstelle dabei vielfach von einem Durchschnitts-Jahresumsatz des zurückliegenden Nutzungszeitraums aus[229], s. im Übr. Komm RL zu RL Nr. 41.

Bei diesen Berechnungsgrundsätzen gilt häufig der Aspekt einer Abzinsung für vorschüssige Zahlungen als kompensiert.

60 Eine auf einer Vereinbarung beruhende Pauschalabfindung stellt vielfach einen **Vergleich** i.S.d. § 779 BGB dar[242]. Solche Vereinbarungen sind gemäß § 22 erst nach Meldung zulässig und unterliegen dem Unbilligkeitsverbot des § 23 (s. dazu Rz. 21 ff. zu § 23). Soweit Pauschalvergütungen vor Schutzrechtserteilung ins Auge gefasst werden, wirkt sich dies insbesondere bei der Bemessung des Risikofaktors aus[243] (s. dazu Rz. 67 f. u. 114 zu § 12).

61 Zur Überprüfung der Pauschalvergütung bei veränderten Umständen s. Rz. 111 f. zu § 12.

---

221 Schiedsst. v. 22.1.1998 Arb.Erf. 63/96 u. v. 3.6.1998 Arb.Erf. 89/96 (beide unveröffentl.).
222 GRUR 1999, 134 f.
223-228 frei
229 Schiedsst. v. 24.9.1984 Arb. Erf. 22/85 (unveröffentl.); v. 13.1.1986 Blatt 1991, 201, 202 u. v. 3. 6. 1998 Arb.Erf. 89/96 (z. Veröffentl. i. EGR vorgesehen).
230-241 frei
242 Vgl. BGH v. 17.4.1973 GRUR 1973, 649, 651 – Absperrventil m. Anm. Schade; Volmer/Gaul Rz. 14 zu § 12; vgl. auch BGH v. 20.11.1962 GRUR 1963, 315, 317 r.Sp. – Pauschalabfindung; Tetzner BB 1963, 649; krit. Beck-Mannagetta BB 1976, 421, 423.
243 S. dazu Schiedsst. v. 24.10.1977 Blatt 1979, 186; s. auch Schiedsst. v. 9.11.1970 Blatt 1971, 170.
244-250 frei

§ 9

3. Erfindervergütung in Form von Gehaltsanhebungen/ Sonderzahlungen

Im Einzelfall kann die Erfindervergütung (ganz oder teilweise) auch durch Gehaltserhöhung oder Gratifikation bzw. Tantiemeleistungen erbracht werden, allerdings nur dann, wenn dies mit dem Erfinder vereinbart wird (§ 12 Abs. 1) bzw. der Arbeitgeber dies unwidersprochen festgesetzt hat[251] (§ 12 Abs. 3, 4; s. auch Rz. 21 ff. zu § 23). Das laufende Arbeitsentgelt vermag dagegen noch keine Abgeltung für die Diensterfindung darzustellen[252]. Dies gilt auch bei überdurchschnittlicher Gehaltszahlung an den Arbeitnehmererfinder ebenso wie bei hohen Erfolgsprämien, es sei denn, es wird ausdrücklich vereinbart, dass diese Zahlungen für die Abgeltung von Erfindervergütungsansprüchen erfolgen[252a]. Hohe Gehalts- oder Sonderzahlungen sind allenfalls ein Umstand, der bei der Bemessung des Anteilsfaktors zu berücksichtigen ist (s. unten Rz. 280 ff.). 62

Trifft der Arbeitgeber eine **Tantiemeregelung** dahin, dass ein bestimmter Personenkreis (z.B. alle AT-Mitarbeiter bzw. alle Leitenden Angestellten) eine am Unternehmensgewinn orientierte Jahrestantieme erhalten soll und dass Erfindervergütungsansprüche hierauf (ganz oder teilweise) angerechnet werden sollen, bestehen hiergegen – über § 22 hinaus – rechtliche Bedenken bereits unter dem Gesichtspunkt der Verletzung des Gleichbehandlungsgrundsatzes (s. hierzu Rz. 21 zu § 25).

Der Arbeitgeber muss deutlich (**zweifelsfrei erkennbar**) machen, dass er eine **Gehaltsanhebung** als Erfindervergütung gewähren will[253]. Die bloße Tatsache einer Gehaltserhöhung nach Übertragung der Diensterfindung kann nicht als stillschweigende Abgeltung schon bestehender Vergütungsansprüche gewertet werden[254], erst recht nicht von zukünftigen[255]. Dementsprechend können auch Gehaltserhöhungen, die im Zusammenhang mit dem betrieblichen Aufstieg stehen, nicht auf eine Erfindervergütung angerechnet werden[255a]. 63

---

251 Schiedsst. v. 16.11.1961 Blatt 1962, 138 = GRUR 1962, 455 (LS) m. zust. Anm. Schippel; v. 4.4.1995 Arb.Erf. 53/93 (unveröffentl.); Volmer/Gaul Rz. 1067 zu § 9/RL Nr. 40 u. Rz. 21 zu § 12; i. Ergebn. auch Schiedsst. v. 21.5.1982 Arb.Erf. 14/81 (unveröffentl., zu § 20 Abs. 1).
252 Abw. (noch) BAG v. 1.11.1956 GRUR 1957, 338, 339 l.Sp. oben; s. auch Werner BB 1983, 839, 840 f. u. die Kritik v. Gaul/Wexel BB 1985, 2069 ff.
252a Schiedsst. v. 15.9.1994 Arb.Erf. 172/92 (unveröffentl.).
253 Schiedsst. v. 12.3.1964 Blatt 1964, 233 u.v. 16.11.1961 (Fn. 251); Busse/Keukenschrijver, PatG, Rz. 29 zu § 9 ArbEG.
254 BGH v. 22.10.1964 GRUR 1965, 304 a. E., 305 – Schellenreibungskupplung.
255 Reimer/Schade/Schippel/Kaube Rz. 59 zu § 9; abw. Bengelsdorf DB 1989, 1024, 1029.
255a OLG Düsseldorf v. 11.1.1974 Az. 2 U 84/71 – Gleichrichter, insoweit nicht in EGR Nr. 35 zu § 9 (Verg.Höhe).

§ 9

64 Mangels eindeutiger, ausdrücklicher Hinweise des Arbeitgebers kommt eine Abgeltung der Erfindervergütung auch nicht durch Tantiemezahlungen[255b], Leistungszahlungen[255c] oder beliebige **Gratifikationen** in Betracht. Früher war eine **ziffernmäßige Abgrenzung** der als Vergütungsleistung vorgesehenen Gehaltsbestandteile bzw. Sonderzahlungen auch deshalb notwendig, um dem Arbeitnehmer die Steuervergünstigungen für Erfindervergütungen zu gewährleisten[256]. Ungeachtet des Wegfalls steuerlicher Vergünstigungen zum 31. 12. 1988 (s. Rz. 350) kann sich eine klarstellende Abgrenzung vom Arbeitsentgelt (s. auch oben Rz. 3) als notwendig erweisen, denn an das Arbeitsentgelt können – etwa im Hinblick auf Vollstreckungsmaßnahmen, betriebliche Altersversorgung, Insolvenzfall, Sozialplanregelungen usw. – andere Rechtsfolgen anknüpfen. Dementsprechend hat die Schiedsstelle bislang »**Sonderzahlungen/Erfolgsprämien**« nur dann als Vergütungszahlung angesehen, wenn zwischen den Arbeitsvertragsparteien vereinbart bzw. vom Arbeitgeber im Rahmen der Vergütungsfestsetzung eindeutig erklärt worden ist, dass diese Sonderzahlungen als Erfindervergütung anzusehen und – jedenfalls vor 1989 – auch anschließend gegenüber dem Finanzamt als solche deklariert worden sind[257]. Wird die Sonderzahlung vom Arbeitgeber unter Hinweis auf die tatkräftige Mitarbeit und ein anerkennenswertes Engagement des Erfinders erbracht, spricht dies für eine freiwillige (motivierende) Zuwendung (incentive) und gegen eine (anrechenbare) Vergütungsleistung[257a].

65 Pauschale Vergütungsregelungen können im Hinblick auf §§ 9, 22 Satz 2 zudem nur **Erfindungen** umfassen, die im Zeitpunkt der Gehaltsfestsetzung bzw. -vereinbarung dem Arbeitgeber **gemeldet** und (i.d.R. bereits) von ihm in Anspruch genommen waren[258]. Davon zu unterscheiden sind (anrechenbare) **Vorschüsse** bzw. Abschlagszahlungen, die selbstverständlich bereits vor Meldung der Diensterfindung möglich bleiben.

66 Soweit die Arbeitsvertragsparteien keine ausdrückliche Abrede über die Laufzeit der zusätzlichen »Gehaltszahlung« getroffen haben, muss die **beabsichtigte Zahlungsdauer** im Wege der Auslegung (§§ 133, 157 BGB) ermittelt werden. Da eine Gehaltserhöhung i.d.R. auf Dauer angelegt ist – vom Fall der Verrechenbarkeit bei Tariferhöhungen abgesehen –, fällt sie

---

255b LG Braunschweig v. 12.5.1970 Az. 9c O 13/69 (unveröffentl.).
255c Schiedsst. v. 15.9.1994 Arb.Erf. 172/92 (unveröffentl.).
256 Schiedsst. v. 12.3.1964 (Fn. 253); Schippel (Fn. 251); vgl. auch Heine/Rebitzki Anm. 2 zu § 9 u. dies., Vergütungen f. Erf. Anm. 7 zu RL 40 (S. 243 a. E.).
257 Schiedsst. ZB v. 10.8.1981 Arb. Erf. 54/80; ähnl. ZB v. 29.8.1985 Arb.Erf. 13/84 – beide unveröffentl.; i.d.S. auch Schiedsst. v. 2.3.1993 Arb.Erf. 27/92; i. Anschl. an OLG München v. 18.1.1973 Az. 6 U 1392/72 (beide unveröffentl.); Schiedsst. v. 15.9.1994 (Fn. 255c) u.v. 4.4.1995 Arb.Erf. 53/93 (unveröffentl.).
257a LG Düsseldorf v. 12.12.1995 Az. 4 O 139/35 (unveröffentl.).
258 Schiedsst. v. 30.11.1977 EGR Nr. 19 zu § 9 ArbEG (VergAnspr.); vgl. auch V. Tetzner BB 1963, 649 gegen H. Tetzner Mitt. 1962, 194 f.

grundsätzlich nicht mit Ablauf des Schutzrechts oder mit Aufgabe der Nutzung weg; im Zweifelsfall handelt es sich um eine vom Bestehen und von der Nutzungslage des Schutzrechts unabhängige Pauschalabfindung, in der zugleich eine vollständige Erfüllung i.S.d. § 16 liegt[259] (s. dort auch Rz. 18 ff.).

Scheidet ein Arbeitnehmer (vorfristig) – aus welchem Grunde auch immer – aus dem Arbeitsverhältnis **aus**, so endet zwangsläufig die Pflicht des Arbeitgebers zur Gehaltszahlung. Haben die Parteien diesem Umstand bei einer pauschalierten Vergütungsvereinbarung nicht Rechnung getragen – beispielsweise indem die Erfindervergütung unabhängig von der zukünftigen Dauer des Arbeitsverhältnisses als abgegolten gelten soll –, geht dem Arbeitnehmer die Entlohnung nicht zwangsläufig verloren, es sei denn, der Arbeitnehmer hat für den Vorteil der Gehaltserhöhung, unabhängig davon, ob und in welchem Umfang die Erfindung überhaupt genutzt wird, bewusst das Risiko einer früheren Vertragsbeendigung in Kauf genommen[259a]. Andernfalls kann der Arbeitnehmer unter den sonstigen Voraussetzungen des § 12 Abs. 6 einen Ausgleichsanspruch haben[260] (s. dort Rz. 109). Dies gilt auch beim Tod des Arbeitnehmers zugunsten seiner Erben[261]. In krassen Fällen bleibt evtl. der Rückgriff auf § 23.

Zur Fortgeltung der Erfindervergütungsansprüche nach Auflösung des Arbeitsverhältnisses vgl. auch Rz. 27 f. zu § 26.

67

4. Sonstige Formen der Vergütungszahlung

Während im Bereich des betrieblichen Vorschlagswesens die Prämierung einfacher Verbesserungsvorschläge mit **Sachleistungen** oder sonstigen vergleichbaren geldwerten Leistungen verbreitet ist, sind diese im Bereich der Erfindervergütungszahlungen gänzlich **unüblich**. Eine Befugnis zur einseitigen Zuweisung derartiger geldwerter Leistungen anstelle einer Erfindervergütungszahlung hat der Arbeitgeber nicht; dies kann nur einvernehmlich erfolgen (vgl. auch § 115 Abs. 1 GewO).

Sachleistungen kommen – wenn überhaupt – letztlich nur bei kleinen, wirtschaftlich unbedeutenden Erfindungen in Betracht[262]. Üblicherweise

68

---

259 Vgl. Schiedsst. v. 30.11.1977 (Fn. 258).
259a Schiedsst. v. 21.5.1980 Arb.Erf. 48/79 (unveröffentl.).
260 So im Ergebnis auch Schiedsst. v. 15.2.1966 Blatt 1967, 30, die es allerdings dem Arbeitgeber überlassen will, die Verg. gem. § 315 BGB nach Belieben zu bestimmen; v. 13.10.1977 Blatt 1979, 221; s. auch BGH v. 17.4.1973 GRUR 1973, 649, 651 (zu II 2 d) – Absperrventil; vgl. auch Reimer/Schade/Schippel/Kaube Rz. 53 zu § 12, die allerdings unter Berufung auf RAG v. 14.2.1940 GRUR 1940, 270, 273 – Kettenweiche – den Anspruch auf Neufestsetzung bei grober Pflichtverletzung ggf. einschränken wollen.
261 Bartenbach Mitt. 1982, 205, 208.
262 Ebenso Busse/Keukenschrijver, PatG, Rz. 26 zu § 9 ArbEG.

§ 9

werden solche vom Arbeitgeber gewährten Sachleistungen nicht zum Ausgleich des durch die Erfindung vermittelten wirtschaftlichen Nutzens erbracht[274], sondern »aus Anlass« der Erfindungsleistung; derartige Anerkennungen können dann mit ihrem Geldwert nicht auf später erfolgende Vergütungszahlungen angerechnet werden (s. auch Rz. 53).

68.1 In noch größerem Maße als bei der Erfindervergütung in Form von Gehaltsanhebungen (vgl. Rz. 62 ff.) sprechen die dort aufgeführten Gründe gegen eine Umwandlung der Erfindervergütung in **rentenähnliche Leistungen** bzw. eine Anhebung gegebener betrieblicher Ruhegeldzusagen, auch wenn dies auf der Grundlage einverständlicher Regelung der Arbeitsvertragsparteien als zulässig erachtet werden kann[275].

G. Bemessung der Vergütung

69 Die Bemessung der Vergütung ist die schwierigste und am meisten mit Streit behaftete Materie des Erfinderrechts. Hier sollen die vom Bundesminister für Arbeit und Sozialordnung im Jahr 1959 erlassenen Amtlichen Vergütungsrichtlinien Hilfe vermitteln. Wir haben hierzu eine eigenständige Kommentierung erstellt, den 1999 in 2. Auflage im Carl Heymanns-Verlag erschienenen **Vergütungs-Kommentar »Die Arbeitnehmererfindervergütung«** (im folgenden abgekürzt: **KommRL**). Mit Rücksicht hierauf beschränkt sich die nachfolgende Darstellung auf die wesentlichen Grundsätze der Erfindervergütung unter Berücksichtigung aktueller Entscheidungen der Schiedsstelle und der Gerichte. Wegen der Einzelheiten wird jeweils auf die entsprechende Darstellung in KommRL verwiesen.

I. Angemessenheit (Abs. 1)

69.1 In Übereinstimmung mit § 5 Abs. 1 DVO 1943 bestimmt § 9 Abs. 1 lediglich, dass der Vergütungsanspruch des Arbeitnehmers (der Höhe nach) »angemessen« sein muss. § 9 Abs. 2 enthält Anhaltspunkte zur Bemessung der Vergütung; die darin getroffene Aufzählung ist nicht erschöpfend[276], führt aber die **maßgeblichen Bemessungskriterien** beispielhaft[276a] auf. Wenn auch der dortigen Reihenfolge der Faktoren keine bewertende Bedeutung zukommen soll[276], so heißt dies nicht, dass sie gleichwertig neben-

---

263-273 frei
274 Volmer, VergRichtl. Rz. 9 zu RL 1959/Nr. 40.
275 Vgl. dazu Volmer/Gaul, Rz. 1077 f. zu § 9/RL Nr. 40; vgl. zur Frage der Anrechnung von Erfindervergütung auf betriebliche Versorgungsleistungen BAG v. 9. 7. 1985, BB 1986, 1228 i. Anschluss an LAG Frankfurt v. 29.7.1983, BB 1984, 278; zur kartellrechtlichen Bewertung einer Altersversorgungsregelung zugunsten eines Lizenzgebers vgl. BKartA i. Tätigkeitsbericht 1975, 95 (BT-Drucks. 7/5390).
276 Amtl. Begr. BT-Drucks. II/1648 S. 26 = Blatt 1957, 232.
276a Busse/Keukenschrijver, PatG, Rz. 1 zu § 9 ArbEG.

einanderstehen[277]. Vielmehr steht die wirtschaftliche Verwertbarkeit an vorrangiger Stelle[278]; ihr kommt im Regelfall eine ausschlaggebende Rolle bei der Vergütungsbemessung[279] zu.

Ein Anspruch auf **Mindestvergütung** besteht nicht[280]; der Gesetzgeber hat davon ausdrücklich abgesehen[276].

Den Begriff der »**angemessenen Vergütung**« verwendet das ArbEG außer in § 9 Abs. 1 noch in § 10 Abs. 1, § 14 Abs. 3, § 16 Abs. 3, § 20 Abs. 1 (vgl. auch § 38); ergänzend spricht § 19 Abs. 1, 3 von »angemessenen Bedingungen«, § 40 Nr. 1 von einer »angemessenen Beteiligung« (vgl. aber § 42 Nr. 4. Durch das Kriterium der »Angemessenheit« trägt der Gesetzgeber dem Umstand Rechnung, dass gerade die Bemessung der Vergütung einer schematischen Handhabung nicht zugänglich ist, soll sie zu gerechten Ergebnissen im Einzelfall führen (s. auch Rz. 301 f.). Zudem stehen nicht nur die Höhe, sondern auch die Art der Vergütungszahlung unter dem Gebot der Angemessenheit. Zum allgemeinen Vergütungsgrundsatz s. oben Rz. 2.

70

Das Gebot der Angemessenheit verwehrt dem Arbeitgeber eine Entscheidung nach freiem Ermessen; bei diesem Kriterium handelt es sich vielmehr um einen gerichtlich voll überprüfbaren, **unbestimmten Rechtsbegriff**[281], der die Wahl zwischen mehreren Ergebnissen ausschließt und (rechtstheoretisch) nur eine richtige Entscheidung zulässt. Für die Kennzeichnung des »Angemessenen« kommt es nicht auf (subjektive) Vorstellungen der Arbeitsvertragsparteien an. Angemessen ist die Vergütung, die einen **gerechten Ausgleich** zwischen den betrieblichen Interessen des Arbeitgebers und dem Vergütungsinteresse des Arbeitnehmers darstellt[281a]. Der Begriff ist allein nach **sachlichen Kriterien** auszufüllen, d.h. nach den objektiv zu bestimmenden Vorteilen des Arbeitgebers, die er aus der Verwertung der in Anspruch genommenen Erfindung zieht oder ziehen kann, wobei die Bemessung betriebsbezogen zu ermitteln ist[281b] (s. Rz. 86 ff.). Entscheidend sind die tatsächlichen Umstände des Einzelfalls, wobei eine wirtschaftliche Betrachtungsweise im Vordergrund steht.

71

---

277 So zu Recht Volmer Rz. 12 zu § 9.
278 Ausschussber. zu BT-Drucks. II/3327 S. 5 = Blatt 1957, 252.
279 Vgl. Amtl. Begr. (Fn. 276) S. 27 = Blatt 1957, 233; Busse/Keukenschrijver, PatG, Rz. 30 zu § 9 ArbEG.
280 Schiedsst. v. 20.10.1986 Arb.Erf. 82/85 (unveröffentl.); Reimer/Schade/Schippel/Kaube Rz. 33 zu § 9.
281 Wie hier Reimer/Schade/Schippel/Kaube Rz. 33 zu § 9; Busse/Keukenschrijver, PatG, Rz. 31 zu § 9 ArbEG; Volmer Rz. 11 zu § 9; vgl. auch Windisch GRUR 1985, 829, 831; abw. noch LG Düsseldorf v. 31.3.1953 AP Nr. 3 zu § 9 ArbNErfind-DVO.
281a BGH v. 13.11.1997 GRUR 1998, 689, 692 – Copolyester II u. v. 13.11.1997 GRUR 1998, 684, 687 – Spulkopf; vgl. auch BVerfG v. 24.4.1998 NJW 1998, 3704 f. – Induktionsschutz von Fernmeldekabeln; OLG Düsseldorf v. 16.8.2001 Az. 2 U 105/00 (unveröffentl.).
281b BGH v. 13.11.1997 (Fn. 281a).

§ 9

Da § 9 bezüglich der Angemessenheit auf die Vergütung der Diensterfindung insgesamt abstellt, kommt es entscheidend darauf an, ob »per saldo« die **Gesamtvergütung für die Diensterfindung** angemessen ist. Selbst wenn also im Einzelfall bei einer getroffenen Vergütungsregelung eine einzelne Verwertungsform (z.b. die Lizenzvergabe) niedriger als nach den Kriterien der Amtlichen Vergütungsrichtlinien bewertet worden ist, reicht dies zur Feststellung der Unangemessenheit einer Erfindervergütung dann nicht aus, wenn diese Nachteile durch eine höhere Bewertung anderer Nutzungsformen (z.b. Eigenverwertung) oder durch eine insgesamt großzügigere Wertung (z.b. bei der Bestimmung der Bezugsgröße, Anwendung der Abstaffelung, Bemessung des Anteilsfaktors) ausgeglichen wird. Es muss dann eine **Gesamtbetrachtung** der Vergütung für alle Verwertungsformen erfolgen und keine isolierte Bewertung einzelner Nutzungsvorgänge. Dies ergibt sich nicht zuletzt daraus, dass auch einem freien Erfinder bei Übernahme der gesamten Erfindungsrechte als Kaufpreis (Erfindungswert – s. Rz. 76, 86 ff.) ein »Gesamtpreis« gezahlt wird, auch wenn dessen Bemessung wiederum von einer Vielzahl von Einzelkriterien abhängig ist. Das Gesamtergebnis muss angemessen sein, nicht unbedingt die Bewertung der einzelnen Vergütungsformen (»Rosinentheorie«). Zur Anwendung unternehmenseigener Vergütungsrichtlinien s. Komm RL Rz. 11 zu RL Nr. 1 und hier Rz. 13 ff. zu § 11.

72 Bei der Feststellung der Angemessenheit sind nicht nur die dem Arbeitnehmer unmittelbar zufließenden Vermögensvorteile zu beachten, sondern auch **mittelbare vermögenswerte Leistungen** seitens des Arbeitgebers, sofern diese erkennbar von der Vergütungsregelung mit umfasst sind. Hierzu rechnet etwa der Umstand, dass eine als Erfindervergütung erbrachte Gehaltsanhebung auf Dauer angelegt ist (s. Rz. 66) und ggf. zugleich die Bemessung der betrieblichen Altersversorgung beeinflusst[282].

73 Neben den in § 9 Abs. 2 aufgeführten Anhaltspunkten gewähren die auf der Grundlage des § 11 erlassenen **Vergütungsrichtlinien** weitere Auslegungshilfen für die im Einzelfall vorzunehmende Ermittlung der Erfindervergütung. Die Richtlinien, die keine verbindlichen Vorschriften darstellen (vgl. RL Nr. 1 Satz 1), erfassen dabei neben den Vergütungsansprüchen aus § 9 auch solche nach §§ 10, 20 Abs. 1. Einzelheiten zu Inhalt und Bedeutung der Richtlinien s. Rz. 4 ff. zu § 11; zur Ermittlung des Erfindungswertes s. unten Rz. 86 ff.; zum Anteilsfaktor Rz. 261 ff.; im Übrigen ausführlich Komm RL.

II. Bemessungskriterien – Prinzip der Vergütungsbemessung (Abs. 2)

74 § 9 Abs. 2 fasst (nicht abschließend – s. Rz. 69) die maßgeblichen Bemessungskriterien zusammen. Während das Kriterium der wirtschaftlichen

---

282 Vgl. auch Schiedsst. v. 30.11.1977 EGR Nr. 13 zu § 9 ArbEG (VergHöhe).

§ 9

Verwertbarkeit dem Grundsatz der Zuordnung des wirtschaftlichen Wertes der Erfindung an den Erfinder Rechnung trägt, berücksichtigen die weiteren Kriterien, also die Aufgaben und die Stellung des Arbeitnehmers im Betrieb (Unternehmen; s. hierzu Rz. 101 ff. zu § 1) sowie der Anteil des Betriebs am Zustandekommen der Diensterfindung, die Besonderheiten der Erfindung im Arbeitsverhältnis[283]. Im Falle einer Miterfinderschaft ist zudem der Miterfinderanteil in Ansatz zu bringen (s. dazu Rz. 311 ff.). Zum allgemeinen Vergütungsgrundsatz s. Rz. 2.

Da die Vergütung des Arbeitnehmer-Erfinders einen Ausgleich dafür darstellen soll, dass er die vermögenswerten Rechte an seiner Erfindung dem Arbeitgeber infolge der unbeschränkten Inanspruchnahme überlassen hat[284] (§ 7 Abs. 1), gilt es zunächst, den **Wert der Erfindung** zu bestimmen. Dieser drückt sich im Umfang der wirtschaftlichen Verwertbarkeit der Erfindung aus. Zutreffend wird deshalb in RL Nr. 2 Satz 3 die wirtschaftliche Verwertbarkeit als »**Erfindungswert**« gekennzeichnet. 75

Dabei ist der wirtschaftliche Wert der Erfindung nicht in dem Sinne »berechenbar«, dass er nach bestimmten Regeln aus feststehenden und ohne weiteres ermittelbaren Umständen abgeleitet werden könnte[289]. Da der Erfindungswert (RL Nrn. 3-29) eine wirtschaftliche Größe darstellt, bestimmt sich dieser – losgelöst von der Art des Zustandekommens als Diensterfindung – nach dem Marktwert der Diensterfindung für den Arbeitgeber[290], also danach, welchen **Preis der Arbeitgeber** (bezogen auf die konkreten Verhältnisse seines Unternehmens, s. Rz. 86 f.) **bei einer entsprechenden freien Erfindung** einem freien Erfinder auf dem Markt zahlen würde[290a] (vgl. auch RL Nr. 3 sowie RL Nr. 13 Satz 3). Bezugsgröße und Maßstab für die Ermittlung des Erfindungswertes ist die wirtschaftliche Vorrangstellung des Arbeitgebers auf dem Markt gegenüber Mitbewerbern[290b]. Zur Ermittlung des Erfindungswertes bei betrieblicher Eigen- 76

---

283 BVerfG v. 24.4.1998 NJW 1998, 3704, 3705 – Induktionsschutz von Fernmeldekabeln.
284 BGH v. 13.11.1997 GRUR 1998, 684, 687 – Spulkopf u. GRUR 1998, 689, 692 – Copolyester II.
285-288 frei
289 BGH v. 16.4.2002 Az. X ZR 127/99 (z. Veröffentl. i. GRUR vorgesehen).
290 So Schiedsst. v. 9.11.1994 Arb.Erf. 13/94 (unveröffentl.).
290a BGH v. 13.11.1997 GRUR 1998, 689, 691 – Copolyester II; v. 13.11.1997 GRUR 1998, 684, 687 – Spulkopf; s. auch BVerfG v. 24.4.1998 (Fn. 283), das auf den Betrag abstellt, »den der Betrieb einem freien Erfinder für die Benutzung der Erfindung zu zahlen gehabt hätte«; wie hier auch Schiedsst. v. 12.3.1964 Blatt 1964, 233 (m.H.a. RL Nr. 4 Abs. 2, RL Nrn. 7, 9, 15); v. 21.2.1969 Blatt 1970, 139 u.v. 4.8.1987 Blatt 1988, 171; OLG Frankfurt v. 21.4. 1977 EGR Nr. 21 zu § 9 ArbEG (Verg.Anspr.) u.v. 27.11.1986 EGR Nr. 70 zu § 9 ArbEG (Verg.Höhe); Busse/Keukenschrijver, PatG, Rz. 6 zu § 11 ArbEG; Reimer/Schade/Schippel/Kaube Rz. 4 zu § 11/RL Nr. 2; Lindenmaier/Lüdecke Anm. 3 zu § 11/RL. Nr. 2; Heine/Rebitzki Anm. 3a zu § 9; vgl. (aber) auch Volmer/Gaul Rz. 172 ff. zu § 9/RL Nr. 2.
290b BGH v. 13.11.1997 – Spulkopf (Fn. 290a).

411

§ 9

nutzung geben die Vergütungsrichtlinien verschiedene Berechnungsmethoden an die Hand (siehe dazu Rz. 103 ff.). Deutlich wird dies insbesondere an der Berechnungsmethode der Lizenzanalogie (siehe dazu Rz. 120 ff.), die sich an einem von Arbeitgeber fiktiv mit einem freien Erfinder (Lizenzgeber) abgeschlossenen Lizenzvertrag orientiert, also daran, welcher Lizenzsatz vereinbart worden wäre, wenn er unter ungebundenen Vertragsparteien auf dem freien Markt ausgehandelt worden wäre (siehe Rz. 121). Die Orientierung an den Marktverhältnissen als Ausgangspunkt für die Bestimmung des Erfindungswertes zeigt auch die in RL Nr. 13 Satz 13 für die Schätzung angesprochene Anknüpfung an einen (fiktiven) Kaufpreis, den der Arbeitgeber einem freien Erfinder hätte zahlen müssen. Da es auf die wirtschaftlichen Vorteile des Arbeitgebers ankommt (siehe oben Rz. 2), ist die Erfindervergütung betriebs- (unternehmens-)bezogen zu ermitteln (siehe Rz. 86 f.). Im Ergebnis soll der Arbeitnehmer also am wirtschaftlichen Erfolg seines Arbeitgebers aus der Überlassung der Rechte an der Diensterfindung partizipieren.

Auszugehen ist dabei im Grundsatz von der konkreten, fertig gestellten und gemeldeten Diensterfindung (siehe auch Rz. 90.1). Ist diese beispielsweise noch nicht produktionsreif und sind dafür erhebliche Kosten notwendig, führt dies vielfach zu einem anderen Erfindungswert als für solche Erfindungen, die vom Arbeitgeber ohne weiteres eingesetzt werden können (vgl. auch RL Nr. 6 Satz 3; zur Berücksichtigung der Gesamtkosten des Arbeitgebers s. KommRL Rz. 5 zu RL Nr. 2). Diese Orientierung an dem Preis für eine freie Erfindung ist letztlich aber nur als Ausgangspunkt der Vergütungsbemessung zu betrachten; dieser Preis kann also nicht schematisch übernommen werden. Dies verdeutlichen insbesondere die kartellrechtlichen Bindungen freier Lizenzverträge (vgl. §§ 17, 18 GWB, Art. 81, 82 EGV), die auf die Vergütungsansprüche eines Arbeitnehmererfinders nicht übertragen werden können (s. dazu unten Rz. 136 ff.; vgl. auch RL Nr. 42).

77   Eine Gleichbehandlung des Arbeitnehmererfinders mit einem freien Erfinder würde indes dem **Anteil des Betriebes** (Unternehmens) am Zustandekommen der Erfindung nicht gerecht; dieser betriebliche Anteil drückt sich nicht nur in den laufenden Gehaltszahlungen, also der wirtschaftlichen Sicherung des Erfinders aus, sondern auch in dem Hinführen zur technischen Problemstellung sowie in der Hilfe bei der Problemlösung durch Bereitstellung von persönlichen und technischen Hilfsmitteln einschl. der Auswertungsmöglichkeit betrieblicher Arbeiten und Kenntnisse[290c]. Die Tatsache, dass es sich nicht um eine freie, sondern um eine betrieblich beeinflusste Erfindung i. S. des § 4 Abs. 2 handelt, muss daher – im Verhältnis zu einem freien Erfinder – vergütungsmindernd in Ansatz gebracht werden. Dem Arbeitnehmer steht also letztlich immer nur ein Bruchteil dessen zu, was ein freier Erfinder erhalten würde.

290c Eingehend hierzu Hellebrand Mitt. 2001, 195, 197 f.

§ 9

Diese Minderung erfolgt in Form eines in Prozenten ausgedrückten **Anteilsfaktors** (vgl. RL Nrn. 30-38). Der Anteilsfaktor bestimmt sich nach den in § 9 Abs. 2 weiter genannten Kriterien, nämlich den Aufgaben und der Stellung des Arbeitnehmers im Betrieb und dem Anteil des Betriebes am Zustandekommen der Diensterfindung (s. dazu Rz. 261 ff.).

78

Über den Anteilsfaktor hinaus ist es nicht gerechtfertigt, dem Arbeitnehmererfinder wegen einer **gehobenen innerbetrieblichen Position** und damit evtl. verbundener gesteigerter Leistungserwartung im Hinblick auf erfinderische Betätigung sowie auf Grund übertariflicher Bezüge eine Erfindervergütung gänzlich zu versagen oder jedenfalls diese Bezüge auf die Erfindervergütung anzurechnen[291]. Dies würde nicht nur dem System der Vergütungsrichtlinien zuwiderlaufen einschl. eines Verstoßes gegen das Verbot der Doppelberücksichtigung (vgl. RL Nr. 2 Abs. 2); es würde auch dem in § 9 manifestierten Grundgedanken des ArbEG widersprechen, wonach im Interesse einer Förderung der schöpferischen Betätigung von Arbeitnehmern jede Erfindung einer angemessenen Vergütung zugeführt werden soll. Dies gilt im Hinblick auf § 22 Satz 1 selbst dann, wenn eine Anrechnung im Arbeitsvertrag vereinbart worden ist. Zum sog. Nullfall s. Rz. 321 ff.

Ebenso wenig ist es zulässig, außerhalb des Anteilsfaktors (erfindungsneutrale) **Gemeinkosten** des Arbeitgebers bei der Ermittlung des Erfindungswertes in Abzug zu bringen[291a].

Keine Berücksichtigung bei der Vergütungsbemessung finden das **Ausmaß** bzw. die Intensität **der schöpferischen Leistung** des Erfinders als solche bzw. die ideellen Verdienste des Erfinders[291b]. Einmal ist es für den Vergütungsanspruch nicht erforderlich, dass der Arbeitnehmer eine außergewöhnliche Leistung erbracht hat[292], da das ArbEG nicht die subjektive persönliche, geistige Leistung eines Erfinders belohnt, sondern diesem nur einen Anspruch auf einen Anteil an dem konkreten wirtschaftlichen Vorteil gibt, den der Arbeitgeber aus der Benutzung des Schutzrechts für die Diensterfindung gegenüber den Wettbewerbern tatsächlich zu ziehen vermag. Andererseits ist es nicht Angelegenheit des Arbeitgebers, sondern nur eine solche der Allgemeinheit, hohe erfinderische Leistungen als solche zu belohnen[293]. Ebenso ist es nicht Sache des einzelnen Arbeitgebers, deshalb höhere Vergütungen an den Arbeitnehmererfinder zu entrichten, weil und

79

---

291 Unzutr. Werner BB 1983, 839 ff; zu Recht krit. Gaul/Wexel BB 1985, 2069 ff.
291a Zum grundsätzlichen Ausschluss des Abzugs von Gemeinkosten bei der Schadensberechnung i. Rahmen von Schutzrechtsverletzungen s. BGH v. 2.11.2000 GRUR 2001, 329 – Gemeinkostenanteil.
291b Vgl. BGH v. 18.2.1992 GRUR 1992, 599, 600 – Teleskopzylinder (bzgl. der Berechnung eines Bereicherungsanspruchs nach d. Lizenzanalogie).
292 Schiedsst. v. 21.2.1969 Blatt 1970, 139 m.w.N. u. v. 15.1.1998 Arb.Erf. 7/96 (z. Veröffentl. i. EGR vorgesehen).
293 Amtl. Begr. (Fn. 276).

§ 9

soweit ein **allgemeines Interesse** an der Erfindung und an deren Auswertung besteht; ein Allgemeininteresse berührt die Höhe der Erfindervergütung grundsätzlich nicht[294]. Eine mittelbare Auswirkung ist allerdings dann denkbar, wenn ein außergewöhnliches Interesse der Öffentlichkeit an einer Erfindung die Absatzaussichten für den nach der Erfindung hergestellten Gegenstand erheblich verbessert und damit indirekt den Wert der Erfindung auch für den Arbeitgeber steigert.

Ferner kommt es – abgesehen von der Stellung des Erfinders im Betrieb (vgl. RL Nrn. 33-36) – nicht auf die **soziale Lage** des Arbeitnehmererfinders an[294a], da es sich hier um der Erfindung wesensfremde Merkmale und Einflüsse handelt (zur Unternehmens- und Gewinnbezogenheit des Erfindungswertes s. aber Rz. 86 ff.).

80 Das § 9 zugrunde liegende Prinzip der Vergütungsberechnung gilt sowohl für **patent- als auch für gebrauchsmusterfähige Erfindungen** (vgl. § 2). Bei der Ermittlung des Erfindungswertes für gebrauchsmusterfähige Erfindungen können sich Besonderheiten ergeben (s. Rz. 250; RL Nr. 28).

81 **Betriebsgeheime Erfindungen** (§ 17) sind ebenso zu vergüten wie geschützte Erfindungen (s. RL Nr. 27 sowie Rz. 59 ff. zu § 17).

82 Besondere Bedeutung kommt dem in RL Nr. 2 Abs. 2 niedergelegten **Verbot der Doppelberücksichtigung** zu. Hiernach ist bei jeder Vergütungsberechnung darauf zu achten, dass derselbe Gesichtspunkt für eine Erhöhung oder Ermäßigung der Vergütung nicht mehrfach berücksichtigt werden darf[295]. Weitere Einzelheiten s. Komm RL Rz. 9 ff. zu RL Nr. 2.

III. Erfindungswert – Grundsatz

1. Die Erfindungsmeldung als Grundlage des Vergütungsanspruchs?

83 Nach dem Urteil des BGH[297] vom 29.11.1988 ist **Grundlage** für den Vergütungsanspruch des Arbeitnehmererfinders die dem Arbeitgeber gemäß § 5

---

294 BGH v. 31.1.1978 GRUR 1978, 430, 432 – Absorberstabantrieb; OLG Frankfurt v. 21.4.1977 (Fn. 290a); Schiedsst. v. 7.2.1983 Blatt 1984, 218, 219 (z. Umweltverträglichkeit e. Verf.); v. 3.12.1987 Blatt 1988, 264, 265 r.Sp. (z. allgemeinen Gesundheitsvorsorge).
294a Missverständl. Reimer/Schade/Schippel/Kaube Rz. 33 zu § 9.
295 Vgl. Schiedsst. v. 17.2./28.6.1962 Blatt 1963, 16 = GRUR 1963, 195 (LS) m. Anm. Schippel; s. auch Willich/Preisher GRUR 1975, 526, 529 f. (m. Beisp.).
296 frei
297 GRUR 1989, 205, 207 – Schwermetalloxidationskatalysator m. krit. Anm. Krieger u. ders. in Festschrift Quack (1991) S. 41 ff; abl. auch (bislang) Schiedsst., z.B. EV. v. 29.10.1992 Arb.Erf. 16/92 u. Beschl. v. 18.12.1992 Arb.Erf. 81/88 (beide unveröffentl.); dem BGH folgend MünchArbR/Sack § 99 Rz. 57 f.; so auch (dem BGH folgend) OLG Düsseldorf v. 26.7.1995 Az. 2 U 6/89 (unveröffentl.), wonach für den Vergütungsanspruch der Offenbarungsgehalt der Erfindungsmeldung maßgeblich sein soll; ebenso LG München 25.3.1998 Az. 20044/89 (z. Veröffentli. i. EGR vor-

§ 9

Abs. 1 und 2 **gemeldete Diensterfindung**; demzufolge soll sich der Anspruch auf Erfindervergütung danach bemessen, was der Arbeitnehmererfinder dem Arbeitgeber (tatsächlich) gemeldet hat. Damit wäre zwangsläufig die Frage der Verwertbarkeit und der tatsächlichen Verwertung danach zu beurteilen, ob und inwieweit der Arbeitgeber von demjenigen Gebrauch macht, was ihm der Erfinder gemeldet hat. Der Offenbarungsgehalt der Erfindungsmeldung soll dabei nicht nach subjektiven Vorstellungen der Beteiligten zu beurteilen sein, sondern danach, welche technische Vorstellung ein Durchschnittsfachmann des betreffenden Fachgebietes den Unterlagen entnimmt[297a]. Auch das BVerfG leitet aus dem Wortlaut des § 9 ab, dass die gemeldete Diensterfindung der Vergütung zugrunde zu legen ist, wenn das erwirkte Schutzrecht den Gegenstand der Diensterfindung nicht ausschöpft; insoweit hat sich das BVerfG der Auffassung des BGH in verfassungskonformer Auslegung des § 9 angeschlossen, da dies dessen Funktion entspreche, der die grundsätzliche Zuordnung des wirschaftlichen Wertes der Erfindung an den Arbeitnehmererfinder gewährleisten solle[297b].

Trotz der erheblichen rechtsdogmatischen Bedenken gegen diese Rechtsauffassung des BGH[298] ist im Hinblick auf die bestätigende Entscheidung des BVerfG davon auszugehen, dass die Rechtsprechung diesen Überlegungen folgt. Konsequenz dieser Entscheidung ist allerdings, dass bei solchen Schutzrechtsanmeldungen, die gegenüber dem Inhalt der Erfindungsmeldung einen arbeitgeberseitig zugefügten »Überschuss« enthalten, eine Vergütungsminderung angemessen wäre. **84**

Auf der Grundlage dieser Entscheidung des BGH II scheidet ein weitergehender, auf den Gegenstand der Erfindungsmeldung bezogener Vergütungsanspruch jedenfalls dann aus, wenn der Erfinder einer eingeschränkten Schutzrechtsanmeldung bzw. nachfolgenden Einschränkungen im Erteilungsverfahren zugestimmt hat[298a] (s. dazu Rz. 10, 33 ff. zu § 13). Gerade im Erteilungsverfahren können sich Änderungen ergeben, die dem Einflussbereich des Arbeitgebers entzogen sind, etwa auf Grund von Hinweisen in Zwischenbescheiden bzw. Einspruchsverfahren[299]. Mit der Zustimmung zur teilweisen Nichtanmeldung bzw. Einschränkung der Schutz- **85**

---

gesehen; Busse/Keukenschrijver, PatG, Rz. 32 zu § 9 ArbEG; vgl. auch Windisch GRUR 1993, 352, 358.
297a OLG Düsseldorf v. 26.7.1995 (Fn. 297).
297b BVerfG v. 24.4.1998 NJW 1998, 3704, 3706 – Induktionsschutz von Fernmeldekabeln; ebenso LG München v. 25.3.1998 Az. 21 O 20044/89 (unveröffentl.); »überschießende« Diensterfindung sei maßgeblich, da §§ 5 u. 9 ArbEG als Vergütungsvoraussetzung auf Dienstert. als solche abstellen u. § 2 ArbEG lediglich Patent- oder Gebr.musterfähigkeit verlange.
298 Vgl. Krieger (Fn. 297) u. Vorauflage Rz. 83.1, 84 zu § 9.
298a Schiedsst. v. 5.12.1991 Mitt. 1997, 120. 121 – Hinterfüll-Bewehrungsmatte; v. 29.10.1992 Arb.Erf. 16/92; v. 18.12.1992 Arb.Erf. 81/88 u. v. 19.10.2001 Arb.Erf. 9/00 (sämtl. unveröffentl.).
299 So zutr. Krieger in Festschr. Quack (Fn. 297) S. 47.

§ 9

rechtsanmeldung verzichtet der Arbeitnehmer zugleich (konkludent) auf weitergehende Vergütungsansprüche. Ein derartiger Verzicht ist nach Erfindungsmeldung (§ 22 Satz 1) zulässig. Allerdings kann im Einzelfall die Berufung des Arbeitgebers auf den Verzicht unbillig sein, wenn er zum ursprüglichen Erfindungsgedanken gem. der Erfindungsmeldung auf Grund unternehmenspolitischer Entscheidung zurückkehrt.[300]

2. Wirtschaftliche Verwertbarkeit

86 Nach dem Wortlaut des § 9 Abs. 2 ist Maßstab für die Vergütungsbemessung die wirtschaftliche Verwertbarkeit der Diensterfindung. Der Begriff der wirtschaftlichen Verwertbarkeit entspricht dem des **Erfindungswertes,** also desjenigen Preises, den der Arbeitgeber bei einer entsprechenden freien Erfindung im Markt zahlen würde (s. oben Rz. 75 f.). In der betrieblichen Praxis **konkretisiert** sich die wirtschaftliche Verwertbarkeit (= Erfindungswert, s. RL Nr. 3) **zunächst in der wirtschaftlichen Verwertung** durch den Arbeitgeber[303], sei es durch Eigennutzung im Unternehmensbereich (RL Nrn. 3-13) oder durch Lizenzvergabe (RL Nrn. 14, 15, 17) oder durch Verkauf bzw. Tausch (RL Nr. 16) oder Einsatz als Sperrpatent (RL Nr. 18). Nach der Vorstellung des Gesetzgebers, wie sie im Wortlaut (»Verwertbarkeit«) und den Gesetzesmaterialien[304] zum Ausdruck kommt, kann der Wert der Erfindung sich auch in Verwertungsmöglichkeiten widerspiegeln, die der Arbeitgeber nicht (vollständig) ausnutzt. Daraus folgt aber nicht, dass der objektive Marktwert der Erfindung unter Berücksichtigung aller – auch bei Drittunternehmen – gegebenen Verwertungsmöglichkeiten ermittelt werden muss[305]. Es kommt nicht darauf an, ob die Erfindung in irgendeinem Unternehmen (gewinnbringend) eingesetzt werden kann[305a]. Vielmehr sind allein die **Verwertungsmöglichkeiten** für die Vergütungsbemessung maßgebend, **deren Ausnutzung dem Arbeitgeber** im konkreten Einzelfall wirtschaftlich und technisch **möglich und zumutbar ist**[306] (s. auch RL Nr. 24 u. unten Rz. 211 f.). Deshalb kann der Begriff der

---

300 LG München v. 25.3.1998 Az. 21 O 20044/89 (unveröffentl.).
301–302 frei
303 Vgl. BGH v. 28.4.1970 GRUR 1970, 459, 460 l.Sp. – Scheinwerfereinstellgerät; LG Düsseldorf v. 17.2.1998 Mitt. 1998, 235, 236 – Formpresse.
304 Amtl. Begr. (Fn. 276) S. 26 f. = Blatt 1957, 232 f.
305 So aber Volmer Rz. 20 ff. zu § 9 u. ders., VergRichtl. Rz. 13 ff. zu RL Nr. 2; ferner Volmer/Gaul Rz. 168 ff. zu § 9/RL Nr. 2, der jedoch andererseits betont, der Erfindungswert sei der wirtschaftl. Ausdruck der Vorzugsstellung des jeweiligen Arbeitgebers (so Rz. 288 ff., insbes. 297 zu § 9/RL Nr. 5).
305a Schiedsst. v. 15.2.1991 Arb.Erf. 48/90 u.v. 19.2.1991 Arb.Erf. 44/90 (beide unveröffentl.).
306 Wie hier Schiedsst. v. 21.2.1969 Blatt 1970, 139; Heine/Rebitzki Anm. 3 zu § 9 u. dies. Vergtg. f. Erf. Anm. 3 zu RL Nr. 3; Busse/Keukenschrijver, PatG, Rz. 33 zu § 9 ArbEG; Lindenmaier/Lüdecke Anm. 11 zu § 11/RL Nr.6; Rosenberger GRUR

§ 9

wirtschaftlichen Verwertbarkeit nicht mit dem der technischen Machbarkeit, also der technischen Realisierbarkeit, gleichgestellt werden[306a].

Die Verwertbarkeit im Sinne des § 9 Abs. 2 richtet sich also nach den jeweiligen Gegebenheiten des konkreten Arbeitgebers (Unternehmens) (s. Rz. 3); denn gerade bei der Ausfüllung des Begriffs der Angemessenheit darf die **Unternehmensbezogenheit** des Wertes einer Erfindung ebenso wenig außer Acht gelassen werden wie die gesamte Intention des ArbEG, eine befriedigende Lösung im Verhältnis zwischen den Arbeitsvertragsparteien in einer gerechten Abwägung der beiderseitigen Interessen unter Berücksichtigung der Erfordernisse des Betriebes zu finden[307] (s. auch oben Rz. 79). 87

Aus der Unternehmensbezogenheit des Merkmals der Verwertbarkeit folgt, dass der Arbeitgeber andererseits gehalten ist, die für das Unternehmen wirtschaftlich sinnvollen und zumutbaren Verwertungsmöglichkeiten bei der Vergütungsberechnung in Ansatz zu bringen[308]. Nach § 9 Abs. 1 ist also eine Vergütung nicht nur dann zu zahlen, wenn der Arbeitgeber die Diensterfindung wirtschaftlich verwertet, sondern ausnahmsweise auch insoweit, als er **Verwertungen unterlässt,** zu denen er bei verständiger Würdigung der bei ihm bestehenden wirtschaftlichen und technischen Möglichkeiten unter Zubilligung eines unternehmerischen Beurteilungsspielraums (einschließlich Kosten-Nutzen-Analyse) in der Lage wäre[309] (s. auch RL Nr. 24 u. unten Rz. 214; vgl. im Übrigen KommRL Rz. 14 ff. zu RL Nr. 24). Maßgebend ist, ob die Überlegungen des Arbeitgebers zur Nichtverwertung absolut unbegründet sind und jeglicher wirtschaftlichen Vernunft widersprechen.[309a] 88

Der Arbeitgeber ist aber **in keinem Fall rechtlich verpflichtet,** vorhandene **Verwertungsmöglichkeiten tatsächlich auszunutzen** bzw. nach der Diensterfindung zu arbeiten[310] oder bisherige Nutzungen beizubehalten[310a] 89

1986, 782, 783; Reimer/Schade/Schippel/Kaube Rz. 40 zu § 9 u. Rz. 4 zu § 11/RL Nr.24; Reimer/Schippel Vergütung v. ArbNErf. (Gutachten 1956) S. 74, 77 ff.; vgl. auch Schiedsst. v. 28.1.1970 Blatt 1970, 454, 456; v. 8.8.1975 Blatt 1977, 173; v. 25.4.1983 Blatt 1984, 378, 379 l.Sp. u.v. 7.2.1983 Blatt 1984, 218, 220; v. 3.12.1987 Blatt 1988, 264, 265; OLG Frankfurt v. 21.4.1977 (Fn. 290a) u.v. 27.11.1986 (Fn. 290a); s. auch BGH v. 31.1.1978 GRUR 1978, 430, 432 – Absorberstabantrieb
306a Schiedsst. v. 19.11.1990 Arb.Erf. 18/90 (unveröffentl.) u.v. 19.2.1991 (Fn. 305a).
307 Vgl. Amtl. Begr. (Fn. 276) S. 12 (zu A I) = Blatt 1957, 224.
308 Vgl. Schiedsst. v. 21.2.1969 (Fn. 306).
309 Schiedsst. v. 26.4.1985 Blatt 1985, 307, 308; vgl. auch Schiedsst. v. 25.11.1959/ 27.1.1960 Blatt 1960, 279, 280 a. E. u.v. 8.6.1967 Blatt 1968, 130, 131 l.Sp.; v. 3.12. 1987 Blatt 1988, 264, 265; Reimer/Schade/Schippel/Kaube Rz. 4 zu § 11/RL Nr.24.
309a Schiedsst. i. ständ. Sprachpraxis, zuletzt EV v. 19.3.2002 Arb.Erf. 6/99 (unveröffentl.).
310 Vgl. Schiedsst. v. 21.2.1969 u.v. 28.1.1970 (beide Fn.306) u.v. 3.12.1987 (Fn. 309); ebenso Schiedsst. v. 19.2.1991 (Fn. 305a); Busse/Keukenschrijver, PatG, Rz. 33 zu § 9 ArbEG; Schade GRUR 1970, 579, 583; Volmer VergRichtl. Rz. 15 zu RL Nr. 2.

§ 9

(vgl. aber Rz. 6 zu § 7); als »Preis« für diese unternehmerische Entscheidungsfreiheit ist er allerdings unter den vorgenannten Grundsätzen dem Arbeitnehmererfinder gegenüber **ausgleichspflichtig**.
Die praktische Bedeutung des Merkmals »wirtschaftliche Verwertbarkeit« ist zwar groß, wenn man von der Zahl der Streitfälle zwischen Arbeitgeber und Arbeitnehmer ausgeht; legt man jedoch die Kriterien zugrunde, wie diese durch die Richtlinien Nrn. 20-24 konkretisiert und durch die langjährige Praxis der Schiedsstelle beeinflusst sind, so ist die wirtschaftliche Relevanz der bloßen Verwertbarkeit als Vergütungskriterium gering. Ausgehend von der Überlegung, dass ein nach betriebswirtschaftlichen Grundsätzen handelnder Unternehmer schon im eigenen Interesse um eine optimale wirtschaftliche Verwertung der Diensterfindung in seinem Unternehmen bemüht sein wird, stimmen regelmäßig Verwertung und Verwertbarkeit überein[311] (s. i. übr. Rz. 210 ff. sowie KommRL zu RL Nrn. 20-24).

3. Tatsächliche Verwertung

90 Die tatsächliche Verwertung des Erfindungsgegenstandes bestimmt regelmäßig den Zeitpunkt der Fälligkeit des Vergütungsanspruchs (s. Rz. 55 zu § 12) und dessen Dauer (s. oben Rz. 31 ff.); sie ist zugleich maßgebliches Kriterium für die Bemessung der Vergütung[316]. Damit kommt der Feststellung, ob eine tatsächliche Verwertung der Diensterfindung vorliegt, herausragende Bedeutung zu.

91 Tatsächliche Verwertung ist die Nutzung der erfindungsgemäßen Lehre im Rahmen des **Schutzbereichs der Patentanmeldung (des Patents) bzw. des Gebrauchsmusters** (vgl. §§ 14 PatG, 11 GebrMG, Art. 69 Abs. 1 EPÜ i.V.m. dem Protokoll über die Auslegung des Art. 69 Abs. 1 EPÜ). Zur Bedeutung der Erfindungsmeldung s. oben Rz. 83 ff.
Bei der Bestimmung des (vergütungspflichtigen) Schutzumfangs (vgl. RL Nr. 6 Satz 4) können die Kriterien herangezogen werden, die Rechtsprechung und Lehre für das Schutzrechtsverletzungsverfahren entwickelt haben, da beide Regelungstatbestände auf die Benutzungslage abstellen[321]. Es

---

310a Schiedsst. v. 14. 12. 1995 Arb.Erf. 41/94 (unveröffentl.).
311 Vgl. Heine/Rebitzki Vergütung Anm. 2 zu RL Nr. 24; Reimer/Schippel Gutachten (1956) S. 78.
312-315 frei
316 Vgl. BGH v. 28.4.1970 GRUR 1970, 459, 460 l.Sp. – Scheinwerfereinstellgerät.
317-320 frei
321 Schiedsst. v. 5.7.1982 Arb.Erf. 72/81; v. 3.3.1986 Arb.Erf. 74/85 u.v. 15.2.1991 Arb.Erf. 48/90 (alle unveröffentl.); Schippel i. Anm. zu BGH GRUR 1970, 459, 461 – Scheinwerfereinstellgerät; zur Bestimmung des Schutzumfanges vgl. u. a. Bruchhausen GRUR Int. 1974, 1 ff.; ders. GRUR 1980, 304 ff.; von Falck GRUR 1984,

§ 9

kommt (vergütungsrechtlich) darauf an, ob der Arbeitgeber von den tragenden Gedanken der Erfindung Gebrauch macht[321a]. Maßgeblich ist die dem einschlägigen Fachmann am Anmeldetag erkennbare Tragweite der Erfindung, wie sie sich aus dem Patentanspruch unter Heranziehung insbesondere der Beschreibung ergibt (vgl. § 14 PatG)[322]. Der einschlägige Fachmann versteht ein Schutzrecht vom technischen Problem her, das durch den im Patentanspruch konkretisierten Erfindungsgedanken gelöst wird. Hierin einzubeziehen sind als **Äquivalente** solche Lösungsmittel, die der Fachmann mit Hilfe seiner Fachkenntnisse als gleichwirkend auffinden konnte, ohne dass sie durch den Stand der Technik bekannt waren oder sich daraus in naheliegender Weise ergaben[322a]. Vergütungspflichtig sind auch **Kombinationserfindungen,** selbst wenn die Nutzung nicht sämtliche im Patentanspruch genannten Merkmale der geschützten Kombination erfasst. Es ist dann aber darauf abzustellen, dass der mit der Gesamtkombination angestrebte Erfolg mit der Teilkombination wenigstens im Wesentlichen erreicht und die ihr zugrunde liegende Aufgabe auch in ihren Teilbereichen zumindest weitgehend gelöst wird[322b]. Dies ist insbesondere dann der Fall, wenn der Patentanspruch ein oder mehrere Merkmale aufweist, die für die Durchführung der geschützten technischen Lehre nicht bedeutsam sind, also Überbestimmungen oder unwesentliches Beiwerk darstellen.

Bis zur endgültigen Schutzrechtserteilung ist zunächst von dem Inhalt der Ansprüche im Zeitpunkt der Schutzrechtsanmeldung auszugehen[323]. Etwaigen (endgültigen) Veränderungen des Schutzumfangs im Erteilungsverfahren ist ab dem jeweiligen Zeitpunkt bei der Vergütungsbemessung Rechnung zu tragen[324]. Diese Grundsätze gelten für die **vorläufige Vergütung** auch bei späterer Schutzrechtsversagung[324a] (s. dazu Rz 67 ff. zu § 12).

91.1

---

392 ff.; von Falck/Krieger GRUR 1984, 423 (Ausschussbericht); Preu GRUR 1980, 691 ff. – jeweils m.w.N; Busse/Keukenschrijver, PatG, Rz. 9 zu § 11 ArbEG.
321a Schiedsst. v. 19.1.1989 Arb.Erf. 1 (B)/88 (unveröffentl.).
322 Vgl. hierzu allgemein BGH v. 29.4.1986 GRUR 1986, 803, 804 f. – Formstein – u.v. 29.11.1988 GRUR 1989, 205, 206 f. – Schwermetalloxydations-Katalysator; OLG Düsseldorf v. 26.7.1995 Az. 2 U 6/89 (unveröffentl.); Ullmann GRUR 1988, 333 ff.; so z. Vergütungsrecht Schiedsst. v. 30.1.1989 Arb.Erf. 42/88 (unveröffentl.); s. auch Schiedsst. v. 20.8.1987 Blatt 1988, 173.
322a BGH v. 29.4.1986 (Fn. 322); v. 17.3.1994 GRUR 1994, 597 – Zerlegvorrichtung f. Baumstämme; v. 12.7.1990 GRUR 1991, 436 – Befestigungsvorrichtung II; BGH v. 28. 6. 2000 GRUR 2000, 1005 – Bratgeschirr.
322b Schiedsst. v. 30.1.1989 (Fn. 322) u. H. a. Ballhaus/Sikinger GRUR 1986, 337, 339 f. u. Ullmann GRUR 1988, 333 ff; vgl. LG Düsseldorf v. 12.9.1989 GRUR Int. 1990, 382 – Adapter.
323 Schiedsst. v. 5.7.1982 (Fn. 321); Windisch GRUR 1985, 829, 835; ebenso Reimer/Schade/Schippel/Kaube Rz. 39 zu § 9.
324 Vgl. auch Schiedsst. v. 12.10.1978 Blatt 1979, 255.
324a Vgl. z.B. OLG Hamburg v. 11.5.1978 EGR Nr. 23 zu § 9 ArbEG (Verg. Auspr.).

§ 9

91.2 Zur Auswirkung von Veränderungen im Schutzrechtserteilungsverfahren auf die Bestimmung von Miterfinderanteilen vgl. Rz. 30, 33 zu § 12.

Außerhalb des Schutzumfangs liegende Ausführungsformen sind bei der Vergütungsbemessung nicht zu berücksichtigen[325]; dabei ist die Abgrenzung nach objektiven Kriterien auf der Grundlage der Schutzrechtsansprüche vorzunehmen und nicht nach subjektiven Vorstellungen der Parteien[325a], wie sie sich etwa in Werbeaussagen äußern. In Abweichung hiervon ergäbe sich aus dem Urteil des BGH vom 29.11.1988[325b] (s. dazu oben Rz. 83 ff.) die Konsequenz, dass dann, wenn die Schutzrechtsanmeldung den Offenbarungsgehalt einer Erfindungsmeldung nicht voll ausschöpft, der weitere Schutzumfang der in der Erfindungsmeldung offenbarten Lehre zum technischen Handeln maßgeblich sein müsste[325c].

Bei Abänderung ursprünglicher Gestaltungsformen oder von Verfahrensabläufen kommt es darauf an, inwieweit nach der Veränderung noch von dem Erfindungsgedanken Gebrauch gemacht wird[326]. Für die Funktion einer Erfindung notwendige, aber lediglich angepasste neutrale Teile, die selbst nicht erfindungsfunktionell spezifiziert sind[327], begründen keinen Vergütungsanspruch[328]. Gleiches gilt, wenn die Ausführungsform nicht von den tragenden Gedanken der Erfindung, sondern nur von solchen Merkmalen Gebrauch macht, die aus dem Stand der Technik bekannt sind[329]; ferner, wenn ein zum Stand der Technik gehörendes Mittel, dessen Benutzung nach den Patentansprüchen zur Erreichung des erfindungsgemäßen Zieles ausgeschlossen wird, in der Ausführungsform zum Einsatz kommt[329a]. Vergütungspflichtig sind auch in den Schutzbereich eines Patents oder Gebrauchsmusters fallende **abhängige Erfindungen** (zur Vergütung s. Rz. 72.2 zu § 12), und zwar sowohl identische Benutzungen etwa bei Verfahrensansprüchen, die keine genaueren Angaben über die Art und Weise

---

325 BGH v. 28.4.1970 GRUR 1970, 459, 460 – Scheinwerfereinstellgerät unter Aufhebung von OLG Düsseldorf v. 3.3.1967 BB 1967, 475; OLG Frankfurt v. 27.11.1986 EGR Nr. 70 zu § 9 ArbEG (Verg.Anspr.); ständ. Praxis der Schiedsst. z.B. v. 5.2. 1986 Arb.Erf. 3/84 (unveröffentl.) u.v. 5.7.1982 (Fn. 321); zust. Busse/Keukenschrijver (Fn. 321).
325a Vgl. etwa Schiedsst. v. 20.8.1987 Blatt 1988, 173, 174; zust. Busse/Keukenschrijver (Fn. 321).
325b GRUR 1989, 205 – Schwermetalloxydations-Katalysator.
325c OLG Düsseldorf v. 26.7.1995 Az. 2 U 6/89 (unveröffentl.) i. Anschl. an BGH v. 29.11.1988 (Fn. 325 b).
326 Schiedsst. v. 13.5.1966 EGR Nr. 5 zu § 9 ArbEG (VergAnspr.); vgl. auch Schiedsst. v. 3.5.1979 Blatt 1985, 344, 346 l.Sp.
327 Zum Begriff vgl. BGH v. 14.7.1970 GRUR 1971, 78, 80 – Dia-Rähmchen V.
328 Schiedsst. v. 28.11.1987 Arb.Erf. 13/87 (unveröffentl.).
329 Schiedsst. v. 19.1.1989 Arb.Erf. 1 (B)/88 (unveröffentl.).
329a BGH v. 23.4.1991 GRUR 1991, 744 – Trockenlegungs-Verfahren im Anschl. an BGH v. 7.10.1985 GRUR 1986, 238 – Melkstand u.v. 6.11.1990 GRUR Int. 1991, 375 – Autowaschvorrichtung.

§ 9

der Ausführung des maßgeblichen Verfahrensschritts enthalten, diese vielmehr dem Fachmann überlassen[329b], als auch äquivalente Benutzungen[329c].
Eine **spätere, nicht geschützte Weiterentwicklung**, die über das Schutzrecht hinausgeht, ist selbst dann nicht vergütungspflichtig, wenn die Erfindung des Arbeitnehmers dazu als Anregung gedient hat[330] (s. aber auch hier Rz. 332 f. u. Rz. 13 zu § 20, dort zur Vergütung als Verbesserungsvorschlag).

Im Rahmen der Kennzeichnung des (vergütungspflichtigen) Schutzumfangs ist auch eine Differenzierung nach den **Patentkategorien** vorzunehmen, also danach, ob ein **Erzeugnispatent**, das eine Sache, einen Stoff, eine Vorrichtung oder eine Anordnung zum Gegenstand hat, erteilt worden ist oder ein **Verfahrenspatent** (vgl. auch § 9 PatG)[341].

91.3

Beschränkt sich z.B. der Patentschutz auf eine **Vorrichtung**, erfasst dieser Schutz nicht auch die mit der Vorrichtung hergestellten Erzeugnisse[342], so dass – entgegen der herrschenden Auffassung[342a] – der mit diesen Vorrichtungserzeugnissen erzielte Umsatz nicht vergütungspflichtig ist, ungeachtet von kartellrechtlichen Bedenken aus § 17 Abs. 1 GWB[343] (s. auch Rz. 131 ff.); im Übrigen kann der Arbeitgeber nicht schlechter gestellt werden als Dritte, die bei Erwerb der Vorrichtung die damit gefertigten Produkte (lizenzfrei) vertreiben. Ist nur das **Verfahren**, nicht aber die darauf bezogene Vorrichtung geschützt, besteht bei Lieferung der Vorrichtung in das patentfreie Ausland kein Vergütungsanspruch[343a].

War eine Schutzrechtsanmeldung ursprünglich außer auf die Erteilung eines Vorrichtungspatents auch auf die Anerkennung eines Verfahrenspatents gerichtet und erfolgte eine Nutzung der Erfindung bereits vor Versagung des Verfahrensanspruchs, muss dem Erfinder auch ein Vergütungsanspruch in Bezug auf die Verfahrenserzeugnisse, wenn auch unter Berücksichtigung des

---

329b OLG Düsseldorf v. 26.7.1995 Az. 2 U 6/89 (unveröffentl.); s. allg. Ullmann GRUR 1988, 333, 335 f.; Benkard/Ullmann PatG. Rz. 118 zu § 14.
329c Vgl. BGH v. 12.7.1990 GRUR 1991, 436, 439 – Befestigungsvorrichtung II.
330 BGH v. 28.4.1970 (Fn. 325) sowie Schiedsst. v. 30.1.1989 (Fn. 322); im Ergebn. auch Schiedsst. v. 5.12.1995 Arb.Erf. 37/94 (unveröffentl.); MünchArbR/Sack § 99, Rz. 58.
331-340 frei
341 Zu den Begriffen s. Bruchhausen GRUR 1980, 364; Nirk, Gewerbl. Rechtsschutz S. 236 f.
342 S. allg. BGH v. 14.8.1978 GRUR 1979, 461, 462 – Farbbildröhre u.v. 20.2.1979 GRUR 1979, 540, 542 – Biedermeiermanschetten.
342a Regelmäßige Praxis d. Schiedsst.; z.B. EV. v. 3.8.1993 Arb.Erf. 22/92 – unveröffentl.; i. Anschluss an OLG Düsseldorf v. 9.4.1976 EGR Nr. 33 zu § 9 ArbEG-Verg.Höhe; Reimer/Schade/Schippel/Kaube Rz. 39 zu § 9; krit. dagegen Gaul in GRUR 1988, 254, 262 (unter Berufung darauf auch vereinzelt abweichend Schiedsst., z.B. v. 25.2.1991 Arb.Erf. 50/91 – unveröffentl. m.H.a. BGH v. 10.10.1974 GRUR 1975, 209 – Kunststoffschaumbahnen).
343 Vgl. dazu BKartA v. 30.9.1981 GRUR 1981, 919 – Rigg für ein Segelbrett.
343a Schiedsst. v. 5.8.1999 Arb.Erf. 59/97 (unveröffent.).

§ 9

üblichen Risikoabschlags (s. hierzu Rz. 60 ff. zu § 12) zuerkannt werden. Ab der rechtskräftigen Versagung des Verfahrensanspruchs ist dem auf die Vorrichtung beschränkten Schutzumfang bei der Vergütungsbemessung Rechnung zu tragen. Hat der Arbeitgeber es schuldhaft versäumt, neben einem Vorrichtungsanspruch zugleich einen möglichen Verfahrensanspruch im Patenterteilungsverfahren geltend zu machen oder durchzusetzen (s. Rz. 69 f. zu § 13), sind die Verfahrenserzeugnisse vergütungspflichtig.

Die vorerwähnte Differenzierung nach der Patentkategorie wirkt sich auch bei der Feststellung der tatsächlichen Verwertung aus: während bei Verfahrenserfindungen eine tatsächliche Verwertung erst mit Inbetriebnahme einer Anlage erfolgt, wird eine Erzeugniserfindung bereits benutzt, wenn mit der Herstellung der erfindungsgemäßen Vorrichtung begonnen wird[344], was insbesondere bei Schutzrechtsablauf beachtlich sein kann. Dementsprechend hat die Schiedsstelle eine Vergütungspflicht angenommen, wenn der Liefervertrag über die erfindungsgemäßen Produkte vor Schutzrechtsablauf geschlossen wurde, Lieferung und Bezahlung dagegen erst danach erfolgen[344a].

92 Der Begriff der **tatsächlichen Verwertung** kann nicht uneingeschränkt mit dem patentrechtlichen Begriff der »Benutzung« gleichgesetzt werden[351]; letzterer beschränkt sich auf alle Nutzungshandlungen im Sinne der §§ 9 PatG, 5 GebrMG, also auf den tatsächlichen Einsatz der erfinderischen Lehre im Unternehmen bzw. der öffentlichen Verwaltung in Form des Herstellens, In-Verkehr-Bringens, Feilhaltens oder Gebrauchens[352]. Demgegenüber ist der vergütungsrechtliche Begriff der »tatsächlichen Verwertung« insoweit enger, als selbst Benutzungshandlungen i.S.d. Patentrechts dann keine vergütungspflichtige Benutzung gem. dem ArbEG darstellen, wenn sie – wie etwa die Lieferung eines Prototyps – der bloßen Markteinführung dienen[352a]. (S. Rz. 93.1 und im Übrigen KommRL Rz. 9 ff. zu RL Nr. 23). Andererseits ist der vergütungsrechtliche Verwertungsbegriff weitergehend. Er umfasst neben der eigenen betrieblichen Benutzung durch den Arbeitgeber (vgl. RL Nrn. 3-13; s. unten Rz. 101 ff.) jede Form der wirtschaftlichen Ausnutzung der Rechtsposition an einer Erfindung, also auch die

---

344 LG Frankfurt v. 4.7.1973 Az. 2/6 O 182/72 (unveröffentl.).
344a Schiedsst. v. 2.2.1995 Arb.Erf. 5/94 (unveröffentl.).
345-350 frei
351 Vgl. Reimer/Schade/Schippel/Kaube Rz. 38 zu § 9 u. Rz. 3 zu § 10; vgl. auch Volmer/Gaul Rz. 234 zu § 9 u. Rz. 49 ff. zu § 10. Nach der Praxis der Schiedsst. folgt zwar der Begriff der Verwertung im Arbeitnehmererfinderrecht dem Benutzungsbegriff des PatG (z.B. Schiedsst. v. 1.12.1992 EGR Nr. 6 zu § 10 ArbEG, dort zu § 10 ArbEG); allerdings sei noch nicht jede Benutzungshandlung vergütungspflichtig (z.B. EV. v. 2.2.1995 Arb.Erf. 5/94 – unveröffentl.).
352 Einzelheiten zu den Nutzungshandlungen s. Kommentare z. PatG (etwa Schulte, PatG, Rz. 11 ff. zu § 9; Busse/Keukenschrijver, PatG, Rz. 43 ff. zu § 9 u. Rz. 3 ff., zu § 11 GebrMG) und z. GebrMG (etwa Benkard/Ullmann PatG Rz. 5 ff. zu § 5 GebrMG u. Loth, GebrMG Rz. 9 ff. zu § 11).
352a Schiedsst. v. 14.7.1992 Arb.Erf. 58/91 (unveröffentl.).

§ 9

Lizenzvergabe (RL Nrn. 14, 15; s. unten Rz. 211 ff.), den Abschluss von Austauschverträgen (RL Nr. 17; s. unten Rz. 236) sowie den Verkauf (Abtretung) der Erfindung (RL Nr. 16; s. unten Rz. 251 f.). Einen Unterfall der tatsächlichen Verwertung stellt auch die Nutzung als Sperrpatent dar[353].

Auch die **mittelbare Patentbenutzung im Sinne des § 10 PatG** stellt eine vergütungspflichtige Verwertung der Erfindung dar, etwa der Verkauf einer Vorrichtung, die geeignet und bestimmt ist, das erfindungsgemäße Verfahren zu benutzen[353a]. 92.1

Schließlich kann auch in der Herstellung und dem **Verkauf von Konstruktionszeichnungen** sowie in ergänzenden sonstigen **Engineering-Leistungen,** also etwa der Lieferung von Zeichnungen zur Kennzeichnung der Form, der Ausrüstung, der maschinenbaulichen und elektrotechnischen Einrichtungen u. a., eine tatsächliche Erfindungsnutzung liegen, wenn nämlich bei wirtschaftlicher Betrachtung dieser gesamten Engineering-Leistung die gleiche Bedeutung für die Herstellung einer erfindungsgemäßen Vorrichtung zukommt wie der Anfertigung der Vorrichtung selbst[354]. Dies ist stets anzunehmen, wenn Leistungen seitens des Arbeitgebers erbracht werden, die über eine normale, den Erfindungsgegenstand wiedergebende Werkstattzeichnung wesentlich hinausgehen, insbesondere eine beherrschende Einflussnahme (etwa durch Anweisung, Überwachung und Überprüfung) erfolgt, nicht dagegen, wenn der Einsatz des Erfindungsgegenstandes in der Verantwortung und Regie z.B. eines ausländischen Abnehmers liegt[354a] (z. Erfindungswert vgl. Rz. 241 f.). 92.2

Außer Ansatz bleiben bloße **Vorbereitungshandlungen,** die eine zukünftige Verwertung erst ermöglichen sollen[355] (vgl. auch RL Nr. 23 Abs. 1). Vergütungsfreie Vorbereitungshandlungen sind zunächst solche im Stadium der **technischen Prüfung und Erprobung** eines neuen Gegenstandes bis zu seiner funktionell und fertigungstechnisch im Wesentlichen abgeschlossenen Konstruktion[356]. Der Zustand der Verwertung bzw. Nutzung 93

---

353 So zu Recht Amtl. Begr. BT-Drucks. II/1648 S. 27 = Blatt 1957, 233; zust. Busse/Keukenschrijver, PatG, Rz. 3 zu § 11 ArbEG.
353a Schiedsst. v. 13.12.1993 Arb.Erf. 127/92 (unveröffentl.); z. Kennzeichnung der mittelbaren Patentverletzung s. BGH v. 10.10.2000 GRUR 2001, 228 – Luftheizgerät.
354 Schiedsst. v. 8.9.1986 Blatt 1987, 306, 307 i. Anschl. an RG v. 12.5.1929 RGZ 124, 368 – Konstruktionszeichnung.
354a Schiedsst. ZB v. 25.7.1988 Blatt 1989, 289, 291.
355 Vgl. Schiedsst. v. 24.4.1974, EGR Nr. 12 zu § 12 ArbEG; v. 7.2.1984, Blatt 1984, 301 f. u.v. 4.2.1986 Blatt 1986, 346; Volmer i. Anm. AP Nr. 1 zu § 20 ArbNErfG; Volmer/Gaul Rz. 751 zu § 9 u. Rz. 51 f. zu § 10; vgl. auch BGH vom 29.3.1960, GRUR 1960, 423, 426 – Kreuzbodenventilsäcke I; BAG v. 30.4.1965, GRUR 1966, 88, 89, l.Sp. – Abdampfverwertung; zust. Busse/Keukenschrijver, PatG, Rz. 9 zu § 11 ArbEG.
356 Schiedsst. v. 20.10.1972 Arb.Erf. 82/69, bestätigt d. LG Düsseldorf v. 8.10.1974 Az. 4 O 1976/73, dieses bestätigt d. OLG Düsseldorf v. 6.6.1975, Az. 2 U 95/74 (alle unveröffentl., auszugsweise zitiert b. Volz Öffentl. Dienst S. 101 – dort Fn. 163).

§ 9

wird erst dann erreicht, wenn die Vorrichtung in ihrem Gebrauch den an ihren Zweck allgemein zu stellenden Anforderungen entspricht[357], wobei die gewerbliche Verwertung ein objektives Merkmal ist, welches sich den (subjektiven) Vorstellungen der Arbeitsvertragsparteien entzieht[358]. Entsprechendes gilt bei Verfahrenserfindungen. Das Stadium der reinen Prüfung und Erprobung ist letztlich erst dann verlassen, wenn die funktionelle und technische Entwicklung soweit gereift ist, dass der Arbeitgeber die Erfindung einsetzen kann. S. im Übrigen KommRL Rz. 11 f. zu RL Nr. 23; zur vergütungsfreien Erprobung als Teil einer Gesamtanlage s. dort Rz. 21 f., zur Dauer der Prüfungs- und Erprobungsphase s. dort Rz. 30 ff.

Vergütungsfrei sind ferner solche Maßnahmen, die der Prüfung der **Wirtschaftlichkeit** des Erfindungseinsatzes dienen[359], also einer Analyse der Kosten und des Nutzens, etwa des Testens und Erforschens des Marktes bis hin zur Lieferung von Prototypen. Einzelheiten hierzu s. KommRL Rz. 15 f. zu RL Nr. 23.

93.1 **Beispiele** vergütungsfreier Vorbereitungshandlungen sind etwa das Herstellen von Zeichnungen, Modellen (zum Sonderfall des Verkaufs von Konstruktionszeichnungen und sonstigen Engineering-Leistungen s. Rz. 92.2) sowie Handlungen zu Erprobungs- bzw. Versuchszwecken, die sich auf den Gegenstand der erfinderischen Lehre beziehen (vgl. § 11 Nr. 2 PatG[367]; vergütungsfrei sind ebenfalls Planung, Ausschreibung und Angebotsentgegennahme (für eine Vorrichtung)[368], Kontaktaufnahme mit (potentiellen) Herstellerfirmen zur Prüfung der Verwertbarkeit[369], ferner (bei Verfahrenserfindungen) die Fertigung der Geräte, mit denen das Verfahren umgesetzt werden soll[370] oder bei der erprobungsweisen Errichtung von Pilotanlagen, auch wenn diese mit Drittmitteln gefördert wird[370a].

Auch das bloße Anbieten erfindungsgemäßer Produkte ist für sich allein im Grundsatz noch nicht vergütungspflichtig[371]; dies gilt etwa für die Vorführung von Pilotprojekten auf Ausstellungen oder für die Aufstellung von Prototypen bei Kunden zur bloßen Erprobung[371a] (vgl. aber auch Rz. 91.3).

---

357 BAG v. 30.4.1965 (Fn. 355).
358 Volmer i. Anm. AP Nr. 1 zu § 20 ArbEG (Bl. 5).
359 Vgl. z.B. Schiedsst. v. 3.12.1987 Blatt 1988, 264, 265; v. 3.5.1979 Blatt 1985, 344, 345; v. 25.4.1983 Blatt 1983, 378, 379; v. 4.2.1986 (Fn. 355); v. 25. 9. 1998 Arb.Erf. 100/96 (z. Veröffentl. i. EGRvorgesehen).
360-366 frei
367 Zur weiten patentfreien Auslegung des Versuchsprivilegs s. BGH v. 11.7.1995 Mitt. 1995, 274 – Klinische Versuche, bestätigt durch BVerfG v. 10. 5. 2000 GRUR 2001, 43.
368 LG Frankfurt v. 4.7.1973 Az. 2/6 O 182/72 (unveröffentl.).
369 Schiedsst. v. 27.2.1984 Blatt 1984, 301, 302.
370 Schiedsst. ZB v. 8.5.1981 Arb.Erf. 50/81 (unveröffentl.) m.H.a. RGZ 75, 128 u. 149, 102.
370a Schiedsst. v. 22.10.1990 Arb.Erf. 8/90 (unveröffentl.).
371 Ständ. Praxis d. Schiedsst., z.B. EV. v. 2.2.1995 Arb.Erf. 5/94 (unveröffentl.)
371a Schiedsst. v. 4.2.1986 (Fn. 355) u.v. 3.5.1979 Blatt 1985, 344, 345.

§ 9

Vergütungsfrei ist auch das Testen und Erforschen des Marktes, wozu u.a. selbst gelegentliche Verkäufe oder Lieferungen zu Testzwecken gehören, wenn der Testzweck eindeutig im Vordergrund steht und der aus den Testverkäufen erzielte Erlös vernachlässigbar gering ist[371b] (s. im Übrigen KommRL Rz. 29 ff. zu RL Nr. 23).

Wird eine Erfindung im Rahmen von (privaten und staatlichen) **Forschungsarbeiten** eingesetzt, liegt eine vergütungsfreie Vorbereitungshandlung solange vor, als die Erfindung noch **Gegenstand der Forschung** ist. Dabei gilt als Erprobungshandlung nicht nur die Erforschung am Objekt der Erfindung selbst; dazu zählt auch die Prüfung, ob mit dem Gegenstand der Erfindung weitere Komplexe erforscht werden können, die zu einem umfassenden Forschungsvorhaben gehören[375]. Bei einem umfassenden, aus vielen Einzelkomponenten bestehenden Projekt gilt dies so lange, bis deren Zusammenwirken eine ausgereifte Systemlösung bietet; solange auch nur eine Komponente davon nicht ausgereift ist, kann die teilweise Nutzung von anderen Komponenten nicht als Benutzung im kommerziellen (vergütungspflichtigen) Maßstab verstanden werden[375]. Für die Vergütungsfreiheit ist es ohne Bedeutung, wenn von dritter Seite Forschungsmittel für die Erprobung der Erfindung zur Verfügung gestellt werden (s. KommRL Rz. 71 ff. zu RL Nr. 23).

Dagegen liegt eine vergütungspflichtige Verwertungshandlung vor, wenn die Erfindung nicht mehr selbst (mittelbar oder unmittelbar) Gegenstand der Forschung zur Erlangung von Erkenntnissen ist, sondern ihrerseits als **Mittel zur Forschung** verwendet wird[376] bzw. als Mittel zu anderweitigen Zwecken, etwa zur Erschließung weiterer Märkte.

Im Regelfall dient das Ausmaß einer tatsächlichen Verwertung durch den Arbeitgeber als Anhalt für die Vergütungsbemessung[391]. Dann kommt nicht der Verwertbarkeit, sondern der tatsächlichen Verwertung ausschlaggebende Bedeutung[392] zu (vgl. aber Rz. 88 f.).

93.2

94

371b Ständ. Praxis d. Schiedsst., z.B. v. 25.1.1995 Arb.Erf. 79/93 m.H.a. EV. v. 8.8.1989 Arb.Erf. 90/88 u. ZB v. 6.2.1992 Arb.Erf. 49/91 (alle unveröffentl.).
372-374 frei
375 Schiedsst. v. 4.2.1986 Blatt 1986, 346, 347.
376 Schiedst. v. 4.8.1972, Blatt 1973, 205, 206 = EGR Nr. 14 zu § 9 ArbEG (Verg-Anspr.) m. zust. Anm. Gaul/Bartenbach; v. 3.5.1979 Blatt 1985, 344; v. 13.8.1976 Blatt 1977, 53; v. 8.2.1973, Blatt 1973, 209; Walenda GRUR 1975, 1 ff.; Volz, Öffentl. Dienst, S. 102 m.w.N.; vgl. auch LG Hamburg v. 7.2.1990 EGR Nr. 34 zu § 5 ArbEG; allgem. zu § 11 Nr. 2 PatG BGH v. 11.7.1995 Mitt. 1995, 274, 277 – Klinische Versuche; a.A. (insbes. f. Staatl. Forschungseinrichtung) Meusel GRUR 1974, 437 ff. u. GRUR 1975, 399 ff.; vgl. auch Konz Mitt. 1975, 205 ff.; v. Füner, Mitt. 1976, 5 ff.; Sachverständigenkreis d. BMFT i. GRUR 1978, 349 ff.
377-390 frei
391 S. BGH v. 28.4.1970 GRUR 1970, 459, 460 – Scheinwerfereinstellgerät.
392 Vgl. Amtl. Begr. BT-Drucks. II/1648 S. 24 = Blatt 1957, 233.

§ 9

95 Unter den Begriff der (eine Vergütungspflicht auslösenden) tatsächlichen wirtschaftlichen Verwertung fallen auch (bloß) **mittelbare Auswirkungen** der Erfindung als ein indirekter Nutzen. Dabei muss die Erfindung eine vorrangige, entscheidende kausale Bedeutung für diese mittelbaren Vorteile haben (KommRL Rz. 94 zu RL Nr. 7)^{392a}, beispielsweise, wenn eine Erfindung als entscheidendes (Kausalität!) Druckmittel dient, Vermögensvorteile von Dritten (z.b. Preissenkung von Zulieferern) zu erreichen^{393} oder wenn die Erfindung als (Werbe-)Mittel zum Abschluss anderweitiger Aufträge eingesetzt wird^{394} oder Grund für den Erhalt eines Forschungsauftrages ist^{395} (s. auch Rz. 193; vgl. im Einzelnen KommRL Rz. 93 f. zu RL Nr. 7).

Rz. 96-100 frei

IV. Erfindungswert bei (tatsächlicher) betrieblicher Eigennutzung

1. Betriebliche Eigennutzung

101 Unter betrieblicher Eigennutzung ist der tatsächliche Einsatz der erfinderischen Lehre (s. dazu Rz. 90 ff.) im Unternehmen des Arbeitgebers (z. Unternehmensbegriff s. Rz. 101 ff. zu § 1) insbesondere in den Verwertungsformen des § 9 PatG, zu verstehen (s. i. übrigen oben Rz. 91 ff.; s. auch RL Nrn. 3 ff.).
Hiervon abzugrenzen ist die Verwertung als Sperrpatent (s. RL Nr. 18 u. oben Rz. 201 ff.); zum Erfindungswert bei Vorratspatenten s. RL Nr. 21 u. oben Rz. 207 ff.; z. vergütungsfreien Vorbereitungshandlung s. oben Rz. 93 f.
102 Zur Nutzung im Konzernbereich s. Rz. 185; z. Vergütung bei zwischenbetrieblichen Kooperationen s. Rz. 191 f.

2. Berechnung des Erfindungswertes

a) Verhältnis der Berechnungsmethoden zueinander

103 Im Falle betrieblicher Eigennutzung kann der Erfindungswert gemäß RL Nr. 3 in der Regel nach **drei Berechnungsmethoden** ermittelt werden:
a) nach der Lizenzanalogie (RL Nrn. 6-11),

392a Zust. Schiedsst. v. 5.7.2001 Arb.Erf. 10/99 (unveröffentl.).
393 Vgl. Schiedsst. v. 17.4.1967 Blatt 1967, 321 u.v. 29.2.1996 Arb.Erf. 20/93 (unveröffentl.); Tetzner GRUR 1967, 513, 515; zust. Busse/Keukenschrijver, PatG, Rz. 22 zu § 11 ArbEG; zum Problemkreis der Kausalität s. insbes. Henn GRUR 1968, 121 ff.; Pietzcker GRUR 1968, 172 ff.
394 Vgl. Schiedsst. v. 23.7.1991 Blatt 1993, 114, 115 – Mischer; vgl. auch allg. BGH v. 29.5.1962 GRUR 1962, 509, 512 – Dia-Rähmchen II.
395 Vgl. LG Hamburg v. 7.2.1990 EGR Nr. 34 zu § 5 ArbEG.
396-401 frei

§ 9

b) nach dem erfassbaren betrieblichen Nutzen (RL Nr. 12),
c) in Form der Schätzung (RL Nr. 13).
Diese drei gebräuchlichen Berechnungsmethoden stellt RL Nr. 3 **alter**- 104
nativ nebeneinander; zu sonstigen Analogiemethoden s. RL Nr. 4 sowie
Rz. 301 ff.
Für die Methode der **Schätzung** ergibt sich aus RL Nr. 5 Abs. 2 Satz 5,
RL Nr. 13 Satz 1 deren subsidiäre Geltung (s. Rz. 176).
Entgegen der wohl herrschenden Meinung und der (verunglückten) Fas- 105
sung der RL Nr. 5 Abs. 1 Satz 1 und Abs. 2 letzter Satz stehen die Berechnungsmethoden der Lizenzanalogie und nach dem erfassbaren betrieblichen Nutzen nicht gleichrangig nebeneinander; vielmehr genießt die Methode der **Lizenzanalogie Vorrang** (s. Rz. 109). Wegen der Einzelheiten s. KommRL Rz. 8 ff. zu RL Nr. 5.
Zutreffend hat die Schiedsstelle stets betont, dass die RL Nrn. 3 ff. nicht 106
zu der Annahme verleiten dürfen, die Berechnungsmethode der Lizenzanalogie und die nach dem erfassbaren betrieblichen Nutzen seien mathematisch exakt, **bei sämtlichen Methoden** der Ermittlung des Erfindungswertes ist an einer oder gelegentlich auch an mehreren Stellen **vom Mittel der Schätzung Gebrauch zu machen,** sei es etwa bei dem Lizenzsatz für die Lizenzanalogie, bei dem erfassbaren betrieblichen Nutzen im Hinblick auf den kalkulatorischen Unternehmerlohn usw.[402]. Wegen der jeder Berechnungsart auf Grund ihrer wertenden Elemente innewohnenden Unsicherheiten sind Abweichungen im Einzelfall denkbar. In Fällen beispielsweise, in denen die Produktion des Erfindungsgegenstandes ein wirtschaftlicher Fehlschlag ist, liefe die Berechnung nach dem betrieblichen Nutzen darauf hinaus, dass der Arbeitnehmer an dem unternehmerischen Risiko gänzlich zu beteiligen wäre und er damit auf Grund eines so ermittelten Erfindungswertes im Verhältnis zu einem freien Erfinder schlechter gestellt werden würde[403] (s. auch oben Rz. 2.3).
Entsprechend dem bloßen Empfehlungscharakter der Richtlinien (s. RL 107
Nr. 1 Satz 1 2. Halbs.) ist stets die Methode zu wählen, die den Umständen des Einzelfalls gerecht wird, um eine angemessene Vergütung (§ 9 Abs. 1) zu erreichen[403a] (vgl. auch RL Nr. 5 Abs. 1). **Nicht die Methode, sondern das Ergebnis ist entscheidend**[403b].

---

402 Schiedsst. v. 25.2.1981 Blatt 1982 57, 58 u.v. 4.8.1987 Blatt 1988, 171; vgl. auch Schiedsst. v. 26.11.1992 EGR Nr. 70 zu § 9 ArbEG (VergHöhe).
403 OLG Frankf. v. 21.4.1977 EGR Nr. 21 zu § 9 ArbEG (VergAnspr.) – Absorberstabantrieb.
403a OLG Düsseldorf v. 16.8.2001 Az. 2 U 105/00 (unveröffentl.).
403b Zust. Busse/Keukenschrijver, PatG, Rz. 8 zu § 11 ArbEG.

§ 9

108 Ausgehend hiervon steht weder Arbeitgeber noch Arbeitnehmer ein die andere Seite bindendes **Wahlrecht** zwischen den einzelnen Methoden zu[404]. Allerdings verfügt der Arbeitgeber über ein Initiativrecht bei der Vergütungsberechnung (vgl. § 12 Abs. 1 u. 3) und damit auch bei der Auswahl der Berechnungsmethode (s. i. übr. Komm RL Rz. 23 ff. zu RL Nr. 5). Zulässig ist es, vorab eine bestimmte Berechnungsmethode zu vereinbaren, sofern dies der beabsichtigten Art der Verwertung entspricht (zulässig z.b. Lizenzanalogie für sämtliche Umsatzgeschäfte; vgl. dazu Komm RL Rz. 71 zu RL Nr. 5).

109 Da die **Lizenzanalogie** die **einfachste** und – wegen der geringsten Schätzungenauigkeiten – regelmäßig auch die **zuverlässigste** Berechnung zulässt, wird sie in der Unternehmenspraxis wie auch seitens der Schiedsstelle und der Gerichte vorrangig gehandhabt[404a]. Sie ist in der Regel besonders geeignet zur Prüfung der Frage, welche Gegenleistung für die Überlassung der Erfindung vernünftige Parteien vereinbart hätten.[405] Nach der hier vertretenen Auffassung stehen – entgegen der wohl herrschenden Meinung[405a] – insbesondere die Lizenzanalogie und die Methode nach dem erfassbaren betrieblichen Nutzen nicht gleichwertig nebeneinander; vielmehr hat die Lizenzanalogie eindeutig Vorrang (s. im Einzelnen KommRL Rz. 26 ff. zu RL Nr. 5). Sie ist immer dann angebracht, wenn erfindungsgemäße Produkte vom Arbeitgeber hergestellt und verkauft werden (Produktbezogenheit[405b]), wenn also mit der Erfindung ein **Umsatz** verbunden ist[405c], der den Marktwert der Erfindung am zutreffendsten widerspiegelt[405d] (s. KommRL

---

404 OLG Düsseldorf v. 9.4.1976 EGR Nr. 33 zu § 9 ArbEG (VergHöhe); Herbst i. BArbBl 1959, 627, 628; Busse/Keukenschrijver (Fn. 103b); Reimer/Schade/Schippel/Kaube Rz. 1 zu § 11/RL Nr. 5; Gaul/Bartenbach Handb. N 111 ff.
404a Vgl. z.B. Schiedsst. v. 20.10.1971 EGR Nr. 1 zu § 11 ArbEG/RL Nr.6 v. 1.6.1982 Arb.Erf. 66/81 u. v. 29.7.1999 Arb.Erf. 16/98 (beide unveröffentl.); OLG Frankfurt v. 21.4.1977 (Fn. 403), bestätigt d. BGH v. 31.1.1978 GRUR 1978, 430 ff. – Absorberstabantrieb I; LG Düsseldorf v. 22.11.1988 Az. 4 O 335/85 (unveröffentl.); Reimer/ Schade/Schippel/Kaube Rz. 2 zu § 11/ RL Nr. 5; vgl. auch Lindenmaier/Lüdecke Anm. 4 zu § 11/RL Nr.5.
405 BGH v. 16.4.2002 Az. X ZR 127/99 (z. Veröffentl. i. GRUR vorgesehen).
405a Z.B. Reimer/Schade/Schippel/Kaube Rz. 41 zu § 9; Lindenmaier/Lüdecke Anm. 1 zu § 11/RL Nr. 5; Gaul GRUR 1980, 1029, 1032; vgl. auch BGH v. 17.5.1994 GRUR 1994, 898, 900 – Copolyester I, der i.H.a. »die verschiedenen Möglichkeiten einer Vergütungsberechnung von einem weiten Umfang« der Auskunfts- u. Rechnungslegungspflicht d. Arbeitgebers ausgeht.
405b OLG Düsseldorf v. 16.8.2001 (Fn. 403a).
405c Ebenso ständ. Praxis d. Schiedsst., z.B. v. 4.8.1987 Blatt 1988, 171, 172; v. 25.7.1991 Arb.Erf. 86/89; v. 25.3.1994 Arb.Erf. 64/93; v. 21.3.1995 Arb.Erf. 57/93; v. 29.2. 1996 Arb.Erf. 20/96; v. 18. 12. 2001 Arb.Erf. 57/98; ebenso OLG Düsseldorf v. 30.11.1995 Az. 2 U 118/94 (alle unveröffentl.); LG Düsseldorf v. 28.8.1997 Entscheidungen 4. ZK. 1997, 75, 78 – Craft-Spulkopf; OLG Frankfurt v. 21.4.1977 (Fn. 403).
405d Schiedsst. v. 5. 6. 1998 Arb.Erf. 81/96 (z. Veröffentl. i. EGR vorgesehen).

§ 9

Rz. 36 ff. zu RL Nr. 5). Sie ist zudem regelmäßig bei einer **vorläufigen Vergütungsberechnung** (s. dazu Rz. 60 ff. zu § 12) zu wählen[406].
Die Methode der Berechnung nach dem **erfassbaren betrieblichen Nutzen** (RL Nr. 12) sollte grundsätzlich nur dann in Betracht gezogen werden, wenn die Methode der Lizenzanalogie nicht zum Zuge kommt[410], insbesondere wenn sich die Erfindung **nur innerbetrieblich auswirkt** bzw. rein innerbetrieblich eingesetzt wird, ohne sich in Verkaufsprodukten und damit in einem Umsatz niederzuschlagen[411] (vgl. RL Nr. 5 Abs. 2 – Einzelheiten s. KommRL Rz. 51 ff. zu RL Nr. 5). Selbst bei **ausschließlich innerbetrieblicher Nutzung** erfindungsgemäßer Vorrichtungen ohne Umsatzgeschäft wendet die Schiedsstelle in ständiger Praxis die Methode nach der Lizenzanalogie dann an, wenn die **Vorrichtung in erheblicher Stückzahl genutzt wird**[412]. Wird die erfindungsgemäße Vorrichtung sowohl **innerbetrieblich benutzt als auch verkauft**, ist die Vergütung ebenfalls nach der Lizenzanalogie zu berechnen[413] (s. dazu KommRL Rz. 37 ff. zu RL Nr. 5). Gleiches gilt, wenn ein erfindungsgemäßes Verfahren in unmittelbarem Zusammenhang mit einem Produktionsprozess steht (Produktbezogenheit), selbst wenn es sich nicht in dem Produkt niederschlägt, wie etwa ein umweltverträgliches Verfahren als Voraussetzung zur Produktion[413a] (z.B. Abwasserreinigung, Gasreinigung).
RL Nr. 5 Abs. 2 führt die wesentlichen Fälle auf, in denen die Methode nach dem erfassbaren betrieblichen Nutzen in Betracht kommt. Dazu gehören vorrangig die Fälle, in denen mit dem innerbetrieblichen Einsatz der Erfindung **Ersparnisse** erzielt werden. Gleiches gilt, wenn ein Verfahrenspatent nicht unmittelbar zur Herstellung eines bestimmten Produktes führt, sondern lediglich bestimmte Bereiche eines Produktionsprozesses

110

---

406 OLG Düsseldorf v. 11.1.1974 EGR Nr. 35 zu § 9 ArbEG (VergHöhe) u. LG Düsseldorf v. 16. 3. 1999 Az. 4 O 17i/98 (unveröffentl.).
407-409 frei
410 Ebenso Reimer/Schade/Schippel/Kaube Rz. 3 zu § 11/RL Nr. 12 m.H.a. die Schiedsstellenpraxis; vgl. etwa Schiedsst. v. 30.9.1992 EGR Nr. 69 zu § 9 ArbEG (VergHöhe)
411 Ständ. Praxis d. Schiedsst., z.B. Schiedsst. v. 17. 10. 1991 Mitt. 1997, 373 – Anlagensteuerung; v. 23.12.1993 Arb.Erf. 178/92 (unveröffentl.); v. 5. 6. 1998 (Fn. 405d); OLG Frankfurt v. 21.4.1977 (Fn. 403); vgl. auch OLG Düsseldorf v. 9.4.1976 (Fn. 404) u. LG Düsseldorf v. 20. 6. 2000 Az. 4 O 326/99 (unveröffentl.).
412 Schiedsst. v. 25.11.1981 Arb.Erf. 17/81 (unveröffentl.), in der bei 11-14 innerbetrieblich eingesetzten Vorrichtungen zur Lizenzanalogie übergegangen wurde; ebenso Schiedsst. v. 2.3.1994 Arb.Erf. 77/92 (unveröffentl.), bei einer Stückzahl von 37 und einem Einzelnettoverkaufspreis von rd. 10.000,00 DM.
413 Ständ. Praxis d. Schiedsst., z.B. EV. v. 4.8.1987 Blatt 1988, 171, 172; v. 18.11.1993 Arb.Erf. 19/93 u.v. 2.3.1994 Arb.Erf. 77/92 (beide unveröffentl.); zust. auch Reimer/Schade/Schippel/Kaube Rz. 3 zu § 11/RL Nr. 3 u. Rz. 2 zu § 11/RL Nr. 5 sowie Busse/Keukenschrijver, PatG, Rz. 12 zu § 11 ArbEG.
413a OLG Düsseldorf v. 16.8.2001 Az. 2 U 105/00; so i. Ergebnis auch Schiedsst. EV. v. 7.12.2000 Arb.Erf. 62/97 (beide unveröffentl.).

§ 9

beeinflusst. Trotz Umsatzes kommt ausnahmsweise die Berechnung nach RL Nr. 12 in Betracht, wenn eine Erfindung nur ganz vereinzelt genutzt wird und die Lizenzanalogie dann zu Ungerechtigkeiten führen würde, wenn der Arbeitgeber aus dem zahlenmäßig geringen Einsatz gleichwohl eine ganz erhebliche Ersparnis erzielte, so dass auch ein freier Erfinder seine Erfindung nicht zu einem üblichen Lizenzsatz anbieten würde[414].

Ist der **betriebliche Nutzen nicht erfassbar**, fehlt es an einer Grundvoraussetzung für die Anwendung der RL Nr. 12; hier kommt – sofern kein Umsatz erzielt wird – nur eine Schätzung nach RL Nr. 13 in Betracht[415] (s. im Übrigen KommRL Rz. 51 ff. zu RL Nr. 5).

111 Zutreffend betont RL Nr. 5 Abs. 2, dass bei der Bemessung nach dem betrieblichen Nutzen den Arbeitgeber **weitergehende Auskunfts- bzw. Rechnungslegungspflichten** treffen (vgl. dazu Rz. 162 ff. zu § 12). Auch wenn damit häufig eine größere Belastung des verpflichteten Arbeitgebers verbunden ist, braucht sich der Arbeitnehmer deshalb nicht auf eine Ermittlung des Erfindungswertes nach der Lizenzanalogie verweisen zu lassen[420], sofern eine Berechnung nach RL Nr. 12 vorrangig ist.

112 Auch die Ermittlung des Erfindungswertes nach dem betrieblichen Nutzen orientiert sich letztlich an dem Leitgedanken, **was der Arbeitgeber einem freien Erfinder** für den Gegenstand der Erfindung **zahlen würde**[421].

113 Als **Kontrolle** soll gemäß RL Nr. 5 Abs. 2 a. E. grundsätzlich ein Vergleich zwischen den sich bei der Lizenzanalogie und dem erfassbaren betrieblichen Nutzen ergebenden Erfindungswerten angestellt werden. Diese empfohlene Kontrollberechnung vermittelt regelmäßig keine große praktische Hilfe. Sie kommt nur dann in Betracht, wenn auch für die andere Berechnungsmethode ausreichende Berechnungsgrundlagen vorliegen (Einzelheiten s. Komm RL Rz. 73 f. zu RL Nr. 5).

Rz. 114-119 frei

b) Lizenzanalogie

aa) Grundsatz

120 Die Lizenzanalogie ist die **am einfachsten zu handhabende Methode** zur Berechnung des Erfindungswertes und wird daher in der Praxis regelmäßig den beiden anderen Berechnungsmethoden vorgezogen (s. Rz. 103 ff., 109).

414 Schiedsst. v. 25.11.1981 Arb.Erf. 17/81 (Fn. 412).
415 So i. Ergebn. ständ. Praxis d. Schiedsst., etwa EV. v. 18.4.1991 Arb.Erf. 10/90 u.v. 17.10.1991 Arb.Erf. 29/91 (beide unveröffentl.).
416-419 frei
420 LG Düsseldorf v. 10.4.1984 Az. 4 O 55/83 – Polymerisationsanlage (unveröffentl.).
421 LG Düsseldorf v. 10.4.1984 (Fn. 420).
422 LG Düsseldorf v. 19.7.1983 Az. 4 O 216/74 – Verpackungsanlage (unveröffentl.).
423-429 frei

§ 9

121 Hier wird der Erfindungswert auf der Basis ermittelt, **welche Gegenleistung** (Lizenzgebühr) **ein freier Erfinder für seine Erfindung bekäme**[430] (s. Rz. 76); es wird also gefragt, welcher Lizenzsatz vereinbart worden ware, wenn dieser unter ungebundenen Vertragsparteien auf dem freien Markt ausgehandelt worden wäre[430a]. Bei der Lizenzanalogie wird – sofern konkrete, auf die Diensterfindung bezogene Lizenzsätze fehlen – ein für vergleichbare Fälle bei freien Erfindungen **branchenüblicher Lizenzsatz** (Lizenzfaktor; vgl. RL Nr. 10) ermittelt; dieser in Prozenten oder als bestimmter Geldbetrag je Stück oder Gewichtseinheit (vgl. RL Nr. 39) ausgedrückte Lizenzsatz wird auf eine bestimmte Bezugsgröße (erfindungsgemäßer Umsatz oder erzeugte Menge – vgl. RL Nr. 7, s. Rz. 125) bezogen. Erfindungswert ist dann die mit dem Lizenzsatz multiplizierte Bezugsgröße (RL Nr. 3 lit. a, s. Rz. 292).

122 Wesentliche **Kriterien** zur Feststellung des angemessenen Lizenzsatzes führt RL Nr. 6 auf (s. dazu KommRL Rz. 51 ff. zu RL Nr. 6). Zusätzliche Anhaltspunkte für die Bestimmung des Lizenzsatzes soll RL Nr. 10 durch die dort für bestimmte Industriezweige angegebenen üblichen Lizenzsätze gewähren – eine Richtlinie, die allerdings der Praxis wegen des zu weit gesteckten und heute nicht mehr zeitgemäßen Rahmens keine große Hilfe bietet (s. dazu Rz. 131 ff.).

Liegen in Bezug auf die zu vergütende Diensterfindung bereits Lizenzverträge vor, können die dort vereinbarten Lizenzgebühren vorrangig als Anhaltspunkt dienen **(konkrete Lizenzanalogie)**[430b]. Regelmäßig geben solche Lizenzverträge den tatsächlichen Marktwert der Diensterfindungen als Ergebnis des freien Kräftespiels von Angebot und Nachfrage wieder[431]. Dabei dürfen allerdings besondere, die Lizenzhöhe beeinflussende Umstände nicht außer Acht gelassen werden, so dass eine Analyse der jeweiligen, konkreten Lizenzvertragssituation notwendig wird (vgl. unten Rz. 124 u. Komm RL Rz. 11 ff. zu RL Nr. 6).

122.1 Die RL Nrn. 7–9 geben weitere Hinweise, wie der zur Bestimmung des Erfindungswertes anzustellende Vergleich mit dem freien Erfinder praktisch durchzuführen ist. Gemäß RL Nr. 7 Sätze 3 und 4 ist bei der Bemessung des Erfindungswertes ein auf den tatsächlich erzielten erfindungsgemäßen Umsatz (s. Rz. 125) bezogener Lizenzsatz zugrunde zu legen und

---

430 Vgl. auch Schiedsst. v. 7.2.1983 Blatt 1984, 218, 219. Zur Methode d. Lizenzanalogie bei der Entschädigung nach § 33 PatG und zur Schadensberechnung bei Patentverletzungen vgl. z.B. BGH v. 11.4.1989 GRUR 1989, 411, 413 – Offenendspinnmaschine; v. 18.2.1992 GRUR 1992, 432, 433 – Steuereinrichtung I u.v. 30.5.1995 GRUR 1995, 578, 579 – Steuereinrichtung II.
430a BGH v. 13.11.1997 GRUR 1998, 684, 687 – Spulkopf.
430b Schiedsst. v. 20.1.1997 Arb.Erf. 34/93 (unveröffentl.).
431 Schiedsst. v. 30.9.1992. EGR Nr. 69 zu § 9 ArbEG (VergHöhe).

§ 9

nicht auf eine bloße Umsatzsteigerung abzustellen[431a], zumal die in RL Nr. 10 wiedergegebenen Lizenzsätze sich auch auf den tatsächlichen Gesamt-Nettoumsatz beziehen[432] (s. dazu KommRL Rz. 8 ff., 52 ff. zu RL Nr. 7).

123 Von der Lizenzanalogie ist die (kaum gebräuchliche) **Kaufpreisanalogie** zu unterscheiden[433]. Dabei wird – insbesondere im Falle einer angestrebten Pauschalabfindung – der Erfindungswert in Anlehnung an den Kaufpreis für eine vergleichbare Erfindung ermittelt[433a]. Diese Methode sollte nur dann in Betracht gezogen werden, wenn sowohl die Lizenzanalogie als auch die Methode nach dem erfassbaren betrieblichen Nutzen ausscheiden und mittels der Kaufpreisanalogie eine Gesamtschätzung nach RL Nr. 13 vermieden werden kann, weil im Markt vergleichbare und äquivalente Lösungen erhältlich sind[433b]. S. im Übrigen KommRL zu RL Nr. 4; vgl. auch unten Rz. 301 ff.

bb) Wahl der Lizenzsätze

124 Zur **praktischen Handhabung** der Lizenzanalogie wird man für den Regelfall folgende **Reihenfolge** zu beachten haben:
a) Liegen **konkrete**, auf die zu vergütende Diensterfindung bezogene und ausgeübte **Lizenzverträge** vor, sind diese nach dem Vertragsgegenstand (z.B. Bezugsgröße[433c], Produktmarkt) und den vom Arbeitgeber als Lizenzgeber insgesamt zu erbringenden Leistungen (zusätzliches Knowhow[433d], Überlassung sonstiger Schutzrechte und/oder zukünftiger Weiterentwicklungen, Haftung, Markennutzungsrechte, Abstaffelung usw.) zu analysieren; ferner ist zu beachten, wer Lizenznehmer ist (wirtschaftlich oder organisatorisch verbundenes Unternehmen usw.) und damit, ob es sich um einen »Freundschaftspreis« oder echten Marktwert handelt[434] (Vorrang der konkreten Lizenzanalogie, s. Rz. 122; siehe i. übr. Komm Rz. 11 ff. zu RL Nr. 6);
b) Scheidet die konkrete Lizenzanalogie (a) aus, verbleibt es bei der **abstrakten Lizenzanalogie**[434a]. Vor einem Rückgriff auf branchenübliche

---

431a Ebenso Schiedsst. v. 18.1.1990 Blatt 1990, 336 u.v. 10.8.1993 Arb.Erf. 14/92 (unveröffentl.).
432 Schiedsst. v. 12.3.1964 Blatt 1964, 233 u.v. 25.5.1981 Arb.Erf. 32/78 (unveröffentl.).
433 Vgl. dazu Schiedsst. v. 25.2.1981 Blatt 1982, 57 ff.
433a Schiedsst. v. 25.2.1981 (Fn. 433).
433b So im Ergebn. auch Schiedsst. v. 24.9.1991 Arb.Erf. 10/91 u.v. 27.9.1994 Arb.Erf. 76/93 (beide unveröffentl.).
433c Vgl. z.B. Schiedsst. v. 16.12.1997 Arb.Erf. 35/96 (zur Veröffentl. in EGR vorgesehen).
433d Vgl. zur Abschätzung des Know-how-Anteils Schiedsst. v. 30.9.1992 EGR Nr. 69 zu § 9 ArbEG (VergHöhe).
434 Schiedsst. v. 25.2.1981 (Fn. 433) 58 l.Sp.; vgl. auch Schiedsst. v. 6.3.1980 Blatt 1982, 277, 278.
434a A.A. Krieger GRUR 1995, 624, der dann Methode nach dem betriebl. Nutzen den Vorrang einräumt.

§ 9

Lizenzsätze ist zu prüfen, ob **firmenübliche Lizenzsätze** vorliegen[435], d.h. ob Lizenzsätze für vergleichbare Erfindungen aus Lizenzverträgen des Arbeitgebers (Lizenzvergabe/Lizenznahme) bekannt sind (s. dazu KommRL Rz. 31 ff. zu RL Nr. 6).
c) Scheidet auch dies aus, ist auf **branchenübliche Lizenzsätze** zurückzugreifen (RL Nr. 10, s. unten Rz. 131 ff.).
Der Arbeitgeber hat insoweit kein freies Wahlrecht. Vielmehr ist stets der übliche Lizenzsatz heranzuziehen, der dem Erfindungsgegenstand und seinem Einsatz im Unternehmen des Arbeitgebers gerecht wird, also nach den Umständen des Einzelfalls angemessen ist. Siehe im Übrigen Rz. 133 ff.

cc) Wahl der richtigen Bezugsgröße

RL Nr. 7 behandelt den notwendigen zweiten Berechnungsfaktor, die **rechnerische Bezugsgröße des Lizenzsatzes**, nämlich Umsatz und Erzeugung. Im Regelfall wird der **Umsatz zugrunde gelegt**, zumal auch die üblichen Lizenzsätze (s. Rz. 131 ff.) umsatzbezogen sind (s. Rz. 122.1). Umsatz ist im Regelfall das Entgelt aus dem Verkauf oder einer sonstigen Lieferung der erfindungsgemäßen Produkte und Waren; dabei kommt es nicht auf den in Rechnung gestellten Betrag an, sondern nur auf die vom Arbeitgeber tatsächlich erzielten Einnahmen (**Nettoumsatz** ohne Umsatzsteuer, Frachtkosten, Skonti, Abnehmervergünstigungen usw.; Einzelheiten s. KommRL 7 ff. zu RL Nr. 7).

125

Wird ausnahmsweise auf die **Erzeugung**, also auf die Herstellung abgestellt, so können die üblichen Lizenzsätze nicht ohne weiteres herangezogen werden, da diese sich ja auf Umsatzgeschäfte beziehen. Werden deshalb als Bezugsgröße die Herstellungskosten zugrunde gelegt, ist ein **Gewinnaufschlag** erforderlich, und zwar der für vergleichbare Produkte firmenübliche oder sonst ein abstrakter, den die Schiedsstelle nach häufiger Praxis mit 60 % der Herstellungskosten bemisst, umso auf den für den Lizenzsatz vergütungsrelevanten Umsatz zu kommen[440]. Vgl. im Übrigen KommRL Rz. 31 ff. zu RL Nr. 7.

In der betrieblichen Praxis müssen insbesondere wegen Gewährleistungs- und Haftungsrisiken bei »sensiblen« oder reklamationsanfälligen Produkten häufig **Rückstellungen** gebildet werden, die den Umsatz mindern; un-

---

435 LG Düsseldorf v. 28. 8. 1997 Entscheidungen 1. ZK. 1997, 75, 79 – Craft-Spulkopf; vgl. auch Volmer VergütgRLn. Rz 18 zu RLn. 1959, Nr. 3; Volmer/Gaul Rz. 264 f. zu § 9/RL Nr. 5; Reimer/Schade/Schippel/Kaube Rz. 3 zu § 11/RL Nr. 8; vgl. auch Hellebrand GRUR 1993, 449, 454.
436-439 frei
440 Z.B. EV. v. 20.1.1995 Arb.Erf. 12/94 (unveröffentl.) u. v. 6.10.1998 Arb.Erf. 117/96 (z. Veröffentl. i. EGR vorgesehen); Reimer/Schade/Schippel/Kaube Rz. 2 zu § 11/RL Nr. 7.

§ 9

ter Berücksichtigung von Rückstellungen ebenso wie von **sonstigen Abzugsfaktoren** (Fracht, Skonti, Verpackung, Versicherung, Vertriebskosten usw.) hat die Schiedsstelle im Einzelfall pauschale Abzugspositionen als »**Erlösschmälerung**« anerkannt[441]; in der betrieblichen Praxis liegen diese häufig zwischen 5–10 %[441a] (zu den Abzugsfaktoren im Einzelnen s. KommRL Rz. 12 ff., 22 ff. zu RL Nr. 7).

125.1 Diese rechnerische Bezugsgröße der RL Nr. 7 ist von der **technisch-wirtschaftlichen Bezugsgröße** (s. RL Nr. 8) zu unterscheiden. RL Nr. 8 nimmt dazu Stellung, ob Berechnungsgrundlage für den Erfindungswert eine **Gesamtvorrichtung** (Verfahren) ist oder nur ein **Teil** davon. Diese technisch-wirtschaftliche Bezugsgröße ist regelmäßig gemeint, wenn in der Praxis der Begriff »Bezugsgröße« verwendet wird.

Die besondere **Bedeutung** der Wahl der zutreffenden **Bezugsgröße für den Lizenzsatz** liegt auf der Hand; es wirkt sich schon aus, ob für einen Lizenzsatz der Wert der Gesamtanlage (z.B. Pkw) oder nur der Wert des Einzelteils, welches nach der Erfindung ausgeführt ist (z.B. erfindungsgemäße Schiebedachkonstruktion), als Bezugsgröße zugrunde gelegt werden muss[441b]. Ist die Gesamtanlage Bezugsgröße, liegen die Lizenzsätze im Allgemeinen im unteren Bereich des üblichen Rahmens und können diesen auch unterschreiten. Andernfalls würde der Erfinder unangemessen an Teilen beteiligt, die er nicht erfunden oder verbessert hat[441c]. Je umfassender die Bezugsgröße ist, umso niedriger fällt regelmäßig der Lizenzsatz aus[441d]. Andererseits spricht die Wahl einer besonders kleinen Bezugsgröße bei umfassenden Anlagen/Produkten/Verfahren für einen höheren Lizenzsatz[441e].

Dabei müsste es theoretisch an sich gleichgültig sein, welche Bezugsgröße (Gesamtanlage/Einzelteil) gewählt wird, da der Prozentsatz der Lizenzgebühr – bezogen auf den Ausgangswert – bei beiden Berechnungen wegen der Wechselwirkung zwischen Bezugsgröße und Lizenzsatz[441f] sehr verschieden sein muss und insoweit mit beiden Berechnungsarten das gleiche

---

441 Z.B. Schiedsst. v. 8.2.1989 Arb.Erf. 88/87 (unveröffentl.) – dort insges. 7,5 % pauschal; v. 11.5.1995 Arb.Erf. 57/93 (unveröffentl.) – dort insges. 5 %.
441a Im EV. v. 23.3.1995 Arb.Erf. 177/92 (unveröffentl.) hat die Schiedsst. wg. der hohen Zusatzkosten (einschl. Vertreterprovisionen im Ausland) einen pauschalen Abzug von 15 % anerkannt.
441b Ausführl. Schade i. Festschr. VVPP (1975) S. 148 f.; Bartenbach/Volz Festschr. Nirk (1992), 39 ff; Busse/Keukenschrijver, PatG, Rz. 13 zu § 11 ArbEG.
441c LG Düsseldorf v. 13.10.1998 Entscheidungen 4. ZK. 1998, 107, 113 – Schaltungsanordnung.
441d Vgl. z.B. OLG Frankfurt v. 30.4.1992 GRUR 1992, 852 – Simulation von Radioaktivität; Schiedsst. v. 7.2.1983 Blatt 1984, 218, 219 l.Sp.
441e Vgl. z.B. Schiedsst. v. 22.2.1991 GRUR 1992, 390, 392 – Medikalprodukt; v. 4.6.1993 EGR Nr. 8 zu § 11 ArbEG (RL Nr. 11); v. 22. 6. 1995 Mitt. 1996, 220, 221 – Bedienungseinrichtung.
441f Vgl. BGH v. 30.5.1995 GRUR 1995, 578, 580 – Steuereinrichtung II.

§ 9

Ergebnis zu erreichen wäre[442]. Um aber mögliche Verzerrungen zu vermeiden, ist es geboten, bei der Vergütungsermittlung den Weg zu wählen, der den **technischen und/oder wirtschaftlichen Gegebenheiten am besten entspricht**[442a]; dies gilt umso mehr, als beim Abstellen auf den Wert der Gesamtanlage eine stärkere Minderung des Erfindungswertes auf Grund des Eingreifens der Abstaffelung gem. RL Nr. 11 in Betracht kommt.

Für die Bestimmung der Bezugsgröße ist die (Verkehrs-)Üblichkeit (vgl. RL Nr. 8 S. 2) zu beachten[443] und die Erfindung unter Berücksichtigung aller Umstände des Einzelfalles zu würdigen. Dabei können die Maßstäbe der Rechtsprechung zur Schadensberechnung bei Schutzrechtsverletzungen nach der Lizenzanalogie[443a], die stärker nach wirtschaftlichen Kriterien ausgerichtet sind, im Einzelfall mit herangezogen werden. Es ist zu fragen, was vernünftige Parteien bei Abschluss eines Lizenzvertrages über diesen Erfindungsgegenstand bei wirtschaftlichen Überlegungen vereinbart hätten[443b]. Einbezogen werden auch die technischen Einflüsse und Eigenschaften der geschützten Erfindung auf die Gesamtvorrichtung. Deshalb prüft die Schiedsstelle in ständiger Praxis auf der Basis des »Kreuzbodenventilsäcke III«-Urteils des BGH[443c], wie weit der technisch-patentrechtliche Einfluss der Erfindung reicht[443d]; dabei untersucht sie, **welche Teile durch die geschützte Erfindung ihr kennzeichnendes Gepräge** erhalten[444]. Von der Gesamtvorrichtung ist nur auszugehen, wenn auch die gesamte Vorrichtung durch die Erfindung kennzeichnend geprägt wird[444a]. Im Übrigen ist die **kleinste technisch-wirtschaftliche (funktionelle) Einheit** als Bezugsgröße anzusetzen, welche noch von der Erfindung geprägt bzw. in ih-

126

---

442 BGH v. 26.6.1969 GRUR 1969, 677, 680 – Rüben-Verladeeinrichtung m. Anm. Fischer; BGH v. 31.1.1978 Blatt 1978, 345, 348 l.Sp. – Absorberstabantrieb I u.v. 25.11.1980 GRUR 1981, 263, 264 – Drehschiebeschalter; Schiedsst. v. 16.10.1958 Blatt 1959, 16; Schade GRUR 1965, 634, 639; Benkard/Rogge PatG Rz. 69 zu § 139.
442a Schiedsst. v. 3.4.1963 Blatt 1964, 375; im Anschluss daran u.a. Schiedsst. v. 24.10. 1991 Arb.Erf. 31/91 (unveröffentl.); Schade (Fn. 441b) S. 163; s. auch Gaul GRUR 1983, 209, 216 ff.
443 BGH v. 30.5.1995 GRUR 1995, 578, 579 – Steuereinrichtung II.
443a Vgl. z.B. BGH v. 18.2.1992 GRUR 1992, 599 – Teleskopzylinder; v. 30.5.1995 (Fn. 443).
443b BGH v. 30.5.1995 (Fn. 443).
443c V. 13.3.1962 GRUR 1962, 401.
443d So die Praxis der Schiedsstelle, z.B. EV. v. 30.11.1993 Arb.Erf. 140/92; v. 15.9.1994 Arb.Erf. 172/92 u.v. 14.2.1995 Arb.Erf. 46/93 (alle unveröffentl.).
444 Ständ. Praxis d. Schiedsst., z.B. v. 3.2.1964 (Fn. 443); v. 6.3.1980 Blatt 1982, 277, 278; v. 16.6.1983 Blatt 1984 250, 251; v. 26.11.1992 EGR Nr. 70 zu § 9 ArbEG (VergHöhe); v. 22.2.2001 Arb.Erf. 69/98 (unveröffentl.) – alle im Anschluss an BGH v. 13.3.1962 (Fn. 443c); LG Braunschweig v. 12.1.1993 Az 9 O 3/91 (unveröffentl.); Reimer/Schade/Schippel/Kaube Rz 4 zu § 11/RL Nr. 8.
444a Schiedsst. v. 15.9.1994 (Fn. 443d).

§ 9

rer Funktion beeinflusst wird[445]. An diese Begriffsbestimmung knüpft auch der Referentenentwurf des ArbEG zur Definition der Bezugsgröße an[445a]. Diese Einheit muss grundsätzlich alle Teile umfassen, die für die Erfindung und ihre Funktion notwendig sind[446].

Bei dieser Prüfung zieht die Schiedsstelle regelmäßig auf Grund der **Patentschrift** (Gebrauchsmusterschrift) den Gegenstand der Erfindung (Ansprüche) und das technische Problem (Aufgabe) heran, das mit der Erfindung gelöst werden soll[447]. Es wird also gefragt, **was durch die Erfindung erreicht werden soll und was effektiv erreicht wird.**

Eine technisch-wirtschaftliche (funktionelle) Einheit können grundsätzlich nur solche Teile bilden, die in sich **selbständig funktionieren**, also die erfindungsgemäße Wirkung zeigen[447a]. Unter wirtschaftlichen Aspekten kann es namentlich eine Rolle spielen, ob die **Gesamtvorrichtung üblicherweise als ganzes geliefert wird und ob sie durch den geschützten Teil insgesamt eine Wertsteigerung erfährt**[447b]. Andererseits liegt ein Abstellen auf das erfindungsgemäße Einzelteil nahe, wenn die Erfindung nur einen in sich **abgeschlossenen Teilaspekt einer Gesamtanlage** betrifft, nur für bestimmte Einsatzmöglichkeiten geeignet ist oder die erfindungsgemäßen Teile ohne Einfluss auf die Funktionsfähigkeit der Gesamtvorrichtung **austauschbar** sind[447c].

Im Einzelfall sind die Grenzen bei der Bestimmung der Bezugsgröße fließend, so dass der Wert des Einzelteiles auch durch einen **Zuschlag**[448] oder durch einen **Multiplikator** (z.B. das 1,5-fache des Nettoverkaufspreises des erfindungsgemäßen Einzelteils[448a] oder das 3-fache des Wertes des Einzelteils)[449] ermittelt werden kann; andererseits kann – etwa bei außerordentlich hohen Materialwerten und den dadurch verursachten hohen Umsatzzahlen, ferner bei Schutzrechtskomplexen – durch eine Reduzierung des Wertes (**Abschläge** bzw. **prozentuale Anteile** vom Wert der Gesamt-

---

445 Schiedsst. v. 10.10.1978 Blatt 1980, 60, 61; v. 8.8.1989 Arb.Erf. 90, 93, 103/88 (unveröffentl.); v. 15.9.1994 (Fn. 443d); v. 20.9.1994 Arb.Erf. 106/93 (unveröffentl.); v. 26.10.1994 Arb.Erf. 154/92 (unveröffentl.); ebenso LG Düsseldorf v. 17.10.1991 Az 4 O 13/91 (unveröffentl.); ebenso Gaul (Fn 443) S 18; Reimer/Schade/Schippel/Kaube Rz. 2 zu § 11/RL Nr. 8.
445a Referentenentwurf S 9, 26.
446 Schiedsst. v. 27.1.1989 Arb.Erf. 34/88 (unveröffentl.).
447 ständ. Praxis, z.B. Schiedsst. v. 8.2.1989 Arb.Erf. 13/88 (unveröffentl.).
447a So i. Ergebn. Schiedsst. v. 19.9.1985 Arb.Erf. 23/85 (unveröffentl.).
447b BGH v. 30.5.1995 (Fn. 443) im Anschl. an BGH v. 18.2.1992 GRUR 1992, 599, 600 – Teleskopzylinder m.H.a. RGZ 144, 187, 192.
447c Vgl. die Beispiele bei Bartenbach/Volz in Festschr. Nirk (1992), S. 39 ff.
448 Schiedsst. v. 18.2./9.11.1970 Blatt 1970, 170 f.
448a Schiedsst. v. 9.6.1995 Arb.Erf. 102/93 (unveröffentl.).
449 Schiedsst. v. 8.7.1974 Blatt 1974, 385 m. krit. Bespr. Johannesson GRUR 1975, 588 ff.; ferner Schiedsst. v. 16.4.1996 Arb.Erf. 94/94 (unveröffentl.).

anlage) Rechnung getragen werden[449a]. So kann ein den Erfindungswert verfälschender überhoher Anteil des Wertes eines bei einer Verarbeitung benötigten Edelmetalls (z. B. Platin, Gold) auf ein normales, dem eigentlichen Wert der Erfindung gerecht werdendes Maß zurückgeführt werden.[449b] Dies gilt aber nicht, wenn das spezifische Material Teil der erfindungsgemäßen Lehre ist (z. B. erfindungsgemäß platinbeschichteter Katalysator oder besonders drucktemperaturfester und gegen agressive Medien widerstandsfähiger hochfester und hochlegierter Stahl).[449c] Der Gesichtspunkt einer Problemreduzierung (»ohne die Erfindung keine Auftragserteilung«) rechtfertigt dagegen nicht die Wahl einer umfasseneren Bezugsgröße, sondern lediglich die Anhebung des Lizenzsatzes[450].

Über den Wortlaut der RL Nr. 8 hinaus gelten diese Grundsätze auch für Erfindungen, die ein **Verfahren** (Herstellungs- oder Arbeitsverfahren) zum Gegenstand haben[451].   **127**

Nähere Einzelheiten zur Wahl der Bezugsgröße s. Komm RL zu RL Nr. 8; zu kartellrechtlichen Aspekten s. Rz. 138.

dd) Gesamterfindungswert (RL Nr. 19)/Höchstbelastbarkeit

Werden bei einem Erzeugnis oder Verfahren **mehrere Erfindungen benutzt**, so soll gemäß RL Nr. 19 zunächst der Wert des Gesamtkomplexes, also dessen gesamter Erfindungswert ermittelt werden; dieser ist sodann auf die einzelnen Erfindungen entsprechend ihrem Einfluss auf den Schutzrechtskomplex aufzuteilen[452]. Die Aufteilung ist allerdings regelmäßig dann entbehrlich, wenn alle Erfindungen von demselben Alleinerfinder bzw. denselben Miterfindern stammen. Hier kann unter Beachtung der Höchstbelastbarkeit ein einheitlicher Lizenzsatz für den Gesamtkomplex gebildet werden.   **128**

Im Vorfeld ist stets **zu prüfen**, welche **technisch-wirtschaftliche Bezugsgröße** für die zu vergütende Erfindung angemessen ist (RL Nr. 8 s. oben Rz. 125 ff.). Erst wenn diese Bezugsgröße feststeht, stellt sich die Frage, ob diese Bezugsgröße andere Erfindungen einschließt. Ist das der Fall, wird RL Nr. 19 relevant; es ist also für diese Bezugsgröße ein Gesamterfindungswert zu bilden (s. im Übrigen KommRL Rz. 29 ff. zu RL Nr. 19).

449a   Vgl. Schiedsst. v. 25.4./24.8.1961 Blatt 1961, 51; v. 10.10.1978 Blatt 1980, 60; vgl. auch Schiedsst. v. 26.11.1992 (Fn. 444).
449b   Schiedsst. v. 26.11.1992 (Fn. 444).
449c   Schiedsst. v. 18.9.2001 Arb.Erf. 72/99 u. v. 12.2.1998 Arb.Erf. 52/96 (beide unveröffentl.).
450   LG Düsseldorf v. 17.9.1991 (Fn. 445).
451   Schiedsst. v. 25.4./24.8.1961 Blatt 1962, 51; v. 6.3.1980 Blatt 1982, 277, 278; Schade GRUR 1970, 579, 584; Reimer/Schade/Schippel/Kaube Rz. 6 zu § 11/RL Nr. 8; s. auch Schiedsst. v. 7.3.1983 Blatt 1984, 218.
452   Ebenso Busse/Keukenschrijver; PatG, Rz. 30 zu § 11 ArbEG.
453-460 frei

§ 9

Einzubeziehen sind die **benutzten Erfindungen**. Dazu zählen neben den patent- und gebrauchsmusterfähigen Erfindungen auch betriebsgeheime Erfindungen sowie qualifizierte technische Verbesserungsvorschläge, ferner produkt-/verfahrensbezogene Sperrpatente (RL Nr. 19 Satz 1); nicht dazu gehören jedoch die Vorratspatente, da RL Nr. 19 aus dem Kreis »nicht benutzter« Erfindungen nur die Sperrschutzrechte einbezieht[461] (s. KommRL Rz. 11 zu RL Nr. 19). Hinsichtlich **paralleler Auslandsschutzrechte** ist zu differenzieren: Ist eine Inlandsverwertung zu vergüten, bleiben sie unberücksichtigt; wird eine Auslandsverwertung vergütet, richtet sich die Bewertung der Auslandsschutzrechte nach RL Nr. 26; ggf. also auch unter Einbeziehung der RL Nr. 19 (s. Komm RL Rz. 42 zu RL Nr. 26). Soweit freie Erfindungen bzw. lizenz- oder schadensersatzpflichtige Drittrechte mit eingesetzt werden, sind diese ebenfalls in Ansatz zu bringen (s. KommRL Rz. 58 zu RL Nr. 19; zu [potentiellen] Weiterentwicklungen s. Rz. 130.1 f.).

128.1 Soweit nach RL Nr. 11 eine **Abstaffelung** erfolgt, ist im Rahmen der Lizenzanalogie der auf diese Bezugsgröße entfallende Umsatz abzustaffeln (s. Rz. 148).

129 Als nächster Schritt ist für diese Bezugsgröße ein **einheitlicher Erfindungswert** zu bilden (= **Gesamterfindungswert**). Hierfür sind die Grundsätze der **Höchstbelastbarkeit** maßgeblich. Die Erfindungswerte für die jeweiligen Erfindungen können nicht ohne weiteres addiert werden, wenn dies – wie im Regelfall – zu einer übermäßigen Verteuerung und damit wirtschaftlich nicht vertretbaren Gesamtbelastung des betreffenden Produkts/Verfahrens führen würde[462]. Ein Unternehmen hat mit Rücksicht auf die Wettbewerbssituation immer nur einen begrenzten Spielraum, den Wert bzw. die Kosten von gewerblichen Monopolrechten im Preis einzukalkulieren.

129.1 Die wirtschaftliche Höchstbelastbarkeit des Produkts/Verfahrens bzw. des erfindungsgemäßen Teiles/Verfahrensschritts wird im Wesentlichen durch die **Höchstlizenzgrenze** bestimmt[463]. Es wird also gefragt, welche maximale Lizenzbelastung diese Bezugsgröße (Produkt/Einzelteil usw.) insgesamt verträgt. Die Höchstlizenzgrenze ist unter wirtschaftlicher Betrachtungsweise von der konkreten Marktsituation des jeweiligen Arbeit-

---

461 Schiedsst. v. 22.4.1994 Arb.Erf. 103/92 (unveröffentl.) unter Aufgabe der bisherigen Entscheidungspraxis (vgl. z.B. Schiedsst. v. 16.6.1983 Blatt 1984, 250, 252 – zu 5); a.A. Reimer/Schade/Schippel/Kaube Rz. 6 zu § 11 RL Nr. 19; ebenso Schiedsst. v. 6. 11. 1996 Arb.Erf. 27/95 (unveröffentl.).
462 Schiedsst. v. 26.4.1976 Blatt 1977, 202, 204 u.v. 25.7.1988 Blatt 1989, 289, 290; vgl. auch OLG Düsseldorf v. 9.5.1996 Mitt. 1998, 27, 32 – Schadensersatz nach der Lizenzanalogie; Busse/Keukenschrijver (Fn. 452).
463 Vgl. Schiedsst. v. 26.4.1976 u.v. 25.7.1988 (beide Fn. 462) u.v. 16.6.1983 (Fn. 461) S. 251; vgl. auch Gaul GRUR 1983, 209, 219 f.

gebers her zu bestimmen. Hierbei spielt es keine Rolle, wieviel Schutzrechte ein Produkt insgesamt belasten[464].
Im Regelfall ist zur Ermittlung der Höchstlizenzgrenze von den **Marktgegebenheiten** und dem vom Arbeitgeber vernünftigerweise erwarteten **Gewinn** auszugehen. Nach der (bisherigen) Praxis der Schiedsstelle macht die Gesamtbelastung eines Produktes mit Lizenzgebühren regelmäßig 1/8 bis 1/3 des Unternehmergewinns mit dem Produkt (vor Steuern) aus, wobei sie **im Regelfall 20 bis 25 %** zugrunde legt[465]. Bei einem Gewinn von 10 % entspräche dies einer Höchstlizenzgrenze von 2 bzw. 2,5 % (s. auch Rz. 134).
Daneben kann auch die Praxis des freien Lizenzverkehrs herangezogen werden, beim Lizenzvertrag über mehrere Erfindungen in der Regel nur das Grundpatent bzw. die wesentlichen Schutzrechte zu bewerten, kleinere bzw. ergänzende Erfindungen jedoch gar nicht oder nur mit geringen Zuschlägen in Ansatz zu bringen[467].
Ist die Höchstlizenzgrenze ermittelt, **ergibt** sich nach den allgemeinen Grundsätzen der Lizenzanalogie durch Multiplikation des auf den Gesamtkomplex (Bezugsgröße) entfallenden Umsatzes mit dem Höchstlizenzsatz der **Gesamterfindungswert**. Dieser ist sodann auf die einzelnen Erfindungen (einschließlich Sperrschutzrechte), die diese Bezugsgröße ausmachen, **aufzuteilen**. Die Aufteilung erfolgt entsprechend der funktionellen, patentrechtlichen und technischen Gewichtung der Erfindungen zueinander und entsprechend deren **Einfluss auf den Gesamtkomplex** (Bezugsgröße); hierbei ist die unterschiedliche Schutzdauer von Erfindungen ebenso wie deren rechtliche und tatsächliche Monopolwirkung im Markt zu berücksichtigen. Zu bewerten ist ferner, ob und in welchem Umfang durch die einzelnen Erfindungen eine Wertsteigerung im fertigen (Gesamt-)Produkt eingetreten ist[468].

130

Ohne Einfluss bleibt dagegen ein noch **anhängiges Schutzrechtserteilungsverfahren**. Diesem Umstand wird im Rahmen der vorläufigen Vergütung durch einen **Risikoabschlag** Rechnung getragen (s. hierzu Rz. 64 ff. zu § 12). Der Risikoabschlag wirkt sich erst auf die im Endergebnis ermittelte Einzelvergütung aus und ist dabei für jede Erfindung gesondert zu bestimmen[468a].

---

464 Schiedsst. v. 16.6.1983 (Fn. 461).
465 Kritisch hierzu Hellebrand GRUR 2001, 678 ff.
466 frei
467 Vgl. OLG Düsseldorf v. 11.1.1974 EGR Nr. 35 zu § 9 ArbEG (VergHöhe).
468 Vgl. BGH v. 20.5.1995 GRUR 1995, 578 – Steuereinrichtung II; LG Düsseldorf v. 28.8.1997 Entscheidungen 4. ZK. 1997, 75, 81 – Craft-Spulkopf.
468a Schiedsst. v. 30.9.1992 EGR Nr. 69 zu § 9 ArbEG (VergHöhe).

§ 9

Ohne Einfluss auf die Bestimmung der Höchstlizenzgrenze, des Gesamterfindungswertes und des Komplexanteils der jeweiligen Erfindung ist selbstverständlich auch der individuelle Anteilsfaktor[468b].

130.1 Bei der Aufteilung des Gesamterfindungswertes sind nur die tatsächlich zum Einsatz kommenden Erfindungen (einschließlich Sperrpatent) zu berücksichtigen (s. Rz. 128). Dies gilt auch dann, wenn mit Weiterentwicklungen zu rechnen ist. Dementsprechend können so genannte **Öffnungsklauseln** einseitig nicht vorbehalten werden, d.h. der Arbeitgeber darf bei der Aufteilung **keinen »Spielraum« für zukünftige Erfindungen** offen halten.

130.2 Treten zu den schon benutzten Schutzrechten **später weitere Erfindungen hinzu**, etwa als Verbesserungserfindungen, steht dem Arbeitnehmererfinder hierfür selbstverständlich eine Erfindervergütung zu, und zwar grundsätzlich unabhängig davon, dass bereits Vergütungen für den bisherigen Erfindungskomplex gezahlt werden. Allerdings hat der Erfinder **keinen Anspruch auf isolierte Bewertung**; vielmehr ist unter Einbeziehung seiner Erfindung eine **Neubewertung des Erfindungskomplexes durchzuführen**[468c]. Dabei ist zunächst zu prüfen, ob – insbesondere wegen der Qualität der neuen Erfindung – eine **Anhebung der Höchstlizenzgrenze** vom Markt her gerechtfertigt ist. Ist dies der Fall, etwa weil die hinzutretende Erfindung einen höheren Marktpreis vermittelt, kann die Differenz zwischen den beiden Höchstlizenzsätzen zugrunde gelegt werden. Lässt der Markt eine Anhebung der Höchstlizenzgrenze nicht zu, ist der auf die hinzutretende Erfindung entfallende Anteil am Gesamterfindungswert zu ermitteln. Einfluss auf bereits bestehende Vergütungsregelungen für die bisherigen Erfindungen hat dies nur unter den Voraussetzungen des § 12 Abs. 6, es sei denn, der Arbeitgeber hat mit den anderen Erfindern einen entsprechenden Korrekturvorbehalt vereinbart, dass bei Hinzutreten weiterer Erfindungen stets eine Anpassung der bisherigen Vergütungsregelungen erfolgen kann.

130.3 **Fallen Schutzrechte** im Laufe des Vergütungszeitraums **weg**, so wächst der darauf bezogene Beteiligungsanspruch den verbleibenden Erfindungen nicht zu; der Gesamterfindungswert und dessen Aufteilung wird unverändert rechnerisch zugrunde gelegt; der Anteil der weggefallenen Schutzrechte wird vergütungsfrei[469]. Im Einzelfall kann bei Wegfall von Basispatenten mit erheblicher Sperrwirkung der Schutzumfang des Komplexes (Mono-

---

468b Missverständl. insoweit Volmer/Gaul Rz. 683 zu § 9/RL Nr. 19.
468c Ebenso Busse/Keukenschrijver (Fn. 452).
469 Schiedsst. v. 7.11.1961 Blatt 1962, 78 = GRUR 1963, 140 (LS) m. Anm. Schippel, v. 6.11.1996 Arb.Erf. 27/95 u.v. 29.6.1999 Arb.Erf. 46/97 (beide unveröffentl.); vgl. auch Schiedsst. v. 13.2.1986 EGR Nr. 61 zu § 12 ArbEG; zust. Busse/Keukenschrijver (Fn. 452).

§ 9

polwert) so verändert (verringert) sein, dass eine Anpassung nach § 12 Abs. 6 durch Minderung des Gesamtlizenzsatzes erforderlich wird[469a]. S. im Übrigen KommRL Rz. 68 zu RL Nr. 19.

ee) Übliche Lizenzsätze (RL Nr. 10)

Der weitgehend aus der Vergütungsrichtlinie 1944 übernommene weitgesteckte Lizenzsatzrahmen der **RL Nr. 10** ist heute **nicht mehr zeitgemäß**, vielmehr sind die üblichen Lizenzsätze derzeit wesentlich niedriger[470] (s. auch oben Rz. 122). Dies stimmt überein mit den Erfahrungen der Schiedsstelle, die jedenfalls seit Anfang der 80er Jahre eine rückläufige Tendenz festgestellt hat[470a]. Diese rückläufige Tendenz hält unverändert an. Auch der BGH geht davon aus, dass deshalb die Rahmensätze der RL Nr. 10 nur mit großen Vorbehalten herangezogen werden können, so dass auch eine bloße Orientierung an ihnen problematisch sein kann, weil sich die durchschnittlichen Lizenzsätze für patentierte Erfindungen im Laufe der Jahre in vielen Branchen deutlich geändert haben können[470b].

131

Auch wenn diese Rahmensätze seit jeher keiner schematischen Handhabung zugänglich waren und ihr Sinn wiederholt angezweifelt worden ist, kann die betriebliche Praxis doch auf derartige Erfahrungswerte nicht verzichten. Deshalb sollte der Richtliniengeber die von ihm in Aussicht gestellte Überarbeitung der Vergütungsrichtlinien in diesem Punkt zeitnah durchführen. Eine unentbehrliche **Orientierungshilfe** für die betriebliche Praxis bietet die Übersicht von *Hellebrand/Kaube*, Lizenzsätze für technische Erfindungen, 2. Aufl. 2001. Hierin sind rd. 600 Beispiele aus der Schiedsstellenpraxis unter Nennung der jeweiligen Lizenzsätze und ihrer Bezugsgröße, aufgeteilt nach dem Ordnungssystem der Internationalen Patentklassifikation, wiedergegeben. Als weiteres Orientierungsmittel stehen die Zusammenstellung von *Gaul*[471], die Untersuchungen von *Fischer*[471a] und von *Böcker*[471b] sowie die aktuellen Analysen von *Groß*[471c] zur Verfügung.

131.1

469a Schiedsst. v. 6.11.1996 (Fn. 469).
470 Grundlegend Fischer in Festschr. 25 Jahre BPatG (1986 S. 281 ff. = Mitt. 1987, 104 ff.) als Ergebn. einer Umfrage des BDA im Herbst 1985; bestätigend die gesamte neuere Entscheidungspraxis d. Schiedsst., die das Absinken der üblichen Lizenzsätze bereits seit Beginn der 80er Jahre beobachtet hat, so u.a. Schiedsst. v. 9.11.1994 Arb.Erf. 13/94 – unveröffentl.; zustimmend auch Reimer/Schade/Schippel/Kaube Rz. 2 zu § 11/RL Nr. 10.
470a Vgl. z.B. EV v. 18.1.1990 Blatt 1990, 336; vgl. auch Stumpf/Groß Lizenzvertrag Rz. 103 ff. sowie die Nachweise bei KommRL Rz. 25 ff. zu RL Nr. 10.
470b So im Urt. v. 30.5.1995 GRUR 1995, 578, 580 – Steuereinrichtung II.
471 In Volmer/Gaul Rz. 397 zu § 9/RL Nr. 10.
471a A.a.O. (Fn. 470); deren repräsentativer Charakter wird allerdings vom BGH v. 30.5.1995 (Fn. 470b) verneint.
471b In StBp 1991, 73, 79 f. und dort insbes. Anlage (S. 82 f.).
471c In BB 1995, S. 885 ff. und BB 1998, 1321.

§ 9

Verwiesen sei auch auf unsere auf zahlreiche Branchen bezogene Übersicht in KommRL (Rz 91 ff. zu RL Nr. 10).

132 Die **üblichen Lizenzsätze, mit** denen RL Nr. 10 und die Praxis arbeiten, geben auf den **Inlandsmarkt** bezogene Erfahrungswerte aus Lizenzvereinbarungen wieder und betreffen **Einzelerfindungen.** Sie gelten ausschließlich für Umsätze[471d] und beziehen sich auf den tatsächlichen, erfindungsgemäßen Gesamt-Nettoumsatz (s. Rz. 122) bei Vergabe **ausschließlicher Lizenzen für (erteilte) Patente** (ohne Know-how-Anteil). Zu Gebrauchsmustern siehe Rz. 250.

Auf **übliche Lizenzsätze** kann nur zurückgegriffen werden, wenn konkrete erfindungsbezogene Lizenzverträge fehlen und auch keine Lizenzsätze für vergleichbare Erfindungen im Bereich des Arbeitgebers herangezogen werden können (vgl. Rz. 124).

133 Beim Rückgriff auf übliche Lizenzsätze ist eine gewisse Vorsicht angebracht, und zwar im Hinblick auf die Vielzahl von Einzelkriterien, von denen die Höhe des Lizenzsatzes im Einzelfall abhängt. So besteht einmal ein unmittelbares **Wechselverhältnis zwischen Lizenzsatz und (technisch-wirtschaftlicher) Bezugsgröße** (s. dazu Rz. 125 f.); je umfassender die Bezugsgröße ist, desto niedriger muss der Lizenzsatz ausfallen und umgekehrt (s. Rz. 125.1). Daneben besteht eine **Wechselbeziehung zwischen Lizenzsatz** und der Frage einer **Abstaffelung** gem. RL Nr. 11[472] (s. dazu Rz. 141 ff.). Wird der Lizenzsatz nicht abgestaffelt, liegt er allgemein (von vornherein) niedriger (s. Rz. 144). Ferner kann der Lizenzsatz von einer Vielzahl teilweise **schwer quantifizierbarer Faktoren** abhängen, wie insbesondere der zusätzlichen Vermittlung von (gegenwärtigem oder zukünftigem) Know-how und sonstigen Nebenleistungen, ferner dem Ruf und der Marktstellung der Vertragspartner, Unternehmensverbindungen, mehr oder weniger begründeten Umsatzerwartungen, steuerlichen Gesichtspunkten, Verhandlungsgeschick, Zusammenhang mit vorhandenen Lizenzverträgen z.B. über Software, Marken usw. Schließlich können der Grundsatz der Höchstbelastbarkeit (s. dazu Rz. 129 f.) sowie die Einbindung in einen Schutzrechtskomplex (vgl. RL Nr. 19) die Reduzierung eines an sich angemessenen Lizenzsatzes bewirken.

134 Bei der Bestimmung des Lizenzsatzes können sich folgende **allgemeine Faustregeln** auswirken (Checkliste):
– Der Lizenzsatz bestimmt sich zunächst nach der **technisch-wirtschaftlichen Bezugsgröße** (RL Nr. 8, s. oben Rz. 125 ff.). Je umfassender die Bezugsgröße ist, umso niedriger fällt der Lizenzsatz aus – und umgekehrt (s. Rz. 125.1).

471d Ständ. Praxis der Schiedsst., z.B. v. 24.10.1991 Arb.Erf. 31/91 (unveröffentl.), worin ausdrückl. auf die mangelnde Anwendbarkeit für Erzeugung (Herstellung) hingewiesen wird.
472 Schiedsst. v. 18.9.2001 Arb.Erf. 72/99 (unveröffentl.).

§ 9

- Je geringer der **Abstand** der Erfindung **zum allgemeinen und innerbetrieblichen Stand der Technik** ist, umso niedriger fällt der Lizenzsatz aus[472a], etwa wenn vorhandene Produkte bloß verbessert werden[472b]. Dagegen ist bei **Pioniererfindungen** auf neuen bzw. wenig bearbeiteten technischen Gebieten regelmäßig ein hoher Lizenzsatz zu wählen[472c], ferner bei technisch herausragenden Erfindungen, die einen großen Wettbewerbsvorsprung gewährleisten[472d] (s. KommRL Rz. 45 ff. zu RL Nr. 10).
- Der übliche Lizenzsatz drückt letztlich auch einen **Anteil am Gewinn** des Unternehmens aus[472e], er ist gewinnorientiert; hierfür gilt (jedenfalls bisher[472f]) – etwa für eine Kontrollrechnung – ein Rahmen von 1/8 – 1/3 des Unternehmergewinns[473], wobei ein **Regelwert** von 1/4 – 1/5 angesetzt wird[473a]; dies bedeutet: Ein Lizenzsatz von 2 % setzt einen Unternehmergewinn (vor Steuern) von 8 – 10 % voraus (s. dazu KommRL Rz. 32 ff. zu RL Nr. 10; zur Verlustsituation s. hier Rz. 2.4).
- Der Lizenzsatz muss sich im Rahmen der **Höchstbelastbarkeit** halten (s. Rz. 129 ff.).
- Bei **Serienprodukten bzw. Massenartikeln** liegen allgemein die Lizenzsätze niedrig bis sehr niedrig[474]. Bei Fertigung in geringem Umfang

---

472a Vgl. z.B. Schiedsst. v. 16.6.1983 Blatt 1984, 250, 251 r.Sp. u.v. 4.8.1987 Blatt 1988, 171, 172.
472b Im Ergebn. z.B. Schiedsst. v. 26.2.1993 GRUR 1996, 49, 50 – Gießereimaschinen; vgl. auch Schiedsst. v. 18.1.1990 Blatt 1990, 336, 337 u. v. 22.6.1995 Mitt. 1996, 220, 221 – Bedienungseinrichtung..
472c I.d.S. z.B. Schiedsst. ZB v. 27.3.1981 Arb.Erf. 33/80 (unveröffentl.).
472d Vgl. OLG Düsseldorf v. 9.5.1996 Mitt. 1998, 27, 31 – Schadensersatz nach der Lizenzanalogie; i.d.S. auch Schiedsst. v. 11.1.1994 Arb.Erf. 1/93 (unveröffentl.).
472e BGH v. 13.11.1997 GRUR 1998, 689, 692 – Copolyester II u. GRUR 1998, 684, 688 – Spulkopf; OLG Düsseldorf v. 9.5.1996 (Fn. 472d) – zum Schadensersatz nach d. Lizenzanalogie bei Patentverletzungen.
472f S. d. erheblichen Bedenken von Hellebrand GRUR 2001, 678 ff. und nunmehr Schiedsstelle v. 21.6.2001 Blatt 2002, 230, 232 ff.
473 So die Ergebnisse v. Fischer (Fn. 470) S. 285 = Mitt. 1987, 104, 105; zust. auch Reimer/Schade/Schippel/Kaube Rz. 3 zu § 11/RL Nr. 10; bestätigt durch Schiedsst. in ständ. früheren Praxis, z.B. v. 13.2.1986 EGR Nr. 61 zu § 12 ArbEG, v. 11.8.1986 Arb.Erf. 69/85, v. 11.11.1987 Arb.Erf. 22/87, v. 18.1.1990 (Fn. 472 b), v. 26.2.1993 (Fn. 472 b); v. 26.4.1994 Arb.Erf. 2/95 (unveröffentl., soweit nicht anders angegeben); ferner OLG Düsseldorf v. 9.5.1996 (Fn. 472d).
473a Von einem Regelwert von 1/5 ging die frühere ständ. Praxis d. Schiedsst. aus, z.B. Schiedsst. v. 13.2.1986 (Fn. 473), v. 11.8.1986 (Fn. 473), v. 3.12.1987 Arb.Erf. 30/87 u.v. 30.1.1989 Arb.Erf. 42/88 (beide unveröffentl.). In einigen EV.'n ist z.T. eine Anhebung auf 1/4 vorgeschlagen worden, z.B. EV. v. 18.1.1990 (Fn. 472b) u. Beschluss v. 20.11.1990 Arb.Erf. 6/90 (unveröffentl.). Nach Fischer (Fn. 470) werden in den meisten Fällen 25–30% zugrunde gelegt; im Anschl. daran ebenso Reimer/Schade/Schippel/Kaube Rz. 3 zu § 11/RL Nr. 10; dies erscheint indes angesichts rückläufiger Gewinnmargen nicht als Regelwert geeignet.
474 Schiedsst. v. 19.11.1981 Blatt 1984, 57.

§ 9

oder in wenigen Einzelexemplaren[474a] oder bei hochwertigen **Spezialvorrichtungen** und **Sonderausführungen**[474b] kann ein Lizenzsatz im oberen Mittelbereich oder darüber hinaus wegen der regelmäßig hohen Gewinnerwartung angemessen sein; bei umfangreichen Bezugsgrößen (Anlagen mit zahlreichen erfindungsneutralen Bauteilen usw.) kann ein niedriger Lizenzsatz unterhalb der Mittelwerte anfallen[474c] (s. dazu KommRL Rz. 64 ff. zu RL Nr. 10).

- Von Einfluss ist die **Wertigkeit des Schutzrechts**, also insbesondere dessen Rechtsbeständigkeit[474d], Schutzumfang und Sperrwirkung[475], Abhängigkeit von Schutzrechten Dritter[475a] usw. Je kleiner und je schwächer das Schutzrecht ist, umso niedriger ist der Lizenzsatz zu bemessen und umgekehrt (s. KommRL Rz. 56 ff. zu RL Nr. 10).
- Spricht die Erfindung nur ein **enges technisches Gebiet** an, kann der Lizenzsatz niedriger ausfallen[475b] und umgekehrt, wird die erfinderische Lehre **auf verschiedenen (technischen) Anwendungsbereichen eingesetzt**, kann auch dies eine Differenzierung bei der Höhe des Lizenzsatzes rechtfertigen (s. dazu KommRL Rz. 62 zu RL Nr. 6).
- Wird bei hohen Umsätzen von vornherein **nicht abgestaffelt** (RL Nr. 11, s. Rz. 141 ff.), fällt der Lizenzsatz regelmäßig niedriger aus (s. Rz. 144).
- Im Übrigen ist jeder Lizenzsatz **einzelfall- und unternehmensbezogen** zu bestimmen (Aufwand für Produktionsreife, hohe Materialkosten, notwendiges behördliches Zulassungsverfahren, besondere Marktstellung des Unternehmens usw.; s. dazu KommRL Rz. 51 ff. zu RL Nr. 6, Rz. 73 ff., 87 zu RL Nr. 10). So rechtfertigt ein **hart umkämpfter Markt** wegen der geringen Gewinnerwartung auch nur geringe Lizenzsätze[476]; gleiches gilt, wenn im Markt zahlreiche Alternativlösungen angeboten werden[476a].

474a Volmer/Gaul Rz. 406 zu § 9/RL Nr. 10.
474b I.d.S. z.B. Schiedsst. v. 28.1.1988 Arb.Erf. 56/87 u. ZB v. 27.1.1986 Arb.Erf. 63/85 (beide unveröffentl.).
474c Vgl. z.B. Schiedsst. v. 7.2.1983 Blatt 1984, 218, 219 l.Sp. (betr. Bauindustrie).
474d Im EV v. 22.6.1995 (Mitt. 1996, 220, 221 f. – Bedienungseinrichtung) hat die Schiedsst. zurecht eine Minderung des Lizenzsatzes abgelehnt, wenn die vom ArbG behauptete Gefahr einer Vernichtbarkeit des Patentschutzes nachweislich nicht bestanden hat.
475 OLG Düsseldorf v. 9.5.1996 Mittl. 1998, 27, 31 – Schadensersatz nach der Lizenzanalogie; LG Düsseldorf v. 7.11.1989 Az 4 O 146/86 (unveröffentl.) in Bestätigung der Schiedsstellenpraxis: z.B. EV v. 4.8.1987 Blatt 1988, 171, 172; v. 23.10.1969/30.7. 1970 Blatt 1971, 137.
475a I.d.S. LG Düsseldorf vom 7.11.1989 (Fn. 475); vgl. auch BGH v. 18.2.1992 GRUR 1992, 599 – Teleskopzylinder u.v. 30.5.1995 GRUR 1995, 578 – Steuereinrichtung II; Zust. Busse/Keukenschrijver, PatG, Rz. 15 zu § 11 ArbEG.
475b Vgl. etwa Schiedsst. v. 21.6.2001 Blatt 2002, 234.
476 I.d.S. z.B. Schiedsst. v. 17.10.1985 Arb.Erf. 46/84 u.v. 7.11.1984 Arb.Erf. 24/84 (dort f. d. Automobil- und Zulieferindustrie); v. 16. 6. 1983 Blatt 1984, 250, 251

§ 9

Einzelheiten insbesondere über **Erfahrungswerte in den einzelnen Industriezweigen** s. KommRL zu RL Nr. 10, dort insbes. Rz. 91 ff. Ein Rückgriff auf **Lizenzsätze bei Schutzrechtsverletzungen**[476b] sollte mit dem Vorbehalt erfolgen, dass es dort häufig um technisch ausgereifte, im Markt erfolgreiche Produkte geht, was sich in einer Anhebung der Schadensersatz-Lizenz niederschlägt. Zudem kommt es hier häufig wegen des dem Verletzer drohenden Unterlassungsanspruchs zu »Druckzuschlägen«[476c]. Siehe im Übrigen KommRL Rz. 84 ff. zu RL Nr. 6.

135

ff) Einfluss des Kartellrechts

Der bei der Ermittlung des Erfindungswertes nach der Lizenzanalogie gemäß RL Nr. 3 lit. a i.V.m. RL Nrn. 6 ff. vorgenommene Bezug auf den freien Erfinder, also die Überlegung, welchen Preis der Arbeitgeber im Markt einem freien Erfinder für die Überlassung dieser Erfindung zahlen würde (s. Rz. 76), wirft die Frage auf, ob die für solche Vereinbarungen (Kauf- oder Lizenzvertrag) geltenden **kartellrechtlichen Schranken** (vgl. insbesondere §§ 17, 18 GWB) heranzuziehen sind (s. auch RL Nrn. 7 u. 8, die auf den »einem freien Erfinder üblicherweise gezahlten Lizenzsatz« abstellen bzw. berücksichtigt wissen wollen, »auf welcher Grundlage die Lizenz in dem betreffenden Industriezweig üblicherweise vereinbart wird«).

136

Mit dem Abstellen auf den »Unternehmens«-Begriff in § 1 GWB hat der Gesetzgeber Rechtsbeziehungen der Arbeitsvertragsparteien, insbesondere die Arbeitsbedingungen der in persönlich abhängiger Stellung Tätigen deshalb vom Anwendungsbereich des Kartellrechts ausschließen wollen, weil er sie aus sozialstaatlichen Erwägungen nicht dem freien Wettbewerb überlassen wollte[477]. Zwar ist der Anwendungsbereich der §§ 17 und 18 GWB – im Unterschied zu Art. 81 EGV – nicht auf Unternehmen beschränkt, erfasst vielmehr auch alle Verträge mit Privatpersonen, soweit sie Beschränkungen des Lizenznehmers im Geschäftsverkehr enthalten[478]. §§ 17, 18 GWB können aber bereits deshalb nicht (uneingeschränkt) herangezogen werden, weil regelmäßig nur der Arbeitnehmer (und damit der »Lizenzgeber«) gebunden wird; im Übrigen **verbietet sich in Bezug auf Vergütungsvereinbarungen** zwischen Arbeitgeber und Arbeitnehmer ein **Rückgriff auf die §§ 17, 18 GWB,** da im Unterschied zum Lizenzvertrag die An-

137

---

r.Sp. (dort f. Hobbykameramarkt); v. 29.2.1988 Arb.Erf. 31/87 (unveröffentl. – dort f. Unterhaltungselektronik) u.v. 26.2.1993 GRUR 1996, 49, 50 – Gießereimaschinen.
476a LdS LG Düsseldorf v. 7.11.1989 (Fn. 475).
476b S. dazu Rogge in Festschr. Nirk (1992), S. 929 ff.
476c So LG Düsseldorf v. 23.5.2001 Mitt. 2002, 89 – Angemessene Lizenz (z. Markenlizenzgebühr).
477 Immenga in Immenga/Mestmäcker GWB Rz. 35 zu § 1 m.w.N.
478 Vgl. BKartA TB. 1975, 93; Axster in Gemeinschaftskommentar-GWB Rz. 12 zu §§ 20, 21 – zu §§ 20, 21 GWB a.F.

§ 9

eignungs- und Nutzungsrechte des Arbeitgebers auf gesetzlicher Grundlage (unbeschränkte Inanspruchnahme gemäß §§ 6, 7 ArbEG) und nicht auf Vertrag beruhen[479]. Insoweit stellt der Bezug auf die Lizenzanalogie zur Bemessung des Vergütungsanspruchs nur eine erleichterte Berechnungsmethode und keinen selbständigen Rechtsgrund dar[479a].
Als Grundsatz ist davon auszugehen, dass bei den Vergütungsregelungen (Vereinbarung bzw. Festsetzung der Vergütung) **kartellrechtliche Bestimmungen außer Betracht** zu lassen sind, da sich Arbeitgeber und Arbeitnehmer in einem durch das Spezialgesetz über Arbeitnehmererfindungen zugestandenen Bestimmungsrahmen bewegen[480]. Dies zeigt auch RL Nr. 42, wonach Vergütungszahlungen über die Laufdauer eines Schutzrecht hinaus möglich sind (s. im Einzelnen dazu Komm RL 14 zu RL Nr. 42).

138 Rechtliche Schranken aus den §§ 17, 18 GWB (Art. 81, 82 EGV) können jedoch »**im Vorfeld**« **bei der Ermittlung des Erfindungswertes** »im Verhältnis Arbeitgeber zum freien Erfinder« beachtlich sein[480a]. So darf jedenfalls ein nichtiger Lizenzvertrag bzw. eine kartellrechtlich unwirksame Lizenzvertragsbestimmung nicht als Vergleichsmaßstab für die Ermittlung des Erfindungswertes (vgl. RL Nrn. 6, 25) herangezogen werden. Ob dies auch im vollen Umfang für die – jedenfalls zu §§ 20, 21 GWB a.F. – sehr restriktive Entscheidungspraxis des Bundeskartellamtes gilt[481], erscheint fraglich[481a]; danach soll es grundsätzlich als eine über den Inhalt des Schutzrechts hinausgehende unwirksame Beschränkung des Lizenznehmers anzusehen sein, wenn die Lizenzgebühr nach dem Nettoverkaufserlös einer Vorrichtung berechnet wird, die sich aus patentrechtlich geschützten und ungeschützten Teilen zusammensetzt und die Einbeziehung ungeschützter Teile in die Berechnungsgrundlage nicht lediglich eine Zahlungsmodalität

---

479 I. E. ebenso Volmer Vergütungsrichtlinien Rz. 3 zu RL Nr. 42 u. Volmer/Gaul Rz. 1139 zu § 9; wohl auch OLG München v. 10.9.1992 GRUR 1994, 625, 626 – Prägemaschine – jeweils zu §§ 20, 21 GWB a.F.
479a Vgl. auch BGH v. 5.7.2001 WPR 2002, 214, 218 – Spiegel-CD-ROM mit der Klarstellung, dass bei der Schutzrechtsverletzung die nach der Lizenzanalogie – als bloßer Form der Schadensberechnung – berechnete Schadensersatzzahlung nicht zum Abschluss eines Lizenzvertrages führt.
480 Schiedsst. v. 23.2.1988 Blatt 1988, 293, 294; vgl. auch Reimer/Schade/Schippel/Kaube Rz. 2 zu § 11/RL Nr. 42 (vgl. aber auch dort Rz. 9 zu § 10).
480a Vgl. auch Gaul GRUR 1983, 209, 216 f. – zu §§ 20, 21 GWB a.F.
481 Beschluss vom 30.9.1981 GRUR 1981, 919 – Rigg für ein Segelbrett; EuGH v. 25.2. 1986 GRUR Int. 1986, 635 – Windsurfing International; im Einzelnen sehr streitig; die §§ 17, 18 GWB finden nach verbreiteter Meinung (vgl. Axster a. a. O., Fn. 478, Rz. 102 ff. m.w.N.) keine Anwendung auf Lizenzgebühren; a.A. BGH, z.B. v. 26.6.1969 GRUR 1969, 677, 680 – Rüben-Verladeeinrichtung; vgl. auch BGH v. 10.10.1974 GRUR 1975, 206 – Kunststoffschaum-Bahnen; OLG Karlsruhe v. 12.7.1995 Mitt. 1996, 251, 253 – Berechnung der Lizenzgebühr.
481a Zutreffend weist Gaul (Fn. 480a) darauf hin, dass kartellrechtl. Maßstäbe bei Wahl der techn. Bezugsgröße (RL Nr. 8) nicht heranzuziehen sind.

§ 9

ist und der Erleichterung der Abrechnung dient[481]. Abgeschwächt wird die bisher ohnehin noch nicht höchstrichterlich bestätigte Entscheidungspraxis des BKartA durch die vom BGH anerkannte Möglichkeit der Vertragspartner, sich wirksam über einen objektiv nicht bestehenden Schutzumfang zu verständigen, sofern ein ernsthafter und objektiv begründeter Anlass zu der unterschiedlichen Beurteilung des Schutzumfangs durch die Vertragsparteien besteht[482]. Darüber hinaus hat der BGH anerkannt, dass eine Lizenzabrede, die die Lizenzgebührenpflicht auch auf nicht selbständig schutzfähige Teile erstreckt, nicht zwingend gegen § 20 GWB a.f. (§ 17 GWB n.F.) verstoßen muss[483]. Soweit in diesem Rahmen überhaupt kartellrechtliche Grundsätze herangezogen werden können, darf die Eingangsüberlegung nicht außer Acht gelassen werden, dass die Lizenzanalogie als Berechnungsmethode keinen selbständigen Vergütungsanspruch begründet, so dass letztlich allein entscheidend die angemessene Beteiligung des Arbeitnehmers an dem wirtschaftlichen Nutzen des Arbeitgebers bleibt.

Übernimmt der Arbeitgeber durch Vereinbarung mit dem Arbeitnehmer eine **frei gewordene oder freie Erfindung**, unterliegen diese Abreden den allgemeinen kartellrechtlichen Grundsätzen der §§ 17, 18 GWB[484]; so ist etwa die Vereinbarung von Vergütungsansprüchen über die Laufzeit der lizenzierten (freien) Schutzrechte hinaus grundsätzlich nicht mit § 17 Abs. 1 GWB vereinbar[485] (s. auch Rz. 30 zu § 19; vgl. aber auch RL Nr. 42). 139

Die kartellrechtlichen Schranken sind darüber hinaus auch für solche Vereinbarungen zwischen den Arbeitsvertragsparteien beachtlich, die die Rechte und Pflichten aus dem ArbEG nicht konkretisieren, sondern **Sachverhalte bzw. Rechtspositionen** betreffen, die **außerhalb des ArbEG** liegen (z.B. nachvertragliche Nichtangriffsabreden, s. dazu Rz. 42 ff. zu § 25). 140

gg) Abstaffelung (RL Nr. 11)

(1) Anwendungsbereich

Lizenzverträge enthalten häufig eine Abstaffelung der Lizenzgebühren bei hohen Umsätzen mit der lizenzierten Erfindung. Um auch insoweit eine Gleichbehandlung des Arbeitnehmererfinders mit einem freien Erfinder zu erreichen, sieht RL Nr. 11 als **Kannbestimmung** eine Abstaffelung des Li- 141

---

482 V. 22.5.1975 GRUR 1976, 323 – Thermalquelle.
483 BGH v. 26.6.1969, a.a.O. (Fn. 481); vgl. auch die Nachweise z. Rechtsprechung z. Bemessung der angemessenen Lizenzgebühr als Schadensersatz im Patentverletzungsprozess b. Benkard/Rogge, PatG Rz. 63 ff. zu § 139; vgl. dazu auch Rogge in Festschr. Nirk (1992), 929 ff.
484 BGH v. 1.2.1983 Az. X ZR 16/82 – Fahrzeugteil I (unveröffentl.); ebenso Volmer VergRichtl. Rz. 3 zu Nr. 42; a.A. Volmer/Gaul Rz. 1139 zu § 9 – jeweils zu §§ 20, 21 GWB a.F.
485 BGH v. 1.2.1983 (Fn. 484) – zu § 20 Abs. 1 GWB a.F.
486-494 frei

§ 9

zenzsatzes bei der Ermittlung des Erfindungswertes nach der Lizenzanalogie vor[495], um damit der Wechselbeziehung zwischen Lizenzsatz und Abstaffelung Rechnung zu tragen (s. auch Rz. 133). Zur Abstaffelung bei der Ermittlung des Erfindungswertes nach dem betrieblichen Nutzen s. Rz. 166 f. Der **Grund** für eine Abstaffelung wird darin gesehen, dass für besonders hohe Umsätze neben dem Wert der Erfindung der Ruf des Unternehmens, seine Werbung, seine Vertriebsorganisation, seine Kundendienstleistungen, seine Verbindungen, seine Finanzkraft und Fertigungskapazität sowie sein allgemeiner Forschungs- und Entwicklungsaufwand in entscheidendem Maße ursächlich sein können und insoweit die Bedeutung der Erfindung gegenüber dem Anteil des Unternehmens zurücktritt[496]. Es findet also teilweise eine **Kausalitätsverschiebung** statt.

Durch Änderungsrichtlinie vom 1. 9. 1983[497] hat der Bundesminister für Arbeit und Sozialordnung die RL Nr. 11 neugefasst. Nach allgemeiner Ansicht ist RL Nr. 11/1983 zum **1.1.1984 wirksam** geworden, so dass alle Nutzungshandlungen nach diesem Zeitpunkt der Neuregelung unterliegen[498]; eine Rückwirkung kommt nicht in Betracht[499].

In der Praxis wird gelegentlich übersehen, dass sich ein Wirksamwerden der **Abstaffelungsgrundsätze** in der Regel auf die Höhe der Erfindervergütung **wesentlich stärker auswirkt als andere Einzelfaktoren** der Vergütungsberechnung wie etwa der gesamte Anteilsfaktor.

142 RL Nr. 11 n.F. stellt die Abstaffelung nicht in das Belieben des Arbeitgebers, sondern macht sie im Einzelfall davon abhängig, »ob und in welcher Höhe in den verschiedenen Industriezweigen solche Ermäßigungen des Lizenzsatzes bei freien Erfindungen **üblich sind**«.

142.1 Der **BGH** hält an diesem Erfordernis fest, so dass eine Abstaffelung nach RL Nr. 11 nur bei entsprechendem Üblichkeitsnachweis erfolgen kann[511].

---

495 Zu RL Nr. 11 vgl. insbes. Witte Mitt. 1966, 234 f.; Schweikhardt GRUR 1968, 240 ff.; Karl GRUR 1968, 565 ff.; Schade Mitt. 1969, 291 ff.; Gaul GRUR 1983, 209 ff.; Gaul/Bartenbach GRUR 1984, 11 ff.; Kaube GRUR 1986, 572 ff. u. 623; Hellebrand GRUR 1993, 449 ff.
496 Schiedsst. v. 1.4.1964 Blatt 1964, 235 = GRUR 1964, 620 (LS) m. Anm. Schippel; v. 7.2.1983 Blatt 1984, 218, 219; v. 16.6.1983 Blatt 1984, 250, 252 (betr. Schutzrechtskomplexe); 22.6.1995 Mitt. 1996, 220, 221 – Bedienungseinrichtung; Hellebrand (Fn. 495).
497 Veröffentl. in BAnz. v. 9.6.1983 Nr. 169/83 = Blatt 1983, 350.
498 Schiedsst. v. 24.1.1984 Blatt 1984, 151, bestätigt durch EV. v. 11.3.1985 Arb.Erf. 17/84 u.v. 26.4.1994 Arb.Erf. 2/94 (beide unveröffentl.); Gaul/Bartenbach GRUR 1984, 11, 13 ff.
499 Schiedsst. v. 24.1.1984 (Fn. 498), bestätigt u.a. durch EV v. 29.7.1985 Arb.Erf. 70/84 (unveröffentl.); OLG Frankfurt v. 5.5.1988 Az. 6 U 215/86 – Vinylpolymerisate II (unveröffentl.).
500-510 frei
511 BGH v. 4.11.1988 Blatt 1989, 135, 137 – Vinylchlorid in Bestätigung der ständ. Rspr. d. OLG Frankfurt, insbes. v. 5.5.1988 (Fn. 499), v. 19.12.1991 Mitt. 1992, 253

§ 9

So hat der BGH bei bloßem Nachweis einer Jahresstaffel (statt Gesamtumsatzstaffel – s. Rz. 145) auch nur diese berücksichtigt[511a]. Demgegenüber hat die **Schiedsstelle** in ständiger Praxis[512] (auch für die RL Nr. 11/1983[513]) auf den geforderten Üblichkeitsnachweis einer Abstaffelung verzichtet. Während sie in ihrer früheren Entscheidungspraxis das Merkmal der Üblichkeit durch das der **Angemessenheit** (vgl. § 9 Abs. 1) ersetzt hat[514], stellt sie in der neueren Praxis – im Anschluss an Hellebrand[514a] – auf den **Nachweis einer Kausalitätsverschiebung** als Voraussetzung für die Abstaffelung ab[514b]. Dies gilt beispielsweise, wenn sich das erfindungsgemäße Produkt unter einem bekannten Markenzeichen im Markt durchsetzt[514c], das Produkt sich nur durch eine geringe Individualisierung von sehr ähnlichen Produkten des Arbeitgebers abhebt[514d], bei einem Massenprodukt ohne Vermittlung einer Vorzugstellung gegenüber Mitbewerbern[514e] oder weil die hohen Umsätze wesentlich auf den Leistungen des Unternehmens, wie Firmenruf und -beziehungen, Werbung, Vertriebsnetz, Kundendienst usw. zurückgehen[514f] oder erfindungsfremde Bestandteile mit beeinflussend sind[514g]. Eine Abstaffelung hat sie andererseits abgelehnt, wenn die Qualität der Erfindung einen erheblichen Anteil am erzielten Umsatz hatte[514h], die Erfindung dem Arbeitgeber den Einstieg in

142.2

    – Verjährung, v. 30.4.1992 GRUR 1992, 852, 854 – Simulation von Radioaktivität; i.d.S. auch LG Düsseldorf v. 18.6.1991 Az. 4 O 294/90; vgl. auch BGH v. 17.5.1994 GRUR 1994, 898, 902 – Copolyester I; ebenso Busse/Keukenschrijver, PatG, Rz. 17 zu § 11 ArbEG.
511a BGH v. 4.11.1988 (Fn. 511).
512 Seit Schiedsst. v. 1.4.1964 Blatt 1964, 235 = GRUR 1964, 620 (LS) m. Anm. Schippel, z.B. EV. v. 8.2.1989 Arb.Erf. 88/87 (unveröffentl.).
513 Z.B. Schiedsst. v. 11.2.1985 Arb.Erf. 17/84 (unveröffentl.).
514 Schiedsst. v. 6.1.1982 Arb.Erf. 66/81 u. ZB v. 7.11.1984 Arb.Erf. 24/84 (beide unveröffentl.).
514a Hellebrand GRUR 1993, 449, 453.
514b Z.B. Schiedsst. v. 23.7.1991 Blatt 1993, 114, 115 – Mischer; v. 22.1.1991 Arb.Erf. 78/90 (unveröffentl., zitiert nach Hellebrand – Fn. 514 a); v. 10.8.1993 Arb.Erf. 14/92; v. 19.8.1994 Arb.Erf. 174/92; v. 26.10.1994 Arb.Erf. 154/92 u. v. 18.9.2001 Arb.Erf. 72/99 (alle unveröffentl.). Soweit die Schiedsst. eine Branchenüblichkeit der Abstaffelung feststellt, prüft sie eine Kausalitätsverschiebung nicht mehr (EV. v. 22.2.1996 Arb.Erf. 66/94 – unveröffentl.; dort für den Bereich Automobil-Zulieferer [Chemie]).
514c Schiedsst. ZB v. 8.12.1993 Arb.Erf. 11/92 (unveröffentl.).
514d Schiedsst. v. 10.8.1993 (Fn. 514 b).
514e Schiedsst. v. 26.10.1994 (Fn. 514 b).
514f Schiedsst. v. 19.8.1994 (Fn. 514 b).
514g Schiedsst. v. 22.6.1995 Mitt. 1996, 220, 221 – Bedienungseinrichtung.
514h Schiedsst. v. 23.7.1991 (Fn. 514 b).

§ 9

einen bis dahin nicht vorhandenen Markt ermöglichte[514i], die Erfindung für den Lieferauftrag hauptursächlich war[514k].

142.3 Auch das **LG Düsseldorf** fordert zwar im Ergebnis einen Üblichkeitsnachweis, greift aber dann, wenn ein solcher Nachweis nicht geführt werden kann, den Gedanken der Kausalitätsverschiebung auf[515]. Ausgehend von dem Leitbild eines fiktiven Lizenzvertrages (Lizenzanalogie) nimmt es bei hohen erfindungsgemäßen Umsätzen in mehrstelliger Millionenhöhe einen Abschlag vom Lizenzsatz vor, wenn vernünftige Lizenzvertragsparteien berücksichtigt hätten, dass derartige hohe Umsätze nicht nur auf die Benutzung der Erfindung zurückzuführen sind, sondern auch auf die Stellung des Lizenznehmers auf dem Weltmarkt, die Reputation seines Unternehmens, die Wertschätzung seiner Erzeugnisse und seine Bemühungen in Entwicklung, Produktion und Vertrieb um Aufrechterhaltung und Ausbau seiner Marktstellung. Abweichend von der Tabelle gemäß RL Nr. 11 schlägt das LG Düsseldorf einen linearen Abschlag vor, der z.B. bei erfindungsgemäßen Gesamtumsätzen von 300 Mio. € mit einem Drittel[515a], bei 75 Mio. € mit einem Viertel und bei 12–25 Mio. € mit einem Fünftel[515b] angesetzt worden ist.

142.4 Angesichts des ausdrücklichen Festhaltens des Richtliniengebers an dem Üblichkeitsnachweis in RL Nr. 11/1983 ist nach der hier vertretenen Auffassung wegen des eindeutigen Wortlauts der RL Nr. 11 für einen **generellen Verzicht auf den Üblichkeitsnachweis kein Raum**; das Festhalten am Üblichkeitsnachweis verdeutlicht, dass der Richtliniengeber die Kausalität zwischen Erfindung und hohen Umsätzen unterstellt, solange die Üblichkeit der Abstaffelung nicht nachgewiesen ist. Wegen der Einzelheiten wird auf Rz. 18 ff. zu RL Nr. 11 verwiesen.

143 RL Nr. 11 gilt ganz allgemein für den Fall hoher Umsätze, auch wenn die **Massenartikelherstellung** ein Hauptanwendungsbereich ist. Hierbei werden mit Massenprodukten sehr hohe Umsätze im in der Regel mehrstelligen Millionenbereich nur mit entsprechend hohen Stückzahlen erreicht, was die Ursächlichkeit für den Verkaufserfolg im Verhältnis stärker von der Erfindung weg zu den sonstigen Leistungen des Unternehmens hin verschiebt, wie Ruf des Unternehmens, Vertriebsnetz, Garantieleistungen usw.[517].

514i Schiedsst. v. 23.11.1993 Arb.Erf. 147/92 (unveröffentl.).
514k Schiedsst. v. 30.11.1993 Arb.Erf. 140/92 (unveröffentl.).
515 Ständ. Rspr. z.B. Urt. v. 28.8.1997 Entscheidungen 4. ZK. 1997, 75, 81 f.; Busse/Keukenschrijver, PatG, Rz. 14 zu § 11 ArbEG, leitet eine solche Ermäßigung d. Lizenzsatzes aus RL Nr. 9 Satz 1 her.
515a LG Düsseldorf v. 28.8.1997 (Fn. 515).
515b LG Düsseldorf v. 10.3.1998 Az. 4 O 329/95 (unveröffentl.).
516 frei
517 Vgl. Hellebrand GRUR 1993, 449 ff.; Schiedsst. v. 14.2.1995 Arb.Erf. 46/93 (unveröffentl.).

§ 9

Von der Abstaffelung ausgenommen hat der Richtliniengeber – abweichend von der früheren Rechtsprechung des BGH[518] – Umsätze bei **Einzelstücken mit sehr hohem Wert** (vgl. RL Nr. 11 (1983) erster Absatz). Dies gilt dann, wenn schon ein einziges Erzeugnis oder wenige unter Verwendung der Erfindung hergestellte Erzeugnisse oder wertbeeinflusste Teile hiervon einen Wert von mehr als 3 Mio DM (= 1.533.875,60 €) aufweisen (z. B. Aggregate in einer großtechnischen Anlage[519]). Als Anhaltspunkt kann hierbei ein Einzelwert von 150.000,00 € und mehr angesetzt werden. S. im Übrigen KommRL Rz. 37 ff zu RL Nr. 11.

Ist die **Höhe des Umsatzes** von vornherein annähernd **überschaubar** oder steht sie im Zeitpunkt der Vergütungsberechnung abschließend fest, kann anstelle einer Abstaffelung einheitlich ein **geringerer Lizenzsatz** zugrunde gelegt werden[526]. Andererseits kann selbstverständlich ein Absehen von der Abstaffelung nicht mit der Begründung gefordert werden, dass der Lizenzsatz niedrig sei, wenn dieser tatsächlich angemessen ist[527]. 144

Auch wenn eine Abstaffelung oder eine sonstige Lizenzminderung üblich sein sollten, haben sie im Einzelfall dann zu unterbleiben, wenn sie nicht mehr dem Grundsatz der **Angemessenheit** i. S. d. § 9 Abs. 1 (s. Rz. 69 f.) entsprechen. Zur Pioniererfindung s. Komm RL Rz. 47 zu RL Nr. 11.

Die in RL Nr. 11 vorgegebene und bisher nicht auf EURO umgestellte **Abstaffelungstabelle** (s. hierzu Komm RL Rz. 58 ff. zu RL Nr. 11) beginnt bei einem Gesamtumsatz von 3 Mio DM (= 1.533.875,60 €) und führt bei einem Umsatz über 100 Mio DM (= 51.129.188,11 €) zu einer gleichbleibenden 80 %igen Ermäßigung des Lizenzsatzes für den 100 Mio DM (= 51.129.188,11 €) übersteigenden Umsatz. 145

Angesichts des eindeutigen Wortlauts der RL Nr. 11 ist nicht auf den jedes Jahr erneut anfallenden Jahresumsatz, sondern auf den **Gesamtumsatz während der Nutzungszeit** der zu vergütenden Erfindung (maximal der Schutzdauer) abzustellen[528] (s. aber auch Rz. 142). 146

Zwischen Abstaffelung und Lizenzsatz besteht eine **Wechselbeziehung**[528a]; unterbleibt die Abstaffelung, liegen die Lizenzsätze im Allgemei- 146.1

---

518 BGH v. 31.1.1978 GRUR 1978, 430, 433 – Absorberstabantrieb I m. Anm. Goltz = AP Nr. 1 zu § 11 ArbNErfG m. Anm. Volmer (zu RL Nr. 11/1959).
519 S. dazu Schiedsst. v. 18.9.2001 (Fn. 514b) u. Hellebrand/Kaube, Lizenzsätze S. 344.
520-525 frei
526 BGH v. 26.6.1969 GRUR 1969, 677, 680 – Rüben-Verladeeinrichtung u.v. 31.1.1978 (Fn. 517); vgl. auch Schiedsst. v. 9.1.1968 Blatt 1968, 165, 166; Busse/Keukenschrijver, PatG, Rz. 17 zu § 11 ArbEG.
527 Schiedsst. v. 18.3.1985 Arb.Erf. 61/83 (unveröffentl.).
528 Schiedsst. v. 13.2.1986 EGR Nr.61 zu § 12 ArbEG; ebenso v. 11.3.1985 Arb.Erf. 17/84 u.v. 19.9.1985 Arb.Erf. 23/85 (beide unveröffentl.).
528a Vgl. z.B. Schiedsst. v. 19.11.1981 Blatt 1984, 57, 58 u. v. 18.9.2001 Arb.Erf. 72/99 (unveröffentl.).

§ 9

nen niedriger. Zur Wechselwirkung zwischen Bezugsgröße, Lizenzsatz und Abstaffelung s. im Übrigen KommRL Rz. 55 ff. zu RL Nr. 11. Die Abstaffelung gem. RL Nr. 11 gilt auch dann, wenn die Vergütungsberechnung von **Stücklizenzen** ausgeht[529].

147 Wird nur ein **Teil einer Gesamtvorrichtung** als Bezugsgröße zugrunde gelegt (s. Rz. 125 ff.), kann die Abstaffelung selbstverständlich auch nur von der Summe des Wertes dieser Einzelteile ausgehen[530]. Ist die Bezugsgröße ein Gesamtkomplex, ist der Umsatz mit dem Gesamtkomplex abzustaffeln und erst anschließend die Aufteilung auf die einzelnen Erfindungen vorzunehmen[530a]. S. im Übrigen KommRL Rz. 50 zu RL Nr. 19.

148 Will der Arbeitgeber eine Abstaffelung nach RL Nr. 11 oder nach anderen Abstaffelungsgrundsätzen (Jahresstaffel usw.) vornehmen, so muss er dies – gerade wegen der vergütungsmindernden Bedeutung – hinreichend deutlich mit dem Arbeitnehmer **konkret vereinbaren oder** nach § 12 Abs. 3 **festsetzen**, d.h., er muss in der Vergütungsfestsetzung die beabsichtigte Abstaffelung ausdrücklich erwähnen[530b]. Ein allgemeiner Hinweis auf die Berechnung nach der Methode der Lizenzanalogie reicht dafür nicht aus[530c], da die Abstaffelung kein begriffsnotwendiger Inhalt der Lizenzanalogie ist[530d]; ebenso wenig wird eine allgemeine Bezugnahme auf die Vergütungsrichtlinien genügen, da auch damit offenbleibt, ob der Arbeitgeber die Voraussetzungen für eine Abstaffelung als erfüllt ansieht[531]. Ist das für eine Abstaffelung notwendige Umsatzvolumen (3 Mio. DM = 1.533.875,60 €) noch nicht erreicht, kann ein Hinweis auf den »zukünftig abgestaffelten Nettoumsatz« – ggf. unter Bezugnahme auf RL Nr. 11 – ausreichen[532].

Liegt eine verbindliche Vergütungsregelung vor (§ 12), so kann der Arbeitgeber eine darin nicht vorgesehene Abstaffelung später nicht einseitig vornehmen; ein Abweichen von der Vergütungsregelung ist auch hier nur im Verfahren nach § 12 Abs. 6 (s. dort Rz. 132) möglich, es sei denn, zu sei-

---

529 Vgl. dazu Schade Mitt. 1969, 291, 295 m.w.N. zur Praxis d. Schiedsst.; s. auch die Berechnungsbeispiele b. Heine/Rebitzki Vergütg. f. Erf. Anm. 3 zu RL Nr. 11; Schweikhardt GRUR 1968, 340 ff.; Witte Mitt. 1966, 234 f.
530 Schiedsst. v. 20. 4. 1965 Blatt 1965, 280; v. 4.6.1993 EGR Nr. 8 zu § 11 ArbEG (RL Nr. 11) u. v. 8.2.1996 Arb.Erf. 61/94 (unveröffentl.); ebenso Busse/Keukenschrijver PatG, Rz. 20 zu § 11 ArbEG.
530a Ständ. Praxis d. Schiedsst., z.B. EV. v. 18.1.1990 Blatt 1990, 336, 337; bestätigt u.a. durch EV. v. 30.6.1994 Arb.Erf. 182/92 (unveröffentl.); vgl. auch Schiedsst. v. 16.6.1983 Blatt 1984, 250; s. (aber) auch Reimer/Schade/Schippel/Kaube Rz. 5, 7 zu § 11/RL Nr. 19; Gaul GRUR 1983, 209, 222.
530b BGH v. 17.5.1994 GRUR 1994, 898, 902 – Copolyester I; Schiedsst. ZB v. 8.12.1993 Arb.Erf. 11/92 u. v. 5.8.1998 Arb.Erf. 103/96 (beide unveröffentl.); v. 19.11.1981 Blatt 1984, 57, 58.
530c Schiedsst. v. 8.12.1993 (Fn. 530b); im Ergebn. auch BGH v. 17.5.1994 (Fn. 530 b).
530d Schiedsst. v. 21.12.2000 Arb.Erf. 55/98 (unveröffentl.).
531 So im Ergebn. wohl BGH v. 17.5.1994 u. Schiedsst. v. 8.12.1993 (beide Fn. 530b).
532 Ähnl. LG Düsseldorf v. 7.11.1989 Az. 4 O 146/86.

§ 9

seinen Gunsten liegen die Voraussetzungen einer Unbilligkeit i.S.d. § 23 vor[533] (s. dort Rz. 21 ff.).

(2) Abstaffelungstabelle

Aus der von **Kaube**[534] errechneten Tabelle zu RL Nr. 11, die bislang nicht in Euro umgestellt worden ist, lässt sich die Umsatzstaffel ab 1. 1. 1984 ablesen:

Umsatzstaffel ab 1. Januar 1984 (in DM und Euro):

Spalte 1		Sp. 2	Sp. 3		Sp. 4	
DM	€		DM	€	DM	€
1 000 000	511 291,88	× 1	1 000 000	511 291,88	1 000 000	511 291,88
2 000 000	1 022 583,76	× 1	1 000 000	511 291,88	2 000 000	1 022 583,76
3 000 000	1 533 875,64	× 1	1 000 000	511 291,88	3 000 000	1 533 875,64
4 000 000	2 045 167,52	× 0,9	900 000	460 162,69	3 900 000	1 994 038,34
5 000 000	2 556 459,40	× 0,9	900 000	460 162,69	4 800 000	2 454 201,03
6 000 000	3 067 751,28	× 0,8	800 000	409 033,50	5 600 000	2 863 234,53
7 000 000	3 579 043,17	× 0,8	800 000	409 033,50	6 400 000	3 272 268,04
8 000 000	4 090 335,05	× 0,8	800 000	409 033,50	7 200 000	3 681 301,54
9 000 000	4 601 626,93	× 0,8	800 000	409 033,50	8 000 000	4 090 335,05
10 000 000	5 112 918,81	× 0,8	800 000	409 033,50	8 800 000	4 499 368,55
10 – 20 × 10⁶	5 112 918,81 – 10 225 583,62	× 0,7	7 000 000	3 579 043,17	15 800 000	8 078 411,72
20 – 30 × 10⁶	10 225 583,62 – 15 338 756,43	× 0,6	6 000 000	3 067 751,28	21 800 000	11 146 163,01
30 – 40 × 10⁶	15 338 756,43 – 20 451 675,24	× 0,5	5 000 000	2 556 459,40	26 800 000	13 702 622,41
40 – 50 × 10⁶	20 451 675,24 – 25 564 594,05	× 0,4	4 000 000	2 045 167,52	30 800 000	15 747 789,94
50 – 60 × 10⁶	25 564 594,05 – 30 677 512,87	× 0,35	3 500 000	1 789 521,58	34 300 000	17 537 311,52
60 – 80 × 10⁶	30 677 512,87 – 40 903 350,49	× 0,3	6 000 000	3 067 751,28	40 300 000	20 605 062,81
80 – 100 × 10⁶	40 903 350,49 – 51 129 188,11	× 0,25	5 000 000	2 556 459,40	45 300 000	23 161 522,21
über 100 × 10⁶	über 51 129 188,11	× 0,2 (gleichbleibend)				

Zur Verdeutlichung ein **Rechenbeispiel**:
Ausgehend von einem Gesamtumsatz von 44,6 Mio. DM (= 22.803.617,89 Mio €) und einem Lizenzsatz von 3 % ergibt sich der abgestaffelte Umsatz, indem man zunächst aus der Spalte 4 den für einen Gesamtumsatz von 20.451.675,24 € geltenden abgestaffelten Umsatz von 13.702.622,41 € entnimmt (Zeile 13 der Tabelle); hierzu addiert man den für den »Restumsatz« von 2.351.942,65 € geltenden Abstaffelungsbetrag; dieser ergibt sich durch Multiplikation dieses Restumsatzes mit dem in Spalte 2

---

533 Schiedsst. v. 21.12.2000 Arb.Erf. 55/98 (unveröffentl.).
534 In GRUR 1986, 572, 573.

§ 9

für die jeweiligen Umsatzgrößen bezifferten Faktor (hier: 0,4; Zeile 14 der Tabelle). Demzufolge beträgt bei diesem Beispiel der abgestaffelte Umsatz:

13 702 622,41 € (Abstaffelung von 20 451 675,24 €) + 940 777,06 € (2 351 942,65 € × 0,4) = 14 643 399,47 € abgestaffelter Umsatz

Gemäß RL Nr. 39 wird die Ermittlung des Erfindungswertes nach der Lizenzanalogie sodann in folgender Formel ausgedrückt (s. im Übrigen Rz. 292):

$$E \text{ (Erfindungswert)} = B \text{ (Bezugsgröße, hier abgestaffelter Umsatz)} \times L \text{ (Lizenzsatz in \%)}$$

$$E = 14\,643\,399{,}47\,€ \times 3\,\% = 439\,301{,}98\,€$$

Rz. 152-160 frei

c) *Ermittlung des Erfindungswertes nach dem erfassbaren betrieblichen Nutzen (RL Nr. 12)*

161 Neben der in der Praxis vorrangigen Ermittlung des Erfindungswertes nach der Lizenzanalogie (s. Rz. 121 ff.) kann dieser auch nach dem erfassbaren betrieblichen Nutzen, der dem Betrieb (Unternehmen) aus der Benutzung der Erfindung erwachsen ist, bestimmt werden[535]. Zur Wahl dieser und der sonstigen Berechnungsmethoden s. Rz. 104 ff.

Gemäß RL Nr. 12 ist unter »betrieblichem Nutzen« die durch den Einsatz der Erfindung verursachte **Differenz zwischen Kosten und Erträgen** zu verstehen (s. aber unten Rz. 165).

162 Diese Berechnungsmethode ist **nicht so exakt, wie sie vorgibt**; auch sie kommt nicht ohne erhebliche Schätzungen und Wertungen aus, etwa im Hinblick auf den Abstand zum allgemeinen Stand der Technik (vgl. Rz. 164) oder zu einzelnen Kostenpositionen (Rz. 163) oder zur Höhe des Umrechnungsfaktors[535a] (s. Rz. 165). Da die Ertragsberechnung in der Praxis erhebliche Schwierigkeiten verursacht, wird diese Methode regelmäßig nur dann gewählt, wenn die Berechnung nach der Lizenzanalogie versagt, was insbesondere bei fehlenden oder nur geringen Umsätzen der Fall ist (z. Anwendungsbereich s. oben Rz. 110 ff.).

163 Der Oberbegriff **Kosten** umfasst Menge und Wert aller mit dem Einsatz der Erfindung tatsächlich verbrauchten Güter und erbrachten bzw. in Anspruch genommenen Dienstleistungen des Unternehmens, wie etwa Anschaffungspreis für eingesetzte Materialien, Energieverbrauch, Gehälter

---

535 Vgl. z. d. Problemkreis insbes. Osann GRUR 1964, 113 ff.; Schade GRUR 1968, 114 ff.; Hoffmann/Bühner GRUR 1974, 445 ff.; Hegel GRUR 1975, 307 ff.; Gaul GRUR 1988, 254 ff.; vgl. auch Dick GRUR 1962, 226 ff. u. Fischer GRUR 1971, 131.
535a Vgl. Schiedsst. v. 25.2.1981 Blatt 1982, 57, 58 u.v. 4.8.1987 Blatt 1988, 171, 172.

§ 9

einschließlich Sozialkosten, Kosten für Dienstleistungen Dritter, Investitionskosten zur Erlangung der Produktionsreife/Einsatzreife der Erfindung (ohne AfA) nach deren Fertigstellung (s. RL Nr. 12 Abs. 2). Weitere Kostenansätze ergeben sich aus dem Bezug der RL Nr. 12 Abs. 1 auf die LSP, insbesondere die dort ab Nrn. 37 ff. aufgeführten kalkulatorischen Kosten (vgl. dazu Komm RL Rz. 25 ff. zu RL Nr. 12) und schließlich die Schutzrechtskosten (Anmeldung, Verwaltung und Verteidigung). Gemeinkosten werden berücksichtigt, soweit sie konkret im Zusammenhang mit der Erfindung stehen (KommRL Rz. 28 zu RL Nr. 12).

Unter **Erträgen** ist der Wert aller durch die Erfindung (kausal) vermittelten wirtschaftlichen Vorteile zu verstehen, insbesondere Einsparungen an Aufwand für Personal, Material, Energien und sonstige Hilfs- und Betriebsstoffe, sonstige Rationalisierungseffekte[536] wie auch sonstige ersparte Aufwendungen[536a] (etwa bezüglich Arbeitssicherheit, Umweltschutzauflagen, sonstige öffentliche Lasten). Erforderlich ist also nicht, dass die Erträge konkret zu Einnahmen führen; jedoch müssen sie tatsächlich eingetreten sein; eine bloß fiktive Ersparnis reicht nicht aus[536b]. Andererseits sind betriebsfremde Erträge, die nicht auf betrieblichen Leistungen beruhen, nicht in Ansatz zu bringen. Auch müssen steuerliche Auswirkungen beachtet werden (vgl. dazu KommRL Rz. 43 ff. zu RL Nr. 12). 163.1

Der Kosten- und Ertragsvergleich ist nach **betriebswirtschaftlichen Grundsätzen** vorzunehmen (vgl. RL Nr. 12 Abs. 1 Satz 3), d. h. nach den anerkannten Regeln und Techniken des betrieblichen Rechnungswesens (vgl. auch § 275 HGB). 163.2

Soweit allerdings RL Nr. 12 Abs. 1 einen betriebsnotwendigen Gewinn und ggf. einen kalkulatorischen **Unternehmerlohn** als weitere Abzugsfaktoren anführt, wird dies in der betrieblichen Praxis ebenso wie in der Entscheidungspraxis der Schiedsstelle und der Gerichte unberücksichtigt gelassen; stattdessen wird der Bruttonutzen mit einem sog. Umrechnungsfaktor multipliziert (s. Rz. 165). 163.3

Die Berechnung des Nutzens bestimmt sich allerdings nicht schematisch nach der konkreten Ersparnis des Unternehmens, die der Einsatz der Erfindung bewirkt hat; vielmehr muss geprüft werden, ob und inwieweit der frühere betriebliche Zustand (**interner Stand der Technik**) dem **allgemeinen (äußeren) Stand der Technik** entspricht[536c]. Dies ist Ausfluss des Mo- 164

---

536 Schiedsst. v. 29.5.1970 Blatt 1970, 458 (zur Vermeidung von Ausschuss).
536a Schiedsst. v. 16.6.1972 Blatt 1973, 261, 262 (zur ersparten Lizenznahme).
536b Schiedsst. v. 3.11.1987 Arb.Erf. 40/87; v. 30.9.1992 Arb.Erf. 90/91 u. LG Düsseldorf v. 30.9.1975 Az. 4 O 215/72 (alle unveröffentl.).
536c Ständ. Praxis d. Schiedsst., z.B. EV v. 25.2.1981 (Fn. 536), v. 4.8.1987 (Fn. 536); v. 17.10.1991 Mitt. 1997, 373 f. – Anlagensteuerung; v. 30.9.1992 EGR Nr. 69 zu § 9 ArbEG (Verg.Höhe); EV. v. 25.3.1994 Arb.Erf. 64/93; v. 29.2.1996 Arb.Erf. 20/93; 18.4.1996 Arb.Erf. 5/95; v. 18.12.2001 Arb.Erf. 57/98 (alle unveröffentl.); zustimmend Busse/Keukenschrijver, PatG, Rz. 21 zu § 11 ArbEG.

§ 9

nopolprinzips (s. dazu Rz. 9 f. vor §§ 9–12), wonach der Erfinder nur an dem Nutzen zu beteiligen ist, der auf dem rechtlichen Monopol beruht, welches durch seine Erfindung begründet wird. Dieses Monopol wird aber begrenzt durch den äußeren Stand der Technik. Der Monopolschutz, d.h. der erfindungsgemäße Wettbewerbsvorsprung des Arbeitgebers, besteht nur in dem Überschuss der Erfindung gegenüber dem äußeren Stand der Technik[537] (s. i. Übrigen KommRL Rz 48 ff. zu RL Nr. 12).

An den betrieblichen Nutzen als solchen kann nur angeknüpft werden, wenn der interne Stand sich mit dem allgemeinen Stand der Technik deckt oder darüber liegt. Ist zum Zeitpunkt der Nutzungsaufnahme keinerlei vergleichbare technische Lehre zur (ganzen oder teilweisen) Erzielung der mit Hilfe der Diensterfindung realisierbaren Einsparungen im Stand der Technik verfügbar, sind diese Einsparungen der Berechnung des Erfindungswertes zugrunde zu legen[537a]. Arbeitet der Betrieb dagegen nach veralteten Verfahrensmethoden oder mit veralteten Betriebsmitteln, ist als Einsparung nur der Betrag anzusetzen, den der Arbeitgeber durch den Einsatz der Erfindung gegenüber dem äußeren Stand der Technik erzielt[537b]. Ein damit zugleich verbundeses Heranführen eines veralteten innerbetrieblichen Standes der Technik an den äußeren Stand der Technik ist nicht auf die Diensterfindung zurück zu führen.

Späteren Veränderungen des Nutzens kann evtl. gemäß § 12 Abs. 6 Rechnung getragen werden (s. Rz. 97 ff. u. 132 zu § 12).

165 Unzutreffend ist die Feststellung in RL Nr. 12 Abs. 1 a. E., dass der Differenzbetrag zwischen Kosten und Erträgen (= erfassbarer betrieblicher Nutzen) unmittelbar zugleich »den Erfindungswert darstellt«[538]. Denn kein Unternehmen wäre bereit, einem freien Erfinder die gesamte Ersparnis, die es mit Hilfe der Erfindung erzielt, zu überlassen. Ein Unternehmen wird immer nur einen Bruchteil des Nutzens zahlen, da ihm sonst kein wirtschaftlicher Vorteil durch den Einsatz der Erfindung verbliebe, sondern nur das Risiko dieses Einsatzes[538a]. Folgerichtig ist der **Erfindungswert** bei der Berechnung nach dem betrieblichen Nutzen dadurch zu ermitteln, dass

---

537 Schiedsst. v. 18.1.1990 Blatt 1990, 336, 337; v. 30.9.1992 u. v. 18.4.1996 (beide Fn. 536c).
537a Ähnl. Schiedsst. v. 17.10.1991 (Fn. 536c), die allerdings auf den Zeitpunkt der Schutzrechtsanmeldung abstellt.
537b Ständ. Praxis d. Schiedsst., z.B. v. 9.11.1972 Blatt 1973, 261, v. 25.2.1981 (Fn. 536), v. 25.11.1981 Arb.Erf. 17/81, v. 9.5.1985 Arb.Erf. 21/85, v. 10.5.1988 Arb.Erf. 89/87 u.v. 25.3.1994 (alle unveröffentl.); ferner EV. v. 29.2.1996 (Fn. 536c) u. v. 5.6.1998 (Arb.Erf. 81/96 (z. Veröffentl. i. EGR vorgesehen); LG Düsseldorf v. 19.7.1983 Az. 4 O 216/74 (unveröffentl.); Heine/Rebitzki, Vergütg. f. Erf. Anm. 4 zu RL Nr. 12; Schade (Fn. 535) S. 115 f; Reimer/Schade/Schippel/Kaube Rz. 6 zu § 11/RL Nr. 12
538 Schade (Fn. 535) S. 117 f.; Osann (Fn. 535); Reimer/Schade/Schippel/Kaube Rz. 7 zu § 11/RL v. 18.1.1990; s. auch Schiedsst. v. 29.6.1972 Blatt 1973, 58, 59; missverständl. (noch) Schiedsst. v. 8.6.1967 Blatt 1967, 130 r.Sp.
538a Schiedsst. v. 29.6.1972 Blatt 1973, 58, 59; bestätigt durch EV. v. 19.9.1995 Mitt. 1996, 176, 177 – Patentverkauf.

§ 9

der wirtschaftliche Nutzen mit einem **Umrechnungsfaktor** (als Ausfluss des Unternehmerlohnes, s. Rz. 163.3) multipliziert wird, der den kalkulatorischen Kostenanteil, den kalkulatorischen Unternehmensgewinn und – sofern vorhanden – das unternehmerische Wagnis berücksichtigt[538b].
Dieser Umrechnungsfaktor liegt nach den von der Schiedsstelle übernommenen Erfahrungen der Praxis bei **Patenten** zwischen **1/8 und 1/3**[539], und zwar des Bruttonutzens vor Steuern[540]. Die **Höhe des Umrechnungsfaktors** richtet sich nach den Umständen des Einzelfalls (Einzelheiten s. Komm RL Rz. 62 f. zu RL Nr. 12). Im Regelfall, d. h. bei normalem Schutzumfang und normaler Rechtsbeständigkeit und Identität zwischen allgemeinem und internem Stand der Technik geht die Schiedsstelle für Patente in ständiger Praxis von einem **Durchschnittssatz von 1/5 (= 20 %) des Bruttonutzens** aus[541].
Wegen der Erweiterung des Schutzgegenstandes und der Schutzdauer eines **Gebrauchsmusters** ist u.E. bei der Vergütung solcher Schutzrechte nicht mehr regelmäßig von den hälftigen Werten der für patentfähige Erfindungen üblichen Ansätze auszugehen, also von 1/16 bis 1/6[542] (Regelsatz 1/10 (= 10 %) des Nutzens. Zutreffender dürfte ein **Regelwert bis zu 2/3** dieses Ansatzes sein. Demgegenüber geht die Schiedsstelle den Weg über die vorläufige Vergütung (s. Rz. 250 u. i. Übr. KommRL Rz. 64 zu RL Nr. 12 u. Rz. 11 ff. zu RL Nr. 28).
Da auch bei dem erfassbaren betrieblichen Nutzen der der RL Nr. 11 zugrunde liegende Gedanke der »Kausalitätsverschiebung« (s. Rz. 141) eingreifen kann, ist auch hier bei besonders hohem Nutzen über den Wortlaut

166

538b Schiedsst. z.B. v. 26.8.1997 Arb.Erf. 30/96 (z. Veröffentl. u. EGR vorgesehen).
539 Vorschlag der Dt. Vereinigung f. Gewerbl. Rechtsschutz i. GRUR 1958, 68; i. Anschl. daran ständ. Praxis d. Schiedsst. seit EV. v. 8.5.1961 Blatt 1961, 434 = GRUR 1962, 192 (LS) m. Anm. Friedrich, z.B. EV. v. 25.2.1981 Blatt 1982, 57, 58; v. 18.1.1990 (Fn. 537); v. 16.11.1989 Arb.Erf. 112/68; v. 18.4.1991 Arb.Erf. 10/90; v. 17.10.1991 (Fn. 536c) u.v. 27.9.1994 Arb.Erf. 76/93 (alle unveröffentl.); LG Düsseldorf v. 19.7.1983 Az. 4 O 216/74 (unveröffentl.); Schade GRUR 1968, 114, 118; Reimer/Schade/Schippel/Kaube Rz. 9 ff. zu § 11/RL Nr. 12; Volmer/Gaul Rz. 466 zu § 9/RL Nr. 12 (dort aber zwischen 1/2 u. 1/8); abw. Osann GRUR 1964, 113, 114 (dort fester Lizenzfaktor von 25 %) u. Gaul GRUR 1988, 254 ff. (Umrechnungshilfe).
540 Schiedsst. v. 16.11.1989 (Fn. 539) u.v. 26.11.1992 EGR Nr. 70 zu § 9 ArbEG (Verg-Höhe).
541 Schiedst. v. 8.5.1961 (Fn. 539), v. 6.2.1985 Blatt 1985, 222, 223 u.v. 8.9.1986 Blatt 1987, 306, 308; v. 18.1.1990 (Fn. 537); v. 17.10.1991 (Fn. 536c) u.v. 26.11.1992 (Fn. 540); ferner EV. v. 19.9.1995 (Fn. 538a); v. 27.3.1998 Arb.Erf. 67/96 (unveröffentl.); i. Ergebn. auch Schiedsst. v. 8.6.1967 Blatt 1967, 130,131 l.Sp.; LG Düsseldorf v. 30.9.1975 Az. 4 O 215/72 (unveröffentl.); ähnl. Fischer GRUR 1971, 131, 132 (dort 15-20 %).
542 Schiedsst. v. 21.3.1985 Arb.Erf. 85/84; v. 18.4.1991 Arb.Erf. 10/90 u.v. 27.9.1994 Arb.Erf. 76/93 (alle unveröffentl.).
543-550 frei

§ 9

der RL Nr. 11 hinaus eine **Abstaffelung** vorzunehmen[551]. Dies gilt – entgegen der Praxis der Schiedsstelle – aber auch hier nur dann, wenn der entsprechende **Üblichkeitsnachweis** geführt wird (s. oben Rz. 142). Mangels Vergleichbarkeit von Umsatz und Nutzen kann der Abstaffelungsrahmen der RL Nr. 11 (s. dazu Rz. 149 f.) nicht unmittelbar angewendet werden; vielmehr ist die Abstaffelungstabelle im Wertverhältnis 1 : 5 umzurechnen[551a] (s. dazu KommRL Rz. 64 ff. zu RL Nr. 11).

167 In Anlehnung an die langjährige Praxis der Schiedsstelle[552] hat *Kaube*[553] folgende bei einer Ersparnis von 600 000,– DM (= 306 775,12 €) beginnende **Tabelle** errechnet:

168 Nutzenstaffel ab 1. Januar 1984 (in DM und Euro):

Spalte 1			Spalte 2		Spalte 3		Spalte 4		Spalte 5	
DM	€		DM	€		DM	€		DM	€
600 000	306 755,13	=	200 000	102 258,38	x 0,9 =	180 000	92 032,54 =		600 000	306 775,13
800 000	409 033,50	=	200 000	102 258,38	x 0,9 =	180 000	92 032,54 =		780 000	398 807,67
1 000 000	511 291,88	=	200 000	102 258,38	x 0,8 =	160 000	81 806,70 =		960 000	490 840,21
1 200 000	613 550,26	=	200 000	102 258,38	x 0,8 =	160 000	81 806,70 =		1 120 000	572 646,91
1 400 000	715 808,63	=	200 000	102 258,38	x 0,8 =	160 000	81 806,70 =		1 280 000	654 453,61
1 600 000	818 067,01	=	200 000	102 258,38	x 0,8 =	160 000	81 806,70 =		1 440 000	736 260,31
1 800 000	920 325,39	=	200 000	102 258,38	x 0,8 =	160 000	81 806,70 =		1 600 000	818 067,01
2 000 000	1 022 583,76	=	200 000	102 258,38	x 0,8 =	160 000	81 806,70 =		1 760 000	899 873,71
2 – 4 000 000	1 022 583,76 – 2 045 167,76	=	2 000 000	1 022 583,76	x 0,7 =	1 400 000	715 808,63 =		3 160 000	1 615 682,34
4 – 6 000 000	2 045 167,76 – 3 067 751,28	=	2 000 000	1 022 583,76	x 0,6 =	1 200 000	613 550,26 =		4 360 000	2 229 232,60
6 – 8 000 000	3 067 751,28 – 4 090 335,05	=	2 000 000	1 022 583,76	x 0,5 =	1 000 000	511 291,88 =		5 360 000	2 740 524,48
8 – 10 000 000	4 090 335,05 – 5 112 918,81	=	2 000 000	1 022 583,76	x 0,4 =	800 000	409 033,50 =		6 160 000	3 149 557,99
10 – 12 000 000	5 112 918,81 – 6 135 502,57	=	2 000 000	1 022 583,76	x 0,35=	700 000	357 904,32 =		6 860 000	3 507 462,31
12 – 16 000 000	6 135 502,57 – 8 180 670,10	=	4 000 000	2 045 167,52	x 0,3 =	1 200 000	613 550,26 =		8 060 000	4 121 012,56
16 – 20 000 000	8 180 670,10 –10 225 837,62	=	4 000 000	2 045 167,52	x 0,25=	1 000 000	511 291,88 =		9 060 000	4 632 304,44
über 20 000 000					x 0,2 (gleichbleibend)					

---

551 Ständ. Praxis d. Schiedsst. seit EV. v. 8.5.1961 Blatt 1961, 434 = GRUR 1962, 192 (LS) m. Anm. Friedrich; Schiedsst. v. 9.6.1982 Arb.Erf. 9/82 (unveröffentl.); v. 6.2. 1985 Blatt 1985, 222, 223 u.v. 23.3.1990 Arb.Erf. 101/89 (unveröffentl.); vgl. auch Schiedsst. v. 17.10.1991 Mitt. 1997, 373, 374 – Anlagesteuerung (dort bei nur einmaligem Erfindungseinsatz abgelehnt); ebenso Hanseat. OLG v. 11.5.1978 EGR Nr. 23 zu § 9 ArbEG (VergAnspr.); Heine/Rebitzki, Vergütg. f. Erf. Anm. 4 zu RL Nr. 12; Busse/Keukenschrijver, PatG, Rz. 22 zu § 11 ArbEG.
551a Schiedsst. v. 6.2.1985 (Fn. 551).
552 Schiedsst. v. 8.5.1961 (Fn. 551); zust. Schade, Mitt. 1969, 291, 295; Witte, Mitt. 1966, 234, 235; Volmer/Gaul, Rz. 468 zu § 9/RL Nr. 12 (der allerdings einen Korrekturfaktor von 1/8 – 1/2 vorschlägt, was nicht der betrieblichen Praxis entspricht).
553 In GRUR 1986, 572, 573 f.
554-558 frei

§ 9

Dieser sog. Nutzenstaffel liegt das gleiche Schema zugrunde wie der Umsatzstaffel (oben Rz. 151). 169
Zur Verdeutlichung ein **Rechenbeispiel**:
Beträgt der Nutzen z.B. 4,6 Mio. DM (= 2 351 942,65 €), ist zunächst für die Ersparnis von 2 045 167,52 € (9. Zeile der Spalte 1) der abgestaffelte Nutzen von 1 615 682,34 € (9. Zeile der Spalte 5) abzulesen und der restliche Nutzen von 306 775,13 € mit dem Faktor 0,6 (Zeile 10 der Spalte 3) zu multiplizieren, was einem abgestaffelten Nutzen von 184 065,08 € entspricht. Demzufolge beträgt bei diesem Beispiel der abgestaffelte Nutzen:

1 615 682,34 € (Abstaffelung v. 2 045 167,52 €) + 184 065,08 € (306 775,13 € x 0,6) = 1 799 747,42 € abgestaffelter Nutzen.

Gemäß RL Nr. 39 wird die Ermittlung des Erfindungswertes sodann in folgender Formel ausgedrückt (s. i. übr. Rz. 292):

E (Erfindungswert) =
B (Bezugsgröße, hier abgestaffelter Nutzen) x
Umrechnungsfaktor (1/8 – 1/3, regelmäßig 1/5, s. Rz. 165)

E = 1 799 747,42 € x 20 % = 359 949,48 €

Rz. 170-175 frei

d) Schätzung des Erfindungswertes (RL Nr. 13)

Ist die Ermittlung des Erfindungswertes weder nach der Lizenzanalogie 176
(RL Nrn. 3 ff.; s. oben Rz. 121 ff.) noch gemäß der Methode nach dem erfassbaren betrieblichen Nutzen (RL Nr. 12; s. oben Rz. 161 ff.) noch nach anderen Methoden (vgl. RL Nr. 4) möglich, ist der Erfindungswert gemäß RL Nr. 13 zu schätzen (**Aushilfsfunktion**, vgl. RL Nr. 5 Abs. 2 Satz 5 u. RL Nr. 13 Satz 1; s. auch oben Rz. 104). Es darf nicht verkannt werden, dass letztlich jede Methode zur Berechnung des Erfindungswertes mehr oder weniger auf Schätzungen zurückgreifen muss[559]; da sich dort die Schätzung aber nur auf Teilbereiche beschränkt und im Übrigen konkrete Anhaltspunkte gegeben sind, sollte stets versucht werden, anstelle der in RL Nr. 13 vorgesehenen **Globalschätzung des Erfindungswertes** zunächst von der Möglichkeit von Teilschätzungen im Rahmen der anderen Berechnungsmethoden Gebrauch zu machen.
Für die Methode der **Schätzung** ergibt sich aus RL Nr. 5 Abs. 2 Satz 5 und RL Nr. 13 Satz 1, dass diese wegen der mit ihr verbundenen Unsicherheitsfaktoren nur dann in Betracht kommen soll, wenn der Erfindungswert nach einer der beiden anderen Berechnungsmethoden (etwa wegen fehlen-

---

559 Schiedsst. v. 4.8.1987 Blatt 1988, 171; vgl. auch Schiedsst. v. 25.2.1981 Blatt 1982, 57, 58.

den Umsatzes oder fehlender Ersparnis) nicht oder nur mit unverhältnismäßig hohen Aufwendungen ermittelt werden kann, z.B. bei Arbeitsschutzmitteln und -vorrichtungen, sofern sie nicht allgemein verwertbar sind, bei Prüf- und Messvorrichtungen etc. Eine Schätzung kommt beispielsweise auch dann in Betracht, wenn mit der Erfindung kein Umsatz erzielt wird und die Berechnung nach RL Nr. 12 mangels konkreter Anhaltspunkte, insbesondere im Vergleich zum externen Stand der Technik, ausscheidet[560]. Einzelheiten s. KommRL Rz. 5 ff zu RL Nr. 13.

Bei der Globalschätzung soll der **Preis geschätzt** werden, den das Unternehmen **einem freien Erfinder für den Erwerb** der (Dienst-)Erfindung hätte zahlen müssen. Dabei ist jedoch nicht von den subjektiven Wertvorstellungen der Beteiligten auszugehen, sondern ausschließlich davon, was ein Unternehmer in vergleichbarer Situation vernünftigerweise für eine derartige Erfindung ausgeben würde.

177 Stets sollte die Schätzung im Hinblick auf das Gebot der Angemessenheit (§ 9 Abs. 1) an möglichst **konkreten Anhaltspunkten orientiert** werden. Dies kann beispielsweise die Höhe der **Investitionskosten,** die für den innerbetrieblichen Einsatz der Erfindung aufgewandt wurden, sein[561]; dabei sollen jedoch etwaige Kosten für Fehlinvestitionen außer Ansatz bleiben[562]. Zutreffend wird die Anlehnung an die Investitionskosten von der Schiedsstelle zurückhaltend gehandhabt, um nicht etwa der Gefahr zu erliegen, dass bei Erfindungen mit hohem Wert, aber geringem Investitionsaufwand der Erfinder nur deshalb wenig bekommt, weil seine Erfindung unter erheblicher Investitionsersparnis vorteilhaft eingesetzt werden kann. Umgekehrt spiegeln Investitionen häufig nur einen Erwartungswert wider, der sich nicht realisiert[562a]. Dementsprechend kann ein derartiger Aufwand eine geeignete Bezugsgröße dann sein, wenn er eine bestimmte Größenordnung erreicht, muss es aber nicht[563], so dass in Einzelfällen auch Zuschläge oder ein Multiplikator angemessen sein können[563a] (s. auch Rz. 126).

Die Grundsätze der RL Nr. 8 gelten entsprechend (s. dazu Rz. 125 ff.), so dass bei Heranziehung der Gesamtinvestition zu ermitteln (schätzen) ist, welcher Anteil auf die Erfindung entfällt[564].

---

560 Vgl. Schiedsst. v. 30.12.1986 EGR Nr. 68 zu § 9 ArbEG (VergAnspr.).
561 Ständ. Praxis d. Schiedsst., z.B. v. 3.4.1974 Mitt. 1974, 137, 138; v. 30.6.1980 EGR Nr. 3 zu § 27 ArbEG; so bereits ZB v. 3.6.1960 Arb.Erf. 4/59 (unveröffentl.), teilw. zitiert b. Volz, Öffentl. Dienst, S. 113 (dort Fn. 220) u. S. 121 (dort Fn. 266); Schiedsst. ZB v. 5.12.1983 Arb.Erf. 18/83 u. EV. v. 3.12.1982 Arb.Erf. 25/82; EV. v. 11.8.1989 Arb.Erf. 72/88 u.v. 25.2.1991 Arb.Erf. 50/90 (alle unveröffentl.); vgl. auch Schade BB 1962, S. 262.
562 Schiedsst. v. 6.3.1978 Arb.Erf. 58/77 (unveröffentl.).
562a Schiedsst. v. 7.12.2000 Arb.Erf. 62/97 (unveröffentl.).
563 Schiedsst. Arb.Erf. 35/88 (unveröffentl.).
563a Zust. Schiedsst. v. 25.2.1991 (Fn. 561).
564 So im Ergebn. Schiedsst. v. 11.8.1989 (Fn. 561) u.v. 27.9.1994 Arb.Erf. 76/93 (unveröffentl.).

§ 9

Entsprechend der Berechnung bei RL Nr. 12 (s. oben Rz. 165) ist als Erfindungswert aber nur ein **Bruchteil** (1/8 – 1/3; in der Regel 20 % bei Patenten bzw. bis zu 2/3 davon (s. Rz. 165) bei Gebrauchsmustern) des (bereinigten) Investitionsaufwandes als Erfindungswert anzusetzen[565].
Auch die **Abstaffelungsgrundsätze** (RL Nr. 11) sind nach Maßgabe des bei RL Nr. 12 geltenden Rahmens (s. oben Rz. 168 ff.) zu beachten[566], jedoch nur, wenn der Üblichkeitsnachweis erbracht werden kann (s. Rz. 142). Abzustellen ist auf die Nutzenstaffel (s. Rz. 168).

Im Einzelfall kann auch eine Orientierung an den **Prämien für einfache Verbesserungsvorschläge** erfolgen[567]. 178
Weitere Einzelheiten s. Komm RL zu RL Nr. 13.

Rz. 179-184 frei

V. Erfindungswert bei Konzernnutzung

Wird eine Erfindung im Rahmen eines Konzerns, dem der Arbeitgeber angehört, genutzt (s. Rz. 129 ff. zu § 1), ist **Schuldner des Vergütungsanspruchs** stets der **jeweilige Arbeitgeber,** so dass der Arbeitnehmererfinder Erfindervergütungsansprüche nicht gegenüber den (nutzenden) Konzernunternehmen geltend machen kann (s. Rz. 130 zu § 1 u. oben Rz. 4 ff.). 185

Die Vergütungsbemessung hängt von den Umständen des Einzelfalls ab. 186
Bemessungsgröße für die Berechnung der Erfindervergütung sind zunächst die Eigennutzungen des betreffenden Arbeitgebers einschließlich seiner Lizenzeinnahmen und evtl. Kaufpreiserlöse aus einer Übertragung der Erfindung. Zur Eigennutzung des Arbeitgebers gehören Herstellung und Vertrieb der erfindungsgemäßen Produkte, und zwar gleichgültig, ob er sie an Dritte oder an verbundene Konzernunternehmen veräußert.

Erfolgt die Abgabe an verbundene Unternehmen zu **internen Verrechnungspreisen**[577], bildet der auf dieser Grundlage erzielte Umsatz die Bemessungsgröße für die Ermittlung des Erfindungswertes. Denn nur hierin 186.1

---

565 Ständ. Praxis d. Schiedsst., z.B. ZB v. 3.6.1960, EV. v. 3.4.1974 u.v. 11.8.1989 (alle Fn. 561); v. 27.9.1994 (Fn. 564, – dort für Gebrauchsmuster 1/16 – 1/6 mit Regelwert 10 %); vgl. auch Schiedsst. v. 8.5.1961 Blatt 1961, 434, 435; ebenso Schiedsst. v. 11.4. 1988 Arb.Erf. 78/87 (unveröffentl.) m. d. H., dass kein Unternehmen normalerweise den Gesamtbetrag für die Investition noch einmal zum Erwerb der dafür notwendigen Erfindung ausgeben würde. In diesem Sinn auch Schiedsst. v. 25.2. 1981 Blatt 1982, 57, 58 r.Sp.
566 Schiedsst. v. 8.5.1961 Blatt 1961, 434, 435 u.v. 3. 4. 1974 (Fn. 561).
567 Ebenso Volmer/Gaul Rz. 514 zu § 9/RL Nr. 13; Reimer/Schade/Schippel/Kaube Rz. 6 zu § 11/RL Nr. 13.
568-576 frei
577 Zur steuerrechtl. Behandlung intern. Verrechnungspreise s. BFH v. 17.10.2001 RIW 2002, 162 m. Anm. Andresen RIW 2002, 134.

§ 9

liegt (zunächst) der wirtschaftliche Nutzen des Arbeitgebers. Insoweit hat die Schiedsstelle in ständiger Praxis vorgeschlagen, dass der (anschließend) von konzernverbundenen Unternehmen mit dem erfindungsgemäßen Produkt erzielte Umsatz nicht zu einer Erhöhung des Erfindungswertes führt; vielmehr ist grundsätzlich der Ab-Werk-Netto-Umsatz des Arbeitgebers der Erfindervergütung zugrunde zu legen[578].

Im Einzelfall ist allerdings zu prüfen, ob die vom Arbeitgeber dem verbundenen Unternehmen abgeforderte »Verrechnungspreis«[578a] den **marktgerechten Abgabepreis** (bezogen auf die nächste Handelsstufe) darstellt. Einer »Manipulierung« der konzerninternen Abgabepreise können schon steuerrechtliche Hindernisse bzw. Nachteile entgegen stehen (unzulässige Gewinnverlagerung)[578b]. Ein marktgerechter Abgabepreis kann im Regelfall dann unterstellt werden, wenn der gleiche Preis (nicht verbundenen) Dritten in vergleichbarer Handelsstufe berechnet wird; ferner, wenn die Preisstellung des Arbeitgebers auf einer **Eigenkostenkalkulation** zuzüglich eines angemessenen Gewinnzuschlags beruht, ohne dass besondere Rücksicht auf die jeweiligen Marktverhältnisse in dem Verkaufsgebiet der verbundenen Unternehmen oder deren Rentabilitätssituation genommen wird[579]. Andererseits ist der Arbeitgeber aber auch berechtigt, bei der Bestimmung dieser Abgabepreise unterschiedlichen Marktverhältnissen in den verschiedenen Staaten Rechnung zu tragen und damit auch unterschiedliche Abgabepreise für die Produkte zu kalkulieren[579a]. Allein der Umstand, dass das verbundene Unternehmen mit dem ihm vom Arbeitgeber gelieferten Produkt einen höheren Marktpreis verlangt, rechtfertigt nicht die Annahme eines zu niedrigen Abgabepreises; zunächst ist selbstverständlich, dass auch der Zwischenhandel mit eigenen Gewinnspannen kalkuliert; darüber hinaus sind für diese Umsätze regelmäßig zusätzliche Eigenleistungen des abnehmenden Unternehmens mitursächlich (Werbung, Vertriebskosten usw.). Maßgeblich ist, dass die Preiskalkulation beim Verkauf an die verbundenen Unternehmen wie gegenüber nicht verbundenen Dritt-Unternehmen erfolgt[579a].

In diesem Zusammenhang ist zu beachten, ob bei dem Verkauf erfindungsgemäßer Produkte (Halbfertigprodukte) eine **Erschöpfung** des die

---

578 Schiedsst. v. 8.2.1989 Arb.Erf. 88/87 (unveröffentl.) u.v. 22.2.1991 Blatt 1992, 369 – Medikalprodukt; OLG München v. 8.2.2001 Mitt. 2001, 207, 210 – Verwertung durch eine ausländische Muttergesellschaft; Reimer/Schade/Schippel/Kaube Rz. 1 zu § 11/RL Nr. 17.
578a Zur Ermittlung des angemessenen Verrechnungspreises zwischen international verbundenen Unternehmen s. Kuebart, Verrechnungspreise i. intern. Lizenzgeschäft, 1995, insbes. S. 208 ff.
578b Vgl. hierzu im Einzelnen Popkes RIW 1989 369 ff. m.w.N.; s. auch Böcker in StBp 1991, 73 ff.
579 Ebenso OLG München v. 8.2.2001 (Fn. 578).
579a Schiedsst. v. 22.2.1991 (Fn 578); Klein BB 1995, 225 ff.

§ 9

Diensterfindung schützenden Patents eintritt. Die Käufer der von dem Patentinhaber selbst in Verkehr gebrachten patentierten Gegenstände haben das Entgelt für das Schutzrecht mit dem Kaufpreis entrichtet und können dann nach Belieben mit dem patentierten Gegenstand verfahren und ihn auch im Rahmen des bestimmungsgemäßen Gebrauchs ungehindert nutzen und gebrauchen[579b] (vgl. auch zur Erschöpfung bei Auslandsfreigabe § 14 Rz. 37, 48). Dieser Grundsatz geht von der Überlegung aus, dass der Berechtigte durch den Verkauf des geschützten Gegenstandes den Lohn für seine Erfindung erhalten und damit die Grenzen der ihm eingeräumten Rechtsmacht erreicht hat. Darüber hinaus stehen ihm keine Rechte mehr zu[579c].

Tritt eine solche Erschöpfung auch im Konzernvertrieb mit Abgabe an das jeweilige konzernverbundene Unternehmen ein, liegen die Erlöse aus dem Weiterverkauf außerhalb des »Zugriffsrechts« des Lieferers; Beteiligungsansprüche hieran stehen ihm nicht zu. Eine solche Erschöpfung ist im Konzernvertrieb immer dann gegeben, wenn es sich nicht nur um eine konzerninterne Warenverschiebung, sondern eine dem freien Handelsverkehr zuzurechnende Veräußerungsmaßnahme handelt[579d].

Sollte im Einzelfall der Abgabepreis an verbundene Unternehmen nicht marktgerecht sein, ist ein **Zuschlag** zu berechnen[579e]. Die Höhe des Zuschlags kann an der Differenz zum Abgabepreis des Arbeitgebers an unabhängige vergleichbare Drittabnehmer orientiert werden; fehlen solche, kann eine Orientierung am Verkaufspreis des verbundenen Unternehmens (unter Abzug einer eigenen Gewinnspanne für dieses Unternehmen) erfolgen.

Wird die Erfindung (zusätzlich) durch verbundene Unternehmen auf Grund einer (kostenlosen) **Rechtsübertragung oder** einer (stillschweigenden) **Lizenzvergabe** genutzt, erfolgt die Ermittlung des Erfindungswertes nicht in der Form, dass dem Arbeitgeber der Umsatz der verbundenen Unternehmen unmittelbar zugerechnet wird[579f]. Vielmehr kann der Arbeitnehmer verlangen, so gestellt zu werden, wie er stehen würde, wenn die Nutzungsrechte dritten, nicht verbundenen Unternehmen überlassen worden wären[579g]. Bei fehlendem oder zu niedrigem Entgelt sind also der Kaufpreis bzw. die Lizenzeinnahme nach marktüblichen Sätzen fiktiv zu berechnen, z.B. eigene Entwicklungskosten zuzüglich eines angemessenen

187

579b BGH v. 24.9.1979 GRUR 1980, 38, 39 – Fullplastverfahren; BGH v. 16.9.1997 GRUR 1998, 130, 132 – Handhabungsgerät; OLG Düsseldorf v. 23.12.1996 GRUR Int. 1997, 646, 648 – Golf – Heckleuchte II; LG Düsseldorf v. 3.11.1998 Entscheidungen 4. ZK 1998, 115 – Levitationsmaschine; s. hierzu auch Schiedsst. v. 1.12.1992 Mitt. 1996, 351, 353 f. – Straßenbau.
579c Benkard/Bruchhausen, PatG Rz 17 zu § 19.
579d S. i. Einz. Leßmann GRUR 2000, 741 ff.
579e Ebenso Busse/Keukenschrijver, PatG, Rz. 10 zu § 11 ArbEG.
579f Schiedsst. v. 17.3.1994 Arb.Erf. 177/92 (unveröffentl.).
579g OLG München v. 8.2.2001 (Fn. 578).

§ 9

Gewinnzuschlags.⁵⁸⁰ Nimmt eine solche Preisstellung des Arbeitgebers keine besondere Rücksicht auf die jeweiligen Marktverhältnisse in dem Verkaufsgebiet des verbundenen Unternehmens oder deren Rentabilitätssituation, kann ein marktgerechter Abgabepreis unterstellt werden⁵⁸⁰ᵃ. Einzelheiten zur »kostenlosen« Lizenzvergabe s. Komm RL Rz. 31 ff. zu RL Nr. 14 sowie zur kostenlosen Rechtsübertragung Komm RL zu Rz. 48 RL Nr. 16.

188 Ein Anspruch des Arbeitnehmers, der Vergütungsberechnung unmittelbar den **Konzernumsatz** zugrunde zu legen, besteht also – entsprechend dem allgemeinen Vergütungsgrundsatz (s. Rz. 2) – **grundsätzlich nicht**⁵⁸⁰ᵇ.

Etwas anderes kann aber dann gelten, wenn sich der **Konzern bei wirtschaftlicher Betrachtung als Einheit** darstellt⁵⁸⁰ᶜ (vgl. auch Rz. 131 zu § 1). Dies kommt insbesondere bei arbeitsteiliger Aufspaltung der Entwicklungs-, Herstellungs- und Vertriebsvorgänge innerhalb eines Konzerns in Betracht, also z.B. dem Herauslösen der Entwicklungstätigkeit aus dem Unternehmensverbund⁵⁸⁰ᵈ. In solch besonders gelagerten Fällen kann es angebracht sein, anstelle eines fiktiven Lizenzsatzes bzw. Kaufpreises⁵⁸¹ den Konzernumsatz bzw. den Umsatz der einzelnen (nutzenden) Konzernunternehmen zur Bestimmung des Erfindungswertes heranzuziehen⁵⁸² und den Erfindungswert nach der Lizenzanalogie zu ermitteln (s. hierzu Rz. 120 ff.). Eine gewisse Bestätigung findet dies in der patentrechtlichen Rechtsprechung zu Verwertungshandlungen i. S. d. § 9 PatG, wonach in einem nur konzernbezogenen Warenaustausch lediglich ein interner Vor-

---

580 OLG München v. 8.2.2001 (Fn. 578); Schiedsst. v. 15.12.1987 Arb.Erf. 54/87 (unveröffentl.); v. 26.1.1993 EGR Nr. 68 zu § 9 ArbEG (VergHöhe); v. 9.5.1995 Arb.Erf. 62/93; u. v. 18.4.1996 Arb.Erf. 5/95. Z.B. v. 29.10.1997 Arb.Erf. 13/96 (sämtl. unveröffentl.); LG Düsseldorf v. 23.7.1998 Arb.Erf. 4082/97 (z. Veröffentl. i. EGR vorgesehen).
580a OLG München v. 8.2.2001 (Fn. 578).
580b H.M., OLG München v. 8.2.2001 (Fn. 578); LG Düsseldorf Teil-Urt. v. 18.6.1991 Az. 40 254/90 (unveröffentl.); allg. OLG München v. 5.9.1988 DB 1988, 2251; a.A. LG Braunschweig v. 1.3.1977 Az. 9 c O 4 /75 – Polyisocyanatgemisch II (unveröffentl.); vgl. auch Kroitzsch GRUR 1974, 177, 185 (zur Kooperation).
580c OLG München v. 8.2.2001 (Fn. 578).
580d Zust. Busse/Keukenschrijver, PatG, Rz. 10 zu § 11 ArbEG.
581 So i. Ergebn. Schiedsst. v. 15.12.1987 (Fn. 580) i. Anschl. a. d. 1. Auflage (dort Rz. 185 zu § 9), bestätigt durch Schiedsst. v. 26.1.1993 (Fn. 580): Fiktive Lizenzeinnahme für verbundene Forschungs- u. Entwicklungs-GmbH.
582 Bestätigt durch LG Düsseldorf v. 18.6.1991 Az. 4 O 254/90 (unveröffentl.); vgl. auch LG Braunschweig v. 1.7.1975 GRUR 1976, 585 – Polyisocyanatgemisch u.v. 1.3.1977 Az. 9 c O 4/75 – Polyisocyanatgemisch II EGR Nr. 4 zu § 1 ArbEG, allerdings m. dogmatisch unzutreffender Begründung; i. d. S. auch Schiedsst. v. 25.7.1983 Arb.Erf. 14/82 u. v. 29.10.1997 Arb.Erf. 13/96 (beide unveröffentl.) sowie Reimer/Schade/Schippel/Kaube Rz. 1 zu § 11/RL Nr. 17; s. auch Schade GRUR 1978, 569, 571 f.; Kraushaar ZRP 1972, 279 ff.; vgl. aber auch Volmer/Gaul Rz. 523 f. zu § 9, der diese Verwertungshandlungen innerhalb eines Konzerns ausschließl. wie Verwertungshandlungen durch außenstehende Fremdunternehmen handhaben will.

464

§ 9

gang liegt, wenn der Konzern als wirtschaftliche Einheit anzusehen ist[583]. Die Schiedsstelle neigt dazu, den Erfindungswert im Wege des Ansatzes fiktiver Lizenzeinnahmen zu bestimmen, sofern der Arbeitgeber des Erfinders die technische Lehre der Diensterfindung nicht durch Ausübung in seinem eigenen Betrieb wirtschaftlich verwertet[583a].

Wird die auf eine Konzerngesellschaft übertragene Erfindung für die Zwecke zukünftiger Verwertung **noch erprobt**, gilt die vergütungsfreie Erprobungsphase (RL Nr. 23, vgl. hierzu Rz. 212 zu § 9) für den Konzern[584].

Da bei der Vergütungsberechnung die Verhältnisse in konzernverbundenen Unternehmen grundsätzlich außer Betracht zu bleiben haben, kann der Arbeitnehmer im Rahmen des **Auskunfts- bzw. Rechnungslegungsanspruchs** (vgl. allg. Rz. 162 ff. zu § 12) auch nur Auskunft über Umstände verlangen, die seinen Arbeitgeber selbst betreffen, so dass Verwertungshandlungen von anderen Konzernunternehmen regelmäßig nicht umfasst sind[585]. Etwas anderes gilt jedoch, wenn diese Umsätze bei enger wirtschaftlicher Verflechtung (s. Rz. 188) Grundlage für die Vergütungsbemessung sind[586]. Im Übrigen kann die Nutzung von Erfindungen im Konzernbereich auch weitergehende Auskunftsansprüche auslösen. Im Fall der Eigennutzung muss der Arbeitgeber ggf. darlegen, ob es sich bei dem Verkauf an verbundene Unternehmen um marktgerechte Abgabepreise handelt bzw. den verbundenen Unternehmen keine anderen Preise in Rechnung gestellt werden als unabhängigen vergleichbaren Drittabnehmern; ggf. muss er wirtschaftlich sinnvolle Gründe für Abweichungen darlegen. Bei (zusätzlicher) Rechtseinräumung an verbundene Unternehmen erstreckt sich die Auskunfts- bzw. Rechnungslegungspflicht auch auf die Grundlagen zur Berechnung einer (fiktiven) Lizenzeinnahme bzw. eines (fiktiven) Kaufpreiserlöses, so dass der Arbeitgeber ggf. auch ihm verfügbares Zahlenmaterial zum Umsatz/Nutzen der verbundenen Unternehmen vorlegen muss. Eine rechtliche Verpflichtung des Arbeitgebers, Informationen bei den übrigen Konzernunternehmen einzuholen, besteht nicht.

Schuldner des Auskunfts- bzw. Rechnungslegungsanspruchs bleibt aber der betreffende Arbeitgeber; diesbezügliche Pflichten der Konzernmutter oder verbundener Unternehmen bestehen also grundsätzlich nicht.

Rz. 190 frei

---

583 OLG Hamburg v. 25.4.1985 GRUR 1985, 923 – Imidazol; s. auch BGH v. 20.2.1986 RIW 1986, 547 – Gebührendifferenz IV = GRUR Int. 1986, 724, 725; vgl. auch zu § 17 UrhG Schricker/Loewenheim Rz. 36 zu § 17 UrhG.
583a Schiedsst. v. 29.10.1997 (Fn. 582).
584 Schiedsst. v. 28.11.1991 Arb.Erf. 60/90 (unveröffentl.).
585 LG Düsseldorf v. 18.6.1991 (Fn. 580b) u. OLG München v. 8.2.2001 (Fn. 578).
586 LG Düsseldorf v. 18.6.1991 (Fn. 580b).
587-590 frei

§ 9

VI. Erfindungswert bei Nutzung durch Kooperationspartner

191 Auch bei der zwischenbetrieblichen Kooperation ist alleiniger **Schuldner der Vergütungsansprüche** der Arbeitgeber des jeweiligen Arbeitnehmererfinders[591] (s. oben Rz. 4 ff.; zur Arbeitgebereigenschaft s. Rz. 106 f. zu § 1; zur Berücksichtigung der Miterfinderanteile s. Rz. 314 f.).

192 **Bemessungsgröße** für den Vergütungsanspruch ist zunächst die Eigennutzung durch den Arbeitgeber. Wegen des bei einer Kooperation regelmäßig gegebenen Gesellschaftsverhältnisses (§ 705 BGB) liegt eine Eigennutzung auch darin, dass die BGB-Gesellschaft als solche (Außengesellschaft) die Erfindung (zusätzlich) verwertet[592].

193 **Nicht vergütungspflichtig** sind dagegen die eigenständigen Nutzungshandlungen der übrigen Kooperationspartner mit dem Erfindungsgegenstand, die von der Erfindung auf Grund ihres von ihren Arbeitnehmererfindern übergeleiteten Teilhaberrechts Gebrauch machen (§ 743 Abs. 2 BGB)[593]. Insoweit bleibt es bei dem allgemeinen Vergütungsgrundsatz (s. oben Rz. 2), wonach der Erfinder ausschließlich an dem seinem Arbeitgeber zufließenden wirtschaftlichen Nutzen zu beteiligen ist, nicht dagegen an den vermögenswerten Vorteilen, die die übrigen Kooperationspartner aus der Erfindung ziehen[594] (s. im übr. unten Rz. 314). An etwaigen **Ausgleichszahlungen**, die der Arbeitgeber von Kooperationspartnern für deren Nutzungen erhält, ist der Arbeitnehmer entsprechend RL Nrn. 14, 15 zu beteiligen; andererseits kann der ausgleichspflichtige Kooperationspartner derartige Zahlungen bei der Vergütung seiner Arbeitnehmererfinder mindernd in Ansatz bringen, insbesondere bei der Bemessung des Lizenzsatzes im Rahmen der Lizenzanalogie.

194 Überträgt der Arbeitgeber eine von seinen Arbeitnehmern entwickelte Erfindung auf die Kooperation als Gesamthand, ist der Arbeitnehmer an einem evtl. gezahlten **Kaufpreis bzw. an Lizenzeinnahmen** nach allgemeinen Regeln (vgl. RL Nrn. 14-16) zu beteiligen; zur kostenfreien Rechtsübertragung bzw. Rechtseinräumung s. Komm RL Rz. 31 ff. zu RL Nr. 14. u. Rz. 45 zu RL Nr. 16, s. auch oben Rz. 187.

---

591 Wohl allg. A. z.B. Schiedsst. v. 12.5.1987 Arb.Erf. 11/87 u.v. 20.1.1995 Arb.Erf. 12/94 (beide unveröffentl.); vgl. auch OLG Frankfurt v. 30.4.1992 GRUR 1992, 852, 854; Schiedsst. v. 23.7.1991 Blatt 1993, 114, 115 – Mischer. Ausf. Bartenbach Zwischenbetriebl. Kooperation, S. 119 ff.
592 Zust. Busse/Keukenschrijver, PatG, Rz. 11 zu § 11 ArbEG.
593 Zust. Busse/Keukenschrijver (Fn. 592).
594 I. Ergebn. ebenso Schiedsst. v. 1.3.1961 Blatt 1962, 17 = GRUR 1962, 191 (LS) m. Anm. Schippel; Schiedsst. v. 10.8.1981 Arb.Erf. 54/80 u.v. 6.12.1983 Arb.Erf. 2/83 (beide unveröffentl.); ausf. Bartenbach (Fn. 591) S. 121 ff.; wie hier auch Lüdecke, Erfindungsgemeinschaften 1962, S. 90 f.; Willich GRUR 1973, 406, 408; Reimer/Schade/Schippel/Kaube Rz. 52 zu § 9; abw. Kroitzsch GRUR 1974, 177, 184 ff., der eine Verdopplung der Vergüt. fordert.

595-600 frei

§ 9

Diese Grundsätze gelten auch bei Nutzung einer Erfindung im Rahmen eines **Konsortiums** (Arbeitsgemeinschaft), in dem sich mehrere Unternehmen zur Erstellung eines Gesamtprojektes zusammenfinden. Werden die Arbeiten für das Gesamtprojekt in einzelne Tätigkeitsbereiche (Lose) aufgeteilt, spielt es keine Rolle, ob die eingebrachten Erfindungen vom betreffenden Arbeitgeber oder von anderen Mitgliedern des Konsortiums eingesetzt werden. Vergütungsrechtlich steht die Nutzung der Erfindung durch Partner der Nutzung durch den betreffenden Arbeitgeber gleich[601]. Die Höhe der Vergütung bemisst sich aber auch hier ausschließlich danach, was dem betreffenden Arbeitgeber – und nicht seinen Partnern – aus seiner Beteiligung am Gesamtprojekt zufließt, wobei die Grundsätze – zum Schutzrechtskomplex (s. RL Nr. 19 u. oben Rz. 128 ff.) entsprechend heranzuziehen sind. Eine Vergütungspflicht besteht für ihn also auch dann, wenn er die Erfindung seiner Arbeitnehmer überhaupt nicht einsetzt, sofern jedenfalls eine Nutzung der Erfindung durch die Partner erfolgt. 195

VII. Erfindungswert bei Forschungs- und Entwicklungsaufträgen

Ob und inwieweit der Arbeitgeber als Auftragnehmer eines Forschungs- bzw. Entwicklungsauftrags zur **Übertragung** hierbei **entstehender Erfindungsrechte** auf den Auftraggeber verpflichtet ist, bestimmt sich nach den ausdrücklichen oder wenigstens klar erkennbaren stillschweigenden **Abreden**. Fehlen diese, folgt aus dem Auftrag als solchem noch keine dahingehende Verpflichtung[611]. Ohne weitergehende Absprache kann der Auftraggeber regelmäßig nur die Einräumung eines (einfachen) Benutzungsrechts verlangen[612]. Ist der Arbeitgeber zur Übertragung auch der Erfindungsrechte verpflichtet, kann er dies – nach unbeschränkter Inanspruchnahme – auch ohne vorherige Schutzrechtsanmeldung durchführen (s. Rz. 3 zu § 13). 196

Im Grundsatz ist auch eine solche Übertragung der Erfindungsrechte eine vergütungspflichtige Nutzungshandlung (vgl. RL Nr. 16)[612a]. Die **Höhe der Erfindervergütung** richtet sich danach, welche Gegenleistung dem Arbeit- 197

---

601 I. Ergebn. so Schiedsst. v. 12.5.1987 Arb.Erf. 11/87 (unveröffentl.); vgl. auch OLG Frankfurt v. 30.4.1992 GRUR 1992, 852, 854 – Simulation für Radioaktivität.
602-610 frei
611 BGH v. 20.2.1979 GRUR 1979, 540, 542 r.Sp. – Biedermeiermanschetten u.v. 25.1. 1983 GRUR 1983, 237, 238 r.Sp. – Brückenlegepanzer I; Schramm BB 1961, 65 ff.; Volz Öffentl. Dienst S. 215 f.; vgl. auch BGH v. 24.6.1952 GRUR 1953, 29, 30 – Plattenspieler I; OLG Frankfurt u. 30.4.1992 (Fn. 601), dort treuhänd. Verwaltung durch Auftragnehmer; Witte Mitt 1962, 195; Benkard/Bruchhausen Rz. 27 ff. zu § 6 u. Rz. 13 zu § 15; Schippel GRUR 1962 191 f.
612 Kroitzsch GRUR 1974, 177,179 f.; Ullrich Privatrechtsfragen d. Forschungsförderung S. 105 ff. u. 358 f.; Volz Öffentl. Dienst (1985) S. 213 ff. m.w.N.
612a Schiedsst. v. 9.9.1993 Arb.Erf. 155/92 (unveröffentl.).

§ 9

geber für die Überlassung der Erfindungsrechte gewährt wird[612b], wobei dann die Berechnung auf der Grundlage der RL Nrn. 14, 15 (bei bloßer Einräumung von Nutzungsrechten) bzw. der RL Nr. 16 (bei Rechtsübertragung) erfolgt (s. dazu KommRL Rz. 54 ff. zu RL Nr. 14 u. Rz. 57 ff. zu RL Nr. 16).

Ist Auftraggeber ein verbundenes Unternehmen und ist der Auftragslohn aus konzernbedingten Gründen unüblich niedrig, ist der (orts-)übliche Satz zu Grunde zu legen[612c] (s. im Übrigen Rz. 186.1). Ist ein bezifferter Teil des Auftragslohnes oder eine (angemessene) Sonderzahlung für die Überlassung der Erfindungsrechte an den Auftraggeber nicht vereinbart worden, ist der **Erfindungswert nach RL Nr. 13 zu schätzen**[612d], wobei den tatsächlichen Umständen Rechnung getragen werden muss[612e]. Dabei kommt es nicht maßgeblich auf die Bestimmung eines angemessenen »fiktiven Kaufpreises« an[613]; vielmehr kann der Wert der Erfindungsrechte nur einen angemessenen Anteil des Gesamtauftragslohnes ausmachen, dessen Höhe sich nach der Bedeutung der Erfindung im Verhältnis zum Auftragszweck bestimmt[614]. Zur Bestimmung dieses Anteils geht die Schiedsstelle auf Grund ihrer Erfahrungen bei einer vollen Übertragung aller Erfindungsrechte an den Diensterfindungen auf den Auftraggeber von einem **Ansatz von 1 % der Gesamtauftragssumme für sämtliche im Rahmen des Auftrags entwickelten Erfindungen** aus[614a]. Bei der Einräumung bloß einfacher, wenn auch übertragbarer Benutzungsrechte an solchen Erfindungen ermäßigt sich dieser Anteil auf die Hälfte, also auf 0,5 %[614b]. Sind bei der Durchführung des Entwicklungsauftrages mehrere Erfindungen entstanden, an denen dem Auftraggeber Rechte eingeräumt werden, verteilt sich dieser Ansatz auf sämtliche Erfindungsrechte nach deren Wertigkeit. Lässt sich eine besondere Gewichtung nicht feststellen, ist der Ansatz paritätisch aufzuteilen. Dieser Anteil an der Gesamtauftragssumme ist bei Vollrechtsübertragung als Kaufpreiserlös i.S.d. RL Nr. 16 bzw. bei Nutzungsrechtseinräumung als einmalige Lizenzgebühr i.S.d. RL Nrn. 14 bzw. 15 zu

---

612b Vgl. OLG München v. 8.2.2001 GRUR-RR 2001, 103, 104 – Verankerungsmittel; im Ergebn. so LG Düsseldorf v. 23.7.1998 Az. 4 O 82/97 u. 4 O 195/96 (beide z. Veröffentl. i. EGR vorgesehen).
612c OLG München v. 8.2.2001 (Fn. 612b).
612d Schiedsst. v. 9.9.1993 (Fn. 612a); Reimer/Schade/Schippel/Kaube Rz. 39 zu § 9; Busse/Keukenschrijver, PatG, Rz. 11 zu § 11 ArbEG.
612e Insoweit auch Schiedsst. v. 4.4.1995 Arb.Erf. 53/93 (unveröffentl.).
613 So aber Volmer/Gaul Rz. 607 zu § 9/RL Nr. 16; vgl. auch Willich GRUR 1973, 406, 408; Witte (Fn. 611) u. Schippel (Fn. 611).
614 Ähnl. Volmer VergtgRL Rz. 14 zu RL 1959/Nr. 7; zust. Reimer/Schade/Schippel/Kaube Rz. 39 zu § 9.
614a Schiedsst. v. 4.4.1995 (Fn. 612 e) u. v. 12.8.1997 Arb.Erf. 84/95 (unveröffentl.); i. Ergebn. vgl. auch LG Hamburg v. 7.2.1990 EGR Nr. 34 zu § 5 ArbEG.
614b Schiedsst. v. 4.4.1995 (Fn. 612 e).

§ 9

bewerten, so dass der Erfindungswert sich unter Berücksichtigung des hierfür jeweils geltenden Umrechnungsfaktors ergibt[614c].

Im Einzelfall kann sich die Erfindervergütung auf eine **Anerkennungsprämie** reduzieren, wenn feststeht, dass der Arbeitgeber den Forschungsauftrag auf Grund des Drucks des Auftraggebers bzw. der Wettbewerbssituation übernommen hat, um im Markt zu bleiben, und der Forschungsauftrag nur eine reine Kostenerstattung vorsieht. Diese Situation kann sich etwa im Rahmen **öffentlicher Auftragsvergabe** sowie bei **Zulieferfirmen** ergeben, die bereit sind, derartige Entwicklungsleistungen in der Erwartung zukünftiger Folgeaufträge zu erbringen. Eine wirtschaftliche Beteiligung der Erfinder an dem Nutzen der **Folgeaufträge** ist denkbar, da auch mittelbare Auswirkungen einer Erfindung ausgleichspflichtig sein können[614d] (s. oben Rz. 95). 198

Bezieht sich der Folgeauftrag an den Arbeitgeber auf die Lieferung des konkreten Erfindungsgegenstandes, bildet der hierbei getätigte Umsatz die Bezugsgrundlage für die Vergütungsberechnung im Rahmen der Lizenzanalogie[614e]; allerdings kann dem durch die Rechtsübertragung eingetretenen Verlust des Monopolrechts mit einem verminderten Lizenzsatz Rechnung getragen werden[614f] (s. auch KommRL Rz. 76 f. zu RL Nr. 23). Problematisch ist hingegen – auch im Hinblick auf den Kausalitätsnachweis – die Vergütungsberechnung, wenn sich ein Folgeauftrag nicht auf erfindungsgemäße Gegenstände bezieht. Hier ist im Einzelfall zu prüfen, welche Faktoren für diese Auftragserteilung maßgeblich waren. Steht die Ursächlichkeit einer Diensterfindung für einen solchen Folgeauftrag fest, ermittelt die Schiedsstelle den Erfindungswert nach der Methode des erfassbaren betrieblichen Nutzens auf der Grundlage des Gewinns aus dem Folgeauftrag[614g] (s. auch KommRL Rz. 94 ff. zu RL Nr. 7). Ist die Diensterfindung eine von mehreren Ursachen, wird vielfach nur die Schätzung gemäß RL Nr. 13 helfen können. 198.1

Erhält der Arbeitgeber vom Auftraggeber lediglich einen Ausgleich der Entwicklungskosten ohne Gewinnanteil und soll der wirtschaftliche Vorteil erst in einem vom Auftraggeber zukünftig zu erteilenden Lieferauftrag an den Arbeitgeber als Auftragnehmer liegen, entfällt ein Vergütungsanspruch, wenn 198.2

614c Schiedsst. v. 4.4.1995 (Fn. 612 e).
614d Vgl. z.B. LG Hamburg v. 7.2.1990 EGR Nr. 34 zu § 5 ArbEG u. Schiedsst. v. 13.8.1976 Blatt 1997, 53.
614e Vgl. OLG Frankfurt v. 30.4.1992 (Fn. 601).
614f So hat die Schiedsst. (EV v. 9.11.1995 Arb.Erf. 1/947 unveröffentl.) eine Halbierung angeregt, wenn das erfindungsgemäße Produkt, an dem Arbeitnehmer des Auftraggebers und des Auftragnehmers als Miterfinder beteiligt sind, vom Auftragnehmer an den Auftraggeber geliefert wird; hier sei eine einheitliche Betrachtung des Erfindungswertes notwendig, um eine ansonsten eintretende Doppelbelastung des Produktes zu vermeiden.
614g Schiedsst. v. 20.9.1990 Arb.Erf. 100/89 (unveröffentl.) u. v. 29.4.1997 Arb.Erf. 80/95 (z. Veröffentl. i. EGR vorgesehen).

§ 9

es nicht zur Durchführung dieses Folgeauftrages kommt. Hinsichtlich der gezahlten Entwicklungskosten entfällt eine Vergütungspflicht, da insoweit die erst danach fertig gestellte Erfindung hierfür nicht kausal war (s. unten Rz. 198.3). Eine bloße Verwertungschance löst im Übrigen keinen Vergütungsanspruch aus. Auf dieses Ergebnis ist es ohne Einfluss, ob Auftraggeber ein Privatunternehmen oder die öffentliche Hand ist. Ohne Einfluss ist es auch, ob dem Auftraggeber Nutzungsrechte an der Diensterfindung eingeräumt oder gar die vollen Erfindungsrechte übertragen werden[614h].

198.3 Soweit eine **Erstattung der Kosten vor Fertigstellung** einer Erfindung von vornherein vereinbart ist, handelt es sich nicht um vergütungspflichtige Einnahmen aus der Verwertung der Diensterfindung durch den Arbeitgeber; insoweit fehlt es an der erforderlichen Kausalität[615]. Verpflichtet sich der Auftraggeber nach Fertigstellung der Erfindung zu einer Beteiligung an den Entwicklungskosten, ist die notwendige Kausalität zwischen Erfindung und Kostenerstattung dagegen regelmäßig gegeben, und diese Kostenerstattung ist vergütungspflichtig; siehe im Übrigen zur Behandlung der Kostenerstattung bei der Durchführung von Forschungsvorhaben Rz. 229.

199 Schuldner des Vergütungsanspruchs ist der Arbeitgeber. Der Erfinder hat **keinerlei Vergütungsansprüche gegenüber** dem **Erwerber** der Erfindungsrechte (s. Rz. 7 zu § 7 und Rz. 4 zu § 9); er ist auch nicht an den Verwertungserlösen des Auftraggebers zu beteiligen[616] (vgl. Rz. 251 ff.). Zur Schuldübernahme s. oben Rz. 6; zum Insolvenzverfahren s. Rz. 47 ff., 89 ff. zu § 27 n.F.

200 Ist eine (schon fertig gestellte) **Arbeitnehmererfindung wesentlicher Anlass für den Abschluss** eines darauf bezogenen **(Folge-) Forschungsauftrages,** so ist deren Erfinder (auch) am Gewinn aus diesem Entwicklungsauftrag zu beteiligen[617].

VIII. Erfindungswert bei Sperr- und Vorratspatenten (RL Nrn. 18, 21)

201 Gemäß **RL Nr. 18** sind **Sperrpatente** im Allgemeinen Patente, die nur deshalb angemeldet und aufrecht erhalten werden, um zu verhindern, dass ein Wettbewerber die Erfindung verwertet und dadurch die eigene laufende oder bevorstehende Erzeugung beeinträchtigt.

614h A.A. Schiedsst. v. 4.4.1995 (Fn. 612e) in Abgrenzung zu Schiedsst. v. 13.8.1976 Blatt 1977, 53, 54.
615 Vgl. Schiedsst. v. 13.8.1976 Blatt 1977, 53, 54 f. (f. öffentl. Zuwendungen); Volmer/Gaul Rz. 219 ff. zu § 9/RL Nr. 3; Reimer/Schade/Schippel/Kaube Rz. 39 zu § 9; Volz Öffentl. Dienst S. 228; vgl. auch Schiedsst. v. 4.2.1986 Blatt 1986, 346 u. LG Hamburg v. 7.2.1990 (Fn. 614a).
616 Wie hier Willich GRUR 1973, 406 ff.; vgl. auch Schiedsst. v. 1.3.1963 Blatt 1963, 72 m. Anm. Schippel (Fn. 611); a.A. Kroitzsch (Fn. 612); Ullrich (Fn. 612) S. 324.
617 LG Hamburg v. 7.2.1990 (Fn. 614a).
618-626 frei

§ 9

Unter **Vorratspatenten** sind nach **RL Nr. 21** Patente für solche Erfindungen zu verstehen, die im Zeitpunkt der Erteilung des Patents noch nicht verwertet werden oder noch nicht verwertbar sind, mit deren spaterer Verwertung oder Verwertbarkeit aber zu rechnen ist; Vorratspatente, die lediglich bestehende Patente verbessern, werden als **Ausbaupatente** bezeichnet (RL Nr. 21 Abs. 1 Satz 5). 202

Da jedem erteilten Schutzrecht seinem Sinn entsprechend eine allgemeine Sperrfunktion zukommt (vgl. § 9 PatG)[627], ist die **Abgrenzung zwischen Sperr- und Vorratspatent** im Einzelfall schwierig. Die Abgrenzung bestimmt sich zunächst nach dem vom Arbeitgeber mit dem Schutzrecht verfolgten **unternehmerischen Zweck**, ob er also hiermit Konkurrenten von einem Wettbewerb auf dem erfindungsgemäßen Gebiet abhalten will (= Sperrpatent) oder ob es ihm vorrangig auf die Sicherung weiterer zukünftiger Nutzungsmöglichkeiten ankommt (= Vorratspatent)[628]. 203

Für die Annahme eines **Sperrpatentes** ist zusätzlich der konkrete Bezug zu einer bereits laufenden oder vorbereiteten Nutzung erforderlich **(konkrete Sperrwirkung)**. Ferner ist die **objektive Eignung zur Sperrwirkung** notwendig[628a]; dies setzt voraus, dass die geschützte Alternativlösung produktionsreif ist bzw. zur Produktionsreife geführt hat; ferner, dass die Erfindung gegenüber Wettbewerbern eine Sperrwirkung entfalten kann, was u. a. davon abhängt, ob und wieviele Alternativlösungen diesen zur Verfügung stehen. Eine solche Eignung zur Sperrwirkung ist auch dann zu verneinen, wenn die Voraussetzungen für die Erteilung einer Zwangslizenz (§ 24 PatG) gegeben sind[629]. Zur Abgrenzung vgl. i. übr. Komm RL Rz. 5 ff zu RL Nr. 18. 204

Von Sperr- bzw. Vorratspatenten kann erst **nach Schutzrechtserteilung** gesprochen werden. Dies folgt für Sperrpatente daraus, dass erst ein Schutzrecht Sperrwirkung entfalten kann[630] (vgl. auch §§ 9, 33 Abs. 1 PatG). Für Vorratspatente wird dies bereits durch den eindeutigen Wortlaut der RL Nr. 21 belegt[631]. 205

---

627 Schiedsst. v. 21.2.1974 Blatt 1974, 294; i. Ergebn. ebenso Schiedsst. v. 25.2.1985 Arb.Erf. 44/84 (unveröffentl.).
628 Schiedsst. v. 21.2.1974 (Fn. 627) u.v. 3.12.1987, Blatt 1988, 264, 266; bestätigt u.a. durch ZB v. 23.11.2000 Arb Erf. 3/98 (unveröffentl.), zust. Busse/Keukenschrijver, PatG, Rz. 29 zu § 11 ArbEG.
628a Ebenso Busse/Keukenschrijver (Fn. 628).
629 Schiedsst. v. 3.12.1987 (Fn. 628).
630 Schiedsst. v. 23.11.1978 Arb.Erf. 101/77 (unveröffentl.) u.v. 22.2.1979 Blatt 1980, 211; Reimer/Schade/Schippel/Kaube Rz. 4 zu § 11/RL Nr. 18 f.; zust. ZB v. 23.11.2000 (Fn. 628).
631 Schiedsst. v. 27.6.1989 Arb.Erf. 100/88 (unveröffentl).

§ 9

Vor Schutzrechtserteilung bestehen ein Erfindungswert und damit eine Vergütungspflicht weder unter dem Gesichtspunkt eines Sperr-, noch eines Vorratspatentes[632]. Aber auch wenn ein Schutzrecht (rechtsbeständig) erteilt ist, bleibt dem Arbeitgeber noch eine gewisse **Überlegungsfrist** (vgl. RL Nr. 23), innerhalb derer mangels anderweitiger Anhaltspunkte aus der bloßen Tatsache der Aufrechterhaltung des Schutzrechts noch kein Rückschluss auf ein Vorrats- bzw. Sperrpatent berechtigt ist[633]. Die Schiedsstelle hat bei einer Einschätzung als Vorratspatent (bzw. als vergütungspflichtige nicht verwertete Erfindung, s. Rz. 210) grundsätzlich einen Zeitraum von **7 Jahren ab Patentanmeldung** im Hinblick auf RL Nrn. 21 und 23 vergütungsfrei gelassen[634]. Siehe im Übrigen Rz. 210 ff.; zu Gebrauchsmustern Rz. 250 u. zur Pauschalvergütung Rz. 59.1.

206 Einzelheiten zur Berechnung des **Erfindungswertes von Sperrpatenten** enthält RL Nr. 18; ausgehend von dem Gedanken, dass die Nutzung als Sperrpatent ein Unterfall der tatsächlichen Verwertung ist, orientiert sich der Erfindungswert des Sperrpatentes an dem Umsatz bzw. Nutzen, der durch dieses gesichert wird bzw. werden soll[635]. Die Bemessung des Erfindungswertes erfolgt regelmäßig im Wege der Schätzung nach RL Nr. 13, die im Einzelfall erhebliche Schwierigkeiten bereitet. Zu schätzen ist, welcher Anteil des Umsatzes, der Erzeugung oder des sonstigen Nutzens bei Anwendung der sperrenden Alternativlösung (Sperrschutzrecht) auf diese entfallen wäre (vgl. RL Nr. 18 Satz 6); anders ausgedrückt, welche Umsatzeinbuße die laufende Erzeugung erlitten hätte, wenn das Sperrpatent durch einen Mitbewerber genutzt würde. Die fiktive Umsatzeinbuße ist nur im Rahmen des Schutzumfangs des Sperrpatents berücksichtigungsfähig und muss die konkrete Wettbewerbslage des Arbeitgebers mitbewerten. Letztlich kann der Erfindungswert eines Sperrpatents weder höher sein als der Erfindungswert, der sich bei tatsächlicher Nutzung dieses Patents ergeben würde, noch höher sein als der Erfindungswert der geschützten Erstlösung (s. RL Nr. 18 Satz 7). Der Erfindungswert der durch das Sperrpatent geschützten, tatsächlich genutzten »Ersterfindung« ist ggf. im Verfahren nach § 12 Abs. 6 zu mindern, und zwar um den Betrag, den der Erfindungswert

---

632 Schiedsst. v. 19.1.1982 Arb.Erf. 2(B)/81u.v. 6.5.1996 Arb.Erf. 1/95 (beide unveröffentl.).
633 Vgl. Schiedsst. v. 22.2.1979 (Fn. 630) S. 212 f.
634 Schiedsst. v. 3.12.1987 Blatt 1988, 264, 266 r.Sp.; v. 12.5.1987 Blatt 1988, 349, 350 a.E.; ferner Schiedsst. v. 10.12.1990 Arb.Erf. 39/90 u.v. 17.9.1991 Arb.Erf. 62/86 m.H.a. Kaube GRUR 1986, 15, 17; u. v. 6.5.1996 Arb.Erf. 1/95 u. v. 5.12.2000 (Arb.Erf. 30/98) (alle unveröffentl.).
635 Busse/Keukenschrijver (Fn. 628).
636-639 frei

§ 9

des Sperrpatents ausmacht[640] (vgl. RL Nr. 18 Satz 9). Einzelheiten s. i. übr. Komm RL Rz. 33 ff. zu RL Nr. 18.

Der **Erfindungswert von Vorrats- und Ausbaupatenten** soll gem. RL Nr. 21 Abs. 2 ebenfalls **frei geschätzt** werden, wobei eine große Schätzungenauigkeit besteht, die durchaus die Größenordnung eines Faktors 2 erreichen kann[640a]. Nach der früheren Auffassung der Schiedsstelle war als Grundlage der Schätzung eine Anlehnung an die für die Aufrechterhaltung der Vorratspatente aufgewendeten patentamtlichen Jahresgebühren üblich[641]. Auf der Grundlage der Feststellungen von *Kaube* hat sie ihre Praxis umgestellt und den Erfindungswert mit **25 % des mittleren Jahreserfindungswertes benutzter Schutzrechte bestimmt**, wobei sie von einem Regel-Jahreserfindungswert eines benutzten Schutzrechts von 5.000,00 DM (= 2.556,46 €) ausgegangen ist[642]. In neuerer gefestigter Praxis legt die Schiedsstelle grundsätzlich deshalb für Vorratspatente einen **Jahreserfindungswert von 1.250,00 DM (= 639,11 €)** zu Grunde, und zwar ab dem 8. Laufjahr des Patents bis einschließlich zum 13. Laufjahr als der durchschnittlichen Laufzeit eines Patents, sofern das Vorratsschutzrecht solange aufrechterhalten wird[642a]; dieser Erfindungswert wird dann mit dem individuellen Anteilsfaktor multipliziert. Es bleibt abzuwarten, ob die Schiedsstelle die Anknüpfung an die durchschnittliche Patentlaufzeit beibehält, nachdem sie bei der Berechnung pauschaler Vergütungsabfindungen von kürzeren Patentnutzungszeiten ausgeht (s. dazu Rz. 60). S. im Übrigen Rz. 24 ff. u. Rz. 61 ff. zu RL Nr. 21.

Nach der hier vertretenen Auffassung ist – entgegen der Schiedsstellenpraxis auf der Grundlage betrieblicher Erfahrungswerte –, nicht von einem jährlich zu bildenden Erfindungswert und damit einer jährlichen Vorratsvergütung auszugehen (vgl. auch RL Nr. 40 Abs. 2 lit. b); vielmehr wird im Regelfall eine Einmalzahlung gewährt. Diese orientiert sich an einem **mittleren Gesamterfindungswert von 5.000,00 DM (= 2.556,46 €) – 8.000,00 DM (= 4.090,34 €)**. Somit liegt im wirtschaftlichen Ergebnis kein wesentlicher Unterschied mehr zur Schiedsstellenpraxis vor.

207

---

640   Heine/Rebitzki Vergütg. f. Erf. Anm. 4 zu RL Nr. 18.
640a Schiedsst. v. 23.10.1996 Arb.Erf. 36/95 u.v. 10.10.1996 Arb.Erf. 34/94 (beide unveröffentl.).
641   Vgl. Schiedsst. v. 19.6.1969 EGR Nr. 3 zu § 9 ArbEG (VergHöhe); v. 18.12.1974 Blatt 1975, 260 u.v. 21.6.1976 Blatt 1977,173; vgl. auch Schiedsst. v. 2.12.1981 Blatt 1982, 302, 303; Schade GRUR 1970, 579, 583.
642   Grundlegend Kaube GRUR 1986, 15 ff. m.H.a. die frühere Schiedsstellenpraxis; Schiedsst. v. 25.2.1985 EGR Nr. 45 zu § 9 ArbEG (VergHöhe) u.v. 3.12.1987 (Fn. 628); vgl. auch Rosenberger GRUR 1986, 782 ff. (dort Regel-Jahreserfindungswert v. 1.250,- DM).
642a Schiedsst. v. 8.2.1991 Blatt 1991, 317, 319 – Spindeltrieb; v. 11.5.1993 EGR Nr. 66 zu § 9 ArbEG (VergHöhe); u. v. 6.5.1996 Arb.Erf. 1/95 u. ZB v. 9.11.2000 Arb.Erf. 86/97 (beide unveröffentl.).

§ 9

Bei überdurchschnittlich **langer Aufrechterhaltung** des Patents (über das 14. Patentjahr hinaus) kann eine nochmalige Zahlung angemessen sein. Vgl. im Übrigen KommRL Rz. 27 ff. zu RL Nr. 21.

208 Zur Vorbereitung des Vergütungsanspruchs für ein Sperrpatent kann der Arbeitnehmer einen Anspruch auf Auskunftserteilung bzw. Rechnungslegung (s. allg. Rz. 162 ff. zu § 12) geltend machen, gerichtet auf den Umsatz oder sonstigen Nutzen, den der Arbeitgeber mit der betrieblich genutzten Erstlösung erzielt hat[643] Zur Vergütung von **ausländischen Vorratspatenten** s. Rz. 246.4 f., von Vorratsgebrauchsmustern s. Rz. 250; z. betriebsgeheimen Vorratspatent s. KommRL Rz. 93 ff. zu RL Nr. 21.

Rz. 209 frei

IX. Erfindungswert für nicht verwertete Erfindungen (RL Nrn. 20 ff.)

210 Da gemäß § 9 Abs. 2 die Verwertbarkeit ausreicht, ist im Grundsatz auch bei nicht verwerteten, aber verwertbaren (s. dazu Rz. 86 ff.) Erfindungen eine Vergütung zu zahlen und deshalb der Erfindungswert zu ermitteln (zur tatsächlichen Verwertung s. Rz. 90 ff). Nach RL Nr. 20 sind nicht verwertete Erfindungen solche, die weder betrieblich genutzt noch als Sperrpatent noch außerbetrieblich durch Lizenzvergabe, Verkauf oder Tausch verwertet werden. Hieraus wird deutlich, dass die Richtlinien den Einsatz als Sperrpatent als Benutzungsart ansehen (RL Nr. 18, s. dazu oben Rz. 201 ff.).

211 Der Erfindungswert **nicht verwerteter Erfindungen** hängt davon ab, aus welchen Gründen der jeweilige Arbeitgeber die Verwertung unterlässt; dabei sind grundsätzlich nur die unausgenutzten Verwertungsmöglichkeiten zu berücksichtigen, die der betreffende Arbeitgeber bei verständiger Würdigung der bestehenden wirtschaftlichen (technischen) Gegebenheiten nutzen könnte[659] (**Unternehmensbezogenheit**; Einzelheiten s. KommRL zu RL Nrn. 20, 22-24 u. oben Rz. 86 ff.). Mangels konkreter, nichtfassbarer Bewertungskriterien bereitet die Ermittlung des Erfindungswertes von nicht verwerteten Erfindungen in der Praxis große Schwierigkeiten[660]. Den Hauptanwendungsfall nicht verwerteter Erfindungen bilden die **Vorratspatente** (z. Erfindungswert s. oben Rz. 207 u. RL Nr. 21).

Nur Erfindungen, die wegen ihrer **wirtschaftlichen Unverwertbarkeit** nicht eingesetzt werden und bei denen auch mit einer späteren Verwertbar-

---

643 LG Düsseldorf v. 23.9.1986 Az. 4 O 354/85 (unveröffentl.).
644-658 frei
659 Vgl. Schiedsst. v. 7.2.1983 Blatt 1984, 218, 220 r.Sp.; v. 25.4.1983 Blatt 1984, 378, 379 l.Sp.; v. 26.4.1985 Blatt 1985, 307, 308; v. 3.12.1987 Blatt 1988, 264, 265.
660 Z. Problematik d. Vergütg. nicht verwerteter Erfindungen s. insbes. Johannesson GRUR 1970, 114, 124 ff.; Schade GRUR 1970, 579, 582 ff.; Kaube GRUR 1986, 15 ff.; Rosenberger GRUR 1986, 782 ff.; vgl. auch Gaul Mitt. 1984, 144 ff.

§ 9

keit nicht zu rechnen ist, haben keinen Erfindungswert und sind nicht vergütungspflichtig, auch nicht, wenn die Aufrechterhaltung auf Nachlässigkeit beruht[661] (vgl. RL Nr. 22 S. 1; s. dazu KommRL Rz. 7 ff zu RL Nr. 22; s. auch Rz. 86 f.).

Bei nicht verwerteten Diensterfindungen kommt regelmäßig eine Vergütung **erst nach Schutzrechtserteilung** in Betracht[662], und zwar auch erst nach Ablauf einer angemessenen (zumindest einjährigen[663] ab Erteilung bzw. 7jährigen Frist ab Anmeldung – s. Rz. 205) **vergütungsfreien Prüfungs- und Erprobungsphase**[664] (vgl. KommRL Rz. 48 ff. zu RL Nr. 23). Von einer Patenterteilung als Vergütungsvoraussetzung hat die Schiedsstelle im Einzelfall dann abgesehen, wenn der Arbeitgeber den Prüfungsantrag erst gegen Ablauf der 7-Jahresfrist (§ 44 Abs. 2 PatG) stellt[665]; aus der Stellung des Prüfungsantrags wird abgeleitet, dass der Arbeitgeber nunmehr der Erfindung einen gewissen Wert beimisst[666]. Der Höhe nach soll dabei die Hälfte der üblichen Vergütung für Vorratspatente (s. oben Rz. 207) gezahlt werden[667]. Zur Erprobung s. im Übrigen Rz. 93. 212

Im Übrigen lehnt die Schiedsstelle in ständiger Praxis eine Vergütung als nicht verwertete Diensterfindung dann ab, wenn die Erfindung in **irgendeiner Form tatsächlich verwertet** wird, und sei es auch nur durch einfache Lizenzvergabe an parallel geschützten Auslandsschutzrechten[668]; insoweit geht sie von dem Grundsatz aus, dass eine **Erfindung entweder verwertet wird oder nicht** (vgl. aber auch RL Nr. 24), bei einer verwerteten Erfindung also eine Vergütung als nicht verwertete Erfindung schon begrifflich ausscheidet. 213

Für eine Vergütung von **unausgenutzten Verwertungsmöglichkeiten** nach **RL Nr. 24** sieht die Schiedsstelle wegen des mit jeder Verwertung verbundenen und vom Erfinder nicht mitzutragenden unternehmerischen Risikos grundsätzlich nur dann Raum, wenn bei verständiger Würdigung der wirtschaftlichen Möglichkeiten und konkreten Verhältnisse beim Arbeitgeber, dessen Überlegungen absolut unbegründet sind und jeglicher 214

---

661 Vgl. Schiedsst. v. 2.12.1981 Blatt 1982, 302, 304.
662 Die Schiedsst. im EV. v. 30.1.1989 Arb.Erf. 42/88 (unveröffentl.) folgert dies aus einem Umkehrschluss aus BGH v. 28.6.1962 GRUR 1963, 135 – Cromegal.
663 Schiedsst. in ständ. Praxis, z.B. v. 26.4.1985 Blatt 1985, 307, 308 r.Sp.
664 S. dazu z.B. Schiedsst. v. 25.4.1983 Blatt 1984, 378, 379; v. 3.5.1979 Blatt 1985, 344, 345 f. u.v. 4.2.1986 Blatt 1986, 346, 347; ebenso Schiedsst. v. 9.9.1993 Arb.Erf. 155/92 (unveröffentl.); zustimmend Busse/Keukenschrijver, PatG, Rz. 32 zu § 11 ArbEG.
665 Schiedsst. v. 21.6.1976 Blatt 1977, 173, 175 u.v. 18.12.1974 Blatt 1975, 260.
666 Schiedsst. v. 21.6.1976 u.v. 18. 12. 1974 (Fn. 665); Schiedsst. v. 27.6.1989 Arb.Erf. 100/88 (unveröffentl.) – allerdings m d. Hinw., dass diese Praxis inzwischen auf Kritik gestoßen sei.
667 Vgl. Schiedsst. v. 21.6.1976 u.v. 18.12.1974 (beide Fn. 665).
668 ZB EV. v. 9.4.1986 Arb.Erf. 66/84 u. EV. v. 8.10.1996 Arb.Erf. 26/95 (beide unveröffentl.).

§ 9

wirtschaftlichen Vernunft widersprechen und der deshalb einen mit an Sicherheit grenzender Wahrscheinlichkeit zu erwartenden Gewinn schuldhaft nicht realisiert[669]. Es handelt sich um Ausnahmefälle, deren Voraussetzungen vom Arbeitnehmer klar nachzuweisen sind[670]. Einzelheiten s. KommRL zu RL Nrn. 20, 22-24.
Zu Gebrauchsmustern s. Rz. 250; zu Auslandsschutzrechten s. Rz. 245 f.

Rz. 215-220 frei

X. Erfindungswert bei Lizenzvergaben

1. Lizenz- und Know-how-Verträge (RL Nrn. 14, 15)

221 Die Lizenzvergabe (vgl. § 15 Abs. 2 PatG) stellt eine **besondere Form der tatsächlichen Verwertung** einer Diensterfindung dar (s. Rz. 90, 92).

222 Mit der Berechnung des Erfindungswertes dieser außerbetrieblichen Nutzung befassen sich die **RL Nrn. 14 und 15.** Den Sonderfall des Austauschvertrages behandelt RL Nr. 17 (s. dazu unten Rz. 236 ff.). Zu Sonderfällen wie Franchising, Leasing, Negativlizenzen, Optionsabreden s. KommRL Rz. 15 ff. zu RL Nr. 14.

223 Grundlage der Berechnung des Erfindungswertes ist die gesamte, dem Arbeitgeber für die lizenzierte Diensterfindung **tatsächlich zufließende Bruttolizenzeinnahme**[680]. Hierzu gehören auch sonstige geldwerte Gegenleistungen des Lizenznehmers, wie etwa Kompensationsgeschäfte. S. im Einzelnen KommRL Rz. 54 ff. zu RL Nr. 14; zur kostenlosen Lizenzvergabe s. dort Rz. 31 ff.

224 Nach **RL Nr. 14** soll der Erfindungswert dadurch ermittelt werden, dass von der Bruttolizenzeinnahme bestimmte Unternehmerkosten (»Aufgaben«) abgezogen werden, um so die **Nettolizenzeinnahme** zu bestimmen. Der Katalog der abzugsfähigen Kosten in RL Nr. 14 ist nicht abschließend (zu den abzugsfähigen Kosten und Einnahmen im Einzelnen s. KommRL Rz. 105 ff. zu RL Nr. 14). Wird die Diensterfindung auch innerbetrieblich genutzt bzw. ist sie Gegenstand mehrfacher Lizenzierung, hat eine Kostenaufteilung zu erfolgen (s. dazu Rz. 96 ff. zu RL Nr. 14).

224.1 Nettolizenzeinnahme ist der Betrag, der dem Arbeitgeber nach Abzug der Kosten (»Aufgaben«) von der Bruttolizenzeinnahme verbleibt. Wenn

---

669 Schiedsst. v. 22.3.1994 Arb.Erf. 77/93 v. 23.4.1998 Arb.Erf. 92/96; v. 3.4.2001 Arb.Erf. 45/99 u. v. 19.3.2002 Arb.Erf. 6/99; ähnl. EV v. 17.1.1996 Arb.Erf. 43/94 u.v. 29.5.1996 Arb.Erf. 9/95 (alle unveröffentl.).
670 Schiedsst. v. 3.4.2001 (Fn. 669) m.H.a. Reimer/Schedt/Schippel/Kaube Rz. 1 zu § 11/RL Nr. 24.
671-679 frei
680 OLG Frankfurt v. 17.1.1985 GRUR 1985, 436, 437 – Chlorolyseverfahren.

§ 9

RL Nr. 14 Abs. 1 Satz 1 diese Nettolizenzeinnahme mit dem Erfindungswert gleichstellt, liegt dem ein Denkfehler zugrunde; denn kein Unternehmen wäre bereit, den gesamten Gewinn, den es aus einem Lizenzvertrag erzielt, dem freien Erfinder zu überlassen, sondern nur einen Bruchteil davon. Richtigerweise ist daher bei der Ermittlung des Erfindungswertes nach RL Nr. 14 die Nettolizenzeinnahme – ähnlich wie bei der Berechnungsmethode des Erfindungswertes nach dem erfassbaren betrieblichen Nutzen (RL Nr. 12, s. dazu oben Rz. 161 ff.) – mit einem **Umrechnungsfaktor** zu multiplizieren[681] (»**kalkulatorischer Unternehmerlohn**«). Der **Regelumrechnungsfaktor** beträgt nach der hier vertretenen Auffassung **30 % der Nettolizenzeinnahme**. Zu den Einzelheiten s. KommRL Rz. 156 ff. zu RL Nr. 14.

Auf dieser Linie liegt nunmehr auch die Schiedsstelle, die die um Knowhow-Anteil, Entwicklungs- und Schutzrechtskosten bereinigte Lizenzeinnahme mit einem Regelumrechnungsfaktor von 30 % zur Errechnung des Erfindungswertes multipiziert[681a]. Dieser Umrechnungsfaktor berücksichtigt die kalkulatorischen Kosten, den kalkulatorischen Unternehmergewinn und ein potentielles unternehmerisches Risiko der Lizenzvergabe[681b].

Bereitet die Berechnung der abzugsfähigen Unkosten und »Aufgaben« Schwierigkeiten, kann nach **RL Nr. 15** der Erfindungswert von Patentlizenzeinnahmen auf der Basis der **Bruttolizenzeinnahmen pauschaliert** werden[682]. Nach der Praxis der Schiedsstelle beträgt der Erfindungswert **im Regelfall 20 %** (= Umrechnungsfaktor) der **tatsächlichen Bruttolizenzeinnahme**[683], sofern keine besonderen Umstände für ein Abweichen nach oben oder unten vorliegen[684]. In diesem für jeden Einzelfall zu ermittelnden Umrechnungsfaktor sind alle Abzugsfaktoren i.S.d. RL NR. 14 Abs. 1 und 2, einschließlich etwaigem Know-how-Anteil und kalkulatorischem Unternehmerlohn, enthalten[685]. Auch die vom BGH bestätigte Vinylchlorid-

225

---

681 Reimer/Schade/Schippel/Kaube Rz. 6 zu § 11/RL Nr. 14; Schiedsst. v. 16.12.1980 Arb.Erf. 59/79 (unveröffentl.), teilw. zitiert bei Volz Öffentl. Dienst (1985) S. 123 (dort Fn. 279).
681a Schiedsst. v. 12.12.1995 Mitt. 1997, 91 – Apparatebau; EV v. 18.4.1996 Arb.Erf. 5/95 u. v. 3.6.1998 Arb.Erf. 89/96 (beide unveröffentl.).
681b Schiedsst. ZB v. 29.10.1997 Arb.Erf. 13/96 (z. Veröffentl. i. EGR vorgesehen).
682 Vgl. z.B. die Berechnung der Schiedsst. in EV v. 17.3.1967 Blatt 1967, 222 u. v. 11.7.1991 Mitt. 1997, 190 f. – Verpackungsvorrichtung; vgl. auch Schiedsst. v. 7.2.1983 Blatt 1984, 218, 220 r.Sp.
683 Vgl. Schiedsst. v. 8.9.1986 Blatt 1987, 306, 308; v. 25.7.1988 Blatt 1989, 289, 291; v. 8.10.1991 Blatt 1993, 406, 408; v. 9.11.1994 Arb.Erf. 13/94 u.v. 29.2.1996 Arb.Erf. 20/93 (beide unveröffentl.).
684 Schiedsst. v. 8.10.1991 (Fn. 683).
685 Uneinheitl. allerdings die bisherige Schiedsstellenpraxis, z.B. EV v. 16.4.1991 Blatt 1993, 114 – Austauschvertrag u.v. 5.8.1993 Arb.Erf. 129/92 (unveröffentl.) – dort 20 % nach vorherigem Abzug des Know-how-Anteils; anders dagegen EV v. 17.3.

§ 9

Entscheidung des OLG Frankfurt geht von einem Umrechnungsfaktor von 20 % (ohne Know-how-Abzug) aus[686]. Dem Gewicht des Know-how-Anteils kann bei der Bestimmung des Umrechnungsfaktors Rechnung getragen werden. S. im Übrigen KommRL Rz. 20 ff., 35 ff. zu RL Nr. 15.

An Know-how-Einnahmen ist der Arbeitnehmererfinder allerdings zu beteiligen, wenn und soweit diese Leistungen auf ihn zurückgehen und zugleich die Voraussetzungen eines qualifizierten technischen Verbesserungsvorschlags erfüllen[687].

226 Sind **mehrere Erfindungen** Gegenstand des Lizenzvertrages, müssen die auf die zu vergütende Diensterfindung entfallenden Anteile entsprechend der wirtschaftlichen Bedeutung für den Vertragsabschluss **gewichtet** werden, wobei dem Nutzungsumfang ein wesentliches Indiz zukommt[688]. Einzelheiten s. KommRL Rz. 191 ff. zu RL Nr. 14; dort auch Rz. 207 ff. zu Lizenzverträgen über Auslandspatente.

226.1 RL Nrn. 14, 15 sind über das Leitbild des reinen Patent-Lizenzvertrages (evtl. einschl. begleitenden Know-hows) hinaus auf **sämtliche Erscheinungsformen von Lizenzverträgen**, ausgenommen sog. Austauschverträge (RL Nr. 17, s. dazu Rz. 236 ff.), anzuwenden. In der Praxis häufig sind **gemischte Verträge, die sowohl aus der Überlassung von Nutzungsrechten an Erfindungen einschließlich Know-how bestehen als auch aus sonstigen Pflichten des Arbeitgebers**, wie etwa der Einräumung von Nutzungsrechten an Marken und nicht-technischen Rechten, wie Geschmacksmustern und Urheberrechten. Für die Bestimmung des Erfindungswertes ist eine Trennung zwischen den Lizenzeinnahmen für die Überlassung der technischen Erfindungsrechte (einschließlich Know-how) einerseits und dem Gebührenanteil für die sonstigen (erfindungsfremden) Leistungen vorzunehmen. Ist eine gesonderte Ermittlung des Wertes der erfindungsfremden Leistungen (Marken usw.) nicht möglich, kann eine pauschale Kürzung der Bruttolizenzeinnahmen oder eine Minderung des Umrechnungsfaktors vorgenommen werden. Derartigen nicht-technischen Zusatzleistungen wird regelmäßig nur eine untergeordnete Bedeutung zukommen.

226.2 Bei **reinen Know-how-Verträgen** kommt eine Vergütungspflicht nach dem ArbEG nur unter den Voraussetzungen des § 20 Abs. 1 in Betracht[689].

227 Eine **Abstaffelung** der Lizenzeinnahmen scheidet in der Regel aus (vgl. RL Nr. 14 Abs. 3). Dies gilt uneingeschränkt dann, wenn die zu vergütenden Lizenzeinnahmen ihrerseits bereits auf Grund einer im Lizenzvertrag

---

1967 (Fn. 682); v. 8.9.1986 (Fn. 683); v. 3.6.1991 Arb.Erf. 22/90 (unveröffentl.) u.v. 29.2.1996 (Fn. 683); vgl. auch EV v. 8.10.1991 (Fn. 683).
686 OLG Frankfurt v. 26.6.1986 EGR Nr. 10 zu § 23 ArbEG (bestätigt durch BGH v. 14.10.1988 GRUR 1990, 271, 273 – Vinylchlorid).
687 Schiedsst. v. 3.12.1963 Arb.Erf. 51/62 (unveröffentl.).
688 Vgl. z.B. Schiedsst. v. 16.4.1991 (Fn. 685).
689 Schiedsst. v. 3.12.1963 (Fn. 687).

§ 9

vorgesehenen Staffel gemindert sind[690]. Ausnahmsweise kann eine Abstaffelung dann in Betracht kommen, wenn die zusätzlichen Leistungen des lizenzgebenden Arbeitgebers außerhalb der lizenzierten Erfindung den Umsatz des Lizenznehmers nachweislich beeinflusst haben[691], wie etwa schlagkräftige Marken, und diese Leistungen noch nicht bei der Bestimmung der Nettolizenzeinnahme berücksichtigt worden sind. S. im Übrigen KommRL Rz. 175 ff. zu RL Nr. 14.

Zum **Risikoabschlag bei Lizenzeinnahmen** s. Rz. 69 a zu § 12. 228

Soweit im Zusammenhang mit einem Lizenzvertrag vom Lizenznehmer 229 eine **Pauschale bei Vertragsabschluss** (down payment, lump sum, Zahlung à fonds perdu[692]) gezahlt wird, kommt es darauf an, wofür diese Zahlung erfolgt. An derartigen Leistungen ist der Arbeitnehmer nur dann zu beteiligen, soweit sie auf die Vergabe einer Lizenz für eine Diensterfindung zurückgehen[692a], also nicht, soweit (z.B.) – ganz oder teilweise – Know-how abgegolten wird. Sollen mit der Zahlung Entwicklungskosten des Lizenzgebers (Arbeitgebers) nachträglich erstattet werden, sind diese Beträge grundsätzlich vergütungspflichtig; wird nach RL Nr. 15 berechnet, reduziert sich regelmäßig der %-Satz für die Beteiligung an den laufenden Lizenzeinnahmen, da die Pauschsätze der RL Nr. 15 ja die Entwicklungskosten enthalten[693]. Werden im Rahmen eines Entwicklungsauftrages, also vor Fertigstellung der Diensterfindung Beiträge für (zukünftige) Entwicklungskosten – insbesondere im Zusammenhang mit öffentlichen Aufträgen – bezahlt, so ist dieser Ersatz der Selbstkosten ebenfalls nicht vergütungspflichtig[694] (s. i. Übr. Komm RL Rz. 71 ff. zu RL Nr. 14).

Wird ein Lizenzvertrag nur abgeschlossen, um eine **drohende** (»erfolg- 230 versprechende«) **Nichtigkeitsklage** zu vermeiden (Freilizenz) und erzielt der Arbeitgeber daraus keinen (über die Eigennutzung hinausgehenden) Nutzen, besteht grundsätzlich keine Vergütungspflicht[695].

Zur **kostenlosen Lizenz** s. oben Rz. 187 sowie Komm RL Rz. 31 ff. zu RL Nr. 14.

Rz. 231-235 frei

---

690 BGH v. 4.10.1988 im Anschl. an OLG Frankfurt v. 26.6.1986 (beide Fn. 686).
691 Vgl. auch BGH v. 4.10.1988 (Fn. 686); OLG Frankfurt v. 17.1.1985 GRUR 1985, 436, 437 – Chlorolyse-Verfahren; Krekeler GRUR 1978, 576; abw. Werres GRUR 1977, 139 u. GRUR 1979, 213.
692 vgl. dazu Vollrath GRUR 1983, 52 f.
692a LG München v. 25.3.1998 Az. 21 O 20044/89 (z. Veröffentl. i. EGR vorgesehen).
693 Schiedsst. v. 15.3.1979 Arb.Erf. 71/88 (unveröffentl.).
694 Vgl. Schiedsst. v. 13.8.1976 Blatt 1977, 53, 54 u.v. 4.2.1986 Blatt 1986, 346.
695 Schiedsst. v. 27.11.1989 Arb.Erf. 50/89 (unveröffentl.).
696-698 frei

§ 9

2. Austauschverträge (RL Nr. 17)

236 RL Nr. 17 behandelt die Verwertung von Diensterfindungen im Rahmen eines Austauschvertrages. Im Regelfall räumen sich hierbei **mehrere Schutzrechtsinhaber gegenseitig (Gratis-)Lizenzen** an (gleichwertigen) Schutzrechten bzw. Schutzrechtspositionen ein **(cross-licencing)**, ohne dass ein Wertausgleich durch wechselseitige Lizenzzahlungen erfolgt[699]. Zu den einzelnen Erscheinungsformen s. KommRL Rz. 7 ff. zu RL Nr. 17.

236.1 Bei derartigen Verträgen liegt der wirtschaftliche Nutzen des Arbeitgebers anstelle von Lizenzeinnahmen darin, dass er die fremden Schutzrechte nach seinen Vorstellungen und wirtschaftlichen Möglichkeiten ausnutzen kann; ihm fließt also nicht – in Form einer Lizenzgebühr – ein Prozentsatz des fremden Umsatzes zu; sein Nutzen liegt vielmehr in den wirtschaftlichen Vorteilen, die sich für ihn in der Verwertung der eingetauschten Nutzungsrechte an den Fremdrechten ergeben, insbesondere im eigenen Umsatz, den er durch den Einsatz der Drittrechte unmittelbar erzielt[700].

236.2 Die Bemessung des **Erfindungswertes** bestimmt sich mithin nach den geldwerten Vorteilen des Arbeitgebers aus den Fremdrechten. Erzielt der Arbeitgeber damit Umsätze, ist der Erfindungswert nach der **Lizenzanalogie** (s. oben Rz. 120 ff.) zu bestimmen[701], wobei sich der Vergleichslizenzsatz nach der Wertigkeit der eingetauschten Drittrechte für den betreffenden Arbeitgeber (einfache Lizenz!, s. KommRL Rz. 54 ff. zu RL Nr. 17) richtet. Bei bloß innerbetrieblichem Einsatz kommt die Methode nach dem erfassbaren betrieblichen Nutzen in Betracht (s. Rz. 161 ff.). Die Bemessung auf der Grundlage von ersparten Lizenzgebühren[702] scheidet nach der hier vertretenen Auffassung grundsätzlich aus (s. im Einzelnen KommRL Rz. 37 ff. zu RL Nr. 17).

236.3 Erfasst der Lizenzaustauschvertrag – wie im Regelfall – eine **Vielzahl von (Dienst-)Erfindungen,** so sind die Erfinder der vom Arbeitgeber »hergegebenen« Erfindungen nach der Zahl ihrer Erfindungen bzw. nach ihren Erfindungsanteilen an dem nach Abzug des Know-hows verbleibenden Erfindungswert zu beteiligen, und zwar entsprechend der Wertigkeit der Erfindungen. Ist eine Einzelbewertung bei mehreren ausgetauschten Erfindungen nicht möglich, erwägt die Schiedsstelle eine globale Bestimmung des Erfindungswertes durch zusammenfassende Bewertung aller Schutzrechte, wobei dann auf jede Erfindung anteilig der gleiche Wert entfällt[703]. Einzelheiten da-

---

699 Schiedsst. v. 19.6.1997 Arb.Erf. 93/95.
700 Bestätigt durch LG Braunschweig v. 12.1.1993 Az. 9 O 3/91 (unveröffentl.).
701 Vgl. Schiedsst. v. 12.3.1974 Blatt 1974, 295; Kraushaar ZRB 1972, 271 ff.; Willich GRUR 1973, 406 ff.
702 So Johannesson GRUR 1970, 114, 126 ff.; Reimer/Schade/Schippel/Kaube Rz. 3 zu § 11/RL Nr. 17; vgl. auch Schiedsst. v. 2.8.1971/16.6.1972 Blatt 1973, 261.
703 Schiedsst. v. 26.1.1988 Blatt 1988, 351, 353 l.Sp.

§ 9

zu s. Komm RL Rz. 73 ff. zu RL Nr. 17; z. Erfindungswert bei Austauschverträgen im Rahmen eines Konzerns vgl. allg. oben Rz. 185 ff.

Der Umsatz, der dem Arbeitgeber aus den fremden Schutzrechten zufließt, ist – entgegen der Auffassung der Schiedsstelle[704] – für die **Abstaffelung** gemäß RL Nr. 11 nicht mit den sonstigen Einnahmen des Arbeitgebers aus der Eigennutzung der betreffenden eigenen Diensterfindung zu addieren. Nach der Systematik der RL wird diese Verwertung als außerbetriebliche Nutzung behandelt. Folglich sind die Eigennutzung und die Ausnutzung der »eingetauschten« Drittrechte jeweils gesondert und eigenständig abzustaffeln, sofern die sonstigen Voraussetzungen der RL Nr. 11 gegeben sind. 237

Weitere Einzelheiten zur Bemessung des Erfindungswertes s. Komm RL zu RL Nr. 17.

Die Grundsätze der RL Nr. 17 können entsprechend dann gelten, wenn **Schutzrechtsstreitigkeiten** zwischen Wettbewerbern durch wechselseitige Lizenzverträge **im Vergleichswege beendet** werden[705] (negative Lizenz[705a]). 238

Wird die Diensterfindung in einen **Schutzrechtspool** zur Erzielung von Lizenzeinnahmen eingebracht, bestimmt sich der Erfindungswert nach RL Nr. 17 i.V.m. RL Nrn. 14, 15[706].

3. »Lizenzeinnahmen« auf Grund von Schutzrechtsverletzungen Dritter

Da der Arbeitnehmer nach § 9 an jedwedem durch seine Erfindung bewirkten Nutzen seines Arbeitgebers zu beteiligen ist (s. Rz. 2), stehen ihm auch Vergütungsansprüche an **Leistungen** zu, die seinem Arbeitgeber **auf Grund von Schutzrechtsverletzungen Dritter** (vgl. §§ 139 ff. PatG, 24 GebrMG bzw. §§ 823, 826 BGB, 1, 17 UWG) zufließen[707]; diese Vermögensvorteile können Lizenzeinnahmen gleichgestellt werden[711], so dass die 239

---

704 So (aber) Schiedsst. v. 12.3.1974 (Fn. 701) u. Busse/Keukenschrijver, PatG, Rz. 28 zu § 11 ArbEG.
705 Vgl. auch Schiedsst. v. 12.2.1976 Blatt 1977, 20 f.; zust. Busse/Keukenschrijver (Fn. 704).
705a S. dazu Britta Bartenbach, Die Patentlizenz als negative Lizenz (2002), S. 136 ff.
706 Vgl. dazu Schiedsst. v. 16.4.1991 Blatt 1993, 114.
707 Schiedsst. v. 15.5.2001 Arb.Erf. 59/98 (unveröffentl.); zust. Busse/Keukenschrijver, PatG, Rz. 24 zu § 11 ArbEG.
708-710 frei
711 Schiedsst. v. 8.9.1986 Blatt 1987, 306, 307; v. 27.4.1995 Arb.Erf. 35/94 u. v. 15.5.2001 Arb.Erf. 59/98 (beide unveröffentl.); z. d. Berechnungsarten bei einer Schutzrechtsverletzung s. BGH v. 13.3. 1962 GRUR 1962, 401, 402 – Kreuzbodenventilsäcke III; Benkard/Rogge PatG Rz. 61 ff. zu § 139 m.w.N. u. Rogge in Festschr. Nirk (1992) S. 929 ff.

§ 9

RL Nrn. 14, 15 entsprechend anzuwenden sind[712] (s. KommRL Rz. 41 ff. zu RL Nr. 14).

240 Verzichtet der Arbeitgeber auf die Durchsetzung von **Patentverletzungsansprüchen**, um damit einem sonst drohenden Einspruchs-, Nichtigkeits- oder Löschungsverfahren auszuweichen, ist dies nicht vergütungspflichtig.

240.1 Nutzungsvergütungen für **Zwangslizenzen** (vgl. § 24 PatG) sind ebenso wie die Lizenzeinnahmen auf Grund von **Lizenzbereitschaftserklärungen** (§ 23 PatG) nach den Grundsätzen der RL Nrn. 14, 15 vergütungspflichtig. Einzelheiten dazu s. Komm RL Rz. 46 ff. zu RL Nr. 14. Zum Lizenzvertrag aus Anlass einer drohenden Nichtigkeitsklage s. Rz. 230.

4. Erfindungswert beim Verkauf von Konstruktionszeichnungen

241 Als Lizenzvergabe behandelt die Schiedsstelle auch die Nutzung der Erfindung durch Verkauf von Konstruktionszeichnungen und Basic-Design bzw. Basic-Engineering für erfindungsgemäße Vorrichtungen bzw. Anlagen[717] (zu dieser Sonderform der tatsächlichen Verwertung s. auch oben Rz. 92). Da erfahrungsgemäß mit der Engineering-Leistung ein prozentual höherer Gewinn erzielt wird als bei der Lieferung der Vorrichtungen, legt die Schiedsstelle nicht den Verkaufspreis der **Engineering-Leistung** als »Umsatz« im Rahmen der Lizenzanalogie (RL Nr. 7) zugrunde; vielmehr geht die Schiedsstelle von zwei Berechnungsmethoden aus[718]:
- Zum einen können die Einnahmen für die (erfindungsbezogene) Engineering-Leistung mit einem bestimmten Faktor multipliziert werden; zur Ermittlung des Erfindungswertes wird dieser (höhere) **Fiktivumsatz** der **Lizenzanalogie** unterworfen.
- Zum anderen können – und dies hat die Schiedsstelle vorgeschlagen – die **Erlöse wie Lizenzeinnahmen** behandelt werden, wobei der Erfindungswert unter Abzug der tatsächlichen Aufwendungen an der unteren Grenze der RL Nr. 15 angesetzt wurde[719].

---

712 So auch Volmer VergütgRL Rz. 25 zu RL Nr. 14; Reimer/Schade/Schippel/Kaube Rz. 4 zu § 11/RL Nr. 15 m.H.a. Schiedsst. v. 8.9.1986 (Fn. 711); diff. Volmer/Gaul Rz. 563 ff. zu § 9/RL Nr. 14.
713-716 frei
717 Schiedsst. v. 8.9.1986 Blatt 1987, 306, 307 bestätigt durch EV v. 24.6.1999 Arb.Erf. 88/97 (unveröffentl.); vgl. aber auch Schiedsst. v. 25.7.1988 Blatt 1989, 289.
718 Schiedsst. v. 8.9.1986 (Fn. 717); bestätigt durch EV. v. 18.10.1989 Arb.Erf. 20/89 (unveröffentl.).
719 Schiedsst. v. 8.9.1986 (Fn. 717). RL Nr. 15 wurde im Ergebnis auch im EV. v. 18.10.1989 (Fn. 718) angewandt, wobei die Schiedsst. dort wegen der umfangreichen, über das erfindungsgemäße Engineering hinausgehenden Leistungen (Knowhow usw.) von 55 % der Einnahmen als Erfindungswert ausgegangen ist.
720 frei

Sachgerecht erscheint es, bei Engineering-Leistungen vorrangig an der 242
Methode der Lizenzanalogie festzuhalten, sofern konkrete Anhaltspunkte
für den Gesamtwert der erfindungsgemäßen Vorrichtung bzw. Anlage bestehen, etwa wenn der Arbeitgeber die Anlage auch selbst herstellt und an
Dritte liefert oder wenn die Verkaufspreise des Empfängers der Engineering-Leistungen bei Verkauf der von ihm gefertigten erfindungsgemäßen
Anlage bekannt sind. Dann kann auf die Preise der Vorrichtung/Anlage als
»Umsatz« i.S.d. RL Nr. 7 abgestellt werden, wodurch die von der Schiedsstelle zu recht angesprochene Unbilligkeit des (niedrigeren) Umsatzes bloßer Engineering-Lieferungen ausgeglichen wird. Lassen sich derartige Feststellungen nicht treffen, kann die Berechnung auf der Basis von Lizenzeinnahmen gem. RL Nrn. 14 oder 15 erfolgen.
Zum Verkauf ins Ausland s. Rz. 246.

Rz. 243, 244 frei

XI. Erfindungswert bei Auslandsnutzungen

Das ArbEG selbst trifft hinsichtlich der Vergütung – vom Fall des § 14 245
Abs. 3 (vgl. dazu dort Rz. 60 ff.) abgesehen – keine Differenzierung zwischen Inlands- und Auslandsnutzung, so dass die Vergütungsgrundsätze
der §§ 9, 10, 20 Abs. 1 in gleicher Weise Anwendung finden (vgl. i. einz. RL
Nr. 26 und die Erläuterungen in Komm. RL zu Nr. 26).

Maßgeblich für die Anwendung der RL Nr. 26 ist nach der hier vertrete- 246
nen Auffassung, dass die Diensterfindung (auch) nach **deutschem Recht
schutzfähig** ist (vgl. Rz. 25 f. zu § 2). Demgegenüber geht die wohl h.M.
davon aus, dass eine Vergütungspflicht nach §§ 9, 10 bei Erteilung eines
Auslandsschutzrechts auch dann besteht, wenn die Diensterfindung nach
deutschem Recht nicht schutzfähig ist, also ein Schutzrecht im Inland nicht
erteilt, versagt oder vernichtet wurde (vgl. oben Rz. 15 f.).

Bei Auslandsnutzungen sind **mehrere Fallkonstellationen** denkbar:
(1) Werden im **Inland hergestellte** (dort durch Patent oder Gebrauchs- 246.1
muster **geschützte) Produkte in ausländische Staaten geliefert,** sind diese
Nutzungen als Inlandsverwertungen zu vergüten[721]. Allerdings ist der Erfindungswert nicht »reinen« Inlandsgeschäften (Lieferungen an inländische
Abnehmer) gleichzusetzen, so dass bei der Ermittlung des Erfindungswerts
nach der Lizenzanalogie zur Bestimmung des Lizenzsatzes die Besonderheiten des Auslandsmarktes ebenso zu berücksichtigen[721a] sind wie die Fra-

---

721 Ganz h.M., BGH v. 13.11.1997 GRUR 1998, 689, 695 – Copolyester II; Schiedsst. v.
19.1.1970 Blatt 1970, 426, 427; v. 26.4.1976 Blatt 1977, 202, 203; v. 8.9.1986 Blatt 1987,
306, 307; v. 13.1.1986 Blatt 1991, 201, 202 a.E.; v. 17.3.1994 Arb.Erf. 177/92 (unveröffentl.); Volmer/Gaul Rz. 817 zu § 9/RL Nr. 26; Sack RIW 1989, 612, 618 u. ders. MünchArbR § 99, Rz. 93; Busse/Keukenschrijver, PatG, Rz. 37 zu § 11 ArbEG.
721a Zust. Busse/Keukenschrijver, PatG, Rz. 37 zu § 11 Arb.Erf.

§ 9

ge, ob und inwieweit parallele Auslandsschutzrechte bestehen (vgl. im Übrigen Komm. RL Rz. 29 ff., 35 ff. zu RL Nr. 26; s. a. Rz. 63 zu § 12). Zur Lieferung in die dem Arbeitnehmer freigegebenen Auslandsstaaten s. Rz. 60 f. zu § 14.

Wird ein **deutsches Verfahrenspatent in einem Auslandsstaat**, in dem kein eigener Patentschutz besteht, **genutzt**, liegt in der Übermittlung der Beschreibung des Verfahrens vom Inland aus kein Inverkehrbringen und Feilhalten im Inland; eine Vergütungspflicht für diese Auslandsnutzung entfällt[722] (zum Verkauf von Konstruktionszeichnungen s. Rz. 241 f.).

246.2 (2) Besteht im **Inland keine Schutzfähigkeit,** weil die Erfindung nach deutschem Patent- bzw. Gebrauchsmusterrecht oder nach europäischem Patentrecht nicht schutzfähig ist, so sind von hier aus erfolgende **Lieferungen in »geschützte« Auslandsstaaten** ebenso wie eine **zusätzliche Verwertung im Ausland** (Herstellung, Lizenzvergabe usw.) – entgegen der h.M. – lediglich unter den Voraussetzungen des § 20 Abs. 1 zu vergüten (s. dazu oben Rz. 15 f. sowie Rz. 25 f. zu § 2, Rz. 63, 69 zu § 12 und Rz. 14 zu § 20 sowie KommRL Rz. 47 ff. zu RL Nr. 26). Besteht **auch im Ausland kein Schutz,** so kann eine Vergütung allenfalls dann angemessen sein, wenn auf dem ausländischen Markt ausnahmsweise eine monopolähnliche Stellung i. S. d. § 20 Abs. 1 vermittelt wird oder die Grundsätze über die vergütungspflichtige Sonderleistung (s. dazu unten Rz. 332 ff.) eingreifen (s. auch KommRL Rz. 59 ff. zu RL Nr. 26).

Stellt sich in einem inländischen Patenterteilungs-, Nichtigkeits- oder Löschungsverfahren die **mangelnde Schutzfähigkeit** einer Erfindung heraus, kann eine tatsächliche Vermutung dafür sprechen, dass auch evtl. parallele Auslandsschutzrechte (zukünftig) keinen Bestand haben werden[723], was mindernde Auswirkungen auf den Vergütungsanspruch haben kann (vgl. dazu oben Rz. 35; Rz. 25 zu § 2 u. Rz. 68.7 zu § 12). Entsprechendes gilt bei Versagung bzw. Vernichtung (geprüfter) Auslandspatente[723a].

Beruht der Wegfall des inländischen Schutzrechts dagegen auf **Zeitablauf, Verzicht oder Aufgabe** durch den Arbeitgeber, bleiben Lieferungen des Erfindungsgegenstandes in weiterhin (etwa wegen längerer Schutzdauer) abgesicherte Auslandsstaaten vergütungspflichtig (vgl. auch RL Nr. 42 Satz 4 sowie oben Rz. 16).

---

722 Schiedsst. v. 16.1.1978, Blatt 1979, 410 (m.H.a. RG v. 19.10.1935 GRUR 1936, 108 – Burenda Oberlederkantenmaschine) unter Aufgabe des EV v. 9.7.1974 Blatt 1975, 258; bestätigt u.a. durch Schiedsst. v. 27.3.1984 Arb.Erf. 62/83 (unveröffentl.); zust. auch Reimer/Schade/Schippel/Kaube Rz. 4 zu § 11/RL Nr. 26.
723 Vgl. allg. BGH v. 10.7.1979 GRUR 1979, 869, 872 – Oberarmschwimmringe; zust. Schiedsst. v. 13.5.1985 EGR Nr. 46 zu § 9 ArbEG (Verg.Höhe); krit. dagegen Schiedsst. v. 24.7.1989 Arb.Erf. 88/88 (unveröffentl.); s. auch (z. umgekehrten Fall) BGH v. 8.12.1981 GRUR 1982, 227 – Absorberstabantrieb II.
723a Sack in RIW (Fn. 721) m.H.a. Schiedsst. v. 26.4.1976 Blatt 1977, 202, 203.

§ 9

(3) Ist für die im Inland schutzfähige (geschützte) Erfindung ein **paralleles Auslandsschutzrecht** erteilt und wird der Erfindungsgegenstand nicht nur im Inland, sondern **zusätzlich im Ausland verwertet,** so »erhöht sich der Erfindungswert entsprechend« (RL Nr. 26 Abs. 1 Satz 3). Erfasst sind hier die Fälle der (zusätzlichen) Herstellung im patentgeschützten Ausland, der Vertrieb und Export dieser Produkte im Ausland bzw. vom Ausland aus, die Vergabe von Lizenzen an diesen Auslandsrechten und der Nutzung als Sperrpatent im Auslandsstaat. Der Erfindungswert für diese Auslandsverwertung ist eigenständig nach allgemeinen Grundsätzen zu ermitteln, wobei allerdings der Qualität des Auslandsschutzrechts (Registrier- oder Prüfpatent, Beständigkeit, Schutzumfang usw.) und der dortigen Marktsituation Rechnung zu tragen ist; vgl. im Einzelnen KommRL Rz. 64 ff. zu RL Nr. 26; für freigegebene Auslandsstaaten s. hier Rz. 60 f. zu § 14. Bei gleichen bzw. gleichartigen Verwertungshandlungen sind im Rahmen der **Abstaffelung** (s. Rz. 141 ff.) Inlands- und Auslandsverwertungen zusammenzufassen (**Gesamterfindungswert**, siehe dazu KommRL Rz. 43 zu RL Nr. 26). 246.3

(4) Wird die Erfindung im Inland verwertet, rechtfertigt die **bloße Existenz (nicht verwerteter) Auslandsschutzrechte** entgegen RL Nr. 26 Abs. 1 Satz 3 und Abs. 2 keine Erhöhung des Erfindungswertes[724], auch nicht unter dem Aspekt der Vorratsschutzrechte gemäß RL Nr. 21. Gleiches gilt, wenn von mehreren (parallelen) Auslandsschutzrechten nur eines verwertet wird (s. KommRL Rz. 85 ff. zu RL Nr. 26). 246.4

(5) Erfolgt **weder im Inland noch im geschützten Ausland eine Verwertungshandlung,** schlägt die Schiedsstelle eine Erhöhung der Vergütung für das nicht benutzte Inlandspatent (Vorratspatent, s. dazu oben Rz. 207) um 20 %[725] bzw. 25 %[726] vor, und zwar unabhängig davon, wie viele Auslandsschutzrechte bestehen (s. auch oben Rz. 213, ferner KommRL Rz. 91 ff. zu RL Nr. 26). Damit ergibt sich nach der Entscheidungspraxis der Schiedsstelle für nicht benutzte Auslandsschutzrechte (unabhängig von deren Zahl) ein **regelmäßiger Jahreserfindungswert von 250 DM**[727] (= 127,82 €) bzw. 312,50 DM (= 159,78 €). 246.5

(6) Zur Vergütung bei **Vorbehalt einer schutzrechtsfreien Zone** bei Auslandsfreigabe durch den Arbeitgeber (RL Nr. 26 Abs. 2 Satz 2) s. Rz. 73 zu § 14. 246.6

Zum **Risikoabschlag** vor Schutzrechtserteilung s. Rz. 63 zu § 12.

Rz. 247-249 frei

---

724 Schiedsst. v. 24.2.1986 Arb.Erf. 31/85 u. v. 16.12.1997 Arb.Erf. 35/96 (beide unveröffentl.); Reimer/Schade/Schippel/ Kaube Rz. 6 zu § 11/RL Nr. 21.
725 Kaube GRUR 1986, 15, 18; Schiedsst. v. 13.5.1985 EGR Nr. 46 zu § 9 ArbEG (Verg.Höhe).
726 Schiedsst. v. 2.12.1999 Arb.Erf. 45/98 (unveröffentl.).
727 ZB Schiedsst. v. 28.11.1991 Arb.Erf. 60/90 (unveröffentl.) u. v. 2.12.1999 (Fn. 726). 728-735 frei

§ 9

XII. Erfindungswert für gebrauchsmusterfähige Erfindungen
(RL Nr. 28)

250 Bei der Ermittlung des Erfindungswertes einer gebrauchsmusterfähigen Erfindung können **grundsätzlich dieselben Methoden** angewandt werden **wie bei patentfähigen Erfindungen** (vgl. RL Nr. 28 u. die Erläuterungen in KommRL Rz. 8 ff. zu RL Nr. 28; vgl. zur Zweckdienlichkeit einer Gebrauchsmusteranmeldung Rz. 14 zu § 13).

Allerdings fallen in der Lizenz-Praxis regelmäßig die für Gebrauchsmuster üblichen Lizenzen wegen der bloßen Registrierung, des engeren Schutzumfangs und der kürzeren gesetzlichen Laufdauer niedriger aus als die für patentfähige Erfindungen. Die Schiedsstelle – jedenfalls in ihren früheren Entscheidungen – und die betriebliche Praxis gingen deshalb für den **Regelfall** von der **Hälfte des für patentfähige Erfindungen üblichen Erfindungswertes** aus[736] (vgl. im Übrigen KommRL Rz. 25 ff. zu RL Nr. 28). Dies galt jedenfalls für Gebrauchsmusteranmeldungen vor dem 1.7.1990. Mit der Ausweitung der Schutzdauer auf max. 10 Jahre für die ab 1.7.1990 angemeldeten Gebrauchsmuster (s. dazu Rz. 9 ff. zu § 2) ergibt sich eine Annäherung an die durchschnittliche Lauf- und Nutzungsdauer von Patenten (s. Rz. 59.1). Deshalb und wegen der Ausdehnung des Anwendungsbereichs (vgl. Rz. 9 ff. zu § 2) kann Gebrauchsmusterhinterlegungen eine größere wirtschaftliche Bedeutung zukommen, so dass die Schiedsstelle nunmehr dazu neigt, Gebrauchsmuster- und Patentanmeldung im Rahmen des § 13 ArbEG gleich zu stellen (s. Rz. 12 ff. zu § 13).

Diese schutzrechtliche Gleichstellung kann sich auch bei der Bestimmung des Erfindungswertes auswirken: Maßgeblich für den Erfindungswert ist, welchen **Schutzumfang** bzw. **Ausschlusswert** das Gebrauchsmuster besitzt[737] bzw. inwieweit die **Rechtsbeständigkeit** gesichert ist[738].

Ausgehend von der Gleichstellung schlägt die **Schiedsstelle** nunmehr eine Ermittlung des Erfindungswertes in Anlehnung an die Grundsätze zur **vorläufigen Vergütung** bei Benutzung während eines Patenterteilungsverfahrens (s. dazu Rz. 57 ff. zu § 12) vor, da bei einem Gebrauchsmuster die Wahrscheinlichkeit immanent sei, dass dieses in einem Löschungsverfahren erhebliche Beschränkungen erfährt oder gar vernichtet wird[739]. Dabei setzt

---

736 Ständ. Praxis, vgl. z.B. Schiedsst. v. 17.12.1963 Blatt 1964, 166 f.; v. 21.3.1985 Arb.-Erf. 55/84 v. 23.2.1989 Arb.Erf. 80/88, v. 2.3.1989 Arb.Erf. 79/88; v. 15.2.1991 Arb.Erf. 48/90 (alle unveröffentl.); v. 11.5.1993 EGR Nr. 66 zu § 9 ArbEG (Verg.-Höhe); ebenso Volmer/Gaul Rz. 848 zu § 9/RL Nr. 28; Reimer/Schade/Schippel/Kaube Rz. 1 zu § 11/RL Nr. 28.
737 Schiedsst. v. 12.12.1966 Blatt 1967, 159; vgl. auch Schiedsst. v. 20.11.1967/26.6.1968 Blatt 1968, 23.
738 Vgl. auch Schiedsst. v. 17.12.1963 (Fn. 736); im Ergebn. auch Schiedsst. v. 11.5.1993 (s. Fn. 736).
739 Schiedsst. v. 13.11.1997 Arb.Erf. 31/96 (zur Veröffentl. in EGR vorgesehen).

§ 9

sie die vorläufige Vergütung für den Regelfall mit dem üblichen Risikoabschlag von 50% an[740]. Eine Nachzahlung des einbehaltenen Risikoabschlags erfolgt bei Verzicht des Arbeitgebers auf das Gebrauchsmuster oder dessen Verlängerung bzw. bei Ablauf des verlängerten Gebrauchsmusterschutzes, es sei denn, der Arbeitgeber weist eine Löschungsfähigkeit auf Grund einer eingeholten Gebrauchsmusterrecherche oder sonst belegtem Stand der Technik nach[740a].

Auch nach unserer Erfahrung ist die Bedeutung von Gebrauchsmustern in den letzten Jahren auf breiter Front gestiegen. Dies im freien Lizenzverkehr häufig, wenn nicht gar überwiegend, mit einer Anhebung der Lizenzsätze verbunden. Es liegt deshalb nahe, den bisherigen hälftigen Regelwert anzuheben, d.h. von einem **Regelwert** von bis zu **2/3 des für patentfähige Erfindungen üblichen Erfindungswertes** auszugehen, soweit es sich um benutzte Gebrauchsmuster handelt. Bei **nicht verwerteten** Gebrauchsmustern erscheint dagegen nach wie vor der Regelwert von 1/2 angemessen.

Unter Beachtung vorstehender Grundsätze können bei Fehlen entsprechender Gebrauchsmusterlizenzsätze die **branchenüblichen Lizenzsätze für Patente** (RL Nr. 10, vgl. Rz. 131 ff.) herangezogen werden (s. im Übrigen KommRL Rz. 19 ff. zu RL Nr. 28). Zur Berechnung nach dem betrieblichen Nutzen s. Rz. 165.

Eine Vergütung als **Sperr- bzw. Vorratsgebrauchsmuster** lässt die Schiedsstelle im Regelfall erst ab der ersten Verlängerung der Schutzdauer zu, also ab dem 4. Laufjahr[740b]; für das Vorratsgebrauchsmuster (bislang) unter Zugrundelegung eines durchschnittlichen Jahreserfindungswertes von 625 DM[741] (319,56 €). Entsprechendes gilt für die Vergütung unter dem Aspekt der unausgenutzten Verwertbarkeit[742]; auch hier ist z.Zt. im Regelfall (noch) vom hälftigen Erfindungswert für entsprechende Patente (s. dazu Rz. 206 ff., 211 ff.) auszugehen.

Bei außerbetrieblicher Nutzung in Form der Lizenzvergabe bzw. des Erfindungsverkaufs (RL Nrn. 14-16) kann der Erfindungswert dagegen nicht entsprechend gemindert werden, da sich die geringere Monopolwirkung und Schutzdauer schon bei den geringeren Lizenzeinnahmen bzw. Kaufpreisen auswirkt (vgl. KommRL Rz. 162 zu RL Nr. 14 u. Rz. 26 f. zu RL Nr. 16).

---

740 Schiedsst. v. 13.11.1997 (Fn. 739) u. v. 11.11.1998 Arb.Erf. 19/97 (unveröffentl.).
740a Schiedsst. v. 11.11.1998 Arb.Erf. 19/97 u. v. 20.11.1998 Arb.Erf. 12/97 (beide unveröffentl.).
740b Zust. Busse/Keukenschrijver, PatG, Rz. 40 zu § 11 ArbEG.
741 Schiedsst. v. 15.2.1991 Arb.Erf. 48/90 (unveröffentl.); v. 11.5.1993 (Fn. 736); v. 18.11.1994 Arb.Erf. 97/93; v. 23.10.1996 Arb.ERf. 36/95 (alle unveröffentl.) m.H.a. Kaube GRUR 1986, 15 ff. Im EV v. 11.5.1993 (Fn. 736) hat die Schiedsst. den Jahreserfindungswert wegen der wahrscheinlichen Vernichtbarkeit um 20 % auf 500 DM ermäßigt.
742 Schiedsst. v. 17.7.1979 Blatt 1980, 234 r.Sp.

§ 9

Zur Anmeldung einer patentfähigen Erfindung als Gebrauchsmuster s. Rz. 70 zu § 13 u. KommRL Rz. 38 ff. zu RL Nr. 28.

XIII. Erfindungswert bei Verkauf der Erfindung (RL Nr. 16)

251 Mit Verkauf der Erfindung (einschließlich evtl. Schutzrechtspositionen) werden alle vermögenswerten Rechte an der Erfindung auf den Erwerber übertragen (§ 15 Abs. 1 Satz 2 PatG, §§ 413, 398 ff. BGB), ohne dass die Rechte und Pflichten aus dem ArbEG auf den Erwerber übergehen (s. Rz. 7 zu § 7 sowie oben Rz. 4 ff.). Denkbar ist auch der Verkauf einzelner auf die Erfindung bezogener Schutzrechtspositionen (Inlandsschutzrecht, einzelne Auslandschutzrechte usw.). S. im Übrigen KommRL Rz. 3 ff. zu RL Nr. 16, dort auch Rz. 47 ff. zu den Sonderformen (Einbringung in Gesellschaften, Kauf erfindungsgemäßer Produkte vom Rechtserwerber, Sicherungsübereignung, Verkauf von Teilrechten, Verpfändung, kostenlose Übertragung usw.).

252 Einzelheiten zur Bemessung der Vergütung enthält **RL Nr. 16**. Grundlage zur Bestimmung des Erfindungswertes sind der dem Arbeitgeber **tatsächlich zufließende Kaufpreiserlös** bzw. sonstige geldwerte Vorteile (s. im Einzelnen KommRL Rz. 19 zu RL Nr. 16).

Umfasst der Kaufvertrag nicht nur die Diensterfindung, sondern auch andere Schutzrechte und/oder andere Vermögenswerte (Geschäftseinrichtung, Kunden- und Lieferantenlisten, Marken, Firmenname usw.) und wird hierfür ein Gesamtkaufpreis vereinbart, so ist – ggf. durch Wertanalyse – festzustellen, welcher Kaufpreisteil auf die Diensterfindung entfällt[743]. S. im Übrigen KommRL Rz. 19 zu RL Nr. 16; dort auch zur Bestimmung bei fehlendem (Einzel-) Kaufpreis Rz. 44, 72 ff.

252.1 Sodann ist der **Nettoertrag** zu ermitteln[743a]. Dieser ergibt sich durch Abzug der Kosten und des Wertes der vom Arbeitgeber übernommenen Verpflichtungen; insoweit ist RL Nr. 16 der RL Nr. 14 nachgebildet (zur Abgrenzung Verkauf und Lizenzvergabe s. KommRL Rz. 13 ff. zu RL Nr. 16). Abzugsfähige Kostenpositionen enthält die nicht abschließende Aufzählung in RL Nr. 16 Abs. 1 Satz 3; abzugsfähig ist gem. RL Nr. 16 Abs. 2 auch mitverkauftes **Know-how**, und zwar entsprechend den tatsächlichen Wertverhältnissen[744] (s. KommRL Rz. 21 f. zu RL Nr. 16).

Ebenso wie bei RL Nr. 14 (s. Rz. 224) ist – entgegen dem Wortlaut – der Nettoertrag noch nicht der Erfindungswert; vielmehr ist dieser – auch un-

---

743 Vgl. Schiedsst. v. 24.7.1985 EGR Nr. 15 zu § 26 ArbEG; v. 19.12.1991 GRUR 1992, 847, 848 f. – Geschäftsaktivitätenveräußerung; v. 26.2.1993 GRUR 1996, 49, 51 f. – Gießereimaschinen m. Anm. Bartenbach/Volz u. v. 17.2.1997 Arb.ERf. 53/95 (z. Veröffentl. i. EGR vorgesehen).
743a Zust. Busse/Keukenschrijver, PatG, Rz. 27 zu § 11 ArbEG.
744 Schiedsst. v. 24.7.1985, v. 19.12.1981, v. 26.2.1993 (alle Fn. 743).

§ 9

ter Berücksichtigung eines **kalkulatorischen Unternehmerlohnes** durch einen **Umrechnungsfaktor** (Nettoverkaufsfaktor) zu ermitteln. Dieser entspricht nach der hier vertretenen Auffassung bei patentfähigen Diensterfindungen 1/5 bis 1/2 mit einem **Regelwert von 35-40 %** des Nettoertrages, also nach Abzug der einzelnen Kostenpositionen einschließlich eines etwaigen Know-how-Anteils[745] (s. im Einzelnen KommRL Rz. 23 ff. zu RL Nr. 16). Diesen Wertungen hat sich nunmehr die **Schiedsstelle** im Grundsatz angeschlossen[746].

Demgegenüber ging die **Schiedsstelle** in ihrer **bisherigen Praxis** von der (RL Nr. 15 nachgebildeten) Pauschalierung des Erfindungswertes auf der Grundlage des **Bruttoverkaufspreises** aus. Sie zog vom Kaufpreis neben den erfindungsfremden Lieferungen und Leistungen des Arbeitgebers auch einen auf etwaiges Know-how entfallenden Anteil ab; **50-60% des verbleibenden Betrages setzte sie in der Regel als Erfindungswert an**[747]. 252.2

Zum **Risikoabschlag** s. Rz. 69.2 zu § 12.

Wird im Rahmen eines **Betriebsübergangs** (§ 613 a BGB, Einzelheiten dazu s. Rz. 114 ff. zu § 1) der Betriebserwerber zugleich Rechtsnachfolger bezgl. der Rechte an der Arbeitnehmererfindung und wird das Arbeitsverhältnis nicht fortgesetzt, bestimmt sich die Erfindervergütung ebenfalls nach RL Nr. 16. Ist ein besonderer Kaufpreis für die Erfindungsrechte weder bestimmt noch bestimmbar (s. oben Rz. 252), ist der Erfindungswert zu schätzen[748] (RL Nr. 13). 253

Rz. 254-260 frei

XIV. Anteilsfaktor (RL Nrn. 30 ff.)

1. Grundsatz

Der als Erfindungswert ermittelte Preis, den der Arbeitgeber an einen freien Erfinder für die Übertragung der Erfindung zahlen müsste, steht dem Arbeitnehmererfinder nicht in vollem Umfang zu; er wird vielmehr über den sog. Anteilsfaktor gemindert. Damit wird neben der betrieblichen Stellung des Erfinders die **Beteiligung des Betriebes (Arbeitgebers) am Zustandekommen der Diensterfindung** berücksichtigt[749] (s. auch Rz. 77). Der Anteilsfaktor dient letztlich dazu, diejenigen Vorteile bei der Entwick- 261

---

745 frei
746 EV v. 19.9.1995 Mitt. 1996, 176, 177 – Patentverkauf; bestätigt u.a. durch EV v. 2.4.1996 Arb.Erf. 95/94 u. v. 3.4.2001 Arb.Erf. 45/99 (beide unveröffentl.).
747 Schiedsst. v. 19.12.1991 u.v. 26.2.1993 (beide Fn. 743); v. 22.3.1994 Arb.Erf. 77/93 u.v. 20.1.1995 Arb.Erf. 12/84 (beide unveröffentl.).
748 Vgl. auch OLG Hamburg v. 23.10.1987 EGR Nr. 62 zu § 12 ArbEG.
749 Z. Anteilsfaktor s. insbes. Willich/Preisher GRUR 1975, 526 ff. (namentl. f. i. Forschung u. Entwicklung tätige Erfinder).

§ 9

lung einer Erfindung zu erfassen, die ein Arbeitnehmererfinder auf Grund seiner Betriebszugehörigkeit gegenüber einem freien Erfinder hat. Relevant sind also nur die Umstände, die zur Fertigstellung der Diensterfindung geführt haben. Maßstab sind dementsprechend nur die **Verhältnisse bis zur Fertigstellung** der Erfindung[750]. Wegen der Einzelheiten wird auf die Darstellung in KommRL zu RLn Nrn. 30 bis 37 verwiesen.

262 Der Anteilsfaktor ist **im Rahmen aller** auf Diensterfindungen bezogenen **gesetzlichen Vergütungspflichten** des Arbeitgebers (vgl. z.B. §§ 9, 10, 14 Abs. 3, 16 Abs. 3, 17) in Ansatz zu bringen, ferner bei der Vergütung für qualifizierte technische Verbesserungsvorschläge (§ 20 Abs. 1), nicht aber bei Diensterfindungen von Hochschulbeschäftigten (vgl. § 42 Nr. 4, s. dazu Rz. 165 zu § 42). Naturgemäß findet der Anteilsfaktor keine Berücksichtigung bei der Vergütung **freier Erfindungen**, die der Arbeitgeber auf Grund einer Vereinbarung mit dem Arbeitnehmererfinder nutzt (§ 19, s. dort Rz. 28). Zur Vergütung einer vom Arbeitgeber genutzten **frei gewordenen Diensterfindung** s. Rz. 60 zu § 8, Rz. 12 ff. vor §§ 9-12 u. oben Rz. 10.

263 In Ausfüllung von § 9 Abs. 2, wonach für die Vergütungsbemessung insbesondere neben der wirtschaftlichen Verwertbarkeit der Diensterfindung »die Aufgaben und die Stellung des Arbeitnehmers im Betrieb sowie der Anteil des Betriebes an dem Zustandekommen der Diensterfindung maßgebend« sind, enthält RL Nr. 30 nicht nur die sachliche Rechtfertigung des Anteilsfaktors, sondern als einführende Richtlinie des 2. Teils der RL 1959 zugleich die Grundsätze für dessen Bestimmung. Danach erfolgt diese mittels **dreier Teilwerte:**

a) die **Stellung der Aufgabe** (RL Nr. 31; s. dazu Rz. 267 ff.),
b) die **Lösung der Aufgabe** (RL Nr. 32; s. dazu Rz. 274 ff.),
c) die Aufgaben und die **Stellung** des Arbeitnehmers **im Betrieb** (RL Nrn. 33-36; s. dazu Rz. 280 ff.).

264 Nach der Systematik der RL Nrn. 30-36 wird der Anteilsfaktor rechnerisch durch die **Addition der 3 Wertzahlen** ermittelt, die entsprechend den individuellen Verhältnissen **aus den Tabellen der RL Nrn. 31, 32, 34** für die zuvor angesprochenen drei Teilwerte a)-c) abzulesen sind; soweit im Einzelfall eine zwischen den einzelnen Wertzahlen liegende Bewertung angemessen erscheint, sind **Zwischenwerte** (z.B. 3,5) zu bilden.

265 Auf Grund der Summe der Teilwerte kann mittels der **Umrechnungstabelle** in RL Nr. 37 der in Prozenten ausgedrückte Anteilsfaktor abgelesen werden; die dem Erfinder **zu zahlende Vergütung ergibt sich** dann aus der **Multiplikation** dieses Anteilsfaktors mit dem nach RL Nrn. 3-29 ermittelten Erfindungswert (s. dazu oben Rz. 86 ff.). Dementsprechend erhält

---

[750] Ebenso Busse/Keukenschrijver, PatG, Rz. 44 zu § 11 ArbEG.

§ 9

ein Arbeitnehmererfinder für seine Diensterfindung auf Grund des Anteilsfaktors immer nur einen bestimmten **Bruchteil dessen, was einem freien Erfinder** für diese technische Neuerung **im Markt gezahlt würde**.
Der durchschnittliche Anteilsfaktor liegt nach den Erfahrungen der Schiedsstelle zwischen 10 % und 25 %, da die meisten Erfindungen von technisch vorgebildeten Arbeitnehmern entwickelt werden[751]; dabei ergibt sich ein Mittelwert von 15 % -18 %[752]. Mit anderen Worten erhält ein Arbeitnehmererfinder in der Regel etwa 1/10 bis 1/4 des Betrages, den ein freier Erfinder für die Erfindung erhalten würde, wobei der Mittelwert bei rund 1/6 liegt.

Im Unterschied zum Erfindungswert ist der Anteilsfaktor wegen der gebotenen individuellen Betrachtungsweise für jeden **Miterfinder** gesondert festzustellen[752a]. Bei der Miterfinderschaft ist der Erfindungswert – vor Multiplikation mit dem Anteilsfaktor – mit dem in Prozenten ausgedrückten jeweiligen Miterfinderanteil zu multiplizieren (z. Bestimmung s. Rz. 30 ff. zu § 12; s. auch unten Rz. 273, 311 ff.). Da der Anteilsfaktor individuell auf die jeweilige Person des Erfinders bezogen ist, liegt es in der Natur der Sache, dass bei Miterfindern die Anteilsfaktoren unterschiedlich sein können und damit im Ergebnis selbst bei gleichem Miterfinderanteil unterschiedliche Vergütungsbeträge errechnet und gezahlt werden. Dementsprechend besteht auch kein Anspruch der Miterfinder auf Zahlung identischer Vergütungsbeträge[753].

266

2. Stellung der Aufgabe (RL Nr. 31 / Teilwert a)

Erster Teilwert des Anteilsfaktors (s. oben Rz. 263) ist die Stellung der Aufgabe (RL Nr. 31). Damit wird das **Maß der Einflussnahme des Betriebes (Unternehmen)** in Ansatz gebracht, also festgestellt, ob und in welchem Umfang der Betrieb (das Unternehmen, s. Rz. 101 ff. zu § 1) den Arbeitnehmer bereits bei der (technischen) Aufgabenstellung an die Erfindung herangeführt hat. Die dem Erfinder über RL Nr. 31 zukommende **Wertzahl** ist **umso höher,** je größer seine Eigeninitiative bei der Aufgabenstellung und je größer seine Beteiligung bei der Erkenntnis der betrieblichen Mängel und Bedürfnisse gewesen ist[753a].

267

Der Begriff »**Aufgabe**« wird im Schrifttum unterschiedlich definiert, wobei er nach verbreiteter Meinung nicht im arbeitsrechtlichen (s. dazu

268

---

751 Schiedsst. v. 2.12.1982 Arb.Erf. 24/82 u.v. 29.8.1985 Arb.Erf. 26/84 (beide unveröffentl.); v. 1.10.1987 Blatt 1988, 221, 222 l Sp. (für den F. u E.-Bereich).
752 Schiedsst. v. 25.2.1985 EGR Nr. 45 zu § 9 ArbEG (Verg.Höhe). Schiedsst. v. 16.10.1997 (Arb.Erf. 52/947 zur Veröffentl. in EGR vorgesehen) geht von einem durchschnittlichen Anteilsfaktor industrieller Arbeitnehmer von nicht mehr als 15 % aus.
752a Busse/Keukenschrijver, PatG, Rz. 42 zu § 11 ArbEG.
753 Zutr. Schiedsst. v. 10.7.1985 Arb.Erf. 72/84 (unveröffentl.).
753a In d. Sinne a. Busse/Keukenschrijver (Fn. 752a) Rz. 45.

§ 9

Rz. 22 ff. zu § 4), sondern im patentrechtlichen Sinne (als technisches Problem) zu verstehen[754] ist. Die betriebliche Praxis ebenso wie die Entscheidungspraxis der Schiedsstelle und der Gerichte haben die Unterscheidung zwischen »arbeitsrechtlicher und patentrechtlicher« Aufgabe nicht streng vollzogen. Nachdem die höchstrichterliche Rechtsprechung nicht mehr von der früheren Begriffsbestimmung (Erfindung besteht aus Aufgabe und Lösung) ausgeht, sondern die Erfindung allein in der Lösung des technischen Problems sieht[755], ist die Aufgabenstellung anhand des von der Erfindung erreichten Erfolges nach objektiven Kriterien zu bestimmen[756].

269 Die Aufgabenstellung ist somit der Hinweis auf ein bestimmtes technisches Problem, das einer Lösung zugeführt werden soll[757]. Dementsprechend kommt es auf die Feststellung an, **inwieweit der mit der Erfindung objektiv erreichte technische Erfolg auf einer betrieblichen Einflussnahme beruht**[757a]. Je mehr sich der Arbeitnehmer bei seiner erfinderischen Tätigkeit von einer ursprünglichen betrieblichen Vorgabe (Anstoß) gelöst bzw. je eigenständiger er sich eine solche Aufgabe gestellt hat, umso höher fällt die Wertzahl aus (vgl. i. einz. KommRL zu Nr. 31). Je höher der Arbeitnehmer in der Unternehmenshierarchie steht, umso mehr reichen andererseits für die Annahme einer Aufgabenstellung allgemeine arbeitsvertragliche Vorgaben bzw. globale Hinweise aus, in der einen oder anderen Richtung entwickelnd tätig zu werden[757c].

270 Zur Bewertung des unterschiedlichen Maßes betrieblicher Einflussnahme geht RL Nr. 31 von insgesamt **6 (Wert-)Gruppen** aus, von denen jeweils 2 eine gewisse Einheit bilden; dabei ist (ungeschriebenes) Merkmal jeder nachfolgenden Gruppe das Fehlen der Merkmale der vorangestellten Gruppe.

---

754 Vgl. Heine/Rebitzki, Vergütg. f. Erf. Anm. 1 zu RL Nr. 31; ebenso Volz Öffentl. Dienst S. 132; vgl. auch Schiedsst. v. 17.2./28.6.1962 Blatt 1963, 16; abw. Busse/Keukenschrijver, PatG, Rz. 45 zu § 11 ArbEG m.H.a. LG Düsseldorf v. 30.4.1996 Entsch. 4. ZK 1996, 44, 46 – Farbbandkassetten; Reimer/Schade/Schippel/Kaube Rz. 1 zu § 11 RL Nr. 31; Schiedsst. v. 5.12.2000 Arb.Erf. 30/98 (unveröffentl.); Volmer/Gaul Rz. 903 z. § 9/RL Nr. 31, die eine »niedriger angesiedelte Ausrichtung des Anteilsfaktors« befürworten.
755 S. dazu BGH v. 11.11.1980 GRUR 1981, 186, 188 – Spinnturbine II u. v. 26.9.1989 Blatt 1990, 75 – Schüsselmühle; BPatG v. 20.1.1997 GRUR 1997, 523 f. – Faksimile-Vorrichtung; vgl. auch BGH v. 4.6.1996 GRUR 1996, 857 ff. – Rauchgasklappe; z. Definition u. Wertigkeit des patentrechtl. Erfindungsbegriffs in der BGH-Rspr. s. Bruchhausen in Festschr. 25 J. BPatG (1986) S. 125 ff.
756 BGH v. 11.11.1980 (Fn. 755) u.v. 24.3.1987 GRUR 1987, 510, 511 – Mittelohrprothese.
757 OLG München Beschl. v. 29.1.1987 Az. 6 U 5247/83; i. Ergebn. wohl auch neuere Schiedsst.Prax. z.B. EV. v. 3.4.1985 Arb.Erf. 28/84 (beide unveröffentl.); wie hier wohl nunmehr auch Reimer/Schade/Schippel/Kaube Rz. 1 zu § 11/RL Nr. 31.
757a Vgl. auch Schiedsst. v. 1.10.1987 Blatt 1989, 221, 222.
757b frei
757c Schiedsst. v. 16.6.1993 EGR Nr. 2 zu § 11 ArbEG (RL NR. 31).

§ 9

Während die erste und zweite Gruppe ausschließlich **Aufgabenerfindungen** (§ 4 Abs. 1 Nr. 1) und die 6. Gruppe allein **Erfahrungserfindungen** (§ 4 Abs. 1 Nr. 2) erfassen, sind bei den übrigen Gruppen (3-5) beide Arten von Diensterfindungen denkbar.

Eine **betriebliche Aufgabenstellung** i. S. d. RL Nr. 31 ist dann gegeben, wenn der Arbeitnehmer durch betriebliche Impulse – bezogen auf die konkrete Erfindung – in die erfinderische Richtung (betrachtet aus Sicht der Lösung des technischen Problems) gebracht worden ist. Dabei ist zu beachten, dass das Merkmal der betrieblichen Aufgabenstellung nicht gleichbedeutend ist mit dem arbeitsvertraglichen Pflichtenkreis des Erfinders (s. dazu Rz. 22 ff. zu § 4). Vielmehr ist hier allein maßgebend, ob und inwieweit sich **konkrete** (objektbezogene) betriebliche Einflüsse in der Erfindung **niedergeschlagen** haben. Das Merkmal ist auch dann erfüllt, wenn sich der Erfinder bei der Lösung von betrieblichen Vorgaben entfernt[757d]. 271

Die nach RL Nr. 31 zu bewertende Aufgabenstellung kann (als Regelfall der Gruppen 1 und 2) **ausdrücklich oder stillschweigend**[758], **unmittelbar** (aus dem Betrieb) **oder mittelbar** (im Regelfall der Gruppen 3 und 4, z.B. durch Anregungen bzw. Beanstandungen aus Kundenkreis, Fachkonferenzen, innerbetrieblichem oder zwischenbetrieblichem Informationsaustausch usw.) erfolgen; möglich ist auch, dass sich die betriebliche Aufgabenstellung **vertikal** (im Rahmen der Weisungsbefugnis durch Vorgesetzte) oder **horizontal** (z.B. durch Anregung von Kollegen) vollzieht. Ganz allgemein gehaltene Anweisungen sind regelmäßig noch nicht als Aufgabenstellung i.S.d. RL Nr. 31 letzter Satz anzusehen. 272

Eine Fallgestaltung der **Gruppe 1** ist in der betrieblichen Praxis äußerst selten, da bei einer unmittelbaren Angabe des beschrittenen Lösungsweges durch den Betrieb (Vorgesetzten) stets zu prüfen ist, ob überhaupt eine erfinderische Leistung des Arbeitnehmers vorliegt[758a] (s. KommRL Rz. 50 ff. zu RL Nr. 31). 272.1

Die **Gruppe 2** (»ohne unmittelbare Angabe des Lösungswegs«) setzt eine größere Eigeninitiative des Arbeitnehmers voraus. Die Schiedsstelle hat diese Wertzahl dann angenommen, wenn z.B. der Arbeitgeber den Erfinder unter Bezug auf Wettbewerbsprodukte angewiesen hatte, nach Umgehungsmöglichkeiten zu suchen[759] oder wenn sich für den Arbeitnehmer im Rahmen seines Aufgabenbereichs durch Kundenhinweise eindeutige Anstöße zur Erfindungsentwicklung ergaben[760]; ferner bei einer allgemein gehaltenen Vorga- 272.2

757d Schiedsst. v. 22.6.1995 Mitt. 1996, 220, 222 – Bedienungsvorrichtung.
758 Ebenso z.B. Schiedsst. v. 16.6.1993 (Fn. 757 c).
758a Schiedsst. v. 3.6.1991 Arb.Erf. 22/90 (unveröffentl.); Reimer/Schade/Schippel/Kaube Rz. 7 zu § 11/RL Nr. 31.
759 EV v. 11.10.1982 Arb.Erf. 4/82 (unveröffentl.).
760 EV v. 30.1.1989 Arb.Erf. 42/88 (unveröffentl.) u.v. 11.1.1994 Arb.Erf. 1/93 (unveröffentl.), dort mit d. Hinw., dass bei Lösung des »Kundenproblems« die Gruppe 3 dann angemessen ist, wenn die konstruktive Lösung von derartigen Kundenhinwei-

§ 9

be zur Entwicklung eines Produkts auf der Basis von Ergebnissen aus der Grundlagenforschung[760a]. Die Gruppe 2 liegt regelmäßig bei Mitarbeitern in der Forschung und Entwicklung nahe, ferner häufig im Konstruktionsbereich[760b] (s. hierzu i. Einzelnen KommRL Rz. 17 zu RL Nr. 31).

272.3 Bei der **Gruppe 3** fehlt es ebenso wie bei den nachfolgenden Gruppen an einer betrieblichen Aufgabenstellung. Gemeinsames Merkmal der Gruppen 3 und 4 ist die »infolge der Betriebszugehörigkeit erlangte Kenntnis von Mängeln und Bedürfnissen«. Die Kenntnis, also das Wissen um Mängel oder Bedürfnisse, darf bei der Gruppe 3 nicht vom Erfinder eigenständig erlangt, sondern muss an ihn aus der Sphäre des Unternehmens herangetragen worden sein. Die Gruppe 3 ist auch dann einschlägig, wenn Mängel oder Bedürfnisse allgemein (im Unternehmen) bekannt sind[761] und deshalb bei der Tätigkeit zwangsläufig auffallen[761a], ferner, wenn der Arbeitnehmer auf sonstige Weise von dem technischen Bedürfnis im Unternehmen erfahren hatte[761b] (s. KommRL Rz. 60 ff. zu RL Nr. 31).

272.4 Die **Gruppe 4** kommt in allen Fällen in Betracht, in denen es an Hinweisen aus der Unternehmenssphäre auf Mängel und Bedürfnisse fehlt, etwa wenn dem Arbeitnehmererfinder derartige Mängel und Bedürfnisse durch mehrjährige Betriebszugehörigkeit oder auf Grund der aus seiner betrieblichen Stellung resultierenden Beschäftigung mit derartigen Problemen bekannt sind oder bekannt sein müssen[762], es sei denn, sie sind allgemein bekannt (s. Rz. 272.3 u. KommRL Rz. 82 ff. zu RL Nr. 31).

272.5 Die **Gruppen 5 und 6** sind missverständlich formuliert; sie sind nur dann anwendbar, wenn die Aufgabenstellung gänzlich unabhängig von der durch Betriebszugehörigkeit erlangten Kenntnis um Mängel und Bedürfnisse erfolgt ist, der Betrieb also nichts zur Aufgabenstellung beigetragen hat[762a]. Dies ist z.B. der Fall, wenn ein neu eingetretener Arbeitnehmer für einen Entwicklungsbereich betriebsfremde eigene Vorstellungen einbringt[763]. Die Gruppen 5 und 6 unterscheiden sich durch das Merkmal des Aufgabenbereichs. Liegt die Erfindung gänzlich außerhalb des Aufgabenbereichs, also

---

sen nicht zu seinem Aufgabengebiet gehört; so auch Schiedsst. v. 20.1.1995 Arb.Erf. 12/94 (unveröffentl.); vgl. auch Schiedsst. v. 9.5.1961 Blatt 1962, 53 m. Anm. Schippel GRUR 1962, 358 f. u.v. 14.8.1972 Blatt 1973, 144, 145.
760a Schiedsst. v. 21.10.1993 Arb.Erf. 6/93 (unveröffentl.).
760b Schiedsst. v. 26.2.1993 GRUR 1996, 49, 51 – Gießereimaschinen; v. 22.6.1995 Mitt. 1996, 220, 222 – Bedienungseinrichtung.
761 Schiedsst. v. 7.2.1983 Blatt 1984, 218, 219.
761a Schiedsst. v. 28.12.1989 Arb.Erf. 29/89 (unveröffentl.).
761b Vgl. OLG Frankfurt v. 30.4.1992 GRUR 1992, 852, 853 – Simulation von Radioaktivität (bei Einbeziehung in eine Arbeitsgruppe; näher hätte aber u.E. dort die Gruppe 2 gelegen).
762 Schiedsst. v. 28.6.1962, Blatt 1963, 16; v. 5.8.1993 Arb.Erf. 129/92 (unveröffentl.); LG Düsseldorf v. 17.9.1991 Az. 4 O 13/91 (unveröffentl.).
762a Schiedsst. v. 12.12.1995 Arb.Erf. 25/94 (unveröffentl.).
763 Schiedsst. v. 19.2.1971 Blatt 1975, 327, 328; v. 5.8.1993 (Fn. 762)

§ 9

außerhalb dessen, was der Arbeitgeber vom Arbeitnehmer bei dessen Tätigkeit erwarten kann, kommt die Wertzahl 6 in Betracht[764]. Allerdings hat die Schiedsstelle in ihrer bisherigen Praxis die Wertzahlen 5 und 6 nur sehr zurückhaltend vergeben, die Wertzahl 6 sogar bislang nur in 3 Fällen[764] (s. RL Rz. 89 ff. zu RL Nr. 31).

Im Falle der **Miterfinderschaft** kann sich eine unterschiedliche Situation hinsichtlich der Aufgabenstellung für jeden einzelnen Miterfinder insbesondere dann ergeben, wenn die Miterfinder sukzessiv (s. dazu Rz. 50 zu § 5) mit dem Gegenstand der Erfindung befasst wurden, sei es, dass lediglich von einzelnen Miterfindern (etwa auf Grund eigener Aufgabenstellung, vgl. Gruppen 3-6) eine Initiative gegenüber den übrigen Miterfindern ausging, für die dann vor allem die Gruppen 2 und 3 in Betracht kommen, sei es, dass durch Vorgabe des Vorgesetzten den nachgeordneten Miterfindern Anleitungen gegeben wurden. Der Anteilsfaktor ist für jeden Miterfinder gesondert (eigenständig) festzustellen[764a]. 273

3. Lösung der Aufgabe (RL Nr. 32/Teilwert b)

Dieser 2. Teilwert des Anteilsfaktors berücksichtigt den **Umfang der »geistigen und materiellen« Hilfe des Betriebes**[765] bei der Lösung des technischen Problems, also die betriebliche Unterstützung auf dem Weg des Auffindens der technischen Lehre[766]. Maßnahmen des Arbeitgebers nach Fertigstellung der Erfindung (s. dazu Rz. 26 f. zu § 5), etwa bei Versuchen i. Hinblick auf die Produktionsreife, werden nicht über den Anteilsfaktor[767], sondern bei der Bemessung des Erfindungswertes berücksichtigt[767a] (vgl. RL Nrn. 6 Satz 3, 12 Abs. 1, 14 Abs. 1 Satz 2). 274

RL Nr. 32 führt abschließend 3 Merkmale der betrieblichen Hilfe auf und gibt hierfür einen Wertrahmen von insgesamt 6 Punkten. **Je geringer die Leistung/Hilfestellung des Betriebes** (Unternehmens) bei der Lösung des technischen Problems ausgefallen ist, **umso höher** ist die sich nach dem Katalog der RL Nr. 32 ergebende Wertzahl. Liegt keines dieser Merkmale vor, so erhält der Arbeitnehmer die **Wertzahl 6;** sind dagegen sämtliche 275

---

764 Schiedsst. v. 1.10.1987, Blatt 1988, 221, 222; v. 8.11.1993 Arb.Erf. 151/92 (unveröffentl.); im EV. v. 15.9.1994 (Arb.Erf. 172/94 – unveröffentl.) hat die Schiedsst. die Wertzahl 5 vorgeschlagen, da der Erfinder gerade zu dem Zweck eingestellt wurde, das erfindungsgemäße Problem zu lösen.
764a Allg. A., vgl. z.B. Busse/Keukenschrijver, PatG, Rz. 42 zu § 11 ArbEG; Reimer/Schade/Schippel/Kaube Rz. 5 zu § 11/RL Nr. 30.
765 So Reimer/Schade/Schippel/Kaube Rz. 1 zu § 11/RL Nr. 32 u. Busse/Keukenschrijver, PatG, Rz. 47 zu § 11 ArbEG.
766 Z. Bemessung ausf. Hagen Mitt. 1979, 207 ff. m. »Beispiel-Tabellen« nach der Praxis der Schiedsst.
767 Vgl. Schiedsst. v. 10.10.1978, Blatt 1980, 60, 61 r.Sp. = Blatt 1984, 24.
767a Ebenso Busse/Keukenschrijver (Fn. 765).

§ 9

Merkmale (voll) gegeben, erhält er die **Wertzahl 1**. Für den Regelfall ergibt sich folgende **Werttabelle**[767b]:

Wertzahl:	Erfüllte Merkmale:
6	keines
5	1 teilweise
4,5	1 voll bzw. 2 teilweise
3,5	1 voll und 1 teilweise bzw. 3 teilweise
2,5	2 voll bzw. 1 voll und 2 teilweise
2	2 voll und 1 teilweise
1	3 voll.

276   Die Werttabelle der RL Nr. 32 geht im Grundsatz von der rechnerischen Gleichwertigkeit der abschließend aufgeführten 3 Merkmale aus. Soweit im konkreten Fall **Einzelmerkmalen ein besonderes Gewicht** zukommt (z.B. Einstellung des Arbeitnehmers zur Lösung des konkreten technischen Problems[768]; umfassendes betriebliches Know how auf dem erfindungsgemäßen Spezialgebiet, ständige dienstliche Befassung des Arbeitnehmers mit den einschlägigen technischen Problemen und den bei der Erfindung eingesetzten Werkstoffen[768a], hoher Kostenaufwand der technischen Hilfsmittel), kann eine stärkere Minderung als der proportionale Abzug angemessen sein[768b], ggf. auch die Bildung von Zwischenwerten (s. KommRL Rz. 45 ff. zu RL Nr. 32).

277   **Beruflich geläufige Überlegungen** i. S. d. Ziff. 1 der RL Nr. 32 sind Kenntnisse und Erfahrungen des Arbeitnehmers, die er zur Erfüllung der ihm übertragenen Tätigkeiten haben muss (vgl. RL Nr. 32 Abs. 4). Sie sind nicht zu verwechseln mit einem Naheliegen der Lösung i. S. d. Patentrechts; denn hätte die Lösung für den Erfinder im Rahmen durchschnittlichen fachmännischen Könnens naheliegen müssen, wäre ja die Neuerung nicht schutzfähig. Die Frage nach den beruflich geläufigen Überlegungen stellt sich überhaupt erst, wenn das Naheliegen einer Lösung durch deren Patentierung verneint worden ist[769]. Maßgeblich ist vielmehr, ob sich ein Erfinder im Rahmen der Denkgesetze und Kenntnisse bewegt, die ihm durch Ausbildung, Weiterbildung und berufliche Arbeit vermittelt worden sind[770], die also in das **Berufsbild des Erfinders** passen[770a] (dann Merkmal

---

767b Stånd. Praxis d. Schiedsst. seit 1991, z.B. v. 17.10.1991 Arb.Erf. 29/91; v. 5.12.1995 Arb.Erf. 37/94 (alle unveröffentl.); vgl. auch Schiedsst. v. 22.6.1995 Mitt. 1996, 220, 222 – Bedienungseinrichtung.
768 Vgl. Schiedsst. v. 24.5.1972 Blatt 1973, 29, 31.
768a Schiedsst. v. 1.10.1987 Blatt 1988, 221, 222.
768b I.d.S. auch Busse/Keukenschrijver (Fn. 765).
769 St. Praxis Schiedsst. z.B. EV v. 10.10.1978 (Fn. 767) u.v. 7.2.1983 Blatt 1984, 218, 219.
770 St. Praxis Schiedsst. z.B. EV v. 10.10.1978 (Fn. 767), v. 7.2.1983 (Fn. 769) u.v. 4.8. 1987 Blatt 1988, 171, 172; v. 18.12.2001 Arb.Erf. 57/98 (unveröffentl.); vgl. auch

erfüllt) oder ob – im Gegensatz dazu – **berufs- bzw. ausbildungsfremde Überlegungen** eine Rolle gespielt haben[771] (Merkmal grundsätzlich nicht erfüllt). Dieses Merkmal ist auch dann erfüllt, wenn die Erfindung zwar außerhalb der Fachrichtung liegt, aber vom Grundwissen eines jeden technisch Vorgebildeten Gebrauch macht[771a]. Wird das Gebiet, auf dem die Erfindung liegt, nicht von der Ausbildung des Erfinders umfasst, so kommt es darauf an, ob er – trotz anderer Ausbildung – über längere Zeit auf dem bestimmten (technischen) Fachgebiet eingesetzt gewesen ist bzw. damit beruflich in enger Berührung stand[771b]; eine vorübergehende Einweisung reicht dagegen grundsätzlich nicht aus[772] (KommRL Rz. 5 ff. zu RL Nr. 32).

Betriebliche Arbeiten oder Kenntnisse i. S. d. zweiten Merkmalsgruppe sind alle innerbetrieblichen Erkenntnisse, Arbeiten, Anregungen, Erfahrungen, Hinweise usw., die den Erfinder zur Problemlösung hingeführt oder sie ihm erleichtert (»Pate gestanden«) haben[772a] (vgl. RL Nr. 32 Abs. 5). Dabei kommt es nicht darauf an, dass dadurch die erfinderische Lösung (bei der Arbeit im Betrieb) gefunden worden ist; entscheidend ist vielmehr, inwieweit der Arbeitnehmererfinder – im Vergleich zu einem freien Erfinder – von den im Betrieb vorhandenen Arbeiten und Kenntnissen partizipiert hat[772b], ob also der Erfinder auf **Vorarbeiten des Betriebes (Unternehmens)** aufbauen konnte, ob der Betrieb (Unternehmen) über Kenntnisse verfügte, die den Erfinder zur Lösung hingeführt oder ihm zumindest den Weg erleichtert haben[773] (insbesondere »negative Erfahrungen«, betriebliches Know-how, umfangreicher innerbetrieblicher Stand der Technik, sonstige Anregungen aus der Unternehmenssphäre einschließlich Anregungen von Kunden, Kollegen, Kongressen, Fachmessen, Fortbildungsveranstaltungen, aus dem Konzernbereich usw.). Betriebliche Arbeiten und Kenntnisse können insbesondere dann angenommen werden, wenn der Arbeitnehmer in einem Spezialunternehmen mit einem engen techni-

278

Schiedsst. v. 8.5.1961, Blatt 1961, 434 u.v. 17.2. 1962/28.6.1962 Blatt 1963, 16 = GRUR 1963, 195 (LS) m. Anm. Schippel; OLG Frankf. v. 21.4.1977 EGR Nr. 21 zu § 9 Arb.EG (VergAnspr.).
770a Schiedsst. v. 19.4.1994 EGR Nr. 2 zu § 11 ArbEG (RL Nr. 32); v. 22.6.1995 Mitt. 1996, 220, 222 – Bedienungseinrichtung; v. 9.8.1994 Arb.Erf. 30/93, v. 5.12.1995 Arb.Erf. 37/94; v. 17.1.1996 Arb.Erf. 43/94 (alle unveröffentl.); LG Düsseldorf v. 13.10.1998 Entscheidungen 4. ZK 1998, 107, 114 – Schaltungsanordnung;
771 Schiedsst. v. 10.10.1978 (Fn. 767) u.v. 7.2.1983 (Fn. 769).
771a I.d.S. Schiedsst. v. 17.8.1994 Arb.Erf. 89/93 (unveröffentl.)
771b Schiedsst. v. 14.8.1972 Blatt 1973, 144, 145; s. auch Schiedsst. v. 6.3.1980 Blatt 1982, 277, 278; vgl. auch OLG Frankfurt v. 30.4.1992 GRUR 1992, 852, 853 – Simulation von Radioaktivität.
772 Schiedsst. v. 14.8.1972 (Fn. 771b).
772a LG Braunschweig v. 12.1.1993 Az. 9 O 3/91 (unveröffentl.).
772b Vgl. Schiedsst. v. 22.6.1995 Mitt. 1996, 220, 222 – Bedienungseinrichtung.
773 Schiedsst. v. 10.10.1978 (Fn. 767); vgl. auch OLG Frankfurt v. 30.4.1992 (Fn. 771b).

§ 9

schen Arbeitsbereich tätig ist und die Erfindung auf diesem Spezialgebiet liegt[774], ferner, wenn die Erfindung ein Gerät bzw. einen Werkstoff betrifft, mit dem der Erfinder kraft seiner dienstlichen Beschäftigung tagtäglich befasst ist, so dass es nicht darauf ankommt, ob die einschlägigen Kenntnisse bzw. Fertigkeiten bereits in der Fachliteratur beschrieben sind[775] oder wenn die bisherigen Unternehmenserfahrungen auf dem betreffenden technischen Gebiet nützlich gewesen sind[776] (weitere Einzelheiten s. KommRL Rz. 14 ff. zu RL Nr. 32).

279   **Technische Hilfsmittel** i. S. der 3. Merkmalsgruppe sind Energien, Rohstoffe, Geräte, Versuchsmaterialien, Modelle usw. des Betriebes (Unternehmens), deren Bereitstellung wesentlich zum Zustandekommen der Diensterfindung beigetragen hat. Ebenso ist die Bereitstellung von Arbeitskräften zu werten, gleichgültig, ob diese auf Anweisung oder kollegialiter tätig geworden sind[781]. Allgemeine, ohnehin entstandene Aufwendungen für Forschung, Laboreinrichtung und Apparaturen sind nicht als technische Hilfsmittel in diesem Sinne zu verstehen (vgl. RL Nr. 32 Abs. 6). Zutreffend weist die Schiedsstelle aber in ständiger Praxis darauf hin, dass dieser Satz nicht dahin interpretiert werden darf, dass vorhandene Hilfsmittel schlechthin unberücksichtigt bleiben, da ansonsten ein Arbeitgeber für die Schaffung optimaler Arbeitsmöglichkeiten bestraft würde. Vielmehr kommt es nach zutreffender Ansicht der Schiedsstelle allein darauf an, ob der Erfinder diese **Hilfsmittel bei der Entwicklung der Erfindung benutzt** (= betriebliche Unterstützung) oder nicht genutzt hat, und nicht darauf, ob diese Hilfsmittel ohnehin vorhanden waren oder nicht[782].

279.1   Ausgehend von dem Aspekt des § 9 Abs. 2, wonach für die Bemessung der Vergütung u.a. der Anteil des Betriebes an dem Zustandekommen der Erfindung maßgebend ist, sind einerseits der Aufwand, der für die betrieblichen Mittel entstanden ist, zu berücksichtigen und zum anderen die Ursächlichkeit dieser Hilfsmittel zum Zustandekommen der Diensterfindung. Insoweit kommt es nicht auf die Üblichkeit zur Verfügung gestellter betrieblicher Hilfsmittel an, sondern darauf, ob der **Arbeitnehmer** durch die Bereitstellung solcher **Hilfsmittel besser steht als ein freier Erfinder**, der sich diese erst kostenaufwendig beschaffen muss[782a]. Folglich bleiben nur solche betrieblichen Hilfen unberücksichtigt, die nebensächlich bzw. unbedeutend für das Auffinden der Neuerung waren, also allgemeine Arbeits-

---

774   St. Praxis d. Schiedsst. z.B. EV. v. 14.3.1984 Arb.Erf. 14/83 (unveröffentl.); s. auch Schiedsst. v. 16.6.1983 Blatt 1984, 250, 252; LG Braunschweig v. 12.1.1993 (Fn. 772a).
775   Schiedsst. v. 1.10.1987 Blatt 1988, 221, 222.
776   Schiedsst. v. 22.6.1995 (Fn. 772b).
777-780 frei
781   Schiedsst. v. 16.5.1980 Arb.Erf. 59/79 (unveröffentl.).
782   Schiedsst. v. 7.3.1979 Blatt 1980, 29 u.v. 9.5.1988 Arb.Erf. 24/87 (unveröffentl.).
782a Schiedsst. v. 7.3.1979 (Fn. 782).

§ 9

mittel (z.B. Schreib- und Zeichengerätschaften[782b], Meßbretter usw.) bis hin zu handelsüblichen einfachen Rechnern und Computern. Entscheidend ist nicht die übliche Ausstattung des Unternehmens, sondern der für die Erfindungsentwicklung erbrachte Aufwand[782c]. Derartige technische Hilfsmittel und Arbeitskräfte sind dann zu berücksichtigen, wenn »deren Bereitstellung wesentlich zum Zustandekommen der Diensterfindung beigetragen hat« (RL Nr. 32 Abs. 5 S. 1).

Den betrieblichen Hilfsmitteln zuzurechnen sind auch die Hilfsmittel eines anderen Unternehmens, sofern diese dem Arbeitgeber und damit dem Arbeitnehmererfinder zur Verfügung stehen[783] (z.b. im Rahmen einer zwischenbetrieblichen Kooperation), ferner die Unterstützung durch Forschungseinrichtungen (z.B. Hochschulen[784], freie Ingenieurbüros usw.) im Rahmen eines Forschungsauftrages

Vielfach erlaubt die **Art der Erfindung Rückschlüsse** auf die Frage des Einsatzes betrieblicher Hilfsmittel. Die Nutzung betrieblicher Hilfsmittel kann regelmäßig unterstellt werden, wenn die Entwicklung ohne Versuchsketten bzw. Reihenversuche kaum vorstellbar ist (wie etwa auf chemischem oder pharmazeutischem Gebiet)

Andererseits spricht eine **rein gedankliche Arbeit** (Gedanken-, Konzeptions-, Reißbrett- oder Schreibtisch-Erfindung) gegen den Einsatz technischer Hilfsmittel[785], wenn es sich also um eine erfinderische Lehre handelt, zu deren Auffinden es nur der gedanklichen Konstruktion bedurfte[785a]. Versuche und Tests stellen sich dann lediglich als Bestätigung der schon fertigen Erfindung dar[786]. Indiz hierfür kann eine sehr abstrakte Fassung der Patentansprüche sein. Versuche zur Umsetzung einer solchen abstrakten Lehre sind im Rahmen der RL Nr. 32 nicht zu berücksichtigen, da sie erst nach Fertigstellung der Erfindung vorgenommen werden[787]. Deren Kosten können sich bei der Bemessung des Erfindungswertes, also etwa im Rahmen der Lizenzanalogie in der Höhe des Lizenzsatzes niederschlagen (s. i. Übrigen KommRL Rz. 25 ff. zu RL Nr. 32).

279.2

782b Schiedsst. v. 8.5.1961 Blatt 1961, 434.
782c Schiedsst. v. 26.10.1994 Arb.Erf. 154/92 (unveröffentl.) in Abgrenzung zu EV. v. 11.1.1994 Arb.Erf. 1/93 (unveröffentl.).
783 Schiedsst. v. 7.3.1979 (Fn. 782).
784 Schiedsst. v. 7.2.1983 Blatt 1984, 218, 220.
785 Schiedsst. v. 25.1.1994 Arb.Erf. 178/92; v. 17.8.1994 Arb.Erf. 89/93, v. 5.12.1995 Arb.Erf. 37/94 u. v. 5.2.1996 Arb.Erf. 49/94 u. v. 13.2.1996 Arb.Erf. 63/94 (alle unveröffentl.); v. 22.6.1995 (Fn. 772b); vgl. auch Schiedsst. v. 10.10.1978 Blatt 1980, 60, 61 = Blatt 1984, 21; v. 24.5.1972 Blatt 1973, 29, 31.
785a Scheidsst. v. 13.2.1996 (Fn. 785).
786 Schiedsst. v. 28.12.1989 Arb.Erf. 29/89 (unveröffentl.).
787 Schiedsst. v. 22.6.1995 (Fn. 772b); v. 30.11.1993 Arb.Erf. 140/92 (unveröffentl.).
788-790 frei

§ 9

4. Aufgaben und Stellung des Arbeitnehmers im Betrieb (RL Nrn. 33 bis 36/Teilwert c)

280 Der 3. **Teilwert** des Anteilsfaktors füllt zugleich das in § 9 Abs. 2 genannte gleichlautende Vergütungskriterium aus. Je weniger die Erfindung nach Art und erfinderischer Tätigkeit den **berechtigten Leistungserwartungen** entspricht, die der Arbeitgeber an die betriebliche Stellung des Arbeitnehmererfinders anknüpft, umso näher kommt letzterer einem freien Erfinder (vgl. RL Nr. 33 Satz 1).

281 RL Nrn. 33-36 wollen die **allgemeine arbeitsvertragliche Stellung,** die der Erfinder bei Fertigstellung der Erfindung (z. Begriff s. Rz. 26 f. zu § 5) tatsächlich innegehabt hat[791], in Ansatz bringen.

282 Während RL Nr. 33 allgemeine Grundsätze zur Beurteilung der betrieblichen Stellung des Arbeitnehmers und damit für diesen 3. Teilwert aufstellt, führt **RL Nr. 34** die für die Ermittlung dieser Wertzahl maßgebenden **Gruppen von Arbeitnehmern nach Ausbildung und Funktion** auf. Dabei ist die Wertzahl umso höher, je geringer die Leistungserwartung an den Arbeitnehmererfinder ist. In den **Gruppen 8 bis 5** erfolgt die Bewertung vorrangig nach der **Vorbildung,** in den **Gruppen 4 bis 1** nach der **Stellung in der Unternehmenshierarchie.**

Entscheidend muss aber bei allen Gruppen die **tatsächlich ausgeübte Funktion** bleiben, auch soweit sie von Vorbildung oder nomineller Stellung des Arbeitnehmers abweicht[792] (vgl. RL Nrn. 33 Satz 2, 35 Sätze 8-10). Ist der Einsatzbereich des Arbeitnehmers sehr weit, reicht er z.B. von der Forschung bis hin zur Fertigung und zum Vertrieb, so kommt es auf den **Schwerpunkt seiner Tätigkeit** im Unternehmen an[793]. Einzelheiten d. KommRL Rz. 11 ff. zu RL Nr. 34.

283 **RL Nr. 35** zeigt **Korrekturhilfen** für die Gruppenwahl auf, orientiert an Gehaltshöhe, Alter und Vorbildung, und behandelt zudem Besonderheiten für leitende Angestellte (z. Begriff s. Rz. 64 ff. zu § 1). Die Sondergruppe der **kaufmännischen Angestellten** behandelt RL Nr. 36[794].

284 Die Einstufung in die für Fertigungsbetriebe konzipierte RL Nr. 34 bereitet im **öffentlichen Dienst** gewisse Schwierigkeiten. Hier ist anhand der RL Nr. 34 eine angemessene Einordnung zu versuchen, wobei von Ausbildung und tatsächlicher Funktion des Erfinders auszugehen ist und ergänzend die Besoldungs- bzw. Lohngruppeneinteilung herangezogen werden kann[795].

---

791 Ebenso Schiedsst. v. 29.1.1969 Arb.Erf. 64/67 (unveröffentl.); Volmer/Gaul Rz. 950 zu § 9/RL Nr. 33.
792 Vgl. etwa Schiedsst. v. 7.2.1983 Blatt 1984, 218, 220; v. 1.10.1987 Blatt 1988, 221, 222; v. 22.6.1995 Mitt 1996, 220, 222 – Bedienungseinrichtung.
793 Schiedsst. v. 11.3.1985 Arb.Erf. 17/74 (unveröffentl.).
794 Vgl. Schiedsst. v. 14.8.1972 Blatt 1973, 144, 146 u.v. 6.3.1980 Blatt 1982, 277, 279.
795 Ausf. Volz, Öffentl. Dienst S. 137 ff.; vgl. auch Schiedsst. v. 1. 10. 1987 Blatt 1988, 221, 222.

Rz. 285-290 frei

5. Berechnung des Anteilsfaktors (RL Nr. 37)

Die in Anwendung der RL Nrn. 31 bis 36 ermittelten Wertzahlen a), b) und c) werden sodann addiert. Die Summe entspricht einem in der Tabelle der RL Nr. 37 unter »A« (= Anteilsfaktor) aufgeführten Prozentsatz, der den Anteilsfaktor darstellt, also den Anteil des Arbeitnehmers am Erfindungswert in Prozenten[801]. 291

XV. Rechnerische Ermittlung der Vergütung (RL Nr. 39)

RL Nr. 39 gibt als mathematische Formel das in RL Nr. 2 beschriebene Vergütungsprinzip der Richtlinien wieder, wonach sich die Vergütung mittels des Erfindungswertes (s. Rz. 86 ff.) und des Anteilsfaktors (s. Rz. 261 ff.) berechnen lässt. 292

Die Berechnung der **Vergütung** aus Erfindungswert und Anteilsfaktor kann in folgender **Formel** ausgedrückt werden:

$V = E \times A$

Dabei bedeuten:

V = die zu zahlende Vergütung,
E = den Erfindungswert,
A = den Anteilsfaktor in Prozenten.

Die Ermittlung des Erfindungswertes nach der **Lizenzanalogie** kann in folgender Formel ausgedrückt werden:

$E = B \times L$

Dabei bedeuten:

E = den Erfindungswert,
B = die Bezugsgröße,
L = Lizenzsatz in Prozenten.

In dieser Formel kann die Bezugsgröße ein Geldbetrag oder eine Stückzahl sein. Ist die Bezugsgröße ein bestimmter Geldbetrag, so ist der Lizenzsatz ein Prozentsatz (z.B. 3 % von 100 000,– €). Ist die Bezugsgröße dagegen eine Stückzahl oder eine Gewichtseinheit, so ist der Lizenzsatz ein be-

---

796-800 frei
801 Krit. zu den Tabellenwerten Danner GRUR 1961, 281, 285; zu dem der Tabelle zugrunde liegenden mathematischen System vgl. Kämmerer BArbBl. 1959, 623 ff.
802-805 frei

§ 9

stimmter Geldbetrag je Stück oder Gewichtseinheit (z.B. 10 € je Stück oder Gewichtseinheit des umgesetzten Erzeugnisses). Insgesamt ergibt sich hiernach für die Ermittlung der Vergütung bei Anwendung der **Lizenzanalogie** folgende **Formel:**

$$V = B \times L \times A$$

Hierbei ist für B jeweils die entsprechende Bezugsgröße (Umsatz, Erzeugung) einzusetzen. Sie kann sich auf die gesamte Laufdauer des Schutzrechts (oder die gesamte sonst nach RL Nr. 42 in Betracht kommende Zeit) oder auf einen bestimmten periodisch wiederkehrenden Zeitabschnitt (z.b. ein Jahr) beziehen; entsprechend ergibt sich aus der Formel die Vergütung für die gesamte Laufdauer (V) oder den bestimmten Zeitabschnitt (bei jährlicher Ermittlung im Folgenden mit Vj bezeichnet). Wird z.B. die Vergütung unter Anwendung der Lizenzanalogie in Verbindung mit dem Umsatz ermittelt, so lautet die Formel für die Berechnung der Vergütung:

$$V = U \times L \times A$$

oder bei jährlicher Ermittlung

$$Vj = Uj \times L \times A$$

Beispiel: Bei einem Jahresumsatz von 500 000,- €, einem Lizenzsatz von 3 % und einem Anteilsfaktor von (a + b + c = 8 =) 15 % ergibt sich folgende Rechnung:

$$Vj = 500\,000\,€ \times 3\,\% \times 15\,\%$$

Die Vergütung für ein Jahr beträgt in diesem Falle 2 250,00,- €.
Zur Vergütungsberechnung bei Miterfinderschaft s. Rz. 30 ff. zu § 12, oben Rz. 266 u. unten Rz. 312 sowie Komm. RL zu RL Nr. 30.

Rz. 293-298 frei

XVI. Beweisfragen

299 Da der in § 9 verankerte Grundsatz der Angemessenheit der Vergütung eine abstrakte Betrachtungsweise ausschließt und die Ermittlung der Vergütung an die Umstände des jeweiligen Einzelfalls anknüpft, ist die rechnerische Ermittlung der Vergütung mit erheblichen Schwierigkeiten verbunden. Der Aufklärung der tatsächlichen Verhältnisse, insbesondere der Frage des Nutzungsumfangs wie auch der Wertigkeit der Erfindung, kommt ganz besondere Bedeutung zu. Dementsprechend treten im Streitfall Beweisfragen in den Vordergrund.

300 Auch für die Frage, ob und in welcher Höhe der Arbeitnehmer einen Vergütungsanspruch hat, gilt der allgemeine Grundsatz, dass die **Darlegungs- und Beweislast für die anspruchsbegründenden Umstände** beim

§ 9

Anspruchsteller, also **beim Arbeitnehmer** liegen. Dies betrifft etwa die Erfindereigenschaft[806] bzw. Eigenschaften als Miterfinder (s. dazu Rz. 51.2 zu § 5), die tatsächliche Verwertung bzw. Verwertbarkeit der Diensterfindung, ferner die Kriterien des Anteilsfaktors. Zur Bedeutung der Erfindernennung s. Rz. 51.2 zu § 5. Da die wesentlichen Kriterien zur Bestimmung des Vergütungsanspruchs aber in der Sphäre des Arbeitgebers liegen, wird diese Darstellungs- und Beweislast des Arbeitnehmers bezüglich der Verwertung der Diensterfindung durch einen umfassenden **Auskunfts- bzw. Rechnungslegungsanspruch** gegenüber dem Arbeitgeber erleichtert (s. im Einzelnen dazu Rz. 162 ff. zu § 12). Eine umfassende Pflicht zur Gegendarstellung kann für den Arbeitgeber dann bestehen, wenn nach seiner Behauptung die Nutzung erheblich vom Inhalt der Erfindungsmeldung abweicht (s. oben Rz. 83 ff.). Eine weitere Hilfe liegt in der Pflicht des Arbeitgebers, bei Scheitern einer einvernehmlichen Vergütungsregelung eine **einseitige, ordnungsgemäß begründete Vergütungsfestsetzung** gem. § 12 Abs. 3 vornehmen zu müssen (vgl. im Einzelnen dazu Rz. 49 ff. zu § 12).

Ist die vollständige Aufklärung aller für die Höhe der Erfindervergütung maßgebenden Umstände mit Schwierigkeiten verbunden, die zu der Bedeutung der sich etwa auf Grund der Einholung eines Sachverständigengutachtens möglicherweise ergebenden Korrektur in keinem Verhältnis stehen, so kann das Gericht über die Vergütung gem. § 287 Abs. 2 ZPO nach freier Überzeugung entscheiden[810].

Im Übrigen wird auf Fragen der Beweislast bei den jeweiligen Einzelproblemen eingegangen.

H. Sonderformen der Vergütungsberechnung

Neben den Vergütungsrichtlinien sind im Schrifttum – teilweise in Anlehnung an die RLn bzw. in deren Ergänzung – besondere Formen der Vergütungsberechnung entwickelt worden. Allerdings muss man sich stets bewusst sein, dass es eine Berechnungsmethode, die mit mathematischer Genauigkeit allen Besonderheiten des Einzelfalls Rechnung trägt und dementsprechend auf Wertungen bzw. Teilschätzungen verzichten kann, nicht geben kann (vgl. Komm. RL zu RL Nr. 4); z. Kaufpreisanalogie s. oben Rz. 123. 301

Ein Anspruch des Arbeitnehmers auf Berechnung nach einer dieser Sonderformen besteht grundsätzlich nicht; etwas anderes kann jedoch bei der Bindung des Arbeitgebers auf Grund unternehmenseigener Vergütungsrichtlinien (vgl. dazu Rz. 13 zu § 11) oder auf Grund betrieblicher Übung gelten. 302

---

806   Vgl. etwa OLG München v. 17.9.1992 GRUR 1993, 661, 663 – Verstellbarer Lufteinlauf.
807-809 frei
810   LG Düsseldorf v. 11.11.1975 Az. 4 O 304/74 (unveröffentl.).

§ 9

303 Ausgehend vom Monopolprinzip legt *Johannesson*[811] für die Ermittlung des Erfindungswertes einen an den tatsächlichen Gegebenheiten orientierten Ausschlusswert zugrunde. Daneben tritt der sog. Aktivierungsfaktor (Durchsetzungsfaktor), der das Ausmaß der wirtschaftlichen Durchsetzung der schutzfähigen Erfindung kennzeichnen soll. Das Produkt von Ausschlusswert und Aktivierungsfaktor bildet sodann den Erfindungswert.

304 *Danner*[812] schlägt vor, den Begriff des Erfindungswertes in zahlreiche weitere Begriffe aufzugliedern und durch ihrer Bedeutung entsprechende Bewertung den Wert der Erfindung zu ermitteln. Auch diese Methode, die teilweise Eingang in die betriebliche Praxis gefunden hat, kann nicht auf Schätzungen verzichten; hier wird ein Teil der Schätzwerte, die sonst offen als solche zu Tage treten, in bestimmten Werten bereits festgeschrieben (z.b. unternehmerisches Risiko, Monopolwirkung, wirtschaftliche Verwertbarkeit). Je nachdem, wie man diese Einzelgesichtspunkte bewertet, gelangt man zu unterschiedlichen Ergebnissen[812a]. Da die Methode zeitaufwendig ist und für jede Branche andere Grundwerte gefunden werden müssen, kann kein Unternehmen verpflichtet werden, nach dieser Methode zu arbeiten. Ein Anspruch des Erfinders auf Berechnung nach dieser Methode besteht nicht[813].

305 Alternativ hierzu regt *Schickedanz*[814] an, dem Erfinder bereits bei Einreichung einer Patentanmeldung eine Pauschalvergütung zu zahlen, zu der bei Erscheinen der Offenlegungsschrift und der Patentschrift jeweils eine weitere Pauschalvergütung hinzutreten kann; bei Benutzung einer patentfähigen Erfindung wird nach Schutzrechtserteilung eine Vergütung gezahlt, die einen festgelegten Anteil an dem kalkulatorisch ermittelten betrieblichen Nutzen ausmacht. Für Nutzungen vor Schutzrechtserteilung ist nur ein Bruchteil dieses Betrages zu zahlen.

306 In der betrieblichen Praxis hat namentlich die von *Weisse*[815] entwickelte und von *Fischer*[816] fortgeführte Methode der **Kaufpreisanalogie** eine gewisse Bedeutung gewonnen. Nach dieser Methode beruht die Vergütungsbemessung auf dem Prinzip, den Kaufpreis einer Diensterfindung in einem möglichst frühen Stadium nach Inanspruchnahme der Erfindung fiktiv auf Grund zahlreicher Bewertungsfaktoren zu ermitteln. Die wesentlichen Bewertungsfaktoren zur Ermittlung des Erfindungswertes sind die der technischen Bedeutung (z.B. Kostensenkung, Vereinfachung oder Verbesserung des Erzeugnisses), der Bedeutung für die Verbesserung der Markt-

---

811 In GRUR 1970, 114, 123 ff. u. GRUR 1981, 324 ff.; ders., ArbNErf. Anm. 4 zu § 9 ArbEG.
812 In GRUR 1964, 241 ff., GRUR 1976, 232 ff. u. GRUR 1980, 821 ff.; ausführl. dargestellt b. Volmer/Gaul Rz. 323 ff. zu § 9/RL Nr. 6.
812a Kritisch hierzu Schiedsst. GEV v. 11.5.1999 Arb.Erf. 69/97 (unveröffentl.).
813 Schiedsst. v. 9.6.1982 Arb.Erf. 66/81 (unveröffentl.); krit. auch Volmer/Gaul (Fn. 812).
814 In DB-Beil. Nr. 4/1975.
815 In GRUR 1966, 165 ff.
816 In GRUR 1971, 131, 133 ff. u. GRUR 1972, 118 ff.

§ 9

position (Umsatzsteigerung), die das Unternehmen durch die Erfindung erhält bzw. erhalten wird, und schließlich der Umfang der gegenwärtigen bzw. voraussichtlichen Benutzung. Die Methode der Kaufpreisanalogie folgt der Empfehlung der RL Nr. 40 Abs. 2 und wird insbesondere bei der Vergütung kleinerer und mittlerer Erfindungen angewandt. Die Methode der Kaufpreisanalogie setzt zur Ausfüllung der einzelnen Wertfaktoren erhebliche Erfahrungen mit vergleichbaren Erfindungen bzw. Produkten voraus. Wegen der zwangsläufigen Schätzung vieler Teilwerte ist sie mit Unsicherheiten belastet und in ihrer Akzeptanz jedenfalls bei den Erfindern häufig gering[817].

Rz. 307-310 frei

J. Vergütung bei Miterfinderschaft

Bei einer Mehrheit von Arbeitnehmererfindern (zum Begriff der Miterfinderschaft s. Rz. 44 ff. zu § 5) ist die Vergütung für jeden einzelnen gesondert festzustellen bzw. festzusetzen (§ 12 Abs. 2, 3; s. dort Rz. 28 ff., 54). 311

Bei der Ermittlung der Vergütung für die einzelnen Miterfinder muss grundsätzlich zunächst der Wert der gesamten Erfindung (**Gesamterfindungswert (GE)**; s. hierzu Rz. 128 ff.) berechnet werden; sodann ist für jeden Miterfinder festzustellen, wie er im Verhältnis zu den übrigen quotenmäßig an der Erfindung beteiligt ist (in Prozenten auszudrückender **Miterfinderanteil (M)**; zu dessen Bestimmung s. i. Einzelnen Rz. 30 ff. zu § 12). Die Multiplikation des Gesamterfindungswertes mit dem jeweiligen Miterfinderanteil ergibt den **Teilerfindungswert** für den einzelnen Miterfinder. Durch die weitere Multiplikation mit dem individuellen Anteilsfaktor (s. dazu Rz. 266, 273) wird die effektive Vergütung (V) des einzelnen Miterfinders mit folgender Formel errechnet[821]: 312

$$V = GE \times M \times A.$$

Siehe hierzu auch Rz. 33 f. zu § 12. Der Vergütungsanspruch des einzelnen Miterfinders besteht unabhängig davon, inwieweit von denjenigen Merkmalen der Erfindung Gebrauch gemacht wird, die er beigetragen hat (vgl.

---

817 Auch die Schiedsst. (EV. v. 9.7.1991 Arb.Erf. 75/90 – unveröffentl.) verweist auf die mit der Schätzung verbundenen Unsicherheiten und die sich aus der Anbindung an einen »Erfindungs-Einheitswert« ergebende Loslösung von den Methoden der RL 1959, so dass jedenfalls bei Umsatzgeschäften mit erfindungsgemäßen Produkten diese Methode gegenüber der Lizenzanalogie Bedenken aufwirft. Dieser Kritik folgend auch Reimer/Schade/Schippel/Kaube Rz. 1 zu § 11/RL Nr. 3.
818-820 frei
821 Zur üblichen Berechnungsmethode vgl. BGH v. 2.12.1961 GRUR 1961, 338, 340 – Chlormethylierung; Lüdecke Erfindungsgemeinschaften (1962) S. 85 ff.; Reimer/Schade/Schippel/Kaube Rz. 50 zu § 9.

§ 9

hierzu Rz. 32.1 zu § 12; zum Einfluss des Wechsels der erfindungsgemäßen Ausführungsform s. Rz. 110 zu § 12).

313 An diesem Berechnungsmodus ändert sich für den Arbeitnehmererfinder nichts, wenn anstelle anderer Arbeitnehmererfinder **freie (Mit-)Erfinder** (auch Arbeitgeber) am Zustandekommen der Erfindung beteiligt sind.

314 Sind bei einer **zwischenbetrieblichen Kooperation** Arbeitnehmer-Erfinder mehrerer Arbeitgeber als Miterfinder an einer Erfindung beteiligt, so vermittelt jeder Miterfinder seinem Arbeitgeber – unabhängig von der Höhe seines Miterfinderanteils – eine Nutzungsbefugnis an der gesamten Erfindung (vgl. § 743 Abs. 2 BGB), sobald dieser den Erfindungsanteil seines Arbeitnehmers unbeschränkt in Anspruch genommen hat. Mit Rücksicht auf diese Vermittlung des vollen Nutzungsrechts an der Erfindung werden die Arbeitnehmer-Miterfinder eines Arbeitgebers im Verhältnis zu ihrem Arbeitgeber bei der Vergütungsberechnung so behandelt, als seien sie insgesamt die **alleinigen Erfinder**; der Miterfinderanteil der Arbeitnehmer der anderen Arbeitgeber bleibt also unberücksichtigt[822]. Bemessungsgrundlage für die Erfindervergütung ist dabei allein der Nutzen, der dem jeweiligen Arbeitgeber (auch als Kooperationspartner) zufließt[823] (s. auch Rz. 191 f.). Wird der Erfindungswert im Einzelfall auf der Grundlage des Gesamtnutzens bzw. des Nutzens des Vertragspartners ermittelt, sind die Miterfinderanteile insgesamt zu berücksichtigen[824]. Gleiches gilt bei der Ermittlung des Erfindungswertes im Rahmen eines Austauschvertrages (RL Nr. 17), wenn sich bei einem entsprechend großen, dem Austauschvertrag zugrunde liegenden Schutzrechtspool, dem auch die beiden Arbeitgebern gemeinsam zustehende Diensterfindung angehört, Vor- und Nachteile bezüglich der Lizenzeinnahmen aus den verschiedenen Schutzrechten ausgleichen[825].

315 Mit Rücksicht auf das den übrigen Kooperationspartnern an dem gemeinsamen Schutzrecht zustehende eigene Nutzungsrecht verfügt der jeweilige Arbeitgeber (Kooperationspartner) nur über ein eingeschränktes Monopolrecht. Diese **eingeschränkte Monopolwirkung** kann Anlass zu

---

822 Ausf. Bartenbach, Zwischenbetriebl. F.+E.-Kooperation (1985) S. 123 ff.; im Ergebnis ebenso Schiedsst. v. 6.12.1983 Arb.Erf. 2/83 u.v. 7.2.1985 Arb.Erf. 71/84; ZB v. 29.9.1994 Arb.Erf. 12/93; v. 20.1.1995 Arb.Erf. 12/94 u. v. 5.6.1998 Arb.Erf. 81/96 (alle unveröffentl.); zust. auch Schiedsst. v. 16.4.1991 Blatt 1993, 114 – Austauschvertrag; Reimer/Schade/Schippel/Kaube Rz. 52 zu § 9.

823 Bartenbach (Fn. 822) S. 126 ff.; Schiedsst. v. 7.2.1985 (Fn. 822) m. d. H., sie habe in mehreren EV'en vorgeschlagen, dass im Falle des Fehlens von Vereinbarungen »bei Inhaberschaft verschiedener Firmen jede Firma nur die Erfindervergütung für ihre eigene Diensterfindung zu zahlen hat, und zwar im Umfang ihrer eigenen Nutzung«; vgl. auch Schiedsst. v. 13.1.1961 Blatt 1962, 17 = GRUR 1962, 191 (LS) m. Anm. Schippel; Schiedsst. v. 23.7.1991 Blatt 1993, 114, 115 – Mischer; Reimer/Schade/Schippel/Kaube Rz. 52 zu § 9; abw. Kroitzsch GRUR 1974, 177 ff., der u. a. eine Verdoppelung der Vergütung vorschlägt; vgl. auch Kraushaar ZRP 1972, 271 ff.

824 OLG Frankfurt v. 30.4.1992 GRUR 1992, 852, 854 – Simulation von Radioaktivität.
825 Schiedsst. v. 16.4.1991 (Fn. 822).

§ 9

einer Minderung des Lizenzfaktors sein[826] (s. auch Rz. 198.1). Dies gilt insbesondere bei intensiver Nutzung des Erfindungsgegenstandes durch die übrigen Schutzrechtsinhaber, aber auch im Einzelfall dann, wenn ein Arbeitgeber die Erfindung allein nutzt und nicht auszuschließen ist, dass bei dieser Fallgestaltung die übrigen Teilhaber einen wirtschaftlichen Ausgleich beanspruchen können[827].

Rz. 316-320 frei

K. Nullfall

Der Amtl. Begr.[831] zufolge schließt die Fassung des § 9 nicht aus, dass eine **Vergütung** (der Höhe nach) **entfällt**, soweit ihre Gewährung im Einzelfall nicht angemessen ist; dies soll insbesondere in den Fällen gelten, in denen die Entwicklungsarbeit auf dem Gebiet der Diensterfindung zu den vertraglichen Arbeiten des Arbeitnehmers gehört, dieser ein entsprechendes Gehalt dafür bezieht und die erfinderische Leistung des Arbeitnehmers im Verhältnis zum betriebsinternen Stand der Technik einen so **geringen technischen Fortschritt** bedeutet, dass die Zahlung einer besonderen Vergütung nicht angemessen erscheint[831]. 321

Die rechtliche Möglichkeit eines solchen »Nullfalls« wird vielfach als Durchbrechung des Monopolprinzips zugunsten des Sonderleistungsprinzips gewertet und damit angezweifelt[832]. Der Gesetzgeber hat jedoch an der Zulässigkeit eines derartigen Wegfalls der Vergütung festgehalten, allerdings von einer ausdrücklichen Regelung im Gesetz abgesehen, um einer (vermeintlichen) Verquickung von Sonderleistungs- und Monopolprinzip vorzubeugen[833]. 322

Einen Tatbestand des Wegfalls der Vergütung enthält **RL Nr. 38**[834]. Danach kann – wenn Erfindungswert und Anteilsfaktor sehr niedrig sind – die Vergütung bis auf einen Anerkennungsbetrag sinken oder ganz wegfallen. 323

---

826 Schiedsst. v. 2.4.1997 Arb.Erf. 61/95 (z. Veröffentl. i. EGR vorgesehen).
827 So Benkard/Bruchhausen PatG Rz. 35 zu § 6; Bernhardt/Kraßer S. 210; a.A. Lüdecke S. 211; offengel. von Busse/Keukenschrijver PatG Rz. 40 zu § 6.
828-830 frei
831 Amtl. Begr. BT-Drucks. II/1648 S. 27 = Blatt 1957, 233.
832 Kritisch z.B. Schade GRUR 1958, 519, 523; allerdings wird die Möglichkeit eines Nullfalls von der Schiedsst. (s. Fn. 834) u. der herrschenden Meinung bejaht, vgl. Lindenmaier/Lüdecke Anm. 2 zu § 11/RL Nr. 38; Volmer/Gaul Rz 1029 f. zu § 9; Gaul/Wexel BB 1984, 2069, 2072 f.; vgl. auch Reimer/Schade/Schippel Kaube Rz. 53 zu § 9; weitergehend Werner BB 1983, 839 ff.
833 Vgl. Ausschussbericht zu BT-Drucks. II/3327 S. 5 = Blatt 1957, 252.
834 Vgl. dazu insbes. Halbach GRUR 1960, 457 f. in. GRUR 1961, 388 f.; Derichs GRUR 1961, 66 f.; Werner (Fn. 832); Gaul/Wexel (Fn. 832); s. auch Gaul/Bartenbach Hdb. N 254 ff.; Schiedsst. v. 16.10.1958 Blatt 1959, 16 m. Anm. Heine GRUR 1959, 182 u. v. 26.4.1985 Blatt 1985, 307, 309.

§ 9

Wird lediglich ein geringer Erfindungswert ermittelt, etwa wegen eines niedrigen Umsatzes, ist eine Vergütung zu zahlen, es sei denn, dass gleichzeitig eine besonders niedrige erfinderische Leistung bzw. ein sehr hoher Anteil des Betriebes festzustellen sind oder die Zahlung einer Vergütung aus anderen Gründen unzumutbar ist (§ 242 BGB)[835] (vgl. i. Übrigen d. Erläuterungen KommRL zu RL Nr. 38).

324 Neben RL Nr. 38 sind weitere Nullfälle (theoretisch) denkbar, in der Praxis allerdings selten. So kann sich aus einem besonders **gesteigerten Erteilungsrisiko** ein Nullfall ergeben[835a], insbesondere wenn gewichtige Gründe gegen eine Schutzrechtserteilung sprechen, etwa wenn der Anmeldungsgegenstand neuheitsschädlich getroffen ist oder die Erfindungshöhe sich als zu gering erweist[835b]. Einen solchen Nullfall nimmt die Schiedsstelle jedenfalls ab dem Zeitpunkt an, in dem ein Arbeitgeber als Konsequenz aus einem negativen Prüfungsergebnis dem Arbeitnehmer die Übertragung der Anmeldeposition nach § 16 anbietet; die Nutzungshandlungen nach diesem Zeitpunkt – etwa im Rahmen eines nicht ausschließlichen Nutzungsrechts nach § 16 Abs. 3 – sind dann von einer vorläufigen Vergütung freigestellt[836]. Erfolgt dennoch eine Schutzrechtserteilung, ist die Vergütung nachzuholen[836]. Allgemein z. vorl. Vergütung s. Rz. 64 ff. zu § 12. Werden dem Arbeitnehmer im Hinblick auf seine erfinderische Tätigkeit außerordentliche Dienstbezüge gewährt, so rechtfertigt dies allein noch nicht das Absehen von einer Erfindervergütung im Sinne eines Nullfalls[837].

325 Eine schematische Handhabung der RL Nr. 38 verbietet sich ebenso wie eine typisierte Betrachtungsweise der auf **Ausnahmesituationen** zu begrenzenden Nullfälle. Vielmehr kommt es im Hinblick auf das in § 9 Abs. 1 verankerte Gebot der Angemessenheit darauf an, ob dem Arbeitgeber im Einzelfall eine Vergütung nach Treu und Glauben (§ 242 BGB) noch zugemutet werden kann. Zur Vergütung bei Erfindungseinsatz mit Verlust s. Rz. 2.3; zum Wegfall der Vergütungspflicht bei Vernichtbarkeit des Schutzrechts s. Rz. 35 f.

326 Ist die Vergütung gleich Null, entbindet dies den Arbeitgeber nicht von der Vergütungsfeststellung bzw. -festsetzung nach § 12; vielmehr muss der Arbeitgeber die durch § 12 bedingte **förmliche Erklärung** dahin abgeben, dass er eine Diensterfindung als einen »Null-Fall« zu behandeln gedenke (s. Rz. 43 zu § 12). Ihn trifft zudem die **Beweislast** des Vorliegens eines derartigen Ausnahmefalls[839].

---

835 Schiedsst. v. 16.10.1958 u.v. 26. 4. 1985 (Fn. 834).
835a Vgl. BGH v. 30.3.1971 GRUR 1971, 475, 477 – Gleichrichter; vgl. auch LG Düsseldorf v. 28.7.1964 GRUR 1965, 307, 308 – Fußplatte.
835b Schiedsst. ZB v. 9.2.1995 Arb.Erf. 65/93 u. v. 24.6.1999 Arb.Erf. 88/97 (beide unveröffentl.).
836 Schiedsst. v. 10.12.1978 Blatt 1979, 255, 257.
837 A.A. Werner (Fn. 832).
838 frei
839 Lindenmaier/Lüdecke Anm. 2 zu § 11/RL Nr.38.

Rz. 327-329 frei

L. Schadensberechnung nach Vergütungsgrundsätzen

Ist der Arbeitgeber wegen schuldhafter Verletzung seiner Anmeldepflicht (s. dazu Rz. 58 ff. zu § 13) oder seiner Pflichten aus §§ 14, 16, 17 (s. dazu Rz. 81 zu § 14, Rz. 70 ff. zu § 16, Rz. 22 zu § 17) oder wegen Verletzung der Geheimhaltungspflicht (s. Rz. 23 f. zu § 24) dem Arbeitnehmer schadensersatzpflichtig (§ 280 Abs. 1 BGB), so kann sich der **Schadensumfang** an den dem Arbeitnehmer entgangenen Vergütungsleistungen orientieren. Der Schadensumfang ist nach den obigen Grundsätzen zu bestimmen[851], ggf. unter Berücksichtigung eines etwaigen Mitverschuldens des Arbeitnehmers[852].

330

Die **Beweislast** für die anspruchsausfüllenden Umstände trifft den Arbeitnehmer[853]; im Einzelfall muss er ggf. beweisen, dass auf seine Diensterfindung bei pflichtgemäßem Verhalten des Arbeitgebers ein Schutzrecht (mit gewisser Wahrscheinlichkeit) erteilt worden wäre[854].

331

M. Vergütungspflichtige Sonderleistungen

Soweit eine besondere Leistung des Arbeitnehmers, insbesondere eine Leistung schöpferischer Art, die über die übliche Arbeitsleistung hinausgeht, mangels Schutzfähigkeit nicht nach § 9 und ggf. mangels Gewährung einer faktischen Monopolstellung nicht nach § 20 Abs. 1 zu vergüten ist, kann sich – trotz Fehlens einer individuellen Vergütungsabrede bzw. einer kollektivrechtlichen Vergütungsregelung – eine Vergütungspflicht ergeben, wenn sie dem Arbeitgeber nicht unerhebliche Vorteile bringt[861]; Rechts-

332

840-850 frei
851   Wie hier Reimer/Schade/Schippel/Kaube Rz. 60 zu § 9; vgl. z.B. Schiedsst. v. 9.7.1974 Blatt 1975, 258 (Berücksichtigg. d. Anteilsfaktors).
852   Vgl. BGH v. 31.1.1978 GRUR 1978, 430, 434 a. E. – Absorberstabantrieb I u.v. 8.12.1981 GRUR 1982, 227, 228 – Absorberstab-Antrieb II.
853   Vgl. auch Schiedsst. v. 15.10.1964 Blatt 1965, 66; BGH v. 8.12.1981 (Fn. 852) m.H.a. BGH v. 27.11.1969 GRUR 1970, 296, 298 f. – Allzweck-Landmaschine.
854   Vgl. BGH v. 9.1.1964 GRUR 1964, 449, 453 a. E. – Drehstromwicklung; vgl. auch BGH v. 8.12.1981 (Fn. 852) S. 228 f.
855-860 frei
861   BAG v. 30.4.1965 GRUR 1966, 88, 90 – Abdampfverwertung m.w N.; s. auch BGH v. 25.10.1955 GRUR 1956, 88 (insoweit nicht in BGHZ 18, 319) u.v. 13.7.1956 GRUR 1956, 500; Schiedsst. v. 18.2.1963 Blatt 1963, 178; vgl. auch BGH v. 21.2.1961 GRUR 1961, 432 – Klebemittel m. Anm. Schippel; BAG v. 1.11.1956, GRUR 1957, 338, 339 = AP Nr.4 zu § 2 ArbNErfVO m. Anm. Volmer; v. 21.6.1979 DB 1979, 2187; BAG v. 11. 11. 1969 AP Nr. 30 zu § 612 BGB – Ratgeber für Tierheilkunde; Buchner GRUR 1985, 1 ff.; Röpke DB 1962, 406, 407 und RdA 1963, 405, 409 f.; Janert Betriebl. Verfahrensweisen (1969) S. 170 ff; Reimer/Schade/Schippel/Kaube Rz. 12 ff. zu § 9.

§ 9

grundlage können die Grundsätze von **Treu und Glauben** (§ 242 BGB)[862] oder § 612 BGB (analog)[863] sein (zum Verhältnis zu § 20 Abs. 1 ArbEG s. dort Rz. 65 f.; zu urheberrechtsfähigen Leistungen s. Rz. 4 zu § 1). **Anspruchsvoraussetzung** ist also zunächst, dass der Arbeitnehmer über den Rahmen des Arbeitsvertrages hinaus auf Veranlassung des Arbeitgebers oder mit seiner Billigung **faktisch höherwertige Leistungen** erbringt, für die eine Vergütungsregelung fehlt[864]. Insoweit ist also in jedem Einzelfall zu prüfen, ob und inwieweit derartige Sonderleistungen durch das übliche/ vereinbarte Arbeitsentgelt mitabgegolten werden sollen. Entsprechend der das Arbeitsverhältnis bestimmenden Austauschsituation ist zunächst von der Äquivalenz von Leistung und Gegenleistung (Arbeitsleistung/Entgelt) auszugehen, so dass an die Feststellung einer höherwertigen Leistung ein strenger Maßstab zu stellen ist[865].

Weitere Voraussetzung ist die **tatsächliche Verwertung** durch den Arbeitgeber, die in dessen Belieben steht, so dass die bloße Verwertbarkeit nicht ausreicht[866] (vgl. im Übrigen Rz. 65 f. zu § 20).

333 Beispielsweise kann eine solche Vergütung angebracht sein, wenn eine genutzte Diensterfindung zwar wegen einer prioritätsälteren Schutzrechtsanmeldung eines Dritten nicht schutzfähig ist, dem Arbeitgeber aber ein wertvolles **Vorbenutzungsrecht** nach § 12 PatG vermittelt[867]; in diesen Fällen entfaltet wegen der Rechtsposition des Dritten die Erfindung keine faktische Monopolstellung im Sinne des § 20 Abs. 1.

334 Eine vergütungspflichtige Sonderleistung liegt dann nicht vor, wenn der Vorschlag des Arbeitnehmers noch im Bereich seiner arbeitsvertraglichen Pflichten liegt; so kann es noch zur arbeitsvertraglichen **Treuepflicht** gehören, den Arbeitgeber auf den schlechten Zustand von Arbeitsmitteln hinzuweisen und Austausch bzw. Abänderungen anzuregen[868]. Sind dagegen die **schutzfähigen Leistungen vor Beginn des Arbeitsverhältnisses** geschaffen, so besteht keine Verpflichtung, diese nunmehr dem Arbeitgeber zu überlassen, so dass bei Fehlen einer ausdrücklichen Abrede entsprechend § 612 Abs. 1, § 632 Abs. 1 BGB die übliche Vergütung für die (freiwillige) Einräumung von Nutzungsrechten geschuldet wird[869] (s. Rz. 12 vor §§ 9-12).

---

862 So z.B. BGH v. 30.4.1965 (Fn. 861).
863 So BAG v. 11.11.1977 (Fn. 861) zur urheberschutzfähigen Sonderleistung; ebenso Schaub ArbRHdb. § 66 II 5.
864 BAG v. 11.11.1977 (Fn. 861).
865 Vgl. Buchner (Fn. 861) S. 10 ff., der für eine Sondervergütung auch nach Intensität und Dauer der höherwertigen Leistung differenzieren will; vgl. auch Lehmann/ Buchner, Computerprogramme (1988) XI RdNr. 28; BAG v. 13.9.1983 GRUR 1984, 429, 432 – Statikprogramme m. krit. Anm. Ulmer; Ullmann GRUR 1987, 6, 13 f. u. Sundermann GRUR 1988, 350 ff.
866 H. M., z.B. BAG v. 30.4.1965 (Fn. 861); Röpke (Fn. 861); abw. Volmer Rz. 13 zu § 20.
867 So zutr. Reimer/Schade/Schippel/Kaube Rz. 15 zu § 9.
868 Siehe LAG Bayern v. 6.5.1970 AMBl. (Bay.ArbMin.) 1971, C 35.
869 BGH v. 10.5.1984 GRUR 1985, 129 – Elektrodenfabrik.

§ 9

Rz. 335-340 frei

N. Besonderheiten für den öffentlichen Dienst

Gem. §§ 40, 41 gelten die Vergütungsbestimmungen des ArbEG (§§ 9-12, 20 Abs. 1) »entsprechend« (s. dazu auch Rz. 4 zu § 41) für die Angehörigen des öffentlichen Dienstes. Gleiches gilt infolge der Vergütungsrichtlinien 1960 (abgedr. i. **Anh. 2** zu § 11) hinsichtlich der Vergütungsrichtlinien 1959 (abgedr. i. **Anh. 1** zu § 11; s. dazu Rz. 12 zu § 11). 341

Die Bemessung der Vergütung hat grundsätzlich nach den **gleichen Kriterien** zu erfolgen wie bei Arbeitnehmern im privaten Dienst[881] (Grundsatz der Gleichstellung; s. dazu Rz. 4 ff. vor §§ 40-42). Auch hier gilt der **allgemeine Vergütungsgrundsatz**, wonach der Erfinder an jedem durch seine Diensterfindung kausal bewirkten wirtschaftlichen Nutzen seines Dienstherrn (Arbeitgebers) zu beteiligen ist (s. auch oben Rz. 2). 342

Der Vergütungsbemessung zugrunde zu legen sind dabei nicht nur die Nutzungen innerhalb der betreffenden Behörde bzw. Verwaltung; Bezugspunkt ist vielmehr **der gesamte Nutzungsumfang im Bereich des Dienstherrn** (Bund, Land, Gemeinde, sonstige juristische Personen des öffentlichen Rechts). Außer an diesen »Eigennutzungen« ist der Angehörige des öffentlichen Dienstes ebenso wie der Arbeitnehmer im privaten Dienst ohne Einschränkung an Lizenzeinnahmen, die mit seiner Erfindung erzielt werden, zu beteiligen; gleiches gilt bei einem Verkauf des Erfindungsrechts bezüglich des Erlöses. 343

Bei Aufrechterhaltung von Schutzrechten seitens **öffentlicher Forschungseinrichtungen** wird bei fehlender wirtschaftlicher Verwertung die Zahlung von Erfindervergütungen vorgeschlagen, deren Bemessung sich an der Höhe der Aufrechterhaltungskosten orientieren soll[882]; zu Erfindungen von Hochschulbeschäftigten s. § 42. Zur Nutzung in öffentlichen Forschungseinrichtungen s. oben Rz. 102. 344

Zur Ermittlung des Erfindungswertes bei Nutzungen im Rahmen von Kooperationen und zur Miterfinderschaft s. oben Rz. 191 f., 314 sowie Rz. 106 f. zu § 1; zur Verjährung Rz. 42; zur Vergabe »kostenloser Lizenzen« s. oben Rz. 185 f. 345

Rz. 346-349 frei

870-880 frei
881 Ausf. Volz Öffentl. Dienst (1985) S. 103 ff. m. zahlr. Nachw. zur (unveröffentl.) Praxis d. Schiedsst.; vgl. auch OLG Frankfurt v. 27.11.1986 EGR Nr. 70 zu § 9 ArbEG (VergAnspr.); Schiedsst. v. 28.6.1972 Blatt 1973, 58 u.v. 1.10.1987 Blatt 1988, 221.
882 Empfehlungen des Sachverständigenkreises b. BMFT GRUR 1978, 449, 450 a.E.
883-888 frei

§ 9

O. Steuerliche Behandlung der Erfindervergütung

350 Mit Auslaufen der Arbeitnehmererfinderverordnung (ArbNErfVO) und der Erfinderverordnung (ErfVO) zum 31. 12. 1988 sind die steuerlichen Begünstigungen für Erfindervergütungen – ungeachtet der Kritik[889] – mit Wirkung zum 1.1.1989 entfallen. Ab diesem Zeitpunkt unterliegen Erfindervergütungen uneingeschränkt der Besteuerung nach allgemeinen Vorschriften. Zu den Auswirkungen des Wegfalls des Steuerprivilegs s. Vorauflage.

351 Unberührt von dem Auslaufen der ArbNErfVO bleibt die Vergünstigungsvorschrift des § **34 Abs. 2 Nr. 4 EStG n.F.** Diese geht auf § 34 Abs. 3 EStG a.F. zurück, deren Zweck es war, die Tarifprogression bei der Zusammenballung von Einkünften zu vermeiden, die typischerweise bei einer nachträglichen Entlohnung für eine mehrjährige Tätigkeit eintritt[892]. Durch Urteil vom 11.11.1982[893] hat der BFH § 34 Abs. 3 EStG a.F. auch auf Vergütungen für Arbeitnehmererfindungen für anwendbar erklärt. Dagegen stellt gemäß seinem Urteil vom 16.12.1996 die einem Arbeitnehmer gewährte Prämie für einen Verbesserungsvorschlag keine Entlohnung für eine mehrjährige Tätigkeit i.S.v. § 34 Abs. 3 EStG a.F. dar, wenn sie nicht nach dem Zeitaufwand des Arbeitnehmers, sondern ausschließlich nach der Kostenersparnis des Arbeitgebers in einem bestimmten Zeitraum berechnet wird[894]. Derartige Vergütungen unterliegen damit dem vollen Lohnsteuerabzug als sonstiger Bezug ohne Berücksichtigung besonderer Vergünstigungen. Eine progressionsgemilderte Besteuerung kann nur dadurch bewirkt werden, dass die Verbesserungsvorschlagsprämie über mehrere Jahre verteilt bezahlt wird.

Die Praxis der Finanzbehörden, Erfindervergütung als Entschädigung i.S.d. § 34 Abs. 2 Nr. 2 i.V.m. § 24 Nr. 1 EStG zu behandeln, ist unterschiedlich und hängt stark von den Einzelheiten ab. Von daher empfiehlt sich regelmäßig die Einholung einer vorherigen **Anrufungsauskunft**. Steuerliche Bedeutung kommt im Übrigen nach wie vor der umstrittenen Frage der Aktivierungspflicht für Erfindervergütungen zu[895].

---

889 Auch im politischen Raum wird die Wiedereinführung des halben Steuersatzes für Einkünfte aus Erfindungen gefordert (vgl. u.a. den Antrag d. SPD-Fraktion v. 6.3.1996 in BT-Drucks. 13/3979 S. 8 zu Ziff. 4.6.).
890-891 frei
892 BFH v. 16.12.1996 BStBl. II 1997 S. 222.
893 BFH v. 11.11.1982 BStBl. II 1983 S. 300.
894 Urt. v. 16.12.1996 (Fn. 892).
895 S. dazu Bartenbach/Fischer GRUR 1980, 1025, 1026 ff.; Lange GRUR 1986, 151 ff.; Wexel GRUR 1986, 785 ff.

§ 10 Vergütung bei beschränkter Inanspruchnahme

(1) Der Arbeitnehmer hat gegen den Arbeitgeber einen Anspruch auf angemessene Vergütung, sobald der Arbeitgeber die Diensterfindung beschränkt in Anspruch genommen hat und sie benutzt. § 9 Abs. 2 ist entsprechend anzuwenden.

(2) Nach Inanspruchnahme der Diensterfindung kann sich der Arbeitgeber dem Arbeitnehmer gegenüber nicht darauf berufen, dass die Erfindung zur Zeit der Inanspruchnahme nicht schutzfähig gewesen sei, es sei denn, dass sich dies aus einer Entscheidung des Patentamts oder eines Gerichts ergibt. Der Vergütungsanspruch des Arbeitnehmers bleibt unberührt, soweit er bis zur rechtskräftigen Entscheidung fällig geworden ist.

Lit.: siehe Lit. vor §§ 9-12

Übersicht

A. Allgemeines 1-5.1	1. Ausschluss des Einwands der ursprünglichen Schutzunfähigkeit 19-21
B. Rechtsnatur des Vergütungsanspruchs 6	
C. Entstehung und Fälligkeit des Vergütungsanspruchs 7-13	2. Einwand des nachträglichen Wegfalls der Schutzfähigkeit 22
I. Entstehung 7-12	3. Verhältnis zu Dritten 23
II. Fälligkeit 13	4. Feststellung der Schutzunfähigkeit 24-29
D. Dauer 14-30	
I. Grundsatz 14, 15	IV. Verjährung, Verwirkung 30
II. Wegfall bei Unzumutbarkeit 16-18	E. Bemessung der Vergütung 31-41
III. Einwand der mangelnden Schutzfähigkeit 19-29	

A. Allgemeines

§ 10 regelt den Vergütungsanspruch des Arbeitnehmers im Falle der beschränkten Inanspruchnahme (§§ 6, 7 Abs. 2). In Ergänzung dazu enthält RL Nr. 25 Hinweise zur Bestimmung des Erfindungswertes. 1

Keine Anwendung finden § 10 ArbEG und RL Nr. 25 bei einem anderweitigen Vorbehalt eines einfachen Nutzungsrechts. Hier sind die Sonderregelungen des § 14 Abs. 3 bei Auslandsfreigabe (s. dazu Rz. 60 ff. zu § 14) bzw. des § 16 Abs. 3 bei Schutzrechtsaufgabe (s. dazu Rz. 90 ff. zu § 16) einschlägig.

Während der Arbeitgeber bei der unbeschränkten Inanspruchnahme die Vergütung für die Überlassung aller vermögenswerten Rechte an der Dienst- 2

§ 10

erfindung zu erbringen hat (vgl. § 9 Abs. 1), stellt der Vergütungsanspruch i. S. des § 10 einen **Ausgleich für** die **Ausübung** des dem Arbeitgeber eingeräumten, **unternehmensbezogenen Nutzungsrechts** (vergleichbar einer einfachen Lizenz, s. hierzu Rz. 28 ff. zu § 7) dar. Im Unterschied zur Vergütung nach § 9 ist für die Vergütungspflicht bei der beschränkten Inanspruchnahme nicht bereits eine Verwertbarkeit (vgl. RL Nr. 25 Abs. 1 Satz 2 2. Halbs.; s. ferner Rz. 86 ff. zu § 9) ausreichend; vielmehr setzt der Vergütungsanspruch eine tatsächliche Benutzung des Erfindungsgegenstandes seitens des Arbeitgebers voraus (§ 10 Abs. 1 Satz 1).

3   Hieraus folgt auch die bloß »entsprechende« Anwendbarkeit der Kriterien des § 9 Abs. 2 bei der Bemessung der Vergütung (§ 10 Abs. 1 Satz 2). Das **Verfahren der Vergütungsfestlegung** richtet sich nach § 12 (zum Zeitpunkt s. dort Rz. 73; zum Überblick über die Vergütungsregelung des ArbEG s. Einl. vor §§ 9-12).

4   § 10 Abs. 2 sichert den Vergütungsanspruch des Arbeitnehmers, indem der Einwand der mangelnden Schutzfähigkeit seitens des Arbeitgebers im Grundsatz ausgeschlossen wird.

5   Das Institut der beschränkten Inanspruchnahme und damit die Bestimmung des § 10 haben in der Praxis – abgesehen vom öffentlichen Dienst – nur **geringe Bedeutung**.

5.1 In den **neuen Bundesländern** gilt § 10 uneingeschränkt für die ab 3.10.1990 fertig gestellten und beschränkt in Anspruch genommenen Diensterfindungen (s. Einl. Rz. 31). Zum Vergütungsanspruch nach Art. 1 § 9 Abs. 4 PatÄndG-DDR-1990 i.V.m. § 9 EDB-PatG-DDR-1990 für DDR-Alterfindungen s. Einl. Rz. 42 ff.

B. Rechtsnatur des Vergütungsanspruchs

6   Bei dem Vergütungsanspruch aus § 10 handelt es sich um einen **schuldrechtlichen Anspruch eigener Art** gegenüber dem Arbeitgeber (Einzelheiten s. Rz. 4 zu § 9; zum Betriebsübergang s. Rz. 114 ff. zu § 1). Der Anspruch ist nicht höchstpersönlicher Art[1], vielmehr vererblich und bereits nach seinem Entstehen übertragbar sowie pfändbar[2] (s. auch Rz. 8 zu § 9; zur Zwangsvollstreckung s. Rz. 8 ff. Anh. zu § 27). Das frühere Konkursvorrecht (§ 27 Abs. 2 a.F.) ist im Zusammenhang mit der am 1.1.1999 in Kraft getretenen Insolvenzrechtsreform entfallen (s. § 27 n.F., dort Rz. 1).

---

1   Anders aber Volmer Rz. 5 zu § 10.
2   H.M., z.B. Klauer/Möhring/Nirk PatG Rz. 22 Anh. zu § 3; Reimer/Schade/Schippel/Kaube Rz. 3 zu § 10.

§ 10

C. Entstehen und Fälligkeit des Vergütungsanspruchs

I. Entstehung

Gemäß Abs. 1 **entsteht** der Vergütungsanspruch, sobald der Arbeitgeber die Diensterfindung gem. §§ 6, 7 Abs. 2 beschränkt in Anspruch genommen hat und sie benutzt. Für das Wirksamwerden der Inspruchnahme als erste Voraussetzung kommt es auf den Zugang der schriftlichen Inanspruchnahmeerklärung beim Arbeitnehmer an (s. dazu Rz. 2, 4 zu § 7). Der Vergütungsanspruch entsteht aber nicht bereits mit der bloßen Inanspruchnahme als ein durch die tatsächliche Benutzung aufschiebend bedingter Rechtsanspruch[3]; er bedarf vielmehr nach dem eindeutigen Wortlaut des § 10 Abs. 1 (»sobald ... beschränkt in Anspruch genommen hat und sie benutzt«) zu seiner Entstehung der **tatsächlichen Benutzung** durch den Arbeitgeber nach erfolgter Inanspruchnahme[3a] (zweigliedriger Entstehenstatbestand[3b]). 7

Der **Begriff der Benutzung** in § 10 entspricht (weitgehend) dem patentrechtlichen Begriff der Benutzung in § 9 PatG[3c], allerdings beschränkt auf den Einsatz im Unternehmen des Arbeitgebers (s. Rz. 31). Zum Begriff der Benutzung siehe im Übrigen Rz. 90 zu § 9. 8

Außer Ansatz bleiben **bloße Vorbereitungshandlungen** für zukünftige Benutzungen[4]; s. hierzu Rz. 93 zu § 9. Dies gilt auch für etwaige Werbemaßnahmen des Arbeitgebers, selbst wenn sie möglicherweise zu Lasten des Arbeitnehmers als Patentinhaber zu Marktverwirrungsschäden oder sonstigen Marktnachteilen führen[5]. **Nicht vergütungspflichtig** sind auch Nutzungshandlungen, die zeitlich vor Zugang der Inanspruchnahmeerklärung liegen[6] (vgl. auch Rz. 31 zu § 9). Erwirbt der Arbeitgeber erfindungsgemäße Produkte von Dritten, denen der Arbeitnehmer ein Nutzungsrecht an der Erfindung eingeräumt hat, sind die Nutzungshandlungen des Ar- 9

---

3 So aber Volmer Rz. 4 zu § 10; wohl auch BGH v. 15.5.1990 GRUR 1990, 667, 668 l.Sp. – Einbettungsmasse; z. Recht krit. Dantz, Inanspruchnahmerecht (1968) S. 89 f.
3a BGH v. 28.6.1962 GRUR 1963, 135, 136 r.Sp., 137 f. – Cromegal; v. 9.1.1964 GRUR 1964, 449, 451 – Drehstromwicklung; Reimer/Schade/Schippel/Kaube Rz. 3 zu § 10; Heine/Rebitzki Anm. 1 zu § 10; MünchArbR/Sack § 99 Rz. 49.
3b Busse/Keukenschrijver, PatG, Rz. 4 zu § 10 ArbEG.
3c Schiedsst. v. 1.12.1992 EGR Nr. 6 zu § 10 ArbEG – Mitt. 1996, 351 – Straßenbau.
4 So auch Volmer Rz. 5 zu § 10; Schiedsst. v. 24.4.1974 EGR Nr. 12 zu § 12 ArbEG; vgl. auch BGH v. 29.3.1960 GRUR 1960, 423, 426 – Kreuzbodenventilsäcke I; BAG v. 30.4.1965 GRUR 1966, 88, 89 l.Sp. – Abdampfverwertung.
5 Offengelassen v. Schiedsst. ZB v. 27.1.1982, Arb.Erf. 47/81 (unveröffentl.); wie hier Reimer/Schade/Schippel/Kaube Rz. 3 zu § 10.
6 Schiedsst. ZB v. 23.1.1980 Arb.Erf. 41/79 (unveröffentl.); Volz Öffentl. Dienst S. 96; Reimer/Schade/Schippel/Kaube Rz. 3 zu § 10.

§ 10

10 beitgebers in dem Umfang vergütungsfrei wie der Grundsatz der Erschöpfung (s. hierzu Rz. 186, 188 zu § 9) reicht[6a].
Der Arbeitgeber ist **frei darin, ob** er von seinem Nutzungsrecht **Gebrauch** machen will; der Arbeitnehmer kann also keinen Einfluss darauf nehmen, ob der Arbeitgeber diese Erfindung überhaupt und in welchem Umfang nutzt[6b] (s. Rz. 6 zu § 7, Rz. 31 zu § 20); er hat auch grundsätzlich keinen Anspruch gegenüber dem Arbeitgeber auf die Angabe von Gründen, warum die Nutzung unterbleibt[7]. Wird die Befugnis des Arbeitnehmers zur anderweitigen Verwertung (vgl. § 8 Abs. 2, dort Rz. 51 ff.) durch das dem Arbeitgeber eingeräumte Benutzungsrecht unbillig erschwert, steht dem Arbeitnehmer lediglich das Recht aus § 7 Abs. 2 Satz 2 zu (s. dort Rz. 39 ff.). Von einem wirtschaftlichen (Vergütungs-)Ausgleich, wie noch im Regierungsentwurf 1955[9] vorgeschlagen, hat der Gesetzgeber im Hinblick auf die Möglichkeit des § 7 Abs. 2 Satz 2 abgesehen[10].

11 Der Vergütungsanspruch nach § 10 Abs. 1 entsteht **ohne Rücksicht** darauf, **ob** die Erfindung zum **Schutzrecht** angemeldet oder darauf gar ein Schutzrecht erteilt worden ist[11]; dadurch soll vermieden werden, dass der Arbeitnehmer zur Durchführung eines Schutzrechtserteilungsverfahrens allein im Hinblick auf seinen Vergütungsanspruch gezwungen wird[12]. Grundlage für die Vergütungsbemessung ist damit die Diensterfindung, wie sie sich in der Erfindungsmeldung niederschlägt[13] (s. auch Rz. 83 ff. zu § 9).

12 Wie der Arbeitnehmer mit der durch die beschränkte Inanspruchnahme freigewordenen (s. § 8 Abs. 1 Nr. 2) Erfindung verfährt, sei es in Bezug auf Schutzrechtsanmeldungen (vgl. § 13 Abs. 4) oder Verwertungshandlungen (vgl. § 8 Abs. 2, dort Rz. 51 ff.), steht grundsätzlich in seinem Belieben.

6a A.A. Schiedsst. v. 1.12.1992 (Fn. 35).
6b Schiedsst. v. 1.12.1992 (Fn. 3c); Busse/Keukenschrijver, PatG, Rz. 4 zu § 10 ArbEG; im Ergebn. auch Reimer/Schade/Schippel/Kaube Rz. 1 zu § 11/RL Nr. 25.
7   Schiedsst. v. 19.11.1985 Arb.Erf. 50/85 (unveröffentl.).
8   frei
9   S. § 9 Abs. 1 S. 2 Reg-Entw. 1955 i. BT-Drucks. II/1648 S. 3 u. dazu Amtl. Begr. a.a.O. S. 28 = Blatt 1957, 233.
10 Ausschussber. z. BT-Drucks. II/3327 S. 5 = Blatt 1957, 252.
11 Allg. A., Amtl. Begr. in BT-Drucks. II/1648 S. 28 = Blatt 1957, 233; BGH v.9.1.1964 GRUR 1964, 449, 451 r.Sp. – Drehstromwicklung; Busse/Keukenschrijver, PatG, Rz. 2 zu §10 ArbEG; Reimer/Schade/Schippel/Kaube Rz. 3 zu § 10; vgl. auch Schiedsst. v. 1.12.1992 EGR Nr. 6 zu § 10 ArbEG u. v. 17.10.1991 Mitt. 1997, 373, 374 – Anlagensteuerung.
12 Amtl. Begr. (Fn. 11).
13 Vgl. auch Schiedsst. v. 17.10.1991 (Fn. 11), wonach der Umfang einer späteren Schutzrechtsanmeldung des Arbeitnehmers nicht maßgeblich ist.

§ 10

II. Fälligkeit

Die Fälligkeit des Vergütungsanspruchs, also der Zeitpunkt, von dem ab der Arbeitgeber Vergütung zu zahlen hat, ergibt sich aus § 12 Abs. 1 oder Abs. 3[14]. Mangels einer Vereinbarung (Feststellung) der Arbeitsvertragsparteien ist die Vergütung vom Arbeitgeber spätestens bis zum Ablauf von 3 Monaten nach Aufnahme der Benutzung festzusetzen (§ 12 Abs. 3 Satz 2, 2. Halbs., dort Rz. 55 ff.; im Übrigen Rz. 20 ff. zu § 9). 13

D. Dauer

I. Grundsatz

Die Dauer der Vergütungszahlung orientiert sich im Grundsatz an dem **Zeitraum der Benutzungshandlungen** des Arbeitgebers. Von einer Pauschalvergütung (s. dazu Rz. 57 ff. zu § 9) und den allgemeinen Erlöschensgründen des bürgerlichen Rechts (s. dazu Rz. 37 zu § 9) abgesehen, erlischt der Vergütungsanspruch grundsätzlich erst dann, wenn der Arbeitgeber die Benutzung der Erfindung einstellt[20]. Zum Verzicht auf das Benutzungsrecht s. Rz. 9 zu § 8. Hat der Arbeitnehmer ein Schutzrecht erwirkt, so endet die Vergütungspflicht spätestens mit Wegfall dieses Schutzrechts[20a] (RL Nr. 42 Satz 2 – s. dazu Rz. 33 ff. zu § 9 u. unten Rz. 22 ff.). Hat der Arbeitnehmer dagegen auf einen Schutzrechtserwerb verzichtet, kommt als Vergütungszeitraum maximal die fiktive Laufdauer eines Schutzrechts – gerechnet ab dem Zeitpunkt des Zugangs der Inanspruchnahmeerklärung – in Betracht, da der Erfinder im Falle einer beschränkten Inanspruchnahme nicht besser gestellt werden kann als bei einer unbeschränkten[21]. Dies gilt auch bei Zweifeln an der Schutzunfähigkeit (s. Rz. 19). 14

Der Vergütungsanspruch bleibt vom **Ausscheiden des Arbeitnehmers** unberührt (§ 26). 15

II. Wegfall bei Unzumutbarkeit

Trotz Nutzung durch den Arbeitgeber kann ausnahmsweise die Vergütungspflicht bereits zu einem früheren Zeitpunkt entfallen, wenn bei Fehlen eines Schutzrechts die **Erfindung** soweit **bekannt geworden** ist, dass 16

---

14 Wie hier Busse/Keukenschrijver, PatG, Rz. 5 zu § 10 ArbEG.
15-19 frei
20 Allg. A., s. BGH v. 9.1.1964 GRUR 1964, 449, 451 r.Sp. – Drehstromwicklung; Gaul/Bartenbach Handbuch N. 257 ff.; Reimer/Schade/Schippel/Kaube Rz. 7 zu § 10.
20a Bestätigend Busse/Keukenschrijver, PatG, Rz. 6 zu § 10 ArbEG.
21 Volz Öffentl. Dienst S. 97; Reimer/Schade/Schippel/Kaube Rz. 11 zu § 10.

§ 10

sie von Wettbewerbern berechtigterweise benutzt wird[22] (vgl. auch RL Nr. 25 Abs. 3 Satz 4) oder benutzt werden kann[23], ferner, wenn das Schutzrecht wegen offenbarer oder wahrscheinlicher Vernichtbarkeit von Mitbewerbern nicht beachtet wird[23a]. Denn es ist dem Arbeitgeber nicht zuzumuten (§ 242 BGB), für die Benutzung einer Erfindung eine Vergütung zu zahlen, die von Dritten ohne jede Einschränkung genutzt werden kann und ihm eine tatsächliche Monopolstellung (vgl. § 20 Abs. 1) nicht mehr gewährt[24] (s. auch Rz. 35 zu § 9 sowie RL Nr. 43).

17 Hierbei entfällt die Vergütungspflicht erst **mit Wirkung für die Zukunft** (ex nunc), d.h. mit tatsächlichem Verlust der Vorzugsstellung[24a]. Eine Rückzahlung bereits erbrachter Vergütung ist ausgeschlossen; bis zu diesem Zeitpunkt fällig gewordene Vergütungsansprüche sind noch zu erfüllen (s. unten Rz. 29).

18 Erfolgt das **Offenkundigwerden** der erfinderischen Lehre **auf Grund eigener Benutzungshandlungen** des Arbeitgebers im Rahmen seines ihm durch § 7 Abs. 2 eröffneten Benutzungsrechts, so ist ihm die Berufung auf die Grundsätze von Treu und Glauben (§ 242 BGB) dann nicht verwehrt, wenn er seiner Geheimhaltungspflicht nach § 24 Abs. 1 genügt (s. dazu Rz. 21 zu § 24) und er sich im Übrigen nicht treuwidrig (insbesondere in bewusster Schädigungsabsicht) verhalten hat[25]. Ein Bekanntwerden der Erfindung, das auf betrieblichen Erfordernissen beruht, muss der Arbeitnehmer gegen sich gelten lassen[26] (s. auch Rz. 22). Er kann dem Offenkundigwerden durch eigene Schutzrechtsanmeldung begegnen[27].

III. Einwand der mangelnden Schutzfähigkeit

1. Ausschluss des Einwands der ursprünglichen Schutzunfähigkeit

19 Da die Vergütungspflicht für die Benutzung der Diensterfindung auch dann besteht, wenn sich dieses Nutzungsrecht nicht aus einem Ausschlussrecht herleitet (s. oben Rz. 11), ist es folgerichtig, dass der Arbeitgeber sich

---

22 BGH v. 9.1.1964 (Fn. 20).
23 Zutr. Reimer/Schade/Schippel/Kaube Rz. 4 zu § 11 /RL Nr. 25 m.H.a. BGH v. 26.12.1968 GRUR 1969, 341 – Räumzange; s. auch Lindenmaier/Lüdecke Anm. 5 zu § 11 (RL Nr.25).
23a BGH v. 15.5.1990 GRUR 1990, 667, 668 – Einbettungsmasse.
24 Amtl. Begr. (Fn. 11) S. 29 = Blatt 1957, 234; vgl. auch BGH v. 23.6.1977 GRUR 1977, 784, 787 – Blitzlichtgeräte.
24a BGH v. 15.5.1990 (Fn. 23a).
25 Ebenso Busse/Keukenschrijver, PatG, Rz. 7 zu § 10 ArbEG; ähnl. Reimer/Schade/Schippel/Kaube Rz. 10 zu § 10; Volmer Rz. 20 zu § 10.
26 So BGH v. 26.12.1968 (Fn. 23) S. 344 r.Sp. z. vergleichb. Fall d. § 20 Abs. 1.
27 Busse/Keukenschrijver, PatG, Rz. 7 zu § 10 ArbEG.
28-39 frei

§ 10

nach § 10 Abs. 2 Satz 1 ohne amtlichen bzw. gerichtlichen Nachweis (s. dazu Rz. 24 ff.) nicht auf eine ursprüngliche Schutzunfähigkeit berufen kann; dies gilt auch für den Fall, dass der Arbeitnehmer die Diensterfindung auf einen Dritten übertragen hat[40]. Denn andernfalls würde doch wieder ein Anmeldezwang zu Lasten des (sozial schwächeren) Arbeitnehmers begründet, da er nur durch das Betreiben des Schutzrechtserteilungsverfahrens den ihm obliegenden Nachweis der Schutzfähigkeit führen könnte[41]; dem Arbeitgeber soll damit verwehrt werden, sich einerseits ein Benutzungsrecht zu sichern und sich andererseits seiner Vergütungspflicht durch bloßes Bestreiten der Schutzfähigkeit zu entziehen[41a]. Demzufolge schuldet der Arbeitgeber die Vergütung auch bei Zweifeln an der Schutzfähigkeit[41b] (s. auch Rz. 37), und zwar bis zur rechtsbeständigen Feststellung der Schutzunfähigkeit (s. Rz. 29) bzw. bis zum fiktiven Schutzrechtsablauf (s. Rz. 14) bzw. Wegfall des Schutzrechts (s. Rz. 22 ff.), es sei denn, die Vergütungszahlung ist unzumutbar (s. Rz. 16 ff.).

§ 10 Abs. 2 steht in Einklang mit der in § 2 zum Ausdruck gekommenen gesetzgeberischen Wertung, dass es (zunächst) nicht auf eine festgestellte Schutzfähigkeit (Schutzrechtserteilung), sondern allein auf die objektive **Möglichkeit einer Schutzrechtserteilung** ankommt (s. dazu Rz. 16 f. zu § 2); folglich liegt darin auch keine Abkehr vom Monopolprinzip (s. dazu Einl. vor §§ 9-12, Rz. 9 f.). Maßgeblich ist aber, dass eine Schutzrechtserteilung bei Anmeldung möglich gewesen wäre, was ausgeschlossen ist, wenn eine Schutzfähigkeit als Patent oder Gebrauchsmuster kraft Gesetzes ausscheidet (vgl. etwa § 1 Abs. 2, § 2 PatG).

Die Inanspruchnahme bedeutet keine Anerkennung der Schutzfähigkeit der Erfindung durch den Arbeitgeber[42] (s. Rz. 15 zu § 2); vielmehr wird durch § 10 Abs. 2 die **Fiktion** aufgestellt, dass die Diensterfindung – sofern die Inanspruchnahme ausgesprochen wurde – schutzfähig[43] ist.

§ 10 Abs. 2 steht nicht der Möglichkeit des Arbeitgebers entgegen, die **Erfindereigenschaft** des Empfängers der Inanspruchnahmeerklärung zu bestreiten[43a].

20

21

---

40 Reimer/Schade/Schippel/Kaube Rz. 16 zu § 10; vgl. auch Schiedsst. v. 1.12.1992 EGR Nr. 6 zu § 10 ArbEG.
41 Amtl. Begr. (Fn. 11) S. 28 = Blatt 1957, 233; ausf. Reimer/Schade/Schippel/Kaube Rz. 15 zu § 10.
41a Vgl. BPatG v. 8.11.1990 GRUR 1991, 755, 756 f. – Tiegelofen; s. ferner BGH v. 2.6.1987 GRUR 1987, 900, 902 – Entwässerungsanlage u.v. 15.5.1990 GRUR 1990, 667, 668 Einbettungsmasse.
41b BGH v. 2.6.1987 u.v. 15.5.1990 (beide Fn. 41a); Schiedsst. v.1.12.1992 (Fn. 40).
42 So aber wohl Reimer/Schade/Schippel/Kaube Rz. 15 zu § 10 im Anschluss an Heine/Rebitzki Anm. 3 zu § 9; Volmer Rz. 14 zu § 10.
43 Zutr. Heine/Rebitzki Anm. 1 zu § 10; ebenso Busse/Keukenschrijver, PatG, Rz. 3 zu § 10 ArbEG; vgl. auch Schiedsst. v. 29.6.1972 Blatt 1973, 58, 59 r.Sp.
43a Schiedsst. ZB v. 23.1.1980 Arb.Erf. 41/79 (unveröffentl.); zust. auch Reimer/Schade/Schippel/Kaube Rz. 15 zu § 10 u. Busse/Keukenschrijver, PatG, Rz. 10 § 10 ArbEG.

§ 10

2. Einwand des nachträglichen Wegfalls der Schutzfähigkeit

22 Entsprechend dem Wortlaut des § 10 Abs. 2 Satz 1 (»z. Zt. der Inanspruchnahme«) ist mangels amtlicher bzw. gerichtlicher Feststellung jedoch nur der Einwand der **ursprünglichen** Schutzunfähigkeit ausgeschlossen; der Arbeitgeber ist nicht gehindert, den **(späteren)** Wegfall der Schutzfähigkeit geltend zu machen[44], und zwar dann, wenn der Erfindungsgegenstand offenkundig geworden ist (s. Rz. 16 ff.) oder die Schutzunfähigkeit feststeht (s. Rz. 24 ff.). Die Vergütungspflicht entfällt ferner bei Widerruf des Schutzrechts[44a] oder bei Rücknahme der Anmeldung.

3. Verhältnis zu Dritten

23 Die Fiktionswirkung des § 10 Abs. 2 Satz 1 gilt entsprechend ihrem Sinn nur im Verhältnis der Arbeitsvertragsparteien zueinander; gegenüber einem Dritten (auch Erfindungserwerber) kann sich der Arbeitgeber daher uneingeschränkt auf die mangelnde Schutzfähigkeit berufen[45].

4. Feststellung der Schutzunfähigkeit

24 An die Fiktion der ursprünglichen Schutzfähigkeit bleibt der Arbeitgeber solange gebunden, bis sich aus einer (rechtskräftigen) Entscheidung der Erteilungsbehörde oder eines Gerichts die Feststellung der (ursprünglichen oder nachträglichen) Schutzunfähigkeit ergibt (§ 10 Abs. 2 Satz 1 2. Halbs.). Mit einer solchen Entscheidung entfällt die sachliche Rechtfertigung für weitere Vergütungszahlungen, da nunmehr feststeht, dass die Erfindung ein bloßes, dem Arbeitgeber von vornherein zugeordnetes Arbeitsergebnis darstellt (s. dazu Rz. 26 f. zu § 3 u. unten Rz. 29).

25 Die Nichtschutzfähigkeit der Diensterfindung kann sich sowohl anlässlich eines vom Arbeitnehmer betriebenen **Erteilungsverfahrens** (einschließlich eines Einspruchs- und Beschwerdeverfahrens) als auch im Rahmen eines **Nichtigkeits- oder Löschungsverfahrens** ergeben[54], wobei es

---

44 So Amtl. Begr. (Fn. 11) S. 29 = Blatt 1957, 234; Beil in Chem.-Ing.-Technik 1957, 489, 490; Busse/Keukenschrijver, PatG, Rz. 10 zu § 10 ArbEG; Reimer/Schade/Schippel/Kaube Rz. 21 zu § 10; Schiedsst. ZB v. 23.1.1980 (Fn. 43a); abw. Johannesson GRUR 1970, 114, 118 r.Sp.
44a BGH v. 15.5.1990 (Fn. 41a).
45 Reimer/Schade/Schippel/Kaube Rz. 16 zu § 10.
46-53 frei
54 Amtl. Begr. (Fn. 11) S. 28 = Blatt 1957, 234; BGH v. 15.5.1990 GRUR 1990, 667, 668 – Einbettungsmasse.

§ 10

unerheblich ist, wer dieses Verfahren eingeleitet hat[55] (zur Zulässigkeit der Nichtigkeitsklage seitens des Arbeitgebers s. Rz. 47 ff. zu § 25). Nach Erlöschen des Patents verliert der Arbeitgeber das Rechtsschutzinteresse an der Nichtigerklärung des Patentes auch dann, wenn zwischen ihm und dem Patentinhaber Streit über die Vergütung des Patentes besteht[56].

Nach Sinn und Wortlaut des § 10 Abs. 2 Satz 1 ist – mit der h. L. – keine gegenüber jedermann wirkende Entscheidung erforderlich[57]. Folglich kann der Arbeitgeber auch außerhalb eines auf die Schutzrechtserteilung oder -versagung (-vernichtung) bezogenen Verfahrens, etwa durch eine von ihm gegenüber dem Arbeitnehmer erhobene **negative Feststellungsklage** – insbesondere auch in einem Vergütungsstreit – diese Klärung herbeiführen[58]. Andernfalls wäre dem Arbeitgeber bei Nichtanmeldung der Diensterfindung durch den Arbeitnehmer die Möglichkeit genommen, jemals von seinem Recht aus § 10 Abs. 2 Satz 1 2. Halbs. Gebrauch zu machen. Die Begriffe »Entscheidung des Patentamtes oder eines Gerichts« enthalten keine Beschränkung auf bestimmte Verfahrens- oder Klagearten. In diesem Rahmen gewährt das Gesetz dem Arbeitgeber ein Recht auf Überprüfung der Schutzfähigkeit der Erfindung[58a] und schließt zugleich aus, dass der Arbeitgeber seine eigene Bewertung maßgebend sein lässt. Zur Feststellung der Schutzfähigkeit kann das angerufene Gericht das Patentamt ggf. zur Erstellung eines Obergutachtens ersuchen (§ 29 Abs. 1 PatG, Art. 25 EPÜ).

26

Bei den »**Entscheidungen**« muss es sich um beschwerde- (vgl. § 73 PatG) bzw. rechtsmittelfähige sachliche Entschließungen der dazu berufenen Erteilungsbehörde bzw. Gerichte handeln, die zudem über die Schutzfähigkeit (selbst) befinden. Keine Entscheidung i. S. dieser Bestimmung stellen also Prüfbescheide gem. §§ 42, 45 PatG dar, auch wenn sie zur Schutzfähigkeit Stellung nehmen; ferner solche Bescheide, die lediglich die Feststellung bestimmter Rechtsfolgen zum Gegenstand haben, wie z.B. die

27

---

55 Ebenso Reimer/Schade/Schippel/Kaube Rz. 15 zu § 10; zur Nichtigkeitsklage des Arbeitgebers s. BGH v. 15.5.1990 (Fn. 54); abw. BPatG v. 8.11.1990 GRUR 1991, 755, 757 – Tiegelofen (bei vorbehaltenem Benutzungsrecht nach § 16 Abs. 3).
56 BGH v. 17.2.1981 GRUR 1981, 516, 517 – Klappleitwerk; ebenso Busse/Keukenschrijver, PatG, Rz. 8 zu § 10 ArbEG.
57 Friedrich GRUR 1964, 453; Heine/Rebitzki Anm. 3 zu § 10; Reimer/Schade/Schippel/Kaube Rz. 18 zu § 10; Volmer in Anm. AP Nr. 1 zu § 10 ArbNErfG; a.A. BGH v. 9.1.1964, GRUR 1964, 449, 452 r.Sp. – Drehstromwicklung; Busse/Keukenschrijver, PatG, Rz. 8 zu § 10 ArbEG, der dies als Konsequenz aus der Entscheidung des Arbeitgebers für eine bloß beschränkte Inanspruchnahme herleitet; wie hier wohl BGH v. 15.5.1990 (Fn. 54).
58 S. Friedrich, Heine/Rebitzki, Reimer/Schade/Schippel/Kaube (alle Fn. 57); Löscher BB-Beil. 7/1967 S. 10 (dort Fn. 48) verneint allg. i.H.a. § 37 ArbEG die Zulässigkeit e. isolierten Klage auf Feststellung d. Schutzfähigkeit und will diese nur im Rahmen e. Leistungsklage auf Vergütung zulassen.
58a A.A. Busse/Keukenschrijver, PatG, Rz. 8 zu § 10 ArbEG.

§ 10

Nachricht gem. § 35 Abs. 3 Satz 2, § 57 Abs. 1 Satz 3, § 58 Abs. 3 PatG (vgl. auch Regel 69 EPÜ AO).

28 Der **Einigungsvorschlag der Schiedsstelle** ist zwar keine Entscheidung im aufgezeigten Sinne; er entfaltet aber mangels Widerspruchs der Beteiligten eine Bindungswirkung im Sinne einer Vereinbarung zwischen den Parteien (vgl. § 34 Abs. 3); die gleiche Wirkung tritt ein, wenn die Arbeitsvertragsparteien sich untereinander zuvor verpflichtet haben, keinen Widerspruch nach § 34 Abs. 3 einzulegen[59] (s. dazu Rz. 31 zu § 34). Hat die Schiedsstelle die mangelnde Schutzfähigkeit verbindlich festgestellt, liegt darin eine (auch ansonsten gemäß § 22 Satz 2 zulässige) **Vereinbarung** der Arbeitsvertragsparteien über die Schutzfähigkeit (s. auch Rz. 14 zu § 2), die ebenfalls den Einwand der Schutzunfähigkeit rechtfertigt.

29 Der Arbeitgeber kann sich erst mit **formeller Rechts- bzw. Bestandskraft** einer Entscheidung (Einigungsvorschlag) auf die festgestellte Schutzunfähigkeit mit Wirkung für die Zukunft berufen. Nutzungshandlungen **bis zu diesem Zeitpunkt** sind trotz der festgestellten ursprünglichen Schutzunfähigkeit noch zu **vergüten**[60] (§ 10 Abs. 2 Satz 2); damit scheidet auch eine **Rückforderung** bereits geleisteter Vergütungszahlungen aus[61]. Ab dem Zeitpunkt der Feststellung ist die »Diensterfindung« als allein dem Arbeitgeber zustehendes **Arbeitsergebnis** zu behandeln[62]. Vom Arbeitnehmer Dritten eingeräumte Rechtspositionen werden mit Feststellung der Schutzunfähigkeit im Erteilungs-, Nichtigkeits- oder Löschungsverfahren mit Wirkung ex nunc gegenstandslos[63]. Wirkt die Entscheidung über die Schutzfähigkeit dagegen nur zwischen den Parteien (inter partes), steht es dem Dritten frei, die Frage der Schutzfähigkeit und damit der Wirksamkeit seines Vertrages mit dem Erfinder selbst gerichtlich klären zu lassen (s. im Übrigen Rz. 42 ff. zu § 8).

---

59 S. auch BGH v. 9.1.1964 (Fn. 57); zust. Busse/Keukenschrijver, PatG, Rz. 8 zu § 10 ArbEG.
60 All. A., z.B. BGH v. 17. 2. 1981 GRUR 1981, 516, 517 – Klappleitwerk; v. 15.5.1990 (Fn. 54); Schiedsst. v. 29.6.1972 Blatt 1973, 58, 59 u. v. 1.12.1992 EGR Nr. 6 zu §10 ArbEG; Busse/Keukenschrijver, PatG, Rz. 9 zu § 10 ArbEG; Reimer/Schade/ Schippel/Kaube Rz. 20 zu § 10; vgl. auch Ausschussber. z. BT-Drucks. II/3327 S. 5 = Blatt 1957, 252.
61 BGH v. 17.2.1981 (Fn. 60); vgl. auch Windisch GRUR 1985, 829, 832.
62 Wie hier Busse/Keukenschrijver, PatG, Rz. 9 zu § 10 ArbEG.
63 Abw. Reimer/Schade/Schippel/Kaube Rz. 19 zu § 10, wonach der Arbeitgeber bei Lizenzvergabe ein Widerspruchsrecht hat.
64-66 frei

IV. Verjährung, Verwirkung

Für die Verjährung und Verwirkung des Vergütungsanspruchs gem. § 10 gelten die gleichen Grundsätze wie für den Vergütungsanspruch bei unbeschränkter Inanspruchnahme gem. § 9 (s. dort Rz. 39 ff.). 30

E. Bemessung der Vergütung

Gemäß § 10 Abs. 1 Satz 2 ist für die Bemessung der Vergütung § 9 Abs. 2 »entsprechend anzuwenden« (vgl. dort Rz. 69 ff.). Die Notwendigkeit der bloß entsprechenden Anwendung ergibt sich daraus, dass für die Bemessung der Vergütung im Falle der beschränkten Inanspruchnahme anstelle der wirtschaftlichen Verwertbarkeit (s. dazu Rz. 86 ff. zu § 9) nur die **tatsächliche Verwertung** der Diensterfindung durch den Arbeitgeber maßgeblich sein kann[67] (RL Nr. 25 Abs. 1 Satz 1); RL Nr. 24 findet – wie auch RL Nr. 25 Abs. 1 Satz 2 2. Halbs. hervorhebt – keine Anwendung (zum Begriff der tatsächlichen Verwertung s. Rz. 90 ff. zu § 9). Dabei kommen selbstverständlich nur die tatsächlichen Verwertungshandlungen in Betracht, die im Rahmen des betriebsbezogenen einfachen Nutzungsrechts liegen (s. dazu Rz. 29 ff. zu § 7), also nur der Einsatz im eigenen Unternehmen des Arbeitgebers und ggf. eine Lohnfertigung durch Dritte (verlängerte Werkbank). 31

Bezugsgröße für die Ermittlung des Erfindungswertes ist der gesamte tatsächliche Nutzungsumfang, unabhängig davon, ob die Nutzung im Inland oder Ausland erfolgt (vgl. auch Rz. 36 f. zu § 7). Grundlage für die Vergütung ist der **Umfang der gemeldeten Diensterfindung** (s. Rz. 11). 32

Auch für die Vergütung bei der bloß beschränkten Inanspruchnahme gilt uneingeschränkt das vergütungsrechtliche **Gebot der Angemessenheit** (§ 10 Abs. 1 Satz 1; s. dazu Rz. 69 ff. zu § 9). Einzelheiten zur Bemessung des Erfindungswertes enthält RL Nr. 25, die nicht nur für patentfähige, sondern über RL Nr. 28 auch für gebrauchsmusterfähige Diensterfindungen gilt. 33

Nach RL Nr. 25 Abs. 1 Satz 1 sind im Grundsatz alle für unbeschränkt in Anspruch genommene Diensterfindungen geltenden **Vergütungsrichtlinien entsprechend anwendbar** (RL Nrn. 3 ff.). Da jedoch **allein die tatsächliche Verwertung** durch den Arbeitgeber vergütungspflichtig ist (s. oben Rz. 31), scheidet eine Anwendung derjenigen Richtlinien aus, die sich nur mit (bloßer) Verwertbarkeit befassen (insbesondere RL Nrn. 20 bis 24). Auch wegen der Betriebsgebundenheit und Unübertragbarkeit des einfa-

---

[67] Volmer, VergRL Rz. 8 zu RL Nr. 25; Reimer/Schade/Schippel/Kaube Rz. 13 zu § 10 u. Rz. 1 zu § 11/RL Nr. 25; Busse/Keukenschrijver, PatG, Rz. 11 zu § 10 ArbEG; s. auch Amtl. Begr. (Fn. 11) S. 29 = Blatt 1957, 234, die von Beil i. Chem.-Ing.-Techn. 1957, 489, 490 zutr. klargestellt wird.

§ 10

chen Nutzungsrechts finden selbstverständlich die Vergütungsregelungen über Lizenz-, Kauf- und Austauschverträge (RL Nrn. 14 bis 17) ebenso wenig Anwendung wie RL Nr. 18 über die Bestimmung des Erfindungswertes bei Sperrpatenten[68]. Mangels unbeschränkter Inanspruchnahme entfällt auch die unmittelbare Anwendung der RL Nr. 27 i.V.m. § 17; haben sich allerdings die Arbeitsvertragsparteien darüber verständigt, die vom Arbeitgeber beschränkt in Anspruch genommene Erfindung generell geheim zu halten, können Grundsätze der Vergütung betriebsgeheimer Erfindungen entsprechend herangezogen werden.

34 RL Nr. 25 Abs. 2 erklärt die Grundsätze der Berechnung nach dem **erfassbaren betrieblichen Nutzen** für uneingeschränkt anwendbar zur Ermittlung des Erfindungswertes (Einzelheiten zur Methode s. RL Nr. 12 sowie Rz. 161 ff. zu § 9). Im Hinblick auf die in RL Nr. 25 Abs. 3 enthaltenen Einschränkungen bei der Berechnung nach der Methode der Lizenzanalogie ist diese in RL Nr. 25 Abs. 2 vorgenommene uneingeschränkte Anwendbarkeit bedenklich. Insoweit gelten die Ausführungen zu RL Nr. 28 Abs. 1 (s. dazu Rz. 250 zu § 9) auch hier. Der für die Methode nach dem erfassbaren betrieblichen Nutzen geltende übliche **Umrechnungsfaktor** von 1/8 bis 1/3 (s. dazu Rz. 165 zu § 9) muss auch hier im Hinblick auf die geringere Wertigkeit einer einfachen Nutzungserlaubnis in dem Umfang angepasst werden, in dem eine Anpassung der Lizenzsätze bei der Methode nach der Lizenzanalogie erfolgen müsste. Soweit im Rahmen der Lizenzanalogie das einfache Benutzungsrecht mit 50–80 % eines üblichen Lizenzsatzes für unbeschränkt in Anspruch genommene Diensterfindungen anzusetzen ist (vgl. unten Rz. 40), beträgt der Umrechnungsfaktor für die Berechnung nach dem erfassbaren betrieblichen Nutzen 1/16 – 1/4 (= 6,25 % – 25 %). Der **Regelwert** liegt bei **patentgeschützten Erfindungen**, wenn also das einfache Benutzungsrecht durch ein Patent abgesichert ist, bei **13 %**. Die Schiedsstelle hat im Einzelfall 16 % der Ersparnisse als Erfindungswert angesetzt, wenn es sich um ein wertvolles Schutzrecht handelt und kein Anhaltspunkt bestand, dass der Erfinder selbst oder Wettbewerber des Arbeitgebers die Diensterfindung nutzen durften oder tatsächlich benutzten; 12 % wurden dagegen angesetzt, wenn das Schutzrecht auf Wettbewerber übertragen wurde und deshalb der Arbeitgeber keine alleinige Nutzungsmöglichkeit (mehr) hatte[70a] (s. aber auch Rz. 38).

35 Zur Ermittlung des Erfindungswertes nach der **Lizenzanalogie** (s. dazu Rz. 121 ff. zu § 9 sowie RL Nrn. 6 ff.) soll nach RL Nr. 25 Abs. 3 Satz 2 der

---

68 Vgl. (aber) auch Reimer/Schade/Schippel/Kaube Rz. 1 zu § 11/RL Nr. 25, wonach der Grundgedanke der RL Nr. 18 anwendbar sein soll, wenn die wirtschaftliche Stellung des Arbeitgebers anderweitige Verwertungen des Arbeitnehmers unmöglich macht.
69-70 frei
70a EV. v. 17.10.1991 Mitt. 1997, 373, 374 – Anlagensteuerung; zustimmender Hinweis auch bei Reimer/Schade/Schippel/Kaube Rz. 3 zu § 11/RL Nr. 25.

§ 10

Lizenzsatz für das dem Arbeitgeber überlassene nicht ausschließliche Nutzungsrecht grundsätzlich niedriger als die für ausschließliche Nutzungsbefugnisse vereinbarten Lizenzsätze sein[71]. Dabei soll – nach Möglichkeit – von den für **nicht ausschließliche Lizenzen mit freien Erfindern** üblicherweise vereinbarten Sätzen ausgegangen werden (RL Nr. 25 Abs. 3 Satz 1). Nur wenn solche Erfahrungssätze nicht bekannt sind, könne auch auf Lizenzsätze für ausschließliche Lizenzen zurückgegriffen werden (RL Nr. 25 Abs. 3 Satz 2 1. Halbs.), wobei dann auf Grund allgemeiner praktischer Erfahrung diese ausschließlichen Lizenzsätze zu relativieren seien[72].

Dieser Ausrichtung auf Lizenzsätze bei einfachen oder gar ausschließlichen Lizenzverträgen stehen grundsätzliche Bedenken entgegen. Auch bei der beschränkten Inanspruchnahme soll Erfindungswert der Preis sein, der an einen außenstehenden freien Erfinder für die Einräumung des einfachen Nutzungsrechts bezahlt wird. Aus der Sicht des freien Erfinders als Lizenzgeber widerspricht es der Realität in der Praxis, dass dieser auch die Ausnutzung eines nur einfachen Lizenzrechtes dem Ermessen seines Lizenznehmers ohne entsprechenden wirtschaftlichen Ausgleich überlassen würde; entweder verpflichtet er den (einfachen) Lizenznehmer zu einer konkret definierten Ausübung des Lizenzgegenstandes oder vereinbart jedenfalls die Zahlung von Mindestlizenzgebühren unabhängig von der konkreten Ausnutzung. Andererseits wäre kein Unternehmen auch bei einer bloß einfachen Lizenzabrede bereit, für ein »Nutzungsrecht« Lizenzzahlungen zu erbringen, wenn nicht die Sicherheit bestünde, dass der Lizenzgeber jedenfalls bemüht ist, für diese Erfindung ein rechtliches Monopol durch den Erwerb eines Schutzrechts zu erzielen. Insoweit widerspricht es den wirtschaftlichen Gepflogenheiten der Praxis, wenn § 10 Abs. 1 die Vergütungspflicht auch dem Grunde nach an die im Ermessen des Arbeitgebers liegende tatsächliche Benutzung anknüpft; ebenso widerspricht es der Lizenzpraxis, wenn RL Nr. 25 Abs. 3 Satz 4 vorgibt, dass ein fehlendes Schutzrecht keinen mindernden Einfluss auf die Höhe des Erfindungswertes haben soll. Insoweit ist die der RL Nr. 25 zugrunde liegende Vergleichbarkeit praktisch ausgeschlossen. Dies mag mit ein Grund dafür sein, dass sich das Institut der beschränkten Inanspruchnahme einer Diensterfindung in der freien Wirtschaft absolut nicht bewährt hat und allenfalls im öffentlichen Dienst anzutreffen ist[73].

36

---

71 Vgl. auch Schiedsst. v. 29.6.1972 (Fn. 60), wonach die nicht ausschließliche Lizenz »in der Regel zu einer niedrigeren Vergütung führt«, wobei dort der Erfindungswert wegen der durch den Einsatz der Erfindung vermittelten verminderten Baurisiken auf ein Viertel der Gesamtersparnis eines vorzeitig zu erwartenden Nutzens angesetzt wurde.
72 Vgl. Lindenmaier/Lüdecke Anm. 4 zu § 11/RL Nr.25; Heine/Rebitzki Vergtg. f. Erf. Anm. 4 zu RL Nr. 25.
73 Vgl. Volz Öffentl. Dienst S. 80 ff.; zust. Reimer/Schade/Schippel/Kaube Rz. 13 zu § 10.

§ 10

37 Hat der Arbeitnehmer mangels (Inlands-)Anmeldung **kein Schutzrecht erworben,** muss sich dies entgegen RL Nr. 25 Abs. 3 Satz 4 auf die Bestimmung der Höhe des Erfindungswertes mindernd auswirken[74] (s. auch Rz. 40). Anders als bei der unbeschränkten Inanspruchnahme kann jedoch ein etwaiges **Schutzrechtserteilungsrisiko** (s. dazu Rz. 66 ff. zu § 12) nicht in Ansatz gebracht werden; etwaige **Zweifel an der Patentfähigkeit** rechtfertigen keine Vergütungsminderungen[75] (s. auch Rz. 19).

38 **Nutzt der Arbeitnehmer** die Diensterfindung **selbst** oder hat er Dritten Nutzungsrechte hieran eingeräumt, muss sich dies nicht zusätzlich vergütungsmindernd auswirken, da diesem Umstand regelmäßig schon durch die Bemessung eines niedrigeren Lizenzsatzes für das einfache Lizenzrecht des Arbeitgebers Rechnung getragen wird[76] (s. aber auch Rz. 34, 40). Ggf. kann unter dem Aspekt des § 12 Abs. 6 bei außergewöhnlichem Umfang dieser anderweitigen Nutzung eine Vergütungsänderung herbeigeführt werden.

39 Hat der **Arbeitnehmer** bezogen auf die konkrete Diensterfindung selbst **Lizenzen vergeben,** so können die in diesen Lizenzverträgen vereinbarten Lizenzsätze als Maßstab für den Erfindungswert herangezogen werden (RL Nr. 25 Abs. 3 Satz 3); dies gilt aber nur »in geeigneten Fällen«, d. h. es muss eine mit dem Nutzungsrecht des Arbeitgebers vergleichbare Verwertungssituation des Lizenznehmers gegeben sein. Bezieht sich z.B. das Nutzungsrecht des Lizenznehmers auf ein Auslandspatent, nutzt dagegen der Arbeitgeber die Erfindung lediglich im Inland, ohne dass dort eine Schutzrechtsanmeldung erfolgt ist, kann der mit dem (anderen) Lizenznehmer vereinbarte Lizenzsatz allenfalls reduziert zum Ansatz kommen. Entsprechendes gilt bei Vergabe einer ausschließlichen Lizenz.

Selbstverständlich ist der Arbeitnehmer, wenn er sich auf anderweitige Lizenzvergaben beruft, in vollem Umfang hierfür **darlegungs- und nachweispflichtig.**

40 **Fehlen** derartige **Lizenzverträge,** wird also auf vergleichbare oder firmen- bzw. **branchenübliche Lizenzsätze** zurückgegriffen, muss der Praxis entsprechend ein ausschließlicher Lizenzsatz regelmäßig im Hinblick auf das bloß einfache Nutzungsrecht des Arbeitgebers gemindert werden[76a] (s. auch Rz. 38). Ist vom Arbeitnehmer **kein Schutzrecht angemeldet,**

---

74 Ähnl. Heine/Rebitzki (Fn. 72) Anm. 5; Lindenmaier/Lüdecke (Fn. 72) Anm. 5; a.A. Reimer/Schade/Schippel/Kaube Rz. 13 zu § 10.
75 Schiedsst. v. 29.6.1972 Blatt 1973, 58, 59 u.v. 1.12.1992 Mitt. 1996, 351, 352 – Straßenbau.
76 Wie hier Volmer VergRL Rz. 14 zu RL 1959/Nr. 25 u. Volmer/Gaul Rz. 803 f. zu § 9/RL Nr. 25; a.A. Heine/Rebitzki Anm. 2 zu § 10; Lindenmaier/Lüdecke (Fn. 72) Anm. 6; vgl. auch Reimer/Schade/Schippel/Kaube Rz. 3 zu § 11/RL Nr. 25 m.H.a. Schiedsst. v. 17.10.1991 Mitt. 1997, 373, 374 – Anlagensteuerung – dort bei Verkauf der Erfindung durch den Arbeitnehmer (s. oben Rz. 34); s. auch Busse/Keukenschrijver, PatG, Rz. 36 zu § 11 ArbEG.
76a So auch Schiedsst., z.B. v.17.10.1991 (Fn. 76) m.H.a. Schiedsst. v. 29.6.1972 (Fn. 75).

§ 10

wäre es an sich – im Vergleich zum freien Erfinder – naheliegend, allenfalls von einer Anerkennungsgebühr auszugehen. Im Hinblick auf die § 10 zugrunde liegende gesetzgeberische Entscheidung, dem Arbeitnehmer keinen Anmeldungszwang aufzuerlegen, muss aber eine andere Wertentscheidung getroffen werden. Hier erscheint u. E. (allenfalls) ein Ansatz von 50 % des für »vergleichbare« ausschließliche Lizenzen **üblichen Lizenzsatzes** angemessen.

Hat dagegen der Arbeitnehmer bzw. ein Dritter (Rechtserwerber) auf die Diensterfindung ein **Schutzrecht erlangt**, so wird je nach Wertigkeit des Schutzrechts (insbesondere Patent oder Gebrauchsmuster) ein Ansatz von 50 % bis 80 % sachgerecht und angemessen sein[77]. Dieser Rahmen kann sich sowohl nach unten als auch nach oben (bis auf 100 %) erweitern, und zwar je nachdem wie stark die Einbußen durch die Nichtausschließlichkeit des Benutzungsrechts sind oder wie vergleichbar die tatsächliche Situation mit einem ausschließlichen Benutzungsrecht ist[78]. Dabei sind alle Gesichtspunkte zu berücksichtigen, welche einen Wettbewerbsvorsprung des Arbeitgebers vor anderen Mitbewerbern stärken oder verringern; werterhöhend wirken sich das Bestehen eines Schutzrechts (s. auch Rz. 37) und seine Wertigkeit aus, wertmindernd dagegen das tatsächliche Vorhandensein oder die hohe Wahrscheinlichkeit des Auftretens von Wettbewerbern, die ebenfalls von der Diensterfindung Gebrauch machen können, sei es durch Einräumung von Nutzungsrechten oder auf Grund einer Schutzrechtsübertragung durch den Arbeitnehmer[79]. Bei einem starken, wertvollen Schutzrecht, das der Arbeitnehmererfinder später auf einen Wettbewerber überträgt, hat die Schiedsstelle im Einzelfall 80 % für Nutzungen bis zum Zeitpunkt der Übertragung, und 60 % ab Übertragung angenommen[80] (s. Rz. 34).

Im Übrigen gelten für die Vergütungsbemessung, insbesondere zur Bestimmung des **Anteilsfaktors** (vgl. hierzu Rz. 261 ff. zu § 9), die gleichen Kriterien wie bei der Vergütung für eine unbeschränkte Inanspruchnahme (s. dazu Rz. 69 ff. zu § 9). Weitere Einzelheiten zur Vergütung s. auch bei Rz. 60 ff. zu § 14 u. Rz. 90 ff. zu § 16.

41

---

77 Vgl. Schiedsst. v. 6.10.1992 GRUR 1994, 608, 611 (dort 80 %).
78 So Schiedsst. v. 17.10.1991 (Fn. 76).
79 So Schiedsst. v. 17.10.1991 (Fn. 76).
80 Schiedsst. v. 17.10.1991 (Fn. 76).

§ 11 Vergütungsrichtlinien

Der Bundesminister für Arbeit erlässt nach Anhörung der Spitzenorganisationen der Arbeitgeber und der Arbeitnehmer (*§ 10 a des Tarifvertraggesetzes*)* Richtlinien über die Bemessung der Vergütung.

Lit.: *Bartenbach/Volz*, Arbeitnehmererfindervergütung, 2. Aufl. 1999; *Beil*, RLn. f. d. Vergütg. v. ArbNErf. i. priv. Dienst, GRUR 1960, 179;*Busse/Keukenschrijver*, PatG 5. Aufl. 1999 zu § 11 ArbEG; *Danner*, Führen die amtl. RLn. f. Arbeitnehmererf. im priv. Dienst v. 20. 7. 1959 zu angemessenen Vergütungen?, GRUR 1961, 381; *ders.*, Nochmals: Alte Probleme, neue Vorschläge f. d. amtl. RL 1959, GRUR 1980, 821; *Gaul/Bartenbach*, Arbeitnehmererf. u. Verbesserungsvorschlag, 2. Aufl. 1972, S. 72; *Halbach*, RLn. f. d. Vergütg. v. ArbNErf., BlfStSozArbR 1959, 317; *Heine/Rebitzki*, Die Vergütung f. Erf. von ArbN im priv. Dienst, 1960; *Herbst*, Arbeitnehmererf. im priv. Dienst, BArbBl. 1959, 627; *Kämmerer*, Über die den RLn f. d. Vergütung v. Arbeitnehmererf. (RL 1959) zugrunde liegenden mathemat. Beziehungen, BArbBl. 1959, 623; *Karl*, Stellungnahme zu d. bisherigen Komm. ü. d. neuen VergütungsRLn. f. Arbeitnehmererf., GRUR 1960, 459; *Leydhecker*, RLn. z. Vergütung von Arbeitnehmererf., BlfStSozArbR 1959, 328; *Reimer/Schade/Schippel/Kaube*, Das Recht der Arbeitnehmererf., 7. Aufl. 2000, Anh. zu § 11; *Schade*, Die neuen Rln. f. d. Vergütung von Arbeitnehmererf., BB 1960, 449; *ders.*, Erfindervergütung, GRUR 1962, 125; *Volmer*, Die RLn. f. d. Vergütung von Arbeitnehmererf. im priv. Dienst v. 20.7.1959, RdA 1960, 60; *Volmer*, RLn. über Vergütungen für Arbeitnehmererf., 1964. Ferner kommentiert bei: *Lindenmaier/Lüdecke*, Arbeitnehmererfindungen, 1961, zu § 11; *Volmer/Gaul*, Arbeitnehmererfindungsgesetz, 2. Aufl. 1983, zu § 9; *Wendel*, Die RLn. f. d. Vergütg. v. ArbNErf. i. priv. Dienst, AuR 1960, 8; (N.N.), RLn. f. d. Vergütung v. Arbeitnehmererf., BB 1959,885 ff.; Mitteilung des Bundesministers f. Arbeit u. Sozialordnung in: Bulletin d. Presse- u. Informationsamtes der Bundesregierung 1959, 1525 (= GRUR 1959, 477 = Mitt. 1959, 373 = RdA 1959, 344). Siehe auch Lit. vor §§ 9-12.

Übersicht

A. Allgemeines.................... 1, 2
B Die RLn 1959 und 1960.......... 3-12
C. Unternehmenseigene Richtlinien..... 13-18

A. Allgemeines

§ 11 enthält den »Auftrag« an den Bundesministers für Arbeit (und Sozialordnung) zum Erlass von Richtlinien über die Bemessung der Vergütung von Arbeitnehmererfindungen; dazu wird die Anhörung der Spitzenorga- 1

---

* Jetzt § 12 TVG.

§ 11

nisationen der Arbeitgeber und Arbeitnehmer im Sinne des § 10 a TVG a. F. (= § 12 TVG i.d.F. v. 25.8.1969, BGBl. I, 1323) zwingend vorgeschrieben.

2 § 11 stellt keine Ermächtigung zum Erlass von Rechtsverordnungen i. S. d. Art. 80 Abs. 1 GG dar; vielmehr handelt es sich um eine **Weisung des Gesetzgebers** an die Exekutive zum Erlass von (unverbindlichen) Richtlinien[1]. Bestehende Richtlinien können vom Bundesarbeitsminister nach pflichtgemäßem Ermessen geändert, ergänzt, erweitert oder durch neue Richtlinien ersetzt werden; dazu ist ebenfalls die vorherige Anhörung der o. a. Spitzenorganisationen erforderlich.

B. Die RLn 1959 u. 1960

3 Dem Auftrag des § 11 ist der Bundesminister für Arbeit und Sozialordnung nach Anhörung der Bundesvereinigung der Deutschen Arbeitgeberverbände, des DGB, der DAG, der Union der leitenden Angestellten[2] durch Erlass der »**Richtlinien für die Vergütung von Arbeitnehmererfindungen im privaten Dienst**« vom 20.7.1959[3] (**RLn 1959**, abgedruckt in **Anh. 1 zu § 11**) nachgekommen. Diese sind bis auf eine Neufassung der RL Nr. 11 im Jahre 1983[3a] unverändert. In Ergänzung hierzu folgten am 1.12.1960 die »**Richtlinien für die Vergütung von Arbeitnehmererfindungen im öffentlichen Dienst**«[4] (**RL 1960**, abgedruckt im Anh. 2 zu § 11; s. dazu Rz. 12). Diese Richtlinien haben die »Richtlinien für die Vergütung von Gefolgschaftserfindungen« i. d. F. vom 10.10.1944[5] abgelöst.

Die Vergütungsrichtlinien haben sich in der Praxis weitgehend bewährt, so dass, solange die Vergütungsbestimmungen des ArbEG unverändert bleiben, kein Bedürfnis für ihre grundlegende Änderung besteht[6]. Dies bedeutet nicht, dass bei einzelnen Richtlinien kein Anpassungsbedarf besteht, wie etwa bei RL Nr. 10 (s. dazu Rz. 131 zu § 9), ferner bei den Richtlinien zur Vergütung nicht verwerteter Erfindungen (RL Nrn. 20–24; s. dazu

---

1 Zutr. Reimer/Schade/Schippel/Kaube Rz. 6 zu § 11.
2 Mitteilung des Bundesministers für Arbeit- und Sozialordnung in Bulletin d. Presse- und Informationsamtes der Bundesregierung v. 20.8.1959, S. 1525 = GRUR 1959, 477 = RdA 1959, 344.
3 Veröffentl. in Beilage z. BAnz. Nr. 156 v. 18.8.1959 = Blatt 1959, 300 = BArbBl. 1959, 599.
3a BAnz. Nr. 169 v. 9.9.1983 = Blatt 1983, 350; vgl. dazu auch Gaul/Bartenbach GRUR 1984,11 ff.; Knigge in AR-Blattei AK 7941; Kaube GRUR 1986, 572 ff.
4 Veröffentl. in BAnz. Nr. 237 v. 8.12.1960 = Blatt 1961, 69 = BArbBl. 1960, 767.
5 Veröffentl. in RAnz. v. 5.12.1944 Nr. 271; abgedr. u. a. bei Heine/Rebitzki Vergütung für Erfindungen S. 311 ff.; Reimer/Schade/Schippel ArbEG, 5. Aufl., S. 670 ff.
6 S. auch Anwort d. BReg. auf d. kl. Anfrage betr. Förderung d. Tätigkt. d. ArbN-Erfinder v. 7.11.1974 BT-Drucks. 7/2758 S. 6; s. dagegen die Kritik v. Meier GRUR 1998, 779 ff.

§ 11

Rz. 210 zu § 9) und zu beschränkt in Anspruch genommenen Erfindungen (RL Nr. 25; s. dazu Rz. 36 zu § 10). Auch im Rahmen der Richtlinien zur Bestimmung des Anteilsfaktors (RL Nrn 30 ff.) scheinen Anpassungen sinnvoll, da diese auf das heute nicht mehr für alle Bereiche typische Bild eines Fertigungsunternehmens abstellen, wie sich insbesondere aus RL Nr. 34 ergibt. Es ist deshalb verständlich, wenn der Bundesminister für Arbeit und Sozialordnung im Zusammenhang mit der Anpassung der RL Nr. 11 ausdrücklich darauf hingewiesen hat, dass die isolierte Änderung dieser Richtlinie vordringlich erforderlich war, ohne dass damit der Umkehrschluss gerechtfertigt sei, die Richtlinien würden auch im Übrigen noch in jeder Hinsicht der heutigen Auffassung des BMA über eine angemessene Vergütung entsprechen[7]. Siehe auch KommRL Einl. Rz. 117 ff.

Ziel der Richtlinien ist es, den Gewinn, der aus Arbeitnehmererfindungen (und qualifizierten technischen Verbesserungsvorschlägen) erzielt wird, entsprechend der gesetzlichen Regelung angemessen zwischen Arbeitgeber und Arbeitnehmer aufzuteilen[2]. Sie füllen damit den im ArbEG verwendeten unbestimmten Rechtsbegriff der »angemessenen Vergütung« (s. dazu Rz. 69 ff. zu § 9) aus (vgl. RL Nr. 2), umso der Praxis Anhaltspunkte für die schwierige Bemessung der Vergütung zu gewähren (vgl. RL Nr. 1). 4

Ihrer **Rechtsnatur** nach sind die Vergütungsrichtlinien keine Rechtsnormen im formellen oder materiellen Sinn[8] (Gesetze, Rechtsverordnungen) oder Verwaltungsvorschriften[8a]. Durch sie werden keine Rechte oder Pflichten begründet. Der in § 9 ArbEG verankerte Anspruch auf angemessene Vergütung kann schon wegen des Gesetzesvorbehaltes des Art. 14 Abs. 1 Satz 2 GG nicht unter Berufung auf die Vergütungsrichtlinien eingeschränkt werden[8b]. Sie sind damit **keine verbindlichen Vorschriften**, sondern ein **Hilfsmittel**, mangels anderer Anhaltspunkte die gesetzlich geschuldete angemessene Vergütung im Einzelfall festzustellen[9] (vgl. RL Nr. 1). Die Einführung starrer Rechtsnormen ist ebenso wie die verbindliche Festlegung eines Mindestentgeltes abgelehnt worden, da letzteres wegen der großen Unterschiede der zu erfassenden Sachverhalte nicht möglich ist und vielfach zu unbilligen Lösungen zu Lasten des Arbeitnehmererfinders führen würde[10]. 5

---

7 BMA i. Blatt 1983, 350; wiedergegeben auch bei Gaul/Bartenbach GRUR 1984, 11.
8 BVerfG Beschl. v. 24.4.1998 NJW 1998, 3704, 3706 – Induktionsschutz von Fernmeldekabeln; so schon BAG v. 1.11.1956 AP Nr. 4 zu § 2 ArbNErfVO zu den RLn 1944.
8a Vgl. BAG v. 1.11.1956 (Fn. 8).
8b BVerfG v. 24.4.1998 (Fn. 8).
9 BGH v. 4.10.1988 Blatt 1989, 135, 137 l.Sp. – Vinylchlorid; vgl. auch Schiedsst. v. 28.6.1962 Blatt 1963, 16; Herbst BArbBl. 1959, 627; Volmer Richtlinien Vorbem. RL 1959/60 Rz. 11 ff.; Busse/Keukenschrijver, PatG, Rz. 1 zu § 11 ArbEG.
10 Vgl. a. Antwort der BReg. (Fn. 6).

§ 11

Dementsprechend sind **weder die Arbeitsvertragsparteien, noch die Gerichte, noch die Schiedsstelle an die Richtlinien gebunden.** Sie hindern auch den Tatrichter grundsätzlich nicht, eine andere Regelung als den Umständen des Einzelfalls besser entsprechend zu treffen, namentlich, wenn besondere Umstände vorliegen oder wenn ihm durch ein Sachverständigengutachten bessere Erkenntnisquellen erschlossen werden[11]. Auf dieser Linie liegt es, wenn die Schiedsstelle im Regelfall zwar die Amtlichen Richtlinien zugrunde legt, davon aber dann abweicht, wenn hierzu nach den besonderen Umständen des Einzelfalls aus sachlichen Gründen Anlass besteht[12], insbesondere, wenn dies wegen der Angemessenheit der Vergütung geboten sein sollte[12a].

6 Bei der Anwendung der Richtlinien ist stets zu beachten, dass das danach ermittelte Ergebnis dem in § 9 Abs. 1 verankerten Gebot der »**Angemessenheit**« der Vergütung (s. dazu Rz. 69 ff. zu § 9) genügen muss; dementsprechend können – zumal der Begriff der »Angemessenheit« nicht unwandelbar ist – im Einzelfall Abweichungen geboten sein[13]. Allerdings besteht bei der ordnungsgemäßen Berechnung der Vergütung nach den Richtlinien eine widerlegbare Vermutung dafür, dass die Vergütung angemessen ist[14]. Zu den in der Praxis entwickelten Sonderberechnungen s. Rz. 301 ff. zu § 9.

7 Die **praktische Bedeutung** der Richtlinien erschöpft sich nicht in der Berechnung der vom Arbeitgeber für Diensterfindungen und qualifizierte Verbesserungsvorschläge zu zahlenden Vergütung. Sie können auch zur Ermittlung der Schadensersatzhöhe herangezogen werden (s. Rz. 331 f. zu § 9). Über den Anwendungsbereich des ArbEG hinaus können die Richtlinien Anhaltspunkte für die Bestimmung der »üblichen Vergütung« (vgl. § 612 Abs. 2 BGB) bei Sonderleistungen von freien Erfindern geben[15] (s. auch Rz. 49 zu § 1). Auch ist es möglich – etwa im Rahmen von Forschungsaufträgen –, für die Vergütung von freien Erfindern die Geltung der Richtlinien zu vereinbaren[15a] (s. auch Rz. 92 f. zu § 1). Gleiches gilt für die

---

11 BGH v. 4.10.1988 (Fn. 9) m.w.N.; LG München v. 21.12.1998 Az. 21 O 2287694 (unveröffentl.); Busse/Keukenschrijver, PatG, Rz. 1 zu § 11 ArbEG.
12 Schiedsst. v. 24.1.1984 Blatt 1984, 151, 152; v. 8.5.1961 Blatt 1961, 434; s. auch Schiedsst. v. 7.11.1961 Blatt 1962, 78.
12a Vgl. Schiedsst. v. 7.11.1961 (Fn. 12).
13 Vgl. Schiedsst. v. 7.11.1961 (Fn. 12). Vgl. auch Antwort d. BReg. (Fn. 6), wonach die Schiedsst. »gegebenenfalls Vorschläge für eine anderweitige Bemessung der Vergütung unterbreiten« kann, »wenn im Einzelfall ein Abweichen von den Richtlinien gerechtfertigt und geboten erscheint«.
14 Volmer Richtlinien Vorbem. RL 1959/60 Rz. 15; Reimer/Schade/Schippel/Kaube Rz. 5 zu § 11.
15 Vgl. Volmer Richtlinien Vorbem. RL 1959/60 Rz. 17 ff. m. w. Anwendungsbereichen; ablehnend BGH v. 24.10.1989 GRUR 1990, 1923, 194 – Auto-Kindersitz.
15a Vgl. zu freien Erfindern BGH v. 2.4.1998 NJW-RR 1998, 1057, 1060 – Trias.

§ 11

Vergütung freier Erfindungen (§ 4 Abs. 3); dahingehende Vereinbarungen sind jedoch erst nach Erfindungsmeldung zulässig (vgl. § 22 Satz 2). Nach § 6 Abs. 3 EDB-PatG DDR 1990 gelten die RL 1959 auch im Rahmen des Übergangsrechts für die Vergütung von **DDR-Alterfindungen** entsprechend[16] (s. dazu Einl. Rz. 32).

Ihrem **Inhalt** nach orientieren sich die RL 1959 an den in § 9 Abs. 2 angeführten, maßgeblichen Kriterien für die Vergütungsbemessung (s. RL Nr. 2; z. Berechnung der Vergütung nach den Richtlinien s. auch Rz. 74 ff. zu § 9 sowie ausf. KommRL). Soweit in den Richtlinien rechtliche Begriffe verwendet werden, wie etwa Erfindung, Diensterfindung, Betriebsgeheimnis, Verbesserungsvorschlag, entsprechen diese Begriffe denen des ArbEG (z. Erfindungsbegriff s. dort §§ 2, 4). Wenn dort der »Betrieb« angesprochen wird, ist er mit dem des »Unternehmens« gleich zu setzen (vgl. dazu Rz. 101 ff. zu § 1).   8

Im ersten Teil der RLn 1959 (RL Nrn 3-29) wird die wirtschaftliche Verwertbarkeit der Erfindung (= **Erfindungswert**) behandelt, wobei RL Nrn. 3-27 die patentfähigen und RL Nr. 28 die gebrauchsmusterfähigen Erfindungen zum Gegenstand haben (Einzelheiten zum Erfindungswert s. Rz. 75 f. u. 86 ff. zu § 9); in Ergänzung dazu steht RL Nr. 29, die den »Erfindungswert« von qualifizierten technischen Verbesserungsvorschlägen erfasst (s. dazu Rz. 39 ff. zu § 20).   9

Im zweiten Teil der RLn 1959 (RL Nrn 30-37) wird der besonderen Stellung des Erfinders als Arbeitnehmer und der Beteiligung des Betriebes am Zustandekommen der Erfindung durch den sog. **Anteilsfaktor** Rechnung getragen (Einzelheiten s. Rz. 261 ff. zu § 9); in diesem Zusammenhang behandelt RL Nr. 38 die Ausnahmesituation des Wegfalls der Vergütung (Null-Fall; s. Rz. 321 ff. zu § 9).   10

Die **rechnerische Ermittlung** der Vergütung mittels Erfindungswert und Anteilsfaktor ist Gegenstand des dritten Teils (RL Nr. 39; s. dazu Rz. 292 zu § 9 f.), wozu auch Fragen der **Zahlungsart** (RL Nrn. 40, 41) und **-dauer** (RL Nrn. 42, 43) gehören.   11

Für den **öffentlichen Dienst** erklären die **RLn 1960** (abgedruckt im Anhang 2 zu § 11) die RLn 1959 für entsprechend anwendbar. Damit ist auch im Hinblick auf die Vergütungsberechnung der in §§ 40, 41 verankerte Grundsatz der Gleichstellung verwirklicht (s. dazu Rz. 4 ff. vor §§ 40-42). Die Angehörigen des öffentlichen Dienstes sind in gleicher Weise an dem Nutzen, der ihrem Dienstherrn (Arbeitgeber; z. den Begriffen s. Rz. 5 zu § 40 u. Rz. 12 zu § 41) aus der Diensterfindung zufließt, zu beteiligen wie in entsprechenden Fällen die Arbeitnehmer des privaten Dienstes. In Anlehnung an die Verweisungsvorschriften der §§ 40, 41 hat also der RLn-Geber dem Grundsatz der Gleichstellung (s. dazu Rz. 4 ff. vor §§ 40-42)   12

---

16 Ausf. dazu Möller, Die Übergangsbestimmungen f. ArbNErf. i. d. neuen Bundesländern (1996), S. 147 ff.

§ 11

entsprochen, dem die Praxis im Bereich des öffentlichen Dienstes – soweit ersichtlich – durchweg gefolgt ist[17].
Der »entsprechenden« Anwendung bedarf es insoweit, als in den für den privaten Dienst erlassenen Richtlinien Begriffe oder Tatbestände erfasst werden, die im öffentlichen Dienst nur in ähnlicher Form vorkommen[18]. Dies gilt namentlich für die auf Fertigungsbetriebe zugeschnittene Gruppeneinteilung der RL Nr. 34[19]. Auch wegen des Grundsatzes der Gleichstellung sollte von der (grundsätzlich möglichen) Einführung verwaltungseigener Richtlinien zumindest dann abgesehen werden, wenn dies nicht aus sachgerechten Gründen zwingend erforderlich ist.

C. Unternehmenseigene Richtlinien

13 Die Einführung und Handhabung von unternehmenseigenen Vergütungsrichtlinien ist grundsätzlich zulässig[26] und insbesondere bei größeren Unternehmen anzutreffen. Es liegt **im Belieben des Arbeitgebers,** ob er interne Vergütungsrichtlinien erlässt oder nicht[26]. Dies entspricht der Wertung des Richtliniengebers in RL Nr. 1 Satz 1 2. Halbs., wonach die zu § 11 ergangenen Amtlichen Vergütungsrichtlinien keine verbindlichen Vorschriften darstellen (s. Rz. 5). Der Arbeitgeber kann diese Richtlinien auch wieder aufheben bzw. ändern (verschlechtern), sofern die bisherigen internen Richtlinien nicht Bestandteil einer individuellen Vergütungsregelung oder einer **betrieblichen Übung** (s. Rz. 22 zu § 25) geworden sind. Im Einzelfall ist unter dem Aspekt der **Gleichbehandlung** (s. hierzu Rz. 21 zu § 25) zu beachten, dass der Arbeitgeber an eine von ihm selbst gesetzte Regel in der Weise gebunden ist, dass er bei vergleichbaren Sachverhalten nur aus sachlichen Gründen von ihr abweichen darf[26a].

14 Auf Grund des Gesetzesvorrangs des § 9 ArbEG besteht **kein Mitbestimmungsrecht des Betriebsrates** (vgl. § 87 Abs. 1 Einleitungssatz BetrVG).

15 Wegen des Verschlechterungsverbots des § 22 Satz 1 ArbEG muss jede interne Vergütungsrichtlinie sich an dem durch § 9 vorgegebenen **Gebot der Angemessenheit** der Erfindervergütung (s. Rz. 69 ff. zu § 9) orientieren[26b]. Sie kann den gesetzlichen Vergütungsanspruch nicht einschränken.

---

17 Volz Öffentl. Dienst S. 105 ff. m. zahlr. Erl. z. Verg.berechnung.
18 Vgl. (o. Verf.) BB 1960, 1390.
19 Vgl. dazu die v. Volmer (Fn. 14) Rz. 17 ff. zu RLn 1960 f. den öffentl. Dienst aufgestellte Gruppeneinteilung.
20-25 frei
26 Schiedsst. v. 14.10.1985 Arb.Erf. 16/85 (unveröffentl.); ZB v. 25.7.1988 Blatt 1989, 289, 290; vgl. auch Schiedsst. v. 24.4.1974 Blatt 1975, 257; Busse/Keukenschrijver, PatG, Rz. 1 zu § 11 ArbEG.
26a Vgl. allgem. BAG v. 15.11.1994 NZA 1995, 939.
26b Schiedsst. GEV v. 11.5.1999 Arb.Erf. 68/97 u. 68/97 (unveröffentl.).

§ 11

Die Schiedsstelle und die Gerichte sind an solche internen Vergütungsrichtlinien ebenso wenig gebunden (s. auch oben Rz. 5) wie an die Amtlichen Vergütungsrichtlinien 1959, im Hinblick auf das Gebot der Angemessenheit der Vergütung ist im Einzelfall zu prüfen, inwieweit die internen Richtlinien dieser gesetzlichen Vorgabe entsprechen. Die internen Richtlinien können dann der Entscheidung zu Grunde gelegt werden, wenn sie den **Erfinder** jedenfalls **nicht schlechter stellen** als die Amtlichen Vergütungsrichtlinien[27] (§ 22 ArbEG; s. auch Rz. 18).

16

Sind firmeninterne Vergütungsrichtlinien grundsätzlich anwendbar, kann sich bei unklaren Formulierungen im Einzelfall das Problem ihrer **Auslegung** ergeben. Die Auslegung hat entsprechend den Regeln über die Auslegung von Gesetzen zu erfolgen, wobei jedoch zwischen den Grundsätzen der Gesetzesauslegung und der Vertragsauslegung kein unüberbrückbarer Gegensatz besteht. Es ist entsprechend § 133 BGB nicht nur auf den buchstäblichen Sinn des Wortlautes abzustellen, sondern auf den nach Treu und Glauben zu ermittelnden Sinn; dabei kommt es nicht auf den subjektiven Willen des Richtliniengebers an, maßgebend ist vielmehr der in solchen firmeninternen Vergütungsrichtlinien objektivierte Wille (**objektiver Erklärungswert**).

17

Weist die interne Vergütungsrichtlinie eine **Lücke** auf, so ist sie deshalb nicht unwirksam; vielmehr ist im Wege der **ergänzenden Auslegung** diese Lücke im Gesamtzusammenhang der internen Vergütungsrichtlinie nach dem Gebot der Billigkeit auszufüllen. In diesem Zusammenhang ist insbesondere zu prüfen, ob verwandte Sachverhalte eine Regelung erfahren haben[28]. Ist z.B. die Vergütung bei Lizenzverträgen geregelt, nicht aber bei Schutzrechtsverkauf, kann wegen der sachlichen Nähe beider Tatbestände (vgl. insoweit auch die Parallele zwischen RL Nrn. 14 und 15 einerseits und RL Nr. 16 andererseits) auf den Regelungstatbestand der Lizenzvergabe zurückgegriffen werden[29].

Lässt sich eine solche Lücke nicht ausfüllen, ist ergänzend auf die Amtl. Vergütungsrichtlinien zurückzugreifen.

Eine nach § 22 Satz 1 **unwirksame** innerbetriebliche **Vergütungsrichtlinie** kann allerdings dann Wirkung entfalten, wenn die dortigen Bemessungskriterien Inhalt einer (ausdrücklichen oder stillschweigenden) Vergütungsvereinbarung für eine konkrete, gemeldete Diensterfindung geworden sind[30] (vgl. § 22 Satz 2).

18

---

27 I.d. Sinne EV. v. 14.10.1985 u. ZB v. 25.7.1988 (beide Fn. 26).
28 I.d.S. auch Schiedsst. v. 20.1.1986 Arb.Erf. 32/88 (unveröffentl.).
29 So zutreffend Schiedsst. v. 20.1.1986 (Fn. 28).
30 Schiedsst. ZB v. 1.6.1995 Arb.Erf. 34/93 (unveröffentl.); vgl. auch Schiedsst. v. 26.5.1992 EGR Nr. 32 zu § 13.

§ 11

Unabhängig von ihrer Wirksamkeit können betriebliche Vergütungsrichtlinien ergänzend zur **Auslegung getroffener Vergütungsvereinbarungen** bzw. -festsetzungen herangezogen werden[31].

---

31 Schiedsst. v. 12.6.1996 Arb.Erf. 86/94 u. 19/95 (unveröffentl.) – dort zur Klärung der Bezugsgröße u. der Geltung der Abstaffelung.

Anhang 1 zu § 11

Richtlinien[1] für die Vergütung von Arbeitnehmererfindungen im privaten Dienst vom 20.7.1959[2]

Übersicht

Einleitung	1-2
Erster Teil Erfindungswert	3-29
A. Patentfähige Erfindungen	3-27
I. Betrieblich benutzte Erfindungen	3-13
1. Allgemeines	3-5
2. Ermittlung des Erfindungswertes nach der Lizenzanalogie	6-11
3. Ermittlung des Erfindungswertes nach dem erfaßbaren betrieblichen Nutzen	12
4. Schätzung	13
II. Lizenz-, Kauf- und Austauschverträge	14-17
III. Sperrpatente	18
IV. Schutzrechtskomplexe	19
V. Nicht verwertete Erfindungen	20-24
1. Vorrats- und Ausbaupatente	21
2. Nicht verwertbare Erfindungen	22
3. Erfindungen, deren Verwertbarkeit noch nicht feststellbar ist	23
4. Erfindungen, deren Verwertbarkeit nicht oder nicht voll ausgenutzt wird	24
VI. Besonderheiten	25-27
1. Beschränkte Inanspruchnahme	25
2. Absatz im Ausland und ausländische Schutzrechte	26
3. Betriebsgeheime Erfindungen (§ 17)	27
B. Gebrauchsmusterfähige Erfindungen	28
C. Technische Verbesserungsvorschläge (§ 20 Abs. 1)	29
Zweiter Teil Anteilsfaktor	30-38
a) Stellung der Aufgabe	31
b) Lösung der Aufgabe	32
c) Aufgaben und Stellung des Arbeitnehmers im Betrieb	33-36
Tabelle	37
Wegfall der Vergütung	38
Dritter Teil Die rechnerische Ermittlung der Vergütung	39-43
I. Formel	39
II. Art der Zahlung der Vergütung	40-41
III. Die für die Berechnung der Vergütung maßgebende Zeit	42-43

---

1 Des Bundesministers für Arbeit und Sozialordnung.
2 Beil. z. BAnz. Nr. 156 v. 18.8.1959 = BArbBl. 1959, 599 = Blatt 1959, 300; für Berlin auf Grund Art. II d. Ges. v. 2.8.1957 (GVBl. Berlin 1957, S. 869), veröffentl. am 17.1.1961 (GVBl. Berlin 1961, S. 111). RL Nr. 11 ist neu gefasst durch Änderungsrichtlinie v. 1.9.1983 BAnz. v. 9.9.1983 Nr. 169/83 = Blatt 1983, 350.

RL Nr. 1, 2

Nach § 11 des Gesetzes über Arbeitnehmererfindungen vom 25. Juli 1957 (Bundesgesetzbl. I S. 756) erlasse ich nach Anhörung der Spitzenorganisationen der Arbeitgeber und der Arbeitnehmer folgende Richtlinien über die Bemessung der Vergütung für Diensterfindungen von Arbeitnehmern im privaten Dienst.

Einleitung

(1) Die Richtlinien sollen dazu dienen, die angemessene Vergütung zu ermitteln, die dem Arbeitnehmer für unbeschränkt oder beschränkt in Anspruch genommene Diensterfindungen (§ 9 Abs. 1 und § 10 Abs. 1 des Gesetzes) und für technische Verbesserungsvorschläge im Sinne des § 20 Abs. 1 des Gesetzes zusteht; sie sind keine verbindlichen Vorschriften, sondern geben nur Anhaltspunkte für die Vergütung. Wenn im Einzelfall die bisherige betriebliche Praxis für die Arbeitnehmer günstiger war, sollen die Richtlinien nicht zum Anlass für eine Verschlechterung genommen werden.

(2) Nach § 9 Abs. 2 des Gesetzes sind für die Bemessung der Vergütung insbesondere die wirtschaftliche Verwertbarkeit der Diensterfindung, die Aufgaben und die Stellung des Arbeitnehmers im Betrieb sowie der Anteil des Betriebs am Zustandekommen der Diensterfindung maßgebend. Hiernach wird bei der Ermittlung der Vergütung in der Regel so zu verfahren sein, dass zunächst die wirtschaftliche Verwertbarkeit der Erfindung ermittelt wird. Die wirtschaftliche Verwertbarkeit (im folgenden als Erfindungswert bezeichnet) wird im Ersten Teil der Richtlinien behandelt. Da es sich hier jedoch nicht um eine freie Erfindung handelt, sondern um eine Erfindung, die entweder aus der dem Arbeitnehmer im Betrieb obliegenden Tätigkeit entstanden ist oder maßgeblich auf Erfahrungen oder Arbeiten des Betriebes beruht, ist ein Abzug zu machen, der den Aufgaben und der Stellung des Arbeitnehmers im Betrieb sowie dem Anteil des Betriebs am Zustandekommen der Diensterfindung entspricht. Dieser Abzug wird im Zweiten Teil der Richtlinien behandelt; der Anteil am Erfindungswert, der sich für den Arbeitnehmer unter Berücksichtigung des Abzugs ergibt, wird hierbei in Form eines in Prozenten ausgedrückten Anteilsfaktors ermittelt. Der Dritte Teil der Richtlinien behandelt die rechnerische Ermittlung der Vergütung sowie Fragen der Zahlungsart und Zahlungsdauer.

Bei jeder Vergütungsberechnung ist darauf zu achten, dass derselbe Gesichtspunkt für eine Erhöhung oder Ermäßigung der Vergütung nicht mehrfach berücksichtigt werden darf.

Die einzelnen Absätze der Richtlinien sind mit Randnummern versehen, um die Zitierung zu erleichtern.

RL Nr. 3, 4, 5

Erster Teil Erfindungswert

A. Patentfähige Erfindungen

I. Betrieblich benutzte Erfindungen

1. Allgemeines

Bei betrieblich benutzten Erfindungen kann der Erfindungswert in der Regel (über Ausnahmen vgl. Nr. 4) nach drei verschiedenen Methoden ermittelt werden: (3)
a) Ermittlung des Erfindungswertes nach der Lizenzanalogie (Nrn. 6 ff.).
Bei dieser Methode wird der Lizenzsatz, der für vergleichbare Fälle bei freien Erfindungen in der Praxis üblich ist, der Ermittlung des Erfindungswertes zugrunde gelegt. Der in Prozenten oder als bestimmter Geldbetrag je Stück oder Gewichtseinheit (vgl. Nr. 39) ausgedrückte Lizenzsatz wird auf eine bestimmte Bezugsgröße (Umsatz oder Erzeugung) bezogen. Dann ist der Erfindungswert die mit dem Lizenzsatz multiplizierte Bezugsgröße.
b) Ermittlung des Erfindungswertes nach dem erfassbaren betrieblichen Nutzen (Nr. 12).
Der Erfindungswert kann ferner nach dem erfassbaren Nutzen ermittelt werden, der dem Betrieb aus der Benutzung der Erfindung erwachsen ist.
c) Schätzung des Erfindungswertes (Nr. 13).
Schließlich kann der Erfindungswert geschätzt werden.

Neben der Methode der Lizenzanalogie nach (Nr. 3 a) kommen im Einzelfall auch andere Analogiemethoden in Betracht. So kann anstatt von dem analogen Lizenzsatz von der Analogie zum Kaufpreis ausgegangen werden, wenn eine Gesamtabfindung (vgl. Nr. 40) angezeigt ist und der Kaufpreis bekannt ist, der in vergleichbaren Fällen mit freien Erfindern üblicherweise vereinbart wird. Für die Vergleichbarkeit und die Notwendigkeit, den Kaufpreis auf das Maß zu bringen, das für die zu beurteilende Diensterfindung richtig ist, gilt das unter Nr. 9 Gesagte entsprechend. (4)

Welche der unter Nr. 3 und 4 aufgeführten Methoden anzuwenden ist, hängt von den Umständen des einzelnen Falles ab. Wenn der Industriezweig mit Lizenzsätzen oder Kaufpreisen vertraut ist, die für die Übernahme eines ähnlichen Erzeugnisses oder Verfahrens üblicherweise vereinbart werden, kann von der Lizenzanalogie ausgegangen werden. (5)

RL Nr. 6

Die Ermittlung des Erfindungswertes nach dem erfassbaren betrieblichen Nutzen kommt vor allem bei Erfindungen in Betracht, mit deren Hilfe Ersparnisse erzielt werden, sowie bei Verbesserungserfindungen, wenn die Verbesserung nicht derart ist, dass der mit dem verbesserten Gegenstand erzielte Umsatz als Bewertungsgrundlage dienen kann; sie kann ferner bei Erfindungen angewandt werden, die nur innerbetrieblich verwendete Erzeugnisse, Maschinen oder Vorrichtungen betreffen, und bei Erfindungen, die nur innerbetrieblich verwendete Verfahren betreffen, bei denen der Umsatz keine genügende Bewertungsgrundlage darstellt. Die Methode der Ermittlung des Erfindungswertes nach dem erfassbaren betrieblichen Nutzen hat den Nachteil, dass der Nutzen oft schwer zu ermitteln ist und die Berechnungen des Nutzens schwer überprüfbar sind. In manchen Fällen wird sich allerdings der Nutzen aus einer Verbilligung des Ausgangsmaterials, aus einer Senkung der Lohn-, Energie- oder Instandsetzungskosten oder aus einer Erhöhung der Ausbeute errechnen lassen. Bei der Wahl dieser Methode ist ferner zu berücksichtigen, dass sich für den Arbeitgeber auf Grund der Auskunfts- und Rechnungslegungspflichten, die ihm nach § 242 des Bürgerlichen Gesetzbuches obliegen können, eine Pflicht zu einer weitergehenden Darlegung betrieblicher Rechnungsvorgänge ergeben kann, als bei der Ermittlung des Erfindungswertes nach der Lizenzanalogie. Der Erfindungswert wird nur dann zu schätzen sein, wenn er mit Hilfe der Methoden unter Nr. 3 a oder Nr. 4 nicht oder nur mit unverhältnismäßig hohen Aufwendungen ermittelt werden kann (z.B. bei Arbeitsschutzmitteln und -vorrichtungen, sofern sie nicht allgemein verwertbar sind). Es kann ferner ratsam sein, eine der Berechnungsmethoden zur Überprüfung des Ergebnisses heranzuziehen, das mit Hilfe der anderen Methoden gefunden ist.

2. Ermittlung des Erfindungswertes nach der Lizenzanalogie

(6) Bei dieser Methode ist zu prüfen, wieweit man einen Vergleich ziehen kann. Dabei ist zu beachten, ob und wieweit in den Merkmalen, die die Höhe des Lizenzsatzes beeinflussen, Übereinstimmung besteht. In Betracht zu ziehen sind insbesondere die Verbesserung oder Verschlechterung der Wirkungsweise, der Bauform, des Gewichts, des Raumbedarfs, der Genauigkeit, der Betriebssicherheit; die Verbilligung oder Verteuerung der Herstellung, vor allem der Werkstoffe und der Arbeitsstunden; die Erweiterung oder Beschränkung der Verwendbarkeit; die Frage, ob sich die Erfindung ohne weiteres in die laufende Fertigung einreihen lässt oder ob Herstellungs- und Konstruktionsänderungen notwendig sind, ob eine sofortige Verwertung möglich ist oder ob noch umfangreiche Versuche vorgenommen werden müssen; die erwartete Umsatzsteigerung, die Möglichkeit des Übergangs von Einzelanfertigungen zur Serienherstellung, zusätzliche oder vereinfachte Werbungsmöglichkeiten, günstige Preisgestaltung.

Es ist ferner zu prüfen, welcher Schutzumfang dem Schutzrecht zukommt, das auf den Gegenstand der Erfindung erteilt ist, und ob sich der Besitz des Schutzrechts für den Betrieb technisch und wirtschaftlich auswirkt. Vielfach wird auch beim Abschluss eines Lizenzvertrages mit einem kleinen Unternehmen ein höherer Lizenzsatz vereinbart als beim Abschluss mit einer gut eingeführten Großfirma, weil bei dieser im Allgemeinen ein höherer Umsatz erwartet wird als bei kleineren Unternehmen. Außerdem ist bei dem Vergleich zu berücksichtigen, wer in den ähnlichen Fällen, die zum Vergleich herangezogen werden, die Kosten des Schutzrechts trägt.

Wenn man mit dem einem freien Erfinder üblicherweise gezahlten Lizenzsatz vergleicht, so muss von derselben Bezugsgröße ausgegangen werden; als Bezugsgrößen kommen Umsatz oder Erzeugung in Betracht. Ferner ist zu berücksichtigen, ob im Analogiefall der Rechnungswert des das Werk verlassenden Erzeugnisses oder der betriebsinterne Verrechnungswert von Zwischenerzeugnissen der Ermittlung des Umsatzwertes zugrunde gelegt worden ist. Bei der Berechnung des Erfindungswertes mit Hilfe des Umsatzes oder der Erzeugung wird im Allgemeinen von dem tatsächlich erzielten Umsatz oder der tatsächlich erzielten Erzeugung auszugehen sein. Mitunter wird jedoch auch von einem vereinbarten Mindestumsatz oder aber von der Umsatzsteigerung ausgegangen werden können, die durch die Erfindung erzielt worden ist. (7)

Beeinflusst eine Erfindung eine Vorrichtung, die aus verschiedenen Teilen zusammengesetzt ist, so kann der Ermittlung des Erfindungswertes entweder der Wert der ganzen Vorrichtung oder nur der wertbeeinflusste Teil zugrunde gelegt werden. Es ist hierbei zu berücksichtigen, auf welcher Grundlage die Lizenz in dem betreffenden Industriezweig üblicherweise vereinbart wird, und ob üblicherweise der patentierte Teil allein oder nur in Verbindung mit der Gesamtvorrichtung bewertet wird. Dies wird häufig davon abhängen, ob durch die Benutzung der Erfindung nur der Teil oder die Gesamtvorrichtung im Wert gestiegen ist. (8)

Stellt sich bei dem Vergleich heraus, dass sich die Diensterfindung und die zum Vergleich herangezogenen freien Erfindungen nicht in den genannten Gesichtspunkten entsprechen, so ist der Lizenzsatz entsprechend zu erhöhen oder zu ermäßigen. Es ist jedoch nicht gerechtfertigt, den Lizenzsatz mit der Begründung zu ermäßigen, es handele sich um eine Diensterfindung; dieser Gesichtspunkt wird erst bei der Ermittlung des Anteilfaktors berücksichtigt. (9)

RL Nr. 10, 11

(10) Anhaltspunkte für die Bestimmung des Lizenzsatzes in den einzelnen Industriezweigen können daraus entnommen werden, dass z.B. im Allgemeinen

in der Elektroindustrie ein Lizenzsatz von 1/2-5 %
in der Maschinen- und Werkzeugindustrie ein Lizenzsatz von 1/3-10 %
in der chemischen Industrie ein Lizenzsatz von 2-5 %
auf pharmazeutischem Gebiet ein Lizenzsatz von 2-10 %
vom Umsatz üblich ist.

(11) *Für den Fall besonders hoher Umsätze kann die nachfolgende, bei Umsätzen über 3 Millionen DM einsetzende Staffel als Anhalt für eine Ermäßigung des Lizenzsatzes dienen, wobei jedoch im Einzelfall zu berücksichtigen ist, ob und in welcher Höhe in den verschiedenen Industriezweigen solche Ermäßigungen des Lizenzsatzes bei freien Erfindungen üblich sind:

Bei einem Gesamtumsatz

von 0-3 Millionen DM keine Ermäßigung des Lizenzsatzes,
von 3-5 Millionen DM 10 %ige Ermäßigung des Lizenzsatzes für den 3 Millionen DM übersteigenden Umsatz,
von 5-10 Millionen DM 20 %ige Ermäßigung des Lizenzsatzes für den 5 Millionen DM übersteigenden Umsatz,
von 10-20 Millionen 30 %ige Ermäßigung des Lizenzsatzes für den 10 Millionen DM übersteigenden Umsatz,
von 20-30 Millionen DM 40 %ige Ermäßigung des Lizenzsatzes für den 20 Millionen DM übersteigenden Umsatz,
von 30-40 Millionen DM 50 %ige Ermäßigung des Lizenzsatzes für den 30 Millionen DM übersteigenden Umsatz,
von 40-50 Millionen DM 60 %ige Ermäßigung des Lizenzsatzes für den 40 Millionen DM übersteigenden Umsatz,
von 50-60 Millionen DM 65 %ige Ermäßigung des Lizenzsatzes für den 50 Millionen DM übersteigenden Umsatz,
von 60-80 Millionen DM 70 %ige Ermäßigung des Lizenzsatzes für den 60 Millionen DM übersteigenden Umsatz,
von 80-100 Millionen DM 75 %ige Ermäßigung des Lizenzsatzes für den 80 Millionen DM übersteigenden Umsatz,
von 100 Millionen DM 80 %ige Ermäßigung des Lizenzsatzes für den 100 Millionen DM übersteigenden Umsatz.

---

* Eine Umstellung in EURO durch den BMA ist bisher nicht erfolgt.

RL Nr. 12

Beispiel: Bei einem Umsatz von 10 Millionen DM ist der Lizenzsatz wie folgt zu ermäßigen:
Bis 3 Millionen DM keine Ermäßigung,
für den 3 Millionen DM übersteigenden Umsatz von 2 Millionen um 10 %,
für den 5 Millionen übersteigenden Umsatz von 5 Millionen um 20 %.

Da bei Einzelstücken mit sehr hohem Wert in aller Regel bereits der Lizenzsatz herabgesetzt wird, ist in derartigen Fällen der Lizenzsatz nicht nach der vorstehenden Staffel zu ermäßigen, wenn schon ein einziges unter Verwendung der Erfindung hergestelltes Erzeugnis oder, sofern dem Erfindungswert nur der von der Erfindung wertbeeinflusste Teil des Erzeugnisses zugrunde gelegt wird, dieser Teil einen Wert von mehr als 3 Millionen DM hat. Dasselbe gilt, wenn wenige solcher Erzeugnisse oder nur wenige solcher Teile des Erzeugnisses einen Wert von mehr als 3 Millionen DM haben.

3. Ermittlung des Erfindungswertes nach dem erfassbaren betrieblichen Nutzen

Unter dem erfassbaren betrieblichen Nutzen (vgl. zur Anwendung dieser Methode Nr. 5) ist die durch den Einsatz der Erfindung verursachte Differenz zwischen Kosten und Erträgen zu verstehen. Die Ermittlung dieses Betrages ist durch Kosten- und Ertragsvergleich nach betriebswirtschaftlichen Grundsätzen vorzunehmen. Hierbei sind die Grundsätze für die Preisbildung bei öffentlichen Aufträgen anzuwenden (vgl. die Verordnung PR Nr. 30/53 über die Preise bei öffentlichen Aufträgen vom 21. November 1953 und die Leitsätze für die Preisermittlung auf Grund von Selbstkosten), so dass also auch kalkulatorische Zinsen und Einzelwagnisse, ein betriebsnotwendiger Gewinn und gegebenenfalls ein kalkulatorischer Unternehmerlohn zu berücksichtigen sind. Der so ermittelte Betrag stellt den Erfindungswert dar. (12)

Kosten, die vor der Fertigstellung der Erfindung auf die Erfindung verwandt worden sind, sind bei der Ermittlung des Erfindungswertes nicht abzusetzen. Sie sind vielmehr bei der Ermittlung des Anteilsfaktors im Zweiten Teil der Richtlinie zu berücksichtigen, und zwar, soweit es sich um die Kosten für die Arbeitskraft des Erfinders selbst handelt, entsprechend der Tabelle c) in Nr. 34, soweit es sich um sonstige Kosten vor der Fertigstellung der Erfindung handelt, entsprechend der Tabelle b) in Nr. 32 (technische Hilfsmittel).

4. Schätzung

(13) In einer Reihe von Fällen versagen die dargestellten Methoden zur Ermittlung des Erfindungswertes, weil keine ähnlichen Fälle vorliegen oder weil ein Nutzen nicht erfasst werden kann. In solchen oder ähnlichen Fällen muss der Erfindungswert geschätzt werden (vgl. zur Anwendung der Schätzungsmethode den letzten Absatz der Nr. 5). Hierbei kann von dem Preis ausgegangen werden, den der Betrieb hätte aufwenden müssen, wenn er die Erfindung von einem freien Erfinder hätte erwerben wollen.

II. Lizenz-, Kauf- und Austauschverträge

(14) Wird die Erfindung nicht betrieblich benutzt, sondern durch Vergabe von Lizenzen verwertet, so ist der Erfindungswert gleich der Nettolizenzeinnahme. Um den Nettobetrag festzustellen, sind von der Bruttolizenzeinnahme die Kosten der Entwicklung nach Fertigstellung der Erfindung abzuziehen sowie die Kosten, die aufgewandt wurden, um die Erfindung betriebsreif zu machen; ferner sind die auf die Lizenzvergabe im Einzelfall entfallenden Kosten der Patent- und Lizenzverwaltung, der Schutzrechtsübertragung sowie die mit der Lizenzvergabe zusammenhängenden Aufwendungen (z.B. Steuern, mit Ausnahme der inländischen reinen Ertragssteuern, Verhandlungskosten) abzuziehen. Soweit solche Kosten entstanden sind, wird außerdem ein entsprechender Anteil an den Gemeinkosten des Arbeitgebers zu berücksichtigen sein, soweit die Gemeinkosten nicht schon in den vorgenannten Kosten enthalten sind. Ferner ist bei der Ermittlung der Nettolizenzeinnahme darauf zu achten, ob im Einzelfall der Arbeitgeber als Lizenzgeber ein Risiko insofern eingeht, als er auch in der Zukunft Aufwendungen durch die Verteidigung der Schutzrechte, durch die Verfolgung von Verletzungen und aus der Einhaltung von Gewährleistungen haben kann.

Soweit die Einnahme nicht auf der Lizenzvergabe, sondern auf der Übermittlung besonderer Erfahrungen (know how) beruht, sind diese Einnahmen bei der Berechnung des Erfindungswertes von der Bruttolizenzeinnahme ebenfalls abzuziehen, wenn diese Erfahrungen nicht als technische Verbesserungsvorschläge im Sinne des § 20 Abs. 1 des Gesetzes anzusehen sind. Bei der Beurteilung der Frage, ob und wieweit die Einnahme auf der Übermittlung besonderer Erfahrungen beruht, ist nicht allein auf den Inhalt des Lizenzvertrages abzustellen; vielmehr ist das tatsächliche Verhältnis des Wertes der Lizenz zu dem der Übermittlung besonderer Erfahrungen zu berücksichtigen.

Eine Ermäßigung nach der Staffel in Nr. 11 ist nur insoweit angemessen, als sie auch dem Lizenznehmer des Arbeitgebers eingeräumt worden ist.

Macht die Berechnung dieser Unkosten und Aufgaben große Schwierigkeiten, so kann es zweckmäßig sein, in Analogie zu den üblichen Arten der vertraglichen Ausgestaltung zwischen einem freien Erfinder als Lizenzgeber und dem Arbeitgeber als Lizenznehmer zu verfahren. In der Praxis wird ein freier Erfinder wegen der bezeichneten Kosten und Aufgaben eines Generallizenznehmers (Lizenznehmer einer ausschließlich unbeschränkten Lizenz) mit etwa 20 bis 50 %, in besonderen Fällen auch mit mehr als 50 % und in Ausnahmefällen sogar mit über 75 % der Bruttolizenzeinnahme beteiligt, die durch die Verwertung einer Erfindung erzielt wird. Zu berücksichtigen ist im Einzelnen, ob bei der Lizenzvergabe ausschließliche unbeschränkte Lizenzen oder einfache oder beschränkte Lizenzen erteilt werden. Bei der Vergabe einer ausschließlichen unbeschränkten Lizenz behält der Arbeitgeber kein eigenes Benutzungsrecht, wird im Allgemeinen auch keine eigenen weiteren Erfahrungen laufend zu übermitteln haben. Hier wird daher der Erfindungswert eher bei 50 % und mehr anzusetzen sein. Bei der Vergabe einer einfachen oder beschränkten Lizenz wird bei gleichzeitiger Benutzung der Erfindung durch den Arbeitgeber, wenn damit die laufende Übermittlung von eigenen Erfahrungen verbunden ist, der Erfindungswert eher an der unteren Grenze liegen. (15)

Wird die Erfindung verkauft, so ist der Erfindungswert ebenfalls durch Verminderung des Bruttoertrages auf den Nettoertrag zu ermitteln. Im Gegensatz zur Lizenzvergabe wird hierbei jedoch in den meisten Fällen nicht damit zu rechnen sein, dass noch zukünftige Aufgaben und Belastungen des Arbeitgebers als Verkäufer zu berücksichtigen sind. Bei der Ermittlung des Nettoertrages sind alle Aufwendungen für die Entwicklung der Erfindung, nachdem sie fertig gestellt worden ist, für ihre Betriebsreifmachung, die Kosten der Schutzrechtserlangung und -übertragung, die mit dem Verkauf zusammenhängenden Aufwendungen (z.B. Steuern, mit Ausnahme der inländischen reinen Ertragssteuern, Verhandlungskosten) sowie ein entsprechender Anteil an den Gemeinkosten des Arbeitgebers, soweit sie nicht schon in den vorgenannten Kosten enthalten sind, zu berücksichtigen. (16)

Soweit der Kaufpreis nicht auf der Übertragung des Schutzrechts, sondern auf der Übermittlung besonderer Erfahrungen (know how) beruht, sind diese Einnahmen bei der Berechnung des Erfindungswertes ebenfalls von dem Bruttoertrag abzuziehen, wenn diese Erfahrungen nicht als technische Verbesserungsvorschläge im Sinne des § 20 Abs. 1 des Gesetzes anzusehen sind. Bei der Beurteilung der Frage, ob und wieweit der Kaufpreis auf der Übermittlung besonderer Erfahrungen beruht, ist nicht allein auf den Inhalt des Kaufvertrages abzustellen; vielmehr ist das tatsächliche Verhältnis des Wertes des Schutzrechts zu dem der Übermittlung besonderer Erfahrungen zu berücksichtigen.

RL Nr. 17, 18

(17) Wird die Erfindung durch einen Austauschvertrag verwertet, so kann versucht werden, zunächst den Gesamtnutzen des Vertrages für den Arbeitgeber zu ermitteln, um sodann durch Abschätzung der Quote, die auf die in Anspruch genommene Diensterfindung entfällt, ihren Anteil am Gesamtnutzen zu ermitteln. Ist dies untunlich, so wird der Erfindungswert nach Nr. 13 geschätzt werden müssen.

Soweit Gegenstand des Austauschvertrages nicht die Überlassung von Schutzrechten oder von Benutzungsrechten, sondern die Überlassung besonderer Erfahrungen (know how) ist, ist dies bei der Ermittlung des Gesamtnutzens des Vertrages zu berücksichtigen, soweit diese Erfahrungen nicht als technische Verbesserungsvorschläge im Sinne des § 20 Abs. 1 des Gesetzes anzusehen sind. Bei der Beurteilung der Frage, ob und wieweit die Übermittlung besonderer Erfahrungen Gegenstand des Austauschvertrages sind, ist nicht allein auf den Inhalt des Vertrages abzustellen; vielmehr ist das tatsächliche Verhältnis des Wertes der Schutzrechte zu dem der Übermittlung besonderer Erfahrungen zu berücksichtigen.

III. Sperrpatente

(18) Einen besonderen Fall der Verwertung einer Diensterfindung bilden die Sperrpatente. Darunter versteht man im Allgemeinen Patente, die nur deshalb angemeldet oder aufrechterhalten werden, um zu verhindern, dass ein Wettbewerber die Erfindung verwertet und dadurch die eigene laufende oder bevorstehende Erzeugung beeinträchtigt. Bei diesen Patenten unterbleibt die Benutzung, weil entweder ein gleichartiges Patent schon im Betrieb benutzt wird oder ohne Bestehen eines Patentes eine der Erfindung entsprechende Erzeugung schon im Betrieb läuft oder das Anlaufen einer solchen Erzeugung bevorsteht. Wenn schon eine Erfindung im Betrieb benutzt wird, die mit Hilfe der zweiten Erfindung umgangen werden kann, und wenn die wirtschaftliche Tragweite beider Erfindungen ungefähr gleich ist, werden nach der Verwertung der ersten Erfindung Anhaltspunkte für den Erfindungswert bezüglich der zweiten gefunden werden können. Die Summe der Werte beider Erfindungen kann jedoch höher sein als der Erfindungswert der ersten Erfindung. Durch Schätzung kann ermittelt werden, welcher Anteil des Umsatzes, der Erzeugung oder des Nutzens bei Anwendung der zweiten Erfindung auf diese entfallen würde. Selbst wenn man hierbei zu einer annähernden Gleichwertigkeit der beiden Erfindungen kommt, ist es angemessen, für die zweite Erfindung weniger als die Hälfte der Summe der Werte beider Erfindungen anzusetzen, weil es als ein besonderer Vorteil benutzter Erfindungen anzusehen ist, wenn sie sich schon in der Praxis bewährt haben und auf dem Markt eingeführt sind. Eine zweite Erfindung, mit der es möglich ist, die erste zu umgehen, kann für den Schutzumfang der ersten Erfindung eine Schwäche offenbaren, die bei der Feststellung des Erfindungswertes für die erste Erfindung nicht immer

berücksichtigt worden ist. Deshalb kann der Anlass für eine Neufestsetzung der Vergütung nach § 12 Abs. 6 des Gesetzes vorliegen.

IV. Schutzrechtskomplexe

Werden bei einem Verfahren oder Erzeugnis mehrere Erfindungen benutzt, (19)
so soll, wenn es sich hierbei um einen einheitlich zu wertenden Gesamtkomplex handelt, zunächst der Wert des Gesamtkomplexes, gegebenenfalls einschließlich nicht benutzter Sperrschutzrechte, bestimmt werden. Der so bestimmte Gesamterfindungswert ist auf die einzelnen Erfindungen aufzuteilen. Dabei ist zu berücksichtigen, welchen Einfluss die einzelnen Erfindungen auf die Gesamtgestaltung des mit dem Schutzrechtskomplex belasteten Gegenstandes haben.

V. Nicht verwertete Erfindungen

Nicht verwertete Erfindungen sind Erfindungen, die weder betrieblich be- (20)
nutzt noch als Sperrpatent noch außerbetrieblich durch Vergabe von Lizenzen, Verkauf oder Tausch verwertet werden. Die Frage nach ihrem Wert hängt davon ab, aus welchen Gründen die Verwertung unterbleibt (vgl. Nr. 21-24).

1. Vorrats- und Ausbaupatente

Vorratspatente sind Patente für Erfindungen, die im Zeitpunkt der Ertei- (21)
lung des Patents noch nicht verwertet werden oder noch nicht verwertbar sind, mit deren späterer Verwertung oder Verwertbarkeit aber zu rechnen ist. Von ihrer Verwertung wird z.B. deshalb abgesehen, weil der Fortschritt der technischen Entwicklung abgewartet werden soll, bis die Verwertung des Patents möglich erscheint. Erfindungen dieser Art werden bis zu ihrer praktischen Verwertung »auf Vorrat« gehalten. Sie haben wegen der begründeten Erwartung ihrer Verwertbarkeit einen Erfindungswert. Vorratspatente, die lediglich bestehende Patente verbessern, werden als Ausbaupatente bezeichnet.
    Der Wert der Vorrats- und Ausbaupatente wird frei geschätzt werden müssen, wobei die Art der voraussichtlichen späteren Verwertung und die Höhe des alsdann voraussichtlich zu erzielenden Nutzens Anhaltspunkte ergeben können. Bei einer späteren Verwertung wird häufig der Anlass für eine Neufestsetzung der Vergütung nach § 12 Abs. 6 des Gesetzes gegeben sein. Ob verwertbare Vorratspatente, die nicht verwertet werden, zu vergüten sind, richtet sich nach Nr. 24.

RL Nr. 22, 23, 24

2. Nicht verwertbare Erfindungen

(22) Erfindungen, die nicht verwertet werden, weil sie wirtschaftlich nicht verwertbar sind und bei denen auch mit ihrer späteren Verwertbarkeit nicht zu rechnen ist, haben keinen Erfindungswert. Aus der Tatsache, dass ein Schutzrecht erteilt worden ist, ergibt sich nichts Gegenteiliges; denn die Prüfung durch das Patentamt bezieht sich zwar auf Neuheit, Fortschrittlichkeit und Erfindungshöhe, nicht aber darauf, ob die Erfindung mit wirtschaftlichem Erfolg verwertet werden kann. Erfindungen, die betrieblich nicht benutzt, nicht als Sperrpatent oder durch Lizenzvergabe, Verkauf oder Tausch verwertet werden können und auch als Vorratspatent keinen Wert haben, sollten dem Erfinder freigegeben werden.

3. Erfindungen, deren Verwertbarkeit noch nicht feststellbar ist

(23) Nicht immer wird sofort festzustellen sein, ob eine Erfindung wirtschaftlich verwertbar ist oder ob mit ihrer späteren Verwertbarkeit zu rechnen ist. Dazu wird es vielmehr in einer Reihe von Fällen einer gewissen Zeit der Prüfung und Erprobung bedürfen. Wenn und solange der Arbeitgeber die Erfindung prüft und erprobt und dabei die wirtschaftliche Verwertbarkeit noch nicht feststeht, ist die Zahlung einer Vergütung in der Regel nicht angemessen. Zwar besteht die Möglichkeit, dass sich eine Verwertbarkeit ergibt. Diese Möglichkeit wird aber dadurch angemessen abgegolten, dass der Arbeitgeber auf seine Kosten die Erfindung überprüft und erprobt und damit seinerseits dem Erfinder die Gelegenheit einräumt, bei günstigem Prüfungsergebnis eine Vergütung zu erhalten.

Die Frist, die dem Betrieb zur Feststellung der wirtschaftlichen Verwertbarkeit billigerweise gewährt werden muss, wird von Fall zu Fall verschieden sein, sollte aber drei bis fünf Jahre nach Patenterteilung nur in besonderen Ausnahmefällen überschreiten. Wird die Erfindung nach Ablauf dieser Zeit nicht freigegeben, so wird vielfach eine tatsächliche Vermutung dafür sprechen, dass ihr ein Wert zukommt, sei es auch nur als Vorrats- oder Ausbaupatent.

4. Erfindungen, bei denen die Verwertbarkeit nicht oder nicht voll ausgenutzt wird.

(24) Wird die Erfindung ganz oder teilweise nicht verwertet, obwohl sie verwertbar ist, so sind bei der Ermittlung des Erfindungswertes die unausgenutzten Verwertungsmöglichkeiten im Rahmen der bei verständiger Würdigung bestehenden wirtschaftlichen Möglichkeiten zu berücksichtigen.

VI. Besonderheiten

1. Beschränkte Inanspruchnahme

Für die Bewertung des nichtausschließlichen Rechts zur Benutzung der Diensterfindung gilt das für die Bewertung der unbeschränkt in Anspruch genommenen Diensterfindung Gesagte entsprechend. Bei der Ermittlung des Erfindungswertes ist jedoch allein auf die tatsächliche Verwertung durch den Arbeitgeber abzustellen; die unausgenutzte wirtschaftliche Verwertbarkeit (vgl. Nr. 24) ist nicht zu berücksichtigen. (25)

Wird der Erfindungswert mit Hilfe des erfassbaren betrieblichen Nutzens ermittelt, so unterscheidet sich im Übrigen die Ermittlung des Erfindungswertes bei der beschrankten Inanspruchnahme nicht von der bei der unbeschränkten Inanspruchnahme.

Bei der Ermittlung des Erfindungswertes nach der Lizenzanalogie ist nach Möglichkeit von den für nichtausschließliche Lizenzen mit freien Erfindern üblicherweise vereinbarten Sätzen auszugehen. Sind solche Erfahrungssätze für nichtausschließliche Lizenzen nicht bekannt, so kann auch von einer Erfindung ausgegangen werden, für die eine ausschließliche Lizenz erteilt worden ist; dabei ist jedoch zu beachten, dass die in der Praxis für nichtausschließliche Lizenzen gezahlten Lizenzsätze in der Regel, keinesfalls aber in allen Fällen, etwas niedriger sind als die für ausschließliche Lizenzen gezahlten Sätze. Hat der Arbeitnehmer Lizenzen vergeben, so können die in diesen Lizenzverträgen vereinbarten Lizenzsätze in geeigneten Fällen als Maßstab für den Erfindungswert herangezogen werden. Hat der Arbeitnehmer kein Schutzrecht erwirkt, so wirkt diese Tatsache nicht mindernd auf die Vergütung, jedoch ist eine Vergütung nicht oder nicht mehr zu zahlen, wenn die Erfindung so weit bekannt geworden ist, dass sie infolge des Fehlens eines Schutzrechts auch von Wettbewerbern berechtigterweise benutzt wird.

2. Absatz im Ausland und ausländische Schutzrechte

Wird das Ausland vom Inlandsbetrieb aus beliefert, so ist bei der Berechnung des Erfindungswertes nach dem erfassbaren betrieblichen Nutzen der Nutzen wie im Inland zu erfassen. Ebenso ist bei der Berechnung des Erfindungswertes nach der Lizenzanalogie der Umsatz oder die Erzeugung auch insoweit zu berücksichtigen, als das Ausland vom Inland aus beliefert wird. Bei zusätzlicher Verwertung im Ausland (z.B. Erzeugung im Ausland, Lizenzvergaben im Ausland) erhöht sich der Erfindungswert entsprechend, sofern dort ein entsprechendes Schutzrecht besteht. (26)

Auch im Ausland ist eine nicht ausgenutzte Verwertbarkeit oder eine unausgenutzte weitere Verwertbarkeit nach den gleichen Grundsätzen wie im

Inland zu behandeln (vgl. Nr. 24). Sofern weder der Arbeitgeber noch der Arbeitnehmer Schutzrechte im Ausland erworben haben, handelt es sich um schutzrechtsfreies Gebiet, auf dem Wettbewerber tätig werden können, so dass für eine etwaige Benutzung des Erfindungsgegenstandes in dem schutzrechtsfreien Land sowie für den Vertrieb des in dem schutzrechtsfreien Land hergestellten Erzeugnisses im Allgemeinen eine Vergütung nicht verlangt werden kann.

3. Betriebsgeheime Erfindungen (§ 17)

(27) Betriebsgeheime Erfindungen sind ebenso wie geschützte Erfindungen zu vergüten. Dabei sind nach § 17 *Abs. 4** des Gesetzes auch die wirtschaftlichen Nachteile zu berücksichtigen, die sich für den Arbeitnehmer dadurch ergeben, dass auf die Diensterfindung kein Schutzrecht erteilt worden ist. Die Beeinträchtigung kann u. a. darin liegen, dass der Erfinder nicht als solcher bekannt wird oder dass die Diensterfindung nur in beschränktem Umfang ausgewertet werden kann. Eine Beeinträchtigung kann auch darin liegen, dass die Diensterfindung vorzeitig bekannt und mangels Rechtsschutzes durch andere Wettbewerber ausgewertet wird.

B. Gebrauchsmusterfähige Erfindungen

(28) Bei der Ermittlung des Erfindungswertes für gebrauchsmusterfähige Diensterfindungen können grundsätzlich dieselben Methoden angewandt werden wie bei patentfähigen Diensterfindungen. Wird der Erfindungswert nach dem erfassbaren betrieblichen Nutzen ermittelt, so ist hierbei nach denselben Grundsätzen wie bei patentfähigen Diensterfindungen zu verfahren. Wird dagegen von der Lizenzanalogie ausgegangen, so ist nach Möglichkeit von den für gebrauchsmusterfähige Erfindungen in vergleichbaren Fällen üblichen Lizenzen auszugehen. Sind solche Lizenzsätze für gebrauchsmusterfähige Erfindungen freier Erfinder nicht bekannt, so kann bei der Lizenzanalogie auch von den für vergleichbare patentfähige Erfindungen üblichen Lizenzsätzen ausgegangen werden; dabei ist jedoch folgendes zu beachten: In der Praxis werden vielfach die für Gebrauchsmuster an freie Erfinder üblicherweise gezahlten Lizenzen niedriger sein als die für patentfähige Erfindungen; dies beruht u. a. auf dem im Allgemeinen engeren Schutzumfang sowie auf der kürzeren gesetzlichen Schutzdauer des Gebrauchsmusters. Die ungeklärte Schutzfähigkeit des Gebrauchsmusters kann jedoch bei Diensterfindungen nur dann zuungunsten des Arbeitnehmers berücksichtigt werden, wenn im Einzelfall bestimmte Bedenken gegen die Schutzfähigkeit eine Herabsetzung des Analogielizenzsatzes angemessen erscheinen lassen. Wird in diesem Falle das Gebrauchsmuster nicht an-

---

* Jetzt § 17 Abs. 3.

gegriffen oder erfolgreich verteidigt, so wird im Allgemeinen der Anlass für eine Neufestsetzung der Vergütung nach § 12 Abs. 6 des Gesetzes vorliegen.
Wird eine patentfähige Erfindung nach § 13 Abs. 1 Satz 2 des Gesetzes als Gebrauchsmuster angemeldet, so ist der Erfindungswert wie bei einer patentfähigen Erfindung zu bemessen, wobei jedoch die kürzere gesetzliche Schutzdauer des Gebrauchsmusters zu berücksichtigen ist.

C. **Technische Verbesserungsvorschläge (§ 20 Abs. 1)**

Nach § 20 Abs. 1 des Gesetzes hat der Arbeitnehmer für technische Verbesserungsvorschläge, die dem Arbeitgeber eine ähnliche Vorzugsstellung gewähren wie ein gewerbliches Schutzrecht, gegen den Arbeitgeber einen Anspruch auf angemessene Vergütung, sobald dieser sie verwertet. Eine solche Vorzugsstellung gewähren technische Verbesserungsvorschläge, die von Dritten nicht nachgeahmt werden können (z. B. Anwendung von Geheimverfahren; Verwendung von Erzeugnissen, die nicht analysiert werden können). Der technische Verbesserungsvorschlag als solcher muss die Vorzugsstellung gewähren; wird er an einem Gerät verwandt, das schon eine solche Vorzugsstellung genießt, so ist der Vorschlag nur insoweit vergütungspflichtig, als er für sich betrachtet, also abgesehen von der schon bestehenden Vorzugsstellung, die Vorzugsstellung gewähren würde. Bei der Ermittlung des Wertes des technischen Verbesserungsvorschlages im Sinne des § 20 Abs. 1 des Gesetzes sind dieselben Methoden anzuwenden wie bei der Ermittlung des Erfindungswertes für schutzfähige Erfindungen. Dabei ist jedoch allein auf die tatsächliche Verwertung durch den Arbeitgeber abzustellen; die unausgenutzte wirtschaftliche Verwertbarkeit (Nr. 24) ist nicht zu berücksichtigen. Sobald die Vorzugsstellung wegfällt, weil die technische Neuerung so weit bekannt geworden ist, dass sie auch von Wettbewerbern berechtigterweise benutzt wird, ist eine Vergütung nicht oder nicht mehr zu zahlen.

(29)

Zweiter Teil Anteilsfaktor

(30) Von dem im ersten Teil ermittelten Erfindungswert ist mit Rücksicht darauf, dass es sich nicht um eine freie Erfindung handelt, ein entsprechender Abzug zu machen. Der Anteil, der sich für den Arbeitnehmer unter Berücksichtigung dieses Abzugs an dem Erfindungswert ergibt, wird in Form eines in Prozenten ausgedrückten Anteilsfaktors ermittelt.
Der Anteilsfaktor wird bestimmt:
a) durch die Stellung der Aufgabe,
b) durch die Lösung der Aufgabe,
c) durch die Aufgaben und die Stellung des Arbeitnehmers im Betrieb.

Die im folgenden hinter den einzelnen Gruppen der Tabellen a), b) und c) eingefügten Wertzahlen dienen der Berechnung des Anteilsfaktors nach der Tabelle unter Nr. 37. Soweit im Einzelfall eine zwischen den einzelnen Gruppen liegende Bewertung angemessen erscheint, können Zwischenwerte gebildet werden (z.B. 3,5).

a) Stellung der Aufgabe

(31) Der Anteil des Arbeitnehmers am Zustandekommen der Diensterfindung ist umso größer, je größer seine Initiative bei der Aufgabenstellung und je größer seine Beteiligung bei der Erkenntnis der betrieblichen Mängel und Bedürfnisse ist. Diese Gesichtspunkte können in folgenden sechs Gruppen berücksichtigt werden:
Der Arbeitnehmer ist zu der Erfindung veranlasst worden:
1. weil der Betrieb ihm eine Aufgabe unter unmittelbarer Angabe des beschrittenen Lösungsweges gestellt hat (1);
2. weil der Betrieb ihm eine Aufgabe ohne unmittelbare Angabe des beschrittenen Lösungsweges gestellt hat (2);
3. ohne dass der Betrieb ihm eine Aufgabe gestellt hat, jedoch durch die infolge der Betriebszugehörigkeit erlangte Kenntnis von Mängeln und Bedürfnissen, wenn der Erfinder diese Mängel und Bedürfnisse nicht selbst festgestellt hat (3);
4. ohne dass der Betrieb ihm eine Aufgabe gestellt hat, jedoch durch die infolge der Betriebszugehörigkeit erlangte Kenntnis von Mängeln und Bedürfnissen, wenn der Erfinder diese Mängel und Bedürfnisse selbst festgestellt hat (4);
5. weil er sich innerhalb seines Aufgabenbereichs eine Aufgabe gestellt hat (5);
6. weil er sich außerhalb seines Aufgabenbereichs eine Aufgabe gestellt hat (6).

RL Nr. 32

Bei Gruppe 1 macht es keinen Unterschied, ob der Betrieb den Erfinder schon bei der Aufgabenstellung oder erst später auf den beschrittenen Lösungsweg unmittelbar hingewiesen hat, es sei denn, dass der Erfinder von sich aus den Lösungsweg bereits beschritten hatte. Ist bei einer Erfindung, die in Gruppe 3 oder 4 einzuordnen ist, der Erfinder vom Betrieb später auf den beschrittenen Lösungsweg hingewiesen worden, so kann es angemessen sein, die Erfindung niedriger einzuordnen, es sei denn, dass der Erfinder von sich aus den Lösungsweg bereits beschritten hatte. Liegt in Gruppe 3 oder 4 die Aufgabe außerhalb des Aufgabenbereichs des Erfinders, so wird es angemessen sein, die Erfindung höher einzuordnen.

Ferner ist zu berücksichtigen, dass auch in der Aufgabenstellung allein schon eine unmittelbare Angabe des beschrittenen Lösungsweges liegen kann, wenn die Aufgabe sehr eng gestellt ist. Andererseits sind ganz allgemeine Anweisungen (z.B. auf Erfindungen bedacht zu sein) noch nicht als Stellung der Aufgabe im Sinne dieser Tabelle anzusehen.

b) Lösung der Aufgabe

Bei der Ermittlung der Wertzahlen, für die Lösung der Aufgabe sind folgende Gesichtspunkte zu beachten: (32)
1. Die Lösung wird mit Hilfe der dem Erfinder beruflich geläufigen Überlegungen gefunden;
2. sie wird auf Grund betrieblicher Arbeiten oder Kenntnisse gefunden;
3. der Betrieb unterstützt den Erfinder mit technischen Hilfsmitteln.

Liegen bei einer Erfindung alle diese Merkmale vor, so erhält die Erfindung für die Lösung der Aufgabe die Wertzahl 1; liegt keines dieser Merkmale vor, so erhält sie die Wertzahl 6.

Sind bei einer Erfindung die angeführten drei Merkmale teilweise verwirklicht, so kommt ihr für die Lösung der Aufgabe eine zwischen 1 und 6 liegende Wertzahl zu. Bei der Ermittlung der Wertzahl für die Lösung der Aufgabe sind die Verhältnisse des Einzelfalls auch im Hinblick auf die Bedeutung der angeführten drei Merkmale (z.B. das Ausmaß der Unterstützung mit technischen Hilfsmitteln) zu berücksichtigen.

Beruflich geläufige Überlegungen im Sinne dieser Nummer sind solche, die aus Kenntnissen und Erfahrungen des Arbeitnehmers stammen, die er zur Erfüllung der ihm übertragenen Tätigkeiten haben muss.

Betriebliche Arbeiten oder Kenntnisse im Sinne dieser Nummer sind innerbetriebliche Erkenntnisse, Arbeiten, Anregungen, Erfahrungen, Hinweise usw., die den Erfinder zur Lösung hingeführt oder sie ihm wesentlich erleichtert haben.

Technische Hilfsmittel im Sinne dieser Nummer sind Energien, Rohstoffe und Geräte des Betriebes, deren Bereitstellung wesentlich zum Zustandekommen der Diensterfindung beigetragen hat. Wie technische Hilfsmittel ist auch die Bereitstellung von Arbeitskräften zu werten. Die

Arbeitskraft des Erfinders selbst sowie die allgemeinen, ohnehin entstandenen Aufwendungen für Forschung, Laboreinrichtungen und Apparaturen sind nicht als technische Hilfsmittel in diesem Sinne anzusehen.

c) Aufgaben und Stellung des Arbeitnehmers im Betrieb

(33) Der Anteil des Arbeitnehmers verringert sich umso mehr, je größer der ihm durch seine Stellung ermöglichte Einblick in die Erzeugung und Entwicklung des Betriebes ist und je mehr von ihm angesichts seiner Stellung und des ihm z. Z. der Erfindungsmeldung gezahlten Arbeitsentgeltes erwartet werden kann, dass er an der technischen Entwicklung des Betriebes mitarbeitet. Stellung im Betrieb bedeutet nicht die nominelle, sondern die tatsächliche Stellung des Arbeitnehmers, die ihm unter Berücksichtigung der ihm obliegenden Aufgaben und der ihm ermöglichten Einblicke in das Betriebsgeschehen zukommt.

(34) Man kann folgende Gruppen von Arbeitnehmern unterscheiden, wobei die Wertzahl umso höher ist, je geringer die Leistungserwartung ist:

8. Gruppe: Hierzu gehören Arbeitnehmer, die im Wesentlichen ohne Vorbildung für die im Betrieb ausgeübte Tätigkeit sind (z.B. ungelernte Arbeiter, Hilfsarbeiter, Angelernte, Lehrlinge) (8).

7. Gruppe: Zu dieser Gruppe sind die Arbeitnehmer zu rechnen, die eine handwerklich-technische Ausbildung erhalten haben (z.B. Facharbeiter, Laboranten, Monteure, einfache Zeichner), auch wenn sie schon mit kleineren Aufsichtspflichten betraut sind (z.B. Vorarbeiter, Untermeister, Schichtmeister, Kolonnenführer). Von diesen Personen wird im Allgemeinen erwartet, dass sie die ihnen übertragenen Aufgaben mit einem gewissen technischen Verständnis ausführen. Andererseits ist zu berücksichtigen, dass von dieser Berufsgruppe in der Regel die Lösung konstruktiver oder verfahrensmäßiger technischer Aufgaben nicht erwartet wird (7).

6. Gruppe: Hierher gehören die Personen, die als untere betriebliche Führungskräfte eingesetzt werden (z.B. Meister, Obermeister, Werkmeister) oder eine etwas gründlichere technische Ausbildung erhalten haben (z.B. Chemotechniker, Techniker). Von diesen Arbeitnehmern wird in der Regel schon erwartet, dass sie Vorschläge zur Rationalisierung innerhalb der ihnen obliegenden Tätigkeit machen und auf einfache technische Neuerungen bedacht sind (6).

5. Gruppe: Zu dieser Gruppe sind die Arbeitnehmer zu rechnen, die eine gehobene technische Ausbildung erhalten haben, sei es auf Universitäten oder technischen Hochschulen, sei es auf höheren technischen Lehranstalten oder in Ingenieur- oder entsprechenden Fachschulen, wenn sie in der Fertigung tätig sind. Von diesen Arbeitnehmern wird ein reges technisches

Interesse sowie die Fähigkeit erwartet, gewisse konstruktive oder verfahrensmäßige Aufgaben zu lösen (5).

4. Gruppe: Hierher gehören die in der Fertigung leitend Tätigen (Gruppenleiter, d. h. Ingenieure und Chemiker, denen andere Ingenieure und Chemiker unterstellt sind) und die in der Entwicklung tätigen Ingenieure und Chemiker (4).

3. Gruppe: Zu dieser Gruppe sind in der Fertigung der Leiter einer ganzen Fertigungsgruppe (z.B. technischer Abteilungsleiter und Werksleiter) zu zählen, in der Entwicklung die Gruppenleiter von Konstruktionsbüros und Entwicklungslaboratorien und in der Forschung die Ingenieure und Chemiker (3).

2. Gruppe: Hier sind die Leiter der Entwicklungsabteilungen einzuordnen sowie die Gruppenleiter in der Forschung (2).

1. Gruppe: Zur Spitzengruppe gehören die Leiter der gesamten Forschungsabteilung eines Unternehmens und die technischen Leiter größerer Betriebe (1).

Die vorstehende Tabelle kann nur Anhaltspunkte geben. Die Einstufung in die einzelnen Gruppen muss jeweils im Einzelfall nach Maßgabe der tatsächlichen Verhältnisse unter Berücksichtigung der Ausführungen in Nr. 33, 35 und 36 vorgenommen werden. In kleineren Betrieben sind z.B. vielfach die Leiter von Forschungsabteilungen nicht in Gruppe 1, sondern – je nach den Umständen des Einzelfalles – in die Gruppen 2, 3 oder 4 einzuordnen. Auch die Abstufung nach der Tätigkeit in Fertigung, Entwicklung oder Forschung ist nicht stets berechtigt, weil z.B. in manchen Betrieben die in der Entwicklung tätigen Arbeitnehmer Erfindungen näher stehen als die in der Forschung tätigen Arbeitnehmer.

Wenn die Gehaltshöhe gegenüber dem Aufgabengebiet Unterschiede zeigt, kann es berechtigt sein, den Erfinder in eine höhere oder tiefere Gruppe einzustufen, weil Gehaltshöhe und Leistungserwartung miteinander in Verbindung stehen. Dies ist besonders zu berücksichtigen im Verhältnis zwischen jüngeren und älteren Arbeitnehmern der gleichen Gruppe. In der Regel wächst das Gehalt eines Arbeitnehmers mit seinem Alter, wobei weitgehend der Gesichtspunkt maßgebend ist, dass die zunehmende Erfahrung auf Grund langjähriger Tätigkeit eine höhere Leistung erwarten lässt. Hiernach kann also ein höher bezahlter älterer Angestellter einer bestimmten Gruppe eher in die nächstniedrigere einzustufen sein, während ein jüngerer, geringer bezahlter Angestellter der nächsthöheren Gruppe zuzurechnen ist. (35)

Es ist weiter zu berücksichtigen, dass zum Teil gerade bei leitenden Angestellten nicht erwartet wird, dass sie sich mit technischen Einzelfragen befassen. Besonders in größeren Firmen stehen leitende Angestellte zum

RL Nr. 36, 37, 38

Teil der technischen Entwicklung ferner als Entwicklungs- und Betriebsingenieure. In solchen Fällen ist daher gleichfalls eine Berichtigung der Gruppeneinteilung angebracht. Auch die Vorbildung wird in der Regel ein Anhaltspunkt für die Einstufung des Arbeitnehmers sein. Sie ist aber hierauf dann ohne Einfluss, wenn der Arbeitnehmer nicht entsprechend seiner Vorbildung im Betrieb eingesetzt wird. Andererseits ist auch zu berücksichtigen, dass Arbeitnehmer, die sich ohne entsprechende Vorbildung eine größere technische Erfahrung zugeeignet haben und demgemäß im Betrieb eingesetzt und bezahlt werden, in eine entsprechend niedrigere Gruppe (also mit niedrigerer Wertzahl, z.B. von Gruppe 6 in Gruppe 5) eingestuft werden müssen.

(36) Von Arbeitnehmern, die kaufmännisch tätig sind und keine technische Vorbildung haben, werden im Allgemeinen keine technischen Leistungen erwartet. Etwas anderes kann mitunter für die so genannten technischen Kaufleute und die höheren kaufmännischen Angestellten (kaufmännische Abteilungsleiter, Verwaltungs- und kaufmännische Direktoren) gelten. Wie diese Personen einzustufen sind, muss von Fall zu Fall entschieden werden.

(37) Für die Berechnung des Anteilsfaktors gilt folgende Tabelle:

$a+b+c$ =	3	4	5	6	7	8	9	10	11	12	13	14	15	16	17	18	19	(20)
A =	2	4	7	10	13	15	18	21	25	32	39	47	55	63	72	81	90	(100)

In dieser Tabelle bedeuten:
a = Wertzahlen, die sich aus der Stellung der Aufgabe ergeben,
b = Wertzahlen, die sich aus der Lösung der Aufgabe ergeben,
c = Wertzahlen, die sich aus Aufgaben und Stellung im Betrieb ergeben,
A = Anteilsfaktor (Anteil des Arbeitnehmers am Erfindungswert in Prozenten).
Die Summe, die sich aus den Wertzahlen a, b und c ergibt, braucht keine ganze Zahl zu sein. Sind als Wertzahlen Zwischenwerte (z.B. 3,5) gebildet worden, so ist als Anteilsfaktor eine Zahl zu ermitteln, die entsprechend zwischen den angegebenen Zahlen liegt. Die Zahlen 20 und 100 sind in Klammern gesetzt, weil zumindest in diesem Fall eine freie Erfindung vorliegt.

Wegfall der Vergütung

(38) Ist der Anteilsfaktor sehr niedrig, so kann, wenn der Erfindungswert gleichfalls gering ist, die nach den vorstehenden Richtlinien zu ermittelnde Vergütung bis auf einen Anerkennungsbetrag sinken oder ganz wegfallen.

RL Nr. 39

Dritter Teil Die rechnerische Ermittlung der Vergütung

I. Formel

Die Berechnung der Vergütung aus Erfindungswert und Anteilsfaktor kann in folgender Formel ausgedrückt werden: (39)

$$V = E \times A$$

Dabei bedeuten:
V = die zu zahlende Vergütung,
E = den Erfindungswert,
A = den Anteilsfaktor in Prozenten.

Die Ermittlung des Erfindungswertes nach der Lizenzanalogie kann in folgender Formel ausgedruckt werden:

$$E = B \times L$$

Dabei bedeuten:
E = den Erfindungswert,
B = die Bezugsgröße,
L = Lizenzsatz in Prozenten.

In dieser Formel kann die Bezugsgröße ein Geldbetrag oder eine Stückzahl sein. Ist die Bezugsgröße ein bestimmter Geldbetrag, so ist der Lizenzsatz ein Prozentsatz (z.B. 3 % von 100 000,- DM). Ist die Bezugsgröße dagegen eine Stückzahl oder eine Gewichtseinheit, so ist der Lizenzsatz ein bestimmter Geldbetrag je Stück oder Gewichtseinheit (z.B. 0,10 DM je Stück oder Gewichtseinheit des umgesetzten Erzeugnisses).

Insgesamt ergibt sich hiernach für die Ermittlung der Vergütung bei Anwendung der Lizenzanalogie folgende Formel:

$$V = B \times L \times A$$

Hierbei ist für B jeweils die entsprechende Bezugsgröße (Umsatz, Erzeugung) einzusetzen. Sie kann sich auf die gesamte Laufdauer des Schutzrechts (oder die gesamte sonst nach Nr. 42 in Betracht kommende Zeit) oder auf einen bestimmten periodisch wiederkehrenden Zeitabschnitt (z.B. ein Jahr) beziehen; entsprechend ergibt sich aus der Formel die Vergütung für die gesamte Laufdauer (V) oder den bestimmten Zeitabschnitt (bei jährlicher Ermittlung im folgenden mit Vj bezeichnet). Wird z.B. die Vergütung unter Anwendung der Lizenzanalogie in Verbindung mit dem Umsatz ermittelt, so lautet die Formel für die Berechnung der Vergütung:

$$V = U \times L \times A$$

oder bei jährlicher Ermittlung

$$VJ = Uj \times E \times A$$

Beispiel: Bei einem Jahresumsatz von 400.000,– DM, einem Lizenzsatz von 3 % und einem Anteilsfaktor von (a + b + c = 8) = 15 % ergibt sich folgende Rechnung:

$$Vj = 400\,000 \times \frac{3}{100} \times \frac{15}{100}$$

Die Vergütung für ein Jahr beträgt in diesem Falle 1.800,– DM.

II. Art der Zahlung der Vergütung

(40) Die Vergütung kann in Form einer laufenden Beteiligung bemessen werden. Hängt ihre Höhe von dem Umsatz, der Erzeugung oder dem erfassbaren betrieblichen Nutzen ab, so wird die Vergütung zweckmäßig nachkalkulatorisch errechnet; in diesem Falle empfiehlt sich die jährliche Abrechnung, wobei – soweit dies angemessen erscheint – entsprechende Abschlagszahlungen zu leisten sein werden. Wird die Diensterfindung durch Lizenzvergabe verwertet, so wird die Zahlung der Vergütung im Allgemeinen der Zahlung der Lizenzen anzupassen sein.

Manchmal wird die Zahlung einer einmaligen oder mehrmaligen festen Summe (Gesamtabfindung) als angemessen anzusehen sein. Dies gilt insbesondere für folgende Fälle:
a) Wenn es sich um kleinere Erfindungen handelt, für die eine jährliche Abrechnung wegen des dadurch entstehenden Aufwandes nicht angemessen erscheint;
b) wenn die Diensterfindung als Vorrats- oder Ausbaupatent verwertet wird;
c) ist der Diensterfinder in einer Stellung, in der er auf den Einsatz seiner Erfindung oder die Entwicklung weiterer verwandter Erfindungen im Betrieb einen maßgeblichen Einfluss ausüben kann, so ist zur Vermeidung von Interessengegensätzen ebenfalls zu empfehlen, die Vergütung in Form einmaliger oder mehrmaliger Beträge zu zahlen.

In der Praxis findet sich manchmal eine Verbindung beider Zahlungsarten derart, dass der Lizenznehmer eine einmalige Zahlung leistet und der Lizenzgeber im Übrigen laufend an den Erträgen der Erfindung beteiligt wird. Auch eine solche Regelung kann eine angemessene Art der Vergütungsregelung darstellen.

(41) Nur ein geringer Teil der Patente wird in der Praxis für die Gesamtlaufdauer von *achtzehn Jahren*[*] aufrechterhalten. Bei patentfähigen Erfindungen

---

[*] Für die ab 1.1.1978 angemeldeten Patente: 20 Jahre (§ 16 Abs. 1 PatG).

hat es sich bei der Gesamtabfindung häufig als berechtigt erwiesen, im Allgemeinen eine durchschnittliche Laufdauer des Patents von einem Drittel der Gesamtlaufdauer, also von sechs Jahren, für die Ermittlung der einmaligen festen Vergütung zugrunde zu legen. Bei einer wesentlichen Änderung der Umstände, die für die Feststellung oder Festsetzung der Vergütung maßgebend waren, können nach § 12 Abs. 6 des Gesetzes Arbeitgeber und Arbeitnehmer voneinander die Einwilligung in eine andere Regelung der Vergütung verlangen.

III. Die für die Berechnung der Vergütung maßgebende Zeit

Die Zeit, die für die Berechnung der Vergütung bei laufender Zahlung maßgebend ist, endet bei der unbeschränkten Inanspruchnahme in der Regel mit dem Wegfall des Schutzrechts. Dasselbe gilt bei der beschränkten Inanspruchnahme, wenn ein Schutzrecht erwirkt ist. Wegen der Dauer der Vergütung bei beschränkter Inanspruchnahme wird im Übrigen auf Nr. 25 verwiesen. In Ausnahmefällen kann der Gesichtspunkt der Angemessenheit der Vergütung auch eine Zahlung über die Laufdauer des Schutzrechts hinaus gerechtfertigt erscheinen lassen. Dies gilt beispielsweise dann, wenn eine Erfindung erst in den letzten Jahren der Laufdauer eines Schutzrechts praktisch ausgewertet worden ist und die durch das Patent während seiner Laufzeit dem Patentinhaber vermittelte Vorzugsstellung auf dem Markt auf Grund besonderer Umstände noch weiter andauert. Solche besonderen Umstände können z.B. darin liegen, dass die Erfindung ein geschütztes Verfahren betrifft, für dessen Ausübung hohe betriebsinterne Erfahrungen notwendig sind, die nicht ohne weiteres bei Ablauf des Schutzrechts Wettbewerbern zur Verfügung stehen. (42)

Ist das Schutzrecht vernichtbar, so bleibt dennoch der Arbeitgeber bis zur Nichtigkeitserklärung zur Vergütungszahlung verpflichtet, weil bis dahin der Arbeitgeber eine tatsächliche Nutzungsmöglichkeit und günstigere Geschäftsstellung hat, die er ohne die Inanspruchnahme nicht hätte. Die offenbar oder wahrscheinlich gewordene Nichtigkeit ist für den Vergütungsanspruch der tatsächlichen Vernichtung dann gleichzustellen, wenn nach den Umständen das Schutzrecht seine bisherige wirtschaftliche Wirkung so weit verloren hat, dass dem Arbeitgeber die Vergütungszahlung nicht mehr zugemutet werden kann. Dies ist besonders dann der Fall, wenn Wettbewerber, ohne eine Verletzungsklage befürchten zu müssen, nach dem Schutzrecht arbeiten. (43)

Bonn, den 20. Juli 1959 – III a 6 – 1859/59

Der Bundesminister für Arbeit und Sozialordnung

In Vertretung
Dr. Claussen

Anhang 2 zu § 11

Richtlinien[1] für die Vergütung von Arbeitnehmererfindungen im öffentlichen Dienst

vom 1. 12. 1960[2]

Nach Anhörung der Spitzenorganisationen der Arbeitgeber, der Arbeitnehmer, der Beamten und der Soldaten ergänze ich auf Grund des § 11 in Verbindung mit den §§ 40, 41 des Gesetzes über Arbeitnehmererfindungen vom 25. Juli 1957 (Bundesgesetzbl. I S. 756) die Richtlinien für die Vergütung von Arbeitnehmererfindungen im privaten Dienst vom 20. Juli 1959 (Beilage zum Bundesanzeiger Nr. 156 vom 18. August 1959) dahin, dass diese Richtlinien auf Arbeitnehmer im öffentlichen Dienst sowie auf Beamte und Soldaten entsprechend anzuwenden sind.

Bonn, den 1. Dezember 1960 – III a 6 – 2329/60

Der Bundesminister für Arbeit und Sozialordnung

Im Auftrag
Dr. Schelp

---

1 Des Bundesministers für Arbeit und Sozialordnung.
2 BAnz. Nr. 237 v. 8.12.1960 = BArbBl. 1960, 767 = Blatt 1961, 69; für Berlin auf Grund Art. II d. Ges. v. 2.8.1957 (GVBl. Berlin 1957, 869), veröffentl. am 17.1.1961 (GVBl. Berlin 1961, 118).

§ 12 Feststellung oder Festsetzung der Vergütung

(1) Die Art und Höhe der Vergütung soll in angemessener Frist nach Inanspruchnahme der Diensterfindung durch Vereinbarung zwischen dem Arbeitgeber und dem Arbeitnehmer festgestellt werden.

(2) Wenn mehrere Arbeitnehmer an der Diensterfindung beteiligt sind, ist die Vergütung für jeden gesondert festzustellen. Die Gesamthöhe der Vergütung und die Anteile der einzelnen Erfinder an der Diensterfindung hat der Arbeitgeber den Beteiligten bekanntzugeben.

(3) Kommt eine Vereinbarung über die Vergütung in angemessener Frist nach Inanspruchnahme der Diensterfindung nicht zustande, so hat der Arbeitgeber die Vergütung durch eine begründete schriftliche Erklärung an den Arbeitnehmer festzusetzen und entsprechend der Festsetzung zu zahlen. Bei unbeschränkter Inanspruchnahme der Diensterfindung ist die Vergütung spätestens bis zum Ablauf von drei Monaten nach Erteilung des Schutzrechts, bei beschränkter Inanspruchnahme spätestens bis zum Ablauf von drei Monaten nach Aufnahme der Benutzung festzusetzen.

(4) Der Arbeitnehmer kann der Festsetzung innerhalb von zwei Monaten durch schriftliche Erklärung widersprechen, wenn er mit der Festsetzung nicht einverstanden ist. Widerspricht er nicht, so wird die Festsetzung für beide Teile verbindlich.

(5) Sind mehrere Arbeitnehmer an der Diensterfindung beteiligt, so wird die Festsetzung für alle Beteiligten nicht verbindlich, wenn einer von ihnen der Festsetzung mit der Begründung widerspricht, dass sein Anteil an der Diensterfindung unrichtig festgesetzt sei. Der Arbeitgeber ist in diesem Fall berechtigt, die Vergütung für alle Beteiligten neu festzusetzen.

(6) Arbeitgeber und Arbeitnehmer können voneinander die Einwilligung in eine andere Regelung der Vergütung verlangen, wenn sich Umstände wesentlich ändern, die für die Feststellung oder Festsetzung der Vergütung maßgebend waren. Rückzahlung einer bereits geleisteten Vergütung kann nicht verlangt werden. Die Absätze 1 bis 5 sind nicht anzuwenden.

Lit.: *Bartenbach/Volz*, Der Anspruch d. ArbN auf Auskunft u. Rechnungslegung i. R. d. Erfindervergütung, Festschr. Schippel (1996), S. 547; *Beck-Mannagetta*, Die Bedeutung d. veränderten Umstände nach § 12 Abs. 6 ArbEG, BB 1976, 421; *Bender*, Beschranktes Auskunftsrecht d. Arbeitnehmererfinders, Mitt. 1998, 216; *Gaul/Bartenbach*, Der Einfluss des neuen Patenterteilungsverfahrens auf die Vergütungsregelung nach § 12 Abs. 3 ArbEG, GRUR 1983, 14; *Jestaedt*, Die Ansprüche auf Auskunft und Rechnungslegung, VPP-Rundbrief 3/1998 S. 67; *Rosenberger*, Z. Auskunftspflicht d. Arbeitgebers gegenüber d. Arbeitnehmererfinder i.H.a.d. Kriterien für d. Erfindungswert, GRUR 2000, 25; *Tetzner*, Neufestsetzung d. Vergütg. f. Dienstorf., GRUR 1968, 292; *Seiz*, Zur Neuregelung

§ 12

der Arbeitnehmererf.vergütung bei Vereinbarung oder Festsetzung einer Pauschalabfindung, BB 1985, 808. S. im Übrigen Lit. bei Einl. vor §§ 9-12.

Übersicht

A. Allgemeines	1-10
B. Art, Höhe und Dauer der Vergütung	11-13.1
C. Feststellung der Vergütung (Abs. 1, 2)	14-39
I. Rechtsgeschäftliche Vereinbarung	14-18
II. Unwirksamkeit	19-21
III. Zeitpunkt (»in angemessener Frist«)	22-27
IV. Bei mehreren Arbeitnehmererfindern (Abs. 2)	28-39
1. Gesonderte Feststellung	28, 29
2. Bestimmung des Miterfinderanteils	30-34
3. Bekanntgabe der Gesamtvergütung und der Einzelanteile (Abs. 2 Satz 2)	35-39
D. Festsetzung der Vergütung (Abs. 3-5)	40-94
I. Einseitige Festsetzung	40
II. Pflicht des Arbeitgebers zur Festsetzung	41-46
III. Rechtsnatur der Festsetzung	47, 48
IV. Form und Inhalt	49-53.2
V. Bei mehreren Arbeitnehmererfindern	54
VI. Zeitpunkt der Vergütungsfestsetzung – Fälligkeit des Vergütungsanspruchs	55-73
1. Grundsatz	55, 56
2. Bei unbeschränkter Inanspruchnahme	57-72.2
a) Fälligkeit bei Verwertung bis zur (rechtsbeständigen) Patenterteilung	58-69.1
aa) Nach Bekanntmachung (§ 30 PatG a.F.)	59
bb) Nach Nutzungsaufnahme	60-63
cc) Vorläufige Vergütung	64-68.7
dd) Nachzahlungspflicht bei rechtsbeständiger Patenterteilung	69
ee) Risikoabschlag bei Lizenzvergabe bzw. Verkauf der Schutzrechtsposition	69.1, 69.2
b) Fälligkeit bei Verwertung nach Patenterteilung	70
c) Fälligkeit bei Verwertung einer gebrauchsmusterfähigen Erfindung	71
d) Fälligkeit bei ausbleibender tatsächlicher Verwertung vor Schutzrechtserteilung (Patent oder Gebrauchsmuster)	72
e) Fälligkeit bei ausbleibender tatsächlicher Verwertung nach Schutzrechtserteilung (Patent- oder Gebrauchsmuster)	72.1
f) Fälligkeit bei Nutzung unter Abhängigkeit von älteren Fremdschutzrechten	72.2
3. Bei beschränkter Inanspruchnahme	73
VII. Verbindlichkeit der Festsetzung	74-76
1. Grundsatz	74-74.4
2. Zahlungspflicht des Arbeitgebers	75, 76
VIII. Widerspruch des Arbeitnehmers (Abs. 4)	77-87
1. Rechtsnatur, Inhalt, Form	78-80
2. Frist	81, 82
3. Rechtsfolgen	83-87
IX. Widerspruch bei Arbeitnehmer-Miterfindern (Abs. 5 Satz 1)	88-94
E. Neuregelung der Vergütung bei wesentlich geänderten Umständen (Abs. 6 Satz 1)	95-161
I. Grundsatz	95, 96.3
II. Wesentliche Änderung der Umstände	97-143
1. Beurteilungsmaßstäbe	98-102
2. Verhältnis zu § 23	103, 104
3. Irrtumstatbestände	105-107

§ 12

4. Einzelprobleme 108-143	g) Vergütungsdauer 143
a) Ausscheiden des Arbeitnehmers 109	III. Durchsetzung des Anpassungsanspruchs 144-148
b) Miterfinderschaft 110	IV. Kriterien der Anpassung 149-153
c) Pauschalabfindung 111, 112	V. Rückforderungsverbot
d) Das Schutzrecht betreffende Änderungen 113-130	(Abs. 6 Satz 2) 154-161
e) Wirtschaftliche Veränderungen 131-140	F. Anspruch auf Auskunftserteilung bzw. Rechnungslegung 162-184
f) Gesetzes- und sonstige Rechtsänderungen 141, 142	I. Rechtsnatur, Zweck und Voraussetzungen 162-167
	II. Inhalt und Umfang 168-184

A. Allgemeines

Während § 9 Abs. 1 und § 10 Abs. 1 regeln, unter welchen Voraussetzungen ein Vergütungsanspruch für eine in Anspruch genommene Diensterfindung dem Grunde nach entsteht, normiert § 12, wann und in welcher Weise Art und Höhe der Vergütung festzulegen sind[1]. Die Vorschrift bestimmt also das Verfahren, das die Arbeitsvertragsparteien zur **Konkretisierung** des nach § 9 Abs. 1, § 10 Abs. 1 entstandenen Vergütungsanspruchs anzuwenden haben (s. auch Rz. 9); zugleich wird die **Fälligkeit** des Vergütungsanspruchs geregelt.

§ 12 dient dem **Schutz** aller Beteiligten, insbesondere dem des Arbeitnehmers; Klarheit und Rechtssicherheit sowie die Nachprüfbarkeit der Vergütungsvereinbarung bzw. -festsetzung sollen gewährleistet sein[2]. Mit dieser Vorschrift wird der den §§ 9, 10 zugrunde liegende Gedanke verwirklicht, dem einzelnen Erfinder seine individuelle Vergütung als angemessenen Ausgleich für die Überlassung von Erfindungsrechten an den Arbeitgeber zeitnah und betragsmäßig nachvollziehbar zukommen zu lassen. Wesentlicher Sinn der Vorschrift ist es, dem Arbeitnehmererfinder möglichst rasch nach Inanspruchnahme der Erfindung eine angemessene Vergütung zu sichern und nach Möglichkeit ohne Gerichtsverfahren den Berechnungsmodus festzulegen[2a].

In Übereinstimmung mit § 5 Abs. 2, 3 DVO 1943 unterscheidet § 12 hinsichtlich der **Festlegung** (Oberbegriff für die Konkretisierung) des Vergütungsanspruchs zwischen **zwei Verfahren:** Der einvernehmlichen Feststellung der Vergütung einerseits (Abs. 1, 2) und der einseitigen Festsetzung der Vergütung durch den Arbeitgeber andererseits (Abs. 3-5).

Die – insbesondere für die Verjährung maßgebliche – **Konkretisierung der Vergütungspflicht** tritt nur ein, wenn die Vergütung festgelegt ist,

---

1 BGH v. 2.12.1960 GRUR 1961, 338, 339 r.Sp. – Chlormethylierung.
2 BGH v. 17.4.1973 GRUR 1973, 649, 651 l.Sp. – Absperrventil.
2a BGH v. 17.5.1994 GRUR 1994, 898, 901 – Copolyester I.

§ 12

wenn also entweder eine Vergütungsvereinbarung nach Abs. 1 geschlossen wird oder eine Festsetzung durch den Arbeitgeber nach Abs. 3 erfolgt[2b].

4 Mit der **Feststellung** wird die von Arbeitgeber und Arbeitnehmer gemeinsam vorgenommene, **einverständliche Festlegung** der Vergütung bezeichnet (Abs. 1); dieser Verfahrensweise gebührt – entsprechend der Gesetzessystematik – der Vorrang, da sie am besten geeignet ist, eine für beide Parteien zufrieden stellende, gerechte Vergütungsregelung herbeizuführen und dem Arbeitnehmer alsbald zu seinem Entgelt für die Überlassung von Erfindungsrechten an seinen Arbeitgeber zu verhelfen[3].

5 Kommt eine derartige gütliche Einigung nicht zustande, wird der Arbeitgeber nach Abs. 3 zur **Festsetzung**, also zur **einseitigen Bestimmung** der angemessenen Vergütung, verpflichtet.

6 Um den Arbeitnehmer vor einer unangemessenen Festsetzung zu bewahren, gesteht ihm Abs. 4 ein (fristgebundenes) **Widerspruchsrecht** zu. In § 23 Abs. 1 Satz 2 ist zudem klargestellt, dass eine unbillige Vergütungsfestsetzung auch keine Wirksamkeit entfalten kann (s. auch Rz. 74.1).

7 Im Hinblick auf die unsicheren und schwer voraussehbaren Entwicklungs- und Verwertungsmöglichkeiten von Erfindungen[4] gewährt Abs. 6 – in Anlehnung an § 5 Abs. 5 DVO 1943 – den Arbeitsvertragsparteien die Möglichkeit, eine spätere **Anpassung** der bisherigen Vergütungsfestlegung voneinander verlangen zu können.

8 Entsprechend dem früheren Recht (vgl. § 5 Abs. 2 Satz 3 DVO 1943) regelt § 12 ausdrücklich das Verfahren bei **mehreren Erfindern** (Abs. 2, 5).

9 Vorrangig gilt die Regelung des § 12 für Vergütungsansprüche aus unbeschränkter bzw. beschränkter Inanspruchnahme einer **Diensterfindung** (§§ 9, 10). Daneben findet sie Anwendung auf die Sonderfälle der §§ 14 Abs. 3, 16 Abs. 3. Gemäß § 20 Abs. 1 Satz 2 gilt sie »sinngemäß« für Vergütungsansprüche bei **qualifizierten technischen Verbesserungsvorschlägen** (s. dazu Rz. 6 zu § 20). Dagegen ist § 12 für Zahlungsansprüche bei Überlassung von Rechten an **freien Erfindungen** i. S. des § 4 Abs. 3 unanwendbar; hierfür enthält § 19 Sonderbestimmungen[4a].

10 Gemäß §§ 40, 41 gilt § 12 auch für Vergütungsansprüche von Angehörigen des **öffentlichen Dienstes**. Der Regelungsbereich des § 12 bleibt von dem **Ausscheiden** eines Arbeitnehmers (Beamten) unberührt (§ 26).
Zur Geltung in den **neuen Bundesländern** s. Rz. 1 zu § 9 u. Einl. Rz. 31 ff.

2b OLG Nürnberg v. 19.11.1974 Az. 3 U 137/73 – Blitzlichtgeräte – unter Aufhebung der Ansicht des LG Nürnberg/Fürth Az. 3 O 62/72 (beide unveröffentl.), wonach gleichsam automatisch mit Ablauf der 3-Monatsfrist des Abs. 3 bei fehlender Vergütungsfestlegung die Konkretisierung eintreten sollte.
3 Ähnl. Volmer Rz. 3 zu § 12.
4 Amtl. Begr. BT-Drucks. II/1648, S. 31 = Blatt 1957, 235.
4a Ebenso Busse/Keukenschrijver, PatG, Rz. 4 zu § 12 ArbEG.

§ 12

B. Art, Höhe und Dauer der Vergütung

Sowohl die Feststellung (Abs. 1, 2) als auch die Festsetzung (Abs. 3-5) haben die Art und Höhe der dem Arbeitnehmer zustehenden Vergütung zum Gegenstand. 11

Unter **Art** versteht das Gesetz die Form, in der der Arbeitgeber die Vergütung erbringt, einschl. der Zahlungsmodalitäten (Einzelheiten hierzu s. Rz. 52 ff. zu § 9). Was die Parteien gewollt haben, ist ggf. im Wege der Auslegung (§§ 133, 157 BGB) zu ermitteln. 12

Die **Höhe** der Vergütung drückt sich bei einer **Pauschalzahlung** in dem bezifferten Geldbetrag aus mit der Angabe, ob die Zahlung die gesamte Nutzung der Erfindung erfassen (einmalige Gesamtabfindung) oder ob der festbezifferte Betrag wiederkehrend für bestimmte Nutzungszeiträume bzw. feste Zeitabschnitte erbracht werden soll (vgl. auch RL Nr. 40 Abs. 2 sowie Rz. 57 ff. zu § 9). Will der Arbeitgeber nicht nur die bislang entstandenen Vergütungsansprüche, sondern auch zukünftig zu zahlende Vergütungen pauschal abgelten, muss dies aus seinem Angebot bzw. seiner Festsetzung für den Arbeitnehmer erkennbar sein[5]. 13

Soll die Vergütung in Form einer **laufenden Beteiligung** gezahlt werden, wird die Höhe der Vergütung je nach Art und Umfang der Nutzung durch unterschiedliche Berechnungsfaktoren bestimmt, also durch die Kriterien zur Ermittlung des jeweiligen Erfindungswertes (evtl. einschließlich der Abstaffelungsgrundsätze gemäß RL Nr. 11) und durch die Berücksichtigung des Anteilsfaktors sowie ggf. der Miterfinderanteile. Die »Höhe der Vergütung« ist bei einer derartigen laufenden Vergütungszahlung nicht deckungsgleich mit den einzelnen Berechnungsfaktoren selbst; sie wird vielmehr durch das mit diesen Faktoren gewonnene rechnerische Gesamtergebnis, also etwa »X % einer bestimmten Bezugsgröße (Umsatz oder Erzeugung)« oder »bestimmter Geldbetrag je erzeugtes bzw. verkauftes Produkt« bzw. »X % der Ersparnis, bezogen etwa auf die Herstellungskosten einer erfindungsgemäßen Anlage« gekennzeichnet (vgl. auch RL Nr. 39).

Zur ordnungsgemäßen Bestimmung der Höhe der Vergütung gehört jeweils die konkrete Angabe der rechnerischen Bezugsgröße, so etwa bei der Anknüpfung an den **Umsatz** die Klärung, ob er sich aus den Verkäufen mit Preisstellung ab Werk, dem Einzelhandelspreis, dem Listenpreis oder dem Nettoverkaufspreis zusammensetzen soll und ob Nettokosten inbegriffen sind[6]. In diesem Zusammenhang ist auch klarzustellen, inwieweit Skonti und Nebenkosten, wie Verpackungskosten, Kosten der Inbetriebsetzung, Frachtkosten, Versicherungskosten pp. in Abzug zu bringen sind (s. auch Rz. 125 zu § 9).

---

5   Vgl. Schiedsst. v. 8.4.1974 Blatt 1974, 385, 386 f.
6   So z. Lizenzgebühr Stumpf/Groß Lizenzvertrag Rz. 105.
7   frei

§ 12

Von vornherein klargestellt werden muss auch, ob und inwieweit eine **Abstaffelung** bei besonders hohen Umsätzen (RL Nr. 11) eingreift (s. Rz. 148 zu § 9). Wird die Erfindung in unterschiedlichen Nutzungsformen (Eigennutzung/Lizenzvergabe/Austauschverträge) und/oder (technischen/räumlichen) Nutzungsbereichen eingesetzt, so ist dem unterschiedlichen Nutzungseinsatz und einer evtl. unterschiedlichen Wertigkeit durch konkrete Bestimmung der Höhe Rechnung zu tragen (z.B. »X % der Nettolizenzeinnahme«, »X % des Inlandsumsatzes/Auslandsumsatzes«, »X % der Bezugsgröße A/B« usw.). Zur Höhe der Vergütung zählt auch die Zusage einer (gesetzlich nicht vorgeschriebenen) Mindestvergütung (Mindestabfindung, Mindestlizenz).

Bei der Nutzung vor Schutzrechtserteilung ist eine **vorläufige Vergütung** unter Abzug eines Risikoabschlags vorzusehen (s. dazu Rz. 64 ff.).

Der Höhe nach muss die Vergütung stets angemessen sein (Einzelheiten s. Rz. 69 ff. zu § 9, Rz. 33 zu § 10).

Soll eine Vergütungsfestsetzung (auch) **zukünftige Nutzungen** erfassen, kann bei umsatzbezogener Vergütung ein bezifferter Geldbetrag selbstverständlich noch nicht angegeben werden, so dass für eine wirksame Festsetzung die **Berechnungsformel**, etwa unter Angabe des Lizenzsatzes, der technisch-wirtschaftlichen Bezugsgröße und des Anteilsfaktors, ausreicht[7a].

13.1 § 12 bestimmt nicht ausdrücklich, dass auch die **Dauer der Vergütung** festzulegen ist. Der Gesetzgeber hat im ArbEG von einer ausdrücklichen Regelung der Vergütungsdauer abgesehen, zugleich aber deutlich gemacht, dass dies grundsätzlich an die Laufzeit des Schutzrechts gebunden ist (s. Rz. 33 zu § 9 u. KommRL Rz. 1 ff. zu RL Nr. 42). Fehlt demnach in einer Vergütungsvereinbarung oder in einer Vergütungsfestsetzung eine ausdrückliche Regelung zur Dauer, ist im Zweifel die Gesamtdauer der Verwertung von der Nutzungsaufnahme nach unbeschränkter Inanspruchnahme (vgl. § 9 Abs. 1, dort Rz. 31 ff.) **bis zum Wegfall der Schutzrechtsposition** erfasst. Eine vorläufige Vergütung wird solange geschuldet, wie das Schutzrecht nicht rechtsbeständig erteilt bzw. nicht versagt ist (vgl. unten Rz. 65 f., 68.5; zur Nachzahlungspflicht bei Schutzrechtserteilung s. Rz. 69 f.). Will der Arbeitgeber in einer (einseitigen) Vergütungsfestsetzung einen kürzeren Vergütungszeitraum regeln, muss dies eindeutig aus der Festsetzungserklärung erkennbar sein (s. Rz. 74.2).

In **Ausnahmefällen** kann – trotz anderslautender Vergütungsregelung – der Vergütungsanspruch schon vorher entfallen, insbesondere bei Wegfall der faktischen Monopolstellung (vgl. RL Nr. 43, s. dazu Rz. 35 zu § 9 sowie KommRL zu RL Nr. 43). Ansonsten kann sich über § 12 Abs. 6 ein Anpassungsanspruch bezüglich der Dauer des Vergütungsanspruchs ergeben (s. dazu Rz. 143). Dies betrifft auch die Situation, dass die durch die geschützte Diensterfindung vermittelte wirtschaftliche Vorzugsstellung über

---

7a Schiedsst. v. 2.2.1981 Blatt 1981, 420.

§ 12

die Laufzeit des Schutzrechts hinaus andauert (vgl. RL Nr. 42 Sätze 4 bis 6; vgl. auch dazu Rz. 143; zur Dauer des Vergütungsanspruchs bei betriebsgeheimer Erfindung vgl. Rz. 68 ff. zu § 17). Im Übrigen kann der Vergütungsanspruch nach allgemeinen zivilrechtlichen Grundsätzen **erlöschen** (vgl. Rz. 37 zu § 9).

C. Feststellung der Vergütung (Abs. 1, 2)

I. Rechtsgeschäftliche Vereinbarung

Die in § 12 Abs. 1, 2 geregelte Feststellung der Vergütung stellt sich als eine **rechtsgeschäftliche Vereinbarung** zwischen Arbeitgeber und Arbeitnehmer über Art und Höhe der Erfindervergütung dar. Kommt zwischen den Parteien eine Einigung zustande, ist die damit konkretisierte Vergütung für beide Vertragsteile bindend; sie kann grundsätzlich auch **nur einvernehmlich geändert bzw. aufgehoben** werden[7b] (zu den Ausnahmen s. Rz. 19 ff.; zur konkludenten Änderung s. Rz. 18.4; zur Anpassung bei veränderten Umständen s. unten Rz. 95 ff.; zum Wegfall bei Unzumutbarkeit s. Rz. 35 zu § 9). 14

Es besteht aber für die Parteien **keinerlei Abschlusszwang**[7c]. Bei § 12 Abs. 1, 2 Satz 1 handelt es sich vielmehr um **Sollvorschriften,** die den Beteiligten eine freiwillige, gütliche Vereinbarung empfehlen, aber keinen klagbaren Anspruch gewähren[8]. Die Aufnahme von Vertragsverhandlungen stellt für beide Beteiligten gleichsam eine Obliegenheit dar, an deren Nichtbefolgen keine Sanktionen oder Ersatzansprüche anknüpfen; allerdings können vom Arbeitgeber dahingehende Initiativen erwartet werden, da er ansonsten verpflichtet ist, die Vergütung von sich aus (einseitig) festzusetzen (s. Rz. 24, 41 f.). 15

Die Feststellung ist ihrer **Rechtsnatur** nach ein privatrechtlicher Vertrag eigener Art. Obschon der Gesetzgeber – wie der Begriff »feststellen« zeigt – nicht von einem »Aushandeln« bzw. einem »freien Vereinbaren« der Vergütungshöhe ausgeht[9], stellt sich diese Vereinbarung vielfach – insbes. i. F. d. Pauschalvergütung – als Vergleichsvertrag i. S. des § 779 BGB dar, wobei das dafür erforderliche, gegenseitige Nachgeben i. d. R. in der Höhe des vereinbarten Betrages zum Ausdruck kommt[9a] bzw. in der Bestimmung 16

7b Schiedsst. v. 4.8.1989 Blatt 1989, 338, 339; Reimer/Schade/Schippel/Kaube Rz. 23 zu § 12.
7c Busse/Keukenschrijver (Fn. 4a) Rz. 5.
8   BGH v. 8.12.1960 GRUR 1961, 338, 340 – Chlormethylierung.
9   Zutr. Volmer, Rz. 15 zu § 12.
9a Vgl. BGH v. 17.4.1973 GRUR 1973, 649, 650 – Absperrventil; krit. Beck-Mannagetta BB 1976, 421, 423, die – ähnl. wie BGH v. 20.11.1962 GRUR 1963, 315, 317 – Pauschalabfindung – i. Falle e. pauschalierten Verg.Regelung den Abfindungscharakter i. d. Vordergrund stellt.

§ 12

der Bezugsgröße (s. Rz. 125 ff. zu § 9), des Lizenzsatzes (bei der Lizenzanalogie, s. Rz. 121 ff. zu § 9) oder des Anteilsfaktors (s. Rz. 261 ff. zu § 9).

17 Eine Vergütungsvereinbarung ist grundsätzlich erst dann **zustande gekommen**, wenn sich die Arbeitsvertragsparteien inhaltlich über Art und Höhe der Vergütung bzw. die insoweit relevanten Berechnungsfaktoren geeinigt haben[10], also über den Erfindungswert (RL Nrn. 3 ff.: Berechnungsmethode, Bezugsgröße und Abstaffelung), den Anteilsfaktor (RL Nrn. 30 ff.) und ggf. über den Miterfinderanteil.

In der schriftlichen Bestätigung der in der Erfindungsmeldung enthaltenen Sachverhaltsangaben durch den Fachvorgesetzten liegt grundsätzlich keine verbindliche Vereinbarung des Anteilsfaktors, da die Erfindungsmeldung insoweit Beweisfunktion hat und regelmäßig ein rechtsgeschäftlicher Bindungswille des Fachvorgesetzten fehlt[10a]. Erklärt sich eine Vertragspartei nur mit **Einzelfaktoren** der angebotenen Vergütung einverstanden und verlangt zu anderen Faktoren eine abweichende Bewertung, so ist keine Vergütungsvereinbarung zustande gekommen; es gilt uneingeschränkt § 150 Abs. 2 BGB[10b].

Selbstverständlich bleibt es den Beteiligten unbenommen, sich auch über einzelne Faktoren verbindlich zu einigen. Im Hinblick auf die Auslegungsregeln des § 154 Abs. 1 BGB kann eine solche Einigung allerdings nur dann angenommen werden, wenn sich die Parteien ungeachtet der noch offenen Faktoren insoweit erkennbar binden wollten[10c]. Im Rahmen der Auslegung ist zu beachten, dass **Teileinigungen** über einzelne Berechnungsgrößen aus Gründen des inneren Zusammenhangs üblicherweise nur für den Erfindungswert insgesamt, den Anteilsfaktor insgesamt und ggf. für den Miterfinderanteil erfolgen, da hinsichtlich dieser Hauptgrößen regelmäßig eine wechselseitige Beeinflussung ausscheidet[10d]. Ist eine solche Einigung über Einzelfaktoren erfolgt, muss der Arbeitgeber bei einer anschließenden Festsetzung der streitig gebliebenen Faktoren diese Werte übernehmen (s. Rz. 42, zum Teilwiderspruch s. Rz. 79, 84) (zur Festsetzung noch offener Vergütungskriterien s. Rz. 52.1).

Fehlen ausdrückliche Regelungen, so greifen ergänzend die **Auslegungsgrundsätze** der §§ 133, 157 BGB Platz, wobei hinsichtlich der Art der Vergütungsleistung im Zweifel stets von Geldzahlungen auszugehen ist (s. Rz. 52 zu § 9). Grundlage für die Berechnung der Vergütung sind im Übri-

---

10   Vgl. Schiedsst. v. 6.2.1985 Blatt 1985, 222, 223; Busse/Keukenschrijver, PatG, Rz. 6 zu § 12 ArbEG.
10a Schiedsst. v. 17.1.1996 Arb.Erf. 43/94 (unveröffentl.).
10b Ebenso Schiedsst. v. 30.1.1996 Arb.Erf. 46/94; v. 22.2.1996 Arb.Erf. 66/94; v. 2.11.2000 Arb.Erf. 56/97 (beide unveröffentl.).
10c Vgl. BayVGH v. 31.3.1989 in Schütz Entscheidungsslg. Beamtenrecht Nr. 14 zu ES/B I 1.
10d Schiedsst. v. 22.2.1996 (Fn. 10b).

§ 12

gen nur die Kriterien und Maßstäbe, auf die sich die Arbeitsvertragsparteien ausdrücklich oder stillschweigend geeinigt haben[10e].
Ist über die **Dauer** der Vereinbarung keine ausdrückliche Regelung getroffen worden, so gilt sie im Zweifel für die Gesamtdauer der Nutzungshandlungen bis zum Wegfall der Schutzrechtsposition (vgl. Rz. 13.1). Eine **zeitliche Beschränkung** (z.b. auf die Dauer von 5 Jahren) kann jedoch vereinbart werden, sei es unter dem Aspekt, nach Zeitablauf eine Neuregelung zu treffen, oder um mit den Zahlungen für diesen Zeitraum sämtliche zukünftigen Nutzungsfälle pauschal abzugelten (zur Pauschalabfindung s. Rz. 58 f zu § 9 und hier Rz. 111 f.). Ist in der Vergütungsvereinbarung nicht nach verschiedenen **Benutzungsarten** differenziert worden, sind im Zweifel alle bis zum Zeitpunkt der Vereinbarung erfolgten Benutzungshandlungen umfasst. Bei einer Pauschalvergütungsabrede sollen darüber hinaus auch ggf. noch nicht absehbare Vergütungshandlungen abgegolten werden (s. aber auch Rz. 132).
Ob die Parteien darüber hinaus sonstige Punkte in die Vereinbarung aufnehmen, steht in ihrem Belieben.
Eine Einigung über alle wesentlichen Vergütungskriterien liegt grundsätzlich auch dann vor, wenn die Parteien einzelne Berechnungsgrundlagen außer Ansatz lassen und sich **ausschließlich auf die Art und die konkrete Höhe des Vergütungsbetrages** verständigen[11]. In diesem Fall bringen die Parteien zum Ausdruck, dass sie die Verständigung über den konkreten Vergütungsbetrag unabhängig von den wirtschaftlichen, technischen und rechtlichen Kriterien einer Vergütungsbemessung vereinbaren bzw. auf deren genaue Ermittlung verzichten wollen.
Da § 12 Abs. 1 für die Feststellung – anders als für die Festsetzung nach Abs. 3 – **keine bestimmte Form** vorschreibt[11a], kann eine Einigung betreffend Art und Höhe der zu zahlenden Vergütung wie jede andere rechtsgeschäftliche Einigung auch formlos zustande kommen[11b], auch durch ein **konkludentes Handeln** der Beteiligten, wenn aus ihrem Verhalten ein entsprechender Erklärungswille mehr oder minder deutlich hervorgeht[12]. Es muss im Einzelfall geprüft werden, ob der **Wille der Beteiligten**, sich über eine bestimmte Vergütung zu einigen, sich auch tatsächlich ihrem Verhalten

18

10e BGH v. 17.5.1994 GRUR 1994, 898 – Copolyester I.
11   Vgl. BGH v. 17.4.1973 (Fn. 9a).
11a LG Düsseldorf v. 17.9.1991 Az. 4 O 335/89 ; Schiedsst. v. 2.3.1993 Arb.Erf. 27/92 (beide unveröffentl.).
11b Allg. A., z.B. Schiedsst. v. 2.12.1981 Blatt 1982, 302, 303; v. 29.3.1989 Arb. Erf. 27/88 (unveröffentl.); v. 22.1.1991 Mitt. 1993, 145, 146 – Sicherungsanordnung; v. 8.10.1991 GRUR 1992, 849 – Bewehrungsrollmatte; v. 2.3.1993 EGR Nr. 86 zu § 9 ArbEG (Verg.Anspr.).
12   LG Düsseldorf v. 12.8.1986, Az. 4 O 329/85 (unveröffentl.); Schiedsst. v. 2.12.1981 (Fn. 11b) u.v. 6.2.1985 (Fn. 10); v. 22.1.1991 (Fn. 11b), v. 26.5.1992 EGR Nr. 32 zu § 13 ArbEG; vgl. allg. Palandt/Heinrichs BGB Einf. v. § 116 Rz. 6 ff.

§ 12

entnehmen lässt[12a]. Dies wird in der Praxis insbesondere bei **Auszahlung und Entgegennahme von Vergütungsbeträgen** relevant. Eine schlüssige Vereinbarung setzt zunächst voraus, dass die Zahlung an den Arbeitnehmer einen erkennbaren Bezug zur Diensterfindung hat[12b]. Dies ist u.a. dann gegeben, wenn die Zahlung an die Verwertung der Erfindung anknüpft, ferner (früher) durch steuerliche Behandlung als Erfindervergütung[12c].

18.1 Eine solche Einigung durch schlüssiges Verhalten, das auf einen entsprechenden rechtsgeschäftlichen Willen schließen lässt, ist vor allem dann anzunehmen, wenn mit der arbeitgeberseitigen Vergütungsberechnung als Angebot für eine Vergütungsvereinbarung zugleich die Zahlung des Vergütungsbetrages verbunden wird und der Arbeitnehmererfinder diese widerspruchslos entgegennimmt[13]. Von einer **widerspruchslosen Entgegennahme** der Vergütung geht die Schiedsstelle bei jährlichen Zahlungen in der Regel dann aus, wenn der Arbeitnehmererfinder ausreichend Zeit hat, sich hinsichtlich der Berechnungsgrößen (Umsatz etc), die für die Vergütungshöhe maßgebend sind, zu informieren, was in der Regel in dem Zeitraum bis zur nächsten Vergütungszahlung möglich sein wird[14a]. Widerspricht der Arbeitnehmer, ist im Einzelnen zu prüfen, auf welchen Abrechnungszeitraum bzw. welches Vergütungsangebot sich der Widerspruch richtet.

18.2 Die Bindungswirkung tritt nach Auffassung der Schiedsstelle[14c] selbst dann ein, wenn die Berechnungsgrundlagen im Einzelnen nicht mitgeteilt worden sind, da auch insoweit von einem Verzicht auf eine nähere Ermittlung der Bewertungskriterien ausgegangen werden kann (s. auch Rz. 21 zu § 23). Dies muss erst recht dann gelten, wenn der Arbeitnehmererfinder als zuständiger Patentsachbearbeiter den wesentlichen Inhalt der Vergütung

---

12a OLG München v. 18.1.1973 Az. 6 U 1392/72 (unveröffentl.); Schiedsst. v. 2.3.1993 EGR Nr. 86 zu § 9 ArbEG (Verg.Anspr.).
12b I. d. S. auch Schiedsst. v. 2.3.1993 (Fn. 12a).
12c OLG München v. 18.1.1973 u. Schiedsst. v. 2.3.1993 (beide Fn. 12a).
13 Ständ. Praxis d. Schiedsst. v. 12.10.1978 Blatt 1979, 225, 256; v. 19.11.1989 Blatt 1984, 57; v. 2.12.1981 (Fn. 11b) u.v. 4.2.1986 Blatt 1986, 346, 347; bestätigt u.a. durch EV. v. 26.5.1992 (Fn. 12); v. 22.1.1991 u. 8.10.1991 (Fn. 11b); v. 14.6.1994 Arb.Erf. 3/94; v. 26.4.1994 Arb.Erf. 2/94; v. 18.12.1994 Arb.Erf. 97/93; ZB v. 1.6.1995 Arb.Erf. 34/93; v. 20.1.1997 Arb.Erf. 34/93 (alle unveröffentl.); LG Düsseldorf v. 12.8.1986 (Fn. 12); Volmer/Gaul Rz. 28 zu § 12.
14 frei
14a Schiedsst. v. 18.11.1994 Arb.Erf. 97/93 (unveröffentl.) u. v. 20.1.1997 (Fn. 13).
14b frei
14c Schiedsst. v. 6.8.1984 Arb.Erf. 2/84 u.v. 2.10.1989 Arb.Erf. 95/88 (beide unveröffentl.); bestätigt durch Schiedsst. v. 22.3.1991 Mitt. 1993, 145, 146 – Sicherungsanordnung; v. 8.10.1991 GRUR 1992, 849, 850 – Bewehrungsrollmatte; v. 2.3.1993 (Fn. 12a); zust. auch Reimer/Schade/Schippel/Kaube Rz. 22 zu § 12.

§ 12

der Art und Höhe nach selbst festgelegt bzw. vorgeschlagen und diese Abrechnung hingenommen hat[14d].

Bei derartigen konkludenten Vergütungsvereinbarungen ist jedoch stets auf Grund der Umstände des Einzelfalls zu prüfen, welcher **Umfang** ihnen gegenständlich (Erfindung, Schutzumfang, Eigennutzung, Lizenzvergabe, Verkauf etc.), erfindungsbezogen (Miterfinderanteil, Anteilsfaktor) und zeitlich (vor/nach Schutzrechtserteilung, Vergütungsdauer) zukommt. Bei der Ermittlung des Inhalts einer konkludenten Vergütungsvereinbarung sind auch die vom Arbeitgeber für den Arbeitnehmer erkennbar in das Angebot einbezogenen äußeren Umstände zu berücksichtigen[14g], einschließlich etwaiger unternehmenseigener Vergütungsrichtlinien[15].

18.3

Als Grundsatz gilt nach der Entscheidungspraxis der Schiedsstelle[15a]: Sind im Rahmen des Vergütungsangebotes bzw. der Vergütungsannahme **Berechnungsgrößen** der Vergütung **im Einzelnen genannt** worden, so sind diese auch für die zukünftigen Vergütungsberechnungen für die Beteiligten verbindlich vereinbart[15b]. Werden dagegen lediglich **Pauschalbeträge** genannt und ausgezahlt, so sind nur diese Vergütungsbeträge für die Zeiträume, für die sie erklärtermaßen bestimmt bzw. bis dahin entstanden sind, vereinbart[15c]; die Vergütungsleistungen, insbesondere die Vergütungshöhe, für zukünftige vergütungspflichtige Zeiträume bleiben folglich offen und die Beteiligten sind insoweit nicht gebunden[15d].

Ist z.B. ein schriftliches Angebot vom Arbeitgeber übermittelt, zu dem der Arbeitnehmer dann (telefonisch) Rückfragen hat, so kann sich der Inhalt der Vergütungsvereinbarungen auf die dabei besprochenen Vergütungskriterien erstrecken[15e]. Gleiches gilt für die Berechnungsgrundlagen, die in dem Angebot genannt sind oder sich aus für den anderen Vertragsteil erkennbar einbezogenen äußeren Umständen (z.B. Vergütungsberechnungen) ergeben[15f]. Fehlt dies, so sind die Berechnungsgrößen auch nicht vereinbart, so dass sich die Berechnung nur auf den jeweils bezahlten Betrag für den betreffenden Abrechnungszeitraum bezieht[15g] und im Zweifel (nur) die bis dahin vorgenommenen Verwertungen der betreffenden Diensterfin-

---

14d LG Düsseldorf v. 12.8.1986 (Fn.12).
14e-14f frei
14g Schiedsst. v. 8.10.1991 (Fn. 11b).
15   Vgl. Schiedsst. v. 26.5.1992 EGR Nr. 32 zu § 13 ArbEG.
15a ZB v. 1.6.1995 Arb.Erf. 34/93 (unveröffentl.); im Ergebn. so z.B. auch Schiedsst. v. 2.3.1993 (Fn. 12a).
15b Schiedsst. v. 18.11.1994 Arb.Erf. 97/93 (unveröffentl.); ZB v. 1.6.1995 (Fn. 15a) u. v. 20.1.1997 Arb.Erf. 34/93 (unveröffentl.).
15c Schiedsst. v. 8.10.1991 (Fn. 11b) S. 851; v. 2.3.1993 (Fn. 12a); v. 4.4.1995 Arb.Erf. 53/93 (unveröffentl.) u. ZB v. 1.6.1995 (Fn. 15a).
15d Schiedsst. v. 4.4.1995 (Fn. 15c) u. ZB v. 1.6.1995 (Fn. 15a).
15e So i. Ergebn. Schiedsst. v. 8.10.1991 (Fn. 11b).
15f   Schiedsst. v. 18.11.1994 Arb.Erf. 97/93 (unveröffentl.).
15g So Schiedsst. v. 8.10.1991 (Fn. 11b); v. 2.3.1993 (Fn. 12a); v. 18.11.1994 (Fn. 15f).

§ 12

dung(en) umfasst sind[15h]. Erfolgen dagegen über einen mehrjährigen Zeitraum jährliche Vergütungsberechnungen und -auszahlungen, ist regelmäßig auch die Berechnungsmethode für die zukünftige Benutzung stillschweigend vereinbart[15i].

18.4 Eine getroffene Vergütungsregelung – gleich ob Vergütungsvereinbarung oder -festsetzung – kann **formfrei**, also auch konkludent **geändert** werden[16]. Allerdings reicht hierfür eine einmalige Änderung der bisherigen Vergütungspraxis durch den Arbeitgeber und die widerspruchslose Entgegennahme der Zahlung durch den Arbeitnehmer regelmäßig noch nicht aus; im Grundsatz ist eine mehrjährige nachhaltige Abweichung für die Annahme einer konkludenten Vertragsänderung erforderlich[16a]. Nicht schon aus jeder geänderten Vergütungshandhabung kann auf den Willen zur Änderung der bereits getroffenen und hiervon abweichenden Vergütungsregelung geschlossen werden; vielmehr muss ein entsprechender Vertragsänderungswille ersichtlich werden[16b]. Widerspricht der Arbeitnehmer nachträglich einer dergestalt verbindlich gewordenen Vergütungsvereinbarung, entfaltet dies keine Wirkung (s. Rz. 19). Nimmt der Arbeitgeber dies zum Anlass einer **Vergütungsfestsetzung**, ist diese unwirksam (s. Rz. 40 ff.). Hierin kann aber ein **Angebot zur Vertragsänderung** liegen (s. Rz. 53.1). Widerspricht der Arbeitnehmer dieser »Vergütungsfestsetzung«, liegt darin die Ablehnung des Aufhebungsangebotes, so dass es bei der bisherigen Vergütungsvereinbarung bewendet[16c]; nimmt er die »festgesetzte« Vergütungszahlung widerspruchslos entgegen, spricht dies für eine einvernehmliche Vertragsänderung (s. Rz. 53.1).

Haben sich die Umstände wesentlich geändert, ist an die Annahme einer **stillschweigenden Neuregelung der Vergütung** i.S.d. § 12 Abs. 6 Satz 1 ein strenger Maßstab anzulegen. Hierfür reicht die Fortzahlung und widerspruchslose Entgegennahme der bisher vereinbarten Vergütung in unveränderter Höhe regelmäßig für sich allein noch nicht aus[16d]. Andernfalls würde die Anpassungsvorschrift des § 12 Abs. 6 ArbEG weitgehend ihrer rechtlichen Bedeutung entkleidet[16e]. Dementsprechend bedarf es einer genauen Untersuchung, ob aus dem Verhalten der Beteiligten tatsächlich entnommen werden kann, dass sie an einer getroffenen Vergütungsregelung

---

15h Ähnl. Schiedsst. v. 8.10.1991 (Fn. 11b); v. 2.3.1993 (Fn. 12a) u.v. 4.4.1995 (Fn. 15c).
15i Schiedsst. v. 26.4.1994 (Fn. 13); v. 26.5.1992 Arb.Erf. 3 (B/91 (unveröffentl.).
16 Schiedsst. v. 8.10.1991 GRUR 1992, 849, 851 – Bewehrungsrollmatte; v. 26.4.1994 Arb.Erf. 2/94 (unveröffentl.).
16a Schiedsst. v. 26.4.1994 (Fn. 16) – dort drei Jahre; v. 20.1.1997 Arb.Erf. 34/93.
16b Schiedsst. ZB v. 7.1.1993 Arb.Erf. 11/92 (unveröffentl.); EV. v. 18.11.1993 Arb.Erf. 19/93 (unveröffentl.).
16c Schiedsst. v. 18.11.1993 (Fn. 16b).
16d Vgl. (aber) Schiedsst. v. 22.3.1991 Mitt. 1993, 145, 147 – Sicherungsanordnung m. Anm. Bartenbach/Volz.
16e Vgl. Bartenbach/Volz (Fn. 16d).

§ 12

trotz veränderter Umstände festhalten wollen[16f]. Dies setzt voraus, dass sich beide Parteien der veränderten Umstände bewusst sind und entsprechende Anhaltspunkte für ein Festhalten an der bisherigen Abrede vorliegen.

II. Unwirksamkeit

Neben den allgemeinen Bestimmungen (insbes. §§ 134, 135 BGB; §§ 104 ff. BGB, beachte aber § 113 BGB) enthalten die §§ 22, 23 ArbEG **Einschränkungen der Vertragsfreiheit.** Demzufolge ist eine vom ArbEG zuungunsten des Erfinders abweichende Vergütungsvereinbarung frühestens nach Erfindungsmeldung (§ 5) zulässig (§ 22 Satz 1), und sie darf nicht in erheblichem Maße unbillig sein (§ 23, s. dort Rz. 21 ff.). Bei einem Vergleichsvertrag kann sich die Unwirksamkeit zudem aus § 779 Abs. 1 BGB ergeben (s. aber Rz. 20). Zum Einfluss des Kartellrechts s. Rz. 136 ff. zu § 9. 19

Selbstverständlich scheidet bei einer einvernehmlichen Vergütungsregelung (Abs. 1) ein nachträglicher Widerspruch i. S. des Abs. 4, der ja auf die einseitige Vergütungsfestsetzung beschränkt ist, aus[16g] (s. auch Rz. 18.4).

Als rechtsgeschäftliche Vereinbarung unterliegt sie den zivilrechtlichen Bestimmungen über Willensmängel, insbesondere der **Anfechtung** gem. §§ 119, 123 BGB. Irrt sich der Arbeitgeber über die **Schutzfähigkeit,** so kann dies zwar einen Irrtum über eine verkehrswesentliche Eigenschaft i. S. des § 119 Abs. 2 BGB darstellen (s. Rz. 37 f. zu § 8); eine Anfechtung (oder Unwirksamkeit nach § 779 Abs. 1 BGB) scheidet jedoch regelmäßig aus, da für den Vergütungsanspruch nicht die festgestellte, sondern nach § 2 die theoretische Möglichkeit der Schutzfähigkeit ausreichend ist (s. unten Rz. 57 ff. sowie Rz. 16 ff. zu § 2), jedenfalls soweit sie ex tunc wirken soll; zudem steht einer Rückforderung bereits erbrachter Vergütungsleistungen § 12 Abs. 6 Satz 2 entgegen (s. Rz. 154 ff.). Beim **Irrtum** des Arbeitgebers **über** den **Schutzumfang** bzw. darüber, ob eine bestimmte Nutzung von dem Schutzrecht (noch) erfasst wird, kommt allenfalls eine Anfechtung mit Wirkung ex nunc in Betracht, unbeschadet von § 12 Abs. 6. 20

Zu beachten bleibt ferner, dass bei einer **vergleichsweisen Vergütungsfeststellung** infolge § 779 BGB eine Anfechtung bezüglich solcher (zuvor ungewisser oder streitiger) Punkte grundsätzlich ausgeschlossen ist, die durch den Vergleich gerade erledigt werden sollten[17] (s. auch Rz. 18 zu § 23). Namentlich bei einer Pauschalabfindung vor Abschluss des Erteilungsverfahrens geht der Wille der Parteien vielfach dahin, damit auch die Ungewissheit über den Verfahrensausgang beseitigen zu wollen[17a]. Haben

---

16f Schiedsst. ZB v. 7.1.1993 (Fn. 16b).
16g Schiedsst. v. 6.2.1985 Blatt 1985, 222, 223; Reimer/Schade/Schippel/Kaube Rz. 23 zu § 12 ArbEG.
17 Vgl. allg. RG v. 2.12.1939 RGZ 162, 198, 201.
17a BGH v. 17.4.1973 (Fn. 9a) S. 652 l.Sp.

573

§ 12

die Parteien in ihre Vergütungsabrede auch die Ungewissheit über Art bzw. Umfang der Benutzung der Diensterfindung einbezogen, so scheidet ein beiderseitiger Irrtum (§ 779 Abs. 1 BGB) selbst dann aus, wenn die Diensterfindung nicht bzw. in stärkerem Umfang benutzt wird[17b].
Ob ein bloßer **Rechenfehler** bzw. ein sonstiger **Kalkulationsirrtum** eine Anfechtung rechtfertigt bzw. sonstige Rechtsfolgen auslöst (etwa Anpassung wegen fehlender Geschäftsgrundlage, Dissens), hängt vom Einzelfall ab[17c] (im Regelfall: unbeachtlicher Motivirrtum, s. Rz. 106). Liegen in tatsächlicher Hinsicht die Voraussetzungen des § 12 Abs. 6 Satz 1 ArbEG vor, schließt diese einschlägige gesetzliche Anpassungsregelung für den Fall nachträglicher Veränderung der Berechnungsgrundlagen grundsätzlich einen Rückgriff auf die allgemeine Anfechtungsregelung des § 119 BGB auch dann aus, wenn die nachträglichen Veränderungen nicht so wesentlich gewesen sind, dass sie eine Anpassung der Vergütung rechtfertigen.
Zur Anfechtung des Anerkenntnisses der Schutzfähigkeit (§ 17 Abs. 1) s. Rz. 36 zu § 17. Zum Rückforderungsverbot allgemein s. Rz. 154 ff.

21   Unberührt davon bleibt indes die Anfechtbarkeit wegen **arglistiger Täuschung** (§ 123 BGB), etwa weil der Arbeitnehmer sich wahrheitswidrig als Erfinder ausgegeben oder etwa vorhandene Miterfinder verschwiegen hat. Der Arbeitnehmer kann seinerseits z.B. gem. § 123 BGB die Festlegung anfechten, wenn der Arbeitgeber ihn über die wirtschaftliche Verwertbarkeit der Erfindung getäuscht hat.
Eine Vergütungsvereinbarung ist jedoch nicht bereits dann nach § 138 BGB unwirksam bzw. nach § 123 BGB anfechtbar, wenn der Arbeitgeber dem Arbeitnehmer weder eine Bedenkzeit noch ein Rücktritts- bzw. Widerrufsrecht eingeräumt bzw. – bei Abschluss der Vergütungsvereinbarung im Rahmen eines Personalgesprächs – das Thema des beabsichtigten Gesprächs vorher nicht mitgeteilt hat[17d].

III. Zeitpunkt (»in angemessener Frist«)

22   Im Hinblick auf § 22 Satz 1 ist eine einverständliche Festlegung **frühestens nach Erfindungsmeldung** (§ 5) zulässig.

23   **Im Übrigen soll die Feststellung** in angemessener Frist nach (unbeschränkter bzw. beschränkter) Inspruchnahme (§§ 6, 7) erfolgen. In Übereinstimmung mit dem früheren Recht (§ 5 Abs. 2 Satz 1 DVO 1943) hat der Gesetzgeber wegen der von Fall zu Fall unterschiedlichen Verhält-

---

17b So i. Ergebn. Schiedsst. v. 8.3.1991 Arb.Erf. 46/90 (unveröffentl.).
17c Im Einzelnen streitig; vgl. allg. BGH v. 20.3.1981 NJW 1981, 1551 m.w.N.; v. 28.5.1983 NJW 1983, 1671; Palandt/Heinrichs, BGB Rz. 18 ff. zu § 119.
17d Dies entspricht der höchstrichterl. Rspr. zum Aufhebungsvertrag bei Arbeitsverhältnissen, vgl. BAG v. 30.9.1993 NZA 1994, 209 ff.

§ 12

nisse von der Normierung einer genau umgrenzten Frist abgesehen[18] und es bei dem unbestimmten Rechtsbegriff »angemessene Frist« belassen.

Unterbreitet der Arbeitgeber, wozu er zwar rechtlich nicht verpflichtet ist[19], was aber von ihm erwartet werden darf, nicht von selbst seine Vorstellungen, kann der Arbeitnehmer die Initiative ergreifen, wozu er auch schon vorher berechtigt ist[19a]. Allerdings besteht kein Anspruch auf Mitwirkung bei einer Feststellung[19b] (s. Rz. 15 u. 42). 24

Welche Frist **angemessen** ist, kann nur im Einzelfall unter Abwägung aller Umstände, insbesondere im Hinblick auf die wirtschaftliche Verwertbarkeit der Diensterfindung, festgestellt werden[20]; dabei müssen die Interessen des Unternehmens und die des Erfinders als gleichwertig berücksichtigt und gegeneinander abgewogen werden[21]; zugleich ist aber auch der Sinn der Regelung (s. Rz. 2) wertend zu berücksichtigen. 25

Beginn der Frist ist weder bei der unbeschränkten noch bei der beschränkten Inanspruchnahme die Erteilung des Schutzrechts, sondern der Übergang der Erfindungsrechte auf den Arbeitgeber (**Zugang der Inanspruchnahmeerklärung**)[22]. Um einer unangemessenen Ausdehnung der Frist vorzubeugen, sieht Abs. 3 feste Endfristen vor, innerhalb derer der Vergütungsanspruch spätestens (durch einseitige Festsetzung) konkretisiert werden muss (s. dazu Rz. 41 f., 55 ff.). 26

Der **Ablauf** der angemessenen Frist i.S.d. § 12 Abs. 1 und 3 Satz 1 ist von diesen Endfristen an sich unabhängig, da diese bestimmen, wann die Vergütung schlechthin – ungeachtet der Angemessenheit – fällig wird[21]. Daraus folgt, dass die in § 12 Abs. 1 gesetzte »angemessene« Frist grundsätzlich nicht vom Gang des Erteilungsverfahrens abhängt und eine Vergütungsfeststellung im Falle der unbeschränkten Inanspruchnahme bereits vor Schutzrechtserlangung angestrebt werden soll, sofern der Arbeitgeber die Erfindung in diesem Zeitraum benutzt (Einzelheiten s. Rz. 57 ff.). 27

Wird eine Vergütungsvereinbarung außerhalb der in § 12 Abs. 1 vorgesehenen Frist getroffen, ist dies unschädlich, da diese Frist nach Erfindungsmeldung gemäß § 22 S. 2 durch Vereinbarung, die keiner Form bedarf und auch stillschweigend erfolgen kann, abbedungen werden kann und im Re-

---

18 Amtl. Begr. (Fn. 4) S. 29 = Blatt 1957, 234.
19 Vgl. BGH v. 28.6.1962 GRUR 1963, S. 135 (zu II 1) – Cromegal; v. 8.12.1960 (Fn. 8) S. 340 (zu 3a); abw. aber BGH v. 17.5.1994 GRUR 1994, 898, 901 – Copolyester I.
19a Busse/Keukenschrijver, PatG, Rz. 8 zu § 12 ArbEG.
19b Vgl. BGH v. 28.6.1962 (Fn. 19).
20 BGH v. 8.12.1960 GRUR 1961, 338, 342 – Chlormethylierung.
21 BGH v. 28.6.1962 (Fn. 19) 137 l.Sp.
22 Amtl. Begr. (Fn. 18); Lindenmaier/Lüdecke Anm. 2 zu § 12; Volmer/Gaul Rz. 32 zu § 12.
23-27 frei

§ 12

gelfall durch die getroffene Vergütungsvereinbarung als abbedungen anzusehen ist[28].

IV. Bei mehreren Arbeitnehmererfindern (Abs. 2)

1. Gesonderte Feststellung

28 Gemäß § 12 Abs. 2 ist die Vergütung bei Miterfindern (z. Begriff s. Rz. 44 ff. zu § 5) für jeden gesondert festzustellen. Da jedem Miterfinder ein **eigenständiger Vergütungsanspruch** zukommt, ist mit jedem einzelnen eine (gesonderte) Vergütungsvereinbarung (Feststellung) anzustreben. Da diese Vereinbarungen unabhängig voneinander sind, wirkt sich eine etwaige Fehlerhaftigkeit einzelner Vergütungsvereinbarungen nicht auf die übrigen aus; ebenso bleibt eine einmal zustande gekommene Vergütungsvereinbarung auch dann verbindlich, wenn eine gütliche Einigung mit anderen Miterfindern scheitert (vgl. § 12 Abs. 5).

29 Für jeden Miterfinder hat die Festlegung gesondert entsprechend seinem Anteil am Zustandekommen der Diensterfindung zu erfolgen[29]; denkbar ist selbstverständlich auch eine Zusammenfassung für mehrere Miterfinder in einer gemeinsamen Vergütungsvereinbarung.

Bei vergleichbaren Sachverhalten ist der Arbeitgeber dabei an den arbeitsrechtlichen **Gleichbehandlungsgrundsatz** gebunden (s. dazu Rz. 21 zu § 25). Der Gleichbehandlungsgrundsatz kann nicht in allen Fällen als »Gleichzahlungsgrundsatz« verstanden werden[29a]. Nimmt etwa ein Miterfinder ein die zukünftigen Verwertungsaussichten großzügig bewertendes Vergütungsangebot des Arbeitgebers kompromissbereit an, hat der zunächst nicht kompromissbereite weitere Miterfinder selbst bei unveränderter Sachlage, aber nach dem Anfallen von Aufwendungen für ein Verfahren zur Klärung der Vergütungsansprüche (etwa Schiedsstellenverfahren oder Gerichtsverfahren) keinen Anspruch (mehr) auf das frühere Angebot (§§ 146, 150 BGB); der Arbeitgeber schuldet diesem Miterfinder nur das, was sich in diesen Verfahren nach Gesetz oder Vergütungsrichtlinien als angemessen erweist[30]. Andernfalls würde jede Kompromissbereitschaft sowohl auf Arbeitnehmererfinder- als im Ergebnis auch auf Arbeitgeberseite entgegen der Zielsetzung des § 12 Abs. 1 in Frage gestellt[30a].

Zur Vergütungsregelung bei Miterfindern unterschiedlicher Arbeitgeber s. Rz. 314 zu § 9.

---

28 LG Düsseldorf v. 12.8.1986 Az. 4 O 329/85 (unveröffentl.).
29 Amtl. Begr. (Fn. 18) S. 29 = Blatt 1957, 234.
29a Schiedsst. v. 8.5.1995 Arb.Erf. 6/92 (unveröffentl.).
30 Schiedsst. v. 8.5.1995 (Fn. 29a).
30a Schiedsst. v. 8.5.1995 (Fn. 29a).

§ 12

2. Bestimmung des Miterfinderanteils

Die Größenbestimmung des Miterfinderanteils (zu dessen Begriffsbestimmung s. Rz. 44 ff. zu § 5), also die Bemessung des Umfangs des Beitrages eines Miterfinders, kann abschließend nur auf der Grundlage eines erteilten Schutzrechts festgestellt werden, da nicht auszuschließen ist, dass sich nach beendetem Erteilungsverfahren eine Änderung des Schutzrechtsumfanges ergibt[31] (s. aber auch Rz. 83 ff. zu § 9). 30

Bei der Größenbestimmung ist nicht allein das Patent (bzw. die Patentansprüche) Maßstab für die Bemessung; vielmehr muss die gesamte, dem Schutzrecht zugrunde liegende Erfindung und deren Zustandekommen bei der Prüfung, welche Leistung der einzelne zu der Erfindung beigesteuert hat, beachtet werden[32]. Ausschlaggebend für die Größenbestimmung des Miterfinderanteils ist das Gewicht, das den **Einzelbeiträgen** der an der Erfindung Beteiligten zueinander und im Verhältnis zu der Gesamtleistung zukommt; dies kann erschöpfend nur beurteilt werden, wenn zunächst der Gegenstand der geschützten Erfindung ermittelt, sodann die Einzelbeiträge (Einzelleistungen) der Beteiligten am Zustandekommen der Erfindung festgestellt (technische Grundidee, konstruktive Einzelbeiträge etc.) und schließlich deren Gewicht im Verhältnis zueinander und zur erfinderischen Gesamtleistung abgewogen werden[32] (**Merkmalanalyse**). In diesem Zusammenhang kann der Umfang der tatsächlichen Benutzung eines miterfinderischen Beitrags indizielle Bedeutung für dessen herausragende bzw. untergeordnete Rolle haben[32a]. Zum Einfluss des laufenden Schutzrechtserteilungsverfahren s. Rz. 33. 31

Diese Beurteilung der Wertigkeit hat vom allgemeinen Stand der Technik und dem Können des Durchschnittsfachmanns her zu erfolgen[33]. Sind die Beiträge der Miterfinder deutlich voneinander zu trennen – etwa wenn verschiedene Ausführungsformen von verschiedenen Erfindern stammen bzw. die einzelnen Schutzrechtsansprüche auf verschiedene Miterfinder zurückgehen –, so müssen **technische und/oder wirtschaftliche Gesichtspunkte,** wie besondere Vorteilhaftigkeit der Konstruktion, Bevorzugung der einen oder anderen Konstruktion bei der Umsetzung in die Praxis, unterschiedliche Wertschätzung im Markt, bei der Bestimmung des Miterfinderanteils berücksichtigt werden, soweit diese Gesichtspunkte bekannt und objektiv bestimmbar sind[34]. So kann es im Einzelfall angemessen sein, einem Miter- 32

---

31 Vgl. auch BGH v. 8.12.1960 GRUR 1961, 338, S. 341 (zu 4b) – Chlormethylierung.
32 BGH v. 20.2.1979 GRUR 1979, 540, 541 – Biedermeiermanschette m. Anm. Schwanhäusser; v. 17.10.2000 GRUR 2001, 226, 228 – Rollenantriebseinheit.
32a Schiedsst. v. 7.1.1991 Arb.Erf. 33/89 (unveröffentl.).
33 Vgl. BGH v. 20.2.1979 (Fn. 32) S. 542 l.Sp. (zu III 3 d).
34 So im Ergebn. Schiedsst. v. 3.5.1985 Arb.Erf. 61/84 (unveröffentl.); bestätigt durch BGH v. 17.10.2000 (Fn. 32); vgl. auch Benkard/Bruchhausen PatG Rz. 35 zu § 6; Lüdecke, Erfindungsgemeinschaften S. 62 ff., 6 ff.

§ 12

finder, von dem zwar die technische Hauptidee stammt, keinen höheren Miterfinderanteil einzuräumen, wenn erst von dem anderen Miterfinder die technisch befriedigende Durchführung entwickelt worden ist[34a]. Zu berücksichtigen ist auch, in welchem Umfang die technischen Lehren in Unteransprüchen zu den notwendigen oder nur zu den zweckmäßigen Bestandteilen des Patents gehören[34b]. Spricht der Erfindungsgegenstand für eine zeitaufwendige Entwicklung, kann es ein Indiz für einen größeren Anteil eines Miterfinders sein, wenn dieser einen größeren zeitlichen Anteil an den Entwicklungsarbeiten hatte[34c].

Erst wenn nach Ausschöpfung aller sich anbietender Erkenntnisquellen keine eindeutige Anteilsbestimmung möglich ist, kann nach **§ 742 BGB** von **gleichen Anteilen** ausgegangen werden. Dies kann u.a. dann gerechtfertigt sein, wenn die gesamte Erfindung das Ergebnis eines ständigen Ideenaustausches ist und die Einzelbeiträge sich nicht mehr gesichert abgrenzen und zuordnen lassen[35a].

Eine **unrichtige** Bemessung der **Miterfinderanteile** berechtigt den Arbeitnehmer bei der Vergütungsfestsetzung zum Quotenwiderspruch (s. Rz. 88 ff.). Im Übrigen kann sie eine Unwirksamkeit einer Vergütungsregelung nach § 23 begründen (s. dort Rz. 21 ff.; s. auch unten Rz. 32.3 u. 94).

32.1 Der Miterfinder ist gemäß seinem einmal wirksam festgestellten bzw. festgesetzten **Miterfinderanteil zu vergüten**, und zwar völlig **unabhängig davon, inwieweit** von den Merkmalen, die er zur Erfindung beigesteuert hat, **Gebrauch** gemacht wird oder nicht. Insoweit kommt es also auf die Art und Möglichkeit der tatsächlichen Verwertung durch den Arbeitgeber nicht an. Dies gilt insbesondere, wenn ein Beitrag seinen Niederschlag allein in (nicht mitbenutzten) Unteransprüchen findet; dieser Miterfinder ist, ungeachtet der Mitverwirklichung seines Unteranspruchs, entsprechend seinem Miterfinderanteil zu vergüten[36], wobei für die Bestimmung seines Miterfinderanteils die Bedeutung des Unteranspruchs für die Wertigkeit des gesamten Schutzrechts zu gewichten ist[36a]. Gleiches gilt für den Miterfinder, auf den die Hauptansprüche zurückgehen, wenn nur von Unteransprüchen Gebrauch gemacht wird[36b]. Da alle Erfinder gemeinsam zu einer

---

34a So im Ergebn. z.B. Schiedsst. v. 3.8.1993 Arb.Erf. 22/92 (unveröffentl.).
34b Schiedsst. v. 7.1.1991 (Fn. 32a) u.v. 9.6.1995 Arb.Erf. 102/93 (unveröffentl.).
34c Schiedsst. v. 25.1.1995 Arb.Erf. 79/93 (unveröffentl.).
35a So im Ergebn. z.B. Schiedsst. v. 21.9.1993 Arb.Erf. 52/92; v. 15.11.1994 Arb.Erf. 3/93 u. v. 7.11.1997 Arb.Erf. 29/96 (sämtlich unveröffentl.).
36 Schiedsst. v. 2.12.1982 Arb.Erf. 24/82 u.v. 7.1.1991 Arb.Erf. 33/89 (beide unveröffentl.); Reimer/Schade/Schippel/Kaube Rz. 25 zu § 12; s. aber auch BGH v. 17.10.2000 GRUR 2001, 226, 227 – Rollenantriebseinheit.
36a Schiedsst. v. 27.6.1991 ArbErf. 96/89 (unveröffentl.), wonach ein für das Patent praktisch bedeutungsloser Unteranspruch nur einen »symbolischen« Miterfinderanteil von 1 % und weniger begründen kann. Bei einem relevanten Unteranspruch hat die Schiedsst. im Einzelfall 5 % zuerkannt (EV. v. 7.1.1991, Fn. 36).
36b Schiedsst. v. 28.10.1996 Arb.Erf. 58/94.

§ 12

patentierten Erfindung beigetragen haben, wenngleich das für die einen mehr und für die anderen weniger der Fall gewesen sein mag, wird bei der Benutzung des Patents auch ihre gemeinsame Erfindung insgesamt benutzt; denn eine andere Betrachtungsweise würde zu einer Realteilung des Patents führen, die patentrechtlich wegen der Betrachtung des Patents als einheitliches Recht unzulässig ist, so dass sie stets als Miterfinder am gesamten (Schutz-) Recht zu berücksichtigen sind[36c] (s. Rz. 47.2 u. 53.1 zu § 5). Folglich hat auch ein **Wechsel in der Benutzungsform** keinen Einfluss auf die Vergütung (s. Rz. 110).

Diese Grundsätze gelten auch dann, wenn der Arbeitgeber zwei jeweils für sich schutzfähige Diensterfindungen zu einer **einheitlichen Patentanmeldung** zusammenfasst (s. hierzu Rz. 43 zu § 13), etwa um einen breiteren Schutzumfang abzusichern. Dieser Realakt der Verbindung zweier Erfindungen schafft ebenfalls eine Bruchteilsgemeinschaft[36d] (vgl. auch § 9 UrhG). Hat dagegen der Arbeitgeber für den ergänzenden Erfindungsgedanken ein **Zusatzpatent** angemeldet, ist nach der Nutzung des jeweiligen Erfindungsgedankens zu differenzieren.

Bei der Bestimmung der Miterfinderanteile ist der Arbeitgeber regelmäßig mangels eigener Kenntnis über das Zustandekommen der Erfindung auf die **Informationen der Miterfinder** angewiesen (vgl. § 5 Abs. 2 S. 2). Sind diese Angaben unvollständig, kann der Arbeitgeber von seinem Recht zur Beanstandung der Erfindungsmeldung gemäß § 5 Abs. 3 Gebrauch machen. Bei widersprüchlichen Angaben der einzelnen Miterfinder über die Höhe ihrer Beteiligung kann der Arbeitgeber versuchen, mit Hilfe eigener Ermittlungen Klarheit zu erreichen. In der betrieblichen Praxis hat es sich bewährt, die Miterfinder zu bitten, eine interne Verständigung über die Höhe der Miterfinderanteile herbeizuführen, an die der Arbeitgeber jedoch nicht gebunden ist (s. auch hier Rz. 39 sowie Rz. 51.1 f. u. Rz. 82 zu § 5).

Haben sich die **Miterfinder auf** eine bestimmte **Anteilsverteilung verständigt**, so ist der Arbeitgeber berechtigt, aber nicht verpflichtet, diese zu übernehmen, sofern für ihn keine Anhaltspunkte zur Annahme einer Unrichtigkeit oder Unverbindlichkeit der Aufteilung bestehen[37](s. auch Rz. 51.1 zu § 5). Andernfalls wäre der Arbeitgeber u.U. über sehr unterschiedliche Anteilsfaktoren der einzelnen Miterfinder zu höheren Vergütungszahlungen gehalten, als es seiner gesetzlichen Verpflichtung entspräche[37a]. In der Angabe von Miterfinderanteilen in der gemeinsamen Erfindungsmeldung (§ 5 Abs. 1 S. 2) liegt nicht zwingend eine Vereinbarung

32.2

36c Ständ. Praxis Schiedsst. z.B. v. 7.1.1991 Arb.Erf. 33/89; v. 9.6.1995 Arb.Erf. 102/93; v. 10.10.1996 Arb.Erf. 34/94 u. v. 7.11.1997 Arb.Erf. 29/96 (sämtl. unveröffentl.).
36d S. hierzu Seibt/Wiechmann GRUR 1995, 562 u. OLG Hamburg v. 3.3.1994 NJW-RR 1995, 238.
37   BGH v. 17.5.1994 GRUR 1994, 898, 902 – Copolyester I; Volmer/ Gaul Rz. 194 zu § 2; im Ergebnis ebenso LG Düsseldorf v. 7.11.1989 Az. 4 O 146/86 (unveröffentl.).
37a Schiedsst. v. 1.2.1994 Arb.Erf. 51/93 (unveröffentl.).

§ 12

zwischen den Miterfindern über den Umfang ihrer Miterfinderanteile, da die Erfindungsmeldung vorrangig die einseitige Erklärung jedes Arbeitnehmererfinders gegenüber dem Arbeitgeber ist, welche nicht notwendigerweise die Erklärenden untereinander bindet[37b]. Jedoch kann der Arbeitgeber angesichts der gemeinsamen Erklärung der Miterfinder ohne eigene Nachforschungen darauf vertrauen, dass diese mit der Vergütungsabrechnung auf der Grundlage der mitgeteilten Miterfinderanteile einverstanden sind, und zwar auch für die Zukunft[37c]. Eine Vergütungsvereinbarung oder -festsetzung umfasst im Zweifel zugleich die – konkludente – Festlegung der Miterfinderanteile entsprechend den Angaben der Miterfinder, ohne dass es einer dahingehenden ausdrücklichen Bekanntgabe nach § 12 Abs. 2 Satz 2 mehr bedarf[37d].

32.3 Übernimmt der Arbeitgeber die Miterfinderanteile so, wie sie ihm von den Arbeitnehmern angegeben werden bzw. sich aus einer zwischen den Miterfindern getroffenen Vereinbarung ergeben, bedarf es zur Begründung der Vergütungsfestsetzung keiner Angabe der Quotenanteile der übrigen Miterfinder[37e]. Auch kann sich ein Erfinder, der die Aufteilung (mit) vorgeschlagen hat, nicht nachträglich auf die Unbilligkeit einer darauf basierenden Vergütungsregelung nach § 23 berufen. Denn es ist nicht ersichtlich, wie der Arbeitgeber in angemessener und billigerer Weise die Miterfinderanteile bestimmen könnte, als dass er einem übereinstimmenden Vorschlag der Mitarbeiter folgt[38]. Ein nachträgliches Korrekturbegehren von Miterfindern ist nach Auffassung des BGH treuwidrig, weil der Arbeitgeber durch § 12 Abs. 6 Satz 2 gehindert sei, von den anderen Miterfindern Rückzahlung der bereits geleisteten Vergütung zu verlangen[38a] (s. auch Rz. 7.1 zu § 23; zum Rückforderungsverbot s. unten Rz. 154 ff.; zum Quotenwiderspruch s. Rz. 90) Etwas anderes gilt nur, falls Gründe für eine wirksame Anfechtung gegeben sind und hiervon fristgerecht Gebrauch gemacht wird (§§ 119 ff. BGB). Waren sich die Erfinder bei ihrer Quotenaufteilung über die vergütungsrechtlichen Folgen nicht im klaren, handelt es sich um einen unbeachtlichen Motivirrtum (§ 119 Abs. 2 BGB)[39].

Zur fehlenden Einigung der Miterfinder s. Rz. 39.

33 Da die Rechte und Pflichten des ArbEG nicht an die endgültige **Schutzrechtserteilung,** sondern zunächst an die potentielle Schutzfähigkeit anknüpfen (s. Rz. 16 ff. zu § 2), hat sich die Bestimmung des Miterfinderan-

---

37b Schiedsst. v. 1.2.1994 (Fn. 37a); vgl. auch Schiedsst. v. 22.3.1991 Mitt. 1993, 145 m. Anm. Bartenbach/Volz.
37c BGH v. 17.5.1994 (Fn. 37).
37d BGH v. 17.5.1994 (Fn. 37) u. Schiedsst. v. 5.2.1997 Arb.erf. 46/95 (z. Veröffentl. i. EGR vorgesehen).
37e Schiedsst. v. 29.7.1999 Arb.Erf. 16/98 (unveröffentl.).
38 LG Düsseldorf v. 31.5.1988 Az. 4 O 146/86 (unveröffentl.) u.v. 7.11.1989 (Fn. 37).
38a BGH v. 17.5.1994 (Fn. 37c).
39 Schiedsst. v. 30.1.1989 Arb.Erf. 42/88 (unveröffentl.).

§ 12

teils vorerst an der Erfindung und ihrer Entstehungsgeschichte zu orientieren, wie sie sich insbesondere nach den Erfindungsmeldungen und den sonstigen bekannt gewordenen Umständen darstellt (s. auch Rz. 91.2 zu § 9). Ergeben sich mit Abschluss des Erteilungsverfahrens wesentliche Änderungen, so ist der Arbeitgeber aus seiner Fürsorgepflicht gehalten, auf eine Neufestlegung der Miterfinderanteile und damit auf eine Neubemessung der Vergütung hinzuwirken (vgl. § 12 Abs. 6, s. dazu insbes. Rz. 94, 106, 110 u. 132). Im Übrigen bleibt mangels (Quoten-)Widerspruchs (s. Rz. 90) ein festgelegter Miterfinderanteil verbindlich, es sei denn, die Voraussetzungen einer Anfechtung bzw. des § 23 sind gegeben.

Der so gefundene Miterfinderanteil (M) ist in **prozentualen Quoten** – orientiert an dem Beitrag des einzelnen im Verhältnis zu den verbleibenden Miterfindern – anzugeben (z.B. bei gleichen Anteilen am Zustandekommen der Erfindung: 50 %). Eine reale Beteiligung der Sache nach, etwa hinsichtlich eines Patentanspruchs oder eines Ausführungsbeispiels kennt das deutsche Recht nicht[39a] (s. Rz. 32.1). Die Multiplikation dieses Miterfinderanteils mit dem Gesamterfindungswert (GE) und dem individuellen Anteilsfaktor (A) ergibt die jeweilige Erfindervergütung (V) [V = GE x M x A] (weitere Einzelheiten s. Rz. 292, 311 ff. zu § 9).

34

3. Bekanntgabe der Gesamtvergütung und der Einzelanteile (Abs. 2 Satz 2)

Strebt der Arbeitgeber – entsprechend der Erwartung des Gesetzgebers – eine Feststellung an, so muss er nach § 12 Abs. 2 Satz 2 allen Miterfindern die Gesamthöhe der Vergütung und die (Miterfinder-)Anteile der einzelnen Erfinder bekanntgeben, also diese Angaben **schriftlich oder mündlich** allen Arbeitnehmererfindern mitteilen.

35

Dadurch soll den Beteiligten Gelegenheit gegeben werden, sich davon zu überzeugen, dass die Festlegung der Anteile an der Diensterfindung in gerechter Weise vorgenommen worden ist[40]. Diese Regelung beseitigt zudem ein evtl. Misstrauen, das der einzelne Arbeitnehmer möglicherweise dem Arbeitgeber und den anderen Miterfindern künftig entgegenbringen könnte, wenn er nicht weiß, welchen Anteil der Arbeitgeber seiner Erfinderleistung und den übrigen Erfinderleistungen beimisst[41].

36

Mitzuteilen ist die **Gesamthöhe der Vergütung,** also die Gesamtsumme der vom Arbeitgeber für alle Miterfinder vorgesehenen Vergütungszahlungen. Sind nicht nur Arbeitnehmer, sondern auch freie Erfinder beteiligt, so ist unter entsprechendem Hinweis nur die Summe der auf die Arbeitneh-

37

39a Schiedsst. v. 2.12.1982 (Fn. 36); Reimer/Schade/Schippel/Kaube Rz. 25 zu § 12.
40   Amtl. Begr. (Fn. 4) S. 30 = Blatt 1957, 234.
41   BGH v. 2.12.1960 GRUR 1961, 338, 340 l.Sp. – Chlormethylierung; Volmer Rz. 43 zu § 12.

§ 12

mererfinder entfallenden Beträge anzugeben. Sind die vorgesehenen Vergütungsleistungen ihrer Art nach (s. dazu Rz. 11 f.) unterschiedlich, bleibt für die Bekanntgabe der Gesamtsumme kein Raum mehr[42], es sei denn, auch diese Leistungen können in einem bestimmten Geldwert ausgedrückt werden; andernfalls ist nur mitzuteilen, dass der Art nach eine unterschiedliche Behandlung beabsichtigt wird.

38 Ferner sind die **Anteile** dieser Miterfinder bekannt zu geben; darunter sind nur die in Prozenten ausgedrückten Quotenanteile (s. Rz. 34) der jeweiligen Erfinder am Zustandekommen der Diensterfindung, nicht aber die für sie errechneten Geldbeträge zu verstehen[43] (zur Entbehrlichkeit der Bekanntgabe bei einer Miterfindervereinbarung s. Rz. 32.3). Die Quotenanteile müssen – entsprechend dem Sinn der Regelung – auch dann sämtlich mitgeteilt werden, wenn freie Erfinder mitgewirkt haben. Die Miterfinder haben dagegen keinen Anspruch auf Bekanntgabe des persönlichen **Anteilsfaktors** der übrigen Erfinder[44] (s. auch Rz. 54).

39 Kommt der Arbeitgeber seiner Bekanntgabepflicht nicht oder nur unzulänglich nach, kann ein Arbeitnehmer den Abschluss der Vereinbarung von der Erfüllung dieser Pflicht aus § 12 Abs. 2 Satz 2 abhängig machen[44]. Ist eine Vereinbarung zustande gekommen, obwohl der Arbeitgeber die gesetzlich vorgesehenen Angaben nicht gemacht hat, kann der Arbeitnehmer ggf. Klage auf Bekanntmachung erheben[45]; der Anspruch auf Bekanntgabe seines Miterfinderanteils steht dem jeweiligen Arbeitnehmer aber erst dann zu, wenn eine abschließende Vergütungsregelung mit allen Miterfindern vorliegt[45]. Ansonsten hat er keinen Anspruch auf Bekanntgabe seines Miterfinderanteils[45].

Ist der Arbeitgeber mangels eigener Kenntnis zur Bestimmung der Anteile nicht in der Lage und kommt keine Einigung zustande, beharren die Miterfinder also auf ihren widersprüchlichen Angaben, ist der Arbeitgeber nach dem Gesetz (Abb. 3) gehalten, von sich aus eine Bekanntgabe der Miterfinderanteile vorzunehmen. Diese gesetzliche Regelung ist verunglückt, weil sie dem Arbeitgeber zum Teil Unmögliches aufgibt, da häufig die Erkenntnisse über den Umfang der Beteiligung der einzelnen Miterfinder ihm aus eigener Wahrnehmung nicht zugänglich sind und es sich hierbei zudem um eine wertende Entscheidung handelt (s. oben Rz. 31 f.). Der Arbeitgeber wird damit letztlich gezwungen, auf Grund der gesetzlichen Pflicht aus § 12 Abs. 2 und 3 Quotenanteile bekanntzugeben, von deren Richtigkeit er u.U. nicht überzeugt ist, und hat dementsprechend zu zah-

---

42 Ähnl. Heine/Rebitzki Anm. 4 zu § 12.
43 Allg. A., BGH v. 2.12.1960 (Fn. 41); Heine/Rebitzki (Fn. 42); Reimer/Schade/Schippel/Kaube Rz. 29 zu § 12.
44 Schiedsst. v.5.2.1997 Arb.Erf. 46/95; ZB v. 27.1.1986 Arb.Erf. 63/85 (beide unveröffentl.); s. auch Schiedsst. v. 14.5.1985 Blatt 1985, 385, 386; Busse/Keukenschrijver, PatG, Rz. 13 zu § 12 ArbEG.
45 BGH v. 2.12.1960 (Fn. 41).
46-49 frei

§ 12

len. Den Erfindern bleibt es dann überlassen, gegenüber einer solchen Festsetzung Widerspruch gemäß Abs. 4 einzulegen (s. Rz. 88 ff.); in einem evtl. anschließenden Vergütungsrechtsstreit, den ein Erfinder gegen ihn anhängig macht, kann der Arbeitgeber auf die Aussagen der übrigen Miterfinder als Zeugen zurückgreifen. Zur Miterfindervereinbarung s. oben Rz. 32.2 f.

Kommt eine einvernehmliche Vergütungsfeststellung nur mit einzelnen Miterfindern zustande, so ist gegenüber den verbleibenden die Vergütung vom Arbeitgeber festzusetzen[50] (vgl. dazu Rz. 40 ff.).

D. Festsetzung der Vergütung (Abs. 3-5)

I. Einseitige Festsetzung

Kommt eine Vereinbarung über die Vergütung (Feststellung) in angemessener Frist nach unbeschränkter bzw. beschränkter Inanspruchnahme (§§ 6, 7) zwischen den Arbeitsvertragsparteien nicht zustande, ist der Arbeitgeber nach § 12 Abs. 3 berechtigt und zugleich verpflichtet (»hat«), die Vergütung von sich aus **einseitig** (also ohne Mitwirkung des Arbeitnehmers) **festzusetzen** und diese entsprechend der Festsetzung zu zahlen. Das Festsetzungsverfahren hat vornehmlich den **Zweck,** die Ermittlung der angemessenen Vergütung zu erleichtern und zu beschleunigen[51] sowie im Interesse der Rechtssicherheit eine alsbaldige Klärung der Erfindervergütung herbeizuführen[51a]. Darüber hinaus wird der Arbeitgeber dadurch verpflichtet, dem Arbeitnehmer, der durch seinen Widerspruch (Abs. 4) die Diskussion über die Vergütungsfrage offenhalten kann, jedenfalls die von ihm festgesetzte Vergütung vorab zu zahlen (s. dazu Rz. 75). 40

Liegt eine verbindliche Vergütungsvereinbarung vor, schließt dies eine Festsetzung aus (s. aber oben Rz. 18.4); zur erneuten Festsetzung nach Widerspruch des Arbeitnehmers s. Rz. 85.

II. Pflicht des Arbeitgebers zur Festsetzung

Nach fruchtlosem Ablauf der angemessenen Frist des § 12 Abs. 1 (s. dazu Rz. 22 ff.) trifft den Arbeitgeber die Pflicht, **von sich aus** die Festsetzung der angemessenen Vergütung vorzunehmen (zum Zeitpunkt s. Rz. 55 ff.), 41

---

50 Ebenso Busse/Keukenschrijver, PatG, Rz. 11 zu § 12 ArbEG.
51 Amtl. Begr. (Fn. 4) S. 30 = Blatt 1957, 234; ebenso Stellungnahme der Bundesreg. in BT-Drucks. 7/2758 S. 4 l.Sp., die auch zutr. die Einrichtung eines behördlichen Festsetzungsverfahrens ablehnt (dort S. 5 f.).
51a S. auch Schiedsst. v. 9.5.1985 Blatt 1985 383, 384 r.Sp.; vgl. auch BGH v. 17.5.1994 GRUR 1994, 898, 901 – Copolyester I.

§ 12

ohne dass es einer Aufforderung durch den Arbeitnehmer bedarf[52]. Der Arbeitnehmererfinder hat neben seinem Vergütungsanspruch einen (echten) **Anspruch auf Festsetzung**[52a]. Dadurch soll erreicht werden, dass der Arbeitnehmer in absehbarer Zeit erfährt, welche Vergütung der Arbeitgeber für angemessen hält[52b].

42 Maßgeblich ist allein, dass eine **Vereinbarung über die Vergütung nicht zustande gekommen** ist; aus welchen Gründen diese unterblieben ist, ob eine gütliche Vereinbarung – etwa auf der Grundlage eines Vergütungsangebots des Arbeitgebers[52c] – versucht wurde oder gescheitert ist oder ob überhaupt keine Verhandlungen geführt worden sind, ist u.E. letztlich bedeutungslos[53]; jedenfalls hat ein Scheitern oder Unterbleiben von Verhandlungen keinen Einfluss auf die Wirksamkeit einer Vergütungsfestsetzung (vgl. Rz. 15, 24). Entsprechend ist eine Vergütungsfestsetzung auch dann wirksam, wenn kein Versuch einer einvernehmlichen Vereinbarung der Vergütung vorausgegangen ist[53a] oder sie verspätet erfolgt (s. Rz. 56). Haben sich die Arbeitsvertragsparteien (bloß) über einzelne Vergütungskriterien verständigt (s. Rz. 17), hat der Arbeitgeber die noch offenen Berechnungskriterien vollständig festzusetzen, um so im Ergebnis eine umfassende Vergütungsregelung herbeizuführen.

43 Die Pflicht zur Festsetzung besteht unabhängig davon, ob (schon) eine Vergütung geschuldet wird, also auch dann, wenn die angemessene Vergütung gleich Null ist (**Null-Fall**, s. dazu Rz. 321 ff zu § 9); in solchen (seltenen) Fällen muss der Arbeitgeber die in § 12 Abs. 3 geforderte, förmliche Erklärung dahin abgeben, dass er die Diensterfindung als einen »Null-Fall« zu behandeln gedenkt[54] (s. auch Rz. 72.1). Dies gilt auch und gerade für den

---

52   Vgl. BGH v. 17.5.1994 (Fn. 51 a); Schiedsst. v. 20.11.1967 Blatt 1967, 23, 24 l.Sp. u.v. 19.12.1991 GRUR 1992, 847, 850 l.Sp.
52a BGH v. 28.6.1962 GRUR 1963, 135 – Cromegal.
52b Amtl. Begr. (Fn. 4) S. 30 = Blatt 1957, 234.
52c Schiedsst. v. 26.8.1997 Arb.Erf. 30/96 (unveröffentl.).
53   BGH v. 2.12.1960 GRUR 1961, 338, 340 – Chlormethylierung; Schiedsst. v. 2.3.1993 EGR Nr. 86 zu § 9 ArbEG (Verg.Anspr.); Reimer/Schade/Schippel/Kaube Rz. 30 zu § 12; a.A. Volmer Rz. 28 zu § 12; Volmer/Gaul Rz. 33 zu § 12; Schwab, S. 25, wonach der Arbeitgeber nicht berechtigt sein soll, ohne Versuch einer gütlichen Einigung die Vergütung sogleich einseitig festzusetzen; inwieweit rechtliche Konsequenzen an einen »Verstoß« anknüpfen (Unwirksamkeit der Festsetzung?), bleibt dort jedoch offen. Enger wohl auch nunmehr BGH v. 17.5.1994 (Fn. 51 a) mit dem obiter dictum: »Erst dann, wenn eine solche Vereinbarung binnen angemessener Frist nicht zustande kommt und die Verhandlungen endgültig gescheitert sind, ist der Arbeitgeber nach § 12 Abs. 3 ArbEG berechtigt und verpflichtet, die Vergütung durch eine begründete schriftliche Erklärung festzusetzen.«
53a Schiedsst. v. 2.3.1993 (Fn. 53).
54   BGH v. 28.6.1962 GRUR 1963, 135, 137 l.Sp. – Cromegal; Schiedsst. v. 25.4.1983 Blatt 1983, 378.

§ 12

Bereich der noch nicht verwerteten Erfindungen für die Zeit nach (rechtskräftiger) Patenterteilung (s. dazu Rz. 210 ff. zu § 9).

Eine Pflicht zur Festsetzung besteht auch bei **Zweifeln an der Schutzfähigkeit**; dies entspricht der Systematik des ArbEG (s. Rz. 16 ff. zu § 2). Ist ein Erteilungsverfahren (noch) anhängig, können Zweifel an der Schutzfähigkeit in der Höhe des **Risikoabschlags** ausgedrückt werden (s. Rz. 68.2). Ist ein Schutzrecht erteilt, ist eine Festsetzung auf Null in den Fällen der Unzumutbarkeit berechtigt (Rz. 35 f. u. 321 ff. zu § 9; zur Begründungspflicht s. Rz. 52 f.). Hat der Arbeitgeber unter Verletzung seiner Anmeldepflicht nach § 13 die Diensterfindung nicht zum Schutzrecht angemeldet, ist er zu einer Vergütungsfestsetzung auf Null im Hinblick auf seine Zweifel an der Schutzfähigkeit nicht berechtigt; er kann nicht aus eigener Autorität über die Schutzfähigkeit entscheiden, da hierzu nur die Erteilungsbehörden und die Gerichte bzw. im Falle des § 17 Abs. 2 die Schiedsstelle berufen sind[54a] (vgl. Rz. 16 zu § 2 u. 19 ff. zu § 10). Eine solche Festsetzung ist unwirksam[54b] (zur Vergütungsfestsetzung auf Null wegen fehlender Miterfinderschaft s. Rz. 54).

43.1

Kommt der Arbeitgeber innerhalb des in § 12 Abs. 3 genannten Zeitraumes (s. dazu Rz. 55 ff.) seiner Festsetzungspflicht nicht nach, stehen dem **Arbeitnehmer zwei Möglichkeiten** offen:

44

Einmal kann er – nach erfolglosem Schiedsstellenverfahren (§§ 28 ff.) – **Klage** gegen den Arbeitgeber **auf Festsetzung der Vergütung** vor der Patentstreitkammer des zuständigen Landgerichts (§§ 37, 39) erheben[55]. Für das Rechtsschutzinteresse an einer selbständigen Verfolgung des Anspruchs auf Festsetzung genügt es, wenn der Arbeitnehmer noch einer detaillierten Darlegung der Bemessungsgrundlagen für den Anspruch (vgl. § 9 Abs. 2) bedarf und nach Festsetzung noch gewisse Aussicht auf außergerichtliches Verbindlichwerden der einseitigen Festsetzung (vgl. § 12 Abs. 4) besteht[55a].

Stattdessen ist der Arbeitnehmer, da der Anspruch auf angemessene Vergütung fällig geworden ist (s. dazu Rz. 56 ff.), auch berechtigt, sofort seinen Anspruch auf **Zahlung einer angemessenen Vergütung** zunächst im Schiedsstellenverfahren (§§ 28 ff.) und dann im Klagewege (§§ 37, 39 Abs. 1) geltend zu machen[55b], wobei nach § 38 auch ein unbezifferter Klageantrag zulässig ist.

Erfüllt der Arbeitgeber seine Verpflichtung zur Vergütungsfestsetzung nicht, so **verletzt** er nach Auffassung des OLG Frankfurt[56] seine gesetzli-

45

54a Schiedsst. v. 26.8.1996 Arb.Erf. 52/94 (unveröffentl.).
54b Schiedsst. v. 26.8.1996 (Fn. 54a).
55 BGH v. 2.12.1960 (Fn. 53) u.v. 28.6.1962 (Fn. 54) S. 135; vgl. auch Amtl. Begr. (Fn. 51).
55a BGH v. 28.6.1962 (Fn. 54) S. 135 f. (zu II.1 a.E.).
55b BGH v. 2.12.1960 (Fn. 53) u.v. 28.6.1962 (Fn. 54) S. 135; Amtl. Begr. (Fn. 51).
56 Urt. v. 30.4.1992 EGR Nr. 62 zu § 9 ArbEG (VergHöhe) – Simulation von Radioaktivität (insoweit nicht in GRUR 1992, 852) unter Bezugnahme auf OLG Frank-

§ 12

chen und auch seine **arbeitsvertraglichen Pflichten** und hat den dadurch verursachten Schaden (dort Steuerschaden) zu ersetzen. Diese Auffassung begegnet Bedenken. Dabei kann dahingestellt bleiben, ob eine Verletzung der Bestimmungen des ArbEG im Hinblick auf § 25 (»Sonstige Verpflichtungen, die sich ... aus dem Arbeitsverhältnis ergeben, werden durch die Vorschriften dieses Gesetzes nicht berührt ...«) generell einer Verletzung von arbeitsvertraglichen Pflichten gleichgestellt werden kann[56a]. Eine Verzögerung der Leistung als solche stellt grundsätzlich keine zum Schadensersatz verpflichtende Pflichtverletzung dar[56b]. Denn bei § 12 handelt es sich im Wesentlichen um eine im beiderseitigen Interesse liegende Regelung zur Konkretisierung und Fälligkeit des Vergütungsanspruchs. Auch eine Einstufung des § 12 Abs. 3 ArbEG als Schutzgesetz i.S.d. § 823 Abs. 2 BGB – der auch vom OLG Frankfurt nicht herangezogen wird – scheidet aus[56c], da es bei der gesetzlichen Ausgestaltung der Vergütungsfestsetzung und deren Termin nicht darum gehen kann, eine näher konkretisierte Schädigung zu verhindern; vielmehr handelt es sich um eine Regelung der Leistungsbeziehungen zwischen Arbeitgeber und Arbeitnehmererfinder. Im eigentlichen Sinne enthält § 12 Abs. 3 ArbEG noch nicht einmal eine den Verzug begründende Fälligkeitsregelung für die Vergütungszahlung, sondern lediglich die Verpflichtung des Arbeitgebers, dem Arbeitnehmererfinder zur Höhe der Vergütung einen Vorschlag zu unterbreiten und bei fehlendem Einverständnis sich durch einseitige Willenserklärung auf eine bestimmte Vergütungshöhe festzulegen. Eine Fälligkeit des Vergütungsanspruchs braucht zu diesem Zeitpunkt noch gar nicht eingetreten zu sein, da eine Vergütungsfeststellung bzw. -festsetzung auch dann vom Arbeitgeber vorzunehmen ist, wenn innerhalb von drei Monaten nach unanfechtbarer Patenterteilung eine Benutzung des Erfindungsgegenstandes noch gar nicht erfolgt. Fällig werden Vergütungszahlungen nach der Praxis der Schiedsstelle im Übrigen erst, wenn der wirtschaftliche Vorteil aus der Benutzung der Diensterfindung beim Arbeitgeber tatsächlich eingetreten ist, d.h. der Arbeitgeber den Kaufpreis für den erfindungsgemäß ausgebildeten Gegenstand erhalten hat und der Abrechnungszeitraum nach üblichen Betriebsab-

---

furt v. 19.12.1991 Az. 6 U 111/90 – Bügelverschließmaschine (insoweit nicht in GRUR 1993, 910 = Mitt. 1992, 253); abl. Reimer/Schade/Schippel/Kaube Rz. 36 zu § 12.

56a So die Kritik bei Reimer/Schade/Schippel/Kaube Rz. 36 zu § 12; die Möglichkeit einer schadensersatzbegründenden Arbeitsvertragsverletzung bei Verletzung von Verpflichtungen aus dem ArbEG allgemein offengelassen von BGH v. 31.1.1978 GRUR 1978, S. 430, 431 – Absorberstabantrieb I.

56b Vgl. allg. BGH NJW 1985, 326; Palandt/Heinrichs BGB Rz. 107 zu § 276, Rz. 4 zu § 284.

56c Ebenso Schiedsst. v. 23.3.1995 Arb.Erf. 177/92; bestätigt durch EV v. 21.11.1995 Arb.Erf. 16/94 (beide unveröffentl.).

§ 12

rechnungszeiträumen eingetreten ist[56d] (s. auch Rz. 20 ff. zu § 9 und hier Rz. 55 ff.). Auch die Schiedsstelle ist aus diesen Gründen dem OLG Frankfurt nicht gefolgt[57].

Für die unterbliebene bzw. verzögerte Erfüllung von Leistungs- und Zahlungspflichten muss es deshalb bei den dafür einschlägigen Regelungen des Verzuges bleiben.

Die nicht fristgerechte Erfüllung der Festsetzungspflicht allein begründet noch keinen **Verzug** des Arbeitgebers im Sinne der §§ 286 BGB n.F. bzw. 284 BGB a.F. Für einen Verzug und die daran anknüpfenden Rechtsfolgen ist vielmehr neben der Fälligkeit grundsätzlich eine **Mahnung** seitens des Arbeitnehmers erforderlich (s. dazu Rz. 26 f. zu § 9). 46

III. Rechtsnatur der Festsetzung

Ihrer Rechtsnatur nach ist die Festsetzung eine **empfangsbedürftige Willenserklärung**[63], die mit Zugang beim Arbeitnehmer wirksam wird[64] (§ 130 BGB; Einzelheiten z. Zugang s. Rz. 10 ff. zu § 5). Als solche unterliegt sie den allgemeinen Bestimmungen des BGB; für ihre Auslegung ist im Zweifel auf den Empfängerhorizont abzustellen (s. auch Rz. 17). Sie kann gem. §§ 119, 123 BGB angefochten werden (s. dazu Rz. 20 f.); der Rückzahlung bereits erbrachter Vergütungszahlungen im Fall einer Irrtumsanfechtung steht grundsätzlich das Rückforderungsverbot nach § 12 Abs. 6 entgegen[64a] (s. unten Rz. 154 ff.). Eine Bevollmächtigung Dritter ist zulässig (§ 174 BGB). Handelt ein Dritter als Vertreter ohne Vertretungsmacht, ist die Festsetzung mangels Genehmigung des Arbeitgebers unwirksam (vgl. § 180 BGB). Die Grundsätze der Anscheinsvollmacht bleiben allerdings beachtlich. Eine Vergütungsfestsetzung in einem Schriftsatz an die Schiedsstelle hält diese für unwirksam[64b] (s. aber Rz. 18 f. zu § 31). 47

Auf Grund ihrer rechtsgestaltenden Wirkung ist die Festsetzung **bedingungsfeindlich**[65] (s. auch Rz. 50). Deshalb ist beispielsweise eine Festsetzung unwirksam, wenn sich der Arbeitgeber – sei es auch nur bezüglich einzelner Berechnungsfaktoren – das Recht zur einseitigen Änderung vor-

---

56d Schiedsst. v. 27.11.1990 Arb.Erf. 24/90 (unveröffentl.) u.v. 23.3.1995 (Fn. 56c).
57 Schiedsst. v. 23.3.1995 u. v. 21.11.1995 (Fn. 56c).
58-62 frei
63 BGH v. 28.6.1962 (Fn. 54) S. 136 zu II 2.
64 Zum Zugang s. Schiedsst. v. 25.10.1989 Blatt 1991, 253, 254.
64a A.A. Volmer/Gaul Rz. 68 zu § 12 m.d.H. auf §§ 812, 818 Abs. 3 BGB u. ggf. § 122 BGB.
64b Schiedsst. v. 16.10.2001 Arb.Erf. 80/99 (unveröffentl.) – U.E. bedenklich; maßgebend muss sein, ob und wann der verfahrensbeteiligte Arbeitnehmer Kenntnis erlangt.
65 Schiedsst. v. 9.5.1985 Blatt 1985, 383, 384 u.v. 25.3.1994 Arb.Erf. 64/93 (unveröffentl.).

§ 12

behält[66]. Stellt der Arbeitgeber einzelne Vergütungskriterien einer Vergütungsfestsetzung »unter den Vorbehalt des Widerrufs« für den Fall, dass bei einem bloßen Teilwiderspruch des Arbeitnehmers gegen andere Vergütungskriterien auch dieser Berechnungsfaktor neu verhandelt werden müsse, liegt darin jedoch keine Bedingung, sondern die zulässige Verknüpfung von Berechnungsgrößen zur Vermeidung eines Teilwiderspruchs[66a] (s. dazu Rz. 79).

Gleiches gilt, wenn der Arbeitgeber in der Vergütungsfestsetzung betont, dass dies »ohne Anerkennung einer Rechtspflicht« geschehe, er aber zugleich klarstellt, dass diese Festsetzung der endgültigen Erledigung der Vergütungsansprüche diene. Maßgebend sind nicht subjektive Wertungen oder Motive des Arbeitgebers, etwa der Hinweis, »an sich« zu einer solchen Vergütungszahlung nicht verpflichtet zu sein. Entscheidend kommt es darauf an, ob mit dieser Erklärung ein Verpflichtungswille verbunden ist[66b]. Wie auch § 12 Abs. 3 verdeutlicht, soll die Vergütungsfestsetzung eine endgültige Konkretisierung des Vergütungsanspruchs bereits vor Schutzrechtserteilung herbeiführen, so dass es dem Arbeitgeber auch verwehrt ist, die Vergütungsfestsetzung einseitig zu **befristen**, etwa durch Beschränkung ihrer Wirkung auf die Zeit bis zur Entscheidung über die endgültige Schutzfähigkeit bzw. bis zu einem sonstigen bestimmten Endtermin. Anderenfalls würde eine solche Befristung die Möglichkeit einer Umgehung des Anspruchs des Arbeitnehmers auf abschließende Vergütungsregelung sowie der Anpassungsvoraussetzungen des § 12 Abs. 6 bedeuten; dies gilt auch dann, wenn in der Vergütungsfestsetzung ausdrücklich klargestellt wird, dass weitergehende Vergütungsansprüche einer einvernehmlichen Regelung vorbehalten bleiben. Zum Risikoabschlag s. Rz. 64.

48 Widerspricht der Arbeitnehmer der Festsetzung innerhalb der 2-Monats-Frist nicht, wird diese gemäß § 12 Abs. 4 S. 2 verbindlich (s. Rz. 74 ff). Damit stellt sich die einseitige Festsetzung in Abweichung von § 147 BGB quasi als vom Arbeitgeber nicht widerrufbares **Vertragsangebot** zu Art und Höhe der zu zahlenden Erfindervergütung (s. Rz. 11 f.) dar[66c]; dabei weist das Gesetz dem Arbeitgeber entsprechend dem Schutzgedanken des **§ 315 BGB** das Recht zu, (zunächst) die angemessene Vergütung nach billigem Ermessen zu bestimmen, dessen Ergebnis der Arbeitnehmer auf

---

66 Schiedsst. ZB v. 17.3.1994 Arb.Erf. 177/92 (unveröffentl.), bestätigt durch Schiedsst. v. 25.3.1994 Arb.Erf. 64/93 (unveröffentl.).
66a Schiedsst. v. 25.3.1994 (Fn. 66).
66b A.A. Schiedsst. v. 17.3.1994 Arb.Erf. 177/92 (unveröffentl.).
66c So zutr. Volmer Rz. 23 zu § 12 unter Hinweis auf die vergleichbare Rechtsfigur der Auslobung (§§ 657 ff. BGB); ebenso Tetzner, GRUR 1968, 292, 293; im Ergebnis wohl auch Volmer/Gaul Rz. 31 zu § 12, wonach die auf Grund Festsetzung herbeigeführte Vergütungsregelung als rechtsgeschäftliche Vereinbarung verstanden werden soll, wohingegen in Rz. 68 zu § 12 von der Festsetzung als «einseitiges Rechtsgeschäft« gesprochen wird.

§ 12

Grund seines Widerspruchsrechts aber nicht hinzunehmen braucht[67]. Eine einseitige Korrektur ist dem Arbeitgeber nicht möglich.[67a]
Grundlage für die Berechnung der Vergütung sind nur die Kriterien und Maßstäbe, welche der Arbeitgeber in Ausübung seines Festsetzungsrechts **konkret bezeichnet** hat[67b] (zur Auslegung s. oben Rz. 47). Zur Bindungswirkung der Festsetzung s. Rz. 74 ff., zur Wirkung des Widerspruchs des Arbeitnehmers s. Rz. 83 ff.

IV. Form und Inhalt

Für die Festsetzung der Vergütung schreibt Abs. 3 im Hinblick auf deren Bedeutung zwingend **Schriftform** (§ 126 BGB, Einzelheiten – auch zu § 126 a BGB – dazu s. Rz. 35 ff. zu § 5) vor. Auch hier reicht eine Übermittlung per Telefax nicht aus[67c] (s. Rz. 36.1 zu § 5). 49

Inhaltlich muss das Schreiben **eindeutig erkennen lassen**, dass der Arbeitgeber eine Vergütungsfestsetzung vornimmt. Eine wirksame Vergütungsfestsetzung liegt regelmäßig nicht vor, wenn diese Erklärung »nur nebenbei« in einem umfangreichen Schriftstück enthalten und damit so versteckt ist, dass sie der durchschnittliche Leser nicht ohne weiteres als solche erkennen kann[67c]. Auch im Übrigen muss der Rechtscharakter der Festsetzung für den Arbeitnehmer zweifelsfrei erkennbar sein[67d] (»Empfängerhorizont«). Es muss also aus der Urkunde deutlich werden, dass der Arbeitgeber einseitig die darin bezeichnete Vergütung für sich abschließend und verbindlich festlegt[67e] (s. auch Rz. 12). Deshalb reicht z.B. eine Vergütungsberechnung[67f] ebenso wenig aus, wie eine bloße Vergütungsabrechnung[67g]. Auch ein als Vergütungsangebot formuliertes Schreiben stellt keine Festsetzung dar, da hieraus nicht die erforderliche einseitige Bindung des Arbeitgebers erkennbar wird[67h]. Erklärt der Arbeitgeber seine Bereitschaft zu einer höheren Vergütungszahlung, sofern der Arbeitnehmer eine ihm übermittelte Festsetzung anerkennt, liegt hierin keine dem Gestaltungs- 50

---

67 BGH v. 17.5.1994 GRUR 1994, 898, 901 – Copolyester I.
67a Schiedsst. v. 19.7.2001 Arb.Erf. 34/98 (unveröffentl.).
67b BGH v. 17.5.1994 (Fn. 67) S. 902.
67c Schiedsst. v. 14.2.1995 Arb.Erf. 46/93 (unveröffentl.).
67d Allg. A., z.B. Schiedsst. v. 15.3.1994 Arb.Erf. 121/92 (unveröffentl.).
67e Ähnl. Schiedsst. v. 15.9.1994 Arb.Erf. 172/92 (unveröffentl.): Denn ein Schreiben, mit dem eine Vergütung festgesetzt wird, muss klar erkennen lassen, dass die Vergütungsfestsetzung verbindlich sein soll, dass sie also auch gegen den Willen des Arbeitnehmererfinders, notfalls also nur einseitig für den Arbeitgeber gelten soll.
67f Schiedsst. v. 14.2.1995 (Fn. 67c) u. v. 2.12.1996 Arb.Erf. 10/95 (unveröffentl.).
67g Schiedsst. v. 20.1.1997 Arb.Erf. 34/93 (unveröffentl.).
67h Schiedsst. v. 15.9.1994 (Fn. 67e); v. 21.11.1995 Arb.Erf. 16/94 (unveröffentl.) u. v. 20.1.1997 (Fn. 67g).

§ 12

charakter einer Festsetzung widersprechende Bedingung, sondern ein zusätzliches Vertragsangebot[67i].
Materiell muss der Inhalt der Festsetzung die **Art der Vergütungsleistung** bezeichnen. Zwischen Geldleistungen und den Sonderformen der Vergütungszahlung (s. Rz. 62 ff. zu § 9) hat der Arbeitgeber kein Wahlrecht, so dass die Vergütung ohne Zustimmung des Arbeitnehmers stets in Geld zu erbringen ist.
Die Vergütungsfestsetzung muss ferner enthalten, ob eine **laufende Vergütung** (s. Rz. 55 ff. zu § 9) oder eine Pauschalvergütung gezahlt werden soll. Mangels eines eindeutigen Hinweises in der Festsetzung wird im Zweifel eine laufende Vergütung geschuldet, da dies die übliche Zahlungsweise ist. Will der Arbeitgeber eine **Pauschalvergütung** unter Einschluss der Vergütung für zukünftige Nutzungsfälle festsetzen, ist dies zulässig[67j]. Die Festsetzung muss dies eindeutig erkennen lassen (Einzelheiten s. oben Rz. 11 ff.). Die Festsetzung einer »**Maximalvergütung**« wäre wegen der damit verbundenen einseitigen Belastung des Arbeitnehmers nichtig, da dies nicht dem Gebot der Angemessenheit der Vergütung entspricht und darüber hinaus § 22 Satz 2 entgegensteht, der nur »Vereinbarungen« zuungunsten des Arbeitnehmers zulässt.
Weiteres Inhaltserfordernis ist die Bestimmung der **Höhe der Vergütung**, also bei der Pauschalabfindung regelmäßig der Zahlbetrag und der zugrunde gelegte Nutzungszeitraum, bei der laufenden Vergütung die Angabe der Berechnungsfaktoren für Erfindungswert, Miterfinderanteil und Anteilsfaktor, ggf. unter Berücksichtigung eines Risikoabschlags (s. i. Einz. oben Rz. 13).
Zur Dauer der Vergütungsfestsetzung s. Rz. 74.
Möglicher Inhalt der Vergütungsfestsetzung kann auch sein, dass (derzeit) **keine Vergütung geschuldet** wird. Dazu zählen einmal die sog. **Nullfälle** (s. Rz. 43 u. Rz. 321 f. zu § 9) einschließlich der Sondersituation einer Unzumutbarkeit der Vergütungszahlung (s. Rz. 35 f. zu § 9). Inhalt einer Festsetzung kann schließlich die Erklärung sein, die technische Lehre einer Diensterfindung werde **nicht benutzt**[67k] (s. auch Rz. 43 u. 72.1; z. Begründungsinhalt s. Rz. 52). Zum Bestreiten der **Miterfindereigenschaft** s. Rz. 54.

51 In einer Urkunde können Festsetzungen für **mehrere Erfindungen** zusammengefasst werden. Allerdings ist die Vergütung für jede gesondert festzusetzen und zu begründen. Unabhängig davon muss für den Empfänger (Arbeitnehmer) stets erkennbar sein, auf welche Erfindung sich die Festsetzung bezieht.

67i Schiedsst. v. 9.5.1985 (Fn. 66).
67j Wie hier Busse/Keukenschrijver, PatG, Rz. 17 zu § 12 ArbEG.
67k Schiedsst. ZB. v. 9.12.1996 Arb.Erf. 15/94 u. v. 26.8.1996 Arb.Erf. 52/94 (beide unveröffentl.).

§ 12

Darüber hinaus verlangt das Gesetz eine **Begründung**. Damit soll dem Arbeitnehmer die Möglichkeit gegeben werden, sich selbst ein Urteil über Bestehen, Umfang und Angemessenheit der Vergütung bilden zu können; der Erfinder soll in die Lage versetzt werden, nachvollziehen und nachermitteln zu können[67l], wie der Arbeitgeber zu einem bestimmten Vergütungsbetrag kommt[67m]. Demzufolge muss die Begründung alle für die Bemessung der Vergütung wesentlichen Gesichtspunkte und Bewertungsfaktoren enthalten[68]. Dazu zählen namentlich begründete Angaben über die Höhe und die zugrunde liegende Ermittlungsart des **Erfindungswertes** einschl. konkreter Berechnungsfaktoren (im Falle der Lizenzanalogie also insbes. Bezugsgröße, darauf bezogene Umsatzzahlen, Lizenzsatz); soll eine Abstaffelung (RL Nr. 11) erfolgen, ist dies konkret anzugeben (s. Rz. 141 zu § 9). Erforderlich sind ferner Angabe und Begründung des individuellen **Anteilsfaktors**, ferner – falls eine **Pauschalvergütung** festgesetzt wurde – deren sachliche Rechtfertigung nebst Angaben über die zugrunde gelegten Nutzungs- und Umsatzerwartungen. Soll von der üblichen Art der laufenden Geldzahlungen abgewichen werden, so ist auch dies im Einzelnen darzulegen. Schließlich ist der jeweilige **Miterfinderanteil** anzugeben (s. Rz. 54, dort auch z. Bestreiten d. Erfindereigenschaft).

Will der Arbeitgeber vor Schutzrechtserteilung die Vergütung um einen **Risikoabschlag** mindern (s. dazu Rz. 64 ff.), ist auch dieser im Hinblick auf die Erteilungschancen zu begründen, es sei denn, es erfolgt wegen des üblichen Versagungsrisikos ein Hinweis auf den Regelansatz (s. Rz. 68).

Einer eingehenden Begründung bedürfen **Festsetzungen »auf Null«** (s. dazu Rz. 50). Insoweit genügen pauschale Hinweise nicht. Vielmehr muss der Arbeitgeber auch hier nachvollziehbar darlegen, aus welchen Gründen (derzeit) keine Vergütung geschuldet wird. Gleiches gilt, wenn der Arbeitgeber wegen **Nichtbenutzung** des Erfindungsgegenstandes die Vergütung auf Null festsetzt. Insbesondere bei Ähnlichkeiten zwischen einem vom Arbeitgeber tatsächlich ausgeübten Verfahren einerseits und der technischen Lehre der Diensterfindung andererseits ist der Arbeitgeber gehalten, die Unterschiede konkret und nachvollziehbar anzugeben[68a].

Vollständigkeit und Nachprüfbarkeit sind die entscheidenden Wesensmerkmale einer ordnungsgemäßen Festsetzung. Der materielle Inhalt und seine Begründung müssen für den Arbeitnehmer **aus sich heraus ver-**

52

52.1

67l BGH v. 13.11.1997 GRUR 1998, 689, 692 – Copolyester II u. GRUR 1998, 684, 687 Spulkopf.
67m Schiedsst. v. 8.8.1989 Arb.Erf. 90, 93, 103/88 (unveröffentl.); Reimer/Schade/Schippel/Kaube Rz. 33 zu § 12.
68 BGH v. 2.12.1960 GRUR 1961, 338, 340 r.Sp. – Chlormethylierung; v. 13.11.1997 (Fn. 67l); Schiedsst. v. 14.5.1985 Blatt 1985, 385 u.v. 2.3.1993 EGR Nr. 86 zu § 9 ArbEG (VergAnspr.) LG Nürnberg-Fürth v. 27.11. 1985 Az. 3 O 5382/84 ArbNErfG (unveröffentl.).
68a Schiedsst. ZB. v. 9.12.1996 u. v. 26.8.1996 (beide Fn. 67k).

§ 12

ständlich werden, so dass die Vergütungsbemessung für ihn sachlich und rechnerisch nachvollziehbar ist. Dem Arbeitnehmer bekannte Umstände können allerdings herangezogen werden. Im Einzelfall kann es genügen, wenn anstelle einer eigenen Begründung die Festsetzung auf eine Begründung in den Unterlagen Bezug nimmt, die im Besitz des Erfinders sind[69]. Beispielsweise reicht es nach Auffassung der Schiedsstelle im Rahmen der Berechnung der Vergütung nach der Lizenzanalogie aus, wenn der Arbeitgeber in der Festsetzung auf eine »Kürzung des Umsatzes um abzugsfähige Posten« hinweist und dem Arbeitnehmer die Größenordnung entweder bekannt war oder von ihm innerbetrieblich ohne Weiteres in Erfahrung gebracht werden konnte[69a]. Allgemein gehaltene Formulierungen reichen dagegen nicht aus[69b]. Etwaige Unklarheiten gehen wegen des hier maßgeblichen Empfängerhorizonts zu Lasten des Arbeitgebers.

53 Eine wirksame, die Frist des § 12 Abs. 4 in Gang setzende Festsetzung liegt nicht vor, wenn Angaben über Art, Vergütungshöhe oder die Begründung **gänzlich bzw. in wesentlichen Teilen** (Erfindungswert, Anteilsfaktor, Miterfinderanteil, ggf. Angaben zu einem berücksichtigten Risikofaktor) **fehlen**[70]. Gleiches gilt, wenn für den Arbeitnehmer offenbleibt, aus welchen Gründen Abzüge vom Erfindungswert gemacht werden (Risikofaktor, Miterfinderanteil usw.)[70a]. Werden diese Angaben nachgeholt, so beginnt die Frist des § 12 Abs. 4 erst ab Zugang der schriftlichen Erklärung beim Arbeitnehmer. Weigert sich der Arbeitgeber, so kann der Arbeitnehmer seine Ansprüche ggf. im Klagewege durchsetzen (s. Rz. 44 ff.). Ist dagegen die Begründung nur in einzelnen Punkten **mangelhaft**, liegt grundsätzlich eine wirksame, die Frist des § 12 Abs. 4 auslösende Festsetzung vor, die bindend wird, falls der Arbeitnehmer nicht fristgerecht widerspricht[71]. Bei bloß mangelhafter Begründung behält der Erfinder sein Recht auf Bekanntgabe der fehlenden Information[71a].

Ohne Einfluss auf die Wirksamkeit einer Festsetzung ist es, wenn sie **verspätet** vorgenommen wird (s. Rz. 56) bzw. keine Vertragsverhandlungen für eine einvernehmliche Regelung vorausgegangen sind (s. Rz. 42).

---

69 Schiedsst. v. 2.3.1993 (Fn. 68).
69a Schiedsst. v. 3.2.1994 Arb.Erf. 49/93 (unveröffentl.).
69b Ähnl. Volmer Rz. 27 zu § 12.
70 Schiedsst. v. 14.5.1985 (Fn. 68); v. 8.10.1991 GRUR 1992, 849 f. – Bewehrungsrollmatte (zum Miterfinderanteil und zum Risikoabschlag bei vorläufiger Vergütung); LG Nürnberg-Fürth v. 27.11.1985 (Fn. 68); Busse/Keukenschrijver, PatG, Rz. 21 zu § 12 ArbEG.
70a Schiedsst. v. 8.10.1991 (Fn. 70).
71 Wie hier Reimer/Schade/Schippel/Kaube Rz. 33 zu § 12 u. Schiedsst. v. 14.5.1985 (Fn. 68), die ergänzend auf die Rechtsprechung des BGH zu § 100 Abs. 3 Nr. 5 PatG mit der dort entwickelten Differenzierung zum Begründungszwang hinweist.
71a Vgl. BGH v. 2.12.1960 GRUR 1961, 338, 340 r.Sp. – Chlormethylierung.

§ 12

Nach den Umständen des Einzelfalls kann eine **unwirksame Festset-** 53.1
zung in ein **Vertragsangebot** des Arbeitgebers für eine Feststellung der
Vergütung[72] (s. Rz. 14 ff., vgl. auch Rz. 48) oder für eine einvernehmliche
Änderung einer vorangegangenen Festsetzung[72a] (s. auch Rz. 85) umgedeutet werden[72b]. Eine Annahme dieses Angebotes kann beispielsweise in der
widerspruchslosen Entgegennahme der entsprechenden Vergütungsleistung
liegen[72c] (s. auch Rz. 14, 16 und 87).

Dagegen kann ein bloßes Schweigen auf eine unwirksame Festsetzung
der Nichtbenutzung einer Diensterfindung entgegen der Auffassung der
Schiedsstelle[72d] keine Annahme eines entsprechenden Angebotes bedeuten[72e]. Denn der Arbeitnehmer ist weder kraft Gesetzes noch aus Treu und
Glauben verpflichtet, seinen abweichenden Willen zu äußern, so dass es bei
der allgemeinen Regelung der §§ 147, 148 BGB verbleibt.

Die Festsetzung ist **bedingungsfeindlich** (s. Rz. 47, 50).

Soweit die Arbeitsvertragsparteien im Zusammenhang mit einer Vergü- 53.2
tungsfeststellung bzw. -festsetzung tatsächliche **Erklärungen oder Wertungen** vornehmen, **die über den (notwendigen) Inhalt einer Vergütungsregelung hinausgehen** (z.B. wirksame Überleitung der Erfindung,
Behandlung als Diensterfindung, Anerkennung einer Alleinerfinderschaft,
Verpflichtung zur Nutzung der Erfindung), werden diese nicht notwendigerweise von der in § 12 ArbEG geregelten Verbindlichkeit der Vergütungsfestlegung erfasst. Rechtliche Verbindlichkeit kann ihnen aber unter
dem Gesichtspunkt eines Schuldanerkenntnisses (§§ 780, 781 BGB) zukommen, wobei im Einzelfall festzustellen ist, ob diesem deklaratorische
oder konstitutive Wirkung zukommt[73]; ein solches Anerkenntnis kann auch
vergleichsähnlicher Natur sein. Im Einzelfall ist genau zu prüfen, ob durch
diese Erklärung eine Selbstbindung der erklärenden Partei entstehen sollte,
oder aber ob es sich hierbei um (nur als Geschäftsgrundlage) verbindliche
Tatsachenfeststellungen handeln soll. Legt der Arbeitnehmer Widerspruch
gegen eine Vergütungsfestsetzung ein und wird dieser nicht begrenzt auf
einzelne Teilbereiche (vgl. Rz. 84), so richtet sich die Frage des rechtlichen
Fortbestandes dieser Zusatzerklärungen nach deren Rechtscharakter im
konkreten Fall, ggf. unter Berücksichtigung der Rechtsgrundsätze des § 139
BGB.

---

72 So auch Schiedsst. v. 8.10.1991 (Fn. 70); im Ergebn. auch Schiedsst. v. 2.12.1982 Arb.Erf. 24/82 (unveröffentl.).
72a BGH v. 17.5.1994 GRUR 1994, 898, 902 – Copolyester I; Schiedsst. v. 1.2.1994 Arb.Erf. 51/93 (unveröffentl.).
72b Schiedsst. v. 9.12.1996 Arb.Erf. 15/94 (unveröffentl.).
72c Schiedsst. v. 8.10.1991 (Fn. 70).
72d Schiedsst. v. 9.12.1996 (Fn. 72b).
72e Vgl. allgemein BAG v. 14.8.1996 NZA 1996, 1323.
73 Vgl. allg. BGH v. 5.12.1979 NJW 1980, 1158 u.v. 24.3.1976 BGHZ 66, 250, 254.
74-75 frei

§ 12

V. Bei mehreren Arbeitnehmererfindern

54 Auch wenn eine besondere Regelung – wie in § 12 Abs. 2 für die Vergütungsfeststellung – fehlt, hat die Festsetzung der Vergütung ebenfalls für jeden Miterfinder gesondert zu erfolgen[76] (s. auch Rz. 28 ff.). Dabei sind unter Angabe der erforderlichen Begründung (s. Rz. 52) Art[77] und Höhe der auf den betreffenden Miterfinder entfallenden Vergütung (s. Rz. 50) zu nennen; ferner sind bei Miterfinderschaft die Gesamthöhe der Vergütung für alle Miterfinder sowie die Quotenanteile der einzelnen Miterfinder (s. Rz. 35 ff.) mitzuteilen[78] und zu begründen (vgl. § 12 Abs. 2 Satz 2; zur Entbehrlichkeit der Mitteilung im Falle einer Miterfindervereinbarung s. Rz. 32.2). Jedem Miterfinder ist sein persönlicher Anteilsfaktor (s. Rz. 261 ff. zu § 9) mitzuteilen, nicht jedoch der jeweilige Anteilsfaktor der übrigen Miterfinder (s. Rz. 38). Eine unterlassene Angabe der Gesamthöhe der Vergütung wie auch der Miterfinderquoten[79a] macht die Festsetzung jedoch ebenso wie eine bloß mangelhafte Begründung nur sachlich unvollständig, also mangelhaft, lässt aber die Wirksamkeit der Festsetzung unberührt[80] (s. dazu Rz. 53).

Bestreitet der Arbeitgeber **eine Miterfinderschaft** eines Arbeitnehmers, entbindet ihn dies nicht von der Vergütungsfestsetzung; diese hat dann »auf Null« zu erfolgen (vgl. auch Rz. 43). In der Festsetzung sind die Gründe für die nach Auffassung des Arbeitgebers fehlende Erfindereigenschaft darzustellen. Ist der Arbeitnehmer damit nicht einverstanden, muss er auch in diesem Fall widersprechen[80a] (§ 12 Abs.5).

Die **Widerspruchsfrist** beginnt mit Zugang beim jeweiligen Miterfinder gesondert, so dass bei unterschiedlichem Zeitpunkt des Zugangs auch die Widerspruchsfristen unterschiedlich laufen (s. Rz. 88 ff.). Erfinderrechtlich bestehen keine Bedenken, die einzelnen Festsetzungen für alle oder mehrere Miterfinder in einer Erklärung zusammenzufassen, wobei diese inhaltlich in bezug auf jeden angesprochenen Erfinder die vorstehenden Voraussetzungen erfüllen und jedem Miterfinder zugehen muss.

Im Übrigen gelten die gleichen Grundsätze und Anforderungen wie bei der Festsetzung für Alleinerfinder.

---

76 Schiedsst. v. 14.5.1985 Blatt 1985, 385.
77 Unterschiede etwa in der Art der Vergütung (laufende Zahlung, Pauschalabfindung usw.) müssen i. H. a. das arbeitsrechtliche Gleichbehandlungsgebot sachlich gerechtfertigt sein, vgl. Volmer/Gaul Rz. 85 f. zu § 12.
78 BGH v. 2.12.1960 GRUR 1961, 338, 340 v. Sp. – Chlormethylierung; Schiedsst. v. 14.5.1985 (Fn. 76); v. 8.10.1991 Blatt 1993, 406, 407 – Bewehrungsrollmatte; v. 2.3.1993 EGR Nr. 86 zu § 9 ArbEG (Verg.Höhe) u. v. 5.2.1997 Arb.Erf. 46/95 (unveröffentl.).
79 frei
79a Schiedsst. v. 5.2.1997 (Fn. 78).
80 Schiedsst. v. 14.5.1985 (Fn. 76).
80a I.d.S. auch Schiedsst. v. 26.8.1996 Arb.Erf. 52/94 (unveröffentl.).

§ 12

VI. Zeitpunkt der Vergütungsfestsetzung – Fälligkeit des Vergütungsanspruchs

1. Grundsatz

Bei unbeschränkter Inanspruchnahme entsteht der Vergütungsanspruch bereits mit Zugang der Inanspruchnahmeerklärung (s. Rz. 11 f. zu § 9); demgegenüber ist bei einer beschränkten Inanspruchnahme zusätzlich die Aufnahme der tatsächlichen Benutzung durch den Arbeitgeber erforderlich (s. Rz. 7 ff. zu § 10). Davon zu unterscheiden ist der Zeitpunkt der Fälligkeit des Vergütungsanspruchs. Bei unbeschränkter Inanspruchnahme ist der Vergütungsanspruch im Grundsatz bereits fällig, wenn die **wirtschaftliche Verwertbarkeit der Erfindung feststeht** (s. Rz. 20 zu § 9). Sinn der Regelung des § 12 Abs. 3 ist es, dem Erfinder möglichst rasch nach Inanspruchnahme der Erfindung eine angemessene Vergütung zu sichern und den Berechnungsmodus festzulegen[80b], dem Arbeitnehmer also möglichst bald die ihm als Ausgleich für die Überlassung von Erfindungsrechten zustehende Vergütung zukommen zu lassen[81]. Nach § 12 Abs. 3 Satz 1 hat der Arbeitgeber, sofern eine Vergütungsvereinbarung in angemessener Frist nicht zustande gekommen ist (s. dazu oben Rz. 23 ff.), das Recht und die Pflicht (s. Rz. 41 ff.), die Vergütung festzusetzen. Gemäß dieser Vergütungsfestsetzung hat der Arbeitgeber die Vergütung zu zahlen (s. unten Rz. 75 f.).

55

Um einer unangemessenen Ausdehnung dieser Frist vorzubeugen, sind in § 12 Abs. 3 Satz 2 feste **Endtermine** vorgesehen[82;]. Für den Fall der **unbeschränkten Inanspruchnahme** (§§ 6, 7 Abs. 1) liegt dieser Endtermin **3 Monate nach endgültiger**[82] **Schutzrechtserteilung**. Da nach der Patentrechtsnovellierung wegen des nachgeschalteten Einspruchsverfahrens von einer »Endgültigkeit« im Zeitpunkt der Patenterteilung (vgl. § 58 PatG) noch nicht gesprochen werden kann[82a], muss u. E. auf die Rechtsbeständigkeit des Patents nach Ablauf der Einspruchsfrist (vgl. § 59 Abs. 1 PatG) bzw. des Einspruchsverfahrens (§§ 59 ff. PatG) abgestellt werden[82b]. Für

56

80b BGH v. 17.5.1994 GRUR 1994, 898, 901 – Teilkristalline Copolyester.
81 S. Amtl. Begr. BT-Drucks. II/1648 S. 29 = Blatt 1957, 234.
82 BGH v. 2.12.1960 GRUR 1961, 338, 342 – Chlormethylierung; Schiedsst. v. 7.11. 1961 Blatt 1962, 78; Lindenmaier/Lüdecke Anm. 2 zu § 12; Reimer/Schade/ Schippel/Kaube Rz. 6 zu § 12.
82a BGH v. 22.2.1994 GRUR 1994, 439 – Sulfonsäurechlorid.
82b Gaul/Bartenbach GRUR 1983, 14, 16 ff.; Reimer/Schade/Schippel/Kaube Rz. 5 zu § 12; so auch die ständ. Praxis d. Schiedsst., vgl. z.B. EV v. 30.9.1992 EGR Nr. 69 zu § 9 ArbEG (VergHöhe); a.A. Volmer/Gaul, Rz. 35 ff. zu § 12, die auf Grund der unveränderten Gesetzesfassung letztlich am Zeitpunkt der (noch nicht bestandskräftigen) Patenterteilung festhalten wollen; offengelassen noch v. Schiedsst. v. 10. 4. 1986 Arb.Erf. 18/85 (unveröffentl.).

595

§ 12

Gebrauchsmuster verbleibt es dagegen bei dem Zeitpunkt der Eintragung (vgl. §§ 8, 11 GebrMG).
Bei **betriebsgeheimen Erfindungen** ist die Festsetzung spätestens 3 Monate nach Anerkenntnis bzw. verbindlicher Einigung über die Schutzfähigkeit vorzunehmen; insoweit ersetzt die Anerkennung der Schutzfähigkeit das Schutzrechtserteilungsverfahren (s. auch Rz. 34 zu § 17).
Bei **beschränkter Inanspruchnahme** (§§ 6, 7 Abs. 2) liegt der Endtermin für die Vergütungsfestsetzung **3 Monate nach Aufnahme der Benutzung.**
Diese Fristen stellen nur eine äußerste zeitliche Grenze dar[82]; es sind Endtermine im Sinne von Hilfsfristen, die bestimmen, dass der Vergütungsanspruch damit schlechthin, also auch unabhängig von dem Ablauf der angemessenen Frist i. S. des § 12 Abs. 1 und Abs. 3 Satz 1 (Hauptfrist), fällig sein soll[83]. Daraus folgt, dass die Vergütung regelmäßig bereits zu einem früheren Zeitpunkt fällig wird und damit festzusetzen ist.
Erfolgt die Festsetzung verspätet, ist sie gleichwohl wirksam[83a] Die Festsetzung kann wirksam auch noch während eines Schiedsstellenverfahrens erfolgen[83b] bzw. nach Beendigung des Arbeitsverhältnisses (§ 26). Zur Schadensersatzpflicht s. Rz. 45.

2. Bei unbeschränkter Inanspruchnahme

57 Die Fälligkeit des Anspruchs auf Festsetzung der Vergütung bei unbeschränkter Inanspruchnahme tritt nach Ablauf der angemessenen Frist i. S. des § 12 Abs. 1, Abs. 3 Satz 1 ein (s. Rz. 20 ff. zu § 9).

a) Fälligkeit bei Verwertung bis zur (rechtsbeständigen) Patenterteilung

58 Die Bestimmung des Fälligkeitszeitpunktes in den Fällen, in denen der Arbeitgeber die Erfindung vor Patenterteilung benutzt, zählt zu einem der ursprünglich **umstrittensten Probleme** des Arbeitnehmererfindungsrechts.

aa) Nach Bekanntmachung (§ 30 PatG a.F.)

59 Unstreitig war, dass die Vergütung bereits vor Patenterteilung dann festzusetzen war, wenn der Arbeitgeber die unbeschränkt in Anspruch genommene Diensterfindung verwertete und bereits eine **Bekanntmachung der Patentanmeldung** (vgl. § 30 PatG a. F.) erfolgt war[84].

---

83 BGH v. 28.6.1962 GRUR 1963, 135, 137 l.Sp. – Cromegal insoweit m. zust. Anm. Friedrich.
83a Allg. A., z.B. Schiedsst. v. 25.10.1989 Blatt 1991, 253, 254 l.Sp u. v. 5.2.1997 (Fn. 78).
83b Schiedsst. v. 25.10.1989 (Fn. 83a).
84 Schiedsst. v. 7.11.1961 (Fn. 82) = GRUR 1963, 140 (LS) m. zust. Anm. Schippel; Friedrich (Fn. 83) S. 139; Haas Verg.-Anspr. (1975) S. 59; Heine/Rebitzki Vergütung f. Erf. Anm. 2 zu RL Nr. 40; Reimer/Schade/Schippel/Kaube Rz. 10 zu § 12.

§ 12

bb) Nach Nutzungsaufnahme

Nach der im Schrifttum stark umstrittenen[85], nunmehr aber gefestigten Rechtsprechung des BGH ist die **Fälligkeit** des Vergütungsanspruchs **unabhängig von dem Lauf des Erteilungsverfahrens;** wenn der Arbeitgeber die unbeschränkt in Anspruch genommene Diensterfindung verwertet, kann er grundsätzlich nicht den in § 12 Abs. 3 Satz 2 genannten Endtermin (s. dazu Rz. 56) abwarten; vielmehr steht dem Arbeitnehmer vom Beginn der Verwertungshandlung an ein Vergütungsanspruch zu, gleichgültig, in welchem Stadium sich das Erteilungsverfahren befindet. Der Arbeitgeber hat den Vergütungsanspruch grundsätzlich **spätestens mit Ablauf von 3 Monaten nach Aufnahme der Benutzung** vorläufig (s. dazu Rz. 64 ff.; zum Begriff d. Benutzung s. Rz. 90 ff. zu § 9 u. Rz. 7 ff. zu § 10) festzusetzen[86]. Diese höchstrichterliche Rechtsprechung hat sich in der betrieblichen[87] und gerichtlichen[88] Praxis durchgesetzt und ist auch seit jeher von der Schiedsstelle[89] – wenn auch nicht unkritisch[89a] – übernommen worden.

60

---

85   Zust.: Johannesson GRUR 1970, 114, 119; ders. GRUR 1972, 63 ff.; ders. ArbNErf. Anm. 2 zu § 9; Löscher i. Anm. LM Nr. 2 zu § 12 ArbEG; Schickedanz BB Beil. 4/75 S. 10; Volmer BB 1964, 1223 ff.; Hubmann § 14 II 3 b; letztlich wohl auch Volmer/Gaul Rz. 142 ff. zu § 12; abl.: Bock Mitt. 1971, 220 ff.; Fischer GRUR 1963, 107 ff.; ders. GRUR 1971, 430 ff.; Friedrich i. Anm. GRUR 1963, 138 ff. u. 318 f.; (noch) Gaul GRUR 1977, 686, 698; Gaul/Bartenbach i. Anm. EGR Nr. 1, 3 zu § 9 ArbEG (Verg.-Anspruch.); Haas (Fn. 84) S. 58 ff.; Heine/Rebitzki GRUR 1963, 555 ff.; Reimer/Schade/Schippel/Kaube Rz. 11 ff. zu § 12; Schade GRUR 1965, 634, 635 ff.; Schultz-Süchting GRUR 1973, 293, 296 ff.; s. auch Sitzungsber. GRUR 1965, 660 ff.
86   Grundl. BGH v. 28.6.1962 (Fn. 83) S. 135 ff., bestätigt d. BGH v. 30.3.1971 GRUR 1971, 475, 477 – Gleichrichter; vgl. auch BGH v. 20.11.1962 GRUR 1963, 315, 317 – Pauschalabfindung; v. 9.1.1964 GRUR 1964, 449, 451 r.Sp. a. E. – Drehstromwicklung; v. 17.4.1973 GRUR 1973, 649, 652 l.Sp. – Absperrventil; v. 23.6.1977 GRUR 1977, 784, 788 – Blitzlichtgeräte; v. 2.6.1987 GRUR 1987, 900, 902 – Entwässerungsanlage; vgl. ferner BGH v. 15.5.1990 GRUR 1990, 667, 668 – Einbettungsmasse.
87   Vgl. Janert Betriebl. Verfahrensweisen (1969) S. 106; s. auch Sautter Mitt. 1971, 203, 204; Schade GRUR 1970, 579, 585.
88   S. z.B. LG Düsseldorf v. 28.7.1964 GRUR 1965, 307 f. – Fußplatte; LG Nürnberg-Fürth BB 1968, 535; OLG Düsseldorf v. 11.1.1974 EGR Nr. 35 zu § 9 ArbEG (Verg.-Höhe)-[Gleichrichter]; Hans. OLG v. 11.5.1978 EGR Nr.23 zu § 9 ArbEG (Verg.-Anspr.) – Halbleitergehäuse; OLG Frankfurt v. 30.4.1992 EGR Nr. 62 zu § 9 ArbEG (Verg.Höhe) – Simulation für Radioaktivität (insoweit nicht in GRUR 1992, 852); vgl. auch BAG v. 21.6.1979 DB 1979, 2187 – Rauchgasreinigungsanlage; s. f. Österreich OGH Wien v. 28.11.1978 GRUR Int. 1979, 479 = Blatt 1980, 62 (LS).
89   Schiedsst. v. 11.6.1963 Blatt 1963, 341; v. 13.11.1963./24.8.1964 Blatt 1964, 354; v. 13.5.1966 Blatt 1967, 80; v. 8.6./6.9.1967 Blatt 1968, 130; v. 21.3.1973 EGR Nr. 27 zu § 9 ArbEG (Verg.-Höhe); v. 30.11.1977 EGR Nr. 19 zu § 9 ArbEG (Verg.-Anspr.); v. 7.12.1981 Blatt 1982, 199; v. 7.2.1983 Blatt 1984, 218, 220; ZB v. 25.7.1988 Blatt 1989, 289, 290; v. 13.1.1986 Blatt 1991, 201, 202; v. 8.10.1991 GRUR 1992, 849, 850 – Bewehrungsrollmatte; v. 4.2.1993 GRUR 1994, 611, 613 – Regel-

§ 12

Die praktische Bedeutung ist groß, da die Erteilungsquote für Patente derzeit bei rd. 65 % liegt, ein Wert, der auch im internationalen Vergleich üblich ist[89b].

61 Der BGH hat diese Rechtsprechung weitergeführt; danach bleibt der Anspruch auf vorläufige Vergütung (s. Rz. 64 ff.) für die Zeit des Schwebens des Erteilungsverfahrens auch dann **bestehen, wenn ein Schutzrecht versagt** worden ist[90]; der Arbeitgeber hat also eine vorläufige Vergütung für solche Verwertungshandlungen zu zahlen, die in die Zeit ab Nutzungsaufnahme bis zur endgültigen Versagung des Schutzrechts fallen (vgl. Rz. 65). Diese Grundsätze gelten auch dann, wenn die Schutzrechtsanmeldung – unter Beachtung des § 16 – aufgegeben wird, etwa durch ausdrücklichen Verzicht oder Nichtzahlung der Gebühren[91] (vgl. aber zum rückwirkenden Wegfall des Entschädigungsanspruchs bei Nutzung offen gelegter Patentanmeldungen § 58 Abs. 2 PatG).

62 Der **Rechtsprechung des BGH** ist im Ergebnis **zuzustimmen**. Die Kritik des Schrifttums ist zwar insoweit beachtlich, als sich bei einer unbeschränkten Inanspruchnahme wegen der unterschiedlichen Ausgangslage eine unmittelbare Bezugnahme auf § 10 Abs. 2 verbietet[100]. Die Rechtsprechung des BGH stimmt aber mit dem in § 2 zum Ausdruck gekommenen Grundsatz überein, dass die Rechte und Pflichten aus dem ArbEG grundsätzlich bereits an die Schutzfähigkeit, d. h. die **objektive Möglichkeit einer Schutzrechtserteilung** anknüpfen (s. dazu Rz. 16 ff. zu § 2). Anderenfalls würde diese zwangsläufige Ungewissheit dazu führen, dass die Erfindung entgegen § 2 im Anmeldestadium nach anderen Regeln beurteilt würde als nach Schutzrechtserteilung. Eine vorläufige Vergütung rechtfertigt sich darüber hinaus aus dem Vergleich des Arbeitnehmers mit einem freien

---

kreisanordnung; v. 24.6.1999 Arb.Erf. 88/97 (unveröffentl.); s. auch Schiedsst. v. 24.4.1974 EGR Nr. 1 zu § 12 ArbEG; Schade BB 1964, 1381 u. ders. (Fn. 87).

89a I.d.S. unverändert EV v. 16.10.1997 Arb.Erf. 52/94 (unveröffentl.).

89b Vgl. Jahresberichte des EPA und zuletzt Jahresbericht des DPMA für 2001, Blatt 2002, 122 ff.

90 BGH v. 30.3.1971 GRUR 1971, 475, 477 – Gleichrichter; v. 23.6.1977 GRUR 1977, 784, 788 – Blitzlichtgeräte; v. 2.6.1987 GRUR 1987, 900, 902 – Entwässerungsanlage; seit 1972 ständ. Praxis der Schiedsst. z.B. v. 7.12.1981 Blatt 1982, 199; zust. Johannesson GRUR 1972, 63; abl. insbes. Bock (Fn. 85); Fischer GRUR 1971, 430 ff.; Reimer/Schade/Schippel/Kaube Rz. 16 ff. zu § 12; Schultz-Süchting (Fn. 85).

91 Schiedsst. v. 13.7.1983 Arb.Erf. 54/82 u.v. 7.11.1985 Arb.Erf. 13/85 (beide unveröffentl.); Schiedsst. v. 4.6.1994 GRUR 1994, 615, 617 – Anspruchsentstehung; v. Grundsatz unzutreffend OLG Braunschweig Beschl. v. 21.6.1978 Az. 9 O 35/78 (unveröffentl.), wonach ein Anspruch auf vorl. Verg. gänzlich entfallen soll, wenn die Schutzrechtsanmeldung mit Zust. d. Arbeitnehmers aufgegeben worden ist (vgl. dazu Rz. 66 zu § 16).

92-99 frei

100 So zutr. Bartenbach in VVPP-Festschr. 1975, 131, 139 f.; Haas (Fn. 84) S. 76 ff.; s. aber die Klarstellung v. Löscher (Fn. 85).

§ 12

Erfinder, da auch kein freier Erfinder sich beim Verkauf seiner Erfindung oder bei einer Lizenzvergabe auf Zahlungsbedingungen einlassen würde, durch die er das Risiko der endgültigen Schutzrechtserlangung allein zu tragen hätte[101]. Schließlich folgt dies auch und gerade aus der Sinnwidrigkeit, die eine unterschiedliche Behandlung von patentfähigen und gebrauchsmusterfähigen Erfindungen mit sich bringen würde; während bei einem Gebrauchsmuster als Registrierschutzrecht (s. dazu Rz. 9 ff., 17 zu § 2) dem Arbeitnehmer Zahlungen spätestens 3 Monate nach alsbaldiger Eintragung (§ 8 GebrMG) zufließen würden, müsste der Arbeitnehmererfinder bei patentfähigen Erfindungen trotz der stärkeren Rechtsstellung des Arbeitgebers u.U. jahrelang zuwarten und würde damit schlechter gestellt. Die vielfach geäußerte Kritik[102], der BGH habe den Boden des Monopolprinzips verlassen, beruht auf einer Betrachtungsweise des Monopolprinzips, die nicht geteilt wird (s. Einl. vor §§ 9-12 Rz. 9 f.). Ist der Anspruch auf vorläufige Vergütung einmal entstanden, so muss dieser – auch entsprechend der in § 10 Abs. 2 Satz 2, § 12 Abs. 6 zum Ausdruck gekommenen gesetzgeberischen Wertung – trotz einer späteren Schutzrechtsversagung bis zu diesem Zeitpunkt Bestand haben.

Bei der praktischen Umsetzung dieser Grundsätze des BGH ist indes nicht zu verkennen, dass in dem vom BGH für die Vergütungsfälligkeit vorgegebenen frühesten Nutzungsstadium eine verlässliche Beurteilung des Erfindungswertes nur schwer möglich ist. Es wird sicherlich auch im Interesse des Arbeitnehmers liegen, wenn sich die Arbeitsvertragsparteien darauf verständigen, eine **Konkretisierung** des (vorläufigen) **Erfindungswertes erst nach 1 bis 2 Jahren der praktischen Verwertung** der Erfindung vorzunehmen (vgl. auch RL Nr. 23 mit der dort erwähnten zeitlichen Höchstgrenze von 3 bis 5 Jahren nach Patenterteilung in besonderen Ausnahmefällen), ggf. unter Zahlung von (anrechenbaren, aber nicht rückforderbaren) Vorschüssen.

Der im Schrifttum vielfach vorgeschlagene Weg, eine vorläufige **Vergütung als technischer Verbesserungsvorschlag** (§ 20 Abs. 1)[103] vorzunehmen, verbietet sich wegen des systematischen Unterschieds zwischen schutzfähiger Erfindung und technischem Verbesserungsvorschlag (s. dazu Rz. 20 zu § 2 und Rz. 8 zu § 3), zumal die nach § 20 Abs. 1 erforderliche Vorzugsstellung in der Regel durch Offenlegung bzw. Bekanntmachung (nach früherem Recht) der Patentanmeldung endet[104].

63

---

101 BGH v. 28.6.1962 (Fn. 83) S. 138.
102 So u. a. Fischer GRUR 1971, 431 m.w.N.; Haas (Fn. 84) S. 113 ff.; Reimer/Schade/Schippel/Kaube Rz. 14 zu § 12; Sautter (Fn. 87).
103 So z.B. Danner Mitt. 1960, 171, 176; Gaul GRUR 1977, 686, 698 (ders. diff. in Volmer/Gaul Rz. 148 f. zu § 12); Karl Mitt. 1960, 242, 243; Schultz-Süchting (Fn. 85) S. 299; i. Ergebn. auch Haas (Fn. 84) 133; wie hier u. a. Löscher (Fn. 85); Volmer BB 1964, 1223, 1225 u. GRUR 1966, 90.
104 So zutr. Reimer/Schade/Schippel/Kaube Rz. 19 zu § 12.

§ 12

Ist auf eine inländische Anmeldung noch kein Patent erteilt worden, wohl aber auf **parallele Patentanmeldungen im Ausland,** so kann nach Auffassung der Schiedsstelle für den mit der Erfindung im Ausland getätigten Umsatz kein Risikoabschlag geltend gemacht werden (s. auch Rz. 69), und zwar gleichgültig, ob für diesen Auslandsumsatz das Auslandsschutzrecht ursächlich war oder nicht (z.B. auch bei Lieferung im Inland hergestellter erfindungsgemäßer Produkte ins patentgeschützte Ausland)[104a], wobei allerdings im Einzelfall hinsichtlich der Höhe des Lizenzsatzes differenziert wird. Nach unserer Auffassung (vgl. Rz. 25 zu § 2 u. Rz. 15, 245 zu § 9) ist die inländische Schutzfähigkeit entscheidend, so dass auch für Auslandsverwertungen in bezug auf dort bestehende Schutzrechtspositionen die Grundsätze der vorläufigen Vergütung so lange gelten, bis die inländische Schutzfähigkeit rechtskräftig festgestellt ist[104b]. Soweit es sich um Lieferungen von im Inland hergestellten erfindungsgemäßen Produkten ins Ausland handelt, stellt dies zudem eine Inlandsverwertung dar, die auch als solche zu vergüten ist, d.h. bei noch ungeklärter Schutzrechtslage im Inland nur vorläufig.

cc) Vorläufige Vergütung

64 Die vorläufige Vergütung ist für den Zeitraum, in dem die Erfindung vom Arbeitgeber benutzt (z. Begriff s. Rz. 8 ff. zu § 10) wird, zu entrichten und nach Maßgabe der laufenden Benutzungshandlungen zu berechnen[105]. Die Festlegung bestimmt sich nach § 12, erfolgt also im Rahmen der einverständlichen Feststellung (s. Rz. 14 ff.) bzw. einseitigen Festsetzung (s. Rz. 40 ff.); s. auch Rz. 68.6.

65 Die **Dauer des Anspruchs auf vorläufige Vergütung** bestimmt sich nach dem Ausgang des Schutzrechtserteilungsverfahrens. Auf der Grundlage des früheren Patentrechts war die vorläufige Vergütung bis zur rechtsbeständigen Erteilung oder Versagung eines Patentes zu zahlen[105a]. Hierfür war nicht der vorläufige Monopolschutz in Form einer Bekanntmachung des Patents (§ 30 PatG a. F.) maßgeblich, sondern die endgültige Klärung der Monopolstellung mit dem rechtsbeständigen Abschluss des Erteilungsverfahrens. Daraus folgt, dass die vorläufige Vergütung auch nach der Neufassung des Patentgesetzes 1981 (nachgeschaltetes **Einspruchsverfahren –** § 59 PatG; s. Rz. 56) bis zum Ablauf der Einspruchsfrist gegen das erteilte Patent – sofern kein Einspruch eingelegt wird – oder bis zur bestandskräf-

---

104a Schiedsst. v. 27.5.1983 Arb.Erf. 4/82 (unveröffentl.); vgl. auch Schiedsst. v. 26.4.1976 Blatt 1977, 202; zust. Münch ArbR/Sack § 99 Rz. 96.
104b Ebenso Windisch GRUR 1985, 829, 839.
105 S. BGH v. 20.11.1962 GRUR 1963, 315, 317 r.Sp. – Pauschalabfindung – zum früheren Patentrecht; OLG Düsseldorf v. 26.7.1995 Az. 2 U 6/89 (unveröffentl.).
105a Vgl. BGH v. 30.3.1971, GRUR 1971, 475, 477 r.Sp. – Gleichrichter; v. 2.12.1960, GRUR 1961, 338, 342 – Chlormethylierung u.v. 20.11.1962 (Fn. 105).

§ 12

tigen Entscheidung über Widerruf oder Aufrechterhaltung des Patents – im Falle eines Einspruchs – oder bis zur rechtskräftigen Zurückweisung der Patentanmeldung zu zahlen ist[105b]. Die vorläufige Vergütung ist solange zu zahlen, wie nicht feststeht, ob nun tatsächlich das Patent aufrechterhalten wird oder nicht. Eine andere Praxis ist mit der **Risikoverteilung,** auf die der BGH[105c] abgehoben hat, nicht vereinbar[105d].

Diese Grundsätze gelten entsprechend auch für das **europäische Patenterteilungsverfahren,** wenn die Bundesrepublik Deutschland als Vertragsstaat benannt worden ist, ungeachtet der längeren Einspruchsfrist von 9 Monaten (Art. 99 Abs. 1 EPÜ)[105e].

Bei **bestandskräftiger Schutzrechtserteilung** wird die vorläufige Vergütung durch die – zumeist höhere – endgültige Erfindervergütung abgelöst, verbunden mit einem **Nachzahlungsanspruch** für die vorangegangenen Nutzungshandlungen (s. dazu Rz. 69). Die endgültige Erfindervergütung trägt der für den Arbeitgeber mit der Patenterteilung verbundenen Ausschließlichkeitsstellung Rechnung[105f].

65.1

Wird das Schutzrecht rechtsbeständig versagt bzw. **rechtskräftig widerrufen** (§ 61 PatG), endet – entsprechend dem Rechtsgedanken des § 10 Abs. 2 – die vorläufige Vergütung für die Zukunft mit dem Zeitpunkt der Bestands- bzw. Rechtskraft[105g] (s. Rz. 61).

Ausnahmsweise kann die Vergütungspflicht zu einem früheren Zeitpunkt dann entfallen, wenn sie dem Arbeitgeber nicht mehr zumutbar (§ 242 BGB) ist (s. dazu Rz. 35 zu § 9).

Aus dem Wesen der vorläufigen Vergütung verbietet sich selbstverständlich eine **Rückforderung** bereits geleisteter Vergütungszahlungen. Letzteres gilt auch dann, wenn der Arbeitgeber trotz offener Erteilungschancen für das Schutzrecht anstelle einer vorläufigen eine volle endgültige Vergütung gezahlt hat. Wird das angestrebte Schutzrecht versagt, kann die ohne Risikoabschlag ausbezahlte Vergütung wegen § 12 Abs. 6 Satz 2 nicht zurückgefordert werden[105h].

Der **Höhe** nach unterscheidet sich das vorläufige Nutzungsentgelt von der endgültigen Vergütung, bei der auch die Ausschließlichkeitsstellung des

66

105b Schiedsst. v. 7.12.1981, Blatt 1982, 199; v. 31.10.1985 Arb.Erf. 26/85; v. 25.11.1985 Arb.Erf. 28/85 u.v. 25.3.1994 Arb.Erf. 64/93 (sämtl., unveröffentl.); v. 30.9.1992 EGR Nr. 69 zu § 9 ArbEG (VergHöhe); s. i. übrigen Gaul/Bartenbach, GRUR 1983, 14 ff.
105c V. 28.6.1962, GRUR 1963, 135 – Cromegal.
105d Schiedsst. ZB v. 27.1.1986 Arb.Erf. 63/85 (unveröffentl.).
105e Gaul/Bartenbach (Fn. 105 b).
105f LG Düsseldorf v. 13.10.1998 Entscheidungen 4. ZK 1998, 107, 112 – Schaltungsanordnung.
105g BGH v. 2.6.1987 GRUR 1987, 900, 902 – Entwässerungsanlage u.v. 15.5.1990 GRUR 1990, 667, 668 – Einbettungsmasse, s. ferner die Nachw. in Fn. 105a.
105h Schiedsst. v. 18.11.1994 Arb.Erf. 97/93 (unveröffentl.).

§ 12

Patentinhabers als werterhöhender Bemessungsfaktor hinzutritt, u.U. erheblich, insbesondere wenn das Risiko der Patentversagung groß ist[106]. Der BGH hat zur Bemessung der Höhe der vorläufigen Vergütung vorgeschlagen, diese an die **Gebühren für eine nicht ausschließliche Lizenz** anzulehnen[106]. Dieser Anregung sind Praxis, Schiedsstelle und Schrifttum wegen der auftretenden Berechnungsschwierigkeiten nicht gefolgt[107]; zudem führt diese vom BGH vorgeschlagene Berechnungsweise zu einer in § 12 nicht vorgesehenen zweifachen Vergütungsfestsetzung (vgl. dazu Rz. 85). Vielmehr wird – was im Einklang mit der höchstrichterlichen Rechtsprechung steht – von der betrieblichen Praxis ebenso wie von der Schiedsstelle die Vergütung berechnet, die der Erfinder bei erteiltem Schutzrecht erhalten würde; hiervon wird – je nach Erteilungschance (s. Rz. 67 f.) – ein Abschlag gemacht, also ein bestimmter **Prozentsatz der endgültigen Vergütung** als vorläufiges Benutzungsentgelt berechnet[107a].

67 Die Höhe des von einer endgültigen Vergütung abzuziehenden **Risikoabschlags** bestimmt sich – entsprechend dem Verlauf des Erteilungsverfahrens – je nach den Chancen der Schutzrechtserteilung im Einzelfall. Dabei sind zunächst die Verhältnisse zum Zeitpunkt der Fälligkeit bzw. der jeweiligen vergütungspflichtigen Benutzungshandlungen zugrunde zu legen[108]; eine rückschauende Betrachtungsweise – etwa nach Schutzrechtsversagung – verbietet sich[109], da sich in diesem Fall konsequenterweise stets ein Risikoabschlag von 100 % ergeben würde. Andererseits kann das abgeschlossene Schutzrechtserteilungsverfahren früher geäußerte Bedenken hinsichtlich der Schutzfähigkeit bestätigen. Dies gilt etwa, wenn das im Rahmen einer Patentrecherche oder im Zwischenbescheid des Prüfers genannte Material die angemeldete technische Lehre ganz oder in wesentlichen Teilen neuheitsschädlich vorwegnimmt; dieser Maßstab ist auch an das z.B. in einer Einspruchsbegründung genannte Material anzulegen. Betreffen die Entgegenhaltungen das Merkmal der erfinderischen Tätigkeit, das einen breiteren Beurteilungsspielraum eröffnet, kann es auf eine Differenzierung im Einzelfall ankommen. Fehlt es bis zur Schutzrechtsversagung bzw. dem Widerruf eines erteilten Schutzrechts an einer Vergütungsregelung, können diese bestätigten, ursprünglich bereits vorhandenen Tatsachen zum objek-

---

106 BGH v. 28.6.1962 GRUR 1963, 135, 138 l.Sp. – Cromegal, bestätigt durch BGH v. 30.3.1971 GRUR 1971, 475, 477 l.Sp. – Gleichrichter.
107 Vgl. Reimer/Schade/Schippel/Kaube Rz. 48 f. zu § 9; Schiedsst. ZB v. 25.7.1988 Blatt 1989, 289, 290.
107a Ständ. Praxis d. Schiedsst., z.B. v. 7.2.1983 Blatt 1984, 218, 220 u.v. 25.7.1988 (Fn. 107); s. im Übrigen die Nachw. in Fn. 110.
108 Vgl. BGH v. 30.3.1971 (Fn. 106) S. 477 r.Sp. u.v. 20.11.1962 (Fn. 105); Schiedsst. v. 4.6.1993 GRUR 1994, 615, 617 – Anspruchsentstehung.
109 BGH v. 30.3.1971 (Fn. 106) S. 477 r.Sp.; Schiedsst. v. 4.6.1993 (Fn. 108) u. v. 2.12.1997 Arb.Erf. 81/95 (unveröffentl.); vgl. auch Hans. OLG v. 11.5.1978 EGR Nr. 23 zu § 9 ArbEG (Verg.-Anspr.).

§ 12

tiven Stand der Technik[109a] vergütungsmindernd bzw. -ausschließend herangezogen werden.

Vor Patenterteilung legt die betriebliche Praxis als vorläufige Vergütung im Allgemeinen einen **(Regel-)Risikoabschlag von 50 %** bei üblichem Patenterteilungsrisiko – sofern also keine besonderen Umstände für bzw. gegen eine Patenterteilung hinzu kommen – zugrunde[110]. Dieser Ansatz steht in gewissem Einklang mit dem statistischen Erfahrungssatz, wonach derzeit im deutschen Patenterteilungsverfahren die Erteilungsquote bei rund 65 % liegt[110a]. Zudem rechtfertigt sich der **Regelrisikoabschlag von 50 %** auch aus der Tatsache, dass sich z.B. im europäischen Patenterteilungsverfahren im Durchschnitt der letzten 10 Jahre eine Erteilungsquote von rd. 65 % ergibt[110b], also in dem Verfahren, in welchem mit Sicherheit die wirtschaftlich wertvollsten Erfindungen üblicherweise zur Patenterteilung geführt werden; zum anderen wird mit diesem Regelsatz den unterschiedlichsten Verhältnissen der Anmelder etwa in bezug auf vorherige Patentrecherchen, Erfahrungen im Erteilungsverfahren pp. Rechnung getragen.

68

Bei **geringem Versagungsrisiko**, also sehr positiver Beurteilung der Erteilungschancen, kann der Risikoabschlag vermindert und damit die vorläufige Vergütung angehoben werden (z.B. auf 75 % der endgültigen Vergütung[111]). Bei gestiegenen Erteilungschancen bzw. in Aussichtstellung der Patenterteilung hat die Schiedsstelle einen Risikoabschlag von 30 % vorgeschlagen[111a]. Auf 35 % angehoben wurde der Risikoabschlag, wenn nach den Prüfbescheiden zwar mit der Patenterteilung zu rechnen war, die Erfindung aber auf einem einspruchsträchtigen Sektor eines Spezialgebietes

68.1

109a Schiedsst. v. 2.12.1997 (Fn. 109) u. v. 6.10.1998 Arb.Erf. 117/96 (unveröffentl.).
110 Vgl. Gaul in Anm. zu EGR Nr. 2 zu § 9 ArbEG (VergAnspr.); Volmer/Gaul Rz. 151 zu § 12; Reimer/Schade/Schippel/Kaube Rz. 49 zu § 9; Schade GRUR 1970, 579, 586; ebenso die Praxis d. Schiedsst. z.B. EV. v. 11.6.1963 Blatt 1963, 341; v. 24.8.1964 Blatt 1964, 354; v. 13.5.1966 Blatt 1967, 80; v. 8.6./6.9.1967 Blatt 1968, 130; v. 20.11.1971 EGR Nr. 1 zu § 11 ArbEG (RL Nr. 6); v. 12.5.1992 EGR Nr. 84 zu § 12 ArbEG; v. 30.9.1992 EGR Nr. 69 zu § 9 ArbEG (VergHöhe); v. 4.2.1993 GRUR 1994, 611, 613 – Regelkreisanordnung; ZB v. 9.2.1995 ArbErf. 65/93 (unveröffentl.); v. 19.6.1996 Arb.Erf. 62/94; v. 2.12.1997 (Fn. 109); v. 16.7.1998 Arb.Erf. 32/96 u. v. 24.6. 1999 Arb.Erf. 88/97 (sämtl. unveröffentl.); vgl. auch Schiedsst. v. 27.4.1967 Blatt 1967, 238 m. Anm. Schade; Janert Betriebl. Verfahrensweisen (1969) S. 119 nennt als Ergebn. seiner Untersuchungen einen Durchschnittswert von 50 % bis 75 %.
110a Vgl. die jährlichen Patentstatistiken des DPMA in Blatt; zuletzt in Blatt 2002, 122 ff.; zur Begründung vgl. auch Schiedsst. v. 7.12.1981 Blatt 1982, 199 aE (zur früheren Patentstatistik).
110b Vgl. die jährlichen Statistiken d. EPA in Amtsbl. EPA sowie zuletzt Geschäftsbericht 2001.
111 Vgl. Schiedsst. v. 21.3.1973 EGR Nr. 27 zu § 9 ArbEG (VergHöhe) – dort nach Auslegung der Patentanmeldung; Schiedsst. v. 7.12.1981 Blatt 1982, 299.
111a Schiedsst. v. 13.7.1983 ArbErf. 54/83 (unveröffentl.); v. 4.6.1993 GRUR 1994 615, 616 – Anspruchsentstehung m. Anm. Bartenbach/Volz GRUR 1994, 619, 624; v. 22.2.1996 Arb.Erf. 66/94 (unveröffentl.).

§ 12

lag[111b]. Im Einzelfall kann eine Verminderung des Risikoabschlags auf 10 % oder gar dessen völliger Wegfall angemessen sein, wenn die Erteilung sehr wahrscheinlich oder gar die Erteilung bereits erfolgt und mit einem Einspruch nicht zu rechnen ist oder ein eingelegter Einspruch offensichtlich keine Aussicht auf Erfolg hat.

68.2 Werden in einem Prüfbescheid **erhebliche Bedenken gegen die Patentfähigkeit** erhoben oder ist das Patent im ersten Rechtszug zurückgewiesen bzw. versagt worden, so kann sich die vorläufige Vergütung stark reduzieren[112], z.B. auf 30 bis 10 %[113]. Einen Risikoabschlag von 80 % hat die Schiedsstelle vorgeschlagen, wenn eine Patenterteilung – wie sie ursprünglich vorgesehen war – aussichtslos erschien und jedenfalls der Schutzumfang erheblich geringer ausfallen würde, nachdem andere, zum Stand der Technik gehörende Verfahren Teile der Erfindung ausgemacht hatten[113a]. Die Vergütungsminderung um 80 % hat die Schiedsstelle auch angenommen, wenn sie die Einschätzung der Prüfungsstelle in ihrem ersten Prüfungsbescheid, dass die erforderliche Erfindungshöhe nicht vorliege, für zutreffend hielt, weil die erfinderische Lösung durch den Stand der Technik sehr nahegelegt war[113b]. Im Einzelfall kann die vorläufige Vergütung sogar bis auf Null zurückgehen, wenn eine Schutzrechtserteilung auf Grund des bekannten Standes der Technik[113c] praktisch aussichtslos erscheint[113d] (s. dazu Rz. 324 zu § 9). Die Reduzierung auf Null nimmt die Schiedsstelle in ständiger Praxis auch dann an, wenn der Arbeitgeber auf Grund negativer Prüfungsbescheide das Schutzrechtserteilungsverfahren nicht aufrecht er-

---

111b Schiedsst. v. 18.3.1985, Arb.Erf. 61/83 (unveröffentl.).
112 Schade (Fn. 110).
113 Hans.OLG v. 11.5.1978 (Fn. 109) – dort 25 % n. Versagungsbescheid; vgl. auch Schiedsst. v. 27.4.1967, Mitt. 67, 238; i. E. auch Schiedsst. v. 2.3.1983 (Arb.Erf. 57/82, unveröffentl.) – dort 25 %, weil die Erteilungschancen nicht mangels Neuheit, jedoch mangels Erfindungshöhe sehr gering waren; ähnl. LG Düsseldorf v. 11.11.1975 (Az. 4 O 304/74) – dort 15 % nach Versagungsbescheid wegen fehlender Erfindungshöhe bei vorhandener Neuheit (beide unveröffentl.). Zu gering erscheint die von der Schiedsst. im EV. v. 30.9.1992 [EGR Nr. 69 zu § 9 ArbEG (VergHöhe)] bei Widerruf des Patents in der ersten Instanz des Einspruchsverfahrens zuerkannte Reduzierung auf 70 %.
113a Schiedsst. v. 15.12.1982, Arb.Erf. 63/80 (unveröffentl.); Schiedsst. v. 25.3.1994 Arb.Erf. 64/93(unveröffentl.) – dort Risikoabschlag von 80 – 90 % bei eindeutigem entgegenstehenden Stand der Technik; vgl. auch Volmer/Gaul Rz. 152 zu § 12.
113b Schiedsst. EV v. 15.1.1998 Arb.Erf. 7/96 (z. Veröffentl. i. EGR vorgesehen).
113c Schiedsst. v. 2.12.1997 Arb.Erf. 81/95 (unveröffentl.).
113d Vgl. Schiedsst. v. 12.10.1978 Blatt 1979, 255, 257 u. v. 24.6.1999 Arb.Erf. 88/97 (unveröffentl.); im Ergebn. ebenso EV v. 19.6.1996 Arb.Erf. 62/94 (unveröffentl. – dort bei faktisch ausgeschlossener Patenterteilung nach Zurückweisung wegen eindeutig offenkundiger Vorbenutzung); LG Düsseldorf v. 28.7.1964 GRUR 1965, 307 f. Im EV. v. 25.7.1991 (Arb.Erf. 86/89 - unveröffentl.) hat die Schiedsst. eine Reduzierung auf 5 % wegen äußerst geringer Erteilungschance auf Grund einer Vorveröffentlichung mit wesentl. Vorwegnahme der Merkmale d. Diensterf. vorgeschlagen.

§ 12

halten will und die Schutzrechtsposition seinem Arbeitnehmer nach § 16 anbietet; sollte der Arbeitnehmer indes eine Patenterteilung erreichen, wäre der Arbeitgeber verpflichtet, die Vergütung für zurückliegende Nutzungen nachzuzahlen[114].

Trotz Patenterteilung (auch im Hinblick auf § 12 Abs. 6 Satz 1) kann ein Festhalten an dem bisherigen vorläufigen Vergütungssatz dann gerechtfertigt sein, wenn der Arbeitgeber – etwa im Hinblick auf eingereichtes Einspruchsmaterial[114a] – erhebliche Bedenken hat, aus dem erteilten Schutzrecht gegen Wettbewerber vorzugehen[114b] bzw. das Patent von Wettbewerbern nicht beachtet wird[114c] (s. auch Rz. 35 zu § 9 u. unten Rz. 69, 117). 68.3

Kommen keine derartigen besonderen Umstände **nach Patenterteilung im** nachgeschobenen **Einspruchsverfahren** hinzu, so erscheint es angemessen, für den Regelfall (wenn also keine besonderen Erkenntnisse für oder gegen einen Widerruf sprechen) den Risikoabschlag von 50% auf 25 %[114d] bzw. – so die Praxis der Schiedsstelle[114e] – auf 30 % zu vermindern und damit die vorläufige Vergütung auf 75 % bzw. 70 % der endgültigen anzuheben. Denn mit dem Patenterteilungsbeschluss liegt eine abgeschlossene Prüfung der Patentfähigkeit der technischen Lehre im Hinblick auf den ermittelten Stand der Technik vor; der Abschlag orientiert sich im Übrigen an der Wahrscheinlichkeit, ob im Einspruchsverfahren ein Patent aufrechterhalten wird. Wird dagegen im Einspruchsverfahren das Patent widerrufen, ist für die Dauer des Einspruchsbeschwerdeverfahrens regelmäßig eine wesentliche Anhebung des Risikoabschlags gerechtfertigt[114f].

Hat der Arbeitgeber vor (noch nicht rechtsbeständiger) Patenterteilung seiner **vorläufigen Vergütungspflicht noch nicht entsprochen**, kann er bei einer nunmehr vorzunehmenden Vergütung für die Vergangenheit Patentversagungsrisiken nur insoweit geltend machen, als sich dies aus Zwi- 68.4

---

114 Z. B. Schiedsst. v. 12.10.1982 Arb.Erf. 2 (B)/80 (unveröffentl.) u. v. 19.6.1997 Arb.Erf. 93/95 (unveröffentl.).

114a Immerhin wurde z.B. 1995 nur in 65,7 % der Einspruchsverfahren vor dem EPA das Patent in geänderter Form aufrechterhalten bzw. der Einspruch zurückgewiesen (Jahresbericht EPA 1995).

114b So i. Ergebn. Schiedsst. v. 14.4.1982 Arb.Erf. 44/80 (unveröffentl.) wo die Schiedsst. i. e. Fall, in dem das Patent erst im Beschwerdeverfahren versagt worden ist, einen Risikoabschlag von 50 % angesetzt hat, wenn trotz Bekanntmachung und vorheriger Patenterteilung mehrere Verletzer auf dem Markt waren.

114c Schiedsst. v. 30.9.1992 EGR Nr. 69 zu § 9 ArbEG (VergHöhe); v. 12.6.1996 Arb.Erf. 87/94 (unveröffentl.) u. v. 9.7.1998 Arb.Erf. 51/96 (unveröffentl.)

114d Gaul/Bartenbach GRUR 1983, 14, 18 f.; Volmer/Gaul Rz. 60 f., 64 zu § 12; Schiedsst. v. 7.12.1981 Blatt 1982, 199; v. 30.9.1992 (Fn. 114c).

114e Z.B. Schiedsst. v. 31.10.1985, Arb.Erf. 26/85; v. 25.11.1985 Arb.Erf. 28/85 u.v. 3.8.1993 Arb.Erf. 22/92; v. 25.3.1994 Arb.Erf. 64/93 u. v. 12.6.1996 Arb.Erf. 87/94 (alle unveröffentl.)

114f Schiedsst. v. 12.6.1996 (Fn. 114e) – dort Risikoabschlag von 70 %, d.h. vorläufige Vergütung i.H.v. 30 %; s. auch Fn. 113.

§ 12

schenbescheiden oder sonstigen Erkenntnissen im Erteilungsverfahren (Patentrecherche) ergibt; ist bereits ein Einspruchsverfahren anhängig, kann er für die Zukunft das Risiko des Widerrufs des erteilten Patents gemäß den geltend gemachten Einspruchsgründen berücksichtigen (s. aber auch Rz. 67).

68.5 Ist ein **Schutzrecht rechtsbeständig versagt** und geht es um die Zahlung der Vergütung für Nutzungshandlungen vor Schutzrechtsversagung (s. Rz. 61), verbleibt es mangels besonderer Umstände bis zum ersten, die Versagung in Aussicht stellenden Bescheid oder sonstigen Erkenntnissen über den objektiven Stand der Technik grundsätzlich bei einer Vergütungspflicht in Höhe von 50 % der »endgültigen« Vergütung. Im Einzelfall hat die Schiedsstelle ab Ergehen des Patentversagungsbeschlusses für die Dauer des Beschwerdeverfahrens die Patenterteilungswahrscheinlichkeit nur noch mit 10 % bewertet (= Risikoabschlag 90 %)[114g]. Zum Verbot rückschauender Wertungen s. Rz. 67 und zur Situation inländischer Patentversagung bei paralleler Erteilung von Auslandsschutzrechten s. Rz. 63, 69.

68.6 Da der Erfinder möglichst zeitnah in den Genuss einer angemessenen Erfindervergütung kommen soll, andererseits bei nicht schutzfähigen Neuerungen seine Leistungen bereits durch das gezahlte Arbeitsentgelt abgegolten ist, muss die vorläufige Vergütung an der Patentierungswahrscheinlichkeit gemessen werden[114h]. Dementsprechend sind die Prozentzahlen für den Regelrisikoabschlag lediglich das Ergebnis einer kursorischen Betrachtungsweise und müssen genauer bemessenen Prozentzahlen weichen, wenn nähere Erkenntnisse über Erfolgs- oder Misserfolgsaussichten der Patentanmeldung (einschl. Einigungsverfahren) bekanntgeworden sind[114i]. Im Interesse einer angemessenen Anpassung der vorläufigen Vergütung an wesentliche Veränderungen im Schutzrechtserteilungsverfahren (einschl. des nachgeschobenen Einspruchsverfahrens) kann bei der Vergütungsbestimmung ein entsprechender **Vorbehalt** getroffen werden, der allerdings auch der Billigkeitsregelung des § 23 unterliegt. Fehlt dieser, so kann eine **Anpassung der vorläufigen Vergütung** unter Beachtung des Grundsatzes der Angemessenheit i.S.d. § 9 erfolgen[114k], also – sofern die Unveränderbarkeit des Risikoabschlages nicht ausdrücklich festgelegt ist – auch ungeachtet der Prüfung nach § 12 Abs. 6 Satz 1, ob sich die der Berechnung zugrunde liegenden Umstände wesentlich geändert haben[114l] (s. Rz. 95 ff. sowie 115 ff.). Eine Anpassung ist z.B. dann gerechtfertigt, wenn das Patent zwar erteilt wird (§ 49 PatG), ein anschließender Einspruch aber auf erhebliches, der Aufrechterhaltung des Patentes entgegenstehendes und im Prüf-

---

114g Schiedsst. v. 6.10.1998 Arb.Erf. 117/96 (z. Veröffentl. i. EGR vorgesehen).
114h Schiedsst. v. 2.12.1997 Arb.Erf. 81/95 (z. Veröffentl. i. EGR bestimmt).
114i Schiedsst. v. 25.3.1994 (Fn. 114e).
114k Schiedsst. v. 25.3.1994 (Fn. 114e) u.v. 19.6.1996 Arb.Erf. 62/94 (unveröffentl.).
114l Schiedsst. v. 19.6.1996 (Fn. 114k) u. v. 12.6.1996 Arb.Erf. 87/94 (unveröffentl.).

§ 12

verfahren nicht berücksichtigtes Material gestützt wird. Zur Pauschalabfindung s. unten Rz. 114; zum Risikoabschlag bei Schutzrechtskomplexen s. Rz. 130 zu § 9.

Der Risikoabschlag umfasst auch **Auslandsnutzungen**, selbst wenn ein paralleles Auslansschutzrecht bereits rechtsbeständig erteilt ist (s. Rz. 25 zu § 2; Rz. 35 zu § 9 u. zur Nachzahlung unter Rz. 69). Ist das Inlandsschutzrecht neuheitsschädlich getroffen, setzt die Schiedsstelle für die Nutzung (formal) fortbestehender Auslandsschutzrechte eine geringe vorläufige Vergütung an (z.B. Risikoabschlag 90 %[114m]). 68.7

dd) Nachzahlungspflicht bei (rechtsbeständiger) Patenterteilung

Erfolgte die Nutzung vor Patenterteilung, ist mit endgültiger, rechtsbeständiger Patenterlangung ein einbehaltener Risikoabschlag (s. dazu Rz. 66 ff.) grundsätzlich **nachzuzahlen**[115], und zwar entsprechend dem Rechtsgedanken des § 12 Abs. 3 innerhalb von 3 Monaten nach Rechtsbestand. Die Nachzahlungspflicht knüpft noch nicht an die Patenterteilung gem. § 49 PatG selbst an, sondern erst an den Ablauf der Einspruchsfrist bzw. – bei Einspruchseinlegung – an die rechtskräftige Entscheidung über die Aufrechterhaltung des Patentes[115a]. Denn auch ein zunächst erteiltes Patent bietet materiell gesehen wegen des nachgeschobenen Einspruchsverfahrens im Wesentlichen nicht mehr Schutz als die frühere Bekanntmachung i. S. d. § 30 PatG a. F. (vgl. auch § 61 Abs. 1 S. 2 PatG 1981; s. im Übrigen Rz. 65). Zur Nachzahlung bei **Schutzrechtsaufgabe** s. Rz. 66 zu § 16 und bei Erfindungsverkauf unten Rz. 69.2. 69

Der **Umfang der Nachzahlung** entspricht im Regelfall dem einbehaltenen Risikoabschlag[115b]. Der Umfang kann aber dadurch beeinflusst sein, dass im Erteilungsverfahren der ursprüngliche Anmeldungsgegenstand erhebliche Einschränkungen erfährt[116]. Wird das Patent im Erteilungsverfah-

---

114m Schiedsst. v. 24.6.1999 Arb.Erf. 88/97 (unveröffentl.).
115 Allg.A., z.B. Schiedsst. v. 13.5.1966, Blatt 1967, 80 (zu V a. E.); v. 7.11.1980 Blatt 1981, 31; v. 7.12.1981, Blatt 1982, 199; v. 4.2.1993 GRUR 1994, 611, 614 l.Sp. – Regelkreisanordnung; v. 11.1.1994 Arb.Erf. 1/93; v. 13.2.1996 Arb.Erf. 63/94 u. v. 5.6.1998 Arb.Erf. 81/96 (unveröffentl.); Bernhardt/Kraßer, Lehrbuch des PatR, § 21 V 1 (dort Fn. 55); Volmer/Gaul Rz. 44, 66, 153 zu § 12; Busse/Keukenschrijver, PatG, Rz. 20 zu § 12 ArbEG; s. auch Reimer/Schade/Schippel/Kaube Rz. 49 zu § 9 u. Rz. 15 zu § 12; vgl. auch BGH v. 17.4.1973 GRUR 1973, 649, 652 r.Sp. – Absperrventil; missverständlich dagegen BGH v. 20.11.1962, GRUR 1963, 315, 317 r.Sp. – Pauschalabfindung, der dort von »abgelöst« spricht.
115a Vgl. Schiedsst. v. 7.12.1981 (Fn. 115).
115b Schiedsst. v. 4.2.1993 (Fn. 115).
116 Ebenso Schiedsst. v. 13.1.1986 Blatt 1991, 201, 202; v. 4.2.1993 (Fn. 115); v. 11.1.1994 (Fn. 115); i.d.S. auch Schiedsst. v. 18.3.1985, Arb.Erf. 61/83; v. 28.5.1985, Arb.Erf. 52/84; v. 26.10.1993 Arb.Erf. 152/92; v. 13.2.1996 Arb.Erf. 63/94; v.

§ 12

ren in beschränkter Form erteilt oder im Einspruchsverfahren nur beschränkt aufrechterhalten, hat der Arbeitnehmer einen Nachzahlungsanspruch nur insoweit, als dies durch den Umfang der endgültigen Fassung des Schutzrechtsgegenstandes noch gerechtfertigt ist[116a]; dementsprechend ist der Lizenzsatz für die endgültige Vergütung niedriger anzusetzen (vgl. RL Nr. 9 Satz 1)[116b]. Ist eine vorläufige Vergütung in der Annahme erfolgt, durch die Patentanmeldung ein sehr starkes, schwer umgehbares Schutzrecht zu erhalten, kann es im Einzelfall angemessen sein, von einer Nachzahlung abzusehen, wenn letztlich nur ein sehr schwaches, leicht umgehbares Patent erteilt worden ist[117], so dass auch die Voraussetzungen des § 12 Abs. 6 gegeben sind (s. auch Rz. 68.3 u. 117). Auswirkungen können sich auch in bezug auf eine Miterfinderschaft ergeben (s. Rz. 110).

Da die Schiedsstelle eine **Auslandspatenterteilung** einer Inlandserteilung gleichstellt (s. oben Rz. 63), ist nach ihrer Auffassung trotz Zurückweisung der inländischen Patentanmeldung für Auslandsverwertungen kein bzw. allenfalls ein geringer Risikoabschlag bei der Nachzahlung einer vorläufigen Vergütung anzusetzen, wenn die Diensterfindung weltweit genutzt wird und Auslandspatente – auch in Staaten mit Prüfungsverfahren – (rechtsbeständig) erteilt worden sind[118]. Ansonsten sieht sie hier die Möglichkeit einer Vergütungsanpassung nach § 12 Abs. 6.

Haben die Arbeitsvertragsparteien sich im laufenden Patenterteilungsverfahren auf eine **Pauschalvergütung** verständigt, kommt regelmäßig eine Nachzahlung nach endgültiger Patenterteilung nicht in Betracht, wenn sie diesem Gesichtspunkt bei ihrer Pauschalvergütungsabrede Rechnung getragen haben (vgl. Rz. 114, s. aber auch Rz. 19 f.).

Da der Nachzahlungsanspruch erst mit rechtsbeständiger Schutzrechtserteilung fällig wird, scheidet mangels Verzugs ein Anspruch auf **Verzinsung** dieses Differenzbetrages aus[119].

21.5.1997 Arb.Erf. 93/96 u. v. 24.6.1999 Arb.Erf. 88/97 (alle unveröffentl.); zust. Busse/Keukenschrijver, PatG, Rz. 14 zu § 11 ArbEG.
116a Schiedsst. v. 11.1.1994 (Fn. 115).
116b Busse/Keukenschrikver (Fn. 116).
117 Schiedsst. v. 7.11.1980 Blatt 1981, 310; Schiedsst. v. 26.10.1993 (Fn. 116).
118 Schiedsst. v. 15.2.1982 Arb.Erf. 63/80 (unveröffentl.). Im EV v. 12.6.1996 (Arb.Erf. 87/94 – unveröffentl.) hat die Schiedsst. i.H.a. § 12 Abs. 6 eine Anpassung d. Erfindungswertes f. d. Auslandspatent vorgeschlagen – dort wegen des erhebl. Vernichtungsrisikos auf 20 %.
118a frei
119 Gaul/Bartenbach GRUR 1983, 14, 19.

§ 12

ee) Risikoabschlag bei Lizenzvergabe bzw. Verkauf der Schutzrechtsposition

Soweit eine Beteiligung des Arbeitnehmers an Einnahmen seines Arbeitgebers aus (einfachen oder ausschließlichen) **Lizenzverträgen** über die Diensterfindung in Betracht kommt, ist aus den gleichen Überlegungen wie bei der Eigenverwertung des Arbeitgebers ein Risikoabschlag zu berücksichtigen[120], es sei denn, dass sich das Risiko der noch ausstehenden Schutzrechtserteilung (mindernd) in der vereinbarten Lizenzgebühr niederschlägt. Aus dem hier zugrunde liegenden Vergleich mit dem freien Erfinder erscheint es gerechtfertigt, den Arbeitnehmererfinder auch insoweit an den Risiken der ungewissen Schutzrechtserlangung zu beteiligen[121]. Einen Risikoabschlag berücksichtigt die Schiedsstelle auch bei einer fiktiv zu bestimmenden Lizenzeinnahme (s. hierzu KommRL Rz. 31 ff. zu RL Nr. 14) im Zusammenhang mit der Nutzung eines noch nicht erteilten Patentes[121a]. 69.1

Bei **Verkauf** (s. hierzu RL Nr. 16) einer Erfindung **vor Schutzrechtserteilung** kommt ein Risikoabschlag im Regelfall nicht in Betracht[122]. Der Verkäufer übernimmt in der Regel keine Haftung für die Erteilung eines Schutzrechts; eine Rückzahlung des Kaufpreises bzw. Rückabwicklung des Kaufvertrages bei Nichterteilung des Schutzrechts scheidet grundsätzlich aus[123] (s. im Übrigen KommRL Rz. 17 zu RL Nr. 16). 69.2

Hat der Arbeitgeber für Nutzungshandlungen vor Verkauf der Schutzrechtspositionen einen Risikoabschlag einbehalten, ist dieser jedenfalls dann nachzuzahlen, wenn das Schutzrecht später rechtsbeständig erteilt wird.

b) Fälligkeit bei Verwertung nach Patenterteilung

Nimmt der Arbeitgeber die Verwertung (zum Begriff s. Rz. 90 ff. zu § 9) des Erfindungsgegenstandes erst nach endgültiger Patenterteilung auf, verbleibt es bei der Regelung des § 12 Abs. 3 Satz 2, so dass er die Vergütung spätestens bis zum Ablauf der genannten Endfrist (s. dazu Rz. 56) festsetzen muss, und zwar auch bei (zunächst) fehlender Verwertbarkeit bzw. fehlender tatsächlicher Verwertung (s. Rz. 43, 72 a). Eine Vergütung ist spätestens mit Fristablauf fällig. 70

---

120 Schiedsst. v. 4.2.1986 Blatt 1986, 346, 347 l.Sp.; Volmer/Gaul, Rz. 52 zu § 12 – jeweils für den Fall der Lizenzvergabe.
121 Vgl. auch BGH v. 28.6.1962 GRUR 1963, 135, 138 r.Sp. – Cromegal (dort zu V a.E.).
121a Schiedsst. v. 24.6.1999 Arb.Erf. 88/97 (unveröffentl.).
122 I. Ergebn. wohl auch Schiedsst. v. 26.2.1993 Arb.Erf. 13/92 (unveröffentl.).
123 Vgl. allg. BGH v. 23.3.1982 GRUR 1982, 481 – Hartmetallkopfbohrer m.w.N.

§ 12

c) Fälligkeit bei Verwertung einer gebrauchsmusterfähigen Erfindung

71 Bei Verwertung einer gebrauchsmusterfähigen Erfindung stellt sich die oben behandelte Problematik regelmäßig nicht, da die Eintragung eines Gebrauchsmusters mangels Sachprüfung (s. hierzu Rz. 9 ff. zu § 2) üblicherweise kurzfristig nach Hinterlegung erfolgt. Verzögert sich allerdings das Eintragungsverfahren erheblich, gelten im Falle der tatsächlichen Nutzung die gleichen Grundsätze (s. Rz. 58 ff.).

Ist für den gleichen Erfindungsgegenstand ein **Gebrauchsmuster** erteilt und betreibt der Arbeitgeber **parallel** hierzu ein (zulässiges – vgl. § 2 Abs. 6 GebrMG) **Patenterteilungsverfahren**, so ist zweifelhaft, ob bei Nutzung des Erfindungsgegenstandes die Grundsätze über die vorläufige Vergütung eingreifen. Da das eingetragene Gebrauchsmuster eine eigenständige Monopolstellung gegenüber Dritten vermittelt und ein Vorrang der Patentposition vor dem Gebrauchsmuster nicht besteht[124] und zudem Gebrauchsmuster und Patent erfinderrechtlich durch § 2 gleichgestellt sind, rechtfertigt sich bei dieser Fallsituation kein Risikoabschlag[125], sondern nur die volle Vergütung für ein (u.U. patentfähiges) Gebrauchsmuster (vgl. RL Nr. 28 Abs. 2, s. dazu Rz. 250 zu § 9). Ist nach Ablauf des Gebrauchsmusterschutzes das parallele Patent noch nicht erteilt, kann es gerechtfertigt sein, bis zur endgültigen Patenterteilung für die Zeit nach Ende der Schutzdauer des Gebrauchsmusters einen Risikoabschlag entsprechend den vorstehenden Grundsätzen zu berücksichtigen; dabei muss ggf. die Frage des Erfindungswertes i. S. einer evtl. Erhöhung erneut überprüft werden. Wird später das Patent erteilt, steht dem Arbeitnehmer der Nachzahlungsanspruch jedenfalls für den Zeitraum ab Erlöschen des Gebrauchsmusters zu. Ob ein Nachzahlungsanspruch auch für den Zeitraum des Bestehens des parallelen Gebrauchsmusters besteht, ist u. E. fraglich, da für diesen Zeitraum dem Arbeitnehmer die Nutzung des durch seine Erfindung vermittelten vollen Schutzrechts (Gebrauchsmuster) bereits voll vergütet worden ist, insoweit also der den Nachzahlungsanspruch auslösende Tatbestand der »vorläufigen Vergütung« überhaupt nicht bestanden hat. In diesem Zeitraum tritt die parallele Patentanmeldung in den Hintergrund. Wird noch während des Bestehens des Gebrauchsmusters das Patent erteilt, kann gem. § 12 Abs. 6 eine vorherige geringere Bewertung des Erfindungswertes des Gebrauchsmusters für die Zukunft korrigiert werden (vgl. auch RL Nr. 28 Abs. 1 letzter Satz). Zweifelhaft ist, ob eine Verminderung des Erfindungswertes des Gebrauchsmusters noch vorgenommen werden kann, wenn der Arbeitgeber unter Verletzung von § 16 eine parallele Patentanmeldung fallen gelassen hat[125] (siehe auch Rz. 8 u. 74 zu § 16).

---

124 Vgl. Benkard/Ullmann PatG Rz. 3 ff. zu § 14 GebrMG; s. auch BPatG vom 5.11.1969 BPatGE 11, 76, 79.
125 Vgl. auch Schiedsst. v. 25.5.1981 Blatt 1982, 166.

§ 12

d) Fälligkeit bei ausbleibender tatsächlicher Verwertung vor Schutzrechtserteilung (Patent oder Gebrauchsmuster)

Nutzt der Arbeitgeber in der Zeit vor Schutzrechtserteilung die Erfindung nicht, etwa weil die Erprobung des erfindungsgemäßen Gegenstandes noch nicht zur Produktionsreife geführt hat, besteht noch kein Anspruch auf (vorläufige) Vergütung[126] oder Festsetzung[127]. Auch eine bloße Verwertbarkeit ist vor Schutzrechtserteilung nicht zu vergüten, wie auch die auf die Patenterteilung abstellende Regelung für Vorrats- und Ausbaupatente in RL Nr. 21 und die in RL Nr. 23 zugestandene Prüfungsfrist verdeutlichen (s. dazu Rz. 212 zu § 9). Hier bewendet es grundsätzlich ebenfalls bei der Frist des § 12 Abs. 3 Satz 2[127a] (zur Ausnahme s. Rz. 212 zu § 9). 72

e) Fälligkeit bei ausbleibender tatsächlicher Verwertung nach Schutzrechtserteilung (Patent- oder Gebrauchsmuster)

Die Verpflichtung zur Vergütungsfestsetzung besteht bei unbeschränkter Inanspruchnahme im Falle erfolgter (rechtsbeständiger) Schutzrechtserteilung (s. Rz. 56) nach Abs. 3 unabhängig davon, ob der Arbeitgeber bereits eine Vergütung schuldet oder nicht. Verwertet der Arbeitgeber eine Diensterfindung nicht und besteht auch kein Vergütungsanspruch aus dem Gesichtspunkt der nicht ausgenutzten Verwertbarkeit (s. Rz. 210 ff. zu § 9), so genügt der Arbeitgeber seiner Verpflichtung aus Abs. 3 dadurch, dass er die Vergütung bis zum Ablauf der dort genannten Endfrist (s. dazu Rz. 56) auf Null € festsetzt[127a] (s. auch Rz. 43). 72.1

f) Fälligkeit bei Nutzung unter Abhängigkeit von älteren Fremdschutzrechten

Die Schiedsstelle wendet die Grundsätze der vorläufigen Vergütung (s. oben Rz. 64 ff.) auch dann an, wenn die Benutzung des Erfindungsgegenstandes in Abhängigkeit von älteren Fremdschutzrechten erfolgt und der Umfang der eventuell vom Arbeitgeber zu leistenden Schadensersatzpflicht noch offen ist[127b]. Ob und in welchem Umfang dem Arbeitgeber ein wirtschaftlicher Vorteil aus der Verwertung der Diensterfindung verbleibt, ist in solchen Fällen von dem Ergebnis der Auseinandersetzung mit dem Inhaber des älteren Patents abhängig. Es erscheint nicht angemessen i.S.v. § 9 72.2

---

126 Allg. A., Schiedsst. i. st. Praxis. z.B., v. 24.4.1974 EGR Nr. 12 zu § 12 ArbEG u.v. 30.7.1984 Arb.Erf. 10/84 (unveröffentl.); s. auch Reimer/Schade/Schippel/Kaube Rz. 4 zu § 11 (RL Nr.21); wie hier wohl auch BGH v. 23.6.1977 GRUR 1977, 784, 788 – Blitzlichtgeräte.
127 S. Schiedsst. v. 6.2.1970 Blatt 1970, 456.
127a Vgl. Schiedsst. v. 25.4.1983 Blatt 1983, 378 u.v. 3.5.1979 Blatt 1985, 344, 345.
127b Schiedsst. v. 27.4.1995 Arb.Erf. 35/94 (unveröffentl.).

§ 12

Abs. 2, dem Erfinder bis zur endgültigen Klärung überhaupt keine Vergütung zu zahlen, wenn der Arbeitgeber an der Verwertung festhält. Unterliegt er später Schadensersatzpflichten (Lizenzzahlungen), ist deren Umfang für die Bestimmung der endgültigen Vergütung und damit auch für die Nachzahlungspflicht (s. oben Rz. 69 ff.) maßgebend zur Bestimmung des Lizenzfaktors bei Abhängigkeit von anderen Schutzrechten. Ist der Arbeitgeber gezwungen, Freilizenzen an der zu vergütenden Erfindung zu vergeben, kann sich dies ebenfalls mindernd beim Erfindungswert (Analogielizenzsatz) auswirken, s. KommRL Rz. 57 zu RL Nr. 10.

3. Bei beschränkter Inanspruchnahme

73 Bei beschränkter Inanspruchnahme (§§ 6, 7 Abs. 2) ist die Vergütung vom Arbeitgeber spätestens bis zum Ablauf von 3 Monaten nach Aufnahme der Benutzung (zum Begriff s. Rz. 8 ff. zu § 10) festzusetzen (§ 12 Abs. 3 Satz 2 2. Halbs.).
Mangels gesetzlicher Pflicht des Arbeitnehmers zur Schutzrechtsanmeldung (s. Rz. 50 zu § 8) und der Unabhängigkeit des Vergütungsanspruchs von einer Schutzrechtsanmeldung (s. Rz. 2 zu § 10) kommt ein »Risikoabschlag« hier nicht in Betracht[127c].

VII. Verbindlichkeit der Festsetzung

1. Grundsatz

74 Stimmt der Arbeitnehmer der Festsetzung ausdrücklich zu oder geht ein **Widerspruch des Arbeitnehmers nicht innerhalb der zweimonatigen Ausschlussfrist** des § 12 Abs. 4 dem Arbeitgeber zu, wird die Vergütungsfestsetzung der Art und der Höhe nach einschließlich der zugrunde liegenden Berechnungsfaktoren (Erfindungswert evtl. einschließlich Abstaffelung, Anteilsfaktor und ggf. Miterfinderanteil, s. Rz. 11 f.) verbindlich (z. Miterfinderschaft s. Rz. 92), und zwar unabhängig davon, ob das **Fristversäumnis** vom Arbeitnehmer verschuldet wurde oder nicht. Auch eine Anfechtung des Fristversäumnisses und der daran anknüpfenden Bindungswirkung scheidet aus, da letztere als gesetzliche Ausschlussfrist auch dann eintritt, wenn der Arbeitnehmer Lauf und Dauer der Frist nicht kannte oder sich darüber irrte[127d]. In dem Stillschweigen des Arbeitnehmers ist keine konkludente Genehmigung zu sehen, sondern der Ausfluss des Grundsatzes des Rechtsverlustes durch Schweigen (z. Belehrungspflicht des Arbeitgebers s. Rz. 82). § 12 Abs. 4 Satz 2 vermutet insoweit **unwiderleg-**

127c Ebenso Schiedsst. v. 1.12.1992 EGR Nr. 6 zu § 10 ArbEG.
127d Schiedsstelle v. 2.2.1981 Blatt 1981, 420, 421; so auch Reimer/Schade/Schippel/Kaube Rz. 40 zu § 12.

§ 12

bar[128], dass der Arbeitnehmer das Angebot des Arbeitgebers angenommen hat und somit zwischen den Arbeitsvertragsparteien eine rechtsgeschäftliche Vergütungsvereinbarung zustande gekommen ist (s. auch Rz. 48).
Diese Vermutung greift allerdings dann nicht, wenn die **Festsetzung unwirksam** ist (s. insbes. Rz. 53; zur Möglichkeit einer erneuten Festsetzung s. Rz. 85).

Wird eine **Vergütungsfestsetzung für zurückliegende Zeiträume** vorgenommen, ist nach Auffassung der Schiedsstelle nicht ohne weiteres davon auszugehen, dass die in der Begründung berücksichtigten Berechnungsfaktoren die Beteiligten auch für die Zukunft binden, so dass, auch wenn die Voraussetzungen des § 12 Abs. 6 nicht gegeben sind, für die Zukunft eine Änderung der Wertfaktoren sowohl zugunsten als auch zu Lasten der Beteiligten zulässig sei[128a]. Dies vermag nicht zu überzeugen, da eine einmal eingetretene Bindungswirkung (§12 Abs. 4 S. 2) den gesamten Vertragsinhalt erfasst[128b]. Um solche Zweifel an der Bindungswirkung auszuschließen, erscheint es zweckmäßig, die beabsichtigte Zukunftswirkung in der Festsetzung auch unmissverständlich zum Ausdruck zu bringen[128c]. 74.1

Ist in der Vergütungsfestsetzung die **Dauer** nicht erwähnt, umfasst die Festsetzung einer laufenden Vergütung im Zweifel sämtliche Verwertungshandlungen bis zum Wegfall der Schutzrechtsposition (s. Rz. 17). Das Gesetz sieht nur eine einzige Festsetzung der Erfindervergütung vor und nicht eine Folge von Festsetzungen auf Grund weiterer Umsätze oder anderer Umstände (s. auch Rz. 85). Eine zeitliche Beschränkung ist zulässig, muss aber eindeutig erkennbar sein. Selbstverständlich kann der Arbeitnehmer einer solchen zeitlich begrenzten Festsetzung widersprechen. 74.2

Soweit sich aus der Festsetzung einer Pauschalabfindung nichts anderes ergibt, umfasst sie im Zweifel nur die bisherigen Nutzungen (s. auch Rz. 18.3, 52).

Von einer verbindlichen Festsetzung kann sich eine Partei nur lösen, wenn die Regelung (insbesondere nach § 23) unwirksam ist (s. Rz. 74.4) bzw. § 12 Abs. 6 einschlägig wird (s. Rz. 95 ff.). **Änderungen und Ergänzungen** einer verbindlichen Vergütungsfestsetzung kann folglich weder der Arbeitgeber einseitig vornehmen[128d] (zur schlüssigen Änderung s. Rz. 18.4), noch kann der Arbeitnehmer solche verlangen. So kann beispielsweise der Arbeitnehmer keine andere Berechnungsmethode fordern; der Arbeitgeber ist beispielsweise auch nicht befugt, die Vergütung neu festzusetzen (s. 74.3

---

128 Zutr. Volmer Rz. 37 zu § 12.
128a Schiedsst. v. 17.3.1978 Arb.Erf. 71/77 (unveröffentl.).
128b Wie hier Reimer/Schade/Schippel/Kaube Rz. 41 zu § 12 m.H.a. HansOLG Hamburg v. 1.6.1978 EGR Nr. 22 zu § 9 ArbEG (VergHöhe).
128c Ebenso Schiedsst. v. 17.3.1978 (Fn. 128a).
128d BGH v. 17.5.1994 GRUR 1994, 898, 902 Copolyester I; Schiedsst. v. 19.11.1981 Blatt 1984, 57 – zur nachträglichen Festsetzung der Abstaffelung (RL Nr. 11) bei hohen Umsätzen.

613

§ 12

Rz. 85) oder durch Nachschieben anderer Maßstäbe einseitig zu verändern[128e]. Hier kommt – unbeschadet von § 12 Abs. 6 – nur eine einvernehmliche Änderung in Betracht (s. Rz. 53.1).

74.4 Die Festsetzung unterliegt der Unbilligkeitsregelung des § 23 (s. § 23 Abs. 1 Satz 2, dort Rz. 21 ff., 33 f.) ebenso wie den Bestimmungen der §§ 134, 138 BGB. Daneben können auch die Grundsätze über Willensmängel (§§ 116 ff. BGB, s. Rz. 20 f.) Anwendung finden[129], wobei allerdings die Unkenntnis der Frist wegen deren Rechtscharakter als **Ausschlussfrist** nicht zur Anfechtung berechtigt (s. oben Rz. 74). Ändern sich nachträglich die Umstände, gilt § 12 Abs. 6 (s. dazu Rz. 95 ff.; zu den kartellrechtl. Schranken s. Rz. 131 zu § 9). Zum Widerspruch s. Rz. 77 ff., 90.

2. Zahlungspflicht des Arbeitgebers

75 Die von ihm (wirksam) festgesetzte Vergütung muss der Arbeitgeber nach Art und Höhe zahlen. Diese **Zahlungspflicht besteht auch dann, wenn** der Arbeitnehmer mit der Festsetzung nicht einverstanden ist und ihr förmlich **widersprochen** hat[130]. Der Arbeitnehmer soll eine Gewähr dafür haben, spätestens im Zeitpunkt der Festsetzung der Vergütung in den Genuss einer tatsächlich gezahlten Erfindervergütung zu gelangen[131] (Mindestvergütungsanspruch[131a]). Diese Zahlungspflicht ergibt sich als eigenständige zusätzliche Folge einer Festsetzung aus § 12 Abs. 3 Satz 1 a.E. (»... hat festzusetzen und entsprechend der Festsetzung zu zahlen«). Die Zahlungspflicht dauert bei fortlaufender Verwertung so lange an, bis sich die Arbeitsvertragsparteien anderweitig einigen[131b].

Eine Zahlungspflicht des Arbeitgebers **entfällt** nur bei Unbilligkeit i.S.d. § 23 Abs. 1 Satz 2 (s. dort Rz. 7.2) oder bei wirksamer Anfechtung (s. Rz. 74.4), ferner, wenn die Festsetzung als solche unwirksam war (s. Rz. 49 ff., insbes. Rz. 53). Eine erneute Festsetzung ist – abgesehen vom Quotenwiderspruch (s. dazu Rz. 93) – nicht zulässig (s. Rz. 85). Bei verän-

---

128e BGH v. 17.5.1994 (Fn. 128d).
129 Vgl. dazu auch HansOLG v. 1.6.1978 EGR Nr. 22 zu § 9 (VergAnspr.) ArbEG (Irrtum in der Person des Vertreters – dort: Mitarbeiter der Patentabteilung d. ArbG – ist maßgebend).
130 Wohl allg. A. im Anschl. an Amtl. Begr. BT-Drucks. II/1648 S. 30 = Blatt 1957, 234, s. z.B. BGH v. 13.11.1997 GRUR 1998, 689, 695 – Copolyester II; LG Nürnberg-Fürth v. 11.12.1968 BB 1969, 535; Schiedsst. v. 9.5.1985 Blatt 1985, 383, 384 u.v. 2.2.1981 Blatt 1981, 420, 421; Heine/Rebitzki Anm. 6 zu § 12; Lindenmaier/Lüdecke Anm. 8 zu § 12; Reimer/Schade/Schippel/Kaube Rz. 35 zu § 12; Volmer Rz. 39 zu § 12 u. Volmer/Gaul Rz. 76 zu § 12; im Ergebn. auch BGH v. 17.5.1994 (Fn. 128d).
131 Amtl. Begr. (Fn. 130); vgl. auch BGH v. 17.5.1994 (Fn. 128d)
131a BGH v. 13.11.1997 (Fn. 130).
131b Schiedsst. v. 25.3.1994 Arb.Erf. 64/93 (unveröffentl.).

§ 12

derten Umständen kommt jedoch eine Anwendung des § 12 Abs. 6 in Betracht (s. Rz. 96).

Diese Zahlungen sind auf eine im Anschluss an den Widerspruch eventuell erfolgende neue (einvernehmliche) Vergütungsregelung anzurechnen[131c]. Wegen der mit der Vergütungsfestsetzung kraft Gesetzes (§ 12 Abs. 3 Satz 1 a. E. u. Abs. 4 Satz 2: »... für beide Teile«) eintretenden **Selbstbindung des Arbeitgebers** kommt eine Rückforderung evtl. zuviel gezahlter Vergütung nicht in Betracht[131d] (vgl. auch § 12 Abs. 6 Satz 2). Insoweit begründet die Festsetzung eine den Arbeitgeber bindende Mindestzahlungsverpflichtung[132].

Der Zahlungsanspruch kann vom Arbeitnehmer aber solange nicht geltend gemacht werden, als er sich zugleich auf ein Freiwerden der Diensterfindung beruft. Diese beiden Ansprüche schließen sich gegenseitig aus[133].

Nicht an seine Festsetzung gebunden ist der Arbeitgeber im Falle des **Quotenwiderspruchs** bei Miterfinderschaft (Abs. 5), da in diesem **Ausnahmefall** der Arbeitgeber zur Neufestsetzung berechtigt ist[134] (s. dazu Rz. 88 II.).

Kommt der Arbeitgeber seiner Zahlungspflicht nicht nach, kann der Arbeitnehmer unmittelbar – ohne dass es einer Anrufung der Schiedsstelle bedarf (vgl. § 37 Abs. 4) – Klage vor den Arbeitsgerichten bzw. Verwaltungsgerichten (§ 39 Abs. 2, dort Rz. 15 ff.) bezüglich des »festgesetzten Betrages« erheben, allerdings nur im allgemeinen Urteilsverfahren, nicht im Urkundenprozess (vgl. § 46 Abs. 2 Satz 2 ArbGG). Statt dessen ist auch eine Klage auf angemessene Vergütung, also auf den vom Arbeitnehmer angestrebten Betrag (vgl. auch § 38) möglich, die – allerdings grundsätzlich erst nach erfolgloser Anrufung der Schiedsstelle (§§ 28 ff., 37) – vor der Patentstreitkammer des zuständigen Landgerichts anhängig zu machen ist.

76

VIII. Widerspruch des Arbeitnehmers (Abs. 4)

Um dem Arbeitnehmer eine angemessene Vergütung zu gewährleisten, gesteht ihm § 12 Abs. 4 Satz 1 ein Widerspruchsrecht gegen die einseitige Vergütungsfestsetzung seines Arbeitgebers zu, wenn er mit der vom Arbeitgeber vorgesehenen Art und/oder Höhe der Vergütung nicht einverstanden ist.

77

131c Schiedsst. v. 25.3.1994 (Fn. 131b).
131d Schiedsst. v. 25.3.1994 (Fn. 131b).
132 In diesem Sinne auch Schiedsst. v. 19.1.1989 Arb.Erf. 1 (B)/88 (unveröffentl.); vgl. auch Schiedsst. (Fn. 130); zust. Reimer/Schade/Schippel/Kaube Rz. 35 zu § 12.
133 Schiedsst. v. 22.2.1989 Arb.Erf. 55/88 (unveröffentl.).
134 Schiedsst. v. 19.1.1989 (Fn. 132).
135-136 frei

§ 12

Auch wenn sich der Arbeitnehmer bereits bei **früheren Verhandlungen** mit einer vom Arbeitgeber vorgeschlagenen Vergütung nicht einverstanden erklärt (oder deswegen die Schiedsstelle angerufen) hatte und der Arbeitgeber daraufhin eben diese Vergütung oder sogar eine niedrigere nach § 12 Abs. 3 (erstmals) festsetzt, muss der Arbeitnehmer nunmehr förmlich gemäß § 12 Abs. 4 widersprechen[137]. Denn die Festsetzung soll dazu dienen, bei vorhandenen Meinungsverschiedenheiten eine endgültige – verbindliche – Regelung zu treffen[137a].

Das Gesetz gibt damit dem Arbeitnehmer eine sehr **starke Stellung:** Durch seinen Widerspruch kann er letztlich die Diskussion über die Vergütung offenhalten, kommt aber dennoch jedenfalls in den Genuss der vom Arbeitgeber festgesetzten Erfindervergütung (s. Rz. 75)[137b].

Den Arbeitnehmer trifft die **Beweislast** für den fristgerechten Zugang seines Widerspruchs beim Arbeitgeber[137c].

Ein Widerspruchsrecht gegen eine (wirksame) Vereinbarung i.S.d. Abs. 1 besteht nicht (s. Rz. 19).

1. Rechtsnatur, Inhalt, Form

78 Der **Rechtsnatur** nach ist der Widerspruch eine rechtsgestaltende empfangsbedürftige Willenserklärung, die dem Arbeitgeber innerhalb der Zwei-Monats-Frist (s. dazu Rz. 81) zugehen muss (§ 130 BGB, Einzelheiten z. Zugang s. Rz. 20 ff. zu § 5). Sie enthält die Ablehnung des vom Arbeitgeber mit der Festsetzung unterbreiteten Angebots (s. dazu Rz. 48), ohne dass der Arbeitgeber dadurch von seiner Zahlungspflicht gemäß der Festsetzung befreit wird (s. Rz. 75).

79 **Inhaltliche Anforderungen** enthält § 12 Abs. 4 nicht. Er bedarf keiner ausdrücklichen Bezeichnung als Widerspruch; wegen des Rechtscharakters als Gestaltungsgeschäft ist es aber erforderlich, dass aus der förmlichen Erklärung für den Arbeitgeber klar und unzweideutig erkennbar wird, dass der Arbeitnehmer mit dessen Festsetzung nicht einverstanden ist[138]. So kann u.U. ein Auskunftsverlangen nach Erhalt einer Festsetzung als gleichzeitiger Widerspruch gedeutet werden[138a], ebenso ein Anrufungsantrag oder

---

137 Schiedsst. v. 10.7.1963 Blatt 1963, 342 u.v. 2.2.1981 Blatt 1981, 420, 421; bestätigt durch Schiedsst. v. 19.10.1993 Arb.Erf. 8/93 (unveröffentl.); OLG Frankfurt v. 26.5.1977 EGR Nr. 29 zu § 12 ArbEG.
137a OLG Frankfurt v. 26.5.1977 (Fn. 137).
137b Schiedsst. v. 2.2.1981 (Fn. 137)
137c Volmer/Gaul Rz. 74 zu § 12.
138 Ähnl. OLG Frankfurt v. 26.5.1977 EGR Nr. 19 zu § 12 ArbEG; Volmer Rz. 41 zu § 12
138a OLG Hamburg v. 19.2.1981 EGR Nr. 31 zu § 12 ArbEG.
138b frei

§ 12

ein sonstiger, auch dem Arbeitgeber zugeleiteter Schriftsatz an die Schiedsstelle (s. Rz. 18 f. zu § 31). Der Widerspruch ist **bedingungsfeindlich**.

Er kann sich auf Art und/oder Höhe der Vergütung beziehen, wobei hinsichtlich der festgesetzten Höhe auch ein **eingeschränkter Widerspruch (Teilwiderspruch)** wegen einzelner Berechnungsfaktoren möglich ist[138c]. Einem eingeschränkten Widerspruchsrecht steht auch nicht die Sonderregelung des § 12 Abs. 2 entgegen; § 12 Abs. 5 lässt nach seinem Wortlaut und seinem Zweck den Quotenwiderspruch als partiellen Widerspruch nicht erst zu, sondern setzt diesen vielmehr voraus und regelt lediglich die sich daran anknüpfenden Rechtsfolgen, bestätigt also damit die Möglichkeit, den Widerspruch auf einzelne Bemessungsfaktoren zu beschränken. Für die Möglichkeit eines Teilwiderspruchs spricht zudem die atypische Regelung der »gestuften Bindungswirkung« in § 12 Abs. 3 und Abs. 4. So wohl hieraus als auch aus der Ausnahmeregelung des § 12 Abs. 5 ist zu schließen, dass der Gesetzgeber mit dem Widerspruchsrecht zugunsten des Arbeitnehmererfinders zugleich das Verbot der »reformatio in peius« verbinden wollte. Denn es würde der Schutzfunktion des Widerspruchsrechts widersprechen, den hierdurch begünstigten Arbeitnehmer mit dem Risiko einer gegenüber der bisherigen Festsetzung nachteiligen Vergütungsregelung zu belasten. Dementsprechend ist es nicht nur möglich, dass der Arbeitnehmer isoliert dem festgesetzten Miterfinderanteil widerspricht (s. unten Rz. 88 ff.), sondern auch die Festsetzung des Erfindungswertes oder die des Anteilsfaktors mit einem Teilwiderspruch angreift[138d].

Beabsichtigt der Arbeitnehmer einen Teilwiderspruch, muss sich dies aus seinem schriftlichen Widerspruch selbst eindeutig und klar ergeben[138e]. Zu den **Rechtsfolgen** eines Teilwiderspruchs s. Rz. 84.

Eine **Begründung** des Voll- oder Teilwiderspruchs ist nicht notwendig[139], aber zweckmäßig.

Wegen der Rechtsfolgen schreibt § 12 Abs. 3 Satz 1 aus Gründen der Rechtssicherheit **Schriftform** im Sinne des § 126 BGB vor[140] (s. dazu – auch

80

138c Ebenso LG München v. 13.3.1984 Az 21 O 1921/80 (unveröffentl.) im Anschluss an Volmer/Gaul Rz. 80 zu § 12; ferner ständ. Praxis d. Schiedsst., z.B. v. 30.11. 1989 Arb.Erf. 34/89 (unveröffentl.), dort Widerspruch i.H.a. den Anteilsfaktor; v. 23.6.1993 ArbErf. 9/92 (unveröffentl.) u.v. 28.10.1993 Arb.Erf. (unveröffentl.); zust. auch Reimer/Schade/Schippel/Kaube Rz. 37 zu § 12; Busse/Keukenschrijver, PatG, Rz. 23 zu § 12 ArbEG; vgl. auch Amtl. Begr. zu § 11 Abs. 5 d. Entw. (Fn. 130) S. 30 = Blatt 1957, 235.
138d Schiedsst. v. 30.11.1989 (Fn. 138c); v. 28.10.1993 (Fn. 138c); Reimer/Schade/Schippel/Kaube Rz. 38 zu § 12.
138e Zutreffend Volmer/Gaul Rz. 80 zu § 12; im Ergebn. auch Schiedsst. ZB v. 11.5.1990 (Arb.Erf. 102/89 – unveröffentl.), wonach ein Widerspruch die gesamte Festsetzung erfasst, auch wenn die Begründung nur einen bestimmten Aspekt herausgreift.
139 OLG Frankfurt v. 26.5.1977 (Fn. 138); Reimer/Schade/Schippel/Kaube Rz. 38 zu § 12.

§ 12

zu § 126 a BGB – Rz. 35 ff. zu § 5). Damit ist z.B. ein Widerspruch durch Telefax unwirksam[140a] (s. auch Rz. 36.1 zu § 5). Allerdings können die Parteien die Schriftform nach Meldung abbedingen (§ 22 Satz 2).

2. Frist

81 Der Widerspruch ist an eine Frist von **2 Monaten** gebunden. Es handelt sich dabei um eine nicht verlängerbare **Ausschlussfrist**[141] (s. dazu Rz. 45 ff. zu § 6). Sie beginnt mit Zugang (s. dazu Rz. 10 ff. zu § 5) der wirksamen Festsetzung beim Arbeitnehmer (s. auch Rz. 54). Geht der Widerspruch dem Arbeitgeber nicht innerhalb der Frist zu, wird die Festsetzung verbindlich. Zur Fristwahrung durch Anrufung der Schiedsstelle s. Rz. 18 zu § 31. Diese Wirkung tritt auch dann ein, wenn der Arbeitnehmer Lauf und Dauer der Frist nicht kannte oder sich darüber irrte; das Fristversäumnis kann nicht angefochten werden (s. Rz. 74). Nach Meldung können die Arbeitsvertragsparteien die Ausschlussfrist als solche abbedingen (§ 22 Satz 2).

82 Eine Pflicht des Arbeitgebers zur **Belehrung** über die Frist und die Rechtsfolgen des Fristablaufs besteht mangels gesetzlicher Regelung (vgl. dagegen § 8 TVG) grundsätzlich nicht, so dass der Arbeitnehmer aus dem fehlenden Hinweis des Arbeitgebers keine rechtlichen Konsequenzen herleiten kann[142] (s. auch Rz. 39 zu § 16). Etwas anderes kann aus dem Gesichtspunkt der Fürsorgepflicht allerdings dann gelten, wenn sich der Arbeitnehmer in einem für den Arbeitgeber erkennbaren Irrtum über die Rechtslage befindet oder wenn er ausdrücklich eine Auskunft über die Rechtslage erbittet (s. Rz. 20 zu § 25).

3. Rechtsfolgen

83 Die Wirkung der Festsetzung kann der Arbeitnehmer **nur** durch den **Widerspruch** beseitigen, es sei denn, die Arbeitsvertragsparteien haben sich zwischenzeitlich über eine erneute Festsetzung geeinigt bzw. die Vergütung einverständlich festgestellt und damit die ursprüngliche Festsetzung außer Kraft gesetzt (zur **schlüssigen Änderung** von getroffenen Vergütungsregelungen s. Rz. 18.4). Trotz unterbliebenen Widerspruchs ist die

---

140 Amtl. Begr. (Fn. 130) S. 30 = Blatt 1957, 234 aE; Schiedsst. v. 4.3.1993 EGR Nr. 79 zu § 12 ArbEG (zu § 126 BGB a.F.).
140a Schiedsst. ZB v. 22.7.1992/EV. v. 4.3.1993 EGR Nr. 79 zu § 12 ArbEG.
141 Wohl allg. A., z.B. Volmer Rz. 37 zu § 12; Busse/Keukenschrijver, PatG, Rz. 25 zu § 12 ArbEG.
142 Schiedsst. v. 8.6.1973 Blatt 1973, 366, 377; v. 2.2.1981 Blatt 1981, 420, 421; v. 4.3.1993 EGR Nr. 79 zu § 12 ArbEG; vgl. auch allg. BAG v. 15.6.1972 DB 1972, 1780; weitergehend f.d. öffentl. Dienst Volz Öffentl. Dienst (1985) S. 186).
143-144 frei

§ 12

Festsetzung gegenstandslos, wenn diese wegen Verstoßes gegen § 12 Abs. 3 (s. dazu Rz. 49 ff., insbes. Rz. 53) oder wegen Unbilligkeit nach § 23 (s. dort Rz. 21 ff.) unwirksam ist (zur Anfechtung s. Rz. 74; zum Quotenwiderspruch bei Miterfindern s. Rz. 90). Bei nachträglich veränderten Umständen kommt ein Anpassungsanspruch nach § 12 Abs. 6 in Betracht (s. Rz. 95 ff.).

Seiner **Rechtsfolge** nach führt der Widerspruch grundsätzlich zur Unverbindlichkeit der gesamten Vergütungsfestsetzung (zur Zahlungsverpflichtung s. Rz. 75).   84

Greift der Arbeitnehmer die Festsetzung nur partiell an (**Teilwiderspruch**, s. dazu Rz. 79), also etwa hinsichtlich der Art, der Höhe oder einzelner Berechnungsfaktoren der Vergütung, wird die Vergütungsfestsetzung im Übrigen nach § 12 Abs. 4 Satz 2 verbindlich[145]. Folglich lässt z.B. ein auf den Anteilsfaktor beschränkter Widerspruch des Arbeitnehmers den festgesetzten Erfindungswert unberührt[145a]. Dieser Grundsatz gilt jedoch nicht uneingeschränkt: Von einem Teilwiderspruch erfasst und damit unverbindlich werden – über die vom Arbeitnehmer unmittelbar angegriffenen Berechnungsbestandteile hinaus – auch solche, die in einem untrennbaren sachlichen, insbesondere wirtschaftlichen oder technischen Zusammenhang stehen[145b] wie etwa (technisch-wirtschaftlich) Bezugsgröße und Lizenzsatz[145c]. Auf Grund eines Teilwiderspruches unverbindlich bleiben auch solche Faktoren bzw. Modalitäten, die nach der aus der Festsetzung erkennbar gewordenen Vorstellung des Arbeitgebers miteinander verbunden worden sind[145d] (Rechtsgedanke des § 139 BGB). Dies kann etwa beim Anteilsfaktor relevant sein, wenn der Arbeitnehmer nur einem einzelnen Teilwert widerspricht. Dies gilt ferner dann, wenn der Arbeitgeber zum Ausdruck bringt, im Falle eines Widerspruchs gegen den Erfindungswert auch über den aus seiner Sicht entsprechend den Vorstellungen des Erfinders großzügig bemessenen Anteilsfaktor neu verhandeln zu müssen. Stets muss jedoch ein derartiges Junktim zwischen Erfindungswert und Anteilsfaktor eindeutig aus der Festsetzung erkennbar sein, da diese Berechnungsfaktoren nach ihrem Charakter nicht in einem systematischen Zusammenhang stehen[145e] und sich wechselseitig nicht beeinflussen[146] (z. Teileinigung s. Rz. 17).

---

145   LG München v. 13.3.1984 Az 21 O 19217/80 (unveröffentl.) i. Anschl an Volmer/Gaul Rz. 80 zu § 12; Schiedsst. v. 30.11.1989 ArbErf. 34/89 (unveröffentl.); Reimer/Schade/Schippel/Kaube Rz. 37 zu § 12.
145a Z.B. Schiedsst. v. 30.11.1979 (Fn. 145).
145b Ebenso Schiedsst. v. 23.6.1993 Arb.Erf. 9/92 (unveröffentl.) u.v. 28.10.1993 Arb.Erf. 136/92 (unveröffentl.).
145c Schiedsst. v. 23.6.1993 (Fn. 145b) u.v. 28.10.1993 (Fn. 145b).
145d Ebenso Volmer/Gaul Rz. 80 zu § 12; Schiedsst. v. 28.10.1993 (Fn 145b) u.v. 25.3.1994 Arb.Erf. 64/93 (unveröffentl.).
145e Schiedsst. v. 28.10.1993 (Fn. 145b); v. 25.3.1994 (Fn. 145d).

§ 12

85 Soweit der Vergütungsfestsetzung widersprochen worden ist, bleiben die **Rechtsbeziehungen** der Beteiligten auf Grund des Widerspruchs **in der Schwebe**[140]. Der Arbeitnehmer kann die Diskussion über die Vergütung offen halten[147] und hat solange jedenfalls Anspruch auf die »festgesetzte« Vergütung (s. Rz. 75).
Bei Widerspruch ist es dem **Arbeitgeber verwehrt, einseitig erneut** die Vergütung **festzusetzen**[148]. Dies gilt auch bei einem Teilwiderspruch (bei Widerspruch gegen den Miterfinderanteil s. Rz. 93). Der BGH leitet dies aus Sinn und Zweck der Regelung (s. oben Rz. 2) und dem aus § 315 BGB folgenden allgemeinen Schutzgedanken her[148a]. Demgegenüber folgern dies Schiedsstelle und Schrifttum daraus, dass in § 12 Abs. 4 eine dem Abs. 5 Satz 2 entsprechende Regelung fehlt[148b]. Der Arbeitgeber kann folglich nur im Einvernehmen mit dem Arbeitnehmer eine neue Festsetzung vornehmen. Ferner können auf Anstoß einer Vertragspartei hin neue Verhandlungen mit dem Ziel einer Einigung über Art und Höhe der Vergütung aufgenommen werden[148c]; allerdings sind weder Arbeitgeber noch Arbeitnehmer verpflichtet, initiativ zu werden oder zur Herbeiführung einer Einigung die Schiedsstelle anzurufen[148d]. In einer (unwirksamen, erneuten) Festsetzung kann jedoch ein **Vertragsangebot** des Arbeitgebers liegen, das (auch durch konkludentes Handeln) vom Arbeitnehmer angenommen werden kann[148e]. Dies kann beispielsweise in der widerspruchslosen Hinnahme der neuen Festsetzung und Entgegennahme entsprechender Vergütungszahlungen liegen (s. Rz. 18 ff.).
Ist die **Festsetzung unwirksam** (s. dazu insbes. Rz. 53), ist der Arbeitgeber nach der hier vertretenen Auffassung – auch im Falle des Widerspruchs – zur erneuten Festsetzung berechtigt. Dies wird insbesondere bei Unbilligkeit der Festsetzung relevant (s. dazu Rz. 7.2, 21 ff. u. 34 zu § 23). Bei wesentlicher **Änderung der Umstände** kann gem. § 12 Abs. 6 eine neue Vergütungsregelung verlangt werden. Ansonsten steht keiner Arbeitsvertragspartei ein klagbarer Anspruch auf Mitwirkung des anderen Partners an einer Vergütungsregelung zu. Unterbleiben bzw. scheitern neue Verhand-

---

146 Schiedsst. v. 22.2.1996 Arb.Erf. 66/94 (unveröffentl.).
147 Schiedsst. v. 2.2.1981 Blatt 1981, 420, 421; ebenso im Ergebn. Schiedsst. v. 30.11.1989 ArbErf (unveröffentl.).
148 BGH v. 17.5.1994 GRUR 1994, 898, 901 – Teilkristalline Copolyester; LG Düsseldorf v. 8.3.1994 Az. 4 O 6/92 (unveröffentl.); Schiedsst. v. 6.2.1984 Blatt 1985, 118, 119; Reimer/Schade/Schippel/Kaube Rz. 39 zu § 12; Volmer/Gaul Rz. 82 zu § 12; vgl. auch OLG Frankfurt v. 21.3.1985 EGR Nr. 54 zu § 12; a.A. Haager i. Anm. WiB 1994, 739, 740.
148a BGH v. 17.5.1994 (Fn. 148); a.A. Haager (Fn. 148).
148b Schiedsst. v. 6.2.1984 (Fn. 148); Reimer/Schade/Schippel/Kaube (Fn. 148); Volmer/Gaul (Fn. 148); ebenso bereits Vorauflage.
148c BGH v. 17.5.1994 (Fn. 148).
148d Reimer/Schade/Schippel/Kaube Rz. 37, 39 zu § 12.
148e BGH v. 17.5.1994 (Fn. 148).

§ 12

lungen oder erklärt sich der Arbeitnehmer mit einer erneuten »Festsetzung« nicht einverstanden, so muss er seine über die ursprüngliche Festsetzung hinausgehende (s. dazu Rz. 73 ff.) Vergütungsforderung im Schiedsstellenverfahren bzw. im Klagewege durchsetzen (§§ 28 ff., 37 ff.), wobei auch ein unbezifferter Antrag zulässig ist (§ 38)[149].

Entgegen dem früheren Recht (§ 5 Abs. 3 Satz 2 i.V.m. § 10 Abs. 1 DVO 1943) sieht das ArbEG **keine Pflicht** des Arbeitnehmers vor, im Falle des Widerspruchs die **Schiedsstelle oder das Gericht anzurufen**; dadurch soll vermieden werden, dass der Arbeitnehmer, der vielfach vor der Einleitung eines derartigen »Streitverfahrens« zurückschreckt, auf seine vermeintlichen Rechte verzichtet[140]. 86

Eine zeitliche Grenze des Schwebezustandes kann sich allerdings aus den Grundsätzen der Verjährung (s. hierzu Rz. 39 ff zu § 9) bzw. der **Verwirkung** ergeben[149a], wenn der Arbeitnehmer längere Zeit zuwartet, seinen Anspruch in Verhandlungen mit dem Arbeitgeber oder im Schiedsstellen- bzw. Klageverfahren geltend zu machen (zur Verwirkung s. Rz. 46 ff. zu § 9). Die Verwirkung betrifft allerdings nur sein durch den Widerspruch begründetes Recht auf erneute Vergütungsbemessung, so dass in diesem Falle die angefochtene Festsetzung Verbindlichkeit erlangt[150].

Unberührt von dem Widerspruch bleibt die **Fälligkeit des Zahlungsanspruchs**[151] Der Arbeitgeber **ist trotz des Widerspruchs verpflichtet,** jedenfalls **die in seiner Festsetzung bezifferte Vergütung** an den Arbeitnehmer (weiter) **zu zahlen** (s. Rz. 75). Die bloße Entgegennahme des festgesetzten Vergütungsbetrages durch den Arbeitnehmer bedeutet im Regelfall noch keinen Verzicht auf den Widerspruch bzw. auf Rechte aus einem erhobenen Widerspruch; auch wenn man trotz des Schriftformerfordernisses für den Widerspruch einen formlosen (stillschweigenden) Verzicht für möglich erachtet, sind daran doch strenge Anforderungen zu stellen (s. auch Rz. 18.4 u. 54). Nach Ansicht der Schiedsstelle liegt in dem Widerspruch mit gleichzeitigem Zahlungsverlangen eine den Verzug begründende Mahnung[152] (s. hierzu Rz. 28 zu § 9). 87

---

149 Vgl. OLG Frankfurt v. 26.5.1977 EGR Nr. 19 zu § 12 ArbEG u. Volmer/Gaul Rz. 82 zu § 12; vgl. auch BGH v. 17.5.1994 (Fn. 148).
149a Zustimmend Schiedsst. v. 30.11.1989 Arb.Erf. 34/89 (unveröffentl.) dort bei einem Intervall von sieben Jahren, zumal sich der Erfinder in der Zwischenzeit (nur) auf andere vergütungsrechtliche Streitpunkte berufen hatte, die mit dem ursprünglichen Widerspruch nichts zu tun hatten.
150 Reimer/Schade/Schippel/Kaube Rz. 37 zu § 12.
151 Lindenmaier/Lüdecke Anm. 8 zu § 12.
152 Schiedsst. v. 13.11.2001 Arb.Erf. 76/99 (unveröffentl.).
153-155 frei

§ 12

IX. Widerspruch bei Arbeitnehmer-Miterfindern (Abs. 5 Satz 1)

88 Sind an dem Zustandekommen der Diensterfindung mehrere Arbeitnehmer beteiligt (Miterfinder, s. dazu Rz. 44 ff. zu § 5), so hat die Festsetzung jedem einzelnen gegenüber gesondert zu erfolgen (s. Rz. 54). Jeder Miterfinder kann der ihn betreffenden Festsetzung widersprechen. Für den Widerspruch des Miterfinders sind ebenfalls die in § 12 Abs. 4 genannten Erfordernisse, insbesondere **Schriftform** und **Frist**, einzuhalten. Die Frist bemisst sich nach dem individuellen Zugang der Festsetzung bei dem jeweiligen Arbeitnehmer.

89 **Grundsätzlich** lässt der Widerspruch eines Miterfinders die Festsetzung bzw. die Vergütung der übrigen Miterfinder **unberührt**[156].

90 Etwas anderes gilt nach der **Ausnahmevorschrift** des § 12 Abs. 5 Satz 1 allerdings dann, wenn ein Miterfinder der Festsetzung mit der Begründung widerspricht, dass sein Quotenanteil (Miterfinderanteil; s. dazu 30 ff.) **unrichtig** bemessen worden sei **(Quotenwiderspruch)**. In diesem Fall wird auch die den übrigen Miterfindern gegenüber vorgenommene Festsetzung nicht verbindlich und eine Zahlungspflicht entsprechend der (ursprünglichen) Festsetzung besteht nicht (s. Rz. 75). Dadurch soll verhindert werden, dass der Arbeitgeber auf Grund einer neuen Festsetzung eines erhöhten Erfinderanteils zur Zahlung einer höheren Gesamtvergütung verpflichtet werden könnte, obwohl nicht wegen dieser, sondern nur wegen der Festsetzung des Quotenanteils Widerspruch erhoben worden ist[157]. Ein Quotenwiderspruch ist treuwidrig und stellt eine unzulässige Rechtsausübung dar, wenn er sich gegen solche Miterfinderanteile richtet, die der Arbeitgeber auf Grund einer vorangegangenen Verständigung zwischen den Miterfindern übernommen hat[157a] (s. Rz. 32.2 f.). Zur Korrektur der Miterfinderanteile im Rahmen eines Einigungsvorschlags s. Rz. 26 zu § 34.

91 Fehlt eine **Begründung**, so liegt ein »einfacher Widerspruch« (s. Rz. 79) und kein solcher im Sinne des § 12 Abs. 5 Satz 1 vor, es sei denn, der Arbeitnehmer reicht eine dahingehende, förmliche Begründung – ggf. auf Hinweis des Arbeitgebers – innerhalb der Zwei-Monats-Frist des § 12 Abs. 4 Satz 1 nach.

92 Der **Widerspruch** nach § 12 Abs. 5 Satz 1 **betrifft** – entsprechend dem Gesetzeswortlaut – die **übrigen Miterfinder** nur dann, wenn auch ihnen gegenüber die Vergütung einseitig festgesetzt worden ist, nicht dagegen, wenn mit diesen bereits eine einverständliche Vergütungsregelung (Feststellung) besteht[158] (s. auch Rz. 28, 33). Daher ist der Arbeitgeber – entge-

---

156 Lüdecke Erfindungsgemeinschaften (1962) S. 95 f.; Tetzner GRUR 1968, 292, 293; Volmer Rz. 47 zu § 12 u. Volmer/Gaul Rz. 131 zu § 12.
157 Amtl. Begr. (Fn. 130) S. 30 = Blatt 1957, 235.
157a I.d.S. BGH v. 17.5.1994 (Fn. 148) S. 902.
158 Zutr. Tetzner (Fn. 156) S. 294 f.; a.A. die h.M., Lüdecke (Fn. 156) S. 96, Volmer Rz. 48 zu § 12 u. Volmer/Gaul Rz. 132 ff. zu § 12; Busse/Keukenschrijver, PatG,

§ 12

gen der h.M. – nach § 12 Abs. 5 Satz 2 nur hinsichtlich des erstgenannten Personenkreises berechtigt, die Vergütung neu festzusetzen[158]. Dabei wird nicht verkannt, dass dies den Arbeitgeber bei ungeklärten Miterfinderanteilen zum Festsetzungsverfahren »zwingt«, will er das Risiko einer überhöhten Zahlung vermeiden.

Der Arbeitgeber ist nach § 12 Abs. 5 Satz 2 **berechtigt**, die Vergütung neu festzusetzen. Auf Grund des eindeutigen Gesetzeswortlautes kann u.E. auch vor dem Hintergrund der Zielsetzung des § 12 (s. oben Rz. 2) und der Fürsorgepflicht keine Rechtspflicht des Arbeitgebers zur **Neufestsetzung** angenommen werden, auch wenn dies sinnvoll erscheint, um dadurch eine Grundlage für zukünftige getrennte Abrechnungen zu ermöglichen[158a]. Für die Festsetzung gelten die Grundsätze des § 12 Abs. 3, d.h. es bedarf einer erneuten begründeten schriftlichen Erklärung (s. oben Rz. 49 ff., 54).   93

Die **inhaltlichen Änderungen der Neufestsetzung** können sich jedoch nur auf die Quotenanteile und die sich hieraus ergebende Neuregelung der Vergütung beziehen; zu einer Änderung der anderen Berechnungsfaktoren (Erfindungswert und Anteilsfaktor) oder gar zum Wechsel auf eine andere Berechnungsmethode ist der Arbeitgeber nicht berechtigt[159]. Diesem Ergebnis scheint zwar der sehr weitgehende Wortlaut des § 12 Abs. 5 S. 2 (»... die Vergütung für alle Beteiligten neu festzusetzen«) zu widersprechen; die hier vertretene einschränkende Auslegung rechtfertigt sich aber aus dem Ausnahmecharakter des § 12 Abs. 5, da der Gesetzgeber die Durchbrechung der Bestandskraft der übrigen Vergütungsfestsetzungen nur deshalb zugelassen hat, um den Arbeitgeber vor einer höheren Gesamtvergütung zu schützen (s. Rz. 90), so dass er dies nicht zum Anlass für eine Minderung der Gesamtvergütung nehmen kann.

Widerspricht ein Miterfinder dieser neuen Festsetzung, wird sie nur für ihn nicht verbindlich, es sei denn, er stützt dies auf eine wiederum falsche Bemessung der Quotenanteile; insoweit gilt dann § 12 Abs. 5 Satz 1 entsprechend. Der Arbeitgeber ist aber nunmehr zu einer Neufestsetzung weder verpflichtet noch berechtigt, es sei denn, alle Beteiligten würden dem zustimmen. Im Übrigen gilt das oben Gesagte (s. Rz. 85 f.) entsprechend.   93.1

Tritt erst **nachträglich** ein **Miterfinder** in Erscheinung, so kann der Arbeitgeber eine zwischenzeitlich verbindlich gewordene Vergütungsfestlegung gemäß § 119 BGB bzw. (wegen vorsätzlichen Verstoßes gegen § 5   94

Rz. 27 zu § 12 ArbEG; wohl auch BGH v. 2. 12. 1960 GRUR 1961, 338, 341 (zu 4 a) – Chlormethylierung u.v. 17.5.1994 GRUR 1994, 898 901 – Copolyester I; Reimer/Schade/Schippel (5. Aufl. 1975) Rz. 42 zu § 12.

158a Weitergehend möglicherweise BGH v. 17.5.1994 (Fn. 158), wenn dort »ein weiterer Versuch der Festsetzung« als »zumindest zweckmäßig, wenn nicht gar notwendig« bezeichnet wird.

159 Zutreffend Reimer/Schade/Schippel/Kaube Rz. 54 zu § 12; vgl. auch BGH v. 2.12. 1960 u.v. 17.5.1994 (beide Fn. 158); a.A. Tetzner (Fn. 156) u. wohl auch Lindenmaier/ Lüdecke Anm. 9 zu § 12.

§ 12

Abs. 2 Satz 2) gemäß § 123 BGB anfechten[160], so dass die Vergütung im Verfahren nach § 12 neu festzustellen und ggf. neu festzusetzen ist[161]. Darüber hinaus kann auch eine Unwirksamkeit nach § 23 in Betracht kommen[162]; § 12 Abs. 6 Satz 1 findet dagegen keine Anwendung (s. Rz. 110). Für Nutzungshandlungen in der Vergangenheit gilt folgendes: Den bisher bekannten Erfindern steht lediglich ein ihrem tatsächlichen (objektiven) Miterfinderanteil entsprechender Vergütungsanspruch zu; soweit diese bereits (höhere) Vergütungszahlungen erlangt haben, steht einer Rückforderung grundsätzlich das Rückforderungsverbot des § 12 Abs. 6 Satz 2 entgegen[163]. Der nachträglich bekannt gewordene Miterfinder hat einen Vergütungsanspruch erst für die Nutzungshandlungen, die nach unbeschränkter Inanspruchnahme seines Miterfinderanteils (zukünftig) erfolgen; dies folgt aus dem Wortlaut des § 9 Abs. 1 ArbEG (s. Rz. 31 f. zu § 9). Haben die bisher bekannten Erfinder unter Verstoß gegen § 5 Abs. 2 Satz 2 die Mitarbeit weiterer Miterfinder bewusst verschwiegen, so greift das Rückforderungsverbot des § 12 Abs. 6 Satz 2 nicht ein (s. unten Rz. 157). Dementsprechend sind für Nutzungen in der Vergangenheit erbrachte erhöhte Vergütungsbeträge nach den Grundsätzen der §§ 812 ff. BGB von den bisher bekanntgewordenen Erfindern an den Arbeitgeber zurückzuzahlen. Ungeachtet dessen können möglicherweise Schadensersatzansprüche des Arbeitgebers als auch des nicht benannten Miterfinders gegenüber den bisher bekannt gewordenen Erfindern bestehen (§§ 823, 826 BGB), wobei aber stets im Einzelfall zu prüfen ist, aus welchem Grund der nachträglich sich meldende Miterfinder eine frühere Meldung seines Miterfinderbeitrages gem. § 5 ArbEG unterlassen hat (s. i. übrigen unten Rz. 110).

E. Neuregelung der Vergütung bei wesentlich geänderten Umständen (Abs. 6 Satz 1)

I. Grundsatz

95 In Anlehnung an das frühere Recht (§ 5 Abs. 5 Satz 1 DVO 1943) sieht § 12 Abs. 6 Satz 1 die Möglichkeit der Neuregelung der Vergütung bei nachträglicher wesentlicher Änderung der ursprünglichen Umstände vor (zur Durchsetzung des Anpassungsanspruchs s. unten Rz. 145 ff., zu den Kriterien der Anpassung s. Rz. 149 ff.). Damit soll den besonders unsicheren und schwer vorhersehbaren Entwicklungs- und Verwertungsmöglichkeiten

---

160 Vgl. auch BGH v. 17.4.1973 GRUR 1973, 649, 650 r.Sp. – Absperrventil; ebenso Busse/Keukenschrijver, PatG, Rz. 28 zu § 12 ArbEG; wie hier nunmehr Reimer/Schade/Schippel/Kaube Rz. 42 zu § 12.
161 Ausf. zu dieser Problematik Gaul/Bartenbach, Handbuch N 303 ff.
162 Schiedsst. EV. v. 2.12.1982 ArbErf. 24/82 (unveröffentl.).
163 Ebenso Volmer/Gaul Rz. 266 zu § 12.
164-169 frei

§ 12

bei Erfindungen[170], also deren ungewissem rechtlichen, technischen und wirtschaftlichen Schicksal ebenso wie den schwer voraussehbaren zukünftigen Verhältnissen des Unternehmens und dessen wirtschaftlicher Entwicklung Rechnung getragen werden[171]; nur so ist gewährleistet, dass das Gebot der Angemessenheit der Vergütung (s. dazu Rz. 69 ff. zu § 9) auch für die Zukunft gewahrt bleibt[172]. Bei Vergütungsvereinbarungen, die die Überlassung von Rechten an freien Erfindungen betreffen, greift § 19 Abs. 4 ein (s. dort Rz. 69 ff.).

Für Alterfindungen aus der Zeit der **ehemaligen DDR** enthält das fortwirkende DDR-Recht (s. dazu Einl. Rz. 31 ff.) mit § 7 EDB-PatG-DDR-1990 eine vergleichbare Regelung[172a].

§ 12 Abs. 6 Satz 1 ist eine **Schutzvorschrift** für beide Vertragsteile, insbesondere aber für den in der Regel wirtschaftlich schwächeren Arbeitnehmer[172b].

§ 12 Abs. 6 setzt eine bestehende **Vergütungsregelung** voraus, sei es in der Form einer Vergütungsvereinbarung (§ 12 Abs. 1 u. 2; s. oben Rz. 14 ff.), sei es in der Form einer Vergütungsfestsetzung (§ 12 Abs. 3–5; s. dazu oben Rz. 40 ff.). Erfasst werden auch verbindlich gewordene Einigungsvorschläge i.S.d. § 34 (s. dort Rz. 37) wie auch rechtskräftige Urteile (s. Rz. 96.3). Ist der Arbeitgeber auf Grund Widerspruchs gemäß § 12 Abs. 4 einseitig an eine von ihm vorgenommene Vergütungsfestsetzung gebunden (s. Rz. 75), steht ihm auch insoweit der Anpassungsanspruch unter den Voraussetzungen des § 12 Abs. 6 zu[173]. 96

Ein **Verzicht auf diesen Anpassungsanspruch** ist nach Erfindungsmeldung grundsätzlich zulässig[173a] (§ 22 Satz 2; vgl. auch die abweichende Regelung des § 36 Abs. 3 UrhG[173b]); allerdings sind die Schranken des § 23 zu beachten[173c]. Eine Unbilligkeit liegt regelmäßig nicht vor, wenn für das Ab- 96.1

---

170 Vgl. Amtl. Begr. in BT-Drucks. II/1648 S. 31 = Blatt 57, 235.
171 Vgl. BGH v. 17. 4. 1973 GRUR 1973, 649, 651 r.Sp. – Absperrventil = LM Nr. 68 zu § 242 BGB (B b) BGB m. Anm. Bruchhausen; Busse/Keukenschrijver, PatG, Rz. 29 zu § 12 ArbEG.
172 LG Nürnberg/Fürth v. 11. 12. 1968 BB 1969, 535, 536.
172a Vgl. dazu Möller Die Übergangsbestimmungen f. ArbNErf. i. d. neuen Bundesländern (1996) S. 237 ff. (dort auch zum begrenzten Anwendungsbereich und zur Geltung des Einwandes des Wegfalls d. Geschäftsgrundlage).
172b BGH v. 17.4.1973 (Fn. 171) S. 651 l.Sp.; Beck-Mannagetta BB 1976, 421, 422.
173 So wohl auch Reimer/Schade/Schippel/Kaube Rz. 41 zu § 12.
173a Vgl. BGH v. 20.11.1962 GRUR 63, 315, 316 f. – Pauschalabfindung. Auch die Schiedsst. geht von der Abdingbarkeit des Anpassungsanspruchs aus (so z.B. EV v. 19.8.1999 Arb.Erf. 77/97 u. v. 19.12.1995 Arb.Erf. 3 (B) 94; im Ergebnis bereits EV. v. 29.3.1989 Arb.Erf. 27/88; v. 8.3.1991 Arb.Erf. 46/90 u.v. 13.6.1991 Arb.Erf. 105/89 – alle unveröffentl.); Reimer/Schade/Schippel/Kaube Rz. 58 zu § 12.
173b S. hierzu LG Oldenburg v. 3.2.1994 CR 1995, 39.
173c Schiedsst. v. 17.3.1994 Arb.Erf. 177/92 (unveröffentl.); im Ergebn. auch Schiedsst. v. 8.3.1991 (Fn. 173a); wie hier Busse/Keukenschrijver, PatG, Rz. 29 zu § 12 ArbEG.

§ 12

bedingen des Anpassungsanspruchs ein zusätzliches angemessenes Entgelt erbracht wird[173d]. Da es um den »Verkauf« der in diesem Zeitpunkt völlig ungewissen bloßen Chance eines Abänderungsanspruchs geht, stellt sich dieser Verzicht als ein risikobehaftetes, gewagtes Geschäft dar, bei dem für die Anwendung der Grundsätze über das Fehlen oder den Wegfall der Geschäftsgrundlage (§ 313 BGB) grundsätzlich ebenso wenig Raum ist wie für die Annahme einer Unbilligkeit. Inwieweit das Entgelt für den Verzicht angemessen ist, beurteilt sich ausschließlich nach der Situation im Augenblick des Vertragsabschlusses über den Verzicht und nicht nach evtl. späteren ungewöhnlichen Entwicklungen, die die Parteien gerade in Kauf nehmen wollten (Risikogeschäft). Stets muss dieser Verzicht konkret geäußert bzw. formuliert werden[173e], also klar und eindeutig für den Arbeitnehmer erkennbar sich (auch) auf § 12 Abs. 6 beziehen[174]. Eine allgemeine Ausgleichsklausel bzw. eine Klausel, wonach mit der Pauschalvergütungszahlung alle weitergehenden Ansprüche abgegolten sind, reicht hierfür grundsätzlich nicht aus (vgl. auch Rz. 60 zu § 26)[174a].

96.2 Ebenso wie der allgemeine Anpassungsanspruch nach § 313 BGB **verjährt** der Anspruch auf Neuregelung nach § 12 Abs. 6 Satz 1 ArbEG gemäß §§ 195, 199 BGB regelmäßig in 3 Jahren ab Ende des Jahres, in dem der Berechtigte Kenntnis der relevanten Umstände erlangt hat oder hätte erlangen müssen[174b]. Kennt ein leitender Mitarbeiter anspruchsbegründende Umsatzsteigerungen, kann von ihm ein so rechtzeitiges Geltendmachen des Anpassungsanspruchs erwartet werden, dass der Arbeitgeber sich hierauf in seiner Kalkulation oder für eventuelle Rückstellungen einstellen kann.

Ein solcher Sachverhalt kann im Einzelfall auch schon zur Verwirkung führen[174c].

Der Anspruch auf Neuregelung kann sowohl dem Grunde als auch seinem Umfang nach durch treuwidriges Zuwarten **verwirkt** werden, woran allerdings strenge Anforderungen zu stellen sind (s. allg. Rz. 46 ff. zu § 9). Mit Blick auf die kurzen Verjährungsfristen (s. Rz. 39 zu § 9) wird eine Verwirkung regelmäßig aber selbst dann nicht greifen, wenn der Arbeitnehmer seine weitergehenden Vergütungsansprüche zunächst – auch anwaltlich vertreten – geltend gemacht, dann aber lange Zeit bis zu seinem Ausscheiden nicht weiter verfolgt hat, um erkennbar das Betriebsklima nicht zu gefährden, da der Arbeitgeber auf Grund des früheren Verhaltens des Arbeitnehmers mit Nachforderungen unverändert rechnen musste[174d]. Mitentscheidend kann auch sein, ob der Arbeitgeber seinerseits ihm oblie-

---

173d Ebenso Reimer/Schade/Schippel/Kaube Rz. 58 zu § 12.
173e Schiedsst. v. 13.6.1991 (Fn. 173a).
174 Schiedsst. v. 17.3.1994 (Fn. 173c).
174a Seiz BB 1985, 808, 810; Volmer/Gaul Rz. 302 zu § 12.
174b S. allgem. AnwKom-BGB-Krebs Rz. 58 zu § 313 BGB.
174c So allgemein Krebs (Fn. 174b).
174d Schiedsst. v. 14.4.1986 ArbErf. 1 (B)/84 (unveröffentl.).

§ 12

gende gesetzliche Informationspflichten erfüllt hat. Die Sachverhalte, in denen bisher eine Verwirkung angenommen worden ist (s. Vorauflage Rz. 96.2) sind angesicht der nunmehr kurzen Verjährungsfristen (s. Rz. 39 ff. zu § 9) weitgehend gegenstandslos. Da die Verwirkung kein Verschulden voraussetzt, kann sie auch bei Unkenntnis des Arbeitnehmers von seinen gesetzlichen Rechten eintreten[174e].

Zwischen dem Anpassungsanspruch aus § 12 Abs. 6 und der **Abänderungsklage nach § 323 ZPO** besteht keine Gesetzeskonkurrenz; auf Grund der eigenständigen Regelung des § 12 Abs. 6 kann jede Arbeitsvertragspartei trotz Rechtskraft eines die Vergütungsfrage entscheidenden Urteils (für die Folgezeit) eine Neuregelung verlangen, wenn sich nachträglich die Umstände wesentlich ändern[174f], dies gilt jedoch dann nicht, wenn der Anpassungsanspruch bereits Streitgegenstand gewesen ist.

96.3

II. Wesentliche Änderung der Umstände

Die Vorschrift stellt – ähnlich wie die urheberrechtliche Anpassungsregelung des § 36 UrhG[174g] – einen gesetzlich normierten Anwendungsfall der Lehre vom **Wegfall der Geschäftsgrundlage** (§ 313 BGB n.F.) dar, die als besondere Ausprägung des Grundsatzes von Treu und Glauben aus § 242 BGB abgeleitet wird[175].

97

1. Beurteilungsmaßstäbe

Für die Beurteilung einer Änderung sind **zunächst die tatsächlichen Umstände und möglichen Entwicklungen festzustellen**, die die Parteien **bei der Feststellung bzw. Festsetzung der Vergütung** berücksichtigt haben[176]. Sind keine Umstände ausdrücklich genannt (bzw. ausgeschlossen) oder sonstwie offensichtlich, sind alle diejenigen zugrunde zu legen, die üblicherweise bei der Ermittlung der Vergütung von Bedeutung sind, also die in § 9 Abs. 2, § 10 Abs. 1 genannten Bemessungsfaktoren einschl. der in den

98

174e Schiedsst. v. 28.4.1986 Arb.Erf. 76/84 (unveröffentl.).
174f Abw. wohl Volmer/Gaul Rz. 253 zu § 12.
174g Zum Rechtscharakter des § 36 UrhG s. BGH v. 22.1.1998 NJW 1998, 3716, 3719 – Comic-Übersetzungen.
175 Allg. A. BGH v. 17.4.1973 (Fn. 171) S. 651; ders. v. 5.12.1974 Blatt 1975, 204, 205 l.Sp. – Softeis; Reimer/Schade/Schippel/Kaube Rz. 45 zu § 12; Busse/Keukenschrijver, PatG, Rz. 29 zu § 12 ArbEG; vgl. auch zum Bereich des Arbeitsrechts BAG AP Nr. 17 zu § 242 BGB – Geschäftsgrundlage; LAG Hamm v. 9.2.1996 NZA-RR 1997, 17 f.
176 BGH v. 17.4.1973 (Fn. 171) S. 652 l.Sp.; i. Anschl. daran OLG Karlsruhe Az. 6 U 223/78 (unveröffentl.); Busse/Keukenschrijver, PatG, Rz. 31 zu § 12 ArbEG.

§ 12

Vergütungsrichtlinien genannten Grundsätze sowie darüber hinaus solche Umstände, die im konkreten Fall die Vergütung beeinflusst haben[176a].
Realisieren sich später Umstände, deren möglicher Eintritt den Beteiligten bereits beim Zustandekommen der Vergütungsregelung bekannt war und die zwangsläufig ins Auge gefasst werden mussten, können derartige Ereignisse keine anpassungsbedürftigen Veränderungen darstellen[176b]. § 12 Abs. 6 soll die Erfindervergütung an **unerwartete Nutzungsentwicklungen** anpassen, aber nicht den ausdrücklichen Vertragswillen der Arbeitsvertragsparteien ersetzen[176c]. Es geht nicht um eine Inhaltskontrolle (s. hierzu § 23, unten Rz. 103 f.), sondern allein um eine Anpassung an eine unerwartete Veränderung der einverständlich vorausgesetzten Geschäftsgrundlage.

Erfasst werden nur vergütungsrelevante Umstände, die **nachträglich** eingetreten sind, also nach Abschluss der Vergütungsvereinbarung (§ 12 Abs. 1) bzw. nach Zugang der Vergütungsfestsetzung (§ 12 Abs. 3) beim Arbeitnehmer[176d] (s. auch Rz. 104, 106 f. u. 152).

99 Ob eine (wesentliche) Veränderung eingetreten ist, bestimmt sich ausschließlich nach den Umständen und allgemeinen Verhältnissen, die **objektiv** erforderlich sind, um die ursprüngliche Vergütungsfestlegung nach den Vorstellungen beider Arbeitsvertragsparteien noch als sinnvolle Regelung bestehen zu lassen[177]. Entsprechend der für § 12 Abs. 6 maßgeblichen objektiven Theorie von der Geschäftsgrundlage[178] kommt es also nicht auf enttäuschte Erwartungen an; vielmehr nur darauf, **ob nachträgliche tatsächliche Veränderungen** dieser Umstände **objektiv** zu einem auffallenden »groben« – vgl. § 36 Abs. 1 UrhG a.F.) **Mißverhältnis** von Leistung (Überlassung von Erfindungsrechten) und Gegenleistung (festgelegte Erfindervergütung) geführt haben[178a]. Nur tatsächlich eingetretene spätere Änderungen können zu einer Anpassung führen, nicht dagegen geänderte

---

176a BGH v. 17.4.1973 (Fn. 171) S. 652 l.Sp.
176b Schiedsst. v. 28.9.1992 Arb.Erf. 67/91 (unveröffentl.); ähnl. Schiedsst. v. 22.3.1991 Mitt. 1993, 145, 147 – Sicherungsanordnung.
176c In diesem Sinne betont der BGH im Urteil vom 22.1.1998 (GRUR 1998, 680, 683 – Comic-Übersetzungen) das ungeschriebene Merkmal, nach dem das grobe Missverhältnis zwischen Nutzungserträgnissen und Gegenleistung unerwartet sein muss. Ist dagegen ein besonderer wirtschaftlicher Erfolg für die Vertragsparteien bei Vertragsabschluss bereits absehbar, fehlt es am Merkmal der Unerwartetheit, so dass eine Anpassung ausscheidet.
176d Allg. Ansicht, z.B. OLG Karlsruhe v. 12.12.2001 Az. 6 U 100/00 (unveröffentl.); Reimer/Schade/Schippel/Kaube Rz. 47 zu § 12.
177 BGH 17.4.1973 (Fn. 171) S. 651 r.Sp.
178 Zum Theorienstreit s. MünchKomm-Roth BGB Rz. 466 ff. zu § 242.
178a BGH 17.4.1973 (Fn. 171); zust. Schiedsst. v. 14.12.1995 Arb.Erf. 41/94 (unveröffentl.); s. ferner Beck-Mannagetta (Fn. 172b); Busse/Keukenschrijver, PatG, Rz. 30 zu § 12 ArbEG.

§ 12

Auffassungen der Beteiligten, z.B. über eine zukünftige Umsatzentwicklung, wenn diese tatsächlich noch nicht eingetreten ist.[178b]

Diese **Äquivalenzstörung** muss zudem **wesentlich** sein, d. h. Art und/oder Höhe der vereinbarten oder festgesetzten Vergütung müssen durch die eingetretenen tatsächlichen Änderungen in einem Maße beeinflusst sein, dass es Arbeitnehmer oder Arbeitgeber nicht mehr zuzumuten ist, an der bisherigen Regelung, d.h. an dem Grundsatz der Vertragstreue festzuhalten[178c]. Eine wesentliche Änderung ist immer dann anzunehmen, wenn nicht ernstlich zweifelhaft ist, dass eine der Parteien oder beide bei Kenntnis der Änderung den Vertrag nicht oder mit anderem Inhalt abgeschlossen hätten.[178d] 100

Im Unterschied zum früheren Recht ist jedoch nicht das Vorliegen einer **offenbaren Unbilligkeit** notwendig.[179] Auch muss es sich nicht um ein »schlechthin unerträgliches Missverhältnis« handeln.[180] Es genügt, dass sich die Umstände, die der Vergütungsvereinbarung zugrunde gelegt wurden, **wesentlich, d. h. in erheblichem Maße verändert haben.** 101

Aus der Begrenzung auf wesentliche Veränderungen folgt, dass die Parteien gewisse Veränderungen nicht nur dann in Kauf nehmen müssen, wenn sie solche bereits bei der Vergütungsfestlegung berücksichtigt haben, sondern auch dann, wenn sich die Veränderungen in den Grenzen eines **üblichen Risikos** bewegen und jedem Partner – mangels erheblichen Interessenungleichgewichts – ein weiteres Festhalten an der getroffenen Vergütungsregelung zuzumuten ist.[181] Nur die Veränderungen, die über diesen Bereich hinausgehen, sind im Rahmen des § 12 Abs. 6 beachtlich. 102

2. Verhältnis zu § 23

Das erhebliche Missverhältnis von Leistung und Gegenleistung muss **nachträglich** eingetreten sein (s. auch oben Rz. 98). 103

War die Vergütungsregelung **von vornherein unbillig,** liegt kein Fall des § 12 Abs. 6 (nachträgliche Anpassung des Vertrages), sondern ein solcher des § 23 (Inhaltskontrolle des Vertrages) vor. 104

Hat der Betroffene es versäumt, die Unbilligkeit in der Frist des § 23 Abs. 2 geltend zu machen, kann er sich diese Möglichkeit nicht wieder über § 12 Abs. 6 verschaffen; denn bei der Prüfung der Voraussetzungen des § 12 Abs. 6 ist davon auszugehen, dass die Vereinbarung ursprünglich an-

---

178b Schiedsst. v. 14.6.1994 Arb.Erf. 3/94 (unveröffentl.).
178c BGH v. 17.4.1993 (Fn. 177).
178d Palandt/Heinrichs BGB Rz. 125 zu § 242.
179 Ebenso Busse/Keukenschrijver (Fn. 178a) Rz. 32.
180 So BGH v. 22.1.1998 (Fn. 174g) zum Begriff des »groben Missverhältnisses« in § 36 Abs. 1 UrhG a.F.
181 Busse/Keukenschrijver (Fn. 178a) Rz. 32.

§ 12

gemessen und billig war[182]. Die Regelungen der §§ 23, 12 Abs. 6 bestehen also nicht nebeneinander, sondern schließen sich wechselseitig aus. S. im Übrigen Rz. 20 zu § 23. Erfolgt eine Neuregelung gemäß § 12 Abs. 6, kann diese selbstverständlich wieder an den Kriterien des § 23 gemessen werden.

3. Irrtumstatbestände

105 Bei **Irrtum einer Partei** bzw. bei arglistiger Täuschung steht u.U. die Möglichkeit einer Anfechtung gem. §§ 119, 123 BGB mit Wirkung ex tunc (§ 142 Abs. 1 BGB) offen (s. Rz. 20 f.).

106 Im Hinblick auf § 23 sind im Rahmen des § 12 Abs. 6 solche Umstände bedeutungslos, die ein **Leistungsmissverhältnis bereits zum Zeitpunkt des Zustandekommens** der Vergütungsregelung begründet haben, wozu auch die mangelnde Berücksichtigung eines Miterfinders (s. dazu Rz. 94) oder die unzutreffende (irrtümliche oder z.b. bewusst großzügige) Bemessung der Bewertungsfaktoren, etwa des Anteilsfaktors[189], zählt (s. auch Rz. 110, 152). Fehlbewertungen in der Vergütungsregelung können nicht nach § 12 Abs. 6, sondern nur nach § 23 geltend gemacht werden, sofern eine Anfechtung gem. §§ 119, 123 BGB ausscheidet. Fehler bei Auswahl und Berücksichtigung von Berechnungsgrößen gelten regelmäßig – ebenso wie sonstige **Kalkulationsfehler** – als unbeachtlicher Motivirrtum[190] (s. im Übrigen Rz. 20).

107 Da es im Rahmen des § 12 Abs. 6 nicht auf etwaige Fehl-Vorstellungen der Parteien ankommt, vermag ein **beiderseitiger Irrtum,** z.B. über die Bedeutung der Erfindung[191] (insbesondere deren Erfindungswert) oder über den Anteilsfaktor[192] des Arbeitnehmer-Erfinders eine Neufestsetzung nach dieser Vorschrift nicht zu begründen. Liegt eine vergleichsweise Vergütungsregelung vor, kann dieser beiderseitige Irrtum zur Unwirksamkeit

---

182 BGH 17.4.1973 (Fn. 171) S. 652 r.Sp. a.E.; Busse/Keukenschrijver (Fn. 178a) Rz. 32; diff. Seiz BB 1985, 808, 809.
183-188 frei
189 Vgl. LG Frankfurt v. 7.4.1976 EGR Nr. 18 zu § 12 ArbEG (zu II); im Ergebn. auch Schiedsst. ZB v. 1.6.1995 Arb.Erf. 34/93 u. v. 12.6.1996 ArbErf. 86/94 u. 19/95 (beide unveröffentl.).
190 Schiedsst. v. 6.7.1989 ArbErf. 108/88 (unveröffentl.) – dort für die unterbliebene Berücksichtigung von anderweitigen Patenten im Rahmen eines Schutzrechtskomplexes; v. 26.4.1994 Arb.Erf. 2/94 (unveröffentl.) – dort für eine Jahresstaffel anstelle der nach RL Nr. 11 vorgegebenen Gesamtumsatzstaffel; zust. auch Reimer/Schade/Schippel/Kaube Rz. 48 zu § 12; Schiedsst. v. 1.3.1995 Arb.Erf. 66/93 u. 67/93 (unveröffentl.) – dort irrtüml. Abstellen auf Gesamtumsatz anstatt auf erfindungsrelevanten geringeren Umsatz.
191 Abw. wohl Schiedsst. v. 21.12.1960 ArbErf. 5/59 (unveröffentl.), wiedergegeben b. Schade BB 1960, 260, 262 f. (zu IV 4).
192 S. auch LG Frankfurt v. 7.4.1976 (Fn. 189); abw. wohl Heine/Rebitzki Anm. 7 zu § 12.

§ 12

gem. § 779 BGB führen (s. dazu Rz. 20)[193]. Ansonsten kommen bei beiderseitigen Fehlvorstellungen die allgemeinen Grundsätze zum Wegfall der Geschäftsgrundlage zum Tragen und können so zu einer Anpassung der Vergütungsregelung über § 313 BGB führen[194]. Zum Irrtum über die Schutzfähigkeit s. Rz. 20 u. 113 ff.

4. Einzelprobleme

Die Feststellung, ob und in welchem Umfange eine nachträgliche, wesentliche Veränderung der Umstände gegeben ist, kann nur auf Grund der **Gesamtwürdigung aller Umstände** getroffen werden und erfordert, dass einerseits die für eine Erhöhung und andererseits die für eine Verminderung sprechenden Tatsachen gegeneinander abgewogen werden[206]. 108

a) Ausscheiden des Arbeitnehmers

Das Ausscheiden des Arbeitnehmers als solches stellt i. d. R. keine wesentliche Änderung dar, so dass grundsätzlich die festgelegte Vergütung unverändert fortbesteht[206a] (vgl. § 26). Durch das Ausscheiden geht dem Arbeitnehmer zudem nicht sein aus § 12 Abs. 6 folgender Anspruch auf Neufestsetzung verloren[207]. Eine wesentliche Veränderung der Umstände kann die Beendigung des Arbeitsverhältnisses aber in den Fällen bewirken, in denen die getroffene Vergütungsregelung an den Bestand des Arbeitsverhältnisses anknüpft[207a] (s. dazu Rz. 27 f. zu § 26). Dies gilt auch bei einer Pauschalabfindung, wenn die Parteien eine **Koppelung mit dem Gehalt** vorgesehen haben und dabei von einer längeren Dauer des Arbeitsverhältnisses ausgegangen sind (zur Vergütungszahlung durch Gehaltsanhebung s. Rz. 62 ff. zu § 9)[208]. In diesen Fällen hat der Arbeitnehmer mit rechtlicher Beendigung des Arbeitsverhältnisses – soweit sich dieser Umstand wesentlich (s. dazu Rz. 100 f.; vgl. auch Rz. 112, 134) auswirkt – einen Anspruch auf 109

---

193 S. BGH v. 17.4.1973 GRUR 1973, 649, 650 r.Sp. – Absperrventil; Busse/Keukenschrijver (Fn. 178a) Rz. 33.
194 Wie hier Reimer/Schade/Schippel/Kaube Rz. 48 zu § 12; Volmer/Gaul Rz. 242 zu § 12; s. allg. z. beiderseitigem Irrtum BGH v. 23.10.1957 BGHZ 25, 390, 392 f.; BAG v. 9.7.1986 DB 1986, 2676; MünchKomm-Roth BGB Rz. 531 zu § 242; Palandt/Heinrichs BGB Rz. 149 ff. zu § 242.
195-205 frei
206 BGH v. 20.11.1962 GRUR 1963, 315, 317 l.Sp. – Pauschalabfindung.
206a Ebenso Busse/Keukenschrijver (Fn. 178a) Rz. 32.
207 Schiedsst. Arb.Erf. 26/58 (unveröffentl.), zitiert b. Schade Mitt. 1959, 253, 257.
207a Ebenso Busse/Keukenschrijver (Fn. 178a) Rz. 32.
208 BGH v. 17.4.1973 GRUR 1973, 649, 652 r.Sp. (zu II 7) – Absperrventil.

§ 12

Neufestsetzung, der von dem Anlass des Ausscheidens grundsätzlich unabhängig ist[209] (s. auch Rz. 67 zu § 9; z. Bemessung s. unten Rz. 149 ff.).

b) Miterfinderschaft

110 Wird später ein **weiterer Miterfinder** der ursprünglichen Diensterfindung **bekannt,** so stellt dies keine nachträgliche Änderung im Sinne des § 12 Abs. 6 dar, da dieser Fehler der Vergütungsregelung von Anfang an innewohnt[210]; dies berechtigt aber zur Anfechtung, ggf. gilt § 23 (s. Rz. 94).

Etwas anderes gilt jedoch dann, wenn erst **nachträglich** eine **Miterfinderschaft begründet** wird, insbesondere dadurch, dass eine Weiterentwicklung einer bereits gemeldeten und in Anspruch genommenen Diensterfindung von einem anderen Arbeitnehmer ausgeführt und diese dann in eine schon anhängige Schutzrechtsanmeldung (vgl. § 40 PatG) einbezogen wird.

§ 12 Abs. 6 greift auch nicht bei einer **fehlerhaften Bemessung der Quotenanteile** ein, es sei denn, die Quotenanteile hätten sich infolge einer im Erteilungsverfahren begründeten Schutzrechtsbeschränkung oder sonstwie nachträglich geändert[211] (s. Rz. 30 ff., 99, 106); zum Einfluss der geänderten Benutzungsform s. Rz. 132 u. zur Änderung der Erfinderbenennung s. Rz. 26 zu § 7.

Ist ein Arbeitnehmer als Urheber eines Unteranspruchs mit einem wirksam festgesetzten bzw. festgestellten Miterfinderanteil als Miterfinder beteiligt, so stellt es keinen Anwendungsfall des § 12 Abs. 6 dar, wenn der Arbeitgeber ursprünglich von diesem Unteranspruch keinen Gebrauch macht, später aber durch **Wechsel der Benutzungsform** bzw. Ausführungsform diesen Unteranspruch verwirklicht[212]. Dies gilt gleichermaßen im umgekehrten Fall der ursprünglichen Nutzung des Unteranspruchs und des späteren Verzichts auf diese Nutzungsform (s. auch Rz. 32.1 u. 132).

Gibt der **Arbeitgeber selbständig schutzfähige Teile** einer ursprünglich weitergefassten Schutzrechtsanmeldung (bestimmte Ausführungsarten, konstruktive Varianten) ggf. **im Verfahren nach § 16 auf** (s. hierzu Rz. 12 f. zu § 16) und beschränkt sich der Miterfinderanteil eines Miterfinders auf die in diesem Teil enthaltene technische Lehre oder handelt es sich hierbei um seinen wesentlichen Miterfinderbeitrag, so ist § 12 Abs. 6 einschlägig mit der Folge, dass wegen des Wegfalls einer Miterfinderschaft bzw. der erheblichen Einschränkung sich die Quotenanteile der übrigen Miterfinder er-

---

209   Riemschneider/Barth Anm. 15 zu § 5 DVO 1943 u. Reimer/Schade/Schippel/Kaube Rz. 53 zu § 12 wollen – unter Berufung auf RAG v. 14.2.1940 GRUR 1940, 270, 273 – Kettenweiche – den Anspruch auf Neufestsetzung bei grober Pflichtverletzung ggf. einschränken; vgl. auch Schiedsst. v. 9.5.1958 Mitt. 1958, 158.
210   A.A.Volmer/Gaul Rz. 126, 265, 267 zu § 12.
211   Zust. Schiedsst. v. 2.12.1982 Arb.Erf. 24/82 (unveröffentl.); Volmer/Gaul Rz. 121 f. zu § 12; vgl. auch BGH v. 17.5.1994 GRUR 1994, 898, 902 – Copolyester I.
212   Schiedsst. v. 2.12.1982 (Fn. 211).

höhen. Lag dagegen der Hauptbeitrag eines solchen Miterfinders nicht (nur) in diesen aufgegebenen Teilen, sondern in entscheidenden Merkmalen der vom Arbeitgeber aufrecht erhaltenen Schutzrechtsposition, so bedeutet das Fallenlassen der übrigen Teile keine wesentliche Änderung, die eine Minderung des Miterfinderanteils oder gar dessen Wegfall rechtfertigen könnte[213].

c) *Pauschalabfindung*

Da die Beteiligten regelmäßig mit einer Pauschalabfindung die Ungewissheit über das zukünftige rechtliche, technische und wirtschaftliche Schicksal der Erfindung berücksichtigen (§ 779 BGB), wird der Anwendungsbereich des § 12 Abs. 6 in solchen Fällen erheblich eingeschränkt, so dass nur die Veränderungen beachtlich sind, die über das für die Beteiligten zum Zeitpunkt der Vergütungsregelung erkennbare und von ihnen berücksichtigte Risiko der rechtlichen, technischen bzw. wirtschaftlichen Entwicklung hinausgehen[216]. Dabei sind Umsatzerhöhungen (bzw. weitergehende Vorteile), die sich im Rahmen einer **normalen Geschäftsausweitung** halten, als abgegolten in Kauf zu nehmen[217], gleichgültig, ob die Parteien von dieser Entwicklung ausgegangen sind oder nicht[217a] (vgl. auch Rz. 20, 114). In der Vereinbarung der Pauschalabfindung selbst liegt noch **kein Verzicht auf den Anpassungsanspruch**, da ansonsten ein solcher Verzicht automatisch in jeder Pauschalvergütungsregelung enthalten wäre[218].

111

Ein Anspruch auf Neuregelung kann sich z.B. daraus ergeben, dass das Schutzrecht erheblich **länger genutzt** wird als die Parteien ursprünglich (ausdrücklich oder stillschweigend) erwartet hatten[218a] bzw. ab dem Zeitpunkt der Vergütungsregelung absehbar war[218b]. So hat die Schiedsstelle eine Verdopplung des ursprünglichen Pauschalbetrages vorgeschlagen, wenn die früher (konkludent) zugrunde gelegte durchschnittliche Laufdauer der RL Nr. 41 um mehr als das Doppelte überschritten wurde, auch wenn die

112

---

213 Vgl. Schiedsst. v. 6.8.1982 ArbErf. 62/81 (unveröffentl.).
214-215 frei
216 BGH v. 17.4.1973 GRUR 1973, 649, 651 (zu II 2 d) – Absperrventil; im Anschluss daran ständ. Praxis d. Schiedsst., u.a. EV v. 12.5.1992 EGR Nr. 84 zu § 12 ArbEG; vgl. auch Volmer/Gaul Rz. 275 f. zu § 12; Schiedsst. v. 13.1.1986 Blatt 1991, 201, 202; abw. Seiz BB 1985, 808, 809, der auf eine objektive Störung des Äquivalenzverhältnisses abstellt.
217 S. BGH v. 20.11.1962 GRUR 1963, 315, 317 r.Sp. – Pauschalabfindung; Schiedsst. v. 27.10.1972 Blatt 1973,146, 147 u.v. 10.1.1983 Blatt 1983, 188, 189 r.Sp.
217a Vgl. Bessel-Lorck Anm. zu BGH (Fn. 217) EGR Nr. 5 zu § 12 ArbEG.
218 Schiedsst. v. 17.3.1994 Arb.Erf. 177/92 (unveröffentl.).
218a Schiedsst. v. 10.1.1983 Blatt 1983, 188, 190 (dort: das Doppelte der durchschnittl. Laufdauer) u.v. 9.11.1970 Blatt 1971, 170, 171.
218b OLG Karlsruhe v. 12.12.2001 Az. 6 U 100/00 (unveröffentl.).

§ 12

Umsätze innerhalb normaler Geschäftsausweitung lagen[218c]. Ein Anpassungsanspruch kann sich ferner daraus ergeben, dass die **Umsätze** in nicht vorhersehbarer Weise **außerordentlich gestiegen** sind[219]. Hierbei sind die Umsatzerwartungen genau zu überprüfen, da etwaige nicht unerhebliche Umsatzschwankungen oder -steigerungen von vornherein in der Erwartung der Beteiligten liegen können (Schwankungsbreite der Schätzung[219a]). War ein zunächst eingeschränkter Einsatz in der Absicht geplant, bei günstigem Ausgang eine Nutzung im breiteren Umfang durchzuführen, sind auch damit verbundene (erhebliche) Umsatzsteigerungen bereits zum Zeitpunkt der Vergütungsvereinbarung vorhersehbar[219b]. Die Schiedsstelle hat einerseits eine wesentliche Änderung bei einer Erhöhung des zu Grunde gelegten jährlichen Mengenumsatzes um mehr als die Hälfte angenommen[220], sie andererseits bei einer Steigerung des Gesamtumsatzes um die Hälfte abgelehnt, wobei in diesem Fall eine laufende Vergütung die Pauschalabfindung um mehr als 50 % überschritten hätte[221]. In ihrem EV. v. 10. 1. 1983[222] hat die Schiedsstelle eine jährliche Produktionssteigerung von ursprünglich 200 um jährlich 100 auf insgesamt 500 Stück pro Jahr noch als im Rahmen der normalen Geschäftsentwicklung liegend und damit von der vereinbarten Pauschalabfindung als abgegolten angesehen, nicht dagegen die weitergehende Steigerung auf jährlich über 1000 Stück (zu wirtschaftlichen Veränderungen s. im Übrigen Rz. 131 ff.).

Zum Verzicht auf den Anpassungsanspruch s. Rz. 96.1; zur Pauschalvergütung vor Abschluss des Schutzrechtserteilungsverfahrens s. auch Rz. 114.

d) Das Schutzrecht betreffende Änderungen

113 Von § 12 Abs. 6 Satz 1 sind nicht die Situationen erfasst, in denen ein erteiltes **Schutzrecht wegfällt** bzw. ein Schutzrecht **versagt wird**. Vielmehr führt der Wegfall der Schutzrechtsposition unmittelbar mit Bestandskraft der Entscheidung grundsätzlich (vgl. RL Nr. 42 Sätze 4 ff., s. dazu Rz. 33 zu § 9) zum Erlöschen des Vergütungsanspruchs (s. Rz. 33, 36 zu § 9 und oben Rz. 65; s. aber zur Anpassung einer vorläufigen Vergütung Rz. 68, zu den Auswirkungen auf Auslandspatente s. Rz. 69).

114 Bei einer **Pauschalabfindung**, die vor Abschluss des Erteilungsverfahrens zustande gekommen ist, haben die Parteien – mangels abweichender

---

218c Schiedsst. v. 14.4.1986 Arb.Erf. 1(B)84 (unveröffentl.).
219 Vgl. Schiedsst. v. 9.11.1970 (Fn. 218 a); wie hier Busse/Keukenschrijver, PatG, Rz. 33 zu § 12 ArbEG.
219a Schiedsst. v. 25.8.1998 Arb.Erf. 9/97 (unveröffentl.).
219b Schiedsst. v. 19.8.1999 Arb.Erf. 77/97 (unveröffentl.).
220 Hinweis b. Reimer/Schade/Schippel/Kaube Rz. 50 zu § 12. auf EV Arb.Erf. 29/62 (unveröffentl.)
221 Schiedsst. v. 27.10.1972 (Fn. 217).
222 Blatt 1983, 188, 189.
223-230 frei

§ 12

Anhaltspunkte – i.d.R. der Ungewissheit des rechtlichen Schicksals der Diensterfindung Rechnung getragen, so dass eine spätere Versagung ebenso bedeutungslos ist [231] wie die (von einer Partei) unvermutete spätere Schutzrechtserteilung[231a] (s. auch oben Rz. 69; ferner Rz. 20,111 f.).

Wird ein **Schutzrecht** rechtsbeständig **erteilt** und liegt bisher nur eine Regelung über das vorläufige Benutzungsentgelt (s. dazu Rz. 64 ff.) vor, so hat der Arbeitnehmer nunmehr einen rückwirkenden Anspruch auf die endgültige Vergütung (s. Rz. 69), bei deren Feststellung bzw. Festsetzung die eingetretenen Veränderungen über § 9 zu berücksichtigen sind, so dass eine Anwendbarkeit des § 12 Abs. 6 ausgeschlossen ist[231b], jedenfalls soweit der Schutzumfang nicht eingeschränkt wurde (s. Rz. 68.3 u. 69). Eine Anpassung einer Vergütungsregelung, die über eine Regelung des vorläufigen Benutzungsentgelts hinaus auch Verwertungshandlungen nach Schutzrechtserteilung erfasst, ist dagegen nur unter den Voraussetzungen des § 12 Abs. 6 möglich (vgl. auch Rz. 68). 115

Ein **Irrtum** über die **Schutzfähigkeit** bzw. den **Schutzumfang** ist ebenfalls im Rahmen des § 12 Abs. 6 Satz 1 grundsätzlich bedeutungslos (s. oben Rz. 20); erbrachte Vergütungsleistungen können nicht zurückgefordert werden[231c] (§ 12 Abs. 6 Satz 2; s. Rz. 154 f., 157). 116

Nachträgliche erhebliche **Änderungen der schutzrechtlichen Lage** können als wesentliche Veränderungen eine Neufestsetzung begründen. Dies gilt beispielsweise dann, wenn später ein Dritter sich mit Erfolg auf ein **Vorbenutzungsrecht** bzw. eine **Zwangslizenz** (§§ 12, 24 PatG, Art. 46 ff. GPÜ) berufen kann oder bei **Freilizenzen**, die Wettbewerbern zur Vermeidung sonst drohender Nichtigkeitsklagen gewährt werden und durch die die Monopolwirkung der Diensterfindung eingeschränkt wird; ferner in den Fällen, in denen eine **Beschränkung** des Schutzrechts im Nichtigkeits- bzw. Löschungsverfahren erfolgt[232]. Entsprechendes gilt für wesentliche Einschränkungen des Schutzumfanges, die sich im laufenden Erteilungsverfahren ergeben[233], soweit die bisherige Vergütungsregelung über die Schutzrechtserteilung hinaus Geltung haben soll (s. auch oben Rz. 68.3, 69 u. 115 sowie Rz. 14 zu § 16; vgl. auch RL Nr. 43). 117

In den vorgenannten Fällen ist für eine Neufestsetzung jedoch stets eine wesentliche **Entwertung des Schutzrechts** dergestalt notwendig, dass dem 118

---

231 S. BGH v. 17.4.1973 GRUR 1973, 649, 652 – Absperrventil; ebenso Schiedsst. v. 12.5.1992 EGR Nr. 84 zu § 12 ArbEG.
231a Schiedsst. v. 12.5.1992 (Fn. 231).
231b Vgl. (aber) auch BGH v. 17.4.1973 (Fn. 231).
231c LG Berlin v. 7.2.1991 EGR Nr. zu § 9 ArbEG (Verg.Anspr.).
232 Reimer/Schade/Schippel/Kaube Rz. 52 zu § 12; Riemschneider/Barth Anm. 15 zu § 5 DVO 1943.
233 S. BGH v. 5.12.1974 Blatt 1975, 204, 206 l.Sp. – Softeis; Schiedsst. v. 22.3.1991 Mitt. 1993, 145, 146 f. – Sicherungsanordnung m. Anm. Bartenbach/Volz; Volmer/Gaul Rz. 271 f. zu § 12.

§ 12

Arbeitgeber ein weiteres Festhalten an der Vergütungsregelung nicht mehr zuzumuten ist[234]; dabei muss eine etwaige Kenntnis des Standes der Technik, der schließlich zu der wesentlichen Einschränkung geführt hat, berücksichtigt werden[235]. Zum Schutzrechtskomplex s. Rz. 130 zu § 9.

Rz. 119-130 frei

e) *Wirtschaftliche Veränderungen*

131 Wesentliche Änderungen können sich auch auf Grund nachträglich eingetretener wirtschaftlicher Entwicklungen ergeben. Dies ist insbesondere dann der Fall, wenn die Parteien eine Bestimmung des Erfindungswertes zu einem so frühen Zeitpunkt getroffen haben, dass die wirtschaftliche Entwicklung noch nicht vorhersehbar war. Dies gilt etwa für eine ungewöhnliche Umsatzsteigerung (300 %) auf Grund der Wiedervereinigung der beiden deutschen Staaten oder in Folge einer Betriebsübernahme durch einen marktstarken Rechtsnachfolger[249]. Selbstverständlich kann bei der Feststellung einer wesentlichen Veränderung und ihrer Auswirkungen nur der wirtschaftliche **Anteil der Diensterfindung** an der Wertsteigerung berücksichtigt werden[250], also der geldwerte Nutzen, der **kausal** auf den Einsatz der Diensterfindung zurückzuführen ist. In diesem Rahmen ist es gleichgültig, ob die wirtschaftlichen Veränderungen in der Erfindung selbst ihren Grund haben (z.B. Qualität des Produktes) oder aber auf Umständen beruhen, die auf außenstehende Ereignisse zurückgehen (z.B. gesetzliche Vorgaben) oder dem Arbeitgeber zuzurechnen sind (z.B. Werbung, Marktstellung[250a]), sofern sie sich bezüglich der Erfindung bzw. ihrer Verwertung auswirken.

Wirtschaftliche Veränderungen wirken sich primär bei **Pauschalabfindungen** aus (s. Rz. 111 f.), da bei laufenden Vergütungszahlungen Umsatzsteigerungen bzw. -rückgänge automatisch Berücksichtigung (einschließlich einer eventuellen Anhebung des Abstaffelungssatzes gem. RL Nr. 11[251]) finden. Bei **laufender Vergütungsleistung** können sich wirtschaftliche Veränderungen jedoch insoweit niederschlagen, als die Parteien insbesondere bei der Bemessung des Lizenzfaktors (s. RL Nrn. 6 ff.; Rz. 122 ff. zu

---

234 S. BGH v. 5.12.1974 (Fn. 233); Schiedsst. v. 22.3.1991 (Fn. 233).
235 BGH v. 5.12.1974 (Fn. 233); Schiedsst. v. 22.3.1991 (Fn. 233) u. Busse/Keukenschrijver, PatG, Rz. 34 zu § 12 ArbEG.
236-248 frei
249 Schiedsst. v. 19.8.1999 Arb.Erf. 77/97 (unveröffentl.).
250 Zutr. Riemschneider/Barth Anm. 15 zu § 5 DVO 1943; Reimer/Schade/Schippel/Kaube Rz. 51 zu § 12.
250a Einschränkend Schiedsst. v. 19.8.1999 (Fn. 249).
251 Insoweit irrig HansOLG v. 11.5.1978 EGR Nr.23 zu § 9 ArbEG (Verg.Anspr.) (zu I C 2 d).

§ 12

§ 9) von bestimmten wirtschaftlichen Umständen (z.B. Gewinnmarge) ausgegangen sind.

Als Veränderungen kommen alle Fallsituationen in Betracht, die sich auf die Erfindung und deren wirtschaftliche Verwertung auswirken, insbesondere auf die **Marktverhältnisse** und die **Gewinnsituation**, sei es steigernd oder mindernd. Stets müssen diese Veränderungen aber einen **konkreten Bezug** zu der Diensterfindung aufweisen. 132

Zu denken ist beispielsweise an die Fälle, in denen eine Erfindung durch neuere Entwicklungen oder durch den zwischenzeitlich erreichten allgemeinen Stand der Technik **technisch überholt** und damit wertlos bzw. wesentlich entwertet wird, oder umgekehrt, dass die Erfindung durch weitere technische Ausgestaltung oder sonstige Umstände eine außerordentliche Wertsteigerung erfährt[252] bzw. sich durch **Vereinfachung** oder **Verbesserung** eines Verfahrens die Anwendbarkeit auf gleichen oder verwandten Gebieten erhöht[252a].

Hierzu kann auch der **Wechsel der Benutzungsform** rechnen; so ist es im Einzelfall gerechtfertigt, auf Grund einer Gewinnmaximierung, die durch den Wechsel zu einer besonders vorteilhaften Ausführungsform der patentierten erfinderischen Lehre erreicht wird, eine Neubestimmung des Erfindungswertes durch Anhebung des Lizenzsatzes vorzunehmen. Auch der Übergang des Verkaufs von **Fertigprodukten auf** den Verkauf von **Halbfertigprodukten** kann eine wesentliche Änderung darstellen[252b]; auf den neu zu bemessenden Erfindungswert ist von Einfluss, ob bei dem Verkauf des Halbfertigprodukts bereits eine Erschöpfung des die Erfindung schützenden Patents eintritt. Auch bei Veränderung der Vertriebsstrukturen kann § 12 Abs. 6 relevant werden[252c]. Dies kann auch dann gelten, wenn bei einer Nutzungsänderung der Arbeitgeber auf einen Eigenvertrieb des erfindungsgemäßen Produktes über den Großhandel verzichtet und die gesamte Produktion an einen einzigen Abnehmer veräußert und bei nunmehr reduziertem Umsatz noch einen höheren Gewinn erzielt[252d]. Allerdings müssen hierbei die Gesamtumstände gewürdigt werden.

Bleibt die Benutzungsform unverändert, will eine Partei also nur ihre Fehlbewertung bei der Vergütungsregelung später korrigieren, liegt kein Fall des § 12 Abs. 6, sondern ggf. ein solcher des § 23 vor[252e]. Ein Wechsel

---

252 Amtl. Begr. BT-Drucks. II/1648 S. 30 f. = Blatt 1957, 235.
252a Riemschneider/Barth Anm. 15 zu § 5 DVO 1943; Reimer/Schade/Schippel/Kaube Rz. 51 zu § 12.
252b Schiedsst. v. 22.2.1991 Blatt 1992, 369, 371 – Medikalprodukt; ebenso Busse/Keukenschrijver, PatG, Rz. 35 zu § 12 ArbEG.
252c Schiedsst. v. 14.12.1995 Arb.Erf. 41/94 (unveröffentl.) – dort bei Wechsel vom Vertrieb an den Großhandel zum Vertrieb über ein zwischengeschaltetes Drittunternehmen.
252d Schiedsst. v. 14.12.1995 Arb.Erf. 41/94 (unveröffentl.).
252e Schiedsst. v. 12.6.1996 Arb.Erf. 86/94 u. 19/95 (unveröffentl.).

§ 12

der Ausführungsform ist kein Anlass, eine Neubestimmung der Miterfinderanteile durchzuführen (s. hierzu Rz. 110).

Wesentliche Veränderungen können sich (auch im Hinblick auf RL Nr. 26) beim Übergang von der Inlands- zur **Auslandsherstellung** ergeben[252f]. Gleiches gilt bei **geändertem Einsatz des Schutzrechts**, etwa bei Übergang von der aktiven Verwertung zum Sperrpatent und umgekehrt[252g].

Wesentliche Veränderungen können auch dann eintreten, wenn die (unveränderte) Erfindung zusätzlich in einem vorher nicht geplanten **anderen Arbeits- oder Produktionsbereich** des Arbeitgebers oder im Rahmen einer **Fremdverwertung** eingesetzt werden kann, so dass daraus eine höhere Vergütung folgt[253] (zur Pauschalvergütung s. aber Rz. 17).

Ergibt sich eine **Fehlerhaftigkeit des erfindungsgemäßen Produkts/Verfahrens** mit der Folge einer Haftung des Arbeitgebers aus dem ProdHaftG – den Arbeitnehmererfinder trifft hier mangels Herstellereigenschaft i.S.d. § 4 ProdHaftG keine Haftung –, kann dies eine wesentliche Änderung sein; dies gilt jedenfalls dann, wenn Schadensersatzansprüche den Gewinn nachhaltig schmälern und/oder das erfindungsgemäße Produkt ganz bzw. teilweise aus dem Verkehr gezogen werden muss. Auch **Rückrufaktionen** beim erfindungsgemäßen Produkt, die sachlich gerechtfertigt erscheinen, begründen regelmäßig einen Anspruch aus § 12 Abs. 6.

Verändert sich die **Gewinnsituation**, so ist dies nur dann beachtlich, wenn davon die erfindungsgemäßen Produkte betroffen sind[253a]. Auch sonstige Umstände, z.B. Rohstoffverknappung, Erhöhung der Herstellungskosten, Erwerb von Lizenzen zur Erzielung der Wirtschaftlichkeit der Diensterfindung einerseits ebenso wie andererseits etwa gesteigerte Nachfrage, späterer Einsatz der Diensterfindung im Ausland usw. können Wertverluste bzw. Wertsteigerungen und damit zugleich wesentliche Veränderungen herbeiführen. Einfluss auf den Erfindungswert kann es ferner haben, wenn später noch **weitere Schutzrechte hinzutreten**, die das Produkt/Verfahren (erheblich) kostenmäßig belasten[253b].

Sieht sich der Arbeitgeber später gezwungen, im Rahmen eines die vergütungspflichtige Erfindung betreffenden **Lizenzvertrages** weitere Neuentwicklungen dem Lizenznehmer kostenlos zur Verfügung zu stellen, kann dies eine erhebliche wirtschaftliche Veränderung sein[254]. Gleiches gilt, wenn die tatsächlichen Lizenzeinnahmen für die Erfindung erheblich hinter den

---

252f Vgl. Schiedsst. v. 13.1.1986 Blatt 1991, 201, 203.
252g Vgl. Riemschneider/Barth Anm. 15 zu § 5 DVO 1943; Reimer/Schade/Schippel/Kaube Rz. 51 zu § 12.
253 I.d.S. wohl Schiedsst. v. 30.1.1981 ArbErf. 8/80 (unveröffentl.).
253a So im Ergebn. etwa Schiedsst. v. 17.2.1994 ArbErf. 20/92 (unveröffentl.) – dort i.H.a. Gewinnschmälerungen durch erhöhten Forschungs- und Entwicklungsaufwand in erfindungsfremden Bereichen.
253b So wohl Schiedsst. v. 6.11.1981 ArbErf. 30/80 (unveröffentl.).
254 Schiedsst. v. 6.4.1981 ArbErf. 51/77 (unveröffentl.).

§ 12

zunächst erwarteten Einnahmen unvorhergesehen zurückbleiben[255]. Zu Frei- und Zwangslizenzen s. Rz. 117.
Erreichen nachträglich die Umsätze die 3-Millionen-DM-Grenze (= 1,534 Mio €) der RL Nr. 11, kommt ein Anpassungsanspruch nach § 12 Abs. 6 zur Einführung der **Abstaffelung** in Betracht[255a]. Hat der Arbeitgeber aber trotz ursprünglich bereits erreichter hoher Umsätze in der Vergütungsregelung keine Abstaffelung vorgesehen, so ist auch bei einer weiteren (in der normalen Geschäftsentwicklung liegenden) Umsatzsteigerung kein Einsatz der Abstaffelungsgrundsätze gerechtfertigt[256], da die Frage der Abstaffelung zum Inhalt eines vereinbarten Konstantlizenzsatzes gehört[256a]. Es müssen vielmehr besondere Verhältnisse vorliegen, die eine spätere Einführung der Staffel rechtfertigen können, wie etwa eine Vervielfachung des ursprünglich zugrunde gelegten Umsatzes[257] (s. auch Rz. 151) oder eine sonstige unerwartete Umsatzsteigerung. Ggf. besteht die Möglichkeit, sich auf § 23 zu berufen (s. dort Rz. 22.2).
Gesamtwirtschaftliche Veränderungen (Inflation, Rezession usw.) können sich im Regelfall nur bei laufenden Vergütungszahlungen auswirken, und zwar auch nur dann, wenn die Vergütung oder wesentliche Bemessungsteile in Fixbeträgen ausgedrückt sind (z.B. bezifferte Stücklizenz, Festbeträge für Erfindungswert oder Anteilsfaktor) und die Entwicklungen in der Gesamtwirtschaft weit über das bei Zustandekommen der Vergütungsregelung Vorhandene bzw. Absehbare hinausgehen[258].

Zur Auswirkung eines Sperrpatentes s. RL Nr. 18 a. E.; bei späterer Verwertung von Vorratspatenten s. RL Nr. 21 Abs. 2; zur erfolgreichen Verteidigung eines Gebrauchsmusters s. RL Nr. 28 Abs. 1 a. E.; zu Änderungen der Rechtssituation s. Rz. 141. 133

Wirtschaftliche Schwankungen der vorgezeigten Art sind jedoch nur dann **wesentlich,** wenn sie sich als außergewöhnlich darstellen und zu unverhältnismäßigen Verschiebungen geführt haben, so dass einer Partei ein weiteres Festhalten an der ursprünglichen Vergütungsregelung unzumutbar ist. Veränderungen, die im Rahmen der gewöhnlichen Geschäftsentwicklung bzw. innerhalb überschaubarer Grenzen der allgemein üblichen Wirtschaftssituation liegen, bewirken grundsätzlich keinen Anspruch auf Neu- 134

---

255 OLG Frankfurt v. 17.1.1985 GRUR 1985, 436, 437 – Chlorolyse-Verfahren (dort Ablehnung vereinbarter Lizenzzahlungen durch Lizenznehmer mangels Übertragbarkeit des lizenzierten Verfahrens in großtechnischem Maßstab).
255a BGH v. 17.5.1994 GRUR 1994, 898, 902 – Copolyester I.
256 Schiedsst. v. 2.12.1982 ArbErf. 36/82 (unveröffentl.).
256a Schiedsst. v. 20.1.1997 ArbErf. 34/93 (unveröffentl.).
257 Schiedsst. v. 19.11.1981 Blatt 1984, 57, 58 u. v. 21.12.2000 Arb.Erf. 55/98 (unveröffentl.).
258 Ähnl. Volmer/Gaul Rz. 277 zu § 12.
259-264 frei

§ 12

festsetzung[265] (s. auch oben Rz. 111 f.). Gleiches gilt, wenn sie innerhalb der Vorstellungen der Parteien liegen (vgl. auch Rz. 98, 107).

135 Allein die Tatsache, dass nach einem zeitweisen Rückgang der Umsatz steil ansteigt, kann nicht als Änderung der maßgeblichen Umstände angesehen werden, wenn die Parteien ursprünglich von einem durchschnittlichen Umsatz ausgegangen sind[266].

136 Im Einzelfall wurde eine wesentliche wirtschaftliche Veränderung bei Verdopplung der Herstellungskosten angenommen und in diesem Fall eine Ermäßigung des Lizenzsatzes von 1 % auf 0,7 % vorgesehen[267]; ferner bei ungewöhnlicher Produktionssteigerung der ursprünglichen Stückzahl auf das Mehrfache, wobei Erhöhungen, die auf nicht vom Erfinder geschaffenen Verbesserungen beruhten, in Abzug gebracht wurden[268].

Gleiches muss gelten, wenn der Umsatz Änderungen erfährt, die rückblickend die **Wahl des ursprünglichen Lizenzsatzes** als äußerst unwahrscheinlich erscheinen lassen, etwa wenn der spätere Umsatz den ursprünglich angenommenen um mehr als das Zehnfache übersteigt[269], oder wenn zur Festigung der Marktstellung der Abgabepreis unter erheblichen Gewinnabstrichen (von mehr als 50 %) reduziert wird.

Rz. 137-140 frei

f) Gesetzes- und sonstige Rechtsänderungen

141 Auch die Änderung gesetzlicher Bestimmungen kann ebenso wie die Schaffung neuer Rechtsvorschriften einen Anpassungsanspruch nach § 12 Abs. 6 begründen, sofern nicht diese neuen Bestimmungen selbst schon eine konkrete Übergangs- bzw. Anpassungsregelung enthalten, die als lex specialis Vorrang hätte.

Bei rechtlichen Veränderungen wird grundsätzlich zu differenzieren sein zwischen solchen, die das ArbEG bzw. auf Schutzrechtspositionen bezogene Gesetze verändern, und solchen, die andere Lebenssachverhalte regeln, aber unmittelbar oder mittelbar Einfluss auf die Verwertung bzw. Verwertbarkeit der Diensterfindungen haben.

Änderungen auf dem Gebiet des **gewerblichen Rechtsschutzes** oder des Erfinderrechts (einschließlich Vergütungsrichtlinien) können unmittelbar wesentliche Änderungen im Sinne des § 12 Abs. 6 sein. Allerdings werden re-

---

265 Vgl. auch BGH v. 20.11.1962 GRUR 1963, 315, 317 r.Sp. – Pauschalabfindung; v. 17.4.1973 GRUR 1973, 649, 652 r.Sp. – Absperrventil; OLG Karlsruhe Az. 6 U 223/78 (unveröffentl.).
266 Vgl. Schiedsst. v. 9.2.1976 EGR Nr. 16 zu § 12 ArbEG.
267 LG Mannheim v. 27.10.1978 Az. 7 O 56/78, bestätigt durch OLG Karlsruhe (Fn. 265) (beide unveröffentl.).
268 Schiedsst. Arb.Erf. 31/63, angeführt b. Reimer/Schade/Schippel/Kaube Rz. 50 zu § 12.
269 Schiedsst. v. 6.11.1981 Arb.Erf. 30/81 (unveröffentl.).

§ 12

gelmäßig Pauschalvergütungsabreden hiervon unbeeinflusst bleiben[269a], wohingegen zukunftsorientierte Absprachen über eine laufende Vergütung bzw. entsprechende Vergütungsfestsetzungen dann über § 12 Abs. 6 angepasst werden können, wenn die Rechtsänderung deren Grundlage berührt[270]. So hat die Schiedsstelle die Anwendbarkeit des § 12 Abs. 6 bejaht, wenn auf Grund einer Gesetzesänderung im Ausland die betreffende Schutzdauer verlängert wird und damit eine Fortdauer der Monopolstellung verbunden ist[271].
Dazu rechnet auch die seit 1.4.1993 geltende Regelung über **ergänzende Schutzzertifikate für Arzneimittel und Pflanzenschutzmittel** (§§ 16a, 49a PatG), die sich auf Grund der Änderung des Art. 63 EPÜ auch auf europäische Patente erstreckt[271a]. Der ergänzende Schutz für das Grundpatent verlängert die Monopolstellung des Arbeitgebers. Im Falle einer Pauschalvergütungsabrede stellt dies einen Fall veränderter Umstände dar, jedenfalls dann, wenn der Arbeitgeber hieraus weitere, nicht unerhebliche wirtschaftliche Vorteile zieht[271b]. Im Falle einer laufenden Vergütung verlängert sich der Vergütungszeitraum entsprechend der ergänzenden Schutzdauer. Dies entspricht auch der gesetzgeberischen Wertung in § 16 a Abs. 3 PatG[271c]. Fließen dem Arbeitgeber weitergehende Lizenzeinnahmen auf Grund des ergänzenden Schutzzertifikats zu, bleiben auch diese nach RL Nrn. 14, 15 vergütungspflichtig.
Rechtsänderungen, die die **wirtschaftliche Verwertbarkeit** der Diensterfindung berühren, wie etwa neue Umweltschutzgesetze, geänderte Arbeitssicherheitsnormen, steuerliche Änderungen usw. sind im Rahmen des § 12 Abs. 6 nur dann beachtlich, wenn sie zugleich wesentliche wirtschaftliche Auswirkungen mit sich bringen[272] (s. dazu Rz. 131 ff.). Zu diesen Gesetzesänderungen rechnet beispielsweise die Einführung des § 24 a Arzneimittelgesetz, wonach dem sog. Erstanmelder für einen Zeitraum von zehn Jahren nach Arzneimittelzulassung durch das Bundesgesundheitsamt ein Widerspruchsrecht hinsichtlich der bei der Erstanmeldung beigebrachten Unterlagen zusteht. Soweit dies eine faktische Marktzugangssperre für Wettbewerber bewirkt und damit die faktische Monopolstellung aus einem entsprechenden Schutzrecht andauert, ist zu prüfen, ob dies zugleich eine

---

269a So im Ergebn. auch Schiedsst. v. 13.6.1991 Arb.Erf. 105/89 (unveröffentl.) bezüglich der Änderung der RL Nr. 11 im Jahre 1983 bei vorangegangener Pauschalabfindung.
270 Vgl. Gaul/Bartenbach GRUR 1984, 11, 14.
271 Vgl. Schiedsst. v. 4.3.1985 Arb.Erf. 41/84 (unveröffentl.), wobei jedoch eine dadurch bedingte Erhöhung der Vergütungsansprüche um ca. 11 % noch nicht als wesentliche Änderung angesehen wurde.
271a Vgl. dazu allg. Mühlens Mitt. 1993, 213 ff.
271b Ebenso Busse/Keukenschrijver, PatG, Rz. 33 zu § 12 ArbEG.
271c Allerdings hat der Gesetzgeber es den Lizenzvertragsparteien überlassen, ob sie diese verlängerte Nutzungszeit auch vergütungspflichtig gestalten s. dazu Amtl. Begr. Blatt 1993, 205, 210.
272 Vgl. auch Volmer/Gaul Rz. 274, 275 zu § 12.

§ 12

Verlängerung des Vergütungsanspruchs über die Schutzrechtsdauer hinaus bewirkt[272a] (RL Nr. 42 Satz 4 ff.). Im Regelfall dürfte es allerdings an einer Kausalität der Erfindung für diese Marktzugangssperre fehlen, da letztere auf gesetzlicher Grundlage unabhängig vom Bestand der Erfindung beruht.[272b]

142 Auch **Änderungen der Rechtsprechung** einschließlich der Schiedsstellenpraxis können nach § 12 Abs. 6 beachtlich sein. Dies gilt dann, wenn sie grundlegend sind und wesentliche vergütungsrechtliche Folgen auslösen[273].

g) Vergütungsdauer

143 § 12 Abs. 6 bezieht sich nicht nur auf die Vergütungshöhe, sondern auch auf die Vergütungsdauer[278]. Relevant werden kann dies insbesondere bei einer **Pauschalabfindung**, etwa auf Grund außergewöhnlicher Umsatzerhöhungen (vgl. Rz. 111) oder weil das Schutzrecht länger als vorgesehen verwertet wird (s. Rz. 112, 141). Haben die Beteiligten in einer Vergütungsvereinbarung den Vergütungsanspruch für eine **laufende Vergütung** zeitlich konkret begrenzt, kommt eine darüber hinausgehende Fortzahlung der Vergütung wegen veränderter Umstände nicht in Betracht, wenn diese Umstände bei Vertragsabschluss den Beteiligten bereits als möglich bekannt waren und deshalb ins Auge gefasst werden mussten[279].

Einen Sonderfall veränderter Umstände regelt RL Nr. 42, wonach bei Fortdauer der faktischen Monopolstellung trotz **Schutzrechtswegfalls** eine darüber hinausgehende Vergütung geschuldet werden kann (s. dazu Rz. 33 zu § 9). Andererseits kann trotz Bestehens eines Schutzrechts bei faktischem Wegfall der Monopolstellung eine Fortzahlung der Vergütung unzumutbar sein (vgl. RL Nr. 43 Sätze 2 und 3; s. dazu Rz. 35 zu § 9 u. KommRL Rz. 39 ff. zu RL Nr. 43). Zur Anpassung bei Rechtsänderungen s. Rz. 141.

III. Durchsetzung des Anpassungsanspruchs

144 Ebenso wie beim Wegfall der Geschäftsgrundlage führen die veränderten Umstände nicht zur Unwirksamkeit der getroffenen Vergütungsregelung (s. Rz. 146), sondern zu deren Anpassung. Das Gesetz stellt insoweit auf eine **Einwilligung** beider Arbeitsvertragsparteien in eine andere, d.h. neue

---

272a Ablehnend LG Berlin v. 21.3.1991 Az. 16 O 927/90 (unveröffentl.).
272b Vgl. BGH v. 24.10.2000 GRUR 2001, 155, 157 u.v. 23.10.2001 GRUR 2002, 149, 151 – Wetterführungspläne I u. II z. Verhältnis § 69 b UrhG zu § 20 Abs. 1 ArbEG (s. dazu Rz. 13 zu § 20 ArbEG).
273 Vgl. allg. BGH v. 1.2.1978 BGHZ 70, 298 u.v. 26.1.1983 NJW 1983, 1552.
274-277 frei
278 Im Ergebn. so auch Schiedsst. v. 9.11.1970 Blatt 1971, 170, 171 u.v. 20.1.1983 Blatt 1983, 188, 190 – jeweils zur Pauschalabfindung; ferner Schiedsst. v. 4.3.1985 (Fn. 271); v. 28.9.1992 Arb.Erf. 67/91 (unveröffentl.); LG Berlin v. 21.3.1991 (Fn. 272 a).
279 Schiedsst. v. 28.9.1992 (Fn. 278).
280 frei

§ 12

Regelung der Vergütung ab und geht damit von einer beiderseitigen Verpflichtung zur Mitwirkung an Neuverhandlungen auf Initiative einer Partei aus. Erforderlich ist eine rechtsgeschäftliche Vereinbarung zur Neuregelung der Erfindervergütung. Dafür gelten die Grundsätze zur (erstmaligen) Vergütungsvereinbarung weitgehend entsprechend (vgl. oben Rz. 14 ff.). Diese ist an keine Form gebunden (zur konkludenten Änderung getroffener Vergütungsregelungen s. oben Rz. 18.4).

Nach Auffassung der Schiedsstelle ist der Arbeitgeber im Einzelfall aus dem Aspekt der Fürsorgepflicht gehalten, seinen **Arbeitnehmer auf wesentliche Veränderungen aufmerksam zu machen**[281]. Dies stellt keine dem Arbeitgeber (auch sonst nicht) obliegende Belehrung des Arbeitnehmers über dessen Rechte dar (s. hierzu oben Rz. 82), sondern eine Information über tatsächliche Umstände aus der dem Arbeitnehmer nicht immer zugänglichen Sphäre des Arbeitgebers. 145

Eine (objektiv gegebene) wesentliche Veränderung der (früheren) Berechnungsgrundlagen führt **nicht automatisch zur Aufhebung der bisherigen Vergütungsregelung**, sondern begründet einen **Anspruch auf Anpassung** an die veränderten Umstände[282]. Die bisherige Vergütungsregelung bleibt solange in Kraft als eine einverständliche Neuregelung fehlt[283]. Aus § 12 Abs. 6 Satz 3 folgt, dass die Anwendung der Absätze 1 bis 5 ausgeschlossen ist und der Arbeitgeber die bisherige Vergütungsregelung **nicht im Wege einseitiger Festsetzung** ändern kann[284]. 146

Verweigert eine Partei ihre Mitwirkung an dieser Neuregelung, so kann auf **Abgabe der Einwilligungserklärung** – ggf. nach erfolglosem Schiedsstellenverfahren (vgl. §§ 28 ff., 37, 39) – **geklagt** werden[285]. Der Klageantrag muss im Einzelnen angeben, mit welchem Inhalt die Vertragsänderungen erfolgen sollen. Dieses Prozessrisiko kann dadurch gemindert werden, dass auch der Anpassungsanspruch auf Zahlung eines vom Gericht (Schiedsstelle) zu bestimmenden angemessenen Betrages gerichtet wird (vgl. § 38; s. dort Rz. 5)[285a]. Die Erklärung der Einwilligung gilt mit Rechtskraft des den Schuldner zur Abgabe dieser Erklärung verpflichtenden Urteils als abgegeben (§ 894 ZPO). Zur zeitlichen Bestimmung des Geltungsbereichs der Anpassungsregelung s. Rz. 153. 147

---

281 Schiedsst. v. 14.2.1982 Arb.Erf. 8/81 (unveröffentl.); zust. Reimer/Schade/Schippel/Kaube Rz. 55 zu § 12.
282 Vgl. BGH v. 20.11.1962 GRUR 1963, 315, 317 a.E. – Pauschalabfindung.
283 LG Berlin v. 17.3.1977 Az. 16 O 415/76 (unveröffentl.); s. auch BGH v. 5.12.1974 GRUR 1976, 91, 92 – Softeis m. Anm. Schade.
284 BGH v. 5.12.1974 (Fn. 283); Reimer/Schade/Schippel/Kaube Rz. 55 zu § 12; vgl. auch BGH v. 17.5.1994 GRUR 1994, 898 (1. Leits.) u. 902 – Copolyester I; Busse/Keukenschrijver, PatG, Rz. 36 zu § 12 ArbEG.
285 Allg. A., z.B. BGH v. 5.12.1974 (Fn. 283).
285a I.d.S. auch BGH für die Anpassung gem. § 36 UrhG, vgl. BGH v. 27.6.91 GRUR 1991, 901 – Horoskop-Kalender.

§ 12

148 Dem durch eine wesentliche Veränderung der Umstände betroffenen Arbeitgeber steht es statt dessen auch frei, die Berufung auf die Unzumutbarkeit, an einer getroffenen Vergütungsregelung festgehalten zu werden, im Wege der **Verteidigung** gegenüber einer Klage auf Zahlung der festgesetzten bzw. festgestellten Vergütung geltend zu machen[286]. Dem zur Abgabe der Einwilligung verpflichteten Arbeitnehmer entstehen daraus keine Nachteile, da auch hier die Berechtigung des Anspruchs auf Abänderung in gleicher Weise geprüft werden muss.
Zur Verwirkung s. Rz. 96.2.

IV. Kriterien der Anpassung

149 Aus dem Grundsatz der bloßen Anpassung bestehender Vergütungsregelungen (s. oben Rz. 146) folgt, dass eine bereits vorhandene Regelung aus Anlass einer Neufestsetzung nicht völlig beiseite geschoben werden darf[292]. Für den Umfang der Neubemessung ist daher zunächst **von der früheren Regelungsgrundlage auszugehen;** hier ist bei der gebotenen objektiven Betrachtung (s. oben Rz. 99) festzustellen, welche Umstände und Veränderungen nach den Vorstellungen der Parteien der ursprünglichen Regelung zugrunde gelegt wurden und welche (rechtlichen, tatsächlichen oder wirtschaftlichen) Entwicklungen die Arbeitsvertragsparteien dabei bereits in Kauf genommen haben[293]. Nur über diesen Bereich hinausgehende wesentliche Veränderungen sind für die Neubemessung heranzuziehen.

150 Haben beispielsweise die Parteien ihrer Vergütungsfestlegung eine Stückzahl von 1000 Vorrichtungen zugrunde gelegt, zugleich aber auch eine Schwankungsbreite zwischen 800 und 1200 Stück als möglich mit einbezogen, so kann eine **Neubemessung erst außerhalb dieses Schwankungsbereichs** einsetzen. Sieht man in diesem Beispiel eine Produktionssteigerung auf 2000 Stück als wesentlich an (vgl. hierzu Rz. 100), so ist nur die Differenzstückzahl zwischen 1200 und 2000 = 800 Stück der Neuregelung zugrunde zu legen. Fehlen konkrete Anhaltspunkte, hat die Schiedsstelle im Einzelfall ein Drittel des ursprünglich zugrunde gelegten Umsatzes als oberen Schwankungsbereich angenommen[294].

151 Ggf. muss eine **Fortschreibung der Abstaffelungssätze** gemäß RL Nr. 11 – in dem obigen Beispiel (Rz. 150) also bezogen auf die gesamte Stückzahl von 2000 – erfolgen[294a]. Hat der Arbeitgeber ursprünglich trotz

---

286 BGH v. 5.12.1974 (Fn. 283); vgl. auch OLG Frankfurt v. 17.1.1985 GRUR 1985, 436 – Chlorolyse-Verfahren; Busse/Keukenschrijver (Fn. 284).
287-291 frei
292 So BGH v. 20.11.1962 (Fn. 282) für die Pauschalvergütung.
293 Vgl. BGH v. 20.11.1962 (Fn. 282) u.v. 17.4.1973 GRUR 1973, 649, 651 (zu II 2 d) – Absperrventil.
294 Schiedsst. v. 6.11.1981 Arb.Erf. 30/81 (unveröffentl.).
294a Wie hier Busse/Keukenschrijver (Fn. 284) Rz. 37.

§ 12

zulässiger Abstaffelung hiervon abgesehen, liegen aber besondere Umstände vor, die es ausnahmsweise rechtfertigen, wegen des außergewöhnlich gestiegenen Umsatzes und des Wirksamwerdens anderer Kausalitäten für diesen Umsatz die Abstaffelungsgrundsätze über § 12 Abs. 6 wirksam werden zu lassen (s. Rz. 132), so erscheint es im Interesse einer Angemessenheit der Vergütung sachgerecht, die Staffel nicht auf den bisherigen Gesamtumsatz zu erstrecken, sondern sie erst außerhalb des ursprünglich vorgestellten Umsatzes wirksam werden zu lassen[295].

Eine Anpassung kommt jedoch nur für solche ursprünglich vereinbarten bzw. festgesetzten **Bemessungsfaktoren** in Betracht, die sich tatsächlich **nachträglich geändert** haben[295a]. Keine Anpassung kann bezüglich der Bemessungsfaktoren verlangt werden, die sich faktisch oder wirtschaftlich **nicht nachträglich geändert** haben bzw. sich **nicht ändern können**[295b]; dies gilt insbesondere für den Anteilsfaktor (s. Rz. 106) und – sofern keine Änderungen im Schutzumfang und der Ausführungsform eingetreten sind – auch in bezug auf den Miterfinderanteil und ggf. die Bezugsgröße. Ist auf Grund unerwartet hoher Umsatzsteigerungen eine Neuregelung geboten, so wird im Regelfall zu beachten sein, dass bei erwartet hohen Umsätzen die Lizenzsätze in der Regel niedriger sind, als bei ursprünglich angenommenen geringen Umsätzen, so dass bei einer Neuregelung die Senkung des ursprünglich zugrunde gelegten Lizenzsatzes naheliegen kann[296].

152

Die Neubemessung erstreckt sich auf den **Zeitpunkt ab Eintritt der wesentlichen Veränderung**, ohne dass es auf den zufälligen Termin der Geltendmachung des Anpassungsanspruchs ankommt[297]. Nur ausnahmsweise kann eine solche Rückwirkung nach Treu und Glauben unberechtigt sein, insbesondere wenn der Arbeitnehmer durch sein Verhalten für die Zeit vor Geltendmachung des Anspruchs einen Vertrauenstatbestand geschaffen hat[298].

153

Bei einer Kürzung der Vergütungsansprüche ist allerdings für bereits erbrachte Vergütungsleistungen das **Rückforderungsverbot** des § 12 Abs. 6 Satz 2 zu beachten (s. dazu Rz. 154 ff.).

---

295 I.d.S. wohl Schiedsst. v. 6.11.1981 (Fn. 294).
295a Zust. Schiedsst. v. 22.3.1991 Mitt. 1993, 145, 146 – Sicherungsanordnung m. Anm. Bartenbach/Volz.
295b Ebenso Busse/Keukenschrijver, PatG, Rz. 37 zu § 12 ArbEG.
296 Schiedsst. v. 6.11.1981 (Fn. 294); vgl. auch BGH v. 31.1.1978 GRUR 1978, 430, 433 – Absorberstabantrieb I.
297 BGH v. 5.12.1974 (Fn. 283); Schiedsst. v. 14.12.1970 Blatt 19/1, 199, 200; ebenso Busse/Keukenschrijver, PatG, Rz. 38 zu § 12 ArbEG; a.A. Volmer/Gaul Rz. 253 zu § 12 (Änderung nur mit Wirkung für die Zukunft); ausdrückl. offengelassen von LG Berlin v. 17.3.1977 Az. 16 O 415/76 (unveröffentl.).
298 Reimer/Schade/Schippel/Kaube Rz. 56 zu § 12; wohl auch OLG Karlsruhe Az. 6 U 223/78 (unveröffentl.); vgl. auch BGH v. 21.4.1983 GRUR 1983, 602, 603 – Vertragsstrafenrückzahlung.
299-310 frei

§ 12

V. Rückforderungsverbot (Abs. 6 Satz 2)

154 Nach § 12 Abs. 6 Satz 2 kann der Arbeitgeber vom Arbeitnehmer die Rückzahlung einer bereits geleisteten Vergütung nicht verlangen. Grund dieser Regelung ist die Überlegung, dass es für einen Arbeitnehmer, der auf seine laufenden Einnahmen angewiesen ist, zu erheblichen Härten führen kann, wenn er Beträge, die er »rechtmäßig erhalten und verbraucht hat«, wieder zurückerstatten müsste[311]. Diese Bestimmung dient damit ausschließlich dem **Schutz des Arbeitnehmers**[312].

155 Das Rückforderungsverbot des § 12 Abs. 6 Satz 2 bezieht sich nur auf bereits **tatsächlich erbrachte Vergütungsleistungen,** begründet dagegen keinen Anspruch des Arbeitnehmers auf Auszahlung von nicht oder nicht mehr begründeten Vergütungen. Rechtsgrund für derartige Zahlungsansprüche (im verminderten Umfang) kann nur die verbindlich gewordene Vergütungsfestlegung als solche sein.

156 Die systematische Eingliederung des Rückforderungsverbots in den § 12 Abs. 6 legt die Schlussfolgerung nahe, dass es sich nur auf den dort geregelten Fall der Herabsetzung einer Vergütung im Rahmen der Neuregelung wegen wesentlich geänderter Umstände beschränkt[313]. Unstreitig ist die analoge Anwendbarkeit des § 12 Abs. 6 Satz 2 für den Fall des beiderseitigen Irrtums der Arbeitsvertragsparteien (s. dazu oben Rz. 107)[314]. Schon in seiner »Cromegal-Entscheidung«[314a] hat der BGH in einem obiter dictum ausgeführt, der Arbeitgeber könne im Falle der späteren Versagung eines Schutzrechts die Rückzahlung geleisteter Vergütungen gemäß § 12 Abs. 6 nicht verlangen. Weitergehend leitet der BGH in seiner »Entwässerungsanlage«-Entscheidung[314b] wiederum in einem bloßen obiter dictum aus § 12 Abs. 6 Satz 2 ein **generelles Rückforderungsverbot** her dahin, dass geleistete Vergütungszahlungen »grundsätzlich nicht zurückzuzahlen« sind bzw. »der Vergütungsanspruch für die zurückliegende Zeit grundsätzlich nicht beeinträchtigt wird«. Er bewertet ein solches generelles Rückforderungsverbot als eines der tragenden Grundprinzipien des Arbeitnehmererfindungsrechts. In diesem Zusammenhang ist nicht zu verkennen, dass – unter Beachtung der nachstehenden Ausnahmen (Rz. 157) – auch die betriebliche

---

311 Amtl. Begr. BT-Drucks. II/1648 S. 31 = Blatt 1957, 235.
312 OLG Karlsruhe (Fn. 298).
313 So u.a. Reimer/Schade/Schippel/Kaube, Rz. 57 zu § 12; Heine/Rebitzki Anm. 7 zu § 12; wohl auch OLG Frankfurt v. 17.1.1985 GRUR 1985, 436, 437 – Chlorolyse-Verfahren.
314 Vgl. Heine/Rebitzki (Fn. 313).
314a V. 28.6. 1962 GRUR 1963,135, 138 l.Sp.
314b V. 2.6.1987 GRUR 1987, 900, 902 m. Bespr. Bartenbach/Volz GRUR 1987, 859 ff.; vgl. auch BGH v. 17.5.1994 GRUR 1994, 898, 902 r.Sp. – Copolyester I (dort im Zusammenhang mit der Unbilligkeit einer Vergütungsregelung).

§ 12

Praxis ebenso wie die Entscheidungsfindung der Schiedsstelle[314c] wohl zu einer extensiveren Betrachtungsweise bis hin zu einem generellen Rückforderungsverbot neigen[314d] (vgl. auch § 10 Abs. 2 Satz 2).

Dagegen greift nach h.M. das Rückforderungsverbot in den Fällen nicht ein, in denen die **Vergütungsregelung unwirksam** (nichtig) ist, sei es kraft Gesetzes nach §§ 22, 23 ArbEG, 134, 138 BGB oder infolge einer wirksamen Anfechtung gem. § 123 BGB mit der Folge des § 142 BGB[315] (s. auch Rz. 17 zu § 9 u. oben Rz. 19 ff. u. 105 f.), so dass dann Herausgabeansprüche nach §§ 812 ff. BGB bestehen (s. Rz. 159). Andererseits wird man einer Anfechtung nach § 119 BGB (jedenfalls im Hinblick auf bereits erbrachte Vergütungsleistungen) nur eine ex nunc-Wirkung entsprechend allgemeinen arbeitsrechtlichen Grundsätzen beimessen können[315a] (s. aber auch Rz. 20, 116). Zur fehlerhaften Auszahlung s. Rz. 161.   157

Hat der Arbeitgeber im Vorgriff auf eine noch zu treffende Vergütungsregelung dem Arbeitnehmer Teilbeträge auf dessen Vergütungsansprüche gezahlt, greift das Rückforderungsverbot grundsätzlich ein. Hat der Arbeitgeber derartige Zahlungen jedoch ausdrücklich als (noch zu verrechnende) **Vorschusszahlung** deklariert oder ist diese Absicht dem Arbeitnehmer zweifelsfrei erkennbar, verbleibt dem Arbeitgeber das Recht der späteren Verrechnung mit weiteren Vergütungsansprüchen des Arbeitnehmers (s. auch Rz. 161) ebenso wie der Anspruch auf Rückforderung nach § 812 ff. BGB[315b]. Erfolgen Vergütungszahlungen indes auf Grund einer trotz Widerspruchs des Arbeitnehmers für den Arbeitgeber verbindlich gewordenen **Vergütungsfestsetzung** (s. oben Rz. 75), so bildet diese den   158

314c Vgl. EV v. 12.10.1978 Blatt 1979, 255 (zu II 2); v. 6.3.1980 Blatt 1982, 277; v. 13.1.1986 Blatt 1991, 201, 202; s. auch Schiedsst. v. 27.4.1967 Mitt. 1967, 238, 239 a.E.; s. aber auch die Nachw. in Fn. 315.
314d I. Ergebn. ebenso Volmer/Gaul Rz. 222, 257, 288 ff. zu § 12; vgl. auch LG Braunschweig v. 1.6.1976 EGR Nr. 20 zu § 12 ArbEG; Windisch GRUR 1985, 829, 832.
315 H. M. z.B. Reimer/Schade/Schippel/Kaube Rz. 57 zu § 12; Busse/Keukenschrijver, PatG, Rz. 39 zu § 12 ArbEG; Heine/Rebitzki (Fn. 313); Lindenmaier/Lüdecke Anm. 13 zu § 12; Volmer/Gaul Rz. 68 zu § 12; wohl auch Schiedsst. v. 6.7.1989 Arb.Erf. 108/88 (unveröffentl.); vgl. auch Amtl. Begr. (Fn. 311). Unter Bezugn. auf die Amtl. Begr. betont auch die neuere Schiedsstellenpraxis, dass ein Rückforderungsverbot nur bei einer rechtmäßigen Zahlung auf Grund einer wirksamen Vergütungsvereinbarung bzw. -festsetzung bestehe (z.B. EV v. 3.6.1991 Arb.Erf. 17/90 u.v. 8.10.1991 Arb.Erf. 59/90 – beide unveröffentl.; im Ergebn. auch Teil-EV v. 9.11.2000 (Arb.Erf. 86/97 – unveröffentl.), allerdings mit Hinweis, dass im Einzelfall einer Rückforderung Treu und Glauben entgegen stehen kann. Vgl. aber auch BGH v. 17.5.1994 (Fn. 314b).
315a Vgl. allg. Bartenbach/Volz GRUR 1982, 133, 138 f.; a.A. Volmer/Gaul Rz. 68 zu § 12; vgl. allg. zur Anfechtung im Arbeitsverhältnis z.B. BAG v. 16.9.1982 NJW 1984, 446, 447 m.w.N.
315b Vgl. allg. Schaub, ArbR Hdb. § 74 I 1 a.

647

§ 12

Rechtsgrund der Zahlung[316] mit der Folge, dass eine Überzahlung nicht zurückgefordert werden kann[317].

159 In den Fällen einer unwirksamen Vergütungsregelung (s. Rz. 157) richtet sich der Rückforderungsanspruch des Arbeitgebers nach den Grundsätzen über die **ungerechtfertigte Bereicherung** (§§ 812 ff. BGB); beachtlich sind dabei insbesondere die §§ 814, 818 Abs. 3, 819 BGB.

Macht der Arbeitnehmer gegenüber einem solchen Rückzahlungsanspruch des Arbeitgebers den **Wegfall der Bereicherung (§ 818 Abs. 3 BGB) geltend, hat er darzulegen und ggf. zu beweisen, dass er nicht mehr bereichert ist**[317a], da es sich um eine rechtsvernichtende Einwendung handelt[317b]. Hierzu müssen im Einzelnen die Tatsachen dargelegt werden, aus denen sich ergibt, dass die Bereicherung weggefallen ist, dass er also weder Aufwendungen erspart hat, die er ohnehin gemacht hätte, noch Schulden getilgt und dadurch seinen Vermögensstand verbessert hat. Bei geringfügigen Überzahlungen im Rahmen kleinerer und mittlerer Einkommen ist ein konkreter Nachweis entbehrlich (Verbrauch zur Verbesserung des Lebensstandards)[317c]. Eine Bereicherung bleibt dann nicht.

Die Einrede der Verjährung oder eine tarifliche Ausschlussfrist können Rückforderungsansprüche beschränken bzw. ausschließen.

160 Da der Arbeitgeber grundsätzlich zur ordnungsgemäßen Vergütungsberechnung verpflichtet ist, kann der Arbeitnehmer nach durchgeführter Korrektur der Vergütungsberechnung gegenüber einem vom Arbeitgeber geltend gemachten Rückforderungsanspruch – soweit diesem nicht schon § 12 Abs. 6 Satz 2 entgegenstehen würde (s. Rz. 156) – mit **Schadensersatzansprüchen aufrechnen,** wenn ihm infolge der fehlerhaften Berechnung ein Schaden erwächst[318]. Der Schaden des Arbeitnehmers liegt nicht bereits darin, dass er nunmehr eine geringere Erfindervergütung erhält; dieser kann vielmehr darin bestehen, dass der Arbeitnehmer auf Grund der früheren höheren Vergütungszahlung zu Ausgaben veranlasst worden ist, die er nicht mehr auszugleichen vermag[319].

Hat der Arbeitnehmer seinerseits – etwa durch unterlassene Hinweise auf ihm bekanntes neuheitsschädliches Material – eine unzureichende Vergütungsberechnung veranlasst oder hat er treuwidrig die veränderten Umstände selbst herbeigeführt (z.B. durch Beeinflussung der Unternehmenspolitik), so kann seiner Berufung auf ein Rückforderungsverbot – auch

---

316 Abw. LG Braunschweig v. 1.6.1976 (Fn. 314 d), das in derart. Fällen § 814 BGB anwenden will.
317 Schiedsst. v. 1.3.1995 Arb.Erf. 66/93 u. 67/93; so i. Erg. auch Schiedsst. v. 4.2.1986 Arb.Erf. 43/84 (beide unveröffentl.).
317a BAG v. 18.1.1995 ZIP 1995, 941 = WiB 1995, 752 m. Anm. Lehmann.
317b BAG v. 25.4.2001 DB 2001, 1833, 1834.
317c BAG v. 18.1.1995 (Fn. 317a) u. v. 25.4.2001 (Fn. 317b).
318 Vgl. allgem. BAG v. 8.2.1964 AP Nr.2 zu § 611 BGB – Lohnrückzahlung.
319 Allgem. Schaub ArbR HdB § 74 I 3.

§ 12

wenn die Vergütungsregelung nicht unwirksam sein sollte (s. dazu Rz. 157) – einmal der Gedanke des **Rechtsmissbrauchs** (§ 242 BGB) entgegengehalten werden[320]; zum anderen kann der Arbeitgeber ggf. Schadensersatzansprüche (Pflichtverletzung gem. § 280 Abs. 1, § 619a; §§ 823, 826 BGB) geltend machen.

§ 12 Abs. 6 Satz 2 steht nicht nur als rechtshindernde Einwendung einem Anspruch auf Rückzahlung entgegen; diese Vorschrift **schließt** vielmehr alle **Rechtsgeschäfte aus**, die einer **Rückzahlung im Ergebnis wirtschaftlich gleich stehen,** wie namentlich eine Aufrechnung[321] (§ 387 BGB) durch den Arbeitgeber gegenüber sonstigen Ansprüchen des Arbeitnehmers (Erfindervergütungsansprüche, Lohnansprüche usw.). Eine unzulässige Aufrechnung ist beispielsweise gegeben, wenn der Arbeitgeber rückwirkend bei Verwertung mehrerer Diensterfindungen eines Arbeitnehmers die für eine dieser Erfindungen von ihm zuviel gezahlte Vergütung im Rahmen einer »Gesamtabrechnung« einer anderen Erfindung »zuschlägt«[322]. Gleiches gilt, wenn er den für die außerbetriebliche Nutzung (Lizenzvergabe) zuviel gezahlten Betrag auf eine für die innerbetriebliche Nutzung dieser Erfindung noch geschuldete Vergütung anrechnen will[323]. Hat der Arbeitgeber eine Vergütungszahlung ohne nähere Kennzeichnung als Abschlags- oder Vorauszahlung erbracht, wird der Arbeitnehmer dies regelmäßig mangels anderer Anhaltspunkte als Ausgleich der Nutzungen der Erfindung in der Vergangenheit verstehen können, so dass hierüber durch die Entgegennahme der Zahlung eine abschließende Vergütungsvereinbarung zustande kommt; diese steht dann einem einseitigen Versuch des Arbeitgebers entgegen, nachträglich diese Zahlung auf nachfolgende Nutzungshandlungen erstrecken zu wollen[324].

Die neuere **Praxis der Schiedsstelle** macht eine Ausnahme von dem Aufrechnungsverbot, soweit es sich um die Gesamtvergütung für ein und dieselbe Erfindung handelt. Danach ist eine **Verrechnung** von gezahlter Vergütung mit zukünftigen Vergütungsansprüchen möglich, sofern sich diese Zahlungen auf dieselbe Diensterfindung beziehen[324a]. Darüberhinaus lässt

161

---

320 Volmer/Gaul Rz. 295 ff. zu § 12.
321 Ständ. Übung d. Schiedsst., z.B. v. 14.12.1970 Blatt 1971, 199, 200; LG Berlin v. 7.2.1991 EGR Nr. 79 zu § 9 ArbEG (VergAnspr.); ebenso Busse/Keukenschrijver (Fn. 315).
322 Schiedsst. v. 13.6.1983 Arb.Erf. 54/82 (unveröffentl.); Volmer/Gaul Rz. 293 zu § 12.
323 OLG Frankfurt v. 17.1.1985 (Fn. 313) u. Schiedsst. v. 24.7.1985 EGR Nr. 15 zu § 26 ArbEG.
324 So i. Ergebn. auch Schiedsst. v. 7.5.1984 Arb.Erf. 35/83 (unveröffentl.), allerdings unter dem Aspekt einer unzulässigen Aufrechnung.
324a Grundl. Schiedsst. v. 6.7.1989 Arb.Erf. 108/88 (unveröffentl.) mit d. Hinw., dass der Gesetzgeber ausweislich d. Amtl. Begr. (s. Fn. 311) nur eine »Zurückerstattung« u.U. bereits verbrauchter Vergütungsbeträge vermeiden wollte; seitdem ständ. Praxis, z.B. v. 31.8.1989 Arb.Erf. 59/88, v. 15.9.1994 Arb.Erf. 172/94, ZB v. 1.6.1995 Arb.Erf. 34/93 (alle unveröffentl.).

§ 12

die Schiedsstelle (zu Recht) eine Verrechnung in Fällen einer fehlerhaften Auszahlung (Überweisung) oder arithmetisch falschen Berechnung zu[324b]. Eine Verrechnung lehnt die Schiedsstelle bei solchen Sonderzahlungen (Zulagen, Prämien usw.) ab, die bei Zahlung nicht für den Arbeitnehmererfinder erkennbar als Erfindervergütung deklariert worden sind[324c] (vgl. auch Rz. 62 ff. zu § 9).

F. Anspruch auf Auskunftserteilung bzw. Rechnungslegung

I. Rechtsnatur – Zweck und Voraussetzungen

162 Der vom Bestand des Arbeitsverhältnisses unabhängige[325] (vgl. § 26) Anspruch auf Auskunftserteilung, der eine Pflicht zur Rechnungslegung nach § 259 BGB zum Inhalt haben kann, ist **Hilfsanspruch** zum Vergütungsanspruch (Hauptanspruch) des Arbeitnehmers[326]. Er soll dem Arbeitnehmer die erforderliche Aufklärung über Bestehen und Umfang seiner Vergütungsansprüche ermöglichen, über die er in entschuldbarer Weise im Ungewissen ist und die er sich nicht selbst auf zumutbare Weise verschaffen kann, die der Arbeitgeber indes unschwer, d.h. ohne unbillig belastet zu sein, zu geben vermag[327]. Damit bestätigt die höchstrichterliche Rechtsprechung den Grundsatz, dass eine allgemeine Auskunftspflicht dem bürgerlichen Recht unbekannt ist, diese aber bei Verträgen und gesetzlichen Schuldverhältnissen, die gesteigerte Verhaltens- oder andere Schutzpflichten zum Gegenstand haben, zu bejahen ist[327a].

162.1 Der **Auskunftsanspruch** soll es dem Arbeitnehmer gestatten, seinen Vergütungsanspruch zu berechnen. Auf die Möglichkeit einer unbezifferten Klage nach § 38 braucht er sich nicht verweisen zu lassen[328].

162.2 Der Begriff der **Rechnungslegung** geht regelmäßig weiter als der der Auskunft. Zwischen beiden Pflichten besteht ein gradueller Unterschied[329].

324b Z. B. Schiedsst. v. 8.10.1991 Arb.Erf. 59/60 (unveröffentl.).
324c Schiedsst. v. 15.9.1994 (Fn. 324a).
325 BGH v. 17.5.1994 GRUR 1994, 898, 900 – Copolyester I u.v. 21.12.1989 GRUR 1990, 515, 516 – Marder; OLG Hamburg v. 29.10.1987 EGR Nr. 62 zu § 12 ArbEG.
326 BGH v. 17.5.1994 (Fn. 325); v. 20.11.1962 GRUR 1963, 315, 316 l.Sp. – Pauschalabfindung; Busse/Keukenschrijver, PatG, Rz. 40 zu § 12 ArbEG.
327 BGH v. 17.5.1994 (Fn. 325) m.H.a. BGH v. 26.2.1986 BGHZ 97, 188, 192 u.v. 19.3.1987 GRUR 1987, 647 – Briefentwürfe; BGH v. 16.4.2002 Az. X ZR 127/99 (z. Veröffentl. i. GRUR vorgesehen); u.v. 6.2.2002 GRUR 2002, 609, 610 – Drahtinjektionseinrichtung; vgl. ferner allg. BAG v. 30.1.1960, v. 7.7.1960 u.v. 15.6.1972 AP Nrn. 1, 2, 14 zu § 242 – Auskunftspflicht.
327a Vgl. auch BAG v. 27.6.1990 EzA Nr. 2 zu § 242 BGB – Auskunftspflicht.
328 BGH v. 21.12.1989 (Fn. 325) u. v. 23.10.2001 GRUR 2002, 149, 153 – Wetterführungspläne II; vgl. auch BGH v. 20.12.1960 GRUR 1961, 338, 341 (zu 4 c) – Chlormethylierung; Hans.OLG Hamburg v. 19.2.1981 EGR Nr. 31 zu § 12 ArbEG u.v. 29.10.1987 (Fn. 325); Busse/Keukenschrijver (Fn. 326).
329 Palandt/Heinrichs BGB Rz. 1 zu §§ 259-261.

§ 12

Die Rechnungslegungspflicht (§ 259 BGB) umfasst sowohl die Mitteilung der Tatsachen, deren Kenntnis für den Berechtigten zur Beurteilung der Vorgänge erforderlich ist (**Auskunft**), als auch die **Rechnungslegung**[330], also eine geordnete, überprüfbare[331] Gegenüberstellung der Einnahmen und Ausgaben in verständlicher Form unter Beifügung von Belegen. Denn ohne Kenntnis der mit der Erfindung erzielten Umsätze und der Unterlagen, auf Grund derer die Vergütung vom Arbeitgeber berechnet wird (bzw. zu berechnen ist), kann der Arbeitnehmererfinder weder das Bestehen eines Vergütungsanspruchs feststellen noch die Höhe eventuell gezahlter Vergütungsbeträge überprüfen und den Umfang seiner Vergütungsansprüche berechnen[332]. Die Ansprüche sollen zugleich die Geltendmachung von Vergütungsansprüchen vorbereiten und der Schiedsstelle bzw. dem angerufenen Gericht die Möglichkeit bieten, auf einer ausreichenden Grundlage den angemessenen Vergütungsbetrag zu bestimmen[333] (vgl. §§ 28, 38 ArbEG).

Diese Ansprüche auf Auskunftserteilung bzw. Rechnungslegung bestehen **hinsichtlich aller Vergütungsansprüche** des Arbeitnehmers, die sich aus dem ArbEG ergeben können. Dabei macht es keinen Unterschied, ob der Arbeitnehmererfinder mit seinem Hauptanspruch die erstmalige Festsetzung und Zahlung einer Vergütung, die Zahlung einer weiteren Vergütung auf Grund Neufestsetzung nach § 12 Abs. 6 oder eine höhere Vergütung mit der Begründung verlangt, eine Vergütungsregelung liege nicht vor bzw. sei wegen Mängeln unwirksam oder in erheblichem Maße gem. § 23 ArbEG unbillig[334]. 162.3

Die **rechtliche Grundlage** für die Ansprüche auf Auskunftserteilung und ggf. Rechnungslegung ist in § 242 BGB in Verbindung mit dem jeweiligen Vergütungsanspruch zu sehen[335] (§§ 9, 10, 12 u. ggf. § 23, ferner § 14 Abs. 3, § 16 Abs. 3, § 19 Abs. 1 u. § 20 Abs. 1; vgl. auch RL Nr. 5 Abs. 2 Satz 4). Zugleich soll sich dieser Anspruch als Ausfluss der dem Arbeitgeber obliegenden arbeitsrechtlichen Fürsorgepflicht (vgl. dazu Rz. 11 ff. zu § 25) darstellen[336]. Gesetzliche Ausgestaltungen der Auskunfts- bzw. Mitteilungs- 163

---

330 MünchKomm/Keller BGB Rz. 27 zu § 259 m.w.N.
331 Vgl. allg. BGH v. 16.9.1982, GRUR 1982, 723, 725 – Dampffrisierstab I.
332 BGH v. 17.5.1994 (Fn. 325) m.H.a. BGH v. 20.12.1960 (Fn. 328).
333 OLG Düsseldorf v. 5.12.1985 Az. 2 U 106/84 (unveröffentl.).
334 BGH v. 17.5.1994 (Fn. 325) zur Rechnungslegung; v. 20.11.1962 (Fn. 326) – zu § 12 Abs. 6; v. 21.12.1989 (Fn. 325) zur erstmaligen Geltendmachung von Vergütung; OLG Düsseldorf v. 7.5.1992 Az. 2 U 117/91 (unveröffentl.). – zu § 23.
335 Vgl. BGH v. 20.11.1962 (Fn. 326) S. 315 f. u.v. 21.12.1989 (Fn. 325); BGH v. 13.11.1997 GRUR 1998, 684, 687 – Spulkopf u. GRUR 1998, 689, 692 – Copolyester II; v. 23.10.2001 GRUR 2002, 149, 153 – Wetterführungspläne II u. v. 16.4.2002 (Fn. 327); LG Düsseldorf v. 24.9.1974 EGR Nr. 13 zu § 12 ArbEG u.v. 10.4.1984 Az. 4 O 55/83 (unveröffentl.); Schiedsst. v. 25.2.1999 Arb.Erf. 3/97 (unveröffentl.).
336 BGH v. 13.11.1997 Spulkopf u. Copolyester II (Fn. 335); Gaul in Anm. EGR Nr. 33 zu § 9 ArbEG (VergHöhe); Volmer/Gaul Rz. 178 zu § 12.

§ 12

pflicht des Arbeitgebers enthalten die speziellen Regelungen in § 12 Abs. 2 Satz 2, § 15 Abs. 1 und § 16 Abs. 1.
Diese Ansprüche stehen auch dem ausgeschiedenen Arbeitnehmer zu[337] (vgl. § 26 ArbEG). Dies gilt dann nicht, wenn – was zulässig ist – die Arbeitsvertragsparteien im Zusammenhang mit der Beendigung des Arbeitsverhältnisses diesen Anspruch konkret abbedungen haben (s. zur Ausgleichsquittung Rz. 56 ff. zu § 26).

164 Als Hilfsansprüche setzen der Auskunftsanspruch ebenso wie der Rechnungslegungsanspruch voraus, dass ein Vergütungsanspruch überhaupt in Betracht kommt[338]. Sowohl für die Auskunft als auch für die Rechnungslegung ist erforderlich, aber auch ausreichend, dass ein **Vergütungsanspruch dem Grunde nach besteht**[339]. Insoweit muss der Arbeitnehmererfinder darlegen und ggf. beweisen, dass eine **gewisse Wahrscheinlichkeit** für den Vergütungsanspruch besteht[340]. Dies bedeutet bei unbeschränkter Inanspruchnahme lediglich deren Nachweis[341], da bereits die Inanspruchnahme den Vergütungsanspruch dem Grunde nach entstehen lässt[341a] (s. Rz. 11 f. zu § 9). Bei beschränkter Inanspruchnahme und sonstigen vorbehaltenen Nutzungsrechten (§ 14 Abs. 3, § 16 Abs. 3, § 19 Abs. 1) sowie bei qualifizierten technischen Verbesserungsvorschlägen (§ 20 Abs. 1) bedarf es des Nachweises, dass der Arbeitgeber die Erfindung bzw. den Verbesserungsvorschlag tatsächlich benutzt hat[341b]. Allerdings sind die Kriterien der Erforderlichkeit und der Zumutbarkeit (s. hierzu Rz. 171) auch für die Frage bedeutsam, **ob** überhaupt ein Vergütungsanspruch besteht.[341c]

164.1 Ist der **Vergütungsanspruch erloschen**, entfällt für den Zeitraum ab Wegfall der Vergütungspflicht auch ein diesbezüglicher Auskunftsanspruch. Als Nebenanspruch zum Hauptanspruch ist er insoweit gegenstandslos[342]. Hat der Arbeitnehmer rechtswirksam auf einen **Vergütungsanspruch verzichtet** (s. hierzu Rz. 21 zu § 23), erfasst dieser Verzicht auch

---

337 Vgl. die Nachw. in Fn. 325.
338 OLG Nürnberg-Fürth v. 19.11.1974 Az. 3 U 137/73 – Blitzlichtgeräte (unveröffentl.).
339 S. BGH v. 17.5.1994 (Fn. 325, zur Rechnungslegung) m.H.a. BGH v. 11.4.1989 GRUR 1989, 411, 413 – Offenend-Spinnmaschine u. v. 24.10.2000 GRUR 2001, 155, 157 – Wetterführungspläne I.
340 So BGH v. 17.5.1994 (Fn. 325).
341 So BGH v. 17.5.1994 (Fn. 325) u. OLG München v. 14.10. 1999 Az. 6 U 3558/98 (unveröffentl.).
341a Weitergehend LG München v. 25.3.1998 Az. 21 O 20044/89 (unveröffentl.), das unter Hinweis auf BGH v. 23.6.1977 GRUR 1977, 784, 787 – Blitzlichtgeräte auf das Vorliegen einer gewissen Wahrscheinlichkeit der tatsächlichen Benutzung durch den Arbeitgeber abstellt.
341b Vgl. auch OLG Düsseldorf v. 5.3.1998 WRP 1998, 1202, 1105 – Wetterführungspläne (zum qual. techn. Verbesserungsvorschlag).
341c BGH v. 16.4.2002 Az. X ZR 127/99 (z. Veröffentl. i. GRUR vorgesehen).
342 Vgl. auch BGH v. 20.11.1962 GRUR 1963, 315, 316 – Pauschalabfindung; vgl. allg. BAG v. 26.2.1969 AP Nr. 3 zu § 87 c HGB u. BGH v. 22.5.1981 NJW 1982, 236.

§ 12

den auf Auskunft gerichteten Hilfsanspruch[343]. Dies kann etwa bei abschließenden Regelungen anlässlich der Beendigung eines Anstellungsverhältnisses der Fall sein. Gleiches gilt für solche Vergütungsansprüche, denen die Einrede der Verjährung entgegensteht[344] bzw. die verwirkt sind[344a] (s. auch Rz. 183).

Da der Vergütungsanspruch grundsätzlich nur für Verwertungshandlungen bis zum Ablauf des Schutzrechts besteht, sind Auskunftsansprüche über **Nutzungshandlungen nach Schutzrechtsende** nicht gegeben; etwas anderes gilt nur dann, wenn Anhaltspunkte dafür vorliegen, dass eine durch das abgelaufene Schutzrecht begründete Monopolstellung des Arbeitgebers auch über die Dauer des abgelaufenen Schutzrechts hinaus fortbesteht und dementsprechend eine Vergütungszahlung nach RL Nr. 42 Satz 4 angemessen erscheint[345]. Da die Fälligkeit des Vergütungsanspruchs regelmäßig an die tatsächliche Verwertung anknüpft (s. Rz. 20 ff. zu § 9), hat der Arbeitnehmer grundsätzlich keinen Anspruch auf Auskünfte über den **zukünftig zu erwartenden Nutzungsumfang** (z.B. Angebote, Auftragseingänge, Unternehmensplanungen usw.); etwas anderes kann nur dann gelten, wenn sich ausnahmsweise daraus ein (unmittelbarer) Vergütungsanspruch ableitet[346]. 164.2

Grundsätzlich kann der Auskunfts- und Rechnungslegungsanspruch nicht nur bei Vergütung in Form einer laufenden Zahlung (s. Rz. 55 f. zu § 9), sondern auch bei allen anderen Arten der Erfindervergütung, insbesondere bei **Pauschalvergütungen** geltend gemacht werden[350]. Vor allem bei Pauschalvergütungen können sich jedoch Einschränkungen ergeben (s. Rz. 165). 164.3

Die neuere höchstrichterliche Rechtsprechung scheint darauf hinzudeuten, dass auch bei einem Auskunfts- bzw. Rechnungslegungsanspruch zur **vorbereitenden Geltendmachung einer Vergütungsneuregelung** gem. § 12 Abs. 6 der Nachweis der unbeschränkten Inanspruchnahme bzw. der Benutzungsaufnahme (bei einfachen Benutzungsrechten) ausreichen soll. Damit käme es auf den bislang erforderlichen Nachweis einer Wahrscheinlichkeit für eine erhebliche Veränderung (schlüssiger Vortrag greifbarer Anhaltspunkte für den Anpassungsanspruch) und damit für die Möglichkeit des Bestehens eines Anpassungsanspruchs nach § 12 Abs. 6[351] nicht mehr an. Entsprechendes würde bei Geltendmachung einer groben Unbil- 165

---

343 BGH v. 20.11.1962 GRUR 1963, 315, 316 – Pauschalabfindung.
344 OLG Düsseldorf v. 30.11.1995 Az. 2 U 171/88 (unveröffentl.).
344a LG Düsseldorf v. 12.12.1995 Az. 4 O 139/95 (unveröffentl.)
345 OLG Düsseldorf v. 30.11.1995 (Fn. 344).
346 Im Ergebn. ebenso Schiedsst. v. 27.11.1990 Arb.Erf. 24/90 (unveröffentl.).
347-349 frei
350 Volmer/Gaul Rz. 180 zu § 2.
351 Vgl. BGH v. 20.11.1962 (Fn. 342) S. 315 f.; LG Düsseldorf v. 24.9.1974 EGR Nr. 13 zu § 12 ArbEG, bestätigt durch LG Düsseldorf Teil-Urt. v. 18.6.1991 Az. 4 O 254/90 (unveröffentl.); vgl. auch OLG Hamm NJW-RR 1990, 1148 (zu § 36 UrhG).

§ 12

ligkeit i.S.d. § 23 relevant. Diese vom Hauptanspruch losgelöste Betrachtung erscheint nicht unbedenklich. Zwar ist der auf Neuregelung der Erfindervergütung bezogene Auskunfts- und Rechnungslegungsanspruch nicht nur auf die Fälle beschränkt, in denen der Arbeitnehmer im Ungewissen über den Umfang seines Vergütungsanspruchs ist; er erstreckt sich vielmehr auch auf die Fälle, in denen bereits das Bestehen eines ihm gesetzlich zustehenden Anspruchs unklar ist[352] bzw. Ungewissheit über den Fortbestand eines Vergütungsanspruchs besteht, z.b. zur Feststellung, ob die bisherigen Vereinbarungen (Pauschalvergütung usw.) grob unbillig sind[353]. Insoweit kann ein im Einzelnen substantiierter Vortrag hinsichtlich einer wesentlichen Veränderung der Umstände bzw. der groben Unbilligkeit der getroffenen Vergütungsregelung nicht verlangt werden. Um aber einerseits den Arbeitgeber nicht einer ständigen und unzumutbaren Produktions-, Kalkulations- und sonstigen Verwertungskontrolle zu unterwerfen, andererseits jedoch dem Erfinder die Durchsetzung seiner gesetzlichen Ansprüche in ausreichendem Maße zu gewähren, muss u.E. eine **konkrete Wahrscheinlichkeit** für eine erhebliche Veränderung bzw. für eine Unbilligkeit vom Arbeitnehmer dargetan werden[354]. In diesem Sinne fordert auch der BGH zu dem mit § 12 Abs. 6 ArbEG vergleichbaren Anpassungsanspruch nach § 36 UrhG, dass der Arbeitnehmer nicht nur seinen Anspruch, sondern auch die Gründe plausibel darlegen muss, warum ihm eine weitere Spezifizierung der tatbestandsmäßigen Anspruchsvoraussetzungen nicht möglich ist[354a] (s. auch Rz. 164 u. 169). Diese Forderung betrifft insbesondere die Fälle einer Pauschalvergütungsregelung, bei der zu beachten ist, inwieweit sich die Arbeitsvertragsparteien über wirtschaftliche Gegebenheiten, insbesondere über den Nutzungsumfang (vergleichsweise) veständigt haben (s. Rz. 58 ff. zu § 9), so dass dieser Anspruch auf darüber hinausgehende Veränderungen der Umstände beschränkt ist.

Rz. 166-167 frei

II. Inhalt und Umfang

168 Der Auskunfts- bzw. Rechnungslegungsanspruch kann ganz oder teilweise **abbedungen** werden. Da er Hilfsanspruch zum Vergütungsanspruch ist (s.

---

352 BGH v. 20.11.1962 (Fn. 342) S. 315 f. – zu § 12 Abs. 6.
353 LG Frankfurt v. 17.10.1979 Az. 2/6 O 287/79 (unveröffentl.).
354 So im Ergebn. bereits LG Düsseldorf v. 24.9.1974 u.v. 18.6.1991 (beide Fn. 351) im Anschluss an BGH v. 20.11.1962 (Fn. 342); ebenso Busse/Keukenschrijver, PatG, Rz. 41 zu § 12 ArbEG.
354a BGH v. 23.10.2001 GRUR 2002, 149, 153 – Wetterführungspläne II; vgl. auch BGH v. 21.6. 2001, 153 – Kinderhörspiele (zu § 36 UrhG) u. BAG v. 21.11.2000 DB 2001, 1727, 1728 (»Der Berechtigte muss die Wahrscheinlichkeit seines Anspruchs darlegen.«); s. auch BGH v. 16.4.2002 (Fn. 341c).

§ 12

Rz. 162) unterliegt eine solche Vereinbarung u.e. den Schranken der §§ 22, 23. Die Vereinbarung kann den Vergütungsanspruch insgesamt (z.B. bei Pauschalabrede, s. dazu Rz. 57 ff. zu § 9) bzw. einzelne Verwertungsarten betreffen oder den Auskunftsanspruch modifizieren (z.B. Festlegung auf Vorlage bestimmter Unterlagen, etwa Umsatzlisten). Eine dahin gehende Verständigung kann auch im Rahmen eines Schiedsstellenverfahrens erfolgen[354b].

Inhalt und Umfang des Auskunfts- bzw. Rechnungslegungsanspruchs bestimmen sich unter Beachtung der Grundsätze von **Treu und Glauben** (§ 242 BGB) nach den Umständen des Einzelfalls unter Berücksichtigung der **Verkehrsübung** und unter **Abwägung der beiderseitigen Interessen** aus dem Zweck der Rechnungslegung[354c]. Im Rahmen dieser Interessenabwägung ist nach der Rechtsprechung des BGH zwischen Grund und Höhe des (Vergütungs-)anspruchs zu differenzieren: Soll der **Grund eines Anspruchs** festgestellt werden, ist der Arbeitgeber schutzwürdiger, bei den Angaben zur **Höhe des Anspruchs** dagegen der Arbeitnehmer[355] (s. auch Rz. 165).

169

Im Hinblick auf die verschiedenen Möglichkeiten einer Vergütungsberechnung geht die Rechtsprechung von einem **weiten Umfang**[355a] aus (s. auch Rz. 170.3), während insbesondere die Schiedsstelle Einschränkungen für angemessen erachtet[356]. Im Rahmen der Reform des ArbEG wird wesentlich auf die Angabe, ob verwertet wird und die Mitteilung des erfindungsgemäßen Gesamtumsatzes bzw. der Lizenzeinnahmen abgestellt[356a]. Mangels einer speziellen gesetzlichen Regelung leitet der BGH den weiten Umfang der Auskunfts- bzw. Rechnungslegungspflicht aus den zum Patentrecht entwickelten Grundsätzen her[356b]. Soweit der BGH dabei auf die im **Lizenzvertragsrecht geltenden Grundsätze** über den Rechnungslegungsanspruch des Lizenzgebers verweist, ist dem zuzustimmen. Der Lizenznehmer schuldet Auskunft bzw. Rechnungslegung über die fällig gewordenen Lizenzgebühren; sie erstreckt sich auf alle Angaben, die dem Lizenzgeber die Möglichkeit der Nachprüfung ihrer Richtigkeit eröffnen[356c].

354b Reimer/Schade/Schippel/Kaube Rz. 63 zu § 12 m.H.a. Schiedsst. v. 5.8.1998 Arb.Erf. 103/96 (unveröffentl.).
354c Vgl. BGH v. 17.5.1994 GRUR 1994, 898, 900 u. v. 13.11.1997 GRUR 1998, 689, 692 – Copolyester I u. II; v. 13.11.1997 GRUR 1998, 684, 687 – Spulkopf u. v. 23.10.2001 GRUR 2002, 149, 153 – Wetterführungspläne II; vgl. zur Patentverletzung BGH v. 3.7.1984 GRUR 1984, 728, 730 – Dampffrisierstab II; s. auch allg. BAG v. 30.1.1960 u.v. 7.7.1960 AP Nrn. 1, 2, zu § 242 BGB – Auskunftpflicht; v. 29.7.1993 NZA 1994, 116, 118 u. v. 18.1.1996 NZA 1997, 41, 42; s. auch BGH v. 28.10.1953 BGHZ 10, 385, 387; Schiedsst. v. 21.6.2001 Blatt 2002, 230
355 BGH v. 23.10.2001 (Fn. 354c).
355a BGH v. 17.5.1994 (Fn. 354c); im Anschl. daran OLG Düsseldorf v. 30.11.1995 (Fn. 344).
356 Schiedsst. v. 12.1.1995, Arb.Erf. 37/93 (unveröffentl.); s. diff. nunmehr Schiedsst. v. 21.6.2001 (Fn. 354c) S. 231 f.
356a Referentenentwurf S. 9, 27.
356b BGH v. 17.5.1994 (Fn. 354c).
356c vgl. Benkard/Ullmann, PatG Rz. 84 f. zu § 15 PatG.

§ 12

Ist eine umsatzbezogene Lizenzgebühr bzw. eine Stücklizenz vereinbart, billigt der BGH dem Lizenzgeber aber grundsätzlich nicht das Recht zu, eine vom Lizenznehmer erteilte Abrechnung durch eine Bucheinsicht oder durch einen beeideten Buchsachverständigen nachzuprüfen[356d]. Aus § 242 BGB könne der Lizenzgeber nicht bei jeder Meinungsverschiedenheit, sondern erst dann einen solchen Anspruch herleiten, wenn sich eine Bucheinsicht nach erfolgter Rechnungslegung als erforderlich und geeignet erweisen sollte, Unstimmigkeiten der erteilten Abrechnung zu beseitigen.

Problematisch erscheint die vom BGH ergänzend herangezogene Parallele zum **Rechnungslegungsanspruch** des Schutzrechtsinhabers **gegenüber** dem **Schutzrechtsverletzer** zur Verwirklichung von Schadensersatz- oder Bereicherungsansprüchen[356e]. Dieses sich auf alle Arten der Schadensberechnung erstreckende Auskunftsrecht[356f] basiert auf der Überlegung, wegen des Unrechtsgehalts der Verletzerhandlung die sich sonst aus Treu und Glauben ergebenden Schranken zwangsläufig zu Lasten des Verletzers auszudehnen. Zutreffend hält die Schiedsstelle[356g] diese für das Schadensersatzrecht geltenden Grundsätze nicht für geeignet, im Verhältnis zwischen Arbeitgeber und Arbeitnehmererfinder herangezogen zu werden. Wegen der vom Schutzrechtsverletzer begangenen unerlaubten Handlung sei es auch billig, ihn weitergehenden Offenbarungspflichten zu unterwerfen. Demgegenüber benutze der Arbeitgeber die Diensterfindung des Arbeitnehmers aber in gesetzlich legitimierter Weise (§§ 6, 7 ArbEG). Sein Geheimhaltungsinteresse sei deshalb wesentlich schützenswerter als etwaige des Schutzrechtsverletzers. Deshalb soll sich die Reichweite des Auskunfts- und Einsichtsgewährungsanspruchs des Arbeitnehmererfinders nur auf solche Umstände und Vorgänge erstrecken, die eine ausreichend konkrete Ermittlung des Erfindungswertes gestatten.

Auskunfts- und Rechnungslegungsanspruch können als Hilfsanspruch (s. Rz. 162) nicht weitergehen als der Hauptanspruch (Vergütungsanspruch) selbst, müssen aber auch nicht dahinter zurückbleiben.

170 Grundsätzlich muss die **Auskunft alle Angaben** enthalten, die der Arbeitnehmer benötigt, um seine **Erfindervergütung berechnen**[357] sowie beurteilen zu können, **ob und in welchem Umfang** ihm ein **Vergütungsanspruch** bzw. ein **Anspruch auf Neuregelung** gem. § 12 Abs. 6 bzw. **Geltendmachung der Unbilligkeit** gem. § 23 ArbEG zusteht[358]. Der Arbeitnehmer ist in die Lage zu versetzen, den Umfang seiner Vergütungsansprü-

---

356d Urt. v. 17.3.1961 GRUR 1961, 466, 469 – Gewinderollkopf.
356e BGH v. 17.5.1994 (Fn. 354c).
356f BGH v. 16.9.1982 GRUR 1982, 723, 725 – Dampffrisierstab I u.v. 3.7.1984 (Fn. 355).
356g Schiedsst. v. 12.1.1995 (Fn. 356).
357 Vgl. BGH v. 21.12.1989 GRUR 1990, 515, 516 – Marder.
358 I.d.s. BGH v. 17.5.1994 (Fn. 354c); vgl. auch Röpke, Arbeitsverh. u. ArbNErf. S. 118; vgl. zur Patentverletzung BGH v. 23.2.1962 GRUR 1962, 354, 356 – Furniergitter; vgl. auch Schiedsst. v. 13.12.1986 EGR Nr. 61 zu § 12 ArbEG.

§ 12

che zu berechnen und die Höhe gezahlter Vergütungsbeträge auf Richtigkeit und Vollständigkeit zu überprüfen[358a]. Er hat damit einen Anspruch auf Auskunftserteilung über alle Tatsachen, die für die Bemessung seiner Vergütung in Betracht kommen[359] bzw. die es ihm ermöglichen, auf der Grundlage des Gesetzes und der Vergütungsrichtlinien von sich aus Vorstellungen über die angemessene Vergütung zu entwickeln[360]. Dabei kommt es nicht auf die subjektiven Wünsche und Vorstellungen der Arbeitsvertragsparteien, sondern darauf an, welche Auskünfte aus objektiver Sicht nach Lage des Einzelfalls und unter Berücksichtigung der Verkehrsübung sowie der berechtigten Interessen beider Seiten zur Berechnung des Vergütungsanspruchs erforderlich erscheinen[361].

Demzufolge umfasst der Auskunftsanspruch nach der höchstrichterlichen Rechtsprechung insbesondere Angaben über 170.1

– die Art der Nutzung und der sonstigen wirtschaftlichen Verwertung (Nutzung beim Arbeitgeber selbst sowie außerbetriebliche Verwertungshandlungen insbesondere durch Lizenzvergaben, Austausch oder Verkauf der Erfindungsrechte, und zwar im In- und Ausland);
– den Umfang der Verwertung[362] (insbesondere Herstellungs- und Liefermengen[362a], Herstellungskosten (= Gestehungs-, Produktionskosten) und Lieferpreise bzw. Verkaufspreise, Lieferzeiten und Abnehmer[363] und/oder Lizenzeinnahmen; – (s. Rz. 174; einschließlich Angaben dazu, inwieweit Verwertungshandlungen im Schutzumfang der geschützten Diensterfindung liegen[363a]) und/oder Einnahmen aus Kauf- oder Austauschverträgen (s. Rz. 175) sowie Angaben über sonstige Vermögensvorteile; ferner – soweit die Methode nach dem erfassbaren betriebli-

---

358a S. BGH v. 17.5.1994 (Fn. 354c) m.H.a. BGH v. 20.12.1960 (Fn. 328); im Ergebn. so auch BGH v. 21.12.1989 (Fn. 357); ebenso Busse/Keukenschrijver, PatG, Rz. 42 zu § 12 ArbEG.
359 OLG Nürnberg v. 19.11.1974 Az. 3 U 137/73 – Blitzlichtgeräte (unveröffentl.); LG Düsseldorf v. 4.11.1975 Az. 4 O 260/74 (unveröffentl.) u.v. 10.4.1984 (Fn. 335); vgl. auch Schiedsst. v. 13.2.1986 (Fn. 358) – dort auch zur betrieblichen Praxis; OLG Hamburg v. 29.10.1987 EGR Nr. 62 zu § 12 ArbEG.
360 LG Düsseldorf v. 8.3.1994 Az. 4 O 6/92 (unveröffentl.).
361 LG Düsseldorf v. 8.3.1994 (Fn. 360).
362 Vgl. BGH v. 17.5.1994 (Fn. 354c) – zur Rechnungslegung; ferner BAG v. 25.6.1964 AP Nr. 3 zu § 242 BGB – Auskunftspflicht.
362a Vgl. BGH v. 20.11.1962 (Fn. 326); bestätigt durch BGH v. 17.5.1994 (Fn. 354c). Ebenso z.B. Schiedsst. v. 20.9.1994 Arb.Erf. 106/93 (unveröffentl.): »Dazu gehört der Benutzungsumfang und damit die Umsatzzahlen mit erfindungsgemäßen Produkten«, worüber »eine durch entsprechende Betriebsunterlagen nachprüfbar belegte Auskunft« zu erteilen ist.
363 Vgl. BGH v. 17.5.1994 (Fn. 354c) u. BAG v. 25.6.1964 (Fn. 362); nach Auffassung der Schiedsstelle (EV. v. 12.1.1995, Fn. 356) soll die Benennung von Abnehmern nicht mehr mit der Schranke des Grundsatzes von Treu und Glauben vereinbar sein.
363a Schiedsst. v. 5.12.1995 Arb.Erf. 37/94 (unveröffentl.).
364-369 frei

§ 12

chen Nutzen in Betracht kommt – Art und Umfang der innerbetrieblichen Einsparungen[370] (unter Angabe der abzuziehenden Kostenfaktoren);
- die bisherige Nutzungsdauer (soweit nicht bereits in Art und Umfang der Verwertung enthalten); und zwar für Nutzungshandlungen ab Inanspruchnahme (s. Rz. 11 zu § 9) – es sei denn, für die Methode nach dem betrieblichen Nutzen sind auch Kostenfaktoren aus vorherigen Investitionen maßgeblich[370a];
- die sonstige wirtschaftliche Verwertbarkeit im Unternehmen (insbesondere die Behandlung als Vorrats- oder Sperrpatent – vgl. RL Nrn. 18, 21 ff.);
- sämtliche sonstigen Bemessungskriterien der Vergütung (insbesondere zugrunde gelegte technisch-wirtschaftliche Bezugsgröße, mitbenutzte Schutzrechtspositionen, vom Arbeitgeber für die Diensterfindung zugrunde gelegte Teilfaktoren bei der Bestimmung des Anteilsfaktors – vgl. RL Nrn. 30 ff. –, zugrunde gelegte Miterfinderanteile).

170.2 Je nach der im Einzelfall zutreffenden **Berechnungsmethode zur Ermittlung des Erfindungswertes** (vgl. dazu Rz. 86 ff. zu § 9) können nach der hier vertretenen Auffassung die Auskunftspflichten des Arbeitgebers unterschiedlich sein; insoweit muss der Umfang der Auskunfts- und Rechnungslegungspflicht gemäß § 242 BGB von den Erfordernissen der in Betracht kommenden Berechnungsmethode abhängig sein[370b] (vgl. auch RL Nr. 5 Abs. 2 Satz 4). So können u.E. beispielsweise Angaben zu innerbetrieblichen Einsparungen im Hinblick auf die Methode nach dem erfassbaren betrieblichen Nutzen nicht verlangt werden, wenn auf Grund der mit der Erfindung ausschließlich verbundenen Umsatzgeschäfte nur die Berechnungsmethode nach der Lizenzanalogie in Betracht zu ziehen ist[371] (s. dazu Rz. 103 ff. zu § 9). Auch nach Auffassung der Schiedsstelle erstreckt sich der Auskunfts- und Rechnungslegungsanspruch nach Treu und Glauben nur auf solche Umstände und Vorgänge, die eine ausreichend konkrete Ermittlung des Erfindungswertes gestatten, so dass auch Auskünfte nur bezogen auf die im Einzelfall zutreffende Berechnungsmethode verlangt werden können[371a].

Bei der Methode der **Lizenzanalogie** richtet sich der Umfang des Auskunftsanspruchs danach, zu ermitteln, welche Gegenleistung einem gedachten Lizenzgeber zustehen würde, wenn vernünftige Parteien Art und Umfang der Nutzung der Erfindung durch den Arbeitgeber zum Gegenstand

---

370 Vgl. BGH v. 20.11.1962 (Fn. 326); zust. BGH v. 17.5.1994 (Fn. 354c).
370a OLG Düsseldorf v. 16.8.2001 Az. 2 U 105/00 (unveröffentl.) – dort auch für Lizenzanalogie.
370b Schiedsst. v. 25.2.1999 Arb.Erf. 3/97 (unveröffent.); vgl. allg. zur Einschränkung der Auskunftpflicht beim Schadensersatzanspruch im Rahmen von Verletzungshandlungen BGH v. 2.2.1995 WRP 1995, 393, 397 m.w.Nachw.
371 So zutreffend LG Düsseldorf v. 23.6.1992 Az. 4 O 298/91 u.v. 25.7.1995 Az. 4 O 71/95 (beide unveröffentl.). Schiesst. v. 25.2.1999 (Fn. 370b).
371a Schiedsst. v. 12.1.1995 (Fn. 356).

§ 12

einer vertraglichen Vereinbarung gemacht hätten[371b]. Bei eigenen Umsatzgeschäften **sind** daher regelmäßig jedenfalls die **Umsatzerlöse** anzugeben; darüber hinaus **kann** – nach Auffassung des BGH – der Gewinn einen Anhaltspunkt für die zutreffende Bestimmung des Lizenzsatzes geben.[372] Mit diesem Hinweis scheint der BGH seine bisherige Überlegung zu relativieren, dass der Arbeitgeber auch im Rahmen der Methode der Lizenzanalogie dem Arbeitnehmer grundsätzlich auch die mit den erfindungsgemäßen Produkten erzielten Gewinne und die Gestehungs- und Vertriebskosten einschließlich der einzelnen Kostenfaktoren offenbaren müsse; dies allerdings erst dann (zweigestuft), wenn der Erfinder die **Angemessenheit des festgesetzten Lizenzsatzes** (berechtigterweise[372a]) in Zweifel zieht[372b]. Soweit ein Anspruch auf Gewinnangaben zuerkannt wird, fehlt jeglicher Anhaltspunkt, inwieweit hieraus auf eine angemessene Lizenzgebühr geschlossen werden kann[372c].

Im Übrigen geht der BGH wohl davon aus, dass die Auskunfts- und Rechnungslegungspflicht des Arbeitgebers diesbezüglich nur dann eine Schranke findet, wenn sich die Arbeitsvertragsparteien bereits **auf einen bestimmten Abrechnungsmodus geeinigt** haben oder wenn der Arbeitnehmererfinder ohne Widerspruch jahrelang die auf einer bestimmten Berechnungsart, etwa der Lizenzanalogie, errechneten Vergütungsbeträge entgegengenommen hat; ausschließlich in diesen Fällen soll der Arbeitnehmer billigerweise nur die Angaben verlangen können, die üblicherweise im Rahmen der gewählten Berechnungsart erforderlich sind[373]. Soweit der BGH vorgibt, in den Fällen, in denen eine bestimmte Berechnungsmethode nicht (ausdrücklich oder stillschweigend) festgelegt sei, bestehe bei betrieblicher Erfindungsverwertung ein umfassender Auskunfts- bzw. Rechnungslegungsanspruch, der sich auf sämtliche Angaben nach allen Berechnungsmethoden erstrecke, kann dem nicht gefolgt werden. Anders als bei der Schutzrechtsverletzung, bei der der Auskunftsanspruch grundsätzlich alle Angaben umfassen muss, um dem Verletzten die in seinem Ermessen stehende Entscheidung für eine der drei Schadensberechnungen zu ermöglichen[374], gewähren – worauf auch die Schiedsstelle zu Recht hinweist[374a] –

371b BGH v. 16.4.2002 Az. X ZR 127/99 (z. Veröffentl. i. GRUR vorgesehen); s. auch Schiedsst. v. 21.6.2001 Blatt 2002, 230, 231.
372 BGH v. 16.4.2002 (Fn. 371b); s. (aber) auch Schiedsst. v. 21.6.2001 (Fn. 371b) S. 231, 232 f.
372a Jestaedt VPP – Rundbrief 1998, 67, 70.
372b BGH v. 13.11.1997 GRUR 1998, 689, 692 – Copolyester II; ebenso Busse/Keukenschrijver (Fn. 358a); ablehnend Hellebrand GRUR 2001, 687 ff u. Rosenberger GRUR 2000, 25 ff.
372c Hierauf weist Hellebrand GRUR 2001, 678 ff. zutreffend hin.
373 BGH v. 17.5.1994 (Fn. 354c).
374 Vgl. dazu BGH v. 2.4.1957 GRUR 1957, 336 – Rechnungslegung; v. 13.7.1973 GRUR 1974, 53, 54 – Nebelscheinwerfer; v. 16.9.1982 (Fn. 356 f.); v. 3.7.1984 (Fn. 354c); v. 17.6.1992 GRUR 1993, 55 – Tchibo Rolex II u.v. 25.5.1993 GRUR 1993, 897 – Mogul-Anlage. Vgl. aber auch BGH v. 2.2.1995 (Fn. 370b), wonach die

§ 12

weder das ArbEG noch die Vergütungsrichtlinien den Arbeitsvertragsparteien ein freies Wahlrecht (s. Rz. 108 zu § 9). Im Übrigen dürfte wegen des erheblichen Kosten- und Arbeitsaufwandes des Arbeitgebers, der mit der Ermittlung der Angaben für alle in den Vergütungsrichtlinien angesprochenen Berechnungsmethoden verbunden ist, regelmäßig die auch vom BGH anerkannte Zumutbarkeitsschwelle überschritten sein. Dementsprechend lehnt das LG Düsseldorf wegen der bei Umsatzgeschäften vorrangigen Methode der Lizenzanalogie ein Auskunftsbegehren des Arbeitnehmers zum betrieblichen Nutzen des Arbeitgebers als unzumutbar ab, wenn weder vom Arbeitnehmer dargetan ist, dass er dieser Angaben zur Überprüfung im Rahmen einer Kontrollrechnung (s. dazu Rz. 113 zu § 9) bedarf, noch dass die Berechnung nach dem erfassbaren betrieblichen Nutzen im konkreten Fall zu angemessenen Ergebnissen führt[374b].

170.3 Die Auskunftspflicht erstreckt sich grundsätzlich nur auf solche Umstände, die **im Bereich des Arbeitgebers** liegen[375]. Nicht umfasst sind damit regelmäßig Auskünfte über die Verwertung der Diensterfindung bei Dritten, insbesondere bei Lizenznehmern, Kooperationspartnern, Auftraggebern von Forschungs- bzw. Entwicklungsaufträgen sowie bei verbundenen Unternehmen[376]; insoweit beschränkt sich der Auskunftsanspruch grundsätzlich auf die aus Drittverwertungen dem Arbeitgeber zufließenden Vermögensvorteile (s. Rz. 170, 174). Etwas anderes kann jedoch dann gelten, wenn derartige Drittverwertungen ausnahmsweise unmittelbare Grundlage des Vergütungsanspruches sind, etwa bei der Verwertung von Erfindungsrechten innerhalb eines Konzerns bei arbeitsteiliger Verflechtung (Einzelheiten zum Konzernbereich s. Rz. 188 f. zu § 9). Soweit danach Drittverwertungen einbezogen werden, kann sich der Auskunftsanspruch nur auf die dem Arbeitgeber verfügbaren Tatsachen beziehen. Ein **Auskunftsanspruch gegenüber Dritten**, die nicht Schuldner des Vergütungsanspruches sind, besteht nicht. Erhält **der konzernverbundene Arbeitgeber keine bezifferte Gegenleistung** dafür, dass er anderen konzernangehörigen Unternehmen die Nutzung der Diensterfindung gestattet, kommt es für die Frage, ob und ggf. inwiefern der Arbeitgeber über die Nutzung im Konzern Auskunft zu geben hat, darauf an, wie **vernünftige Lizenzvertragsparteien**, die eine solche Konstellation bedacht hätten, dieser Rechnung getragen hätten,[377] (z.B. sonstige wirtschaftliche Gegenleistung zugunsten des Ar-

---

Auskunftspflicht eingeschränkt ist, wenn nur eine Methode zur Schadensberechnung in Betracht kommt.
374a Schiedsst. v. 12.1.1995 (Fn. 356).
374b Teilurt. v. 25.7.1995 (Fn. 371).
375 LG Düsseldorf v. 18.6.1991 Az. 4 O 254/90 (unveröffentl.).
376 OLG München v. 8.2.2001 GRUR-RR 2001, 103, 104 – Verankerungsmittel (keine Auskunft über Verwertungshandlungen der ausl. Konzernmutterges.).
377 BGH v. 16.4.2002 (Fn. 371b).
378-385 frei

§ 12

beitgebers, tatsächliche und rechtliche Schwierigkeiten der Feststellung von konzernweiten Nutzungshandlungen, ohnehin Schwergewicht der Nutzung, bei Eigenumsätzen des Arbeitgebers, pauschale Anhebung des auf Eigenumsätze bezogenen Lizenzsatzes etc.).

Da Art und Umfang der Verwertung grundsätzlich im Ermessen des Arbeitgebers stehen (s. Rz. 6 zu § 7), hat der Arbeitnehmer regelmäßig **keinen Anspruch auf Begründung, warum** der Arbeitgeber eine oder einzelne **Verwertungshandlungen unterlässt**. Etwas anderes kann dann gelten, wenn der Arbeitnehmer substantiiert darlegt, dass und wie die Erfindung hätte wirtschaftlich verwertet werden können und zugleich Anhaltspunkte für eine unsachgemäße Behandlung durch den Arbeitgeber vorliegen. 170.4

Der aus Treu und Glauben folgende Anspruch auf Auskunft und ggf. Rechnungslegung ist in seinem **Umfang nicht unbeschränkt**[386]. Wesentliche Schranken sind das Erforderliche und das Zumutbare[387]. Dabei besteht zwischen diesen beiden Kriterien eine Wechselwirkung: Je bedeutsamer die verlangten Angaben für den Vergütungsanspruch des Arbeitnehmers sind, desto intensivere Bemühungen um Aufklärung sind dem Arbeitgeber zumutbar; je stärker der Arbeitgeber durch ein Auskunftsverlangen belastet wird, desto sorgfältiger muss geprüft werden, inwieweit die Angaben zur Ermittlung einer angemessenen Vergütung unumgänglich sind.[387a] 171

Erforderlich ist das nicht, was zur Bestimmung und Überprüfung der Erfindervergütung irgendwie hilfreich und nützlich ist oder sein kann[387b]. Aus Treu und Glauben kann sich im Einzelfall auch eine Beschränkung auf das unbedingt Erforderliche ergeben.

Wesentliche weitere Schranke ist die **Zumutbarkeit** für den Arbeitgeber: 171.1

– Berechtigte Interessen des Arbeitgebers können der Preisgabe von **Geschäfts- und Betriebsinterna** entgegenstehen[388]. Dies kann beispielsweise dann der Fall sein, wenn der Arbeitgeber gesetzlich oder vertraglich Dritten gegenüber nachweislich verpflichtet ist, bestimmte Tatsachen nicht zu offenbaren[389]. Entsprechendes gilt, wenn der begründete Verdacht besteht, dass der Auskunftsanspruch in Wirklichkeit nicht für Zwecke des Vergütungsanspruchs geltend gemacht wird, sondern für Zwecke außerhalb des Erfinderrechts, insbesondere zu Wettbewerbs-

---

386 BGH v. 17.5.1994 (Fn. 354c) – zur Rechnungslegung u. BAG v. 25.6.1964 (Fn. 362) – zur Auskunftspflicht.
387 BGH v. 13.11.1997 – Copolyester II (Fn. 372b) u. GRUR 1998, 684, 688 – Spulkopf; Busse/Keukenschrijver, PatG, Rz. 42 zu § 12 ArbEG; vgl. allg. BGH v. 23.3.1966 NJW 1966, 1117, 1119 r.Sp. u.v. 23.11.1981 NJW 1982, 574.
387a BGH v. 16.4.2002 Az. X ZR 127/99 (z. Veröffentl. i. GRUR vorgesehen).
387b BGH v. 13.11.1997 (Fn. 387).
388 BGH v. 17.5.1994 (Fn. 354c) – zur Rechnungslegung; Schiedsst. v. 21.6.2001 Blatt 2002, 230, 232.
389 Vgl. allg. BGH v. 4.4.1979 NJW 1979, 2351.

§ 12

zwecken missbraucht wird[389a]. Allerdings entfällt die Verpflichtung des Arbeitgebers zur Auskunftserteilung nicht allein deshalb, weil der ausgeschiedene Arbeitnehmer in einem **Wettbewerbsverhältnis** zum bisherigen Arbeitgeber steht oder für einen Wettbewerber tätig ist[389b] oder sonst vertragliche Beziehungen (Lizenzvertrag, Kaufvertrag usw.) zwischen dem Arbeitnehmer und Mitbewerbern bestehen[390]. Auf Grund nachvertraglicher (Geheimhaltungs-)Pflichten ist der Arbeitnehmer aber im Regelfall gehalten, ihm bekanntgewordene Umsatzzahlen bzw. sonstige wirtschaftliche Daten nicht einem neuen Arbeitgeber oder einem sonstigen Wettbewerber seines früheren Arbeitgebers mitzuteilen[391]. Ergänzend kann dem Geheimhaltungsinteresse des Arbeitgebers dadurch genügt werden, dass der Arbeitnehmer eine **strafbewehrte Unterlassungsverpflichtungserklärung** abgibt, die vom Arbeitgeber übermittelten Informationen Dritten nicht zu überlassen (s. unten Rz. 173.2). Bei der Bemessung der Höhe des Vertragsstrafenversprechens kann insbesondere maßgeblich sein, ob zwischen Arbeitgeber und ausgeschiedenem Arbeitnehmer eine Wettbewerbssituation besteht[392]. Zu den Geheimhaltungsinteressen im Rahmen der Rechnungslegung s. unten Rz. 173.

- Wenn detaillierte Angaben wegen **Zeitablaufs** unzumutbar sind[400]. Dies betrifft etwa die Fälle, in denen auf Grund des Ablaufs handels- bzw. steuerrechtlicher Aufbewahrungsfristen die entsprechenden Unterlagen nicht mehr bzw. für eine Auskunftserteilung zu lückenhaft verfügbar sind. Unabhängig von solchen Aufbewahrungsfristen bejaht der BGH eine Aufbewahungspflicht des Arbeitgebers, solange Vergütungsansprüche noch zu erwarten sind[400a].
- Wenn die Auskunft dem Arbeitgeber wegen eines **unverhältnismäßigen Aufwands** nicht zumutbar ist[401]. Der Aufwand zur Ermittlung der Informationen darf nicht in einem Missverhältnis zur wirtschaftlichen Bedeutung des Vergütungsanspruchs stehen[402]. Zwar kann vom Arbeit-

---

389a Vgl. auch Hans.OLG Hamburg v. 19.2.1981 EGR Nr. 31 zu § 12 ArbEG.
389b Vgl. BAG v. 25.6.1964 (Fn. 362); wie hier Busse/Keukenschrijver, PatG, Rz. 40 zu § 12 ArbEG.
390 Vgl. auch Hans.OLG Hamburg v. 29.10.1987 EGR Nr. 62 zu § 12 ArbEG – dort bei gleichzeitiger Betriebsveräußerung.
391 Hans.OLG Hamburg v. 19.2.1981 EGR Nr. 31 zu § 12 ArbEG; BAG v. 25.6.1964 (Fn. 362).
392 S. den Sachverhalt bei BGH v. 13.11.1997 (Fn. 387) – Vertragsstrafe 5.000,– DM (Spulkopf) bzw. 50.000,– DM (Copolyester II).
393-399 frei
400 BGH v. 17.5.1994 (Fn. 354c) – zur Rechnungslegung.
400a BGH v. 13.11.1997 GRUR 1998, 689, 694 – Copolyester II; einschränkend aber BGH v. 23.10.2001 GRUR 2002, 149, 153 – Wetterführungspläne II (zu § 36 UrhG).
401 BGH v. 17.5.1994 (Fn. 354c) u. v. 13.11.1997 (Fn. 387).
402 Vgl. allg. BGH v. 7.12.1977 BGHZ 70, 86, 91 u.v. 6.1985 BGHZ 95, 285, 293.

§ 12

geber regelmäßig ein gewisser Aufwand – auch wenn dieser mit Zeit und Kosten verbunden ist – erwartet werden. Allerdings sind umfangreiche Recherchen nur dann geboten, wenn die Relation zum Vergütungsanspruch gewahrt bleibt; letzteres kann insbesondere in solchen Fällen, in denen es um die Frage einer bloßen Verwertbarkeit geht, relevant werden. An der Erforderlichkeit und Zumutbarkeit der Auskunft kann es auch fehlen, wenn auf Grund der gegebenen (unstreitigen) Umstände bereits feststeht, dass nur eine geringe Vergütung in Betracht kommen kann[402a]. Zur Offenbarung der Gewinnangaben kann die Mitteilung eines kalkulatorischen Gewinnaufschlags genügen[402b]. Wird ein Erfindungsgegenstand sowohl separat wie auch als Teil einer umfassenden Gesamtvorrichtung vertrieben, kann die Kostenkalkulation für alle Baugruppen der Gesamtvorrichtung nicht verlangt werden[402c]; anderes gilt, wenn die erfindungsgemäße Vorrichtung ausschließlich als Teil einer umfassenden Gesamtanlage geliefert wird[402d].

- Eine Schranke kann sich aus der in Betracht kommenden **Berechnungsmethode** ergeben (s. oben Rz. 170.2).
- Wenn sich der **Arbeitnehmer** die von ihm gewünschten Angaben aus den ihm zugänglichen **Unterlagen selbst verschaffen kann**[403].
- Angaben, die über die **erfindungsrelevante Sphäre** des Arbeitgebers **hinausgehen**, braucht dieser nicht mitzuteilen. Dies gilt etwa für das Auskunftsverlangen des Arbeitnehmers über die allgemeine Gewinnsituation beim Arbeitgeber. Auch kann der Arbeitnehmer keine allgemeine Mitteilung über marktübliche Lizenzsätze für Erfindungen verlangen, da es nicht Aufgabe des Arbeitgebers sein kann, für den Arbeitnehmer Markterhebungen vorzunehmen und darüber hinaus der Arbeitnehmer sich diese Informationen selbst verschaffen kann (Sachverständige usw.)[404].

Dem Arbeitnehmer müssen die für die Vergütungsberechnung relevanten **Unterlagen so vorgelegt** werden, dass dieser die Richtigkeit und Vollständigkeit der Erfüllung seines Vergütungsanspruchs überprüfen kann[416] bzw. 172

402a Vgl. allg. BGH v. 6.6.1991 GRUR 1991, 921, 924.
402b LG Düsseldorf v. 17.2.1998 Mitt. 1998, 235, 236 – Formpresse; Busse/Keukenschrijver, PatG, Rz. 42 zu § 12 ArbEG
402c BGH v. 13.11.1997 GRUR 1998, 684, 689 – Spulkopf; Busse/Keukenschrijver (Fn. 402b); krit. Bender Mitt. 1998, 216, 218 ff.
402d LG Düsseldorf v. 17.2.1998 Mitt. 1998, 235, 237.
403 Palandt/Heinrichs, BGB, Rz. 12 zu § 261 BGB.
404 LG Düsseldorf v. 23.6.1992 Az. 4 O 298/91 (unveröffentl.); weitergehend aber Schoden, Betriebl. ArbNerf. u. betriebl. Vorschlagswesen (1995). S. 51 Rz. 65, wonach ein Auskunftsanspruch auf Bekanntgabe solcher Lizenzsätze bestehen soll, die der Arbeitgeber an freie Erfinder zahlt, um marktgerechte Preise festzustellen.
405-415 frei
416 BGH v. 17.5.1994 GRUR 1994, 898 – Copolyester I; allg. einschränkend BGH v. 31.3.1971 LM Nr. 5 zu § 810 BGB (kein Vorlageanspruch bei gesetzl. Schuldverh.).

§ 12

die Richtigkeit der ihm gegebenen Auskünfte[416a]. Der Arbeitnehmer muss in die Lage versetzt werden, auf Grund der Unterlagen das Bestehen eines Vergütungsanspruchs festzustellen, die Höhe eventuell gezahlter Vergütungsbeträge zu überprüfen und den Umfang seiner Vergütungsansprüche zu berechnen[417]. Auskunft und Rechnungslegung müssen so umfassend sein, dass der Arbeitnehmer dazu auch tatsächlich in der Lage ist[418]. Sie umfassen die Unterlagen über solche Vorgänge, die für die Ermittlung der Vergütung von Bedeutung sind[419]. Dabei geht die höchstrichterliche Rechtsprechung im Allgemeinen gerade im Hinblick auf die verschiedenen Möglichkeiten einer Vergütungsberechnung von einem **weiten Umfang** aus[420] (s. dazu oben Rz. 169). Der Anspruch auf Einsicht kann allerdings nur so weit gehen, wie dies für die Zwecke des Hauptanspruchs (Vergütungsanspruch) erforderlich ist. Ziel des Rechnungslegungsanspruchs ist es insbesondere nicht, bestimmte Berechnungsfaktoren für einen Vergütungsanspruch unstreitig zu stellen[421].

173 Der Anspruch auf **Einsicht in die Vergütungsunterlagen** unterliegt im Grundsatz den gleichen Schranken wie der Auskunftsanspruch (s. oben Rz. 171.1). Auch hier ist wesentliche Schranke die Zumutbarkeit[422].

173.1 Beruft sich der Arbeitgeber auf ein **berechtigtes Geheimhaltungsinteresse**, so genügt er seiner Rechnungslegungspflicht durch die Vorlage der Unterlagen an eine unabhängige, von Berufs wegen zur Verschwiegenheit verpflichtete Person[423] (**Wirtschaftsprüfervorbehalt**), also Buchprüfer, Rechtsanwalt, Patentanwalt, Steuerberater, Wirtschaftsprüfer usw. Wegen ihrer gesetzlichen Verschwiegenheitspflicht ist es nach Auffassung der Schiedsstelle ausreichend, wenn ihr im Rahmen eines Auskunftsbegehrens vor der **Schiedsstelle** die Unterlagen vorgelegt werden[424]. Dem kann nicht gefolgt werden; bereits aus dem Anspruch auf rechtliches Gehör folgt, dass die Schiedsstelle ihrer Entscheidung nur die Tatsachen und Feststellungen zugrunde legen kann, zu denen ein Beteiligter auch Stellung genommen hat (s. Rz. 11 zu § 33). Im Übrigen muss sich jeder Verfahrensbeteiligte selbst ein Urteil darüber machen können, ob und aus welchen Gründen er gegen einen Einigungsvorschlag Widerspruch einlegen will oder nicht.

416a BGH v. 21.12.1989 GRUR 1990, 515, 516 a.E. – Marder.
417 BGH v. 17.5.1994 (Fn. 416) S. 1625 m.H.a. BGH v. 20.12.1960 GRUR 1961, 331, 341 – Chlormethylierung.
418 LG Düsseldorf v. 22.9.1987 Az. 4 O 127/84 (unveröffentl.).
419 Vgl. BGH v. 21.12.1989 (Fn. 416a).
420 BGH v. 17.5.1994 (Fn. 416).
421 OLG Düsseldorf v. 5.12.1985 Az. 2 U 106/84 (unveröffentl.).
422 Vgl. dazu BGH v. 17.5.1994 GRUR 1994, 898, 900 – Copolyester I.
423 BGH v. 17.5.1994 (Fn. 422); vgl. i. übr. Heine/Rebitzki, Vergütg. f. Erf. Anm. 6 zu RL Nr. 5; Reimer/Schade/Schippel/Kaube Rz. 63 zu § 12; Schwab, Erf. u. VV., S. 18; s. allg. LAG Bremen v. 29.10.1971 DB 1971, 2265; vgl. auch zur Patentverletzung BGH v. 23.2.1962 GRUR 1962, 354, 357 – Furniergitter, v. 3.6.1976 GRUR 1976, 579, 583 Tylosin u.v. 13.2.1981 GRUR 1981, 535 – Wirtschaftsprüfervorbehalt.
424 EV. v. 12.1.1995 Arb.Erf. 37/93 (unveröffentl.).

§ 12

Im Falle eines Wirtschaftsprüfervorbehalts ist die neutrale Vertrauensperson zu ermächtigen, dem Arbeitnehmer darüber Auskunft zu erteilen, ob bestimmte Angaben in der Rechnungslegung enthalten sind.

Einen allgemeinen **Anspruch auf die Zwischenschaltung eines** solchen **Dritten** über die Fälle der Unzumutbarkeit bzw. eines berechtigten Geheimhaltungsinteresses hinaus gibt es jedoch nicht, da andernfalls dem Arbeitnehmer die grundsätzlich eröffnete Möglichkeit genommen würde, die ihm vom Arbeitgeber mitgeteilten Angaben selbst nachzuprüfen[425]. Kommt es zur Einschaltung eines zur Berufsverschwiegenheit Verpflichteten, so hat der Arbeitgeber die **Kosten** zu tragen.

Der Vorbehalt ist spätestens in einer gerichtlichen Auseinandersetzung der (früheren) Arbeitsvertragsparteien vom Arbeitgeber in Form eines darauf gerichteten Hilfsantrags oder jedenfalls durch entsprechenden Tatsachenvortrag **geltend zu machen**, da er sonst nicht mehr zugebilligt werden kann[426]. Wendet der Arbeitgeber im Rechtsstreit ein, bei Rechnungslegung müsse er Betriebsgeheimnisse offenbaren, kann das Gericht von Amts wegen einen Wirtschaftsprüfervorbehalt aufnehmen[427].

Ein entsprechender **Hilfsantrag** des beklagten Arbeitgebers wird häufig wie folgt gefasst:

»Dem Beklagten wird nachgelassen, Rechnung in der Weise zu legen, dass auf seine Kosten die Angaben betreffend die Abnehmer ... nicht dem Kläger, sondern einem von beiden Parteien zu bezeichnenden, auch gegenüber dem Kläger zur Verschwiegenheit verpflichteten vereidigten Wirtschaftsprüfer mitgeteilt werden, der vom Beklagten ermächtigt wird, dem Kläger auf Befragen darüber Auskunft zu erteilen, ob bestimmte vom Kläger zu bezeichnende Lieferungen ... in den Unterlagen enthalten sind.«

Dem Geheimhaltungsinteresse des Arbeitgebers kann – im Rahmen einer Interessenabwägung[427a] – auch dadurch genügt werden, dass der Arbeitnehmer anbietet, eine **strafbewehrte Unterlassungsverpflichtungserklärung** dahin abzugeben, die in Rede stehenden Unterlagen dritten Personen – mit Ausnahme seiner zur Berufsverschwiegenheit verpflichteten Rechts- und Patentanwälte als Verfahrens- oder Prozessbevollmächtigte – nicht zur Kenntnis zu geben[428]. Im Einzelfall können nach der höchstrichterlichen Rechtsprechung berechtigte Interessen des Arbeitgebers einer Preisgabe von Geschäfts- und Betriebsinterna überhaupt entgegenstehen (s. oben Rz. 171.1).

173.2

Richtet sich der Vergütungsanspruch des Arbeitnehmers auf **Beteiligung an Lizenzeinnahmen** seines Arbeitgebers, hat er grundsätzlich einen Anspruch auf Auskunft über die Lizenzgebührenabrechnungen und ggf. auf

174

---

425 LG Düsseldorf v. 22.9.1987 Az. 4 O 127/84 (unveröffentl.); im Ergebn. auch Hans. OLG Hamburg v. 19.2.1981 EGR Nr. 31 zu § 12 ArbEG.
426 vgl. BGH v. 3.6.1976 (Fn. 423).
427 OLG München v. 6.2.1992 Az 6 U 2295/91 (unveröffentl.).
427a Vgl. Schiedsst. v. 21.6.2001 Blatt 2002, 230, 232.
428 BGH v. 21.12.1989 GRUR 1990, 515, 516 – Marder.

§ 12

Vorlage der entsprechenden Abrechnungsbelege[429] (zu Auskünften aus dem Bereich des Lizenznehmers s. Rz. 170.4). Streitig ist, inwieweit er auch einen Anspruch auf Vorlage des Lizenzvertrages hat[430]. Ein (uneingeschränktes) Einsichtsrecht wird jedenfalls dann bestehen, wenn sich der Arbeitgeber zur Bestimmung des Erfindungswertes auf besondere Abzugsfaktoren (Aufteilung auf mehrere Erfindungen, begleitende Markenrechte usw.) beruft.

175 Bei **Verkauf** der Diensterfindung erstreckt sich die Auskunfts- und Rechnungslegungspflicht auf die Höhe des Kaufpreises und ggf. etwaiger Minderungsfaktoren (z.B. bei Aufteilung eines Gesamtkaufpreises auf mehrere Erfindungen, Leistungen oder Gegenstände). Soweit der Kaufpreis für die Diensterfindung dem schriftlichen Kaufvertrag zu entnehmen ist, kann der Arbeitnehmer verlangen, in diesen einzusehen[431]; nach OLG Hamburg ist er auch berechtigt, die Vorlage einer Abschrift des Kaufvertrages zu verlangen[432].

Rz. 176-179 frei

180 Eine **Erfüllung der Rechnungslegungspflicht** liegt vor, wenn der Arbeitgeber in geordneter, aus sich heraus verständlicher Gegenüberstellung die für die Vergütung relevanten Faktoren in dem zuvor dargestellten Umfang vollständig mitteilt[437]. Hat der auskunftspflichtige Arbeitgeber formell ordnungsgemäß Auskunft erteilt, so hat er grundsätzlich seine Verpflichtung erfüllt und kann daher – wenn die Auskunft nach Meinung des Arbeitnehmers unvollständig oder unrichtig ist – nur dann auf Ergänzung in Anspruch genommen werden, wenn er sich über den Umfang seiner Auskunftspflicht geirrt hat und seine bisherigen Auskünfte auf einer falschen Grundlage beruhen[438].

181 Bei Verdacht der Unvollständigkeit oder Unrichtigkeit der in der gelegten Rechnung enthaltenen Angaben hat der Berechtigte nach § 259 Abs. 2 BGB Anspruch auf Abgabe einer **Versicherung an Eides Statt**, wenn Grund zu der Annahme besteht, dass die in der Rechnung enthaltenen Angaben über die Einnahmen nicht mit der erforderlichen Sorgfalt gemacht

---

429 LG Düsseldorf v. 22.9.1981 Az 4 O 127/84 (unveröffentl.), wonach der Arbeitnehmer die Vorlage der Berechnung der Lizenzgebühr und die Rechnungskopien der vom Lizenzgeber (Arbeitgeber) in Rechnung gestellten Lizenzgebühren verlangen kann.
430 Ablehnend Schiedsst. v. 4.2.1986 Blatt 1986, 346; LG Düsseldorf v. 3.10.1978 Az 4 O 203/76 (unveröffentl.); Busse/Keukenschrijver, PatG, Rz. 44 zu § 12 ArbEG; vgl. auch Volmer/Gaul Rz. 190 zu § 12.
431 Schiedsst. v. 12.1.1995 ArbErf 37/93 (unveröffentl.).
432 HansOLG Hamburg v. 29.10.1987 EGR Nr. 62 zu § 12 ArbEG (dort bei gleichzeitiger Betriebsveräußerung).
433-436 frei
437 LG Düsseldorf v. 8.3.1994 Az 4 O 6/92; vgl. zur Rechnungslegungspflicht im Rahmen von Schutzrechtsverletzungen Benkard/Rogge PatG Rz. 90 zu § 139 m.w.N.
438 LG Düsseldorf vom 8.3.1994 (Fn. 437) m.H.a. RGZ 84, 41, 44 u. Benkard/Rogge (Fn. 437).

§ 12

worden sind[439]. Dies gilt jedoch nicht in Angelegenheiten von geringer Bedeutung (§ 259 Abs. 3 BGB)[439a]. Auch dieser Anspruch steht unter dem Vorbehalt des § 242 BGB (s. oben Rz. 169) hinsichtlich Sachdienlichkeit und Zumutbarkeit. Die Unvollständigkeit oder Unrichtigkeit früherer, inzwischen vervollständigter oder berichtigter Angaben des Verpflichteten kann ausreichen, die Befürchtung mangelnder Sorgfalt zu begründen[440]. Anhaltspunkte können sich aus sonstigem früheren Verhalten des Schuldners ergeben, etwa dass er zur Rechnungslegung durch mehrere Zwangsvollstreckungsverfahren angehalten werden musste[441]. Eine Verpflichtung zur Abgabe der eidesstattlichen Verpflichtung besteht dann nicht, wenn der durch frühere Unvollständigkeiten oder Unrichtigkeiten hervorgerufene Verdacht mangelnder Sorgfalt durch Umstände entkräftet wird, die die Annahme begründen, die zunächst mangelhafte Auskunft beruhe auf unverschuldeter Unkenntnis oder auf einem entschuldbaren Irrtum des Auskunfts- oder Rechnungslegungspflichtigen[442].

Da das Gesetz weitere Sanktionen zur Sicherstellung der Richtigkeit und Vollständigkeit der in der Rechnung mitgeteilten Angaben nicht kennt, besteht kein gesetzlicher Anspruch des Arbeitnehmers auf **Überprüfung** einer gelegten Rechnung **durch einen Wirtschaftsprüfer**[443]. 182

Der Anspruch auf Rechnungslegung und Auskunft ist mit dem zugrunde liegenden Vergütungsanspruch **abtretbar**; er kann nach der Meldung der Erfindung auch abbedungen werden[451]. 183

Der Anspruch **verjährt** in 3 Jahren, aber spätestens mit dem Vergütungsanspruch[452] (zur Verjährung des Vergütungsanspruches s. Rz. 39 ff. zu § 9;

---

439 LG Nürnberg-Fürth v. 27.11.1985 Az 3 O 5382/84 – ArbNErfG (unveröffentl.); Benkard/Rogge Rz. 91 zu § 139 m.w.N.; Busse/Keukenschrijver (Fn. 430) Rz. 46; s. auch allg. BAG v. 29.7.1993 NZA 1994, 116, 119; zur Person des Verpflichteten s. Brandi-Dohrn GRUR 1999, 131 ff.
439a Schiedsst. v. 2.4.1998 Arb.Erf. 93/96 (unveröffentl.).
440 LG Düsseldorf v. 28.8.1997, Entscheidungen 4. ZK 1997, 75, 83 –Craft-Spulkopf; vgl. allg. OLG Zweibrücken v. 8.11.1996, GRUR 1997, 131 – Schmuckanhänger; OLG Köln v. 24.1.1997 NJW-RR 1998, 126.
441 vgl. Benkard/Rogge PatG, Rz. 91 zu § 139; BGH v. GRUR 1960, 247, 249 – Krankenwagen I.
442 LG Düsseldorf v. 26.8.1997 (Fn. 440); BGH v. BGHZ 89, 137, 140; OLG Düsseldorf v. 5.9.1996, Az. 2 U 58/95 (unveröffentl.)
443 BGH v. 4.7.1984 GRUR 1984, 728, 730 – Dampffrisierstab II; Schiedsst. v. 29.11.1985 ArbErf 71/81 (unveröffentl.); a.A. dagegen Schiedsst. v. 26.10.1978 Arb-Erf. 41/87 (unveröffentl.); dazu stellen Reimer/Schade/Schippel/Kaube, Rz. 63 zu § 12, klar, dass es sich dabei um einen vergleichsweisen Vorschlag gehandelt hat; OLG Nürnberg v. 19.11.1974 Az 3 U 137/73 – Blitzlichtgeräte (unveröffentl.), betreffend den Anspruch nach § 9 ArbEG; hierbei wird jedoch der Umfang des Auskunftsanspruches verwechselt mit dem dem Auskunftspflichtigen zugestandenen Wirtschaftsprüfervorbehalt.
444-450 frei
451 Vgl. allg. OLG Stuttgart v. 20.6.1968 NJW 1968, 2338.

§ 12

zur Hemmung bei Auskunftsklage dort Rz. 44) bzw. mit dem sonstigen Hauptanspruch[453][453a].
Im Übrigen können dem Auskunfts- bzw. Rechnungslegungsanspruch – wie jedem anderen Anspruch – der Einwand der **Schikane, Verwirkung** und (endgültiger/zeitweiliger) **Unzulässigkeit der Rechtsausübung** entgegenstehen[454].
Auf Grund seines nur vorbereitenden Charakters kann gegenüber dem Auskunftsanspruch **kein Zurückbehaltungsrecht** (§ 273 BGB) geltend gemacht werden[455]; den berechtigten Interessen des Arbeitgebers ist in der Regel dadurch Genüge getan, dass er sich gegen den nach Auskunftserteilung errechneten Zahlungsanspruch zur Wehr setzen kann, je nach Inhalt des Gegenanspruchs entweder durch Aufrechnung oder durch Einrede des Zurückbehaltungsrechts.

184 Der Auskunfts- bzw. Rechnungslegungsanspruch kann außergerichtlich **formlos geltend** gemacht werden (zum Schiedsstellenverfahren vgl. Rz. 22 zu § 28). **Prozessual** werden die Hilfsansprüche regelmäßig im Wege der **Stufenklage** anhängig gemacht (§ 254 ZPO). Erforderlich ist stets, dass der Kläger konkret vorträgt und darlegt, der Vorbereitung welcher erfinderrechtlicher Ansprüche sein Auskunfts- bzw. Rechnungslegungsbegehren dienen soll und aus welchen Umständen sich dabei Ansprüche aus dem ArbEG ergeben können[456]. Ein abstraktes Auskunftsbegehren über gegenständlich und inhaltlich nicht näher bezeichnete Diensterfindungen macht die Klage mangels hinreichender Bestimmtheit unzulässig[457].

Die **Zwangsvollstreckung** erfolgt gemäß § 888 ZPO[458] (unvertretbare Handlung). Der Arbeitgeber kann sich im Verfahren nach § 888 ZPO auf die vollständige Erfüllung der Auskunft bzw. Rechnungslegung (Erfüllungseinwand) auch noch in der Beschwerdeinstanz berufen und ist nicht darauf verwiesen, Vollstreckungsgegenklage nach § 767 ZPO gegen das zur Auskunft bzw. Rechnungslegung verpflichtende Urteil zu erheben[459].

---

452 Vgl. allg. BGH v. 2.11.1960 NJW 1961, 602, 604 r Sp. u. BGH v. 22.5.1981 NJW 1982, 235, 236.
453 Vgl. OLG Frankfurt v. 19.12.1991 GRUR 1993, 510, 511 – Bügelverschließmaschinen; zur Verjährung eines Auskunftsanspruchs über erfindungsgemäß hergestellte Produkte, wofür als Hauptanspruch ein Bereicherungsanspruch nach § 852 Abs. 3 BGB zuerkannt wurde.
453a Vgl. allg. BGH v. 3.10.1984 NJW 1985, 384, 385 u.v. 4.10.1989 BGHZ 108, 393, 399; vgl. auch BAG v. 5.9.1995 NJW 1996, 1693, wonach der Auskunftsanspruch als Hilfsanspruch »gegenstandslos« wird.
454 Vgl. allg. BGH v. 2.11.1960 (Fn. 452).
455 Hans.OLG Hamburg v. 19.2.1961 EGR Nr. 31 zu § 12 ArbEG.
456 Vgl. BGH v. 17.5.1994 GRUR 1994, 898, 900 – Teilkristalline Copolyester; vgl. auch OLG Karlsruhe v. 13.7.1993 GRUR 1994, 42, 44 r.Sp. – Digitales Gaswarngerät.
457 OLG Karlsruhe v. 12.12.2001 Az. 6 U 100/00 (unveröffentl.).
458 Allg. A., z.B. OLG Düsseldorf Beschl. v. 24.1.1997 Az. 2 W 68/96 (unveröffentl.).
459 So OLG Düsseldorf v. 24.1.1997 (Fn. 458).

§ 13 Schutzrechtsanmeldung im Inland

(1) Der Arbeitgeber ist verpflichtet und allein berechtigt, eine gemeldete Diensterfindung im Inland zur Erteilung eines Schutzrechts anzumelden. Eine patentfähige Diensterfindung hat er zur Erteilung eines Patents anzumelden, sofern nicht bei verständiger Würdigung der Verwertbarkeit der Erfindung der Gebrauchsmusterschutz zweckdienlicher erscheint. Die Anmeldung hat unverzüglich zu geschehen.
(2) Die Verpflichtung des Arbeitgebers zur Anmeldung entfällt,
1. wenn die Diensterfindung frei geworden ist (§ 8 Abs. 1);
2. wenn der Arbeitnehmer der Nichtanmeldung zustimmt;
3. wenn die Voraussetzungen des § 17 vorliegen.

(3) Genügt der Arbeitgeber nach unbeschränkter Inanspruchnahme der Diensterfindung seiner Anmeldepflicht nicht und bewirkt er die Anmeldung auch nicht innerhalb einer ihm vom Arbeitnehmer gesetzten angemessenen Nachfrist, so kann der Arbeitnehmer die Anmeldung der Diensterfindung für den Arbeitgeber auf dessen Namen und Kosten bewirken.

(4) Ist die Diensterfindung frei geworden, so ist nur der Arbeitnehmer berechtigt, sie zur Erteilung eines Schutzrechts anzumelden. Hatte der Arbeitgeber die Diensterfindung bereits zur Erteilung eines Schutzrechts angemeldet, so gehen die Rechte aus der Anmeldung auf den Arbeitnehmer über.

Lit.: *Fink*, Zahlg. v. Jahresgebühren b. Freigabe e. Diensterf., Mitt. 1960, 51; *Witte*, Die Angabe der Anmeldeberechtigung bei Diensterfindungen (§ 26 Abs. 6 Satz 2 PatG), GRUR 1963, 76; *ders.,* Jahresgebühren b. Diensterf., Mitt. 1963, 45. S. auch Lit. bei § 16.

Übersicht

A. Allgemeines.................. 1, 1.1	3. Umfang der Anmeldepflicht................... 16-19
B. Pflicht des Arbeitgebers zur Schutzrechtsanmeldung (Abs. 1) . 2-30	4. Kosten.................... 20-23
I. Zeitpunkt 4-9	III. Inland................. 24-30
1. Fristbeginn............. 4-6	1. Räumlicher Geltungsbereich von PatG und GebrMG................ 24
2. »Unverzüglich« 7-9	
II. Umfang und Art der Schutzrechtsanmeldung............ 10-23	2. Inlandsanmeldung mittels prioritätsbegründender »Auslandsanmeldungen« .. 25-30
1. Schutzrechtsumfang......... 10, 10.1	C. Ausnahmen von der Anmeldepflicht (Abs. 2) 31-37
2. Patent oder Gebrauchsmuster – eingeschränktes Wahlrecht des Arbeitgebers 11-15	I. Freiwerden der Diensterfindung (Nr. 1)............ 32

§ 13

II. Zustimmung des Arbeitnehmers (Nr. 2)	33-35
III. Betriebsgeheimnis (Nr. 3)	36, 37
D. Alleiniges Recht des Arbeitgebers zur Schutzrechtsanmeldung	38-52
I. Befugnisse des Arbeitgebers	38-44
1. Anmeldung auf seinen Namen	39, 40
2. Herr des Erteilungsverfahrens	41-43
3. Änderungen der Schutzrechtsanmeldung	44
II. Akteneinsichtsrecht des Arbeitnehmers	45
III. Verletzungen durch den Arbeitnehmer	46-52
1. Anmeldung auf eigenen Namen	46, 47
2. Anmeldung auf den Namen des Arbeitgebers	48
3. Sonstige Rechtsfolgen	49, 50.1
4. Meinungsverschiedenheiten über die Abgrenzung Diensterfindung/freie Erfindung	51, 52
E. Meinungsverschiedenheiten über die Schutzfähigkeit der Diensterfindung	53-57
F. Verletzung der Anmeldepflicht durch den Arbeitgeber	58-71
I. Durchsetzung der Anmeldepflicht durch den Arbeitnehmer	58-66
1. Vor Inanspruchnahme	58-60
2. Nach unbeschränkter Inanspruchnahme – Ersatzvornahme durch den Arbeitnehmer (Abs. 3)	61-66
II. Kein Recht des Arbeitnehmers auf Rückfall der Diensterfindung	67
III. Schadensersatzansprüche des Arbeitnehmers	68-71
G. Anmelderecht des Arbeitnehmers nach Freiwerden (Abs. 4)	72-77

A. Allgemeines

1 In Anlehnung an § 6 Abs. 1 Satz 1 DVO 1943 normiert § 13 Abs. 1 die Verpflichtung und zugleich alleinige Berechtigung des Arbeitgebers zur unverzüglichen Schutzrechtsanmeldung einer vom Arbeitnehmer gemäß § 5 gemeldeten Diensterfindung, dehnt sie jedoch – entsprechend der Gleichstellung von Patent- und Gebrauchsmuster (vgl. § 2) – auf gebrauchsmusterfähige Erfindungen aus. Abs. 2 fasst die Fälle zusammen, in denen die Verpflichtung des Arbeitgebers zur Anmeldung entfällt. Ergänzend dazu stellt Abs. 4 klar, dass in den Fällen des in § 8 Abs. 1 geregelten Freiwerdens der Diensterfindung allein der Arbeitnehmer zur Schutzrechtsanmeldung berechtigt ist; hat der Arbeitgeber bereits angemeldet, so gehen die Rechte aus der Anmeldung gemäß Abs. 4 Satz 2 auf den Arbeitnehmer über. Zur Sicherung seiner Interessen gewährt Abs. 3 dem Arbeitnehmer das Recht, nach erfolglosem Ablauf einer angemessenen Frist die Anmeldung für den Arbeitgeber durchzuführen (Ersatzvornahme). Auf die Anmeldung bezogene Nebenpflichten der Arbeitsvertragsparteien normiert § 15. Die Situation, dass der Arbeitgeber nach unbeschränkter Inanspruchnahme die Anmelde- bzw. Schutzrechtsposition später aufgeben will, regelt § 16; Schutzrechtsanmeldungen in ausländischen Staaten behandelt § 14.

In den **neuen Bundesländern** gilt bereits nach dem Einigungsvertrag bundesdeutsches Recht für alle Neuanmeldungen, d. h. Schutzrechtsanmeldungen ab dem 3.10.1990. § 13 ist für alle Diensterfindungen, die ab diesem Zeitpunkt fertig gestellt worden sind, anzuwenden (s. Einl. Rz. 31).

Im Rahmen der Reform des ArbEG soll die Anmeldepflicht des Arbeitgebers im Inland entfallen. Nicht zuletzt im Hinblick auf die erheblichen finanziellen Aufwendungen zur Erwirkung eines Schutzrechts und die Risiken einer späteren Verwertbarkeit der Erfindung soll die Entscheidung über eine Schutzrechtsanmeldung dem Arbeitgeber überlassen bleiben[1].

1.1

Ausgeglichen werden soll der Wegfall des Anmeldezwangs durch die Pflicht des Arbeitgebers zur Zahlung einer Anfangspauschale (1. Vergütung) an den Arbeitnehmer. Deren Fälligkeit knüpft an die Inanspruchnahme der Diensterfindung durch den Arbeitgeber an.[1]

Notwendige Folge des Wegfalls des Anmeldezwangs ist der Wegfall der Anbietungs- und Freigabepflicht des Arbeitgebers nach §§ 14, 16 ArbEG.[1]

B. Pflicht des Arbeitgebers zur Schutzrechtsanmeldung (Abs. 1)

Der in § 13 Abs. 1 im Vordergrund stehende **Anmeldezwang** des Arbeitgebers dient der frühestmöglichen **Sicherung von Prioritätsrechten**[1a], die mit der ersten Hinterlegung einer Schutzrechtsanmeldung entstehen (vgl. § 3 Abs. 2, §§ 40, 41 PatG; § 6 GebrMG, ferner Art. 4 PVÜ, Art. 8 Abs. 2 PCT, Art. 87 ff. EPÜ). Die Anmeldung soll auch im Interesse des Arbeitnehmers vermeiden, dass die Schutzrechtserteilung durch neuheitsschädliche Vorveröffentlichung oder offenkundige Vorbenutzung gefährdet wird[2].

2

Der Anmeldezwang entfällt grundsätzlich nur unter den Voraussetzungen des Abs. 2 (s. dazu Rz. 31 ff.; zu Zweifeln über die Schutzfähigkeit s. Rz. 54 ff.). **Überträgt der Arbeitgeber die Rechte an der Erfindung** nach erfolgter Inanspruchnahme auf einen Dritten, so gehen die Pflicht zur Schutzrechtsanmeldung ebenso wenig wie sonstige Pflichten auf den Rechtserwerber über (s. Rz. 7 zu § 7). Nach Rechtsübertragung ist der Arbeitgeber rechtlich nicht mehr in der Lage, eine Schutzrechtsanmeldung zu betreiben (vgl. § 6 S. 1 PatG)[3]. Der Arbeitgeber ist auch nicht gehalten, vor Rechtsübertragung eine Inlandsanmeldung zu betreiben[4]. Gleichwohl geht eine verbreitete Auffassung davon aus, dass die (nicht mehr erfüllbare) Anmeldepflicht mit der Folge eines Schadensersatzanspruchs des Arbeit-

3

---

1 Referentenentwurf S. 27 ff.
1a Vgl. Amtl. Begr. BT-Drucks. II/1648 S. 31 = Blatt 1957, 235; Schiedsst. v. 27.2.1984 Blatt 1984, 301, 302.
2 Volmer/Gaul Rz. 2 ff. zu § 13.
3 Missverständl. VG München v. 17.2.1961 Mitt. 1961, 149, 151 r.Sp.
4 Volz Öffentl. Dienst, 221 ff.; Witte Mitt. 1962, 195, 196; im Ergebn. auch Schiedsst. v. 2.4.1996 Arb.Erf. 95/94 (unveröffentl.); a.A. wohl Reimer/Schade/Schippel/Kaube Rz. 11 zu § 13 (dort Nr. 5).

§ 13

nehmers fortbesteht.[4a] U. E. wäre das Festhalten am Anmeldezwang indes eine überflüssige Formalie, da die damit verbundene Sicherung der Prioritätsrechte für den Arbeitnehmer bedeutungslos ist. Der Arbeitnehmererfinder erleidet durch das Unterbleiben der Inlandsanmeldung deshalb keinen Rechtsnachteil, weil er einerseits nach erfolgter Inanspruchnahme Verwertungshandlungen einschließlich Rechtsübertragungen seines Arbeitgebers als nunmehrigem Rechtsinhaber hinnehmen muss (s. Rz. 6 f. zu § 7), andererseits gegenüber dem Rechtserwerber keine Rechte aus den §§ 14, 16 oder sonstigen Vorschriften des ArbEG geltend machen kann. Mangels eines Rückübertragungsanspruchs ginge auch eine Prioritätssicherung ins Leere[5]. Hinzu kommt, dass der Erfinder, der vergütungsrechtlich ja nur am Ertrag seines Arbeitgebers zu beteiligen ist, aus der unterbliebenen Schutzrechtsanmeldung keinen Vermögensnachteil und folglich keinen Schaden erleidet, was auch die Gegenansicht letztlich anerkennt[4b]. Sein Vergütungsanspruch bestimmt sich nach dem Übertragungsentgelt (s. RL Nr. 16 u. Rz. 251 f. zu § 9).

Ist der Arbeitgeber zur Rechtsübertragung vor Schutzrechtsanmeldung verpflichtet (z.b. im Rahmen von Kooperations- bzw. Auftragsverhältnissen), kann er vom Arbeitnehmer auch aus dem Aspekt der arbeitsrechtlichen Treuepflicht heraus dessen Zustimmung zur Nichtanmeldung (Abs. 2 Nr. 2) beanspruchen.

3.1 Stehen bei einer **zwischenbetrieblichen Kooperation** die einzelnen Arbeitnehmererfinder in einem Arbeitsverhältnis zu einem einzelnen Kooperationspartner, ist der jeweilige Kooperationspartner als Arbeitgeber gegenüber seinem Arbeitnehmererfinder zu Schutzrechtsanmeldungen verpflichtet. Die einzelnen Kooperationspartner als Arbeitgeber können die Anmeldung der Erfindung zum Inlandsschutzrecht gemäß § 744 Abs. 1 BGB nur gemeinschaftlich vornehmen[5a]. Das lediglich formelle Anmelderecht nach § 13 Abs. 1 kann den einzelnen Arbeitgebern keine andere Befugnis vermitteln, als sie den Arbeitnehmererfindern als Teilhaber an der zunächst zwischen ihnen begründeten Bruchteilsgemeinschaft (s. hierzu Rz. 52 f. zu § 5) selbst zustünde. Ordnen die einzelnen Arbeitgeber nach unbeschränkter Inanspruchnahme die Rechte an der Erfindung der Gesamthand der Kooperation zu, so entfällt damit – gleich in welcher Art die Einbringung der Rechte an der Erfindung erfolgt – die Anmeldepflicht dieser Arbeitgeber nicht. Die gesetzliche Stellung des Arbeitnehmererfinders kann durch seine Anbindung an eine Forschungs- und Entwicklungskooperation nicht verschlechtert werden, so dass die Kooperationspartner

---

4a Vgl. Reimer/Schade/Schippel/Kaube Rz. 11 zu § 13 (dort Nr. 5); Busse/Keukenschrijver, PatG, Rz. 8 zu § 13 ArbEG.
4b Vgl. Busse/Keukenschrijver, PatG, Rz. 8 zu § 13 ArbEG.
5 Vgl. auch Amtl. Begr. BT-Drucks. II/1648 S. 33 = Blatt 1957, 236 (zu § 13 des Entw.); Volmer Rz. 14 zu § 7.
5a Ausführlich hierzu Bartenbach Zwischenbetriebl. Kooperation S. 103 ff.

§ 13

auch dann die Anmeldepflicht zu erfüllen haben, wenn zwischen ihnen hierüber keine Einigkeit besteht (vgl. auch § 13 Abs. 3 sowie Rz. 107 zu § 1).

I. Zeitpunkt

1. Fristbeginn

Dem Wortlaut des § 13 Abs. 1 Satz 1 (»gemeldete Diensterfindung«) zufolge knüpft die Anmeldepflicht an die (ordnungsgemäße) Meldung der Diensterfindung (§ 5) an. Sie ist damit **unabhängig von der Inanspruchnahme**, so dass der Arbeitgeber die Anmeldung auch dann einreichen muss, wenn er sich über die Inanspruchnahme noch nicht schlüssig geworden ist (s. auch Rz. 8). 4

Die Anmeldepflicht des Arbeitgebers entsteht mit Zugang der (ordnungsgemäßen) Erfindungsmeldung des Arbeitnehmers gem. § 5 (s. dazu Rz. 10 ff. zu § 5). Der Arbeitnehmer hat seiner Meldepflicht ordnungsgemäß nachzukommen, um so die Grundlage für eine wirksame Schutzrechtsanmeldung (vgl. § 34 PatG; § 4 GebrMG; Art. 75 ff. EPÜ i.V.m. Regeln 24 ff. EPÜAO; Art. 3 ff. PCT i.V.m. Regeln 3 ff. PCTAO) zu schaffen. Die bloß tatsächliche Kenntnis des Arbeitgebers vom Erfindungsgegenstand löst grundsätzlich die Anmeldepflicht ebenso wenig aus wie eine § 5 Abs. 1 u. 2 ArbEG nicht beachtende, fehlerhafte Meldung[5b]. Erweist sich die Erfindungsmeldung als nicht ordnungsgemäß (vgl. § 5 Abs. 2), sollte der Arbeitgeber im Rahmen seines Beanstandungsrechts gemäß § 5 Abs. 3 den Arbeitnehmer alsbald anhalten, notwendige Ergänzungen der Meldung vorzunehmen. Bestehen Anhaltspunkte für einen drohenden Prioritätsverlust (z.B. Kenntnis des Arbeitgebers vom baldigen Abschluss von Parallelentwicklungen des Wettbewerbers und dessen Anmeldeabsicht, Messepräsentation des Erfindungsgegenstandes etc.), muss der Arbeitgeber in Beachtung seiner arbeitsrechtlichen Fürsorgepflicht ggf. ohne Ausschöpfung der Beanstandungsfrist des § 5 Abs. 3 dem Arbeitnehmer die Vervollständigung der Erfindungsmeldung aufgeben (vgl. auch § 15 Abs. 2) oder auch – sofern die vorliegenden Unterlagen dafür ausreichen – eine Schutzrechtsanmeldung betreiben[6]. 5

War – von diesem Ausnahmefall abgesehen – die Erfindungsmeldung nicht ordnungsgemäß im Sinne des § 5 Abs. 2, entsteht die Anmeldepflicht erst mit Ablauf der Beanstandungsfrist des § 5 Abs. 3. 6

5b H.M., vgl. Reimer/Schade/Schippel/Kaube Rz. 4 zu § 13; Busse/Keukenschrijver PatG, Rz. 10 zu § 13 ArbEG; a.A. Volmer/Gaul Rz. 101 ff. zu § 13.
6 Schiedsst. v. 7. 5. 1998 Arb.Erf. 20/96 (unveröffentl.); vgl. auch Röpke Arbeitsverh. u. ArbNErf. S. 91; Busse/Keukenschrijver, PatG, Rz. 10 zu § 13 ArbEG

§ 13

2. »Unverzüglich«

7 Die Anmeldung hat – gerechnet ab dem Zugang der ordnungsgemäßen Erfindungsmeldung (s. Rz. 5 f.) – unverzüglich zu geschehen (§ 13 Abs. 1 Satz 3), d. h., die Anmeldeunterlagen müssen ohne schuldhaftes Zögern (§ 121 BGB) ausgearbeitet und bei der Erteilungsbehörde eingereicht werden.

8 Von einem **schuldhaften Zögern** kann so lange noch nicht gesprochen werden, als der Arbeitgeber trotz der von ihm zu verlangenden beschleunigten Erledigung die Prüfung, ob es sich bei der gemeldeten Erfindung um eine schutzfähige Erfindung handelt, noch nicht abschließen oder Maßnahmen, die die Erfindung anmeldungsreif machen sollen, noch nicht treffen konnte[7]. In diesen Rahmen gehören eine Neuheitsrecherche ebenso wie die Einschaltung außenstehender Berater, insbesondere von Patent- und Rechtsanwälten, soweit dies für eine sachgerechte Entschließung bzw. ordnungsgemäße Anmeldung im Einzelfall erforderlich erscheint (zu deren Geheimhaltungspflicht s. auch Rz. 47 ff. zu § 24). Gleiches kann gelten bei der Konsultation von Partnern einer Forschungs- und Entwicklungsgemeinschaft, von verbundenen Unternehmen im Rahmen einer Konzernbindung oder von Partnern eines Forschungsauftrages, soweit hier für den Arbeitgeber auf vertraglicher Grundlage oder aus Treu und Glauben die Pflicht besteht, zuvor abzuklären, ob überhaupt, durch wen und in welchem Umfang Schutzrechtsanmeldungen erfolgen sollen. Der Vorwurf einer schuldhaften Verzögerung ist auch dann nicht gerechtfertigt, wenn der Arbeitnehmer von ihm geforderte Mitwirkungspflichten gemäß § 15 Abs. 2 nicht erfüllt[7a] bzw. mit einem Hinausschieben der Anmeldung einverstanden ist (vgl. Rz. 33.2 a. E.).

Besondere Umstände (etwa Anhaltspunkte für einen drohenden Prioritätsverlust) können eine **beschleunigte Handhabung** gebieten (s. Rz. 5).

Entgegen verbreiteter betrieblicher Verfahrensweise darf der Arbeitgeber mit der Schutzrechtsanmeldung keineswegs zuwarten, bis er über die Frage der **Verwertbarkeit** entschieden hat, da die Anmeldepflicht unabhängig von der Inanspruchnahme besteht[8] (s. Rz. 4).

9 **Mängel in der betrieblichen Organisation**, insbesondere der Patentabteilung, begründen grundsätzlich den Vorwurf schuldhafter Verzögerung, wie etwa eine dauerhafte Arbeitsüberlastung der Patentabteilung. Auch sonstige schuldhafte Verzögerungen in seiner Sphäre muss sich der Arbeitgeber zurechnen lassen (§ 278 BGB). Zur Auslegung des Begriffs »unverzüglich« vgl. im Übrigen Rz. 28 f. zu § 5. Erkennt umgekehrt der Arbeitnehmer, dass besondere Umstände eine schnelle Schutzrechtsanmeldung

---

7 Amtl. Begr. (Fn. 1a).
7a Reimer/Schade/Schippel/Kaube Rz. 4 zu § 13.
8 Schiedsstelle v. 27.2.1984 Blatt 1984, 301, 302 r.Sp.; Volmer/Gaul Rz. 5 f. zu § 13; Busse/Keukenschrijver, PatG, Rz. 10 zu § 13 ArbEG.

§ 13

erfordern, ist er gehalten, den Arbeitgeber hierauf aufmerksam zu machen[8a].
Zum weiteren Erteilungsverfahren s. Rz. 17.

II. Umfang und Art der Schutzrechtsanmeldung

1. Schutzrechtsumfang

Der Arbeitgeber hat die Schutzanmeldung sachgerecht so abzufassen, dass sie die **gemeldete erfinderische Lehre vollständig umschließt und wiedergibt**[8b]. Er ist – auch wenn bereits eine unbeschränkte Inanspruchnahme ausgesprochen wurde – gehalten, mit der Schutzrechtsanmeldung den weitestgehenden Schutz anzustreben und zur Erreichung dieses Zwecks auch verschiedene aus der gemeldeten Erfindung sich ergebende Lehren zum technischen Handeln zum Gegenstand mehrerer Ansprüche in derselben Anmeldung zu machen, wie auch Ansprüche verschiedener Patentkategorien in einer Anmeldung zusammenzufassen. Im Interesse einer vollständigen Prioritätssicherung hat der Arbeitgeber den angestrebten **Patent-/Gebrauchsmusterschutz so umfassend zu gestalten,** wie es bei wirtschaftlicher Betrachtungsweise sinnvoll und unter Beachtung der (patent-/gebrauchsmuster-)rechtlichen und technischen Gegebenheiten angemessen ist und wie es auch seiner »Treuhänderfunktion« für den Arbeitnehmer entspricht[8c]; dies gilt namentlich für die »Wahl« der Patentkategorie(n), die Fassung der Schutzansprüche und die zu ihrer Auslegung heranzuziehende Beschreibung[8d]. Einschränkungen des möglichen Schutzumfangs, etwa durch den Verzicht auf eine bestimmte zusätzliche Patentkategorie, sind dann zulässig, wenn sich der Arbeitnehmer ausdrücklich oder konkludent einverstanden erklärt, etwa durch seine Mitwirkung bei der Ausarbeitung der Anmeldeunterlagen oder durch deren Billigung nach Vorlage[8e] (s. Rz. 33.2). Zur Änderung der Schutzrechtsanmeldung im Erteilungsverfahren s. Rz. 44. Zur vergütungsrechtlichen Auswirkung einer gegenüber der Erfindungsmeldung »verkürzten« Schutzrechtsanmeldung vgl. Rz. 88 f. zu § 9.

10

8a Schiedsst. v. 17.10.1988 Arb.Erf. 40/88 (unveröffentl.).
8b BGH v. 29. 11. 1988 GRUR 1989, 205, 207 – Schwermetalloxidationskatalysator; vgl. auch BVerfG v. 24. 4. 1998 NJW 1998, 3704, 3706 – Induktionsschutz von Fernmeldekabeln; zust. Schiedsst., u. a. v. 5. 12. 1991 Mitt. 1997, 120, 121 f. – Hinterfüll-Bewehrungsmatte.
8c Vgl. (aber) auch Volmer/Gaul Rz. 16 ff., 22 ff., 35 ff. u. Rz. 150 ff. zu § 13, die allerdings von der »Möglichkeit« oder »Berechtigung« des Arbeitgebers bzw. nur von einer »Obliegenheit« sprechen.
8d BGH v. 29. 11. 1988 (Fn. 8b).
8e Schiedsst. v. 7. 5. 1998 (Fn. 6) u. v. 22. 7. 1999 Arb.Erf. 12/97 (unveröffentl.).

§ 13

10.1 Die Pflicht zur sachgerechten Schutzrechtsanmeldung sowie zur Rücksichtnahme auf die Arbeitnehmerinteressen hindert den Arbeitgeber, **vor unbeschränkter Inanspruchnahme** ohne Zustimmung des Arbeitnehmers den **Gegenstand der Erfindung** in der Schutzrechtsanmeldung in Abweichung von der Erfindungsmeldung **zu verändern**, etwa durch Hinzufügen eigenen Know hows.[9] Dies gilt nicht bei unwesentlichen Änderungen oder Ergänzungen oder solchen, die zur sachgerechten Durchführung des Anmeldeverfahrens erforderlich sind.

Nach unbeschränkter Inanspruchnahme ist der Arbeitgeber grundsätzlich frei, den **Gegenstand der Erfindung zu erweitern**; dazu kann es auch zählen, mehrere Diensterfindungen zu einer **Anmeldung »zusammenzulegen«**, sofern dies sachgerecht ist.[9a] Eine derartige Gemeinschaftsanmeldung kann auch durch Zusammenlegen bisher selbständiger Anmeldungen im laufenden Erteilungsverfahren ohne Zustimmung der Arbeitnehmer erfolgen.[9b] In solchen Fällen hat der Erfinder eines Teils der zusammengefassten Anmeldung dann einen Vergütungsanspruch, wenn feststeht, dass der auf ihn zurückgehende Teil einen (schöpferischen) Beitrag zu dem zusammengelegten Anmeldungsgegenstand darstellt[9c]; vergütungsrechtlich sind die Regeln für Miterfinder entsprechend anwendbar (s. dazu Rz. 311 f. zu § 9).

2. Patent oder Gebrauchsmuster – eingeschränktes Wahlrecht des Arbeitgebers

11 Entsprechend der im gesamten ArbEG durchgeführten **Gleichstellung von Patenten und Gebrauchsmustern** (vgl. § 2) erstreckt sich die Anmeldepflicht auch auf (nur) gebrauchsmusterfähige Diensterfindungen.

Da die Abgrenzung zwischen Patent und Gebrauchsmuster durch objektive Kriterien unter Beachtung wirtschaftlicher Gegebenheiten bestimmt wird, stellt § 13 Abs. 1 Satz 2 die Wahl **nicht in das Belieben des Arbeitgebers**[9d] (s. auch Rz. 10 zur »Treuhänderfunktion«). Er hat kein freies Wahlrecht[9e]; vielmehr hat er eine patentfähige Erfindung auch zum Patent anzumelden und für eine bloß gebrauchsmusterfähige Erfindung eine Ge-

---

9 Weitergehend Volmer/Gaul Rz. 173, 178 zu § 13.
9a Ähnl. Volmer/Gaul Rz. 176 zu § 13; s. auch BGH v. 23. 6. 1977 GRUR 1977, 784, 787 – Blitzlichtgeräte; z. Zulässigkeit d. Zusammenlegung von Patentanmeldungen im Erteilungsverfahren s. BGH v. 25. 2. 1986 GRUR 1986, 531 – Schweißgemisch.
9b BGH v. 23. 6. 1977 (Fn. 9 a).
9c BGH v. 23. 6. 1977 (Fn. 9 a).
9d I. d. S. auch Schiedsst. v. 25. 5. 1981 Blatt 1982, 166; zu weitgehend Volmer/Gaul Rz. 49 zu § 7, zumal nach unbeschränkter Inanspruchnahme auch die potentiellen Rechte des ArbN aus § 16 beachtlich sind; wie hier dagegen Rz. 57, 80 zu § 7.
9e Schiedsst. v. 17. 3. 1994 Arb.Erf. 177/92 (unveröffentl.).

§ 13

brauchsmustereintragung zu veranlassen[9f] (zur Zustimmung des Arbeitnehmers s. Rz. 33).

Dennoch will das ArbEG die durch das Patent und Gebrauchsmustergesetz zur Verfügung gestellten **Gestaltungsmöglichkeiten** zum Erwerb von Schutzrechten nicht einschränken[10] (s. auch Rz. 11 zu § 2). Dem Arbeitgeber steht es frei, eine Patentanmeldung i. V. m. einer **parallelen Gebrauchsmusteranmeldung** einzureichen. Er kann im Wege der **Abzweigung** gemäß § 5 GebrMG für denselben Gegenstand einer früheren mit Wirkung für die Bundesrepublik Deutschland eingereichten Patentanmeldung eine Gebrauchsmusteranmeldung unter Inanspruchnahme des Anmeldetags dieser Patentanmeldung einreichen.[10a] Anders als bei einer Prioritätsbeanspruchung (§ 6 GebrMG) wird der Beginn der Schutzdauer für das Gebrauchsmuster auf den Anmeldetag der früheren Patentanmeldung zurückbezogen; Schutzwirkung kann ein solches Gebrauchsmuster also nur noch für den Rest der gesetzlichen Höchstdauer des Gebrauchsmusterschutzes (10 Jahre, vgl. § 23 GebrMG) entfalten. Die im Belieben des Arbeitgebers stehende Entscheidung über diesen flankierenden Gebrauchsmusterschutz braucht der Arbeitgeber damit erst dann zu treffen, wenn sich ein solcher Schutz später als zweckmäßig erweist, etwa um den Schutz aus einer offen gelegten Patentanmeldung zu verstärken oder um die Nachteile einer Versagung oder eines Widerrufs des nachgesuchten Patents aufzufangen (zur Schutzrechtsaufgabe s. Rz. 11.1 zu § 16). Ist nicht auszuschließen, dass eine jedenfalls gebrauchsmusterfähige Erfindung auch patentfähig ist, sollte der Arbeitgeber zunächst die Möglichkeit einer Patentanmeldung mit dem Ziel einer späteren Abzweigung einer Gebrauchsmusteranmeldung in Betracht ziehen.

11.1

Alternativ zu einer Abzweigung einer Gebrauchsmusteranmeldung aus einer Patentanmeldung kann der Arbeitgeber gemäß § 6 GebrMG innerhalb einer Frist von 12 Monaten nach dem Anmeldetag einer früheren Patent- oder Gebrauchsmusteranmeldung für die Anmeldung desselben Gegenstandes zum Gebrauchsmuster ein Prioritätsrecht beanspruchen (»**innere Priorität**«), es sei denn, dass für die frühere Anmeldung schon eine inländische oder ausländische Priorität in Anspruch genommen worden ist. Der Anmeldung selbständiger Patente entspricht die von Zusatzpatenten[11].

11.2

Zur Frage der (vorläufigen) Vergütung bei Parallelanmeldungen s. Rz. 71 zu § 12; zur Aufgabe von parallelen Anmeldungen s. Rz. 8 zu § 16.

9f Volmer Rz. 25 zu § 13; vgl. auch Schiedsst. v. 25. 5. 1981 (Fn. 9 d); abl. Busse/Keukenschrijver, PatG, Rz. 11 zu § 13 ArbEG, mit dem beachtlichen Hinweis auf die weitgehende Angleichung von Patent und Gebrauchsmuster.
10 So im Ergebn. Schiedsst. v. 25. 5. 1981 (Fn. 9 d).
10a Vgl. Winkler Mitt. 1987, 3, 5 f.; Kraßer GRUR 1993, 223 ff.
11 Reimer/Schade/Schippel/Kaube Rz. 3 zu § 13 m. H. a. Schiedsst. Arb.Erf. 43/70 (unveröffentl.).

677

§ 13

12   Nach dem ArbEG hat die **Patentanmeldung Vorrang**[11a]. Nur dann soll der Arbeitgeber gem. § 13 Abs. 1 Satz 2 nicht zur Anmeldung eines Patents gezwungen sein, wenn im Einzelfall »bei verständiger Würdigung der Verwertbarkeit der Erfindung der Gebrauchsmusterschutz zweckdienlicher erscheint« (eingeschränktes Wahlrecht). Zweckdienlicher ist die Gebrauchsmusteranmeldung ausnahmsweise dann, wenn sie wirtschaftlich vernünftig erscheint[12]. Für das Merkmal der Zweckdienlichkeit kommt es deshalb allein auf eine **wirtschaftliche Betrachtungsweise** an[12a]. Diese Beurteilung steht nicht im freien Belieben des Arbeitgebers[13]. Sie ist aus der Sicht eines unparteiischen und sachkundigen Dritten unter verständiger Würdigung der rechtlichen Gegebenheiten einschließlich der unterschiedlichen Schutzrechtsdauer einerseits und der Verwertbarkeit der Erfindung im Markt nach den vorgegebenen wirtschaftlichen Verhältnissen und Belangen des jeweiligen Unternehmens (Arbeitgebers) andererseits vorzunehmen. Maßstab ist also, ob ein vernünftiger Unternehmer – bezogen auf die **konkreten Verhältnisse des Arbeitgebers** – ebenso handeln würde[13a].

Die »Zweckdienlichkeit« stellt einen nachprüfbaren unbestimmten Rechtsbegriff dar. Allerdings muss dem Arbeitgeber im Hinblick auf unternehmensbezogene Wert- und Eignungsurteile ein gewisser **Beurteilungsspielraum** zugestanden werden (vgl. auch Rz. 15 zu § 17).

Beurteilungszeitpunkt ist der Zeitpunkt der Anmeldung[14]. Spätere wirtschaftliche Entwicklungen können dem Arbeitgeber nur dann entgegen gehalten werden, wenn sie voraussehbar waren.

13   Die **Zweckdienlichkeit einer Gebrauchsmusteranmeldung** ist immer dann gegeben, wenn es sich um eine absehbar kurzlebige Erfindung handelt[14a], insbesondere weil wegen eines kurzen Innovationszyklusses kein Bedarf für einen längeren Schutz als den besteht, den das Gebrauchsmuster für die Diensterfindung maximal bieten kann[14b]. Beispielhaft ist auf Erfindungen aus der Gebrauchsgüterindustrie (Spielzeug, Hobby und Freizeitsektor) zu verweisen, deren wirtschaftliche Verwertbarkeit weitgehend von Mode und Geschmack abhängt und die deshalb erfahrungsgemäß nur eine ziemlich begrenzte Bedeutung und damit auch nur eine kurze »Verweilzeit« auf dem Markt haben[14c].

11a Vgl. Volmer/Gaul Rz. 131 zu § 13; Busse/Keukenschrijver, PatG, Rz. 11 zu § 13 ArbEG.
12   Vgl. Ausschussber. zu BT-Drucks II/3327 S. 6 = Blatt 1957, 252.
12a Vgl. Amtl.Begr. (Fn. 1a).
13   S. Schiedsst. v. 25. 5. 1981 Blatt 1982, 166 r.Sp.
13a Wie hier Volmer/Gaul Rz. 140 zu § 13; vgl. auch Busse/Keukenschrijver, PatG, Rz. 11 zu § 13 ArbEG.
14   Busse/Keukenschrijver, PatG, Rz. 11 zu § 13 ArbEG.
14a So Busse/Keukenschrijver, PatG, Rz. 11 zu § 13 ArbEG.
14b Schiedsst. v. 28. 9. 1993 Arb.Erf. 133/92 (unveröffentl.).
14c Schiedsst. v. 17. 3. 1994 Arb.Erf. 177/92 (unveröffentl.).

§ 13

Nicht zweckdienlicher ist die Gebrauchsmusteranmeldung dagegen dann, wenn von vornherein absehbar ist, dass die Nutzung des erfindungsgemäßen Gegenstandes (weit) über die maximale Laufzeit eines Gebrauchsmusters reicht[14d]. Zu verneinen ist die Zweckdienlichkeit auch dann, wenn das Patent gegenüber dem Gebrauchsmuster einen breiteren Schutzumfang zulässt und damit den Gegenstand der gemeldeten Diensterfindung voll ausschöpft, wie etwa das Nebeneinander von Stoff- und Verfahrensschutz, welches durch ein Gebrauchsmuster nicht vermittelt werden kann (vgl. § 2 Nr. 3 GebrMG). Bedenken hinsichtlich der Zweckdienlichkeit eines Gebrauchsmusters können sich auch aus einem vom Arbeitgeber angestrebten Patentschutz für Auslandsmärkte ergeben. Allein die Tatsache einer kostengünstigeren und rascheren Eintragung eines Gebrauchsmusters begründet nicht seine Zweckdienlichkeit, wenn keine weiteren wirtschaftlichen Gründe dafür sprechen[14e]. Auch rechtfertigen etwaige Zweifel des Arbeitgebers an der Schutzfähigkeit der Diensterfindung eine Gebrauchsmusteranmeldung nicht, so dass der Arbeitgeber nicht befugt ist, statt eines Patents nur ein Gebrauchsmuster mit der Begründung anzumelden, dass er für ein Patent keine ausreichende Schutzfähigkeit sehe[14f]. Selbstverständlich kann die Zweckmäßigkeit eines Gebrauchsmusters auch nicht damit begründet werden, dass die Vergütungsansprüche des Arbeitnehmererfinders der Höhe und der Dauer nach regelmäßig geringer ausfallen.

Nachdem § 23 Abs. 2 GebrMG eine **Verlängerung der Schutzdauer des Gebrauchsmusters** um jeweils zwei auf insgesamt 10 Jahre zulässt, kann sich diese erweiterte Schutzdauer auf die Entscheidung über die Zweckdienlichkeit einer Gebrauchsmusteranmeldung positiv auswirken. In diesem Zusammenhang ist zu berücksichtigen, dass nach den Erfahrungen der Praxis die mittlere Laufdauer eines Patentes mit 8 bis 10 Jahren und die durchschnittliche Nutzungsdauer mit 10 bis 12 Jahren[14g] anzusetzen ist (vgl. Rz. 59 zu § 9). Zudem werden erfahrungsgemäß nur wenige Patente bis zum Ablauf der gesetzlichen Höchstdauer (20 Jahre ab Anmeldung, § 16 Abs. 1 Satz 1 PatG) einer wirtschaftlichen Nutzung zugeführt (z. B. Arzneimittel, Pflanzenschutz). Damit nähert sich die für Gebrauchsmuster

14

14d Schiedsst. v. 23. 3. 1995 Arb.Erf. 177/92 (unveröffentl.).
14e Schiedsst. v. 16. 9. 1996 Arb.Erf. 25/95 (unveröffentl.).
14f Schiedsst. v. 8. 2. 1991 GRUR 1991, 753, 755 – Spindeltrieb m. w. N; v. 25. 5. 1981 Blatt 1982, 166; v. 8. 8. 1975, Blatt 1977, 173; v. 12. 12. 1990 Arb.Erf. 13/90 (unveröffentl.) u. v. 17. 3. 1994 (Fn. 14 c); vgl. aber auch allg. Westerdorp/Victor Mitt. 1998, 452 f. zur Frage der äquivalenten Verletzung.
14g Vgl. BDI/BDA-Umfrage 1995–1997, GRUR 1999, 134 f.; dies entspricht auch den Erfahrungen der Schiedsst., s. z. B. EV v. 13. 11. 1997 Arb.Erf. 31/96 u. v. 3. 6. 1998 Arb.Erf. 89/96 (beide unveröffentl.); hiernach ergeben sich als durchschnittliche Benutzungsdauer: Chemie 12 Jahre, Feinmechanik/High-Technologie-Bereich 8,8 Jahre; Maschinenbau 10 Jahre; Werkstoffe (Papier, Kautschuk, Holz, Kunststoffe) 9,3 Jahre; ansonsten überwiegend 10 Jahre (ohne Bereiche Pharma und Pflanzenschutz).

§ 13

vermittelte Schutzdauer der durchschnittlichen faktischen Nutzungszeit bei Patenten an, wobei aber nicht übersehen werden darf, dass der Nutzungsbeginn häufig nicht mit dem Zeitpunkt der Schutzrechtsanmeldung übereinstimmt. Diese Verlängerung der Schutzdauer und die Ausdehnung des Anwendungsbereichs (s. Rz. 9 ff. zu § 2) vermitteln einer Gebrauchsmusteranmeldung eine größere Bedeutung, insbesondere für kleinere und mittlere Unternehmen, die hierdurch besser in der Lage sind, aufgewandte Entwicklungskosten durch eine verlängerte Alleinstellung auf dem Markt wieder einzubringen und damit ihre Marktposition insbesondere im Wettbewerb mit Großunternehmen zu stärken[14h]. Zur inneren Priorität s. Rz. 11.2.

14.1 Diese Rechtsentwicklung und die Erfahrungen der Praxis hat die Schiedsstelle zum Anlass einer grundsätzlichen Gleichstellung von Patent- und Gebrauchsmusteranmeldungen genommen, wenn keine konkreten und sicheren Erkenntnisse dafür vorhanden sind, dass die Diensterfindung über eine maximale Laufzeit eines Gebrauchsmusters von 10 Jahren hinaus benutzt werden wird.[14i] Dann stellt die Gebrauchsmusterhinterlegung keine Verletzung der Pflicht des Arbeitgebers zur vorrangigen Patentanmeldung dar. Auch wenn der Arbeitgeber die Erfindung über die maximale Laufzeit eines von ihm erwirkten Gebrauchsmusters hinaus benutzen würde, wäre er mangels Pflichtverletzung nicht zur weiteren Vergütungszahlung verpflichtet[14k].

Ob dem trotz der unübersehbaren Fortentwicklung – angesichts der Fassung des § 13 Abs. 1 Satz 2 – de lege lata gefolgt werden kann, ist zweifelhaft. Insoweit bleibt die weitere Rechtsentwicklung abzuwarten, insbesondere die in Aussicht genommene Harmonisierung des (nationalen) Gebrauchsmusterrechts innerhalb der EU[14l]. Vergütungsrechtlich ist zu überdenken, ob eine solche Gleichstellung auch eine Gleichstellung der Vergütung mit Patenten auslösen würde (vgl. auch RL Nr. 28 Abs. 2), ferner einen Wechsel von der vorläufigen (s. dazu Rz. 64 ff. zu § 12) zur endgültigen Vergütung, d. h. einen Wegfall des Risikoabschlags im Hinblick auf die

---

14h Zur Zielrichtung der Verlängerung der Schutzdauer s. Amtl.Begr. z.G.z. Änd.d.GebrMG in BT-Drucks. 10/3903, S. 28 u. Ausschussber. in BT-Drucks. 11/5744 S. 33; z.den Vorteilen s. u. a. Krieger GRUR Int. 1996, 354 ff.; Pietzcker GRUR Int. 1996, 380 ff.; Westendorp/Victor (Fn. 14 f); s. auch BPatG v. 8. 4. 1998 Mitt. 1999, Z71 zur Annäherung von Patent u. Gebrauchsmuster.
14i Schiedsst. v. 13. 11. 1997 Arb.Erf. 31/96 (z. Veröffentl. in EGR vorgesehen) u. v. 20. 11. 1998 Arb.Erf. 12/97 (unveröffentl.).
14k Schiedsst. v. 13. 11. 1997 (Fn. 14 i).
14l S. den Entwurf eines Vorschlages für eine RL des Europäischen Parlaments u. d. Rates über die Angleichung der Rechtsvorschriften betr. den Schutz v. Erfindungen durch Gebrauchsmuster (i. GRUR Int. 1998, 245 ff.; GRUR 1998, 354) u. hierzu Kraßer GRUR 1999, 527 ff.

§ 13

sofortige rechtsbeständige Erteilung eines Gebrauchsmusters (s. hierzu Rz. 250 zu § 9).

Erweist sich die **Entscheidung des Arbeitgebers**, lediglich ein Gebrauchsmuster eintragen zu lassen, als **fehlerhaft**, kann der Arbeitnehmer dadurch bedingte Vergütungs- bzw. sonstige Vermögenseinbußen ggf. im Wege des Schadensersatzes ersetzt verlangen (§ 823 Abs. 2 BGB i.V.m. § 13 Abs. 1 Satz 2 als Schutzgesetz; s. dazu Rz. 69 f.). Zur Freigabepflicht bei bloßer Gebrauchsmusterhinterlegung für die Vorrichtung u. zur Aufgabe des patentfähigen Verfahrens s. Rz. 13 zu § 16. 15

3. Umfang der Anmeldepflicht

Auch wenn die Anmeldepflicht für den Arbeitgeber unter dem Gesichtspunkt der Prioritätssicherung (vgl. § 3 Abs. 2 PatG) vorrangig die Einreichung der Schutzrechtsanmeldung zum Inhalt hat, bezieht sie sich – sofern die Erfindung nicht zwischenzeitlich frei wird (vgl. § 13 Abs. 2) – im Grundsatz auch auf die **Durchführung des Erteilungsverfahrens**[15]. Der Arbeitgeber hat also die hier zu treffenden Entscheidungen auch unter Wahrung des Interesses des Arbeitnehmers sachgerecht zu fällen. Zum ordnungsgemäßen Betreiben gehört neben der Stellung der auf eine Schutzrechtserteilung gerichteten Anträge, der Zahlung der Jahres- und sonstigen Amtsgebühren auch die Einlegung von Rechtsbehelfen, es sei denn, der Arbeitgeber macht von der Möglichkeit der Aufgabe einer Schutzrechtsposition nach § 16 Gebrauch. 16

Allerdings betrifft das Merkmal der Unverzüglichkeit insbesondere unter Berücksichtigung des Zwecks des sog. Vorabgesetzes vom 4.9.1967 (BGBl. I, 953) nur die Einreichung der Schutzrechtsanmeldung selbst, nicht dagegen den Fortgang des Verfahrens, so dass der Arbeitgeber die sich im Zusammenhang mit dem Erteilungsverfahren ergebenden gesetzlichen oder amtlichen Fristen grundsätzlich – sofern dies nicht im Einzelfall dem Gebot der Fürsorgepflicht widerspricht – voll ausschöpfen kann, wie etwa die Sieben-Jahresfrist des § 44 Abs. 2 PatG für die Stellung des **Prüfungsantrags**[15a]. Der Arbeitgeber als Herr des Erteilungsverfahrens (s. Rz. 41) kann selbst den Zeitpunkt bestimmen, wann er den Prüfungsantrag stellt und er kann ebenso bestimmen, ob er den Prüfungsantrag stellt[15b], wobei er jedoch § 16 Abs. 1 zu beachten hat. Der Arbeitnehmer kann hierauf nur insoweit 17

---

15 Reimer/Schade/Schippel/Kaube Rz. 6 zu § 13; Busse/Keukenschrijver, PatG, Rz. 13 zu § 13 ArbEG.
15a Schiedsst. v. 13.9.1982, Blatt 1983, 365; zust. auch Reimer/Schade/Schippel/Kaube Rz. 6 zu § 13; Busse/Keukenschrijver, PatG, Rz. 13 zu § 13 ArbEG; vgl. auch Schiedsst. v. 4.2.1986 Blatt 1986, 346, 348.
15b Schiedsst. v. 13.9.1982 (Fn. 15 a) u.v. 27.10.1986, Arb.Erf. 22/86 (unveröffentl.).

§ 13

Einfluss nehmen, als der Gesetzgeber dies ausdrücklich vorgesehen hat (vgl. § 13 Abs. 3 ArbEG, § 44 Abs. 2 PatG); eine spätere Stellung des Prüfungsantrags muss zudem dem Arbeitnehmer nicht zwingend zum Nachteil gereichen, berücksichtigt man, dass bei rd. 35 % aller Anmeldungen im Inland kein Patent erteilt wird (s. auch Rz. 68 zu § 12) und der Arbeitnehmer bei langer Aufrechterhaltung der Patentanmeldung jedenfalls die Chance der vorläufigen Vergütung hat (vgl. Rz. 58 ff. zu § 12)[15c].

Der Arbeitnehmer kann – im Verhältnis zum Patentamt – grundsätzlich als »Dritter« im Sinne des § 44 Abs. 2 PatG jederzeit Prüfungsantrag stellen, wobei die amtlichen Gebühren zu seinen Lasten gehen (vgl. § 44 Abs. 3 PatG; s. i. Übrigen unten Rz. 41).

Ohnehin relativiert sich die Problematik derartiger Prüfungsanträge bezogen auf **europäische Patentanmeldungen.** Gemäß Art. 94 Abs. 2 EPÜ ist nur der Anmelder, d. h. der Arbeitgeber antragsberechtigt (vgl. aber Art. 95 Abs. 2 EPÜ), also nicht auch ein Dritter; zum anderen ist die Prüfungsantragsfrist gemäß Art. 94 Abs. 2 EPÜ i.V.m. Regeln 83-85 b EPÜAO regelmäßig auf 2 Jahre verkürzt; es tritt noch eine weitere Verkürzung dann ein, wenn – wie es üblich ist – die europäische Patentanmeldung als Nachanmeldung erfolgt.

18 Im Übrigen hat der Arbeitgeber dann, wenn das **Unterlassen von Maßnahmen** der Aufgabe einer Schutzrechtsanmeldung im Sinne des § 16 gleichkommt (z.B. Nichtstellen eines Prüfungsantrags vor Ablauf der Prüfungsantragsfrist, Unterlassen oder Rücknahme einer Beschwerde gegen einen Zurückweisungsbeschluss), den Arbeitnehmer hiervon so rechtzeitig in Kenntnis zu setzen, dass dieser von seinem Übertragungsrecht aus § 16 Gebrauch machen und selbst die Anmeldung weiterverfolgen kann[16]; ggf. hat der Arbeitgeber die zur Erhaltung der Rechtsposition notwendigen Maßnahmen (z.B. Beschwerdeeinlegung) selbst zu treffen (Näheres s. Rz. 41 zu § 16).

19 Während des Erteilungsverfahrens besteht die **Informationspflicht** des Arbeitgebers gem. § 15 Abs. 1 (s. dort Rz. 12 ff.); korrespondierend kann der Arbeitgeber die Mitwirkungspflicht des Arbeitnehmers gem. § 15 Abs. 2 beanspruchen.

15c Schiedsst. v. 13.9.1982, Arb.Erf. 48/81 (insoweit i. Blatt 1983, 365 nicht abgedruckt).
16 Ganz h.M., Schiedsst. v. 25.11.1959 Blatt 1960, 279, 280 u.v. 13.9.1982 (Fn. 15 a); Reimer/Schade/Schippel/Kaube Rz. 12 zu § 16; s. auch Busse/Keukenschrijver, Rz. 14 zu § 13; vgl. (aber) auch BGH v. 10.5.1988 GRUR 1988, 762 – Windform; unzutr. LAG Bayern v. 30.11.1960 RdA 1961, 500.
17 frei

§ 13

4. Kosten

In Erfüllung seiner Anmeldepflicht hat der Arbeitgeber zunächst alle Kosten, die mit dem Erteilungsverfahren in Zusammenhang stehen, zu tragen. Hatte er die Erfindung bereits vorher unbeschränkt in Anspruch genommen oder erklärt er später die Inanspruchnahme, so bewendet es bei der Kostentragung durch ihn. Zur Kostentragung bei späterer Aufgabe gem. § 16 vgl. dort Rz. 55; zur Kostenerstattung bei Unterstützungshandlungen des Arbeitnehmers s. Rz. 33 zu § 15. 20

Wird die Erfindung nach einer vorangegangenen Schutzrechtsanmeldung durch den Arbeitgeber frei, so enthält § 13 Abs. 4 Satz 2 für diesen Fall keine Kostenregelung. Einer § 16 Abs. 1 entsprechenden Regelung der Kosten der »vertraglichen« Rechtsübertragung zu Lasten des Arbeitnehmers bedurfte es nicht, da gemäß § 13 Abs. 4 Satz 2 die Rechte aus der Anmeldung kraft Gesetzes auf den Arbeitnehmer übergehen und nur noch eine **gebührenpflichtige Umschreibung** in der Patentrolle zu erfolgen hat (§ 30 Abs. 3 PatG, Art. 127 EPÜ i.V.m. Regel 20 EPÜAO). 21

Für die vom Arbeitgeber aufgewendeten Kosten des bisherigen Erteilungsverfahrens kommt eine **Kostenerstattung** durch den Arbeitnehmer – insbesondere nach den Grundsätzen der GoA (§§ 683, 670 BGB) – i.d.R. nicht in Betracht[18]; der Arbeitgeber ist vielmehr mit der Schutzrechtsanmeldung – mangels anderer Anhaltspunkte – ausschließlich seiner eigenen gesetzlichen Pflicht aus § 13 Abs. 1 nachgekommen. Dies gilt auch für die Kosten, die dem Arbeitgeber über die unmittelbare Schutzrechtsanmeldung hinaus entstehen (z.B. für Versuchsreihen, Modelle, Neuheitsrecherche, Marktanalyse usw.), da diese von ihm entweder freiwillig oder als Folge der Anmeldepflicht übernommen wurden[18a]. Im Hinblick auf § 22 Satz 2 ist jedoch nach Meldung (§ 5) eine Vereinbarung zwischen Arbeitgeber und Arbeitnehmer über die Verfahrenskosten zulässig (vgl. im Übrigen Rz. 55 ff. zu § 16). 22

Ist ausnahmsweise ein **Erstattungsanspruch** gegeben, ist er auf Ersatz der Aufwendungen gerichtet, die der Arbeitgeber nach vernünftiger Einschätzung auch unter Berücksichtigung der Interessen des Arbeitnehmers für erforderlich erachten durfte[19], keinesfalls aber auf Ersatz der Kosten der eigenen Patentabteilung. 23

---

18 Wie hier im Ergebnis Volmer/Gaul Rz. 90 f. zu § 8 u. Rz. 76,191 zu § 13; eine Kostenerstattung generell ablehnend Busse/Keukenschrijver, PatG, Rz. 15 zu § 13; widersprüchlich Reimer/Schade/Schippel/Kaube Rz. 24 zu § 8 u. Rz. 23 zu § 13; Volmer Rz. 31 zu § 13.
18a Abw. Volmer/Gaul Rz. 193 zu § 13.
19 Einschränkend Volmer Rz. 31 zu § 13.
20-25 frei

§ 13

Selbstverständlich muss der Arbeitnehmer die zukünftigen **Kosten der Aufrechterhaltung** einer von ihm übernommenen Schutzrechtsanmeldung allein tragen.

III. Inland

1. Räumlicher Geltungsbereich von PatG und GebrMG

24 Die Anmeldepflicht des Arbeitgebers beschränkt sich auf das »Inland«. Damit knüpft das ArbEG an den räumlichen Geltungsbereich des PatG und des GebrMG an. Hiernach deckt sich der Begriff Inland mit den Grenzen der Bundesrepublik Deutschland[26].

2. Inlandsanmeldungen mittels prioritätsbegründender »Auslandsanmeldungen«

25 Mit einer Auslandsanmeldung erfüllt der Arbeitgeber grundsätzlich seine Pflicht aus § 13 Abs. 1 nicht. Das Recht zur Auslandsanmeldung (und damit auch zur über die Benennung der Bundesrepublik Deutschland hinausgehenden Anmeldung nach EPÜ[27] und PCT) steht ihm ohnehin erst nach unbeschränkter Inanspruchnahme zu (§ 14 Abs. 1).

26 Ob eine nach unbeschränkter Inanspruchnahme erfolgte »Auslandsanmeldung« wegen der hierdurch begründeten Prioritätsrechte zugleich eine Erfüllung der Pflicht zur Inlandsanmeldung nach § 13 Abs. 1 darstellt, ist bisher in der Rechtsprechung – soweit ersichtlich – noch nicht behandelt worden. Nach der hier vertretenen Ansicht beantwortet sich diese Frage nach der jeweiligen Art dieser »Auslandsanmeldung«:

27 Da eine **europäische Patentanmeldung**, deren Anmeldetag feststeht, gem. Art. 66 EPÜ in den benannten Vertragsstaaten die Wirkung einer vorschriftsmäßigen nationalen Hinterlegung, ggf. mit der für die europäische Patentanmeldung in Anspruch genommenen Priorität, begründet, ist mit der ordnungsgemäßen Benennung der Bundesrepublik Deutschland als Vertragsstaat gem. Art. 79 EPÜ die Wirkung der Inlandsanmeldung im Sinne des § 13 Abs. 1 herbeigeführt[29]. Der Arbeitgeber muss beachten, dass durch die Ausarbeitung dieser europäischen Patentanmeldung bzw. einer ihr vorausgehenden prioritätsbegründenden Auslandsanmeldung keine Verzögerung entstehen darf. Kann eine Inlandsanmeldung schneller ausge-

---

26 Benkard/Bruchhausen PatG Rz. 9 zu § 9 m.w.N.
27 Busse/Keukenschrijver, PatG, Rz. 6 zu § 14 ArbEG.
28 frei
29 Zust. Krieger GRUR 1981, 149; Busse/Keukenschrijver, PatG, Rz. 11 zu § 13 u. Rz. 6 zu § 14 ArbEG; Volmer/Gaul Rz. 3, 207 f. zu § 13.

arbeitet und eingereicht werden, muss diese wegen des Gebots der Unverzüglichkeit vorrangig erfolgen.

Gleiches gilt für die Einreichung einer **internationalen Anmeldung** nach dem PCT mit der Bestimmung der Bundesrepublik Deutschland als Vertragsstaat[29]. Gem. Art. 11 Abs. 4 PCT steht jede internationale Anmeldung, die die Erfordernisse der Ziffern i-iii des Art. 11 Abs. 1 PCT erfüllt, einer vorschriftsmäßigen nationalen Anmeldung im Sinne der PVÜ gleich. 28

Gem. Art. 4 PVÜ i.V.m. § 41 PatG wird diese Wirkung schließlich auch erreicht, wenn eine vom Arbeitgeber im Geltungsbereich der PVÜ vorgenommene **nationale Auslandsanmeldung** einer unter Beachtung der hierdurch begründeten Prioritätsfrist nachfolgenden Inlandsanmeldung ihren Altersrang vermittelt[29a]. 29

Soweit diese Sachverhalte nicht bereits unmittelbar vom Wortlaut des § 13 Abs. 1 gedeckt werden, sind sie dennoch dem Anwendungsbereich des § 13 Abs. 1 zuzuordnen, weil dessen Gesetzeszweck (vgl. Rz. 2) auch hierdurch erreicht wird und für den Arbeitnehmer insoweit keine Rechtsnachteile entstehen. Da zudem das spätere Schicksal der prioritätsbegründenden ersten Anmeldung ohne Einfluss auf das Prioritätsrecht ist[29b], wird der Arbeitnehmer durch die vorangehenden »Auslandsanmeldungen« nicht zusätzlich für den Fall verpflichtet, dass der Arbeitgeber diese später nicht weiterverfolgen will (vgl. § 16). Der Arbeitnehmer ist zu deren Fortführung nicht verpflichtet (Einzelheiten s. Rz. 60 ff. zu § 16). 30

C. Ausnahmen von der Anmeldepflicht (Abs. 2)

§ 13 Abs. 2 soll **abschließend** die Fälle zusammenfassen, in denen die Verpflichtung des Arbeitgebers zur Anmeldung der Diensterfindung entfällt[29c]. Zur Situation bei Übertragung der Rechte an der Erfindung s. Rz. 3. 31

Ist abzusehen, dass eine Diensterfindung **kurzfristig technisch überholt** sein wird, ist der Arbeitgeber nicht berechtigt, deshalb von einer Schutzrechtsanmeldung abzusehen; will er dies vermeiden, muss er die Erfindung – ggf. unter Vorbehalt eines einfachen Mitbenutzungsrechts (§§ 6, 7 Abs. 2, § 14 Abs. 3) – dem Arbeitnehmer freigeben bzw. zur Übertragung anbieten.

Während § 13 Abs. 4 Satz 1 für den Fall des Freiwerdens der Diensterfindung ausdrücklich bestimmt, dass mit Freiwerden auch jegliches **Recht des Arbeitgebers zur Anmeldung entfällt** (s. dazu Rz. 48 zu § 8 und 31.1

29a A. A. Busse/Keukenschrijver, PatG, Rz. 11 zu § 13 ArbEG, allerdings m. d. H., dass die rangsichernde Wirkung für die Unverzüglichkeit der Inlandsanmeldung von Bedeutung ist.
29b BGH v. 7.2.1995 NJW-RR 1995, 700, 702 – Flammenüberwachung – dort für die innere Priorität gem. § 40 PatG.
29c Amtl. Begr. (Fn. 1a).

§ 13

Rz. 72 ff. zu § 13), enthält das Gesetz für den Tatbestand der Zustimmung des Arbeitnehmers und der Erklärung zum Betriebsgeheimnis (Abs. 2 Nrn. 2 u. 3) keine vergleichbare Regelung. Bei der Fallsituation der Zustimmung des Arbeitnehmers zu einer Nichtanmeldung (Nr. 2) ist für die Frage des Fortbestandes der Berechtigung des Arbeitgebers zur Schutzrechtsanmeldung der Inhalt der mit dem Arbeitnehmer getroffenen Abrede maßgeblich. Fehlt es an einer ausdrücklichen oder konkludenten Regelung, wird im Zweifel von einem Fortbestand des Anmelderechts des Arbeitgebers ausgegangen werden können[29d], da hiervon berechtigte Belange des Arbeitnehmers nicht betroffen sind. Etwas anderes kann im Falle der (einseitigen) Erklärung zum Betriebsgeheimnis (Nr. 3 i.V.m. § 17) gelten[30]. Hier konnte der Arbeitnehmer schon im Vorfeld auf die Wahl zwischen Anmeldung oder Erklärung zum Betriebsgeheimnis keinen (vertraglichen) Einfluss nehmen; darüber hinaus könnte der Arbeitgeber bei Fortbestehen des Anmelderechts trotz Erklärung einer Erfindung zum Betriebsgeheimnis jederzeit in der Lage sein, die ihn (vergütungsrechtlich) belastenden Wirkungen einer Erklärung zum Betriebsgeheimnis durch Einleitung eines Schutzrechtserteilungsverfahrens und damit begründetem Offenkundigwerden der Erfindung zu beseitigen (vgl. hierzu auch Rz. 34 ff. zu § 17).

I. Freiwerden der Diensterfindung (Nr. 1)

32 Nach Nr. 1 entfällt die Anmeldepflicht in **allen Fällen des Freiwerdens** der Diensterfindung im Sinne des § 8 Abs. 1. Mit Zugang der Freigabeerklärung (§ 8 Abs. 1 Nr. 1) bzw. der Erklärung der beschränkten Inanspruchnahme (Nr. 2) oder mit Fristablauf (Nr. 3) ist gem. § 13 Abs. 4 Satz 1 nur noch der Arbeitnehmer zur Schutzrechtsanmeldung berechtigt. Näheres s. Rz. 72 f.

Hat im Rahmen der **zwischenbetrieblichen Kooperation** ein Arbeitgeber in Bezug auf seinen Arbeitnehmererfinder eine unbeschränkte fristgerechte Inanspruchnahme des auf diesen entfallenden Erfindungsanteils versäumt, verbleibt es bei einer Bruchteilsgemeinschaft zwischen dem durch das Freiwerden der Erfindung begünstigten Arbeitnehmererfinder und den übrigen Kooperationspartnern, soweit diese die auf ihre Arbeitnehmer entfallenden Erfindungsanteile unbeschränkt in Anspruch genommen haben. Schutzrechtsanmeldungen können nur im Namen der übrigen Kooperationspartner und des »freien« Arbeitnehmererfinders erfolgen. Im Übrigen bestimmen sich die Rechte an dieser Schutzrechtsposition nach Gemeinschaftsrecht (§§ 741 ff. BGB).

29d Ebenso Busse/Keukenschrijver, PatG, Rz. 3 zu § 13 ArbEG.
30 Zust. Busse/Keukenschrijver, PatG, Rz. 3 zu § 13 ArbEG.

§ 13

II. Zustimmung des Arbeitnehmers (Nr. 2)

Der Arbeitgeber ist ferner seiner Anmeldepflicht enthoben, wenn der Arbeitnehmer der Nichtanmeldung zustimmt (§ 13 Abs. 2 Nr. 2), also bei einer einverständlichen Abrede zwischen Arbeitgeber und Arbeitnehmer. Da das Gesetz keine bestimmte Form vorschreibt, kann eine derartige Zustimmung auch durch schlüssiges Verhalten zustande kommen. An den Nachweis einer **schlüssigen Zustimmung** sind im Hinblick auf die weitreichenden Rechtsfolgen (Prioritätsverlust, Wegfall eines Vergütungsanspruchs aus § 9 sowie eventueller Verlust des eigenen Verfügungsrechts gemäß § 8 Abs. 2, § 14 Abs. 2, § 16) strenge Anforderungen zu stellen[30a]. Vor allem dann, wenn keine ausdrücklichen Erklärungen der Beteiligten vorliegen, ist aus den gesamten Umständen des Verhaltens des Arbeitnehmers zu ermitteln, welchen Inhalt die sich aus seinem Verhalten ergebenden Erklärungen tatsächlich hatten. Eine Zustimmung kann beispielsweise dann nahe liegen, wenn zugleich die Bereitschaft des Arbeitgebers feststeht, den Arbeitnehmer unabhängig von einem Schutzrechtsbestand in gleicher Weise zu vergüten[30b]. 33

Aus dem Zusammenhang mit § 13 Abs. 1 (»gemeldete Diensterfindung«) folgt, dass eine Zustimmung im Hinblick auf § 22 Satz 1 ArbEG erst **nach Erfindungsmeldung** rechtlich verbindlich ist[30c]. Zur Zustimmung auf Grund arbeitsvertraglicher Treuepflicht s. Rz. 3. 33.1

Von § 13 Abs. 2 Nr. 2 erfasst ist einmal die Situation eines **gänzlichen Verzichts** auf eine Schutzrechtsanmeldung im Inland. 33.2

Möglich ist aber auch die Zustimmung des Arbeitnehmers zur Beschränkung der Schutzrechtsanmeldung auf eine **Gebrauchsmusteranmeldung**, so dass der Arbeitgeber seiner Pflicht zur Einreichung einer Patentanmeldung (vgl. oben Rz. 11 ff.) enthoben wird[30d]. Der Nichtanmeldung der Diensterfindung steht die Nichtanmeldung eines Patents zugunsten einer Gebrauchsmusteranmeldung gleich und zwar wegen der weitreichenden Rechtsverluste, die eine Nichtanmeldung der Diensterfindung als Patent nach sich ziehen kann. Ohne ausdrückliche Zustimmungserklärung des Arbeitnehmererfinders kann daher nicht von einer Zustimmung zur Nichtanmeldung ausgegangen werden[31] (s. Rz. 33.4).

§ 13 Abs. 2 Nr. 2 umfasst ferner den Fall einer Zustimmung des Arbeitnehmers zur **teilweisen Nichtanmeldung**. So stimmt der Arbeitnehmer der

---

30a Schiedsst. v. 5.12.1991 Mitt. 1997, 120, 122 – Hinterfüll-Bewehrungsmatte; v. 26.5.1992 EGR Nr. 32 zu § 13 ArbEG; Busse/Keukenschrijver, PatG, Rz. 6 zu § 13 ArbEG.
30b Schiedsst. v. 26.5.1992 (Fn. 30a).
30c So Reimer/Schade/Schippel/Kaube Rz. 8 zu § 13.
30d Schiedsst. v. 28.9.1993 Arb.Erf. 133/92 (unveröffentl.); Busse/Keukenschrijver, PatG, Rz. 6 zu § 13 ArbEG.
31 Schiedsst. v. 23.3.1995 Arb.Erf. 177/92 (unveröffentl.).

§ 13

Nichtanmeldung von Ausführungsformen, Gegenständen und Merkmalen seiner Erfindungsmeldung zu, wenn er sich **mit der Fassung der** für die Einreichung beim Patentamt bestimmten **Anmeldungsunterlagen einverstanden erklärt** oder diese Fassung nach Kenntnisnahme jedenfalls akzeptiert[31a]. Erhebt der Arbeitnehmer auf ihm zur Durchsicht und Prüfung übersandte Anmeldungsunterlagen keine Gegenvorstellungen, darf der Arbeitgeber von der Zustimmung des Arbeitnehmers ausgehen, zumal er sich gegen eine unvollständige Anmeldung kaum anders schützen kann als dadurch, den (zur Unterstützung nach § 15 Abs. 2 verpflichteten) Erfinder an der Ausarbeitung der Anmeldungsunterlagen zu beteiligen[31b]; einer ausdrücklichen Zustimmung zur Nichtaufnahme einzelner Ausführungsbeispiele, Merkmale, Vorteile etc. der ursprünglich gemeldeten Diensterfindung bedarf es nicht[31c] (zur Unterstützungspflicht des Arbeitnehmers s. Rz. 29 f. zu § 15; zur Erfindungsmeldung als Grundlage des Vergütungsanspruchs s. Rz. 83 ff. zu § 9).

Von einer solchen Zustimmung kann der Arbeitgeber aber dann nicht ausgehen, wenn beim Erfinder Erkenntnis und Erkenntnismöglichkeiten für eine zutreffende Beurteilung des Inhalts der Schutzrechtsanmeldung fehlen; hier bleibt der Arbeitgeber auch bei Zustimmung des Erfinders in der Verantwortung für die ordnungsgemäße Schutzrechtsanmeldung[31d].

Die vorstehenden Grundsätze sollen nach Auffassung der Schiedsstelle auch dann gelten, wenn der Arbeitnehmer die Anmeldungsunterlagen nach deren Einreichung mit der ausdrücklichen Aufforderung erhält, sie auf ihre Vollständigkeit hin zu überprüfen und Gegenvorstellungen zu erheben, da Ergänzungs- bzw. Änderungsvorschläge des Arbeitnehmers im Rahmen einer die Priorität nutzenden Nachanmeldung noch berücksichtigt werden können[31e].

Wenn § 13 Abs. 2 Nr. 2 eine Vereinbarung über die Nichtanmeldung einer Diensterfindung ausdrücklich zulässt, gestattet dies erst recht die Absprache über eine **Schutzrechtsanmeldung** zu einem **späteren Zeitpunkt**[31f].

33.3 Die – auch formlos mögliche – »Zustimmung« stellt als Angebot bzw. Annahme eine **empfangsbedürftige Willenserklärung** dar (§ 130 BGB;

31a Ständ. Praxis d. Schiedsst. z.B. EV. v. 5.12.1991 (Fn. 30a) S. 121 f.; v. 29.10.1992 Arb.Erf. 16/92 (unveröffentl.). u.v. 28.9.1993 (Fn. 30d); zust. auch Busse/Keukenschrijver, PatG, Rz. 6, 12 zu § 13 ArbEG; vgl. auch Krieger i. Anm. BGH v. 29.11.1988 GRUR 1989, 205, 210 – Schwermetalloxidationskatalysator; ders. i. Festschr. Quack (1991), 41, 52 ff.; Schiedsst. v. 20.8.1987 Blatt 1988, 173.
31b Schiedsst. v. 5.12.1991 (Fn. 31a); ebenso Reimer/Schade/Schippel/Kaube Rz. 8 zu § 13; vgl. auch Busse/Keukenschrijver, PatG, Rz. 12 zu § 13 ArbEG.
31c Schiedsst. v. 5.12.1991 (Fn. 31a) u. v. 22. 7. 1999 Arb.Erf. 12/97 (unveröffentl.).
31d Schiedsst. v. 5.12.1991 (Fn. 31a); vgl. auch Krieger i. Anm. BGH (Fn. 31a).
31e Schiedsst. v. 28.9.1993 (Fn. 30d).
31f Schiedsst. v. 8.4.1993 EGR Nr. 34 zu § 6 ArbEG.

§ 13

vgl. dazu Rz. 10 f. zu § 5), die aus sich heraus klar und eindeutig sein muss. Das Angebot des Arbeitgebers wird vielfach so gestaltet sein, eine Anmeldung deshalb nicht zu hinterlegen, weil die Verwertung eines darauf erteilten Schutzrechts wirtschaftlich nicht Erfolg versprechend sei. Denkbar ist auch eine Abrede, zugunsten von zukünftigen Weiterentwicklungen von einer Anmeldung abzusehen.

Stellt der Arbeitgeber dagegen dar, dass es sich **nicht** um eine **schutzfähige Erfindung** handele, weshalb von einer Anmeldung abgesehen und der Gegenstand der Neuerung als Arbeitsergebnis behandelt werden solle, kann regelmäßig von einem Angebot nicht gesprochen werden[31]. Stellt sich nachträglich entgegen der Vorstellung des Arbeitgebers – etwa bei einer vom Arbeitnehmer eigenständig durchgeführten Schutzrechtsanmeldung – deren Schutzfähigkeit heraus, liegt in einer solchen Erklärung des Arbeitgebers letztlich eine Freigabe der Erfindung[31]. Etwas anderes gilt allerdings dann, wenn ein arbeitgeberseitiger Irrtum durch eine unvollständige Erfindungsmeldung des Arbeitnehmers ausgelöst worden ist (s. hierzu Rz. 69 zu § 5)[32].

Im Einzelfall kann eine **stillschweigende Zustimmung** zu einer **bloßen Gebrauchsmusteranmeldung** vorliegen, wenn der Arbeitnehmer über § 15 Abs. 2 hinausgehend an der Schutzrechtsanmeldung mitwirkt und für ihn erkennbar ist, dass der Arbeitgeber keine (zusätzliche) Patentanmeldung einreichen wird. Ist aus den dem Arbeitnehmer überlassenen Anmeldeunterlagen nicht eindeutig erkennbar, für welche Schutzrechtsart sie gedacht sind, scheidet eine (stillschweigende) Zustimmung aus[33]. Ebenso entfällt eine Zustimmung, wenn der Arbeitnehmer auf Grund der ihm gegebenen Informationen zwar erkennen kann, dass eine Gebrauchsmusteranmeldung im Inland eingereicht worden ist, nicht dagegen, dass auf eine Patentanmeldung verzichtet wurde.

33.4

Sind mehrere Arbeitnehmer an der Erfindung beteiligt (**Miterfinder**), bedarf es der Zustimmung aller beim Arbeitgeber angestellten Miterfinder zur Nichtanmeldung[34]. Für den Fall der **zwischenbetrieblichen Kooperation** ist beachtlich, dass die Zustimmung zur Nichtanmeldung von allen Arbeitnehmer-Miterfindern sämtlicher Kooperationspartner erklärt werden muss. Versagen Einzelne ihre Zustimmung, muss eine Schutzrechtsanmeldung im Inland erfolgen; im Hinblick auf die Bruchteilsgemeinschaft könnte diese Anmeldung nur auf den Namen aller Teilhaber der Bruchteilsgemeinschaft, also unter Einbeziehung der übrigen Kooperationspartner vorgenommen werden[35].

33.5

---

32 Schiedsst. v. 17.10.1988 Arb.Erf. 40/88 (unveröffentl.).
33 Schiedsst. v. 28.9.1993 (Fn. 30d).
34 Allg. A., z. B. Busse/Keukenschrijver, PatG, Rz. 6 zu § 13 ArbEG.
35 Ausführlich hierzu Bartenbach Zwischenbetriebliche Kooperation S. 110 f.

§ 13

34 Es hängt vom Einzelfall ab, ob in einer Zustimmung des Arbeitnehmers zugleich ein Verzicht auf evtl. vorher entstandene Schadensersatzansprüche wegen schuldhafter Verzögerung der Anmeldung liegt.
35 Eine solche Vereinbarung über die Nichtanmeldung ist vor allem bei Zweifeln an der Schutzfähigkeit (s. hierzu Rz. 53 ff.) empfehlenswert.

III. Betriebsgeheimnis (Nr. 3)

36 Einen Sonderfall der Vereinbarung der Nichtanmeldung stellt es dar, wenn Arbeitgeber und Arbeitnehmer sich darüber verständigen, anstelle einer Schutzrechtsanmeldung die Diensterfindung nach § 17 zu handhaben.
37 Der Arbeitgeber kann gem. § 13 Abs. 2 Nr. 3 auch einseitig von der Anmeldung absehen, »wenn die Voraussetzungen des § 17 vorliegen«. Die Anmeldepflicht entfällt mit Zugang dieser Erklärung des Arbeitgebers beim Arbeitnehmer, allerdings unter der Voraussetzung, dass die Tatbestandsmerkmale des § 17 auch wirklich gegeben sind (Einzelheiten s. dort). Das Risiko einer Fehleinschätzung der Diensterfindung als Betriebsgeheimnis trägt der Arbeitgeber (vgl. unten Rz. 69).
Zum Recht der nachträglichen Anmeldung s. Rz. 31.

D. Alleiniges Recht des Arbeitgebers zur Schutzrechtsanmeldung

I. Befugnisse des Arbeitgebers

38 § 13 Abs. 1 begründet nicht nur die Pflicht, sondern auch das Recht des Arbeitgebers zur Inlandsanmeldung. Dieses besteht bis zum Freiwerden der Diensterfindung (§ 13 Abs. 4 Satz 1).

1. Anmeldung auf seinen Namen

39 Auch wenn der Arbeitnehmer bis zu einer unbeschränkten Inanspruchnahme alleiniger Inhaber der materiellen Rechte an der Diensterfindung bleibt, räumt § 13 Abs. 1 Satz 1 dem Arbeitgeber unter Ausschluss des Arbeitnehmers die alleinige (formale) Befugnis zur Inlandsschutzrechtsanmeldung ein.
40 Diese Wirkung entfaltet § 13 Abs. 1 nicht nur im Innenverhältnis des Arbeitgebers zum Arbeitnehmer, sondern auch **im Außenverhältnis**, insbesondere (als Anmeldeberechtigung) gegenüber dem Patentamt[36]. Er wird also nicht als Vertreter des Arbeitnehmers tätig, sondern kraft Gesetzes im

---

[36] DPA v. 21.1.1959 Blatt 1959, 115; a.A. Riemschneider/Barth Anm. 1 zu § 6 DVO 1943.

§ 13

eigenen Namen[36a]. Aus dieser formalen Befugnis folgt das Recht des Arbeitgebers, die Anmeldung auch vor unbeschränkter Inanspruchnahme auf seinen Namen vorzunehmen[37]; eine Pflicht, auf den Namen des Arbeitnehmers anzumelden, besteht nicht, wie § 13 Abs. 4 Satz 2 verdeutlicht: Des dort normierten Rechtsübergangs auf den Arbeitnehmer bedürfte es nicht, wenn die Anmeldung zunächst auf den Namen des Arbeitnehmers erfolgen müsste[38].

Für die bei der Patentanmeldung nach § 37 Abs. 1 Satz 2 PatG erforderliche **Angabe des Rechtsübergangs** reicht i.d.R. der Hinweis aus, dass es sich bei dem benannten Erfinder um einen Arbeitnehmer des Anmelders handelt[38a] (s. i. Übrigen Rz. 26 zu § 7).

Zum Sonderfall der Ersatzvornahme durch den Arbeitnehmer s. Rz. 61 f.

2. Herr des Erteilungsverfahrens

Aus der formalen Berechtigung zur Anmeldung folgt zugleich, dass der **Arbeitgeber alleiniger Herr des Erteilungsverfahrens** unabhängig von Einflüssen Dritter, und damit auch des Arbeitnehmers, ist. Besondere Mitsprache- oder Mitwirkungsrechte des Arbeitnehmers bestehen nicht[38b]; solche sehen weder das Patentgesetz (vgl. aber zu dem Recht auf Erfindernennung §§ 37, 63 PatG – s. dazu Rz. 26 zu § 7) noch das ArbEG vor (s. auch Rz. 12 f. zu § 15); allerdings besteht für ihn die Mitwirkungspflicht nach § 15 Abs. 2 (s. dazu Rz. 27 ff. zu § 15). Er tritt nur mit Freiwerden der Diensterfindung gem. § 13 Abs. 4 Satz 2 an die Stelle des Arbeitgebers (zur Situation bei Aufgabe der Schutzrechtsposition s. Rz. 44 ff. zu § 16). 11

Patentrechtlich kann der Arbeitnehmer als »Dritter« gem. § 44 PatG **Prüfungsantrag** stellen[38c]. Diese patentrechtliche Befugnis kann aber – im Verhältnis zum Arbeitgeber – im Einzelfall auf Grund der Treuepflicht des Arbeitnehmers eingeschränkt sein. Der Wunsch des Arbeitnehmers, durch einen Prüfungsantrag kurzfristig Klarheit über die Schutzwürdigkeit einer Patentanmeldung herbeizuführen, muss zurücktreten, wenn für ihn er- 41.1

36a Zutr. Volmer/Gaul Rz. 73 ff. zu § 13 gegen Volmer Rz. 13 zu § 13; bestätigend LG Düsseldorf v. 17.9.1991 Entscheidungen 4. ZK 2000, 25, 29 – Reißverschluss u. v. 29.2.2000, Entscheidungen 4. ZK 2000, 32, 37 – Müllbehältergreifvorrichtung; Busse/Keukenschrijver, PatG, Rz. 3 zu § 13 ArbEG; Fricke/Meier-Beck, Mitt. 2000, 199, 200.
37 So wohl h.M., Heine/Rebitzki Anm. 3 zu § 13; Lindenmaier/Lüdecke Anm. 2 zu §§ 13-16; Reimer/Schade/Schippel/Kaube Rz. 14 zu § 13; a.A. Dantz Inanspruchnahmerecht (1968) S. 51 f.; Volmer BB 1976, 1513; Witte GRUR 1963, 76.
38 Rosenberger BB 1977, 251.
38a Mitt. d. Präs. DPA v. 7.2.1972 Blatt 1972, 61; PA BS v. 27.2.1953 Blatt 1953, 124.
38b Schiedsst. v. 23.1.1996 Arb.Erf. 42/94 (unveröffentl.) m.H.a. BGH v. 29.11.1988 GRUR 1989, 205 – Schwermetalloxidationskatalysator.
38c Schiedsst. v. 27.10.1986 Arb.Erf. 22/86 (unveröffentl.); Volmer/Gaul Rz. 115 zu § 2.

§ 13

kennbar berechtigte schutzwerte Belange des Arbeitgebers Vorrang haben[38d], etwa dann, wenn der Arbeitgeber bereits Lizenzverträge geschlossen hat und das Risiko der Vertragsbeendigung bei (vorzeitiger) Schutzrechtsversagung erheblich ist. In jedem Fall wird der Arbeitnehmer auf Grund seiner Treuepflicht den Arbeitgeber zuvor auf seine Absicht, Prüfungsantrag zu stellen, aufmerksam machen müssen.

42 Andererseits ist der Arbeitgeber sowohl im Stadium der Schutzrechtsanmeldung vor Inanspruchnahme als auch nach unbeschränkter Inanspruchnahme – sei es aus seiner gesetzlichen Treuhänderschaft[39] bzw. auf Grund des gesetzlichen Schuldverhältnisses nach dem ArbEG[39a] (s. dazu Rz. 160 zu § 1), jedenfalls aus seiner arbeitsrechtlichen Fürsorgepflicht – gehalten, auch im Erteilungsverfahren auf die **Interessen des Arbeitnehmers** in angemessener Weise Rücksicht zu nehmen. Dies bedeutet indessen nicht, dass der Arbeitgeber den Fortgang des Schutzrechtserteilungsverfahrens, insbesondere das Patenterteilungsverfahren selbst, auch unverzüglich betreiben muss, da die Frage, inwieweit die Erteilungsphase forciert werden soll, in der Regel von einer Fülle von Erwägungen abhängt[39b]. Während es teilweise zweckmäßig ist, sofort Prüfungsantrag zu stellen, kann es in vielen Fällen, insbesondere bei geringer Erteilungschance, sinnvoll sein, die 7-Jahres-Frist des § 44 Abs. 2 PatG möglichst auszuschöpfen (s. im Übrigen Rz. 17).

43 Der Arbeitgeber ist vor Erfüllung des Vergütungsanspruchs im Hinblick auf § 16 zur Aufrechterhaltung der Anmeldeposition bzw. des Schutzrechts verpflichtet (s. oben Rz. 16 ff., ferner Rz. 41 ff. zu § 16).

3. Änderungen der Schutzrechtsanmeldung

44 Änderungen der Schutzrechtsanmeldung entsprechen bei Patentanmeldungen (vgl. hierzu § 38 PatG) dem Regelfall. Typischerweise gehen sie auf entsprechende Hinweise der Erteilungsbehörde zurück, insbesondere in Anpassung an den nachgewiesenen Stand der Technik[39c]. Sachgerechte Einschränkungen können z. B. auf Entgegenhaltungen in parallelen ausländischen Schutzrechtserteilungsverfahren oder auf Nichtigkeitsverfahren beruhen, ferner auf begründeten Forderungen von Mitbewerbern an den Arbeitgeber zur Vermeidung eines Nichtigkeits- oder Löschungsverfahrens. Auch wenn der Arbeitgeber Herr des Erteilungsverfahrens ist, folgt doch aus seiner Pflicht zur sachgerechten Durchführung des Schutzrechtserteilungsverfahrens, dass er Änderungen des Anmeldungsgegenstandes nicht

---

38d Wohl auch Busse/Keukenschrijver, PatG, Rz. 16 zu § 13 ArbEG.
39 So Volmer Rz. 26 zu § 13.
39a I. d. S. Schiedsstr. v. 16. 9. 1996 Arb.Erf. 25/95 (unveröffentl.).
39b Vgl. Schiedsst. v. 4.2.1986 Blatt 1986, 346, 348.
39c Schiedsst. v. 15. 5. 2001 Arb.Erf. 59/98 (unveröffentl.).

nach Belieben vornehmen darf. Allerdings muss ihm ein gewisser **Beurteilungsspielraum** zugestanden werden, da er bei ablehnender Reaktion eine Zurückweisung der Schutzrechtsanmeldung riskiert (vgl. § 58 PatG) bzw. die Gefahr einer Nichtigkeits-/Löschungsklage läuft. Insoweit hat jedenfalls nach unbeschränkter Inanspruchnahme das Interesse des Arbeitgebers an dem Erwerb bzw. Bestand einer gesicherten (wenn auch eingeschränkten) Schutzrechtsposition oder an der Vermeidung eines gegenüber einer Selbstbeschränkung (§ 64 PatG) wesentlich kostenaufwendigeren Nichtigkeits- oder Löschungsverfahrens, dessen Aussichten ungewiss sind, Vorrang. Dieser Beurteilungsspielraum liegt zwischen dem Fallenlassen der Anmeldung bzw. einer zu starken Beschränkung einerseits und zu kleinen Einschränkungen und damit verfahrensökonomisch häufigen Annäherungen an den weitestmöglichen Anwendungsgegenstand mit dem Risiko der Patentanmeldungszurückweisung andererseits.[40]

Nimmt der Arbeitgeber Änderungen unter schuldhafter Überschreitung dieses Beurteilunsspielraums vor und hat der Arbeitnehmererfinder dem nicht zuvor zugestimmt, ist er diesem gegenüber schadensersatzpflichtig, sei es unter dem Aspekt der Verletzung des gesetzlichen Schuldverhältnisses nach dem ArbEG[40a] oder einer Verletzung des § 13 als Schutzgesetz (s. unten Rz. 68 f.).

Im Streitfall ist es Sache des Arbeitgebers, das Vorliegen von Sachgründen für die Änderung darzulegen und zu **beweisen**.

II. Akteneinsichtsrecht des Arbeitnehmers

Der Erfinder hat wie jeder Dritte das Recht auf Akteneinsicht im Rahmen   45
des § 31 PatG (vgl. auch § 8 Abs. 5 GebrMG). Vor Offenlegung der Patentanmeldung (vgl. § 32 PatG) wird ihm regelmäßig ein berechtigtes Interesse an der Einsicht zuzuerkennen sein, gleichgültig, ob er aus dem Arbeitsverhältnis ausgeschieden ist oder nicht[41]. Dieses berechtigte Interesse folgt aus dem Informationsanspruch des Arbeitnehmers gem. § 15 Abs. 1. In Ausnahmefällen, etwa bei einer Erweiterung der in Anspruch genommenen Diensterfindung durch den Arbeitgeber, kann Letzterer ein berechtigtes Interesse an der Geheimhaltung gewisser Akteile gegenüber dem Arbeitnehmer haben[41]. Ist der Vergütungsanspruch des Arbeitnehmers vollständig erfüllt, entfällt das Interesse des Erfinders an der Akteneinsicht, da in diesem

---

40   Schiedsst. v. 16. 9. 1996 Arb.Erf. 25/95 (unveröffentl.).
40a So Schiedsst. v. 16. 9. 1996 (Fn. 40) im Anschl. an Reimer/Schade/Schippel/Kaube Rz. 12 zu § 16.
41   DPA BS v. 23.5.1958 Blatt 1958, 190; Busse/Keukenschrijver, PatG, Rz. 7 zu § 15 ArbEG; s. auch PA BS v. 10.1.1953 Blatt 1953, 85; vgl. allg. zum berechtigten Interesse BGH v. 26.9.1972 GRUR 1973, 154, 155 – Akteneinsicht XII.

§ 13

Fall der Arbeitgeber gem. § 16 Abs. 1 über seine Schutzrechtspositionen nach Belieben ohne Zustimmung des Erfinders verfügen kann.

III. Verletzung durch den Arbeitnehmer

1. Anmeldung auf eigenen Namen

46 Meldet der Arbeitnehmer **vor Zugang seiner Erfindungsmeldung** (§ 5) die Diensterfindung auf seinen Namen an, so verstößt er zwar nicht gegen die formale Befugnis seines Arbeitgebers i. S. des § 13 Abs. 1, verletzt jedoch Sinn und Zweck des § 13 und seine Meldepflicht nach § 5 Abs. 1[41a] (s. dort Rz. 96). Eine Verletzung des alleinigen Anmelderechts des Arbeitgebers stellt die Anmeldung des Arbeitnehmers auf seinen Namen erst **nach Zugang** der Erfindungsmeldung beim Arbeitgeber – unabhängig von der Inanspruchnahme – dar[42]. Eine Verletzung ist auch die gegenständliche Verbindung der Diensterfindung mit einer freien Erfindung in einer Schutzrechtsanmeldung (s. Rz. 50.1). Der Arbeitgeber hat jedenfalls aus Bereicherungsrecht einen Übertragungsanspruch[42a].

In allen Fällen begeht der Arbeitnehmer eine **widerrechtliche Entnahme** und löst damit das Einspruchsrecht nach § 21 Abs. 1 Nr. 3 PatG aus. Dieses Fehlverhalten des Arbeitnehmers wird nicht dadurch »geheilt«, dass er nachträglich die Schutzrechtsposition seinem Arbeitgeber »anbietet«. Näheres dazu s. Rz. 15 f. zu § 7; bei der drohenden Anmeldung einer gemeldeten Diensterfindung durch den Arbeitnehmer kann der Arbeitgeber auf Unterlassung klagen (s. Rz. 52 zu § 4). Zur verfahrensrechtlichen Stellung des Arbeitgebers s. auch Rz. 11 ff., 19 f. zu § 7.

47 Allerdings kommt der Mangel, der einer unberechtigten Anmeldung des Arbeitnehmers anhaftet, von dem Zeitpunkt ab in Wegfall, von dem ab der Arbeitgeber die Diensterfindung nicht mehr in Anspruch nehmen kann[42b]; Fälle des nachträglichen **Freiwerdens der Erfindung** bewirken, dass die Erfindung als von Anfang an frei anzusehen ist, also vom Erfinder im Ergebnis zu Recht angemeldet wurde[43].

41a Busse/Keukenschrijver, PatG, Rz. 21 zu § 13.
42   Diese Differenzierung wird v. d. Schiedsst. im EV. v. 28.2.1991 (Blatt 1992, 21, 22) nicht getroffen, die stets von einer Verletzung des Anmelderechts nach § 13 Abs. 1 Satz 1 ausgeht.
42a Busse/Keukenschrijver, PatG, Rz. 21 zu § 13.
42b DPA (Fn. 36); Busse/Keukenschrijver, PatG, Rz. 21 zu § 13 ArbEG.
43   Schiedsst. v. 28.3.1966 Blatt 1967, 131, 132.

§ 13

2. Anmeldung auf den Namen des Arbeitgebers

Eine Anmeldung durch den Arbeitnehmer auf den Namen des Arbeitgebers vermittelt Letzterem die Anmelderposition nach § 7 Abs. 1 PatG; genehmigt der Arbeitgeber diese – vom Fall des § 13 Abs. 3 abgesehen – unbefugte Anmeldung (entsprechend § 185 BGB) nicht, muss sie mangels Vollmachtsvorlage zurückgewiesen werden (vgl. § 18 Abs. 1 DPAVO)[44] bzw. gelten in Bezug auf eine europäische Patentanmeldung bei nicht rechtzeitiger Einreichung der Vollmacht die Handlungen des vollmachtlosen Vertreters mit Ausnahme der Einreichung der Patentanmeldung als nicht erfolgt (Regel 101 Abs. 4 EPÜ AO). 48

3. Sonstige Rechtsfolgen

Verletzungen des Anmelderechts des Arbeitgebers durch den Arbeitnehmer können **Unterlassungs- und Schadensersatzansprüche** (§§ 823, 826, 1004 BGB; Pflichtverletzung § 280 Abs. 1, § 619a BGB) begründen; insoweit stellt § 13 Abs. 1 ein Schutzgesetz im Sinne des § 823 Abs. 2 BGB dar[45] (s. auch Rz. 52 zu § 4). Evtl. Kosten im Zusammenhang mit der Umschreibung gehen ebenso zu Lasten des Arbeitnehmers[45a] wie die Kosten der Rechtsverfolgung. Im Rahmen des Schadensersatzes sind auch schuldhafte Eingriffe in den Schutzumfang während des Erteilungsverfahrens auszugleichen (vgl. Rz. 14 zu § 7). 49

Führt der Arbeitgeber eine vom Arbeitnehmer eingereichte Schutzrechtsanmeldung fort, hat er diesem gem. §§ 683, 670 BGB die notwendigen Auslagen zu erstatten, namentlich die von ihm gemäß § 13 Abs. 1 zu tragenden Anmelde- und Prüfungsgebühren, nicht dagegen die Kosten für vom Arbeitnehmer in Anspruch genommene Dritte[45b] (etwa Patent- oder Rechtsanwälte, vgl. Rz. 23). 50

Hat der Arbeitnehmer den Gegenstand der **Diensterfindung zusammen mit einer freien Erfindung** in ein und derselben Schutzrechtsanmeldung angemeldet, ist der Arbeitnehmer im Wege des Schadensersatzes verpflichtet, bei Teilbarkeit auf seine Kosten die Teilung der Patentanmeldung (§ 39 PatG) und Übertragung der den Gegenstand der Diensterfindung enthaltenden Teilanmeldung auf den Arbeitgeber vorzunehmen[45c]. Sind Dienster- 50.1

---

44 Vgl. dazu Benkard/Schäfers, PatG Rz. 8 zu § 35.
45 Schiedsst. v. 28.2.1991 (Fn. 42); Reimer/Schade/Schippel/Kaube Rz. 18 zu § 13; Busse/Keukenschrijver, PatG, Rz. 22 zu § 13 ArbEG.
45a Schiedsst. v. 17.10.1988 Blatt 1989, 366, 368 r.Sp.; v. 28.2.1991 (Fn. 42).
45b Im Ergebn. ebenso Schiedsst. v. 17.10.1988 (Fn. 45a), dort (aber) als Anspruchsgrundlage §§ 687 Abs. 2, 684 BGB; im Ergebn. auch Schiedsst. v. 28.2.1991 (Fn. 42), dort aber m.H.a. § 13 Abs. 3.
45c Schiedsst. v. 28.2.1991 (Fn. 42); zust. Busse/Keukenschrijver, PatG, Rz. 22 zu § 13 ArbEG; s. auch BGH v. 17.1.1995 Mitt. 1996, 16 – Gummielastische Masse.

§ 13

findung und freie Erfindung Gegenstand eines Gebrauchsmusters, das auf Grund Eintragung nicht mehr geteilt werden kann (§ 4 Abs. 6 GebrMG), hat der Arbeitnehmer dem Arbeitgeber die Mitinhaberschaft einzuräumen und die Umschreibung des Gebrauchsmusters auf den Arbeitgeber als Mitinhaber auf eigene Kosten zu veranlassen; die sonstigen amtlichen Kosten sind entsprechend der Mitinhaberschaft im Innenverhältnis zu teilen[45c.] Einzelheiten s. Rz. 15 ff zu § 7.

4. Meinungsverschiedenheiten über die Abgrenzung Diensterfindung/freie Erfindung

51 Streiten sich die Arbeitsvertragsparteien darüber, ob eine freie Erfindung (§ 18) bzw. ein Fall des Freiwerdens (§ 8 Abs. 1) vorliegt, ist eine Schutzrechtsanmeldung im Interesse einer Sicherung der Prioritätsrechte sachgerecht; dabei haben die Arbeitsvertragsparteien allerdings die rechtlichen Konsequenzen einer Fehlentscheidung zu beachten (s. dazu insbes. Rz. 46 f., 49, 52; ferner Rz. 51 f. zu § 4, Rz. 11-20 zu § 7). Die Streitfrage selbst kann – sofern nicht eine Einigung durch die Schiedsstelle zustande kommt – ausschließlich vor den Patentstreitkammern der ordentlichen Gerichte (vgl. §§ 37, 39) ausgetragen werden[46] (s. auch Rz. 52 zu § 4); ein anhängiges Erteilungsverfahren ist entsprechend § 148 ZPO auszusetzen[46].

52 Stellt sich nachträglich heraus, dass es sich um eine freie Erfindung handelte, lag in der Anmeldung durch den Arbeitgeber eine widerrechtliche Entnahme im Sinne des § 21 Abs. 1 Nr. 3 PatG; Einzelheiten s. Rz. 15 f. zu § 7 u. Rz. 59 zu § 8. Gleiches gilt, wenn der Arbeitgeber die Erfindung nach Freiwerden anmeldet (vgl. § 13 Abs. 4 Satz 1; s. Rz. 56 zu § 8). Wird die Erfindung im laufenden Erteilungsverfahren frei, handelt der Arbeitgeber bei eigener Fortführung des Verfahrens als vollmachtloser Vertreter (vgl. oben Rz. 48).

E. Meinungsverschiedenheiten über die Schutzfähigkeit der Diensterfindung

53 Sind sich beide Arbeitsvertragsparteien nach Erfindungsmeldung (s. § 22) über eine Nichtanmeldung einig, entfällt die Anmeldepflicht des Arbeitgebers gem. § 13 Abs. 2 Nr. 2 (s. Rz. 33 f.).

54 Da der dem Arbeitgeber gem. § 13 Abs. 1 obliegende Anmeldezwang erst ein Schutzrechtserteilungsverfahren in Gang setzen und damit die endgültige Klärung der Schutzfähigkeit herbeiführen soll, kann die Erfüllung der Anmeldepflicht nicht vom Nachweis der Schutzfähigkeit abhängen (s. auch Rz. 16, 18 zu § 2). Der Arbeitgeber ist vielmehr gehalten, im Rahmen einer

---

46 Vgl. BPatG v. 25.2.1969 BPatGE 10, 207, 217 f.

§ 13

Schlüssigkeitsprüfung nach objektiv nachprüfbaren Kriterien die Möglichkeit einer Schutzrechtserteilung, d.h. vorrangig eines Patents (s. Rz. 11 ff.), zu beurteilen.

Bejaht er die Möglichkeit einer Schutzfähigkeit, ist seine Entscheidung über die Einreichung der Schutzrechtsanmeldung auch bei Zweifeln des Arbeitnehmers maßgeblich. Der Arbeitgeber erfüllt mit seiner Anmeldung ja gerade das Anliegen des Gesetzgebers, im Erteilungsverfahren Klarheit über die Schutzfähigkeit zu erreichen. Konsequenterweise kann aber in der bloßen Schutzrechtsanmeldung nicht ein Anerkenntnis der Schutzfähigkeit durch den Arbeitgeber liegen[47], da diese ja erst im Verfahren abschließend geprüft wird (s. Rz. 15 zu § 2). 55

Verneint der Arbeitgeber die Möglichkeit einer Schutzrechtserteilung, so entfällt seine Anmeldepflicht gem. § 13 nur dann, wenn die von ihm ermittelten Fakten einer Schutzrechtsanmeldung eindeutig, d.h. offensichtlich entgegenstehen (etwa bei zweifelsfrei neuheitsschädlichem Material gem. § 3 PatG). Das Risiko einer Fehleinschätzung liegt beim Arbeitgeber; allerdings geht die Schiedsstelle auch in diesen Fällen von einer Anmeldepflicht des Arbeitgebers aus (s. Rz. 19 zu § 2). 56

Bei **bloßen Zweifeln** bleibt er gem. § 13 Abs. 1 zur Schutzrechtsanmeldung verpflichtet, damit in diesem Verfahren gerade diese Zweifel geklärt werden[48]. Dies zeigt auch ein Vergleich mit § 17 Abs. 2, der dem Arbeitgeber als Alternative zur Schutzrechtsanmeldung gem. § 13 Abs. 1 bei Zweifeln an der Schutzfähigkeit die Möglichkeit einräumt, mit Rücksicht auf berechtigte Belange des Unternehmens an einer Geheimhaltung anstelle des Erteilungsverfahrens ein Verfahren vor der Schiedsstelle einzuleiten. 57

Zum Anmelderecht des Arbeitnehmers bei Freigabe (§ 8 Abs. 1) wegen mangelnder Schutzfähigkeit s. Rz. 42 f. zu § 8; s. auch unten Rz. 72.

F. Verletzung der Anmeldepflicht durch den Arbeitgeber

I. Durchsetzung der Anmeldepflicht durch den Arbeitnehmer

1. Vor Inanspruchnahme

Verletzt der Arbeitgeber seine Pflicht zur unverzüglichen Anmeldung, so kann der Arbeitnehmer nach *Keukenschrijver*[55] die Diensterfindung selbst 58

---

47 Insoweit bedenkl. BGH v. 2.12.1960 GRUR 1961, 338, 339 – Chlormethylierung.
48 Im Ergebn. so auch BGH v. 2.6.1987 GRUR 1987, 900, 901 a. E. – Entwässerungsanlage; vgl. auch BGH v. 15.5.1990 GRUR 1990, 667, 668 – Einbettungsmasse; Schiedsst. v. 8.2.1991 GRUR 1991, 753, 755 – Spindeltrieb; Reimer/Schade/Schippel/Kaube Rz. 5 zu § 13.
49-54 frei
55 Busse/Keukenschrijver, PatG, Rz. 20 zu § 13 ArbEG.

§ 13

anmelden und bei unbeschränkter Inanspruchnahme den Übertragungsanspruch des Arbeitgebers anerkennen. Ein anderer Weg ist, den Arbeitgeber insbesondere bei drohender Gefahr eines Prioritätsverlustes im Wege der **einstweiligen Verfügung** (§§ 935, 940 ZPO) zur Anmeldung zu veranlassen[56]; einer vorherigen Anrufung der Schiedsstelle bedarf es nicht (§ 37 Abs. 4). Dieser einstweilige Rechtsschutz kann in dem Zeitraum vor unbeschränkter Inanspruchnahme relevant werden, da dem Arbeitnehmer dann die Möglichkeit der Ersatzvornahme gemäß § 13 Abs. 3 noch nicht zur Verfügung steht.

59 Da eine solche einstweilige Verfügung allerdings bereits auf die Erfüllung der Anmeldepflicht durch den Arbeitgeber gerichtet wäre, ist – ähnlich wie bei einstweiligen Verfügungen in Patentverletzungsstreitigkeiten[57] – besondere Zurückhaltung angebracht.

60 Meldet der Arbeitnehmer von sich aus die Erfindung auf den Namen des Arbeitgebers zum Schutzrecht an, um einen drohenden Prioritätsverlust zu verhindern, handelt er als Vertreter ohne Vertretungsmacht (s. oben Rz. 48); der Arbeitgeber handelt ggf. treuwidrig (§ 242 BGB), wenn er die Genehmigung versagt und deshalb die Anmeldung zurückgewiesen wird[58].

2. Nach unbeschränkter Inanspruchnahme – Ersatzvornahme durch den Arbeitnehmer (Abs. 3)

61 Kommt der Arbeitgeber selbst nach unbeschränkter Inanspruchnahme seiner **Pflicht zur unverzüglichen Anmeldung** nicht nach, kann der Arbeitnehmer ihm eine angemessene Nachfrist setzen und nach deren erfolglosem Ablauf die Anmeldung **für den Arbeitgeber auf dessen Namen und Kosten** bewirken (§ 13 Abs. 3). Dabei ist der Arbeitnehmer nur zur Einreichung der Anmeldung, nicht aber zur Durchführung des Erteilungsverfahrens berechtigt[59]. Er kann lediglich noch als Dritter im Sinne des § 44 Abs. 2 PatG Prüfungsantrag stellen (s. Rz. 41). Im Übrigen bleibt der Arbeitgeber als durch die Inanspruchnahme allein berechtigter Rechtsnachfolger des Arbeitnehmers (vgl. § 6 Satz 1 PatG) Herr des Erteilungsverfahrens[59a] (s. oben Rz. 41). Aus dem Wesen der Ersatzvornahme sowie aus der Treuepflicht ist der Arbeitnehmer zur unverzüglichen Unterrichtung des Arbeitgebers über die durchgeführte Schutzrechtsanmeldung – gfls. unter Übermittlung einer Kopie der Anmeldungsunterlagen – gehalten. Eine

---

56 Riemschneider/Barth Anm. 3 zu § 6 DVO 1943; Reimer/Schade/Schippel/Kaube Rz. 11 zu § 13; Volmer/Gaul Rz. 236 zu § 13.
57 Vgl. dazu die Nachweise b. Benkard/Rogge PatG Rz. 150 ff zu § 139; Rogge i. Festschr. v. Gamm, 1990, 461 ff.; Meier-Beck GRUR 1988, 861 ff; Krieger i. Festschr. f. Preu, 1988, 165 ff.
58 Vgl. auch Volmer Rz. 56 zu § 13; Volmer/Gaul Rz. 241 f. zu § 13.
59 Amtl. Begr. (Fn. 1a) S. 32 = Blatt 1957, 236.
59a Busse/Keukenschrijver, PatG, Rz. 20 zu § 13 ArbEG.

§ 13

Pflicht des Arbeitnehmers zur Ersatzvornahme besteht nicht (z. Mitverschulden s. aber Rz. 71); die Möglichkeit der Ersatzvornahme durch den Arbeitnehmer befreit somit den Arbeitgeber nicht von seiner Anmeldepflicht[59b].

Ob die gesetzte **Frist »angemessen«** ist, beurteilt sich nach den Umständen des Einzelfalls unter Beachtung des Gebotes der gegenseitigen Rücksichtnahme (§ 242 BGB); dabei ist deren Charakter als Nachfrist zu werten, die nicht den Zweck hat, dem Arbeitgeber zu ermöglichen, die versäumte Anmeldung nun erst in die Wege zu leiten; sie soll vielmehr dem Arbeitgeber lediglich noch eine letzte Gelegenheit zur Anmeldung gewähren[60]. 62

Bei der Bestimmung der »Angemessenheit« ist nicht nur den Verhältnissen des jeweiligen Arbeitgebers, sondern auch dem billigenswerten **Interesse des Arbeitnehmers** an der alsbaldigen Prioritätssicherung Rechnung zu tragen. Drohen beispielsweise Parallelanmeldungen von Wettbewerbern auf entwicklungsintensiven Bereichen, so können vom Arbeitgeber außerordentliche Anstrengungen erwartet werden, die eine sehr kurze Frist von wenigen Tagen rechtfertigen; im Ausnahmefall kann der Arbeitgeber sich nicht auf eine unterbliebene Fristsetzung berufen, wenn der Arbeitnehmer bei drohendem Prioritätsverlust die Anmeldung unmittelbar selbst vorgenommen hat (s. auch Rz. 60). 63

Eine **zu kurz bemessene Frist** ist nicht unwirksam; vielmehr wird dadurch in der Regel eine angemessene Nachfrist in Lauf gesetzt[61], so dass der Arbeitnehmer erst nach deren Ablauf zur Selbstanmeldung berechtigt ist.

Eine zur Ersatzvornahme berechtigende Verletzung der dem **Arbeitgeber** obliegenden Anmeldepflicht stellt es auch dar, wenn er anstelle des Patentes ohne ausreichenden Grund ein **Gebrauchsmuster anmeldet**[61a]. Auch eine vom Arbeitgeber – nach unbeschränkter Inanspruchnahme und Gebrauchsmusteranmeldung – erklärte »Freigabe« der Diensterfindung für eine Patentanmeldung durch den Arbeitnehmer auf dessen Kosten und unter Vorbehalt der Rechte des Arbeitgebers aus dem Gebrauchsmuster ist wegen Verstoßes gegen die Anmeldepflicht des § 13 Abs. 1 unzulässig, und zwar auch dann, wenn der Arbeitgeber Zweifel an der Schutzfähigkeit hat[61b].

Aus dem Charakter der Ersatzvornahme folgt, dass der Arbeitnehmer bei der Wahl zwischen einer **Patent- und einer Gebrauchsmusteranmeldung** grundsätzlich die für den Arbeitgeber geltenden Maßstäbe (s. oben Rz. 10 ff.) zu beachten hat. 64

59b Schiedsst. v. 8.2.1991 GRUR 1991, 753, 755 – Spindeltrieb.
60 Vgl. RG v. 24.11.1916 RGZ 89, 123, 125 (zu § 326 BGB a.F.).
61 Vgl. RG v. 16.12.1903 RGZ 56, 231, 235 (zu § 326 BGB a.F.).
61a Schiedsst. v. 8.2.1991 GRUR 1991, 753, 755 – Spindeltrieb.
61b So Schiedsst. v. 8.2.1991 (Fn. 61a).

§ 13

Soweit er mit Fragen der Schutzrechtserteilung und/oder Überlegungen der Unternehmenspolitik nicht oder nicht umfassend vertraut ist, können ihm eine evtl. Fehlentscheidung und daraus resultierende Kosten und sonstige Schäden grundsätzlich nicht angelastet werden; es wäre Sache des Arbeitgebers gewesen, seiner gesetzlichen Anmeldepflicht zu entsprechen oder vorab den Arbeitnehmererfinder über sachlich gegebene Anmeldehindernisse aufzuklären. In diesem Rahmen muss der Arbeitnehmer grundsätzlich auch als berechtigt und im Einzelfall sogar als verpflichtet angesehen werden, sachverständige Dritte (z.b. Patentanwalt) zur Durchführung des Anmeldeverfahrens hinzuzuziehen.

65 Da der Arbeitnehmer kraft Gesetzes für seinen Arbeitgeber als Anmeldeberechtigten (§ 13 Abs. 1 ArbEG, § 6 PatG) tätig wird, bedarf es des Vollmachtsnachweises (§ 18 Abs. 1 DPAVO), der durch Vorlage der Inanspruchnahmeerklärung und des Belegs der Fristsetzung gem. § 13 Abs. 3 erbracht werden kann[62].

66 Der Arbeitgeber ist verpflichtet, die dem Arbeitnehmer durch die Ersatzvornahme entstandenen **Kosten auszugleichen** (§ 13 Abs. 3 letzter Halbsatz). Hierzu zählen insbesondere vorgelegte Gebühren des Erteilungsverfahrens sowie Kosten außenstehender Berater wie auch sonstige Kosten für sachdienliche Maßnahmen, die durch den Zweck der Ersatzvornahme gedeckt sind (z.B. Recherchekosten).

Eine vom Arbeitnehmer durchgeführte Ersatzvornahme schließt **weitergehende Schadensersatzansprüche** des Arbeitnehmers nicht aus[63] (s. hierzu auch Rz. 68 ff.). Da § 13 Abs. 3 (nur) eine Berechtigung des Arbeitnehmers, dagegen **keine Verpflichtung** zur Einleitung des Anmeldeverfahrens begründet, kann eine unterbliebene Ersatzvornahme grundsätzlich nicht unter dem Aspekt des Mitverschuldens (§ 254 BGB) schadensmindernd geltend gemacht werden (s. Rz. 71).

II. Kein Recht des Arbeitnehmers auf Rückfall der Diensterfindung

67 Der Gesetzgeber hat bewusst davon abgesehen, dem Arbeitnehmer bei Verletzung der Anmeldepflicht durch den Arbeitgeber neben einem Schadensersatzanspruch und dem Recht der Selbstanmeldung noch ein Recht auf unentgeltlichen Rückfall der Diensterfindung einzuräumen[63].

III. Schadensersatzansprüche des Arbeitnehmers

68 Verletzt der Arbeitgeber schuldhaft seine Anmeldepflicht, so kann er sich dadurch gegenüber dem Arbeitnehmer schadensersatzpflichtig machen[64].

---

62 Reimer/Schade/Schippel/Kaube Rz. 11 zu § 13.
63 Ausschussber. zu BT-Drucks. II/3327 S. 6 = Blatt 1957, 252.
64 Vgl. Amtl. Begr. (Fn. 59); Schiedsst. v. 27.2.1984 Blatt 1984, 301, 302.

§ 13

§ 13 stellt insoweit auch ein **Schutzgesetz** zugunsten des Arbeitnehmers im Sinne des § 823 Abs. 2 BGB dar[65]. Als Anspruchsgrundlage kommt daneben ein Anspruch aus § 826 BGB und ggfls. aus Pflichtverletzung § 280 Abs. 1, § 619a BGB[65a] (s. dazu Rz. 160 zu § 1) in Betracht. Für das Verschulden von eingeschalteten Mitarbeitern oder Dritten (Patentsachbearbeiter, Patentanwalt) haftet der Arbeitgeber nach allgemeinen Grundsätzen (§§ 278, 831 BGB)[65b]. Zur Verletzung des Erfinderpersönlichkeitsrechts, insbesondere der Erfindernennung, s. Rz. 25 zu § 7.

Verletzungshandlungen können insbesondere in einem Unterlassen der Anmeldung wie auch in einer nicht unverzüglichen, d. h. mit schuldhaftem Zögern vorgenommenen Anmeldung liegen[65c]; ferner in sachlich nicht gerechtfertigten Einschränkungen des ursprünglichen (gemeldeten) Erfindungsgegenstandes im Rahmen der Schutzrechtsanmeldung[66] (vgl. aber auch Rz. 83 ff. zu § 9). Auch eine Fehleinschätzung als Betriebsgeheimnis verletzt § 13[66a]. Keine Verletzung ist die Unterrichtung der Erteilungsbehörde über eine Vorbenutzung oder sonstiges neuheitsschädliches Material zur Berücksichtigung bei der Prüfung der Schutzfähigkeit.[66b]

69

Eine nicht zweckdienliche (§ 13 Abs. 1 Satz 2) Hinterlegung als Gebrauchsmuster anstelle einer gebotenen Patentanmeldung stellt eine Pflichtverletzung dar[66c]. Bei der Vergütungsbemessung bestimmt sich deshalb der Erfindungswert nicht nach RL Nr. 28; vielmehr schuldet der Arbeitgeber als Schadensersatz den für ein Patent angemessenen Erfindungswert[66d]. Meldet der Arbeitgeber zunächst ein Gebrauchsmuster an, welches dann einer nachfolgenden Patentanmeldung als neuheitsschädlicher Stand der Technik entgegensteht, geht die Schadensersatzpflicht des Arbeitgebers dahin, den Arbeitnehmer hinsichtlich der Zahlung einer Arbeitnehmererfindervergütung so zu stellen, wie er stehen würde, wenn der Arbeitgeber ein Patent angemeldet hätte[66e]. Nutzt der Arbeitgeber die gebrauchsmuster-

---

65 Vgl. BGH v. 9.1.1964 GRUR 1964, 449, 453 – Drehstromwicklung u.v. 8.12.1981 Blatt 1982, 220, 221 – Absorberstab-Antrieb II (zu § 14); Schiedsst. v. 23.3.1995 Arb.Erf. 177/92 (unveröffentl.); Busse/Keukenschrijver, PatG, Rz. 18, 19 zu § 13 ArbEG.
65a Röpke Arbeitsverh. u. ArbNErf. S. 92 geht von pVV des Arbeitsvertrages aus.
65b Volmer/Gaul Rz. 62 zu § 12.
65c Vgl. Schiedsst. v. 5. 12. 1991 Mitt. 1997, 120, 122 – Hinterfüll-Bewehrungsrollmatte.
66 Krieger in Anm. GRUR 1989, 210 gg. BGH v. 29.1.1988 GRUR 1989, 205 – Schwermetalloxydationskatalysator; Schiedsst. v. 15. 5. 2001 Arb.Erf. 59/98 (unveröffentl.).
66a Schiedsst. ZB. v. 29.9.1994 Arb.Erf. 12/93 (unveröffentl.).
66b Schiedsst. v. 19. 6. 1996 Arb.Erf. 62/94 (unveröffentl.).
66c Schiedsst. v. 8.2.1991 GRUR 1991, 753, 755 – Spindeltrieb; bestätigt durch EV v. 28.9.1993 Arb.Erf. 133/92 (unveröffentl.); Busse/Keukenschrijver, PatG, Rz. 19 zu § 13 ArbEG.
66d Schiedsst. v. 8.2.1991 u.v. 28.9.1993 (Fn. 66c).
66e Schiedsst. v. 23.3.1995 (Fn. 65).

§ 13

geschützte Diensterfindung, bestimmt sich die Vergütungsdauer nicht nach der durchschnittlichen Patentlaufdauer[66f], sondern nach dem tatsächlichen Benutzungszeitraum, also ggf. bis hin zum fiktiven Patentablauf. Zu Beschränkungen (teilweiser Aufgabe) im Erteilungsverfahren s. Rz. 44; zur Anmeldung einer freien Erfindung als Diensterfindung s. Rz. 53 zu § 4; zur Erfindungsübertragung vor Schutzrechtsanmeldung s. hier Rz. 3. Erweckt der Arbeitnehmer den Eindruck, dass es sich um eine freie Erfindung handelt, kann ein Verschulden des Arbeitgebers ausgeschlossen sein[66g].

70 Der **Schaden** des Arbeitnehmers kann in Prioritätsverlusten und dadurch entgangenen Vergütungsansprüchen[66h] (§§ 9, 10) bzw. Verwertungsrechten (§ 8 Abs. 2, 16) liegen (zur nicht vollständigen Ausschöpfung einer Erfindungsmeldung s. Rz. 83 ff. zu § 9).

Da der Arbeitnehmer grundsätzlich die **Beweislast** für Pflichtverletzungen des Arbeitgebers und den eingetretenen Schaden trägt, muss er in diesen Fällen zunächst beweisen, dass bei rechtzeitiger Anmeldung auf seine Erfindung ein rechtsbeständiges Schutzrecht mit Wahrscheinlichkeit (vgl. § 252 Abs. 2 BGB) erteilt worden wäre[67] und ferner, dass wegen der durch die Pflichtverletzung bedingten Schutzunfähigkeit an sich mögliche Nutzungshandlungen des Arbeitgebers oder eigene Verwertungshandlungen bei konkreter Möglichkeit des Freiwerdens der Erfindung unterblieben sind[67a]. Allein auf die Möglichkeit des Anfalls von neuheitsschädlichem Stand der Technik kann ein Schadensersatzanspruch nicht gegründet werden[67b]. Die Gegenansicht geht davon aus, dass der Arbeitgeber, der pflichtverletzend die Prüfung der Schutzfähigkeit verhindert hat, in Umkehr der Beweislast die Umstände darzulegen hat, aus denen sich die Schutzunfähigkeit ergibt[67c].

Mangels abweichender Anhaltspunkte kann bei einer Schadenspauschalierung ansonsten berücksichtigt werden, dass die mittlere Laufdauer eines nicht benutzten Patents 8 bis 10 Jahre beträgt[68] (vgl. im Übrigen Rz. 76 f. zu § 16; zur mittleren Laufdauer s. Rz. 59.1 zu § 9).

71 **Ein Mitverschulden** (§ 254 BGB) des Arbeitnehmers kann sich insbesondere ergeben aus einer mangelhaften Meldung (§ 5) oder aus unzurei-

---

66f So aber Schiedsst. v. 28.9.1993 (Fn. 66c).
66g Schiedsst. v. 27.2.1984 (Fn. 64).
66h Schiedsst. ZB. v. 29.9.1994 (Fn. 66a) – dort zur fehlerhaften Einschätzung als Betriebsgeheimnis; vgl. auch Schiedsst. 5. 12. 1991 (Fn. 65 c).
67 BGH v. 9.1.1964 u.v. 8.12.1981 (beide Fn. 65); im Ergebn. auch Schiedsst. ZB. v. 22.7.1992 Arb.Erf. 2/92 (unveröffentl.).
67a Schiedsst. v. 27.2.1984 (Fn. 64).
67b Schiedsst. v. 27.2.1984 (Fn. 64).
67c Busse/Keukenschrijver, PatG, Rz. 18 zu § 13 ArbEG m.H.a. BHG v. 14. 7. 1980 Az. X ZR 1/79 (unveröffentl.) – zu § 16 ArbEG (siehe hier Rz. 73 zu § 16).
68 Schiedsst. v. 25.5.1981 Blatt 1982, 166 a.E. (seinerzeit noch 10 Jahre).

§ 13

chender bzw. verweigerter Mitwirkung (§ 15 Abs. 2). Es kann z.b. daran liegen, dass in der Erfindungsmeldung der Gegenstand der Erfindung nicht ausreichend beschrieben wurde und der Arbeitgeber deshalb die Tragweite der Erfindung bei der Formulierung der Patentansprüche nicht voll erfassen konnte[68a].
Unterlässt der Arbeitnehmer eine »Ersatzvornahme« i. S. d. § 13 Abs. 3, liegt hierin kein Mitverschulden, da § 13 Abs. 3 nur ein Recht, aber keine Pflicht des Arbeitnehmers begründet[69].

Wurde eine technische Neuerung sowohl vom Erfinder als auch vom Arbeitgeber nicht als schutzfähige Erfindung erkannt und sind deshalb Erfindungsmeldung, Schutzrechtsanmeldung und Inanspruchnahme unterblieben, begründet eine neuheitsschädliche Verwertung durch den Arbeitgeber, die dieser mit zustimmender Kenntnis des Arbeitnehmers vornimmt, keine Schadensersatzpflicht des Arbeitgebers[70].

G. Anmelderecht des Arbeitnehmers nach Freiwerden (Abs. 4)

Mit **Freiwerden** der Diensterfindung gem. § 8 Abs. 1 geht das Anmelderecht bzw. das Recht zur Weiterführung einer bereits vom Arbeitgeber eingeleiteten Anmeldung auf den Arbeitnehmer über (§ 13 Abs. 4; s. auch Rz. 48 f. zu § 8). Auch diese Befugnis des Arbeitnehmers knüpft entsprechend dem Zweck des § 13 (vgl. Rz. 55) an die bloß theoretische Möglichkeit der Schutzrechtserteilung an[76]. Würde sie von dem rechtskräftigen Nachweis der Schutzfähigkeit abhängig gemacht, wäre der Arbeitnehmer niemals in der Lage, diese Klärung der Schutzfähigkeit zu bewirken (s. Rz. 46 f. zu § 8; vgl. auch Rz. 16 ff. zu § 2).

§ 13 Abs. 4 stellt klar, dass die dem Arbeitgeber schon vor einer Inanspruchnahme ausnahmsweise eingeräumte prozessuale Befugnis zur Anmeldung mangels unbeschränkter Inanspruchnahme entfällt und belässt es bis zur endgültigen Klärung der Schutzfähigkeit der Erfindung bei dem Anmelderecht des Arbeitnehmers[77] (vgl. § 6 PatG).

Der Umfang des Anmelderechts des Arbeitnehmers nach dem ArbEG richtet sich nach dem Umfang des Freiwerdens, wofür wiederum der Inhalt der Erfindungsmeldung (§ 5) maßgeblich ist (s. Rz. 46 zu § 8).

68a Krieger in Festschr. Quack (1991) S. 41, 54.
69   Vgl. auch Schiedsst. v. 27.2.1984 Blatt 1984, 301, 302; wie hier Volmer/Gaul Rz. 273 zu § 13; Hueck/Nipperdey Lehrb. ArbR Bd. 1 § 53 II 9 (dort: Fn. 36); a.A. Busse/Keukenschrijver, PatG, Rz. 20 zu § 13 ArbEG.
70   Schiedsst. v. 25.1.1994 Arb.Erf. 136/92 (unveröffentl.), wobei die Schiedsst. auf Grund der einvernehmlichen Überleitung der Erfindung auf den Arbeitgeber von dessen Verpflichtung zur Schutzrechtsanmeldung nach § 13 ausgeht.
71-75 frei
76   Vgl. auch Löscher in Anm. LM Nr. 2 zu § 12 ArbEG.
77   Vgl. Amtl. Begr. (Fn. 59).

§ 13

74 Will der Arbeitgeber sich wegen evtl. Zweifel an der Schutzfähigkeit seiner **Anmeldepflicht entledigen,** so kann er ein Freiwerden der Erfindung nach § 8 Abs. 1 herbeiführen (§ 13 Abs. 2 Nr. 1), welches ebenfalls das Anmelderecht des Arbeitnehmers nach § 13 Abs. 4 auslöst. Denn insoweit hat der Gesetzgeber im Interesse der Klärung der Schutzfähigkeit einer Erfindung bei divergierenden Ansichten über die Schutzfähigkeit der Auffassung der einen oder anderen Arbeitsvertragspartei keinen Vorrang im Sinne einer abschließenden Entscheidung eingeräumt (vgl. § 17 Abs. 2).

75 Sofern der Arbeitgeber zum Zeitpunkt des Freiwerdens die Diensterfindung bereits zum **Schutzrecht angemeldet** hatte, gehen nach § 13 Abs. 4 Satz 2 die Rechte aus der Anmeldung kraft Gesetzes, ohne dass es – wie etwa bei § 16 Abs. 1 u. 2 – noch eines Übertragungsaktes (vgl. § 8 PatG) bedarf[78], auf den Arbeitnehmer über. Die allein noch notwendige **Umschreibung des Patentregisters** (vgl. § 30 Abs. 3 PatG) erfolgt auf Grund des vom Arbeitnehmer gegenüber dem Patentamt zu führenden Nachweises des Freiwerdens; auf die hierzu erforderliche Zustimmungserklärung des Arbeitgebers hat der Arbeitnehmer einen im Klagewege durchsetzbaren Anspruch[78]. Er hat ferner als notwendige Folge des Rechtsübergangs Anspruch auf Herausgabe bzw. Übermittlung (Abschriften) der Unterlagen des bisherigen Anmeldeverfahrens, und zwar in dem Umfang, wie sie zur sachgerechten Weiterführung des Verfahrens erforderlich sind. Die Umschreibung erfolgt gebührenpflichtig (§ 30 Abs. 3 S. 2 PatG); zum **Ersatz der Kosten** des bisherigen Erteilungsverfahrens s. Rz. 21 f.; zur Übertragung der Rechte an einer **europäischen** Patentanmeldung s. Rz. 7 zu § 14.

76 Hatte der Arbeitgeber (unberechtigt) die **Erfindungsrechte** einem **Dritten** (etwa innerhalb eines Konzerns) zur Schutzrechtsanmeldung **übertragen,** tritt die Wirkung des § 13 Abs. 4 Satz 2 nicht ein. Da ein Rechtserwerb des Dritten kraft guten Glaubens nicht stattfindet, stellt dessen Patentanmeldung eine widerrechtliche Entnahme i. S. d. § 8 PatG dar (vgl. auch Rz. 21 zu § 7 und zur Anmeldung einer freien Erfindung durch den Arbeitgeber Rz. 52 zu § 13). Die Übertragungsklage des Arbeitnehmererfinders ist allein gegen den im Patentregister eingetragenen Anmelder oder Patentinhaber zu richten[79]. Die Einwilligung des nicht im Patentregister eingetragenen Arbeitgebers in die Umschreibung des Patentregisters wäre zwecklos, da das DPMA eine Berichtigung des Patentregisters nur vor-

---

78 OLG Karlsruhe v. 13.7.1983 GRUR 1984, 42 – Digitales Gaswarngerät; LG Düsseldorf v. 22. 3. 2001 Az. 40/211/00 (unveröffentl.); Bernhardt/Kraßer, Lehrb. d. PatR, § 21 IV a 1; Reimer/Schade/Schippel/Kaube Rz. 20 zu § 13; Volmer/Gaul Rz. 52 zu § 8; Busse/Keukenschrijver, PatG, Rz. 23 zu § 13 ArbEG.
79 LG Düsseldorf v. 17.9.1991 Entscheidungen 4. ZK. 2000, 25, 27 – Reißverschluss unter Hinweis auf BGH v. 24.10.1978 GRUR 1979, 146 f. – Aufwärmvorrichtung; LG Düsseldorf v. 29. 2. 2000 Entscheidungen 4. ZK. 2000, 32, 34 – Müllbehältergreifvorrichtung.

§ 13

nimmt, wenn die Person des zur Einwilligung in die Umschreibung verurteilten mit dem im Patentregister eingetragenen Patentinhaber übereinstimmt[80]. Gegen den Arbeitgeber stehen dem Arbeitnehmer eventuell Schadensersatzansprüche wegen einer Verletzung der Anmeldepflicht nach § 13 Abs. 1 und ggf. wegen (mangels unbeschränkter Inanspruchnahme) unberechtigter »Rechtsübertragung« zu.

Zum Eintritt in die Anmeldeposition infolge Schutzrechtsaufgabe s. § 16, dort Rz. 48. Zur Rechtsfolge bei unbeschränkter Inanspruchnahme auf Grund unbilliger Erschwerung (§ 7 Abs. 2) s. dort Rz. 57.

77

---

80 LG Düsseldorf v. 17.9.1991 (Fn. 79).

§ 14 Schutzrechtsanmeldung im Ausland

(1) Nach unbeschränkter Inanspruchnahme der Diensterfindung ist der Arbeitgeber berechtigt, diese auch im Ausland zur Erteilung von Schutzrechten anzumelden.

(2) Für ausländische Staaten, in denen der Arbeitgeber Schutzrechte nicht erwerben will, hat er dem Arbeitnehmer die Diensterfindung freizugeben und ihm auf Verlangen den Erwerb von Auslandsschutzrechten zu ermöglichen. Die Freigabe soll so rechtzeitig vorgenommen werden, dass der Arbeitnehmer die Prioritätsfristen der zwischenstaatlichen Verträge auf dem Gebiet des gewerblichen Rechtsschutzes ausnutzen kann.

(3) Der Arbeitgeber kann sich gleichzeitig mit der Freigabe nach Absatz 2 ein nicht ausschließliches Recht zur Benutzung der Diensterfindung in den betreffenden ausländischen Staaten gegen angemessene Vergütung vorbehalten und verlangen, dass der Arbeitnehmer bei der Verwertung der freigegebenen Erfindung in den betreffenden ausländischen Staaten die Verpflichtungen des Arbeitgebers aus den im Zeitpunkt der Freigabe bestehenden Verträgen über die Diensterfindung gegen angemessene Vergütung berücksichtigt.

Lit.: *Bartenbach/Volz*, Die nicht ausschl. Benutzungsrechte d. ArbG u. d. ArbEG und d. Veräußerung d. Diensterf. durch d. ArbN, GRUR 1984, 257; *Fischer*, Der Benutzungsvorbehalt nach d. ArbEG i. Verfahrens- u. Anlagengeschäft, GRUR 1974, 500; *Gaul*, Das nichtausschl. Recht d. ArbG e. i. Ausland freigegebenen Diensterf., Mitt. 1971, 241; *ders.*, Die Schutzrechtsveräußerung durch ArbN und deren Auswirkungen auf das Mitbenutzungsrecht d. ArbG, GRUR 1984, 494; *Gaul/Bartenbach*, Die Vergütungspf. b. Vorbehalt e. Benutzungsrechts gem. § 14 Abs. 3 ArbErfG Mitt. 1968, 141; *Grote*, Der Vergütungsanspr. i. Falle d. Vorbehalts e. Benutzungsrechts gem. § 14 Abs. 3 ArbEG, Mitt. 1969,107; *Koch*, Die Auslandsfreigabe nach dem ArbEG, RIW 1986, 824; *Kraft*, Die Freigabe d. Diensterf. f. d. Ausland u. d. Rechte d. ArbG n. § 14 Abs. 3 ArbEG, GRUR 1970, 381; *Kunze*, Die nichtausschl. Benutzungsrechte nach d. ArbEG i. arbeitsrechtl. Sicht, AuR 1977, 294; *Sack*, Probleme der Auslandsverwertung inländ. ArbNErfindungen, RIW 1989, 612; *Weis*, ArbNErf. u. Schutzrechtsanmeldung i. Ausld., GRUR 1958, 64.

Übersicht

A. Allgemeines 1-4.1	I. Rechtsnatur der Freigabe 15-19
B. Recht des Arbeitgebers zur Schutzrechtsanmeldung im Ausland (Abs. 1) 5-13	II. Anspruch des Arbeitnehmers . 20-23
	III. Form, Zugang, Inhalt und Zeitpunkt der Freigabeerklärung 24-32
C. Recht des Arbeitnehmers auf Freigabe zur Schutzrechtsanmeldung im Ausland (Abs. 2) 14-44	1. Form, Zugang 24, 25

§ 14

2. Inhalt	26	IV. Vergütungspflicht des Arbeitgebers (Abs. 3)	60-69.1
3. Zeitpunkt	27-32	1. Bei Vorbehalt eines Benutzungsrechts	62-66
IV. Umfang und Wirkung der Freigabe	33-37	2. Bei Rücksichtnahme auf Auslandsverträge	67-69
V. Betriebsgeheimnis	38	3. Schutzrechtsfreie Zone	69.1
VI. Ermöglichen des Erwerbs von Auslandsschutzrechten	39-44	V. Verzicht auf das Benutzungsrecht bzw. dessen Wegfall	70-70.4
D. Vorbehaltsrechte des Arbeitgebers bei Freigabe (Abs. 3)	45-70.4	E. Vereinbarungen zwischen Arbeitgeber und Arbeitnehmer	71-80
I. Geltendmachung	46-50	F. Verletzung der Freigabepflicht	81
II. Vorbehalt eines Benutzungsrechtes	51, 52	G. Besonderheiten bei mehreren Arbeitnehmererfindern	82
III. Verlangen der Rücksichtnahme auf Auslandsverträge	53-59		

A. Allgemeines

1   Während § 13 die Inlandsanmeldung zum Gegenstand hat, regelt § 14 die Schutzrechtsanmeldung im **Ausland** sowie die Rechtsbeziehung der Arbeitsvertragsparteien bei Erwerb und wirtschaftlichem Einsatz von Schutzrechten im Ausland.

2   Im Gegensatz zur Inlandsanmeldung knüpft § 14 an die unbeschränkte Inanspruchnahme an und begründet keine Pflicht, sondern gesteht dem Arbeitgeber das **alleinige Recht** zur Auslandsanmeldung zu. Letzteres ist allerdings nur eine Klarstellung, da diese Berechtigung schon aus dem Wesen der unbeschränkten Inanspruchnahme als Überleitung aller vermögenswerten Erfindungsrechte folgt[1]. Zum Recht des Arbeitgebers auf Übertragung des Anmelderechts s. Rz. 6 zu § 7 und hier Rz. 20 f.

3   Von einer § 13 entsprechenden Anmeldepflicht hat der Gesetzgeber für Auslandsanmeldungen in Übereinstimmung mit § 6 Abs. 1 Satz 2 DVO 1943 abgesehen, da nur von Fall zu Fall entschieden werden kann, ob und in welchen Staaten der Erwerb von Auslandsschutzrechten wirtschaftlich zweckmäßig erscheint[2].

4   Soweit der Arbeitgeber Auslandsschutzrechte nicht erwerben will, räumt Abs. 2 diese Befugnis dem Arbeitnehmer ein. Abs. 3 normiert zugunsten des Arbeitgebers die Berechtigung zum Vorbehalt eines vergütungspflichtigen, nicht ausschließlichen Benutzungsrechts im Falle der Freigabe der Diensterfindung für ausländische Staaten; zugleich kann den Arbeitnehmer die Pflicht treffen, auf bestehende, vertragliche Auslandsbindungen des Arbeitgebers Rücksicht zu nehmen. Ergänzt wird § 14 durch § 16, der – nach erfolgter Schutzrechtsanmeldung (im In- oder Ausland) – die Aufgabe (Rückübertragung) solcher Schutzrechtspositionen regelt.

---

1   Vgl. auch Schiedsst. v. 9.5.1985 Blatt 1985, 383, 384; Flaig, Mitt. 1982, 47.
2   Amtl. Begr. BT-Drucks. II/1648 S. 32 = Blatt 1957, 236.

§ 14 findet – entgegen der wohl h.M. – keine Anwendung auf **technische Neuerungen**, die zwar nach ausländischem, **nicht** aber **nach deutschem Recht schutzfähig** sind (s. Rz. 25 zu § 2). In solchen Fällen steht es im Belieben des Arbeitgebers, ob und in welchem Umfang er Auslandsschutzrechtsanmeldungen betreibt; ein Verzicht hierauf löst keinen Freigabeanspruch des Arbeitnehmers aus.

In den **neuen Bundesländern** gilt § 14 für alle unbeschränkt in Anspruch genommenen Diensterfindungen, die ab dem 3.10.1990 fertig gestellt worden sind (s. Einl. Rz. 31).

Da bei der Reform des ArbEG der Anmeldezwang des Arbeitgebers entfallen und Schutzrechtsanmeldungen seiner freien Entscheidung überlassen werden sollen, wird der Wegfall der Anbietungspflicht nach § 14 Abs. 2 als notwendige Folge angesehen[2a].

4.1

B. Recht des Arbeitgebers zur Schutzrechtsanmeldung im Ausland (Abs. 1)

Im Gegensatz zum Anmeldezwang gem. § 13 überlässt § 14 es der **freien Entscheidung** des Arbeitgebers, ob und in welchem Umfang er für eine Diensterfindung im Ausland Schutzrechte erwirbt (s. auch Rz. 3). Das Recht zur ausländischen Anmeldung **entsteht** – unabhängig von einer Inlandsanmeldung (§ 13 Abs. 1) und der endgültigen Klärung der Schutzfähigkeit durch die inländischen Erteilungsbehörden – mit Zugang der Erklärung der unbeschränkten Inanspruchnahme im Sinne des § 7 Abs. 1 beim Arbeitnehmer (einseitig empfangsbedürftige Willenserklärung i. S. des § 130 BGB, Einzelheiten vgl. Rz. 2 zu § 7). Der Arbeitgeber ist alleiniger Herr **des Erteilungsverfahrens**. Er bestimmt nicht nur die Auslandsstaaten, sondern zugleich den Schutzumfang und – bei mehreren Möglichkeiten – die Art des Schutzrechts (Patent, Gebrauchsmuster usw.). Auch wenn im Interesse des Arbeitnehmers ein **möglichst umfassendes und weitgehendes Monopolrecht** angestrebt werden sollte, ist der Arbeitgeber – im Unterschied zur Anmeldepflicht im Inland nach § 13 – in seiner unternehmerischen Entscheidungsfreiheit infolge der Kann-Vorschrift des § 14 Abs. 1 nach der hier vertretenen Auffassung nur begrenzt durch das Verbot von Willkür und Rechtsmissbrauch[2b] (s. auch Rz. 41 ff. zu § 13).

5

Soweit der **Arbeitgeber** eine Diensterfindung **vor unbeschränkter Inanspruchnahme** im Ausland anmeldet, verstößt er gegen § 14 Abs. 1 und ist zugleich Nichtberechtigter. Die Rechtsfolgen richten sich nach der Rechts-

6

2a Referentenentwurf S. 28.
2b Abw. Volmer/Gaul Rz. 33 zu § 14 (»ebenso wie bei der nationalen Anmeldung«) u. Busse/Keukenschrijver, PatG, Rz. 4 zu § 14 ArbEG (Nichtausschöpfen der gemeldeten Diensterf. vermittelt dem ArbN einen weitergehenden Vergütungsanspruch wie bei Inlandsanmeldung).

§ 14

ordnung des jeweiligen Anmeldestaates. Hiernach beurteilt sich auch, ob dieser Mangel infolge der mit der unbeschränkten Inanspruchnahme bewirkten Rechtsüberleitung geheilt werden kann. Ggf. kann der Arbeitgeber vom Arbeitnehmer eine Genehmigung oder sonstige Mitwirkungshandlung verlangen (§ 15 Abs. 2).

7   Reicht der Arbeitgeber eine **europäische Patentanmeldung** unter Benennung der Bundesrepublik Deutschland (vgl. § 13 Abs. 1) und weiterer Vertragsstaaten *vor* unbeschränkter Inanspruchnahme ein (zur Zulässigkeit von prioritätsbegründenden Auslandsanmeldungen als Inlandsanmeldung vgl. Rz. 25 ff. zu § 13), so handelt es sich bzgl. der Auslandsstaaten um Auslandsanmeldungen (s. Rz. 25 zu § 13) und der Arbeitgeber ist hinsichtlich dieser weiteren Staaten **partiell Nichtberechtigter**[2c] (Art. 61, 60 Abs. 1 EPÜ; Regel 16 EPÜAO i.V.m. § 14 Abs. 1 ArbEG, vgl. auch Art. 99 Abs. 5 u. 138 Abs. 1 lit. e EPÜ). Wird dieser Mangel nicht durch unbeschränkte Inanspruchnahme oder Vereinbarung mit dem Arbeitnehmer geheilt, kann der Arbeitnehmer seine Rechte nach nationalem Recht (zur Bestimmung des anwendbaren Rechts vgl. Art. 60 Abs. 1 Satz 2 EPÜ) durchsetzen; der Arbeitgeber ist wegen der Rückwirkung des Freiwerdens (s. Rz. 6 zu § 8) von Anfang an Nichtberechtigter[2d]. Einzelheiten der gerichtlichen Zuständigkeit und der Anerkennung der Entscheidung bestimmen sich nach dem »Protokoll über die gerichtliche Zuständigkeit und die Anerkennung von Entscheidungen über den Anspruch auf Erteilung eines europäischen Patentes« (Anerkennungsprotokoll)[3]. Nach Art. II § 5 IntPatÜG kann ein Berechtigter im Sinne des Art. 60 Abs. 1 EPG vom Patentsucher Abtretung des Anspruchs auf Erteilung des europäischen Patents bzw. – nach Patenterteilung – Übertragung des Patentes verlangen. Dieser Anspruch muss bei Gutgläubigkeit des Nichtberechtigten innerhalb einer Ausschlussfrist von zwei Jahren nach dem Tag gerichtlich geltend gemacht werden, an dem im europäischen Patentblatt auf die Erteilung des europäischen Patents hingewiesen worden ist (vgl. Art. 97 Abs. 4 EPÜ); später kann er nur bei positiver Kenntnis des Patentsuchers von dessen Nichtberechtigung abhängig gemacht werden (Art. II § 5 Abs. 5 IntPatÜG)[4]. Insoweit geht Art. II § 5 IntPatÜG auch § 13 Abs. 4 Satz 2 ArbEG vor, so dass auch dem Arbeitnehmer einer frei gewordenen Diensterfindung die patentrechtlichen Ansprüche aus Art. II § 5 IntPatÜG i. V. m. Art. 60 Abs. 1 EPÜ auf Abtretung des Anspruchs auf Erteilung des europäischen Patents bzw. auf Übertragung des Patents zustehen[5]. Die daran anschließenden Rechte des

---

2c   Zust. Volmer/Gaul Rz. 27 ff. zu § 14; zum Problemkreis s. a. Busse/Keukenschrijver, PatG, Rz. 6 zu § 14 ArbEG.
2d   Zust. LG Düsseldorf v. 22. 3. 2001 Az. 4 O 211/00 (unveröffentl.). u. v. 29. 12. 1999 Entsch. 4. ZK. 2000, 8, 11 – Abfallsammelbehälter.
3   Blatt 1976, 316 f.
4   Weitere Einzelheiten bei Dost in: Europ. PatR (1978) S. 51 ff.
5   So auch LG Düsseldorf v. 22. 3. 2001 u. v. 29. 12. 1999 (Fn. 2d).

§ 14

Arbeitnehmers richten sich nach Art. 61 EPÜ i.V.m. den Regeln 15, 16 EPÜAO. Der Arbeitnehmer kann die mangelnde Berechtigung des Arbeitgebers auch als Nichtigkeitsgrund gemäß Art. 138 Abs. 1 lit. e EPÜ geltend machen; dagegen stellt sie keinen Einspruchsgrund dar (vgl. Art. 100 EPÜ). Für **internationale Anmeldungen** gilt Art. 27 Abs. 3 PCT.   8

§ 14 Abs. 1 hindert den **Arbeitnehmer** nicht an einer **Schutzrechtsanmeldung im Ausland vor Inanspruchnahme** der Diensterfindung[6]. Nimmt der Arbeitgeber die Diensterfindung nunmehr unbeschränkt in Anspruch, so gehen alle vermögenswerten Rechte an der Erfindung auf ihn als Rechtsnachfolger über. Inwieweit dieser Rechtsübergang zugleich das Anmeldeverfahren mit umfasst, so dass nur eine Umschreibung erforderlich wäre, richtet sich nach der Rechtsordnung des jeweiligen Anmeldestaates (vgl. zum Inland Rz. 12 zu § 7). Nach dem jeweiligen nationalen Recht beurteilt sich auch eine evtl. Neuanmeldung, etwa bei Beschränkungen oder sonstigen Einwirkungen auf den Erfindungsgegenstand durch den Arbeitnehmer. Ggf. kann der Arbeitgeber vom Arbeitnehmer gemäß § 812 Abs. 1 Satz 1 2. Alt. BGB (Eingriffskondiktion)[7] die Abtretung der Anmeldeposition und die erforderlichen Mitwirkungsakte vor der ausländischen Erteilungsbehörde verlangen (vgl. auch § 15 Abs. 2).   9

Meldet der Arbeitnehmer **nach unbeschränkter Inanspruchnahme** im Ausland an, so handelt er wegen des alleinigen Anmelderechts des Arbeitgebers als Nichtberechtigter[8].   10

Die Rechtsfolgen und Rechtsbehelfe bezüglich dieser »widerrechtlichen Entnahme« richten sich nach dem Recht des jeweiligen Anmeldestaates (zum Inland vgl. Rz. 15 ff. zu § 7).   11

Soweit der Arbeitgeber trotz seiner materiellen Berechtigung formell gegenüber der ausländischen Erteilungsbehörde seine Rechte nicht durchsetzen kann, verbleiben ihm im Innenverhältnis gegenüber seinem Arbeitnehmer **Schadensersatzansprüche** (z.B. gem. § 823 Abs. 2 BGB i.V.m. § 14 Abs. 1), die auch auf Übertragung der Schutzrechtsposition gerichtet sein können[9] (§ 249 BGB).   12

Will der Arbeitgeber ausländische **Schutzrechtspositionen** nach unbeschränkter Inanspruchnahme wieder **aufgeben**, richtet sich dies im Verhältnis zum Arbeitnehmer mangels Abrede allein nach § 16 (s. dort Rz. 7, 9).   13

---

6 Volmer (Rz. 8 zu § 14) weist aber zutr. darauf hin, dass der Sinn d. § 14 einer vorherigen Anmeldg. durch den ArbN entgegensteht. Die Anmeldung ist gem. § 7 Abs. 3 relativ unwirksam (s. dort Rz. 63); ähnl. Volmer/Gaul Rz. 37 ff. zu § 14.
7 LG Düsseldorf v. 5.4.2001 InstGE 1, 50, 55 – Schraubenspindelpumpe.
8 Busse/Keukenschrijver, PatG, Rz. 7 zu § 14 ArbEG.
9 Ebenso Busse/Keukenschrijver, PatG, Rz. 8 zu § 14 ArbEG.

§ 14

C. Recht des Arbeitnehmers auf Freigabe zur Schutzrechtsanmeldung im Ausland (Abs. 2)

14 Wenn und soweit der Arbeitgeber von seinem Recht zum Erwerb von Auslandsschutzrechten keinen Gebrauch machen will, hat er dem Arbeitnehmer die Diensterfindung freizugeben und diesem auf Verlangen den Erwerb von Auslandsschutzrechten zu ermöglichen (s. aber auch Rz. 25 zu § 2). Zur Rechtsübertragung auf Dritte s. Rz. 21. Der Geltendmachung des Anspruchs durch den Arbeitnehmer bedarf es nicht; vielmehr muss der **Arbeitgeber von sich aus** rechtzeitig tätig werden (s. unten Rz. 28 ff.). Dieser Anspruch des Arbeitnehmers besteht nach dem System des ArbEG auch bei etwaigen Zweifeln über die (inländische) Schutzfähigkeit der Erfindung (Rz. 16 ff. zu § 2).

Nach den Erfahrungen der Schiedsstelle sind die Rechte der Arbeitnehmererfinder auf Auslandsfreigabe mehr **theoretischer Natur**, die den Erfindern – falls sie Auslandsschutzrechte erwerben – in der Regel erhebliche wirtschaftliche Belastungen verursachen, aber in der Praxis meistens keinen (ausreichenden) Gegenwert einbringen; deshalb melden die Erfinder in aller Regel auch nicht in den Auslandsstaaten an, in denen der Arbeitgeber nicht anzumelden beabsichtigt[10].

I. Rechtsnatur der Freigabe

15 Im Unterschied zu § 8 Abs. 1 bezieht sich die Freigabe gemäß § 14 Abs. 2 nicht auf die (gesamte) Diensterfindung als solche, sondern nur auf die daran anknüpfenden, vom Arbeitgeber nicht genutzten Rechte zur Auslandsanmeldung. Für die spätere Aufgabe von zunächst durch den Arbeitgeber erworbenen (Auslands-)Schutzrechtspositionen gilt allein § 16 (s. dort Rz. 7, 9).

16 Dem Arbeitnehmer verbleibt also nicht wie bei der Freigabe i. S. des § 8 Abs. 1 die gesamte Rechtsposition an der Erfindung; da das Recht auf das Patent aus dem (auf den Arbeitgeber übergegangenen) Recht an der Erfindung folgt (§ 6 Satz 1 PatG), kann Ersteres für eine Vielzahl von Staaten zur Entstehung gelangen; diese Rechte auf das Patent in ausländischen Staaten bestehen unabhängig voneinander, so dass sie auch verschiedenen Personen überlassen werden können[11]. Rechtlich stellt sich ein solcher Vorgang dann als **Abspaltung von Teilrechten** des Rechts an der Erfindung dar[12]. Demgemäß muss die Freigabe im Sinne des § 14 letztlich als Abspaltung eines Teilrechts zugunsten des Arbeitnehmers angesehen werden,

---

10 So EV v. 27.11.1989 Arb.Erf. 50/89 (unveröffentl.).
11 Benkard/Bruchhausen PatG Rz. 10 zu § 6.
12 Wie hier Volmer/Gaul Rz. 45 zu § 14; s. dazu allgemein Feller Die Rechte aus d. Erf. (1938) S. 101.

§ 14

durch welche dieser ein regional beschränktes Anmelderecht mit den sich aus der Schutzrechtserteilung ergebenden Benutzungs- und Verbotsrechten erlangt[13]. Der Arbeitnehmer wird insoweit mit Wirkung **ex nunc Rechtsnachfolger** des Arbeitgebers (s. im Übrigen Rz. 4-9 zu § 8). Das Recht zur Patentanmeldung in den von der Freigabe nicht umfassten Staaten verbleibt dagegen dem Arbeitgeber (s. auch Rz. 36).

Die Erklärung der Freigabe ist eine einseitige, empfangsbedürftige **Willenserklärung**[13a] (s. dazu Rz. 25). Als solche unterliegt sie den Vorschriften über Willensmängel nach §§ 116 ff. BGB. Irrt sich beispielsweise der Arbeitgeber nur über die wirtschaftliche Verwertbarkeit in einem bestimmten Staat, so stellt dies lediglich einen unbeachtlichen Motivirrtum dar, der nicht zur Anfechtung im Sinne des § 119 BGB berechtigt (Einzelheiten s. Rz. 37 zu § 8). 17

Die Freigabeerklärung ist als Gestaltungserklärung **bedingungsfeindlich**[13b] (s. dazu Rz. 15 f. zu § 8), insbesondere kann sie nicht an die Vornahme einer – im freien Belieben des Arbeitnehmers stehenden – Schutzrechtsanmeldung in (bestimmten) Auslandsstaaten geknüpft werden. Die Freigabe ist auch nicht bis zum Ablauf der in internationalen Verträgen vorgesehenen Prioritätsfristen befristet[14]. 18

Mit Zugang der Erklärung beim Arbeitnehmer erlangt dieser das regional beschränkte Anmelderecht. Der Arbeitgeber kann die **dingliche Wirkung** dieser Erklärung – mit Ausnahme der Anfechtung im Sinne der §§ 119 ff. BGB – nicht mehr einseitig rückgängig machen[15]; will er nunmehr selbst in einem »freigegebenen« Staat anmelden, so ist eine einverständliche (auch konkludent mögliche) Rückübertragung notwendig (s. auch Rz. 23). 19

II. Anspruch des Arbeitnehmers

§ 14 gewährt dem Arbeitnehmer einen (ggf. gerichtlich durchsetzbaren) **schuldrechtlichen Anspruch** auf Freigabe[19] für solche Auslandsstaaten, in denen der Arbeitgeber keine Schutzrechte erwerben will. Der Arbeitgeber muss aber **von sich aus** dem Arbeitnehmer seine Absichten mitteilen (s. Rz. 32). Der Arbeitnehmer hat ein Recht darauf, seine Entscheidung über 20

---

13   Vgl. auch Gaul Mitt. 1971, 241, 242.
13a Allg. A., z. B. Busse/Keukenschrijver, PatG, Rz. 15 zu § 14 ArbEG; Reimer/Schade/Schippel/Kaube Rz. 3 zu § 14; Volmer/Gaul Rz. 46 zu § 14.
13b So auch Volmer/Gaul Rz. 47 zu § 14; Busse/Keukenschrijver, PatG, Rz. 15 zu § 14 ArbEG.
14   Lindenmaier/Lüdecke Anm. 9 zu §§ 13-16; Reimer/Schade/Schippel/Kaube Rz. 2 zu § 14; a.A. Heine/Rebitzki Anm. 2 zu § 14.
15   A.A. Reimer/Schade/Schippel/Kaube Rz. 2 zu § 14, die einen Rechtsverlust d. ArbN nach Fristsetzung durch d. ArbG annehmen.
16-18 frei
19   Allg. A., z.B. Lindenmaier/Lüdecke Anm. 8 zu §§ 13-16.

§ 14

Auslandsanmeldungen erst dann zu treffen, wenn sich der Arbeitgeber über seine Auslandsaktivitäten erklärt hat[20] (s. Rz. 32).

Der Anspruch auf Auslandsfreigabe soll dem Arbeitnehmer eine zusätzliche Verwertungschance bieten[21], schränkt jedoch nicht das durch die unbeschränkte Inanspruchnahme vermittelte freie Verfügungsrecht des Arbeitgebers (s. Rz. 6 f. zu § 7) ein. Der Arbeitgeber ist deshalb auch berechtigt, vor einer Auslandsanmeldung die **Anmelderechte** für das Ausland insgesamt oder für einzelne Auslandsstaaten **auf Dritte zu übertragen**[22]. Im Falle der Übertragung stellen auch die Ansprüche des Arbeitnehmers aus § 14 keine dingliche Belastung der Diensterfindung dar; sie richten sich nur gegen den Arbeitgeber bzw. dessen Gesamtrechtsnachfolger (vgl. Rz. 14 ff. zu § 1) und nicht gegen einen Dritten, auf den der Arbeitgeber die Diensterfindung (teilweise) übertragen hat[23] (s. Rz. 7 zu § 7).

21 Im Falle einer **Übertragung aller Erfindungsrechte** oder der Anmelderechte für das Ausland auf einen Dritten findet Abs. 2 keine Anwendung, gleichgültig ob der Erwerber die Diensterfindung in den betreffenden Auslandsstaaten zur Erteilung von Schutzrechten anmeldet oder nicht[23a]; der Arbeitgeber ist nicht – auch nicht aus seinem Fürsorgegebot heraus – verpflichtet, vertraglich die Rechte des Arbeitnehmers aus § 14 Abs. 2 sicherzustellen[24]. Wollte man eine derartige Rechtspflicht bejahen, wäre die mit der Inanspruchnahme gewonnene freie Verfügungsbefugnis des Arbeitgebers entwertet und praktisch undurchführbar; Zweck des § 14 Abs. 2 ist es nicht, den Arbeitgeber an der Verwertung der Erfindung zu hindern oder ihn, etwa nach Veräußerung der Erfindungsrechte, schadensersatzpflichtig zu machen[25].

Die mit der unbeschränkten Inanspruchnahme erlangte volle Verfügungsbefugnis über die Erfindungsrechte (s. Rz. 5 ff. zu § 7) erlaubt es dem Arbeitgeber, ohne Verstoß gegen § 14 Abs. 2 über die Erfindungsrechte derart zu verfügen, dass er die Rechte zum Erwerb von Auslandsschutzrechten nicht nur teilweise, sondern vollständig an einen Dritten über-

---

20 Schiedsst. v. 18.11.1994 Arb.Erf. 97/93 (unveröffentl.).
21 Schiedsst. v. 8.6.1973 Blatt 1973, 366, 367 u.v. 9.7.1974 Blatt 1975, 258.
22 H.M. im Anschluss an Amtl. Begr. (Fn. 2) S. 33 = Blatt 1957, 236; z.B. Schiedsst. v. 8. 6. 1973 (Fn. 21); Busse/Keukenschrijver, PatG, Rz. 5 zu § 14 ArbEG; Volmer/Gaul Rz. 21 ff. zu § 14; MünchArbR/Sack § 99 Rz. 88 m.w.N.
23 Amtl. Begr. (Fn. 2) S. 33 = Blatt 1957, 236; Volmer Rz. 18 zu § 14; a.A. Weiss GRUR 1958, 64 f.
23a Amtl. Begr. (Fn. 23).
24 Vgl. Schiedsst. v. 8.6.1973 Blatt 1973, 366, 367, bestätigt durch Schiedsst. v. 28.11. 1991 Arb.Erf. 60/90 u. v. 10. 2. 1998 Arb.rf. 53/96 (unveröffentl.); wie hier Volmer/Gaul Rz. 50 zu § 14; Sack RIW 1989, 612, 613 f.; Busse/Keukenschrijver, PatG, Rz. 11 zu § 14 ArbEG; a.A. Koch RIW 1986, 824 ff.; Reimer/Schade/Schippel/Kaube Rz. 2 zu § 14, die anderenfalls eine Schadensersatzpflicht bejahen.
25 Schiedsst. v. 8.6.1973(Fn. 24); ebenso Sack (Fn. 24).

§ 14

trägt[25a]; es bedarf dazu – trotz des damit für den Arbeitnehmer verbundenen Verlustes des Anspruchs auf Auslandsfreigabe (s. oben Rz. 20) – nicht der Zustimmung des Erfinders[25b]. Hiergegen spricht auch nicht die vom Gesetzgeber vorgenommene Differenzierung der Inlands- und Auslandsschutzanmeldungen in den §§ 13 und 14, da es sich, bezogen auf § 14, insoweit um eine Berechtigung des Arbeitgebers zur Durchführung von Auslandsschutzrechtsanmeldungen handelt (§ 14 Abs. 1). Die Freigabeverpflichtung nach Abs. 2 setzt voraus, dass er rechtlich überhaupt noch in der Lage ist, Schutzrechtsanmeldungen zu betreiben, was nach vorangegangener Veräußerung der gesamten Rechtsposition an der Erfindung nicht mehr möglich ist. Ebenso kann der Arbeitgeber beliebig über ausländische Schutzrechtspositionen durch Übertragung verfügen, ohne dass dies Ansprüche des Arbeitnehmers auf ein vorheriges Übertragungsangebot oder auf eine sonstige Beteiligung auslöst. Der Rechtserwerber unterliegt in keinem der vorgenannten Fälle dem Freigabeanspruch des Arbeitnehmers, da die Rechte und Pflichten aus dem ArbEG keine dingliche Belastung der Erfindung darstellen (s. oben Rz. 20). Zur Vergütungspflicht bei Übertragungen s. Rz. 251 f. zu § 9.

Der **Anspruch** auf Auslandsfreigabe, der auch einem **ausgeschiedenen** **Arbeitnehmer** zusteht (§ 26), ist gemäß § 399 1. Alt. BGB **unübertragbar** und zugleich **unvererblich** (z. Rechtsstellung der Erben s. Rz. 151 zu § 1); dieses folgt aus der Höchstpersönlichkeit des Anspruchs[26], den der Gesetzgeber aus Billigkeitserwägungen[27] dem Arbeitnehmer in Anerkennung seiner schöpferischen Leistung zugesprochen hat. Eine vom Arbeitnehmer dennoch vorgenommene Abtretung ist unwirksam; eine Zustimmung des Arbeitgebers kann die Abtretbarkeit nicht begründen, da dieser den Rechtscharakter des Anspruchs nicht zu ändern vermag[28]. Dagegen kann der Arbeitnehmer die auf Grund seines Anmelderechts erworbenen Schutzrechtspositionen auf Dritte bei Beachtung evtl. Rechte des Arbeitgebers aus § 14 Abs. 3 frei übertragen (Einzelheiten s. Rz. 36). 22

Eine **Pflicht** des Arbeitnehmers **zur Anmeldung** von Schutzrechten im Ausland besteht nicht (s. dazu Rz. 36). 23

25a H. M. vgl. Schiedsst. v. 8.6.1973 (Fn. 24); Volmer/Gaul Rz. 21, 23 zu § 14; a.A. Koch RIW 1986, 824, 825.
25b Schiedsst. v. 8.6.1973 (Fn. 24), bestätigt durch EV v. 14. 10. 1985 Arb.Erf. 16/85 (unveröffentl.); Volmer/Gaul Rz. 22 u. 49 zu § 14.
26 Volmer Rz. 13 zu § 14; Reimer/Schade/Schippel/Kaube Rz. 2 zu § 14; abw. Volmer/ Gaul Rz. 48 zu § 14.
27 Vgl. Amtl. Begründung (Fn. 2).
28 Vgl. allg. Dornwald, Grenzen und Umfang des Abtretungsverbots gem. § 399 1. Alt. BGB, Diss. Köln 1978, S. 151; aber str.
29-33 frei

§ 14

III. Form, Zugang, Inhalt und Zeitpunkt der Freigabeerklärung

1. Form, Zugang

24 Im Unterschied zu § 8 Abs. 1 Nr. 1 schreibt § 14 Abs. 2 für die Freigabeerklärung keine bestimmte Form vor; sie ist daher **formlos** möglich[34], auch konkludent, woran aber strenge Anforderungen zu stellen sind. Wegen der Wesensunterschiede (vgl. oben Rz. 15 f.) verbietet sich hinsichtlich der Schriftform ein Rückschluss auf § 8 Abs. 1 Nr. 1.

25 Die an die Freigabeerklärung anknüpfenden Rechtsfolgen treten mit deren **Zugang** beim Arbeitnehmer ein (§ 130 Abs. 1 BGB – zum Zugang allgemein s. Rz. 10 ff. zu § 5); einer Annahmeerklärung des Arbeitnehmers bedarf es – im Unterschied zur Schutzrechtsaufgabe gemäß § 16 Abs. 2 – nicht. Der Arbeitgeber muss in geeigneter Weise sicherstellen, dass er die Kontrolle darüber behält, ob die (schriftliche) Freigabeerklärung den Arbeitnehmer auch erreicht und damit ihren Zweck erfüllt[35] (zu den weiteren Erfordernissen s. Rz. 29 zu § 16). Unterlässt der Arbeitgeber diese gebotene **Überwachung des Zugangs** der Freigabeerklärung, so macht er sich u.U. schadensersatzpflichtig[36], etwa wenn er die Freigabeerklärung nur durch einen einfachen Brief an den (ausgeschiedenen) Arbeitnehmer absendet[36]. Der Vorwurf eines **Mitverschuldens** trifft den Arbeitnehmer dann nicht, wenn er das von seiner Seite Erforderliche tut, um den Zugang der Freigabeerklärung sicherzustellen, wozu ausreicht, dass Postsendungen entweder von ihm selbst oder von Personen seines Vertrauens in Empfang genommen und zuverlässig an ihn weitergeleitet werden[37]. Der (ausgeschiedene) Arbeitnehmer ist nicht verpflichtet, Veränderungen seines Wohnsitzes dem Arbeitgeber mitzuteilen, wenn er dafür Sorge trägt, dass Sendungen an seine letzte, dem Arbeitgeber bekannte Anschrift ihn weiterhin erreichen[37]. Die **Beweislast** für den Zugang trägt der Arbeitgeber.

2. Inhalt

26 Inhaltlich stellt sich die (bedingungsfeindliche, s. Rz. 18) Freigabe als **Abspaltung von Teilrechten** dar (s. Rz. 16), die der Arbeitgeber (zugunsten des Arbeitnehmers) aufgibt. Auf den Gebrauch des Begriffs der Freigabe

---

34 Wie hier Krieger GRUR 1981, 149, 150; Volmer/Gaul Rz. 69 zu § 14; Busse/Keukenschrijver, PatG, Rz. 15 zu § 14 ArbEG; a.A. Goltz GRUR 1978, 434, 436; Volmer Rz. 17 zu § 14; Reimer/Schade/Schippel/Kaube Rz. 3 zu § 14.
35 BGH v. 31.1.1978 GRUR 1978, 430, 434 – Absorberstab-Antrieb I unter Aufhebg. v. OLG Frankfurt v. 10.7.1975 EGR Nr. 5 zu § 14 ArbEG; v. 8.12.1981 GRUR 1982, 227 – Absorberstab-Antrieb II u.v. 5.6.1984 GRUR 1984, 652 – Schaltungsanordnung.
36 BGH v. 31.1.1978 u.v. 8. 12. 1981 (Fn. 35).
37 BGH v. 8.12.1981 (Fn. 35).

§ 14

kommt es nicht an; bereits die wörtliche oder sinngemäße Erklärung des Arbeitgebers, dass er nicht beabsichtige (insgesamt oder auf einzelne Staaten beschränkt), der Inlandsanmeldung entsprechende Auslandsanmeldungen einzureichen, kann eine Freigabeerklärung i. S. des § 14 Abs. 2 enthalten[38]; dies gilt auch dann, wenn der Erfinder dabei um Mitteilung evtl. Anmeldungs- oder Verwertungsabsichten gebeten wird[38] (s. auch Rz. 27 zu § 16). Aus der Freigabeerklärung sollte aber für den Arbeitnehmer klar erkennbar sein, welche Erfindungen für welche Staaten ihm freigegeben (zur Schutzrechtserlangung bzw. Verwertung überlassen) werden[38a]. Nach LG Düsseldorf liegt in der Mitteilung des Arbeitgebers, er werde eine deutsche Patentanmeldung »im Ausland nicht hinterlegen« noch keine Freigabeerklärung, da hierin nicht zum Ausdruck komme, dass insoweit die Rechte an der Diensterfindung an den Erfinder zurückfallen sollten[38b].

3. Zeitpunkt

§ 22 steht einer Freigabeerklärung **vor Meldung** (§ 5) der Diensterfindung 27 nicht entgegen[39], auch wenn der Arbeitgeber gleichzeitig von seinen Befugnissen nach § 14 Abs. 3 Gebrauch macht. Nimmt der Arbeitgeber die Diensterfindung später nicht unbeschränkt in Anspruch, so wird die Freigabeerklärung gegenstandslos.

Hat der Arbeitgeber die Diensterfindung unbeschränkt in Anspruch genommen, folgt nunmehr aus § 14 Abs. 2 eine Obliegenheit, sich alsbald über eine Verwertung in den ausländischen Staaten klar zu werden. 28

Um die dem Arbeitnehmer durch § 14 Abs. 2 eröffnete Chance des eigenen Erwerbs ausländischer Schutzrechte sicherzustellen, soll der Arbeitgeber die Freigabe nach § 14 Abs. 2 Satz 2 so rechtzeitig vornehmen, dass der **Arbeitnehmer die Prioritätsfristen** zwischenstaatlicher Verträge auf dem Gebiet des gewerblichen Rechtsschutzes **ausnutzen** kann. 29

Als **zwischenstaatliche Verträge**, worunter auch zweiseitige Verträge fallen[40], kommen insbesondere in Betracht: Pariser Verbandsübereinkunft z. Schutz des gewerbl. Eigentums (PVÜ) vom 20. 3. 1883[41], die nach Art. 4 C eine Frist von zwölf Monaten ab dem auf die Hinterlegung der ersten Anmeldung in einem Verbandsstaat folgenden Tag festlegt; ferner Art. 87 ff. EPÜ, die ein weitgehend mit der PVÜ übereinstimmendes eigenes Prioritätsrecht schaffen[42], sowie Art. 8 Abs. 2 PCT mit dem Verweis auf die PVÜ.

---

38 Vgl. BGH vom 31.1.1978 (Fn. 35).
38a Volmer/Gaul Rz. 72 zu § 14.
38b Urt. v. 31.5.1988 Az. 4 O 146/86 (unveröffentl.).
39 Vgl. Volmer Rz. 29 zu § 14.
40 Amtl. Begr. (Fn. 23); Sack (Fn. 24).
41 Zuletzt revidiert in Stockholm am 14.7.1967 (BGBl. 1970 II, 391 = Blatt 1970, 293).
42 Einzelheiten bei Keil in: Europ. PatR S. 123 ff.

§ 14

30 »Rechtzeitig« ist die Erklärung dann, wenn dem Arbeitnehmer nach Zugang ausreichende Zeit verbleibt, sich über das ob und wo von Auslandsanmeldungen schlüssig zu werden und die Anmeldung ordnungsgemäß – auch unter Zuhilfenahme Dritter, etwa ausländischer Vertreter – durchführen zu können; in der Regel wird ein Zeitraum von **zwei bis drei Monaten vor Fristablauf** ausreichen[42a]. Dieser auf früheren Erfahrungen beruhende Regelzeitraum kann sich durch die Möglichkeit der Einreichung internationaler Anmeldungen auf der Grundlage des PCT-Vertrages und/oder europäischer Anmeldungen nach dem EPÜ und der verbesserten technischen Kommunikationsmöglichkeiten verkürzen. Nach Auffassung der Schiedsstelle wird mit dem Gebot der Rechtzeitigkeit lediglich das Ziel angestrebt, eine prioritätswahrende Anmeldung vornehmen zu können, nicht aber dem Arbeitnehmererfinder eine Prüfung zu ermöglichen, ob die Aufwendungen für eine Auslandsanmeldung wirtschaftlich sinnvoll sind; insofern muss der Arbeitnehmererfinder ggf. eine mit entsprechenden Risiken behaftete Anmeldeentscheidung treffen, da das Gesetz ihm keine weitergehenden Überlegungs- oder Prüfungsfristen einräumt[42b].

31 Da § 14 Abs. 2 Satz 2 als sog. **Soll-Vorschrift** ausgestaltet ist, schreibt er die Rechtzeitigkeit der Freigabeerklärung nicht zwingend, sondern nur für den Regelfall vor. Besondere sachlich gerechtfertigte Gründe, die nicht allein in der organisatorisch-betrieblichen Sphäre des Arbeitgebers liegen, können demnach ein Abweichen von dieser Verpflichtung im Einzelfall rechtfertigen; zulässig und im Einzelfall erforderlich kann es sein, wenn der Arbeitgeber – je nach Entscheidungsstand – **schrittweise** die einzelnen Staaten benennt[42c].

32 Hat der Arbeitgeber sich ein ausreichendes Bild über die von ihm beabsichtigten Auslandsanmeldungen verschaffen können, so muss er den Arbeitnehmer (alsbald) davon in Kenntnis setzen, in bzw. für welche Staaten er eine Anmeldung beabsichtigt oder bereits vorgenommen hat. Aus dem Gesetzeswortlaut (»hat er«) geht hervor, dass es für eine Freigabe nicht auf ein Verlangen des Arbeitnehmers ankommt, der **Arbeitgeber** vielmehr **von sich aus** tätig werden muss[43]. Irgendeine Mitwirkungs- oder Hinweispflicht des Arbeitnehmers besteht grundsätzlich nicht[44].

42a Wie hier Volmer/Gaul Rz. 79 f. zu § 14; Reimer/Schade/Schippel/Kaube Rz. 3 zu § 14; Busse/Keukenschrijver, PatG, Rz. 16 zu § 14 ArbEG.
42b Schiedsst. v. 18.11.1994 Arb.Erf. 97/93 (unveröffentl.).
42c Volmer/Gaul Rz. 84 zu § 14.
43 BGH v. 31.1.1978 (Fn. 35) m. Anm. Goltz; bestätigt durch BGH v. 8.12.1981 GRUR 1982, 227, 229 Absorberstab-Antrieb II; Schiedsst. v. 9.7.1974 Blatt 1975, 258; OLG Frankfurt v. 10.7.1975 EGR Nr. 5 zu § 14 ArbEG; Busse/Keukenschrijver, PatG, Rz. 15 zu § 14 ArbEG; abw. Beil in Chemie – Ingenieur – Technik 1957, 633; unklar Reimer/Schade/Schippel/Kaube Rz. 2 zu § 14.
44 Vgl. BGH v. 8.12.1981 (Fn. 43).

§ 14

Daraus folgt, dass der Arbeitgeber sich von seiner Verpflichtung zur Freigabeerklärung für die ihn nicht interessierenden Auslandsstaaten nicht dadurch befreien kann, dass er – noch bevor er selbst eine Freigabeerklärung abgegeben hat – vom Arbeitnehmer eine Erklärung verlangt, an welchen Auslandsanmeldungen dieser interessiert sei, um dann bei Schweigen davon auszugehen, dass der Arbeitnehmer kein Interesse habe; denn die Verpflichtung des Arbeitgebers zur Freigabe macht das Gesetz weder von einem entsprechenden Interesse des Arbeitnehmererfinders abhängig noch verpflichtet es den Arbeitnehmer, eine Entscheidung zu einem Zeitpunkt kundzutun, in dem der Arbeitgeber noch nicht über Auslandsschutzrechte abschließend entschieden hat[45].

Vgl. zum gleichzeitigen Vorbehalt eines Benutzungsrechts Rz. 45 f.; zu Unterstützungshandlungen des Arbeitgebers Rz. 39 ff.; zur Verletzung der Freigabepflicht s. Rz. 81.

IV. Umfang und Wirkung der Freigabe

Die Verpflichtung des Arbeitgebers zur Freigabe bezieht sich nur auf den Inhalt der ihm gemeldeten Diensterfindung (s. auch Rz. 46 zu § 8) und besteht nur insoweit, als er die Befugnis zur Schutzrechtsanmeldung im Ausland weder selbst ausnutzt bzw. ausnutzen will noch durch einen Dritten – etwa im Rahmen eines Patentaustausch- oder Optionsvertrages – ausnutzen lässt[56]. Regelmäßig ist davon auszugehen, dass der Arbeitgeber schon im eigenen wirtschaftlichen Interesse eine umfassende Schutzrechtsabsicherung durch parallele Auslandsanmeldungen bewirken wird. Da zudem § 14 Abs. 1 die aus § 7 Abs. 1 folgende umfassende Verwertungsbefugnis des Arbeitgebers nach unbeschränkter Inanspruchnahme durch das Recht bestätigt, nach eigenem Ermessen in beliebigem Umfang parallele Auslandsanmeldungen zu betreiben, wird sich das **Freigaberecht** des Arbeitnehmers regelmäßig darauf beschränken, eine Freigabe **für die Länder** zu verlangen, **in denen er die Belange des eigenen Arbeitgebers nicht stört**[57]. 33

Der Arbeitgeber kann auch als berechtigt angesehen werden, bewusst eine **schutzrechtsfreie Zone** im Ausland zu schaffen[57a]. Der aus Billigkeitserwägungen geschaffene Freigabeanspruch des Arbeitnehmers muss dort seine Grenze finden, wo den wirtschaftlichen Interessen des Unternehmens ein Vorrang einzuräumen ist. Letzteres ist dann anzunehmen, wenn unter 34

---

45 Schiedsst. v. 18.11.1994 Arb.Erf. 97/93 (unveröffentl.).
46-55 frei
56 Amtl. Begr. BT-Drucks. II/1648 S. 33 = Blatt 1957, 236.
57 So Schiedsst. v. 17.11.1986 Arb.Erf. 69/86 (unveröffentl.); ebenso Volmer/Gaul Rz. 64 zu § 14; Sack RIW 1989, 612, 614; kritisch allgemein Koch RIW 1986, 824.
57a Volmer Rz. 14 zu § 14 u. Volmer/Gaul Rz. 59 ff., 64 zu § 14; Reimer/Schade/Schippel/Kaube Rz. 2 zu § 14; Busse/Keukenschrijver, PatG, Rz. 12 zu § 14 ArbEG; vgl. auch Amtl. Begr. (Fn. 56); a.A. Halbach Anm. 2 zu § 14.

§ 14

Zugrundelegung eines objektiven Maßstabes bei wirtschaftlicher Betrachtungsweise für das jeweilige Unternehmen eine schutzfreie Zone dienlich und geboten erscheint, beispielsweise wenn die auszuführenden Erzeugnisse in dem betreffenden Staat durch andere Schutzrechte bzw. Auslandsverträge hinreichend gesichert sind, wenn dort eine Eigenproduktion wirtschaftlich nicht vertretbar wäre oder wenn der Arbeitgeber in langjähriger Unternehmenspolitik wegen nachweisbarer betriebswirtschaftlicher Erwägungen von der Erlangung eines im Hinblick auf den Verwertungsumfang nicht lohnenden Auslandsschutzrechtes absieht (vgl. auch RL Nr. 26 Abs. 2 Satz 2). Diese Einschränkung des Freigabeanspruchs des Arbeitnehmers sieht die Schiedsstelle in § 242 BGB und in Auswirkung der arbeitsrechtlichen Treuepflicht begründet[57].

35 Eine Verpflichtung, einen Schutzrechtserwerb des Arbeitnehmers zu ermöglichen, besteht für den Arbeitgeber auch dann nicht, wenn ein Dritter, auf den Auslandsrechte übertragen wurden, eine Anmeldung zur Schaffung eines schutzfreien Raumes bewusst unterlässt[58]. Beansprucht der Arbeitgeber für sich oder einen Vertragspartner die Schaffung eines schutzrechtsfreien Raums, muss der Arbeitgeber, – damit das Freigaberecht nicht eine völlige Aushöhlung erfährt, – dem Arbeitnehmer in solchen Fällen einen **Vergütungsausgleich** (für Nutzungen in diesen Auslandsstaaten) gewähren[58a] (Rechtsgedanke aus § 17); zur Vergütungsregelung s. Rz. 71 ff.; zur Vergütungsbemessung s. Rz. 60 ff., insbes. Rz. 69.1.

Hiervon zu unterscheiden ist der in RL Nr. 26 Abs. 2 Satz 2 behandelte Tatbestand, dass weder Arbeitgeber noch Arbeitnehmer Auslandsschutzrechte erwerben und hierdurch ein **schutzrechtsfreies Gebiet** entsteht, auf dem Wettbewerber tätig werden können. In einem solchen Fall kann eine Vergütung regelmäßig nicht verlangt werden.

36 Die Freigabe kann sich auf **einzelne, mehrere oder alle Auslandsstaaten** beziehen. Aus der Freigabeerklärung sollte für den Arbeitnehmer klar erkennbar werden, welche Erfindungsrechte für welche Staaten ihm freigegeben, d. h. zur Schutzrechtsanmeldung bzw. Erfindungsverwertung überlassen werden (s. Rz. 26). Ggf. muss der Umfang der Freigabe im Wege der **Auslegung** (§ 133 BGB) ermittelt werden, wobei im Zweifel auf den Empfängerhorizont (des Arbeitnehmers) abzustellen sein wird.

36.1 Im Umfang der Freigabe ist der Arbeitnehmer berechtigt, Auslandsanmeldungen zu betreiben, und zwar in der Form **nationaler ausländischer Anmeldungen oder durch europäische bzw. PCT-Anmeldung.** Ebenso kann der Arbeitnehmer die erworbenen (partiellen) Erfindungsrechte bzw.

---

58 Amtl. Begr. (Fn. 56); a.A. Weiss GRUR 1958, 64.
58a Ebenso Reimer/Schade/Schippel/Kaube Rz. 2 zu § 14; Busse/Keukenschrijver, PatG, Rz. 12 zu § 14 ArbEG; in diesem Sinne wohl auch Schiedsst. v. 17.11.1986 (Fn. 57), letztlich aber offen gelassen; a.A. Volmer Rz. 14 zu § 14 u. Volmer/Gaul Rz. 64 zu § 14.

§ 14

die auf Grund seines Anmelderechts erworbene Schutzrechtsposition frei übertragen; er hat dabei aber evtl. **Rechte des Arbeitgebers** nach § 14 Abs. 3 zu beachten bzw. deren Erhalt durch entsprechende Vereinbarungen mit dem Rechtserwerber oder auf sonst geeignete Weise **sicherzustellen**. Insoweit muss er evtl. Schranken der jeweiligen nationalen ausländischen Rechtsordnung für die Aufrechterhaltung oder den Bestand der Rechte des Arbeitgebers, insbesondere der einfachen Nutzungsrechte, berücksichtigen und Rechtsmöglichkeiten, die die jeweilige nationale ausländische Rechtsordnung anbietet (etwa Registrierungen, Genehmigungsverfahren etc.) ausnutzen. Zu Einschränkungen seiner Verfügungs- und Verwertungsrechte durch die Treuepflicht und zum Wettbewerbsverbot s. Rz. 51 f. zu § 8.

Eine **Pflicht** des Arbeitnehmers **zur Anmeldung** von Schutzrechten im Ausland besteht **nicht**; es steht dem Arbeitnehmer frei, ob und in welchen Ländern er Auslandsrechte geltend machen will[58b] (zu den vergütungsrechtlichen Auswirkungen s. Rz. 61). Auch besteht **kein** automatischer **Rückfall der Anmelderechte** auf den Arbeitgeber im Falle des Unterbleibens von Schutzrechtsanmeldungen, da der Arbeitgeber mit der Freigabe diese Rechte endgültig verloren hat[58c] (s. auch Rz. 19). Die Vereinbarung eines derartigen Rechts ist nach Erfindungsmeldung zulässig (s. § 22)[58d], jedoch kann der Arbeitgeber seine Freigabeerklärung wegen deren Bedingungsfeindlichkeit (s. Rz. 18) nicht von einem solchen Zugeständnis des Arbeitnehmers abhängig machen.   36.2

Entschließt sich der Arbeitnehmer zur Schutzrechtsanmeldung im Ausland, beschränkt sich sein Anmelderecht auf den Umfang der ihm freigegebenen Rechtsposition. Die Freigabe als **Abspaltung von Teilrechten** (s. Rz. 16) kann sich notwendigerweise immer nur auf die Erfindung bzw. den **Miterfinderanteil dieses Arbeitnehmers** erstrecken, die auch Gegenstand der vorangegangenen Inanspruchnahmeerklärung des Arbeitgebers war (zur Offenbarung von Know how s. Rz. 55 zu § 8, s. auch dort Rz. 46).   36.3

Das Recht zur Patentanmeldung in den **von der Freigabe nicht umfassten Staaten** verbleibt dem Arbeitgeber. Dies bedeutet u. a. auch, dass der Arbeitnehmer erfinderrechtlich gehindert ist, in den dem Arbeitgeber vorbehaltenen Staaten nationale Schutzrechtsanmeldungen zu betreiben oder im Rahmen internationaler Patentanmeldungen diese Vertragsstaaten zu benennen, auch wenn er hieran durch die einzelnen nationalen oder internationalen Schutzrechtsordnungen formal nicht gehindert wäre. Verstößt er hiergegen, kann der Arbeitgeber, gestützt auf die jeweilige Patentord-   36.4

58b Schiedsst. v. 9.7.1974 Blatt 1975, 258; ebenso Volmer/Gaul Rz. 53 zu § 14; Busse/Keukenschrijver, PatG, Rz. 18 f. zu § 14 ArbEG.
58c Wie hier Dantz Inanspruchnahmerecht S. 54; Lindenmaier/Lüdecke Anm. 9 zu §§ 13–16; Reimer/Schade/Schippel/Kaube Rz. 2 zu § 14; Volmer Rz. 32 zu § 14; Volmer/Gaul Rz. 54 zu § 14; a.A. Heine/Rebitzki Anm. 2 zu § 14.
58d Siehe dazu Volmer/Gaul Rz. 57 f. zu § 14.

§ 14

nung, diese Rechtsposition angreifen bzw. ggf. auf sich überleiten; weitergehende Schadensersatzansprüche bleiben daneben bestehen.

36.5 Erwirbt der **Arbeitnehmer Auslandsschutzrechte** in den ihm freigegebenen Ländern, so entfalten diese nicht nur Wirkung gegen Dritte, sondern auch gegen den Arbeitgeber. Der Arbeitgeber hat die gleiche Rechtsstellung wie jeder Dritte; seine Nutzungsmöglichkeiten richten sich nach der jeweiligen nationalen Rechtsordnung (Territorialitätsprinzip). Der Arbeitgeber unterliegt demzufolge ggf. Patentverletzungsansprüchen seines Arbeitnehmers.

Auf den Grundsatz der **Erschöpfung des Patentrechts** kann sich der Arbeitgeber gegenüber dem Arbeitnehmer bzw. einem Dritten, der vom Arbeitnehmer die Rechte für »freigegebene« Staaten erworben hat, außerhalb der Europäischen Union nicht berufen. Wegen des Territorialitätsgrundsatzes äußert der Verbrauch eines Patentrechts durch Inverkehrbringen der patentgeschützten Ware grundsätzlich nur Wirkungen in dem Staat, in dem das Inverkehrbringen erfolgt, endet also an den Grenzen dieses Staates[58e]. Der EU-Bereich gilt als gemeinsamer Markt, so dass hier die Erschöpfung des Patentrechts eintritt, wenn der Arbeitgeber in einem Mitgliedsstaat die patentgeschützte Ware in den Verkehr gebracht hat (s. unten Rz. 37).

Will der Arbeitgeber Verbietungsrechte des Arbeitnehmers vermeiden, muss er von seinen Vorbehaltsrechten gem. Abs. 3 Gebrauch machen (s. dazu unten Rz. 45 ff.).

37 Soll sich die Freigabe auf Länder des **EU-Marktes** beziehen, kann sich für den Arbeitgeber unter dem Aspekt der **Erschöpfung des Patentrechts** ein besonderes Risiko ergeben: Nach dem Urteil des EuGH vom 31.10.1974[59] ist es mit den Bestimmungen des EG-Vertrages über den freien Warenverkehr innerhalb des gemeinsamen Marktes (vgl. Art. 28, 30 EGV) unvereinbar, wenn der Patentinhaber von der ihm durch die Rechtsvorschriften eines Mitgliedsstaates eingeräumten Befugnis Gebrauch macht, in diesem Staat den Vertrieb eines durch das Patent geschützten Erzeugnisses zu unterbinden, das in einem anderen Mitgliedsstaat von ihm selbst oder mit seiner (ausdrücklichen – vgl. zukünftig Art. 81 GPÜ –) Zustimmung in den

---

58e Siehe BGH v. 4.3.1975 GRUR 1975, 598, 600 – Stapelvorrichtung; v. 3.6.1976 GRUR 1976, 579, 582 – Tylosin u. v. 14.12.1999 GRUR 2000, 299, 300 – Karate; weitergehend, eine intern. Erschöpfung bejahend Obergericht Tokyo v. 23.5.1995 GRUR Int. 1995, 417 – Kraftfahrzeugfelgen II m. krit. Anm. Beier GRUR Int. 1996, 1 ff. u. Loewenheim GRUR Int. 1996, 307; einschränkend Jap. OGH GRUR Int. 1998, 168, 169 f. – Kraftfahrzeugfelgen III; ablehnend Schweiz: Bundesgericht v. 7.12.1999 GRUR Int. 2000, 639 – Kodak II.

59 GRUR Int. 1974, 554 = AWD 1974, 686 – Negram II/Sterling Drug; s. i. Übrigen Benkard/Bruchhausen Rz. 15 ff. zu § 9 PatG; Busse/Keukenschrijver, PatG, Rz. 161 ff. zu § 9 PatG; Schulte Rz. 19 zu § 9 PatG.

§ 14

Verkehr gebracht worden ist[59a] (vgl. auch Rz. 48). Bislang ist noch nicht höchstrichterlich entschieden, ob in der Freigabe des Arbeitgebers eine derartige Zustimmung liegt. Letzteres ist u. E. zu verneinen[60]. Der Arbeitgeber kann zwar frei entscheiden, in welchen EG-Staaten er selbst Schutzrechtsanmeldungen betreibt bzw. betreiben lässt; dennoch ist die gesetzliche Pflicht zur Freigabe nach § 14 Abs. 2 nicht mit der Situation einer (freiwilligen) Lizenzvergabe – wie sie Grundlage der Entscheidung des EuGH war – vergleichbar. Eine gewisse Bestätigung gibt die »Pharmon BV/Hoechst AG«-Entscheidung des EuGH vom 9.7.1985[61]. Für die dort verneinte Frage, ob die Erteilung einer nationalen Zwangslizenz an einem Patent zur Erschöpfung des Patentrechts führt, hat der EuGH entscheidend darauf abgestellt, dass die Einräumung der Zwangslizenz auf Gesetz und nicht auf einer freien Entscheidung des Patentinhabers beruht. In gleichem Sinne betont der EuGH in seinem »Merck II«-Urteil vom 5.12.1996[61a], dass eine Erschöpfung zu Lasten des Patentinhabers dann nicht eingreift, wenn für diesen entweder auf Grund des nationalen Rechts oder auf Grund des Gemeinschaftsrechts rechtliche Verpflichtungen bestehen; eine Zustimmung seinerseits könne in solchen Fällen nicht unterstellt werden. In diesem Sinne erfüllt der Arbeitgeber mit der Freigabe nur eine an ein passives Verhalten (Nichtanmeldung) anknüpfende gesetzliche Verpflichtung (»voluntarische« Auslegung des Erschöpfungsgrundsatzes[62]). Den Aspekt des Nebeneinanderbestehens »ursprungsgleicher« Rechte[63] hat der EuGH insoweit nicht gelten lassen.

Zur Zulässigkeit des Freikaufens von der Freigabeverpflichtung s. unten Rz. 71.

V. Betriebsgeheimnis

Zwar enthält § 14 Abs. 2 keine § 13 Abs. 2 Nr. 3 entprechende Regelung. Erfordern es berechtigte Belange des Unternehmens, eine gemeldete Diensterfindung nicht bekannt werden zu lassen (s. dazu Rz. 4 ff. zu § 17), so muss der Arbeitgeber als berechtigt angesehen werden, auch von der Freigabe für Auslandsanmeldungen abzusehen; verbliebe dem Arbeitnehmer unter solchen Umständen ein Anspruch auf Auslandsfreigabe, so würde der 38

59a vgl. auch EuGH v. 5.12.1996 GRUR Int. 1997, 250 – Merck II.
60 Zust. Benkard/Bruchhausen Rz. 22 zu § 9 PatG; kritisch allerdings Krieger GRUR 1981, 149 f.; offen gelassen bei Busse/Keukenschrijver, PatG, Rz. 164 zu § 9 PatG.
61 GRUR Int. 1985, 822.
61a (Fn. 59 a) S. 253 f.
62 Vgl. Schlussantrag des Generalanwaltes GRUR Int. 1985, 824, 827.
63 Vgl. EuGH v. 3.7.1974 GRUR Int. 1974, 338 – van Zuylen/Cafe Hag; s. auch EG Komm. v. 12.7.1985 GRUR Int. 1986, 116 – Velcro/Aplix.

§ 14

Zweck des § 17 ausgehöhlt[64]. Zudem bezweckte der Gesetzgeber mit Schaffung des § 17 keine wesentliche Änderung des früheren Rechts[65], wonach im Falle einer berechtigten Geheimhaltung auch ein Anspruch auf Auslandsfreigabe entfiel[66].

VI. Ermöglichen des Erwerbs von Auslandsschutzrechten

39 Ist es Sinn der Freigabe, dem Arbeitnehmer den Erwerb von Auslandsschutzrechten zu ermöglichen, so gewährt § 14 Abs. 2 Satz 1 dem Arbeitnehmer neben dem Freigabeanspruch einen durchsetzbaren **Anspruch** gegenüber dem Arbeitgeber **auf Mitwirkung und Unterstützung**[71]. Insoweit besteht allerdings – im Gegensatz zur Freigabe (s. Rz. 32) – keine Pflicht des Arbeitgebers, von sich aus mitzuwirken, sondern nur »auf Verlangen des Arbeitnehmers« (empfangsbedürftige Willenserklärung im Sinne des § 130 BGB).

40 Die Mitwirkung **umfasst** alle Maßnahmen, die zur Ermöglichung des Erwerbs von Auslandsschutzrechten erforderlich sind. »Ermöglichen« kann – wie ein Vergleich mit § 15 Abs. 2 zeigt – unter Umständen mehr bedeuten als ein bloßes »Unterstützen«; in jedem Fall beschränkt es sich aber auf fördernde Maßnahmen im Zusammenhang mit einer eigenen Initiative des Arbeitnehmers.

41 »Ermöglichen« bezieht sich nur auf die Voraussetzungen, die für den Schutzrechtserwerb **rechtlich erforderlich** sind und vom Arbeitnehmer aus Rechtsgründen nicht selbst erbracht werden können. Je nach Erteilungsstaat können die zu treffenden Maßnahmen unterschiedlich sein. Beispielsweise hat der Arbeitgeber dem Arbeitnehmer Einsicht in den mit den Erteilungsbehörden geführten Schriftwechsel zu gewähren, ggf. Duplikate anzufertigen, notarielle Übertragungserklärungen auszustellen und alle für den Schutzrechtserwerb notwendigen Erklärungen gegenüber der betreffenden Erteilungsbehörde abzugeben[72].

42 Dagegen bezieht sich die Unterstützungspflicht nicht auf die Beseitigung persönlicher oder wirtschaftlicher Hemmnisse beim Arbeitnehmer (Kreditgewährung, Bereitstellung der Patentabteilung oder sonstiger Dritter, Einschaltung der für den Arbeitgeber im Ausland tätigen Vertreter).

---

64 So auch Reimer/Schade/Schippel/Kaube Rz. 4 zu § 14; Volmer/Gaul Rz. 91 zu § 14; MünchArbR/Sack § 99 Rz. 81; im Ergebn. auch Busse/Keukenschrijver, PatG, Rz. 13 zu § 14 ArbEG.
65 Vgl. Amtl. Begründung (Fn. 56) S. 35 (zu § 16 d. Entw.) = Blatt 1957, 237.
66 Riemschneider/Barth Anm. 9 zu § 6 DVO 1943
67-70 frei
71 Vgl. Lindenmaier/Lüdecke Anm. 10 zu §§ 13-16; Busse/Keukenschrijver, PatG, Rz. 20 zu § 14 ArbEG.
72 Vgl. Reimer/Schade/Schippel/Kaube Rz. 3 zu § 14.

§ 14

Im Einzelfall kann es die Fürsorgepflicht gebieten, den Arbeitnehmer auf Hindernisse oder sonstige Umstände, die einem Schutzrechtserwerb entgegenstehen oder diesen untunlich erscheinen lassen, hinzuweisen. Soweit Mitwirkungshandlungen des Arbeitgebers **Kosten** verursachen, sind diese vom Arbeitnehmer zu tragen (entsprechend § 670 BGB).

43

Da die **europäische Patentanmeldung** gemäß Art. 59 EPÜ auch von mehreren Anmeldern, die verschiedene Vertragsstaaten benennen, eingereicht werden kann (vgl. auch Regel 52 EPÜ AO), steht es dem Arbeitgeber frei, den hierzu bereiten Arbeitnehmer für die von ihm nicht benannten Vertragsstaaten als Anmelder mit aufzunehmen. Eine Pflicht des Arbeitgebers zur Beteiligung des Arbeitnehmers an einer europäischen Patentanmeldung besteht dagegen nicht, da der Arbeitnehmer rechtlich nicht gehindert ist, eine selbständige europäische Anmeldung für die verbleibenden Vertragsstaaten einzureichen. Da es an einer notwendigen »Ermöglichung« durch den Arbeitgeber fehlt, kann auch der wirtschaftliche Aspekt einer Kostenersparnis bei gemeinschaftlicher Anmeldung ein solches Recht nicht begründen.

44

Die aufgezeigten Grundsätze gelten entsprechend für **internationale Anmeldungen** auf der Grundlage des PCT (vgl. Art. 9 Abs. 3 PCT i.V.m. Regel 18.4 PCT AO).

D. Vorbehaltsrechte des Arbeitgebers bei Freigabe (Abs. 3)

In Übereinstimmung mit § 6 Abs. 2 DVO 1943 räumt § 14 Abs. 3 1. Alt. dem Arbeitgeber das Recht ein, sich bei der Freigabe ein vergütungspflichtiges, **nichtausschließliches Benutzungsrecht** an der Diensterfindung vorzubehalten. Damit soll es dem Arbeitgeber insbesondere ermöglicht werden, einer evtl. Sperre des Auslandsmarktes durch Wettbewerber, die Benutzungsrechte vom Arbeitnehmer erworben haben, vorzubeugen[73]. Die 2. Alt. des Abs. 3 trägt den Interessen der Industrie Rechnung, **bestehende Auslandsverträge** nicht durch ein eigenes Vorgehen des Arbeitnehmers im Ausland stören zu lassen[74]. Für den Bereich des EU-Marktes kommt diesen Rechten auf Grund des dort geltenden Erschöpfungsprinzips (EU-Binnenmarkt – s. Rz. 37) nur geringe Bedeutung zu, sofern der Arbeitgeber Benutzungsrechte im Inland gemäß § 7 ausübt.

45

I. Geltendmachung

Sowohl der Vorbehalt eines Benutzungsrechts als auch das Berücksichtigungsverlangen sind (voneinander unabhängige) empfangsbedürftige **Wil-**

46

---

73 Vgl. Amtl. Begr. (Fn. 56).
74 Vgl. Ausschussber. zu BT-Drucks. II/3327 S. 6 = Blatt 1957, 252.

§ 14

lenserklärungen (§ 130 BGB) und sind (jeweils) gleichzeitig mit der Freigabeerklärung (auch **formlos**, s. Rz. 24) geltend zu machen.

47 **»Gleichzeitig«** bedeutet nicht, dass die Vorbehalte etwa in einer Urkunde mit der Freigabeerklärung aufzunehmen sind, sondern nur, dass die Freigabeerklärung und der Benutzungsvorbehalt bzw. das Rücksichtnahmeverlangen zum gleichen Zeitpunkt dem Arbeitnehmer zugehen müssen[74a] (zum Begriff des Zugehens s. Rz. 10 f. zu § 5). Eine unter Abwesenden nach der Freigabe zugegangene Vorbehaltserklärung ist auch dann verspätet, wenn der Arbeitnehmer gleichzeitig von beiden Willenserklärungen tatsächliche Kenntnis erlangt[75]. Die Heilung einer verspäteten bzw. nachträglich zugegangenen Geltendmachung kann nur im Einvernehmen mit dem Arbeitnehmer erfolgen[76] (Näheres dazu unten Rz. 71 f.).

48 Macht der Arbeitgeber von der Möglichkeit des Benutzungsvorbehaltes keinen oder verspäteten Gebrauch, steht er dem Arbeitnehmer wie jeder Dritte gegenüber (s. dazu Rz. 36.5).

49 Da das Gebot der Gleichzeitigkeit sicherstellen soll, dass der Arbeitnehmer rechtzeitig erfährt, mit welchen Belastungen er bei dem Erwerb von Schutzrechten zu rechnen hat[76a], wird man ein Geltendmachen der Vorbehalte **vor Zugang der Freigabeerklärung** in der Regel als wirksam ansehen müssen.

50 § 14 Abs. 3 räumt dem Arbeitgeber zwei **voneinander unabhängige Vorbehalte** ein; insoweit darf das »und« zwischen den beiden Alternativen nicht im Sinne einer notwendigen Kopplung missverstanden werden. Der Arbeitgeber kann also alternativ den einen oder den anderen bzw. beide Vorbehalte gegenüber dem Arbeitnehmer beanspruchen.

II. Vorbehalt eines Benutzungsrechts

51 Wegen des gleichen Gesetzeswortlauts ist das nicht ausschließliche Benutzungsrecht gem. § 14 Abs. 3 inhaltlich dem entsprechenden Recht in § 7 Abs. 2 Satz 2, § 16 Abs. 3, § 19 Abs. 1 gleichzustellen; es entspricht dem einer **einfachen Lizenz**[77] (Einzelheiten vgl. Rz. 28-38 zu § 7) und vermittelt

---

74a Busse/Keukenschrijver (PatG, Rz. 23 zu § 14) lassen engen zeitlichen Zusammenhang ausreichen.
75 Vgl. RG v. 25.10.1917 RGZ 91, 60, 63 (zu § 130 Abs. 1 Satz 2 BGB).
76 Reimer/Schade/Schippel/Kaube Rz. 8 zu § 14; vgl. aber auch Gaul Mitt. 1971, 241, 247.
76a Vgl. Amtl.Begründ. (Fn. 56).
77 BGH v. 24.4.1974 GRUR 1974, 463, 464 – Anlagengeschäft; OLG Frankfurt v. 29.10.1970 OLGZ 71, 372, 373 (Anlagengeschäft); Schiedsst. v. 28.5.1968 Blatt 1968, 349, 350; Gaul/Bartenbach Mitt. 1968, 141, 142; Gaul GRUR 1967, 518; ders. Mitt. 1971, 241, 242 f.; Kunze AuR 1977, 294; Reimer/Schade/Schippel/Kaube Rz. 6 zu § 14; Busse/Keukenschrijver, PatG, Rz. 24 zu § 14 ArbEG; abw. Kraft GRUR 1970, 381, 385; Heine/Rebitzki Anm. 3 zu § 7 u. 3 zu § 14.

§ 14

damit u. a. auch das Recht, die im inländischen Unternehmen gefertigten erfindungsgemäßen Produkte in dem betreffenden Auslandsstaat zu vertreiben oder dort herzustellen bzw. herstellen zu lassen und/oder die dort hergestellten Produkte zu vertreiben oder vertreiben zu lassen (s. auch Rz. 55); nicht umfasst ist jedoch die Befugnis des Arbeitgebers, den unmittelbaren oder mittelbaren Abnehmern seiner Produkte produktbezogene Lizenzen zu erteilen[77a] (s. Rz. 33 zu § 7; s. auch Rz. 77 ff. zu § 16). Zum Nutzungsrecht der **Abnehmer** des Arbeitgebers s. Rz. 84 zu § 16.

Dieses Nutzungsrecht gilt im Innenverhältnis zwischen Arbeitgeber und Arbeitnehmer uneingeschränkt. Die Wirkung und Durchsetzbarkeit des Nutzungsrechts in dem jeweiligen Auslandsstaat bestimmt sich nach der dort geltenden nationalen Rechtsordnung.

Ist der **Arbeitnehmer selbst Schutzrechtsinhaber** im Ausland und macht er auf der Grundlage seines ausländischen Schutzrechts Verbietungs- und/oder Schadensersatzansprüche gegenüber auslandsbezogenen Verwertungshandlungen des Arbeitgebers geltend, hängt es von dieser Rechtsordnung ab, ob sie Einwände des Arbeitgebers auf der Grundlage arbeitsrechtlicher bzw. arbeitnehmererfinderrechtlicher Beziehungen anerkennt, und sei es auch nur unter dem Aspekt der unzulässigen Rechtsausübung. Ist dies nicht der Fall, kann der Arbeitgeber derartige Einschränkungen seines Nutzungsrechts nur vor den deutschen Gerichten, insbesondere im Wege des Schadensersatzes, verfolgen. 51.1

Überträgt der Arbeitnehmer Erfindungsrechte oder eine von ihm in einem Auslandsstaat erworbene **Schutzrechtsposition** (Schutzrechtsanmeldung, Schutzrecht) **auf Dritte**, bestimmt sich der Fortbestand des vom Arbeitgeber vorbehaltenen Nutzungsrechts (Sukzessionsschutz) im Verhältnis zum Rechtserwerber nach der jeweiligen nationalen Schutzrechtsordnung (vgl. etwa Art. 34 Abs. 3 Schweizer. PatG). Kennt diese z.B. keine einfachen Lizenzen oder gehen diese bei Rechtserwerb unter, ist der Arbeitnehmer jedenfalls aus dem Gesichtspunkt arbeitsrechtlicher Treuepflicht (s. dazu Rz. 28 ff. zu § 25) gehalten, durch vertragliche Absprache mit dem Rechtserwerber den ungehinderten Fortbestand der Nutzungsrechte seines Arbeitgebers sicherzustellen. Macht die jeweilige Rechtsordnung den Bestand bzw. Fortbestand einfacher Nutzungs- (Lizenz-)Rechte von einer amtlichen Registrierung und/oder Genehmigung abhängig, kann der Arbeitgeber vom Arbeitnehmer verlangen, dass diese die dazu erforderlichen Erklärungen (rechtzeitig) abgibt. Zu diesen Maßnahmen ist der Arbeitnehmer vor Rechtsübertragung von sich aus verpflichtet, ohne dass der Arbeitgeber vorher tätig werden muss. Zweckmäßigerweise sollte der Arbeitgeber 51.2

77a H. M.; vgl. BGH v. 24. 4. 1974 (Fn. 77); Schiedsst. v. 28. 5. 1968 (Fn. 77); Reimer/Schade/Schippel/Kaube Rz. 7 zu § 14; Busse/Keukenschrijver, PatG, Rz. 24 zu § 14 ArbEG; a.A. Sack RIW 1989, 612, 617 u. ders. in MünchArbR § 99 Rz. 89 ff.; Kraft GRUR 1970, 381, 385.

§ 14

den regelmäßig mit patentrechtlichen Fragen nicht vertrauten Arbeitnehmer auf diese Problematik anlässlich der Freigabe aufmerksam machen, auch wenn eine dahingehende Belehrungs- bzw. Hinweispflicht nicht besteht (s. auch Rz. 35 zu § 7 und 79 zu § 16).

51.3 Erwerben der Arbeitnehmer oder ein Dritter **keine Schutzrechtsposition** im Ausland, hat der Arbeitgeber dort die gleichen (vergütungsfreien) Nutzungsbefugnisse wie jeder Dritte.

52 Die in § 7 Abs. 2 Satz 2 zugunsten des Arbeitnehmers getroffene **Unbilligkeitsregelung** findet im Rahmen des § 14 Abs. 3 keine (analoge) Anwendung[78], obschon sich ein Benutzungsvorbehalt sehr zu Lasten der eigenen Verwertungsmöglichkeiten des Arbeitnehmers auswirken kann; dies folgt daraus, dass im Falle des § 14 die wirtschaftlichen Interessen des Arbeitgebers im Vordergrund stehen und dem Arbeitnehmer nur aus Billigkeitserwägungen eine zusätzliche Chance eingeräumt werden soll (vgl. auch Rz. 85 zu § 16). Eine Analogie verbietet sich auch deshalb, weil sowohl der Benutzungsvorbehalt gem. § 14 Abs. 3 als auch der vergleichbare Vorbehalt gem. § 16 Abs. 3 in gleichem Sinne wie zuvor bereits in den §§ 6, 7 DVO 1943 geregelt waren, während die beschränkte Inanspruchnahme gem. § 6 Abs. 1 erst durch das ArbEG eingeführt wurde; eine dahingehende Gleichstellung dieser Nutzungsrechte hätte also eines ausdrücklichen Hinweises des Gesetzgebers bedurft[78a].

III. Verlangen der Rücksichtnahme auf Auslandsverträge

53 Ab Zugang des Rücksichtnahmeverlangens (s. Rz. 47) fordert § 14 Abs. 3 2. Alt. als gesetzliche Konkretisierung der Treuepflicht eine Rücksichtnahme des Arbeitnehmers bei der Verwertung der Erfindung auf bestehende Auslandsverpflichtungen seines Arbeitgebers.

54 **Auslandsverpflichtungen** sind alle Haupt- sowie selbständige oder unselbständige Nebenpflichten aus im Zeitpunkt des Zugangs der Freigabeerklärung bestehenden Verträgen (auch Vorverträgen) mit unmittelbarer Wirkung in dem jeweiligen Staat. Unerheblich ist dabei, ob es sich um einen ausländischen oder inländischen Vertragspartner handelt[79], ferner, ob die Verpflichtungen bedingt oder auf einen zukünftigen Zeitpunkt befristet sind[79a] oder ob der Arbeitgeber im betroffenen Auslandsstaat ein eigenes

---

78 So auch Schiedsst. v. 14.4.1986 Arb.Erf. 1 (B)/84 u.v. 6.3.1987 Arb.Erf. 87/68 (beide unveröffentl.); Reimer/Schade/Schippel/Kaube Rz. 5 zu § 14; Busse/Keukenschrijver, PatG, Rz. 24 zu § 14 ArbEG; Gaul/Bartenbach Mitt. 1968, 141, 144; a.A. noch Gaul GRUR 1967, 518, 521; offen gelassen Schiedsstelle v. 28.5.1968 (Fn. 77).

78a Schiedsst. v. 6.3.1987 (Fn. 78); vgl. aber BGH vom 9.1.1964 GRUR 1964, 449, 451 – Drehstromwicklung, der die Freigabe gem. § 16 ArbEG der beschränkten Inanspr.nahme gleichstellt; kritisch hierzu Fischer GRUR 1964, 453.

79 Unklar Ausschussber. (Fn. 74).

79a Busse/Keukenschrijver, PatG, Rz. 25 zu § 14 ArbEG.

§ 14

Benutzungsrecht hat[79b]. Häufigste Anwendungsfälle sind Lizenzverträge[80] (insbes. Kreuzlizenzverträge), die auch Nutzungsrechte an zukünftig entstehenden Erfindungen vorsehen, sofern es der Arbeitgeber bei einer solchen Situation nicht vorzieht, selbst anzumelden oder von der Möglichkeit des § 17 Gebrauch zu machen[81]. Bei derartigen Verträgen kann der Arbeitnehmer über § 14 Abs. 3 verpflichtet sein, dem ausländischen Lizenznehmer Nutzungsrechte einzuräumen[82], wobei ihm aber keine Lizenzgebührenansprüche gegenüber diesem Dritten zustehen[82a]; er ist vielmehr auf den gesonderten Vergütungsanspruch gegenüber seinem Arbeitgeber beschränkt. Vergleichbare Pflichten des Arbeitgebers können sich auch aus einer Konzernbindung ergeben.

Im Rahmen **bestehender Lieferverträge** kann der Arbeitnehmer gehalten sein, trotz eines von ihm erworbenen Auslandsschutzrechtes Exporte seines Arbeitgebers in diese Länder auch ohne Benutzungsvorbehalt ebenso zu dulden wie die Nutzung von Verfahrenserfindungen durch die Abnehmer seines Arbeitgebers in den betreffenden Auslandsstaaten[83]. 55

Da der Umfang der Pflichten für den Arbeitnehmer **überschaubar** sein muss, ist es notwendig, dass einerseits der Arbeitgeber die Vertragsverpflichtungen dem Arbeitnehmer bekannt zu geben hat, und dass andererseits nur die Berücksichtigung der im Zeitpunkt des Zugangs der Freigabeerklärung bereits abgeschlossenen und noch bestehenden Verträge verlangt werden kann[84]; später abgeschlossene Verträge fallen nicht darunter[85]. Insoweit kommt es auch nicht darauf an, ob nach dem Geschäftsbetrieb des Arbeitgebers bestimmte Arten von Auslandsgeschäften (etwa im Industrieanlagengeschäft) üblich sind[86]. 56

Entsprechend dem Zweck dieser Regelung bedeutet »**berücksichtigen**« im Übrigen, dass der Arbeitnehmer einerseits solche Maßnahmen vornehmen muss, die notwendig sind, die bestehenden Verpflichtungen zu erfüllen (z.B. Lizenzvergabe), andererseits solche Handlungen unterlässt, die geeignet sind, die Abwicklung der bestehenden Vertragsverhältnisse zu stören (z.B. Geltendmachung von Unterlassungs- bzw. sonstigen Verletzungsansprüchen[87]). 57

79b Reimer/Schade/Schippel/Kaube Rz. 9 zu § 14.
80 Vgl. auch Johannesson GRUR 1970, 114, 121.
81 Vgl. auch Friedrich GRUR 1958, 170, 280.
82 Vgl. Gaul (Fn. 78); i. Ergebn. ebenso Bernhardt/Kraßer, Lehrb. d. PatR. § 21 IV b 1.
82a Wie hier Busse/Keukenschrijver, PatG, Rz. 25 zu § 14 ArbEG; unklar Reimer/Schade/Schippel/Kaube Rz. 11 zu § 14 (Lizenzerteilung zu gleichen Bedingungen, wie sie der ArbG kraft Vertrages zu erteilen hätte.)
83 Vgl. auch Schiedsstelle (Fn. 77); z.T. abw. Dantz Inanspruchnahmerecht S. 55.
84 Vgl. Ausschussber. (Fn. 74).
85 Wie hier Busse/Keukenschrijver, PatG, Rz. 25 zu § 14 ArbEG; Reimer/Schade/Schippel/Kaube Rz. 11 zu § 14 ArbEG; A.A. Volmer Rz. 29 zu § 14; Gaul (Fn. 78).
86 So aber Kraft GRUR 1970, 381, 386; krit. dazu Gaul Mitt. 1971, 241, 243 ff.
87 Busse/Keukenschrijver, PatG, Rz. 25 zu § 14 ArbEG.

§ 14

Dieser Anspruch auf Rücksichtnahme entfaltet wegen der territorialen Begrenzung des deutschen Rechts im Ausland keine unmittelbare Wirkung. Inwieweit der Arbeitgeber sich hierauf im Ausland rechtswirksam berufen kann, hängt von der jeweiligen nationalen Rechtsordnung ab (s. hierzu i. Einzelnen oben Rz. 51).

58 Diese Pflicht zur Rücksichtnahme besteht nur »bei der **Verwertung** der freigegebenen Erfindung« durch den Arbeitnehmer in den betreffenden Auslandsstaaten. Der Begriff der Verwertung umfasst alle Eigennutzungshandlungen des Arbeitnehmers (vgl. § 9 PatG), ferner die Einräumung von Nutzungsrechten an Dritte sowie die Übertragung erworbener Schutzrechtspositionen[88]. Bei Verfügungen über sein Schutzrecht muss der Arbeitnehmer ihm nach § 14 Abs. 3 obliegende Pflichten weitergeben, also vertraglich absichern[89] (s. auch Rz. 51).

59 Ein schuldhaftes Unterlassen der Rücksichtnahme bzw. der Weitergabe dieser Pflicht begründet eine **Schadensersatzpflicht** gegenüber dem Arbeitgeber wegen Pflichtverletzung (§ 280 Abs. 1, § 619a BGB) sowie nach § 823 Abs. 2 BGB i.V.m. § 14 Abs. 3 ArbEG[90], ggf. § 826 BGB.

IV. Vergütungspflicht des Arbeitgebers (Abs. 3)

60 Bei Vorbehalt eines Benutzungsrechts sowie bei Verlangen der Rücksichtnahme auf bestehende Auslandsverträge begründet § 14 Abs. 3 eine **eigenständige Vergütungspflicht**. Dieser Vergütungspflicht kommt aber nur eingeschränkte Bedeutung zu. Bei eigenen Auslandsanmeldungen und hierauf bezogenen Nutzungen richtet sich die Vergütungspflicht des Arbeitgebers nach § 9 (s. auch RL Nr. 26). Soweit im Inland hergestellte Produkte in geschützte Auslandsstaaten geliefert werden, handelt es sich um Inlandsverwertungen, die unabhängig vom Bestand eines Auslandsschutzrechtes einen Vergütungsanspruch des Arbeitnehmers ausschließlich aus § 9 begründen (s. Rz. 245 zu § 9). Insoweit beschränkt sich der Vergütungsanspruch aus § 14 Abs. 3 – neben dem Rücksichtnahmeverlangen – auf die Tatbestände, dass der Arbeitgeber in dem freigegebenen Auslandsstaat das erfindungsgemäße Produkt herstellt bzw. herstellen lässt oder sonst Nutzungshandlungen durchführt, die nicht von der Vergütung für Inlandsnutzungshandlungen (bei dort bestehendem Schutzrecht) erfasst sind; ferner auf die Fälle, in denen der Arbeitgeber – trotz Schutzfähigkeit (s. Rz. 245 zu § 9) – auf Inlandsschutzrechte verzichtet hat und auf den freigegebenen Auslandsstaat bezogene Nutzungen der Erfindung vornimmt bzw. vornehmen lässt.

---

88 Ebenso Busse/Keukenschrijver, PatG, Rz. 25 zu § 14 ArbEG.
89 So auch Volmer Rz. 28 zu § 14.
90 Busse/Keukenschrijver, PatG, Rz. 26 zu § 14 ArbEG.
91-94 frei

§ 14

In jedem Fall ist der Vergütungsanspruch nach § 14 Abs. 3 davon abhängig, dass der Arbeitnehmer in den betreffenden freigegebenen Auslandsstaaten tatsächlich ein Schutzrecht erwirbt (vgl. RL Nr. 26 Abs. 2 Satz 2); insoweit gelten hier die für das Benutzungsrecht nach § 16 Abs. 3 entwickelten Grundsätze entsprechend (s. dort Rz. 91). Unterlässt der Arbeitnehmer Auslandsanmeldungen, beschränkt sich sein eventueller Vergütungsanspruch auf Nutzungshandlungen bzw. Verwertungsmöglichkeiten in diesen freigegebenen Staaten auf den Zeitraum bis zum Ablauf der jeweiligen Prioritätsfristen[95].

61

Dem Erwerb eines eigenen Schutzrechts durch den Arbeitnehmer steht der Erwerb durch einen Dritten gleich, dem der Arbeitnehmer die freigegebene Rechtsposition übertragen hat. Gläubiger des Vergütungsanspruchs ist weiterhin der Arbeitnehmer, soweit nicht etwas anderes zwischen den Beteiligten vereinbart wird.

Die **Dauer** des Vergütungsanspruchs ist vom Rechtsbestand des Schutzrechts in dem jeweiligen Auslandsstaat abhängig; insoweit gilt hier nichts anderes als im Rahmen des § 16 Abs. 3 (s. dort Rz. 91). Die Vergütungspflicht besteht ferner nur solange, wie der Arbeitgeber tatsächlich von seinen vorbehaltenen Rechten Gebrauch macht, d.h. solange er das Benutzungsrecht tatsächlich auswertet (s. oben Rz. 60) bzw. solange, wie die Auslandsverträge und das darauf bezogene Rücksichtnahmeverlangen fortbestehen.

Der Vergütungsanspruch nach § 14 Abs. 3 ist im Verfahren nach § 12 **festzustellen bzw. festzusetzen.**

1. Bei Vorbehalt eines Benutzungsrechtes

Ausgehend vom Wortlaut des § 14 Abs. 3 1. Halbsatz (»gegen angemessene Vergütung vorbehalten«) **entsteht** die Vergütungspflicht **dem Grunde nach** bereits mit Ausspruch des Benutzungsvorbehalts, ohne dass es zunächst – wie bei § 10 Abs. 1 (»und sie benutzt«) – auf tatsächliche Nutzungshandlungen ankommt[96]. Zur Dauer s. Rz. 61.

62

Die **Fälligkeit** hängt von der tatsächlichen Verwertung ab (s. Rz. 60 f.). Der Vergütungsanspruch konkretisiert sich in dem Zeitpunkt, in dem Anhaltspunkte für die Bewertung der wirtschaftlichen Vorteile des Arbeitgebers vorliegen. Dies werden regelmäßig die Benutzungshandlungen des Arbeitgebers in Wahrnehmung des Benutzungsvorbehalts sein, es sei denn,

63

---

95 Johannesson (Fn. 80); a.A. Volmer/Gaul Rz. 138 zu § 14, die mangels Schutzrechtsanmeldg. e. Vergütungsanspr. grundsätzl. ablehnen (Ausnahme: § 20 Abs. 1).
96 Gaul/Bartenbach Mitt. 1968, 141, 143; Gaul Mitt. 1971, 241, 247; Volmer/Gaul Rz. 133 zu § 14; a.A. h.M., z.B. Grote Mitt. 1969, 107, 109; Johannesson (Fn. 80); Reimer/Schade/Schippel/Kaube Rz. 13 zu § 14; vgl. auch Schiedsst. v. 8.6.1973 Blatt 1973, 366, 367 u.v. 28.5.1985, Blatt 1986, 75.

§ 14

es liegt der Ausnahmefall der nicht ausgenutzten wirtschaftlichen Verwertbarkeit vor (vgl. RL Nr. 24), so dass ggf. bis zur Aufnahme von Verwertungshandlungen eine relativ kleine Vergütung geschuldet wird[96a] (s. aber auch Rz. 210 ff. zu § 9).
Richtschnur für die **Höhe** ist die Angemessenheit (s. dazu Rz. 69 ff. zu § 9), bezogen auf den Einzelfall.

64 Erfolgt die Vergütungsberechnung nach der **Lizenzanalogie**, kann – anders als bei § 16 (s. dort Rz. 92) – nicht schematisch ein für vergleichbare Nutzungen in anderen Staaten, insbesondere im Inland, gehandhabter Lizenzsatz übernommen werden. Vielmehr ist der Lizenzsatz jeweils nach der Wertigkeit des vom Arbeitnehmer oder seinem Sonderrechtsnachfolger in dem jeweiligen Auslandsstaat erlangten Schutzrechts zu bestimmen; so wird bei reinen Registrierpatenten oder zwischenzeitlich in anderen Staaten deutlich gewordenen Zweifeln an der Schutzfähigkeit ein wesentlich niedrigerer Lizenzsatz anzusetzen sein. Wertmindernd kann es sich darüber hinaus auswirken, dass der Arbeitgeber nur Inhaber eines nicht ausschließlichen Nutzungsrechts ist[96b] (s. oben Rz. 51; vgl. auch RL Nr. 25 Abs. 3 Satz 2). Dieser Aspekt gilt insbesondere bei umfangreichen eigenen Verwertungshandlungen des Arbeitnehmers in dem betreffenden Auslandsstaat oder solchen seines Sonderrechtsnachfolgers.

In Fällen eines **Registrierpatentes** ist regelmäßig ein Abschlag von mindestens 50 % des für geprüfte Schutzrechte üblichen Lizenzsatzes angemessen; dieser Prozentsatz kann bei umfangreichen sonstigen Verwertungen durch den Arbeitnehmer oder Dritte (etwa Lizenznehmer des Arbeitnehmers) weiter vermindert werden. Umgekehrt ist von einer derartigen Minderung dann abzusehen, wenn eine durch den Vorbehalt ausgelöste, tatsächlich gegebene und nachgewiesene Sperrwirkung sich zulasten der sonstigen Verwertungsmöglichkeiten des Arbeitnehmers auswirkt. Hierbei kann der Vermögenswert mit berücksichtigt werden, der dem Arbeitnehmer, etwa bei einem wegen des Benutzungsvorbehalts nicht zustande gekommenen (ausschließlichen) Lizenzvertrag, entgeht[97]; auf Grund der arbeitsrechtlichen Treuepflicht wird der Arbeitnehmer aber gehalten sein, den Arbeitgeber zu informieren, dass und in welchem Umfang sich dessen Vorbehaltsrecht auf eine sonstige konkrete Verwertungsmöglichkeit auswirkt. Hierdurch wird dem Arbeitgeber die Möglichkeit eines einverständlichen Verzichts auf seinen Benutzungsvorbehalt eröffnet und für den Arbeitnehmer eine »unbillige Erschwerung« beseitigt. Soweit die Abstaffelungsgrundsätze der RL Nr. 11 eingreifen, sind zur Bildung des abzustaf-

---

96a Dies entspricht i. Ergebn. auch der h.M., z.B. Schiedsst. v. 28.5.1985 (Fn. 96); Reimer/Schade/Schippel/Kaube Rz. 13 zu § 14; Volmer/Gaul Rz. 135 zu § 14.
96b Vgl. auch Schiedsst. v. 15.2.1966 Blatt 1967, 30, wobei dort allerdings wegen der andauernden Vorzugsstellung des Arbeitgebers eine Minderung verneint wurde.
97 Gaul (Fn. 96) S. 248.

§ 14

felnden Gesamtumsatzes neben den Umsätzen im Rahmen des vorbehaltenen Nutzungsrechts auch alle sonstigen vergütungspflichtigen (früheren und zukünftigen) erfindungsgemäßen Umsätze einzubeziehen.

Bis zur endgültigen Schutzrechtserteilung zugunsten des Arbeitnehmers oder seines Sonderrechtsnachfolgers sind die Grundsätze der **vorläufigen Vergütung** (Rz. 64 ff. zu § 12) mit der Berücksichtigung eines Risikoabschlags je nach den Chancen des Erteilungsverfahrens zu handhaben. 65

Bei der Bestimmung der angemessenen Vergütung sollte im Einzelfall auch bedacht werden, welche **Rechtsposition sonstige Dritte** in Bezug auf die jeweiligen Auslandsschutzrechtspositionen des Arbeitnehmers nach der hierfür geltenden nationalen Schutzrechtsordnung haben, will man den Arbeitgeber nicht schlechter stellen, als sonstige Mitbewerber. Zu denken wäre etwa an ein von einer nationalen Patentordnung bis zur endgültigen Schutzrechtserteilung gewährtes (kostenfreies) Nutzungsrecht oder ein Nutzungsrecht gegen angemessene Entschädigung (vgl. zum deutschen Recht § 33 Abs. 1 PatG). 65.1

Im Einzelfall können auch die **vom Arbeitnehmer** mit einem dritten Rechtserwerber **vereinbarten Lizenz- oder Kaufbedingungen** Richtschnur für die Bestimmung der Angemessenheit der vom Arbeitgeber zu zahlenden Vergütung sein, ggf. auch entsprechende Angebote Dritter.

Da es sich um eine Diensterfindung handelt, bleiben die allgemeinen Berechnungsregeln bestehen, also die Berechnung der Vergütung aus Erfindungswert und **Anteilsfaktor**[97] (s. hierzu Rz. 92.1 zu § 16), ggf. unter Berücksichtigung eines Miterfinderanteils (s. hierzu Rz. 93 f. zu § 16). 66

2. Bei Rücksichtnahme auf Auslandsverträge

Der unterschiedliche Wortlaut macht deutlich, dass der Anspruch auf »angemessene Vergütung« nicht schon – wie bei 14 Abs. 3 1. Alternative – mit dem Verlangen des Arbeitgebers entsteht, sondern an eine tatsächlich vom Arbeitnehmer erbrachte Rücksichtnahmehandlung anknüpft[98]. Zur Dauer s. oben Rz. 61. 67

Welche Vergütung im Einzelfall »angemessen« ist, richtet sich nicht nach den wirtschaftlichen Vorteilen des Arbeitgebers[98a], sondern in der Regel danach, was das dem Erfinder auferlegte Verhalten wirtschaftlich wert ist, wobei auch die durch die Rücksichtnahme bedingten Vermögenseinbußen des Arbeitnehmers beachtlich sind. Allerdings müssen auch hier – da es sich um eine Diensterfindung handelt – die allgemeinen Berechnungsregeln 68

---

98 Vgl. Busse/Keukenschrijver, PatG, Rz. 29 zu § 14 ArbEG; vgl. auch Johannesson (Fn. 80).
98a So aber wohl im Ergebnis Volmer/Gaul Rz. 115 zu § 14, der jedoch – entgegen der Gesetzesfassung – im Grundsatz einen Vergütungsanspruch gegenüber d. Arbeitgeber ablehnt (s. auch dort Rz. 132).

§ 14

69 gehandhabt, also insbesondere der Anteilsfaktor (ggf. auch der Miterfinderanteil) vergütungsmindernd angesetzt werden (vgl. auch Rz. 65.1, 66).
Erstreckt sich ein bereits bestehender **Lizenzvertrag** zwischen Arbeitgeber und (ausländischem) Lizenznehmer auch auf die dem Arbeitnehmer gemäß § 14 Abs. 1 freigegebene Erfindung, so hat der Arbeitnehmer neben einem ihm ohnehin zustehenden Beteiligungsanspruch an den Lizenzeinnahmen (vgl. RL Nrn. 14, 15 u. Rz. 221 ff. zu § 9) einen zusätzlichen Vergütungsanspruch, der sich vorrangig an einer konkreten Einschränkung sonstiger Verwertungsmöglichkeiten orientieren kann.

Exportiert der Arbeitgeber im Rahmen eines bestehenden Liefervertrages eine vom Arbeitnehmer entwickelte **Vorrichtung** in ein Land, in dem dieser ein Schutzrecht erworben hat, so kann der Arbeitnehmer neben der Vergütung für die Vorrichtung eine zusätzliche Vergütung dann verlangen, wenn der Abnehmer ein vom Arbeitnehmer ebenfalls entwickeltes Verfahren nutzt[98b]; dies gilt auch dann, wenn der Arbeitgeber dafür von seinem Kunden kein besonderes Entgelt erhält.

Um die (gerade für den Arbeitnehmer) schwierige Bestimmung der Vergütung zu vermeiden, kann im Einvernehmen mit dem Erfinder die Vergütung in pauschalierter Form durch **Beteiligung an den Kosten der Schutzrechtsverwaltung** im relevanten Auslandsstaat erbracht werden[98c] (z.B. 50 % der Jahresgebühren); zum »Abkauf« s. Rz. 71 f.

3. Schutzrechtsfreie Zone

69.1 Stellt der **Arbeitgeber** bestimmte **Auslandsstaaten schutzrechtsfrei** (s. oben Rz. 34), so ist dies eine besondere Art der Nutzung der Diensterfindung, die Vergütungsansprüche auslöst. Der Wert einer solchen Art der Schutzrechtsnutzung kann – solange der Gegenstand der Erfindung nicht durch Herstellung, Vertrieb oder dgl. benutzt wird – nicht höher sein als bei einem tatsächlich bestehenden Auslandsschutzrecht, das nicht verwertet wird[98d]. Insoweit gelten dann die allgemeinen Grundsätze für Auslandsvorratspatente (s. dazu Rz. 249.1 zu § 9 u. KommRL Rz. 83 zu RL Nr. 26).

V. Verzicht auf das Benutzungsrecht bzw. dessen Wegfall

70 Will der Arbeitgeber sich kein Benutzungsrecht vorbehalten, so gibt er die Erfindung gem. § 14 Abs. 2 ohne entsprechenden Vorbehalt frei. Ebenso kann er von vornherein auf die Ausübung seiner Rechte aus Abs. 3 für den Fall einer Auslandsfreigabe gegenüber seinem Arbeitnehmer verzichten, und zwar auch vor Erfindungsmeldung (vgl. § 22 Satz 1). Wegen des bloß schuld-

---

98b S. allg. BGH v. 24.9.1979 GRUR 1980, 38 – Fullplastverfahren.
98c Zust. Busse/Keukenschrijver, PatG, Rz. 29 zu § 14 ArbEG.
98d Schiedsst. v. 28.11.1991 Arb.Erf. 60/90 (unveröffentl.).

§ 14

rechtlichen Charakters des Benutzungsrechts kann der Arbeitgeber nach der hier vertretenen Auffassung allerdings hierauf nicht mehr einseitig verzichten, nachdem er sich dieses vorbehalten hat; es bedarf vielmehr eines formlosen **Erlassvertrages** mit dem Arbeitnehmer (Einzelheiten s. Rz. 9 zu § 8).

Hat der Arbeitgeber die partiell freigegebene Erfindung bzw. hierauf vom Arbeitnehmer oder einem dritten Rechtserwerber im Ausland begründete **Schutzrechtspositionen »zurückerworben«**, etwa um wieder die volle Monopolstellung zu erlangen, stellt sich die Frage nach dem vergütungspflichtigen Fortbestand eines vorbehaltenen Benutzungsrechtes. Erwirbt der Arbeitgeber die gesamte Schutzrechtsposition von seinem Arbeitnehmer, vereinigen sich also in seiner Person Rechtseigentum und Benutzungsrecht, ist mangels abweichender Vereinbarung regelmäßig davon auszugehen, dass mit der Rückübertragung das vom Arbeitgeber vorbehaltene Benutzungsrecht – auch in vergütungsrechtlicher Sicht – untergeht (konkludenter Verzichtsvertrag). Folglich steht dem Arbeitnehmererfinder für zukünftige Nutzungshandlungen seines Arbeitgebers wegen des Untergangs des Benutzungsrechts kein Vergütungsanspruch nach § 14 Abs. 3 zu und wegen des Schutzrechtserwerbs des Arbeitgebers außerhalb des ArbEG auch kein Vergütungsanspruch aus § 9. Der wirtschaftliche Ausgleich für den Arbeitnehmer liegt in dem vereinbarten Kaufpreiserlös. 70.1

Ähnliche Überlegungen gelten bei einer **Lizenzabrede** zwischen Arbeitgeber und Arbeitnehmer. Hier tritt der Lizenzgebührenanspruch des Arbeitnehmers in Bezug auf zukünftige Nutzungen seines Arbeitgebers an die Stelle des gesetzlichen Vergütungsanspruchs. 70.2

Erwirbt der Arbeitgeber die ausländische Schutzrechtsposition von einem mit dem Arbeitnehmer weder wirtschaftlich noch rechtlich verbundenen Dritten, der diese zuvor vom Arbeitnehmer erlangt hat, bleibt das Benutzungsrecht mangels anderweitiger Absprache mit dem Arbeitnehmer bestehen. Unabhängig von den dem Dritten erbrachten Zahlungen (Kaufpreis oder Lizenzgebühren) ist der Arbeitgeber seinem Arbeitnehmer weiterhin nach § 14 Abs. 3 vergütungspflichtig (s. auch Rz. 61).

Eine **»Aufgabe« des Benutzungsvorbehalts** nach § 16 scheidet aus, da der Arbeitgeber nicht Rechtsinhaber der Schutzrechtsposition ist; es handelt sich hier nur um eine schuldrechtliche Abrede und nicht um die Aufgabe einer Schutzrechtsposition (s. auch Rz. 9 zu § 8). 70.3

Im Übrigen entfällt das Benutzungsrecht mit **Wegfall des** betroffenen **Schutzrechtes**. 70.4

F. Vereinbarungen zwischen Arbeitgeber und Arbeitnehmer

Da die Handhabung des § 14 Abs. 2, 3 wegen der damit wechselseitig verbundenen Belastungen rechtliche und tatsächliche Schwierigkeiten aufwirft[99], 71

---

[99] Vgl. etwa BGH v. 31.1.1978 GRUR 1978, 430 – Absorberstab-Antrieb I.

§ 14

ist die Praxis teilweise zu einverständlichen Regelungen dieser Materie übergegangen. Sie sind nach Erfindungsmeldung zulässig[99a] (§ 22) und finden ihre Grenze in der Vorschrift des § 23. Eine verbreitete Vereinbarung geht dahin, dass der Arbeitnehmer gegen Zahlung eines einmaligen Pauschalbetrages (häufig zwischen 50,- und 250,- €) auf seine Freigaberechte (ggf. auch auf seine Rechte aus § 16, s. dort Rz. 1.2) **verzichtet** [99b] (»Abkauf«; s. auch Rz. 1.2 zu § 16).

72 Ebenso ist es denkbar, dass der Arbeitnehmer sich damit einverstanden erklärt, dass der Arbeitgeber im Rahmen des Benutzungsvorbehaltes das **Recht zur Unterlizenzvergabe** erhält[100]. Im Einzelfall kann der Arbeitnehmer dazu nach Treu und Glauben (§ 242 BGB) gehalten sein, beispielsweise, wenn es sich um die Benutzungserlaubnis für eine Tochtergesellschaft seines Arbeitgebers handelt[101].

73 Die Arbeitsvertragsparteien können ferner (nach Meldung – § 22) vereinbaren, dass der Arbeitgeber eine **schutzrechtsfreie Zone** (s. hierzu auch Rz. 34) dadurch erlangt, dass er in bestimmten Auslandsstaaten keine Schutzrechtsanmeldung betreibt, sich aber gegenüber dem Arbeitnehmer bereit erklärt, diesen bei Verwertungshandlungen in diesen Ländern vergütungsrechtlich so zu stellen, als bestehe dort eine Schutzrechtsposition. Zum Anerkenntnis einer Schutzfähigkeit vgl. auch § 17. Zweckmäßigerweise regeln die Vertragsparteien in solchen Fällen die Dauer der Vergütungspflicht, insbesondere im Hinblick auf (nachträgliche) Erkenntnisse über eine Schutzunfähigkeit und Beeinträchtigungen der faktischen Monopolstellung durch Wettbewerber oder Veränderungen im Stand der Technik.

Rz. 74-80 frei

F. Verletzung der Freigabepflicht

81 Erfüllt der Arbeitgeber seine Verpflichtung zur rechtzeitigen Freigabe schuldhaft nicht, so kann dies einen **Schadensersatzanspruch** des Arbeit-

---

99a Wohl allg. A., z. B. Reimer/Schade/Schippel/Kaube Rz. 2 zu § 14; Busse/Keukenschrijver, PatG, Rz. 14 zu § 14 ArbEG.
99b Schiedsst. ZB. v. 25.7.1988 Blatt 1989, 289, 290 r.Sp.; auch Schiedsst. v. 18.11.1994 (Arb.Erf. 97/93 – unveröffentl.) geht von der Möglichkeit eines »Abkaufs« aus; zust. EV v. 22.2.2001 Arb.Erf. 69/98 (unveröffentl.).; ebenso Reimer/Schade/Schippel/Kaube Rz. 2 zu § 14; Busse/Keukenschrijver, PatG, Rz. 14 zu § 14 ArbEG; nach Volmer/Gaul Rz. 107 zu § 14 wird dafür eine Pauschalvergütung zw. 200,00 u. 400,00 € als angemessen angesehen.
100 Vgl. BGH v. 23.4.1974 GRUR 1974, 463, 465 – Anlagengeschäft; Gaul GRUR 1967, 518, 520; Schiedsst. v. 28.5.1968 Blatt 1968, 349, 350.
101 Schiedsstelle (Fn. 100).
102-110 frei

§ 14

nehmers auslösen; insoweit stellt § 14 Abs. 2 ein **Schutzgesetz** im Sinne des § 823 Abs. 2 BGB dar[111]; daneben kann auch ein Ersatzanspruch wegen Pflichtverletzung (§ 280 Abs. 1, § 619a BGB) gegeben sein[112] (s. auch Rz. 160 zu § 1). Dabei ist es Sache des Arbeitnehmers, im Einzelnen **darzulegen und zu beweisen**, in welchen Ländern er Schutzrechte (mit Wahrscheinlichkeit der Erteilung[112a]) hätte anmelden wollen und können und in welchen Ländern es ihm möglich gewesen wäre, die Erfindung zu verwerten, insbesondere durch Verkauf oder Lizenzvergabe[113].

Nutzt der Arbeitgeber die Diensterfindung im Ausland und sind diese Verwertungshandlungen mangels Auslandsschutzrechts an sich vergütungsfrei, so schuldet er bei Verletzung seiner gesetzlichen Verpflichtung aus § 14 Abs. 2 als Schadensersatz mindestens die Vergütung, die er bei Erwerb eines Auslandsschutzrechts zu zahlen hätte[114].

Ein **Mitverschulden** des Arbeitnehmers kommt z.B. in Betracht, wenn dieser nicht alles Erforderliche veranlasst, um den Zugang der Freigabeerklärung bei ihm sicherzustellen; eine weitergehende Mitwirkungs- oder Hinweispflicht bezüglich der vom Arbeitgeber allein zu veranlassenden Freigabeerklärung besteht dagegen grundsätzlich nicht[115].

Die Geltendmachung von Schadensersatzansprüchen durch den Arbeitnehmer kann im Einzelfall dann ausscheiden, wenn er selbst die Schutzrechtsanmeldung für den Arbeitgeber aktiv betrieben (vgl. hierzu Rz. 63 zu § 6) und dabei keine Freigabeansprüche für die schutzrechtsfreien Auslandsstaaten geltend gemacht hat[116].

Vgl. im Übrigen Rz. 70 ff. zu § 16.

---

111 Schiedsst. v. 9.7.1974 Blatt 1975, 258; OLG Frankfurt v. 10.7.1975 EGR Nr. 5 zu § 14 ArbEG; LG Düsseldorf v. 17.9.1991 Az. 4 O 13/91 (unveröffentl.); offen gelassen v. BGH v. 31.1.1978 GRUR 1978, 430, 434 – Absorberstab-Antrieb I; wie hier Sack RIW 1989, 612, 613 u. ders. in MünchArbR § 99, Rz. 82; Busse/Keukenschrijver, PatG, Rz. 21 zu § 14 ArbEG.
112 Offen gelassen v. BGH (Fn. 111); wie hier Sack (Fn. 111); auch nach Schiedsst. v. 15.11.1994 Arb.Erf. 3/93 (unveröffentl.) ergibt sich ein Schadensersatzanspruch wegen Verletzung der Verpflichtung aus dem gesetzlichen Schuldverhältnis des ArbEG.
112a Weitergehend wohl Busse/Keukenschrijver, PatG, Rz. 21 zu § 14 m. H. a. BGH v. 8. 12. 1981 (Fn. 113): Schaden ist davon abhängig, ob auf eine Anmeldung ein Patent erteilt worden wäre, ohne dass dies durch inländische Erteilung zwingend präjudiziert wird.
113 Schiedsst. v. 6.2.1984 Arb.Erf. 43/83; v. 14.10.1985 Arb.Erf. 16/85, v. 5.12.1995 Arb.Erf. 37/94 u. v. 12. 8. 1999 Arb.Erf. 19/98 (alle unveröffentl.) m. Hinw. a. BGH v. 27.11.1969 GRUR 1970, 296, 298 – Allzweck-Landmaschine; vgl. auch BGH v. 8.12.1981 GRUR 1982, 227, 228 – Absorberstab-Antrieb II u. LG Düsseldorf v. 17.9.1991 (Fn. 111) u.v. 25.7.1995 Az. 4 O 71/95 (unveröffentl.).
114 Schiedsst. v. 15.11.1994 (Fn. 112).
115 Vgl. BGH v. 8.12.1981 (Fn. 113) S. 229.
116 Schiedsst. v. 15.4.1989 Arb.Erf. 3/88 (unveröffentl.); Schiedsst. v. 3. 4. 1974 Mitt. 1974, 137; zweifelnd dagegen Busse/Keukenschrijver, PatG, Rz. 21 zu § 14 ArbEG.

§ 14

G. Besonderheiten bei mehreren Arbeitnehmererfindern

82 Sind an dem Zustandekommen der Diensterfindung mehrere Arbeitnehmer beteiligt (Miterfinder, z. Begriff s. Rz. 44 ff. zu § 5), hat jeder Miterfinder einen **eigenen Anspruch auf Freigabe** (s. oben Rz. 20 ff.), allerdings nur im Umfang seines von ihm zuvor dem Arbeitgeber vermittelten Miterfinderanteils. Die Freigabe ist jedem Arbeitnehmer gegenüber zu erklären. Mit der Freigabe bilden die Miterfinder bezüglich der übergegangenen Rechtsposition (s. dazu Rz. 16) eine Bruchteilsgemeinschaft i. S. d. § 741 BGB. Siehe auch Rz. 93 ff. zu § 16.

§ 15 Gegenseitige Rechte und Pflichten beim Erwerb von Schutzrechten

(1) Der Arbeitgeber hat dem Arbeitnehmer zugleich mit der Anmeldung der Diensterfindung zur Erteilung eines Schutzrechts Abschriften der Anmeldeunterlagen zu geben. Er hat ihn von dem Fortgang des Verfahrens zu unterrichten und ihm auf Verlangen Einsicht in den Schriftwechsel zu gewähren.
(2) Der Arbeitnehmer hat den Arbeitgeber auf Verlangen beim Erwerb von Schutzrechten zu unterstützen und die erforderlichen Erklärungen abzugeben.

Übersicht

A. Allgemeines 1-5	D. Pflichten des Arbeitnehmers
B. Geltungsbereich 6-11	(Abs. 2) 27-33
I. Sachlich 6-9	I. Grundsatz 27, 28
II. Zeitlich 10, 11	II. Unterstützung beim Schutz-
C. Pflichten des Arbeitgebers (Abs. 1) 12-26	rechtserwerb 29-31
I. Grundsatz 12-14	III. Abgabe der erforderlichen Er-
II. Übergabe von Abschriften der	klärungen 32
Anmeldeunterlagen 15-20	IV. Kosten- u. Auslagenerstattung 33
III. Unterrichtung vom Fortgang	E. Pflichtverletzungen.................. 34-36
des Erteilungsverfahrens 21, 22	F. Recht des Arbeitnehmers auf Ein-
IV. Recht des Arbeitnehmers auf	sicht in die Akten der Erteilungs-
Schriftwechseleinsicht 23-26	behörde 37

A. Allgemeines

§ 15 regelt ergänzend zu §§ 13, 14 die gegenseitigen Rechte und Pflichten der Arbeitsvertragsparteien **in Bezug auf das Erteilungs- bzw. Eintragungsverfahren;** sie entsprechen unverändert dem früheren Recht (§ 6 Abs. 2 Satz 3, Abs. 4 DVO 1943), sind aber aus Gründen der Übersichtlichkeit in einer gesonderten Vorschrift zusammengefasst[1]. 1

§ 15 ist eine **Konkretisierung** der arbeitsrechtlichen **Fürsorge- und Treuepflicht**[1a] (vgl. auch § 25). 2

---

[1] Amtl. Begr. BT-Drucks. II/1648 S. 33 = Blatt 1957, 236.
[1a] A. A. Volmer/Gaul Rz. 7 f. zu § 15, wonach es sich um eine dem gewerbl. Rechtsschutz zugeordnete Verfahrensvorschrift handeln soll, obschon die Vorschrift bereits nach ihrem Wortlaut nur das (Innen-)Verhältnis der Arbeitsvertragsparteien regelt (s. auch hier Rz. 12, 14); vgl. Busse/Keukenschrijver, PatG, Rz. 1 zu § 15 ArbEG, wonach sich beide Auffassungen nicht wechselseitig ausschließen.

§ 15

3   Für Unterstützungshandlungen des Arbeitgebers beim Erwerb von Auslandsrechten durch den Arbeitnehmer nach Freigabe enthält § 14 Abs. 2 Satz 1 eine eigenständige Regelung. Dieses gilt auch hinsichtlich § 16 Abs. 1 2. Halbs. bei der Aufgabe von Schutzrechtsanmeldungen durch den Arbeitgeber.

4   Beiderseitige Unterstützungspflichten **vor der Anmeldung** enthält § 5 Abs. 2 Satz 2, Abs. 3 Satz 2; diesbezüglich ergänzt § 15 Abs. 2 die Meldepflicht des Arbeitnehmers.

Hat der Arbeitgeber eine Beanstandung einer **nicht ordnungsgemäßen Meldung** versäumt, kann sich der Arbeitnehmer im Rahmen seiner Unterstützungspflicht bei der Anmeldung nach § 15 Abs. 2 nicht auf die Fiktionswirkung des § 5 Abs. 3 berufen, da sich deren Wirkung auf den Lauf der Inanspruchnahmefrist beschränkt (vgl. § 6 Abs. 2 Satz 2 2. Halbs.).

5   Im Übrigen kann die § 25 zugrunde liegende **Treue- und Fürsorgepflicht** Platz greifen, die zugleich als Ausfluss des Gebots von Treu und Glauben (§ 242 BGB) zur Konkretisierung der beiderseitigen Unterrichtungs- und Unterstützungspflichten heranzuziehen ist. Über § 15 hinausgehende Pflichten können sich aus dem Arbeitsvertrag ergeben[1b], wobei (wertend) die Schranke des § 22 zu beachten ist.

B. Geltungsbereich

I. Sachlich

6   § 15 betrifft nur **Diensterfindungen** im Sinne des § 4 Abs. 2. Ist die Diensterfindung frei geworden (§ 8 Abs. 1), scheidet § 15 ebenso wie im Fall der Aufgabe der Schutzrechtsanmeldung (§ 16) aus. § 15 kann nicht dahingehend analog angewendet werden, dass in diesen Fällen z. B. der Arbeitnehmer seinerseits den Arbeitgeber über den weiteren Verlauf des Anmeldeverfahrens unterrichten müsste[2].

7   § 15 **umfasst das gesamte Schutzrechtserteilungsverfahren** in allen Instanzen bis zur endgültigen Erteilung bzw. Aufrechterhaltung (vgl. § 61 PatG, Art. 102 EPÜ, § 8 GebrMG) des Schutzrechts (Patent- oder Gebrauchsmuster) unter Einschluss von Einspruchs- und Beschwerdeverfahren[1c]. Aufgrund des weitgefassten Wortlautes, der systematischen Stellung und entsprechend dem Sinn der Regelung werden sowohl Erteilungsverfahren **im Inland** (§ 13) als auch solche **im Ausland** (§ 14) erfasst[3]; § 15 gilt

---

1b Busse/Keukenschrijver, PatG, Rz. 1 zu § 15 ArbEG.
1c Wohl allg. A, vgl. Reimer/Schade/Schippel/Kaube Rz. 5 zu § 5; Busse/Keukenschrijver, PatG, Rz. 2 f. zu § 15 ArbEG.
2   Volmer Rz. 2 zu § 15.
3   H.M., z.B. Reimer/Schade/Schippel/Kaube Rz. 2 zu § 15; Röpke Arbeitsverh. und ArbNErf., S. 92; Volmer/Gaul Rz. 25 u. Rz. 62 zu § 15; Busse/Keukenschrijver,

§ 15

also für jedes einzelne Verfahren gesondert. Im Unterschied zur Auslandsanmeldung kommen die wechselseitigen Pflichten bei der Inlandsanmeldung unabhängig von einer unbeschränkten Inanspruchnahme zum Tragen.
Keine Anwendung findet § 15 – entsprechend dem klaren Wortlaut und der systematischen Stellung – nach endgültiger Schutzrechtserteilung, ferner in etwaigen **Nichtigkeits- bzw. Löschungsverfahren,** Zwangslizenzverfahren oder sonstigen ein Schutzrecht betreffenden Streitigkeiten wie auch bei Aufgabe eines Schutzrechts durch den Arbeitgeber nach vollständiger Erfüllung des Vergütungsanspruchs des Arbeitnehmers gemäß § 16 Abs. 1; mangels Regelungslücke scheidet – entgegen der wohl h.M.[4] – auch eine analoge Anwendung dieser Vorschrift aus. Gleiches gilt für etwaige **Verletzungsprozesse.** Wechselseitige Unterrichtungs- und Unterstützungspflichten ergeben sich in solchen Fällen vielmehr aus der § 25 zugrunde liegenden arbeitsrechtlichen Fürsorge- und Treuepflicht bzw. aus dem allgemeinen Gebot von Treu und Glauben (§ 242 BGB). Zur Nichtigkeitsklage einer Arbeitsvertragspartei s. Rz. 42 ff. zu § 25.

8

Bezieht sich die Unterrichtungspflicht des Arbeitgebers nach § 15 Abs. 1 auf das Innenverhältnis zum Arbeitnehmer, so geht die Unterstützungspflicht des Arbeitnehmers (Abs. 2) über diesen internen Bereich hinaus und gebietet ggf. eine Mitwirkung im Erteilungsverfahren vor der Erteilungsbehörde bzw. im Anschluss hieran vor den zuständigen Gerichten.

9

II. Zeitlich

Während die Pflichten des Arbeitgebers erst mit Einreichung bzw. Hinterlegung der Anmeldung bei der Erteilungsbehörde beginnen, reicht die Unterrichtungspflicht des Arbeitnehmers weiter zurück in den Zeitraum der Vorbereitung der Anmeldung.

10

Gemäß § 26 werden die Rechte und Pflichten aus § 15 nicht durch die Auflösung des Arbeitsverhältnisses berührt, so dass sie grundsätzlich auch unverändert für den **ausgeschiedenen Arbeitnehmer** (Pensionär) gelten[5]. Da es sich um gegenseitige Rechte und Pflichten im Verhältnis Arbeitgeber/Arbeitnehmer handelt, gehen diese nicht auf den Einzelrechtsnachfol-

11

PatG, Rz. 2 zu § 15 ArbEG; a.A. (nur Inland) Beil in Chemie-Ingenieur-Technik 1957, 633, 634.

4 So aber h.M., BGH v. 2.6.1987 GRUR 1987, 900, 902 – Entwässerungsanlage mit insoweit ablehnender Bespr. v. Bartenbach/Volz GRUR 1987, 859, 861; Volmer Rz. 3 zu § 15; wohl auch Reimer/Schade/Schippel/Kaube Rz. 7 zu § 15; Röpke (Fn. 3) S. 38; unklar Volmer/Gaul Rz. 10 f. u. Rz. 20 zu § 15; wie hier wohl Busse/Keukenschrijver, PatG, Rz. 2 zu § 15 ArbEG.

5 Heute wohl allg. A., vgl. Reimer/Schade/Schippel/Kaube Rz. 1, 10 zu § 15; Busse/Keukenschrijver, PatG, Rz. 3 zu § 15 ArbEG; Volmer/Gaul Rz. 53, 66 zu § 15 Volmer Rz. 11 zu § 15; vgl. auch Röpke (Fn. 3) S. 64

6-10 frei

§ 15

ger (**Erfindungserwerber**), sondern nur auf den Gesamtrechtsnachfolger des Arbeitgebers über (s. auch Rz. 114 f. zu § 1). Die wechselseitigen Pflichten aus § 15 **enden**, sobald das betreffende **Schutzrechtserteilungsverfahren** bestands-(rechts-)kräftig **abgeschlossen** ist, also ggf. einschließlich eines Einspruchsverfahrens (s. Rz. 7). Dann können sich Unterrichtungs- bzw. Unterstützungspflichten aus der Fürsorge- bzw. Treuepflicht (s. dazu allg. § 25, dort Rz. 11 ff. u. 28 ff.) oder aus § 242 BGB ergeben (s. auch Rz. 5, 8).

C. Pflichten des Arbeitgebers (Abs. 1)

I. Grundsatz

12 § 15 Abs. 1 regelt die Pflichten des Arbeitgebers gegenüber seinem Arbeitnehmer während des **inländischen/ausländischen Erteilungs- bzw. Eintragungsverfahrens**. Diese Vorschrift ändert nichts an der Stellung des Arbeitgebers als alleinigem »Herrn des Erteilungsverfahrens« (s. dazu Rz. 41 zu § 13); insbesondere begründet sie keinen Anspruch des Arbeitnehmers auf Mitwirkung (zum Anspruch auf Erfindernennung s. Rz. 26 zu § 7). Der Gesetzgeber hat insoweit ausdrücklich davon abgesehen, dem Arbeitnehmer ein Recht einzuräumen, gegenüber den Erteilungsbehörden vom Arbeitgeber abweichende Erklärungen abgeben zu dürfen[11].

13 Kommt der Arbeitgeber seinen Pflichten nicht nach, muss der Arbeitnehmer seine Ansprüche aus § 15 Abs. 1 im Schiedsstellen- bzw. anschließenden Klageverfahren (§§ 28 ff., 37 ff.) geltend machen; er hat nicht die Befugnis, sich am Arbeitgeber vorbei selbst zu unterrichten (zum Akteneinsichtsrecht des Arbeitnehmers gegenüber den Erteilungsbehörden s. aber unten Rz. 37 sowie Rz. 45 zu § 13).

14 **Zweck** dieser Regelung ist es insbesondere, dem Arbeitnehmer die Kontrolle über die ordnungsgemäße Erfüllung der Anmeldepflicht seitens des Arbeitgebers (§ 13 Abs. 1) zu ermöglichen, ebenso den persönlichkeitsrechtlichen Interessen des Arbeitnehmers (siehe dazu Rz. 24 f. zu § 7) Rechnung zu tragen[12]; zugleich sollen sie dem Arbeitnehmer im Falle einer etwaigen unbeschränkten Inanspruchnahme einen ersten Überblick über den Umfang seiner Rechte (insbes. i. H. a. seine Vergütungsansprüche, seinen Freigabeanspruch nach § 14 Abs. 2) gewährleisten (zu Kontroll- und Mitwirkungsrechten des Betriebsrates siehe Rz. 7 ff. Anh. zu §§ 20, 21). Wegen des Persönlichkeitsrechtes des Arbeitnehmers besteht dieser An-

---

11 Vgl. Ausschussber. zu BT-Drucks. II/3327 S. 6 = Blatt 1957, 252; Schiedsst. v. 15. 5. 2001 Arb.Erf. 59/98 (unveröffentl.).
12 Vgl. Reimer/Schade/Schippel/Kaube Rz. 2 zu § 15; Riemschneider/Barth Anm. 1 zu § 7 DVO 1943.

spruch unabhängig vom Vergütungsanspruch, also auch nach dessen Erfüllung fort[12a].

II. Übergabe von Abschriften der Anmeldeunterlagen

Nach § 15 Abs. 1 Satz 1 hat der Arbeitgeber **von sich aus** – ohne dass es auf ein Verlangen des Arbeitnehmers ankommt – diesem zugleich mit der Anmeldung der Diensterfindung (§ 13 Abs. 1, § 14 Abs. 1) Abschriften der Anmeldeunterlagen zu überlassen. Dies gilt unabhängig davon, ob anderweitige Zugangsmöglichkeiten für den Arbeitnehmer bestehen (z.B. über Internet).

Als **Anmeldeunterlagen** kommen bei der **Inlands-Patentanmeldung** insbesondere die Formblätter des Erteilungsantrages, die Beschreibung, die Abfassung der Patentansprüche, die Zeichnungen und alle sonstigen beigefügten Unterlagen (z.B. Prioritätsbelege) in Betracht, gleichgültig ob sie erforderlich waren oder nicht (vgl. dazu §§ 34 ff. PatG i.V.m. den Anmeldebestimmungen für Patente – PatAnmVO).

Der Arbeitgeber muss dem Arbeitnehmer eine **Abschrift** (auch Fotokopie, Durchschrift) aller Unterlagen übergeben, die er selbst bei den Erteilungsbehörden zum Anmeldezeitpunkt eingereicht hat. Waren diese Unterlagen nicht ordnungsgemäß bzw. unvollständig oder wurden sie sonst wie abgeändert, erhält der Arbeitnehmer auch Abschriften nachgereichter Unterlagen[13]. Wegen der Beschränkung auf Abschriften zählen zu den Anmeldeunterlagen nicht etwaige bildliche Darstellungen, Modelle und Probestücke, die gem. § 9 Abs. 1 PatAnmVO ohnehin nur auf Aufforderung des DPMA einzureichen sind.

Die aufgezeigten Grundsätze gelten entsprechend für die Anmeldung von **Gebrauchsmustern** (vgl. auch § 4 Gebrauchsmustergesetz i.V.m. der GebrauchsmusteranmeldeVO).

Bei **Anmeldung im Ausland** bestimmen sich die Anmeldeunterlagen nach den jeweiligen nationalen Regelungen (zur europäischen Patentanmeldung siehe Art. 75 ff. EPÜ i.V. mit den Regeln 24 ff. EPÜ AO; zu internationalen Anmeldungen siehe Art. 3 ff. PCT i.V.m. Regeln 3 ff. PCT AO). Der Umstand, dass eine Erteilungsbehörde ihrerseits dem Erfinder Abschriften der vom Anmelder eingereichten Unterlagen zustellt (vgl. z.B. Regel 17 Abs. 3 EPÜ AO betreffend die Erfindernennung), ändert nichts an der eigenständigen Verpflichtung des Arbeitgebers zur Aushändigung der Unterlagen.

12a A. A. Schiedsst. v. 21. 10. 1996 Arb.Erf. 20/95 (unveröffentl.).
13 Vgl. Busse/Keukenschrijver, PatG, Rz. 4 zu § 15 ArbEG; Volmer/Gaul Rz. 59 zu § 15.

§ 15

20   Die Abschriften der Unterlagen müssen **zugleich,** d. h. in unmittelbarem zeitlichen Zusammenhang mit der Anmeldung[14], dem Arbeitnehmer persönlich bzw. einem von ihm beauftragten Dritten übergeben (zugesandt) werden. Für den ordnungsgemäßen Zugang der Unterlagen muss der Arbeitgeber Sorge tragen (vgl. auch Rz. 29 zu § 16).

III. Unterrichtung vom Fortgang des Erteilungsverfahrens

21   Der Arbeitgeber hat den Arbeitnehmer **von sich aus** (unaufgefordert) nach § 15 Abs. 1 Satz 2 1. Alt. über den Fortgang des Erteilungsverfahrens – ggf. in allen seinen Instanzen (s. Rz. 7) – bis hin zur rechtsbeständigen Schutzrechtserteilung zu unterrichten. Diese Pflicht besteht unabhängig von einer evtl. unbeschränkten Inanspruchnahme[15].

22   Von der **Unterrichtungspflicht** sind alle wesentlichen Vorgänge und Daten (z.B. Offenlegung, Einspruch, Beschwerde) erfasst[16]. Die Unterrichtung muss so weit gehen, dass der Arbeitnehmer in die Lage versetzt wird, sich ein eigenes Urteil über den Erteilungszustand zu bilden[15a]. Die Unterrichtung hat **wahrheitsgemäß, vollständig** und **in sich verständlich** zu erfolgen; **Abschriften** kann der Arbeitnehmer dagegen nicht verlangen, wie sowohl der Vergleich mit § 15 Abs. 1 Satz 1 als auch das Einsichtsrecht nach § 15 Abs. 1 Satz 2 2. Alt. zeigen (s. Rz. 25). Der Arbeitgeber muss den Arbeitnehmer **alsbald** nach eigener Kenntniserlangung mündlich oder schriftlich informieren; eine nachträgliche Unterrichtung, etwa nach Abschluss des Erteilungsverfahrens, reicht nicht aus. Andererseits ist der Arbeitgeber grundsätzlich nicht zur Auskunft über seine **zukünftigen Absichten und Pläne** verpflichtet, sofern sie nicht zu einer Aufgabe i. S. des § 16 Abs. 1 führen (vgl. dazu Rz. 27 ff. zu § 16).

IV. Recht des Arbeitnehmers auf Schriftwechseleinsicht

23   Neben seinem Unterrichtungsanspruch hat der Arbeitnehmer nach § 15 Abs. 1 Satz 2 2. Alt. einen **höchstpersönlichen** schuldrechtlichen Anspruch auf Gewährung von Einsicht in den Schriftwechsel.

Dazu ist der Arbeitgeber nur »**auf Verlangen**« des Arbeitnehmers (empfangsbedürftige, formlose Willenserklärung i. S. des § 130 BGB) gehalten; einer besonderen Begründung bedarf es ebenso wenig wie eines konkreten Anlasses. Wegen der besonderen Geheimhaltungsbedürftigkeit kommt eine Heranziehung eines Dritten grundsätzlich nicht in Betracht[17]

---

14   Zust. Volmer/Gaul Rz. 65 zu § 15.
15   Abw. wohl Reimer/Schade/Schippel/Kaube Rz. 5 zu § 15.
15a Schiedsst. v. 8.3.2001 Arb.Erf. 1/99 (unveröffentl.).
16   Reimer/Schade/Schippel/Kaube (Fn. 15).
17   Abw. Volmer/Gaul Rz. 87 f. zu § 15.

§ 15

(s. aber auch Rz. 32 f. zu § 24). Zur Funktion des Erfinderberaters siehe § 21.

Unter »**Schriftwechsel**« i. S. dieser Vorschrift fallen grundsätzlich nur die mit den Erteilungsbehörden gewechselten Schreiben, nicht dagegen die Korrespondenz mit den bestellten Vertretern (Patent-, Rechtsanwälten, Erlaubnisscheininhabern) oder Dritten (Mitbewerber usw.). 24

Die Beschränkung auf das bloße Einsichtsrecht bedeutet, dass § 15 **keinen Anspruch auf Überlassung** der Unterlagen und damit auch kein Recht zur Anfertigung von Abschriften (Fotokopien) begründen will[18]; Notizen muss man dagegen als zulässig erachten. 25

Diesen Anspruch kann der Arbeitnehmer **jederzeit** – unter Beachtung des Gebots der gegenseitigen Rücksichtnahme (§ 242 BGB; also in der Regel während der Arbeitszeiten und ggf. nach angemessener Vorankündigung) – und bei Verfahrensfortgang auch wiederholt geltend machen. Zur Geheimhaltungspflicht des Arbeitnehmers siehe Rz. 28 ff. zu § 24. 26

D. Pflichten des Arbeitnehmers (Abs. 2)

I. Grundsatz

Korrespondierend zu § 15 Abs. 1 regelt Abs. 2 die **Unterstützungspflicht** des **Arbeitnehmers**. Dabei stellt sich die Pflicht, die für einen Schutzrechtserwerb erforderlichen Erklärungen abzugeben (§ 15 Abs. 2 2. Alt.), als Konkretisierung der allgemeinen Unterstützungspflicht (§ 15 Abs. 2 1. Alt.) dar. Zur Wirkung der Unterstützung als Indiz für eine schlüssige Überleitung der Diensterfindung s. Rz. 37 zu § 6. 27

Im Unterschied zur Informationspflicht des Arbeitgebers muss der Arbeitnehmer seinerseits erst »**auf Verlangen**« des Arbeitgebers (empfangsbedürftige, formlose Willenserklärung i. S. des § 130 BGB) tätig werden. Der Arbeitgeber hat einen schuldrechtlichen Anspruch auf Unterstützung. Die Unterstützung des Arbeitnehmers ist in der Praxis sehr wesentlich, da gerade der Erfinder mit dem Erfindungsgegenstand, der technischen Bedeutung und den Auswirkungen umfassend vertraut sein wird. Zum Zurückbehaltungsrecht Rz. 39 zu § 25. 28

Diese Unterstützungspflicht besteht nach Wortlaut und Zweck der Regelung nur gegenüber dem (früheren, vgl. § 26) Arbeitgeber, **nicht** jedoch **gegenüber Dritten,** etwa Erwerbern von Schutzrechtspositionen oder Li-

---

18 Wie hier Volmer/Gaul Rz. 89 zu § 15; Busse/Keukenschrijver, PatG, Rz. 5 f. zu § 15 ArbEG m. d. zutreffenden Hinweis, dass solches zur Verfahrenserleichterung zweckmäßig und zur Unterrichtung i. d. R. ausreichend sein kann; abw. zur Einsicht, wonach dem ArbN i. d. R. die Fertigung von Ablichtungen auf eigene Kosten gestattet ist.

19-20 frei

§ 15

zenznehmern; insoweit kommt weder eine analoge Anwendung in Betracht noch kann dafür im Grundsatz die Treuepflicht des Arbeitnehmers geltend gemacht werden. Der gesetzliche Anspruch des Arbeitgebers, der in dem Arbeitsverhältnis seinen Ursprung hat, ist nicht auf Dritte übertragbar.

II. Unterstützung beim Schutzrechtserwerb

29 Der Arbeitnehmer muss auf Verlangen den Arbeitgeber nach besten Kräften im Erteilungsverfahren unterstützen. Er hat dem Arbeitgeber mit Rat und Tat zur Seite zu stehen[21]. Darunter fallen insbesondere die Mitarbeit bei der Ausfüllung und Erstellung der Anmeldeunterlagen[22], Beschreibung, Ermittlung der Miterfinder und der auf die einzelnen Miterfinder entfallenden Anteile, Fertigung von Zeichnungen und bildlichen Darstellungen, Modellen, Probestücken, soweit im Erteilungsverfahren erforderlich bzw. sachdienlich.

30 Die aus § 15 Abs. 2 folgende Unterstützungspflicht findet – unbeschadet des Direktionsrechts des Arbeitgebers – ihre **Grenze** in dem sachlich Gerechtfertigten und persönlich Zumutbaren. Im Rahmen seines arbeitsvertraglichen **Direktionsrechtes** kann der Arbeitgeber dem Arbeitnehmer weitergehende Pflichten auferlegen, ihn beispielsweise von seiner sonstigen Tätigkeit zeitweise entbinden, damit er sich ausschließlich der Erstellung der Anmeldeunterlagen widmet.

31 Endet das Direktionsrecht mit Auflösung des Arbeitsverhältnisses, so besteht die Unterstützungspflicht aus § 15 Abs. 2 für den **ausgeschiedenen Arbeitnehmer** unverändert fort (§ 26). Sie entfällt erst mit endgültiger Schutzrechtserteilung (s. auch Rz. 7 f., 11).

III. Abgabe der erforderlichen Erklärungen

32 Welche Erklärungen des Arbeitnehmers in seiner Eigenschaft als Erfinder gegenüber der Erteilungsbehörde für den Erwerb von Schutzrechten erforderlich sind, bestimmt sich nach der jeweiligen nationalen Schutzrechtsordnung[23]. Beispielsweise ist in manchen Staaten eine vom Erfinder eigenhändig unterschriebene Rechtsnachfolge- bzw. Übertragungserklärung zur Schutzrechtsanmeldung erforderlich (z.B. Japan, Schweden, Südafrika) bzw. eine (mit-)unterzeichnete Erfindernennung (z.B. in Österreich auf Antrag des Erfinders) oder bei Voranmeldung durch den Arbeitnehmer

---

21 Röpke (Fn. 3) S. 38; LG Düsseldorf v. 22.3.2001 Az. 4 O 211/00 (unveröffent.).
22 OLG Karlsruhe v. 13.7.1983 GRUR 1984, 42, 44, l.Sp. – Digitales Gaswarngerät; Reimer/Schade/Schippel/Kaube Rz. 10 zu § 15 m.H.a. Schiedsst. v. 5.12.1991 Arb.Erf. 3/90 (unveröffentl.).
23 Allg. A., z.B. Schiedsst. v. 4.4.1995 Arb.Erf. 53/93 (unveröffentl.); Busse/Keukenschrijver, PatG, Rz. 8 zu § 15 ArbEG.

§ 15

eine von ihm abzugebende Prioritätsrechtsübertragungserklärung (z.B. Österreich, Schweden); ferner z.b. für die USA und Kanada die Unterzeichnung eines »assignments«, also die für eine Patentanmeldung notwendige (bestätigende) Übertragung der Rechte von dem Erfinder auf den Arbeitgeber[23a]; ferner die Ableistung eines Erfindereides (z.B. USA).

Die Unterzeichnung von **Blanko-Formularen** kann grundsätzlich nicht verlangt werden, selbst wenn dies der Zeit- und Kostenersparnis dient[24]; stets muss sich die Unterstützungspflicht auf den konkreten Anmeldungsvorgang beziehen.

Von der Mitwirkungspflicht sind auch die Fälle erfasst, in denen **Rechtsmittel** im Erteilungsverfahren einzulegen sind (zur Mitwirkung bei Verfahren nach Schutzrechtsanmeldung siehe oben Rz. 29).

IV. Kosten- und Auslagenerstattung

Erbringt der Arbeitnehmer seine den Schutzrechtserwerb unterstützenden Leistungen **außerhalb der Dienstzeit**, bestimmt es sich nach dem Arbeitsvertrag oder ergänzenden kollektiv-rechtlichen Regeln, ob dieser zusätzliche Zeitaufwand durch seinen Anspruch auf Arbeitsentgelt mit abgegolten ist oder ihm ein Anspruch auf Überstundenvergütung zusteht. Ist der Arbeitnehmer aus dem Arbeitsverhältnis ausgeschieden, besteht seine Verpflichtung zur Unterstützungsleistung zwar gemäß § 26 fort; er muss diese jedoch nicht unentgeltlich erbringen, sondern hat einen Anspruch auf **angemessenen Ausgleich des erforderlichen Zeitaufwandes**[25]. 33

Darüber hinaus haben sowohl der im Arbeitsverhältnis stehende als auch der ausgeschiedene Arbeitnehmer Anspruch auf **Ersatz ihrer erforderlichen Auslagen und sonstigen Kosten im Zusammenhang mit der vom Arbeitgeber verlangten Mitwirkung**. Lässt der Arbeitnehmer von ihm im Rahmen seiner Mitwirkungspflicht zu unterzeichnende, von den Erteilungsbehörden oder sonstigen amtlichen Stellen geforderte Unterlagen anwaltlich überprüfen, hat er keinen Anspruch auf Kostenerstattung[26].

Berechtigte Erstattungsansprüche bestehen unabhängig von dem konkreten Erfindervergütungsanspruch; sie können auch nicht mit dem Hinweis darauf abgewehrt werden, dass die Unterstützungsleistungen im eigenen Interesse des Arbeitnehmers an dem Erwerb und der Aufrechterhaltung einer Schutzrechtsposition erfolgen, da nach der gesetzgeberischen

---

23a S. hierzu BGH v. 17. 10. 2000 GRUR 2001, 226, 228 – Rollenantriebseinheit.
24 A.A. Schiedsst. v. 21.12.1993 Arb.Erf. 73/93 (unveröffentl.) m. Hinweis auf eine »übliche Praxis amerikanischer Verfahrensbevollmächtigter« für die Einreichung von US-Patentanmeldungen. Wie hier Reimer/Schade/Schippel/Kaube Rz. 12 zu § 15.
25 Reimer/Schade/Schippel/Kaube Rz. 12 zu § 15; Busse/Keukenschrijver, PatG, Rz. 8 zu § 15 ArbEG.
26 Schiedsst. v. 4.4.1995 Arb.Erf. 53/93 (unveröffentl.).

§ 15

Wertung in § 13 die Einleitung und Aufrechterhaltung von Schutzrechtspositionen Pflicht des Arbeitgebers ist (s. Rz. 20 zu § 13). Erst mit Freigabe der Erfindung (§§ 8, 14 Abs. 2) entfallen diese Pflichten des Arbeitgebers zum Schutzrechtserwerb und dessen Erhaltung. Zur Kostentragung bei Freiwerden s. Rz. 21 ff. zu § 13 und bei späterer Aufgabe Rz. 55 zu § 16.

E. Pflichtverletzungen

34 Verletzt eine Arbeitsvertragspartei ihre aus § 15 folgenden Pflichten bzw. kommt sie einem »Verlangen« des anderen nicht nach, so kann der Betroffene nach (erfolgloser) Anrufung der Schiedsstelle seine Rechte im Klagewege durchsetzen (vgl. §§ 37, 39).

35 In Fällen besonderer Eilbedürftigkeit kann ggf. eine einstweilige Verfügung (§§ 940, 936 ZPO) – ohne Anrufung der Schiedsstelle (§ 37 Abs. 4) – erwirkt werden.

36 § 15 Abs. 1 stellt ein **Schutzgesetz** zugunsten des Arbeitnehmers und § 15 Abs. 2 ein solches zugunsten des Arbeitgebers dar, deren schuldhafte Verletzung zum Schadensersatz nach § 823 Abs. 2 BGB verpflichten[27]. Als Anspruchsgrundlage kommt daneben eine Pflichtverletzung (§ 280 Abs. 1 BGB) bzw. in besonderen Fällen auch eine Verletzung des § 826 BGB in Betracht. Einem Mitverschulden ist gemäß § 254 BGB Rechnung zu tragen[28].

Wird ein Arbeitnehmer aufgrund nicht oder nicht vollständig erfolgter Unterrichtung durch den Arbeitgeber (z.B. unrichtige Mitteilung über die Schutzrechtserteilungschancen) zu einer Abrede im Rahmen des ArbEG, insbesondere einer Vergütungsregelung, veranlasst, so kann eine derartige (auch fahrlässige) Pflichtverletzung den Arbeitgeber auch unter dem Gesichtspunkt der Haftung wegen Verschuldens bei Vertragsabschluss (§ 280 Abs. 1, § 311 Abs. 2, § 619a BGB) verpflichten, den Arbeitnehmer so zu stellen, als ob diese Vereinbarung nicht abgeschlossen worden wäre[29]. Dagegen fehlt es an einem Schaden, wenn bei rechtzeitiger Unterrichtung erfolgte Anregungen des Erfinders die Verfahrenslage nicht entscheidend hätten verbessern können.[30]

Bei dem **Nachweis** einer unterbliebenen Information handelt es sich um einen Negativbeweis, an dessen Führung keine übertriebenen Anforderungen gestellt werden dürfen. Die Schwierigkeit, etwas Negatives zu beweisen, ist deshalb im Rahmen des Tragbaren dadurch zu beheben, dass die andere Partei nach Lage des Falles die Behauptung substantiiert bestreiten

---

27 Zust. Busse/Keukenschrijver, PatG, Rz. 9 zu § 15 ArbEG; Schiedsst. v. 8.3.2001 Arb.Erf. 1/99 u. v. 15.5.2001 Arb.Erf. 59/98 (beide unveröffentl.).
28 S. dazu Volmer/Gaul Rz. 99 ff. zu § 15.
29 LG Düsseldorf v. 3.9.1985 Az. 4 O 70/85 (unveröffentl.).
30 Schiedsst. v. 15.5.2991 (Fn. 27).

§ 15

und diejenige, die die Beweislast trägt, die Unrichtigkeit der Gegendarstellung beweisen muss[31].

F. Rechte des Arbeitnehmers auf Einsicht in die Akten der Erteilungsbehörde

Ob und in welchem Umfang dem Arbeitnehmer als Erfinder das Recht zusteht, Akteneinsicht gegenüber der Erteilungsbehörde zu verlangen, entscheidet sich nach der jeweiligen nationalen Schutzrechtsordnung. Zum Akteneinsichtsrecht bei inländischen Schutzrechtsanmeldungen vgl. Rz. 45 zu § 13.

37

---

31 LG Düsseldorf (Fn. 29) m.H.a. BGH VersR 1966, 1021, 1022.

§ 16 Aufgabe der Schutzrechtsanmeldung oder des Schutzrechts

(1) Wenn der Arbeitgeber vor Erfüllung des Anspruchs des Arbeitnehmers auf angemessene Vergütung die Anmeldung der Diensterfindung zur Erteilung eines Schutzrechts nicht weiterverfolgen oder das auf die Diensterfindung erteilte Schutzrecht nicht aufrechterhalten will, hat er dies dem Arbeitnehmer mitzuteilen und ihm auf dessen Verlangen und Kosten das Recht zu übertragen sowie die zur Wahrung des Rechts erforderlichen Unterlagen auszuhändigen.

(2) Der Arbeitgeber ist berechtigt, das Recht aufzugeben, sofern der Arbeitnehmer nicht innerhalb von drei Monaten nach Zugang der Mitteilung die Übertragung des Rechts verlangt.

(3) Gleichzeitig mit der Mitteilung nach Absatz 1 kann sich der Arbeitgeber ein nichtausschließliches Recht zur Benutzung der Diensterfindung gegen angemessene Vergütung vorbehalten.

Lit.: *Bartenbach/Volz*, Die Aufgabe e. Schutzrechts b. mehreren ArbNErfindern n. § 16 ArbEG, GRUR 1978, 668; *Horn*, Rückzahlg. d. Beschwerdegebühr aus Gründen d. ArbNErfR, Mitt. 1965, 24; *Werner*, Rückzahlg. d. Beschwerdegebühr nach Zurücknahme e. mit Rücksicht auf § 16 Abs. 2 ArbEG »vorsorglich« erhobenen Beschwerde, GRUR 1966, 236; s. auch Lit. bei §§ 8, 13, 14.

Übersicht

A. Allgemeines 1-4.2
B. Gegenstand der Aufgabe 5-14
   I. In- und ausländische Schutzrechtsanmeldungen und Schutzrechte 5-9
   II. Aufgabe als vollständiges Fallenlassen der Rechtsposition .. 10, 11.4
   III. Teilweise Aufgabe 12-14
C. Das uneingeschränkte Recht zur Aufgabe 15-24
   I. Grundsatz 15-17.1
   II. (Vollständige) Erfüllung des Vergütungsanspruchs 18-21
   III. Informationspflicht des Arbeitgebers 22
   IV. Rechtsfolgen 23, 24
      1. Wirkung der Aufgabe 23
      2. Vergütungsansprüche 24

D. Das eingeschränkte Recht zur Aufgabe vor Erfüllung des Vergütungsanspruchs/Übertragungsanspruch des Arbeitnehmers 25-69
   I. Grundsatz 25, 26
   II. Mitteilung d. Aufgabeabsicht . 27-35
   III. Übertragungsanspruch des Arbeitnehmers 36-66
      1. Wahlrecht 36
      2. Ausübung 37-43
         a) Rechtsnatur, Form und Inhalt 37
         b) Frist 38-43
      3. Rechtsfolgen 44-66
         a) Rechtsübertragung 44-48
         b) Aushändigung der Unterlagen 49-52
         c) Kostenübernahme 53-59

§ 16

d) Sonstige Rechtsfolgen. 60-66	I. Grundsatz................................ 77, 78
aa) Wettbewerbsverbot des Arbeitnehmers 60, 61	II. Inhalt des Benutzungsrechts... 79-85
	1. Betriebsgebundenheit........ 80-84
bb) Rechte Dritter am übertragenen Recht 62, 63	a) Ausschluss der Unterlizenzvergabe............... 81, 82
cc) Nutzungsrechte des Arbeitgebers......... 64, 65	b) Lohnfertigung durch Dritte 83
dd) Vergütungsansprüche des Arbeitnehmers 66	c) Beschränkung auf unmittelbare Benutzung der Diensterfindung.... 84
IV. Aufgaberecht des Arbeitgebers 67-69	2. Unbillige Erschwerung der Eigenverwertungsrechte des Arbeitnehmers (vgl. § 7 Abs. 2 S. 2).......... 85
E. Pflichtverletzungen durch den Arbeitgeber........................... 70-76	
I. Schadensersatzansprüche des Arbeitnehmers.................... 70-75	
1. Anspruchsvoraussetzungen 70-73	III. Zeitpunkt der Geltendmachung – Entstehen des Benutzungsrechts................. 86-89
2. Schadensumfang............74, 75.2	
II. Wiedereinsetzung................... 76	IV. Vergütungspflicht des Arbeitgebers 90-92
F. Vorbehalt eines nicht ausschließlichen Benutzungsrechts durch den Arbeitgeber (Abs. 3)............. 77-92	G. Besonderheiten bei mehreren Arbeitnehmererfindern............... 93-101

A. Allgemeines

1   Mit dieser Vorschrift hat der Gesetzgeber dem allgemeinen Erfahrungssatz Rechnung getragen, dass Schutzrechte ebenso wie Schutzrechtsanmeldungen, die wegen der Weiterentwicklung der Technik oder aus sonstigen Gründen überholt bzw. unrentabel geworden sind, nicht aufrechterhalten werden; gerade im Hinblick auf die mit fortschreitender Schutzdauer sich erhöhenden Kosten soll dem Arbeitgeber das Recht zustehen, sich trotz vorangegangener unbeschränkter Inanspruchnahme von derartigen **unwirtschaftlichen Belastungen** zu befreien[1]. § 16 stellt damit eine Einschränkung der in § 13 für das Inland normierten Anmeldepflicht, die auch die Pflicht zur Durchführung des Erteilungsverfahrens umfasst, dar[2].

Im Rahmen des § 16 kommt es nicht darauf an, aus **welchen Gründen** der Arbeitgeber an der Schutzrechtsposition nicht mehr festhalten will. Dies ist eine vom Arbeitnehmererfinder nicht zu beeinflussende freie unternehmerische Entscheidung (vgl. auch Rz. 26). Dementsprechend ist es auch gleichgültig, ob die Aufgabe der Schutzrechtsposition wirtschaftlich sinnvoll oder sonst wie zweckmäßig ist. Das Verfahren zur Schutzrechtsaufgabe nach § 16 ist auch dann einzuhalten, wenn der Arbeitgeber die Schutzrechtsposition wegen **Zweifeln an der Schutzfähigkeit** der Diensterfindung aufgeben will (s. Rz. 9).

---

1   Vgl. Amtl. Begr. BT-Drucks. II/1648 S. 33 f. = Blatt 1957, 236 f.; i. Anschl. daran BGH v. 10.5.1988 GRUR 1988, 762, 763 – Windform.
2   BPatG v. 29.10.1965 BPatGE 7, 113, 118.

§ 16

Berücksichtigt man, dass maximal etwa 10 % aller zum Schutzrecht angemeldeten Erfindungen eine wirtschaftliche Bedeutung erlangen und selbst erteilte Schutzrechte in der großen Mehrzahl nicht voll ausgenutzt, sondern vor Ablauf der gesetzlichen Schutzdauer gelöscht werden, ist § 16 in zahlreichen Fällen einschlägig. Andererseits ist nicht zu verkennen, dass Arbeitnehmer nur in vereinzelten **Ausnahmefällen** von der ihnen durch § 16 eingeräumten Möglichkeit, aufzugebende Schutzrechtspositionen zu übernehmen, Gebrauch machen[2a]. Dies hat seinen Grund nicht nur in den mit einer Weiterverfolgung der übertragenen Rechtsposition verbundenen hohen Kosten. Hinzu kommt, dass regelmäßig der Arbeitgeber vor Erklärung der Aufgabeabsicht die wirtschaftlichen Verwertungsmöglichkeiten dank seiner besseren Erkenntnisquellen ermittelt hat und nur dort bzw. nur für solche Staaten Schutzrechtspositionen anbieten wird, in denen wirtschaftliche Verwertungsperspektiven – auch mittels Verkaufs bzw. Lizenzvergabe – nicht erkennbar sind; schließlich scheitert ein erfolgreicher Einsatz übernommener Schutzrechtspositionen häufig an den geringen Kenntnissen des Arbeitnehmers über Markt und Wettbewerb. Das Anliegen des Gesetzgebers, dem Arbeitnehmer über § 16 zusätzliche Verwertungsmöglichkeiten zu vermitteln, ist letztlich kaum realisierbar; durch die Übernahme einer formalen Schutzrechtsposition wird der Arbeitnehmer noch nicht zum Unternehmer. Das mangelnde Interesse des Arbeitgebers an den aufgegebenen Schutzrechtspositionen hat regelmäßig auch indizielle Wirkung bei den Wettbewerbern, so dass auch ein Verkauf oder eine Lizenzierung durch den Arbeitnehmer selten praktisch werden. Letztlich ist § 16 – von Ausnahmen abgesehen – in der betrieblichen Praxis in seiner Bedeutung auf eine **formale Erfüllung einer gesetzlichen Pflicht zurückgeführt** worden. Hieraus wird verständlich, dass diese Bestimmung seitens des Arbeitgebers häufig unbeachtet bleibt und damit für den Arbeitnehmer Anlass zur Geltendmachung von Schadensersatzansprüchen ist, deren Durchsetzung aber regelmäßig an den strengen Beweisanforderungen (s. hierzu Rz. 74) scheitert.

1.1

Der BMJ-Referentenentwurf sieht den Wegfall dieser Bestimmung vor.

1.2

Die betriebliche Praxis löst die vorerwähnten Probleme vielfach dadurch, dass der Arbeitgeber dem Arbeitnehmer die formale Rechtsstellung aus § 16 (ggf. auch die aus § 14) gegen Zahlung einer **einmaligen Pauschalgebühr abkauft** (s. Rz. 71 zu § 14). Die Höhe liegt nach den Erfahrungen der Verfasser häufig bei 100,– bis 300,– € (150,– bis 500,– € bei Einschluss des § 14 Abs. 2[3]) pro Erfindung. Dies ist nach Erfindungsmeldung auf Grund

---

2a   Vgl. dazu: Erfinder i.d. BRD, Nürnberg 1973 S. 167 f.; dieser Feststellung zustimmend Schiedsst. v. 12.10.1989 Arb.Erf. 91/87 (unveröffentl.).
3   Dies entspricht auch den Erfahrungen der Schiedsstelle. So ist lt. EV v. 22.2.2001 (Arb.Erf. 69/98 – unveröffentl.) der Abkauf der Rechte aus §§ 14, 16 sehr verbreitet, der nach Kenntnis der Schiedsstelle in der Industrie mit Beträgen bis hin zu 1.000 DM und darüber honoriert wird.

§ 16

einer Vereinbarung (§ 22) unbedenklich möglich[3a], und zwar in den Grenzen des § 23. § 23 kommt jedoch regelmäßig nicht zum Tragen, da in diesem frühen Zeitpunkt die künftigen Verwertungsmöglichkeiten des Arbeitnehmers ebenso offen sind wie die potentielle Aufgabe einer Schutzrechtsposition durch den Arbeitgeber (s. auch Rz. 71 zu § 14). Einer Vereinbarung bedarf es dagegen nicht mehr, wenn der Vergütungsanspruch des Arbeitnehmers vollständig erfüllt ist (s. dazu Rz. 18 ff.), insbesondere auf Grund einer Pauschalabfindung. Auch wenn der Arbeitgeber eine Pauschalvergütung einseitig im Verfahren nach § 12 Abs. 3 festsetzen kann (s. hierzu Rz. 50 zu § 12), ist er nicht berechtigt, ein solches Abkaufen der Rechtsposition nach § 16 im Wege einer einseitigen Festsetzung der Vergütungspauschale herbeizuführen, da es sich hierbei nicht um einen Vergütungsanspruch im Sinne des § 12 Abs. 3 handelt. Zum Verzicht auf Übertragungsrechte s. Rz. 36.

1.3 Die (formale) Handhabung der Pflicht aus § 16 wird faktisch in den Fällen häufig erschwert, in denen der **Arbeitnehmer** zwischenzeitlich aus dem Arbeitverhältnis **ausgeschieden** ist; gemäß § 26 besteht auch ihm gegenüber die Verpflichtung aus § 16 fort.

2 Während die eigentliche »Aufgabe« einer Schutzrechtsposition durch ausdrückliche Erklärung bzw. passives Verhalten (z.B. Nichtzahlung der Jahresgebühren) gegenüber der einzelnen nationalen Erteilungsbehörde oder dem EPA erfolgt (s. Rz. 11), regelt § 16 die zuvor vom Arbeitgeber **im Innenverhältnis** zum Arbeitnehmer zu erfüllenden Pflichten.

3 Im **Unterschied zur Freigabe** i. S. des § 8 muss sich die Aufgabe bzw. die Rechtsübertragung gem. § 16 Abs. 1 und 2 nicht auf alle Rechte an der Diensterfindung beziehen, sondern kann jeweils auf einzelne nationale Schutzrechtsanmeldungen bzw. Schutzrechte beschränkt werden, vergleichbar der Freigabe für Schutzrechtsanmeldungen im Ausland gem. § 14 Abs. 2 (s. dazu Rz. 15 f. zu § 14). Wesentliches Differenzierungskriterium zur Freigabe im Sinne des § 8 ist, dass der **Arbeitnehmer** nicht (ex tunc) Rechtsinhaber bleibt, sondern **ex nunc** bei Rechtsübertragung **Rechtsnachfolger des Arbeitgebers** wird. Wegen der Abgrenzung zur Freigabe einer Diensterfindung im Übrigen vgl. Rz. 4-9 zu § 8 und 15 f. zu § 14. Zur Problematik der »Freigabe« nach unbeschränkter Inanspruchnahme vor Schutzrechtsanmeldung s. unten Rz. 5.

4 § 16 erfasst **zwei unterschiedliche Fallsituationen,** einmal die von Beteiligungsrechten des Arbeitnehmers freie Aufgabeberechtigung des Arbeitgebers nach restloser Erfüllung des Vergütungsanspruchs eines Arbeitnehmers und zum anderen die durch Übertragungsansprüche des Arbeitnehmers eingeschränkte Aufgabebefugnis vor Erfüllung des Vergütungsanspruchs.

3a Busse/Keukenschrijver, PatG, Rz. 2 zu § 16 ArbEG m. H. a. Schiedsst. v. 25. 7. 1988 Blatt 1989, 289, 290; s. auch EV v. 22.2.2001 (Fn. 3).

§ 16

Da die Rechte und Pflichten aus dem ArbEG keine dingliche Belastung der Diensterfindung darstellen (s. Rz. 7 zu § 7), beschränkt sich der Anwendungsbereich des § 16 ausschließlich auf das **Innenverhältnis der Arbeitsvertragsparteien zueinander**[3b]. Wegen der durch die unbeschränkte Inanspruchnahme vermittelten umfassenden Verfügungsbefugnis (s. Rz. 6 ff. zu § 7) hindert § 16 den Arbeitgeber nicht, Rechte an der **Erfindung** vollständig **an Dritte zu übertragen** bzw. **ausschließliche Lizenzen zu erteilen**. Verfehlt ist deshalb die Ansicht, der Arbeitgeber sei gehalten, vor Abschluss eines solchen Übertragungsvertrages dem Arbeitnehmer diese Absicht mitzuteilen und auf die Konsequenz des Wegfalls seines sonst evtl. gegebenen Übertragungsanspruchs hinzuweisen[4]. Mit der vollständigen Rechtsübertragung auf einen Dritten geht der potentielle Übertragungsanspruch des Arbeitnehmers aus § 16 Abs. 1 unter. Der Wettbewerber ist nicht verpflichtet, dem Arbeitnehmererfinder die Schutzrechtsposition bei deren Fallenlassen anzubieten, da er das Schutzrecht erworben hat und damit nach Belieben verfahren kann[5] (s. auch Rz. 7 zu § 7). Wegen der vergütungsrechtlichen Beteiligung des Arbeitnehmers am Kaufpreiserlös läge zudem eine einen Übertragungsanspruch ausschließende vollständige Erfüllung des Vergütungsanspruchs vor.

Zur Übertragung auf einzelne **Miterfinder** s. Rz. 101. Zum eingeschränkten Anwendungsbereich des § 16 im **Insolvenzverfahren** gemäß § 27 Nr. 3 n.F. s. Rz. 118 ff. zu § 27 n.F.

In den **neuen Bundesländern** findet § 16 uneingeschränkt auf alle ab dem 3.10.1990 fertig gestellten und unbeschränkt in Anspruch genommenen Diensterfindungen Anwendung[6] (s. Einl. Rz. 31).   4.1

Zum Wegfall dieser Freigabepflicht im Rahmen der Reform des ArbEG s. Rz. 4.1 zu § 14.   4.2

3b   Allg. A., z. B. Busse/Keukenschrijver, PatG, Rz. 3 zu § 16 ArbEG; Volmer/Gaul Rz. 4 f. zu § 16.
4   So aber LG Frankf. v. 4.7.1973 Az. 2/6 O 182/72 (unveröffentl.), wonach eine Verletzung dieser Pflicht sogar Schadensersatzansprüche des ArbN begründen soll.
5   Schiedsst. v. 19.12.1991 GRUR 1992, 847, 848 – Geschäftsaktivitäten – Veräußerung.
6   Zum Recht für die vor dem 3. 10. 1990 entwickelten DDR-Erfindungen s. Möller, Die Übergangsbestimmungen f. ArbNErf. i. d. neuen Bundesländern (1996), S. 275 ff. Die zu § 16 ArbEG entwickelten Grundsätze gelten weitgehend auch hier (so i. Ergebn. Schiedsst. v. 16.1.1996 Arb.Erf. 40/96 u. LG Berlin v. 12.8.1997 Az. 16 O 67/97 – beide unveröffentl.).
7-8   frei

§ 16

B. Gegenstand der Aufgabe

I. In- und ausländische Schutzrechtsanmeldungen und Schutzrechte

5   Der sachliche Anwendungsbereich des § 16 erstreckt sich auf **unbeschränkt in Anspruch genommene** (einschließlich formlos übergeleiteter, s. dazu Rz. 35 ff. zu § 6) **Diensterfindungen**, und zwar sowohl auf Schutzrechtsanmeldungen als auch auf erteilte Patente bzw. Gebrauchsmuster. Der Arbeitgeber kann sich einer unbeschränkt in Anspruch genommenen Diensterfindung vor ihrer Schutzrechtsanmeldung nicht entledigen; dies ist erst nach Vornahme einer Inlandsanmeldung[9] (§ 13) unter den Voraussetzungen des § 16 möglich (s. dazu Rz. 24-28 zu § 8).

6   **Freie** (§ 4 Abs. 3 i.V.m. § 19) und **frei gewordene** (§ 8) **Erfindungen**, die der Arbeitnehmer auf den Arbeitgeber übertragen hat, unterliegen § 16 nach h. M nicht[10]. Mangels vertraglicher Abrede kann sich der Arbeitgeber hiervon nach freiem Belieben trennen. Eine »Aufgabe« von **vorbehaltenen Benutzungsrechten** (§ 7 Abs. 2, § 14 Abs. 3, § 16 Abs. 3) wird von § 16 ebenfalls nicht erfasst (s. hierzu Rz. 9 zu § 8).

7   § 16 Abs. 1 und 2 sprechen ganz allgemein – nicht auf das Inland begrenzt – von »Anmeldung der Diensterfindung«, von »Erteilung des Schutzrechts« und dem »Recht«; hieraus und aus der systematischen Stellung dieser Bestimmung hinter der Regelung der Inlandsanmeldung (§ 13) und der Auslandsanmeldungen (§ 14) ist zu schließen, dass § 16 neben den **inländischen** auch die **ausländischen** Schutzrechtspositionen erfasst[11] (s. aber Rz. 9).

8   Der Arbeitgeber ist frei darin, seine Aufgabeabsicht **auf einzelne (selbständige) Schutzrechtspositionen zu beschränken**[12].

8.1   Der Arbeitgeber kann seine Aufgabeabsicht auf **Rechte in einzelnen Staaten** beschränken, und zwar auch im Rahmen des **europäischen Patenterteilungsverfahrens**, so dass vor Rücknahme der Benennung einzelner Vertragsstaaten (Art. 79 Abs. 3 EPÜ) diese Rechtsposition dem Arbeitnehmer zur Übernahme (vgl. Art. 71 EPÜ) anzubieten ist; Gleiches gilt, wenn er lediglich eine prioritätsbegründende nationale deutsche Anmeldung fortführen und die **europäische Patentanmeldung** (auch mit Benen-

---

9   So auch Schiedsst. v. 8.2.1991 GRUR 1991, 753, 755 – Spindeltrieb.
10 Wie hier Volmer/Gaul Rz. 30 zu § 16; Busse/Keukenschrijver, PatG, Rz. 4 zu § 16 ArbEG.
11 BGH v. 23.4.1974 GRUR 1974, 463, 464 – Anlagengeschäft; Reimer/Schade/Schippel/Kaube Rz. 5 zu § 16; Busse/Keukenschrijver, PatG, Rz. 5 zu § 16 ArbEG; Lindenmaier/Lüdecke Anm. 18 zu §§ 13-16; MünchArbR/Sack § 99 Rz. 84.
12 Bestätigend Schiedsst. v. 8.2.1991 GRUR 1991, 753, 755 – Spindeltrieb; v. 18.11. 1994 Arb.Erf. 97/93 (unveröffentl.) m.H.a. BGH v. 23.4.1974 (Fn. 11).

§ 16

nung des Vertragsstaats Bundesrepublik Deutschland) insgesamt fallen lassen will[13].

Grundsätzlich entfalten eine deutsche Prioritätsanmeldung und eine nachfolgende **europäische Patentanmeldung** unter Benennung der Bundesrepublik Deutschland als Vertragsstaat (Art. 87, 79 EPÜ) nebeneinander eigenständige Wirkung[14]. Das **Verbot des Doppelschutzes** mit dem Vorrang des europäischen Patentes greift gem. Art. II § 8 Int.PatÜG erst dann ein, wenn das europäische Patent gem. Art. 97 EPÜ mit Wirkung für die Bundesrepublik rechtsbeständig erteilt worden ist; das deutsche Patent verliert (erst) dann seine Wirkung insoweit, als es mit dem Schutzbereich des europäischen Patentes identisch ist.[14a]

Will der Arbeitgeber die **nationale deutsche Anmeldung fallen lassen**, müsste formal wegen deren zunächst gegebener Eigenständigkeit das Verfahren nach § 16 beachtet werden. Nach den Grundsätzen der arbeitsvertraglichen Treuepflicht wäre andererseits aber der Arbeitnehmer für die Dauer der Aufrechterhaltung der parallelen europäischen Patentanmeldung gehindert, über diese ihm übertragene Rechtsposition zu verfügen, es sei denn, er verpflichtet den Rechtserwerber, die Position bis zum (rechtskräftigen) Abschluss des europäischen Patenterteilungsverfahrens nicht auszunutzen.

Liegt eine **Identität des Schutzumfangs** vor (was freilich im Hinblick auf den ungewissen Ausgang der Erteilungsverfahren vor deren Abschluss schwer vorausgesagt werden kann), würde der Arbeitnehmer mit rechtskräftiger Erteilung des europäischen Patents letztlich eine wertlose Rechtsposition erhalten haben. Ausgehend von dem Normzweck des § 13 ist darauf abzustellen, dass die europäische Patentanmeldung mit Benennung der Bundesrepublik Deutschland an die Stelle der nationalen Anmeldung tritt (s. auch Rz. 25 ff. zu § 13) und damit dem Prioritätssicherungsinteresse des Arbeitnehmers ausreichend Rechnung getragen ist. Dieser Anmeldepflicht hätte der Arbeitgeber auch genügt, wenn er sich von vornherein auf eine europäische Patentanmeldung beschränkt hätte. Folglich muss der Arbeitgeber bei (eindeutiger) Identität des Schutzumfangs berechtigt sein, die nationale Prioritätsanmeldung fallen zu lassen[15].

Liegt **keine Identität des Schutzumfangs** vor oder lässt sich dies – wie häufig – im Zeitpunkt der laufenden parallelen Patenterteilungsverfahren noch nicht abschließend bestimmen, ist das Verfahren nach § 16 zu beachten. Im Falle einer Übernahme der nationalen Patentrechtsposition nach § 16 Abs. 2 muss sich der Arbeitnehmer allerdings bewusst sein, dass er bis

---

13 Ebenso Busse/Keukenschrijver, PatG, Rz. 5 zu § 16 ArbEG.
14 Vgl. BPatG v. 24.6.1986 Blatt 1986, 343; s. auch BPatG v. 23.8.1985 Blatt 1986, 150.
14a Ebenso BPatG v. 24.4.2001 GRUR 2002, 53, 55 – Stretchfolie.
15 Ebenso Schiedsst. v. 20. 11. 1998 Arb.Erf. 12/97 (unveröffentl.); Reimer/Schade/Schippel/Kaube Rz. 5 zu § 16; a.A. Volmer/Gaul Rz. 23 zu § 16.

§ 16

zum Abschluss des europäischen Patenterteilungsverfahrens und damit bis zur Klärung des Schutzumfangs arbeitsrechtlichen Verwertungsbeschränkungen unterliegt (s. o.) und er möglicherweise eine wertlose Schutzrechtsposition aufrechterhält. Wert entfaltet eine ihm übertragene nationale Schutzrechtsposition letztlich nur dann, wenn das europäische Patent versagt, das parallele nationale Patent aber erteilt würde oder der Schutzumfang des deutschen Patents weitergehend wäre. Bietet der Arbeitgeber die parallele nationale Schutzrechtsposition nicht an, macht er sich wegen eines Verstoßes gegen § 16 Abs. 2 zwar (»dem Grunde nach«) schadensersatzpflichtig (s. Rz. 70 ff.). Allerdings dürfte der erforderliche Nachweis einer Erfolg versprechenden Verwertung durch den Arbeitnehmer bei dieser Fallgestaltung häufig auf erhebliche Schwierigkeiten stoßen (s. i. Übrigen Rz. 74).

Führt der Arbeitgeber nationales und europäisches Patenterteilungsverfahren nebeneinander fort, ist er **mit rechtsbeständiger Erteilung des europäischen Patents**, d. h. mit Wirksamwerden des Verbots des Doppelschutzes gem. Art. II § 8 Int.PatÜG berechtigt, ohne Berücksichtigung des Verfahrens nach § 16 die anhängige nationale Patentanmeldung fallen zu lassen[16], es sei denn, dass er unter Nutzung der Teilungsmöglichkeit nach §§ 39, 60 PatG eine Umgestaltung des Schutzumfangs vornimmt.

8.2 Bei der Aufgabe ausländischer Schutzrechte kann ein **Rücksichtnahmeverlangen** des Arbeitgebers angesichts der eindeutigen Differenzierung in § 14 Abs. 3 einerseits und § 16 Abs. 3 anderseits auch nicht analog zum Zuge kommen[17].

9 Keine Anwendung findet § 16, wenn eine **technische Neuerung** zwar im **Ausland, nicht aber im Inland schutzfähig** ist[25] (streitig; s. Rz. 25 zu § 2). Ein solches Schutzrecht kann der Arbeitgeber u.E. beliebig aufgeben, es sei denn, im Einzelfall gebietet die Fürsorgepflicht über eine Mitteilung an den Arbeitnehmer hinaus auch eine Pflicht zur Anbietung (s. auch Rz. 43 zu § 14).

Bestehen jedoch nur **Zweifel an der Schutzfähigkeit,** ist die Schutzunfähigkeit also nicht rechtsbeständig festgestellt, so hat der Arbeitgeber bei einer Aufgabeabsicht das Verfahren nach § 16 einzuhalten[26] (vgl. auch Rz. 16 ff. zu § 2).

Zur Freigabe einer unbeschränkt in Anspruch genommenen Diensterfindung **vor Schutzrechtanmeldung** s. Rz. 24 ff. zu § 8; zur Aufgabe einer **betriebsgeheimen** Erfindung s. Rz. 35 f. zu § 17.

---

16   Volmer/Gaul (Fn. 15).
17   A.A. Johannesson Anm. 6.1 zu § 14 u. Anm. 3 zu § 16.
18-24 frei
25   Wie hier Volmer/Gaul Rz. 26 ff., 32 zu § 16; Busse/Keukenschrijver, PatG, Rz. 6 zu § 16 ArbEG; a.A. im Ergebnis Schiedsst. v. 25.7. 1983 Arb.Erf. 14/82 u.v. 12.10.1989 Arb.Erf. 91/87 (beide unveröffentl.) – dort zu § 16 Abs. 3; MünchArbR/Sack § 99 Rz. 85.
26   BGH v. 15.5.1990 GRUR 1990, 667, 668 – Einbettungsmasse.

§ 16

II. Aufgabe als vollständiges Fallenlassen der Rechtsposition

Wegen der Bezugnahme auf jeweils die gesamte Rechtsposition (»die Anmeldung nicht weiter verfolgen« bzw. »das Schutzrecht nicht aufrecht erhalten«) ist – stets bezogen auf das jeweilige Land – unter einer »Aufgabe« i. S. des § 16 das **vollständige Fallenlassen** dieser jeweiligen Schutzrechtsposition zu verstehen[26a] (s. auch Rz. 8.1, 12 f. u. 72).

10

Im **Außenverhältnis zur Erteilungsbehörde** kann sich die Aufgabe der Schutzrechtsposition einmal durch **ausdrückliche Erklärung** – wie insbesondere durch Verzichtserklärung gemäß § 20 Abs. 1 Ziff. 1 PatG bzw. Art. 50, 51 GPÜ, § 23 Abs. 7 GebrMG – ergeben. Eine Anfechtung der Verzichtserklärung gegenüber dem Patentamt ist zwar grundsätzlich denkbar[26b]; sie scheidet nach Auffassung des BPatG jedenfalls dann aus, wenn der Arbeitgeber irrtümlich davon ausgegangen ist, der Arbeitnehmer sei an der Schutzrechtsposition nicht interessiert.[26c]

11

Eine Aufgabe kann sich gegenüber der Erteilungsbehörde ferner durch **passives Verhalten**, wie etwa durch nicht rechtzeitige Erfinderbenennung, Untätigkeit auf Amtsbescheide über behebbare Mängel[26d] oder Nichtzahlung der amtlichen Gebühren (z.B. Jahresgebühr[27] gem. § 20 Abs. 1 Ziff. 2 und 3 PatG, Art. 86 Abs. 3 EPÜ) vollziehen. Hierzu rechnet das Unterlassen bzw. die Rücknahme einer Beschwerde gegen einen Zurückweisungs- oder Versagungsbeschluss der Prüfungsstelle[28] ebenso wie die Entscheidung des Arbeitgebers, innerhalb der Frist von sieben Jahren nach Einreichung der Patentanmeldung keinen Prüfungsantrag gemäß § 44 PatG zu stellen[29]. Das Nichtstellen des Prüfungsantrages bzw. die Nichtzahlung der Prüfungsantragsgebühr (vgl. § 44 Abs. 3 Satz 2 PatG) löst die Rücknahmefiktion gemäß § 58 Abs. 3 PatG aus, womit zugleich der einstweilige Schutz aus der Offenlegung der Patentanmeldung (§ 33 PatG) rückwirkend[30]

26a Ebenso Busse/Keukenschrijver, PatG, Rz. 7 zu § 16 ArbEG.
26b Vgl. Busse/Keukenschrijver, PatG, Rz. 31 zu § 20 PatG; Benkard/Schäfers, PatG, Rz. 8 zu § 20
26c BPatG v. 28. 6. 1997 Blatt 1998, 368, 369 – Verzichtserklärung.
26d Schiedsst. v. 8. 3. 2001 Arb.Erf. 1/99 (unveröffentl.).
27 BGH v. 10.5.1988 GRUR 1988, 762, 763 r. Sp. – Windform u.v. 14.7.1980 Az. X ZR 1/79 (unveröffentl.) – Rohrverlegungsverfahren; OLG Frankfurt v. 19.12.1991 GRUR 1993, 910, 911 – Bügelverschließmaschinen.
28 Vgl. Schiedsst. v. 25.11.1959/27.1.1960 Blatt 1960, 279, 280 u.v. 2.6.1992 EGR Nr. 34 zu § 16 ArbEG; ebenso Schiedsst. v. 25.1.1996 Arb.Erf. 54/94 (unveröffentl.); BPatG v. 29.10.1965 BPatGE 7, 113, 118; unzutr. LAG Bayern v. 30.11.1960 RdA 1961, 500.
29 Vgl. Amtl. Begr. z. Vorabgesetz BT-Drucks. V/714, S. 53; wie hier LG Düsseldorf v. 21. 12. 1995 Az. 4 O 161/95 (unveröffentl.); a.A. Volmer/Gaul Rz. 46 ff. zu § 16.
30 Vgl. BGH v. 26.6.1969 GRUR 1969, 677, 678 – Rüben-Verladeeinrichtung; Schiedsst. v. 24.5.1971 Arb.Erf. 58/70 (unveröffentl.).

§ 16

entfällt (§ 58 Abs. 2 PatG). Zur Pflicht des Arbeitgebers, das Erteilungsverfahren durchzuführen s. Rz. 18 zu § 13 u. unten Rz. 41.

Ein Fallenlassen einer Schutzrechtsposition ist auch darin zu sehen, dass der Arbeitgeber eine durch eine nationale Rechtsordnung gewährte **Verlängerungsmöglichkeit** für ein Schutzrecht (vgl. etwa für das Gebrauchsmuster § 23 Abs. 2 GebrMG; eine Verlängerungsmöglichkeit sehen auch verschiedene ausländische Patentordnungen vor) nicht nutzen will[31]. Ein solcher Verzicht würde zu einer Beschränkung der an sich möglichen längeren Laufzeit und damit zum Untergang einer u.U. wirtschaftlich relevanten Rechtsposition führen.

Auch die **unterlassene Verteidigung** im Einspruchs- (§ 59 PatG, Art. 99 EPÜ) und Nichtigkeitsverfahren kann im Einzelfall einer Aufgabeabsicht gleichkommen[32] (vgl. auch Rz. 35 u. Rz. 72).

11.1 Macht der Arbeitgeber von der Möglichkeit der **Abzweigung eines Gebrauchsmusters** gem. § 5 GebrMG (vgl. Rz. 11.1 zu § 13) keinen Gebrauch, liegt darin keine Schutzrechtsaufgabe[33]. Hier wird weder ein bestehendes Schutzrecht aufgegeben noch eine Schutzrechtsanmeldung fallen gelassen; es wird vielmehr auf den Erwerb einer (zusätzlichen) Rechtsposition verzichtet. Im Übrigen kann § 16 dem Arbeitgeber keine weitergehenden Pflichten auferlegen, als § 13 im Rahmen der Anmeldepflicht begründet; insoweit sieht § 13 nur eine Wahl zwischen Patent oder Gebrauchsmuster vor, verpflichtet aber nicht zu parallelem Schutz (s. dazu Rz. 11 f. zu § 13).

Dies gilt auch dann, wenn sich die Patentanmeldung i.S.d. § 5 Abs. 1 Satz 3 GebrMG erledigt oder ein etwaiges Einspruchsverfahren abgeschlossen ist. Mit der Patentanmeldung und der Durchführung des Patenterteilungsverfahrens bis zu dessen bestandskräftigem Abschluss hat der Arbeitgeber seiner Anmeldepflicht genügt.

11.2 Einer Schutzrechtsaufgabe kommt der unterlassene Erwerb eines **ergänzenden Schutzzertifikats für Arzneimittel bzw. Pflanzenschutzmittel** nach § 16 a PatG (zur Vergütungspflicht s. Rz. 141 zu § 12) gleich[34], da das Schutzzertifikat faktisch eine Verlängerung der Laufzeit des Grundpatents im Rahmen seiner Zulassung bewirkt.

11.3 Hat ein Arbeitgeber im Rahmen der Abzweigung ein Gebrauchsmuster erworben oder ein ergänzendes Schutzzertifikat erlangt und will er eine solche Rechtsposition vorzeitig aufgeben, hat er das Verfahren nach § 16 zu beachten.

---

31 Im Ergebnis auch Volmer/Gaul Rz. 69 ff. zu § 16 u. Busse/Keukenschrijver, PatG, Rz. 7 zu § 16 ArbEG jeweils für GebrM-Verlängerung.
32 S. Volmer/Gaul Rz. 60 f., 66 ff. zu § 16.
33 Zust. Busse/Keukenschrijver, PatG, Rz. 7 zu § 16 ArbEG.
34 Busse/Keukenschrijver, PatG, Rz. 7 zu § 16 ArbEG. Die gegenteilige Auffassung in der Vorauflage wird aufgegeben.

35-38 frei

§ 16

Keine Aufgabe stellt die **Übertragung der Schutzrechtsposition** auf Dritte dar (s. Rz. 4).   11.4

III. Teilweise Aufgabe

Nicht ausdrücklich erwähnt sind in § 16 bloße **Einschränkungen** einer Schutzrechtsanmeldung im Erteilungsverfahren (s. dazu Rz. 44 zu § 13) oder **Beschränkungen** (§ 64 PatG) bzw. Teilverzichte (§ 20 PatG) nach Schutzrechtserteilung[39]; schließlich so genannte Selbstbeschränkungen, deren Wirkung zwar nicht kraft Gesetzes (§ 20 Abs. 1 Nr. 1 PatG), sondern – etwa im Rahmen einer Nichtigkeitsklage – durch ein dem Verzicht entsprechendes rechtsgestaltendes Urteil eintritt[40].   12

Ausgehend von dem Zweck des § 16, dem Arbeitnehmer einen eigenen Schutzrechtserwerb zu ermöglichen, kann diese Norm bei einer derartigen teilweisen Aufgabe nur dann Platz greifen, wenn die vom Arbeitgeber aufzugebenden Teile **selbständig schutzfähig** sind, etwa als Teilanmeldung (vgl. § 21 Abs. 1 Nr. 4, § 60 PatG und Art. 76 EPÜ i.V.m. Regel 25 AO) oder Ausscheidungsanmeldung[41]. § 16 kann entsprechend auch auf den Fall angewandt werden, dass der Arbeitgeber mit Zustimmung des Arbeitnehmers für eine Diensterfindung, die sowohl eine Vorrichtung als auch ein Verfahren betrifft, nur ein Gebrauchsmuster anmeldet, zugleich aber den nicht gebrauchsmusterfähigen Verfahrensbereich nach unbeschränkter Inanspruchnahme aufgeben will[42]. Kann dagegen der einzuschränkende Teil der Schutzrechtsposition **nicht selbständig Gegenstand eines Schutzrechts** sein, kommt mangels Übertragbarkeit dieser Teilposition auch keine analoge Anwendung des § 16 in Betracht[43]. Bei derartigen Beschränkungshandlungen hat der Arbeitgeber einen gewissen Beurteilungsspielraum (s. Rz. 44 zu § 13). Er unterliegt auch insoweit der allgemeinen Informationspflicht gemäß § 15 Abs. 1.   13

Diese Grundsätze gelten entsprechend bei einer »Gemeinschaftserfindung«, bei der **mehrere Diensterfindungen** zu einer Schutzrechtsanmeldung **zusammengefasst** werden (s. dazu Rz. 10.2 zu § 13).

Nimmt der Arbeitgeber ohne Zustimmung des Arbeitnehmers (vgl. auch § 13 Abs. 2 Nr. 2) Einschränkungen der Schutzrechtsposition vor, die nicht aus (nachweisbar) technischen, rechtlichen oder sonstigen sachlichen Gründen (z. B. Vermeidung einer Versagung von Schutzrechtsansprüchen bzw. weitergehender Schutzrechtseinschränkungen oder von Nichtigkeits-   14

---

39   S. die Einzelfälle b. Schulte PatG Rz. 211 f. zu § 35.
40   S. hierzu BPatG v. 13.12.1962 BPatGE 4, 30.
41   Ebenso Schiedsst. v. 16. 9. 1996 Arb.Erf. 25/95; Reimer/Schade/Schippel/Kaube Rz. 12 zu § 16; Volmer/Gaul Rz. 75 ff. zu § 16.
42   Schiedsst. v. 20.1.1981 Arb.Erf. 23/80 (unveröffentl.).
43   Im Ergebnis ebenso Reimer/Schade/Schippel/Kaube Rz. 12 zu § 16; Busse/Keukenschrijver, PatG, Rz. 8 zu § 16 ArbEG (s. aber dazu nachf. Fn. 44).

§ 16

bzw. Löschungsverfahren) geboten sind und überschreitet er seinen Beurteilungsspielraum, muss er nach der hier vertretenen Auffassung nachteilige Auswirkungen auf den Umfang der Erfindervergütung unter dem Gesichtspunkt des **Schadensersatzes** wegen Verletzung des gesetzlichen Schuldverhältnisses[44] bzw. seiner Pflichten aus § 16 (s. unten Rz. 70 ff.) ausgleichen.

C. Das uneingeschränkte Recht zur Aufgabe

I. Grundsatz

15 Die Entscheidung, ob er sich von einer Schutzrechtsanmeldung oder einem Schutzrecht trennen will, steht gänzlich im **Belieben des Arbeitgebers**. Insbesondere ist der Arbeitgeber nicht verpflichtet, eine Schutzrechtsposition nur deswegen, weil er die Diensterfindung unbeschränkt in Anspruch genommen hat, trotz nicht in Aussicht stehender Verwertungsmöglichkeiten bis zum Ende der möglichen Laufzeit aufrechtzuerhalten. Als Ausgleich hierfür steht dem Arbeitnehmer gerade die Übernahmemöglichkeit nach § 16 Abs. 2 zu. Die Durchführung des Entschlusses zur Aufgabe einer Schutzrechtsposition ist dagegen gesetzlichen Schranken unterworfen.

16 Ist allerdings der **Vergütungsanspruch** des Arbeitnehmers aus § 9 bereits **voll erfüllt**, kann der Arbeitgeber die Schutzrechtsposition **jederzeit aufgeben**, ohne zuvor die Einwilligung des Arbeitnehmers einholen oder ihn auch nur befragen zu müssen[51] und auch ohne dem Arbeitnehmer die Übertragung des Rechts anbieten zu müssen[52]. Zur Informationspflicht s. Rz. 22.

Anstelle der Aufgabe des Rechts kann der Arbeitgeber dieses auch auf einen Dritten (z.B. Lizenzpartner) **frei übertragen** (s. auch oben Rz. 4 sowie Rz. 6, 7 zu § 7); an evtl. Gegenleistungen ist der Arbeitnehmer – ggf. unter den Voraussetzungen des § 12 Abs. 6 – zu beteiligen (s. auch Rz. 251 f. zu § 9).

17 Ein Anspruch des Arbeitnehmers, eine Aufgabe und damit die Übertragung auf sich verlangen zu können, besteht nicht[53] (vgl. auch Rz. 6 f. zu § 7); dies gilt auch dann, wenn der Arbeitgeber die Diensterfindung nicht

---

44 I. Ergebn. ähnl. Reimer/Schade/Schippel/Kaube Rz. 12 zu § 16; vgl. auch Schiedsst. ZB. v. 25.5.1981 Blatt 1982, 166 u.v. 8.2.1991 Blatt 1991, 317, 318; abw. Busse/Keukenschrijver, PatG, Rz. 8 zu § 16 ArbEG, wonach derartige Einschränkungen des Schutzrechts den auf der Grundlage der gemeldeten Erfindung zu bemessenden Vergütungsanspruch (generell) unberührt lassen.

45-50 frei
51 BGH v. 20.11.62 GRUR 1963, 315, 317 – Pauschalabfindung.
52 Amtl. Begr. (Fn. 1) S. 34 = Blatt 1957, 237.
53 Schiedsst. v. 14.9.1981 Arb.Erf. 59/81 u.v. 20.10.1986 Arb.Erf. 82/85 (beide unveröffentl.).

§ 16

verwertet, sondern auf Vorrat hält[53a] (siehe aber auch die Empfehlung in RL Nr. 22 Satz 3). Selbstverständlich ist der Arbeitgeber frei darin, einer dahingehenden Anregung des Arbeitnehmers zu entsprechen. Seine Bereitschaft zur Übertragung kann er von einer Gegenleistung des Arbeitnehmers abhängig machen.

Nach § 27 Nr. 4 n.F. ergibt sich eine Ausnahme im **Insolvenzverfahren**; 17.1 hier ist der Insolvenzverwalter auch bei vollständiger Vergütungserfüllung zur Anbietung verpflichtet (s. Rz. 119 zu § 27 n.F.).

II. (Vollständige) Erfüllung des Vergütungsanspruchs

Eine Erfüllung des Anspruchs auf angemessene Erfindervergütung i. S. d. 18 § 9 liegt nur **nach vollständigem Bewirken aller dem Arbeitnehmer zustehenden Vergütungsleistungen** (§ 362 BGB) vor, und zwar sowohl unter dem Aspekt der tatsächlichen Verwertung als auch der wirtschaftlichen Verwertbarkeit; ausnahmsweise ist der Anspruch erfüllt, wenn eine **Vergütungszahlung** dem Arbeitgeber **nicht mehr zumutbar** ist (vgl. Rz. 35 zu § 9). Die bloße Bereitschaft des Arbeitgebers, einen durch Feststellung oder Festsetzung konkretisierten Vergütungsanspruch auch nach Aufgabe der Schutzrechtsposition zahlen zu wollen, kann dagegen einer Erfüllung des Vergütungsanspruchs nicht gleichgestellt werden[54]. Auch die Zahlung einer nach § 12 Abs. 3 festgesetzten Vergütung stellt im Falle des **Widerspruchs** (§ 12 Abs. 4) nur dann eine vollständige Erfüllung dar, wenn weitergehende Vergütungsansprüche nicht bestehen.

Fehlt es an einer **Vergütungsregelung** gem. § 12 (Vereinbarung bzw. Festsetzung) oder ist diese **unwirksam**, scheidet eine Erfüllung des Vergütungsanspruchs aus.

Nach allgemeiner Ansicht ist im Falle einer **Pauschalvergütung** eine 19 vollständige Erfüllung des Vergütungsanspruchs anzunehmen[55], sofern dadurch auch eine in der Zukunft liegende wirtschaftliche Verwertbarkeit der Schutzrechtsposition als erfasst gewertet werden kann[55a]. Daran kann es allerdings fehlen, wenn die Vereinbarung über die Pauschalzahlung im Zeitpunkt der Aufgabeabsicht bei objektiver Betrachtung noch einem Anspruch des Arbeitnehmers auf **Vergütungsanpassung** nach § 12 Abs. 6 unterliegt[55b] (s. dazu insbes. Rz. 111 f. zu § 12). Da eine Vergütung **wegen wesentlich veränderter Umstände** bereits ab dem Zeitpunkt fällig ist, in

---

53a Schiedsst. v. 24.10.1995 Arb.Erf. 21/94 (unveröffentl.).
54 Abw. wohl Heine/Rebitzki Anm. 2 (zu b) zu § 16.
55 So i. Anschl. an Ausschussber. zu BT-Drucks. II/3327 S. 6 = Blatt 1957, 253 z.B. Reimer/Schade/Schippel/Kaube Rz. 6 zu § 16; Lindenmaier/Lüdecke Anm. 19 zu §§ 13–26; s. auch Friedrich GRUR 1958, 270, 280.
55a Schiedsst. v. 26.1.1988 Blatt 1988, 351, 353 r.Sp.
55b Schiedsst. v. 26.1.1988 (Fn. 55a); Busse/Keukenschrijver, PatG, Rz. 10 zu § 16 ArbEG.

763

§ 16

dem die Änderung eingetreten ist[56], kommt es nicht darauf an, wann der Arbeitnehmer seinen Anspruch geltend macht. Wesentliche Änderungen, die erst nach einer Schutzrechtsaufgabe eintreten, vermögen indes die Tatsache der Erfüllung des Vergütungsanspruchs nicht zu beeinflussen[57].

20   In aller Regel ist bei einer **laufenden Umsatz- oder Stücklizenzvergütung** der Vergütungsanspruch nicht voll erfüllt, wenn noch eine Restlaufzeit des Schutzrechts in Frage steht[58]. Entgegen der Auffassung in den Gesetzesmaterialien[59] ist **vor Ablauf der Schutzrechtsdauer** – über den Ausnahmefall der Unzumutbarkeit von Vergütungszahlungen hinaus – eine volle Erfüllung nicht gänzlich ausgeschlossen[60]. Eine vollständige Erfüllung ist etwa dann denkbar, wenn die Auswertung des Gegenstands einer Erfindung vom Arbeitgeber endgültig aufgegeben worden ist und kurzfristig nach Erfüllung der für diese Nutzungsfälle entstandenen Vergütungsansprüche die Schutzrechtsposition fallen gelassen werden soll. Etwas anderes kann unter dem Aspekt der Verwertbarkeit etwa dann gelten, wenn zwischen der Beendigung der Verwertungshandlungen und der Absicht des Fallenlassens ein erheblicher Zeitraum liegt und sich hierbei zusätzlich vergütungspflichtige Vorrats- oder Sperrwirkungen (RL Nr. 21 u. 18) für die Erfindung neu entwickelt haben[61].

Bei **nicht verwerteten Erfindungen** und bei **Sperrerfindungen** bereitet die Feststellung einer vollständigen Erfüllung des Vergütungsanspruchs Schwierigkeiten. Selbst bei einem Sperrpatent kann sich neben der konkreten Sperrwirkung (vgl. hierzu Rz. 204 zu § 9) zukünftig noch eine zusätzliche Nutzungsmöglichkeit ergeben, wie dies eben bei **Vorratspatenten** Begriffsinhalt ist (vgl. RL Nr. 21). Da nach der Vorstellung des Gesetzgebers der Anspruch des Arbeitnehmers auf Übertragung der Schutzrechtsposition an die Stelle seines Vergütungsanspruchs für die zukünftige Laufzeit dieses Schutzrechts treten soll[71], kann eine Vergütungszahlung für lediglich in der Vergangenheit liegende Vorratswirkungen noch keine vollständige Erfüllung des Vergütungsanspruchs im Sinne des § 16 bewirken[72]. Könnte der Arbeitgeber in solchen Fällen die Schutzrechtsposition ohne Angebot

---

56   Schiedsst. v. 14.12.1970 Blatt 1971, 199.
57   A.A. Volmer Rz. 10 zu § 16; wie hier Volmer/Gaul Rz. 89, 111 zu § 16, wonach sich auch eine rückblickende Betrachtung verbietet.
58   BGH v. 13.11. 1997 GRUR 1998, 689, 695 – Copolyester II; ständ. Praxis d. Schiedsst., u. a. ZB. v. 2.1.1984 Arb.Erf. 21/83 (unveröffentl.); Reimer/Schade/Schippel/Kaube Rz. 6 zu § 16.
59   Ausschussber. (Fn. 55).
60   Wie hier Volmer/Gaul Rz. 87 ff. zu § 16.
61   Zust. Schiedsst. v. 5.3.1991 Arb.Erf. 56/90 (unveröffentl.).
62-70 frei
71   Amtl. Begr. (Fn. 52).
72   Volmer/Gaul Rz. 95 ff. zu § 16; im Ergebn. auch Schiedsst. v. 26.1.1988 (Fn. 55a); Busse/Keukenschrijver, PatG, Rz. 10 zu § 16 ArbEG.
73-77 frei

§ 16

an den Arbeitnehmererfinder fallen lassen, würde diesem die zukünftige eigene Verwertungsmöglichkeit genommen, was in Widerspruch zum gesetzgeberischen Zweck stände. Hinzu tritt, dass in der Praxis für nicht verwertete Erfindungen eine Vergütung erst zu einem sehr späten Zeitraum anfällt (s. hierzu Rz. 210 ff. zu § 9), so dass bei einer Aufgabe der Schutzrechtsposition vor diesem Zeitpunkt der Arbeitnehmer sowohl ohne jeden Vergütungsanspruch als auch ohne die Möglichkeit bliebe, eigene Verwertungen zu versuchen.

Soweit der Arbeitgeber **Lizenzverträge** über den Erfindungsgegenstand abgeschlossen hat, ist eine Erfüllung der Vergütungsansprüche nur anzunehmen, wenn trotz Fortbestehens der Lizenzabrede weitere Lizenzeinnahmen nicht zu erwarten sind[78] und der Arbeitnehmer seinen Anteil an den vereinbarten Gesamtlizenzeinnahmen erhalten hat. 21

III. Informationspflicht des Arbeitgebers

Bei restloser Erfüllung der Vergütung entfällt die Pflicht des Arbeitgebers, nach § 16 Abs. 1 seine Absicht des Fallenlassens dem Arbeitnehmer mitzuteilen (s. Rz. 15). Dennoch ist eine Pflicht anzuerkennen, den Arbeitnehmer – jedenfalls nachträglich – von der Aufgabe des Rechts in Kenntnis zu setzen. Bei einer aufgegebenen Schutzrechtsanmeldung folgt dies aus dem in seinem Geltungsbereich auf das Erteilungsverfahren begrenzten § 15 Abs. 1 Satz 2, im Übrigen aus der Fürsorgepflicht des Arbeitgebers (vgl. § 25) und aus dem durch die unbeschränkte Inanspruchnahme unbeeinflussten Persönlichkeitsrecht des Erfinders[79]. 22

IV. Rechtsfolgen

1. Wirkung der Aufgabe

Die Aufgabehandlung führt im Außenverhältnis (s. Rz. 11) zum Wegfall der Schutzrechtsanmeldung bzw. zum Erlöschen des Schutzrechts mit ex nunc- (vgl. § 20 Abs. 1 PatG) bzw. ex tunc-Wirkung (vgl. etwa § 58 Abs. 2 u. 3 PatG). Obligatorische Rechte Dritter an diesen Schutzrechtspositionen (etwa Lizenzrechte) hindern den Arbeitgeber nicht an der Aufgabe (vgl. § 137 Satz 1 BGB), machen ihn jedoch unter Umständen gegenüber dem Dritten schadensersatzpflichtig (vgl. § 137 Satz 2 BGB). 23

---

78 So etwa d. Sachverhalt i. unveröffentl. ZB. d. Schiedsst. v. 16.3.1978 (Arb.Erf. 51/77). Zust. Busse/Keukenschrijver, PatG, Rz. 10 zu § 16 ArbEG.
79 Vgl. Bartenbach/Volz GRUR 1978, 668, 669; im Anschl. daran ebenso Volmer/Gaul Rz. 112 ff. zu § 16; MünchArbR/Sack § 99 Rz. 33; a.A. Lindenmaier/Lüdecke Anm. 24 zu §§ 13–16; Röpke Arbeitsverh. u. ArbNErf., S. 124; wohl auch Heine/Rebitzki Anm. 2 (zu b) zu § 16.

§ 16

2. Vergütungsansprüche

24 Nutzt der Arbeitgeber den Gegenstand des aufgegebenen Rechts nach der Aufgabe weiter, so begründet dies keine Vergütungspflicht mehr. Die Diensterfindung ist für jedermann freier Stand der Technik geworden[79a]. Dies gilt selbst dann, wenn der Arbeitgeber damit noch eine »faktische Monopolstellung« innehält[80], etwa, wenn die Aufgabe vor der Offenlegung einer Patentanmeldung (§ 32 Abs. 2 PatG) erfolgt und die Erfindung somit geheim gehalten werden kann[81] (zur Abgrenzung s. Rz. 44 f. zu § 17). Der gegenteiligen Auffassung, die insoweit die Erfindung als technischen Verbesserungsvorschlag behandeln will[82], kann nicht gefolgt werden. Sie übersieht, dass dann, wenn einmal eine schutzfähige Erfindung im Sinne des § 2 vorliegt, gesetzessystematisch ein Rückgriff auf das Rechtsinstitut des technischen Verbesserungsvorschlages (vgl. § 3) ausgeschlossen ist (vgl. Rz. 20 zu § 2). U.U. können aber die Grundsätze über vergütungspflichtige Sonderleistungen Platz greifen[83] (s. dazu Rz. 332 ff. zu § 9) bzw. der Rechtsgedanke aus RL Nr. 42 Satz 4 i.V.m. § 12 Abs. 6.

D. Das eingeschränkte Recht zur Aufgabe vor Erfüllung des Vergütungsanspruchs/Übertragungsanspruch des Arbeitnehmers

I. Grundsatz

25 Soweit der Vergütungsanspruch des Arbeitnehmers noch nicht restlos erfüllt (s. oben Rz. 18) ist, muss der Arbeitgeber nach § 16 Abs. 1 seine Absicht zur Aufgabe (zum Begriff s. Rz. 10 f.) dem Arbeitnehmer mitteilen (Rz. 27) und ihm auf dessen Verlangen (Rz. 36 ff.) und Kosten (Rz. 53 ff.) das Recht übertragen (Rz. 44 ff.) sowie die zur Wahrung des Rechts erforderlichen Unterlagen aushändigen (Rz. 49 ff.). Dem Arbeitnehmererfinder räumt das Gesetz für den Wegfall seines noch nicht voll erfüllten Vergütungsanspruchs dadurch einen **Ausgleich** ein, dass er die Übertragung des Schutzrechts verlangen kann[90]. Dieser Anspruch steht gem. § 26 uneinge-

---

79a BGH v. 13. 11. 1997 GRUR 1998, 689, 695 – Copolyester II; Schiedsst. v. 25. 8. 1998 Arb.Erf. 9/97 (unveröffentl.)
80 So auch Reimer/Schade/Schippel/Kaube Rz. 11 zu § 16 u. Volmer/Gaul Rz. 123 zu § 16; zust. auch MünchArbR/Sack § 99 Rz. 33; Busse/Keukenschrijver, PatG, Rz. 11 zu § 16 ArbEG.
81 Vgl. auch BGH v. 20.11.1962 GRUR 1963, 315, 317 – Pauschalabfindung.
82 Röpke (Fn. 79) S. 125; Volmer Rz. 25 zu § 16; wie hier im Ergebn. Volmer/Gaul Rz. 123 f. zu § 16; offen gelassen von BGH v. 13. 11. 1997 (Fn. 79 a).
83 Abw. Volmer/Gaul Rz. 125 f. zu § 16.
84-89 frei
90 BGH v. 10.5.1988 GRUR 1988, 762, 763 – Windform.
91 Frei

§ 16

schränkt auch dem **ausgeschiedenen Arbeitnehmer** zu und über §§ 40, 41 auch den Bediensteten im **öffentlichen Dienst**.
Das Verfahren nach § 16 Abs. 2 muss der Arbeitgeber selbstverständlich dann nicht mehr einhalten, wenn dieses nach Erfindungsmeldung (§ 22) **abbedungen** wurde, also der Arbeitnehmer wirksam auf eine spätere Übernahme verzichtet hat (s. im Übrigen Rz. 36; zum Abkauf s. Rz. 1.2).

Der Arbeitnehmer hat keinen Anspruch darauf, dass der Arbeitgeber eine Verwertung unterlässt und die Schutzrechtsposition zu seinen Gunsten aufgibt (s. auch Rz. 6 zu § 7). Nach der höchstrichterlichen Rechtsprechung ist Voraussetzung für den Übertragungsanspruch des Arbeitnehmers der **freiwillige Entschluss** des Arbeitgebers, die Schutzrechtsposition aufgeben zu wollen[92] (s. auch Rz. 1).

26

Dementsprechend soll § 16 Abs. 2 dann nicht anwendbar sein, wenn der Arbeitgeber eine Schutzrechtsanmeldung deshalb nicht fortführt oder das Schutzrecht deshalb fallen lässt, weil ihm die zur Aufrechterhaltung erforderlichen Mittel infolge **Vermögensverfalls** fehlen[93]; auch ein Übertragungsanspruch auf Grund der arbeitsvertraglichen Treuepflicht (§ 242 BGB) bestehe danach nicht, sofern nicht ganz besondere Umstände vorliegen[94]. Dieser höchstrichterlichen Rechtsprechung kann nicht zugestimmt werden[94a]. Dagegen spricht bereits der Gesetzeswortlaut, der auf den bloßen Umstand des »Nicht-Aufrechterhalten-Wollens« abstellt, und nicht auf die zugrunde liegenden Motive des Arbeitgebers. Hier wird der Anwendungsbereich – entgegen der gesetzgeberischen Absicht, dem Arbeitnehmer einen Ausgleich für seine nicht vollständig erfüllten Vergütungsansprüche zu vermitteln – durch die Einführung eines ungeschriebenen Tatbestandsmerkmals verkürzt, welches für den Arbeitnehmer als Außenstehenden weder erkennbar noch überprüfbar ist. Der BGH verkennt, dass der Entschluss im Sinne seiner Interpretation nie freiwillig sein kann; auch die Entscheidung, aus wirtschaftlichen Gründen – sei es wegen fehlender Marktbedürfnisse, Fortschreitens des Standes der Technik usw. – an der Schutzrechtsposition nicht festzuhalten, ist letztlich genauso freiwillig oder unfreiwillig wie die Entscheidung, wegen fehlender finanzieller Mittel anderen Betriebsausgaben den Vorrang vor fälligen Jahresgebühren einzuräumen. Bestätigt wird dies auch durch § 27 Nr. 4 ArbEG n.F. Entscheidend kann also für die Rechtsstellung des Arbeitnehmers letztlich nur sein, ob der Arbeitgeber die Schutzrechtsposition aufgeben will, und nicht, auf welchen Gründen dies beruht.

---

92 BGH v. 10.5.1988 (Fn. 90).
93 BGH v. 10.5.1988 (Fn. 90); zust. Schricker EWiR 1988, 849 f. (m.H.a. § 13 Abs. 3 ArbEG), der im Übrigen die Beweispflicht des Arbeitgebers betont, warum kein freier Entschluss vorlag.
94 BGH v. 10.5.1988 (Fn. 90) S. 764.
94a Im Ergebn. so auch Busse/Keukenschrijver, PatG, Rz. 7 zu § 16 ArbEG; unklar Reimer/Schade/Schippel/Kaube Rz. 7 zu § 16.

§ 16

Demzufolge besteht der Übertragungsanspruch auch dann, wenn die Entscheidung des Arbeitgebers durch **sonstige äußere Umstände**, etwa einen eindeutigen Zurückweisungs- oder Versagungsbeschluss der Patentbehörde[95], durch die Marktverhältnisse oder eine Aufforderung eines Mitbewerbers, zur Vermeidung einer Löschungs- oder Nichtigkeitsklage das Schutzrecht fallen zu lassen, beeinflusst ist (vgl. auch oben Rz. 11).

Zur Problematik der nachträglichen Behandlung als **betriebsgeheime Erfindung** s. Rz. 44 f. zu § 17.

II. Mitteilung der Aufgabeabsicht

27 Die Mitteilung der Aufgabeabsicht ist eine **empfangsbedürftige Willenserklärung** i.S.d. § 130 BGB, die erst mit Zugang (s. dazu Rz. 10 ff. zu § 5) beim Arbeitnehmer wirksam wird[96]. Als solche unterliegt sie den Regeln über Willensmängel (§§ 116 ff. BGB). Eine Anfechtung nach § 119 BGB mit der Begründung, sich über die weitere Verwertbarkeit der Erfindung geirrt zu haben, scheidet regelmäßig aus, da es sich hierbei um einen unbeachtlichen sog. Motivirrtum handelt[96a] (vgl. auch Rz. 36 ff. zu § 8).

Dem **Inhalt** nach muss die Erklärung nicht dem Wortlaut des § 16 entsprechen; sie muss aber (wörtlich oder sinngemäß) zweifelsfrei erkennen lassen, dass der Arbeitgeber den **Entschluss** gefasst hat, in Zukunft das Schutzrecht nicht mehr weiter aufrechterhalten bzw. die Schutzrechtsanmeldung nicht weiter verfolgen zu wollen[96b]. Ein ausdrückliches Angebot an den Arbeitnehmer zur Übertragung ist gem. § 16 Abs. 1 nicht erforderlich. Ausreichend ist dementsprechend auch eine Ankündigung, aus der die endgültige Willensentscheidung des Arbeitgebers zur Schutzrechtsaufgabe zum Ausdruck kommt, etwa »von jetzt an die Verlängerungs- bzw. Jahresgebühren nicht mehr zu zahlen« bzw. »die Schutzrechtsanmeldung nicht weiterzuführen«[97]. Eine Erläuterung der Motive der Aufgabeabsicht ist nicht erforderlich, kann vielmehr bei objektiv unzutreffender Darstellung zur Fristverlängerung führen (s. Rz. 35).

Die bloße Information an den Erfinder, der Patentanwalt habe eine Rücknahme der Schutzrechtsanmeldung empfohlen, stellt mangels Aussage über den eigenen Entschluss noch keine Mitteilung dar.[98] Auch die Erklä-

---

95 Vgl. Schiedsst. v. 27.1.1960 Blatt 1960, 279, 280.
96 Reimer/Schade/Schippel/Kaube Rz. 8 zu § 16; abw. Janert Betriebl. Verfahrensweisen (1969) S. 151 (Willensmitteilung).
96a Schiedsst. v. 18.11.1994 Arb.Erf. 97/93 (unveröffentl.).
96b Ähnl. Schiedsst. v. 25. 1. 1996 Arb.Erf. 54/94 (unveröffentl.), wonach aus der Mitteilung die definitive Aussage hervorgehen muss, dass der Arbeitgeber sich tatsächlich entschlossen hat, die Schutzrechtsanmeldung nicht weiter zu verfolgen.
97 Vgl. auch BGH v. 10.5.1988 (Fn. 90).
98 Schiedsst. v. 25. 1. 1996 (Fn. 96 b).
99-103 frei

§ 16

rung, »kein Interesse an der Patentanmeldung zu haben«, reicht regelmäßig nicht aus; im Zusammenhang mit der Frage an den Arbeitnehmer, ob er seinerseits an einer Weiterverfolgung auf eigene Kosten interessiert sei, deutet dies jedoch darauf hin, dass in dem bekundeten Desinteresse an der Schutzrechtsposition auch die Erklärung der Absicht der Nichtweiterverfolgung durch den Arbeitgeber liegen kann[104]. Andererseits reicht die bloße Anfrage beim Arbeitnehmer, ob er an einer Aufrechterhaltung bzw. Übernahme interessiert sei, mangels anderer Anhaltspunkte regelmäßig noch nicht für die Annahme einer Aufgabemitteilung aus, sondern wird sich noch im Vorfeld der Meinungsbildung bewegen[105] (s. auch Rz. 26 zu § 14); das gilt z.B. auch, wenn die Entscheidung über die Schutzrechtsaufgabe erkennbar noch von der Stellungnahme einer Fachabteilung abhängig gemacht wird[105a]. Keine Aufgabemitteilung, sondern ein Vertragsangebot ist der Vorschlag des Arbeitgebers, die Erfindervergütung für die verbleibende gesetzliche Schutzdauer uneingeschränkt weiterzuzahlen bzw. pauschal abzufinden, wenn der Arbeitnehmer sich im Gegenzug bereit erklärt, einer Aufgabe der Schutzrechtsposition ohne Übertragung auf ihn zuzustimmen (s. auch Rz. 35).

Da § 16 Abs. 1 im Unterschied zu anderen Vorschriften des ArbEG (z.B. §§ 5, 6, 8 Abs. 1 Nr. 1, § 12 Abs. 3 u. 4, § 18) keine Form gesetzlich vorschreibt, ist die Mitteilung **formlos**[106] auch konkludent möglich; an Letzteres sind allerdings strenge Anforderungen zu stellen. Dies ist z.B. dann gegeben, wenn der Arbeitgeber ausdrücklich und eindeutig dem Erfinder erklärt, fällige Jahresgebühren zukünftig nicht mehr zahlen bzw. gegenüber negativen Entscheidungen der Schutzrechtserteilungsbehörden keine Rechtsbehelfe einlegen zu wollen. Eine Schriftform ist aber ebenso wie eine schriftliche Empfangsbestätigung wegen der **Beweislast** des Arbeitgebers für den Zugang der Mitteilung zweckmäßig. 28

Wegen der erheblichen rechtlichen (Ingangsetzen der Ausschlussfrist des § 16 Abs. 2) und wirtschaftlichen Konsequenzen muss der Arbeitgeber seine Absichtserklärung dem Arbeitnehmer so übermitteln, dass er – im Rahmen des Zumutbaren – die **Kontrolle über den Zugang der Erklärung** behält[107]. Hierzu reicht – insbesondere bei einem ausgeschiedenen Arbeitnehmer – die bloße Absendung durch einfachen Brief regelmäßig nicht aus[107]. Ggf. ist die Aufforderung an den Adressaten zur schriftlichen 29

---

104 Schiedsst. v. 13.12.1993 Arb.Erf. 127/92 (unveröffentl.).
105 Schiedsst. v. 13.12.1993 (Fn. 104).
105a Schiedst. v. 2.10.1989 Arb.Erf. 95/88 (unveröffentl.).
106 Vgl. Schiedsst. v. 15.10.1964 Blatt 1965, 66; Busse/Keukenschrijver, PatG, Rz. 12, 30 zu § 16 ArbEG; a.A. Volmer Rz. 11 zu § 16; wie hier aber wohl Volmer/Gaul Rz. 144 ff. zu § 16.
107 So BGH v. 21.1.1978 GRUR 1978, 430, 434 – Absorberstabantrieb I (zu § 14); s. auch BGH v. 8.12.1981 GRUR 1982, 227, 229 – Absorberstabantrieb II u.v. 5.6.1984 GRUR 1984, 652 – Schaltungsanordnung.

§ 16

Empfangsbestätigung (u.U. mit späterer Rückfrage) oder die Übersendung mittels Einschreiben/Rückschein bzw. die persönliche Überbringung durch Boten zweckmäßig und notwendig[107a]; s. auch Rz. 25 zu § 14.
Eine **E-Mail** geht dem Arbeitnehmer mit Eingang im Empfängerbriefkasten des Providers bzw. bei direkter Übermittlung mit dem Passieren der Schnittstelle zum Empfänger zu[107b]. Für den Nachweis des Zugangs reicht eine elektronische Absendebestätigung nicht aus; der Nachweis kann durch elektronische Zugangs- bzw. sog. Lesebestätigung erleichtert sein. Der Arbeitgeber hat tatsächlich zu beweisen, dass der Empfänger z.B. durch Mitteilung seiner E-Mailanschrift oder in sonstiger Weise zu erkennen gegeben hat, mit einer telekommunikativen Übermittlung von rechtserheblichen Erklärungen einverstanden zu sein[107c] (zur Textform s. Rz. 36.1 zu § 5).

30 Einer **Vereinbarung** über die »Aufgabe« bedarf es nicht, da § 16 nur eine bloße Unterrichtung des Arbeitnehmers vorschreibt[108]. Im Übrigen spricht auch das gesetzlich begründete Wahlrecht des Arbeitnehmers (s. dazu Rz. 36) dagegen, dass die Mitteilung der Aufgabeabsicht als vertragliches Angebot des Arbeitgebers im Sinne des § 145 BGB und die dazu korrespondierende, auf Übertragung der Rechtsposition gerichtete Erklärung des Arbeitnehmers als Annahme im Sinne der §§ 147 ff. BGB anzusehen ist[109].

31 Geht ein **Widerruf** nicht spätestens gleichzeitig mit Zugang der Mitteilung der Aufgabeabsicht dem Arbeitnehmer zu (§ 130 Abs. 1 BGB), so kann der Arbeitgeber seine Absichtserklärung vor Ablauf der Drei-Monats-Frist des § 16 Abs. 2 (s. dazu Rz. 38 ff.) nicht mehr einseitig rückgängig machen[110]; er bleibt daran hinsichtlich des Übertragungsrechts des Arbeitnehmers gebunden[111], auch wenn sich zwischenzeitlich die für die Aufgabeabsicht maßgeblichen Umstände geändert haben sollten (s. auch Rz. 36).
Verstreicht dagegen die **Drei-Monatsfrist ergebnislos** oder verzichtet der Arbeitnehmer nach Meldung der Diensterfindung (§ 22!) ohnehin auf Rechtsübertragung (s. dazu Rz. 36), so entfällt die Bindung des Arbeitgebers an seine Erklärung, und er ist nunmehr nach § 16 Abs. 2 berechtigt, aber nicht verpflichtet, die Schutzrechtsanmeldung bzw. das Schutzrecht fallen

---

107a Vgl. die Nachw. in Fn. 107; z. Wirkung eines Einwurfeinschreibens u. des Zugangsnachweises s. Reickert NJW 2001, 2523; Friedrichs VersR 2001, 1090; Bauer/Diller NJW 1998, 2795.
107b Palandt/Heinrichs BGB Rz. 7a zu § 130 m.H.a. Ultsch NJW 1997, 3007; Vehslage DB 2000, 1803 u. Krüger/Büttner WM 2001, 228.
107c Palandt/Heinrichs BGB Rz. 3, 6 zu § 126 b.
108 Schiedsst. v. 15.10.1964 Blatt 1965, 66.
109 Schiedsst. v. 15.10.1964 (Fn. 108).
110 Bartenbach/Volz GRUR 1978, 668, 670; zust. Busse/Keukenschrijver, PatG, Rz. 12 zu § 16 ArbEG.
111 Ebenso Reimer/Schade/Schippel/Kaube Rz. 7 zu § 16 m.H.a. Schiedsst. v. 17.7.1979 Blatt 1980, 234; Schiedsst. v. 13.12.1993 Arb.Erf. 127/92 u.v. 18.11.1994 Arb.Erf. 97/93 (beide unveröffentl.).

§ 16

zu lassen[112]. **Nach ergebnislosem Fristablauf** entfällt der Anspruch des Arbeitnehmers auf Rechtsübertragung.[113] Etwas anderes soll nach Auffassung der Schiedsstelle dann gelten, wenn die Mitteilung der Aufgabeabsicht trotz der fehlenden Begründungspflicht (s. Rz. 35) mit einer objektiv unzutreffenden, die Entscheidungsfindung des Arbeitnehmers beeinflussbaren Begründung z. B. über die mangelnde Schutzfähigkeit verbunden war.[114]

Ändert der Arbeitgeber **nach ungenutztem Fristablauf** erkennbar seinen Willen – sei es, dass er dies durch längeres Aufrechterhalten und Weiternutzen des Schutzrechts bzw. Weiterverfolgen des Anmeldeverfahrens, durch Zahlung der Gebühren oder sonst wie zum Ausdruck bringt –, so ist die früher erklärte Aufgabeabsicht überholt und wirkt nicht mehr fort. Will der Arbeitgeber nunmehr zu einem späteren Zeitpunkt seine Rechtsposition fallen lassen, so muss das Verfahren des § 16 erneut eingehalten werden[121] (s. aber auch Rz. 25, 36). Ein Anspruch des Arbeitnehmers auf Schutzrechtsübertragung bei Übertragungsverlangen nach Fristablauf besteht jedoch nicht (s. Rz. 31). 32

Da sich der Arbeitnehmer im Hinblick auf sein Wahlrecht nach § 16 Abs. 2 und die dort festgesetzte Ausschlussfrist (s. dazu Rz. 39) über die (endgültige) Aufgabeabsicht des Arbeitgebers im Klaren sein muss, ist dessen einseitige Absichtserklärung **bedingungsfeindlich**[121a]. Beispielsweise darf der Arbeitgeber seine Erklärung nicht davon abhängig machen, dass er vom Arbeitnehmer vorher Erstattung bisheriger Kosten für den Schutzrechtserwerb bzw. Verzicht auf fällige Vergütungsansprüche verlangt. Er kann auch nicht seine Aufgabe daran koppeln, dass ihm anstatt des einfachen Benutzungsrechts nach Abs. 3 eine übertragbare Lizenz vom Arbeitnehmer eingeräumt wird[122]. Hierin können allerdings Vertragsangebote zum Abschluss einer besonderen Vereinbarung liegen (s. auch Rz. 82). 33

Eine **Frist für die Mitteilung** der Aufgabeabsicht schreibt § 16 Abs. 1 nicht vor. **Sobald die Aufgabeabsicht feststeht**, besteht auch die Mitteilungspflicht des Arbeitgebers (»... hat er dies mitzuteilen ...«) und daran anknüpfend eine Übertragungspflicht bei entsprechendem Verlangen des Arbeitnehmers (s. auch Rz. 36; zur Pflichtverletzung s. Rz. 72 f.). 34

Unter dem Aspekt der arbeitsrechtlichen Fürsorgepflicht sollte der Arbeitgeber die Aufgabeabsicht alsbald dann erklären, wenn er sich über das

---

112 Ebenso Schiedsst. v. 19.8.1986 Arb.Erf. 108/85 u.v. 3.2.1994 Arb.Erf. 49/93 (beide unveröffentl.); Volmer/Gaul Rz. 167 zu § 16.
113 Schiedsst. v. 3. 2. 1994 (Fn. 112)
114 ZB. v. 30. 10. 1996 – Arb.Erf. 29/95 (unveröffentl.).
115-120 frei
121 Schiedsst. v. 19.8.1986 u.v. 3.2.1994 (beide Fn. 112).
121a Ebenso Volmer/Gaul Rz. 141 zu § 16; Busse/Keukenschrijver, PatG, Rz. 12 zu § 16 ArbEG.
122 Schiedsst. v. 22.2.1979 Blatt 1980, 211, 212 f.

§ 16

endgültige Fallenlassen seiner Rechtsposition klar geworden ist (s. aber auch Rz. 27).

Will der Arbeitgeber mit der Aufgabe einer Schutzrechtsposition künftige amtliche Gebühren oder sonstige wirtschaftliche Belastungen vermeiden, ist er gehalten, die Mitteilung der Aufgabeabsicht so rechtzeitig dem Arbeitnehmererfinder zukommen zu lassen, dass der Ablauf der Drei-Monats-Frist sowie eine eventuelle Schutzrechtsübertragung noch vor dem maßgeblichen Fälligkeitstermin für Gebühren etc. liegen (zur Verpflichtung der Aufrechterhaltung der Schutzrechtsposition bis zur Rechtsübertragung s. Rz. 41).

§ 16 Abs. 1 gesteht es dem Arbeitgeber auch zu, die Aufgabeabsicht zu einem **konkreten zukünftigen Termin** zu erklären; dies kann in Fällen des Fälligwerdens von Amtsgebühren, Jahresgebühren ebenso relevant werden wie hinsichtlich der Fristen für die Verlängerung bestehender Schutzrechte (vgl. etwa § 23 Abs. 2 ff. GebrMG) oder in Fällen, in denen der Termin aus sonstigen Gründen konkret vorhersehbar ist (etwa Ablauf von Basispatenten, Lizenzverträgen oder eigenen Nutzungshandlungen). Auch in diesen Fällen verbleibt es bei der durch die Mitteilung der Aufgabeabsicht ausgelösten Drei-Monats-Frist (vgl. auch Rz. 39). Selbst wenn sich die für die Aufgabeabsicht maßgeblichen Umstände ändern sollten, bleibt der Arbeitgeber an eine vom Arbeitnehmer erklärte Übernahmeabsicht gebunden (s. Rz. 31).

35   In Ergänzung der Mitteilung gem. § 16 Abs. 1 kann der Arbeitgeber im Rahmen seiner **Fürsorgepflicht** gehalten sein, den Arbeitnehmer über ihm bekannte bestehende Rechte an der aufzugebenden Schutzrechtsposition (etwa Lizenzrechte Dritter), über eine Abhängigkeit dieses Rechts oder sonstige rechtliche oder wirtschaftliche Belastungen des Rechts, etwa anhängige Nichtigkeits- oder Löschungsklagen, ferner die Erklärung der Lizenzbereitschaft nach § 23 PatG, zu **informieren**, da dies unter Umständen von maßgeblichem Einfluss auf die Entscheidung des Arbeitnehmers über die Ausübung seines Wahlrechts sein kann. Aus der Fürsorgepflicht heraus ist der Arbeitgeber nicht gehalten, den Arbeitnehmer über die durch § 5 Abs. 1 GebrMG eröffnete Möglichkeit der Abzweigung eines Gebrauchsmusters unter Beanspruchung der Priorität der Patentanmeldung hinzuweisen (s. auch Rz. 11.1).

Im Übrigen ist der Arbeitgeber nicht verpflichtet, von sich aus auf sonstige, außerhalb des Schutzrechts liegende Umstände hinzuweisen, wie etwa auf Genehmigungs- und Zulassungserfordernisse bei der wirtschaftlichen Verwertung des Erfindungsgegenstandes. Er ist auch nicht gehalten, dem Arbeitnehmer die **Motive für seine Aufgabeabsicht** darzulegen[122a] (s. auch Rz. 1). Gibt er Motive an, müssen diese richtig sein. Bei unzutreffenden Angaben wird von einem fehlenden Ingangsetzen der Dreimonatsfrist ausgegangen (s. Rz. 31). Der Arbeitgeber hat im Übrigen keine allgemeine

---

[122a] Zust. Busse/Keukenschrijver, PatG, Rz. 13 zu § 16 ArbEG.

§ 16

Belehrungspflicht über die an die Mitteilung nach § 16 Abs. 2 anknüpfenden Rechte des Arbeitnehmers[123] (s. auch Rz. 39, 41).

III. Übertragungsanspruch des Arbeitnehmers

1. Wahlrecht

Nicht schon die Aufgabeabsicht als solche, sondern erst deren Mitteilung löst die Rechtsfolge des § 16 Abs. 2 aus, selbst wenn der Arbeitnehmer auf andere Weise von der Aufgabeabsicht erfahren hat[124]. Dementsprechend führt erst der **Zugang der Mitteilung** beim Arbeitnehmer zu einer einseitigen Bindung des Arbeitgebers[124]. Die Mitteilung löst ein Erwerbsrecht des Arbeitnehmers in Form eines gesetzlichen (schuldrechtlich wirkenden) befristeten Übertragungsanspruchs aus[124a]. Der Arbeitgeber hat, wenn der Arbeitnehmer innerhalb der mit dem Zugang beginnenden Drei-Monatsfrist seine Übernahmeabsicht erklärt, diesem die Schutzrechtsposition – ungeachtet eines etwaigen Sinneswandels – zu übertragen[125] (s. auch Rz. 31). Zu den Folgen einer Verletzung der Mitteilungspflicht s. Rz. 70 ff.

Um den Arbeitnehmer nicht gegen seinen Willen mit den Rechten und Pflichten (insbesondere Kosten) aus einer Schutzrechtsanmeldung bzw. aus einem Schutzrecht zu belasten, räumt ihm § 16 Abs. 2 die **freie Entscheidung** über die Übertragung bzw. deren Ablehnung ein[137] (**Wahlrecht**).

Nach Meldung der Diensterfindung (vgl. § 22 Satz 2) kann der Arbeitnehmer wirksam auf seinen **Überleitungsanspruch verzichten** (s. auch Rz. 1.2), sei es unabhängig von einer konkreten Aufgabeabsicht seines Arbeitgebers[138], sei es nach einer entsprechenden Mitteilung[139]. An den Nachweis eines solchen **Rechtsverzichts,** der formlos möglich ist, sind grundsätzlich strenge Anforderungen zu stellen. Stimmt ein Arbeitnehmer der Aufgabe der Schutzrechtsposition nach Ankündigung durch seinen Arbeitgeber, etwa der Zurücknahme einer Schutzrechtsanmeldung, vorbehaltlos und eindeutig zu, so liegt darin in der Regel ein Verzicht auf den Überlei-

36

---

123 Abw. Volmer/Gaul Rz. 154 zu § 16.
124 OLG Düsseldorf v. 17.9.1987 Az. 2 U 180/86 u. LG Berlin v. 12. 8. 1997 Az. 16 O 67/97 (beide unveröffentl.).
124a So Busse/Keukenschrijver, PatG, Rz 15 zu § 16 ArbEG; bestätigt durch BGH v. 6.2.2002 GRUR 2002, 609, 611 – Drahtinjektionseinrichtung.
125 Ebenso Volmer/Gaul Rz. 170 zu § 16 m.H.a. Schiedsst. v. 17.7.1979 Blatt 1980, 234.
126-136 frei
137 Volmer Rz. 9 zu § 16.
138 Schiedsst. v. 2. 10. 1989 Arb.Erf. 95/88 (unveröffentl.).
139 Ebenso Schiedsst. v. 10.12.1990 Arb.Erf. 33/90 (unveröffentl.) u. v. 5. 12. 1991 Mitt. 1997, 121, 123 – Hinterfüll-Bewehrungsmatte.

§ 16

tungsanspruch[140]. Gleiches gilt, wenn er auf eine Voranfrage des Arbeitgebers vorbehaltlos erklärt, an einer Rechtsübertragung nicht interessiert zu sein[141]. Nach einem Verzicht des Arbeitnehmers ist der Arbeitgeber grundsätzlich in seiner Entscheidung über das Fallenlassen oder Aufrechterhalten der Schutzrechtsposition frei, es sei denn, die auf eine spezielle Aufgabeabsicht bezogene Verzichtserklärung des Arbeitnehmers ist auf Grund des späteren Verhaltens des Arbeitgebers überholt (s. hierzu Rz. 32; zu den Folgen einer Ablehnung bzw. des ergebnislosen Fristablaufs s. Rz. 31). Zum **Abkauf** der Rechte aus § 16 Abs. 2 s. Rz. 1.2.

2. Ausübung

a) Rechtsnatur, Form und Inhalt

37 Das Verlangen des Arbeitnehmers stellt eine **empfangsbedürftige Willenserklärung** i. S. d. § 130 BGB dar[142]. Es begründet mit Zugang beim Arbeitgeber als einseitiges Rechtsgeschäft dessen Pflicht zur Rechtsübertragung[142a] (s. unten Rz. 44).

Die Erklärung ist **formlos** (auch konkludent) möglich; im Hinblick auf die **Beweislast** des Arbeitnehmers für den fristgerechten Zugang ist aber Schriftform empfehlenswert[143].

Inhaltlich muss der Arbeitgeber (Empfängerhorizont) der Erklärung entnehmen können, dass der Arbeitnehmer die Übertragung der Schutzrechtsposition will. Als Gestaltungserklärung ist sie **bedingungsfeindlich**[143a]; knüpft der Arbeitnehmer an eine Übertragung Bedingungen, kann folglich der Arbeitgeber die Schutzrechtsposition nach Ablauf von 3 Monaten fallen lassen[144]. Der Arbeitnehmer kann nur die Übertragung auf sich, **nicht** dagegen **auf Dritte** verlangen. Sollen neben der inländischen zugleich ausländische Schutzrechtspositionen aufgegeben werden, kann das Übertragungsverlangen **auf einzelne Rechte begrenzt** werden.

b) Frist

38 Die Frist für die Abgabe einer auf Rechtsübertragung gerichteten Erklärung des Arbeitnehmers ist gem. § 16 Abs. 2 auf **drei Monate ab Zugang**

---

140 Schiedsst. v. 19.1.1981 Arb.Erf. 45/80 (unveröffentl.); bestätigt durch Schiedsst. v. 5. 12. 1991 (Fn. 139); ebenso Busse/Keukenschrijver, PatG, Rz. 9 zu § 16 ArbEG.
141 Schiedsst. v. 2.10.1989 Arb.Erf. 95/88 (unveröffentl.).
142 Reimer/Schade/Schippel/Kaube Rz. 14 zu § 16; Busse/Keukenschrijver, PatG, Rz. 16 zu § 16 ArbEG.
142a BGH v. 6.2.2002 (Fn. 124a).
143 Volmer/Gaul Rz. 173 zu § 16.
143a Ebenso Busse/Keukenschrijver, PatG, Rz. 17 zu § 16 ArbEG.
144 Schiedsst. v. 24.7.1989 Arb.Erf. 82/88 (unveröffentl.).

§ 16

der Mitteilung des Arbeitgebers begrenzt; sie muss also innerhalb dieses Zeitraums dem Arbeitgeber zugegangen sein (zum Zugang s. Rz. 10 ff. zu § 5).

Da der Anspruch des Arbeitnehmers, die Übertragung des Rechts zu verlangen, mit Ablauf der Drei-Monats-Frist untergeht (§ 16 Abs. 2) und damit dem Arbeitgeber die für seine weiteren Entscheidungen notwendige Rechtssicherheit verschafft wird, stellt die Drei-Monats-Frist eine nicht verlängerbare Ausschlussfrist dar[145] (z. Bedeutung der Ausschlussfrist s. Rz. 45 ff. zu § 6). Setzt der Arbeitgeber dem Arbeitnehmer unter Missachtung der gesetzlichen Regelung eine **kürzere Frist**, so verstößt dies zwar gegen § 16 Abs. 2, setzt aber gleichwohl die Drei-Monats-Frist in Gang[146]. Eine **unrichtige Angabe der Beweggründe** für die Aufgabeabsicht kann dazu führen, dass die Frist nicht läuft (s. Rz. 31).

39

Eine **allgemeine Unterrichtungspflicht** des Arbeitgebers über einen drohenden Fristablauf oder zur Belehrung über die Rechtsfolgen eines Fristablaufs besteht nicht[147] (vgl. auch oben Rz. 35 sowie Rz. 82 zu § 12 u. Rz. 20 zu § 25). Zur Fristwahrung durch Anrufung der Schiedsst. s. Rz. 18 f. zu § 31.

Für die **Berechnung der Frist** gelten die §§ 187-193 BGB (s. dazu Rz. 50, 53 zu § 6). Zu den Folgen des ergebnislosen Fristablaufs s. oben Rz. 31 f.

40

Der Arbeitnehmer ist grundsätzlich berechtigt, den Drei-Monats-Zeitraum **voll auszuschöpfen**[156]; eine einseitige Verkürzung durch den Arbeitgeber ist unzulässig und entfaltet keinerlei Wirkung (s. Rz. 39). Der Arbeitgeber muss in diesem Zeitraum alles veranlassen, dem Arbeitnehmer die evtl. zu übertragende Rechtsposition in dem (Rechts-) Zustand, in dem sie sich zum Zeitpunkt der Mitteilung der Aufgabeabsicht befunden hat, gänzlich zu erhalten[157]: Er muss z.B. – soweit möglich – Fristverlängerung bei der Erteilungsbehörde beantragen[158], fristwahrend Rechtsbehelfe einlegen, z. B. Beschwerde gegen einen Zurückweisungsbeschluss[159] (§ 73 PatG),

41

---

145 Bartenbach/Volz (Fn. 110); Volmer/Gaul Rz. 15 zu § 16; Busse/Keukenschrijver, PatG, Rz. 18 zu § 16 ArbEG; a.A. (für einvernehmliche Fristverlängerung) Schiedsst. v. 21.12.1981 Arb.Erf. 25/80 (unveröffentl.).
146 So Schiedsst. v. 13.12.1993 Arb.Erf. 127/92 u.v. 1.10.1990 Arb.Erf. 97/89 (beide unveröffentl.); so wohl auch Schiedsst. v. 25.4.1983 Blatt 1983, 378 a. E., 379; Werner GRUR 1966, 236, 237.
147 Vgl. Schiedsst. v. 23.4.1979 Arb.Erf. 68/78 (unveröffentl.); Schiedsst. v. 23.4.1990 Blatt 1992, 197 – Jahresgebührenquotelung = Mitt. 1993, 286, 287 m. Anm. Bartenbach/Volz.
148-155 frei
156 Schiedsst. v. 23.4.1990 (Fn. 147).
157 Bestätigt durch BGH v. 6.2.2002 GRUR 2002, 609, 613 – Drahtinjektionseinrichtung; ebenso Schiedsst. v. 23.4.1990 (Fn. 147); Busse/Keukenschrijver, PatG, Rz. 14 zu § 16 ArbEG.
158 Reimer/Schade/Schippel/Kaube Rz. 14 zu § 16.
159 Busse/Keukenschrijver, PatG, Rz. 19 zu § 6 ArbEG.

§ 16

und/oder eine solche begründen[160], Gebühren, insbesondere Jahresgebühren, zahlen[161], Prüfungsantrag vor Ablauf der Antragsfrist (vgl. § 44 Abs. 2 PatG, Art. 94 EPÜ) stellen[162]. Da derartige Maßnahmen nach der Übertragung mögliche Folgekosten für den Arbeitnehmer auslösen können, wird der Arbeitgeber aus Gründen der Fürsorgepflicht gehalten sein, den Arbeitnehmer vorab über die zu treffenden Entscheidungen zu informieren[163] und ggf. mit ihm die Maßnahmen abzustimmen (s. auch Rz. 18 zu § 13.).

Der Arbeitgeber hat sich innerhalb der Drei-Monats-Frist jeder **Verfügung zu enthalten**, die das Übernahmerecht des Arbeitnehmers gegenstandslos macht – wie etwa die Übertragung der Schutzrechtsposition auf Dritte oder einzelne Miterfinder (s. auch Rz. 101) – oder beeinträchtigt. Er kann daher weder ausschließliche noch einfache Lizenzen vergeben[163a] (vgl. auch § 15 Abs. 3 PatG) noch die Lizenzbereitschaft erklären, ungeachtet der Möglichkeit ihrer Rücknahme (vgl. § 23 Abs. 7 PatG).

42 Der Arbeitgeber kann grundsätzlich die Einlegung eines Rechtsbehelfs oder die Zahlung fällig gewordener Jahresgebühren nicht davon abhängig machen, dass der Arbeitnehmer sich bereit erklärt, ihm diese **Gebühren zu erstatten**[164] (vgl. auch unten Rz. 53 ff.). Die Arbeitsvertragsparteien sind allerdings rechtlich (vgl. §§ 22 S. 2, 23) nicht gehindert, diesbezügliche Vereinbarungen zu treffen[165].

43 Die **Treuepflicht** kann in besonders gelagerten Ausnahmefällen andererseits für den Arbeitnehmer Anlass sein, zur Abwendung von erheblichen Nachteilen, die seinem Arbeitgeber bei Aufrechterhaltung des Schutzrechts – etwa Nichtigkeitsklage von Seiten des Wettbewerbers – drohen, die Entscheidung über sein Wahlrecht vorzeitig zu treffen.

Die vorstehende Sicherungspflicht gilt für den Arbeitgeber erst recht, wenn der Arbeitnehmer durch sein Übertragungsverlangen die Pflicht des Arbeitgebers zur Übertragung der Schutzrechtsposition begründet hat[169] (s. dazu Rz. 44 ff.).

---

160 BGH v. 6.2.2002 (Fn. 157; dort z. Aufklärungspflicht des Arbeitgebers bei Abwehr des Einspruchsgrundes der offenkundigen Vorbenutzung); Schiedsst. v. 25.11.1959/ 27.1.1960 Blatt 1960, 279; v. 12. 8. 1999 Arb.Erf. 19/98 (unveröffentl.); BPatG v. 29.10.1965 BPatGE 7, 113, 118; Horn Mitt. 1965, 24; Witte Mitt. 1963, 45; a.A. Riemschneider/Barth Anm. 6 zu § 6 DVO 1943; Friedrich GRUR 1958, 270, 281; LAG Bayern v. 30.11.1960 RdA 1961, 500 (nur bei offenbar fehlerhafter Entscheidung).
161 Volmer Rz. 13 zu § 16; vgl. auch Schiedsst. v. 25.5.1981 Blatt 1982, 166.
162 Schiedsst. v. 24.7.1989 Arb.Erf. 82/88 (unveröffentl.); abw. Volmer/Gaul Rz. 159 zu § 16.
163 Vgl. Schiedsst. v. 25.11.1959/27.1.1960 (Fn. 160).
163a Schiedsst. v. 23.4.1990 (Fn. 147).
164 Vgl. auch Werner (Fn. 146) S. 238; wie hier Volmer/Gaul Rz. 160 zu § 16; a.A. BPatG v. 15.6.1971 BPatGE 13, 72, 74.
165 Vgl. BPatG v. 2.10.1978 BPatGE 21, 82, 84 u.v. 20.10.1965 BPatGE 7, 108, 111 f.
166-168 frei
169 BGH v. 6.2.2002 (Fn. 157).

§ 16

3. Rechtsfolgen

a) Rechtsübertragung

Da der Arbeitnehmer gem. § 16 Abs. 2 die Übertragung der Rechte (nur) »verlangen« kann, vollzieht sich der Rechtserwerb nicht gleichsam »automatisch«, wie etwa bei der unbeschränkten Inanspruchnahme[170]. Die Mitteilung der Aufgabeabsicht nach § 16 Abs. 1 lässt als solche die Schutzrechtposition noch nicht übergehen; es bedarf vielmehr einer (formlos möglichen) **Abtretung** der Rechte gem. §§ 413, 398 ff. BGB (§ 15 Abs. 1 Satz 2 PatG), bis zu deren Vollzug der Arbeitgeber alleiniger Inhaber des Schutzrechts bzw. der Rechte aus der Schutzrechtsanmeldung bleibt[171], allerdings mit den aus der Mitteilung folgenden Beschränkungen (s. Rz. 41). Ein bloßes Nichtreagieren des Arbeitgebers stellt noch keine (konkludente) Schutzrechtsübertragung dar[171a]. Kommt der Arbeitgeber der durch das Verlangen des Arbeitnehmers (als einseitig verpflichtendes Rechtsgeschäft) begründeten Übertragungspflicht nicht nach, kann der Arbeitnehmer seinen Anspruch nach Anrufung der Schiedsstelle (§§ 28 ff.) ggf. im Klagewege (§§ 37, 39 Abs. 1) durchsetzen. 44

Der Übertragungsanspruch bezieht sich auf die Übertragung der ansonsten aufzugebenden Rechtsposition, **nicht** dagegen **auf sonstige Forschungsergebnisse** und **Know-how** des Arbeitgebers; diesbezüglich bestehen weder eine Mitteilungs- bzw. Offenbarungspflicht des Arbeitgebers noch eine Verpflichtung, solche Unterlagen dem Arbeitnehmer zur Verfügung zu stellen[172].

Im Inland ist zur wirksamen Übertragung weder eine Mitteilung an das Patentamt[173] noch eine Eintragung in das Patentregister[174] erforderlich; dies hat keine konstitutive, sondern nur deklaratorische Wirkung[174a]. Eine Unterrichtung der Patenterteilungsbehörde ist aber im Hinblick auf die Verfahrensvorschrift des § 30 Abs. 3 PatG zu beachten. Um selbst in den Genuss der Rechtswirkungen des übertragenen Schutzrechts zu kommen, hat der Arbeitnehmer den Vermerk des Inhaberwechsels beim Patentamt unter Nachweis der Rechtsübertragung zu beantragen. 45

Im Ausland sind evtl. notwendige Übertragungsformalien zu berücksichtigen. 46

Die **Übertragung** ist an **keine Frist** gebunden, insbesondere muss sie nicht innerhalb der Drei-Monats-Frist des § 16 Abs. 2 erfolgen; sie ist je- 47

---

170 Volmer Rz. 15 zu § 16 (»obligatorischer Anspruch«).
171 Schiedsst. v. 7.2.1985 Blatt 1986, 74, 75; Busse/Keukenschrijver, PatG Rz. 19 zu § 6 ArbEG.
171a LG Berlin v. 12. 8. 1997 Az. 16 O 67/97 (unveröffentl.).
172 Schiedsst. v. 23.5.1990 Arb.Erf. 85/90 (unveröffentl.).
173 Volmer Rz. 14 zu § 16.
174 Vgl. auch Volmer/Gaul Rz. 177 zu § 16.
174a LG Berlin v. 12. 8. 1997 (Fn. 171 a).

§ 16

doch im Grundsatz **sofort** zu vollziehen (§ 271 BGB), wenn nichts anderes vereinbart ist, da der Anspruch mit seiner Entstehung fällig wird.[174b] Die Frist für die Annahme der Abtretungserklärung des Arbeitgebers durch den Arbeitnehmer bestimmt sich nach §§ 147 ff. BGB.

48 Der Arbeitnehmer wird ex nunc **Rechtsnachfolger** seines Arbeitgebers vom Zeitpunkt der Übertragung ab[175] (s. auch Rz. 3). Er erlangt das übertragene Recht in dem bestehenden Rechtszustand, d. h. einschl. aller damit verbundener Belastungen, mit Nutzungsrechten Dritter jedoch nur insoweit belastet, als diese kraft Gesetzes Bestand haben (s. Rz. 62).

b) Aushändigung der Unterlagen

49 Der Arbeitgeber hat dem Arbeitnehmer zugleich die **zur Wahrung des Rechts** erforderlichen Unterlagen von sich aus **(unaufgefordert) auszuhändigen**. Dieser Herausgabeanspruch des Arbeitnehmers erfasst die wesentliche **Korrespondenz mit in- und ausländischen Patentbehörden** einschl. der Amtsbescheide und Zahlungsnachweise, soweit notwendig, auch den bisher mit eingeschalteten ausländischen Vertretern gewechselten Schriftverkehr und zwar einschließlich der letzten Nachweise bzw. Bescheide über Jahresgebühren und Zahlungen des Arbeitgebers[176]. Ferner sind erteilte **Originalurkunden** zu überlassen.

50 Der **Umfang** der auszuhändigenden Unterlagen bestimmt sich danach, den Arbeitnehmer in die Lage zu versetzen, das Erteilungsverfahren ordnungsgemäß weiterführen bzw. ein Schutzrecht aufrechterhalten und verteidigen zu können (vgl. zur Fürsorgepflicht auch Rz. 18 zu § 8). Folglich sind auch die zur **Durchsetzung** des Rechts gegenüber Dritten erforderlichen Unterlagen auszuhändigen[177].

Die das zu übertragende Recht betreffenden **Absprachen mit Dritten** sind mitzuteilen und entsprechende Unterlagen (z.B. Lizenzverträge) zu übergeben (s. auch Rz. 62).

51 Ein Anspruch des Arbeitnehmers auf Herausgabe sonstiger Unterlagen besteht nicht. So kann er beispielsweise nicht die Herausgabe erfindungsbezogener **Forschungs- und Versuchsberichte** des Arbeitgebers verlangen, es sei denn, diese sind zur Wahrung der Schutzrechtsposition erforderlich, etwa weil die Erteilungsbehörden derartige Berichte anfordern[178]. Damit kann der Arbeitnehmer auch nicht beanspruchen, dass ihm Unterla-

---

174b BGH v. 6.2.2002 GRUR 2002, 609, 611 – Drahtinjektionseinrichtung; Busse/Keukenschrijver, PatG Rz. 19 zu § 16 ArbEG.
175 Vgl. Schiedsst. v. 23.10.1969 Blatt 1971, 137, 142.
176 Letzteres betont die Schiedsst. im EV. v. 23.5.1990 Arb.Erf. 85/90 (unveröffentl.).
177 Busse/Keukenschrijver, PatG, Rz. 21 zu § 16 ArbEG.
178 Schiedsst. v. 23.5.1990 (Fn. 176).
179-184 frei

§ 16

gen bzw. Informationen zur (bisherigen oder potentiellen) **wirtschaftlichen Verwertbarkeit** der Schutzrechtsposition ausgehändigt werden.
§ 16 Abs. 1 hindert den Arbeitgeber nicht, für sich Duplikate der herauszugebenden Unterlagen anzufertigen. 52

c) Kostenübernahme

Die Rechtsübertragung erfolgt »**auf Kosten**« des Arbeitnehmers. Dieser hat also jedenfalls **alle mit dem Übertragungsvorgang verbundenen Kosten** zu tragen, wie evtl. Kosten des Übertragungsvertrages, Beglaubigungs-, Beurkundungs- oder sonstige Legalisationskosten, ferner Umschreibungskosten bei den nationalen Erteilungsbehörden. Anwaltskosten sind nur erfasst, wenn die Beiziehung eines Anwalts nach Verfahrensrecht zwingend ist, wie z.B. die Bestellung von Inlandsvertretern bei Auslandsschutzrechten oder bei Inlandsschutzrechten nach Wegfall einer inländischen Niederlassung des Arbeitgebers (vgl. § 25 PatG)[185]. 53

Der Gesetzeswortlaut bezieht sich allein auf die durch die Rechtsübertragung ausgelösten Kosten. Hieraus folgt, dass nach § 16 **weitere Kosten aus dem Zeitraum vor der Abtretung** dem Arbeitnehmer nicht angelastet werden sollen. Dies bedeutet, dass der Arbeitgeber solche Kosten grundsätzlich selbst zu tragen hat, sofern die Arbeitsvertragsparteien nicht diesbezüglich eine anders lautende Abrede getroffen haben[186] (s. auch Rz. 20 bis 23 zu § 13). **Ab Abtretung** hat der Arbeitnehmer die Kosten der Schutzrechtsposition alleine zu tragen. Dies gilt auch dann, wenn sich der Arbeitgeber ein Benutzungsrecht vorbehalten hat[186a] (s. auch Rz. 92). Zur Aufteilung der Verfahrenskosten s. nachfolgend Rz. 55 ff. 54

Maßgeblicher Zeitpunkt ist der Zugang der Annahmeerklärung des Arbeitnehmers zur Abtretung beim Arbeitgeber (§§ 413, 398 BGB). Demgegenüber stellt die Schiedsstelle[186b] auf den Zeitpunkt der Abgabe der (formgerechten) Abtretungserklärung durch den Arbeitgeber ab; anderenfalls habe es der Arbeitnehmererfinder in der Hand, den Termin des Wirksamwerdens der Abtretung möglichst weit hinauszuschieben (vgl. aber § 148 BGB). 55

Der Arbeitgeber kann eine Erstattung der von ihm bis zur Abtretung aufgewendeten Verfahrenskosten, wie Gebühren der Erteilungsbehörden (vgl. Patentkostengesetz), Verfahrensgebühren und Auslagen nicht verlangen[187]. 56

---

185 A.A. (möglicherweise) Schiedsst. v. 7.2.1985 Blatt 1986, 74, 75.
186 Zur Zulässigkeit solcher Abreden auch i. II. a. §§ 22, 23 ArbEG s. BPatG v. 15. 6. 1971 BPatGE 13, 72, 79.
186a Ebenso Schiedsst. v. 25.2.1991 Arb.Erf. 50/90 (unveröffentl.).
186b Schiedsst. v. 23. 4. 1990 Blatt 1992, 197 f – Jahresgebührenquotelung = Mitt. 1993, 286, 287 m. Anm. Bartenbach/Volz; insoweit abweichend von Schiedsst. v. 7. 2. 1985 Blatt 1986, 74; zust. Busse/Keukenschrijver, PatG, Rz. 22 zu § 16 ArbEG.
187 So auch Schiedsst. v. 7.2.1985 Blatt 1986, 74 m.w.N.; Heine/Rebitzki Anm. 4 zu § 16; Reimer/Schade/Schippel/Kaube Rz. 16 zu § 16 m.w.N.; a.A. Fink Mitt. 1960, 51, 52.

§ 16

Solche Verfahrenskosten sind mit der betreffenden Verfahrenshandlung zu entrichten und fallen daher demjenigen zur Last, der als Berechtigter an der Anmeldung oder dem Schutzrecht die Verfahrenshandlung aus eigenem Interesse vornimmt oder hierzu auf Grund seiner Pflicht zur Schutzrechtsanmeldung (vgl. § 13) bzw. zur Aufrechterhaltung einer Schutzrechtsposition gehalten ist[188]. Als wirtschaftlicher Ausgleich standen dem Arbeitgeber zudem die alleinigen Verwertungsrechte an der Schutzrechtsposition zu[188], ohne dass es in diesem Zusammenhang auf einen tatsächlich erzielten Gewinn ankommen kann.

57 Diese auf den Grundsatz von Treu und Glauben (§ 242 BGB) gestützten Überlegungen gelten ebenfalls für sämtliche Verfahrenskosten, die innerhalb des **3-Monats-Zeitraums** des § 16 Abs. 2 fällig werden; der Arbeitgeber hat diese Kosten ohne Erstattungsanspruch gegenüber dem Arbeitnehmer zu tragen[189]. Derartige Verfahrenskosten – wie insbesondere Beschwerdegebühren – hat stets der zu tragen, der im Zeitpunkt ihrer Fälligkeit Inhaber des Schutzrechts bzw. »Herr des Erteilungsverfahrens« (vgl. §§ 13, 14) ist[190]. Zahlt der Arbeitgeber in diesem Zeitraum fällige Gebühren, führt er im Regelfall ausschließlich ein eigenes Geschäft – und kein solches des Arbeitnehmers (§ 677 BGB) – aus: Er ermöglicht damit die Erfüllung seiner Übertragungspflicht gemäß § 16 Abs. 1 (vgl. oben Rz. 41); ein Handeln (auch) im Interesse des Arbeitnehmers i. S. des § 683 BGB scheidet grundsätzlich aus, da zu diesem Zeitpunkt eine evtl. Übernahme der Schutzrechtsposition durch diesen noch ungewiss ist.

Demgegenüber will die Schiedsstelle[191] unter Berufung auf das BayOLG[192] bei **Jahresgebühren** eine **Kostenteilung** mittels **Quotelung** vornehmen. Bezogen auf den Zeitpunkt der Abgabe der Übertragungserklärung hätten die Beteiligten die Jahresgebühren hierfür im Verhältnis der Bruchteile des Patentjahres, während derer sie Inhaber des Schutzrechts waren oder sind, zu tragen. Das Gleiche gelte für etwaige zur Entrichtung der Jahresgebühr anfallenden weiteren Kosten wie Anwaltshonorare. Zur Begründung verweist die Schiedsstelle darauf, dass Jahresgebühren – anders als Verfahrenskosten – in die Zukunft wirken (vgl. § 3 Abs. 2 Patentkostengesetz).

---

188 Schiedsst. v. 7.2.1985 (Fn. 187).
189 Schiedsst. v. 7.2.1985 (Fn. 187); Volmer/Gaul Rz. 187 zu § 16; a.A. BPatG v. 2.10.1978 u.v. 20.10.1965 (beide Fn. 165); Reimer/Schade/Schippel/Kaube (Fn. 187).
190 So auch Schiedsst. v. 30.7.1970 Blatt 1971, 137, 140 u.v. 7.2.1985 (Fn. 187); einschränkend Reimer/Schade/Schippel/Kaube (Fn. 187) m. Hinweis auf Schiedsst. v. 25.2. 1991 Arb.Erf. 50/90 (unveröffentl.).
191 Schiedsst. v. 7.2.1985 (Fn. 187); bestätigt durch Schiedsst. v. 23.4.1990 Blatt 1992, 197 f. – Jahresgebührenquotelung = Mitt. 1993, 286, 287 m. Anm. Bartenbach/Volz; zust. Busse/Keukenschrijver, PatG, Rz. 22 zu § 16 ArbEG.
192 Urt. v. 18.1.1973 Az. 6 U 1392/72 (unveröffentl.).
193-199 frei

§ 16

Diese Auffassung verkennt, dass auch Verfahrensgebühren eine solche zumindest mittelbare »Zukunftswirkung« nicht abzusprechen ist: (z.B. Beschwerdegebühr zur Durchführung des zukünftigen Beschwerdeverfahrens). Die hier vertretene Auffassung, dass der Arbeitgeber auch die bis zur Abtretung anfallenden **Jahresgebühren** ohne Erstattungsanspruch zu tragen hat, ist nicht unbillig; sie stellt sich als die vom Arbeitgeber in Kauf genommene Folge der unbeschränkten Inanspruchnahme dar, zu der er sich aus freien Stücken entschlossen hat. Es ist eines der Risiken, mit denen die Inanspruchnahme behaftet ist; der Ausgleich hierfür ist in den mit der unbeschränkten Inanspruchnahme verbundenen wirtschaftlichen Verwertungsmöglichkeiten zu sehen[200]. Zudem treffen derartige Kostensituationen den Arbeitgeber nicht überraschend: Die Fälligkeit der Jahresgebühren steht von vornherein fest, so dass der Arbeitgeber regelmäßig seine Aufgabeabsicht so rechtzeitig dem Arbeitnehmer mitteilen kann, dass die hierdurch in Gang gesetzte 3-Monats-Frist gemäß § 16 Abs. 2 vor dem neuen Fälligwerden einer Jahresgebühr abläuft.

58

Nutzt der Arbeitgeber insbesondere bezüglich der Jahresgebühren **gesetzliche Zahlungsfristen** (vgl. § 7 Abs. 1 Satz 2 PatentkostenG), so kann der Arbeitnehmer, der nach Übertragung diese schon früher fällig gewordenen, aber nachträglich zu zahlenden Gebühren ausgeglichen hat, vom Arbeitgeber Erstattung verlangen. Rechtsgrundlage dafür ist § 683 BGB, da der Arbeitnehmer insoweit auch für den Arbeitgeber tätig geworden ist[201]. Ohne die Gebührenzahlung wäre die Rechtsfolge der Rücknahmefiktion bzw. das Erlöschen des Schutzrechts (§ 6 Abs. 2 PatentkostenG) eingetreten; der Arbeitgeber hätte damit seine Übertragungspflicht nicht ordnungsgemäß erfüllen können[201].

59

Auch die Schiedsstelle erkennt an, dass eine nicht rechtzeitige Entrichtung der Jahresgebühren innerhalb der zuschlagsfreien Zahlungsfrist den Interessen des Arbeitgebers gedient hat; sie sieht diesen deshalb bei nachträglicher Zahlung durch den Arbeitnehmer als verpflichtet an, die entrichteten Zuschlagsgebühren zu tragen. Diese Kosten für die verspätete Entrichtung dürfen daher auch in die von ihr praktizierte Quotelung nicht einbezogen werden[202].

Ein Anspruch auf **Rückzahlung der Beschwerdegebühr** gem. § 80 Abs. 3, 4 PatG steht dem Arbeitgeber bei Rücknahme der Beschwerde auch aus Billigkeitsgründen nicht zu, selbst wenn die Beschwerde nur vorsorglich zur Fristwahrung eingelegt worden ist[203].

---

200 So auch BPatG v. 29.10.1965 BPatGE 7, 113, 117.
201 So auch Volmer/Gaul Rz. 188 zu § 16; wohl auch BPatG v. 29.10.1965 (Fn. 200).
202 Schiedsst. v. 7.2.1985 Blatt 1986, 74, 75.
203 BPatG v. 2.10.1978 BPatGE 21, 82 ff.; v. 20.10.1965 BPatGE 7, 108 f.; v. 29.10.1965 BPatGE 7, 113, 118; v. 15.6.1971 BPatGE 13, 72 f.; Horn Mitt. 1965, 24; Volmer/Gaul Rz. 190 zu § 16; a.A. Witte Mitt. 1963, 45; Werner GRUR 1966, 236, 238;

§ 16

d) Sonstige Rechtsfolgen

aa) Wettbewerbsverbot

60 Nach Übertragung des Rechts kann der Arbeitnehmer hierüber **frei verfügen**. Er unterliegt insbesondere nicht den Beschränkungen der §§ 18, 19 (vgl. auch § 8 Abs. 2, dort Rz. 51 ff.).

61 Allerdings bleibt der Arbeitnehmer in seiner **Verwertungsbefugnis** den allgemeinen Beschränkungen unterworfen, die sich für ihn aus dem Arbeitsverhältnis bzw. aus nachvertraglichen Pflichten ergeben[210]. Wird – wie § 25 verdeutlicht – ein Arbeitnehmer selbst bei der Freigabe der gesamten Diensterfindung nicht von der Verpflichtung entbunden, Wettbewerb gegenüber dem Arbeitgeber zu unterlassen (§ 60 Abs. 1 HGB)[211], muss dies erst recht bei der Übertragung gem. § 16 gelten, die sich häufig nur auf einzelne auf die Diensterfindung bezogene Schutzrechtsanmeldungen bzw. nationale Schutzrechte erstreckt. Die Treuepflicht kann daher den Arbeitnehmer hindern, eine ihm übertragene Schutzrechtsposition selbst zu nutzen. Dagegen ist er grundsätzlich frei darin, die Schutzrechtsposition auf Dritte zu übertragen oder Lizenzen hieran zu vergeben[212] (vgl. im Übrigen Rz. 51-56 zu § 8).

bb) Rechte Dritter am übertragenen Recht

62 Vom Arbeitgeber vor Übertragung Dritten eingeräumte einfache oder ausschließliche Nutzungsrechte (Lizenzen) an der Erfindung bleiben von der Übertragung der Schutzrechtsposition auf den Arbeitnehmer nach den allgemeinen patentrechtlichen Grundsätzen (vgl. § 15 Abs. 3 PatG § 22 Abs. 3 GebrMG) **unberührt**[213] (s. Rz. 35 zu § 7 u. oben Rz. 23, 48). Im Falle der Lizenzbereitschaftserklärung besteht die Rücknahmemöglichkeit (§ 23 Abs. 7 PatG) fort.

63 Aus der Zielsetzung des § 16 und der Unternehmensbezogenheit des Nutzungsrechts nach § 16 Abs. 3 folgt u.E., dass im Zweifel stillschweigend mit Übertragung des Patentes die Forderungen aus dem Lizenzvertrag mit

---

BPatG v. 6.9.1965 Az. 12 W (pat) 136/65 (unveröffentl.), aufgegeben in BPatGE 21, 82, 84; vgl. auch BPatG v. 7.5.1962 BPatGE 2, 69, 77.
204-209 frei
210 Vgl. auch Amtl. Begr. BT-Drucks. II/1648 S. 26 (zu § 8) = Blatt 1957, 232.
211 Der hierin enthaltene allg. Rechtsgedanke gilt auch für techn. Angestellte, vgl. BAG v. 16.1.1975 AP Nr. 8 zu § 60 HGB u.v. 17.10.1969 AP Nr. 7 zu § 611 BGB-Treuepflicht.
212 Schiedsst. v. 25.5.1981 Blatt 1982, 166.
213 Bernhardt/Kraßer Lehrb. d. PatR. § 21 IV a 5; Benkard/Ullmann PatG Rz. 61 zu § 15.
214 frei

§ 16

abgetreten (§§ 398, 404 BGB)[215] sind, so dass zukünftige **Lizenzgebühren** – auch ohne besonderen Übertragungsakt ab Rechtsübertragung i. d. R. allein dem Arbeitnehmer zustehen[216]. Rückständige Lizenzen gebühren dem Arbeitgeber.

cc) *Nutzungsrechte des Arbeitgebers*

Mit der Rechtsübertragung entfällt grundsätzlich jegliches **Verwertungsrecht des Arbeitgebers,** sofern der Arbeitnehmer bzw. dessen Sonderrechtsnachfolger die Schutzrechtsposition aufrechterhält und soweit der Arbeitgeber sich nicht ein Nutzungsrecht gem. § 16 Abs. 3 vorbehalten hat (vgl. Rz. 77 ff.). Nutzungshandlungen mit vom Arbeitgeber in der Vergangenheit hergestellten und/oder gelieferten Vorrichtungen können vom Arbeitnehmer nicht untersagt werden, da insoweit eine Erschöpfung des Patentrechts eingetreten ist[226] (zur Vergütung s. Rz. 66). Im Übrigen ist der Arbeitnehmer – auch durch seine Treuepflicht – nicht gehindert, die übertragenen Rechte gegen den Arbeitgeber selbst geltend zu machen[227]. Ergänzend gelten die Grundsätze über die Verwertung einer frei gewordenen Diensterfindung durch den Arbeitgeber (s. dazu Rz. 58 ff. zu § 8) entsprechend. 64

Mit der Schutzrechtsübertragung gehen auch die Verbietungsrechte aus § 9 PatG, § 11 GebrMG auf den Arbeitnehmer über, und zwar mit Wirkung ex nunc (s. Rz. 3, 48). Ohne ausdrückliche Absprache gehen allerdings in der Vergangenheit entstandene Ansprüche aus Schutzrechtsverletzungen nicht über; insoweit gilt nichts anderes als bei einer Schutzrechtsübertragung im allgemeinen Rechtsverkehr.[228] 65
Zur Zulässigkeit von Einsprüchen, Nichtigkeits- und Löschungsklagen des Arbeitgebers gegen die übertragenen Rechte s. Rz. 42 ff. zu § 25.

---

215 Busse/Keukenschrijver, PatG, Rz. 19 zu § 16 ArbEG; vgl. allg. Benkard/Ullmann PatG Rz. 64 zu § 15.
216 So wohl auch Heine/Rebitzki Anm. 6 zu § 16; s. a. Volmer/Gaul Rz. 201 zu § 16; abweichend Reimer/Schade/Schippel/Kaube Rz. 19 zu § 16, die eine gesonderte Übertragung des Lizenzgebührenanspruchs annehmen.
217-225 frei
226 Zust. Schiedsst. v. 25.2.1991 Arb.Erf. 50/90 (unveröffentl.). Zum patentrechtl. Erschöpfungsgrundsatz vgl. BGH v. 8.3.1973 GRUR 1973, 518 – Spielautomat II; f. Vertriebshandlungen i. Ausland vgl. BGH v. 3.6.1976 GRUR 1976, 579 – Tylosin; wie hier auch Volmer/Gaul Rz. 197 f. zu § 16.
227 Schiedsst. ZB v. 30. 10. 1996 Arb.Erf. 29/95 (unveröffentl.); Halbach Anm. 5 zu § 16; Röpke Arbeitsverh. u. ArbNErf. S. 124 (dort Fn. 456).
228 Vgl. BGH v. 14. 1. 1958 GRUR 1958, 288, 289 – Dia-Rähmchen I.
229-235 frei

§ 16

dd) Vergütungsansprüche des Arbeitnehmers

66 Nutzungshandlungen des Arbeitgebers bis zum Zeitpunkt der Übertragung sind dem Arbeitnehmer wie bisher zu vergüten. Evtl. Abzüge wegen des Risikos der Patenterteilung (vgl. Rz. 64 ff. zu § 12) sind vom Arbeitgeber nachzuzahlen, wenn eine vom Arbeitnehmer übernommene Schutzrechtsanmeldung zur Schutzrechtserteilung führt. Im Einverständnis des Arbeitnehmers mit einer Schutzrechtsaufgabe kann mangels anderweitiger Anhaltspunkte kein Verzicht auf bereits fällig gewordene Vergütungsansprüche gesehen werden. Verfehlt ist deshalb die Ansicht des OLG Braunschweig[236], wonach mit einvernehmlichem Fallenlassen einer Schutzrechtsanmeldung auch ein evtl. Anspruch auf vorläufige Vergütung rückwirkend entfallen soll. Allerdings verliert der Arbeitnehmer einen evtl. Anspruch auf Nachzahlung des Risikoabschlags (s. Rz. 69 zu § 12), da eine endgültige Klärung der Schutzfähigkeit nicht mehr herbeigeführt wird. S. auch Rz. 92. Für die Benutzung von erfindungsgemäßen Vorrichtungen, deren frühere Herstellung bereits vergütet worden ist, kann bei eingetretener Erschöpfung (s. Rz. 64) keine weitere Vergütung verlangt werden[236a].
Zur Vergütung bei Vorbehalt eines Nutzungsrechts gem. § 16 Abs. 3 s. unten Rz. 90 ff.

IV. Aufgaberecht des Arbeitgebers

67 Hat der Arbeitnehmer nicht binnen der Drei-Monats-Frist die Übertragung des Rechts verlangt, so ist der Arbeitgeber gem. § 16 Abs. 2 **berechtigt, nicht verpflichtet** (s. Rz. 32), seine Rechte aus der Schutzrechtsanmeldung bzw. aus dem Schutzrecht ganz, teilweise oder (auf einzelne Staaten) beschränkt gegenüber der jeweiligen Patentbehörde aufzugeben (zur Aufgabe s. Rz. 10-13).
68 Gleiches gilt, wenn der Arbeitnehmer einen Verzicht auf Rechtsübertragung wirksam erklärt hat (s. dazu Rz. 1.2, 36).
69 Mit der Aufgabe verliert der Arbeitnehmer einen evtl. Anspruch auf Nachzahlung eines Risikoabschlages (s. dazu oben Rz. 66 u. Rz. 69 zu § 12; zu den sonstigen Rechtsfolgen der Aufgabe s. Rz. 23 ff. Zur anschließenden Änderung der Aufgabeabsicht s. Rz. 32.

---

236 Beschl. v. 21.6.1978 Az. 9 O 35/78 (unveröffentl.).
236a Schiedsst. v. 25.2.1991 (Fn. 226).

§ 16

E. Pflichtverletzungen durch den Arbeitgeber

I. Schadensersatzansprüche des Arbeitnehmers

1. Anspruchsvoraussetzungen

§ 16 (Abs. 1, 2) stellt ein **Schutzgesetz** im Sinne des § 823 Abs. 2 BGB dar[237]. 70
Die Mitteilungspflicht und die daran anknüpfenden Rechte des Arbeitnehmers sind Ausfluss der Fürsorgepflicht des Arbeitgebers[238]. Eine schuldhafte Pflichtverletzung löst damit Schadensersatzansprüche des Arbeitnehmers (§ 280 Abs. 1, § 619a BGB) aus[238a], wobei nach der Wortfassung des § 16 Abs. 1 (»hat ... mitzuteilen«) als schadenstiftendes Ereignis nicht erst das Fallenlassen einer Schutzrechtsposition, sondern bereits das Unterlassen der Mitteilung und des damit verbundenen Übertragungsangebots an den Arbeitnehmer anzusehen ist[239]. Ergänzend kommt ein Ersatzanspruch wegen Verletzung des gesetzlichen Schuldverhältnisses[239a] in Betracht.

Die **Beweislast** für die Anspruchsvoraussetzungen trägt der Arbeitnehmer (s. Rz. 75.1) und für die anspruchsausschließenden Einwendungen der Arbeitgeber (s. Rz. 73, 75.2). Zum Auskunftsanspruch s. Rz. 74. 71

Pflichtverletzungen stellen beispielsweise dar: 72
- Verletzung der Mitteilungspflicht, etwa wegen irrtümlicher Annahme vollständiger Erfüllung des Vergütungsanspruchs; u.U. auch die unterlassene Information des Arbeitnehmererfinders über gravierende rechtliche oder wirtschaftliche Belastungen des Rechts (vgl. Rz. 35); ferner mangelnde Kontrolle über den Zugang der Erklärung beim Arbeitnehmer (s. Rz. 29);
- das Fallenlassen einer parallelen Patentanmeldung trotz Aufrechterhaltens des Gebrauchsmusters[251] (vgl. Rz. 8 u. 74);
- Missachtung des Verfahrens nach § 16 durch Nichtaufrechterhalten der zu übertragenden Schutzrechtspositionen während der Drei-Monats-

---

237 Allg. A., z.B. OLG Frankfurt v. 19.12.1991 GRUR 1993, 910, 911 – Bügelverschließmaschinen; Schiedsst. v. 14.4.1982 Arb.Erf. 50/81 (unveröffentl.); vgl. auch BGH v. 6.2.2002 GRUR 2002, 609, 611 – Drahtinjektionseinrichtung; Volmer/Gaul Rz. 239 zu § 16; Busse/Keukenschrijver, PatG, Rz. 23 zu § 16 ArbEG; MünchArbR/Sack § 99 Rz. 33.
238 Röpke Arbeitsverh. u. ArbNErf. S. 125; vgl. auch Busse/Keukenschrijver, PatG, Rz. 28 zu § 16 ArbEG.
238a Schiedsst. v. 8.3.2001 Arb.Erf. 1/99 (unveröffentl.).
239 BGH v. 14.7.1980 Az. X ZR 1/79 – Rohrverlegeverfahren (unveröffentl.); abw. OLG Düsseldorf v. 19.7.1987 Az. 2 U 180/86 (unveröffentl.), wonach erst das Fallenlassen der Schutzrechte ohne vorausgegangene Mitteilung pflichtwidrig sein soll.
239a Ebenso BGH v. 6.2.2002 (Fn. 237); weitergehend OLG Frankfurt v. 19.12.1991 (Fn. 237).
240-250 frei
251 Schiedsst. v. 25.5.1981 Blatt 1982, 166.

§ 16

Frist[252] (vgl. dazu Rz. 1) oder sonstige Vereitelung bzw. Erschwerung der Übernahme (vgl. Rz. 41);
- die Nichtzahlung von Jahresgebühren[253] (vgl. §§ 17, 20 Abs. 1 Nr. 3, § 58 Abs. 3 PatG) ohne vorherige Mitteilung an den Arbeitnehmer (s. aber Rz. 26);
- die Zurücknahme der Schutzrechtsanmeldung sowie das Unterlassen der Beschwerde gegen einen Zurückweisungsbeschluss, ohne dem Arbeitnehmer die Möglichkeit der Weiterführung des Verfahrens zu geben[254];
- das Unterlassen der Ausschöpfung aller Verteidigungsmöglichkeiten in einem Einspruchs- oder Beschwerdeverfahren, in dem der Widerruf eines Patentes droht[254a].

Keine Pflichtverletzung liegt in der Übertragung der Schutzrechtsposition auf Dritte (s. Rz. 4), ferner regelmäßig nicht in einer Lizenzbereitschaftserklärung (s. Rz. 41, dort auch zur Lizenzvergabe). Zur nachträglichen Behandlung einer zurückgenommenen Schutzrechtsanmeldung als Betriebsgeheimnis s. Rz. 32 zu § 17.

Kommt der Arbeitgeber seiner Mitteilungspflicht nicht nach und verhindert der **Arbeitnehmer** das drohende Erlöschen der Schutzrechtsposition durch **eigene Zahlung der Jahresgebühren** an das Patentamt, so kann er nach hier vertretener Auffassung vom Arbeitgeber jedenfalls in analoger Anwendung des § 16 die Übertragung dieser Schutzrechtsposition verlangen[255]. Da die Pflichtwidrigkeit schon in dem Unterlassen der Mitteilung einer etwaigen Aufgabeabsicht (»... so hat er dies dem Arbeitnehmer mitzuteilen ...«) liegt, und nicht erst in dem Fallenlassen der Schutzrechte durch den Arbeitgeber, kann der Arbeitnehmer im Wege des Schadensersatzes verlangen, so gestellt zu werden, wie er bei pflichtgerechter Mitteilung gestanden hätte (§ 249 BGB). Zur Situation bei Vermögensverfall des Arbeitgebers s. Rz. 26.

73 Hat der Arbeitgeber eine Schutzrechtsanmeldung unter Verletzung des § 16 fallen gelassen, kann er sich unter dem Aspekt von Treu und Glauben entsprechend dem Rechtsgedanken des § 162 BGB dem Arbeitnehmer ge-

---

252 Vgl. auch BPatG v. 29.10.1965 BPatGE 7, 113, 117; Schiedsst. v. 23.4.1990 Blatt 1993, 286, 287 l.Sp. – Jahresgebührenquotelung.
253 BGH v. 14.7.1980 Az. X ZR 1/79 – Rohrverlegeverfahren (unveröffentl.); OLG Frankfurt v. 19.12.1991 (Fn. 237); Schiedsst. v. 25.5.1981 Blatt 1982, 166 u.v. 12. 8. 1999 Arb.Erf. 19/98 (unveröffentl.).
254 Schiedsst. v. 3.10.1985 Arb.Erf. 3/85 (unveröffentl.) u.v. 2.6.1992 EGR Nr. 35 zu § 16 ArbEG.
254a BGH v. 6.2.2002 GRUR 2002, 609, 613 – Drahtinjektionseinrichtung.
255 Im Ergebnis so auch Busse/Keukenschrijver, PatG, Rz. 25 zu § 16 ArbEG m. d. H., dass der Schadensersatzanspruch auf positives Interesse gerichtet sei. A.A. OLG Düsseldorf v. 17.9.1987 Az. 2 U 180/86 (unveröffentl.), das dem ArbN nur einen Anspruch auf Aufwendungsersatz zugestehen will; vgl. auch BGH v. 3.2.1988 GRUR 1988, 762 – Windform.

§ 16

genüber auf die **mangelnde Schutzfähigkeit** grundsätzlich nicht berufen[256]. Etwas anders soll gelten, wenn er nachweist, dass die Schutzrechtserteilung mangels Schutzfähigkeit nicht erfolgt wäre[256a]. Nach Auffassung des BGH[257] und der Schiedsstelle[258] ist auch im Übrigen die Berufung des Arbeitgebers auf die mangelnde Schutzfähigkeit grundsätzlich zulässig. Dabei muss sich der Arbeitnehmer eine etwa fehlende Patentfähigkeit von dem Zeitpunkt an entgegenhalten lassen, »zu dem diese bei normalem Ablauf des Prüfungsverfahrens festgestellt worden wäre«[259]. Ein solcher Nachweis kann vom Arbeitgeber etwa durch den Bezug auf die Versagung eines parallelen Auslandsschutzrechts geführt werden, ferner durch einen Zurückweisungsbeschluss des Patentamtes, der den Stand der Technik und die Argumente der Prüfungsstelle zur Frage der Patentfähigkeit ergibt[260]. Maßgebend ist, ob aller Voraussicht nach ein Schutzrecht auf die Anmeldung erteilt worden wäre oder nicht. Hierzu kann auch die Benennung des einschlägigen Standes der Technik und die Angabe der sachlichen Gründe gehören, warum angesichts des benannten Standes der Technik dem Anmeldungsgegenstand die Schutzfähigkeit fehlen soll[261]. Der Arbeitgeber hat **in Umkehr der Beweislast** jedenfalls die Umstände darzulegen und unter Beweis zu stellen, aus denen er das Fehlen der Voraussetzungen für eine Schutzrechtserteilung herleitet[262]. Zu weiteren Fragen der Schutzfähigkeit s. auch Rz. 96 zu § 5.

Wird der **Nachweis der ursprünglichen Schutzunfähigkeit** erbracht, ist ab dem Zeitpunkt der voraussichtlichen Patentversagung ein Schadensersatzanspruch ausgeschlossen[263]. Bis zu diesem Zeitpunkt schuldet der Arbeitgeber bei Benutzung des Erfindungsgegenstandes eine vorläufige Erfindervergütung, also unter Berücksichtigung des Risikoabschlags. Ergibt die Prüfung, dass ein Patent voraussichtlich erteilt worden wäre oder kann der Arbeitgeber den Nachweis der mangelnden Schutzfähigkeit nicht führen, schuldet er als Schadensersatz die Erfindervergütung für den gesamten

---

256 OLG Frankfurt v. 28.10.1965 GRUR 1966, 425, 426 – Strophocor m. zust. Anm. Friedrich; Reimer/Schade/Schippel/Kaube Rz. 10 zu § 16; vgl. auch LAG Bremen v. 16.2.1965 DB 1965, 635.
256a Schiedsst. v. 2.6.1992 EGR Nr. 34 zu § 16 ArbEG m.H.a. Schiedsst. v. 25.5.1981 u. BGH v. 14.7.1980 (beide Fn. 253) u. Schiedsst. v. 17. 6. 1999 Arb.Erf. 91/96 (unveröffentl.).
257 BGH v. 6.2.2002 (Fn. 254a) S. 611; BGH v. 14.7.1980 (Fn. 253) im Anschl. an OLG Braunschweig v. 5.10.1978 Az. 2 U 33/78 (unveröffentl.); zust. Busse/Keukenschrijver, PatG, Rz. 24, 27 zu § 16 ArbEG.
258 Schiedsst. v. 8.10.1985 Arb.Erf. 3/85; v. 7.11.1985 Arb.Erf. 13/85; v. 5.11.1990 Arb.Erf. 21/90; v. 25.1.1996 Arb.Erf. 54/96 (alle unveröffentl.) u.v. 2.6.1992 (Fn. 256a).
259 BGH v. 14.7.1980 (Fn. 253).
260 Schiedsst. v. 2.6.1992 (Fn. 256a) u.v. 25.1.1996 (Fn. 258).
261 Schiedsst. v. 2.6.1992 (Fn. 256a) u.v. 25.1.1996 (Fn. 258).
262 BGH v. 14.7.1980 (Fn. 253).
263 Schiedsst. v. 8.10.1985, v. 7.11.1985 u.v. 5.11.1990 (alle Fn. 258).

§ 16

Nutzungszeitraum bis zum (fiktiven) Ablauf der Schutzrechtsfrist, und nicht nur bis zum Ablauf einer durchschnittlichen Laufzeit eines Patents[264]. Ab dem Zeitpunkt der voraussichtlichen Schutzrechtserteilung entfällt ein Risikoabschlag.

2. Schadensumfang

74 Die Frage, welchen Schaden die Pflichtverletzung des Arbeitgebers zur Folge hat, hängt von der Prüfung ab, welchen Verlauf die Dinge bei pflichtgemäßem Verhalten des Arbeitgebers genommen hätten und wie dann die Vermögenslage des Arbeitnehmers sein würde. Der Schadensumfang kann sowohl **ausgefallene Vergütungsansprüche**[271] (insbesondere bei Fortsetzung der Nutzung durch den Arbeitgeber nach Aufgabe des Rechts) als auch solche **Vermögensnachteile** umfassen, die der Arbeitnehmer dadurch erleidet, dass er das aufgegebene **Recht nicht mehr verwerten** kann, etwa durch Scheitern eines Verkaufs der Erfindungsrechte bzw. des Abschlusses von Lizenzverträgen[272]. Auch eine Patentanmeldung kann ein verwertungsfähiges Objekt sein. Einschränkend stellt der BGH bei der Bemessung des Nutzungs- bzw. Entgeltzeitraums darauf ab, dass dieser auch von dem »**mutmaßlichen Schicksal**« der Patentanmeldung abhängt[273].

Einen pauschalierten Entschädigungsanspruch sieht das Gesetz nicht vor.[273a] Für die Bemessung der **Schadenshöhe** kann der Benutzungsumfang durch Konkurrenten herangezogen werden[274], und zwar sowohl im Hinblick auf eine gewisse Marktsättigung mit gleichwertigen Produkten als auch als Indiz für ein gewisses Marktbedürfnis. Beachtlich kann ferner der Umfang einer bisherigen Nutzung durch den Arbeitgeber wie auch der Zeitraum einer Nutzung vergleichbarer Gegenstände durch Wettbewerber sein. Maßstab für die wirtschaftliche Verwertbarkeit der erfindungsgemäßen Lehre kann auch sein, inwieweit hierauf bezogene Versuche des Arbeitgebers oder Dritter zu befriedigenden Ergebnissen geführt haben[275].

---

264 So aber Schiedsst. v. 2.6.1992 (Fn. 256a, insoweit nicht in EGR abgedruckt) u.v. 25.5.1981 Blatt 1982, 166.
265-270 frei
271 BGH v. 6.2.2002 GRUR 2002, 609, 610 – Drahtinjektionseinrichtung; OLG Frankfurt v. 28.10.1965 (Fn. 256); Schiedsst. v. 26.1.1988 Blatt 1988, 351, 353 f. u. v. 17. 6. 1999 Arb.Erf. 91/96 (unveröffentl.); Busse/Keukenschrijver, PatG, Rz. 26 zu § 16 ArbEG.
272 OLG Braunschweig v. 5.10.1978 (Fn. 257); Volmer/Gaul Rz. 240 zu § 16.
273 BGH v. 14.7.1980 (Fn. 253).
273a Schiedsst. v. 12. 8. 1999 Arb.Erf. 19/98 (unveröffentl.).
274 Schiedst. ZB. v. 2.1.1984 Arb.Erf. 21/83 (unveröffentl.).
275 So BGH v. 14.7.1980 (Fn. 253).

§ 16

Hat der Arbeitgeber unter Verstoß gegen § 16 eine Patentanmeldung bei gleichzeitiger Aufrechterhaltung des hinterlegten parallelen Gebrauchsmusters fallen gelassen, muss er bei Fortsetzung seiner Nutzung nach Ablauf des Gebrauchsmusterschutzes Schadensersatz in Höhe der Vergütung zahlen, die er bei Aufrechterhalten der Patentanmeldung hätte leisten müssen[276], wobei die Schiedsstelle von einer mittleren Patentlaufdauer von 12 bis 13 Jahren ausgeht (s. dazu oben Rz. 73 a. E.u. Rz. 59.1 zu § 9). Zum Vergütungsanspruch bei Parallelanmeldung s. Rz. 71 zu § 12.

Macht der Arbeitnehmer ausgefallene Vergütungsansprüche geltend, hat er gegenüber dem Arbeitgeber einen Anspruch auf **Auskunftserteilung**, der sich grundsätzlich auf die gleichen Angaben erstreckt wie beim Vergütungsanspruch nach § 9[276a] (s. hierzu Rz. 162 ff. zu § 12).

Gegebenenfalls muss sich der Arbeitnehmer im Wege des **Vorteilsausgleichs** diejenigen Beträge anrechnen lassen, die er im Falle der Übertragung einer Schutzrechtsposition für deren Aufrechterhalten hätte aufwenden müssen (Jahresgebühren, Prüfungsgebühr, Patentanwaltskosten) sowie potentielle Aufwendungen für Eigenversuche (zur Herbeiführung der Betriebsreife einer Erfindung) oder für Lizenzvertragsabschlüsse[277]. Nutzt der Arbeitgeber die Erfindung weiter, ist zu berücksichtigen, dass üblicherweise ein Mitbenutzungsrecht nach § 16 Abs. 3 vorbehalten wird, so dass bei der Schadensberechnung der Anteilsfaktor zum Tragen kommen kann[278].

Ein **Mitverschulden** (§ 254 BGB) des Arbeitnehmers kann in Betracht kommen, wenn dieser – etwa nach seinem Ausscheiden aus dem Dienstverhältnis – den Arbeitgeber über seine Anschriftenänderung im Unklaren gelassen hat und deshalb seine neue Anschrift nicht ermittelbar ist[286], ferner, wenn er bei seinem Arbeitgeber den Eindruck erweckt, an einer Weiterverfolgung der Schutzrechtsanmeldung bzw. einer Aufrechterhaltung der Schutzrechtsposition nicht interessiert zu sein[287]. Dagegen muss der Arbeitnehmer nicht von sich aus beim Arbeitgeber anfragen, ob dieser ihm die fragliche Schutzrechtsposition übertragen wolle[288].

75

---

276 Schiedsst. v. 25.5.1981 Blatt 1982, 166.
276a BGH v. 6.2.2002 (Fn. 271).
277 BGH v. 14.7.1980 (Fn. 253); Schiedsst. ZB. v. 2.1.1984 (Fn. 274).
278 Schiedsst. ZB. v. 2.1.1984 (Fn. 274), Busse/Keukenschrijver, PatG, Rz. 26 zu § 16 ArbEG.
279-285 frei
286 Vgl. BGH v. 31.1.1978 GRUR 1978, 430, 434 – Absorberstab-Antrieb I (zu § 14 Abs. 2).
287 I.d.S. wohl BGH v. 14.7.1980 (Fn. 253).
288 BGH v. 8.12.1981 GRUR 1982, 227, 229 – Absorberstab-Antrieb II (zu § 14 Abs. 2).

§ 16

75.1 Der Arbeitnehmer ist für den Schadenseintritt und -umfang **darlegungs- und beweispflichtig**[289]. Er muss also darlegen und beweisen, dass er die vom Arbeitgeber aufgegebene Schutzrechtsposition tatsächlich übernommen hätte und ihm konkrete Verwertungsmöglichkeiten offen gestanden hätten[289a]. Ein allgemeiner Hinweis, die Schutzrechtsposition sei auch anderweitig verwertbar gewesen, reicht für den Schadensnachweis nicht aus[290]. Schon im »**allgemeinen Patentmarkt**« besteht angesichts der Tatsache, dass nur ein verhältnismäßig geringer Prozentsatz angemeldeter Erfindungen eine wirtschaftliche Bedeutung erlangt, **kein Erfahrungssatz** in dem Sinne, dass nach dem gewöhnlichen Lauf der Dinge »Schutzrechtspositionen durch Eigenproduktion, Lizenzvergabe oder Verfolgung von Verletzungshandlungen« gewinnbringend verwertet werden können[291]. Dies gilt umso mehr, als nach den Erfahrungen der Schiedsstelle die Quote der verwerteten freien, frei gewordenen oder aufgegebenen Erfindungen, für die Schutzrechte erteilt worden sind oder angestrebt werden, weit unter 5 %, liegt[292], nicht zuletzt deshalb, weil Arbeitnehmererfinder üblicherweise über keine eigenen Produktionsanlagen und/oder die erforderlichen Geschäftsbeziehungen bzw. die wirtschaftlichen Mittel zur Erfindungsauswertung verfügen. Deshalb begründet die bloße Vorenthaltung der Schutzrechtsposition selbst noch nicht die Wahrscheinlichkeit einer Schadensentstehung. Es bedarf vielmehr der Darlegung und des **Nachweises konkreter Anhaltspunkte** dafür, dass bei ordnungsgemäßer Mitteilung der Aufgabeabsicht der Arbeitnehmer die **Schutzrechtsposition übernommen und diese** namentlich durch Eigenproduktion, Verkauf oder Lizenzvergabe mit hinreichender Wahrscheinlichkeit (vgl. § 252 BGB) **gewinnbringend hätte verwerten können**[293]. Hierzu bedarf es auch der Darlegung, ob der Arbeit-

---

[289] Ständ. Praxis d. Schiedsst., z.B. v. 15. 10. 1964 Blatt 1965, 66; v. 25.5.1981 Blatt 1982, 166; v. 10.12.1990 Arb.Erf. 39/90; v. 12. 8. 1999 Arb.Erf. 19/98 u. v. 8.3.2001 Arb.Erf. 1/99 (sämtl. unveröffentl.); Volmer/Gaul Rz. 241 zu § 16; Busse/Keukenschrijver, PatG, Rz. 27 zu § 16 ArbEG.
[289a] Ständ. Praxis Schiedsst., z.B. EV. v. 18.11.1994 Arb.Erf. 97/93 (unveröffentl.).
[290] Schiedsst. v. 19.8.1985 Arb.Erf. 23/85 u.v. 11.11.1985 Arb.Erf. 13/85 (beide unveröffentl.); ferner Schiedsst. v. 18.11.1994 (Fn. 289a).
[291] BGH v. 27.11.1969 GRUR 1970, 296, 298 – Allzweck-Landmaschinen; Busse/Keukenschrijver, PatG, Rz. 27 zu § 16 ArbEG.
[292] Schiedsst. v. 3.12.1982 Arb.Erf. 25/82 u. v. 12. 8. 1999 Arb.Erf. 19/98 (beide unveröffentl.).
[293] Vgl. BGH v. 8.12.1981 GRUR 1982, 227, 229 – Absorberstab-Antrieb II (zu § 14 Abs. 2); Schiedsst. v. 24.7.1989 Arb.Erf. 82/88 (unveröffentl.): »Zur Geltendmachung eines Schadens reicht nicht, dass der Arbeitnehmer auf einen Gesetzesverstoß hinweist. Er muss nämlich im Einzelnen darlegen und auch eine gewisse Wahrscheinlichkeit aufzeigen, dass er tatsächlich in der Lage gewesen wäre, die Erfindung in dieser oder jener Weise zu vermarkten«; zust. auch Schiedsst. v. 18.11.1994 (Fn. 289a). S. im Übrigen BGH v. 27.11.1969 (Fn. 291), S. 299 (betr. die Vorenthaltung von Patenten durch Wettbewerber); vgl. auch Volmer/Gaul Rz. 241 zu § 16.

§ 16

nehmer nach seinen finanziellen Möglichkeiten, wirtschaftlichen Beziehungen und/oder organisatorischen Fähigkeiten überhaupt in der Lage gewesen wäre, eine wirtschaftliche Eigenproduktion oder sonstige Verwertung aufzubauen bzw. durchzusetzen[294]. Der Arbeitnehmer hat dementsprechend zu belegen, dass er mit dem aufgegebenen Schutzrecht mit Wahrscheinlichkeit einen Gewinn erzielt hätte und dabei auch Angaben zu machen und zu beweisen, die eine Schadensschätzung ermöglichen. Zu seinen Gunsten kann sich der Arbeitnehmer auf den Umstand berufen, dass sein Arbeitgeber den Erfindungsgegenstand bis zur Schutzrechtsaufgabe alleine benutzt hat, und dass nunmehr die Konkurrenz von dem Erfindungsgegenstand Gebrauch macht[295]. Steht dagegen fest, dass der Arbeitgeber die Erfindung vor Aufgabe der Schutzrechtsposition verschiedenen Unternehmen erfolglos zur Nutzung (Lizenznahme/Verkauf) angeboten hat, und sind vergleichbare Lösungen auf dem Markt, so spricht dies nach allgemeiner Lebenserfahrung gegen eine Verwertungsmöglichkeit des Arbeitnehmers und damit gegen einen Schaden[296].

Verteidigt sich der **Arbeitgeber** mit dem **Einwand der vollständigen Vergütungserfüllung**, ist er dafür beweispflichtig.[297] Zum Einwand der mangelnden Schutzfähigkeit s. Rz. 73. Ist für die **Schadensberechnung** eine zukünftige fiktive Entwicklung maßgebend (etwa die Einbuße von zukünftigen Lizenzeinnahmen), so ist im Grundsatz nur eine freie Schadensschätzung nach § 287 ZPO möglich, die aber auch voraussetzt, dass zumindest soviel an tatsächlichen Grundlagen beigebracht wird, dass wenigstens im groben eine zutreffende Schätzung dem Grunde und der Höhe nach ermöglicht wird[298]. 75.2

Zur parallelen Situation des Schadensnachweises bei schuldhaft unterlassener Erfindungsmeldung durch den Arbeitnehmer s. Rz. 96 zu § 5.

II. Wiedereinsetzung

Hat der Arbeitgeber bewusst eine Schutzrechtsposition aufgegeben, etwa durch willentliche Nichtzahlung einer fälligen Jahresgebühr, muss der Arbeitnehmer dies **im Verhältnis zur Erteilungsbehörde** gegen sich gelten lassen[313], da es bereits an der Grundvoraussetzung für eine Wiedereinset- 76

---

294 Vgl. BGH v. 27.11.1969 (Fn. 291); Schiedsst. v. 12. 8. 1999 Arb.Erf. 19/98 (unveröffentl.) u. v. 8.3.2001 (Fn. 289).
295 Schiedsst. ZB. v. 2.1.1984 (Fn. 274).
296 So i. Ergebnis Schiedsst. v. 3.12.1982 (Fn. 292).
297 Volmer/Gaul Rz. 89, 102, 124 zu § 16 ArbEG.
298 Vgl. BGH v. 27.11.1969 (Fn. 291), S. 299.
299-312 frei
313 BGH v. 14.7.1980 Az. X ZR 1/79 – Rohrverlegeverfahren (unveröffentl.), im Anschl. an OLG Braunschweig v. 5.10.1978 Az. 2 U 33/78 (unveröffentl.); a. A. RPA v. 12. 8. 1937 GRUR 1937, 932, 933.

§ 16

zung gemäß § 123 PatG, einer Verhinderung, fehlt[314]. Im Interesse einer Schadensminderung kann der Arbeitgeber gehalten sein, im Falle eines Irrtums seine Verzichtserklärung gegenüber der Patenterteilungsbehörde unverzüglich anzufechten[315].

F. Vorbehalt eines nicht ausschließlichen Benutzungsrechts durch den Arbeitgeber (Abs. 3)

I. Grundsatz

77 Will der Arbeitgeber der Rechtsfolge des Wegfalls seines bisherigen Nutzungsrechts jedenfalls teilweise entgehen, kann er sich gem. § 16 Abs. 3 **gleichzeitig** (s. dazu Rz. 86) mit der Mitteilung seiner Aufgabeabsicht ein nicht ausschließliches Recht zur Benutzung der Diensterfindung gegen angemessene Vergütung **(formlos)** vorbehalten (s. auch Rz. 45 ff. zu § 14). Diese Regelung schließt aus, dass der Arbeitgeber vom Arbeitnehmer unter Berufung auf dessen Treuepflicht weitere Nutzungsrechte beanspruchen kann (s. Rz. 64).

78 Das Recht zum Benutzungsvorbehalt soll insbesondere die wirtschaftlichen Leistungen und sonstigen Beiträge des Arbeitgebers beim Zustandekommen der Erfindung anerkennen und dessen berechtigtem Interesse daran, dass das übertragene Recht nicht gegen ihn geltend gemacht werden kann, Rechnung tragen[320]. Will der Arbeitgeber sich ein Benutzungsrecht sichern, so bedarf es eines Vorbehalts auch dann, wenn er **Zweifel an der Schutzfähigkeit** hat[320a] (vgl. unten Rz. 91 sowie Rz. 16 ff. zu § 2).

In der Unternehmenspraxis ist der Vorbehalt im Falle der Schutzrechtsübertragung nach § 16 Abs. 1 der Regelfall[321]. Macht der Arbeitnehmer von seinem Übertragungsanspruch nach Abs. 2 keinen Gebrauch, ist der Vorbehalt gegenstandslos[321a].

Bei Schutzrechtsaufgabe im **Insolvenzverfahren** besteht nach § 27 Nr. 4 n.F. kein Recht des Insolvenzverwalters, ein Nutzungsrecht nach Abs. 3 zugunsten der Insolvenzmasse vorzubehalten (s. Rz. 119 zu § 27 n.F.).

---

314 Benkard/Schäfers PatG Rz. 46 zu § 123 m.H.a. PA Blatt 1917, 119; BPatG v. 23.12.1964 BPatGE 6, 196, 197 f.
315 Vgl. dazu allg. BPatG v. 16.3.1981 Blatt 1983, 221.
316-319 frei
320 Amtl. Begr. BT-Drucks II/1648 S. 34 f. = Blatt 1957, 237.
320a BGH v. 15.5.1990 GRUR 1990, 667, 668 – Einbettungsmasse.
321 Vgl. Schiedsst. v. 26.4.1985 Blatt 1985, 307.
321a Vgl. Busse/Keukenschrijver, PatG, Rz. 29 zu § 16 ArbEG.

§ 16

II. Inhalt des Benutzungsrechts

Wegen des gleichen Gesetzeswortlauts ist das nicht ausschließliche Benutzungsrecht des § 16 Abs. 3 inhaltlich dem entsprechenden Recht in § 7 Abs. 2, § 14 Abs. 3, § 19 Abs. 1 gleichzustellen[321b] (h. M.). Es entspricht einer **einfachen Lizenz**[322] (Rz. 81 ff.; vgl. hierzu auch Rz. 29 zu § 7). Es erzeugt lediglich gesetzlich niedergelegte, schuldrechtliche Wirkungen (s. auch Rz. 62) und ist in seinem Bestand vom **Bestehen der Schutzrechtsposition** abhängig (s. Rz. 89; vgl. auch Rz. 91). 79

Behält sich der Arbeitgeber ein **weitergehendes Benutzungsrecht** vor, (z.B. das Recht der Unterlizenzvergabe), ist dies mit § 16 Abs. 3 unvereinbar, so dass der Vorbehalt insoweit ins Leere geht. Dies macht den Nutzungsvorbehalt jedoch nicht schlechthin unwirksam; vielmehr kann im Regelfall davon ausgegangen werden, dass sich dieser auf den gesetzlich vorgegebenen Umfang beschränkt[322a]. Ggf. kann dies aber Schadensersatzansprüche des Arbeitnehmers auslösen[322b] (s. aber auch Rz. 81 f.). Die Schiedsstelle geht in neuerer Praxis davon aus, dass durch einen § 16 Abs. 3 nicht entsprechenden Vorbehalt die Drei-Monatsfrist des Abs. 2 nicht in Gang gesetzt wird[322c].

Bei **Veräußerung** der übertragenen Schutzrechtsposition durch den Arbeitnehmer bleibt das Benutzungsrecht des Arbeitgebers bestehen[323] (s. oben Rz. 62 sowie Rz. 35 zu § 7). Hat der Arbeitgeber – beispielsweise nach Versäumung der gesetzlich vorgegebenen Fristen oder in Anwendung der Empfehlung des BGH in der »Anlagengeschäft«-Entscheidung[323a] zur Ausdehnung des gesetzlichen Nutzungsrechts – im Rahmen eines mit dem

---

321b Vgl. BGH v. 28.2.1962 GRUR 1963, 135, 138 – Cromegal; BPatG v. 8.2.1991 GRUR 1991, 755, 756 – Tiegelofen; vgl. auch BGH v. 15.5.1990 (Fn. 320a).
322 BGH v. 23.4.1974 GRUR 1974, 463, 464 – Anlagengeschäft; OLG Frankfurt v. 29.10.1970 OLGZ 71, 373, 374 (Anlagengeschäft); Schiedsst. v. 28.5.1968 Blatt 1968, 349; Gaul GRUR 1967, 518; Volmer/Gaul Rz. 216 f. zu § 16; Reimer/Schade/Schippel/Kaube Rz. 23 zu § 16; Busse/Keukenschrijver, PatG, Rz. 34 zu § 14 ArbEG; vgl. auch BGH v. 15.5.1990 (Fn. 320a); a.A. (zu § 14): Kraft GRUR 1970, 381 ff.; s. auch Heine/Rebitzki Anm. 3 zu § 7 u. Sack RIW 1989, 612, 617; Bartenbach/Volz GRUR 1984, 257.
322a Schiedsst. v. 16.1.1996 Arb.Erf. 40/94 (unveröffentl.) – zu § 2 Abs. 2 EDB-PatG-DDR – 1990.
322b Schiedsst. v. 28.4.1993 Arb.Erf. 143/92 (unveröffentl.) – zu § 2 Abs. 2 EDB-PatG-DDR – 1990.
322c Schiedsst. v. 16.1.1996 (Fn. 322a), die bei einem auf diese Frage bezogenen Schiedsstellenverfahren die Frist ab Zustellung des Einigungsvorschlags beim Arbeitnehmer beginnen lässt.
323 Heute h. M. i. H. a. § 15 Abs. 3 PatG u. § 23 Abs. 3 GebrMG, z. B. Reimer/Schade/Schippel/Kaube Rz. 23 zu § 16; Busse/Keukenschrijver, PatG, Rz. 33 zu § 16 ArbEG; a.A. (noch) Volmer/Gaul Rz. 245 ff. zu § 16.
323a BGH v. 23.4.1974 (Fn. 322).

§ 16

Arbeitnehmererfinder geschlossenen **Vertrages** (§ 22) ein einfaches Nutzungsrecht erworben, so stellt sich diese Vereinbarung letztlich als Lizenzvertrag dar, der hinsichtlich seiner Rechtswirkungen den allgemeinen Grundsätzen für Lizenzverträge unterliegt. Die Besonderheiten des ArbEG über die Fortdauer der einfachen gesetzlichen Nutzungsrechte erlangen also keine Geltung (s. auch Rz. 82).
  Wegen der Besonderheiten bei ausländischen Schutzrechtspositionen s. Rz. 51 zu § 14.

1. Betriebsgebundenheit

80 Die Anerkennung eines nicht ausschließlichen Benutzungsrechts soll zwar den berechtigten Interessen des Arbeitgebers Rechnung tragen (s. Rz. 78); bei seiner inhaltlichen Kennzeichnung ist aber auch zu berücksichtigen, dass der Arbeitnehmer mit der Rechtsübertragung die volle Last eines Erteilungsverfahrens bzw. die Aufrechterhaltung und Verteidigung des Schutzrechts rechtlich und kostenmäßig allein zu tragen hat. Als Ausgleich hierfür muss ihm ein umfassendes Verwertungsrecht zugestanden werden. Dieser Interessenausgleich führt dazu, dass das nicht ausschließliche Benutzungsrecht des Arbeitgebers allein dem Betrieb zugute kommen soll, in welchem die Diensterfindung entstanden ist; es ist also betriebsgebunden[323b]. Dabei ist als Betrieb nicht die räumliche, technische Einheit anzusehen, sondern die wirtschaftliche Einheit, also das **Unternehmen** (Näheres hierzu bei Rz. 31 zu § 7 u. Rz. 101 f. zu § 1).
  Soweit es die Schiedsstelle gebilligt hat, dass von der »Betriebsgebundenheit« auch rechtlich selbständige **Konzernunternehmen** erfasst werden[324], kann dem in dieser Allgemeinheit nicht gefolgt werden;[324a] solches kann allenfalls für besonders gelagerte Einzelfälle gelten, bei denen die handelnden Unternehmen sich letztlich als tatsächliche und wirtschaftliche Handlungseinheit darstellen (vgl. Rz. 131 zu § 1 u. Rz. 188 zu § 9).

a) Ausschluss der Unterlizenzvergabe

81 Aus der »Unternehmensbezogenheit« des Nutzungsrechts folgt, dass der Arbeitgeber **auf eine Eigennutzung beschränkt** und nicht befugt ist, Un-

---

323b BGH v. 23.4.1974 (Fn. 322); krit. z. Begr. u. z. BGH-Entsch.: Fischer GRUR 1974, 500 ff., 503; dagegen: Kunze AuR 1977, 294 ff.
324 Schiedsst. v. 25.7.1983 Arb.Erf. 14/82 (unveröffentl.); vgl. auch OLG Hamburg v. 25.4.1985 GRUR 1985, 923 – Imidazol u. BGH v. 20.2.1986 RIW 1986, 547 – Gebührendifferenz IV, wonach der konzerninterne Warenaustausch kein »In-Verkehr-Bringen« i.S.d. § 9 PatG darstellt.
324a Ebenso Busse/Keukenschrijver, PatG, Rz. 9 zu § 7 ArbEG (zur beschränkten Inanspruchnahme).

§ 16

terlizenzen zu vergeben oder das Nutzungsrecht zu übertragen[325]; auch kann er den Vorbehalt des Mitbenutzungsrechts nicht zugunsten eines Dritten aussprechen[326] oder sonst wie – etwa auf seine Lizenznehmer oder Kunden – ausdehnen[327] (s. auch Rz. 79).

Allerdings kann sich der Arbeitgeber durch eine §§ 22, 23 beachtende **Vereinbarung mit dem Arbeitnehmer** weitergehende Nutzungsrechte, insbesondere das Recht der Lizenzvergabe, ausbedingen; ob der Arbeitnehmer aus dem Gesichtspunkt der arbeitsrechtlichen Treuepflicht oder nach Treu und Glauben (§ 242 BGB) zum Abschluss einer solchen Vereinbarung verpflichtet sein kann[328], ist angesichts der Möglichkeit des Arbeitgebers, Vollrechtsinhaber bleiben zu können, zweifelhaft.

82

b) Lohnfertigung durch Dritte

Nicht als Unterlizenzerteilung zu verstehen, und damit noch durch das Nutzungsrecht des § 16 Abs. 3 gedeckt, ist ein Herstellenlassen durch Dritte (Lohnfertigung, verlängerte Werkbank)[336]. Während bei der Unterlizenzvergabe der Kreis der Nutzungsberechtigten vermehrt wird, wird bei der Auftragsfertigung der Dritte nur **für den Nutzungsberechtigten tätig**, also in einem Umfang, der dem Arbeitgeber kraft seines gesetzlichen Nutzungsrechts ohnehin zusteht. Ähnlich wie bei § 12 Abs. 1 Satz 2 PatG ist allein entscheidend, dass der Arbeitgeber noch einen bestimmenden, sich für ihn wirtschaftlich auswirkenden Einfluss auf Art und Umfang der Herstellung und des Vertriebs hat[337] sowie die absolute Kontrolle hinsichtlich jeder Nutzungsart behält.

83

---

325 BGH v. 23.4.1974, OLG Frankfurt v. 29.10.1970 u. Schiedsst. v. 28.5.1968 (alle Fn. 322); vgl. auch Schiedsst. v. 22.2. 1979 Blatt 1980, 211, 213; abw. MünchArbR/Sack § 99 Rz. 89 ff.
326 Schiedsst. ZB. v. 27.1.1982 Arb.Erf. 47/81 (unveröffentl.).
327 Schiedsst. v. 16. 1. 1996 Arb.Erf. 40/94 (unveröffentl.).
328 So aber die h.M., BGH v. 23.4.1974 (Fn. 322); OLG Frankfurt v. 29.10.1970 (Fn. 322), S. 376; vgl. auch Schiedsst. v. 28.5.1968 (Fn. 322); dagegen aber wohl Schiedsst. v. 22.2.1979 (Fn. 325).
329-335 frei
336 H. M., OLG Frankfurt v. 29.10.1970 (Fn. 322) S. 376; Reimer/Schade/Schippel/Kaube Rz. 12 zu § 7 m.w.N.; Volmer/Gaul Rz. 229 zu § 16; Busse/Keukenschrijver, PatG, Rz. 9 zu § 7 ArbEG; zur Abgrenzg. s. Lüdecke/Fischer Lizenzverträge D 69; Henn Int. Patent-Lizenz-Vertrag S. 39, 40; abw. Stumpf/Groß Lizenzvertrag Rz. 374.
337 RG v.4.1.1937 RGZ 153, 321, 327 f.; LG Düsseldorf v. 15.9.1998 Mitt. 1999, 370 – Steckerkupplung; Benkard/Bruchhausen, PatG, Rz. 24 zu § 12; vgl. auch BGH v. 21.9.1978 GRUR 1979, 48, 50 – Straßendecke.

§ 16

c) Beschränkung auf die unmittelbare Benutzung der Diensterfindung

84 Aus der Unternehmensgebundenheit des nicht ausschließlichen Benutzungsrechts folgt, dass das Gesetz auf den Fall der unmittelbaren Benutzung abstellt[338]. Der Umfang der unmittelbaren Benutzung bestimmt sich nach der jeweiligen Patentrechtsordnung (vgl. § 9 PatG). Der in Ausübung dieses Nutzungsrechts vom Arbeitgeber in Verkehr gebrachte (patent-) geschützte Gegenstand ist schutzrechtsfrei. Diesen können die **Abnehmer** uneingeschränkt verwerten und hierüber frei verfügen (zum EU-Bereich s. auch Rz. 36 f.). Soweit der Erschöpfungsgrundsatz nicht greift, etwa bei Export in Drittländer außerhalb der EU, in denen der Arbeitnehmer oder – von ihm abgeleitet – ein Dritter ein auf die Diensterfindung bezogenes Schutzrecht besitzt, können der Import ebenso wie sonstige Nutzungshandlungen auf der Grundlage der jeweiligen Patentrechtsordnung untersagt werden (Territorialitätsprinzip; zum Aspekt der unzulässigen Rechtsausübung nach deutschem Recht s. Rz. 51.1 zu § 14; zur Treuepflicht s. oben Rz. 82).

Der Arbeitgeber ist jedoch im Rahmen des vorbehaltenen einfachen Benutzungsrechts rechtlich nicht in der Lage, seinen Abnehmern eigenständige Rechte an der Diensterfindung zu vermitteln (s. oben Rz. 81). Nehmen die Abnehmer vom Schutzumfang umfasste (zusätzliche) Verwertungshandlungen vor, unterliegen sie den Unterlassungs- bzw. Schadensersatzansprüchen des Arbeitnehmers (Dritten) als Schutzrechtsinhaber. Damit ist das nicht ausschließliche Benutzungsrecht insbesondere im Anlagenbau wirtschaftlich wertlos, soweit Abnehmer von (anlagebezogenen) Verfahrenspatenten des Arbeitnehmers Gebrauch machen[338a]. Die Gestattung einer mittelbaren Benutzung, hier also der Verkauf von Anlagen, um das geschützte Verfahren zu nutzen, würde dazu führen, dass der Arbeitgeber sein Nutzungsrecht beliebig zu Lasten des Arbeitnehmers vervielfältigen könnte[339]. Nicht möglich ist beispielsweise auch die Lieferung von Halbfertigprodukten durch den Arbeitgeber, wenn ihre Weiterbe- oder -verarbeitung noch im Schutzumfang der geschützten Diensterfindung liegt (s. auch Rz. 29 ff. zu § 7).

---

338   BGH v. 24.4.1974 GRUR 1974, 463, 464 – Anlagengeschäft; krit. Sack in RIW 1989, 612, 617 ff. u. ders. in MünchArbR § 99 Rz. 89 ff., 92.
338a BGH v. 24.4.1974 (Fn. 338).
339   BGH v. 24.4.1974 (Fn. 338).

§ 16

2. Unbillige Erschwerung der Eigenverwertungsrechte des Arbeitnehmers (vgl. § 7 Abs. 2 Satz 2)

Die in § 7 Abs. 2 Satz 2 zugunsten des Arbeitnehmers getroffene Unbilligkeitsregelung findet bei § 16 **keine Anwendung**[340]. Sie ist Ausfluss der Überlegung, dass der bei der beschränkten Inanspruchnahme mit der Anmeldung und ihren Kosten belastete Arbeitnehmer nicht noch durch übermäßige Nutzungsmöglichkeiten des Arbeitgebers eine Aushöhlung seiner eigenen Verwertungsbefugnisse erfahren soll; sie stellt also eine Auflockerung des Anmeldezwangs dar[341]. Da der sachliche Anwendungsbereich des § 16 Abs. 1 sich nur auf bereits erfolgte Schutzrechtsanmeldungen bzw. bereits erteilte Schutzrechte bezieht, ist die Ausgangssituation des § 7 damit nicht vergleichbar. Der Gesetzgeber hat deshalb bewusst auf ein Einbeziehen des § 7 Abs. 2 verzichtet[342]; dies steht auch einer analogen Anwendung dieser Norm entgegen (vgl. auch Rz. 52 zu § 14). In besonders gelagerten Ausnahmefällen können allenfalls die Grundsätze der unzulässigen Rechtsausübung (§ 242 BGB) eingreifen[343] (s. aber auch Rz. 92).

85

III. Zeitpunkt der Geltendmachung – Entstehen und Dauer des Benutzungsrechts

Der Benutzungsvorbehalt muss vom Arbeitgeber **gleichzeitig** mit der Mitteilung der Aufgabeabsicht dem Arbeitnehmer erklärt werden. Damit soll – ebenso wie bei § 14 Abs. 3 (s. auch dort Rz. 47) – sichergestellt werden, dass der Arbeitnehmer rechtzeitig erfährt, mit welchen Belastungen seiner Rechtsposition er für den Fall der Rechtsübernahme zu rechnen hat[344].
Gleichzeitig bedeutet nicht, dass die Erklärung in derselben Urkunde enthalten sein muss; ebenso wenig kommt es auf den Zeitpunkt der tatsächlichen Kenntnisnahme durch den Arbeitnehmer an. Entscheidend ist allein der gleichzeitige Zugang. Ein **verspätet** zugegangener Vorbehalt kann nur im Wege vertraglicher Vereinbarung mit dem Arbeitnehmer geheilt werden.

86

---

340 Reimer/Schade/Schippel/Kaube Rz. 26 zu § 16; Busse/Keukenschrijver, PatG, Rz. 11 zu § 7 u. Rz. 35 zu § 16 ArbEG; offen gelassen von BGH v. 21. 1. 1971 (Fn. 338).
341 Vgl. Ausschussber. zu BT-Drucks. II/3327, S. 2 f. = Blatt 1957, 250.
342 Vgl. Ausschussber. (Fn. 341) S. 6 = Blatt 1957, 253.
343 Vgl. dazu Reimer/Schade/Schippel/Kaube Rz. 27 zu § 16; Volmer Rz. 5 zu § 16; Volmer/Gaul Rz. 225 ff. zu § 16.
344 Vgl. Amtl. Begr. BT-Drucks. II/1648 S. 35 i.V.m. S. 33 = Blatt 1957, 237 i.V.m. S. 236.

§ 16

87 Die Erklärung stellt eine **formlos** gültige, empfangsbedürftige Willenserklärung dar (vgl. oben Rz. 27).

88 Das gesetzliche **Benutzungsrecht entsteht** durch einseitige Erklärung des Arbeitgebers[345] und wird wirksam mit der Übertragung der Schutzrechtsposition auf den Arbeitnehmer.

89 Die **Dauer** des vorbehaltenen Benutzungsrechts ist abhängig vom Bestand der übertragenen Schutzrechtsposition[345a]. Fällt diese weg, wird die Erfindung gemeinfrei und der Arbeitgeber kann sie wie jeder Dritte nutzen. Damit entfällt auch ein Vergütungsanspruch (s. unten Rz. 91).

Wegen des bloß schuldrechtlichen Charakters des Benutzungsrechts kann der Arbeitgeber nach der hier vertretenen Auffassung – abweichend von der höchstrichterlichen Rechtsprechung[346] – hierauf nicht einseitig **verzichten** (s. dazu Rz. 9 zu § 8 Rz. 70 zu § 14).

IV. Vergütungspflicht des Arbeitgebers

90 Der Anspruch des Arbeitnehmers auf angemessene Vergütung soll einen Ausgleich für das vorbehaltene gesetzliche Nutzungsrecht des Arbeitgebers darstellen. Ein Vergütungsanspruch nach Abs. 3 scheidet jedoch – entgegen der Auffassung der Schiedsstelle[347] – aus, wenn die »Erfindung« nicht nach deutschem, sondern **nur nach ausländischem Recht** schutzfähig ist (s. Rz. 9).

91 Der **Vergütungsanspruch entsteht** – im Unterschied zu der für die beschränkte Inanspruchnahme geltenden Vergütungsregelung des § 10 Abs. 1, die zusätzlich auf die tatsächliche Nutzungsaufnahme abstellt – ebenso wie im Falle des § 14 Abs. 3 **dem Grunde nach** mit dem Ausspruch des Benutzungsvorbehalts[356]. Eine »Sofortvergütung« für den bloßen Vorbehalt des Benutzungsrechts, ungeachtet von tatsächlichen Verwertungshandlungen, kann aber nicht verlangt werden[357].

---

345 BGH v. 24.4.1974 GRUR 1974, 463, 464 – Anlagengeschäft; abw. Busse/Keukenschrijver, PatG, Rz. 31 zu § 16 ArbEG (zweigliedriger Entstehungstatbestand aus Vorbehaltserklärung u. Schutzrechtsübertragung).
345a Zust. Busse/Keukenschrijver, PatG, Rz. 33 zu § 16 ArbEG.
346 BGH v. 15.5.1990 GRUR 1990, 667, 668 – Einbettungsmasse; dem BGH zust. Busse/Keukenschrijver, PatG, Rz. 32 zu § 16 ArbEG.
347 Ständ. Praxis, z.B. EV. v. 12.10.1989 Arb.Erf. 91/87 (unveröffentl.).
348-355 frei
356 Gaul/Bartenbach Mitt. 1969, 141, 143; Gaul Mitt. 1971, 241, 247 f.; vgl. auch Schiedsst. v. 28.5.1985 Blatt 1986, 75; a.A. Grote Mitt. 1969, 107 ff.; Johannesson GRUR 1970, 114, 121 – jeweils zu § 14 Abs. 3; wohl auch OLG Braunschweig v. 10.7.1969 Az. 2 U 70/67 – (unveröffentl.) – Anrufbeantworter; Busse/Keukenschrijver, PatG, Rz. 36 zu § 16 ArbEG.
357 I. Ergebnis h. M., z.B. Reimer/Schade/Schippel/Kaube Rz. 25 zu § 16; Schiedsst. v. 28.5.1985 (Fn 356) u.v. 16.1.1996 Arb.Erf. 40/94 (unveröffentl.); abw. Gaul GRUR

§ 16

Entsprechend § 14 Abs. 3 (s. dort Rz. 60 f.) ist Voraussetzung des Vergütungsanspruchs, dass der Arbeitnehmer die **Schutzrechtsposition übernimmt und aufrecht erhält** bzw. bei Weiterveräußerung über einen Dritten aufrecht erhalten lässt[358].
Diese Auffassung wird wohl letztlich auch von der höchstrichterlichen Rechtsprechung geteilt. So betont der BGH zwar einerseits, dass hinsichtlich der Vergütung die Freigabe einer Diensterfindung unter dem Vorbehalt eines nicht ausschließlichen Benutzungsrechts einer beschränkten Inanspruchnahme gleichkomme, so dass eine Vergütungspflicht auch bei Zweifeln an der Schutzfähigkeit besteht[358a] (vgl. § 10 Abs. 2; s. dort Rz. 19 ff.). Andererseits stellt er jedoch bezüglich der **Dauer des Vergütungsanspruchs** klar, dass dieser mit Wirkung für die Zukunft entfällt, wenn sich auf Grund einer Entscheidung des DPMA oder eines Gerichts die Schutzunfähigkeit herausstellt[358b], der Vergütungsanspruch des Arbeitnehmers also grundsätzlich bis zur Nichtigerklärung, bis zum Widerruf des Schutzrechts oder bis zur rechtskräftigen Zurückweisung der Anmeldung erhalten bleibt[358c]. Der Vergütungsanspruch kann aber auch hier ausnahmsweise bereits mit dem tatsächlichen Verlust der durch die Schutzrechtsposition begründeten Vorzugsstellung entfallen, wenn das Schutzrecht wegen offenbarer oder wahrscheinlicher Vernichtbarkeit von den Konkurrenten des Schutzrechtsinhabers nicht mehr beachtet wird[358c] (vgl. dazu Rz. 35 zu § 9). Ferner entfällt der Vergütungsanspruch, wenn auf das vorbehaltene Benutzungsrecht verzichtet wird[358d] (s. dazu Rz. 9 zu § 8).
Für die Fälligkeit der Vergütung ist die **tatsächliche Nutzungsaufnahme** erforderlich[359] (s. auch Rz. 62 f. zu § 14).
Die Vergütungsansprüche sind **im Verfahren nach § 12** festzustellen bzw. festzusetzen[359a]. Der Arbeitnehmer kann also auch hier nicht verlangen, wie ein Lizenznehmer die Vergütung frei auszuhandeln[359b], so dass der Arbeitgeber bei Scheitern einer einvernehmlichen Regelung die Vergütung

---

1967, 518 ff.; ders. i. Volmer/Gaul Rz. 226 zu § 16 (wohl i. Sinne einer Vergütung bereits auf Grund des Vorbehalts).
358 Im Ergebnis wohl ebenso Schiedsst. v. 14.10.1985 Arb.Erf. 16/85 (unveröffentl.).
358a BGH v. 15.5.1990 GRUR 1990, 667, 668 – Einbettungsmasse m.H.a. BGH v. 28.6.1962 GRUR 1963, 135, 138 – Cromegal.
358b BGH v. 15.5.1990 (Fn. 358a) unter Bezug auf BGH v. 2.6.1987 GRUR 1987, 900, 902 – Entwässerungsanlage.
358c BGH v. 15.5.1990 (Fn. 358a) m.H.a. BGH v. 29.9.1987 GRUR 1988, 123, 124 – Vinylpolymerisate.
358d BGH v. 15.5.1990 (Fn. 358a).
359 H. M., z.B. Schiedsst. v. 16. 1. 1996 Arb.Erf. 40/94 (unveröffentl.); Reimer/Schade/Schippel/Kaube Rz. 25 zu § 16; abw. Volmer/Gaul (Fn. 357).
359a Wohl allg. A., Schiedsst. v. 12. 10. 1989 Arb.Erf. 91/87 (unveröffentl.); Busse/Keukenschrijver, PatG, Rz. 36 zu § 16 ArbEG.
359b Schiedsst. v. 12.10.1989 Arb.Erf. 91/87 (unveröffentl.).

§ 16

92
(einseitig) nach § 12 Abs. 3 festsetzen kann und muss. Die Fristen dafür bestimmen sich auch hier nach den Grundsätzen zu § 12 (s. dort Rz. 55 ff.).
Für den **Umfang** der Vergütungspflicht gilt der in § 16 Abs. 3 festgelegte Maßstab der Angemessenheit[360] (s. dazu Rz. 69 ff. zu § 9). Dabei können wegen der Vergleichbarkeit des Benutzungsrechts mit dem bei beschränkter Inanspruchnahme (s. Rz. 91) die dortigen Bewertungsmaßstäbe herangezogen werden (s. dazu Rz. 31 ff. zu § 10). Maßgeblich ist der Umfang der Eigennutzungen des Arbeitgebers.

Da dem Arbeitgeber nur noch ein nicht ausschließliches Benutzungsrecht mit geringerem Marktwert[360a] und eingeschränkter Monopolstellung zusteht (s. Rz. 79), schlägt die Schiedsstelle bei Berechnung nach der Lizenzanalogie regelmäßig einen **Abschlag von 20 % bis 25 % vom** bisherigen (ausschließlichen) **Lizenzsatz** vor, sofern die Erfindung auch zuvor betrieblich verwertet worden ist[361]. Dies entspricht auch der Wertung in RL Nr. 25 Abs. 3 Satz 2. In diesem Rahmen kann im Einzelfall – etwa bei besonders umfangreicher Verwertung des Erfindungsgegenstandes durch den Arbeitnehmer oder dessen Sonderrechtsnachfolger – auch eine weitergehende Minderung des üblichen Lizenzsatzes gerechtfertigt sein, wobei allerdings zugunsten des Arbeitnehmers von ihm zu tragende Kosten für die Aufrechterhaltung der Schutzrechtsposition berücksichtigt werden. Andererseits kann eine solche Minderung ganz oder teilweise entfallen, wenn durch das Benutzungsrecht des Arbeitgebers bedingte konkrete Sperrwirkungen festzustellen sind, die sich zulasten sonst gegebener nachweisbarer Verwertungsmöglichkeiten des Arbeitnehmers auswirken. Mangels Rückgriffmöglichkeit auf § 7 Abs. 2 Satz 2 (s. Rz. 85) sind **unbillige Erschwerungen** über die Vergütung auszugleichen[362].

Hat der Arbeitgeber die gesamte Schutzrechtsposition angeboten, weil begründete **Zweifel an deren Schutzfähigkeit** – etwa auf Grund negativer Prüfbescheide oder Nichtigkeitsklage eines Wettbewerbers – bestanden, ist bis zur rechtskräftigen Erlangung eines Schutzrechts (durch den Arbeitnehmer oder seinen Sonderrechtsnachfolger) die Berücksichtigung eines **Risikoabschlags** (s. hierzu Rz. 67 f. zu § 12) berechtigt. Im Einzelfall, etwa wenn die Schutzrechtserteilung praktisch aussichtslos erscheint, kann sich die Pflicht zur Zahlung einer vorläufigen Vergütung auf Null reduzieren[363] (s. auch Rz. 66). Erreicht der Arbeitnehmer dennoch später die Anerken-

---

360 Einzelfälle zur Vergütungsberechnung s. Schiedsst. v. 15.2.1966 Blatt 1967, 30 m. Anm. Schippel GRUR 1967, 355; v. 30.7.1970 Blatt 1971, 137, 140.
360a Schiedsst. v. 5. 8. 1998 Arb.Erf. 103/96 (unveröffentl.).
361 Schiedsst. v. 25.11.1985 Arb.Erf. 28/85 (unveröffentl.); v. 6.10.1992 GRUR 1994, 608, 611 – Trennvorrichtung m. Anm. Bartenbach/Volz GRUR 1994, 619 (betr. DDR-Patent) – dort m.d.H. »regelmäßig mit etwa 20 %«; Schiedsst. v. 28.1.1991 Arb.Erf. 7/89 (unveröffentl.) – dort 25 %.
362 Schippel (Fn. 360).
363 So i. Ergebn. Schiedsst. v. 29.3.1982 Arb.Erf. 2 (B)/80 (unveröffentl.).

§ 16

nung der Schutzfähigkeit, hat der Arbeitgeber den einbehaltenen Risikoabschlag ggf. nachzuzahlen (Rz. 69 zu § 12).

Selbstverständlich ist bei der Bemessung der Vergütung der **Anteilsfaktor** (RL Nrn. 30 ff.) zu berücksichtigen. Da der Arbeitgeber mit dem Benutzungsvorbehalt nur noch ein Teilrecht des durch die Inanspruchnahme ursprünglich erworbenen Vollrechts behält, wäre es sinnwidrig, wenn er hierfür mehr zahlen müsste als bei Nutzung des Vollrechts[364]. Eine weitere Bestätigung vermittelt die unterschiedliche Wortfassung des § 16 Abs. 3 (»angemessene Vergütung«) einerseits und des § 19 (»zu angemessenen Bedingungen«) andererseits. Lediglich die Vergütung im Rahmen des § 19 stellt keine Vergütung i. S. d. § 9 dar. Schließlich kann dieses Ergebnis auch auf die Vergleichbarkeit mit § 10 gestützt werden (s. oben Rz. 91). 92.1

Weitere Einzelheiten zur Vergütung s. Rz. 60 ff. zu § 14 u. Rz. 31 ff. zu § 10.

G. Besonderheiten bei mehreren Arbeitnehmererfindern

Korrespondierend zu der Inanspruchnahme muss auch die Mitteilung der Aufgabeabsicht nach § 16 Abs. 3 **jedem einzelnen Miterfinder** gegenüber **erklärt** werden[371]. Die Wirksamkeit der Mitteilung gegenüber dem einzelnen Miterfinder ist nicht von den Erklärungen gegenüber den anderen abhängig. 93

Da die unbeschränkte Inanspruchnahme der Diensterfindung die regelmäßig zwischen Arbeitnehmererfindern bestehende Bruchteilsgemeinschaft (vgl. Rz. 52 f. zu § 5) aufgehoben hat, lässt die einen Rechtsübergang noch nicht auslösende Mitteilung gem. § 16 Abs. 2 diese Bruchteilsgemeinschaft nicht wieder aufleben. Wegen der mit einer Rechtsübertragung im Sinne des § 16 Abs. 1, 2 verbundenen bloßen ex-nunc-Wirkung (vgl. oben Rz. 48) entsteht mit der Schutzrechtsabtretung eine **neue Bruchteilsgemeinschaft** zwischen den einzelnen Inhabern der Anteile an der Schutzrechtsposition[372]. 94

Haben **einzelne Miterfinder** auf eine Übertragung ihres Anteils ausdrücklich oder durch Verstreichenlassen der Frist **verzichtet**, bleibt der Arbeitgeber bezüglich dieser Anteile Rechtsinhaber[372a]. Er bildet mit den übrigen Miterfindern ab Übertragung der auf diese entfallenden Anteile eine neue Bruchteilsgemeinschaft im Sinne des § 741 BGB. Diese Miterfin- 95

---

364 Schiedsst. Arb.Erf. 4/88 (unveröffentl.).
365-370 frei
371 Reimer/Schade/Schippel/Kaube Rz. 9 zu § 16; ausführl. dazu Bartenbach/Volz GRUR 1978, 668 ff.; Schiedsst. v. 13.12.1993 Arb.Erf. 127/92 (unveröffentl.).
372 Bestätigt durch LG Berlin v. 12. 8. 1997 Az. 16 O 67/97 (unveröffentl.); so auch Riemschneider/Barth Anm. 8 vor §§ 3 ff. DVO 1943, S. 84.
372a Schiedsst. v. 13.12.1993 (Fn. 371); Busse/Keukenschrijver, PatG, Rz. 20 zu § 16 ArbEG.

§ 16

der können nicht die Übertragung der beim Arbeitgeber verbleibenden Restanteile verlangen[373]; dies folgt daraus, dass der Übertragungsanspruch aus § 16 Abs. 2 – ähnlich wie die Freigabe nach § 8 Abs. 1 Nr. 1 – gleichsam die Kehrseite des Rechts des Arbeitgebers aus der Inanspruchnahme gem. §§ 6, 7 darstellt[373a]. Insoweit kann kein Arbeitnehmer mehr verlangen, als er früher erbracht hat und ihm infolge der unbeschränkten Inanspruchnahme genommen worden ist.

96 Soweit einzelne Miterfinder ausdrücklich oder durch Verstreichenlassen der Drei-Monats-Frist verzichtet haben, können diese ihre Entscheidung nicht mehr rückgängig machen[374]. Es obliegt aber der freien Entscheidung des Arbeitgebers, ob er selbst Rechtsinhaber bleibt oder einzelnen Miterfindern bzw. Dritten die übrigen Anteile anbietet (vgl. auch § 747 BGB). Da die Schutzrechtsposition als solche unteilbar ist, kann der Arbeitgeber die ihm verbleibenden Teilrechte[374a] nach h. M. nicht einseitig aufgeben, sondern sich ihrer nur durch Übertragung entledigen, gfls. durch Übertragung auf einen übernahmebereiten Miterfinder[374b]. Lehnen die hinsichtlich ihrer Miterfinderanteile übernahmebereiten Miterfinder die Übernahme der übrigen Anteile ab, bleibt der Arbeitgeber insoweit Rechtsinhaber. Die vollständige Übernahme aller Anteile durch einzelne Miterfinder kann er nicht verlangen. Streitig ist, ob der Arbeitgeber seine ursprüngliche Aufgabeabsicht über eine Aufhebung der Gemeinschaft nach § 749 Abs. 1 BGB durchsetzen kann[374c].

97 Bildet der Arbeitgeber mit den übrigen Arbeitnehmern eine Bruchteilsgemeinschaft, so bestimmt sich sein **Nutzungsrecht** sowohl nach einem evtl. ausgesprochenen Nutzungsvorbehalt im Sinne des § 16 Abs. 3 als auch nach Gemeinschaftsregeln gem. §§ 741 ff. BGB[375].

98 Die übernehmenden Arbeitnehmererfinder haben gegen den Arbeitgeber **Vergütungsansprüche** aus § 16 Abs. 3 (s. Rz. 90 ff.). Soweit Arbeitnehmererfinder auf eine Übertragung ihres Anteils an der Schutzrechtsposition verzichtet haben und der Arbeitgeber deren Anteil an der Diensterfindung

---

373 Ebenso Volmer/Gaul Rz. 235 zu § 16.
373a Bestätigt durch KG Berlin v. 27. 7. 1999 Az. 5 U 7477/97 (unveröffentl.).
374 Reimer/Schade/Schippel/Kaube (Fn. 371).
374a LG Berlin v. 12. 8. 1997 (Fn. 372).
374b Schiedsst. v. 13. 12. 1993 (Fn. 371); Volmer/Gaul Rz. 245 zu § 16; a. A. Busse/Keukenschrijver, PatG, Rz. 41 zu § 6 PatG u. Rz. 20 zu § 16 ArbEG, wonach ein einseitiger Rechtsverzicht des ArbG mit Anwachsung analog § 8 Abs. 4 UrhG möglich sein soll.
374c Bejahend: Storch FS Preu (1988), S. 39, 41; Benkard/Bruchhausen PatG Rz. 36 zu § 6; Lüdecke Erf.gemeinschaften (1962) S. 148 f; ablehnend: Klauer/Möhring PatG Rz. 18 zu § 3; Reimer/Neumar PatG Anm. 11 zu § 3; Fischer GRUR 1977, 313, 318; Wunderlich Die gemeinschaftl. Erfindung (1962) S. 137 m. w. N.; für eine Interessenabwägung Sefzig GRUR 1995, 302, 306.
375 Bartenbach/Volz (Fn. 371) S. 674 f. m.w.N., str.

§ 16

behält, ist eine weitere Nutzung durch den Arbeitgeber unverändert nach § 9 zu vergüten.

Hat der Arbeitgeber nach einem Verzicht einzelner Miterfinder die Erfindung auf die verbleibenden Miterfinder übertragen, bestehen insoweit, also bezogen auf die Anteile der verzichtenden Miterfinder, keine Vergütungsansprüche mehr[375a]: Mangels Rechtsinhaberschaft des Arbeitgebers entfällt ein Vergütungsanspruch aus § 9, für einen Anspruch aus § 16 Abs. 3 fehlt es an der Rechtsgrundlage, nämlich der Übernahme der Schutzrechtsposition durch die verzichtenden Miterfinder (vgl. auch Rz. 91). Die Vergütung der übernehmenden Miterfinder erhöht sich nicht um die Miterfinderanteile der verzichtenden Miterfinder, da diese im Verfahren nach § 16 nicht mehr Rechte haben, als sie dem Arbeitgeber zuvor auf Grund unbeschränkter Inanspruchnahme vermitteln konnten (s. auch Rz. 95).

Anders ist die Situation dann, wenn alle Miterfinder die Schutzrechtsposition anteilig erwerben und im Anschluss daran die Schutzrechtsposition auf einzelne Miterfinder übertragen. In diesen Fällen besteht ihr Vergütungsanspruch aus § 16 Abs. 3 fort, es sei denn, dass sie auch diesen im Rahmen der Anteilsübertragung auf den übernehmenden Miterfinder abgetreten haben.

Alle Teilhaber an der Bruchteilsgemeinschaft tragen – entsprechend ihren Anteilen – die **Kosten** der Aufrechterhaltung **des Schutzrechts** (§ 748 BGB).

Während jedem Teilhaber grundsätzlich ein **eigenes Nutzungsrecht** an der gemeinsamen Erfindung zusteht[375b] (§ 743 Abs. 2 BGB), kann eine (einfache oder ausschließliche) **Lizenzvergabe** nur mit Zustimmung aller erfolgen (§ 747 Satz 2 BGB)[376].

99

Entwickeln Arbeitnehmer verschiedener Arbeitgeber, etwa im Rahmen einer **zwischenbetrieblichen Kooperation,** eine gemeinsame Erfindung und haben sämtliche Arbeitgeber die Erfindungsanteile ihrer Arbeitnehmer unbeschränkt in Anspruch genommen und eine gemeinsame Schutzrechtsanmeldung betrieben, so ist § 16 für jeden dieser Arbeitgeber, der sich von seiner Schutzrechtsposition trennen will, in Bezug auf seine Arbeitnehmererfinder zu beachten – ungeachtet eventueller Bindungen des Arbeitgebers gegenüber seinen Kooperationspartnern[377]. Überträgt ein Arbeitgeber seine Anteile auf seine Arbeitnehmererfinder, so setzt sich die Bruchteilsgemeinschaft dann zwischen diesen und den übrigen Kooperationspartnern

100

375a Schiedsst. v. 13.12.1993 (Fn. 371).
375b H.M., z.B. Benkard/Bruchhausen, PatG, Rz. 35 zu § 6; a.A. Sefzig GRUR 1995, 302 ff.
376 H.M., Benkard/Bruchhausen (Fn. 375b); Bartenbach/Volz (Fn. 371) S. 675 m.w.N.; wie hier Volmer/Gaul Rz. 237 zu § 16; i. Ergebnis ebenso Busse Keukenschrijver, PatG, Rz. 38 zu § 6, jedoch m.H.a. § 744 Abs. 1 BGB; Einzelheiten streitig.
377 Schiedsst. v. 7.2.1985 Arb.Erf. 71/84 (unveröffentl.).

§ 16

101 bzw. – bei paralleler Aufgabe – deren Arbeitnehmern fort. Zur zwischenbetrieblichen Kooperation vgl. im Übrigen Rz. 106 f. zu § 1.
Überträgt der Arbeitgeber – unter Nichtbeachtung der Ansprüche der anderen Miterfinder aus § 16 – die Schutzrechtsposition **nur auf einen bzw. einzelne Miterfinder**, so ist die Rechtsübertragung im Außenverhältnis wirksam[377a], zumal die Rechte aus § 16 keine dingliche Belastung der Diensterfindung darstellen (s. Rz. 4). Der Arbeitgeber kann sich aber den anderen Miterfindern gegenüber schadensersatzpflichtig machen, wenn er diesen zwar seine Aufgabeabsicht mitgeteilt und das Verfahren nach § 16 eingeleitet hat, es sei denn, die Miterfinder haben ausdrücklich oder mangels Geltendmachung (§ 16 Abs. 2) »verzichtet«. Teilt der Arbeitgeber einem Miterfinder seine Aufgabeabsicht mit, und bietet er innerhalb der Frist des Abs. 2 diesem eine »Übertragung der Rechte am Schutzrecht« an, ist diese Erklärung regelmäßig dahin zu verstehen, dass er nicht die Rechte an der gesamten Erfindung übertragen will, sondern nur den entsprechenden Miterfinderanteil.[378] Dies gilt auch dann, wenn er versehentlich nur einem Miterfinder die Aufgabeabsicht mitteilt und die Übertragung anbietet.

Erfolgt dagegen die Übertragungserklärung erkennbar nach Ablauf der Frist des Abs. 2 lediglich gegenüber den Miterfindern, die ihre Übernahmeabsicht erklärt haben, ist im Zweifel eine solche Erklärung auf die Vollrechtsübertragung gerichtet.

Ist dagegen das Verfahren nach § 16 noch nicht eingeleitet, so besteht grundsätzlich auf Grund der freien Verfügungsbefugnis des Arbeitgebers kein Anspruch der Miterfinder auf Schutzrechtsübertragung; dementsprechend ist der Arbeitgeber auch frei darin, die Schutzrechtsposition – anstatt auf Dritte – auf einzelne Miterfinder zu übertragen (s. auch Rz. 4).

Zur Vergütung bei »kostenloser« Rechtsübertragung s. KommRL Rz. 44 f. zu RL Nr. 16.

377a KG Berlin v. 27. 7. 1999 (Fn. 373 a).
378 LG Berlin v. 12. 8. 1997 (Fn. 372).

§ 17 Betriebsgeheimnisse*

(1) Wenn berechtigte Belange des Betriebes es erfordern, eine gemeldete Diensterfindung nicht bekannt werden zu lassen, kann der Arbeitgeber von der Erwirkung eines Schutzrechts absehen, sofern er die Schutzfähigkeit der Diensterfindung gegenüber dem Arbeitnehmer anerkennt.

(2) Erkennt der Arbeitgeber die Schutzfähigkeit der Diensterfindung nicht an, so kann er von der Erwirkung eines Schutzrechts absehen, wenn er zur Herbeiführung einer Einigung über die Schutzfähigkeit der Diensterfindung die Schiedsstelle (§ 29) anruft.

(3) Bei der Bemessung der Vergütung für eine Erfindung nach Absatz 1 sind auch die wirtschaftlichen Nachteile zu berücksichtigen, die sich für den Arbeitnehmer daraus ergeben, dass auf die Diensterfindung kein Schutzrecht erteilt worden ist.

Lit.: *Bartenbach/Volz*, Die betriebsgeheime Diensterfindung und ihre Vergütung, GRUR 1982, 133; *dies.* Anm. zu BGH v. 29. 9. 1987 GRUR 1988, 125; *Gaul*, Die betriebsgeheime Erfindung i. ArbNErfR, Mitt. 1987, 185; *ders.*, Der erfolgreiche Schutz v. Betriebs- u. Geschäftsgeheimnissen, 1994; *Poth*, Wahrung v. Betr. Geheimnissen d. ArbN., Mitt. 1981, 114; *Schade*, Die Auswirkungen d. Änderungen d. PatG v. 4.9.1967 auf die ArbNErf., GRUR 1968, 393; *Schütz*, Zur Bindungswirkung d. Anerkenntniserklärung n. § 17 ArbEG b. nachträglich festgestellter Schutzunfähigkeit, GRUR 1980, 1038; *Zeller*, Patentrechtl. Bestimmungen d. Vorabgesetzes unter Berücksichtigung d. erfinderrechtl. Bestimmungen, GRUR 1968, 227.

Übersicht

A. Allgemeines 1-3	I. Bei Anerkennung der Schutzfähigkeit durch den Arbeitgeber (Abs. 1) 26-42
B. Betriebsgeheimnis – »berechtigte Belange des Betriebes« 4-25	
I. Voraussetzungen 4-16	1. Rechtsnatur, Inhalt und Form des Anerkenntnisses 27-30
II. Erklärung zum Betriebsgeheimnis 17-20	2. Zeitpunkt der Erklärung... 31-33
III. Folgen fehlerhafter Einstufung als Betriebsgeheimnis 21, 22	3. Rechtsfolgen 34-42
	a) Zeitdauer des Anerkenntnisses 34-38
IV. Späterer Wegfall berechtigter Geheimhaltungsbelange 23-25	
C. Absehen von der Erwirkung eines Schutzrechts 26-58	b) Geheimhaltungspflichten für Arbeitgeber und Arbeitnehmer 39-42

* I.d.F.d. Ges. z. Änderung d. PatG, WZG u. weiterer Gesetze v. 4.9.1967 (PatÄndG; BGBl. I 935).

§ 17

II. Bei Bestreiten der Schutzfähigkeit (Abs. 2) 43-58	4. Entscheidung der Schiedsstelle............ 54-58
1. Durchführung eines Patenterteilungsverfahrens bis zur Offenlegung 44, 45	D. Vergütung (Abs. 3) 59-70
	I. Grundsatz............ 59
2. Anrufung der Schiedsstelle 46-51	II. Ausgleich wirtschaftlicher Nachteile 60-67
3. Verfahren vor der Schiedsstelle 52, 53	III. Dauer............ 68-70

A. Allgemeines

1   § 17 normiert zugunsten des Arbeitgebers eine **Ausnahme vom Anmeldezwang** (§ 13 Abs. 1 Satz 1) für Diensterfindungen, die aus berechtigten Interessen des »Betriebes« nicht bekannt werden sollen[1]; insoweit müssen insbesondere die persönlichkeitsrechtlichen Interessen des Arbeitnehmers an der Erteilung eines Schutzrechtes zurücktreten[2]. Allerdings setzt dies die Anerkennung der Schutzfähigkeit der Diensterfindung durch den Arbeitgeber voraus (Abs. 1). Bestreitet er die Schutzfähigkeit, muss er die Schiedsstelle anrufen (Abs. 2). Dass dem Arbeitnehmer aus der Behandlung seiner Diensterfindung als Betriebsgeheimnis keine wirtschaftlichen Nachteile erwachsen, soll Abs. 3 sichern.

1.1   Die Vorschrift gilt auch für die in den **neuen Bundesländern** ab dem Beitritt der ehemaligen DDR (3.10.1990) fertig gestellten Diensterfindungen (s. Einl. Rz. 31). Die im fortwirkenden DDR-Recht enthaltene Regelung des § 8 EDB-PatG-DDR-1990, die § 17 ArbEG nachgebildet ist, wird kaum relevant, da diese nur die zwischen dem 3.8.1990 und 2.10.1990 fertig gestellten Erfindungen erfasst[2a].

2   Mit dem am 4.9.1967 verkündeten sog. Vorabgesetz[3] hat die seit 1958 geltende Fassung des § 17, die im Wesentlichen auf § 6 Abs. 3 DVO 1943 zurückging, Änderungen erfahren. Die eigentliche Änderung betrifft nur den jetzigen Abs. 2, der dem Wegfall der zuvor möglichen, bis zum Bekanntmachungsbeschluss geheim bleibenden patentamtlichen Prüfung Rechnung trägt[4].

3   § 17 befreit den Arbeitgeber nicht nur vom Zwang zur Inlandsanmeldung (§ 13 Abs. 1); er entbindet ihn auch von der Pflicht zur Auslandsfreigabe gemäß § 14 Abs. 2 (s. dazu Rz. 38 zu § 14). Die Vorschrift betrifft zudem einen besonderen Anwendungsfall der Geheimhaltungspflicht gemäß § 24; sie normiert zwar nicht ausdrücklich eine Geheimhaltungspflicht der

---

1   Vgl. BGH v. 20.11.1962 GRUR 1963, 315, 317 – Pauschalabfindung.
2   Vgl. auch Amtl. Begr. BT-Drucks. II/1648 S. 35 = Blatt 1957, 237.
2a Vgl. dazu Möller Die Übergangsbestimmungen f. ArbNErf. in den neuen Bundesländern (1996) S. 292 ff.
3   BGBl. I 953 = Blatt 1967, 234.
4   Zu den Änderungen d. Vorabgesetzes vgl. Schade GRUR 1968, 393 ff.; Zeller GRUR 1968, 227, 229 f.

§ 17

Beteiligten, setzt diese aber – aus der Natur der Sache – voraus. § 17 knüpft nicht an eine unbeschränkte Inanspruchnahme an, erlangt indes nur in diesem Fall Bedeutung (s. Rz. 19).

Den **typischen Anwendungsfall** des § 17 bilden namentlich Verfahrenserfindungen, die innerbetrieblich genutzt werden und damit für Konkurrenten nicht zugänglich sind[5]; hierzu rechnen aber auch Sach- oder Erzeugniserfindungen, deren innere Beschaffenheit bzw. stoffliche Zusammensetzung mangels Offenbarung von Außenstehenden nicht oder erst nach geraumer Zeit nachvollzogen werden kann[6]; ferner solche (Pionier-) Erfindungen, mit denen technisches Neuland betreten wird, das das Unternehmen zunächst möglichst selbst umfassend erforschen möchte, um es später in weitem Umfang durch Schutzrechte sperren zu können[7].

B. Betriebsgeheimnis – »berechtigte Belange des Betriebes«

I. Voraussetzungen

Der lediglich in der Überschrift des § 17 zur Unterscheidung von Geheimerfindungen (Geheimpatente gem. §§ 50 ff. PatG bzw. Geheimgebrauchsmuster gem. § 9 GebrMG) verwendete Begriff der »Betriebsgeheimnisse« wird in Abs. 1 **legal definiert:** Die berechtigten Belange des Betriebes müssen es erfordern, eine gemeldete (§ 5) Diensterfindung (§ 4) nicht bekannt werden zu lassen. Zur Eigenschaft als Diensterfindung bei Verbindung mit innerbetrieblichem know-how s. Rz. 44 zu § 4.   4

Bezugspunkt für die Anerkennung eines Betriebsgeheimnisses ist nicht der Betrieb als räumlich-technische, sondern das **Unternehmen** als wirtschaftliche Einheit[7a] (vgl. Rz. 101 zu § 1), da nur dessen Wettbewerbsstellung durch die Entscheidung über eine Geheimhaltung berührt werden kann.   5

Ob berechtigte Interessen des Arbeitgebers (Unternehmens) ein Nichtbekannt werden erfordern, bestimmt sich nach den Umständen des Einzelfalles bei wirtschaftlicher Betrachtungsweise **im Zeitpunkt der Erklärung der Geheimhaltungsbedürftigkeit**[7b]. Insoweit ist es unerheblich, wenn sich die Entscheidung nachträglich aufgrund nicht absehbarer, geänderter Umstände als Fehlentscheidung erweist. Es kommt nicht allein auf den inneren Willen des Arbeitgebers an; die Belange des Unternehmens müssen vielmehr **objektiv** feststellbar sein.   6

---

5 Vgl. Schade GRUR 1968, 393, 398; Beil i. Chemie-Ing.-Techn. 1957, 633, 634; Heine/Rebitzki Verg. f. Erf. Anm. 3 zu RL Nr. 27 (S. 183).
6 So schon Riemschneider/Barth Anm. 9 zu § 6 DVO 1943 S. 204 (dort Fn. 10); s. auch zum Offenkundigwerden e. betriebsgeheimen Erf. gem. § 21 GWB a.F.: BGH v. 12.2.1980 GRUR 1980, 750, 751 r.Sp. – Pankreaplex II.
7 Janert Betr. Verfahrensweisen (1969) S. 26.
7a Wie hier Volmer/Gaul Rz. 27 zu § 17.
7b Zust. Busse/Keukenschrijver, PatG, Rz. 2 zu § 16 ArbEG.

§ 17

7 **Berechtigte Belange** sind dann anzuerkennen, wenn die Geheimhaltung der Diensterfindung (oder Teilen davon) dem Unternehmen in überschaubarer Zeit einen ins Gewicht fallenden Vorteil bringt, also namentlich im Hinblick auf die Wettbewerbssituation des Unternehmens wirtschaftlich sinnvoll und zweckmäßig ist (s. auch Rz. 3).

8 Dies kann **insbesondere** der Fall sein, wenn durch die Geheimhaltung die sonst durch die Offenlegung einer Patentanmeldung gegebene Nutzungsmöglichkeit durch Wettbewerber (§ 33 PatG) vermieden und/oder die tatsächliche Monopolwirkung über die Schutzdauer (§ 16 PatG, § 23 GebrMG, Art. 63 EPÜ) hinaus ausgedehnt wird.

9 Ferner kann eine Erfindung dem Unternehmen neue Betätigungsbereiche eröffnen, die vorerst den Wettbewerbern nicht offenbart werden sollen; entsprechendes gilt, wenn die Erfindung technisches Neuland betrifft, welches das Unternehmen zunächst eigenständig durchforschen möchte[7c]. Ist der Erfindungsgegenstand innerbetrieblich vorbenutzt worden und will der Arbeitgeber zur Vermeidung einer damit ungünstigen Beweissituation bei Verletzungsklagen gegen Wettbewerber von der Schutzrechtsanmeldung absehen, so rechtfertigt auch dies die Einstufung als Betriebsgeheimnis[7d]. Denkbar ist ferner, damit die Bemühungen des Marktes um Alternativlösungen zu vermeiden oder nachhaltig zu erschweren. Hält der Arbeitgeber die ihm als Diensterfindung gemeldete Neuerung für nicht schutzfähig, will er diese aber als betriebsgeheimes Know-how nutzen, ist ihm nur die Möglichkeit der Anrufung der Schiedsstelle nach § 17 Abs. 2 eröffnet[7e].
Berechtigte Belange können sich auch insoweit ergeben, als ein potentieller Lizenznehmer den Abschluss eines Lizenzvertrages vom Unterbleiben der Schutzrechtsanmeldung abhängig macht und dieser Vertrag für das Unternehmen von erheblicher wirtschaftlicher Bedeutung ist; gleiches gilt bei entsprechenden Verpflichtungen im Rahmen der Auftragsforschung[8].

10 Bei der **zwischenbetrieblichen Forschungskooperation** wird ein Interesse aller Kooperationspartner an einer Geheimhaltung vielfach mit den berechtigten Belangen des betreffenden »Gesellschafterbetriebs« des einzelnen Arbeitgebers übereinstimmen. Dies folgt aus der gemeinschaftlichen Zweckverfolgung innerhalb der Kooperation und der rechtlichen Einbindung des jeweiligen Arbeitgebers einschl. seiner erfinderrechtlichen Rechtsposition in die Kooperation. Erfordern berechtigte Belange der Kooperationsgemeinschaft eine Geheimhaltung, ist dies mit den wirtschaftlichen Belangen des betreffenden Kooperationspartners regelmäßig identisch. Die gesellschaftsrechtliche Treuepflicht kann es dem Kooperationspartner im Einzelfall gebieten, das Verfahren nach § 17 zu betreiben, will er

---

7c   Janert (Fn. 7).
7d   So im Ergebn. Schiedsst. v. 10.2.1994 Arb.Erf. 18/93 (unveröffentl.).
7e   Schiedsst. v. 18.11.1994 Arb.Erf. 97/93 (unveröffentl.).
8   Bartenbach/Volz GRUR 1982, 133, 134.

§ 17

sich nicht im Innenverhältnis schadensersatzpflichtig machen; die Belange des Arbeitnehmererfinders müssen bei dieser Sachlage zurückstehen, zumal seinen vermögensrechtlichen Interessen durch den Vergütungsanspruch gemäß § 17 Abs. 1 i.V.m. § 9 angemessen Rechnung getragen wird[9].

Aufgrund einer gesellschaftsrechtlichen Verbundenheit können berechtigte **Konzern**interessen, die sich nachhaltig auf den Arbeitgeber auswirken, zu berücksichtigen sein.

Ein Geheimhaltungsinteresse ist u.a. **nicht anzuerkennen,** wenn sich Dritte unschwer in legitimer Weise Kenntnis vom Erfindungsgegenstand verschaffen können, ein gemäß der Erfindung vertriebenes Erzeugnis die technische Lehre offenbart[9a]. Insoweit wird die Geheimhaltung einer sich auf Arbeitsgerätschaften oder Gebrauchsgegenstände beziehenden gebrauchsmusterfähigen Erfindung oder einer entsprechenden patentfähigen Vorrichtung regelmäßig nicht in Betracht kommen[10]. Würde durch einen Verkauf erfindungsgemäßer Gegenstände die Erfindung offenbart, so könnte eine notwendige Geheimhaltung allenfalls in Betracht kommen, wenn der Arbeitgeber die erfindungsgemäßen Gegenstände ausschließlich innerbetrieblich einsetzt oder bei Verkauf deren Geheimhaltung durch vertragliche Regelungen absichert[10a].

Wegen der Anmeldepflicht des Arbeitgebers gemäß § 13 Abs. 1 rechtfertigt die mit einem Schutzrechtserteilungsverfahren verbundene Kostenbelastung nicht den Verzicht auf dessen Durchführung und vermag berechtigte Belange i.S.d. § 17 nicht zu begründen.

Persönliche, sachfremde und/oder unlautere Erwägungen haben außer Betracht zu bleiben. Sind keine objektiven Geheimhaltungsbedürfnisse erkennbar, so kann eine Diensterfindung **nicht willkürlich** vom Arbeitgeber zum Betriebsgeheimnis erklärt werden.

Da es nach dem Gesetzeswortlaut nur auf die Belange des Unternehmens ankommt, findet **keine Abwägung mit** dem **Interesse des Arbeitnehmers** an der Erwirkung eines Schutzrechts für seine Erfindung statt[10b].

Betriebliche Belange erfordern die Geheimhaltung dann, wenn diese im Verhältnis zu einer Schutzrechtsanmeldung für die wirtschaftliche Situation des Unternehmens besser, zweckmäßiger bzw. geeigneter erscheint, ohne dass es darauf ankommt, dass sie zwingend notwendig bzw. dringend geboten ist.

Bei dem »Erfordernis berechtigter Belange« handelt es sich nicht um eine der gerichtlichen Überprüfung weitgehend entzogene Ermessensentschei-

---

9 Bartenbach Zwischenbetriebl. Kooperation (1985) S. 111 f.
9a Vgl. Busse/Keukenschrijver, PatG, Rz. 2 zu § 16 ArbEG.
10 Schiedsst. ZB. v. 30.3.81 Arb.Erf. 61/80 u. ZB. v. 29.9.1994 Arb.Erf. 12/92 (beide unveröffentl.).
10a Schiedsst. ZB. v. 30.3.1981 u.v. 29.9.1994 (beide Fn. 10).
10b Zust. Busse/Keukenschrijver, PatG, Rz. 2 zu § 16 ArbEG.

809

§ 17

dung des Arbeitgebers[11], vielmehr um einen **nachprüfbaren unbestimmten Rechtsbegriff**, wobei dem Arbeitgeber allerdings ein Beurteilungsspielraum zuzugestehen ist[11a]. Dies folgt daraus, dass die Gestaltung der wirtschaftlichen Betätigung zum Kern der unternehmerischen Entscheidungsfreiheit gehört und damit nicht nur im Wesentlichen seiner Risikosphäre obliegt, sondern auch eine umfassende, prognostizierende Entscheidung mit unternehmensbezogenem Eignungsurteil erfordert.

16   Um dem Arbeitnehmer eine Überprüfbarkeit zu ermöglichen, erscheint es billig, ihm einen Anspruch dahin einzuräumen, vom Arbeitgeber eine **(summarische) Begründung** für die Geltendmachung betrieblicher Erfordernisse verlangen zu können.

Ohnehin obliegt dem Arbeitgeber im Streitfall die **Darlegungs- und Beweislast**.

II. Erklärung zum Betriebsgeheimnis

17   Eine zunächst nach § 24 von den Arbeitsvertragsparteien geheim zu haltende Diensterfindung wird zum Betriebsgeheimnis im Sinne des § 17 erst durch eine dahingehende eindeutige **(formlose) Erklärung** des Arbeitgebers; diese muss als einseitige, empfangsbedürftige Willenserklärung[11b] dem Arbeitnehmer zugehen (§ 130 BGB; s. dazu Rz. 10 ff. zu § 5).

18   Wirkung i. S. des § 17 (insbesondere Befreiung vom Anmeldezwang gem. § 13 Abs. 1) löst sie nur in Gemeinschaft mit einer Erklärung des Arbeitgebers zur Schutzfähigkeit der Diensterfindung gem. § 17 Abs. 1 oder 2 aus (s. dazu Rz. 26 ff.).

19   Die gesicherte Verwertung als betriebsgeheime Erfindung setzt die Überleitung aller vermögenswerten Rechte daran, also eine **unbeschränkte Inanspruchnahme** (§§ 6, 7 Abs. 1) voraus[11c]. In der bloßen Einleitung bzw. Durchführung des Verfahrens gem. § 17 liegt grundsätzlich keine (schlüssige) Inanspruchnahme (s. Rz. 39, 61 f. zu § 6; s. aber auch hier Rz. 30), so dass eine schriftliche, **unbeschränkte Inanspruchnahme** seitens des Arbeitgebers (§§ 6, 7) daneben **erforderlich bleibt** (ggf. aber Auslegung einer schriftlichen Erklärung, s. auch Rz. 30).

20   Die Erklärung zum Betriebsgeheimnis wird **gegenstandslos**, wenn die Diensterfindung gem. § 8 Abs. 1 frei wird, insbesondere, wenn der Arbeitgeber eine fristgerechte, unbeschränkte Inanspruchnahme versäumt. Mit dem Freiwerden sind im Hinblick auf die hierdurch begründete freie Verfügungsbefugnis des Arbeitnehmers (s. dazu Rz. 51 ff. zu § 8) evtl. berech-

---

11   So aber wohl Volmer Rz. 13 zu § 17.
11a Wie hier Reimer/Schade/Schippel/Kaube Rz. 5 zu § 17.
11b A. A. Busse/Keukenschrijver, PatG, Rz. 3 zu § 17 ArbEG (»Verlautbarung«; vgl. aber auch dort Rz. 6: »konstitutive Gestaltungserklärung«).
11c Allg.A.; so im Ergebn. z.B. BGH v. 29.9.1987 GRUR 1988, 123 – Vinylpolymerisate.

tigte Belange des Unternehmens unbeachtlich (s. auch Rz. 22 f.). Das ArbEG gibt dem Arbeitgeber auch nicht die Möglichkeit, einseitig dem Arbeitnehmer die Verpflichtung aufzuerlegen, die – etwa infolge beschränkter Inanspruchnahme – frei gewordene Diensterfindung nicht zum Schutzrecht anzumelden bzw. nicht zu verwerten.

III. Folgen fehlerhafter Einstufung als Betriebsgeheimnis

Wird im Verfahren vor der Schiedsstelle mit bindender Wirkung für die Arbeitsvertragsparteien (vgl. § 34 Abs. 3) oder durch die ordentlichen Gerichte rechtskräftig festgestellt, dass betriebliche Belange eine Geheimhaltung der Diensterfindung nicht erfordern, bewendet es bei der **Anmeldepflicht** des Arbeitgebers gem. § 13 Abs. 1, da eine Ausnahme im Sinne des § 13 Abs. 2 Nr. 3 nicht vorliegt; der Arbeitgeber unterliegt ferner seiner Freigabepflicht gem. § 14 Abs. 2 für die ausländischen Staaten, in denen er Schutzrechte nicht erwerben will. Dies setzt aber voraus, dass die Diensterfindung zwischenzeitlich nicht frei geworden ist (vgl. § 8 Abs. 1), der Arbeitgeber sie also unbeschränkt in Anspruch genommen hat (§ 7 Abs. 1). Andernfalls gilt das in Rz. 19 Gesagte. 21

In einer fehlerhaften Geltendmachung eines Betriebsgeheimnisses im Sinne des § 17 durch den Arbeitgeber liegt zugleich eine Verletzung der Pflicht zur unverzüglichen Inlandsanmeldung, die ihn ggf. zum **Schadensersatz** verpflichtet[12] (s. dazu Rz. 68 ff. zu § 13). Stand die Schutzfähigkeit der Diensterfindung außer Streit und ist die Erfindung zwischenzeitlich gem. § 8 Abs. 1 Nr. 3 frei geworden, kann dem Arbeitgeber nur der Schaden angelastet werden, der aus der Zeit bis zum Freiwerden der Erfindung resultiert. Mit Freiwerden hatte der Arbeitnehmer es in der Hand, selbst die Anmeldung zu betreiben (vgl. § 13 Abs. 4 Satz 1). Die Geltendmachung eines Betriebsgeheimnisses im Sinne des (weitergehenden) § 17 UWG durch den Arbeitgeber wurde mit Freiwerden gegenstandslos (vgl. unten Rz. 33). 22

IV. Späterer Wegfall berechtigter Geheimhaltungsbelange

Entfällt später die Voraussetzung eines Betriebsgeheimnisses, sind zwei Situationen zu unterscheiden: 23

Hatte der Arbeitgeber die **Schutzfähigkeit** der Diensterfindung **bereits anerkannt,** so kann der Wegfall des Betriebsgeheimnisses nicht zum Nachteil des Arbeitnehmers gereichen. Der Arbeitgeber bleibt an sein konstitutives Anerkenntnis und die daran mit der unbeschränkten Inan- 24

---

12 Zust. Busse/Keukenschrijver, PatG, Rz. 4 zu § 17 ArbEG.

§ 17

spruchnahme anknüpfenden Vergütungsfolgen unverändert gebunden[12a]. Ihm steht es allerdings frei[13], bei Zustimmung des Arbeitnehmers die Diensterfindung zum Schutzrecht anzumelden. Dann bildet diese (neue) Schutzrechtsposition zukünftig die Grundlage der wechselseitigen Rechte und Pflichten und löst damit die Rechtsfolgen des § 17 ex nunc ab. Ohne Schutzrechtserteilungsverfahren verbleibt es grundsätzlich bei dem bisherigen Rechtszustand nach § 17 (s. aber auch Rz. 34 f.).

25 Hatte der Arbeitgeber die Schutzfähigkeit **nicht anerkannt**, so ist ein nach § 17 Abs. 2 anhängiges Schiedsstellen- oder gerichtliches Verfahren bestandskräftig abzuschließen[13a]. Auch wenn ein solches Verfahren keine Prioritätsrechte begründet[13b], wird der Arbeitgeber nicht als im Sinne des § 13 Abs. 1 verpflichtet angesehen werden können, parallel (vorsorglich) eine Inlandsanmeldung zu betreiben und ggf. die Erfindung für Auslandsanmeldungen nach § 14 Abs. 2 freizugeben. Wird in dem anhängigen Verfahren nach § 17 Abs. 2 die Schutzfähigkeit verbindlich bejaht, gilt das zuvor (Rz. 24) Gesagte. Bei Verneinung der Schutzfähigkeit kann der Arbeitgeber die technische Neuerung als Arbeitsergebnis (ggf. als technischen Verbesserungsvorschlag) behandeln (s. Rz. 58).

C. Absehen von der Erwirkung eines Schutzrechts

I. Bei Anerkennung der Schutzfähigkeit durch den Arbeitgeber (Abs. 1)

26 Da die Behandlung einer schutzfähigen Diensterfindung als Betriebsgeheimnis keine bindende Feststellung der Schutzfähigkeit (s. Rz. 12 f. zu § 2) ermöglicht, andererseits aber die Schutzfähigkeit der Diensterfindung Voraussetzung für Inanspruchnahme und Vergütung ist, muss der Arbeitgeber, wenn er von der Schutzrechtsanmeldung absehen will, die Schutzfähigkeit gegenüber dem Arbeitnehmer anerkennen bzw. im Innenverhältnis der Arbeitvertragsparteien klären lassen. Wie auch § 17 Abs. 2 zeigt, ist § 17 stets einschlägig, wenn die **theoretische Möglichkeit** besteht, dass die technische Neuerung **patent- oder gebrauchsmusterfähig** ist, auch wenn insoweit

---

12a Ebenso Busse/Keukenschrijver, PatG, Rz. 8 zu § 17 ArbEG; a.A. Volmer/Gaul Rz. 52 zu § 17.

13 Abw. Riemschneider/Barth Anm. 10 zu § 6 DVO 1943, die dem ArbN gegenüber dem ArbG einen Anspr. a. Anmeldung zugestehen.

13a Mit EV. v. 7.2.1984 Arb.Erf. 39/81 (unveröffentl.) hat die Schiedsst. einen EV. dahin vorgelegt, dass die Patentfähigkeit nicht bestehe; aufgrund ihrer Funktion erscheine es sachgerecht, die von den Beteiligten angeschnittenen Fragen zu würdigen und nicht das Verfahren einzustellen und damit insbes. den ArbN auf eine mit vermeidbaren Kosten belastete Schutzrechtsanmeldg. zu verweisen.

13b Schade GRUR 1968, 393, 399.

§ 17

erhebliche Zweifel vorliegen sollten[13c] (s. im Übrigen Rz. 16 f. zu § 2 und hier Rz. 43 ff.). **Gegenstand** des Anerkenntnisses ist die gemeldete technische Lehre der Diensterfindung, gfls. einschließlich nachfolgender Ergänzungen[13d] (s. auch Rz. 53).

1. Rechtsnatur, Inhalt und Form des Anerkenntnisses

Das im Hinblick auf § 2 rechtsbegründende Anerkenntnis der Schutzfähigkeit ist seiner **Rechtsnatur** nach keine rein tatsächliche Handlung wie etwa das die Verjährung unterbrechende Anerkenntnis gemäß § 212 Abs. 1 Nr. 1 BGB n.F. Entsprechend dem Wortlaut des § 17 Abs. 1 stellt das Anerkenntnis auch keinen Vertrag zwischen den Arbeitsvertragsparteien dar[14]. Vielmehr ist das Anerkenntnis ein den Arbeitgeber verpflichtendes, **einseitiges Rechtsgeschäft** mit Gestaltungswirkung[15]; als empfangsbedürftige Willenserklärung entfaltet es mit Zugang beim Arbeitnehmererfinder seine Wirkung (s. dazu Rz. 10 ff. zu § 5). Das Anerkenntnis unterliegt den Vorschriften über Willensmängel gemäß §§ 116 ff. BGB (vgl. auch Rz. 68 f. zu § 6; zur Anfechtung s. unten Rz. 34).   27

Der Anerkennung der Schutzfähigkeit kommt **konstitutive Wirkung**[16] zu, da dem Arbeitnehmer hierdurch die Rechte aus §§ 2, 9 verschafft werden. Diese Rechtsfolgen treten unabhängig von dem Willen des Arbeitnehmers und seinen Vorstellungen über die Schutzfähigkeit ein; das Anerkenntnis soll für die Zukunft eine klare Rechtslage ohne Rücksicht auf die tatsächliche Schutzfähigkeit einer Diensterfindung schaffen[17] (z. Bindung des Arbeitgebers s. Rz. 34).   28

Bei seiner Erklärung muss der Arbeitgeber deutlich machen, ob er die Diensterfindung als **patent- oder gebrauchsmusterfähig** anerkennt. Die Wertung in § 13 Abs. 1 gilt entsprechend[17a] (s. dort Rz. 11 ff.); im Zweifel ist eine (stillschweigende) Anerkennung als patentfähig beabsichtigt. Er-   29

13c I. Ergebn. ebenso ständ. Praxis d. Schiedsst., z.B. EV. v. 18.11.1994 Arb.Erf. 97/93 (unveröffentl.).
13d Schiedsst. v. 17. 2. 1998 Arb.Erf. 61/96 (unveröffentl.).
14   Ausführl. Bartenbach/Volz GRUR 1982, 133, 135 f.; zust. OLG Frankfurt v. 27.2. 1986, EGR Nr. 10 zu § 17 ArbEG; a.A. Schütz, GRUR 1980, 1038, 1039 f.
15   Bartenbach/Volz (Fn. 14); ebenso LG Düsseldorf v. 16. 3. 1999 Az. 4 O 171/98 (unveröffentl.); vgl. auch Busse/Keukenschrijver, PatG Rz. 6 zu § 179 ArbEG (»Gestaltungserklärung«).
16   Zust. Busse/Keukenschrijver, PatG, Rz. 6 zu § 17 ArbEG; abw. Volmer/Gaul Rz. 45 zu § 4 u. Rz. 60 zu § 17; Gaul Mitt. 1987, 185, 190 ff.; wie hier Schiedsst. v. 30.7.1980 Arb.Erf. 85/78 u.v. 10.2.1994 Arb.Erf. 18/93 (beide unveröffentl.) u. LG Düsseldorf v. 16. 3. 1999 (Fn. 15).
17   Schiedsst. v. 30.7.1980 (Fn. 16).
17a Schiedsst. v. 12. 6. 1997 Arb.Erf. 88/95 (unveröffentl.).

§ 17

kennt der Arbeitgeber nur eine Gebrauchsmusterfähigkeit an, kann der Arbeitnehmer evtl. weitergehende Vorstellungen über eine Patentfähigkeit seiner Erfindung nur im Verfahren vor der Schiedsstelle bzw. den ordentlichen Gerichten verfolgen (§§ 28 ff., 37 ff.). Wird hierbei die Patentfähigkeit bindend »festgestellt«, wirkt sich dies auf die Höhe bzw. die Dauer des Vergütungsanspruchs des Arbeitnehmers aus.

Nachdem die Schiedsstelle für das Anmeldeverfahren nach § 13 von einer grundsätzlichen **Gleichstellung von Patent- und Gebrauchsmusteranmeldung** ausgeht (s. Rz. 14 zu § 13), muss dies auch im Rahmen des § 17 gelten.

Das Anerkenntnis kann sich nur auf Schutzfähigkeitsmerkmale beziehen (vgl. § 1 Abs. 1 PatG, § 1 GebrMG), nicht aber auf Erfindungen, für die ein Patent- oder Gebrauchsmusterschutz von vornherein ausgeschlossen ist (vgl. § 1 Abs. 2, § 5 Abs. 2 PatG, § 1 Abs. 2, § 2 GebrMG).

30 Das Anerkenntnis ist **formfrei**; es kann auch konkludent erfolgen, was ein eindeutiges zweifelfreies Verhalten des Arbeitgebers voraussetzt[17b]. Erklärt der Arbeitgeber, die technische Neuerung als betriebsgeheime Erfindung zu behandeln und zu verwerten, liegt darin regelmäßig (auch) das Anerkenntnis der Schutzfähigkeit und zugleich – sofern Form und Frist des § 6 Abs. 2 gewahrt sind – deren unbeschränkte Inspruchnahme. Gleiches kann im Einzelfall bei Erklärung der unbeschränkten Inspruchnahme »als betriebsgeheimer qualifizierter Verbesserungsvorschlag« gelten (s. Rz. 7 zu § 6). Ein bloßer Hinweis auf die Geheimhaltungspflicht genügt nicht, da auch geheim gehaltenes nicht patentfähiges know how von wirtschaftlichem Wert ist[17c]; ebenso nicht in der verzögerten Anrufung der Schiedsstelle[17d].

2. Zeitpunkt der Erklärung

31 Da § 17 eine Alternative zu dem Anmeldezwang gemäß § 13 Abs. 1 darstellt, ist mangels eigenständiger Regelung hinsichtlich des Zeitpunkts der Erklärung des Arbeitgebers gemäß § 17 ein Rückgriff auf die in § 13 Abs. 1 normierten Regeln geboten. Der Arbeitgeber muss sich also **unverzüglich** nach der Meldung der Diensterfindung dem Arbeitnehmer gegenüber erklären[17e] (s. dazu Rz. 7-9 zu § 13). Diese Pflicht besteht unabhängig von einer Inspruchnahme, die der Arbeitgeber gleichzeitig oder jedenfalls innerhalb der Vier-Monats-Frist des § 6 Abs. 2 Satz 2 erklären muss, will er ein Freiwerden der Erfindung verhindern.

17b   Schiedsst. v. 10.2.1994 (Fn. 16) u. LG Düsseldorf v. 16. 3. 1999 (Fn. 15).
17c   LG Düsseldorf v. 16. 3. 1999 (Fn. 15).
17d   LG Düsseldorf v. 16. 3. 1999 (Fn. 15).
17e   Zust. Busse/Keukenschrijver, PatG, Rz. 7 zu § 17 ArbEG.

§ 17

Zur betrieblichen Praxis eines **Wechsels zum Betriebsgeheimnis nach Patentanmeldung** siehe Rz. 44 f. 32

Hat der Arbeitgeber es **versäumt**, eine geheim zu haltende Diensterfindung **unbeschränkt in Anspruch zu nehmen**, so wird diese gemäß § 8 Abs. 1 Nr. 3 frei. Nunmehr ist allein der Arbeitnehmer zur Schutzrechtsanmeldung berechtigt (vgl. § 8 Abs. 2, § 13 Abs. 4; s. auch oben Rz. 19 f.). 33

Der Arbeitnehmer begeht damit keinen **Geheimnisverrat** im Sinne des § 17 UWG[17f]. Zwar ist eine Diensterfindung dem Arbeitnehmererfinder im Sinne des § 17 Abs. 1 UWG »anvertraut«, da diese ohne das Dienstverhältnis nicht erzielt worden wäre und der Wille des Unternehmers, sie als Geheimnis zu behandeln, feststeht[18]; ein Geheimnisverrat im Sinne des § 17 Abs. 1 UWG entfällt indes wegen der sich aus § 8 Abs. 2, § 13 Abs. 4 S. 1 ergebenden Anmeldebefugnis des Arbeitnehmers (s. im Übrigen Rz. 41 zu § 24).

3. Rechtsfolgen

a) Zeitdauer des Anerkenntnisses

Das Anerkenntnis der Schutzfähigkeit einer Diensterfindung hat **im Innenverhältnis** zwischen Arbeitgeber und Arbeitnehmer die gleiche verbindliche **Wirkung wie eine Schutzrechtserteilung**; ohne Rücksicht auf eine tatsächlich gegebene Schutzfähigkeit wird die Diensterfindung so behandelt, als ob ein Schutzrecht bestehe[18a]. Der Arbeitgeber bleibt an sein Anerkenntnis in gleicher Weise gebunden, wie er gebunden wäre, wenn auf die Diensterfindung ein Schutzrecht erteilt worden wäre[19]. Dies gilt grundsätzlich selbst dann, wenn sich nachträglich herausstellt, dass eine Schutzrechtserteilung von Anfang an – etwa wegen entgegenstehenden Standes der Technik (vgl. §§ 3 PatG, 3 GebrMG) – ausgeschlossen gewesen wäre. 34

Streitig ist, ob der Arbeitgeber im Einzelfall die **Wirkung dieses Anerkenntnisses beseitigen** kann: 35

Eine **einseitige Freigabeerklärung** der betriebsgeheimen Diensterfindung durch den Arbeitgeber gemäß § 8 Abs. 1 Nr. 1 ist nach erfolgter unbeschränkter Inanspruchnahme (§§ 6, 7 Abs. 1) ausgeschlossen[19a] (s. Rz. 24 ff. zu § 8). 35.1

17f Ebenso Busse/Keukenschrijver, PatG, Rz. 6 zu § 8 ArbEG.
18 BGH v. 18.2.1977 GRUR 1977, 539, 540 – Prozessrechner m. Anm. Krieger; a.A. Röpke Arbeitsverh. u. ArbNErf. S. 24.
18a LG Düsseldorf v. 16. 3. 1999 (Fn. 15).
19 BGH v. 29.9.1987 GRUR 1988, 123 – Vinylpolymerisate m. Anm. Bartenbach/Volz; ebenso Schiedsst. v. 30.7.1980 Arb.Erf. 85/78 (unveröffentl.); MünchArbR/Sack § 99 Rz. 28.
19a Ebenso Schiedsst. v. 5.3.1991 Arb.Erf. 56/90 (unveröffentl.).

§ 17

35.2 Nach erfolgtem Anerkenntnis ist es dem Arbeitgeber auch verwehrt, eine (erneute) Klärung der Schutzfähigkeit durch **Anrufung der Schiedsstelle** im Verfahren nach § 17 Abs. 2 herbeizuführen[20]; denn dies ist nur gegeben, wenn der Arbeitgeber die Schutzfähigkeit der Diensterfindung von vornherein nicht anerkennt. Die Entscheidungsmöglichkeiten des Arbeitgebers nach § 17 Abs. 1 bzw. 2 stehen alternativ nebeneinander und begründen keine kumulativen Möglichkeiten. Eine analoge Anwendung des § 17 Abs. 2 könnte allenfalls in Betracht gezogen werden, wenn das Anerkenntnis – etwa durch Anfechtung – aus der Welt geschafft wäre[21].

35.3 Ein Rückgriff auf die **Unbilligkeitsregelung des § 23**[22] verbietet sich[23]. Wie § 23 Abs. 1 Satz 2 verdeutlicht, fällt das einseitige (s. hierzu oben Rz. 27) Anerkenntnis des Arbeitgebers nicht unter die dort aufgeführten Vereinbarungen der Arbeitsvertragsparteien. Etwas anderes gilt dann, wenn das »Anerkenntnis« auf einem angenommenen Einigungsvorschlag (vgl. § 34 Abs. 3) der Schiedsstelle gem. § 17 Abs. 2 beruht.

35.4 Da sich die **Anpassungsregelung des § 12 Abs. 6** nur auf nachträglich eingetretene Änderungen der ursprünglichen Umstände bezieht (vgl. Rz. 104 zu § 12), kann auch aus dieser Rechtsnorm keine Korrekturmöglichkeit hergeleitet werden, weil die (gegebene oder fehlende) Schutzfähigkeit eine der Erfindung von vornherein anhaftende Eigenschaft ist[24].

35.5 Ebenso versagt der BGH die Berufung auf das **Fehlen oder den Wegfall der Geschäftsgrundlage (§ 242 BGB a.F. bzw. § 313 BGB n.F.)**[25] mit Rücksicht auf den Charakter der Anerkennung der Schutzfähigkeit als gewagtes Geschäft.

35.6 Mangels Schutzrechtsanmeldung kommt auch eine **Aufgabe nach § 16** nicht in Betracht. Eine von der Schiedsstelle früher im Einzelfall bejahte **analoge Anwendung**[26] des § 16 scheidet ebenfalls aus. Zweifelhaft ist

---

20 BGH v. 29.9.1987 (Fn. 19) i. Anschl. an OLG Frankfurt v. 27.2.1986 EGR Nr. 10 zu § 17 ArbEG gg. Volmer/Gaul Rz. 96 ff., 104 zu § 17; Gaul NJW 1988, 1217; vgl. auch die frühere Praxis der Schiedsst., z.B. EV. v. 22.4.1977 Arb.Erf. 62 u. 64/76 u.v. 5.3.1980 Arb.Erf. 51/79 (alle unveröffentl.), teilw. abgedr. b. Bartenbach/Volz GRUR 1982, 133, 139, wonach der ArbG berechtigt sein sollte, bei Streit über die Schutzfähigkeit nachträglich jederzeit die Schiedsst. anzurufen; dem BGH zust. Busse/Keukenschrijver, PatG, Rz. 8 zu § 17 ArbEG.
21 BGH v. 29.9.1987 (Fn. 19).
22 Schütz GRUR 1980, 1039, 1040 f.
23 Bartenbach/Volz GRUR 1982, 133, 137; zust. OLG Frankfurt v. 27.2.1986 (Fn. 20); Busse/Keukenschrijver, PatG, Rz. 8 zu § 17 ArbEG.
24 Im Ergebn. so wohl auch BGH v. 29.9.1987 GRUR 1988, 123, 125 – Vinylpolymerisate; Schiedsst. v. 22.7.1989 Arb.Erf. 105/88 (unveröffentl.); vgl. auch BGH v. 17.4.1973 GRUR 1973, 649, 651 – Absperrventil.
25 BGH v. 29.9.1987 (Fn. 24) i. Anschl. a. OLG Frankfurt v. 27.2.1986 (Fn. 20).
26 Schiedsst. v. 30.7.1980 Arb.Erf. 85/78 (unveröffentl.), zitiert b. Schütz (Fn. 22) S. 1044. Dagegen scheidet nach Schiedsst. v. 5.3.1991 (Arb.Erf. 56/90 – unveröffentl.) im Anschluss an die hier vertretene Auffassung eine Aufgabe nach § 16 ArbEG aus.

§ 17

schon, ob § 16, der auf eine mittels Schutzrechtsanmeldung erlangte formelle Schutzrechtsposition abstellt, als Ausnahmebestimmung überhaupt einer Analogie zugänglich ist[27]. Zu beachten wäre dann auch, ob eine vorangehende Schutzrechtsanmeldung durch den Arbeitgeber – die theoretisch das Verfahren nach § 16 eröffnen würde – evtl. Geheimhaltungsinteressen des Arbeitnehmers (z.b. für den Fall der Weiterveräußerung) beeinträchtigt; eine solche nachträgliche Schutzrechtsanmeldung wäre für den Arbeitnehmer zudem mit dem Risiko der erheblichen Prioritätsverschiebung belastet. Schließlich würde einseitig die Klärung der Schutzfähigkeit und der Fortdauer der Vergütungsansprüche des Arbeitnehmers vom Arbeitgeber auf den Arbeitnehmer verlagert, der bei Übernahme einer solchen Rechtsposition das Kostenrisiko der Einleitung und Fortführung des Schutzrechtserteilungsverfahrens übernehmen müsste. Zur Ausnahme im Insolvenzverfahren s. Rz. 126 zu § 27 n.F.

Nach der (derzeitigen) **Entscheidungspraxis der Schiedsstelle** soll deshalb der Arbeitgeber – unter Heranziehung des Rechtsgedankens des § 10 Abs. 2 und der RL Nr. 43 – grundsätzlich an ein einmal erklärtes Anerkenntnis der Schutzfähigkeit gebunden sein, sofern nicht ausnahmsweise die Schutzfähigkeit durch eine Entscheidung des Patentamtes oder eines Gerichtes festgestellt wird[28].

Auch der **BGH** verweigert dem Arbeitgeber grundsätzlich das Recht, sich auf die Schutzunfähigkeit einer geheim gehaltenen Diensterfindung zu berufen, wenn er deren Schutzfähigkeit einmal verbindlich anerkannt hat[29]. Er hält es für unvereinbar mit dem Sinn des § 17 Abs. 1, dass der Arbeitgeber im Wege der Feststellungs(wider)klage die Schutzunfähigkeit einer Diensterfindung mit dem Ziel geltend macht, den Vergütungsanspruch für die Zukunft zu Fall zu bringen. Erst wenn die dem Arbeitgeber durch eine betriebsgeheime Erfindung vermittelte **Vorzugsstellung entfällt**, also die mit der Verwertungsmöglichkeit der geheim gehaltenen Diensterfindung verbundenen Vorteile gegenüber den Wettbewerbern verloren gehen, sei es gerechtfertigt, dass der Arbeitgeber dies dem Dienstfinder im Streit um die zukünftige Erfindervergütung entgegenhält[29].

Offen gelassen hat der BGH, ob dem Arbeitgeber der Rückgriff auf **allgemeine Anfechtungsgrundsätze** (§§ 119 ff. BGB) im Einzelfall möglich ist, insbesondere eine Anfechtung des Anerkenntnisses wegen **Irrtums über eine verkehrswesentliche Eigenschaft** der Diensterfindung (§ 119 Abs. 2 BGB)[30]. Grundsätzlich schließt auch der BGH im ArbEG einen

36

---

27 Schütz (Fn. 22) S. 1044; Bartenbach/Volz (Fn. 23) S. 140.
28 Grundlegend Schiedsst. ZB. v. 5.12.1983 Arb.Erf. 18/83 (unveröffentl.).
29 BGH v. 29.9.1987 (Fn. 24).
30 Vgl. dazu Bartenbach/Volz (Fn. 23) S. 138 f.; zust. Reimer/Schade/Schippel/Kaube Rz. 15 zu § 17; Volmer/Gaul Rz. 46 zu § 4 (abw. dagegen dies. Rz. 98 zu § 17 sowie Gaul Mitt. 1987, 185, 191).

817

§ 17

Rückgriff auf die allgemeinen Anfechtungsregeln des BGB nicht aus[31]. Würde dem Arbeitgeber im Rahmen des § 17 auch diese Anfechtungsmöglichkeit versagt, hätte er eine schlechtere Rechtsposition als bei einer beschränkten Inanspruchnahme mit den durch § 10 Abs. 2 vermittelten Möglichkeiten der Klärung der Schutzfähigkeit. Der Arbeitgeber wäre auch im Verhältnis zu einem Arbeitgeber als Anmelder eines Schutzrechts bzw. Inhaber eines erteilten Schutzrechts schlechter gestellt. Denn Letzterer wäre nicht gehindert, nach einer Schutzrechtsanmeldung bekannt gewordenes patenthinderndes Material durch sachlich berechtigte Einschränkungen einer Schutzrechtsanmeldung im Erteilungsverfahren (vgl. § 38 PatG) oder Beschränkung (§ 64 PatG) bzw. Teilverzichte (§ 20 PatG) nach Schutzrechtserteilung zu berücksichtigen; ferner könnte er nach Übertragung einer Schutzrechtsposition auf den Arbeitnehmer (§ 16) Nichtigkeits- bzw. Löschungsklage erheben (s. dazu Rz. 47 zu § 25).

Bei einer Anfechtung hat der Arbeitgeber den Nachweis des Kausalzusammenhangs zwischen Irrtum und Anerkenntnis dahin zu erbringen, dass er bei Kenntnis der Schutzunfähigkeit ein Anerkenntnis nicht abgegeben hätte. Daran fehlt es, wenn der Arbeitgeber Ungewissheit oder Zweifel an der Schutzfähigkeit bewusst in Kauf genommen und ohne nähere Aufklärung oder Anrufung der Schiedsstelle (§ 17 Abs. 2) die Schutzfähigkeit anerkannt hat.

Besondere Bedeutung kommt der **Anfechtungsfrist** gemäß § 121 BGB zu: Die Anfechtung muss ohne schuldhaftes Zögern, also unverzüglich erfolgen, nachdem der Arbeitgeber vom Anfechtungsgrund (mangelnde Schutzfähigkeit) Kenntnis erlangt hat, wobei dem Arbeitgeber eine angemessene Überprüfungs- und Überlegungsfrist zugestanden werden kann, wozu auch die Beratung durch Fachkundige gehört[32]. Eine erst daran anschließende langdauernde Verhandlung mit dem Arbeitnehmererfinder ohne (vorsorglichen) Ausspruch der Anfechtung kann dagegen zum Fristversäumnis führen.

Entgegen § 142 Abs. 1 BGB ist nach allgemeinen arbeitsrechtlichen Grundsätzen für das Wirksamwerden der Anfechtung nur eine **ex nunc-Wirkung** anzunehmen[33], es sei denn, die Anfechtung erfolgt wegen arglistiger Täuschung gem. § 123 Abs. 1 BGB[34]. Schließlich erscheint es im Interesse eines Schutzes des Arbeitnehmers sachgerecht, wenn der Arbeitgeber analog § 17 Abs. 2 gehalten ist, die Schiedsstelle zur Klärung der Wirksamkeit einer von ihm ausgesprochenen Anfechtung anzurufen, sofern sich der Arbeitnehmer nicht der vom Arbeitgeber nachträglich vertretenen Auffas-

---

31 BGH v. 17.4.1973 (Fn. 24); a.A. das Berufungsurteil des OLG Frankfurt v. 27.2. 1986 EGR Nr. 10 zu § 17 ArbEG.
32 Vgl. auch BGH v. 29.9.1987 (Fn. 24) i. Anschl. a. OLG Frankfurt (Fn. 20).
33 Ausführl. Bartenbach/Volz (Fn. 23) S. 138 f.
34 Vgl. BAG v. 29.8.1984 DB 1984, 2707.

sung über die mangelnde Schutzfähigkeit anschließt. Ist die (anfängliche) Schutzunfähigkeit der geheim gehaltenen Diensterfindung offenkundig, bedarf es im Regelfall keiner Anrufung der Schiedsstelle, da ab Erkenntnis dieses Tatbestandes dem Arbeitgeber jedenfalls die Vergütungszahlung nach Treu und Glauben nicht mehr zugemutet werden kann (vgl. oben Rz. 35).

Ansonsten kann sich der Arbeitnehmer nur im **Einvernehmen mit dem Arbeitnehmer** der geheim zu haltenden Diensterfindung und der daran gemäß § 17 Abs. 3, § 9 anknüpfenden Vergütungspflichten entledigen[35]. Denkbar ist auch eine **Vereinbarung** zwischen den Arbeitsvertragsparteien vor bzw. anlässlich der **Anerkennung der Schutzfähigkeit,** worin der zu diesem Zeitpunkt bekannt gewordene Stand der Technik festgehalten und eine spätere Korrekturmöglichkeit für den Fall zugelassen wird, dass sich nachträglich neue Erkenntnisse über einen (älteren) Stand der Technik ergeben. 37

Zur **Zeitdauer der Vergütungspflicht** vgl. Rz. 68 f.; zur fehlenden Berechtigung des Arbeitgebers zur **nachträglichen Schutzrechtsanmeldung** s. Rz. 31 zu § 13. 38

b) Geheimhaltungspflichten für Arbeitgeber und Arbeitnehmer

Gerade weil bei der Behandlung einer Diensterfindung nach § 17 eine Absicherung durch einen Schutzrechtserwerb unterbleibt, unterliegen Arbeitgeber und Arbeitnehmer einer besonderen Geheimhaltungspflicht. Sie erlischt, wenn die Erfindung **offenkundig** geworden ist bzw. auf eine weitere Geheimhaltung **verzichtet** wurde; nicht aber wenn die erfinderische Lehre technisch überholt ist (vgl. auch § 24 Abs. 1 u. 2; s. dort Rz. 14 ff., 35 f.). Der **Arbeitgeber** muss auch – soweit möglich – die Verwertung der Diensterfindung so gestalten, dass ein Bekanntwerden durch Dritte verhindert wird. Andernfalls kann er bei schuldhaftem Verhalten wegen einer Verletzung der §§ 17 Abs. 1, 24 Abs. 1 ArbEG i.V.m. § 823 Abs. 2 BGB dem Arbeitnehmer schadensersatzpflichtig[43] (vgl. auch Rz. 23 f. zu § 24) sein. 39

Sofern der Arbeitgeber sicherstellt, dass auch sein Vertragspartner den Gegenstand der Diensterfindung geheim hält und dieser die Verpflichtung auch an seine Mitarbeiter weitergibt, ist er berechtigt, die Diensterfindung – etwa im Rahmen eines Know-how-Vertrages – zu **lizenzieren**[44] (s. auch Rz. 11). **Verletzt der Dritte** diese vertragliche Geheimhaltungspflicht schuldhaft, ist er dem Arbeitgeber schadensersatzpflichtig. Der Schadensumfang kann sich bestimmen nach den entgangenen Lizenzeinnahmen und der Störung bzw. dem Verlust der eigenen Wettbewerbsposition des Ar- 40

---

35 Schiedsst. v. 5.3.1991 Arb.Erf. 56/90 (unveröffentl.).
36-42 frei
43 Vgl. auch Riemschneider/Barth (Fn. 13).
44 Ähnl. Volmer Rz. 7 zu § 17; zweifelnd Heine/Rebitzki Vergütg. f. Erf. Anm. 3 zu RL Nr. 27 (S. 183).

§ 17

beitgebers. An dem Schadensersatz ist der Arbeitnehmer im Innenverhältnis über seinen Vergütungsanspruch zu beteiligen. Unmittelbare Ansprüche gegen den Dritten stehen ihm nicht zu (zu sonstigen Dritten vgl. § 24 Abs. 3 und dort Rz. 47 ff.).

41 Als Folge der Erklärung zum Betriebsgeheimnis (§ 17 Abs. 1, 2) und gem. § 24 Abs. 2 ist der **Arbeitnehmer** umfassend zur Geheimhaltung der betriebsgeheimen Diensterfindung verpflichtet, und zwar auch über die rechtliche Beendigung des Arbeitsverhältnisses hinaus (s. Rz. 36 zu § 26). Bei schuldhafter **Verletzung** der Geheimhaltungspflicht durch den Arbeitnehmer kann sich dieser schadensersatzpflichtig machen (§ 280 Abs. 1, § 619a BGB; § 823 Abs. 2 BGB i.V.m. § 24 Abs. 2 ArbEG; §§ 17 UWG, 826 BGB; vgl. Rz. 44 ff. zu § 24).

42 Die durch diese Offenbarung bedingten Verwertungseinbußen seines Arbeitgebers beeinflussen zugleich die Höhe seiner Erfindervergütung, die sich ggf. auf eine Beteiligung an dem dann vom Arbeitgeber erlangten verminderten Vorteil reduzieren kann[45].

II. Bei Bestreiten der Schutzfähigkeit (Abs. 2)

43 Erkennt der Arbeitgeber die Schutzfähigkeit einer ihm gemeldeten (§ 5) Diensterfindung nicht an, kann er **anstelle einer Anmeldung** (§ 13 Abs. 1) gem. § 17 Abs. 2 die **Schiedsstelle** (§§ 28 ff.) zur Herbeiführung einer Einigung über die Schutzfähigkeit **anrufen** (zur Pflicht des Arbeitgebers zur unverzüglichen Anrufung der Schiedsstelle s. Rz. 48). Abs. 2 zeigt, dass die technische Neuerung bis zur Entscheidung der Schiedsstelle bzw. eines Gerichts in einem nachfolgenden Rechtsstreit als Diensterfindung zu behandeln ist, obschon (aus Sicht des Arbeitgebers) Zweifel an der Schutzfähigkeit bestehen (s. im Übrigen Rz. 16 ff. zu § 2).

Von dieser Möglichkeit kann der Arbeitgeber nur Gebrauch machen, wenn er die **Schutzfähigkeit** der Diensterfindung **von vornherein nicht anerkennt**. Hat er die Schutzfähigkeit gemäß § 17 Abs. 1 anerkannt, ist er daran gebunden und auch nicht bei nachträglichen Zweifeln an der Schutzfähigkeit berechtigt, nunmehr die Schutzfähigkeit durch die Schiedsstelle klären zu lassen (s. oben Rz. 35). Etwas anderes gilt nur dann, wenn er sich von der Bindungswirkung des Anerkenntnisses im Wege der Anfechtung (§§ 119 ff. BGB) befreit hat (vgl. dazu Rz. 36).

1. Durchführung eines Patenterteilungsverfahrens bis zur Offenlegung

44 Ungeachtet § 17 Abs. 2 nimmt eine verbreitete betriebliche Praxis die Möglichkeit wahr, zunächst eine **Patentanmeldung** nach § 13 Abs. 1 **mit**

---

[45] Vgl. auch Heine/Rebitzki Anm. 4 zu § 17.
46-53 frei

§ 17

sofortiger Stellung des Prüfungsantrages gem. § 44 PatG und der Bitte um beschleunigte Behandlung zu betreiben. Der Arbeitgeber ist bestrebt, vor Ablauf der 18-Monats Frist für die Offenlegung der Patentanmeldung (§ 31 Abs. 2 Ziff. 2 PatG) einen Prüfungsbescheid (§ 45 PatG) oder gar die endgültige Entscheidung des Patentamtes (§§ 48, 49 PatG) zu erhalten. Vor Offenlegung nimmt er sodann die Anmeldung zurück und wird – je nach Ausgang der bisherigen Amtsprüfung – die Schutzfähigkeit anerkennen, eine Einigung mit dem Erfinder über die zukünftige Behandlung als Verbesserungsvorschlag anstreben oder die Schiedsstelle nach § 17 Abs. 2 anrufen.

Dieses Verfahren, das sich im Ergebnis als nachträglicher Wechsel zum Betriebsgeheimnis darstellen kann, muss grundsätzlich als zulässig angesehen werden[54]. Da § 17 Abs. 2 nicht auf das Absehen von der Anmeldung als solcher, sondern auf das **Nichterwirken eines Schutzrechts** abstellt[55], steht der nachträglichen Anrufung der Schiedsstelle (vor Offenlegung der Patentanmeldung) nichts entgegen[56]. § 16 Abs. 1 kommt nicht zur Anwendung, da § 17 Abs. 2 einen Sonderfall des Nichtweiterverfolgens einer Patentanmeldung behandelt und insoweit als speziellere Regelung § 16 Abs. 1 vorgeht. Der Regierungsentwurf des sog. Vorabgesetzes[57] sah eine solche »vorläufige« Schutzrechtsanmeldepflicht des Arbeitgebers sogar ausdrücklich vor[57]. Die jetzige Fassung des § 17 Abs. 2 normiert keine solche Anmeldepflicht, stellt dieses Vorgehen vielmehr in das Belieben des Arbeitgebers. Im Übrigen sind damit auch keine Vermögensnachteile für den Arbeitnehmer verbunden, da sein Vergütungsanspruch bereits an die Inanspruchnahme anknüpft.

45

2. Anrufung der Schiedsstelle

Mit dem Vorabgesetz vom 4.9.1967[58] wurde die früher auf Streitigkeiten über die Schutzfähigkeit als Gebrauchsmuster beschränkte **Zuständigkeit** der Schiedsstelle auf Patente ausgedehnt.

46

Obschon der Wortlaut des § 17 Abs. 2 nur dem Arbeitgeber die **Anrufungsbefugnis** zuweist, steht dieses Recht selbstverständlich auch dem Arbeitnehmer zu[59] (vgl. § 28 Satz 1). Dieser wird die Schiedsstelle insbesondere dann anrufen, wenn er Zweifel an der Geheimhaltungsbedürftigkeit der Diensterfindung hat; in einem solchen Fall folgt die Zuständigkeit der

47

---

54 Ebenso wohl Schiedsst. v. 29.1.1982 Arb.Erf. 25/81 (unveröffentl.).
55 Vgl. dazu Zeller GRUR 1968, 227, 230.
56 Vgl. Schade GRUR 1968, 393, 399; s. auch Schiedsst. v. 27.9.1969 Blatt 1970, 425; Busse/Keukenschrijver, PatG, Rz. 9 zu § 17 ArbEG.
57 BT-Drucks. V/714.
58 BGBl. I 593 = Blatt 1967, 234.
59 A. A. Volmer/Gaul Rz. 69, 70 zu § 17.

§ 17

Schiedsstelle nicht aus § 17 Abs. 2, sondern allgemein aus §§ 28 ff. Der Arbeitgeber kann dem vom Arbeitnehmer zur Klärung der Schutzfähigkeit eingeleiteten Schiedsstellenverfahren nicht dadurch ausweichen, dass er sich auf das Verfahren nicht einlässt. § 35 Abs. 1 Nr. 1 und 2 gelten im Verfahren nach § 17 Abs. 2 nicht[59a]. Da die Anerkennung der Schutzfähigkeit das Gegenstück zur Durchführung des Schutzrechtserteilungsverfahrens ist, darf der Arbeitnehmer nicht schlechter gestellt werden, hat er doch sonst nach § 13 Abs. 3 die Möglichkeit der Ersatzvornahme, um so die Klärung der Schutzfähigkeit zu erzwingen.

48 Im Unterschied zum Arbeitnehmer **muss** der **Arbeitgeber** die Schiedsstelle anrufen, wenn er (endgültig) von der Erwirkung eines Schutzrechts absehen will[60]. Entsprechend § 13 Abs. 1 Satz 2 hat die Anrufung **unverzüglich** zu erfolgen[61].

Hat der Arbeitgeber die ihm gemeldete Diensterfindung zum Betriebsgeheimnis erklärt (s. Rz. 17 f.), in der Erklärung aber die Anerkennung der Schutzfähigkeit vorbehalten bzw. abgelehnt, bleibt er zur unverzüglichen Anrufung der Schiedsstelle verpflichtet und macht sich ansonsten schadensersatzpflichtig[62]. Ein Schaden kann sich aber evtl. durch die mit der verspäteten Anrufung verlängerte Vergütungszeit (s. Rz. 68) ausgleichen. Ein Verstoß bedeutet nicht, dass der Arbeitgeber die Schutzfähigkeit der technischen Lehre nicht mehr in Abrede stellen kann[63].

Die Anrufungsverpflichtung gilt auch dann, wenn der **Arbeitnehmer** zwischenzeitlich aus dem Betrieb des Arbeitgebers **ausgeschieden** ist; insofern ist § 17 Abs. 2 lex specialis gegenüber der allgemeinen Regelung des § 37 Abs. 2 Ziff. 3[63a]. Ebenso gelten hier – jedenfalls für den Arbeitgeber als Antragsgegner – die Beendigungsregelungen des § 35 Abs. 1 Nrn. 1 u. 2 nicht[64] (s. auch Rz. 47).

49 Haben sich Arbeitgeber und Arbeitnehmer zuvor bereits über eine Schutzunfähigkeit einer »Diensterfindung« geeinigt, besteht insoweit für

---

59a Zust. Busse/Keukenschrijver, PatG, Rz. 2 zu § 35 ArbEG (dort zu § 35 Abs. 1 Nr. 1).
60   Ebenso ständ. Praxis Schiedsst., z.B. ZB. v. 22.7.1992 Arb.Erf. 2/92 u. LG Düsseldorf v. 16. 3. 1999 Az. 4 O 171/98 (beide unveröffentl.).
61   Schiedsst. v. 22.4.1977 Arb.Erf. 62 u. 64/76 (unveröffentl.) u.v. 22.7.1992 (Fn. 60); ZB. v. 29.9.1994 Arb.Erf. 12/93 (unveröffentl.); Busse/Keukenschrijver, PatG, Rz. 10 zu § 17 ArbEG.
62   Schiedsst. ZB. v. 22.7.1992 (Fn. 60) u. LG Düsseldorf v. 16. 3. 1999 (Fn. 60).
63   LG Düsseldorf v. 16. 3. 1999 (Fn. 60).
63a Vgl. Busse/Keukenschrijver, PatG, Rz. 10 zu § 17 ArbEG.
64   Nach Volmer/Gaul Rz. 72 f. zu § 17 soll keine Pflicht des Arbeitnehmers, sich auf dieses Verfahren einzulassen, bestehen. Im Ergebn. wohl auch Schiedsst. v. 22.6. 1989 Arb.Erf. 105/88 (unveröffentl.), wenn dort im Rahmen der Zulässigkeit betont wird, dass sich der ArbN als Antragsgegner auf das Verf. eingelassen hat.
65-68 frei

§ 17

die Anrufung kein berechtigtes Interesse mehr, es sei denn, die Wirksamkeit der Vereinbarung ist streitig (vgl. auch Rz. 24 f. zu § 28).
Die Anrufung der Schiedsstelle gem. § 17 Abs. 2 ist an und für sich von der Inanspruchnahme genauso unabhängig wie die Patentanmeldung nach § 13 Abs. 1[69]. Ist die Schutzfähigkeit der Diensterfindung aber gegeben, wirkt sich eine versäumte Inanspruchnahme des Arbeitgebers im Verlust der Rechte an der Erfindung aus. Auch sein Geheimhaltungsinteresse wird dann gegenstandslos (s. oben Rz. 22).   50

Die sich aus § 13 Abs. 4 ergebende Frage, ob nach Ablauf der Inanspruchnahmefrist der Arbeitgeber die Schiedsstelle gem. § 17 Abs. 2 noch anrufen darf, um die Frage der Schutzfähigkeit klären zu lassen, wird von der Schiedsstelle unter dem besonderen Aspekt der geheim zu haltenden Entwicklungsergebnisse bejaht[69].   51

3. Verfahren vor der Schiedsstelle

Die Schiedsstelle hat nicht die Aufgabe der Erteilungsbehörden und kann nicht über die Schutzfähigkeit der Diensterfindung an deren Stelle mit **bindender Kraft** für die Allgemeinheit befinden[70]; vielmehr soll sie nur im Verhältnis zwischen Arbeitgeber und Arbeitnehmer eine Einigung über die Schutzfähigkeit herbeiführen[70]. Sie wird gleichsam **als Gutachter** tätig[71] und prüft eigenständig alle Merkmale der Schutzfähigkeit (Patent-/Gebrauchsmusterfähigkeit)[72].   52

Die Schiedsstelle hat die Aufgabe zu lösen, die sonst dem Arbeitgeber obliegt, weshalb sich eine formale Beschränkung ihrer Prüfung auf den Wortlaut einer Erfindungsmeldung (§ 5) des Arbeitnehmers verbietet[70]. Sie kann vielmehr alle sonstigen Umstände, die zum Zustandekommen der Erfindung beigetragen haben, mit berücksichtigen. In ihre Beurteilung kann sie alle Anlagen der Erfindungsmeldung, Laborprotokolle, Versuchsberichte, Stellungnahmen von Miterfindern ebenso wie evtl. Zwischenprüfbescheide des Patentamtes (s. oben Rz. 44) einbeziehen. Die Vorlage einer dem Patentgesetz nebst Anmeldebestimmungen entsprechenden Patentanmeldung ist nicht erforderlich[73]. Die Schiedsstelle zieht **von Amts wegen** den Stand der Technik (§ 3 PatG) heran[74]. Vom Arbeitgeber nachgetragene Ergänzungen, Berichtigungen oder sonstige Erweiterungen des Erfin-   53

---

69 EV. v. 26.4.1976 Arb.Erf. 64/75 (unveröffentl.).
70 Schiedsst. v. 27.9.1969 (Fn. 56) u.v. 18.11.1994 Arb.Erf. 97/93 (unveröffentl.).
71 Schade GRUR 1970, 579, 580; Busse/Keukenschrijver, PatG, Rz. 11 zu § 17 ArbEG.
72 ZB. Schiedsst. v. 29.1.1982 Arb.Erf. 25/81 u.v. 15.3.1982 Arb.Erf. 23/81 (beide unveröffentl.).
73 Schade GRUR 1968, 393, 399.
74 Schade (Fn. 71); Schiedsst. v. 21.11.1985 Arb.Erf. 34/85 (unveröffentl.).

§ 17

dungsgegenstandes können hier – anders als im Erteilungsverfahren (§ 38 PatG) – berücksichtigt werden[74a].
Maßgebender Zeitpunkt für die Beurteilung der Schutzfähigkeit ist der der Anrufung der Schiedsstelle (§ 31). Der danach hinzugekommene Stand der Technik kann nicht berücksichtigt werden. Ruft der Arbeitgeber die Schiedsstelle erst nach Rücknahme einer früheren Patentanmeldung an (vgl. hierzu oben Rz. 44 f.), erscheint es sachgerecht, dass die Schiedsstelle als **Stichtag** für die Prüfung der Schutzfähigkeit auf den Tag des Eingangs der (früheren) Prioritätsanmeldung bei der Erteilungsbehörde abstellt. Denn anderenfalls ginge es zu Lasten des Arbeitnehmers, wenn sich in der Zwischenzeit ein neuheitsschädlicher Stand der Technik entwickelt hat.

4. Entscheidung der Schiedsstelle

54 Die gutachtliche Äußerung der Schiedsstelle über die Schutzfähigkeit ergeht in Form eines **Einigungsvorschlages**[74b] (§ 34 Abs. 2). Im positiven Fall schlägt die Schiedsstelle eine Einigung zwischen den Parteien dahin vor, dass die Erfindung patent- bzw. gebrauchsmusterfähig ist, und zwar unter im Allgemeinen konkreter Formulierung der Schutzansprüche zur Klärung des Schutzumfangs[75]. Im negativen Fall lautet der Einigungsvorschlag dahin, dass die Parteien über die mangelnde Schutzfähigkeit einig sind. Diesen Einigungsvorschlägen kommt – wie jedem anderen Einigungsvorschlag auch – **keine streitentscheidende Bindungswirkung** zu[76]; diese tritt erst ein, wenn die Beteiligten einen Widerspruch gegen den Einigungsvorschlag unterlassen (§ 34 Abs. 3).

55 Bei Widerspruch einer der Parteien oder sonstiger erfolgloser Beendigung des Schiedsstellenverfahrens (vgl. § 35 Abs. 1 Nrn. 1 u. 2) steht der **Rechtsweg vor den ordentlichen Gerichten offen**[77] (§§ 35 Abs. 2, 37 Abs. 1, 39; s. oben Rz. 47 f.). Eine Pflicht des Arbeitgebers, im Anschluss an ein erfolglos beendetes Schiedsverfahren die ordentlichen Gerichte zur Klärung der Schutzfähigkeit anzurufen, besteht nicht[78]. Nach dem klaren Wortlaut des § 17 Abs. 2 (i.V.m. § 13 Abs. 1) ist er nur zur unverzüglichen Anrufung der Schiedsstelle verpflichtet (s. oben Rz. 48). Widerspricht der

---

74a Schade (Fn. 71).
74b Allg. A., z.B. Schiedsst. v. 18.11.1994 Arb.Erf. 97/93 (unveröffentl.) u.v. 27.9.1969 Blatt 1970, 425.
75 Ständ. Praxis der Schiedsst.
76 So auch die Praxis der Schiedsst., z.B. v. 21.11.1985 (Fn. 74); Schade (Fn. 73) S. 400; Reimer/Schade/Schippel/Kaube Rz. 9 zu § 17 m.w.N.; Busse/Keukenschrijver, PatG, Rz. 11 zu § 17 ArbEG; wohl auch Johannesson Anm. 3.2 zu § 17; vgl. auch Volmer/Gaul Rz. 87 ff. zu § 17; a.A. zu § 17 Abs. 3 a. F.: Lindenmaier/Lüdecke Anm. 6 zu § 17; Volmer Rz. 18 zu § 17; Heine/ Rebitzki Anm. 3 zu § 17.
77 So auch Amtl. Begr. z. Vorabgesetz in BT-Drucks. V/714 S. 53.
78 A.A. Volmer/Gaul Rz. 72 ff. zu § 17.

§ 17

Arbeitgeber einem Einigungsvorschlag, der die Schutzfähigkeit bejaht, ist er von seiner Verpflichtung zum Anerkenntnis der Schutzfähigkeit bzw. der vergütungsrechtlichen Behandlung der technischen Neuerung als schutzfähige Diensterfindung nur dann befreit, wenn er die von ihm damit (incident) behauptete **Schutzunfähigkeit gerichtlich klären** lässt; ansonsten würde der Normzweck des § 17 Abs. 2 umgangen und entgegen § 13 die Klärung der Schutzfähigkeit vom Arbeitgeber auf den Arbeitnehmer verlagert. Dessen ungeachtet ist der Arbeitnehmer auch berechtigt, die Frage der Schutzfähigkeit incident im Rahmen einer Vergütungsklage klären zu lassen.

Zum Schutz der Prozessparteien bietet § 172 Nr. 2 GVG die Möglichkeit des Ausschlusses der Öffentlichkeit bei den gerichtlichen Verhandlungen[79].

Ziel des Verfahrens nach § 17 Abs. 2 ist es, eine Einigung über die Schutzfähigkeit herbeizuführen. Daneben kann die Schiedsstelle aber auch feststellen, ob etwa ein **qualifizierter technischer** Verbesserungsvorschlag vorliegt[71]; sie ist dazu aber bei fehlendem Antrag nicht verpflichtet. Soweit der Arbeitnehmer die behauptete Geheimhaltungsbedürftigkeit bestreitet, kann die Schiedsstelle auch hierüber befinden. 56

Verneint die Schiedsstelle die **Schutzfähigkeit**, ist es nach erfolgtem Widerspruch Sache des Arbeitnehmers, die Schutzfähigkeit durch Klage vor dem ordentlichen Gericht, das an die Beurteilung der Schiedsstelle nicht gebunden ist, feststellen zu lassen (ggf. im Rahmen einer Klage auf Vergütungszahlung oder – im Wege der Stufenklage – bei der Klage auf Rechnungslegung, in deren Rahmen jeweils die Schutzfähigkeit inzident zu prüfen ist)[80]. Gleiches gilt bei Widerspruch des Arbeitgebers gegen einen die Schutzfähigkeit bejahenden Einigungsvorschlag der Schiedsstelle. 57

Steht die Schutzunfähigkeit bindend zwischen Arbeitgeber und Arbeitnehmer fest, handelt es sich um ein dem Arbeitgeber gehörendes **Arbeitsergebnis**[81] (vgl. hierzu Rz. 27 zu § 3), das ggf. nach § 20 oder als Sonderleistung (s. dazu Rz. 332 ff. zu § 9) vergütet werden kann. 58

D. Vergütung (Abs. 3)

I. Grundsatz

Bei Anerkennung der Schutzfähigkeit der Diensterfindung durch den Arbeitgeber (Abs. 1) oder bei bindender Feststellung dieser Eigenschaft (Abs. 2) richten sich die Vergütungsansprüche des Arbeitnehmers nach § 9. Als schutzfähig anerkannte bzw. festgestellte betriebsgeheime Erfindungen 59

---

79 Zu diesem Problemkreis allg. Gottwald BB 1979, 1780 ff.
80 Ebenso LG Düsseldorf v. 16. 3. 1999 Az. 4 O 171/98 (unveröffentl.).
81 Schiedsst. v. 18.11.1994 Arb.Erf. 97/93 (unveröffentl.).
82-90 frei

§ 17

sind ebenso wie geschützte Diensterfindungen nach den allgemeinen Grundsätzen zu vergüten (RL Nr. 27). Der Arbeitgeber schuldet die volle Vergütung; Ein **Risikoabschlag** (s. Rz. 66 ff. zu § 12) kommt nicht in Betracht[91]. **Bestreitet der Arbeitgeber die Schutzfähigkeit** der Diensterfindung und ruft er zur Klärung die Schiedsstelle an (Abs. 2) bzw. ist insoweit ein nachfolgendes Gerichtsverfahren anhängig, ist nach Auffassung der Schiedsstelle die rechtliche und tatsächliche Situation im Falle eines Betriebsgeheimnisses nicht vergleichbar mit der Rechtsposition des Arbeitgebers bei einer Schutzrechtsanmeldung, da dem Arbeitgeber bei einer betriebsgeheimen Erfindung kein Vorteil gegenüber den Wettbewerbern aus seiner Schutzrechtsposition verbleibe.[92] Ergänzend kann auf den Wortlaut des § 17 Abs. 3 verwiesen werden, der eine Gleichbehandlung bei der Bemessung der Vergütung nur für die Fälle des Abs. 1 fordert, also bei Anerkenntnis der Schutzfähigkeit der Diensterfindung durch den Arbeitgeber. Dagegen steht die Überlegung, dass der Erfinder aus der Behandlung als Betriebsgeheimnis vergütungsrechtlich keinen Nachteil im Verhältnis zu einer zum Schutzrecht angemeldeten Erfindung (§ 13) erfahren soll.[92a] Zudem hat es der Arbeitgeber in der Hand, durch unverzügliche Anrufung der Schiedsstelle eine rasche Klärung der Schutzfähigkeit herbeizuführen. Der Anspruch auf vorläufige Vergütung endet mit einem die Schutzfähigkeit verneinenden Einigungsvorschlag der Schiedsstelle.[92b]

Die Ermittlung des **Erfindungswerts** orientiert sich regelmäßig an dem vom Arbeitgeber erzielten Umsatz bzw. seinem erfassbaren betrieblichen Nutzen (Einzelheiten s. bei § 9 sowie KommRL Rz. 13 ff. zu RL Nr. 27).

II. Ausgleich wirtschaftlicher Nachteile

60 Ergänzend sind **wirtschaftliche Nachteile** zu berücksichtigen, die sich aus der unterbliebenen Schutzrechtserteilung ergeben können (Abs. 3). Wegen der Nichtexistenz eines Schutzrechtes soll der Arbeitnehmer nicht schlech-

---

91 Schiedsst. v. 10. 10. 1997 Arb.Erf. 52/94 (unveröffentl.). Bartenbach/Volz GRUR 1982, 133, 139; Volmer/Gaul Rz. 118 zu § 17; vgl. auch Busse/Keukenschrijver, PatG, Rz. 12 zu § 17 ArbEG; unklar Schiedsst. EV. v. 22.4.1977 Arb.Erf. 62 u. 64/76, teilw. veröffentl. b. Bartenbach/ Volz a.a.O. dort Fn. 59.
92 Bejahend ebenso Bernhardt/Kraßer Lehrb. d. PatR. § 21 V 1; für volle Vergütung wohl Volmer/Gaul Rz. 118 zu § 17; eine (vorläufige) Vergütung ablehnend Schiedsst. v. 16. 10. 1997 Arb.Erf. 52/94 (z. Veröffentl. i. EGR vorgesehen).
92a LG Düsseldorf v. 16. 3. 1999 Az. 4 O 171/98 (unveröffentl.); Bernhard/Kraßer Lehrbuch d. Patentrechts § 21 VI; Busse/Keukenschrijver, PatG, Rz. 12 zu § 17 ArbEG; für volle Vergütung wohl Volmer/Gaul Rz. 118 zu § 17
92b LG Düsseldorf v. 16. 3. 1999 (Fn. 92 a)

§ 17

ter gestellt werden, als wenn ein Schutzrecht bestünde; er soll aber auch nicht besser gestellt werden[92c].
Immaterielle Nachteile, etwa der Wegfall der Erfindernennung (vgl. § 63 PatG), sind nicht auszugleichen[93].
Beispiele wirtschaftlicher Nachteile nennt die – in ihren Aussagen allerdings sehr weitgehende (s. KommRL Rz. 22 ff. zu RL Nr. 27) – **RL Nr. 27** im Anschluss an die Gesetzesmotive[94]. Derartige Nachteile können darin liegen, dass die Diensterfindung im Interesse der Geheimhaltung **nur in beschränktem Umfang ausgewertet** wird. Nachteil kann auch sein, dass die **Pflicht zur Auslandsfreigabe gem. § 14 Abs. 2 entfällt** und dem Arbeitnehmer damit eigene Verwertungsmöglichkeiten im Ausland genommen werden. Nachteilig kann sich insbesondere ein **vorzeitiges Bekanntwerden des Erfindungsgegenstandes** und seine Nutzung durch Mitbewerber auswirken[95]; gleiches gilt, wenn die Benutzung des Betriebsgeheimnisses auf Grund eines später Dritten erteilten Schutzrechts eingeschränkt bzw. davon abhängig wird[96], es sei denn, dass ein Vorbenutzungsrecht (§ 12 PatG) greift; in diesen Fällen entscheidend ist, ob und inwieweit sich tatsächlich konkrete wirtschaftliche Einbußen ergeben (vgl. auch § 20 Abs. 1). Einzelheiten s. KommRL Rz 27 ff. zu RL Nr. 27. 61

Völlig ungewöhnliche **Veränderungen** gegenüber der Ausgangssituation können ggf. über § 12 Abs. 6 berücksichtigt werden. 62

Rz. 63-67 frei

III. Dauer

Die Dauer der Vergütungszahlung richtet sich im Grundsatz nach der **Nutzungsdauer,** im Höchstfall nach der (fiktiven) **Laufdauer des Schutzrechts** (vgl. RL Nr. 42), das ohne die Geheimhaltung erteilt worden wäre, also höchstens 20 (§ 16 Abs. 1 PatG) bzw. 10 Jahre (§ 23 GebrMG)[101], und zwar nicht gerechnet ab dem Datum des Zugangs der unbeschränkten In- 68

92c Schiedsst. v. 24. 10. 1995 Arb.Erf. 21/94 (unveröffentl.)
93 Ausschussber. zu BT-Drucks. II/3327, 7 = Blatt 1957, 253; Reimer/Schade/Schippel/Kaube Rz. 13 zu § 17; Volmer/Gaul Rz. 120 zu § 17; vgl. aber auch Lindenmaier/Lüdecke Anm. 7 zu RL Nr. 27; Volmer Rz. 27 zu § 17.
94 Amtl. Begr. BT-Drucks. II/1648 S. 35 = Blatt 1957, 237.
95 Zust. Schiedsst. v. 10.2.1994 Arb.Erf. 18/93 (unveröffentl.).
96 Schiedsst. v. 28.9.1992 EGR Nr. 2 zu § 11 ArbEG (RL Nr. 42).
97-100 frei
101 Ganz h.M., z.B. Schiedsst. v. 5.3.1980 Arb.Erf. 51/79 (unveröffentl.) – insoweit auszugsweise bei Bartenbach/Volz (Fn. 91) S. 142 dort Fn. 75; bestätigt durch EV. v. 28.9.1992 (Fn.96) u.v. 21.3.1995 Arb.Erf. 57/93 (unveröffentl.). Heine/Rebitzki Vergütg. f. Erf. Anm. 4 zu RL Nr. 27; Busse/Keukenschrijver, PatG, Rz. 13 zu § 17 ArbEG; a.A. Volmer/Gaul Rz. 124 zu § 17 (dort nur durchschnittliche Laufdauer.)

§ 17

anspruchnahmeerklärung beim Arbeitnehmererfinder[102], sondern ab Zugang der Anerkenntniserklärung beim Arbeitnehmer[102a] (§ 17 Abs. 1) bzw. ab Anrufung der Schiedsstelle (§ 17 Abs. 2); Einzelheiten s. KommRL Rz. 65 ff. zu RL Nr. 27. Zulässig ist selbstverständlich eine Vorverlegung des Vergütungsbeginns, was sich nicht als Nachteil für den Arbeitnehmer darstellt, da die zukünftige Nutzungsentwicklung regelmäßig ungewiss ist[102b].

Sofern die besondere Wirkung der Geheimhaltung über die fiktive Laufdauer des Schutzrechts andauert, kann nur unter den Voraussetzungen des Ausnahmetatbestandes der RL Nr. 42 Sätze 4 ff. eine Weiterzahlung der Vergütung gerechtfertigt sein[103] (vgl. dazu Rz. 33 zu § 9).

69 Nach Auffassung des BGH kann der Arbeitgeber den **Verlust** einer durch die Geheimhaltung der Diensterfindung **erlangten faktischen Monopolstellung** im Markt dem Arbeitnehmer mit dem Ziel entgegenhalten, dass eine Vergütungspflicht für die Zukunft entfällt[104]. Dies muss u. E. im Hinblick auf Wortlaut und Zweck des § 17 Abs. 3 und dessen Konkretisierung durch RL Nr. 27 Satz 4 dahin eingeschränkt werden, dass ein Wegfall der Vergütungspflicht erst dann eintreten kann, wenn über das Offenkundigwerden hinaus nach den Umständen des Einzelfalls eine weitere Zahlung mit den Grundsätzen von Treu und Glauben unvereinbar ist[105]. Im Übrigen kann eine Vergütungspflicht entfallen, wenn der Arbeitgeber sich wirksam von dem Anerkenntnis der Schutzfähigkeit gelöst hat (s. dazu oben Rz. 34 ff.).

70 Bei einer **Pauschalvergütung** können die Erfahrungssätze gem. RL Nr. 41 über die übliche tatsächliche Laufzeit einer geschützten Erfindung genutzt werden[106] (s. dazu auch Rz. 59.1 zu § 9).

---

102 So (noch) Schiedsst. v. 9.5.1958 Mitt. 1958, 158 f.; dagegen hat die Schiedsst. in ihrem EV. v. 12.6.1974 (Arb.Erf. 29/73 – unveröffentl.) auf den 1. Kalendertag des auf den nach Zugang der Erfindungsmeldung folgenden 2. Monats als »fiktiv möglichen Anmeldetag« abgestellt; die Schiedsst. hat dann im EV. v. 5.3.1991 (Arb.Erf. 56/90 – unveröffentl.) die bisherigen Lösungsansätze in Literatur und Schiedsstellenpraxis offen gelassen. Abweichend stellen Heine/Rebitzki (Vergütg. f. Erf. Anm. 4 zu RL Nr. 27) u. Volmer (Rz. 24 zu § 17) auf das Datum der Erfindungsmeldung ab.
102a So Schiedsst. v. 21.3.1995 (Fn. 101); im Ergebn. auch Schiedsst. v. 10.2.1994 Arb.Erf. 18/93 (unveröffentl.).
102b Schiedsst. v. 17. 2. 1998 Arb.Erf. 61/96 (z. Veröffentl. i. EGR vorgesehen)
103 Vgl. Schiedsst. v. 28.9.1992 (Fn. 96).
104 BGH v. 29.7.1987 GRUR 1988, 123, 124 – Vinylpolymerisate; zust. Busse/Keukenschrijver, PatG, Rz. 13 zu § 17 ArbEG.
105 Bartenbach/Volz i. Anm. zu BGH (Fn. 104) S. 127; dies. GRUR 1982, 133, 140; Volmer/Gaul Rz. 96 zu § 17; zustimmend wohl auch Schiedsst. v. 10.2.1994 Arb.-Erf. 18/93 (unveröffentl.); vgl. auch BGH v. 23.6.1977 GRUR 1977, 784, 786 f. – Blitzlichtgeräte sowie die Rechtsprechung des BGH z. Lizenzvertrag.
106 Schiedsst. v. 5.3.1991 (Fn. 102).

2. Freie Erfindungen

§ 18 Mitteilungspflicht

(1) Der Arbeitnehmer, der während der Dauer des Arbeitsverhältnisses eine freie Erfindung gemacht hat, hat dies dem Arbeitgeber unverzüglich schriftlich mitzuteilen. Dabei muss über die Erfindung und, wenn dies erforderlich ist, auch über ihre Entstehung so viel mitgeteilt werden, dass der Arbeitgeber beurteilen kann, ob die Erfindung frei ist.
(2) Bestreitet der Arbeitgeber nicht innerhalb von drei Monaten nach Zugang der Mitteilung durch schriftliche Erklärung an den Arbeitnehmer, dass die ihm mitgeteilte Erfindung frei sei, so kann er die Erfindung nicht mehr als Diensterfindung in Anspruch nehmen.
(3) Eine Verpflichtung zur Mitteilung freier Erfindungen besteht nicht, wenn die Erfindung offensichtlich im Arbeitsbereich des Betriebes des Arbeitgebers nicht verwendbar ist.

Übersicht

A. Allgemeines 1-4.1	1. »Betrieb des Arbeitgebers« 28
B. Verwertungsrecht des Arbeitnehmers 5	2. »Arbeitsbereich« 29
	3. »Verwendbar« 30
C. Mitteilungspflicht (Abs. 1) 6-31	4. »Offensichtlich« 31
I. Grundsatz 6, 7	D. Bestreiten durch den Arbeitgeber (Abs. 2) 32-44
II. Geltungsbereich 8-18	
1. Sachlich 8-11	I. Inhalt der Erklärung 33-36
2. Persönlich 12-18	II. Schriftform 37
III. Zeitpunkt – »unverzüglich«... 19, 20	III. Drei-Monats-Frist 38-41
IV. Form – »schriftlich« 21-23	IV. Rechtsfolgen 42-44
V. Inhalt der Mitteilung.............. 24-26	E. Folgen einer Verletzung der Mitteilungspflicht 45-48
VI. Ausnahmen von der Mitteilungspflicht (Abs. 3) 27-31	F. Zweifel an der Schutzfähigkeit..... 49, 50

A. Allgemeines

§§ 18, 19 behandeln die Erfindungen, die schon im Zeitpunkt ihrer Entstehung **freie Erfindungen** (§ 4 Abs. 3) sind (s. Rz. 47 f. zu § 4). Auf frei gewordene (§ 8) bzw. später aufgegebene (§ 16) Diensterfindungen (§ 4 Abs. 2) finden sie keine Anwendung (vgl. § 8 Abs. 2). Einen Sonderfall der freien Erfindung stellten nach § 42 Abs. 1 ArbEG a.F. Erfindungen von Hochschullehrern und wissenschaftlichen Assistenten dar.

1

§ 18

2   War der Arbeitnehmer nach **früherem Recht** verpflichtet, jede von ihm entwickelte Erfindung ordnungsgemäß zu melden (§ 3 Abs. 1 DVO 1943), so hat der Gesetzgeber von einer umfassenden Offenbarungspflicht im Sinne des § 5 bei freien Erfindungen aus Zweckmäßigkeitsgründen abgesehen und in § 18 Abs. 1 lediglich eine Mitteilungspflicht als »**vereinfachte Meldepflicht**«[1] vorgeschrieben.

3   Dass der Arbeitnehmer dem Arbeitgeber auch freie Erfindungen zur Kenntnis geben muss, findet seinen Grund vorrangig in der Erhaltung des **Arbeitsfriedens** und soll vermeidbare Zwistigkeiten zwischen den Arbeitsvertragsparteien von vornherein ausschalten[1]. Daneben dient die Mitteilungspflicht dem **Schutz des Arbeitnehmers**, der in manchen Fällen nicht mit Sicherheit beurteilen kann, ob es sich um eine freie oder eine Diensterfindung handelt[1]. Nachteilige Folgen für den Arbeitnehmer aufgrund irriger Annahme einer freien Erfindung hilft § 18 Abs. 2 vermeiden, da der Arbeitnehmer nach Ablauf der Drei-Monats-Frist mangels Bestreitens durch den Arbeitgeber nunmehr von einer freien Erfindung ausgehen kann. Zugleich erkennt diese Vorschrift auch die berechtigten **Interessen des Arbeitgebers** an, indem sie ihm durch die unverzügliche Erfindungsmitteilung die (rechtzeitige) Prüfung ermöglicht, ob die von seinem Arbeitnehmer entwickelte Erfindung die Voraussetzungen einer Diensterfindung erfüllt[1].

4   Von dem Grundsatz, dass alle freien Erfindungen dem Arbeitgeber mitzuteilen sind, macht Abs. 3 eine **Ausnahme** für solche Erfindungen, die offensichtlich im Arbeitsbereich des »Betriebes« (Unternehmens) des Arbeitgebers nicht verwendbar sind – im Schrifttum[1a] auch **betriebsfremde** freie Erfindungen genannt im Gegensatz zu sog. **betriebsbezogenen** freien Erfindungen im Sinne des Abs. 1. Im Hinblick auf den Normzweck der §§ 5,18 (Rz. 8) erscheint es bedenklich, den Arbeitnehmer mit der Prüfung eines im Einzelfall schwierig feststellbaren Merkmals aus der Sphäre des Arbeitgebers zu belasten. Im Interesse der Vermeidung von Meinungsverschiedenheiten und damit einer Störung des Arbeitsfriedens wäre es sachgerecht gewesen, die Mitteilungspflicht uneingeschränkt zu belassen, zumal den wirtschaftlichen Interessen des Arbeitnehmers durch die parallele Einschränkung bei der Anbietungspflicht in § 19 Abs. 1 Satz 1 ausreichend Rechnung getragen wird. Zur Auskunftspflicht siehe Rz. 35 zu § 25.

4.1   §§ 18, 19 finden uneingeschränkt auf alle freien Erfindungen, die Arbeitnehmer in den **neuen Bundesländern** ab dem 3.10.1990 entwickelt haben, Anwendung (s. Einl. Rz. 31). Das fortwirkende DDR-Recht enthält nur für Diensterfindungen erfinderrechtliche Vorschriften (vgl. Art. 1 § 9 PatÄndG-DDR-1990), während es zuvor von einer weitgehenden Zuordnung

---

1   Amtl. Begr. BT-Drucks. II/1648 S. 36 = Blatt 1957, 238; vgl. auch BGH v. 25.2.1958 GRUR 1958, 334, 336 m. Anm. Friedrich = AP Nr. 1 zu § 43 ArbNErfG m. Anm. Volmer.
1a   Schwab Erf. u. VV S. 31.

§ 18

von Arbeitnehmererfindungen zum sog. Ursprungsbetrieb (Arbeitgeber) mittels eines Wirtschaftspatents ausgegangen war (vgl. §§ 8, 10 PatG-DDR-1983). §§ 18, 19 ArbEG sind damit auf DDR-Alterfindungen auch nicht analog anwendbar (vgl. Einl. Rz. 39).

B. Verwertungsrecht des Arbeitnehmers

Das ArbEG geht bei freien Erfindungen grundsätzlich von der unbeschränkten Verfügungs- und Verwertungsbefugnis des Arbeitnehmers aus, die nur durch die allgemeine Treuepflicht (s. dazu Rz. 28 ff. zu § 25) und die Pflichten aus §§ 18, 19 begrenzt ist[2]. Das Gesetz legt dem Arbeitnehmer als freiem Erfinder damit nur solche Verpflichtungen auf, die aus dem Bestehen des Arbeitsverhältnisses als solchem und der sich daraus ergebenden Treuepflicht sowie dem Schutzcharakter der §§ 18, 19, 22, 23 ArbEG abzuleiten sind[2a]. Ähnlich wie bei der frei gewordenen Erfindung (§ 8) kann der Arbeitnehmer über die Erfindung ohne Verstoß gegen die Verschwiegenheitspflicht oder das arbeitsrechtliche Wettbewerbsverbot frei **verfügen**; er darf sie jedoch nicht selbst **verwerten**, wenn er dadurch in Konkurrenz zu seinem Arbeitgeber tritt[3] (Einzelheiten s. Rz. 51 ff. zu § 8 u. Rz. 40 f. zu § 25; zur Anspruchskonkurrenz im Rahmen der Anbietungspflicht des Arbeitnehmers s. Rz. 37 zu § 19). Anders als bei Diensterfindungen (vgl. § 7 Abs. 3) sind Verfügungen über die freie Erfindung dem Arbeitgeber gegenüber auch ohne vorherige Mitteilung bzw. Anbietung uneingeschränkt wirksam; der Arbeitnehmer (nicht aber der Dritte) macht sich allerdings wegen Verletzung der §§ 18, 19 schadensersatzpflichtig (s. unten Rz. 45 ff. u. 73 f. zu § 19).

5

C. Mitteilungspflicht (Abs. 1)

I. Grundsatz

Die Mitteilungspflicht stellt ebenso wie die Meldepflicht gem. § 5 eine Konkretisierung der dem Arbeitnehmer im Rahmen der arbeitsrechtlichen **Treuepflicht obliegenden Informationspflicht** dar[4]. Der Zugang der Mitteilung löst als gesetzliche **Rechtsfolge** das Ingangsetzen der Drei-Monats-Frist gem. § 18 Abs. 2 aus, wonach der Arbeitgeber bei unterlassenem Bestreiten der Eigenschaft als freie Erfindung diese nicht mehr in Anspruch nehmen kann; er eröffnet ferner die Möglichkeit zum vertraglichen Abbe-

6

---

2   Amtl. Begr. (Fn. 1) S. 16 (zu V 7) = Blatt 1957, 227.
2a S. BGH v. 29.11.1984 NJW 1985, 1031, 1032 – Fahrzeugsitz.
3   Vgl. Röpke Arbeitsverh. u. ArbNErf. S. 81 u. ders. ArbN als Erf. S. 62 f.
4   A.A. Halbach AuR 1960, 371, 373 f. u. Röpke Arbeitsverh. u. ArbNErf. S. 79 f., die eine originäre, gesetzl. Verpflichtg. d. ArbN annehmen.

831

§ 18

dingen der Bestimmungen des ArbEG gem. § 22 Satz 2. Der Inhalt der Mitteilung ist maßgeblich für die Verwertungsbefugnisse des Arbeitnehmers (vgl. § 19). Der Anbietungspflicht zugunsten des Arbeitgebers kann gleichzeitig mit der Mitteilung entsprochen werden (§ 19 Abs. 1 Satz 2). Zwar bezieht sich die **Geheimhaltungspflicht** des § 24 Abs. 2 nicht auf freie Erfindungen; solange Meinungsverschiedenheiten über die Qualifikation der Erfindung bestehen, wird man aber eine solche Pflicht des Arbeitnehmers annehmen müssen; zum Arbeitgeber s. Rz. 4 ff. zu § 24.

7   Die Mitteilung ist ebenso wie die Meldung eine **Rechtshandlung**[4a] (vgl. Rz. 5 zu § 5). Sie muss dem Arbeitgeber zugehen (§ 130 BGB – s. hierzu Rz. 10 ff. zu § 5).

Durch die Mitteilung wird kein patentrechtliches **Vorbenutzungsrecht** begründet; solches würde auch dem Sinn der Mitteilungs- und Anbietungspflicht (§§ 18, 19) widersprechen (s. im Übrigen Rz. 59 zu § 8). Bei freien Erfindungen hat der Arbeitgeber damit kein Vorbenutzungsrecht[4b].

II. Geltungsbereich

1. Sachlich

8   Gegenstand der Mitteilungspflicht sind **(geborene) freie Erfindungen** (§ 4 Abs. 3; s. dort Rz. 47 f.). Nicht erfasst werden frei gewordene (§ 8) bzw. später aufgegebene (§ 16) Diensterfindungen, ferner nicht technische Verbesserungsvorschläge (§ 3, s. auch Rz. 50). § 18 gilt nur für die vom Arbeitnehmer selbst als Allein- oder Miterfinder (s. dazu Rz. 15) geschaffenen Erfindungen, nicht aber für solche, die er von Dritten erworben hat.

9   Auch **nachträgliche Änderungen** bzw. Erweiterungen bereits mitgeteilter Erfindungen sind mitzuteilen (vgl. auch Rz. 21 zu § 5). Zur Mitteilung von Verbesserungsvorschlägen s. Rz. 28 ff. zu § 3.

10 Die Mitteilungspflicht besteht **für alle während der (rechtlichen) Dauer des Arbeitsverhältnisses** (s. dazu Rz. 10 ff. zu § 4) **fertig gestellten** (s. Rz. 16 f. zu § 4) freien Erfindungen. Folglich unterliegt auch ein ausgeschiedener Arbeitnehmer hinsichtlich der zuvor fertig gestellten Erfindungen noch der Mitteilungspflicht (§ 26).

11 Zu Zweifeln und Meinungsverschiedenheiten hinsichtlich des Charakters der Erfindung s. Rz. 51 ff. zu § 4.

4a   H. M., Reimer/Schade/Schippel/Kaube Rz. 4 zu § 18; abw. Busse/Keukenschrijver, PatG, Rz. 4 zu § 18 ArbEG (zugangsbedürftige rechtsgeschäftl. Erklärung); Volmer/Gaul Rz. 65 zu § 18 (einseitige empfangsbedürftige Willenserklärung).
4b   So im Ergebn. auch LG Düsseldorf v. 9. 10. 1997 Az. 4 O 346/96 u. 4 O 13/97 (beide unveröffentl.).

§ 18

2. Persönlich

Mitteilungspflichtig sind **Arbeitnehmer** im privaten (vgl. Rz. 8 ff. zu § 1) und öffentlichen (vgl. Rz. 3 f. zu § 40) Dienst sowie **Beamte** und Soldaten (vgl. Rz. 5 ff. u. 16 ff. zu § 41).   12

Pensionäre unterliegen hinsichtlich der nach Eintritt in den Ruhestand gemachten Erfindungen keiner Mitteilungs- oder Anbietungspflicht gem. §§ 18, 19 analog (Näheres hierzu s. Rz. 79 zu § 1).   13

Gleiches gilt für **ausgeschiedene Arbeitnehmer** für die nach dem Ausscheiden gefertigten Erfindungen (zur Beweislast s. Rz. 18 zu § 4)[5]. Der Arbeitnehmer muss dem Arbeitgeber aber Mitteilung über eine unmittelbar nach seinem Ausscheiden aus dem Arbeitsverhältnis bewirkte Schutzrechtsanmeldung (einschließlich Angaben zum Zustandekommen dieser Erfindung) machen und ggf. Unterlagen hierüber vorlegen, damit der Arbeitgeber prüfen kann, ob es sich um eine – während der Dauer des Arbeitsverhältnisses fertig gestellte – Diensterfindung oder um eine freie Erfindung handelt[6] (s. auch Rz. 18 zu § 4 u. Rz. 2, 22 zu § 26). Dies folgt aus den §§ 5, 18 i.V.m. der arbeitsvertraglichen Treuepflicht, die insoweit über das Ende des Arbeitsverhältnisses hinaus wirkt[6a]. Ansonsten könnte der Arbeitnehmer, obschon in derartigen Fällen häufig eine Wahrscheinlichkeit für das Vorliegen einer Diensterfindung sprechen wird, seiner Darlegungslast nicht genügen[6a] (s. dazu Rz. 18 zu § 4). Von einem **unmittelbaren zeitlichen Zusammenhang** kann allerdings im Regelfall bei Anmeldungen, die mehr als 6 Monate nach dem Ausscheiden erfolgen, nicht mehr gesprochen werden[6b] (s. auch Rz. 2 zu § 26).   14

Sind am Zustandekommen der freien Erfindung **mehrere Erfinder** (Miterfinder; s. dazu Rz. 44 ff. zu § 5) beteiligt, so können sich unterschiedliche Pflichten je nachdem ergeben, ob die Erfindung für den einzelnen Miterfinder eine freie oder eine gebundene ist. Jeder Miterfinder ist für die Erfüllung seiner eigenen Melde- bzw. Mitteilungspflicht verantwortlich. Entsprechend § 5 Abs. 1 Satz 2 muss es zulässig sein, wenn die Miterfinder anstelle einer Einzelmitteilung eine gemeinsame Mitteilung vornehmen (Einzelheiten s. Rz. 54 ff. zu § 5), da auch dadurch dem Informationsanspruch des Arbeitgebers Genüge getan wird.   15

Soweit am Zustandekommen einer freien Erfindung außenstehende **freie Erfinder** (vgl. Rz. 44 ff. zu § 1) beteiligt sind, richtet sich deren Informationspflicht nach den ausdrücklichen oder stillschweigend getroffenen Ab-   16

---

5 Abw. Röpke (Fn. 4) S. 78 bei Vorliegen eines vertragl. Wettbewerbsverbots.
6 OLG München v. 9.3.1967 Mitt. 1967, 237; ebenso LG Mannheim v. 25.8.1989 Az. 7 O 83/89 (unveröffentl.); Volmer/Gaul Rz. 57 zu § 18.
6a So LG Mannheim v. 25.8.1989 (Fn. 6).
6b LG Mannheim v. 25.8.1989 (Fn. 6); vgl. auch BGH v. 21.10.1980 GRUR 1981, 128 – Flaschengreifer (dort rd. 4 Monate nach Ausscheiden noch in unmittelb. zeitl. Zusammenhang).

§ 18

sprachen, ggf. folgt diese aus einer besonderen Treuepflicht (z.B. bei Organmitgliedern; s. auch Rz. 72 ff. zu § 1) bzw. den Grundsätzen von Treu und Glauben (§ 242 BGB).

17 Die an der Gemeinschaftserfindung beteiligten Arbeitnehmererfinder verstoßen wegen ihrer gesetzlichen Pflicht bei der Mitteilung an den Arbeitgeber (auch im Hinblick auf § 24 Abs. 1) nicht gegen eine zwischen ihnen und den außenstehenden freien Miterfindern bestehende Geheimhaltungsabrede. Entsprechendes gilt, wenn der Arbeitnehmer für einen dritten Auftraggeber tätig geworden ist (z. Doppelarbeitsverhältnis s. Rz. 19 ff. zu § 1).

18 **Empfänger** der Mitteilung ist der Arbeitgeber (Dienstherr). Einzelheiten zum Zugang s. Rz. 10 ff. zu § 5; zu mehreren Arbeitgebern s. Rz. 19 ff. zu § 1.

III. Zeitpunkt – »unverzüglich«

19 Der Arbeitnehmer hat seiner Mitteilungspflicht **unverzüglich**, d. h. ohne schuldhaftes Zögern (§ 121 BGB – s. dazu Rz. 28 f. zu § 5) nachzukommen. Diese Pflicht entsteht ebenso wie die Meldepflicht gemäß § 5 mit Fertigstellung (Einzelheiten Rz. 26 f. zu § 5) der Erfindung (»Erfindung gemacht hat«).

20 Wegen etwaiger Ansprüche aus dem Arbeitsverhältnis gegenüber dem Arbeitgeber kann der Arbeitnehmer **kein Zurückbehaltungsrecht** hinsichtlich der Erfüllung der Mitteilungspflicht geltend machen[7] (s. auch Rz. 39 zu § 25).

IV. Form – »schriftlich«

21 Aus Beweiszwecken hat die Mitteilung **schriftlich** zu erfolgen (§§ 126, 126a BGB, s. hierzu Rz. 35 ff. zu § 5; ebenso zum Verzicht des Arbeitgebers auf die Schriftform dort Rz. 38 f.).

22 Im Gegensatz zu § 5 Abs. 1 Satz 1 ist eine **gesonderte** Mitteilung nicht erforderlich[8]. Jedenfalls muss aber aus der Erklärung des Arbeitnehmers eindeutig entnommen werden können, dass es sich um die Mitteilung einer freien Erfindung handelt[9]; sie muss also als Erfindungsmitteilung **kenntlich** sein[7]. Insoweit können die Grundsätze zur Kenntlichmachung einer Diensterfindung gem. § 5 Abs. 1 Satz 1 herangezogen werden (vgl. dort Rz. 41 ff.).

---

7 BGH v. 25.2.1958 (Fn. 1) S. 337.
8 OLG Braunschweig v. 29.3.1962 GRUR 1963, 196; Busse/Keukenschrijver, PatG, Rz. 4 zu § 18 ArbEG; Klauer/Möhring/Nirk PatG Rz. 17 Anh. zu § 3; a.A. Volmer Rz. 17 zu § 18.
9 Vgl. OLG Braunschweig v. 29.3.1962 (Fn. 8); Reimer/Schade/Schippel/Kaube Rz. 7 zu § 18.

§ 18

Eine Information, der der Arbeitgeber nicht entnehmen kann, dass es sich um eine Erfindungsmitteilung handelt bzw. die nicht als solche kenntlich gemacht worden ist oder der die Schriftform fehlt, ist **wirkungslos** und löst nicht die Frist des § 18 Abs. 2 aus[10]. Auch eine Heilung in analoger Anwendung des § 5 Abs. 3 kommt nicht in Betracht, da diese sich nur auf die behebbaren Mängel i. S. des § 5 Abs. 2 bezieht[11] (s. auch Rz. 40 f.).

23

V. Inhalt der Mitteilung

Die Mitteilung nach § 18 ist im Verhältnis zur Meldung gem. § 5 als eine **inhaltlich geringere** gedacht; ihr Umfang richtet sich nach dem Maß an Aufklärung, das eine zuverlässige Beurteilung des Arbeitgebers ermöglicht, ob es sich tatsächlich um eine freie oder gebundene Erfindung handelt[15]. Dies kann je nach den Umständen des Einzelfalles unterschiedlich sein. Die Information durch den Arbeitnehmer braucht im Regelfall nicht so ausführlich zu sein, wie die Auskunft nach § 5 Abs. 2 (s. aber Rz. 26).

24

Üblicherweise wird eine **summarische Darstellung** der technischen Aufgabe und ihrer Lösung genügen. Der Arbeitnehmer muss die Erfindung **technisch charakterisieren.** Für die Beurteilung durch den Arbeitgeber von besonderer Bedeutung sind die Einzelheiten über das **Zustandekommen der Erfindung** (§ 18 Abs. 1 Satz 2 2. Halbs.), also die Vorgänge, die kausal für die Entwicklung der Problemlösung waren, etwa betriebliche Aufgabenstellungen, ein Abweichen hiervon, die Nutzung betrieblicher Arbeiten und Erfahrungen, die Beteiligung von Miterfindern und Mitarbeitern. Maßstab ist dabei wiederum, dass der jeweilige Arbeitgeber sich mit diesen Angaben, ggf. unter Ausnutzung anderer betrieblicher Informationsquellen, ein abschließendes Bild über die Einstufung der Erfindung machen kann. Je näher die Erfindung zum betrieblichen Arbeits- und Pflichtkreis des Arbeitnehmererfinders steht, umso mehr Informationen insbesondere zum Zustandekommen sind notwendig.

25

Die Angaben über die Erfindung und ihre Entstehung i.S.d. § 18 Abs. 1 Satz 2 müssen zwingend mitgeteilt werden. Es handelt sich bei diesen Angaben um eine **Wirksamkeitsvoraussetzung** der Mitteilung nach § 18 Abs. 1; fehlen sie, wird die Frist für das Bestreiten durch den Arbeitgeber nach Abs. 2 nicht ausgelöst[16].

---

10 OLG Braunschweig v. 29.3.1962 (Fn. 8); Heine/Rebitzki Anm. 2 zu § 18.
11 Vgl. OLG Braunschweig v. 29. 3. 1962 (Fn. 8); Reimer/Schade/Schippel/Kaube Rz. 8 zu § 18 m. H. a. Schiedsst. v. 18. 1. 1994 Arb.Erf. 21/93 (unveröffentl.); Busse/Keukenschrijver, PatG, Rz. 4 zu § 18 ArbEG.
12-14 frei
15 BGH v. 25.2.1958 (Fn. 1) S. 337; LG Düsseldorf v. 16.10.1990 Az. 4 O 126/90 (unveröffentl.); Busse/Keukenschrijver, PatG, Rz. 3 zu § 18 ArbEG; Reimer/Schade/Schippel/Kaube Rz. 8 zu § 18.
16 So Schiedsst. v. 18.1.1994 Arb.Erf. 21/93 (unveröffentl.).

§ 18

26 In besonderen Fällen kann die für eine Mitteilung nach § 18 Abs. 1 geschuldete Information dem Umfang einer Meldung i.S.d. § 5 gleichkommen[16a]. Dies gilt insbesondere dann, wenn auch für den Arbeitnehmer die Annahme einer Diensterfindung zumindest möglich erscheint bzw. nahe liegt[16b], etwa wenn der Erfindungsgegenstand bereits im Unternehmen des Arbeitgebers eingesetzt wird oder wenn vergleichbare Erfindungsgegenstände als Diensterfindung in Anspruch genommen wurden.
Die Mitteilungspflicht des Arbeitnehmers geht seinem evtl. Geheimhaltungsinteresse vor[17].

VI. Ausnahmen von der Mitteilungspflicht (Abs. 3)

27 Abs. 3 befreit den Arbeitnehmer dann von seiner Mitteilungspflicht, wenn die Erfindung »offensichtlich im Arbeitsbereich des Betriebs des Arbeitgebers nicht verwendbar ist« (betriebsfremde freie Erfindung)[17a]. Bei der Auslegung der Begriffe ist eine **wirtschaftliche Betrachtungsweise** geboten, die im Hinblick auf den Ausnahmecharakter zugleich den berechtigten Belangen des Arbeitgebers an der Kenntnis betriebsbezogener Erfindungen Rechnung trägt (s. auch Rz. 3 f.). Maßgeblicher **Beurteilungszeitpunkt** ist der Zeitpunkt der Mitteilung (s. dazu Rz. 19; s. auch Rz. 6, 39 zu § 19). Zur Kritik s. Rz. 4.

1. »Betrieb des Arbeitgebers«

28 Unter »Betrieb« ist nicht die organisatorisch technische Einheit zu verstehen, sondern das **Unternehmen**[18] (zum Unternehmensbegriff siehe Rz. 101 ff. zu § 1). Dies folgt daraus, dass auch § 18 der Klärung der Zuordnung der Erfindung zum Arbeitgeber und damit dem Unternehmen als Rechtsträger dient. Soweit mehrere juristisch selbständige Unternehmen aufgrund rechtlicher Vereinbarungen zusammengeschlossen sind (Konzern, Unternehmensgruppe, Kooperation), geht dieses Rechtsgebilde über den Begriff des Unternehmens hinaus und fällt nicht mehr unter § 18 Abs. 3[18a].

16a BGH v. 25.2.1958 (Fn. 1) S. 337; OLG Braunschweig v. 29.3.1962 (Fn. 8); OLG München v. 9.3.1967 (Fn. 6); LG Düsseldorf v. 16.10.1990 (Fn. 15).
16b BGH v. 25.2.1958 (Fn. 1) S. 337.
17   Vgl. BGH v. 25.2.1958 (Fn. 1) S. 337, der dies allerdings aus § 24 ArbEG herleitet.
17a Krit. (i.H.a. die Möglichkeit d. Irrtums d. ArbN) Bernhardt/Kraßer Lehrb. d. PatR. § 21 III a 3.
18   Gaul/Bartenbach i. Anm. zu BGH v. 25.2.1958 EGR Nr. 2 zu § 18 ArbEG; allg. zustimmend Schiedsst. v. 10.10.1989 Arb.Erf. 37/89 (unveröffentl.); Reimer/Schade/Schippel/Kaube Rz. 10 zu § 18; a.A. Volmer Rz. 36 zu § 18; wie hier Volmer/Gaul Rz. 88 zu § 18.
18a Ebenso zu § 19 Abs. 1 Busse/Keukenschrijver, PatG, Rz. 5 zu § 19 ArbEG.

§ 18

Auf eine Verwendbarkeit der Erfindung im Konzernbereich, beim Kooperationspartner usw. kommt es daher nicht an (s. auch Rz. 38 zu § 19).

2. »Arbeitsbereich«

Der »Arbeitsbereich« eines Unternehmens ist **weit zu fassen**[19] und wird bestimmt durch den vom Arbeitgeber mit dem Unternehmen verfolgten **wirtschaftlichen Zweck**. Soweit es sich um eine juristische Person (AG, GmbH), ein vergleichbares Institut (OHG, KG) oder eine Gesellschaft bürgerlichen Rechts (§§ 705 ff. BGB) handelt, kommt diese Zweckrichtung üblicherweise in der **Satzung** bzw. dem **Gesellschaftsvertrag** des Unternehmens zum Ausdruck, die dann als ein wesentliches Indiz zur Kennzeichnung des Arbeitsbereiches herangezogen werden können. Entscheidend sind aber letztlich die tatsächlichen Verhältnisse. Der »Arbeitsbereich« geht über die gegenwärtige Betätigung (Produktion, Vertrieb) hinaus und umfasst neben vorbereiteten und geplanten Aktivitäten auch solche, die ohne grundlegende Umstellung der Produktionsanlagen bzw. der Vertriebsorganisation des Unternehmens **wirtschaftlich nahe liegen**, sowie ähnliche, ergänzende oder verwandte Tätigkeiten, die im Rahmen einer wirtschaftlich sinnvollen, potentiellen Unternehmensentwicklung liegen. Im Interesse einer umfassenden Information des Arbeitgebers ist hier – anders als in § 19 Abs. 1 – der Arbeitsbereich des Unternehmens nicht auf vorhandene oder vorbereitete Aktivitäten beschränkt[20]. 29

3. »Verwendbar«

»Verwendbar« ist die Erfindung, deren Gegenstand im Unternehmen des Arbeitgebers hergestellt oder benutzt wird[21] bzw. werden kann[22] (z.B. auch als Arbeitsmittel- u. Arbeitsverfahrenserfindung[23]). Der Begriff »verwendbar« ist **weit auszulegen**[24] und umfasst mehr als die bloße Verwertbarkeit (s. auch Rz. 28). 30

4. »Offensichtlich«

Die Nichtverwendbarkeit der Erfindung im Arbeitsbereich des Unternehmens ist dann »offensichtlich«, wenn sie für die Beteiligten – vom Stand- 31

---

19 Ebenso Heine/Rebitzki Anm. 5 zu § 18; Volmer/Gaul Rz. 90 zu § 18; Busse/Keukenschrijver, PatG, Rz. 2 zu § 18 ArbEG.
20 Insoweit abw. Reimer/Schade/Schippel/Kaube Rz. 11 zu § 18.
21 Vgl. Amtl. Begr. (Fn. 1).
22 Heine/Rebitzki Anm. 6 zu § 18; Klauer/Möhring/Nirk PatG Rz. 17 Anh. zu § 3.
23 Volmer Rz. 40 f. zu § 18 (s. auch Lit. Fn. 22).
24 Ebenso Busse/Keukenschrijver, PatG, Rz. 2 zu § 18 ArbEG.

§ 18

punkt eines objektiv denkenden Dritten – außerhalb jeden vernünftigen Zweifels liegt, also **offen zutage** tritt[25]. Offensichtlich bedeutet aber nicht »oberflächlich«, so dass der Arbeitnehmer im Rahmen des Zumutbaren (§ 242 BGB) gehalten ist, sich – notfalls durch Rückfragen beim Arbeitgeber – ein Bild über den Arbeitsbereich des Unternehmens und die Verwendbarkeit der Erfindung zu verschaffen. Bestehen auch nur geringste Zweifel, muss der Arbeitnehmer seiner Mitteilungspflicht genügen. Er trägt sonst das Risiko, sich schadensersatzpflichtig zu machen (s. u. Rz. 46 f.).

D. Bestreiten durch den Arbeitgeber (Abs. 2)

32 Die Bestimmung des Abs. 2 trägt dem Grundgedanken des § 18 Rechnung, schnell klare Verhältnisse zwischen den Arbeitsvertragsparteien zu schaffen[31]. Dem Arbeitgeber ist die Möglichkeit eingeräumt, binnen drei Monaten nach Zugang der Mitteilung zu bestreiten, dass die Erfindung frei sei (s. auch Rz. 3).
Zu Zweifeln über die Schutzfähigkeit s. Rz. 49 f.

I. Inhalt der Erklärung

33 Das Bestreiten muss als **empfangsbedürftige Willenserklärung** dem Arbeitnehmer zugehen (§ 130 BGB; Einzelheiten siehe Rz. 10 ff. zu § 5), wobei es zu den Obliegenheiten des Arbeitgebers gehört, für den ordnungsgemäßen Zugang Sorge zu tragen (s. Rz. 29 zu § 16).
34 Aus der Erklärung muss für den Arbeitnehmer klar und zweifelsfrei ersichtlich sein, dass der Arbeitgeber der Einstufung als freie Erfindung widerspricht, sie also **als Diensterfindung ansieht**[31a].
Auch wenn § 18 Abs. 2 keine Begründungspflicht des Arbeitgebers normiert, so kann im Einzelfall ein substantiiertes Bestreiten angebracht sein[32].
35 Das bloße Bestreiten stellt noch keine (schlüssige) **Inanspruchnahmeerklärung** (§§ 6, 7 Abs. 1) dar; diese kann aber gleichzeitig mit dem Bestreiten abgegeben werden[33]. Nimmt der Arbeitgeber allerdings innerhalb der Drei-Monats-Frist die Erfindung (schriftlich) beschränkt oder unbe-

---

25 Ebenso Busse/Keukenschrijver, PatG, Rz. 2 zu § 18 ArbEG; ähnl. Heine/Rebitzki Anm. 5 zu § 18; Lindenmaier/Lüdecke Anm. 5 zu § 18; Reimer/Schade/Schippel/Kaube Rz. 12 zu § 18.
26-30 frei
31 Amtl. Begr. (Fn. 1).
31a Ebenso Busse/Keukenschrijver, PatG, Rz. 9 zu § 18 ArbEG
32 Vgl. dazu Volmer Rz. 29 zu § 18 u. Volmer/Gaul Rz. 118 f. zu § 18, die allerdings von einer dahingehenden Verpflichtung ausgehen; wie hier Busse/Keukenschrijver, PatG, Rz. 9 zu § 18 ArbEG.
33 Reimer/Schade/Schippel/Kaube Rz. 17 zu § 18.

schränkt in Anspruch, so liegt darin regelmäßig zugleich ein (konkludentes) Bestreiten.

Ist der Arbeitgeber der Ansicht, es handele sich nicht um eine Erfindung, sondern lediglich um ein ihm zustehendes Arbeitsergebnis, so hat er ebenfalls zu bestreiten (s. Rz. 50). 36

II. Schriftform

Das Bestreiten muss aus Gründen der Rechtssicherheit schriftlich erfolgen (Einzelheiten zur Schriftform und zum Verzicht vgl. Rz. 35 ff. zu § 5). 37

III. Drei-Monats-Frist

Der Arbeitgeber muss innerhalb von 3 Monaten nach Zugang der Mitteilung von der Möglichkeit des Bestreitens Gebrauch machen, da er andernfalls sein Inanspruchnahmerecht (§ 6) verliert; ihm verbleibt dann nur noch das Recht aus § 19. 38

Wegen dieses Rechtsverlustes stellt die Drei-Monats-Frist eine (nicht verlängerbare) **Ausschlussfrist**[34] dar (vgl. auch Rz. 45 ff. zu § 6; zur Fristberechnung dort Rz. 50 ff.). 39

Die **Frist** des § 18 **läuft** dann **nicht**, wenn es an der Schriftform der Mitteilung fehlt oder der Arbeitgeber einer ihm zugegangenen »Mitteilung« nicht entnehmen kann, dass es sich um eine Erfindungsmitteilung handelt[35] (s. auch Rz. 23). Gleiches gilt, wenn der Arbeitnehmer arglistig eine Diensterfindung als freie Erfindung getarnt hat[36] (zum rechtsmissbräuchlichen Berufen auf den Fristablauf s. auch Rz. 49 zu § 6 und unten Rz. 48). Da es an einer § 5 Abs. 3 entsprechenden Regelung fehlt (s. Rz. 23), läuft bei **mangelhaften Erfindungsmitteilungen**, die nicht allen Anforderungen des § 18 Abs. 1 Sätze 1 und 2 entsprechen, keine Frist[36a]. 40

Sind in einem als »Meldung von Diensterfindungen« gekennzeichneten Schreiben vom Arbeitnehmer **Zweifel** an der Eigenschaft als Diensterfindung geäußert worden, berührt dies nicht die Obliegenheit des Arbeitgebers, die Frist des § 18 Abs. 2 zum Bestreiten bzw. zur Inanspruchnahme der Erfindungen einzuhalten[37]. 41

---

34 Heine/Rebitzki Anm. 4 zu § 18; Volmer Rz. 31 zu § 18; Volmer/Gaul Rz. 114 zu § 18.
35 OLG Braunschweig v. 29.3.1962 GRUR 1963, 196.
36 Schiedsst. v. 8.5.1972 Blatt 1972, 382, 383; Busse/Keukenschrijver, PatG, Rz. 10 zu § 18 ArbEG; Reimer/Schade/Schippel/Kaube Rz. 15 zu § 18.
36a So Schiedsst. v. 18.1.1994 Arb.Erf. 21/93 (unveröffentl.) unter Aufgabe von Schiedsst. Beschl. v. 19.2.1962 Arb.Erf. 23/60 (unveröffentl.).
37 Schiedsst. v. 12.8.1966 Blatt 1967, 131 m. Anm. Schippel GRUR 1967, 291; zust. auch Busse/Keukenschrijver, PatG, Rz. 8 zu § 18 ArbEG; Reimer/Schade/Schippel/Kaube Rz. 14 zu § 18.

§ 18

IV. Rechtsfolgen

42 Hat der Arbeitgeber mit seinem Bestreiten zu erkennen gegeben, dass es sich nach seiner Vorstellung um eine Diensterfindung handelt, so wird er entsprechend dem Gebot von Treu und Glauben (§ 242 BGB) gehalten sein, den Arbeitnehmer zu einer **ordnungsgemäßen Meldung** i. S. des § 5 Abs. 1 **aufzufordern** bzw. – sofern bereits die Voraussetzungen einer Meldung i. S. d. § 5 Abs. 1 gegeben sind – eine substantiierte Beanstandung i. S. des § 5 Abs. 3 auszusprechen. Der Zugang der ordnungsgemäßen Meldung setzt dann den Lauf der Inanspruchnahmefrist in Gang (§ 6 Abs. 2 Satz 2; vgl. auch Rz. 43 zu § 5).

43 Handelt es sich um eine **Diensterfindung**, löst (jedenfalls) ein fristgerechtes Bestreiten für den Arbeitnehmer die Verpflichtung aus, sich **Verfügungen** über die Erfindung zu **enthalten** (vgl. § 7 Abs. 3).

Liegt dagegen eine **freie Erfindung** vor, kann er trotz des Bestreitens unter Beachtung seiner Anbietungspflicht nach § 19 über die Erfindung frei verfügen, sofern die arbeitsrechtliche Treuepflicht im Verhältnis zum Arbeitgeber keine Schranken setzt (vgl. dazu Rz. 51 ff. zu § 8); eine evtl. vom Arbeitgeber erklärte Inanspruchnahme ist gegenstandslos.

44 Scheitert zwischen den Arbeitsvertragsparteien eine Einigung über die Einordnung der Erfindung, ist der Streit vor der **Schiedsstelle** (§ 28 ff.) und ggf. anschließend vor den ordentlichen Gerichten (§§ 37, 39) zu klären. Zu Meinungsverschiedenheiten über den Charakter der Erfindung s. im Übrigen Rz. 51 f. zu § 4.

E. Folgen einer Verletzung der Mitteilungspflicht

45 Kommt der Arbeitnehmer seiner Mitteilungspflicht nicht nach, hat der Arbeitgeber einen Erfüllungsanspruch **(Auskunftsanspruch),** den er auch nach Beendigung des Arbeitsverhältnisses (§ 26) noch durchsetzen kann[38] (s. auch Rz. 18.3 zu § 4). Zur Vollstreckbarkeit des Anspruchs vgl. Rz. 94 zu § 5.

46 § 18 stellt ein **Schutzgesetz** zugunsten des Arbeitgebers i. S. des § 823 Abs. 2 BGB dar[39]. Ob dem Arbeitgeber bei schuldhafter Verletzung der Mitteilungspflicht neben dem Erfüllungsanspruch auch ein Anspruch auf Schadensersatz zusteht, ist bei Vorliegen einer freien Erfindung regelmäßig

---

38 BGH v. 25.5.1958 GRUR 1958, 334 m. Anm. Friedrich = AP Nr. 1 zu § 43 ArbN-ErfG m. Anm. Volmer; LG Düsseldorf v. 16.10.1990 Az. 4 O 126/90 (unveröffentl.).

39 Vgl. BGH v. 29.11.1984 NJW 1985, 1031, 1032 – Fahrzeugsitz, der den Schutzcharakter dieser Norm betont; Busse/Keukenschrijver, PatG, Rz. 14 zu § 18 ArbEG; abw. Volmer/Gaul Rz. 47 zu § 18 (wie hier dort Rz. 143).

§ 18

wegen fehlenden Schadens zu verneinen, es sei denn, der Arbeitnehmer verletzt zugleich seine Anbietungspflicht nach § 19 (siehe dort Rz. 73 ff.).

Hat der Arbeitnehmer dagegen eine Diensterfindung (wegen fehlerhafter Einschätzung) nicht gemeldet, so liegt zwar keine Verletzung des § 18 vor, wohl aber – erst recht im Falle arglistiger Täuschung – eine solche der Meldepflicht gem. § 5 (zu den Folgen siehe dort Rz. 94 ff.). 47

Gibt der Arbeitnehmer für eine tatsächlich freie Erfindung eine Meldung i. S. des § 5 ab, reicht diese zwar auch als Mitteilung i. S. des § 18 aus, der Arbeitnehmer kann sich aber im Einzelfall gegenüber dem gutgläubigen Arbeitgeber im Hinblick auf die viermonatige Inanspruchnahmefrist nicht auf einen Ablauf der Dreimonatsfrist des § 18 Abs. 2 berufen[40]. 48

F. Zweifel an der Schutzfähigkeit

Wegen der Schwierigkeit einer zuverlässigen Erfassung des einschlägigen Standes der Technik und der zutreffenden Würdigung der technischen Bedeutung der Neuerung ist es vielfach für beide Arbeitsvertragsparteien schwierig zu bewerten, ob es sich um eine schutzfähige Erfindung handelt[50]. Ist die technische Neuerung nicht offensichtlich schutzunfähig, so handelt der Arbeitnehmer nicht pflichtwidrig, wenn er diese – anstatt als Verbesserungsvorschlag – als »freie Erfindung« mitteilt; insoweit gilt auch hier der Grundsatz, dass das ArbEG zunächst an die Möglichkeit der Schutzfähigkeit anknüpft (s. Rz. 16 ff. zu § 2). 49

Stellt die mitgeteilte »Erfindung« nach Auffassung des Arbeitgebers mangels Schutzfähigkeit lediglich einen technischen Verbesserungsvorschlag (§ 3) dar, der ihm als Arbeitsergebnis zuzuordnen wäre (s. Rz. 26 f. zu § 3), so ist auch hier der Schutzgedanke des Abs. 2 zu würdigen (s. dazu Rz. 3, 32). Danach sowie aufgrund der arbeitsrechtlichen Treuepflicht (s. dazu Rz. 28 ff. zu § 25) wird man den Arbeitgeber als verpflichtet ansehen müssen, innerhalb der Drei-Monats-Frist des Abs. 2 dem Arbeitnehmer gegenüber zu erklären, dass er die Neuerung nicht für schutzfähig hält und als technischen Verbesserungsvorschlag ansieht. Versäumt er dies, verbleiben dem Arbeitnehmer die Verwertungsrechte (s. Rz. 5) und die Möglichkeit zur Schutzrechtsanmeldung. Sollte es sich bei der technischen Neuerung um eine Diensterfindung gehandelt haben, tritt in diesen Fällen – ungeachtet des Hinweises auf die Behandlung als Arbeitsergebnis – mangels ordnungsgemäßen Bestreitens die Rechtsfolge des § 18 Abs. 2 ein. 50

Zu den Zweifeln über die Schutzfähigkeit s. im Übrigen Rz. 16 ff. zu § 2 und Rz. 17 f. zu § 6.

---

40 Zust. Busse/Keukenschrijver, PatG, Rz. 15 zu § 18 ArbEG.
41-49 frei
50 S. allg. BGH v. 2.6.1987 GRUR 1987, 900, 902 – Entwässerungsanlage.

§ 19 Anbietungspflicht

(1) Bevor der Arbeitnehmer eine freie Erfindung während der Dauer des Arbeitsverhältnisses anderweitig verwertet, hat er zunächst dem Arbeitgeber mindestens ein nichtausschließliches Recht zur Benutzung der Erfindung zu angemessenen Bedingungen anzubieten, wenn die Erfindung im Zeitpunkt des Angebots in den vorhandenen oder vorbereiteten Arbeitsbereich des Betriebes des Arbeitgebers fällt. Das Angebot kann gleichzeitig mit der Mitteilung nach § 18 abgegeben werden.
(2) Nimmt der Arbeitgeber das Angebot innerhalb von drei Monaten nicht an, so erlischt das Vorrecht.
(3) Erklärt sich der Arbeitgeber innerhalb der Frist des Absatzes 2 zum Erwerb des ihm angebotenen Rechts bereit, macht er jedoch geltend, dass die Bedingungen des Angebots nicht angemessen seien, so setzt das Gericht auf Antrag des Arbeitgebers oder des Arbeitnehmers die Bedingungen fest.
(4) Der Arbeitgeber oder der Arbeitnehmer kann eine andere Festsetzung der Bedingungen beantragen, wenn sich Umstände wesentlich ändern, die für die vereinbarten oder festgesetzten Bedingungen maßgebend waren.

Übersicht

A. Allgemeines................................	1-6
B. Anbietungspflicht des Arbeitnehmers (Abs. 1)............................	7-68
I. Gegenstand der Anbietungspflicht..................................	7, 8
II. Inhalt der Anbietungspflicht..	9-30
1. Rechtsnatur des Anbietens	9-11
2. »Mindestens ein nicht ausschließliches Recht zur Benutzung der Erfindung«........................	12-19
3. Angemessene Bedingungen............................	20-30
III. Voraussetzungen der Anbietungspflicht............................	31-42
1. »Anderweitige Verwertung während der Dauer des Arbeitsverhältnisses«	31-37
2. Verwendungsmöglichkeit im »vorhandenen oder vorbereiteten Arbeitsbereich«	38-42
IV. Form, Zeitpunkt und Inhalt des Angebots........................	43-48
1. Form	43
2. Vor anderweitiger Verwertung durch den Arbeitnehmer................................	44, 45
3. Gleichzeitige Angebotsabgabe mit der Mitteilung nach § 18............................	46, 47
4. Inhalt des Angebots............	48
V. Annahme oder Ablehnung des Angebots durch den Arbeitgeber (Abs. 2, 3)......................	49-68
1. Grundsatz...........................	49-51
2. Frist zur Annahme (Abs. 2)............................	52-54
3. Zustandekommen des Vertrages...........................	55-57
4. Gerichtliche Festsetzung der Bedingungen bei Meinungsverschiedenheiten (Abs. 3)....................	58-68
a) Angemessenheit der Bedingungen	59
b) Anrufung der Schiedsstelle	60, 61
c) Gerichtliche Klage.......	62-68

§ 19

C. Neufestsetzung der Bedingungen (Abs. 4) 69-72	F. Besonderheiten bei mehreren Erfindern 78-85
D. Verletzung der Anbietungspflicht 73-75	G. Unbilligkeit der Vereinbarung (§ 23) 86, 87
E. Vertragliche Regelungen 76, 77	

A. Allgemeines

1 § 19 regelt die Anbietungspflicht des Arbeitnehmers bei einer freien Erfindung (§ 4 Abs. 3).

2 Die Pflicht des Arbeitnehmers, **vorrangig** seinem Arbeitgeber eine nicht-gebundene Erfindung zur Benutzung anzubieten, normierte die DVO 1943 zwar nicht ausdrücklich; sie war jedoch seinerzeit in der Lehre anerkannt[1]; die damaligen Arbeits- und Tarifverträge räumten vielfach dem Arbeitgeber ein Vorkaufsrecht an solchen Erfindungen ein. Allerdings wurde die Zulässigkeit derartiger Abreden im Hinblick auf das Unabdingbarkeitsgebot (früher § 9 DVO 1943; heute § 22 ArbEG) angezweifelt[2]. Um derartige Zweifel zu beseitigen und damit für die Arbeitsvertragsparteien sichere Rechtsverhältnisse zu schaffen, hat der Gesetzgeber diesen Problemkreis gesetzlich geregelt[3].

3 Die Anbietungspflicht ist Ausfluss der arbeitsrechtlichen **Treuepflicht** des Arbeitnehmers[4] (s. dazu Rz. 28 ff. zu § 25) und ist damit auf **bestehende Arbeitsverhältnisse** beschränkt[5] (zum persönlichen Anwendungsbereich s. Rz. 12 ff. zu § 18).

4 § 19 stellt einerseits im Grundsatz klar, dass eine freie Erfindung nicht dem **Zugriffsrecht des Arbeitgebers** unterliegt und er – von den Voraussetzungen des § 19 Abs. 1 abgesehen – keine Nutzungsrechte daran hat[5a], der Arbeitnehmer über freie Erfindungen vielmehr frei verfügen kann. Auch steht dem Arbeitgeber kein Vorbenutzungsrecht zu (s. Rz. 7 zu § 18). § 19 schränkt dieses freie Verfügungsrecht aber andererseits ein, indem er den Arbeitnehmer vor Verwertung zunächst zur Anbietung eines Benutzungsrechts zugunsten des Arbeitgebers anhält, aber nur soweit dieser die Erfindung in seinem Betrieb (Unternehmen) verwerten kann (§ 19 Abs. 1). Dadurch soll insbesondere vermieden werden, dass der Arbeitgeber aufgrund monopolartiger Verwertungsverträge seines Arbeitnehmers mit

---

1 Vgl. Riemschneider/Barth Anm. 8 zu § 4 DVO 1943.
2 Vgl. zum früheren Rechtszustand auch Halbach AuR 1960, 371, 373 f.
3 Amtl. Begr. BT-Drucks. II/1648 S. 37 = Blatt 1957, 238.
4 Vgl. Röpke Arbeitsverh. u. ArbnErf. S. 82; Heine/Rebitzki Anm. 1 zu § 19.
5 Ebenso Schiedsst. ZB. v. 28.1.1985 Arb.Erf. 19/84 (unveröffentl.); vgl. auch BGH v. 10.5.1984 GRUR 1985, 129 – Elektrodenfabrik; a.A. ohne nähere Begründ. Bernhardt/Kraßer Lehrb. d. PatR. § 21 VI 2.
5a Schiedsst. v. 20.5.1994 Arb.Erf. 149/92 (unveröffentl.).

§ 19

Drittunternehmen von einer Beteiligung am Wettbewerb oder von der Benutzung von Arbeitsmitteln ausgeschlossen werden kann[5b].

Dem Arbeitgeber ist eine Annahmefrist von drei Monaten gesetzt (Abs. 2); Abs. 3 regelt das Verfahren, das bei Meinungsverschiedenheiten über die Bedingungen des Arbeitnehmerangebots zu beachten ist. Parallel zu § 12 Abs. 6 enthält § 19 Abs. 4 eine gesetzliche Ausgestaltung der Anpassungsverpflichtung bei Änderung der Geschäftsgrundlage.   5

Die Anbietungspflicht besteht **unabhängig von der Mitteilungspflicht** nach § 18. Während die Mitteilungspflicht – entsprechend der Meldepflicht – an die Fertigstellung der Erfindung anknüpft, entsteht eine Verpflichtung zur Anbietung erst dann, wenn sich der Arbeitnehmer für eine Verwertung der freien Erfindung entschieden hat (s. Rz. 33 ff.). Auch im Hinblick auf das Merkmal des vorbereiteten Arbeitsbereichs des Betriebes können sich in besonderen Einzelfällen Abweichungen ergeben (vgl. Rz. 29 zu § 18 u. hier Rz. 39, 42).   6

Gemäß § 18 Abs. 1 Satz 2 kann das Angebot auch **gleichzeitig mit der Mitteilung** abgegeben werden.

Zur Geltung in den **neuen Bundesländern** s. Rz. 4.1 zu § 18.

B. Anbietungspflicht des Arbeitnehmers (Abs. 1)

I. Gegenstand der Anbietungspflicht

Die Anbietungspflicht betrifft nur die während der Dauer des Arbeitsverhältnisses fertig gestellten[5] **freien Erfindungen** im Sinne des § 4 Abs. 3 (zum Begriff s. dort Rz. 47 f.), und zwar unabhängig vom Zeitpunkt einer Schutzrechtsanmeldung. Sie korrespondiert demzufolge mit dem Inanspruchnahmerecht des Arbeitgebers nach §§ 6, 7 bei gebundenen (Dienst-)Erfindungen (§ 4 Abs. 2). Auf frei gewordene oder aufgegebene Diensterfindungen (§§ 8, 16) findet § 19 keine Anwendung; insoweit enthält § 8 Abs. 2 eine Klarstellung (s. auch Rz. 8 ff. zu § 18).   7

Bestehen Meinungsverschiedenheiten über den Charakter als freie Erfindung (s. hierzu auch Rz. 51 f. zu § 4 und Rz. 44 zu § 18), hindert dies den Arbeitnehmer nicht, dem Arbeitgeber ein Angebot i.S.d. § 19 Abs. 1 zu unterbreiten, sofern er seiner Mitteilungspflicht nach § 18 nachgekommen ist. Liegt eine Diensterfindung vor, geht das Angebot ins Leere; ein evtl. Ablauf der Annahmefrist des § 19 Abs. 2 ist unbeachtlich. Liegt dagegen eine freie Erfindung vor, kann auch ein Bestreiten der Eigenschaft als freie Erfindung durch den Arbeitgeber den Ablauf der 3-monatigen Annahmefrist des § 19 Abs. 2 nicht unterbrechen bzw. hemmen.   8

Zum persönlichen Anwendungsbereich s. Rz. 12 ff. zu § 18; zu Zweifeln über die Schutzfähigkeit s. Rz. 49 f. zu § 18.

5b   Vgl. Amtl. Begr. (Fn. 3)

§ 19

II. Inhalt der Anbietungspflicht

1. Rechtsnatur des Anbietens

9   Rechtlich stellt sich das Anbieten des Arbeitnehmers als **Angebot** i. S. des § 145 BGB (empfangsbedürftige Willenserklärung) dar, das **auf Abschluss eines** rechtsgeschäftlichen Vertrages (in der Regel **Lizenzvertrag**) mit dem Arbeitgeber über Rechte an der Erfindung gerichtet ist[5], das der Arbeitgeber annehmen kann oder nicht[6]. Das Angebot wird mit Zugang an den Arbeitgeber (zum Begriff des Zugehens s. Rz. 10 ff. zu § 5) wirksam, es sei denn, gleichzeitig ginge dem Arbeitgeber ein Widerruf zu (§ 130 Abs. 1 Satz 2 BGB). Eine Ausnahme zu § 147 BGB stellt die gesetzliche Annahmefrist von drei Monaten zugunsten des Arbeitgebers dar (§ 19 Abs. 2, s. unten Rz. 52 f.); während dieser Frist bleibt also der Arbeitnehmer an sein Angebot gebunden, es sei denn, die Regeln über Willensmängel (§§ 116 ff. BGB) greifen ein. Nimmt der Arbeitgeber das Angebot an, kommt ein **Vertragsverhältnis** zustande, das (weitgehend – Ausnahmen insbesondere § 19 Abs. 4, §§ 23, 27 Abs. 2) **außerhalb des ArbEG** steht und das sich auch inhaltlich nicht von einem mit Dritten geschlossenen Lizenzvertrag zu unterscheiden braucht[7] (s. Rz. 20 f., 55 f.).

10 Die durch die Angebotspflicht des Arbeitnehmers begründete Rechtsstellung kommt der Einräumung einer sog. **Vorhand** nahe, bei der sich der Schuldner verpflichtet, einen Gegenstand, bevor er ihn anderweitig veräußert oder zur Nutzung überlässt, dem Vorhandberechtigten anzubieten[8].

Diese Position stellt jedoch **kein Optionsrecht** dar, da es dem Arbeitgeber an der Möglichkeit fehlt, durch einseitige Willenserklärung unmittelbar ein inhaltlich bereits festgeschriebenes Vertragsverhältnis herbeizuführen; vielmehr bedarf es des vorangegangenen Vertragsangebotes des Arbeitnehmers. Deshalb kann sie auch nicht einer **Zwangslizenz** i. S. des § 24 PatG gleichgestellt werden, auch wenn sich die Pflicht, mindestens ein nicht ausschließliches Nutzungsrecht einzuräumen, aus dem Gesetz ergibt (s. auch Rz. 23).

Die das Angebot des Arbeitnehmers begründenden Rechte des Arbeitgebers nach § 19 können auch **nicht** einem **Vorkaufsrecht** im Sinne der §§ 463 ff. BGB n.F. (s. dazu Rz. 18, 27 ff. zu § 27) gleichgestellt werden[9], so

---

6   Vgl. BGH v. 29.11.1984 NJW 1985, 1031, 1032 – Fahrzeugsitz II; Volmer/Gaul Rz. 28 ff., 88 ff. zu § 19; Busse/Keukenschrijver, PatG, Rz. 9 zu § 19 ArbEG.
7   BGH v. 29.11.1984 (Fn. 6).
8   Vgl. LG Düsseldorf v. 26.6.1990 GRUR 1994, 53, 56 – Photoplethysmograph (zu § 42 ArbEG a.F.); z. Begriff s. Bartenbach/Gennen Patentlizenz- und Know-how-Vertrag Rz. 328 ff.
9   Reimer/Schade/Schippel/Kaube Rz. 6 zu § 19; Busse/Keukenschrijver, PatG, Rz. 4 zu § 19 ArbEG; Volmer Rz. 3 zu § 19; Volmer/Gaul Rz. 14 zu § 19; vgl. auch Nikisch ArbR Bd. 1 § 28 II 3 c; Halbach (Fn. 2) S. 374.

§ 19

dass diese Vorschriften hier keine Anwendung finden. Zwar ist grundsätzlich ein Erwerbsinteresse des Arbeitgebers anzuerkennen, jedoch fehlt es für die Annahme eines gesetzlichen Vorkaufsrechts an einer entsprechenden, ausdrücklichen Regelung, wie diese beispielsweise § 27 ArbEG enthält. Die Anbietungspflicht des § 19 ist rein **schuldrechtlicher** Natur[10]. Da § 19 die Rechte des Arbeitgebers abschließend regelt, besteht insbesondere keine Befugnis des Arbeitgebers, in einen zwischen dem Arbeitnehmer und einem Dritten über die freie Erfindung abgeschlossenen Kaufvertrag »einzutreten« (vgl. § 464 BGB n.F.); die Anbietungspflicht geht auch nicht auf den Rechtserwerber über (s. Rz. 74); in solchen Fällen eines Verstoßes gegen die Anbietungspflicht hat der Arbeitgeber nur Schadensersatzansprüche gegen seinen Arbeitnehmer (s. dazu unten Rz. 73 ff.). Zur Vereinbarung eines generellen Vorkaufsrechts s. Rz. 77.

Da § 19 das Nutzungsrecht des Arbeitgebers von einem Vertragsabschluss abhängig macht, kann der Arbeitgeber nicht durch einseitiges Handeln dessen Wirkungen herbeiführen. Unterbreitet er **mangels Tätigwerdens des Arbeitnehmers** diesem ein Angebot, ist der Arbeitnehmer zur Annahme nicht verpflichtet. Auch dessen Schweigen auf ein solches Angebot ist grundsätzlich wertneutral; erst wenn weitere Umstände hinzutreten (etwa Entgegennahme angebotener Lizenzgebühren), kann ein konkludenter Vertragsabschluss angenommen werden (zum konkludenten Verhalten s. auch Rz. 61 ff. zu § 6). Zu den Rechtsfolgen eines unterlassenen Angebots s. Rz. 73 f.

11

2. »Mindestens ein nicht ausschließliches Recht zur Benutzung der Erfindung«

Gem. § 19 Abs. 1 Satz 1 muss sich das rechtsgeschäftliche Angebot des Arbeitnehmers »mindestens« auf ein nicht ausschließliches Recht zur Benutzung der Erfindung beziehen.

12

Wegen des gleichen Gesetzeswortlauts entspricht das Recht zur nicht ausschließlichen Benutzung **inhaltlich** dem Recht in § 7 Abs. 2, § 14 Abs. 3, § 16 Abs. 3; es ist dem einer **einfachen Lizenz** gleichgestellt[11] (zum Inhalt: vgl. Rz. 28 ff. zu § 7 u. Rz. 79 ff. zu § 16). Ein solches Benutzungsrecht entsteht aber nicht – wie in den auf die Diensterfindung bezogenen Fällen der §§ 7 Abs. 3, 14 Abs. 3 u. 16 Abs. 3 – kraft Gesetzes mit einseitiger Erklärung; es bedarf vielmehr einer vertraglichen Vereinbarung zwischen Arbeitnehmer und Arbeitgeber (vgl. Rz. 9). Zum Fortbestand eines solchen Nutzungsrechts bei Verkauf des Schutzrechts s. Rz. 35 zu § 7.

13

---

10 Busse/Keukenschrijver, PatG, Rz. 4 zu § 19 ArbEG.
11 BGH v. 24.4.1974 GRUR 1974, 463, 464 – Anlagengeschäft; im Anschl. daran ganz h. M., z. B. Reimer/Schade/Schippel/Kaube Rz. 9 zu § 19; Busse/Keukenschrijver, PatG, Rz. 9 zu § 19 ArbEG.

§ 19

14 In welchem Sinne der Zusatz »**mindestens**« verstanden werden muss, ist zweifelhaft. Die herrschende Meinung räumt dem Arbeitnehmer ein Wahlrecht ein, ob er die ganze Erfindung, ein ausschließliches oder nicht ausschließliches Benutzungsrecht anbieten will, hält ihn aber nur zur Anbietung eines nicht ausschließlichen Benutzungsrechts für verpflichtet[12]. Diese einschränkende Auslegung des § 19 Abs. 1 begegnet Bedenken. Der Gesetzeswortlaut (»hat er ... mindestens«) spricht dafür, dass der Arbeitnehmer im Einzelfall auch zu einem über ein nicht ausschließliches Benutzungsrecht hinausgehenden Angebot verpflichtet sein kann. Diese Auslegung entspricht auch dem Grundgedanken der Vorschrift als Ausfluss der Treuepflicht des Arbeitnehmers, die je nach den Umständen ein »Mehr« gebieten kann[13].

15 Dem steht auch die Entstehungsgeschichte der Vorschrift nicht entgegen: Zwar sah § 16 Abs. 1 des Regierungsentwurfs von 1952[14] noch ein Benutzungsrecht in angemessenem Umfang und zu angemessener Bedingung vor; die in § 19 Abs. 1 vorgenommenen Änderungen sollten indes nur redaktioneller Natur sein[15]. Dem Hinweis im Ausschussbericht, § 19 Abs. 1 regele »die Anbietungspflicht des Arbeitnehmers für ein nicht ausschließliches Benutzungsrecht des Arbeitgebers«[16], kommt dagegen keine ausschlaggebende Bedeutung zu, da es sich hierbei um eine summarische Inhaltszusammenfassung ohne eigenen Aussagecharakter handelt; auch der Umstand, dass § 19 Abs. 3 nur die Streitigkeiten über die Vertragsbedingungen erfasst und nicht dagegen – wie noch in § 16 Abs. 3 des Regierungsentwurfs von 1952[14] – auch den Umfang des Angebots, kann nicht für die gegenteilige Meinung herangezogen werden, da dieses nur aus redaktionellen Gründen geschah[15].

16 Daraus folgt, dass § 19 Abs. 1 dahin zu verstehen ist, dass der Arbeitnehmer mindestens zur Anbietung eines nicht ausschließlichen Benutzungsrechts verpflichtet ist, soweit nicht besondere Umstände vorliegen, die es nach Treu und Glauben (§ 242 BGB) gebieten, dem Arbeitgeber ein **ausschließliches Benutzungsrecht** anzubieten, damit dieser die Erfindung wirtschaftlich sinnvoll nutzen kann[16a]. Letzteres mag etwa der Fall sein, wenn sich notwendige, außergewöhnlich hohe Investitionskosten für den Einsatz der Erfindung wieder amortisieren müssen und dafür marktbedingt eine einfache Lizenz u.U. nicht ausreichen würde.

---

12 Vgl. Lindenmaier/Lüdecke Anm. 2 zu § 19; Reimer/Schade/Schippel/Kaube Rz. 4, 5 zu § 19; Volmer Rz. 26, 27 zu § 19; Busse/Keukenschrijver, PatG, Rz. 9 zu § 19 ArbEG; MünchArbR/Sack § 99 Rz. 115; wohl auch Hueck/Nipperdey Lehrb. ArbR Bd. 1 § 53 II 5.
13 Ebenso Heine/Rebitzki Anm. 4 zu § 19.
14 BT-Drucks. I/3343.
15 Vgl. die Änderungsübersicht in BT-Drucks. II/1648 S. 57 (zu § 18 d. Entw.).
16 Ausschussber. zu BT-Drucks. II/3327 S. 7 = Blatt 1957, 253.
16a Ebenso Heine/Rebitzki (Fn. 13); im Ergebnis auch Volmer/Gaul Rz. 40 ff. zu § 19.

§ 19

Die Verpflichtung zur **Übertragung** aller vermögenswerten Erfindungsrechte kann allenfalls in besonders gelagerten Ausnahmefällen in Betracht kommen, etwa dann, wenn die Erfindung für einige Miterfinder eine Diensterfindung darstellt, die der Arbeitgeber insoweit unbeschränkt in Anspruch genommen hat, dagegen für die anderen Arbeitnehmermiterfinder eine freie Erfindung ist. 17

Soweit besondere Umstände nicht gegeben sind, verbleibt es bei dem **Wahlrecht des Arbeitnehmers.** Er kann also dem Arbeitgeber ein einfaches bzw. ausschließliches Benutzungsrecht oder die Übernahme der gesamten Erfindung für das In- bzw. Ausland anbieten (vgl. zur »Angemessenheit« Rz. 20 ff.). 18

Was der Arbeitnehmer im Einzelfall gewollt hat, muss bei pauschal formulierter (Nutzungs-)Rechtseinräumung im Wege der **Auslegung** (§§ 133, 157 BGB) geklärt werden. Entsprechend dem Grundsatz, dass die in § 19 normierten Vorrechte des Arbeitgebers die freie Verfügungsbefugnis des Arbeitnehmers nicht mehr als unbedingt notwendig einschränken sollen[17], wird man im Regelfall davon ausgehen müssen, dass der Arbeitnehmer im Zweifel nicht mehr Rechte übertragen will, als erforderlich sind[18], mithin regelmäßig nur ein nicht ausschließliches Benutzungsrecht. Es ist dann Sache des Arbeitgebers, eine hiervon abweichende besonders schutzwürdige Interessenlage (s. Rz. 16 f.) darzustellen und zu beweisen. 19

3. Angemessene Bedingungen

Die § 19 zugrunde liegende Treuepflicht bindet den Arbeitnehmer hinsichtlich seiner freien Erfindung nur insoweit, als er dem Arbeitgeber ein Nutzungsrecht hieran anbieten muss; dagegen verlangt sie von ihm kein Entgegenkommen bei den einzelnen Nutzungsbedingungen. Insoweit steht der Arbeitnehmer vielmehr (grundsätzlich) einem außenstehenden **freien Erfinder gleich,** der unter Beachtung der Marktverhältnisse seine Erfindung einem Interessenten zur Nutzung anbietet, so dass sich der Inhalt des angebotenen Vertrages nicht von vornherein von einem solchen zwischen Dritten zu unterscheiden braucht[18a]. 20

Die Pflicht des Arbeitnehmers, »angemessene Bedingungen« zu beachten, bedeutet zunächst, dass er nicht durch überzogene, der Marktsituation nicht entsprechende, unrealistische Forderungen eine Ablehnung des Angebots seitens des Arbeitgebers provozieren kann, so dass dessen Rechte aus § 19 ins Leere liefen. 21

---

17 Vgl. auch Amtl. Begr. (Fn. 3).
18 Vgl. auch die in § 31 Abs. 5 UrhG normierte Zweckübertragungstheorie; s. dazu BGH v. 27. 9. 1995 NJW 1995, 3252 u. v. 11.4.2000 GRUR 2000, 788 – Gleichstromsteuerschaltung (betr. Vollrechtsübertragung durch Geschäftsführererfinder).
18a Vgl. BGH v. 29.11.1984 NJW 1984, 1031, 1032 – Fahrzeugsitz II.

§ 19

22   Maßgebend ist nicht eine Abwägung der beiderseitigen Interessen; **Bezugspunkte** zur Bestimmung der **Angemessenheit** (s. dazu auch Rz. 69 ff. zu § 9) der Bedingungen sind vielmehr vorrangig die zurzeit des Vertragsangebots **objektiv gegebenen wirtschaftlichen und rechtlichen Umstände**[18b] (insbes. wirtschaftliche Bedeutung und Wert der Erfindung, Marktstellung des Arbeitgebers und – ggf. dadurch beeinflusste – Verwertungsmöglichkeiten des Arbeitnehmers, patentrechtliche Absicherung), die im Rechtsverkehr mit freien Erfindern auf diesem Marktbereich üblicher- und vernünftigerweise den Vertragsinhalt prägen. Entscheidend ist dann, ob die Bedingungen im Vergleich zu Lizenz-(Übertragungs-)Verträgen zwischen nicht verbundenen Partnern unter Berücksichtigung aller Umstände des Einzelfalls üblich, zumindest aber vertretbar sind[19]. Kann sich der Arbeitnehmer auf konkrete, darüber hinausgehende ernst zu nehmende Angebote von Mitbewerbern des Arbeitgebers berufen, sind auch diese bei der Bewertung mit heranzuziehen, da § 19 keinen Verzicht des Arbeitnehmers auf realisierbare Vermögensvorteile zugunsten des Arbeitgebers fordert. Andererseits sind rechtliche Schranken (insbesondere aus §§ 17, 18 GWB; Art. 81, 82 EGV) zu beachten.

23   »**Bedingungen**« sind alle Bestimmungen, die den Inhalt des Nutzungs-/Lizenz-(Kauf-)Vertrages gestalten sollen, also nicht nur die Regelung der Vergütung (Lizenzgebühr) nach Art und Höhe, sondern insbesondere auch des Umfangs des Nutzungsrechts in inhaltlicher, räumlicher und zeitlicher Hinsicht, der Ausübungspflicht, der Einleitung und Durchführung von Schutzrechtserteilungsverfahren, der Maßnahmen zur Aufrechterhaltung und Verteidigung erlangter Schutzrechte einschl. des Einflusses mangelnder Schutzrechtserteilung bzw. des Wegfalls des Schutzrechts auf die Vergütung, mithin alles, was (üblicherweise) Inhalt und Bestandteil eines Lizenz- (bzw. Kauf-)Vertrages sein kann, ggf. ergänzt durch Klauseln, mit denen etwaigen Besonderheiten Rechnung getragen wird (s. auch Rz. 20).

Auch wenn Regelungen über die Rechtsfolgen von **Leistungsstörungen** und **Gewährleistungsansprüche** zum üblichen Inhalt eines (frei ausgehandelten) Lizenzvertrages gehören, können diese nicht unmittelbar, insbesondere zu Lasten des Arbeitnehmers gelten. Dies gilt vor allem bei der Frage der Gewährleistung für Rechts- und Sachmängel. Soweit der Arbeitnehmer nicht ausdrücklich bestimmte Eigenschaften zusichert bzw. Gewährleistungspflichten übernimmt, haftet er weder für die technische Ausführbarkeit und Brauchbarkeit noch für die wirtschaftliche Verwertbarkeit der Erfindung oder den Bestand eines hierauf erteilten Schutzrechts mit Schadenersatzpflichten. Insoweit bleiben dem Arbeitgeber nur übliche Minderungs- oder Kündigungsrechte. Eine weitergehende Haftung des Ar-

---

18b   Zust. Busse/Keukenschrijver, PatG, Rz. 10 zu § 19 ArbEG.
19   Wie hier Reimer/Schade/Schippel/Kaube Rz. 18 zu § 19; Volmer/Gaul Rz. 83 f. zu § 19.

§ 19

beitnehmers wäre mit dem Begriff der Angemessenheit schwerlich vereinbar. Da letztlich auch das Nutzungsrecht unter den Voraussetzungen des § 19 kraft Gesetzes einzuräumen ist, kann der Arbeitnehmer insoweit nicht schlechter stehen als ein Lizenzgeber bei einer Zwangslizenz i.S.d. § 24 PatG (s. auch oben Rz. 10) bzw. bei einer sog. Negativlizenz[19a] (zum Begriff s. KommRL Rz. 44 f. zu RL Nr. 14).

Da sich das Nutzungsrecht des Arbeitgebers auf die freie Erfindung als solche (»Benutzung der Erfindung«) erstreckt, unterliegt der Arbeitgeber mangels anders lautender Absprache grundsätzlich **keiner räumlichen Beschränkung** (Näheres s. Rz. 36 f. zu § 7). Eine vom Arbeitnehmer geforderte territoriale Beschränkung kann daher im Einzelfall eine unangemessene Bedingung darstellen. Umgekehrt wird die räumliche wie auch die inhaltliche Ausdehnung der Nutzungsrechte sich bei der Bestimmung der angemessenen Vergütung niederschlagen. 24

Wenn auch die Anbietungspflicht an das **Bestehen des Arbeitsverhältnisses** anknüpft, ist die **Dauer** des abzuschließenden **Nutzungsvertrages** nicht automatisch hieran gebunden. Mangels vertraglicher Absprache über die Vertragsdauer gelten die allgemeinen Grundsätze für Lizenzverträge als Dauerschuldverhältnisse; die Beendigung des Arbeitsverhältnisses als solche stellt keinen wichtigen Grund zur Kündigung dar, es sei denn, besondere Umstände würden hinzutreten, die ein weiteres Festhalten am Vertrag unzumutbar machen (z.B. Überschreiten der Nutzungsrechte durch den Arbeitgeber, Bruch einer vereinbarten Geheimhaltungspflicht hinsichtlich der lizenzierten Erfindungen, Entwertung des Nutzungsrechts des Arbeitgebers durch Wettbewerbshandlungen seitens des Arbeitnehmers). 25

Verlangt der Arbeitnehmer eine **Befristung auf wenige Jahre oder auf die Dauer des Arbeitsverhältnisses**, so kann diese beispielsweise dann unangemessen sein, wenn ein hoher Investitionsaufwand eine langfristige Amortisation erfordert, die durch die Frist bzw. Unbestimmtheit der Dauer des Arbeitsverhältnisses unsicher wäre. Dagegen braucht eine Bindung an das Arbeitsverhältnis dann nicht unangemessen zu sein, wenn lediglich auf eine nicht vom Arbeitnehmer zu vertretende arbeitgeberseitige Beendigung abgestellt wird (u.U. aber sachfremde »Knebelung«). 26

Ist der Arbeitnehmer **nur bereit**, mit dem Arbeitgeber eine **ausschließliche Lizenz oder** gar den **Verkauf** der Erfindung zu vereinbaren, obschon dem Arbeitgeber ein nicht ausschließliches Nutzungsrecht genügen würde, ist dieses Verlangen des Arbeitnehmers dann nicht unangemessen, wenn derartige Monopolabreden der Marktsituation entsprechen bzw. eine sonstige Verwertung der freien Erfindung durch den Arbeitnehmer unbillig erschwert wäre (vgl. § 7 Abs. 2 Satz 2; s. dort Rz. 39 ff.). 27

19a Ausführlich hierzu Britta Bartenbach Die Patentlizenz als negative Lizenz (2002) S. 20 ff.

§ 19

Ebenso kann es angemessen sein, eine **Schutzrechtsanmeldung** von der ganzen oder teilweisen **Kostenübernahme** durch den Arbeitgeber abhängig zu machen, auch wenn man den Arbeitnehmer mangels abweichender Vereinbarung ebenso wie einen Lizenzgeber vom Grundsatz her als verpflichtet ansehen muss, eine (inländische) Schutzrechtsanmeldung durchzuführen. Selbstverständlich steht es den Arbeitsvertragsparteien aber auch frei, einvernehmlich eine **Geheimhaltung** der freien Erfindung und damit einen Verzicht auf eine Schutzrechtsanmeldung zu betreiben.

Da der Arbeitnehmer während des Arbeitsverhältnisses arbeitsrechtlichen Schranken hinsichtlich einer **Eigenverwertung** unterliegt (s. Rz. 5 zu § 18), ist es im Einzelfall zu billigen, wenn vom Arbeitgeber bei Rechtseinräumung verlangt wird, zugleich auf seine Verbietungsrechte gegenüber einer Eigenverwertung seines Arbeitnehmers (Unterlassungs- und Schadensersatzansprüche) zu verzichten oder ansonsten die Erfindung insgesamt zu übernehmen (vgl. auch insoweit § 7 Abs. 2 Satz 2). Schließlich wäre es aus Rechtsgründen nicht zu beanstanden, wenn der Arbeitnehmer an Stelle einer notwendigen ausschließlichen Lizenz (s. Rz. 16) die Übertragung der Erfindung anbietet, um eine bloß formale Rechtsinhaberschaft zu vermeiden.

28 Die vom Arbeitnehmer zu fordernde **Vergütung** richtet sich nach den Sätzen, die für derartige Rechtseinräumungen mit freien Erfindern üblicherweise vereinbart werden[20]. Maßstab ist, was vernünftige Lizenzvertragsparteien unter Berücksichtigung von Verkehrsüblichkeit und Vertragszweck vereinbaren würden. Die für Diensterfindungen geltenden Vergütungsregeln des ArbEG einschließlich der Vergütungsrichtlinien kommen nicht zum Tragen. Selbstverständlich ist es dem Arbeitnehmer unbenommen, diese von sich aus anzubieten[20a]. Auch bei Fehlen einer Vereinbarung können jedoch die vergütungsrechtlichen Grundsätze zur Bestimmung des **Erfindungswertes** (vgl. Nrn. 3 ff.; s. dazu Rz. 86 ff. zu § 9) herangezogen werden.

Als Grundsatz kann festgehalten werden, dass eine Vergütung jedenfalls dann angemessen ist, wenn sie dem Erfindungswert, der sich nach den RLn 1959 für eine vergleichbare Diensterfindung ergeben würde, entspricht oder nahe kommt (selbstverständlich ohne Anteilsfaktor n. RL Nrn. 30 ff.).

Auch soll im Einzelfall die Berücksichtigung einer (dort u.U. üblichen) **Abstaffelung** angemessen sein, selbst wenn sie zunächst von den Vertragsparteien nicht vereinbart worden ist[20b]. Eine vom Arbeitgeber begehrte

---

20 Amtl. Begr. (Fn. 3); z. Bestimmung der Lizenzgebühr s. Bartenbach/Gennen Patentlizenz- und Know-how-Vertrag (2001) Rz. 1685 ff.
20a Vgl. etwa den Fall bei Schiedsst. v. 10.3.1993 EGR Nr. 80 zu § 12 ArbEG.
20b I.d.S. LG Nürnberg-Fürth v. 25.2.1981 Az. 3 O 1970/80 PatR, insoweit bestätigt durch BGH v. 1.2.1983 Az. X ZR 16/82 – Fahrzeugsitz I (beide unveröffentl.).

§ 19

Vergütungsminderung über den Anteilsfaktor (RL Nrn. 30 ff.) würde dagegen der Eigenschaft der Erfindung als freie widersprechen.
Der **Beginn** der Vergütungspflicht ebenso wie der Einfluss von Schutzrechtsanmeldungen richten sich nach der getroffenen Absprache. Mangels Abrede gelten die allgemeinen Grundsätze des Lizenzvertragsrechts, d. h. orientiert daran, was vernünftige Vertragsparteien vereinbaren würden, so dass regelmäßig mit Beginn der Nutzungsaufnahme – unabhängig vom etwaigen Verlauf eines Schutzrechtserteilungsverfahrens – Vergütungen fällig werden. Nach verbreiteter Auffassung soll dagegen im Zweifel vor Schutzrechtserteilung[21] bzw. vor Offenlegung[21a] noch keine Vergütung geschuldet werden.

29

Die Vergütungsansprüche unterliegen der regelmäßigen **Verjährungsfrist von 3 Jahren** wie beim einfachen Lizenzvertrag[22], gerechnet ab Ende des Jahres, in dem sie fällig wurden (§§ 195, 199 Abs. 1 BGB n.F.), ggf. der Verjährungshöchstfrist des § 199 Abs. 4 BGB n.F. (s. auch Rz. 39 ff. zu § 9).
Die Vergütung ist für den Arbeitnehmer **kein Arbeitseinkommen** i.S.d. § 850 ZPO[22a].

Das Angebot des Arbeitnehmers muss evtl. **rechtl. Schranken**, die einen Nutzungsvertrag selbst (insbesondere kartellrechtliche Grenzen – s. hierzu auch Rz. 136 ff. zu § 9) oder seine Ausübung (etwa wettbewerbsrechtliche Bindungen durch das UWG) betreffen, beachten. So wäre es unangemessen und insoweit rechtlich unwirksam (vgl. § 17 Abs. 1 GWB, § 134 BGB), wenn der Arbeitnehmer den Abschluss eines Nutzungsvertrages davon abhängig machen würde, dass der Arbeitgeber ein (kartellrechtlich unwirksames) Wettbewerbsverbot[23] für konkurrierende Erzeugnisse eingeht. Ebenso wäre die Vereinbarung von Vergütungsansprüchen über die Laufzeit der lizenzierten (freien) Schutzrechte hinaus nicht mit § 17 Abs. 1 GWB vereinbar[24].

30

---

21   Z.T. abw. Reimer/Schade/Schippel/Kaube Rz. 19 zu § 19.
21a Busse/Keukenschrijver, PatG, Rz 18 zu § 19 ArbEG m. II. a. Schiedsst. v. 11. 12. 1967 Blatt 1968, 326 – dort zur früheren Bekanntmachung.
22   S. dazu BGH v. 8.12.1992 GRUR 1993, 469 – Mauerrohrdurchbruch = GRUR Int. 1993, 556 – Schlichtungsklausel (zum früheren Verjährungsrecht).
22a MünchArbR/Sack § 99 Rz. 121 m.H.a. BGH v. 29.11.1984 (Fn. 18a).
23   Vgl. hierzu Bartenbach/Gennen Patentlizenz- u. Know-how-Vertrag (2001), Rz. 2120 ff.
24   BGH v. 1.2.1983 (Fn. 20b) – zu § 20 Abs. 1 GWB a. F.

§ 19

III. Voraussetzungen der Anbietungspflicht

1. »Anderweitige Verwertung während der Dauer des Arbeitsverhältnisses«

31　In Abweichung vom Grundsatz des § 26 beschränkt § 19 Abs. 1 Satz 1 auch die Anbietungspflicht auf die **Dauer des Arbeitsverhältnisses;** sie entfällt also, wenn der Arbeitnehmer bis zur rechtlichen Beendigung des Arbeitsverhältnisses (s. dazu Rz. 10, 12 ff. zu § 4) noch nicht mit der Verwertung begonnen hat.

32　Angesichts dieses eindeutigen Wortlauts besteht weder für Ruheständler (s. hierzu Rz. 79 zu § 1) noch für **ausgeschiedene Arbeitnehmer** (selbst bei nachvertraglichem Wettbewerbsverbot; s. Rz. 13 f. zu § 18) eine Anbietungspflicht (zum Doppelarbeitsverhältnis s. Rz. 23 zu § 1; vgl. auch Rz. 30 zu § 1).

33　Eine weitere Einschränkung besteht darin, dass der Arbeitnehmer die Erfindung **erst anbieten muss,** bevor er sie in dem vorgenannten Zeitraum »anderweitig verwertet«. Ob eine freie Erfindung überhaupt verwertet wird, obliegt also der **freien Entscheidung** des Arbeitnehmers. Insoweit ist es auch nicht zu beanstanden, wenn der Arbeitnehmer sein Arbeitsvertragsverhältnis fristgerecht (ordnungsgemäß) kündigt, um der Anbietungspflicht zu entgehen. Wegen § 22 Satz 1 kann der Arbeitgeber ihn auch nicht durch vorherige Absprache einer (hiervon unabhängigen) generellen Anbietungspflicht unterwerfen (s. auch unten Rz. 77).

34　Angesichts dieser eindeutigen gesetzgeberischen Entscheidung kann der Arbeitnehmer, der keine Verwertungsabsichten hat, auch nicht unter dem Aspekt der allgemeinen Treuepflicht (s. dazu Rz. 28 ff. zu § 25) zur Anbietung eines Nutzungsrechts gehalten sein[25].

35　»Verwertung« einer Erfindung ist jede Nutzung zu gewerblichen Zwecken[26], gleich, ob durch eigenes oder fremdes Handeln (s. auch Rz. 90 ff. zu § 9). Ein Vorhalten als Vorratspatent oder eine ausschließlich wissenschaftlichen Zwecken dienende Auswertung wird hiervon ebenso wenig erfasst wie die Anmeldung zur Schutzrechtserteilung (s. Rz. 49 zu § 26) oder bloße Vorbereitungshandlungen, auch wenn diese auf eine spätere gewerbliche Verwertung abzielen (s. auch Rz. 93 zu § 9 sowie RL Nrn. 20-24). Verwertung ist auch die Einräumung von einfachen oder ausschließlichen Nutzungsrechten an Dritte oder die Übertragung von Erfindungsrechten;

25　Zust. Busse/Keukenschrijver, PatG, Rz. 7 zu § 19 ArbEG; vgl. auch Volmer/Gaul Rz. 70 ff. zu § 19.

26　Wohl allg. A., Reimer/Schade/Schippel/Kaube Rz. 10 zu § 19; Busse/Keukenschrijver, PatG, Rz. 7 zu § 19 ArbEG; Volmer/Gaul Rz. 77 zu § 19.

§ 19

insoweit kommt es maßgeblich auf die Rechtseinräumung bzw. Abtretung an[26a].

Es ist dem Arbeitnehmer auch unbenommen, zunächst zur Klärung der Marktlage **Angebote Dritter** einzuholen, da in einer solchen Aufforderung zur Abgabe von Angeboten noch kein eigenes rechtsgeschäftliches Angebot des Arbeitnehmers liegt. Untersagt ist ihm nur das vorherige Eingehen einer rechtsverbindlichen Verpflichtung gegenüber Dritten. 36

Da der Begriff der Verwertung jede Form der Nutzung einschließlich der Eigennutzung des Arbeitnehmers umfasst (s. Rz. 35 u. KommRL Einl. Rz. 57), könnte der Zusatz »**anderweitig**« einschränkend dahin gemeint sein, dass hierunder nur **Fremdverwertungen** (Lizenzierung bzw. ganze oder teilweise Abtretung von Erfindungsrechten i. S. d. §§ 15 PatG, 22 GebrMG an Dritte) zu verstehen sind. Eine dahin gehende Auslegung bedeutet materiell keine Änderung. Vielmehr würde damit den während der Dauer des Arbeitsverhältnisses (s. oben Rz. 31 ff.) bestehenden arbeitsrechtlichen Schranken des Eigenverwertungsrechts des Arbeitnehmers (s. Rz. 51 ff. zu § 8, Rz. 5 zu § 18 u. Rz. 50 ff. zu § 25) Rechnung getragen. 37

2. Verwendungsmöglichkeit des Arbeitgebers im »vorhandenen oder vorbereiteten Arbeitsbereich«

Die Anbietungspflicht ist darüber hinaus davon abhängig, dass die freie Erfindung »in den vorhandenen oder vorbereiteten Arbeitsbereich des Betriebs« (Unternehmens, s. hierzu Rz. 101 ff. zu § 1 und Rz. 28 f. zu § 18) des Arbeitgebers fällt. Eine **Verwertungsmöglichkeit bei Drittunternehmen**, etwa innerhalb eines Konzerns, bei Kooperationspartnern oder Unternehmen, denen Arbeitnehmer leihweise überlassen wurden, hat außer Betracht zu bleiben (s. Rz. 28 zu § 18). 38

Maßgeblicher **Beurteilungszeitpunkt** ist der Zeitpunkt der Abgabe des Angebots[27]. Daraus folgt, dass die von der Mitteilung nach § 18 unabhängige (s. Rz. 6) Anbietungspflicht selbst dann besteht, wenn früher beim Arbeitgeber noch kein entsprechender Arbeitsbereich bestanden hatte und deshalb eine Mitteilung nach § 18 Abs. 3 entbehrlich war. 39

Zwar ist der Begriff des **Arbeitsbereichs** gleichbedeutend mit dem des § 18 (s. dort Rz. 29), wird hier allerdings auf vorhandene bzw. vorbereitete Aktivitäten des Arbeitgebers beschränkt. 40

»**Vorhandener**« Arbeitsbereich ist die gegenwärtige, tatsächliche wirtschaftliche Betätigung des Arbeitgebers, beispielsweise ausgewiesen durch sein Lieferprogramm. 41

Der »**vorbereitete**« Arbeitsbereich verlangt – ähnlich dem Grundgedanken zur Begründung eines Vorbenutzungsrechts gem. § 12 PatG, auf den 42

26a Klarstellend Busse/Keukenschrijver, PatG, Rz. 12 zu § 19 ArbEG.
27   So auch Reimer/Schade/Schippel/Kaube Rz. 13 zu § 19.

§ 19

zur Auslegung zurückgegriffen werden kann[28] – eine Konkretisierung einer unternehmerischen Entscheidung zur Betätigung auf einem bestimmten Gebiet dahin, dass dieser **Entschluss** jedenfalls schon **teilweise** in die Tat **umgesetzt** ist, sei es durch betriebsinterne Anweisungen, sei es durch Auftragsvergaben (Maschinen- und Materialbestellung, Bauaufträge etc.) nach außen.

Ein bloß möglicher **zukünftiger Arbeitsbereich** reicht nicht aus. Hat der Arbeitnehmer legitimer Weise seine freie Erfindung verwertet, ist eine spätere Realisierung durch den Arbeitgeber ohne Einfluss.

Da dem Arbeitnehmer als Verpflichteten entgegen der wohl h. M. die **Beweislast** für ein Entfallen der Anbietungspflicht obliegt[29], kann ihm zugemutet werden, bei Zweifeln seinerseits vorab Erkundigungen beim Arbeitgeber einzuziehen.

IV. Form, Zeitpunkt und Inhalt des Angebots

1. Form

43 Das Angebot des Arbeitnehmers ist an **keine Form** gebunden[29a], insbesondere muss es nicht schriftlich erfolgen, kann also auch konkludent abgegeben werden[29b], mündlich oder per Textform (s. dazu Rz. 36.1 zu § 5). Jedoch muss es klar als ein solches erkennbar werden, d. h., die Angebotsabsicht des Arbeitnehmers muss unzweideutig zum Ausdruck gekommen sein. Es kann aber genügen, dass sich ein entsprechender Wille aus den gesamten Umständen des Einzelfalles ergibt. So hat die Schiedsstelle es als Angebot ausreichen lassen, wenn der Arbeitnehmer dem Arbeitgeber eine eigenhändig unterzeichnete Beschreibung der Erfindung mit dem Hinweis übergibt, dass für ihn durch den Arbeitgeber Gebrauchsmusterschutz (auf dessen Kosten) anzumelden sei[29c].

2. Vor anderweitiger Verwertung durch den Arbeitnehmer

44 Der Arbeitnehmer ist – anders als bei der Mitteilungspflicht (§ 18) – nicht schon mit Fertigstellung der (freien) Erfindung zur Angebotsabgabe verpflichtet, sondern erst »**bevor**« er »während der Dauer des Arbeitsverhältnisses« eine anderweitige Verwertung aufnimmt. Die Anbietungspflicht ist

---

28 Busse/Keukenschrijver, PatG, Rz. 5 zu § 19 ArbEG.
29 A.A. Volmer/Gaul Rz. 69 zu § 19; Busse/Keukenschrijver, PatG, Rz. 5 zu § 19 ArbEG.
29a H. M., Busse/Keukenschrijver, PatG, Rz. 11 zu § 19 ArbEG; a. A. Volmer/Gaul Rz. 79 zu § 19.
29b So im Ergebn. z.B. Schiedsst. v. 10.3.1993 EGR Nr. 80 zu § 12 ArbEG.
29c Schiedsst. v. 10.3.1993 (Fn. 29b).

§ 19

also in dem Augenblick begründet, in dem er seinen Verwertungsentschluss (»ob« und »wie«) abschließend getroffen hat und Eigenverwertungshandlungen oder Vertragsabschlüsse mit Dritten bevorstehen, also die Abgabe eines Angebotes über Lizenzeinräumung bzw. Abtretung von Erfindungsrechten[29d]. Einzelheiten zum Begriff der anderweitigen Verwertung s. Rz. 35 ff.

Der Arbeitnehmer ist dann verpflichtet (»hat er«), **von sich aus** dem Arbeitgeber ein Benutzungsangebot zu unterbreiten; es bedarf also keiner Aufforderung durch den Arbeitgeber. Kommt der Arbeitnehmer seiner gesetzlichen Verpflichtung nicht nach, kann der Arbeitgeber nach (erfolgloser) Anrufung der Schiedsstelle (§§ 28 ff.) Klage auf Angebotsabgabe (vgl. § 894 ZPO) erheben (vgl. § 39); s. auch Rz. 11, 73 f. 45

3. Gleichzeitige Angebotsabgabe mit der Mitteilung nach § 18

Gemäß § 19 Abs. 1 Satz 2 ist es dem Arbeitnehmer freigestellt, dem Arbeitgeber sein Angebot bereits **vor anderweitiger Verwertung** zu unterbreiten, etwa gleichzeitig mit der (wirksamen – s. unten Rz. 52) Mitteilung der freien Erfindung nach § 18. Auch das zugleich mit der Mitteilung zugehende Angebot setzt (selbstverständlich) die Frist des § 19 Abs. 2 in Gang (s. unten Rz. 52 ff.; s. aber auch Rz. 39). 46

In der **Mitteilung selbst ist kein Angebot** zu sehen. Dieses muss vielmehr gesondert (wenn auch in einer Urkunde möglich) von der Mitteilung erfolgen und zweifelsfrei für den Arbeitgeber ein auf die Rechtseinräumung gerichtetes Angebot erkennen lassen. 47

4. Inhalt des Angebots

Da das Angebot als Grundlage der Entscheidung des Arbeitgebers dient, muss es die **wesentlichen Bedingungen eines abzuschließenden Nutzungsvertrages** ansprechen, vor allem Bestimmungen zum Umfang der Rechtseinräumung und zur Höhe der Vergütung (s. Rz. 20 ff.). Soweit ausnahmsweise die Übertragung der Erfindungsrechte angeboten wird (vgl. oben Rz. 17), muss auch die Höhe des Kaufpreises benannt werden. Denkbar ist es, die Bestimmung der Gegenleistung dem Arbeitgeber nach billigem Ermessen zu überlassen (vgl. § 315 BGB). Die bloße Aufforderung, über Verwertungsumfang und/oder die Höhe des Nutzungsentgeltes Verhandlungen aufzunehmen, reicht damit noch nicht als Angebot aus; gleiches gilt, wenn der Arbeitgeber aufgefordert wird, von sich aus ein Angebot zu unterbreiten, d.h. seine Vorstellungen über den Inhalt eines Nutzungsrechts und das Nutzungsentgelt darzulegen. 48

29d Klarstellend Busse/Keukenschrijver, PatG, Rz. 12 zu § 19 ArbEG.

§ 19

Zum Inhalt des Angebots können auch Regelungen über Schutzrechtsanmeldungen und die Aufrechterhaltung von Schutzrechtspositionen gemacht werden einschließlich der Kostentragung.

V. Annahme oder Ablehnung des Angebots durch den Arbeitgeber (Abs. 2, 3)

1. Grundsatz

49 Die Reaktion auf das Angebot des Arbeitnehmers steht im **freien Belieben des Arbeitgebers** [30].

50 Ein **Benutzungsrecht** an der freien Erfindung erwirbt der Arbeitgeber erst aufgrund einer vertraglichen Vereinbarung mit dem Arbeitnehmer, also durch Annahme des Angebots und entsprechende Rechtseinräumung.

51 Findet der Arbeitgeber die Bedingungen unangemessen, so hat er sich gleichwohl zur Annahme zu erklären (s. dazu Rz. 57 ff.). Bei Ablehnung oder nicht fristgerechter Annahme **erlischt** sein Vorrecht (s. Rz. 53 f.).

2. Frist zur Annahme (Abs. 2)

52 In Abweichung von § 147 BGB räumt § 19 Abs. 2 dem Arbeitgeber eine **Überlegungsfrist von 3 Monaten** ein. Der Arbeitnehmer ist an sein Angebot (ohne Widerrufsmöglichkeit) während dieser 3-Monatsfrist gebunden, es sei denn, der Arbeitgeber lehnt die Annahme des Angebots bereits vor Fristablauf gänzlich ab (zur Geltendmachung unangemessener Bedingungen s. unten Rz. 57).

Die 3-Monatsfrist beginnt mit **Zugang des ordnungsgemäßen Angebots** des Arbeitnehmers beim Arbeitgeber. Hierfür muss das Angebot den inhaltlichen Erfordernissen des § 19 Abs. 1 Satz 2 entsprechen (s. oben Rz. 48). Zur Fristberechnung vgl. Rz. 50 ff. zu § 6.

Weitere Voraussetzung für den Fristbeginn ist die **ordnungsgemäße Mitteilung nach § 18 Abs. 1** (s. Rz. 6 ff. zu § 18), die auch gleichzeitig mit der Angebotsabgabe erfolgen kann (s. oben Rz. 46 f.).

Unbeschadet der Rechtsfolgen des § 19 Abs. 2 kann die arbeitsrechtliche Fürsorgepflicht dem Arbeitgeber im Einzelfall einen kürzeren Prüfungszeitraum nahe legen [31].

53 Die Drei-Monats-Frist ist eine **Ausschlussfrist** [31a] (s. hierzu Rz. 45 ff. zu § 6), da sie mit Ablauf das Recht des Arbeitgebers zur Vertragsannahme untergehen lässt; sie hat den Sinn, eine schnelle Klärung der Rechtsbezie-

---

30 BGH v. 29.11.1984 NJW 1985, 1031, 1032 – Fahrzeugsitz II.
31 Zum früheren Recht vgl. LAG Leipzig v. 21.1.1938 ARS 33, 93 m. Anm. Hueck.
31a Ebenso Volmer/Gaul Rz. 90 zu § 19; Busse/Keukenschrijver, PatG, Rz. 15 zu § 19 ArbEG.

§ 19

hungen zwischen Arbeitgeber und Arbeitnehmer zu gewährleisten[31b]. Zum Bestreiten der Eigenschaft als freie Erfindung durch den Arbeitgeber s. Rz. 8, zur Geltendmachung der Unangemessenheit von Bedingungen s. Rz. 57 ff.

Nimmt der Arbeitgeber das Angebot **nicht innerhalb der Frist** an oder lehnt er es ausdrücklich ab, so kann der Arbeitnehmer seine freie Erfindung anderweitig verwerten, nunmehr lediglich noch gebunden durch eventuelle allgemeine arbeitsrechtliche Treuepflichten, sonstige arbeitsvertragliche Einschränkungen[32] oder gesetzliche Bindungen (etwa § 17 UWG; Näheres s. Rz. 51 ff. zu § 8, Rz. 5 zu § 18, Rz. 40 ff. zu § 25). Ein erneutes Angebot kann der Arbeitgeber auch dann nicht verlangen, wenn er später seinen Arbeitsbereich ändert. 54

3. Zustandekommen eines Vertrages

Erklärt sich der Arbeitgeber (ausdrücklich oder konkludent[32]) mit dem Angebot des Arbeitnehmers **einverstanden**, so kommt mit Zugang seiner Annahmeerklärung der Vertrag zustande. Gleiches gilt, wenn die Arbeitsvertragsparteien auf der Grundlage des Angebots des Arbeitnehmers Vertragsverhandlungen aufnehmen und sich hierbei einigen. Wird das Angebot **vorbehaltslos** angenommen, sind auch die vom Arbeitnehmer vorgegebenen Bedingungen Vertragsinhalt, selbst wenn sie unangemessen sein sollten (s. im Übrigen Rz. 57). 55

Der so zustande gekommene Vertrag steht selbständig neben dem Arbeitsverhältnis und unterscheidet sich rechtlich kaum von einem **Lizenzvertrag**, wie er mit einem außerhalb des Unternehmens stehenden Vertragspartner zustande kommen kann[32a]. Die beiderseitigen Rechte und Pflichten in Bezug auf die freie Erfindung bestimmen sich nach dem Inhalt des Lizenzvertrages; allerdings können sich im Einzelfall aus der arbeitsrechtlichen Treue- und Fürsorgepflicht Nebenpflichten konkretisieren. Der Umstand, dass das Bestehen des Arbeitsverhältnisses der Anlass für das Zustandekommen des Lizenzvertrages war, rechtfertigt es aber nicht, die Ansprüche des Arbeitnehmers wegen Benutzung der freien Erfindung dem Arbeitsverhältnis zuzurechnen, sofern diese ihre Grundlage in dem Lizenzvertrag finden; mangels dahingehender Abrede ist die Vertragsdauer auch nicht vom Fortbestehen des Arbeitsverhältnisses abhängig (s. Rz. 25). Das aufgrund des Lizenzvertrages geschuldete Entgelt ist auch nicht Arbeitseinkommen[32a]. Bei der Abwicklung dieses Lizenzvertrages können ergänzend die allgemeinen Regeln des Lizenzvertragsrechts (außerhalb des ArbEG) einschl. der kartellrechtlichen Beschränkungen der §§ 17, 18 56

31b Amtl. Begr. (Fn. 3).
32   Vgl. etwa Schiedsst. v. 10.3.1993 EGR Nr. 80 zu § 12 ArbEG.
32a BGH v. 29.11.1984 (Fn. 30).

§ 19

GWB, Art. 81, 82 EGV (s. auch Rz. 131 zu § 9) herangezogen werden[32b]. Folglich können auch Vergütungsansprüche über die Laufzeit eines Schutzrechts hinaus nicht vereinbart werden[32b] (s. dagegen RL Nr. 42 für die Vergütung von Diensterfindungen).

57 **Erklärt** sich der **Arbeitgeber** innerhalb der Frist **grundsätzlich zum Erwerb des angebotenen Rechts bereit**, macht er jedoch gleichzeitig die Unangemessenheit einzelner Bedingungen (s. dazu Rz. 59) geltend, so führt auch diese Erklärung – in Abweichung von § 150 Abs. 2, §§ 154, 155 BGB – zu einem Vertragsschluss »dem **Grunde nach**«. Dem Arbeitgeber steht das angebotene Nutzungsrecht zu[33] (vgl. § 23 Abs. 3 Satz 4, Abs. 4 PatG zu der vergleichbaren Situation bei der Lizenzbereitschaftserklärung). Soweit auch dessen Umfang streitig ist, erlangt er zunächst jedenfalls ein nicht ausschließliches Nutzungsrecht. Im Übrigen eröffnet Abs. 3 ihm (und dem Arbeitnehmer) – wenn auch nachträglich keine Einigung erzielt wird – die Möglichkeit, nach (erfolgloser) Anrufung der Schiedsstelle (§§ 28 ff.) ggf. eine gerichtliche Klärung (§§ 37, 39 Abs. 1) herbeizuführen.

4. Gerichtliche Feststellung der Bedingungen bei Meinungsverschiedenheiten (Abs. 3)

58 Bestreitet der Arbeitgeber die Angemessenheit der Bedingungen, so muss darüber nach Abs. 3 mangels Einigung ggf. eine gerichtliche Festsetzung erwirkt werden; im Übrigen besteht das Vertragsverhältnis bereits bindend (s. Rz. 57); in der Sache geht es also um eine ergänzende Vertragsgestaltung durch Schiedsstelle bzw. Gericht[33a]. Die Unangemessenheit muss zeitgleich mit der Erklärung über die Annahmebereitschaft gegenüber dem Arbeitnehmer geltend gemacht werden. Daraus muss klar erkennbar sein, welche Bedingungen der Arbeitgeber nicht akzeptiert. Ein nachträgliches Geltendmachen nach Angebotsannahme scheidet aus; denkbar ist allerdings das Nachschieben von Gründen. Zur Berufung auf eine Unbilligkeit s. Rz. 86.

a) Angemessenheit der Bedingungen

59 Unter angemessene Bedingungen fallen alle vom Arbeitnehmer vorgeschlagenen Bestimmungen, die den Inhalt des Nutzungs-(Lizenz-)Vertrags gestalten sollen (vgl. dazu oben Rz. 20 ff.). Entsprechend der hier vertretenen Ansicht ist darunter auch der Umfang des Nutzungsrechts (einfaches, ausschließliches Nutzungsrecht, Übertragung der Erfindung) zu verstehen;

32b BGH v. 1.2.1983 Az. X ZR 16/82 (unveröffentl.) – Fahrzeugsitz I.
33 So auch Heine/Rebitzki Anm. 5 zu § 19; Volmer Rz. 34 zu § 19; Volmer/Gaul Rz. 95, 109 zu § 19.
33a So Busse/Keukenschrijver, PatG, Rz. 16 zu § 19 ArbEG

§ 19

dass der Gesetzgeber den früher im Reg.-Entw. 1952 vorgesehenen Zusatz, der den Umfang des Angebots betraf, fallen ließ, hat nur redaktionelle Gründe (s. oben Rz. 15).

b) Anrufung der Schiedsstelle

Vor Klageerhebung **müssen** (Ausnahmen: § 37 Abs. 1 Nrn. 2 und 3) Arbeitgeber oder Arbeitnehmer zunächst die Schiedsstelle zur Herbeiführung einer gütlichen Einigung über die Vertragsbedingungen anrufen (§§ 28, 31)[34]. Dies ist notwendige Voraussetzung zur Erhebung der Klage (§ 37 Abs. 1). Es handelt sich nämlich nicht um eine Geltendmachung von Rechten aus einer Vereinbarung im Sinne des § 37 Abs. 2 Nr. 1, sondern um die Klärung ihrer inhaltlichen Ausgestaltung.   60

Die ursprünglich im Reg.-Entw. vorgesehene Festsetzung durch die Schiedsstelle wurde fallen gelassen, um unnötige Unterschiede in Verfahren und Aufgabe der Schiedsstelle zu vermeiden[35]; durch diese Änderung sollte aber die Vorschaltung der Schiedsstelle unberührt bleiben[35]. Abs. 3 stellt demzufolge mittelbar klar, dass der Schiedsstelle nur streitschlichtende, aber keine streitentscheidende Funktion zukommt, Letzteres vielmehr ausschließlich den Gerichten vorbehalten bleiben soll.   61

c) Gerichtliche Klage

Ist vor der Schiedsstelle keine Einigung über die Angemessenheit zustande-gekommen (§ 35), so kann jede Arbeitsvertragspartei eine gerichtliche Festsetzung der Bedingungen »**auf Antrag**« erreichen.   62

Das Verfahren wird durch Klage (Einreichung der Klageschrift gem. § 253 ZPO) eingeleitet (vgl. § 37 Abs. 1; die ursprünglich im Reg.-Entw. v. 1955 vorgesehene »Beschlussform« wurde nicht Gesetz, s. auch Rz. 61). **Ausschließlich zuständig** sind gem. § 39 Abs. 1 die für Patentstreitsachen zuständigen Gerichte (§ 143 PatG); Einzelheiten s. bei § 39.   63

Die Klage kann auch gegen **mehrere Nutzungsberechtigte** (etwa mehrere Miterfinder, vgl. auch unten Rz. 78 ff.) gerichtet werden; mehrere Arbeitnehmermiterfinder sind notwendige Streitgenossen im Sinne des § 62   64

---

34 H. M., z.B. Reimer/Schade/Schippel/Kaube Rz. 17 zu § 19; Volmer Rz. 36 zu § 19; Volmer/Gaul Rz. 106 zu § 19; Busse/Keukenschrijver, PatG, Rz. 16 zu § 19 ArbEG; wohl i. Ergebn. auch Schiedsst. v. 11. 12. 1967 EGR Nr. 1 zu § 19 ArbEG u. Schiedsst. Beschl. v. 9.3.1981 Arb.Erf. 56/80 (unveröffentl.); a.A. Lindenmaier/Lüdecke Anm. 7 zu § 19 u. Halbach Anm. 7 zu § 19, die nur ein »Recht« zur Anrufung annehmen.
35 Vgl. Stellungnahme d. BR in Anl. 2 zu BT-Drucks. II/1648 S. 61; Ausschussber. (Fn. 16).

§ 19

Abs. 1 ZPO[36]. Ist an der Erfindung auch ein **außenstehender freier Erfinder** beteiligt, kann der Arbeitgeber nur im Wege der einverständlichen Abrede von diesem Rechte an der Erfindung ableiten; die Möglichkeit des § 19 Abs. 3 ist ihm insoweit verschlossen.

65 Die Anrufung der Schiedsstelle bzw. des Gerichts ist **an keine Frist gebunden,** sollte aber im Interesse der Rechtssicherheit innerhalb angemessener Frist erfolgen.

66 Die Klage nach § 19 Abs. 3 ist eine **Gestaltungsklage**, gerichtet auf gerichtliche Festsetzung bestimmter angemessener Bedingungen; sie kann auch als **Leistungsklage** erhoben werden[40], also als Klage auf bestimmte Leistungen (z.B. Lizenzgebühren), wie sie der Kläger für richtig erachtet (s. aber auch § 38).

67 Der Kläger hat in der Klageschrift zur Individualisierung des Klageantrags und damit zur **Kennzeichnung des Streitgegenstands** die Umstände anzuführen und Beweismittel anzugeben, die für die Festsetzung der Bedingungen von Bedeutung sein können; zweckmäßigerweise sind solche Unterlagen beizufügen, die der gerichtlichen Entscheidung dienlich sind.

68 Die richterliche Bestimmung der Bedingungen erfolgt durch **Gestaltungsurteil,** das gleichzeitig Leistungsurteil sein kann. Die Festsetzung erfolgt nach billigem Ermessen (vgl. § 315 BGB). Das Gestaltungsurteil hat auch den Zeitpunkt des Wirksamwerdens der hierin festgesetzten Bedingungen zu bestimmen. Seine Wirkung tritt erst mit Rechtskraft ein.

C. Neufestsetzung der Bedingungen (Abs. 4)

69 Wenn sich die Umstände, die für die vereinbarten oder nach Abs. 3 festgesetzten Bedingungen maßgebend waren, **wesentlich ändern** (vgl. hierzu Rz. 95 ff. zu § 12), können die (Arbeits-)Vertragsparteien gem. § 19 Abs. 4 eine andere Festsetzung der Bedingungen beantragen.

70 Diese Bestimmung entspricht der für das Verfahren nach Erklärung der Lizenzbereitschaft geltenden Regel des § 23 Abs. 5 PatG sowie der des § 12 Abs. 6 ArbEG (Einzelheiten s. dort Rz. 146 ff.); sie soll den besonders unsicheren und schwer voraussehbaren Entwicklungs- und Verwertungsmöglichkeiten Rechnung tragen[41].

71 Kommt zwischen Arbeitgeber und Arbeitnehmer keine einverständliche Regelung zustande, so kann jede Partei das Verfahren entsprechend Abs. 3 einleiten (s. oben Rz. 62 f.), also nach erfolgloser Anrufung der Schiedsstelle (vgl. § 37) **Abänderungsklage** erheben. Der **Klageantrag** ist darauf

---

36 So zu § 14 Abs. 4 PatG a. F. BGH v. 15.6.1967 GRUR 1967, 655, 656 – Altix; ebenso Volmer/Gaul Rz. 113 zu § 19.
37-39 frei
40 Zust. Busse/Keukenschrijver, PatG, Rz. 17 zu § 19 ArbEG.
41 Amtl. Begr. (Fn. 3) S. 37 f. = Blatt 1957, 239.

§ 19

gerichtet, andere Bedingungen festzusetzen, die ab dem Zeitpunkt des Eintritts der veränderten Umstände angemessen waren. Insoweit kommt es auf den Zeitpunkt der Geltendmachung des Abänderungsanspruchs nicht an[42] (vgl. Rz. 152 zu § 12).

Das **Rückforderungsverbot** des § 12 Abs. 6 Satz 2 gilt hier nicht[42a], da es sich nicht um Erfindervergütungen, sondern um Lizenzgebühren handelt (s. oben Rz. 56). Einem Rückzahlungsanspruch des Arbeitgebers können allerdings lizenzvertragsrechtliche Gesichtspunkte ebenso entgegenstehen wie der in § 818 Abs. 3 BGB zum Ausdruck gekommene Rechtsgedanke[43]. 72

D. Verletzung der Anbietungspflicht

Kommt der Arbeitnehmer seiner **Anbietungspflicht** nicht nach, erwächst dem Arbeitgeber hieraus – über den durchsetzbaren Anspruch auf Angebotsabgabe hinaus (s. oben Rz. 45) – u.U. ein Anspruch auf Schadensersatz (§ 823 Abs. 2 BGB i.V.m. § 19 Abs. 1 ArbEG[44], § 826 BGB; Pflichtverletzung § 280 Abs. 1, § 619a BGB), etwa dann, wenn der Arbeitnehmer dadurch ein Wirksamwerden der Nutzungsrechte des Arbeitgebers verzögert oder vereitelt. 73

Hat der Arbeitnehmer die Rechte an der Erfindung auf einen **Dritten** übertragen bzw. diesem ein ausschließliches Nutzungsrecht eingeräumt, so kann er seine Anbietungspflicht aus Rechtsgründen nicht mehr erfüllen; das relative Verfügungsverbot des § 7 Abs. 3, das sich auf Diensterfindungen beschränkt, gilt hier nicht. In solchen Fällen ist der Arbeitgeber auf einen Schadensersatzanspruch gegen seinen Arbeitnehmer beschränkt. Da § 19 **kein gesetzliches Vorkaufsrecht** zugunsten des Arbeitgebers begründet und nur schuldrechtlicher Natur ist (s. Rz. 10), ist der Vertrag mit dem Dritten wirksam[44a] und der Arbeitgeber kann grundsätzlich gegen den Dritten nicht vorgehen, es sei denn, es läge ein kollusives Zusammenwirken (§ 826 BGB) zu seinen Lasten vor. 74

Ggf. kann der Arbeitgeber bei geplanten Verwertungshandlungen seines Arbeitnehmers diesem gegenüber **vorbeugende Unterlassungsansprüche** geltend machen (§ 823 Abs. 2 BGB, § 19 Abs. 1 ArbEG, § 1004 BGB analog), evtl. im Wege der einstweiligen Verfügung ohne vorherige Anrufung der Schiedsstelle[45] (vgl. § 37 Abs. 4 ArbEG). 75

---

42 Vgl. Schiedsst. v. 14.12.1970 Blatt 1971, 199.
42a Ebenso Busse/Keukenschrijver, PatG, Rz. 19 zu § 19 ArbEG
43 Zur Bedeutung d. § 818 Abs. 3 BGB vgl. BAG v. 31.3.1960 AP Nr. 5 zu § 394 BGB; siehe auch LAG Hamm v. 27.3.1974 BB 1975, 230.
44 Vgl. BGH v. 29.11.1984 NJW 1985, 1031, 1032 – Fahrzeugsitz II, der den Schutzcharakter dieser Norm betont; Busse/Keukenschrijver, PatG, Rz. 13 zu § 19 ArbEG.
44a Busse/Keukenschrijver, PatG, Rz. 12 zu § 19 ArbEG.
45 Wie hier Volmer/Gaul Rz. 119 zu § 19.

§ 19

E. Vertragliche Regelungen

76 Nach der **Mitteilung** einer freien Erfindung (vgl. § 22 Satz 2) sind die Arbeitsvertragsparteien frei darin, unter Beachtung des § 23 vertragliche Regelungen über die Nutzung der Erfindung auch zu Lasten des Arbeitnehmers zu treffen, etwa eine von § 19 Abs. 1 abweichende vorzeitige bzw. erweiterte Anbietungspflicht, Einschränkungen des Abänderungsrechts aus § 19 Abs. 4 oder die Vereinbarung eines Vorkaufsrechts (zum Inhalt vgl. Rz. 18 ff. zu § 27).

77 Die Vereinbarung eines **generellen Vorkaufsrechts** für künftige freie Erfindungen des Arbeitnehmers verstößt gegen § 22 Satz 1[46] (s. auch Rz. 2). Das Vorkaufsrecht geht nicht nur über die Anbietungspflicht gem. § 19 Abs. 1 hinaus; es schränkt den Arbeitnehmer auch in seinen freien Verwertungsmöglichkeiten ein.

F. Besonderheiten bei mehreren Erfindern

78 Sind mehrere Arbeitnehmer an dem Zustandekommen der freien Erfindung beteiligt, ist unter den Voraussetzungen des § 19 Abs. 1 **jeder Miterfinder** zur Anbietung verpflichtet.

79 Da gem. § 743 Abs. 2 BGB jedem Teilhaber an der Erfinder-Bruchteilsgemeinschaft (vgl. hierzu Rz. 52 f. zu § 5) grundsätzlich ein eigenes, vom Willen der übrigen Miterfinder unabhängiges Nutzungsrecht an der gemeinsamen Erfindung zusteht, kann die **Entscheidung** über eine Verwertungsabsicht bei jedem Miterfinder **unterschiedlich** ausfallen. Besteht bei einem oder mehreren Miterfindern keine Verwertungsabsicht, sind diese dem Arbeitgeber auch nicht zur Anbietung verpflichtet.

80 Der eigenverwertungswillige Miterfinder unterliegt zwar der Anbietungspflicht; er wäre aber wegen § 747 Satz 2 BGB an der eigenständigen Einräumung eines (einfachen oder ausschließlichen) Nutzungsrechts zugunsten des Arbeitgebers gehindert[47]. Da er aber über seinen Anteil frei verfügen darf (§ 747 Satz 1 BGB), steht es ihm frei, diesen Anteil seinem Arbeitgeber anzubieten, der mit Übertragung in die Rechtsgemeinschaft mit den übrigen Miterfindern eintreten würde.

81 Eine vom Arbeitnehmer vorgenommene Eigenverwertung würde im Verhältnis zum Arbeitgeber eine Verletzung der Anbietungspflicht aus § 19 Abs. 1 Satz 1 darstellen (hierzu Rz. 73 f., evtl. auch eine Verletzung der arbeitsvertraglichen Wettbewerbsverbotspflicht, vgl. hierzu Rz. 151 ff. zu § 8).

---

46 So auch Volmer Rz. 3 zu § 19; Volmer/Gaul Rz. 16 zu § 19; Busse/Keukenschrijver, PatG, Rz. 2 zu § 19 ArbEG; a.A. Reimer/Schade/Schippel/Kaube Rz. 6 f. zu § 19.
47 Vgl. dazu Bartenbach/Volz GRUR 1978, 668, 675 m.w.N.

§ 19

Unter dem Aspekt der Treuepflicht wird der Arbeitnehmer gehalten sein, eine **Verständigung mit den übrigen Miterfindern** über die Vergabe von Nutzungsrechten an den Arbeitgeber herbeizuführen; indes haben weder der Arbeitnehmer noch der Arbeitgeber diesen gegenüber einen durchsetzbaren Anspruch auf Einräumung von Nutzungsrechten, es sei denn, deren mangelnde Verwertungsbereitschaft sei rechtsmissbräuchlich (§ 242 BGB). Scheitert eine solche Verständigung, ist der betr. Miterfinder im Verhältnis zum Arbeitgeber nicht zur Eigennutzung befugt. 82

Ist seitens einiger Miterfinder keine Eigennutzung, wohl aber eine **Lizenzvergabe** an Dritte beabsichtigt, kann diese als Verfügung über die Rechte an der Erfindung[47] nur mit Zustimmung aller Miterfinder erfolgen (§ 747 Satz 2 BGB). Mangels Einverständnisses aller Miterfinder liegt keine realisierbare Verwertungsabsicht im Sinne des § 19 Abs. 1 vor, so dass eine Anbietungspflicht (noch) nicht begründet ist, gleichzeitig aber auch ein Verwertungsrecht der einzelnen Miterfinder nicht besteht. 83

Vergleichbare Regeln sind zu beachten, wenn neben den Arbeitnehmermiterfindern freie Erfinder beteiligt sind. 84

Im Übrigen sind für den Abschluss und die Durchführung von Nutzungsverträgen i. S. des § 19 ArbEG die Regeln der Bruchteilsgemeinschaft (§§ 741 ff. BGB) zu beachten. Zur Klage gemäß § 19 Abs. 3 s. Rz. 64. 85

G. Unbilligkeit der Vereinbarung (§ 23)

§ 23 eröffnet **beiden Arbeitsvertragsparteien** die Möglichkeit, sich auf eine (ursprüngliche) Unbilligkeit einer zwischen ihnen getroffenen Vereinbarung zu berufen. Dieses Recht steht ihnen auch nach Arbeitsvertragsende (vgl. § 26) zu, allerdings unter Beachtung der Ausschlussfrist des § 23 Abs. 2. Unberührt hiervon sind sonstige Unwirksamkeits- oder Nichtigkeitsgründe sowie die Zulässigkeit einer Anfechtung (§§ 119 ff. BGB). Eine Einschränkung erfährt die Unbilligkeitsregelung des § 23 in Bezug auf den Arbeitgeber durch § 19 Abs. 3. Soweit Umstände erkennbar waren, die an sich eine Unbilligkeit begründen würden, wird ihm entgegenzuhalten sein, dass er dies im Rahmen des Verfahrens nach § 19 Abs. 3 bereits hätte geltend machen können. Insofern wird man also hier von gesteigerten Anforderungen für eine erhebliche Unbilligkeit ausgehen können. 86

Allein die Tatsache, dass die zwischen den Arbeitsvertragsparteien getroffene Abrede von »üblichen« Lizenzverträgen abweicht, reicht noch nicht zur Begründung einer Unbilligkeit aus. Vielmehr ist auch hier erforderlich, dass die Vereinbarung insgesamt dem Gerechtigkeitsempfinden in besonderem, gesteigertem Maße entgegensteht (s. Rz. 10 ff. zu § 23). Dies kann bezüglich der vereinbarten Vergütung (Lizenzgebühr) dann der Fall sein, wenn diese um 50 % und mehr von dem Erfindungswert einer vergleichbaren (Dienst-)Erfindung (vgl. RL Nrn. 3 ff., Rz. 103 ff. zu § 9) abweicht, oder beispielsweise, wenn die Arbeitsvertragsparteien in Unkennt- 87

§ 19

nis der Rechtslage die Berücksichtigung des Anteilsfaktors (RL Nrn. 30 ff., s. hierzu Rz. 261 ff. zu § 9) vereinbart haben (vgl. im Übrigen Rz. 21 ff. zu § 23).

Erweist sich die **Erfindung** später als **nicht schutzfähig**, gelten die allgemeinen Grundsätze des Lizenzvertragsrechts; gleiches gilt für eine etwaige Einschränkung des Schutzumfangs im Laufe des Erteilungsverfahrens[48]. Da derartige Änderungen nach den Regeln des Lizenzvertragsrechts grundsätzlich nur Wirkung für die Zukunft entfalten, bleibt für § 23 kein Raum.

S. im Übrigen die Erläuterungen zu § 23.

---

[48] S. hierzu Bartenbach/Gennen Patentlizenz- und Know-how-Vertrag (2001) Rz. 1815 ff.

3. Technische Verbesserungsvorschläge

§ 20

(1) Für technische Verbesserungsvorschläge, die dem Arbeitgeber eine ähnliche Vorzugsstellung gewähren wie ein gewerbliches Schutzrecht, hat der Arbeitnehmer gegen den Arbeitgeber einen Anspruch auf angemessene Vergütung, sobald dieser sie verwertet. Die Bestimmungen der §§ 9 und 12 sind sinngemäß anzuwenden.

(2) Im Übrigen bleibt die Behandlung technischer Verbesserungsvorschläge der Regelung durch Tarifvertrag oder Betriebsvereinbarung überlassen.

Lit.: *Bächle*, Schwachstellen i. Betriebl. Vorschlagswesen DB 84, 1333; *Becher*, Verbesserungsvorschlag u. arbeitsrechtl. Sonderleistungsprinzip, BB 1993, 353; *Bleistein*, ArbNErf. u. techn. Verbesserungsvorschlag – Grundsätzl. Fragen, Betrieb u. Personal 1996, 258; *Bontrup*, Ideenmanagement – Motor für mehr Konkurrenzfähigkeit, Arbeit u. Arbeitsrecht 2001, 436; *Buchner*, Die Vergütg. f. Sonderleistungen d. ArbN – ein Problem d. Äquivalenz d.i. ArbVerh. zu erbringenden Leistungen, GRUR 1985, 1; *Danner*, ArbEG, TVV u. betriebl. Vorschlagswesen, GRUR 1984, 565; *Einsele*, Verbesserungsvorschlags-Prämien u. Vergütg. ArNErf – Diskrepanz u. Übereinstimmungen, Betriebl. Vorschlagswesen 1986, 97; *Fiedler-Winter*, Das betriebl. Vorschlagswesen im Zeitalter d. Mitbestimmung, ArbuSozPol. 1984, 18; *Ganz*, Verbesserungsvorschläge i. Betrieb – Eine soziolog. Untersuchung ü.d. betriebl. Vorschlagswesen i. zwei Industriebetrieben, Diss. Mannheim; *Gaul*, Der Verbesserungsvorschlag i. s. Abgrenzung z. ArbErf., BB 1983, 1357; *ders.*, Gemeinsamkeiten u. Unterschiede v. schutzwürdigen Erf. u. Verbesserungsvorschlägen, GRUR 1984, 713; *ders.*, Verbesserungsvorschlg. u. arbeitsrechtl. Sonderleistungsprinzip, BB 1992, 1710; *Gaul/Bartenbach*, ArbNErf. u. Verbesserungsvorschlag, 2. Aufl. 1972; *dies.*, Betriebl. Regelungen d. Verbesserungsvorschlagswesens, 1984 = Heidelberger Musterverträge 65; *dies.*, Die kollektivrechtl. Ordnung d. betriebl. Verbesserungsvorschlagswesens DB 1980, 1843; *Grabinski*, Anm. z. Vergütungsanspruch f. technische VV nach § 20 Abs. 1 ArbEG GRUR 2001, 922; *Haberkorn*, Bedeutung u. Aufbau d. betriebl. Vorschlagswesens, BlfStSozArbR 1970, 27; *Hartung*, Die Vergütg. d. Verbesserungsvorschläge, Diss. Köln 1979; *Holzmann*, Einführung e. Vorschlagswesens b.d. Sozialversicherungsträgern, ZfS 1980, 200; *Krafft*, Das betriebl. Vorschlagswesen als Gruppenaufgabe u. Gruppenproblem 1966; *Melullis*, Z. Verhältnis v. Erfindung u. technischem VV nach dem ArbEG GRUR 2001, 684; *Schade*, ArbEG u. betriebl. Vorschlagswesen, VDI-Zeitschr. 1961, 49; *Schoden*, Die Beteiligungsrechte d. Betriebsrats b. betriebl. Vorschlagswesen, AuR 1980, 73; *ders.*, Das Recht d. ArbNErf. u. d. betriebl. Verbesserungsvorschlagswesens, BetrR 1987, 119; *ders.*, Betriebl. ArbNErf. u. betriebl. Vorschlagswesen, 1995; *Schwab*, Das betriebl. Vorschlagswesen, AR-Blattei (D) »Vorschlagswesen I«; *ders.*, Erf. u. Verbesserungsvorschlag i. ArbVerh., 2. Aufl. 1991 (= Schr. z. Arbeitsrecht-Blattei 15); *ders.*, Betriebsrat u. betriebl. Vorschlagswesen AiB 1999, 445; *Troidl*, Techn. VV BB 1974, 468; *Wrieske*, Die Organisation d. betriebl. Vorschlagswesens DB 1971, 2028.

§ 20

Übersicht

A. Allgemeines.................................. 1-9
B. Vergütung von qualifizierten technischen Verbesserungsvorschlägen (Abs. 1)................ 10-50
   I. Begriff................................ 10-23
     1. Technische Verbesserungsvorschläge........................ 10
     2. Qualifizierte technische Verbesserungsvorschläge.. 11-23
   II. Entstehung und Fälligkeit des Vergütungsanspruchs............. 24-32
     1. Entstehung (tatsächliche Verwertung)................... 24-31
     2. Fälligkeit...................... 32
   III. Dauer................................ 33-38
   IV. Bemessung der Vergütung...... 39-47
     1. Grundsatz................... 39, 40
     2. Erfindungswert............ 41-46
       a) Wahl der Berechnungsmethode................... 41
       b) Lizenzanalogie............ 42, 43
       c) Erfassbarer betrieblicher Nutzen................... 44
       d) Schätzung................ 45
       e) Außerbetriebliche Verwertung................ 46
     3. Anteilsfaktor................ 47
   V. Besonderheiten bei mehreren Vorschlagenden................. 48, 49
   VI. Mitbestimmungsrechte des Betriebsrates..................... 50
C. Behandlung einfacher technischer Verbesserungsvorschläge (Abs. 2) 51-62
   I. Grundsatz.......................... 51
   II. Begriff............................... 52
   III. Kollektivrechtliche Regelungen............................. 53-59
   IV. Vergütungsanspruch...........60, 61.3
   V. Bewertung durch innerbetriebliche Ausschüsse 62-62.3
D. Schiedsstellen- und Gerichtsverfahren................................ 63, 64
E. Sonstige Rechtsgrundlagen für die Vergütung von technischen Verbesserungsvorschlägen – Sonderleistungsprinzip................. 65, 66
F. Besonderheiten im öffentlichen Dienst bzgl. einfacher Verbesserungsvorschläge................ 67-69

A. Allgemeines

1 § 20 Abs. 1 normiert die – sodann durch RL Nr. 29 konkretisierte – Vergütungspflicht des Arbeitgebers für sog. **qualifizierte technische Verbesserungsvorschläge**. Der Gesetzgeber ist damit dem Wunsch der Arbeitnehmerseite gefolgt, in Abweichung zum früheren Recht und zum RegEntw. 1955 solche technischen Verbesserungsvorschläge in die Vergütungspflicht des Arbeitgebers einzubeziehen, die – ohne schutzfähig zu sein – dem Arbeitgeber eine monopolähnliche Vorzugsstellung gewähren, solange sie nicht allgemein bekannt werden und er sie allein auswerten kann[1]. Auch hier kommt also das dem ArbEG zugrunde liegende **Monopolprinzip** (s. dazu Rz. 9 f. vor § 9) zum Tragen, wonach maßgebend für die Vergütungspflicht des Arbeitgebers das Bestehen eines durch die technische Neuerung vermittelten Monopols ist, sei es rechtlich (Patent oder Gebrauchsmuster) oder faktisch (qualifizierter technischer Verbesserungsvorschlag)[2].

---

1   S. Ausschussber. zu BT-Drucks. II/3327 S. 7 = Blatt 57, 253.
2   Schiedsst. v. 26.3.1986 Arb.Erf. 43/86 (unveröffentl.).

§ 20

Die **Legaldefinition** des technischen Verbesserungsvorschlages enthält § 3 in Form einer **Negativabgrenzung** zur schutzfähigen Erfindung (s. Rz. 3, 9 ff. zu § 3 u. unten Rz. 10).

Die sonstigen Regelungen des ArbEG über technische Verbesserungsvorschläge (s. dazu Rz. 2 zu § 3) beschränken sich auf die vergütungsrechtliche Behandlung der qualifizierten technischen Verbesserungsvorschläge i. S. des § 20 Abs. 1. Für diese technischen Verbesserungsvorschläge gelten deshalb auch die die Vertragsfreiheit einengenden Vorschriften der § 22 Satz 1, § 23, die auf **einfache technische Verbesserungsvorschläge** i. S. des § 20 Abs. 2 nicht anwendbar sind (s. Rz. 11 zu § 22 u. Rz. 8 zu § 23); außerhalb des in § 20 Abs. 1 geregelten Vergütungsbereichs sind Vereinbarungen über qualifizierte technische Verbesserungsvorschläge ungeachtet der §§ 22, 23 möglich, und zwar auch solche kollektiv-rechtlicher Art (s. dazu Rz. 50). Das gemäß § 27 Abs. 2 ArbEG a. F. eingeräumte Konkursvorrecht ist für die ab 1999 eröffneten Insolvenzverfahren entfallen (s. § 27 ArbEG n. F.).

Die Grundsätze zum **Auskunfts- bzw. Rechnungslegungsanspruch** für die Vergütung von Diensterfindungen gelten auch für qualifizierte technische Verbesserungsvorschläge i. S. d. § 20 Abs. 1, wie sich bereits aus der Verweisung auf die §§ 9 und 12 in § 20 Abs. 1 Satz 2 ergibt[3] (s. dazu Rz. 162 ff. zu § 12).

Abs. 2 stellt klar, dass die **sonstigen technischen Verbesserungsvorschläge nicht** dem Anwendungsbereich des ArbEG – und damit auch nicht den RLn. 1959 – unterliegen, sondern vorrangig kollektivrechtlichen Regelungen (Tarifvertrag, Betriebsvereinbarung) vorbehalten sind.

Vergütungspflichtig sind qualifizierte technische Verbesserungsvorschläge gem. § 20 Abs. 1 ArbEG unter **zwei Voraussetzungen**: Einmal bedarf es einer tatsächlichen Verwertung durch den Arbeitgeber, zum anderen müssen diese nicht schutzfähigen technischen Neuerungen eine faktische Monopolstellung vermitteln (Monopolprinzip).

Die **Bemessung der Vergütung** erfolgt gem. § 20 Abs. 1 Satz 2 ArbEG in sinngemäßer Anwendung der §§ 9 u. 12. Eine unmittelbare Anwendung verbietet sich einmal wegen des Fehlens eines rechtlichen Monopols (vgl. etwa § 12 Abs. 3) und zum anderen deshalb, weil der qualifizierte technische Verbesserungsvorschlag wie jede Arbeitsleistung unmittelbar dem Eigentum des Arbeitgebers zugeordnet wird, ohne dass es eines Rechtsübergangs wie bei einer schutzfähigen Diensterfindung bedarf[4] (s. dazu Rz. 26 f. zu § 3).

§ 20 Abs. 1 gilt uneingeschränkt auch für technische Verbesserungsvorschläge **im öffentlichen Dienst** (§§ 40, 41). Zum Hochschulbereich s. Rz. 52 ff. zu § 42 n.F. u. Rz. 29 zu § 42 a.F.

---

3   OLG Düsseldorf v. 5.3.1998 WRP 1998, 1202, 1205 – Wetterführungspläne.
4   Beil in Chem.-Ind.-Technik 1957, 757, 758.

§ 20

Zu den **neuen Bundesländern** s. KommArbEG Rz. 2.1 zu § 3.
Gem. § 26 berührt das **Ausscheiden** des Arbeitnehmers (Beamten) den Vergütungsanspruch nicht (vgl. aber auch Rz. 15).

8 Zu dem **Begriff** des technischen Verbesserungsvorschlages und seinen Voraussetzungen sowie zu den damit in Zusammenhang stehenden sonstigen Rechten und Pflichten s. die Erläuterungen zu § 3; zum Leiharbeitsverhältnis s. dort Rz. 2.

9 Es widerspricht der in den §§ 2, 3 zum Ausdruck kommenden Systematik, § 20 Abs. 1 als **Auffangtatbestand** zur Vergütung von schutzfähigen Erfindungen für Benutzungshandlungen des Arbeitgebers vor Schutzrechtserteilung anzusehen (s. dazu Rz. 20 zu § 2 und Rz. 63 zu § 12). Vielmehr stehen die Vergütungsansprüche nach §§ 9, 10 und nach § 20 Abs. 1 **alternativ nebeneinander**, so dass sich die Frage des Vergütungsanspruchs aus § 20 Abs. 1 überhaupt erst stellt, wenn ein rechtliches Monopol des Arbeitgebers aufgrund mangelnder Schutzfähigkeit der technischen Neuerung ausscheidet[5]. Hat ein Arbeitgeber eine Diensterfindung ausdrücklich freigegeben (etwa weil er sie nicht für schutzfähig hält), und meldet der Arbeitnehmer diese Erfindung nicht zum Schutzrecht an, so sind die deshalb zulässigen Benutzungshandlungen des Arbeitgebers auch nicht nach § 20 Abs. 1 vergütungspflichtig[6] (s. im Übrigen Rz. 45 zu § 8).

B. Vergütung von qualifizierten technischen Verbesserungsvorschlägen (Abs. 1)

I. Begriff

1. Technische Verbesserungsvorschläge

10 Der Legaldefinition des § 3 zufolge sind unter technischen Verbesserungsvorschlägen solche technischen Neuerungen zu verstehen, die nicht patent- oder gebrauchsmusterfähig sind (s. Rz. 4 ff. zu § 3). Da § 3 keine dem § 4 vergleichbare Differenzierung zwischen »gebundenen« und »freien« technischen Verbesserungsvorschlägen kennt, sind **alle** technischen Verbesserungsvorschläge dem Arbeitgeber als Arbeitsergebnis von vornherein zuzuordnen (streitig, s. Rz. 15, 26 f. zu § 3) und damit vom Arbeitnehmer dem Arbeitgeber mitzuteilen (z. Mitteilungspflicht s. Rz. 28 ff. zu § 3). Die Vergütungspflicht setzt demzufolge die **ordnungsgemäße Mitteilung voraus**, da nur hierdurch dem Arbeitgeber eine Grundlage für seine Verwertungsentscheidung ermöglicht wird (s. Rz. 28 ff. zu § 3).

---

5   Schiedsst. v. 7.2.1984 Arb.Erf. 39/81 (unveröffentl.); a.A. Melullis GRUR 2001, 684, 687.
6   Schiedsst. v. 4.11.1982 Blatt 1982, 107; zust. Busse/Keukenschrijver, PatG, Rz. 2 zu § 20 ArbEG.

§ 20

Anders als beim einfachen technischen Verbesserungsvorschlag (s. Rz. 62 zu § 20) ist ein qualifizierter technischer Verbesserungsvorschlag wegen der Orientierung an der Vergütung für Diensterfindungen auch dann zu vergüten, wenn er vom Arbeitnehmer im Rahmen seines **arbeitsvertraglich geschuldeten Arbeits- und Pflichtenkreises** entwickelt wird[7]; insoweit gilt hier nichts anderes als bei Diensterfindungen (vgl. § 4 Abs. 2 Nr. 1; s. auch unten Rz. 47).

2. Qualifizierte technische Verbesserungsvorschläge

Der in der Praxis übliche Begriff des »qualifizierten« technischen Verbesserungsvorschlages ist im Gesetzeswortlaut (vgl. § 20 Abs. 1) nicht enthalten. Der Begriff »qualifiziert« ist nur eine – nicht recht gelungene – Umschreibung für die gesetzliche Formulierung der »ähnlichen Vorzugsstellung wie ein gewerbliches Schutzrecht«[8]. Insoweit kommt es nicht auf das schöpferische Ausmaß der Leistung des Arbeitnehmers an oder darauf, ob die Verwertung des Vorschlages einen außergewöhnlichen wirtschaftlichen Erfolg verspricht oder bringt; **maßgeblich** für die Qualifizierung ist allein, ob der Verbesserungsvorschlag dem Arbeitgeber eine **monopolähnliche Vorzugsstellung** vermittelt[9]. Dies greift auch RL Nr. 29 Satz 1 auf. 11

Bei der **Vorzugsstellung** ist an eine solche gedacht, die der aus einem gewerblichen Schutzrecht insoweit ähnelt, als sie (anstatt eines rechtlichen Monopols) eine tatsächliche Monopolstellung gewährt; eine rechtliche Monopolstellung kann ein technischer Verbesserungsvorschlag in aller Regel schon deshalb nicht verschaffen, weil er sich bereits nach der Begriffsbestimmung in § 3 ArbEG nicht auf eine patent- oder gebrauchsmusterfähige Erfindung beziehen kann, die ein Ausschließungsrecht begründen könnte[10], so dass hier nur eine tatsächliche Vorzugsstellung in Betracht kommt[11] (s. aber auch Rz. 14 f.). Allerdings wird eine Vergütung als qualifizierter Verbesserungsvorschlag bejaht, wenn die Arbeitsvertragsparteien wegen Ungewissheit der Rechtslage unverschuldet den Erfindungscharakter eines 12

---

7 Schiedsst. v. 25.1.1994 Arb.Erf. 139/92 (unveröffentl.).
8 Schiedsst. v. 17.10.1974 Arb.Erf. 13/74 (unveröffentl.).
9 LG Düsseldorf v. 16.3.1999 Az. 4 O 171/98 (unveröffentl.); Schiedsst. v. 27.3.1973 Arb.Erf. 66/72 (unveröffentl.) u. v. 12.9.1986 Blatt 1987, 133, 134.
10 So BGH v. 26.11.1968 GRUR 1969, 341, 343 – Räumzange m. zust. Anm. Schippel = AP Nr. 2 zu § 20 ArbNErfG m. zust. Anm. Volmer; krit. Voigt BB 1969, 1310 f.
11 H. M., vgl. Schiedsst. v. 12.12.1966 Blatt 1967, 159 = GRUR 1968, 195 (LS) m. Anm. Schippel; Dörner GRUR 1963, 72, 73; Lindenmaier/Lüdecke Anm. 2 zu § 20; Reimer/Schade/Schippel/Kaube Rz. 3 zu § 20; wohl auch Heine/Rebitzki Anm. 2 zu § 20; Busse/Keukenschrijver, PatG, Rz. 4 zu § 20 ArbEG; Volmer/Gaul Rz. 74 zu § 3; abw. Volmer Rz. 20, 21 zu § 20; ders. i. Anm. AP Nr. 2 zu § 20 ArbNErfG; Troidl BB 1974, 468, 469; Hueck/Nipperdey Lehrb. d. ArbR Bd. 1 § 53 III 2 a (dort Fn. 52); wohl auch Hartung Vergütg. d. VV (1979) S. 34 ff.

871

§ 20

Vorschlags **nicht erkannt** und übereinstimmend die Neuerung als (Dritten nicht offenbartes) Arbeitsergebnis behandelt hatten (s. Rz. 24 zu § 3). Gleiches muss gelten, wenn sie bei Zweifeln an der Schutzfähigkeit die Neuerung **bewusst** als technischen Verbesserungsvorschlag behandeln[11a]. Im Vordergrund steht die **tatsächliche wirtschaftliche Stellung im Markt** gegenüber Wettbewerbern auf Grund der durch den Verbesserungsvorschlag vermittelten besonderen Vorteile[12], die dem Arbeitgeber eine gesicherte, unangreifbare Verwertung ermöglichen.

Eine Monopolstellung liegt dann nicht vor, wenn der Arbeitgeber eine von ihm nicht als schutzfähig bewertete »Diensterfindung« »freigibt«, so dass der Arbeitnehmer jederzeit ohne Abstimmung mit dem Arbeitgeber bzw. ohne dessen Erlaubnis in der Lage ist, den Gegenstand seiner Erfindungsmeldung frei zu verwerten. Dabei kommt es nicht darauf an, ob der Arbeitnehmer von der Möglichkeit Gebrauch macht, die Erfindung einem konkurrierenden Unternehmen anzubieten[13].

13 Wie schon aus den Worten »technischer Verbesserungsvorschlag« folgt, knüpft dieser Begriff an die in § 2 genannten **gewerblichen Schutzrechte** an, die im Inland schutzfähige (s. Rz. 25 f. zu § 2) Patente und Gebrauchsmuster als technische Schutzrechte umfassen, nicht dagegen an geschmacksmuster- oder urheberrechtsfähige Schöpfungen (z. Begriff vgl. Rz. 27 ff. zu § 2). Besteht ein ausschließliches Nutzungsrecht des Arbeitgebers an einem urheberschutzfähigen Computerprogramm nach § 69 b UrhG, schließt dies eine Vergütung als technischen Verbesserungsvorschlag aus, da die Sonderstellung des Arbeitgebers bereits auf dem durch § 69b UrhG vermittelten Ausschließlichkeitsrecht beruht[13a] (Kausalität, s. Rz. 2 zu § 9). Auch wenn für eine technische Neuerung Patent- oder Gebrauchsmusterschutz besteht, kann eine **nicht selbständig schutzfähige Weiterentwicklung**, die über das Schutzrecht hinausgeht (s. hierzu Rz. 90 ff. zu § 9), unter den Voraussetzungen des Abs. 1 Vergütungsansprüche auslösen[14]. Sind diese Voraussetzungen nicht erfüllt, sind Weiterentwicklungen vergütungsrechtlich nach dem ArbEG unbeachtlich[15] (ggf aber Prämie als einfacher Verbesserungsvorschlag; s. im Übrigen Rz. 91.2 zu § 9).

13.1 Nach h. M. besteht allerdings bei den nach dem **Sortenschutzgesetz geschützten Pflanzensorten** für den Arbeitnehmer-Züchter ein Vergütungs-

---

11a Reimer/Schade/Schippel/Kaube Rz. 4 zu § 3; Grabinski GRUR 2001, 922, 924.
12 LG Düsseldorf v. 16.3.1999 (Fn. 9); vgl. Reimer/Schade/Schippel/Kaube Rz. 3 zu § 20 m. H. a. Schiedsst. v. 11.6.1991 Arb.Erf. 37/90 (unveröffentl.).
13 Schiedsst. v. 4.11.1982 Blatt 1983, 107.
13a BGH v. 24. 10. 2000 GRUR 2001, 155, 157 – Wetterführungspläne I u. v. 23.10. 2001 GRUR 2002, 149, 151 – Wetterführungspläne II.
14 Vgl. auch BGH v. 28.4.1970 GRUR 1970, 459, 460 – Scheinwerfereinstellgerät.
15 So im Ergebnis auch Schiedsst. v. 5.12.1995 Arb.Erf. 37/94 (unveröffentl.).

§ 20

anspruch zumindest analog § 20 Abs. 1[16]. Zum Halbleitererzeugnis s. Rz. 5.1 zu § 1.

Da nach der hier vertretenen Auffassung technische Neuerungen, für die zwar nicht im Inland, wohl aber im **Ausland ein Schutzrecht** erlangt werden kann, nicht als Erfindungen i. S. des § 2 anzusehen sind (streitig, s. Rz. 25 f. zu § 2), können solche Auslandsschutzrechte – sofern sie gleichzeitig eine tatsächliche Vorzugsstellung gewähren (s. Rz. 12) – qualifizierte technische Verbesserungsvorschläge darstellen, die bei Verwertung im Ausland – auch als Sperrpatent – gem. § 20 Abs. 1 zu vergüten sind (s. Komm RL Rz 8, 47 ff. zu RL Nr. 26 sowie Rz. 15 f. zu § 9). Eine Vergütung zusätzlicher Verwertungshandlungen im Inland bestimmt sich danach, ob für diesen räumlichen Bereich die qualifizierenden Voraussetzungen des § 20 Abs. 1 vorliegen; dies kann angesichts der ausländischen Schutzrechtsveröffentlichung allerdings zweifelhaft sein. 14

Das Gesetz verlangt nicht eine Stellung, die der aus einem gewerblichen Schutzrecht »entspricht«, sondern nur eine solche, die ihr »**ähnelt**«. Die Ähnlichkeit liegt nicht in der Befugnis, Dritten die Benutzung zu verbieten; sie besteht vielmehr in der **tatsächlichen Möglichkeit** – bei Einsatz der Verbesserung – den Gegenstand des Vorschlags unter Ausschluss der Mitbewerber **allein zu verwerten**[17] (vgl. auch RL Nr. 29 Satz 2 f.). 15

An dieser alleinigen Verwertungsmöglichkeit **fehlt** es, wenn bereits ein weiterer Wettbewerber den Gegenstand der technischen Neuerung (außerhalb eines Know-how-Vertrages) kennt bzw. benutzt, selbst dann, wenn der Wettbewerber diese Erkenntnis auch seinerseits als Betriebsgeheimnis behandelt (vgl. auch Rz. 333 zu § 9 u. Rz. 117 zu § 12). Maßgeblich ist, dass ein solcher Mitbewerber dem Arbeitgeber nicht zur Geheimhaltung verpflichtet ist und der Arbeitgeber ihn deshalb nicht daran hindern kann, das

---

16 Schiedsst. v. 9.3.1973 Arb.Erf. 33/72 (unveröffentl.); BPatG v. 16.7.1973 Mitt. 1984, 94 – Rosenmutation; BayVGH München v. 31.3.1982 GRUR 1982, 559, 561 – Albalonga; a. A. Hesse GRUR 1980, 407 ff. u. Mitt. 1984, 81 f. (allg. Vergütungsanspruch aus Treu und Glauben); im Anschluss daran Leßmann GRUR 1986, 274, 282; Keukenschrijver, SortG, Rz. 16 zu § 8 SortG; vgl. auch Straus GRUR 1986, 767, 775; s. auch Amtl. Begr. z. SortenschutzG Blatt 1986, 136 ff.; für unmittelbare Geltung des § 20 Reimer/Schade/Schippel/Kaube Rz. 13 zu § 2 u. Rz. 4, 8 zu § 20; für analoge Anwendung der §§ 2, 5 ff. ArbEG dagegen MünchArbR/Sack § 99 Rz. 130 u. § 100 Rz. 7 ff., 15 sowie Nirk/Ullmann (1999) S. 179; vgl. auch LG München v. 16.1.1976 EGR Nr. 8 zu § 2 ArbEG; gem. Urt. des BFH v. 10.11.1994 BStBl. II 1995, 455 findet die Vergünstigung des § 4 Nr. 3 der früheren ErfVO auf Einkünfte aus der Neuentwicklung von Pflanzensorten keine Anwendung (vgl. dazu auch Straus a.a.O.).

17 BGH v. 26.11.1968 (Fn. 10); LG Düsseldorf v. 26.11.1985 Az. 4 O 57/85 (unveröffentl.); zust. Schultz-Süchting GRUR 1973, 293, 301; Schiedsst. v. 16.8.1988 Arb.Erf. 62/87 (unveröffentl.); Busse/Keukenschrijver, PatG, Rz. 4 zu § 20 ArbEG; Grabinski GRUR 2001, 922, 925.

873

§ 20

Wissen an Dritte weiterzugeben, wenn ihm dies zweckdienlich erscheint[18]. Eine unangreifbare Stellung im Wettbewerb besteht also nur dann, wenn die Monopolstellung gegenüber jedem Dritten (vgl. RL Nr. 29 Satz 2), insbesondere **gegenüber allen Mitbewerbern** vorhanden ist[19] (s. Rz. 19).

Scheidet der Arbeitnehmer aus dem Arbeitsverhältnis aus und hat der Arbeitgeber ihm ausdrücklich (vgl. auch Rz. 34 zu § 26) das Recht überlassen, den Gegenstand des technischen Verbesserungsvorschlages selbst zu verwerten oder verwerten zu lassen, entfällt – unabhängig davon, ob von diesem Nutzungsrecht Gebrauch gemacht wird – eine (eventuelle) Alleinstellung des (früheren) Arbeitgebers[20] (s. im Übrigen Rz. 36).

16   Entscheidend für eine Monopolstellung ist die tatsächliche Gestaltung der Verhältnisse und nicht die Willensrichtung des Arbeitgebers[21], so dass die Erklärung des Gegenstandes des Verbesserungsvorschlags zum **Betriebsgeheimnis** (vgl. § 17 UWG) weder notwendige Voraussetzung des § 20 Abs. 1 ist[22] noch zwangsläufig einen qualifizierten Verbesserungsvorschlag zu begründen vermag[23]. Die für die Vergütung maßgebliche **Vorzugsstellung** muss sich vielmehr aus **dem Verbesserungsvorschlag selbst** in seiner tatsächlichen Ausschlusswirkung im Verhältnis zu den Wettbewerbern, also im Markt, ergeben (s. Rz. 22). Aus § 20 Abs. 1 ist auch nicht die Verpflichtung des Arbeitgebers herzuleiten, Verbesserungsvorschläge geheim zu halten; ein **Bekanntwerden** einer als Verbesserungsvorschlag gemeldeten Neuerung, das auf betrieblichen Erfordernissen beruht, muss der Arbeitnehmer gegen sich gelten lassen[24]. Inwieweit eine Geheimhaltung erfolgt oder nicht, richtet sich allein nach den betrieblichen Gegebenheiten. Der Arbeitgeber ist lediglich gehindert, einen Verbesserungsvorschlag, der an sich Dritten nicht zugänglich ist, diesen bewusst zugänglich zu machen[25].

---

18   Schiedsst. v. 17.5.1994 Arb.Erf. 150/92 (unveröffentl.).
19   Hartung Vergütg. d. VV (1979) S. 44 gg. Danner Mitt. 1960, S. 171, 177 a. E.
20   Schiedsst. v. 27.7.1973 Arb.Erf. 66/72 u. ZB v. 6.8.1979 Arb.Erf. 64/78 (beide unveröffentl.).
21   LG Düsseldorf v. 16.3.1999 (Fn. 9); Schiedsst. v. 13.12.1974 Arb.Erf. 76/3 (unveröffentl.).
22   BGH v. 26.11.1968 (Fn. 10); zust. Volmer (Fn. 10); ebenso Schiedsst. v. 27.8.1980 EGR Nr. 24 zu § 5 ArbEG; v. 14.1.1991 Arb.Erf. 37/90 (unveröffentl.); Reimer/Schade/Schippel/Kaube Rz. 6 zu § 20 m. H. a. Schiedsst. v. 11.6.1991 Arb.Erf. 37/90 (unveröffentl.); Busse/Keukenschrijver, PatG, Rz. 10 zu § 20 ArbEG; MünchArbR/Sack § 99 Rz. 129; abw. wohl Heine/Rebitzki Vergütg. f. Erf. Anm. 4 zu RL Nr. 29; Bernhardt/Kraßer Lehrb. d. PatR § 21 V 5, wonach ein qual. t. VV »objektiv die Voraussetzungen f. d. Schutz als Betriebsgeheimnis nach §§ 17 ff. UWG« erfüllen muss; krit. auch Kollmer BVW 1987, Heft 1.
23   Ebenso Schiedsst. v. 16.8.1988 Arb.Erf. 62/87 (unveröffentl.); a. A. aber wohl Troidl BB 1974, 468, 470 a. E.
24   Schiedsst. v. 12.9.1986 Blatt 1987, 113; Busse/Keukenschrijver (Fn. 22).
25   Vgl. BGH v. 9.1.1964 GRUR 1964, 449, 452 – Drehstromwicklung.

§ 20

Die schutzrechtsähnliche Vorzugsstellung, also die Möglichkeit der alleinigen Verwertung des Verbesserungsvorschlags durch den Arbeitgeber, entfällt nicht stets dann, wenn die Mitbewerber in der Lage sind, die Neuerung kennen zu lernen; dies ist erst dann der Fall, wenn die Neuerung den **Mitbewerbern ohne nennenswerte Schwierigkeiten zugänglich** ist[26].

In diesem Sinne ist es als schädlich anzusehen, wenn der Gegenstand des Vorschlags in seinen Einzelheiten den Mitbewerbern durch seine Veröffentlichung[27] oder bereits durch seine erstmalige Verwertung bekannt wird. Ebenso ist es hinderlich, wenn den Mitbewerbern die Verbesserung nach den gegebenen Verhältnissen innerhalb kurzer Zeit (z. B. durch Untersuchung eines die Verbesserung verkörpernden Gegenstandes) bekannt werden kann; denn von einer Vorzugsstellung, die der aus einem gewerblichen Schutzrecht ähnlich ist, kann nur gesprochen werden, wenn ihr von vornherein eine gewisse Beständigkeit anhaftet[28]. Kann dagegen ein fachkundiger Leser einer allgemein gehaltenen Veröffentlichung keinen essentiellen Hinweis auf die Einzelheiten der Neuerung entnehmen, benötigen die Mitbewerber vielmehr zur Ausübung des Verfahrens noch einen erheblichen und zeitintensiven Entwicklungsaufwand (etwa um in den Besitz des Quellcodes zur Anwendung eines Verfahrens zu kommen), ist eine Zugänglichkeit noch nicht gegeben[29].

Die Neuerung darf also den Mitbewerbern weder bekannt sein noch durch ihren Einsatz sogleich allgemein bekannt werden bzw. für einen Fachmann ohne besonderen Aufwand erkennbar sein[30]. Eine Vorzugsstellung scheidet selbstverständlich auch dann aus, wenn Mitbewerber – etwa aufgrund eigener Mitteilung des Arbeitnehmers – bereits im Besitz der technischen Lehre sind[31]. Eine Vorzugsstellung entfällt schon, wenn ein einziger Mitbewerber die Möglichkeit hat, von der technischen Lehre Gebrauch zu machen, es sei denn, dieser ist dem Arbeitgeber gegenüber zur Geheimhaltung verpflichtet[32] (s. Rz. 15).

17

18

19

---

26 BGH v. 26.11.1968 GRUR 1969, 341, 343 – Räumzange m. zust. Anm. Schippel = AP Nr. 2 zu § 20 ArbNErfG m. zust. Anm. Volmer; Reimer/Schade/Schippel/Kaube Rz. 7 zu § 20; abw. (noch) OLG Frankfurt v. 1.12.1966 BB 1967, 333.
27 Schiedsst. ZB v. 24.4.1986 Arb.Erf. 48/85 (unveröffentl.).
28 So BGH v. 26.11.1968 (Fn. 26) S. 343 a. E; zust. Schiedsst. v. 24.1.1990 Arb.Erf. 21/89 (unveröffentl.); Busse/Keukenschrijver, PatG, Rz. 4 zu § 20 ArbEG m. H. a. OLG Braunschweig v. 17.7.1997 Az. 2 U 6/97 (unveröffentl. – wonach bei 2 Jahren dies »bei weitem nicht erreicht« sein soll); insoweit krit. Volmer i. Anm. AP Nr. 2 zu § 20 ArbNErfG.
29 Schiedsst. v. 25.1.1994 Arb.Erf. 139/92 (unveröffentl.); bestätigt durch OLG Düsseldorf v. 5.3.1998 WRP 1998, 1202, 1211 ff. – Wetterführungspläne (betr. Entwicklung eines Software-Programms).
30 Ähnl. LG Hamburg v. 27.3.1968 Az. 15 O 215/65 u. Schiedsst. v. 18. 2. 1997 Arb.Erf. 52/95 (beide unveröffentl.).
31 Ähnl. Schiedsst. v. 7.2.1984 Arb.Erf. 39/81 (unveröffentl.).
32 Schiedsst. v. 17.5.1994 Arb.Erf. 150/92 (unveröffentl.).

§ 20

An einer Vorzugsstellung fehlt es stets, wenn die Neuerung vorher – etwa als **Allgemeingut der Technik** – allgemein bekannt gewesen ist[33]. Dabei soll es aber unschädlich sein, wenn die Neuerung nur in entlegenen Druckschriften beschrieben ist[34] (sog. »papierner Stand der Technik«[34a]; zweifelhaft. s. Rz. 18). Gibt es im bekannten Stand der Technik keine vergleichbare Vorrichtung bzw. kein entsprechendes Verfahren, so spricht dies – bei fehlender Schutzfähigkeit – für einen qualifizierten Verbesserungsvorschlag, sofern auch die weiteren Voraussetzungen gegeben sind. Dagegen scheidet die Qualifizierung dann aus, wenn die Verbesserung so **nahe liegend** ist, dass ein mit dem Problem befasster Fachmann ohne besondere Bemühungen eine identische bzw. gleichwertige Lösung finden würde[35]. Es kommt nur darauf an, ob der Fachmann die technische Lösung mit normalen Überlegungen bzw. Arbeiten hätte finden müssen[36]. Ist die einschlägige Fachliteratur so gehalten, dass sie zu den vom Arbeitnehmer entwickelten Lösungen praktisch hinführt, scheidet ein qualifizierter Verbesserungsvorschlag regelmäßig aus[37]. Gleiches gilt, wenn der Verbesserungsvorschlag Standardüberlegungen in dem einschlägigen Industriezweig lediglich in technisch nahe liegender Weise umsetzt, also die Mitbewerber in der Lage sind, auf der Grundlage des äußeren Standes der Technik zumindest vergleichbare Verbesserungen vorzunehmen[37a]. Ist ein Wettbewerber in der Lage, ein **Produkt gleicher Wirkung**, aber völlig unterschiedlicher Substanz herzustellen, schließt dies eine Vorzugsstellung nicht von vornherein aus; dies wäre erst dann der Fall, wenn Mitbewerber in der Lage sind, ein bisher geheimes Herstellungsverfahren hinsichtlich der Ausgangsstoffe und der Verfahrensschritte nachzuvollziehen[38] oder wenn gleichwertige Alternativlösungen im Markt vorliegen.

Abgrenzungsschwierigkeiten können sich im Einzelfall bei der Bewertung von **Verbesserungen bereits eingeführter Produkte/Verfahren** er-

---

33 Schiedsst. v. 13.7.1962 Blatt 1963, 75 = GRUR 1963, 522 (LS) m. zust. Anm. Schippel; bestät. d. EV v. 4.8.1988 Arb.Erf. 15/88, v. 16.8.1988 Arb.Erf. 62/87; v. 05.11.1990 Arb.Erf. 21/90 u.v. 14.2.2002 Arb.Erf. 77/99 (alle unveröffentl.); Reimer/Schade/Schippel/Kaube Rz. 6 zu § 20 m. H. a. Schiedsst. v. 4.10.1976 Blatt 1979, 184, 185; Busse/Keukenschrijver, PatG, Rz. 4 zu § 20 ArbEG (Maßstab ist danach nur der allg. Stand d. Technik); s. auch Schade GRUR 1970, 579, 582.
34 Krauss Betriebl. Vorschlagswesen (1977) S. 33.
34a S. dazu Grabinski GRUR 2001, 922, 924.
35 Schiedsst. Arb.Erf.73/69 (unveröffentl.), zit. b. Schade (Fn. 33) S. 581; i. Ergebn. ebenso Schiedsst. v. 27.8.1980 EGR Nr. 24 zu § 5 ArbEG u. v. 14.11.2000 Arb.Erf. 13/97 (unveröffentl.).
36 Schiedsst. v. 4.8.1988 Arb.Erf. 15/88 u. v. 16.8.1988 Arb.Erf.62/87 (beide unveröffentl.).
37 Schiedsst. v. 4.10.1976 Blatt 1979, 184, 185 u. v. 16.8.1988 (Fn. 36).
37a Schiedsst. v. 14.11.2000 (Fn. 35).
38 Vgl. zur Geheimrezeptur BGH v. 12.2.1980 GRUR 1980, 750, 571 f. – Pankreaplex II.

§ 20

geben. Handelt es sich um spezielle Verbesserungen bzw. individuelle Weiterentwicklungen, die keine Außenwirkung entfalten und dem Arbeitgeber alleine zur Verfügung stehen, spricht dies für einen qualifizierten Verbesserungsvorschlag[39]. Anders liegt es dagegen, wenn die Verbesserungen für den Durchschnittsfachmann analysierbar sind bzw. zum Allgemeingut der Technik gehören. Regelmäßig liegt hier kein qualifizierter Verbesserungsvorschlag vor, da die Monopolstellung im Markt keine aus der verbessernden Neuerung folgende Eigenschaft ist, sondern auf anderen Umständen beruht (Marktposition und/oder Schutzfähigkeit des Ursprungsprodukts, Marktführerschaft des Arbeitgebers etc.). Ausnahmsweise hat die Schiedsstelle eine Qualifikation dann anerkannt, wenn es sich um ein seit längerer Zeit eingeführtes Produkt handelt, welches durch den technischen Verbesserungsvorschlag qualitativ verbessert wurde und zunächst nicht anzunehmen war, dass Mitbewerber das Produkt auf die Verbesserung hin sofort überprüfen würden; allerdings ist die Vergütung auf einen Zeitraum begrenzt worden, bis zu dem mit einer genauen Untersuchung durch die Mitbewerber zu rechnen war[40] (vgl. 1. übr. Rz. 22).

Die **Gefahr des Offenkundigwerdens** einer technischen Neuerung ist regelmäßig bei **geheim gehaltenen Verfahren** ausgeschlossen[41], insbesondere wenn das Verfahrenserzeugnis nicht analysiert werden kann (vgl. RL Nr. 29 Satz 2). Aber auch wenn die Zusammensetzung analytisch nachweisbar ist, kann die Vorzugsstellung fortbestehen. Dies ist z. B. bei chemischen Substanzen der Fall, wenn der Erfolg des Produktes auf geheimen Verfahrensbedingungen beruht, die bei der Herstellung eingehalten werden müssen (z. B. Temperatur, Intervalle der Zusätze usw.)[42]. Gleiches gilt für lediglich **betriebsintern genutzte Vorrichtungen**, die dem Zutritt Dritter entzogen sind[43] oder keinerlei Außenwirkung entfalten[44], bzw. für solche Gegenstände, die zwar im Markt angeboten werden, aber von ihrer Beschaffenheit her nicht ohne weiteres erkannt werden können[45]. 20

Auch eine vom Arbeitgeber den **Abnehmern auferlegte** und von diesen eingehaltene **Geheimhaltungspflicht** kann die Möglichkeit des Offenkundigwerdens ausschließen[46]. Ggf. kann sich für den Arbeitgeber – ohne dass 21

---

39 Schiedsst. v. 26.2.1997 Arb.Erf. 56/95 (unveröffentl.).
40 Schiedsst. v. 2.3.1983 Arb.Erf. 67/80 (unveröffentl.).
41 Allg.A., Heine/Rebitzki Vergütg. f. Erf. Anm. 2 zu § 20; Schiedsst. v. 6.8.1979 Arb.Erf. 64/68 (unveröffentl.).
42 Schiedsst. v. 21.5.1982 Arb.Erf. 14/81 (unveröffentl.).
43 Vgl. Reimer/Schade/Schippel/Kaube Rz. 6 zu § 20.
44 Schiedsst. v. 26.2.1997 (Fn. 39).
45 Heine/Rebitzki Vergütg. f. Erf. Anm. 8 zu RL Nr. 29; Kumm GRUR 1967, 621, 625; vgl. auch BGH v. 26.11.1968 GRUR 1969, 341, 344 l. Sp.; s. auch die Einzelbeispiele f. qualif. t. VV bei Schade i. VDI-Zeitschrift 1961, 51 f. u. GRUR 1970, 579, 581 f.
46 BGH v. 9.1.1964 GRUR 1964, 449, 452 (zu 3) – Drehstromwicklung.

§ 20

§ 20 Abs. 1 für sich allein eine neue Geheimhaltungsvorschrift schafft[47] – aus der Beschaffenheit des Gegenstandes heraus die Pflicht ergeben, eine Geheimhaltung aufzuerlegen. Unterlässt er dies, muss er sich einen etwaigen Verlust der Vorzugsstellung selbst zuschreiben und kann sich hierauf nach Treu und Glauben (§ 242 BGB) dem Arbeitnehmer gegenüber nicht berufen[48].

22 Die **Vorzugsstellung** muss **in dem technischen Verbesserungsvorschlag als solchem** begründet sein[49] (vgl. RL Nr. 29 Satz 3), etwa in einem besonderen, dem Endprodukt nicht zu entnehmenden Verfahrenskniff, ferner bei einer Kombination von Maßnahmen, die durch den Stand der Technik nicht nahe liegt[50]. Die Monopolstellung darf also nicht allein auf außerhalb liegende Umstände zurückzuführen sein, wie etwa eine ohnehin schon gegebene Vormachtstellung des Arbeitgebers im Wettbewerb, eine schlagkräftige Vertriebsorganisation, anderweitiger technologischer Vorsprung, moderne Fertigungsmethoden, besondere Auslandsverbindungen, gesteigerter Werbeeinsatz, eine allein dem Arbeitgeber erteilte behördliche Genehmigung oder ihm allein zugängliche Materialien (Vor- oder Zwischenprodukte) bzw. Produktionsmittel.

Für den erforderlichen Kausalzusammenhang zwischen Verbesserungsvorschlag und Vorzugsstellung kann es ausnahmsweise ausreichen, dass der Vorschlag eine bereits vorhandene (faktische oder rechtliche) Monopolstellung eigenständig verstärkt[51] oder erweitert, indem er z.B. weitere Umgehungsmöglichkeiten ausschließt[52] (vgl. RL Nr. 29 Satz 3 2. Halbs.). An einer Vorzugsstellung fehlt es aber dann, wenn der Verbesserungsvorschlag nur deshalb nicht von Konkurrenten aufgegriffen wird, weil dieser allein im Zusammenhang mit den Schutzrechten des Arbeitgebers wirtschaftlich/technisch verwendet werden kann[53] (vgl. auch Rz. 19).

23 Von einer Vorzugsstellung kann schließlich keine Rede sein, wenn die Wettbewerber die **Verbesserung trotz Kenntnis nicht anwenden**[54] oder

---

47 So zutr. Reimer/Schade/Schippel/Kaube Rz. 6 zu § 20 m. H. a. Schiedsst. v. 12.9.1986 Blatt 1987, 133.
48 BGH v. 9.1.1964 (Fn. 46).
49 Wie hier Schiedsst. ZB v. 24.4.1986 Arb.Erf. 48/85 u. EV v. 24.1.1990 Arb.Erf. 21/89 (beide unveröffentl.); LG Hamburg v. 27.3.1968 Az. 15 O 215/65 (unveröffentl.); Grabinski GRUR 2001, 922, 925; ähnl. Halbach Anm. 2 zu § 20; Mönig GRUR 1972, 518, 522; Reimer/Schade/Schippel/Kaube Rz. 9 zu § 20; Volmer Rz. 19 zu § 20 u. ders. VergütgRL Rz. 12 zu RL Nr. 29; a. A. wohl MünchArbR/Sack § 99 Rz. 128, 132.
50 Schiedsst. v. 11.6.1991 Arb.Erf. 37/90 (unveröffentl.).
51 Röpke ArbNErf. u. Arbeitsverh. S. 145.
52 Ebenso Reimer/Schade/Schippel/Kaube Rz. 9 zu § 20.
53 LG Hamburg v. 27.3.1968 (Fn. 49); Reimer/Schade/Schippel/Kaube Rz. 9 zu § 20; abw. Münch-ArbR/Sack § 99 132.
54 BGH v. 26.11.1968 GRUR 1969, 341, 343 l. Sp. – Räumzange unter Aufhebg. v. OLG Frankfurt v. 1.12.1966 BB 1967, 333, 475; Schiedsst. v. 25.11.1980 Arb.Erf.

§ 20

wenn überhaupt **keine Wettbewerber** auf dem speziellen Gebiet der technischen Neuerung **vorhanden** sind, für die die Verbesserung (technisch und/oder wirtschaftlich) von Interesse sein könnte[55]. Die Verwertung des Verbesserungsvorschlages mag zwar auch in diesem Fall dem Arbeitgeber eine tatsächliche Vorzugsstellung im Wettbewerb geben. Diese Stellung hat aber keine Ähnlichkeit mit derjenigen aus einem gewerblichen Schutzrecht; denn es fehlt der mit einem gewerblichen Schutzrecht vergleichbare Monopolcharakter[56]. Bei bestehender Erkenntnismöglichkeit hinsichtlich der technischen Neuerung kann sie jederzeit durch den Markteintritt eines Wettbewerbers beeinträchtigt werden[56a]. Allerdings steht allein die Tatsache eines fehlenden Wettbewerbs auf dem betreffenden Markt einem Vergütungsanspruch noch nicht entgegen[57].
Zur **Beweislast** s. Rz. 37.

II. Entstehung und Fälligkeit des Vergütungsanspruchs

1. Entstehung (tatsächliche Verwertung)

Anders als bei einer Diensterfindung (§§ 6, 7) setzt die Vergütung für einen qualifizierten technischen Verbesserungsvorschlag **nicht** dessen **Inanspruchnahme** durch den Arbeitgeber voraus[58], da der Verbesserungsvorschlag mit seiner Entstehung dem Arbeitgeber als Arbeitsergebnis gehört (s. Rz. 26 zu § 3). **Voraussetzung** für den Vergütungsanspruch ist allerdings, dass der qualifizierte Verbesserungsvorschlag dem Arbeitgeber **ordnungsgemäß mitgeteilt** wird (s. dazu Rz. 28 ff. zu § 3, insbes. dort Rz. 30). 24

Der Vergütungsanspruch wird erst durch **Aufnahme der tatsächlichen Verwertung** seitens des Arbeitgebers begründet[59] (vgl. RL Nr. 29 Satz 1 und 5), wobei Voraussetzung ist, dass der Arbeitgeber **bei Beginn der Verwertung** die Möglichkeit der ausschließlichen Benutzung hat und we- 25

30/80, v. 16.8.1988 Arb.Erf. 62/87 u. v. 11.6.1991 Arb.Erf. 37/90 (alle unveröffentl.); diff. Volmer in Anm. AP Nr. 2 zu § 20 ArbNErfG.
55 Wie hier Volmer/Gaul Rz. 32 zu § 20; Halbach Anm. 2 zu § 20; MünchArbR/Sack § 99 Rz. 131; a.A. Volmer Rz. 18, 19 zu § 20 u. ders. i. Anm. AP Nr. 2 zu § 20 ArbNErfG; offen gelassen von BGH v. 26.11.1968 (Fn. 54) S. 343 r. Sp.
56 BGH v. 26.11.1968 (Fn. 54) S. 343 l. Sp.
56a Grabinski GRUR 2001, 922, 926.
57 So Busse/Keukenschrijver, PatG, Rz 7 zu § 20 ArbEG m. H. a. OLG Braunschweig v. 17.7.1997 Az. 2 U 6/97 (unveröffentl.)
58 Zutr. Volmer Rz. 33 zu § 20.
59 Allg.A., z. B. BAG v. 30.4.1965 GRUR 1966, 88 – Abdampfverwertung; BGH v. 26.11.1968 GRUR 1969, 341, 344 r. Sp. – Räumzange; OLG Frankfurt v. 1.12.1966 BB 1967, 333 – Räumzange; LAG Bayern v. 6.5.1970 AMBl. (Bay.ArbMin.) 1971, C 35; Schiedsst. v. 12.12.1973 Arb.Erf. 35/73 (unveröffentl.); Busse/Keukenschrijver, PatG, Rz. 8 zu § 20 ArbEG.

§ 20

nigstens für einen **gewissen Zeitraum** behält[60] (vgl. oben Rz. 18). Zur **Beweislast** s. Rz. 37. In ständiger Praxis steht die Schiedsstelle auf dem Standpunkt, dass ein Arbeitgeber nicht unbewusst in einen Vergütungstatbestand »quasi hineinrutschen darf«[61]. Sie hat demgemäß Vergütungen für Umsätze abgelehnt, wenn ohne Wissen der Betriebsführung oder anderer verantwortlicher Stellen und ohne deren Entscheidung ein Verbesserungsvorschlag benutzt wird, der eine Vergütungspflicht nach sich zieht. Die Vergütungspflicht für einen Verbesserungsvorschlag entsteht also frühestens mit der **Billigung der Geschäftsleitung** zur Durchführung eines ausdrücklich mitgeteilten Verbesserungsvorschlages[62] (s. auch Rz. 30.1 zu § 3).

26 »**Verwertung**« ist weder identisch mit dem umfassenderen Begriff der Verwertbarkeit (§ 9 Abs. 2; s. KommRL Rz. 7 ff. zu RL Nr. 22 u. Rz. 14 ff zu RL Nr. 24 sowie Rz. 86 ff. zu § 9) noch mit dem engeren der Benutzung (§ 10 Abs. 1; s. KommRL Rz. 8 ff. zu RL Nr. 25/§ 10).

27 Der Begriff der **Benutzung** stimmt mit dem der »Verwertung« insoweit überein, als beide sich auf alle hiervon erfassten Nutzungshandlungen entsprechend §§ 9 PatG, 11 Abs. 1 GebrMG erstrecken (s. Rz. 30). Darüber hinausgehend umfasst die Benutzung auch die Lohnfertigung durch Dritte in fremden Betrieben sowie eine Verwertung durch **Vergabe von Nutzungsrechten** an dieser technischen Neuerung[63] (Wissensübermittlung durch Know-how-Vertrag[64]) bzw. durch »Verkauf« der Verbesserung[65] (vgl. RL Nr. 16 Abs. 2). Auch wenn der technische Verbesserungsvorschlag dem Arbeitgeber keine rechtlich durchsetzbare Monopolstellung vermittelt, stellt er als Know-how einen wirtschaftlichen Wert dar. An dem hieraus erlangten wirtschaftlichen Nutzen ist der Arbeitnehmer ebenso wie bei einer Erfindung zu beteiligen.

Im Rahmen einer **konzernweiten Nutzung** muss ggf. ein fiktiver Erlös zugunsten des Arbeitnehmers berücksichtigt werden; ein Anspruch auf Vergütung des mit diesem qualifizierten Verbesserungsvorschlag erzielten gesamten Konzernnutzens kann dagegen grundsätzlich nicht geltend gemacht werden; insofern gelten wiederum die gleichen Kriterien wie bei ei-

---

60 BGH v. 26.11.1968 (Fn. 59), S. 344 l. Sp. (zu 4).
61 Schiedsst. ZB v. 6.8.1979 Arb.Erf. 64/78; v. 21.5.1982 Arb.Erf. 14/81; v. 23.09.1996 Arb.Erf. 2 (B)/93; v. 14.11.2000 Arb.Erf. 13/97 u. v. 10.5.2001 Arb.Erf. 17/99 (alle unveröffentl.).
62 Schiedsst. ZB v. 6.8.1979 (Fn. 61).
63 Röpke DB 1962, 406; Volmer/Gaul Rz. 55 zu § 20 m. H. a. LG Düsseldorf v. 8.1.1957 WuW 1957, 269; Reimer/Schade/Schippel/Kaube Rz. 11 zu § 20.
64 Z. Begriff vgl. Stumpf Know-how-Vertrag Rz. 10; Bartenbach/Volz in Formularsammlung zum Gewerbl. Rechtsschutz, 2. Aufl. 1998, S. 167 f.
65 Hartung Vergütg. d. VV (1979) S. 46, 49; Reimer/Schade/Schippel/Kaube Rz. 11 zu § 20.

§ 20

ner Erfindung⁶⁶ (s. KommRL Rz. 76 ff. zu RL Nr. 7 sowie hier Rz. 129 ff. zu § 1 u. Rz. 185 ff. zu § 9).

Der Zustand der Verwertung ist noch nicht erreicht, wenn der Vorschlag noch geprüft und erprobt wird; wann die **Prüfung und Erprobung** beendet ist und die Verwertung beginnt, muss im Einzelfall entschieden werden⁶⁷ (s. KommRL Rz. 9 ff. zu RL Nr. 23 sowie hier Rz. 90 ff. zu § 9 u. Rz. 9 zu § 10). Dabei ist eine wirtschaftliche Betrachtungsweise maßgebend. Indiz für das Stadium der Verwertung ist beispielsweise das Erreichen der Gewinnzone, wenn also der Verbesserungsvorschlag dem Arbeitgeber nach Abzug der Einsatzkosten einen Nutzen vermittelt⁶⁸, ferner, wenn der Verbesserungsvorschlag in der laufenden Produktion in Serie oder – allein innerbetrieblich – über einen längeren Zeitraum (vgl. auch RL 23) eingesetzt wird. 28

Im Gegensatz zur **Verwertbarkeit** kommt es allein auf den **tatsächlichen Einsatz** der technischen Neuerung an; bloße Verwertungsmöglichkeiten (vgl. RL Nrn. 21 ff.) – auch als »Vorratsrecht« – haben außer Ansatz zu bleiben (vgl. RL Nr. 29 Satz 5). Im Unterschied zu Diensterfindungen (vgl. RL Nr. 24) wird keine Vergütung geschuldet, wenn der Arbeitgeber den Vorschlag (ganz oder teilweise) nicht benutzt⁶⁹ (vgl. auch Rz. 13 zu RL Nr. 24). Eine Sperrwirkung wie bei einem Sperrpatent (vgl. RL Nr. 18) scheidet mangels Vorliegens eines Schutzrechts und der hieraus resultierenden Abwehrmöglichkeit gegenüber Dritten aus (Ausnahme: Auslandspatent, s. Rz. 14). 29

Eine Verwertung stellt es auch dar, wenn ein technischer Verbesserungsvorschlag in einer **veränderten Form** benutzt wird, sofern der Arbeitgeber hierbei den **Kerngedanken, die Hauptidee des Vorschlags, verwertet**⁷⁰. Zur Abgrenzung können die im Patentverletzungsrecht entwickelten Kriterien der »unvollkommenen Benutzung«⁷¹ (verbesserte oder verschlechterte Ausführungsform) herangezogen werden. Dagegen fehlt es an einer Verwertung, wenn der Arbeitgeber zwar das vom Arbeitnehmer erkannte 30

---

66 Abw. will LAG Hamm v. 16.1.1985 Az. 14 Sa 676/83 (unveröffentl.) aus der »Betriebsbezogenheit« eines Verbesserungsvorschlags ausschließlich auf eine betriebsinterne Nutzung des ArbG abstellen.
67 BAG v. 30.4.1965 (Fn. 59), S. 89 m. w. N.; s. auch Busse/Keukenschrijver, PatG, Rz. 6 zu § 20 ArbEG.
68 Hartung (Fn. 65) S. 54.
69 Schiedsst. v. 24.1.1990 Arb.Erf. 21/89 (unveröffentl.).
70 OLG Frankfurt v. 1.12.1966 BB 1967, 333, 4/5 – Räumzange; insoweit offen gelassen von BGH v. 26.11.1968 (Fn. 59) S. 342 r. Sp.; zust. Reimer/Schade/Schippel/ Kaube Rz. 11 zu § 20; ähnl. Busse/Keukenschrijver, PatG, Rz. 5 zu § 20 ArbEG m. H. a. OLG Braunschweig v. 17.7.1997 Az. 2 U 6/97 (unveröffentl.): Ausführung muss Kerngedanken aufgreifen und aufgezeigten Lösungsweg einhalten.
71 S. dazu BGH v. 1.2.1977 Blatt 1977, 303 – Absetzwagen III; v. 15.4.1975 GRUR 1975, 484 – Etikettiergerät; Benkard/Ullmann PatG Rz. 148 ff. zu § 14.

§ 20

technische Problem bzw. den Mangel aufgreift, aber einen gänzlich **anderen Lösungsweg** als den vom Arbeitnehmer vorgeschlagenen geht[72].

31 Ob und in welchem Umfang der Arbeitgeber von seinem Verwertungsrecht Gebrauch macht, steht grundsätzlich in seinem **Belieben**, so dass der Arbeitnehmer **keinen Anspruch auf Verwertung** hat[73]. Trotz des Mitbestimmungsrechts des Betriebsrates über die Grundsätze des betrieblichen Vorschlagswesens (s. hierzu Rz. 50) ist der Arbeitgeber in seiner Ermessensfreiheit lediglich begrenzt durch das Gebot der guten Sitten und durch das Verbot von Rechtsmissbrauch und Willkür (§ 242 BGB)[74] (vgl. auch Rz. 6 zu § 7, sowie KommRL Rz. 10 zu RL Nr. 25/§ 10). Es stellt kein treuwidriges Verhalten dar, wenn der Arbeitgeber eine Verwertung deshalb unterlässt, um aus wirtschaftlichen Gründen (auch) eine Vergütung einzusparen[75].

Hat der Arbeitgeber im Rahmen einer **freiwilligen Betriebsvereinbarung** gem. § 88 BetrVG die Entscheidung über die Realisierung eines Verbesserungsvorschlags auf eine (paritätisch besetzte) Bewertungskommission übertragen, ist er an deren eigenverantwortliche Entscheidung gebunden[76].

2. Fälligkeit

32 Der Zeitpunkt, von dem ab der Arbeitgeber Vergütung zu zahlen hat (Fälligkeit), bestimmt sich in sinngemäßer Anwendung des § 12 Abs. 1 und 3 (vgl. § 20 Abs. 1 Satz 2). Mangels einer Vereinbarung (Feststellung) der Arbeitsvertragsparteien ist die Vergütung vom Arbeitgeber spätestens bis zum Ablauf von 3 Monaten nach Aufnahme der Verwertung (s. oben Rz. 25 ff.) schriftlich festzusetzen[77] (§ 12 Abs. 3 Satz 2, 2. Halb., s. KommRL Einl. Rz. 50 ff. sowie hier Rz. 55 ff. zu § 12). Ebenso wie bei schutzfähigen Erfindungen ist jedoch auch hier in diesem frühen Benutzungsstadium eine

---

72 BAG v. 9.5.1995 Az. 9 AZR 580/93; Schiedsst. v. 12.12.1973 Arb.Erf. 35/73 (beide unveröffentl.).
73 Allg.A., z. B. BAG v. 30.4.1965 GRUR 1966, 88, 89 l. Sp. – Abdampfverwertung; v. 24.4.1981 DB 1981 u. v. 16.3.1982 DB 1982, 1468, 1470; LAG Bayern v. 6.7.1970 AMBl. (Bay.ArbMin.) 1971, C 35; LAG Düsseldorf v. 8.2.1980 EGR Nr. 10 zu § 20 ArbEG; ArbG Heilbronn v. 15.5.1986 DB 1987, 541; Schiedsst. v. 25.11.1980 Arb.Erf. 30/80 (unveröffentl.); Halbach Anm. 4 zu § 20; Reimer/Schade/Schippel/Kaube Rz. 11 zu § 20; Busse/Keukenschrijver, PatG, Rz. 5 zu § 20 ArbEG; MünchArbR/Sack § 99 Rz. 134.
74 BAG v. 30.4.1965 (Fn. 73) S. 89 l. Sp.
75 Zutr. Röpke DB 1962, 402 r. Sp.; zust. Hartung Vergütg. d. VV (1979) S. 56; abw. Volmer Rz. 19 zu § 20.
76 Vgl. ArbG Heilbronn v. 15.5.1986 (Fn. 73); vgl. auch LAG Köln v. 14.12.1998 Mitt. 2000, 62.
77 Wie hier h. M., z. B. Lindenmaier/Lüdecke Anm. 4 zu § 20; Reimer/Schade/Schippel/Kaube Rz. 17 zu § 20; a. A. Heine/Rebitzki Vergütg. f. Erf. Anm. 2 zu RL Nr. 29.

§ 20

verlässliche Beurteilung des Erfindungswertes nur schwer möglich, nicht zuletzt deshalb, weil die Einführung neuer technischer Ideen erfahrungsgemäß mit hohen Investitionen verbunden ist. Es wird vor allem im Interesse des Arbeitnehmers liegen, wenn sich die Arbeitsvertragsparteien darauf verständigen, eine Konkretisierung der Vergütung erst nach ein bis zwei Jahren der praktischen Verwertung der technischen Neuerung vorzunehmen.

Bei **wesentlich veränderten Umständen** ist eine getroffene Vergütungsregelung entsprechend § 12 Abs. 6 anzupassen. Das **Rückforderungsverbot** des § 12 Abs. 6 Satz 2 gilt auch hier uneingeschränkt.

III. Dauer

Der qualifizierte technische Verbesserungsvorschlag ist so lange vergütungspflichtig, wie der Arbeitgeber ihn **tatsächlich verwertet** und zugleich die **schutzrechtsähnliche Vorzugsstellung** (Alleinverwertung durch den Arbeitgeber, s. oben Rz. 15) **andauert**[78] (vgl. RL Nr. 29 Satz 6). Wegen der Anlehnung an das Rechtsmonopol eines Schutzrechts ist es gerechtfertigt, die Dauer der Vergütungspflicht maximal auf die für Patente geltende Schutzdauer von 20 Jahren (vgl. § 16 Abs. 1 PatG) bzw. die maximale 10-jährige Schutzdauer von Gebrauchsmustern zu begrenzen[79] (§ 23 GebrMG), sofern die Parteien nicht eine pauschale Abfindungsregelung (s. dazu KommRL Rz. 6 ff. zu RL Nr. 40 sowie hier Rz. 57 ff. zu § 9) getroffen haben (s. dazu Rz. 40). Die für die Vergütungsdauer maßgebliche Abgrenzung zwischen den beiden (fiktiven) Schutzrechtsarten bestimmt sich nach den Kriterien des § 13 Abs. 1 Satz 2 (s. Rz. 11 ff. zu § 13; s. auch unten Rz. 40, 43). 33

Ist die Möglichkeit der Kenntnisnahme durch Mitbewerber zunächst nicht gegeben oder nur mit Schwierigkeiten zu verwirklichen, so kann sich dieser Umstand jedoch im Laufe der Zeit verändern, was zwar nicht die Entstehung der schutzrechtsähnlichen Vorzugsstellung verhindert, diese aber dann mit dem tatsächlichen Bekanntwerden der Verbesserung für die Zukunft beseitigt[80] (vgl. auch Rz. 19). 34

Ein **Bekanntwerden** der Neuerung, das auf **betrieblichen Erfordernissen** beruht (etwa Vertrieb des in seiner Funktionsweise von einem Fachmann sofort erkennbaren Produktes), muss der Arbeitnehmer in Kauf nehmen, denn er soll nach § 20 Abs. 1 nur an den Vorteilen teilhaben, die 35

---

78 Allg. A., s. Ausschussber. (Fn. 1); BGH v. 26.11.1968 GRUR 1969, S. 341, 343 f. – Räumzange; Beil i. Chem.Ing.-Techn. 1957, 757, 758.
79 Wie hier Heine/Rebitzki Vergütg. f. Erf. Anm. 8 zu RL Nr. 29; im Ergebn. auch Schiedsst. v. 23.9.1996 Arb.Erf. 2 (B)/93 (unveröffentl.), wonach bei Fortbestehen der Vorzugsstellung die Vergütung bis zur max. Laufzeit eines potentiellen Schutzrechts zu entrichten ist.
80 BGH v. 26.11.1968 (Fn. 78) S. 344 l. Sp. oben.

§ 20

sein Verbesserungsvorschlag dem Arbeitgeber **im Rahmen der betrieblichen Gegebenheiten** verschafft[81].

Der Arbeitgeber kann sich im Grundsatz seiner Vergütungspflicht nach § 20 Abs. 1 aber nicht dadurch entziehen, dass er eine nach den Umständen ohne weiteres mögliche **Geheimhaltung** des Verbesserungsvorschlags unterlässt[82], indem er etwa auf Geheimhaltungsabreden oder Auflagen im Verhältnis zu Zulieferern oder sonstigen Dritten, die Zutritt zum Betrieb haben (vgl. auch Rz. 21), verzichtet. In solchen Fällen hat sich der Arbeitgeber den Verlust einer etwaigen Vorzugsstellung selbst zuzuschreiben; er kann sich hierauf nach Treu und Glauben (§ 242 BGB) nicht berufen[83]. Der Arbeitgeber kann deshalb verpflichtet sein, den Arbeitnehmer im Wege des Schadensersatzes so zu stellen, als sei der Verbesserungsvorschlag weiterhin qualifiziert (Vergütungsersatzanspruch).

Hinsichtlich der möglichen Geheimhaltungsmaßnahmen sind allerdings die **betrieblichen Bedürfnisse vorrangig** zu berücksichtigen[84]. So kann der Arbeitgeber z. B. auf besondere Geheimhaltungsvorrichtungen verzichten, wenn diese den Arbeitsablauf erschweren oder behindern. Auch kann es den Unternehmensinteressen zuwiderlaufen, bei erwünschten Betriebsbesichtigungen (»Politik der offenen Tür«) einzelne Fertigungsbereiche vom freien Zutritt auszunehmen, selbst wenn hierbei einzelne Verbesserungsvorschläge offenkundig werden[85].

Allerdings führt eine Offenlegung des Verbesserungsvorschlags dann nicht zum Verlust des Vergütungsanspruchs, wenn dies seitens der Erfüllungsgehilfen des Arbeitgebers erfolgt, um dem Arbeitnehmer seinen Vergütungsanspruch zu nehmen[86].

Der Vergütungsanspruch **entfällt auch, wenn der Arbeitnehmer selbst die technische Neuerung offenbart**, etwa indem er ein Gebrauchsmuster anmeldet und eingetragen erhält[87].

Mit Wegfall der faktischen Monopolstellung oder Einstellung der Verwertung endet der Vergütungsanspruch selbst dann, wenn der wirtschaftliche Vorsprung des Arbeitgebers gegenüber seinen Wettbewerbern noch andauert[88] (vgl. auch RL Nr. 42).

---

81 BGH v. 26.11.1968 (Fn. 78), S. 344 r. Sp.
82 BGH v. 9.1.1964 GRUR 1964, 449, 452 r. Sp. – Drehstromwicklung; u. v. 26.11.1968 (Fn. 78) S. 344, r. Sp.
83 BGH v. 9.1.1964 (Fn. 82).
84 Schiedsst. v. 12.9.1986 Blatt 1987, 133, 134 f.; zust. Reimer/Schade/Schippel/Kaube Rz. 6 zu § 20.
85 Schiedsst. v. 12.9.1986 (Fn. 84). Dies dürfte aber i. H. a. mögliche Sicherungsmaßn. des ArbG eine Frage des Einzelfalls sein.
86 Schiedsst. v. 12.9.1986 (Fn. 84).
87 Schiedsst. Arb.Erf. 62/78 u.v. 14.2.2002 Arb.Erf. 77/99 (beide unveröffentl.).
88 Reimer/Schade/Schippel/Kaube Rz. 12 zu § 20.

§ 20

Im Übrigen erlischt der Vergütungsanspruch – von einer Pauschalvergütung (s. dazu KommRL Rz. 6 ff. zu RL Nr. 40 sowie hier Rz. 57 ff. zu § 9) und der Einstellung der Verwertung (s. Rz. 24 ff.) abgesehen – nach den sonstigen allgemeinen Erlöschensgründen des bürgerlichen Rechts (s. dazu Rz. 37 zu § 9). Er bleibt andererseits vom **Ausscheiden eines Arbeitnehmers** unberührt (§ 26; s. aber auch Rz. 15).
Zum Wegfall der Vergütungspflicht bei Unzumutbarkeit s. Rz. 16 ff zu RL Nr. 25/§ 10 ArbEG.

36

Die **Darlegungs- und Beweislast** für die Tatbestandsvoraussetzungen des § 20 Abs. 1 (technischer Verbesserungsvorschlag, Vorzugsstellung, tatsächliche Verwertung) trifft den Arbeitnehmer[89]; der Beweisantritt durch Einholung eines Sachverständigengutachtens ist statthaft, wenn der Arbeitnehmer konkrete Angaben unterbreitet. So stellt z. B. die allgemeine Behauptung, ein Verbesserungsvorschlag werde verwertet, keinen hinreichenden Sachvortrag dar, der einen derartigen Beweisantritt rechtfertigen würde (unzulässiger Ausforschungsbeweis[90]). Beruft sich der Arbeitgeber auf den (späteren) Wegfall der Vorzugsstellung, ist er seinerseits dafür darlegungs- und beweispflichtig[91].

37

Hinsichtlich der **Verjährung** und **Verwirkung** gelten die gleichen Grundsätze wie bei den Vergütungsansprüchen für unbeschränkt in Anspruch genommene Diensterfindungen (s. dazu KommRL Einl. Rz. 76 ff. sowie hier Rz. 39 ff. zu § 9). Dabei ist jedoch zu beachten, dass – anders als im Falle einer Diensterfindung, bei der die maßgeblichen Vergütungskriterien eindeutiger bestimmbar sind – bei Verbesserungsvorschlägen die Feststellung einer Qualifikation im Sinne von § 20 Abs. 1 nach einer schnellen Klärung drängt, da sich gerade die Frage einer tatsächlichen Vorzugsstellung nach Ablauf von vielen Jahren kaum noch schlüssig beantworten lässt[92].

38

IV. Bemessung der Vergütung

1. Grundsatz

Der Arbeitnehmer hat gemäß § 20 Abs. 1 Satz 1 einen Anspruch auf **angemessene Vergütung**. Zur Ausfüllung des Begriffs ist § 9 »sinngemäß anzuwenden« (§ 20 Abs. 1 Satz 2, s. oben Rz. 6). Auch hier bestimmt sich die

39

---

89 BGH v. 26.11.1968 (Fn. 78) S. 344 r Sp.; ebenso LG Düsseldorf v. 16.3.1999 Az. 4 O 171/98 (unveröffentl.); Schiedsst. v. 24.1.1990 Arb.Erf. 21/89 (unveröffentl. – dort zur Frage der tatsächl. Nutzung); ArbG München v. 10.12.1998 Az. 7 a Ca 2805/98 (unveröffentl.); Busse/Keukenschrijver, PatG, Rz. 11 zu § 20 ArbEG; abw. Dörner GRUR 1963, 72, 76 u. Hartung Vergütg. d. VV (1979) S. 44 f.
90 LAG Düsseldorf v. 8.2.1980 EGR Nr. 10 zu § 20 ArbEG.
91 BGH v. 26.11.1968 (Fn. 78) S. 344 r. Sp.; Busse/Keukenschrijver (Fn. 89).
92 LAG Hamm v. 16.1.1985 Az. 14 Sa. 676/83 (unveröffentl.).

§ 20

Vergütung durch Multiplikation des Erfindungswertes mit dem Anteilsfaktor (ggf. unter Berücksichtigung des Miterfinderanteils, s. hierzu Rz. 48 f.).

40 Anhaltspunkte für die Bemessung der Vergütung gibt zudem **RL Nr. 29**. Obschon § 20 lediglich die §§ 9 und 12 einbezieht, nicht dagegen § 11 als Rechtsgrundlage der Vergütungsrichtlinien, hat der Richtliniengeber in Ausfüllung des umfassenden Gesetzesauftrages des § 11 zutreffend in den Richtlinien auch den qualifizierten technischen Verbesserungsvorschlag aufgenommen[93].

Die Heranziehung der die **beschränkte Inanspruchnahme betreffenden Vergütungsgrundsätze** erscheint – wie schon die Verweisung des § 20 Abs. 1 Satz 2 auf § 9 und nicht auf § 10 zeigt – nicht tauglich[94]. Denn hinsichtlich der schutzrechtsähnlichen Vorzugsstellung gemäß § 20 Abs. 1 wird auf den Vergleich mit dem durch ein Schutzrecht gewährten Monopol abgestellt (s. oben Rz. 11 ff.); zudem ist – anders als bei dem einfachen Benutzungsrecht des Arbeitgebers aus der beschränkten Inanspruchnahme – die Vergütungspflicht des Arbeitgebers nach § 20 Abs. 1 von der alleinigen Verwertung durch ihn abhängig. Die betriebliche Praxis bedient sich hier vielfach der **Vergütungssätze für Gebrauchsmuster** (s. Rz. 43, 44).

Zugrunde zu legen ist der Vergütungsermittlung der gesamte durch den qualifizierten Verbesserungsvorschlag bestimmte tatsächliche Verwertungsumfang (**wirtschaftliche Bezugsgröße** – RL Nr. 7). Unerheblich ist dabei, ob die Verwertung des qualifizierten technischen Verbesserungsvorschlags im **In- oder Ausland** erfolgt. Zur Behandlung von Auslandsschutzrechten bei mangelnder Schutzfähigkeit im Inland s. oben Rz. 14.

Hinsichtlich der **Zahlungsart** ist der Erfahrungssatz aus der betrieblichen Praxis zu berücksichtigen, dass vielfach für die Übermittlung ungeschützter geheim gehaltener bzw. geheim zu haltender technischer Neuerungen nur eine **einmalige Pauschalvergütung** vereinbart wird (s. dazu KommRL RL Nr. 40, dort Rz. 6 ff., sowie hier Rz. 57 ff. zu § 9). Dies gilt insbesondere im Hinblick auf die Ungewissheit, wann der Gegenstand des qualifizierten technischen Verbesserungsvorschlags offenkundig wird und damit die zu vergütende Vorzugsstellung entfällt. Als Erfahrungswert aus der betrieblichen Praxis wird der Vergütung qualifizierter technischer Verbesserungsvorschläge – vorbehaltlich eines abweichenden innerbetrieblichen Innovationszyklusses – vielfach eine **durchschnittliche Nutzungsdauer von 4 bis 6 Jahren** zugrunde gelegt.

---

93 Die vorsichtigen Bedenken von Volmer Vergütg.-RL Rz. 2 zu RL Nr. 29 werden nicht geteilt.
94 Anders aber Volmer (Fn. 93) Rz. 14; Hartung Vergütg. d. VV (1979) S. 63; wie hier nunmehr Reimer/Schade/Schippel/Kaube Rz. 13 zu § 20.

§ 20

Hinsichtlich der **Abstaffelung** gelten ebenfalls die allgemeinen Grundsätze (vgl. RL Nr. 11, s. hierzu KommRL insbes. Rz. 14 ff. zu RL Nr. 11, sowie hier Rz. 141 ff. u. 166 f. zu § 9).

Im Interesse einer ausreichenden Motivation der Mitarbeiter sollte eine deutliche **Abgrenzung zum** Dotierungsrahmen eines sich auf einfache technische Verbesserungsvorschläge beziehenden **betrieblichen Vorschlagswesens** beachtet werden[95].

Die früheren **steuerlichen Begünstigungen** für Verbesserungsvorschlagsprämien[96] sind mit Wirkung zum 1.1.1989 entfallen. Ab diesem Zeitpunkt unterliegen auch die Prämien für Verbesserungsvorschläge uneingeschränkt der Besteuerung nach den allgemeinen Vorschriften (s. KommRL Einl. Rz. 193 ff. u. hier Rz. 350 ff. zu § 9).

2. Erfindungswert

a) Wahl der Berechnungsmethode

Vom Berechnungsfaktor der »unausgenutzten wirtschaftlichen Verwertbarkeit« (RL Nr. 24) abgesehen, sind bei der **Ermittlung des Wertes des qualifizierten technischen Verbesserungsvorschlages** dieselben Methoden anzuwenden wie bei der Ermittlung des Erfindungswertes für schutzfähige Diensterfindungen (vgl. RL Nr. 29 Sätze 4, 5).   41

Werden unter Verwendung des qualifizierten Verbesserungsvorschlags Umsätze erzielt, bietet sich die Berechnungsmethode der **Lizenzanalogie** – auch hier vorrangig gegenüber der Methode nach dem erfassbaren betrieblichen Nutzen[97] – an (s. hierzu RL Nrn. 6 ff. sowie Rz. 121 ff. zu § 9). Der im Schrifttum erhobene Vorbehalt, die Berechnungsmethode der Lizenzanalogie werde deshalb häufig ausscheiden, weil vergleichbare Lizenzsätze nicht vorhanden bzw. bekannt seien[98], muss relativiert werden. In der betrieblichen Praxis werden ständig auch Nutzungsrechte an nicht geschütztem technischen Wissen (Know-how) vergeben, sei es im Rahmen eines gemischten Patent-Lizenz- und Know-how-Vertrages, sei es als eigenständiger Know-how-Vertrag[99], so dass entsprechende Erfahrungswerte vorliegen bzw. ermittelt werden können.

---

95 S. dazu Gaul/Bartenbach DB 1978, 1161, 1168 f.
96 Vgl. Verordnung über die steuerliche Behandlung von Prämien für Verbesserungsvorschläge v. 18.02.1957 (BGBl. I S. 33 – BStBl. I 145).
97 Im Ergebn. so auch Schiedsst. v. 25.1.1994 Arb.Erf. 139/92 (unveröffentl.).
98 So Lindenmaier/Lüdecke Anm. 2 zu § 11 (RL Nr. 29); Reimer/Schade/Schippel/Kaube Rz. 14 zu § 20; Heine/Rebitzki Vergütg. f. Erf. Anm. 5 zu RL Nr. 29; Hartung (Fn. 94).
99 Vgl. BGH v. 29.3.1984 GRUR 1984, 753 – Heizkessel-Nachbau u. OLG Frankfurt v. 23.6.1988 GRUR 1988, 853 – Zelthallen-Nachbau.

§ 20

Wird kein Umsatz erzielt, wirkt sich der technische Verbesserungsvorschlag also insbesondere innerbetrieblich aus, kommt die Berechnung nach dem **erfassbaren betrieblichen Nutzen** (RL Nr. 12, sowie Rz. 161 ff. zu § 9) zum Tragen[100]. Die **Methode der Schätzung** (RL Nr. 13, sowie Rz. 176 ff. zu § 9) sollte auch hier nur subsidiär herangezogen werden, wenn eine Berechnung nach den vorrangigen Methoden der Lizenzanalogie bzw. des erfassbaren betrieblichen Nutzens nicht oder nur schwer möglich ist.

b) Lizenzanalogie

42 Im Grundsatz gelten bei dieser Berechnungsmethode die für schutzfähige Erfindungen aufgestellten Regelungen entsprechend (s. RL Nrn. 6 ff.). Liegen konkrete auf die technische Neuerung bezogene Lizenzverträge vor, sind diese Lizenzsätze heranzuziehen[101] (konkrete Lizenzanalogie, s. KommRL Rz. 11 ff. zu RL Nr. 6). Ansonsten ist der übliche Lizenzsatz zu ermitteln. Dabei bedarf es zunächst der Bestimmung der (technisch-wirtschaftlichen) **Bezugsgröße**, also der Klärung, in welchem Umfang die Erzeugung bzw. der Umsatz von dem qualifizierten technischen Verbesserungsvorschlag geprägt wird (s. dazu i. einz. RL Nr. 8). Fehlen in dem betreffenden Industriezweig vergleichbare übliche Lizenzsätze für die Nutzung qualifizierter technischer Verbesserungsvorschläge bzw. für qualifiziertes Know-how, können übliche Lizenzsätze für schutzfähige Erfindungen herangezogen werden (s. dazu RL Nr. 10). Allerdings wird sich das Fehlen eines rechtlichen Monopols im Regelfall mindernd auf den Erfindungswert auswirken[102]. Die gegenteilige Auffassung, die von der in § 20 Abs. 1 zugrunde gelegten Gleichstellung der faktischen mit der rechtlichen Monopolsituation ausgeht, verkennt die Bedeutung des Erfindungswertes: Wenn Erfindungswert der Preis ist, der in der betrieblichen Praxis einem außenstehenden freien Erfinder gezahlt wird (s. KommRL Rz. 5 ff. vor RL Nr. 3) ist hier zu berücksichtigen, dass ein Unternehmen im Regelfall nicht bereit wäre, für die Nutzung einer (ungeschützten) technischen Neuerung ohne Verbietungsrecht so viel zu zahlen wie für die Nutzung eines Monopolrechts.

Die **Höhe eines Lizenzsatzes** orientiert sich immer an den Vorteilen des Lizenznehmers im Markt. Hierzu rechnet wesentlich die Möglichkeit, Wettbewerber aus einer (gesicherten) Rechtsposition heraus wirksam und

---

100 So die verbreitete betriebl. Praxis; ebenso Schiedsst. v. 26.2.1997 Arb.Erf. 56/95 (unveröffentl.); vgl. auch Heine/Rebitzki (Fn. 98) Anm. 7 zu RL Nr. 29.
101 So auch Schiedsst. v. 25.1.1994 (Fn. 97).
102 A. A. die h. M., Halbach Anm. 3 zu § 20; Hartung (Fn. 94); wie hier Schiedsst. v. 26.2.1997 Arb.Erf. 56/95 (unveröffentl. – dort RL Nr. 12); Danner Mitt. 1960, 171, 177; Heine/Rebitzki (Fn. 98) u. nunmehr Reimer/Schade/Schippel/Kaube Rz. 13 zu § 20.

§ 20

auf Dauer von einer Nutzung als Konkurrent auszuschließen. Insoweit scheitert auch ein Vergleich mit den Lizenzsätzen bei einer betriebsgeheimen Erfindung im Sinne des § 17. Grundlage dieses Vergütungsanspruchs ist die objektiv gegebene oder anerkannte Möglichkeit eines Schutzrechtserwerbs für eine technische Neuerung, deren Fehlen dem Arbeitnehmererfinder gemäß § 17 Abs. 3 nicht zum Nachteil gereichen darf.

Im Regelfall wird deshalb der für einen qualifizierten technischen Verbesserungsvorschlag zu wählende Lizenzsatz **unterhalb der üblichen Lizenzsätze für Patente** liegen. In der betrieblichen Praxis ist deshalb auch die Orientierung der Vergütung für qualifizierte technische Verbesserungsvorschläge an der für **Gebrauchsmuster** anzutreffen. Dies bedeutet, dass der Lizenzsatz vielfach mit der **Hälfte (bis zu zwei Dritteln) des für Patente üblichen Lizenzsatzes** angesetzt wird (s. KommRL Rz. 25 ff. zu RL Nr. 28). 43

c) Erfassbarer betrieblicher Nutzen

Soweit insbesondere wegen ausschließlich innerbetrieblicher Nutzung des qualifizierten technischen Verbesserungsvorschlags die Berechnung nach dem erfassbaren betrieblichen Nutzen erfolgt (s. Rz. 41), gelten die **Grundsätze der RL Nr. 12** entsprechend. Folglich ist auch hier die Differenz zwischen Kosten und Erträgen aus der Benutzung des qualifizierten Verbesserungsvorschlags zu ermitteln. Betrifft der Vorschlag beispielsweise eine Vorrichtung, die der Arbeitgeber speziell für seinen Bedarf herstellt, so kann als Nutzen die Ersparnis zwischen den Herstellungskosten des Arbeitgebers und dem Marktpreis für eine vergleichbare Vorrichtung herangezogen werden[103]. Auszugehen ist von dem kausal durch den Vorschlag bewirkten Nutzen, wobei dem Umfang der Vorzugsstellung sowie dem Abstand zum allgemeinen (ggf. auch zu einem höheren innerbetrieblichen) Stand der Technik maßgeblicher Einfluss zukommt. 44

Da ebenso wie bei schutzfähigen Erfindungen der erzielte Bruttonutzen nicht dem Erfindungswert gleichgestellt werden kann (s. KommRL Rz. 59 zu RL Nr. 12), muss auch hier auf den festgestellten Bruttonutzen ein **Umrechnungsfaktor** bezogen werden. In Orientierung an der Vergütung für Gebrauchsmuster (s. hierzu oben Rz. 43 sowie KommRL Rz. 11 f. zu RL Nr. 28) ist dieser Umrechnungsfaktor regelmäßig zwischen **1/16 und 1/6 des Bruttonutzens** anzusetzen, wobei als Regelsatz 1/10 (= 10 %) bis zu 2/15 (= 13,5 %) zugrunde gelegt werden kann. Bei besonders wertvollen technischen Verbesserungsvorschlägen mit erheblichem technischen Fort-

---

103 Schiedsst. v. 26.2.1997 (Fn. 102).

§ 20

schritt und entsprechendem wirtschaftlichen Vorteil kann der Umrechnungsfaktor bis auf 1/5 (= 20 %) im Einzelfall ansteigen[104].

d) Schätzung

45 Versagen die anderen Berechnungsmethoden, ist der Erfindungswert entsprechend RL Nr. 13 zu schätzen. Auch hier können regelmäßig die Investitionskosten als Anhaltspunkt dienen (davon 1/16 bis 1/6 bzw. 2/9; s. KommRL Rz. 12 zu RL Nr. 28 u. hier Rz. 50 zu § 9).

e) Außerbetriebliche Verwertung

46 Wird einem Dritten das in dem qualifizierten technischen Verbesserungsvorschlag verkörperte Know-how (unter Geheimhaltungsabrede) zur Verfügung gestellt, so ist die **Lizenzeinnahme** entsprechend RL Nrn. 14, 15 (wie bei Gebrauchsmuster-Lizenzen) zu vergüten[105] (s. auch KommRL Rz. 138, 162 zu RL Nr. 14 u. hier Rz. 221 ff. zu § 9). Wird dieses technische Wissen – etwa im Zusammenhang mit einer Betriebsüberleitung – **verkauft**, kommen die Grundsätze der RL Nr. 16 zum Tragen. (s. Rz. 3 zu RL Nr. 16).

3. Anteilsfaktor

47 Der Anteilsfaktor bestimmt sich nach den RL Nrn. 30 ff. In diesem Rahmen wirkt sich die Unterscheidung zwischen »gebundenen« und »freien« technischen Verbesserungsvorschlägen aus[106] (s. oben Rz. 10).
Bei der Bestimmung des Anteilsfaktors ist zu beachten, dass die Entwicklung eines (qualifizierten) technischen Verbesserungsvorschlags vielfach Gegenstand der vom Arbeitnehmer arbeitsvertraglich geschuldeten Leistungspflicht ist[107] **(Prinzip der Vorschlagsnähe)**, was sich insbesondere bei der RL Nr. 31 auswirkt. Da der technische Verbesserungsvorschlag regelmäßig darauf abzielt, einen vorhandenen innerbetrieblichen Stand der Technik zu verbessern, rechtfertigen diese betrieblichen Einflüsse bei den

---

104 Die Schiedsst. hat im Einzelfall in Orientierung an dem üblichen Umrechnungsfaktor 20 % des Bruttonutzens für einen bedeutsamen tVV vorgeschlagen (Teil-EV v. 11.6.1991 Arb.Erf. 37/90 unveröffentl.). Im EV v. 26.2.1997 (Fn. 102) hat sie wegen der über eine Ersparnis hinausgehenden Qualitätsverbesserung und der von einer potentiellen Zusatzverwertung losgelösten Pauschalabfindung 15 % angesetzt.
105 Schiedsst. v. 5.11.1986 Arb.Erf. 61/85 u. v. 25.1.1994 Arb.Erf. 139/92 (beide unveröffentl.).
106 Hartung Vergütg. d. VV (1979) S. 64.
107 Vgl. auch Reimer/Schade/Schippel/Kaube Rz. 15 f. zu § 20; Gaul/Bartenbach DB 1978, 1161, 1167.

§ 20

RL Nrn. 31 und 32 häufig niedrigere Wertzahlen als bei Diensterfindungen.

V. Besonderheiten bei mehreren Vorschlagenden

Auch beim technischen Verbesserungsvorschlag ist eine »**Miterfinderschaft**« denkbar (Gruppenvorschlag)[107a]. Da aber das Vorliegen einer gegenüber dem objektiven Stand der Technik erfinderischen Leistung für einen technischen Verbesserungsvorschlag i. S. des § 20 nicht erforderlich ist (s. Rz. 11 zu § 3), sind an den Nachweis geringerer Anforderungen zu stellen. Es reicht aus, wenn das Gesamtergebnis der Entwicklung den Anforderungen des § 20 Abs. 1 genügt und der Arbeitnehmer einen sich in der technischen Neuerung niederschlagenden, hierfür wesentlichen, eigenständig entwickelten Beitrag leistet[108] (vgl. im Übrigen z. Miterfinderschaft Rz. 44 f. zu § 5). 48

Der »Miterfinder« eines qualifizierten technischen Verbesserungsvorschlages erhält in entsprechender Anwendung des § 12 Abs. 2 ArbEG auch nur eine seinem Anteil an der Gesamtentwicklung entsprechende Vergütung[109]. Auch im Übrigen gelten die zu § 12 dargestellten Grundsätze zur Miterfinderschaft entsprechend (s. KommRL Einl. Rz. 123 ff. sowie hier insbes. Rz. 28 ff. u 88 ff. zu § 12). 49

VI. Mitbestimmungsrechte des Betriebsrates

Gemäß § 87 Abs. 1 1. Halbs. BetrVG wird ein Mitbestimmungsrecht des Betriebsrates nur wirksam, soweit keine gesetzliche oder tarifvertragliche Regelung besteht. Da das ArbEG die Vergütung der qualifizierten technischen Verbesserungsvorschläge selbst behandelt und lediglich die einfachen technischen Verbesserungsvorschläge einer kollektivrechtlichen Regelung zuweist (vgl. § 20 Abs. 2), ist insoweit ein **Mitbestimmungsrecht** des Betriebsrates i. S. des § 87 Abs. 1 Nr. 12 BetrVG **ausgeschlossen**[110]; dies gilt jedoch nur, **soweit** es die in § 20 Abs. 1 ArbEG geregelte **Vergütung** selbst betrifft[111]. Dementsprechend sind kollektiv-rechtliche Regelungen außerhalb des Vergütungsbereichs möglich, etwa über die organisatorische Be- 50

107a S. dazu Schwab AIB 1999, 445, 448.
108 Vgl. BGH v. 26.11.1968 GRUR 1969, 341, 342 – Räumzange; Busse/Keukenschrijver, PatG, Rz. 6 zu § 20 ArbEG.
109 BGH v. 26.11.1968 (Fn. 108).
110 Vgl. Einigungsstellenspruch v. 16.5.1977 DB 1977, 1564; Fitting/Kaiser/Heither/Engels BetrVG Rz. 376 zu 87; Däubler/Kittner/Klebe/Schneider BetrVG Rz. 291 zu 87; Gaul GRUR 1977, 686, 700 u. ders. ArbR i. Betr. F VIII Rz. 52; Schaub ArbR.Handb. § 115 V 3; Gaul/Bartenbach DB 1980, 1843; Stege/Weinspach BetrVG Rz. 201 zu § 87.
111 A. A. Kammann/Hess/Schlochauer BetrVG Rz. 242 zu § 87.

§ 20

handlung auch der qualifizierten technischen Verbesserungsvorschläge im Rahmen des betrieblichen Vorschlagswesens, wie beispielsweise Regelungen über die Art der Mitteilung gegenüber dem Arbeitgeber[112] (s. hierzu im Einzelnen Rz. 53 ff. zu § 20). Wegen der Zuordnung zum Vergütungsbereich sind dagegen keine kollektivrechtlichen Regelungen zuungunsten des Arbeitnehmers darüber möglich, welche Voraussetzungen für die Qualifizierung als Verbesserungsvorschlag i. S. des § 20 Abs. 1 notwendig sind. Soweit der gesetzliche Regelungsbereich des § 20 Abs. 1 reicht, bewendet es bei der Möglichkeit **freiwilliger Betriebsvereinbarungen** i. S. des § 88 BetrVG, die jedoch in Bezug auf die Vergütung qualifizierter technischer Verbesserungsvorschläge die Schranke des § 22 Satz 1 zu beachten haben[113].

C. Behandlung einfacher technischer Verbesserungsvorschläge (Abs. 2)

I. Grundsatz

51 § 20 Abs. 2 stellt klar, dass einfache technische Verbesserungsvorschläge dem **Anwendungsbereich des ArbEG entzogen** sind. Diese sollen vielmehr eine kollektivrechtliche Regelung (durch Tarifvertrag oder Betriebsvereinbarung) erfahren, um sie nicht aus dem Gesamtbereich des betrieblichen Vorschlagswesens herauszulösen und sie im Verhältnis zu den kaufmännischen, organisatorischen, werbemäßigen und sonstigen Verbesserungsvorschlägen nicht bevorzugt zu behandeln[114]. Dementsprechend findet auch RL Nr. 29 keine Anwendung auf einfache Verbesserungsvorschläge. § 20 Abs. 2 ArbEG schließt jedoch individualrechtliche Regelungen nicht aus[164].

---

112 I. d. S. auch Schiedsst. v. 5.11.1986 Blatt 1987, 209 f., wonach auch qual. t. VV dann schriftl. mitzuteilen sind, wenn die betriebl. Richtlinien f. VV Schriftform vorsehen; i. Ergebn. auch Schiedsst. v. 25.1.1994 (Fn. 105); i. Ergebn. wie hier Dietz/Richardi BetrVG Rz. 638 zu § 87; Fitting/Kaiser/Heither/Engels BetrVG Rz. 376 zu § 87; GK-Wiese BetrVG Rz. 161 zu § 87; ErfK/Hanau/Kania § 87 BetrVG Rz. 129; a. A. Stege/Weinspach BetrVG Rz. 201 zu § 87.
113 Vgl. MünchArbR/Sack § 99 Rz. 137 f.; ArbG Heilbronn v. 15.5.1986 DB 1987, 541; Gaul ArbuR 1987, 359.
114 Amtl. Begr. BT-Drucks. II/1648 S. 38 = Bl. 1957, 239; insoweit bestätigt durch Ausschussber. (Fn. 1); zur Einbeziehung von Geschmacksmustern u. urheberrechtsfähigen Leistungen in das Vorschlagswesen vgl. Danner GRUR 1984, 565 ff. u. Gaul GRUR 1984, 713 ff.; dies ablehnend Grabinski GRUR 2001, 922, 923.
115-163 frei
164 Allg. A., z.B. Gaul NJW 1961, 1509, 1514; Hueck/Nipperdey Lehrb. d. ArbR.Bd. I § 53 III 2 b (dort Rn. 53); Krauss Betriebl. Vorschlagswesen (1977) S. 46; Kunze RdA 1975, 42, 46; Volmer/Gaul Rz. 59 ff. u. 149 ff. zu § 20 (insbesondere auf der Grundlage von Gesamtzusage und betrieblicher Übung).

§ 20

II. Begriff

Die **einfachen technischen Verbesserungsvorschläge** sind in der Negativabgrenzung zu § 20 Abs. 1 solche, die dem Arbeitgeber nicht die dort vorausgesetzte schutzrechtsähnliche Vorzugsstellung (s. dazu oben Rz. 11 ff.) von Anfang an vermitteln. Zum Begriff des technischen Verbesserungsvorschlages s. Rz. 3 ff., 22 zu § 3 u. Rz. 8 zu § 2. Sie sind kein Aliud, sondern ein Minus zum qualifizierten technischen Verbesserungsvorschlag[164a]. 52

III. Kollektivrechtliche Regelungen

Tarifverträge sind solche i. S. des § 1 TVG, **Betriebsvereinbarungen** solche i. S. des § 77 BetrVG. Da der **Regelungsabrede** (Betriebsabsprache; z. Begriff vgl. Rz. 5 f. zu § 21) keine normative, die einzelnen Arbeitsverhältnisse unmittelbar gestaltende Rechtswirkung zukommt, der Arbeitgeber vielmehr noch Einzelvereinbarungen mit den Arbeitnehmern treffen müsste[165], bezieht § 20 Abs. 2 – anders als § 21 ArbEG – diese nicht unmittelbar[166] ein. Zur Bedeutung des Spruchs der Einigungsstelle s. Rz. 7 zu § 21. 53

Soweit **tarifvertragliche Regelungen** bestehen, ist der **Sperrvorrang des Tarifvertrages** gegenüber der Betriebsvereinbarung zu beachten (vgl. § 87 Abs. 1 Eingangssatz, § 77 Abs. 3 BetrVG). Eine Tarifnorm schließt allerdings das Mitbestimmungsrecht des Betriebsrats nur aus, wenn sie die mitbestimmungspflichtige Angelegenheit selbst abschließend und zwingend regelt, das einseitige Bestimmungsrecht des Arbeitgebers beseitigt und damit schon selbst dem Schutzzweck des sonst gegebenen Mitbestimmungsrechts Genüge tut[167]. 54

Wegen der jeweils unterschiedlichen betrieblichen Verhältnisse und des Umstandes, dass der Tarifvertrag nur die tarifgebundenen Arbeitgeber und Arbeitnehmer erfasst, haben die einfachen technischen Verbesserungsvorschläge praktisch keine tarifvertragliche Behandlung erfahren, von Haustarifverträgen abgesehen[168].

Die einfachen technischen Verbesserungsvorschläge sind üblicherweise **Gegenstand von Betriebsvereinbarungen**. 55

164a Zust. Schwab AIB 1999, 445, 448; s. auch Melullis GRUR 2001, 684, 687.
165 Vgl. Galperin/Löwisch BetrVG Rz. 101 zu § 77.
166 I.R.d. § 87 Abs. 1 BetrVG streitig, vgl. die Nachw. bei Krauss Betriebl. Vorschlagswesen (1977) S. 59 f.
167 BAG v. 18.4.1989 NZA 1989, 887, 888 m.w.N.
168 Einen gewissen Bezug z. Innovationsbereich enthält der für allgemeinverbindlich erklärte Tarifvertrag für das holz- und kunststoffverarbeitende Handwerk über die Errichtung von Innovationsstelle und Förderungswerk v. 12.12.1990 i.d.F. v. 1.8.1991 (BAnz. Nr. 212 v. 14.11.1991).

§ 20

Der Betriebsrat kann sich in einer Regelungsabrede auch darauf beschränken, der Einführung der Grundsätze über das betriebliche Vorschlagswesen durch einseitige **Organisationsanweisung** des Arbeitgebers zuzustimmen[169].
Dem Betriebsrat steht ein die **Grundsätze über das betriebliche Vorschlagswesen** betreffendes **Mitbestimmungsrecht** zu (§ 87 Abs. 1 Nr. 12 BetrVG).

56 **Einführung und Aufhebung eines betrieblichen Vorschlagswesens** unterliegen grundsätzlich der unternehmerischen Entscheidung des Arbeitgebers; soweit die Mitbestimmung nach § 87 Abs. 1 Ziff. 12 BetrVG reicht, hat der Betriebsrat aber ein **Initiativrecht**, sobald für eine allgemeine Regelung ein Bedürfnis besteht[176]. Das Verlangen des Betriebsrats, Grundsätze für das betriebliche Vorschlagswesen zu vereinbaren, ist nicht von irgendeiner Vorentscheidung des Arbeitgebers über die Einführung eines betrieblichen Vorschlagwesens abhängig. Es kann jedoch dann rechtsmissbräuchlich sein, wenn aufgrund der konkreten betrieblichen Situation keinerlei Bedürfnis zur Regelung der Behandlung betrieblicher Verbesserungsvorschläge besteht[177]. Die Notwendigkeit für den Arbeitgeber, finanzielle Mittel zur Vergütung verwerteter Verbesserungsvorschläge aufzuwenden[178], ist nicht Folge der vom Betriebsrat initiierten Grundsätze über das betriebliche Vorschlagswesen, sondern folgt unmittelbar aus der Verwertung des Verbesserungsvorschlages[179]. Allerdings kann der Arbeitgeber aufgrund des Mitbestimmungsrechts nicht gezwungen werden, Verbesserungsvorschläge anzunehmen und zu verwerten[179a]. Damit bestimmt der Arbeitgeber auch, ob zukünftig ein eingeführtes Vorschlagswesen beibehalten wird. Zur förmlichen Aufhebung der Grundsätze über das Vorschlagswesen ist er einseitig nicht befugt[179b].

169 Galperin/Löwisch BetrVG Rz. 276 zu § 87; GK-Wiese BetrVG Rz. 756 zu § 87; Hess/Schlochauer/Glaubitz BetrVG Rz. 596 zu § 87.
170-175 frei
176 BAG v. 28.4.1981 AP Nr. 1 zu § 87 BetrVG – Vorschlagswesen; Dietz/Richardi BetrVG Rz. 647 zu § 87 m.w.N.; Volmer/Gaul Rz. 130 f. zu § 20; Fitting/Kaiser/Heither/Engels BetrVG Rz. 381 zu § 87; MünchArbR/Matthes § 234 Rz. 12; a.A. (h.M.) bis zur Entsch. d. BAG v. 28.4.1981, z.B. Einigungsstellenspruch v. 16.5.1977 BB 1977, 1564; Krauss (Fn. 166) S. 50 f. m.w.N.; Kunze RdA 1975, 42, 46.
177 BAG v. 28.4.1981 (Fn. 176).
178 BAG v. 30.4.1965 GRUR 1966, 88 – Abdampfverwertung; best. durch BAG v. 28.4.1981 (Fn. 176).
179 BAG v. 28.4.1981 (Fn. 176); GK-Wiese BetrVG Rz. 743 zu § 87.
179a Hess/Schlochauer/Glaubitz BetrVG Rz. 591 zu § 87.
179b LAG Düsseldorf v. 24.1.1978 EZA Nr. 1 zu § 87 BetrVG 1972 Vorschlagswesen; GK-Wiese BetrVG Rz. 748 zu § 87; a.A. Stege/Weinspach BetrVG Rz. 203 b zu § 87.

§ 20

Im Rahmen des Mitbestimmungsrechts des Betriebsrats besteht auch eine Zuständigkeit der betrieblichen **Einigungsstelle** (§ 87 Abs. 2 i.V.m. § 76 BetrVG)[180].

Das Mitbestimmungsrecht des Betriebsrats erstreckt sich gem. § 87 Abs. 1 Ziff. 12 BetrVG auf die »**Grundsätze über das betriebliche Vorschlagswesen**«. In diesem Rahmen ist mitbestimmungspflichtig die Regelung der **Organisation des Vorschlagswesens** und **des Verfahrens** innerhalb dieser Organisation, insbesondere auch die Zusammensetzung der Organe und die Festlegung der Aufgaben der einzelnen Organe[181], etwa die Bildung eines Bewertungsausschusses. Eine paritätische Besetzung des Bewertungsausschusses erfolgt häufig im Interesse einer gleichrangigen Beteiligung des Betriebsrats an der Organisation und am Verfahren des betrieblichen Vorschlagswesens; sie ist aber nicht erforderlich[182]. Da **organisatorische Einzelmaßnahmen** vom Mitbestimmungsrecht nicht mehr erfasst werden, hat der Betriebsrat kein Mitbestimmungsrecht bei der Bestellung des jeweiligen **Beauftragten für das betriebliche Verbesserungsvorschlagswesen**[183], soweit nicht bei einer Neueinstellung oder Versetzung ein Mitbestimmungsrecht nach § 99 BetrVG in Betracht kommt.

57

Die »Grundsätze« umfassen ferner die **Festlegung des Personenkreises**, der berechtigt sein soll, am betrieblichen Vorschlagswesen teilzunehmen[184]. Ausgenommen ist der Kreis der leitenden Angestellten im Sinne des § 5 Abs. 3 BetrVG (s. hierzu Rz. 64 ff. zu § 1 u. Anh. zu §§ 20, 21 Rz. 4); diese können aber durch Einzelvereinbarung mit dem Arbeitgeber in den persönlichen Anwendungsbereich einbezogen werden; es sind auch Sonderregelungen hierfür möglich.

Zu den Grundsätzen rechnet auch die Bestimmung des **sachlichen Anwendungsbereichs** des Vorschlagswesens, z.B. die Frage, ob das Vorschlagswesen neben einfachen technischen Vorschlägen auch solche organisatorischer, kaufmännischer, wirtschaftlicher, werbemäßiger Art wie auch Vorschläge zur Gestaltung, Verbesserung oder Vereinfachung der betrieblichen Arbeit umfasst, wie auch die Frage der Anerkennung von Design- und Produktgestaltungen und die Einbeziehung von sonstigen geschmacksmusterfähigen Neuerungen und urheberrechtsfähigen Leistungen[184a]. Dabei ist nach der hier vertretenen Auffassung auch eine Differen-

---

180 BAG v. 22.1.1980 DB 1980, 1895; v. 28.4.1981 (Fn. 176) u.v. 16.3.1982 AP Nr. 2 zu § 87 – Vorschlagswesen; Gaul ArbR i. Betr. (Fn. 110) Rz. 53.
181 BAG v. 28.4.1981 (Fn. 176).
182 BAG v. 28.4.1981 (Fn. 176); Schwab AIB 1999, 445, 453; Stege/Weinspach BetrVG Rz. 204 zu § 87 m.w.N.; vgl. auch Fitting/Kaiser/Heither/Engels (Fn. 176) Rz. 382; a. A. Däubner/Kittner/Klebe BetrVG Rz. 297 zu § 87.
183 BAG v. 16.3.1982 (Fn. 180).
184 Schwab AIB 1999, 445, 450; Dietz/Richardi (Fn. 176) Rz. 642; Stege/Weinspach (Fn. 182) – jeweils m.w.N.
184a Vgl. auch Gaul GRUR 1984, 713 f.

§ 20

zierung zwischen solchen Verbesserungsvorschlägen möglich, die in den originären Aufgaben- und -pflichtenkreis eines Arbeitnehmers fallen, und solchen, die im Zusammenhang mit dem Arbeitsverhältnis entstanden sind[184b] (s. auch Rz. 15 zu § 3). Auch das **Verfahren** zur Behandlung derartiger Vorschläge, insbesondere das Anmelde- bzw. Einreichungsverfahren, ferner die Handhabung bei mehreren Urhebern, innerbetriebliche Prioritätsgrundsätze, Sperrfrist nach Eingang eines Vorschlags, fallen unter diese Grundsätze[185].

58 Das Mitbestimmungsrecht des Betriebsrats erstreckt sich auch auf die **Grundsätze für die Bemessung der Prämie**[186]. Grundsätze sind Richtlinien, Orientierungspunkte und Bewertungsmaßstäbe allgemeiner Art, die geeignet sind, das Geschehen so zu ordnen und zu verfestigen, dass es in vorhersehbaren und nachprüfbaren Bahnen verläuft; damit bezieht sich das Mitbestimmungsrecht nur auf die abstrakt-generelle Regelung der Bemessung der Vergütung für einen verwerteten Verbesserungsvorschlag, nicht jedoch auf **Prämienhöhe und Zahlung im Einzelfall**[187]. Während die vom Arbeitgeber bereitgestellte finanzielle Grundausstattung des betrieblichen Vorschlagswesens, der »**Prämienetat**«, mitbestimmungsfrei ist[188], hat der Betriebsrat, außer bei den Grundsätzen und Methoden der Bemessung der Prämie, auch mitzubestimmen bei der Frage, wie der **Nutzen** eines Verbesserungsvorschlags **zu ermitteln** ist, ferner über die Grundsätze der **Art der Prämie** und über die Verteilung einer Prämie bei **Gruppenvorschlägen** sowie darüber, wie eine Prämie für einen Verbesserungsvorschlag bestimmt werden soll, dessen Nutzen nicht zu ermitteln ist[195].

59 Nicht mehr um allgemeine Grundsätze für die Ermittlung der Prämienhöhe handelt es sich, wenn in einer Betriebsvereinbarung bestimmt wird, dass die Prämie X-Prozent eines Netto-Jahresvorteils beträgt, da es sich insoweit um die **mitbestimmungsfreie Festlegung der Prämienhöhe** selbst handelt[196]. Der Arbeitgeber bleibt frei, zu bestimmen, in welchem Verhältnis zum Jahresnutzen eines Verbesserungsvorschlags die zu gewährende Prämie stehen soll[196a]. Nicht vom Mitbestimmungsrecht gedeckt ist eine

---

184b Im Ergebn. a. A. wohl ErfK/Hanau/Kania (§ 87 BetrVG Rz. 130), der unter Hinw. auf ArbG Heilbronn v. 15. 5. 1986 (Fn. 113) den Geltungsbereich des § 87 Nr. 12 BetrVG für »dienstliche« Verbesserungsvorschläge ablehnt.
185 Stege/Weinspach (Fn. 182).
186 Hess/Schlochauer/Glaubitz BetrVG Rz. 589 zu § 87; Schwab AIB 1999, 445, 450.
187 BAG v. 28.4.1981 (Fn. 176) u.v. 16.3.1982 (Fn. 180); Dietz/Richardi (Fn. 176) Rz. 644 m.w.N.; Volmer/Gaul Rz. 122 f. zu § 20; krit. Fitting/Kaiser/Heither/Engels (Fn. 176) Rz. 383 unter Bezug auf § 87 Abs.1 Ziff. 10 Betr VG.
188 Fitting/Kaiser/Heither/Engels BetrVG Rz. 379 zu § 87 mwN.; Gaul DB 1980, 1843.
189-194 frei
195 BAG v. 28.4.1981 (Fn. 176) unter Bezug auf GK-Wiese BetrVG Rz. 162 zu § 87 u. Krauss (Fn. 166) S. 56.
196 BAG v. 28.4.1981 (Fn. 176) u. v. 16.3.1982 (Fn. 180).
196a BAG v. 28. 4. 1981 (Fn. 176); s. auch BAG v. 16. 3. 1982 (Fn. 180).

§ 20

Regelung, die die Zahlung einer Anerkennungsprämie für nicht verwertete Verbesserungsvorschläge vorsieht[196b], da hierdurch der Arbeitgeber zu einer Leistung verpflichtet wird, auf die der Arbeitnehmer keinen Anspruch hat (s. Rz. 60, 66).

Das Mitbestimmungsrecht des Betriebsrats lässt die **freie** unternehmerische **Entscheidung,** ob Verbesserungsvorschläge überhaupt **angenommen und verwertet** werden, unberührt[197] (s. oben Rz. 56).

Im Rahmen einer **freiwilligen betrieblichen Ordnung** können Arbeitgeber und Betriebsrat über den gesetzlich vorgegebenen Mitbestimmungsrahmen hinaus ergänzende betriebliche Regelungen gemäß § 88 BetrVG herbeiführen und hierbei gegebenenfalls auch die materielle Seite der Prämienordnung regeln[198].

IV. Vergütungsanspruch

Rechtsgrundlage für einen Vergütungsanspruch ist zunächst eine **Betriebsvereinbarung.** Darin können die Betriebsparteien die Voraussetzungen für den Prämienanspruch im Einzelnen festlegen und auch begrenzen, etwa dahingehend, dass ein Vergütungsanspruch nur bei betrieblicher Realisierung innerhalb bestimmter Fristen besteht.[204]

60

Eine solche Betriebsvereinbarung gilt nach § 77 Abs. 4 BetrVG (ggf. i. V. m. § 50 Abs. 1 Satz 1 BetrVG bei einer Gesamtbetriebsvereinbarung) für die Arbeitnehmer unmittelbar und zwingend[205].

Fehlt eine solche oder ist die Betriebsvereinbarung unwirksam[205a] und liegen keine sonstigen arbeitsvertraglichen Regelungen oder Zusagen des Arbeitgebers vor, kommt eine Vergütung nur dann in Betracht, wenn es sich bei dem einfachen Verbesserungsvorschlag um eine **Sonderleistung** des Arbeitnehmers handelt[205b] (s. hierzu Rz. 65 f.).

Üblicherweise bestimmt die Betriebsvereinbarung den **persönlichen Anwendungsbereich** dahin, dass die von dem Arbeitnehmer vorgeschla-

---

196b BAG v. 28. 4. 1981 (Fn. 176) u. v. 16. 3. 1982 (Fn. 180); Schwab AIB 1999, 445, 450; a. A. Däubler/Kittner/Klebe/Schneider BetrVG Rz. 297 zu § 87.
197 BAG v. 28.4.1981 (Fn. 176) u.v. 16.3.1982 (Fn. 180); Dietz/Richardi (Fn. 176) Rz. 645.
198 Ebenso Volmer/Gaul Rz. 137 zu § 20; Schwab AIB 1999, 445, 451.
199-203 frei.
204 LAG Hamm v. 4. 9. 1996 NZA – RR 1997, 258, 259.
205 BAG v. 9. 5. 1995 Az. 9 AZR 580/93 (unveröffentl.)
205a ArbG München v. 3.11.1999 Az. 19 Ca 304/99 (unveröffentl.).
205b BAG v. 28.4.1981 AP Nr. 1 zu § 87 BetrVG – Vorschlagswesen m.H.a. BAG v. 30.4.1965 GRUR 1966, 88 – Abdampfverwertung; vgl. auch Volmer/Gaul Rz. 108 ff., 131 ff., 152 f. zu § 3; nach Schiedsst. v. 19.1.1981 Arb.Erf. 45/80 u.v. 29.3.1982 Arb.Erf. 2 (B)/80 (beide unveröffentl.) soll der einfache technische VV dem ArbG als Arbeitsergebnis grundsätzl. ohne bes. Vergütung zustehen.

§ 20

gene Verbesserung »**außerhalb seines Aufgabengebietes**« liegen muss bzw. »nicht zu seinem sachlichen Aufgabenbereich« gehören darf.

Diese Abgrenzung hat ihren Grund darin, dass das betriebliche Verbesserungsvorschlagswesen regelmäßig den Bereich der Leistungen nicht erfassen soll, die typischerweise vom Arbeitsentgelt mit abgegolten sind. Wenn schon bei einer Erfindung nicht erforderlich ist, dass die Lösung des Problems mit zu den spezifischen Aufgaben des Arbeitnehmers gehört (s. Rz. 23 zu § 4), ist es bei Verbesserungsvorschlägen erst recht angebracht, von einer weiten Auslegung des Begriffs »Aufgabengebiet« dahin auszugehen, dass nicht nur die in einer Arbeitsplatzbeschreibung o. ä. ausdrücklich genannten Einzelaufgaben in das Aufgabengebiet fallen, sondern auch all diejenigen Lösungsvorschläge, die mittelbar hiermit in Zusammenhang stehen.[205c] Dies ist z. B. dann der Fall, wenn sich der Verbesserungsvorschlag aus den Gesamtaufgaben der Abteilung oder auch aus einer Fortentwicklung und einem Weiterdenken von Anstößen ergibt, die im Zusammenhang mit den wahrgenommenen Aufgaben des Arbeitnehmers anfallen. Dabei kommt es nicht darauf an, ob der Verbesserungsvorschlag während oder außerhalb der Arbeitszeit entwickelt worden ist.

Die **Beweislast** dafür, dass ein Verbesserungsvorschlag außerhalb seines Aufgabengebietes liegt, trägt der Arbeitnehmer[206].

Den Vergütungsanspruch erwirbt der Arbeitnehmer regelmäßig nicht bereits mit der Einreichung seines Verbesserungsvorschlags, sondern erst, wenn dieser durch die dazu berufenen Personen bzw. Gremien (Bewertungsausschuss) als **für den Betrieb** (Unternehmen) **brauchbar** festgestellt (§ 661 Abs. 2 BGB analog)[207] und vom Arbeitgeber angenommen worden ist.

Ebenso wie beim qualifizierten Verbesserungsvorschlag ist weitere Voraussetzung, dass der Arbeitgeber den Verbesserungsvorschlag auch **tatsächlich verwertet**[208], also die Idee des Arbeitnehmers aufgreift und verwirklicht[208a]. Dies kann auch in abgewandelter Form erfolgen, sofern die verwirklichte Änderung auf dem Grundgedanken (Kern) des Vorschlages beruht[208b] (s. Rz. 25 ff. sowie Rz. 66).

Wird ein Verbesserungsvorschlag **ohne Kenntnis des Arbeitgebers verwertet**, löst dies keinen Vergütungsanspruch aus, da der Arbeitgeber die freie Entscheidung über den Einsatz des Verbesserungsvorschlags haben muss (s. auch Rz. 25). Etwas anderes kann dann gelten, wenn aufgrund der

---

205c LAG Köln v. 7. 10. 1991 Az. 14 (a) Sa 731/90 (unveröffentl.)
206 LAG Köln v. 7. 10. 1991 (Fn. 205 c)
207 LAG Bayern v. 6.5.1970 AMBl. (BayArbMin.) 1971, C 35; abw. f. d. öffentl. Dienst OVG Münster v. 6.2.1975 ZBR 1975, 349, 350; i. Ergebn. best. d. BVerwG v. 31.1.1980 DÖD 1980, 250 f.
208 Ganz h. M. vgl. BAG v. 28.4.1981 (Fn. 205 b) zu III 4.
208a BAG v. 9.5.1995 Az. 9 AZR 580/93 (unveröffentl.).
208b BAG v. 9.5.1995 (Fn. 208a) – dort bei entsprechender Betriebsvereinbarung.

§ 20

besonderen Umstände des Einzelfalls anzunehmen ist, dass dies mit Billigung und stillschweigender Zustimmung des Arbeitgebers erfolgt ist oder er nachträglich seine Zustimmung (konkludent) zum Ausdruck gebracht hat.

Eine **betriebliche Ordnung** des Vorschlagwesens bestimmt üblicherweise auch die **Höhe der Vergütung** (zur Höhe der Vergütung bei Sonderleistungen s. Rz. 66). Regelmäßig stellen diese Regelungen darauf ab, den Arbeitnehmer an dem Nutzen (vermögenswerten Vorteil) zu beteiligen, der dem Arbeitgeber aus der Verwertung des Verbesserungsvorschlages innerhalb eines bestimmten Zeitraumes tatsächlich zugeflossen ist (s. auch zum allgemeinen Vergütungsgrundsatz bei schutzfähigen Erfindungen, Rz. 2 zu § 9). Für Vorschläge, die einen **errechenbaren betrieblichen Nutzen** vermitteln, erhält der Vorschlagende eine einmalige Prämie, die im Durchschnitt insgesamt bei **15 % bis 20 %**, vereinzelt auch bei **25 % des einjährigen Nettonutzens** eines (verwerteten, vgl. dazu Rz. 25 ff.) einfachen Verbesserungsvorschlags liegt[208c]. Als Bemessungszeitraum wird regelmäßig das erste Jahr der Nutzung herangezogen; sachgerecht erscheint es jedoch, auch das 2. und ggf. 3. Jahr bei der Bestimmung eines Durchschnittsjahresnutzens mit zu berücksichtigen, um so gewissen Anlaufschwierigkeiten Rechnung zu tragen[209]. Dieser Nutzungszeitraum ist zu einem (entsprechenden) Vergleichszeitraum vor Einführung des Vorschlags in Bezug zu setzen.[209a] Die Kosten notwendiger Investitionen sind bei der Ermittlung des Nettonutzens zu gewichten; sofern es sich um Investitionen mit längerer Einsatzdauer handelt, sind ggf. übliche Abschreibungskriterien zu berücksichtigen[209]. Vielfach wird auch ein Höchstrahmen für die Vorschlagsprämie festgelegt (z.B. »maximal 50.000,- €«)[209b]. 61

Erfordert die Ermittlung der Ersparnis einen unverhältnismäßig hohen Aufwand, kann der Jahresnettonutzen von dem Beauftragten des betrieblichen Verbesserungsvorschlagswesens bzw. dem Bewertungsausschuss unter Berücksichtigung betrieblicher oder allgemeiner Erfahrungswerte bei entsprechender Beachtung der Grundsätze des § 317 BGB **geschätzt** werden.

Bei Verbesserungsvorschlägen mit **nicht errechenbarem betrieblichen (vermögenswerten) Nutzen**, etwa bei Verbesserungen der Arbeitssicher- 61.1

208c Vgl. Gaul/Bartenbach DB 1978, 1161, 1166 ff; siehe auch Uditor in ZfVw 1997, 33, 35, wonach beispielsweise bei Ciba-Geigy die Prämie für außerhalb der Berufspflicht liegende VVe 20% der tatsächl. erzielten Einsparung im 1. Jahr ausmacht; vgl. auch Gasior in ZfVw 1997, 21 ff. zum Vorschlagswesen bei Siemens; s. auch die Hinweise bei Schwab AIB 1999, 445, 447, dort Fn. 5.
209 Im Einzelnen hierzu Gaul/Bartenbach DB 1978, 1161, 1166 ff.; dies., Betr. Regelungen des VV-Wesen (1984) S. 10 ff.
209a LAG Köln v. 14. 12. 1998 Mitt. 2000, 72, 73.
209b So der Sachverhalt bei BAG v. 9. 5. 1995 Az. 9 AZR 580/93 (»100.000,- DM«; unveröffentl.).

§ 20

heit bzw. des Gesundheitsschutzes, der Qualitätskontrolle oder sonst im immateriellen Bereich, werden üblicherweise einmalige Anerkennungsprämien in festgelegter Höhe gezahlt (vielfach zwischen 100 bis 2.000 €). Ein **Beispiel einer Prämienberechnung** enthält Abschnitt V der Richtlinien für das Vorschlagswesen in der Bundesverwaltung i. d. F. vom 21. 6. 1989[210].

61.2 **Darlegungs- und beweispflichtig** für die anspruchsbegründenden Voraussetzungen eines Vergütungsanspruchs nach der jeweiligen betrieblichen Prämienordnung ist der Arbeitnehmer[211].

61.3 Anders als bei Vergütungen für Diensterfindungen und für qualifizierte technische Verbesserungsvorschläge wird in der betrieblichen Praxis bei einfachen Verbesserungsvorschlägen ein **Anteilsfaktor** (vgl. hierzu RL Nrn. 30 ff. sowie Rz. 261 ff. zu § 9 und oben Rz. 47) **nicht in Abzug** gebracht[219]. Dies rechtfertigt sich aus der Überlegung, dass ein einfacher Verbesserungsvorschlag regelmäßig nur dann in das betriebliche Vorschlagswesen fällt, wenn er eine zusätzliche Leistung des Arbeitnehmers darstellt, also über seinen Pflichtenkreis aufgrund des Arbeitsverhältnisses hinausgeht[220] (s. auch Rz. 66).

Selbstverständlich bleibt aber ein »**Miterfinderanteil**« bei Gruppen- bzw. Gemeinschaftsvorschlägen zu berücksichtigen. Insoweit gelten die allgemeinen Grundsätze zur Bestimmung der Miterfinderschaft hier entsprechend (vgl. dazu Rz. 44 ff. zu § 5 und oben Rz. 48 f.).

Nach § 77 Abs. 4 Satz 4 BetrVG können in einem Tarifvertrag oder in einer Betriebsvereinbarung auch für Rechte, die Arbeitnehmer aus einer Betriebsvereinbarung erwerben, **Ausschlussfristen** vereinbart werden[221]. Insoweit ist also auch die Vereinbarung von Ausschlussfristen für Vergütungsansprüche aus einfachen Verbesserungsvorschlägen zulässig[222] (s. auch Rz. 60; 2 zur tarifvertraglichen Ausschlussfrist bei Erfindervergütungen s. Rz. 51 zu § 9).

Die **Steuerbegünstigung** ist mit Wirkung ab 1. 1. 1989 auch für Prämien für einfache Verbesserungsvorschläge entfallen (s. im Übrigen Rz. 350 ff. zu § 9).

---

210 GMBl. 1989, 43; als Anhang 3 abgedruckt in Vorauflage.
211 LAG Düsseldorf v. 8.2.1980 EGR Nr. 10 zu § 20.
212-218 frei
219 Vgl. Einsele i. Betr. Vorschlagswesen 1986 S. 97, 100 u. ders. BVW 1989, 178 ff.
220 H.M., vgl. Dietz/Richardi BetrVG Rz. 639 zu § 87 m.w.N.; Fitting/Kaiser/Heither/Engels BetrVG Rz. 376 zu § 87.
221 BAG v. 3.4.1990 EzA § 4 TVG Ausschlussfristen Nr. 94; v. 30.11.1994 DB 1995, 781.
222 Vgl. auch LAG Hamm v. 4. 9. 1996 NZA-RR 1997, 258, 259.
223-226 frei

§ 20

V. Bewertung durch innerbetriebliche Ausschüsse

Die Feststellungs- und Bewertungskompetenz für die von den Arbeitnehmern eingereichten Verbesserungsvorschläge wird regelmäßig – auf der Grundlage einer dahingehenden (freiwilligen – § 88 BetrVG) Betriebsvereinbarung – einem **Bewertungs- bzw. Prüfungsausschuss** zugewiesen[227]. Diesem Ausschuss kommt üblicherweise Feststellungs- und Bewertungskompetenz für die eingereichten Verbesserungsvorschläge zu, wobei der Ausschuss nicht etwa nur eine »billige« Entscheidung, sondern eine richtige Feststellung zu treffen hat[228]. Ihm steht kein Ermessen im Sinne wählenden Verhaltens zu, sondern ein Beurteilungsspielraum. Insofern sind die §§ 317-319 BGB nur entsprechend anwendbar[229]. 62

Für die Überprüfung der Entscheidung eines Bewertungs- bzw. Prüfungsausschusses gilt: 62.1
Besteht ein **innerbetrieblicher Berufungsausschuss**, ist nach der betrieblichen Ordnung im Regelfall zunächst dessen Entscheidung einzuholen[229a]. Denkbar ist auch, dass im Einzelfall in Ergänzung zu einem Bewertungsausschuss noch ein **erweiterter Ausschuss** besteht, dem eine Vermittlungsfunktion zukommt; er soll dazu beitragen, gerichtliche Auseinandersetzungen bei Verbesserungsvorschlägen nach Möglichkeit zu vermeiden[229b].

Mangels einer innerbetrieblichen Kontrollmöglichkeit kommt eine gerichtliche Überprüfung in Betracht (s. Rz 62.3). Der gerichtlichen Überprüfung sind jedoch wegen des Rechtscharakters der betrieblichen Bewertungsgremien Grenzen gesetzt.

Haben die Betriebsparteien ein Gremium mit der Annahme bzw. Ablehnung und der Prämierung eines Verbesserungsvorschlages betraut, haben sie damit einen sog. **Schiedsgutachtervertrag** mit unmittelbarer Wirkung für den betroffenen einzelnen Arbeitnehmer geschlossen[229c]. Der Ausschuss soll aufgrund seiner besonderen Sachkunde und Kenntnis der betrieblichen Zusammenhänge für Arbeitgeber und Arbeitnehmer **bindend** die Feststellung treffen, ob es sich um einen Verbesserungsvorschlag im Sinne der von den Betriebsparteien vorgegebenen Verbesserungsvorschlagsrichtlinien 62.2

---

227 Vgl. die Hinweise bei Brinkmann/Heidack/Deichsel Betriebl. Vorschlagswesen S. 169; Fitting/Kaiser/Heither/Engels BetrVG Rz. 382 zu § 87.
228 LAG Hamm v. 23.4.1980 Az. 14 Sa 1527/79 (unveröffentl.).
229 Vgl. hierzu MünchKomm/Söllner. Rz. 17, 18 zu § 317 BGB; LG Düsseldorf v. 26.11.1985 Az. 4 O 57/85 (unveröffentl.).
229a vgl. Fitting/Kaiser/Heither/Engels BetrVG Rz. 382 zu § 87.
229b Gaul/Bartenbach Betr. Regelungen des VV-Wesens (1984) S. 13.
229c LAG Köln v. 14. 12. 1998 Mitt. 2000, 72, 78 = NZA-RR 1999, 354 u. v. 29.6.2001 Az. 12 Sa 270/01 (unveröffentl.).

901

§ 20

handelt und wie dieser ggf. zu prämieren ist. Damit hat der Ausschuss eine ähnliche Stellung wie ein Preisrichter im Sinne von § 661 BGB[230].

62.3 Anders als bei einem Preisgericht sind die Entscheidungen des Bewertungsausschusses aber nicht völlig der **gerichtlichen Überprüfbarkeit** entzogen. Auch durch dahingehende Betriebsvereinbarungen kann der **Rechtsweg nicht ausgeschlossen** werden, da eine solche Disposition über Individualansprüche des Arbeitnehmers die Regelungskompetenz von Betriebsrat und Arbeitgeber überschreiten würde[231]; eine kollektivrechtliche Regelung, die die Ausschuss-Entscheidung generell der gerichtlichen Überprüfung entzieht, ist nichtig[231a]. Die Mitglieder des Bewertungsausschusses haben auch nicht die Stellung eines Schiedsgerichts i.S.d. §§ 1025 ff. ZPO, da die Vereinbarung eines Schiedsgerichts mit Wirkung auf das einzelne Arbeitsverhältnis unzulässig wäre (vgl. § 110 ArbGG)[232]. Wenn der Gesetzgeber durch § 20 Abs. 2 ArbEG die Behandlung technischer Verbesserungsvorschläge der Regelung durch Betriebsvereinbarung überlässt, vertraut er den Betriebsparteien insbesondere die Aufgabe an, ein angemessenes Verfahren und angemessene sachliche Maßstäbe für die Vergütung technischer Verbesserungsvorschläge festzulegen. Der Ausschuss übt die Funktion eines Schiedsgutachters aus, der unter gleichmäßiger Berücksichtigung der Interessen beider Seiten die angemessene Vergütung bestimmen soll, um einen Streit hierüber zwischen Arbeitgeber und Arbeitnehmer zu vermeiden. Hierin liegt keine unzulässige Beschränkung des Anspruchs des Arbeitnehmers auf eine angemessene Vergütung. § 20 Abs. 2 zielt vielmehr gerade darauf ab, die Behandlung einfacher technischer Verbesserungsvorschläge derartigen betriebsinternen Regelungen anheim zu geben, ohne bestimmte gesetzliche Maßstäbe oder Verfahrensregeln vorzugeben[233]. Folglich erstreckt sich die Nachprüfungsbefugnis der Gerichte für Arbeitssachen nur noch darauf, ob die Entscheidung des Bewertungsausschusses (Schiedsgutachtergremiums) offenbar unrichtig, unsachlich, unvernünftig oder willkürlich ist oder in einem grob fehlerhaften Verfahren getroffen wurde[234]. Dies ist nur dann der Fall, wenn sich die Unrichtigkeit oder Unbilligkeit einem Sachkundigen aufdrängt, wobei es in erster Linie auf das Ergebnis ankommt.[234a] Fehlerhaft wäre z. B. ein Ergebnis, das ohne Sach-

---

230 LAG Hamm v. 23.4.1980 (Fn. 228).
231 LG Düsseldorf v. 26.11.1985 (Fn. 229).
231a LAG Köln v. 29.6.2001 (Fn. 229 c).
232 LAG Hamm v. 23.4.1980 (Fn. 228).
233 LG Düsseldorf v. 26.11.1985 (Fn. 229).
234 LAG Hamm v. 23.4.1980 (Fn. 228); bestätigt durch LAG Köln v. 14. 12. 1998 u.v. 29. 6. 2001 (beide Fn. 229 c); LAG Düsseldorf v. 8.2.1980 EGR Nr. 10 zu § 20 ArbEG u.v. 26.11.1985 (Fn. 229); ebenso z. öffentl. Dienst BVerwG v. 31.1.1980 DÖD 1980, 250; Schwab Erf. u. VV. S. 83.
234a LAG Köln v. 29. 6. 2001 (Fn. 229 c) u. MünchKomm-Gottwald Rz. 11, 14, 17 zu § 319 BGB.

§ 20

grund von einer in der bisherigen betrieblichen Bewertungspraxis heraus gebildeten festen Übung oder Vorgaben einer Betriebsvereinbarung abweicht.[235] Die Darlegungs- und Beweislast für eine fehlerhafte Entscheidung obliegt der Partei, die die Fehlerhaftigkeit behauptet.[236]

D. Schiedsstellen- und Gerichtsverfahren

Bei Streitigkeiten über qualifizierte technische Verbesserungsvorschläge ist zunächst – während eines bestehenden Arbeitsverhältnisses – die Schiedsstelle anzurufen (§§ 28 ff., 37). Diese ist jedoch für einfache technische Verbesserungsvorschläge mit Rücksicht auf die Regelung des § 20 Abs. 2 nicht zuständig[243], auch nicht zur Frage der ausreichenden Prämierung aufgrund von Betriebsvereinbarungen[244]. 63

Zur gerichtlichen Zuständigkeit vgl. Rz. 27-35 zu § 39. 64

E. Sonstige Rechtsgrundlagen für die Vergütung von technischen Verbesserungsvorschlägen – Sonderleistungsprinzip

§ 20 schließt – wie auch § 25 zeigt – weitere Ansprüche des Arbeitnehmers auf Vergütung von technischen Verbesserungsvorschlägen, wie insbesondere solche aus arbeitsrechtlichen Sonderleistungen, grundsätzlich nicht aus[245] (s. auch Rz. 60). 65

Sofern den Arbeitgeber bei einem **qualifizierten technischen Verbesserungsvorschlag** bereits eine Vergütungspflicht nach § 20 Abs. 1 trifft, wird diese mögliche Anspruchskonkurrenz kaum Auswirkungen haben, da die Voraussetzungen ebenso wie der Vergütungsumfang regelmäßig übereinstimmen werden[246] bzw. § 20 Abs. 1 sogar darüber hinausgeht[247].

---

235 LAG Köln v. 14. 12. 1998 (Fn. 229 c).
236 LAG Köln v. 14. 12. 1998 u.v. 29. 6. 2001 (Fn. 229 c) u. MünchKomm-Gottwald Rz. 2 zu § 319 BGB.
237-242 frei
243 Allg. A., Schiedsst. v. 9.11.1972 Blatt 1973, 261; v. 4.10.1976 Blatt 1979, 184 u.v. 12.9.1986 Arb.Erf. 100/85 (unveröffentl.); Reimer/Schade/Schippel/Kaube Rz. 23 zu § 20.
244 Schiedsst. v. 5.11.1985 Arb.Erf. 11/85 (unveröffentl.).
245 H.M., vgl. Haas Vergütungsanspruch (1975) S. 138 ff.; Hueck i. Festschr. f.Nikisch (1958) S. 63, 72 ff.; Röpke DB 1962, 406, 407; Reimer/Schade/Schippel/Kaube Rz. 11 zu § 20; diff. Janert Betriebl. Verfahrensweisen (1968) S. 170 ff.; abw. Volmer Rz. 13 zu § 20; offengel. f. § 20 Abs. 1 seitens BAG i. Urt. v. 30.4.1965 GRUR 1966, 88, 90 – Abdampfverwertung.
246 Zutr. Reimer/Schade/Schippel/Kaube Rz. 11 zu § 20; Röpke (Fn. 245).
247 Hartung Vergütg. d. VV (1979) S. 182 ff.

§ 20

Entsprechendes gilt bei der Vergütung von **einfachen technischen Verbesserungsvorschlägen** bei Bestehen einer betrieblichen Regelung über das Verbesserungsvorschlagswesen[248].

66 Handelt es sich dagegen um einen einfachen Verbesserungsvorschlag i. S. des § 20 Abs. 2 und fehlt eine individual- bzw. kollektivrechtliche Vereinbarung, hat der Arbeitnehmer gegen den Arbeitgeber nur dann einen Vergütungsanspruch, wenn das Arbeitsergebnis sich als eine besondere Leistung darstellt. Diese muss – als faktisch höherwertige Leistung[249] – **über** seine **arbeitsvertraglich geschuldete Arbeitsleistung hinausgehen** (wobei allerdings vorübergehend erbrachte höherwertige Leistungen grundsätzlich noch im Rahmen des arbeitsvertraglichen Leistungsaustauschverhältnisses liegen[250]), **für** den **Arbeitgeber** einen **besonderen wirtschaftlichen Wert** haben und von diesem auch **tatsächlich verwertet**[251] werden (s. auch hier Rz. 25 ff. u. Rz. 60 u. im Übrigen Rz. 332 ff. zu § 9).

Liegt eine Sonderleistung im obigen Sinne nicht vor, kann der Arbeitnehmer für die Nutzung sonstiger von ihm im Rahmen des Arbeitsverhältnisses geschaffener schöpferischer Leistungen eine Vergütung nur verlangen, wenn dies mit dem Arbeitgeber vereinbart ist. War der Arbeitnehmer arbeitsvertraglich nicht zur Erbringung solcher schöpferischen Leistungen verpflichtet, so kann eine Vergütungsvereinbarung den Umständen zu entnehmen sein[252].

F. Besonderheiten im öffentlichen Dienst bzgl. einfacher Verbesserungsvorschläge

67 Das Mitbestimmungsrecht des **Personalrates** ist infolge § 75 Abs. 3 Nr. 12 BPersVG begrenzt auf die Mitbestimmung über die **Grundsätze zur Bewertung** von anerkannten Vorschlägen im Rahmen des betrieblichen Vorschlagswesens. Sein Mitbestimmungsrecht erstreckt sich damit insbesondere nicht auf die Anerkennung der Vorschläge selbst und die einzelnen Prämierungen. § 40 Nr. 2 ArbEG eröffnet im Übrigen die Möglichkeit der

---

248 Ausf. Hartung (Fn. 247) S. 191 ff. Im Urteil vom 9.5.1995 (Az. 9 AZR 580/93 – unveröffentl.) hat das BAG allerdings betont, dass i. H. a. § 20 Abs. 2 ArbEG als Anspruchsgrundlagen für einen Prämienanspruch nur die Bestimmungen der Betriebsvereinbarung des beklagten Arbeitgebers über das Vorschlagswesen in Betracht kämen; vgl. auch LAG Hamm v. 4. 9. 1996 NZA-RR 1997, 258, 259.
249 BGH v. 11.11.1977 AP Nr.30 zu § 612 BGB – Buchmanuskript.
250 BAG v. 16.2.1978 AP Nr. 31 zu § 612 BGB; Buchner GRUR 1985, 1, 12 f.
251 BAG v. 30.4.1965 (Fn. 245) u.v. 28.4.1981 AP Nr. 1 zu § 87 BetrVG – Vorschlagswesen (zu III 4); Reimer/Schade/Schippel/Kaube Rz. 11 zu § 20; GK-Wiese BetrVG Rz. 742 zu § 87; ausf. z. Sonderleistung Hartung (Fn. 247) S. 78 ff.
252 Vgl. BAG v. 13.9.1983 GRUR 1984, 429, 432 – Statikprogramme; s. auch BGH v. 11.11.1977 (Fn. 249) u.v. 10.5.1984 GRUR 1985, 129, 130 – Elektrodenfabrik.
253-260 frei

§ 20

Behandlung technischer Verbesserungsvorschläge i. S. des § 20 Abs. 2 durch **Dienstvereinbarungen** (s. dazu Rz. 30 ff. zu § 40).

Für die Bundesverwaltung (ohne Bundespost und Bundesbahn) gelten die Richtlinien für das Vorschlagswesen i. d. F. vom 21. 6. 1989[261]. Die Bundeswehr[262] hat eigene Richtlinien, die sich inhaltlich weitgehend mit den vorgenannten Richtlinien decken. 68

Maßgeblich für die **Vergütungsbemessung** sind insbesondere die Faktoren: Grad der Verbesserung, Grad der Anwendung und Umfang der Durchführung, persönliche Leistung. Der Dienstherr soll – in Ermangelung einer gesetzlichen Regelung – grundsätzlich nach seinem pflichtgemäßen Ermessen darüber entscheiden können, ob er einen einfachen Verbesserungsvorschlag anerkennt, ob und in welcher Höhe er ihn prämiert und in welcher Weise er den Vorschlag bei der weiteren dienstlichen Verwendung oder bei etwaigen Beförderungen des Vorschlagenden in seine Erwägungen einbezieht[263] (vgl. aber für den privaten Dienst Rz. 60). 69

---

261 GMBl. 1989, 434 vgl. dazu (i. d. F. v. 11.10.1965) auch Hartung (Fn. 247) S. 177 ff.; s. auch VG Köln v. 12.9.1973 DÖD 1974, 37 f.; OVG Münster v. 6.2.1975 ZBR 1975, 349 f., best. d. BVerwG v. 31.1.1980 DÖD 1980, 250 f.
262 Richtl. f. d. Vorschl.Wesen i. d. Bundeswehr (VgRBw) i.d.F. v. 6.9.1989 VMBl. 1989, 322.
263 OVG Münster v. 6.2.1975, best. d. BVerwG v. 31.1.1980 (beide Fn. 261).

4. Gemeinsame Bestimmungen

§ 21 Erfinderberater

(1) In Betrieben können durch Übereinkunft zwischen Arbeitgeber und Betriebsrat ein oder mehrere Erfinderberater bestellt werden.
(2) Der Erfinderberater soll insbesondere den Arbeitnehmer bei der Abfassung der Meldung (§ 5) oder der Mitteilung (§ 18) unterstützen sowie auf Verlangen des Arbeitgebers und des Arbeitnehmers bei der Ermittlung einer angemessenen Vergütung mitwirken.

Lit.: *Gaul,* D. Rechtsstellung des Erfinderberaters n. d. ArbEG, BB 1981, 1781

Übersicht

A. Allgemeines 1-3	3. Verhältnis zwischen Betriebsrat und Erfinderberater 17
B. Bestellung des Erfinderberaters ... 4-18	III. Anspruch des Arbeitnehmers auf Beratung 18
I. Übereinkunft zwischen Arbeitgeber und Betriebsrat (Abs. 1) 4-13	C. Aufgaben und Befugnisse des Erfinderberaters (Abs. 2) 19-31
1. Einordnung in das Betriebsverfassungsgesetz (BetrVG) 5-7	I. Unterstützung des Arbeitnehmererfinders bei Erfindungsmeldung bzw. -mitteilung 20-22
2. Abgrenzung zum Mitbestimmungsrecht des Betriebsrates gem. § 87 Abs. 1 Nrn. 8, 12 BetrVG 8-10	II. Mitwirkung bei der Ermittlung der Vergütung 23
3. Einbeziehung leitender Angestellter gem. § 5 Abs. 3 BetrVG 11	III. Sonstige Aufgaben 24, 25
	IV. Befugnisse 26
4. Inhalt der Vereinbarung ... 12-13	V. Pflichten 27, 28
II. Bestellung des Erfinderberaters durch den Arbeitgeber..... 14-17	VI. Haftung............................... 29-31
1. Auswahl der Person 15	D. Erfinderberatung durch sonstige Personen oder Institutionen (auch) außerhalb des Unternehmens 32-35
2. Rechtsverhältnis zwischen Arbeitgeber und Erfinderberater 16	E. Öffentlicher Dienst..................... 36

A. Allgemeines

Der Gesetzgeber hat aus dem früheren Recht (§ 2 DVO 1943) die Institution des Erfinderberaters übernommen; allerdings wurde davon abgesehen, die Bestellung eines Erfinderberaters zwingend vorzuschreiben; sie bleibt vielmehr der freien Übereinkunft zwischen Arbeitgeber und Betriebsrat

1

§ 21

überlassen (Abs. 1). Aus der vorgeschriebenen Beteiligung des Betriebsrates kann nicht gefolgert werden, dass in Betrieben ohne Betriebsrat die Bestellung einer Person, die den Arbeitnehmererfindern beratend zur Seite steht, nicht möglich ist (vgl. unten Rz. 32). Für Soldaten soll diese »Kann-Vorschrift« des § 21 ggf. analog anwendbar sein[1].

2 Sinn der Institution des Erfinderberaters ist insbesondere die Bereitstellung eines neutralen und sachkundigen Betreuers, an den sich vorrangig der Arbeitnehmer mit seinen rechtlichen bzw. technischen Sorgen und Schwierigkeiten hinsichtlich seiner Erfindung wenden kann[2].

3 Obschon der Gesetzgeber bei Aufnahme dieser Vorschrift davon ausging, dass sich die Einrichtung des Erfinderberaters in der Praxis überwiegend bewährt hatte[2], ist bis heute die **praktische Bedeutung gering.** Anlässlich unserer früheren Umfrage bei Arbeitgeberverbänden, Gewerkschaften und sonstigen Interessenverbänden sowie zahlreichen Unternehmen im Herbst 1979 konnte kein Unternehmen ermittelt werden, in dem ein Erfinderberater im Sinne des § 21 bestellt worden ist; als Ergebnis musste vielmehr der Eindruck gewonnen werden, dass seit In-Kraft-Treten des ArbEG von der Möglichkeit der Bestellung eines Erfinderberaters in der Industrie so gut wie kein Gebrauch gemacht worden ist. An dieser Situation hat sich bis heute nach unseren Erfahrungen nichts geändert. Dagegen ist im öffentlichen Dienst das Institut des Erfinderberaters anzutreffen[3].

Der nicht erschöpfende Aufgabenkatalog des § 21 Abs. 2 wird bei größeren Unternehmen in der Regel von den Patentabteilungen und bei mittleren und kleinen Unternehmen oftmals von Patent- bzw. Rechtsanwälten wahrgenommen. Darüber hinaus haben Gewerkschaften vielfach Erfinderberatungsstellen für ihre Mitglieder eingerichtet (Näheres vgl. unten Rz. 33 f.).

B. Bestellung des Erfinderberaters

I. Übereinkunft zwischen Arbeitgeber und Betriebsrat (Abs. 1)

4 § 21 Abs. 1 knüpft die Bestellung eines Erfinderberaters an eine Übereinkunft zwischen den Betriebsparteien (Arbeitgeber und Betriebsrat) an. Die Übereinkunft steht in deren Belieben; eine Bestellung des Erfinderberaters kann weder vom Arbeitgeber noch vom Betriebsrat erzwungen werden[3a].

Auch wenn gem. dem Wortlaut des Abs. 1 die Bestellung eines Erfinderberaters auf den »Betrieb« bezogen wird, gilt doch auch für § 21 die allgemeine Feststellung, dass sich der Begriff des Betriebs grundsätzlich mit dem

---

1 So Ausschussber. zu BT-Drucks II/3327, S. 8 = Blatt 1957, 253.
2 Vgl. Amtl. Begr. BT-Drucks. II/1648 S. 39 = Blatt 1957, 240.
3 Volz Öffentl. Dienst S. 4 (dort Fn. 7).
3a Pulte NzA 2000, 234.

§ 21

des Unternehmens deckt (s. hierzu Rz. 101 ff. zu § 1). Gerade bei der Funktion des Erfinderberaters erscheint es zweckmäßig, wenn dieser betriebsübergreifend, also unternehmensbezogen, tätig wird[4].

1. Einordnung in das Betriebsverfassungsgesetz (BetrVG)

Bei dieser im Belieben der Betriebsparteien stehenden Übereinkunft handelt es sich um eine »**Vereinbarung**« im Sinne des **§ 77 Abs. 1 BetrVG**; die Vereinbarung als Oberbegriff umfasst sowohl die formlos zulässige, nur auf die wechselseitige Verpflichtung der Betriebsparteien gerichtete Regelungsabrede (**Betriebsabsprache**, betriebliche Einigung)[5] als auch die – im Gegensatz dazu – normativ wirkende, die einzelnen Arbeitsverhältnisse unmittelbar gestaltende **Betriebsvereinbarung** (vgl. § 77 Abs. 2, 4 Satz 1 BetrVG). 5

Da § 21 Abs. 1 ArbEG – im Unterschied zu § 20 Abs. 2 ArbEG – die Art und den Inhalt der Vereinbarung nicht zwingend vorschreibt, sind beide Regelungsarten zulässig[6]. Wollen die Betriebsparteien die Institution des Erfinderberaters durch eine Betriebsvereinbarung regeln, sind die zwingenden Bestimmungen des § 77 Abs. 2 BetrVG zu beachten[7]. Auch an den Abschluss einer Regelungsabrede als vertragliche Vereinbarung zwischen Arbeitgeber und Betriebsrat sind dieselben Anforderungen wie an das Zustandekommen einer Betriebsvereinbarung zu stellen, allerdings mit der Ausnahme, dass diese formlos, also auch konkludent, möglich ist[8]. 6

Die **betriebliche Einigungsstelle** (§ 76 BetrVG), nicht aber die Schiedsstelle für Arbeitnehmererfindungen beim Deutschen Patent- und Markenamt (s. § 28 ArbEG), ist bei Meinungsverschiedenheiten entscheidungsbefugt[9]. 7

Durch **Spruch der Einigungsstelle** kann eine Betriebsvereinbarung über diesen Regelungsbereich nur unter den Voraussetzungen des § 76 Abs. 6 BetrVG zustande kommen. Ein **Initiativrecht**[10] steht dem Betriebsrat auf-

---

4 Ebenso Volmer/Gaul Rz. 7 ff. zu § 21; Gaul BB 1981, 1781.
5 Ebenso Herschel RdA 1982, 268; a.A. Gaul BB 1981, 1781, 1783; zur Abgrenzung vgl. Galperin/Löwisch BetrVG Rz. 100 ff. zu § 77 m.w.N.
6 Abw. d. h.M., z.B. Reimer/Schade/Schippel/Kaube Rz. 6 zu § 21, die nur von einer Betriebsvereinbarung ausgehen.
7 Vgl. zu fehlerhaften Betriebsvereinb. u. ihren Auswirkungen auf ArbN., v. Hoyningen – Huene DB 1984, Beilage 1.
8 Vgl. auch BAG v. 8.10.1959 AP Nr. 14 zu § 56 BetrVG 1952 u. v. 8.2.1963 AP Nr. 4 zu § 56 BetrVG 1952 – Akkord.
9 So auch Gaul BB 1981, 1781, 1783.
10 Ebenso Volmer/Gaul Rz. 10 f. zu § 21; grunds. z. Initiativrecht BAG v. 14.11.1974 AP Nr. 1 zu § 87 BetrVG 1972; s. auch Boewer DB 1973, 522 ff.; a.A. wohl Herschel (Fn. 5).
11 frei

§ 21

grund des Wortlautes des § 21 Abs. 1 ArbEG (»können«) nicht zu. Hat aber der Arbeitgeber seine grundsätzliche Entscheidung zur Bestellung eines Erfinderberaters getroffen, sind alle weiteren Fragen mit dem Betriebsrat abzuklären. Die Entscheidung, die Funktion des Erfinderberaters wieder aufzuheben, obliegt allein dem Arbeitgeber, selbstverständlich unter Beachtung der individual- und kollektivrechtlichen Belange im Zusammenhang mit dem Ausspruch einer Kündigung. In Ausführung dieser Grundsätze ist es also allein Aufgabe des Arbeitgebers, dieses Organ zu schaffen und personell zu besetzen[12]. Ein weitergehendes Mitbestimmungsrecht käme einem unzulässigen Eingriff in die Unternehmensleitung gleich.

2. Abgrenzung zum Mitbestimmungsrecht des Betriebsrates gem. § 87 Abs. 1 Nrn. 8, 12 BetrVG

8   Zwar stellt § 21 Abs. 1 ArbEG wegen seines **nicht zwingenden Charakters** keine gesetzliche Regelung im Sinne des § 87 Abs. 1 Eingangssatz BetrVG dar[16], löst also nicht dessen Sperrfunktion gegen ein Mitbestimmungsrecht des Betriebsrates im Sinne des § 87 BetrVG aus. Die Bestellung eines Erfinderberaters lässt sich aber nicht dem abschließenden Katalog der mitbestimmungspflichtigen Angelegenheiten des § 87 Abs. 1 BetrVG zuordnen.

9   Der Erfinderberater ist insbes. **keine soziale Einrichtung** im Sinne des § 87 Abs. 1 Nr. 8 BetrVG, da durch ihn dem Arbeitnehmer keine zusätzliche Leistung mit sozialer (uneigennütziger) Zielsetzung gewährt wird[17]; vielmehr erfolgt die Bestellung des Erfinderberaters (auch) aus betrieblichen Gründen, etwa zur ordnungsgemäßen Erfüllung der Melde- bzw. Mitteilungspflichten (vgl. § 21 Abs. 2 ArbEG). Die Beratung gewährt dem Arbeitnehmer zwar Vorteile, die aber in der Sache selbst begründet sind, ohne dass dadurch seine soziale Lage unmittelbar verbessert wird.

10   **§ 87 Abs. 1 Nr. 12 BetrVG** weist dem Betriebsrat ein – wegen der Sperrfunktion des § 87 Abs. 1 Eingangssatz BetrVG i.V.m. der Bestimmung des § 20 Abs. 1 ArbEG (vgl. hierzu Rz. 50 zu § 20) ohnehin eingeschränktes – Mitbestimmungsrecht zu, und zwar nur hinsichtlich der Grundsätze über die organisatorische Behandlung und Belohnung von Verbesserungsvorschlägen; aus diesem Grunde fällt mit der bloß beratenden Funktion die Einrichtung des Erfinderberaters nicht in den Bereich des Verbesserungs-

---

12   S. zur vergleichbaren Situation der Bestellung des Beauftragten für das betriebl. VV.-Wesen BAG v. 16.3.1982 DB 1982, 1468.
13-15 frei
16   S. allg. Wiese i. GK-BetrVG Anm. 19 ff. zu § 87 m.w.N.; vgl. auch BAG v. 13.3.1973 AP Nr. 1 zu § 87 BetrVG 1972 – Werkmietwohnungen; a.A. Boewer (Fn. 10) S. 524.
17   Zum Begriff vgl. Stege/Weinspach BetrVG Rz. 135 zu § 87.

§ 21

vorschlagswesens und mithin nicht in das Mitbestimmungsrecht des Betriebsrates gem. § 87 Abs. 1 Nr. 12 BetrVG.
Nach h.M. soll dem Betriebsrat indes ein Antragsrecht nach § 80 Abs. 1 Nr. 2 BetrVG zukommen[17a].
Dem **Beauftragten für das betriebliche Verbesserungsvorschlagswesen** (vgl. dazu auch Rz. 57 zu § 20) kann eine ähnliche Stellung wie dem Erfinderberater zukommen.

3. Einbeziehung leitender Angestellter gem. § 5 Abs. 3 BetrVG

Auch wenn die Vorschrift des § 77 BetrVG über Regelungsabreden bzw. Betriebsvereinbarungen für leitende Angestellte (zum Begriff vgl. Rz. 64 zu § 1) wegen § 5 Abs. 3 BetrVG nicht unmittelbar gilt, es also dem Betriebsrat an einem Recht zur Vertretung dieses Personenkreises fehlt, kann diese betriebsverfassungsrechtliche Gliederung der Belegschaft es für sich allein nicht rechtfertigen, die leitenden Angestellten von Unterstützungsleistungen eines Erfinderberaters auszuschließen. Vielmehr müssen – neben praktischen Erwägungen – der Gesichtspunkt der Fürsorgepflicht des Arbeitgebers und der Gleichbehandlungsgrundsatz es rechtfertigen, die leitenden Angestellten insoweit mit den anderen Arbeitnehmern **gleichzustellen**[18]. Darüber hinaus können Arbeitgeber und Betriebsrat auch durch Vertrag zugunsten Dritter (§ 328 BGB) diesen Personenkreis in ihre Übereinkunft einbeziehen[18]. 11

4. Inhalt der Vereinbarung

Da die Vereinbarung zwischen Arbeitgeber und Betriebsrat sich auf die Institution des Erfinderberaters als solche bezieht, wird sie regelmäßig die **organisatorischen Grundsätze** festlegen, wie Zahl der Erfinderberater, persönliche Voraussetzungen, insbesondere Qualifikation, Begründung eines Angestelltenverhältnisses oder Beauftragung eines außenstehenden Dritten, Tätigkeitsbereiche, Modalitäten der Zusammenarbeit mit der Patentabteilung u. ä. Ferner kann die Vereinbarung dem Erfinderberater über § 21 Abs. 2 hinausgehende, weitere Aufgaben übertragen und auch dessen Rechtsstellung im Betrieb (z.B. Einsichts-, Informations-, Zugangsrechte) konkretisieren. 12

Die **Bestimmung der Person** des Erfinderberaters bleibt – mangels Abrede – grundsätzlich dem Arbeitgeber vorbehalten (s. dazu Rz. 15 ff.).

Die **Kosten** des Erfinderberaters trägt der Arbeitgeber; eine Umlegung der Kosten auf die Arbeitnehmer, die die Dienste des Erfinderberaters in 13

17a Fitting/Kaiser/Heither/Engels BetrVG Rz. 155a zu § 87 BetrVG m.H.a. Heilmann/Taeger BB 1990, 1969, 1973.
18 Vgl. die Grundsätze i. BAG v. 31.1.1979 NJW 1979, 1621, 1622.

§ 21

Anspruch nehmen, verbietet sich schon deshalb, weil andernfalls die Institution als solche in Frage gestellt wäre. Die Vergütungshöhe soll der Funktion des Erfinderberaters Rechnung tragen und der Tätigkeit angemessen sein.

II. Bestellung des Erfinderberaters durch den Arbeitgeber

14 Da das Gesetz keine Voraussetzungen für die Person des Erfinderberaters aufstellt, ist der Arbeitgeber – mangels anders lautender Abrede mit dem Betriebsrat – bei der **Auswahl** des Erfinderberaters frei (s. aber auch Rz. 12).

1. Auswahl der Person

15 Er kann hierzu einen Arbeitnehmer seines Unternehmens – auch einen leitenden Mitarbeiter i. S. d. § 5 Abs. 3 BetrVG[19]- oder einen Außenstehenden[20], etwa Patent- oder Rechtsanwalt, auswählen. Von der Aufgabenstellung her empfiehlt es sich, eine **sachkundige, unparteiische Person** zu bestellen, die vor allem das Vertrauen der Arbeitnehmer genießt. Branchenspezifische Kenntnisse sind dabei unumgängliche Voraussetzung. Besondere Rechte kommen dem Betriebsrat bei der Auswahl der Person nicht zu, es sei denn, die Betriebsvereinbarung enthält diesbezügliche Regelungen. Allerdings hat der Arbeitgeber bei Einstellung bzw. Entlassung des Erfinderberaters die personellen Mitbestimmungsrechte des Betriebsrates gem. §§ 99 ff., 102 BetrVG zu beachten.

2. Rechtsverhältnis zwischen Arbeitgeber und Erfinderberater

16 Soweit im Einzelfall nichts anderes vereinbart ist, führt der Arbeitgeber die mit dem Betriebsrat getroffene »Übereinkunft« aus (vgl. § 77 Abs. 1 Satz 1 BetrVG). Ihm obliegen also neben Auswahl, Ernennung bzw. Einstellung oder Beauftragung des Erfinderberaters (s. oben Rz. 16) auch der Abschluss der dienst-/arbeitsvertraglichen Vereinbarungen[21]. Vertragliche Beziehungen bestehen folglich nur zwischen dem Arbeitgeber und dem Erfinderberater. Der Erfinderberater unterliegt damit zwar dem Direktions- bzw. Weisungsrecht des Arbeitgebers, das jedoch wegen der neutralen Stellung des Erfinderberaters nur eingeschränkt zum Zuge kommt (vgl. auch unten Rz. 26).

---

19 Gaul BB 1981, 1781, 1784.
20 Nikisch ArbR Bd. 1 § 28 II 11 e m.w.N.; Volmer/Gaul Rz. 14 zu § 21.
21 Einzelheiten hierzu s. bei Gaul (Fn. 19) S. 1786 f.

§ 21

3. Verhältnis zwischen Betriebsrat und Erfinderberater

Eine Konkurrenz zwischen den dem Erfinderberater obliegenden Aufgaben und den dem Betriebsrat zugewiesenen Funktionen besteht nicht. Während der Erfinderberater bei der Anwendung des Arbeitnehmererfindungsrechts helfen soll, hat der Betriebsrat insbesondere zu kontrollieren, ob die rechtliche Ordnung, also auch die Verfahrensvorschriften und materiellen Bestimmungen des Arbeitnehmererfindungsrechts, sachgerecht angewendet werden[22] (vgl. auch Anhang zu §§ 20, 21). 17

III. Anspruch des Arbeitnehmers auf Beratung

Die einzelnen Arbeitnehmererfinder haben mit Bestellung des Erfinderberaters einen durchsetzbaren **Anspruch** gegenüber dem Arbeitgeber auf Inanspruchnahme von Beratungstätigkeit bzw. Unterstützungshandlungen des Erfinderberaters. 18

C. Aufgaben und Befugnisse des Erfinderberaters (Abs. 2)

Der **nicht abschließende Aufgabenkatalog** des Abs. 2 verdeutlicht, dass die Funktion des Erfinderberaters in erster Linie in der Betreuung des Arbeitnehmererfinders liegt, was aber nicht ausschließt, dass er auch vom Arbeitgeber in Anspruch genommen werden kann[23]. Da der Erfinderberater sich aber nicht als Interessenvertreter verstehen darf, muss er sich bei der Erfüllung seiner Aufgaben des **Gebotes der Neutralität** bewusst sein. 19

I. Unterstützung des Arbeitnehmererfinders bei Erfindungsmeldung bzw. -mitteilung

Abs. 2 hebt als **wesentliche Aufgabe** die Unterstützung des Arbeitnehmers bei der Abfassung der Meldung von Diensterfindungen gem. § 5 bzw. der Mitteilung freier Erfindungen nach § 18 hervor. Der Erfinderberater hat dem Arbeitnehmer – auch ohne dessen ausdrückliches Verlangen – mit Rat und Tat zur Seite zu stehen; umfasst wird insbesondere die Beratung und Hilfe bei Feststellung des Erfindungscharakters als gebundene oder freie Erfindung, bei Erstellung der ordnungsgemäßen Meldeunterlagen, bei Ermittlung der Miterfinder und der auf den einzelnen Miterfinder entfallenden Anteile sowie die Aufklärung über die Rechte und Pflichten des Arbeitnehmers bei Diensterfindungen (Lauf von Fristen, Inanspruchnahmerecht des Arbeitgebers, Freiwerden der Diensterfindung, Bindungen an die 20

---

22 Gaul (Fn. 19) S. 1788.
23 Vgl. Amtl. Begr. (Fn. 2).

§ 21

Treuepflicht usw.), sofern hierzu nach den tatsächlichen Gegebenheiten Anlass besteht. Vergleichbares gilt im Rahmen der Mitteilung einer freien Erfindung (§ 18); von weiterer Bedeutung ist hierbei u. a. die Mithilfe bei der Klärung der Frage, ob eine Mitteilung nach § 18 Abs. 3 entfällt, ebenso wie die Beratung, in welchem Umfange der Arbeitnehmer nach § 18 Abs. 1 Satz 2 seiner Mitteilungspflicht nachzukommen hat.

21 Allerdings muss sich der einzelne Arbeitnehmererfinder des **bloß beratenden Charakters** dieser Unterstützungsleistung des Erfinderberaters bewusst sein, die ihn in Zweifelsfällen nicht von eigenen Sorgfaltspflichten – etwa in Form weitergehender Erkundigungen – befreit. Selbstverständlich ist der Arbeitnehmer auch nicht an Ratschläge oder Empfehlungen des Erfinderberaters gebunden.

22 Der Erfinderberater ist bei seiner Tätigkeit **weder Vertreter des Arbeitnehmererfinders noch des Arbeitgebers.** Insoweit kann der Arbeitnehmer die ihm selbst obliegenden Pflichten grundsätzlich nicht auf den Erfinderberater abwälzen, etwa diesen mit einer selbständigen Meldung (§ 5) bzw. Mitteilung der Erfindung (§ 18) beauftragen; gleiches gilt für den Arbeitgeber, etwa bezüglich der Erklärung einer Inanspruchnahme (§ 6) oder der Festsetzung einer Vergütung (§ 12 Abs. 3). Die verantwortliche Entscheidung im Einzelfall verbleibt selbstverständlich stets beim Arbeitgeber bzw. beim Arbeitnehmererfinder.

II. Mitwirkung bei der Ermittlung der Vergütung

23 Darüber hinaus hat der Erfinderberater nach Abs. 2 bei der Ermittlung einer angemessenen Vergütung im Sinne der §§ 9 ff., § 14 Abs. 3, § 16 Abs. 3, § 17 Abs. 3, § 19 Abs. 1, 4, § 20 Abs. 1 mitzuwirken, allerdings nur dann, wenn Arbeitgeber und Arbeitnehmer dies im konkreten Fall (formlos) **einverständlich verlangen;** als neutraler Berater muss er um eine den beiderseitigen Belangen gerecht werdende Lösung bemüht sein. Da sich seine Aufgabe auf Mitwirkungshandlungen beschränkt, hat er keine streitentscheidende bzw. schiedsrichterliche Befugnis.

III. Sonstige Aufgaben

24 Wegen der nicht abschließenden Aufzählung in Abs. 2 kann der Erfinderberater grundsätzlich weitergehende Aufgaben, etwa Unterstützungshandlungen im Rahmen der Anbietungspflicht des Arbeitnehmers nach § 19 sowie solche bei qualifizierten technischen Verbesserungsvorschlägen (§ 20 Abs. 1), wahrnehmen. Dies gilt auch dann, wenn die Übereinkunft

§ 21

zwischen Arbeitgeber und Betriebsrat diesbezüglich keine Regelungen enthält[24].
Eine Einschaltung des Erfinderberaters in die Behandlung **einfacher technischer Verbesserungsvorschläge** (vgl. § 20 Abs. 2) verbietet sich regelmäßig dann, wenn eine betriebliche Ordnung des Verbesserungsvorschlagswesens besteht. Denn insoweit sind die Mitbestimmungsrechte des Betriebsrats (§ 87 Abs. 1 Ziff. 12 BetrVG) vorrangig[25].

Grundsätzlich hat der Erfinderberater dem Arbeitnehmer bei der Erfüllung aller gesetzlichen Pflichten gegenüber dem Arbeitgeber mit Rat und Tat zur Seite zu stehen. Er hat den Arbeitnehmer ferner auf seine Rechte hinzuweisen und ggf. zu belehren (s. Rz. 20). Der Arbeitnehmer kann ihn aber – mangels betrieblicher Abrede – nicht zur Mitwirkung bei eigenen Schutzrechtsanmeldungen freier oder frei gewordener Erfindungen beanspruchen. 25

IV. Befugnisse

Auch soweit die betriebliche Übereinkunft keine Bestimmung enthält, müssen dem Erfinderberater solche Rechte zustehen, die zur ordnungsgemäßen Erfüllung seiner Aufgaben notwendig sind. Dazu gehört nicht nur die Bereitstellung sächlicher Mittel durch den Arbeitgeber, sondern auch die Einräumung von angemessenen **Einsichts-, Informations- und Zugangsrechten**. 26

Ohne Zustimmung des Arbeitnehmererfinders hat der Erfinderberater **kein Einsichtsrecht in die Personalakten** oder in sonstige personenbezogene Daten.

Der Arbeitgeber wird auch gehalten sein, dem Erfinderberater einen gewissen Freiraum bei der Durchführung seiner Tätigkeit zuzugestehen und der besonderen »Kollisionsstellung« Rechnung zu tragen; dies sollte auch bei seiner funktionalen Einordnung im Betrieb berücksichtigt werden.

V. Pflichten

Die besondere **Neutralitätspflicht** des Erfinderberaters folgt daraus, dass er nicht Interessenvertreter einer der Arbeitsvertragsparteien ist (s. auch Rz. 22). 27

Allerdings verbietet ihm diese Neutralitätspflicht nicht, eigene Erfindungen zu entwickeln und hierfür Vergütungen zu beanspruchen. Im Interesse

---

24 So zutr. Reimer/Schade/Schippel/Kaube Rz. 10 zu § 21; a.A. Lindenmaier/Lüdecke Anm. 4 zu § 21; zu eng insoweit Amtl. Begr. (Fn. 2).
25 Gaul (Fn. 19) S. 1789.
26-30 frei

915

§ 21

28 seiner Vertrauensposition sollte er sich aber bei einer Beteiligung als Miterfinder eine gewisse Zurückhaltung auferlegen.
Der Erfinderberater unterliegt – unabhängig von getroffenen Abreden – für Erfindungen der **Geheimhaltungspflicht** aus § 24 Abs. 3 ArbEG (Näheres s. Rz. 47 ff. zu § 24). Diese Geheimhaltungspflicht erfasst auch sonstiges technisches Wissen, welches ihm im Rahmen seiner Tätigkeit bekannt bzw. anvertraut wird (vgl. auch §§ 17, 18 UWG; Einzelheiten s. Rz. 38 ff. zu § 24); dies gilt namentlich auch für technische Verbesserungsvorschläge.

Aus der Natur der Sache folgt auch, dass er selbstverständlich über persönliche Verhältnisse des Arbeitnehmererfinders einschließlich der Vergütungsansprüche Stillschweigen zu bewahren hat.

VI. Haftung

29 Entsprechend dem Rechtsgedanken des § 676 BGB haftet der Erfinderberater grundsätzlich nicht für einen irrtümlich fehlerhaften Rat bzw. eine Empfehlung, und zwar weder dem Arbeitnehmer noch dem Arbeitgeber gegenüber[31].

30 Im Übrigen finden auf den Erfinderberater die Grundsätze zur **eingeschränkten Haftung im Arbeitsverhältnis**[32] Anwendung.

Bei vorsätzlichem Fehlverhalten (etwa im Rahmen der Verletzung der Verschwiegenheitspflicht) bewendet es bei den allgemeinen Haftungsgrundsätzen nach §§ 823, 826 BGB bzw. bei Ansprüchen aus Verletzung des Arbeitsvertrags.

31 Eine nur in Ausnahmefällen anzunehmende Haftung des Arbeitgebers gegenüber dem Arbeitnehmererfinder für ein Fehlverhalten des Erfinderberaters bestimmt sich nach §§ 831 bzw. 278 BGB, sofern der Arbeitgeber den Erfinderberater außerhalb dessen eigentlichen Aufgabenbereichs einschaltet.

D. Erfinderberatung durch sonstige Personen oder Institutionen (auch) außerhalb des Unternehmens

32 Da § 21 ArbEG dem Betriebsrat nur eine (nicht durchsetzbare) rechtliche Gestaltungsmöglichkeit zur Bestellung eines Erfinderberaters einräumt, ist der Arbeitgeber frei darin, auch ohne die Mitwirkung des Betriebsrates eine Person mit der Betreuung, insbesondere Beratung der Arbeitnehmererfinder zu beauftragen (sog. **Erfinderbetreuer**). Dies entspricht der Übung in der Praxis: insbesondere in Großunternehmen wird die Patentabteilung auch in dieser Funktion tätig, zumal § 5 Abs. 3 Satz 2 ArbEG eine eigen-

---

31 Weitergehend wohl Gaul (Fn. 19) S. 1789 f.
32 Vgl. dazu BAG v. 27.9.1994 NJW 1995, 210 u. BGH v. 21.9.1993 NJW 1994, 856.
33 frei

§ 21

ständige Unterstützungspflicht des Arbeitgebers bei nicht ordnungsgemäßen Erfindungsmeldungen normiert.

Der Gesetzgeber hat davon abgesehen, dem Arbeitnehmer ausdrücklich zu gestatten, eine staatliche oder eine von einer Arbeitnehmervereinigung eingerichtete **Erfinderberatungsstelle** in Anspruch zu nehmen[34]. Dem Arbeitnehmer ist es selbstverständlich möglich, sich bei solchen Stellen oder bei sonstigen, hierzu befugten Personen (z.B. Patent-, Rechtsanwälten, Erlaubnisscheininhabern) über Rechte und Pflichten im Hinblick auf seine Erfindung zu unterrichten (Rechtsberatung)[34].

33

Davon zu unterscheiden sind die auf öffentliche (s. § 34 Abs. 2 PatG u. § 4 a GebrMG und/oder private Initiative zurückgehenden »**Patentinformationszentren**«, die keine Rechtsberatung über arbeitnehmererfinderrechtliche Fragen durchführen bzw. vermitteln[35], sondern vorrangig freien, privaten Erfindern wirtschaftliche, technische und patentrechtliche Unterstützung gewähren, wie etwa die Durchführung von Patentrecherchen, Hilfestellung bei der Patentanmeldung, Produktmanagement, Beschaffung von Förderungsmitteln und Vermittlung von Kontakten zur Industrie (z.B. Patent- und Innovations-Centrum <PIC> in Bielefeld, Erfinderzentrum Norddeutschland GmbH in Hannover, Agentur für Informationsförderung und Technologietransfer GmbH in Leipzig, MIPO Mitteldeutsche Informations-, Patent-, Online-Service GmbH in Halle, Technologie-Transfer-Zentrale Schleswig-Holstein GmbH in Kiel, Zentrale für Produktivität und Technologie Saar e.V. in Saarbrücken sowie die Patentstelle für die Deutsche Forschung der Frauenhofer-Gesellschaft zur Förderung der angewandten Forschung e.V. in München)[36].

34

In diesen Zusammenhang gehören auch die von Arbeitnehmervereinigungen beschäftigten oder beauftragten, meist überregional tätigen Berater ebenso wie die bei Handwerks- bzw. Industrie- und Handelskammern sowie Landesgewerbeanstalten eingerichteten Erfinderberatungsstellen[36]. Schließlich bietet das Deutsche Patent- und Markenamt in München und über seine Dienststellen in Berlin und Jena Erfinderberatungen an[36].

Dagegen kann sich der Arbeitnehmer bei einer darüber hinausgehenden **Beratung** in technischer Hinsicht **über den konkreten Erfindungsgegenstand**, z.B. bei der Ausarbeitung einer Erfindungsmeldung, nur an solche Personen wenden, die von Berufs wegen zur Geheimhaltung verpflichtet sind (s. auch Rz. 47 ff. zu § 24).

35

---

34 Vgl. Amtl. Begr. (Fn. 2); Ausschussber. (Fn. 1) S. 7 f. = Bl. 1957, 253.
35 Zu den Befugnissen und Grenzen der Beratung durch Patentinformationszentren s. van Raden Mitt. 1996, 202 ff.
36 S.d. Aufstellung (Stand 1.1.2002) in Blatt 2002, 73 ff..

§ 21

E. Öffentlicher Dienst

36 Gem. §§ 40, 41 findet die Regelung des § 21 auch im öffentlichen Dienst entsprechende Anwendung[37]. Somit können in Dienststellen (z. Begriff s. § 6 BPersVG) durch Übereinkunft (Dienstvereinbarungen, s. § 73 BPersVG) mit dem Personalrat für die Angehörigen des öffentlichen Dienstes (s. dazu § 4 BPersVG; Einzelheiten zur Abgrenzung s. Rz. 137 ff. zu § 1 u. Rz. 4 zu § 40) Erfinderberater bestellt werden. Davon ist auch – z.b. bei den öffentlich-rechtlichen Rundfunkanstalten – Gebrauch gemacht worden (s. Rz. 3). Im Übrigen gilt das oben Gesagte entsprechend.

---

[37] Dies verkennen Volmer/Gaul Rz. 162 ff. zu § 40, wonach § 21 ArbEG nicht für den öffentlichen Dienst gelten soll (zutr. dagegen dies. Rz. 61 zu § 41).

Anhang zu §§ 20, 21

Die sonstigen Rechte des Betriebsrates (Personalrates) im Rahmen des Arbeitnehmererfindungsrechts – Rechte des Sprecherausschusses

Lit.: *Gaul*, Einflussrechte des BR b. Arbeitnehmererfindungen ArbuR 1987, 359.

Übersicht

A. Allgemeines.................................. 1, 2	III. Informationsrecht (§ 80 Abs. 2 BetrVG, § 68 Abs. 2 BPersVG)................................ 14-20
B. Zuständigkeit des Betriebsrates.... 3-6	
C. Kontroll- und Informationsrechte des Betriebsrates (Personalrates) gem. § 80 BetrVG (§ 68 BPersVG) 7-23	
I. Überwachung der Durchführung von Rechtsvorschriften zugunsten des Arbeitnehmers (§ 80 Abs. 1 Nr. 1 BetrVG, § 68 Abs. 1 Nr. 2 BPersVG)... 7-12	IV. Hinzuziehung von Sachverständigen (§ 80 Abs. 3 BetrVG)............................... 21-23
	D. Unterstützung des Arbeitnehmers gem. §§ 82-84 BetrVG......... 24-27
	E. Behandlung von Arbeitnehmer-Beschwerden durch den Betriebsrat (§ 85 BetrVG; § 68 Abs. 1 Nr. 3 BPersVG)...................... 28-30
II. Antragsrecht und Übermittlung von Arbeitnehmer-Anregungen (§ 80 Abs. 1 Nrn. 2 u. 3 BetrVG, § 68 Abs. 1 Nrn. 1 u. 3 BPersVG).. 13	F. Mitbestimmungsrecht des Personalrates.. 31-33

A. Allgemeines

Ausdrückliche Regelungen über Mitwirkungsrechte des Betriebsrates (Personalrates) im Rahmen des Arbeitnehmererfindungsrechts enthalten lediglich § 20 Abs. 2 (§ 87 Abs. 1 Nr. 12 BetrVG, § 75 Abs. 3 Nr. 12 BPersVG), § 21 Abs. 1 sowie § 40 Nr. 2 ArbEG). Während sich diese Normen auf die Mitwirkung des Betriebsrates (Personalrates) bei der Festlegung kollektiver Vereinbarungen erstrecken, fehlen Spezialregelungen über deren Beteiligung bei Individualmaßnahmen gegenüber einem oder mehreren Arbeitnehmererfindern (Beamten). Insoweit ist auf die allgemeinen Bestimmungen des **Betriebsverfassungsgesetzes**, insbesondere die §§ 80 ff. BetrVG, bzw. der **Personalvertretungsgesetze**, insbesondere §§ 66 ff. BPersVG, zurückzugreifen. Das Gesetz über **Europäische Betriebsräte** – EBRG – vom 28.10.1996 (BGBl. I, S. 1548) hat erfinderrechtlich keine spezifischen Auswirkungen.

    Wegen der Parallelität des BetrVG 1972 und des BPersVG 1974 in wesentlichen Grundfragen beschränkt sich die nachfolgende Darstellung auf den Anwendungsbereich des BetrVG. Entsprechende Regeln des BPersVG sind lediglich ergänzend aufgeführt (s. im Übrigen Rz. 31 ff.).

1

Anhang zu §§ 20, 21

2   Das **Sprecherausschussgesetz** (SprAuG) sieht in den §§ 25 ff. SprAuG einzelne Informations- und Mitwirkungsrechte des Sprecherausschusses in Bezug auf **leitende Angestellte** vor. Diese sind gegenüber den Rechten des Betriebs- bzw. Personalrates erheblich eingeschränkt[1]. Die Wahrnehmung individueller Belange der einzelnen leitenden Angestellten ist dem Sprecherausschuss verwehrt.

B. Zuständigkeit des Betriebsrates

3   Die im Betriebsverfassungsgesetz normierten Befugnisse des Betriebsrates erstrecken sich auf alle Arbeitnehmer (zum Begriff vgl. Rz. 9 ff. zu § 1), also die im aktiven Arbeitsverhältnis stehenden Arbeiter und Angestellten einschl. der zu ihrer Berufsausbildung Beschäftigten (§ 5 Abs. 1 BetrVG); zum Anwendungsbereich der PersVGe s. die entsprechenden Bestimmungen (z.B. § 4 BPersVG).
Ausgeschiedene Arbeitnehmer und **Pensionäre** unterliegen nicht mehr dem Einwirkungsrecht des Betriebsrates[1a].
Das Betriebsverfassungsgesetz gilt nur für Betriebe, die in der Bundesrepublik Deutschland gelegen sind (Territorialitätsprinzip)[2]. Bei **Inlandsbetrieben ausländischer Unternehmen** kann das deutsche Betriebsverfassungsgesetz nur einheitlich durchgeführt werden, gilt also auch für die Arbeitnehmer, deren Arbeitsverhältnis sich im Übrigen nach ausländischem Recht regelt[3].
Ausländische Betriebe eines inländischen Unternehmens sind aufgrund des Territorialitätsprinzips dem deutschen Betriebsverfassungsrecht auch dann entzogen, wenn sie sich nach deutschem Betriebsverfassungsrecht nur als unselbständige Betriebsteile oder Nebenbetriebe (§ 4 BetrVG) darstellen[3a]. Dies gilt nach allgemeiner Ansicht auch dann, wenn mit den im Ausland tätigen Arbeitnehmern die Geltung des deutschen Arbeitsrechts vereinbart wurde[3b].
Eingeschränkt ist dieses Territorialprinzip durch sog. »**Ausstrahlungen**« **eines inländischen Betriebs** über die Grenzen des Geltungsbereiches des Betriebsverfassungsgesetzes hinaus. Dem Arbeitnehmer bleibt die Vertretung seiner Interessen durch den Betriebsrat auch dann erhalten, wenn er zwar im Ausland tätig ist, aber noch zum inländischen Betrieb gehört, also

---

1   Allgemein hierzu Dänzer-Vanotti DB 1990, 41; Wlotzke DB 1989, 177; Bauer NZA 1989 Beil. 1 S. 26; Buchner NZA 1989 Beil. 1 S. 16.
1a   Gaul ArbuR 1987, 359, 369 m.w.N.
2   BAG v. 9. 11. 1977 AP Nr. 13 Intern. Privatrecht, Arbeitsrecht; v. 25.4.1978 DB 1978, 1840; v. 27.5.1982 AP Nr. 3 zu § 42 BetrVG 1972; LAG Düsseldorf v. 14.2. 1979 DB 1979, 2233, 2234.
3   BAG v. 9.11.1977 u.v. 25.4.1978 (Fn. 2).
3a   BAG v. 1.10.1974 DB 1975, 453.
3b   BAG v. 25.4.1978 (Fn. 2).

Anhang zu §§ 20, 21

etwa bei Monteuren, die im Ausland außerhalb einer dort bestehenden, festen betrieblichen Organisation beschäftigt werden oder bei Mitarbeitern, die zwar im Ausland in eine betriebliche Organisation eingegliedert sind, deren Tätigkeit aber nur zeitlich beschränkter Natur ist, wie z.B. zur Vertretung oder zur Erledigung eines zeitlich befristeten Auftrags⁴. Aufgrund der Beschäftigungsbedingungen ist zu ermitteln, ob der im Ausland tätige Mitarbeiter weiterhin dem Inlandsbetrieb zuzuordnen ist oder nicht⁴. Voraussetzung ist stets, dass zunächst eine persönliche, tätigkeitsbezogene und rechtliche Bindung an den entsendenden Inlandsbetrieb vorliegt, was nicht gegeben ist, wenn ein Mitarbeiter im Inlandsbetrieb nur auf den (längerfristigen bzw. dauerhaften) Auslandseinsatz vorbereitet wird⁴ᵃ. S. im Übrigen Rz. 113 zu § 1.

Dagegen findet das Betriebsverfassungsgesetz gem. § 5 Abs. 3 BetrVG keine Anwendung auf **leitende Angestellte** (Näheres s. Rz. 64 ff. zu § 1 u. Rz. 57 zu § 20), soweit nicht ausdrücklich etwas anderes bestimmt ist (vgl. etwa § 105 BetrVG), so dass dem Betriebsrat auch keine Kontrollbefugnisse gegenüber dem Arbeitgeber hinsichtlich dieses Personenkreises zustehen⁵. Im Einzelfall können dem Sprecherausschuss gem. §§ 25 ff. SprAuG Informations- bzw. Mitwirkungsrechte zustehen (vgl. auch Rz. 12, 24). 4

Mit der Erlangung des Status als leitender Angestellter ist ein Arbeitnehmererfinder dem Wirkungsbereich des Betriebsrates entzogen; ausgehend vom Gesetzeszweck gilt dies auch dann, wenn die **Erfindung** zu einem Zeitpunkt fertig gestellt wurde, als der Erfinder noch nicht dieser Gruppe angehörte. Entsprechendes gilt für den umgekehrten Fall, dass ein Arbeitnehmer seinen bisherigen Status als Leitender verliert⁶.

Besteht eine **Erfindergemeinschaft** aus leitenden Angestellten und sonstigen Arbeitnehmern, kann der Betriebsrat im Rahmen seiner Kontroll- und Betreuungsrechte zwar nur für die sonstigen Arbeitnehmer tätig werden; seine Befugnis kann aber nicht deshalb eingeschränkt werden, weil er dabei – soweit dies zur ordnungsgemäßen Erfüllung seiner Aufgaben notwendig ist – auch Informationen über die übrigen Miterfinder erhält. 5

Auf Grund der gesetzlichen Regelung durch das ArbEG sind (gebundene und freie) **Erfindungen von Arbeitnehmern** einschließlich deren Vergütung sowie die Vergütung von qualifizierten technischen Verbesserungsvorschlägen (§ 20 Abs. 1, s. dort Rz. 50) dem Mitbestimmungsrecht des Betriebsrats entzogen (§ 87 Abs. 1 1. Halbs. BetrVG. Sie fallen nicht in den Regelungsbereich des § 87 Abs. 1 Nr. 12 BetrVG (s. dazu Rz. 57 ff. zu 6

---

4 BAG v. 25.4.1978 (Fn. 2) v. 21.10.1980 DB 1981, 696 u.v. 27.5.1982 AP Nr. 3 zu § 42 BetrVG; s. auch Gaul BB 1990, 700 m.w.N.
4a BAG v. 21.10.1980 (Fn. 4).
5 BAG v. 23.2.1973 u.v. 10.6.1974 AP Nrn. 2, 8 zu § 80 BetrVG 1972.
6 Allerdings kann d. Tarifvertrag o. einzelvertragl. Absprache die Geltung des betriebl. Vorschlagswesens auch für ltd. Angestellte vereinbart werden, s. Volmer/Gaul Rz. 110 zu § 20.

Anhang zu §§ 20, 21

§ 20)[7]. Erfindervergütung stellt auch keine Vergütung i.S. des § 87 Abs. 1 Nrn. 10 und 11 BetrVG dar, da sie kein Arbeitsentgelt ist (s. Rz. 3 zu § 9). An eine zwischen Arbeitgeber und Betriebsrat getroffene freiwillige Betriebsvereinbarung (§ 88 BetrVG) ist der Arbeitnehmer nicht gebunden[8], soweit dadurch gesetzliche Rechte eingeschränkt bzw. gesetzliche Pflichten erweitert werden (s. auch Rz. 7 f. zu § 22).

C. Kontroll- und Informationsrechte des Betriebsrates (Personalrates) gem. § 80 BetrVG (§ 68 BPersVG)

I. Überwachung der Durchführung von Rechtsvorschriften zugunsten der Arbeitnehmer (§ 80 Abs. 1 Nr. 1 BetrVG, § 68 Abs. 1 Nr. 2 BPersVG)

7   Nach § 80 Abs. 1 Nr. 1 BetrVG (§ 68 Abs. 1 Nr. 2 BPersVG) hat der Betriebsrat die allgemeine Aufgabe, darüber zu wachen, dass die zugunsten der Arbeitnehmer geltenden Gesetze, Verordnungen, Tarifverträge und Betriebsvereinbarungen durchgeführt werden. Dabei ist der Betriebsrat nicht auf die Sachbereiche beschränkt, in denen ihm gemäß §§ 87-113 BetrVG Mitwirkungs- und Mitbestimmungsrechte eingeräumt sind. Es bedarf auch keiner besonderen arbeitnehmerseitigen Beanstandung oder Beschwerde, um diese Überwachungsberechtigung des Betriebsrates auszulösen[11]. Sie ist auch nicht von einem begründeten Zweifel des Betriebsrates abhängig[12]. Im Rahmen dieser Überwachungsaufgabe ist der Betriebsrat aber kein dem Arbeitgeber übergeordnetes Kontrollorgan[13].

8   Will man unter den dem Überwachungsrecht des Betriebsrates unterliegenden Rechtsvorschriften solche »Regelungen, die das zwischen Arbeitgeber und Arbeitnehmer bestehende Arbeitsverhältnis als solches gestalten oder auf es gerade als Arbeitsverhältnis unmittelbar einwirken«[14] verstehen, so erscheint es fraglich, ob die begünstigenden Normen des ArbEG hiervon erfasst sind. Im Hinblick auf den Charakter des **ArbEG als Schutzgesetz** zugunsten des Arbeitnehmers (s. Einl. Rz. 2) ist dies zu bejahen[15].

---

7   MünchHdb.ArbR./Matthes § 334 Rz. 4; Fitting/Kaiser/Heither/Engels, BetrVG Rz. 529 zu § 87.
8   Schiedsst. v. 21.3.1988 Arb.Erf. 79/87 (unveröffentl.) m.H.a. Volmer/Gaul Rz. 364 zu § 12.
9-10 frei
11 Grundlegend Dietz/Richardi BetrVG Rz. 13 ff. zu § 80; Hess/Schlochauer/Glaubitz BetrVG Rz. 4 zu § 80.
12 BAG v. 18.9.1973 AP Nr. 3 zu § 80 BetrVG 1972.
13 BAG v. 11.7.1972 AP Nr.1 zu § 80 BetrVG 1972.
14 BAG v. 11.12.1973 AP Nr.5 zu § 80 BetrVG 1972.
15 So auch Gaul GRUR 1977, 686, 701.

Anhang zu §§ 20, 21

Da die gem. § 11 ArbEG erlassenen **Vergütungsrichtlinien** vom 20. 7. 1959 (abgedruckt im Anh. 1 zu § 11) keine verbindlichen Rechtsvorschriften darstellen, sondern nur Anhaltspunkte für eine angemessene Vergütung geben (vgl. Nr. 1 der RL; Rz. 5 zu § 11), fallen sie jedenfalls nicht unter die in § 80 Abs. 1 Nr. 1 BetrVG genannten allgemeinen Rechtsnormen. Die Überwachungspflicht des Betriebsrates kann sich daher nicht auf die Beachtung der Vergütungsrichtlinien allgemein beziehen, wohl aber im Einzelfall darauf, ob die Pflicht zur angemessenen Vergütung im Sinne des ArbEG bzw. des arbeitsrechtlichen Gleichbehandlungsgrundsatzes beachtet worden ist (vgl. auch § 75 BetrVG bzw. § 67 Abs. 1 Sätze 1, 2 BPersVG).   9

Als zu beachtende **Tarifverträge** bzw. **Betriebsvereinbarungen** kommen namentlich die im Rahmen der §§ 20, 21 ArbEG geschlossenen Vereinbarungen in Betracht. Dagegen bezieht sich § 80 Abs. 1 Nr. 1 BetrVG nicht auf die Einhaltung individualrechtlicher, d. h. einzelvertraglicher Regelungen[16].   10

Der Arbeitgeber hat alle Maßnahmen des Betriebsrates oder seiner Ausschüsse zu dulden, die der Wahrnehmung der Überwachungsaufgabe dienen[17]. Diese Aufgabe darf aber nicht als Selbstzweck missverstanden werden, muss ihre Grenze bei willkürlichen bzw. rechtsmissbräuchlichen Maßnahmen finden[18] und das Gebot vertrauensvoller Zusammenarbeit (§ 2 Abs. 1 BetrVG, § 2 Abs. 1 BPersVG) beachten.   11

Der Betriebsrat kann sich gegenständlich mit allen Ansprüchen und Forderungen, die zugunsten des Arbeitnehmers aus dem ArbEG begründbar sind, befassen. Ergeben sich Anhaltspunkte für einen Rechtsverstoß, hat der Betriebsrat den Arbeitgeber darauf hinzuweisen und auf baldige Abhilfe zu drängen (vgl. auch § 74 Abs. 1 Satz 2 BetrVG, § 66 Abs. 1 Satz 3 BPersVG). Aus dem Gebot der vertrauensvollen Zusammenarbeit (§§ 2 Abs. 1, 74 BetrVG, §§ 2 Abs. 1, 66 BPersVG) folgt, dass sich der Arbeitgeber mit einer solchen Beanstandung sachlich auseinander zu setzen hat.

Der Betriebsrat hat jedoch **keinen gerichtlich durchsetzbaren Anspruch**, vom Arbeitgeber die zutreffende Durchführung der einschlägigen Rechtsvorschriften verlangen zu können oder gar eine Regelung in bestimmter Weise[18a]. Eine Durchsetzung seiner Anträge kann der Betriebsrat nur in den im Gesetz ausdrücklich genannten Fällen erzwingen (vgl. etwa § 85 Abs. 2, §§ 87, 91, 93, 95 Abs. 2 BetrVG); insoweit korrespondiert das Überwachungsrecht des Betriebsrates nicht zugleich mit einem entspre-

---

16 Allg. A., z.B. Mayer-Maly DB 1979, 985, 986; Kraft in GK-BetrVG Rz. 17 f. zu § 80.
17 Kraft in GK-BetrVG Rz. 15 zu § 80.
18 Vgl. BAG v. 11.7.1972 u.v. 18.9.1973 AP Nrn. 1, 4 zu § 80 BetrVG.
18a BAG v. 10.6.1986 NZA 1987, 28.

chenden zusätzlichen Mitbestimmungsrecht[19]. Zudem würde der Individualrechtsschutz des einzelnen Arbeitnehmers andernfalls auf das Verhältnis Arbeitgeber/Betriebsrat verlagert werden[20] (Rückschluss aus § 99 BetrVG). Es ist vielmehr Sache des einzelnen Arbeitnehmers, etwaige Ansprüche selbst gegen den Arbeitgeber geltend zu machen.

Dieses allgemeine Überwachungsrecht begründet auch keine Befugnis des Betriebsrates, bei der individuellen Berechnung der Erfindungsvergütung von sich aus mitzuwirken; dies bleibt allein den Arbeitsvertragsparteien, ggf. unter Hinzuziehung eines Erfinderberaters (vgl. § 21 Abs. 2 ArbEG), vorbehalten (zu § 85 BetrVG s. unten Rz. 28 ff.).

12   Nach § 27 SprAuG hat der **Sprecherausschuss** darüber zu wachen, dass alle leitenden Angestellten nach den Grundsätzen von Recht und Billigkeit behandelt werden, insbesondere dem arbeitsrechtlichen **Gleichbehandlungsgrundsatz** Geltung verschafft wird.

II. Antragsrecht und Übermittlung von Arbeitnehmer-Anregungen (§ 80 Abs. 1 Nrn. 2 u. 3 BetrVG; § 68 Abs. 1 Nrn. 1 u. 3 BPersVG)

13   § 80 Abs. 1 Nrn. 2 u. 3 BetrVG gibt dem Betriebsrat – ohne einen durchsetzbaren Anspruch zu gewähren[26] – das Recht, beim Arbeitgeber Maßnahmen zur besseren Gestaltung des betrieblichen Geschehens zu beantragen und Anregungen (Vorschläge und Beschwerden) der Arbeitnehmer anzubringen. Hierzu gehören der Wunsch zur Bestellung eines Erfinderberaters im Sinne des § 21 ArbEG ebenso wie Vorschläge zur organisatorischen Abwicklung des Erfindungswesens (z.B. Einführung von Formularen).

III. Informationsrecht (§ 80 Abs. 2 BetrVG, § 68 Abs. 2 BPersVG)

14   Über § 80 Abs. 2 BetrVG hat der Betriebsrat zur ordnungsgemäßen Durchführung seiner Aufgaben ein weitgehendes Informationsrecht, das den Arbeitgeber verpflichtet, dem Betriebsrat **auf Verlangen** jederzeit die hierzu **erforderlichen Unterlagen** zur Verfügung zu stellen[27]; als Unterfall des Informationsrechts ist das in § 80 Abs. 2 Satz 2 2. Halbs. BetrVG geregelte **Einblicksrecht** in Bruttolohn- und -gehaltslisten anzusehen[27]. Dieses Einsichtsrecht erstreckt sich aber nicht auf die mit dem jeweiligen Arbeit-

---

19   BAG v. 25.5.1982 AP Nr. 2 zu § 87 BetrVG 1972 – Prämie u.v. 16.7.1985 AP Nr. 17 zu § 87 BetrVG 1972 – Lohngestaltung.
20   BAG v. 10.6.1986 (Fn. 18a).
21-25 frei
26   Vgl. BAG v. 25.5.1982 (Fn. 19).
27   BAG v. 15.6.1976 AP Nr. 9 zu § 80 BetrVG 1972; ebenso BAG v. 10.2.1987 NZA 1987, 385; z. Öffentl. Dienst vgl. Volz, Öffentl. Dienst (1985) 210.

Anhang zu §§ 20, 21

nehmererfinder individuell abgeschlossenen arbeitsvertraglichen Absprachen, wie insbesondere den Arbeitsvertrag und die darauf bezogenen Ergänzungen[28].
Die Regelung des § 80 Abs. 2 BetrVG wurde in Bezug auf leitende Angestellte bewusst nicht in § 25 Abs. 2 SprAuG übernommen.

Dieses Informationsrecht unterliegt den gleichen **Schranken** wie das Überwachungsrecht (vgl. Rz. 7 f.). Soweit der Betriebsrat sein Informationsrecht im Rahmen der ihm obliegenden Schutzfunktion ausübt, soll – grundsätzlich – das Interesse auf Schutz der Individualsphäre des einzelnen Arbeitnehmers zurücktreten[29]. Weist dagegen ein betroffener Arbeitnehmer berechtigterweise besondere **schutzwürdige Individualinteressen** nach, ist das Unterrichtungsrecht des Betriebsrates insoweit eingeschränkt[30]. 15

Zwar ist die Geltendmachung des Informationsrechts nicht von einem besonderen Anlass abhängig (»jederzeit«)[31], jedoch muss der Betriebsrat **schlüssig darlegen,** für welche Aufgabe er die Information und insbesondere auszuhändigende Unterlagen benötigt, damit der Arbeitgeber den Umfang seiner Unterrichtungspflicht erkennen kann. 16

Die **erforderlichen Unterlagen** sind dem Betriebsrat zur Verfügung zu stellen (§ 80 Abs. 2 Satz 2 1. Halbs. BetrVG), d. h. ihm zur Einsichtnahme vorzulegen[32]. Zu diesen Unterlagen können neben einer Erfindungsakte beispielsweise die unternehmenseigenen Patentakten (zur Prüfung etwa der Erfüllung der Anmeldepflicht nach § 13 Abs. 1 ArbEG und der Freigabepflicht nach § 14 Abs. 2 ArbEG) gehören. 17

Soweit damit notwendigerweise **Geschäfts- oder Betriebsgeheimnisse** dem Betriebsrat offenbart werden müssen, besteht eine Geheimhaltungspflicht des Betriebsrates unter den Voraussetzungen des § 79 BetrVG[33] (insbesondere: »ausdrücklicher Hinweis auf die Geheimhaltungsbedürftigkeit durch den Arbeitgeber«!) bzw. § 10 BPersVG. Da das Informationsrecht des Betriebsrates auf § 80 Abs. 2 BetrVG beruht, greift die besondere Geheimhaltungspflicht nach § 24 Abs. 3 ArbEG nicht ein. 18

Auch wenn § 79 Abs. 1 Satz 1 BetrVG anders als die §§ 23 Abs. 3, 74 Abs. 2 BetrVG kein ausdrückliches Unterlassungsgebot normiert, folgt aus dieser Bestimmung doch ein Anspruch des Arbeitgebers, von den Betriebsratsmitgliedern die Unterlassung der Offenbarung und Verwertung von Betriebs- oder Geschäftsgeheimnissen verlangen zu können[34]. Dieser Un-

---

28 Gaul ArbuR 1987, 359, 368.
29 So BAG v. 18.9.1973 u.v. 30.6.1981 AP Nrn. 3, 15 zu § 80 BetrVG 1972; zu Recht krit. Mayer-Maly DB 1979, 985, 990; Glawatz DB 1983, 1543.
30 Ebenso Mayer-Maly (Fn. 29); Galperin/Löwisch BetrVG Rz. 27 zu § 80; streitig.
31 BAG (Fn. 29).
32 BAG v. 15.6.1976 (Fn. 27).
33 Wie hier Gaul ArbuR 1987, 359, 367; vgl. auch Wochner BB 1975, 1541 ff.
34 BAG v. 26.2.1987 DB 1987, 2526.

Anhang zu §§ 20, 21

terlassungsanspruch richtet sich nicht nur gegen die Betriebsratsmitglieder, sondern auch gegen den Betriebsrat als Organ der Betriebsverfassung[34].

19 Die eigentlichen Unterlagen über die Berechnung, Festsetzung oder Feststellung und Auszahlung der **Vergütung** unterliegen dagegen nur dem **eingeschränkten Einblicksrecht** nach § 80 Abs. 2 Satz 2 2. Halbs. BetrVG. Zwar handelt es sich bei Erfindervergütungen nicht um Arbeitsentgelt im Sinne dieser Bestimmungen (»Bruttolöhne und -gehälter«), sondern um einen belohnenden Anspruch eigener Art (s. Rz. 3 zu § 9); der mit der Einschränkung des Informationsrechts des Betriebsrates bei Lohn- und Gehaltslisten verfolgte Gesetzeszweck, die Individualsphäre durch verminderte Offenbarungsmöglichkeit zu schützen, muss hier aber in gleichem Maße zum Tragen kommen, zumal auch die Erfindervergütungsberechnung über die Bestimmung der einzelnen Wertfaktoren des Anteilsfaktors A ebenso wie über die Abzüge (insbesondere Steuern) Rückschlüsse auf die persönlichen Verhältnisse des Arbeitnehmers zulässt.

20 Diesem bloßen Einblicksrecht des Betriebsrates, also dem Recht auf Vorlage zur Einsicht[35], steht das **Eigeninitiativrecht des Arbeitnehmers** auf Erörterung des Arbeitsentgelts (ggf. unter Hinzuziehung eines Betriebsratsmitglieds – vgl. unten Rz. 24) gemäß § 82 Abs. 2 BetrVG nicht entgegen, da beide Vorschriften auf verschiedenen Ebenen liegen und sich nicht ausschließen (s. auch Rz. 26).

IV. Hinzuziehung von Sachverständigen (§ 80 Abs. 3 BetrVG)

21 Soweit dies zur ordnungsgemäßen Erfüllung seiner Aufgaben erforderlich ist, kann der Betriebsrat gem. § 80 Abs. 3 BetrVG **nach näherer Vereinbarung mit dem Arbeitgeber** (z.B. über Thema, Person des Sachverständigen, Kosten, Zeitpunkt[40]) Sachverständige hinzuziehen. Dies gilt dann, wenn der Betriebsrat in den seinen Beteiligungsrechten (Informations-, Mitbestimmungs- und Kontrollrechten) unterliegenden Angelegenheiten wegen der Schwierigkeit der Materie im Einzelfall nicht ohne fachkundigen Rat auskommen kann und er des Sachverständigen bedarf, um sich fehlende fachliche und/oder rechtliche Kenntnisse vermitteln zu lassen und damit seine betriebsverfassungsrechtlichen Aufgaben sachgerecht wahrzunehmen[41].

Voraussetzung für die Hinzuziehung eines Sachverständigen ist indes, dass der Betriebsrat sich **vorab** der ihm vom Arbeitgeber angebotenen bzw. sonst vorhandenen **betrieblichen Informationsquellen bedient** und sich

---

35 BAG v. 15.6.1976 AP Nr. 9 zu § 80 BetrVG 1972 u.v. 10.2.1987 NZA 1987, 385.
36-39 frei
40 BAG v. 19.4.1989 AP Nr. 35 zu § 80 BetrVG 1972; Kritisch hierzu Schierbaum CR 1995, 742 ff.
41 BAG v. 6.12.1983 AP Nr. 7 zu § 87 BetrVG 1972 Überwachung (zu V 3 c).

z.B. durch die Mitarbeiter der Patentabteilung des Unternehmens unterrichten und informieren lässt. Ohnehin hat der Arbeitgeber gemäß § 80 Abs. 2 Satz 3 BetrVG dem Betriebsrat sachkundige Arbeitnehmer als Auskunftspersonen zur Verfügung zu stellen, soweit es zur ordnungsgemäßen Erfüllung der Aufgaben des Betriebsrates erforderlich ist.[41a] Der sachkundige Arbeitnehmer ist kein Sachverständiger i. S. d. § 80 Abs. 3 BetrVG.[41b] Hat der Arbeitgeber seine Unterrichtungspflicht gem. § 80 Abs. 2 BetrVG erfüllt, gebietet es der Grundsatz der vertrauensvollen Zusammenarbeit und der Grundsatz der Verhältnismäßigkeit, dass der Betriebsrat, wenn er trotz der vom Arbeitgeber erhaltenen Information tatsächlich und/oder rechtlich seine betriebsverfassungsrechtlichen Aufgaben nicht sachgerecht wahrnehmen kann, sich vor Hinzuziehung eines Sachverständigen **selbst weiter informiert** (z.B. bei der Gewerkschaft, in der Fachliteratur usw.) und insbesondere ihm vom Arbeitgeber gebotene Möglichkeiten der Unterrichtung durch Fachkräfte des Unternehmens oder sachkundiger Dritter nutzt[41c]. Ggf. kann er auch vom Arbeitgeber weitere Einzelauskünfte und Einzelerklärungen verlangen[42]. Die kostenaufwendige Hinzuziehung betriebsfremder Sachverständiger kommt grundsätzlich erst dann in Betracht, wenn diese (betriebsinternen) Informationsquellen ausgeschöpft sind[43].

Die vom Betriebsrat hinzugezogenen Sachverständigen unterliegen ebenfalls der **Geheimhaltungspflicht** nach Maßgabe des § 79 BetrVG (vgl. § 80 Abs. 3 Satz 2 BetrVG).

Eine § 80 Abs. 3 BetrVG entsprechende Vorschrift fehlt im BPersVG (vgl. § 68 BPersVG) ebenso wie im Sprecherausschussgesetz für leitende Angestellte.

Sachverständige sind Personen, die dem Betriebsrat die ihm fehlenden fachlichen oder rechtlichen Kenntnisse vermitteln, damit sich die Zusammenarbeit mit dem Arbeitgeber im Rahmen der Betriebsverfassung sachgemäß vollzieht[44]. Als Sachverständige kommen in diesem Zusammenhang etwa Patent- und Rechtsanwälte sowie Erlaubnisscheininhaber und Gewerkschaftsvertreter in Betracht. Die **Kosten** aus einer erforderlichen Beiziehung eines Sachverständigen trägt der Arbeitgeber gem. § 40 BetrVG.

22

Die Sachverständigentätigkeit kann sich immer nur auf **konkrete Problemkreise** beziehen, so dass eine grundlegende Information des Betriebsrates über allgemeine Fragen des Arbeitnehmererfindungsrechts hiervon nicht erfasst ist. Derartige Grundkenntnisse können sich die Betriebsratsmitglieder im Rahmen vorübergehender Arbeitsbefreiung ohne Minderung

23

41a   S. hierzu Natzel NZA 2001, 872.
41b   Kraft in GK-BetrVG Rz. 113 zu § 80.
41c   BAG v. 4.6.1987 DB 1988, 50 u.v. 26.2.1992 CR 1993, 98.
42   Vgl. Jobs RDV 1987, 125 ff. m.w.H.
43   BAG v. 4.6.1987 (Fn. 41c).
44   BAG v. 25.4.1978 AP Nr. 11 zu § 80 BetrVG 1972.

… des Arbeitentgelts nur unter den Voraussetzungen des § 37 Abs. 6 und 7 BetrVG verschaffen[45].

D. Unterstützung des Arbeitnehmers gem. §§ 82-84 BetrVG

24 Macht der Arbeitnehmer von seinen Individualrechten nach §§ 82-84 BetrVG Gebrauch, kann er jeweils ein einzelnes, von ihm zu bestimmendes Betriebsratsmitglied hinzuziehen (vgl. § 82 Abs. 2 Satz 2, § 83 Abs. 1 Satz 2, § 84 Abs. 1 Satz 2 BetrVG). Dieses Recht steht auch den leitenden Angestellten gem. § 26 Abs. 1 SprAuG hinsichtlich eines Mitglieds des Sprecherausschusses zu. Entsprechende Vorschriften fehlen im BPersVG.

25 Soweit sich nicht bereits unmittelbar aus dem ArbEG ein Informationsanspruch des Arbeitnehmers über die Berechnung seiner Erfindervergütung ergibt (vgl. etwa § 12 Abs. 2 ArbEG), steht ihm ein Recht auf Erläuterung und Erörterung der Erfindervergütung entsprechend § 82 Abs. 2 BetrVG aufgrund des mit dieser Norm verfolgten Schutzzwecks zu. In diesem Rahmen kann er sich der Hilfe eines Betriebsratsmitglieds bedienen.

26 Dagegen lässt sich aus § 83 BetrVG in der Regel kein **Einsichtsrecht** des Arbeitnehmers in die Erfindungsakten herleiten; folglich entfällt auch die Möglichkeit zur Hinzuziehung eines Betriebsratsmitglieds nach § 83 Abs. 1 Satz 2 BetrVG[46]. Unabhängig von den eigentlichen Personalakten geführte Erfindungsakten, insbesondere Vergütungsunterlagen, fallen grundsätzlich nicht unter den Begriff der »Personalakte« im Sinne des § 83 BetrVG, da sie nicht die Person des Arbeitnehmers als solche, sondern den Erfindungsgegenstand betreffen. Macht der Arbeitgeber die Vergütungsunterlagen zum Bestandteil der Personalakte, schließt dies ein Einsichtsrecht des Betriebsrats nicht aus. Zwar kann – wie § 83 Abs. 1 BetrVG zeigt – die Vorlage der Personalakten als solcher vom Betriebsrat nicht verlangt werden[46a]; im Einzelfall muss der Arbeitgeber aber konkrete Informationen auch aus der Personalakte erteilen, wenn diese für die Aufgabenerfüllung des Betriebsrats erforderlich sind[46b] (s. auch Rz. 14 ff.).

27 Eine Hinzuziehung eines Betriebsratsmitglieds zur Unterstützung und Vermittlung kommt wiederum im Rahmen des Beschwerderechts des Arbeitnehmers gem. § 84 Abs. 1 Satz 2 BetrVG in Betracht; denn die Beschwerdemöglichkeit hat der Arbeitnehmer in allen Fällen, in denen er sich benachteiligt, ungerecht behandelt oder sonst wie beeinträchtigt fühlt.

---

45 BAG v. 17.3.1987 AP Nr. 29 zu § 80 BetrVG 1972; Pflüger NZA 1988, 45; a.A. Gaul ArbuR 1987, 359, 368.
46 Im Ergebn. s. auch Gaul GRUR 1977, 686, 701.
46a BAG v. 20.12.1988 AP Nr. 5 zu § 92 ArbGG.
46b BAG v. 20.12.1988 (Fn. 46a); v. 18.10.1988 AP Nr. 57 zu § 99 BetrVG; LAG Baden-Württemberg v. 21.2.1994 DB 1995, 51.

Anhang zu §§ 20, 21

Der Betriebsrat ist dann gehalten, sich mit dem Sachverhalt zu befassen und die Berechtigung der Beschwerde des Arbeitnehmererfinders zu überprüfen.

E. Behandlung von Arbeitnehmerbeschwerden durch den Betriebsrat (§ 85 BetrVG; § 68 Abs. 1 Nr. 3 BPersVG)

Gemäß § 85 Abs. 1 BetrVG hat der Betriebsrat Beschwerden von Arbeitnehmern entgegenzunehmen und ggf. beim Arbeitgeber auf Abhilfe hinzuwirken. Begriff und Gegenstand der Beschwerde entsprechen denen des § 84 BetrVG[46c].

Im BPersVG fehlt zwar eine dem Umfang des § 85 BetrVG entsprechende Vorschrift; zu den Aufgaben des Personalrates gehört es aber gem. § 68 Abs. 1 Nr. 3 BPersVG ebenfalls, auf berechtigte Beschwerden des bediensteten Erfinders hin tätig zu werden.

Die in § 85 Abs. 2 BetrVG vorgesehene Möglichkeit der Anrufung der **Einigungsstelle** bei Meinungsverschiedenheiten zwischen Arbeitgeber und Betriebsrat mit der Folge der Zwangsschlichtung wirkt sich bei der Geltendmachung von Ansprüchen aus dem ArbEG nicht aus, da es sich hierbei um dem bindenden Spruch der Einigungsstelle entzogene **Rechtsansprüche** im Sinne des § 85 Abs. 2 Satz 3 BetrVG handelt[47]. Bei Überprüfung der Zuständigkeit der Einigungsstelle im arbeitsgerichtlichen Beschlussverfahren gem. § 98 Abs. 1 Satz 2 ArbGG muss die Entscheidung des Arbeitsgerichts so lauten, dass eine Einigungsstelle nicht offensichtlich unzuständig, sondern materiell nicht entscheidungsbefugt[48] wäre.

Allerdings ist nicht ausgeschlossen, dass sich die Einigungsstelle im Rahmen eines freiwilligen Einigungsstellenverfahrens mit der Angelegenheit befasst und unter den Voraussetzungen des § 76 Abs. 6 Satz 2 BetrVG verbindlich über die Beschwerde entscheidet.

Ein solches Einigungsstellenverfahren ersetzt das Schiedsstellenverfahren (§§ 28 ff. ArbEG) als besondere Prozessvoraussetzung gem. § 37 Abs. 1 ArbEG nicht. Es kann jedoch zuvor oder daneben betrieben werden, da beide Verfahren grundsätzlich voneinander unabhängig sind. Ein bindender Spruch der Einigungsstelle kann allerdings zur Unzulässigkeit eines (anhängigen) Begehrens im Schiedsstellen- oder Klageverfahren führen.

28

29

30

F. Mitbestimmungsrecht des Personalrats

Soweit Mitwirkungs- bzw. Mitbestimmungsrechte des Personalrates denen des Betriebsrats entsprechen, sind sie vorstehend mitbehandelt worden

31

46c Bruns Arbeit u. Arbeitsrecht 2001, 444.
47   Ebenso Gaul ArbuR 1987, 359, 368.
48   Vgl. Gaul (Fn. 47).

bzw. kann auf die vorstehenden Ausführungen zu den Rechten des Betriebsrates verwiesen werden.

Darüber hinaus kommt ein Mitbestimmungsrecht des Personalrates in den Fällen in Betracht, in denen die Verwertung einer Erfindung durch den Bediensteten eine Nebentätigkeit i. S. d. Nebentätigkeitsrechts darstellt (§ 75 Abs. 1 Nr. 7, § 76 Abs. 1 Nr. 7 BPersVG). Ferner besteht ein Mitwirkungsrecht bei der Vorbereitung einer Allgemeinen Anordnung i.S.d. § 40 Nr. 3 ArbEG (s. dort Rz. 34 ff.). Zum Mitbestimmungsrecht bei einfachen technischen Verbesserungsvorschlägen s. § 40 Nr. 2 (dort Rz. 31 ff.).

32 Wegen des Vorrangs des ArbEG scheidet ein Initiativ- bzw. Mitwirkungsrecht des Personalrates zur Aufstellung von Bemessungskriterien für die Vergütung von Diensterfindungen aus[49].

33 Die Mitglieder der Personalvertretung trifft eine Schweigepflicht gem. § 10 BPersVG; die besondere Geheimhaltungspflicht nach § 24 Abs. 3 ArbEG greift nicht ein, weil hier die Kenntnisnahme allein aufgrund des Personalvertretungsrechts erfolgt.

---

49 Volz Öffentl. Dienst (1985) 211 f. m.w.N.; vgl. auch Gaul ZTR 1987, 289, 290.

§ 22 Unabdingbarkeit

Die Vorschriften dieses Gesetzes können zuungunsten des Arbeitnehmers nicht abgedungen werden. Zulässig sind jedoch Vereinbarungen über Diensterfindungen nach ihrer Meldung, über freie Erfindungen und technische Verbesserungsvorschläge (§ 20 Abs. 1) nach ihrer Mitteilung.

Lit.: *Haupt*, Die Unabdingbarkeit i. ArbNErfG, GRUR 1956, 405; *Karl*, Die Unabdingbarkeit i. ArbNErfG, GRUR 1956, 51, 406; *Tetzner; K.*, Pauschalabfindungsklausel f. Diensterf. i. Anstellungsverträgen, Mitt. 62, 194; *Tetzner, V.*, Die Pauschalabfindung f. Diensterf., BB 63, 649.

Übersicht

A. Allgemeines	1-4	1. Grundsatz	17
B. Unabdingbarkeit zuungunsten des Arbeitnehmers (Satz 1)	5-33	2. Maßstab	18-24
I. Unabdingbarkeit	6-16	III. Einzelfälle	25-27
1. Begriff	6	IV. Rechtsfolgen	28-33
2. Geltungsbereich	7-16	C. Zulässige Vereinbarungen zuungunsten des Arbeitnehmers nach Meldung bzw. Mitteilung (Satz 2)	34-41
II. Zuungunsten des Arbeitnehmers	17-24		

A. Allgemeines

In Anlehnung an das frühere Recht (§ 9 DVO 1943)[1] ist mit dem Grundsatz der Unabdingbarkeit der Vorschriften des ArbEG eine **zentrale Norm** (»Angelpunkt«)[2] **zugunsten des Arbeitnehmers** geschaffen worden. Dieser die Vertragsfreiheit einschränkende Grundsatz ist dem deutschen Arbeitsrecht nicht fremd, wie beispielsweise § 4 Abs. 3 TVG, § 77 Abs. 4 Satz 1 BetrVG, § 63 Abs. 1, §§ 75 d, 90 a HGB, § 13 Abs. 1 BUrlG, § 18 BBiG zeigen. Der **Sinn der Regelung** besteht im Schutz des Arbeitnehmers als dem sozial Schwächeren; er soll vornehmlich vor übereilten, unüberlegten oder in Sorge um den Erwerb bzw. Erhalt eines Arbeitsplatzes bzw. zur Sicherung von Arbeitsbedingungen gemachten Zugeständnissen über zukünftige Erfindungen bewahrt werden (Selbstschutz). § 22 ist damit eine Schutzvorschrift zugunsten des Arbeitnehmers[3] und als solche **zwingendes Recht**[3a].

1

---

1 Vgl. dazu BGH v. 20.11.1962 GRUR 1963, 315, 316 f. – Pauschalabfindung.
2 So Ausschussber. zu BT-Drucks. II/3327 S. 8 = Blatt 1957, 254.
3 LG Düsseldorf v. 3.10.1978 EGR Nr. 5 zu § 22 ArbEG.
3a Ebenso Reimer/Schade/Schippel/Kaube Rz. 2 zu § 22; Busse/Keukenschrijver, PatG, Rz. 1 zu § 22 ArbEG (»einseitig zwingend«).

§ 22

2 Allerdings kann es durchaus auch im Interesse des Arbeitnehmers selbst liegen – angesichts der besonderen betrieblichen Verhältnisse im Einzelfall bzw. der vielfältigen Möglichkeiten der Verwertung schutzfähiger Erfindungen – vom ArbEG abweichende Abreden zu treffen[4].

3 Zunächst sind nach dem Grundsatz des § 22 Satz 1 nur Vereinbarungen zuungunsten des Arbeitnehmers unzulässig. Eine Ausnahme dazu bildet § 22 Satz 2. Anstelle des unklaren Begriffs »im Voraus« in § 9 DVO 1943 hat der Gesetzgeber in Satz 2 die Meldung (§ 5) bzw. Mitteilung (§ 18) der Erfindung, bei technischen Verbesserungsvorschlägen ebenfalls deren Mitteilung (vgl. dazu Rz. 28 ff. zu § 3), als den maßgeblichen – weil eindeutig feststellbaren – Zeitpunkt festgesetzt, von dem ab Vereinbarungen auch zuungunsten des Arbeitnehmers möglich sind.

4 Von diesem Zeitpunkt an tritt der Selbstschutzgedanke des § 22 Satz 1 zugunsten des **Prinzips der Vertragsfreiheit** zurück, da für den Arbeitnehmer die mit der Fertigstellung der Erfindung erlangte Rechtsposition überschaubar wird und damit einer konkreten Gestaltung zugeführt werden kann; zudem vermag das Vorliegen der Erfindung für den Arbeitnehmer regelmäßig eine gestärkte Verhandlungsposition zu begründen. Für derartige Abreden verbleibt es dann nur bei der **Unbilligkeitsklausel des § 23**, die durch die allgemeinen Regelungen des BGB ergänzt wird (vgl. dazu Rz. 10 ff. zu § 23). Eine Sonderregelung trifft § 37 Abs. 2 Nr. 4 für den **Verzicht auf** die Durchführung des **Schiedsstellenverfahrens** (s. Rz. 19 ff. zu § 37).

B. Unabdingbarkeit zuungunsten des Arbeitnehmers (Satz 1)

5 § 22 Satz 1 stellt den Grundsatz auf, dass die Vorschriften des ArbEG nicht zuungunsten des Arbeitnehmers abbedungen werden können; Satz 2 enthält eine Ausnahmeregelung für den Zeitpunkt nach der Meldung bzw. Mitteilung einer technischen Neuerung.

I. Unabdingbarkeit

1. Begriff

6 Der Unabdingbarkeitsgrundsatz des § 22 Abs. 1 enthält die gesetzgeberische Wertung, dass die zugunsten des Arbeitnehmers erlassenen Vorschriften des ArbEG grundsätzlich zwingend sind, sie also nicht zur Disposition der Beteiligten stehen. Die durch das ArbEG geschaffene Rechtsposition des Arbeitnehmers soll demnach im Grundsatz nicht von vornherein verschlechtert werden können.

---

4 Amtl. Begr. BT-Drucks. 1648 S. 39 f. = Blatt 1957, 240.

§ 22

2. Geltungsbereich

Von der Einschränkung der Vertragsfreiheit werden nicht nur **Individualabreden** zwischen den Arbeitsvertragsparteien (z.B. Arbeits-/Anstellungsverträge) erfasst. Sie gilt ebenso für Arbeitsordnungen, **Betriebsvereinbarungen**[5], **Tarifverträge**[6] (s. auch Rz. 51 zu § 9).

7

§ 22 erstreckt sich gemäß §§ 40, 41 auch auf den **öffentlichen Dienst**, so dass beispielsweise Dienstvereinbarungen, Tarifverträge ebenso wie **Richtlinien, Verwaltungsvorschriften**, Verordnungen oder Erlasse nicht belastend in die Rechtsstellung des Arbeitnehmers, Beamten oder Soldaten als Erfinder eingreifen dürfen (s. auch Rz. 6 Anh. zu §§ 20, 21); eine gewisse Ausnahmeregelung enthält allerdings § 40 Nr. 3 für allgemeine Anordnungen betreffend die Art der Verwertung einer Diensterfindung (s. Rz. 34 ff. zu § 40).
In den **neuen Bundesländern** gilt § 22 für alle ab dem 3.10.1990 fertig gestellten Arbeitnehmererfindungen (s. Einl. Rz. 31).

8

§ 22 steht auch der Bildung von zu Lasten des Arbeitnehmers abweichendem Gewohnheitsrecht entgegen; gleiches gilt für **betriebliche Übungen**[7] (vgl. hierzu Rz. 22 zu § 25).

9

§ 22 erfasst nur Abreden, die das Rechtsverhältnis zwischen Arbeitgeber und Arbeitnehmer bzw. die Stellung des Arbeitnehmers als Arbeitnehmererfinder unmittelbar betreffen; damit unterliegen Verpflichtungen, die der Arbeitgeber über zukünftige Diensterfindungen im **Verhältnis zu außenstehenden Dritten** eingeht, etwa die Pflicht zur unentgeltlichen Übertragung eines im Auftragsverhältnis geschaffenen Forschungs- und Entwicklungsergebnisses, nicht der Verbotswirkung des § 22 Satz 1[8]. In solchen Fällen bleibt auch der Vergütungsanspruch des Arbeitnehmers bestehen (Einzelheiten s. Rz. 251 f. zu § 9).

10

Da das ArbEG seiner Zweckbestimmung nach ein **Schutzgesetz** zugunsten des Arbeitnehmers ist (s. Einl. Rz. 2), erstreckt sich der Unabdingbarkeitsgrundsatz sachlich auf **alle Vorschriften des ArbEG**, gleichgültig, ob es sich um materielle, formelle oder verfahrensrechtliche Normen handelt[8a]. Mit erfasst sind auch die **gefestigten Auslegungsgrundsätze**, die die Be-

11

---

5 Vgl. Schiedsst. v. 4.10.1976 Blatt 1979, 184, 185; Bauer Aufhebungsverträge Rz. 608.
6 Vgl. Schiedsst. v. 20.11.1967/26.6. 1968 Blatt 1969, 23; Volmer/Gaul Rz. 29 zu § 22; Busse/Keukenschrijver, PatG, Rz. 2 zu § 22 ArbEG, Reimer/Schade/Schippel/Kaube Rz. 2 zu § 22; s. auch BAG v. 21.6.1979 DB 1979, 2187; abweichend lässt Schwab Erf. u. VV. 8, Ausschluss- u. Verfallsfristen bei konkretisierten Vergütungsansprüchen zu.
7 Zum Begriff vgl. Gaul ArbR i. Betr. A III 9 ff.; Schaub ArbRHdb. § 111.
8 Vgl. auch Volmer Rz. 37 zu § 22; abw. Kroitzsch GRUR 1974, 177, 180, 186.
8a Wohl allg. A., z. B. Volmer/Gaul Rz. 24; Busse/Keukenschrijver, PatG, Rz. 3 zu § 22 ArbEG; Reimer/Schade/Schippel/Kaube Rz. 2 zu § 22

§ 22

stimmungen des ArbEG durch Rechtsprechung und Schrifttum erfahren haben.

12 Nicht dazu zählen allerdings die Vergütungsrichtlinien[8b] (zum Rechtscharakter s. Rz. 5 zu § 11); werden die **Vergütungsrichtlinien** insgesamt oder einzeln abbedungen und durch andere Regelungen ersetzt, so kommt es bei der Prüfung im Einzelfall darauf an, ob dadurch der Anspruch auf »angemessene Vergütung« im Sinne der §§ 9, 10, 14 Abs. 3, § 16 Abs. 3, § 20 Abs. 1, den die Richtlinien konkretisieren wollen, entgegen § 22 Satz 1 eingeschränkt wird (s. auch Rz. 13 ff. zu § 11). Nicht dazu rechnen auch Rechte und Pflichten außerhalb des ArbEG, die in § 25 angesprochen sind.

13 Durch den umfassenden Begriff »Vorschriften des Gesetzes« sollen nicht nur die im ArbEG genannten Rechte und Pflichten selbst, sondern auch deren **Geltendmachung** geschützt werden[9].

14 § 22 bezieht sich auf **gebundene und freie Erfindungen** im Sinne der §§ 2, 4 sowie auf die Vergütung für **qualifizierte technische Verbesserungsvorschläge** (§ 20 Abs. 1). Einfache technische Verbesserungsvorschläge (s. dazu Rz. 51 ff. zu § 20) sind gemäß § 20 Abs. 2 vom Regelungsbereich des ArbEG ausgenommen, da es sich hierbei gerade nicht um Erfindungen, sondern um bloße, dem Arbeitgeber zuzuordnende Arbeitsergebnisse handelt. Voraussetzung für deren Zuordnung ist aber, dass die arbeitsrechtlich begründeten Schranken des arbeitgeberseitigen Direktionsrechts beachtet bleiben[10].

Eine **außerhalb des ArbEG liegende Erfindung** fällt nicht unter den Geltungsbereich des § 22. Eine solche hat die Schiedsstelle in dem Fall angenommen, dass die Erfindung aufgrund eines eigenständigen Entwicklungsvertrages zwischen den Arbeitsvertragsparteien entwickelt worden ist, in dem sich der Arbeitnehmer zu bestimmten Konstruktionsarbeiten verpflichtet hatte, wobei der Arbeitgeber seinerseits die Räumlichkeiten, Arbeitsgerätschaften, Materialien usw. zur Verfügung stellte und der Arbeitnehmer eine Lizenzgebühr als Vergütung für die Verwertung der von ihm geschaffenen Erfindungsrechte erhielt[11].

15 Die Unabdingbarkeit betrifft nur technische Neuerungen, die **während der Dauer des Arbeits-(Dienst-)Verhältnisses** entwickelt werden (s. Rz. 10 ff. zu § 4); sie umfasst sämtliche Abreden bzw. Regelungen in dem **Zeitraum** vor und nach Zustandekommen von technischen Neuerungen bis zu ihrer Meldung bzw. Mitteilung[12]. Dementsprechend ist es beispiels-

---

8b Ebenso Volmer/Gaul Rz. 24 zu § 22; Busse/Keukenschrijver, PatG, Rz. 3 zu § 22 ArbEG.
9 Schiedsst. v. 20.11.1967 Blatt 1969, 23, 24.
10 Schiedsst. v. 5.11.1986 Blatt 1987, 209; Volmer/Gaul Rz. 102 zu § 3.
11 Schiedsst. Beschl. v. 11.7.1984 ArbErf. 73/84 (unveröffentl.), worin sie ihre Zuständigkeit für derartige Fälle verneint hat.
12 Reimer/Schade/Schippel/Kaube Rz. 2 zu § 22; Haupt GRUR 1956, 405; abw. Karl GRUR 1956, 51 u. 406.

§ 22

weise unzulässig, dass ein Arbeitnehmer in seinem Anstellungsvertrag über solche (gebundenen oder freien) Erfindungen im Voraus verfügt, die er während des aufzunehmenden Arbeitsverhältnisses entwickelt[13]. Gleiches gilt, wenn im Rahmen der Vergütungsvereinbarung für eine konkrete Diensterfindung – entsprechend verbreiteten Regelungen in Lizenzverträgen – bestimmt wird, dass durch die Vergütungszahlung nicht nur gegenwärtige und zukünftige Nutzungen dieser Erfindung abgegolten sein sollen, sondern auch weitere, auf diesem Gebiet noch entstehende Erfindungen des Arbeitnehmers[14].

Dagegen liegt kein Verstoß gegen das Unabdingbarkeitsgebot vor, wenn der Arbeitnehmer vor seinem Ausscheiden über solche technischen Neuerungen Abreden trifft, die er **nach Beendigung des Arbeitsverhältnisses** als freier Erfinder – beispielsweise als Pensionär – **fertig stellt**, da diese nicht mehr den »Vorschriften dieses Gesetzes« unterliegen (zum persönlichen Anwendungsbereich des ArbEG s. auch Rz. 7 ff. zu § 1). Zur Festlegung des für die Bestimmung als Diensterfindung maßgeblichen Aufgabenbereichs des Arbeitnehmers s. Rz. 23 f. zu § 4.

16

II. Zuungunsten des Arbeitnehmers

1. Grundsatz

Regelungen »zuungunsten des Arbeitnehmers« sind solche, die **geeignet sind,** diesen – gemessen an den gesetzlichen Bestimmungen des ArbEG – **rechtlich schlechter zu stellen**[20], **dessen gesetzliche Rechtsposition also nachteilig zu beeinflussen.** Maßgeblich ist insbesondere, ob dessen gesetzliche Rechte – gänzlich, teilweise oder zeitweise – ausgeschlossen, eingeschränkt, gemindert, umgangen oder deren Geltendmachung bzw. Durchsetzung erschwert werden, ferner, ob dessen Pflichtenkreis gegenüber der gesetzlichen Wertung ausgeweitet wird.

17

2. Maßstab

Ob eine Regelung zuungunsten des Arbeitnehmers abbedungen ist, muss bei objektiver Betrachtungsweise im Einzelfall durch einen **Vergleich der**

18

---

13 Schiedsst. v. 20.5.1994 Arb.Erf. 149/92 (unveröffentl.).
14 Schiedsst. v. 14.5.1988 Arb.Erf. 70/87 (unveröffentl.).
15-19 frei
20 Schiedsst. v. 30.6.1972 Blatt 1973, 289, 290, bestätigt durch EV. v. 20.5.1994 Arb.Erf. 149/92 (unveröffentl.); zust. u. a. Busse/Keukenschrijver, PatG, Rz. 4 zu § 22 ArbEG.

§ 22

Rechtsstellung des Arbeitnehmers, die ihm die Vereinbarung zuweist, mit der, die ihm das ArbEG einräumt, entschieden werden[21].

19 Für diesen **Günstigkeitsvergleich** kommt es nicht auf die Rechtsstellung an, die die Vereinbarung dem einzelnen Arbeitnehmer in ihrer Gesamtheit gewährt (Gesamtvergleich); vielmehr ist jede Einzelbestimmung des Vertrages an den entsprechenden gesetzlichen Regelungen zu messen[22] (**Einzelvergleich**).

20 Demzufolge verstößt eine einzelne Abrede, die für den Arbeitnehmer ungünstiger ist als die gesetzliche Bestimmung, auch dann gegen § 22, wenn sich die Abrede in ihrer Gesamtheit im Verhältnis zum ArbEG rechtlich vorteilhafter darstellt bzw. sich im konkreten Fall im Ergebnis nachträglich als wirtschaftlich nicht ungünstiger erweist[22a]. Soweit einzelne **Abreden in einem inneren Zusammenhang** stehen, können diese zum Vergleich nur dann zusammengefasst werden, wenn sie für sich allein nicht rechtlich selbständig sind und (nur) zusammen mit weiteren Abreden eine rechtliche Einheit bilden[23].

21 Maßgeblich ist allein die durch die Absprache geschaffene **Rechtsstellung**, auch wenn sich die abweichende Vereinbarung im Einzelfall (nachträglich) als wirtschaftlich günstig erweist[24]; so ist beispielsweise die Abgeltung etwaiger zukünftiger Erfindervergütungsansprüche durch bestimmte **Erhöhungen des Monatsgehaltes** von vornherein – auch wenn der Arbeitnehmer später keine Erfindung entwickelt haben sollte – unzulässig, weil damit der Arbeitnehmer seine in §§ 9, 10 verankerten, potentiellen Ansprüche auf angemessene Vergütung verliert[25]; etwas anderes kann gelten, wenn sich diese Gehaltsanhebung als zu verrechnende Vorauszahlung auf zukünftige Erfindervergütungen darstellt. In gleicher Weise ist eine **Pauschalvergütungsabrede im Anstellungsvertrag** unwirksam, da – worauf die Schiedsstelle zutreffend hinweist – für die Nichtigkeitsfolge die theoretische Möglichkeit ausreicht, dass die Pauschalsätze unter der nach dem ArbEG geschuldeten Vergütung liegen können[26].

Für die Beurteilung ist es auch **ohne Belang, ob die Parteien,** insbesondere der Arbeitnehmer, **mit der Vereinbarung zufrieden sind**[27].

---

21 Allg. A., z.B. Lindenmaier/Lüdecke Anm. 2 zu § 22.
22 Ebenso Volmer/Gaul Rz. 37 zu § 22.
22a Schiedsst. v. 20.5.1994 Arb.Erf. 149/92 (unveröffentl.).
23 So zutr. Reimer/Schade/Schippel/Kaube Rz. 3 zu § 22.
24 Wie hier h.M., z.B. Klauer/Möhring/Nirk PatG Rz. 4 Anh. zu § 3; Busse/Keukenschrijver, PatG, Rz. 4 zu § 22 ArbEG.
25 So auch Reimer/Schade/Schippel/Kaube (Fn. 23); Volmer/Gaul Rz. 44 zu § 22; Haupt GRUR 1956, 405; a.A. Karl GRUR 1956, 51, 52 f.
26 Schiedsst. v. 11.8.1986 Arb.Erf. 69/85 (unveröffentl.).
27 Schiedsst. v. 30.6.1972 (Fn. 20).

§ 22

Maßgeblicher Beurteilungszeitpunkt ist der Augenblick des Zustandekommens der vom ArbEG abweichenden Regelung. Eine Bewertung ex post verbietet sich.

Ist eine getroffene **Regelung nicht eindeutig** und kann nicht von vornherein ausgeschlossen werden, dass sie für den Arbeitnehmer ungünstiger ist, ist sie unzulässig[28]. In diesem Sinne sind auch sog. **»zweischneidige Regelungen«**, also solche, die sich je nach den Umständen rechtlich günstiger oder ungünstiger auswirken können, unzulässig, da ihre Folgen für den Arbeitnehmer nicht im Voraus überschaubar sind. Dies kann namentlich dann der Fall sein, wenn unbestimmte Rechtsbegriffe des ArbEG durch Abreden konkretisiert werden, etwa die Bestimmung einer Mindestfrist zur Ausfüllung des Begriffs »unverzüglich« im Sinne der § 5 Abs. 1, § 13 Abs. 1 Satz 3.

Dagegen sind solche Vertragsgestaltungen individual- oder kollektivrechtlicher Art unbedenklich möglich und zulässig, die in jedem Punkt (Einzelvergleich) in ihrer Wirkung dem ArbEG entsprechen (**neutrale Abreden**) oder den Arbeitnehmer rechtlich **vorteilhafter** stellen.

III. Einzelfälle

Eine Regelung **zuungunsten** des Arbeitnehmers ist beispielsweise bei folgenden **vor der Meldung** (Mitteilung) einer Erfindung getroffenen Abreden anzunehmen:

Erweiterung des Kreises der Diensterfindungen über den Katalog des § 4 Abs. 2 hinaus[36] (vgl. aber Rz. 23 f. zu § 4); unmittelbarer Übergang einer Diensterfindung ohne Inanspruchnahme bzw. sonstige Vorausverfügungen über künftige Erfindungen[37] (s. auch Rz. 15); Ausdehnung des Nutzungsrechts aus einer beschränkten Inanspruchnahme (§ 7 Abs. 2) bzw. einem Benutzungsvorbehalt (§ 14 Abs. 3, § 16 Abs. 3); Einschränkungen des Verwertungsrechts des Arbeitnehmers bei frei gewordenen Diensterfindungen (vgl. aber auch Rz. 52 ff. zu § 8) bzw. freien Erfindungen (§§ 18, 19); Ausschluss oder Minderung des Erfindervergütungsanspruchs[38] (s. auch oben Rz. 15 u. 21) bzw. der Überprüfungsrechte[39] (z.B. § 12 Abs. 6 Satz 1); Vereinbarung einer (laufenden) Pauschalabfindung zur endgültigen Abgeltung

---

28 Vgl. Schiedsst. v. 30.6.1972 (Fn. 20); s. auch BAG v. 12.4.1972 AP Nr. 13 zu § 4 TVG – Günstigkeitsprinzip.
29-35 frei
36 Amtl. Begr. (Fn. 4); abw. Karl (Fn. 25) S. 52.
37 Allg. A., z.B. OLG Hamburg v. 6.11.1958 GRUR 1960, 487, 490; s. auch BGH v. 16.11.1954 GRUR 1955, 286, 289 – Schnellkopiergerät; s. ferner die Beispiele b. Riemschneider/Barth Anm. 1 zu § 9 DVO 1943.
38 Amtl. Begr. (Fn. 4); Haupt GRUR 1956, 405; a.A. Karl GRUR 1956, 51, 52 f.
39 Vgl. auch BGH v. 20.11.1962 GRUR 1963, 315, 316 – Pauschalabfindung.

§ 22

zukünftiger Diensterfindungen[40] (s. auch Rz. 15 u. 21); die Vereinbarung einer Maximalvergütung[41]; Vereinbarung eines generellen Vorkaufsrechts für freie Erfindungen (s. Rz. 77 zu § 19); Verzicht auf die Rechte zur Einreichung oder Fortführung von Inlands- oder Auslandsanmeldungen (§ 13 Abs. 4, § 14 Abs. 2, § 16 Abs. 1, 2); Ausweitung der Geheimhaltungspflicht des § 24 Abs. 2 auf freie oder frei gewordene Erfindungen. Zum Verzicht auf die Meldung der Erfindung bzw. die Schriftform (§ 5) vgl. Rz. 30, 38 f. zu § 5; zur Verlängerung der Inanspruchnahmefrist und zum Verzicht auf die Schriftform vgl. Rz. 47, 31 f., 57 zu § 6; zum Ausschluss des Rechts auf Anrufung der Schiedsstelle vgl. § 37 Abs. 2 Nr. 4; zur Unwirksamkeit von Schiedsabreden zwischen den Arbeitsvertragsparteien vgl. auch §§ 4, 101 Abs. 3 ArbGG, § 1025 Abs. 2 ZPO sowie Rz. 36 zu § 39; auch die Abrede, eine Entscheidung der Schiedsstelle sei in jedem Fall bindend (zweischneidige Regelung, s. o. Rz. 23), nimmt dem Arbeitnehmer das Widerspruchsrecht nach § 34 Abs. 3 und ist auch deshalb unzulässig. Arbeits- oder tarifvertragliche Verfallfristen weichen ebenfalls zu ungunsten des Arbeitnehmers vom Gesetz ab[41a]. Zur Zulässigkeit von Ausgleichsquittungen s. Rz. 56 ff. zu § 26.

27 Ungeachtet des § 22 Satz 1 **zulässige Abreden zugunsten** des Arbeitnehmers stellen dagegen die Regelungen dar, die ausschließlich Rechte des Arbeitgebers betreffen. Dementsprechend sind auch **vor Meldung** einer Diensterfindung **zulässig**: Verzicht des Arbeitgebers auf Formerfordernisse[42] (vgl. auch Rz. 38 f. zu § 5; Rz. 31 f., 57 zu § 6); Ausschluss bestimmter Erfindungen aus der rechtlichen Behandlung als Diensterfindung[43] (als vorweggenommene Freigabe – s. Rz. 20 zu § 8); Verzicht des Arbeitgebers auf sein Inanspruchnahmerecht[42] (s. auch Rz. 16 zu § 6), auf das Recht zur Schutzrechtsanmeldung im Ausland (§ 14), auf die Mitteilung bzw. Anbietung freier Erfindungen (§§ 18, 19); Vereinbarung von Mindestvergütungen. Solche Abreden lassen aber evtl. Beschränkungen des Arbeitnehmers aus der Treuepflicht (s. dazu Rz. 28 ff. zu § 25) im Zweifel unberührt.

---

40 I. Ergebn. ebenso Schiedsst. v. 11.8.1986 Arb.Erf. 69/85 (unveröffentl.) bzgl. e. Pauschalverg.-Vereinbg. i. Anst.vertrag; V. Tetzner BB 1963, 649, 650 – dort zu Recht ablehnend zum Lösungsvorschlag von Heinr. Tetzner Mitt.1962, 194 f.
41 Volmer/Gaul Rz. 43 zu § 22.
41a LG Frankfurt v. 22. 11. 2000 Az. 2/6 O 239/00 – unveröffentl.
42 BGH v. 24.11.1961 GRUR 1962, 305, 307 – Federspannvorrichtung.
43 A.A. Volmer/Gaul Rz. 36 zu § 4.
44-46 frei

§ 22

IV. Rechtsfolgen

Die zwingende Wirkung des § 22 Satz 1 führt zur **Nichtigkeit** der hiergegen verstoßenden Regelung (§ 134 BGB)[47]. Aus der Nichtigkeit einer einzelnen Bestimmung (**Teilnichtigkeit**) folgt indes nicht die Nichtigkeit der gesamten Abrede. § 139 BGB ist nicht anwendbar[48]; es wäre mit dem Schutzzweck des § 22 Satz 1 nicht vereinbar, dem geschützten Arbeitnehmer sonstige, in einer Abrede begründete Rechte oder Vorteile zu nehmen; soll – wie hier – ein gesetzliches Verbot bestimmter Abreden einen der Beteiligten vor Benachteiligung schützen, so beschränkt sich die Nichtigkeit einer gegen diese Vorschrift verstoßenden Regelung entsprechend dem gesetzlichen Schutzzweck auf die verbotene Klausel, an deren Stelle die zwingende gesetzliche Regelung tritt[49]. Dies kann auch durch eine salvatorische Klausel[49a] klargestellt werden[49b].

28

Auf **die Kenntnis der Verbotswidrigkeit** kommt es nicht an, da die Nichtigkeit keine Strafe darstellt, sondern eine mit dem Schutzzweck des ArbEG unverträgliche Regelung vermeiden soll[50].

29

Auch eine **Anfechtung** der getroffenen Gesamtabsprache wegen Irrtums über die Rechtsfolgen kann ebenso wenig wie eine Kündigung der Vereinbarung aus wichtigem Grund in Betracht kommen.

30

Verlangt ein Arbeitnehmer unter Berufung auf die Nichtigkeit die Einhaltung der Vorschriften des ArbEG und ist dies Anlass für den Arbeitgeber zur **Kündigung,** so ist Letztere nach § 134 BGB unwirksam.

31

Nach der Meldung bzw. Mitteilung der technischen Neuerung steht es den Parteien nach § 22 Satz 2 frei, die Abrede – bezogen auf die konkrete technische Neuerung – **erneut zu vereinbaren.** Auch für eine wirksame **Bestätigung** im Sinne des § 141 Abs. 1 BGB bedarf es der Mitwirkung beider Vertragsparteien; das bestätigte Rechtsgeschäft entfaltet keine rückwirkende Kraft und ist damit erst vom Zeitpunkt der Bestätigung an voll wirksam[51]. Einer aus Billigkeitsgründen gemäß § 141 Abs. 2 BGB rückbezogenen Verpflichtung des Arbeitnehmers steht der Schutzzweck des § 22 entgegen[52].

32

---

47 Allg. A., z.B. Schiedsst. v. 26.6.1968 Blatt 1969, 23, 26; Busse/Keukenschrijver, PatG, Rz. 8 zu § 22 ArbEG; Volmer/Gaul Rz. 33 zu § 22.
48 Schiedsst. v. 20.5.1994 Arb.Erf. 149/92 (unveröffentl.).
49 S. allg. BAG v. 13.3.1975 DB 1975, 1417, 1418 m.w.N.
49a S. dazu allg. BGH v. 8.2.1994 GRUR 1994, 463 – Pronuptia II m. krit. Anm. Martinek BGH EWiR § 15 GWB 1/94, 575.
49b Schiedsst. v. 20.5.1994 (Fn. 48)
50 Vgl. allg. MünchKomm–Mayer-Maly BGB Rz. 108 zu § 134.
51 Allg. A., vgl. RG v. 7.1.1911 RGZ 75, 114, 115.
52 Reimer/Schade/Schippel/Kaube Rz. 2 zu § 22.

§ 22

33 Darüber hinaus ist es grundsätzlich mit dem Zweck des § 134 BGB unvereinbar, durch den Einwand der **unzulässigen Rechtsausübung** (§ 242 BGB) der verbotswidrigen Abrede letztlich zur Geltung zu verhelfen[53].

C. Zulässige Vereinbarung zuungunsten des Arbeitnehmers nach Meldung bzw. Mitteilung (Satz 2)

34 § 22 Satz 2 lässt vom ArbEG abweichende Vereinbarungen über Diensterfindungen (§ 4 Abs. 2) nach ihrer Meldung (§ 5), über freie Erfindungen (§ 4 Abs. 3) und qualifizierte technische Verbesserungsvorschläge (s. dazu Rz. 11 f. zu § 20) nach deren Mitteilung (§ 18, für technische Verbesserungsvorschläge s. Rz. 28 ff. zu § 3) zu. Maßgeblich ist der **Zugang der** Meldung/Mitteilung **beim Arbeitgeber** (s. dazu Rz. 10 ff. zu § 5).

35 Als **Ausnahmeregelung**[53a] zu § 22 erfasst Satz 2 die Abreden zuungunsten (s. dazu oben Rz. 17 ff.) des Arbeitnehmers allerdings nur insoweit, als die Vorschriften des ArbEG der Disposition der Parteien unterliegen. Der Disposition der Parteien sind grundsätzlich die verfahrensrechtlichen Vorschriften der §§ 28-39 entzogen (zum einverständlichen Verzicht auf die Anrufung der Schiedsstelle s. § 37 Abs. 2 Nr. 4) sowie die **zwingenden Normen** des ArbEG, wie §§ 23, 27[53b].

36 Entsprechend dem Gesetzessinn und -wortlaut bezieht sich die Abdingbarkeit nur auf die Behandlung der **konkreten,** gemeldeten bzw. mitgeteilten **technischen Neuerung** (s. auch Rz. 15 u. 21). Damit kommen als Vereinbarung im Sinne des § 22 Satz 2 nur die auf den Einzelfall bezogenen **Individualabreden** zwischen Arbeitgeber und Arbeitnehmer (s. oben Rz. 7 ff.) in Betracht. Mangels eines Bezugs auf den Einzelfall scheiden kollektivrechtliche Gestaltungen aus.

37 An diese formlos, mithin auch konkludent möglichen Abreden[54] sind wegen ihrer rechtseinschränkenden Wirkung **strenge Anforderungen** zu stellen; insbesondere müssen die Parteien ihren »Abänderungswillen« klar und unzweideutig zum Ausdruck gebracht haben[55]. Im Schrifttum und in

---

53 Vgl. allg. Wieacker JZ 1961, 229.
53a A.A. Volmer/Gaul Rz. 61 zu § 22 (»spezialgesetzl. Ausprägung d. Prinzips d. Vertragsfreiheit«).
53b Für § 23 ArbEG offen gelassen LG Braunschweig v. 12.5.1970 Az. 9 c O 13/63 (unveröffentl.).
54 LG Düsseldorf v. 20.6.1978 EGR Nr. 4 zu § 22 ArbEG; Schiedsst. v. 8.4.1993 EGR Nr. 34 zu § 6 ArbEG; vgl. auch Schiedsstelle v.14.2.1973 Blatt 1973, 290, 291.
55 Reimer/Schade/Schippel/Kaube Rz. 7 zu § 22 m.w.N.; ebenso Schiedsst. v. 8.4.1993 (Fn. 54); vgl. auch BGH v. 23.5.1952 GRUR 1952, 573 – Zuckerdiffuseur = AP 53 Nr. 120 m. Anm. Volmer.

§ 22

der Rechtsprechung wird für eine Abdingbarkeit darüber hinaus verlangt, dass der Arbeitnehmer die ihm gesetzlich gewährte Rechtsstellung kennt[55a].

Die Möglichkeit abweichender Vereinbarungen wird erst durch die Meldung (§ 5 Abs. 1) bzw. Mitteilung (§ 18 bzw. §§ 3, 20) eröffnet. Maßgeblich ist der **Zeitpunkt des Zugangs** beim Arbeitgeber (s. dazu Rz. 10 ff. zu § 5). Da das Gesetz ausdrücklich auf einen Zeitpunkt »nach« (Zugang) der Meldung abstellt, reicht der gleichzeitige Verzicht nicht aus[55b], so dass jedenfalls ein vom Arbeitgeber entwickeltes Meldeformular, in dem zugleich ein Verzicht auf bestimmte Rechte aus dem ArbEG angesprochen wird, keinerlei Wirkung entfaltet. 38

Da die Ausnahmeregelung des Satz 2 sich aus der an die Fertigstellung der Erfindung anknüpfenden verstärkten Position des Arbeitnehmers rechtfertigt und auf die Meldung bzw. Mitteilung als eindeutig fixierbaren Zeitpunkt abgestellt wird (s. oben Rz. 3), muss eine **Erfindungsmeldung** im Sinne des § 5 Abs. 1 genügen; ein Abstellen auf das Beanstandungsrecht des Arbeitgebers und den Fristablauf gemäß § 5 Abs. 3 verbietet sich deshalb[56]. 39

Fehlt eine **Meldung** im Sinne des § 5 Abs. 1 bzw. eine Mitteilung, erhält der Arbeitgeber aber auf andere Weise Kenntnis vom Gegenstand der technischen Neuerung, ist eine danach zuungunsten des Arbeitnehmers getroffene Abrede nicht schlechthin nichtig[57]; für die Zulässigkeit einer Vereinbarung ist vielmehr darauf abzustellen, wann diese Kenntniserlangung des Arbeitgebers nach außen in Erscheinung getreten ist. Mangels anderer Umstände ist dies beispielsweise bei der Schutzrechtsanmeldung (§ 13 Abs. 1) oder der Inanspruchnahmeerklärung (§ 6) der Fall[58], aber auch dann, wenn die technische Neuerung zuvor vom Arbeitgeber zum Gegenstand von Vereinbarungen (z.B. über Lizenz- oder Know-how-Rechte) gemacht wird oder wenn Anweisungen zu ihrer betrieblichen Nutzung erfolgen. 40

In größeren Unternehmen, wie auch in einigen öffentlichen Verwaltungen, hat sich die Verwendung von **Formularen** als zweckmäßig erwiesen[65]. Da der Bereich der Arbeitnehmererfindung dem Arbeitsrecht zuzuordnen ist (s. Einl. Rz. 2), finden die Regelungen zur Gestaltung rechtsgeschäftlicher Schuldverhältnisse durch Allgemeine Geschäftsbedingungen gemäß 41

55a Reimer/Schade/Schippel/Kaube Rz. 7 zu § 22 m.w.N.; LG Braunschweig v. 12.5.1970 (Fn. 53 b).
55b Schiedsst. v. 5.11.1986 Arb.Erf. 1(B)/86 (unveröffentl.).
56 Im Ergebn. h.M., z.B. Volmer Rz. 29 zu § 22; a.A. Lindenmaier/Lüdecke Anm. 4 zu § 22.
57 So aber wohl LAG Baden-Württemberg v. 24.1.1958 DB 1958, 312.
58 H. M., z.B. LG Düsseldorf v. 20.6.1978 EGR Nr. 4 zu § 22 ArbEG.
59-64 frei
65 Vgl. dazu u. a. Schippel i. Münchener Vertragshandbuch Bd. 3 4. Aufl. 1998 S. 777; Bartenbach/Volz i. Bartenbach/Buddeberg u. a. Formularsammlung z. gewerbl. Rechtsschutz 2. Aufl. 1998 Teil 2.

§ 310 Abs. 4 BGB n.F. Anwendung, wobei gemäß § 310 Abs. 4 Satz 2 BGB n.F. die im Arbeitsrecht geltenden Besonderheiten zu berücksichtigen sind[66].

---

66 Siehe hierzu Lingemann NZA 2002, 181.

§ 23 Unbilligkeit

(1) Vereinbarungen über Diensterfindungen, freie Erfindungen oder technische Verbesserungsvorschläge (§ 20 Abs. 1), die nach diesem Gesetz zulässig sind, sind unwirksam, soweit sie in erheblichem Maße unbillig sind. Das Gleiche gilt für die Festsetzung der Vergütung (§ 12 Abs. 4).

(2) Auf die Unbilligkeit einer Vereinbarung oder einer Festsetzung der Vergütung können sich Arbeitgeber und Arbeitnehmer nur berufen, wenn sie die Unbilligkeit spätestens bis zum Ablauf von sechs Monaten nach Beendigung des Arbeitsverhältnisses durch schriftliche Erklärung gegenüber dem anderen Teil geltend machen.

Lit.: v. *Hoyningen Huene*, Die Billigkeit im ArbR 1978; *Rosenberger* Kriterium f. d. Erf.wert, erhebl. Unbilligkeit v. Vergütungsvereinbarungen, Vergütung b. zu enger Fassung von Schutzrechtsansprüchen GRUR 1990, 238.

Übersicht

A. Allgemeines...............	1-3	D. Geltendmachen der	
B. »Vereinbarung« – Geltungs-		Unbilligkeit (Abs. 2)..............	25-32
bereich........................	4-9	I. Geltendmachen............	25, 26
C. »In erheblichem Maße unbillig« ..	10-24	II. Berechtigter Personenkreis.....	27
I. Begriff der Unbilligkeit..........	10	III. Form, Frist....................	28-31
II. Beurteilungsmaßstab...........	11-19	IV. Verwirkung.................	32
III. Beurteilungszeitpunkt...........	20	E. Rechtsfolgen..................	33, 34
IV. Unbilligkeit einer Vergütungs-		F. Verhältnis zu anderen Vor-	
vereinbarung bzw. -fest-		schriften........................	35-38
setzung.......................	21-24		

A. Allgemeines

Nach der gesetzgeberischen Absicht stellt § 23 in erster Linie eine Ergänzung zu § 22 Satz 2 dar, der Vereinbarungen nach der Meldung bzw. Mitteilung einer technischen Neuerung zulässt. Die **generalklauselartige** Unbilligkeitsregelung des § 23 soll vornehmlich Benachteiligungen des Arbeitnehmers, die sich aus dem Abhängigkeitsverhältnis zum Arbeitgeber ergeben können, als Äquivalent zu der nach § 22 Satz 2 eröffneten Vertragsfreiheit ausschließen[1]. 1

---

1 Vgl. Amtl. Begr. BT-Drucks. II/1648 S. 40 = Blatt 1957, 240.

§ 23

2 § 23 dient damit zwar vorrangig dem Schutz des Arbeitnehmers; um aber eine »ausgeglichenere Fassung« dieser Vorschrift zu erreichen, ist auch dem Arbeitgeber die Berufungsmöglichkeit auf die Unbilligkeit zugestanden worden[2]. Entsprechend dem Normzweck dieser die Vertragsfreiheit begrenzenden Vorschrift ist § 23 **zwingendes Recht**[3].

Die Unbilligkeit einer während des Arbeitsverhältnisses getroffenen Vereinbarung kann über § 26 auch nach **Beendigung des Arbeitsverhältnisses** geltend gemacht werden, allerdings gem. § 23 Abs. 2 nur innerhalb von sechs Monaten (s. dazu Rz. 29 ff.).

3 In den **neuen Bundesländern** sind von § 23 Vereinbarungen (Vergütungsfestsetzungen) erfasst, die solche Arbeitnehmererfindungen und Vergütungsregelungen für qualifizierte technische Verbesserungsvorschläge betreffen, die seit dem 3.10.1990 fertig gestellt worden sind (s. Einl. Rz. 31). Auf DDR-Alterfindungen ist die Vorschrift auch nicht analog anwendbar (s. Einl. Rz. 39). Insoweit sind die allgemeinen zivilrechtlichen Bestimmungen zur Unwirksamkeit der vor dem Beitritt getroffenen Vereinbarungen maßgeblich (z.B. Art. 232 § 1 EGBGB i.V.m. § 68 Abs. 1 Nr. 2, § 70 ZGB-DDR).

B. »Vereinbarung« – Geltungsbereich

4 Ausgehend vom Gesetzeszweck und der in Abs. 2 – abweichend von § 22 – enthaltenen Einschränkung auf die Arbeitsvertragsparteien erfasst § 23 nicht kollektivrechtliche Abreden[4], sondern nach der hier vertretenen Auffassung nur **Individualvereinbarungen** zwischen Arbeitgeber und Arbeitnehmer.

5 **Vereinbarungen** sind nicht nur solche im Sinne des § 22 Satz 2 (s. dort Rz. 36), sondern alle vertraglichen Regelungen, die freie (s. dazu Rz. 86 f. zu § 19) oder gebundene (einschließlich frei gewordene[4a]) Erfindungen und die Vergütung für qualifizierte technische Verbesserungsvorschläge zum Gegenstand haben[4b] (zu Vereinbarungen über einfache Verbesserungsvorschläge s. Rz. 8). Erfasst werden nur Vereinbarungen zwischen Arbeitgeber und Arbeitnehmererfinder, nicht dagegen Vereinbarungen mit Dritten[5] (zur

---

2 Vgl. Ausschussber. zu BT-Drucks. II/3327 S. 8 = Blatt 1957, 254.
3 Ebenso Schiedsst. z.B. v. 9.2.1995 Arb.Erf. 65/93 (unveröffentl.); vgl. auch Schiedsst. v. 22.8.1969 EGR Nr. 1 zu § 23 ArbEG; Palandt/Putzo, BGB, 49. Aufl., Anm. 13 zu § 611.
4 Zutr. v. Hoyningen-Huene Billigkt. i. ArbR (1978) S. 185; a.A. Volmer Rz. 4 zu § 23 u. Volmer/Gaul Rz. 21 zu § 23; Busse/Keukenschrijver, PatG, Rz. 2 zu § 23 ArbEG.
4a So im Ergebnis – wenn auch unter Vorbehalten – Schiedsst. v. 16.6.1983 Blatt 1984, 250, 251 r.Sp.
4b Ähnl. Heine/Rebitzki Anm. 2 zu § 23; insoweit zu eng Ausschussber. (Fn. 2).
5 Insoweit zust. Busse/Keukenschrijver, PatG, Rz. 4 zu § 23 ArbEG.

§ 23

Miterfindervereinbarung s. unten Rz. 7.1 sowie Rz. 32 zu § 12). Deshalb unterliegen auch Vereinbarungen des Insolvenzverfahrens mit dem Erwerber einer Diensterfindung nicht § 23; Rz. 94 zu § 27). Zu Vereinbarungen über freie Erfindungen s. Rz. 55 ff., 86 f. zu § 19.

Eine **analoge Anwendung** des § 23 auf Vereinbarungen über vermeintlich schutzfähige Diensterfindungen bzw. nicht schutzfähige Entwicklungsergebnisse (vgl. auch unten Rz. 8) kommt nicht in Betracht[5a]. Liegt ein gemeinschaftlicher Irrtum der Vertragsparteien bei Vertragsabschluss über einen für ihre Willensbildung wesentlichen Umstand vor, können die Grundsätze über das Fehlen der Geschäftsgrundlage anwendbar sein (§ 313 Abs. 2 BGB n.F.), wobei Grundsätze der Risikozuweisung zu beachten sind (s. auch Rz. 18).

§ 23 greift allerdings nur insoweit Platz, als die Vereinbarung nicht bereits **aus anderen Gründen unzulässig** bzw. nichtig ist (z.B. nach § 22 Satz 1 ArbEG, §§ 134, 138 BGB). Unter § 23 fallen damit auch die nach § 22 Satz 1 zulässigen Abreden zugunsten des Arbeitnehmers ebenso wie die im ArbEG selbst geregelten Vereinbarungen nach § 12 Abs. 1, §§ 2 und 6[6], §§ 16, 19, § 27 Nrn. 2, 4 n.F., § 34 Abs. 3[6a], § 37 Abs. 2 Nr. 4, § 40 Nr. 1.

Die Vorschrift erstreckt sich auch auf gerichtliche oder außergerichtliche **Vergleiche**[6b], jedoch mit den sich aus **§ 779 BGB** (s. dazu auch Rz. 18) bzw. der Rechtskraft ergebenden Einschränkungen; (zur Ausgleichsquittung vgl. Rz. 56 ff. zu § 26). Abs. 1 Satz 2 dehnt die Anwendbarkeit auf die **einseitig** vom Arbeitgeber vorgenommene **Vergütungsfestsetzung** nach § 12 Abs. 4 aus, was selbstverständlich auch für den Fall der Miterfinderschaft (§ 12 Abs. 5) gilt (s. auch Rz. 27). Bestand zwischen den Arbeitsvertragsparteien über bestimmte Berechnungsparameter der Vergütung Streit, sei es über den Umsatz, den angemessenen Lizenzsatz, den Anteilsfaktor oder den Miterfinderanteil und haben sie sich darüber vergleichsweise im Wege des gegenseitigen Nachgebens verständigt, schließt dies die Anwendbarkeit des § 23 nicht aus (s. Rz. 7). Jedoch bestimmt sich die Feststellung der Unbilligkeit nicht allein nach der vereinbarten Vergütung; abzustellen ist vielmehr auf das **Maß des beiderseitigen Nachgebens** und auf den Rahmen, innerhalb dessen sie sich verständigt haben. War beispielsweise zwischen den Arbeitsvertragsparteien streitig, ob der vergütungspflichtige Umsatz eher bei 10 oder bei 20 Mio. € lag und haben sie sich auf einen Umsatz von 15 Mio. € verständigt, scheidet eine Berufung auf § 23 aus, wenn sich nachträglich der Ansatz von 20 Mio. € als zutreffend herausstellt. Denn die Parteien haben im Wege des gegenseitigen Nachgebens ihren Streit bzw.

5a   A.A. LG Düsseldorf v. 17.9.1991 Az. 4 O 335/89 (unveröffentl.).
6   Amtl. Begr. (Fn. 1).
6a   Vgl. z.B. den Fall b. Schiedsst. v. 9.2.1976 EGR Nr. 16 zu § 12 ArbEG.
6b   Vgl. BGH v. 17.4.1973 GRUR 1973, 649, 650 – Absperrventil; Schiedsst. v. 9.2.1995 (Fn. 3).

§ 23

die Ungewissheit bewusst beseitigt (§ 779 Abs. 1 BGB), so dass dies nicht nachträglich im Rahmen des § 23 überprüft werden kann[30a]. Lag dagegen der vergütungspflichtige Umsatz in Wahrheit bei 40 Mio. €, kommt wegen des »nicht verglichenen« Rahmens eine Berufung auf § 23 in Betracht. § 23 kann für den verglichenen Rahmen auch dann in Betracht kommen, wenn von einer Seite ein übermäßiges Nachgeben abgefordert wurde, also im obigen Beispielsfall ein Vergleich etwa über 12 Mio. €. Zur Wirkung einer vergleichsweisen Vergütungsfeststellung im Rahmen des § 12 Abs. 6 s. Rz. 20 zu § 12.

7.1 Haben sich die **Arbeitnehmererfinder** untereinander **über ihre Miterfinderanteile verständigt** und werden diese vom Arbeitgeber bei der Vergütungsregelung übernommen, können sich die Miterfinder nicht auf die Unbilligkeit der zwischen ihnen getroffenen Vereinbarung berufen, da es an dem Merkmal des § 23, der Vereinbarung zwischen den Arbeitsvertragsparteien, fehlt[7] (s. auch Rz. 32.2 zu § 12). Dies gilt auch dann, wenn ein Miterfinder sich auf die Beeinflussung durch einen anderen Miterfinder (insbesondere Vorgesetzten) beruft. Da die Bestimmung des Miterfinderanteils nicht Gegenstand einer arbeitsrechtlich verbindlichen Weisung sein kann, müsste der betreffende Miterfinder schon eine besondere Drucksituation (»Nötigung«) darstellen[7a].

Anders können Fälle zu beurteilen sein, in denen der Arbeitgeber am Zustandekommen einer solchen Miterfindervereinbarung mitgewirkt oder eine Unrichtigkeit der Miterfinderanteile gekannt hat oder hätte kennen müssen[7b]. Zur Unbilligkeit bei Übernahme vereinbarter Miterfinderanteile durch den Arbeitgeber s. Rz. 32.3 zu § 12, zur Geltendmachung s. unten Rz. 27.

7.2 Hat der Arbeitnehmer einer **Vergütungsfestsetzung** wirksam **widersprochen** (§ 12 Abs. 4), kann sich der Arbeitgeber auf eine Unbilligkeit i.S.d. § 23 berufen, da die Vergütungsfestsetzung für ihn auch bei Widerspruch des Arbeitnehmers eine Zahlungspflicht auslöst (s. hierzu Rz. 75 ff., 87 zu § 12). In diesem Fall fehlt es zwar (noch) an der Verbindlichkeit der Festsetzung für beide Teile; da § 23 Abs. 1 Satz 2 auf § 12 Abs. 4 insgesamt Bezug nimmt, ist auch der Fall des Widerspruchs (§ 12 Abs. 4 Satz 1) erfasst, so dass eine möglicherweise abweichende Wertung des Gesetzgebers im Gesetz keinen Niederschlag gefunden hat[7c].

Zu einer Änderung der für ihn verbindlichen Festsetzung ist der Arbeitgeber auch unter den Voraussetzungen des § 12 Abs. 6 berechtigt (s. dort Rz. 96).

---

7   Vgl. BGH v. 17.5.1994 GRUR 1994, 898, 902 – Teilkristalline Copolyester; Schiedsst. v. 8. 10. 1997 Arb.Erf. 27/96 (unveröffentl.).
7a LG Düsseldorf v. 7.11.1989 Az. 4 O 146/86 (unveröffentl.).
7b BGH v. 17.5.1994 (Fn. 7).
7c Vgl. Amtl. Begr. (Fn. 1).

§ 23

Sind Teile einer Vergütungsfestsetzung für beide Parteien verbindlich (s. dazu Rz. 84 zu § 12), ist auch insoweit eine Berufung auf eine Unbilligkeit möglich.

Nicht erfasst sind die – nach dem Willen des Gesetzgebers[8] – dem ArbEG entzogenen Vereinbarungen über **einfache technische Verbesserungsvorschläge**[9]; dies folgt bereits aus dem Wortlaut dieser Ausnahmevorschrift.

Nach dem Zweck dieser Norm, die namentlich den in abhängiger Stellung stehenden Arbeitnehmer schützen soll, findet diese auch nicht auf solche Vereinbarungen Anwendung, die **vor** rechtlichem **Beginn** bzw. **nach** Beendigung des Arbeitsverhältnisses zustande gekommen sind[10]. § 23 erfasst folglich nur Vereinbarungen (und Vergütungsfestsetzungen), die **während des Arbeitsverhältnisses** zustandegekommen sind. Zu vertraglichen Abreden anlässlich der Auflösung des Arbeitsverhältnisses s. Rz. 55 zu § 26.

Da der Arbeitnehmer sich gem. § 23 Abs. 2 nach Ablauf der 6-monatigen Ausschlussfrist nicht mehr auf die Unbilligkeitsregelung des § 23 Abs. 1 berufen kann, sind von daher Vereinbarungen, die außerhalb des von § 23 Abs. 2 erfassten Ausschlusszeitraums zustande kommen, erst recht nicht der Überprüfungsmöglichkeit nach § 23 Abs. 1 unterworfen[12].

Vereinbarungen über **Erfindungen**, die der Arbeitnehmer **vor** dem (rechtlichen) **Beginn eines Arbeitsverhältnisses** fertig gestellt hat, unterliegen nicht der Schutzwirkung des § 23 (s. Rz. 47 zu § 4). Gleiches gilt für Vereinbarungen über Erfindungen, die er **nach** (rechtlicher) **Beendigung des Arbeitsverhältnisses** macht, etwa als Pensionär oder freier Erfinder (s. auch Rz. 12, 16 f., 18 zu § 4 u. Rz. 22 zu § 26).

Der Annahme **stillschweigender Vereinbarungen**, etwa einer schlüssigen Übertragung von freien oder frei gewordenen Erfindungen auf den Arbeitgeber, kann § 23 entgegenstehen, wenn sich eine solche als unbillig darstellen würde[13].

7.3

8

8.1

8.2

9

---

8   Vgl. Amtl. Begr. BT-Drucks. II/1648 S. 17, 38 = Blatt 1957, 227, 239 u. Ausschussber. zu BT-Drucks. II/3327 S. 3 = Blatt 1957, 250.
9   A.A. Volmer Rz. 1 zu § 23.
10 Vgl. Schiedsst. v. 21.7.1967 Blatt 1968, 72; v. 16.12.1972 Blatt 1972, 294 u.v. 2.2.1981 Blatt 1981, 420, 421; bestätigt durch ZB v. 22.7.1992 EGR Nr. 79 zu § 12 ArbEG u.v. 15.12.1982 Blatt 1983, 133 (Erlassvertrag); Busse/Keukenschrijver, PatG, Rz. 5 zu § 23 ArbEG; a.A.Volmer Rz. 6 zu § 23; Volmer/Gaul Rz. 25 ff. zu § 23.
11 Frei
12 Ebenso LG Düsseldorf v. 12.8.1986 4 O 329/85 (unveröffentl.); zust. auch Schiedsst. ZB v. 22.7.1992 (Fn. 10) u. v. 5.2. 1997 Arb.Erf. 46/95 (z. Veröffentl. i. EGR vorgesehen).
13 Vgl. Bartenbach Mitt. 1971, 232, 239; s. auch Schiedsst. v. 16.6.1983 (Fn. 4 a).

§ 23

C. »In erheblichem Maße unbillig«

I. Begriff der Unbilligkeit

10 Nach Abs. 1 sollen Vereinbarungen »unwirksam« (s. unten Rz. 33) sein, soweit sie in erheblichem Maße unbillig sind. Der Begriff der »Unbilligkeit in erheblichem Maße« ist ein **unbestimmter Rechtsbegriff;** er indiziert den normativen, generalklauselartigen Begriff der Billigkeit[14], der auf das Gebot der Gerechtigkeit im Einzelfall verweist.
Zur **Beweislast** s. Rz. 33.

II. Beurteilungsmaßstab

11 Ob eine vertragliche Regelung **unbillig** ist, also dem Gerechtigkeitsempfinden widerspricht, ist im Einzelfall unter **wertender Betrachtung aller Umstände** zu bestimmen, insbesondere aufgrund einer Abwägung der beiderseitigen Interessen, der gegenseitig begründeten Rechte und Pflichten und dem sich daraus ergebenden Verhältnis von Vor- und Nachteilen; Ausgangspunkt ist ein Vergleich der vertraglichen Stellung des Einzelnen mit der ihm gesetzlich eingeräumten Position[14a].

12 Bei dieser **individuellen Betrachtung** sind sowohl die konkreten Umstände, die zu der Vereinbarung geführt haben, als auch deren rechtliche und wirtschaftliche Auswirkungen für den jeweiligen Vertragspartner zu berücksichtigen[15]; Letztere allerdings nur insoweit, als sie bereits bei Vertragsabschluss erkennbar waren (s. dazu unten Rz. 20).

13 Mit dem zusätzlichen Erfordernis, dass diese Unbilligkeit **in erheblichem Maße** bestehen muss, fordert der Gesetzgeber das Hinzutreten eines qualitativen Momentes; es ist also ein höherer Grad von Unbilligkeit erforderlich. Diesen Begriff hat der Gesetzgeber anstelle des ursprünglich vorgesehenen Begriffs der »offenbaren Unbilligkeit« (vgl. etwa § 319 Abs. 1 Satz 1 BGB[22]) gewählt, da Letzterer – aus damaliger Sicht – die Unwirksamkeit von Vereinbarungen nahezu völlig ausschließen würde[23].

14 Demzufolge muss die Unbilligkeit weder für jedermann offenkundig noch offenbar sein, d. h., im Rahmen des § 23 braucht sich die Unbilligkeit vom Ergebnis her dem sachkundigen Beobachter nicht sofort aufzudrän-

---

14 Vgl. dazu insbes. von Hoyningen-Huene Billigkt. i. ArbR, 1978
14a Ähnl. Reimer/Schade/Schippel/Kaube Rz. 3 zu § 23.
15 Ebenso LG München v. 21. 12. 1998 Az. 21 O 22876/95 (z. Veröffentl. in EGR vorgesehen).
16-21 frei
22 S. dazu etwa BGH v. 26.4.1991 NJW 1991, 2761.
23 Ausschussber. (Fn. 2).

§ 23

gen[24] bzw. den mit der Sachlage Vertrauten sofort ins Auge zu springen[24a]. Ebenso wenig wird eine Sittenwidrigkeit der Vereinbarung vorausgesetzt[24a]. Andererseits ist auch keine »grobe Unbilligkeit« in dem Sinne notwendig, dass die Vereinbarung dem Gerechtigkeitsempfinden in unerträglicher Weise widersprechen müsste[25].

Eine Vereinbarung ist jedenfalls dann in erheblichem Maße unbillig, wenn sie im Einzelfall dem **Gerechtigkeitsempfinden in besonderem, gesteigertem Maße entgegensteht** und mit Treu und Glauben (§ 242 BGB) unvereinbar ist[25a], woran im Grundsatz strenge Anforderungen zu stellen sind[25b]. 15

Ausreichend, aber auch erforderlich ist, dass die erhebliche Unbilligkeit **objektiv vorhanden** ist[26]; es ist also nicht notwendig, dass ein Beteiligter bewusst gehandelt hat oder dass ihn sonst wie ein Schuldvorwurf trifft. Es kommt auch nicht darauf an, ob das Missverhältnis seine Ursache in einer »ermessensfehlerhaften« oder »nicht vertretbaren« Handhabung des ArbEG hat[26a] (s. auch Rz. 21 ff.). Entscheidend ist also letztlich das objektive Vorhandensein einer erheblichen Unbilligkeit, gemessen an den Vorgaben des ArbEG. Dementsprechend müssen **subjektive Gründe** bei der Feststellung der Unbilligkeit keine Rolle spielen, sie können es aber[27], etwa indem sie eine vorhandene Unbilligkeit auf die Schwelle der »Erheblichkeit« anheben (s. auch Rz. 23). 16

Beispielsweise mag es einerseits von ausschlaggebender Bedeutung sein, inwieweit der Arbeitgeber seine Position bewusst missbräuchlich gegenüber dem Arbeitnehmer ausnutzt[28]; andererseits darf dem Arbeitnehmer in leitender Stellung und bei entsprechender Fachkunde zugemutet werden, 17

---

24 Vgl. zu § 319 BGB: BGH v. 14.10.1958 NJW 1958, 2067 f.
24a BGH v. 4.10.1988 Blatt 1989, 135, 136 l.Sp. – Vinylchlorid.
25 So zu § 138 BGB: BGH v. 20.12.1972 NJW 1973, 749; s. auch v. Hoyningen-Huene (Fn. 14) S. 40; zu weitgehend Heine/Rebitzki Anm. 3 zu § 23.
25a Zust. Schiedsst. v. 16. 4. 1996 Arb.Erf. 94/94 (unveröffentl.); ähnl. Reimer/Schade/Schippel/Kaube (Fn. 14a).
25b Von Hoyningen-Huene (Fn. 14) S. 185; zust. Schiedsst. v. 17.10.1985 Arb.Erf. 46/84 u.v. 26.4.1994 Arb.Erf. 2/94 (beide unveröffentl.).
26 In diesem Sinne Schiedsst. v. 6.8.1979 Arb.Erf. 64/78 (unveröffentl.); s. auch EV v. 28.1.1970 Blatt 1970, 454; OLG Karlsruhe v. 12. 12. 2001 Az. 6 U 100/00 im Anschl. an LG Mannheim v. 12. 5. 2000 Az. 7 O 412/98 (beide unveröffentl.); Busse/Keukenschrijver, PatG, Rz. 6 zu § 23 ArbEG; Volmer/Gaul Rz. 48 ff. zu § 23; vgl. auch zu § 319 Abs. 1 BGB Palandt/Heinrichs Rz. 3 zu § 319 BGB.
26a Ebenso Schiedsst. v. 16.4.1996 Arb.Erf. 94/94 (unveröffentl.); krit. Rosenberger GRUR 1990, 238, 247.
27 H.M., so Schiedsst. v. 6.8.1979 (Fn. 26); Busse/Keukenschrijver, PatG, Rz. 6 zu § 23 ArbEG; Volmer/Gaul Rz. 52 zu § 23 (aber z.T. abweichend); abw. Volkmar Tetzner BB 1963, 649, 650.
28 Vgl. Schiedsst. v. 30.7.1970 Blatt 1971, 137, 139; vgl. auch LG München v. 21. 12. 1998 (Fn. 15).

§ 23

seine Bedenken vor Vertragsabschluss zu äußern[28], und zwar insbesondere dann, wenn der Arbeitgeber auf der Grundlage dieser Vereinbarung erkennbar Dispositionen mit weitreichendem Umfang treffen will. Eine Berufung auf § 23 kann trotz objektiven Missverhältnisses beispielsweise auch dann ausgeschlossen sein, wenn der Erfinder aufgrund seiner betrieblichen Stellung die Verhältnisse bei Abschluss der an sich unbilligen Vereinbarung genau übersehen und (teilweise) beeinflussen konnte[29]. Allerdings schließen weder eine Fehlbewertung – etwa durch den die Faktoren einer Vergütungsberechnung regelmäßig besser überschauenden Arbeitgeber – noch die Möglichkeit, vor Vertragsabschluss bzw. Vergütungsregelung fachkundigen Rat einzuholen, das Recht aus, sich auf die Unbilligkeit zu berufen[29a].

18 Demgegenüber ist ein **beiderseitiger Irrtum** der Vertragsparteien über die der Vereinbarung zugrunde liegenden Umstände zwar ein Merkmal des § 779 BGB, nicht aber ein solches des § 23[30] (s. auch Rz. 5).

19 Die Unbilligkeit kann sich **im Einzelfall** daraus ergeben, dass ein krasses Missverhältnis zwischen den sich gegenüberstehenden Leistungen besteht, dass gesetzliche Rechte in ungerechtfertigter Weise eingeschränkt oder aufgehoben bzw. offenbar sachlich unbegründete Pflichten auferlegt werden, oder dass die Regelung sich für den Betroffenen als von Anfang an schlechthin unzumutbar darstellt, die Vereinbarung einseitig zum Nachteil einer Partei vom Üblichen grob abweicht oder eine im Verhältnis zu vergleichbaren Sachverhalten erhebliche, nicht gerechtfertigte Ungleichbehandlung vorliegt.

III. Beurteilungszeitpunkt

20 Die erhebliche Unbilligkeit muss der Vereinbarung **von Anfang an** innewohnen[30a]. Es ist also eine ursprüngliche Unbilligkeit erforderlich. Später eintretende Umstände sind nicht im Rahmen des § 23 zu berücksichtigen, sondern nur nach § 12 Abs. 6[30b], eine Rückschau ist unzulässig. Für die Beurteilung nach § 23 sind mithin nur die Verhältnisse und Erkenntnismöglichkeiten der Vertragsparteien im **Zeitpunkt des Zustandekommens** der Vereinbarung maßgebend[31]. Bei einer Vergütungsregelung läuft dies im Er-

---

29 Schiedsst. v. 30.12.1983 Arb.Erf. 1(B)/82 (unveröffentl.); LG Mannheim v. 12. 5. 2000 (Fn. 26); vgl. aber auch Schiedsst. v. 15.12.1982 Blatt 1983, 133, 134.
29a Schiedsst. v. 16. 4. 1996 (Fn. 25 a).
30 BGH v. 17.4.1973 GRUR 1973, 649, 652 f. – Absperrventil m. Anm. Schade.
30a BGH v. 17.4.1973 (Fn. 30); Schiedsst. v. 14.12.1995 Arb.Erf. 41/94 u.v. 14.3.1996 Arb.Erf. 70/94 (beide unveröffentl.).
30b BGH v. 17.4.1973 (Fn. 30).
31 BGH v. 17.4.1973 (Fn. 30); OLG Karlsruhe v. 12.12.2001 (Fn. 26); LG Frankfurt v. 17.10.1979 Az. 2/6 O 287/79; LG Mannheim v. 12. 5. 2000 (Fn. 26) u. Schiedsst. v. 9. 12. 1996 Arb.Erf. 15/94 (alle unveröffentl.); Schiedsst. v. 30.12.1983 (Fn. 29); v. 16.4.1996 (Fn. 26a) u.v. 20.1.1997 Arb.Erf. 34/93 (unveröffentl.).

§ 23

gebnis auf die Ermittlung der angemessenen Vergütung aus der Sicht zum Zeitpunkt des Abschlusses der Regelung und auf deren Vergleich mit der festgelegten Vergütung hinaus[31a].
Liegen z.B. bei der **Bestimmung der Miterfinderanteile** übereinstimmende Erklärungen (Vereinbarungen) der Miterfinder einerseits vor und fehlen bessere eigene Erkenntnisse des Arbeitgebers über das Zustandekommen der Erfindung, ist diese Tatsachenlage im Zeitpunkt einer Vergütungsregelung entscheidend[31b]. Ergibt sich später die Fehlerhaftigkeit der Miterfinderanteile, eröffnet dies den Anwendungsbereich des § 23 und nicht den des § 12 Abs. 6 (zur Abgrenzung s. Rz. 110 f. zu § 12 u. hier Rz. 7.1).
Auch bei einer **Pauschalabfindung**[32] muss von der Tatsachenlage auszugegangen werden, die im Zeitpunkt des Abschlusses dieser Vereinbarung vorlag; der vereinbarten Gesamtpauschalzahlung ist also die angemessene Vergütung gegenüberzustellen, die dem Arbeitnehmer nach dem damaligen Erkenntnisstand aufgrund des vom Arbeitgeber aus der Erfindung bereits gezogenen und des absehbaren Nutzens von Gesetzes wegen zustand[33] (s. im Übrigen Rz. 24). In der Pauschalvergütungsvereinbarung erfolgt eine Abschätzung (Prognose) des der Vergütungsberechnung zugrunde zu legenden (zukünftigen) Benutzungs- (Gesamtumsatzes) bzw. Vergütungszeitraums, wobei jede Vertragspartei ein **Schätzungsrisiko** bewusst in Kauf nimmt[33a]. Für den Arbeitgeber liegt es in einem evtl. zu hoch angesetzten und für den Arbeitnehmererfinder in einem evtl. zu niedrig angesetzten Benutzungsumfang. Abweichungen des tatsächlichen von dem geschätzten Benutzungsumfang machen die Vergütungsvereinbarung nicht unbillig, wenn der geschätzte Benutzungsumfang den Erkenntnissen zum Zeitpunkt des Vertragsabschlusses entsprochen hat[33b]. Dabei spielt der zugrunde gelegte Innovationszyklus eine maßgebliche Rolle.
Zu berücksichtigen ist schließlich, ob und inwieweit seinerzeit bei Vertragsabschluss bereits von der Möglichkeit (weiterer) Lizenzabschlüsse im In- und Ausland ausgegangen werden konnte, die dann einbezogen werden müssen[34]. Stellt eine Vergütungsvereinbarung nur auf die beim Vertragsabschluss vorhandenen und erkennbaren Benutzungsverhältnisse im Inland ab, führen später hinzutretende (bisher nicht berücksichtigte) Auslandsnut-

---

31a Schiedsst. v. 16. 1. 1996 (Fn. 25 a).
31b LG Düsseldorf v. 7.11.1989 Az. 4 O 146/86 (unveröffentl.) u. LG Mannheim v. 12. 5. 2000 (Fn. 26).
32 Vgl. dazu Volkmar Tetzner (Fn. 27).
33 BGH v. 4.10.1988 Blatt 1989,135, 136 l.Sp. – Vinylchlorid.
33a Schiedsst. v. 14. 3. 1996 Arb.Erf. 70/94 (unveröffentl.)
33b Schiedsst. v. 14. 3. 1996 (Fn. 33 a).
34 OLG Frankfurt v. 26. 6. 1986 EGR Nr. 10 zu § 23 ArbEG – Vinylchlorid.

§ 23

zungen nicht zur Unbilligkeit der Vergütungsregelung; diese sind vielmehr über § 12 Abs. 6 zu würdigen[35].

IV. Unbilligkeit einer Vergütungsvereinbarung bzw. -festsetzung

21 Bei Regelungen über eine Erfindervergütung liegt eine erhebliche Unbilligkeit dann vor, wenn (von Anfang an) ein **objektives** (ungerechtfertigtes) **Missverhältnis** zwischen der vereinbarten (§ 12 Abs. 1) bzw. (verbindlich bzw. wegen Widerspruchs den Arbeitgeber bindend) festgesetzten (§ 12 Abs. 4) Vergütung und der gesetzlich nach §§ 9 ff. in Verbindung mit den Richtlinien geschuldeten Vergütung besteht[41]; dabei kommt es nicht darauf an, ob das Missverhältnis seine Ursache in einer ermessensfehlerhaften oder nicht vertretbaren Berechnung hat; auch ist es unerheblich, ob das Missverhältnis auf der unvertretbaren Ermittlung eines einzelnen Bewertungfaktors beruht oder das Ergebnis des Zusammentreffens mehrerer vertretbarer Fehlbeurteilungen ist, die zu einer Kumulierung geführt haben[41a]. Entscheidend ist letztlich, ob die gesetzlich dem Arbeitnehmer zustehende Vergütung ganz wesentlich unterschritten wird[41b] bzw. erheblich über der gesetzlich geschuldeten Vergütung liegt
Der Grund für die von vornherein unangemessene Vergütungsbemessung kann vielfältig sein. So kann er beispielsweise in einer fehlerhaften Bestimmung der Bezugsgröße bzw. des Lizenzsatzes bei der Berechnung nach der Lizenzanalogie liegen, ferner in einer nicht zutreffenden Abstaffelung[41c], in der fehlerhaften Bewertung der Miterfinderschaft ebenso wie in der unrichtigen Bestimmung des Anteilsfaktors[41d].
Zur Vergütungsvereinbarung bei **freien Erfindungen** s. Rz. 87 zu § 19, zur Vereinbarung von Miterfinderanteilen s. oben Rz. 7.1, zum Beurteilungszeitpunkt s. Rz. 20.
Im Hinblick auf die nach § 22 Satz 2 vom Gesetzgeber zugelassene Möglichkeit von Vereinbarungen zuungunsten des Arbeitnehmers ist ein (bewusster oder in Kauf genommener) vollständiger oder teilweiser **Verzicht** auf Vergütungsansprüche nicht schlechthin unbillig. § 22 Satz 2 und § 23

---

35 Schiedsst. ZB v. 17.3.1994 Arb.Erf. 177/92 u. LG Mannheim v. 12.5.2000 Az. 7 O 412/98 (beide unveröffentl.).
36-40 frei
41 Vgl. BGH v. 4.10.1988 (Fn. 33); LG München v. 21.12.1998 (Fn. 15); Schiedsst. v. 28.1.1970 Blatt 1970, 454; v. 23.10.1969 Blatt 1971, 141; v. 17.3.1994 (Fn. 35) u.v. 16.4.1996 Arb.Erf. 94/94 (unveröffentl.); Tetzner (Fn. 27).
41a BGH v. 4.10.1988 (Fn. 33).
41b Schiedsst. v. 28.1.1970 (Fn. 41) S. 455; ähnl. OLG Karlsruhe v. 12.12.2001 Az. 2 U 100/00 (unveröffentl.): »Die vereinbarte Vergütung muss hinter der angemessenen in erheblichem Maße zurückbleiben«.
41c Vgl. etwa BGH v. 4.10.1988 (Fn. 33)
41d So z. B. Schiedsst. v. 25.8.1998 Arb.Erf. 9/97 (unveröffentl.)

§ 23

Abs. 1 weichen insofern von gesetzlichen Vorschriften mit ausdrücklichem Verzichtsverbot (vgl. z. B. § 75 d, § 90 a Abs. 4, § 89 b Abs. 4 Satz 1 HGB) ab. Der Verzicht ist als Vereinbarung zulässig (§ 397 BGB). Voraussetzung ist, dass sich der Verzichtende der Bedeutung seines Handelns bewusst ist, also sowohl seiner Rechte als auch der Konsequenzen seines Handelns. Demzufolge ist ein (ganzer oder teilweiser) Verzicht auf Vergütungsansprüche wirksam, wenn der Arbeitnehmer sich im Klaren ist, damit gesetzliche Vergütungsansprüche preis zu geben, die wirtschaftliche Tragweite überschaut und sich nicht in einer (arbeitsbezogenen) Drucksituation befindet.[42] An die Feststellung eines Verzichtswillens sind strenge Anforderungen zu stellen, da im Zweifel niemand auf Rechte verzichten will.[42a] (z. Verzicht auf den Anpassungsanspruch s. Rz. 96.1 zu § 12; zur Ausgleichsquittung Rz. 56 ff. zu § 26).

Schließlich lässt auch § 23 Vereinbarungen unberührt, die »bloß« unbillig sind (vgl. etwa § 315 Abs. 3 BGB) und versagt die Rechtswirksamkeit nur dann, wenn dies »in erheblichem Maße« der Fall ist.

Die Unbilligkeit einer (einvernehmlichen) Vergütungsfeststellung kann nicht allein darauf gestützt werden, der Arbeitgeber habe **keine** Einzelheiten zur **Begründung** seines Zahlungsangebotes mitgeteilt[42b] (s. auch Rz. 17 f. zu § 12; zur fehlenden Begründung einer Vergütungsfestsetzung s. Rz. 54 zu § 12).

Bei der Bewertung ist stets ein Vergleich der Gesamtleistung des Arbeitgebers mit der insgesamt für die Verwertung der Erfindung geschuldeten Vergütung vorzunehmen **(Gesamtbetrachtung).** Im Rahmen des § 23 kommt es also darauf an, ob der Erfinder **gemessen am Gesamtnutzen** des Arbeitgebers so wenig Vergütung erhalten hat, dass von einem **objektiven Missverhältnis** gesprochen werden muss[42c]. Unterschreitet dementsprechend die Vergütung für eine bestimmte Verwertungsart für sich allein gesehen die gesetzlich geschuldete Vergütung wesentlich, ist dies dann nicht unbillig, wenn die zugleich festgesetzte Vergütung für andere Verwertungsformen so günstig ist, dass sie diese Nachteile nahezu aufwiegt. Ist also beispielsweise die Vergütung für Lizenzeinnahmen relativ gering angesetzt, andererseits aber die Vergütung für die betriebliche Eigenverwertung zu hoch bewertet, kann sich dies kompensieren. Kommt es damit auf die Höhe der Vergütung insgesamt an, ist auch nicht entscheidend, ob einzelne Vergütungskriterien (z.B. Erfindungswert) zu niedrig angesetzt wurden, wenn dies durch andere Bewertungsmaßstäbe (z.B. hoher Anteilsfaktor)

22

---

42 LG Frankfurt v. 22. 11. 2000 Az. 2/6 O 239/00; Schiedsst. v. 30. 12. 1983 Arb.Erf. 1 (B)/82 (beide unveröffentl.).
42a Vgl. allgem. BGH v. 29. 11. 1995 NJW 1996, 588.
42b Schiedsst. v. 2.10.1989 Arb.Erf. 95/88 (unveröffentl.).
42c OLG Frankfurt v. 28.1.1982 Az. 6 U 234/79 – Vinylchlorid (unveröffentl.).

§ 23

ausgeglichen wird[42d]. Die zu § 319 Abs. 1 Satz 1 BGB entwickelten Wertmaßstäbe zur »offenbaren Unbilligkeit«[42e] werden hier nicht herangezogen (s. auch oben Rz. 13). Insoweit sind zu § 23 eigenständige Toleranzgrenzen entwickelt worden.
Bezugspunkt für die anzustellende Gesamtbetrachtung ist grundsätzlich nur die **konkret zu vergütende Erfindung** des Arbeitnehmers. Ausnahmen können sich nach der hier vertretenen Auffassung nur bei Erfindungskomplexen ergeben, soweit ein Komplex mit mehreren Erfindungen Gegenstand einer Vergütungsregelung ist und Identität der Erfinder (sei es auch als Miterfinder) besteht[42f]; gleiches gilt bei einer Pauschalvergütungsvereinbarung, die global mehrere Erfindungen umfasst[43]. Ansonsten haben Vergütungsregelungen und Vergütungszahlungen, die sich auf andere Erfindungen des Arbeitnehmers beziehen, außer Ansatz zu bleiben. Eine »Zuwenigzahlung« im Falle einer Diensterfindung kann also nicht mit der »Zuvielzahlung« für eine andere Erfindung dieses Arbeitnehmers »kompensiert« werden. Bezugsgröße zur Bestimmung der Unbilligkeit ist stets die Angemessenheit der Vergütung, die für die konkrete Diensterfindung geschuldet wird. Ebenso wenig, wie ein Vergütungsanspruch nach §§ 9, 10 mit Hinweis auf Vergütungszahlungen für andere Diensterfindungen abgelehnt oder eingeschränkt werden kann, können Vergütungszahlungen für andere Erfindungen in die Gesamtbetrachtung grundsätzlich einbezogen werden.

22.1 Im **Einzelfall** hat die Schiedsstelle eine **Unterschreitung der gesetzlich zustehenden Vergütung** um ca. 40 %, gemessen an den vertraglich vor längerer Zeit erbrachten Zahlungen, für unschädlich gehalten, da dies noch im Rahmen des Risikos liegt, welches der Erfinder bei einer sehr früh (etwa beim Anlaufen der Produktion lange vor Patenterteilung) geleisteten Pauschalzahlung in Kauf nehmen müsse; zudem wurde der Kaufkraftschwund berücksichtigt[43a]. Von solchen Einzelsituationen abgesehen, wird in der Regel jedenfalls bei einer **Unterschreitung** der nach dem ArbEG i.V.m. den Vergütungsrichtlinien **geschuldeten Vergütung ab 50 %** (z.B. anstatt 10 000,– nur 5000,– €) eine erhebliche Unbilligkeit angenommen[43b]. Zumindest mit der proportionalen Steigerung des Vergütungsanspruchs kann sich

---

42d Ganz h.M., z.B. Schiedsst. ZB v. 7.1.1993 Arb.Erf. 11/92 (unveröffentl.) – dort zu den wechselbezüglichen Einzelfaktoren Lizenzsatz/Bezugsgröße/Abstaffelung.
42e Vgl. z.B. BGH v. 26.4.1991 NJW 1991, 2761.
42f I.d.S. wohl auch Schiedsst. ZB v. 1.6.1995 Arb.Erf. 34/93 (unveröffentl.).
43 Schiedsst. v. 19.12.1995 Arb.Erf. 3 (B)/94 (unveröffentl.).
43a Schiedsst. v. 23.10.1969 (Fn. 41) S. 142.
43b Zustimmend OLG Düsseldorf v. 7.5.1992 Az. 2 U 117/91; i. Ergebn. auch LG Frankfurt v. 17.10.1979 Az. 2/6 O 287/79; Schiedsst. v. 30.12.1983 Arb.Erf. 1 (B)/82; v. 17.3.1994 Arb.Erf. 177/92; v. 14.6.1994 Arb.Erf. 3/94; v. 4.4.1995 Arb.Erf. 53/93; v. 19.12.1995 Arb.Erf. 3 (B)/94; v. 16. 4. 1996 Arb.Erf. 94/94 u. v. 20. 1. 1997 Arb.Erf. 34/93 (sämtl. unveröffentl.).

§ 23

dieser Prozentsatz vermindern (z.B. anstatt 125 000,- nur 85 000,- €), so dass dann der **absolute Unterschiedsbetrag** in den Vordergrund tritt[43c].

Beruft sich der Arbeitgeber auf eine Überschreitung der nach dem ArbEG geschuldeten Vergütung, gelten die vorstehenden Maßstäbe im Grundsatz entsprechend. Jedoch ist hierbei im Rahmen der Gesamtwürdigung zu werten, dass regelmäßig der Arbeitgeber zunächst die Initiative zur Vergütungsregelung ergreift, er üblicherweise mit den Kriterien besser vertraut ist und den maßgeblichen Einblick in die wirtschaftliche Relevanz der Erfindung und ihre zukünftige Verwertbarkeit im Unternehmen hat; hinzu kommt, dass die Erfindervergütung häufig in Anerkennung der Gesamtleistung eines Arbeitnehmers und zu dessen Motivation großzügig bemessen wird. Daraus folgt, dass ein Überschreiten der zugunsten des Arbeitnehmers entwickelten Toleranzgrenzen (s. Rz. 22.1) nicht automatisch eine Unbilligkeit indiziert; aber auch hier bleibt bei hohen Vergütungsleistungen der absolute Unterschiedsbetrag von maßgeblicher Bedeutung[43d]. Nach der (neueren) Praxis der Schiedsstelle liegt eine Unbilligkeit regelmäßig erst vor, wenn der vereinbarte bzw. festgesetzte Vergütungsbetrag mindestens das **Doppelte der gesetzlich geschuldeten Vergütung** beträgt oder wenn der Absolutbetrag der zu viel vereinbarten Vergütung eine Größenordnung erreicht, die auch für ein Unternehmen als nach Treu und Glauben nicht mehr zumutbare Zuvielzahlung angesehen werden muss[43e].

Im Einzelfall lehnt die Schiedsstelle eine Unbilligkeit ab, wenn das Doppelte der gesetzlich geschuldeten Vergütung geringfügig überschritten wurde und es angesichts der Größenordnung dem Arbeitgeber zumutbar erschien, an der getroffenen (Pauschal-)Vergütungsvereinbarung festgehalten zu werden[43f]. Leitet der Arbeitgeber die erhebliche Unbilligkeit aus einem von ihm zu hoch angesetzten **Anteilsfaktor** her (RL Nrn. 30 ff.), kann ihm u.U. die Berufung auf § 23 versagt sein, sofern er sich nicht von bewusst unrichtigen Angaben des Arbeitnehmers hat leiten lassen. Hier kann der Erfahrungssatz beachtlich sein, dass häufig diese mit dem Arbeitsverhältnis untrennbar verbundenen Bewertungskriterien des Anteilsfaktors in

22.2

43c Wie hier OLG Frankfurt v. 26.6.1986 EGR Nr. 10 zu § 23 ArbEG, best. d. BGH v. 4.10.1988 Blatt 1989, 135, 137 – Vinylchlorid (dort anstatt 650 000,- DM nur 480 000,- DM = 26,2 %); Schiedsst. v. 16. 4. 1996 (Fn. 43 b); vgl. auch Volmer Rz. 14 zu § 23; nicht dagegen b. OLG Frankfurt v. 28.1.1982 Az. 6 U 234/79 – unveröffentl. (dort Differenzen von 4000,- DM bei einer geschuldeten Gesamtvergütung von 40 000,- DM); vgl. auch Schiedsst. v. 16.6.1983 Blatt 1984, 250, 252 (dort m. d. Hinw., die Schiedsst. habe bislang noch in keinem Fall eine erhebliche Unbilligkeit bejaht, wenn die gezahlte Vergütung unter 110 % der geschuldeten Vergütung lag = Unterschreitung von 10 %).
43d Schiedsst. v. 16. 4. 1996 u.v. 20. 1. 1997 (beide Fn. 43 b).
43e EV. v. 26.4.1994 Arb.Erf. 2/94 (unveröffentl.); v. 16.4.1996 Arb.Erf. 94/94 (unveröffentl.) – dort das 4,3-fache der geschuldeten Vergütung.
43f EV v. 5. 2. 1998 Arb.Erf. 83/94 (unveröffentl.), dort das 2,16-fache an Überzahlung (Rückforderungsbetrag rd. 20.000,- DM).

§ 23

Anerkennung der Gesamtleistung eines Arbeitnehmers nicht »spitz« berechnet werden. So hat die Schiedsstelle zutreffend – trotz relativ hoher Vergütungsleistungen – einen gewählten Anteilsfaktor von 21 % im Verhältnis zu dem an sich zutreffenden Anteilsfaktor von 13 % nicht als erheblich unbillig angesehen[44]. Differenzierter ist dies bei einem zu hohen Ansatz des **Erfindungswertes** zu betrachten. Dies gilt insbesondere in den Fällen, in denen die Ermittlung des Erfindungswertes besondere Schwierigkeiten bereitet, etwa wenn die Erfindung in komplexen Produkten benutzt wird[44b].

22.3 Eine angemessene Erfindervergütung wird nicht dadurch unbillig, dass der Erfinder daneben anderweitige **Sonderzahlungen** aus der Verwertung der Erfindung erhält (z.B. Gewinnbeteiligung, umsatzabhängige Tantieme usw.), da derartige Sonderleistungen außerhalb des ArbEG gewährt werden.

22.4 Die **zeitliche Begrenzung der Vergütungspflicht** des Arbeitgebers auf eine bestimmte Laufzeit des Schutzrechts bzw. auf einen bestimmten Verwertungszeitraum ist zwar bei Vergütungsregelungen – anders als bei Lizenzverträgen – unüblich, aber zulässig, und deshalb nur dann grob unbillig, wenn – etwa bei einer Pauschalabfindung – die Zahlungen insgesamt erheblich unter den Beträgen liegen, die bei fortlaufender Vergütung bis zum Ablauf des Schutzrechts geschuldet würden[44c].

Bei einer **Pauschalabfindung** sind bei der Prüfung der erheblichen Unbilligkeit neben der Differenz von gezahlter und gesetzlich geschuldeter Vergütung der mit einer vorzeitigen Zahlungsweise verbundene Zinseffekt, der Kaufkraftschwund wie aber auch das beiderseits in Kauf genommene Risiko unvorhersehbarer Entwicklungen (s. auch Rz. 111 f. zu § 12 u. oben Rz. 20) sowie das Maß eines wechselseitigen Nachgebens (s. oben Rz. 18) zu werten. Wird bei einer Pauschalvergütung nur von Werten ausgegangen, die aufgrund der zurückliegenden Nutzungshandlungen angefallen sind, ohne zusätzlich die tatsächlich fortlaufende, zukünftige Verwertung zu berücksichtigen, so kann dies unbillig sein, sofern die zukünftigen Verwertungssteigerungen nicht wegen ihres geringen Ausmaßes zu vernachlässigen sind[44d].

23 Soweit **subjektive Momente** (z.B. Missbrauch der Arbeitgeberposition) hinzutreten, sind diese zu beachten (s. oben Rz. 16), so dass eine Unbilligkeit schon bei geringerer Unterschreitung in Betracht kommen kann. Allerdings reicht die bloße Tatsache, dass der Arbeitnehmer generell in einem

---

44 Schiedsst. v. 21.5.1984 Arb.Erf. 49/83 (unveröffentl.).
44a frei
44b Schiedsst. v. 16.4.1996 (Fn. 43b).
44c I.d.S. Schiedsst. v. 28.5.1985 Arb.Erf. 69/85 (unveröffentl.).
44d I.d.S. Schiedsst. ZB v. 24.4.1986 Arb.Erf. 48/85 (unveröffentl.); vgl. auch Schiedsst. v. 15.12.1982 Blatt 1983, 133, 134.

§ 23

gewissen Abhängigkeitsverhältnis steht, als beachtenswertes Moment nicht aus.

Das aus der Vergütungsvergleichsberechnung ermittelte Missverhältnis muss – nach dem oben Gesagten (Rz. 20) – **schon im Zeitpunkt des Vertragsabschlusses** vorliegen, ausgehend von den Umständen, wie sie sich für einen mit den Verhältnissen vertrauten Fachkundigen objektiv darstellen[44e]. War zu diesem Zeitpunkt die umsatzintensive Verwertung der Erfindung absehbar, hat der Arbeitgeber aber bewusst oder irrig eine geringere Pauschalvergütung angestrebt bzw. war das Missverhältnis für den Arbeitgeber offen erkennbar, so kommt § 23 zum Tragen[45]; stellt sich die positive Entwicklung erst später heraus, so greift nur § 12 Abs. 6 Platz[45a]. Kann der Arbeitgeber bei dem Angebot einer Pauschalvergütungsregelung aufgrund der bisherigen Entwicklung die Umsatzerwartungen der Folgejahre prognostizieren und legt er dies dem Arbeitnehmer nicht offen, mit der Folge, dass als Grundlage für die Pauschalabfindung niedrigere Umsatzerwartungen berücksichtigt werden, ist eine solche Vergütungsregelung nicht an § 12 Abs. 6, sondern an § 23 zu messen; denn eine eventuelle Unbilligkeit haftet einer solchen Vergütungsvereinbarung von Anfang an an[45b]. Entsprechendes gilt für den umgekehrten Fall, dass die Parteien (irrtümlich) bei der Vergütungsvereinbarung von einer zu großen (wirtschaftlichen) Bedeutung der Erfindung ausgegangen sind[45c]. Nicht § 12 Abs. 6, sondern ggf. § 23 ist einschlägig, wenn der Anteilsfaktor unzutreffend beurteilt worden ist[45d] (s. auch Rz. 106 zu § 12). Gleiches gilt für die Bezugsgröße, wenn die Benutzungsform unverändert bleibt[46]. (s. i. Übrigen Rz. 103 ff. u. 131 ff. zu § 12). 24

D. Geltendmachen der Unbilligkeit (Abs. 2)

I. Geltendmachen

Wie Abs. 2 verdeutlicht, **bedarf es einer Geltendmachung** der Unbilligkeit gegenüber dem anderen Vertragspartner. Die Berufung einer Partei auf § 23 entbindet nicht die andere Partei, die Unbilligkeit ihrerseits geltend zu machen, wenn sie sich ebenfalls hierauf berufen will. Als einseitige, empfangsbedürftige Willenserklärung muss sie dem anderen Teil zugehen[46a] (§ 130 BGB; s. dazu Rz. 10 ff. zu § 5). 25

44e Vgl. Tetzner BB 1963, 649, 650.
45   LG Braunschweig v. 12.5.1970 Az. 9 c O 13/69 (unveröffentl.).
45a Vgl. BGH v. 17.4.1973 GRUR 1973, 649, 652 f. – Absperrventil m. Anm. Schade.
45b Schiedsst. v. 23.3.1995 Arb.Erf. 177/92 (unveröffentl.).
45c Vgl. Tetzner (Fn. 44e).
45d Allg. Ansicht, z. B. Schiedsst. v. 12. 6. 1996 Arb.Erf. 86/94 u. 19/95 (unveröffentl.) m. H. a. Reimer/Schade/Schippel/Kaube Rz. 47 zu § 12.
46   Schiedsst. v. 12. 6. 1996 (Fn. 45d).
46a Schiedsst. v. 22.9.1992 EGR Nr. 14 zu § 23 ArbEG.

§ 23

26 Die Geltendmachung hat die **unmissverständliche Erklärung** zu enthalten, dass der Betreffende die Vereinbarung (Vergütungsfestsetzung) für unbillig erachtet und dieser daher keine Rechtswirkungen zukommen sollen; ggf. ist der Inhalt im Wege der Auslegung zu ermitteln (§ 133 BGB). Ein bloßer (unverbindlicher) Hinweis reicht nicht aus, wie etwa der Hinweis einer Arbeitsvertragspartei, sie behalte sich die Geltendmachung von Rechten aus § 23 vor[46b]. Gleiches gilt für die bloße Bitte, zu überprüfen, ob die Voraussetzungen des § 23 gegeben sind[46c]. Auch der Wunsch nach einer »Neuregelung wegen geänderter Umstände« genügt nicht[46cc], da diese Forderung gerade von der Wirksamkeit der getroffenen Vergütungsregelung ausgeht. Andererseits ist eine ausdrückliche Bezugnahme auf die Gesetzesbestimmung des § 23 nicht erforderlich[46d]. Es genügt beispielsweise die Beschwerde des Arbeitnehmers, angesichts des ihm bekannten Nutzungsumfangs sei seine Erfindervergütung viel zu gering[46e], oder die Übermittlung einer eigenen Vergütungsberechnung mit erheblich abweichenden Ergebnissen gegenüber den bisherigen Vergütungsregelungen verbunden mit einer Geltendmachung des Differenzbetrages oder mit einer Prüfbitte[46f].

Einer **Begründung** bedarf es nicht, sie ist aber zweckmäßig[47].

Die nach Abs. 2 erforderliche Geltendmachung erfasst nicht nur Vergütungsvereinbarungen bzw. -festsetzungen, sondern alle (sonstigen) **Vereinbarungen und Regelungen** i.S.d. § 23 Abs. 1 (s. oben Rz. 4 ff.).

Diejenige Partei, die sich auf die Unbilligkeit beruft, muss die sie begründenden Umstände **darlegen und beweisen**[47a].

Zu den Rechtsfolgen s. Rz. 33 f.

II. Berechtigter Personenkreis

27 Nur **Arbeitgeber und Arbeitnehmer** als Vertragsparteien bzw. deren Rechtsnachfolger, nicht aber Dritte[47b], können die Unbilligkeit geltend machen und sich auf die Unwirksamkeit der Vereinbarung (Vergütungsfestsetzung) berufen.

46b S. allgem. BAG v. 10. 12. 1997 DB 1998, 682.
46c S. allgem. BAG v. 10. 12. 1997 (Fn. 46 b).
46cc Schiedsst. v. 15. 12. 1999 Arb.Erf. 70/98 (unveröffentl.).
46d Schiedsst. v. 9.7.1990 Arb.Erf. 104/89 (unveröffentl.).
46e So im Ergebn. Schiedsst. v. 9.7.1990 (Fn. 46d).
46f Vgl. Schiedsst. v. 22.9.1992 (Fn. 46a).
47 OLG Düsseldorf v. 7.5.1992 Az. 2 U 117/91 (unveröffentl.); Reimer/Schade/Schippel/Kaube Rz. 8 zu § 23; a.A. Heine/Rebitzki Anm. 5 zu § 23.
47a OLG Karlsruhe v. 12. 12. 2001 Az. 6 U 100/00 (unveröffentl.); Schiedsst. v. 2. 12. 1984 Arb.Erf. 24/82; v. 14. 4. 1986 Arb.Erf. 1(B)/84; v. 19. 7. 1995 Arb.Erf. 3(B)/94 u. v. 16. 4. 1996 Arb.Erf. 94/94 (alle unveröffentl.).
47b Lüdecke Erfindungsgemeinschaften S. 97; Busse/Keukenschrijver, PatG, Rz. 10 zu § 23 ArbEG.

§ 23

Bei Beteiligung von Arbeitnehmer-**Miterfindern** an einer Vereinbarung kann jeder von ihnen für sich die Unbilligkeit geltend machen, allerdings nur insoweit, als die Unbilligkeit im Verhältnis zu ihm vorliegt[48]. Eine festgestellte Unbilligkeit wirkt sich grundsätzlich nur im Verhältnis zwischen Arbeitgeber und dem betreffenden Miterfinder, der sich darauf berufen hat, aus. Dies gilt auch bei Korrektur des Miterfinderanteils. Eine derartige Korrektur wirkt sich – abweichend von § 12 Abs. 5 – den anderen Miterfindern gegenüber nur aus, wenn der Arbeitgeber auch diesen gegenüber eine erhebliche Unbilligkeit geltend machen kann (ggf. Streitverkündung). Diese Grundsätze gelten auch hinsichtlich sonstiger Vergütungskriterien. Zur Frage der Unbilligkeit bei Festlegung der Miterfinderanteile durch die Arbeitnehmer s. Rz. 32.3 zu § 12 u. oben Rz. 7.1.

Will der Arbeitgeber sich auf die Unbilligkeit einer Vergütungsregelung berufen, die mehrere Miterfinder betrifft, so muss er diese Unbilligkeit gegenüber jedem beteiligten Miterfinder geltend machen.

III. Form, Frist

Die Geltendmachung hat durch **schriftliche Erklärung** (§§ 126, 126a BGB, zur Schriftform s. Rz. 35 ff. zu § 5) zu erfolgen (zum Inhalt s. oben Rz. 26). Die Schriftform wird auch durch einen Schriftsatz im Verfahren vor der Schiedsstelle oder vor Gericht gewahrt[48a]. 28

Aus Gründen der Rechtssicherheit[49] bestimmt Abs. 2 als Frist, dass die Unbilligkeit spätestens bis zum Ablauf von **sechs Monaten nach rechtlicher Beendigung des Arbeitsverhältnisses** (s. dazu Rz. 3 ff. zu § 26) geltend zu machen ist. 29

Als Gestaltungsrecht unterliegt das Recht, die Unbilligkeit geltend zu machen, keiner Verjährung; dies zeigt auch die 6-monatige Ausschlussfrist des § 23 Satz 2 (zum Rechtscharakter s. Rz. 30). Wegen der unveränderten Kürze dieser Ausschlussfrist hat insoweit das im Rahmen der Schuldrechtsreform erlassene SchuldRModG mit der in Art. 229 § 6 Abs. 5 EGBGB angeordneten entsprechenden Geltung des Übergangsrechts für Verjährungsfristen (s. dazu Rz. 44 ff. zu § 9) keine Auswirkung (s. im Übrigen zur Verjährung Rz. 37).

Die praktische Bedeutung der Ausschlussfrist hat sich allerdings unter den kürzeren Verjährungsfristen stark relativiert (s. Rz. 37).

---

48 Lüdecke Erfindungsgemeinschaften S. 97.
48a LG Düsseldorf v. 17.9.1991 Az. 4 O 335/89 (unveröffentl.); Schiedsst. v. 22.9.1992 (Fn. 46a); Reimer/Schade/Schippel/Kaube Rz. 8 zu § 23.
49 Amtl. Begr. BT-Drucks. II/1648 S. 40 = Blatt 1957, 240.

§ 23

Die schriftliche **Erklärung**, mit der die Unbilligkeit geltend gemacht wird, muss spätestens bis zum Ablauf der 6-Monatsfrist dem Vertragspartner zugegangen sein[50] (§ 130 BGB; zur Fristberechnung s. Rz. 5 ff. zu § 6). Diese Erklärung kann unter Wahrung von Form und Frist auch noch innerhalb eines Verfahrens vor der Schiedsstelle abgegeben werden[51]; allerdings ist dafür zu fordern, dass der Schriftsatz noch vor Fristablauf der anderen Arbeitsvertragspartei zugestellt wird (vgl. § 31 Abs. 2 u. dort Rz. 18). Die Geltendmachung der Unbilligkeit in einem Schriftsatz an die Schiedsstelle enthält eine entsprechende Behauptung auch gegenüber dem anderen Verfahrensbeteiligten, dem mit der Zustellung des Schriftsatzes Gelegenheit zu einer entsprechenden Reaktion gegeben wird[51a]. Diese Grundsätze gelten entsprechend für Schriftsätze im Gerichtsverfahren[51b].

30 Die Frist ist eine **Ausschlussfrist**[52], die weder gehemmt oder unterbrochen noch verlängert werden kann (vgl. auch Rz. 45, 47 f. zu § 6). Mit Fristablauf geht das Gestaltungsrecht verloren, und die Vereinbarung bleibt als von Anfang an zulässig bestehen, soweit sie nicht aus anderen Gründen unwirksam ist[53] (s. dazu unten Rz. 35). Dies gilt auch dann, wenn der Arbeitnehmer sich zunächst nur mündlich auf eine Unbilligkeit berufen hat und nach Fristablauf die erforderliche schriftliche Erklärung nachreicht[54].

Begründet der ausgeschiedene Arbeitnehmer innerhalb der Ausschlussfrist ein **neues Arbeitsverhältnis mit seinem bisherigen Arbeitgeber**, ist die durch die Beendigung des früheren Arbeitsverhältnisses in Gang gesetzte Ausschlussfrist gegenstandslos[55]; durch diese Begründung des neuen Arbeitsverhältnisses ist der Normzweck der Ausschlussfrist des Abs. 2, den Parteien kurzfristig Rechtssicherheit zu verschaffen, überholt. Wird ein Arbeitsverhältnis dagegen erst nach Ablauf der Ausschlussfrist neu begründet, scheidet ein Berufen auf die Unbilligkeit nach Abs. 2 aus.

31 Während der Dauer des Arbeitsverhältnisses läuft keine Frist. Insbesondere muss die Erklärung nicht unverzüglich mit Kenntnis der Unbilligkeitsgründe erfolgen (zur Verwirkung s. unten Rz. 32; zur Verjährung s. Rz. 37). Einer sich auf die Dauer des Arbeitsverhältnisses erstreckenden Befristung durch individual- bzw. kollektivvertragliche Regelung steht neben § 22 der zwingende Charakter dieser Vorschrift entgegen.

---

50 Schiedsst. v. 22.9.1992 EGR Nr. 14 zu § 23 ArbEG.
51 Schiedsst. v. 30.12.1983 Arb.Erf. 1 (B)/82 (unveröffentl.) u.v. 22.9.1992 (Fn. 50).
51a Schiedsst. v. 22.9.1992 (Fn. 50).
51b So im Ergebn. auch LG Düsseldorf v. 17.9.1991 (Fn. 48a).
52 Reimer/Schade/Schippel/Kaube Rz. 10 zu § 23; Busse/Keukenschrijver, PatG, Rz. 13 zu § 23 ArbEG; vgl. auch Schiedsst. v. 22.8.1969 EGR Nr. 1 zu § 23 ArbEG; LAG Hamm v. 16.1.1985 Az. 14 Sa 676/83 (unveröffentl.).
53 Vgl. BGH v. 17.4.1973 GRUR 1973, 649, 650 – Absperrventil; Schiedsstelle (Fn. 52).
54 Schiedsst. v. 22.11.1988 Arb.Erf. 11/88 (unveröffentl.).
55 A.A. Schiedsst. v. 11.4.1994 Arb.Erf. 93/93 (unveröffentl.).

§ 23

Aus § 23 Abs. 2 kann nicht ein allgemeiner Rechtssatz dahin abgeleitet werden, dass Ansprüche aus dem ArbEG stets nur bis zu 6 Monaten nach Ausscheiden geltend gemacht werden können[56]; insoweit handelt es sich um eine eng auszulegende Ausnahmevorschrift; sie ist nicht analogiefähig[57].

IV. Verwirkung

Das Recht, sich auf die Unbilligkeit zu berufen, kann in Ausnahmefällen verwirkt sein[58]. Allerdings ist angesichts der relativ kurzen Verjährungsfristen dafür kaum noch Raum, so dass die bisherigen Entscheidungen und Grundsätze nur noch bedingt herangezogen werden können (s. Rz. 37). Eine Verwirkung ist allgemein dann anzunehmen, wenn seit der Möglichkeit der Geltendmachung eine längere Zeit verstrichen ist, der andere Vertragsteil aus dem bisherigen Verhalten des Berechtigten entnehmen durfte, dass dieser sein Recht nicht mehr wahrnehmen will, und er sich deshalb darauf eingerichtet hat[59].

Die jährliche Zahlung überhöhter Vergütungsbeträge über einen Zeitraum von 8 Jahren hinweg schließt das Recht des Arbeitgebers, sich auf die Unbilligkeit einer Vergütungsvereinbarung zu berufen, noch nicht aus; es müssen vielmehr neben dem Zeitmoment noch weitere Umstände für eine Verwirkung hinzutreten[60]. Zu Lasten des Arbeitnehmers greift **während der Dauer des Arbeitsverhältnisses** der Einwand der Verwirkung in der Regel nicht durch[62], da der Arbeitgeber in dieser Zeit mit Zurückhaltung rechnen muss und deshalb nicht darauf vertrauen darf, dass die Geltendmachung der Unbilligkeit unterbleiben wird[63]; dies gilt unverändert auch angesichts der verkürzten Verjährungsfristen. Eine Verwirkung kann aber ausnahmsweise dann angenommen werden, wenn der Arbeitnehmer gegen eine Vergütungsregelung zunächst Bedenken geltend gemacht, aber in der Folgezeit durch die widerspruchslose Annahme der Vergütung den Eindruck erweckt hat, er lasse diese Bedenken fallen, und er nunmehr nach

32

---

56 Schiedsst. v. 28.4.1986 Arb.Erf. 76/84 (unveröffentl.) m.H.a. BGH v. 23.6.1977 GRUR 1977, 784 – Blitzlichtgeräte.
57 So Busse/Keukenschrijver, PatG, Rz. 13 zu § 23 ArbEG.
58 Allg.A., z.B. Schiedsst. ZB. v. 7.1.1993 Arb.Erf. 11/92 (unveröffentl.); Reimer/Schade/Schippel/Kaube Rz. 13 zu § 23.
59 Vgl. z.B. BGH v. 27. 4. 1957 BGHZ 25, 47, 52 u.v. 23. 6. 1977 GRUR 1977, 784, 785 – Blitzlichtgeräte.
60 Schiedsst. v. 16. 4. 1996 Arb.Erf. 94/94 (unveröffentl.).
61 frei
62 H. M., Schiedsst. v. 6.8. 1979 Arb.Erf. 64/78 (unveröffentl.) u.v. 20. 11. 1967 Blatt 1969, 23, 24; ebenso LAG Hamm v. 16. 1. 1985 Az. 14 S a 676/83 (unveröffentl.); OLG Nürnberg v. 19. 11. 1974 – Blitzlichtgeräte, Az. 3 U 137/73 (unveröffentl.); Busse/Keukenschrijver, PatG, Rz. 14 zu § 23 ArbEG; insoweit offen gelassen BGH v. 23. 6. 1977 (Fn. 59); abw. Heine/Rebitzki Anm. 6 zu § 23.
63 Vgl. auch BAG v. 23. 9. 1954 NJW 1955, 157, 159.

§ 23

Jahren (vor Ablauf der Verjährungshöchstfrist) seine früheren Bedenken erneut herausstellt[64].
Angesichts der ohnehin kurzen Dauer der Frist zur Geltendmachung der Unbilligkeit **nach Ablauf des Arbeitsverhältnisses** (vgl. § 23 Abs. 2) ist in Bezug auf diesen Zeitraum für eine Berufung auf die Verwirkung in der Regel – von Ausnahmefällen abgesehen – kein Raum (vgl. auch Rz. 47 f. zu § 9).
Zur Verjährung s. Rz. 37.

E. Rechtsfolgen

33   Eine in erheblichem Maße unbillige Vereinbarung ist nicht in dem Sinne »**unwirksam**«, dass sie schlechthin nichtig ist; vielmehr muss sich derjenige, der die Unwirksamkeit geltend macht, darauf gegenüber dem anderen Teil **berufen** (s. Rz. 25 f.). Sie ist daher im Prozess nicht von Amts wegen, sondern nur **auf Einrede zu beachten**[65]. Im Unterschied zur Nichtigkeit im Sinne des § 134 BGB beschränkt sich die Unwirksamkeit aus § 23 auf die Vertragsparteien, so dass Dritte sie nicht geltend machen können (s. Rz. 27).

34   Liegt eine erhebliche Unbilligkeit vor, so ist die Vereinbarung über die Arbeitnehmererfindung bzw. den technischen Verbesserungsvorschlag oder die Vergütungsfestsetzung (von Anfang an) unwirksam, d.h. **nichtig**. Inwieweit andere, damit im Zusammenhang stehende Regelungen miterfasst werden, richtet sich nach § 139 BGB (vgl. Rz. 28 zu § 22).
Soweit die Vereinbarung bzw. Vergütungsfestsetzung nichtig ist, greifen die allgemeinen **Regelungen des ArbEG** Platz, falls diese nicht durch neue Vereinbarungen ersetzt werden. Betrifft die Unwirksamkeit eine **Vergütungsvereinbarung** bzw. Vergütungsfestsetzung, ist nunmehr (erneut) das Verfahren nach § 12 eröffnet, da es an einer Konkretisierung des Vergütungsanspruchs fehlt. Während für die Feststellung der Unbilligkeit auf den Erkenntnisstand zum Zeitpunkt des Zustandekommens der (unbilligen) Regelung abzustellen ist (s. oben Rz. 20), sind nunmehr für die Neuregelung der angemessenen Vergütung die **tatsächlichen Verhältnisse im Zeitpunkt der Neuregelung** maßgeblich[67]. Dementsprechend sind beispielsweise bei einer unwirksamen Pauschalvergütung nunmehr die gesamten, in

---

64   Schiedsst. v. 2. 12. 1982 Arb.Erf. 24/82 (unveröffentl.) – dort z. erneuten Einwand e. zu geringen Miterfinderanteils n. Ablauf v. 8 Jahren (unter Geltung der 30-jährigen Verjährung).
65   Lindenmaier/Lüdecke Anm. 5 zu § 23; Busse/Keukenschrijver, PatG, Rz. 9 zu § 23 ArbEG; Volmer/Gaul Rz. 76 f. zu § 23; Reimer/Schade/Schippel/Kaube Rz. 6 zu § 23.
66   frei
67   BGH v. 4.10.1988 Blatt 1989, 135, 137 – Vinylchlorid; so i. Ergebn. auch Schiedsst. v. 28.1.1970 Blatt 1970, 454, 455 l.Sp.; Busse/Keukenschrijver, PatG, Rz. 15 zu § 23 ArbEG.

§ 23

der Vergangenheit nach der unwirksamen Pauschalabrede eingetretenen wirtschaftlichen Entwicklungen ebenso zu berücksichtigen wie mögliche zukünftige Verwertungshandlungen. Dies kann bedeuten, dass im Ergebnis ein noch höherer Vergütungsbetrag geschuldet wird als der für die Unbilligkeit maßgebliche Differenzbetrag zwischen erbrachter und (aus damaliger Sicht) geschuldeter Vergütung.
Zur Verjährung der Ansprüche s. Rz. 37.
Zu einem evtl. **Rückforderungsanspruch des Arbeitgebers** nach den Grundsätzen über die ungerechtfertigte Bereicherung (§§ 812 ff. BGB), dem Wirksamwerden evtl. arbeitsvertraglicher/tariflicher Ausschlussfristen und dem **Rückforderungsverbot** nach § 12 Abs. 6 Satz 2 s. Rz. 157 ff. zu § 12.

F. Verhältnis zu anderen Vorschriften

§ 23 lässt ein **Anfechtungsrecht** nach §§ 119 ff. BGB unberührt[68]. Verstößt die Vereinbarung gegen die guten Sitten, kann sie über § 23 hinaus nach § 138 BGB nichtig sein; im Unterschied zu § 23 reicht für § 138 BGB, der zudem von Amts wegen zu prüfen ist, grundsätzlich nicht allein die objektive Tatbestandsverwirklichung aus; vielmehr muss ein vorwerfbares, persönliches Verhalten hinzutreten, das die Sittenwidrigkeit einer solchen Vereinbarung herbeiführt, wie etwa die verwerfliche Gesinnung eines der Vertragspartner[69]. Dabei kann die (vom Erfinder häufig geltend gemachte) Unerfahrenheit i. S. d. § 138 Abs. 2 BGB nicht gleichgestellt werden mit einem Mangel an Fachkenntnissen auf bestimmten Sondergebieten, insbesondere Rechtskenntnissen[70].   35

Während § 23 die ursprüngliche (von vornherein gegebene) Unbilligkeit behandelt, betrifft § 12 Abs. 6 den auf nachträgliche Veränderungen abstellenden Anpassungsanspruch (s. hier Rz. 20, 24 sowie Rz. 103 f. zu § 12). Unbeschadet des § 23 werden im Einzelfall die aus § 242 BGB entwickelten Grundsätze zur **Verwirkung** (zur Verwirkung von Vergütungsansprüchen s. Rz. 46 ff. zu § 9), zur **Unzumutbarkeit einer Vergütungsfortzahlung** (s. dazu Rz. 35 zu § 9) oder zur **unzulässigen Rechtsausübung** zum Tragen kommen. Dies wird insbesondere in den Fällen bedeutsam, in denen die Ausschlussfrist des § 23 Abs. 2 abgelaufen ist. Ebenso wie der   36

---

68 Ebenso Busse/Keukenschrijver, PatG, Rz. 15 zu § 23 ArbEG.
69 Im Einzelnen streitig, vgl. BGH v. 16.6.1971 LM Nr. 4 zu § 138 (Cc) BGB; Palandt/Heinrichs BGB Rz. 8 zu § 138; MünchKommMayer-Maly BGB Rz. 103 ff., 108 f. zu § 138.
70 LAG München v. 12.2.1986 DB 1986, 2191.

§ 23

Arbeitgeber[71] muss sich auch der Arbeitnehmererfinder auf § 242 BGB ungeachtet des Fristablaufs berufen können.
Zu § 779 BGB s. Rz. 7, 18.

37 Zum **Verjährungsrecht** ergibt sich:
Das Recht, sich auf die Unbilligkeit zu berufen, ist als solches **unverjährbar** und unterliegt nur der Ausschlussfrist nach Abs. 2 (s. Rz. 29).
Die **zugrunde liegenden** (erfinderrechtlichen) **Ansprüche**, die infolge der Unbilligkeit und damit Unwirksamkeit der Vereinbarung bzw. Vergütungsfestsetzung fortgelten, unterliegen dagegen den allgemeinen Verjährungsbestimmungen[72]. Dabei bestimmt sich auch der Beginn nach den allgemeinen Regeln der §§ 199 ff. BGB. n.F.[73]. Unter Geltung des alten Verjährungsrechts verblieb es folglich für die Vergütungsansprüche im Falle einer unbilligen und damit fehlenden Vergütungsregelung bei der 30-jährigen Regelverjährung nach § 195 BGB a.F.[74] (zum Übergangsrecht s. Rz. 44 f. zu § 9). Angesichts der Neugestaltung des Verjährungsrechts kommt § 23 u.E. grundsätzlich nur zum Tragen, wenn und soweit die von der Geltendmachung erfassten erfinderrechtlichen Ansprüche bei grober Unbilligkeit und damit Unwirksamkeit der Regelung (s. Rz. 33 f.) nicht der – zu erhebenden – Einrede der Verjährung nach §§ 195 ff. BGB n.F. unterliegen (§ 242 BGB; zur Verjährung s. Rz. 39 ff. zu § 9). Nicht selten dürfte es für die regelmäßige Verjährung von 3 Jahren (§ 195 BGB n.F.) an den subjektiven Voraussetzungen des Kennens oder Kennenmüssens fehlen (§ 199 Abs. 1 BGB n.F., s. dazu Rz. 40.3 zu § 9); dann gilt die 10-jährige Verjährungshöchstfrist des § 199 Abs. 4 BGB n.F. (zu Schadensersatzansprüchen s. aber insbesondere die Höchstfristen nach § 199 Abs. 3 BGB n.F.). Gerade im Zusammenhang mit der Geltendmachung der Unbilligkeit sind insbesondere mögliche verjährungshemmende Umstände zu beachten, wie etwa Verhandlungen (s. §§ 203 ff. BGB n.F., s. dazu auch Rz. 43 zu § 9); § 205 BGB kann allerdings nicht einschlägig werden, da die Vorschrift ausschließlich vereinbarte vorübergehende Leistungsverweigerungsrechte erfasst[75].

---

71 Vgl. etwa BGH v. 29.9.1987 (GRUR 1988, 123, 124 f. – Vinylpolymerisate), der die Frage des Vergütungswegfalls nach § 242 BGB unter dem Aspekt der Unzumutbarkeit und des Fehlens der Geschäftsgrundlage ungeachtet des Fristablaufs nach § 23 Abs. 2 anspricht bzw. prüft.
72 So zu § 195 BGB a.F. z.B. LG Braunschweig v. 12.5.1970 Az. 9 c O 13/69 (unveröffentl.).
73 Die auf Basis des früheren Rechts vorgeschlagene entsprechende Heranziehung des § 202 BGB a.F. (vgl. Palandt/Heinrichs BGB Rz. 4 zu § 200; streitig) scheidet nach BGB n.F. u.E. hier aus, da § 205 BGB n.F. bewusst ausschließlich die vereinbarten vorübergehenden Leistungsverweigerungsrechte erfassen soll (vgl. Amtl. Begr. z. SchuldRModG BT-Drucks. 14/6040, S. 118, zu § 205 BGB-E).
74 LG Braunschweig v. 12.5.1970 (Fn. 72).
75 Siehe Fn. 73.

§ 23

Der Ablauf der **Ausschlussfrist** nach § 23 Abs. 2 gibt im Unterschied zur Verjährung kein Verweigerungsrecht, sondern bewirkt die Rechtsbeständigkeit der Vereinbarung (s. Rz. 30). Allerdings ist durch das neue Verjährungsrecht deren praktische **Bedeutung** ebenfalls relativiert. Die Fristenregelung des § 23 Abs. 2 darf nicht dahingehend missverstanden werden, dass sich die Arbeitsvertragsparteien für die Geltendmachung ihrer weitergehenden erfinderrechtlichen Ansprüche 6 Monate nach Beendigung des Arbeitsverhältnisses Zeit lassen dürfen. Vielmehr wird das Gestaltungsrecht des § 23 seinerseits nur in dem Umfang greifen, wie für die zugrunde liegenden gesetzlichen Ansprüche nicht die Einrede der Verjährung durchgreift (§ 242 BGB).

38

§ 24 Geheimhaltungspflicht

(1) Der Arbeitgeber hat die ihm gemeldete oder mitgeteilte Erfindung eines Arbeitnehmers so lange geheim zu halten, als dessen berechtigte Belange dies erfordern.
(2) Der Arbeitnehmer hat eine Diensterfindung so lange geheim zu halten, als sie nicht frei geworden ist (§ 8 Abs. 1).
(3) Sonstige Personen, die auf Grund dieses Gesetzes von einer Erfindung Kenntnis erlangt haben, dürfen ihre Kenntnisse weder auswerten noch bekannt geben.

Lit.: *Depenheuer*, Zulässigkeit und Grenzen der Verwertung von Unternehmensgeheimnissen durch den ArbN, Diss. jur. Köln 1995; *ders*. Mitt. 1997, 1; *Gaul*, Die Geheimh.pflicht b. ArbNErfindungen, Mitt. 1981, 207; *ders*., Der erfolgreiche Schutz v. Betriebs- u. Geschäftsgeheimnissen, 1994; *Krause*, Der Schutz d. Know-how nach dt. Recht, GRUR 1970, 587; *ders*., Grundlagen d. zivilrechtl. Schutzes v. Geschäfts- u. Betriebsgeheimnissen sowie von Know-how, GRUR 1977, 177; *Poth*, Wahrung von Betriebsgeheimnissen d. ArbN Mitt. 1981, 114; *Taeger*, Die Offenbarung v. Betriebs- u. Geschäftsgeheimnissen, 1988; *Vollrath*, Die frei gewordene Dienasterf. u. d. benutzten geheimen Erfahrungen d. Betriebes, GRUR 1987, 670; *Vorwerk*, Kann d. ArbG e. freie ArbNErf. benutzen?, GRUR 1975, 4; s. auch Lit. bei § 26.

Übersicht

A. Allgemeines............................ 1, 2	III. Verhältnis zur arbeitsrechtlichen Treuepflicht und zu §§ 1, 17, 18 UWG, 823, 826 BGB 38-43
B. Geheimhaltungspflicht des Arbeitgebers (Abs. 1) 3-27	
I. Inhalt und Umfang............... 4-13	
II. Dauer – »solange berechtigte Belange dies erfordern« 14-22	IV. Verletzung 44-46
III. Verletzung............................ 23, 24	D. Geheimhaltungspflicht sonstiger Personen (Abs. 3)...................... 47-56
IV. Verhältnis zur arbeitsrechtlichen Fürsorgepflicht............ 25-27	I. Personenkreis..................... 48-50
C. Geheimhaltungspflicht des Arbeitnehmers (Abs. 2)....................... 28-46	II. »Erlangte Kenntnis«............... 51, 52
I. Inhalt und Umfang............... 29-34	III. »Auswerten oder bekannt geben«................................ 53, 54
II. Dauer – »Freiwerden der Diensterfindung«................. 35-37	IV. Dauer 55
	V. Verletzung 56

A. Allgemeines

Um die Arbeitsvertragsparteien vor erheblichen Schäden, die eine frühzeitige Offenbarung der Erfindung mit sich bringt, zu bewahren, hat der Gesetzgeber die gegenseitige Geheimhaltungspflicht, die auch das frühere Recht kannte (vgl. § 4 Abs. 3 DVO 1943), in § 24 Abs. 1 und 2 ausdrücklich

§ 24

festgelegt[1]. Darüber hinaus wird diese Pflicht auf die mit der Erfindung befassten sonstigen Personen gemäß Abs. 3 ausgedehnt. Sinn der umfassenden Regelung ist es, vornehmlich das **Schutzrechtserteilungsverfahren zu sichern**. Ferner ergänzt diese Vorschrift für die betriebsgeheime Erfindung den § 17, der eine Geheimhaltungspflicht voraussetzt (vgl. Rz. 3 f. zu § 17).

2   Abs. 1 u. 2 sind **Konkretisierungen der arbeitsrechtlichen Fürsorge- bzw. Treuepflicht**[2]; § 24 lässt jedoch daraus folgende, weitergehende Geheimhaltungspflichten unberührt[1] (vgl. auch § 25); ebenso können sonstige gesetzliche Bestimmungen – insbesondere solche des UWG – (ergänzend) daneben Anwendung finden (zum Verhältnis zu sonstigen Bestimmungen s. Rz. 38 ff.). Zudem ist die Geheimhaltungspflicht des § 24 nicht auf die rechtliche Dauer des Arbeitsverhältnisses beschränkt (vgl. § 26; s. dort zur nachvertraglichen Geheimhaltungspflicht Rz. 34 ff.; s. im Übrigen unten Rz. 14 ff. u. 35 ff., 55). Andererseits gilt § 24 nur für Erfindungen im Sinne des § 2; auf **technische Verbesserungsvorschläge** findet er keine (analoge) Anwendung[2a]; diesbezüglich verbleibt es bei den allgemeinen Verschwiegenheitspflichten (Rz. 25 ff., 43; vgl. auch Rz. 31 zu § 3).

§ 24 betrifft im Übrigen die in den **neuen Bundesländern** ab dem 3.10.1990 fertig gestellten Arbeitnehmererfindungen.

B. Geheimhaltungspflicht des Arbeitgebers (Abs. 1)

3   Nach Abs. 1 hat der Arbeitgeber eine ihm gemeldete (§ 5) oder mitgeteilte (§ 18) Erfindung seines Arbeitnehmers so lange geheim zu halten, wie dessen berechtigte Belange dies erfordern. Bei juristischen Personen des privaten und öffentlichen Rechts sind Träger der Geheimhaltungspflichten nach § 24 Abs. 1 neben den Organmitgliedern (s. dazu Rz. 68 ff. z. § 1) bzw. Leitern der obersten Dienstbehörde und deren dienstlich Beauftragten (s. Rz. zu § 40) alle mit der Wahrnehmung der Rechte und Pflichten aus dem ArbEG befassten Mitarbeiter (z.B. Mitarbeiter der Patentabteilung). So weit diese Personen nicht für den Arbeitgeber/Dienstherrn handeln, unterliegen sie den Bestimmungen des § 24 Abs. 3 (insbesondere im außerdienstlichen bzw. privaten Bereich).

---

1   Vgl. Amtl. Begr. BT-Drucks. II/1648 S. 40 = Blatt 1957, 240; Depenheuer Mitt. 1997, 1, 5.
2   Vgl. Röpke Arbeitsverh. u. ArbNErf. S. 24, 90.
2a Vgl. auch Busse/Keukenschrijver, PatG, Rz. 2 zu § 24 ArbEG

§ 24

I. Inhalt und Umfang

Die Geheimhaltungspflicht gilt damit sowohl **für gebundene als auch für freie bzw. frei gewordene Erfindungen** (§§ 2, 4 Abs. 2 u. 3, § 8), nicht dagegen für nicht schutzfähige technische Neuerungen[2b] (s. Rz. 2).
Sie knüpft nach dem eindeutigen Wortlaut des Abs. 1 an den **Zugang** (s. dazu Rz. 10 ff. zu § 5) **der Erfindungsmeldung** (§ 5) bzw. **-mitteilung** (§ 18) beim Arbeitgeber an, mithin an eine Wissensübermittlung durch den Arbeitnehmer. Soweit eine ordnungsgemäße Meldung (vgl. auch § 5 Abs. 3) oder Mitteilung noch nicht vorliegt bzw. ganz fehlt, der Arbeitgeber aber bereits **auf sonstige Weise Kenntnis** von der Erfindung erlangt hat, unterliegt er der aus seiner Fürsorgepflicht abgeleiteten arbeitsrechtlichen Verschwiegenheitspflicht (vgl. unten Rz. 25 ff.)[3]. Darunter fallen auch Kenntnisse des Arbeitgebers über laufende Entwicklungsarbeiten seiner Arbeitnehmer vor Fertigstellung der Erfindungen. Derartige Kenntnisse können zudem eine Pflicht begründen, besondere Schutzmaßnahmen – etwa durch organisatorische Vorkehrungen – gegen eine vorzeitige Offenbarung zu treffen (vgl. auch Rz. 17 zu § 25)[4].

Geheimhaltung bedeutet, die in der Erfindung verkörperte technische Lehre Dritten nicht in irgendeiner Form mitzuteilen oder sonst wie zur Kenntnis zu bringen bzw. deren Kenntnisnahme zu ermöglichen. Entsprechend dem Schutzzweck des § 24 hat der Arbeitgeber alles zu **unterlassen**, was die Gefahr einer Neuheitsschädlichkeit im Sinne des § 3 PatG (Art. 54 EPÜ) bzw. der Nutzung durch Dritte in sich birgt.

Die auf Grund des Straßburger Patentübereinkommens wirksam gewordene (vgl. Art. XI § 3 Abs. 6 IntPatÜG) **Einschränkung der Neuheitsschonfrist** und des Ausstellungsschutzes (vgl. § 3 Abs. 4 PatG)[4a] verstärkt diese Geheimhaltungspflicht auch in Bezug auf evtl. Schutzrechtsanmeldungen des Arbeitnehmers im Inland. Dementsprechend darf der Arbeitgeber beispielsweise – mangels Zustimmung des Arbeitnehmers – die Produkte nicht Dritten (z.B. bei Ausstellungen) zugänglich machen, es sei denn, die neue technische Lehre als solche wird weder durch Analyse noch durch Demontage des Gegenstandes erkennbar[5].

4

5

6

7

2b Reimer/Schade/Schippel/Kaube Rz. 5 zu § 24; abw. Volmer/Gaul Rz. 25 ff. zu § 24 unter Außerachtlassung des § 2; Gaul Mitt. 1981, 207, 209.
3   Abw. h.M., die auch in diesen Fällen § 24 unmittelbar anwendet: z.B. Röpke (Fn. 2) S. 90; Lindenmaier/Lüdecke Anm. 2 zu § 24; Reimer/Schade/Schippel/Kaube Rz. 5 zu § 24; wie hier wohl Volmer/Gaul Rz. 29 zu § 24; Gaul Mitt. 1981, 207, 210.
4   Gaul ArbR i. Betr. F VIII 31.
4a Vgl. auch Präs. DPA Blatt 1980, 157.
5   H. M., vgl. Lindenmaier/Lüdecke Anm. 3 zu § 24; s. auch BGH v. 20.1.1956 GRUR 1956, 208; BPatG v. 20.1.1978 BPatGE 21, 24, 25; z. Kenntniserlangung durch Zerlegen eines Produktes s. Hans. OLG Hamburg v. 19.10.2000 Mitt. 2001, 440.

§ 24

8 Keinen Verstoß gegen die Geheimhaltungspflicht stellt die Offenbarung der erfinderischen Lehre gegenüber solchen Personen dar, die **gesetzlich (beruflich)** – z.B. Erfinderberater (§ 21), Erlaubnisscheininhaber, Notare, Patent- oder Rechtsanwälte – **oder vertraglich** (z.B. Mitarbeiter der Patentabteilung oder sonstige Mitarbeiter des Unternehmens, Sachverständige) oder auf Grund einer ausdrücklichen Geheimhaltungserklärung (vgl. etwa für Betriebsratsmitglieder § 79 BetrVG) **zur Geheimhaltung verpflichtet** sind[6]. Diese Grundsätze gelten auch bei Mitteilung von Diensterfindungen an verbundene Unternehmen innerhalb eines **Konzerns**[6a] (vgl. dazu auch Rz. 129 ff. zu § 1 u. Rz. 16 zu § 5). S. im Übrigen Rz. 13.

9 Im Übrigen kann die Geheimhaltungspflicht des Arbeitgebers dadurch unterschiedlich beeinflusst sein, ob es sich um eine **gebundene oder freie Erfindung** handelt.

10 Bei einer **als »freie« mitgeteilten Erfindung** bleibt das Recht des Arbeitgebers, außenstehende Dritte ohne Einverständnis des Arbeitnehmers, aber unter Auferlegung einer (vertraglichen) Geheimhaltungspflicht zu informieren, auf die Prüfung der Schutzfähigkeit der Erfindung und deren Eigenschaft im Sinne des § 4 Abs. 2, 3 beschränkt.

Hat der Arbeitnehmer eine freie Erfindung dem Arbeitgeber **zur Verwertung angeboten** (vgl. § 19), kann Letzterer zur Geheimhaltung verpflichtete Dritte auch im Zusammenhang mit der Prüfung der Eigenverwertungsmöglichkeiten über die technische Lehre unterrichten (vgl. auch Rz. 19 f.).

Bei der **Diensterfindung** hat der Arbeitgeber – insbesondere um sich für die Entscheidung über eine unbeschränkte Inanspruchnahme ein umfassendes Bild zu verschaffen – weitergehende Befugnisse; er kann beispielsweise ohne Zustimmung des Arbeitnehmers Lizenzverhandlungen mit potentiellen Lizenznehmern führen, sofern sich diese ihm gegenüber zur umfassenden Geheimhaltung verpflichtet haben[7]; ebenso kann er außerbetriebliche Versuche zur Erlangung der zweckmäßigsten Ausgestaltung des Erfindungsgegenstandes bzw. seiner Produktionsreife ausführen lassen[8] (vgl. auch Rz. 18, 21, dort zur frei gewordenen Diensterfindung).

---

6 Ähnl. Heine/Rebitzki Anm. 2 zu § 24; krit. bezügl. vertragl. Geheimhaltungsabreden Reimer/Schade/Schippel/Kaube Rz. 5 zu § 24.

6a Krit. zu Recht Schiedsst. (EV v. 10.10.1989 Arb.Erf. 37/89 – unveröffentl.) zur Konzernabrede, wonach sogar freigegebene Diensterf. anderen Konzern-Unternehmen mitzuteilen waren.

7 I. Ergebn. wie hier Heine/Rebitzki (Fn. 6) u. Volmer/Gaul Rz. 57 zu § 24; a.A. wohl Reimer/Schade/Schippel/Kaube (Fn. 6); zur konkludent begründeten Geheimhaltungspflicht bei Lizenzverhandlungen s. BGH v. 13.3.2001 Mitt. 2001, 250 – Schalungselement.

8 Volmer Rz. 12, 13 zu § 24; Schiedsstelle v. 27.2.1984 Blatt 1984, 301, 302; Volmer/Gaul Rz. 54 zu § 24.

§ 24

Bei **Lizenzaustauschverträgen,** die eine Arbeitnehmererfindung mit 11
umfassen, ergeben sich keine Probleme, soweit sie sich auf gemeldete und
unbeschränkt in Anspruch genommene Diensterfindungen beziehen; ansonsten ist eine Unterrichtung über die technische Lehre nur mit Zustimmung des Arbeitnehmers bzw. bei vertraglich vereinbarter Geheimhaltungspflicht zulässig. Bei Austauschverträgen mit Auslandspartnern, die den Arbeitgeber zu einer frühzeitigen Offenbarung verpflichten, kann die Unterstützungspflicht nach § 14 Abs. 3 den Arbeitnehmer zum Einverständnis hierzu anhalten[9].

Ist die Diensterfindung im Rahmen einer mehrbetrieblichen **For-** 12
schungs- und Entwicklungskooperation entstanden, so ist auch hier der Arbeitgeber in der Regel zur Weitergabe seiner Kenntnisse befugt, da die Geheimhaltungspflicht des Kooperationspartners entweder als Nebenpflicht aus der Kooperationsabrede selbst oder aus der gesellschafterlichen Treuepflicht folgt[10].

Bei vertraglich begründeter **Geheimhaltungspflicht Dritter** (s. Rz. 8) 13
sollte der Arbeitgeber vorsorglich im Einzelfall auf die Geheimhaltungsbedürftigkeit hinweisen, wozu er ansonsten nur bei Vorliegen besonderer Umstände gehalten ist. U. U. kann er auch verpflichtet sein, die Geheimniswahrung durch den Dritten ggf. mittels besonderer Schutzmaßnahmen zu fördern. Hat der Arbeitgeber konkrete Anhaltspunkte für ein geheimhaltungswidriges Verhalten des Kenntnisempfängers, so muss er sowohl im eigenen Interesse als auch im Interesse des Arbeitnehmers eine Unterrichtung unterlassen.

II. Dauer – »solange berechtigte Belange dies erfordern«

Die Dauer der Geheimhaltungspflicht des Arbeitgebers ist **unabhängig** 14
vom rechtlichen Fortbestand des Arbeitsverhältnisses; sie besteht nach
§ 26 ggf. auch über das Ende des Arbeitsverhältnisses fort (s. auch Rz. 31 ff.
zu § 26). Der Arbeitgeber hat die Erfindung so lange geheim zu halten, wie
die berechtigten Belange des Arbeitnehmers dies erfordern. Diese Zeitdauer
der Geheimhaltungspflicht ist nicht auf Grund einer Abwägung der Interessen von Arbeitgeber und Arbeitnehmer zu bestimmen[16]; **maßgeblich** sind vielmehr allein die **Belange des Arbeitnehmers,** die sich im Einzelfall als gerechtfertigt darstellen müssen.

Ausgehend vom Schutzzweck des § 24 sind »berechtigte Belange« an ei- 15
ner Geheimhaltung der Erfindung im Grundsatz **so lange** anzunehmen,
wie dem Arbeitnehmer die **Möglichkeit der prioritätsbegründenden**

---

9   Reimer/Schade/Schippel/Kaube Rz. 6 zu § 24.
10 S. hierzu Bartenbach, Zwischenbetr. F.+E.-Kooperation S. 114.
11-15 frei
16 Vorwerk GRUR 1975, 4, 5.

§ 24

Schutzrechtsanmeldung und/oder der Nutzung des Erfindungsgegenstandes unter Ausschaltung Dritter verbleibt. Solches ist dann nicht mehr der Fall, wenn die technische Lehre **offenkundig** geworden oder durch die technische Entwicklung **überholt** ist[17]. Die Geheimhaltungspflicht entfällt ferner, wenn der Arbeitnehmer auf deren Einhaltung **verzichtet** hat; an einen konkludenten Verzicht sind jedoch strenge Anforderungen zu stellen. Entsprechendes gilt, wenn der Arbeitnehmer zu erkennen gibt, dass er keinerlei Interesse an der Erfindung selbst hat[18].

16 Kommt der Arbeitgeber bei einer **Diensterfindung** seiner **Anmeldepflicht im Inland** gem. § 13 Abs. 1 nach, ist eine ausreichende Absicherung des Erfindungsgedankens auch im Interesse des Arbeitnehmers – etwa für den Fall der Weiterverfolgung (§ 13 Abs. 4) – gegeben, so dass ein Geheimhaltungsinteresse jedenfalls nach Offenlegung der Schutzrechtsanmeldung (§ 32 PatG) nicht weiter berechtigt ist[19]. Denn nach § 33 Abs. 1 PatG ist die Benutzung des Gegenstandes der offen gelegten Patentanmeldung durch Dritte nicht als unbefugt oder rechtswidrig anzusehen[19a]. Entsprechendes gilt, wenn der Arbeitnehmer im Falle des § 13 Abs. 3 eine Inlandsanmeldung selbst herbeiführt. Das bloße Recht des Arbeitnehmers auf Rückübertragung von Anmelderechten nach § 16 Abs. 1 ist für die Geheimhaltungspflicht nach § 24 ohne Belang[20].

17 Ausgehend vom Gedanken der Prioritätssicherung erfordert der Gesetzeszweck nicht die endgültige Schutzrechtserteilung, so dass ein Abstellen auf diesen Zeitpunkt die Geheimhaltungspflicht übermäßig ausdehnen würde[21].

18 Die bloße Tatsache der **unbeschränkten Inanspruchnahme** einer Diensterfindung lässt die Geheimhaltungspflicht des Arbeitgebers nicht entfallen[22]. Zwar geht damit die Erfindung in die alleinige Verfügungsgewalt des Arbeitgebers über. Da jedoch die unbeschränkte Inanspruchnahme keine – durch § 24 gerade mit bezweckte – Prioritätssicherung begründet, hat der Gesetzgeber bewusst die noch in § 4 Abs. 3 Satz 1 DVO

---

17 Volmer Rz. 16 zu § 24; Volmer/Gaul Rz. 24 zu § 24; Vorwerk (Fn. 16); wohl auch Reimer/Schade/Schippel/Kaube Rz. 7 zu § 24.
18 Vorwerk (Fn. 16) S. 5.
19 Vgl. auch Lindenmaier/Lüdecke Anm. 3 zu § 24; Volmer Rz. 15 zu § 24. Im EV v. 25. 1. 1996 (Arb.Erf. 54/94 – unveröffentl.) hat die Schiedsst. festgestellt, dass nach Offenlegung ein Verstoß gegen § 24 Abs. 2 ArbEG ausscheidet. Im Ergebn. so auch Depenheuer Mitt. 1997, 1, 5 m. H. a. Poth Mitt. 1981, 114, 118.
19a BGH v. 11.4.1989 GRUR 1989, 411 – Offenend-Spinnmaschine.
20 Vgl. Reimer/Schade/Schippel/Kaube (Fn. 17) gg. Volmer (Fn. 19).
21 So zu Recht Reimer/Schade/Schippel/Kaube (Fn. 17) gg. Röpke (Fn. 2) S. 95.
22 Wie hier Dantz Inanspruchnahmerecht (1968) S. 48; Lindenmaier/Lüdecke (Fn. 19); Röpke (Fn. 2) S. 95; Volmer (Fn. 19); nunmehr auch Reimer/Schade/Schippel/Kaube Rz. 7 zu § 24; a.A. Beil i. Chemie-Ing.-Technik 1957, 758; Heine/Rebitzki Anm. 2 zu § 24; Johannesson Anm. 2 zu § 24.

§ 24

1943 vorgegebene zeitliche Grenze der Inanspruchnahme nicht übernommen (vgl. auch Rz. 10 f.).

Überträgt der Arbeitgeber vor Schutzrechtsanmeldung **die Rechte an der Erfindung auf einen Dritten,** so erlischt die Geheimhaltungspflicht (zur Zulässigkeit s. Rz. 3 zu § 13 u. Rz. 7 zu § 7). Da die Rechte an einer Diensterfindung keine dingliche Belastung darstellen, geht die Geheimhaltungspflicht auch nicht auf den Erwerber über; der Arbeitgeber ist auch zu keiner dahingehenden Vereinbarung verpflichtet, da sich dann die Rechte des Arbeitnehmererfinders auf bloße Vergütungsansprüche hinsichtlich der Beteiligung am Kaufpreis erschöpfen. Den Erwerber, der die Kenntnisse über die Diensterfindung ja nicht »auf Grund des ArbEG« erlangt hat, trifft auch keine Geheimhaltungspflicht nach § 24 Abs. 3.

Hat der Arbeitgeber sämtliche Rechte an einer **freien Erfindung** des Arbeitnehmers im Rahmen einer Vereinbarung gem. § 19 vom Arbeitnehmer **übernommen,** kann er hierüber – ohne durch § 24 Abs. 1 gebunden zu sein – frei verfügen. In diesem Fall hat der Arbeitnehmer keinen Anspruch auf Prioritätssicherung. 19

Bei einer **freien** (§ 4 Abs. 3) bzw. **frei gewordenen** (§ 8 Abs. 1) **Erfindung** (vgl. auch Rz. 9), die dem Arbeitnehmer verbleibt, erlischt die Geheimhaltungspflicht jedenfalls dann, wenn der Arbeitnehmer diese selbst zum Schutzrecht anmeldet bzw. anmelden lässt, und zwar spätestens mit deren Offenlegung (§ 32 PatG). Hat der Arbeitnehmer dagegen von dieser in seinem Belieben stehenden Möglichkeit noch keinen Gebrauch gemacht, so entfällt die Geheimhaltungspflicht des Arbeitgebers nicht innerhalb einer angemessenen Frist[23] bzw. der Drei-Monats-Frist des § 19 Abs. 2[24], sondern erst dann, wenn gesicherte Anhaltspunkte dafür bestehen, dass der Arbeitnehmer an einer Geheimhaltung nicht weiter interessiert ist[25]; erst ab diesem Zeitpunkt ist dem Arbeitgeber auch die Möglichkeit der Eigenverwertung eröffnet[25] (zum Eigenverwertungsrecht des Arbeitgebers s. Rz. 58 ff. zu § 8). Allerdings kann sich bei größer werdendem Zeitabstand vom Zeitpunkt der Mitteilung bzw. des Freiwerdens der Erfindung ab eine Obliegenheit des Arbeitnehmers entwickeln, berechtigte Geheimhaltungsbelange substantiiert darzulegen und nachzuweisen, will er nicht sein Geheimhaltungsinteresse verlieren. 20

Auch bei **beschränkter Inanspruchnahme** oder in sonstigen Fällen eines nicht ausschließlichen Benutzungsrechts (vgl. § 14 Abs. 3, § 19 Abs. 1) endet die Geheimhaltungspflicht des Arbeitgebers nicht erst mit Erteilung des Schutzrechts[26], sondern nach Schutzrechtsanmeldung durch den Arbeit- 21

---

23 So aber Heine/Rebitzki Anm. 2 zu § 24; wie hier Reimer/Schade/Schippel/Kaube (Fn. 22).
24 So aber wohl Lindenmaier/Lüdecke Anm. 3 zu § 24.
25 Zust. Schiedsst. v. 16. 7. 1998 Arb.Erf. 32/96 (z. Veröffentl. i. EGR vorgesehen); vgl. ausführl. Vorwerk GRUR 1975, 4, 6 f.; s. auch Röpke (Fn. 2) S. 127.
26 So aber Röpke (Fn. 2) S. 95 f.

§ 24

nehmer[27], und zwar spätestens mit deren Offenlegung (§ 32 PatG). Hat der Arbeitnehmer von seiner alleinigen Anmeldebefugnis noch keinen Gebrauch gemacht, so kann er vom Arbeitgeber nicht verlangen, dass dieser sein gesetzlich verankertes Benutzungsrecht im Interesse der Geheimhaltungspflicht nicht ausübt[28]. Begründet aber die Benutzung die Gefahr, dass dadurch die technische Lehre in irgendeiner Form offenbar werden kann (vgl. auch oben Rz. 6 f.), so hat der Arbeitgeber den Arbeitnehmer vor Aufnahme von Verwertungshandlungen zu unterrichten und sich während einer angemessenen (Überlegungs-)Frist (i. d. R. drei Monate) – vgl. auch die Fristen der § 16 Abs. 2, § 19 Abs. 2 – einer Verwertung zur Wahrung der Arbeitnehmerinteressen (z.B. Schutzrechtsanmeldung) zu enthalten[29].

22 Zur Dauer der Geheimhaltungspflicht bei **betriebsgeheimen Erfindungen** s. Rz. 39 ff. zu § 17.

III. Verletzung

23 § 24 Abs. 1 stellt ein **Schutzgesetz** im Sinne des § 823 Abs. 2 BGB dar, so dass eine vorsätzliche oder fahrlässige Pflichtverletzung durch den Arbeitgeber zum Schadensersatz verpflichtet[40]. Daneben tritt ein Schadensersatzanspruch wegen Pflichtverletzung (§ 280 Abs. 1, § 619a BGB) wegen Verstoßes gegen die Fürsorgepflicht bzw. des gesetzlichen Schuldverhältnisses aus dem ArbEG (s. Rz. 160 zu § 1). Ein Fehlverhalten von Mitarbeitern hat der Arbeitgeber sich ggf. über §§ 278, 831 BGB zurechnen zu lassen.

24 Soweit sonstige **Dritte** (z.B. Lizenznehmer, nicht aber solche im Sinne des § 24 Abs. 3), denen der Arbeitgeber seine Kenntnisse anvertraut hat, ihre vertraglichen Geheimhaltungspflichten verletzen, hat der Arbeitnehmer in der Regel keinen unmittelbaren Anspruch gegen diese; er kann jedoch im Innenverhältnis vom Arbeitgeber, der den Schaden des Arbeitnehmers (ggf. im Wege der Schadensliquidation im Drittinteresse) mit geltend macht, Ersatz verlangen; traf den Arbeitgeber ein Mitverschulden (§ 254 BGB; s. auch Rz. 11 ff.), so hat der Arbeitnehmer ggf. einen ergänzenden Anspruch gegen diesen. Zum Schaden s. Rz. 70 f. zu § 13 u. Rz. 76 f. zu § 16.

---

27 Reimer/Schade/Schippel/Kaube Rz. 7 zu § 24.
28 Johannesson Anm. 2.4 zu § 24.
29 So auch Reimer/Schade/Schippel/Kaube Rz. 7 zu § 24; Johannesson Anm. 2.4 zu § 24.
30-39 frei
40 Reimer/Schade/Schippel/Kaube Rz. 4, 8 zu § 24; Busse/Keukenschrijver, PatG, Rz. 1 zu § 24 ArbEG; Vorwerk (Fn. 25) S. 6; § 823 BGB und pVV ablehnend Volmer/Gaul Rz. 95 zu § 24; z. Schadensbemessg. s. BGH v. 18.2.1977 GRUR 1977, 539 ff. – Prozessrechner.

§ 24

IV. Verhältnis zur arbeitsrechtlichen Fürsorgepflicht

§ 24 soll weitergehende Geheimhaltungspflichten des Arbeitgebers **nicht ausschließen**[41] (vgl. auch § 25). Während § 24 Abs. 1 auf die Arbeitnehmererfindung als solche abstellt, gebietet es die allgemeine Fürsorgepflicht des Arbeitgebers (s. dazu Rz. 11 ff. zu § 25), zur Schadensverhütung über alle **mit einer Arbeitnehmererfindung zusammenhängenden Umstände** und Erkenntnisse zu schweigen, sofern hierdurch Schutzrechtserwerb, Aufrechterhaltung und/oder Verwertung beeinträchtigt werden können[42] (s. auch oben Rz. 5).   25

Diese Verschwiegenheitspflicht des Arbeitgebers besteht **nur insoweit und so lange,** wie berechtigte Belange des Arbeitnehmers es erfordern und dies für den Arbeitgeber zumutbar ist. Beispielsweise verstoßen gezielte Informationen an Dritte über Nichtigkeitsgründe in Bezug auf ein freigegebenes Schutzrecht ebenso gegen die arbeitsrechtliche Verschwiegenheitspflicht wie Aussagen über zukünftige Verwertungsabsichten des Arbeitnehmers bei freien bzw. frei gewordenen Erfindungen.   26

Soweit sich die arbeitsvertragliche Verschwiegenheitspflicht auf weitergehende schutzwürdige Belange des Arbeitnehmers in Bezug auf die Erfindung erstreckt (z.B. Verwertungsabsichten, Marktanalysen, Lizenzpolitik usw.), kann sie u.U. **zeitlich** sogar über den Zeitpunkt der Schutzrechtserteilung hinausgehen. In der Regel endet sie allerdings mit dem rechtlichen Ende des Arbeitsverhältnisses. Zur ergänzenden Anwendbarkeit der §§ 1 UWG, 823 Abs. 2, 826 BGB, die auch für den Arbeitgeber zur Anwendung kommen können, vgl. unten Rz. 38 ff.   27

C. Geheimhaltungspflicht des Arbeitnehmers (Abs. 2)

Die Geheimhaltungspflicht des Arbeitnehmers gem. Abs. 2 soll dem Arbeitgeber den wirtschaftlichen Wert der Diensterfindung sichern, die er mit der Inanspruchnahme auf sich überleiten und später monopolartig nutzen kann.   28

I. Inhalt und Umfang

Die Geheimhaltungspflicht des Arbeitnehmers beschränkt sich auf seine **Diensterfindungen im** Sinne des § 4 Abs. 2[42a]. Für **freie Erfindungen** (vgl. § 4 Abs. 3, §§ 18, 19) kann sich angesichts der alleinigen Verfügungsbefugnis des Arbeitnehmers nur in Ausnahmefällen eine ihm obliegende Geheimhaltungspflicht nach den allgemeinen arbeitsvertraglichen und gesetz-   29

---

41 Amtl. Begr. (Fn. 1).
42 Röpke (Fn. 2) S. 127.
42a Busse/Keukenschrijver, PatG, Rz. 3 zu § 24 ArbEG.

§ 24

lichen Pflichten (vgl. dazu unten Rz. 39 ff. sowie Rz. 55 zu § 8) ergeben. Aus der allgemeinen Treuepflicht folgt darüber hinaus, dass der Arbeitnehmer eine freie Erfindung so lange nicht offenbaren darf, wie ein Erwerb des Arbeitgebers über § 19 noch möglich ist[43]. Bestehen Zweifel, ob eine freie oder gebundene Erfindung vorliegt, muss der Arbeitnehmer die Erfindung unverzüglich melden (s. Rz. 23 zu § 5) und den Erfindungsgegenstand bis zur Klärung bzw. Einigung über den Charakter der Erfindung nach § 24 Abs. 2 geheim halten.

Die Geheimhaltungspflicht für **Verbesserungsvorschläge** bestimmt sich nach den §§ 17 UWG und arbeitsvertraglichen Pflichten. Bei Streit über den Charakter einer technischen Neuerung ist bis zur Klärung von der Geheimhaltungspflicht nach § 24 Abs. 2 ArbEG auszugehen.

30 Die Geheimhaltung **erstreckt sich** auf all das, worauf sich auch die Meldepflicht des Arbeitnehmers gemäß § 5 bezieht (vgl. hierzu § 5)[44]. Auch hat der Arbeitnehmer die Tatsache ebenso wie den Inhalt einer Patentanmeldung geheim zu halten. Zur Geheimhaltungspflicht bei betriebsgeheimen Erfindungen i.s.d. § 17 s. dort Rz. 39 ff.

31 In Bezug auf Erfindungen und sonstige technische Entwicklungsergebnisse anderer Arbeitnehmer oder dritter Personen (freie Erfinder, Kooperationspartner usw.), bestimmt sich die Geheimhaltungspflicht des Arbeitnehmers – soweit nicht § 24 Abs. 3 einschlägig ist (s. Rz. 48 ff.) – nach allgemeinen arbeitsvertraglichen und sonstigen zivilrechtlichen Grundsätzen (s. dazu Rz. 38 ff.)

Zum Inhalt der Geheimhaltungspflicht siehe im Übrigen oben Rz. 4 ff.; zu Verfügungen und Verwertungshandlungen vor Inanspruchnahme siehe auch Rz. 60 ff. zu § 7 und Rz. 38 zu § 25.

Inhaltlich und zeitlich kann die Geheimhaltungspflicht zuungunsten des Arbeitnehmers nur im Rahmen des § 22 Satz 2 **vertraglich** ausgeweitet werden[45].

32 Die Geheimhaltungspflicht des Arbeitnehmers besteht grundsätzlich **nicht** gegenüber solchen Personen, die gesetzlich (beruflich) zur Geheimhaltung verpflichtet sind (s. oben Rz. 8)[46].

33 Anders als beim Arbeitgeber berechtigt eine bloß vertraglich begründete Geheimhaltungspflicht den Arbeitnehmer nicht zur **Offenbarung an Dritte** (z.B. potentielle Lizenznehmer), da hierfür ein berechtigtes Interesse fehlt, es sei denn, der Arbeitnehmer kann im Einzelfall gesichert mit einer Freigabe der Diensterfindung (§ 8 Abs. 1) rechnen; entsprechendes gilt im Falle des § 16 Abs. 1 im Zusammenhang mit dem Angebot zur Übernahme

---

[43] Reimer/Schade/Schippel/Kaube Rz. 12 zu § 24.
[44] H.M., z.B. Lindenmaier/Lüdecke Anm. 6 zu § 24.
[45] Vgl. OLG Hamburg v. 6.11.1958 GRUR 1960, 489, 490.
[46] Allg. A., z.B. Volmer Rz. 18 zu § 24.

§ 24

einer Schutzrechtsanmeldung bzw. eines Schutzrechts. Zur Offenbarung an Erfinderberatungsstellen s. Rz. 35 zu § 21.

Die Geheimhaltungspflicht besteht auch gegenüber solchen **Arbeitskollegen,** die weder am Zustandekommen der Erfindung mitgearbeitet haben, noch nach dem (mutmaßlichen) Willen des Arbeitgebers zur Entgegennahme derartiger Informationen berechtigt sein sollen, wozu auch Vorgesetzte und im Einzelfall Mitarbeiter der Patentabteilung rechnen können[47]. Gegenüber **Miterfindern** umfasst sie alle geheimhaltungsbedürftigen Tatsachen, von denen diese nicht bereits auf Grund ihrer Miterfindereigenschaft und/oder Betriebszugehörigkeit Kenntnis erlangt haben. 34

II. Dauer – »Freiwerden der Diensterfindung«

Die Diensterfindung ist vom Arbeitnehmer so lange geheim zu halten, wie sie **nicht frei geworden** ist (§ 8 Abs. 1; zum Verwertungsrecht des Arbeitnehmers und seinen Schranken bei frei gewordenen Diensterfindungen s. Rz. 51 ff. zu § 8). Diese Verpflichtung gilt auch **über die Beendigung des Arbeitsverhältnisses hinaus** (§ 26 – s. dort Rz. 34 ff.). 35

Die Geheimhaltungspflicht erlischt ferner, wenn (und insoweit) die technische Lehre **offenkundig** geworden ist oder wenn der Arbeitgeber auf eine weitere Geheimhaltung **verzichtet** hat; gleiches gilt ab dem Zeitpunkt der (ersten) **Offenlegung** einer Schutzrechtsanmeldung des Arbeitgebers[48] (vgl. § 32 PatG). Dagegen befreit der Umstand, dass die erfinderische Lehre **technisch überholt** ist, den Arbeitnehmer grundsätzlich nicht[49] (zur betriebsgeheimen Erfindung s. auch Rz. 39 ff. zu § 17). 36

Hat der Arbeitgeber gem. § 14 Abs. 2 dem Arbeitnehmer die Erfindung zur Schutzrechtsanmeldung in **ausländischen Staaten freigegeben,** ist der Arbeitnehmer zu solchen Anmeldungen i. d. R. selbst dann befugt, wenn der Arbeitgeber eine vorhergehende Schutzrechtsanmeldung im Inland (§ 13) versäumt hat; eine Offenbarung der erfinderischen Lehre im Ausland muss der Arbeitgeber grundsätzlich als Konsequenz seiner Freigabe und der Vernachlässigung seiner Pflicht aus § 13 hinnehmen. 37

---

47 Vgl. auch Heine/Rebitzki Anm. 3 zu § 24 u. Reimer/Schade/Schippel/Kaube Rz. 9 zu § 24; einschr. Volmer Rz. 18 zu § 24.
48 Schiedsst. v. 25.1.1996 Arb.Erf. 54/94 (unveröffentl.).
49 Ebenso Reimer/Schade/Schippel/Kaube Rz. 10 zu § 24; Röpke (Fn. 2) S. 44 gg. Volmer Rz. 20 zu § 24.

50–59 frei

§ 24

III. Verhältnis zur arbeitsrechtlichen Treuepflicht und zu §§ 1, 17, 18 UWG, 823, 826 BGB

38 Eine **ergänzende Geheimhaltungspflicht** des Arbeitnehmers kann sich aus den §§ 1,17, 18 UWG, 823 Abs. 1, 826 BGB ebenso wie aus der arbeitsrechtlichen Treuepflicht (s. dazu Rz. 28 ff. zu § 25) ergeben.

39 **§ 17 Abs. 1 UWG** verbietet – als Straftatbestand – dem Arbeitnehmer den Verrat eines ihm anvertrauten oder sonst zugänglich gewordenen Geschäfts- oder Betriebsgeheimnisses[60] während der rechtlichen Dauer des Arbeitsverhältnisses (**Treuebruch**). Der Geheimnisschutz des § 17 Abs. 1 UWG erfasst nur die Mitteilung von Geheimnissen, die zu Zwecken des Wettbewerbs oder aus Eigennutz, zugunsten eines Dritten oder in der Absicht erfolgt, dem Arbeitgeber Schaden zuzufügen. Die **Diensterfindung** stellt ein Betriebsgeheimnis im Sinne dieser Norm auch dann dar, wenn sie dem Arbeitgeber (etwa auf Grund unterbliebener Meldung im Sinne des § 5) noch nicht zur Kenntnis gelangt ist[61]. Es genügt, dass das »Arbeitsergebnis« ohne das Dienstverhältnis nicht erzielt worden wäre und der Wille des Unternehmers, es als geheim zu behandeln, wenn er davon erfahren hätte, feststeht[62] bzw. von einem mutmaßlichen Geheimhaltungswillen des Arbeitgebers auszugehen ist.

Ein Geheimnisverrat i. S. d. § 17 UWG liegt auch dann vor, wenn mehrere Arbeitnehmererfinder eine nicht gemeldete Diensterfindung in eine von ihnen gegründete GmbH zum Zwecke der gewerblichen Verwertung einbringen, »da das Betriebsgeheimnis auf diese Weise aus dem Bereich des Unternehmens des Arbeitgebers heraustritt[62a]«.

40 Über die in der Diensterfindung verkörperte technische Lehre hinaus erfasst § 17 UWG **jede nicht offenkundige**, geheim zu haltende **Tatsache**, die mit der Erfindung technisch oder wirtschaftlich im Zusammenhang steht, nur einem eng begrenzten Personenkreis bekannt ist und nach dem erklärten oder offensichtlichen Willen des Arbeitgebers geheim gehalten werden soll[62b]. Hierzu können z.B. Angaben über den technischen Be-

---

60 Z. Begr. vgl. BAG v. 16.3.1982 BB 1982, 1792, 1793; v. 26.2.1987 NZA 1988, 63 u.v. 15.12.1987 NZA 1988, 502; Mes GRUR 1979, 584, 585; Kraßer GRUR 1970, 587 ff. u. GRUR 1977, 177 ff.; s. auch BGH v. 15.5.1955 AP Nr. 1 zu § 17 UWG m. Anm. Volmer.
61 H. M., z.B. BGH v. 16.11.1954 AP Nr. 1 zu § 60 HGB (Anreißgerät) m. Anm. Hueck; Baumbach/Hefermehl Wettbewerbsrecht Rz. 12 zu § 17 UWG; a.A. Poth Mitt. 1981, 114, 115; abw. Röpke (Fn. 2) S. 24, wonach eine »eigene Erf.« d. ArbN weder »anvertraut« noch »zugänglich gemacht« ist.
62 BGH v. 18.2.1977 GRUR 1977, 539, 541 – Prozessrechner m. Anm. Krieger; BGH v. 16.11.1954 (Fn. 61).
62a LG Berlin v. 8.4.1972 Az. 16 O 23/72 (unveröffentl.), bestätigt durch BGH v. 18.2. 1977 (Fn. 62).
62b BAG v. 15.12.1987 NZA 1988, 502, 503 m.w.N.; BGH v. 3.5.2001 GRUR 2002, 91, 94 – Spritzgießwerkzeuge.

triebsablauf, Herstellung und Herstellungsverfahren, ferner Versuchsergebnisse, sonstige betriebsinterne Erfahrungswerte, Kunstgriffe, Angaben über das Zustandekommen ebenso wie die Erfindung betreffende Marktanalysen des Unternehmens gehören, soweit sie nicht offenkundig sind, d.h. von jedem Interessierten ohne besondere Mühe zur Kenntnis beschafft werden können[62c].

Während § 17 Abs. 1 UWG den Geheimnisverrat durch den Mitarbeiter während der Dauer des Dienstverhältnisses behandelt, geht § 17 Abs. 2 UWG darüber hinaus und erfasst sowohl das **verbotene Ausspähen (Ziff. 1)** wie auch die **verbotene Verwertung (Ziff. 2)**, sei es durch die unbefugte Mitteilung an Dritte oder Eigenverwertung bzw. Drittverwertung. Insoweit will § 17 Abs. 2 Ziff. 2 UWG sämtliche Fälle unbefugter Geheimniserlangung erfassen. Das Ausspähen als das unbefugte Verschaffen von Geschäfts- oder Betriebsgeheimnissen ist gem. § 17 Abs. 2 UWG nur dann strafbar, wenn es in den dort genannten Erscheinungsformen, vor allem also unter Einsatz technischer Hilfsmittel, geschieht. Hierunter fallen insbesondere heimliche Aufzeichnungen[62d], unerlaubte Einsicht in Unterlagen, planmäßiges Einprägen von betriebsinternen Verfahrensmethoden, systematisches Zusammentragen von internen Unterlagen bis hin zur sonstigen Herstellung einer verkörperten Wiedergabe der Betriebsgeheimnisse, auch wenn dies nicht heimlich geschieht[63]. 41

Betriebsgeheimnisse i.S.d. § 17 Abs. 2 Nr. 2 UWG, die dem Zweck dienen, einen zeitlichen Vorsprung vor Wettbewerbern zu sichern, werden nicht absolut geschützt, sondern nur während eines begrenzten Zeitraums, etwa in Orientierung an den Wettbewerbsverboten des Handelsrechts (z.B. § 74 a Abs. 2 HGB) während eines Zeitraums von etwa zwei Jahren[63a].

Ist die **Diensterfindung frei geworden**, folgt aus den dem Erfinder nunmehr gem. § 8 Abs. 2 vermittelten Verfügungs- und Verwertungsrechten, dass es jedenfalls an einem »unbefugten Mitteilen« bzw. »unbefugten Verwerten« i. S. d. § 17 UWG fehlt, so dass sein Anwendungsbereich insoweit ausgeschlossen ist (vgl. auch Rz. 33 zu § 17). Etwas anderes kann allerdings dann gelten, wenn das Zustandekommen der Erfindung auf Handlungen beruht, die nach §§ 17, 18 UWG strafbewehrt sind. In solchen Fällen kann auch das Freiwerden der Diensterfindung den vorangegangenen Strafrechtsverstoß nicht sanktionieren, es sei denn, die Freigabe erfolgte in Kenntnis des Geheimnisverrats.

62c Allg. BGH v. 22.1.1963 GRUR 1963, 311, 312 – Stapelpresse; BAG v. 16.3.1982 (Fn. 60), v. 26.2.1987 NZA 1988, 63 u.v. 15.12.1987 (Fn. 62b).
62d Vgl. BGH v. 14.1.1999 GRUR 1999, 934, 935 f. – Weinberater.
63 Vgl. im Einzelnen Baumbach/Hefermehl (Fn. 61) Rz. 2, 55 ff. zu § 17 UWG; vgl. auch BGH v. 19.11.1982 GRUR 1983, 179 – Stapel-Automat u. BAG v. 16.3.1982 (Fn. 60).
63a OLG Celle v. 23.5.1994 WRP 1995, 114 f.

§ 24

42 U. E. ist die noch nicht abschließend entschiedene[64] Frage, ob das Betriebsgeheimnis als ein zum Gewerbebetrieb gehörender Vermögensgegenstand gegen unmittelbare Eingriffe, wie den Geheimnisverrat, auch nach § 823 Abs. 1 BGB geschützt ist, zu bejahen[65].

43 Unabhängig von ausdrücklich getroffenen Geheimhaltungsabreden unterliegt der Arbeitnehmer ferner im Rahmen der **arbeitsrechtlichen** Treuepflicht einer **Verschwiegenheitspflicht während** der rechtlichen **Dauer des Arbeitsverhältnisses** (zur Geheimhaltungspflicht des Arbeitnehmers auf Grund nachwirkender vertraglicher Pflichten s. Rz. 34 ff. zu § 26). Wegen dieser jedem Arbeitsverhältnis immanenten Schweigepflicht ist der Arbeitnehmer gehalten, über Dinge, die er im Zusammenhang mit dem Arbeitsverhältnis erfahren hat, Verschwiegenheit zu wahren, soweit und solange an der Geheimhaltung ein berechtigtes Interesse des Arbeitgebers besteht[66]. Der Arbeitnehmer hat insoweit über alle mit der Erfindung zusammenhängenden Umstände und Erkenntnisse zu schweigen, z.B. über zukünftige Verwertungsabsichten des Arbeitgebers, Verhandlungen mit (potentiellen) Lizenznehmern, laufende Verbesserungsarbeiten an der Erfindung; er hat sämtliche, auch die auf ihn zurückgehenden technischen Verbesserungsvorschläge geheim zu halten[67].

Über §§ 17, 18 UWG und § 24 ArbEG hinaus ist es dem **ausgeschiedenen Arbeitnehmer** - mangels vertraglicher Abrede – **grundsätzlich nicht verwehrt**, seine redlich erworbenen **Erfahrungen, Fertigkeiten und Kenntnisse weiterzugeben** bzw. zu nutzen (vgl. Rz. 34 zu § 26).

IV. Verletzung

44 § 24 Abs. 2 ist ein **Schutzgesetz** im Sinne des § 823 Abs. 2 BGB und verpflichtet den Arbeitnehmer bei vorsätzlichem oder fahrlässigem Verstoß zum Schadensersatz[68]. Soweit der Schaden bei einem Lizenznehmer des Arbeitgebers eintritt, kann Letzterer diesen ggf. im Wege der Schadensliquidation im Drittinteresse geltend machen[69].

---

64 Offen gelassen b. BGH v. 21.12.1962 GRUR 1963, 367, 369 – Industrieböden.
65 Vgl. Mes (Fn. 60) S. 590 ff.; Asendorf GRUR 1990, 229, 235; Benkard/Bruchhausen, PatG Rz. 14 zu § 6; Baumbach/Hefermehl (Fn. 61) Rz. 53 zu § 17 m.w.N.; grundlegend Nastelski GRUR 1957, 1 ff.
66 Vgl. BAG v. 25.8.1966 AP Nr. 1 zu § 611 BGB – Schweigepflicht; Depenheuer Mitt. 1997, 1 ff.
67 H. M., Busse/Keukenschrijver, PatG, Rz. 1 zu § 24 ArbEG; Reimer/Schade/Schippel/Kaube Rz. 4 zu § 24; vgl. dazu Röpke ArbN als Erf. S. 85 ff.
68 Allg. A., z.B. Reimer/Schade/Schippel/Kaube Rz. 13 zu § 24; z. Schadensbemessung s. BGH v. 18.2.1977 GRUR 1977, 539 ff. – Prozessrechner u. BAG v. 24.6.1986 AP Nr.4 zu § 611 BGB – Betriebsgeheimnis.
69 Vgl. BAG v. 24.6.1986 (Fn. 68); vgl. auch BGH v. 18.2.1977 (Fn. 68) S. 541.

Daneben stehen dem Arbeitgeber für die Dauer des Arbeitsverhältnisses 45
Ansprüche wegen Pflichtverletzung (§ 280 Abs. 1, § 619a BGB) zu. Ein
Verstoß gegen die §§ 17, 18 UWG löst **Schadensersatzansprüche** nach
§ 19 UWG, § 823 Abs. 2 BGB aus; u.U. kann eine Schadensersatzpflicht
auch aus § 826 BGB folgen. Ein Unterlassungsanspruch ist analog § 1004
BGB möglich[70] (vgl. auch § 13 UWG sowie Rz. 94.2 zu § 5 ArbEG).

Je nach den Umständen rechtfertigt ein Geheimnisverrat die fristgerechte 46
oder gar fristlose **Kündigung** des Arbeitsverhältnisses[71]. Auch begründete
Verdachtsmomente, die eine zukünftige Weitergabe von Betriebsgeheimnissen befürchten lassen, können eine außerordentliche Kündigung rechtfertigen[72].

D. Geheimhaltungspflicht sonstiger Personen (Abs. 3)

Durch Abs. 3 wird die Geheimhaltungspflicht auf Personen ausgedehnt, die 47
außerhalb des Arbeits- oder Dienstvertrages stehen, aber »auf Grund dieses
Gesetzes« Kenntnis von der (freien oder gebundenen) Erfindung eines Arbeitnehmers erlangt haben.

I. Personenkreis

Entsprechend dem Schutzzweck dieser Norm, Arbeitgeber und Arbeit- 48
nehmer die Priorität und die ungestörte Nutzungsmöglichkeit einer Erfindung zu sichern, muss der Begriff »auf Grund des Gesetzes« in einem **weiten Sinne** verstanden werden; er umfasst alle Personen, die im Zusammenhang mit einem Tatbestand des ArbEG von einer Erfindung erfahren
haben; zur Abgrenzung zum Personenkreis des Abs. 1 s. Rz. 3.

»Kenntnisse auf Grund des ArbEG« können insbesondere erlangen: 49
Mitarbeiter der Patentabteilung, Vorgesetzte des Erfinders, sonstige Personen, die etwa vom Arbeitgeber zur Entgegennahme der Meldung (vgl.
Rz. 14 ff. zu § 5) oder zur Erklärung der Inanspruchnahme bzw. zur Anmeldung des Schutzrechts beauftragt werden; ebenso sonstige Arbeitskollegen des Arbeitnehmers, die bei Ausführung ihrer betrieblichen Tätigkeit
Kenntnis von der Erfindung erlangt haben; ferner Erfinderberater (§ 21);
Patent- oder Rechtsanwälte bzw. Erlaubnisscheininhaber (§ 33), die beispielsweise im Schutzrechtserteilungs- oder Schiedsstellenverfahren eingeschaltet werden; ferner Konkurs-(Insolvenz-)verwalter (vgl. § 27), Mitglieder einer Kommission des Verbesserungsvorschlagswesens, wenn sie etwa

---

70 Zur Bestimmtheit des Klageantrages bei Unterlassungsansprüchen wegen Betriebsgeheimnissen s. BAG v. 25.4.1989 NJW 1989, 3237 u. BGH v. 3.5.2001 WRP 2001, 1174, 1179 – Spritzgießwerkzeuge.
71 Vgl. BAG v. 22.7.1965 AP Nr. 8 zu § 70 HGB.
72 Vgl. LAG Bayern v. 15.6.1967 BB 1969, 315.

§ 24

von einer als Verbesserungsvorschlag mitgeteilten Erfindung erfahren; schließlich Mitglieder der Schiedsstelle und alle Beteiligten eines Schiedsstellenverfahrens (§§ 28, 32, 40 Nr. 5) sowie Richter der mit Arbeitnehmererfindungsstreitigkeiten befassten Gerichte, allerdings mit der Einschränkung, die sich durch das – von § 24 unangetastete[72a] – Prinzip der Öffentlichkeit der Verhandlung (vgl. § 169 Satz 1 GVG) ergibt; Zeugen und Sachverständige in Schiedsstellen- oder Gerichtsverfahren.

50 **Nicht erfasst** von § 24 Abs. 3 werden die Personen, deren Kenntnis von einer Erfindung nicht im Zusammenhang mit einem im ArbEG geregelten Sachverhalt entsteht. Dies sind z.B. freie Miterfinder[73], da das ArbEG die Miterfinderschaft voraussetzt, sie aber selbst nicht regelt (s. auch § 5); ebenso Lizenznehmer bzw. sonstige Vertrags- oder Gesprächspartner des Arbeitgebers, Kooperationspartner und deren Mitarbeiter, ferner Mitglieder von Erfinderberatungsstellen (vgl. Rz. 33 f. zu § 21). Eine Geheimhaltungspflicht für den nicht von § 24 Abs. 3 erfassten Personenkreis kann sich aber aus vertraglichen Absprachen bzw. sonstigen gesetzlichen Regelungen ergeben; ein Geheimnisverrat ist insbesondere unter den Voraussetzungen der §§ 1, 17, 18 UWG, 823, 826 BGB zu beurteilen. Zur Geheimhaltungspflicht von Betriebsratsmitgliedern s. Rz. 18 in Anh. zu §§ 20, 21; zur Geheimhaltungspflicht beim Erfindungsverkauf s. oben Rz. 18.

II. »Erlangte Kenntnis«

51 Mit der Bezugnahme auf die Vorschriften des ArbEG stellt Abs. 3 nur auf die **redlich erworbenen Kenntnisse** ab. Dabei muss es gleichgültig sein, ob diese Kenntnis unmittelbar vom Arbeitgeber bzw. Arbeitnehmer herrührt oder über Dritte vermittelt wurde; ohne Belang ist es ferner, inwieweit dieses Wissen auf gezielten Informationen beruht oder ob die Kenntnis bei Gelegenheit der beruflichen Tätigkeit erlangt worden ist. Bei unerlaubt erlangter Kenntnis ergibt sich ein Mitteilungs- und Verwertungsverbot vor allem aus §§ 17 Abs. 2, 18 UWG, 823 BGB (s. dazu oben Rz. 41 f.).

52 Die »**Kenntnis**« bezieht sich nicht nur auf das Wissen vom Inhalt der in der Erfindung verkörperten technischen Lehre, sondern umfasst alle damit im Zusammenhang stehenden Umstände technischer oder wirtschaftlicher Art, soweit an deren Geheimhaltung Arbeitgeber oder Arbeitnehmer im Hinblick auf Prioritätssicherung und/oder ungestörte Nutzungsmöglichkeit der Erfindung ein berechtigtes Interesse haben.

72a Busse/Keukenschrijver, PatG, Rz. 4 zu § 24 ArbEG
73   Busse/Keukenschrijver, PatG, Rz. 4 zu § 24 ArbEG; a.A. Volmer Rz. 22 zu § 24.

§ 24

III. »Auswerten oder bekannt geben«

Unter »auswerten« ist jede Form der Nutzung der spezifischen Kenntnisse 53
zu verstehen, ohne dass es auf eine bestimmte Zweckverfolgung ankommen
kann; demnach also die Eigennutzung (z.b. Schutzrechtsanmeldung) oder
Fremdnutzung sowie jede sonstige Verwendung (z.b. im Rahmen einer die
Erfindung darstellenden Publikation), gleichgültig ob aus privaten (persönlichen – vgl. auch § 11 Nr. 1 PatG) oder gewerblichen Zwecken (z.B. Lizenzvergabe).

»Bekannt geben« bedeutet grundsätzlich jede Offenbarung der Erfin- 54
dung bzw. damit im Zusammenhang stehender technischer/wirtschaftlicher
Umstände; nicht erforderlich ist es, dass der Empfänger die Mitteilung versteht; ebenso wenig kommt es auf eine Schädigungsabsicht an, noch auf ein
Handeln aus Eigennutz oder zu Wettbewerbszwecken; anders dagegen bei
nicht erfindungsbezogenen, allgemeinen wissenschaftlichen Zwecken.

IV. Dauer

Abs. 3 enthält keine Angabe, wie lange die Geheimhaltungspflicht besteht. 55
Zeitlich wird man sie so lange ansetzen müssen, wie dies **berechtigte Interessen von Arbeitgeber und Arbeitnehmer erforderlich** erscheinen lassen. Da der Dritte an der Erfindung keinerlei Anteil hat, kann es auf seine
Interessen nicht ankommen; von ihm muss deshalb eine weitergehende Geheimhaltungspflicht verlangt werden als von den Arbeitsvertragsparteien.
Berechtigte Interessen des Arbeitgebers und Arbeitnehmers entfallen insbesondere, wenn beide auf eine weitere Geheimhaltung verzichten oder die
mitgeteilten Tatsachen offenkundig geworden sind.

V. Verletzung

§ 24 Abs. 3 ist ein **Schutzgesetz** im Sinne von § 823 Abs. 2 BGB zugunsten 56
des Arbeitgebers und des Arbeitnehmers[74]. Jedem steht ein eigenständiger
Schadensersatzanspruch gegen den schuldhaft handelnden Dritten zu; ein
Unterlassungsanspruch kann analog § 1004 BGB geltend gemacht werden.
Stellt sich der Geheimnisverrat zugleich als Vertragsverletzung eines Mitarbeiters dar, stehen dem Arbeitgeber Ansprüche aus Pflichtverletzung
(§ 280 Abs. 1, § 619a BGB) sowie u.U. auch ein Kündigungsrecht zu. Er
kann ggf. ergänzende Ansprüche aus §§ 1, 17, 18, 19 UWG, 823, 826 BGB
herleiten.

---

74 Busse/Keukenschrijver, PatG, Rz. 1 zu § 24 ArbEG; vgl. auch Reimer/Schade/
Schippel/Kaube Rz. 4 zu § 24.

§ 25 Verpflichtungen aus dem Arbeitsverhältnis

Sonstige Verpflichtungen, die sich für den Arbeitgeber und den Arbeitnehmer aus dem Arbeitsverhältnis ergeben, werden durch die Vorschriften dieses Gesetzes nicht berührt, soweit sich nicht daraus, dass die Erfindung frei geworden ist (§ 8 Abs. 1), etwas anderes ergibt.

Lit.: *Bartenbach/Volz*, Nichtangriffspflicht d. (ausgeschiedenen) ArbNErf. gegenüber s. i. Anspr. genommenen pat.gesch. Diensterf., GRUR 1987, 859; *Depenheuer*, Zulässigkeit u. Grenzen der Verwertung von Unternehmensgeheimnissen durch d. Arbeitnehmer, Mitt. 1997, 1; *Dohr;* Die Nichtigkeitsklage d. ArbN b. d. ArbNErf., Diss. Köln 1961; *Dolder*, Nachwirkende Nichtangriffspflichten d. ArbNErf. i. schweizerischen Recht, GRUR Int. 1982,158; *Hagen*, Ist eine Nichtigkeitsklage d. Staates gg. d. Patent e. Ruhestandsbeamten zulässig?, GRUR 1976, 350; *Röpke*, Arbeitsverh. u. ArbNErf. Düsseldorf o. J. (um 1961 = Diss. Köln 1961); *ders.*, Arbeitsrechtl. Verpflichtungen b. Verbesserungsvorschlägen, DB 1962, 369, 406; *ders.*, Die Zulässigkeit d. Nichtigkeitsklage b. ArbNErf., GRUR 1962, 173; siehe auch Lit. bei §§ 8, 24, 26.

Übersicht

A. Allgemeines	1-3.1	D. Pflichten des Arbeitnehmers	23-39
B. Verpflichtungen aus dem Arbeitsverhältnis	4	I. Arbeitspflicht	23-27
		II. Treuepflicht	28-39
C. Pflichten des Arbeitgebers	5-22	1. Umfang und Dauer	28-31
I. Beschäftigungpflicht – Weisungsbefugnis	5-7	2. Einzelne Verhaltenspflichten	32-39
II. Vergütungspflicht – Aufwendungsersatz	8-10	E. Arbeitsrechtliche Bindungen des Arbeitnehmers bei der Verwertung frei gewordener Erfindungen (§ 25 2. Halbs.)	40, 41
III. Fürsorgepflicht	11-21		
1. Umfang und Dauer	11-15		
2. Einzelne Verhaltenspflichten	16-21	F. Zulässigkeit von Nichtigkeits- und Löschungsklagen, Einsprüchen	42-51
IV. Betriebliche Übung	22-22.3		

A. Allgemeines

Um jedwede Zweifel auszuräumen, soll § 25 verdeutlichen, dass das ArbEG nicht in die Arbeitgeber und Arbeitnehmer aus dem Arbeitsvertrag obliegenden Verpflichtungen eingreift[1]. § 25 bezweckt damit eine **Klarstellung** dahin, dass – von der Konkretisierung einer arbeitsrechtlichen Pflicht durch das ArbEG (z.B. in §§ 15, 19, 24) abgesehen – die **allgemeinen arbeitsrechtlichen Bindungen** für Arbeitgeber und Arbeitnehmer neben den Vorschriften dieses Gesetzes **bestehen bleiben**; die im ArbEG

1

---

1 Vgl. Amt. Begr. BT-Drucks. II/1648 S. 40 = Blatt 1957, 240.

§ 25

normierten Rechte und Pflichten sollen im Grundsatz nicht die unter Umständen weitergehenden Verpflichtungen aufheben oder einschränken, die sich einerseits aus der allgemeinen Fürsorgepflicht des Arbeitgebers und andererseits aus der damit korrespondierenden Treuepflicht des Arbeitnehmers ergeben[1].

2 Der im Gesetzgebungsverfahren angefügte 2. Halbsatz des § 25 stellt sicher, dass eine frei gewordene Diensterfindung (§ 8 Abs. 1) dem Arbeitnehmer zur freien Verfügung zusteht, er sie also grundsätzlich auch einem Konkurrenten anbieten darf[2] (s. dazu Rz. 51 ff. zu § 8 u. unten Rz. 40).

3 Diese Regelung ist – insbesondere mit ihrem 2. Halbsatz – seit jeher stark umstritten[3]. *Röpke* hat in seiner Monographie zu § 25 (»Arbeitsverhältnis und Arbeitnehmererfindung«) nachgewiesen, dass sich die Verpflichtungen aus dem Arbeitsverhältnis und die Vorschriften des ArbEG, soweit sie sich berühren, in der Regel wechselseitig ergänzen[4]. Dabei **verdrängt das ArbEG** als sondergesetzliche Regelung die allgemeinen arbeitsrechtlichen Vorschriften insoweit, als hierin für Arbeitnehmererfindungen spezielle (abschließende) Normen enthalten sind[5]. In seinem Urteil vom 31.1.1978[5a] hat es der BGH offen gelassen, ob die Verletzung einer Pflicht aus dem ArbEG zugleich eine arbeitsvertragliche Pflichtverletzung darstellt. Der Begriff der »sonstigen« Verpflichtungen aus dem Arbeitsverhältnis verdeutlicht, dass der arbeitsvertragliche Pflichtenkreis nicht (mehr) für solche Pflichten gilt, die durch das ArbEG spezialgesetzlich geregelt sind bzw. durch das ArbEG erst begründet werden[5b]. Eine Verletzung von Pflichten aus dem ArbEG kann neben Ansprüchen aus der Verletzung eines Schutzgesetzes Ansprüche aus Pflichtverletzung (s. dazu Rz. 160 zu § 1) begründen.

Die generalklauselartige Fassung des § 25 1. Halbs. ermöglicht eine Anpassung an die fortschreitende Entwicklung des Arbeitsrechts und an eine Wandlung der Begriffe und Vorstellungen, wie sie ein stetiger Prozess sich verändernder Lebensverhältnisse und Rechtsanschauungen gerade für das Arbeitsrecht mit sich bringen kann[6].

---

2 Ausschussber. zu BT-Drucks. II/3327 S. 8 = Blatt 1957, 254.
3 Vgl. die Kritik b. Friedrich GRUR 1958, 270, 281; Hueck in Festschr. f. Nikisch (1958), S. 63, 77 f.; Reimer/Schade/Schippel/Kaube Rz. 2 zu § 25; Röpke Arbeitsverh. u. ArbNErf. S. 171 ff.; Schramm BB 1961, 110; Volmer Rz. 3, 4 zu § 25 (anders Volmer/Gaul Rz. 6 ff. zu § 25); Wendel AuR 1958, 297, 302; zu weitgehend Peters GRUR 1961, 514, 518 f., der eine Verfassungswidrigkeit nachweisen will.
4 Röpke (Fn. 3) S. 169.
5 Volmer/Gaul Rz. 16 zu § 25; weitergehend aber OLG Frankfurt v. 19.12.1991 GRUR 1993, 910, 911 – Bügelverschließmaschinen (bzgl. der nachvertragl. Fürsorgepflicht).
5a GRUR 1978, 430, 434 – Absorberstabantrieb.
5b Ebenso Reimer/Schade/Schippel/Kaube Rz. 36 zu § 12 u. Rz. 3 zu § 25.
6 Zutr. Röpke (Fn. 3) S. 172.

§ 25

In den **neuen Bundesländern** wird § 25 unmittelbar einschlägig für den Geltungsbereich des ArbEG, also bei Arbeitnehmererfindungen und qualifizierten technischen Verbesserungsvorschlägen, die ab dem 3.10.1990 fertig gestellt sind (s. Einl. Rz. 31). Auf Grund der in Art. 232 § 5 Abs. 1 EGBGB getroffenen Wertentscheidung, wonach auch für die zum Zeitpunkt des Beitritts bestehenden Arbeitsverhältnisse das BGB gilt, können die zur klarstellenden Vorschrift des § 25 dargestellten Grundsätze herangezogen werden, soweit sich nicht aus dem Einigungsvertrag, aus arbeitsrechtlichen Spezialgesetzen und aus dem ErstrG eine spezielle Regelung ergibt. Dies gilt im Grundsatz auch für Alterfindungen aus der Zeit vor dem Beitritt; hierbei sind jedoch Sonderregelungen aus dem fortwirkenden DDR-Erfinderrecht zu beachten (s. dazu Einl. Rz. 32 ff.).

3.1

B. Verpflichtungen aus dem Arbeitsverhältnis

Der Bereich der sich für Arbeitgeber und Arbeitnehmer aus dem Arbeitsverhältnis ergebenden sonstigen Verpflichtungen ist entsprechend dem Normzweck **weit zu fassen**. Hierunter fallen alle Pflichten, die sich für Arbeitgeber oder Arbeitnehmer aus Gesetz, Tarifvertrag, Betriebsvereinbarung, Individualabrede, Gesamtzusage oder betrieblicher Übung (s. dazu Rz. 22) ergeben.

4

Gegenstand der nachfolgenden Darstellung sind diese wechselseitigen Pflichten nur insoweit, als sie sich bei den vom ArbEG erfassten Sachverhalten auswirken können. Zum Verhältnis z. § 26 s. dort Rz. 30. Die nachfolgenden Grundsätze gelten weitgehend auch für Arbeitnehmer des **öffentlichen Dienstes**[7] (zu Beamten s. Rz. 13 zu § 41; s. im Übrigen Rz. 14, 30).

C. Pflichten des Arbeitgebers

I. Beschäftigungspflicht – Weisungsbefugnis

Nach ganz h.M. hat der Arbeitnehmer in Anerkennung der durch Art. 1 und 2 GG geschützten Würde des Menschen und des Rechts auf freie Entfaltung seiner Persönlichkeit einen aus §§ 611, 613 BGB i.V.m. § 242 BGB folgenden Rechtsanspruch auf tatsächliche vertragsgemäße Beschäftigung[11]. Ist der Arbeitnehmer mit der Ausführung von **Forschungs- und Entwicklungsarbeiten** beschäftigt, ist eine **Freistellung** gegen seinen Willen nur in Ausnahmefällen bei überwiegenden, besonders schutzwürdigen In-

5

---

7   Ausf. dazu Volz Öffentl. Dienst (1985) S. 177 ff.
8-10 frei
11 BAG i. ständ. Rspr. seit BAG v. 10.11.1955 AP Nr.2 zu § 611 – Beschäftigungspflicht; grundlegend BAG GS v. 27.2.1985 AP Nr. 14 zu § 611 – Beschäftigungspflicht m.w.N.; Schaub ArbRHdb. § 110 m.w.N.

§ 25

teressen des Arbeitgebers zulässig[12]. Das kann z.b. der Fall sein bei Wegfall der Vertrauensgrundlage oder zur Wahrung von Betriebsgeheimnissen bei einem demnächst zur Konkurrenz wechselnden Arbeitnehmer[13]. Inwieweit diese Grundsätze allgemein für **gekündigte Arbeitnehmer** während der Dauer des Kündigungsschutzprozesses über den Ablauf der Kündigungsfrist hinaus (außerhalb des Weiterbeschäftigungsanspruchs gem. § 102 Abs. 5 BetrVG) gelten, ist umstritten[14].

6 Zum wesentlichen Inhalt eines jeden Arbeitsverhältnisses gehört das auf dem Arbeitsvertrag beruhende **Weisungsrecht des Arbeitgebers,** durch das er grundsätzlich Art und Ort der Arbeitsleistung nach billigem Ermessen (§ 315 BGB) unter Zubilligung eines weiten Gestaltungsspielraums festlegen kann[15]. Umfang und Grenzen des Weisungsrechts können aber nicht nur durch Gesetz und Kollektivrecht, sondern auch durch Individualabrede (Arbeitsvertrag) eingeschränkt bzw. konkretisiert sein[16]. Ist die Dienstleistungspflicht des Arbeitnehmers nicht oder nur allgemein umschrieben, so ist dieser grundsätzlich verpflichtet, alle Arbeiten auszuführen, die zu dem betreffenden Berufsbild gehören[17]. Dabei erkennt die höchstrichterliche Rechtsprechung die Berücksichtigung von **Gewissenskonflikten** gegenüber privatrechtlichen Pflichten im Rahmen der Ermessensabwägung nach § 315 BGB an[18]. Hiernach soll auch angestellten Forschern das Recht zustehen, aus Gewissensgründen die Durchführung eines Forschungs- bzw. Entwicklungsauftrages zu verweigern; besteht für den betreffenden Arbeitnehmer keine andere Einsatzmöglichkeit, kann der Arbeitgeber dann aber von seinem Recht zur ordentlichen Kündigung nach § 1 Abs. 2 KSchG Gebrauch machen[19].

Soweit der Tätigkeitsbereich des Arbeitnehmers durch den Arbeitsvertrag hinsichtlich Art und Arbeitsort bestimmt wird, bedeutet jede **Zuweisung einer anderen Tätigkeit** eine Änderung des Arbeitsvertrages, die grundsätzlich nicht einseitig vom Arbeitgeber herbeigeführt werden kann[24]. Folglich kann einem Arbeitnehmer, dessen »erfinderische Tätigkeit« (vgl. unten Rz. 25) Inhalt seines Arbeitsvertrages (geworden) ist, in der Regel kein anderer Arbeitsbereich einseitig zugewiesen werden (s. auch Rz. 24).

---

12 Vgl. allg. BAG v. 19.8.1976 u.v. 27.2.1985 AP Nrn. 4 u. 14 zu § 611 BGB – Beschäftigungspflicht.
13 BAG GS v. 27.2.1985 (Fn. 11), dort C I 3; v. 19.12.1985 AP Nr. 17 zu § 611 BGB – Beschäftigungspflicht.
14 Vgl. d. Nachweise b. Schaub (Fn. 11) § 110 II 2 u. § 123 VIII, 14, 15.
15 BAG v. 27.3.1980 AP Nr. 26 zu § 611 BGB – Direktionsrecht.
16 BAG v. 10.11.1955 (Fn. 11) u.v. 27.3.1980 (Fn. 15); Schaub (Fn. 11) § 45 IV.
17 BAG v. 20.12.1984 AP Nr. 27 zu § 611 BGB – Direktionsrecht.
18 BAG v. 20.12.1984 (Fn. 17) u.v. 24.5.1989 DB 1989, 2538.
19 BAG v. 24.5.1989 (Fn. 18).
20-23 frei
24 Vgl. BAG v. 10.11.1955 (Fn. 11); Schaub (Fn. 11) § 45 IV 1.

§ 25

Davon zu unterscheiden ist der Fall, dass ein Arbeitnehmer von laufenden Forschungs- und Entwicklungsarbeiten kraft des **Direktionsrechts** des Arbeitgebers **für andere Beschäftigungen abgezogen** werden soll; hier wird die Fürsorgepflicht dem Arbeitgeber gebieten, zunächst dem Arbeitnehmer – zumindest in fortgeschrittenem Stadium – die Fertigstellung der technischen Neuerung zu ermöglichen, sofern nicht übergeordnete, betriebliche Interessen entgegenstehen[25].

7

II. Vergütungspflicht – Aufwendungsersatz

Die Vergütungspflicht des Arbeitgebers für Arbeitnehmererfindungen und qualifizierte technische Verbesserungsvorschläge folgt aus dem ArbEG (§§ 9 ff., 20 Abs. 1) und findet ihren Rechtsgrund nicht – wie die Lohnzahlungspflicht – unmittelbar im Arbeitsvertrag[26]. Der **gesetzliche Anspruch auf Erfindervergütung** ist ein Anspruch eigener Art (s. Rz. 3 zu § 9) und besteht unabhängig vom Anspruch auf Arbeitsvergütung; er kann deshalb auch nicht auf diese angerechnet werden[28] (etwa bei Gratifikationen, Tantiemen)[29]. Zur Gewährung der Erfindervergütung in Form von Gehaltserhöhungen vgl. Rz. 62 ff. zu § 9, zur Vergütung von einfachen technischen Verbesserungsvorschlägen s. Rz. 60 f., 65 f. zu § 20; zur Vergütung f. Sonderleistungen s. Rz. 332 f. zu § 9.

8

Macht ein Arbeitnehmer im Zusammenhang mit der Entwicklung einer Diensterfindung oder eines technischen Verbesserungsvorschlages **Aufwendungen,** zu deren Abgeltung ihm gewährte Arbeitsvergütungen nicht bestimmt sind und die er auch nach dem Inhalt seines Arbeitsvertrages nicht zu tragen hat, kann er vom Arbeitgeber neben der Erfindervergütung in – zumindest entsprechender – Anwendung der §§ 670, 683 BGB (angemessenen) Ersatz der Aufwendungen verlangen, soweit diese erforderlich waren oder er sie nach den Umständen für erforderlich halten durfte[30]. Dies gilt jedenfalls dann, wenn der Arbeitgeber die Erfindung gewinnbringend einsetzt[31]. In jedem Fall ist Voraussetzung, dass der Arbeitgeber die Erfindung in Anspruch genommen hat[32].

9

Zu den Aufwendungen zählen etwa aus eigenem Bestand verwendetes Material, Kosten für Versuche, gefertigte Modelle, sofern hierfür keine betrieblichen Einrichtungen zur Verfügung standen. Hierzu kann ggf. auch ein angemessener Ausgleich für »Überstunden« (in der Freizeit) gehören,

10

---

25 Vgl. auch Röpke (Fn. 3) S. 86.
26 Abw. Volmer/Gaul Rz. 35 zu § 25.
27 frei
28 Röpke (Fn. 3) S. 112.
29 OLG München v. 18.1.1973 Az. 6 U 1392/72 (unveröffentl.).
30 Vgl. allg. BAG v. 1.2.1963 AP Nr. 10 zu § 670 BGB; Volmer/Gaul Rz. 37 f. zu § 25.
31 Schiedsst. ZB v. 24. 4. 1986 Arb.Erf. 48/85 (unveröffentl.).
32 Röpke (Fn. 3) S. 123.

§ 25

sofern nicht – insbesondere bei leitenden Angestellten – ein solcher zeitlicher Mehraufwand bereits durch die Arbeitsvergütung als ausgeglichen anzusehen ist[33] bzw. ein unmittelbarer Entgeltanspruch gem. § 611 BGB besteht. Handelt es sich um Aufwendungen, die nicht zu einem brauchbaren Ergebnis geführt haben, muss der Arbeitnehmer diese selbst tragen, es sei denn, er habe im Auftrage des Arbeitgebers die ergebnislos gebliebenen Arbeiten unternommen[33].

III. Fürsorgepflicht

1. Umfang und Dauer

11 Die aus § 242 BGB herzuleitende Fürsorgepflicht des Arbeitgebers (zur gesetzlichen Fürsorgepflicht vgl. etwa § 62 HGB) ist eine zur Treuepflicht des Arbeitnehmers korrespondierende Grundpflicht **(Hauptpflicht)**, die das ganze Arbeitsverhältnis durchdringt[41]. Der Arbeitgeber ist hiernach bei allen seinen Maßnahmen, auch soweit er Rechte ausübt, gehalten, auf **das Wohl und die berechtigten Interessen seines Arbeitnehmers bedacht zu sein**[42]. Ferner dient die Fürsorgepflicht dazu, einzelne aus dem Arbeitsverhältnis sich ergebende Verpflichtungen zu beeinflussen und näher auszugestalten[41].

12 Der **Umfang** der Fürsorgepflicht lässt sich im Einzelfall nur aufgrund einer eingehenden Abwägung der beiderseitigen Interessen bestimmen[42]. Diese Pflicht darf nicht übermäßig »strapaziert« werden; dem Arbeitgeber ist nur das zuzumuten, was nach Treu und Glauben unter Berücksichtigung der im Einzelfall gegebenen Umstände von ihm erwartet werden kann[43]. Je mehr der Arbeitgeber kraft seiner Weisungsbefugnis (Direktionsrecht) die näheren Einzelheiten des Arbeitsverhältnisses bestimmen kann, um so umfassender kann seine Fürsorgepflicht sein. Umgekehrt nimmt die Schutzwürdigkeit der Belange des Arbeitnehmers ab, je ausgeprägter seine (selbständige) betriebliche Stellung ist[44]. Soweit das Fürsorgeverlangen den Arbeitgeber finanziell belastet, ist der Kostenaufwand in möglichst geringem Rahmen zu halten[45].

---

33   Ausführlich Röpke (Fn. 3) S. 121 ff.
34-40 frei
41   BAG v. 1.7.1965 AP Nr.75 zu § 611 BGB – Fürsorgepflicht; vgl. im Einzelnen Schaub ArbRHdb. § 108.
42   BAG v. 9.7.1977 u.v. 27.11.1985 AP Nrn. 83, 93 zu § 611 BGB – Fürsorgepflicht; OLG Frankfurt v. 19.12.1991 GRUR 1993, 910, 911 – Bügelverschließmaschinen (zum ArbEG; aber sehr weit zur nachvertragl. Fürsorgepflicht).
43   BAG v. 22.11.1963 AP Nr.6 zu § 611 BGB – öffentl. Dienst.
44   Gaul ArbR i. Betr. F. I 13; vgl. auch BAG v. 11.6.1958 AP Nr. 2 zu § 611 – Direktionsrecht m. Anm. Hueck.
45   BAG v. 18.12.1972 AP Nr. 81 zu § 611 BGB – Fürsorgepflicht.

§ 25

Die Fürsorgepflicht gebietet es dem Arbeitgeber – wenn auch in abgeschwächter Form –, schon bei Einstellungsverhandlungen auf die Interessen des Arbeitnehmers Rücksicht zu nehmen[46]. Ebenso ist anerkannt, dass auch nach Beendigung des Arbeitsverhältnisses die Fürsorgepflicht – in gewissem Umfang – fortwirkt[47] (vgl. dazu Rz. 31 ff. zu § 26). 13

An den Arbeitgeber des **öffentlichen Dienstes** sind hinsichtlich seiner Fürsorgepflicht besondere Anforderungen zu stellen[48]. Allerdings wird in Übereinstimmung mit dem erfinderrechtlichen Grundsatz der Gleichstellung (s. Rz. 4 vor §§ 40-42) in Bezug auf Arbeitnehmererfindungen der Umfang dem im privaten Dienst weitgehend entsprechen[49]. 14

Ein **Verstoß** gegen die Fürsorgepflicht kann einen Schadensersatzanspruch des Arbeitnehmers wegen Pflichtverletzung (§ 280 Abs. 1, § 619a BGB) auslösen[50], auch ein Unterlassungsanspruch kann begründet sein. 15

2. Einzelne Verhaltenspflichten

Die Auswirkungen der Fürsorgepflicht **im Rahmen des ArbEG** werden regelmäßig bei den einzelnen Vorschriften dargestellt. Das ArbEG selbst enthält in einigen Normen, so z.B. in den § 5 Abs. 1 Satz 3 u. Abs. 3 Satz 2, § 7 Abs. 2 Satz 2, § 8, § 13 Abs. 1, § 14 Abs. 2, § 15 Abs. 1, § 24 Abs. 1 Regelungen als Ausfluss des Fürsorgegedankens. 16

In Ergänzung hierzu können dem Arbeitgeber besondere **Unterstützungsleistungen** bei laufenden Forschungs- und Entwicklungsarbeiten seines Arbeitnehmers obliegen (s. auch oben Rz. 7); der Arbeitgeber kann gehalten sein, den Arbeitnehmer auf parallele Entwicklungen im eigenen Unternehmen oder – soweit bekannt – bei Dritten aufmerksam zu machen, sei es, um die erfinderische Betätigung zu fördern oder um diese nicht sinnlos werden zu lassen. Dagegen kann im Regelfall nicht die **Anschaffung** von besonderen **Geräten** für weitere Forschungsarbeiten verlangt werden[61], ebenso wenig die Bereitstellung von weitergehenden personellen, sächlichen oder finanziellen Mitteln, auch wenn solche vorhanden bzw. erreichbar sein sollten[62] (s. aber auch Rz. 9 f.). Ggf. kommt dem Arbeitgeber eine **Vermittlungsfunktion** bei Streit unter mehreren Arbeitnehmer-Miterfindern über die Miterfinderanteile zu. Die Fürsorgepflicht wird es 17

---

46 BAG v. 12.12.1957 NJW 1958, 727.
47 Vgl. BAG v. 31.10.1972 AP Nr.80 zu § 611 BGB – Fürsorgepflicht.
48 Vgl. BAG v. 9.9.1966 AP Nr.76 zu § 611 BGB – Fürsorgepflicht u.v. 22.11.1963 AP Nr.6 zu § 611 BGB – öffentl. Dienst.
49 Ausf. hierzu Volz Öffentl. Dienst S. 183 ff.
50 Vgl. BAG v. 27.11.1974 AP Nr.82 zu § 611 BGB- Fürsorgepflicht; zu den weiteren Rechtsfolgen Schaub ArbRHdb. § 108 II 6, III 4.
51-60 frei
61 Volmer/Gaul Rz. 32 zu § 41.
62 Volz Öffentl. Dienst S. 185.

§ 25

dem Arbeitgeber gebieten, sich um eine zutreffende Erfinderbenennung zu bemühen und diese sicherzustellen[63]; er hat für eine ordnungsgemäße Erfassung, Weiterleitung und sachgerechte **Behandlung von Erfindungsmeldungen** Sorge zu tragen. Von ihm können **Vorkehrungen** erwartet werden, die die **Geheimhaltung** von Erfindungen und technischen Verbesserungsvorschlägen sicherstellen (s. § 24 Abs. 1).

18 Andererseits **verpflichtet** der Fürsorgegedanke den Arbeitgeber grundsätzlich **nicht**, eine in Anspruch genommene Diensterfindung überhaupt bzw. in einem bestimmten Umfang **zu verwerten**. Dieser Gedanke wird erst dann relevant, wenn der Arbeitgeber sich bei seinem freien Wahl- und Verfügungsrecht von willkürlichen Überlegungen zu Lasten des Arbeitnehmers leiten lässt[64] (vgl. auch Rz. 6 zu § 7).

Aus der freien Verwertungs- und Verfügungsbefugnis des Arbeitgebers folgt ferner, dass dieser grundsätzlich nicht verpflichtet ist, gegen **Schutzrechtsverletzungen Dritter** vorzugehen (zu den vergütungspflichtigen Folgen s. Rz. 9 zu § 9).

19 Die Fürsorgepflicht kann den Arbeitgeber anhalten, nach Treu und Glauben **Auskunft** über eine Vergütungsberechnung und Rechnungslegung über ihre Grundlagen (vgl. auch RL Nr. 5 Abs. 2) zu leisten (s. auch Rz. 162 ff. zu § 12).

20 Eine **Unterrichtungs- bzw. Belehrungspflicht** des Arbeitgebers über die sich aus dem ArbEG ergebenden Rechte und Pflichten des Arbeitnehmererfinders besteht grundsätzlich nicht[65]. Dies gilt insbesondere hinsichtlich gesetzlicher Formen und Fristen und der Rechtsfolgen einer Fristversäumnis[66] (vgl. dazu auch Rz. 82 zu § 12). Es liegt vielmehr im eigenen Interesse des Arbeitnehmers, sich eine solche Information selbst zu verschaffen[67]. Soweit die EG-Richtlinie des Rates vom 14.10.1991[68] und das diese Richtlinie umsetzende Gesetz vom 27.7.1995 zur Anpassung arbeitsrechtlicher Bestimmungen an das EG-Recht (BGBl. I S. 946)[68a] Pflichten des Arbeitgebers zur Unterrichtung des Arbeitnehmers über die für seinen Arbeitsvertrag oder sein Arbeitsverhältnis geltenden Bedingungen begründen,

---

63 Vgl. OLG Karlsruhe v. 27.8.1975 EGR Nr. 10 zu § 6 ArbEG; vgl. auch BGH v. 17.5.1994 GRUR 1994, 898, 902 – Copolyester I.
64 Zu weitgehend Reimer/Schade/Schippel/Kaube Rz. 7 zu § 25.
65 Schiedsst. v. 23.4.1979 Blatt 1980, 233; v. 8.6.1973 Blatt 1973, 366, 367; v. 2.2.1981 Blatt 1981, 420, 421; v. 18.11.1994 Arb.Erf. 97/93 u. v. 15.1. 1997 Arb.Erf. 39/95 (beide unveröffentl.); s. allg. BAG v. 15.6.1972 DB 1972, 1780; einschränkend BAG v. 17.10.2000 NZA 2001, 206; vgl. aber auch Schiedsst. v. 12.8.1966 Blatt 1967, 131, 132; BGH v. 23.5.1952 GRUR 1952, 573 – Zuckerdiffuseur.
66 Schiedsst. v. 23.4.1979 (Fn. 65); s. allg. BAG v. 15.6.1972 (Fn. 65).
67 BAG v. 14.6.1994 NZA 1995, 229, 230; Schiedsst. v. 18.11.1994 Arb.Erf. 97/93 (unveröffentl.).
68 Amtsblatt EG 1991 Nr. L 288 S. 32.
68a S. hierzu Schiefer DB 1995, 1910 ff.
69-74 frei

§ 25

beschränkt sich dies auf Mindestinformationen über die wesentlichen Punkte des Arbeitsvertrages oder des Arbeitsverhältnisses. Der hierzu vorgegebene Katalog enthält keine Belehrungspflicht über die Grundsätze des ArbEG einschließlich der Vergütungsrichtlinien.

Eine Belehrungspflicht aus dem Gesichtspunkt der Fürsorgepflicht kann sich im Einzelfall etwa dann ergeben, wenn sich der Arbeitnehmer erkennbar in einem Irrtum über die wahre Rechtslage befindet oder wenn er den Arbeitgeber ausdrücklich um Auskunft über die Rechtslage bittet[75]. Von einer Informationspflicht geht das BAG auch dann aus, wenn der Arbeitnehmer – für den Arbeitgeber unschwer erkennbar – ein außergewöhnliches Informationsbedürfnis besitzt und Hinweise des Arbeitgebers erwartet[75a]. Zum Erfinderberater siehe § 21.

Der arbeitsrechtliche **Gleichbehandlungsgrundsatz**[76] verbietet dem Arbeitgeber eine Schlechterstellung einzelner Arbeitnehmer aus sachfremden oder willkürlichen Gesichtspunkten[77]. Sachfremd ist eine Differenzierung, wenn es für die unterschiedliche Behandlung keine billigenswerten Gründe gibt, wenn also einzelne Arbeitnehmer von einer allgemeinen begünstigenden Regelung willkürlich, d.h. ohne Vorliegen sachlicher Gründe, ausgenommen werden. Liegt ein sachlicher Grund nicht vor, kann der übergangene Arbeitnehmer verlangen, nach Maßgabe der allgemeinen Regelung behandelt zu werden[77a].

21

Anlass zur Beachtung des Gleichbehandlungsgrundsatzes kann insbesondere bei der Freigabe gegenüber einzelnen Miterfindern oder bei der Bestimmung der Erfindervergütung bestehen. Stellen z.B. firmeninterne Vergütungsrichtlinien die Arbeitnehmererfinder im Verhältnis zu den amtlichen Vergütungsrichtlinien besser, ist der Arbeitgeber aus dem Gebot der Gleichbehandlung daran gebunden[78] (s. dazu Rz. 13 zu § 11). Nicht gehindert ist dagegen der Arbeitgeber, aus sachlichen Gründen einzelne Arbeitnehmer zu begünstigen bzw. sachgemäße Unterscheidungen zu treffen[79]. Dies ist etwa der Fall, wenn ein Arbeitnehmererfinder eine ihm frühzeitig bei noch günstigen Benutzungsaussichten für eine Diensterfindung angebotene Pauschalvergütung akzeptiert, während der Miterfinder diese im Hinblick auf abweichende höhere Nutzungsvorstellungen als zu niedrig

---

75   Volz Öffentl. Dienst S. 186.
75a BAG v. 17.10.2000 (Fn. 65).
76   Vgl. hierzu BAG v. 13.9.1976 AP Nr. 3 zu § 242 BGB – Gleichbehandlung u.v. 30.11.1982 AP Nr. 54 zu § 242 BGB – Gleichbehandlung; Gaul ArbR i. Betr. F II 1 ff.; Schaub ArbRHdb. § 112.
77   BAG v. 9.6.1982 u.v. 11.9.1985 AP Nrn. 51, 76 zu § 242 BGB – Gleichbehandlung m.w.N.; v. 6.10.1993 NZA 1994, 257; v. 8. 3. 1995 NJW 1995, 3140 u. v. 17. 2. 1998 ZIP 1998, 965; s. auch EuGH v. 26.6.2001, RIW 2001, 932.
77a BAG v. 15.11.1994 NZA 1995, 939.
78   Schiedsst. v. 14.10.1985 Arb.Erf. 16/85 (unveröffentl.).
79   Schaub ArbRHdb. § 112 II 3 m.w.N.

§ 25

ausschlägt; bei der späteren konkreten Vergütungsermittlung und einer sich dann ergebenden verschlechterten Benutzungssituation kann er keine Anpassung des Vergütungsbetrages an die dem anderen Miterfinder erbrachte Pauschalzahlung verlangen[79a].

Zu beachten bleibt stets das gesetzliche Benachteiligungsverbot nach § 611 a BGB.

Der Arbeitnehmer hat einen Anspruch darauf, dass in einem ihm erteilten **Zeugnis** (§ 630 BGB) auch seine (erfolgreiche) erfinderische Tätigkeit aufgeführt wird[79b].

Zur Zulässigkeit von Nichtigkeits- und Löschungsklagen vgl. unten Rz. 42 ff.; zur Verschwiegenheitspflicht des Arbeitgebers siehe die Erläuterungen zu § 24 Abs. 1.

IV. Betriebliche Übung

22 Auch aus einer betrieblichen Übung können ggf. Pflichten des Arbeitgebers bzw. Rechte vom Arbeitnehmererfinder hergeleitet werden, soweit dafür noch keine andere Anspruchsgrundlage besteht[79c]. Eine Betriebsübung ist als **stillschweigende Gesamtzusage** gegenüber mehreren Arbeitnehmern zu verstehen, aus der vertragliche Ansprüche der Begünstigten auf die üblich gewordenen Leistungen entstehen können[80]. Der objektive Tatbestand einer betrieblichen Übung besteht in der regelmäßigen Wiederholung bestimmter Verhaltensweisen des Arbeitgebers, aus denen die Arbeitnehmer schließen können, ihnen solle eine Leistung oder Vergünstigung auf Dauer eingeräumt werden bzw. die bei ihnen den Eindruck einer Gesetzmäßigkeit oder eines Brauchs erwecken[81]. Dieser Übung kommt keine normative Bindungswirkung zu. Ihre rechtliche Bedeutung besteht vielmehr darin, dass aus diesem als Willenserklärung des Arbeitgebers zu wertenden Verhalten durch stillschweigende Annahme seitens der Arbeitnehmer (§ 151 BGB) diesen vertragliche Ansprüche auf die üblich gewordenen Leistungen erwachsen[81a]. Ihr Inhalt geht kraft konkludenter einzelvertraglicher Vereinbarungen in die einzelnen Arbeitsverhältnisse ein und ergänzt die Arbeitsverträge. Bei der Anspruchsentstehung ist nicht entscheidend

---

79a Schiedsst. v. 8.5.1995 Arb.Erf. 6/92 (unveröffentl.).
79b Vgl. Schwab Erf. u. VV S. 18 m.H.a. ArbG Köln v. 14.11.1985 Az. 8 Ca 6170/85 (unveröffentl.).
79c Vgl. allgem. BAG v. 27. 6. 1985 AP Nr. 14 zu § 77 BetrVG 1972.
80 BAG v. 7.12.1982 BB 1983, 1282, 1283 u.v. 24.3.1993 DB 1993, 2161.
81 St. Rspr. BAG, vgl. Urt. v. 4.9.1985 AP Nr. 22 zu § 242 BGB – betriebl. Übung; v. 9.7.1985 AP Nr. 16 zu § 75 BPersVG – jeweils m.w.N.; v. 23.6.1988 AP Nr. 33 zu § 242 BGB – betriebliche Übung; v. 12.1.1994 DB 1994, 2034; v. 28.2.1996 BB 1996, 1387 u. v. 14. 8. 1996 NZA 1996, 1323.
81a BAG v. 12.1.1994 u.v. 14. 8. 1996 (beide Fn. 81); v. 4. 5. 1999 NZA 1999, 1162, 1163.

§ 25

ein Verpflichtungswille des Arbeitgebers, sondern nur die Frage, ob die Erklärungsempfänger die Erklärung oder das Verhalten nach Treu und Glauben unter Berücksichtigung aller Begleitumstände dahin verstehen durften (§§ 133, 157 BGB)[81a], der Arbeitgeber habe sich binden wollen.

Aus einem wiederholten Verhalten gegenüber einem **einzelnen Arbeitnehmer** ergibt sich keine betriebliche Übung, sondern ggf. nur eine Individual-Absprache[81b]. Gleiches gilt bei wiederholtem Verhalten gegenüber mehreren Arbeitnehmern, soweit dies einzelfallbezogen individuell zu beurteilende Sachverhalte betrifft, also ein »kollektiver Charakter« fehlt (etwa bei wiederholtem Verzicht des Arbeitgebers auf einen Widerspruch gegen Einigungsvorschläge der Schiedsstelle)[81c].

Für die Arbeitsverhältnisse des **öffentlichen Dienstes** gelten die Grundsätze zur betrieblichen Übung nur mit Einschränkung. Hier ist davon auszugehen, dass der Arbeitgeber im Zweifel nur die von ihm zu beachtenden gesetzlichen und tarifvertraglichen Normen vollziehen[82], d.h. nur die Leistungen gewähren will, zu denen er rechtlich verpflichtet ist[82a]. Daher müssen selbst bei langjährigen Vergünstigungen (auch wegen der haushaltsmäßigen Bindungen) besondere zusätzliche Anhaltspunkte dafür vorliegen, dass der Arbeitgeber des öffentlichen Dienstes über das gewährte tarifliche Entgelt hinaus weitere Leistungen einräumen will, die auf Dauer gewährt und damit Vertragsbestandteil werden sollen[83]. Auch bei langjähriger Gewährung einer zusätzlichen Vergünstigung darf der Arbeitnehmer nicht darauf vertrauen, sie sei Vertragsinhalt geworden und werde unbefristet weitergewährt[83a]. Der öffentliche Arbeitgeber darf bei der Schaffung materieller Dienst- und Arbeitsbedingungen nicht autonom wie ein Privatunternehmer handeln, da er an die Vorgaben des Dienstrechts und der Tarifverträge sowie an die Festlegungen des Haushaltsplanes gebunden ist[83b].

Will der Arbeitgeber verhindern, dass aus der Stetigkeit seines Verhaltens eine in die Zukunft wirkende Bindung entsteht, muss er einen entsprechenden **Vorbehalt** erklären[84], etwa durch Aushang oder Rundschreiben oder durch Erklärung gegenüber dem einzelnen Arbeitnehmer. Erforderlich ist, dass der Vorbehalt klar und unmissverständlich kundgetan wird.

22.1

Eine betriebliche Übung im Rahmen des privaten Dienstes ist insbesondere bei der **Vergütungshandhabung** denkbar, z.B. durch die im Gesetz nicht vorgesehene Zahlung von (nicht anrechenbaren) Anerkennungsprä-

22.2

81b Vgl. allgem. BAG v. 26. 5. 1993 AP Nr. 2 zu § 12 AVR Diakonisches Werk.
81c OLG Düsseldorf v. 5. 3. 1998 WRP 1998, 1202, 1207 Wetterführungspläne.
82 BAG v. 24.3.1993 DB 1993, 2621.
82a Richardi in MünchArbR § 13 Rz. 27 f.; BAG v. 3.8.1982 AP Nr. 12 zu § 242 BGB – Betriebliche Übung.
83 BAG v. 10.4.1985 NZA 1986, 604; v. 9.7.1985 (Fn. 81) u.v. 5.2.1986 NZA 1986, 605.
83a BAG v. 14.9.1994 DB 1995, 327.
83b BAG v. 14.9.1994 (Fn. 83a) u.v. 11.10.1995 NZA 1996, 718.
84 BAG v. 12.1.1994 (Fn. 81).

995

§ 25

mien für die Erfindungsmeldung, für die Einreichung von Schutzrechtsanmeldungen und/oder für die Erteilung von Schutzrechten oder bei sonstigen gesetzlich nicht begründeten Zusatzvergütungen; hierzu rechnet die Anwendung einer den Erfindern stets günstigeren Berechnungsmethode wie auch die Handhabung außerhalb der Branchenübung liegender erhöhter Lizenzsätze, ein Absehen von einer nach den Voraussetzungen der RL Nr. 11 an sich möglichen Abstaffelung oder der Ansatz eines für alle Erfinder angehobenen Anteilsfaktors. Beruft sich ein Arbeitnehmer auf eine im Verhältnis zu den RLn 1959 günstigere Vergütungsberechnung auf Grund betrieblicher Übung, ist er für eine entsprechende Bindung des Arbeitgebers **darlegungs- und beweis-** pflichtig[85]. Denkbar sind betriebliche Übungen schließlich im Rahmen des **Verbesserungsvorschlagswesens,** insbesondere wenn vorgegebene Regeln (Tarifvertrag oder Betriebsvereinbarung) nicht bestehen.

Dagegen ist für die Annahme einer betrieblichen Übung grundsätzlich kein Raum, wenn sich dies zuungunsten des Arbeitnehmers auswirken würde. Da die betriebliche Übung Vertragsbestandteil wird, unterliegt sie insoweit auch der **Zulässigkeitsschranke** für Vereinbarungen gemäß § 22 Satz 1. Folglich kann auch nur im Einzelfall etwa ein Verzicht auf die Meldeerfordernisse durch den Arbeitgeber angenommen werden (vgl. Rz. 30, 38 f. zu § 5); eine dahingehende betriebliche Übung kann aber nicht unterstellt werden, sofern sich diese konkret zu Lasten des Arbeitnehmers, etwa bei der Berechnung der Fristen, auswirken würde[86], bzw. bei der Bestimmung des Fristbeginns für die Inanspruchnahme, oder wenn dadurch gänzlich von einer gesonderten Meldung, die den Erfindungscharakter herausstellt, abgesehen wird[87].

22.3   Ist die betriebliche Übung zum **Inhalt des Arbeitsvertrages** geworden, kann ein daraus resultierender Anspruch grundsätzlich nicht durch einseitige Handlung des Arbeitgebers, wie etwa eine entsprechende Mitteilung oder einen Aushang beseitigt werden[88]. Hierzu bedarf es einer einvernehmlichen Änderung des Arbeitsvertrages[90]. In dem bloßen Schweigen des Arbeitnehmers auf eine entsprechende Ankündigung des Arbeitgebers liegt noch keine Annahme (vgl. § 147 BGB); hierauf muss der Arbeitnehmer auch nicht ablehnend reagieren[90a].

Nach neuer Praxis des BAG kann eine betriebliche Übung dadurch **geändert** werden, dass die Arbeitnehmer einer neuen Handhabung (z. B. Wegfall bisheriger Leistungen) über einen Zeitraum von 3 Jahren nicht

---

85   So im Ergebn. Schiedsst. v. 18.11.1993 Arb.Erf. 19/93 (unveröffentl.).
86   Weitergehend Volmer/Gaul Rz. 204 f. zu § 5.
87   BGH v. 17.1.1995 Mitt. 1996, 16, 17 – Gummielastische Masse.
88   BAG v. 14. 8. 1996 NZA 1996, 1323.
89   frei
90   BAG v. 17. 12. 1994 Az. 10 AZR 285/94 (unveröffentl.)
90a BAG v. 14. 8. 1996 (Fn. 88).

§ 25

widersprechen[90b]. Dies setzt indes voraus, dass der Arbeitgeber klar und unmissverständlich die Beendigung der bisherigen Übung erklärt. Schließlich kommt noch eine Änderungskündigung durch den Arbeitgeber in Betracht.

D. Pflichten des Arbeitnehmers

I. Arbeitspflicht

Die persönlich zu erbringende Arbeitspflicht als eine **Hauptpflicht** des Arbeitnehmers bestimmt sich nach den gesetzlichen Vorschriften und den getroffenen Absprachen, ergänzt durch die Verkehrssitte bzw. eine etwaige betriebliche Übung[91]. Der Art der vom Arbeitnehmer zu leistenden Arbeit kommt – bezogen auf das ArbEG – bei der Kennzeichnung einer Erfindung als Diensterfindung (vgl. § 4 Abs. 2 Nrn. 1 u. 2 und die dortigen Erläuterungen) maßgebliche Bedeutung zu. Die arbeitsvertragliche Arbeitspflicht des Arbeitnehmers kann erfinderrechtlich durch die Treuepflicht insoweit beeinflusst sein, als der Arbeitnehmer beispielsweise in dringenden Fällen gehalten sein kann, **andere** als die vereinbarten bzw. bislang zugewiesenen **Arbeiten** zu übernehmen oder über die vorgegebene **Arbeitszeit** hinaus zu arbeiten, wenn dies aus dringenden betrieblichen Gründen geboten erscheint (z.B. termingebundene Fertigstellung einer technischen Neuerung). Ebenso kann der Arbeitnehmer im Rahmen des Direktionsrechts des Arbeitgebers veranlasst werden, laufende **Tätigkeiten zurückzustellen,** und sei es auch nur, um eine Erfindungsmeldung auszuarbeiten oder fertig zu stellen. Zum Weisungsrecht des Arbeitgebers s. Rz. 6 f., dort auch zum Verweigerungsrecht bei **Gewissenskonflikten;** zum **Aufwendungsersatz** s. Rz. 9 f. 23

Der Arbeitgeber kann einen Arbeitnehmer ohne dessen Zustimmung zu Tätigkeiten im Rahmen einer **zwischenbetrieblichen** Forschungs- und **Entwicklungskooperation** (s. dazu Rz. 106 f. zu § 1) oder zu einem auf Forschungs- und Entwicklungsleistungen ausgerichteten **Auslandseinsatz** (s. dazu Rz. 36 ff. zu § 1) regelmäßig nur dann veranlassen, wenn dies arbeitsvertraglich vorbehalten ist bzw. einvernehmlich geregelt wird. Anderenfalls bedarf es einer Änderungskündigung unter Beachtung der arbeitsvertraglichen Kündigungsfristen, der Regeln des Kündigungsschutzgesetzes und der Anhörung des Betriebsrates gem. § 102 BetrVG (s. auch Rz. 6 f.). 24

Die Streitfrage, ob sich ein Arbeitnehmer »**zum Erfinden**« verpflichten und zu diesem Zweck angestellt werden kann[92], wird nur in seltenen Fällen 25

90b BAG v. 4. 5. 1999 NZA 1999, 1162, 1163 (z. Wegfall von Weihnachtsgeld)
91 Gaul ArbR i. Betr. D I 1 f.
92 Verneinend: Ausschussber. zu BT-Drucks. II/2327 S. 8 = Blatt 1957, 254; Gaul GRUR 1963, 341, 343 u. ders. i. Volmer/Gaul Rz. 40 zu § 1 u. Rz. 76 zu § 25;

§ 25

akut; regelmäßig wird der dem Arbeitnehmer erteilte Auftrag dahin gehen, ein bestimmtes technisches Problem zu lösen bzw. sich auf seinem Fachgebiet erfinderisch zu betätigen, wobei es allenfalls als wünschenswert angesehen wird, wenn das Ergebnis eine schutzfähige Erfindung ist[93].
Der BGH begründet das generelle Verneinen einer Pflicht des Arbeitnehmers zur Entwicklung sonderrechtsfähiger technischer Leistungen – womit auch eine Abgeltung derartiger Entwicklungen durch das Arbeitsentgelt ausscheidet – mit dem unterschiedlich gewachsenen Inhalt der arbeitsvertraglichen Pflichten bei technischen Entwicklungen einerseits und urheberschutzfähigen Werken andererseits[93a] (vgl. für urheberschutzfähige Computerprogramme § 69 b UrhG).

26 Unabhängig davon wird es im Einzelfall sicherlich zulässig sein, dass sich jemand zur erfinderischen Betätigung und gfls. auch zur Erbringung schöpferischer Leistungen verpflichtet. So kann sich ein Arbeitnehmer arbeitsvertraglich verpflichten, (urheberschutzfähige[94]) Computerprogramme zu entwerfen[95]. Die ablehnende Auffassung verwechselt mutmaßlich die (zulässige) Verpflichtung zum Erfinden mit der Erzwingbarkeit dieser Leistung[96]. Für das Arbeitsverhältnis folgt die mangelnde Durchsetzbarkeit ebenso wie bei sonstigen Dienstverträgen aus § 888 Abs. 2 ZPO. Der Arbeitgeber kann je nach der dem Arbeitnehmer obliegenden Tätigkeit erfinderische Leistungen erwarten (vgl. § 30 Abs. 4 Satz 3 ArbEG) und hat bei **Ausbleiben des ernsthaften Bemühens um geeignete Problemlösungen** u.U. ein Recht zur (ordentlichen) Kündigung, ggf. auch auf Schadensersatz[97]. Hat ein Arbeitnehmer es pflichtwidrig unterlassen, während der Dauer seines Arbeitsverhältnisses Überlegungen hinsichtlich einer ihm aufgetragenen technischen Verbesserung anzustellen, und findet er eine solche

---

Kroitzsch GRUR 1974, 177, 179; Reimer/Schade/Schippel/Kaube Rz. 9 zu § 9 u. 9 zu § 25; Ullmann CR 1986, 364, 368; Windisch GRUR 1985, 829, 830 f.; wohl auch BGH v. 11.12.1980 GRUR 1981, 263, 265 r. Sp. – Drehschiebeschalter; bejahend: Röpke Arbeitsverh. u. ArbNErf. S. 16 ff.; Volmer BB 1960, 1334; wohl auch BAG v. 8.2.1962 AP Nr. 1 zu § 611 BGB – Erfinder m. Anm. Volmer; s. auch BGH v. 21.10.1980 GRUR 1981, 128 – Flaschengreifer; vgl. auch Kantonsgericht St. Gallen v. 9.2.1983 GRUR Int. 1984, 708, 710 – Orthophotogerät; LAG Hamm v. 12.2.1954 Blatt 1954, 341; BPatG v. 25.4.1979 GRUR 1979, 851 – Schmiermittel.

93 Vgl. dazu die Fälle b. BGH v. 24.6.1952 GRUR 1953, 29, 30 – Plattenspieler I; v. 12.7.1955 GRUR 1955, 535 – Zählwerkgetriebe u.v. 21.3.1961 GRUR 1961, 432, 435 – Klebemittel; LAG Stuttgart v. 30.12.1966 AP Nr. 1 zu § 25 ArbNErfG; BPatG v. 25.4.1979 (Fn. 92).
93a BGH v. 23.10.2001 GRUR 2002, 149, 152 – Wetterführungspläne II; vgl. auch Schricker/Projahn UrhG Rz. 64 zu § 43; Ulmer GRUR 1984, 432, 433.
94 BAG v. 13.9.1983 DB 1984, 991 f. m.w.N. = GRUR 1984, 429; OLG Koblenz v. 13.8.1983 BB 1983, 992; LAG Schleswig-Holstein v. 24.6. 1981 BB 1983, 994.
95 BAG v. 13.9.1983 (Fn. 94).
96 So zutr. Volmer Rz. 6 zu § 25 (krit. aber Volmer/Gaul Rz. 76 zu § 25).
97 S. dazu BGH v. 21.10.1980 GRUR 1981, 128 – Flaschengreifer.

§ 25

Lösung alsbald nach seinem Ausscheiden aus dem Arbeitsverhältnis, ist er, falls anzunehmen ist, dass er die Erfindung bei pflichtgemäßer Arbeitsleistung bereits während des Bestehens des Arbeitsverhältnisses gemacht hätte, aus dem rechtlichen Gesichtspunkt des Schadensersatzes wegen Pflichtverletzung (§ 280 Abs. 1, § 619a BGB) verpflichtet, dem früheren Arbeitgeber das auf die Erfindung angemeldete Schutzrecht zu übertragen[98].

Zum Recht des Arbeitgebers an den vom Arbeitnehmer geschaffenen (nicht schutzfähigen) **Arbeitsergebnissen,** der hierauf bezogenen Mitteilungspflicht des Arbeitnehmers und zur Zuordnung dieser Arbeitsergebnisse vgl. Rz. 26, 28 ff. zu § 3. 27

II. Treuepflicht

1. Umfang und Dauer

Die über die Arbeitspflicht hinausgehende Treuepflicht des Arbeitnehmers steht als **Nebenpflicht** korrespondierend zur Fürsorgepflicht des Arbeitgebers und beruht letztlich auf § 242 BGB. Sie gebietet es dem Arbeitnehmer, **sich für die Interessen seines Arbeitgebers** und für das Gedeihen des Unternehmens **einzusetzen und alles zu unterlassen, was dem Arbeitgeber** oder dem Unternehmen **abträglich ist**[106]. 28

Der **Umfang** der Treuepflicht wird durch die Stellung des Arbeitnehmers im Betrieb bestimmt und ist im Einzelfall u. a. nach der Dauer der Betriebszugehörigkeit, der Vertrauensposition des Arbeitnehmers und seinem Tätigkeitsbereich festzustellen[107]. Erfinderrechtlich wirkt sich die Treuepflicht in der Weise aus, dass sie Rechte und Pflichten aus dem ArbEG im Einzelfall ergänzt und konkretisiert und darüber hinaus den Pflichtenkreis des Arbeitnehmers dahingehend ausfüllt, dass von ihm im Zusammenhang mit Entwicklung und Fertigstellung technischer Neuerungen bestimmte Verhaltensweisen erwartet werden können. 29

Im **öffentlichen Dienst** ergeben sich im Allgemeinen aufgrund der Treuepflicht gesteigerte Anforderungen im Verhältnis zum privaten Dienst. Hier ist auch zu berücksichtigen, dass die Treuepflicht durch tarifvertragliche Regelungen, gesetzliche Vorschriften oder Verwaltungsanordnungen eine nähere Konkretisierung erfahren hat. Nach dem Grundsatz der Gleichstellung (s. Rz. 4 vor §§ 40-42) wird man jedoch im Allgemeinen in Bezug auf Arbeitnehmererfindungen keine wesentlich weitergehenden 30

---

98 BGH v. 21.10.1980 (Fn. 97); vgl. auch Buchner GRUR 1985, 1, 7 ff.
99-105 frei
106 BAG v. 17.10.1969 AP Nr. 7 zu § 611 BGB – Treuepflicht. Krit. i. H. a. die Bedeutung als selbständ. Rechtsinstitut LAG Hamm v. 9. 2. 1996 NZA-RR 1997, 17, 18 f. m. w. Nachw.
107 Gaul ArbR i. Betr. F I 5 ff.

§ 25

Verhaltenspflichten der Angehörigen des öffentlichen Dienstes erwarten können[108].

31 Ebenso wie die Fürsorgepflicht des Arbeitgebers (vgl. oben Rz. 11 ff.) kann die Treuepflicht – wenn auch in u.U. sehr abgeschwächter Form – über das **Arbeitsvertragsende hinaus** wirken[109] (etwa im Ruhestandsverhältnis – vgl. dazu Rz. 31 ff. zu § 26).
Eine **Verletzung** der Treuepflicht führt bei Verschulden (§ 276 BGB) zu einem Schadensersatzanspruch wegen Pflichtverletzung (§ 280 Abs. 1, § 619a BGB) und (auch ohne Verschulden) zu einem Unterlassungsanspruch[110].

2. Einzelne Verhaltenspflichten

32 Die Treuepflicht begründet zahlreiche Nebenpflichten des Arbeitnehmers. Sie hat **im ArbEG** in einigen Normen, so z.B. in § 5 Abs. 2 Sätze 2 u. 3, § 5 Abs. 3 Satz 1, § 14 Abs. 3, § 15 Abs. 2, § 16 Abs. 3, §§ 17, 18, 19, § 24 Abs. 2 gesetzlichen Niederschlag gefunden; ihre Auswirkungen sind regelmäßig bei den einzelnen Vorschriften behandelt.

33 Aus der Verpflichtung, die Interessen des Arbeitgebers nach besten Kräften wahrzunehmen und diesen vor Schäden zu bewahren, folgt, dass der Arbeitnehmer je nach den Umständen des Einzelfalls gehalten ist, **Unregelmäßigkeiten bzw. eingetretene Störungen** im Rahmen der Forschungs- und Entwicklungsarbeiten seinem Vorgesetzten ohne Zögern **mitzuteilen.** Jedenfalls auf Befragen hat er **Auskunft über Stand und Fortgang** seiner Forschungs- und Entwicklungstätigkeit und deren Erfolgsaussichten zu geben[116]. Diese Auskunftspflicht kann sich auch auf weitere Begleitumstände der Erfindungsentwicklung erstrecken, etwa auf neue, zwischenzeitlich gewonnene Erkenntnisse zur Verbesserung oder weiteren Ausgestaltung der Erfindung bzw. auf die Möglichkeit eines zusätzlichen Einsatzgebietes; je nach den Umständen des Einzelfalls, insbesondere bei erkennbarem betrieblichen Interesse, kann vom Arbeitnehmer erwartet werden, dass er insoweit auch **selbst initiativ** wird[117]. Dies gilt insbesondere bei Arbeitnehmern in Führungspositionen und bei Tätigkeiten im Forschungs- und Entwicklungsbereich; siehe auch Rz. 36.

---

108 Ausf. Volz Öffentl. Dienst S. 180 ff.; a.A. Reimer/Schade/Schippel/Leuze Rz. 41 zu § 40.
109 BAG v. 11.12.1967 AP Nr. 4 zu § 242 BGB – nachvertragl. Treuepflicht.
110 Palandt/Putzo BGB Rz. 39 ff. zu § 611.
111-115 frei
116 LAG Stuttgart v. 30.12.1966 AP Nr. 1 zu § 25 ArbNErfG m. Anm. Volmer; differenzierend Röpke Arbeitnehmer als Erf. S. 22 f.; s. auch ders. Arbeitsverh. u. ArbNErf. S. 40 ff.; Volmer/Gaul Rz. 109 zu § 25. Vgl. auch allg. BAG v. 18. 1. 1996 NZA 1997, 41, 42.
117 I. d. S. wohl auch Schiedsst. ZB v. 23.6.1983 Arb.Erf. 3 (B)/83 (unveröffentl.).

1000

§ 25

Der Arbeitnehmer hat dem Arbeitgeber in gewünschtem Umfang auch **Einblick in die übertragenen Aufgaben** zu geben. Weigert sich der Arbeitnehmer, dieser Offenbarungs- und Unterrichtungspflicht nachzukommen, hat der Arbeitgeber – unbeschadet seines Erfüllungsanspruchs – auch das Recht, das Arbeitsverhältnis nach vorheriger erfolgloser Abmahnung aus wichtigem Grund (vgl. § 626 BGB) zu kündigen[118].

Anders als diese Auskunftspflicht knüpfen die **gesetzlichen Meldepflichten** (vgl. §§ 5, 18 ArbEG) und die arbeitsvertragliche Mitteilungspflicht (insbesondere bei technischen Verbesserungsvorschlägen – vgl. Rz. 28 ff. zu § 3)[119] erst an das Vorliegen einer fertigen technischen Neuerung an. 34

Bezieht sich die Entwicklungstätigkeit des Arbeitnehmers auf eine **freie Erfindung,** so beschränkt sich der Auskunftsanspruch des Arbeitgebers darauf, zu erfahren, womit sich der Arbeitnehmer (insbesondere während der Arbeitszeit) befasst[120]. Hat der Arbeitnehmer während der Dauer seines Arbeitsverhältnisses Erfindungen zum Patent angemeldet, so kann der Arbeitgeber über §§ 5, 18 hinaus auch spezifizierte Auskunft über die Patentanmeldungen verlangen[121]. Zur Übertragungspflicht bei einer während des Arbeitsverhältnisses unterlassenen Forschungstätigkeit s. hier Rz. 26 sowie Rz. 22 zu § 26. 35

Dass die Pflicht, Schäden zu vermeiden, auch die Verpflichtung zur **sorgsamen und sparsamen Behandlung** dienstlich anvertrauter Arbeitsmittel umfasst, hat der Arbeitnehmer auch im Rahmen seiner Forschungs- und Entwicklungstätigkeit zu beachten. 36

Die Pflicht zur Interessenwahrung kann es dem Arbeitnehmer gebieten, über § 15 Abs. 2 ArbEG hinaus **bei Versuchen** sowohl zur Erprobung seiner Erfindung als auch zur Erlangung einer zweckmäßigen, fabrikationsreifen Ausgestaltung **mitzuwirken.** Erlangt er dabei **neue Erkenntnisse,** die auf eine Verbesserung, weitere Ausbildung der Erfindung (vgl. § 16 Abs. 1 Satz 2 PatG) oder einen zusätzlichen Anwendungsbereich hinauslaufen, hat er den Arbeitgeber aus eigener Inititative auch nach Meldung und Inanspruchnahme der Diensterfindung hierauf aufmerksam zu machen[122] (s. auch oben Rz. 33).

Besteht die Gefahr von **Interessenkollisionen,** kann die Treuepflicht dem Arbeitnehmer nicht nur gebieten, seinen Vorgesetzten darauf hinzuweisen, sondern auch, sich im Einzelfall bestimmter Handlungen zu enthalten[123]. Dies gilt etwa dann, wenn ein Erfinder unmittelbar oder mittelbar auf die

---

118 LAG Stuttgart v. 30.12.1966 (Fn. 116).
119 S. dazu Röpke DB 1962, 369, 406.
120 Röpke Arbeitsverh. u. ArbNErf. S. 41 m.H.a. LAG Baden-Württemberg v. 8.8.1956 BB 1956, 1141.
121 Vgl. BGH v. 25.2.1958 GRUR 1958, 334, 338 m. Anm. Friedrich.
122 Röpke (Fn. 119) S. 37.
123 Volz Öffentlicher Dienst S. 182 f. m.H.a. BVerwG v. 10.12.1969 Az. I D 17/69 (nur auszugsweise in ZBR 1970, 195).

§ 25

Verwertung seiner Diensterfindung Einfluss nehmen kann. Es wäre zumindest treuwidrig, wenn er aus sachfremden, insbesondere aus eigennützigen (Vergütungs-)Interessen heraus dem Einsatz seiner Erfindung Vorrang vor anderen Produkten des Arbeitgebers gäbe[123].

37 Es besteht grundsätzlich keine Pflicht des Arbeitnehmers, sich während der Dauer des Arbeitsverhältnisses jedweder **Nebentätigkeiten** zu enthalten (zu den Besonderheiten beim öffentlichen Dienst siehe Rz. 14 zu § 41). Nebentätigkeitsverbote sind im Hinblick auf Art. 12 GG nur insoweit zulässig, als der Arbeitgeber an deren Unterlassung ein berechtigtes Interesse geltend machen kann[124], insbesondere wenn Nebentätigkeiten mit der Arbeitspflicht kollidieren, d. h. vor allem, wenn sie gleichzeitig ausgeübt werden oder – bei nicht gleichzeitiger Ausübung –, wenn die vertraglich vereinbarte Arbeitsleistung darunter leidet[125].

Besonderheiten können sich aufgrund des **während des Arbeitsverhältnisses bestehenden Wettbewerbsverbots** ergeben. Dem Arbeitnehmer ist in dieser Zeit ohne Rücksicht auf die tatsächliche Betätigung jede Form von Tätigkeit verboten, die dem Arbeitgeber Konkurrenz machen könnte[131] (vgl. §§ 68, 61 HGB), insbesondere darf er Dienste und Dienstleistungen nicht Dritten im Marktbereich seines Arbeitgebers anbieten[132] oder selbst tätig werden. Dagegen sind Vorbereitungshandlungen, die sich ausschließlich auf die Zeit nach Beendigung des Arbeitsverhältnisses beziehen, regelmäßig zulässig[133].

38 **Verfügungen** über eine Diensterfindung vor unbeschränkter Inanspruchnahme verstoßen ebenso wie Eigenverwertungshandlungen (s. dazu Rz. 69 zu § 7) gegen die Treuepflicht und die Geheimhaltungspflicht (§ 24 Abs. 2, s. dort Rz. 28 ff.); Verfügungen sind nach § 7 Abs. 3 dem Arbeitgeber gegenüber unwirksam (s. Rz. 60 ff. zu § 7). Eigene Nutzungshandlungen in dieser Zeit verletzen auch das arbeitsvertragliche Wettbewerbsverbot.

Zum Verwertungsrecht bei frei gewordenen Diensterfindungen gem. § 8 Abs. 2 vgl. unten Rz. 40 sowie Rz. 51 ff. zu § 8; bei freien Erfindungen Rz. 37 zu § 19 u. Rz. 5 zu § 18; zur Verschwiegenheitspflicht des Arbeitnehmers s. die Erläuterungen zu § 24 Abs. 2; zu nachvertraglichen Geheimhaltungs- und Wettbewerbsverbotspflichten des Arbeitnehmers s. Rz. 34 ff. zu § 26.

---

124 BAG v. 26.8.1976 AP Nr. 68 zu §626 BGB.
125 BAG v. 18.1. 1996 NZA 1997, 41, 42 – dort auch zur Auskunftspflicht des Arbeitnehmers.
126-130 frei
131 BAG v. 17.10.1969 AP Nr. 7 zu § 611 BGB – Treuepflicht.
132 BAG v. 16.6.1976 NJW 1977, 646.
133 Vgl. BGH v. 16.11.1954 NJW 1955, 463 (Anreißgerät) = AP Nr.1 zu § 60 HGB m. Anm. Hueck; BAG v. 30.5.1978 NJW 1979, 335 (Abschluss eines Franchise-Vertrages).

§ 25

Ob der Arbeitnehmer gegenüber Ansprüchen des Arbeitgebers aus dem ArbEG ein **Zurückbehaltungsrecht** geltend machen kann, bestimmt sich nach den Grundsätzen des § 273 BGB[134]. Im Regelfall ist davon auszugehen, dass zwar die erforderliche Konnexität (innerlich zusammengehörendes, einheitliches Lebensverhältnis) für Anspruch und Gegenanspruch zwischen Arbeitnehmer und Arbeitgeber aus dem Arbeitsverhältnis bzw. ArbEG besteht. Das Zurückbehaltungsrecht ist aber immer dann ausgeschlossen, wenn sich aus Vertrag, Inhalt oder Natur des Schuldverhältnisses oder sonst aus Treu und Glauben etwas anders ergibt[135]. Grundsätzlich können die Arbeitsvertragsparteien im Zusammenhang mit einer Arbeitnehmererfindung ihre gesetzlichen Verpflichtungen nicht im Wege des Vorgriffs oder wegen befürchteter Rechtsverletzungen der jeweils anderen Seite unerfüllt lassen[135a].

39

Hält der Arbeitnehmererfinder Mitwirkungspflichten etwa bei der Erfindungsmeldung[135b] (§ 5 Abs. 1) oder der Ergänzung einer Erfindungsmeldung (§ 5 Abs. 2 u. 3) oder bei dem Erwerb von Schutzrechten (§ 15 Abs. 2) zurück, so verbietet sich dies aus dem Inhalt des gesetzlichen Schuldverhältnisses nach dem ArbEG. Dieses ist auf eine kurzfristige Prioritätssicherung (vgl. § 13) bzw. baldigen Schutzrechtserwerb ausgerichtet. Insofern ist ein Zurückbehaltungsrecht ausgeschlossen, das zu einer Entwertung oder gar einem Verlust der angestrebten Rechte führt. Das Zurückbehaltungsrecht kann auch nicht in einer Weise ausgeübt werden, die im Einzelfall gegen Treu und Glauben verstoßen würde (§ 242 BGB). So darf der Arbeitnehmer auch sonstige Pflichten aus dem ArbEG nicht verweigern, wenn Vergütungsrückstände verhältnismäßig gering sind bzw. eine anderweitige Sicherung des Anspruchs gegeben ist, nur kurzfristige Verzögerungen zu erwarten sind oder wenn dem Arbeitgeber ein unverhältnismäßig hoher Schaden aus der Verzögerung droht[136]. Das Zurückbehaltungsrecht wäre nach Treu und Glauben auch dann ausgeschlossen, wenn die Klärung der eigenen Forderung derart schwierig und zeitraubend ist, dass die Durchsetzung der Gegenforderung auf unabsehbare Zeit verzögert werden könnte[137]. Dies wird häufig dann gegeben sein, wenn Grund und vor allem Höhe eines Vergütungsanspruchs nach dem ArbEG streitig sind und eine Auseinandersetzung vor der Schiedsstelle oder den Gerichten nicht auszuschließen ist.

---

134 BGH v. 25.2.1958 GRUR 1958, 334, 337.
135 BGH v. 25.2.1958 (Fn. 134); ausf. hierzu allgemein BGH v. 8.1.1990 NJW 1990, 1171, 1172.
135a Schiedsst. v. 23. 1. 1996 Arb.Erf. 42/94 (unveröffentl.)
135b Schiedsst. v. 23. 1. 1996 (Fn. 135 a).
136 Vgl. allgem. z. Arb.Verh. BAG v. 25.10.1984 DB 1985, 763 f. u. v. 9. 5. 1996 ZIP 1996, 1841, 1843.
137 Vgl. allgem. BGH v. 8.1.1990 (Fn. 135).

§ 25

Zum Zurückbehaltungsrecht des Arbeitnehmers bei der Mitteilung freier Erfindungen s. Rz. 20 zu § 18; zum Zurückbehaltungsrecht des Arbeitgebers bei Vergütungsansprüchen s. Rz. 29 zu § 9.

E. Arbeitsrechtliche Bindungen des Arbeitnehmers bei der Verwertung frei gewordener Erfindungen (§ 25 2. Halbs.)

40 Entsprechend dem Hinweis in § 25 2. Halbs. auf § 8 Abs. 1 sind die arbeitsrechtlichen Bindungen des Arbeitnehmers (Verschwiegenheitspflicht, Wettbewerbsverbot) bezüglich frei gewordener Erfindungen eingeschränkt. § 25 2. Halbs. soll gerade im Hinblick auf das Institut der beschränkten Inanspruchnahme gewährleisten, dass die frei gewordene Erfindung (§ 8 Abs. 1) dem Arbeitnehmer zur **freien Verfügung** zusteht, ohne dass der Arbeitgeber unter Berufung auf die allgemeine arbeitsvertragliche Treuepflicht dieses Verfügungsrecht einschränken kann[138].

41 Indes engt das aus der Treuepflicht folgende arbeitsvertragliche Wettbewerbsverbot den Arbeitnehmer dahin ein, dass ihm Konkurrenztätigkeit durch **Eigenverwertung** der Erfindung untersagt bleibt[140]. Damit stellt § 25 2. Halbs. also klar, dass dem Arbeitnehmer zwar ein **Verfügungsrecht** an der frei gewordenen Diensterfindung zusteht, nicht jedoch ein Eigenverwertungsrecht, soweit er damit während des Arbeitsverhältnisses in Konkurrenz zu seinem Arbeitgeber tritt (Einzelheiten s. Rz. 51 ff. zu § 8).

F. Zulässigkeit von Nichtigkeits- und Löschungsklagen, Einsprüchen

42 Die Nichtigkeitsklage gegen ein Patent (§§ 22, 81 PatG; vgl. auch Art. 138 EPÜ sowie Art. 56-61 GPÜ) und das Löschungsverfahren gegen ein Gebrauchsmuster (§§ 7 ff. GebrMG) sind als Popularverfahren ausgestaltet, so dass jedermann zur Verfahrenseinleitung befugt ist. Diese Befugnis entfällt durch eine (wirksame) **Nichtangriffsabrede** (exceptio pacti), deren Geltendmachung zur Abweisung der Klage als unzulässig führt[141].

43 Insoweit sind die Arbeitsvertragsparteien frei darin, eine derartige Abrede sowohl **für die Dauer des Arbeitsverhältnisses** als auch für die **Zeit nach Arbeitsvertragsende** zu treffen. § 22 Satz 1 ArbEG steht einer unabhängig vom Zustandekommen einer Diensterfindung getroffenen allgemeinen Nichtangriffsabrede nicht entgegen, denn von einer solchen Abrede wird nicht die durch das ArbEG geschaffene Rechtsposition des Arbeit-

---

138 Vgl. Ausschussber. zu BT-Drucks. II/3327 S. 8 = Blatt 1957, 254.
139 frei
140 Vgl. Ausschussbericht (Fn. 138).
141 BGH v. 20.5.1953 BGHZ 10, 22, 24 ff. – Konservendosen I; v. 30.11.1967 GRUR 1971, 243, 244 – Gewindeschneidevorrichtung; v. 4.10.1988 Blatt 1989, 155 – Flächenentlüftung

nehmers tangiert. Auch diesbezügliche **kartellrechtliche Schranken** (vgl. § 17 Abs. 2 GWB, Art. 81 Abs. 1 EGV)[142] sind regelmäßig mangels Unternehmereigenschaft des Arbeitnehmererfinders und der fehlenden Vergleichbarkeit des in Anspruch nehmenden Arbeitgebers mit einem Lizenznehmer nicht zu beachten[143] (vgl. auch Rz. 136 ff. zu § 9). Eine derartige **Nichtangriffsabrede ist auch formlos** möglich. Ihrem Inhalt nach kann sie außer auf Nichtigkeits- bzw. Löschungsklagen auch auf Einspruchs- und Einspruchsbeschwerdeverfahren erstreckt werden.

Auch **ohne** vertragliche **Nichtangriffsabrede** kann eine solche **Klage unzulässig** sein, wenn zwischen den Parteien vertragliche Bindungen bestehen, die wegen ihrer individuellen Ausgestaltung, insbesondere wegen Bestehens eines besonderen Vertrauensverhältnisses nach Inhalt, Sinn und Zweck, die Klageerhebung als **Verstoß gegen Treu und Glauben** (§ 242 BGB) erscheinen lassen[144]. Als derartige Bindung kann eine aus dem Arbeitsvertrag abzuleitende Fürsorge- und Treuepflicht (s. hierzu oben Rz. 11 ff., 28 ff.) und auch eine Pflicht aus dem durch das ArbEG begründeten gesetzlichen Schuldverhältnis (s. Rz. 160 zu § 1) in Betracht kommen[145]. 44

Während der Dauer eines Arbeitsverhältnisses ist die **Nichtangriffspflicht des Arbeitnehmers** als Konsequenz der arbeitsvertraglichen Treuepflicht uneingeschränkt zu bejahen; Nichtigkeitsklagen des Erfinders gegen die auf seine (in Anspruch genommenen) Diensterfindungen erteilten Schutzrechte seines Arbeitgebers sind grundsätzlich unzulässig[146]. 45

Dies gilt nach Treu und Glauben (§ 242 BGB) grundsätzlich auch für einen **ausgeschiedenen Arbeitnehmer**, solange er einen durchsetzbaren Vergütungsanspruch hat oder bereits voll abgefunden ist[147]. Ohne Einfluss auf die Zulässigkeit der Nichtigkeitsklage ist es einerseits, ob die Erfindung

---

142 S. allg. zu §§ 20, 21 GWB a.F. BGH v. 4.10.1988 (Fn. 141) u. zu Art. 85 EWGV EuGH v. 25.2.1986 GRUR Int. 1986, 635 – Windsurfing International u.v. 27.9.1988 Mitt. 1989, 112 – Bayer/Süllhöfer; EG-Kommission v. 2.12.1975 GRUR. Int. 1976,182 – AOIP/Beyrard.
143 Bartenbach/Volz GRUR 1987, 859, 860; a.A. Volmer/Gaul Rz. 158 zu § 25.
144 BGH v. 14.7.1964 GRUR 1965, 135, 137 – Vanal-Patent m. zust. Anm. Fischer; v. 17.12.1974 Mitt. 1975, 117 – Rotationseinmalentwickler; v. 4.10.1988 (Fn. 141).
145 Zu diesem Problemkreis s. Röpke GRUR 1962, 173 ff.; Dohr Nichtigkeitsklage, Diss. Köln 1961; Bartenbach/Volz GRUR 1987, 859; Dolder GRUR Int. 1982, 158 (zum Schweiz. Rechtskreis).
146 Reimer/Schade/Schippel/Kaube Rz. 15 zu § 25; Busse/Keukenschrijver, PatG, Rz. 81 zu § 81 PatG; vgl. auch BGH v. 4.10.1988 (Fn. 141) S. 156.
147 BGH v. 2.6.1987 GRUR 1987, 900, 902 – Entwässerungsanlage u.v. 4.10.1988 (Fn. 141); bestätigt durch BGH v. 15.5.1990 GRUR 1990, 667 – Einbettungsmasse (dort versehentliches Zitat [»oder noch nicht voll abgefunden ist«] zu BGH v. 2.6.1987); Benkard/Rogge, PatG Rz. 30 zu § 22 PatG; s. auch BGH v. 12.7.1955 GRUR 1955, 535, 537 – Zählwerkgetriebe = AP Nr. 1 zu § 12 ArbNErfindVO m. krit. Anm. Volmer = MDR 1956, 83 m. krit. Anm. Nipperdey; enger BPatG v. 25.4.1979 GRUR 1979, 851, 852 – Schmiermittel.

§ 25

kraft Vereinbarung oder aufgrund unbeschränkter Inanspruchnahme auf den Arbeitgeber übergegangen ist[148]; zum anderen ist die konkrete Höhe des dem Arbeitnehmer zustehenden bzw. bereits erfüllten Vergütungsanspruchs ohne Bedeutung.

Wenn der BGH schlechthin die Möglichkeit ausschließt, dass **überwiegende Eigeninteressen** des ausgeschiedenen Arbeitnehmers eine Nichtigkeitsklage im Einzelfall zulässig erscheinen lassen[156], kann dem nicht uneingeschränkt gefolgt werden. Richtig ist zwar, dass der ausgeschiedene Arbeitnehmer die Verweigerung eines Mitbenutzungsrechts an dem Schutzrecht durch seinen früheren Arbeitgeber nicht zum Anlass für eine Nichtigkeitsklage nehmen kann[157]. Der BGH führt aber einen solchen Ausnahmefall selbst an, und zwar den, dass der Arbeitnehmer seinen Anspruch auf wirtschaftliche Gegenleistung – etwa wegen Zahlungsunfähigkeit des früheren Arbeitgebers – nicht mehr durchsetzen kann. Dieser Situation ist der Ausnahmefall gleichzusetzen, dass der frühere Arbeitgeber willkürlich eine Verwertung der Erfindung unter Missbrauch seiner unternehmerischen Ermessensfreiheit unterlässt und zugleich die Aufrechterhaltung der Schutzrechtsposition nutzt, um den früheren Arbeitnehmer von einer Eigenverwertung abzuhalten[158]. Dagegen ist ein schutzwürdiges Eigeninteresse nicht anzunehmen, wenn die Nichtigkeitsklage erhoben wird, um dem Arbeitnehmer die Verwertung einer von seiner früheren Diensterfindung abhängigen freien Zusatzerfindung zu ermöglichen[159].

Klagt der (ausgeschiedene) Arbeitnehmererfinder nicht selbst, sondern ein Dritter, so kann diesem mit der Folge der Unzulässigkeit der Nichtigkeitsklage eine »**Strohmann-Eigenschaft**« entgegengehalten werden, sofern der Dritte als Kläger lediglich vorgeschoben wird, um die Einwendungen des (früheren) Arbeitgebers zu umgehen[160]. Dies gilt insbesondere bei der Klage einer Gesellschaft, an der der Arbeitnehmererfinder beteiligt ist[161].

46 Hat der Arbeitgeber die Schutzrechtsposition auf einen Dritten (**Rechtserwerber**) übertragen, so kann sich auch dieser auf die Nichtangriffspflicht des (ausgeschiedenen) Arbeitnehmers berufen[162].

47 Der (frühere) **Arbeitgeber** ist dagegen grundsätzlich nicht gehindert, eine Nichtigkeits- bzw. Löschungsklage gegen ein auf eine Diensterfindung er-

---

148 BGH v. 12.7.1955 (Fn. 147).
149-155 frei
156 BGH v. 2.6.1987 (Fn. 147) gegen Röpke GRUR 1962, 173, 176 u. 1. Aufl.
157 So aber Volmer/Gaul Rz. 157, 165 zu § 25.
158 Vgl. Schiedsst. v. 28.1.1970 Blatt 1970, 454 m. Bespr. Schade GRUR 1970, 579, 584.
159 BGH v. 12.7.1955 (Fn. 147).
160 BGH v. 2.6.1987 GRUR 1987, 900, 903 – Entwässerungsanlage.
161 BGH v. 2.6.1987 (Fn. 160); BPatG v. 25.4.1979 GRUR 1979, 851, 852 – Schmiermittel.
162 Bartenbach/Volz GRUR 1987, 859, 862 f.; offen gelassen bei BGH v. 2.6.1987 (Fn. 160).

§ 25

teiltes Schutzrecht zu erheben, nachdem die Diensterfindung frei geworden ist (§ 8) bzw. freigegeben (§ 14) oder die Schutzrechtsposition übertragen (§ 16) wurde[163].

Dies gilt nach der hier vertretenen Auffassung selbst dann, wenn dem Arbeitgeber (einfache) Nutzungsrechte an der Arbeitnehmererfindung gem. § 7 Abs. 2 bzw. § 16 Abs. 3 zustehen[163a]. Der Gegenansicht, wonach die Nichtigkeitsklage wegen Verstoßes gegen die Treuepflicht unzulässig sein soll, sofern nicht besondere Umstände vorliegen, unter denen dem Arbeitgeber die völlige Freigabe nicht zumutbar sei[163b], ist nicht mit dem System wechselseitiger Rechte und Pflichten aus dem ArbEG in Einklang zu bringen. Sowohl im Fall der beschränkten Inanspruchnahme als auch bei Vorbehalt eines Benutzungsrechts bleibt der Arbeitgeber nach der höchstrichterlichen Rechtsprechung grundsätzlich bis zur Nichtigerklärung oder bis zur rechtskräftigen Zurückweisung der Schutzrechtsanmeldung zur Vergütungszahlung verpflichtet[163c], so dass ihm ohne amtliche bzw. gerichtliche Klärung der mangelnden Schutzfähigkeit ein dahingehender Einwand verwehrt wäre. Dies entspricht zugunsten des Arbeitgebers auch § 25 2. Halbsatz, wonach die Verpflichtungen aus dem Arbeitsverhältnis nur insoweit unberührt bleiben, als sich aus dem Freiwerden der Diensterfindung nichts anderes ergibt[163d]. Der Arbeitgeber darf in seinem Recht, mit der Nichtigkeits- bzw. Löschungsklage Ansprüche des Arbeitnehmers aus und im Zusammenhang mit einer Arbeitnehmererfindung abzuwehren[164], nicht eingeschränkt werden; er muss auch die Möglichkeit haben, Vergütungsansprüchen des Arbeitnehmers aus § 10 Abs. 2 und § 16 Abs. 3 entgegenzutreten. Ihm muss ferner die Möglichkeit bleiben, gerichtlich klären zu lassen, ob es sich um eine nicht schutzfähige Neuerung und damit um ein

48

---

163 BGH v. 14.7.1964 GRUR 1965, 135, 137 – Vanal-Patent m. zust. Anm. Fischer; bestätigt durch BGH v. 15.5.1990 GRUR 1990, 667, 668 – Einbettungsmasse (ausweislich BGH v. 17.5.1994 GRUR 1994, 898, 899 – Teilkristalline Copolyester – wurde das angegriffene Patent auch für nichtig erklärt); DPA v. 15.4.1958 Blatt 1958, 301, 302 f.; ausführl. Röpke GRUR 1962, 173, 177 f.; Benkard/Rogge PatG Rz. 30 zu § 22; Busse/Keukenschrijver/Schwendy, PatG, Rz. 82 zu § 81 PatG.
163a Vgl. Röpke (Fn. 163); wie hier wohl auch Benkard/Rogge (Fn. 163); vgl. auch BGH v. 17.2.1981 GRUR 1981, 516, 517 – Klappleitwerk; offen gelassen von BGH i. Urt. v. 15.5.1990 (Fn. 163) – dort hatte der Arbeitgeber auf das Benutzungsrecht aus § 16 Abs. 3 ArbEG verzichtet.
163b BPatG v. 8.11.1990 GRUR 1991, 755 – Tiegelofen; im Anschluss daran Reimer/Schade/Schippel/Kaube Rz. 20 zu § 16 (abw. dagegen Rz. 22 f. zu § 25); Schulte Rz. 32 zu § 81 PatG.
163c Vgl. BGH v. 15.5.1990 (Fn. 163).
163d So zutr. Reimer/Schade/Schippel/Kaube Rz. 23 zu § 25.
164 Vgl. BGH v. 14.7.1964 (Fn. 163); im Ergebn. auch BPatG v. 7.7.1988 Az. 3 NI 1/88 (unveröffentl.); vgl. BPatG v. 13.3.1984 Blatt 1984, 366 (für das Rechtsverhältnis des Patentanwalts zum Mandanten); OGH Wien v. 27.11.1979 GRUR Int. 1981, 247 – Hauptkühlmittelpumpen.

§ 25

ihm zustehendes Arbeitsergebnis (§ 950 BGB) handelt; dies unterscheidet ihn vom Lizenznehmer, der Nichtigkeitsklage gegen das lizenzierte Schutzrecht erhebt. Zudem ist der Arbeitgeber nicht verpflichtet, sich eine Nichtigkeitsklage ausdrücklich im Rahmen der beschränkten Inanspruchnahme bzw. der Aufgabe der Schutzrechtsposition gegenüber dem Arbeitnehmer vorzubehalten[164a].

Eine Nichtigkeitsklage ist auch zum Schutz einer laufenden Produktion vor Verbietungsansprüchen des Arbeitnehmers als Schutzrechtsinhaber zulässig[165].

Eine Nichtigkeits- bzw. Löschungsklage des Arbeitgebers kann unzulässig sein, wenn besondere Umstände vorliegen[166]. Dies gilt auch dann, wenn der Arbeitgeber sich nicht von sachgerechten, insbesondere unternehmerischen Interessen leiten lässt, sondern ausschließlich von der Absicht, den Arbeitnehmer zu schädigen (vgl. § 226 BGB).

49 Diese Grundsätze gelten auch für die **freie Erfindung** (§ 4 Abs. 3), deren Entstehung ohnehin – wenn überhaupt – in wesentlich geringerem Maße auf betriebliche Einflüsse zurückzuführen ist; insoweit steht der Arbeitgeber dem (ausgeschiedenen) Arbeitnehmer wie jeder Dritte gegenüber[167]. Dies gilt auch dann, wenn dem Arbeitgeber ein Nutzungsrecht an der Arbeitnehmererfindung zusteht (vgl. § 19 Abs. 1), da insoweit eine vergleichbare Position mit der eines Lizenznehmers vorliegt.

50 Ebenso ist der Staat aus seiner Fürsorgepflicht heraus grundsätzlich nicht gehindert, Nichtigkeitsklage gegen das **Patent eines Beamten** (Ruhestandsbeamten) zu erheben[168].

51 Die vorstehenden Grundsätze über die Wirkung von Nichtangriffsabreden bzw. Nichtangriffspflichten gelten auch für das an sich jedermann gem. § 59 PatG zustehende **Einspruchsrecht** gegen ein Patent[173]. Auch hier können Treu und Glauben die Einspruchsberechtigung ausschließen[174]. Demzufolge ist es dem (ausgeschiedenen) Arbeitnehmer regelmäßig verwehrt, Einspruch gegen das auf seine Diensterfindung erteilte Patent zu erheben (s. Rz. 45). Der Arbeitgeber ist aber einspruchsberechtigt bei Streit, ob es sich um eine freie bzw. frei gewordene Erfindung handelt[175] (vgl. i. übr.

164a BGH v. 15.5.1990 (Fn. 163) – zu § 16 ArbEG.
165 BGH v. 14.7.1964 (Fn. 164).
166 So grunds. BGH v. 14.7.1964, bestätigt durch BGH v. 15.5.1990 (beide Fn. 163).
167 Röpke (Fn. 163); Busse/Keukenschrijver/Schwendy, PatG, Rz. 82 zu § 81 PatG.
168 BPatG v. 27.11.1975 Az. 2 Ni 22/74, wiedergegeben bei Hagen GRUR 1976, 350 betr. Ruhestandsbeamte; zust. Busse/Keukenschrijver, PatG, Rz. 82 zu § 81 PatG.
169-172 frei
173 Benkard/Schäfers PatG Rz. 5, 7 zu § 59; Busse/Schwendy, PatG, Rz. 22 f. zu § 59 PatG; Bernhardt/Kraßer Lehrb. d. PatR § 26 II b 5; Vollrath Mitt. 1982, 43 ff.; Volmer/Gaul Rz. 139 f. zu § 2 und Rz. 154 ff. zu § 25.
174 Schulte, PatG Rz. 22 zu § 59.
175 Benkard/Schäfers (Fn. 173) m.H.a. BPatG v. 9.2.1968 BPatGE 10, 207, 216.

§ 25

Rz. 47). Ebenso kann der Arbeitgeber gegen das Patent eines Dritten, der die frei gewordene Diensterfindung vom Arbeitnehmer erworben hat, Einspruch einlegen, und zwar auch dann, wenn er sich selbst ein Benutzungsrecht (§ 7 Abs. 2, § 14 Abs. 3, § 16 Abs. 3) vorbehalten hat[176].

Unzulässig ist eine Klage, die darauf gerichtet ist, dem einsprechenden Arbeitgeber oder Arbeitnehmer zu verbieten, in einem Patenterteilungsverfahren seinen Einspruch auf ein bestimmtes tatsächliches Vorbringen zu stützen[177].

---

176 So bei Schiedsst. v. 25.11.1985 Arb.Erf. 28/84 (unveröffentl.).
177 BGH v. 29.10.1981 GRUR 1982, 161 – Einspruchsverbietungsklage (hiernach hält auch das BAG an seiner abweichenden Auffassung i. Urt. v. 26.7.1979 NJW 1980, 608 nicht mehr fest).

§ 26 Auflösung des Arbeitsverhältnisses

Die Rechte und Pflichten aus diesem Gesetz werden durch die Auflösung des Arbeitsverhältnisses nicht berührt.

Lit.: *Bartenbach*, Die Rechtsst. d. Erben eines ArbNErf., Mitt. 1982, 205; *Bartenbach/ Volz*, Nichtangriffspflicht d. (ausgeschiedenen) ArbNErf gegenüber seinen i. Anspr. gen. pat. gesch. DErf., GRUR 1987, 859; *Bengelsdorf*, Berücksichtigung v. Verg. f. ArbN.Erfindungen u. Verb.Vorschläge b. d. Karenzentschädigung gem. § 74 Abs. 2 HGB, DB 1989, 1024; *Gaul*, D. nachvertragl. Geheimhaltungspflicht e. ausgesch. ArbN, NZA 1988, 225; *Gaul/Bartenbach*, Erf. e. gekündigten ArbN, GRUR 1979, 750; *Mes*, Arbeitsplatzwechsel u. Geheimnisschutz, GRUR 1979, 584; *Vollrath*, D. frei gewordene DErf. u. d. benutzten geheimen Erfahrungen d. Betriebes, GRUR 1987, 670; s. auch Lit. b. §§ 8, 24, 25.

Übersicht

A. Allgemeines.................. 1, 2.1
B. Auflösung des Arbeitsverhältnisses 3-18
   I. Auflösungsgründe.......... 3-12
   II. Faktisches Arbeitsverhältnis .. 13
   III. Ruhen des Arbeitsverhältnisses 14-18
C. Fortbestehen der Rechte und
   Pflichten aus dem ArbEG......... 19-29
   I. Grundsatz................. 19, 20
   II. Rechte und Pflichten....... 21-24
   III. Einschränkungen und Ausnahmen................. 25-29
D. Fortbestehen sonstiger Rechte
   und Pflichten außerhalb des
   ArbEG.......................... 30-54
   I. Nachwirkende Fürsorge-
   und Treuepflicht.............. 31-33

   II. Nachvertragliche Geheimhaltungs- und Wettbewerbsverbotspflichten des Arbeitnehmers... 34-53
     1. Grundsatz............... 34-37
     2. Geheimhaltungsabrede...... 38, 39
     3. Vereinbarung eines Wettbewerbsverbots............ 40-53
   III. Zulässigkeit von Nichtigkeits- und Löschungsklagen......... 54
E. Vertragliche Abreden anlässlich
   der Auflösung des Arbeitsverhältnisses..................... 55-62
   I. Grundsatz.................. 55
   II. Ausgleichsquittung, Ausgleichsklausel.............. 56-62

A. Allgemeines

§ 26, der inhaltlich § 8 DVO 1943 entspricht, stellt klar, dass sich die Arbeitsvertragsparteien durch Beendigung des Arbeitsverhältnisses nicht einseitig von den durch das ArbEG begründeten gegenseitigen Rechten und Pflichten lösen können, diese vielmehr fortbestehen (z. vertraglichen Abrede s. unten Rz. 55 ff.). 1

Die Vorschrift umfasst (freie und gebundene) **Erfindungen** (§§ 2, 4) und **qualifizierte technische Verbesserungsvorschläge** (§ 20 Abs. 1), soweit diese während der rechtlichen Dauer des Arbeitsverhältnisses fertig gestellt (vgl. dazu Rz. 10 ff. zu § 4) worden sind. Sie gilt nicht für die über § 20 2

§ 26

Abs. 2 dem Anwendungsbereich des ArbEG entzogenen **einfachen technischen Verbesserungsvorschläge,** ferner nicht für die nach (wirksamer) Beendigung des Arbeitsverhältnisses gemachten Erfindungen und sonstigen technischen Neuerungen (s. aber auch Rz. 22). Die im Regierungsentwurf 1955 vorgesehene gesetzliche Vermutung, wonach eine innerhalb von 6 Monaten **nach Auflösung des Arbeitsverhältnisses angemeldete Erfindung** als während des Arbeitsverhältnisses zustande gekommen angesehen werden sollte[1], wurde im Gesetzgebungsverfahren als diskriminierend empfunden und ersatzlos gestrichen[2]; bei dieser 6-Monatsfrist war der Gesetzgeber sicherlich von der Überlegung ausgegangen, dass ein Erfinder wegen der Dynamik des technischen Fortschritts und der Gefahr schutzrechtshindernder Anmeldungen Dritter regelmäßig kurzfristig an einer prioritätssichernden Schutzrechtsanmeldung interessiert sein wird[2a] (zur tatsächlichen Vermutung s. Rz. 16 u. 18 zu § 4 u. hier Rz. 22).

Die Vorschrift gilt für alle **Arbeitnehmer im privaten und öffentlichen Dienst** (z. Arbeitnehmerstatus i. S. d. ArbEG s. Rz. 7 ff. zu § 1) und über § 41 auch für alle **Beamten und Soldaten.**

2.1 In den **neuen Bundesländern** findet § 26 auf alle ab 3.10.1990 fertig gestellten Erfindungen und qualifizierten technischen Verbesserungsvorschläge Anwendung (s. Einl. Rz. 31). Für Alterfindungen aus der Zeit vor dem Beitritt bleiben nach allgemeinen Grundsätzen des fortwirkenden DDR-Erfinderrechts die wechselseitigen Rechte und Pflichten der früheren Arbeitsvertragsparteien von der Auflösung des Arbeitsverhältnisses regelmäßig unberührt und gehen grundsätzlich auch auf die Erben über[2b].

B. Auflösung des Arbeitsverhältnisses

1. Auflösungsgründe

3 Der Begriff »Auflösung des Arbeitsverhältnisses« richtet sich mangels einer eigenständigen Regelung durch das ArbEG nach **allgemeinem Arbeitsrecht;** § 26 umfasst jede rechtliche Beendigung (s. dazu Rz. 10, 12 ff. zu § 4) des Arbeitsverhältnisses (als Dauerschuldverhältnis), gleichgültig aus welchen Gründen. Für Beamte gelten die allgemeinen beamtenrechtlichen Vorschriften (vgl. § 21 BRRG).

---

1   Vergleichbare Regelungen enthalten einige ausländische Gesetze, wie z.B. Art. 8 des norweg. Ges. über ArbNErf. v. 17.4.1970 (Blatt 1976, 179 f.); zur rechtshist. Entw. s. Volmer/Gaul Rz. 6 ff. zu § 26.
2   Ausschussber. zu BT-Drucks. II/3327 S. 8 f. = Blatt 1957, 254.
2a LG Mannheim v. 25.8.1989 Az. 7 O 83/89 (unveröffentl.).
2b Vgl. dazu Möller Die Übergangsbestimmungen f. ArbNErf. i. d. neuen Bundesländern (1996), S. 301 f. Von der vom Bestand d. Arb.Verh. unabhängigen Fortgeltung des DDR-Rechts geht im Ergebn. auch die Schiedsstelle aus, vgl. z.B. EV v. 6.10.1992 GRUR 1994, 608 – Trennvorrichtung.

§ 26

Als **Auflösungsgründe** kommen insbesondere in Betracht: wirksame ordentliche oder außerordentliche[3] Kündigung, Aufhebungsvertrag, Befristung (vgl. etwa § 41 Abs. 4 SGB VI), Zeitablauf, Anfechtung (§§ 119, 123 BGB), auflösende (rechtskräftige) Entscheidungen des Arbeitsgerichts (§§ 9 KSchG, 104 BetrVG).

Die Geltendmachung des Anspruchs des Arbeitnehmers auf **vorläufige Weiterbeschäftigung** nach ordentlicher Kündigung gem. § **102 Abs. 5 BetrVG** begründet bis zur rechtskräftigen Entscheidung des Kündigungsschutzprozesses **ein gesetzliches Arbeitsverhältnis,** welches durch die rechtskräftige Abweisung der Kündigungsschutzklage auflösend bedingt ist[4]. Die beiderseitigen Leistungen werden auf Grund des bisherigen Arbeitsverhältnisses von den Arbeitsvertragsparteien erbracht. Dementsprechend gelten die Rechte und Pflichten aus dem ArbEG unverändert weiter[5]. Wird dagegen ein gekündigter Arbeitnehmer während des Kündigungsschutzprozesses ohne Widerspruch des Betriebsrates nach § 102 Abs. 5 BetrVG **tatsächlich weiter beschäftigt,** ohne dass die Arbeitsvertragsparteien das gekündigte Arbeitsverhältnis einvernehmlich fortsetzen (etwa auf Grund einer Weiterbeschäftigungsverurteilung durch das Arbeitsgericht), so besteht **kein** (auch kein faktisches) **Arbeitsverhältnis**[6]. Erweist sich (nachträglich) die Kündigung als wirksam, hat für die beiderseitigen Leistungen kein Rechtsgrund bestanden[6]. Auch während dieser Zeit fertig gestellte Erfindungen stellen keine Diensterfindung im Sinne des ArbEG dar. Der Arbeitnehmer wird aber nach den Grundsätzen von Treu und Glauben (§ 242 BGB) gehalten sein, diese Erfindungen dem Arbeitgeber anzubieten, wenn sie überwiegend auf Mitteln, Erfahrungen oder Vorarbeiten des Arbeitgebers beruhen; hiernach bestimmt sich auch, ob und in welchem Umfang die Grundsätze des Anteilsfaktors (s. hierzu RL Nrn. 30 ff.) bei der Bemessung der Vergütungshöhe Berücksichtigung finden.

Beachtlich bleibt das durch § **12 KSchG** dem Arbeitnehmer gewährte **Wahlrecht** zwischen der Fortführung des bisherigen oder eines neuen, zwischenzeitlich mit einem Dritten begründeten Arbeitsverhältnisses[7]. Der Arbeitnehmer kann binnen 1 Woche nach Rechtskraft des Feststellungsurteils, dass das bisherige Arbeitsverhältnis durch die Kündigung des Arbeitgebers nicht aufgelöst ist, durch Erklärung gegenüber dem alten Arbeitgeber die Fortsetzung des Arbeitsverhältnisses bei diesem verweigern. Die

---

3 Vgl. BAG v. 8.2.1962 AP Nr. 1 zu § 611 – Erfinder m. Anm. Volmer; zu Erfindungen eines gekündigten Arbeitnehmers s. Gaul/Bartenbach GRUR 1979, 750, 751 ff.
4 BAG v. 12.9.1985 AP Nr. 7 zu § 102 BetrVG – Weiterbeschäftigung u.v. 10.3.1987 DB 1987, 1045, 1046.
5 Ebenso Volmer/Gaul Rz. 200 ff. zu § 1.
6 BAG v. 10.3.1987 (Fn. 4); vgl. auch LAG Düsseldorf v. 21.6.1974 DB 1974, 2112; zu den Rechtsbeziehungen während des Kündigungsschutzprozesses s. auch Dänzer-Vanotti DB 1985, 2610.
7 Vgl. hierzu allg. Brill DB 1983, 2519 ff.

§ 26

Wirkung dieser Erklärung besteht nach § 12 Satz 3 KSchG darin, dass das alte Arbeitsverhältnis im Zeitpunkt des Zugangs der Nichtfortsetzungserklärung erlischt[8]. Erfinderrechtlich treten mit diesem Zeitpunkt im Verhältnis zum bisherigen Arbeitgeber die Wirkungen des § 26 ArbEG ein; für die bis zu diesem Zeitpunkt geschaffenen Erfindungen gelten die Grundsätze über das Doppelarbeitsverhältnis (s. dazu Rz. 19 ff zu § 1)[9].

Zum Überleitungsanspruch des Arbeitgebers bei unterlassener Entwicklungstätigkeit während des rechtlich fortbestehenden Arbeitsverhältnisses s. unten Rz. 22 und Rz. 16 zu § 4 sowie Rz. 30 zu § 1.

6   Ausnahmsweise kann bei **Wegfall der Geschäftsgrundlage** (§ 313 BGB) ein Arbeitsverhältnis gegenstandslos werden, wenn der Zweck des Arbeitsverhältnisses erkennbar durch äußere Ereignisse endgültig oder doch für unabsehbare Zeit unerreichbar geworden ist[17]. Grundsätzlich führt der Wegfall der Geschäftsgrundlage nicht zur automatischen Beendigung des Arbeitsverhältnisses[18]. Bei einem Arbeitsverhältnis als Dauerschuldverhältnis werden bei Wegfall der Geschäftsgrundlage regelmäßig zugleich die Voraussetzungen für eine Kündigung aus wichtigem Grund (§ 626 BGB) gegeben sein[19].

7   Bei Beendigung des Arbeitsverhältnisses durch Tod des Arbeitnehmers (§ 613 Satz 1 BGB)[19a] gehen die Rechte und Pflichten aus dem ArbEG auf dessen **Erben** über, soweit es sich nicht um unübertragbare, höchstpersönliche Rechte (z.B. § 14 Abs. 2, § 27 Abs. 1) handelt[20] (s. i. übrigen Rz. 146 ff. zu § 1).

8   Der Tod des Arbeitgebers beendet dagegen das Arbeitsverhältnis grundsätzlich nicht, vielmehr tritt an dessen Stelle der Erbe als Gesamtrechtsnachfolger (§ 1922 BGB; s. Rz. 153 zu § 1). Gleiches gilt für sonstige Fälle der Rechtsnachfolge gem. §§ 25 HGB. Auch der Betriebsübergang nach § 613 a BGB lässt die bisherigen Arbeitsverhältnisse fortbestehen, beendet aber mit dem Zeitpunkt des Betriebsübergangs die arbeitsvertraglichen Beziehungen zwischen Arbeitnehmer und bisherigem Arbeitgeber[20a] (siehe dazu Rz. 114 ff. zu § 1).

9   Während der (rechtmäßige) **Streik** und die suspendierende **Aussperrung** den Bestand des Arbeitsverhältnisses unberührt lassen, führt die lösende

---

8   BAG v. 19.7.1978 AP Nr. 16 zu § 242 – Auskunftspflicht.
9   Vgl. Gaul/Bartenbach GRUR 1979, 750, 751 ff.
10-16 frei
17 Vgl. BAG v. 12.3.1963 u.v. 21.5.1963 AP Nrn. 5, 6 zu § 242 BGB – Geschäftsgrundlage.
18 BAG v. 5.4.1960 AP Nr. 3 zu § 242 BGB – Geschäftsgrundlage.
19 BAG v. 9.7.1986 AP Nr. 7 zu § 242 BGB – Geschäftsgrundlage.
19a Zu den arbeitsrechtl. Auswirkungen s. BAG v. 25.9.1996 ZIP 1997, 46.
20 Ausf. Bartenbach Mitt. 1982, 205 ff.
20a BAG v. 10.8.1994 BB 1995, 521, 522.

§ 26

Aussperrung durch den Arbeitgeber zur rechtlichen Beendigung des Arbeitsverhältnisses[21].
Die **Insolvenz** begründet keine Auflösung des Arbeitsverhältnisses (s. dazu § 27 ArbEG, dort insbes. Rz. 18).
Zu Einzelheiten des Ruhestandsverhältnisses siehe Rz. 77 ff. zu § 1.
Von der Auflösung des Arbeitsverhältnisses sind die Fälle der **Freistellung** (Suspendierung) des Arbeitnehmers zu unterscheiden, durch die der Arbeitnehmer lediglich von **arbeitsvertraglichen** Pflichten, vornehmlich der Pflicht zur Arbeitsleistung, entbunden wird.

II. Faktisches Arbeitsverhältnis

Erbringt der Arbeitnehmer ohne bzw. ohne wirksamen Arbeitsvertrag Arbeitsleistungen, so liegt ein faktisches Vertragsverhältnis vor, das von jeder Arbeitsvertragspartei nur mit Wirkung für die Zukunft aufgelöst werden kann. Die Geltendmachung von Nichtigkeits- und Anfechtungsgründen führt aber dazu, dass das »Arbeitsverhältnis« ex nunc beendet wird und damit die Rechtsfolge des § 26 auslöst (Einzelheiten siehe Rz. 11 ff. zu § 1).

III. Ruhen des Arbeitsverhältnisses

Nicht als Auflösung sind die Fälle des Ruhens des Arbeitsverhältnisses anzusehen. Dies gilt namentlich für Arbeitsverhältnisse bei Ableistung des **Wehrdienstes** (siehe dazu Rz. 89 f. zu § 1), des zivilen Ersatzdienstes (§ 78 ZErsDG), ferner bei Eignungsübung (§ 1 EignÜbgG) sowie Arbeitsverpflichtung (§ 15 ArbeitssicherstellungsG).

Keine Beendigung, sondern ein Ruhen des Arbeitsverhältnisses wird es in der Regel darstellen, wenn ein Arbeitnehmer mit seinem Einverständnis zu einer **Arbeitsgemeinschaft,** an der sein bisheriger Arbeitgeber beteiligt ist, abgeordnet wird und mit dieser ein (zweites) Arbeitsverhältnis eingeht, um nach dessen Beendigung das (erste) Arbeitsverhältnis wieder fortzuführen[29].

Macht der Arbeitnehmer in dieser Zeit eine Erfindung, unterliegt diese dem ArbEG. Für die Zuordnung der Erfindung gelten die Grundsätze über die Behandlung von Arbeitnehmererfindungen in **Doppelarbeitsverhältnissen** entsprechend (vgl. hierzu Rz. 19 ff. zu § 1)[30].

---

21 BAG (GS) v. 28.1.1955 AP Nr. 1 zu § 9 GG – Arbeitskampf; Schaub ArbRHdb. § 194 III 2, 3 m.w.N.
22-28 frei
29 Vgl. den Fall bei BAG v. 23.12.1971 AP Nr. 10 zu § 1 LohnFG m. Anm. Meisel u.v. 11.3.1975 AP Nr. 1 zu § 24 BetrVG 1972.
30 Abw. wohl Volmer GRUR 1978, 393, 402.
31-34 frei

§ 26

17 Bei der einverständlichen **Abordnung** eines Arbeitnehmers zu einem **Konzernunternehmen** oder einem auf sonstige Weise verbundenen Unternehmen hängt es von der getroffenen Absprache bzw. der Art (zeit-/projektbezogen) der Abordnung ab, ob ein Ruhen des bisherigen Arbeitsverhältnisses oder dessen Beendigung gewollt ist (zum Auslandseinsatz siehe Rz. 36 ff. zu § 1 und zu Leiharbeitnehmern Rz. 56 ff. zu § 1).

18 Da das Ruhen den rechtlichen Fortbestand des Arbeitsverhältnisses unberührt lässt, können auch die über das ArbEG hinausgehenden Rechte und Pflichten (Treue- und Fürsorgepflicht, weitergehende Geheimhaltungspflichten, Wettbewerbsverbot für Arbeitnehmer) grundsätzlich unverändert fortgelten.

C. Fortbestehen der Rechte und Pflichten aus dem ArbEG

I. Grundsatz

19 Für das Fortbestehen der Rechte und Pflichten aus dem ArbEG ist es **ohne Einfluss, aus welchen Gründen** das Arbeitsverhältnis aufgelöst wird; selbst wenn das Verhalten einer Arbeitsvertragspartei Anlass für eine außerordentliche Kündigung (§ 626 BGB) ist, berührt dies die Rechte und Pflichten beider Arbeitsvertragspartner aus dem ArbEG nicht; dies gilt namentlich für die Fortzahlung der Erfindervergütung, da diese keine freiwillige Leistung des Arbeitgebers, sondern die gesetzlich geschuldete Gegenleistung für die bereits erbrachte Erfindungsleistung des Arbeitnehmers ist[35].

20 Dieser Grundsatz gilt aber nur für die durch das ArbEG unmittelbar bis zur rechtlichen Beendigung des Arbeitsverhältnisses (s. dazu oben Rz. 3 f.) begründeten Rechte und Pflichten[36]; § 26 bezieht sich damit nicht auf solche **Erfindungen**, die erst **nach (wirksamer) Beendigung des Arbeitsverhältnisses** fertig gestellt worden sind (s. Rz. 1 f. zu § 4). Zur Übertragungspflicht bei unterlassener Forschungstätigkeit während des Arbeitsverhältnisses s. Rz. 22.

Die **Fortdauer sonstiger** mit dem Arbeitsverhältnis in Zusammenhang stehender **Rechte und Pflichten** richtet sich nach den hierfür geltenden Regeln (Gesetz, Tarifvertrag, Betriebsvereinbarung, Vertrag – über diese arbeitsrechtlichen Nachwirkungen vgl. unten Rz. 30 ff.).

II. Rechte und Pflichten

21 Da sich § 26 umfassend auf **alle** (»die«) **(materiellen) Rechte und Pflichten** aus dem ArbEG mit Ausnahme der §§ 19, 23 (s. dazu Rz. 25 f.) bezieht, hat

---

35 BAG (Fn.3); s. auch RAG v. 14.2.1940 ARS 39, 10, 21 f. m. Anm. Hueck.
36 Weitergehend Volmer/Gaul Rz. 45 zu § 26.

§ 26

der Arbeitnehmer auch nach seinem Ausscheiden insbesondere die während des bestehenden Arbeitsverhältnisses fertig gestellten Erfindungen (vgl. dazu Rz. 16 f. zu § 4) dem Arbeitgeber zu melden (§ 5) bzw. mitzuteilen (§ 18)[37].
Er ist ferner verpflichtet, den Arbeitgeber beim Schutzrechtserwerb zu unterstützen (§15 Abs. 2); er unterliegt – ebenso wie der Arbeitgeber – weiterhin der Geheimhaltungspflicht nach § 24.

Der Arbeitnehmer muss dem Arbeitgeber Unterlagen über eine unmittelbar **nach** seinem **Ausscheiden bewirkte Patentanmeldung** vorlegen, damit der Arbeitgeber selbst prüfen kann, ob es sich um eine Diensterfindung oder eine freie Erfindung handelt[38] (s. auch oben Rz. 2 sowie Rz. 14 zu § 18; zum Akteneinsichtsrecht des Arbeitgebers s. Rz. 16 zu § 4). 22

Hat der Arbeitnehmer es pflichtwidrig unterlassen, während der Dauer seines Arbeitsverhältnisses Überlegungen hinsichtlich einer ihm aufgetragenen technischen Verbesserung anzustellen, und erfindet er eine solche Verbesserung alsbald nach seinem Ausscheiden aus dem Arbeitsverhältnis, ist er, falls anzunehmen ist, dass er die Erfindung bei pflichtgemäßer Arbeitsleistung bereits während des Bestehens des Arbeitsverhältnisses gemacht hätte, aus dem rechtlichen Gesichtspunkt des Schadensersatzes wegen Pflichtverletzung (§ 280 Abs. 1, § 619a BGB) gehalten, dem früheren Arbeitgeber das von ihm auf die Erfindung angemeldete Schutzrecht zu übertragen[39]; s. auch Rz. 12, 16, 18 zu § 4 u. Rz. 30 zu § 1 sowie hier Rz. 2.

Gemäß § 26 hat der **Arbeitgeber** seine Vergütungspflichten weiter zu erfüllen (§§ 9, 10, 12, § 14 Abs. 3, § 16 Abs. 3, §§ 17, 20 Abs. 1); er bleibt zur Schutzrechtsanmeldung im Inland (§ 13) ebenso wie zur Freigabe für Schutzrechtsanmeldungen im Ausland (§ 14 Abs. 2) bzw. der Rechtsübertragung nach § 16 verpflichtet, ferner zur Information nach § 15 Abs. 1. 23

Dem Fortbestehen der Pflichten der jeweiligen Arbeitsvertragspartei entspricht das Bestehenbleiben hierauf bezogener bzw. sonstiger Rechte des Partners (z.B. für den Arbeitnehmer § 7 Abs. 2, § 8 Abs. 2, § 12 Abs. 4 u. 6; für den Arbeitgeber § 5 Abs. 2 u. 3; § 6 Abs. 1; § 7 Abs. 3; § 12 Abs. 5 S. 2, Abs. 6; § 14 Abs. 1; § 16 Abs. 2, 3; § 17). 24

III. Einschränkungen und Ausnahmen

Während für die freie Erfindung § 19 Abs. 1 Satz 1 die Anbietungspflicht des Arbeitnehmers auf die Dauer des Arbeitsverhältnisses beschränkt, richtet sich der Wegfall evtl. nicht im ArbEG begründeter Beschränkungen 25

---

37   Vgl. hierzu Gaul/Bartenbach GRUR 1979, 750 f.; Volmer/Gaul Rz. 53 ff. zu § 26.
38   OLG München v. 9.3.1967 Mitt. 1967, 237; LG Mannheim v. 25.8.1989 Az. 7 O 83/89 (unveröffentl.).
39   BGH v. 21.10.1980 GRUR 1981, 128 – Flaschengreifer.
40-46 frei

§ 26

der Verwertbarkeit einer **frei gewordenen Diensterfindung** ausschließlich nach arbeitsrechtlichen Grundsätzen (vgl. hierzu Rz. 51 ff. zu § 8).

26 Die Auflösung des Arbeitsverhältnisses hat zur Folge, dass sich keine Arbeitsvertragspartei auf die **Unbilligkeit** (§ 23) einer erst nach (rechtlicher) Beendigung des Arbeitsverhältnisses zustande gekommenen Vereinbarung berufen kann (s. Rz. 8.1 zu § 23) und dieses Recht auch für frühere Vereinbarungen gem. § 23 Abs. 2 erlischt, wenn es nicht bis zum Ablauf von sechs Monaten nach Beendigung des Arbeitsverhältnisses geltend gemacht worden ist (s. hierzu Rz. 29 ff. zu § 23).

27 Ggf. kann sich durch die Auflösung des Arbeitsverhältnisses ein Anspruch auf **Anpassung/Neuregelung der Vergütung gem. § 12 Abs. 6** dann ergeben, wenn die getroffene Vergütungsabrede an den Bestand des Arbeitsverhältnisses anknüpft, wie etwa bei einer Beförderung, Gehaltserhöhung oder sonstigen geldwerten Vorteilen zugunsten des Arbeitnehmers anstelle einer laufenden Vergütungszahlung[47] (Näheres siehe Rz. 109 zu § 12).

Dagegen verpflichtet die Auflösung des Arbeitsverhältnisses den Arbeitnehmer nicht, über § 12 Abs. 6 anstelle einer bisherigen laufenden, umsatzbezogenen Vergütung nunmehr einer **pauschalen Erfindervergütungsabgeltung** zuzustimmen[48].

28 Einem berechtigten Interesse des Arbeitgebers an einer Geheimhaltung seiner Abrechnungsunterlagen kann im Rahmen des **Auskunftsanspruchs,** der auch dem ausgeschiedenen Arbeitnehmer zusteht, durch den üblichen **Wirtschaftsprüfervorbehalt** (vgl. hierzu Rz. 173 f. zu § 12) Rechnung getragen werden.

29 In **verfahrensrechtlicher** Hinsicht bedarf es gem. § 37 Abs. 2 Nr. 3 nach Ausscheiden des Arbeitnehmers nicht mehr der Anrufung der Schiedsstelle vor Klageerhebung (s. dazu dort Rz. 17 f.); dies gilt uneingeschränkt auch für den Pensionär[49].

D. Fortbestehen sonstiger Rechte und Pflichten außerhalb des ArbEG

30 § 26 gilt nur für die Rechte und Pflichten aus dem ArbEG. § 25, der insbesondere die arbeitsvertraglichen Pflichten anspricht, macht diese nicht zu »Pflichten aus dem ArbEG« und wird deshalb von § 26 nicht mit umfasst, da ihm nur klarstellende Funktion ohne weitergehenden Regelungscharakter zukommt. Es ist daher im Einzelfall zu prüfen, ob und in welchem Umfang durch vertragliche Abreden bezüglich der Erfindungen und tech-

---

47 Vgl. Schiedsst. v. 13.10.1977 Blatt 1979, 221 u.v. 14.2.1966 Blatt 1967, 30.
48 A. A. Volmer Rz. 21 zu § 26; wie hier Volmer/Gaul Rz. 260 zu § 12 u. Rz. 123 zu § 26.
49 OLG Düsseldorf v. 26.5.1961 GRUR 1962, 193,194 – Ruhegehaltsempfänger.
50-60 frei

nischen Verbesserungsvorschläge weitergehende Rechte und Pflichten auch für die Zeit nach Beendigung des Arbeitsverhältnisses begründet wurden.

I. Nachwirkende Fürsorge- und Treuepflicht

Die arbeitsrechtliche Fürsorge- bzw. Treuepflicht (vgl. hierzu Rz. 11 ff., 28 ff. zu § 25) wirken nach Arbeitsvertragsende eingeschränkt fort[61].

Da sie sich wechselseitig bedingen, bildet sich die Treuepflicht des Arbeitnehmers in gleichem Maße wie die Fürsorgepflicht des Arbeitgebers zurück. Beschränken sich dessen Pflichten nunmehr im Wesentlichen auf Auskunftspflichten gegenüber dem Arbeitnehmer[62], so unterliegt auch der Arbeitnehmer nur noch minimalen Anstands- und Rücksichtnahmepflichten[63].

So ist der Arbeitnehmer grundsätzlich nicht verpflichtet, über seine **Mitwirkungspflicht** nach § 15 Abs. 2 hinausgehend, nach Ausscheiden an der Belebung technischer Probleme, die sich bei der Nutzung seiner Erfindung ergeben, mitzuwirken (s. hierzu Rz. 33 zu § 15); ebenso wenig besteht regelmäßig eine Unterstützungspflicht bei der Verteidigung erlangter Schutzrechte gegen Nichtigkeits- und Löschungsklagen, es sei denn, Mitwirkungsakte des Arbeitnehmers als Erfinder sind nach der jeweiligen nationalen Rechtsordnung zwingend vorgeschrieben. Bei Ausscheiden hat der Arbeitnehmer in seinen Besitz gelangte **Arbeitsmittel und Geschäftsunterlagen** grundsätzlich **herauszugeben**[64]. Dagegen ist es zu weitgehend, die Verletzung der Mitteilungspflicht des § 16 Abs. 1 nach Ende des Arbeitsverhältnisses zugleich als Verstoß gegen eine nachvertragliche Fürsorgepflicht anzusehen[65] (vgl. auch Rz. 3 zu § 25).

31

32

33

---

61 Vgl. BAG v. 27.2.1958 AP Nr. 1 zu § 242 BGB – Nachvertragl. Treuepflicht u.v. 10.7.1959 NJW 1959, 2011, 2012; BGH v. 14.7.1964 GRUR 1965, 135, 137 – Vanal-Patent.
62 Vgl. BAG v. 10.7.1959 (Fn. 61).
63 BAG v. 11.12.1967 AP Nr.4 zu § 242 BGB – nachvertragl. Treuepflicht.
64 So wohl im Ergebnis BGH v. 21.12.1989 GRUR 1990, 515 – Marder m.H.a. ArbG Marburg DB 1989, 2041 u. Schaub ArbRHdb. § 151 – dort auch zum berechtigten Verweigern der Herausgabe wegen vergütungsrechtl. Auskunftsanspruchs.
65 So aber OLG Frankfurt v. 19.12.1991 GRUR 1993, 910, 911 – Bügelverschließmaschinen.
66-69 frei

§ 26

II. Nachvertragliche Geheimhaltungs- und Wettbewerbsverbotspflichten des Arbeitnehmers

1. Grundsatz

34 Die wettbewerbsrechtliche Verpflichtung eines Arbeitnehmers, Betriebsgeheimnisse zu wahren und sie nicht zu verwerten, besteht grundsätzlich nur für die Dauer des Dienstverhältnisses. Mit dessen Beendigung entfällt für ihn nicht nur das allgemeine Wettbewerbsverbot des § 60 HGB, sondern – gemäß einem Rückschluss aus § 17 UWG – auch die Verpflichtung zur Geheimhaltung der ihm auf Grund seines Arbeitsverhältnisses auf redliche Weise bekannt gewordenen Betriebsgeheimnisse[70]. Neben dem Rückschluss aus § 17 UWG spricht hierfür auch der Aspekt, dass eine sichere Abgrenzung von Geheimnis und Erfahrungswissen nur schwer möglich ist[71]. Im Grundsatz ist davon auszugehen, dass der Arbeitnehmer mangels Absprache nicht gehindert ist, seine **rechtmäßig erlangten beruflichen Kenntnisse und Erfahrungen** nach Ausscheiden zu **offenbaren und zu verwerten**[72] und dabei auch zu seinem früheren Arbeitgeber in Wettbewerb zu treten (zur Verwertung von erfinderischen Beiträgen aus dem früheren Arbeitsverhältnis s. aber Rz. 12 zu § 4).

Will der Arbeitgeber dies verhindern, bleibt es ihm unbenommen, entsprechende **nachvertragliche Geheimhaltungs- und/oder Wettbewerbsabreden** zu treffen (s. dazu Rz. 38 f., 40 ff.). Ohne solche Regelungen oder nach Verzicht des Arbeitgebers auf eine nachvertragliche Wettbewerbsabrede (§ 75 a HGB) unterliegt der ausgeschiedene Arbeitnehmer nur den allgemeinen wettbewerbsrechtlichen und sonstigen zivilrechtlichen Schranken; für ihn gelten die gleichen allgemeinen Schranken wie für jeden belie-

---

70 BGH v. 19.11.1982 GRUR 1983, 179, 181 – Stapel-Automat; OLG München v. 6.2.1992 Az. 6 U 2295/91 (unveröffentl.).
71 BGH v. 3.5.2001 GRUR 2002, 91, 92 – Spritzgießwerkzeuge; gegen BAG NJW 1983, 134, 135 u. NJW 1988, 1686, 1687, das auch ohne bes. Vereinbarung eine nachwirkende Verschwiegenheitspflicht für Geschäfts- u. Betriebsgeheimnisse annimmt; wie BGH Kraßer GRUR 1977, 177, 186.
72 BAG v. 11.12.1967 (Fn. 63), v. 15.6.1993 NZA 1994, 502, 504 u. v. 19. 5. 1998 NZA 1999, 200 (betr. Entwicklungsleiter); BGH v. 16.11.1954 AP Nr. 1 zu § 60 HGB – Anreißgerät m. Anm. Hueck; v. 15.5.1955 AP Nr. 1 zu § 17 UWG m. Anm. Volmer; v. 3.5.2001 (Fn. 71); ArbG Siegburg v. 9.8.1978 BB 1979, 166; einschränkend z. Betriebsgeheimnissen, die nicht integrierter Bestandteil einer Diensterfindung sind, Vollrath GRUR 1987, 670 ff.; z. nachvertragl. Verschwiegenheitspflicht vgl. insbes. Röpke Arbeitsverh. u. ArbNErf. S. 46 ff.; Gaul NZA 1988, 225 ff. u. ders. in Volmer/Gaul Rz. 65 zu § 26; Mes GRUR 1979, 548 ff.; Depenheuer Mitt. 1997, 1, 2 ff; Mautz/Löblich MDR 2000, 67 ff.; z. techn. Verbesserungsvorschlag s. auch Westhoff RdA 1976, 353, 357; einschränkend z. qual. techn. Verbesserungsvorschlag Johannesson Anm. 3 zu § 26.

§ 26

bigen Dritten[72a]. Das Fehlen einer solchen Vereinbarung kann ein Indiz für das Nichtvorhandensein eines Geheimhaltungsinteresses des früheren Arbeitgebers sein.[72b]

Soweit Geschäfts- und Betriebsgeheimnisse über § 17 UWG hinaus dem Schutzbereich des § 823 BGB unterliegen (s. dazu Rz. 42 zu § 24), ergibt sich u.E ein über das Arbeitsverhältnis hinfort dauerndes Offenbarungs- und Verwertungsverbot. Gleiches gilt für Erfindungen und sonstige noch nicht offenkundige schöpferische Leistungen Dritter einschließlich Miterfinderbeiträgen, etwa unter dem Aspekt des aus § 6 PatG folgenden Immaterialgüterrechts an einer Erfindung als sonstiges Recht i.S.d. § 823 Abs. 1 BGB[72c] (vgl. dazu Rz. 25 zu § 7). Zu vergütungsrechtlichen Konsequenzen s. aber auch Rz. 15 zu § 20; zur betriebsgeheimen Erfindung s. Rz. 36.

Eine **allgemeine Schranke** bilden die in den §§ 1, 17, 18 UWG, §§ 242, 823, 826 BGB (ggf. in Verbindung mit den jeweiligen Schutzgesetzen) zum Ausdruck gekommenen Maßstäbe. So kann dem Arbeitnehmer ein Nutzungsrecht u.a. dann verwehrt sein, wenn er in einer gesetz- oder sittenwidrigen Weise seine Kenntnisse erlangt hat oder die Ausnutzung sich nach den besonderen Umständen des Einzelfalles als unlautere Wettbewerbshandlung, treuwidriges Verhalten oder als schuldhafte Schädigung darstellt[73] (vgl. auch Rz. 38 ff. zu § 24). Soweit unter Beachtung dieser allgemeinen Schranken die Verwertung von Betriebsgeheimnissen zulässig ist, ist erst recht die Verwertung allgemeiner beruflicher Kenntnisse und beruflichen Erfahrungswissens gestattet[73a].

35

Die Nutzung eines auf redliche Weise erfahrenen **Betriebsgeheimnisses** kann dann **wettbewerbswidrig** nach § 1 UWG sein, wenn ein Arbeitnehmer schon während seines Beschäftigungsverhältnisses damit beginnt, über eine bloß organisatorische Vorbereitung seines späteren Konkurrenzunternehmens hinaus konkrete Maßnahmen zu ergreifen, die auf die Verwertung dieser Betriebsgeheimnisse in zu missbilligender Weise ausgerichtet sind, wie etwa das parallele Anlaufenlassen des Konstruktions- und Herstellungsprozesses, das Verleiten von Mitarbeitern seines Arbeitgebers zum Vertragsbruch und/oder der Missbrauch seiner Vertrauensstellung bei der Ausnutzung von Geschäftsverbindungen seines Arbeitgebers zur Beschaffung eigener Produktionsmittel[74]. Gleiches gilt, wenn ein Arbeitnehmer in

---

72a OLG München v. 6.2.1992 (Fn. 70).
72b BGH v. 3.5.2001 (Fn. 71), 94.
72c Vgl. BGH v. 17.1.1995 Mitt. 1996, 16, 17 – Gummielastische Masse.
73 Vgl. BGH v. 28.3.1977 AP Nr.28 zu § 611 BGB – Konkurrenzklausel; v. 21.12.1962 GRUR 1963, 367, 369 f. – Industrieböden u.v. 19.11.1982 (Fn. 70); ArbG Siegburg (Fn. 72); s. auch BGH v. 18.2.1977 GRUR 1977, 539, 541 – Prozessrechner u.v. 16.11.1954 (Fn. 72); BAG v. 5.10.1982 AP Nr. 42 zu § 74 HGB.
73a Vgl. BAG v. 15.6.1993 (Fn. 72), 505.
74 BGH v. 19.11.1982 (Fn. 70).

1021

§ 26

einer Vertrauensstellung während des bestehenden Arbeitsverhältnisses Entwicklungsergebnisse seinem Arbeitgeber vorenthält, um sie später selbst in seine Konkurrenzproduktion einzuarbeiten und somit einen Wettbewerbsvorsprung auf dem Markt zu erringen[75].

Unredlich kann der Erwerb der Kenntnis eines Betriebsgeheimnisses auch dann sein, wenn dies durch eine nicht im Rahmen der dienstvertraglichen Tätigkeit liegende Beschäftigung mit Konstruktionsunterlagen geschieht, sei es durch Zuhilfenahme technischer Mittel, sei es auch durch Anfertigung von Zeichnungen oder bloßes Sich-Einprägen derart, dass der Arbeitnehmer imstande ist, nach seinem Ausscheiden aus dem Unternehmen hiervon Gebrauch zu machen[74]. Dabei dürfen die Anforderungen an den Nachweis des unredlichen Erwerbs nicht überspannt werden[76].

36 § 24 Abs. 2 ArbEG (für die Geheimhaltungspflicht) sowie die §§ 74 ff. HGB, 90 a HGB, 133 f. GewO und 5 Abs. 1 und 19 BBiG (für das Wettbewerbsverbot) zeigen, dass Kenntnisverwertung und Wettbewerb durch den Arbeitnehmer keine aus sich heraus zu missbilligenden Tatbestände darstellen, der ausgeschiedene Arbeitnehmer also zur weitergehenden Geheimhaltung sowie zur Unterlassung von Wettbewerb grundsätzlich nicht verpflichtet ist[78].

Eine Nachwirkung vertraglicher Pflichten kann, ohne diese gesetzgeberische Entscheidung zu entwerten, nur in einem eng begrenzten Umfang angenommen werden. Soweit sich für die Berufsausübung aus nachwirkenden Treuepflichten überhaupt Grenzen ergeben können, können diese **nur auf einzelne treuwidrige Verhaltensweisen** bezogen sein, nicht aber auf eine den Wettbewerbsinteressen des alten Arbeitgebers zuwiderlaufende Tätigkeit schlechthin[78a].

36.1 Die über das Arbeitsvertragsende hinaus andauernde **Erfindervergütungszahlung** durch den früheren Arbeitgeber begründet für sich allein keine (nachvertragliche) Geheimhaltungspflicht und kein Wettbewerbsverbot[79]. Erfindervergütungen werden nicht dafür gezahlt, dass der Arbeitnehmer nach seinem Ausscheiden keinen Wettbewerb gegenüber seinem früheren Arbeitgeber betreibt, sondern dafür, dass die Erfindungen auch nach seinem Ausscheiden beim Arbeitgeber verbleiben und dieser daraus

---

75 BAG v. 16.3.1982 BB 1982, 1792, 1794 = AP Nr. 1 zu § 611 BGB – Betriebsgeheimnis.
76 BGH v. 21.12.1989 (Fn. 64); v. 19.11.1982 (Fn. 70).
77 frei
78 Vgl. BGH v. 28.3.1977 (Fn. 73).
78a BAG v. 15.6.1993 NZA 1994, 502, 505 m.w.N.; Buchner Wettbewerbsverbot S. 18; vgl. auch BAG v. 11.12.1967 AP Nr. 4 zu § 242 BGB – nachvertragliche Treuepflicht.
79 OLG München v. 6.2.1992 Az. 6 U 2295/91 (unveröffentl.); vgl. Riemschneider/Barth Anm. 2 zu § 8 DVO 1943 m.H.a. ArbG Frankfurt v. 16.10.1936 ARS 32, 204, 297 f. mit zust. Anm. Hueck; unklar Reimer/Schade/Schippel/Kaube Rz. 7 zu § 26.

§ 26

Nutzen zieht[80]. Wirkt sich eine (zulässige) Wettbewerbstätigkeit des ausgeschiedenen Arbeitnehmers auf die Verwertung der Diensterfindung bei dem früheren Arbeitgeber aus, kann dieser ggf. eine Änderung der Vergütungsregelung nach § 12 Abs. 6 verlangen.

Nimmt der (ausgeschiedene) Arbeitnehmer – etwa unter Verstoß gegen eine entsprechende Abrede – unzulässige Wettbewerbshandlungen vor, können sich hieraus Gegenansprüche des Arbeitgebers ergeben, mit denen er gegenüber Vergütungsansprüchen des Arbeitnehmers aufrechnen kann. Auf Entstehen und Umfang der Erfindervergütungsansprüche und die den Arbeitgeber in diesem Zusammenhang treffende Auskunftspflicht ist dies jedoch ohne Belang[81].

Bei einer **betriebsgeheimen Erfindung** (§ 17) wirkt die Anerkennung der Schutzfähigkeit über die rechtliche Beendigung des Arbeitsverhältnisses hinaus. Zugleich hat der Arbeitnehmer den Erfindungsgegenstand zur Sicherung dieses Betriebsgeheimnisses weiterhin geheim zu halten, d.h. er darf ohne Absprache mit dem Arbeitgeber die Erfindung weder offenbaren noch verwerten. Stellt sich später die mangelnde Schutzfähigkeit heraus und entfallen die Bindungswirkungen des Anerkenntnisses nach § 17 Abs. 1, 2 (zur Streitfrage s. Rz. 35 ff. zu § 17), handelt es sich also um ein bloßes Arbeitsergebnis, gelten die oben dargestellten allgemeinen Grundsätze (s. Rz. 34 ff.). 36.2

Zur **Schadensberechnung bei wettbewerbswidriger Ausnutzung** eines Betriebsgeheimnisses durch den Arbeitnehmer gelten die gleichen Grundsätze wie bei wettbewerbsrechtlich unzulässigen Nachahmungen. Insbesondere kann der Arbeitgeber den entstandenen Schaden im Wege der Lizenzanalogie berechnen, also solche Lizenzgebühren verlangen, die bei einer Lizenzvergabe erzielt worden wären[89]. Bei einer unzulässigen Offenbarung gelten die allgemeinen Grundsätze zur Schadensberechnung, so dass der Arbeitgeber im Regelfall einen konkreten Schadensnachweis führen muss. 37

2. Geheimhaltungsabrede

Die grundsätzliche Offenbarungs- und Wettbewerbsfreiheit des Arbeitnehmers kann für die Zeit nach Beendigung des Arbeitsverhältnisses durch **besondere Vereinbarung** eingeschränkt werden[90]. 38

---

80 OLG München v. 6.2.1992 (Fn. 79).
81 OLG München v. 6.2.1992 (Fn. 79).
82–88 frei
89 BAG v. 24.6.1986 DB 1986, 2289 = AP Nr. 4 zu § 611 BGB – Betriebsgeheimnis.
90 Vgl. dazu BAG v. 16. 3. 1982 AP Nr. 1 zu § 611 BGB-Betriebsgeheimnis; u. v. 15.12.1987 AP Nr. 5 zu § 611 BGB-Betriebsgeheimnis; BVerfG v. 10.10.1989 AP Nr. 5 a zu § 611 BGB-Betriebsgeheimnis; vgl. auch OGH Wien v. 27. 4. 1995

§ 26

Ein **vertragliches Geheimhaltungsgebot** unterliegt grundsätzlich nicht den besonderen Wirksamkeitsvoraussetzungen der §§ 74 ff. HGB; insbesondere bedarf es also keiner Karenzentschädigungszusage des Arbeitgebers[91], es sei denn, es kommt in seinen Auswirkungen einem Wettbewerbsverbot gleich[92]. Nach der Auffassung des BAG kann ein Arbeitnehmer auch ohne ausdrücklichen Geheimhaltungsvertrag im Einzelfall auf Grund der Nachwirkung des Arbeitsvertrages verpflichtet sein, ein Betriebsgeheimnis weiter zu wahren[93].

39 Besteht eine **nachvertragliche Verschwiegenheitspflicht**, beschränkt sich diese auf die Pflicht zur Unterlassung der Handlungen, in denen eine Verletzung der Verschwiegenheitspflicht liegt; sie ist begrenzt auf das **Verbot** einer Verwertung durch **Weitergabe der geheimzuhaltenden Tatsachen**[94] und besteht nur solange und soweit die Geheimhaltung durch berechtigte betriebliche Interessen des früheren Arbeitgebers gedeckt ist[94a]. So kann der ausgeschiedene Arbeitnehmer gehalten sein, betriebsgeheime Kenntnisse nicht zu veräußern; die Verschwiegenheitspflicht umfasst jedoch **nicht** ein entschädigungsloses **Verbot der Nutzung** des eigenen Erfahrungswissens, das ihm bei seiner Tätigkeit bekannt geworden ist, weil dann die Grenze zum Wettbewerbsverbot überschritten würde. Dieses Erfahrungswissen ist als solches kein Geschäftsgeheimnis des früheren Arbeitgebers[95] und kann solange genutzt werden, als es nicht offenkundig wird[96].

Im Rahmen einer Geheimhaltungsabrede muss der Arbeitnehmer betriebliches Know-how solange geheim halten, als auch der Arbeitgeber dies als Betriebsgeheimnis behandelt bzw. bis das Know-how offenkundig wird.

Ein Verstoß gegen eine Geheimhaltungsabrede macht den Arbeitnehmer schadensersatzpflichtig (§ 280 Abs. 1, § 619a BGB).

3. Vereinbarung eines Wettbewerbsverbotes

40 Nach dem Obengesagten (Rz. 34 ff.) kann die Wettbewerbstätigkeit des Arbeitnehmers für die Zeit nach Auflösung des Arbeitsverhältnisses in der

---

GRUR Int 1997, 50 – Folienproduktionsverfahren; Gaul NZA 1988, 325 ff; Depenheuer Mitt. 1997, 1, 4 f.
91 BAG v. 16.3.1982 (Fn. 90); LAG Berlin v. 28.10.1985 BB 1986, 1159; a.A. LAG Hamm v. 16.4.1986 DB 1986, 2087.
92 LAG Hamm v. 16.4.1986 (Fn. 91).
93 BAG v. 15. 12. 1987 NZA 1988, 503 f. ablehnend BGH v. 3.5.2001 GRUR 2002, 91, 92 – Spritzgießwerkzeuge.
94 BAG v. 15.6.1993 NZA 1994, 502, 505; vgl. auch Depenheuer (Fn. 90).
94a BAG v. 19. 5. 1998 NZA 1999, 200; LAG Hamm v. 5. 10. 1988 DB 1989, 783.
95 BAG v. 15.6.1993 (Fn. 94).
96 S. auch Bauer/Diller Wettbewerbsverbote, 1999, Rz. 151 ff.
97-99 frei

§ 26

Regel nur durch vertragliche Vereinbarungen eingeschränkt werden. Hierbei handelt es sich um einen gegenseitigen Vertrag, bei dem die diesbezüglichen Regeln über Leistungsstörungen Anwendung finden[100]. Wird arbeitsvertraglich ein Wettbewerbsverbot vereinbart, so soll dies im Zweifel nicht mit Beginn des Ruhestandes des Arbeitnehmers außer Kraft treten[101].

Grundsätzlich ist es möglich, ein Wettbewerbsverbot auf einzelne selbständige und/oder abhängige, gewerbliche Tätigkeiten ebenso wie auf einmalige bestimmte Handlungen bzw. Tätigkeiten zu beziehen[102]. 41

Gesetzliche Regelungen hinsichtlich nachvertraglicher Wettbewerbsvereinbarungen enthalten die §§ 74 ff. HGB für kaufmännische und § 133 f. GewO für technische Angestellte. Derartige Vereinbarungen sind gem. § 5 Abs. 1, § 19 BBiG mit Volontären und Auszubildenden sowie mit Minderjährigen (§ 133 f. Abs. 2 GewO) nicht möglich. 42

Da diesen Bestimmungen der allgemeine Gedanke zugrunde liegt, dem Arbeitnehmer nach Beendigung des Arbeitsvertrages die Entfaltungsfreiheit hinsichtlich seiner gewerblichen Tätigkeit zu gewährleisten[103], ist die Rechtsprechung dazu übergegangen, die gemäß § 75 d Satz 1 HGB zwingenden Bestimmungen der §§ 74 ff. HGB analog auf sonstige Arbeitnehmer, die nicht kaufmännische Angestellte sind, anzuwenden[104]. 43

Daher unterliegen Wettbewerbsabreden nicht nur den **strengen Formbestimmungen** des § 74 Abs. 1 HGB, sondern können auch nur für die Dauer von höchstens zwei Jahren nach Dienstvertragsbeendigung vereinbart werden (§ 74 a Abs. 1 Satz 3 HGB) und sind nur gegen **Karenzentschädigung** verbindlich (§ 74 Abs. 2 HGB, Ausnahme § 75 b HGB). 44

Darüber hinaus unterliegt das Wettbewerbsverbot zahlreichen **Zulässigkeitsschranken** (vgl. § 74 a HGB). So ist es nur verbindlich, soweit es dem Schutz berechtigter geschäftlicher Interessen des Arbeitgebers dient (§ 74 a Abs. 1 Satz 1 HGB) und das berufliche Fortkommen des Arbeitnehmers nach Ort, Zeit und Gegenstand nicht unbillig erschwert (§§ 74 a Abs. 1 Satz 2 HGB, 133 f. GewO). 45

An einem **berechtigten Unternehmensinteresse** wird es fehlen, wenn der Arbeitnehmer an der Verwertung solcher Erfindungen gehindert werden soll, deren Gegenstand der Arbeitgeber nicht (mehr) nutzt und die für seine geschäftlichen Aktivitäten bedeutungslos (geworden) sind bzw. darüber hinausgehen. Eine unbillige Erschwerung kann regelmäßig bejaht werden, wenn dem Arbeitnehmer die Ausübung seines Berufes unmöglich 46

---

100 Ständ. RSpr. BAG, z.B. v. 10.9.1985 AP Nr. 49 zu § 74 HGB.
101 BAG v. 30.10.1984 AP Nr. 46 zu § 74 HGB.
102 Schaub ArbRHdb § 58 IV 1 m.w.N.; vgl. auch BAG v. 19.1.1961 GRUR 1961, 475 – Friseurkopf.
103 BAG v. 28.3.1977 AP Nr. 28 zu § 611 BGB – Konkurrenzklausel.
104 BAG v. 13.9.1969 u. 26.11.1971 AP Nrn. 24, 26 zu § 611 BGB-Konkurrenzklausel; v. 16.5.1969 AP Nr. 23 zu § 133 GewO; v. 2.5.1970 AP Nr. 26 zu § 74 HGB u.v. 27.9.1983 AP Nr. 2 zu § 75 f. HGB; v. 9.1.1990 BAGE 64, 1.

§ 26

gemacht[105] oder jede Beschäftigung in Konkurrenzunternehmen untersagt wird, obschon eine partielle Beschränkung auf gewisse Tätigkeiten oder räumliche Bereiche ausreichend wäre[106].

47 Dem Arbeitnehmer kann auch nicht pauschal jegliche **Forschungs- und Entwicklungsarbeit** in unselbständiger Stellung verboten werden, zumal wenn sie auch Bereiche außerhalb des Geschäftszweiges des früheren Arbeitgebers umfasst.

48 Selbst im Geschäftsbereich des früheren Arbeitgebers kann dem ausgeschiedenen Arbeitnehmer durch eine solche Abrede nicht die **Erarbeitung neuer Forschungsergebnisse** und deren Weiterentwicklung bis zur Stufe der industriellen Verwertbarkeit untersagt werden, da er erst durch die Verwertung dieser Forschungs- und Entwicklungsergebnisse mittelbar oder unmittelbar in Wettbewerb zum früheren Arbeitgeber treten würde (§§ 74 a Abs. 1 S. 1 HGB bzw. 138 BGB)[107].

49 Der Arbeitnehmer ist auch nicht gehindert, diese Ergebnisse **zum Schutzrecht anzumelden** und sie nach Ablauf der Karenzfrist zu nutzen (zulässige Vorbereitungshandlungen; s. aber auch Rz. 12 zu § 4).

50 Macht der ausgeschiedene Arbeitnehmer beim neuen Arbeitgeber im Rahmen einer nach dem Wettbewerbsverbot grundsätzlich zulässigen Betätigung eine Erfindung, deren Verwertung eine unter das Wettbewerbsverbot fallende Konkurrenztätigkeit erst begründen würde, stellt dies keinen Verstoß gegen die Wettbewerbsvereinbarung dar[108].

51 Ein (zulässiges) Wettbewerbsverbot kann den Arbeitnehmer nur hindern, die untersagte Wettbewerbstätigkeit auszuüben. Ein Verstoß berechtigt den bisherigen Arbeitgeber nur zu **Unterlassungs- und Schadensersatzansprüchen**. Dagegen begründet das Wettbewerbsverbot als solches keine **Mitteilungs- und Anbietungspflicht**[109] des Arbeitnehmers bzw. ein Inanspruchnahmerecht des früheren Arbeitgebers hinsichtlich der unter Verstoß gegen das Verbot verwendeten Erfindungen.

52 Da auch die Nichtbeachtung des Wettbewerbsverbotes die Wirksamkeit eines neuen Arbeitsvertrages nicht berührt, bestimmen sich die Rechte und Pflichten an nunmehr fertig gestellten Erfindungen ausschließlich im **Verhältnis zum neuen Arbeitgeber**[110].

53 Ein **kollusives Zusammenwirken** des neuen Arbeitgebers mit dem vertragsbrüchigen Arbeitnehmer löst allenfalls Unterlassungs- und Schadensersatzansprüche des früheren Arbeitgebers auch gegenüber dem neuen Ar-

---

105 Vgl. BAG (Fn. 102) S. 476.
106 Vgl. Schaub ArbRHdb. § 58 III 10.
107 EG-Komm. v. 26.7.1976 GRUR-Int. 1977, 130, 133 – Reuter/BASF m. Bespr. Neumann RIW/AWD 1977, 196, 198 ff.; vgl. auch Gaul NJW 1961, 1509, 1512.
108 Gaul (Fn. 107).
109 A.A. Röpke Arbeitsverh. u. ArbNErf. S. 78.
110 Gaul/Bartenbach GRUR 1979, 750, 751.
111-116 frei

§ 26

beitgeber aus (§§ 823, 826, 1004 BGB); ein Zugriff auf die Erfindungen bleibt dem früheren Arbeitgeber dagegen verwehrt (vgl. aber Rz. 29 f. zu § 1).

III. Zulässigkeit von Nichtigkeits- und Löschungsklagen

Für Nichtigkeitsklagen gegen ein Patent und Löschungsklagen gegen ein Gebrauchsmuster der früheren Arbeitsvertragsparteien gelten weitgehend die gleichen Grundsätze wie während eines bestehenden Arbeitsverhältnisses (Einzelheiten s. Rz. 42 ff. zu § 25)[117].

54

E. Vertragliche Abreden anlässlich der Auflösung des Arbeitsverhältnisses

I. Grundsatz

Wie § 22 Satz 2 zeigt, sind die Arbeitsvertragsparteien (nach Erfindungsmeldung) frei darin, anlässlich der Auflösung des Arbeitsvertrages Abreden über die zukünftige Handhabung der Rechte und Pflichten aus dem ArbEG für die während der Dauer des Dienstverhältnisses gefertigten Erfindungen zu treffen[118]. Kommt diese Vereinbarung vor der rechtlichen Beendigung des Arbeitsverhältnisses zustande, unterliegt sie der Unbilligkeitskontrolle nach § 23[118a]; nach Ablauf der Ausschlussfrist des § 23 Abs. 2 verbleibt es für diese Vereinbarungen ebenso wie für die nach Arbeitsvertragsende getroffenen Abreden bei den allgemeinen Vertragsgrundsätzen, insbesondere der Schranke des § 138 BGB[118b] (s. Rz. 8.1 zu § 23).

55

Erstreckt sich die bei oder nach Beendigung des Arbeitsverhältnisses getroffene Abrede (ausschließlich) auf zukünftige, nach rechtlicher Beendigung des Arbeitsverhältnisses vom Arbeitnehmer fertig gestellte Erfindungen, greifen die §§ 22, 23 nicht ein, da sich die Regelung auf einen Zeitraum bezieht, der nicht mehr dem Anwendungsbereich des ArbEG unterliegt (vgl. § 1 sowie dort Rz. 77 ff.); zudem handelt es sich bei den nach Beendigung des Arbeitsverhältnisses fertig gestellten Erfindungen um freie, nicht dem ArbEG unterworfene Erfindungen.[118c]

---

117 Vgl. BGH v. 14.7.1964 GRUR 1965, 135, 137 – Vanal-Patent.
118 Vgl. auch Bauer, Aufhebungsverträge, Rz. 89.
118a Ebenso Tschöpe CR 1995, 611, 616; Reimer/Schade/Schippel/Kaube Rz. 4 zu § 23; a.A. Bauer, Aufh.verträge Rz. 609.
118b Vgl. z. entspr. österr. Recht OGH Wien v. 27.11.1984 GRUR Int. 1986, 62 – Fackelgas – Rückgewinnungsanlage.
118c Vgl. aber auch BAG v. 3.5.1994 BB 1994, 2282 z. karenzschädigungslosen, vor Arbeitsvertragsende vereinbarten, nachvertraglichen Wettbewerbsverbot; kritisch hierzu Bauer, Aufh.verträge Rz. 576.

§ 26

II. Ausgleichsquittung, Ausgleichsklausel

56 Als zulässig wird anerkannt, dass der **Arbeitnehmer** vertraglich auf seine gesetzlichen und sonstigen Rechte im Zusammenhang mit seinen Erfindungen und technischen Verbesserungsvorschlägen verzichtet (s. Rz. 21 zu § 23). Dies kann auch im Rahmen einer Ausgleichsquittung bzw. einer Ausgleichsklausel geschehen[119].

57 Üblicher Inhalt einer **Ausgleichsregelung** ist die »Bestätigung« einer oder beider Arbeitsvertragsparteien, »keine Ansprüche aus dem Arbeitsverhältnis und seiner Beendigung mehr zu haben«.

58 Diese Klauseln sollen im Interesse des Rechtsverkehrs klare Verhältnisse schaffen und künftigen Streitigkeiten vorbeugen[120]. Bei der **Auslegung** ist nach §§ 133, 157 BGB nicht allein am Wortlaut der Erklärung zu haften, sondern es sind alle tatsächlichen Begleitumstände der Erklärung zu berücksichtigen, die für die Frage von Bedeutung sein können, welchen Willen der unterzeichnende Arbeitnehmer bei seiner Erklärung gehabt hat und wie die Erklärung vom Arbeitgeber als Empfänger zu verstehen war; dabei muss sich nach dem Wortlaut der Erklärung und den Begleitumständen klar ergeben, dass und in welchem Umfang der Arbeitnehmer ihm bekannte oder mögliche Ansprüche aufgibt[121]. Die **Rechtsprechung des BAG**[121] läuft in der Praxis darauf hinaus, dass mit dem Anerkenntnis, keine Ansprüche aus dem Arbeitsverhältnis mehr zu haben, lediglich der Empfang der Arbeitspapiere quittiert und möglicherweise die Richtigkeit der Lohnberechnung anerkannt wird, jedoch ein weitergehender Verzicht sich ausdrücklich oder aus den Umständen eindeutig ergeben muss[122]. Dies gilt insbesondere für solche Ansprüche, die erst nach Beendigung des Arbeitsverhältnisses wirksam werden[123].

59 Ob auch Ansprüche im Zusammenhang mit **Erfindungen und technischen Verbesserungsvorschlägen** mangels ausdrücklicher Erwähnung von einer solchen Klausel erfasst sind, ist nach den vorgenannten Auslegungsgrundsätzen zu ermitteln.

60 Bei **Ansprüchen von besonderer Dimension und Bedeutung** (etwa Zeugnis-, Ruhegehalts-, Lohnfortzahlungs-, Karenzentschädigungsansprü-

---

119 Schiedsst. v. 13.10.1977 Blatt 1979, 220, 221 u.v. 18.2.1970 EGR Nr. 8 zu § 9 ArbEG (VergAnspr.) u. ZB v. 5.8.1981 Arb.Erf. 20/81 (unveröffentl.); ArbG Darmstadt v. 7.2.1952 AP 53 Nr. 119 m. Anm. Volmer; z. Ausgleichsquittung allgem. Plander DB 1986, 1873.
120 BAG v. 9.11.1973 BB 1974, 487 (dort auch z. Rechtsnatur); v. 16.9.1974 DB 1975, 155, 156; krit. Moritz BB 1979, 1610 f.
121 BAG v. 20.8.1980 AP Nr.3 zu § 9 LohnFG = BB 1981, 119, 120 f.; v. 20.10.1981 AP Nr.39 zu § 74 HGB u.v. 17.10.2000 ZIP 2001, 168, 170; Schaub ArbRHdb. § 72 II 2 m.w.N.
122 Schaub ArbRHdb. § 72 II 2.
123 BAG v. 20.10.1981 (Fn. 121).

§ 26

chen) verlangt die höchstrichterliche Rechtsprechung, dass sich ein Verzicht hierauf klar und eindeutig (zweifelsfrei) aus dem Wortlaut der Klausel oder zumindest den Begleitumständen (z.B. ausführlich erläuternde Hinweise des Arbeitgebers) ergeben muss[124]. In diesen Fällen ist der Arbeitgeber gezwungen, »die Karten auf den Tisch zu legen«, also den Arbeitnehmer darauf aufmerksam zu machen, dass er mit seiner Unterschrift unter die Ausgleichsquittung auch auf derartige Ansprüche verzichtet[125]. Die Ausgleichsklausel kann nur das erfassen, was ausdrücklich in dem Aufhebungsvertrag geregelt ist[125a].

Dies muss grundsätzlich auch für Ansprüche im Zusammenhang mit Erfindungen und technischen Verbesserungsvorschlägen gelten[125b], zumal sich diese nicht unmittelbar »aus dem Arbeitsverhältnis«, sondern aus dem ArbEG ergeben[126]. Demnach reicht also grundsätzlich eine allgemeine Regelung (s. Rz. 57) ohne konkreten Hinweis auf Rechte aus dem ArbEG (insbesondere Vergütungsansprüche) zum Erlass nicht aus[127], sofern sich nicht aus dem nachweisbaren Zusammenhang der Verhandlung und/oder einer solchen Verzichtsklausel ergibt, dass sich die Arbeitsvertragsparteien darüber bewusst waren, durch die Klausel auch erfinderrechtliche Ansprüche mit abzugelten[128]. Letzteres kann dann der Fall sein, wenn im Rahmen der Verhandlungen erfinderrechtliche Ansprüche ausdrücklich diskutiert worden sind und die abschließende Vereinbarung keinen entsprechenden Vorbehalt aufweist[129].

Soweit technische Verbesserungsvorschläge Gegenstand einer **tarifvertraglichen Regelung** sind, steht einem Verzicht des Arbeitnehmers § 4 Abs. 4 TVG entgegen; bei darauf bezogenen Betriebsvereinbarungen (vgl.

61

---

124 Vgl. d. Nachweise i. Fn. 121 u. 122.
125 BAG v. 20.8.1980 (Fn. 121).
125a Schiedsst. ZB v. 26. 8. 1997 Arb.Erf. 30/96 (z. Veröffentl. i. EGR vorgesehen).
125b Schiedsst. v. 23. 12. 1996 Arb.Erf. 42/95 (unveröffentl.); s. auch BAG v. 21.6.1979 BB 1979, 1605 = AP Nr. 4 zu § 9 ArbNErfG für vertragliche und tarifliche Ausschlussfristen bei Vergütungsansprüchen aus schöpferischer Tätigkeit des Arbeitnehmers.
126 Schiedsst. v. 12.7.1977 Blatt 1979, 220; Gaul/Bartenbach i. Anm. EGR Nr. 3 zu § 22 ArbEG; Bauer, Aufheb.Verträge Rz. 609, 804; Schwab Erf. u. VV S. 8; Volmer/Gaul Rz. 196 f. zu § 5 u. Rz. 338 ff. zu § 12; abw. noch Schiedsst. v. 18.2.1970 (Fn. 119); vgl. auch ArbG Darmstadt (Fn. 119); LG Düsseldorf v. 10.10.1972 Az. 4 O 229/70 (unveroffentl.); s. auch BAG v. 21.6.1979 (Fn. 125b).
127 Schiedsst. v. 18.8.1983 Arb.Erf. 46/82; ZB v. 29.8.1985 Arb.Erf. 13/84; v. 13.6.1991 Arb.Erf. 105/89 u. ZB v. 26. 8. 1997 (Fn. 125 a) (alle unveröffentl.); Busse/Keukenschrijver, PatG, Rz. 29 zu § 9 ArbEG; Volmer/Gaul Rz. 197 zu § 5 u. Rz. 341 ff. z. § 12; Schaub (Fn. 122); vgl. auch BAG v. 21.6.1979 (Fn. 125b).
128 Schiedsst. ZB v. 5.8.1981 (Fn. 119).
129 OLG Düsseldorf v. 10. 6. 1999 GRUR 2000, 49, 51 – Geschäftsführer-Erfindung
130-135 frei

§ 26

62 § 20 Abs. 2) ist ein Verzicht auf eingeräumte Rechte nur mit Zustimmung des Betriebsrates zulässig (§ 77 Abs. 4 BetrVG).
Das in der Ausgleichsklausel enthaltene Rechtsgeschäft kann gem. §§ 119 ff., 123 ff. BGB **angefochten** werden[136]. Unterschreibt der Arbeitnehmer eine Ausgleichsquittung ungelesen, kann er sie regelmäßig nicht anfechten, es sei denn, er hat sich über den Inhalt des Schriftstückes eine bestimmte, allerdings unrichtige Vorstellung gemacht[137].

Das in einer Ausgleichsregelung enthaltene Rechtsgeschäft ist nicht allein deshalb unwirksam, weil dem Arbeitnehmer weder eine Bedenkzeit noch ein Rücktritts- bzw. Widerrufsrecht eingeräumt und ihm auch das Thema des beabsichtigten Gesprächs über den Inhalt der zu treffenden Regelung vorher nicht mitgeteilt wurde[138].

Zur Unbilligkeit gemäß § 23 s. oben Rz. 55.

---

[136] BAG v. 6.6.1977 AP Nr. 4 zu § 4 KSchG 1969; v. 30.9.1993 DB 1994, 279 m. Anm. Boemke WiB 1994, 168; BAG v. 16.2.1983 AP Nr. 22 zu § 123 BGB; Schiedsst. v. 27.12.1977 Blatt 1979, 221 m.H.a. LG Düsseldorf (Fn. 126).
[137] BAG v. 27.8.1970 AP Nr. 33 zu § 133 BGB.
[138] Vgl. BAG v. 30.9.1993 (Fn. 136), dort zum arbeitsrechtlichen Aufhebungsvertrag.

§ 27 Konkurs (a.F.)

(1) Wird über das Vermögen des Arbeitgebers der Konkurs eröffnet, so hat der Arbeitnehmer ein Vorkaufsrecht hinsichtlich der von ihm gemachten und vom Arbeitgeber unbeschränkt in Anspruch genommenen Diensterfindung, falls der Konkursverwalter diese ohne den Geschäftsbetrieb veräußert.

(2) Die Ansprüche des Arbeitnehmers auf Vergütung für die unbeschränkte Inanspruchnahme einer Diensterfindung (§ 9), für das Benutzungsrecht an einer Erfindung (§ 10, § 14 Abs. 3, § 16 Abs. 3, § 19) oder für die Verwertung eines technischen Verbesserungsvorschlages (§ 20 Abs. 1) werden im Konkurs über das Vermögen des Arbeitgebers im Range nach den in § 61 Nr. 1 der Konkursordnung genannten, jedoch vor allen übrigen Konkursforderungen berücksichtigt. Mehrere Ansprüche werden nach dem Verhältnis ihrer Beträge befriedigt.

Zur Kommentierung des § 27 Konkurs (a. F.) s. Vorauflage.

§ 27 Insolvenzverfahren (n.F.)

Wird nach unbeschränkter Inanspruchnahme der Diensterfindung das Insolvenzverfahren über das Vermögen des Arbeitgebers eröffnet, so gilt Folgendes:
1. Veräußert der Insolvenzverwalter die Diensterfindung mit dem Geschäftsbetrieb, so tritt der Erwerber für die Zeit von der Eröffnung des Insolvenzverfahrens an in die Vergütungspflicht des Arbeitgebers (§ 9) ein.
2. Veräußert der Insolvenzverwalter die Diensterfindung ohne den Geschäftsbetrieb, so hat der Arbeitnehmer ein Vorkaufsrecht. Übt der Arbeitnehmer das Vorkaufsrecht aus, so kann er mit seinen Ansprüchen auf Vergütung für die unbeschränkte Inanspruchnahme der Diensterfindung gegen die Kaufpreisforderung aufrechnen. Für den Fall, dass der Arbeitnehmer das Vorkaufsrecht nicht ausübt, kann der Insolvenzverwalter mit dem Erwerber vereinbaren, dass sich dieser verpflichtet, dem Arbeitnehmer eine angemessene Vergütung (§ 9) für die weitere Verwertung der Diensterfindung zu zahlen. Wird eine solche Vereinbarung nicht getroffen, so erhält der Arbeitnehmer eine angemessene Abfindung aus dem Veräußerungserlös.
3. Verwertet der Insolvenzverwalter die Diensterfindung im Unternehmen des Schuldners, so hat er dem Arbeitnehmer eine angemessene Vergütung für die Verwertung aus der Insolvenzmasse zu zahlen.
4. Will der Insolvenzverwalter die Diensterfindung weder im Unternehmen des Schuldners verwerten noch veräußern, so gilt § 16 Abs. 1 und 2 entsprechend. Verlangt der Arbeitnehmer die Übertragung der Erfindung, so kann er mit seinen Ansprüchen auf Vergütung für die unbeschränkte Inanspruchnahme der Diensterfindung gegen den Anspruch auf Erstattung der Kosten der Übertragung aufrechnen.
5. Im Übrigen kann der Arbeitnehmer seine Vergütungsansprüche nur als Insolvenzgläubiger geltend machen.

Lit.: *Gaul*, Z. geplanten Insolvenzreform i. Verh. z. Erfindervergütungen u.z. Erfindungsförderung, GRUR 1986, 405, 498; *Häcker*, Verwertungs- u. Benutzungsbefugnis d. Insolvenzverwalters für sicherungsübertragene gewerbl. Schutzrechte ZIP 2001, 995; *Kelbel*, Die Behandlg. d. Vergütg. f. ArbNErf i.d. geplanten Reform d. Insolvenzrechts, GRUR 1987, 218; *Lakies*, D. Vergütungsansprüche d. Arbeitnehmers i.d. Insolvenz NZA 2001, 521 ff; *Schwab*, Die Rechtsposition d. ArbNErfinders i.d. Insolvenz d. ArbG, NZI 1999, 257; *Zeising*, Die insolvenzrechtl. Verwertung u. Verteidigung v. gewerbl. Schutzrechten, Mitt. 2000, 206, 353 u. Mitt. 2001, 60; *ders.*, Verfügungs- u. Verwaltungsbefugnisse d.

§ 27 (n.F.)

Insolvenzverwalters über gewerbl. Schutzrechte Mitt. 2001, 411; *ders.*, Die Abwicklung v. Know-how-Verträgen u. Schutzrechtsveräußerungen i. Insolvenzverfahren Mitt. 2001, 287; *Zimmermann*, Das Erfinderrecht i.d. Zwangsvollstreckung, GRUR 1999, 121.

Übersicht

A. Allgemeines 1–15	5. Angemessene Abfindung aus dem Veräußerungserlös (Satz 4) 99–104
B. Wirkung der Eröffnung des Insolvenzverfahrens 16–40	IV. Verwertung der Diensterfindung im Unternehmen des Schuldners (Nr. 3) 105–117
I. Bedeutung des Insolvenzverfahrens 16–18	1. Verwertung durch Insolvenzverwalter im Unternehmen .. 106–112
II. Insolvenzmasse 19–30	2. Angemessene Vergütung aus der Insolvenzmasse 113–117
III. Stellung des Insolvenzverwalters 31–40	V. Absehen von einer Verwertung der Diensterfindung (Nr. 4) 118–138
C. Verwertung der Diensterfindung durch den Insolvenzverwalter 41–138	1. Anwendungsbereich – Abgrenzung zu § 16 118–124
I. Unbeschränkt in Anspruch genommene Diensterfindung..... 41–46	2. Anbietungspflicht – Übertragungsanspruch 125–132
II. Veräußerung der Diensterfindung mit dem Geschäftsbetrieb (Nr. 1) 47–65	3. Rechtsübertragung – Aufrechnung 133–138
1. Veräußerung des Geschäftsbetriebs 48–54	D. Der Arbeitnehmer als Insolvenzgläubiger 139–156
2. Eintritt in die Vergütungspflicht 55–65	I. Vergütungsansprüche für vor Insolvenzeröffnung unbeschränkt in Anspruch genommene Diensterfindungen (Nr. 5) 140–144
III. Veräußerung der Diensterfindung ohne den Geschäftsbetrieb – Vorkaufsrecht des Arbeitnehmers (Nr. 2) 66–104	II. Sonstige Ansprüche 145–149
1. Veräußerung ohne Geschäftsbetrieb 67–74	III. Rechtsstellung als Insolvenzgläubiger 155–156
2. Ausübung des Vorkaufsrechts 75–82	
3. Aufrechnung mit Vergütungsansprüchen (Satz 2) 83–88	
4. Vereinbarung der Vergütungspflicht des Erwerbers (Satz 3) 89–98	

A. Allgemeines

1 Durch Art. 56 EGInsO, der unverändert aus dem Regierungsentwurf[1] übernommen wurde, ist § 27 ArbEG a.F. grundlegend neu gefasst. Die Neufassung ist Ausfluss der **Zielsetzung der Insolvenzrechtsreform**, dem Insolvenzverfahren die Funktionstüchtigkeit zurückzugeben und marktkonform die bestmögliche gemeinschaftliche Verwertung des Schuldnervermögens herbeizuführen (vgl. § 1 InsO). Eine der allgemeinen Vorgaben der Insolvenzrechtsreform war es, die Konkursvorrechte grundsätzlich ab-

---

1 BR-Drucks. 511/92 = BT-Drucks. 12/3803 (dort Art. 54 EGInsO-Entwurf).
2 frei

§ 27 (n.F.)

zuschaffen, um so Ungerechtigkeiten des bisherigen Privilegienkataloges zu beseitigen und – dank einer größeren Beteiligungschance am Verwertungserlös – die bislang regelmäßig leer ausgehenden nachrangigen Gläubiger wieder in das Insolvenzverfahren einzubeziehen und an einer vermögensorientierten Abwicklung zu interessieren[3]. Alle herkömmlichen Konkursvorrechte (vgl. § 61 KO) sind daher auch für Arbeitnehmer gestrichen worden[4]. Dieser Zielsetzung wird mit dem Wegfall des Vorrechts für Vergütungsansprüche der Arbeitnehmererfinder (§ 27 Abs. 2 ArbEG a.F.) – trotz der vorangegangenen Kritik im Schrifttum[5] – Rechnung getragen[6]. Sonderregelungen für Vergütungsansprüche bei beschränkt in Anspruch genommenen Diensterfindungen (§ 10) und qualifizierten technischen Verbesserungsvorschlägen enthält § 27 n.F. im Unterschied zum bisherigen Recht (vgl. § 27 Abs. 2 a.F.) damit nicht mehr[6a].

Auch die Arbeitnehmer nehmen mit ihren Forderungen am Insolvenzverfahren teil. Ihnen sollen jedoch zugleich mit der vermögensorientierten Insolvenzrechtsreform Handlungschancen nicht genommen, sondern zusätzlich eingeräumt werden. Auch zum Ausgleich für den Wegfall des Konkursvorrechtes des § 27 Abs. 2 a.F. ging es darum, die Stellung des Arbeitnehmererfinders aufzubessern.[6b] Folgerichtig hat der Gesetzgeber das Vorkaufsrecht für die Diensterfindung nach § 27 Abs. 1 a.F. beibehalten. Anstelle des Konkursvorrechts für Vergütungsansprüche werden in § 27 Nrn. 1 – 4 ArbEG n.F. Regelungen getroffen, um die Position des Erfinders zu verbessern, sei es im Hinblick auf die Vergütung bei nachfolgender Verwertung seiner Diensterfindung, sei es durch zusätzliche Möglichkeiten, seine Diensterfindung durch Übernahme selbst zu nutzen oder durch Befugnisse zur Aufrechnung. Insoweit hat sich der Gesetzgeber von der Absicht leiten lassen, die Rechtsstellung des Arbeitnehmers einer unbeschränkt in Anspruch genommenen Diensterfindung an die Rechtsstellung eines absonderungsberechtigten Gläubigers anzunähern.[7]

2

Die Neufassung des § 27 durch Art. 56 EGInsO, die erst am 1.1.1999 in Kraft getreten ist, **betrifft** nur solche **Insolvenzverfahren, die nach dem 31.12.1998** gem. §§ 13 ff. InsO **beantragt** werden. Dies gilt unabhängig davon, zu welchem früheren Zeitpunkt das der Diensterfindung zugrunde liegende Arbeitsverhältnis und die diesbezüglichen Rechte begründet worden sind, also insbesondere unabhängig davon, wann die Diensterfindung

3

---

3   Amtl. Begründung z. Entwurf d. Insolvenzordnung (InsO) i. BT-Drucks. 12/3803 S. 99 (zu Art. 54 EGInsO-Entwurf).
4   Hess/Pape, InsO und EGInsO Rz. 32.
5   Vgl. Gaul, GRUR 1986, 405, 498 ff.; Kelbel, GRUR 1987, 218 ff.
6   Amtl. Begründung (Fn. 3); s. dazu ferner Kelbel (Fn. 5).
6a Für eine Ausweitung (im Auslegungsweg) zumindest des Vorkaufsrechts des § 27 Nr. 2 auf technische Verbesserungsvorschläge wohl Schwab NZI 1999, 257, 259.
6b Vgl. Kelbel (Fn. 5) S. 218 f.
7   Vgl. Amtl. Begründung (Fn. 3); vgl. auch Kelbel (Fn. 5) S. 220.

§ 27 (n.F.)

fertig gestellt worden ist, zu welchem Zeitpunkt die unbeschränkte Inanspruchnahme erfolgte und wann die vergütungspflichtigen Tatbestände entstanden sind (vgl. Art. 104 EGInsO). Die bisherige Fassung des § 27 ArbEG gilt über den 31.12.1998 hinaus fort für alle Konkursverfahren, die vor 1999 beantragt worden sind, ferner für Anschlusskonkursverfahren auf Grund eines zuvor beantragten Vergleichsverfahrens (vgl. Art. 103 EGInsO).

4 § 27 enthält – wie auch die Einbindung in das EGInsO zeigt – **insolvenzrechtliche Sonderregelungen**[8] und ist damit **zwingendes Recht** (s. auch Rz. 35 zu § 22). Vereinbarungen sind nur insoweit möglich, als § 27 solche ausdrücklich zulässt (vgl. Nr. 2). Auch über die Höhe der Vergütung können Vereinbarungen getroffen werden (§ 12 Abs. 1 i.V.m. § 9). Stets sind die Schranken des § 23 zu beachten.

5 In den Genuss der Rechte des § 27 kommt der Arbeitnehmer **nur bei Eröffnung des Insolvenzverfahrens** über das Vermögen **seines Arbeitgebers**. Keine Anwendung findet § 27 bei Insolvenzverfahren über das Vermögen eines Dritten, auf den die Rechte an der Diensterfindung übertragen wurden; dies folgt aus dem eindeutigen Wortlaut der Vorschrift und entspricht dem Grundsatz des ArbEG, dass die Ansprüche des Erfinders aus diesem Gesetz nicht dinglicher, sondern schuldrechtlicher Natur sind[16] (s. dazu Rz. 7 zu § 7).

6 Erwirbt ein Dritter die Diensterfindung **vom Insolvenzverwalter**, erwirbt er sie grundsätzlich lastenfrei, mithin unbelastet von Vergütungsansprüchen des Arbeitnehmers oder sonstigen Ansprüchen aus dem ArbEG (s. Rz. 7 zu § 7), es sei denn, einer der **Ausnahmefälle** des § 27 ist gegeben (vgl. Nrn. 1, 2 Satz 3). Eine Haftung des Dritten nach § 419 BGB ist bei Rechtsgeschäften ab dem 1.1.1999 nicht mehr gegeben, da diese Vorschrift gem. Art. 33 Nr. 16 EGInsO mit Wirkung ab 1.1.1999 außer Kraft getreten ist und damit die zwingende Haftung des Vermögensübernehmers beseitigt ist[16a].

Im Falle des **Betriebsübergangs**, in dem der Erwerber nach § 613 a Abs. 1 Satz 1 BGB in das Arbeitsverhältnis mit dem Arbeitnehmer eintritt, hat dieser kraft Gesetzes gem. § 27 Nr. 1 auch die Vergütungspflichten nach dem Gesetz über Arbeitnehmererfindungen zu erfüllen[17]; wegen dieser Sonderregelung scheidet eine weitergehende Haftung des Betriebserwerbers aus § 613 a Abs. 1 BGB aus (s. unten Rz. 61 f.; zur Anwendbarkeit des § 613 a BGB im Konkurs s. Rz. 126 zu § 1).

---

8 Wohl allg. A., ebenso Zeising Mitt. 2001, 60, 65; s. auch Reimer/Schade/Schippel/Kaube Rz. 6 zu § 27 (dort zu Nr. 2).
9-15 frei
16 Schiedsst. v. 26.01.1981 Blatt 1982, 56 (zu § 27 ArbEG a.F.).
16a Zur Fortwirkung des § 419 BGB auf frühere Schuldverhältnisse analog Art. 170 EGBGB s. Palandt/Heinrichs BGB Rz. 1 zu § 419.
17 Amtl. Begründung (Fn. 3).

§ 27 (n.F.)

Im Rahmen eines gewerbsmäßigen **Leiharbeitsverhältnisses** gilt § 27 ArbEG über § 11 Abs. 7 AÜG zugunsten des Leiharbeitnehmers bei Eröffnung des Insolvenzverfahrens über das Vermögen des Entleihers (Einzelheiten s. Rz. 59 ff., 131 zu § 1). 7

§ 27 gilt nicht nur für die bei Insolvenzeröffnung noch im Arbeitsverhältnis stehenden Erfinder. Vielmehr sind auch die zuvor **ausgeschiedenen** oder die nach Verfahrenseröffnung ausscheidenden **Arbeitnehmer** erfasst (§ 26). 8

Rz. 9-15 frei

B. Wirkung der Eröffnung des Insolvenzverfahrens

I. Bedeutung des Insolvenzverfahrens

Dient die Einzelzwangsvollstreckung der zwangsweisen Befriedigung eines Gläubigers unter Zugriff auf bestimmte Vermögensgegenstände (vgl. dazu auch Anhang zu § 27), so verfolgt das Insolvenzverfahren den Zweck, **alle** persönlichen **Gläubiger**, die einen zur Zeit der Eröffnung des Insolvenzverfahrens begründeten Vermögensanspruch gegen den Schuldner haben (**Insolvenzgläubiger**, vgl. § 38 InsO), gemeinschaftlich zu befriedigen, indem das Vermögen des Schuldners verwertet und der Erlös verteilt oder in einem Insolvenzverfahren eine abweichende Regelung insbesondere zum Erhalt des Schuldnerunternehmens getroffen wird (vgl. § 1 InsO). 16

Von der Verfahrenseröffnung unberührt bleibt der **Bestand des Arbeitsverhältnisses**; für die Kündigung enthält die InsO Sonderregelungen (vgl. §§ 113 InsO, s. ferner §§ 122 ff. InsO). Im Übrigen bildet die Eröffnung des Insolvenzverfahrens als solche keinen wichtigen Grund zur fristlosen Kündigung i.S.d. § 626 BGB[21].

Rz. 17, 18 frei

II. Insolvenzmasse

Das Insolvenzverfahren erfasst gem. § 35 InsO das gesamte Vermögen, das dem Schuldner zur Zeit der Eröffnung des Verfahrens gehört und das er während des Verfahrens erlangt; Gegenstände, die nicht der Zwangsvollstreckung unterliegen, gehören jedoch nicht zur Insolvenzmasse (§ 36 Abs. 1 InsO). Damit gehören zur Insolvenzmasse **alle übertragbaren Rechte**. 19

18-20 frei.
21 BAG v. 25.10.1968 NJW 1969, 525 (zur KO).

§ 27 (n.F.)

20 Zur Insolvenzmasse gehören **technische Neuerungen** (gleich, ob schutzfähig oder nicht – vgl. §§ 2, 3 ArbEG). Sie sind dann eigenständige Vermögensrechte, wenn sich der hierin verkörperte Erfindungsgedanke entweder durch schriftliche Niederlegung in Form einer Meldung (vgl. § 5 ArbEG), Mitteilung (vgl. § 18 ArbEG) oder durch sonstige Verwertungshandlungen bzw. hierauf gerichtete Veranstaltungen (vgl. § 12 Abs. 1 Satz 1 PatG) **konkretisiert** hat[22] (vgl. Rz. 4 in Anhang zu § 27).

Rz. 21 frei

22 Ein dem Arbeitgeber (Schuldner) als bloßes Arbeitsergebnis unmittelbar zugeordneter **technischer Verbesserungsvorschlag** (§§ 3, 20 ArbEG) fällt unter diesen Voraussetzungen ab dem Zeitpunkt seiner Konkretisierung als Vermögensrecht in die Insolvenzmasse[22a].

23 In der Person des Arbeitnehmers entstandene **Diensterfindungen**, die der Arbeitgeber (Schuldner) vor Eröffnung des Insolvenzverfahrens unbeschränkt in Anspruch genommen (§§ 6, 7 Abs. 1 ArbEG) hatte, fallen stets in die Insolvenzmasse. Gleiches gilt für die Diensterfindung, die während des Insolvenzverfahrens vom Insolvenzverwalter unbeschränkt in Anspruch genommen wird, gleichgültig, ob sie vor oder nach Eröffnung des Insolvenzverfahrens fertig gestellt und/oder gemeldet worden ist (vgl. § 35 InsO)[23] (zur insolvenzrechtlichen Behandlung s. unten Rz. 148).

24 **Freie Erfindungen** (§ 4 Abs. 3 ArbEG), die der Arbeitgeber (Schuldner) vor Eröffnung des Insolvenzverfahrens erworben hat (vgl. § 19 ArbEG), sind als pfändbares Vermögen ebenfalls von der Insolvenzmasse mitumfasst[23a]; gleiches gilt bei Erwerb durch den Insolvenzverwalter während des Insolvenzverfahrens.

25 Ohne Einfluss auf die Massezugehörigkeit ist es, ob die Erfindung, die (bereits) zum Schutzrecht angemeldet ist, vom Arbeitgeber (Schuldner) bzw. Insolvenzverwalter verwertet wird oder geheim gehalten[24] werden soll.

26 Ferner fallen in die Insolvenzmasse die mit einer einfachen Lizenz vergleichbaren **Benutzungsrechte** i.S.d. § 7 Abs. 2, § 14 Abs. 3, § 16 Abs. 3, § 19 Abs. 1 ArbEG, die der Arbeitgeber (Schuldner) oder Insolvenzver-

---

22 Zur KO: Jaeger/Henkel, KO Rz. 35 zu § 1 m.w.N.; Böhle/Stamschräder/Kilger, KO Anm. 2 Cc zu § 1; Lüdecke/Fischer, Lizenzverträge H 14; OLG Düsseldorf v. 20.7.1978 NJW 1980, 1284; vgl. auch BGH v. 25.1.1955 NJW 1955, 628, 629; i. Einzelnen str.; abw. u.a. Zeising Mitt. 2000, 359 ff., 2001, 60, 65, wonach auf die objektive Verwertbarkeit abzustellen ist.
22a Abw. Zeising (Fn. 22).
23 Ebenso Amtl. Begründung (Fn. 3).
23a Zeising Mitt. 2001, 60, 65.
24 Vgl. dazu auch BGH v. 25.1.1955 (Fn. 22); wie hier Reimer/Schade/Schippel/Kaube Rz. 2 zu § 27.

§ 27 (n.F.)

walter vorbehalten bzw. erworben hat[24a]. Das Insolvenzverfahren verändert deren Rechtsnatur nicht, so dass deren Betriebs-/Unternehmensgebundenheit fortbesteht und sie nicht isoliert übertragbar sind[24b] (vgl. Rz. 31 zu § 7, 80 ff. zu § 16).

Rz. 27-30 frei

III. Stellung des Insolvenzverwalters

Das Insolvenzverfahren wird nur **auf Antrag** eröffnet; antragsberechtigt ist jeder Gläubiger sowie der Schuldner (vgl. § 13 Abs. 1, §§ 14,15 InsO). Antragsberechtigt kann damit auch ein Arbeitnehmer sein, wenn er eine Forderung gegen seinen Arbeitgeber geltend macht und ein rechtliches Interesse an der Eröffnung des Insolvenzverfahrens hat (vgl. § 14 Abs. 1 InsO). 31

Ab Eröffnungsbeschluss (vgl. §§ 27 ff. InsO) verliert der Schuldner die Verwaltungs- und Verfügungsbefugnis über das zur Insolvenzmasse gehörende Vermögen (vgl. § 80 Abs. 1 InsO). Er darf beispielsweise die Erfindung nicht mehr zum Schutzrecht anmelden, eine bereits erfolgte Anmeldung nicht zurückziehen, die Erfindung weder selbst verwerten, noch veräußern oder daran Lizenzen erteilen oder sonst wie darüber verfügen. Möglich ist, dass bereits im Eröffnungsverfahren entsprechende Sicherungsmaßnahmen angeordnet und ein vorläufiger Insolvenzverwalter bestellt wird (vgl. §§ 20, 21 InsO). Etwas anderes gilt jedoch dann, wenn der Schuldner mit Einverständnis der Gläubiger während des Insolvenzverfahrens verwaltungs- und verfügungsbefugt bleibt und lediglich der Aufsicht eines Sachverwalters unterstellt wird (vgl. dazu §§ 270 ff. InsO). 32

An die Stelle des Schuldners tritt mit Verfahrenseröffnung der vom Gericht bestellte **Insolvenzverwalter** (vgl. §§ 27, 56 ff., 80 InsO). Zum vorläufigen Insolvenzverwalter s. vorstehend Rz. 32. 33

Der Insolvenzverwalter hat das gesamte zur Insolvenzmasse gehörende Vermögen sofort mit Verfahrenseröffnung in Besitz und Verwaltung zu nehmen (vgl. § 148 InsO). Nach dem Berichtstermin (vgl. §§ 156 f. InsO) hat der Insolvenzverwalter unverzüglich mangels abweichender Beschlüsse der Gläubigerversammlung das zur Insolvenzmasse gehörende Vermögen zu verwerten (vgl. § 159 InsO). Bei beabsichtigten Rechtshandlungen, die für das Insolvenzverfahren von besonderer Bedeutung sind, hat der Insolvenzverwalter die Zustimmung des vom Insolvenzgericht bzw. der Gläubigerversammlung eingesetzten (vgl. §§ 6/ f. InsO) **Gläubigerausschusses** einzuholen, ersatzweise die der Gläubigerversammlung. Das betrifft insbesondere die Fälle einer Unternehmens- oder Betriebsveräußerung (vgl.

24a Ebenso Reimer/Schade/Schippel/Kaube Rz. 2, 4 zu § 27; Zeising (Fn. 23a).
24b Ebenso Zeising (Fn. 23a).

1039

§ 27 (n.F.)

§ 160 InsO, § 27 Nr. 1 ArbEG), u.E. aber regelmäßig nicht die Einzelveräußerung von Erfindungen (§ 27 Nr. 2 ArbEG) und die sonstigen in § 27 Nrn. 3 und 4 zugrunde gelegten Sachverhalte, ferner nicht die Inanspruchnahme von Diensterfindungen (vgl. dazu Rz. 148) und die Wahrnehmung der sonstigen Rechte und Pflichten aus dem ArbEG (s. Rz. 36).

34 In diesem Rahmen ist der **Insolvenzverwalter** – unter Ausschluss des Schuldners (Arbeitgebers) – **allein befugt**, u.a. Erfindungsmeldungen (§ 5 ArbEG) bzw. Mitteilungen (§ 18 ArbEG) entgegenzunehmen, Diensterfindungen in Anspruch zu nehmen (§§ 6, 7 ArbEG), ein Schutzrecht anzumelden (§ 13 ArbEG), Rechtspositionen aufzugeben (vgl. §§ 8, 14 Abs. 2, § 16 ArbEG) oder Rechte an der Erfindung zu vergeben (z.B. Lizenzen) und Rechte in Bezug auf die Erfindung gegenüber dem Erfinder oder Dritten (gerichtlich[25]) geltend zu machen (vgl. §§ 139 ff. PatG; zur Zustimmungsbedürftigkeit vgl. § 160 Abs. 2 Nr. 3 InsO). Er ist auch zur Veräußerung der Diensterfindung berechtigt (vgl. § 27 Nrn. 1 und 2 ArbEG).

35 Der Insolvenzverwalter hat in gleicher Weise die **Pflichten aus dem ArbEG** zu erfüllen, wie z.B. die Pflicht zur Schutzrechtsanmeldung (§ 13 ArbEG), zur Freigabe im Ausland (§ 14 Abs. 2 ArbEG), zur Zahlung der Vergütung einschließlich der Festsetzung (vgl. § 12 Abs. 3, 5 ArbEG; s. Rz. 113 ff.). Er unterliegt insoweit auch Auskunfts- und Rechnungslegungspflichten[26] (vgl. hierzu auch Rz. 162 ff. zu § 12), und zwar über seine Berichtspflichten gegenüber dem Gläubigerausschuss und der Gläubigerversammlung hinaus (zu den Auskunfts- und Mitwirkungspflichten des Arbeitgebers als Schuldner vgl. § 97 InsO). Zur Schutzrechtsaufgabe (§ 16 ArbEG) s. unten Rz. 118 ff. Der Insolvenzverwalter ist auch im Schiedsstellenverfahren beteiligtenfähig (s. Rz. 14 zu § 28).

36 Der Insolvenzverwalter, der unter Aufsicht des Insolvenzgerichts steht (vgl. § 58 InsO), ist in seinen Verwertungs- und Verfügungsmöglichkeiten nicht gänzlich frei. Sinn der Insolvenzreform war es gerade, auch die Stellung der Insolvenzgläubiger zu stärken und diesen Einfluss auf den Ablauf des Insolvenzverfahrens zu geben. Dies kommt auch im Insolvenzplan (vgl. §§ 217 ff. InsO) zum Ausdruck, ferner in der Haftungsbestimmung des § 60 InsO, die auch schuldhafte Verletzungen der insolvenzrechtlichen Sonderregelung des § 27 ArbEG (s. Rz. 4) erfasst (ggf. gesamtschuldnerisch mit einem Gläubigerausschuss nach § 71 InsO). Im Rahmen der Vorgaben der InsO kann der Insolvenzverwalter die zur Insolvenzmasse gehörenden Erfindungen weiter nutzen (vgl. auch § 27 Nrn. 3 und 4 ArbEG, s. unten Rz. 105 ff. u. 119) und diese zusammen mit dem Unternehmen (Betrieb) oder gesondert hiervon veräußern (vgl. § 27 Nrn. 1 und 2 ArbEG, s. dazu

---

25 OLG Karlsruhe v. 12.2.1997 Mitt. 1998, 101, 102 – Umschreibung während des Vindikationsrechtsstreits.
26 OLG Hamburg v. 29.10.1987 EGR Nr. 62 zu § 12 ArbEG (zu § 27 ArbEG a.F.).
27-30 frei

§ 27 (n.F.)

unten Rz. 47 f. u. 67 f.). Für die Benutzungsrechte an Erfindungen (s. oben Rz. 33) kann er weiterhin von den innerbetrieblichen Verwertungsmöglichkeiten Gebrauch machen; wegen der Betriebsbezogenheit (s. Rz. 31 zu § 7 u. Rz. 80 zu § 16) scheidet jedoch eine Einzelübertragung bzw. Einzelverwertung getrennt vom Unternehmen (Betrieb) aus.

Der Anwendungsbereich des § 27 ArbEG ist ausweichlich des Eingangssatzes erst ab **Eröffnung des Insolvenzverfahrens** gegeben. § 27 ArbEG gilt dementsprechend noch nicht im Vorfeld zwischen Antrag (§ 13 InsO) und Eröffnungsbeschluss (§ 27 InsO), also auch nicht, wenn im Rahmen der Sicherungsmaßnahmen ein **vorläufiger Insolvenzverwalter** unter Übergang der Verfügungsbefugnis bestellt worden ist (vgl. § 21 Abs. 2, §§ 22, 55 Abs. 2 InsO). 37

Für Streitigkeiten zwischen Insolvenzverwalter (auch dem vorläufigen) und Arbeitnehmer auf Grund des § 27 ArbEG oder anderer Bestimmungen des ArbEG gelten die Vorschriften über das **Schiedsstellenverfahren** (§§ 28 ff. ArbEG) und das **gerichtliche Verfahren** (§§ 37 ff. ArbEG) (zum Erfindungserwerber s. Rz. 97, zum Feststellungsverfahren s. Rz. 156). 38

Rz. 39-40 frei

C. Verwertung der Diensterfindung durch den Insolvenzverwalter

I. Unbeschränkt in Anspruch genommene Diensterfindung

Im Unterschied zum früheren Recht erstreckt sich der Anwendungsbereich des § 27 ArbEG n.F. – wie bereits aus dem Eingangssatz hervorgeht – nur auf die **vor Eröffnung des Insolvenzverfahrens** (s. oben Rz. 23) unbeschränkt in Anspruch genommenen Diensterfindungen, und zwar einschließlich der so genannten betriebsgeheimen Diensterfindungen (§ 17 ArbEG, s. hier Rz. 25). Dementsprechend findet die Vorschrift **keine Anwendung** bei freien Erfindungen (§ 4 Abs. 3 ArbEG), bei frei gewordenen Diensterfindungen (§ 8 ArbEG) und bei technischen Verbesserungsvorschlägen (§§ 3, 20 Abs. 1 ArbEG)[31]. Der Begriff der Diensterfindung (s. § 4 Abs. 2 ArbEG) ist auch hier umfassend zu verstehen. § 27 ArbEG ist nicht nur einschlägig, wenn die Gesamtheit aller Rechte aus einer Diensterfindung betroffen ist, sondern auch dann, wenn es um einzelne darauf bezogene Schutzrechtspositionen geht, etwa die Einzelveräußerung eines Auslandsschutzrechtes (§ 27 Nr. 2 ArbEG) oder die innerbetriebliche Verwertung des Inlandspatentes (§ 27 Nr. 3 ArbEG) bzw. den Verzicht auf Verwertung und Veräußerung einzelner Schutzrechtspositionen (§ 27 Nr. 4). 41

---

31 Amtl. Begründung (Fn. 3); Reimer/Schade/Schippel/Kaube Rz. 4 zu § 27.
32 frei

§ 27 (n.F.)

42 Maßgeblich ist, ob die Diensterfindung **vom Arbeitgeber vor Eröffnung des Insolvenzverfahrens** (s. dazu oben Rz. 23) **unbeschränkt** gem. §§ 6, 7 Abs. 1 ArbEG **in Anspruch genommen** worden ist, d.h. die schriftliche Inanspruchnahmeerklärung muss vor Verfahrenseröffnung dem Arbeitnehmer zugegangen sein (vgl. hierzu Rz. 2 ff. zu § 7). Erfasst werden auch solche Diensterfindungen, die anstelle einer förmlichen Inanspruchnahme durch ausdrückliche oder stillschweigende Vereinbarung auf den Arbeitgeber übergegangen sind (s. dazu Rz. 57 ff. zu § 6), es sei denn, es handelt sich um die Überleitung von Erfindungen, die wegen Ablaufs der Inanspruchnahmefrist bereits frei geworden sind (§ 8 Abs. 1 Nr. 3 und Abs. 2 ArbEG).

Folglich greift die Vorschrift nicht ein, wenn der Insolvenzverwalter **nach Eröffnung des Insolvenzverfahrens** die unbeschränkte Inanspruchnahme der Diensterfindung erklärt hat (s. hierzu unten Rz. 148). Demgegenüber ist § 27 angesichts des eindeutigen Wortlauts – ungeachtet des § 55 Abs. 2 InsO – aber einschlägig, wenn der **vorläufige Insolvenzverwalter** kraft übergegangener Verfügungsbefugnis (vgl. § 21 Abs. 2 InsO) die Inanspruchnahme erklärt hat.

43 Anders als § 27 Abs. 2 ArbEG a.F. gilt § 27 nicht für lediglich **beschränkt in Anspruch genommene** Diensterfindungen (vgl. § 7 Abs. 2 ArbEG) und für **Vergütungsansprüche bei qualifizierten Verbesserungsvorschlägen** (§ 20 Abs. 1). Zur Vergütung s. unten Rz. 145.

Rz. 44-46 frei

II. Veräußerung der Diensterfindung mit dem Geschäftsbetrieb (Nr. 1)

47 Veräußert der Insolvenzverwalter die Diensterfindung mit dem Geschäftsbetrieb, sieht Nr. 1 den Eintritt des Erwerbers in die Vergütungspflicht (§ 9 ArbEG) vor, und zwar für den Zeitraum ab Eröffnung des Insolvenzverfahrens. Bei Veräußerung ohne Geschäftsbetrieb gilt Nr. 2. Die Veräußerung der Diensterfindung im Rahmen eines Betriebsübergangs steht im Vordergrund der gesetzgeberischen Überlegungen. Sie entspricht der rechtspolitischen Zielsetzung, im Insolvenzfall vorrangig die Arbeitsplätze zu erhalten und zu sichern[33]. § 27 Nr. 1 knüpft damit an § 613 a Abs. 1 BGB an[34]. Danach tritt der Erwerber auch bei Erwerb eines Betriebes aus der Insolvenzmasse in bestehende Arbeitsverhältnisse ein, ohne jedoch für Altverbindlichkeiten aus der Zeit vor Betriebsübergang zu haften (s. Rz. 114, 126 zu § 1). § 613a BGB erfasst nach nunmehr h.M. die Rechte und Pflichten aus dem ArbEG (s. Rz. 115 zu § 1 und hier Rz. 61). Die Re-

---

33 Vgl. allg. Amtl. Begründung (Fn. 3); vgl. auch Kelbel GRUR 1987, 218.
34 Darauf weist die Amtl. Begründung zum EGInsO (Fn. 3) ausdrücklich hin.

§ 27 (n.F.)

gelung wirft Probleme auf, die letztlich einer Lösung durch die Rechtsprechung vorbehalten bleiben (s. insbes. Rz. 49, 61 f.).

1. Veräußerung des Geschäftsbetriebes

Nr. 1 kommt nur zum Zuge, wenn der Insolvenzverwalter die unbeschränkt in Anspruch genommene Diensterfindung mit dem Geschäftsbetrieb veräußert. Veräußern i.S.d. Vorschrift erfasst **jedes auf Übertragung der Erfindung (des Schutzrechts) gerichtete Verpflichtungsgeschäft des Insolvenzverwalters, insbesondere in Form des freihändigen Verkaufs** (Rechtskauf); im Unterschied zu § 27 Abs. 1 ArbEG a.F. wird hier jedoch für den Eintritt in die Vergütungspflicht der Vollzug in Form der Rechtsübertragung (§§ 413, 398 BGB) vorausgesetzt. Nicht darunter fällt eine einfache oder ausschließliche Lizenzvergabe durch den Insolvenzverwalter. Auch die Ausübung eines Pfandrechts oder die Durchsetzung der Rechte aus Sicherungseigentum durch Dritte stellen keine freihändige Veräußerung durch den Insolvenzverwalter dar[35]. Will der Insolvenzverwalter Erfindungsrechte aufgeben oder auf ihre Zugehörigkeit zur Insolvenzmasse verzichten, gilt § 27 Nr. 4 (s. unten Rz. 118 ff.). Erfasst ist nur die Veräußerung durch den Insolvenzverwalter, also nicht eine solche des Arbeitgebers vor Verfahrenseröffnung[35a]. 48

Da die Erfindungsrechte rechtlich dem Unternehmen (Arbeitgeber) als Rechtsträger zugeordnet sind, liegt in der Übertragung von Betrieben oder Betriebsteilen noch nicht zwingend die Übertragung von Erfindungsrechten. Insoweit kommt es auf die im Einzelfall getroffenen Abreden an (s. Rz. 49). 48.1

Obschon der Wortlaut darauf hindeutet, dass der Eintritt des Erwerbers an die vollständige Übertragung der Diensterfindung, also einschließlich aller darauf bezogener Schutzrechtspositionen, anknüpft, muss die Vorschrift nach ihrem Sinn und Zweck auch für die Veräußerung **einzelner Schutzrechtspositionen** gelten. Insoweit können sich – obschon nur eine Diensterfindung betroffen ist – unterschiedliche Ansprüche aus § 27 ergeben. Dies betrifft etwa den Fall, dass der Insolvenzverwalter das Inlandsschutzrecht zusammen mit dem Geschäftsbetrieb überträgt (§ 27 Nr. 1), jedoch parallele Auslandsschutzrechte gesondert an Dritte – belastet mit dem Vorkaufsrecht nach § 27 Nr. 2 (s. Rz. 69) – veräußert bzw. diese dem Erfinder im Verfahren nach § 16 anbietet (§ 27 Nr. 4). 48.2

Der Gesetzgeber hat den missverständlichen Begriff des **Geschäftsbetriebes** aus § 27 Abs. 1 a.F. übernommen. Die Begriffsbestimmung wird dadurch erschwert, dass der Gesetzgeber in § 27 an anderer Stelle den Be- 49

---

35 Schiedsst. v. 30.6.1980 EGR Nr. 3 zu § 27 ArbEG a.F., i. Anschl. daran Bartenbach/Volz DB 1981, 1121, 1122 (jeweils zu § 27 ArbEG a.F.).
35a Schiedsst. v. 2.4.1996 Arb.Erf. 95/94 (unveröffentl.) – zu § 27 Abs. 1 ArbEG a.F.

§ 27 (n.F.)

griff des »Unternehmens« verwendet (vgl. Nrn. 3 u. 4) und zudem die Insolvenzordnung zwischen Unternehmen und Betrieb unterscheidet (vgl. etwa § 160 Abs. 2 Nr. 1 InsO). Der Begriff des Geschäftsbetriebes kann nicht mit dem sonst im ArbEG verwendeten Begriff des Betriebes (= Unternehmen, s. hierzu Rz. 101 ff. zu § 1 u. unten Rz. 108) gleichgestellt werden[36]. Ausgehend vom Normzweck unterliegt er einer wirtschaftlichen Betrachtungsweise[37]. Dementsprechend kann die Veräußerung eines von mehreren technisch und organisatorisch selbständigen Betrieben (Betriebseinheiten) ausreichen[38]. Hiervon und damit von einer Veräußerung mit Geschäftsbetrieb kann zunächst dann ausgegangen werden, wenn alle diejenigen Betriebsteile, die für die Auswertung der Diensterfindung maßgeblich sind, mit veräußert werden[38a]. Gleiches gilt, wenn zwar lediglich einzelne Betriebsteile übertragen werden, von diesen aber die mitübertragenen Erfindungsrechte im Wesentlichen genutzt werden bzw. genutzt werden können. Dementsprechend liegt im Zweifel eine Veräußerung mit Geschäftsbetrieb vor, wenn das Kaufobjekt den Kern des Geschäftsbetriebes umfasst, also z.B. ein gesamtes Maschinen-(Fertigungs-) Programm einschließt[39] (vgl. auch die entsprechende Vermutung für Markenrechte in § 27 Abs. 2 MarkenG), ferner, wenn das erfindungsbezogene Fertigungsmaterial nebst Anlagen und Teilen der Belegschaft übernommen wird[40]; auch kleinere Einheiten sind ausreichend, wenn diese als selbständiges Unternehmen fortgeführt werden können bzw. eine eigene technisch-organisatorische Einheit bilden, in der die Erfindung genutzt wird[41] (s. auch Rz. 68 f.) Wird ein Betriebsteil veräußert, kann diesem eine (noch) nicht verwertete Diensterfindung dann zugeordnet werden, wenn sie im Wesentlichen dort verwendet werden kann bzw. soll[41a] (s. Rz. 69).

Wegen der Verknüpfung mit § 613 a BGB (s. unten Rz. 61) kann sich auch die Frage, ob eine Veräußerung mit dem Geschäftsbetrieb erfolgt, nach den Kriterien des Betriebsübergangs i.S.d. § 613 a BGB bestimmen (vgl. auch §§ 128, 160 Abs. 2 Nr. 1, § 162 f. InsO). Sind die Voraussetzungen des § 613 a BGB gegeben und wird die Diensterfindung an den Be-

---

36 Bestätigt d. Schiedsst. v. 12.5.1982 Blatt 1982, 304 f. – zu § 27 ArbEG a.F.
37 Schiedsst. v. 12.5.1982 (Fn. 36); Volmer/Gaul Rz. 60 – zu § 27 ArbEG a.F.
38 Vgl. LG Düsseldorf v. 29.1.1970 BB 1970, 1229; Schiedsst. ZB. v. 26.1.1981 Blatt 1982, 56; Gaul GRUR 1986, 498, 502 – alle zu § 27 ArbEG a.F; Reimer/Schade/Schippel/Kaube Rz. 7 zu § 27.
38a OLG Düsseldorf v. 23.10.1970 GRUR 1971, 218, 219 – Energiezuführungen – zu § 27 ArbEG a.F.
39 Schiedsst. v. 12.5.1982 Blatt 1982, 304 f. (zu § 27 ArbEG a.F.).
40 Schiedsst. v. 30.6.1980 EGR Nr. 3 zu § 27 ArbEG. – zu § 27 ArbEG a.F.
41 So Schiedsst. ZB. v. 26.1.1981 Blatt 1982, 56 l.Sp.; i. Ergebn. auch EV v. 6.8.1986 Arb.Erf. 99/85 (unveröffentl.). – zu § 27 ArbEG a.F.; ähnl. Reimer/Schade/Schippel/Kaube Rz. 7 zu § 27.
41a S. Reimer/Schade/Schippel/Kaube Rz. 7 zu § 27; m.H.a. Schiedsst. v. 12.5.1982 (Fn. 39).

§ 27 (n.F.)

triebserwerber (mit-)übertragen, liegt zugleich eine Veräußerung mit Geschäftsbetrieb vor.
Nach ihrem Zweck gilt Nr. 1 auch dann, wenn Betriebsveräußerung und Erfindungsveräußerung nicht unmittelbar in einem Rechtsakt vollzogen werden, sondern in **engem zeitlichen und sachlichen Zusammenhang** stehen.
Zur Erfindungsveräußerung ohne Übergang des Arbeitsverhältnisses s. unten Rz. 69, 70.

Rz. 50-54 frei

2. Eintritt in die Vergütungspflicht

Bei Erwerb der Diensterfindung mit dem Geschäftsbetrieb tritt der Erwerber für die **Zeit von der Eröffnung des Insolvenzverfahrens** an in die Vergütungspflicht des Arbeitgebers ein. Der Erwerber haftet demzufolge nicht für rückständige Vergütungspflichten des Schuldners aus Verwertungshandlungen vor Eröffnungsbeschluss (vgl. dazu § 27 InsO u. § 27 Nr. 5 ArbEG, unten Rz. 140 ff.). Er haftet auch nicht für Verwertungen aus der Zeit, in der ein vorläufiger Insolvenzverwalter nach § 21 Abs. 2 InsO bestellt war (s. unten Rz. 105).
Vom bisherigen Recht weicht die Regelung insoweit ab, als der Betriebserwerber nicht erst für Verwertungen ab Betriebsübergang, sondern bereits ab Eröffnung des Insolvenzverfahrens haftet. Insoweit geht Nr. 1 über § 613 a Abs. 1 BGB hinaus und lässt zudem unberücksichtigt, dass – jedenfalls nach h.M. (s. dazu Rz. 114 ff. zu § 1) – die sonstigen Rechte und Pflichten aus dem ArbEG erst mit Betriebsinhaberwechsel übergehen.
Der Eintritt in die Vergütungspflicht bewirkt, dass der Arbeitnehmer so gestellt wird, als seien die Verwertungshandlungen des Betriebserwerbers (ggf. auch die vorangegangenen Nutzungen des Insolvenzverwalters) solche des Schuldners (Arbeitgebers). Dies ergibt sich sowohl aus dem Begriff des »Eintretens«, der hier – ebenso wie bei § 613 a Abs. 1 Satz 1 BGB – eine **Sonderrechtsnachfolge** kennzeichnet[42].
Folglich sind – auch wenn das Gesetz nur auf § 9 ArbEG verweist – etwaige **Vergütungsfestsetzungen bzw. Vergütungsvereinbarungen** des Schuldners bzw. Insolvenzverwalters für den Betriebserwerber bindend, soweit für die Vergütungsregelungen nicht § 12 Abs. 6 bzw. § 23 ArbEG einschlägig werden[42a]. Solches rechtfertigt sich aus dem »Eintreten in die Vergütungspflicht«. Dies hat auch zur Folge, dass im Falle einer pauschalen Abfindung der Vergütungsansprüche vor Verfahrenseröffnung keine wei-

55

56

57

---

42 Ebenso Zeising Mitt. 2001, 60, 66.
42a Wie hier Zeising (Fn. 42); im Ergebn. auch Reimer/Schade/Schippel/Kaube Rz. 5 zu § 27.

§ 27 (n.F.)

tergehende Vergütungspflicht des Erwerbers – von den Sonderfällen der § 12 Abs. 6, § 23 ArbEG abgesehen – mehr besteht. Im Rahmen der **Abstaffelung** (RL Nr. 11) sind erfindungsgemäße Umsätze bis zur Verfahrenseröffnung einzubeziehen. Dagegen dürfte es – da die Haftung für Altverbindlichkeiten ausgeschlossen ist – für die Beurteilung der **vollständigen Erfüllung des Vergütungsanspruchs** i.S.d. § 16 Abs. 1 nur darauf ankommen, ob Verwertungen bzw. unausgenutzte Verwertungsmöglichkeiten ab Eröffnung des Insolvenzverfahrens noch nicht vergütet sind.

58 Aus dem Normzweck und dem Wechselbezug zu § 27 Nr. 2 folgt, dass der **Arbeitnehmer keinen (zusätzlichen) Anspruch auf Vergütung** für den Verkauf der Diensterfindung durch den Insolvenzverwalter (RL Nr. 16) hat, und zwar weder gegenüber der Insolvenzmasse noch gegenüber dem Erfindungserwerber. Ebenso sind Vergütungsansprüche gegen den Insolvenzverwalter aus sonstigen Verwertungshandlungen nach Verfahrenseröffnung (§ 27 Nr. 3) ausgeschlossen, soweit der Erwerber diese zu vergüten hat. Dagegen bleibt der Anspruch des Erfinders auf die zum Zeitpunkt der Insolvenzeröffnung rückständigen Vergütungen nach § 27 Nr. 5 unberührt bestehen (s. Rz. 140 ff.).

59 Rechtssystematisch soll es sich um einen gesetzlichen Schuldeintritt mit Übergang der Vergütungspflicht zwecks Entlastung der Insolvenzmasse[43] handeln (zweifelhaft).

Rz. 60 frei

61 Angesichts der unscharfen Fassung der Nr. 1 ist streitig, ob der Eintritt in die Vergütungspflicht **von dem Übergang des Arbeitsverhältnisses** des Erfinders abhängt. Der Frage, ob der Fortbestand des Arbeitsverhältnisses gem. § 613 a Abs. 1 BGB Voraussetzung für die Eintrittspflicht des Erwerbers nach § 27 Nr. 1 ist, kommt erhebliche praktische Bedeutung zu. Dies betrifft nicht nur diejenigen Arbeitnehmer, die einer Fortsetzung des Arbeitsverhältnisses widersprechen (s. oben Rz. 116 zu § 1), sondern vor allem solche Arbeitnehmer, deren Arbeitsverhältnis vor Betriebsübergang beendet worden ist, etwa im Rahmen von Sozialplanregelungen (vgl. §§ 123 f. InsO). Kommt es bei § 27 Nr. 1 nicht auf die Fortführung des Arbeitsverhältnisses an, würde diese Vorschrift gem. § 26 ArbEG auch einen Vergütungsanspruch von ausgeschiedenen Arbeitnehmern gegenüber dem Erwerber der Diensterfindung begründen.

Eine weit verbreitete Ansicht lehnt das Erfordernis eines Betriebsübergangs ab; danach ist der Vergütungsanspruch nach Nr. 1 vom Bestand des Arbeitsverhältnisses unabhängig[44]. Begründet wird dies unter Hinweis auf § 26 mit der Absicht der Insolvenzreform, die Rechtsstellung des Arbeit-

---

43 So Reimer/Schade/Schippel/Kaube Rz. 5 zu § 27.
44 Zeising Mitt. 2001, 60,66.

§ 27 (n.F.)

nehmers der eines absonderungsberechtigten Gläubigers anzunähern (s. Rz. 2) und ihm mit dem Erfindungserwerber einen solventen Gläubiger gegenüber zu stellen.[44a] Dem kann u.E. nicht gefolgt werden: Die Gegenansicht müsste angesichts der sondergesetzlichen Regelung in § 27 ArbEG konsequenterweise zu dem Ergebnis kommen, dass § 613 a BGB bei Betriebsübergang im Insolvenzverfahren erfinderrechtlich nicht zur Anwendung kommt, der Arbeitnehmer also trotz Übergangs des Arbeitsverhältnisses – bis auf die Vergütungsansprüche – seine sonstigen Ansprüche aus dem ArbEG (§§ 13–16, 23, 24 ArbEG) und die verfahrensrechtlichen Möglichkeiten (§§ 28 ff., §§ 37 ff. ArbEG) verliert und damit schlechter gestellt wäre, als bei Betriebsübergang außerhalb der Insolvenz – ein Ergebnis, dass nicht gewollt sein kann. Vom Übergang des Arbeitsverhältnisses als Voraussetzung des § 27 Nr. 1 ArbEG geht bereits die Amtl. Begründung aus, wenn sie als Erwerber denjenigen kennzeichnet, der nach § 613 a Abs. 1 Satz 1 BGB in das Arbeitsverhältnis mit dem Arbeitnehmererfinder eintritt.[45] Für die tatbestandliche Notwendigkeit der Fortführung des Arbeitsverhältnisses spricht auch die Anlehnung des Wortlauts dieser Vorschrift an die Formulierung in § 613 a Abs. 1 Satz 1 BGB hinsichtlich des »Eintritts« in bestehende Rechte und Pflichten. Diese Überlegungen ließen sich auch auf eine Auslegung des Wortlauts des § 27 Nr. 1 dahin stützen, dass dort – im Unterschied zu § 27 Nrn. 3 und 4 – nicht vom »Schuldner«, sondern vom »Arbeitgeber« die Rede ist, und folglich durch die Formulierung »in die Vergütungspflicht des Arbeitgebers« kein vom Fortbestehen des Arbeitsverhältnisses mit dem Erwerber unabhängiger Schuldnerwechsel gesetzlich begründet wird. Schließlich verkennt die Gegenansicht den – letztlich auch durch § 26 sowie § 27 Nr. 2 bestätigten – tragenden Grundsatz des ArbEG, dass die Ansprüche aus dem ArbEG keine dingliche Belastung der Arbeitnehmererfindungen darstellen und nicht auf den Erfindungserwerber übergehen (s. Rz. 7 zu § 7); dass der Gesetzgeber diesen Grundsatz durchbrechen wollte, wird aus den Gesetzesmaterialien nicht ersichtlich, sondern eher das Gegenteil.[45a]

Sollte sich der Geltungsbereich des § 27 Nr. 1 – wie hier vorgeschlagen – auf übergeleitete Arbeitsverhältnisse i.S.d. § 613 a BGB beschränken, so stünden nur den übergeleiteten Arbeitnehmern Ansprüche gegen den Betriebserwerber zu; insoweit käme § 27 Nr. 1 eine den § 613 a BGB ergänzende (s. Rz. 55) und zugleich klarstellende Bedeutung zu. Die Arbeitnehmererfinder, deren Arbeitsverhältnisse nicht auf den Betriebserwerber übergeleitet werden, wären damit nach Nr. 3 auf eine angemessene Abfindung aus dem Veräußerungserlös für die Erfindungsrechte beschränkt (s. unten Rz. 107); Vergütungsansprüche für sonstige Verwertungshandlungen

---

44a Zeising (FN. 44).
45   Amtl. Begr. (Fn. 3).
45a Siehe Amtl. Begr. (Fn. 3) u. Kelbel (Fn. 33).

§ 27 (n.F.)

des Insolvenzverwalters bestimmen sich ebenfalls nach § 27 Nr. 3 (s. unten Rz. 113).

62 Tritt der Betriebserwerber in das Arbeitsverhältnis ein, so bleiben gem. § 613 a Abs. 1 Satz 1 BGB die sonstigen Rechte und Pflichten aus dem ArbEG in Bezug auf die von ihm erworbene Diensterfindung unberührt bestehen (s. Rz. 115 zu § 1). Dies betrifft beispielsweise die Anmeldepflicht nach § 13 ebenso wie die Freigabepflicht nach §§ 14, 16 ArbEG, die Geheimhaltungspflicht nach § 24 usw. Allerdings beschränkt sich der Wortlaut des § 27 Nr. 1 auf den Eintritt in die Vergütungspflicht. Deshalb wäre auch eine Auslegung dahin denkbar, dass diese Bestimmung als spezialgesetzliche Regelung etwaige weitergehenden Rechte und Pflichten aus § 613 a BGB verdrängt (s. Rz. 61).

Rz. 63-65 frei

III. Veräußerung der Diensterfindung ohne den Geschäftsbetrieb – Vorkaufsrecht des Arbeitnehmererfinders (Nr. 2)

66 Nr. 2 Satz 1 übernimmt das bisher in § 27 Abs. 1 ArbEG a.F. geregelte Vorkaufsrecht des Arbeitnehmererfinders und überträgt es ausweislich der Amtlichen Begründung[46] »inhaltlich unverändert« auf das neue Insolvenzverfahren. Danach hat der Arbeitnehmer ein Vorkaufsrecht, wenn der Insolvenzverwalter die vor Verfahrenseröffnung unbeschränkt in Anspruch genommene Diensterfindung ohne den Geschäftsbetrieb veräußert. Durch die Gewährung eines Vorkaufsrechts an der Diensterfindung soll dem Arbeitnehmer die Möglichkeit eröffnet werden, seine Erfindung wieder zu übernehmen und selbst eine vorteilhaftere Verwertung zu versuchen[48]. Damit wird zugleich der Gefahr Rechnung getragen, dass eine Diensterfindung anlässlich eines Insolvenzverfahrens unter Wert an Dritte verkauft wird[49]. Im Vordergrund steht also das gesetzgeberische Anliegen, für eine **möglichst günstige Verwertung** der Diensterfindung **im Interesse des Erfinders** Sorge zu tragen[50]. Aus Billigkeitsgründen hat der Gesetzgeber

---

46 S. Amtl. Begründung (Fn. 3).
47 S. Amtl. Begründung (Fn. 3).
48 Amtl. Begründung z. § 27 ArbEG a.F. BT-Drucks. II/1648 S. 41 = Blatt 1957, 241.
49 Schiedsst. v. 12.5.1982 Blatt 1982, 304; Reimer/Schade/Schippel/Kaube Rz. 5 zu § 27; Volmer/Gaul Rz. 47 zu § 27; s. auch Amtl. Begründung ArbEG (Fn. 48); LG Düsseldorf v. 29.1.1970 BB 1970, 1229 u. OLG Düsseldorf v. 23.10.1970 GRUR 1971, 218 – Energiezuführungen (jeweils zu § 27 ArbEG a.F.); einschränkend Kelbel GRUR 1987, 218, 219.
50 Schiedsst. v. 12.5.1982 (Fn. 49); vgl. auch BGH v. 10.5.1988 GRUR 1988, 762, 764 – Windform (zu § 27 ArbEG a.F.).
51 frei

§ 27 (n.F.)

dem Arbeitnehmer in Satz 2 das Recht eingeräumt[52], mit rückständigen Vergütungsansprüchen gegenüber dem Kaufpreis bei Ausübung des Vorkaufsrechts aufzurechnen. Nicht selten – etwa mangels eigener Verwertungsmöglichkeiten bzw. -chancen – wird der Arbeitnehmer von der Ausübung des Vorkaufsrechts absehen; dazu kann der Insolvenzverwalter mit dem Erfindungserwerber die Zahlung einer angemessenen Vergütung an den Arbeitnehmererfinder vereinbaren (Satz 3); erfolgt dies nicht, ist der Arbeitnehmer mit einer angemessenen Abfindung an dem Veräußerungserlös zu beteiligen (Satz 4). Insoweit hat sich der Gesetzgeber zur »insolvenzrechtlichen Lösung« entschieden und den Arbeitnehmer einem absonderungsberechtigten Gläubiger gleichgestellt[53] (s. auch Rz. 2).

1. Veräußerung ohne Geschäftsbetrieb

Nr. 2 ist nur einschlägig, wenn der Insolvenzverwalter die Diensterfindung ohne den Geschäftsbetrieb veräußert. Bei Veräußerung mit Geschäftsbetrieb gilt Nr. 1. 67

Auch hier umfasst der Begriff der **Veräußerung** jedes auf Übertragung der Erfindung (des Schutzrechts) gerichtete Verpflichtungsgeschäft des Insolvenzverwalters, ohne dass es jedoch einer entsprechenden Verfügung (§§ 413, 398 BGB) bedarf. Im Übrigen gelten die zu § 27 Nr. 1 dargestellten Grundsätze auch hier (s. oben Rz. 48).

Die **Abgrenzung**, ob eine Veräußerung mit oder **ohne Geschäftsbetrieb** erfolgt, hängt entscheidend davon ab, was im Einzelnen veräußert worden ist und welche Bedeutung der veräußerte Betriebskomplex im Hinblick auf das gesamte Unternehmen einerseits und im Hinblick auf die Arbeitnehmererfindung andererseits hat[59]. Zum Begriff des Geschäftsbetriebs gelten die Grundsätze der Nr. 1 (s. oben Rz. 49). Da Nr. 1 und Nr. 2 des § 27 in einem untrennbaren Wechselbezug stehen, hat das Fehlen der tatbestandlichen Voraussetzungen der Nr. 1 bei Erfindungsveräußerung grundsätzlich die Geltung der Nr. 2 zur Folge; gleiches gilt im umgekehrten Fall. Eine Abweichung kann es nur in dem Fall geben, in dem das Arbeitsverhältnis trotz Betriebsveräußerung nicht mit übergeht (Rz. 61, 147). 68

Eine **(Einzel-)Veräußerung** ohne Geschäftsbetrieb ist stets gegeben, wenn die Schutzrechtsposition alleine verkauft wird und kein enger zeitlicher und sachlicher Zusammenhang mit der Veräußerung des Geschäftsbetriebs besteht. Eine Einzelveräußerung liegt auch dann vor, wenn nicht alle auf die Diensterfindung bezogenen Schutzrechtspositionen bei Veräußerung des Geschäftsbetriebes mit übergehen, etwa wenn bei Veräußerung 69

---

52 Amtl. Begründung (Fn. 3).
53 Vgl. Kelbel GRUR 1987, 218, 221.
54-58 frei
59 Schiedsst. v. 12.5.1982 Blatt 1982, 305, 306 – zu § 27 ArbEG a.F.

§ 27 (n.F.)

des Geschäftsbetriebes nur das Inlandspatent mitübertragen wird, nicht dagegen die Auslandsschutzrechte; für Letztere ist Nr. 2 im Veräußerungsfall einschlägig. Eine Veräußerung ohne Geschäftsbetrieb stellt es ferner dar, wenn die Erfindung (Patent) quasi als Draufgabe zu einem anderen Teil des Unternehmens gegeben wird, mit dem die Erfindung überhaupt nichts zu tun hat[60] bzw. nur die an der Erfindungsauswertung nicht beteiligten Betriebe oder Betriebsteile veräußert werden[61]; nicht oder noch nicht ausgewertete Erfindungen sind in diesem Zusammenhang grundsätzlich dem Betrieb oder Betriebsteil wirtschaftlich zuzurechnen, in dem sie ausgewertet werden sollen oder ausgewertet werden können[62]. Wird in solchen Fällen das Arbeitsverhältnis des Erfinders mitübergeleitet, spricht dies regelmäßig für eine Veräußerung mit Geschäftsbetrieb.

70 Gleichgültig ist, **aus welchem Grund** die Veräußerung ohne den Geschäftsbetrieb erfolgt. Auch dann, wenn die bisherige Unternehmens- bzw. Betriebseinheit aufgelöst ist oder durch Aus- und Absonderungsrechte so aufgeteilt wird, dass sie nicht mehr arbeiten kann, kommt ein Vorkaufsrecht des Arbeitnehmererfinders in Betracht[63].

Rz. 71-74 frei

2. Ausübung des Vorkaufsrechts

75 Auf dieses gesetzliche Vorkaufsrecht des Arbeitnehmers finden die §§ 463 ff. BGB über das schuldrechtliche Vorkaufsrecht Anwendung[64]. Gem. § 473 BGB ist dieses unübertragbar und unvererblich; § 471 BGB gilt nicht[65].

76 Das Vorkaufsrecht vermittelt dem Arbeitnehmer die Befugnis, vom Insolvenzverwalter die Diensterfindung zu erwerben, **sobald** dieser mit einem Dritten einen **Kaufvertrag** (Rechtskauf, §§ 453, 433 BGB n.F.) über die Erfindung **abgeschlossen** hat (§ 463 BGB). Gem. § 469 Abs. 1 BGB ist der Insolvenzverwalter verpflichtet, dem Arbeitnehmer den **Inhalt** des mit

---

60 Schiedsst. v. 12.5.1982 (Fn. 59) – zu § 27 ArbEG a.F.
61 OLG Düsseldorf v. 23.10.1970 GRUR 1971, 218, 219 – Energiezuführungen; Höhn BB 1971, 788, 790 – jeweils zu § 27 ArbEG a.F.
62 OLG Düsseldorf v. 23.10.1970 (Fn. 61) – zu § 27 ArbEG a.F.
63 LG Düsseldorf v. 29.1.1970 BB 1970, 1229 – zu § 27 ArbEG a.F.; vgl. aber auch BGH v. 7.10.1965 GRUR 1966, 370, 374 – Dauerwellen II.
64 Allg. A. OLG Düsseldorf v. 23.10.1970 (Fn. 61); Palandt/Putzo BGB Rz. 4 vor § 504 – jeweils zu § 27 ArbEG a.F.; zu § 27 ArbEG n.F. ebenso Zeising Mitt. 2001, 60, 66; Reimer/Schade/Schippel/Kaube Rz. 7 zu § 27; Busse/Keukenschrijver, PatG, Rz. 7 zu § 27 ArbEG.
65 OLG Düsseldorf v. 23.10.1970 (Fn. 61) – zu § 27 ArbEG a.F.; Zeising (Fn. 64); Reimer/Schade/Schippel/Kaube Rz. 7 zu § 27.

§ 27 (n.F.)

dem Dritten abgeschlossenen **Vertrages unverzüglich** (vgl. hierzu Rz. 28 f. zu § 5) **mitzuteilen**.
Nach Zugang dieser Mitteilung kann das Vorkaufsrecht nur **befristet** bis zum Ablauf einer Woche **ausgeübt** werden (§ 469 Abs. 2 Satz 1 BGB). 77
Die Ausübung des Vorkaufsrechts erfolgt durch **formfreie**, bedingungsfeindliche **Erklärung** gegenüber dem Insolvenzverwalter (§ 464 Abs. 1 BGB).
Durch die Ausübung wird ein neuer, selbständiger **Kaufvertrag** zwischen Insolvenzverwalter und Arbeitnehmer begründet, der den Arbeitnehmer grundsätzlich verpflichtet, die Leistungen zu erbringen, die der Insolvenzverwalter mit dem Dritten vereinbart hat (§ 464 Abs. 2 BGB). Der Arbeitnehmer hat keinen Anspruch auf Einräumung anderer (günstigerer) Bedingungen. Zur Aufrechnung mit Vergütungsansprüchen s. unten Rz. 83 ff. 78
Hat der Insolvenzverwalter die **Rechte bereits auf den Dritten übertragen** (§§ 413, 398 BGB), wird die Wirksamkeit dieses dinglichen Geschäfts durch die Ausübung des Vorkaufsrechts nicht berührt[66]; der Dritte ist auch nicht zur Rückübertragung verpflichtet. Kann der Insolvenzverwalter deshalb seine Übertragungspflicht gegenüber dem Arbeitnehmer nicht mehr erfüllen, bestimmen sich die Rechte des Arbeitnehmers nach den allgemeinen zivilrechtlichen Regeln der Leistungsstörung i.V.m. § 55 Abs. 1 Nr. 1 InsO[66a]. Darüber hinaus kommt eine Haftung des Insolvenzverwalters nach § 60 InsO in Betracht. 79
Arbeitnehmer-**Miterfinder** können das Vorkaufsrecht nur im Ganzen ausüben (§ 472 Satz 1 BGB). Soweit ein Miterfinder sein Recht nicht ausübt, sind die Übrigen berechtigt, das Vorkaufsrecht im Ganzen auszuüben (§ 472 Satz 2 BGB). Mit der Übertragung der Erfindungsrechte auf die Miterfinder bilden diese erneut – mangels anderweitiger Absprache – eine Bruchteilsgemeinschaft i.S.d. § 741 BGB (vgl. dazu Rz. 52 f. zu § 5).
Auf Grund der Gesetzessystematik (s. Rz. 68) und der wirtschaftlichen Zielsetzung der Insolvenzrechtsreform (s. Rz. 1) erscheint es zweifelhaft, ob die Veräußerung von Erfindungsrechten für einen Miterfinder dem Tatbestand der Nr. 1 zuzuordnen ist (etwa bei Mitüberleitung des Arbeitsverhältnisses) und für den anderen **(ausgeschiedenen) Miterfinder** den Tatbestand der Nr. 2 erfüllt. Ansonsten stünde in solchen Fällen Letzterem das Vorkaufsrecht zu, und zwar bezogen auf seinen Anteil am Zustandekommen der Erfindung. Näher liegt es deshalb, dem anderen Miterfinder anstelle eines Vorkaufsrechts nach § 27 Nr. 2 lediglich eine Beteiligung am Verkaufserlös (§ 9 i.V.m. RL Nr. 16) als Massegläubiger zuzuerkennen (s. Rz. 147). 80

---

66 Vgl. allg. RG v. 10.5.1928 RGZ 121, 137, 138.
66a Wie hier Zeising Mitt. 2001, 60, 67.

1051

§ 27 (n.F.)

Rz. 81-82 frei

3. Aufrechnung mit Vergütungsansprüchen (Satz 2)

83 Bei Ausübung des Vorkaufsrechts kann der Arbeitnehmer gem. Satz 2 mit Vergütungsansprüchen gegen die Kaufpreisforderung aufrechnen. Der Gesetzgeber hat diese Regelung aus Billigkeitsgründen aufgenommen[67]. Sie entspricht dem Grundgedanken, die Rechtsstellung des Arbeitnehmererfinders bei Insolvenz zu stärken[67a] (Rz. 2).
Die Aufrechnungsmöglichkeit besteht – losgelöst von den Vereinbarungen zwischen Insolvenzverwalter und dem Dritten – kraft Gesetzes. §§ 95 f. InsO finden, soweit diese die Möglichkeit zur Aufrechnung einschränken, wegen der spezialgesetzlichen Regelung in § 27 Nr. 2 ArbEG keine Anwendung[67b].

84 Aufgerechnet werden kann mit **Ansprüchen auf Vergütung** »für die unbeschränkte Inanspruchnahme der Diensterfindung«. Dieser Begriff ist aus der insoweit wenig geglückten Fassung des § 27 Abs. 2 Satz 1 ArbEG a.F. übernommen worden. Erfasst werden danach alle bei Fälligkeit des Kaufpreises rückständigen[68], d.h. fälligen, aber noch nicht erfüllten Vergütungsansprüche nach § 9 i.V.m. den RLn 1959. Dies betrifft auch einbehaltene Risikoabschläge[68a] (s. dazu Rz. 69 zu § 12).
Stets müssen sich die Vergütungsansprüche auf die **konkrete**, mit dem Vorkaufsrecht **belastete Diensterfindung** beziehen; Vergütungsansprüche für sonstige Erfindungen können nicht zum Gegenstand der Aufrechnung gemacht werden[68b].
Aus der verkürzten Fassung des § 27 Nr. 2 Satz 2 ArbEG n.F. im Verhältnis zur Fassung des § 27 Abs. 2 Satz 1 ArbEG a.F. könnte der Schluss gezogen werden, die Aufrechnung erstrecke sich nicht auf erfindungsbezogene Vergütungsansprüche aus einfachen Benutzungsrechten für Auslandsnutzungen in freigegebenen Auslandsstaaten (§ 14 Abs. 3). Dieser Rückschluss wird jedoch der Intention des Gesetzgebers nicht gerecht, dem Erfinder eine umfassende Aufrechnung mit seinen rückständigen Vergütungsansprüchen für die unbeschränkt in Anspruch genommene Diensterfindung zuzugestehen.
Die Aufrechnungsmöglichkeit erstreckt sich im Ergebnis auf alle Vergütungsansprüche, die entweder aus Nutzungshandlungen aus der Zeit vor

---

67 Amtl. Begründung (Fn. 3).
67a Vgl. auch Kelbel GRUR 1987, 218 f.
67b Ebenso Zeising (Fn. 66a).
68 Amtl. Begründung (Fn. 3).
68a Vgl. (aber) auch Kelbel (Fn. 67a) S. 220 f.
68b Wie hier Zeising Mitt. 2001, 60, 67.

§ 27 (n.F.)

Eröffnung des Insolvenzverfahrens resultieren[68c] und nach § 174 InsO angemeldet und unbestritten (vgl. § 179 InsO) sind, oder auf Verwertungshandlungen des Insolvenzverwalters beruhen (§ 27 Nr. 3). Damit wird der Arbeitnehmererfinder bezüglich der vor Insolvenzeröffnung begründeten Vergütungsansprüche privilegiert, obschon diese Forderungen ansonsten nicht bevorzugt werden (vgl. § 27 Nr. 5). Die Gegenansicht, die den Arbeitnehmer für vor Verfahrenseröffnung entstandene Vergütungsansprüche auf § 27 Nr. 5 verweisen will[68d], ist weder mit dem Gesetzeswortlaut, noch mit der Gesetzessystematik (vgl. § 27 Nr. 1, Nr. 2 Satz 3, Nr. 4 Satz 2, Nr. 5), noch der vom Gesetzgeber angestrebten Billigkeit vereinbar.

Aufgerechnet werden kann mit der **Kaufpreisforderung**, die für die Übernahme der Erfindungsrechte geschuldet wird. Diese bestimmt sich nach dem Inhalt des mit dem Dritten abgeschlossenen Kaufvertrages (§ 464 Abs. 2, §§ 466–468 BGB). Enthält der Kaufvertrag bereits eine Vereinbarung zur Vergütungspflicht des Dritten gem. § 27 Nr. 2 Satz 3, ist diese als Nebenleistung gem. § 466 BGB zu kapitalisieren, wenn eine dahingehende Schuldverpflichtung eine Ermäßigung des Kaufpreises zur Folge hat; bei der Kapitalisierung ist mindernd der auf den Erfinder entfallende Vergütungsanteil vom Kaufpreiserlös (RL Nr. 16) zu berücksichtigen. 85

Die **Aufrechnung** selbst bestimmt sich nach den allgemeinen Regeln der §§ 387 ff. BGB. Sie ist gegenüber der Insolvenzmasse (Insolvenzverwalter) zu erklären, und zwar ohne Bedingungen (§ 388 BGB). Eine Form schreibt das Gesetz nicht vor, so dass sie auch formlos (konkludent) möglich ist. Bei mehreren Arbeitnehmererfindern kann der einzelne Miterfinder nur mit seinem eigenen Vergütungsanspruch, nicht dagegen mit denen seiner Miterfinder aufrechnen (vgl. § 422 Abs. 2 BGB). 86

Rz. 87-88 frei

4. Vereinbarung der Vergütungspflicht des Erwerbers (Satz 3)

Nach Satz 3 kann der Insolvenzverwalter mit dem Erwerber der Diensterfindung die Zahlung einer angemessenen Vergütung vereinbaren, und zwar für den Fall, dass der Arbeitnehmer das Vorkaufsrecht nicht ausübt. Der Regelungsgehalt der Vorschrift ist unscharf: Bei wortgetreuer Auslegung wäre der Insolvenzverwalter berechtigt, vom Dritten (Käufer) noch nach Erlöschen des Vorkaufsrechts des Erfinders (durch Fristablauf – § 469 Abs. 2 BGB), also nachträglich, die Übernahme der Vergütungspflicht zu verlangen. Ein derartiger auf einen Kontrahierungszwang hinauslaufender Eingriff in die Bindungswirkung schuldrechtlicher Vereinbarungen kann weder sachlich noch rechtlich gemeint sein. Sollte die Regelung – und dies 89

68c Ebenso Reimer/Schade/Schippel/Kaube Rz. 8 zu § 27.
68d So aber Zeising (Fn. 68b); vgl. auch Kelbel GRUR 1987, 218, 221.

§ 27 (n.F.)

liegt nahe – bloß die Möglichkeit der Übernahme einer vertraglichen Vergütungspflicht durch den Rechtserwerber im Kaufvertrag aufzeigen, handelt es sich letztlich um eine Selbstverständlichkeit, weil derartige Vereinbarungen nach dem Grundsatz der Privatautonomie (§ 311 Abs. 1 BGB) uneingeschränkt zulässig sind. Um einen Fall eines gesetzlich zugelassenen Schuldnerwechsels, der ansonsten der Genehmigung des Gläubigers bedürfte (vgl. § 415 BGB), kann es nicht gehen, da sich die vereinbarte Vergütungspflicht nur auf die »weitere«, d.h. zukünftige Verwertung durch den Rechtserwerber erstreckt. Vergütungsansprüche stellen jedoch keine dingliche Belastung der Diensterfindung dar, gehen also nicht kraft Gesetzes auf den Erwerber über (s. Rz. 7 zu § 7); nach dem Gesetzeswortlaut werden eben nicht die rückständigen Vergütungsforderungen des Arbeitnehmers erfasst, sondern nur solche aus einer weiteren Verwertung der Diensterfindung durch den Rechtserwerber.

Sinnvoll erscheint diese Regelung nur dann, wenn sie in Abweichung von der Unabdingbarkeit insolvenzrechtlicher Sondervorschriften dem Insolvenzverwalter zugleich die Möglichkeit eröffnen soll, bereits vorab mit dem Erfinder eine Vereinbarung dahin zu treffen, dass dieser auf sein Vorkaufsrecht dann verzichtet, wenn ein Erwerber der Erfindungsrechte eine angemessene Vergütung für dessen Eigennutzung zahlt. Damit gewinnt der Insolvenzverwalter eine zusätzliche Chance zur Vermarktung der Erfindungsrechte.

90 Der Zusammenhang der Sätze 3 und 4 der Nr. 2 macht deutlich, dass der Gesetzgeber den Vergütungsanspruch gegen den Erwerber als (zusätzlichen) Vorteil für den Erfinder ansieht, da er hierdurch eine Chance erhält, an der zukünftigen, laufenden Verwertung der Erfindungsrechte durch den Rechtserwerber beteiligt zu werden. Dann teilt der Arbeitnehmererfinder aber auch das wirtschaftliche Risiko der Ausnutzung seiner Diensterfindung durch den Erwerber. Als Alternative bleibt dem Erfinder rechtlich dann nur, sein Vorkaufsrecht auszuüben. Übt der Erfinder sein Vorkaufsrecht nicht aus und trifft der Insolvenzverwalter keine Vereinbarung mit dem Rechtserwerber über die Erfindervergütung, verbleibt dem Erfinder jedenfalls ein Vergütungsanspruch nach Satz 4.

91 **Beteiligte** der Vereinbarung sind ausschließlich der Insolvenzverwalter (als amtliches Organ) und der Erwerber der Diensterfindung.

§ 27 Nr. 2 Satz 3 begründet **keinen Anspruch des Erfinders auf Abschluss** einer derartigen Vereinbarung oder auf Verpflichtung des Insolvenzverwalters, eine derartige Abrede zugunsten des Arbeitnehmererfinders aufzunehmen[69]. Vielmehr folgt bereits aus dem Wortlaut (»kann ... vereinbaren«), dass der Abschluss **im pflichtgemäßem Ermessen des Insolvenzverwalters** steht. Dieser muss im Rahmen seiner allgemeinen Auf-

---

[69] Wie hier Zeising Mitt.Pat. 2001, 60, 67; Reimer/Schade/Schippel/Kaube Rz. 9 zu § 27.

§ 27 (n.F.)

gabe zur marktgerechten und vermögensorientierten Abwicklung entscheiden, ohne zum Abschluss derartiger Vereinbarungen verpflichtet zu sein. Der Abschluss einer solchen Vereinbarung kann aus Sicht des Insolvenzverwalters zweckmäßig sein, um die Insolvenzmasse von den Abfindungsansprüchen des Erfinders zu entlasten. Hier ist – unter wertender Berücksichtigung der durch das ArbEG anerkannten Interessen des Arbeitnehmererfinders – eine wirtschaftliche Betrachtung geboten, zumal der Rechtserwerber u.U. auf eine erhebliche Reduzierung des Kaufpreises angesichts zukünftiger Vergütungspflichten bestehen wird.

Die Vereinbarung bedarf weder der Zustimmung noch der Mitwirkung des Arbeitnehmererfinders noch hat er bei Verhandlungen mit potentiellen Rechtserwerbern ein Mitspracherecht. Davon zu trennen ist die Frage, inwieweit eine vorherige Abstimmung mit dem Arbeitnehmererfinder zweckmäßig ist: Da der Abschluss der Vereinbarung mit einem Dritten aufgrund der nicht recht geglückten Gesetzesfassung davon abhängt, ob der Arbeitnehmer sein Vorkaufsrecht ausübt, kann es im Einzelfall zweckmäßig sein, den Arbeitnehmererfinder in die Vertragsverhandlungen einzubeziehen und mit dem Erfinder zu klären, ob er an der Übernahme der Erfindung interessiert ist, eine Einstandspflicht des Rechtserwerbers wünscht oder eine Abfindung aus dem Kaufpreiserlös zweckmäßiger erscheint. Zugleich kann es im Interesse des potentiellen Erfindungserwerbers liegen, bereits im Vorfeld etwaige Vergütungspflichten gegenüber dem Arbeitnehmererfinder zu konkretisieren. Allerdings besteht auch insoweit kein Anspruch des Insolvenzverwalters bzw. potentiellen Rechtserwerbers darauf, dass sich der Arbeitnehmererfinder dazu im Vorfeld der Entscheidungsfindung erklärt.

Die Vereinbarung bedarf **keiner bestimmten Form**, ist also auch mündlich bzw. konkludent möglich. Auf Grund des Vorkaufsrechts und aus Beweisgründen – auch wegen der Wirkungen für den Arbeitnehmer – ist eine schriftliche Festlegung des Vertragsinhalts sinnvoll. 92

Gegenstand der Vereinbarung ist ausschließlich die Übernahme zukünftiger Vergütungspflichten zugunsten des Arbeitnehmererfinders. Der Klammerhinweis in § 27 Nr. 2 Satz 3 erstreckt sich nur auf § 9 ArbEG. § 12 ist nicht einbezogen. Damit sind weder die einvernehmliche Feststellung noch die einseitige Festsetzung der Vergütung nach § 12 ArbEG möglich; der Insolvenzverwalter kann dem Rechtserwerber vertraglich auch kein Recht zur einseitigen Vergütungsregelung einräumen noch den Arbeitnehmer verpflichten, in eine bestimmte Vergütungsregelung einzuwilligen (Vertrag zulasten Dritter). Einbezogen sind aber auch nicht die sonstigen **Bestimmungen des ArbEG**, wie etwa die Arbeitgeberpflichten aus §§ 14, 16 ArbEG. Daraus folgt auch hier die gesetzgeberische Wertung, dass der Rechtserwerber nicht vollständig in die bisherige Stellung des Arbeitgebers einzutreten hat, sondern nur in den Vergütungsanspruch als solchen mit Wirkung für die Zukunft (siehe auch Rz. 7 zu § 7). Die **Anmeldepflicht** 92.1

§ 27 (n.F.)

nach § 13 ArbEG ist ebenfalls nicht angesprochen; ist die Diensterfindung noch nicht zum Schutzrecht angemeldet, wird man nach Sinn und Zweck der Regelung davon ausgehen müssen, dass hier der Insolvenzverwalter in der Pflicht bleibt (s. Rz. 35), also regelmäßig nicht befugt ist, die Diensterfindung ohne Sicherung der inländischen Schutzrechtsanmeldung zu übertragen. Eine Ausnahme besteht dann, wenn der Arbeitnehmer der Nichtanmeldung zustimmt (s. dazu Rz. 33 ff. zu § 13), ferner, wenn der Rechtserwerber ein berechtigtes Interesse an einer Geheimhaltung analog § 17 Abs. 1 ArbEG hat und in der Vereinbarung zur Vergütung sichergestellt wird, dass sich die Geheimhaltung nicht nachteilig auf Höhe und Dauer der Vergütung auswirkt.

93 Dem Inhalt nach betrifft die Vereinbarung die Übernahme von Vergütungspflichten für die weitere Verwertung der Diensterfindung (bzw. diesbezüglicher Schutzrechtspositionen) zugunsten des Arbeitnehmererfinders durch den Erwerber. Zur **inhaltlichen Gestaltung** reicht es u.E. nach dem Gesetz aus, wenn der Insolvenzverwalter mit dem Erwerber lediglich vereinbart, dass dieser dem Erfinder für die zukünftige Verwertung der Diensterfindung eine angemessene Vergütung nach § 9 ArbEG zu zahlen hat. Einer Konkretisierung des Vergütungsanspruchs nach Art und Umfang unter Bezeichnung der einzelnen Bemessungsfaktoren bedarf es nicht. Abgesehen vom Anteilsfaktor und ggf. Miterfinderanteil wäre solches im Zeitpunkt des Rechtserwerbs auch kaum realistisch, da gesicherte Kriterien zu Nutzungsart und -umfang beim Rechtserwerber und damit zum Erfindungswert zwangsläufig noch nicht feststehen.

94 Werden in der Vereinbarung gleichwohl nähere Regelungen zu Art und Höhe der Vergütung getroffen, müssen diese der **Angemessenheit** i.S.d. § 9 ArbEG entsprechen. Dazu gelten die allgemeinen Grundsätze (s. dazu Rz. 69 ff. zu § 9). Dabei hat – vom Anteilsfaktor und Miterfinderanteil abgesehen – eine Orientierung an den Verhältnissen beim Rechtserwerber, insbesondere nach Art und Umfang seiner zukünftigen Verwertungshandlungen, zu erfolgen. Angemessen ist die Vergütung jedenfalls dann, wenn der Rechtserwerber die Diensterfindung für seine Verwertung so vergütet, als sei es eine originäre Diensterfindung aus seinem Unternehmen.

Die durch die Bezugnahme auf § 9 ArbEG vorgegebenen Bewertungskriterien sind letztlich Mindestansätze, die nicht unterschritten werden können. Selbstverständlich sind Insolvenzverwalter und Erwerber frei darin, zugunsten des Arbeitnehmers günstigere Vergütungspflichten zu vereinbaren, auch wenn der Arbeitnehmer darauf keinen Anspruch hat.

Probleme ergeben sich aber dann, wenn die zwischen Insolvenzverwalter und Rechtserwerber **vereinbarte Vergütung unangemessen** ist. Da es sich dabei um eine vom ArbEG ausdrücklich zugelassene Vereinbarung über eine Diensterfindung handelt, unterliegt sie u.E. der Billigkeitskontrolle des § 23 ArbEG, auch wenn diese Regelung ansonsten nur für Vereinbarungen zwischen Arbeitnehmer und Arbeitgeber greift (s. Rz. 5 zu § 23). Ange-

§ 27 (n.F.)

sichts der Charakterisierung als Vertrag zugunsten Dritter (s. Rz. 97) kann der Arbeitnehmer die Unbilligkeit selbst geltend machen, wobei jedoch die Ausschlussfrist des Abs. 2 zu beachten ist. Zweifelhaft ist dagegen die Rechtslage, wenn die Vereinbarung zwar nicht die Schwelle der Unbilligkeit erreicht, aber die vereinbarte Vergütung gleichwohl nicht angemessen ist. Da hier der Arbeitnehmer – im Unterschied zu § 12 ArbEG – weder zu beteiligen ist noch ein Widerspruchsrecht hat, wird u.E. nach der Gesetzessystematik die Rechtsfolge des § 27 Nr. 2 Satz 4 ArbEG mangels Angemessenheit nicht ausgelöst, d.h. es verbleibt bei einem Anspruch aus dem Abfindungserlös, der i.H.a. die Angemessenheit ggf. um Zahlungen des Rechtserwerbers zu reduzieren ist. Ist dieser ergänzende Anspruch nicht durchsetzbar, hat der Arbeitnehmer ggf. einen entsprechenden **Schadensersatzanspruch** nach § 60 InsO gegenüber dem Insolvenzverwalter wegen Verletzung der Rechtspflichten aus § 27 ArbEG. Der Schaden ist (ggf. unter Anrechnung von Leistungen des Rechtserwerbers) zwangsläufig der Höhe nach auf dasjenige begrenzt, was der Arbeitnehmer ohne Vereinbarung nach § 27 Nr. 2 Satz 4 ArbEG erhalten hatte. Entsprechendes müsste gelten, wenn § 23 ArbEG wegen des vorherigen Ausscheidens des Arbeitnehmers unanwendbar ist. Beschränkt sich die Vereinbarung lediglich auf die Begründung einer Pflicht zur Zahlung einer angemessenen Vergütung für die weitere Verwertung (s. Rz. 93), stellen sich diese Probleme allerdings nicht.

Unter dem Begriff der **weiteren Verwertung** sind alle Verwertungshandlungen des Rechtserwerbers zu verstehen, also sowohl die betriebliche Eigenverwertung im In- und Ausland (einschließlich Einsatz als Sperrpatent) als auch die Verwertung mittels Lizenzvergabe, Austausch oder Verkauf von Erfindungsrechten (Schutzrechtspositionen). Da sich der Vergütungsanspruch auf die gesamte weitere Verwertung der Diensterfindung erstreckt, kann dieser in der Vereinbarung weder bedingt, noch zeitlich begrenzt noch auf bestimmte Verwertungshandlungen verkürzt werden. Wird beispielsweise ein Vergütungsanspruch nur für den Fall der Lizenzvergabe durch den Rechtserwerber vereinbart, nicht aber für dessen eigene Nutzungshandlungen, wäre eine solche Vereinbarung unangemessen und regelmäßig unbillig (zu den Folgen s. Rz. 94). 95

Der Gesetzesinhalt umfasst dagegen – abweichend von § 9 Abs. 2 ArbEG – nicht die bloße **Verwertbarkeit** (vgl. RL Nrn. 20 ff.). Deshalb trifft den Rechtserwerber weder die Pflicht, etwaige unterlassene bzw. unausgenutzte Verwertungsmöglichkeiten vergüten zu müssen, noch schuldet er eine Vergütung als Vorratspatent. Angesichts der Gesetzesfassung und der Tatsache, dass dem ArbEG eine Mindestvergütung fremd ist, muss dies selbst dann gelten, wenn die Vergütung wegen geringer Verwertungshandlungen des Rechtserwerbers geringer ausfällt als eine Abfindung i.S.d. Nr. 2 Satz 4.

§ 27 (n.F.)

96 Bezüglich der **Art der Vergütung** ist – wie auch der Gesetzeshinweis auf die »weitere Vergütung« nahe legt – im Zweifel von der Angemessenheit einer laufenden Vergütung in Geld auszugehen (s. Rz. 52 ff. zu § 9). Da der Arbeitnehmer über die Vereinbarung die Chance eines weitergehenden Vergütungsanspruchs erhalten soll, wird man – auch mit Blick auf die ansonsten nach Nr. 2 Satz 4 zu zahlende Abfindung – eine über diese Abfindung hinausgehende, an den allgemeinen Grundsätzen orientierte (s. dazu Rz. 57 ff. zu § 9) Pauschalvergütung als möglich ansehen können. Dagegen wäre eine von der Benutzung der Erfindung bzw. der Dauer des Schutzrechts losgelöste Befristung der Vergütungszahlung im Regelfall unangemessen.

96.1 In Übereinstimmung mit der Amtl. Begründung[70] gelten ansonsten auch für die **Höhe der Vergütung** die allgemeinen Maßstäbe des § 9 ArbEG i.V.m. den Vergütungsrichtlinien. Die Vergütungsbemessung erfolgt mittels der Faktoren Erfindungswert und Anteilsfaktor ggf. unter Berücksichtigung eines Miterfinderanteils.

Die »Angemessenheit« des **Erfindungswertes** orientiert sich dabei an den allgemeinen Kriterien der RL Nrn. 3 ff., 19, 28 für die betriebliche Benutzung und der RL Nrn. 14–18 für die außerbetriebliche Verwertung, und zwar bezogen auf die Verhältnisse beim Rechtserwerber (s. Rz. 94). Die früheren Kriterien zum Erfindungswert, die im Unternehmen des Schuldners gegolten haben, wirken nicht fort. Sie können zwar indiziell wirken, sind allerdings in ihrer Aussagekraft begrenzt, da die Erfindung ja ohne Geschäftsbetrieb veräußert wird. Dies gilt wegen der Relation von Bezugsgröße und Lizenzsatz und der Orientierung am Produktmarkt auch für die **Lizenzanalogie** (RL Nrn. 6 ff.). Erst recht gilt dies für die Methode nach dem erfassbaren betrieblichen Nutzen (RL Nr. 12). Soweit eine **Abstaffelung** (RL Nr. 11) in Betracht kommt, ist die Einbeziehung früherer Umsätze (vor bzw. ab Eröffnung) nicht sachgerecht, zumal für die Umsätze beim Rechtserwerber andere Kausalitäten maßgeblich sein können (zur Kausalitätsverschiebung s. Rz. 141 ff. zu § 9). Nur wenn für eine Kausalitätsverschiebung keine Anhaltspunkte bestehen und es auch im Übrigen bei den bisherigen Ansätzen zum Erfindungswert verbleibt, mag eine Einbeziehung der Altumsätze unter dem Aspekt gerechtfertigt sein, dass der Erfinder auf Grund der Insolvenz nicht besser gestellt werden muss, als er ohne ein solches Ereignis gestanden hätte.

Für die Bemessung des **Anteilsfaktors** (RL Nrn. 30 ff.) bleibt dagegen die konkrete Erfindungsgeschichte im Unternehmen des Schuldners maßgeblich; gleiches gilt für einen etwaigen Miterfinderanteil. Sind mit dem Arbeitnehmererfinder bereits verbindliche Vergütungsregelungen vom Schuldner bzw. Insolvenzverwalter getroffen worden (Vergütungsvereinbarung, Vergütungsfestsetzung i.S.d. § 12 Abs. 1, 3 ArbEG), können diese

---

70 Amtl. Begr. (Fn. 3)

§ 27 (n.F.)

Werte für die Bemessung der Höhe des Anteilsfaktors und (ggf.) des Miterfinderanteils übernommen werden.

Die **Rechtswirkungen der Vereinbarung** sind zunächst allgemein davon abhängig, dass der Arbeitnehmer von seinem Vorkaufsrecht keinen Gebrauch macht. Macht er davon Gebrauch, ist die Vereinbarung gegenstandslos (zur Miterfinderschaft s. Rz. 80). Macht der Arbeitnehmer davon keinen Gebrauch, ist zu differenzieren: 97

Im **Verhältnis zur Insolvenzmasse** folgt aus § 27 Nr. 2 Satz 4 ArbEG, dass der Arbeitnehmer auf Grund der Vereinbarung bezüglich des Verkaufs der betreffenden Erfindungsrechte (Schutzrechtspositionen) keine weitergehenden Ansprüche auf Beteiligung am Kaufpreiserlös oder auf Abfindung hat (zur Ausnahme siehe oben Rz. 94; zu Vergütungsansprüchen aus der Zeit vor Erfindungsübertragung s. Rz. 145 ff.).

Im **Verhältnis zum Rechtserwerber** handelt es sich um einen echten **Vertrag zugunsten Dritter** i.S.d. § 328 BGB[71]. Die Rechtsbeziehungen zwischen Arbeitnehmer und Rechtserwerber beruhen auf diesem Vertrag und stellen sich wie folgt dar: Der Arbeitnehmer erhält damit einen unmittelbaren Anspruch auf Erfüllung gegenüber dem Rechtserwerber. Als Hilfsanspruch zu seinem Vergütungsanspruch wird man dem Arbeitnehmer einen – auf den Inhalt der getroffenen Vereinbarung abgestellten – **Auskunfts- und Rechnungslegungsanspruch** gegenüber dem Rechtserwerber zugestehen müssen. Dem Rechtserwerber räumt das Gesetz weder die Möglichkeit einer einseitigen Festsetzung nach § 12 Abs. 3 ArbEG ein noch hat er ein einseitiges Leistungsbestimmungsrecht i.S.d. § 315 BGB. Zahlt der Rechtserwerber nicht oder hält der Arbeitnehmer die Zahlungen für unangemessen, kann er nach allgemeinen zivilrechtlichen Grundsätzen auf Erfüllung klagen. U.E. gelten insoweit die verfahrensrechtlichen Sonderbestimmungen des ArbEG über das **Schiedsstellenverfahren** nach §§ 28 ff. ArbEG nicht, da es an einem Streitfall zwischen den Arbeitsvertragsparteien fehlt[72]. Jedoch ist angesichts der weiten Fassung des § 39 ArbEG für das gerichtliche Verfahren die darin begründete Zuständigkeit der **Patentstreitkammern** nach § 143 PatG gegeben. Eines nach § 37 ArbEG vorzuschaltenden Schiedsstellenverfahrens bedarf es nicht; insoweit ist die Situation vergleichbar mit den in § 37 Abs. 2 Nrn. 1, 3 sowie in § 38 ArbEG geregelten Sachverhalten.

Wird der Rechtserwerber selbst insolvent, findet § 27 ArbEG keine Anwendung.

---

71 Wohl allg. A., z.B. Zeising Mitt.Pat. 2001, 60, 67; Busse/Keukenschrijver, PatG, Rz. 11 zu § 27 ArbEG; Reimer/Schade/Schippel/Kaube Rz. 9 zu § 27.
72 A.A. Busse/Keukenschrijver, PatG, Rz. 11 zu § 27 ArbEG im Anschluss an Kelbel GRUR 1987, 218, 211.
73-77a frei

§ 27 (n.F.)

Ein gesetzlicher **Anpassungsanspruch** des Arbeitnehmers aus § 12 Abs. 6 ArbEG gegenüber dem Rechtserwerber besteht nicht (s. oben Rz. 92). Inwieweit der Arbeitnehmer gegenüber dem Rechtserwerber einen Anpassungsanspruch wegen veränderter Geschäftsgrundlage nach § 313 BGB geltend machen kann, bestimmt sich dann nach allgemeinen Regeln.

98 Im Interesse des Rechtsfriedens ist es empfehlenswert, wenn sich Arbeitnehmer und Rechtserwerber bilateral über die Kriterien der Vergütungsbemessung verständigen. Eine derartige **Vereinbarung zwischen Arbeitnehmer und Rechtserwerber** unterliegt allerdings nicht mehr dem ArbEG; es gelten dafür die Regeln der Vertragsfreiheit, die nur durch allgemeines Zivilrecht eingeschränkt sind (vgl. § 138 BGB).

5. Angemessene Abfindung aus dem Veräußerungserlös (Satz 4)

99 Bei Fehlen einer Vergütungsvereinbarung mit dem Erfindungserwerber hat der Arbeitnehmer einen Anspruch auf angemessene Abfindung aus dem Veräußerungserlös (Satz 4). Eine Vereinbarung fehlt nicht nur dann, wenn der Insolvenzverwalter davon absieht, sondern auch in den Fällen, in denen zwar der Vertrag Vergütungspflichten gegenüber dem Erfinder festlegt, diese aber nicht den Mindestvoraussetzungen (s. oben Rz. 92) entsprechen. Den Gründen, aus denen die Vereinbarung unterblieben ist, kommt rechtlich keine Bedeutung zu. Mangels einer den gesetzlichen Vorschriften entsprechenden Regelung verbleibt es bei einem Anspruch des Arbeitnehmererfinders auf (ergänzende) Abfindung aus dem Veräußerungserlös.

100 Die angemessene Abfindung bestimmt sich nach § 9 i.V.m. den RLn 1959. Maßstab sind nicht die potentiellen Verwertungshandlungen des Erwerbers, sondern die Höhe des Kaufpreises, so dass hier die Grundsätze der RL Nr. 16 einschlägig werden[77b] (s. dazu Rz. 251 ff. zu § 9). Da es sich hierbei um eine einmalige Vergütungszahlung handelt, ist insoweit der Begriff der »Abfindung« als Pauschalabfindung kein Widerspruch zu dem für das ArbEG üblichen Begriff der angemessenen Vergütung[77c]. Der Anteilsfaktor (RL Nrn. 30 ff.) ist dabei ebenso zu berücksichtigen[77d] wie ein etwaiger Miterfinderanteil.

101 Der Vorteil dieser Neuregelung für den Erfinder liegt folglich darin, dass er nicht auf eine – wenn auch bevorzugte – Befriedigung aus der Insolvenzmasse verwiesen, sondern vorab am Kauferlös beteiligt wird und erst der danach verbleibende Betrag in die Insolvenzmasse fließt.

Rz. 102-104 frei

77b So wohl auch Reimer/Schade/Schippel/Kaube Rz. 10 zu § 287.
77c S. die Amtl. Begründung (Fn. 3), die auch insoweit von angemessener »Vergütung« spricht.
77d Ebenso Reimer/Schade/Schippel/Kaube Rz. 10 zu § 27.

§ 27 (n.F.)

IV. Verwertungshandlungen des Insolvenzverwalters im Unternehmen des Schuldners (Nr. 3).

Nr. 3 behandelt erstmals gesetzlich die Situation, dass der anstelle des Arbeitgebers (Schuldners) entscheidungs- und verfügungsberechtigte Insolvenzverwalter die Erfindung im insolventen Unternehmen verwertet. Dadurch soll klargestellt werden, dass der Arbeitnehmererfinder für diese Verwertungshandlungen, die die Insolvenzmasse im Endergebnis bereichern, angemessen vergütet wird. Bereits unter Geltung des § 27 a.f. entsprach es h.M., dass der Vergütungsanspruch für Verwertungshandlungen des Konkursverwalters eine Masseschuld i.S.d. § 59 Abs. 1 Nr. 1 KO begründete[77e]. Verwertungshandlungen des Insolvenzverwalters sind damit **Masseverbindlichkeiten** (vgl. §§ 55, 61 InsO) und der Arbeitnehmer ist insoweit **Massegläubiger** (vgl. §§ 53, 209 InsO).

105

Die Fassung des § 27 Nr. 1 ArbEG, wonach der Erwerber ab Eröffnung des Insolvenzverfahrens in die Vergütungspflichten eintritt (s. oben Rz. 87 ff.), sowie die systematische Stellung der Vorschriften zeigen, dass § 27 Nr. 3 ArbEG nicht als lex specialis gegenüber § 27 Nrn. 1 und 2 ArbEG zu verstehen ist, sondern umgekehrt Letztere der Nr. 3 vorgehen.

Über § 27 Nr. 3 hinaus wird der Insolvenzverwalter als verpflichtet angesehen, auch die zukünftigen Vergütungsansprüche aus Verwertungshandlungen **nach Abschluss des Insolvenzverfahrens** sicherzustellen[77f]. Eine solche Pflicht des Insolvenzverwalters ist allerdings weder aus § 27 noch aus sonstigen Bestimmungen des ArbEG abzuleiten und damit zweifelhaft.

1. Verwertung durch Insolvenzverwalter im Unternehmen

Der Begriff der **Verwertung im Unternehmen** kann auch hier nicht dem Begriff der »betrieblichen Benutzung« i.S.d. RL Nrn. 3 ff. gleichgestellt werden. Vielmehr ist dieser Begriff nach dem Zweck der Vorschrift (s. Rz. 105) und in Einklang mit dem gleich lautenden Begriff der Verwertung in § 27 Nr. 2 Satz 3 ArbEG (s. Rz. 95) weit auszulegen. Die Verwertung umfasst damit nicht nur die inner-, sondern auch die außerbetriebliche Verwertung. Wäre dies nicht der Fall, wäre der Erfinder insbesondere von der vergütungsrechtlichen Teilhabe an Lizenzeinnahmen oder an wirt-

106

77e So im Anschluss an Vorauflagen (Rz. 31 zu § 23 ArbEG a.F.) u.a. Schiedsst. v. 26.2.1993 GRUR 1996, 49, 52 ff. – Gießereimaschinen; v. 4.6.1993 GRUR 1994, 615, 617 f. – Anspruchsentstehung u. v. 19.9.1995 Mitt. 1996, 176, 1777 – Patentverkauf; Kuhn Uhlenbruck, KO, 11. Aufl. 1994; Volmer/Gaul Rz. 36 zu § 27; Schwab Erf. u. VV i. ArbVerh. (1991) S. 42; a.A. LG München I v. 19.6.1991 GRUR 1994, 626 f. – Unternehmenskonkurs.

77f So Kelbel GRUR 1987, 218, 222 (allerdings auf der Grundlage des internen BMJ-Referentenentwurfs).

§ 27 (n.F.)

schaftlichen Vorteilen aus eingetauschten Fremdlizenzen ausgeschlossen, obschon durch diese Leistungen die Insolvenzmasse bereichert wird. Eine derartige Benachteiligung des Arbeitnehmers im Insolvenzfall würde den Sinn des § 27 ArbEG, der die Rechtsstellung des Arbeitnehmererfinders gerade verbessern soll (s. Rz. 2), ins Gegenteil verkehren. Folglich müssen auch hier – ebenso wie nach § 27 Nr. 2 Satz 3 ArbEG – alle Verwertungshandlungen einbezogen werden, die nach § 9 ArbEG eine Vergütungspflicht auslösen.

107 Damit umfasst die Verwertung einerseits insbesondere die Fortführung der erfindungsgemäßen Produktion und des Vertriebs erfindungsgemäß hergestellter Waren im Unternehmen des Schuldners, ferner die Herstellung durch Drittunternehmen als sog. verlängerte Werkbank (zum Begriff der tatsächlichen Verwertung s. Rz. 90 ff. zu § 9). Tatsächliche Verwertung ist ferner der Einsatz als Sperrpatent (RL Nr. 18). Andererseits sind auch die außerbetrieblichen Verwertungen umfasst, insbesondere ausschließliche oder einfache Lizenzvergaben[78] (RL Nrn. 14, 15) sowie Austauschverträge[78a] (RL Nr. 17).

108 Auch der **Verkauf von Erfindungsrechten** (RL Nr. 16) stellt eine Form der tatsächlichen Verwertung dar. In diesen Fällen ergeben sich die vergütungsrechtlichen Folgen zunächst aus § 27 Nrn. 1 und 2 ArbEG, die als spezialgesetzliche Regelungen vorgehen (s. Rz. 105). Nur soweit § 27 Nr. 1 bzw. Nr. 2 ArbEG nicht einschlägig sind, verbleibt es bei der Regelung der Nr. 3. So hat der Rechtserwerber im Falle des § 27 Nr. 1 ArbEG nur die Verwertungshandlungen ab Eröffnung zu vergüten, die vom Insolvenzverwalter ausgehen und auf die erworbene Schutzrechtsposition entfallen; dagegen hat nicht der Betriebserwerber, sondern die Insolvenzmasse nach § 27 Nr. 3 ArbEG einzustehen für die Verwertungen des vorläufigen Insolvenzverwalters sowie für Verwertungen, die zwar die Diensterfindung, aber nicht mitveräußerte Schutzrechtspositionen betreffen (z.B. Verkauf des Inlandspatentes und Verwertung des Auslandspatents im Schuldnerunternehmen mittels Lizenzvergabe). Im Falle des § 27 Nr. 2 Satz 3 schuldet der Rechtserwerber nur die Vergütung für seine weitere Verwertung der betreffenden Schutzrechtsposition, nicht dagegen für vor Erfindungsverkauf liegende Verwertungen des Insolvenzverwalters oder die Verwertung paralleler Schutzrechtspositionen. Ferner verbleibt es nach der hier vertretenen Auffassung beim Anspruch aus § 27 Nr. 3 ArbEG bei fehlendem Übergang des Arbeitsverhältnisses trotz Erfindungsverkaufs mit Geschäftsbetrieb (s. Rz. 61).

109 Wegen der Begrenzung auf das »Verwerten« ist dagegen auch hier bloße **Verwertbarkeit**, die ja die Insolvenzmasse nicht bereichert, nicht privilegiert. Von § 27 Nr. 3 ArbEG werden damit weder der Einsatz der Dienst-

---

78 So auch Reimer/Schade/Schippel/Kaube Rz. 11 zu § 27.
78a So auch Zeising Mitt. 2001, 60, 68.

§ 27 (n.F.)

erfindung als reines Vorratspatent noch die sonstigen Fälle der nicht (voll) ausgenutzten Verwertbarkeit (vgl. RL Nrn. 20 ff.) erfasst[78b]; insoweit ist allenfalls § 27 Nr. 5 einschlägig (s. Rz. 139 ff.)

Es muss sich um Verwertungshandlungen des **Insolvenzverwalter** handeln. Neben dem nach §§ 27, 56 InsO bestellten Insolvenzverwalter dürften nach dem Normzweck und im Einklang mit § 55 Abs. 2 InsO auch vergütungspflichtige Verwertungshandlungen des vorläufigen Insolvenzverwalters auf Grund übergegangener Verfügungsbefugnis (vgl. § 21 Abs. 2, § 22 Abs. 1 InsO) umfasst sein[78c]; folglich bleiben die daraus resultierenden Vergütungsansprüche auch im Falle des § 27 Nr. 1 ArbEG gemäß der Nr. 3 Masseverbindlichkeiten. Verwertungshandlungen von Dritten sind nicht umfasst, etwa Nutzungshandlungen von Drittfirmen (als Mitinhaber eines Patents). 110

Die Verwertung muss im **Unternehmen** erfolgen, d.h. vom Unternehmen ausgehen, sei es auch etwa im Wege der Lizenzvergabe (s. Rz. 107). Der Gesetzgeber verwendet hier erstmals diesen organisatorisch geprägten Begriff des Unternehmens, während in den sonstigen Bestimmungen des ArbEG und in den RLn 1959 auf den »Betrieb« abgestellt wird (vgl. etwa § 4 Abs. 2, § 5 Abs. 2, § 9 Abs. 2, § 17 Abs. 1, § 18 Abs. 3, § 19 Abs. 1 ArbEG 111

Eine vom Arbeitgeber getroffene **Vergütungsregelung** nach § 12 ArbEG, die auch zukünftige Verwertungshandlungen nach § 12 ArbEG umfasst, bindet u.E. auch den Insolvenzverwalter. Dies folgt zwar – wie der Vergleich mit § 27 Nrn. 1 und 2 ArbEG zeigt – nicht unmittelbar aus dem Gesetzeswortlaut (»eine angemessene Vergütung für die Verwertung zu zahlen«). Einer Anwendbarkeit der §§ 103 ff. InsO dürfte bereits der gesetzliche Vergütungsanspruch entgegenstehen, dessen Ausfüllung die Vergütungsregelung nach § 12 ArbEG dient. Die § 103 InsO zugrunde liegende Umwandlung des Rechtsverhältnisses zwischen dem Schuldner und seinem Vertragspartner in einen einseitigen Anspruch als Insolvenzgläubiger auf Schadensersatz wegen Nichterfüllung (§ 103 Abs. 2 Satz 1 InsO) passt in den Fällen einer Weiterverwertung durch den Insolvenzverwalter nicht (vgl. § 55 Abs. 1 Nr. 1 InsO). Unabhängig davon dürfte insbesondere das Wahlrecht aus § 103 InsO angesichts der Sonderregelung des § 27 Nr. 3 nicht einschlägig sein; dies wird auch durch § 27 Nr. 4 bestätigt, wonach der Insolvenzverwalter nur die Wahl hat zwischen Veräußerung, Verwertung und Übertragung bzw. Aufgabe. Davon zu trennen ist die Frage, ob ein Anspruch auf **Anpassung** nach § 12 Abs. 6 ArbEG besteht. Einen solches können auch wesentliche wirtschaftliche Veränderungen, die einen konkreten Bezug zur Dienstfindung haben, begründen (s. Rz. 131 zu § 12). 112

78b Ebenso Zeising (Fn. 78 a).
78c Im Ergebnis so auch Reimer/Schade/Schippel/Kaube Rz. 11 zu § 27.

§ 27 (n.F.)

Ist mit dem Arbeitgeber verbindlich eine abschließende Vergütung vereinbart bzw. festgesetzt worden, wirkt diese ebenfalls fort. Insoweit ist der Arbeitnehmer bei etwaigen rückständigen Zahlungen – ggf. über § 103 Abs. 2 InsO – Insolvenzgläubiger (s. Rz. 139 ff.). Ein anderes Verständnis würde dazu führen, dass der Arbeitnehmer auf Grund der Insolvenz besser stehen würde als ohne dieses Ereignis. Auch dies zeigt, dass § 27 Nr. 3 erfinderrechtlich keinen neuen Vergütungsanspruch begründen kann.

2. Angemessene Vergütung aus der Insolvenzmasse

113 Der Anspruch ist gerichtet auf angemessene Vergütung. Für die Höhe der Vergütung gelten auch insoweit die allgemeinen Maßstäbe des § 9[79], und zwar i.V.m. den RLn 1959. Bestehen bereits Vergütungsregelungen, so bleiben diese bindend, von der Möglichkeit des § 12 Abs. 6, § 23 ArbEG abgesehen (vgl. auch §§ 80, 148 InsO). Ein Wahlrecht nach § 103 InsO besteht u.E. angesichts der Sonderregelung des § 27 ArbEG nicht[79a] (zur Anpassung bei wirtschaftlichen Veränderungen s. Rz. 131 ff. zu § 12). Fehlt eine Vergütungsregelung, so hat der Insolvenzverwalter eine solche ggf. im Verfahren nach § 12 herbeiführen.

114 Der Vergütungsanspruch ist **aus der Insolvenzmasse** zu zahlen. Damit handelt es sich um eine spezialgesetzliche Zuerkennung einer Masseverbindlichkeit[79b]. Demzufolge ergibt sich ggf. ein Haftungsanspruch nach § 61 InsO.

Rz. 115-117 frei

V. Absehen von einer Verwertung der Diensterfindung (Nr. 4)

1. Anwendungsbereich – Abgrenzung zu § 16

118 § 16 Abs. 1 und 2 gilt entsprechend, wenn der Insolvenzverwalter die Erfindung weder im insolventen Unternehmen verwerten (vgl. Nr. 3) noch veräußern (vgl. Nrn. 1 und 2) will. Nach dem Willen des Gesetzgebers soll im Interesse des Erfinders die Lücke zwischen der betrieblichen Nutzung und der Veräußerung der Erfindung geschlossen werden, indem hier dem Erfinder die Möglichkeit zur Übernahme seiner Diensterfindung eröffnet wird[80]. Damit ist wohl die aus §§ 16, 27 a.F. folgende Konsequenz angesprochen, dass bei voller Erfüllung des Vergütungsanspruchs die Dienster-

---

79 Amtl. Begründung (Fn. 3).
79a S. Bartenbach/Volz in Frankfurter Komm InsO, Anhang II Rz. 104.
79b Wie hier Zeising Mitt. 2001, 60, 68.
80 Vgl. Amtl. Begründung (Fn. 3).

§ 27 (n.F.)

findung ohne Übernahmerecht des Erfinders aufgegeben werden kann (s. Rz. 22 zu § 27 a.F.). In der Praxis sind zudem Zweifel hinsichtlich der Anwendbarkeit des § 16 im Insolvenzfall auf Grund der umstrittenen »Windform«-Entscheidung des BGH entstanden (s. dazu Rz. 26 zu § 16). Auch vor diesem Hintergrund ist die neue Regelung in Nr. 4 zu begrüßen.

Sieht man Nr. 4 Satz 1 als Spezialregelung an, ergibt sich hieraus: § 16 Abs. 1 und 2 wird mit der Folge eingeschränkt, dass der Insolvenzverwalter gehindert ist, ein Nutzungsrecht i.S.d. § 16 Abs. 3 (s. hierzu Rz. 77 ff. zu § 16) vorzubehalten[80a]. Diese Begrenzung auf § 16 Abs. 1 Satz 2 eröffnet nur die Alternative, dass der Arbeitnehmer die Übertragung der Rechtsposition verlangt (§ 16 Abs. 1) oder der Insolvenzverwalter – bei Nichtgeltendmachung dieses Rechts – die Schutzrechtsposition aufgibt. Dabei verstärkt Nr. 4 die Pflicht des Insolvenzverwalters gegenüber der Regelung in § 16 Abs. 1 insoweit, als die Anbietungspflicht nunmehr (s. Rz. 18) unabhängig davon besteht, ob der Vergütungsanspruch bereits vollständig erfüllt ist[80b] (s. Rz. 15 ff. zu § 16). Ebenso überlässt es § 16 Abs. 1 außerhalb des Insolvenzverfahrens der freien Entscheidung des Arbeitgebers, ob er im Falle der Nichtverwertung die Schutzrechtsposition fallen lässt, während nunmehr über Nr. 4 im Falle der Nichtverwertung bzw. Nichtveräußerung eine Pflicht des Insolvenzverwalters zum Anbieten der Schutzrechtsposition begründet wird. Zusätzlich besteht die Aufrechnungsmöglichkeit mit Vergütungsansprüchen.

119

Der Arbeitnehmer hat keinen Anspruch darauf, dass der Insolvenzverwalter die Verwertung der Erfindung zugunsten einer Übertragung auf ihn unterlässt (vgl. auch Rz. 17, 26 zu § 16). Der Entschluss, die Erfindung weder im Schuldnerunternehmen noch durch Veräußerung zu verwerten, liegt im pflichtgemäßen Ermessen des Insolvenzverwalters[81] (vgl. § 60 Abs. 1 InsO), ggf. unter Beachtung entsprechender Beschlüsse der Gläubiger bzw. des Insolvenzplanes. Erst wenn der Insolvenzverwalter von einer Verwertung der Diensterfindung absieht, hat er dem Arbeitnehmer die Erfindung entsprechend § 16 Abs. 1 ArbEG anzubieten[81a].

120

Nr. 4 legt keinen **Zeitpunkt** für die Entscheidung des Insolvenzverwalters fest. Die Vorschrift erfasst deshalb auch den Fall, dass die Diensterfindung zunächst im Unternehmen eingesetzt wird (§ 27 Nr. 3) und erst später eine Entscheidung über eine Einstellung der Verwertung fällt[81b].

121

Rz. 122-124 frei

80a Ebenso Zeising Mitt. 2001, 60, 68; Reimer/Schade/Schippel/Kaube Rz. 12 zu § 27.
80b Ebenso Reimer/Schade/Schippel/Kaube Rz. 12 zu § 27.
81   Ebenso Zeising (Fn. 80a).
81a Amtl. Begründung (Fn. 3).
81b Ebenso Reimer/Schade/Schippel/Kaube Rz. 12 zu § 27.
82   frei

§ 27 (n.F.)

2. Anbietungspflicht – Übertragungsanspruch

125 Im Unterschied zu § 16 Abs. 1 stellt Nr. 4 Satz 1 dem Wortlaut nach nicht auf **Schutzrechtsanmeldungen und erteilte Schutzrechte** ab, sondern auf die Diensterfindung als solche. Aus der entsprechenden Anwendung des § 16 Abs. 1 und 2 und aus der in Satz 2 unterstellten Erstattung der Kosten der Übertragung folgt u.e., dass auch hier der Gesetzgeber nur von der Übertragung von Schutzrechtspositionen, d.h. zumindest von zum Schutzrecht angemeldeten Erfindungen ausgegangen ist[82a]. Für die bloße Übertragung von ungeschützten Erfindungsrechten entstehen keine Übertragungskosten. Im Übrigen soll die Vorschrift nach ihrem Sinn und Zweck dem Arbeitnehmer eine zusätzliche Verwertungschance eröffnen; es ist nicht erkennbar, dass der Insolvenzverwalter zu Lasten des Arbeitnehmers von seiner Verpflichtung zur Schutzrechtsanmeldung nach § 13 entbunden wird. Dementsprechend darf der Insolvenzverwalter regelmäßig nur bei Einvernehmen mit dem Erfinder von der Schutzrechtsanmeldung absehen (§ 13 Abs. 2 Nr. 2).

126 Im Unterschied zu § 16 Abs. 1 dürften hier auch **betriebsgeheime Erfindungen** von der Anbietungspflicht umfasst sein[82b] (vgl. Rz. 35 f. zu § 17). Es wäre mit dem Normzweck schwer vereinbar, bei betriebsgeheimen Erfindungen, für deren weitere Verwertung auf Grund der Insolvenz des Arbeitgebers kein wirtschaftliches Interesse mehr besteht, dem Erfinder die Verwertungsmöglichkeit zu nehmen. Reagiert der Arbeitnehmer innerhalb der Frist des § 16 Abs. 2 nicht, kann der Insolvenzverwalter den Erfindungsgegenstand offenbaren, da auf Grund des Aufgaberechts die Geheimhaltungspflicht des § 24 Abs. 1 zwangsläufig entfällt.

127 Die Vorschrift erfasst im Übrigen Schutzrechtsanmeldungen und erteilte Schutzrechte, und zwar auch dann, wenn der Insolvenzverwalter nur **einzelne Schutzrechtspositionen** weder verwerten noch veräußern will. Dies gilt etwa, wenn eine Verwertungsabsicht nur hinsichtlich des Inlandschutzrechts besteht, nicht jedoch für parallele Auslandsschutzrechte; Letztere sind dann dem Erfinder anzubieten.

128 Steht die Entscheidung fest, die Diensterfindung weder im Schuldnerunternehmen zu verwerten noch an Dritte zu veräußern, hat der Insolvenzverwalter dem Arbeitnehmer die unterbliebene Verwertung mitzuteilen und die Übernahme der Schutzrechtsposition anzubieten (s. Rz. 27 ff. zu § 16). Diese **Pflicht** besteht auch gegenüber dem ausgeschiedenen Arbeitnehmer (§ 26). Ein Vorbehalt eines Benutzungsrechts (§ 16 Abs. 3) scheidet aus (s. oben Rz. 119). Im Übrigen gelten die gleichen Grundsätze wie zu § 16 Abs. 1.

82a Unklar Zeising Mitt. 2001, 60, 68; a.A. wohl Reimer/Schade/Schippel/Kaube Rz. 12 zu § 27.
82b Ebenso Zeising (Fn. 82a); Reimer/Schade/Schippel/Kaube Rz. 12 zu § 27.

§ 27 (n.F.)

Zur Verletzung der Mitteilungspflicht und den Folgen s. Rz. 70 ff. zu § 16.

Entsprechend § 16 Abs. 2 muss sich der Arbeitnehmer **innerhalb von drei Monaten** nach Zugang der Mitteilung des Insolvenzverwalters **entscheiden** (s. dazu Rz. 36 ff. zu § 16). Verlangt der Arbeitnehmer nicht innerhalb dieses Zeitraums die Rechtsübertragung, ist der Insolvenzverwalter entsprechend § 16 Abs. 2 berechtigt, die Erfindungsrechte aufzugeben bzw. die Schutzrechtsposition fallen zu lassen. Auch hier gelten die gleichen Grundsätze wie bei § 16 Abs. 2 (s. dort Rz. 67 ff.). Der Insolvenzverwalter ist auch hier – bei Fehlen einer abweichenden Vereinbarung mit dem Erfinder (§ 22) – an seine Mitteilung bis zum Fristablauf gebunden, kann also bis dahin die Diensterfindung bzw. diesbezügliche Schutzrechtspositionen weder fallen lassen noch an Dritte veräußern (s. Rz. 41 ff. zu § 16). 129

Rz. 130-132 frei

3. Rechtsübertragung – Aufrechnung

Verlangt der Arbeitnehmer die Übertragung der Erfindungsrechte bzw. Schutzrechtspositionen, vollzieht sich der Rechtserwerb nicht »automatisch«. Vielmehr bedarf es einer (formlos möglichen) Abtretung der Rechte gem. §§ 413, 398 ff. BGB (s. im Einzelnen Rz. 44 ff. zu § 16, dort auch zur Aushändigung der Unterlagen, Rz. 49 ff. zu § 16). 133

Die Rechtsübertragung **erfolgt auf Kosten des Arbeitnehmers**; davon geht Nr. 4 Satz 2 entsprechend § 16 Abs. 1 aus (Einzelheiten s. Rz. 53 ff. zu § 16). 134

Gegen diesen Anspruch auf Kostenerstattung kann der Arbeitnehmer – vergleichbar mit § 27 Nr. 2 Satz 2 und ungeachtet des § 96 InsO – mit seinen noch nicht erfüllten Vergütungsansprüchen für die konkrete Diensterfindung **aufrechnen**. Für diese Aufrechnungsmöglichkeit, die der Gesetzgeber aus Billigkeitsgründen eingeräumt hat[83] (s. auch Rz. 83), gelten die allgemeinen Vorschriften (§§ 387 ff. BGB). Der Umfang der Vergütungsansprüche bestimmt sich nach den gleichen Grundsätzen wie zu § 27 Nr. 2 Satz 2 (s. Rz. 84); auch hier sind Vergütungsansprüche aus der Zeit vor Verfahrenseröffnung umfasst[83a]. 135

Rz. 136-138 frei

---

83 Amtl. Begründung (Fn. 3).
83a Wie hier Reimer/Schade/Schippel/Kaube Rz. 12 zu § 27.

§ 27 (n.F.)

D. Der Arbeitnehmer als Insolvenzgläubiger

139 § 27, der ausschließlich die Ansprüche im Zusammenhang mit einer zum Zeitpunkt der Eröffnung des Insolvenzverfahrens bereits unbeschränkt in Anspruch genommenen Diensterfindung regelt (s. Rz. 41), stellt in Nr. 5 klar, dass der Arbeitnehmer immer dann, wenn der Insolvenzmasse kein Gegenwert aus der Erfindung mehr zufließt, nicht bevorzugt, sondern wie ein üblicher Insolvenzgläubiger behandelt werden soll[84]. Durch den begrenzten Anwendungsbereich des § 27 wird zugleich deutlich, dass der Arbeitnehmer auch hinsichtlich seiner sonstigen Ansprüche im Zusammenhang mit Arbeitnehmererfindungen und qualifizierten technischen Verbesserungsvorschlägen (nur) die Stellung eines Insolvenzgläubigers hat[85] (s. Rz. 145 f., 155).

I. Vergütungsansprüche für vor Insolvenzeröffnung unbeschränkt in Anspruch genommene Diensterfindungen (Nr. 5)

140 § 27 Nrn. 1 – 4 betreffen Sachverhalte, die nach Eröffnung des Insolvenzverfahrens liegen. Demgegenüber stellt Nr. 5 klar, dass Vergütungsansprüche, die aus Handlungen des Arbeitgebers **vor Eröffnung des Insolvenzverfahrens** entstanden sind, normale Forderungen sind; der Arbeitnehmer ist also insoweit **Insolvenzgläubiger** (§ 38 InsO). Die Vorschrift ist Konsequenz der mit Streichung des § 27 Abs. 2 a.F. entfallenen Konkursvorrechts; der Gesetzgeber konnte dieses Konkursvorrecht zwangsläufig nicht übernehmen, da die InsO keine derartigen Vorrechte mehr kennt[86].

141 Dies betrifft sämtliche Vergütungsansprüche für Nutzungs- und Verwertungshandlungen mit unbeschränkt in Anspruch genommenen Diensterfindungen, die vor Insolvenzeröffnung erfolgt sind. Erfasst werden auch – unabhängig vom Zeitpunkt der Schutzrechtserteilung – Ansprüche auf Nachzahlung eines Risikoabschlags (s. Rz. 69 zu § 12) für Verwertungen bis zur Insolvenzeröffnung[87] ferner etwaige Ansprüche aus nicht ausgenutzter Verwertbarkeit (RL Nr. 24) sowie Ansprüche aus dem Einsatz als Sperrpatent (RL Nr. 18) oder als Vorratspatent (RL Nr. 21) bzw. Vorratsgebrauchsmuster. Darunter fallen auch Ansprüche aus einem außerbetrieblichen Einsatz der Erfindung, etwa im Rahmen einer Lizenzvergabe (RL Nrn. 14, 15) oder eines Austauschvertrages (RL Nr. 17). Diese Ansprüche gelten gem. § 41 Abs. 1 InsO als (sofort) fällig. Eine Sonderstellung gegenüber den anderen Insolvenzgläubigern räumt ihnen das Gesetz nicht ein. Eine Ausnahme besteht allerdings bei den aus Billigkeits-

---

84 Vgl. Amtl. Begründung (Fn. 3).
85 Amtl. Begründung (Fn. 3).
86 Amtl. Begründung (Fn. 3).
87 Vgl. (aber) auch Kelbel GRUR 1987, 218, 221.

§ 27 (n.F.)

gründen eingeräumten Aufrechnungsmöglichkeiten nach § 27 Nr. 2 Satz 2 und Nr. 4 Satz 2 (s. Rz. 84, 135). Etwaige seit Eröffnung des Insolvenzverfahrens angefallene Zinsansprüche für Vergütungsforderungen sind nachrangige Forderungen[88] (§ 39 Abs. 1 Nr. 1 InsO, s. Rz. 155).

Rz. 142-144 frei

II. Sonstige Ansprüche

Nicht von § 27 erfasst (s. Rz. 41 ff.) sind Vergütungsansprüche aus einer beschränkten Inanspruchnahme (§ 10) oder aus den sonstigen einfachen Nutzungsrechten (§ 14 Abs. 3 – zur Ausnahme s. Rz. 84 – und § 16 Abs. 3); ferner Vergütungsansprüche bei freien Erfindungen (vgl. § 19) und bei qualifizierten Verbesserungsvorschlägen[89] (§ 20 Abs. 1; zu einfachen Verbesserungsvorschlägen s. Rz. 60 ff. zu § 20), schließlich solche, die eine unbeschränkt in Anspruch genommene Diensterfindung nach Eröffnung des Insolvenzverfahrens betreffen. Hierbei ist danach zu **differenzieren**, ob es sich um vergütungspflichtige Sachverhalte **vor oder nach Verfahrenseröffnung** handelt. 145

Rückständige Vergütungsansprüche aus Verwertungshandlungen des Arbeitgebers oder aus unausgenutzter Verwertbarkeit, die vor Eröffnung des Insolvenzverfahrens begründet sind, stellen normale Forderungen i.S.d. §§ 174 ff. InsO dar, mit denen der Arbeitnehmer als Insolvenzgläubiger am Insolvenzverfahren teilnimmt (§ 38 InsO). Diesbezüglich gilt das Gleiche wie nach § 27 Nr. 5 ArbEG für vom Arbeitgeber (oder Schuldner) unbeschränkt in Anspruch genommene Diensterfindungen. 146

Soweit der Insolvenzverwalter **nach Verfahrenseröffnung** – außerhalb der Regelungsbereiche des § 27 Nrn. 1 bis 3 – **Nutzungs- oder Verwertungshandlungen** vornimmt, stellen die Vergütungsansprüche aus §§ 9, 10, 14 Abs. 3, § 16 Abs. 3, §§ 19, 20 Abs. 1 **Masseverbindlichkeiten** dar (§ 55 Abs. 1 Nr. 1 InsO), mit denen der Arbeitnehmer als Massegläubiger (vgl. §§ 53, 61, 209 InsO) am Insolvenzverfahren teilnimmt. Dies gilt auch für entsprechende Vergütungsansprüche der ausgeschiedenen Arbeitnehmer (vgl. § 26 ArbEG). Die Frage war nach bisherigem Recht streitig (vgl. Rz. 36 zu § 27 a.F.). Der Gesetzgeber hat dies nunmehr ausdrücklich in der Amtl. Begründung klargestellt[96]. Etwaige Vergütungsansprüche aus unterlassener Verwertung i.S.d RL Nrn. 21 ff. unterliegen dagegen § 27 Nr. 5 (s. Rz. 106). 147

---

88 Ebenso Reimer/Schade/Schippel/Kaube Rz. 13 zu § 27.
89 Schwab AiB 1999, 445, 447.
90-95 frei
96 Amtl. Begründung (Fn. 3); s. auch Zeising Mitt. 2001, 60, 67.

§ 27 (n.F.)

148 Masseverbindlichkeiten sind auch **Vergütungsansprüche** gem. § 9, die eine nach Eröffnung des Insolvenzverfahrens durch den **Insolvenzverwalter unbeschränkt in Anspruch genommene Diensterfindung** betreffen; auch hier ist der Arbeitnehmer voll aus der Insolvenzmasse zu befriedigen[97] (§ 55 Abs. 1 InsO).

Bei Diensterfindungen, die der Insolvenzverwalter unbeschränkt in Anspruch genommen hat, greift das **Vorkaufsrecht** des § 27 Nr. 2 gem. dem Eingangssatz der Vorschrift nicht ein[98] (s. auch Rz. 42). Auch besteht insoweit kein gesetzliches Absonderungsrecht (vgl. §§ 49 ff. InsO). Ein solches Ergebnis führt letztlich zu Unbilligkeiten. Dies wird offenkundig etwa in den Fällen, in denen es wegen der viermonatigen Inanspruchnahmefrist (§ 6 Abs. 2) von Zufälligkeiten abhängt, ob noch der Arbeitgeber (Schuldner) oder erst der Insolvenzverwalter die Inanspruchnahme erklärt hat. Die zu § 27 Abs. 1 ArbEG a.F. vertretene Auffassung, hier ein Vorkaufsrecht anzuerkennen (s. Rz. 20 zu § 27 a.F.), hat der Gesetzgeber jedoch nicht aufgegriffen, sondern für die durch den Insolvenzverwalter in Anspruch genommenen Diensterfindungen auf das allgemeine Insolvenzrecht verwiesen[99]. Damit ist angesichts des eindeutigen Wortlauts die extensive Auslegung zu § 27 a.f. nicht mehr möglich[100], auch wenn das Vorkaufsrecht ausweislich der Amtl. Begründung inhaltlich unverändert übernommen werden sollte. Veräußert der Insolvenzverwalter eine derartige Diensterfindung, steht dem Arbeitnehmer also nur ein Vergütungsanspruch gem. § 9 i.V.m. RL Nr. 16 als Masseverbindlichkeit (§ 55 Abs. 1 Nr. 1 InsO) zu[101].

Will der Insolvenzverwalter derartige Diensterfindungen weder im Schuldnerunternehmen verwerten noch veräußern, verbleibt es bei den allgemeinen Regelungen des § 16 ArbEG. Da die spezialgesetzliche Regelung des § 27 Nr. 4 hier nicht gilt, führt dies zu dem Ergebnis, dass der Insolvenzverwalter sich in solchen Fällen ein einfaches Benutzungsrecht nach § 16 Abs. 3 vorbehalten kann.

149 Bei **Veräußerung dieser Diensterfindung mit Geschäftsbetrieb** gilt für die Rechte und Pflichten aus dem ArbEG § 613 a BGB nach den allgemeinen Grundsätzen (s. hierzu Rz. 126 zu § 1). Da § 27 Nr. 1 hier keine Anwendung findet (s. Rz. 42), kommt bei Vergütungsansprüchen eine Eintrittspflicht des Rechtserwerbers nicht für Vergütungsansprüche ab Eröffnung des Insolvenzverfahrens in Betracht, sondern erst ab Betriebsübergang[102].

Rz. 150-154 frei

---

97 Amtl. Begründung (Fn. 3).
98 Amtl. Begründung (Fn. 3); Reimer/Schade/Schippel/Kaube Rz. 13 zu § 27.
99 Amtl. Begründung (Fn. 3).
100 Allg. A., z.B. Zeising (Fn. 96) S. 66.
101 Ebenso Reimer/Schade/Schippel/Kaube Rz. 13 zu § 27.
102 Zuerst Zeising Mitt. 2001, 60, 66.

§ 27 (n.F.)

III. Rechtsstellung als Insolvenzgläubiger

Als Insolvenzgläubiger (vgl. § 38 InsO) können auch Arbeitnehmererfinder 155
ihre Ansprüche nur nach den Vorschriften über das Insolvenzverfahren
geltend machen (vgl. § 87 InsO). Etwaige vorangegangene Zwangsvollstreckungsmaßnahmen unterliegen der sog. Rückschlagsperre des § 88 InsO; neue Zwangsvollstreckungen sind nach § 89 InsO unzulässig. Die Arbeitnehmer nehmen bezüglich ihrer erfinderrechtlichen Ansprüche an der Verteilung der Insolvenzmasse nach Maßgabe der §§ 187 ff. InsO teil. Dazu bedarf es der vorherigen schriftlichen Anmeldung ihrer Forderungen (§§ 174 ff. InsO). Mit der Anmeldung erwirbt der Arbeitnehmererfinder gemäß § 77 InsO das Stimmrecht in der Gläubigerversammlung. Die Verjährung der Ansprüche wird nach § 209 Abs. 2 Nr. 2 BGB unterbrochen. Bezüglich etwaiger Zinsansprüche aus rückständigen Vergütungsansprüchen haben sie die eingeschränkte Stellung eines nachrangigen Insolvenzgläubigers (vgl. u.a. §§ 39, 77 Abs. 1 Satz 2, § 174 Abs. 3, § 187 Abs. 2 Satz 2 InsO). Nach Aufhebung des Insolvenzverfahrens verbleibt der Anspruch der Insolvenzgläubiger auf Geltendmachung nicht befriedigter (Rest-) Forderungen nach Maßgabe der §§ 201 f. InsO. (zur Restschuldbefreiung s. §§ 286 ff. InsO).
Zur Rechtsstellung als Massegläubiger s. Rz. 147.

Wird eine angemeldete Forderung des Arbeitnehmers vom Insolvenz- 156
verwalter oder einem anderen Insolvenzgläubiger bestritten, so muss der Arbeitnehmer Klage auf Feststellung gegen den Bestreitenden erheben (vgl. § 179 InsO; zum Widerspruch des Schuldners, der für eine zukünftig gegen ihn zu betreibende Zwangsvollstreckung relevant wird, s. §§ 184, 201, 215 Abs. 2 Satz 2 InsO). Da es sich dabei nicht um eine reine Zahlungs-, sondern um eine Feststellungsklage (in den Grenzen des § 181 InsO) handelt, kann es nahe liegen, die Patentstreitkammern auf Grund des § 39 Abs. 1 ArbEG entsprechend § 185 InsO als funktionell ausschließlich zuständig anzusehen; dies wäre zwar angesichts der Schwierigkeit der Rechtsmaterie sachgerecht, bedeutet allerdings eine Abweichung von § 180 Abs. 1 InsO. Ob solches von § 185 InsO gedeckt wird, ist – soweit ersichtlich – gerichtlich noch nicht geklärt. Letzteres gilt auch für die Frage, inwieweit im Feststellungsverfahren bei Streit zwischen Arbeitnehmer (Insolvenzgläubiger) und Insolvenzverwalter die vorherige Anrufung der Schiedsstelle (§§ 28 ff. ArbEG) gemäß § 37 ArbEG erforderlich ist, wenn kein Ausnahmefall i.S.d. § 37 Abs. 2 ArbEG gegeben ist. Die Notwendigkeit eines vorgeschalteten Schiedsstellenverfahrens im insolvenzrechtlichen Feststellungsverfahren erscheint kaum sachgerecht (anders im Klageverfahren nach § 184 InsO); dies folgt u.E. aus § 185 InsO: Soweit § 185 Satz 1 InsO für die Klage die Durchführung eines Vorverfahrens fordert, setzt dies eine Entscheidungskompetenz der »Verwaltungsbehörde« voraus, die der Schiedsstelle nach § 28 Satz 2, § 34 Abs. 2, 3 ArbEG aber gerade nicht zukommt. Bei bestrit-

§ 27 (n.F.)

tenen Forderungen ist mit deren Anmeldung nach Maßgabe des § 77 Abs. 2 InsO das Stimmrecht in der Gläubigerversammlung denkbar. Bei den vom Insolvenzverwalter oder einem Insolvenzschuldner bestrittenen Forderungen bedarf es des Feststellungsverfahrens (vgl. § 189 InsO).

Anhang zu § 27

Vergleichsverfahren und Zwangsvollstreckung

Lit.: *Sikinger*, Genießt d. Anspr. auf Erfindervergütung d. Lohnpfändungsschutz der §§ 850 ff. ZPO?, GRUR 1985, 785; Zeising, Die insolvenzrechtl. Verwertung u. Verteidigung von gewerbl. Schutzrechten, Mitt. 2000, 206.

Übersicht

I. Vergleichsverfahren des Arbeitgebers 1-3	2. In Vergütungsansprüche
II. Zwangsvollstreckung 4-11	des Arbeitnehmers 8-11
1. In Erfindungsrechte 4-7	

I. Vergleichsverfahren des Arbeitgebers

Zur Abwendung eines (noch nicht eröffneten) **Konkursverfahrens** (§ 1 VerglO) konnte der Schuldner versuchen, mit seinen Gläubigern einen Vergleich herbeizuführen (§§ 66 ff. VerglO) und gerichtlich bestätigen zu lassen (§ 78 ff. VerglO). In Verfolgung des Gesetzesziels, ein einheitliches Insolvenzverfahren zu schaffen, das die Funktion von Konkurs und Vergleich in sich vereint, ist durch Art. 2 Nr. 1 EGInsO die VerglO mit Wirkung zum 1.1.1999 aufgehoben worden (Art. 110 Abs. 1 EGInsO). Sie gilt nur für die zuvor beantragten Vergleichsverfahren fort (Art. 103 EGInsO).

1

Rz. 2, 3 frei

II. Zwangsvollstreckung

1. In Erfindungsrechte

Unzweifelhaft unterliegt eine Erfindung ab deren **Anmeldung** bei der Erteilungsbehörde (Patentamt) der Zwangsvollstreckung nach §§ 857, 851 ZPO, 15 PatG[2a]. Die umstrittene Frage, ob dies auch für eine noch nicht angemeldete Erfindung gilt, ist jedenfalls dann zu bejahen, wenn der Erfinder seine **Absicht kundgetan** hat, die **Erfindung wirtschaftlich zu ver-**

4

1-2 frei
2a Vgl. z.B. BGH v. 24.3.1994 GRUR 1994, 602, 603 f. – Rotationsbürstenwerkzeug; Busse/Keukenschrijver PatG Rz. 41 zu § 15.

Anhang zu § 27

werten[3]. Ebenso wie die vom Arbeitgeber erklärte Inanspruchnahme einer Diensterfindung (§§ 6, 7 ArbEG) als Kundgabe der Verwertungsabsicht angesehen wird[4], ist dies u. a. mit der Meldung (§ 5 ArbEG) oder Mitteilung bzw. Anbietung einer Erfindung (§§ 18, 19 ArbEG) durch den Arbeitnehmer anzunehmen (vgl. auch Rz. 7 zu § 27).

5 Der **Gläubiger des Arbeitnehmers** kann ab einem solchen Zeitpunkt in die gebundene (§ 4 Abs. 2 ArbEG), freie (§ 4 Abs. 3 ArbEG) oder frei gewordene (§ 8 ArbEG) Erfindung des Arbeitnehmers vollstrecken, natürlich nur, soweit diese (noch) nicht auf den Arbeitgeber nach § 7 Abs. 1, § 19 ArbEG übergegangen ist. Handelt es sich um eine noch nicht unbeschränkt in Anspruch genommene Diensterfindung, so steht § 7 Abs. 3 ArbEG der Wirksamkeit einer Pfändung nicht entgegen[5]; der Arbeitgeber muss vielmehr Drittwiderspruchsklage erheben (§§ 771, 772 Satz 2 ZPO i.V.m. § 7 Abs. 3 ArbEG, § 135 BGB).

6 Ist die Diensterfindung infolge unbeschränkter Inanspruchnahme auf den Arbeitgeber übergegangen (§ 7 Abs. 1 ArbEG) oder hat er eine freie Erfindung über § 19 ArbEG erworben, so kann vom **Gläubiger des Arbeitgebers** das Recht auf das Schutzrecht, der Anspruch auf Erteilung des Schutzrechts bzw. das Recht aus dem (erteilten) Schutzrecht nach §§ 857, 829 ZPO gepfändet werden. Ein Vorkaufsrecht steht dem Arbeitnehmer nicht zu. Bezugsgröße für die Bemessung der Vergütungsansprüche des Arbeitnehmers sind jedenfalls die Vermögensvorteile, welche die Verwertung (vgl. § 844 ZPO) der Erfindung erbringt (z.B. der gesamte Verkaufs- oder Versteigerungserlös).

7 Unübertragbar und damit **unpfändbar** (§ 851 ZPO) sind die rein persönlichkeitsrechtlichen Ausflüsse einer Erfindung (s. Rz. 24 ff. zu § 7), ebenso wie das höchstpersönliche Inanspruchnahmerecht des Arbeitgebers aus § 6 ArbEG (s. Rz. 8 zu § 6) sowie die betriebsbezogenen Benutzungsrechte aus § 7 Abs. 2, § 14 Abs. 3, § 16 Abs. 3 ArbEG als solche (s. auch Rz. 31 zu § 7).

2. In Vergütungsansprüche des Arbeitnehmers

8 Auf die nach § 829 ZPO durchzuführende Pfändung von Erfindervergütungsansprüchen des Arbeitnehmers finden grundsätzlich die **Pfändungsschutzvorschriften** der §§ 850 ff. ZPO Anwendung.

---

3 Vgl. BGH v. 25.1.1955 NJW 1955, 628, 629 i. Anschl. a. Tetzner DJ 1941, 1139 f.; Benkard/Bruchhausen PatG Rz. 18 zu § 6 m. zahlr. N.; Jaeger/Henckel, KO Rz. 35 zu § 1 m.w.N. ; weitergehend – bereits vor bekundeter Verwertungsabsicht – u.a. Bernhardt/Kraßer, Lehrb. PatR § 40 III 3 u. Zeising, Mitt. 2000, 206, 207 ff.
4 So z. Recht Jaeger/Henckel (Fn. 3).
5 A.A. Reimer/Schade/Schippel Rz. 2 in Anh. zu § 27.
6-10 frei

Anhang zu § 27

Da der Begriff des **Arbeitseinkommens** (§ 850 Abs. 1, 2 ZPO) in einem weiteren Sinne dahin auszulegen ist, dass darunter alle Vergütungen für Dienstleistungen aller Art zu verstehen sind[11], müssen auch Vergütungszahlungen, die aus der im Rahmen eines Arbeitsverhältnisses entwickelten **Diensterfindung** resultieren, darunter fallen[12], obwohl der gesetzliche Anspruch auf Erfindervergütung ein Anspruch eigener Art ist, dem allerdings ein belohnender Charakter zukommt[13] (streitig; s. auch Rz. 3 zu § 9). Dies gilt auch für Vergütungen aus der Verwertung technischer Verbesserungsvorschläge[14].   9

Handelt es sich dagegen um **Vergütungen für eine freie Erfindung** (§ 4 Abs. 3, § 19 ArbEG), die der Arbeitnehmer dem Arbeitgeber übertragen bzw. diesem daran Nutzungsrechte eingeräumt hat, scheidet wegen des im Vordergrund stehenden kauf-/lizenzvertraglichen Entgelts die Annahme eines Arbeitseinkommens aus[15], so dass für diese die §§ 850 ff. ZPO nicht gelten[16]. Dementsprechend bewirkt eine bloße Pfändung des Arbeitseinkommens eines Arbeitnehmers nicht die Verstrickung seiner Vergütungsansprüche für eine freie Erfindung.   10

Eine Pfändung ist zulässig, sobald der Vergütungsanspruch dem Grunde nach entstanden ist, da die Forderung damit sowohl dem Inhalt als auch der Person des Drittschuldners nach bestimmt werden kann[17]; gegen eine etwaige Überpfändung (§ 803 ZPO) steht dem Arbeitnehmer der Rechtsbehelf des § 766 ZPO zu.   11

---

11 Vgl. BAG v. 23.7.1976 NJW 1977, 75, 76.
12 Str., so wohl h.M., vgl. Lindenmaier/Lüdecke Anm. 5 zu § 27; Volmer/Gaul Rz. 315 zu § 12; Schaub ArbRHdb., § 92 II 6; Stöber, Forderungspfändung (1993), Rz. 881; s. auch LG Berlin v. 7.7.1960 WRP 1960, 291; diff. Reimer/Schade/Schippel Rz. 6 in Anh. zu § 27; a.A. Boewer/Bommermann, Lohnpfändung B I 4 f.; Busse/Keukenschrijver, PatG, Rz. 4 zu § 9 ArbEG; Sikinger GRUR 1985, 785, 786 ff. (wegen der fehlenden Existenzsicherungsfunktion).
13 Vgl. dazu BGH v. 23.6.1977 GRUR 1977, 784, 786 – Blitzlichtgeräte.
14 Stöber (Fn. 12); a.A. Boewer/Bommermann (Fn. 12).
15 BGH v. 29.11.1984 NJW 1985, 1031, 1032 – Fahrzeugsitz.
16 Ebenso BGH v. 29.11.1994 (Fn. 15); Schaub (Fn. 12); Sikinger (Fn. 12) S. 786 m.w.N.; i.S.d. wohl auch LG Essen v. 3.1.1958 MDR 1958, 433; OLG Karlsruhe v. 28.3.1958 BB 1958, 629; abw. LG Berlin v. 7.7.1960 (Fn. 12).
17 Abw. Volmer Rz. 9 zu § 9, der eine Konkretisierung (i.S.d. § 12 ArbEG) fordert.

5. Schiedsverfahren

Einleitung vor § 28

Lit.: *Kaube/Volz*, Die Schiedsst. n. d. Ges. ü. ArbNErf. b. DPA, RdA 1981, 213; *Schade*, Aus d. bisherigen Praxis d. Schiedsst. f. ArbNErf. in München, Mitt. 1959, 253; *ders.*, Verfahrensvorschriften im Recht d. ArbNErf., BB 1963, 1261; *Schippel*, Die Schiedsst. f. ArbNErf., Der Ltde. Angest. 1968, 72; *Tschischgale*, Das Schiedsverf. nach d. Ges. ü. ArbNErf. u. seine Kosten, JurBüro 1966, 169; *Volmer*, Zehn Jahre Tätigk. d. Schiedsst. f. ArbNErf., BB 1968, 253; s. auch Lit. bei Einl. vor § 1.

In Anlehnung an das frühere Recht (vgl. § 10 Abs. 1 DVO 1943) hat der Gesetzgeber den Arbeitsvertragsparteien die Möglichkeit gegeben, sich vor Beschreiten des Klageweges in einem Schiedsstellenverfahren gütlich zu einigen. Das Vorschalten des Schiedsstellenverfahrens ist – um das Verhältnis zwischen Arbeitgeber und Arbeitnehmer durch Auseinandersetzungen vor Gericht möglichst wenig zu belasten[1] – grundsätzlich **zwingend als Prozessvoraussetzung** vorgeschrieben (s. § 37 Abs. 1, Ausnahmen § 37 Abs. 2 ff., Einzelheiten dort). 1

Das Schiedsstellenverfahren dient dem Interesse an der **Erhaltung des Arbeits- und Rechtsfriedens**[2]; dabei hat der Gesetzgeber nicht nur die Schwierigkeit der Rechtsmaterie, sondern auch den Umstand berücksichtigt, dass ein Arbeitnehmer sich wegen seiner persönlich und wirtschaftlich abhängigen Lage meist nur schwer entschließen kann, gegen seinen Arbeitgeber zu klagen[3]. Anders als bei dem auf gütliche Einigung ausgerichteten Schiedsstellenverfahren bedingt das förmliche Verfahren vor Gericht zudem eine stärkere Gegnerstellung der Beteiligten – ein Umstand, der sich mittelbar oder unmittelbar belastend auf das durch den Arbeitsvertrag begründete enge Vertrauensverhältnis auswirken kann. 2

Der Schiedsstelle kommt keine streitentscheidende, sondern **streitschlichtende Funktion** zu. Sie soll ein Gerichtsverfahren nicht ersetzen, sondern dieses vermeiden[4]. Als unabhängige, neutrale Stelle[2] bietet sie auf Grund ihrer in juristischer und technischer Hinsicht besonders qualifizier- 3

---

1 S. Amtl. Begr. BT-Drucks. II/1648 S. 47 (zu § 37 d. Entw.) = Blatt 1957, 244.
2 Schiedsst. v. 17.12.1963 Blatt 1964, 166 = GRUR 1964, 508 (LS) m. Anm. Schippel u.v. 23.10.1996 Arb.Erf. 36/95 (unveröffentl.); Busse/Keukenschrijver, PatG, Rz. 1 vor § 28 ArbEG
3 S. Amtl. Begr. (Fn. 1) S. 42 = Blatt 1957, 242.
4 Ständ. Praxis, z.B. Schiedsst. v. 3.4.1974 Mitt. 1974, 137, 138 r.Sp.; v. 27.8.1980 EGR Nr. 16 zu § 28; v. 10.1.1983 Blatt 1983, 188, 189; v. 16.6.1983 Blatt 1984, 250, 251.

Einleitung vor § 28

ten Besetzung eine Gewähr für sachkundige, auf die gütliche Verständigung der Beteiligten abzielende Einigungsvorschläge[5]. Die Bedeutung, die der Gesetzgeber der Schiedsstelle beimisst, zeigt sich nicht zuletzt an der Neufassung des § 33 ArbEG durch das Schiedsverfahrens-Neuregelungsgesetz vom 22.12.1997 (BGBl I S. 3224), durch das auch für die Schiedsstelle die für Richter geltenden §§ 41 ff., 1042 Abs. 1 und § 1050 ZPO als anwendbar erklärt werden. Folgerichtig sieht sich die Schiedsstelle nicht als Forum oder gar Instrument, um für die eine oder andere am Schiedsverfahren beteiligte Seite sozusagen das »letztmögliche« an Vergütungszahlung bzw. Nichtzahlung herauszuholen[6]. Die Ausgewogenheit und Praxisnähe der Einigungsvorschläge der Schiedsstelle werden daran deutlich, dass die Annahmequote der bisher ergangenen Einigungsvorschläge bei fast 70 % liegt[7]. Darüber hinaus sind auch (zunächst) nicht angenommene Einigungsvorschläge der Schiedsstelle häufig die Grundlage einer nachfolgenden Verständigung der Arbeitsvertragsparteien, wie die geringe Quote gerichtlicher Auseinandersetzungen (s. hierzu Rz. 2 zu § 37) belegt.

Die nunmehr über 40-jährige Praxis des Schiedsstellenverfahrens hat zu einer **besonderen Vertrautheit der Schiedsstelle** mit der Problematik des Arbeitnehmererfindungsrechts geführt und deren **hohe Fachkunde** in dieser schwierigen Rechtsmaterie begründet und damit den Wunsch des Gesetzgebers nach einer »einheitlichen **Schiedsstellenrechtsprechung**«[8] realisiert. Um die Entscheidungspraxis der Öffentlichkeit zugänglich zu machen, werden die wesentlichen Einigungsvorschläge der Schiedsstelle (seit 1991) als CD-ROM »**Aktuelle Schiedsstellenpraxis – Rechtsprechungsdatenbank ArbEG** – von O. Hellebrand u. W. Schmidt (65929 Frankfurt a. M.) herausgegeben.

4 Weitere Vorteile des Schiedsstellenverfahrens liegen in der **Kostenfreiheit** (vgl. § 36), der weitgehend **freien Verfahrensgestaltung** und der durch die **Nichtöffentlichkeit** (vgl. Rz. 20 zu § 33) bedingten Vertraulichkeit des Verfahrens. Es bestehen Überlegungen, das Schiedsstellenverfahren organisatorisch und verfahrensmäßig zu novellieren. Eine Konkretisierung in Form eines Gesetzentwurfs ist bislang noch nicht erfolgt.

---

5 Gaul GRUR 1977, 686, 702 r.Sp.
6 Schiedsst. v. 23.10.1996 Arb.Erf. 36/95 (unveröffentl.).
7 Vgl. d. Jahresstatistiken im jew. März-Heft d. »Blatt«, zuletzt Blatt 2002, 122 ff., 142.
8 S. Amtl. Begr. (Fn. 1) S. 44 = Blatt 1957, 242; s. dazu auch Schade Mitt. 1959, 253, 255.

§ 28 Gütliche Einigung

In allen Streitfällen zwischen Arbeitgeber und Arbeitnehmer auf Grund dieses Gesetzes kann jederzeit die Schiedsstelle angerufen werden. Die Schiedsstelle hat zu versuchen, eine gütliche Einigung herbeizuführen.

Übersicht

A. Allgemeines 1-4	b) »Streitfälle auf Grund
B. Rechtsnatur des Schiedsstellen-	dieses Gesetzes« 18-23
verfahrens 5-8	III. Anrufungsinteresse 24-26
C. Zulässigkeit des Schiedsstellen-	IV. Anrufungsfrist 27, 28
verfahrens 9-29	V. Sonstige Verfahrensvoraus-
I. Ordnungsgemäßer Anru-	setzungen 29
fungsantrag 10	D. Versuch einer gütlichen Einigung
II. Zuständigkeit 11-23	(Satz 2) 30
1. Örtliche 11	E. Besonderheiten für den öffent-
2. Sachliche 12-23	lichen Dienst 31, 32
a) »Streitfälle zwischen	F. Darlegungs- und Beweislast 33
Arbeitgeber und Arbeit-	G. Zuständigkeit der Schiedsstelle
nehmer« 12-17	für Streitfälle betreffend
	DDR-Erfindungen 34-36

A. Allgemeines

§ 28 regelt die sachliche Zuständigkeit der Schiedsstelle (Satz 1) und legt 1
deren Funktion dahin fest, dass ihr keine materielle Entscheidungsbefugnis zukommt, sie vielmehr streitschlichtend versuchen muss, eine gütliche Einigung der Verfahrensbeteiligten herbeizuführen (Satz 2).

Eine weitere Aufgabe ist der Schiedsstelle durch § 17 Abs. 2 dahin zuge- 2
wiesen, eine Einigung über die Schutzfähigkeit einer **betriebsgeheimen Diensterfindung** herbeizuführen (Einzelheiten s. dort Rz. 46 ff.). Zu Streitfällen über **DDR-Erfindungen** s. Rz. 34 f.

Die Schiedsstelle hat gem. § 29 Abs. 1 ihren **Sitz** beim Deutschen Patent- 3
und Markenamt (München). Die frühere Schiedsstelle bei der Dienststelle Berlin ist gemäß Art. 4 des 2. PatÄndG v. 16.7.1998 (BGBl I S. 1827) mit Wirkung ab 1.11.1998 aufgelöst.

Von der in § 40 Nr. 5 eingeräumten Befugnis zur Errichtung eigener 4
Schiedsstellen für den **öffentlichen Dienst** hat derzeit nur das Bundesamt für Verfassungsschutz Gebrauch gemacht (s. Rz. 52 zu § 40). Somit ist die Schiedsstelle in München auch für die Angehörigen des öffentlichen Dienstes uneingeschränkt zuständig (vgl. §§ 40, 41, s. unten Rz. 31 f.).

Zur Abgrenzung des Schiedsstellenverfahrens vom betriebsverfassungsrechtlichen Einigungsstellenverfahren s. Anh. zu §§ 20, 21, Rz. 29 f.

§ 28

B. Rechtsnatur des Schiedsstellenverfahrens

5   Im Rahmen der ihr durch das ArbEG übertragenen Befugnis wird die Schiedsstelle weder als Gericht noch als Schiedsgericht bzw. Schiedsgutachter tätig[1]. Sie hat auch keinerlei staatliche Aufsichtsfunktion gegenüber den Arbeitsvertragsparteien (»Überwachungsorgan«)[1a]. Zutreffend betont die Schiedsstelle in ständiger Entscheidungspraxis, dass sie nicht dazu da ist, Recht zu sprechen; vielmehr hat sie die gesetzliche Aufgabe, als unabhängiges Organ zu versuchen, eine **gütliche Einigung** zwischen den Beteiligten herbeizuführen[1b]. **Eine materielle Entscheidungsbefugnis** kommt ihr **nicht** zu[2]. Insoweit sollte der vielfach – auch im ArbEG (vgl. etwa §§ 35, 36 sowie Kapitelüberschrift) – verwendete Begriff des Schiedsverfahrens zur Vermeidung von Missverständnissen durch den Begriff des »Schiedsstellenverfahrens« ersetzt werden.

6   Die Schiedsstelle wird grundsätzlich nur im **zweiseitigen Verfahren** tätig. Zur einseitigen **Auskunftserteilung** ist sie nicht berufen (s. Rz. 24 ff.). Sie würde andernfalls ihre Neutralität verletzen und sich für die Durchführung eines (anschließenden) Schiedsstellenverfahrens befangen machen[3].
    Ebenso wenig ist sie zur **Erstattung von Gutachten** zuständig (s. auch Rz. 26). Dafür besteht keine gesetzliche Grundlage. § 29 Abs. 1 PatG findet keine Anwendung, da die dort behandelte Gutachtenpflicht nur das Patentamt betrifft, demgegenüber die Schiedsstelle eine eigenständige Behörde ist[4] (s. Rz. 7). Ausnahmsweise könnte sich eine Pflicht zur Erstattung von Gutachten aus Art. 35 GG (Amtshilfe) ergeben, die aber gegenüber § 29 PatG nur subsidiär sein kann. Zur Beurteilung der Schutzfähigkeit betriebsgeheimer Erfindungen s. § 17 Abs. 2, dort Rz. 46 ff. Hiervon zu trennen ist die Frage, ob einzelne Mitglieder der Schiedsstelle als Gutachter oder Mitglied eines Schiedsgerichts beauftragt werden können, was zulässig ist (s. Rz. 93 zu § 1; s. aber auch unten Rz. 17). Zur Verfahrensnatur s. auch Rz. 1 ff. zu § 33.

---

1   S. BGH v. 9.1.1964 GRUR 1964, 449, 452 r.Sp. – Drehstromwicklung; Schade Mitt. 1959, 253, 255; Schippel »Der ltde. Angestellte« 1968, 72; Volmer BB 1968, 253, 255.
1a Schiedsst. v. 18.11.1994 Arb.Erf. 97/93 (unveröffentl.).
1b Ständ. Praxis: z.B. EV. v. 16.6.1983 Blatt 1984, 250, 251 u.v. 8.9.1986 Blatt 1987, 306, 307; EV v. 23.10.1996 Arb.Erf. 36/95 (unveröffentl.); Reimer/Schade/Schippel/Kaube Rz. 5 vor § 28.
2   BGH v. 9.1.1964 (Fn. 1).
3   Kaube/Volz RdA 1981, 213, 218.
4   Schiedsst. z.B. v. 23.6.1983 Arb.Erf. 3 (B)/83 (unveröffentl.) unter Bezugnahme auf den Erlass des BMJ v. 26.10.1976 zu Az. 3621-2-36697/76 u. 3621-2-36 878/76; im Ergebn. ebenso Busse/Keukenschrijver, PatG, Rz. 2 zu § 28 ArbEG; abw. Volmer Rz. 5 zu § 28; offen gelassen v. BGH v. 9.1.1964 (Fn. 1).

§ 28

Die Schiedsstelle zählt nicht zur rechtsprechenden, sondern zur vollziehenden Gewalt i. S. des Art. 20 Abs. 3 GG[5]. Ihr kommt **Behördeneigenschaft** zu (s. Rz. 2 zu § 29). Dennoch sind weder ihre Zwischenbescheide (s. dazu Rz. 44 zu § 33) noch ihre Einigungsvorschläge (s. § 34) Verwaltungsakte i. S. des § 35 BVwVfG[6], so dass diese auch nicht im Verwaltungsrechtsweg überprüfbar sind. Das BVwVfG findet keine Anwendung[7] (vgl. § 2 Abs. 2 Nr. 3 BVerwVfG). Allerdings kann die Wirksamkeit eines verbindlich gewordenen Einigungsvorschlages im Verfahren vor den ordentlichen Gerichten (Patentstreitkammern – bei schutzfähigen Erfindungen) oder den Arbeitsgerichten bzw. Verwaltungsgerichten (bei qualifizierten technischen Verbesserungsvorschlägen) überprüft werden (vgl. § 37 Abs. 2 Nr. 1; s. aber auch Rz. 22).

7

Lehnt die Schiedsstelle dagegen das Schiedsstellenverfahren als **unzulässig** ab, stellt dieser Beschluss einen **Verwaltungsakt** dar, der mit der Klage vor dem Verwaltungsgericht anfechtbar ist[8] (s. im Übrigen Rz. 45 zu § 33; Rz. 7, 10 zu § 34 u. Rz. 10 zu § 35).

8

C. Zulässigkeit des Schiedsstellenverfahrens

Die Verfahrensvoraussetzungen des Schiedsstellenverfahrens hat die Schiedsstelle von **Amts wegen** zu prüfen. Fehlt es an einer Voraussetzung, so ist der Anrufungsantrag, wenn diese Voraussetzung nicht nachholbar ist bzw. nicht nachgeholt wird, durch Beschluss zu verwerfen, d. h. das Verfahren durch Beschluss einzustellen (s. Rz. 10 zu § 35). Der Beschluss stellt einen verwaltungsgerichtlich überprüfbaren Verwaltungsakt dar (s. Rz. 8).

9

I. Ordungsgemäßer Anrufungsantrag

Das Schiedsstellenverfahren kann nur durch Antrag eingeleitet werden. Die Einzelheiten des Antrags bestimmen sich nach § 31 (s. dort).

10

---

5 S. Schade (Fn. 1); Busse/Keukenschrijver, PatG, Rz. 3 vor § 28 u. 1 zu § 28 ArbEG.
6 Allg. A., z.B. Lindenmaier/Lüdecke Anm. (4) zu § 28; Schade (Fn. 1); Volmer Rz. 17 zu § 28 u. Rz. 9 zu § 34 u. Volmer/Gaul Rz. 64 ff. zu § 28.
7 Busse/Keukenschrijver, PatG, Rz. 3 vor § 28 ArbEG
8 LG Mannheim v. 24.6.1963 Mitt. 1964, 196; Volmer Rz. 18 f. zu § 28; Busse/Keukenschrijver, PatG, Rz. 3 vor § 28 ArbEG; offen gelassen b. Schade (Fn. 1); a.A. Volmer/Gaul Rz. 105 zu § 28.
9-15 frei

§ 28

II. Zuständigkeit

1. Örtliche

11 Zuständig ist – nach Auflösung der Schiedsstelle Berlin (s. Rz. 3) – ausschließlich die Schiedsstelle in München.

2. Sachliche

a) »Streitfälle zwischen Arbeitgeber und Arbeitnehmer«

12 Das Schiedsstellenverfahren ist nur vorgesehen für Streitigkeiten zwischen Arbeitgeber und Arbeitnehmer (Satz 1). Zum Begriff »Arbeitgeber« s. Rz. 95 ff. zu § 1, zum »Arbeitnehmer«-Begriff Rz. 9 ff. zu § 1. Sowohl Arbeitgeber als auch Arbeitnehmer können die Schiedsstelle anrufen; ein Anrufungsantrag kann auch gemeinschaftlich gestellt werden (s. Rz. 3 zu § 31). Auch wenn die §§ 28 ff. von dem Leitbild ausgehen, dass sich nur der Arbeitgeber und ein Arbeitnehmer im Schiedsstellenverfahren gegenüberstehen, können sich an dem Verfahren weitere Arbeitnehmer beteiligen und die Schiedsstelle gemeinsam anrufen (s. auch Rz. 13 ff. zu § 35).

13 Der **ausgeschiedene Arbeitnehmer** (s. dazu Rz. 28 ff. zu § 1) kann mit Rücksicht auf § 26 die Schiedsstelle anrufen oder sonst Beteiligter des Verfahrens sein, auch wenn für ihn die Durchführung des Verfahrens keine Prozessvoraussetzung für eine Klage ist (§ 37 Abs. 2 Nr. 3; s. dort Rz. 17 f.). Dies gilt uneingeschränkt auch für den **Pensionär** (zum Begriff s. Rz. 77 ff. zu § 1) bzw. **Ruhegehaltsempfänger**[16]. Es stellt ein bedauernswertes Phänomen dar, dass die überwiegende Zahl von Schiedsstellenverfahren von Arbeitnehmern erst nach ihrem Ausscheiden aus dem Arbeitsverhältnis eingeleitet wird[17].

13.1 Für **arbeitnehmerähnliche Personen** ist die Schiedsstelle nicht zuständig (s. Rz. 27 zu § 1); gleiches gilt für freie **Mitarbeiter** (s. dazu Rz. 44 ff. zu § 1); **Handelsvertreter** (Rz. 50 ff. zu § 1), **Organmitglieder**[18] (gesetzliche Vertreter; s. Rz. 68 ff. zu § 1).

14 Als »Arbeitgeber« zur Anrufung der Schiedsstelle befugt ist auch der **Betriebsnachfolger** i. S. des § 613 a BGB (s. dazu Rz. 114 ff. zu § 1), der an-

---

16 OLG Düsseldorf v. 26.5.1961 GRUR 1962, 193, 194 l. Sp. – Ruhegehaltsempfänger.
17 S. auch Schade Mitt. 1959, 253, 254; Schippel Der ltde. Angest. 1968, 72, 77 r.Sp.
18 Schiedsst. v. 29.10.1958 Blatt 1959, 16 = GRUR 1959, 182 (LS) m. Anm. Friedrich; Beschl. v. 27.8.1986 Arb.Erf. 19/86 u. v. 20.11.1990 Arb.Erf. 6/90 (beide unveröffentl.); v. 15. 4. 1997 Arb.Erf. 1 (B) /95, v. 1.7.1999 Arb.Erf. 49/97; v. 7.12.1999 Arb.Erf. 42/98 u. v. 25.9.2001 Arb.Erf. 96/99 (sämtl. unveröffentl.).

§ 28

stelle des früheren Arbeitgebers in das Arbeitsverhältnis eintritt[18a]. Gegen den früheren Arbeitgeber i. S. des § 613 a BGB kann (analog der Rechtsposition des ausgeschiedenen Arbeitnehmers, s. oben Rz. 13) ein Schiedsstellenverfahren anhängig gemacht werden. Kraft Amtes ist auch der **Insolvenzverwalter**[18b] (Konkursverwalter) bzw. der Verwalter im Gesamtvollstreckungsverfahren[18c] beteiligtenfähig.

Durch **Einzelrechtsnachfolge** (Erfindungsübertragung, Abtretung von Vergütungsansprüchen pp.) erwirbt ein Dritter keine Beteiligtenfähigkeit für ein Schiedsstellenverfahren[19]. Deshalb ist die Schiedsstelle auch nicht bei Meinungsverschiedenheiten zwischen dem Arbeitnehmer und Erfindungserwerber in den Fällen des § 27 Nr. 2 Satz 3 zuständig (streitig, s. Rz. 97 zu § 27). Eine Zuständigkeit besteht in sonstigen Fällen, in denen der Erwerber eine Vergütungspflicht übernimmt, nicht[19a] (s. hierzu Rz. 7 zu § 7). Ausnahmsweise bejaht die Schiedsstelle ihre Zuständigkeit, wenn der Erfindungserwerber ein mit dem Arbeitgeber konzernverbundenes Unternehmen ist[19b].

Für den **Erben** als Gesamtrechtsnachfolger bejaht die Schiedsstelle die Beteiligtenfähigkeit[20]. Da insoweit der wesentliche Zweck des Schiedsstellenverfahrens, die Erhaltung des Arbeitsfriedens, nicht greift, erscheint allenfalls eine fakultative Anrufung angebracht[21].

Die Zuständigkeit der Schiedsstelle bezieht sich nur auf Streitfälle **zwischen Arbeitgeber und Arbeitnehmer**; demzufolge entfällt eine Zuständigkeit für Streitigkeiten zwischen Arbeitnehmern, etwa als Miterfinder[31], ebenso bei Auseinandersetzungen des Arbeitgebers oder des Arbeitneh-

15

16

18a Ganz h. M. u. ständ. Praxis d. Schiedsst. seit 1988; vgl. Reimer/Schade/Schippel/Kaube Rz. 3 zu § 28; Busse/Keukenschrijver, PatG, Rz. 3 zu § 3 ArbEG; a. A. Volmer/Gaul Rz. 78 zu § 28.
18b Ständ. Praxis Schiedsst., z.B. EV. v. 26.2.1993 GRUR 1996, 49 – Gießereimaschinen u.v. 19.9.1995 Mitt. 1996, 176 – Patentverkauf.
18c Schiedsst. v. 4.6.1993 GRUR 1994, 615 – Anspruchsentstehung.
19 Schiedsst. v. 6.5.1996 Arb.Erf. 1/95 u. v. 9.1.2001 Arb.Erf. 69/00 (beide unveröffentl.); Reimer/Schade/Schippel/Kaube, PatG, Rz. 3 zu § 28 ArbEG; s. auch Volmer Rz. 16 zu § 28; abw. Volmer/Gaul Rz. 81 ff. zu § 28; weitergehend Schiedsst. z.B. v. 23.11.2000 Arb.Erf. 3/98 (unveröffentl.);.
19a Schiedsst. v. 6.5.1996 (Fn. 19).
19b EV v. 27.1.1998 Arb.Erf. 49/96 (z. Veröffentl. i. EGR vorgesehen).
20 Vgl. Schiedsst. v. 18.1.1966 Blatt 1966, 124; Reimer/Schade/Schippel/Kaube Rz. 5 zu § 28; Busse/Keukenschrijver, PatG, Rz. 3 zu § 28 ArbEG; im Ergebn. auch Schiedsst. v. 15.11.1994 Arb.Erf. 3/93 (unveröffentl.).
21 Vgl. im Übrigen Bartenbach Mitt. 1982, 205, 208 f.
22-30 frei
31 Schiedsst. Beschl. v. 6.8.1982 Arb.Erf. 62/81, v. 25.7.1995 Arb.Erf. 98/93, v. 8.2.1996 Arb.Erf. 61/94 u. v. 18.12.2001 Arb.Erf. 57/98 (alle unveröffentl.); Lindenmaier/Lüdecke Anm. (2) a. E. zu § 28; Volmer/Gaul Rz. 86 zu § 28; Busse/Keukenschrijver, PatG, Rz. 4 zu § 28 ArbEG s. auch LG Nürnberg/Fürth v. 25.10.1967 GRUR 1968, 252, 253 1. Sp. – Softeis.

§ 28

mers mit Dritten[32], etwa mit Kooperationspartnern des Arbeitgebers[32a]. Dritte können auch nicht (sonst) Beteiligte des Schiedsstellenverfahrens sein[32b]. Auch Streitigkeiten des Arbeitgebers mit dem **Betriebsrat**, etwa im Zusammenhang mit der Bestellung eines Erfinderberaters (§ 21; s. dort Rz. 16) oder bei sonstigen Kontroll- oder Mitwirkungsrechten des Betriebsrates (s. dazu Anh. zu §§ 20, 21), unterliegen nicht der Zuständigkeit der Schiedsstelle.

17 Fehlt es an einem Streitfall zwischen Arbeitgeber und Arbeitnehmer oder ist die Schiedsstelle sonst wie unzuständig (s. dazu Rz. 22), kann die (gesetzliche) Zuständigkeit der Schiedsstelle auch nicht durch dahingehende **Vereinbarung** begründet werden[33]. Es ist auch nicht möglich, in einem Schiedsvertrag die Schiedsstelle, die eine staatliche Behörde darstellt, als Schiedsgericht i. S. der §§ 1025 ff. ZPO einzusetzen[34] (s. oben Rz. 6).
Zur irrtümlichen Annahme der Zuständigkeit s. Rz. 35 zu § 34.

b) »Streitfälle auf Grund dieses Gesetzes«

18 Der Begriff »Streitfälle auf Grund dieses Gesetzes« erfasst – wie § 37 Abs. 1 1. Halbs. verdeutlicht – alle im ArbEG geregelten Rechte und Rechtsverhältnisse. Demgegenüber ist § 39 Abs. 1 mit seiner Zuständigkeitsregelung für die bei Patentstreitsachen zuständigen Gerichte einerseits insofern enger, als er sich nur auf Erfindungen bezieht, andererseits weiter, als er alle Rechtsstreitigkeiten über Arbeitnehmererfindungen einschließt. Diese Abgrenzung zeigt, dass der Zuständigkeitsrahmen der Schiedsstelle nicht deckungsgleich mit dem der für Patentstreitsachen zuständigen Gerichte sein kann[40] (vgl. auch Rz. 9 ff. zu § 39). Zur Zuständigkeit für Erfindungen aus der Zeit der **ehemaligen DDR** s. Rz. 34 f.

19 Ausgehend vom Zweck des Schiedsstellenverfahrens (Wahrung des Arbeits- und Rechtsfriedens zwischen den Arbeitsvertragsparteien s. Einl. vor

---

32 Schiedsst. v. 1.3.1961 Blatt 1962, 17 = GRUR 1962, 191 (LS) m. Anm. Schippel; v. 23.4.1979 Arb.Erf. 68/78 (unveröffentl.); Busse/Keukenschrijver, PatG, Rz. 5 zu § 28 ArbEG.
32a Schiedsst. Beschl. v. 24.3.1987 Arb.Erf. 24/86 (unveröffentl.).
32b Reimer/Schade/Schippel/Kaube Rz. 4 zu § 28.
33 Schiedsst. v. 29.10.1958 Blatt 1959, 16; Beschl. v. 27.8.1986 Arb.Erf. 19/86 u. v. 7.12.1999 Arb.Erf. 42/98 (beide unveröffentl. – betr. GmbH-Geschäftsführer); v. 22.1.1985 Blatt 1985, 195 (betr. vertragl. Überleitung frei gewordener Diensterf.); v. 4.2.1986 Blatt 1986, 346, 347 (betr. Rechtsbeziehungen zwischen Erfinder und Lizenznehmer des Arbeitgebers nach Übertragung einer lizenzierten Diensterfindung gem. § 16 ArbEG); v. 20.11.1990 (Fn. 18, betr. AG-Vorstandsmitglied); Reimer/Schade/Schippel/Rother Rz. 4 zu § 1 m. H. a. Schiedsst. v. 7.12.1999 Arb.Erf. 42/98 (unveröffentl.); Busse/Keukenschrijver, PatG, Rz. 3 zu § 28 ArbEG.
34 Schippel GRUR 1959, 167, 170.
35-39 frei
40 A.A. Volmer Rz. 12 zu § 28; wie hier Volmer/Gaul Rz. 20 zu § 28.

§ 28

§ 28, Rz. 2), sind die Begriffe »Streitfälle« und »auf Grund dieses Gesetzes« **weit auszulegen**[40a].
Streitfälle erfassen sämtliche Meinungsverschiedenheiten zwischen den (auch früheren) Arbeitsvertragsparteien. Allerdings muss es noch nicht zu einem Austausch gegensätzlicher Auffassungen gekommen sein; vielmehr reicht auch die bloße Untätigkeit einer Partei aus, etwa wenn der Arbeitgeber keinerlei Reaktion auf ein Vergütungsverlangen des Arbeitnehmers zeigt (s. auch § 35 Abs. 1 Nr. 1 ArbEG; vgl. dagegen § 74 Abs. 1 Satz 2 BetrVG für die betriebliche Einigungsstelle). Bestehen Meinungsverschiedenheiten zu **mehreren Erfindungen** und/oder qualifizierten technischen Verbesserungsvorschlägen, ist es zulässig – wenn auch nicht notwendig –, diese zusammenfassend in einem Schiedsstellenverfahren klären zu lassen (vgl. auch Rz. 7 zu § 33). Insoweit ist die Schiedsstelle auch berechtigt, mehrere Schiedsstellenverfahren zu einem Verfahren zusammenzufassen (s. Rz. 10 zu § 33). So betrafen etwa im Jahre 1999 die insgesamt 59 Einigungsvorschläge und Vergleiche der Schiedsstelle 250 technische Schutzrechte bzw. Erfindungen[41a].

Durch die Worte »auf Grund dieses Gesetzes« sollen **alle im ArbEG unmittelbar geregelten Rechte und Rechtsverhältnisse** erfasst werden, also alle Ansprüche, die sich aus den dort behandelten Rechten und Rechtsverhältnissen unmittelbar herleiten, nicht aber solche, die sich **ausschließlich aus anderen Bestimmungen** ergeben. Soweit ausschließlich Streitigkeiten über Rechte oder Rechtsverhältnisse bestehen, die das ArbEG nicht regelt, wie etwa die Erfindernennung[42], das Erfinderpersönlichkeitsrecht,[42a] oder die widerrechtliche Entnahme[42b], oder die das ArbEG voraussetzt, wie etwa die Rechtsqualität als Erfindung, ihre Schutzfähigkeit[43] (vom Ausnahmefall des § 17 abgesehen), Fragen der **Erfinder-**[44] bzw. **Miterfinderschaft**[45] (s. auch Rz. 16), die abstrakte Arbeitnehmer- bzw. Arbeitgebereigenschaft (z.B. zwischenbetriebliche Kooperation – s. Rz. 106 f. zu § 1)[46], ist die Schiedsstelle sachlich unzuständig (s. auch Rz. 22).

40a So auch Volmer (Fn. 40); Busse/Keukenschrijver, PatG, Rz. 6 zu § 28 ArbEG.
41   Schiedsst. v. 4.2.1993 Blatt 1994, 422, 426.
41a Vgl. Geschäftsbericht i. Blatt 2001, 87.
42   Schiedsst. v. 23.4.1979 Blatt 1980, 233, 234.
42a Schiedsst. v. 23.4.1998 Arb.Erf. 92/96 (z. Veröffentl. i. EGR vorgesehen).
42b Z. B. Schiedsst. v. 16.9.1993 Arb.Erf. 171/92 (unveröffentl.).
43   Ständ. Entsch.praxis, vgl. Schiedsst. v. 26.4.1976 EGR Nr. 5 zu § 13 ArbEG.
44   Schiedsst. v. 25.7.1977 EGR Nr. 20 zu § 5 ArbEG m. krit. Anm. Gaul/Bartenbach; ZB. v. 29.9.1994 Arb.Erf. 12/93 (unveröffentl.); Schade GRUR 1972, 510, 515.
45   Schiedsst. v. 14.6.1977 Blatt 1979, 159; v. 10.3.1993 Arb.Erf. 3/92, v. 23.7.1995 Arb.Erf. 98/93, v. 15.11.1994 Arb.Erf. 3/93, v. 5.12.1995 Arb.Erf. 37/94; Beschl. v. 23.10.1996 Arb.Erf. 36/95 u. v. 18.12.2001 Arb.Erf. 57/98 (sämtl. unveröffentl.); Schade (Fn. 44).
46   Schiedsst. Beschl. v. 23.3.1987 Arb.Erf. 24/86 (unveröffentl.).

§ 28

Etwas anderes gilt dann, wenn diese Probleme als **notwendige Vorfragen** oder wesentliche Voraussetzungen für einen Anspruch aus dem ArbEG (insbesondere für einen Vergütungsanspruch) zu klären sind und auch dieser Anspruch bei der Schiedsstelle (mit-) anhängig ist[47] bzw. (ergänzend) anhängig gemacht wird. Dies betrifft etwa die Frage, ob Verwertungshandlungen im Schutzbereich der geschützten Diensterfindung liegen[47a].

In neuerer Praxis schränkt die Schiedsstelle ihre Zuständigkeit bei der Klärung der Höhe eines **Miterfinderanteils** auch dann ein, wenn es sich um eine Vorfrage für einen Anspruch aus dem ArbEG handelt: Sie hält sich grundsätzlich nur dann für sachlich zuständig, etwa zur Höhe des Miterfinderanteils einen Einigungsvorschlag zu unterbreiten, wenn der jeweilige konkrete Beitrag, den jeder Miterfinder zu der technischen Lehre der Erfindung geleistet hat, der Schiedsstelle vorgetragen und zwischen den Beteiligten unstreitig oder ohne weitergehende Sachaufklärung (etwa durch Zeugeneinvernahme) dem Akteninhalt entnehmbar ist, so dass die Schiedsstelle nur die gewichtende **Bewertung dieser Beiträge** vorzunehmen hat[47b]. Gleiches gilt, wenn es bei unstreitigem Sachverhalt letztlich um reine Rechtsfragen zur erfinderischen Qualität von Bedeutung geht[47c]. Die Schiedsstelle verweist die Beteiligten im Übrigen darauf, sich außerhalb des Schiedsverfahrens zu einigen oder die Frage gerichtlich klären zu lassen[47d], und stellt ansonsten das Verfahren insoweit durch Beschluss ein[47e].

Die Schiedsstelle hält sich (zu Recht) für berufen, auch bezüglich nicht ausschließlich im ArbEG geregelter Ansprüche Einigungsvorschläge zu unterbreiten, wenn diese in **engem sachlichen und rechtlichen Zusammenhang** mit den von der Schiedsstelle zuständigkeitshalber zu behandelnden Fragen stehen und die Beantwortung der offenen Fragen ohne weitere und ins Einzelne gehende Sachaufklärung erfolgen kann[48].

---

47 Schiedsst. v. 25.7.1977 u. 14.6.1977 (Fn. 44,45), v. 11.4.1988 Arb.Erf. 85/87, v. 20.12.1988 Arb.Erf. 29/88 u.v. 31.7.1991 Arb.Erf. 25/90 u. 11/91 (alle unveröffentl. – jeweils z. Miterfinderschaft); z. Schutzfähigkeit vgl. Schiedsst. v. 26.4.1976 (Fn. 43); s. auch Schiedsst. v. 21.1.1963 Blatt 1963, 177 u.v. 23.4.1979 Blatt 1980, 233.
47a z. B. Schiedsst. v. 20.8.1987 Blatt 1988, 173; v. 5.12.1995 Arb.Erf. 37/94; v. 24.10.1995 Arb.Erf. 21/94 (alle unveröffentl.)
47b Schiedsst. v. 10.3.1993 Arb.Erf. 3(B)/92, v. 13.12.1993 Arb.Erf. 127/92, ZB. v. 29.9.1994 Arb.Erf. 12/93, EV. v. 3.3.1995 Arb.Erf. 90/93, Beschl. v. 5.2.1996 Arb.Erf. 49/94 v. 23.10.1996 Arb.Erf. 36/95; v. 7.11.1997 Arb.Erf. 29/96; v. 17.4.2001 Arb.Erf. 82/99 (alle unveröffentl.).
47c Schiedsst. v. 8.2.1996 Arb.Erf. 61/94 (unveröffentl.).
47d Z.B. Beschl. v. 5.2.1996 (Fn. 47b).
47e Schiedsst. v. 18.12.2001 Arb.Erf. 57/98 (unveröffentl.)
48 Schiedsst. v. 5.7.1991 GRUR 1992, 499, 500 – Einheitliches Arbeitsverhältnis; zust. Busse/Keukenschrijver, PatG, Rz. 6 zu § 28 ArbEG m. w. Nachw.

§ 28

Bei **Auslandsberührung** (s. dazu Rz. 32 ff., 36 ff. u. 108 f. zu § 1) ist die Zuständigkeit der Schiedsstelle dann gegeben, wenn das Arbeitsverhältnis deutschem Recht und damit auch dem ArbEG unterliegt[49].
Die Schiedsstelle ist nicht gehindert, einen in erster Linie auf das ArbEG gestützten Anspruch auch im Hinblick auf **andere Anspruchsgrundlagen** zu prüfen und ggf. darauf zu »erkennen«. So ist die Schiedsstelle zuständig für Schadensersatzansprüche sowohl des Arbeitnehmers als auch des Arbeitgebers, soweit sie ihre Grundlage im ArbEG haben[50] (s. Rz. 23). Die Schiedsstelle hält sich auch für berufen, ihren Einigungsvorschlag auf evtl. erfolgte Teilvereinbarungen der Arbeitsvertragsparteien auszudehnen[54]. Allerdings hat sich die Schiedsstelle selbst regelmäßig für die zusätzliche Prüfung von Ansprüchen aus anderen rechtlichen Bestimmungen für nicht zuständig erklärt[55]. Diese Praxis sollte von der Schiedsstelle überprüft werden[55a].

20

Zu den von § 28 erfassten **Tatbeständen** rechnen **beispielsweise** die Feststellung der Arbeitnehmereigenschaft des Erfinders[56], die Abgrenzung zwischen Diensterfindung und freier Erfindung (§ 4)[57], die Erfüllung der Meldepflicht (§ 5)[58] und die Voraussetzungen des Beanstandungsrechtes (§ 5 Abs. 3)[58a]; die Wirksamkeit der Inanspruchnahme (§§ 6, 7)[59]; die Feststellung des Freiwerdens einer Diensterfindung (§ 8[60]; s. dazu auch Rz. 18 zu § 7); die Vergütungsansprüche bei unbeschränkter[61] und beschränkter[62]

21

---

49 Schiedsst. v. 9.1.1986 Arb.Erf. 30/85 (unveröffentl.).
50 Schiedsst. v. 18.12.1992 Arb.Erf. 81/88 (unveröffentl.); Busse/Keukenschrijver, PatG, Rz. 6 zu § 28 ArbEG m. w. Nachw.
51-53 frei
54 Schiedsst. v. 5.2.1976 Blatt 1977, 200, 201; bestätigt durch EV. v. 29.7.1985 Arb.Erf. 70/84 (unveröffentl.).
55 Vgl. z.B. für urheberrechtl. Fragen Schiedsst. v. 11.12.1967 Blatt 1968, 326, 327 a. E.; ebenso in ständ. Praxis zur Verfügung über freie oder frei gewordene Erfindungen (z.B. Beschl. v. 9.3.1981 Arb.Erf. 56/80 – unveröffentl., v. 22.8.1985 Blatt 1986, 205, 207 r.Sp.).
55a Ablehnend Reimer/Schade/Schippel/Kaube Rz. 8 zu § 28.
56 Schiedsst. v. 16.8.1988 Blatt 1989, 57.
57 Z. B. Schiedsst. v. 3.10.1961 Blatt 1962, 54; v. 12.2./9.11.1970 Blatt 1971, 170; v. 6.2.1987 Blatt 1987, 362.
58 Z. B. Schiedsst. v. 12.7.1963 Blatt 1963, 342; v. 11.3.1976 EGR Nr. 13 zu § 5 ArbEG; v. 17.10./19.12.1988 Blatt 1989, 366, 368.
58a Schiedsst. v. 8.4.1993 EGR Nr. 34 zu § 6 ArbEG.
59 Z. B. Schiedsst. v. 18.12.1976 EGR Nr. 18 zu § 5 ArbEG u.v. 28.2.1991 GRUR 1991, 910.
60 Z. B. Schiedsst. v. 19.4.1960 Blatt 1960, 282; v. 21.3.1973 EGR Nr. 8 zu § 6 ArbEG; v. 8.1.1986 Blatt 1986, 273 u. v. 4.3.1999 Arb.Erf. 87/97 (unveröffentl.).
61 Dies ist die absolute Mehrzahl der Streitfälle, z.B. Schiedsst. v. 8.6./6.9.1967 Blatt 1968, 130; v. 6.2.1970 Blatt 1970, 456; v. 15.7.1974 Mitt. 1975, 97; v. 7.2.1983 Blatt 1984, 218.

§ 28

Inanspruchnahme (§§ 9, 10) einschl. Fragen der bindenden Feststellung[63] bzw. Festsetzung (§ 12)[64] und Verwirkung[64a] sowie des Auskunftsanspruchs[64b]; Anpassung eines Vergütungsanspruchs an veränderte Umstände (§ 12 Abs. 6)[65]; Geltungsbereich unternehmenseigener Richtlinien[65a]; Ansprüche aus unterlassener Inlandsanmeldung (§ 13)[66] bzw. Schadensersatzansprüche wegen fehlerhafter Schutzrechtsanmeldung[66a], aus unterlassener Freigabe (§ 14 Abs. 2)[67] bzw. Aufgabe (§ 16 Abs. 2)[68]; Feststellung der Schutzfähigkeit einer betriebsgeheimen Diensterfindung (§ 17 Abs. 2)[69] und deren Vergütung[69a]; Erfüllung der Mitteilungs- und Anbietungspflicht für freie Erfindungen (§§ 18, 19); Festsetzung der Bedingungen eines nicht ausschließlichen Benutzungsrechts gem. § 19 Abs. 3[70]; Vergütung für qualifizierte technische Verbesserungsvorschläge (§ 20 Abs. 1)[71]; Feststellung eines Verstoßes gegen die Unabdingbarkeitsregelung des § 22[72]; Feststellung der Unbilligkeit nach § 23[73]; Feststellung eines Schadensersatzanspruchs wegen Verletzung des § 24[74]; Vergütungsansprüche bei Konkurs (Insolvenz) des Arbeitgebers[75] (s. auch oben Rz. 14).

62   Z. B. Schiedsst. v. 29.6.1972 Blatt 1973, 58 u.v. 1.12.1992 EGR Nr. 6 zu § 10 ArbEG.
63   Z. B. Schiedsst. v. 9.10.1973/8.7.1974 Blatt 1974, 385; v. 19.11.1981 Blatt 1984, 57 u.v. 22.2.1996 Arb.Erf. 66/94 (unveröffentl.).
64   Z. B. Schiedsst. v. 10.7.1963 Blatt 1963, 342; v. 30.6.1972/14.2.1973 Blatt 1973, 289; v. 8.6.1973 Blatt 1973, 366; v. 2.3.1993 EGR Nr. 86 zu § 9 ArbEG (Verg.Anspr.).
64a Z. B. Schiedsst. v. 2.3.1993 (Fn. 64).
64b Z. B. Schiedsst. v. 12.1.1995 Arb.Erf. 37/93 u. v. 5.12.1995 Arb.Erf. 37/94 (alle unveröffentl.).
65   Z. B. Schiedsst. v. 14.12.1970 Blatt 1971, 99; v. 27.10.1972 Blatt 1973, 146; v. 10.1.1983 Blatt 1983, 188; v. 12.5.1992 EGR Nr. 84 zu § 12 ArbEG.
65a Schiedsst. v. 26.5.1992 EGR Nr. 32 zu § 13 ArbEG.
66   Z. B. Schiedsst. v. 21.6.1976 EGR Nr. 4 zu § 13 ArbEG; v. 27.2.1984 Blatt 1984, 301.
66a Schiedsst. v. 28.2.1991 GRUR 1991, 910 u.v. 18.12.1992 Arb.Erf. 81/88 (unveröffentl.).
67   Z. B. Schiedsst. v. 9.7.1974 Blatt 1975, 258.
68   Z. B. Schiedsst. v. 15.10.1964 Blatt 1965, 66; v. 2.6.1992 EGR Nr. 34 zu § 16 ArbEG.
69   Z. B. Schiedsst. v. 27.9.1969 Blatt 1970, 425; v. 26.4.1976 EGR Nr. 5 zu § 13 ArbEG.
69a Schiedsst. v. 28.9.1992 EGR Nr. 13 zu § 17 ArbEG u.v. 6.5.1996 Arb.Erf. 1/95 (unveröffentl.).
70   Z.B. Schiedsst. v. 11.12.1967 Blatt 1968, 326.
71   Z.B. Schiedsst. v. 13.7.1962 Blatt 1963, 75.
72   Z.B. Schiedsst. v. 20.11.1967/26.6. 1968 Blatt 1969, 23.
73   S. Schiedsst. v. 22.8.1969 EGR Nr. 1 zu § 23 ArbEG; v. 28.1.1970 Blatt 1970, 454; v. 16.6.1983 Blatt 1984, 250; v. 15.12.1982 Blatt 1983, 133; v. 22.9.1992 EGR Nr. 14 zu § 23 ArbEG u.v. 16.4.1996 Arb.Erf. 94/94 (unveröffentl.).
74   Schiedsst. v. 10.10.1989 Arb.Erf. 37/89 (unveröffentl.).
75   Z.B. Schiedsst. v. 9.5.1985 Blatt 1985, 383; v. 26.2.1993 EGR Nr. 7 zu § 27 ArbEG u.v. 19.9.1995 Mitt. 1996, 176.

§ 28

Nicht von § 28 erfasst sind im Übrigen (s. auch Rz. 19) Streitigkeiten 22
über die dem Anwendungsbereich des ArbEG entzogenen **einfachen technischen Verbesserungsvorschläge**[80] (vgl. § 20 Abs. 2, s. dort Rz. 51) oder sonstige, nichttechnische Verbesserungsvorschläge[81], ferner Streitigkeiten über **Urheberrechte**[81a], **Marken** oder **Geschmacksmuster**[81b].
Die Schiedsstelle ist ferner nicht berufen, über **rein bürgerlich-rechtliche Fragen** zu befinden, z.b. ob ein wirksamer Vergleichsvertrag[82] vorliegt, wie ein solcher Vertrag auszulegen ist, ob mit Gegenforderungen aufgerechnet werden kann[83] bzw. insoweit Zurückbehaltungsrechte bestehen[83a]; im Einzelfall hat sie sich jedoch für allgemeine zivilrechtliche Fragen für zuständig erklärt, etwa zur Vergütungspflicht auf Grund Schuldübernahme[83b]. Sie ist auch nicht für die Klärung **prozessrechtlicher Fragen** zuständig, etwa bezüglich der Rechtmäßigkeit einer einstweiligen Verfügung[83c]. Dagegen hält sich die Schiedsstelle zutreffend für zuständig, wenn die Beteiligten über Umfang, Auslegung und Handhabung eines verbindlich gewordenen **Einigungsvorschlags streiten**[84] oder über dessen Rechtswirksamkeit[84a]. Andererseits verneint sie ihre Zuständigkeit mit Hinweis auf § 39 Abs. 2 ArbEG bei Streitigkeiten über Nutzungsumfang und Auskunftsbegehren bei Vorliegen einer (wirksamen) Vergütungsvereinbarung[85].
Die Schiedsstellenpraxis zu den Rechtsfolgen eines **Verzugs** (§ 286 ff. BGB n.F.) ist nicht einheitlich; so wird einerseits mangels Zuständigkeit eine Entscheidung über die Erstattungsfähigkeit von Anwaltskosten aus dem Gesichtspunkt des Verzugs (s. Rz. 3 zu § 36) abgelehnt[86], ebenso eine

---

76-79 frei
80   H.M., z.B. Schiedsst. v. 4.10.1976 Blatt 1979, 184, 185; v. 12.9.1985 Blatt 1987, 133; v. 30.10.1989 Arb.Erf. 30/89; v. 18.10.1993 Arb.Erf. 72/93; v. 17.5.1994 Arb.Erf. 150/92 u.v. 25.7.1995 Arb.Erf. 98/93 (sämtl. unveröffentl.); EV. v. 18.2.1997 Arb.Erf. 52/95 (z. Veröffentl. i. EGR vorgesehen); Busse/Keukenschrijver, PatG, Rz. 8 zu § 28 ArbEG; Reimer/Schade/Schippel/Kaube Rz. 6 zu § 28; a.A. Gaul GRUR 1977, 686, 702; wie hier Volmer/Gaul Rz. 90 zu § 28.
81   Schiedsst. v. 24.7.1973 Arb.Erf. 39/72 u.v. 5.11.1985 Arb.Erf. 11/85 (beide unveröffentl.).
81a Z.B. Schiedsst. v. 23.2.1995 Arb.Erf. 80/93 (unveröffentl.).
81b Z.B. Schiedsst. Beschl. v. 13.10.1994 Arb.Erf. 180/92 (unveröffentl.).
82   Schiedsst. v. 14.3.1960 Blatt 1960, 316 = GRUR 1961, 135 (LS) m. Anm. Friedrich; v. 6.4.1981 Arb.Erf. 51/77 (unveröffentl.).
83   Schiedsst. v. 25.1.1963 Blatt 1963, u. v. 20.11.1967/26.6.1968 Blatt 1969, 23, 25 l.Sp.
83a Schiedsst. v. 22.12.1988 Arb.Erf. 36/88 (unveröffentl.).
83b Vgl. z.B. Schiedsst. v. 5.7.1991 Blatt 1993, 274, 277.
83c Schiedsst. v. 21.12.1993 Arb.Erf. 73/93 (unveröffentl.).
84   Schiedsst. v. 3.1.1979 Blatt 1983, 159 u.v. 6.11.1986 Arb.Erf. 60/86 (unveröffentl.).
84a Schiedsst. v. 24.8.1979 Arb.Erf. 5/89 (unveröffentl.) – dort zur Prüfung der Wirksamkeit nach § 779 BGB.
85   Schiedsst. ZB. v. 27.1.1982 Arb.Erf. 47/81 (unveröffentl.).
86   Z.B. Schiedsst. v. 19.11.1987 Arb.Erf. 44/87 (unveröffentl.).

§ 28

Zuerkennung von Verzugszinsen[86a]; andererseits ist sie in Einzelfällen bereit, die Voraussetzungen des Verzuges und den Umfang des Verzugsschadens zu prüfen[87]. Nach neuerer Praxis hält sich die Schiedsstelle für die Feststellung des Verzugseintritts für zuständig, soweit dies mit Fragen der Vergütungsfälligkeit zusammenhängt, nicht jedoch zu Feststellungen zur Höhe des Verzugsschadens[87a].

Nicht zuständig ist die Schiedsstelle für **frei gewordene oder aufgegebene Erfindungen,** soweit die diesbezüglichen Ansprüche nicht unmittelbar im ArbEG ihre Grundlage finden (vgl. § 8 Abs. 2, § 10, § 14 Abs. 3, § 16 Abs. 3), sondern ausschließlich auf vertragliche (z.b. vertragliche Überleitung der Erfindung, s. dazu Rz. 57 ff. zu § 6), arbeitsvertragliche oder patentrechtliche Grundlagen gestützt werden[88], ausgenommen Fragen der einvernehmlichen Überleitung einer Diensterfindung unter Verzicht auf eine förmliche Inanspruchnahme[88a]. Dementsprechend fehlt es an der Zuständigkeit bei (vertraglichen) Ansprüchen aus dem Zeitraum nach wirksamer Freigabe (§§ 8, 14) oder Übertragung des Schutzrechts bzw. der Anmeldeposition (§ 16)[89], ebenso hält sie sich grundsätzlich für die Frage der Vergütung von mangels Inanspruchnahme frei gewordenen Diensterfindungen[89a] für unzuständig, auch wenn es um Ansprüche für Benutzungshandlungen des Arbeitgebers im Zeitraum vor Freiwerden geht (zweifelhaft, vgl. Rz. 31 f. zu § 9)[90], ferner für die Feststellung von Ansprüchen aus Patentverletzung bei frei gewordenen Diensterfindungen[90a].

Die Schiedsstelle ist auch nicht zuständig bei Meinungsverschiedenheiten über (unstrittig) **freie Erfindungen** (§ 4 Abs. 3), soweit es sich nicht um Ansprüche bzw. Pflichten aus §§ 18, 19 handelt[91], ferner nicht für Erfin-

---

86a Z. B. Beschluss v. 12.6.1996 Arb.Erf. 86/94 (unveröffentl.)
87   Z.B. Schiedsst. v. 8.2.1989 Arb.Erf. 88/87 (unveröffentl.).
87a Schiedsst. v. 9.11.1995 Arb.Erf. 1/94 u.v. 21.11.1995 Arb.Erf. 16/94 (beide unveröffentl.); im Beschl. v. 12.6.1996 (Arb.Erf. 19/95 – unveröffentl.) hat die Schiedsst. auch ihre Zuständigkeit für Verzugseintritt m.H.a. rein bürgerlich-rechtl. Fragen abgelehnt.
88   Ständ. Praxis d. Schiedsst., z.B. v. 14.7.1977 EGR Nr. 8 zu § 28 ArbEG; v. 12.8.1986 Arb.Erf. 102/85; v. 8.1.1986 Blatt 1986, 273, 274 r.Sp.; v. 13.10.1994 Arb.Erf. 180/92 u. v. 21.11.2000 Arb.Erf. 11/98 (sämtl. unveröffentl.); Reimer/Schade/Schippel/Kaube Rz. 6 zu § 28; Volmer/Gaul Rz. 111 zu § 8.
88a Z.B. Schiedsst. v. 8.4.1993 EGR Nr. 34 zu § 6 ArbEG u.v. 30.6.1994 Arb.Erf. 181/92 (unveröffentl.).
89   Ständ. Praxis d. Schiedsst., z.B. v. 12.10.1978 Blatt 1979, 255, 258 a. E.; v. 19.12.1973 Arb.Erf. 29/83 u. Beschl. v. 22.5.1985 Blatt 1985, 195; zust. auch Busse/Keukenschrijver, PatG, Rz. 8 zu § 28 ArbEG.
89a Ständ. Praxis d. Schiedsst., z.B. v. 13.10.1994 Arb.Erf. 180/92 (unveröffentl.).
90   Schiedsst. v. 8.1.1986 Blatt 1986, 273.
90a Schiedsst. Beschl. v. 20.1.1994 Arb.Erf. 168/92 u. EV. v. 13.9.1994 Arb.Erf. 20/94 (beide unveröffentl.)
91   Ständ. Praxis der Schiedsst., z.B. v. 24.7.1973 Arb.Erf. 39/72 u.v. 10.1.1995 Arb.Erf. 142/92 (beide unveröffentl.).

dungen, die bereits vor rechtlichem Beginn des Arbeitsverhältnisses fertig gestellt waren[91a] oder die erst nach Ausscheiden des Arbeitnehmers aus dem Arbeits- bzw. Dienstverhältnis gemacht worden sind[92] oder solchen auf Grund eines eigenständigen Entwicklungsauftrages (s. Rz. 14 zu § 22). Zur Vereinbarung der Zuständigkeit s. Rz. 17.

Die Zuständigkeit der Schiedsstelle ist grundsätzlich zu bejahen, wenn es sich um **Schadensersatzansprüche** wegen der Verletzung von Pflichten aus dem ArbEG handelt[93] (vgl. etwa Rz. 58 ff. zu § 13, Rz. 81 zu § 14, Rz. 70 ff. zu § 16, Rz. 22 zu § 17; Rz. 23 f. zu § 24 u. oben Rz. 21). Maßgebend ist, ob diese Ansprüche ihre Grundlage im ArbEG haben.

Sieht sich die Schiedsstelle als unzuständig an, so erklärt sie **durch Beschluss die Einstellung** des Verfahrens (s. oben Rz. 9 u. Rz. 10 zu § 35). 23

III. Anrufungsinteresse

Entsprechend allgemeinen Rechtsgrundsätzen muss der Anrufende ein **berechtigtes Interesse** an dem Tätigwerden der Schiedsstelle haben[100]. Dieses Anrufungsinteresse, das dem Rechtsschutzbedürfnis im Prozess vergleichbar ist, ist von Amts wegen regelmäßig nur dann zu prüfen, wenn Anhaltspunkte für ein Fehlen erkennbar sind. 24

Ein Anrufungsinteresse fehlt, wenn über diesen Verfahrensgegenstand (zum Begriff s. Rz. 7 zu § 33) bereits ein wirksamer Einigungsvorschlag[100a], ein Urteil (s. auch Rz. 27), der Spruch einer Einigungsstelle (s. Anh. zu §§ 20, 21, Rz. 29 f.) oder – bei Beamten – ein bestandskräftiger Verwaltungsakt (Widerspruchsbescheid; s. dazu Rz. 32) vorliegt[101], es sei denn, § 12 Abs. 6 ist einschlägig (s. oben Rz. 21) oder die Unwirksamkeit eines Einigungsvorschlages (s. oben Rz. 22) wird geltend gemacht (vgl. § 37 Abs. 2 Nr. 1). Liegt ein Einigungsvorschlag der Schiedsstelle vor, ist der Antrag auf **Neudurchführung des Schiedsverfahrens** mangels Anru- 25

91a Schiedsst. v. 15.9.1994 Arb.Erf. 172/92 (unveröffentl.).
92 Schiedsst. v. 19.11.1985 Arb.Erf. 50/85 u.v. 13.9.1994 Arb.Erf. 20/94 (beide unveröffentl.); vgl. aber auch Schiedsst. v. 5.7.1991 Blatt 1993, 274.
93 Schiedsst. v. 15.10.1964 Blatt 1965, 66; v. 9.7.1974 Blatt 1975, 258 u.v. 18.12.1992 Arb.Erf. 81/88 (unveröffentl.); Busse/Keukenschrijver, PatG, Rz. 6 zu § 28 ArbEG.
94-99 frei
100 I.d.S. auch die Entscheidungspraxis d. Schiedsst., z.B. EV v. 24.10.1996 Arb.-Erf. 21/94 u. v. 29.5.1996 Arb.Erf. 9/95 (beide unveröffentl.); Busse/Keukenschrijver, PatG, Rz. 9 zu § 28 ArbEG; a.A. Volmer/Gaul Rz. 93 zu § 28.
100a Schiedsst. v. 25.2.1999 Arb.Erf. 3/97 (unveröffentl.).
101 Vgl. auch Lindenmaier/Lüdecke zu § 34; Reimer/Schade/Schippel/Kaube Rz. 10 zu § 31; i. d. Sinne auch Schiedsst. v. 24.10.1996 (Fn. 100), wonach ein Rechtsschutzinteresse so lange vorhanden ist, als sich die Beteiligten noch nicht über den anhängigen Streitpunkt geeinigt haben bzw. durch rechtskräftiges Urteil in dieser Sache befriedet sind. Siehe auch Volmer Rz. 20 zu § 34, der bei Einigungsvorschlägen von einem »Verbrauch des Anrufungsrechts« spricht.

§ 28

fungsinteresses als unzulässig zurückzuweisen; das Recht der Beteiligten auf Anrufung der Schiedsstelle ist verbraucht und eine Wiederaufnahme des Verfahrens zum Zwecke einer anders lautenden Entscheidung der Schiedsstelle unstatthaft[101a] (s. auch Rz. 41 zu § 34). Etwas anderes gilt dann, wenn der Schiedsstelle im Ergebnis ein neuer Streitgegenstand vorgetragen wird,[101b] z. B., wenn die Schiedsstelle seinerzeit nur die Vorratswirkung eines Patentes zu beurteilen hatte und jetzt der Erfindungswert für die tatsächliche Verwertung zu bestimmen ist.

26   Ein Anrufungsinteresse fehlt ferner, wenn die Beteiligten lediglich eine rechtsgutachterliche Äußerung (s. auch Rz. 6) begehren, ohne dass daran Rechtsfolgen anknüpfen[102], oder wenn nicht ersichtlich ist, dass ein Beteiligter (erfinderrechtlich) einen Rechtsnachteil erlitten haben könnte[103]. Die Schiedsstelle betont zu Recht, dass sie weder »Auskunftsstelle« noch »Beratungsstelle« für Fragen des Arbeitnehmererfinderrechts sei, sondern sich ihre Zuständigkeit aus dem Gesetzesauftrag ergebe, in einem zweiseitigen Verfahren den Versuch einer Schlichtung konkreter Streitfälle zwischen den Beteiligten zu unternehmen[104]. Fragen hypothetischer Natur kann die Schiedsstelle daher nicht beantworten[105]. Sie ist auch kein staatliches »Überwachungsorgan« für Arbeitgeber oder Arbeitnehmer bezüglich der Einhaltung der Vorschriften des ArbEG[106].

IV. Anrufungsfrist

27   Die Schiedsstelle kann von Arbeitgeber oder Arbeitnehmer »**jederzeit**« angerufen werden (Satz 1), also während eines bestehenden Arbeitsverhältnisses oder auch nach dessen Beendigung (vgl. § 26). Auch die Anrufung während eines zwischen den Beteiligten anhängigen gerichtlichen Verfahrens wird als zulässig angesehen[107] (s. aber auch Rz. 15 zu § 37); dies gilt auch bei

---

101a   Schiedsst. v. 13.10.1993 Arb.Erf. 81/88; v. 12.1.1993 Arb.Erf. 57/89; v. 20.7.1992 Arb.Erf. 74/89; v. 29.5.1996 Arb.Erf. 9/95; v. 25.2.1999 (Fn. 100 a) u. v. 27.11.2000 Arb.Erf. 98/99 (sämtl. unveröffentl.); Reimer/Schade/Schippel/Kaube Rz. 6 zu § 34.
101b   Schiedsst. v. 27.11.2001 (Fn. 101a).
102   S. Schiedsst. v. 26. 10. 1959/8. 2. 1960 Blatt 1960, 315; v. 4.3.1993 EGR Nr. 79 zu § 12 ArbEG u. v. 21.5.1997 Arb.Erf. 93/96 (unveröffentl.). Vgl. auch Schiedsst. v. 5.2. 1976 Blatt 1977, 200, 201 z. bloßen Rechtsauskunft; zust. Reimer/Schade/Schippel/Kaube Rz. 8 zu § 28.
103   Schiedsst. Beschl. v. 21. 3. 1975 Arb.Erf. 80/74 (unveröffentl.); zust. auch Busse/Keukenschrijver, PatG, Rz. 9 zu § 28 ArbEG.
104   Schiedsst. v. 21.12.1993 Arb.Erf. 73/93 (unveröffentl.).
105   Schiedsst. v. 4.3.1993 (Fn. 102) u.v. 21.12.1993 (Fn. 104).
106   Schiedsst. v. 18.11.1994 Arb.Erf. 97/93 (unveröffentl.).
107   So Lindenmaier/Lüdecke Anm. 1 zu § 33; Reimer/Schade/Schippel/Kaube Rz. 9 zu § 28; Busse/Keukenschrijver, PatG, Rz. 11 zu § 28 ArbEG; im Ergebnis wohl auch Schiedsst. v. 24. 10. 1996 (Fn. 100, 101).

§ 28

einem vorangegangenen Beweissicherungsverfahren[108]. Zur Aussetzung durch das Gericht s. Rz. 8 zu § 37.

Die (zu verneinende) Frage, ob die Regelung der §§ 200-202 GVG über 28 die Gerichtsferien für das Schiedsstellenverfahren gilt, hat sich durch das Gesetz zur Abschaffung der Gerichtsferien v. 28.10.1996 (BGBl. I, S. 1546) erledigt.

V. Sonstige Verfahrensvoraussetzungen

Die Partei- und »Prozessfähigkeit« sind von Amts wegen zu prüfen (vgl. 29 §§ 50-53 ZPO). Zur Vertretung durch Verfahrensbevollmächtigte s. Rz. 37 zu § 33; zum vertraglichen Ausschluss des Schiedsstellenverfahrens s. Rz. 23 zu § 37.

D. Versuch einer gütlichen Einigung (Satz 2)

Satz 2 kennzeichnet als **zentrale Vorschrift** die der Schiedsstelle zugewiesene Aufgabe, als neutrale und sachkundige Stelle zu versuchen, eine gütliche Einigung zwischen den Beteiligten herbeizuführen[111] (s. auch Einl. vor § 28 Rz. 3).
Sie hat also keine materielle Entscheidungsbefugnis (s. oben Rz. 5). Einzelheiten zum Einigungsvorschlag s. im Übrigen bei § 34.

E. Besonderheiten für den öffentlichen Dienst

Gem. §§ 40, 41 ist die Schiedsstelle **uneingeschränkt** auch für die Angehörigen des öffentlichen Dienstes **zuständig,** gleichgültig, ob es sich um Arbeitnehmer, Beamte oder Soldaten handelt (Ausnahme: Bundesamt für Verfassungsschutz, s. Rz. 51 ff. zu § 40). Verfahrensbeteiligter ist neben dem Arbeitnehmer (Beamten, Soldaten) der Arbeitgeber (Dienstherr), vertreten durch die jeweilige oberste Dienstbehörde, soweit diese ihre Befugnisse nicht delegiert hat (vgl. auch § 174 BBG).
Zum **Vorverfahren** im Beamtenverhältnis (§§ 68 ff. VwGO) s. Rz. 1 zu § 37. 32

F. Darlegungs- und Beweislast

Die Darlegungs- und Beweispflicht für die sachliche Zuständigkeit der 33 Schiedsstelle hat zunächst der Antragsteller[112].

---

108 Schiedsst. v. 24.10.1996 (Fn. 100).
109-110 frei
111 S. Schiedsst. v. 17.12.1963 Blatt 1964, 166.
112 Schiedsst. v. 24.7.1973 Arb.Erf. 39/72 (unveröffentl.).
113-119 frei

§ 28

G. Zuständigkeit der Schiedsstelle für Streitfälle betreffend DDR-Erfindungen

34 Gemäß § 49 Satz 1 ErstrG ist für alle arbeitnehmererfinderrechtlichen Steitigkeiten, die vor dem Beitritt der ehemaligen DDR (3.10.1990) fertig gestellte Erfindungen betreffen, die **Schiedsstelle** zuständig. Die früheren Verfahren vor der Schlichtungsstelle für Vergütungsstreitigkeiten des DPA sind auf die Schiedsstelle übergegangen (§ 50 **ErstrG**). Für die ab dem 3.10.1990 in den neuen Bundesländern fertig gestellten Arbeitnehmererfindungen gilt das ArbEG bereits auf Grund des Einigungsvertrages (s. Einl. Rz. 31). Damit besteht nunmehr einheitlich die Zuständigkeit der Schiedsstelle auch bei Streitigkeiten über DDR-Alterfindungen, soweit es um das fortwirkende DDR-Erfinderrecht (s. dazu Einl. Rz. 32 ff.) geht.

35 Die **Zuständigkeit der Schiedsstelle** ist nicht auf Vergütungsstreitigkeiten[120] begrenzt, sondern betrifft alle erfinderrechtlichen Streitfälle über Arbeitnehmererfindungen aus der Zeit der ehemaligen DDR[121], wie etwa die gesamtvollstreckungsrechtliche Behandlung von Erfinderansprüchen eines Arbeitnehmers[122]. Auch nach Auflösung des Arbeitsverhältnisses ist (entsprechend § 26 ArbEG) die Anrufung der Schiedsstelle möglich[123]. Die Schiedsstelle bejaht ihre Zuständigkeit ferner für Vergütungsstreitigkeiten zwischen Arbeitnehmererfinder und Nutzerbetrieb im Sinne des überkommenen DDR-Rechts[124] (vgl. § 10 Abs. 1 lit. b. PatG-DDR-1983).

36 Aus §§ 49, 50 ErstrG folgt, dass auf das **Verfahren vor der Schiedsstelle** die §§ 28 ff. Anwendung finden[125]. Demzufolge kommt der Schiedsstelle auch bezüglich DDR-Alterfindungen keine streitentscheidende, sondern streitschlichtende Funktion zu. Der Anrufungsantrag muss § 31 Abs. 1 entsprechen[126]. Ein Antrag auf erweiterte Besetzung ist möglich (§ 30 Abs. 3, § 32). Die Verfahrensregeln des § 33 gelten uneingeschränkt. Es verbleibt auch bei den Vorschriften über den Einigungsvorschlag (§ 34) und die erfolglose Verfahrensbeendigung (§ 35).

---

120 Vgl. z.B. Schiedsst. v. 6.10.1992 GRUR 1994, 608 – Trennvorrichtung u.v. 4.3.1993 GRUR 1994, 611 – Regelkreisanordnung m. Anm. Bartenbach/Volz.
121 Vgl. Amtl. Begr. zu § 50 ErstrG in GRUR 1992, 760, 796.
122 Vgl. z.B. Schiedsst. v. 4.6.1993 GRUR 1994, 615 – Anspruchsentstehung.
123 Ständ. Praxis d. Schiedsst., z.B. EV. v. 6.10.1992 (Fn. 120) u.v. 9.11.1993 Arb.Erf. 126/92 (unveröffentl.).
124 Schiedsst. v. 3.10.1993 Arb.Erf. 141/92 (unveröffentl.) – zitiert bei Möller, Die Übergangsbestimmungen f. ArbNErf. i. d. neuen Bundesländern (1996) S. 307.
125 Schiedsst. Beschluss v. 12.1.1993 Arb.Erf. 31/92 (unveröffentl.).
126 Schiedsst. v. 12.1.1993 (Fn. 125).

§ 29 Errichtung der Schiedsstelle

(1) Die Schiedsstelle wird beim Patentamt errichtet.
(2) Die Schiedsstelle kann außerhalb ihres Sitzes zusammentreten.

Mit In-Kraft-Treten des ArbEG am 1.10.1957 (vgl. § 49) ist die »Schiedsstelle nach dem Gesetz über Arbeitnehmererfindungen beim Deutschen Patent- und Markenamt« errichtet worden (**Anschrift:** 80297 München). 1

Aus dem Gesetzeswortlaut (»beim«) folgt, dass es sich um eine eigenständige, unabhängige **Behörde** handelt, die als besondere Einrichtung dem Deutschen Patent- und Markenamt lediglich angegliedert ist[1]. Der Vorsitzende, der die Funktion eines Behördenleiters ausübt, unterliegt der Dienstaufsicht des Bundesministers der Justiz (§ 30 Abs. 6). 2

Die **weitere Schiedsstelle** bei der **Dienststelle Berlin** ist aufgelöst (s. Rz. 3 zu § 28). 3

Um Nachteile aus der räumlichen Lage der Schiedsstelle in München für Beteiligte in entfernteren Gebieten zu vermeiden[2], kann die Schiedsstelle gem. Abs. 2 auch **außerhalb ihres Sitzes** zusammentreten. Dies empfiehlt sich insbesondere, wenn eine Augenscheinseinnahme, etwa bei einer Verfahrensanlage, oder eine umfangreiche Beweisaufnahme »vor Ort« erforderlich erscheinen. Die Schiedsstelle ist an eine entsprechende Anregung nicht gebunden, sondern entscheidet hierüber nach freiem Ermessen[3]. 4

---

1 Ähnl. Reimer/Schade/Schippel/Kaube Rz. 1 zu § 29; Busse/Keukenschrijver, PatG, Rz. 3 vor § 28 u. Rz. 1 zu § 29 ArbEG m. H. a. Amtl. Begr. z. 6. ÜberlG in Blatt 1991, 1650; Schiedsst. v. 13.10.1993 Arb.Erf. 81/88 (unveröffentl.).
2 Amtl. Begr. BT-Drucks. II/1648 S. 44 = Blatt 1957, 243.
3 Ebenso Volmer Rz. 5 zu § 29; Busse/Keukenschrijver, PatG, Rz. 2 zu § 29 ArbEG.

§ 30 Besetzung der Schiedsstelle

(1) Die Schiedsstelle besteht aus einem Vorsitzenden oder seinem Vertreter und zwei Beisitzern.
(2) Der Vorsitzende und sein Vertreter sollen die Befähigung zum Richteramt nach dem Gerichtsverfassungsgesetz besitzen. Sie werden vom Bundesminister der Justiz am Beginn des Kalenderjahres für dessen Dauer berufen.
(3) Die Beisitzer sollen auf dem Gebiet der Technik, auf das sich die Erfindung oder der technische Verbesserungsvorschlag bezieht, besondere Erfahrung besitzen. Sie werden vom Präsidenten des Patentamtes aus den Mitgliedern oder Hilfsmitgliedern des Patentamts für den einzelnen Streitfall berufen.
(4) Auf Antrag eines Beteiligten ist die Besetzung der Schiedsstelle um je einen Beisitzer aus Kreisen der Arbeitgeber und der Arbeitnehmer zu erweitern. Diese Beisitzer werden vom Präsidenten des Patentamtes aus Vorschlagslisten ausgewählt und für den einzelnen Streitfall bestellt. Zur Einreichung von Vorschlagslisten sind berechtigt die in § 11 genannten Spitzenorganisationen, ferner die Gewerkschaften und die selbständigen Vereinigungen von Arbeitnehmern mit sozial- oder berufspolitischer Zwecksetzung, die keiner dieser Spitzenorganisationen angeschlossen sind, wenn ihnen eine erhebliche Zahl von Arbeitnehmern angehört, von denen nach der ihnen im Betrieb obliegenden Tätigkeit erfinderische Leistungen erwartet werden.
(5) Der Präsident des Patentamtes soll den Beisitzer nach Absatz 4 aus der Vorschlagsliste derjenigen Organisation auswählen, welcher der Beteiligte angehört, wenn der Beteiligte seine Zugehörigkeit zu einer Organisation vor der Auswahl der Schiedsstelle mitgeteilt hat.
(6) Die Dienstaufsicht über die Schiedsstelle führt der Vorsitzende, die Dienstaufsicht über den Vorsitzenden der Bundesminister der Justiz.

Übersicht

A. Allgemeines	1	III. Erweiterte Besetzung	10-13
B. Besetzung der Schiedsstelle	2-13	C. Stellung der Schiedsstelle und	
I. Der Vorsitzende (Vertreter)	4-7	ihrer Mitglieder	14-16
II. Beisitzer	8, 9		

A. Allgemeines

§ 30, der durch das 6. Überleitungsgesetz v. 23. 3. 1961 (BGBl. I S. 274 = Blatt 1961, 124) geändert worden ist, regelt die Besetzung der Schiedsstelle. Die Schiedsstelle besteht im Regelfall aus drei Mitgliedern (Abs. 1) und

1

§ 30

kann auf Antrag um zwei außeramtliche Beisitzer erweitert werden (Abs. 4).

B. Besetzung der Schiedsstelle

2 Die Schiedsstelle setzt sich grundsätzlich aus einem Vorsitzenden (bzw. dessen Vertreter) und zwei amtlichen Beisitzern zusammen (Abs. 1).

3 Während der Vorsitzende Volljurist sein soll, werden die zwei Beisitzer aus dem Kreis der technischen Mitglieder oder Hilfsmitglieder des Patentamtes berufen. Durch die Besetzung mit juristischen und technischen Mitgliedern soll eine sachgerechte Behandlung des einzelnen Streitfalles sowohl von rechtlicher als auch technischer Seite gewährleistet werden[1].

I. Der Vorsitzende (Vertreter)

4 Nach Abs. 2 sollen der Vorsitzende und sein Vertreter die Fähigkeit (Befähigung) zum Richteramt gem. § 5 DRiG (früher § 2 GVG a. F.) besitzen. Entsprechend der Zielsetzung (s. o. Rz. 3) und dem Verweis auf die frühere Regelung des GVG genügt die den technischen Mitgliedern des BPatG gem. § 120 DRiG eingeräumte Befähigung zum Richteramt nicht[2].

5 Im Unterschied zu den Beisitzern wird der **Vorsitzende** (Vertreter) nicht für jeden einzelnen Streitfall, sondern auf die Dauer eines Kalenderjahres durch den Bundesminister der Justiz bestellt, der gem. Abs. 6 auch die Dienstaufsicht über den Vorsitzenden führt. Durch diese gleich bleibende Besetzung des Vorsitzes soll eine gleichmäßige Vorschlagspraxis der Schiedsstelle für alle Gebiete der Technik sichergestellt werden[1].

6 Die bisherige, jeweils langjährige Besetzung des Vorsitzes hat zu einer sachdienlichen Kontinuität der Entscheidungspraxis sowohl in verfahrensmäßiger als auch in sachlicher und rechtlicher Hinsicht geführt[3]; de lege ferenda sollte deshalb von der (formalen) jährlichen Neubesetzung abgesehen werden, zumal die zeitliche Begrenzung mit ihrer Möglichkeit der Wiederbestellung als Eingriff in die Unabhängigkeit der Entscheidungsfindung missverstanden werden könnte.

7 Dem **Vertreter** des Vorsitzenden kommt nur eine Ersatzfunktion bei Verhinderung des Vorsitzenden zu[4]; nach den Vorstellungen des Gesetzgebers kann demzufolge auch keine Aufteilung der dem Vorsitzenden oblie-

---

1 S. Amtl. Begr. BT-Drucks. II/1648 S. 44 = Blatt 1957, 243.
2 A.A. Reimer/Schade/Schippel/Kaube Rz. 4 zu § 30.
3 S. auch Haertel Mitt. 1971, 202 f.
4 Ebenso Volmer Rz. 4 zu § 30; auch Busse/Keukenschrijver, PatG, Rz. 2 zu § 30 ArbEG, aber m. d. Hinw. auf die abw. Amtl. Begr. f. d. Einigungsstelle nach ErstrG in Blatt 1992, 244 ff.

genden Schiedsstellentätigkeit durch anteilige Zuweisung an den Vertreter erfolgen.

II. Beisitzer

Die (amtlichen) Beisitzer müssen dem Kreis der Mitglieder oder Hilfsmitglieder (s. § 26 PatG) des DPMA entstammen. Entsprechend der gesetzgeberischen Zielsetzung (s. o. Rz. 3) soll es sich um technische Mitglieder i. S. des § 26 Abs. 1 Satz 1, Abs. 2 PatG handeln, die vom Präsidenten des DPMA nach pflichtgemäßem Ermessen für den einzelnen Streitfall entsprechend ihrer technischen Kenntnisse berufen werden. Durch die Berufung für den Einzelfall wird ermöglicht, jeweils Prüfer auszuwählen, die auf dem speziellen Gebiet der Technik, auf das sich der Streitfall bezieht, besondere Sachkunde besitzen[5]; zugleich hat der Gesetzgeber damit eine durch die Errichtung der Schiedsstelle verbundene Arbeitsbelastung auf einen größeren Personenkreis verteilen wollen[5]. 8

In der bisherigen Schiedsstellenpraxis ist der erste Beisitzer i. d. R. der technische Prüfer, der für die Prüfung und Erteilung eines auf die streitbefangene Erfindung angemeldeten Patents zuständig ist oder wäre[6]. Bei Streitigkeiten über qualifizierte technische Verbesserungsvorschläge wird üblicherweise der Prüfer gewählt, dessen Prüfgebiet die technische Neuerung im Falle ihrer Schutzfähigkeit zuzurechnen wäre. Zum zweiten Beisitzer wird regelmäßig der Prüfer berufen, der in einem möglichen Einspruchsverfahren für die betreffende Erfindung als weiteres Mitglied der Patentabteilung vorgesehen ist[7]. 9

Diese Auswahl der Beisitzer ist sachgerecht und hat sich seit Jahrzehnten bewährt. Allein auf Grund der vorangegangenen Befassung mit dem Erfindungsgegenstand kann eine Befangenheit (vgl. § 42 Abs. 1 ZPO, s. dazu Rz. 31 ff. zu § 33) nicht angenommen werden[8]. Ein allgemeines Verbot der Mitwirkung wegen vorangegangener Tätigkeit in Bezug auf den Streitgegenstand gibt es nicht (vgl. § 41 Nr. 6 ZPO). Ergibt sich, dass die amtlichen Beisitzer nicht zutreffend gewählt sind, hat die Schiedsstelle nach Ankündigung an die Beteiligten die Umbesetzung durch den Präsidenten des DPMA im Beschlusswege veranlasst[9].

---

5 Amtl. Begr. (Fn. 2).
6 Auf diese langjährige Praxis weist die Schiedsst. in EV v. 24.10.1995 Arb.Erf. 21/94 (unveröffentl.) hin.
7 Schiedsst. v. 24.10.1995 (Fn. 6).
8 Zutreffend Schiedsst. Beschl. v. 17.7.1985 Arb.Erf. 31/84 (unveröffentl.); zust. auch Busse/Keukenschrijver, PatG, Rz. 2 zu § 30 ArbEG.
9 Schiedsst. v. 14.1.1991 Arb.Erf. 37/90 (unveröffentl.) – dort bei späterem Wechsel zu einem zweiten techn. Verbesserungsvorschlag auf gänzlich anderem techn. Gebiet als der ursprüngl. streitbefangene Verbesserungsvorschlag.

10-15 frei

§ 30

III. Erweiterte Besetzung

10 Wenn einer der Verfahrensbeteiligten es innerhalb der in § 32 vorgeschriebenen Frist (s. dort Rz. 2) beantragt, muss die Schiedsstelle um je einen **Beisitzer aus Kreisen der Arbeitgeber und Arbeitnehmer** erweitert werden (Abs. 4). Diese Erweiterung auf ein fünfköpfiges Gremium kann nur **auf Antrag** und nicht von Amts wegen erfolgen[16].

11 Da durch die amtlichen Beisitzer eine sachkundige Behandlung auftretender technischer Probleme gewährleistet wird, ist die Erweiterung durch sog. außeramtliche Beisitzer namentlich dann sachdienlich, wenn insbesondere (auch) arbeitsrechtliche oder wirtschaftliche Fragen anstehen. Da die Beisitzer unmittelbar aus der Praxis kommen, verfügt die Schiedsstelle durch sie über eine erheblich **breitere Beurteilungsgrundlage** und ein erweitertes Erfahrungspotential; darüber hinaus bedeutet die außeramtliche Besetzung zugleich eine »**interne Kontrollinstanz**«, in der oftmals richtungsweisende Entscheidungen für die zukünftige Schiedsstellenpraxis getroffen werden[17]. Die Bedeutung der erweiterten Besetzung der Schiedsstelle nimmt zu; heute wird in über 10 % aller Schiedsstellenverfahren die Erweiterung beantragt.

12 Die persönlichen Voraussetzungen der vom Präsidenten des DPMA aus den Vorschlagslisten nach pflichtgemäßem Ermessen ausgewählten und für den einzelnen Streitfall durch Verfügung bestellten außeramtlichen Beisitzer sind in der 2. VO vom 1.10.1957 (abgedr. in **Anh. 2**) niedergelegt. Darin werden u.a. auch die Erfordernisse der Vorschlagslisten, die Zurückweisung und Abberufung von Beisitzern und deren Entschädigung geregelt. Gem. § 10 der 2. VO finden diese Bestimmungen auf den öffentlichen Dienst, soweit es sich um Beamte und Soldaten handelt, entsprechend Anwendung. Die Bestellungsverfügung des Präsidenten des DPMA enthält neben der Nennung der Verfahrensbeteiligten den Hinweis, dass der bestellte Beisitzer um unverzügliche Mitteilung gebeten wird, falls er »zu einem der am Schiedsstellenverfahren Beteiligten in einem Verhältnis steht, das seine Ablehnung rechtfertigen würde (§ 33 Abs. 1 ArbEG, § 1032 Abs. 1 ZPO)«.

13 Zur Einreichung von Vorschlagslisten, die eine schnelle Auswahl der zusätzlichen Beisitzer gewährleisten sollen[18], sind gem. Abs. 4 Satz 3 die in § 11 ArbEG genannten Spitzenorganisationen (s. dort Rz. 1 u. 3) sowie gleichgestellte, selbständige Vereinigungen, etwa von Arbeitgeberseite unabhängige Arbeitnehmervereinigungen[18], berechtigt (z.B. ULA, VAA; vgl. auch § 11 Abs. 1 Sätze 2 und 3 ArbGG). Gem. § 40 Nr. 4 sind auch Bun-

---

16 Allg. A. Volmer BB 1968, 253, 254 l.Sp. a.E.; Busse/Keukenschrijver, PatG, Rz. 3 zu § 30 ArbEG.
17 Ausf. Kaube/Volz RdA 1981, 213, 215 f.
18 Amtl. Begr. (Fn. 2) S. 45 = Blatt 1957, 243.

§ 30

desregierung und Landesregierungen zur Einreichung von Vorschlagslisten für Arbeitgeberbeisitzer berechtigt (s. dort Rz. 50 f.). Durch die Änderung der 2. VO auf Grund der VO v. 22. 8. 1968 (BGBl. I S. 994) ist gewährleistet, dass der Kreis der zu berufenden Beisitzer aus Kreisen der Arbeitgeber unverändert bleibt, also insbesondere auch die Leiter der Patentabteilungen von Unternehmen zu Beisitzern berufen werden können[19].

C. Stellung der Schiedsstelle und ihrer Mitglieder

Der dem DPMA angegliederten Schiedsstelle kommt Behördeneigenschaft zu (s. Rz. 2 zu § 29). Die Dienstaufsicht über die Schiedsstelle hat deren Vorsitzender, der seinerseits der Dienstaufsicht des Bundesministers der Justiz unterliegt (Abs. 6). 14

Alle Mitglieder der Schiedsstelle (auch die überstimmten Mitglieder) haben das Beratungsgeheimnis zu wahren; sie sind auch ansonsten zur Geheimhaltung verpflichtet (§ 24 Abs. 3 ArbEG, s. dort Rz. 19). Zur Verpflichtung der außeramtlichen Beisitzer durch den Vorsitzenden s. § 5 Abs. 2 der 2. VO v. 1. 10. 1957 (abgedr. in **Anh. 2**). 15

Die Mitglieder sind bei ihren Entschließungen **sachlich unabhängig**, d. h. sie haben aus eigener Verantwortung zu entscheiden, ohne an Weisungen oder Aufträge gebunden zu sein[20]. Die einem Richter vergleichbare Unabhängigkeit hat der Gesetzgeber nicht zuletzt durch den Verweis auf §§ 41 ff. ZPO in § 33 Abs. 1 ArbEG zum Ausdruck gebracht (s. dort Rz. 31). Alle Mitglieder der Schiedsstelle üben ein öffentliches Amt i. S. des Art. 34 GG aus[21]. Obschon den Mitgliedern der Schiedsstelle nicht die Funktion von Richtern zukommt, sollte jedoch dem Wesen des Schiedsstellenverfahrens zufolge das **Richterprivileg** des § 839 Abs. 2 BGB entsprechend gelten. 16

---

19 BB 1968, 1121 (ohne Verf.-Angabe).
20 Zutr. Reimer/Schade/Schippel/Kaube Rz. 8 zu § 30; zust. Busse/Keukenschrijver, PatG, Rz. 1 zu § 30 ArbEG.
21 Volmer (Fn. 16) S. 254 r.Sp.

§ 31 Anrufung der Schiedsstelle

(1) Die Anrufung der Schiedsstelle erfolgt durch schriftlichen Antrag. Der Antrag soll in zwei Stücken eingereicht werden. Er soll eine kurze Darstellung des Sachverhalts sowie Namen und Anschriften des anderen Beteiligten enthalten.
(2) Der Antrag wird vom Vorsitzenden der Schiedsstelle dem anderen Beteiligten mit der Aufforderung zugestellt, sich innerhalb einer bestimmten Frist zu dem Antrag schriftlich zu äußern.

Übersicht

A. Allgemeines	1, 2	C. Wahrung gesetzlicher Fristen und Verjährungshemmung durch Anrufung der Schiedsstelle	18, 19
B. Anrufung der Schiedsstelle	3-17		
I. Schriftlicher Antrag	3-5		
II. Inhalt des Antrages	6-13	D. Antragsrücknahme	20-23
III. Zustellung des Antrages	14-17		

A. Allgemeines

Wie § 31 i.V.m. § 28 Abs. 1 zeigt, wird die Schiedsstelle nicht von Amts wegen tätig; die Anrufung durch eine der beiden (früheren) Arbeitsvertragsparteien ist vielmehr notwendige Voraussetzung für deren rechtswirksames Tätigwerden. Mit Eingang des Anrufungsantrages wird das Schiedsstellenverfahren anhängig (s. Rz. 5 zu § 33). 1

Der Gesetzgeber hat die Anrufung der Schiedsstelle nach § 31 **einfach ausgestaltet,** um sie jedem Arbeitnehmer auch ohne Hinzuziehung eines besonderen Beraters zu ermöglichen[1]. 2

B. Anrufung der Schiedsstelle

I. Schriftlicher Antrag

Die Anrufung der Schiedsstelle erfolgt durch schriftlichen Antrag (Abs. 1 Satz 1). Es bedarf also eines vom Antragsteller bzw. dessen Bevollmächtigten unterzeichneten Schriftstückes (§ 126 BGB; zur Schriftform s. im Übrigen Rz. 35 ff. zu § 5). Eine fernmündliche Antragstellung reicht nicht aus. 3

Eine Antragstellung zur Niederschrift bei der Schiedsstelle ist nicht möglich[1a]; insoweit findet § 64 BVwVfG gem. § 2 Abs. 2 Nr. 3 BVwVfG

---

1   Amtl. Begr. BT-Drucks. II/1648 S. 45 = Blatt 1957, 243.
1a Ebenso Busse/Keukenschrijver, PatG, Rz. 2 zu § 31 ArbEG.

§ 31

keine Anwendung. Eine gemeinschaftliche Anrufung durch mehrere Arbeitnehmer (Miterfinder) ist zulässig (vgl. auch Rz. 4 zu § 32 u. Rz. 13 ff. zu § 35). Denkbar ist auch eine gemeinsame Anrufung durch die (früheren) Arbeitsvertragsparteien[1b]. Zum anrufungsberechtigten Personenkreis s. Rz. 12 ff. zu § 28.

4 Das Erfordernis der schriftlichen Antragstellung dient namentlich der Rechtsklarheit und – im Hinblick auf das Ingangsetzen von Fristen (vgl. §§ 32, 35 Abs. 1 Nr. 1, § 37 Abs. 2 Nr. 2) sowie wegen der besonderen Prozessvoraussetzung nach § 37 – der Sicherheit des Rechtsverkehrs.

5 Erfolgt die Anrufung durch einen **Bevollmächtigten,** ist die vom Antragsteller eigenhändig zu unterzeichnende Vollmacht mit Antragstellung, spätestens jedoch nach Aufforderung der Schiedsstelle, vorzulegen. Im Verfahren vor der Schiedsstelle reicht nur eine Einzelvollmacht, nicht jedoch eine beim DPMA registrierte »Allgemeine Vollmacht« bzw. »Angestelltenvollmacht«[2] aus, da das Schiedsstellenverfahren nicht zum »Geschäftskreis des DPMA« gehört (vgl. Rz. 2 zu § 29)[3]. Alle prozessfähigen Personen können Verfahrensbevollmächtigte sein (vgl. § 79 ZPO). Als Verfahrensbevollmächtigte kommen insbesondere Rechtsanwälte, Patentanwälte, Erlaubnisscheininhaber (§§ 177 ff. PatAnwO 1966), Verbandsvertreter i. S. des § 11 ArbGG oder Mitarbeiter des Arbeitgebers in Betracht (vgl. auch § 33 Abs. 1 Satz 2 u. Rz. 3 zu § 35). Zur Kostenerstattung s. Rz. 3 ff. zu § 36; zu den Zulässigkeitsvoraussetzungen des Schiedsstellenverfahrens s. Rz. 11 ff. zu § 28.

II. Inhalt des Antrages

6 Zwingende inhaltliche Erfordernisse schreibt das Gesetz nicht vor. Vielmehr »soll« als Ordnungsmaßnahme der Antrag nach § 31 Abs. 1 Satz 3 »eine kurze Darstellung des Sachverhaltes sowie Namen und Anschrift des anderen Beteiligten enthalten«.

7 Durch die **Darstellung des Sachverhaltes** wird – ggf. in Verbindung mit einem bestimmten Antrag – der Gegenstand des Verfahrens (zunächst) festgelegt (s. dazu Rz. 18 f. zu § 28 u. Rz. 7 f. zu § 33).

8 Der in § 31 Abs. 1 Satz 1 u. 2 genannte »**Antrag**« bezieht sich auf die Einleitung des Schiedsstellenverfahrens als solche. Er muss dementsprechend ein auf die Durchführung des Schiedsstellenverfahrens gerichtetes Begehren hinreichend erkennen lassen, ohne dass es einer ausdrücklichen

---

1b   Ständ. Praxis d. Schiedsst., z.B. EV v. 11.7.1991 Arb.Erf. 18/91 u.v. 17.9.1991 Arb.Erf. 62/86 (beide unveröffentl.).
2   S. dazu Mitt.Präs.DPA v. 12.1.1988 Blatt 1988, 25 f.
3   Zust. Busse/Keukenschrijver, PatG, Rz. 2 zu § 31 ArbEG; so wohl auch Reimer/Schade/Schippel/Kaube Rz. 2 zu § 31.
4-7 frei

§ 31

Bezeichnung als »Anrufung« oder »Antrag auf Verfahrenseinleitung« bedarf. Die Anrufung der Schiedsstelle ist bedingungsfeindlich.

Eines weitergehenden bestimmten Antrages für das materielle Begehren des Antragstellers bedarf es nicht[8]. Dennoch empfiehlt sich zur Kennzeichnung des Begehrens ein bestimmter bzw. bestimmbarer Antrag, aus dem das Verfahrensziel des Antragstellers hervorgeht. 9

Nach § 31 Abs. 1 Satz 2 soll der schriftliche Antrag **Namen und Anschrift des anderen Beteiligten** enthalten. Dies ist auch im Hinblick auf die Zustellung nach § 31 Abs. 2 notwendig. Angaben hierzu können jedoch nachgeholt werden[9]. 10

Aus allgemeinen verfahrensrechtlichen Grundsätzen ergibt sich, dass für die Schiedsstelle selbstverständlich **Klarheit über den (die) Antragsteller und den (die) Antragsgegner bestehen muss.** Denn ohne Kenntnis der Beteiligten auf beiden Seiten ist eine rechtsstaatlichen Grundsätzen entsprechende Durchführung des Verfahrens nicht möglich[9a]. Die Vollständigkeit der Angaben über die Beteiligten ist auch wegen der Rechtswirkung, die ein Schiedsverfahren zivilrechtlich (vgl. § 34) und in Bezug auf die Zulässigkeit einer Klage vor den ordentlichen Gerichten hat (vgl. § 37), unabdingbar. Es ist nicht Sache der Schiedsstelle, die Verfahrensbeteiligten von Amts wegen zu ermitteln[9b]. Ruft beispielsweise bei einer Miterfinderschaft ein Miterfinder die Schiedsstelle unter Berufung auf die übrigen Miterfinder an, so muss er zugleich klarstellen, ob er den Antrag im eigenen Namen oder – unter Angabe von Namen und Anschrift – auch für die Miterfinder stellt; unterlässt er dies, ist der **Antrag als unzulässig** zurückzuweisen[9c]. Gleiches gilt, wenn er den Antragsgegner (Arbeitgeber bzw. Rechtsnachfolger) nicht unter Angabe von Namen und Anschrift benennt[9d].

Der Anrufungsantrag soll in zwei Stücken eingereicht werden. Die sich ansonsten nach der Zahl der Verfahrensbeteiligten bestimmende Anzahl von Abschriften des Antrags und der dem Antrag beigefügten **Anlagen** kann ebenfalls nachgeholt werden. Ist die Gegenseite bereits im Besitz der Anlagen, brauchen diese nicht mehr beigefügt zu werden; es ist ausreichend, diese so genau zu bezeichnen, dass sich der andere Beteiligte ein Bild davon machen kann, was im Einzelnen eingereicht worden ist[10]. Andererseits kann sich der Antragsteller nicht darauf beschränken, anstelle der

---

8 H.M., vgl. Kaube/Volz RdA 1981, 213, 216; Reimer/Schade/Schippel/Kaube Rz. 3 zu § 31; abw. wohl Heine/Rebitzki Anm. (1) zu § 31; Volmer Rz. 4 zu § 31.
9 Zust. Busse/Keukenschrijver, PatG, Rz. 3 zu § 31 ArbEG.
9a Schiedsst. v. 12.1.1993 EGR Nr. 1 zu § 31 ArbEG u.v. 28.10.1993 Arb.Erf. 188/92 (unveröffentl.).
9b Im Ergebn. so Schiedsst. v. 12.1.1993 (Fn. 9a).
9c Schiedsst. v. 28.10.1993 (Fn. 9a).
9d Schiedsst. v. 12.1.1993 (Fn. 9a).
10 Kaube/Volz (Fn. 8) S. 214.

§ 31

Beifügung der notwendigen Anlagen die Schiedsstelle aufzufordern, die Unterlagen beim Antragsgegner zu beschaffen.

11 Der Vorlage inländischer **Schutzrechtsunterlagen** bedarf es nicht, da diese von der Schiedsstelle ohnehin in der Regel beigezogen werden. Im Übrigen ist die Einreichung von Unterlagen – etwa Duplikate der Erfindungsmeldung, der Inanspruchnahmeerklärung usw. – zweckmäßig.

12 Kommt der Antragsteller den Sollvorschriften des Abs. 1 nicht nach, kann der Vorsitzende der Schiedsstelle zu Ergänzungen des Sachverhaltes bzw. der Erklärungen auffordern (s. auch Rz. 39 ff. zu § 33).

13 Beabsichtigt der Antragsteller – etwa wegen anstehender arbeitsrechtlicher oder wirtschaftlicher Fragen – eine **Erweiterung der Besetzung** der Schiedsstelle, muss er diesen Antrag zugleich mit der Anrufung der Schiedsstelle verbinden (§ 32, s. dort Rz. 2).

III. Zustellung des Antrages

14 Eine Abschrift des schriftlichen Antrages ist nach § 31 Abs. 2 von dem Vorsitzenden der Schiedsstelle dem (den) anderen Beteiligten mit der Aufforderung zuzustellen, sich innerhalb einer bestimmten Frist zu dem Antrag **schriftlich zu äußern**. Durch diese Möglichkeit der Kenntnisnahme und die Aufforderung zur Stellungnahme wird auch im Schiedsstellenverfahren dem Grundsatz auf rechtliches Gehör genügt (vgl. dazu Rz. 11 f. zu § 33).

15 Mit Rücksicht auf die Rechtsfolgen (vgl. dazu Rz. 4) bedarf es einer **förmlichen Zustellung**; dies ist zwingendes Recht, so dass ein Zustellungsmangel nicht geheilt werden kann[11]. Für die Zustellung gelten entsprechend § 127 PatG[11a] die Vorschriften des Verwaltungszustellungsgesetzes v. 3.7.1952 (VwZG). Gemäß § 2 Abs. 2 VwZG steht die Wahl der Zustellungsart im pflichtgemäßen Ermessen des Vorsitzenden der Schiedsstelle. Für Zustellungen an Erlaubnisscheininhaber gilt § 5 Abs. 2 VwZG entsprechend[12].

16 Im Rahmen der Zustellung des Antrages hat der Vorsitzende der Schiedsstelle nach pflichtgemäßem Ermessen eine angemessene **Frist zur Gegenäußerung zu bestimmen**; der zeitliche Umfang dieser Frist wird wegen der Sechs-Monats-Frist des § 37 Abs. 2 Nr. 2 regelmäßig zwischen 1 und 2 Monaten liegen. Geht die Gegenäußerung nicht innerhalb dieser Frist bei der Schiedsstelle ein, ist gem. § 35 Abs. 1 Nr. 1 das Verfahren vor der Schiedsstelle erfolglos beendet (s. Rz. 4 zu § 35). Eine **Fristverlängerung**

---

11 Schiedsst. v. 11.10.1982 Arb.Erf. 4/82 (unveröffentl.); im Ergebn. auch Busse/Keukenschrijver, PatG, Rz. 5 zu § 31 ArbEG.
11a Insoweit a. A. Busse/Keukenschrijver, PatG, Rz. 5 zu § 31 ArbEG (unmittelbare Geltung d. VwZG).
12 A.A. Volmer/Gaul Rz. 32 zu § 31.

§ 31

auf Antrag steht im Ermessen des Vorsitzenden der Schiedsstelle. Unterbleibt die gebotene Aufforderung zur Gegenäußerung, tritt die Rechtsfolge des § 35 Abs. 1 Nr. 1 nicht ein; es bedarf in solchen Fällen einer erneuten ordnungsgemäßen Zustellung (s. auch Rz. 19 zu § 33).

Die an das Schiedsstellenverfahren anknüpfenden gesetzlichen (s. Rz. 4) und von der Schiedsstelle bestimmten Fristen beginnen erst mit der Zustellung[12a]. 17

C. Wahrung gesetzlicher Fristen und Verjährungshemmung durch Anrufung der Schiedsstelle

Soweit Fristen des ArbEG durch mündliche oder schriftliche Erklärung gegenüber der anderen Arbeitsvertragspartei eingehalten werden können (s. z.B. § 5 Abs. 3, § 6 Abs. 2, § 12 Abs. 4, § 16 Abs. 2, § 23 Abs. 2, § 40 Nr. 1, § 42 Abs. 2), wahrt die Anrufung der Schiedsstelle diese gesetzlichen Fristen nur dann, wenn der Anrufungsantrag zugleich eine den jeweiligen gesetzlichen Erfordernissen entsprechende Erklärung enthält und diese innerhalb der jeweiligen Frist dem Erklärungsempfänger zugeht[13] (s. auch Rz. 79 zu § 12 u. Rz. 29 zu § 23). 18

Ist gem. § 37 Abs. 1 die vorherige Durchführung des Schiedsstellenverfahrens Prozessvoraussetzung für die Klageerhebung, kann die Anrufung der Schiedsstelle entsprechend § 204 Abs. 1 Nr. 12 BGB n.F. zur **Hemmung der Verjährung** (etwa von Vergütungsansprüchen) genügen[13a]. Allerdings tritt die Hemmung nur ein, wenn **binnen drei Monaten nach Beendigung des Schiedsstellenverfahrens Klage erhoben wird**. Die Drei-Monats-Frist beginnt mit Zustellung der abschließenden Entscheidung der Schiedsstelle (Einigungsvorschlag, Mitteilung der erfolglosen Beendigung nach § 35, Beschlüsse usw.). 19

Ist die Anrufung der Schiedsstelle dagegen **nicht Prozessvoraussetzung** i.S.d. § 37 Abs. 1 ArbEG (vgl. insbesondere die Fälle in § 37 Abs. 2–5 ArbEG), könnte eine Verjährungshemmung in entsprechender Anwendung des § 204 Abs. 1 Nr. 4 BGB n.F. i.V.m. § 794 Abs. 1 Nr. 1 ZPO wegen der Vergleichbarkeit mit einer Gütestelle angenommen werden[14]. Allerdings sind mit »sonstigen Gütestellen« i.S.d. § 204 Abs. 1 Nr. 4 BGB n.F. Gütestellen i.S. des § 15a Abs. 3 EGZPO i.V.m. den einschlägigen Landesgeset-

---

12a Busse/Keukenschrijver, PatG, Rz. 5 zu § 31 ArbEG.
13   Schiedsst. v. 8.6.1973 Blatt 1973, 366, 367; v. 25.11.1981 Arb.Erf. 17/81; v. 25.2.1991 Arb.Erf. 50/90 u. v. 29.7.1999 Arb.Erf. 16/98 (sämtl. unveröffentl.); vgl. auch Schiedsst. v. 25.10.1989 Blatt 1991, 253, 254 – jeweils für d. Widerspruch nach § 12 Abs. 4 ArbEG; Schiedsst. v. 30.12.1983 Arb.Erf. 1 (B)/82 u.v. 22.09.1992 Arb.Erf. 50/91 (beide unveröffentl.) – betr. die Geltendmachung der Unbilligkeit nach § 23.
13a So i. Ergebn. auch Schiedsst. v. 11.9.1996 Arb.Erf. 18/95 (unveröffentl.).
14   So Schiedsst. v. 9.3.1973 Arb.Erf. 33/73 (unveröffentl. – zu § 209 Abs. 2 Nr. 1a BGB n.F.); a.A. Volmer/Gaul Rz. 46 zu § 31.

§ 31

zen gemeint.[15] Zudem muss der Einigungsversuch von den Parteien einvernehmlich unternommen werden. Nahe liegender ist eine entsprechende Anwendung des § 204 Abs. 1 Nr. 1 BGB n.F., wonach die Verjährung durch den Beginn eines schiedsrichterlichen Verfahrens (§§ 1025, 1044 ZPO) gehemmt wird (zur Abgrenzung des Schiedsstellenverfahrens von einem schiedsgerichtlichen Verfahren s. Rz. 1 ff. zu § 33 ArbEG).

D. Antragsrücknahme

20 Der Antrag kann bis zur Gegenäußerung des Antragsgegners (s. Rz. 16) **einseitig** vom Antragsteller unter Beachtung der Schriftform zurückgenommen werden. Danach ist – bis zur Verbindlichkeit des Einigungsvorschlags (s. dazu Rz. 26 ff. zu § 34) – eine Rücknahme grundsätzlich nur mit **Einwilligung des Antragsgegners** möglich[16] (str.). Dies folgt nicht so sehr aus dem Rechtsgedanken des § 269 Abs. 1 ZPO als vielmehr aus der Überlegung, dass der Antragsgegner in aller Regel ein eigenes rechtliches Interesse an der streitschlichtenden Entscheidung durch die Schiedsstelle hat; zudem würde ansonsten – mangels erfolgloser Beendigung i.S.d. § 35 Abs. 1 – das Schiedsstellenverfahren seines Sinnes entkleidet.

21 Willigt der Antragsgegner nach seiner Einlassung nicht in die einseitige Rücknahme ein, kann die Schiedsstelle auf Grund des bisherigen Sachvortrags einen Einigungsvorschlag unterbreiten. Reichen die Erkenntnisse für einen Einigungsvorschlag nicht aus, kann sie (bei erfolgloser Aufforderung zur weiteren Sachinformation) ausnahmsweise das Verfahren zum Ruhen bringen (s. aber auch Rz. 47 zu § 33); mit Ablauf der Sechs-Monats-Frist des § 37 Abs. 2 Nr. 2 können die Beteiligten sodann Klage erheben.
Auch der bloße Ablauf der 6-Monatsfrist i.S.d. § 37 Abs. 2 Nr. 2 berechtigt nicht zur einseitigen Antragsrücknahme. Hat der Antragsteller nach Ablauf der 6 Monate **Klage erhoben**, wird das Schiedsstellenverfahren allerdings gegenstandslos (s. Rz. 15 zu § 37). Eine »Antragsrücknahme« ist dann für die Schiedsstelle Anlass, die erfolglose Beendigung des Schiedsstellenverfahrens nach § 35 festzustellen[16a].

22 Mit wirksamer Antragsrücknahme gilt das Schiedsstellenverfahren als nicht anhängig geworden; es kann damit **jederzeit wiederholt** werden[17] (s. auch Rz. 3 zu § 32). Ein bereits ergangener, noch nicht verbindlicher Eini-

---

15 AnwKom-BGB-Mansel Rz. 11 zu § 204 BGB.
16 Wie hier nunmehr Praxis d. Schiedsst., z. B. Schiedsst. v. 9.4.1997 Arb.Erf. 56/96 (unveröffentl.); und Reimer/Schade/Schippel/Kaube Rz. 11 zu § 31 m. w. Nachw.; a. A. Lindenmaier/Lüdecke Anm. 5 zu § 31; Volmer Rz. 8 zu § 31; Volmer/Gaul Rz. 54 zu § 31.
16a Die Schiedsst. (EV v. 9.4.1997 – Fn. 16 u. v. 16.12.1999 Arb.Erf. 23/99 (unveröffentl.) wertet dies als auch gegen den Willen des Antraggegners zulässige Antragsrücknahme.
17 Ebenso Reimer/Schade/Schippel/Kaube Rz. 9 zu § 31.

§ 31

gungsvorschlag wird wirkungslos, ohne dass es eines förmlichen Widerspruchs nach § 34 Abs. 3 bedarf. Die Erhebung einer gerichtlichen Klage ist grundsätzlich von der erneuten vorherigen Anrufung der Schiedsstelle abhängig, es sei denn, mit der einverständlichen Antragsrücknahme haben die Beteiligten zugleich einverständlich von der (erneuten) Anrufung der Schiedsstelle abgesehen (vgl. § 37 Abs. 2 Nr. 4).

Zur Weigerung des Antragsgegners auf weitere Einlassung nach vorangegangener sachlicher Einlassung s. Rz. 6 zu § 35.   23

§ 32 Antrag auf Erweiterung der Schiedsstelle

Der Antrag auf Erweiterung der Besetzung der Schiedsstelle ist von demjenigen, der die Schiedsstelle anruft, zugleich mit der Anrufung (§ 31 Abs. 1), von dem anderen Beteiligten innerhalb von 2 Wochen nach Zustellung des die Anrufung enthaltenden Antrags (§ 31 Abs. 2) zu stellen.

Während § 30 Abs. 4 das Recht jedes Beteiligten begründet, eine Erweiterung der Schiedsstelle zu beantragen (s. dort Rz 10 f), schreibt § 32 die Fristen vor, innerhalb derer der Antrag zu stellen ist. Die Schiedstelle ist an diese Anträge gebunden. 1

Die Arbeitsvertragspartei, die die Schiedsstelle anruft, muss ihr Begehren auf Erweiterung der Besetzung der **Schiedsstelle zugleich mit der Anrufung** (§ 31 Abs 1) geltend machen, d. h. ein zumindest zeitgleicher Zugang bei der Schiedsstelle ist erforderlich; zweckmäßig und üblich ist die Aufnahme des Antrages in den Anrufungsantrag. 2

Der andere Beteiligte muss seinen dahingehenden Antrag innerhalb von **2 Wochen** nach Zustellung des die Anrufung enthaltenden Antrags (§ 31 Abs. 2) stellen.

In beiden Fällen handelt es sich um – bewusst knapp bemessene – **prozessuale Ausschlussfristen**[1], da von Anfang an feststehen muss, in welcher Besetzung die Schiedsstelle im Einzelfall tätig zu werden hat[2]. Eine Wiedereinsetzung bei Fristversäumung ist nicht möglich[3]. Durch Rücknahme des Antrags auf Anrufung der Schiedsstelle (s. Rz. 20 zu § 31) und anschließende erneute Anrufung mit Erweiterungsantrag kann dieses Versäumnis aber faktisch nachgeholt werden[4]; allerdings steht dem Verfahrensgegner nach der Rücknahme des ursprünglichen Antrags nunmehr der sofortige Klageweg (etwa für eine negative Feststellungsklage) offen (vgl. § 37 Abs. 1). 3

Sind **mehrere Arbeitnehmer** an dem Verfahren beteiligt, wirkt der Erweiterungsantrag eines Arbeitnehmers auch gegenüber den anderen verfah- 4

---

1 Heine/Rebitzki Anm. 2 zu § 32; Volmer Rz. 3 zu § 32; Busse/Keukenschrijver, PatG, Rz. 1 zu § 31 ArbEG.
2 Amtl. Begr. BT-Drucks. II/1648 S. 45 = Blatt 1957, 243.
3 Allg. A., z.B. Reimer/Schade/Schippel/Kaube Rz. 2 zu § 32.
4 Kaube/Volz RdA 1981, 213,215; Volmer/Gaul Rz.6 zu § 32; zu weitgehend Volmer Rz. 2 zu § 32, wenn er dies als rechtsmissbräuchlich rügt.

§ 32

rensbeteiligten Arbeitnehmern[5]. Zur **Verbindung** mehrerer Schiedsstellenverfahren s. Rz. 10 zu § 33.

---

5 Zutr. Volmer/Gaul Rz. 7 zu § 33; zust. auch Busse/Keukenschrijver, PatG, Rz. 2 zu § 32 ArbEG.

§ 33 Verfahren vor der Schiedsstelle

(1) Auf das Verfahren vor der Schiedsstelle sind §§ 41 bis 48, 1042 Abs. 1 und § 1050 der Zivilprozessordnung sinngemäß anzuwenden. § 1042 Abs. 2 der Zivilprozessordnung ist mit der Maßgabe sinngemäß anzuwenden, dass auch Patentanwälte und Erlaubnisscheininhaber *(Artikel 3 des Zweiten Gesetzes zur Änderung und Überleitung von Vorschriften auf dem Gebiet des gewerblichen Rechtsschutzes vom 2. 7. 1949 – WiGBL. S. 179)* sowie Verbandsvertreter im Sinne des § 11 des Arbeitsgerichtsgesetzes von der Schiedsstelle nicht zurückgewiesen werden dürfen.
(2) Im Übrigen bestimmt die Schiedsstelle das Verfahren selbst.

Lit.: S. Lit. bei Einl. vor § 28.

Übersicht

A. Allgemeines.................................. 1-4	II. Gestaltung des Verfahrens...... 30-49
B. Beginn und Ende des Verfahrens, Verfahrensgegenstand.................. 5-10	1. Zwingende Verfahrensvorschriften (Abs. 1).............. 30-38
C. Einzelheiten des Verfahrens........ 11-49	a) Ablehnung eines Mitglieds der Schiedsstelle (§§ 41-48 ZPO entspr.)........................ 31-33
I. Verfahrensgrundsätze............. 11-29	
1. Rechtliches Gehör/ Gleichbehandlung................ 11,12	b) Vernehmung von Zeugen und Sachverständigen, Parteivernehmung (§ 1050 ZPO entspr.)... 34-36
2. Eingeschränkter Untersuchungsgrundsatz............... 13-15	
3. Grundsatz der Unmittelbarkeit...................... 16, 17	c) Vertreter (§ 33 Abs. 1 S. 1 ArbEG, § 1042 Abs. 2 ZPO entspr.)........................ 37, 38
4. Grundsatz der Leichtigkeit und Beschleunigung des Verfahrens........................ 18, 19	
5. Nichtöffentlichkeit............ 20, 21	2. Eigene Verfahrensgestaltung durch die Schiedsstelle (Abs. 2)..................... 39-49
6. Gesetzesbindung (Legalitätsprinzip)........................ 29	

A. Allgemeines

Das Verfahren vor der Schiedsstelle lehnt sich durch die in § 33 Abs. 1 einbezogenen Bestimmungen der §§ 41 bis 48, 1042 Abs. 1, 2 und § 1050 ZPO zum Teil an das schiedsrichterliche Verfahren der ZPO an, ist jedoch weder ein Schiedsgerichts- noch ein Schiedsgutachterverfahren, da der Schiedsstelle **keine materielle Entscheidungsbefugnis** zusteht[1] (s. Rz. 3 Einl. vor § 28). Zum Verfahren nach § 17 ArbEG siehe dort Rz. 46 ff.

1

---

[1] S. BGH v. 9.1.1964 GRUR 1964, 499, 452 r.Sp. – Drehstromwicklung.

§ 33

2 Abs. 1 ist durch § 17 des Schiedsverfahrens – Neuregelungsgesetzes (SchiedsVFG) vom 22.12.1997 (BGBl I. S. 3224) geändert worden. Es handelt sich dabei um Folgeänderungen wegen der Neufassung des 10. Buches der ZPO[1a] (s. aber auch Rz. 31).

2 Obschon die Schiedsstelle dem Bereich der Exekutive zuzuordnen ist, stellt ihr Verfahren auch **kein Verwaltungsverfahren** i. S. des § 9 BVwVfG dar; gem. § 2 Abs. 2 Nr. 3 BVwVfG finden die Vorschriften dieses Gesetzes auf das Schiedsstellenverfahren keine Anwendung (s. auch Rz. 7 zu § 28).

3 Das Schiedsstellenverfahren ist ein **Verfahren eigener Art**, das im Interesse des Arbeitsfriedens auf die **gütliche Einigung** der Arbeitsvertragsparteien gerichtet (§ 28 Satz 2 ArbEG) und deshalb einer gerichtlichen Auseinandersetzung vorgeschaltet ist (vgl. § 37 ArbEG). Diese Funktion muss Richtschnur des Handelns der Schiedsstelle sein[2].

Entsprechend dem Zweck des Schiedsstellenverfahrens, alsbald eine gütliche Einigung zwischen den Beteiligten herbeizuführen, hat der Gesetzgeber darauf **verzichtet**, das Verfahren vor der Schiedsstelle **stark zu formalisieren**. Von der **zwingenden Anwendbarkeit** der in Abs. 1 erwähnten Normen der ZPO über das Schiedsgerichtsverfahren abgesehen, bestimmt die Schiedsstelle im Übrigen das Verfahren **nach freiem Ermessen** selbst (Abs. 2). Durch diese für die Schiedsstelle ganz wesentliche Vorschrift wird sie in ihrem Bemühen, eine gütliche Einigung zwischen den Beteiligten zu erreichen, erheblich freier gestellt als sonstige Gremien.

4 Das in Abs. 1 Satz 2 zitierte Gesetz vom 2. Juli 1949 ist durch § 188 Abs. 2 PatAnwO v. 7. September 1966 (BGBl. I, 557) aufgehoben (vgl. auch Rz. 37).

B. Beginn und Ende des Verfahrens, Verfahrensgegenstand

5 Das Schiedsstellenverfahren wird nicht von Amts wegen, sondern auf **schriftlichen Antrag** einer Arbeitsvertragspartei eingeleitet (§ 31; Einzelheiten s. dort). Ggf. ist zugleich mit der Anrufung der Antrag auf Erweiterung der Besetzung der Schiedsstelle zu verbinden (§ 32). Das Verfahren wird bereits mit Eingang des Anrufungsantrags bei der Schiedsstelle und nicht erst mit Zustellung des Antrags beim Antragsgegner (vgl. hierzu Rz. 14 ff. zu § 31) **anhängig**.

6 Eine (erfolgreiche) **Verfahrensbeendigung** tritt ein mit ausdrücklicher Erklärung der Annahme (s. Rz. 28 zu § 34) eines Einigungsvorschlags bzw. bei Unterbleiben eines Widerspruchs mit Ablauf der Frist des § 34 Abs. 3 (s. dort Rz. 29). Fälle der erfolglosen Beendigung des Verfahrens sind in dem nicht abschließenden Katalog des § 35 Abs. 1 aufgeführt (s. dort Rz. 3 ff., 9 ff.). Im Falle der Verwerfung des Anrufungsantrags wegen Unzulässigkeit des Schiedsstellenverfahrens tritt die Verfahrensbeendigung

---

1a Amtl. Begr. z. SchiedsVfG in BT-Drucks. 13/5274.
2   Schade Mitt. 1959, 253, 254.

§ 33

mit Bestandskraft dieses Bescheides ein (s. dazu Rz. 10 zu § 35). Verfahrensbeendende Wirkung kommt auch einer Verfahrenseinstellung (s. Rz. 11 f. zu § 35) sowie der Antragsrücknahme (s. dazu Rz. 19 ff. zu § 31) zu. Zur Aussetzung s. Rz. 47.

Die genaue Kennzeichnung des **Verfahrensgegenstandes** ist insbesondere im Hinblick auf den Umfang des Einigungsvorschlags, die Zulässigkeit einer erneuten Anrufung der Schiedsstelle (s. Rz. 25 zu § 28) und die Eröffnung des Klageweges nach § 37 Abs. 1 (s. Rz. 7 zu § 37) von ausschlaggebender Bedeutung. Der Verfahrensgegenstand wird bestimmt durch den Streitfall, der die Anrufung veranlasst hat (vgl. § 28), also den vom Antragsteller der Schiedsstelle zur Beurteilung vorgelegten Lebenssachverhalt (s. auch Rz. 43); dieser kann sich auch auf mehrere Erfindungen bzw. qualifizierte technische Verbesserungsvorschläge erstrecken (s. auch Rz. 19 zu § 28). 7

Der Verfahrensgegenstand kann – ohne dass daran verfahrensrechtliche Konsequenzen anknüpfen – im Laufe des Schiedsstellenverfahrens **geändert**, d. h. eingeschränkt bzw. erweitert werden. Eine Erweiterung oder sonstige Veränderung des Verfahrensgegenstandes durch einen Beteiligten (etwa Einbringung weiterer streitiger Erfindungskomplexe) kann nur mit Zustimmung des anderen erfolgen. Ansonsten handelt es sich um einen neuen, eigenständigen Streitfall, auf den sich eine Partei vor der Schiedsstelle nicht einzulassen braucht (vgl. § 35 Abs. 1 Nr. 1 bzw. 2, s. dort Rz. 7). 8

Diese Grundsätze gelten entsprechend – vom Fall der »notwendigen Streitgenossenschaft« (vgl. § 62 ZPO, s. hierzu Rz. 13 ff. zu § 35) abgesehen – auch für das Hinzutreten **weiterer Verfahrensbeteiligter**. 9

Die Schiedsstelle kann **mehrere Schiedsstellenverfahren** derselben Beteiligten (auch Miterfinder) – auch wenn sie verschiedene Erfindungen betreffen – (entsprechend § 147 ZPO) **miteinander verbinden**[3] und ihre Entschließung in einem **gemeinsamen Einigungsvorschlag** zusammenfassen[3a]. Diese Zusammenfassung setzt allerdings die identische Besetzung der Schiedsstelle voraus, so dass u.a. die Erweiterung der Schiedsstelle für alle Verfahren beantragt sein muss[3b]. Dabei ist es allen Beteiligten überlassen, 10

---

3 So i. Ergebn. Schiedsst. v. 9.5.1988 Arb.Erf. 24/87 (unveröffentl.).
3a Z. B. EV v. 27.8.1986 Arb.Erf. 63, 64 u. 65/85 u. GEV v. 11.5.1999 Arb.Erf. 68/97 u. 69/97 (beide unveröffentl.). Ebenso bei der Schiedsst. (z.B. Arb.Erf. 90, 93 u. 103/89) ursprünglich getrennte Verfahren mehrerer Antragsteller, die in wechselnder Beteiligung an verschiedenen streitbefangenen Patenten als Erfinder beteiligt waren, in einem EV beschieden (hier EV v. 8.8.1989); ähnl. Schiedsst. v. 31.7.1991 (Arb.Erf. 25/90 u. 11/91 – unveröffentl.), um mit einem EV die streitige Frage der Miterfinderschaft der wechselseitigen Beteiligten einheitl. zu klären. Ferner Schiedsst. v. 12.6.1996 (Arb.Erf. 86/94 u. 19/92 – unveröffentl.) für die Situation, dass der Arbeitgeber im Anschluss an die Anrufung der Schiedsstelle durch den Arbeitnehmer seinerseits die Schiedsstelle in Bezug auf die Diensterf. anruft.
3b Schiedsst. Vfg. v. 13.1.1997 Arb.Erf. 118/96 (unveröffentl.).

§ 33

unabhängig voneinander den Einigungsvorschlag anzunehmen oder ihm zu widersprechen[3c]. Sie kann ebenso – auch aus Gründen der Zweckmäßigkeit – mehrere ursprünglich in einem Anrufungsantrag zusammengefasste Lebenssachverhalte **abtrennen** und als gesonderte Verfahren fortführen[3d] (z. Teileinigungsvorschlag s. Rz. 9 zu § 34).
Einzelheiten zur Zulässigkeit des Schiedsstellenverfahrens, insbesondere zur sachlichen Zuständigkeit, s. Rz. 12 ff. zu § 28.

C. Einzelheiten des Verfahrens

I. Verfahrensgrundsätze

1. Rechtliches Gehör/Gleichbehandlung

11 Die Schiedsstelle hat, bevor sie einen Einigungsvorschlag unterbreitet, **jedem Beteiligten** in Ausfüllung des Verfassungsgrundsatzes des Art. 103 GG **rechtliches Gehör** zu gewähren[4] (§ 33 Abs. 1 Satz 1 i.V.m. § 1042 Abs. 1 Satz 2 ZPO). Hierzu muss den Beteiligten Gelegenheit gegeben werden, alles ihnen erforderlich Erscheinende vorzutragen und zu allen Tatsachen und Beweismitteln Stellung nehmen zu können, die die Schiedsstelle ihrer Entscheidung zugrunde zu legen gedenkt[4a] (s. auch Rz. 34). Dies bedingt, dass entscheidungserhebliches Vorbringen eines Beteiligten dem Anderen zur Kenntnis gebracht und ihm Gelegenheit zur rechtzeitigen Stellungnahme eingeräumt wird.

Da die Schiedsstelle im Rahmen ihres summarischen Verfahrens in die Lage versetzt werden soll, möglichst umgehend einen Einigungsvorschlag vorzulegen (vgl. § 37 Abs. 2 Nr. 2 ArbEG), können sich die Beteiligten grundsätzlich nicht darauf verlassen, dass die Schiedsstelle in allen Fällen erst in der Form eines **Zwischenbescheides** ihre Meinung kundtun und den Beteiligten Gelegenheit zur Stellungnahme geben wird[5] (zum Zwischenbescheid s. im Übrigen Rz. 44 f.).

Die Verletzung des Grundsatzes des rechtlichen Gehörs, an den allerdings nicht die gleichen strengen Voraussetzungen wie bei den streitentscheidenden ordentlichen Gerichten und Schiedsgerichten zu stellen sind, führt nach allgemeinen Rechtsgrundsätzen zur **Unwirksamkeit** des Eini-

---

3c Schiedsst. v. 11.5.1999 (Fn. 3 a).
3d Z. B. Schiedsst. Beschl. v. 24.7.1985 Arb.Erf. 21/84 (unveröffentl.) – dort bzgl. mehrerer Antragsgegner.
4   Busse/Keukenschrijver PatG, Rz. 2 zu § 33 ArbEG sprechen in diesem Zusammenhang von dem Erfordernis des »Rechts auf Anhörung«.
4a So zu § 1041 ZPO a.F. BGH v. 8.10.1959 BGHZ 31, 43, 45.
5   Schiedsst. v. 1.2.1988 Arb.Erf. 3/86 (unveröffentl.).

gungsvorschlags der Schiedsstelle⁶. In einem solchen Fall kommt eine Weiterführung des Schiedsstellenverfahrens in Betracht⁶ᵃ.
Das Gesetz gibt ferner den **Grundsatz der Gleichbehandlung** vor (§ 33 Abs. 1 Satz 1 ArbEG i.V.m. § 1042 Abs. 1 Satz 1 ZPO). Dies bedeutet letztlich, dass die Schiedsstelle einen Beteiligten – gleich aus welchen Gründen – weder bevorzugen noch benachteiligen darf⁶ᵇ.

12

2. Eingeschränkter Untersuchungsgrundsatz

Der dem Streitfall zugrunde liegende Sachverhalt ist von der Schiedsstelle insoweit zu ermitteln, als sie dies für die Zwecke einer gütlichen Einigung für erforderlich hält, **ohne** dass es **einer vollständigen, umfassenden Aufklärung** bedarf (s. auch Rz. 18).
In ihrer ständigen Praxis hat die Schiedsstelle zutreffend klargestellt, dass es nicht ihre Aufgabe ist, einen Sachverhalt bis in sämtliche Einzelheiten hin aufzuklären⁷. Es ist notwendig, aber zugleich ausreichend, dass die Schiedsstelle eine Basis hat, die ihr einen **genügenden Überblick über den Sachverhalt** erlaubt, um dann einen Vorschlag vorlegen zu können⁸. Sie kann in ihrem Verfahren, das erheblich freier gestaltet ist als ein Gerichtsverfahren, zu **Kompromissen** greifen und darf sich stärker an der **allgemeinen Lebenserfahrung** orientieren⁹ sowie von der besonderen Sachkunde ihrer Mitglieder leiten lassen¹⁰. Da sie einen Rechtsstreit nicht ersetzen, sondern ihn vermeiden soll, müssen zugleich **Aufwand und erzielbares Ergebnis in einem vertretbaren Verhältnis** stehen¹¹ (s. auch Rz. 18). Dies gilt vor allem dann, wenn die eigene Sachkunde der Schiedsstelle – etwa bei schwierigen betriebswirtschaftlichen Fragen – nicht ausreicht und eine Beweisaufnahme den vertretbaren Aufwand und damit den Rahmen des Schiedsstellenverfahrens sprengen würde¹². Zur Vernehmung von Zeugen und Sachverständigen s. unten Rz. 15, 18 u. 34 ff.; zur Entscheidungsreife s. Rz. 14 zu § 34.

13

---

6 So auch Schiedsst. v. 4.1.1993 EGR Nr. 4 zu § 33 ArbEG; Volmer Rz. 18 zu § 33; abw. Volmer/Gaul Rz. 26 ff. zu § 33.
6a Schiedsst. v. 4.1.1993 (Fn. 6).
6b Vgl. im Übrigen die einschlägigen Kommentierungen zu § 1042 ZPO.
7 Z. B. Schiedsst. v. 27.8.1980 EGR Nr. 16 zu § 28 ArbEG; v. 20.1.1983 Arb.Erf. 41/82 (unveröffentl.); v. 4.1.1993 (Fn. 6); vgl. auch Busse/Keukenschrijver, PatG, Rz. 3 zu § 33 ArbEG.
8 Schiedsst. v. 27.8.1980 (Fn. 7), v. 25.7.1991 Arb.Erf. 86/89 (unveröffentl.) u.v. 4.1.1993 (Fn. 6).
9 Ständ. Praxis, z.B. Schiedsst. v. 27.8.1980 (Fn. 7).
10 Schiedsst. v. 8.9.1986 Blatt 1987, 306, 307.
11 Ständ. Praxis der Schiedsstelle, z.B. Schiedsst. v. 16.3.1983 Blatt 1984, 250, 251 l.Sp.
12 S. Schiedsst. v. 3.4.1974 Mitt. 1974, 137, 138 r.Sp.; s. auch Schiedsst. v. 8.5.1961 Blatt 1961, 434 u.v. 24.8.1964 Blatt 1964, 354.
13-20 frei

§ 33

14 Die Schiedsstelle kann von sich aus **Nachforschungen und Ermittlungen** anstellen, ohne an allgemeine Beweislastgrundsätze und allein an das Parteivorbringen oder Anträge gebunden zu sein[21] (s. auch Rz. 18, 43). Sie kann jedoch Behauptungen einer Partei, die von der Gegenseite nicht bestritten werden, analog § 138 Abs. 3 ZPO **als zugestanden** ansehen[22].
Bei ihrer Ermittlung ist die Schiedsstelle allerdings beschränkt auf den Verfahrensgegenstand (s. oben Rz. 7), der allein der Verfügungsfreiheit der Beteiligten vorbehalten bleibt (s. oben Rz. 8).

15 **Beweis** kann von der Schiedsstelle – auch ohne Antrag – nach freiem Ermessen erhoben werden, soweit sie dies für notwendig erachtet[23] (s. auch Rz. 42; vgl. aber auch Rz. 13, 18; zum Zeugen- und Sachverständigenbeweis s. auch Rz. 34 f.). **Zwangsmittel** stehen ihr aber zur Amtsermittlung nicht zu[24] (s. Rz. 34 ff.); sie ist damit letztendlich zur Entscheidungsfindung auf die freiwillige Mitwirkung der Verfahrensbeteiligten angewiesen[25].

3. Grundsatz der Unmittelbarkeit

16 Der Grundsatz der Unmittelbarkeit gilt für das Schiedsstellenverfahren mit der Maßgabe, dass die Schiedsstelle in ihrer **vollen Besetzung** vor Beschlussfassung über den Einigungsvorschlag Gelegenheit haben muss, sich mit dem gesamten Sachvortrag der Beteiligten auseinander zu setzen.

17 Eine etwaige **mündliche Verhandlung** hat ebenso wie eine (freiwillige – vgl. § 1035 Abs. 1 ZPO) Beweisaufnahme vor allen Schiedsstellenmitgliedern stattzufinden. Zum Anwesenheitsrecht s. Rz. 34. Zur mündlichen Verhandlung s. i. übr. Rz. 40 f. Zur Beschlussfassung im schriftlichen Verfahren seitens der Schiedsstelle s. Rz. 5 zu § 34.

4. Grundsatz der Leichtigkeit und Beschleunigung des Verfahrens

18 Aus der Eigenart des Schiedsstellenverfahrens, das auf eine gütliche Einigung der Beteiligten gerichtet ist, und aus seiner besonderen Bedeutung als nicht kostenintensives Vorschaltverfahren folgt die Notwendigkeit, es schnell und einfach, d. h. **unbelastet von besonderen Förmlichkeiten,** durchzuführen[36]. Der Gesetzgeber hat das Schiedsstellenverfahren – wie

---

21 Ähnl. Volmer BB 1968, 253, 257.
22 Ständ. Praxis d. Schiedsstelle, z.B. EV v. 9.1.1986 Arb.Erf. 30/85, v. 1.2.1988 Arb.Erf. 3/86 u.v. 27.12.1989 Arb.Erf. 27/89 (alle unveröffentl.); zust. auch Busse/Keukenschrijver, PatG, Rz. 3 zu § 33 ArbEG.
23 Ebenso Busse/Keukenschrijver, PatG, Rz. 3 zu § 33 ArbEG; vgl. z.B. d. Fall b. Schiedsst. v. 15.10.1964 Blatt 1965, 66.
24 Vgl. Schiedsst. v. 17.4.1967 Blatt 1967, 321.
25 Schiedsst. v. 25.5.1981 Arb.Erf. 32/78 (unveröffentl.).
26-35 frei
36 S. auch Schiedsst. v. 1.4.1964 Blatt 1964, 235.

§ 33

auch § 37 Abs. 2 Nr. 2 zeigt – bewusst als beschleunigtes, kurzes und ggf. auch in Teilen kursorisches Verfahren zur Herstellung einer zeitnahen gütlichen Einigung zwischen den Beteiligten ausgestaltet[36a] (s. auch Rz. 13, 39 ff.). Dieser Grundsatz kann im Einzelfall die Durchführung einer Beweisaufnahme, z.b. die Anhörung von Sachverständigen oder Einholung von Gutachten, verbieten[37], zumal die Schiedsstelle nach ihrem Wesen nicht in der Lage ist, zeitraubende und umfassende Ermittlungen anzustellen[38] (s. auch Rz. 14 f.). So kann auch – etwa zur **Vermeidung besonderer Kosten oder einer zeitlichen Verzögerung** – ohne weitere Sachaufklärung ein Kompromissvorschlag – z.b. im Wege der Schätzung des Erfindungswerts[39] – unterbreitet werden[40]. Da das Schiedsstellenverfahren kostenfrei ist (§ 36), müssen notgedrungen die Kosten, die innerhalb eines Schiedsstellenverfahrens entstehen, möglichst gering gehalten werden[41]. Ist eine Partei der Auffassung, die Schiedsstelle sei im Rahmen des vorgelegten Einigungsvorschlags einer falschen Würdigung unterlegen, hat sie dann die Möglichkeit, nach Widerspruch (vgl. § 34 Abs. 3) vor den zuständigen Gerichten eine weitere Sachaufklärung zu erreichen[42].

Ausfluss des Grundsatzes der Leichtigkeit des Schiedsstellenverfahrens ist die Regelung des § 33 Abs. 2, wonach die Schiedsstelle ihr Verfahren selbst bestimmt (s. dazu Rz. 39 ff.); § 37 Abs. 2 Nr. 2 trägt dem Beschleunigungsgrundsatz Rechnung.

Um die **Dauer des Schiedsstellenverfahrens** möglichst an der Zeitvorgabe des § 37 Abs. 2 Nr. 2 (6 Monate) auszurichten, setzt die Schiedsstelle den Beteiligten relativ kurze Fristen (in der Regel 1-2 Monate). Darüber hinausgehende Fristverlängerungen werden im Hinblick auf die gebotene Zügigkeit des Verfahrens von der Schiedsstelle grundsätzlich nur ausnahmsweise gewährt, wobei die Schiedsstelle längere Fristen regelmäßig von der Zustimmung des anderen Beteiligten abhängig macht[50]. Vielfach erhalten die Beteiligten zweimal Gelegenheit zur Äußerung bzw. Stellungnahme; im Anschluss daran folgt die interne Beratung zwischen den Mitgliedern der Schiedsstelle, wobei die Schiedsstelle bemüht ist, dies innerhalb von 4–5 Monaten nach Anrufung durchzuführen[51]. Soweit Zwischenbescheide erforderlich werden (s. dazu Rz. 44 f.), verlängert sich die Verfah-

19

36a Schiedsst. Beschl. v. 6.12.1993 Arb.Erf. 34/93 (unveröffentl.).
37 Vgl. Schiedsst. v. 21.7.1967 Blatt 1968, 72; v. 8.5.1961 Blatt 1961, 434; v. 24.8.1964 Blatt 1964, 354.
38 Schiedsst. v. 1.4.1964 (Fn. 36).
39 Vgl. z.B. Schiedsst. v. 3.4.1974 Blatt 1974, 137, 138 r.Sp.
40 Schiedsst. v. 30.6.1983 Arb.Erf. 5/83 (unveröffentl.).
41 Schiedsst. v. 4.2.1986 Arb.Erf. 43/84 (unveröffentl.).
42 Schiedsst. v. 27.8.1980 EGR Nr. 16 zu § 28 ArbEG.
43-49 frei
50 Schiedsst. v. 6.12.1993 (Fn. 36a).
51 Vgl. Kaube/Volz RdA 1981, 213, 217.

§ 33

rensdauer unter Umständen sogar erheblich, es sei denn, auf der Grundlage eines Zwischenbescheides kann ein außeramtlicher Vergleich der Beteiligten erreicht werden.

Eine **Verlängerung** der von der Schiedsstelle im Schiedsstellenverfahren gesetzten Fristen ist auf Antrag möglich; sie steht im Ermessen der Schiedsstelle und erfolgt häufig unter Abstimmung mit den Beteiligten. Ein Anspruch auf Fristverlängerung besteht nicht, sondern nur ein solcher auf pflichtgemäße und ermessensfehlerfreie Entscheidung, ob und inwieweit nach den vorgetragenen Gründen die Frist angemessen zu verlängern ist. Zur Frist zur Gegenäußerung gem. § 31 Abs. 2 s. dort Rz. 16; zur zwingenden Widerspruchsfrist beim Einigungsvorschlag s. Rz. 30 zu § 34.

5. Nichtöffentlichkeit

20 Im Interesse der Wahrung der Vertraulichkeit sind die mündlichen Erörterungen vor der Schiedsstelle – wie jedes Verfahren vor einer Behörde – **nicht öffentlich**[51a] (vgl. auch § 6 Abs. 2 UrhSchiedsVO). Die Beteiligten haben einen Anspruch darauf, dass ihre Geheimnisse, insbesondere die zum persönlichen Lebensbereich gehörenden Sachverhalte sowie Betriebs- und Geschäftsgeheimnisse, von der Behörde nicht unbefugt offenbart werden[51b] (vgl. § 30 VwVfG). Im Verfahren vor der Schiedsstelle werden regelmäßig sowohl auf der Arbeitnehmererfinderseite als auch insbesondere auf der Arbeitgeberseite vertrauliche Angaben über die Beteiligten, Betriebsinterna usw. offenbart werden müssen, damit die Schiedsstelle sich ein zutreffendes Bild zur Unterbreitung eines Einigungsvorschlags machen kann.

Mit Zustimmung der Beteiligten kann allerdings öffentlich verhandelt werden. In der Gestaltung der mündlichen Verhandlung (etwa Hinzuziehung eines Protokollführers, eigene Protokollführung) ist die Schiedsstelle frei.

21 Entsprechend § 299 ZPO ist den Verfahrensbeteiligten stets **Einsicht in die Akten** der Schiedsstelle zu gewähren[52]. Eine Einsicht lehnt die Schiedsstelle für solche Aktenteile ab, die ihr von einem der Beteiligten ausschließlich zur vertraulichen Kenntnisnahme überlassen worden sind[52a]. Dies gilt etwa für die Inhalte ärztlicher Atteste o.ä.[52b]. Bei von einer Seite nur zur Kenntnis der Schiedsstelle eingereichten vertraulichen Unterlagen kann es

---

51a Schiedsst. v. 3.12.1992 Arb.Erf. 21/92 (unveröffentl.); Busse/Keukenschrijver, PatG, Rz. 5 zu § 33 ArbEG.
51b Erichsen/Martens/Münch, Allg. Verwalt. Recht § 3 I.3 u. § 40 II.4.
52 Zust. Schiedsst. Beschl. v. 4.1.1993 EGR Nr. 4 zu § 33 ArbEG u.v. 13.10.1993 Arb.Erf. 81/88 (unveröffentl.); i. Ergebn. auch Volmer Rz. 17 zu § 33 (analog § 809 BGB).
52a Schiedsst. v. 4.1.1993 (Fn. 52), dort zur Vorlage von Lizenzverträgen über andere Schutzrechte zum Nachweis marktüblicher Lizenzsätze.
52b Schiedsst. v. 13.10.1993 (Fn. 52).

§ 33

im Interesse ausreichenden rechtlichen Gehörs geboten sein, dem anderen Beteiligten Gelegenheit zur Einsichtnahme im Rahmen einer mündlichen Verhandlung vor der Schiedsstelle zu geben[53].
Die Einsichtnahme kann durch Zusendung von Kopien der Akte bzw. von Aktenteilen erfolgen oder durch persönliche Einsichtnahme in die Akte in der Geschäftsstelle der Schiedsstelle; eine Versendung der Originalakten kommt nicht in Betracht[54].
Dritte haben – von wissenschaftlichen Zwecken abgesehen – grundsätzlich nur mit Einwilligung der Beteiligten Anspruch auf Einsicht in die Akten. Eine Akteneinsicht kann am Schiedsstellenverfahren nicht beteiligten Dritten auch dann nicht gewährt werden, wenn sie ein berechtigtes oder gar rechtliches Interesse daran geltend machen könnten, weil eine derartige Regelung im ArbEG nicht vorgesehen ist. Dies gilt auch für **Miterfinder**. Diese haben aber die Möglichkeit, in einem von ihnen zu beantragenden Schiedsverfahren Gehör zu finden[55].
Nach dem Grundsatz der Parteiöffentlichkeit haben die Beteiligten bei einer evtl. Beweisaufnahme ein Recht auf Anwesenheit (vgl. § 357 Abs. 1 ZPO).

6. Gesetzesbindung (Legalitätsprinzip)

Als Behörde ist die Schiedsstelle gem. Art. 20 Abs. 3 GG an Gesetz und Recht gebunden; obwohl sie eine gütliche Entscheidung über Streitfragen aus dem ArbEG herbeizuführen hat, darf sie sich nicht über zwingende Rechtsvorschriften hinwegsetzen[56]. 22

Rz. 23-29 frei

II. Gestaltung des Verfahrens

1. Zwingende Verfahrensvorschriften (Abs. 1)

§ 33 Abs. 1 regelt den Verfahrensablauf nur eingeschränkt. Er erklärt die entsprechende Anwendbarkeit der §§ 41–48 ZPO (Ablehnung eines Mitglieds der Schiedsstelle). Ebenso sind die – auf Schiedsverfahren bezogenen – Vorschriften des § 1042 ZPO (Allgemeine Verfahrensregeln) sowie des § 1050 (Gerichtliche Unterstützung bei der Beweisaufnahme und sonstige richterliche Handlungen) sinngemäß anwendbar; ferner werden besondere Regelungen über Vertretungsbefugnisse vorgegeben. 30

---

53 Schiedsst. v. 28.11.2000 Arb.Erf. 12/98 (unveröffentl.)
54 Schiedsst. v. 4.1.1993 (Fn. 52) im Anschluss an BGH v. 12.10.1960 NJW 1961, 559.
55 Schiedsst. v. 3.12.1992 (Fn. 51a).
56 Schiedsstelle v. 22.8.1969 EGR Nr. 1 zu § 23 ArbEG.
57-58 frei

§ 33

a) Ablehnung eines Mitglieds der Schiedsstelle (§§ 41-48 ZPO entspr.)

31 Die Ablehnung eines Mitglieds der Schiedsstelle entspricht der eines staatlichen Richters nach §§ 41–48 ZPO. Dies stellt nunmehr die Neufassung mit der Bezugnahme auf eine sinngemäße Anwendbarkeit dieser Vorschriften klar. Damit ist der frühere Meinungsstreit über die Entscheidungsbefugnis[59] gegenstandslos; im Ergebnis ist der Gesetzgeber der zutreffenden Praxis der Schiedsstelle gefolgt, selbst über ein Ablehnungsgesuch entscheiden zu können[60].

32 Zu den Ablehnungsgründen (§§ 41, 42 ZPO; s. auch Rz. 9 zu § 30) und zum Verfahren im Einzelnen wird auf die entsprechenden Kommentare zur ZPO verwiesen.

Das Ablehnungsgesuch ist unter Glaubhaftmachung der Ablehnungsgründe (§ 44 Abs. 2 ZPO analog) vorzubringen, und zwar entsprechend §§ 43, 44 Abs. 4 ZPO spätestens bis zur Stellung eines Antrags bzw. einer Einlassung in einer evtl. mündlichen Verhandlung[61]. Das Ablehnungsgesuch ist bei der Schiedsstelle in München einzureichen (§ 44 Abs. 1 ZPO analog).

33 Über das Ablehnungsgesuch entscheidet die Schiedsstelle – ebenso wie ein Kollegialgericht – selbst analog § 45 Abs. 1 ZPO. Eine Selbstablehnung (einschl. einer Ablehnung von Amts wegen durch die Schiedsstelle) ist analog § 48 ZPO möglich.

b) Vernehmung von Zeugen und Sachverständigen, Parteivernehmung (§ 1050 ZPO entspr.)

34 Wenn auch die Anordnung einer Zeugen- oder Sachverständigenvernehmung im freien Ermessen der Schiedsstelle steht, ist sie jedoch hinsichtlich der Ausführung einer solchen Beweisaufnahme eingeschränkt. Führt sie eine Beweisaufnahme durch, besteht ein **Anwesenheitsrecht** der Beteiligten entsprechend § 357 Abs. 1 ZPO[65].

35 Sie kann nur **freiwillig erscheinende** Zeugen und Sachverständige vernehmen. Daran hat auch die Neufassung des Abs. 1 nichts geändert[66]. Dies

---

59 Für gerichtliche Entscheidung analog § 1045 Abs. 1 ZPO a.F.: Heine/Rebitzki Anm. 2 zu § 33; Lindenmaier/Lüdecke Anm. 5 zu § 33; a.A. Volmer Rz. 15 f. zu § 33 (Schiedsst. selbst und ggf. VG); Schwab, Erf. u. VV, 1991, S. 54 (stets VG); offen gelassen bei Reimer/Schade/Schippel/Kaube (6. Aufl.) Rz. 9 zu § 33 u. Volmer/Gaul Rz. 42 zu § 33.
60 Beschl. v. 17.7.1985 Arb.Erf. 31/84 (unveröffentl.); zust. Vorauflage (Rz. 33 zu § 33).
61 Zu weitergehend Reimer/Schade/Schippel/Kaube Rz. 9 zu § 33 (vor dem EV d. Schiedsst.).
62-64 frei
65 Busse/Keukenschrijver, PatG, Rz. 5 zu § 33 ArbEG.
66 Vgl. Reimer/Schade/Schippel/Kaube Rz. 5 zu § 33.

§ 33

kann auch nur **uneidlich** geschehen[71]. Die Schiedsstelle hält sich auch **nicht** für befugt, **eidesstattliche Versicherungen** entgegenzunehmen; diese werden lediglich als uneidliche Erklärung gewürdigt[72].

Analog § 1050 BGB können weitergehende, von der Schiedsstelle für erforderlich erachtete **richterliche Handlungen** nur auf deren Antrag durch das zuständige Gericht vorgenommen werden. Zuständig sind nicht die Patentstreitkammern des Landgerichts[73], sondern das Amtsgericht, in dessen Bezirk die richterliche Handlung vorzunehmen ist (§ 1062 Abs. 4 ZPO)[74]; also im Regelfall das für den Wohnsitz des Zeugen bzw. Sachverständigen zuständige Amtsgericht[75]; dies allein entspricht – wegen des sonst gegebenen Anwaltszwangs (§ 78 ZPO) – auch dem gesetzgeberischen Leitbild der Kostenfreiheit des Schiedsstellenverfahrens (§ 36) und steht in Einklang mit der Fassung des § 33 Abs. 1 Satz 1 und §§ 39 Abs. 1 Satz 1 ArbEG. Auch nach der Neufassung ist davon auszugehen, dass der Schiedsstelle eigene **Zwangsmittel** nicht zur Verfügung stehen[76] (zur Kostentragung s. Rz. 2 zu § 36).

Von der Hinzuziehung von Sachverständigen sieht die Schiedsstelle regelmäßig bereits aus Kostengründen ab (s. Rz. 42).

Die Schiedsstelle ist aber nicht gehindert, von den Beteiligten vorgelegte **schriftliche Zeugen- oder Sachverständigenaussagen** als einfache schriftliche Erklärungen anzunehmen bzw. sich solche selbst zu verschaffen und zu würdigen; ebenso kann sie die Aussage von freiwillig vor ihr erschienenen Zeugen ihrer Meinungsbildung zugrunde legen[83] (s. oben). Derartige Aussagen müssen den Beteiligten zur Stellungnahme zugänglich gemacht werden. Möglich ist auch eine bloß informatorische Anhörung von Zeugen vor der Schiedsstelle (s. auch Rz. 42).

Der **Beweis durch Parteivernehmung** ist gem. §§ 445 ff. ZPO nur subsidiär vorgesehen; es kann nur die Vernehmung des Gegners beantragt werden (§ 445 Abs. 1 ZPO; vgl. aber auch §§ 448, 447 ZPO). Zivilprozess-

36

67-70 frei
71 So zum früheren Recht Schiedsst. v. 21.5.1985 Arb.Erf. 14/84 (unveröffentl.); zum neuen Recht Reimer/Schade/Schippel/Kaube Rz. 6 zu § 33.
72 Schiedsst. v. 21.5.1985 (Fn. 71) u. v. 5.8.1998 Arb.Erf. 103/96 (unveröffentl.).
73 So zum früheren Recht: Heine/Rebitzki (Fn. 59) u. Lindenmaier/Lüdecke Anm. 10 zu § 33.
74 Reimer/Schade/Schippel/Kaube Rz. 5 zu § 33.
75 Ebenso Busse/Keukenschrijver, PatG, Rz. 11 zu § 33; ebenso zum früheren Recht Volmer Rz. 24 zu § 33; wohl auch Schiedsst. v. 22.8.1969 EGR Nr. 1 zu § 23 ArbEG; v. 4.9.1978 Arb.Erf. 62/77 u.v. 9.5.1988 Arb.Erf. 21/86 (beide unveröffentl.).
76 Zum bisherigen Recht vgl. Schiedsst. v. 8.9.1986 Blatt 1987, 306, 307; vgl. auch Reimer/Schade/Schippel/Kaube Rz. 5 zu § 33.
77-82 frei
83 Schiedsst. v. 21.05.1985 Arb.Erf. 14/84 (unveröffentl.).

§ 33

rechtlich kann die Parteivernehmung außer auf Antrag aber auch von Amts wegen erfolgen (§ 448 ZPO).

Von einer **eidlichen Parteivernahme** sieht die Schiedsstelle in ständiger Praxis ab, da sie hierzu weder befugt ist[84] (s. oben Rz. 35), noch sie hieraus eine besondere Gewichtung herleitet, wenn letztlich Aussage gegen Aussage stehen würde[85]. Einer uneidlichen Parteivernahme käme kein größeres Gewicht zu als einfachen, schriftlichen Erklärungen der Beteiligten.

c) *Vertreter (§ 33 Abs. 1 Satz 2 ArbEG, § 1042 Abs. 2 ZPO entsprechend)*

37 Analog dem eingefügten § 1042 Abs. 2 ZPO dürfen **Rechtsanwälte** als Bevollmächtigte nicht ausgeschlossen werden. Dementsprechend können Rechtsanwälte, gleich bei welchem Gericht sie zugelassen sind, ebenso wie **Patentanwälte**, Erlaubnisscheininhaber (vgl. §§ 177 ff. PatAnwO 1966) und **Verbandsvertreter** i.S.d. § 11 Abs. 1 ArbGG als Verfahrensbevollmächtigte vor der Schiedsstelle, sei es im schriftlichen Verfahren, sei es in der mündlichen Verhandlung, tätig werden.

38 Ein Anwaltszwang besteht jedoch nicht. Treten Bevollmächtigte auf, müssen sie eine **schriftliche Vollmacht** vorlegen (s. auch Rz. 5 zu § 31). Eine Kostentragung durch den unterlegenen Teil scheidet aus (s. Rz. 3 zu § 36). Zur Gebührenfrage s. Rz. 5 zu § 36.

2. Eigene Verfahrensgestaltung durch die Schiedsstelle (Abs. 2)

39 Um die Schiedsstelle bei ihrem Bemühen, eine gütliche Einigung zu erreichen, möglichst nicht an starre Förmlichkeiten zu binden und damit auch als Ausfluss des Grundsatzes der Leichtigkeit und Beschleunigung des Verfahrens (s. Rz. 18 f.), hat der Gesetzgeber die sonstige Verfahrensgestaltung durch Abs. 2 dem **Ermessen** der Schiedsstelle überlassen (vgl. auch § 10 UrhSchiedsVO). Es steht im pflichtgemäßen Ermessen der Schiedsstelle, das Verfahren so zu führen und zu gestalten, wie sie es im Hinblick auf ihre Funktion für geboten und zweckmäßig hält[86]. Lediglich die Zustellung des Anrufungsantrags (§ 31 Abs. 1) mit der Aufforderung an den anderen Beteiligten zur schriftlichen Gegenäußerung ist gem. § 31 Abs. 2 zwingend vorgeschrieben. Auch eine eigenständige Erweiterung der Besetzung der Schiedsstelle ist ihr nicht möglich (vgl. § 32).

40 Dagegen steht es ihr frei, ob sie ein **schriftliches oder mündliches Verfahren** wählt[87]. Letzteres erfolgt regelmäßig nur mit Zustimmung der Be-

---

84 Vgl. Reimer/Schade/Schippel/Kaube Rz. 6 zu § 33.
85 Schiedsst. v. 10.12.1992 Arb.Erf. 81/90 (unveröffentl.).
86 Kaube/Volz RdA 1981, 213, 216.
87 Vgl. Schiedsst. v. 10.10.1978 Blatt 1980, 60, 61; zust. auch Busse/Keukenschrijver, PatG, Rz. 12 zu § 33 ArbEG.

§ 33

teiligten und im Grundsatz auch nur dann, wenn es sich um einen besonders schwierigen bzw. komplexen Sachverhalt handelt, dessen Klärung im schriftlichen Verfahren zu viel Zeit in Anspruch nehmen würde, ggf. auch bei schwierigen rechtlichen Problemen[88]. In der Praxis kommt dies bei Streit über Miterfinderfragen, insbesondere bei Beteiligung mehrerer Erfinder an dem Schiedsstellenverfahren in Betracht, ferner zur Herbeiführung eines möglich erscheinenden Vergleichs bei umfangreichem Streitgegenstand; hier hat die Erfahrung gezeigt, dass in der überwiegenden Mehrzahl aller Fälle, in denen eine mündliche Erörterung stattfindet, die Verfahren mit einem direkten Vergleich der Beteiligten auf Vorschlag der Schiedsstelle beendet werden[88]. Kann das Verfahren nicht durch Vergleich abgeschlossen werden, hat die Schiedsstelle einen Einigungsvorschlag vorzulegen.

Die Schiedsstelle hat nur dann eine mündliche Verhandlung selbst vorgeschlagen, wenn sie sich davon eine **weitere Aufklärung des Sachverhaltes** oder eine **Annäherung der Standpunkte** der Beteiligten erhofft. Selbst dann aber wird die Durchführung der Verhandlung regelmäßig davon abhängig gemacht, dass **alle Beteiligten** ihr **zustimmen**, weil die Schiedsstelle niemanden zwingen kann, irgendwelche Erklärungen im Rahmen des Schiedsverfahrens abzugeben bzw. irgendwelche Handlungen vorzunehmen[89]. Zur Entscheidungsreife s. Rz. 14 zu § 34.

Mangels einer entsprechenden Anregung der Beteiligten verzichtet die Schiedsstelle selbst schon aus Kostengründen regelmäßig auf eine mündliche Verhandlung; dies gilt insbesondere für die Fälle, in denen nur noch Rechtsfragen zu klären sind oder wenn die Schiedsstelle insbesondere nach umfangreichem Schriftwechsel der Beteiligten davon ausgehen kann, dass die tatsächlichen Aussagen sich nicht mehr ändern werden[90].

41 Die Schiedsstelle ist bei der Entscheidung, ob ein schriftliches Verfahren (Regelfall) oder eine mündliche Verhandlung (Ausnahme) erfolgt, auch nicht an dahingehende Anträge der Beteiligten gebunden (s. auch Rz. 43). Ihr ist es auch überlassen, ob sie eine mündliche Verhandlung und/oder Beschlussfassung **an ihrem Sitz** (§§ 29, 47) vornimmt oder **außerhalb** zusammentritt (§ 29 Abs. 2).

Die Fertigung einer **Verhandlungsniederschrift** ist nicht zwingend (vgl. aber § 6 Abs. 4 UrhSchiedsVO), aber vielfach – etwa bei Anhörung von Zeugen oder Sachverständigen – sinnvoll.

42 Die Schiedsstelle ist nicht an die strengen prozessrechtlichen Beweisregeln gebunden[91]; sie kann sich vielmehr zu ihrer Überzeugungsfindung

---

88 Kaube/Volz (Fn. 86) S. 217.
89 Schiedsst. v. 13.12.1974 Arb.Erf. 76/73 (unveröffentl.).
90 Schiedsst. v. 29.11.1985 Arb.Erf. 71/83 (unveröffentl.).
91 So auch Busse/Keukenschrijver, PatG, Rz. 12 zu § 33 ArbEG
92-100 frei

§ 33

auch des **Freibeweises** bedienen (s. auch Rz. 13 f.). Im Hinblick auf die Kosten und den »Beschleunigungsgrundsatz« (s. oben Rz. 18; vgl. auch § 37 Abs. 2 Nr. 2 ArbEG) sieht sie regelmäßig von einer Beweisaufnahme, insbesondere einer Hinzuziehung von Sachverständigen ab[101]. Letzteres entfällt grundsätzlich dann, wenn sie selbst – auch durch ihre technischen Beisitzer – die erforderliche Erfahrung und Sachkunde besitzt[102] (s. auch Rz. 35 f.).

43 Die Schiedsstelle ist grundsätzlich **nicht an Anträge** der Beteiligten **gebunden**. Dies gilt uneingeschränkt für sog. Verfahrensanträge, etwa den Antrag auf mündliche Verhandlung[103], oder für Beweisanträge (z.b. Hinzuziehung von Zeugen oder Sachverständigen)[104]. An **Sachanträge** ist sie insoweit gebunden, als dadurch der Verfahrensgegenstand gekennzeichnet wird[105] (s. oben Rz. 7). Im Übrigen kann sie sich aber in Erfüllung ihrer Aufgabe, eine angemessene, gütliche Einigung herbeizuführen, insbesondere über den Grundsatz »ne ultra petitum« (vgl. § 308 ZPO) hinwegsetzen[106]. So hat sie in Einzelfällen durchaus mehr vorgeschlagen, als eine Partei geltend gemacht hatte, etwa wenn Letztere den von ihr vorgetragenen Sachverhalt falsch bewertet hat[107]. Dies gilt insbesondere bei Streitigkeiten über die **Höhe der Erfindervergütung;** hier fühlt sich die Schiedsstelle an die von den Beteiligten geäußerten Wertvorstellungen nicht gebunden; sie sucht dabei im Regelfall keinen Kompromiss zwischen den einzelnen Sachdarstellungen der Beteiligten[108], sondern verschafft sich selbst ein Bild von der Angemessenheit und behält sich hierbei vor, sowohl zugunsten als auch zuungunsten von den Vorstellungen der Parteien abzuweichen[109]. Insoweit gilt – von Bindungswirkungen einer (wirksamen) Vergütungsvereinbarung oder -festsetzung abgesehen (vgl. dazu Rz. 14 ff., 40 ff. zu § 12) – das Verbot der Verschlechterung (»reformatio in peius«) nicht.

44 Um den Beteiligten möglichst frühzeitig Gelegenheit zu einer vergleichsweisen Verständigung zu geben oder sie auf einen von ihnen mögli-

---

101 Vgl. z.B. Schiedsst. v. 21.7.1967 Blatt 1968, 72; v. 27.8.1980 Arb.Erf. 64/78 (unveröffentl.); s. auch Schiedsst. v. 8.5.1961 Blatt 1961, 434.
102 S. Schiedsst. v. 6.8.1965 EGR Nr. 1 zu § 3 ArbEG; vgl. auch Amtl. Begr. BT-Drucks. II/1648 S. 44 = Blatt 1957, 242; Schiedsst. v. 24.8.1964 Blatt 1964, 354; v. 24.10.1995 Arb.Erf. 21/94 u. v. 12.2.1998 Arb.Erf. 56/96 (beide unveröffentl.).
103 Ständ. Praxis, z.B. Schiedsst. v. 10.10.1978 Blatt 1980, 60.
104 Kaube/Volz RdA 1981, 213, 216; Schiedsst. v. 4.8.1989 Blatt 1989, 338, 339.
105 Missverständl. Schiedsst. v. 5.2.1976 Blatt 1977, 200, 201.
106 Ständ. Praxis d. Schiedsst., z.B. v. 10.10.1978 Blatt 1980, 60, 61 r.Sp. u.v. 1.3.1985 Arb.Erf. 25/84 (unveröffentl.); s. auch Schiedsst. v. 22.2.1979 Blatt 1980, 211, 213 (dort bzgl. des Antrags, bestimmte Erfindungen aus dem EV »auszuklammern«).
107 Kaube/Volz (Fn. 104).
108 Schiedsst. v. 10.7.1985 Arb.Erf. 72/84 (unveröffentl.).
109 Schiedsst. v. 14.3.1984 Arb.Erf. 14/83 u.v. 23.10.1996 Arb.Erf. 36/95 (beide unveröffentl.); im Ergebn. zust. auch Busse/Keukenschrijver, PatG, Rz. 7 zu § 33 ArbEG.
110-115 frei

§ 33

cherweise bisher nicht erkannten rechtlichen Gesichtspunkt aufmerksam zu machen oder um weitere für die rechtliche Beurteilung erhebliche, bisher aber nicht vorgetragene Umstände des Sachverhaltes zur Vorbereitung eines Einigungsvorschlages aufzuklären[116], stellt die Schiedsstelle in ständiger Übung[117] ihre auf Grund der internen Beratung gewonnenen, vorläufigen Erkenntnisse den Beteiligten in Form eines **Zwischenbescheides** zur Diskussion bzw. Stellungnahme. Diese Praxis ist auch im Hinblick auf Art. 103 GG (rechtliches Gehör, s. oben Rz. 11) und den Rechtsgedanken der Aufklärungspflicht (vgl. § 139 ZPO) besonders zu begrüßen; zudem sind derartige Zwischenbescheide nicht selten Grundlage einer Einigung der Parteien außerhalb des Schiedsstellenverfahrens[118]. Allerdings hat der Umfang der Schiedsstellenverfahren stark zugenommen; deshalb ist es verständlich, wenn die Schiedsstelle zunehmend dazu übergeht, Zwischenbescheide nur dort vorzulegen, wo es unumgänglich ist[119] (s. auch Rz. 11). Wenn es sachdienlich ist, erlässt sie dann auch mehrere Zwischenbescheide[120].

Ein solcher Zwischenbescheid stellt **keinen Verwaltungsakt** dar. Es handelt sich um einen Beschluss i. S. des § 34 Abs. 1 (s. dort Rz. 2), der nicht selbständig angreifbar ist. Weicht die Schiedsstelle in ihrem Einigungsvorschlag von einer im Zwischenbescheid geäußerten Rechtsansicht ohne vorherige Mitteilung an die Beteiligten ab und werden diese dadurch am Vorbringen von Angriffs- und Verteidigungsmitteln gehindert, liegt hierin eine Verletzung des Anspruchs auf rechtliches Gehör[131].   45

Anders als im gerichtlichen Verfahren kommt im Verfahren vor der Schiedsstelle eine **Unterbrechung** des Verfahrens weder bei Tod noch bei Insolvenz eines Beteiligten in Betracht[132].   46

Eine **Aussetzung** des Verfahrens kann regelmäßig schon mit Rücksicht auf § 37 Abs. 2 Nr. 2 ArbEG nicht in Frage kommen[133]. Ggf. ist das Verfahren einzustellen und nach Klärung der der Beschlussfassung der Schiedsstelle entzogenen Fragen die Schiedsstelle erneut anzurufen[134] (s. aber auch Rz. 21 zu § 31).   47

---

116 Schiedsst. ZB. v. 7.2.1985 Blatt 1986, 74.
117 S. Reimer/Schade/Schippel/Kaube Rz. 4 zu § 33.
118 Vgl. etwa die Hinweise zu ZB. v. 26.1.1981 Blatt 1982, 56 u. ZB. v. 25.5.1981 Blatt 1982, 166.
119 Schiedsst. v. 30.3.1988 Arb.Erf. 76/87 (unveröffentl.).
120 Vgl. z.B. Schiedsst. v. 5.3./13.10.1969 Blatt 1970, 457.
121-130 frei
131 Vgl. OLG Frankfurt v. 30.9.1976 Blatt 1977, 17 (zu § 1034 ZPO a.F.).
132 Vgl. allgem. z. Schiedsgerichtsverfahren RG v. 7.11.1905 RGZ 62, 24, 25; abw. Volmer Rz. 32 ff. zu § 33.
133 Schiedsst. v. 14.3.1960 Blatt 1960, 316; abw. Volmer Rz. 40 ff. zu § 33 u. Volmer/Gaul Rz. 72 zu § 33.
134 Schiedsst. v. 14.3.1960 (Fn. 133); vgl. auch Schiedsst. v. 7.2.1984, 218, 220 r.Sp.

§ 33

48 Ein **Versäumnisverfahren** im Sinne der ZPO findet nicht statt[135]. Lässt sich der Antragsgegner von Anfang an nicht auf das Schiedsstellenverfahren ein, tritt die Wirkung des § 35 Abs. 1 Nr. 1 ein; äußert er sich nach anfänglicher Einlassung nicht mehr, kann die Schiedsstelle bei hinreichender Klärung des Sachverhaltes einen Einigungsvorschlag vorlegen (s. Rz. 6 zu § 35).

49 Eine **einstweilige Verfügung** (Anordnung) ist im Schiedsstellenverfahren nicht möglich; ein dahingehender Antrag ist unzulässig[136]. Der Gesetzgeber hat generell die Anordnung eines Arrests oder einer einstweiligen Verfügung den allgemeinen Schiedsgerichten (§§ 1025 ff. ZPO) entzogen; derartige Sicherungsmaßnahmen obliegen immer den staatlichen Gerichten[137]. Erst recht muss dies für die Schiedsstelle gelten, da sie ja keine streitentscheidende Funktion hat (s. Rz. 5 f. zu § 28). Bestätigt wird dies auch durch § 37 Abs. 4 ArbEG (s. dort Rz. 27).

---

135 Wie hier Volmer/Gaul Rz. 69 f. zu § 33.
136 So auch zum UrhWahrnG die dortige Schiedsst. im Beschl. v. 19.3.1984 Blatt 1984, 253.
137 Vgl. allg. Nicklich RIW 1978, 633, 638 ff. m.w.N.

§ 34 Einigungsvorschlag der Schiedsstelle

(1) Die Schiedsstelle fasst ihre Beschlüsse mit Stimmenmehrheit. § 196 Abs. 2 des Gerichtsverfassungsgesetzes ist anzuwenden.
(2) Die Schiedsstelle hat den Beteiligten einen Einigungsvorschlag zu machen. Der Einigungsvorschlag ist zu begründen und von sämtlichen Mitgliedern der Schiedsstelle zu unterschreiben. Auf die Möglichkeit des Widerspruchs und die Folgen bei Versäumung der Widerspruchsfrist ist in dem Einigungsvorschlag hinzuweisen. Der Einigungsvorschlag ist den Beteiligten zuzustellen.
(3) Der Einigungsvorschlag gilt als angenommen und eine dem Inhalt des Vorschlages entsprechende Vereinbarung als zustande gekommen, wenn nicht innerhalb eines Monats nach Zustellung des Vorschlages ein schriftlicher Widerspruch eines der Beteiligten bei der Schiedsstelle eingeht.
(4) Ist einer der Beteiligten durch unabwendbaren Zufall verhindert worden, den Widerspruch rechtzeitig einzulegen, so ist er auf Antrag wieder in den vorigen Stand einzusetzen. Der Antrag muss innerhalb eines Monats nach Wegfall des Hindernisses schriftlich bei der Schiedsstelle eingereicht werden. Innerhalb dieser Frist ist der Widerspruch nachzuholen. Der Antrag muss die Tatsachen, auf die er gestützt wird, und die Mittel angeben, mit denen diese Tatsachen glaubhaft gemacht werden. Ein Jahr nach Zustellung des Einigungsvorschlages kann die Wiedereinsetzung nicht mehr beantragt und der Widerspruch nicht mehr nachgeholt werden.
(5) Über den Wiedereinsetzungsantrag entscheidet die Schiedsstelle. Gegen die Entscheidung der Schiedsstelle findet die sofortige Beschwerde nach den Vorschriften der Zivilprozessordnung an das für den Sitz des Antragstellers zuständige Landgericht statt.

Übersicht

A. Allgemeines.................................... 1	D. Verbindlichkeit des Einigungsvorschlages 26-39
B. Beschlüsse der Schiedsstelle (Abs. 1) 2-7	I. Annahme des Einigungsvorschlages 26-28
C. Einigungsvorschlag 8-25	
I. Wesen 8-13	
II. Beschlussfassung über den Einigungsvorschlag 14-17	II. Widerspruch........................... 29-34
III. Form und Inhalt des Einigungsvorschlages 18-24	III. Unverbindlichkeit des Einigungsvorschlages 35-39
IV. Zustellung des Einigungsvorschlages 25	E. Wiedereinsetzung in den vorigen Stand........................... 40-43

§ 34

A. Allgemeines

1 § 34 regelt vornehmlich das Verfahren für den Einigungsvorschlag, den die Schiedsstelle den Beteiligten zu unterbreiten hat. Der Einigungsvorschlag, dessen inhaltliche Erfordernisse § 34 Abs. 2 normiert, stellt die klassische Entscheidungsform der Schiedsstelle dar; im Unterschied zum Zwischenbescheid (s. dazu Rz. 44 zu § 33) enthält er die abschließende Äußerung der Schiedsstelle. Gem. § 34 Abs. 3 entfaltet der Einigungsvorschlag spätestens dann Bindungswirkung, wenn kein fristgerechter Widerspruch eines der Beteiligten vorliegt. Mit Rücksicht auf die in § 34 Abs. 3 gesetzte kurze Widerspruchsfrist ist auf Anregung des 17. Bundestagsausschusses in § 34 Abs. 4 und 5 die Möglichkeit einer Wiedereinsetzung in den vorigen Stand eröffnet worden[1]. Nach der Praxis der Schiedsstelle geht einem Einigungsvorschlag gelegentlich ein Zwischenbescheid voraus (s. dazu Rz. 44 f. zu § 33).

Selbstverständlich ist es den Parteien unbenommen, sich auch außerhalb eines anhängigen Schiedsstellenverfahrens zu einigen. Beispielsweise lag der Prozentsatz der außeramtlichen Einigungen im Jahre 2001 bei rd. 10 %[1a]. Rund 60 % aller eingeleiteten Schiedsstellenverfahren wurden dagegen durch angenommenen Einigungsvorschlag der Schiedsstelle abgeschlossen[1a].

B. Beschlüsse der Schiedsstelle (Abs. 1)

2 Als Beschlüsse sind alle **sachlichen Entschließungen** der Schiedsstelle anzusehen, die für die Außenwelt bestimmt sind und auf materiellrechtlichen oder verfahrensrechtlichen Erwägungen beruhen, gleichgültig, ob ihnen abschließender (insbes. Einigungsvorschläge; Zurückweisungsbescheide, s. dazu Rz. 8 zu § 28 und Rz. 10 zu § 35; Einstellungsbescheide, s. dazu Rz. 11 f. zu § 35; Vorbescheide über die Wiedereinsetzung, s. dazu unten Rz. 40 ff.) oder vorbereitender (insbes. Zwischenbescheide, s. dazu Rz. 44 zu § 33; Beweisbeschlüsse) Charakter zukommt.

3 Nicht zu den Beschlüssen rechnen die bloß verwaltungsmäßigen oder verfahrensleitenden **Anordnungen,** die dem Vorsitzenden der Schiedsstelle vorbehalten sind[1b] (s. z.B. § 31 Abs. 2, § 35 Abs. 2).

4 Nach § 34 Abs. 1 hat die Schiedsstelle ihre Beschlüsse mit **Stimmenmehrheit** zu fassen, also mit der absoluten Mehrheit, bezogen auf die gültigen Ja- und Nein-Stimmen[2]. Bilden sich bezüglich Summen (insbes. betr. die Vergütungshöhe) mehr als zwei Meinungen, von denen keine die absolute Mehrheit für sich hat, gilt § 196 Abs. 2 GVG.

---

1   Vgl. Ausschussber. zu BT-Drucks. II/3327 S. 9 = Blatt 1957, 255.
1a Vgl. Geschäftsbericht der Schiedsstelle in Blatt 2002, 122 f., 142.
1b Ebenso Busse/Keukenschrijver, PatG, Rz. 2 zu § 34 ArbEG.
2   S. allg. Dagtoglou Kollegialorgane u. Kollegialakte d. Verw. (1960) S. 131.

§ 34

Im Übrigen ist § 34 bezüglich der Beschlussfassung lückenhaft. Es wird 5
die **Anwesenheit** und **Mitwirkung** aller Mitglieder dieser Kollegialbehörde
zu fordern sein[3] (s. auch Rz. 16 f. zu § 33). Entsprechend allgemeinen
Grundsätzen ist auch eine **Stimmenthaltung** nicht zulässig[4]. Mangels entgegenstehender gesetzlicher Regelung kann eine **Beschlussfassung im
schriftlichen Wege** für möglich erachtet werden, sei es, dass allen Mitgliedern die Urkunden im Umlauf nacheinander zugeleitet, sei es, dass ihnen
gleich lautende Urkunden übersandt werden[5].

Beschlüsse der Schiedsstelle sind den Beteiligten mitzuteilen und werden 6
erst mit **Bekanntgabe wirksam.** Dabei reicht jede Form der Bekanntgabe
aus, es sei denn, eine Zustellung ist gesetzlich vorgeschrieben[6] (insbes. beim
Einigungsvorschlag, s. dazu Rz. 25).

Die Beschlüsse der Schiedsstelle sind **unwirksam** (nichtig), wenn die 7
Mitgliederbesetzung nicht vollständig oder fehlerhaft war[7], es an einer für
die Willensbildung erforderlichen Beteiligung eines Mitglieds fehlt[8] (s. auch
Rz. 16 f. zu § 33) oder keine Übereinstimmung der Entscheidung mit dem
Abstimmungsergebnis vorliegt (zur Nichtigkeit von Verwaltungsakten vgl.
auch § 44 BVwVfG). Ist dagegen der Beschluss aus sonstigen Gründen
rechtsfehlerhaft, so ist er dennoch grundsätzlich beachtlich, allerdings –
soweit er einen Verwaltungsakt darstellt (also nicht Zwischenbescheid oder
Einigungsvorschlag) – im Verwaltungsrechtsweg anfechtbar.

Der verwaltungsgerichtlichen Kontrolle unterliegen damit insbesondere[9]
– die Ablehnung des Schiedsstellenverfahrens als unzulässig (s. Rz. 8 zu
 § 28),
– die Zurückweisung des Antrags auf Erweiterung der Besetzung der
 Schiedsstelle (§§ 30 Abs. 4, 32).

---

3   Wie hier Volmer/Gaul Rz. 9 zu § 34 (vgl. aber dort auch Rz. 12); Reimer/Schade/
    Schippel/Kaube Rz. 1 zu § 34; a.A. z.B. Lindenmaier/Lüdecke Anm. 2 zu § 34;
    Volmer Rz. 5 zu § 34.
4   Wie hier Busse/Keukenschrijver, PatG, Rz. 3 zu § 34 ArbEG; Lindenmaier/
    Lüdecke (Fn. 3); Volmer/Gaul Rz. 15 zu § 34; vgl. auch allg. z. Verwaltungsverf.
    VG Berlin v. 25.10.1972 DÖV 1973, 317, 319; Dagtoglou (Fn. 2) S. 138 f.; abw.
    Volmer (Fn. 3).
5   Im Ergebn. ebenso Schiedsst., z.B. Beschl. v. 15.2.1996 Arb.Erf. 3 (B)/93 (unveröffentl.) – dort m.H.a. die Eilbedürftigkeit; Busse/Keukenschrijver, PatG, Rz. 3 zu
    § 34 ArbEG; auf Ausnahmefälle einschränkend aber Volmer/Gaul Rz. 10 f. zu § 34.
6   Volmer Rz. 7 zu § 34; Busse/Keukenschrijver, PatG, Rz. 4 zu § 34 ArbEG.
7   Lindenmaier/Lüdecke Anm. 2 zu § 34.
8   Volmer Rz. 3 zu § 34.
9   S. Schwab Erf. u. VV, 57, 90.
10-13 frei

§ 34

C. Einigungsvorschlag

I. Wesen

8   Der in § 34 Abs. 2 normierte Einigungsvorschlag stellt die eigentliche »Entscheidung« der Schiedsstelle dar. Diesem kommt – im Unterschied zum Zwischenbescheid (s. dazu Rz. 44 zu § 33) – abschließende, **verfahrensbeendigende Wirkung** bezüglich des ihm zugrunde liegenden Streitfalles (zum Begriff des Verfahrensgegenstandes s. Rz. 7 f. zu § 33) zu.

9   Obschon § 34 Abs. 2 dies nicht ausdrücklich vorsieht, wird man entsprechend dem Grundsatz der Leichtigkeit des Schiedsstellenverfahrens (s. dazu Rz. 18 zu § 33) bzw. der Verfahrensökonomie[14] und im Hinblick auf § 37 Abs. 1 die Zulässigkeit von sog. **Teil-Einigungsvorschlägen**, die über einen selbständigen Teil eines Streitfalles abschließend befinden, grundsätzlich bejahen müssen. So hat die Schiedsstelle z.B. bei Streit über Grund und Höhe einer Erfindervergütung einen Teil-Einigungsvorschlag über die Grundlagen des Vergütungsanspruchs vorgelegt, um bei dessen Annahme (§ 34 Abs. 3) zur Höhe der Vergütung Stellung zu nehmen[15] bzw. den Beteiligten die Basis für eine außeramtliche Einigung zu geben und erst bei erneuter Anrufung abschließend zu befinden[15a]. Gleiches ist denkbar, wenn wesentliche Vorfragen streitig sind, wie Erfindereigenschaft und Vorliegen einer Diensterfindung[15b].

Erfolgt nach Zustellung eines Teil-Einigungsvorschlags keine weitere Aktivität der Verfahrensbeteiligten, insbesondere keine sachliche Äußerung mehr, kann die Schiedsstelle das noch anhängige (Rest-)Verfahren einstellen. Den Verfahrensbeteiligten ist es unbenommen, insoweit ein Schiedsverfahren neu zu beantragen. Zur Zusammenfassung/Abtrennung mehrerer Verfahren s. Rz. 10 zu § 33.

Z. gemeinsamen Einigungsvorschlag s. Rz. 10 zu § 33.

10 Der Einigungsvorschlag stellt – ebenso wie der Zwischenbescheid – **keinen** (im Verwaltungsrechtsweg anfechtbaren) **Verwaltungsakt** i. S. des § 35 BVwVfG dar, da es an einer für die Beteiligten unmittelbar verbindlichen, kraft hoheitlicher Gewalt ergehenden Regelung fehlt[16]; andererseits kommt dem Schiedsstellenverfahren auch keine streitentscheidende, sondern nur streitschlichtende Funktion zu (§ 28 Satz 2), so dass der Einigungsvorschlag nicht einer gerichtlichen Entscheidung oder einem Schieds-

---

14 Schiedsst. Teil-EV v. 1.12.1992 Mitt. 1996, 351, 352 – Straßenbau.
15 So im Ergebn. Schiedsst. Teil-EV v. 5.7.1991 GRUR 1992, 499, 500 – Einheitliches Arbeitsverhältnis, v. 1.12.1992 (Fn. 14) u.v. 10.2.1994 Arb.Erf. 18/93 (unveröffentl.).
15a So im Ergebn. Schiedsst. v. 4.2.1993 GRUR 1994, 611, 615 – Regelkreisanordnung.
15b Schiedsst. ZB. v. 6.12.1994 Arb.Erf. 66/87 u. Teil-EV v. 25.7.1991 Arb.Erf. 86/91 (beide unveröffentl.).
16 So auch Volmer Rz. 9 zu § 34.

§ 34

spruch i. S. des § 1040 ZPO gleichgestellt werden kann[17]. Der Einigungsvorschlag kann sich allerdings der Bedeutung eines Schiedsspruchs nähern, wenn die Beteiligten sich vorher untereinander verpflichtet haben, keinen Widerspruch (§ 34 Abs. 3) einzulegen[18]; dies ist rechtlich zulässig (s. im Übrigen Rz. 30).

Der Einigungsvorschlag ist ein **Rechtsinstitut eigener Art**[19]. Seinem Wesen nach stellt er einen von neutraler Seite in einem förmlichen Verfahren gefassten **Vorschlag** an die Beteiligten zum Abschluss eines inhaltlich festgelegten Vertrages zur gütlichen Beilegung eines Streitfalles dar, der zugleich mit der Fiktionswirkung des Vertragsabschlusses bei unterbliebenem Widerspruch ausgestattet und nicht selbständig im Verwaltungsrechtsweg anfechtbar ist. Es handelt sich zunächst um einen unverbindlichen Vorschlag, der erst bei fehlendem Widerspruch privatrechtliche Bindungen auslösen kann[19a]. 11

Nehmen die Parteien den Einigungsvorschlag an oder tritt die Fiktionswirkung des Abs. 3 ein, entfaltet der Einigungsvorschlag Rechtswirkungen als **privatrechtlicher Vertrag** zwischen den (früheren) Arbeitsvertragsparteien[19b] (zur Verbindlichkeit s. Rz. 26 ff.; zur Unwirksamkeit s. Rz. 35 ff.). Häufig kann diesem Vertrag die **Rechtsnatur eines Vergleiches** i. S. des § 779 BGB zukommen, insbesondere wenn die früheren Arbeitsvertragsparteien sich über streitige, erfinderrechtlich relevante Fragen im angenommenen Vorschlag der Schiedsstelle durch gegenseitiges Nachgeben verglichen haben[20] (s. auch Rz. 39). 12

Der Einigungsvorschlag ist **kein Vollstreckungstitel** i.S.d. § 794 ZPO[21] und die Schiedsstelle kann keine vollstreckbare Ausfertigung erteilen[22]. Zur Vollstreckbarkeit bedarf es vielmehr eines gerichtlichen Verfahrens (§ 37 13

---

17 S. BGH v. 9.1.1964 GRUR 1964, 449, 452 r.Sp. – Drehstromwicklung.
18 BGH (Fn. 17); Reimer/Schade/Schippel/Kaube Rz. 10 zu § 28.
19 Zustimmend Busse/Keukenschrijver, PatG, Rz. 5 zu § 34 ArbEG; Schwab Erf. u. VV (1991) S. 54; a.A. (schlichtes Verwaltungshandeln) Volmer/Gaul Rz. 48 zu § 34 (wie hier aber Rz. 89 zu § 12).
19a BVerfG v. 24. 4. 1998 NJW 1998, 3704, 3705 – Induktionsschutz von Fernmeldekabeln.
19b Wohl allg. A., z.B. BVerfG v. 24.4.1998 (Fn. 19a); Schiedsst. v. 28.9.1992 EGR Nr. 2 zu § 1 ArbEG (RL NR. 42); bei einem EV zw. Beamten und Dienstherrn hat der BayVGH (Urt. v. 31.3.1989 in Slg. Schütz, Beamtenrecht, Nr. 13 zu ES/B I 1.4) offen gelassen, ob es sich u.U. um einen öffentl.-rechtl. Vertrag i. S.d. §§ 54 ff. VwVfG handeln könnte.
20 Schiedsst. v. 24.8.1989 Arb. Erf. 5/89 (unveröffentl.); zust. Reimer/Schade/Schippel/ Kaube Rz. 1 zu § 34.
21 Allg. A., z.B. Volmer Rz. 9 zu § 34; Busse/Keukenschrijver, PatG, Rz. 9 zu § 34 ArbEG; dies entspricht auch der ständigen Handhabung der Schiedsst.; vgl. Kaube/ Volz RdA 1981, 213, 218.
22 Schiedsst. Beschluss v. 15.2.1996 Arb.Erf. 3 (B)/96 (unveröffentl.).
23-30 frei

§ 34

Abs. 2 Nr. 1, § 39 Abs. 1 ArbEG), bei reinen Zahlungsklagen also eines Mahnverfahrens (§§ 688 ff. ZPO, 46 a ArbGG) oder einer Klage (beachte § 39 Abs. 2 ArbEG). Ein auf einen verbindlichen Einigungsvorschlag gestützter Urkundenprozess i. S. der §§ 592 ff. ZPO scheidet bei Zahlungsansprüchen in der Regel aus, da gem. § 46 Abs. 2 Satz 2 ArbGG im arbeitsgerichtlichen Verfahren diese Bestimmungen nicht gelten.

II. Beschlussfassung über den Einigungsvorschlag

14 Die Schiedsstelle hat den Einigungsvorschlag zu treffen, wenn sie den Streitfall für **entscheidungsreif** hält[31]. Dabei ist nicht an eine Entscheidungsreife i. S. des § 300 Abs. 1 ZPO gedacht[31a]. Eine vollständige Aufklärung des Sachverhaltes ist nicht erforderlich (s. auch Rz. 13 f., Rz. 18, 40 u. 42 f. zu § 33); vielmehr ist ausreichend, dass auf der Grundlage des bisherigen Verfahrensergebnisses eine für beide Parteien annehmbare, angemessene Regelung des Streitfalles möglich erscheint[31b].

Entscheidet die Schiedsstelle – wie im Regelfall – im schriftlichen Verfahren (s. Rz. 41 zu § 33), unterliegt es ihrer eigenen Beurteilung, wann Entscheidungsreife eingetreten ist. In Einzelfällen weist sie die Beteiligten auf anstehende interne Beratungstermine hin, damit die Angelegenheit bis zu einer angemessenen Frist vor diesem Termin »ausgeschrieben« werden kann. Eine gesetzliche Regelung über verspätetes Vorbringen (vgl. etwa §§ 296, 528 ZPO, Art. 114 Abs. 2 EPÜ) gibt es im Schiedsstellenverfahren nicht. Da eine Bindung der Schiedsstelle an ihren Einigungsvorschlag erst mit dessen Zustellung eintritt (s. Rz. 19, 25), handelt es sich bei der vorangegangenen Beratung und Beschlussfassung noch um interne Vorgänge ohne Außenwirkung[31c], so dass das Vorbringen eines Beteiligten bis zur Zustellung des Einigungsvorschlages nicht schlechthin als unbeachtlich angesehen werden kann. Demzufolge ist auch »verspätetes Vorbringen« stets auf seine sachliche Relevanz hin zu prüfen. Ist es erheblich, muss es – unter Beachtung des rechtlichen Gehörs des anderen Beteiligten – zugrunde gelegt werden. Ist es dagegen für den Einigungsvorschlag sachlich nicht relevant, bedarf es keines näheren sachlichen Eingehens mehr.

15 Für den Einigungsvorschlag dürfen nur solche Tatsachen verwertet werden, die von den Parteien selbst vorgebracht wurden bzw. die beiden Parteien bekannt sind und zu denen sie Stellung nehmen konnten[32] (s. auch Rz. 11 f. zu § 33). Die Schiedsstelle ist aber grundsätzlich frei darin, eigene

---

31   Amtl. Begr. BT-Drucks. II/1648 S. 45 = Blatt 1957, 243.
31a Ebenso Busse/Keukenschrijver, PatG, Rz. 6 zu § 34 ArbEG.
31b Vgl. z.B. Schiedsst. v. 4.1.1993 EGR Nr. 4 zu § 33 ArbEG (a.E.).
31c Vgl. auch allg. z.B. EPA v. 17.12.1993 ABl. EPA 1994, 285.
32   Reimer/Schade/Schippel/Kaube Rz. 1 zu § 34; s. auch Schiedsst. v. 4.1.1993 (Fn. 31b); Volmer BB 1968, 253, 256 l.Sp. oben.

§ 34

Erfahrungen und allgemein bekannte Tatsachen in ihre Würdigung einzubeziehen (s. Rz. 13 zu § 33).
An Anträge ist die Schiedsstelle nicht gebunden (s. Rz. 43 zu § 33); allerdings bestimmen ausschließlich die Parteien den Umfang des Verfahrensgegenstandes, so dass sich eine darüber hinausgehende Regelung verbietet (s. Rz. 43 zu § 33). Zur Beschlussfassung siehe im Übrigen Rz. 4 f. 16

Um den Klageweg zu eröffnen (vgl. § 37 Abs. 1), muss die Schiedsstelle stets – wenn eine Verfahrensbeendigung nicht aus sonstigen Gründen vorliegt (vgl. § 35, s. dort Rz. 9 f.) – einen Einigungsvorschlag treffen; dies gilt auch dann, wenn eine gütliche Einigung entsprechend dem zukünftigen Einigungsvorschlag aussichtslos erscheint[33] bzw. ein Beteiligter von vornherein Widerspruch gegen einen Einigungsvorschlag angekündigt hat[33a]. 17

III. Form und Inhalt des Einigungsvorschlags

Aus den Erfordernissen der Unterzeichnung (Abs. 2 Satz 2) und der Zustellung (Abs. 2 Satz 4) folgt, dass der Einigungsvorschlag **schriftlich** abzufassen ist; bloß mündlich ergangene Einigungsvorschläge entfalten keine Rechtswirkung[34]. Davon zu unterscheiden ist die Situation, dass die Parteien durch wechselseitige mündliche Erklärungen vor der Schiedsstelle unmittelbar eine Vereinbarung treffen (vgl. auch Rz. 12 zu § 35). 18
Auch auf Grund des § 33 Abs. 2 gelten nicht die zivilprozessualen Regularien zur Urteilsgestaltung, etwa zur Fassung des Rubrums und zur Benennung von Verfahrensbevollmächtigten[34a]. So ist im Rubrum – im Hinblick auf die Rechtswirkungen (vgl. § 34 Abs. 3, § 37 Abs. 1) – die namentliche Benennung aller Beteiligten (Antragsteller und -gegner) ausreichend, sofern sich – ggf. im Zusammenhang mit der Begründung – eine eindeutige Identifizierung ergibt.

Der **Einigungsvorschlag als solcher** ist im weitesten Sinne mit einer Urteilsformel (Tenor) vergleichbar. Er legt den Inhalt der den Beteiligten vorgeschlagenen Vereinbarung fest. Ein **zugestellter Einigungsvorschlag** kann von der Schiedsstelle weder ergänzt, geändert oder zurückgenommen werden. Auch eine inhaltliche Änderung der Begründung ist unzulässig[34b]. Allerdings ist eine Berichtigung von Berechnungsfehlern und offenbaren Unrichtigkeiten entsprechend § 319 ZPO zulässig[34c]. Eine **Berichtigung des Tatbestandes** gem. § 320 ZPO lehnt die Schiedsstelle als nicht statthaft 19

---

33   Zutr. Reimer/Schade/Schippel/Kaube Rz. 1 zu § 34.
33a Schiedsst. v. 20.9.1994 Arb.Erf. 106/93 (unveröffentl.).
34   So auch Volmer Rz. 15 zu § 34.
34a Schiedsst. Beschl. v. 15.2.1996 Arb.Erf. 3 (B)/93 (unveröffentl.).
34b Schiedsst. v. 15.2.1996 (Fn. 34a).
34c Ebenso Schiedsst. v. 15.2.1996 (Fn. 34a) u. Berichtigungsbeschluss v. 24.8.1998 Arb.Erf. 81/96 (unveröffentl.).

§ 34

und damit unzulässig ab; § 320 ZPO findet auf Einigungsvorschläge der Schiedsstelle keine Anwendung, weil es sich bei diesen Vorschlägen nicht um die Beteiligten hoheitlich bindende Urteile handelt[34d]. Vorschläge der Schiedsstelle für eine gütliche Einigung der Beteiligten können diese annehmen oder ihnen widersprechen. Mit Widerspruch entfaltet der Einigungsvorschlag in der Sache keine Rechtswirkungen.

20 Das gesetzliche Erfordernis der **schriftlichen Begründung** des Einigungsvorschlages bezweckt, den Parteien eine Entscheidung über die Richtigkeit des Einigungsvorschlages und damit über dessen Annahme bzw. über die Aussichten eines Rechtsstreites zu erleichtern. Dementsprechend sollen die den Einigungsvorschlag tragenden Gründe derart aufgeführt werden, dass sie die Erwägungen der Schiedsstelle in sachlicher und rechtlicher Hinsicht erkennen lassen[35].

21 Dabei ist weder eine Aufteilung in »Tatbestand« und »Entscheidungsgründe« erforderlich, noch eine vollständige Aufführung aller Gründe. Fehlerhaftigkeit des Einigungsvorschlags bewirkt in der Regel nur das gänzliche Fehlen von Gründen[36]; dem ist die Situation gleichzustellen, dass die Gründe in offenbarem Widerspruch zur »Entscheidungsformel« stehen. Allerdings wird man entsprechend § 1041 Abs. 2 ZPO einen beiderseitigen Verzicht der Parteien auf eine Begründung für zulässig erachten dürfen.

22 Es bedarf ferner der **Unterzeichnung** des Einigungsvorschlages durch alle Schiedsstellenmitglieder (vgl. auch § 1054 Abs. 1 Satz 1 ZPO für den Schiedsspruch). Bei Verhinderung kann sie entsprechend § 315 Abs. 1 Satz 2 ZPO ersetzt werden[37].

23 Im Hinblick auf die Fiktionswirkung des § 34 Abs. 3 schreibt § 34 Abs. 2 Satz 3 zwingend einen **Hinweis** in der Urkunde **auf die Möglichkeit eines Widerspruchs** und auf die Folgen der Versäumung der Widerspruchsfrist vor **(Rechtsbelehrung)**.

24 **Unterbleibt** diese **Belehrung** oder ist sie unrichtig (z.B. kürzere Frist, irrtumserregende Zusätze, gesetzlich nicht vorgesehene zusätzliche Erfordernisse), beginnt die Widerspruchsfrist des § 34 Abs. 3 grundsätzlich nicht zu laufen. Ist eine längere als die gesetzlich vorgeschriebene Frist angegeben, gilt diese[38]. Eine fehlende (unrichtige) Belehrung kann jederzeit mit ex-nunc-Wirkung nachgeschoben (berichtigt) werden. Durch einen innerhalb der Monatsfrist des § 34 Abs. 3 eingelegten Widerspruch wird ein Fehler der Belehrung geheilt.

34d Schiedsst. v. 13.10.1993 Arb.Erf. 81/88 (unveröffentl.) u.v. 15.2.1996 (Fn. 34a).
35 Ähnl. Lindenmaier/Lüdecke Anm. 3 zu § 34.
36 So auch Volmer Rz. 16 zu § 34; unklar Busse/Keukenschrijver, PatG, Rz. 7 zu § 34 ArbEG.
37 Wie hier Reimer/Schade/Schippel/Kaube Rz. 2 zu § 34 u. ständ. Praxis d. Schiedsst.
38 Zust. Busse/Keukenschrijver, PatG, Rz. 15 zu § 34 ArbEG.
39-44 frei

§ 34

IV. Zustellung des Einigungsvorschlages

Während die von allen Mitgliedern der Schiedsstelle unterzeichnete Ur- 25
schrift des Einigungsvorschlages bei den Akten der Schiedsstelle verbleibt,
ist eine **beglaubigte Ausfertigung** des Einigungsvorschlages allen Beteiligten zuzustellen (s. dazu Rz. 15 zu § 31). Mit der Zustellung entfaltet der
Einigungsvorschlag Außenwirkung (zur Verbindlichkeit s. Rz. 26 ff.), und
die Frist des § 34 Abs. 3 beginnt. Zur Änderung s. oben Rz. 19; zur erneuten Anrufung s. Rz. 25 zu § 28 und Rz. 22 zu § 31 u. unten Rz. 34; zur Antragsrücknahme s. Rz. 20 ff. zu § 31.

D. Verbindlichkeit des Einigungsvorschlags

I. Annahme des Einigungsvorschlags

Wegen des Rechtscharakters des Einigungsvorschlages (s. oben Rz. 8 ff.) 26
erwächst dieser nicht in formelle oder materielle Rechtskraft (Bestandskraft); der Einigungsvorschlag wird vielmehr als vertragliche Vereinbarung
(s. Rz. 12) zwischen den Verfahrensbeteiligten verbindlich, wenn er von
diesen angenommen worden ist. Eine Bindungswirkung für Dritte, nicht
am Verfahren Beteiligte, entsteht nicht. Im Falle einer **notwendigen
Streitgenossenschaft** (z.B. bei Miterfindern) hat die Schiedsstelle im Einzelfall die Verbindlichkeit des Einigungsvorschlages davon abhängig gemacht, dass die am Verfahren nicht förmlich Beteiligten (hier die übrigen
Miterfinder) ihre Zustimmung innerhalb der Frist des § 34 Abs. 3 gegenüber der Schiedsstelle erklären[45]. Jedenfalls wäre der Arbeitgeber bei einer
durch Einigungsvorschlag erfolgenden Neubestimmung eines Miterfinderanteils berechtigt, die Anteile für die übrigen Miterfinder gem. § 12 Abs. 5
Satz 2 neu festzusetzen[45a] (§ 12 Abs. 5 Satz 1; s. dort Rz. 93 f.)
Die Annahmeerklärung kann ausdrücklich oder stillschweigend (s. unten
Rz. 29) gegenüber dem anderen Teil oder – im Umkehrschluss aus § 34
Abs. 3 – nach hier vertretener Auffassung auch gegenüber der Schiedsstelle
erfolgen[45b].
Will ein Beteiligter den Einigungsvorschlag nicht annehmen, bedarf es 27
zur Vermeidung der Fiktionswirkung des § 34 Abs. 3 eines Widerspruchs
gegenüber der Schiedsstelle binnen eines Monats nach Zustellung.
Wird der Einigungsvorschlag angenommen, so ist das **Schiedsverfahren** 28
beendet. Zur Unverbindlichkeit eines Einigungsvorschlages s. Rz. 35 ff.,

---

45 Schiedsst. v. 18.6.1963 Arb.Erf. 25/65 u.v. 20.6.1963 Arb.Erf. 27/62 (beide unveröffentl.); a.A. (wohl) bei Miterfindern Volmer/Gaul Rz. 88 zu § 12.
45a Schiedsst. v. 28.9.1993 Arb.Erf. 133/92 (unveröffentl.).
45b A.A. m.H.a. § 130 Abs. 1 BGB: Busse/Keukenschrijver, PatG, Rz. 10 zu § 34
ArbEG.

§ 34

zur Wiedereinsetzung bei Versäumung des Widerspruchs s. Rz. 40 ff., zur Verfahrensbeendigung s. im Übrigen § 35.

II. Widerspruch

29 Der Einigungsvorschlag gilt gem. § 34 Abs. 3 kraft **gesetzlicher Fiktion** als angenommen, wenn nicht innerhalb eines Monats ein schriftlicher Widerspruch eines Beteiligten bei der Schiedsstelle eingeht. Entgegen sonstigen Rechtsgrundsätzen gilt hier Schweigen als Vertragsannahme[46]. Diese Ausnahmevorschrift rechtfertigt sich im Hinblick auf eine im Interesse des Arbeitsfriedens liegende baldige, abschließende Beilegung des Streitfalles; sie dient der Rechtssicherheit.

30 Die Vereinbarung der Beteiligten eines Schiedsstellenverfahrens, sich dem Einigungsvorschlag zu unterwerfen bzw. auf einen **Widerspruch zu verzichten**, ist materiell-rechtlich zulässig[46a]. An den Nachweis einer solchen vertraglichen Verpflichtung sind strenge Anforderungen zu stellen; das Einlassen des Arbeitgebers auf ein zunächst abgelehntes Schiedsstellenverfahren rechtfertigt die Annahme eines solchen Verzichts nicht.[46b] Ein entgegen einer solchen (ausdrücklichen) Absprache eingelegter Widerspruch führt verfahrensrechtlich dazu, dass die Schiedsstelle die erfolglose Beendigung des Schiedsstellenverfahrens gemäß der zwingenden Vorschrift des § 35 Abs. 1 Nr. 3 feststellt und mitteilt. Es ist nicht Aufgabe der Schiedsstelle, die materiell-rechtliche Wirksamkeit solcher »Verzichtsvereinbarungen« zu überprüfen (vgl. auch Rz. 19, 22 zu § 28). Trotz des Widerspruchs entfaltet der Einigungsvorschlag im Innenverhältnis der Beteiligten materiell-rechtliche Wirkung (quasi als Schiedsspruch, s. Rz. 10). Dem Rechtsverhältnis der Beteiligten ist der Inhalt des Einigungsvorschlags zugrunde zu legen, sei es, dass dies hergeleitet wird aus dem Gesichtspunkt des Schadensersatzes wegen Pflichtverletzung (§ 280 Abs. 1 BGB n.F.)[46c], sei es aus dem Gesichtspunkt des widersprüchlichen Verhaltens bzw. der Arglist (§ 242 BGB). Erhebt z. B. der Arbeitnehmer auf Grund dieses Einigungsvorschlags Zahlungsklage beim Arbeitsgericht (§ 39 Abs. 2) ist dort zur Überprüfung seiner Zuständigkeit die Vorfrage der Bindungswirkung des Einigungsvorschlags zu klären (s. Rz 17 zu § 39). Bei Klage des Arbeitgebers vor dem Landgericht (§ 39 Abs. 1) auf Feststellung

---

46 S. Amtl. Begr. (Fn. 31).
46a BGH v. 23.10.2001, GRUR 2002, 149, 150 – Wetterführungspläne II; so im Ergebn. auch Schiedsst. v. 18.12.1992 Arb.Erf. 81/88 (unveröffentl.); OLG Düsseldorf v. 5.3.1998 WRP 1998, 1202, 1206 – Wetterführungspläne (insges. aufgehoben durch BGH v. 24.10.2000 GRUR 2001, 155; s. hierzu Brandi-Dohrn CR 2001, 285 ff.); Reimer/Schade/Schippel/Kaube Rz. 10 zu § 28.
46b BGH v. 23.10.2001 (Fn. 46a).
46c So OLG Düsseldorf v. 5.3.1998 (Fn. 46a); ihm folgend Busse/Keukenschrijver, PatG, Rz. 13 zu § 34 ArbEG.

§ 34

fehlender Vergütungspflicht, wäre die Klage bei Bindungswirkung des Einigungsvorschlags als unzulässig abzuweisen.

Die **Widerspruchsfrist** ist eine für jeden Beteiligten mit Zustellung (s. Rz 25) beginnende, nicht verlängerbare Ausschlussfrist[46d] (zur Fristberechnung s. Rz 50 ff. zu § 6). Die Monatsfrist läuft nicht bei fehlender oder fehlerhafter Belehrung (s. Rz 24). Eine »Beschwer« wird nicht vorausgesetzt. 31

Der Widerspruch muss **bei der Schiedsstelle eingehen**. Ein Widerspruch gegenüber dem anderen Beteiligten ersetzt den Zugang ebenso wenig wie eine Klageerhebung.

Im Falle einer **Berichtigung des Einigungsvorschlages** (s. oben Rz 19) wird die Widerspruchsfrist mit Zustellung des Berichtigungsbeschlusses erneut in Lauf gesetzt[46e].

Es ist ein **schriftlicher** Widerspruch erforderlich. Ein mündlicher Widerspruch – etwa fernmündlich gegenüber dem Vorsitzenden – reicht nicht aus (zur Schriftform s. Rz. 35 ff. zu § 5). Von dem Erfordernis der eigenhändigen Unterschrift sieht die gerichtliche Praxis bei Telegramm, Telefax und Fernschreiben für Verfahrenserklärungen ab, so dass diese Telekommunikationsmittel zur Schriftformwahrung der Übermittlung des Originals der Unterschrift gleichgestellt werden[47]; diese gerichtliche Praxis muss auch im Rahmen des § 34 Abs. 3 Platz greifen[48]. Ein **vorsorglich** vor Zustellung des Einigungsvorschlags erklärter Widerspruch ist als Verstoß gegen § 34 Abs. 3 unbeachtlich und entfaltet keinerlei Wirkungen. 32

Inhaltliche Anforderungen stellt das Gesetz nicht auf. Eine Bezeichnung als Widerspruch ist ebenso wenig wie eine Begründung erforderlich. Es reicht aus, wenn aus dem Schriftstück hinreichend hervorgeht, dass der betreffende Beteiligte den Einigungsvorschlag nicht für sich gelten lassen will. Eine Annahme mit Änderungen (Bedingungen, Erweiterungen, Einschränkungen, Vorbehalten) ist als Widerspruch anzusehen (vgl. § 150 Abs. 2 BGB)[49]. 33

Auch wenn sich der Widerspruch nur gegen Teile des Einigungsvorschlags richtet, **erfasst** er grundsätzlich den **gesamten Einigungsvor-**

46d Schiedsst. Verfg. v. 21.6.1996 Arb.Erf. 37/94 (unveröffentl.); Busse/Keukenschrijver, PatG, Rz. 15 zu § 34.
46e Schiedsst. Berichtigungsbeschl. v. 24.8.1998 Arb.Erf. 81/96 (unveröffentl.); diff. BGH v. 5.11.1998 Az. VII ZB 24/98 (für den Lauf von Rechtsmittelfristen).
47 Vgl. z.B. BGH v. 11.10.1989 DB 1990, 374 u.v. 2.10.1991 NJW 1992, 244; weitere Nachweise bei Schulte, PatG, Rz. 84c von § 35.
48 Busse/Keukenschrijver, PatG, Rz. 14 zu § 34 ArbEG; Heine/Rebitzki Anm. 4 zu § 34; Reimer/Schade/Schippel/Kaube Rz. 6 zu § 34.
49 So auch Reimer/Schade/Schippel/Kaube (Fn. 48); Kaube/Volz RdA 1981, 213, 218; Busse/Keukenschrijver, PatG, Rz. 14 zu § 34 ArbEG; im Ergebn. ebenso Schiedsst. Verfg. v. 12.12.1996 Arb.Erf. 36/95 (unveröffentl.).

§ 34

schlag[50]. Insoweit ist – neben der Fassung der §§ 34 Abs. 3, 35 Abs. 1 Nr. 3 – zu berücksichtigen, dass die Schiedsstelle entsprechend ihrer Funktion, Kompromisslösungen zu suchen (vgl. hierzu Rz. 5 zu § 28), regelmäßig den Einigungsvorschlag als »Gesamtlösung« gestaltet, bei der eine Verknüpfung aller maßgeblichen Vergütungskriterien vorgenommen wird, diese sich also gegenseitig bedingen bzw. in eine Abhängigkeit zueinander gesetzt werden (zum Teilwiderspruch gem. § 12 Abs. 4 vgl. dort Rz. 79, 84).

34 Als **Rechtsfolge** bewirkt ein Widerspruch die erfolglose Beendigung des Schiedsstellenverfahrens (§ 35 Abs. 1 Nr. 3). Ein Zwang, anschließend den Klageweg zu beschreiten, besteht nicht. Solange keine gütliche Einigung erzielt bzw. keine gerichtliche Klärung angestrebt wird, bleiben die Rechtsbeziehungen in der Schwebe (vgl. auch Rz. 83 ff. zu § 12). Eine einseitige »**Rücknahme**« des Widerspruchs mit dem Ziel, nachträglich die Verbindlichkeit des Einigungsvorschlags zu erreichen, ist nicht möglich[54]; unbenommen bleibt die Möglichkeit, durch Vereinbarung mit dem anderen Beteiligten die Verbindlichkeit des Einigungsvorschlages »wiederherstellen«[54a].

Hat ein Beteiligter einem Einigungsvorschlag rechtzeitig widersprochen und ist damit das Schiedsverfahren nach § 35 Abs. 1 Ziff. 3 erfolglos beendet, kann er auch durch einen »Wiedereinsetzungsantrag« keine Wiederaufnahme des Schiedsstellenverfahrens erreichen[55]; das ArbEG kennt keine Regelung der Wiederaufnahme eines bereits abgeschlossenen Schiedsverfahrens. Zudem fehlt jegliches Rechtsschutzinteresse, da der Einigungsvorschlag wegen des Widerspruchs unverbindlich ist (Abs. 3). Ist das rechtliche Gehör im abgeschlossenen Schiedsverfahren in ausreichender Weise gewährt worden, besteht kein Anspruch auf Wiederholung des Schiedsverfahrens (vgl. auch Rz. 12 zu § 33 und Rz. 25 zu § 28) Ein Antrag auf Wiederaufnahme wird deshalb von der Schiedsstelle als unzulässig zurückgewiesen[55a].

Eine **nochmalige Anrufung** der Schiedsstelle kann nur bei veränderten Umständen zulässig sein.

III. Unverbindlichkeit des Einigungsvorschlags

35 Der Einigungsvorschlag entfaltet – trotz Annahme oder Fristablaufs – keine Verbindlichkeit, wenn er aus verfahrensrechtlichen (s. dazu oben Rz. 7

---

50 Ständ. Praxis d. Schiedsst., z. B. EV v. 22.2.1989 Arb.Erf. 55/88 u. ZB v. 11.5.1990 Arb.Erf. 102/98 (beide unveröffentl.).
51-53 frei
54 Schiedsst. Vfg. v. 21.6.1996 Arb.Erf. 37/94 (unveröffentl.) m.H.a. § 35 Abs. 1 Nr. 3 ArbEG u. § 146 BGB.
54a Schiedsst. Vfg. v. 21.6.1996 (Fn. 54).
55 Schiedsst. Beschl. v. 20.7.1992 EGR Nr. 3 zu § 33 ArbEG.
55a Schiedsst. Vfg. v. 17.7.1996 Arb.Erf. 57/96 (unveröffentl.).

sowie Rz. 11 ff. zu § 33) oder aus sonstigen schwerwiegenden Gründen (vgl. etwa Rz. 18, 21) **unwirksam** (nichtig) ist[55b].
Von einer Verbindlichkeit des Einigungsvorschlags geht die Schiedsstelle m.H.a. § 34 Abs. 3 allerdings dann aus, wenn sich nach Verfahrensbeendigung ergibt, dass ein Beteiligter nicht Arbeitsvertragspartei gewesen ist, sich aber auf das Schiedsstellenverfahren eingelassen und dem Einigungsvorschlag nicht widersprochen hat[55c].

Da dem Einigungsvorschlag die Wirkung eines privatrechtlichen Vertrages zukommt, gelten für dessen Unwirksamkeit (auch) die allgemeinen Bestimmungen des BGB (z.B. §§ 134, 138 BGB) und die §§ 22, 23 ArbEG[56]. Eine (stillschweigende) Annahmeerklärung unterliegt als (auch) rechtsgeschäftliche Willenserklärung den bürgerlichrechtlichen Vorschriften über Willensmängel (§§ 119 ff. BGB; s. aber auch § 779 BGB, dazu unten Rz. 39); die **Anfechtung** ist nicht gegenüber der Schiedsstelle, sondern gegenüber dem Vertragspartner zu erklären und hat ebenso wie ein Widerspruch eine verfahrensbeendende Wirkung[57].

36

Kommt einem verbindlich gewordenen Einigungsvorschlag die **Rechtsnatur eines Vergleichs** zu (s. Rz. 12), so steht dieser im Hinblick auf § 779 BGB nur noch der Überprüfung offen, ob die Beteiligten und die Schiedsstelle von einem unstreitigen Sachverhalt ausgegangen sind, der sich nachträglich als falsch erweist[57a]; dagegen sind alle Streitfragen, die durch den angenommenen (s. § 34 Abs. 3) Einigungsvorschlag vergleichsweise geregelt wurden, verbindlich, auch wenn sich nachträglich ergeben sollte, dass die ursprüngliche Auffassung einer Partei zu Recht bestanden hat[57b] (Ausnahme: § 12 Abs. 6, § 23).

Der **Widerruf** eines von der Schiedsstelle erlassenen Einigungsvorschlags ist gesetzlich nicht vorgesehen, so dass ein dahingehender Antrag ebenso wie ein Antrag auf Wiederaufnahme eines Schiedsstellenverfahrens (s. dazu Rz. 34) – als unzulässig zurückgewiesen wird[57c]. Davon zu trennen ist die Möglichkeit der Wiedereinsetzung in den vorigen Stand bei Versäumung eines Widerspruchs (s. unten Rz. 40 ff.).

Im Falle einer nachträglichen **Veränderung der Umstände** gilt auch bezüglich Einigungsvorschlägen, die Vergütungszahlungen zum Gegenstand haben, § 12 Abs. 6[57a] (s. dort Rz. 95 ff.).

37

55b So auch Schiedsst. Beschl. v. 15.2.1996 Arb.Erf. 3(B)/93 (unveröffentl.).
55c So Schiedsst. v. 21.8.1997 Arb.Erf. 15/96 (unveröffentl.)
56   Vgl. dazu den Fall b. Schiedsst. v. 9.2.1996 EGR Nr. 16 zu § 12 ArbEG u.v. 28.9.1992 EGR Nr. 2 zu § 11 ArbEG (RL Nr. 42).
57   Zutr. Volmer Rz. 22 zu § 34.
57a Schiedsst. v. 24.8.1989 Arb.Erf. 5/89 (unveröffentl.)
57b Schiedsst. Vfg. v. 17.7.1996 (Fn. 55 a) m.H.a. Beschl. v. 12.1.1993 Arb.Erf. 57/89
57c Vgl. z. B. Schiedsst. v. 28.9.1992 (Fn. 56)
57d Vgl. z.B. Schiedsst. v. 28.9.1992 (Fn. 56).

§ 34

38 Ein unwirksamer Einigungsvorschlag kann von den Parteien – bei Vermeidung des Nichtigkeitsgrundes – inhaltlich einer **neuen Vereinbarung** zugrunde gelegt werden (s. § 141 Abs. 2 BGB). Ebenso kann ein verbindlich gewordener Einigungsvorschlag einverständlich aufgehoben werden.

39 Ein **Streit über die Wirksamkeit** des Einigungsvorschlages kann ohne vorherige Anrufung der Schiedsstelle vor den Patentstreitkammern (s. § 39 Abs. 1) durchgeführt werden (§ 37 Abs. 2 Nr. 1, s. dort Rz. 11 f.). Wird die Unwirksamkeit des Einigungsvorschlages festgestellt, ist das Verfahren vor der Schiedsstelle wiedereröffnet, sofern die Parteien nicht einverständlich davon absehen wollen[58]. Zur Zuständigkeit der Schiedsstelle – auch zur Auslegung eines Einigungsvorschlages – s. Rz. 22 zu § 28.

Eine **Verfassungsbeschwerde** gegen einen Einigungsvorschlag ist gemäß § 90 Abs. 1 BVerfGG unzulässig[58].

E. Wiedereinsetzung in den vorigen Stand

40 § 34 Abs. 4 und 5 behandeln die bei Versäumung des Widerspruchs (§ 34 Abs. 3) gegebene Möglichkeit einer Wiedereinsetzung in den vorherigen Stand.

41 Der Begriff des »**unabwendbaren Zufalls**« ist weit auszulegen. Dies gebieten Art. 19 Abs. 4 GG ebenso wie die durch die Vereinfachungsnovelle vom 3. 12. 1976 (BGBl. I, 3281) in §§ 233 ZPO, 123 Abs. 1 PatG geschaffenen Erleichterungen. Entsprechend diesen Vorschriften, deren früheren Fassungen § 34 Abs. 4 zwar nachgebildet, aber (wohl versehentlich) nicht angepasst worden ist, muss es für die Wiedereinsetzung ausreichen, dass der Beteiligte »ohne Verschulden« verhindert war, den ordnungsgemäßen Widerspruch i.S.d. § 34 Abs. 3 bei der Schiedsstelle einzulegen[65]. Maßgeblich sind also die Umstände des Einzelfalls. Zur »Wiedereinsetzung« bei Widerspruch gegen einen Einigungsvorschlag s. Rz. 34.

42 Erforderlich ist ein **begründeter** (s. dazu § 34 Abs. 4 Satz 4), schriftlicher Antrag (zur Schriftform s. Rz. 35 ff. zu § 5), der **innerhalb eines Monats** nach Wegfall des Hindernisses – also wenn dieses entfällt bzw. dessen Fortbestehen nicht mehr unverschuldet ist – bei der Schiedsstelle eingereicht werden muss. Innerhalb dieser Frist ist auch der Widerspruch i. S. des § 34

---

58 BVerfG Beschl. v. 24.4.1998 NJW 1998, 3704, 3705 – Induktionsschutz v. Fernmeldekabeln.

59-64 frei

65 Wie hier Reimer/Schade/Schippel/Kaube Rz. 10 zu § 34; a.A. Busse/Keukenschrijver, PatG, Rz. 16 zu § 34 ArbEG, wonach neben fehlendem Verschulden weiterhin ein unabwendbares Ereignis erforderlich bleibt. Entspr. Einzelheiten dazu s. b. d. Komm. z. ZPO u. z. PatG, z.B. Baumbach/Lauterbach/Hartmann ZPO Anm. 4 zu § 233; Thomas/Putzo Anm. 5 zu § 233; Zöller/Greger ZPO Rz. 23 ff. zu § 233; Benkard/Schäfers PatG Rz. 11 ff. zu § 123.

66 frei

Abs. 3 nachzuholen. Nach Ablauf der Ausschlussfrist des § 34 Abs. 4 Satz 5 kann die Wiedereinsetzung nicht mehr gewährt werden, gleichgültig, ob und wann das Hindernis weggefallen ist.

Die **Entscheidung über den Wiedereinsetzungsantrag** obliegt der Schiedsstelle (Abs. 5). Der Beschluss über die Wiedereinsetzung ist wie der Einigungsvorschlag zuzustellen (s. dazu Rz. 25), da er die Beschwerdefrist in Gang setzt. Gegen die Gewährung der Wiedereinsetzung ist dem anderen Beteiligten kein Rechtsbehelf eingeräumt (vgl. § 238 Abs. 3 ZPO). Die Versagung kann dagegen vom Antragsteller im Wege der sofortigen Beschwerde innerhalb einer Notfrist von 2 Wochen (§§ 567, 569 Satz 1 ZPO) bei dem für den Sitz des Antragstellers (§§ 13, 17 ZPO) örtlich zuständigen Landgericht angefochten werden (wegen des Anwaltszwangs – § 78 ZPO – sollte diese Regelung unter Beachtung des Grundsatzes der Kostenfreiheit – § 36 – de lege ferenda überdacht werden). Die Patentstreitkammern sind funktionell nicht zuständig[67]. 43

---

[67] S. Ausschussber. zu BT-Drucks. II/3327 S. 9 = Blatt 1957, 255.

§ 35 Erfolglose Beendigung des Schiedsverfahrens

(1) Das Verfahren vor der Schiedsstelle ist erfolglos beendet,
1. wenn sich der andere Beteiligte innerhalb der ihm nach § 31 Abs. 2 gesetzten Frist nicht geäußert hat;
2. wenn er es abgelehnt hat, sich auf das Verfahren vor der Schiedsstelle einzulassen;
3. wenn innerhalb der Frist des § 34 Abs. 3 ein schriftlicher Widerspruch eines der Beteiligten bei der Schiedsstelle eingegangen ist.

(2) Der Vorsitzende der Schiedsstelle teilt die erfolglose Beendigung des Schiedsverfahrens den Beteiligten mit.

Übersicht

A. Allgemeines............................	1, 2	III. Sonstige Beendigungsgründe..	9-12
B. Tatbestände der erfolglosen Beendigung (Abs. 1)........................	3-16	IV. Besonderheiten bei mehreren Beteiligten............................	13-16
I. Nichteinlassung des Antragsgegners (Nrn. 1 u. 2)..........	3-7	C. Mitteilung der erfolglosen Beendigung (Abs. 2)........................	17, 18
II. Widerspruch eines Beteiligten gegen den Einigungsvorschlag (Nr. 3)............................	8		

A. Allgemeines

Ausgehend vom Zweck des Schiedsstellenverfahrens, eine gütliche Einigung zwischen den Beteiligten herbeizuführen (§ 28 Satz 2), wird ihre Beteiligung an dem Verfahren vom Gesetz nicht erzwungen. Es steht deshalb dem **Antragsgegner frei, sich auf das Verfahren einzulassen**[1]. Die schlüssig oder ausdrücklich erklärte Weigerung regelt § 35 Abs. 1 Nrn. 1 u. 2. Einen weiteren Fall der erfolglosen Beendigung des Schiedsstellenverfahrens behandelt § 35 Abs. 1 Nr. 3, wonach bei Widerspruch eines Beteiligten gegen einen Einigungsvorschlag der Schiedsstelle (§ 34 Abs. 3) der Versuch einer gütlichen Einigung gescheitert ist. Der **Katalog** des § 35 Abs. 1 ist **nicht abschließend**[1a], sondern fasst nur die wesentlichen Fallsituationen zusammen[2] (s. Rz. 9 ff.).

1

---

1 Schiedsst. v. 18.12.1992 Arb.Erf. 81/88 (unveröffentl.).
1a So auch Volmer Rz. 5 zu § 35; Busse/Keukenschrijver, PatG, Rz. 1 zu § 35 ArbEG.
2 S. auch Amtl. Begr. BT-Drucks. II/1648 S. 46 = Blatt 1957, 243.

§ 35

Ausweislich des Geschäftsberichts der Schiedsstelle für den Zeitraum 1998–2001[2a] wurde rd. 1/3 der beantragten Schiedsstellenverfahren erfolglos beendet, bevor ein Einigungsvorschlag unterbreitet worden ist. Bei rd. 15-20 % der beantragten Schiedsstellenverfahren hat sich der jeweilige Antragsgegner nicht auf das Schiedsstellenverfahren eingelassen.

2 § 35 Abs. 2 schreibt **zwingend** die von Amts wegen vorzunehmende **Mitteilung** der erfolglosen Verfahrensbeendigung durch den Vorsitzenden der Schiedsstelle vor. Die Mitteilung ist insbesondere im Hinblick auf die Rechtsfolge der erfolglosen Beendigung von Bedeutung; nach § 37 Abs. 1 kann eine Klage wegen desselben Streitfalles erst geltend gemacht werden, nachdem ein Verfahren vor der Schiedsstelle vorausgegangen ist (s. dazu Rz. 4 ff. zu § 37).

B. Tatbestände der erfolglosen Beendigung (Abs. 1)

I. Nichteinlassung des Antragsgegners (Nrn. 1 u. 2)

3 Äußert sich der andere Beteiligte nicht innerhalb der ihm vom Vorsitzenden der Schiedsstelle nach § 31 Abs. 2 mit der Zustellung des Anrufungsantrages gesetzten Frist, bewirkt dies unmittelbar die Verfahrensbeendigung, ohne dass es auf den Willen der Beteiligten ankommt (Nr. 1). Diese Regelungen über die Nichteinlassung des Antragsgegners finden keine Anwendung im **Verfahren nach § 17 Abs. 2** (s. dort Rz. 47).

Eine erfolglose Beendigung soll auch dann vorliegen, wenn sich der **vollmachtlose Vertreter** einer Partei sachlich einlässt, der Vertretene diese Erklärung aber nicht fristgerecht genehmigt[3]. Dies gilt stets in den Fällen, in denen der Vertretene eine Genehmigung ausdrücklich ablehnt. Steht dagegen die Genehmigung bzw. die Vorlage der Vollmacht innerhalb der nach § 31 Abs. 2 gesetzten Frist aus, reicht dies noch nicht für eine erfolglose Beendigung. Vielmehr bedarf es dazu einer nochmaligen Aufforderung und Fristsetzung zur Vorlage der Genehmigung bzw. Vollmacht. Wird auch diese Frist nicht eingehalten, wird man entsprechend den allgemeinen Rechtsgrundsätzen zu § 89 ZPO[3a] eine Heilung durch Vorlage der Vollmacht bzw. durch Genehmigung so lange zulassen müssen, bis die Mitteilung über die erfolglose Beendigung nach § 35 Abs. 2 vorliegt.

4 Geht die Gegenäußerung des Antragsgegners nicht innerhalb der mit der Zustellung beginnenden Frist (s. dazu Rz. 16 zu § 31), sondern **verspätet** bei der Schiedsstelle ein, so wurde nach früherer Praxis der Schiedsstelle

---

2a Vgl. die Jahresstatistiken i. jeweiligen März-Heft d. »Blatt«, zuletzt Blatt 2002, 122 ff., 142.
3   Schiedsst.Beschl. v. 1.7.1985 Arb.Erf. 74/83 (unveröffentl.).
3a Vgl. allg. BGH v. 10.1.1995 GRUR 1995, 333, 334 – Aluminium-Trihydroxid; BPatG v. 19.12.1991 Blatt 1992, 473 u.v. 24.2.1992 Blatt 1993, 27 m.w.N.

§ 35

das Verfahren bei Einverständnis des Antragstellers fortgesetzt[4]. Nach zutreffender nunmehr gefestigter Übung erklärt die Schiedsstelle das Verfahren – mangels gesetzlicher Möglichkeit der Wiedereinsetzung – für erfolglos beendet[5]. Es bleibt jedem Beteiligten – wie auch in allen sonstigen Fällen der Nichteinlassung[6] – überlassen, sofort zu klagen oder die **Schiedsstelle erneut anzurufen**[5]. Zu Besonderheiten bei mehreren Beteiligten s. Rz. 13 f.

Eine erfolglose Beendigung tritt ebenso ein, wenn der andere Beteiligte es ausdrücklich durch schriftliche oder mündliche Erklärung gegenüber der Schiedsstelle **ablehnt, sich auf das Verfahren einzulassen (Nr. 2)**. Unerheblich ist, aus welchen Gründen die Ablehnung erfolgt. Selbst eine unzutreffende Begründung, etwa die irrige Annahme der Unzuständigkeit der Schiedsstelle, genügt[7], da die Ablehnung einer Begründung überhaupt nicht bedarf.

5

Eine Nichteinlassung auf das Schiedsstellenverfahren ist dem Antragsgegner verwehrt, wenn er sich zuvor zur Einlassung auf ein Schiedsverfahren verpflichtet hat. Dies kann z.B. im Rahmen einer arbeitsvertraglichen Aufhebungsvereinbarung erfolgen, bei der streitige Erfindervergütungsansprüche einer nachfolgenden Klärung vorbehalten werden. Eine solche Verpflichtung entfaltet allerdings nur materiell-rechtliche Wirkung im Verhältnis der (früheren) Arbeitsvertragsparteien, kann die Schiedsstelle im Hinblick auf die zwingende Regelung des § 35 Abs. 1 Nr. 2 jedoch verfahrensrechtlich nicht binden. Zur Verpflichtung der Arbeitsvertragsparteien, einem Schiedsspruch nicht zu widersprechen, s. Rz. 30 zu § 34.

§ 35 Abs. 1 Nr. 2 behandelt nur den Fall, dass der Antragsgegner sich **von Anfang an nicht zur Hauptsache einlässt**[8] (zur Antragsrücknahme s. Rz. 20 f. zu § 31). Hat er sich dagegen zur Sache geäußert, hindert die Weigerung eines Beteiligten, weiterhin am Schiedsstellenverfahren teilzunehmen, die Schiedsstelle nicht, bei hinreichender Klärung des Sachverhaltes einen Einigungsvorschlag vorzulegen[10]; es besteht insoweit auch keine Möglichkeit für den Antragsgegner, sich nach Einlassung einseitig aus dem

6

---

4   Reimer/Schade/Schippel/Kaube Rz. 7 zu § 31.
5   Bescheid d. Schiedsst. v. 25.9.1978 Arb.Erf. 44/78; v. 7.6.1976 Arb.Erf. 14/78 u. ZB. v. 2.5.1995 Arb.Erf. 63/93 (sämtlich unveröffentl.).
6   So im Ergebn. auch Schiedsst. v. 18.10.1989 Arb.Erf. 20/89 (unveröffentl.); zust. auch Busse/Keukenschrijver, PatG, Rz. 2 zu § 35 ArbEG.
7   Schiedsst. v. 18.12.1992 Arb.Erf. 81/88 (unveröffentl.).
8   Ganz h. M., vgl. Busse/Keukenschrijver, PatG, Rz. 3 zu § 35 ArbEG; Reimer/Schade/Schippel/Kaube Rz. 11 zu § 31; ebenso Schiedsst. (siehe die Nachw. in Fn. 10, 11).
9   frei
10 Schiedsst. v. 9.1./17.12.1963 Blatt 1964, 166 = GRUR 1964, 504 (LS) m. zust. Anm. Schippel; v. 10.1.1983 Blatt 1983, 188, 189 l.Sp., bestätigt u. a. durch Beschl. v. 9.4.1997 Arb.Erf. 56/96 (unveröffentl.).

§ 35

Schiedsstellenverfahren herauszulösen[11] (s. auch Rz. 12). Fordert der Antragsgegner den Antragsteller auf, sein Antragsbegehren klarzustellen, liegt hierin noch keine sachliche Einlassung. Lässt der Antragsgegner sich nur auf bestimmte Anträge des Antragstellers bzw. nur hinsichtlich bestimmter Schutzrechte sachlich ein, wird insoweit das Schiedsstellenverfahren in Gang gesetzt mit der Folge, dass er sich hieraus gegen den Willen des Antragstellers nicht mehr zurückziehen kann. Lehnt er aber im Übrigen eine sachliche Einlassung ab, ist insoweit das Schiedstellenverfahren erfolglos beendet (§ 35 Abs. 1 Nr. 2 und Abs. 2)[11a].

Das bewusste Scheiternlassen des Schiedsstellenverfahrens stellt – wie aus der Regelung des § 35 Abs. 1 hervorgeht – weder einen Verwirkungsgrund noch einen Hinderungsgrund für eine Klage dar[12].

Hat sich der Antragsgegner auf das Schiedsstellenverfahren eingelassen, steht es ihm selbstverständlich frei, durch einen Widerspruch nach § 34 Abs. 3 die Wirkungen gemäß § 35 Abs. 1 Nr. 3 herbeizuführen.

7   Erfasst der Verfahrensgegenstand **mehrere selbständige Lebenssachverhalte**, steht es dem anderen Beteiligten frei, sich nur auf einen oder einzelne Sachverhalte sachlich einzulassen. Entscheidend für die Bestimmung des Gegenstandes des Schiedsverfahrens ist daher der im Rahmen des gestellten Antrags geäußerte Wille des Antragsgegners, sich (nur) auf bestimmte Gegenstände des Antrags einzulassen[12a].

Hinsichtlich der nicht einbezogenen Sachverhalte muss die Schiedsstelle durch Beschluss und entsprechende Mitteilung nach § 35 Abs. 2 das Verfahren insoweit für erfolglos beendet erklären; um dem Antragsteller den Klageweg alsbald zu eröffnen, sollte dies regelmäßig vorab, also unabhängig vom weiteren Verfahrensverlauf, erfolgen[13]. Werden in ein laufendes Verfahren Streitfälle bezüglich einer weiteren Erfindung eingebracht, so können diese bei Ablehnung der anderen Partei nicht zum Gegenstand des laufenden Verfahrens gemacht werden[14] (vgl. auch Rz. 8, 10 zu § 33).

Eine auf bestimmte rechtliche Gesichtspunkte beschränkte Einlassung ist dagegen nicht möglich[15].

---

11   Schiedsst. v. 6.2.1985 Blatt 1985, 222; im Ergebn. auch Schiedsst. v. 20.9.1994 Arb.Erf. 106/93 (unveröffentl.) u. v. 9.4.1997 (Fn. 10).
11a So Schiedsst. v. 10.10.1995 Arb.Erf. 36/95 u. Beschluss v. 1.3.1995 Arb.Erf. 66 u. 67/93 (alle unveröffentl.).
12   LG Berlin v. 17. 3. 1977 Az. 16 O 415/76 (unveröffentl.).
12a Schiedsst. v. 18.12.1992 Arb.Erf. 81/88 (unveröffentl.).
13   Wie hier Volmer/Gaul Rz. 8 zu § 35.
14   So i. Ergebn. Schiedsst. v. 25. 5. 1983 Arb.Erf. 14/84 (unveröffentl.).
15   Schiedsst. v. 3.7.1968 Arb.Erf. 52/67 (unveröffentl.), zitiert b. Reimer/Schade/Schippel/Kaube Rz. 3 zu § 35.
16-25 frei

§ 35

II. Widerspruch eines Beteiligten gegen den Einigungsvorschlag (Nr. 3)

Das Schiedsstellenverfahren kann nach Erlass des Einigungsvorschlags auf Grund fristgerechten Widerspruchs gem. § 34 Abs. 3 durch jeden Beteiligten erfolglos beendet werden (Einzelheiten s. Rz. 29 ff. zu § 34). 8

III. Sonstige Beendigungsgründe

Da der **Katalog** des § 35 Abs. 1 **nicht abschließend** ist (s. Rz. 1), sind weitere Situationen einer erfolglosen Beendigung möglich. 9

Bei fehlender Zuständigkeit (s. dazu Rz. 12 ff. zu § 28) erklärt sich die Schiedsstelle durch Beschluss für unzuständig und stellt das Verfahren ein[26]. Eine entsprechende Entscheidung wird getroffen, wenn der **Anrufungsantrag** aus sonstigen Gründen **unzulässig** ist (s. dazu Rz. 7 ff. zu § 28). Derartige Beschlüsse sind **als Verwaltungsakte** vor den Verwaltungsgerichten angreifbar (s. Rz. 8 zu § 28). Der Klageweg »für die Hauptsache« vor den ordentlichen Gerichten wird durch diesen Beschluss, der regelmäßig zugleich auch die erfolglose Beendigung des Schiedsstellenverfahrens zwar nicht ausspricht, jedoch enthält, eröffnet, ohne dass es einer besonderen Mitteilung nach § 35 Abs. 2 bedarf (s. auch unten Rz. 18). 10

Tritt während des Schiedsstellenverfahrens ein Tatbestand des § 37 Abs. 2 Nrn. 2 und 3 ein, führt dies nicht notwendig zur erfolglosen Beendigung des Schiedsstellenverfahrens[27]. Dadurch wird lediglich die Möglichkeit der sofortigen Klageerhebung eröffnet. Diese Möglichkeit der Klageerhebung hindert die Parteien aber nicht, hiervon (zunächst) abzusehen und stattdessen das eingeleitete Schiedsstellenverfahren fortzuführen. Wird dagegen Klage erhoben, ist das Schiedsstellenverfahren regelmäßig einzustellen (s. auch Rz. 15, 18 zu § 37). 11

Auch die Verständigung der Beteiligten, von der weiteren Durchführung eines eingeleiteten Schiedsstellenverfahrens abzusehen (vgl. § 37 Abs. 2 Nr. 4, s. dort Rz. 20), führt ebenso zur Verfahrenseinstellung wie die zwischenzeitliche Einigung der Beteiligten in der Sache (außerhalb des Schiedsstellenverfahrens oder durch Vergleich vor der Schiedsstelle). Eine Einstellung nebst Ausspruch der erfolglosen Beendigung kommt auch dann in Betracht, wenn die Schiedsstelle aus Rechtsgründen außerstande ist, einen Einigungsvorschlag zu machen[28]. Nicht zulässig ist es jedoch, auf Antrag 12

---

26 So z.B. Schiedsst. Beschl. v. 9.3.1981 Arb.Erf. 56/80, v. 21.3.1975 Arb.Erf. 80/74; v. 20.11.1990 Arb.Erf. 6/90; v. 13.10.1994 Arb.Erf. 180/92 u. EV v. 18.10.2001 Arb.Erf. 57/98 (alle unveröffentl.).
27 Wie hier Lindenmaier/Lüdecke Anm. 1 zu § 35; Volmer/Gaul Rz. 19 zu § 35; abw. wohl Volmer Rz. 5 zu § 35; Tschischgale Jur.Büro 1966, 169, 172.
28 S. Schiedsst. v. 14.3.1960 Blatt 1960, 316 u.v. 12.1.1993 EGR Nr. 1 zu § 31 ArbEG.

§ 35

nur eines Beteiligten ein laufendes Schiedsstellenverfahren für erfolglos beendet zu erklären[29].

IV. Besonderheiten bei mehreren Beteiligten

13 Sind mehrere Beteiligte Antragsgegner bzw. Antragsteller, laufen **alle Fristen** für jeden Beteiligten **gesondert.** Von der Situation einer »notwendigen Streitgenossenschaft« abgesehen, steht jeder Beteiligte regelmäßig so, als sei er alleiniger Verfahrensgegner des anderen Beteiligten.

14 Eine **einheitliche Erklärung** - sei es die stillschweigende (§ 35 Abs. 1 Nr. 1) bzw. ausdrückliche (§ 35 Abs. 2 Nr. 2) Nichteinlassung aller Antragsgegner einerseits oder ein übereinstimmender Widerspruch aller Antragsteller bzw. Antragsgegner andererseits – führt stets zur erfolglosen Verfahrensbeendigung für alle.

15 Liegen dagegen **unterschiedliche Erklärungen** vor, so ist entscheidend, ob in einem nachfolgenden Rechtsstreit ein Fall der **notwendigen Streitgenossenschaft** nach § 62 ZPO gegeben wäre[36]. Eine solche wird etwa bei einem Streit über die Bewertung einer technischen Neuerung als (Dienst-) Erfindung ebenso anzunehmen sein, wie wenn die Eigenschaft als Miterfinder oder die Höhe der Miterfinderanteile streitig ist (vgl. auch § 12 Abs. 5 ArbEG). In diesen Fällen wird ein »säumiger« Beteiligter – nach unserer Ansicht – hinsichtlich der Wahrung der Fristen des § 31 Abs. 1 bzw. § 34 Abs. 3 entsprechend dem Rechtsgedanken des § 62 Abs. 1 ZPO so angesehen, als sei er durch den »nicht säumigen« Beteiligten vertreten; er ist am weiteren Schiedsstellenverfahren zu beteiligen (vgl. § 62 Abs. 2 ZPO)[37].

16 Fehlt es dagegen an der Situation einer notwendigen Streitgenossenschaft, ist die Frage einer Fristversäumung bzw. eines Widerspruchs und damit die Frage des Verfahrensausgangs für jeden Beteiligten gesondert zu behandeln.

C. Mitteilung der erfolglosen Beendigung (Abs. 2)

17 Da nach § 37 Abs. 1 eine Klage in demselben Streitfall erst eingereicht werden kann, nachdem ein abgeschlossenes Verfahren vor der Schiedsstelle vorausgegangen ist, ist es erforderlich, die Verfahrensbeendigung den Beteiligten möglichst schnell zur Kenntnis zu bringen[38]. Insofern hat der Vorsitzende der Schiedsstelle die erfolglose Beendigung allen Beteiligten mit-

---

29 Schiedsst. v. 20.9.1994 Arb.Erf. 106/93 (unveröffentl.).
30-35 frei
36 Zur notwendigen Streitgenossenschaft bei mehreren Patentinhabern vgl. BGH v. 15.6.1967 GRUR 1967, 655, 656 – Altix.
37 Zust. Volmer/Gaul Rz. 38 zu § 35.
38 S. Amtl. Begr. (Fn. 2) S. 46 = Blatt 1957, 243 a.E.

§ 35

zuteilen. Dies ist zwar – mangels entsprechender Regelung – auch formlos möglich; um vor Gericht jedoch einen entsprechenden Nachweis führen zu können, hat jeder Beteiligte einen Anspruch auf schriftliche Ausfertigung der Mitteilung.

Wird die Einstellung des Verfahrens oder die Verwerfung des Anrufungsantrages durch **Beschluss** festgestellt, tritt dessen Zustellung an die Stelle der Mitteilung[39]. 18

---

39 Zust. Busse/Keukenschrijver, PatG, Rz. 6 zu § 35 ArbEG.

§ 36 Kosten des Schiedsverfahrens

Im Verfahren vor der Schiedsstelle werden keine Gebühren oder Auslagen erhoben.

Lit.: *Tschischgale*, Das Schiedsverf. n. d. Ges. ü. ArbNErf. u. seine Kosten, JurBüro 66, 169.

Übersicht

A. Allgemeines	1	C. Kosten der Beteiligten	3-6
B. Verfahrenskosten	2		

A. Allgemeines

Um dem Zweck des Schiedsstellenverfahrens (s. dazu Rz. 2 f vor § 28) gerecht zu werden und die Bereitschaft der Beteiligten zur Anrufung der Schiedsstelle nicht durch ein Kostenrisiko zu belasten, normiert § 36 den Grundsatz der **Kostenfreiheit** des Schiedsstellenverfahrens (anders bei der Schiedsstelle für Urheberrechtsstreitfälle, vgl. §§ 13 ff. UrhSchiedsVO). Die Kostenfreiheit hat zudem den Zweck, eine einvernehmliche Regelung unter Mitwirkung der Schiedsstelle nicht an Kosten scheitern zu lassen[1]. Die Kostenfreiheit hat aber auch zur Folge, dass das Schiedsstellenverfahren mit einem vertretbaren Aufwand durchgeführt werden sollte[2] (s. auch Rz. 13, 18 zu § 33). 1

B. Verfahrenskosten

Zur Durchführung des Verfahrens werden weder Gebühren für das Tätigwerden der Schiedsstelle noch für deren Auslagen (also die geldwerten Aufwendungen wie z.B. Schreibkosten, Postgebühren, Entschädigung der Beisitzer, Kosten der von der Schiedsstelle geladenen Zeugen und Sachverständigen) erhoben. Zeugen und Sachverständige werden nach dem Gesetz über die Entschädigung von Zeugen und Sachverständigen (ZuSEG) entschädigt. Diese Kosten gehen wegen der Kostenfreiheit des Schiedsstellenverfahrens zulasten des Bundeshaushalts[2a]. 2

C. Kosten der Beteiligten

Mangels ausdrücklicher gesetzlicher Bestimmung haben die Beteiligten des Schiedsstellenverfahrens auch **keinen Anspruch auf Erstattung** eigener 3

---

1 Schiedsst. v. 10.1.1983 Blatt 1983, 188, 189.
2 Schiedsst. v. 16.6.1983 Blatt 1984, 250, 251.
2a Reimer/Schade/Schippel/Kaube Rz. 1 zu § 36.

§ 36

Kosten und Auslagen³; sofern die Beteiligten Zeugen und Sachverständige selbst stellen, müssen sie deren Kosten ebenso tragen⁴ wie die Gebühren für Privatgutachten oder Recherchen. Entsprechendes gilt für die Kosten der Verfahrensbevollmächtigten⁵. Ob und inwieweit im Einzelfall ein Anspruch auf Erstattung der Anwaltskosten aus dem Gesichtspunkt des Verzugs des Antragsgegners (§ 286 BGB n.F.) besteht, kann mangels Zuständigkeit nicht im Schiedsstellenverfahren entschieden werden⁶ (vgl. aber Rz. 4).

4   In einem **nachfolgenden gerichtlichen Verfahren** (vgl. §§ 37 ff.) sind die Kosten des vorangegangenen Schiedsstellenverfahrens von der unterliegenden Partei nach § 91 Abs. 1 ZPO dann zu tragen, wenn das Schiedsstellenverfahren zwingend vorgeschrieben war (also nicht in den Ausnahmefällen des § 37 Abs. 2) und die Kosten notwendig, also für die Rechtswahrung bzw. Rechtsverfolgung objektiv erforderlich und geeignet waren¹⁴; so kann im Einzelfall die Vertretung durch einen Anwalt geboten gewesen sein¹⁵.

5   Grundlage des **Gebührenanspruchs** eines Rechtsanwaltes gegenüber seinem Auftraggeber ist § 65 Abs. 1 Nr. 4 BRAGO¹⁶. Durch die ¹⁰/₁₀ Verfahrensgebühr ist seine gesamte Tätigkeit im Verfahren (Antragstellung, Schriftwechsel, Terminwahrnehmung) abgegolten; wirkt er bei der Einigung der Beteiligten (etwa auf Grund eines Vorschlags der Schiedsstelle) mit, erhält er noch eine weitere ¹⁵/₁₀ Gebühr (§ 65 Abs. 2 BRAGO). Entsprechendes gilt für Patentanwälte¹⁶.

6   **Verfahrens- oder Prozesskostenhilfe** im Schiedsstellenverfahren lehnt die Schiedsstelle ebenso ab wie die Beiordnung eines Anwalts¹⁷.

---

3   Amtl. Begr. BT-Drucks. II/1648 S. 46 = Blatt 1957, 244; ebenso Schiedsst. v. 16.10. 1958 Blatt 1959, 15 u.v. 30.6.1994 Arb.Erf. 181/92 (unveröffentl.); Busse/Keukenschrijver, PatG, Rz. 2 zu § 36 ArbEG.

4   Amtl. Begr. (Fn. 3); Schiedsst. v. 25.7.1977 EGR Nr. 20 zu § 5 ArbEG.

5   Allg. A., z.B. Schiedsst. v. 28.2.1991 Blatt 1992, 21, 22 a.E. – Exzentrizitätsmessung; ferner Schiedsst. v. 29.3.1982 Arb.Erf. 2(B)/80, ZB. v. 2.6.1983 Arb.Erf. 3(B)/83; EV v. 27.11.1989 Arb.Erf. 50/89 u.v. 30.6.1994 Arb.Erf. 181/92 (alle unveröffentl.); Heine/Rebitzki Anm. 1 zu § 37; Kaube/Volz RdA 1981, 213, 218; Volmer/Gaul Rz. 12 zu § 36.

6   Schiedsst. v. 19.11.1987 Arb.Erf. 44/87 (unveröffentl.); ebenso Busse/Keukenschrijver, PatG, Rz. 2 zu § 36 ArbEG.

7-13 frei

14 Bestätigt d. Schiedsst. v. 19.11.1987 (Fn. 6); vgl. auch Lindenmaier/ Lüdecke Anm. 1 zu § 36; Schwab Erf. u. VV S. 53; ausführl. dazu Tschischgale Jur.Büro 1966, 169, 172 ff.; einschränkend Volmer/Gaul Rz. 14 zu § 36; zu weitgehend Volmer Rz. 6 zu § 36 u. ders. BB 1968, 253, 256 – auch bei freiwilliger Anrufung d. Schiedsst.

15 Ebenso Busse/Keukenschrijver, PatG, Rz. 4 zu § 36 ArbEG; s. allg. OLG München v. 24.10.1975 Jur.Büro 1976, 209, 210; s. aber auch OLG München v. 14.9.1965 NJW 1965, 2112 i. H. a. § 91 Abs. 3 ZPO.

16 LG Mannheim v. 24.6.1963 Mitt. 1964, 196; z. Gebührenberechnung Tschischgale (Fn. 14), S. 173 ff.; Gerold/Schmidt BRAGO Rz. 6 zu § 65.

17 Zustimmend Reimer/Schade/Schippel/Kaube Rz. 10 zu § 33 mit Hinweis auf den ablehnenden Beschluss der Schiedsst. Arb.Erf. 30/86 (unveröffentl.).

6. Gerichtliches Verfahren

§ 37 Voraussetzungen für die Erhebung der Klage

(1) Rechte oder Rechtsverhältnisse, die in diesem Gesetz geregelt sind, können im Wege der Klage erst geltend gemacht werden, nachdem ein Verfahren vor der Schiedsstelle vorausgegangen ist.
(2) Dies gilt nicht,
1. wenn mit der Klage Rechte aus einer Vereinbarung (§§ 12, 19, 22, 34) geltend gemacht werden oder die Klage darauf gestützt wird, dass die Vereinbarung nicht rechtswirksam sei;
2. wenn seit der Anrufung der Schiedsstelle sechs Monate verstrichen sind;
3. wenn der Arbeitnehmer aus dem Betrieb des Arbeitgebers ausgeschieden ist;
4. wenn die Parteien vereinbart haben, von der Anrufung der Schiedsstelle abzusehen. Diese Vereinbarung kann erst getroffen werden, nachdem der Streitfall (§ 28) eingetreten ist. Sie bedarf der Schriftform.

(3) Einer Vereinbarung nach Absatz 2 Nummer 4 steht es gleich, wenn beide Parteien zur Hauptsache mündlich verhandelt haben, ohne geltend zu machen, dass die Schiedsstelle nicht angerufen worden ist.

(4) Der vorherigen Anrufung der Schiedsstelle bedarf es ferner nicht für Anträge auf Anordnung eines Arrestes oder einer einstweiligen Verfügung.

(5) Die Klage ist nach Erlass eines Arrestes oder einer einstweiligen Verfügung ohne die Beschränkung des Absatzes 1 zulässig, wenn der Partei nach den §§ 926, 936 der Zivilprozessordnung eine Frist zur Erhebung der Klage bestimmt worden ist.

Lit.: *Hase*, Die statistische Erfassung von Rechtsstreitigkeiten i. Patent-, Gebrauchsmuster- u. AINErf.-Sachen in der BRD, Mitt. 1992, 23; Mitt. 1993, 289 u. Mitt. 1994, 329.

Übersicht

A. Allgemeines 1, 2.1
B. Schiedsstellenverfahren als Prozessvoraussetzung (Abs. 1) 3-9
C. Ausnahmen von der Notwendigkeit des Schiedsstellenverfahrens (Abs. 2-5) 10-28

I. Klage auf Grund einer Vereinbarung (Nr. 1) 11-14
II. Verzögerung des Schiedsstellenverfahrens (Nr. 2) 15, 16
III. Ausscheiden des Arbeitnehmers (Nr. 3) 17, 18

§ 37

IV. Vertraglicher Ausschluss des Schiedsstellenverfahrens (Nr. 4)............................	19-23	VI. Arrest und einstweilige Verfügung (Abs. 4)...............	27
V. Verzicht auf das Schiedsstellenverfahren durch »rügeloses Einlassen« (Abs. 3).......	24-26	VII. Anordnung der Klageerhebung nach §§ 926, 936 ZPO (Abs. 5).......................	28

A. Allgemeines

1   Im 6. Unterabschnitt (§§ 37-39) sind die Vorschriften zum gerichtlichen Verfahren bei Rechtsstreitigkeiten über Erfindungen von Arbeitnehmern zusammengefasst. Über §§ 40, 41 finden diese auch bezüglich Erfindungen von Beamten und Soldaten Anwendung. Soweit für Klagen von bzw. gegen Beamten nach § 126 Abs. 3 BRRG ein **Vorverfahren** (§§ 68 ff. VwGO) vorgeschrieben ist, entfällt dieses[1]. Auf Grund der spezialgesetzlichen Stellung des ArbEG, insbesondere des § 37, können und dürfen von Beamten keine zusätzlichen Maßnahmen erwartet werden. Gleiches sollte auch für solche Streitigkeiten gelten, die ausschließlich Ansprüche auf Leistung einer festgelegten oder festgesetzten Vergütung für eine Erfindung zum Gegenstand haben (§ 39 Abs. 2 ArbEG) bzw. für solche, bei denen ein Schiedsstellenverfahren gemäß § 37 Abs. 2 Nr. 1 ArbEG nicht erforderlich ist[1a].

1.1 Die §§ 37-39 finden nach § 49 Satz 1 ErstrG auch auf erfinderrechtliche Streitigkeiten über Arbeitnehmererfindungen aus der Zeit der ehemaligen DDR Anwendung (s. auch Rz. 34 ff. zu § 28). Für Arbeitnehmererfindungen, die ab dem Beitritt (3.10.1990) in den **neuen Bundesländern** fertig gestellt worden sind, gilt das ArbEG bereits auf Grund des Einigungsvertrages (s. Einl. Rz. 31). Damit ist bezüglich des Schiedsstellen- und Gerichtsverfahrens die Rechtseinheit verwirklicht.

2   In Anlehnung an § 10 Abs. 1 DVO 1943 schreibt § 37 Abs. 1 den Grundsatz fest, dass einem Rechtsstreit über Arbeitnehmererfindungen das Verfahren vor der Schiedsstelle (§§ 28-36) vorausgehen muss (vgl. auch Rz. 1 ff. vor § 28). Die zwingende **Vorschaltung** des kostenfreien, nichtöffentlichen, streitschlichtenden **Schiedsstellenverfahrens bezweckt,** das Verhältnis zwischen Arbeitgeber und Arbeitnehmer möglichst wenig durch Auseinandersetzungen vor Gericht zu belasten[1b]. Der Erfolg dieser Überle-

---

1   Schiedsst. ZB. v. 9.3.1973 Arb.Erf. 33/72 (unveröffentl.); Busse/Keukenschrijver, PatG, Rz. 10 zu § 28 ArbEG; wohl auch Reimer/Schade/Schippel/Leuze Rz. 12 zu § 41; ausf. Volz Öffentl. Dienst S. 202 ff.; offen gelassen v. BayVGH München v. 31.3.1982 GRUR 1982, 559, 560 – Albalonga; abw. Volmer/Gaul Rz. 103 zu § 28.
1a Vgl. Volz (Fn. 1) S. 204.
1b Amtl. Begr. BT-Drucks. II/1648 S. 47 = Blatt 1957, 244.

§ 37

gung ergibt sich aus der geringen Zahl von Rechtsstreitigkeiten vor den Landgerichten und Oberlandesgerichten[1c].
Abs. 2–5 enthalten im Unterschied zum früheren Recht Ausnahmefälle, in denen eine Klage sofort durchgeführt werden kann.
Für die **Prozesskostenhilfe** verbleibt es bei den allgemeinen Grundsätzen (vgl. §§ 114 ff. ZPO; 11 a Abs. 3 ArbGG); daneben kann eine **Kostenbegünstigung** gem. § 144 PatG im Einzelfall gewährt werden (vgl. auch Rz. 25 zu § 39). Bezüglich der Hilfe für die außergerichtliche Wahrnehmung von Rechten aus dem ArbEG ist zu beachten, dass nach § 2 Abs. 2 Nr. 1 BeratHilfeG eine **Beratungshilfe** dann ausscheidet, wenn in dieser Angelegenheit die Arbeitsgerichte ausschließlich zuständig wären (vgl. § 39 Abs. 2 ArbEG, § 2 Abs. 1 Nr. 3 a u. Abs. 2 lit. a ArbGG, s. hierzu Rz. 15 ff., 27 ff. zu § 39); allerdings kann durch landesgesetzliche Regelung die außergerichtliche Beratungshilfe auch auf diese Sachverhalte ausgedehnt sein[2].

2.1

II. **Schiedsstellenverfahren als Prozessvoraussetzung (Abs. 1)**

Nach dem Grundsatz des Abs. 1 können die im ArbEG geregelten Rechte oder Rechtsverhältnisse im Klagewege erst geltend gemacht werden, wenn das Schiedsstellenverfahren im Sinne der §§ 28 ff. vorausgegangen ist (s. aber auch Rz. 9 zu § 39).
§ 37 betrifft nur das **Klageverfahren** (vgl. §§ 253 ff. ZPO). § 37 ist allerdings auch im **Mahnverfahren** (§§ 688 ff. ZPO) zu beachten, da auch dort die allgemeinen Prozessvoraussetzungen vorliegen müssen. Zum Arrest und einstweiligen Verfügungsverfahren s. unten Rz. 27.

3

Entsprechend dem Normzweck ist der Begriff der **im ArbEG geregelten Rechte und Rechtsverhältnisse** weit auszulegen. Darunter fallen nicht nur die im ArbEG ausdrücklich geregelten Rechte und die dazu korrespondierenden Pflichten, sondern auch die zwischen Arbeitgeber und Arbeitnehmer bezüglich einer Arbeitnehmererfindung getroffenen Vereinbarungen, soweit diese das auf Grund des ArbEG bestehende Rechtsverhältnis einschränken, erweitern oder modifizieren; ferner Schadensersatzansprüche bei Verletzung von Schutzbestimmungen des ArbEG. Nicht erfasst werden dagegen solche Ansprüche (Rechtsverhältnisse), die in keinem rechtlichen Bezug zum ArbEG stehen, sondern sich ausschließlich aus anderen Bestimmungen herleiten. Dementsprechend scheiden – trotz eines Bezugs zu einer Arbeitnehmererfindung – Rechte und Rechtsverhältnisse aus anderen arbeitsrechtlichen Normen sowie dem BGB (Verletzung des Arbeitsvertrags, Kündigung, Verstoß gegen ein Wettbewerbsverbot u. ä.; anders bei Schadensersatz) ebenso aus, wie solche aus dem PatG/GebrMG (z.B. An-

4

1c Hase, Mitt. 1994, 329, 330: Danach waren u.a. 1992 bei sämtlichen Oberlandesgerichten nur 5 Berufungsverfahren anhängig.
2 Vgl. die Nachweise bei Schwab, Erf. u. VV (1991) S. 58.

§ 37

sprüche wegen widerrechtlicher Entnahme, § 8 PatG; Vindikations-, Nichtigkeitsklagen §§ 8, 81 ff. PatG[3]; Erfindernennung § 63 PatG[4]). Vgl. im Übrigen Rz. 19 ff. zu § 28.

5   § 37 soll weit auszulegen sein[4a]. Die Vorschrift gilt entsprechend ihrem Normzweck (s. Rz. 2) und der Fassung des § 28 **nur** bei **Rechtsstreitigkeiten zwischen den Arbeitsvertragsparteien,** also zwischen Arbeitgeber (Betriebsnachfolger, s. dazu Rz. 114 ff. zu § 1; Konkurs-/Insolvenzverwalter) und Arbeitnehmer, nicht aber bei Streitigkeiten mit Dritten[5] (z.B. Lizenznehmer, Erwerber der Erfindungsrechte – s. auch Rz. zu § 27 –, freie (Mit-)Erfinder, Betriebsrat, Miterfinder untereinander); s. auch Rz. 12 ff. zu § 28 u. hier Rz. 17.

6   Abs. 1 normiert nicht etwa eine prozesshindernde Einrede[6], sondern eine besondere **Prozessvoraussetzung** für die Klageerhebung, deren Fehlen **von Amts wegen** zu berücksichtigen ist[7]. Ist das Verfahren vor der Schiedsstelle noch nicht durchgeführt, wird die Klage durch Prozessurteil als unzulässig – also ohne Entscheidung zur Sache – abgewiesen, es sei denn, einer der Ausnahmefälle der Abs. 2–5 läge vor; zu beachten ist insbesondere Abs. 3, der ein rügeloses Einlassen einer Vereinbarung über den Verzicht auf das Schiedsstellenverfahren gleichstellt (s. Rz. 24 ff.).

7   Das Schiedsstellenverfahren muss vorausgegangen sein, d. h. die **erfolglose Beendigung** dieses Verfahrens – gleich aus welchen Gründen (s. auch Rz. 6 zu § 35) – ist erforderlich (s. dazu § 35, insbes. Rz. 1, 3 ff., 9 ff.; zur Situation bei erfolgreicher Beendigung s. unten Rz. 9). Ist das anhängige Verfahren vor der Schiedsstelle noch nicht beendet, wird die Klage als unzulässig abgewiesen (s. aber auch Rz. 8), es sei denn, ein Ausnahmefall nach § 37 Abs. 1 Nr. 2 (s. unten Rz. 15 f.) bzw. Nr. 3 (s. Rz. 11 zu § 35), Abs. 3 (s. unten Rz. 24 f.) ist gegeben, oder die Arbeitsvertragsparteien haben einverständlich von einer Fortführung des Schiedsstellenverfahrens abgesehen (s. unten Rz. 20; vgl. auch Rz. 12 zu § 35).
Der Klageweg ist zudem nur eröffnet, wenn der **Streitgegenstand** der Klage mit dem des Schiedsstellenverfahrens (s. dazu Rz. 7 f. zu § 33) identisch ist[15].

---

3   S. auch Janert Betriebl. Verfahrensweisen (1969), S. 142 ff.
4   Insoweit a.A. Volmer Rz. 12 zu § 28.
4a So Busse/Keukenschrijver, PatG, Rz. 1 zu § 37 ArbEG.
5   Unklar Reimer/Schade/Schippel/Kaube Rz. 1 zu § 37.
6   So aber OLG Düsseldorf v. 26.5.1961 GRUR 1962, 193, 194; ähnl. wohl Lindenmaier/Lüdecke, Anm. 1 zu § 37; wohl auch Baumbach/Lauterbach/Hartmann, ZPO Anm. 1 D zu § 253.
7   H.M. i. Anschl. a. d. Amtl. Begr. (Fn. 1b) z.B. Busse/Keukenschrijver, PatG, Rz. 1 zu § 37 ArbEG; Heine/Rebitzki Anm. 3 zu § 37; Reimer/Schade/Schippel/Kaube Rz. 1 zu § 37; Volmer/Gaul Rz. 6 zu § 37; Schwab, Erf. u. VV, 1991, S. 56.
8-14 frei
15 Wie hier Volmer/Gaul Rz. 23 ff. zu § 37, die allerdings keine strengen Anforderungen stellen wollen.

§ 37

Die vielfach anzutreffende Praxis, das gerichtliche Verfahren zwecks Anrufung der Schiedsstelle **auszusetzen,** ist nicht unbedenklich; eine Aussetzung steht nicht im Belieben des Gerichts, sondern ist grundsätzlich nur in den gesetzlich vorgesehenen Fällen zulässig[16]. Die in § 28 aufgeführte Möglichkeit einer »jederzeitigen Anrufung« der Schiedsstelle vermag eine Aussetzung nicht zu rechtfertigen[17], da die Vorschrift nicht das gerichtliche, sondern das Schiedsstellenverfahren betrifft. Will man aus Gründen der Prozeßwirtschaftlichkeit aber eine Aussetzung nach § 148 ZPO zulassen, wenn die Zulässigkeit der Klage von einer »Vorentscheidung« einer Verwaltungsbehörde abhängt[18], so wird man auch zur Durchführung des Schiedsstellenverfahrens je nach Lage des Falls dem Gericht die Möglichkeit zugestehen müssen, nach Ermessen eine Aussetzung von Amts wegen anzuordnen.

8

Ist in dem Verfahren **vor der Schiedsstelle** eine **Einigung** zwischen den Parteien zustande gekommen (vgl. § 34 Abs. 3), kann eine Klage wegen desselben Streitgegenstandes (s. dazu Rz. 7 f. zu § 33) nur Erfolg haben, wenn damit Rechte aus der Vereinbarung (Einigung) oder deren Unwirksamkeit geltend gemacht werden; ansonsten ist eine solche Klage bei fehlendem Rechtsschutzbedürfnis unzulässig[19], regelmäßig unbegründet. Da der unter Mitwirkung der Schiedsstelle zustande gekommenen Vereinbarung nicht die Wirkung eines gerichtlichen Urteils zukommt – § 1055 ZPO gilt nicht –, erwächst die Einigung nicht in Rechtskraft und wirkt nur zwischen den Parteien; demzufolge kann sie zwischen den Parteien einverständlich wieder aufgehoben und dann der Klageweg ohne erneutes Schiedsstellenverfahren beschritten werden.

9

Das angerufene Gericht ist nicht dazu berufen, den **unverbindlichen Einigungsvorschlag** der Schiedsstelle zu überprüfen, da dieser mit dem Widerruf keinerlei Wirkung mehr entfaltet (vgl. Rz. 34 zu § 34). Das erkennende Gericht hat ohne jede Beschränkung oder Bindung durch das vorangegangene Schiedsstellenverfahren den vorgetragenen Sachverhalt eigenständig zu würdigen[29]; es kann aber selbstverständlich die besondere Sachkunde der Schiedsstelle (etwa zur Vergütungspraxis) in seine Entscheidungsfindung mit einbeziehen.

---

16 Baumbach/Lauterbach/Hartmann ZPO Einf. zu. §§ 148-155 Anm. 1 A.
17 So aber Busse/Keukenschrijver, PatG, Rz. 2 zu § 37 ArbEG (Prozeßwirtschaftlichkeit); Lindenmaier/Lüdecke Anm. 1 zu § 37; Reimer/Schade/Schippel/Kaube Rz. 9 zu § 28 u. Rz. 3 zu § 37 gegen Volmer Rz. 2 zu § 37, der eine Aussetzungsmöglichkeit generell ablehnt.
18 Thomas/Putzo ZPO Anm. 2 c zu § 148 m.H.a. BGH v. 23.11.1951 BGHZ 4, 68, 77.
19 Vgl. auch Busse/Keukenschrijver, PatG, Rz. 2 zu § 37 ArbEG.
20-28 frei
29 Volmer/Gaul Rz. 59 zu § 28.

§ 37

C. Ausnahmen von der Notwendigkeit des Schiedsstellenverfahrens

10 Im Gegensatz zum früheren Recht (vgl. § 10 DVO 1943) normieren die Abs. 2-5 Ausnahmefälle, in denen eine **Klage sofort durchgeführt** werden kann. Einer Anrufung der Schiedsstelle bedarf es daher in diesen Fällen nicht, sie steht aber grundsätzlich im Belieben der Parteien (Ausnahme: Abs. 2 Nr. 4, s. Rz. 22). Streitig ist, ob bei einer sog. Einmischungsklage (§ 64 ZPO) die Notwendigkeit des Schiedsstellenverfahrens entfällt[30].

I. Klage auf Grund einer Vereinbarung (Nr. 1)

11 Das Verfahren vor der Schiedsstelle entbehrt einer Grundlage und ist damit nicht notwendige Voraussetzung einer Klage, wenn bereits eine **Einigung** zwischen den Parteien über Tatbestände des ArbEG zustande gekommen ist und sie nunmehr die Durchsetzung einer Vereinbarung anstreben, also mittels Klage die Rechte aus der Vereinbarung geltend machen wollen. Gleiches gilt, wenn mit der Klage die Feststellung der Unwirksamkeit der Vereinbarung begehrt wird, z.B. nach §§ 22, 23 ArbEG, 134, 138, 779 BGB oder infolge Anfechtung gem. §§ 119, 123 i.V.m. 142 BGB (vgl. aber auch Rz. 22 zu § 28).

12 Als **Vereinbarung** im Sinne des § 37 Abs. 2 Nr. 1 gelten insbesondere einverständliche Abreden (§§ 145 ff. BGB) zwischen Arbeitgeber und Arbeitnehmer über die Vergütung (§ 12 Abs. 1, 2, 6 ArbEG), über freie Erfindungen (§ 19), ferner solche, die i. S. des § 22 Vorschriften des ArbEG abbedingen sowie sonstige Arbeitnehmer-Erfindungen betreffende Vereinbarungen (z.B. Vergleich im Schiedsstellenverfahren[31]) bzw. bindend gewordene Einigungsvorschläge (§ 34).

13 Nach §§ 40, 41 fallen darunter auch Vereinbarungen über Beteiligungsrechte i. S. des § 40 Nr. 1.

14 Dagegen scheiden einseitige Festsetzungen des Arbeitgebers nach §§ 12 Abs. 3 u. 5, 40 Nr. 3 (bereits begrifflich) als »Vereinbarungen« aus, es sei denn, sie sind mangels Widerspruchs gem. § 12 Abs. 4 (s. dazu Rz. 74 ff. zu § 12) für beide Teile »verbindlich« geworden[32].

---

30 Für Wegfall: Volmer Rz. 18 zu § 37; Schwab Erf. u. VV (1991) S. 56; a.A. Volmer/Gaul Rz. 43 ff. zu § 37.
31 LG Berlin v. 17.3.1977 Az. 16 O 415/76 (unveröffentl.); vgl. auch Schiedsst. v. 14.3. 1960 Blatt 1960, 316 = GRUR 1961, 135; Busse/Keukenschrijver, PatG, Rz. 3 zu § 37 ArbEG.
32 A.A. Reimer/Schade/Schippel/Kaube Rz. 9 zu § 37; wie hier für § 12 Abs. 4 S. 2: Busse/Keukenschrijver, PatG, Rz. 3 zu § 37 ArbEG; Lindenmaier/Lüdecke Anm. 2 zu § 12; Volmer Rz. 5 zu. § 37; wohl auch Volmer/Gaul Rz. 27 zu. § 37.

§ 37

II. Verzögerung des Schiedsstellenverfahrens (Nr. 2)

Der Klageweg ist auch dann eröffnet, wenn seit der **Anrufung der Schiedsstelle sechs Monate verstrichen** sind. Dadurch soll verhindert werden, dass durch eine zu lange Dauer des Schiedsstellenverfahrens die Durchführung des Rechtsstreites über Gebühr verzögert wird[33] (Ausfluss des Beschleunigungsgrundsatzes, s. dazu Rz. 18 f. zu § 33). Regelmäßig ist das dann noch laufende Schiedsstellenverfahren durch die Klageerhebung überholt; der Vorsitzende der Schiedsstelle wird den Beteiligten dessen Beendigung entsprechend § 35 Abs. 2 mitteilen, ohne dass es dieses (formalen) Nachweises bei Gericht bedarf (s. auch Rz. 11 zu § 35). 15

Die Sechs-Monats-Frist beginnt mit Eingang des Antrages bei der Schiedsstelle[33a] (vgl. § 31 Abs. 1). 16

III. Ausscheiden des Arbeitnehmers (Nr. 3)

Nr. 3 trägt dem Interesse der Arbeitsvertragsparteien auf beschleunigte Auseinandersetzung nach Ausscheiden des Arbeitnehmers Rechnung. Zudem soll gerade der Arbeitnehmer nach seinem Ausscheiden nicht mehr gezwungen werden, zur Durchsetzung seiner Ansprüche vorab ein Schiedsstellenverfahren durchzuführen[33]. Auch hier muss die Schiedsstelle nicht, kann aber von den (früheren) Arbeitsvertragsparteien angerufen werden[34], was in der Praxis der Schiedsstelle häufig ist. 17

Es ist – wie bereits der abweichende Wortlaut zeigt – keine Auflösung des Arbeitsverhältnisses i.S.d. § 26 erforderlich (rechtliche Beendigung; s. dazu dort Rz. 3 ff.). Vielmehr reicht bereits ein **tatsächliches Ausscheiden** aus dem »Betrieb«, d.h. Unternehmen (s. dazu Rz. 104 zu § 1) aus, das nach dem Willen der Parteien nicht nur vorübergehend sein darf[35]. Dies kommt etwa in den Fällen in Betracht, in denen die Pflicht zur Arbeitsleistung bereits vor dem Zeitpunkt der rechtlichen Beendigung des Arbeitsverhältnisses entfällt, wie etwa durch einvernehmliche tatsächliche Freistellung oder Schlussurlaub (s. dazu Rz. 12 zu § 4). An einem einvernehmlichen Ausscheiden fehlt es dagegen, wenn der Arbeitnehmer im Zusammenhang mit einer vom Arbeitgeber ausgesprochenen Kündigung freigestellt wird und er Kündigungsschutzklage erhoben hat (vgl. auch Rz. 5 zu § 26). Ein Ausscheiden aus dem Betrieb liegt dagegen vor, wenn der (frühere) Arbeitnehmer eine betriebliche Altersversorgung oder sonstiges Ruhegehalt emp- 18

---

33 Amtl. Begr. (Fn. 1b).
33a Wohl allg. A., ebenso Busse/Keukenschrijver, PatG, Rz. 4 zu § 37 ArbEG.
34 Vgl. z.B. Schiedsst. v. 7.2.1983 Blatt 1984, 218, 220.
35 OLG Düsseldorf v. 26.5.1961 GRUR 1962, 193, 194; Reimer/Schade/Schippel/Kaube Rz. 11 zu § 37.

§ 37

fängt[36]. § 37 Abs. 2 Nr. 3 greift – entsprechend dem Gesetzeszweck – auch dann Platz, wenn der Arbeitnehmer während eines anhängigen Schiedsstellenverfahrens ausgeschieden ist (s. auch Rz. 11 zu § 35).

IV. Vertraglicher Ausschluss des Schiedsstellenverfahrens (Nr. 4)

19 Eine vorherige Durchführung des Schiedsstellenverfahrens entfällt ferner, wenn die Beteiligten **nach Entstehen des Streitfalles** (§ 28) schriftlich vereinbart haben, von der Anrufung der Schiedsstelle abzusehen. Da ein Schiedsstellenverfahren gegen den erklärten Willen zwecklos erscheint, sieht das Gesetz auch in diesen Fällen vom Anrufungszwang ab[36a]. Um den Arbeitnehmer vor einem unüberlegten Verzicht zu bewahren, ist **Schriftform** (§ 126 BGB, s. dazu Rz. 35 f. zu § 5) vorgeschrieben (§ 37 Abs. 2 Nr. 4 Satz 3).

20 In Abweichung von § 22 Satz 2 kann eine Verzichtsvereinbarung erst nach Entstehen des Streitfalles geschlossen werden; sie ist aber – wie § 37 Abs. 3 zeigt – auch noch nach Klageerhebung möglich[36b]. Ein einverständliches Absehen von der Fortführung des Schiedsstellenverfahrens ist dem Rechtsgedanken des § 37 Abs. 2 Nr. 4 zufolge zulässig und hat verfahrensbeendigende Wirkung i. S. des § 35 (vgl. dort Rz. 12) mit der Folge, dass dann der Klageweg gemäß § 37 Abs. 1 beschritten werden kann.

21 Ein **Streitfall ist entstanden,** sobald sich Arbeitnehmer und Arbeitgeber über Rechte und Pflichten aus dem ArbEG nicht selbst einigen können; erforderlich und ausreichend ist, dass Sachverhalte vorliegen, die vom ArbEG erfasst werden und eine Einigung zwischen den Parteien über die aus dem ArbEG folgenden Rechte und Pflichten in absehbarer Zeit wegen divergierender Ansichten nicht möglich, zumindest ungewiss erscheint (s. auch Rz. 19 zu § 28).

22 Dieser beiderseitige Verzicht auf die Durchführung des Schiedsstellenverfahrens ist ein privatrechtlicher Vertrag über prozessuale Beziehungen, der sich – namentlich im Hinblick auf Willensmängel – nach bürgerlichem Recht beurteilt[37].

23 Wird die Schiedsstelle trotz einer solchen Vereinbarung von einer Partei angerufen, so ist das Verfahren vor der Schiedsstelle als unzulässig zurückzuweisen, sofern die andere Partei sich auf die Vereinbarung beruft[37a].

---

36 OLG Düsseldorf v. 26.5.1961 (Fn. 35); Heine/Rebitzki Anm. 4.4 zu § 37.
36a Amtl. Begr. (Fn. 1b).
36b Zust. Busse/Keukenschrijver, PatG, Rz. 6 zu § 37 ArbEG.
37 Wie hier Reimer/Schade/Schippel/Kaube Rz. 6 zu § 37; unklar Heine/Rebitzki Anm. 4.5 zu § 37.
37a Zust. Busse/Keukenschrijver, PatG, Rz. 6 zu § 37 ArbEG.

§ 37

V. Verzicht auf das Schiedsstellenverfahren durch »rügeloses Einlassen« (Abs. 3)

Haben die Parteien **mündlich zur Hauptsache verhandelt**, ohne die fehlende Anrufung der Schiedsstelle geltend zu machen, so steht dies nach Abs. 3 einer Vereinbarung i. S. des § 37 Abs. 2 Nr. 4 gleich. 24

Diese Bestimmung, die § 39 ZPO nachgebildet ist[33], vermutet **unwiderlegbar** eine stillschweigende Vereinbarung i. S. des § 37 Abs. 2 Nr. 4[33]. Ein rechtsgeschäftlicher Wille ist demnach weder erforderlich noch erheblich; ein evtl. Irrtum (z.b. über die Wirkung der rügelosen Einlassung oder über die Notwendigkeit des Schiedsstellenverfahrens) ist bedeutungslos[38]. Einer Belehrung durch das Gericht bedarf es nicht. 25

Verhandlung zur Hauptsache bedeutet die mit der Stellung der Anträge beginnende (vgl. § 137 Abs. 1 ZPO) Sacherörterung mit den Parteien, nicht aber die Verhandlung über Verfahrensfragen[39]. Im schriftlichen Verfahren (§ 128 Abs. 2 ZPO) gilt diese Vorschrift ebenfalls[40], und zwar in dem Sinn, dass die vorbehaltslose, schriftliche Einlassung zur Fiktion einer Verzichtsvereinbarung führt. Bei Säumnis des Klägers kann § 37 Abs. 3 Anwendung finden, nicht aber bei Säumnis des Beklagten[41]. 26

VI. Arrest und einstweilige Verfügung (Abs. 4)

Im Verfahren zur Erreichung eines Arrestes (§§ 916 ff. ZPO) oder einer einstweiligen Verfügung (§§ 935 ff. ZPO) ist ein Schiedsstellenverfahren gem. Abs. 4 nicht notwendig. Dadurch wird dem Interesse der Parteien an einer alsbaldigen Entscheidung des Gerichts Rechnung getragen[42]. Denkbar ist ein besonderes Eilinteresse an einer vorläufigen Sicherungsmaßnahme etwa dann, wenn zwischen den Arbeitsvertragsparteien Streit über den Charakter einer Erfindung (Diensterfindung oder freie Erfindung) bzw. über die Wirksamkeit einer Inanspruchnahme besteht und Verfügungen des Arbeitnehmers über die Erfindung drohen, ferner wenn der Arbeitgeber Schutzrechtspositionen ohne Beachtung des Verfahrens nach § 16 ArbEG fallen lassen will. Zur einstweiligen Verfügung bei unterlassener Schutzrechtsanmeldung s. Rz. 58 f. zu § 13. Arrest und einstweilige Verfügung 27

---

38 So auch Reimer/Schade/Schippel/Kaube Rz. 7 zu § 37.
39 Vgl. dazu die Kommentare zu § 39 ZPO, z.B. Zöller/Vollkommer ZPO Rz. 5 ff. zu § 39.
40 Wie hier Volmer Rz. 14 zu § 37 u. Volmer/Gaul Rz. 38 zu § 37; so auch die h.M. zu § 39 ZPO, z.B. Zöller/Vollkommer ZPO Rz. 8 zu § 39; vgl. auch BGH v. 10.11.1969 NJW 1970, 198; a.A. Lindenmaier/Lüdecke Anm. 6 zu § 37; Reimer/Schade/Schippel/Kaube Rz. 8 zu § 37.
41 Vgl. aber auch Volmer/Gaul Rz. 39 zu § 37.
42 Amtl. Begr. (Fn. 1b).

§ 37

können auch während eines anhängigen Schiedsstellenverfahrens bei den ordentlichen Gerichten beantragt werden (vgl. Rz. 49 zu § 34).

VII. Anordnung der Klageerhebung gem. §§ 926, 936 ZPO (Abs. 5)

28 Hat das Gericht im Verfahren zur Erwirkung eines Arrestes oder einer einstweiligen Verfügung gem. §§ 926, 936 ZPO angeordnet, dass die Klage innerhalb einer bestimmten Frist erhoben werden muss, bedarf es für diese Klage der vorherigen Anrufung der Schiedsstelle nicht. Eine missbräuchliche Umgehung des Schiedsstellenverfahrens wird durch die strengen Voraussetzungen für den Erlass eines Arrestes bzw. einer einstweiligen Verfügung ausgeschlossen[42]. Den Parteien steht es aber auch hier frei, die Schiedsstelle innerhalb der Frist anzurufen; diese Anrufung steht natürlich nicht der Klageerhebung gleich.

§ 38 Klage auf angemessene Vergütung

Besteht Streit über die Höhe der Vergütung, so kann die Klage auch auf Zahlung eines vom Gericht zu bestimmenden angemessenen Betrages gerichtet werden.

Übersicht

A. Allgemeines............................ 1, 2
B. Klage auf angemessene Vergütung   3-9
C. Möglichkeiten der Vergütungsklage 10-12

A. Allgemeines

Diese Vorschrift, die uneingeschränkt auch in den **neuen Bundesländern** 1 gilt (s. Rz. 1.1 zu § 37), hat im Hinblick auf § 253 Abs. 2 Nr. 2 ZPO klarstellende Funktion[1]; sie soll für Erfindervergütungen die Rechtsprechung festschreiben, wonach in gewissen Fällen, in denen die Höhe des dem Kläger zuzusprechenden Betrages vom richterlichen Ermessen abhängt, auch **unbezifferte Klageanträge** zulässig sind[2]. Sinn der Regelung ist es, den Arbeitnehmer von einer eigenen Schätzung der Vergütung, womit er regelmäßig überfordert wäre, im Hinblick auf das Prozesskostenrisiko zu befreien[3].
Nach der Rechtsprechung des BGH[4] erfordert § 253 Abs. 2 Nr. 2 ZPO bei einem unbezifferten (Ermessens-)Antrag zur ausreichend genauen Bestimmung des Streitgegenstandes die **Angabe der ungefähren Größenordnung,** innerhalb deren das Ermessen des Gerichts nach den Vorstellungen des Klägers Platz greifen soll (z.B. Angabe eines Mindest- oder Ungefährbetrages); wenn der Kläger – auch bei großzügiger Betrachtung – seine Vorstellungen nicht zu verstehen gibt, ist das Klagebegehren unzulässig[4a]. Die Rechtsklarheit gebietet, dass Gericht und Gegner wissen, welchen Umfang letztlich der Streitgegenstand haben soll (s. im Übrigen Rz. 8 f.).

---

1   Amtl. Begr. BT-Drucks. II/1648, S. 48 = Blatt 1957, 245.
2   Vgl. RG v. 1.4.1933 RGZ 140, 211, 213, BGH vom 13.12.1951 BGHZ 4, 138, 142; vom 13.3.1967 NJW 1967, 1420, 1421; v. 4.11.1969 LM Nr.25 zu § 511 ZPO u.v. 24.4.1975 WM 1975, 599; vgl. auch Pawlowski NJW 1961, 341 ff.
3   Volmer Rz. 1 zu § 37 ArbEG; Busse/Keukenschrijver, PatG, Rz. 1 zu § 38 ArbEG.
4   BGH v. 13.10.1981 NJW 1982, 340 f. u.v. 1.3.1984 VersR 1984, 538, 540; BGH v. 15.10.1993 NJW 1994, 586; OLG München v. 5.3.1986 NJW 1986, 3089, 3090; vgl. auch BAG v. 29.11.1983 NJW 1984, 1650 f.
4a S. allerdings v. Gerlach VersR 2000, 527.

§ 38

2   Der **Streitwert** ist gem. § 3 ZPO nach freiem Ermessen festzusetzen, wobei regelmäßig maßgebend das Interesse des Klägers ist. Zur Bestimmung des Streitwertes sind dieselben Grundsätze wie in anderen Fällen unbestimmter Klageanträge, etwa beim Schmerzensgeldantrag[5], heranzuziehen. Entscheidend ist das ursprüngliche Interesse des Klägers, nicht allein ein bereits auf seine Schlüssigkeit durchgeprüftes und Erfolg versprechendes Klagevorbringen[6], daher auch nicht der Betrag, der dem Kläger auf seine Klage hin zuerkannt worden ist[7]. Nur offensichtlich übertriebene Einschätzungen und Angaben müssen außer Betracht bleiben, da maßgeblich nur der Betrag sein kann, der sich auf Grund des Tatsachenvortrages des Klägers bei objektiver Würdigung als angemessen ergibt.

Die im Urteil zugesprochene Summe ist nur dann für die Wertfestsetzung entscheidend, wenn die nach dem Tatsachenvortrag des Klägers bei objektiver Bewertung maßgeblichen Bemessungsumstände auch zugleich der Entscheidung zugrunde liegen; das ist z.B. nicht der Fall, wenn ein Teil der Klagebehauptung unbewiesen geblieben ist[8]. Einschränkend will das OLG Düsseldorf den besonderen sozialen Zweck berücksichtigen, den der Gesetzgeber mit der ausdrücklichen Zulassung des Antrages auf Zahlung einer angemessenen Erfindervergütung in § 38 verfolgt[9], lässt aber dabei die soziale Funktion des (auch hier geltenden) § 144 PatG außer Betracht (s. dazu Rz. 25 zu § 39).

B. Klage auf angemessene Vergütung

3   Der Arbeitnehmer kann mithin **unbezifferte Leistungsklage** auf Zahlung eines vom Gericht zu bestimmenden, angemessenen Betrages erheben, wenn mit dem Arbeitgeber Streit über die Angemessenheit und damit über die Höhe der Vergütung besteht. Es ist zur Kennzeichnung der vorgestellten Größenordnung regelmäßig angebracht, den Antrag auf Zahlung eines vom Gericht festzusetzenden Betrages mit der Angabe eines bezifferten **Mindestbetrages** zu verbinden[10] (s. aber auch Rz. 9); eine Pflicht, den un-

---

5   S. dazu die Nachweise bei Baumbach/Hartmann ZPO Anh. zu § 3 (Stichwort: »Schmerzensgeld«) und bei Zöller/Herget ZPO Rz. 16 zu § 3 (Stichwort: »unbezifferte Klageanträge«).

6   OLG Braunschweig v. 10.7.1969 Az. 2 U 70/67 – Anrufbeantworter (unveröffentl.) – in ständ. Rspr.; OLG München v. 13.4.1966 Mitt. 1967, 39, 40; ArbG Heide v. 13.5.1958 ARSt. XX, Nr. 399.

7   So OLG Braunschweig v. 10.7.1969 (Fn. 6); abw. Volmer Rz. 12 zu § 38 sowie Volmer/Gaul Rz. 5 zu § 38; a.A. wohl auch OLG Düsseldorf v. 22.2.1984 GRUR 1984, 653 – unbezifferter Klageantrag.

8   S. OLG München v. 8.8.1973 VersR 1974, 347 u. KG v. 16.10.1972 MDR 1973, 146 (zum Streitwert b. Schmerzensgeldklagen).

9   OLG Düsseldorf v. 22.2.1984 (Fn. 7).

10 Vgl. BGH v. 4.11.1969 (Fn. 2); Reimer/Schade/Schippel/Kaube, Rz. 3 zu § 38 m.H.a. RG v. 29.10.1937 JW 1938, 605; s. auch allg. OLG München v. 13.4.1966 (Fn. 6).

§ 38

bestimmten Klageantrag durch einen bestimmten Mindest- bzw. Höchstbetrag einzugrenzen, besteht indes nicht[11]. Der Anspruch auf angemessene Vergütung ist ab Rechtshangigkeit (§ 291 BGB) zu verzinsen, es sei denn, der Zinsanspruch ist aus anderen Gründen bereits vorher entstanden[11a].

§ 38 umfasst alle Vergütungsansprüche für Arbeitnehmererfindungen und qualifizierte technische Verbesserungsvorschläge[11b], gleichgültig, ob diese auf Gesetz (§§ 9, 10, 12 Abs. 6, § 14 Abs. 3, § 16 Abs. 3, § 17 Abs. 3, § 20 Abs. 1, vgl. auch § 19 Abs. 1 u. 3) oder auf Vereinbarungen beruhen (z.B. betr. frei gewordene Diensterfindungen).   4

Voraussetzung ist jedoch entsprechend dem Sinn der Regelung, dass die Höhe der angemessenen Vergütung noch nicht für beide Parteien verbindlich feststeht, etwa auf Grund einer rechtswirksamen Vereinbarung (insbes. § 12 Abs. 1 bzw. Abs. 3 i.V.m. Abs. 4 Satz 2) oder eines bindend gewordenen Einigungsvorschlages (§ 34 Abs. 3)[12].   5

§ 38 erfasst Klagen vor den Patentstreitkammern (§ 39 Abs. 1); ferner vor den Arbeitsgerichten (§ 2 Abs. 2 a ArbGG) und vor den Verwaltungsgerichten (vgl. § 126 BRRG) hinsichtlich der Vergütung für qualifizierte technische Verbesserungsvorschläge von Arbeitnehmern bzw. Beamten.   6

Keine Anwendung findet diese Vorschrift auf arbeitnehmerähnliche Personen (str., s. Rz. 27 zu § 1); für sie verbleibt es bei den allgemeinen Grundsätzen des § 253 ZPO zu unbezifferten Klageanträgen[13]. Gleiches gilt dem Sinn und Wortlaut (»Vergütung«) des § 38 zufolge auch bei Klagen des Dienstherrn auf angemessene Beteiligung gemäß § 40 Nr. 1[14]; es ist also im Einzelfall zu prüfen, ob dem Dienstherrn ein bezifferter Klageantrag unmöglich bzw. unzumutbar ist.   7

Nicht § 38, sondern die allgemeinen Grundsätze sind bei Vergütungsklagen für einfache technische Verbesserungsvorschläge sowie bei Schadensersatzforderungen anzuwenden[15].

§ 38 befreit nur von der Bezifferung des Klageantrages; erforderlich ist aber, dass der Arbeitnehmer dem Gericht die **tatsächlichen Grundlagen und** die in Betracht gezogene (ungefähre) **Größenordnung** (s. dazu Rz. 1) so genau wie möglich angibt, so dass dem Gericht die Festlegung der Höhe   8

---

11 Vgl. OLG Düsseldorf v. 22.2. 1984 GRUR 1984, 653 – Unbezifferter Klageantrag.
11a BGH v. 5.1.1965 NJW 1965, 531 u.v. 15.1.1965 NJW 1965, 1376 (z. unbezifferten Schmerzensgeldanspruch).
11b Ebenso Busse/Keukenschrijver, PatG, Rz. 2 zu § 38 ArbEG.
12 So auch Volmer Rz. 7 zu § 37; wohl auch Volmer/Gaul Rz. 13 zu § 38; Busse/Keukenschrijver, PatG, Rz. 2 zu § 38 ArbEG.
13 A.A. Volmer/Gaul Rz. 11 zu § 38; allg. z. unbeziff. Klageantr. Zöller/Greger ZPO Rz. 14 zu § 253; s. auch d. Nachw. in Fn. 2.
14 A.A. Volmer Rz. 8, 9 zu § 37 u. Reimer/Schade/Schippel/Kaube Rz. 2 zu § 38.
15 A.A. Volmer/Gaul Rz. 22 f. z. § 38.
16-24 frei

§ 38

der Klageforderung ermöglicht wird[25]. Tatsächliche Grundlagen sind dabei alle für die Vergütungsberechnung nach dem ArbEG unter Berücksichtigung der Richtlinien maßgeblichen Umstände, insbesondere die wirtschaftliche Verwertbarkeit der Erfindung (des technischen Verbesserungsvorschlages), die Aufgaben und die Stellung des Arbeitnehmers im Betrieb, der Anteil des Betriebes am Zustandekommen der Erfindung (des technischen Verbesserungsvorschlages), ggf. Miterfinderanteile, Höhe evtl. Vergütungszahlungen des Arbeitgebers an (potentielle) Miterfinder[26] u. ä. Ein Antrag auf Schätzung durch Gutachter ersetzt dagegen die notwendige Darlegung der Berechnungsgrundlagen nicht[27].

Verfügt der Arbeitnehmer über **keine ausreichenden Bemessungsgrundlagen**, insbesondere hinsichtlich des Verwertungsumfangs, kann er im Wege der **Stufenklage** (§ 254 ZPO) zunächst Auskunft bzw. Rechnungslegung vom Arbeitgeber verlangen (s. dazu Rz. 162 ff. zu § 12). Auf der Grundlage dieser tatsächlichen Angaben ist es Sache des erkennenden Gerichts, entweder aus eigener Sachkenntnis oder durch Sachverständigengutachten festzustellen, ob der begehrte Vergütungsanspruch eine angemessene Vergütung im Sinne des § 9 darstellt.

Im Rahmen des auch hier geltenden[27a] § 287 ZPO ist das Gericht gehalten, z.B. bei der Lizenzanalogie den angemessenen, marktüblichen Lizenzsatz auf gesicherter Grundlage[27b] selbst zu ermitteln. Beruft sich eine Partei in Abweichung von den vom erkennenden Gericht herangezogenen Grundlagen auf andere für sie günstigere Berechnungsfaktoren, z.B. auf einen höheren Lizenzsatz, ist sie – aber auch nur insoweit – hierfür beweispflichtig[28].

9   Der unbezifferte Klageantrag ermöglicht es dem Gericht, den vom Kläger verbindlich genannten Betrag (Betragsvorstellung) im Rahmen einer gewissen Bandbreite zu über- oder unterschreiten[28a]. Der Kläger ist dann **nicht beschwert**, wenn das Gericht ihm einen Vergütungsbetrag zuerkennt, dessen Höhe der vorgestellten und im Klagevortrag zum Ausdruck gebrachten Größenordnung entspricht[28b]. **Weicht** dagegen das Gericht mit dem durch seine Entscheidung zugesprochenen Vergütungsbetrag **wesentlich von der Größenordnung ab**, die sich als Vorstellung des Klägers aus

---

25   Ebenso Busse/Keukenschrijver, PatG, Rz. 3 zu § 38 ArbEG; im Ergebnis so ständ. Rspr. z. § 253 ZPO: BGH v. 18.2.1977 GRUR 1977, 539, 542 – Prozessrechner; v. 24.4.1975 WM 1975, 599 m.w.N.; v. 1.2.1966 BGHZ 45, 91, 93; vgl. auch BGH v. 2.2.1999 NJW 1999, 1339 f. m.w. Nachw.; OLG Celle v. 14.9.1968 NJW 1969, 279, 280.
26   Wie hier Reimer/Schade/Schippel/Kaube Rz. 2 zu § 38; s. auch Busse/Keukenschrijver, PatG, Rz. 3 zu § 38 ArbEG.
27   BGH v. 24.4.1975 (Fn. 25) S. 599 f.; Thomas/Putzo ZPO Anm. 2 e zu § 253.
27a Vgl. Busse/Keukenschrijver, PatG, Rz. 4 zu § 38 ArbEG.
27b Vgl. BGH v. 30.5.1995 GRUR 1995, 578, 579 – Steuereinrichtung II.
28   Vgl. auch OLG Nürnberg v. 26.9.1978 GRUR 1979, 234 – Fußschalter.
28a BGH v. 21.6.1977 LM § 253 ZPO Nr. 59 u. NJW 1996, 2425; Wurm JA 1989, 65, 70.
28b S. allg. BGH v. 24.9.1991 NJW 1992, 311 u.v. 2.2.1999 NJW 1999, 1339.

§ 38

seinen Angaben in der Klageschrift oder seinem sonstigen Vorbringen ergibt, so ist er i.S.d. **Rechtsmittelrechts beschwert**[29]; in diesen Fällen hat – trotz des unbestimmten Klageantrages – eine teilweise Klageabweisung zu erfolgen[30], mit der Folge einer dem teilweisen Unterliegen entsprechenden Kostenteilung, es sei denn, das Gericht macht von der Befugnis des § 92 Abs. 2 ZPO Gebrauch[31]. Dagegen ist der Kläger, der den Betrag seines Klagebegehrens (nur) durch die Angabe einer Mindestsumme bezeichnet hat, regelmäßig nicht beschwert, wenn ihm dieser Betrag zugesprochen wird[41]; erstrebt er später einen darüber hinausgehenden Betrag, bedarf es einer Klageerweiterung[41].

C. Möglichkeiten der Vergütungsklage

Ist der **Vergütungsanspruch** noch **nicht fällig** (s. dazu Rz. 55 ff. zu § 12), kann Klage auf Feststellung des Bestehens erhoben werden[42], sobald der Anspruch dem Grunde nach entstanden ist, also bei unbeschränkter Inanspruchnahme mit Zugang der Inanspruchnahmeerklärung (s. Rz. 11 ff. zu § 9), bei beschränkter Inanspruchnahme und im Falle des § 20 Abs. 1 mit Nutzungsaufnahme (s. Rz. 7 ff. zu § 10). 10

Nach **Fälligkeit** (s. dazu Rz. 20 ff. zu § 9) kann der Arbeitnehmer wahlweise Klage auf **Festsetzung** der Vergütung oder stattdessen Klage auf **Zahlung** einer angemessenen Vergütung erheben (Einzelheiten s. Rz. 44 f. zu § 12). 11

Für eine Klage auf **Feststellung der Schadensersatzpflicht des Arbeitgebers aus verspäteter Vergütungszahlung** (Verzugsschaden) fehlt das gemäß § 256 ZPO erforderliche qualifizierte Rechtsschutzinteresse, solange nicht feststeht, ob und in welchem Umfang der Arbeitgeber überhaupt Erfindervergütung schuldet[43]. 12

---

29 BGH v. 31.1.1969 NJW 1969, 1427, 1428; v. 1.2.1966 (Fn. 25) u.v. 8.7.1993 NJW 1993, 2875, 2876; Dunz NJW 1984, 1734, 1737.
30 BGH v. 1.2.1966 (Fn. 25); v. 31.1.1969 (Fn. 29) u.v. 18.2.1977 (Fn. 25) m. zust. Anm. Krieger sowie v. 2.2.1999 (Fn. 28b); OLG Celle v. 14.9.1968 (Fn. 25); LG Braunschweig v. 12.1.1993 Az. 9 O 3/91 (unveröffentl.); Busse/Keukenschrijver, PatG, Rz. 5 zu § 38 ArbEG.
31 BGH v. 18.2.1977 (Fn. 25).
32-40 frei
41 BGH v. 4.11.1969 LM Nr. 25 zu § 511 ZPO; vgl. auch BGH v. 15.5.1984 VersR 1984, 739, 740.
42 Wie hier Reimer/Schade/Schippel/Kaube Rz. 22 zu § 9.
43 OLG Düsseldorf v. 26.7.1995 Az. 2 U 6/89 (unveröffentl.).

§ 39 Zuständigkeit*

(1) Für alle Rechtsstreitigkeiten über Erfindungen eines Arbeitnehmers sind die für Patentstreitsachen zuständigen Gerichte (§ 143 des Patentgesetzes) ohne Rücksicht auf den Streitwert ausschließlich zuständig. Die Vorschriften über das Verfahren in Patentstreitsachen sind anzuwenden**.
(2) Ausgenommen von der Regelung des Absatzes 1 sind Rechtsstreitigkeiten, die ausschließlich Ansprüche auf Leistung einer festgestellten oder festgesetzten Vergütung für eine Erfindung zum Gegenstand haben.

Lit.: *Asendorf*, Wettbewerbs- u. Patentstreitsachen vor Arbeitsgerichten? GRUR 1990, 229

Übersicht

A. Allgemeines 1-5
B. Zuständigkeit bei Erfindungen 6-24
   I. Rechtsweg, sachliche Zuständigkeit 6-20
      1. Grundsatz 6-8.1
      2. »Rechtsstreitigkeiten über Erfindungen« 9-14
      3. Ausnahmen von der sachlichen Zuständigkeit (Abs. 2) 15-20
   II. Örtliche Zuständigkeit 21-24
C. Verfahrensgrundsätze (Abs. 1 S. 2, 3) 25, 26
D. Zuständigkeit bei technischen Verbesserungsvorschlägen 27-30
E. Zuständigkeitsproblematik bei Zweifeln an der Schutzfähigkeit ... 31-35
F. Schiedsgerichtsvereinbarung 36

A. Allgemeines

§ 39, der als Vorbild für § 104 UrhG diente, regelt die **sachliche Zuständigkeit** für Rechtsstreitigkeiten über Arbeitnehmererfindungen und normiert darüber hinaus als Spezialvorschrift zu § 2 ArbGG und § 126 BRRG den Rechtsweg vor den ordentlichen Gerichten. Die Vorschrift hat die bis 1957 geltende umstrittene Zuständigkeitsaufteilung für Erfindungsstreitigkeiten abgelöst¹. Sie begründet für alle Rechtsstreitigkeiten zwischen den

---

* I.d.F. d. Ges. z. Änderung des GebrMG v. 15.8.1986 (BGBl. I, 1446, dort Art. 2 Nr. 2) u. des Kostenrechtsänderungsgesetzes 1994.
** § 39 Abs. 1 Satz 3 ArbEG a. F. ist gemäß Art. 9 Nr. 5 des Kostenrechtsänderungsgesetzes 1994 v. 24.6.1994 (BGBl. I, 1325 = Blatt 1994, 344) aufgehoben (mit Wirkung ab 1.7.1994).
1 Ausführl. z. früh. Rechtszustand: Amtl. Begr. BT-Drucks II/1648 S. 48 f. = Blatt 1957, 245; Volmer Rz. 2, 3 zu § 39.

§ 39

Arbeitsvertragsparteien über Arbeitnehmererfindungen **einheitlich** die sachliche Zuständigkeit der für Patentstreitsachen zuständigen ordentlichen Gerichte (**Patentstreitkammern**). Mit dieser Konzentration bei den Patentstreitkammern soll erreicht werden, dass diese wegen der Verknüpfung mit dem Patentrecht schwierige Rechtsmaterie von sachkundigen Berufsrichtern entschieden wird, die sich eingehend mit diesen Problemkreisen beschäftigen und damit leichter die notwendigen technischen und rechtlichen Kenntnisse und Erfahrungen sammeln können[2]; die nach früherem Recht für Vergütungsfragen zuständigen Arbeitsgerichte waren dazu in der Regel überfordert[2a].

Durch Art. 2 Abs. 2 des Gesetzes zur Änderung des Gebrauchsmustergesetzes vom 15. August 1986 (BGBl. I, S. 1446) ist der Hinweis auf die Vorschrift des Patentgesetzes (früher § 51 PatG a. F., jetzt § 143 PatG) redaktionell angepasst worden. Gemäß Art. 9 Nr. 5 Kostenrechtsänderungsgesetz v. 24.6.1994 (BGBl. I, S. 1325) ist der frühere Satz 3 in § 39 Abs. 1 aufgehoben (s. Rz. 26).

2 Nach wie vor bleiben die **Arbeitsgerichte (Verwaltungsgerichte)** für Streitigkeiten betreffend technische Verbesserungsvorschläge zuständig (s. Rz. 11, 27 ff.). Auf Grund dieser Rechtswegaufspaltung wirft § 39 zusätzliche Probleme auf, so dass die Regelung nicht zu Unrecht als unzulänglich kritisiert worden ist[3] (Rz. 31 ff.).

§ 39 Abs. 2 bestimmt, dass es für Streitigkeiten, die ausschließlich Ansprüche auf **Leistung einer festgesetzten oder festgestellten Vergütung** für eine Erfindung zum Gegenstand haben, bei den allgemeinen Bestimmungen verbleibt (s. Rz. 15 ff.).

3 Gem. §§ 40, 41 findet die Vorschrift auch auf Rechtsstreitigkeiten über Erfindungen eines **Angehörigen des öffentlichen Dienstes** (Arbeitnehmer, Beamter, Hochschulbeschäftigter, Soldat) Anwendung[3a].

4 Entsprechend § 26 verbleibt es bei der Zuständigkeitsregelung des § 39 auch nach **Ausscheiden** eines Arbeitnehmers (Beamten usw.)[3b]; die Zuständigkeit gilt auch für die Gesamtrechtsnachfolger (**Erben**). Im Falle einer sonstigen Rechtsnachfolge ist entscheidend, ob es sich um eine Streitigkeit auf Grund des ArbEG handelt (dann § 39) oder auf Grund von Regelungen (Vereinbarungen) außerhalb des ArbEG.

---

2 Vgl. Amtl. Begr. (Fn. 1) S. 49 = Blatt 1957, 245; BAG v. 9.7.1997 NZA 1997, 1181, 1182 – Pulsinduktionsmetall-Detektoren.
2a Amtl. Begründung (Fn. 2).
3 Vgl. Halbach Anm. 1 zu § 39; Volmer Rz. 12 zu § 39; Kunze RdA 1975, 42, 46; Schultz-Süchting GRUR 1973, 293, 300.
3a Vgl. dazu ausf. Volz Öffentl. Dienst S. 205 ff.; im Ergebn. u.a. BayVGH v. 31.3.1989 Slg. Schütz, Beamtenrecht, Nr. 13 zu ES/B I 1.4.
3b I. Ergebn. so auch BAG v. 9.7.1997 (Fn. 2); LG Düsseldorf v. 17.9.1991 Az. 4 O 335/89 (unveröffentl.).

§ 39

Die praktische Relevanz des § 39 sollte nicht unterschätzt werden. Ungeachtet der Frage der erforderlichen Sachkunde (s. oben Rz. 1) hat der unterschiedliche Rechtsweg – auf Grund der unterschiedlichen Verfahrensordnung (ZPO bzw. ArbGG/VwGO) – Bedeutung, wie etwa bei der Prozessbevollmächtigung, dem Rechtsmittelverfahren und den Kosten. Zur Geltung in den **neuen Bundesländern** s. Rz. 1.1 zu § 37. 5

B. Zuständigkeit bei Erfindungen

I. Rechtsweg, sachliche Zuständigkeit

1. Grundsatz

Nach § 39 Abs. 1 Satz 1 sind für alle Rechtsstreitigkeiten über Erfindungen eines (auch ausgeschiedenen[3c]) Arbeitnehmers (Beamten) die **für Patentstreitsachen zuständigen Gerichte** (§ 143 PatG) ohne Rücksicht auf den Streitwert (§§ 2 ff. ZPO) ausschließlich zuständig. Diese Vorschrift betrifft nur die sachliche Zuständigkeit[4]. Die Zuständigkeit ist eine **ausschließliche**[5], so dass durch Vereinbarung (Prorogation) bzw. durch rügeloses Verhandeln zur Hauptsache die sachliche Zuständigkeit eines anderen Gerichts (Amtsgerichts) nicht begründet werden (§ 40 Abs. 2 ZPO) kann (z. Vereinbarung der örtlichen Zuständigkeit s. Rz. 24). 6

Innerhalb des sachlich zuständigen Landgerichts sind **funktionell zuständig**[6] die gemäß § 143 Abs. 2 PatG errichteten Patentstreitkammern; eine Zuweisung zu einer anderen Kammer verstößt als Angelegenheit der inneren Geschäftsverteilung[7] gegen den Grundsatz des gesetzlichen Richters (Art. 101 Abs. 1 Satz 2 GG)[8], begründet aber nicht die Einrede der sachlichen Unzuständigkeit[7]. 7

Die sachliche Zuständigkeit ist **von Amts wegen** zu beachten. Dies gilt auch für die Berufungs- und Revisionsinstanz, soweit es sich nicht um eine vermögensrechtliche Streitigkeit[9] handelt; auf Letztere findet § 529 Abs. 2 ZPO Anwendung, d. h. der Beklagte verliert die (auch in der Revisionsinstanz vorzubringende) Einrede, wenn er innerhalb der 1. Instanz zur Hauptsache verhandelt hat, ohne die mangelnde Zuständigkeit zu rügen 8

3c BAG v. 9.7.1997 (Fn. 3b).
4 Allg. A., Heine/Rebitzki Anm. 1 zu § 39; LG Braunschweig v. 20.2.1968 GRUR 1969, 135, 136.
5 Allg. A., BGH v. 24.11.1961 GRUR 1962, 305, 306 – Federspannvorrichtung; BAG v. 30.4.1965 GRUR 1966, 88 – Abdampfverwertung.
6 LG Düsseldorf v. 27.3.1973 GRUR 1974, 173, 174 – Blockeinweiser.
7 BGH v. 24.11.1961 GRUR 1962, 305, 306 – Federspannvorrichtung = AP Nr. 1 zu § 5 ArbNErfG m. Anm. Volmer.
8 Schulte PatG Rz. 6 zu § 143.
9 Z. Begriff s. BGH v. 22.6.1954 BGHZ 14, 72, 74 – Autostadt.

§ 39

und dies nicht genügend entschuldigen kann[10]. Im Übrigen prüft der BGH gemäß § 545 Abs. 2 ZPO nicht, ob die Vorinstanzen sachlich zuständig waren[11].

8.1 Von der sachlichen Zuständigkeit zu trennen ist die Frage des **zulässigen Rechtsweges**. Ist der beschrittene Rechtsweg **unzulässig**, spricht das Gericht dies nach Anhörung der Parteien von Amts wegen aus und **verweist den Rechtsstreit zugleich an das zuständige Gericht** des zulässigen Rechtsweges (§ 17 a Abs. 2, Satz 1 GVG). Der Beschluss ist für das Gericht, an das der Rechtsstreit verwiesen worden ist, hinsichtlich des Rechtsweges bindend (§ 17 a Abs. 2, Satz 3 GVG). Gegen den Verweisungsbeschluss ist die sofortige Beschwerde nach den Vorschriften der jeweils anzuwendenden Verfahrensordnung gegeben (§ 17 a Abs. 4 Satz 3 GVG). Hält sich demnach das Arbeitsgericht für unzuständig, hat es den Rechtsstreit an die zuständige Patentstreitkammer zu verweisen[12] (Vgl. § 48 ArbGG); dieser Beschluss ist mit der sofortigen Beschwerde anfechtbar (§ 17 a Abs. 4 Satz 3 GVG i.V.m. § 78 ArbGG, § 567 ZPO). Entsprechendes gilt, wenn die angerufene Patentstreitkammer die Zuständigkeit des Arbeitsgerichts für gegeben erachtet (§ 17 a GVG i.V.m. § 143 PatG, 567 ZPO).

2. »Rechtsstreitigkeiten über Erfindungen«

9   Der Begriff der **Rechtsstreitigkeiten** über Erfindungen ist grundsätzlich weit zu fassen[21]. Darunter fallen alle Klagen zwischen (ausgeschiedenem) Arbeitnehmer und (früherem) Arbeitgeber, die (freie oder gebundene) Arbeitnehmer-Erfindungen betreffende Rechte bzw. Rechtsverhältnisse zum Gegenstand haben bzw. eng mit einer solchen Erfindung verknüpft sind[22]. Entscheidend ist dabei der **Charakter** des mit der Klage geltend gemachten Anspruchs, nicht dagegen etwaige Einwendungen des Beklagten oder die im Einzelnen zu entscheidenden Vorfragen[23]. Es muss sich nicht notwendig um im ArbEG geregelte Rechte oder Rechtsverhältnisse handeln; insoweit ist der Begriff der »Rechtsstreitigkeiten über Erfindungen« umfassender als

---

10 So zu § 528 Abs. 2 ZPO a.F.: BGH (Fn.9) S. 76 f., v. 7.11.1952 BGHZ 8, 16, 22 – Reinigungsverfahren u.v. 30.11.1967 GRUR 1968, 307, 309 – Haftbinde.
11 BGH v. 21.12.1989 GRUR 1990, 515, 516 – Marder.
12 BAG v. 9.7.1997 NZA 1997, 1181, 1182 – Pulsinduktionsmetall-Detektoren.
13-20 frei
21 So zu § 51 PatG a.F.: BGH v. 22.6.1954 (Fn. 9) S. 77.
22 Bestätigt durch BAG v. 9.7.1997 (Fn. 12); ähnl. Heine/Rebitzki Anm. 2 zu § 39; ArbG Rheine v. 10.5.1963 BB 1963, 1178; ebenso d. Rspr. z. Begriff Patentstreitsache i.S. des § 51 PatG a.F.: RG v. 29.9.1942 RGZ 170, 226, 229 f. – Explosionsrammen; BGH (Fn. 9) S. 77.
23 S. BGH v. 11.11.1959 BGHZ 31, 162, 164 – Malzflocken (zu § 87 GWB).
24-28 frei

§ 39

die in § 28 (»in allen Streitfällen ... auf Grund dieses Gesetzes«) bzw. § 37 (»Rechte oder Rechtsverhältnisse, die in diesem Gesetz geregelt sind«) aufgestellten Tatbestandsvoraussetzungen. Folglich sind nicht in allen der Zuständigkeit der Gerichte für Patentstreitsachen unterliegenden **Rechtsstreitigkeiten zwischen den** (früheren) **Arbeitsvertragsparteien** bzw. deren Rechtsnachfolgern die §§ 28, 37 einschlägig.

Beschränkt sich jedoch die Klagepartei auf Ansprüche nach allgemeinen arbeits- und wettbewerbsrechtlichen Grundsätzen außerhalb des ArbEG und sind in diesem Zusammenhang weder erfinder- noch patentrechtliche Fragen zu prüfen, so kann bei Streitigkeiten zwischen (früheren) Arbeitsvertragsparteien die Zuständigkeit der Arbeitsgerichte begründet sein[29].

Dies gilt etwa für eine Unterlassungs-, Auskunfts- und Schadensersatzklage des Arbeitgebers, die auf ein nachvertragliches Geheimhaltungsverbot bzw. einen Verstoß gegen §§ 17, 18 UWG oder §§ 823, 826 BGB gestützt wird[29a]. Gleiches dürfte auch für Klagen auf Herausgabe oder Vorlage von erfindungsbezogenen Unterlagen gelten, soweit diese auf arbeitsrechtliche Ansprüche gestützt werden[30]; (zum Rechnungslegungsanspruch s. Rz. 10, 18).

Gleichgültig ist, ob es sich um Streitigkeiten **vermögensrechtlicher Art** (z.B. Angemessenheit von Vergütungen nach §§ 9, 10, 14 Abs. 3, § 16 Abs. 3, § 17 Abs. 3, § 19 Abs. 1, 3 bzw. nach §§ 40 Nr. 1, 42 Nr. 4, sowie Schadensersatzansprüche wegen Pflichtverletzung in Bezug auf Arbeitnehmererfindungen[31]) oder **nicht vermögensrechtlicher Art** handelt, etwa bei Streit über den Erfindungscharakter (Vorliegen einer Dienst- bzw. freien Erfindung[31a]), über Miterfinderschaft, Erfinderpersönlichkeitsrechte[31b], über die Wirksamkeit von Vereinbarungen i. S. d. § 37 Abs. 2 Nr. 1 (s. dazu Rz. 17, 19; betrifft auch die Frage, ob ein Einigungsvorschlag mangels rechtswirksamen Widerspruchs gem. § 34 Abs. 3 verbindlich geworden ist[31c]) oder über sonstige aus dem ArbEG folgende Rechte oder Pflichten, insbesondere nach §§ 5-8, 13-19, 24; ferner grundsätzlich bei Klage auf Rechnungslegung bzw. Auskunftserteilung gem. § 242 BGB[32] (s.

10

---

29 ArbG Bielefeld v. 16.8.1983 Az. 1 Ca 686/83 (unveröffentl.) m.H.a. BAG v. 16.3.1982 AP Nr. 1 zu § 611 BGB – Betriebsgeheimnis.
29a BAG v. 16.3.1982 (Fn. 29); insoweit bestätigt durch BAG v. 9.7.1997 (Fn. 12).
30 So wohl BGH v. 21.12.1989 GRUR 1990, 515, 516 m.H.a. § 2 Abs. 1 Nr. 3 a), c) und e) ArbGG.
31 Grunsky ArbGG Rz. 106 zu § 2; vgl. auch d. Sachverh. b. BGH v. 5.6.1984 GRUR 1984, 652 – Schaltungsanordnung.
31a Vgl. Busse/Keukenschrijver, PatG, Rz. 3 zu § 39 ArbEG.
31b BAG v. 9.7.1997 NZA 1997, 1181, 1182 – Pulsinduktionsmetall-Detektoren.
31c Schiedsst. v. 21.6.1996 Arb.Erf. 37/97 (unveröffentl.)
32 Vgl. ArbG Rheine v. 10.5.1963 (Fn. 22); s. i. Ergebn. auch LG Berlin v. 15.11.1968 Mitt. 1969, 158, 160; abw. Grunsky (Fn. 31).

§ 39

dazu aber Rz. 18), und zwar auch außerhalb von Stufenklagen[32a]. Begehrt ein (früherer) Arbeitnehmer die Feststellung, Erfinder einer technischen Neuerung und deshalb zur Anmeldung von Schutzrechten berechtigt zu sein bzw. verlangt er vom Arbeitgeber damit Unterlassung von Patentanmeldungen und/oder Herstellung/Vertrieb des Erfindungsgegenstandes, sind ebenfalls ausschließlich die Patentstreitkammern zuständig[32b].

Die Patentstreitkammern sind ferner zuständig bei Streitigkeiten über die Anwendbarkeit von Allgemeinen Anordnungen i. S. des § 40 Nr. 3, soweit diese in Bezug auf eine konkrete (fertig gestellte) Erfindung streitig sind[33] (zur verwaltungsgerichtl. Feststellungsklage s. Rz. 41 zu § 40).

11   **Erfindungen** sind gem. § 2 solche, die patent- oder gebrauchsmusterfähig sind, gleichgültig, ob es sich um gebundene oder freie Erfindungen (§ 4 Abs. 2, 3) handelt. **Nicht erfasst** werden also **technische Verbesserungsvorschläge** im Sinne des § 3[34].

12   Im Rahmen des § 39 Abs. 1 ist nicht der Sachvortrag des Klägers maßgebend[34a]; vielmehr kommt es wegen der allgemeinen Begriffsbestimmung des § 2 darauf an, dass die Erfindung **schutzfähig** ist; aber auch hier reicht die Möglichkeit der Schutzfähigkeit aus, ohne dass es einer vorherigen amtlichen Prüfung bzw. gerichtlichen Feststellung bedarf (s. Rz. 12 ff., 16 ff. zu § 2). S. im Übrigen unten Rz. 31 ff.

13   Einer Prüfung, ob eine schutzfähige Erfindung i.S.d. § 2 ArbEG vorliegt, bedarf es auch nicht, wenn die **Schutzfähigkeit** zwischen den Parteien **unstreitig** ist, insbesondere weil sich die Parteien über die Frage der **Schutzfähigkeit** (stillschweigend) **geeinigt** haben (s. dazu Rz. 14 f. zu § 2)[35]. Solche Vereinbarungen lässt das ArbEG zu (vgl. z.B. § 17), so dass sie auch im Rahmen des § 39 beachtlich sein müssen. Darin liegt auch keine – im Hinblick auf die ausschließliche Zuständigkeit – unzulässige Zuständigkeitsvereinbarung, da die Absprache die Qualifikation der Erfindung betrifft und die Frage der Zuständigkeit nur eine (zwangsläufige) Folgeerscheinung ist.

14   Streitigkeiten über **Auslandsschutzrechte** fallen nur insoweit unter § 39 Abs. 1, als es sich dabei um nach deutschem Recht (bzw. nach dem EPÜ) schutzfähige Erfindungen handelt (str.; vgl. Rz. 25 zu § 2)[36].

Bei Streitigkeiten zwischen Arbeitgeber und Arbeitnehmer über Zuordnung bzw. Rechtsinhaberschaft einer Arbeitnehmererfindung bezüglich der

---

32a Zur Stufenklage vgl. z.B. BGH v. 17.5.1994 GRUR 1994, 898 – Copolyester I m.w.N.; OLG Frankfurt v. 19.12.1991 GRUR 1993, 910 – Bügelverschließmaschinen.
32b BAG v. 9.7.1997 (Fn. 31b).
33   VG Hannover v. 30.9.1966 AP Nr. 1 zu § 39 ArbNErfG m. abl. Anm. Volmer = RdA 1967, 280 (LS).
34   BAG v. 30.4.1965 (Fn. 5).
34a So Busse/Keukenschrijver, PatG, Rz. 3 zu § 39 ArbEG i.V.m. Rz. 50 zu § 143 PatG.
35   Vgl. auch BAG v. 30.4.1965 (Fn. 5).
36   Weitergehend wohl Lindenmaier/Lüdecke Anm. 2 zu § 39; Volmer Rz. 25 zu § 39.

§ 39

im Ausland erworbenen **Schutzrechtpositionen** greift die Regelung des Art. 22 Nr. 4 der Verordnung (EG) Nr. 44/2001 v. 22.12.2000 des Rates über die gerichtliche Zuständigkeit und die Anerkennung und Vollstreckung von Entscheidungen in Zivil- und Handelssachen (EuGVVO; ABl. EG Nr. L 12 v. 16.1.2001 S. 1) über die ausschließliche Zuständigkeit der einzelnen nationalen Gerichte nicht ein; vielmehr knüpft die Zuständigkeit an das zivilrechtliche Arbeitsverhältnis an[37]. Insoweit bewendet es bei der Zuständigkeitsregelung des § 39 Abs. 1, also der Zuständigkeit der Landgerichte, sofern es sich um zugleich nach deutschem Recht schutzfähige Erfindungen handelt; anderenfalls – bei der Beurteilung von im Inland nicht schutzfähigen Erfindungen als Arbeitsergebnisse – sind u.E. die Arbeitsgerichte zuständig (s. Rz. 27 ff.).

3. Ausnahmen von der sachlichen Zuständigkeit (Abs. 2)

Nach § 39 Abs. 2 gilt Abs. 1 nicht für Rechtsstreitigkeiten, die ausschließlich **Ansprüche auf Leistung einer festgestellten oder festgesetzten Vergütung** für eine Erfindung oder für einen technischen Verbesserungsvorschlag nach § 20 Abs. 1 ArbEG zum Gegenstand haben. § 2 Abs. 2 lit. a ArbGG ist diesbezüglich § 39 Abs. 2 ArbEG angepasst worden (s. Rz. 28). Insoweit wiederholt § 2 Abs. 2 ArbGG nur diese besondere Zuständigkeitsregelung des § 39 Abs. 1 ArbEG[38a]. Damit wird die Zuständigkeit der Arbeitsgerichte für bürgerliche Rechtsstreitigkeiten zwischen Arbeitnehmern und Arbeitgebern aus dem (früheren) Arbeitsverhältnis (§ 2 Abs. 1 Nr. 3 lit. a ArbGG) und für Zusammenhangsachen (§ 2 Abs. 3 ArbGG) eingeschränkt und zwar auf die Rechtsstreitigkeiten i.S.d. § 39 Abs. 2 ArbEG sowie für technische Verbesserungsvorschläge[38b]. 15

Diese Ausnahmeregelung wird dem Umstand gerecht, dass bei derartigen **reinen Zahlungsklagen,** bei denen technische oder patentrechtliche Fragen nicht zur Entscheidung anstehen, kein Anlass mehr zur Zuweisung zu den Patentstreitkammern besteht[39]. Hier verbleibt es bei den allgemeinen Regelungen zum Rechtsweg, d. h., für Arbeitnehmer sind die **Arbeitsgerichte** gem. § 2 Abs. 2 lit. a ArbGG zuständig, für Soldaten und Beamte, Ruhestandsbeamte und deren Hinterbliebene die **Verwaltungsgerichte** (§§ 126 BRRG, 172 BBG, § 59 SoldatenG). 16

Diese Regelung betrifft vornehmlich die Fälle des § 12 Abs. 1-5 ArbEG, ferner die Situation eines bindend gewordenen Einigungsvorschlages über 17

---

37   EuGH v. 15.11.1983 GRUR Int. 1984, 693 – Schienenbefestigung m. Anm. Stauder – zum früheren Art. 16 Nr. 4 EuGVÜ.
38a BAG v. 9.7.1997 NZA 1997, 1181, 1182 – Pulsinduktionsmetall-Detektoren.
38b BAG v. 9.7.1997 (Fn. 38 a).
39   Vgl. Amtl. Begr. BT-Drucks. II/1648 S. 50 = Blatt 1957, 246.

§ 39

die Vergütung^{39a} (vgl. § 34 Abs. 3). Ist streitig, ob eine Vergütungsvereinbarung besteht, handelt es sich um eine vom Arbeitsgericht selbständig zu überprüfende Vorfrage im Rahmen des Prozesses auf Leistung der festgestellten Vergütung, sofern der Kläger das Bestehen einer solchen Vereinbarung behauptet^{40}. Verneint das Arbeitsgericht den Bestand einer Vergütungsvereinbarung, verbleibt es angesichts des eindeutigen Wortlautes (»ausschließlich«) bei der Regelung des Abs. 1; das Arbeitsgericht hat die Klage an das Landgericht zu verweisen (s. Rz. 34). Gleiches gilt bei Feststellung der Unwirksamkeit einer Vergütungsvereinbarung (s. im Übrigen Rz. 19).

18 Die Höhe der Vergütung muss im Falle des § 39 Abs. 2 verbindlich feststehen und deren Rechtsgrund unstreitig sein, so dass die Streitigkeit nur noch die Zahlung (Erfüllung) der Vergütung betrifft. Dabei ist es ohne Belang, ob die Zahlung befristet oder bedingt ist, ferner welcher Zahlungs- oder Berechnungsmodus gewählt wurde. Erforderlich bleibt nur, dass die Höhe der Vergütung eindeutig bestimmt bzw. bestimmbar ist.

Der Rechtsweg zu den Arbeitsgerichten (Verwaltungsgerichten) ist auch für Rechtsstreitigkeiten gegeben, die der Vorbereitung der Vergütungsklage dienen, so für **Klagen auf Auskunft oder Rechnungslegung**, auch wenn diese Ansprüche nicht im Wege der Stufenklage geltend gemacht werden^{41}. Insbesondere führt ein Auskunftsanspruch, der seine Grundlage in der Vereinbarung über die Höhe der Vergütung hat, nicht zur Zuständigkeit der Patentstreitkammern i.S.d. Abs. 1^{42} (vgl. aber auch Rz. 10). § 39 Abs. 2 gilt auch für die Geltendmachung von (Verzugs-)**Zinsen** auf Grund von Vergütungsvereinbarungen^{42a}.

§ 2 Abs. 2 ArbGG begründet **keine ausschließliche Zuständigkeit** der Arbeitsgerichte für die genannten Vergütungsansprüche; eine solche folgt auch nicht aus § 39 Abs. 2 ArbEG^{43}. Es steht deshalb den Arbeitsvertragsparteien frei, für einen Streit, der ausschließlich den Vergütungsanspruch aus einer Erfindung zum Inhalt hat, die Zuständigkeit der Patentstreitkammer beim Landgericht zu vereinbaren und damit die Zuständigkeit des

---

39a So auch BayVGH v. 31.3.1989 (Fn. 3a) – dort verbindl. EV zw. Beamtem u. Dienstherrn; zust. auch Busse/Keukenschrijver, PatG, Rz. 4 zu § 39 ArbEG.

40 ArbG Köln v. 2.2.1983 Az. 7 Ca 10622/82, insoweit nicht beanstandet durch LAG Köln v. 14.9.1983 Az. 5 Sa 526/83 (beide unveröffentl.); ArbG Essen v. 6.7.1989 Az. 1 a Ca 1017/89 (unveröffentl.); a.A. LG Düsseldorf v. 17.9.1991 Az. 4 O 335/89 (unveröffentl.).

41 ArbG München v. 10.12.1998 Az. 7 a Ca 2805/98 (unveröffentl.); Erf.-K./Schaub § 2 ArbGG Rz. 41; Germelmann/Matthes/Prütting ArbGG Rz. 114 zu § 2; Grunsky ArbGG Rz. 108 zu § 8.

42 BAG v. 18.5.1972 AP Nr. 2 zu § 39 ArbNErfG m. Anm. Volmer; weitergehend wohl Grunsky ArbGG Rz. 106 z. § 2.

42a So BayVGH v. 31.3.1989 (Fn. 3a).

43 Germelmann/Matthes/Prütting ArbGG Rz. 116 zu § 2.

§ 39

Arbeitsgerichts auszuschließen[43a]. Eine Begründung hierfür liegt auch darin, dass es den Parteien ohnehin frei steht, durch Verbindung des Streits über den festgestellten oder festgesetzten Vergütungsbetrag mit anderen Ansprüchen aus dem ArbEG die Zuständigkeit der ordentlichen Gerichte zu begründen. Dies gilt nicht für Ansprüche aus einem technischen Verbesserungsvorschlag, da hierfür auch außerhalb der Zuständigkeit für Vergütungsansprüche aus einem qualifizierten technischen Verbesserungsvorschlag stets die Arbeitsgerichte zuständig sind (s. Rz. 20 sowie Rz. 27 ff.).

Die ausschließliche Zuständigkeit der ordentlichen Gerichte für alle sonstigen Erfinderstreitigkeiten schließt nicht aus, dass die Arbeitsgerichte über erfinderrechtliche **Vorfragen** entscheiden[44].

Fehlt es an einem Anspruch auf Leistung einer festgelegten Vergütung, kann die Zuständigkeit der Arbeitsgerichte nicht dadurch begründet werden, dass **im Zusammenhang mit einer sonstigen arbeitsrechtlichen Streitigkeit** (z.B. Kündigungsschutzklage) **erfinderrechtliche Ansprüche erhoben werden**; dem steht bewusst der die Zuständigkeit der Arbeitsgerichte einschränkende § 39 Abs. 1 ArbEG i.V.m. § 2 Abs. 3 ArbGG entgegen[51]. Der Rechtsstreit muss **ausschließlich** über die in Abs. 2 genannten Vergütungsansprüche geführt werden. Auch wenn neben der Zahlung der festgelegten Vergütung **sonstige erfinderrechtliche Fragen** im Streit sind, verbleibt es bei der Regelung des Abs. 1, d. h. das Landgericht ist insgesamt (also auch hinsichtlich der Vergütungsfrage) zuständig, so dass der Rechtsstreit auf Antrag an dieses zu verweisen ist[52]. Etwas anderes gilt, wenn mit der Vergütungsforderung sonstige Ansprüche aus dem Arbeitsverhältnis geltend gemacht werden[52a].

19

Wird der Streitgegenstand einer vor dem Arbeitsgericht anhängigen Vergütungsklage nachträglich durch **Klageerweiterung** verändert, so erfolgt eine neue Zuständigkeitsprüfung ab dem Zeitpunkt der Veränderung, so dass sich daraus auch eine andere Zuständigkeit ergeben kann; mit Rücksicht auf § 17 Abs. 1 GVG bleibt das Arbeitsgericht für den Vergütungsanspruch zuständig[53]. Das Arbeitsgericht hat über den geltend gemachten Vergütungsanspruch unter allen in Betracht kommenden rechtlichen Ge-

---

43a Busse/Keukenschrijver, PatG, Rz. 5 zu § 39 PatG m. w. Nachw.
44   Vgl. LAG Hamm v. 12.2.1954 AP Nr. 1 zu § 2 ArbGG 1953; Germelmann/Matthes/Prütting ArbGG Rz. 117 zu § 2; Busse/Keukenschrijver, PatG, Rz. 5 zu § 39 ArbEG.
45-50 frei
51   Ebenso Grunsky ArbGG Rz. 146 zu § 2; Germelmann/Matthes/Prütting ArbGG Rz. 115 zu § 2; wohl auch Volmer/Gaul Rz. 30 zu § 39.
52   Grunsky (Fn. 51) Rz. 107 f.; Schaub Formularslg. § 82 IV 11; Stein/Jonas/Schumann ZPO Rz. 192 zu § 1; im Ergebn. auch Busse/Keukenschrijver, PatG, Rz. 7 zu § 39 ArbEG.
52a Germelmann/Matthes/Prütting ArbGG Rz. 115 zu § 2.
53   Vgl. Grunsky (Fn. 51) Rz. 108; Schaub (Fn. 52); s. allg. Baumbach/Hartmann ZPO Anm. 6 f. zu § 261; diff. Stein/Jonas/Schumann (Fn. 52).

§ 39

sichtspunkten zu entscheiden (§ 17 Abs. 2 GVG), sofern der zu ihm beschrittene Rechtsweg für einen Klagegrund zulässig ist.[53a] Werden dagegen im Wege der **Klagehäufung** (§ 260 ZPO) mehrere selbständige Ansprüche beim Arbeitsgericht geltend gemacht, muss die Zulässigkeit des Rechtswegs für jeden Anspruch getrennt geprüft werden; ggf. hat eine Prozesstrennung (§ 145 ZPO) durch Verweisung einzelner Klageansprüche im Verfahren nach § 17 a GVG zu erfolgen[53b]. Ist bereits beim Landgericht ein Rechtsstreit über die Arbeitnehmererfindung i. S. d. § 39 Abs. 1 ArbEG anhängig und wird später Klage wegen einer Vergütungszahlung für die betreffende Arbeitnehmererfindung vor dem an sich zuständigen Arbeitsgericht erhoben, so kann auch dieser neue Rechtsstreit in die Zuständigkeit des Landgerichts fallen[54]; denn nur so ist sichergestellt, dass nicht divergierende Entscheidungen von Gerichten unterschiedlicher Rechtszweige ergehen können.

Wird in einem vor dem Arbeitsgericht anhängigen Vergütungsrechtsstreit vom Beklagten **Widerklage** wegen anderer erfinderrechtlicher Fragen erhoben, ist das Arbeitsgericht (nur hierfür, vgl. § 17 GVG) unzuständig[55].

Anders ist es dagegen, wenn in einem vor dem zuständigen Arbeitsgericht geführten Rechtsstreit die **Aufrechnung** mit solchen Gegenforderungen erklärt wird, für deren Geltendmachung gemäß § 39 Abs. 1 ArbEG die Patentstreitkammern zuständig wären. Nach der Rechtsprechung des BAG[56] führt die Aufrechnung mit rechtswegfremden Gegenforderungen zur Unzuständigkeit des angerufenen Arbeitsgerichts; die Aufrechnung ist kein »rechtlicher Gesichtspunkt« i. S. v. § 17 Abs. 2 GVG, sondern ein selbständiges Gegenrecht.

20 Die Zuständigkeitszuweisung zu den Patentstreitkammern nach § 39 Abs. 1 gilt ferner nicht für Streitigkeiten über **technische Verbesserungsvorschläge** (s. dazu Rz. 27 ff.) sowie für kollektivrechtliche Streitigkeiten. Im Konkurs (Insolvenz) findet die Vorschrift nur eingeschränkt Anwendung. Für arbeitnehmerähnliche Personen gilt § 39 ebenfalls nicht (s. Rz. 27 zu § 1 u. hier Rz. 29).

Eine sachlich gegebene Zuständigkeit des Arbeitsgerichts entfällt nicht, wenn das **Arbeitsverhältnis** der Parteien **beendet** ist (vgl. auch Rz. 4). Es genügt vielmehr, dass der Arbeitnehmer mit der Berufung auf eine Vergü-

---

53a Vgl. allgem. OLG Stuttgart v. 19.11.1996 NZA – RR 1997, 267
53b Einzelheiten streitig, s. Zöller/Gummer ZPO Rz. 6 ff. zu § 17 a GVG.
54 ArbG Siegburg Beschl. v. 23.9.1988 Az. 2 Ca 919/88 (unveröffentl.) m.H.a. Kissel GVG Rz. 200 zu § 13.
55 Schaub (Fn. 52) § 82 IV 4; Grunsky (Fn. 51) Rz. 108; abw. wohl Volmer/Gaul Rz. 27 ff., 34 z. § 39.
56 BAG v. 23.8.2001 NZA 2001, 1158, 1159 m.w.N.: differenzierend Palandt/ Heinrichs BGB Rz. 5 zu § 388 m.w.N.
57-65 frei

tungsregelung einen Anspruch aus dem Arbeitsverhältnis geltend macht (vgl. § 2 Abs. 1 Nr. 3 a ArbGG).

II. Örtliche Zuständigkeit

Die örtliche Zuständigkeit wird von § 39 nicht erfasst[66]. Für sie gelten die allgemeinen Grundsätze der §§ 12 ff. ZPO. Demzufolge ist Gerichtsstand in der Regel der Wohnsitz des Beklagten (§§ 12, 13 ZPO), bei juristischen Personen deren Sitz (§ 17 ZPO), bei dem Fiskus der Sitz der vertretenden Behörde (§§ 18, 19 ZPO). Ferner kommen die besonderen Gerichtsstände des Aufenthaltsorts (§ 20 ZPO), der Niederlassung (§ 21 ZPO) und des Erfüllungsortes (§ 29 ZPO) in Betracht.

21

Bei der örtlichen Zuständigkeit ist weiterhin zu beachten, dass nach § 143 Abs. 2 PatG nur bestimmte Landgerichte mit Patentstreitsachen und demzufolge auch mit Rechtsstreitigkeiten über Arbeitnehmererfindungen befasst sind. Nur bei diesen ist also Klage zu erheben.

22

Patentstreitkammern gemäß Zuweisung nach § 143 Abs. 2 PatG sind errichtet bei[67]: LG Berlin für Berlin und Brandenburg, LG Braunschweig für Niedersachsen, LG Düsseldorf für Nordrhein-Westfalen, LG Erfurt für OLG-Bezirk Jena; LG Frankfurt für Hessen und Rheinland-Pfalz, LG Hamburg für Bremen, Hamburg, Mecklenburg-Vorpommern und Schleswig-Holstein[67a], LG Leipzig für Sachsen, LG Magdeburg für Sachsen-Anhalt, LG Mannheim für Baden-Württemberg, LG München I für den OLG-Bezirk München, LG Nürnberg-Fürth für die OLG Bezirke Nürnberg und Bamberg; ferner (ohne besondere Zuweisung nach § 143 Abs. 2 PatG) beim LG Saarbrücken für dessen Bezirk.

23

Vereinbarungen über die (örtliche) Zuständigkeit einer anderen Patentstreitkammer sind zwar nach §§ 38 ff. ZPO zulässig[67b], aber infolge der Regelung der §§ 29 Abs. 2, 38 ff. ZPO nur noch in beschränktem Umfange möglich (vgl. §§ 38 Abs. 2, 3; 39 ZPO).

24

C. Verfahrensgrundsätze (Abs. 1 S. 2, 3)

Im Hinblick auf die Zuordnung zu den Patentstreitkammern normiert Abs. 1 Satz 2, dass auch bei arbeitnehmererfinderrechtlichen Streitigkeiten die Vorschriften über das Verfahren in Patentsachen anzuwenden

25

---

66 Allg. A., z.B. LG Braunschweig v. 20.2.1968 GRUR 1969, 135, 136.
67 S. die Übersicht b. Benkard/Rogge PatG Rz. 15 zu § 143 PatG u. Möller, Die Übergangsbestimmungen f. ArbNErf. i. d. neuen Bundesländern (1996), S. 308 (dort Fn. 245); sowie GRUR 2000, 36 ff. u. 390.
67a Vgl. Blatt 1995, 236.
67b LG Braunschweig v. 20.2.1968 (Fn. 66).

§ 39

sind. Demzufolge sind die §§ 143–145 PatG anwendbar[67c]. Neben dem Zwang zur Klagekonzentration (§ 145 PatG) handelt es sich um § 143 Abs. 3-5 PatG (Zulassung von Rechtsanwälten und Kostenregelung[68]), § 144 PatG (Streitwertherabsetzung zugunsten des wirtschaftlich Schwächeren[69]), § 4 Abs. 1 PatAnwO (Mitwirkung von Patentanwälten) sowie um das Gesetz über die Beiordnung von Patentanwälten in Armensachen v. 5.2.1938 (RGBl. I, 116) i. d. Neufassung durch § 187 PatAnwO v. 7.9.1966 (BGBl. I, 557; geändert durch Ges. v. 11.12.1985 BGBl. I S. 2170).

26 Nach § 39 Abs. 1 Satz 3 in der bis 30.6.1994 geltenden Fassung war § 74 Abs. 2 und 3 des Gerichtskostengesetzes (GKG) a.F. bzw. § 65 Abs. 1 und 3 GKG n.F. nicht anzuwenden. In diesen Vorschriften war die Vorauszahlungs- bzw. Vorschusspflicht im Klage- und im Mahnverfahren geregelt. Die Nichtanwendbarkeit dieser Vorschriften in den in § 39 ArbEG geregelten Verfahren wird nunmehr auf Grund der Neufassung durch das Kostenrechtsänderungsgesetz 1994 vom 24.6.1994 (BGBl I S. 1325 = Blatt 1994, 344) in § 65 Abs. 2 und 3 GKG unmittelbar bestimmt, ohne dass damit eine inhaltliche Änderung eingetreten ist[69a]. Satz 3 des § 39 Abs. 1 ArbEG ist dementsprechend aufgehoben worden.

Auf Grund dieser redaktionellen Änderung besteht – wie bisher – bei arbeitnehmererfinderrechtlichen Streitigkeiten i.S.d. § 39 Abs. 1 keine Pflicht des Klägers zur Vorauszahlung von Prozessgebühren und Zustellungsauslagen[70]. Die abweichende Auffassung, wonach im Anschluss an den Wortlaut des § 74 Abs. 2 GKG a.F. lediglich die Terminsbestimmung nicht von der Zahlung eines Kostenvorschusses abhängig gemacht werden darf[71], verkennt den Regelungszweck dieser Vorschrift. Durch diese sollte allgemein erreicht werden, dass für Rechtsstreitigkeiten auf Grund des ArbEG eine Vorauszahlungspflicht nicht besteht[72]; diese Vorschusspflicht wurde – ebenso wie im Arbeitsgerichtsprozess (vgl. § 12 Abs. 4 ArbGG) – aus sozialen Gründen beseitigt, um einer finanzschwachen Partei die Rechtsver-

---

67c Busse/Keukenschrijver, PatG, Rz. 2 vor § 37 ArbEG.
68 S. LG Berlin v. 15.11.1968 Mitt. 1969, 158, 160 zu § 51 PatG a.F.
69 Z. verfassungsrechtl. Problematik d. Streitwertbegünstigg. s. allg. d. Nachweise b. OLG Koblenz v. 13.7.1984 GRUR 1984, 746 – Streitwertbegünstigung i. Anschl. a. KG Berlin v. 19.8.1977 WRP 1977, 717 ff.; d. Aufhebung des zugunsten eines ArbNErf ergangenen Streitwertbegünstigungsbeschlusses ist nicht bei einer wesentlichen Verbesserung der Vermögenslage des Begünstigten möglich, die jedoch noch nicht allein auf Grund der vorläufigen Vollstreckung eines stattgebenden Ersturteils angenommen werden kann (so OLG München, Beschl. v. 26.3.1986 Az. 6 U 2748/84 – unveröffentl.).
69a Vgl. Amtl. Begr. i. BT-Drucks. 12/6962 S. 68 [zu Art. 1 Nr. 33 Buchst. b) d. Entw.]
70 Ebenso Volmer/Gaul Rz. 48 zu § 39.
71 So aber OLG Karlsruhe Beschl. v. 27.6.1988 Az. 6 W 54/88 (unveröffentl.) i. Anschl. a. Reimer/Schade/Schippel/Kaube Rz. 7 zu § 39.
72 Amtl. Begr. (Fn. 39).
73–80 frei

folgung zu erleichtern. Die gegenteilige Ansicht würde letztlich dazu führen, dass sich der »Kostenvorteil« auf einen begrenzten Zeitraum beschränkt.

D. Zuständigkeit bei technischen Verbesserungsvorschlägen

§ 39 bezieht sich nur auf Erfindungen, also gemäß § 2 auf solche, die patent- oder gebrauchsmusterfähig sind (s. Rz. 11 ff.). Demzufolge verbleibt es bei Streitigkeiten über technische Verbesserungsvorschläge bei den allgemeinen Grundsätzen[81]. Gleiches gilt für reine Zahlungsklagen auf Vergütungen nach § 39 Abs. 2 (s. Rz. 15 ff.). 27

Die **Arbeitsgerichte** sind nach § 2 Abs. 1 Nr. 3 a ArbGG für Streitigkeiten zwischen Arbeitgeber und Arbeitnehmer (des öffentlichen und privaten Dienstes) über einfache und qualifizierte technische **Verbesserungsvorschläge ausschließlich zuständig**[81a]; festgelegte Vergütungsansprüche für qualifizierte technische Verbesserungsvorschläge nach § 20 Abs. 1 werden von der Sonderregelung des § 2 Abs. 2 lit. a ArbGG erfasst, die auch diese Leistungsklagen der ausschließlichen Zuständigkeit der Arbeitsgerichte zuweist (s. oben Rz. 15 ff.). 28

Eine **Verweisung** eines beim Arbeitsgericht anhängigen Rechtsstreites an die Schiedsstelle kommt nicht in Betracht[82a] (vgl. auch Rz. 17 zu § 28).

Diese Zuständigkeit besteht auch mit **Ausscheiden des Arbeitnehmers** unverändert fort[83]. Für **arbeitnehmerähnliche Personen** betreffende Rechtsstreitigkeiten sind ebenfalls die Arbeitsgerichte nach § 5 Abs. 1 Satz 2 ArbGG zuständig; § 39 findet auf diesen Personenkreis keine Anwendung (s. Rz. 27 zu § 1), ggf. aber § 143 PatG. 29

Die **Verwaltungsgerichte** sind nach § 126 BRRG (§ 172 BBG) für Streitigkeiten über technische Verbesserungsvorschläge von Beamten zuständig[84]; dies gilt auch für entsprechende Ansprüche von Ruhestandsbeamten, 30

---

81 Heute allg. A., z.B. BAG v. 30.4.1965 GRUR 1966, 88 – Abdampfverwertung; Reimer/Schade/Schippel/Kaube Rz. 11 zu § 39; Volmer/Gaul Rz. 16 zu § 39; Grunsky ArbGG, Rz. 106 zu § 2; so auch Amtl. Begr. (Fn. 39); die (i. Hinbl. a. § 20 Abs. 1 ArbEG) abw. Ansicht v. Friedrich GRUR 1958, 282 u. Heine/Rebitzki (2. Aufl. 1957) Anm. 2 zu § 39 ist durch § 2 Abs. 2 a ArbGG n. F. überholt.
81a Schiedsst. v. 18.10.1993 Arb.Erf. 72/93 (unveröffentl.); nach ArbG München v. 3.11.1999 Az. 19 Ca 304/99 (unveröffentl.) soll das ArbG auch dann gem. § 2 Abs. 1 Nr. 3 lit. a ArbGG zuständig sein, wenn der VV zum Patent angemeldet worden ist, der Vergütungsanspruch aber auf eine Betriebsvereinbarung z. Vorschlagswesen gestützt wird (bedenklich).
82 frei
82a Schiedsst. v. 18.10.1993 (Fn. 81a).
83 Vgl. Amtl. Begr. (Fn. 82) S. 26 zu Art. 1 Nr. 2 Abs. 1 Nr. 4 d. Entw.
84 Allg. A., Volz Öffentl. Dienst, S. 206 f.; vgl. auch Bay.VGH BayVBl. 1979, 699; s. allg. für Verbesserungsvorschläge OVG Münster v. 6.2.1975 ZBR 1975, 349 f. i.

§ 39

ausgeschiedenen Beamten und Hinterbliebenen der Beamten. Die gleichen Grundsätze gelten für Soldaten, wobei sich die Zuständigkeit der Verwaltungsgerichte aus § 59 SoldatenG ergibt.

E. Rechtswegproblematik bei Zweifeln an der Schutzfähigkeit

31 Problematisch wirkt sich die Rechtswegaufteilung zwischen Arbeitsgerichten (für technische Verbesserungsvorschläge) und Landgerichten (für Erfindungen) in den Fällen aus, in denen die **Schutzfähigkeit** (§ 2 ArbEG) einer technischen Neuerung nicht eindeutig und damit **streitig** ist. Gleiches gilt, wenn um Vergütung gestritten wird und streitig ist, ob es sich bei der zu vergütenden Lehre um eine Erfindung oder einen technischen Verbesserungsvorschlag handelt[90]. Zur Vereinbarung der Parteien über die Schutzfähigkeit s. Rz. 13.

32 Ist nur eine Partei der Ansicht, es handele sich um einen technischen Verbesserungsvorschlag im Sinne des § 3 ArbEG und erhebt sie demzufolge Klage vor dem Arbeitsgericht, so ist nicht auf den Sachvortrag des Klägers abzustellen[90a]; vielmehr hat das Arbeitsgericht **von Amts wegen** seine ausschließliche sachliche Zuständigkeit prüfen[91]. Die Zuständigkeit scheidet aus, wenn nach § 39 Abs. 1 die ausschließliche Zuständigkeit der Landgerichte gegeben ist. Im Rahmen dieser Prüfung kommt es nicht auf eine amtliche oder gerichtliche Klärung der Schutzfähigkeit der in der Rede stehenden technischen Neuerung an. Insoweit baut das ArbEG auf der bloßen Möglichkeit, dass auf eine technische Neuerung ein Schutzrecht erteilt werden kann, auf (s. Rz. 16 ff. zu § 2). Dementsprechend sind die Vorschriften des ArbEG auch dann einschlägig, wenn Zweifel bzw. Meinungsverschiedenheiten über die Schutzfähigkeit bestehen, eine **Arbeitsvertragspartei für den Gegenstand** der **streitigen technischen Neuerung aber (formal) den Weg nach dem ArbEG gewählt** hat. Dies gilt insbesondere, wenn die technische Neuerung als Diensterfindung gem. § 5 gemeldet wurde, ferner, wenn – auch ohne Meldung – eine Inanspruchnahmeerklärung oder Schutzrechtsanmeldung vorliegen. Ansonsten würde in die Prüfungskompetenz der insoweit zuständigen Patenterteilungsbehörden und -gerichte eingegriffen. Die Prüfung durch das Gericht beschränkt sich also darauf, ob ein solches Verfahren nach dem ArbEG von einer Arbeitsver-

---

Anschl. a. VG Köln v. 12.9.1973 DÖD 1974, 37 f.; insow. best. d. BVerwG v. 31.1.1980 DÖD 1980, 250 f.

85–89 frei

90   Zutreffend Asendorf GRUR 1990, 229, 237.
90a So aber Busse/Keukenschrijver, PatG, Rz. 3 zu § 39 ArbEG; ihm folgend Grabinski GRUR 2001, 922, 923 (dort Fn. 5).
91   Vgl. Kunze RdA 1975, 42, 46; vgl. auch LAG Hamm v. 12.2.1954 AP Nr. 1 zu § 2 ArbGG 1953 m. Anm. Volmer; s. allg. BAG v. 16.11.1959 AP Nr.13 zu § 276 ZPO mit Anm. Pohle u.v. 28.10.1993 NJW 1994, 1172, 1173.

§ 39

tragspartei eingeleitet wurde. Einer gerichtlichen Klärung der Schutzfähigkeit, ggf. durch Beweisaufnahme (Sachverständigengutachten), bedarf es – entgegen der wohl herrschenden Meinung[92] – dann nicht[93] (zur Verweisung durch das Arbeitsgericht s. unten Rz. 34).

Fehlt es dagegen für die streitbefangene technische Neuerung (bisher) an einer **förmlichen Behandlung nach dem ArbEG** (keine Erfindungsmeldung, Inanspruchnahme usw.) und behauptet der Kläger, die technische Neuerung sei eine von ihm als Arbeitnehmer entwickelte und damit dem ArbEG unterliegende Erfindung, so ist die Zuständigkeit des Landgerichts (Patentstreitkammer) gegeben[93a] (ausgenommen § 39 Abs. 2 ArbEG). Ist dies nicht der Fall und beruft sich aber der Beklagte auf eine Schutzunfähigkeit i.S.d. ArbEG, darf das Arbeitsgericht seine sachliche Zuständigkeit nicht nur auf Grund einer einseitigen Schlüssigkeitsprüfung annehmen, sondern muss ggf. über die Schutzfähigkeit Beweis erheben[94]. 33

Da den Arbeitsgerichten in der Regel die Sachkunde fehlt, wird sich das Gericht insbesondere durch Einholung eines Sachverständigengutachtens von seiner Zuständigkeit zu überzeugen haben, es sei denn, die die Schutzfähigkeit ausschließenden Tatsachen wären offenkundig[94a]. Der von *Volmer* vorgeschlagenen Lösung, im Wege der Amtshilfe analog Art. 35 Abs. 1 GG ein Gutachten der Schiedsstelle beim DPMA einzuholen[95], stehen die Funktion der Schiedsstelle (vgl. §§ 28, 17 Abs. 2) sowie die Vorschrift des § 29 Abs. 1 PatG entgegen, die nur begrenzt derartige Gutachten zulassen.

Verneint das Arbeitsgericht wegen feststehender oder festgestellter Behandlung der technischen Neuerung nach dem ArbEG seine Zuständigkeit, ist die Klage durch Prozessurteil **als unzulässig abzuweisen** bzw. auf Antrag des Klägers gem. § 48 Abs. 1 ArbGG i.V.m. § 281 ZPO durch Beschluss an das nach § 39 Abs. 1 ArbEG zuständige Landgericht **zu verweisen**. 34

Wird Klage vor dem **Landgericht** erhoben, so hat auch dieses seine Zuständigkeit gemäß § 39 Abs. 1 von Amts wegen zu prüfen. Ist bereits eine Schutzrechtsanmeldung anhängig, ist grundsätzlich von der Zuständigkeit auszugehen; gleiches gilt, wenn die Schutzfähigkeit unstreitig ist (vgl. 35

---

92 LAG Niedersachsen v. 10.11.1978 Az. 11 a Sa 72/78 (unveröffentl.) unter Aufhebung v. ArbG Stade v. 30.6.1977 EGR Nr. 6 zu § 39 ArbEG m. krit. Anm. Gaul; ArbG Iserlohn v. 11.3.1983 Az. 3 Ca 636/78 (unveröffentl.); Volmer/Gaul Rz. 38 ff. zu § 39 (vgl. aber auch dort Rz. 162 zu § 3); Reimer/Schade/Schippel/Kaube Rz. 3 zu § 39.
93 So bereits Windisch für den Fall der Inanspruchnahme in GRUR 1985, 829, 832; i. Ergebnis auch Asendorf GRUR 1990, 229, 237.
93a Vgl. allg. BAG v. 24.4.1996 DB 1996, 1578, 1580.
94 Ebenso LAG Köln Beschluss v. 13.3.1996 Az. 8 Ta 313/95 (unveröffentl.); vgl. allg. BAG v. 28.10.1993 (Fn. 91) i. Anschl. an BAG v. 30.8.1993 NZA 1994, 141.
94a Darauf weist auch das LAG Köln v. 13.3.1996 (Fn. 94) hin.
95 Volmer Rz. 33 zu § 39.

§ 39

Rz. 13) bzw. eine Behandlung der technischen Neuerung nach dem ArbEG feststeht oder festgestellt wird.

F. Schiedsgerichtsvereinbarung

36 Ein Schiedsvertrag in arbeitsrechtlichen Streitigkeiten zwischen Arbeitgeber und Arbeitnehmer ist gemäß §§ 4, 101 Abs. 3 ArbGG unzulässig und damit unwirksam. Darüber hinaus folgt aus § 22 ArbEG, dass eine Schiedsgerichtsvereinbarung, die dem Arbeitnehmer den ordentlichen Rechtsweg nimmt, jedenfalls vor Fertigstellung einer Erfindung unzulässig ist. Denkbar ist eine Schiedsgerichtsvereinbarung – wenn überhaupt – nur dann, wenn diese nach Ausscheiden des Arbeitnehmers aus dem Arbeitsverhältnis über eine bereits fertig gestellte Diensterfindung getroffen wird.

3. Abschnitt Erfindungen und technische Verbesserungsvorschläge von Arbeitnehmern im öffentlichen Dienst, von Beamten und Soldaten

Einleitung vor §§ 40-42

Lit.: *Gross,* Z. Recht d. Diensterf., RiA 1965, 29; *Gaul,* ArbNErf. i. öffentl. Dienst, ZTR 1987, 289; *Kumm,* Leitfaden f. Erfinder d. öffentl. Dienstes, 1980; *Leuze,* Erf. u. techn. VV. von Angehörigen d. öffentl. Dienstes, GRUR 1994, 415; *Röpke,* Die Verpflichtung d. Erf. i. Öffentl. Dienst, ZBR 1962, 174; *ders.* Beamtenerfindung, DÖV 1962,128; *Seewald/ Freudling,* Der Beamte als Urheber, NJW 1986, 2688; *Volz,* Das Recht der Arbeitnehmererfindung i. Öffentl. Dienst, 1985; *Wenzel,* Zum Recht. d. Erf. v. ArbN u. Beamten DÖD 1957, 221; s. i. übr. Lit. bei §§ 40, 41 u. 42.

Entsprechend der Zielsetzung, das Rechtsgebiet der Arbeitnehmererfindung möglichst abschließend und umfassend zu regeln, werden im 3. Abschnitt die Erfindungen von Angehörigen des öffentlichen Dienstes durch die **Sondervorschriften** der §§ 40–42 erfasst[1]. Nachdem § 1 den Anwendungsbereich des ArbEG auf Erfindungen und technische Verbesserungsvorschläge von Arbeitnehmern im öffentlichen Dienst, von Beamten und Soldaten erstreckt, stellt die Generalklausel des § 40 klar, dass auch auf solche technischen Neuerungen die Vorschriften des 2. Abschnitts (§§ 5–39) anzuwenden sind; dazu werden jedoch gewisse Ausnahmeregelungen aufgestellt, die den Belangen des öffentlichen Dienstes Rechnung tragen sollen (s. Rz. 2 zu § 40). Aus § 41 ergibt sich, dass die Vorschriften für den Arbeitnehmerbereich entsprechend für Beamte und Soldaten gelten. § 42 a.F. enthielt schließlich als Ausfluss der verfassungsrechtlich garantierten Wissenschaftsfreiheit das sog. Hochschullehrerprivileg für Erfindungen von Hochschulwissenschaftlern. Mit Wirkung ab 7.2.2002 ist § 42 grundlegend reformiert worden. Die vom Bundesminister für Arbeit am 1. 12. 1960 erlassenen »Richtlinien für die Vergütung von Arbeitnehmererfindungen im öffentlichen Dienst« legen – ebenso wie §§ 40, 41 – allgemein nur fest, dass die RL 1959 für den öffentlichen Dienst entsprechend gelten (s. im Übrigen Rz. 12 zu § 11). 1

Rechtshistorisch bildet das ArbEG – aufbauend auf der DVO 1943 – den Abschluss einer langjährigen Diskussion um die Erfindungen im öffentlichen Dienst, die bereits unmittelbar nach In-Kraft-Treten des ersten deutschen Patentgesetzes von 1877 einsetzte[2]. 2

---

1 Amtl. Begr. BT-Drucks. II/1648 S. 14 f. = Blatt 1957, 226.
2 Grundlegd Gareis Über das Erfinderrecht v. Beamten, Angestellten und Arbeitnehmern, 1879; ausf. z. hist. Entwicklg. Volz Öffentl. Dienst (1985) S. 7 ff. m.w.N.

Einleitung vor §§ 40-42

3 Das ArbEG ist nach dem Schrifttum Teil des **öffentlichen Dienstrechts** (s. Einl. Rz. 2). Die **Gesetzgebungskompetenz** des Bundes auch für die Erfindungen der Bediensteten der Länder und Gemeinden ergibt sich zwar nicht aus der Rahmenkompetenz (Art. 75 Nr. 1 GG)[3], ist aber heute letztlich unbestritten, nachdem mit den zunächst weitergeltenden Bestimmungen der DVO 1943 (vgl. § 46) bereits eine bundeseinheitliche Regelung vorgelegen hatte[4]. Der Gesetzgeber geht nunmehr auch bezüglich der Regelungen der §§ 40–42 von der Zuordnung zum **gewerblichen Rechtsschutz** und der Gesetzgebungskompetenz aus Art. 73 Nr. 9 GG aus[5].

4 Im Grundsatz geht der Gesetzgeber von der gleichen Behandlung der Erfindungen und technischen Verbesserungsvorschläge von Angehörigen des öffentlichen Dienstes mit denen des privaten Dienstes aus. Dieser **Grundsatz der Gleichstellung** kommt im ArbEG in § 1, der den Anwendungsbereich normiert, sodann in § 4 Abs. 2 (Gleichstellung von »Betrieb« und »öffentlicher Verwaltung« zur Charakterisierung von Diensterfindungen) sowie insbesondere in den Sondervorschriften des dritten Abschnitts zum Ausdruck[6]. Dieser Grundsatz, der im Zweifel bei allen Auslegungsfragen heranzuziehen ist, bedeutet im Wesentlichen **zweierlei**:

5 Einmal folgt daraus, dass über die Sonderbestimmungen des § 40 Nrn. 1-5 ArbEG hinaus keine abweichende Behandlung der Erfindungen von Angehörigen des öffentlichen Dienstes bezüglich der sich aus dem ArbEG ergebenden Rechte und Pflichten im Verhältnis zu den Erfindungen der Arbeitnehmer im privaten Dienst erfolgen darf; die Angehörigen des öffentlichen Dienstes sind erfinderrechtlich letztlich wie die Arbeitnehmer der Privatwirtschaft zu behandeln; ihre Tätigkeit im öffentlichen Dienst darf sich im Grundsatz auf die Behandlung der Erfindungen und auf die Rechte und Pflichten aus dem ArbEG nicht besonders (nachteilig) auswirken[11].

6 Zum zweiten gebietet der Grundsatz der Gleichstellung erfinderrechtlich die einheitliche Behandlung aller Angehörigen des öffentlichen Dienstes untereinander; in erfinderrechtlicher Hinsicht darf also keinerlei Unter-

---

3   So aber Groß RiA 1965, 29; so wohl auch Volmer Einl. Rz. 65 u. Volmer/Gaul Einl. Rz. 111.
4   Kraßer/Schricker Pat.- u. UrhR an Hochschulen (1988) S. 52; ausf. Volz (Fn. 2) S. 21 ff.
5   Vgl. den Parlaments-Entwurf z. Ges. z. Änderung d. ArbEG v. 9.5.2001 BT-Drucks. 14/5975, S. 8 (dort zu § 42 n.F.); übereinstimmend Reg.-Entwurf v. 17.8.2001 BR-Drucks. 583/01, S. 13 f.
6   Ausf. Volz (Fn. 2) S. 35 ff. m.w.N.
7-10 frei
11 Ebenso z. Vergütg. Schiedsst. ZB. v. 3.6.1960 Arb.Erf. 4/57 u. EV v. 21.12.1960 Arb.Erf. 4/57 (beide unveröffentl.), auszugsw. bei Volz Öffentl. Dienst (1985) S. 37 (dort Fn. 13). Diff. Reimer/Schade/Schippel/Leuze, die arbeitnehmererfinderrechtlich eine Gleichstellung zw. Arbeitnehmern d. öffentl. Dienstes mit denen des priv. Dienstes befürworten (Rz. 9 zu § 40), allerdings weitergehende Treuepflichten annehmen (s. Rz. 41 zu § 40 u. Rz. 10 zu § 41).

schied darin gemacht werden, ob die Erfindung von einem Beamten, Soldaten oder Arbeitnehmer gemacht worden ist und bei welcher öffentlichen Verwaltung der Erfinder beschäftigt ist (s. auch Rz. 4 zu § 11).

Da die Vorschriften des ArbEG – ebenso wie die Vergütungsrichtlinien – auf die gewinnorientierte Ausnutzung einer Erfindung in der gewerblichen Wirtschaft ausgerichtet sind, ergeben sich zwangsläufig bei der Umsetzung der Vorschriften, insbesondere bei der Ermittlung der angemessenen Erfindervergütung, Probleme aus der Besonderheit der eingeschränkten wirtschaftlichen Betätigung der öffentlichen Hand[12]; diese ist schon im Ansatz wegen der fehlenden Ausrichtung auf industrielle Fertigung und auf Teilnahme am Wettbewerb nicht mit der Privatwirtschaft vergleichbar[12]. Diese in der Natur des öffentlichen Dienstes begründeten Gegebenheiten muss der Bedienstete ebenso hinnehmen wie beispielsweise ein Arbeitnehmer des privaten Dienstes, dass er bei einem Unternehmen mit nur sehr engem Tätigkeitsbereich beschäftigt ist (z.B. Forschungseinrichtung, Dienstleistungsunternehmen). Allgemein kann man sagen, dass sich das ArbEG auch in Bezug auf die Erfindungen im Bereich des öffentlichen Dienstes bewahrt hat und angemessene Lösungsmöglichkeiten an die Hand gibt; allerdings erscheinen die Ausnahmeregelungen des § 40 in Nr. 3 (Allgemeine Anordnung – vgl. Rz. 34 ff. zu § 40) und in Nr. 5 (Errichtung eigener Schiedsstellen – vgl. Rz. 51 ff. zu § 40) problematisch und de lege ferenda als überflüssig bzw. anpassungsbedürftig.

Ob Maßnahmen des Dienstherrn auf dem Gebiet des Arbeitnehmererfinderrechts – soweit sie einen Beamtenerfinder betreffen – Qualität als verbindliche Regelung durch **Verwaltungsakt** zukommt, ist fraglich; jedenfalls bleibt auch bei einem Widerspruch die Möglichkeit eines Verfahrens vor der Schiedsstelle bzw. einer Klage vor den dazu nach dem ArbEG berufenen Gerichten unberührt (vgl. §§ 37–39, s. i. übr. Rz. 15 zu § 41).

Die §§ 40–42 gelten in den **neuen Bundesländern** nur bezüglich solcher Erfindungen, die Angehörige des öffentlichen Dienstes ab dem 3.10.1990 fertig gestellt haben (s. Einl. Rz. 31). Für Alt-Erfindungen aus der Zeit vor dem Beitritt kannte das DDR-Recht keine erfinderrechtlichen Sondervorschriften[13]. Insoweit gilt das fortwirkende DDR-Recht (s. Einl. Rz. 32 ff.) uneingeschränkt, auch wenn Arbeitnehmer dem öffentlichen Dienst der DDR angehört haben[14] (zum Schiedsstellenverfahren s. Rz. 34 ff. zu § 28 u. z. Klageverfahren Rz. 1.2 zu § 37; zu DDR-Hochschulerfindungen s. Rz. 3.1 zu § 42).

---

12 Vgl. i. einz. Volz (Fn. 11) S. 27 ff.
13 Möller Die Übergangsbestimmungen f. ArbNErf. i. d. neuen Bundesländern (1996), S. 310.
14 Möller (Fn. 13), S. 311 f.

§ 40 Arbeitnehmer im öffentlichen Dienst

Auf Erfindungen und technische Verbesserungsvorschläge von Arbeitnehmern, die in Betrieben und Verwaltungen des Bundes, der Länder, der Gemeinden und sonstigen Körperschaften, Anstalten und Stiftungen des öffentlichen Rechts beschäftigt sind, sind die Vorschriften für Arbeitnehmer im privaten Dienst mit folgender Maßgabe anzuwenden:
1. An Stelle der Inanspruchnahme der Diensterfindung kann der Arbeitgeber eine angemessene Beteiligung an dem Ertrage der Diensterfindung in Anspruch nehmen, wenn dies vorher vereinbart worden ist. Über die Höhe der Beteiligung können im Voraus bindende Abmachungen getroffen werden. Kommt eine Vereinbarung über die Höhe der Beteiligung nicht zustande, so hat der Arbeitgeber sie festzusetzen. § 12 Abs. 3 bis 6 ist entsprechend anzuwenden.
2. Die Behandlung von technischen Verbesserungsvorschlägen nach § 20 Abs. 2 kann auch durch Dienstvereinbarung geregelt werden; Vorschriften, nach denen die Einigung über die Dienstvereinbarung durch die Entscheidung einer höheren Dienststelle oder einer dritten Stelle ersetzt werden kann, finden keine Anwendung.
3. Dem Arbeitnehmer können im öffentlichen Interesse durch allgemeine Anordnung der zuständigen obersten Dienstbehörde Beschränkungen hinsichtlich der Art der Verwertung der Diensterfindung auferlegt werden.
4. Zur Einreichung von Vorschlagslisten für Arbeitgeberbeisitzer (§ 30 Abs. 4) sind auch die Bundesregierung und die Landesregierungen berechtigt.
5. Soweit öffentliche Verwaltungen eigene Schiedsstellen zur Beilegung von Streitigkeiten auf Grund dieses Gesetzes errichtet haben, finden die Vorschriften der §§ 29 bis 32 keine Anwendung.

Lit.: *Gaul*, ArbNErf. im öffentl. Dienst, ZTR 1987, 289; *Leuze*, Erf. u. techn. VV von Angehörigen d. öffentl. Dienstes, GRUR 1994, 415; *Röpke*, Die Verpflichtungen des Erfinders im öffentl. Dienst, ZBR 1962, 174; *Volz*, Das Recht d. ArbNErf. im öffentl. Dienst, 1985; *Wenzel*, Zum Recht d. Erf. v. ArbN u. Beamten, DÖD 1957, 221. S. auch Lit. Einl. vor §§ 40-42 u. bei § 41.

Übersicht

A. Allgemeines	1, 2		1. Öffentliche Betriebe	6
B. Persönlicher Geltungsbereich	3-11		2. Verwaltungen	7, 8
I. Arbeitnehmer im öffentlichen Dienst	3, 4		3. Körperschaften, Anstalten und Stiftungen des öffentlichen Rechts	9-11
II. Arbeitgeber im öffentlichen Dienst	5-11			

§ 40

C. Anwendbarkeit des ArbEG auf Arbeitnehmer im öffentlichen Dienst 12-55	3. Verwertungsbeschränkungen im öffentlichen Interesse (Nr. 3) 34-49
I. Grundsatz 12-14	4. Besonderheiten für das Schiedsstellenverfahren (Nrn. 4, 5) 50-55
II. Besonderheiten für den öffentlichen Dienst 15-55	a) Besetzung der Schiedsstelle 50
1. Inanspruchnahme einer angemessenen Beteiligung (Nr. 1) 15-29	b) Eigene Schiedsstellen der öffentlichen Verwaltungen 51-55
2. Regelung technischer Verbesserungsvorschläge durch Dienstvereinbarungen (Nr. 2) 30-33	D. Forschungs- und Entwicklungs-Kooperation zwischen öffentlichem Auftraggeber und privatem Auftragnehmer 56-58

A. Allgemeines

1 § 40 ist eine **Sondervorschrift** für Erfindungen und technische Verbesserungsvorschläge von Arbeitnehmern im öffentlichen Dienst[1] (vgl. auch Rz. 1 vor §§ 40-42).

2 Im Grundsatz geht der Gesetzgeber davon aus, dass Erfindungen und technische Verbesserungsvorschläge dieses Personenkreises und von Arbeitnehmern des privaten Dienstes gleich zu behandeln sind (**Grundsatz der Gleichstellung**, s. dazu Rz. 4 ff. vor §§ 40-42).

B. Persönlicher Geltungsbereich

I. Arbeitnehmer im öffentlichen Dienst

3 § 40 erfasst **Arbeitnehmer im öffentlichen Dienst**. Das Rechtsverhältnis dieser Arbeitnehmer ist das privatrechtlich[2] begründete (vgl. auch § 191 BBG), gegenseitige, auf abhängige (Arbeits-)Dienstleistung gegen Entgelt gerichtete Dienstverhältnis zwischen einer natürlichen Person (Arbeitnehmer) und einer juristischen Person des öffentlichen Rechts (Arbeitgeber)[3].

4 **Vom privaten Dienst grenzt sich der öffentliche Dienst** nicht nach der Art der Betätigung, sondern allein nach der **Rechtsform des Unternehmens** bzw. der Verwaltung ab (s. Rz. 8 zu § 1). Arbeitnehmer im öffentlichen Dienst sind daher alle Personen, die aufgrund eines privatrechtlichen Vertrages oder eines diesem gleichgestellten Rechtsverhältnisses in solchen Betrieben und Verwaltungen in persönlich abhängiger Stellung beschäftigt sind, die in der Rechtsträgerschaft des Bundes, der Länder, der Gemeinden

---

1 Amtl. Begr. BT-Drucks. II/1648 S. 14 f. = Blatt 1957, 226.
2 Vgl. BVerwG v. 16.12.1955 DVBl. 1956, 267.
3 Wolff/Bachof/Stober VerwR Bd. 2 § 118 Rz. 1.

und der sonstigen Körperschaften, Anstalten und Stiftungen des öffentlichen Rechts stehen (Einzelheiten zum Arbeitnehmerbegriff s. Rz. 9 ff., 137 zu § 1; zur Geltung in den **neuen Bundesländern** s. Rz. 9 vor §§ 40-42) Unterliegen Arbeitsverhältnisse mit **zwischenstaatlichen Einrichtungen** deutschem Recht, soll § 40 zumindest entsprechend gelten[3a].

II. Arbeitgeber im öffentlichen Dienst

Arbeitgeber ist nicht der Dienststellenleiter, sondern die jeweilige juristische Person des öffentlichen Rechts als Partner des Arbeitsvertrages, also der Bund, die Länder, die Gemeinden oder mit eigener Rechtspersönlichkeit ausgestattete Anstalten, Körperschaften oder Stiftungen des öffentlichen Rechts[4] (s. auch Rz. 95 f. zu § 1). Kraft ihrer Organisationsgewalt kann die oberste Dienstbehörde alle oder auch einzelne Aufgaben aus dem Bereich des ArbEG auf nachgeordnete Behörden übertragen bzw. zentralisieren[5].   5

1. Öffentliche Betriebe

Unter (öffentlichen) **Betrieben** sind die unmittelbar von der öffentlichen Hand geführten Organisationen zu verstehen, in denen unter einheitlicher Leitung Personen in Dienst- bzw. Arbeitsverhältnissen beschäftigt und sächliche Mittel zusammengefasst sind; auch dabei steht nach der hier vertretenen Ansicht (s. Rz. 101 ff. zu § 1) nicht die arbeitstechnische Einheit im Vordergrund, sondern die organisatorische Zusammenfassung unter einer eigenständigen, öffentlich-rechtlichen Rechtspersönlichkeit oder unter Zuordnung zu einem Verwaltungsträger als Inhaber (z.B. Eigen- und Regiebetriebe in öffentlich-rechtlicher Rechtsform)[6].   6

2. Verwaltungen

Der Begriff der **Verwaltungen** umfasst nicht die kleinste Einheit einer organisatorisch selbständigen Verwaltung, sondern die Gesamtheit der innerhalb eines Bereichs eines öffentlichen Rechtssubjekts angesiedelten Behörden und Verwaltungsstellen[6] (z.B. BGS, Stadt-/Gemeindeverwaltungen).   7

3a So Busse/Keukenschrijver, PatG, Rz. 1 zu § 40 ArbEG.
4   S. dazu auch Volmer GRUR 1978, 393, 394; Reimer/Schade/Schippel/Leuze Rz. 3 zu § 40.
5   Volz Öffentl. Dienst (1985) S. 52 f.; vgl. auch Kumm Leitf. f. Erf. d. öffentl. Dienst (1980), S. 15 f.
6   Teilw. abw. Volmer Rz. 10, 11 zu § 40; Kelbel PatR u. ErfR (1966/67), S. 102; ausf. Reimer/Schade/Schippel/Leuze Rz. 3 ff. zu § 40; Volz Öffentl. Dienst (1985) S. 57 ff.

§ 40

8 Eine eindeutige **Abgrenzung** zwischen (öffentlichen) Betrieben und Verwaltungen ist im Übrigen schwierig, da die Grenzen zwischen ihnen fließend sind (vgl. auch §§ 1 BPersVG, 130 BetrVG). Sie ist letztlich auch entbehrlich, da Arbeitnehmer öffentlicher Betriebe und Verwaltungen gleichermaßen dem ArbEG unterliegen und zudem auch § 4 Abs. 2 Nrn. 1 u. 2 die »öffentliche Verwaltung« als Sammelbegriff verwendet (vgl. auch Rz. 21 zu § 4).

3. Körperschaften, Anstalten u. Stiftungen des öffentlichen Rechts

9 (Sonstige) **Körperschaften** des öffentlichen Rechts sind mitgliedschaftlich organisierte, vom Mitgliederwechsel aber unabhängige, rechtsfähige Verbände des öffentlichen Rechts, welche staatliche Aufgaben mit hoheitlichen Mitteln unter staatlicher Aufsicht wahrnehmen und die durch staatlichen Hoheitsakt entstehen[7] (z.B. BfA, Landschaftsverbände; nicht jedoch die in privater Rechtsform betriebenen Technischen Überwachungsvereine).

10 **Anstalt** des öffentlichen Rechts ist ein Bestand von sächlichen und persönlichen Mitteln, der einem öffentlichen Zweck dauernd zu dienen bestimmt und mit eigener Rechtspersönlichkeit ausgestattet ist[8] (z.B. Rundfunkanstalten des Bundes und der Länder, ZDF; Bundes-/Länderbanken, sonstige Kreditinstitute der Länder, Sparkassen; Bundesanstalt für Landeskunde und Raumforschung; Physikalisch-Technische Bundesanstalt, Bundesanstalt für Flugsicherung; Bundesanstalt für Zivilen Luftschutz und das Technische Hilfswerk; kommunale, nicht privatrechtlich geführte Eigenbetriebe zur Versorgung mit Gas, Strom, Wasser; nicht z.B. Max-Planck-Institute).

11 Eine **Stiftung** des öffentlichen Rechts ist ein mit eigener Rechtspersönlichkeit ausgestatteter, durch staatlichen Hoheitsakt errichteter oder anerkannter Bestand von sächlichen Mitteln, der vom Stifter einem bestimmten öffentlichen Zweck dauernd gewidmet worden ist[9] (z.B. Deutsches Krebs-Forschungs-Zentrum).

---

7 Forsthoff Lehrb. VerwR Bd. 1 AT § 25 II 2; vgl. auch BGH v. 18.12.1954 NJW 1955, 384 f.; s. im einzelnen Reimer/Schade/Schippel/Leuze Rz. 6 zu § 40.
8 O. Mayer Dt. VerwR Bd. 2 S. 331; s. dazu Reimer/Schade/Schippel/Leuze Rz. 7 zu § 40.
9 Vgl. Wolff/Bachof/Stober (Fn. 3) § 102 II.
10-13 frei

§ 40

C. Anwendbarkeit des ArbEG auf Arbeitnehmer im öffentlichen Dienst

I. Grundsatz

§ 40 ist Ausfluss der gesetzgeberischen Konzeption, mit dem ArbEG eine einheitliche, abschließende und umfassende Regelung zu schaffen; er verwirklicht den **Grundsatz der Gleichstellung** von Arbeitnehmern im öffentlichen Dienst mit denen im privaten Dienst (s. dazu Rz. 4 ff. vor §§ 40, 41).

Nach der Gesetzessystematik gelten die allgemeinen Bestimmungen des 1. Abschnitts (§§ 1-4) und die Übergangs- und Schlussbestimmungen des 4. Abschnitts (§§ 43-49) uneingeschränkt auch für Arbeitnehmer im öffentlichen Dienst sowie für Beamte und Soldaten. Für die Vorschriften des 2. Abschnitts über Erfindungen und technische Verbesserungsvorschläge von Arbeitnehmern im privaten Dienst (§§ 5-39) bestimmt § 40, dass auch diese auf Arbeitnehmer im öffentlichen Dienst Anwendung finden, allerdings mit den in Nrn. 1-5 genannten Einschränkungen bzw. Ergänzungen.

Nach den »**Richtlinien für die Vergütung von Arbeitnehmererfindungen im öffentlichen Dienst**« v. 1.12.1960 finden die »Richtlinien für die Vergütung von Arbeitnehmererfindungen im privaten Dienst« v. 20.7.1959 auf Arbeitnehmer des öffentlichen Dienstes entsprechende Anwendung (s. dazu Rz. 12 zu § 11). Zur Bemessung der Erfindervergütung im öffentl. Dienst s. Rz. 341 ff. zu § 9 u. Rz. 12 zu § 11.

Für die Beschränkung von **Nebentätigkeiten** gelten nach den tariflichen Verweisungsregelungen (z.B. § 11 BAT) weitgehend die beamtenrechtlichen Grundsätze (vgl. dazu Rz. 14 zu § 41).

II. Besonderheiten für den öffentlichen Dienst

1. Inanspruchnahme einer angemessenen Beteiligung (Nr. 1)

Der Arbeitgeber hat auch im Bereich des öffentlichen Dienstes – ebenso wie jeder private Arbeitnehmer – die Möglichkeit, die Diensterfindung seines Arbeitnehmers unbeschränkt oder beschränkt gemäß §§ 6, 7 in Anspruch zu nehmen. In Anlehnung an § 11 Abs. 4 DVO 1943 wird durch Nr. 1 dem Arbeitgeber bei Diensterfindungen von Arbeitnehmern im öffentlichen Dienst **anstelle der unbeschränkten oder beschränkten Inanspruchnahme** als dritte Möglichkeit die »Inanspruchnahme« einer angemessenen Beteiligung an dem Ertrag der Diensterfindung seines Arbeitnehmers eingeräumt.

Damit soll dem Umstand Rechnung getragen werden, dass der öffentlichen Hand – insbesondere bei staatlichen Forschungsinstituten und Mate-

§ 40

rialprüfungsämtern – die eigene Auswertung der Diensterfindung oftmals nicht möglich ist und demzufolge das Inanspruchnahmerecht aus §§ 6, 7 zwecklos wird[14]; die Einräumung eines Beteiligungsrechts am Ertrag der Diensterfindung trägt dem öffentlichen Interesse Rechnung, Ersatz für die bei den Forschungs- und Entwicklungsarbeiten aufgewandten öffentlichen Mittel zu erlangen[14].

16 Die Inanspruchnahme einer angemessenen Beteiligung entfaltet lediglich **schuldrechtliche Wirkung** zwischen Arbeitgeber/Dienstherr und dem bediensteten Erfinder[14a], ruht also nicht als dingliche Belastung auf der Erfindung und geht dementsprechend nicht auf einen potentiellen Rechtserwerber über[15]. Unmittelbare Ansprüche des Arbeitgebers/Dienstherrn gegen einen Vertragspartner des Erfinders (Rechtserwerber/Lizenznehmer) scheiden aus[16], es sei denn, mit diesem ist etwas anderes vereinbart (echter Vertrag zugunsten Dritter, dreiseitige Absprache usw.).

17 Dem Arbeitgeber/Dienstherrn steht ein **freies Wahlrecht** zwischen einer unbeschränkten oder beschränkten Inanspruchnahme der Diensterfindung (§§ 6, 7) und der Möglichkeit einer finanziellen Beteiligung zu. In seiner Freiheit, ein solches besonderes Inanspruchnahmerecht zu vereinbaren und später – anstelle der Rechte aus §§ 6, 7 – auszuüben, ist er nur begrenzt durch das Verbot von Rechtsmissbrauch und Willkür. Etwas anderes gilt jedoch dann, wenn sich der Arbeitgeber/Dienstherr gegenüber dem Arbeitnehmer unter Verzicht auf sein Inanspruchnahmerecht aus §§ 6, 7 vertraglich entsprechend gebunden hat.

18 Diese zusätzliche Möglichkeit betrifft **nur Diensterfindungen** (§ 4 Abs. 2), nicht dagegen freie Erfindungen (§ 4 Abs. 3) oder technische Verbesserungsvorschläge (§ 3).

19 Die tatsächliche finanzielle Beteiligung vollzieht sich nach § 40 Nr. 1 **mehrstufig.** Während § 40 Nr. 1 diese zusätzliche Möglichkeit einer finanziellen Beteiligung dem öffentlichen Arbeitgeber kraft Gesetzes zunächst allgemein eröffnet, entsteht die Befugnis zur tatsächlichen Ausübung dieses Beteiligungsrechts im Einzelfall nur kraft **vertraglicher Vereinbarung.** Der Arbeitgeber kann sich dieses Beteiligungsrecht durch Vereinbarung sowohl für eine konkret in Aussicht stehende Erfindung als auch (generell) für alle zukünftigen Erfindungen seines (seiner) Arbeitnehmer(s) sichern. Diese (vorherige) Vereinbarung setzt aber nur den **Rechtsgrund** für das Wahlrecht des Arbeitgebers. Den schuldrechtlichen Beteiligungsanspruch im konkreten Fall erwirbt der Arbeitgeber jeweils erst dann, wenn er das

---

14   Amtl. Begr. (Fn. 1) S. 50 f. = Blatt 1957, 246.
14a Busse/Keukenschrijver, PatG, Rz. 4 zu § 40 ArbEG; Reimer/Schade/Schippel/Leuze Rz. 13 zu § 40; Volmer/Gaul Rz. 67 zu § 40.
15   Volz Öffentl. Dienst (1985) S. 84; Volmer/Gaul Rz. 67 zu § 14.
16   Reimer/Schade/Schippel/Leuze Rz. 13 zu § 40.

§ 40

Wahlrecht – bezogen auf die konkrete Diensterfindung –»in Anspruch nimmt« (s. Rz. 22).

Als **Vereinbarungen** i.S.d. Satzes 1 kommen vorrangig Individualabreden zwischen Arbeitgeber und Arbeitnehmer in Betracht[16a]; ferner aber auch kollektivrechtliche Regelungen durch Tarifverträge oder Dienstvereinbarungen, da hinsichtlich des Begriffs »Vereinbarung« § 40 Nr. 1 keine Einschränkung auf die Arbeitsvertragsparteien vornimmt, wie sie etwa in § 12 Abs. 1 enthalten ist[17] (s. aber Rz. 25). Eine einseitige Anordnung seitens des Arbeitgebers scheidet stets aus. 20

Da der Gesetzgeber von der Statuierung eines Schriftformerfordernisses abgesehen hat, ist die Vereinbarung grundsätzlich auch **formlos** möglich; im Interesse der Rechtssicherheit und Rechtsklarheit ist jedoch eine Schriftform wünschenswert[17a].

In Abweichung vom Grundsatz der Unabdingbarkeit (§ 22 Satz 1)[18] fordert § 40 Nr. 1, dass die Vereinbarung »**vorher**« getroffen worden sein muss. Im Hinblick auf § 22 Satz 1 ist der Begriff »vorher« dahin zu verstehen, dass die Vereinbarung bereits bei Eintritt in das Arbeitsverhältnis erfolgt sein bzw. erfolgen kann[18a], spätestens aber vor der Meldung der Diensterfindung vorliegen muss (vgl. auch § 22 Satz 2)[19]. Fehlt eine vorherige Vereinbarung, ist die Inanspruchnahme einer angemessenen Beteiligung ausgeschlossen. Erklärt sich der Arbeitnehmer nach der Meldung (konkludent) mit einem Beteiligungsrecht seines Arbeitgebers anstelle eines Inanspruchnahmerechts im Sinne der §§ 6, 7 einverstanden, so liegt darin eine zulässige Vereinbarung im Sinne des § 22 Satz 2, wie sie – ungeachtet des § 40 Nr. 1 – stets möglich ist. 21

Da die (vorherige) Vereinbarung nur das Wahlrecht begründet (s. Rz. 19), erwirbt der Arbeitgeber (Dienstherr) den schuldrechtlichen Beteiligungsanspruch im konkreten Einzelfall erst dann, wenn er die Beteiligung »in Anspruch nimmt«, also eine dahingehende **Erklärung gegenüber dem Arbeitnehmer** abgibt (empfangsbedürftige Willenserklärung, § 130 BGB). 22

Aus der Verwendung des Begriffs der »Inanspruchnahme« bei diesem Beteiligungsrecht des Arbeitgebers ist zu entnehmen, dass auch insoweit die **Regeln des § 6 zu beachten** sind (Form, Frist, Zugang der Erklärung usw.)[20]. In der Vereinbarung (Rz. 20) kann nichts Abweichendes vereinbart 23

16a Z.B. Schiedsst. v. 25.6.1993 Arb.Erf. 175/92 (unveröffentl.).
17   I. Ergebn. so auch Schiedsst. ZB. v. 23.1.1980 Arb.Erf. 41/79 (unveröffentl.); a.A. Leuze GRUR 1994, 415, 417 u. Reimer/Schade/Schippel/Leuze Rz. 12 zu § 40.
17a Ebenso Reimer/Schade/Schippel/Leuze Rz. 12 zu § 40.
18   Ausschussber. zu BT-Drucks. II/3327 S. 10 = Blatt 1957, 255.
18a Schiedsst. v. 25.6.1993 (Fn. 16a).
19   A. A. Volmer Rz. 20 zu § 40: vor Fertigung d. Erfindg.; i. Anschl. daran Volmer/Gaul Rz. 46, 49 zu § 40.
20   I. Ergebn. h.M. z.B. Busse/Keukenschrijver, PatG, Rz. 4 zu § 40 ArbEG; Volmer/Gaul Rz. 61 f. zu § 40; vgl. auch Reimer/Schade/Schippel (5. Aufl.) Rz. 4 zu § 40.

§ 40

werden, da sich die Ausnahmeregelung des § 40 Nr. 1 Satz 1 nur auf das »ob«, nicht dagegen auf das »wie« der Erklärung der Inanspruchnahme einer angemessenen Beteiligung bezieht[21]. Die Inanspruchnahmeerklärung löst mit **Zugang beim Arbeitnehmer** (s. dazu Rz. 10 ff. zu § 5) unmittelbar den Beteiligungsanspruch des Arbeitgebers/Dienstherrn aus.

24 Mit der Beanspruchung des Beteiligungsrechts hat der Arbeitgeber (Diensterr) sein Wahlrecht verbraucht und verliert damit seine Inanspruchnahmerechte aus §§ 6, 7; die **Diensterfindung wird** entsprechend § 8 Abs. 1 Nr. 1 zwingend **frei,** ohne dass es einer ausdrücklichen Freigabeerklärung bedarf[21a]; Letztere ist bereits in der Erklärung des Beteiligungsrechts zu sehen.

25 § 40 Nr. 1 Satz 2 gestattet, auch über die **Höhe der Ertragsbeteiligung** – wiederum abweichend von § 22 Satz 1 (s. Rz. 21) – im Voraus bindende **Abmachungen** zu treffen; derartige Vereinbarungen sind aber nicht notwendiger Bestandteil einer Vereinbarung gemäß § 40 Nr. 1 Satz 1. Sie muss nicht vorher, sondern kann vielmehr jederzeit, also vor Fertigstellung der Erfindung ebenso wie nach Inanspruchnahme der Ertragsbeteiligung getroffen werden. Wie die Gegenüberstellung zum einseitigen Festsetzungsrecht des Arbeitgebers (vgl. § 40 Nr. 1 Satz 3) verdeutlicht, kommt hier als »Abmachung« nur eine individualrechtliche Vereinbarung zwischen beiden Arbeitsvertragsparteien in Betracht (vgl. auch § 12 Abs. 1 u. 2).

26 Unter »**Ertrag**« wird im Schrifttum – falls keine abweichende Vereinbarung vorliegt – der Verwertungserlös nach Abzug aller vom Arbeitnehmer im Zusammenhang mit der Verwertung aufgewandten eigenen Kosten, wie etwa Anmeldekosten, laufende Schutzrechtsgebühren, Schutzrechtsverteidigungskosten einschließlich der Kosten zur Erreichung der Verwertungsreife (vgl. auch RL Nr. 14), verstanden[22] (Nettoertrag). Dazu gehören auch Versuchs- und Beratungskosten einschließlich der Aufwendungen für Mitarbeiter und für sächliche Mittel, im Grundsatz jedoch nicht die eigene Arbeitskraft des Erfinders als solche[22a].

Demgegenüber geht die Schiedsstelle – bei Fehlen einer vertraglichen Konkretisierung[22b] – vom Bruttoertrag aus und zieht die vom Arbeitnehmer

---

21 Volz Öffentl. Dienst (1985) S. 86 f.
21a Ebenso Reimer/Schade/Schippel/Leuze Rz. 14 zu § 40.
22 So auch Volmer Rz. 33 zu § 40; Volmer/Gaul Rz. 53, 77 zu § 40; zust. auch Schiedsst. v. 25.6.1993 Arb.Erf. 175/92 (unveröffentl.).
22a Schiedsst. v. 25.6.1993 (Fn. 22) im Anschl an Volz Öffentl. Dienst (1985) S. 89. Die Schiedsst. hat jedoch dort i.H.a. die erheblichen Überstunden eines teilzeitbeschäftigten Erfinders für die Entwicklungstätigkeit eine Berücksichtigung der Differenz zum Gehalt bei Vollzeitbeschäftigung für angemessen erachtet.
22b In dem im EV v. 25.6.1993 (Fn. 22) behandelten Fall war eine Beteiligung von 50 % »am Reinerlös« vereinbart, so dass die Schiedsst. dort den Nettoertrag zugrundegelegt hat.

§ 40

aufgewandten Kosten im Rahmen eines sog. **Arbeitsfaktors** – als Spiegelbild des Anteilsfaktors der Erfindervergütung (RL Nrn. 30 ff.) – ab[23]; dabei hat sie bislang vorgeschlagen, den Bruttoertrag regelmäßig um $^1/_3$ zu kürzen.

Auszugehen ist von der **Angemessenheit der Beteiligung**[23a]. Entsprechend dem generalklauselartigen, unbestimmten Rechtsbegriff der Angemessenheit (vgl. auch Rz. 69 ff. zu § 9) kommt es hier darauf an, dass das Ergebnis, also die summenmäßige Höhe der Beteiligung, den Verhältnissen des Einzelfalls gerecht wird. Ihre Grenze findet die Höhe der Ertragsbeteiligung zunächst in § 23[24]; sie darf also auch der Höhe nach nicht in erheblichem Maße unbillig sein; dies ist etwa dann der Fall, wenn die Beteiligung des Dienstherrn (nahezu) den gesamten (Netto) Ertrag erfasst. Allerdings können sich die Beteiligten darauf nicht mehr nach Ablauf der Ausschlussfrist des § 23 Abs. 2 berufen[25].

Im Übrigen ist stets der **tatsächlich erzielte Betrag** maßgebend, also die geldwerten Gegenleistungen, die dem Arbeitnehmererfinder aus der Verwertung seiner Erfindung tatsächlich zufließen; etwaige weitergehende, aber nicht ausgenutzte Verwertungsmöglichkeiten sind grundsätzlich außer Ansatz zu lassen[26].

Bei der gebotenen wirtschaftlichen Betrachtungsweise sind sodann einerseits der Wert der vom öffentlichen Arbeitgeber/Dienstherrn im Rahmen der Entwicklungsarbeiten bis zur Fertigstellung der Erfindung eingesetzten sächlichen und personellen Mittel und andererseits der Anteil des Erfinders am Zustandekommen der Erfindung sowie seine nach Fertigstellung bis hin zur Verwertung der Erfindung entstandenen Kosten zu berücksichtigen.

Die **Höhe der vom Arbeitgeber/Dienstherrn aufgewandten Mittel** muss jedoch nicht die oberste Grenze der Ertragsbeteiligung darstellen, da es hier an einer § 42 Abs. 2 Satz 3 ArbEG a.F. vergleichbaren Regelung fehlt[31]. Wenn diese zusätzliche Inanspruchnahmemöglichkeit gerade dem öffentlichen Interesse daran dient, einen Ersatz für die im Rahmen der Fertigstellung der Diensterfindung aufgewandten öffentlichen Mittel zu erhalten, wird man aber regelmäßig von einer Angemessenheit ausgehen können, wenn sich die Beteiligungshöhe im Ergebnis an der Summe dieser

27

28

---

23   Schiedsst. v. 18.6.1963 Arb.Erf. 25/62 u.v. 20.6.1963 Arb.Erf. 27/62 (beide unveröffentl.); zust. wohl auch Gaul ZTR 1987, 289, 293 f.
23a Darauf stellen Reimer/Schade/Schippel/Leuze (Rz. 16 zu § 40) entscheidend ab und verneinen pauschalierende Lösungsansätze.
24   Schiedsst. v. 25.6.1993 (Fn. 22).
25   Schiedsst. v. 25.6.1993 (Fn. 22).
26   So wohl auch Volmer/Gaul Rz. 80 zu § 40.
27-30 frei
31   So z. Recht Halbach Anm. 2 zu § 40; krit. dazu Volmer Rz. 37 zu § 40 u. Volmer/Gaul Rz. 79 ff. zu § 40; diff. Reimer/Schade/Schippel/Leuze Rz. 16 zu § 40; wie hier Kraßer/Schricker Pat.- u. UrhR a. Hochschulen (1988) S. 30.

§ 40

Mittel orientiert. Soweit jedoch im Schrifttum hervorgehoben wird, dass diese Beteiligung zwischen 10 % und 50 % des Nettoertrages ausmachen kann[32], wobei im Regelfall eine Übersteigerung von mehr als 50 % als nicht mehr angemessen bezeichnet wird[33], sollten derartige pauschale Berechnungsformeln im Hinblick auf das am Einzelfall orientierte Gebot der Angemessenheit mit Vorsicht gehandhabt werden. Dieses gilt letztlich aber auch für den von der Schiedsstelle eingeschlagenen Weg, den Bruttoertrag regelmäßig um $^1/_3$ zu kürzen (s. oben Rz. 26).

Allerdings erscheint der Ansatz der Schiedsstelle, den geldwerten Vorleistungen des Arbeitgebers im Rahmen des sog. Arbeitsfaktors als Spiegelbild des Anteilsfaktors (RL Nrn. 30 ff.) Rechnung zu tragen, zutreffend. In Anlehnung an die übliche Vergütungsformel für die Berechnung der Erfindervergütung (Vergütung = Erfindungswert x Anteilsfaktor, s. RL Nr. 39) könnte hier die Berechnung der angemessenen Beteiligung nach der **Formel: Beteiligung = Ertragswert x Arbeitsfaktor** vorgenommen werden[34].

Ertragswert ist dabei grundsätzlich der Nettoertrag abzüglich eines »kalkulatorischen Erfinderwertes«; dieser wird nach den Grundsätzen des sog. Unternehmerlohnes bei Verkauf oder Lizenzvergabe ermittelt (s. dazu Rz. 224, 252 zu § 9). Wäre beispielsweise im Rahmen einer Vergütungsberechnung für Lizenzeinnahmen von einem Erfindungswert von 20 % des Nettogewinns auszugehen, so würde der Ertragswert dann 80 % (= 100 % – 20 %) betragen. Fehlen konkrete Angaben oder macht die Berechnung große Schwierigkeiten, so ist es in sinngemäßer Anwendung der RL Nr. 15 auch möglich, zur Berechnung des Ertragswertes den Bruttoertrag zugrunde zu legen und diesen nach den bei RL Nr. 15 geltenden Sätzen umzurechnen (s. dazu Rz. 224 zu § 9). Würde beispielsweise der Erfindungswert dort auf 30 % der Bruttoerträge angesetzt, so bilden 70 % der Bruttoerträge dann den Ertragswert.

Der **Arbeitsfaktor** stellt sich als eine Umkehr des Anteilsfaktors dar. Läge bei einer unbeschränkten Inanspruchnahme dieser Diensterfindung der Anteilsfaktor für den betreffenden Arbeitnehmer z.B. bei 11 Punkten, mithin also bei 25 % (vgl. RL Nr. 37), so beläuft sich der Anteil der öffentlichen Verwaltung (= Arbeitsfaktor) auf 75 % (also 3/4). Beträgt nach dem obigen Beispiel der Ertragswert 80 % des Nettogewinns, so ergäben sich davon 3/4, also 60 % des Nettogewinns als angemessene Beteiligung; sollte der Ertragswert 70 % der Bruttobeträge ausmachen, so wäre die angemessene Beteiligung mithin 52,5 % des Bruttoerlöses aus der Erfindung.

29 **Fällig** wird die Zahlung der finanziellen Beteiligung erst, wenn der Arbeitnehmer seine Erfindung – unabhängig davon, ob ein Schutzrecht angestrebt oder erteilt ist – verwertet und (über die abzugsfähigen Kosten hin-

---

32 Vgl. Heine/Rebitzki Anm. 2 zu § 40.
33 Volmer/Gaul Rz. 82 zu § 40.
34 Volz Öffentl. Dienst (1985) S. 89 ff.

aus) geldwerte Leistungen tatsächlich erzielt. Mangels vertraglicher Vereinbarung mit dem Arbeitgeber/Dienstherrn ist der Erfinder, dessen Diensterfindung durch diese Art der Inanspruchnahme frei geworden ist (s. Rz. 24), alleiniger Berechtigter. Ohne Vereinbarung, die im Hinblick auf § 22 Satz 2 erst nach Erfindungsmeldung möglich wäre, hat der Arbeitgeber keinen Anspruch darauf, auf die Entschließungen seines Bediensteten bezüglich des Erwerbs und der Aufrechterhaltung von Schutzrechten sowie der Art und des Umfangs der Erfindungsverwertung Einfluss zu nehmen[35]. Der Arbeitnehmer ist insoweit lediglich gebunden an das Verbot von Rechtsmissbrauch und sittenwidriger Schädigung (§§ 242, 826 BGB); er macht sich also schadensersatzpflichtig, wenn er die Verwertung unterlässt, um den Arbeitgeber zu schädigen[35a]. Erfolgt eine tatsächliche Verwertung, so trifft den Erfinder eine umfassende **Auskunfts- und Rechnungslegungspflicht** über die von ihm vorgenommenen Verwertungshandlungen[36] und die erzielten Erträge.

Wird für die Diensterfindung ein angestrebtes **Schutzrecht versagt,** so entfällt der Anspruch auf finanzielle Beteiligung, und zwar – aufgrund der Verweisung in § 40 Nr. 1 auf die Regelung des § 12 Abs. 6 – nur mit Wirkung ex nunc.

Ändern sich nachträglich die Umstände wesentlich, kann jede Partei entsprechend § 12 Abs. 6 Satz 1 eine Anpassung der angemessenen Beteiligung beanspruchen[36a]; eine Rückforderung bereits geleisteter Zahlungen scheidet grundsätzlich aus (§ 12 Abs. 6 Satz 2).

Fehlt eine vorherige Vereinbarung über die Beteiligungshöhe und kommt diese auch in angemessener Frist nach Inanspruchnahme nicht zustande, hat der Arbeitgeber das Recht, die Beteiligung in entsprechender Anwendung des § 12 Abs. 3-5 **festzusetzen.** Dies erfolgt durch schriftliche Erklärung gegenüber dem (ausgeschiedenen) Arbeitnehmer; darin ist die festgesetzte Beteiligungshöhe (als Formel/%-Satz) zu bestimmen und zu begründen (vgl. § 12 Abs. 3 Satz 1). Ist der Arbeitnehmer damit nicht einverstanden, verhindert er die Verbindlichkeit der Festsetzung, wenn er durch schriftliche Erklärung binnen zwei Monaten widerspricht (vgl. § 12 Abs. 4).

---

35 Volz (Fn. 34) S. 93; abw. Röpke ZBR 1962, 174, 175 f. m.H.a. d. Treuepflicht; krit. auch Reimer/Schade/Schippel/Leuze Rz. 17 zu § 40.
35a Reimer/Schade/Schippel/Leuze Rz. 17 zu § 40.
36 Volmer/Gaul Rz. 70 ff. zu § 40; Reimer/Schade/Schippel/Leuze Rz. 18 zu § 40; Röpke (Fn. 35) S. 176.
36a Ebenso Reimer/Schade/Schippel/Leuze Rz. 21 zu § 40.

§ 40

2. Regelung technischer Verbesserungsvorschläge durch Dienstvereinbarungen (Nr. 2)

30 Mit Rücksicht auf die in § 73 BPersVG für den öffentlichen Dienst vorgesehene Möglichkeit des Abschlusses von Dienstvereinbarungen zwischen Dienststelle und Personalrat (entsprechende Bestimmungen finden sich in den Landespersonalvertretungsgesetzen) sieht Nr. 2 vor, dass die Behandlung von technischen Verbesserungsvorschlägen nach § 20 Abs. 2 auch durch Dienstvereinbarungen geregelt werden kann. Nr. 2 eröffnet damit im Hinblick auf § 75 Abs. 3 Nr. 12 BPersVG bzw. in Anbetracht der entsprechenden Landesbestimmungen die Zulässigkeit derartiger Dienstvereinbarungen[36b].

31 § 40 Nr. 2 weitet das personalvertretungsrechtliche Mitbestimmungsrecht des Personalrats (§ 75 Abs. 3 Nr. 12 BPersVG und entsprechendes Landesrecht) nicht aus; nur im Rahmen des Personalvertretungsrechts besteht deshalb ein Mitbestimmungsrecht des Personalrats im Hinblick auf den Abschluss von Dienstvereinbarungen über technische Verbesserungsvorschläge[37].

Das Mitbestimmungsrecht wird aber regelmäßig nur dort praktisch, wo keine **Richtlinien über das Vorschlagswesen** bestehen. Soweit die Verwaltung Richtlinien aufgestellt hat – wie insbesondere die Bundesregierung für den Bereich der Bundesverwaltung (ohne Bundespost und Bundesbahn, abgedruckt als **Anhang 3**) und die Bundeswehr[38] –, steht dies dem Mitbestimmungsrecht des Personalrates nicht entgegen; wegen des bloßen Richtliniencharakters kommt hier der Gesetzesvorrang des § 75 Abs. 3 BPersVG nicht zum Tragen[39]. Allerdings hat der Personalrat – im Gegensatz zum Betriebsrat (s. dazu Rz. 56 zu § 20) – **kein Initiativrecht** zur Einführung eines Verbesserungsvorschlagswesens[39a]. Ein Mitbestimmungsrecht besteht nur hinsichtlich der Grundsätze über die Bewertung von anerkannten Vorschlägen im Rahmen des betrieblichen Vorschlagswesens. Dementsprechend beschränkt sich sein Mitbestimmungs- und daraus folgend sein Initiativrecht (vgl. § 70 BPersVG) auf die Konkretisierung diesbezüglicher

---

36b Krit. Reimer/Schade/Schippel/Leuze Rz. 23 ff. zu § 40 zum Zusammenhang mit § 75 Abs. 3 Nr. 12 BPersVG; danach läuft die Verweisung in § 40 Nr. 2 auf mögliche Dienstvereinbarungen über tVV weitgehend leer (dort Rz. 24).
37 Hartung Vergütg. d. VV. (1979), S. 180 f.
38 Richtl. f. d. VWesen d. Bundeswehr v. 6.9.1989 VMBl. 1989, 322.
39 Dietz/Richardi BPersVG Rz. 436 zu § 75; a.A. Fischer/Goores GKÖD Bd. V (Personalvertretungsrecht) Rz. 102 zu § 73 BPersVG (kein Mitbestimmungsrecht, wenn VV-Richtlinien); abw. wohl auch Volmer/Gaul Rz. 106 zu § 40.
39a Nach Reimer/Schade/Schippel/Leuze (Rz. 26 zu § 40 m.w.Nachw.) besteht kein auf Abschluss einer Dienstvereinbarung gerichtetes Initiativrecht, vielmehr nur ein Initiativrecht auf Sachverhandlungen über eine Dienstvereinbarung.

§ 40

Regelungen, also auf die Bewertungsmaßstäbe und auf das Verfahren zur Ermittlung der Prämien[40].

Gemäß § 40 Nr. 2 Halbsatz 2 finden solche Vorschriften keine Anwendung, nach denen die Einigung über die Dienstvereinbarung durch die Entscheidung einer höheren Dienststelle oder dritten Stelle ersetzt werden kann; dies soll ausschließen, dass bei ausbleibender Verständigung mit dem Personalrat durch einseitige Anordnung eine Behandlung technischer Verbesserungsvorschläge nach § 20 Abs. 2 ArbEG erfolgt. 32

§ 40 Nr. 2 Halbsatz 2 trägt damit dem Bestreben des Gesetzgebers Rechnung, den Arbeitnehmer des öffentlichen Dienstes auch in kollektivrechtlicher Hinsicht dem Arbeitnehmer des privaten Dienstes gleichzustellen (s. auch Rz. 4 ff. vor §§ 40-42). Demzufolge kann dritte Stelle im Sinne dieser Vorschrift nicht die **Einigungsstelle** (vgl. § 71 BPersVG) sein[47], die sonst aufgrund des (vollen) Initiativrechts des Personalrats (vgl. § 70 Abs. 1 i.V.m. § 73 Abs. 3 Nr. 12 BPersVG) zur abschließenden Entscheidung (§ 69 Abs. 4 BPersVG) angerufen werden kann. Jedenfalls darf davon ausgegangen werden, dass die Bestimmungen des Bundespersonalvertretungsgesetzes der Regelung in § 40 Nr. 2 Satz 2 ArbEG als die neueren und spezielleren Vorschriften vorgehen[48]. 33

Zur Bewertung einfacher Verbesserungsvorschläge s. im Übrigen § 20 Abs. 2 ArbEG, dort Rz. 51 ff. u. Rz. 67 ff.

3. Verwertungsbeschränkungen im öffentlichen Interesse (Nr. 3)

Durch **Allgemeine Anordnung** der zuständigen obersten Dienstbehörde können dem Arbeitnehmer im öffentlichen Interesse Beschränkungen hinsichtlich der Art der Verwertung der Diensterfindung auferlegt werden (Nr. 3). **Motiv** für die schon nach früherem Recht (vgl. § 3 Abs. 5 Satz 1 DVO 1943) möglichen Einschränkungen gemäß Nr. 3 ist die Überlegung, dass die Verwertung einer Diensterfindung durch den Arbeitnehmer zu Konflikten mit dem Dienstherrn bzw. mit allgemeinen öffentlichen Belangen führen kann[49]. 34

Nach ihrem **Rechtscharakter** handelt es sich bei den Allgemeinen Anordnungen nicht lediglich um verwaltungsinterne Weisungen, sondern um Rechtsetzungsakte der Verwaltung, also um **Verwaltungsvorschriften mit Rechtssatzcharakter**[50]. 35

---

40   Dietz/Richardi (Fn. 39); Volmer/Gaul Rz. 110 zu § 40; Hartung (Fn. 37) S. 181.
41-46 frei
47   A.A. Reimer/Schade/Schippel/Leuze Rz. 27 zu § 40; Volmer Rz. 45 zu § 40 (allerdings z. BPersVG 1955); wohl auch Volmer/ Gaul Rz. 114 zu § 40.
48   So z. Recht Hartung Vergütg. d. VV. (1979) S. 181 (dort Fn. 1).
49   Amtl. Begr. BT-Drucks. II/1648 S. 51 = Blatt 1957, 246 a.E.
50   Volmer Rz. 48 zu § 40 u. Volmer/Gaul Rz. 116 zu § 40; krit. Leuze GRUR 1994, 415, 419.

§ 40

Da durch eine Allgemeine Anordnung in den grundrechtlichen Schutzbereich der Art. 2 Abs. 1 und Art. 14 GG eingegriffen wird, bestehen erhebliche Bedenken gegen die Verfassungsmäßigkeit dieser Ermächtigungsgrundlage; sie ist weder nach Inhalt und Gegenstand noch nach Zweck und Ausmass hinreichend bestimmt und begrenzt[51]. Die bisherige Zurückhaltung der öffentlichen Verwaltung und deren restriktive Handhabung vorhandener Allgemeiner Anordnungen ist deshalb zu begrüßen.

36 **Zuständig** für den Erlass ist ausschließlich die **oberste Dienstbehörde**. Wer oberste Dienstbehörde ist, bestimmt sich nach den einzelnen Bundes- oder Landesgesetzen; nach § 3 BBG ist oberste Dienstbehörde des Beamten die oberste Behörde seines Dienstherrn, in deren Bereich er ein Amt bekleidet. Eine Übertragung der Zuständigkeit auf andere (nachgeordnete) Behörden ist mangels ausdrücklicher gesetzlicher Ermächtigung nicht möglich[52].

37 Zu ihrer Wirksamkeit bedarf die Allgemeine Anordnung als Rechtssetzungsakt der **Veröffentlichung.** Dabei ist allerdings – entsprechend der bisherigen Handhabung – eine Veröffentlichung in den jeweiligen Ministerial- bzw. Amtsblättern ausreichend[53].

38 **Umfang und Grenzen** einer Allgemeinen Anordnung sind an dem rechtsstaatlichen Gebot von Rechtssicherheit und Rechtsklarheit zu messen. Sie muss eindeutig erkennen lassen, wozu der betreffende Arbeitnehmererfinder verpflichtet ist.

39 Ihr ist **abschließender Charakter** beizumessen. Dementsprechend ist es nicht zulässig, dass die oberste Dienstbehörde lediglich allgemeine Grundsätze aufstellt und Näheres einer Konkretisierung durch Verwaltungsakt im Einzelfall überlässt[54]. Regelt eine Allgemeine Anordnung bestimmte Tatbestände nicht oder nur in einer bestimmten Weise, kann die Verwaltung nicht durch Einzelanordnung »ergänzende« Bestimmungen treffen.

Wie sich bereits aus dem Begriff ergibt, muss die Anordnung **allgemeinen Charakter** haben, kann also nicht für einzelne Personen bzw. Erfindungen oder für bestimmte, ausgewählte Fälle getroffen werden[61]. Sie kann auch nur mit Wirkung für die Zukunft erlassen werden.

40 In sachlicher Hinsicht dürfen von der Allgemeinen Anordnung nur **Diensterfindungen** erfasst werden. Eine Ausdehnung auf freie Erfindun-

---

51 Ausf. Volz Öffentl. Dienst S. 147 ff.
52 Reimer/Schade/Schippel/Leuze Rz. 31 zu § 40; Volmer Rz. 50 zu § 40; Volz (Fn. 51) S. 150.
53 Volz (Fn. 51) S. 150 f.;im Ergebnis wohl auch Reimer/Schade/Schippel/Leuze Rz. 32 zu § 40.
54 Wie hier Volmer/Gaul Rz. 129 zu § 40; a.A. (noch) Volmer Rz. 50 zu § 40.
55-60 frei
61 Heine/Rebitzki Anm. 5 zu § 40; Reimer/Schade/Schippel/Leuze Rz. 33 zu § 40; Volmer/Gaul Rz. 125 zu § 40; i. Ergebn. auch OLG Düsseldorf v. 23.1.1970 Az. 2 U 11/69 (unveröffentl.).

§ 40

gen i.S.d. § 4 Abs. 3 ist nicht zulässig[62]. Da bezüglich der Diensterfindungen in § 40 Nr. 3 keine weiteren Einschränkungen getroffen sind, werden sämtliche Diensterfindungen erfasst, also sowohl frei gewordene (§ 8 Abs. 1), für Auslandsstaaten freigegebene (§ 14 Abs. 2) als auch im Verfahren nach § 16 Abs. 1 übergegangene Schutzrechtspositionen. Nur in diesen Fällen ist dem Arbeitnehmer auch eine Verwertung seiner früheren Diensterfindung möglich (vgl. hierzu Rz. 51 ff. zu § 8).

Unter den **persönlichen Geltungsbereich** einer Allgemeinen Anordnung fallen alle Arbeitnehmererfinder im Bereich der betreffenden obersten Dienstbehörde. Über § 41 werden auch die Beamten (Soldaten) erfasst. Nach h.M. erstreckt sich eine Allgemeine Anordnung aber nicht mehr auf Verwertungshandlungen nach **Ausscheiden des Bediensteten** bzw. Eintritt in den Ruhestand[63]. 41

Die Allgemeine Anordnung gilt **nur im Innenverhältnis** zwischen Arbeitgeber/Dienstherr und bedienstetem Erfinder. Davon nicht betroffen sind also außenstehende Miterfinder oder Verhandlungs- bzw. Vertragspartner des Bediensteten[64]. Eine Charakterisierung als Verbotsnorm i. S. d. § 134 BGB scheidet ebenso aus wie die Annahme einer Unveräußerlichkeit i. S. d. § 136 BGB[65].

Aus dem Begriff **Beschränkungen** folgt, dass der gänzliche Ausschluss einer Erfindungsverwertung unzulässig ist. Daraus ergibt sich zugleich, dass die auferlegten Beschränkungen nicht so sein dürfen, dass sie im Endergebnis wie ein **Verwertungsverbot** wirken[66] (s. auch Rz. 43); dies ist in jedem Einzelfall zu prüfen[66]. 42

Der Begriff der Beschränkung »indiziert«, dass der Arbeitnehmer (Beamte) **bestimmte Verwertungshandlungen unterlassen** muss; es kann ihm aber hinsichtlich der Art der Verwertung **keine positive Handlungspflicht** auferlegt werden, beispielsweise in dem Sinne, dass eine Lizenzvergabe an bestimmte Lizenzinteressenten angeordnet oder ihm eine Übertragungspflicht auf bestimmte Personen auferlegt wird[67]. Die Statuierung eines **Genehmigungsvorbehaltes** wird man jedenfalls dann als zulässig ansehen

---

62 Zutr. Lindenmaier/Lüdecke Anm. 5 zu § 40; Reimer/Schade/Schippel/Leuze Rz. 34 zu § 40; Volmer/Gaul Rz. 119 u. 127 zu § 40; a.A. Röpke ZBR 1962, 174, 177; Volmer Rz. 51 zu § 40.
63 So Volmer Rz. 41 zu § 40; i. Ergebn. auch Schiedsst. v. 21.3.1975 Arb.Erf. 80/74 (unveröffentl.); a.A. Volmer/Gaul Rz. 128 zu § 40.
64 Vgl. Reimer/Schade/Schippel/Leuze Rz. 35 zu § 40; Volmer/Gaul Rz. 173 zu § 40 u. Volz Öffentl. Dienst (1985) S. 154.
65 Volz (Fn. 64) m.H.a. RG v. 5.2.1930 JW 1930, 1669, 1672 m. zust. Anm. Kisch = RGZ 127, 197, 205; zust. Busse/Keukenschrijver, PatG, Rz. 6 zu § 40.
66 So OLG Düsseldorf v. 21.1.1970 Az. 2 U 11/69 (unveröffentl.).
67 So auch i. Ergebn. Volmer/Gaul Rz. 130 zu § 40.

§ 40

können, wenn dafür ein konkretes, öffentliches Interesse besteht, wie insbesondere bei der Gefahr einer Pflichtenkollision[68].

43 Die Beschränkungen können auch nur hinsichtlich der **Art der Verwertung** vorgenommen werden.

Der Begriff der **Verwertung** ist in einem weiten Sinne zu verstehen und umfasst sowohl alle rechtsgeschäftlichen Verfügungen über Erfindungs- bzw. Schutzrechte einschließlich Lizenzvergaben als auch die unmittelbare Nutzung durch den Erfinder selbst[69] (vgl. auch Rz. 90 ff. zu § 9).

Die **Verwertungsart** betrifft nur die Art und Weise der Verwertung, muss sich also auf Verfügungen über Erfindungs- bzw. Nutzungsrechte oder eigene Nutzungshandlungen des Bediensteten beziehen. Dagegen können bezüglich des **Umfangs** der Verwertung keine Beschränkungen auferlegt werden[76]. Zugleich folgt daraus, dass der völlige Ausschluss einer Verwertung nicht möglich ist (s. Rz. 42).

44 Alle Beschränkungen hinsichtlich der Art der Verwertung stehen unter dem **Vorbehalt des öffentlichen Interesses.** Dem öffentlichen Interesse wird insoweit Vorrang vor dem Individualinteresse des Erfinders eingeräumt, wobei allerdings die Fürsorgepflicht gegenüber dem Arbeitnehmer (Beamten) und die Eigentumsgarantie des Art. 14 GG bei Erlass der Allgemeinen Anordnung nicht unberücksichtigt bleiben dürfen[77].

Der Begriff des öffentlichen Interesses ist ein gerichtlich voll überprüfbarer unbestimmter Rechtsbegriff. Hierunter ist sowohl das allgemeine als auch das besondere öffentliche Interesse der Verwaltung (Eigeninteresse) zu verstehen.

Zielrichtung sind einmal **allgemeine öffentliche Interessen,** also das Gemeinwohl, wobei hier das Interesse an der »Reinhaltung der Amtsausübung« im Vordergrund steht (s. u.). Allgemeininteressen sind darüber hinaus solche, die zum Schutz des Staates und der Sicherheit seiner Bevölkerung begründet sind[78]. Ein öffentliches Interesse kann es beispielsweise über die Schranken der §§ 50 ff. PatG hinaus gebieten, dass eine Erfindung nicht im Ausland verwertet wird, z.B. aus Gründen der Landesverteidigung[79] oder weil die Erfindung im staatlichen Auftrag[80] entwickelt wurde.

---

68 Volz (Fn. 64) S. 156 f.; einen Genehmigungsvorbehalt ablehnend Volmer Rz. 48 zu § 40; dagegen generell zulassend Schiedsst. v. 11.2.1959 Arb.Erf. 15/58 (unveröffentl.); einen Zustimmungsvorbehalt bei Lizenzverträgen bejahend Reimer/Schade/Schippel/Leuze Rz. 36 zu § 40.
69 Ausf. dazu Volz (Fn. 64) S. 157 f.
70-75 frei
76 Volz Öffentl. Dienst (1985) S. 158.
77 Zu weitgehend wohl auch Volmer Rz. 49 zu § 40, der u. H. a. BGH v. 27. 10. 1955 NJW 1956, 57 eine Beschränkung auf das »unumgänglich Notwendige« annimmt.
78 So auch Volmer/Gaul Rz. 117 zu § 40, die ausdrückl. auch allg. Interessen des Umweltschutzes, der Verkehrssicherheit u. des Gesundheitsschutzes einbeziehen.
79 Lindenmaier/Lüdecke Anm. 5 zu § 40; a.A. Reimer/Schade/Schippel/Leuze Rz. 36 zu § 40.

§ 40

Dagegen reichen allgemeine fiskalische bzw. wirtschaftspolitische Belange oder sonstige Interessen der öffentlichen Wohlfahrt (vgl. § 13 PatG) nicht aus[81].

Als »öffentliche Interessen« können auch **besondere Belange des öffentlichen Dienstes** gelten. Im öffentlichen Interesse steht grundsätzlich die Wahrung des Vertrauens der Allgemeinheit in die Objektivität und Sachlichkeit staatlicher Entscheidungen, also der Ausschluss von Interessenkollisionen, die sich etwa dann ergeben können, wenn der Arbeitnehmer (Beamte) auf die Vergabe von Aufträgen der öffentlichen Hand Einfluss nehmen kann[82].

Schließlich fallen darunter auch **besonders anerkennenswerte Interessen des Arbeitgebers/Dienstherrn**, etwa die Verhinderung, dass ihm aus der Art der Verwertung einer Diensterfindung, zu deren Zustandekommen er mit erheblichen Mitteln beigetragen hat, besondere Nachteile entstehen.

Nicht verlangt wird aber ein »dringend erforderliches«, »erhebliches« oder »besonderes« öffentliches Interesse. Auch wenn damit öffentlichen Interessen **Vorrang vor den Individualinteressen** des Erfinders eingeräumt ist, müssen jedoch nach dem Gebot der Verhältnismäßigkeit von Zweck und Mittel bei der Wahl der Beschränkungen grundsätzlich diejenigen gewählt werden, die den Erfinder am wenigsten belasten. Alle in einer Allgemeinen Anordnung getroffenen Beschränkungen müssen also im Hinblick auf ihre im öffentlichen Interesse liegende Zweckrichtung **geeignet, erforderlich und angemessen** sein[83].

Der **Personalrat** hat sowohl bei der Vorbereitung des Erlasses einer Allgemeinen Anordnung als auch bei deren Aufhebung oder Änderung ein Mitwirkungsrecht; dies folgt aus § 78 Abs. 1 Nr. 1 BPersVG bzw. den entsprechenden landesrechtlichen Bestimmungen[90].

45

Die **gerichtliche Kontrolle** einer Allgemeinen Anordnung als solcher ist regelmäßig nicht möglich[91]. Ist – wie im Regelfall – die Frage der Wirksamkeit bzw. des Anwendungsbereichs einer Allgemeinen Anordnung in Bezug auf eine konkrete Diensterfindung streitig, so wird diese Rechtsstreitigkeit nach § 39 der sachlichen Zuständigkeit der bei den Landgerichten

46

---

80 Amtl. Begr. BT-Drucks. II/1648 S. 51 = Blatt 1957, 246.
81 Volz (Fn. 76) S. 159; abw. Kelbel PatR u. ErfR (1966) Bd. I, 117, der allg. ein öffentl. Interesse daran ausreichen lassen will, dass eine durch staatl. Unterstützung geförderte Erfindung nicht oder nicht ausschließlich i. Ausland verwertet wird.
82 Vgl. auch das für Beamte des DPMA bestehende Verbot, gewerbl. Schutzrechte anzumelden; s. dazu BVerwG v. 27. 6. 1961 BVerwGE 12, 173 ff. (bedenkl. lt. Busse/Keukenschrijver, PatG, Rz. 6 zu § 40 ArbEG).
83 Volz (Fn. 76) S. 160; zust. Reimer/Schade/Schippel/Leuze Rz. 38 zu § 40.
84-89 frei
90 Reimer/Schade/Schippel/Leuze Rz. 39 zu § 40; Volz Öffentl. Dienst, S. 163 f.
91 S. dazu ausf. Volz (Fn. 90) S. 165 ff.

§ 40

errichteten Patentstreitkammern zugewiesen[92]. Der bedienstete Erfinder ist demnach grundsätzlich auf den Zivilrechtsweg beschränkt, sei es, dass er dort die Wirksamkeit einer Allgemeinen Anordnung bezüglich einer von ihm entwickelten Erfindung unmittelbar mittels Feststellungsklage angreift oder sei es, dass er deren Rechtmäßigkeit incidenter im Rahmen einer Leistungsklage verfolgt, etwa mit der Klage auf Schadensersatz aus Staatshaftung[93]. Trotz § 37 Abs. 1 ArbEG hat die **Schiedsstelle** sich bislang auf den Standpunkt gestellt, dass sie zur Prüfung der (formellen) Wirksamkeit einer Allgemeinen Anordnung nicht berufen sei[94].

47 Neben den Pflichten aus einer Allgemeinen Anordnung bleibt der Arbeitnehmer (Beamte) den **allgemeinen Treuepflichten** und sonstigen Pflichten (z.B. nach BAT) über § 25 ArbEG unterworfen[95]. Diese Pflichten dürfen hier jedoch im Grundsatz nicht weitergehen als die entsprechenden eines Arbeitnehmers im privaten Dienst[96].

48 Im Verhältnis zu Dritten können sich aus der wiederum auf das (allgemeine) öffentliche Interesse abstellenden Norm des § 24 PatG bzw. entsprechenden ausländischen Bestimmungen über die **Zwangslizenz** weitere Beschränkungen ergeben.

49 Aufgrund des § 40 Nr. 3 und zum Teil in Ausfüllung des § 25 ArbEG sind erlassen worden[97]:
a) Allgemeine Anordnung über Arbeitnehmererfindungen im Bereich des Bundesministers für Verteidigung vom 20. 4. 1983 (VMBl. 1983, 91);
b) Allgemeine Anordnung des Bundesministers für Wirtschaft über Beschränkungen bei der Verwertung von Diensterfindungen von Angehörigen der technisch-wissenschaftlichen Bundesanstalten im Bereich des Bundesministeriums für Wirtschaft vom 17.7.1963 (BWMBl. 1963, 154 = Blatt 1963, 324);
c) Verordnung über Beschränkungen bei der Verwertung von Diensterfindungen der Angehörigen der Landesanstalt für Immissions- und Bodennutzungsschutz des Landes Nordrhein-Westfalen vom 22.6.1971 (GV. NW. 1971,188);

---

92 So i. Ergebn. auch VG Hannover v. 30. 9. 1966 AP Nr. 1 zu § 39 ArbNErf m. abl. Anm. Volmer; krit. auch Busse/Keukenschrijver, PatG, Rz. 6 zu § 40 ArbEG.
93 So z.B. d. Fall bei OLG Düsseldorf v. 21. 1. 1970 Az. 2 U 11/69 (unveröffentl.).
94 Schiedsst. ZB. v. 11.11.1958 u.v. 11.2.1959 beide Arb.Erf. 15/58 (unveröffentl.), zit. bei Schade, Mitt. 1959, 253, 259; i. d. S. auch Schiedsst. v. 21.7.1965 Arb.Erf. 44/64 (unveröffentl.), wonach die Schiedsst. sich bei Versagung einer nach der Allg. Anordnung erforderlichen Genehmigung nicht in der Lage sah, »ihr eigenes Ermessen an die Stelle des Ermessens der zuständigen obersten Dienstbehörde zu setzen«.
95 Vgl. dazu Röpke ZBR 1962, 174, 177 ff.; Volz (Fn. 90), S. 177 ff.
96 A.A. Leuze GRUR 1994, 415, 419 m.w.N.; Reimer/Schade/Schippel/Leuze Rz. 41 zu § 40.
97 Diese Aufzählung erhebt keinen Anspruch auf Vollständigkeit.

98-104 frei

d) Verordnung über Beschränkungen bei der Verwertung von Diensterfindungen der Angehörigen der Landesanstalt für Gewässerkunde und Gewässerschutz Nordrhein-Westfalen vom 28.9.1972 (GV. NW. 1972, 278).

4. Besonderheiten für das Schiedsstellenverfahren (Nrn. 4, 5)

a) Besetzung der Schiedsstelle

§ 40 Nr. 4 dehnt – bezogen auf die nach § 30 Abs. 4 mögliche Erweiterung der **Besetzung der Schiedsstelle** – das Recht zur Einreichung von Vorschlagslisten für Arbeitgeberbeisitzer auf die Bundesregierung und die Landesregierungen aus. Da es an Spitzenorganisationen (§ 30 Abs. 4 Satz 3) der Arbeitgeber des öffentlichen Dienstes fehlt, soll hiermit für den öffentlichen Dienst Vorsorge getroffen werden, geeignete Persönlichkeiten als Arbeitgeberbeisitzer für alle Zweige des öffentlichen Dienstes benennen zu können[105]. 50

b) Eigene Schiedsstellen der öffentlichen Verwaltungen

Den öffentlichen Verwaltungen ist über § 40 Nr. 5 das Recht eingeräumt worden, **eigene Schiedsstellen** zur Beilegung von Streitigkeiten aufgrund dieses Gesetzes (vgl. hierzu Rz. 18 ff. zu § 28) zu errichten. Von dieser Möglichkeit hat z. Z. nur das Bundesamt für Verfassungsschutz Gebrauch gemacht[105a]; die früher bei der Deutschen Bundesbahn bestehende Schiedsstelle wurde bereits 1984 aufgelöst[106]. 51

Besteht eine derartige Schiedsstelle (wie etwa früher bei der Deutschen Bundesbahn für das gesamte Bundesgebiet) oder wird sie errichtet, so begründet dies deren Zuständigkeit für das obligatorische Schiedsstellenverfahren, so dass das Verfahren vor der Schiedsstelle beim Deutschen Patent- und Markenamt entfällt. 52

Die anzuerkennende bisherige **Zurückhaltung** der öffentlichen Verwaltungen **bei der Errichtung eigener Schiedsstellen** verdeutlicht, dass diese Regelung letztlich nicht zweckmäßig ist. Sachgerecht ist es, auch im Interesse einer einheitlichen Handhabung durch eine neutrale Institution, alle Verfahren bei der Schiedsstelle beim DPMA zu konzentrieren, die zudem aufgrund ihrer nunmehr über 40-jährigen Tätigkeit über ein sonst nicht anzutreffendes Erfahrungspotential verfügt[106a]. 53

---

105 Amtl. Begr. BT-Drucks. II/1648 S. 51 Blatt 1957, 246; vgl. dazu Reimer/Schade/Schippel/Leuze Rz. 43 zu § 40.
105a So Reimer/Schade/Schippel/Kaube Rz. 1 zu § 28 u. Rz. 44 zu § 40 (dort BND).
106 Verfügg. d. DB-Vorstands v. 1.6.1984 DB AmtsBl. 1984, 212.
106a Zust. Reimer/Schade/Schippel/Leuze Rz. 45 zu § 40.

§ 40

54 Da die Vorschriften der §§ 29-32 ausdrücklich für nicht anwendbar erklärt worden sind, hat die einrichtende Verwaltung entsprechende Regelungen über Sitz, Besetzung und Anrufung dieser Verwaltungs-Schiedsstelle festzulegen. Die Zuständigkeit dieser Verwaltungs-Schiedsstelle folgt aus § 28; für das Verfahren und die Entscheidung bewendet es bei den §§ 33 bis 36; gem. § 37 bleibt die Anrufung dieser Verwaltungs-Schiedsstelle Voraussetzung für die Klageerhebung, soweit nicht einer der Ausnahmefälle des § 37 Abs. 2-5 vorliegt. Für ein nachfolgendes Klageverfahren gelten die Grundsätze der §§ 38, 39 unverändert.

55 Bei Streit über die Schutzfähigkeit einer Diensterfindung gem. § 17 Abs. 2 sollte es wegen der größeren Erfahrung und Sachkunde stets bei der Zuständigkeit der Schiedsstelle beim DPMA bewenden. Eine entsprechende Ausnahmeregelung in dem Zuständigkeitserlass wäre zulässig, wenn man die originäre Zuständigkeit der Schiedsstelle beim DPMA nicht bereits aus § 17 Abs. 2 (Bezugnahme auf § 29) herleiten will.
S. im Übrigen Rz. 31 f. zu § 28.

D. Forschungs- und Entwicklungs-Kooperation zwischen öffentlichem Auftraggeber und privatem Auftragnehmer

56 Die vertraglichen Beziehungen zwischen den Partnern von Forschungs- und Entwicklungskooperationen im Rahmen öffentlicher Auftragsvergabe lassen die durch das **ArbEG** geschaffenen beiderseitigen Rechte und Pflichten zwischen öffentlichem Arbeitgeber (Dienstherrn) und Arbeitnehmer (Beamten) **unberührt;** sie begründen nur Rechte und Pflichten zwischen den Parteien des Auftragsverhältnisses. Diese können für den jeweiligen Vertragspartner die Pflicht zur Inanspruchnahme von Diensterfindungen seiner Arbeitnehmer bzw. deren Miterfinderanteilen ebenso vorsehen wie die Pflicht zur Einräumung von Nutzungsrechten oder zur Übertragung der Erfindung[107].
S. auch Rz. 106 f. zu § 1, Rz. 191 ff., 196 ff. zu § 9 u. Rz. 21 ff. zu § 42 ArbEG a.F.

57 Derartige Bestimmungen enthalten beispielsweise die »Allgemeinen Bedingungen für Entwicklungsverträge mit Industriebetrieben« (ABEI), wie sie in Zusammenarbeit zwischen dem Bundesverteidigungsministerium, dem Bundesamt für Wehrtechnik und dem BDI entwickelt wurden[108]. Einzelheiten für den Bereich der Arbeitnehmererfindungen enthält § 11 der

---

107 Vgl. auch Reimer/Schade/Schippel/Leuze Rz. 47 f. zu § 40; s. auch den Sachverhalt bei OLG Frankfurt v. 30.4.1992 GRUR 1992, 852 – Simulation von Radioaktivität; LG Düsseldorf v. 26.6.1990 GRUR 1994, 53 – Photoplethysmograph.
108 Vgl. dazu Klemm DB 1968, 2259; Rimarski BWV 1960, 253 ff.; Stöcklein i. Wehrtechnik 1976, S. 57 ff.; s. auch Ullrich Privatrechtsfragen d. Forschungsförderung i. d. BRD (1984) S. 186 ff.

ABEI; von besonderer Problematik im Hinblick auf die **Vergütungsansprüche** der Arbeitnehmer des privaten Auftragnehmers ist das vom öffentlichen Auftraggeber üblicherweise gem. §§ 12, 13 der ABEI **vorbehaltene, nicht ausschließliche, übertragbare Benutzungsrecht**.

Erfinderrechtliche Auswirkungen von Forschungs- und Entwicklungsaufträgen, bei deren Durchführung Arbeitnehmer des öffentlichen Dienstes bzw. Beamte mitwirken, werden auch hier durch den Grundsatz bestimmt, dass Rechte und Pflichten aus dem ArbEG nur im Verhältnis zwischen den Parteien des Arbeits- bzw. Dienstverhältnisses bestehen und auch keine dingliche Belastung der Arbeitnehmererfindung darstellen[109] (s. auch Rz. 74 zu § 6 und Rz. 7 zu § 7).

58

---

109 S. im Einzelnen Volz Öffentl. Dienst (1985) S. 213 ff.; vgl. auch OLG Frankfurt v. 30.4.1992 (Fn. 107).

§ 41 Beamte, Soldaten

Auf Erfindungen und technische Verbesserungsvorschläge von Beamten und Soldaten sind die Vorschriften für Arbeitnehmer im öffentlichen Dienst entsprechend anzuwenden.

Lit.: *Gross*, Zum Recht d. Diensterf., RiA 1965, 29; *Hagen*, Ist die Nichtigkeitsklage d. Staates gg. d. Patent eines Ruhestandsbeamten zulässig? GRUR 1976, 350; *Röpke*, Beamtenerf., DÖV 1962, 128; s. i. übrigen Lit. vor §§ 40, 41.

Übersicht

A.	Allgemeines	1-4	II. Besonderheiten für Beamte..... 11-15
B.	Erfindungen und technische Verbesserungsvorschläge von Beamten	5 15	C. Erfindungen und technische Verbesserungsvorschläge von Soldaten 16-26
	I. Begriff des Beamten/Dienstherrn	5-10	

A. Allgemeines

§ 41 hält an dem Grundsatz, der schon im früheren Recht bestand (vgl. §§ 1, 11 DVO 1943), fest, dass die Erfindungen und technischen Verbesserungsvorschläge von Beamten und Soldaten mit solchen von Arbeitnehmern (im privaten Dienst) gleich zu behandeln sind[1] (**Grundsatz der Gleichstellung,** s. Rz. 4 ff. vor §§ 40, 41). 1

Dies wird einmal mit § 41 durch den Verweis auf § 40 erreicht, der seinerseits wiederum die Vorschriften für Arbeitnehmer im privaten Dienst unter Beachtung der in § 40 Nr. 1-5 angeführten Besonderheiten für anwendbar erklärt; zum anderen gelten die Vorschriften des 1. und 4. Abschnitts (§§ 1-4, 43-49) ohnehin bereits nach der **Gesetzessystematik** (vgl. insbesondere § 1) uneingeschränkt für den öffentlichen Dienst. Damit wird dem von der Konzeption des ArbEG verfolgten Zweck genügt, eine einheitliche, abschließende und umfassende Regelung für das Gebiet der Erfindungen der in abhängiger Stellung Tätigen zu erreichen[2]. 2

§ 41 steht in Einklang mit Art. 33 Abs. 5 GG, da diese Vorschrift die **hergebrachten Grundsätze des Berufsbeamtentums** fortentwickelt und den heutigen Erfordernissen angepasst hat[3]. 3

Zur Gesetzgebungskompetenz s. Rz. 3 vor §§ 40-42; zur Geltung in den **neuen Bundesländern** s. Rz. 9 vor §§ 40-42.

---

1 So schon vor DVO 1943: RG v. 5.2.1930 RGZ 127, 197 ff.
2 Vgl. Amtl. Begr. BT-Drucks. II/1648 S. 14 f., 40 = Blatt 1957, 225 f.
3 Röpke DÖV 1962, 128, 130; zust. Reimer/Schade/Schippel/Leuze Rz. 3 zu § 41; vgl. auch Seewald/Freudling NJW 1986, 2688, 2691.

§ 41

4   Der Verweis des § 41 auf eine bloße »**entsprechende Anwendung**« soll keine materielle Änderung der betreffenden Vorschriften des ArbEG bewirken, sondern nur terminologisch klarstellen, dass der Beamte in keinem Arbeitsverhältnis steht[4].

B. Erfindungen und technische Verbesserungsvorschläge von Beamten

I. Begriff des Beamten/Dienstherrn

5   Ausgehend von dem hier einschlägigen **staatsrechtlichen Begriff des Beamten**[5] ist die Eigenschaft als Beamter zu bestimmen nach Art. 33 Abs. 4 GG i.V.m. den Bundes- und Landesbeamtengesetzen (vgl. § 2 Abs. 1 BRRG, § 2 Abs. 1 BBG i.V.m. §§ 5 BRRG, 6 BBG sowie die jeweiligen Landesbeamtengesetze, etwa §§ 2, 8 LBG NW).

6   Danach ist **Beamter,** wer in einem öffentlich-rechtlichen Dienst- und Treueverhältnis steht, in das er unter Aushändigung der vorgeschriebenen Ernennungsurkunde durch die zuständige Stelle (vgl. Art. 60 GG) berufen worden ist.

7   Die **Abgrenzung zu den Arbeitnehmern** im öffentlichen Dienst (vgl. § 40 ArbEG, dort Rz. 3 f.) erfolgt nicht nach der Art der Tätigkeit, sondern ausschließlich aufgrund des vorgenannten formalen Kriteriums. Während das Rechtsverhältnis der Arbeitnehmer im öffentlichen Dienst privatrechtlicher Natur ist[6], unterliegt das der Beamten dem **öffentlichen Recht**.

8   Entsprechend dem oben Gesagten ist der **Begriff des Beamten im Sinne des § 41 ArbEG** umfassend; er schließt sowohl die Beamten des Bundes, der Länder, Gemeinden sowie aller sonstigen Körperschaften, Anstalten und Stiftungen des öffentlichen Rechts ein; darunter fallen Beamte auf Lebenszeit ebenso wie solche auf Probe, auf Zeit, auf Widerruf, ferner Ehrenbeamte, Richter[6a] sowie Wahlbeamte[7]. Für Hochschulbeschäftigte trifft § 42 eine Sonderregelung in Beachtung des Art. 5 Abs. 3 GG.

9   Das Beamtenverhältnis **endet** mit Entlassung bzw. Eintritt in den Ruhestand, so dass Erfindungen und technische Verbesserungsvorschläge, die nach diesem Zeitpunkt fertig gestellt (z. Begriff s. Rz. 16 f. zu § 4) worden sind, nicht mehr dem ArbEG unterliegen[8]; auch aus der dem **Ruhestandsbeamten** obliegenden (eingeschränkten) Treuepflicht ergibt sich keine

---

4   Amtl. Begr. (Fn. 2) S. 51 = Blatt 1957, 247.
5   Allg. A., z.B. Reimer/Schade/Schippel/Leuze Rz. 4 f. zu § 41.
6   BVerwG v. 16.12.1955 DVBl. 1956, 257.
6a A.A. Busse/Keukenschrijver, PatG, Rz. 7 zu § 1 ArbEG
7   Reimer/Schade/Schippel/Leuze Rz. 5 zu § 41; Volmer Rz. 8 zu § 41.
8   Schiedsst. v. 19.11.1985 Arb.Erf. 50/85 (unveröffentl.); OLG Düsseldorf v. 26.5. 1961 EGR Nr. 2 zu § 1 ArbEG; Volz Öffentl. Dienst (1985) S. 47 m.w.N.

§ 41

Mitteilungs- oder Anbietungspflicht (vgl. auch Rz. 77 ff. zu § 1). Für die vor Ausscheiden aus dem öffentlichen Dienst fertig gestellten Erfindungen und technischen Verbesserungsvorschläge verbleibt es dagegen gemäß § 26 bei den Rechten und Pflichten aus dem ArbEG.

Im Falle mangelnder Rechtswirksamkeit der Beamtenernennung gelten die Grundsätze des faktischen Arbeitsverhältnisses entsprechend (vgl. hierzu Rz. 11 ff. zu § 1)[9]. 10

Dem Arbeitgeber i.S.d. ArbEG entspricht für den Beamten-/Soldatenbereich der **Dienstherr**. Dienstherr eines Beamten kann nur sein, wer Dienstherrnfähigkeit besitzt; diese kommt gem. § 121 BRRG nur dem Bund, den Ländern, den Gemeinden und Gemeindeverbänden sowie den dazu berechtigten, mit eigener Rechtspersönlichkeit versehenen Körperschaften, Anstalten und Stiftungen des öffentlichen Rechts zu.

II. Besonderheiten für Beamte

Auf Beamte finden alle Vorschriften des ArbEG einschl. des § 40 mit den dortigen Einschränkungen Anwendung. Für sie gelten über § 40 die Richtlinien für die Vergütung von Arbeitnehmererfindungen im öffentlichen Dienst v. 1. 12. 1960, die wiederum die Richtlinien für die Vergütung von Arbeitnehmererfindungen im privaten Dienst v. 20. 7. 1959 für entsprechend anwendbar erklären (s. dazu Rz. 11 zu § 11). Zur Bemessung der Vergütung im öffentl. Dienst s. Rz. 341 ff. zu § 9, zu deren Verjährung dort Rz. 42. 11

Mangels anders lautender Weisung (Anordnung, Bescheid, Erlass) soll der Beamte bei der Erfüllung seiner Pflichten zunächst den **Dienstweg einhalten,** also regelmäßig seinem Dienstvorgesetzten bzw. unmittelbaren Vorgesetzten die Erfindung melden (§ 5) oder mitteilen (§ 18). Dies kann aber auch unmittelbar gegenüber der zuständigen obersten Dienstbehörde erfolgen, soweit diese ihre Befugnisse nicht delegiert hat[15]. Entsprechendes gilt für die Mitteilung eines technischen Verbesserungsvorschlages i. S. d. § 3. Die **Inanspruchnahme** (§§ 6, 7, 40 Nr. 1) erfolgt durch den Dienstherrn, also durch die oberste Dienstbehörde bzw. durch die von dieser ermächtigte, nachgeordnete Behörde. 12

Zu den Voraussetzungen einer Diensterfindung s. Rz. 21 zu § 4.

Über § 25 finden sowohl die besondere **Treuepflicht** des Beamten unter Einschluss der gesetzlich normierten Pflichten (z.B. §§ 61, 65 BBG) als 13

---

9 S. auch Volmer Rz. 12-14 zu § 41.
10-14 frei
15 Vgl. i. einz. Kumm Leitfaden f. Erfinder d. öffentl. Dienstes (1980) S. 15 f.; Volz Öffentl. Dienst (1985) S. 67 ff; a.A. Leuze in GRUR 1994, 415, 420, wonach die Einhaltung des Dienstwegs als herkömmliche Beamtenpflicht auch bei Erfindungsmeldungen stets zu beachten ist.

§ 41

auch die **Fürsorgepflicht** des Dienstherrn im Rahmen des ArbEG Beachtung[16]. Nach dem Willen des Gesetzgebers dürfen aber die dem Beamten obliegenden besonderen Pflichten nicht dazu führen, dass ihm weitergehende Beschränkungen auferlegt werden, als dies bei Arbeitnehmern der Fall ist[17] (s. dazu Rz. 28 ff. u. Rz. 40 f. zu § 25). Wegen der regelmäßig fehlenden Wettbewerbssituation kommt § 25 2. Halbs. nur eine geringe Bedeutung zu[18], zumal die oberste Dienstbehörde über Allgemeine Anordnungen i. S. des § 40 Nr. 3 die Art der Verwertung einer frei gewordenen Diensterfindung beschränken und damit Interessenkollisionen vermeiden kann (vgl. Rz. 34 ff. zu § 40).

14   Bezüglich des **Nebentätigkeitsrechts** ist zu differenzieren: Entwicklungs- und Forschungsarbeiten einschließlich Versuche und Erprobungen zur Fertigstellung einer Erfindung stellen keine genehmigungspflichtige Nebentätigkeit dar[18a], es sei denn, der Beamte hat von dritter Seite einen Forschungs- und Entwicklungsauftrag übernommen[19]. Die Nutzung einer Erfindung im Wege der Lizenzvergabe steht der genehmigungsfreien Kapitalnutzung durch Vermietung bzw. Verpachtung gleich und ist dementsprechend nicht genehmigungspflichtig[20] (vgl. z.B. §§ 66 Abs. 1 Nr. 1 BBG, 20 Abs. 3 SoldatenG). Entsprechendes gilt für den teilweisen oder vollständigen Verkauf von Erfindungsrechten. Eine (nach § 65 Abs. 1 Nr. 2 BBG bzw. entsprechendem Landesrecht) genehmigungspflichtige gewerbliche Tätigkeit liegt allerdings dann vor, wenn der Beamte die Erfindung selbst oder unter Mitarbeit bzw. Leitung in einem Gewerbebetrieb eines Dritten mit der Absicht auf Gewinnerzielung – sei es auch nur gelegentlich – verwertet, also erfindungsgemäße Gegenstände herstellt, in den Verkehr bringt, feilhält oder sonstwie gewerblich gebraucht[21].

Zur Nichtigkeitsklage s. Rz. 49 zu § 25.

15   Auch bei **Streitigkeiten über Erfindungen** von Beamten ist das Verfahren vor der Schiedsstelle (§§ 28 ff.) zu beachten; ebenso verbleibt es bei der Zuständigkeit der bei den Landgerichten eingerichteten Patentstreitkammern nach § 39 (s. auch Rz. 1, 3 zu § 39); nur im Ausnahmefall des § 39 Abs. 2 sowie bei Rechtsstreitigkeiten über technische Verbesserungsvor-

---

16   S. dazu Röpke ZBR 1962, 174, 178 f.; Volmer Rz. 16 ff. zu § 41; Schütz Beamtenrecht Anm. 4 zu § 57 LBG NW; ausf. Volz Öffentl. Dienst (1985) S. 179 ff.
17   Amtl. Begr. (Fn. 2) S. 52 = Blatt 1957, 247; a.A. Reimer/Schade/Schippel/Leuze Rz. 10 zu § 40.
18   Röpke (Fn. 16) S. 179.
18a Ebenso Schiedsst. v. 7.7.1998 Arb.Erf. 101/96 (unveröffentl.).
19   Schütz (Fn. 16) Anm. 4 zu § 68 LBG NW; Volz (Fn. 16) S. 188.
20   Volz (Fn. 16) S. 189 u. Reimer/Schade/Schippel/Leuze Rz. 11 zu § 40 – jeweils m.w.N.
21   Volz (Fn. 16) S. 190 m.w.N.; wohl auch Röpke ZBR 1962, 174, 178; zust. Schiedsst. v. 7.7.1998 (Fn. 18 a).

22-28 frei

§ 41

schläge ist der Rechtsweg vor den Verwaltungsgerichten eröffnet (s. Rz. 16, 30 zu § 39).
Das ArbEG gesteht dem Dienstherrn eine Reihe von einseitigen Maßnahmen zu, durch die er unmittelbar auf die Rechtsstellung des beamteten Erfinders einwirken kann, sei es durch die Beanstandung der Erfindungsmeldung, durch die Ausübung des Inanspruchnahmerechts oder die Vergütungsfestsetzung. Da diese Maßnahmen – geht man von der überkommenen Lehre zwischen Grund- und Betriebsverhältnis aus – den Beamten in seiner persönlichen Stellung treffen, wären sie **als Verwaltungsakte** zu qualifizieren mit der Folge, dass der Beamte dagegen **Widerspruch** (§§ 68 ff. VwGO) einlegen müsste, um deren Bestandskraft zu vermeiden. Selbst wenn man diesen Maßnahmen Verwaltungsaktqualität – trotz der Rechtswegzuweisung zu den Zivilgerichten (vgl. § 39 ArbEG) – zumessen will, kann doch eine formal-rechtliche Einordnung aufgrund der spezialgesetzlichen Bestimmung des ArbEG nicht dazu führen, dass daran die verwaltungsrechtlichen Wirkungen anknüpfen[29]. Dementsprechend verliert ein Beamter seine Rechte aus dem ArbEG auch dann nicht, wenn er gegen eine solche Maßnahme keinen oder verspätet Widerspruch eingelegt hat.
Auch bei einem Klageverfahren ist das ansonsten nach § 126 Abs. 1 BRRG, § 179 BBG vorgeschriebene **Vorverfahren** nicht erforderlich, soweit nach § 39 ArbEG die Zuständigkeit der Zivilgerichte gegeben ist[30].

C. Erfindungen und technische Verbesserungsvorschläge von Soldaten

Da weder die Berufssoldaten noch die aufgrund der Wehrpflicht im Wehrdienstverhältnis stehenden Personen Beamte sind, bedurfte es einer **eigenständigen Regelung** in § 41. 16

Die Rechtsstellung, die Rechte und Pflichten der Berufssoldaten, Soldaten auf Zeit und Wehrpflichtigen bestimmen sich im Wesentlichen nach dem SoldatenG, dem WehrpflichtG und den sonstigen einschlägigen, soldatenrechtlichen Vorschriften. 17

Soldat im Sinne des ArbEG ist jeder, der aufgrund Wehrpflicht oder freiwilliger Verpflichtung in einem Wehrdienstverhältnis steht (§ 1 Abs. 1 SoldatenG), also sowohl der Berufssoldat als auch der Soldat auf Zeit, sowie für die Dauer seines Wehrdienstes der Wehrpflichtige[31]; in der Zeit ihrer Einberufung (Wehrübungen) stehen auch die Angehörigen der Reserve, 18

---

29 So i. Ergebn. Schiedsst. ZB. v. 9.3.1973 Arb.Erf. 33/72 (unveröffentl.); ausf. Volz Öffentl. Dienst (1985) S. 193 ff.; im Ergebn. auch Reimer/Schade/Schippel/Leuze Rz. 12 zu § 41.
30 Vgl. Volz (Fn. 29) S. 202 ff.
31 S. auch Ausschussber. zu BT-Drucks. II/3327 S. 3 = Blatt 1957, 251.

§ 41

die zu einem Dienstgrad befördert sind, in einem Wehrdienstverhältnis (§ 1 Abs. 2 SoldatenG).

19 Das **Wehrdienstverhältnis** beginnt gemäß § 2 SoldatenG mit dem Zeitpunkt, der für den Dienstantritt des Soldaten festgesetzt ist; es endet mit Ablauf des Tages, an dem der Soldat aus der Bundeswehr ausscheidet (vgl. §§ 43 ff. SoldatenG).

20 Keine Soldaten, sondern Beamte sind sowohl die **beamteten Bediensteten der Wehrersatzbehörde** (bundeseigene Zivilverwaltung, vgl. §§ 14 ff. WehrpflichtG) als auch die **beamteten Bediensteten** bei den Einheiten, Verbänden und Schulen der Bundeswehr (vgl. § 40 SoldatenG). Bei den übrigen **Zivilbediensteten** handelt es sich um Arbeitnehmer im öffentlichen Dienst, die § 40 ArbEG unterliegen.

21 Auf die **zivilen Arbeitskräfte der NATO** finden nach Art. IX NATO-Truppenstatut i.V.m. Art. 56 Abs. 1 lit. a des Zusatzabkommens (ZA) zum NATO-Truppenstatut[32] grundsätzlich die für die zivilen Bediensteten der Bundeswehr maßgebenden arbeitsrechtlichen Vorschriften Anwendung; allerdings gilt nach Art. 56 Abs. 1 lit. f ZA zum NATO-Truppenstatut die Tätigkeit der zivilen Arbeitskräfte nicht als Tätigkeit im deutschen öffentlichen Dienst. Daraus folgt, dass diese Zivilbediensteten insoweit dem ArbEG unterliegen, und zwar nach dem für Arbeitnehmer im privaten Dienst geltenden Recht, also ohne die Besonderheiten des § 40 ArbEG[33].

22 Da sie bei Streitigkeiten aus dem Arbeitsverhältnis der deutschen Gerichtsbarkeit unterliegen, finden auf sie auch die Bestimmungen des Schiedsstellenverfahrens (§§ 28 ff.) sowie des Gerichtsverfahrens nach §§ 37 ff. Anwendung, allerdings mit der Besonderheit, dass Klagen gegen den Arbeitgeber[34] stets gegen die Bundesrepublik zu richten sind (Art. 56 Abs. 9 ZA NATO-Truppenstatut).

23 Hinsichtlich der besonderen **Treuepflicht** des Soldaten (vgl. §§ 7 ff. SoldatenG) und der **Fürsorgepflicht** des Bundes (§ 31 SoldatenG) gelten die oben behandelten Grundsätze für Beamte entsprechend (s. Rz. 13). Wegen des Grundsatzes der Gleichstellung (s. Rz. 4 ff. vor §§ 40-42) dürfen diese Pflichten bezogen auf das ArbEG nicht weitergehen als bei Arbeitnehmern und Beamten.

24 Bei Wehrpflichtigen kann die Zuordnung von Erfindungen, die sie in der Zeit des Wehrdienstes fertig gestellt haben, problematisch sein; s. hierzu Rz. 89 f. zu § 1.

---

32 Gilt entspr. für Arbeitskräfte der französischen Truppen, s. dazu BAG v. 28.4.1970 AP Nr. 2 zu Art. 56 ZA-NATO-Truppenstatut m. Anm. Beitzke.
33 Streitig: die Anwendg. d. § 40 bejahend z.B. Kelbel PatR u. ErfR (1966) Bd. 1, 104; Volmer/Gaul Rz. 122 f. zu § 1 u. Rz. 25 zu § 40; vgl. auch Volmer GRUR 1978, 393, 401 f.; wie hier Reimer/Schade/Schippel/Leuze Rz. 18 zu § 41; Busse/Keukenschrijver, PatG, Rz. 2 zu § 41 ArbEG.
34 Zur Kennzeichnung des ArbEG innerhalb der NATO s. Volmer (Fn. 33).

§ 41

Für Soldaten ist das **Schiedsstellenverfahren** (§§ 28 ff.) obligatorisch vorgeschrieben (s. § 37); für Streitigkeiten über Erfindungen eines Soldaten sind abweichend vom Grundsatz des § 59 SoldatenG die **Patentstreitkammern** der jeweiligen Landgerichte gem. § 39 ArbEG sachlich zuständig; im Übrigen, insbesondere im Falle des § 39 Abs. 2 sowie bei technischen Verbesserungsvorschlägen, verbleibt es bei dem Verwaltungsrechtsweg gem. § 59 SoldatenG (s. Rz. 16, 30 zu § 39); s. im Übrigen Rz. 15.   25

Auf **Zivildienstleistende** finden die Vorschriften der §§ 1, 41 ArbEG entsprechende Anwendung[35]. Diese sind zwar rechtlich nicht den Soldaten gleichgestellt; aus der Verweisungsvorschrift des § 78 Abs. 2 ZDG folgt, dass mangels eigenständiger Regelungen die entsprechenden dienstrechtlichen Vorschriften auf sie Anwendung finden.   26

---

35 Volz Öffentl. Dienst (1985) S. 148; zust. Reimer/Schade/Schippel/Leuze Rz. 17 zu § 41; Busse/Keukenschrijver, PatG, Rz. 3 zu § 41 ArbEG.

§ 42 (a.F.) Besondere Bestimmungen für Erfindungen von Hochschullehrern und Hochschulassistenten

(1) In Abweichung von den Vorschriften der §§ 40 und 41 sind Erfindungen von Professoren, Dozenten und wissenschaftlichen Assistenten bei den wissenschaftlichen Hochschulen, die von ihnen in dieser Eigenschaft gemacht werden, freie Erfindungen. Die Bestimmungen der §§ 18, 19 und 22 sind nicht anzuwenden.

(2) Hat der Dienstherr für Forschungsarbeiten, die zu der Erfindung geführt haben, besondere Mittel aufgewendet, so sind die in Absatz 1 genannten Personen verpflichtet, die Verwertung der Erfindung dem Dienstherrn schriftlich mitzuteilen und ihm auf Verlangen die Art der Verwertung und die Höhe des erzielten Entgelts anzugeben. Der Dienstherr ist berechtigt, innerhalb von drei Monaten nach Eingang der schriftlichen Mitteilung eine angemessene Beteiligung am Ertrage der Erfindung zu beanspruchen. Der Ertrag aus dieser Beteiligung darf die Höhe der aufgewendeten Mittel nicht übersteigen.

Lit.: *Ballhaus*, Rechtl. Bindungen b. Erfindungen v. Universitätsangehörigen, GRUR 1984, 1; *Barth*, Z. 40. Geburtstag d. Hochschullehrerprivilegs, GRUR 1997, 880; *Damme*, Die Beteiligung d. Fiskus a. d. Verwertung d. v. staatl. angestellten Gelehrten gemachten Erfindungen, DJZ 1898, 399; *Dessemontet*, Die Universitätserfindungen, GRUR Int. 1983, 133; *Fernández de Córdoba*, Patentschutz im universitären Bereich, GRUR Int. 1996, 218; *Frieling*, Forschungstransfer: Wem gehören universitäre Forschungsergebnisse? GRUR 1987, 407; *Gaum*, Patent- u. Urheberrecht: ArbNErf. u. Hochschullehrerprivileg in Verträgen d. Univ. u. Industriepartnern aus d. EG-Geltung ausl. Rechts, GRUR 1991, 805; *Gramm*, Anm. z. Aufsatz v. Frieling GRUR 1987, 864; *Hübner*, Hochschulen und Patente 200; *Kraßer/Schricker*, Patent- und Urheberrecht an Hochschulen 1988; *Mallmann*, Das Handeln der Forschungsverwaltung: Veröffentlichungsrecht, Arbeitnehmererfinderrecht, in: Hdb. d. Wissenschaftsrechts, Bd. 2 (1982), S. 1388; *Ohly*, Gewerbl. Schutzrechte u. Urheberrechte an Forschungsergebnissen v. Forschungseinrichtungen u. ihren Wissenschaftlern, GRUR Int. 1994, 879; *Rehbinder*, Zu d. Nutzungsrechten an Werken d. Hochschulangehörigen, in: Festschr. f. H. Hubmann (1985), S. 359; Schwarz, Erfindungen an amerikanischen Hochschulen, 1997;*Ullrich*, Privatrechtsfragen d. Forschungsförderung i. d. BRD 1984, Wagner/Ilg, Das Ideenmanagement an Hochschulen, Ideenmanagement 2000, 100; Weigelt/Schramm, Wem gehört die Hochschulerfindung, Physikalische Blätter 2000, 52; *Wimmer*, Die wirtschaftliche Verwendung v. Doktorandenerf., GRUR 1961, 449.

Übersicht

A. Allgemeines................................. 1-3.1	II. »Bei den wissenschaftlichen Hochschulen« 6-10
B. Persönlicher Anwendungsbereich 4-16	III. Hochschulassistenten ....
I. Hochschullehrer (Professoren und Dozenten)........................ 5	(Wissenschaftliche Assistenten) 11-12
	IV. Sonstige Personen 13-16

§ 42 (a.F.)

C. Freie Erfindungen	17-28	I. Anwendungsbereich, Bereitstellung besonderer Mittel	30, 31
I. »In dieser Eigenschaft gemacht«	17-23	II. Mitteilungs- und Auskunftspflicht des Hochschulwissenschaftlers	32, 33
II. Nichtanwendbarkeit der §§ 18, 19 u. 22	24-28		
D. Technische Verbesserungsvorschläge	29	III. Geltendmachung und Inhalt des Beteiligungsanspruchs des Diensthern am Ertrag (Abs. 2 Sätze 2, 3)	34-41
E. Beteiligungsrechte des Diensthern (Abs. 2)	30-41		

A. Allgemeines

1 § 42 schafft eine in der VO 1942 zwar nicht vorgesehene, aber anerkannte[1] **Sonderstellung** für Erfindungen von Hochschullehrern und Hochschulassistenten. Die Vorschrift ist Ausfluss des in Art. 5 Abs. 3 GG verankerten Grundsatzes der **Wissenschaftsfreiheit**[2]; sie soll dem Schutz der Lehr- und Forschungsfreiheit der Hochschule dienen und zugleich die dort betriebene Forschung anregen[3]. Dieses Hochschulprivileg[4] war bereits in der 2. Hälfte des 19. Jahrhunderts, also zu einer Zeit, in der die höchstrichterliche Rechtsprechung von der originären Zuordnung von Dienstnehmer-Erfindungen zum Diensthern ausging, anerkannt[5]. Dieser Grundsatz hat auch in anderen Rechtsordnungen der westlichen Welt Anerkennung gefunden, wenn auch zum Teil mit anderen Lösungsmodellen[6]. Im Hinblick auf den Charakter des § 42 als gesetzliche Konkretisierung der grundgesetzlich geschützten Wissenschaftsfreiheit soll die Wahl einer ausländischen Rechtsordnung im Rahmen von Forschungs- und Entwicklungsverträgen mit ausländischen Partnern mit Art. 6 S. 2 EGBGB unvereinbar sein[6a].

Nach einer Studie des Bundesbildungsministeriums aus 1997 werden 4 % aller Patente in der Bundesrepublik von Hochschullehrern angemeldet. Durch Art. 1 Nr. 2 des Gesetzes zur Änderung des ArbEG v. 18.1.2002 (BGBl. I, S. 414) ist § 42 neu gefasst worden. Diese Änderung ist am 7.2.2002 in Kraft getreten (Art. 2) und gilt gemäß der Übergangsvorschrift des § 43 Abs. 1 Satz 1 ArbEG n.F. für Erfindungen, die nach dem 6.2.2002 gemacht worden sind (z. Begriff s. Rz. 16 f. zu § 4). Zum Übergangsrecht s.

---

1   Vgl. z.B. Beschwerdeabt. PA Mitt. Dt.PatAnw. 1911, 102, 103 (Hinweis bei Volmer Rz. 4 zu § 42).
2   Vgl. Amtl. Begr. BT-Drucks. II/1648 S. 52 = Blatt 1957, 247.
3   Ausschussber. z. BT-Drucks. II/3327 S. 10 = Blatt 1957, 255.
4   Kraßer/Schricker PatR a. Hochschulen (1988) S. 30.
5   Vgl. die Stellungnahme d. Preuß. Kultusministers von Gossler v. 29.11.1890, zitiert bei Volz Öffentl. Dienst (1985) S. 9 (dort Fn. 13) u. Frieling GRUR 1987, 407, 415.
6   S. i. einz. Dessemontet GRUR Int. 1983, 133, 143 f.; vgl. auch Schmidt-Szalewski b. Ohly GRUR Int. 1994, 879, 881.
6a So Gaum GRUR 1991, 805, 806.

§ 42 (a.F.)

§ 43 ArbEG n.F. Zur Neufassung des § 42 ArbEG s. die Kommentierung zu § 42 ArbEG n.F.

Als **spezialgesetzliche Regelung zu** § 4 stellt § 42 Abs. 1 den Grundsatz auf, dass in der Hochschulforschung geschaffene Erfindungen **freie Erfindungen** sind; der ausdrückliche Ausschluss der §§ 18, 19, 22 verwirklicht den Grundsatz der freien Verfügungsbefugnis der Wissenschaftler an den Hochschulen über diese Erfindungen. Eine Einschränkung erfährt dieser Grundsatz durch § 42 Abs. 2 aufgrund des dort geregelten besonderen Beteiligungsanspruches des Dienstherrn. 2

§ 42 stellt sich als eine **Ausnahmevorschrift** gegenüber den §§ 40, 41 dar[2] und ist grundsätzlich eng auszulegen[7], wobei allerdings die gesetzgeberische Wertentscheidung im Lichte des Art. 5 Abs. 3 GG zu beachten bleibt[8]. Zur entspr. Anwendbarkeit auf urheberschutzfähige Leistungen s. Rz. 3 zu § 1. Auf Hochschulwissenschaftler finden die Bestimmungen über das Schiedsstellen- und Gerichtsverfahren (§§ 28 ff., 37 ff.) uneingeschränkt Anwendung[9] 3

In den **neuen Bundesländern** gilt § 42 für alle Erfindungen von Hochschulwissenschaftlern i.S.d. Abs. 1 Satz 1, die ab dem 3.10.1990 fertig gestellt worden sind (s. Einl. Rz. 31). Für die zuvor gemachten Erfindungen kannte das DDR-Recht keine erfinderrechtlichen Sonderbestimmungen (s. auch Rz. 9 vor §§ 40-42), so dass auch insoweit die allgemeinen Grundsätze zum fortwirkenden DDR-Erfinderrecht (s. dazu insbes. Einl. Rz. 32 ff.) anzuwenden sind und § 42 auch nicht analog herangezogen werden kann[10]. 3.1

B. Persönlicher Anwendungsbereich

Die Sondervorschrift des § 42 kommt – wie auch aus dem Begriff »Dienstherr« in Abs. 2 Satz 1 hervorgeht – nur solchen Hochschullehrern (Professoren und Dozenten) und Hochschulassistenten zugute, die im öffentlichen Dienst stehen[16]. Dabei ist gleichgültig, ob ihnen der Status eines Beamten (auf Lebenszeit/auf Zeit) oder Arbeitnehmers zukommt[17]. Wegen der Pri- 4

---

7   Allg. A., z.B. Lindenmaier/Lüdecke Anm. 1 zu § 42; Reimer/Schade/Schippel/Leuze Rz. 1 zu § 42; Volmer Rz. 8 zu § 42; Volmer/Gaul Rz. 13 zu § 42.
8   Vgl. z. Art. 5 Abs. 3 GG BVerfG v. 29.5.1973 NJW 1973, 1176, 1179 u.v. 1.3.1978 NJW 1978, 1621; BVerwG v. 9.5.1985 NVwZ 1986, 374, 375 f.; Kraßer/Schricker (Fn. 4) S. 64 ff.
9   Unstreitig, vgl. etwa Schiedsst. v. 9.2.1993 EGR Nr. 1 zu § 42 ArbEG; LG Düsseldorf v. 26.6.1990 GRUR 1994, 53 - Photoplethysmograph.
10 Vgl. im einzelnen Möller Die Übergangsbestimmungen f. ArbNErf. i. d. neuen Bundesländern (1996), S. 311 ff.
11-15 frei
16 Amtl. Begr. (Fn. 2).
17 Schiedsst. v. 9.2.1993 EGR Nr. 1 zu § 42 ArbEG; Reimer/Schade/Schippel/Leuze Rz. 2, 3 zu § 42; Ballhaus GRUR 1984, 1; Kraßer/Schricker (Fn. 4) S. 38.

vilegierungsvoraussetzungen (s. Rz. 1) ist die statusmäßige Zugehörigkeit zu dem mit wissenschaftlicher Arbeit befassten Personenkreis der Hochschullehrer und Hochschulassistenten maßgeblich, so dass es nicht ausreicht, wenn ein Mitarbeiter im Einzelfall nach der Art seiner Tätigkeiten Aufgaben dieses Personenkreises wahrgenommen hat[17a]. Daraus folgt aber auch, dass § 42 nicht für diejenigen Personen gilt, die aufgrund eines anderweitigen Rechtsverhältnisses in der Forschung tätig sind, wie etwa Mitarbeiter des Hochschullehrers, die er zu seiner Unterstützung in einem privatrechtlichen Dienstverhältnis beschäftigt[18] (s. Rz. 12) oder die dazu von dritter Seite (z.B. von einem privaten Auftraggeber) abgeordnet werden[19]. Für diesen Personenkreis verbleibt es uneingeschränkt bei den allgemeinen Bestimmungen über Erfindungen von Arbeitnehmern.

I. Hochschullehrer (Professoren und Dozenten)

5   Die Eigenschaft als Hochschullehrer bestimmt sich nach Bundes- oder Landesrecht (vgl. §§ 43-46 HRG; z.B. §§ 48 ff. WissHG NW).
Das sind die hauptamtlich oder hauptberuflich an einer Hochschule tätigen **Professoren** und die diesen gleichgestellten (vgl. § 48 c Abs. 1 S. 2 HRG; § 53 a WissHG NW) **Dozenten. Gastprofessoren** fallen nur dann unter § 42 ArbEG, wenn sie in einem Dienst- oder Arbeitsverhältnis stehen[20]; mangels Status als Hochschullehrer bzw. mangels Dienstverhältnisses scheidet § 42 aus für die sog. außerplanmäßigen Professoren und **Honorarprofessoren** (vgl. z.B. § 54 WissHG NW)[21], die **Lehrbeauftragten** (§ 55 HRG, § 56 WissHG Nw)[22] und die **Lehrkräfte für besondere Aufgaben** (§ 56 HRG, § 55 WissHG NW), also die gesamte Gruppe der sog. **Privatdozenten.**
Erfindungen dieser Personengruppe, auf die § 42 keine Anwendung findet, sind im Verhältnis zur Hochschule stets freie Erfindungen; besteht ein Dienst- oder Arbeitsverhältnis mit einem Dritten, bleibt es insoweit bei den allgemeinen Vorschriften des ArbEG.

17a LG Düsseldorf v. 26.6.1990 GRUR 1994, 53, 55 – Photoplethysmograph.
18   Amtl. Begr. (Fn. 2); Ballhaus (Fn. 17); Kraßer/Schricker (Fn. 4) S. 146; s. dazu BAG v. 29.6.1988 DB 1989, 388 = NVwZ 1989, 552.
19   Ballhaus (Fn. 17).
20   Ballhaus (Fn. 17) S. 1, 3; Kraßer/Schricker (Fn. 4) S. 39, 137 f.; Reimer/Schade/ Schippel/Leuze Rz. 4 zu § 42, wonach § 42 auch für Lehrstuhlvertreter mit befristeten Arbeitsverträgen gilt.
21   Ballhaus (Fn. 17) S. 1, 3; Kraßer/Schricker (Fn. 4) S. 38, 39; Reimer/Schade/Schippel/ Leuze Rz. 4 zu § 42; abw. wohl Volmer/ Gaul Rz. 45 f. zu § 42.
22   Kraßer/Schricker (Fn. 4) S. 39; Leuze GRUR 1994, 415, 419 f.
23-29 frei

§ 42 (a.F.)

II. »Bei den wissenschaftlichen Hochschulen«

Der allgemeine Begriff der **Hochschule** bestimmt sich zunächst nach § 1 HRG, der alle Einrichtungen des Bildungswesens (Universitäten, Pädagogische Hochschulen, Kunst-Hochschulen, Fachhochschulen usw.) umfasst, soweit sie nach Landesrecht staatliche Hochschulen sind (vgl. z.B. § 1 WissHG NW). Über § 1 Satz 2 HRG i.V.m. § 70 HRG werden auch die staatlich anerkannten Hochschulen (vgl. z.B. §§ 114 ff. WissHG NW) erfasst (wie etwa die Bundeswehr-Hochschulen oder kirchliche Hochschulen).

Die wissenschaftlichen Hochschulen sind Körperschaften des öffentlichen Rechts (z. Begr. s. Rz. 9 zu § 40; vgl. z.B. § 2 WissHG NW). Dazu rechnen auch die ihr zugehörigen, mit eigenständigen Funktionen in Forschung/Lehre betrauten Institute, wissenschaftlichen Einrichtungen bzw. Betriebseinheiten (vgl. § 66 HRG).

Aus der Beschränkung auf **wissenschaftliche** Hochschulen folgt, dass hierunter nur Universitäten und sonstige wissenschaftliche Hochschulen (insbesondere Technische Hochschulen) im herkömmlichen Sinn zu verstehen sind, nicht jedoch **Fachhochschulen** und damit vergleichbare Bildungsstätten[30]. Soweit bei Gesamthochschulen für die Fachhochschulstudiengänge die Vorschriften eines Fachhochschulgesetzes gelten (vgl. § 1 Abs. 3 WissHG NW), sind dementsprechend auch die in diesem Bereich lehrenden Fachhochschullehrer vom Anwendungsbereich des § 42 ausgeschlossen[31].

Dies ergibt sich zudem daraus, dass der Gesetzgeber bei § 42 Abs. 1 ArbEG vom herkömmlichen Bild des Professors bzw. Dozenten an der Universität/Technischen Hochschule ausgegangen ist und der (im Wortlaut zum Ausdruck kommende) Geltungsbereich des § 42 Abs. 1 ArbEG trotz der zunehmenden Tendenz zur Schaffung weiterer Bildungseinrichtungen im Hochschulbereich nicht erweitert worden ist. Der Ausdehnung des

6

7

8

---

30 Nunmehr h.M., wie hier wohl Bundesrat i. Amtl. Begründung z. Entwurf e. Gesetzes zur Förderung d. Patentwesens a. d. Hochschulen BT-Drucks. 14/5939 S. 6; Ballhaus (Fn. 17) S. 5; Busse/Keukenschrijver, PatG, Rz. 2 zu § 42 ArbEG; Kraßer/Schricker (Fn. 4) S. 42; Bernhardt/Kraßer Lehrb. d. PatR, § 21 VI 3; Volmer/Gaul Rz. 17, 24, 27 zu § 42; MünchArbR/Sack § 99, Rz. 143; Fernández de Córdoba GRUR Int. 1996, 218, 225 (dort Fn. 72); a.A. Bundesregierung i. Amtl. Begründung z. Gesetz zur Änderung des Gesetzes über Arbeitnehmererfindungen vom 18.1.2002 (s. § 42 ArbEG n.F. – BR-Drucks. 583/01 v. 17.8.2001); Ullrich Privatrechtsfragen d. Forschungsförderung i. d. BRD (1984) S. 280 (dort Fn. 141); Reimer/Schade/Schippel/Leuze Rz. 10 zu § 42 m.w.Nachw.; BLK f. Bildungsplang. u. Forschungsförderung, Bericht Förderung v. Erf. u. Patenten im Forschungsber. (1997) S. 11; abl. auch Barth GRUR 1997, 880, 882 u. Hübner Hochschulen und Patente (2002) S. 43.
31 A.A. Reimer/Schade/Schippel/Leuze Rz. 10 zu § 42; vgl. allg. (aber) auch BVerfG v. 3.3.1993 NVwZ 1993, 663 u.v. 27.1.1995 ZBR 1995, 142.

§ 42 (a.F.)

Hochschullehrerprivilegs des § 42 auf Angehörige sonstiger Einrichtungen des Bildungswesens steht die unterschiedliche Funktion und damit der Normzweck des § 42 entgegen. Während die Universitäten wesentlich Stätten der Forschung sind, ist die Hauptaufgabe der Fachhochschulen die Ausbildung der Studenten auf wissenschaftlicher Grundlage; dementsprechend werden die Lehrer an Fachhochschulen nicht den Lehrenden an wissenschaftlichen Hochschulen – auch im Hinblick auf Art. 5 Abs. 3 GG – gleichgestellt[32]. Dass sich im Einzelfall Wertungsprobleme ergeben können[32a], ist dem Charakter des § 42 als Ausnahmevorschrift immanent.

9 Aus der Gesetzesformulierung **bei** wissenschaftlichen Hochschulen folgt, dass ein Dienst- bzw. Arbeitsverhältnis nicht notwendigerweise zur Universität als Körperschaft des öffentlichen Rechts bestehen muss. Bestätigt wird dies durch § 42 Abs. 2, der allgemein vom »Dienstherrn« spricht, nicht dagegen von der Hochschule als solcher. Es wäre im Hinblick auf Art. 5 Abs. 3 GG auch nicht gerechtfertigt, das Hochschullehrerprivileg auf den eng begrenzten Personenkreis zu beschränken, der in einem unmittelbaren Dienstverhältnis zur Universität steht, diese Rechtswohltat dagegen nicht der absoluten Mehrzahl derjenigen Lehrenden zukommen zu lassen, deren Dienstherr ein Land ist. Entscheidend ist die von der Wissenschaftsfreiheit geprägte Beschäftigung im öffentlichen Dienst.

10 § 42 gilt nicht für Wissenschaftler an **Bundes- oder Landesforschungsanstalten** und an außeruniversitären, **privatrechtlich organisierten Forschungseinrichtungen**[33] (etwa den Max-Planck-Instituten[34] oder den Instituten der Fraunhofer Gesellschaft e. V.[35]). Eine Ausdehnung auf derartige Institutionen außerhalb der Hochschule hat der Gesetzgeber wegen der damit verbundenen Abgrenzungsschwierigkeiten ausdrücklich abgelehnt[36].

---

32 Vgl. allg. BVerfG v. 29.6.1983 NJW 1984, 912 ff.; v. 11.7.1986 NVwZ 1987, 675 u. v. 3.3.1993 (Fn. 31); vgl. auch BVerwG v. 24.7.1986 NVwZ 1987, 681; vgl. auch VGH Baden Württemberg v. 29.4.1993 KMK-HSchR/NF 42 H Nr. 6; krit. i.H.a. Art. 3 Abs. 1 GG Kraßer/Schricker (Fn. 4) S. 38.
32a Darauf weist zu Recht Leuze (in GRUR 1994, 415, 423 f. u. ders. in Reimer/Schade/Schippel Rz. 10 zu § 40) hin.
33 Wohl ganz h. M, Busse/Keukenschrijver, PatG, Rz. 3 zu § 42 ArbEG; Kraßer/Schricker (Fn. 4) S. 42; Volmer/Gaul Rz. 30 zu § 42; de lege ferenda sieht u. a. Barth (GRUR 1997, 880, 883) auch insoweit Änderungsbedarf.
34 Vgl. dazu Ballreich i. Mitt. aus d. Max-Planck-Ges. 1958, 193, 198; s. auch Dölle Erfindungsregelg. i. d. Max-Planck-Ges. (1967), unveröffentl. Gutachten; Kraßer/Schricker (Fn. 4) S. 42 f.; Kraßer b. Ohly GRUR Int. 1994, 879, 880; Volmer/Gaul Rz. 20 zu § 42; z. Vergütg. s. Schiedsst. v. 4.8.1972/8.3.1973 Blatt 1973, 205 m. krit. Bspr. Meusel GRUR 1974, 437 u. ders. GRUR 1975, 399; hiergegen zutr. Walenda GRUR 1975, 1; vgl. auch Kolloquiumsbericht v. Bodewig i. GRUR Int. 1980, 597 ff.; z. Tätigkeit s. Ullrich (Fn. 30) S. 263 ff.
35 Z. Tätigkeit s. Ullrich (Fn. 30) S. 272 ff.
36 S. Ausschussber. (Fn. 3).
37–40 frei

§ 42 (a.F.)

III. Hochschulassistenten (Wissenschaftliche Assistenten)

Der Begriff des **wissenschaftlichen Assistenten**, der in § 42 den Professoren und Dozenten gleichgestellt wird, hat seit In-Kraft-Treten des ArbEG eine Veränderung erfahren. Dieser ist auf der Grundlage des heute geltenden Bundes- bzw. Landesrechts zu bestimmen. Wegen des für § 42 erforderlichen Wissenschaftsbezuges müssen heute unter diesen Begriff die wissenschaftlichen Assistenten im Sinne der §§ 47, 48 HRG (§ 57 WissHGNW) subsumiert werden, die (eigenständig) wissenschaftliche Dienstleistungen in Forschung und Lehre mit der Möglichkeit eigener wissenschaftlicher Arbeit erbringen[41]. Ferner fallen darunter die den wissenschaftlichen Assistenten gleichgestellten **Oberassistenten** und **Oberingenieure**[42] (vgl. §§ 48a, 48b HRG; §§ 58, 59 WissHG NW). 11

Nicht unter das Privileg des § 42 ArbEG fallen dagegen die sonstigen **wissenschaftlichen Mitarbeiter** (§ 53 HRG, § 60 WissHG NW) sowie die **wissenschaftlichen Hilfskräfte** (vgl. § 61 WissHG NW)[43], auch wenn sie im Einzelfall Tätigkeiten eines Hochschulassistenten wahrnehmen[43a]. Deren gesetzliches Tätigkeitsbild ist im Wesentlichen durch qualifizierte Hilfstätigkeit (Dienstleistungen zur Erfüllung der Aufgaben in Forschung und Lehre[43b]) gekennzeichnet und nicht durch freie Gestaltung eigener wissenschaftlicher Arbeit[44]. 12

Diese unterliegen uneingeschränkt den Bestimmungen der §§ 40 bzw. 41.

Schließt ein Hochschullehrer für ein von ihm betriebenes (drittmittelfinanziertes) Forschungsprojekt im eigenen Namen mit einem wissenschaftlichen Mitarbeiter einen Arbeitsvertrag, begründet dies nicht zugleich auch ein unmittelbares Arbeitsverhältnis des Mitarbeiters zur Hochschule oder zu deren Träger[45]. Der Mitarbeiter hat auch keinen Anspruch gegen die Hochschule oder deren Träger auf Begründung eines entsprechenden Arbeitsverhältnisses. Es bewendet also bei dem **Arbeitsverhältnis mit dem**

---

41 Wie hier LG Düsseldorf v. 26.6.1990 (Fn. 17a); Ballhaus GRUR 1984, 1, 4 ff.; Bernhardt/Kraßer Lehrb. d. PatR § 21 V 3 S. 268 (dort Fn. 69); Kraßer/Schricker (Fn. 4) S. 39 ff.; wohl auch Schiedsst. v. 9.2.1993 (Fn. 17); Volmer/Gaul Rz. 28 zu § 42; einschränkend Leuze GRUR 1994, 415, 422
42 Ballhaus (Fn. 41); Kraßer/Schricker (Fn. 4) S. 40; LG Düsseldorf v. 26.6.1990 (Fn. 17a); Reimer/Schade/Schippel/Leuze Rz. 6 zu § 42.
43 Ballhaus (Fn. 41) S. 5; Kraßer/Schricker (Fn. 4) S. 40; Reimer/Schade/Schippel/Leuze Rz. 7 zu § 42; Volmer/Gaul Rz. 29, 35 f. zu § 42, weitergehend (noch) Wimmer GRUR 1961, 449, 453 (z. früheren HochschulR).
43a LG Düsseldorf v. 26.6.1990 (Fn. 17a).
43b S. BAG v. 28.1.1998 NZA 1998, 1120.
44 S. allg. BGH v. 29.3.1982 BRAK-Mitt. 1982, 124; diff. nach d. Art d. ausgeübten Tätigkeit Kraßer/Schricker (Fn. 4) S. 40.
45 BAG v. 29.6.1988 DB 1989, 388.
46-50 frei

§ 42 (a.F.)

Hochschullehrer, so dass die Rechte und Pflichten aus dem ArbEG auch nur im Verhältnis zu diesem begründet sind (s. auch Rz. 4).

IV. Sonstige Personen

13 Nicht § 42, sondern die allgemeinen Bestimmungen der §§ 40 bzw. 41 gelten für die sonstigen, bei den Hochschulen tätigen Beamten und Arbeitnehmer.

14 Entwickelt ein **Doktorand** anlässlich seiner Promotion eine Erfindung, wird § 42 nur dann relevant, wenn sich diese Forschungstätigkeit im Rahmen einer Beschäftigung als wissenschaftlicher Assistent vollzogen hat; vgl. dazu Rz. 41 ff. zu § 1.

15 Erfindungen von **Studenten** fallen in Bezug auf ihre Mitgliedschaft zur Hochschule weder unter § 42 noch – mangels Arbeitnehmereigenschaft – sonstwie unter das ArbEG[51]; etwas anderes kann nur gelten, wenn diese in einem Arbeitsverhältnis stehen, etwa als wissenschaftliche Hilfskräfte (s. dazu oben Rz. 4 u. 12).

16 Bei Erfindungen von Studenten im Zusammenhang mit **Studien- oder Diplomarbeiten** hat die Universität demnach keinerlei Inanspruchnahme- und Nutzungsrechte (z. Ausnahme s. oben Rz. 12). Es liegt in der freien Entscheidung des Studenten, ob und in welchem Umfang er Erfindungsrechte an die Universität oder Dritte (z.B. bei einem Forschungsauftrag) überträgt und welche Gegenleistungen er fordert[52]. Da § 22 keine Anwendung findet, sind jedoch auch insoweit vorherige Vereinbarungen möglich, die damit nur den allgemeinen zivilrechtlichen Schranken unterliegen.

Zu Erfindungen von **Werkstudenten** vgl. Rz. 91 zu § 1 und von **Praktikanten** Rz. 83 f. zu § 1.

C. Freie Erfindungen

I. »In dieser Eigenschaft gemacht«

17 Das Privileg des § 42 Abs. 1 fingiert unwiderlegbar die im Rahmen der wissenschaftlichen Tätigkeit gemachten (= fertig gestellten, siehe dazu Rz. 16 f. zu § 4) Erfindungen in Abweichung von § 4 Abs. 2 als freie Erfindungen (vgl. § 4 Abs. 3). Maßgeblich ist, dass sie von dem Wissenschaftler in seiner Eigenschaft als Hochschullehrer bzw. -assistent gemacht wurden, da im

---

51 Ballhaus GRUR 1984, 1; Wimmer GRUR 1961, 449, 453 f.; Volmer Rz. 19, 24 zu § 42; Volmer/Gaul Rz. 287 zu § 1 u. Rz. 40 ff. zu § 42; Busse/Keukenschrijver, PatG, Rz. 5 zu § 42 ArbEG.
52 Vgl. Kraßer/Schricker (Fn. 4) S. 39 u. Reimer/Schade/Schippel/Leuze Rz. 8 zu § 42 m.w.N.

53-58 frei

§ 42 (a.F.)

Hinblick auf Art. 5 Abs. 3 GG nur insoweit die Gewährung einer freien Verfügungsbefugnis im Interesse der Förderung der wissenschaftlichen Forschung gerechtfertigt sei[59]. Nach allgemeiner Auffassung unterliegen sowohl Auftragsforschung, gutachterliche Forschung als auch zweckgebundene Industrieforschung dem uneingeschränkten Schutz des Art. 5 Abs. 3 GG[60].

Die Erfindungen müssen also **aus der wissenschaftlichen Lehr- oder Forschungstätigkeit** des Erfinders (Miterfinders) als Angehörigem der Hochschule entstanden sein. Wie die Amtl. Begr.[59] verdeutlicht, bezieht sich der Begriff »**in dieser Eigenschaft gemacht**« weiter auf die arbeits- bzw. dienstrechtliche Zugehörigkeit zur Hochschule und die dort garantierte Wissenschaftsfreiheit. Damit soll die Abgrenzung zur »Eigenschaft als Angehöriger eines Betriebes oder einer öffentlichen Verwaltung«[59] getroffen werden. Steht ein Hochschulwissenschaftler also ausschließlich in einem Dienst- oder Anstellungsverhältnis bei der wissenschaftlichen Hochschule (zur Diensthenreneigenschaft siehe oben Rz. 9), kommt es nach der hier vertretenen Auffassung für das Privileg des Abs. 1 nicht darauf an, ob und in welchem Umfang die Fertigstellung der Erfindung unmittelbares Ergebnis seiner wissenschaftlichen Hochschultätigkeit ist oder nicht[61]. Da der Hochschulwissenschaftler frei ist, den Gegenstand seiner Forschung zu bestimmen, gehören im Verhältnis zur Hochschule (bzw. zum Dienstherrn) seine Erfindungen grundsätzlich zu seiner wissenschaftlichen Tätigkeit[62], unabhängig davon, ob sie im Dienst oder außerhalb entwickelt worden sind[62a]. Ohne Einfluss ist es deshalb auch, ob hierbei von dritter Seite sächliche Mittel zur Verfügung gestellt worden sind (s. dazu Rz. 21 f.).

18

Erfindungen, die von einem Hochschulwissenschaftler in seiner Eigenschaft **als Angehöriger eines Unternehmens oder einer öffentlichen Verwaltung** entwickelt worden sind, fallen dagegen nicht unter § 42[63]. Die Rechte und Pflichten des Erfinders bestimmen sich dann entweder allgemein nach dem ArbEG oder einem evtl. bestehenden Auftrags- bzw. Dienstverhältnis (s. dazu Rz. 46 ff. zu § 1). Zur Stellung eines Honorarprofessors und eines Lehrbeauftragten s. oben Rz. 5 und zum Arbeitsverhältnis mit einem Hochschullehrer s. oben Rz. 12.

19

Ist bei einer **Doppeltätigkeit eines Hochschulwissenschaftlers** die Zuordnung der Erfindung zum Wissenschaftsbereich (§ 42) bzw. zum Unter-

20

---

59 Amtl. Begr. (Fn. 2).
60 Maunz/Dürig/Herzog/Scholz GG Rz. 98 zu Art. 5 Abs. III m. w. N.
61 A.A. Gaul ZTR 1987, 289, 294; Gramm GRUR 1987, 864; Ballhaus GRUR 1984, 1, 4 (vgl. aber auch dort S. 7 r.Sp.); wie hier Reimer/Schade/Schippel/Leuze Rz. 12 zu § 42; Kraßer/Schricker (Fn. 4) S. 41; Frieling GRUR 1987, 407, 408 f.; vgl. auch Volmer/Gaul Rz. 53 ff., 58 f., 97 f. zu § 42.
62 So zutr. Kraßer/Schricker (Fn. 4) S. 41.
62a Reimer/Schade/Schippel/Leuze Rz. 12 zu § 42.
63 Amtl. Begr. (Fn. 2).

§ 42 (a.F.)

nehmen (Verwaltung) zweifelhaft, so greifen die Grundsätze der Sphärentheorie (vgl. hierzu Rz. 20 ff. zu § 1) Platz[64].

21 Werden von dritter Seite **Forschungsaufträge** erteilt, so sind insbesondere folgende Fallgestaltungen denkbar:

Ist **Auftragnehmer die Hochschule (bzw. der Dienstherr)** und ist diese damit Zuwendungsempfänger, handelt es sich für den in die Durchführung eingeschalteten Hochschulwissenschaftler um wissenschaftliche Tätigkeit, so dass die Voraussetzungen des § 42 Abs. 1 erfüllt sind[66]. Für die arbeitnehmererfinderrechtliche Behandlung einer Erfindung ist es ohne Belang, ob sie aus einem mit Drittmitteln finanzierten Forschungsvorhaben hervorgegangen ist und welche Vereinbarungen zwischen dem privaten Auftraggeber des Forschungsauftrages und der Universität über die Rechte an den Forschungsergebnissen getroffen worden sind[67]. Soweit die Hochschule die Verpflichtung zur Übertragung der Erfindungsrechte oder zur Einräumung von Nutzungsrechten an den Auftraggeber eingegangen ist, bedarf es also wegen des freien Verfügungsrechts des Hochschulwissenschaftlers einer dahingehenden Vereinbarung mit ihm; dem steht § 22 Satz 1 nicht entgegen (vgl. § 42 Abs. 1 Satz 2; s. hierzu Rz. 26 f.). Gleiches gilt für am Forschungsobjekt beteiligte freie Erfinder; für die nicht unter den Anwendungsbereich des § 42 fallenden Beamten oder Arbeitnehmer verbleibt es dagegen bei den allgemeinen erfinderrechtlichen Bestimmungen[68] (§§ 40, 41).

Besteht ein Forschungsauftrag mit der Hochschule und wird der **Hochschulwissenschaftler** – unter Ruhen seines Arbeitsverhältnisses mit der Hochschule – für eine freie Mitarbeit bei dem Auftraggeber (Unternehmen) **freigestellt**, so entfällt damit nicht von vornherein seine Einordnung als Hochschulwissenschaftler i.S.d. § 42; wird der Hochschulwissenschaftler, der in die Durchführung des Forschungsauftrages eingeschaltet ist, dabei wissenschaftlich tätig, kann eine von ihm entwickelte Erfindung eine freie Erfindung i.S.d. § 42 darstellen[68a].

22 Ist der **Hochschulwissenschaftler selbst Auftragnehmer,** ist die Durchführung des Vorhabens – sofern es sich im Rahmen der §§ 25, 26 HRG bewegt – Teil der Hochschulforschung; die dabei von dem Hochschulwissenschaftler entwickelten Erfindungen sind demzufolge gem. § 42 Abs. 1 freie

---

64 Z. Fragen d. Beweislast Volmer/Gaul Rz. 49 ff. zu § 42.
65 frei
66 Schiedsst. v. 9.2.1993 EGR Nr. 1 zu § 42 ArbEG; Reimer/Schade/Schippel/Leuze Rz. 13 ff. zu § 42 m.w.N.; vgl. auch Ballhaus GRUR 1984, 1, 7, 9; Frieling GRUR 1987, 407; vgl. auch den Sachverhalt bei BGH v. 9.2.1978 NJW 1978, 2548.
67 LG Düsseldorf v. 26.6.1990 GRUR 1994, 53, 55 – Photoplethysmograph; zust. auch Busse/Keukenschrijver, PatG, Rz. 4 zu § 42 ArbEG.
68 Im Ergebnis auch LG Düsseldorf v. 26.6.1990 (Fn. 67).
68a Schiedsst. v. 9.2.1993 (Fn. 66).

§ 42 (a.F.)

Erfindungen[69] (s. auch Rz. 18). Er muss allerdings die beamtenrechtlichen Anzeige- oder auch Genehmigungspflichten beachten[69a] (vgl. §§ 52 HRG, 42 Abs. 1 Nrn. 3, 4 BRRG; vgl. auch § 98 WissHG NW bzw. die entspr. sonstigen Landesvorschriften).
Liegt der Auftrag (Forschungs- und Entwicklungsauftrag, Gutachten, Erprobung, Materialprüfung, Typenprüfung) außerhalb des dienstlichen Arbeits- und Pflichtenkreises des Hochschulwissenschaftlers, gilt auch hierfür – im Verhältnis zur Hochschule (zum Dienstherrn) – das Privileg des § 42 Abs. 1 (s. Rz. 18), es sei denn, es handelt sich von vornherein um eine »geborene« freie Erfindung i. S. d. § 4 Abs. 3 ArbEG.
Diese Differenzierung zwischen der fiktiv freien Erfindung nach § 42 Abs. 1 und der originär freien Erfindung nach § 4 Abs. 3 ist im Hinblick auf den Beteiligungsanspruch des § 42 Abs. 2 von Bedeutung (s. dazu unten Rz. 30 ff.).
So liegt jedenfalls keine Aufgabenerfindung (§ 4 Abs. 2 Nr. 1) vor, wenn der Hochschulwissenschaftler im Rahmen einer wissenschaftlichen Nebentätigkeit außerhalb seiner Dienstaufgaben tätig wird, und sei es auch im Drittauftrag[70]. Ob eine Erfahrungserfindung (§ 4 Abs. 2 Nr. 2) vorliegt, hängt von den Umständen des Einzelfalls ab. Jedenfalls wird man auf seiner eigenen wissenschaftlichen Tätigkeit beruhende Kenntnisse, Erfahrungen und Arbeiten unter Berücksichtigung der durch Art. 5 Abs. 3 Satz 1 GG verfassungsrechtlich gewährleisteten Wissenschaftsfreiheit nicht als Erfahrungen und Arbeiten der Universität (des Dienstherrn) ansehen können. Raum für eine Erfahrungserfindung und damit für den Anwendungsbereich des § 42 bleibt in solchen Fällen nur dann, wenn die Erfindung maßgeblich auf sonstigen Arbeiten und Erfahrungen (z.B. anderer Angehöriger der Hochschule oder deren Kooperationspartner) beruht. Liegt also die Erfindung außerhalb des Aufgabenbereichs des Hochschullehrers und baut sie maßgeblich auf dessen eigenen Erkenntnissen und Arbeiten auf, handelt es sich um eine freie Erfindung i. S. d. § 4 Abs. 3 mit der Folge, dass auch ein Beteiligungsanspruch nach § 42 Abs. 2 ausscheidet (z. Mitteilungs- und Anbietungspflicht s. Rz. 25).
Die Fiktion des § 42 Abs. 1 Satz 1 ergreift im Falle einer **Miterfinderschaft** (vgl. hierzu Rz. 44 ff. zu § 5) nur den auf den Hochschulwissenschaftler entfallenden Erfindungsanteil.

23

---

69 Streitig; ebenso Kraßer/Schricker (Fn. 4) S. 41; Ballhaus (Fn. 66) S. 7 r.Sp.
69a Ausf. Reimer/Schade/Schippel/Leuze Rz. 14 f. zu § 42.
70 Zutr. Ballhaus (Fn. 66) S. 4; Kraßer/Schricker (Fn. 4) S. 42.
71-75 frei

§ 42 (a.F.)

II. Nichtanwendbarkeit der §§ 18, 19 u. 22

24 Auf die (kraft der Fiktion des § 42 Abs. 1 Satz 1) freien Erfindungen des Hochschulwissenschaftlers sind die Bestimmungen der §§ 18, 19 und 22 nicht anzuwenden. Damit entfallen sowohl die Mitteilungs- (§ 18) als auch die Anbietungspflichten (§ 19) mit der Folge des **freien Verfügungsrechtes** des Hochschullehrers bzw. -assistenten. Diese Verfügungs- bzw. Verwertungsfreiheit ist Ausfluss der Forschungsfreiheit (Art. 5 Abs. 3 GG), die nicht nur die eigentliche Forschungstätigkeit umfasst, sondern auch die Verbreitung der Forschungsergebnisse und deren wissenschaftliche und/oder wirtschaftliche Verwertung[76]. Mitteilungs- bzw. Anbietungspflichten oder die Pflicht zur Rechtsübertragung bzw. Nutzungsrechtseinräumung können sich jedoch aus allgemeinen arbeits- bzw. dienstvertraglichen Regelungen ergeben oder aus Abreden, die in Bezug auf ein konkretes Forschungsvorhaben getroffen werden[77]; eine besondere Mitteilungspflicht besteht jedoch über § 42 Abs. 2 Satz 1 (s. Rz. 32 f.).

25 Entfallen schon bei gebundenen Erfindungen dieser Hochschulwissenschaftler nach § 42 Abs. 1 Satz 2 die Pflichten aus §§ 18, 19, muss dies erst recht (»argumentum a maiore ad minus«) für die von Anfang an **freien Erfindungen** (§ 4 Abs. 3, s. auch oben Rz. 22) dieses Personenkreises gelten[78]. Dies entspricht – gerade im Lichte des Art. 5 Abs. 3 GG – der Zielsetzung des § 42 und steht in Einklang mit dem Normzweck der §§ 18, 19.

Das freie Verfügungsrecht und der Ausschluss der Mitteilungs- bzw. Anbietungspflicht für fiktive bzw. geborene freie Erfindungen gelten nur im Verhältnis zur Hochschule (Dienstherrn). Soweit der Hochschulwissenschaftler zugleich in einem anderen Arbeits- bzw. Dienstverhältnis steht, sind im Verhältnis zu diesem Arbeitgeber/Dienstherrn ggf. die Mitteilungs- bzw. Anbietungspflichten zu beachten.

26 Aufgrund des gesetzlichen Ausschlusses der Unabdingbarkeitsregelung des § 22 können Hochschullehrer und Hochschulassistenten jederzeit **im Voraus Vereinbarungen zu ihren Ungunsten** mit der Hochschule (bzw. dem Dienstherrn) über ihre zukünftigen Erfindungen treffen[79]. Zugelassen sind damit aber nur einzelvertragliche oder kollektivrechtliche Abreden, nicht jedoch einseitige Anordnungen des Arbeitgebers/Dienstherrn. Derartige Abreden können sich etwa auf Verwertungsbeschränkungen oder auf einen über den Rahmen des § 42 Abs. 2 hinausgehenden Beteiligungsanspruch (s. dazu Rz. 39) erstrecken. Besonders bedeutsam ist diese Möglich-

---

76 So Frieling GRUR 1987, 407, 408 m.w.N.
77 Vgl. auch Ballhaus GRUR 1984, 1, 7.
78 A.A. Ballhaus (Fn. 77) S. 4; wie hier Reimer/Schade/Schippel/Leuze Rz. 17 zu § 42; vgl. auch Kraßer/Schricker (Fn. 4) S. 42 u. Schiedsst. v. 9.2.1993 (Fn. 66).
79 Krit. aus rechtspol. Sicht Volmer/Gaul Rz. 61 ff. zu § 42 i. Anschl. an Volmer Rz. 32 zu § 42; vgl. dazu Kraßer/Schricker (Fn. 4) S. 55 f. u. Reimer/Schade/Schippel/Leuze Rz. 19 zu § 42.

§ 42 (a.F.)

keit im Hinblick auf die Einräumung von Nutzungsrechten, sei es zugunsten der Universität oder sonstiger Einrichtungen des Dienstherrn oder zugunsten Dritter (z.B. Vertragspartner eines mit der Hochschule geschlossenen Forschungs- oder Entwicklungsauftrages).

Die Grenze bilden auch hier die **Unbilligkeitsregelung** des § 23 ArbEG[80] und die allgemeinen Vertragsschranken (vgl. dazu Rz. 35 zu § 23). Generell wird man eine erhebliche Unbilligkeit i. S. d. § 23 dann annehmen können, wenn durch die Vereinbarung das Hochschullehrerprivileg des § 42 gänzlich ausgehöhlt wird[81]. In erheblichem Maße unbillig wäre beispielsweise eine Vereinbarung, die die allgemeinen Vorschriften des ArbEG auf alle Erfindungen des Hochschulwissenschaftlers für anwendbar erklärt. Gleiches gilt, wenn der Hochschulwissenschaftler zur unentgeltlichen Vollrechtsübertragung bzw. Einräumung von Nutzungsrechten verpflichtet wird[82]. Wird ihm dafür eine Vergütung zugestanden, ist die Vereinbarung mit Rücksicht auf die vom Gesetzgeber mit § 42 bezweckte Privilegierung des Hochschulwissenschaftlers jedenfalls auch dann unbillig, wenn das Entgelt erheblich unter dem Erfindungswert einer Diensterfindung gemäß § 9 ArbEG liegt. Da der Gesetzgeber den Hochschulwissenschaftler wie einen freien Erfinder behandeln will[90], wäre die Berücksichtigung eines üblichen Anteilsfaktors für Arbeitnehmererfinder ebenfalls unbillig (vgl. auch Rz. 21 ff. zu § 23).

Unbillig sind auch solche Vereinbarungen, nach denen der Beteiligungsanspruch den (nahezu) gesamten Ertrag erfasst – selbst dann, wenn dabei die Höhe der aufgewendeten Forschungsmittel nicht überschritten wird.

Eine erhebliche Unbilligkeit kann ferner in einem schwerwiegenden Eingriff in die verfassungsrechtlich garantierte Wissenschaftsfreiheit (Art. 5 Abs. 3 GG) begründet sein[91]. Dies gilt etwa bei Festlegung eines allgemeinen Verwertungsverbotes (selbst in den Grenzen des § 40 Nr. 3). Auch ein generelles Veröffentlichungsverbot oder die Vereinbarung einer langfristigen Geheimhaltungspflicht (etwa als Ausfluss eines Drittauftrages) können unter diesem Aspekt unwirksam sein[92].

---

80 Vgl. dazu Volmer Rz. 33 zu § 42; Volmer/Gaul Rz. 67 zu § 42; Kraßer/Schricker (Fn. 4) S. 57 ff.; Ullrich (Fn. 30) S. 286 ff.
81 I.d.S. wohl Volmer Rz. 33 zu § 42; Volmer/Gaul Rz. 68 f. zu § 42; Kraßer/Schricker (Fn. 4) S. 57 ff.; Ullrich (Fn. 30) S. 286 ff.
82 Volmer Rz. 33 zu § 42; Volmer/Gaul Rz. 69 zu § 42; Kraßer/Schricker (Fn. 4) S. 59.
83-89 frei
90 Amtl. Begr. (Fn. 2) S. 53 = Blatt 1957, 248.
91 Nach Reimer/Schade/Schippel/Leuze Rz. 19 zu § 42 können ggf. Behinderungen in der wissenschaftlichen Tätigkeit ausreichen, insbesondere wenn die Vereinbarungen dem wissenschaftl. Interesse an der Veröffentlichung von Forschungsergebnissen zuwiderlaufen.
92 Vgl. i. einzelnen Kraßer/Schricker (Fn. 4) S. 58 f.

§ 42 (a.F.)

27 Soweit sich aus der **allgemeinen Treuepflicht** Einschränkungen zu Lasten des Hochschulwissenschaftlers ergeben, sind diese im Grundsatz zu beachten, da § 42 Abs. 1 Satz 2 die Bestimmung des § 25 ArbEG nicht ausnimmt (s. allg. z. Treuepflicht Rz. 28 ff. zu § 25). Soweit die Treuepflicht in dienstrechtlichen Bestimmungen konkretisiert ist, bleiben diese zu wahren (vgl. z.B. § 25 Abs. 3 HRG; § 98 Abs. 2, 3 WissHG NW – Erfüllung von Anzeigepflichten, Erfüllung der Dienstpflichten). Im Übrigen ist zu beachten, dass die Hochschulerfindungen freie Erfindungen darstellen; diese dürfen nicht schlechter behandelt werden als die durch § 25 2. Halbs. begünstigten frei gewordenen Erfindungen (s. dort Rz. 40 f.). Hieraus und wegen des gesetzgeberischen Motivs des Hochschullehrerprivilegs kann die allgemeine Treuepflicht – trotz § 25 – jedenfalls den Verfügungs- und Verwertungsrechten an der Erfindung kaum entgegenstehen[93].

27.1 Die vorstehenden Grundsätze gelten auch für die von Anfang an **freien Erfindungen** (§ 4 Abs. 3) eines Hochschulwissenschaftlers (vgl. auch oben Rz. 22, 25). Dies findet seine Rechtfertigung letztlich in dem gesetzgeberischen Anliegen, wonach Hochschullehrer und Hochschulassistenten hinsichtlich ihrer Erfindungen dem Dienstherrn **wie freie Erfinder** gegenüberstehen sollen[94].

28 Bei Streitigkeiten findet grundsätzlich (vgl. § 37) das Vorverfahren vor der Schiedsstelle (§ 28 ff.) statt; für Klagen sind abweichend von § 126 BRRG die Patentstreitkammern der Landgerichte gem. § 39 ArbEG zuständig (Ausnahme: § 39 Abs. 2); s. auch Rz. 15 zu § 41.

D. Technische Verbesserungsvorschläge

29 Streitig ist, ob das Hochschullehrerprivileg des § 42 Abs. 1 auch für technische Verbesserungsvorschläge (vgl. § 3) gilt. Ausgehend vom eindeutigen Wortlaut des § 42 Abs. 1 (»Erfindungen«, vgl. dazu die Legaldefinition des § 2) soll es nach früher h. A. bei den allgemeinen Regeln der §§ 3, 20, 41 i.V. m. § 40 Nr. 2 verbleiben[95]. Dies ist im Hinblick auf die Wissenschaftsfreiheit abzulehnen[96]. Da zwischen Erfindung und technischem Verbesserungsvorschlag lediglich ein Stufenverhältnis besteht (s. Rz. 8 zu § 3), erscheint es konsequent, das Hochschullehrerprivileg auch auf diese technischen Neuerungen wegen des Vorrangs der verfassungsrechtlich garantierten Wissenschaftsfreiheit auszudehnen[97]. Jedenfalls muss dem Hochschul-

---

[93] Ebenso Kraßer/Schricker (Fn. 4) S. 44 ff.; vgl. aber auch Volmer/Gaul Rz. 59 zu § 42.
[94] Amtl. Begr. (Fn. 90).
[95] So Lindenmaier/Lüdecke Anm. 2 zu § 42; Volmer Rz. 26 zu § 42; Volmer/Gaul Rz. 72 f. zu § 42.
[96] Ullrich (Fn. 30) S. 281 (dort Fn. 146) u. 315 f.; Frieling GRUR 1987, 407, 409.
[97] So nunmehr auch Reimer/Schade/Schippel/Leuze Rz. 21 zu § 42; Leuze GRUR 1994, 415, 425,

§ 42 (a.F.)

wissenschaftler – anders als sonstigen Arbeitnehmern bzw. Beamten – das Recht zugebilligt werden, die im Rahmen seiner Forschungstätigkeit entwickelten Verbesserungsvorschläge neben dem Dienstherrn zu verwerten; auch muss er befugt sein, diese (einfachen) Forschungsergebnisse zu veröffentlichen[98], es sei denn, dass im Einzelfall eine Geheimhaltungspflicht aus zwingendem öffentlichen Interesse entgegensteht.

Sofern bei der Entwicklung des Verbesserungsvorschlages besondere Mittel des Dienstherrn aufgewendet wurden, kann – soweit angemessen – die Vorschrift des § 42 Abs. 2 analog Anwendung finden.

Bei Klagen hinsichtlich technischer Verbesserungsvorschläge verbleibt es bei den allgemeinen Zuständigkeitsregeln, d. h. für Beamte sind die Verwaltungsgerichte zuständig, für Arbeitnehmer die Arbeitsgerichte (vgl. hierzu Rz. 16, 30 zu § 39).

E. Beteiligungsrechte des Dienstherrn (Abs. 2)

I. Anwendungsbereich, Bereitstellung besonderer Mittel

Eine **Einschränkung** des Grundsatzes der freien Verfügungsbefugnis enthält § 40 Abs. 2 (nur) für den Fall, dass der Dienstherr (s. dazu oben Rz. 9) für Forschungsarbeiten, die zu der Erfindung geführt haben, besondere Mittel aufgewendet hat. Damit wird dem **öffentlichen Interesse** daran Rechnung getragen, Ersatz für zusätzlich zur Verfügung gestellte öffentliche Gelder erhalten zu können[106]. 30

Aus Gesetzeswortlaut und Zweck des Hochschullehrerprivilegs folgt, dass dieses Beteiligungsrecht nur für die nach Abs. 1 fiktiv freien Erfindungen gilt. Auf sog. **geborene freie Erfindungen**[106a] (§ 4 Abs. 3, s. dazu Rz. 22, 25) findet die Vorschrift keine Anwendung; ansonsten würden die Hochschullehrer schlechter gestellt als jeder andere Arbeitnehmererfinder. Zur analogen Anwendbarkeit auf technische Verbesserungsvorschläge s. oben Rz. 29.

Unter **besonderen Mitteln** sind nicht die allgemeinen Haushaltsmittel zu verstehen, sondern nur die darüber hinausgehenden Mittel, die die Hochschule für die konkrete Forschungsarbeit bzw. für den betreffenden Forschungszweck zur Verfügung gestellt hat und die dafür tatsächlich eingesetzt worden sind[107] (vgl. auch RL Nr. 32 Abs. 6). Unberücksichtigt bleiben 31

---

98 So zutr. Kraßer/Schricker (Fn. 4) S. 43.
99-105 frei
106 So auch Reimer/Schade/Schippel/Leuze Rz. 22 zu § 42; Frieling GRUR 1987, 407, 413.
106a Wohl allg. A., z. B. Busse/Keukenschrijver, PatG, Rz. 6 zu § 42 ArbEG.
107 Amtl. Begr. (Fn. 2) S. 53 = Blatt 1957, 248; Ausschussber. (Fn. 3); i. Anschl. daran Reimer/Schade/Schippel/Leuze Rz. 23 zu § 42; Volmer/Gaul Rz. 77 zu § 42; Frieling (Fn. 106); Kraßer/Schricker (Fn. 4) S. 31, 32.

§ 42 (a.F.)

dabei – entsprechend dem Normzweck – diejenigen Mittel, die **von dritter Seite** im Rahmen eines Forschungsauftrages oder unabhängig davon bereitgestellt worden sind, auch wenn sie von der Universität bzw. dem Dienstherrn verwaltet werden[108] (vgl. §§ 25 HRG, 98 WissHG NW); etwas anderes kann allerdings dann gelten, wenn der Dritte seinerseits die Bereitstellung von der Geltendmachung der Beteiligungsrechte abhängig gemacht und der Hochschulwissenschaftler dem zugestimmt hat.

II. Mitteilungs- und Anskunftspflicht des Hochschulwissenschaftlers

32 Sind besondere Mittel des Dienstherrn in die konkrete Forschungstätigkeit eingeflossen, sind die Hochschulwissenschaftler (z. persönlichen Geltungsbereich s. oben Rz. 5 ff.) verpflichtet, **von sich aus** die Verwertung ihrer Erfindung dem Dienstherrn **schriftlich** (z. Schriftform s. Rz. 35 ff. zu § 5) **mitzuteilen.** Die Mitteilungspflicht wird – abweichend von § 18, der nach § 42 Abs. 1 Satz 1 ausdrücklich ausgeschlossen ist – nicht schon mit der Fertigstellung der Erfindung, sondern erst mit Aufnahme der Verwertung ausgelöst[109].

33 Die Mitteilung kann sich auf den **bloßen Hinweis** der Erfindungsverwertung beschränken. Allerdings kann der Dienstherr ergänzend verlangen, die Art der Verwertung und die Höhe des erzielten Entgelts zu erfahren. **Art der Verwertung** umfasst jede gewerbliche Nutzung des Erfindungsgegenstandes außerhalb des Bereichs der Universität (und der eigenen Forschung), insbesondere die Übertragung der Rechte an der Erfindung bzw. hierauf erteilter Schutzrechtspositionen an Dritte oder die Einräumung der Nutzungsrechte hieran (vgl. §§ 9, 11, 15 PatG). Da der Begriff der Verwertung patentrechtlich ausgerichtet ist (vgl. auch Rz. 90 ff. zu § 9), fällt darunter nicht die Veröffentlichung der Forschungsergebnisse in wissenschaftlichen Publikationen; dementsprechend unterliegt ein daraus erzieltes Honorar auch nicht dem Beteiligungsanspruch des Dienstherrn[110]. Eine Verwertung liegt auch dann nicht vor, wenn die Erfindung selbst Gegenstand der Forschung ist; wohl aber, wenn sie als Mittel zur Forschung eingesetzt wird (s. Rz. 93.2 zu § 9).

Unter »**erzieltes Entgelt**« ist nicht nur der zum Zeitpunkt des Verlangens des Dienstherrn tatsächlich erzielte Geldzufluss zu verstehen, sondern die Gesamtheit der dem Hochschulwissenschaftler aufgrund der Vereinba-

---

108 Wie hier Reimer/Schade/Schippel/Leuze Rz. 23 zu § 42; Ballhaus GRUR 1984, 1, 2 f.
109 Wohl allg. A., vgl. Lindenmaier/Lüdecke Anm. 4 zu § 42; Reimer/Schade/Schippel/ Leuze Rz. 25 zu § 42.
110 Kraßer/Schricker (Fn. 4) S. 32; zust. Reimer/Schade/Schippel/Leuze Rz. 23 zu § 42; einschränkend Volmer/Gaul Rz. 83 zu § 42.

§ 42 (a.F.)

rung (auch zukünftig) zustehenden wirtschaftlichen Gegenleistungen (Bruttobetrag). Zur Fälligkeit der Zahlungen s. Rz. 41.

Der **Auskunftsanspruch des Dienstherrn** soll ihm die erforderliche Aufklärung über Bestehen und Größenordnung eines Beteiligungsrechts ermöglichen. Er bezieht sich auf Art und Umfang der Verwertung und auf das erzielte Entgelt[111]. In diesem Rahmen hat der Hochschulwissenschaftler nicht nur seine Vertragspartner zu benennen, sondern auf Verlangen auch Unterlagen – soweit sie sich auf die Einkünfte aus der betreffenden Erfindung beziehen – vorzulegen (s. allg. z. Auskunftspflicht Rz. 162 ff. zu § 12).

III. Geltendmachung und Inhalt des Beteiligungsanspruchs des Dienstherrn am Ertrag (Abs. 2 Sätze 2, 3)

Das Beteiligungsverlangen gemäß § 42 Abs. 2 Satz 2 stellt eine **empfangsbedürftige Willenserklärung** (§ 130 BGB) dar und muss innerhalb der **Ausschlussfrist**[116] (vgl. dazu Rz. 45 ff. zu § 6) von **3 Monaten** nach Zugang der (vollständigen) Mitteilung des Hochschullehrers bzw. Hochschulassistenten ihm gegenüber geltend gemacht werden. Wegen der Parallelität der Regelung des § 42 Abs. 2 mit der des § 40 Nr. 1 ist auch für die Geltendmachung des Beteiligungsanspruchs Schriftform angebracht, aber nicht zwingend[117]. 34

Das Begehren ist auf angemessene Beteiligung am Ertrag der Erfindung zu richten. **Ertrag** (Nettoertrag) ist im Gegensatz zum Entgelt (s. oben Rz. 33) nicht die Bruttoeinnahme, sondern der (gesamte) Verwertungserlös nach Abzug aller vom Hochschulwissenschaftler im Zusammenhang mit dieser Verwertung aufgewandten eigenen Kosten (vgl. auch Rz. 26 ff. zu § 40). 35

Die **Beteiligung** ist regelmäßig in einem Bruchteil bzw. Prozentsatz dieses Ertrages auszudrücken. Zulässig – wenn auch nicht zweckmäßig – sind auch feste Beträge, die die Obergrenze nach Abs. 2 Satz 3 nicht überschreiten dürfen, sofern nichts Abweichendes vereinbart ist/wird (s. Rz. 39, s. aber auch Rz. 26).

Der Höhe nach muss sie **angemessen** sein. Dies bestimmt sich nach den Umständen des Einzelfalls (z. Begriff der Angemessenheit s. auch Rz. 69 ff. zu § 9). Bemessungskriterien sind hierbei u. a. das Ausmaß der Verwertung, spezifischer Anteil und Einfluss der Hochschule am Zustandekommen der Erfindung, besondere Eigeninitiative des Hochschulwissenschaftlers. Mit 36

---

111 S. Busse/Keukenschrijver, PatG, Rz. 8 zu § 42 ArbEG.
112-115 frei
116 Ebenso Volmer/Gaul Rz. 93 zu § 42.
117 Weitergehend Lindenmaier/Lüdecke Anm. 4 zu § 42, die – im Gegensatz z. Volmer/Gaul (Rz. 88 f. zu § 42), Busse/Keukenschrijver, PatG, Rz. 9 zu § 42 ArbEG u. Reimer/Schade/Schippel/Leuze (Rz. 26 zu § 42) – Schriftform f. notwendig halten.

§ 42 (a.F.)

aller gebotenen Zurückhaltung können insoweit Grundgedanken, die der Bemessung des Beteiligungsanspruchs des Dienstherrn nach § 40 Nr. 1 zugrunde liegen (vgl. dort Rz. 26 ff.), nutzbar gemacht werden.

Eine **Obergrenze** ergibt sich – im Unterschied zur Beteiligungsregelung des § 40 Nr. 1 – aus Satz 3. Danach darf der Beteiligungsanspruch die Höhe der vom Dienstherrn konkret aufgewandten Sondermittel (s. dazu Rz. 31) nicht übersteigen. Beziehen sich die Mittel auf ein größeres Forschungsvorhaben, aus dem mehrere Erfindungen hervorgegangen sind, ist je nach Art der gemachten Erfindung eine Aufteilung vorzunehmen.

Von dem Beteiligungsanspruch wird in der Praxis nur selten Gebrauch gemacht, so dass Erfahrungswerte über die üblichen Beteiligungssätze nicht vorliegen, jedenfalls nicht bekannt geworden sind. Wenn überhaupt, wird man je nach den Umständen einen Beteiligungssatz zwischen 10 und 50 % des Nettoertrages als angemessen ansehen können.

37 Der Dienstherr muss seinen Anspruch der Höhe nach konkretisieren[118]. Eine einseitige Festsetzung entsprechend § 40 Nr. 1 Sätze 3, 4 kommt hier allerdings (bereits nach dem Gesetzeswortlaut) nicht in Betracht, so dass eine einvernehmliche Regelung erreicht werden muss.

38 Wird keine Einigung über die Höhe der Beteiligung erzielt, ist auch für diese Meinungsverschiedenheit die Zuständigkeit der Schiedsstelle (§§ 28 ff.) gegeben und anschließend der Klageweg vor den Patentstreitkammern (§§ 37, 39) eröffnet; § 38 findet keine Anwendung (s. Rz. 7 zu § 38).

39 Aufgrund des gesetzlichen Ausschlusses von § 22 (s. oben Rz. 26 f.) ist es dem Dienstherrn nicht verwehrt, sich durch Vereinbarung mit dem Hochschullehrer bereits **im Voraus eine höhere Beteiligung** am Ertrag der Erfindung zu sichern, als es der Höhe der aufgewendeten Mittel entspricht[119] (Grenze: § 23, s. Rz. 26).

40 Über § 42 Abs. 2 hinaus können sich auch aus allgemeinen zivilrechtlichen Vorschriften weitergehende Beteiligungsrechte der Universität bzw. des Dienstherrn ergeben[120].

41 **Fällig** werden die Zahlungen der Ertragsbeteiligung jeweils erst dann, wenn dem Hochschulwissenschaftler Erträge tatsächlich zugeflossen sind[121].

---

[118] Zust. Busse/Keukenschrijver, PatG, Rz. 10 zu § 42 ArbEG; ähnl. Reimer/Schade/Schippel/Leuze Rz. 27 zu § 42.
[119] Amtl. Begr. (Fn. 2) S. 53 = Blatt 1957 248; abw. Volmer/Gaul Rz. 85 zu § 42, wonach eine derartige Vereinbarung als Verstoß gegen das Deckungsprinzip regelmäßig unbillig sein soll.
[120] S. dazu Frieling GRUR 1987, 407, 410 ff.
[121] So auch Reimer/Schade/Schippel/Leuze Rz. 29 zu § 42.

§ 42 (n.F.) Besondere Bestimmungen für Erfindungen an Hochschulen

Für Erfindungen der an einer Hochschule Beschäftigten gelten folgende besonderen Bestimmungen:
1. Der Erfinder ist berechtigt, die Diensterfindung im Rahmen seiner Lehr- und Forschungstätigkeit zu offenbaren, wenn er dies dem Dienstherrn rechtzeitig, in der Regel zwei Monate zuvor, angezeigt hat. § 24 Abs. 2 findet insoweit keine Anwendung.
2. Lehnt ein Erfinder auf Grund seiner Lehr- und Forschungstätigkeit die Offenbarung seiner Diensterfindung ab, so ist er nicht verpflichtet, die Diensterfindung seinem Dienstherrn zu melden. Will der Erfinder seine Erfindung zu einem späteren Zeitpunkt offenbaren, so hat er dem Dienstherrn die Erfindung unverzüglich zu melden.
3. Dem Erfinder bleibt im Fall der Inanspruchnahme der Diensterfindung ein nichtausschließliches Recht zur Benutzung der Diensterfindung im Rahmen seiner Lehr- und Forschungstätigkeit.
4. Verwertet der Dienstherr die Erfindung, beträgt die Höhe der Vergütung 30 vom Hundert der durch die Verwertung erzielten Einnahmen.
5. § 40 Nr. 1 findet keine Anwendung.

Lit.: *Bartenbach/Hellebrand*, Zur Abschaffung d. Hochschullehrerprivilegs (§ 42 ArbEG) – Auswirkungen auf d. Abschluss v. Forschungsaufträgen, Mitt. 2002, S. 165 ff. Im Übrigen Lit. bei § 42 a.F. und bei Einl. vor §§ 40–42.

Übersicht

A. Allgemeines 1-8	I. Freie Erfindungen 46-49
B. Persönlicher Anwendungsbereich 9-24	1. Begriffsmaßstäbe 46
I. Beschäftigte an einer Hochschule 10-16	2. Rechtliche Behandlung 47-49
II. Nicht einbezogener Personenkreis 17-24	II. Frei gewordene Diensterfindungen 50, 51
C. Grundsatz der Geltung des ArbEG 25-29	F. Technische Verbesserungsvorschläge 52-56
D. Diensterfindung 30-44	G. Offenbarungsrecht im Rahmen der Lehr- und Forschungstätigkeit (Nr. 1) 57-100
I. Allgemeine Begriffsmaßstäbe. 31-34	I. Publikationsfreiheit 58-64
II. Besonderheiten im Wissenschaftsbereich 35-41	II. Geltungsbereich 65-74
III. Rechtsfolgen unterschiedlicher Einstufungen 42-44	1. Hochschulwissenschaftler 65-70
E. Freie und frei gewordene Erfindungen 45-51	2. Diensterfindung 71-74
	III. Offenbarungsabsicht im Rahmen der Lehr- und Forschungstätigkeit 75-80

§ 42 (n.F.)

    IV. Anzeige gegenüber dem
        Dienstherrn 81-90
    V. Rechtsfolgen/Ausnahme zur
        Geheimhaltungspflicht
        (Satz 2) 91-100
H. Negative Publizitätsfreiheit des
    Hochschulwissenschaftlers
    (Nr. 2) 101-130
    I. Negative Publikationsfreiheit 102-105
    II. Geltungsbereich 106-110
    III. Ablehnung einer Offenbarung
        auf Grund der Lehr- und
        Forschungstätigkeit 111-117
    IV. Rechtsfolgen/Ruhen der
        Meldepflicht 118-124
    V. Spätere Meldung bei Offen-
        barungsabsicht (Satz 2) 125-130
J. Verbleib eines nicht ausschließ-
    lichen Nutzungsrechts bei
    unbeschränkter Inanspruch-
    nahme (Nr. 3) 131-144

    I. Geltungsbereich 132-137
    II. Inhalt des nichtausschließ-
        lichen Nutzungsrechts 138-144
K. Vergütung bei Erfindungsverwer-
    tung (Nr. 4) 145-184
    I. Geltungsbereich 153-159
        1. Hochschulbeschäftigte ... 153-155
        2. In Anspruch genommene
            Diensterfindungen 156-159
    II. Verwertung durch den
        Dienstherrn 160-164
    III. Vergütungsbemessung 165-184
        1. Erzielte Einnahmen 166-177
        2. Anteil (Dreißig vom
            Hundert) 178-184
L. Keine Inanspruchnahme einer
    angemessenen Beteiligung
    (Nr. 5) 185-191
M. Forschungs- und Entwicklungs-
    kooperationen mit Dritten/
    Auftragsforschung 192-196

A. Allgemeines

1   Die Vorschrift ist **grundlegend neu gefasst**. An die Stelle des Hochschullehrerprivilegs des § 42 a.F., der im Ergebnis alle Erfindungen der Hochschulwissenschaftler zu freien Erfindungen erklärte, ist nunmehr das Gegenteil getreten: Alle an der Hochschule fertig gestellten Erfindungen sind im Regelfall Diensterfindungen; für sie gelten nur noch in begrenztem Umfang Ausnahmeregelungen (§ 42 Nrn. 1 bis 3); sie werden aber im Gleichklang mit den Diensterfindungen anderer Hochschulbeschäftigter gesetzlich wesentlich besser vergütet (§ 42 Nr. 4) als alle sonstigen Diensterfindungen im privaten und öffentlichen Dienst. Nach § 42 n.F. unterliegen damit im Ergebnis nahezu alle an der Hochschule anfallenden Erfindungen als Diensterfindungen der Möglichkeit der Inanspruchnahme. Der Rechtsausschuss des Bundestages fasst die Änderungen und deren Folgen kennzeichnend wie folgt zusammen[1]:

> »Durch Änderung der bisherigen Sonderregelung für Hochschullehrer, frei über die Anmeldung und Verwertung ihrer Erfindungen entscheiden zu können, sollen die Hochschulen die Möglichkeit erhalten, solche Erfindungen zur Verwertung an sich zu ziehen. Dadurch soll die Menge der den Hochschulen zur Verfügung stehenden Erfindungen wesentlich erhöht werden. Die Möglichkeit umfassender Inanspruchnahme aller an

---

[1] Siehe den Hinweis im Bericht des BT-Rechtsausschusses in BT-Drucks. 14/7573 v. 26.11.2001, S. 2. Vgl. auch die Amtl. Begr. des Reg.Entw. BR-Drucks. 583/01 S. 5.

§ 42 (n.F.)

der Hochschule anfallenden Erfindungen schafft die Voraussetzungen dafür, dass im Hochschulbereich der Aufbau eines aus Verwertungserlösen finanzierten Patent- und Verwertungswesens in Angriff genommen werden kann.«

Die Neufassung des § 42 gilt gemäß § 43 grundsätzlich mit Wirkung für die seit dem 7. Februar 2002 gemachten Erfindungen von Hochschulbeschäftigten, allerdings mit bestimmten Ausnahmen bei vertraglichen Übertragungspflichten des Hochschulwissenschaftlers (siehe im Einzelnen die Kommentierung zu § 43).

Die Vorschrift entspricht wörtlich dem am 17. August 2001 vom Bundeskabinett beschlossenen Gesetzentwurf[2]. Die **Gesetzesgeschichte** geht zurück auf eine mehrjährige Diskussion über Bedeutung und Notwendigkeit des sog. Hochschullehrerprivilegs des § 42 a.F.[3]. Überwiegend wurde das Patentaufkommen an den deutschen Hochschulen mit unter 2 % aller Anmeldungen als unbefriedigend und das Hochschullehrerprivileg als nicht mehr zeitgemäß angesehen[4]. Zwei Monate nach dem Gesetzentwurf des Bundesrates[5] hatten die Koalitionsfraktionen im Mai 2001 einen eigenen Gesetzentwurf vorgelegt[6]. Damit stimmt der Regierungsentwurf weitgehend überein; die anschließenden Änderungsempfehlungen des Rechtsausschuss des Deutschen Bundestages[7] entsprechen den Abweichungen im Regierungsentwurf.

Der Gesetzgeber hat sich gegen eine vereinzelt geforderte ersatzlose Streichung des § 42[8] entschieden, da solches aus seiner Sicht rechts- und innovationspolitisch der falsche Weg gewesen wäre[9]. Dem steht die durch Art. 5 Abs. 3 GG grundrechtlich geschützte **Freiheit der Forschung und der Lehre**[10] (vgl. § 5 Abs. 2, 3 HRG) nicht entgegen[11]. Nach Auffassung des Gesetzgebers[12] gebietet das Grundrecht des Art. 5 Abs. 3 GG zwar nicht die Rechtsinhaberschaft des Hochschullehrers an seinen Forschungsergebnissen, denn die Forschungsfreiheit umfasse nicht das Recht auf kommerzielle Nutzung von Wissenschaftserfindungen; zu berücksichtigen sei je-

---

2   Vgl. BR-Drucks. 583/01 vom 17.8.2001.
3   Siehe dazu u.a. Barth GRUR 1997, 880 ff.; Reimer/Schade/Schippel/Leuze Rz. 12 a zu § 42 m.w.N.
4   Vgl. u.a. die Erläuterungen zum Gesetzentwurf des Bundesrates BR-Drucks. 740/00 vom 9.3.2001, Anlage S. 3 = BT-Drucks. 14/5939 S. 6
5   Vgl. BR-Drucks. 740/00 (Beschluss) vom 9.3.2001 = BT-Drucks. 14/5939.
6   BT-Drucks. 14/5975 vom 9.5.2001
7   Siehe Bericht des BT-Rechtsausschusses (Fn. 1) S. 4.
8   Vgl. etwa Meusel Außeruniversitäre Forschung im Wissenschaftsrecht (2. Aufl. 1999) Rz. 574 f.; s. auch Barth GRUR 1997 S. 880 ff.; Dzwoinneck WissR 2000, 100 ff.
9   So Amtl. Begr. (Fn. 6) S. 5; übereinstimmend Amtl. Begr. Reg.Entw. (Fn. 2) S. 5.
10 frei
11 Amtl. Begr. (Fn. 6) S. 5; übereinstimmend Amtl. Begr. Reg.Entw. (Fn. 2) S. 5.
12 So Amtl. Begr. (Fn. 6) S. 5; übereinstimmend Amtl. Begr. Reg.Entw. (Fn. 2) S. 5.

§ 42 (n.F.)

doch das Recht des Wissenschaftlers auf Publikationsfreiheit (s. dazu Rz. 58). Insoweit dienen die Sonderbestimmungen in § 42 Nrn. 1 bis 3 der Gewährleistung der verfassungsrechtlich geschützten Wissenschaftsfreiheit[13].

4 **Ziel der Neufassung** ist, das Gesetz – unter Wahrung der Forschungs- und Lehrfreiheit (Art. 5 Abs. 3 GG) – an die veränderten Rahmenbedingungen der Hochschulforschung anzupassen, die Anreize für innovative Tätigkeiten im Hochschulbereich zu steigern, den Wissens- und Technologietransfer an den Hochschulen zu fördern und die Rahmenbedingungen für den Aufbau und die Sicherung eines Hochschul-Patentwesens zu schaffen, welches zur effektiven wirtschaftlichen Verwertung von Forschungsergebnissen unerlässlich ist[14]. Im Gegensatz zum früheren Hochschullehrerprivileg geht die Neuregelung nicht mehr von der Ungebundenheit aller Erfindungen von Hochschulwissenschaftlern aus. Vielmehr unterstellt das neue Recht die Erfindungen des gesamten Personals an Hochschulen im Grundsatz den allgemeinen Regelungen des ArbEG (s. Rz. 25 f.), belässt es also bei den Vorgaben der §§ 40, 41 und trifft in § 42 Nrn. 1 bis 5 lediglich Sonderregelungen für den Wissenschaftsbereich und die Erfindervergütung (s. dazu Rz. 57 ff.).

Im Ergebnis setzt § 42 n.F. das forschungs-, haushalts- und wirtschaftspolitische Grundanliegen um, es den Hochschulen zu ermöglichen, **alle an den Hochschulen gemachten Erfindungen in Anspruch zu nehmen, zur Erteilung eines Schutzrechts anzumelden und einer wirtschaftlichen Verwertung zuzuführen**[15]. Den Hochschulen soll ermöglicht werden, alle wirtschaftlich nutzbaren Erfindungen in ihrem Bereich schützen zu lassen und auf dieser Basis stärker und effektiver als bisher einer industriellen Verwertung zuzuführen[16]

5 § 42 Nrn. 1 bis 5 sind **Ausnahmevorschriften** gegenüber den §§ 40, 41. Als solche sind sie grundsätzlich eng auszulegen[17], wobei allerdings die gesetzgeberische Wertentscheidung im Lichte des Art. 5 Abs. 3 GG zu beachten bleibt[18]. Zur entsprechenden Anwendung auf urheberschutzfähige Leistungen s. Rz. 3 zu § 1.

---

13 Amtl. Begr. (Fn. 6) S. 6; übereinstimmend Amtl. Begr. Reg.Entw. (Fn. 2) S. 8.
14 Vgl. die Amtl. Begr. (Fn. 6), insbesondere S. 1, 5 und 7 (dort zu § 42 Nrn. 4 und 5 des Entwurfs); damit übereinstimmend Amtl. Begr. Reg.Entw. (Fn. 2) S. 1 f., 6, 11.
15 Vgl. Amtl. Begr. Allg. Teil (Fn. 6), S. 5; übereinstimmend Amtl. Begr. Reg.Entw. (Fn. 2) S. 5.
16 Bericht des BT-Rechtsausschusses in BT-Drucks. 14/7573 v. 26.11.2001, S. 2.
17 So allg. Ansicht zum Hochschullehrerprivileg des § 42 a.F., z.B. Lindenmaier/Lüdecke Anm. 1 zu § 42 a.F.; Volmer/Gaul Rz. 13 zu § 42 a.F..
18 Vgl. zum Hochschullehrerprivileg des § 42 a.F. u.a. Kraßer/Schricker PatR u. UrhG an Hochschulen (1988) S. 30.

§ 42 (n.F.)

Die Neuregelung hat **Kritik** erfahren[19]. Dies mag – je nach Blickwinkel – verständlich sein. Allerdings ist das Ziel der Reform forschungs- und wirtschaftspolitisch nachvollziehbar. Indes ist unverkennbar, dass die Novellierung einige wichtige Aspekte vernachlässigt hat, wie insbesondere klarstellende Hinweise zum Vorliegen einer Diensterfindung und zu den Rechtsfolgen einer Erfindergemeinschaft.

6

Rz. 7, 8 frei

B. Persönlicher Anwendungsbereich

Im Unterschied zu § 42 a.F. ist der Anwendungsbereich nicht mehr begrenzt auf Erfindungen von Professoren, Dozenten und wissenschaftlichen Assistenten, sondern erfasst zunächst die **Erfindungen aller Beschäftigten an Hochschulen**. Der Gesetzgeber hat sich – im Unterschied zum Ursprungsvorschlag des Bundesrates[20] – bewusst für die Erweiterung des persönlichen Anwendungsbereichs entschieden, um einerseits der angestrebten Innovationsförderung und andererseits dem Faktum häufiger Gemeinschaftsentwicklungen von wissenschaftlichem und technischem Personal gerecht zu werden[21]. Allerdings betreffen die Ausnahmevorschriften in § 42 Nrn. 1 bis 3 nur die Hochschulwissenschaftler (s. Rz. 65 ff.). Neu für die Gesamtheit der Hochschulerfindungen sind die großzügige Vergütungsregelung (§ 42 Nr. 4, s. Rz. 145 ff.) sowie der Verzicht auf die Möglichkeit eines Beteiligungsanspruchs des Dienstherrn (§ 42 Nr. 5, s. Rz. 185 ff.). Soweit § 42 nur vom **Dienstherrn** (zum Begriff s. Rz. 10 zu § 41) spricht, bedeutet dies nicht die Begrenzung auf Beamte. Die Vorschrift geht vielmehr – ebenso wie § 42 Abs. 2 a.F. – lediglich vom Regelbild des beamteten Hochschullehrers aus. Soweit es um Arbeitnehmer geht, tritt deshalb an die Stelle des Dienstherrn der Arbeitgeber (s. Rz. 5 zu § 40).

9

I. Beschäftigte an einer Hochschule

Die Vorschrift gilt für alle »Erfindungen der an einer Hochschule Beschäftigten«. Der damit erstmals im ArbEG verwandte Begriff des »**Beschäftigten**« umfasst – in Anlehnung an § 7 SGB IV – alle in weisungsgebundener, persönlich abhängiger Stellung Tätigen. Wie die Amtliche Begründung aus-

10

---

19 Vgl. u.a. Bartenbach/Hellebrand Mitt. 2002, 165 ff.
20 Vgl. dessen Entwurf e. Ges. z. Förderung d. Patentwesens an d. Hochschulen v. 9.3.2001 BR-Drucks. 740/00 (Beschluss) Anlage S. 1, wonach in § 42 d.Entw. nur die »Erfindungen des wissenschaftlichen Personals der Hochschulen aus dienstlicher Tätigkeit« erfasst werden sollten.
21 Vgl. Amtl. Begr. (Fn. 6), S. 6 (zu Art. 1 Nr. 2 d.Entw.); übereinstimmend Amtl. Begr. Reg.Entw. (Fn. 2) S. 8.

1243

§ 42 (n.F.)

drücklich klarstellt, betrifft die Vorschrift **alle Bediensteten einer Hochschule**, unabhängig davon, ob es sich um Beamte und Arbeitnehmer im öffentlichen Dienst bzw. um wissenschaftliches oder technisches Personal handelt[22]. Einbezogen ist selbstverständlich auch das sonstige Personal, etwa die in der allgemeinen Verwaltung tätigen Arbeitnehmer und Beamten. Umfasst sind die nach § 25 Abs. 5 Satz 1, § 26 HRG als Hochschulpersonal eingestellten Mitarbeiter an drittmittelfinanzierten Forschungs- bzw. Entwicklungsvorhaben. Ferner erstreckt sich der Anwendungsbereich auch auf die ebenfalls in einer Beschäftigung stehenden Auszubildenden (s. Rz. 40 zu § 1). Im Übrigen gelten die allgemeinen Grundsätze zum Begriff des Arbeitnehmers (s. Rz. 8 ff. zu § 1) und des Beamten (s. Rz. 5 ff. zu § 41).

11 Wie die Bezugnahme auf den »Dienstherrn« in § 40 Nrn. 1, 2 und 4, ferner die Ausnahme zu § 40 Nr. 1 in § 42 Nr. 5 und schließlich die Einordnung der Vorschrift in den 3. Abschnitt des ArbEG zeigen, muss es sich um eine **Beschäftigung im öffentlichen Dienst** handeln[23]. Insoweit hat sich keine Änderung zu § 42 a.F. ergeben (siehe Rz. 4 zu § 42 a.F.). Darauf, ob die Hochschule selbst oder eine andere Anstellungskörperschaft (bzw. Einrichtung mit Dienstherrnfähigkeit) der **Arbeitgeber** bzw. **Dienstherr** ist, kommt es in Übereinstimmung mit dem bisherigen Recht (siehe Rz. 9 zu § 42 a.F.) nicht an. Bestätigt wird dies auch hier durch die Gesetzesfassung in § 42 Nrn. 1, 2 und 4, der allgemein von »Dienstherr« und nicht von »Hochschule« spricht. Erfasst wird damit auch die Vielzahl der Arbeitnehmer im Landesdienst bzw. der Beamten, die in einem unmittelbaren Beamtenverhältnis zu einem Land stehen. Maßgeblich ist insoweit, ob zum Zeitpunkt der Fertigstellung der Erfindung tatsächlich eine Beschäftigung an der Hochschule bestanden hat.

12 Unter § 42 fallen damit insbesondere das in § 42 Satz 1 HRG aufgeführte hauptberuflich tätige wissenschaftliche Personal, also die Hochschullehrer, d.h. **Professoren** (vgl. §§ 44, 46 HRG) und **Juniorprofessoren** (vgl. §§ 47 f. HRG), die **wissenschaftlichen Mitarbeiter** (vgl. § 53 HRG) und die **Lehrkräfte für besondere Aufgaben** (§ 56 HRG). Dazu gehören aber auch sonstige Personen, die bei der Hochschule angestellt sind, wie z. B. **wissenschaftliche Hilfskräfte**[24] bzw. **studentische Hilfskräfte** (vgl. § 57e HRG), das gesamte **technische Personal** – vom Hausarbeiter bis hin zum Informa-

---

[22] Amtl. Begr. (Fn. 6), S. 6 (zu Art. 1 Nr. 2 d.Entw.); übereinstimmend Amtl. Begr. Reg.Entw. (Fn. 2) S. 7.

[23] Davon geht letztlich auch die Amtl. Begr. aus, wenn u.a. das Inanspruchnahmerecht des »jeweiligen Dienstherrn« betont und zudem klargestellt wird, dass für Beschäftigte ohne wissenschaftliche Tätigkeit lediglich bezüglich der Vergütung eine »Besserstellung gegenüber anderen Beamten und Arbeitnehmern im öffentlichen Dienst« bestehe ((Fn. 6) S. 5 f. u. übereinstimmend Amtl. Begr. Reg.Entw. (Fn. 2) S. 5, 8).

[24] Vgl. Amtl. Begr. in (Fn. 6) S. 6 (zu Art. 1 Nr. 2 d.Entw.); übereinstimmend Amtl. Begr. Reg.Entw. (Fn. 2) S. 7.

§ 42 (n.F.)

tiker – sowie (sonstige) **Verwaltungsangestellte, -arbeiter und -beamte** (s. auch Rz. 65 ff.).

Der Begriff der **Hochschule** bestimmt sich nach § 1 HRG. Erfasst sind also Universitäten, Fachhochschulen, Kunsthochschulen und Pädagogische Hochschulen sowie die sonstigen Einrichtungen des Bildungswesens, die nach Landesrecht staatliche Hochschulen sind (vgl. z.B. *§ 1 WissHG NW*). Im Unterschied zum früheren Recht ist das Erfordernis der »wissenschaftlichen Hochschule« entfallen; damit sind – wie die Amtliche Begründung ausdrücklich hervorhebt – auch die Fachhochschulen einbezogen[25] und bei Gesamthochschulen sind die bisherigen Abgrenzungsprobleme obsolet. Über § 1 Satz 2 i.V.m. § 70 HRG werden auch staatlich anerkannte Hochschulen erfasst. § 42 gilt auch für die Bundeswehr-Hochschulen und die *Fachhochschule des Bundes für öffentliche Verwaltung*.   13

Die Hochschulen sind i.d.R. Körperschaften des öffentlichen Rechts (§ 58 Abs. 1 HRG; zum Begriff s. Rz. 9 zu § 40). Dazu rechnen auch die einer Hochschule zugehörigen, ggf. mit bestimmten Funktionen in Forschung/Lehre betrauten Institute und wissenschaftlichen Einrichtungen.

Rz. 14–16 frei.

II. Nicht einbezogener Personenkreis

Nicht erfasst werden zunächst solche Personen, bei denen ein Beschäftigungsverhältnis fehlt. Das sind nach der Aufzählung in der Amtlichen Begründung[26] »nur« **Gastdozenten** (bzw. **Lehrbeauftragte** i. S. d. § 55 HRG; vgl. auch § 36 Abs. 1 Satz 1 HRG), **Doktoranden** (siehe dazu Rz. 41 zu § 1) und **Studenten**. Erfindungen von Studenten fallen in Bezug auf ihre Mitgliedschaft zur Hochschule seit jeher weder unter § 42 noch – mangels Arbeitnehmereigenschaft – sonst wie unter das ArbEG[27] (zur Tätigkeit als Hilfskraft s. aber hier Rz. 12; zum Werkstudenten s. Rz. 91 zu § 1 und zum Praktikanten s. Rz. 83 f. zu § 1). Auch bei Erfindungen, die ein Student im Zusammenhang mit Studien- oder Diplomarbeiten entwickelt, hat die Hochschule keine Inanspruchnahme- oder Nutzungsrechte; es unterliegt der freien Entscheidung des Studenten, ob und in welchem Umfang er Erfindungsrechte an die Universität oder Dritte (z.B. bei Forschungsauftrag) überträgt und welche Gegenleistungen (Lizenzgebühren) im Rahmen der   17

---

25 Amtl. Begr. (Fn. 6), S. 6 (zu Art. 1 Nr. 2 d.Entw.); übereinstimmend Amtl. Begr. Reg.Entw. (Fn. 2) S. 7.
26 Amtl. Begr. (Fn. 6), S. 6 (zu Art. 1 Nr. 2 d.Entw.); übereinstimmend Amtl. Begr. Reg.Entw. (Fn. 2) S. 7.
27 Zu § 42 a.F. v gl. Ballhaus GRUR 1984, 1; Wimmer GRUR 1961, 449, 453 f.; Busse/Keukenschrijver PatG Rz. 5 zu § 42 ArbEG; Volmer Rz. 19, 24 zu § 42 u. Volmer/Gaul Rz. 287 zu § 1 u. 40 ff. zu § 42.

§ 42 (n.F.)

nicht durch §§ 22, 23 ArbEG eingeschränkten Vertragsfreiheit er fordert[28]. § 42 gilt ferner nicht für **freie Mitarbeiter** der Hochschule (siehe dazu Rz. 44 zu § 1).

18 An dem Merkmal der Beschäftigung an einer Hochschule fehlt es auch bei denjenigen Personen, die auf Grund eines anderweitigen Rechtsverhältnisses bei der Hochschule tätig sind, wie etwa bei **Mitarbeitern des Hochschullehrers**, die er zu seiner Unterstützung in einem privatrechtlichen Dienst- bzw. Arbeitsverhältnis beschäftigt[29], oder Arbeitnehmern eines Hochschulmitglieds auf Grund Privatdienstvertrages im Zusammenhang mit drittmittelfinanzierten Forschungs- bzw. Entwicklungsvorhaben (vgl. § 25 Abs. 5 Satz 3, §§ 26, 57c HRG).

19 Gleiches gilt für Mitarbeiter, die von dritter Seite abgeordnet werden[30], wie z.B. bei **Arbeitnehmern eines privaten Auftraggebers oder Kooperationspartners**.

20 Mangels Hochschulbeschäftigung gilt § 42 nicht für die Wissenschaftler und die sonstigen Angehörigen der **außeruniversitären Forschungseinrichtungen**, seien es nun die Bundes- oder Landesforschungseinrichtungen oder die privatrechtlich organisierten Forschungseinrichtungen, wie etwa die Max-Planck-Institute[31] oder die Institute der Fraunhofer Gesellschaft zur Förderung der angewandten Forschung e.V.[32]. Eine Ausdehnung auf derartige Institutionen außerhalb der Hochschulen hatte der Gesetzgeber bereits im Zusammenhang mit § 42 a.F. wegen der damit verbundenen Abgrenzungsschwierigkeiten ausdrücklich abgelehnt[33].

Rz. 21–24 frei

---

28 Vgl. Kraßer/Schricker PatR u. UrhG an Hochschulen (1988) S. 39 u. Reimer/Schade/Schippel/Leuze Rz. 8 zu § 42 m.w.N.
29 So auch zu § 42 a.F.: Amtl.Begr. BT-Drucks. II/1648 S. 52 = Blatt 1957, 247; Ballhaus GRUR 1984, 1; Kraßer/Schricker PatR u. UrhG an Hochschulen (1988) S. 146; s. allg. dazu BAG v. 29.6.1988 DB 1989, 388.
30 So auch zu § 42 a.F.: Ballhaus GRUR 1984, 1.
31 Vgl. zu § 42 a.F. Ballreich in Mitt. aus d. Max-Planck-Ges. 1958, 193, 198; Volmer/Gaul Rz. 20 zu § 42; siehe im Übrigen Dölle Erfindungsregelung i.d. Max-Planck-Ges. (unveröffentl. Gutachten 1967); Kraßer/Schricker (Fn. 28) S. 42 f.; Kraßer b. Ohly GRUR Int. 1994, 879, 880. Zur Vergütung bei der Max-Planck-Gesellschaft, bei der lt. Amtl. Begr. zu § 42 Nr. 4 n.F. (in (Fn. 6) S. 7) seit langem ein Drittel des Verwertungserlöses als Erfindervergütung gezahlt wird, siehe Schiedst. v. 4.8.1972/8.3.1973 Blatt 1973, 205 m. krit. Bespr. Meusel GRUR 1974, 437 und ders. GRUR 1975, 3999; hiergegen zutr. Walenda GRUR 1975, 1 ff.; vgl. auch Kolloquiumsbericht v. Bodewig GRUR Int. 1980, 597 ff.; zur Tätigkeit s. u.a. Ullrich Privatrechtsfragen der Forschungsförderung i.d. BRD (1984) S. 263 ff.
32 Zur Tätigkeit s. u.a. Ullrich Privatrechtsfragen der Forschungsförderung i.d. BRD (1984) S. 272 ff.
33 Siehe Ausschussbericht zu BT-Drucks. II/3327 S. 10 = Blatt 1957, 255.

§ 42 (n.F.)

C. Grundsatz der Geltung des ArbEG

Der Eingangssatz des § 42 bezieht sich allgemein auf »Erfindungen der an einer Hochschule Beschäftigten«. Die Vorschrift bestimmt ausweislich der Amtlichen Begründung[34], dass die allgemeinen Regelungen des ArbEG für Erfindungen des Personals der Hochschulen grundsätzlich anwendbar sind. § 42 unterstellt also im Grundsatz die Erfindungen des gesamten Personals an Hochschulen den allgemeinen Regelungen des ArbEG[35] und trifft dazu lediglich Ausnahmeregelungen in Nrn. 1 bis 5 (s. dazu Rz. 57 ff.). Mit dieser Ausdehnung des ArbEG auf alle Hochschulerfindungen unterscheidet sich die Neuregelung grundlegend von dem Hochschullehrerprivileg des § 42 a.F., welches ansatzweise bereits in die zweite Hälfte des 19. Jahrhunderts zurückging[36] und die Erfindungen der Hochschulwissenschaftler weitgehend vom Anwendungsbereich des ArbEG ausnahm (s. Rz. 1, 17 ff., 24 ff. zu § 42 a.F.). 25

Die grundsätzliche Geltung des ArbEG betrifft – entsprechend dem Wortlaut – alle »Erfindungen«. Umfasst werden damit sowohl die Vorschriften über Diensterfindungen als auch die allgemeinen Regeln über freie Arbeitnehmererfindungen im Sinne des § 4 Abs. 3[37] (zur Behandlung freier Erfindungen s. Rz. 54 ff.). Es finden folglich die Bestimmungen des 2. Abschnitts ebenso Anwendung wie die §§ 40, 41. Dies gilt nur insoweit nicht, als in § 42 Nrn. 1 bis 5 Abweichungen zugelassen sind (zum Ausnahmecharakter s. Rz. 5). 26

Folglich hat jeder Hochschulbeschäftigte einschließlich der Hochschullehrer bei Diensterfindungen der **Meldepflicht** gegenüber seinem Arbeitgeber/Dienstherrn gemäß § 5 nachzukommen (zum Adressat s. Rz. 9, 14 ff. zu § 5 u. Rz. 13 zu § 41), soweit nicht die Ausnahme des § 42 Nr. 2 greift[38] (s. Rz. 101 ff.). Der jeweilige Arbeitgeber/Dienstherr hat das Recht zur **unbeschränkten oder beschränkten Inanspruchnahme** grundsätzlich bei allen an der Hochschule gemachten Diensterfindungen, auch solchen der Hochschullehrer[39]; dafür gelten die allgemeinen Regeln[40], insbesondere die 27

---

34 Amtl. Begr. (Fn. 6) S. 6 (zu Art. 1 Nr. 2 d.Entw.); übereinstimmend Amtl. Begr. Reg.Entw. (Fn. 2) S. 7.
35 Amtl. Begr. (Fn. 6) S. 5; übereinstimmend Amtl. Begr. Reg.Entw. (Fn. 2) S. 5.
36 Vgl. die Stellungnahme d. Preuß. Kultusministers von Gossler v. 29.11.1890, zitiert bei Volz Öffentl. Dienst (1985) S. 9 (dort Fn. 13) und Frieling GRUR 1987, 407, 415.
37 Folgerichtig hebt die Amtl. Begr. zu Art. 1 Nr. 2 d.Entw ((Fn. 6) S. 6.; übereinstimmend Amtl. Begr. Reg.Entw. (Fn. 2) S. 7) die wesentlichen Vorschriften für Diensterfindungen und freie Erfindungen hervor.
38 Vgl. Amtl. Begr. zu Art. 1 Nr. 2 d. Entw. ((Fn. 6) S. 6.; übereinstimmend Amtl. Begr. Reg.Entw. (Fn. 2) S. 7).
39 Vgl. Amtl. Begr. (Fn. 6) S. 5, 6; übereinstimmend Amtl. Begr. Reg.Entw. (Fn. 2) S. 5, 7.

§ 42 (n.F.)

§§ 6,7 (zur Ausnahme auf Grund von § 42 Nr. 2 s. Rz. 101 ff.; zum Ausschluss der Inanspruchnahme einer angemessenen Ertragsbeteiligung s. Rz. 185 ff.). Damit haben auch alle Wissenschaftler – ausweislich der Amtlichen Begründung[41] – eine Veröffentlichung ihrer Forschungsergebnisse bis zur Patentanmeldung oder Freigabe der Diensterfindung (§ 8) zurückzustellen (vgl. § 24 Abs. 2). Etwas anderes kann sich nach § 42 Nrn. 1, 2 auf Grund der Lehr- und Forschungstätigkeit ergeben (s. Rz. 58 ff., 101 ff.).

Die Nichtbeachtung der Meldepflicht oder eine vorzeitige Veröffentlichung sind – so die Amtliche Begründung[42] – **Dienstpflichtverletzungen** (zu den zivilrechtlichen Folgen s. Rz. 94 ff. zu § 5 u. Rz. 56 zu § 24; zu § 40 Nr. 2 Satz 2 s. Rz. 123).

Rz. 28, 29 frei

D. Diensterfindung

30 Die Abgrenzung, ob es sich um eine gebundene oder freie Hochschulerfindung handelt, hat nach der Neufassung des § 42 **ausschlaggebende Bedeutung**, da Erfindungen von Hochschulwissenschaftlern – im Gegensatz zum früheren Recht und in Übereinstimmung mit dem allgemeinen Erfinderrecht – nur dann noch frei sind, wenn sie keine Diensterfindungen darstellen (vgl. § 4 Abs. 3). Im Ergebnis geht der Gesetzgeber von einer **weitgehenden Einstufung** der an Hochschulen gemachten Erfindungen als Diensterfindungen aus (s. Rz. 1, 4).

I. Allgemeine Begriffsmaßstäbe

31 Für die Kennzeichnung einer Arbeitnehmererfindung als Diensterfindung gelten die **allgemeinen Regeln des § 4 Abs. 2** (s. dazu Rz. 7 ff. zu § 4). Der Gesetzgeber hat keinen Bedarf für eine Sonderregelung anerkannt[43]. Letztlich nimmt der Gesetzgeber an, dass alle an der Hochschule gemachten Erfindungen Diensterfindungen darstellen (s. Rz. 4).

32 Es muss eine **während der Dauer der Beschäftigung** bei der Hochschule gemachte (s. dazu allgemein Rz. 10 ff. zu § 4) Aufgaben- oder Erfahrungserfindung vorliegen (s. dazu Rz. 19 ff., 35 ff. zu § 4). Auch hier

---

40 Die Amtl.Begr. zu Art. 1 Nr. 2 d.Entw ((Fn. 6) S. 6.; übereinstimmend Amtl. Begr. Reg.Entw. (Fn. 2) S. 7) weist ausdrücklich darauf hin: »Für die Inanspruchnahme und das Verfahren gelten die allgemeinen Regeln.«.
41 Zu Art. 1 Nr. 2 d.Entw ((Fn. 6) S. 6.; übereinstimmend Amtl. Begr. Reg.Entw. (Fn. 2) S. 7).
42 Zu Art. 1 Nr. 2 d.Entw ((Fn. 6) S. 6.; übereinstimmend Amtl. Begr. Reg.Entw. (Fn. 2) S. 7).
43 Vgl. Amtl.Begr. zu Art. 1 Nr. 2 ((Fn. 6) S. 6; übereinstimmend Amtl. Begr. Reg.Entw. (Fn. 2) S. 7).

§ 42 (n.F.)

schließt eine Freistellung, etwa zu Forschungs- bzw. Entwicklungsaufgaben (§ 43 Abs. 3 Satz 2 HRG), eine Diensterfindung nicht aus (s. Rz. 12 zu § 4 sowie unten Rz. 194).

Auch nach § 42 n. F. ist die **Finanzierung der Erfindungsentwicklung** 33 für die Einstufung als freie oder gebundene Erfindung im Grundsatz ohne Belang, ob also die Erfindung aus Haushaltsmitteln des Dienstherrn oder aus einem mit Drittmitteln finanzierten Forschungsvorhaben hervorgegangen ist bzw. ob und welche Vereinbarungen die Hochschule bzw. der Dienstherr über die Rechte an den potentiellen Forschungsergebnissen getroffen hat[44]. Mit Blick auf die rechtspolitische Rechtfertigung ist es u. E. zu verstehen, wenn demgegenüber in den Gesetzesmaterialien hervorgehoben wird, Diensterfindungen seien Erfindungen aus der wissenschaftlichen Tätigkeit an der Hochschule, welche wiederum »neben der Forschung mit Mitteln der Hochschule auch die Forschung mit Mitteln Dritter i.S.d. § 25 des Hochschulrechtsrahmengesetzes« umfasse[45].

Rz. 34 frei

II. Besonderheiten im Wissenschaftsbereich

Bei dem technischen und sonstigen **nichtwissenschaftlichen Personal** 35 dürfte die Feststellung der Diensterfindung nach den allgemeinen Kriterien des § 4 Abs. 2 keine besonderen Fragen aufwerfen (vgl. u.a. Rz. 22 zu § 4). Dies betrifft auch drittmittelfinanzierte Forschungsvorhaben (vgl. auch § 25 Abs. 3 Satz 2 HRG).

Mit Blick auf die grundgesetzlich verankerte Forschungs- und Lehrfreiheit sind dagegen spezifische Probleme bei der Abgrenzung zwischen 36 Dienst- und freier Erfindung bei **Hochschulwissenschaftlern** absehbar. Bestätigt wird dies bereits durch unterschiedliche Ausführungen in den **Gesetzesmaterialien**: Einerseits wird dort hervorgehoben, dass zu den Diensterfindungen »insbesondere auch Erfindungen aus wissenschaftlicher Tätigkeit *im Hauptamt*«[46] gehören. Andererseits wird herausgestellt, dass »insbesondere auch Erfindungen aus wissenschaftlicher Tätigkeit *an einer Hochschule*« Diensterfindungen seien, wobei zusätzlich darauf verwiesen wird, diese wissenschaftliche Tätigkeit umfasse »neben der Forschung mit Mitteln der Hochschule auch die Forschung mit Mitteln Dritter i. S. d. § 25

---

44 Zu § 42 a.F. so LG Düsseldorf v. 26.6.1990 GRUR 1994, 53, 55 – Photoplethysmograph.
45 Amtl. Begr. des Reg.Entw. (Fn. 2) S. 7 (zu Art. 1 Nr. 2), im Anschluss an Erklärung der Koalitionsfraktionen, wiedergegeben in Bericht des BT-Rechtsausschusses in BT-Drucks. 14/7573 v. 26.11.2001, S. 5.
46 So der Fraktions-Entw zu Art. 1 Nr. 2 (Amt. Begr. Fn. 6, S. 6).

§ 42 (n.F.)

HRG.«[47] Zur Kennzeichnung einer freien Erfindung wird einmal betont[48], dass frei solche Erfindungen seien, »die der Wissenschaftler im Rahmen einer genehmigten Nebentätigkeit macht«, ebenso solche, »die privat getätigt werden, ohne dass ein dienstlicher Bezug vorhanden ist«. Demgegenüber weist die Amtliche Begründung des Regierungs-Entwurfs im Anschluss an die Erklärung der Koalitionsfraktionen[49] relativierend darauf hin, dass im Rahmen einer Nebentätigkeit vom Wissenschaftler gemachte Erfindungen frei seien, »wenn sie keine Diensterfindungen i. S. d. § 4 Abs. 2 darstellen.«

37 Bei **Hochschullehrern** gehört die Forschung zu den klassischen dienstlichen Aufgaben. Dieser allgemeine Aufgabenkreis reicht jedoch nicht aus, um eine **Aufgabenerfindung** i. S. d. § 4 Abs. 2 Nr. 1 zu begründen; vielmehr setzt dies grundsätzlich die Zuweisung eines bestimmten Forschungs- oder Entwicklungsauftrages oder entsprechender Tätigkeiten voraus (s. Rz. 22 f. zu § 4); angesichts der weitgehend selbständigen Aufgabenwahrnehmung (vgl. § 43 Abs. 1 Satz 2 HRG) dürfte eine Aufgabenerfindung bei Hochschullehrern die Ausnahme sein.

So kann eine Aufgabenerfindung vorliegen, wenn sich der Hochschullehrer zur Durchführung eines (drittmittelfinanzierten) **Forschungsprojekts der Hochschule** oder eines von der Hochschule übernommenen Forschungsauftrages bereit erklärt hat, ferner wenn er ein in Zusammenhang mit der Erfindung stehendes Forschungsvorhaben dienstlich betreut oder wenn eine einvernehmliche (arbeits-)vertragliche Einbeziehung bestimmter Forschungsaufgaben bzw. -vorhaben in seinen dienstlichen Aufgaben- bzw. Tätigkeitsbereich erfolgt. Hier mag die dem Landesrecht überlassene Möglichkeit von Forschungszulagen gem. § 35 Abs. 1 Bundesbesoldungsgesetz ein zusätzlicher Anreiz sein.

Übernimmt der Hochschulwissenschaftler selbst einen **Forschungsauftrag**, so ist zu differenzieren: Im Falle einer **Drittmittelfinanzierung** zählt die Durchführung nach § 25 Abs. 1 HRG zum dienstlichen Aufgabenkreis und ist Teil der Hochschulforschung (siehe Rz. 192). Diese – als gesetzliche Folge vorgegebene – Einbeziehung in den dienstlichen Aufgabenkreis begründet nach Auffassung des Gesetzgebers eine Diensterfindung[50] – eine Betrachtung, die im Ergebnis auch § 43 Abs.1 Satz 2 ArbEG n.F. zu Grunde liegt (s. auch dort Rz. 9). Eine Diensterfindung ist u.E. jedenfalls

---

47 So der Reg.-Entw zu Art. 1 Nr. 2 (Amtl. Begr. (Fn. 2) S. 7); dies entspricht der Erklärung der Koalitionsfraktionen, wiedergegeben in Bericht des BT-Rechtsausschusses (Fn. 45) S. 5.
48 So der Fraktions-Entw zu Art. 1 Nr. 2 (Amt. Begr. Fn. 6, S. 6).
49 So der Reg.-Entw zu Art. 1 Nr. 2 (Amtl. Begr. (Fn. 2) S. 7) im Anschluss an Erklärung der Koalitionsfraktionen, wiedergegeben in Bericht des BT-Rechtsausschusses (Fn. 45) S. 5..
50 So Reg.-Entw zu Art. 1 Nr. 2 in BR-Drucks. 583/01 S. 7 (zu Art. 1 Nr. 2), im Anschluss an Erklärung der Koalitionsfraktionen im Bericht des BT-Rechtsausschusses in BT-Drucks. 14/7573 v. 26.11.2001, S. 5.

§ 42 (n.F.)

dann gegeben, wenn die Forschungsvorhaben ausschließlich oder überwiegend in der Hochschule gemäß § 25 Abs. 2 HRG durchgeführt werden[51] (vgl. auch § 25 Abs. 3 Satz 2, Abs. 6 HRG).

An einer Aufgabenerfindung fehlt es regelmäßig dann, wenn ein Hochschulwissenschaftler im Rahmen einer **wissenschaftlichen Nebentätigkeit**[52] außerhalb seiner Dienstaufgaben tätig wird, und sei es auch im Drittauftrag[53] (s. auch Rz. 36; zur Erfahrungserfindung s. Rz. 39).

Bei **wissenschaftlichen Mitarbeitern**, die im Regelfall wissenschaftliche Dienstleistungen erbringen, liegt eine Aufgabenerfindung dann vor, wenn die Erfindung auf Grund zugewiesener Tätigkeiten entwickelt wird. So ist eine Erfindung eines wissenschaftlichen Mitarbeiters im Rahmen eines Forschungs- und Entwicklungsauftrages, bei dem er auf Weisung des vorgesetzten Hochschullehrers tätig wird, eine Aufgabenerfindung[54]. 38

Ob eine **Erfahrungserfindung** (§ 4 Abs. 2 Nr. 2) vorliegt, hängt ebenfalls von den Umständen des Einzelfalls ab. Nach der hier seit jeher vertretenen Auffassung wird man jedenfalls die auf der eigenen wissenschaftlichen Tätigkeit beruhenden Kenntnisse, Erfahrungen und Arbeiten des Hochschullehrers unter Berücksichtigung der durch Art. 5 Abs. 3 Satz 1 GG verfassungsrechtlich gewährleisteten Wissenschaftsfreiheit nicht als Erfahrungen und Arbeiten der Universität (des Dienstherrn) ansehen können. Raum für eine Erfahrungserfindung bleibt in solchen Fällen nur dann, wenn die Erfindung maßgeblich auf sonstigen Arbeiten und Erfahrungen beruht, z.B. auf Beiträgen anderer Hochschulbeschäftigter (s. allgemein Rz. 38 zu § 4) oder auf solchen, die einem Vertragspartner der Hochschule zuzurechnen sind (Kooperationspartner, Auftraggeber; siehe im Übrigen Rz. 39 zu § 4), oder auf wichtigen Vorarbeiten, Know-how oder Dritt-Erfindungen, welche der Hochschulwissenschaftler nutzt. Dies ist auch bei einem vom Hochschulwissenschaftler übernommenen, drittmittelfinanzierten Forschungsvorhaben denkbar (vgl. auch § 25 Abs. 2, 3 HRG). 39

Rz. 40, 41 frei

III. Rechtsfolgen unterschiedlicher Einstufungen

In der Praxis ist es im Falle der **Miterfinderschaft** denkbar, dass die Erfindung für den einen Hochschulbeschäftigten, etwa für den nichtwissenschaftlichen (technischen) Mitarbeiter eine Diensterfindung, dagegen für 42

---

51 Zum früheren Recht s. Kraßer/Schricker PatR u. UrhG an Hochschulen (1988) S. 412; Ballhaus GRUR 1984, S. 1, 7 r. Sp.
52 S. dazu Reimer/Schade/Schippel/Leuze Rz. 14 f. zu § 42 m.w.N.
53 Zu § 42 a.F. so zutr. Ballhaus GRUR 1984, 1, 4; Kraßer/Schricker PatR u. UrhG an Hochschulen (1988) S. 42.
54 Vgl. LG Düsseldorf v. 26.6.1990 GRUR 1994, 53 – Photoplethysmograph.

§ 42 (n.F.)

den anderen, etwa den Hochschullehrer, eine freie Erfindung darstellt. Nimmt der Dienstherr (Arbeitgeber) die Diensterfindung gegenüber dem Hochschulbeschäftigten unbeschränkt in Anspruch, so liegt nunmehr zwischen dem Dienstherrn und dem Hochschullehrer eine Bruchteilsgemeinschaft i. S. d. §§ 741 ff. BGB vor und der Dienstherr hat entsprechend § 743 Abs. 2 BGB nur ein Eigennutzungsrecht (vgl. Rz. 71 f. zu § 6). Ein Anspruch des Dienstherrn gegenüber dem Hochschullehrer auf Übertragung der auf ihn entfallenden Erfindungsrechte kann angesichts der gesetzlichen Wertung in §§ 6, 19, 40, 41 ArbEG grundsätzlich nicht anerkannt werden. Hier besteht häufig ein wechselseitiges Bedürfnis nach einer gemäß § 22 Satz 2 zugelassenen **einvernehmlichen Lösung**, um eine angemessene Verwertung zu ermöglichen – sei es, dass der Hochschulwissenschaftler seine Erfindungsrechte gegen eine Einmalzahlung oder eine laufende Erlösbeteiligung auf den Arbeitgeber/Dienstherrn überträgt, sei es, dass die Hochschule mit der Verwaltung der Gemeinschaftserfindung beauftragt wird.

Sonderprobleme ergeben sich im Falle der Miterfinderschaft auch auf Grund der Publikationsfreiheit (s. Rz. 68, 107 f.) sowie bei Auftragsforschung (s. Rz. 195 f.).

Rz. 43, 44 frei

E. Freie und frei gewordene Erfindung

45 Ebenso wie für die Diensterfindung (s. Rz. 31) gelten auch für die Feststellung einer freien Erfindung die allgemeinen Grundsätze. Die in § 42 Abs. 1 a.F. enthaltene Fiktion freier Erfindungen für die vom Hochschulwissenschaftler in dieser Eigenschaft entwickelten Erfindungen ist ersatzlos entfallen.

Weitgehend rechtsgleich sind die Rechtsfolgen nach § 8 bei einer frei gewordenen Diensterfindung.

I. Freie Erfindung

1. Begriffsmaßstäbe

46 Nach § 4 Abs. 3 ist eine freie Erfindung jede während der Beschäftigung an der Hochschule gemachte Arbeitnehmererfindung, die keine Diensterfindung darstellt (s. Rz. 47 f. zu § 4). Im Regelfall sind – auch ausweislich der Gesetzesmaterialien – Erfindungen, die ein Hochschulwissenschaftler im Rahmen einer zugelassenen Nebentätigkeit entwickelt, freie Erfindungen (s. Rz. 36 f.). Gleiches gilt für Erfindungen, die außerhalb des Aufgabenbereichs des Hochschullehrers liegen und maßgeblich auf seinen eigenen Erkenntnissen und Arbeiten aufbauen (s. Rz. 39).

§ 42 (n.F.)

2. Rechtliche Behandlung

Im Unterschied zu § 42 a.F., bei dem die h.M. von der Nichtgeltung der §§ 18, 19 ausgegangen war (s. Rz. 25 zu § 42 a.F.), unterliegen nunmehr alle freien Erfindungen grundsätzlich der Mitteilungspflicht nach § 18[55]. Diese entfällt allerdings nach § 18 Abs. 3, wenn die Erfindung im Arbeitsbereich der Hochschule offensichtlich nicht verwendbar ist, d.h. der Erfindungsgegenstand dort nicht benutzt werden kann (s. Rz. 27 ff. zu § 18). Unter den Voraussetzungen des § 19 besteht eine Anbietungspflicht (s. dort insbesondere Rz. 7 ff.). 47

Um – auch im Lichte des Art. 5 Abs. 3 GG - einen Wertungswiderspruch zu vermeiden, scheidet u.E. eine Mitteilungspflicht aber dort aus, wo im Falle einer Diensterfindung von der Meldepflicht gemäß § 42 Nr. 2 abgesehen würde (»argumentum a maiore ad minus«); folglich kann nach der hier vertretenen Auffassung der Hochschulwissenschaftler auf Grund seiner Lehr- und Forschungstätigkeit auch die Offenbarung seiner freien Erfindung in Analogie zu § 42 Nr. 2 ablehnen. U.E. kann der Hochschulwissenschaftler in gleicher Weise von einer Anbietung (§ 19) absehen, wenn er seine freie Erfindung unter Verzicht auf eine eigene Schutzrechtsanmeldung (neuheitsschädlich) analog § 42 Nr. 1 offenbaren will. 48

Rz. 49 frei

II. Frei gewordene Diensterfindung

Die Diensterfindung wird insbesondere mangels unbeschränkter Inanspruchnahme nach § 8 Abs. 1 frei (s. dort Rz. 21 ff.). Mitteilungs- und Anbietungspflichten nach §§ 18, 19 bestehen gemäß § 8 Abs. 2 nicht. Mit Freiwerden kann der Hochschulerfinder als Inhaber der Erfindungsrechte die Diensterfindung zum Schutzrecht anmelden bzw. die Schutzrechtsanmeldung fortsetzen und über die Erfindung bzw. die Schutzrechtspositionen im Grundsatz frei verfügen (s. Rz. 48 ff., 51 ff. zu § 8; zur Miterfinderschaft s. dort Rz. 66). Einer Eigenverwertung dürfte zwar nur in seltenen Fällen ein »Wettbewerbsverbot« entgegenstehen (s. dazu Rz. 58 f. zu § 8); allerdings sind insbesondere hier die Beschränkungen aus dem Nebentätigkeitsrecht beachtlich (s. dazu Rz. 14 zu § 41) einschließlich der Anzeigepflichten (vgl. § 52 HRG). Sofern im Falle einer Miterfinderschaft keine Grenzen aus der Bruchteilsgemeinschaft bestehen, ist er selbstverständlich auch ohne Berufung auf die Publikationsfreiheit (Art. 5 Abs. 3 GG, s. Rz. 58 ff.) – berechtigt, die Erfindung zu offenbaren oder darüber zu schweigen (vgl. auch Rz. 50, 55 zu § 8). 50

---

[55] Vgl. Amtl. Begr. zu Art. 1 Nr. 2 ((Fn. 6) S. 6; übereinstimmend Amtl. Begr. Reg.Entw. (Fn. 2) S. 7).

§ 42 (n.F.)

Rz. 51 frei

F. Technische Verbesserungsvorschläge

52 Nach dem eindeutigen Wortlaut des § 42 sind technische Verbesserungsvorschläge (§§ 3, 20) nicht erfasst. Im Gegensatz zum früheren Recht (s. Rz. 29 zu § 42 a.f.) besteht **kein Raum** für eine **analoge Anwendung**. Dies betrifft u.E. auch die Vergütungsregelung des § 42 Nr. 4 im Falle eines qualifizierten Verbesserungsvorschlags i. S. d. § 20 Abs. 1. Allerdings ist unverändert dem Hochschulwissenschaftler – anders als sonstigen Arbeitnehmern und Beamten – das Recht zuzubilligen, die im Rahmen seiner Forschungstätigkeit entwickelten Verbesserungsvorschläge neben seinem Dienstherrn zu verwerten; auch muss er befugt sein, diese (einfachen) Forschungsergebnisse zu veröffentlichen[56], es sei denn, dass im Einzelfall eine Geheimhaltungspflicht aus zwingendem öffentlichen Interesse entgegensteht.

53 Ansonsten gelten **betriebliche Regelungen** zum Vorschlagswesen[57], insbesondere entsprechende Dienstvereinbarungen (s. Rz. 53 ff. zu § 20) uneingeschränkt für alle dem Anwendungsbereich unterworfenen Hochschulbeschäftigten, also im Zweifel auch für Hochschulwissenschaftler.

54 Bei **Klagen** hinsichtlich technischer Verbesserungsvorschläge verbleibt es bei den allgemeinen Zuständigkeitsregeln, d.h. für Beamte sind die Verwaltungsgerichte und für Arbeitnehmer die Arbeitsgerichte zuständig (vgl. hierzu Rz. 16, 30 zu § 39).

Rz. 55, 56 frei

G. Offenbarungsrecht im Rahmen der Lehr- und Forschungstätigkeit (Nr. 1)

57 Die Ausnahmevorschriften der Nrn. 1 und 2 ergänzen sich. Sie sind Ausfluss der grundgesetzlich in Art. 5 Abs. 3 GG verankerten **Forschungsfreiheit**[58] (s. Rz. 3).

---

56 Unter Geltung des § 42 a.F. so zutr. Kraßer/Schricker PatR u. UrhG an Hochschulen (1988) S. 43.

57 Zur Praxis vgl. z.B. Kühn in Ideenmanagement 1/2002 S. 36 ff. zum betrieblichen Vorschlagswesen bei Universitätskliniken in NW; Wagner/Manousakis/Nelde in Ideenmanagement 1/2002 S. 24 ff. zur Umsetzung des Vorschlagswesens an der FH für Technik und Wirtschaft in Berlin (dort unter Einbeziehung der Studenten)

58 Amtl. Begr. zu § 42 Nrn. 1 und 2 ((Fn. 6) S. 6 f.; übereinstimmend Amtl. Begr. Reg.Entw. (Fn. 2) S. 8 f.).

§ 42 (n.F.)

I. Publikationsfreiheit

§ 42 Nrn. 1 und 2 sichern das aus der Forschungsfreiheit folgende Recht des Hochschulwissenschaftlers auf sog. Publikationsfreiheit[59] (vgl. auch § 4 Abs. 2 Satz 1 HRG). Diese betrifft die freie Entscheidungsbefugnis des Hochschulwissenschaftlers, ob er die Ergebnisse seiner Forschungsarbeiten der Öffentlichkeit mitteilen will, d.h. ob er seine Erfindung veröffentlichen möchte [positive Publikationsfreiheit] oder nicht [negative Publikationsfreiheit][60] (sog. Recht zum Schweigen, s. auch Rz. 102). Weder Dienstherr noch Hochschule können nach § 42 Nrn. 1 und 2 ArbEG auf die Entscheidung des Erfinders Einfluss nehmen oder eine wissenschaftliche Veröffentlichung untersagen bzw. anordnen. 58

Die Vorschriften sind im Ergebnis nur dann einschlägig, solange eine Schutzrechtsanmeldung nach §§ 13, 14 aussteht und wenn die technische Lehre noch nicht offenkundig geworden ist; sie setzt damit auch den Fortbestand der Geheimhaltungspflichten aus § 24 voraus. 59

§ 42 Nr. 1 soll gewährleisten, dass die **positive Publikationsfreiheit** nicht in unzumutbarer bzw. unzulässiger Weise beeinträchtigt und beschränkt wird[61]. Normzweck ist, dem Hochschulwissenschaftler eine beabsichtigte Veröffentlichung seiner Diensterfindung – losgelöst von der Geheimhaltungspflicht des § 24 Abs. 2 – nicht erst nach deren Freiwerden bzw. Offenkundigkeit der erfinderischen Lehre oder Offenlegung der Schutzrechtsanmeldung zu ermöglichen, sondern bereits früher, sofern er zuvor dem Dienstherrn Gelegenheit zur Schutzrechtsanmeldung nach § 13 geben hat; so kann eine Neuheitsschädlichkeit seiner Veröffentlichung vermieden werden[62]. Ziel der Regelung ist damit zugleich, den Dienstherrn (Arbeitgeber) bzw. die von diesem beauftragte Stelle (z. B. Patentstelle der Hochschule) bei Offenbarungsinteresse des Hochschulwissenschaftlers zu einer **beschleunigten Schutzrechtsanmeldung** zu veranlassen, zu deren unverzüglicher Vornahme er ohnehin nach § 13 verpflichtet ist (s. Rz. 7 ff. zu § 13). Zur frei gewordenen Diensterfindung s. Rz. 50. 60

Ist eine Diensterfindung **bereits zum Schutzrecht angemeldet** worden (vgl. § 13 ArbEG), kann der Hochschulwissenschaftler den prioritätsgesicherten Erfindungsgegenstand ohne Anzeige offenbaren, und zwar auch 61

---

59 So Amtl. Begr. zu § 42 Nrn. 1 und 2 ((Fn. 6) S. 6 f.; übereinstimmend Amtl. Begr. Reg.Entw. (Fn. 2) S. 8 f.); s. dazu u.a. Maunz/Dürig/Scholz, GG, Rz. 101 f., 108 f. zu Art. 5 Abs. 3; Kraßer/Schricker, PatR u. UrhR an Hochschulen (1988) S. 67, 152; Reimer/Schade/Schippel/Leuze Rz. 16 zu § 42 m.w.N..
60 Amtl. Begr. Allg. Teil sowie zu § 42 Nrn. 1 und 2 ((Fn. 6) S. 5, 6 f.; übereinstimmend Amtl. Begr. Reg.Entw. (Fn. 2) S. 5, 8 f.).
61 Vgl. Amtl. Begr. Allg. Teil sowie zu § 42 Nrn. 1 ((Fn. 6) S. 5, 6; übereinstimmend Amtl. Begr. Reg.Entw. (Fn. 2) S. 5, 8 a.E.).
62 Vgl. Amtl. Begr. zu § 42 Nrn. 1 ((Fn. 6) S. 6; übereinstimmend Amtl. Begr. Reg.Entw. (Fn. 2) S. 8 f.).

§ 42 (n.F.)

vor Offenlegung einer Patentanmeldung (§ 32 Abs. 2, § 31 Abs. 2 Nr. 2 PatG).

Rz. 62–64 frei

II. Geltungsbereich

1. Hochschulwissenschaftler

65 § 42 Nr. 1 erfordert – ebenso wie § 42 Nrn. 2 und 3 – einen Bezug zur »Lehr- und Forschungstätigkeit« des »Erfinders«. Damit will der Gesetzgeber erreichen, dass diese Sonderregelungen als Ausfluss der verfassungsrechtlich geschützten Wissenschaftsfreiheit (s. Rz. 3) **nur für solche Personen** gelten, die in den Schutzbereich des Grundrechtes des **Art. 5 Abs. 3 GG einbezogen** sind[63].

66 Der persönliche Geltungsbereich (s. dazu auch Rz. 10 ff.) erstreckt sich damit in jedem Fall auf die von § 43 HRG umfassten Hochschullehrer, also auf **Professoren** und **Juniorprofessoren** (vgl. § 42 Satz 1 HRG). Einbezogen sind – entsprechend § 42 a. F. (s. dort Rz. 11) – auch die kraft Übergangsrechts noch vorhandenen **Hochschulassistenten** (vgl. § 76a HRG), wissenschaftlichen Assistenten, Oberassistenten und Oberingenieure (vgl. § 74 Abs. 1 HRG).
Abweichend von der h.M. zur § 42 a.F.[64] ist u.E. das neue Privileg in § 42 Nrn. 1 bis 3 im Grundsatz auch den **wissenschaftlichen Mitarbeitern** (§ 53 HRG) zugänglich. Diese gehören einmal zu dem in § 42 Satz 1 HRG aufgeführten, hauptberuflich tätigen Wissenschaftspersonal. Sie erbringen im Grundsatz wissenschaftliche Dienstleistungen nach Maßgabe des § 53 Abs. 1 HRG. Jedenfalls soweit dieser Personenkreis in den Schutz des Art. 5 Abs. 3 GG einbezogen ist[65], fällt er zugleich unter § 42 Nrn. 1 bis 3[66]. Dies kommt zumindest dann in Betracht, wenn wissenschaftliche Mitarbeiter selbständig Aufgaben in Forschung und Lehre wahrnehmen (§ 53 Abs. 1 Satz 4 HRG).

---

63 Amtl. Begr. zu Art. 1 Nr. 2 ((Fn. 6) S. 6; übereinstimmend Amtl. Begr. Reg.Entw. (Fn. 2) S. 8).
64 Zu § 42 a.F. vgl. LG Düsseldorf v. 26.6.1990 GRUR 1994, 53, 55 – Photoplethysmograph; Ballhaus GRUR 1984, 1, 5; Kraßer/Schricker PatR u. UrhG an Hochschulen (1988) S. 40; Reimer/Schade/Schippel/Leuze Rz. 7 zu § 42 m.w.N
65 Vgl. dazu u.a. Maunz/Dürig/Scholz, GG, Rz. 104, 119 ff. zu Art. 5 Abs. 3; Kraßer/Schricker (Fn. 63) S. 65.
66 Abweichend zu § 42 a.F. LG Düsseldorf v. 26.6.1990 GRUR 1994, 53, 55 – Photoplethysmograph

§ 42 (n.F.)

Zweifelhaft erscheint dagegen eine Erstreckung des § 42 Nrn. 1 bis 3 auf **Lehrkräfte für besondere Aufgaben**[67] (§ 56 HRG). Dafür spricht zwar, dass sie nach § 42 HRG zum Wissenschaftspersonal gehören; sie vermitteln allerdings überwiegend nur praktische Fertigkeiten und Kenntnisse.

Mangels grundrechtlich geschützter Lehr- und Forschungstätigkeit **nicht erfasst** sind alle nicht wissenschaftlich Tätigen; für diesen Beschäftigtenkreis bleiben die Sonderregelungen in § 42 Nrn. 1 bis 3 ohne Auswirkungen[68]. Das betrifft das gesamte **technische Personal** sowie (sonstige) **Verwaltungsangestellte, -arbeiter und -beamte** (vgl. auch Rz. 13). Mangels Lehr- und Forschungstätigkeit sind auch **wissenschaftliche Hilfskräfte** nicht einbezogen[69]. Selbstverständlich ausgeschlossen sind auch alle sonstigen Personen, für die bereits der Anwendungsbereich des § 42 nicht eröffnet ist, wie etwa Gastdozenten bzw. Lehrbeauftragte, freie Mitarbeiter oder Arbeitnehmer von Kooperationspartnern (s. dazu Rz. 17 ff.).

67

Der Gesetzesbegriff »Erfinder« ist nicht als »Allein-Erfinder« zu missdeuten. Vielmehr kommen die Privilegien des § 42 Nrn. 1 bis 3 den Hochschulwissenschaftern auch im Falle einer **Miterfinderschaft** zugute (zum Begriff s. Rz. 44 zu § 5). Der Hochschulwissenschaftler kann allerdings als Miterfinder von seinem Veröffentlichungsrecht nach § 42 Nr. 1 nicht einseitig Gebrauch machen, wenn solches mangels Schutzrechtsanmeldung neuheitsschädlich und damit schutzrechtsausschließend wirken würde. Dies folgt bei der Bruchteilsgemeinschaft, die regelmäßig zwischen den Miterfindern bis zu einer unbeschränkten Inanspruchnahme besteht (s. Rz. 52 zu § 5), zumindest aus dem Rechtsgedanken des § 744 Abs. 2 BGB, will man die Offenbarung nicht bereits als Verfügung i. S. d. § 747 BGB ansehen. Für den Dienstherrn verbleibt es also bei seiner jedem Miterfinder gegenüber bestehenden Pflicht zur Schutzrechtsanmeldung, es sei denn, er gibt die Diensterfindung frei (§ 13 Abs. 2 Nr. 1; zur Freigabe bei Miterfindern s. Rz. 66 ff. zu § 8).

68

Rz. 69, 70 frei

2. Diensterfindung

Der sachliche Geltungsbereich erstreckt sich auf **Diensterfindungen** (s. Rz. 30 ff.; zu freien Erfindungen s. Rz. 47 f. und zu technischen Verbesserungsvorschlägen Rz. 52). Die gesetzgeberische Wertung in § 42 Nrn. 1

71

---

67 Auch im Rahmen des § 42 a.F. ging zumindest die h.M. von einer Nichtanwendbarkeit aus, vgl. etwa Reimer/Schade/Schippel/Leuze Rz. 7 zu § 42 m.w.N
68 Amtl. Begr. zu Art. 1 Nr. 2 ((Fn. 6) S. 6; übereinstimmend Amtl. Begr. Reg.Entw. (Fn. 2) S. 8).
69 Dies war allg. Ansicht zu § 42 a.F., vgl. z.B. Reimer/Schade/Schippel/Leuze Rz. 7 zu § 42 m.w.N.

§ 42 (n.F.)

und 2 mit Blick auf Art. 5 Abs. 3 GG zeigt, dass die Publikationsfreiheit letztlich Vorrang vor den Interessen der öffentlichen Verwaltung hat, so dass für berechtigte Belange der Hochschule i. S. d. § 17 kein Raum sein dürfte, d.h. eine einseitige Erklärung zur **betriebsgeheimen Erfindung** scheidet ohne Zustimmung des Hochschulwissenschaftlers aus.

Bei den nach § 8 Abs. 1 **frei gewordenen Diensterfindungen** geht die Vorschrift ins Leere; sie können ohne Anzeige vom Hochschulwissenschaftler – ebenso wie von jedem anderen Erfinder – offenbart werden (s. Rz. 50).

72 Fraglich ist allerdings, ob die Privilegien in § 42 Nrn. 1 bis 3 voraussetzen, dass die Erfindung in der **Eigenschaft als Hochschulwissenschaftler gemacht** worden ist, wie dies Tatbestandsmerkmal des Hochschullehrerprivilegs nach § 42 Abs. 1 Satz 1 a.F. gewesen ist (s. dort Rz. 17 ff.). Konsequenz wäre, dass u.U. die Bestimmungen bei Erfindungen im Zusammenhang mit industriellen Forschungsaufträgen nicht greifen. Dafür könnte zwar die Bezugnahme auf die Lehr- und Forschungstätigkeit in § 42 Nrn. 1 bis 3 sprechen. Eine solche Betrachtung würde indes dem Schutzbereich des Art. 5 Abs. 3 GG nicht gerecht, dem auch Auftragsforschung, gutachterliche Forschung und zweckgebundene Industrieforschung unterliegen[70]. Zudem würde solches dem angestrebten Reformziel, den Technologietransfer zu fördern (s. Rz. 4), widersprechen.

Rz. 73, 74 frei

III. Offenbarungsabsicht im Rahmen der Lehr- und Forschungstätigkeit

75 § 42 Nr. 1 greift erst dann ein, wenn sich der Hochschulwissenschaftler dazu entschließt, die Diensterfindung im Rahmen seiner Lehr- oder Forschungstätigkeit zu offenbaren. Der Entschluss obliegt – entsprechend dem Wesensgehalt der Publikationsfreiheit (s. Rz. 58 f.) – seiner freien Entscheidungsbefugnis. Eine Genehmigung der Offenbarung kann nicht gefordert werden, und zwar weder vom Dienstherrn noch von der Hochschule.

76 Der im Patentwesen gebräuchliche[71] und auch hier geltende[72] Begriff der **Offenbarung** (vgl. etwa § 3 Abs. 4, § 34 Abs. 4 PatG) ist im Zusammenhang mit der Geheimhaltungspflicht (siehe Rz. 29 ff. zu § 24) und der damit bezweckten Sicherung der Schutzrechtserlangung zu sehen (s. Rz. 59 f.). Demzufolge geht es darum, die patentrechtliche Neuheit nicht zu zerstö-

---

70 Vgl. Maunz/Dürig/Herzog/Scholz GG Rz. 98 zu Art. 5 III m.,w.N.
71 Vgl. u.a. BGH v. 19.5.1981 GRUR 1981, 812, 813 f. – Etikettiermaschine; Rogge GRUR 1996, 931 ff.
72 Siehe Bericht des BT-Rechtsausschusses in BT-Drucks. 14/7573 v. 26.11.2001, S. 7 (zu § 42 Nr. 2).

§ 42 (n.F.)

ren, d.h. die Erfindung nicht durch eine vorzeitige Publikation zum Stand der Technik im Sinne des § 3 Abs. 1 PatG (vgl. auch § 3 Abs. 1 Satz 2 GebrMG) werden zu lassen[73]. Offenbarung bedeutet mithin in Anlehnung an § 3 Abs. 1 Satz 2 PatG, die Erfindung durch schriftliche oder mündliche Beschreibung, durch Benutzung oder in sonstiger Weise der Öffentlichkeit zugänglich zu machen. Offenbarung liegt nicht nur dann vor, wenn das Wesen der Diensterfindung z.B. in einer Fachzeitschrift dargestellt wird[74]. So können bereits wissenschaftliche Erörterungen jedenfalls dann eine Offenbarung sein, wenn sie sich zu einem konkreten Erfahrungswissen und einer entsprechenden Anweisung zum technischen Handeln verdichtet haben[75]. Ein öffentlicher Vortrag mit Darstellung der Erfindung ist als solcher neuheitsschädlich[76]. Wird z.B. in einem Vortrag mit Demonstrationen die Erfindung in ihren wesentlichen Merkmalen bekannt gegeben, wird sie offenkundig[77]. Gleiches gilt bei Lieferung eines erfindungsgemäßen Modells an ein Hochschullabor[78].

Erfasst wird nur die Offenbarung **im Rahmen der Lehr- und Forschungstätigkeit**. Der Begriff ist im Lichte der Publikationsfreiheit (s. Rz. 58 f.) **weit auszulegen**. Er umfasst im Grundsatz das Gesamtgebiet der grundgesetzlich geschützten Betätigung des Hochschulwissenschaftlers im universitären und außeruniversitären Bereich (vgl. auch § 4 Abs. 2 u. 3 HRG). Den Gesetzesmaterialien zu § 42 Nr. 3 zufolge wird allerdings nur eine **nicht-kommerzielle Benutzung** im wissenschaftlichen Bereich erfasst[79]. Lehr- und Forschungstätigkeit brauchen nicht kumulativ gegeben zu sein. Die Lehr- bzw. Forschungstätigkeit muss maßgeblicher, wenn auch nicht ausschließlicher Anlass sein (»im Rahmen«). Hierzu gehören zunächst die klassischen dienstlichen Aufgaben wie die Hochschulforschung

77

---

73 Vgl. Amtl. Begr. zu § 42 Nr. 1 ((Fn. 6) S. 6; übereinstimmend Amtl. Begr. Reg.Entw. (Fn. 2) S. 9).
74 Vgl. z.B. EPA v. 1.4.97 ABl. EPA 1998, 32. Auch nach EPA v. 10.11.88 ABl. EPA 1990, 213 wird ein wissenschaftlicher Artikel mit der Auslieferung der Zeitschrift an die Abonnenten öffentlich zugänglich. Auf dieser Linie auch BPatG (Beschl. v. 19.7.1995 Az. 7 W (patG) 90/93), wonach allein durch die Zusendung eines Manuskriptes an der Verlag einer Fachzeitschrift dessen Inhalt noch nicht ohne weiteres offenkundig wird, da aus dem Einverständnis mit dem Abdruck grundsätzlich nicht das Einverständnis zur unkontrollierten Weitergabe an beliebige Dritte vor der regulären Veröffentlichung abgeleitet werden kann; zitiert nach Possentrup/Keukenschrijver/Ströbele GRUR 1996, 303, 304.
75 Siehe Busse/Keukenschrijver, PatG, Rz. 118 zu § 3 PatG m.H.a. u.a. EPA v. 8.5.96 GRUR Int. 1997, 918 – Modifizieren von Pflanzenzellen.
76 Singer/Stauder/Spangenberg EPÜ Rz. 29 zu Art. 54. Dies gilt auch für die Veröffentlichung eines Vortragsmanuskriptes über einen Vortrag auf einer Fachkonferenz (EPA Az. T 534/88 und Az. T 348/94 – beide unveröffentl.).
77 Busse/Keukenschrijver PatG Rz. 52 zu § 3 PatG m.w.N.; vgl. aber auch BPatG v. Mitt. 1970, 141 beim, ausgewählten Teilnehmerkreis.
78 Vgl. etwa BPatG v. 26.4.1990 Mitt. 1991, 118.
79 Amtl. Begr. (Fn. 6) S. 7; übereinstimmend Amtl. Begr. Reg.Entw. (Fn. 2) S. 10.

§ 42 (n.F.)

(einschließlich einer druckschriftlichen Verbreitung von Forschungsergebnissen) und das Abhalten von Lehrveranstaltungen. Umfasst sind nach diesseitiger Auffassung aber auch Vorhaben im Sinne der §§ 25, 26 HRG, da deren Durchführung Teil der Hochschulforschung ist[80] (§ 25 Abs. 1 Satz 2 HRG). Nicht erfasst dürfte dagegen eine Offenbarung im Rahmen privater Nebentätigkeiten sein, auch soweit es sich um entgeltliche außeruniversitäre Auftragsforschung, Gutachten usw. handelt (vgl. auch § 52 HRG).

Rz. 78–80 frei

IV. Anzeige gegenüber dem Dienstherrn

81 Die beabsichtigte Offenbarung hat der Hochschulwissenschafter rechtzeitig zuvor seinem Dienstherrn anzuzeigen. **Anzeige** bedeutet die Erklärung, die Diensterfindung im Rahmen der Lehr- und Forschungstätigkeit offenbaren zu wollen. Das Gesetz gibt weder einen bestimmten Wortlaut noch einen bestimmten Inhalt vor (vgl. auch § 25 Abs. 3 Satz 1 HRG). Folglich muss die Anzeige u.E. nicht konkret Anlass, Art oder Ort der geplanten Offenbarung bezeichnen. Ein dahingehendes Inhaltserfordernis wäre bedenklich; auch im Lichte der Publikationsfreiheit wird man dem Dienstherrn/Arbeitgeber im Grundsatz kein Recht zur Überprüfung der Sinnhaftigkeit der beabsichtigten Offenbarung zugestehen können. Die Anzeige muss für den Empfänger gesichert erkennen lassen, dass und zu welchem Zeitpunkt der Hochschulwissenschaftler eine Veröffentlichung (Offenbarung) der Diensterfindung plant und damit eine beschleunigte Schutzrechtsanmeldung nach § 13 ArbEG geboten ist (s. Rz. 60).

82 **Adressat** der Anzeige ist der Dienstherr bzw. – bei Arbeitnehmern – der Arbeitgeber; für die Klärung, wer konkret Empfänger der Anzeige sein muss, gelten die gleichen Grundsätze wie bei der Erfindungsmeldung (s. dazu Rz. 9, 14 ff. zu § 5 u. Rz. 13 zu § 41).

83 Die Rechtsnatur der Anzeige stellt sich – ebenso wie die Meldung – als **Rechtshandlung** in Form einer »geschäftsähnlichen Handlung« dar (s. dazu Rz. 5 f. zu § 5).

84 Sie ist an keine **Form** gebunden, kann also mündlich, schriftlich, telefonisch, per E-mail oder Fax erfolgen. Denkbar ist auch eine schlüssige Erklärung, an die allerdings wegen der Rechtsfolgen (Schutzfähigkeit) strenge Anforderungen zu stellen sind. Da den Hochschulwissenschaftler die **Dar-**

---

80 So auch im Ergebnis zur Erfüllung der Voraussetzungen einer privilegierten Tätigkeit i.S.d. § 42 Abs. 1 a.F. Schiedsst. v. 9.2.1993 EGR Nr. 1 zu § 42 ArbEG; Reimer/Schade/Schippel/Leuze Rz. 13 ff. zu § 42 m.w.N.; vgl. auch Ballhaus GRUR 1984, 1, 7, 9; Frieling GRUR 1987, 407; vgl. auch den Sachverhalt bei BGH v. 9.2.1978 NJW 1978, 2548.

§ 42 (n.F.)

legungs- und Beweislast für den Zugang der Anzeige beim Dienstherrn/Arbeitgeber trifft, empfiehlt sich aus Beweiszwecken Schriftform.

Zum **Zeitpunkt** schreibt das Gesetz vor, dass die Anzeige rechtzeitig erfolgen muss. Der Begriff **rechtzeitig** bezieht sich auf die Möglichkeit des Dienstherrn, innerhalb dieses Zeitraums vor Offenbarung eine Schutzrechtsanmeldung im Inland bzw. eine prioritätswahrende Auslandsanmeldung gemäß § 13 durchzuführen[81] (s. Rz. 84). Er erstreckt sich auf den Zeitraum zwischen Anzeige und Offenbarung, kennzeichnet also die dem Erfinder zumutbare Wartezeit[82]. Dabei geht das Gesetz nunmehr – entgegen dem Koalitions-Entwurf[83] – von einer Frist von **zwei Monaten als Regelvermutung** für eine Rechtzeitigkeit aus, und zwar u.E. gerechnet ab dem Tag des Eingangs der Anzeige (vgl. auch § 6 Abs. 2 Satz 2 und dort Rz. 50 ff.). Auch wenn dies die Gesetzesmaterialien nahe legen könnten[84], erfordert u. E. die Regelfrist angesichts des Gesetzeswortlauts keine besonderen Interessen des Wissenschaftlers an einer zügigen Veröffentlichung. Die Regelfrist gilt, wenn – unter Würdigung der wissenschaftlichen Interessen des Erfinders – keine besonderen Umstände für eine Verkürzung (Ausnahme) oder eine Verlängerung (schwierige bzw. komplexe Schutzrechtsanmeldung, laufende Neuheitsrecherchen, beanstandete Erfindungsmeldung usw.) sprechen. Solche können sich u.U. auch nachträglich ergeben, etwa auf Grund von Problemen im Zusammenhang mit der Schutzrechtsanmeldung.

85

Aus dem Begriff »rechtzeitig« folgt u. E. zwangsläufig, dass eine ordnungsgemäße **Meldung der Diensterfindung** nach § 5 ArbEG erfolgt sein muss. Nur dann kann die Anzeige ihren Zweck erfüllen. Die Meldung kann selbstverständlich nachgeholt werden; allerdings verlängert sich dann die Frist für die Offenbarung entsprechend. Dagegen wird – ebenso wie für die Schutzrechtsanmeldung (s. Rz. 4 zu § 13) – eine unbeschränkte Inanspruchnahme nicht vorausgesetzt.

86

Rz. 87–90 frei

---

81 Vgl. Amtl. Begr. zu § 42 Nr. 1 ((Fn. 6) S. 6; übereinstimmend Amtl. Begr. Reg.Entw. (Fn. 2) S. 9).

82 Vgl. Amtl. Begr. zu § 42 Nr. 1 ((Fn. 6) S. 6; übereinstimmend Amtl. Begr. Reg.Entw. (Fn. 2) S. 9).

83 Der Fraktionsentwurf vom 9.5.2001 ((Fn. 6)) sah in § 42 Nr. 1 eine Regel-Frist von einem Monat vor. Im BT-Rechtsausschuss wurde die Frist auf zwei Monate erweitert; siehe den Hinweis in dessen Bericht in BT-Drucks. 14/7573 v. 26.11.2001, S.7.

84 Vgl. Amtl. Begr. zu § 42 Nr. 1 ((Fn. 6) S. 6; übereinstimmend Amtl. Begr. Reg.Entw. (Fn. 2) S. 9).

§ 42 (n.F.)

V. Rechtsfolgen/Ausnahme zur Geheimhaltungspflicht (Satz 2)

91 Für den **Dienstherrn/Arbeitgeber** bewirkt die Anzeige die Pflicht, beschleunigt eine **Schutzrechtsanmeldung nach § 13** zu betreiben, sei es durch Anmeldung eines Patents bzw. Gebrauchsmusters im Inland (s. Rz. 10 ff. zu § 13) bzw. eine prioritätsbegründende Auslandsanmeldung (s. Rz. 25 ff. zu § 13). Damit wird das der Anmeldepflicht ohnehin immanente Gebot der Unverzüglichkeit (s. Rz. 7 ff. zu § 13) konkretisiert.

Reicht der Dienstherr/Arbeitgeber die Schutzrechtsanmeldung nicht innerhalb der durch das Merkmal der Rechtzeitigkeit gekennzeichneten Wartefrist (s. Rz. 85) ein, so verletzt er seine Anmeldepflicht (s. dazu Rz. 58 ff. zu § 13). Hat der Hochschulwissenschaftler nach Fristablauf die Diensterfindung offenbart, so kann der Dienstherr/Arbeitgeber die Schutzrechtsanmeldung wegen fehlender Neuheit nicht mehr nachholen, es sei denn, es besteht eine Neuheitsschonfrist (vgl. § 3 Abs. 4 PatG, § 3 Abs. 1 Satz 3 GebrMG).

Eine Pflichtverletzung scheidet aus, wenn der Dienstherr/Arbeitgeber gemäß § 13 Abs. 2 von der Anmeldepflicht entbunden wird, sei es, weil er die Erfindung frei gibt (§ 8 Abs. 1, s. Rz. 71) oder der Hochschulwissenschaftler der Nichtanmeldung zustimmt (s. dazu Rz. 33 f. zu § 13).

92 Ist der **Hochschulwissenschaftler** seiner Anzeigepflicht nachgekommen, kann er nach Ablauf der durch den unbestimmten Rechtsbegriff der »Rechtzeitigkeit« gekennzeichneten Wartezeit (s. Rz. 78 f.) die Erfindung **offenbaren**, auch wenn die Schutzrechtsanmeldung noch aussteht. Einer vorherigen Aufforderung an den Dienstherrn/Arbeitgeber zur Schutzrechtsanmeldung oder einer »Nachfrist-Setzung« – wie im Falle des § 13 Abs. 3 – bedarf es nicht; solches kann allerdings im wohlverstandenen Interesse des Erfinders sinnvoll sein kann.

Angesichts des gerichtlich voll nachprüfbaren Rechtsbegriffs der »Rechtzeitigkeit« und wegen der aus einer Rechtsverletzung folgenden Risiken (s. Rz. 95 f.) empfiehlt sich im Regelfall für den Hochschulwissenschaftler, vor Offenbarung möglichst eine Klärung mit dem Dienstherrn herbeizuführen.

Ist die Diensterfindung vor Ablauf der (Regel-) Frist zum Schutzrecht angemeldet worden, braucht der Erfinder die restliche Frist nicht mehr abzuwarten; gleiches gilt, wenn der Dienstherr die Diensterfindung zwischenzeitlich nach § 8 Abs. 1 frei gibt (s. Rz. 50).

93 Das Gesetz lässt eine Offenbarung nicht unbegrenzt, sondern nur **im Rahmen der Lehr- und Forschungstätigkeit** zu (zum Begriff s. Rz. 70). Diese Einschränkung folgt auch aus Satz 2. Danach wird der Hochschulwissenschaftler nur »insoweit« von seiner Geheimhaltungspflicht als Arbeitnehmer bzw. Beamter nach § 24 Abs. 2 (i.V.m. §§ 40, 41) entbunden. Die Geheimhaltungspflicht ist damit nur für die Lehr- und Forschungstä-

§ 42 (n.F.)

tigkeit des Erfinders ausgeschlossen[85]. Für darüber hinaus gehende Bereiche besteht die Geheimhaltungspflicht fort, etwa wenn der Erfinder den Erfindungsgegenstand im Rahmen eines eigenen Gewerbebetriebes offenbaren will.

Gibt der Hochschulwissenschaftler seine ordnungsgemäß angezeigte **Offenbarungsabsicht nachträglich auf**, so ist dies unschädlich. Er kann später ohne erneute Anzeige die Diensterfindung im Rahmen seiner Lehr- und Forschungstätigkeit offenbaren, sofern diese nicht bereits aus sonstigen Gründen bekannt ist bzw. eine Geheimhaltungspflicht nach § 24 Abs. 2 bereits anderweitig entfallen ist. 94

Eine (vorzeitige) **Offenbarung unter Verletzung der Anzeigepflicht** begründet Schadensersatzansprüche, und zwar sowohl nach § 280 Abs. 1 BGB (s. Rz. 160 zu § 1) als auch nach § 823 Abs. 2 BGB wegen Verstoßes gegen die Geheimhaltungspflicht aus § 24 Abs. 2 (s. dort Rz. 24 ff. zu § 24). Bei drohender vorzeitiger Offenbarung hat der Dienstherr einen Unterlassungsanspruch analog § 1004 BGB (s. Rz. 45 zu § 24). Eine vorzeitige Veröffentlichung ist zudem Dienstpflichtverletzung (s. Rz. 27) und ggf. Kündigungsgrund (vgl. Rz. 46 zu § 24). 95

Das Offenbarungsrecht des Hochschulwissenschaftlers nach § 42 Nr. 1 lässt nicht die **Geheimhaltungspflichten des Arbeitgebers/Dienstherrn** nach § 24 Abs. 1 und die **Dritter** nach § 24 Abs. 3 entfallen. Solange die Erfindung nicht offenkundig und damit Stand der Technik geworden ist, bestehen diese Geheimhaltungspflichten fort, sofern sie sich nicht aus sonstigen Gründen erledigt haben (s. dazu Rz. 14 ff. u. 55 zu § 24). 96

Rz. 97–100 frei

H. Negative Publizitätsfreiheit des Hochschulwissenschaftlers (Nr. 2)

Die Vorschriften in § 42 Nrn. 1 und Nr. 2 betreffen beide die Publikationsfreiheit, die sich als Ausfluss der in Art. 5 Abs. 3 GG verankerten Forschungsfreiheit darstellt (s. Rz. 58). Beide Bestimmungen stehen somit in einem Wechselbezug. 101

I. Negative Publikationsfreiheit

§ 42 Nr. 2 sichert die sog. negative Publikationsfreiheit, d.h. das Recht des Hochschulwissenschaftlers, eine Veröffentlichung der Ergebnisse seiner Forschungsarbeiten, also auch seiner Diensterfindung, abzulehnen[86] 102

---

85 Amtl. Begr. zu § 42 Nr. 1 ((Fn. 6) S. 6; übereinstimmend Amtl. Begr. Reg.Entw. (Fn. 2) S. 9).
86 Vgl. Amtl. Begr. Allg. Teil sowie zu § 42 Nr. 2 ((Fn. 6) S. 5, 7; übereinstimmend Amtl. Begr. Reg.Entw. (Fn. 2) S. 5, 9).

§ 42 (n.F.)

("»Recht auf Schweigen«, s. auch Rz. 58). Die Vorschrift soll letztlich vermeiden, dass dieses Recht durch eine Schutzrechtsanmeldung unterlaufen wird.

103 Infolge der Schutzrechtsmeldung würde die Diensterfindung im Rahmen der Offenlegung der Patentanmeldung (§ 32 Abs. 2, § 31 Abs. 2 Nr. 2 PatG) bzw. der Eintragung des Gebrauchsmusters (vgl. § 8 Abs. 3 GebrMG) zwangsläufig bekannt; um das zu vermeiden, gesteht § 42 Nr. 2 dem Erfinder ein Absehen von der Erfindungsmeldung nach § 5 zu, wenn er auf Grund seiner Lehr- und Forschungstätigkeit eine Veröffentlichung nicht will[87]. Insoweit begründet die Vorschrift eine Ausnahme von der Meldepflicht, die ansonsten für alle Beamten und Arbeitnehmer des öffentlichen Dienstes nach §§ 40, 41 i.V.m. § 5 besteht.

Rz. 104, 105 frei

II. Geltungsbereich

106 Zum persönlichen Geltungsbereich gelten dieselben Grundsätze wie zu § 42 Nr. 1 (s. Rz. 65 ff.). Sachlich ist der Geltungsbereich ebenfalls auf **Diensterfindungen** begrenzt (s. Rz. 30 ff., 71). Bei **freien Erfindungen** ist u.E. eine analoge Geltung geboten (s. Rz. 48).

107 Besondere Probleme ergeben sich im Falle der **Miterfinderschaft** (zum Begriff s. Rz. 44 zu § 5). Auch dann gilt die Bestimmung zwar zugunsten der Hochschulwissenschaftler (s. Rz. 68). Allerdings ergibt sich ein **Wertungskonflikt**, wenn sich einzelne Miterfinder nicht auf § 42 Nr. 2 berufen können oder wollen. Dem Gesetzgeber ist bewusst, dass er den Konflikt zwischen Miterfindern über die Frage der Erfindungsmeldung nicht geregelt hat[88].

108 Da eine spezialgesetzliche Regelung fehlt und § 42 nur im Verhältnis zwischen Erfinder und Dienstherr/Arbeitgeber gilt, sind die **anderen Miterfinder** durch § 42 Nr. 2 nicht gebunden, und zwar unabhängig von der Frage, inwieweit das Grundrecht der Wissenschaftsfreiheit als primär staatsgerichtetes Abwehr- und Teilhaberecht gegenüber den Miterfindern als Dritten überhaupt Wirkung entfalten kann. Es gelten damit die allgemeinen zivilrechtlichen Grundsätze[89] der Bruchteilsgemeinschaft nach §§ 741 ff. BGB, die regelmäßig zwischen den Miterfindern bis zu einer unbeschränkten Inanspruchnahme besteht (s. Rz. 52 zu § 5). Die Rechtsposi-

---

87 Vgl. Amtl. Begr. zu § 42 Nr. 2 ((Fn. 6) S. 7; übereinstimmend Amtl. Begr. Reg.Entw. (Fn. 2) S. 9).
88 Siehe den Hinweis im Bericht des BT-Rechtsausschusses in BT-Drucks. 14/7573 v. 26.11.2001, S. 7.
89 Auf die Lösung über die zivilrechtlichen Ansprüche wurde im Rahmen des Gesetzgebungsverfahren verwiesen; siehe die Stellungnahme der Opposition im Bericht des BT-Rechtsausschusses in BT-Drucks. 14/7573 v. 26.11.2001, S. 5.

§ 42 (n.F.)

tionen der anderen Miterfinder können nicht mit Hinweis auf die negative Publizitätsfreiheit beschränkt werden, zumal deren Erfinderrecht nach Art. 14 Abs. 1 GG geschützt ist (s. Einl. Rz. 6), sich deren Erfinderpersönlichkeitsrecht aus Art. 1, 2 GG herleitet (s. Rz. 25 zu § 7) und – sofern sie ebenfalls Hochschulwissenschafter sind – die grundrechtlich geschützte positive Publikationsfreiheit genießen.

Mithin verbleibt es für die anderen Miterfinder bei deren Meldepflichten aus § 5, und zwar unabhängig davon, ob sie Beschäftigte der Hochschule oder Arbeitnehmer eines Dritten (Kooperationspartner, Auftraggeber usw.) sind. Im Falle einer unbeschränkten Inanspruchnahme der auf die Miterfinder entfallenden Erfindungsanteile besteht dann die Bruchteilsgemeinschaft zwischen dem Dienstherrn und dem nicht meldepflichtigen Erfinder fort (s. Rz. 72 zu § 6, zur Situation bei unterschiedlichen Arbeitgebern s. Rz. 5.1 zu § 7). Nach dem Recht der Bruchteilsgemeinschaft bestimmt sich, wie der Interessenkonflikt zwischen § 42 Nr. 2 einerseits und den Ansprüchen der Miterfinder auf Schutzrechtsanmeldung und auf Vergütung, die zum Kernbereich der Eigentumsgarantie des Erfinders gehören (s. Einl. Rz. 5), andererseits zu lösen ist, ggf. unter Einbeziehung der vermögenswerten Interessen dritter Arbeitgeber (Kooperationspartner).

Kommt man unter Würdigung aller Umstände des Einzelfalls dazu, dass die negative Publizität gegenüber dem Recht der anderen Teilhaber auf das Patent (Gebrauchsmuster) zurücktritt und eine Schutzrechtsanmeldung durchzuführen wäre, stellt sich die Frage, ob das Privileg des § 42 Nr. 2 Satz 1 ins Leere geht und damit die Meldepflicht des Hochschulerfinders auflebt (entsprechend § 42 Nr. 2 Satz 2).

Rz. 109, 110 frei

III. Ablehnung einer Offenbarung auf Grund der Lehr- und Forschungstätigkeit

§ 42 Nr. 2 entbindet den Hochschulwissenschaftler von der Erfindungsmeldung nach § 5, wenn er »auf Grund seiner Lehr- und Forschungstätigkeit die Offenbarung seiner Diensterfindung« ablehnt.   111

Der Begriff der **Offenbarung** entspricht dem der Nr. 1 (s. dazu Rz. 76). Im Regierungsentwurf trat dieser Begriff an die Stelle des noch im Koalitions-Entwurf enthaltenen Begriffs der »Veröffentlichung«[90]; damit wurde die – mit Blick auf die Publikationsfreiheit – folgerichtige Übereinstimmung zu § 42 Nr. 1 hergestellt.

Auch hier ist das Merkmal »**auf Grund der Lehr- und Forschungstätigkeit**« weit auszulegen (s. im Übrigen Rz. 77). Es genügt dementsprechend ein Zusammenhang mit der Tätigkeit des Hochschulwissenschaftlers   112

---

90 (Fn. 6), S. 4, § 42 Nr. 2 d. Entw.

§ 42 (n.F.)

in Forschung oder Lehre. In der Sache geht es vorrangig darum, dass der Hochschulerfinder eine Veröffentlichung seiner Erfindung aus **wissenschaftlich-ethischen Gründen** ablehnt[91]. Denkbar sind auch **weitere Gründe**, wie etwa ein Geheimhaltungsbedürfnis mit Blick auf laufende Forschungsarbeiten, ferner wirtschaftliche Aspekte (Erprobung von Anwendungsbereichen, Streben nach Verbesserungserfindungen) oder rein persönliche Beweggründe.

113 Die **Geheimhaltungsabsicht** muss im Regelfall – wie auch der Zusammenhang mit Satz 2 zeigt – zunächst auf **unbestimmte Zeit** ausgerichtet sein.[92]

114 Es bedarf **keiner Anzeige** oder sonstigen Erklärung des Erfinders, von seiner negativen Publikationsfreiheit Gebrauch zu machen. Insoweit befreit bereits die rein persönliche Willensbildung von der gesetzlichen Meldepflicht! Einen Anspruch des Dienstherrn auf Darlegung der Gründe gewährt das Gesetz nicht. Auch hier hat der Dienstherr im Lichte der negativen Publikationsfreiheit kein Recht auf Überprüfung der Begründetheit der Ablehnung einer Veröffentlichung (s. auch Rz. 74).

Rz. 115–117 frei

IV. Rechtsfolgen/Ruhen der Meldepflicht

118 Rechtsfolge der Entscheidung des Erfinders ist das **Ruhen der Meldepflicht** nach § 5., d.h. solange der Erfinder die Diensterfindung nicht offenbaren will, wird seine Meldepflicht nicht ausgelöst. Wie der Zusammenhang mit Satz 2 zeigt, wird die Erfindung dadurch nicht frei i. S. d. § 8. Vielmehr bleibt ihr Charakter als gebundene Erfindung, die potentiell einer späteren Meldung und damit dem Inanspruchnahmerecht nach §§ 6, 7 unterliegt, unverändert bestehen (s. Rz. 125). Darauf, ob die Entscheidung des Hochschulwissenschaftlers sachgerecht bzw. sinnvoll ist, kommt es mit Blick auf die Publikationsfreiheit nicht an (s. auch Rz. 114).

119 Wie die Amtliche Begründung zu Recht hervorhebt, hat der Hochschullehrer eine **eigene Veröffentlichung**, eine Schutzrechtsanmeldung oder Verwertung seines Forschungsergebnisses **zu unterlassen**[93]; ansonsten würde der Erfinder sowohl gegen §§ 5, 13 als auch gegen § 24 Abs. 2 verstoßen.

---

[91] Dies ist ausweislich der Amtl. Begr. zu § 42 Nr. 2 ((Fn. 6) S. 7; übereinstimmend Amtl. Begr. Reg.Entw. (Fn. 2) S. 9) wohl der aus Sicht des Gesetzgebers ausschlaggebende Aspekt.

[92] Davon geht wohl auch die Amtl. Begr. zu § 42 Nr. 2 aus (vgl. Amtl. Begr.(Fn. 6) S. 7; übereinstimmend Amtl. Begr. Reg.Entw. (Fn. 2) S. 9)

[93] Vgl. Amtl. Begr. zu § 42 Nr. 2 ((Fn. 6) S. 7; übereinstimmend Amtl. Begr. Reg.Entw. (Fn. 2) S. 9 a.E.).

§ 42 (n.F.)

Ein **Inanspruchnahmerecht** des Dienstherrn/Arbeitgebers besteht auch 120 dann nicht, wenn er anderweitig (z.B. bei Miterfinderschaft) von der Diensterfindung Kenntnis erlangt. Das ist untrennbare Folge des Entfallens der Meldepflicht. Davon gehen auch die Gesetzesmaterialien aus, wonach eine gleichwohl vom Dienstherrn ausgesprochene Inanspruchnahme und Schutzrechtsanmeldung den Hochschullehrer in seiner negativen Publikationsfreiheit verletzten würde[94] (zu Miterfindern s. Rz. 107 f.). Da es an einer Meldung fehlt, kommen im Grundsatz auch die sonstigen, an eine Meldung anknüpfenden Rechtsfolgen nicht zum Tragen. Allerdings dürften **Vereinbarungen über die Diensterfindung** analog § 22 Satz 2 zulässig sein, da die negative Publikationsfreiheit ansonsten die Vertragsfreiheit des Erfinders einschränken würde (s. auch Rz. 40 zu § 22).

Nach § 24 Abs. 1 knüpfen die **Geheimhaltungspflichten des Dienst-** 121 **herrn/Arbeitgebers** an die hier entfallende Meldung an (s. dazu Rz. 3 ff. zu § 24). Sofern man diese Bestimmung mit Blick auf die negative Publikationsfreiheit nicht (analog) anwenden will, folgt eine Geheimhaltungspflicht des Dienstherrn/Arbeitgebers zumindest aus dem Aspekt der Fürsorgepflicht, wenn dort auf andere Weise Kenntnis erlangt wurde (Rz. 5 u. 25 ff. zu § 24). Die Beachtung der erst mit Fertigstellung einer Diensterfindung begründeten negativen Publizitätsfreiheit kann u.U. den Dienstherrn (be-)hindern über laufende Forschungs(zwischen-)Ergebnisse im Rahmen eines Forschungsauftrags dem Auftragnehmer zu berichten.

Die Geheimhaltungspflicht **Dritter** folgt dagegen unmittelbar aus § 24 Abs. 3 (s. dazu Rz. 47 ff. zu § 24).

Rz. 122–124 frei

V. Spätere Meldung bei Offenbarungsabsicht (Satz 2)

Das Gesetz geht davon aus, dass der Erfinder sich zunächst auf unbe- 125 stimmte Zeit gegen die Veröffentlichung seiner Diensterfindung entschieden hat (s. Rz. 113). Will der Erfinder – so die Amtliche Begründung[95] – das Forschungsergebnis (die Diensterfindung) entgegen seiner ursprünglichen Absicht zu einem späteren Zeitpunkt veröffentlichen oder verwerten, hat er die Erfindung unverzüglich zu melden und eine bevorstehende Veröffentlichung rechtzeitig anzuzeigen. Mit der nachträglichen **Willensänderung** lebt also die Meldepflicht nach § 5 mit ihren Rechtsfolgen (insbesondere der §§ 6, 7, 13) wieder auf. Beabsichtigt er eine zeitnahe Veröffentlichung, hat er das Verfahren nach § 42 Nr. 1 zu beachten (s. Rz. 75 ff.).

---

94 Zu § 42 Nr. 2 ((Fn. 6) S. 7; übereinstimmend Amtl. Begr. Reg.Entw. (Fn. 2) S. 9).
95 Zu § 42 Nr. 2 ((Fn. 6) S. 7; übereinstimmend Amtl. Begr. Reg.Entw. (Fn. 2) S. 9 a.E., 10 oben).

§ 42 (n.F.)

126 Unterlässt er die unverzügliche Erfindungsmeldung, verletzt er damit seine wieder aufgelebten Pflichten aus § 5 und löst die entsprechenden Folgen aus (Erfüllungsanspruch, Schadensersatzpflicht usw., s dazu Rz. 94 ff. zu § 5). Die Verletzung der Anzeigepflicht nach § 42 Nr. 2 begründet ebenfalls u.a. Schadensersatzpflichten (s. Rz. 95). Die Unterlassung einer solchen Meldung ist zudem Dienstpflichtverletzung[96] (s. auch Rz. 27) und ggf. Kündigungsgrund (vgl. Rz. 98 zu § 5).

Rz. 127–130 frei

J. Verbleib eines nicht ausschließlichen Nutzungsrechts bei unbeschränkter Inanspruchnahme (Nr. 3)

131 Der Gesetzgeber gesteht dem Hochschulwissenschaftler in Anerkennung der Tatsache, dass die Diensterfindung im Rahmen wissenschaftlicher Tätigkeit gemacht wurde, ein Benutzungsrecht für seine Forschungsergebnisse im Rahmen seiner Lehr- und Forschungstätigkeit zu[97]. Die Vorschrift ist ebenfalls Ausfluss der grundgesetzlich verankerten Wissenschaftsfreiheit[98]. Sie begründet ein **gesetzliches Benutzungsrecht**. Soweit der Dienstherrn/Arbeitgeber alleiniger Rechtsinhaber wird (s. Rz. 132), steht es ihm frei, dem Hochschulwissenschafter im Rahmen einer lizenzvertraglichen Abrede weitergehende Benutzungsrechte einzuräumen, auch wenn kein Rechtsanspruch des Hochschullehrers besteht.

I. Geltungsbereich

132 Zum persönlichen Geltungsbereich gelten dieselben Grundsätze wie zu § 42 Nr. 1 (s. Rz. 65 ff.).

Problematisch ist auch hier die Situation der **Miterfinderschaft** (zum Begriff s. Rz. 44 zu § 5; zur grundsätzlichen Geltung des § 42 s. Rz. 68). Dies gilt insbesondere dann, wenn der Dienstherr (Arbeitgeber) des Hochschulwissenschaftlers durch die Inanspruchnahme nicht alleiniger Inhaber aller Erfindungsrechte wird (z.B. im Falle einer Kooperations-Erfindung). Nach dem Recht der Bruchteilsgemeinschaft können Nutzungsrechte nur gemeinschaftlich von allen Teilhabern vergeben werden (s. Rz. 99 zu § 16);

---

96 So Amtl. Begr. zu § 42 Nr. 2 ((Fn. 6) S. 7; übereinstimmend Amtl. Begr. Reg.Entw. (Fn. 2) S. 10).

97 Vgl. Amtl. Begr. zu § 42 Nr. 3 ((Fn. 6) S. 7; übereinstimmend Amtl. Begr. Reg.Entw. (Fn. 2) S. 10)..

98 Davon geht die Amtl. Begr. des Bundesrates für die von ihm in seinem Entwurf e. Ges. z. Förderung d. Patentwesens an d. Hochschulen v. 9.3.2001 vorgeschlagene inhaltsgleiche Regelung zu § 42 Abs. 1 Nr. 4 aus (s. BR-Drucks. 740/00 (Beschluss) Anlage S. 5).

§ 42 (n.F.)

entsprechendes würde bei einer BGB-Gesellschaft nach §§ 709, 718, 719 BGB gelten (s. Rz. 53 zu § 5). Konsequenz einer solchen zivilrechtlichen Wertung wäre, dass in derartigen Fällen ein Benutzungsrecht nicht entstehen könnte. Dem kann jedoch nicht gefolgt werden. Letztlich wird man die Bestimmung verfassungskonform dahingehend auslegen müssen, dass das gesetzliche Benutzungsrecht auch im Falle einer Miterfinderschaft besteht und damit zugleich eine sondergesetzliche Regelung auch im Verhältnis zum allgemeinen Patentrecht darstellt. Der Gesetzeswortlaut (»Dem Erfinder bleibt«) steht dem nicht entgegen, da dem Hochschulwissenschaftler zuvor mit Fertigstellung der Erfindung ein eigenes Nutzungsrecht als Miterfinder zugestanden wird (s. allgemein Rz. 99 zu § 16).

Sachlich ist der Geltungsbereich ebenfalls auf **Diensterfindungen** begrenzt (s. Rz. 30 ff.). Vorausgesetzt wird begriffsnotwendig eine **unbeschränkte Inanspruchnahme** i. S. d. §§ 6, 7 Abs. 1 (s. dazu Rz. 9 ff. zu § 6, Rz. 5 ff. zu § 7), da im Falle der beschränkten Inanspruchnahme der Dienstherr nur ein nichtausschließliches Benutzungsrecht nach § 7 Abs. 2 erwirbt und der Erfinder Rechtsinhaber bleibt (s. Rz. 28 ff. zu § 7 u. Rz. 6 zu § 8). 133

Rz. 134–137 frei

II. Inhalt des nicht ausschließlichen Nutzungsrechts

Angesichts des gleichen Gesetzeswortlauts ist das nichtausschließliche Benutzungsrecht inhaltlich den entsprechenden Rechten des Arbeitgebers in § 7 Abs. 2, § 14 Abs. 3, § 16 Abs. 3 und § 19 Abs. 1 gleichzustellen. Es entspricht dem einer **einfachen Lizenz** (siehe im Einzelnen Rz. 28 ff. zu § 7 u. Rz. 79 ff. zu § 16). Folglich ist es an die Person des Hochschulerfinders gebunden und weder übertragbar noch vererblich. 138

Das Nutzungsrecht erzeugt auch hier nur die gesetzlich niedergelegten schuldrechtlichen Wirkungen (s. Rz. 30 zu § 7; zum Sukzessionsschutz s. Rz. 140), auch wenn es wirtschaftlich eine Belastung des Nutzungsrechts aus der Diensterfindung darstellen kann. Gegenständlich wird das Nutzungsrecht eingeschränkt: Es besteht nur für eine Benutzung **im Rahmen der Lehr- und Forschungstätigkeit**. Der Begriff »im Rahmen der Lehr- und Forschungstätigkeit« entspricht dem des § 42 Nr. 1 (s. Rz. 77) und umfasst jedenfalls jede nicht-kommerzielle Verwendung der Erfindung im wissenschaftlichen Bereich[99]. Mit dieser Einschränkung umfasst das Benutzungsrecht alle **Benutzungshandlungen**, auf die sich gemäß § 9 PatG ein etwaiges Schutzrecht erstrecken würde (einschließlich des Einsatzes zu Forschungszwecken des Erfinders). Wie die Gesetzesmaterialien klarstel- 139

---

[99] Vgl. Amtl. Begr. zu § 42 Nr. 3 ((Fn. 6) S. 7; übereinstimmend Amtl. Begr. Reg.Entw. (Fn. 2) S. 10).

§ 42 (n.F.)

len, geht das Benutzungsrecht damit über das sog. **Versuchsprivileg des § 11 Nr. 2 PatG** hinaus, da das Benutzungsrecht des Hochschulwissenschaftlers nicht nur die Verwendung der Erfindung als Versuchsgegenstand erlaubt, sondern auch deren Nutzung als Arbeitsmittel im Rahmen des Lehr- und Forschungsbetriebs des Erfinders[100].

140 Das Nutzungsrecht **entsteht** kraft Gesetzes mit Zugang der unbeschränkten Inanspruchnahmeerklärung beim Erfinder (vgl. § 7 Abs. 1). Auf den Willen oder das Bewusstsein der Beteiligten kommt es nicht an. Das Nutzungsrecht **wirkt** auch **gegenüber Dritten**, d.h. es besteht weiter, wenn die Erfindung bzw. das hierauf erteilte Schutzrecht an Dritte veräußert oder eine ausschließliche Lizenz erteilt wird[101]. Dies folgt aus § 15 Abs. 3 PatG bzw. § 22 Abs. 3 GebrMG (s. Rz. 35 zu § 7). Sein Bestand ist – im Unterschied zu den Benutzungsrechten nach §§ 14, 16 – nicht vom Bestehen einer Schutzrechtsposition abhängig; fehlt es an einem Schutzrecht und ist die Erfindung offenkundig und damit gemeinfrei, kann der Hochschulwissenschaftler diese wie jeder Dritte frei nutzen (vgl. auch Rz. 61 zu § 7).

Rz. 141–144 frei

K. Vergütung bei Erfindungsverwertung (Nr. 4)

145 Zentrale, über die Hochschulwissenschaftler weit hinausgehende Bedeutung hat die neue Vergütungsregelung in § 42 Nr. 4. Sie stellt eine **Spezialvorschrift zu § 9 Abs 2** dar und setzt mit Blick auf die Vergütungspraxis in außeruniversitären Forschungseinrichtungen – abweichend von den allgemeinen Vergütungskriterien des ArbEG und den Vergütungsrichtlinien (Erfindungswert und Anteilsfaktor, s. Rz. 74 zu § 9) – die Höhe der Vergütung pauschal fest[102] (zum Miterfinderanteil s. Rz. 179).

Die Gesetzesfassung erschließt nicht unmittelbar die in den Gesetzesmaterialien dargelegten Erwägungen, etwa die Begrenzung auf die unbeschränkte Inanspruchnahme von Diensterfindungen (s. Rz. 156).

146 Da die Vorschrift im Grundsatz nur die Vergütungshöhe regelt, gelten im Übrigen die **allgemeinen Regeln des ArbEG** zur Vergütung, wie etwa zum **Entstehen** des Vergütungsanspruchs, dessen **Dauer**, dessen Verjährung usw. (s. dazu insbesondere Rz. 3 ff. zu § 9).

---

100 So Amtl. Begr. zu § 42 Nr. 3 ((Fn. 6) S. 7; übereinstimmend Amtl. Begr. Reg.Entw. (Fn. 2) S. 10).
101 Amtl. Begr. zu § 42 Nr. 3 ((Fn. 6) S. 7; übereinstimmend Amtl. Begr. Reg.Entw. (Fn. 2) S. 10).
102 Vgl. Amtl. Begr. zu § 42 Nr. 4 ((Fn. 6) S. 7; übereinstimmend Amtl. Begr. Reg.Entw. (Fn. 2) S. 10).

§ 42 (n.F.)

Gleiches gilt für das **Auskunftsrecht** gegenüber dem Dienstherrn (s. dazu Rz. 162 ff. zu § 12) – allerdings bezogen auf die nach § 42 Nr. 4 maßgeblichen Faktoren, also insbesondere auf die tatsächlich erzielten Einnahmen.

Die Konkretisierung erfolgt auch hier im Verfahren nach § 12, d.h. vorrangig ist der Abschluss einer **Vergütungsvereinbarung** und erst als zweiter Schritt erfolgt eine **Vergütungsfestsetzung** (siehe im Einzelnen dazu die Kommentierung zu § 12). Insoweit ergeben sich allerdings namentlich folgende **Besonderheiten**: Im Rahmen der nach § 12 Abs. 3 vorgeschriebenen Begründung (s. dazu Rz. 52 f. zu § 12) treten an die Stelle der Angaben zum Erfindungswert und Anteilsfaktor die Angaben zu den erzielten (Brutto-)Einnahmen; eine vorläufige Vergütung einschließlich des Risikoabschlags scheidet aus (s. Rz. 157). Auch hier besteht ein **Widerspruchsrecht** der Hochschulbeschäftigten nach § 12 Abs. 4 (s. dazu Rz. 77 ff. zu § 12) mit der daran anknüpfenden Mindestzahlungspflicht des Dienstherrn (s. Rz. 75 f. zu § 12) Bei **Miterfindern** sind insbesondere die Bekanntgabepflichten nach § 12 Abs. 2 (s. Rz. 28 ff. zu § 12), die Pflicht zur gesonderten Festsetzung (s. Rz. 54 zu § 12) und die Konsequenzen eines Widerspruchs nach § 12 Abs. 5 (s. Rz. 88 ff. zu § 12) zu beachten. Ebenfalls besteht bei veränderten Umständen ein wechselseitiger Anpassungsanspruch nach § 12 Abs. 6 (s. dazu Rz. 95 ff. zu § 12)..

Rz. 147–152 frei

I. Geltungsbereich

1. Hochschulbeschäftige

Abweichend von § 42 Nrn. 1 bis 3 erfasst § 42 Nr. 4 in Verbindung mit dem Eingangssatz **alle Beschäftigten an Hochschulen** (zum Begriff s. Rz. 10 ff.). Der Gesetzgeber hat es angesichts der Verzahnung von wissenschaftlichem und technischem Personal in Forschungsteams und der erheblichen Schwierigkeiten bei der Vergütungsberechnung als unbillig empfunden, die erfinderischen Beiträge der Beschäftigten ein und derselben Einrichtung unterschiedlichen Methoden der Vergütungsermittlung zu unterwerfen; er hat sich mit Blick auf die Zielsetzung der Novelle (Förderung des Wissens- und Technologietransfers, Beitrag zur Innovationssteigerung, s. Rz. 4) zu einer Erweiterung des persönlichen Anwendungsbereichs über die wissenschaftlich Tätigen hinaus auf alle Hochschulbeschäftigten entschieden[103].

153

---

[103] Vgl. Amtl. Begr. zu Art. 1 Nr. 2 ((Fn. 6) S. 6; übereinstimmend Amtl. Begr. Reg.Entw. (Fn. 2) S. 8).

§ 42 (n.F.)

Damit sind auch diejenigen Beschäftigten einbezogen, die sich nicht auf die grundrechtlich verankerte Wissenschaftsfreiheit berufen können. Hier hat der Gesetzgeber bewusst[104] für allgemeine Hochschulbeschäftigte eine Besserstellung gegenüber sonstigen Verwaltungsangehörigen begründet. Damit wird an dieser Schnittstelle der Grundsatz der Gleichstellung der Arbeitnehmer des öffentlichen Dienstes untereinander und mit denen der Privatwirtschaft (s. Rz. 4 ff. vor §§ 40–42) rechtssystematisch durchbrochen, auch wenn die Vergütungspraxis bei Großforschungseinrichtungen dafür Pate gestanden hat. Es ist zu bezweifeln, ob ein derart weitgehender Schritt sich bereits mit dem Wegfall des Hochschullehrerprivilegs rechtfertigen lässt.[104a]

Rz. 154, 155 frei

2. In Anspruch genommene Diensterfindungen

156 Sachlich ist der Geltungsbereich auf **Diensterfindungen** begrenzt (s. Rz. 30 ff.), auch wenn hier – im Gegensatz zu § 42 Nrn. 1 bis 3 – rechtsuntechnisch nur von »Erfindung« gesprochen wird[105]; die Einbeziehung freier Erfindungen scheidet i.H.a. die Notwendigkeit einer vertraglichen Vergütungsregelung nach § 19 (s. dort Rz. 9, 28 f.) aus.

Die Gesetzesmaterialien gehen davon aus, dass die Regelung nur bei **unbeschränkter Inanspruchnahme** i.S.d. §§ 6, 7 Abs. 1 (s. dazu Rz. 9 ff. zu § 6, Rz. 5 ff. zu § 7) gilt[106]. Der Gesetzeswortlaut ist allerdings offen, zumal auch die Begriffe »Verwertung« und »Einnahmen« nicht zwingend auf eine unbeschränkte Inanspruchnahme begrenzt sind (s. Rz. 160, 167). Folglich gilt die Regelung u.E. auch im Falle der bloß beschränkten Inanspruchnahme; solche dürfte allerdings angesichts der Zielsetzung der Reform die Ausnahme sein.

157 Der Vergütungsanspruch ist u.E. von der Einreichung einer **Schutzrechtsanmeldung** grundsätzlich unabhängig. Maßgeblich ist allein, ob die Einnahmen aus der Verwertung der Diensterfindung erzielt werden. Folglich entfällt auch die mindernde Berücksichtigung einer bloß vorläufigen Vergütung und des sog. **Risikoabschlags** (s. dazu Rz. 64 ff. zu § 12). Eine unterbliebene Schutzrechtsanmeldung dürfte allerdings die Ausnahme sein, berücksichtigt man die Zielsetzung der Neufassung, den Hochschulen zu

---

104 Vgl. den Hinweis der Amtl. Begr. zu § 42 Nr. 4 ((Fn. 6) S. 7; übereinstimmend Amtl. Begr. Reg.Entw. (Fn. 2) S. 11).
104a Vgl. Bartenbach/Hellebrand Mitt. 2002, 165, 168.
105 Davon geht auch die Amtl. Begr. zu § 42 Nr. 4 aus (vgl. (Fn. 6) S. 7; übereinstimmend Amtl. Begr. Reg.Entw. (Fn. 2) S. 10).
106 Vgl. Amtl. Begr. zu § 42 Nr. 4 ((Fn. 6) S. 7; übereinstimmend Amtl. Begr. Reg.Entw. (Fn. 2) S. 10).

§ 42 (n.F.)

ermöglichen, alle dort gemachten Erfindungen unbeschränkt in Anspruch zu nehmen, zum Schutzrecht anzumelden und einer wirtschaftlichen Verwertung zuzuführen[107].

Bei **Wegfall eines Schutzrecht**, etwa wenn die Anmeldung zurückgewiesen bzw. das Schutzrecht versagt oder später vernichtet wird, fällt auch hier der Vergütungsanspruch weg (vgl. zur unbeschränkten Inanspruchnahme Rz. 31 ff. zu § 9). Werden aus einer Lizenzvergabe gleichwohl weitere Einnahmen erzielt, bleiben diese allerdings vergütungspflichtig (s. auch RL Nr. 42 S. 4 ff., s. dazu KommRL Rz. 11 ff. zu RL Nr. 42); angesichts der kartellrechtlichen Wertung in § 17 Abs. 1 GWB/Art. 81 EGV (s. Rz. 136 ff. zu § 9) ist allerdings genau zu prüfen, ob die Zahlungen tatsächlich für die Diensterfindung geleistet werden (Kausalität, s. Rz. 167, 174).

Selbstverständlich gelten die Bestimmungen über **betriebsgeheime Erfindungen** gemäß § 17 auch für Hochschulerfindungen, wobei allerdings die Geltendmachung berechtigter Geheimhaltungsbelange der Hochschule (des Dienstherrn) zwar die Ausnahme, wenn auch nicht ausgeschlossen sein dürfte (denkbar z.B. im Zusammenhang mit noch nicht abgeschlossenen Forschungsprojekten).

Rz. 158, 159 frei

II. Verwertung durch den Dienstherrn

Der Begriff der **Verwertung** ist in einem weiten Sinne zu verstehen und umfasst sowohl die innerbetriebliche (Eigen-)Nutzung beim Dienstherrn (Arbeitgeber, s. Rz. 9) als auch die außerbetriebliche Nutzung im Wege des Erfindungsverkaufs, des Lizenzaustauschs oder der Lizenzvergabe (s. auch Rz. 158). Während der Koalitions-Entwurf die Verwertung auf Patentverkauf und Lizenzvergabe begrenzt hatte[108], stellt die Begründung des Regierungsentwurfs klar, dass auch die Verwertung »in einer anderen Form, durch die Vermögenswerte zufließen«, umfasst ist[109]. Im Ergebnis gilt hier kein anderer Verwertungsbegriff, als etwa bei § 7 Abs. 2 (s. dort Rz. 47 f.), § 9 Abs. 2 (s. dort insbesondere Rz. 86), § 19 Abs. 1 (s. dort Rz. 35), § 27 Nr. 3 n.F. (s. dort Rz. 107) und § 40 Nr. 3 (s. dort Rz. 43). Zu Versuchen s. Rz. 173. 160

Andererseits folgt aus dem Erfordernis der »Verwertung«, dass es nur um die tatsächliche Verwertung gehen kann (s. dazu Rz. 90 ff. zu § 9). Eine bloße wirtschaftliche **Verwertbarkeit** i. S. d. § 9 Abs. 2 (s. dazu Rz. 86 ff., 210 ff. zu § 9) ist dagegen nicht vergütungspflichtig (zur Rechtsnatur als 161

---

107 Vgl. Amtl. Begr. Allg. Teil ((Fn. 6) S. 5; übereinstimmend Amtl. Begr. Reg.Entw. (Fn. 2) S. 5).
108 Vgl. Amtl. Begr. zu § 42 Nr. 4 (vgl. (Fn. 6) S. 7).
109 Vgl. Amtl. Begr. zu § 42 Nr. 4 des Reg.Entw. (Fn. 2) S. 10.

§ 42 (n.F.)

Spezialvorschrift zu § 9 Abs. 2 s. Rz.145). Das betrifft auch Vorratspatente (zum Begriff s. Rz. 202 zu § 9).

Rz. 162–164 frei

III. Vergütungsbemessung

165 Als spezialgesetzliche Ausnahme zu § 9 Abs. 2 (s. Rz. 145) beträgt die Höhe der Vergütung **pauschal 30 %** der durch die Verwertung erzielten **Einnahmen**. Die von § 9 zur Angemessenheit vorgegebenen Bemessungskriterien – der erfindungsspezifische Erfindungswert und der individuelle Anteilsfaktor – bleiben unberücksichtigt (zum Miterfinderanteil s. Rz. 179). Diese pauschale Vergütungsbemessung ist im Verhältnis zum bisherigen Recht und zu den üblichen Vergütungskriterien des ArbEG einschließlich der Vergütungsrichtlinien gänzlich neu und bedeutet eine deutliche Besserstellung aller Hochschulbeschäftigten gegenüber der sonstigen Verwaltung (s. Rz. 153).

Zielsetzung ist eine vereinfachte Vergütungsberechung, die der Streitvermeidung dient und zugleich attraktiver Anreiz für erfinderische Betätigung sein soll[110].

1. Erzielte Einnahmen

166 Wirtschaftlich-rechnerische Bezugsgröße für die Vergütungsbemessung sind die durch die Verwertung erzielten Einnahmen. Das Merkmal der **Verwertung** korrespondiert mit dem Eingangshalbsatz, so dass alle Verwertungshandlungen umfasst sind (s. Rz. 160).

167 Der erstmals im ArbEG verwendete Begriff der **Einnahmen** ist in einem weiten Sinn zu verstehen. Umfasst sind – wie auch der Begründung zum Regierungsentwurf zu entnehmen ist (s. Rz. 160) – **alle Vermögenswerte, die dem Dienstherrn/Arbeitgeber aus der Verwertung der Diensterfindung** zufließen. Dieses Verständnis entspricht dem allgemeinen Vergütungsgrundsatz (s. Rz. 2 ff. zu § 9). Erforderlich ist also auch hier, dass die Einnahmen einerseits kausal auf die Diensterfindung zurückgehen; andererseits ist nur auf den wirtschaftlichen Nutzen (Vermögensbereicherung) beim betreffenden Dienstherrn/Arbeitgeber ohne Einbeziehung Dritter abzustellen. Keine Einnahmen sind staatliche Finanzierungsmittel und entwicklungsbezogene Drittmittel i. S. d. § 25 HRG; solche werden zur Deckung von Kosten bereit gestellt und nicht für erbrachte Leistungen eingenommen (s. aber auch Rz. 171).

---

110 So die Amtl. Begr. des Reg.Entw. (Fn. 2) S. 10.

§ 42 (n.F.)

Es kommt auf die **erzielten**, d.h. tatsächlich zugeflossenen Einnahmen an. Folglich sind nicht realisierbare Ansprüche bzw. bloße Forderungen (noch) nicht vergütungspflichtig. Im Unterschied zu dem in § 40 Nr. 1 und § 42 Abs. 2 a.F. verwendeten Begriff des Ertrages (s. dazu Rz. 26, 28 zu § 40 u. Rz. 35 zu § 42 a.F.) sind erzielte Einnahmen nicht die Nettoerlöse, sondern die gesamten erfindungsbezogenen **Bruttoeinnahmen** (nach Abzug von Steuern, insbesondere Umsatzsteuer, aber ohne Ertragssteuern, wie Einkommenssteuer). Insoweit wurde den ursprünglichen Vorstellungen des Bundesrates, auf den »Verwertungserlös nach Abzug der Patentierungskosten« und damit auf den »Nettoerfindungserlös« abzustellen[111], nicht gefolgt. Die Gesetzesmaterialien stellen insoweit ausdrücklich klar: »Ein Abzug der Schutzrechtserwirkungs-, -aufrechterhaltungs-, -verteidigungs- und -verwertungskosten findet dabei nicht statt.«[112]   168

Die Einnahmen bestimmen sich nach der **Art der Verwertung**. Bei der Feststellung, welche Vermögensvorteile als solche überhaupt Einnahmen darstellen, können vielfach die Grundsätze zum Erfindungswert (s. dazu Rz. 83 ff. zu § 9) wertend mit herangezogen werden.   169

Zu den in der Praxis wesentlichen außerbetrieblichen Verwertungsarten gehört der **Erfindungsverkauf** bzw. die Übertragung einzelner darauf bezogener Schutzrechtspositionen; hier ist Einnahme der erzielte Kaufpreiserlös (s. Rz. 251 f. zu § 9). Bei **Lizenzvergabe** – gleich, ob einfache oder ausschließliche – ist auf die zufließenden (Brutto-)Lizenzgebühren abzustellen, ggf. auch auf sonstige vermögenswerte Vorteile des Dienstherrn/Arbeitgebers, wie z.B. die nachträgliche Übernahme von Entwicklungskosten[113] oder sonstige Einmalzahlungen oder die Überlassung von Nutzungsrechten (s. im Einzelnen Bartenbach/Volz, KommRL, Rz. 54 ff. zu RL Nr. 14). Den Lizenzeinnahmen stehen Schadensersatzzahlungen Dritter bei Schutzrechtsverletzungen gleich[114] (s. dazu 239 f. zu § 9). Bei **Lizenzaustauschverträgen** ist – in Anlehnung an RL Nr. 17 – Einnahme der Gesamtnutzen des Vertrages für den Arbeitgeber/Dienstherrn, wobei allgemein auf dessen (Bruutto-)Einnahmen bzw. Vermögensvorteile aus den eingetauschten Fremdrechten abgestellt wird (s. dazu im Einzelnen Bartenbach/Volz KommRL Rz. 32 zu RL Nr. 17).   170

Ist **kein Kaufpreis** bzw. keine Lizenzgebühr **ausgewiesen**, entfällt die Vergütung nicht. Vielmehr ist der Erlös fiktiv nach dem marktüblichen   171

---

111 Vgl. BR-Gesetzentwurf BT-Drucks. 14/5939 S. 5 – § 42 Abs. 1 Nr. 1 d. Entw. – nebst Begründung S. 6.
112 Vgl. Amtl. Begr. zu § 42 Nr. 4 ((Fn. 6) S. 7; übereinstimmend Amtl. Begr. Reg.Entw. (Fn. 2) S. 10).
113 Vgl. dazu allg. Reimer/Schade/Schippel/Kaube Rz. 4 zu § 11/RL Nr. 15; Bartenbach/Volz, KommRL, Rz. 77 zu RL Nr. 14.
114 So auch allg. A. zu RL Nrn. 14, 15, z.B. Schiedsst. v. 8.9.1986 Blatt 1987, 306, 307 u.v. 15.5.2001 Ar.Erf. 59/98 (unveröffentl.); Busse/Keukenschrijver, PatG, Rz. 24 zu § 11 ArbEG.

§ 42 (n.F.)

(Brutto-)Kaufpreis bzw. (Brutto-) Lizenzsatz zu bestimmen. Dazu kann regelmäßig auf die Grundsätze zum Erfindungswert bei kostenloser Lizenzvergabe bzw. Erfindungsübertragung zurückgegriffen werden (s. dazu Rz. 187 zu § 9 und KommRL Rz. 31 ff. zu RL Nr. 14 u. Rz. 44 f. zu RL Nr. 16), wobei mit Blick auf die Wertung in § 42 Nr. 4 die beim Erfindungswert üblichen Minderungen wegen Unkosten und fiktivem Unternehmergewinn ausscheiden. Da gesetzlicher Maßstab die tatsächlichen Einnahmen der Hochschule (Dienstherrn) sind und es um Erfindervergütung und nicht um Schadensersatz geht, wäre es allerdings mit dieser Zielsetzung unvereinbar, wenn der Dienstherr auf Grund fiktiver Bemessung »drauf zahlt«, so dass Obergrenze stets 30 % der Entgeltzahlungen des Auftragsgebers sind.

Nicht selten wird bei schutzfähigen Ergebnissen einer **Auftragsforschung/-Entwicklung** für die Hochschule (Dienstherrn) die Vertragspflicht bestehen, hierbei entstehende Erfindungen ohne zusätzliches Entgelt dem Auftraggeber zu übertragen bzw. Nutzungsrechte einzuräumen. Ist dafür kein gesonderter Anteil des Auftraglohns ausgewiesen, muss auch hier die Einnahme fiktiv bestimmt werden (s. Rz. 196 f. zu § 9). Dabei verbietet sich eine schematische Lösung. Wertend ist zu berücksichtigen, ob der Auftraggeber die Zahlung der Gesamtauftragssumme unabhängig davon schuldet, ob schutzfähige Erfindungen entwickelt werden oder nicht. Die üblichen Ansätze der Schiedsstelle zur Bestimmung des Erfindungswertes (s. dazu Rz. 197 zu § 9) können bereits im Hinblick auf den Brutto-Grundsatz (s. Rz. 168) nicht herangezogen werden. Als Einnahme ist mangels anderweitiger Anhaltspunkte ein Bruchteil der Gesamtauftragssumme zu wählen, und zwar bemessen nach dem **Wertanteil**, der der Bedeutung der Erfindung im Verhältnis zu den sonstigen (vertraglich geschuldeten) Leistungen des Auftragnehmers (Hochschule) entspricht. Da sich eine Schätzung auch an den Investitionskosten orientieren kann (s. Rz. 177 zu § 9), mag es im Einzelfall angemessen sein, ausnahmsweise auf die für das Forschungsprojekt zur Verfügung gestellten Drittmittel **anteilig** abzustellen und davon als Vergütung 30 % des auf die Diensterfindung entfallenden Wertanteils anzusetzen.

172 Erfolgt (ausnahmsweise) eine **betriebliche Eigennutzung** innerhalb der Hochschule bzw. im sonstigen Bereich des Dienstherrn/Arbeitgebers, so ist dies vergütungspflichtig (s. Rz. 150); nicht vergütungspflichtig ist dagegen die Nutzung durch einen Dritten, z.B. Kooperationspartner (vgl. Rz. 2.4 zu § 9 m. w. Hinweisen). Für die Ermittlung der Einnahmen können auch hier als Maßstab die Grundsätze zum Erfindungswert herangezogen werden (s. dazu Rz. 101 ff. zu § 9), also insbesondere die Lizenzanalogie (RL Nr. 6 ff.), sofern Umsätze erzielt werden, und die Methode nach dem erfassbaren betrieblichen Nutzen (RL Nr. 12) bei bloß innerbetrieblichen Auswirkungen. Allerdings ist angesichts der gesetzgeberischen Wertung eine sonst übliche Minderung wegen Unkosten, eines fiktiven Unterneh-

§ 42 (n.F.)

merlohns oder Kausalitätsverschiebungen (Abstaffelung i. S. d. RL Nr. 11) nicht möglich. Folglich kann solches weder mindernd beim Lizenzsatz nach der Lizenzanalogie (s. Rz. 124, 131 ff. zu § 9) noch beim erfassbaren betrieblichen Nutzen über einen Umrechnungsfaktor berücksichtigt werden (s. dazu Rz. 163.3, 165 zu § 9), d.h. es ist vom Brutto-Nutzen auszugehen.

Bei **Versuchen** ist zu unterscheiden: Vergütungsfrei sind Versuche, bei denen die Erfindung selbst Gegenstand der Forschung ist, auch wenn dazu Drittmittel zur Verfügung gestellt werden (s. Rz. 93.2 zu § 9). Dies gilt nach der in § 11 Nr. 2 PatG getroffenen Wertung auch in den sonstigen Fällen, in denen sich die Versuche auf den Gegenstand der Diensterfindung beziehen[115]. Wird die Erfindung dagegen für anderweitige Forschungszwecke eingesetzt, ist sie also Mittel zur Forschung, so hat sie im Grundsatz einen Vermögenswert und ist damit vergütungspflichtig (s. Rz. 93.1 zu § 9); mangels sonstiger Anhaltspunkte wird man die Einnahmen fiktiv danach bestimmen können, was der Dienstherr Dritterfindern für die Nutzungsmöglichkeit gezahlt hätte (vgl. Rz. 176 zu § 9). 173

Allerdings ist auch im Rahmen des § 42 Nr. 4 stets zu prüfen, ob die Einnahmen **kausal auf Grund der zu vergütendenden Diensterfindung anfallen**. Nur insoweit kann von »Einnahmen aus der Verwertung der Erfindung« gesprochen werden. Nur dann ist im Grundsatz eine Vergütung gerechtfertigt (s. Rz. 167). 174

In der Praxis ist eine Vielzahl von Fallgestaltungen möglich, in denen Einnahmen nicht speziell für die zu vergütende Diensterfindung ausgewiesen werden bzw. zurechenbar sind. Dies gilt etwa, wenn **mehrere Schutzrechte bzw. Erfindungen** zu einem Gesamtpreis verkauft werden bzw. Gegenstand eines Lizenzvertrages mit einer globalen Lizenzgebühr sind, ferner wenn mit den Einnahmen zugleich sonstige Leistungen des Dienstherrn abgegolten werden. In der betrieblichen Vergütungspraxis verbietet sich eine schematische Lösung. Vielmehr erfolgt eine Aufteilung auf mehrere Erfindungen bzw. Leistungen nach deren wirtschaftlicher Bedeutung für den Vertragsabschluss (s. Rz. 226, 252 zu § 9) bzw. – entsprechend der Wertung in RL Nr. 19 – nach dem funktionellen/patentrechtlichen/technischen Einfluss der einzelnen Erfindungen auf den Gesamtkomplex (s. Rz. 130 f. zu § 9).

In der Unternehmenspraxis der Regelfall, im öffentlichen Bereich dagegen seltener dürfte die Mitüberlassung von begleitendem **Know-how** sein; sofern hier kein gesonderter Wert ausgewiesen oder erkennbar ist, könnte es angesichts der Zielsetzung (s. oben Rz. 168) in Anlehnung an RL Nr. 15 (s. dazu Rz. 225 zu § 9) zulässig sein, im Rahmen der Pauschalierung von einem gesonderten Abzug abzusehen.

---

115 Vgl. zu § 11 Nr. 2 PatG BVerfG v. 10.5.2000 GRUR 2001, 43 ff. – Klinische Versuche; vorangehend BGH v. 11.7.1995 GRUR 1996, 109 ff. – Klinische Versuche I u.v. 17.4.1997 Mitt. 1997, 253 ff. – Klinische Versuche II.

§ 42 (n.F.)

Rz. 175–177 frei

2. Anteil (Dreißig vom Hundert)

178 An den aus der Diensterfindung erzielten Einnahmen (s. Rz. 166) wird der Hochschulerfinder **pauschal mit 30 %** beteiligt. Neben Vorbildern im Bereich der außeruniversitären Forschungseinrichtungen wurde dabei – unter Heranziehung praktischer Erfahrungen bei vertraglichen Überleitungen von freien Hochschulerfindungen auf die Universitäten – vom sog. Drittel-Modell ausgegangen[116]. Allerdings hat der Gesetzgeber bewusst davon abgesehen, Vorgaben für die Verwendung der der Hochschule (bzw. dem Dienstherrn) verbleibenden Anteile an den Einnahmen zu machen[117] (vgl. auch § 25 Abs. 6 HRG).

179 Bei **Miterfinderschaft** (zum Begriff s. Rz. 44 ff. zu § 5) von Hochschulbeschäftigten ist der 30 %-Anteil auf die Miterfinder aufzuteilen, und zwar gemäß deren Miterfinderanteilen (zur Situation bei externen Miterfindern im Rahmen einer Kooperation s. Rz. 195). Für die Bemessung des Miterfinderanteils gelten die allgemeinen Regeln des ArbEG (s. dazu Rz. 30 ff. zu § 12). Es kommt allein auf den (schöpferischen) Beitrag des Miterfinders zur Diensterfindung an. Ohne Belang sind dagegen die sonstige dienstliche Tätigkeit oder die Stellung innerhalb der Hochschulhierarchie, da ein Anteilsfaktor im Rahmen des § 42 Nr. 4 nicht berücksichtigt wird.

Die **Vergütungsformel** lautet bei Miterfinderschaft demzufolge:

Vergütung = (Brutto-)Einnahme x 30 % x Miterfinderanteil.

Die Besonderheiten bei Miterfindern im Rahmen der **Vergütungsregelung** sind zu beachten (s. Rz. 146).

Für die **Miterfinder außeruniversitärer Arbeitgeber,** für die § 42 nicht gilt (s. Rz. 19 f.), verbleibt es dagegen – neben dem Miterfinderanteil – bei den allgemeinen Vergütungsparametern von Erfindungswert und Anteilsfaktor, selbst wenn sie ebenfalls dem öffentlichen Dienst angehören sollten. Einen über den Hochschulbereich hinausgehenden Rechtsanspruch auf Gleichbehandlung erkennt das ArbEG nicht an.

Rz. 180–184 frei

---

116 Vgl. Amtl. Begr. zu § 42 Nr. 4 ((Fn. 6) S. 7; der Hinweis fehlt in der Amtl Begr. des Reg.Entw. (Fn. 2) S. 11). Der Inhalt des Drittel-Modells ist jedoch unscharf. Jedenfalls im Ergebnis läuft dieses darauf hinaus, dass die Hochschule, das Institut, dem der Erfinder angehört, und der Erfinder je ein Drittel des Erlöses erhalten (so auch Amtl. Begr. zum Gesetzentwurf des Bundesrates in BT-Drucks. 14/5939 S. 6 zu Art. 1 Nrn. 1 u.2 d.Entw.).

117 Amtl. Begr. zu § 42 Nr. 4 ((Fn. 6) S. 7; übereinstimmend Amtl. Begr. Reg.Entw. (Fn. 2) S. 11).

§ 42 (n.F.)

L. Keine Inanspruchnahme einer angemessenen Beteiligung (Nr. 5)

§ 42 Nr. 5 schließt die Anwendung des § 40 Nr. 1 ArbEG für den Hochschulbereich aus. Nach Auffassung des Gesetzgebers widerspricht die durch § 40 Nr. 1 ermöglichte Freigabe der Diensterfindung unter Inanspruchnahme einer Ertragsbeteiligung des Dienstherrn/Arbeitgebers (s. dazu Rz. 15 ff. zu § 40) der Zielsetzung der Reform; eine Freigabe der Diensterfindung gegen Ertragsbeteiligung steht im Gegensatz zur Absicht, die Rahmenbedingungen für den Aufbau eines Hochschul-Patentwesens zu schaffen und solches zu fördern sowie der damit verbundenen Vorstellung, dass Hochschulen eine aktive Rolle im Patentgeschäft übernehmen, zumal § 40 Nr. 1 die Verwertungsrisiken einseitig auf den Hochschulerfinder verlagert[118]. 185

Aus dem Ausnahmecharakter des § 42 Nr. 5 im Verhältnis zu §§ 40, 41 folgt zugleich, dass die **sonstigen Sonderregelungen des § 40** auch für den Hochschulbereich gelten, also sogar die Möglichkeit einer Allgemeinen Anordnung nach § 40 Nr. 3 (s. dazu Rz. 34 ff. zu § 40). Allerdings dürfte solches angesichts des Eingriffs in den grundrechtlich geschützten Wissenschaftsbereich kaum praktisch werden (vgl. auch Rz. 35 zu § 40). 186

Der Geltungsbereich des § 42 Nr. 5 erstreckt sich ausweislich des Eingangssatzes auf **alle Beschäftigten an Hochschulen** (zum Begriff s. Rz. 10 ff.); insoweit ergibt sich nichts anderes als bei der Vergütung nach § 42 Nr. 4 (s. dort Rz. 153). Dies ist angesichts der Zielsetzung des Gesetzes folgerichtig. 187

Da abweichende Vereinbarungen nach Erfindungsmeldung zulässig sind (§ 22 Satz 2), wäre der Dienstherr/Arbeitgeber allerdings nicht gehindert, dann eine den Wirkungen des **§ 42 Abs. 2 a.F. entsprechende Vereinbarung** mit dem Hochschulerfinder abzuschließen. Das dürfte nach der vom Gesetzgeber verfolgten Intention aber nur eingeschränkt praktisch werden, etwa dann, wenn die Diensterfindung mangels Bedarfs ansonsten »entschädigungslos« freigegeben würde. 188

Rz. 189–191 frei

M. Forschungs- und Entwicklungskooperationen mit Dritten/Auftragsforschung

Die Novellierung des § 42 ist im Zusammenhang mit der **Reform des Hochschulrechts** zu sehen. Die Förderung des Wissens- und Technologietransfers gehört nach § 2 Abs. 7 HRG zu den grundlegenden Aufgaben 192

---

[118] Amtl. Begr. zu § 42 Nr. 5 ((Fn. 6) S. 7; übereinstimmend Amtl. Begr. Reg.Entw. (Fn. 2) S. 11).

§ 42 (n.F.)

der Hochschule[119]; das entspricht einer wesentlichen Zielsetzung des § 42 n.F. (s. Rz. 4). Die Hochschulen betreiben heute mehr als nur reine Grundlagenforschung[120]. Eine praktische Anwendung wissenschaftlicher Erkenntnisse ist zum Bestandteil der Forschungsaufgaben geworden (vgl. auch § 22 HRG). Die Durchführung von **Forschungsvorhaben mit Drittmitteln** gehört zu den dienstlichen Aufgaben der in der Forschung tätigen Hochschulmitglieder (s. § 25 Abs. 1 Satz 1 HRG: »im Rahmen ihrer dienstlichen Aufgaben/übrigen Dienstaufgaben«)[121]. Sie ist Teil der Hochschulforschung (§ 25 Abs. 1 Satz 2 HRG) und unterliegt ebenso wie die Auftragsforschung des Hochschulwissenschaftlers dem Grundrechtsschutz des Art. 5 Abs. 3 GG[122]. Diese Drittmittel-Forschungen können im Grundsatz in der Hochschule – bei Berücksichtigung anderer Hochschulaufgaben und Beachtung der Rechtspositionen Dritter und etwaiger Folgelasten – unter Inanspruchnahme von Personal und Sachmitteln der Hochschule durchgeführt werden (vgl. § 25 Abs. 2, 3 HRG). Das gilt sinngemäß für **Entwicklungsaufgaben** im Rahmen angewandter Forschung (§ 26 HRG).

193 Im Ergebnis bedeutet die Reform für die praktische Zusammenarbeit zwischen Industrie, Hochschule und Wissenschaftler, dass eine vertragliche **Regelung unter Einbeziehung aller drei Beteiligten** zielführend ist und durch die Einbindung des Hochschulwissenschaftlers in das Forschungsvorhaben und die Zuordnung von Erfindungs- bzw. Nutzungsrechten an das Industrieunternehmen abgesichert werden sollte.

Wird nur ein **Vertrag zwischen Industrie und Hochschulwissenschaftlern** geschlossen, werden die Vertragsparteien insbesondere zu berücksichtigen haben, dass alle seit dem 7.2.2002 fertig gestellten Erfindungen des Hochschulwissenschaftlers entweder als Diensterfindungen (auch als sog. Erfahrungserfindung i. S. d. § 4 Abs. 2 Nr. 2) dem Inanspruchnahmerecht des Dienstherrn (Hochschule, s. Rz. 30 ff.) oder als freie Erfindungen der Mitteilungs- und ggf. Anbietungspflicht nach §§ 18, 19 unterfallen, ferner, dass die Berufung auf die negative Publikationsfreiheit nach § 42 Nr. 2 zugleich für den Hochschulwissenschaftler ein eigenes Verwertungsverbot nach sich zieht (s. Rz. 119) und dass das ihm durch § 42 Nr. 3 zuerkannte gesetzliche Benutzungsrecht nicht übertragbar ist (s. Rz. 138 f.).

Schließen nur die **Hochschule und der Industriepartner** ohne Einbeziehung des Hochschullehrers einen Vertrag, sind weder die (dienstliche) Einbindung des Hochschullehrers an dem Projekt noch die Frage der Verwertung von Diensterfindungen sichergestellt, wenn sich der Hochschullehrer

---

119 So der Hinweis zur Zielsetzung in der Amtl. Begr. ((Fn. 6) S. 2; übereinstimmend Amtl. Begr. Reg.Entw. (Fn. 2) S. 1).
120 Darauf weist auch die Amtl.Begr. hin ((Fn. 6) S. 2; übereinstimmend Amtl. Begr. Reg.Entw. (Fn. 2) S. 1).
121 Reimer/Schade/Schippel/Leuze Rz. 13 zu § 42 m.w.N.
122 Kraßer/Schricker PatR u. UrhR an Hochschulen (1988) S. 65 unter Bezugnahme auf Maunz/Dürig/Herzog GG Rz. 99 f. zu Art. 5 Abs. 3.

4. Abschnitt Übergangs- und Schlussbestimmungen

§ 43 Übergangsvorschrift (neue Fassung)*

(1) § 42 in der am 7. Februar 2002 (BGBl. I S. 414) geltenden Fassung dieses Gesetzes findet nur Anwendung auf Erfindungen, die nach dem 6. Februar 2002 gemacht worden sind. Abweichend von Satz 1 ist in den Fällen, in denen sich Professoren, Dozenten oder wissenschaftliche Assistenten an einer wissenschaftlichen Hochschule zur Übertragung der Rechte an einer Erfindung gegenüber einem Dritten vor dem 18. Juli 2001 vertraglich verpflichtet haben, § 42 des Gesetzes über Arbeitnehmererfindungen in der bis zum 6. Februar geltenden Fassung bis zum 7. Februar 2003 weiter anzuwenden.

(2) Für die am 7. Februar 2002 von den an einer Hochschule Beschäftigten gemachten Erfindungen sind die Vorschriften des Gesetzes über Arbeitnehmererfindungen in der bis zum 6. Februar geltenden Fassung anzuwenden. Das Recht der Professoren, Dozenten und wissenschaftliche Assistenten an einer wissenschaftlichen Hochschule, dem Dienstherrn ihre vor dem 6. Februar 2002 gemachten Erfindungen anzubieten, bleibt unberührt.

Lit.: Siehe bei § 42.

Übersicht

A. Allgemeines 1-3	C. Übertragungsverpflichtung
B. Grundsatz (Abs. 1 Satz 1,	als Ausnahme (Abs. 1 Satz 2) 9-11
Abs. 2) 4-8	

A. Allgemeines

Die gänzlich neu gefasste Übergangsvorschrift hat durch das am 7.2.2002 in Kraft getretene Gesetz zur Änderung des ArbEG vom 18.1.2002 (BGBl. I, S. 414) die zwischenzeitlich überholte Übergangsvorschrift von 1957 ersetzt. Sie bezieht sich ausschließlich auf § 42. 1

Rz. 2, 3 frei

---

* Neu gefasst durch Gesetz zur Änderung des Gesetzes über Arbeitnehmererfindungen v. 18.1.2002 (BGBl. I S. 414).

§ 43

B. Grundsatz (Abs. 1 Satz 1, Alt. 4) Arbeitnehmererfindungen (Abs. 1 Satz 1)

4 Seit dem 7.2.2002 gilt § 42 n.F. für nach dem 6.2.2002 gemachten, d.h. fertig gestellten[1] (s. Rz. 16) der Hochschullehrer sind damit unter den Satz 1). Auch die Erfindungen des § 4 Abs. 2 Diensterfindungen, die der allgemeinen Vorausseinanspruchnahmerecht des Dienstherrn nach §§ 5–7 Meldepflicht und der § 42 Nr. 2). Davon gibt es nur die in Absatz 1 unterliegen (Ausnahme bis 7.2.2003 befristete Ausnahme (s. dazu Rz. 9 ff.). Satz 2 aufgeführ

5 Korrespondierend stellt Absatz 2 Satz 1 klar, dass für die **Alt-Erfindungen** der Beschäftigten einer Hochschule (s. zum Begriff Rz. 9 ff. zu § 42 n.F.), die diese vor dem 7.2.2002 gemacht, d.h. fertig gestellt[2] (s. Rz. 16 f. zu § 4) haben, das ArbEG in der bis zum 6.2.2002 geltenden Fassung fortgilt. Demzufolge bleiben die von § 42 a.F. erfassten Erfindungen von **Hochschullehrern und wissenschaftlichen Assistenten** frei (siehe im Einzelnen die Kommentierung zu § 42 a.F.). An diesen Alt-Erfindungen bestehen – wie die Amtliche Begründung des Koalitions-Entwurfs[3] hervorhebt – auch nach In-Kraft-Treten der Novelle keine Rechte des Dienstherrn und zur Schutzrechtsanmeldung und Verwertung ist allein der Erfinder berechtigt.

Für die Alt-Erfindungen von **sonstigen Hochschulbeschäftigten**, die nicht dem Hochschullehrerprivileg des § 42 a.F. unterlagen, verbleibt es bei den Regelungen der §§ 40, 41 (s. Rz. 13 zu § 42 a.F.). Dies hat insbesondere zur Folge, dass für die Vergütung von Alt-Diensterfindungen nicht § 42 Nr. 4 n.F., sondern unverändert die §§ 9, 10 gelten und die Inanspruchnahme einer angemessenen Beteiligung nach § 40 Nr. 1 nicht durch § 42 Nr. 5 n.F. ausgeschlossen ist.

6 Die Regelung über das Anbietungsrecht in § 43 Absatz 2 Satz 2 hat ebenfalls nur klarstellende Bedeutung, und zwar insbesondere mit Blick auf die Unterstützungsangebote von Hochschulen bei der Schutzrechtsanmeldung und Erfindungsverwertung[4]. Aus der Eigenschaft als freie Erfindung ergab sich seit jeher, dass der Hochschullehrer zwar nicht zum Angebot an die wissenschaftliche Hochschule gemäß § 19 verpflichtet war (§ 42 Abs. 1 Satz 2 a.F., s. dort Rz. 24 ff.), jedoch von sich aus die Übernahme anbieten konnte. Davon hat die Praxis – auch in Anwendung des sog. Drittel-Modells (s. dazu Rz. 178 zu § 42 n.F.) – durchaus Gebrauch gemacht. Die Klarstellung dürfte allerdings wegen des patentrechtlichen Neuheitserfordernisses nur noch begrenzte zeitliche Bedeutung haben.

1　So Amtl. Begr. zum Fraktionsentwurf in BT-Drucks. 14/5975, S. 8 (zu § 43 Abs. 1 d. Entw.).
2　So Amtl. Begr. (Fn. 1).
3　So Amtl. Begr. (Fn. 1).
4　Siehe dazu Amtl. Begr. (Fn. 1).

§ 43

Rz. 7, 8 frei

C. **Übertragungsverpflichtung als Ausnahme (Abs. 1 Satz 2)**

§ 43 Abs. 1 Satz 2 lässt vom Grundsatz der Geltung des neuen § 42 n.F. seit dem 7.2.2002 (s. Rz. 4) nur **eine Ausnahme** zu, deren Bedeutung zudem angesichts der Befristung auf 1 Jahr begrenzt ist. § 42 a.F. gilt danach bis zum 7.2.2003 in den Fällen fort, in denen sich Professoren, Dozenten und wissenschaftliche Assistenten an einer wissenschaftlichen Hochschule vertraglich vor dem 18. Juli 2001 zur Übertragung der Rechte an einer Erfindung gegenüber einem Dritten verpflichtet haben. Die Regelung soll den von Hochschullehrern mit Dritten (insbesondere gewerblichen Unternehmen) abgeschlossenen sog. Kooperations-/Lehrstuhlverträgen Rechung tragen, soweit diese – ggf. neben den vor In-Kraft-Treten der Novelle gemachten und damit unverändert freien Hochschulerfindungen (s. Rz. 5) – zukünftige, ab 2002 gemachte Erfindungen erfassen; sie soll den Vertragsparteien eine hinreichende Zeit zur Abwicklung oder Anpassung der Verträge geben[5]. Sie geht damit von dem neuen Verständnis aus, dass grundsätzlich alle an den Hochschulen gemachten Erfindungen Diensterfindungen und keine freien Erfindungen darstellen (s. auch Rz. 1, 4, 30 ff. zu § 42 n.F.). 9

Die Vorschrift knüpft an den 18.7.2001 an, also den Tag *nach* dem Beschluss des Bundeskabinetts über die Vorlage des »Entwurfs eines Gesetzes zur Änderung des Gesetzes über Arbeitnehmererfindungen«[6]. Damit wollte der Gesetzgeber sichern, dass nur solche Verträge privilegiert werden, bei denen die Vertragspartner noch mit einer unveränderten Rechtslage rechnen konnten[7].

Im Ergebnis hat die Ausnahmeregelung nach unserer Auffassung kummulativ **folgende Voraussetzungen**: 10
- Der Hochschulwissenschaftler muss unter den Anwendungsbereich des § 42 Abs. 1 a.F. fallen (s. Rz. 4 ff. zu § 42 a.F.);
- die Erfindung – gleich ob ansonsten gebundene oder freie Erfindung (s. Rz. 17 ff., 25 zu § 42 a.F.) – muss im Zeitraum zwischen dem 7.2.2002 und dem 7.2.2003 fertig gestellt worden sein (zum Begriff s. Rz 16 f. zu § 4) und
- der Vertrag muss
  - zwischen dem Hochschulwissenschaftler und dem Dritten vor dem 18.7.2001 (s. Rz. 9) wirksam zustande gekommen sein (§§ 145 ff. BGB; auch kartellrechtlich, insbesondere nach § 17 GWB),

---

5 Siehe Amtl. Begr. (Fn. 1).
6 Siehe das Zuleitungsschreiben des Bundeskanzlers an den Präsidenten des Bundesrates, abgedruckt in BR-Drucks. 583/01 vom 17.8.2001.
7 Amtl. Begr. (Fn. 1).

§ 43

- gegenständlich die Erfindung (mit-) betreffen,
- auf »Übertragung der Rechte an der Erfindung« gerichtet sein, d.h. auf Vorausabtretung oder schuldrechtliche Verpflichtung zur Abtretung [u.E. fallen darunter nach Sinn und Zweck der übergangsweisen Auslauffrist – trotz Gesetzeswortlauts, patentrechtlicher Terminologie (vgl. § 15 Abs. 1 und 2 PatG) und Ausnahmecharakters – auch Verträge über teilweise Rechtsübertragungen (z.B. Abspaltung von Auslandsschutzrechten), Lizenzverträge sowie auf Übertragung oder Rechtseinräumung ausgerichtete Optionsverträge], und
- im Zeitpunkt der Erfüllung noch wirksam sein (z.B. keine zwischenzeitliche Aufhebung bzw. Kündigung, kein Rücktritt usw.).

Dagegen kommt es weder auf Dauer und Zeitraum der Rechtsüberlassung noch auf eine Schutzrechtsanmeldung an.

11 Die Frage des **Fortbestandes des Vertrages** zwischen dem Hochschullehrer und dem Dritten bestimmt sich nach allgemeinem Zivilrecht. Liegt kein Dauerschuldverhältnis vor, gilt das BGB a.F. (Art. 229 § 5 Satz 1 EGBGB). Eine Abwicklung des Vertrages bestimmt sich vorrangig nach § 323 BGB a.F. Für die Vertragsanpassung gelten die Grundsätze nach § 242 BGB zum Wegfall der Geschäftsgrundlage. Soweit ab 2003 wegen Vorliegens eines **Dauerschuldverhältnisses** BGB n.F. zur Anwendung kommt (Art. 229 § 5 Satz 2 BGB), gilt zur Abwicklung vorrangig § 326 Abs. 1 u.3 ff. BGB n.F. bzw. der Anpassungsanspruch nach § 313 BGB n.F.

Bei einer Anpassung werden die Vertragsparteien zu berücksichtigen haben, dass alle ab dem 7.2.2003 fertig gestellten Erfindungen des Hochschulwissenschaftlers uneingeschränkt dem neuen Recht unterliegen (s. auch Rz. 192 ff., insbes. 194 zu § 42 n.F.).

Im Einzelfall kann sich ein einvernehmliches Einbinden der Hochschule bzw. des Dienstherrn in die Vertragsbeziehungen empfehlen; ein Anspruch der Hochschule bzw. des Dienstherrn darauf besteht nicht – wie auch umgekehrt kein Anspruch diesen gegenüber seitens des Hochschullehrers besteht.

§ 44 Anhängige Verfahren*

---

* aufgehoben durch Art. 1 Nr. 4 des Gesetzes zur Änderung des Gesetzes über Arbeitnehmererfindungen vom 18.1.2002 (BGBl. I, S. 414) mit Wirkung zum 7.2.2002.

§ 45 Durchführungsbestimmungen

Der Bundesminister der Justiz wird ermächtigt, im Einvernehmen mit dem Bundesminister für Arbeit die für die Erweiterung der Besetzung der Schiedsstelle (§ 30 Abs. 4 und 5) erforderlichen Durchführungsbestimmungen zu erlassen. Insbesondere kann er bestimmen,
1. welche persönlichen Voraussetzungen Personen erfüllen müssen, die als Beisitzer aus Kreisen der Arbeitgeber oder der Arbeitnehmer vorgeschlagen werden;
2. wie die auf Grund der Vorschlagslisten ausgewählten Beisitzer für ihre Tätigkeit zu entschädigen sind.

Von der Ermächtigung, die für die **Erweiterung der Schiedsstelle** (§ 30 Abs. 4 u. 5) erforderlichen Durchführungsbestimmungen zu erlassen, hat der Bundesminister der Justiz durch die 2. VO zur Durchführung des Gesetzes über Arbeitnehmererfindungen vom 1.10.1957 (BGBl. I, 1680; hier abgedr. als **Anh. 2**)[1] Gebrauch gemacht. 1

Durch VO vom 10.10.1969 (BGBl. I, 1881)[3] wurde § 1 Abs. 2 der 2. VO 1957 **geändert,** durch VO vom 22.8.1968 (BGBl. I, 994)[4] § 2 Abs. 2 Nr. 2 und durch VO vom 10.12.1974 (BGBl. I, 3459)[5] § 5 Abs. 2 der 2. VO neu gefasst. 2

Dem Willen des Gesetzgebers entsprechend[6] lehnen sich die Durchführungsbestimmungen an die Vorschriften des Arbeitsgerichtsgesetzes über die Beisitzer bei Arbeitsgerichten (§§ 21–28 ArbGG) unter Beachtung der Besonderheiten des Patentrechtes an. Die persönlichen Voraussetzungen der Beisitzer sind in §§ 1–3 der 2. DVO behandelt, die Entschädigungsansprüche in § 8 der 2. DVO. 3

---

1 Blatt 1957, 333 f.
2 frei
3 Blatt 1969, 329.
4 Blatt 1968, 302 f.
5 Blatt 1975, 12.
6 Amtl. Begr. BT-Drucks. II/1648 S. 54 = Blatt 1957, 248.

§ 46 Außer-Kraft-Treten von Vorschriften

Mit dem In-Kraft-Treten dieses Gesetzes werden folgende Vorschriften aufgehoben, soweit sie nicht bereits außer Kraft getreten sind:
1. Die Verordnung über die Behandlung von Erfindungen von Gefolgschaftsmitgliedern vom 12. Juli 1942 (Reichsgesetzbl. I S. 466);
2. die Durchführungsverordnung zur Verordnung über die Behandlung von Erfindungen von Gefolgschaftsmitgliedern vom 20. März 1943 (Reichsgesetzbl. I S. 257).

§ 46 spricht die selbstverständliche **Aufhebung der VO 1942 und der DVO 1943** mit Wirkung vom 1.1.1957. Bis zum In-Kraft-Treten des ArbEG galten die Vorschriften der VO 1942 und der DVO 1943 grundsätzlich fort, so weit sie sich nicht auf besondere Einrichtungen des nationalsozialistischen Staates bezogen[1].   1

Die **Richtlinien für die Vergütung von Gefolgschaftsmitgliedern** v. 10.10.1944 (RAnz. Nr. 271 v. 5.12.1944) sind erst durch die Richtlinien für die Vergütung von Arbeitnehmererfindungen im privaten Dienst vom 20.7.1959 (Beilage zum Bundesanzeiger Nr. 156 v. 18.8.1959; s. dazu § 11)[2] ersetzt worden[3].   2

---

[1] BGH v. 23.5.1952 NJW 1952, 1291.
[2] abgedruckt in Blatt 1959, 300.
[3] Vgl. auch Amtl. Begr. BT-Drucks. II/1648 S. 54 = Blatt 1957, 249.

§ 47 Besondere Bestimmungen für Berlin*

---

* Aufgehoben durch Art. 4 des 2. Gesetzes z. Änderung des Patentgesetzes u. anderer Gesetze (2. PatGÄndG) v. 16. 7. 1998 (BGBl I S. 1827, 1833) m. Wirkung zum 1. November 1998.

§ 48 Saarland

Dieses Gesetz gilt nicht im Saarland.

Diese Regelung ist durch § 1 des Gesetzes zur Einführung von Bundesrecht im Saarland vom 30.6.1959 (BGBl. I, 313) i.V.m. § 41 des Gesetzes über die Eingliederung des Saarlandes auf dem Gebiet des gewerblichen Rechtsschutzes vom 30.6.1959 (BGBl. I, 338) **überholt**. Auf die Hinweise in der 2. Aufl. wird verwiesen.

§ 49 In-Kraft-Treten

Dieses Gesetz tritt am 1. Oktober 1957 in Kraft.

Seit dem In-Kraft-Treten am 1.10.1957 hat das ArbEG nur wenige Änderungen erfahren[1]: 1
1. Durch Art. 5 § 6 des 6. ÜberlG v. 23.3.1961 (BGBl. I, S. 274 ber. S. 316) wurde § 30 Abs. 2 neu gefasst und dort Abs. 6 eingefügt.
2. Durch Art. 5 des Gesetzes zur Änderung des PatG, WZG und weiterer Gesetze (sog. Vorabgesetz) v. 4.9.1967 (BGBl. I, S. 953) wurde § 17 dem veränderten Patenterteilungsverfahren angepasst.
3. Durch Art. 2 Abs. 2 des Gesetzes zur Änderung des GebrMG v. 15.8.1986 (BGBl. I, S. 1446) wurde in § 39 Abs. 1 S. 1 die Angabe »§ 51« durch »§ 143« (PatG) ersetzt.
4. Durch Art. 9 Nr. 5 Kostenrechtsänderungsgesetz 1994 v. 24.6.1994 (BGBl. I, S. 1325) wurde in § 39 Abs. 1 der Satz 3 aufgehoben.
5. Durch Art. 56 des Einführungsgesetzes zur Insolvenzordnung (BGBl. I, S. 2911) ist § 27 mit Wirkung ab 1.1.1999 grundlegend neu gefasst.
6. Durch das Gesetz zur Änderung des Gesetzes über Arbeitnehmererfindungen vom 18.1.2002 (BGBl. I, S. 414) sind die §§ 42 und 43 mit Wirkung ab 7.2.2002 grundlegend neu gefasst und § 44 aufgehoben worden.

Zur Geltung in den **neuen Bundesländern** s. Einleitung Rz. 31 ff. 2

---

1 Zur Entwicklung des ArbEG vgl. Gaul GRUR 1977, 686 f.; zur hist. Entwicklung s. Nachw. bei Einl. vor § 1.

Anhang 1

Zweite Verordnung zur Durchführung des Gesetzes über Arbeitnehmererfindungen

Vom 1. Oktober 1957[1]

Auf Grund des § 45 des Gesetzes über Arbeitnehmererfindungen vom 25. Juli 1957 (Bundesgesetzbl. I S. 756) wird im Einvernehmen mit dem Bundesminister für Arbeit verordnet:

§ 1[2] Voraussetzungen für die Bestellung als Beisitzer

(1) Als Beisitzer aus Kreisen der Arbeitgeber und der Arbeitnehmer für die Erweiterung der Schiedsstelle gemäß § 30 Abs. 4 und 5 des Gesetzes über Arbeitnehmererfindungen (Beisitzer) sind Personen zu bestellen, die das fünfundzwanzigste Lebensjahr vollendet haben.

(2) Vom Amt eines Beisitzers ist ausgeschlossen,
1. wer infolge Richterspruchs die Fähigkeit zur Bekleidung öffentlicher Ämter nicht besitzt oder wegen einer vorsätzlichen Tat zu einer Freiheitsstrafe von mehr als sechs Monaten verurteilt worden ist;
2. wer wegen einer Tat angeklagt ist, die den Verlust der Fähigkeit zur Bekleidung öffentlicher Ämter zur Folge haben kann;
3. wer durch gerichtliche Anordnung in der Verfügung über sein Vermögen beschränkt ist;
4. wer das Wahlrecht zum Deutschen Bundestag nicht besitzt.

(3) Beamte und Angestellte des Patentamts dürfen nicht als Beisitzer bestellt werden.

(4) Niemand darf zugleich Beisitzer der Arbeitgeberseite und der Arbeitnehmerseite sein.

---

1 BGBl. I, S. 1680 (= GVBl. Berlin 1957, 1651 = BArbBl. 1957, 738 = Blatt 1957, 333); zuletzt geändert durch VO v. 10.12.1974 (BGBl. I, 3459).
2 § 1 Abs. 2 neu gefasst durch VO v. 10.10.1969 (BGBl. I, 1881 = Blatt 1969, 329).

Anhang 1

§ 2[3] Beisitzer aus Kreisen der Arbeitgeber

(1) Beisitzer aus Kreisen der Arbeitgeber kann auch sein, wer vorübergehend oder regelmäßig zu gewissen Zeiten des Jahres keine Arbeitnehmer beschäftigt.

(2) Zu Beisitzern aus Kreisen der Arbeitgeber können auch bestellt werden
1. bei Betrieben einer juristischen Person oder einer Personengesamtheit Personen, die kraft Gesetzes, Satzung oder Gesellschaftsvertrages allein oder als Mitglieder des Vertretungsorgans zur Vertretung der juristischen Personen oder der Personengesamtheit berufen sind;
2. leitende Angestellte, wenn sie zur selbständigen Einstellung und Entlassung von im Betrieb oder in der Betriebsabteilung beschäftigten Arbeitnehmern berechtigt sind oder wenn ihnen Generalvollmacht oder Prokura erteilt ist oder wenn sie Aufgaben wahrnehmen, die regelmäßig wegen ihrer Bedeutung für den Bestand und die Entwicklung des Betriebs nur auf Grund besonderen persönlichen Vertrauens des Arbeitgebers bestimmten Personen im Hinblick auf deren besondere Erfahrungen und Kenntnisse übertragen werden;
3. bei dem Bund, den Ländern, den Gemeinden, den Gemeindeverbänden und anderen Körperschaften, Anstalten und Stiftungen des öffentlichen Rechts Beamte und Angestellte nach näherer Anordnung der zuständigen obersten Bundes- oder Landesbehörde;
4. Mitglieder und Angestellte von Vereinigungen von Arbeitgebern sowie Vorstandsmitglieder und Angestellte von Zusammenschlüssen solcher Vereinigungen, wenn diese Personen kraft Satzung oder Vollmacht zur Vertretung befugt sind.

§ 3 Beisitzer aus Kreisen der Arbeitnehmer

(1) Beisitzer aus Kreisen der Arbeitnehmer kann auch sein, wer arbeitslos ist.

(2) Den Arbeitnehmern stehen für die Bestellung als Beisitzer Mitglieder und Angestellte von Gewerkschaften, von selbständigen Vereinigungen von Arbeitnehmern mit sozial- oder berufspolitischer Zwecksetzung sowie Vorstandsmitglieder und Angestellte von Zusammenschlüssen von Gewerkschaften gleich, wenn diese Personen kraft Satzung oder Vollmacht zur Vertretung befugt sind.

---

[3] § 2 Abs. 2 Nr. 2 geändert durch VO v. 22.8.1968 (BGBl. I, 994 = Blatt 1968, 302).

§ 4 Vorschlagslisten

(1) Vorschlagslisten für die Auswahl der Beisitzer sind dem Präsidenten des Patentamts einzureichen.

(2) Die Vorschlagslisten sollen folgende Angaben über die als Beisitzer vorgeschlagenen Personen enthalten:
1. Name,
2. Geburtstag,
3. Beruf,
4. Wohnort.

(3) Den Vorschlagslisten ist eine Erklärung der als Beisitzer vorgeschlagenen Personen darüber beizufügen, dass die Voraussetzungen für die Bestellung als Beisitzer (§§ 1 bis 3) in ihrer Person vorliegen und sie bereit sind, das Amt des Beisitzers zu übernehmen.

(4) Änderungen in der Person eines vorgeschlagenen Beisitzers, die die Voraussetzungen für die Bestellung als Beisitzer (§§ 1 bis 3) oder die nach Absatz 2 erforderlichen Angaben betreffen, sind dem Präsidenten des Patentamts von der Organisation, die den Beisitzer vorgeschlagen hat, unverzüglich mitzuteilen. Sie werden vom Präsidenten des Patentamts in der Vorschlagsliste vermerkt.

§ 5[4] Ehrenamt

(1) Das Amt des Beisitzers ist ein Ehrenamt.

(2) Der Vorsitzende der Schiedsstelle hat die Beisitzer von ihrer ersten Dienstleistung auf die Erfüllung der Obliegenheiten ihres Amtes zu verpflichten. Er soll die Beisitzer auf § 24 des Gesetzes über Arbeitnehmererfindungen hinweisen. Über die Verpflichtung soll eine Niederschrift aufgenommen werden, die der Verpflichtete mit zu unterzeichnen hat.

§ 6 Zurückziehung eines Beisitzers

(1) Vorschläge für die Bestellung als Beisitzer können von der Organisation, die sie eingereicht hat, zurückgezogen werden. Die Zurückziehung ist dem Präsidenten des Patentamts schriftlich mitzuteilen.

(2) Der Präsident des Patentamts hat nach Eingang der Mitteilung über die Zurückziehung den vorgeschlagenen Beisitzer in der Vorschlagsliste zu streichen. Ist der Beisitzer bereits für ein Schiedsverfahren bestellt worden, so bleibt die Bestellung bis zur Beendigung des Schiedsverfahrens wirksam.

(3) Der Präsident des Patentamts hat die Zurückziehung dem vorgeschlagenen Beisitzer unverzüglich schriftlich mitzuteilen.

---

4 § 5 Abs. 2 neu gefasst durch VO v. 10.12.1974 (BGBl. I, 3459 = GVBl. Berlin 1975, 104 = Blatt 1975, 12).

Anhang 1

§ 7 Abberufung eines Beisitzers

(1) Der Präsident des Patentamts darf einen vorgeschlagenen Beisitzer nicht bestellen und hat einen bereits bestellten Beisitzer unverzüglich abzuberufen, wenn das Fehlen einer Voraussetzung für die Bestellung (§§ 1 bis 3) nachträglich bekannt wird oder eine Voraussetzung nachträglich fortfällt. Er hat hiervon die Organisation, die den Beisitzer vorgeschlagen hat, und den Beisitzer unverzüglich schriftlich zu unterrichten.
(2) Das Gleiche gilt, wenn ein Beisitzer seine Amtspflicht grob verletzt.
(3) Vor der Abberufung ist der Beisitzer zu hören.

§ 8 Entschädigung der Beisitzer

Die Beisitzer erhalten eine Entschädigung nach Maßgabe der *§§ 2 bis 6 und 9 bis 11 des Gesetzes über die Entschädigung der ehrenamtlichen Beisitzer bei den Gerichten vom 26. Juli 1957 (Bundesgesetzbl. I S. 861, 900)*[5]; § 12 dieses Gesetzes gilt entsprechend. Die Entschädigung wird von dem Vorsitzenden der Schiedsstelle festgesetzt. Für die gerichtliche Festsetzung ist das Verwaltungsgericht zuständig, in dessen Bezirk die Schiedsstelle ihren Sitz hat.

§ 9 Besondere Bestimmungen für die Schiedsstelle in Berlin

(1) Für die Auswahl der Beisitzer der Schiedsstelle in Berlin sind gesonderte Vorschlagslisten einzureichen.
(2) Soweit es sich um die Schiedsstelle in Berlin handelt, tritt der Leiter der Dienststelle Berlin des Patentamts an die Stelle des Präsidenten des Patentamts, sobald dieser die ihm zustehende Befugnis zur Berufung von Beisitzern auf Grund des § 47 Abs. 5 des Gesetzes über Arbeitnehmererfindungen auf den Leiter der Dienststelle Berlin des Patentamts übertragen hat.

§ 10 Beisitzer aus Kreisen der Beamten und Soldaten

Für den öffentlichen Dienst sind, soweit es sich um Beamte und Soldaten handelt, die Vorschriften dieser Verordnung entsprechend anzuwenden.

---

5   Nunmehr: Gesetz über die Entschädigung der ehrenamtlichen Richter i.d.F. der Bekanntmachung v. 1.10.1969 (BGBl. I, S. 1753), geändert durch Ges. v. 9.12.1986 (BGBl. I, S. 2326) u.v. 24.6.1994 (BGBl. I, S. 1325)

Anhang 1

§ 11 Geltung im Land Berlin

Diese Verordnung gilt nach § 14 des Dritten Überleitungsgesetzes vom 4. Januar 1952 (Bundesgesetzbl. I S. 1) in Verbindung mit § 47 Abs. 1 des Gesetzes über Arbeitnehmererfindungen auch im Land Berlin.

§ 12 Geltung im Saarland

Diese Vorschrift gilt nicht im Saarland.

§ 13 In-Kraft-Treten

Diese Verordnung tritt am Tage nach ihrer Verkündung in Kraft.

Anhang 2

Gesetz zur Änderung des Gesetzes über Arbeitnehmererfindungen

Vom 18. Januar 2002[1]

Der Bundestag hat das foldende Gesetz beschlossen:

Artikel 1

Das Gesetz über Arbeitnehmererfindungen in der im Bundesgesetzblatt Teil III, Gliederungsnummer 422-1, veröffentlichten bereinigten Fassung, zuletzt geändert durch Artikel 4 des Gesetzes vom 16. Juli 1998 (BGBl. I, S. 1827), wird wie folgt geändert:

1. Die Inhaltsübersicht wird wie folgt geändert:
    a) Die Angabe zu § 42 wird wie folgt gefasst:
    »Besondere Bestimmungen für Erfindungen an Hochschulen § 42«.
    b) Die Angabe zu § 43 wird wie folgt gefasst:
    »Übergangsvorschrift § 43«.
    c) Die Angabe zu § 44 wird wie folgt gefasst:
    »§ 44 (weggefallen).

2. § 42 wird wie folgt gefasst:

»§ 42   Besondere Bestimmungen für Erfindungen an Hochschulen«

Für Erfindungen der an einer Hochschule Beschäftigten gelten folgende besonderen Bestimmungen:
1. Der Erfinder ist berechtigt, die Diensterfindung im Rahmen seiner Lehr- und Forschungstätigkeit zu offenbaren, wenn er dies dem Dienstherrn rechtzeitig, in der Regel zwei Monate zuvor, angezeigt hat. § 24 Abs. 2 findet insoweit keine Anwendung.
2. Lehnt ein Erfinder auf Grund seiner Lehr- und Forschungsfreiheit die Offenbarung seiner Diensterfindung ab, so ist er nicht verpflichtet, die Erfindung dem Dienstherrn zu melden. Will der Erfinder seine Erfin-

---

[1]   BGBl I, S. 414.

Anhang 2

dung zu einem späteren Zeitpunkt offenbaren, so hat er dem Dienstherrn die Erfindung unverzüglich zu melden.
3. Dem Erfinder bleibt im Fall der Inanspruchnahme der Diensterfindung ein nichtausschließliches Recht zur Benutzung der Diensterfindung im Rahmen seiner Lehr- und Forschungstätigkeit.
4. Verwertet der Dienstherr die Erfindung, beträgt die Höhe der Vergütung 30 vom Hundert der durch die Verwertung erzielten Einnahmen.
5. § 40 Nr. 1 findet keine Anwendung.«

3. § 43 wird wie folgt gefasst:

»§ 43 Übergangsvorschrift

(1) § 42 in der am 7. Februar 2002 (BGBl. I, S. 414) geltenden Fassung dieses Gesetzes findet nur Anwendung auf Erfindungen, die nach dem 6. Februar 2002 gemacht worden sind. Abweichend von Satz 1 ist in den Fällen, in denen sich Professoren, Dozenten oder wissenschaftliche Assistenten an einer wissenschaftlichen Hochschule zur Übertragung der Rechte an einer Erfindung gegenüber einem Dritten vor dem 18. Juli 2001 vertraglich verpflichtet haben, § 42 des Gesetzes über Arbeitnehmererfindungen in der bis zum 6. Februar 2002 geltenden Fassung bis zum 7. Februar 2003 weiter anzuwenden.

(2) Für die vor dem 7. Februar 2002 von den an einer Hochschule Beschäftigten gemachten Erfindungen sind die Vorschriften des Gesetzes über Arbeitnehmererfindungen in der bis zum 6. Februar 2002 geltenden Fassung anzuwenden. Das Recht der Professoren, Dozenten und wissenschaftlichen Assistenten an einer wissenschaftlichen Hochschule, dem Dienstherrn ihre vor dem 6. Februar 2002 gemachten Erfindungen anzubieten, bleibt unberührt.«

4. § 44 wird aufgehoben.

Artikel 2

Dieses Gesetz tritt am 7. Februar 2002 in Kraft.

BGH-Entscheidungsregister (chronologisch)

Datum Aktenzeichen	Stichwort	a) GRUR b) Blatt c) EGR d) Mitt	e) BGHZ f) AP g) LM	h) BB i) DB j) NJW	Sonstige
1952 23.5.52 (IZR 149/51)	Zuckerdiffuseur	a: 52, 273 b: 53, 127 c: Nr. 2 zu § 53 ArbEG	f: 53 Nr. 120 (Volmer) g: Nr. 1 zu ArbN- ErfindVO	h: 52, 663 i: 52, 717 (LS) j: 52, 1291	JZ 53, 53
1954 22.6.54 (IZR 225/53)	Autostadt	a: 55, 83 b: 54, 371 c: Nr. 2 zu § 37 ArbEG	e: 14, 72 f: Nr. 1 zu § 10 ArbN- ErfindVO (Volmer) g: Nr. 2 zu § 51 PatG	j: 54, 1568	
16.11.54 (IZR 40/53)	Schnellkopiergerät	a: 55, 286 b: 55, 220 c: Nr. 3 zu § 1 ArbEG	f: Nr. 3 zu § 611 BGB- Treuepfl./ Nr. 2 zu § 2 ArbN- ErfindVO (Volmer) g: Nr. 1 zu § 3 PatG	h: 55, 141 i: 55, 168 j: 55, 541 (Volmer [55, 789])	Soziale Welt 57, 146 (Boldt) Arb. u. Soz-Pol. 58, 176 (Jaerisch)
16.11.54 (IZR 180/53)	Anreißgerät	a: 55, 402	f: Nr. 1 zu § 60 HGB (Hueck) g: Nr. 1 zu § 17 UWG	h: 55, 164 i: 55, 141 j: 55, 463	RdA 55, 160
1955 25.1.55 (IZR 15/53)	Dücko	a: 55, 388 b: 55, 267 (LS) c: Nr. 5 zu § 17 ArbEG	e: 16, 172 f: Nr. 4 zu § 17 UWG (Volmer) g: Nr. 2 zu § 1 KO	h: 55, 553 i: 55, 383 j: 55, 628	RdA 56, 80 (LS)

BGH-Entscheidungsregister

Datum Aktenzeichen	Stichwort	a) GRUR b) Blatt c) EGR d) Mitt	e) BGHZ f) AP g) LM	h) BB i) DB j) NJW	Sonstige
15.5.55 (IZR 111/53)	Möbel-wachspaste	a: 55, 424 c: Nr. 4 zu § 17 ArbEG d: 56, 4	f: Nr. 1 zu § 17 UWG (Volmer) g: Nr. 2 zu § 17 UWG		RdA 56, 79 (LS)
12.7.55 (IZR 31/54)	Zählwerkge-triebe	a: 55, 535 b: 55, 360 c: Nr. 4 zu § 7 ArbEG	f: Nr. 1 zu § 2 ArbN-ErfindVO (Volmer) g: Nr. 6 zu § 13 PatG	h: 55, 766 (LS) i: 55, 797	MDR 56, 83 (Nipperdey)
25.10.55 (IZR 200/55)	Bebauungs-plan	a: 56, 88 c: Nr. 2 zu § 27 ArbEG	e: 18, 319 g: Nr. 4 zu § 1 Lit-UrhG	h: 55, 1108 i: 55, 1938 j: 55, 1918	
1956 13.7.56 (IZR 197/54)		a: 56, 500	f: Nr. 1 zu § 612 BGB g: Nr. 1 zu § 612 BGB	h: 56, 869	
1958 25.2.58 (IZR 181/56)	Mitteilungs- u. Melde-pflicht	a: 58, 334 (Friedrich) b: 58, 193 (LS), 334 c: Nr. 2 zu § 18 ArbEG	f: Nr. 1 zu § 43 ArbN ErfG (Volmer) g: Nr. 1 zu § 5 u. zu § 43 ArbEG (LS) Nr. 42 zu § 549 ZPO	h: 58, 375 (LS) i: 58, 396	RdA 58, 359 (LS) BlfStSoz-ArbR 58, 173 MDR 58, 406 (LS)

BGH-Entscheidungsregister

Datum Aktenzeichen	Stichwort	a) GRUR b) Blatt c) EGR d) Mitt	e) BGHZ f) AP g) LM	h) BB i) DB j) NJW	Sonstige
1960 2.12.60 (IZR 23/59)	Chlormethylierung	a: 61, 338 (Friedrich) b: 62, 18 c: Nr. 2 zu § 12 ArbEG	f: Nr. 1 zu § 12 ArbN-ErfG (Volmer) g: Nr. 1 zu § 12 ArbEG	h: 61, 214 (LS) i: 61, 266 j: 61, 457	MDR 61, 297 RdA 61, 300 (LS)
1961 24.11.61 (IZR 156/59)	Federspannvorrichtung	a: 62, 305 (Friedrich) b: 62, 311 c: Nr. 3 zu § 5 ArbEG	f: Nr. 1 zu § 5 ArbNErfG (Volmer) g: Nr. 2 zu DVO/ArbNErfVO	h: 62, 97 (LS) i: 62, 134 j: 62, 395 (LS)	MDR 62, 195 ARSt. XXVII Nr. 367 RdA 63, 204 (LS)
1962 23.2.62	Furniergitter	a: 62, 354 (Friedrich) b: 62, 280 (LS)		h: 62, 428	
13.3.62 (IZR 18/61)	Kreuzbodenventilsäcke-III	a: 62, 401 (Heine) b: 62, 311 (LS) c: Nr. 2 zu § 11 ArbEG (RL Nr. 8 – Bezugsgröße)	g: Nr. 16 zu § 47 PatG	h: 62, 467 i: 62, 599	

1309

BGH-Entscheidungsregister

Datum Aktenzeichen	Stichwort	a) GRUR b) Blatt c) EGR d) Mitt	e) BGHZ f) AP g) LM	h) BB i) DB j) NJW	Sonstige
28.6.62 (IZR 28/61)	Cromegal	a: 63, 135 (Friedrich) b: 62, 354 c: Nr. 1 zu § 9 ArbEG (VergAnspr.) /Nr. 1 zu § 12 ArbEG	e: 37, 281 f: Nr. 2 zu § 12 ArbNErfG (Volmer) g: Nr. 1 zu § 9 ArbEG (LS) mit Anm. bei Nr. 2 zu § 12 ArbEG (Löscher)	h: 62, 998 i: 62, 1542 j: 62, 1957	MDR 62, 797 AR-Blattei/ D-Erf. v. ArbNEntsch.2 RdA 63, 204 (LS)
20.11.62 (IZR 40/61)	Pauschalabfindung	a: 63, 315 (Friedrich) b: 63, 76 c: Nr. 5 zu § 12 ArbEG/Nr. 2 zu § 17 ArbEG Nr. 1 zu § 43 ArbEG	f: Nr. 3 zu § 12 ArbNErfG (Volmer) g: Nr. 2 zu § 43 ArbEG (LS) Nr. 3 zu § 12 ArbEG	h: 63, 141 i: 63, 71	MDR 63, 198 RdA 63, 205 (LS)
21.12.62 (IZR 47/61)	Industrieböden	a: 63, 367 c: Nr. 12 zu § 24 Nr. 5 zu § 26 ArbEG	e: 38, 391 g: Nr. 7 zu § 17 UWG	h: 63, 248 i: 63, 381 j: 63, 856	RdA 63, 205 MDR 63, 377 WRP 63, 138
1964 9.1.64 (I a ZR 190/63)	Drehstromwicklung	a: 64, 449 (Fischer) b: 64, 240 c: Nr. 6 zu § 2 ArbEG Nr. 1 zu § 10	f: Nr. 1 zu § 10 ArbNErfG (Volmer) g: Nr. 1 zu § 10 ArbEG	h: 64, 595 (LS) i: 64, 776	MDR 64, 481 RdA 65, 79 (LS)

BGH-Entscheidungsregister

Datum Aktenzeichen	Stichwort	a) GRUR b) Blatt c) EGR d) Mitt	e) BGHZ f) AP g) LM	h) BB i) DB j) NJW	Sonstige
22.10.64 (I a ZR 8/64)	Schellenreibungskupplung	a: 65, 302 b: 65, 203 c: Nr. 6 zu § 1, Nr. 3 zu § 43 ArbEG			
1966 5.5.66 (I a ZR 110/64)	Spanplatten	a: 66, 558 (Schippel) b: 67, 133 (LS) c: Nr. 2 zu § 2 ArbEG	g: Nr. 2 zu § 3 PatG	h: 66, 634 i: 66, 899 j: 66, 1316	MDR 66, 737
1968 30.4.68 (XZR 67/66)	Luftfilter	a: 69, 133 (Schippel) b: 69, 58 c: Nr. 14 zu § 2, Nr. 6 zu § 13, Nr. 17 zu § 28 ArbEG d: 69, 96	g: Nr. 15 zu § 26 PatG	h: 68, 973 i: 68, 1666 j: 68, 1720	MDR 68, 665
26.11.68 (XZR 15/67)	Räumzange	a: 69, 341 (Schippel) b: 69, 315 c: Nr. 3 zu § 20 ArbEG	f: Nr. 2 zu § 20 ArbN-ErfG (Volmer) g: Nr. 1 zu § 20 ArbEG	h: 69, 178, 1310 (Vogt) i: 69, 479 j: 69, 463	MDR 69, 390 RdA 69, 319 (LS) Personal 69, 188 (LS)
1969 27.3.69 (XZB 15/67)	Rote Taube	a: 69, 672 c: Nr. 29 zu § 2 ArbEG	e: 52, 74 g: Nr. 32 zu § 1 PatG	h: 69, 1102	
26.6.69 (XZR 52/66)	Rüben-Verladeeinrichtung	a: 69, 677 b: 70, 165 c: Nr. 8 zu § 11 ArbEG (RL Nr. 8 – Bezugsgröße)	g: Nr. 25 zu § 9 PatG	h: 69, 1014 i: 69, 1600	MDR 70, 45

BGH-Entscheidungsregister

Datum Aktenzeichen	Stichwort	a) GRUR b) Blatt c) EGR d) Mitt	e) BGHZ f) AP g) LM	h) BB i) DB j) NJW	Sonstige
1970 28.4.70 (XZR 38/67)	Scheinwerfereinstellgerät	a: 70, 459 (Schippel) b: 71, 29 c: Nr. 1 zu § 6 ArbEG	e: 54, 30 f: Nr. 1 zu § 9 Arb-NErfG (Volmer) g: Nr. 1 zu § 2 Arb-EG (LS) (Bruchhausen)	h: 70, 1350 (LS) i: 70, 1222 j: 70, 1371	MDR 70, 673 JR 70, 343
10.11.70 (XZR 54/67)	Wildverbissverhinderung	a: 71, 210 (Fischer) b: 71, 193 c: Nr. 10 zu § 2 ArbEG	f: Nr. 2 zu § 4 Arb-NErfG (Volmer) g: Nr. 35 zu § 1 PatG	h: 71, 11 i: 70, 2432 j: 71, 137	MDR 71, 131 JR 73, 325
1971 30.3.71 (XZR 8/68)	Gleichrichter	a: 71, 475 b: 71, 309 c: Nr. 3 zu § 9 ArbEG	f: Nr. 2 zu § 9 Arb-NErfG (Volmer) g: Nr. 3 zu § 9 ArbEG		MDR 71, 754
18.5.71 (XZR 68/67)	Schlussurlaub	a: 71, 407 (Schippel) b: 71, 319 c: Nr. 2 zu § 4 ArbEG	f: Nr. 1 zu § 4 Arb-NErfG (Volmer) g: Nr. 1 zu § 4 ArbEG	j: 71, 1409	MDR 71, 753 AR-Blattei/ D-Erf. v. ArbN Entsch. 3 BGHWarn 71, 325

BGH-Entscheidungsregister

Datum Aktenzeichen	Stichwort	a) GRUR b) Blatt c) EGR d) Mitt	e) BGHZ f) AP g) LM	h) BB i) DB j) NJW	Sonstige
1973 17.4.73 (XZR 59/69)	Absperr- ventil	a: 73, 649 (Schade) b: 73, 315 c: Nr. 9 zu § 12 ArbEG	e: 61, 153 g: Nr. 4 zu § 12 ArbEG (LS) Nr. 68 zu § 242 (Bb) BGB (LS)	h: 73, 1638 i: 73, 1694 j: 73, 1685	MDR 73, 846 AR-Blattei/ D-Erf. v. ArbN Entsch. 4
1974 22.2.74 (IZR 128/72)	Hummel- rechte	a: 74, 480 b: 74, 385 c: Nr. 11 zu § 6 ArbEG	f: Nr. 1 zu § 43 UrhG (Hub- mann) g: Nr. 1 zu § 43 UrhG	i: 74, 1242 j: 74, 904	MDR 74, 557 WM 74, 432
3.4.74 (XZR 4/71)	Anlagenge- schäft	a: 74, 463 b: 74, 291 c: Nr. 3 zu § 14 ArbEG Nr. 4 zu § 16 ArbEG	e: 62, 272 f: Nr. 1 zu § 16 ArbNErfG (Volmer) g: Nr. 1 zu § 16 ArbEG (Bruch- hausen)	h: 74, 786 i: 74, 1170 j: 74, 1197	MDR 74, 752
5.12.74 (XZR 5/72)	Softeis	a: 76, 91 (Schippel) b: 75, 204 c: Nr. 15 zu § 12 ArbEG	g: Nr. 5 zu § 12 Arb- EG	i: 75, 397 j: 75, 390	MDR 75, 313
1975 11.3.75 (XZB 4/74)	Bäckerhefe	a: 75, 430 b: 76, 171 c: Nr. 43 zu § 2 ArbEG	e: 64, 101	h: 75, 672 i: 75, 974 j: 75, 1025	

1313

BGH-Entscheidungsregister

Datum Aktenzeichen	Stichwort	a) GRUR b) Blatt c) EGR d) Mitt	e) BGHZ f) AP g) LM	h) BB i) DB j) NJW	Sonstige
1977 18.2.77 (IZR 112/75)	Prozessrechner	a: 77, 539 (Krieger) c: Nr. 7 zu § 17, Nr. 9 zu § 20 ArbEG	g: Nr. 9 zu § 17 UWG	i: 77, 766 j: 77, 1062	MDR 77, 556 WRP 77, 332
23.6.77 (XZR 6/75)	Blitzlichtgeräte	a: 77, 784 (Müller-Börner) b: 77, 311 c: Nr. 18 zu § 9 ArbEG	f: Nr. 3 zu § 9 ArbN-ErfG (Volmer) g: Nr. 4 zu § 9 Arb-EG	h: 78, 308 i: 77, 2093	MDR 78, 47
20.10.77 (XZR 37/76)	Stromwandler	a: 78, 235 b: 78, 218 c: Nr. 22 zu § 2 ArbEG	g: Nr. 45 zu § 6 PatG	i: 78, 537 j: 78, 2094	
1978 31.1.78 (XZR 55/75)	Absorberstabantrieb I	a: 78, 430 (Goltz) b: 78, 345 c: Nr. 34 zu § 9, Nr. 8 zu § 16, Nr. 6 zu § 14, Nr. 3 zu § 11 (RL Nr. 6) ArbEG d: 78, 198	f: Nr. 1 zu § 11 Arb-NErfG (Volmer) g: Nr. 1 zu § 14 ArbEG	h: 79, 630 i: 78, 2361	MDR 78, 927

BGH-Entscheidungsregister

Datum Aktenzeichen	Stichwort	a) GRUR b) Blatt c) EGR d) Mitt	e) BGHZ f) AP g) LM	h) BB i) DB j) NJW	Sonstige
20.6.78 (XZR 49/75)	Motorkettensäge	a: 78, 583 (Harmsen) b: 78, 352 c: Nr. 15 zu § 2, Nr. 7 zu § 13, Nr. 15 zu § 28 ArbEG d: 78, 235 (Friedrich)	f: Nr. 1 zu § 36 PatG g: Nr. 2 zu § 36 PatG	i: 78, 2474	MDR 78, 1019
1979 20.2.79 (XZR 63/77)	Biedermeiermanschetten	a: 79, 540 (Schwanhäuser) b: 79, 431 c: Nr. 13 zu § 2, Nr. 8 zu § 13, Nr. 12 zu § 28 ArbEG	c: 73, 337 g: Nr. 3 zu § 5 PatG	i: 79, 2367 j: 79, 1015	MDR 79, 752
21.6.79 (XZR 2/78)	Mehrzweckfrachter	a: 79, 800 c: Nr. 40 zu § 9 (vgl. Anspr.), Nr. 28 zu § 12 ArbEG	g: Nr. 36 zu § 186 BGB		MDR 79, 1020
10.7.79 (XZR 23/78)	Oberarmschwimmringe	a: 79, 869 c: Nr. 27 zu § 12 ArbEG	e: 75, 116 g: Nr. 9 zu § 5 GebrMG	h: 79, 1529 i: 79, 2419 j: 79, 2565	MDR 79, 1020
24.9.79 (KZR 14/78)	Fullplastverfahren	a: 80, 38 b: 80, 177 c: Nr. 39 zu § 9 (vgl. Rspr.) ArbEG	g: Nr. 32 zu § 9 PatG	i: 80, 824	MDR 80, 121 WRP 80, 196
1980 13.5.80 (XZB 19/78)	Antiblokkiersystem I	a: 80, 849 b: 81, 70 c: Nr. 18 zu § 2 ArbEG	g: Nr. 55 zu § 1 PatG		MDR 80, 932

1315

BGH-Entscheidungsregister

Datum Aktenzeichen	Stichwort	a) GRUR b) Blatt c) EGR d) Mitt	e) BGHZ f) AP g) LM	h) BB i) DB j) NJW	Sonstige
16.9.80 (XZB 6/80)	Walzstabteilung	a: 81, 39 c: Nr. 44 zu § 2 ArbEG	e: 78, 98 g: Nr. 56 zu § 1 PatG	h: 80, 1717 i: 81, 89 j: 81, 1617	MDR 81, 137
21.10.80 (XZR 56/78)	Flaschengreifer	a: 81, 128 b: 81, 189 (LS) c: Nr. 27 zu § 5, Nr. 7 zu § 26 ArbEG	e: 78, 252 f: Nr. 3 zu § 5 ArbNErfG g: Nr. 2 zu § 4 ArbEG	i: 81, 577 j: 81, 345	MDR 81, 225 ARSt. 81, 28 (Nr. 26)
25.11.80 (XZR 12/80)	Drehschiebeschalter	a: 81, 263 b: 81, 389 (LS) c: Nr. 45 zu § 9 (vgl. Anspr.), Nr. 29 zu § 12 ArbEG d: 81, 127	f: Nr. 5 zu § 9 ArbNErfG g: Nr. 3 zu § 10 ArbNErfG	j: 81, 1615	MDR 81, 494
1981 17.2.81 (XZR 51/76)	Klappleitwerk	a: 81, 516 b: 82, 21 (LS) c: Nr. 4 zu § 10 ArbEG	g: Nr. 39 zu § 13 PatG	h: 82, 1055 j: 81, 2303 (LS)	MDR 81, 843 JZ 81, 400
8.12.81 (XZR 50/80)	Absorberstabantrieb II	a: 82, 227 b: 82, 220 c: Nr. 7 zu § 14, Nr. 9 zu § 16, Nr. 23 zu § 6 ArbEG	g: Nr. 29 zu § 252 BGB		MDR 82, 491

BGH-Entscheidungsregister

Datum Aktenzeichen	Stichwort	a) GRUR b) Blatt c) EGR d) Mitt	e) BGHZ f) AP g) LM	h) BB i) DB j) NJW	Sonstige
1982 23.3.82 (KZR 5/81)	Verankerungsteil	a: 82, 411 b: 82, 296 c: Nr. 9 zu § 14, Nr. 12 zu § 16 ArbEG d: 82, 230	e: 83, 251 g: Nr. 1 zu § 15 PatG 1981	h: 82, 1258 i: 82, 1769 j: 83, 1790	MDR 82, 642
16.9.82 (XZR 54/81)	Dampffrisierstab	a: 83, 723 c: Nr. 41 zu § 12 ArbEG	g: Nr. 23 zu § 259 BGB	i: 82, 2393	MDR 83, 128
1983 25.1.83 (XZB 47/82)	Brückenlegepanzer I	a: 83, 237 b: 83, 282 c: Nr. 59 zu § 9 (Verg-Anspr.) ArbEG	e: 86, 330 g: Nr. 2 zu § 15 PatG 1981	i: 83, 1201 j: 84, 2943	MDR 83, 487
1984 10.5.84 (IZR 85/82)	Elektrodenfabrik	a: 85, 129 c: Nr. 48 zu § 12 ArbEG	f: Nr. 3 zu § 43 UrhG g: Nr. 16 zu § 2 UrhG	i: 85, 587 j: 86, 1045	MDR 85, 120
5.6.84 (XZR 72/82)	Schaltungsanordnung	a: 84, 652 b: 85, 25 c: Nr. 27 zu § 6 ArbEG			
3.7.84 (XZR 34/83)	Dampffrisierstab II	a: 84, 728 c: Nr. 63 zu § 12 ArbEG	e: 92, 62 g: Nr. 4 zu § 139 PatG 1981	h: 84, 1513 i: 84, 2134 j: 84, 2822	MDR 84, 935

BGH-Entscheidungsregister

Datum Aktenzeichen	Stichwort	a) GRUR b) Blatt c) EGR d) Mitt	e) BGHZ f) AP g) LM	h) BB i) DB j) NJW	Sonstige
29.11.84 (XZR 39/83)	Fahrzeugsitz	c: Nr. 49 zu § 12 ArbEG	e: 93, 82	i: 85, 1581 j: 85, 1031	MDR 85, 407 ARSt. 85, 43 NZA 85, 361(LS) WM 85, 396 CR 85, 22
1985 9.5.85 (IZR 52/83)	Inkasso-Programm	a: 85, 1041 c: Nr.46 zu § 2 ArbEG	e: 94, 276 g: Nr. 18 zu § 2 UrhG	h: 85, 1747 i: 85, 1030 (LS), 2397 j: 86, 192	
1987 2.6.87 (XZR 97, 86)	Entwässerungsanlage	a: 87, 900 c: Nr. 4 zu § 25 ArbEG	g: Nr. 2 zu § 22 PatG 1981	i: 88, 700 j: RR 87, 1466	MDR 88, 50
29.9.87 (XZR 44/86)	Vinylpolymerisate	a: 88, 123 b: 88, 131 c: Nr. 11 zu § 17 ArbEG	e: 102, 28 g: Nr. 1 zu § 17 ArbEG	h: 88, 563 i: 88, 496 j: 88, 1216	MDR 88, 140
1988 10.5.88 (XZR 89/87)	Windform	a: 88, 762 b: 88, 344 (LS) c: Nr. 27 zu § 16 ArbEG	g: Nr. 2 zu § 16 ArbEG	i: 88, 2451 (LS) j: RR 88, 1142	MDR 88, 691
4.10.88 (XZR 71/86)	Vinylchlorid	a: 90, 271 b: 89, 135 c: Nr. 11 zu § 23 ArbEG	g: Nr. 2 zu § 23 ArbEG	j: RR 89, 185	MDR 89, 254
29.11.88 (XZR 63/87)	Schwermetalloxidationskatalysator	a: 89, 205 b: 89, 158 c: Nr. 73 zu § 9 ArbEG (VergAnspr.)	e: 106, 84 g: Nr. 4 zu § 14 PatG	j: 89, 1358	MDR 89, 351

BGH-Entscheidungsregister

Datum Aktenzeichen	Stichwort	a) GRUR b) Blatt c) EGR d) Mitt	e) BGHZ f) AP g) LM	h) BB i) DB j) NJW	Sonstige
1989 24.10.89 (X ZR 58/88)	Auto-Kindersitz	a: 90, 193 c: Nr. 76 zu § 9 ArbEG (VergAnspr.) d: 90, 99		i: 90, 67	
21.12.89 (X ZR 30/89)	Marder	a: 90, 515 c: Nr. 66 zu § 12 ArbEG d: 90, 99	e: 110, 30	i: 90, 1080 j: 90, 1289	ZIP 90, A 30
1990 15.5.90 (X ZR 119/88)	Einbettungsmasse	a: 90, 667 c: Nr. 9 zu § 25 ArbEG		i: 90, 1510 j: RR 91, 444	
30.10.90 (X ZR 16/90)	Objektträger	a: 91, 127 b: 91, 190 (LS)			
1994 17.5.94 (X ZR 82/92)	Teilkristalline Copolyester	a: 94, 898 d: 94, 265	e: 126, 109 g: Nr. 8 zu § 12 ArbEG	h: 94, 2000 i: 94, 2231 j: 95, 386	WM 94, 1623 WRP 94, 757 ZIP 94, 1621
1995 17.1.95 (X ZR 130/93)	Gummielastische Masse	d: 96, 16			
30.5.95 X ZR 54/93	Steuereinrichtung II	a: 95, 578			
1997 BGH 13.11.97 (X ZR 6/96)	Spulkopf	a: 98, 684 d: 98, 111	g: § 9 ArbEG Nr. 7	h: 98, 750 i: 98, 773 j: RR 98, 1755	NZA 98, 313
BGH 13.11.97 (X ZR 132/95)	Copolyester II	a: 98, 689 b: 98, 276 d: 98, 105	e: 137, 162 f: § 12 ArbEG Nr. 5 g: § 9 ArbEG Nr. 8	h: 98, 750 i: 98, 771 j: 98, 3492	WRP 98, 397

1319

BGH-Entscheidungsregister

Datum Aktenzeichen	Stichwort	a) GRUR b) Blatt c) EGR d) Mitt	e) BGHZ f) AP g) LM	h) BB i) DB j) NJW	Sonstige
BAG 12.3.97 (5 AZR 669/95)	Gewinn eines Lieferantenwettbewerbs durch Arbeitgeber		f: § 2 UrhG Nr. 1	h: 97, 2112 i: 97, 1571	NZA 97, 765
BAG 9.7.97 (9 AZR 14/97)	Zuständigkeit	d: 97, 399	f: § 2 ArbGG 1979 Nr. 50	h: 97, 2116	NZA 97, 1181
1998 BVerfG 24.4.98 (1 BvR 587/88)	Induktionsschutz von Fernmeldekabeln	d: 99, 61		i: 98, 1460 j: 98, 3704	
2000 BGH 11.4.2000 (X ZR 185/97)	Gleichstromsteuerschaltung	a: 2000, 788			NZA-RR 2000, 486
BGH 17.10.2000 (X ZR 223/98)	Rollenantriebseinheit	a: 2001, 226			
BGH 24.10.2000 (X ZR 72/98)	Wetterführungspläne I	a: 2001, 55	g: § 69b UrhG Nr. 1	h: 2001, 66	MMR 2001, 310 CR 2001, 223
2001 BGH 23.10.2001 (X ZR 72/98)	Wetterführungspläne II	a: 2002, 149 d: 2002, 232			WRP 2002, 100

Datum Aktenzeichen	Stichwort	a) GRUR b) Blatt c) EGR d) Mitt	e) BGHZ f) AP g) LM	h) BB i) DB j) NJW	Sonstige
2002 BGH 6.2.2002 BGH 16.4.2002 (X ZR 127/99)	Drahtinjektionseinrichtung Abgestuftes Getriebe	a: 2002, 609 a: 2002 (vorgesehen)			

Sachregister

A

Abänderungsklage § 12, 96.3
ABEI § 40, 57
Abgrenzung privater/öffentlicher Dienst § 1, 8
Abhängigkeit von Fremdschutzrechten, Vergütung § 12, 72.2
Abkauf von Freigaberechten § 14, 71; § 16, 1.2
–, des Anpassungsanspruchs § 12, 96.1
Ablauf der Schutzdauer, s. Schutzdauer
Ablehnung, Schiedsstellenverfahren § 35, 5 f.
–, Schiedsstellenmitglied § 33, 31 ff.
Abrechnung, jährliche § 9, 55.1
Abschlagszahlung, s. Vorschusszahlung
Abspaltung § 1, 127
Abstaffelung § 9, 141 ff.; RL Nr. 11
–, Angemessenheit § 9, 142, 144
–, Austauschvertrag § 9, 237
–, betriebliche Übung § 25, 22
–, betrieblicher Nutzen § 9, 166 ff.
–, Bezugsgröße § 9, 125, 148
–, Gesamtumsatz § 9, 146
–, Kausalitätsverschiebung § 9, 141
–, Lizenzeinnahmen § 9, 227
–, Lizenzsatz § 9, 133, 144
–, Massenartikel § 9, 143
–, Schätzung des Erfindungswertes § 9, 177
–, Spezialvorrichtungen § 9, 143
–, Stücklizenz § 9, 147
–, Tabelle § 9, 149 f., 168
–, technischer Verbesserungsvorschlag § 20, 40
–, Teil einer Gesamtvorrichtung § 9, 148
–, Üblichkeit § 9, 142
–, Vergütungsanpassung § 12, 132, 151
–, Vergütungsfestsetzung § 12, 52
Abstaffelungstabelle § 9, 149 ff., 167 ff.

Abweichung, Vergütungsrichtlinien § 11, 5 f.
Abzweigung, Gebrauchsmuster § 13, 11.1
Änderung der Umstände, nachträgliche
–, Einigungsvorschlag § 34, 37
–, Vergütung, s. Vergütungsanpassung
Änderungen, ArbEG § 49, 1
–, Vergütungsrichtlinien § 11, 2, 3
–, wesentliche, s. Vergütungsanpassung
Äquivalente § 9, 91
Äquivalenzstörung § 12, 99 ff.
Äußerer Stand der Technik, s. Stand der Technik
Akteneinsicht, Arbeitgeber § 4, 16
–, Arbeitnehmer § 12, 175; § 13, 45; § 15, 23 ff., 37
–, Betriebsrat Anh. zu §§ 20, 21, 17, 19, 26
–, Schiedsstellenverfahren § 33, 21
–, Schutzrechtserteilungsbehörde § 4, 16; § 13, 45; § 15, 37
Aktivierungsfaktor § 9, 303
Aktivierungspflicht, steuerliche § 9, 352
Allgemeine Anordnungen im öffentl. Dienst § 40, 34 ff.
–, Feststellungsklage § 40, 46
–, Geltungsbereich § 40, 40 f.
–, gerichtliche Zuständigkeit § 39, 10; § 40, 46
–, öffentliche Interessen § 40, 44
–, Personalrat § 40, 45
–, Rechtsnatur § 40, 35
Allgemeine Geschäftsbedingungen, s. Formulare
Allgemeiner Vergütungsgrundsatz § 9, 2
Allgemeininteresse, s. Öffentliches Interesse
Alterfindungen § 43, 3 f.
Anbietungspflicht bei Aufgabe § 16, 27
–, s. auch Schutzrechtsaufgabe

1323

Sachregister

Anbietungspflicht bei freier Erfindung § 19
–, Abgrenzung zum Vorkaufsrecht § 19, 10
–, anderweitige Verwertung § 19, 31 ff.
–, angemessene Bedingungen § 19, 20 ff., 58 f.
–, Annahme durch Arbeitgeber, § 19, 49 ff.
–, Arbeitsbereich § 19, 38 ff.
–, Dauer des Arbeitsverhältnisses § 19, 3, 7, 31 f.
–, Form § 19, 43
–, frei gewordene Erfindung § 8, 57; § 19, 7
–, Gegenstand § 19, 7 ff.
–, Inhalt § 19, 9 ff.
–, Kartellrecht § 19, 30, 56
–, Kostenübernahme § 19, 27
–, Konzern § 19, 38
–, Lizenzvertrag § 19, 9, 55 f.
–, Miterfinder § 19, 64, 78 ff.
–, bei Mitteilung der Erfindung § 19, 46 f.
–, nachvertragliche § 26, 51
–, Neufestsetzung der Bedingungen § 19, 69 ff.
–, Verletzung § 19, 73 ff.
–, und Vorkaufsrecht § 19, 10
–, Voraussetzungen § 19, 31 ff.
–, Zeitpunkt § 19, 44 ff.
–, s. auch Freie Erfindung
Anderweitige Verwertung, freie Erfindung § 19, 31 ff.
Aneignungsrecht des Arbeitgebers, s. Inanspruchnahme
Anerkenntnis Erfindereigenschaft § 6, 7.1
Anerkenntnis der Schutzfähigkeit
–, Anfechtung § 17, 36
–, Aufgabe d. Schutzrechts § 16, 27
–, Bindung § 17, 34 ff.
–, Dauer § 17, 34 ff.
–, Erklärung § 17, 27 ff.
–, Form § 17, 30
–, Inhalt § 17, 27 ff.
–, Rechtsnatur § 17, 27 f.
–, Schiedsstellenanrufung § 17, 35, 46 ff.

–, Unbilligkeit § 17, 35
–, Vereinbarung § 17, 37
–, Vergütung § 17, 59 ff.
–, Wirkung § 17, 28 f., 34
–, Zeitpunkt § 17, 31 f.
Anfechtung, Aufgabe des Schutzrechts § 16, 27
–, Ausgleichsquittung § 26, 62
–, Einigungsvorschlag § 34, 36
–, Freigabe § 5, 95; § 8, 36 ff.; § 14, 17
–, Freiwerden § 8, 39 f.
–, Fristversäumung § 12, 74.4
–, Inanspruchnahme § 6, 68 ff.
–, Miterfinderanteil-Vereinbarung § 12, 32.3
–, Rückforderungsverbot § 12, 47
–, im Schutzrechterteilungsverfahren § 7, 14
–, und Unabdingbarkeit § 22, 30
–, Vergütungsfestsetzung § 12, 47, 74.4, 105
–, Vergütungsfestsetzung bei unberücksichtigtem Miterfinder § 12, 94, 110
–, Vergütungsfeststellung § 12, 20 f., 105
–, bei Verletzung des Unabdingbarkeitsgebots § 22, 30
–, vertragliche Erfindungsüberleitung § 6, 60, 62
–, s. auch Irrtum
Angemessene Bedingungen bei freier Erfindung § 19, 20 ff.
–, gerichtliche Feststellung § 19, 58 ff.
–, Neufestsetzung § 19, 69 ff.
Angemessene Beteiligung § 40, 15 ff.; § 42, 35 ff.
Angemessene Frist, für Schutzrechtsanmeldung § 13, 61 ff.
–, für Vergütungsfestlegung § 12, 22 ff.
Angemessene Vergütung, Begriff § 9, 69 ff.
–, beschränkte Inanspruchnahme § 10, 33
–, unbeschränkte Inanspruchnahme § 9, 69 ff.
–, s. im übrigen Vergütung

Sachregister

Angemessenheit, Begriff § 9, 69 ff.
–, Frist zur Vergütungsfestlegung § 12, 22 ff.
Angestellter § 1, 10
–, leitender, s. dort
–, s. auch Arbeitnehmer, Sprecherausschuss
Anmeldegebühr, Kostentragung § 13, 20 ff., 49 f., 64 f.; § 16, 53ff.
Anmeldepflicht, Inland § 13
–, Arbeitgeber § 13, 2 ff.
–, Ausnahmen § 13, 31 ff.
–, Entfallen bei Betriebsgeheimnis § 17, 1 ff., 21
–, Entfallen bei Zustimmung § 13, 33 ff.
–, Ersatzvornahme Arbeitnehmer § 13, 61 ff.
–, Neue Bundesländer § 13, 1
–, Übertragung der Erfindungsrechte § 13, 3
–, Umfang § 13, 16 ff.
–, Verletzung § 13, 15, 58 ff.
–, Zeitpunkt § 13, 4 ff.
–, Zweifel an Schutzfähigkeit § 13, 53 ff.
–, s. auch Schutzrechtsanmeldung
Anmelderecht, Arbeitgeber § 13, 38 ff.
–, Arbeitnehmer § 8, 23, 48 ff.; § 13, 61 ff., 72 ff.
–, Ausland § 14, 5 ff.
–, Verletzung durch Arbeitnehmer § 7, 63; § 13, 46 ff.; § 14, 10 ff.
Anmeldeunterlagen, Herausgabe an Arbeitgeber § 7, 12
–, Herausgabe an Arbeitnehmer § 13, 75; § 15, 25, § 16, 49 ff.
–, Übermittlung an Arbeitnehmer § 15, 15 ff.
Anmeldung s. Anmeldepflicht, Auslandsanmeldung, Inlandsschutzrechtsanmeldung, Schutzrechtsanmeldung, Schutzrechtserteilungsverfahren
Annahme, Einigungsvorschlag § 34, 26 f.
–, Vergütung § 12, 18

Anpassung der Vergütung wegen veränderter Umstände § 12, 95 ff.
–, s. auch Vergütungsanpassung
Anregungserfindung § 4, 5
Anrufung der Schiedsstelle § 31
–, Antrag § 31, 3 ff.
–, Antragsrücknahme § 31, 20 ff.
–, bei Betriebsgeheimnis § 17, 35, 46 ff.
–, berechtigtes Interesse an § 28, 24 ff.
–, erneute § 28, 25; § 31, 22; § 34, 34; § 35, 4
–, erweiterte Besetzung § 32
–, Frist zur § 28, 27 f.
–, Unterbrechung gesetzlicher Fristen durch § 31, 18 f.
–, s. auch Schiedsstelle, Schiedsstellenverfahren
Anrufungsfrist, Schiedsstellenverfahren § 28, 27 f.
Anrufungsinteresse, Schiedsstellenverfahren § 28, 24 ff.
Anscheinsbeweis s. prima-facie-Beweis
Anstalt des öffentlichen Rechts § 40, 10
Anteil
–, des Betriebes § 4, 2; § 9, 77 f, 261 ff.
–, Miterfinder, s. Miterfinderanteil
Anteilsfaktor § 9, 78, 261 ff.; **RL Nr. 30-37**
–, Aufgaben und Stellung im Betrieb § 9, 280 ff.; **RL Nr. 33-36**
–, Berechnung § 9, 291; **RL Nr. 37**
–, beruflich geläufige Überlegungen § 9, 277
–, betriebliche Arbeiten oder Kenntnisse § 9, 278
–, betriebliche Stellung § 9, 280 f.
–, Durchschnitt § 9, 265
–, Formel § 9, 263 f., 291
–, freie Erfindung § 9, 262
–, Gedankenerfindung § 9, 279
–, Grundsatz § 9, 261 ff.; **RL Nr. 30, 37**
–, Lösung der Aufgabe § 9, 274 ff.; **RL Nr. 32**
–, »Mängel und Bedürfnisse« § 9, 272
–, Miterfinderschaft § 9, 266, 273; § 12, 54

1325

Sachregister

–, nicht ausschließliches Benutzungsrecht § 14, 66; § 16, 92
–, öffentlicher Dienst § 9, 284
–, qualifizierte technische Verbesserungsvorschläge § 12, 262; § 20, 47
–, Stellung der Aufgabe § 9, 267 ff.; RL Nr. 31
–, **Tabelle RL Nr. 37**
–, technische Hilfsmittel § 9, 279
–, technischer Verbesserungsvorschlag § 12, 262; § 20, 47, 61.3
–, Teilwerte § 9, 263 ff.
–, Teilwiderspruch § 12, 79
–, bei vertraglicher Überleitung § 6, 67.1; § 8, 60; Einl. vor §§ 9-12, 12; § 9, 262
–, Umrechnungstabelle § 9, 266; RL Nr. 37
–, Vergütung bei beschränkter Inanspruchnahme § 10, 38
–, Vergütungsanpassung § 12, 106
–, Vergütungsfestsetzung § 12, 52 f., 54
–, Versuche § 9, 279
Antrag, Schiedsstellenverfahren § 31, 3 ff.
Antragsbindung, Schiedsstellenverfahren, § 33, 43
Antragsgegner, Einlassung vor der Schiedsstelle § 35, 1, 3 ff.
Antragsrücknahme Schiedsstellenverfahren § 31, 20 ff.
ArbEG, Anwendbarkeit auf Beamte § 1, 139; § 41, 11 f.
–, Anwendbarkeit im öffentlichen Dienst § 40, 12 ff.
–, Anwendungsbereich, persönlicher Einl. 17, § 1, 7. ff.
–, Anwendungsbereich, **sachlicher** Einl. 18; § 1,2 ff.
–, als Arbeitsrecht Einl. 2
–, ausgeschiedene Arbeitnehmer § 26, 19 ff.
–, Ausland Einl. 10 ff.
–, Außerkrafttreten früherer Regelungen § 46
–, Beitrittsgebiet Einl. 31 ff.
–, Belehrungspflicht über § 25, 20

–, Berlinklausel § 47
–, Entwicklung Einl. 1
–, Gesetzesänderungen § 49, 1
–, In-Kraft-Treten § 49
–, Mitbestimmungsrecht des Betriebsrates **Anh. zu §§ 20, 21**, 6
–, persönlicher Anwendungsbereich Einl. 17; § 1, 7 ff.
–, räumlicher Geltungsbereich § 1, 142
–, Rückwirkung § 43, 1 ff.
–, Saarland § 48
–, sachlicher Anwendungsbereich Einl., 18; § 1, 2 ff.
–, Schutzgesetz Einl. 3
–, Übersicht Einl. 16 ff.
–, Unabdingbarkeit § 22, s. dort
–, vertragliche Anwendbarkeit § 1, 55, 74, 81, 92 ff.
–, Vertragsfreiheit § 22, 1 ff.; § 23, 1 ff.
–, zeitlicher Geltungsbereich § 1, 141; § 43, 1 ff.; § 49, 1
–, Zielsetzung Einl., 3 ff.
–, Zuordnung zum Arbeitsrecht, Dienstrecht Einl. 3.
Arbeiten des Betriebes § 4, 36, 41; § 5, 79 **Arbeiter** § 1, 10
–, s.im übrigen Arbeitnehmer
Arbeitgeber
–, Arbeitsgemeinschaft § 1, 106 f.
–, Auskunftserteilung s. Auskunftspflicht
–, ausländische § 1, 108 ff.
–, Begriff § 1, 95 ff.
–, Belehrungspflicht, s. Belehrung
–, Beschäftigungspflicht § 25, 5 ff.
–, Direktionsrecht § 4, 22; § 5, 15; § 15, 30 f.; § 25, 6 f., 12
–, Einspruchseinlegung § 25, 50
–, Fürsorgepflicht § 24, 25 ff.; § 25, 11 ff.; § 26, 31 f.
–, Geheimhaltungspflicht, s. dort
–, Gleichbehandlungspflicht § 25, 21 f.
–, Herr des Erteilungsverfahrens § 7, 10 ff.; § 13, 41 f.
–, Konkurs, s. dort
–, Konzern § 1, 128 ff.
–, Kostenerstattung § 13, 20 ff.; § 16, 42, 53 ff.; §25, 9 f.

Sachregister

–, Leiharbeitsverhältnis § 1, 133 ff.
–, Löschungsklage § 25, 42 ff.
–, mehrere (s. auch Zwischenbetriebliche Kooperation) § 1, 19 ff., 106 f.; § 6, 74
–, Mitwirkung bei Auslandsschutzrechtsanmeldungen § 14, 39 ff.
–, nachwirkende Fürsorgepflicht § 26, 31 ff.
–, Nichtigkeitsklage § 25, 42 ff.
–, öffentlicher Dienst § 1, 137; § 40, 5 ff.
–, Pflichten aus dem Arbeitsverhältnis § 25, 5 ff.
–, Rechnungslegung § 12, 166 ff.
–, Rechtsschein § 1, 98
–, Tod § 26, 8
–, Unterstützungspflicht, s. dort
–, Vergleichsverfahren Anh. zu § 27, 1 ff.
–, Vergütungspflicht – s. Vergütung
–, Verwertungsrecht – s. Verwertung
–, Vorbenutzungsrecht § 8, 59; § 9, 32
–, Wahlrecht, s. dort
–, Weisungsrecht, s. Direktionsrecht
–, Zahlungspflicht nach Festsetzung § 12, 75 f., 87

Arbeitgeberähnliche Personen § 1, 68 ff., 100
–, Meldepflicht § 5, 8
–, s. auch Freier Erfinder, Organmitglieder

Arbeitgebervereinigungen § 11, 1, 3; § 30, 10 f.

Arbeitnehmer, Abgrenzung zum Beamten § 41, 7 f.
–, Akteneinsichtsrecht § 13, 45; § 15, 37
–, Anteilsfaktor, s. dort
–, Arbeitspflicht § 25, 23 ff.
–, Aufgaben und Stellung im Betrieb § 9, 280 ff.; **RL Nr. 33-36**
–, Aufwendungsersatz § 25, 9 f.
–, ausgeschiedener, s. Ausgeschiedener Arbeitnehmer, Ausscheiden
–, Aushilfsarbeitsverhältnis § 1, 31
–, Auskunftsanspruch (s. auch dort) § 12, 162 ff.

–, Auskunftpflicht § 25, 33 f.; § 26, 22
–, ausländische § 1, 32 ff.
–, Auslandseinsatz § 1, 36 ff.
–, Auslandsschutzrechtsanmeldungen § 7, 22; § 14, 39 ff.
–, Ausschneiden, s. dort
–, Auszubildender § 1, 40
–, Begriff § 1, 9 ff.
–, Doppelarbeitsverhältnis § 1, 19 ff.
–, Eigenverwertung frei gewordener Erfindung § 8, 48 ff.; § 25, 40 f.
–, Einspruchseinlegung § 25, 50
–, Ersatzvornahme der Schutzrechtsanmeldung § 13, 61 ff.
–, Erfinderberatung § 21, 19 ff., 32 ff.
–, Erfindervergütung, s. Vergütung, Vergütungsanspruch u. -bemessung
–, Freigabeanspruch für Auslandsanmeldungen § 14, 20 ff.
–, Geheimhaltungspflicht s. dort
–, als Gesamtrechtsnachfolger des Arbeitgebers § 1, 128
–, Gewissenskonflikt § 25, 6
–, Inlandsschutzrechtsanmeldung § 4, 18, 52; § 7, 11 ff., 15 ff., 63; § 8, 48f.; § 13, 72 ff., § 18, 14
–, Interessenkollision § 25, 36
–, mehrere Arbeitsverhältnisse § 1, 19 ff.
–, Konzernabordnung § 26, 17
–, Kostenerstattung § 13, 20 ff.; § 16, 42, 53 ff.; § 25, 9 f.
–, Leiharbeitsverhältnis § 1, 56 ff.
–, Löschungsklage § 25, 42 ff.
–, Meldepflicht § 5
–, Miterfinderschaft, s. Miterfinder
–, Mitteilungspflicht, s. dort
–, nachvertragliche Geheimhaltungspflicht § 26, 34 ff., 38 ff.
–, nachvertragliches Wettbewerbsverbot § 26, 34 ff., 40 f.
–, nachwirkende Treuepflicht § 26, 31 ff.
–, Nebentätigkeit § 25, 37; § 40, 14; § 41, 14
–, Nichtigkeitsklage § 25, 42 ff.
–, öffentlicher Dienst § 1, 138; § 40, 3 ff.

1327

Sachregister

–, Pensionäre § 1, 77 ff.; § 26
–, Persönlichkeitsrecht § 3, 25; § 7, 24 f.
–, Pflichten aus Arbeitsverhältnis § 25, 23 ff.
–, Pflicht zur Erfindungsleistung § 25, 25 f.
–, Rechnungslegungsanspruch § 12, 166 ff.
–, Schriftwechseleinsicht im Erteilungsverfahren § 15, 23 ff.
–, Tod § 26, 7
–, Treuepflicht § 24, 38 ff.; § 25, 28 ff.; § 26, 31 ff.
–, Überstunden § 15, 33; § 25, 10
–, Übertragungsanspruch bei Schutzrechtsaufgabe § 16, 36
–, Unterstützung durch Betriebsrat Anh. zu §§ 20, 21, 24 ff.
–, Unterstützungspflicht im Erteilungsverfahren § 15, 27 ff.
–, Verwertung einer Diensterfindung vor Inanspruchnahme § 7, 60 ff.; § 25, 38 f.
–, Verwertung frei gewordener Erfindungen § 7, 35; § 8, 48 ff.; § 25, 40 f.
–, Verwertungsrecht bei freien Erfindungen § 18, 5
–, Vorbenutzungsrecht § 7, 69
–, Vorkaufsrecht im Konkurs § 27, 18 ff.
–, Wehrpflichtiger § 1, 89 f.; § 41, 18 f.
–, Wettbewerbsverbot § 25, 37; § 26, 34 ff., 40 ff.
–, Wiedereinsetzungsrecht, Schutzrechtserteilungsverfahren § 16, 76
–, widerrechtliche Entnahme § 13, 46.
–, Widerspruch gegen Vergütungsfestsetzung § 12, 77 ff.
–, Zustimmung zur Nichtanmeldung § 13, 33 f.
–, s. auch Arbeitsverhältnis, Ausgeschiedener Arbeitnehmer, Freier Erfinder

Arbeitnehmerähnliche Person, Begriff § 1, 24 ff., 47, 54
–, gerichtliche Zuständigkeit § 1, 27; § 39, 29

–, Schiedsstellenverfahren § 1, 27; § 28, 13
–, Vergütungsklage § 38, 7
Arbeitnehmerbeschwerde, Betriebsrat Anh. zu §§ 20, 21, 28 ff.
Arbeitnehmererfinderrecht, ausländisches **Einl.**, 10 ff.
–, europäisches **Einl.**, 10
–, internationales § 1, 108 ff.
Arbeitnehmerüberlassung s. Leiharbeitnehmer, Leiharbeitsverhältnis
Arbeitsbereich des Arbeitgebers § 18, 29; § 19, 38 ff.
Arbeitsbeschaffungsmaßnahme § 1, 9; § 4, 30
Arbeitseinkommen, Begriff Anh. zu § 27, 9
–, Zwangsvollstreckung Anh. zu § 27, 8 f.
Arbeitsentgelt, Vergütung § 9, 3
Arbeitsergebnis Zuordnung zum Arbeitgeber § 3, 26 f.
–, Verwertungsrecht Arbeitnehmer § 3, 32; § 8, 43, 52 ff.; § 25, 37 f.; § 26, 34 f.
–, Wegfall des Schutzrechts § 10, 29
Arbeitsgemeinschaft § 1, 57, 106 f.; § 9, 195
–, s. auch zwischenbetriebliche Kooperation
Arbeitsgericht, sachliche Zuständigkeit § 39, 16 f., 27 ff.
–, Zuständigkeit für technische Verbesserungsvorschläge § 39, 2, 11, 27 ff.
Arbeitshypothese, Schutzfähigkeit als § 2, 16 ff.
Arbeitsordnung § 5, 15, 67; § 6, 20; § 22, 7
Arbeitspflicht § 25, 23 ff., 36
Arbeitsrecht
–, ArbEG als **Einl.**, 3
–, Verhältnis zu Rechten/Pflichten aus ArbEG § 25, 1 ff.
Arbeitsstatut, deutsches § 1, 35, 36 ff.
Arbeitsverhältnis, Auflösung § 26, 4 ff.
–, arbeitsrechtliche Pflichten § 25, 5 ff., 23 ff.

Sachregister

–, befristet § 1, 85
–, Dauer § 4, 10 ff.
–, Erfindung s. Diensterfindung, Erfindung
–, faktisch § 1, 11 ff.; § 26, 13
–, Freistellung § 26, 12
–, Konkurs § 26, 10
–, Konzern § 1, 128 ff.
–, mittelbar § 1, 135
–, nachvertragliche Geheimhaltungspflicht § 26, 34 ff., 38 ff.
–, nachvertragliches Wettbewerbsverbot § 26, 40 ff.
–, Neue Bundesländer § 25, 3.1; § 26, 2.1; Einl. vor §§ 40–42, 9
–, zur Probe § 1, 85
–, Ruhen § 26, 14 ff.
, Ruhestandsverhältnis § 1, 79
–, Schlussurlaub § 4, 12
–, Streik § 26, 9
–, s. auch Arbeitgeber, Arbeitnehmer
Arbeitsvertrag, Beendigung,
–, s. Ausgeschiedener Arbeitnehmer, Ausscheiden
Arbeitsvertragsbruch § 1, 30
Arglistige Täuschung
–, s. Anfechtung
Art der Vergütungsleistung § 9, 52 ff.; § 12, 11 f., 50; RLNr. 40
Arrest § 37, 27
Arzneimittelgesetz § 12, 141
Assignment § 1, 73; § 6, 64; § 15, 32
Assistent, s. Hochschulassistent
Auffangtatbestand § 20 als – § 2, 20
Aufgabe, technische § 5, 70; § 9, 267 ff.
–, s. im übrigen Anteilsfaktor, Schutzrechtsaufgabe
Aufgabeabsicht, Betriebsgeheime Erfindung § 17, 36
–, Inhalt § 16, 27
–, Insolvenzverfahren § 27 n.F., 118 ff.
–, Mitteilung § 16, 27
–, nicht ausschließlich Benutzungsrecht § 14, 70.3
–, Übertragungsanspruch des Arbeitnehmers § 16, 36
–, Zugang § 16, 28 f., 36
–, s. auch Schutzrechtsaufgabe

Aufgabenerfindung § 4, 7 ff., 19 ff.
–, Beweislast § 4, 32
–, Einzelfälle § 4, 30 f.
–, Kausalität § 4, 33 f.
–, s. auch Diensterfindung
Aufgabenstellung, Anteilsfaktor § 9, 267 ff.; RLNr. 31
Aufgaberecht des Arbeitgebers § 16, 67 f.
–, s. a. Schutzrechtsaufgabe
Aufklärungspflicht d. Arbeitgebers § 22, 37; § 25, 17, 20 (s. auch Belehrung)
Auflage s. Bedingung
Auflösung des Arbeitsverhältnisses § 26, 4 ff.
Aufrechnung, gerichtliche Zuständigkeit § 39, 19
–, Insolvenzverfahren § 27 n.F., 83 ff., 133
–, Rückforderungsverbot § 12, 161
–, Vergütungsanspruch § 5, 96; § 9, 37; § 12, 161; § 27 n.F., 83 ff
Aufsichtsratsmitglieder § 1, 76.1
Aufspaltung § 1, 127
Auftrag s. Forschungs- und Entwicklungsauftrag
Auftragserfindung § 4, 19 ff.
Aufzeichnungen, vorhandene § 5, 76
Aufwendungsersatz des Arbeitnehmers § 25, 9 f.
–, s. auch Arbeitnehmer-Kostenerstattung
Ausbaupatent, Vergütung § 9, 203 ff.; RLNr. 21
Ausführungsform s. Benutzungsform, Schutzumfang
Ausgeschiedener Arbeitnehmer, ArbEG § 1, 28 ff.; § 26, 19 ff.
–, Berufung auf Unbilligkeit einer Vereinbarung § 23, 29 f.
–, Betriebsinhaberwechsel § 1, 119, 125
–, Betriebsrat Anh. zu §§ 20, 21, 3
–, Geheimhaltungspflicht § 24, 14, 25, 43; § 26, 34 ff., 38 ff.
–, Inanspruchnahme bei § 4, 16, 18; § 6, 19

1329

Sachregister

—, Klage § 37, 17 f.; § 39, 4
—, Konkurs des früheren Arbeitgebers § 27, 4
—, Kündigungsschutzklage § 1, 29; § 26, 5
—, Meldepflicht § 5, 7; § 26, 21 f.
—, Mitteilungspflicht § 18, 10, 14; § 26, 21 f.
—, Schiedsstellenverfahren § 28, 13; § 37, 17 f.
—, Schutzrechtsaufgabe § 16, 1
—, Treuepflicht § 26, 31 ff.
—, Unterstützungspflicht § 26, 33
—, Vergütung bei Gehaltsanhebung § 9, 67
—, Vergütungsanpassung § 12, 109
—, Vergütungsanspruch § 9, 67; § 20, 7, 15, 36; § 26, 27 f.
—, Vergütungsfestlegung § 12, 10
—, Verwertungsbeschränkungen im öffentl. Interesse § 40, 41
—, Wettbewerbsverbot, s. dort Weiterbeschäftigungsanspruch § 26, 5
—, s. auch Ausscheiden des Arbeitnehmers, Kündigung, Pensionär
Ausgleichsquittung § 26, 56 ff.
Ausgliederung § 1, 127
Aushilfsarbeitsverhältnis § 1, 31
Auskunftsanspruch
—, Arbeitgeber § 5, 94.1 f.; § 12, 162 ff.
—, eidesstattl. Versicherung § 12, 181
—, eingeschränkter, bei Wettbewerbsverhältnis § 12, 171.1
—, Einsicht in Geschäftsunterlagen § 12, 172
—, Ergänzung § 12, 180
—, Forschungsstand § 25, 33
—, Geheimhaltungsinteresse § 12, 173.1
—, gerichtliche Zuständigkeit § 39, 10, 18
—, Hochschullehrer § 42, 33
—, Inhalt und Umfang § 12, 169 ff.
—, Konzern § 9, 189
—, Lizenzeinnahmen § 12, 174
—, Pauschalabfindung § 12, 165
—, Pflichtverletzung wg. unterlassener Schutzrechtsübertragung § 16, 74
—, Rechtsgrundlage § 12, 163
—, Rechtsmissbrauch § 12, 171.1

—, Schranken § 12, 171
—, Sperrpatent § 9, 208
—, Stufenklage § 12, 184
—, Verbesserungsvorschlag § 12, 163, 164, § 20, 3
—, Vergütung § 12, 162 ff.
—, Verjährung § 12, 183
—, Wettbewerbssituation § 12, 171.1
—, Wirtschaftsprüfervorbehalt § 12, 173.1
Auskunftserteilung, Schiedsstelle § 28, 6
—, Wirtschaftsprüfervorbehalt § 12, 173.1
Auskunftspflicht, arbeitsrechtliche § 25, 19, 33; § 26, 22
—, Hochschullehrer § 42, 32 f.
—, s. auch Auskunftsanspruch, Informationspflicht
Ausländischer Arbeitgeber § 1, 108 ff.
Ausländischer Arbeitnehmer § 1, 32 ff.
Ausländisches Recht, Arbeitsverhältnis § 1, 33
—, Schutzfähigkeit nach § 2, 25 f.; § 3, 19; § 6, 24; § 8, 45; § 9, 15 f.; § 12, 63; § 14, 4; § 20, 14
—, s. auch Ausland, Auslandsschutzrecht, Internationales Privatrecht
Auslagen, s. Kostenerstattung
Ausland, Arbeitseinsatz § 1, 36 ff.
—, Arbeitnehmererfinderrecht **Einl.**, 10 ff.
—, Nutzung im § 7, 36 f.; § 9, 15 f., 245 ff.; **RL Nr. 26**; § 20, 14, 40
—, Schutzfähigkeit § 2, 25 f.; § 3, 19; § 6, 24; § 8, 45; § 9, 15 f., 247; § 12, 63; § 14, 4; § 16, 9, 90; § 20, 14
—, schutzrechtsfreie Zone § 14, 14
—, Zuständigkeit der Schiedsstelle § 28, 19
Auslandseinsatz, Arbeitnehmer § 1, 36 ff.
Auslandsfreigabe, s. Freigabe-Ausland
Auslandsnutzung, Vergütung § 9, 15 ff., 245 ff.; **RL Nr. 26**; § 14, 73; § 20, 14
Auslandsschutzrecht, Erwerb durch Arbeitgeber § 14, 1 ff.
—, Erwerb durch Arbeitnehmer § 7, 22, 36; § 14, 9 ff., 39 ff.

Sachregister

–, fehlender Inlandsschutz § 2, 25 f.;
  § 3, 19; § 6, 24; § 8, 45; § 9, 15 f.,
  247; § 12, 63; § 14, 4; § 16, 9, 90;
  § 20, 14
–, Freigabe, s. Freigabe-Ausland
–, gerichtliche Zuständigkeit § 39, 14
–, Nutzungsrecht des Arbeitgebers
  § 7, 36 f.
–, Risikoabschlag § 12, 63
–, Vergütung § 9, 15 f., 213, 245 ff.;
  RL Nr. 26; § 12, 63, 69; § 20, 14
–, Vorbehalt schutzrechtsfreier Zone
  § 14, 73
–, Vorratspatent § 9, 246.4
Auslandsschutzrechtsanmeldung § 14
–, Arbeitgeber als Herr des Verfahrens
  § 14, 5 ff.
–, durch Arbeitgeber § 14, 1 ff.
–, durch Arbeitnehmer § 7, 22, 36;
  § 14, 9 ff., 39 ff.
–, europäische § 13, 27; § 14, 7
–, Freigabe zugunsten des Arbeitnehmers § 14, 14 ff
–, Information des Arbeitnehmers
  § 15, 19
–, internationale § 13, 28; § 14, 8, 36.1
–, Neue Bundesländer § 14, 4
–, nicht ausschließliches Benutzungsrecht § 14, 45 ff.
–, Prioritätsbegründung für Inlandsanmeldung § 13, 25 ff.
–, Unterstützung durch Arbeitgeber
  § 14, 39 ff.
–, vor Inanspruchnahme § 14, 6, 9
–, Versagung des Inlandsschutzes (s.
  auch Auslandsschutzrecht – fehlender Inlandsschutz) § 9, 247
Auslandsverträge, Vergütung bei
  Rücksichtnahme § 14, 67 ff.
–, Verlangen auf Rücksichtnahme
  § 14, 53 ff.
Ausscheiden des Arbeitnehmers, Ausgleichsquittung § 26, 56 ff.
–, Geheimhaltungspflicht § 24, 14, 25,
  43; § 26, 34 ff., 38 f.
–, Geltendmachen der Unbilligkeit
  § 23, 29 f.

–, Konkurs des Arbeitgebers § 1, 126;
  § 27, 5
–, Löschungsklage § 26, 54
–, Neue Bundesländer § 26, 2.1
–, Nichtigkeitsklage § 25, 45; § 26, 54
–, Schutzrechtsanmeldung unmittelbar
  nach § 4, 18; § 18, 14; § 26, 2, 22
–, Unabdingbarkeit des ArbEG § 22,
  16
–, Vergütungsanpassung § 12, 109;
  § 26, 27
–, Vertragsabsprachen § 26, 16, 55 ff.
–, s. auch Ausgeschiedener Arbeitnehmer
Ausschließungspatent Einl. 48 ff.
Ausschlussfrist bei Anbietung freier
  Erfindungen § 19, 53 f.
–, bei Beteiligungsverlangen des
  Dienstherrn § 42, 34
–, bei Antrag auf erweiterte Besetzung
  § 32, 3
–, bei Ausübung des Übertragungsanspruchs § 16, 39
–, bei Beanstandung der Meldung § 5,
  88
–, bei Bestreiten freier Erfindungen
  durch Arbeitgeber § 18, 39
–, Erfindervergütung § 9, 51
–, Freiwerden § 8, 31 ff.
–, Fristverlängerung § 6, 47
–, bei Inanspruchnahme § 6, 45 ff., § 8,
  31
–, tarifvertragliche § 9, 51
–, bei unbilliger Erschwerung § 7, 52 f.
–, bei Unbilligkeit § 23, 29 ff.
–, bei Verbesserungsvorschlägen § 20,
  61.3
–, bei Vergütungsfestsetzung § 12, 74
–, Verjährung § 23, 38
–, bei Widerspruch gegen Einigungsvorschlag § 34, 30
–, bei Widerspruch gegen Vergütungsfestsetzung § 12, 81
–, s. auch Frist
Aussetzung, Erteilungsverfahren § 7,
  18
–, gerichtliches Verfahren § 37, 8
–, Schiedsstellenverfahren § 33, 47

1331

Sachregister

Aussonderungsrecht, Konkurs § 27, 1
Aussperrung § 26, 9
Ausstrahlungstheorie § 1, 37
Austauschvertrag, s. Lizenzaustauschvertrag
Ausübungspflicht, Arbeitgeber § 7, 6, 34; § 10, 10; § 20, 31
Auswahlerfindung § 5, 47
»Auswerten« § 24, 53
Auszubildende § 1, 40

B

Basic-Design/-Engineering s. Engineering
Beamter § 41
–, Abgrenzung § 41, 7. f.
–, Anwendbarkeit des ArbEG § 1, 139; § 41, 11 ff.
–, Begriff § 41, 5 ff.
–, Erfindung von § 4, 21, 49
–, gerichtliche Zuständigkeit § 39, 4, 6ff., 30; § 41, 15
–, Hochschullehrer, s. dort
–, Ruhestand § 41, 9
–, Schiedsstellenverfahren § 28, 4, 31 f.; § 41, 15
–, Vorverfahren § 28, 32
–, s. auch Öffentlicher Dienst
Beanstandung, Meldung § 5, 84 ff.; § 12, 32.2
Beauftragter, Vorschlagswesen § 20, 57; § 21, 10
Bedingung
–, Freigabeerklärung § 8, 15 f.; § 14, 18
–, Inanspruchnahmeerklärung § 6, 7
–, Schutzrechtsaufgabe § 16, 33, 37
–, Vergütungsfestsetzung § 12, 47
»Bedürfnisse«, Anteilsfaktor § 9, 272
–, Widerspruch gg. Vergütungsfestsetzung § 12, 79
Beendigung des Arbeitsvertrages
–, s. Ausscheiden, Ausgeschiedener Arbeitnehmer
Beendigung des Schiedsstellenverfahrens § 35
–, Einzeltatbestände § 33, 6; § 35, 3 ff.

–, Mitteilung § 35, 17 f.
–, s. auch Schiedsstellenverfahren
Befristung, Vergütungsfestsetzung § 12, 47
–, s. i. übrigen Frist
Beförderung als Vergütung § 9, 53; § 12, 109
BGB-Außengesellschaft § 1, 106.1
BGB-Innengesellschaft § 1, 106.1
Begründung, Quotenwiderspruch § 12, 90 f.
–, Vergütungsfestsetzung § 12, 52 f.
–, Vergütungsvereinbarung § 23, 21
–, Widerspruch gegen Vergütungsfestsetzung § 12, 79
Beisitzer der Schiedsstelle § 30, 8 ff.
–, Ablehnung § 33, 31 ff.
–, Dienstaufsicht § 30, 14
–, Vorschlagslisten § 30, 12 f.; Anh. 2
Beitrittsgebiet, s. Neue Bundesländer
Bekanntgabe der Gesamtvergütung § 12, 35 ff.
»Bekanntgeben« § 24, 54
Bekanntmachung der Patentanmeldung, Fälligkeit der Vergütung § 12, 59
Belehrung, über ArbEG § 25, 20
–, über Freiwerden § 6, 60
–, über Fristablauf § 6, 56; § 16, 39; § 25, 20
–, bei Schutzrechtsaufgabe § 16, 35, 39, 41
–, über Widerspruchsmöglichkeit bei Einigungsvorschlag § 34, 23 f.
–, über Widerspruch bei Vergütungsfestsetzung § 12, 82
–, s. auch Aufklärungspflicht
Bemessung der Vergütung, s. Vergütung, Vergütungsanspruch, Vergütungsbemessung
Benutzung, Begriff § 9, 90 f.; § 10, 8 f.; § 20, 27
–, s. auch Verwertbarkeit, Verwertung
Benutzungsform, – Vergütungspflicht § 9, 91.1 f.; § 12, 110, 132
–, s. auch Schutzumfang, Vergütung
Benutzungsrecht, beschränkte Inanspruchnahme § 7, 29 ff.

1332

Sachregister

–, freie Erfindung § 19, 16
–, Freigabe Ausland § 14, 45 ff.
–, Schutzrechtsaufgabe § 16, 77 ff.
–, s. auch Nicht ausschließliches Benutzungsrecht
Beratervertrag § 1, 46, 77
Beratungshilfe § 37, 2
Berechnung der Vergütung, s. Vergütungsbemessung
Berechnungsmethoden, Verhältnis zueinander § 9, 103 ff.
–, s. auch Betrieblicher Nutzen, Erfindungswert, Lizenzanalogie, Schätzung des Erfindungswertes
Berechnungsformel § 9, 292; RL Nr. 39
–, Wahl § 9, 107 f.
»Berechtigte Belange« § 17, 7 ff., § 24, 14 ff.
Berichtigung, Einigungsvorschlag § 34, 19
Berlin, Geltung des ArbEG § 47
–, Schiedsstelle § 47, 3 ff.
Berlinklausel § 47, 1
Beruflich geläufige Überlegungen § 9, 277
Beschäftigungspflicht § 25, 5 ff.
Beschleunigungsgrundsatz, Schiedsstellenverfahren § 33, 18 f.
Beschluss Schiedsstellenverfahren § 34, 2 f.
Beschlussfassung der Schiedsstelle,
–, Einigungsvorschlag § 34, 14 ff.
–, Unzuständigkeit § 28, 8; § 35, 10
Beschränkte Inanspruchnahme § 6, 10, 13 f.; § 7, 28 ff.
–, Abgrenzung z. unbeschränkten Inanspruchnahme § 6, 9 ff.
–, Anmeldefreiheit d. Arbeitnehmers § 7, 28; § 8, 50; § 10, 11
–, Bemessung der Vergütung § 10, 31 ff.
–, Benutzung § 10, 8 ff.
–, Einwand der mangelnden Schutzfähigkeit § 10, 19 ff.
–, Fälligkeit der Vergütung § 10, 13; § 12, 73
–, Freigabe durch § 8, 29 f.

–, Gegenstand § 6, 19 ff.
–, Geheimhaltungspflicht § 7, 38; § 8, 58 ff.; § 24, 20 f.
–, Schutzrecht § 10, 11, 14, 19 ff., 37
–, Schutzrechtsanmeldung § 10, 11
–, unbilliges Erschweren § 7, 39 ff.
–, Vergütung § 10, 1 ff.; RL Nr. 25
–, Vergütungsfestlegung § 10, 3, 13
–, Verzicht des Arbeitgebers § 6, 16
–, Wechsel zur § 6, 15
–, Wirkungen § 7, 28 ff.
–, s. auch Inanspruchnahme, Vergütung, Vergütungsanspruch
Beschränkungen im Erteilungsverfahren § 7, 14, 63; § 12, 30, 117 f.; § 16, 12 ff
Beschreiben (Erfindungsmeldung) § 5, 68
Beschwerdegebühr, Rückzahlung bei Schutzrechtsübertragung § 16, 59
Besetzung der Schiedsstelle, § 30
–, erweiterte § 30, 10 ff.; § 32, 1 f.; § 45, 1
Bestätigung der Meldung § 5, 61 ff.
Bestreiten freier Erfindung § 18, 32 ff.
–, Schutzfähigkeit betriebsgeheime Erfindung § 17, 43 ff.
–, s. auch Zweifel
Beteiligungsrecht des Dienstherrn, öffentlicher Dienst § 40, 15 ff.
–, Hochschulwissenschaftler § 42, 30 ff.
Betrieb, Begriff § 1, 101 ff.; § 4, 20, 38; § 27 n.F., 49, 108
–, Arbeiten des § 4, 36 ff.
–, Arbeitsbereich § 18, 29
–, des Arbeitgebers § 18, 28
–, Erfahrungen § 4, 36 ff.
–, Geschäftsbetrieb § 27, 21 ff.; § 27 n.F., 48 f.
–, öffentlicher § 40, 6
–, s. auch Anteilsfaktor, Unternehmen
Betriebliche Altersversorgung § 1, 79 f.; § 9, 3, 68, 72
Betriebliche Arbeiten oder Kenntnisse § 9, 278
Betriebliche Doppelerfindung § 5, 29, 59 f.

1333

Sachregister

Betriebliche Stellung § 9, 280 ff.
Betriebliche Übung, Änderung § 25, 22.3
–, Bindung § 25, 22
–, Erfindungsmeldung § 5, 39
–, und Unabdingbarkeit § 22, 9; § 25, 22
Betrieblicher Anteil, s. Anteil des Betriebes, Anteilsfaktor
Betrieblicher Nutzen § 9, 110, 161 ff.; RL Nr. 12
–, Abstaffelung § 9, 166 ff.
–, Anwendungsfälle § 9, 110 f.
–, Berechnung § 9, 164 ff.
–, beschränkte Inspruchnahme § 10, 34
–, Differenz zwischen Kosten und Erträgen § 9, 161
–, Durchschnittssatz § 9, 165
–, Erfindungswert § 9, 165
–, geringere Umsätze § 9, 162
–, Investitionskosten § 9, 164
–, Kosten vor Erfindungsfertigstellung § 9, 163; RL Nr. 12
–, Preisbildung bei öffentlichen Aufträgen § 9, 163; RLNr. 12
–, Rechnungslegung § 12, 168
–, Umrechnungsfaktor § 9, 165
–, Unternehmerlohn § 9, 163.3, 165
–, Verhältnis zur Lizenzanalogie § 9, 110 f.
–, veralteter interner Stand der Technik § 9, 164
–, Vergütung qualifizierter technischer Verbesserungsvorschläge § 20, 41, 44
–, s. auch Erfindungswert, Gewinn, Vergütungsbemessung
Betriebliches Vorschlagswesen § 20, 56 ff., Anh. 3
Betriebsabsprache, Erfinderberater § 21, 5 f., 12 ff.
Betriebsanteil, s. Anteil des Betriebes, Anteilsfaktor
Betriebsaufspaltung § 1, 123
Betriebsbezogenheit, Verbesserungsvorschlag § 3, 11 ff.
Betriebserfindung § 4, 4

Betriebsgebundenheit des einfachen Nutzungsrechts § 7, 31; § 14, 51; § 16, 80 ff.
Betriebsgeheime Erfindung § 17
–, Anerkenntnis der Schutzfähigkeit (s. auch dort) § 17, 26 ff.
–, Anrufung der Schiedsstelle § 17, 35, 46 ff.
–, Aufgabe § 17, 36
–, Auslandsfreigabe § 14, 38; § 17, 21
–, Ausscheiden des Arbeitnehmers § 26, 36
–, Begriff § 17, 4 ff.
–, »berechtigte Belange« § 17, 4 ff., 23 f.
–, Bestreiten der Schutzfähigkeit bei § 17, 43 ff.
–, Beweislast § 17, 16
–, Dauer der Vergütungszahlung § 17, 68 ff.
–, Diensterfindung § 4, 44
–, Entfallen der Anmeldepflicht § 13, 36 f.
–, Erklärung zum § 17, 17 ff.
–, fehlerhafte Einstufung als § 17, 21 f.
–, freie Erfindung § 19, 27
–, Freigabe § 17, 35
–, Freiwerden § 17, 19, 22, 33
–, Gebrauchsmuster § 17, 11
–, Geheimhaltungspflicht § 17, 39 ff.
–, Inspruchnahme § 6, 39; § 17, 20, 50 f.
–, Insolvenzverfahren § 27 n.F., 126
–, Lizenzierung § 17, 40
–, nachträgliche Schutzrechtsanmeldung § 13, 31
–, Neue Bundesländer § 17, 1.1
–, Nichterwirken eines Schutzrechts § 17, 26 ff.
–, Patenterteilungsverfahren bis zur Offenlegung § 17, 44 f.
–, Risikoabschlag § 17, 59
–, Schiedsstelle § 17, 46 ff.
–, Vergütung § 9, 81; § 17, 59 ff.; RL Nr. 27
–, Verletzung der Geheimhaltungspflicht § 17, 39 ff.
–, Verzicht auf Schutzrechtserwerb § 17, 26 ff.

Sachregister

–, Voraussetzungen § 17, 4 ff.
–, Wegfall des Geheimhaltungsinteresses § 17, 23 ff.
–, Zwischenbetriebliche Kooperation § 17, 10
–, s. auch Anerkenntnis der Schutzfähigkeit
Betriebsgeheimnis, Schutz § 3, 31 ff.; § 24, 39 ff.; § 26, 34 f.
–, techn. Verbesserungsvorschlag § 20, 16
Betriebsinhaberwechsel § 1, 114 ff.
–, Erfindung § 1, 117 ff.
–, Insolvenzverfahren § 27 n.F., 55 ff.
–, Konkurs § 1, 114, 126
–, Neue Bundesländer § 1, 114
–, Schiedsstellenverfahren § 28, 14
–, techn. Verbesserungsvorschlag § 1, 121; § 20, 46
–, Vergütungsanspruch § 1, 115 ff., 118 ff., § 9, 7, 253
Betriebsrat, ausländische Arbeitgeber § 1, 113; Anh. zu §§ 20, 21, 3
–, Behandlung von Arbeitnehmerbeschwerden Anh. zu §§ 20, 21, 28 ff.
–, einfache technische Verbesserungsvorschläge § 20, 53 ff.
–, Einigungsstelle Anh. zu §§ 20, 21, 29 f.
–, Einsichtsrecht in Unterlagen Anh. zu §§ 20, 21, 17, 19, 26
–, Erfinderberater § 21, 4 ff.
–, Geheimhaltungspflicht Anh. zu §§ 20, 21, 18; § 24, 49
–, Hinzuziehung von Sachverständigen Anh. zu §§ 20, 21, 21 ff.
–, Informationsrecht Anh. zu §§ 20, 21, 14 ff.
–, Kontroll- und Überwachungsrechte Anh. zu §§ 20, 21, 7 ff.
–, Mitwirkungsrechte § 1, 113; Anh. zu §§ 20, 21, 1 ff.
–, qualifizierte technische Verbesserungsvorschläge § 20, 50
–, Schiedsstellenverfahren § 28, 16
–, Unterstützung des Arbeitnehmers Anh. zu §§ 20, 21, 24 ff.

–, Vergütungsregelung Anh. zu §§ 20, 21, 12, 19
, Vergütungsrichtlinien § 11, 14; Anh. zu §§ 20, 21, 9
–, Zuständigkeit Anh. zu §§ 20, 21 3 ff.
–, s. auch Betriebsvereinbarung, Personalrat, Sprecherausschuss
Betriebsübergang, s. Betriebsinhaberwechsel
Betriebsvereinbarung,
–, Begriff § 21, 5
–, Bewertungskommission über Verwertung § 20, 31
–, Bindung des Arbeitnehmers über Gegenstände des ArbEG Anh. zu §§ 20, 21, 6
–, einfache technische Verbesserungsvorschläge § 20, 53 ff.
–, Erfinderberater § 21, 5 ff., 12 ff.
–, Erfindungsmeldung § 5, 15
–, qualifizierte technische Verbesserungsvorschläge § 20, 31, 50
–, Überwachung der Durchführung Anh. zu §§ 20, 21, 10
–, Unabdingbarkeit des ArbEG § 22, 7
–, Zulässigkeit § 22, 7 f.
Bevollmächtigter, Kosten des Schiedsstellenverfahrens § 36, 3 ff.
–, Gebühren § 36, 5
–, Inanspruchnahme § 6, 29 f.
–, Schiedsstellenverfahren § 31, 5; § 33, 37 f.
–, Meldung an § 5, 14 ff.
–, Vergütungsfestsetzung durch § 12, 47
–, s. auch Erlaubnisscheininhaber, Patentanwalt, Rechtsanwalt
Beweiserhebung, Schiedsstellenverfahren § 33, 14 f., 42 f.
Beweislast, Anmeldepflichtverletzung § 13, 70
–, Aufgabenerfindung § 4, 32
–, betriebsgeheime Erfindung § 17, 16
–, einfacher technischer Verbesserungsvorschlag § 20, 61.2
–, Erfindereigenschaft § 5, 51.2

1335

Sachregister

—, Fertigstellung der Diensterfindung § 4, 18; § 26, 2
—, Formularklausel § 22, 41
—, Freigabepflicht-Verletzung § 14, 81
—, Meldepflicht-Verletzung § 5, 97
—, Miterfinder § 5, 51.2
—, Null-Fall § 9, 326
—, Nutzung § 9, 300
—, qualifizierter techn. Verbesserungsvorschlag § 20, 37
—, Schadensersatz § 9, 331; § 13, 70; § 14, 25; § 15, 36; § 16, 71, 74 f.
—, Schutzrechtsaufgabe/Verletzung § 16, 71, 74 f.
—, Umfang der Inanspruchnahme § 6, 12
—, unbilliges Erschweren § 7, 45, 59
—, Unbilligkeit § 23, 26
—, Vergütung § 9, 299 f.
—, Zugang
—,— der Erfindungsmeldung § 5, 62
—,— der Freigabeerklärung § 8, 14; § 14, 25; § 16, 37
—,— der Inanspruchnahmeerklärung § 6, 6.1; § 7, 3
—,— des Widerspruchs gg. Vergütungsfestsetzung § 12, 77
—, Zuständigkeit der Schiedsstelle § 28, 33
Bewertungsausschuss Verbesserungsvorschlag § 20, 62
Bezugsgröße § 9, 125 ff.; RL Nrn. 7, 8
—, Abstaffelung § 9, 125, 148
—, Begriff § 9, 125 f.
—, Einzelteil § 9, 125.1 f.
—, Erzeugung § 9, 125
—, Gesamtanlage § 9, 125.1
—, kennzeichnendes Gepräge § 9, 126
—, Lizenzsatz § 9, 125, 133
—, rechnerische § 9, 125
—, Schutzrechtskomplex § 9, 128 ff.; RL Nr. 19
—, technisch-wirtschaftliche § 9, 125.1
—, Umsatz als § 9, 121, 125; RLNr. 7
BGB-Gesellschaft § 1, 70, 106 ff.; § 5, 52 f.; § 6, 75
—, s. auch Zwischenbetriebl. Kooperation

Brain-storming § 5, 49
Bruchteilsgemeinschaft § 1, 21; § 4, 50; § 5, 52 f.; § 6, 71 f., 74; § 8, 67 f.; § 16, 94 ff.; § 19, 79 ff.
—, s. auch Miterfinder
Bruttolizenzeinnahme § 9, 222, 225
Bundesanstalten, technisch-wissenschaftliche, Allgemeine Anordnung § 40, 49
Bundesbahn, eigene Schiedsstelle § 40, 51 f.
—, Vorschlagswesen § 20, 68
Bundesminister für das Post- und Fernmeldewesen, Allgemeine Anordnung § 40, 49
—, für Verteidigung, Allgemeine Anordnung § 40, 49
—, für Wirtschaft, Allgemeine Anordnung § 40, 49
Bundespost, Allg. Anordnung § 40, 49
—, Vorschlagswesen § 20, 68
Bundesverwaltung, Vorschlagswesen § 20, 67 ff.; § 40, 20; Anh. 3
Bundeswehr, Allg. Anordnung § 40, 49
—, Erfindungen bei § 4, 49; § 40, 49; § 41, 16 ff.
—, Zivilbedienstete § 41, 20
—, s. auch Soldaten, Wehrpflichtige

C

Checkliste, Lizenzanalogie § 9, 134
Computerprogramme § 1, 4.1; § 2, 7; § 3, 22, 27
cross-licencing § 9, 236 ff.

D

Darlegungslast, s. Beweislast
Datenverarbeitung, – s. Computerprogramme
Dauer, Arbeitsverhältnisse § 4, 10 ff.
—, Schiedsstellenverfahren § 33, 5 f., 19
—, Vergütungsregelung § 12, 17

Sachregister

–, Vergütungszahlung § 9, 31 ff.; § 10, 14 ff.; § 17, 68 f.; § 20, 33 ff.; RL Nr. 42 f.
–, s. auch Laufdauer
DDR, s. Neue Bundesländer
Dienstaufsicht, Schiedsstelle § 30, 5, 14
Dienstbehörde, oberste § 40, 36
Diensterfindung § 4
–, Abgrenzung zur freien Erfindung § 4, 6.1, 15, 47; § 13, 51 f.
–, Abordnung des Arbeitnehmers § 1, 36 f.; § 26, 17
–, Allgemeine Anordnung (s. dort) § 40, 34 ff.;
–, Arbeitsgemeinschaft § 1, 106
–, Auslandseinsatz § 1, 36 ff.
–, Auslandsschutz, s. Auslandsschutzrecht, Auslandsschutzrechtsanmeldung
–, Aussperrung und Streik § 26, 3 ff.
–, Begriff § 4, 7 ff.
–, Betriebsübergang (s. auch Betriebsinhaberwechsel) § 1, 114 f.
–, Beweislast § 4, 18, 32, 46; § 26, 2
–, Doppelarbeitsverhältnis § 1, 19 ff.
–, Erfindungsgemeinschaft (s. auch Miterfinder) § 4, 50
–, faktisches Arbeitsverhältnis § 1, 12 f.
–, Fertigstellung § 4, 10, 16 ff.; § 5, 26 f.
–, Freigabe – s. dort
–, Freiwerden (s. auch dort) § 8, 1 ff.
–, Freiwerden, Anmelderecht des Arbeitnehmers § 13, 72 ff.
–, Freiwerden, Wegfall der Anmeldepflicht § 13, 32
–, Geheimhaltungspflicht (s. auch dort) § 24, 10, 16 ff., 29 ff., 39 f.
–, Freistellung § 4, 12
–, gekündigtes Arbeitsverhältnis § 1, 29 f.
–, gerichtliche Zuständigkeit (s. auch dort) § 39, 6 ff.
–, Inanspruchnahme s. dort
–, Inanspruchnahme angemessener Beteiligung § 40, 15 ff.
–, Insolvenzverfahren § 27 n.F., 20 ff.

–, Konkurs (s. auch dort) § 27, 6 ff.
–, Leiharbeitsverhältnisse § 1, 58, 60 f.
–, mehrere Arbeitgeber § 1, 13, 20 f.
–, Meinungsverschiedenheiten § 4, 52 ff.
–, Meldung – s. dort
–, Neue Bundesländer § 4, 2.1
–, nicht ausschließliches Benutzungsrecht (s. auch dort) § 7, 29 ff.; § 14, 45 ff.; § 16, 77 ff.; § 19, 12 ff.
–, Nichtigkeitsklage, – s. dort
–, Pensionäre § 1, 79
–, Rechtsübergang (s. auch Inanspruchnahme) § 7, 5 ff.
–, Ruhen des Arbeitsverhältnisses § 4, 14
–, schlüssige Überleitung § 6, 61 ff.
–, Schlussurlaub § 4, 12
–, Schutzrechtsanmeldung (s. dort) §§ 13, 14
–, Schutzrechtsanmeldung durch Arbeitnehmer § 4, 52; § 7, 11 ff., 15 ff.; § 8, 48 ff.; § 13, 72 ff.
–, Streik und Aussperrung § 26, 3 ff.
–, Übertragung (s. auch dort) auf Dritte **Einl.** 8; § 7, 6 f., 35; § 9, 6 f.; § 13, 3; § 14, 21, 51; § 16, 4; § 27, 3
–, Unabdingbarkeit des ArbEG § 22, 14
–, unmittelbare Benutzung § 16, 84
–, Vergütung – s. Vergütung, Vergütungsanspruch, Vergütungsbemessung, Vergütungsrichtlinien
–, Vergütungsanpassung, s. dort
–, Verkauf durch Konkursverwalter § 27, 3, 21 ff.
–, vertragliche Erweiterung § 22, 26
–, vertragliche Überleitung § 6, 57 ff.
–, Verwertung durch Arbeitnehmer vor Inanspruchnahme § 7, 69; § 25, 38
–, Verwertungsbeschränkungen im öffentlichen Interesse § 40, 34 ff.
–, vor Begründung eines Arbeitsverhältnisses § 4, 11
–, Vorkaufsrecht des Arbeitnehmers im Konkurs § 27, 18 ff.

1337

Sachregister

–, vorläufige Weiterbeschäftigung § 4, 13
–, Zusammenlegung mehrerer § 13, 43
–, Zustandekommen § 5, 72
–, Zwangsvollstreckung § 7, 61; Anh. zu § 27, 4 ff.
–, Zweifel an Eigenschaft/Schutzfähigkeit, s. dort
–, Zwischenbetriebliche Kooperation (s. auch dort) § 1, 106 f.; § 4, 14.1
Dienstherr, Begriff § 41, 10
–, Beteiligungsrechte § 40, 15 ff.; § 42, 30 ff.
Dienstliche Weisungen/Richtlinien § 5, 78
Dienstreise § 4, 15
Dienstvereinbarung § 20, 67 f.; Anh. zu §§ 20, 21, 31 ff.; § 40, 30 ff.
Dienstvertrag § 1, 44 ff.
Differenzierungstheorie, techn. Verbesserungsvorschlag § 3, 15, 29
Diplomarbeit § 1, 84; § 42, 16
Direktionsrecht § 4, 22; § 5, 15; § 15, 30 f.; § 25, 6 f., 12
Doktorand § 1, 41 ff.; § 42, 14
Doppelarbeitsverhältnis § 1, 13, 19 ff., 38; § 4, 14; § 24. 14 ff.; § 26, 16
Doppelberücksichtigung, Verbot § 9, 82; RL Nr. 2
Doppelerfindung, betriebliche § 5, 9.4 f., 29, 59 f.
–, zwischenbetriebl. Kooperation § 5, 9.4
Doppelschutz, Verbot des § 16, 8
down payment § 9, 229
Durchführungsbestimmungen § 45, 1
Durchführungsverordnung 1943, Außerkrafttreten § 46, 1
–, historische Entwicklung Einl. 1

E

Eidesstattl. Versicherung § 12, 181
–, Schiedsstellenverfahren § 33, 35
Eigenhändler § 1, 53
Eigennutzung, betriebliche § 9, 101 ff.

Eigenverwertungsrecht des Arbeitnehmers bei Freigabe § 8, 53 f.
Einfache Lizenz, s. Lizenz, einfache-Nichtausschließliches Benutzungsrecht
Einfache technische Verbesserungsvorschläge - s. Technische Verbesserungsvorschläge, einfache
Ein-Firmenvertreter § 1, 54
Einfühlungsverhältnis § 1, 85
Einigungsstelle Anh. zu §§ 20, 21, 29 f.
–, Erfinderberater § 21, 7
Einigungsvertrag Einl., 31
–, s. i. übr. Neue Bundesländer
Einigungsvorschlag § 34
–, Anfechtung § 34, 36
–, Annahme § 34, 26 f.
–, Auslegung § 28, 22
–, Begründung § 34, 20
–, Belehrung § 34, 23 f.
–, Berichtigung § 34, 19
–, Beschlussfassung § 34, 4 ff., 14 ff.
–, Feststellung der Schutzfähigkeit § 10, 28 f.; § 17, 54
–, Form § 34, 18 ff.
–, Gemeinsamer § 33, 10
–, Rechtsnatur § 34, 10 ff.
–, Schiedsstellenverfahren § 34, 8 ff.
–, Streit über die Wirksamkeit § 34, 39
–, Streitgenossenschaft § 34, 26
–, Teil-Einigungsvorschlag § 34, 9
–, Überprüfung in neuem Schiedsstellenverfahren § 28, 22
–, Unterzeichnung § 34, 20
–, Unwirksamkeit § 34, 7, 35 ff.
–, Verbindlichkeit § 34, 26 ff.
–, Verfassungsbeschwerde § 34, 39
–, Vergleich § 34, 12, 39
–, Vollstreckung § 34, 13
–, Widerspruch § 34, 29 ff.; § ;35, 8
–, Wiedereinsetzung § 34, 1, 40 ff.
–, Zustellung § 34, 25
Einlassung vor der Schiedsstelle § 35, 1, 3 ff.
–, rügelose § 37, 24 ff.
Einsichtsrecht, s. Akteneinsicht
Einspruch im Erteilungsverfahren
–, Fürsorgepflicht § 25, 51

Sachregister

–, Treuepflicht § 25, 51
–, Vergütung § 9, 36; § 12, 65, 68.1
–, widerrechtl. Entnahme § 7, 18
Einstellung, Schiedsstellenverf. § 34, 2; § 35, 11
Einstweilige Verfügung § 4, 52; § 7, 13; § 13, 58 f.; § 33, 49; § 37, 27
Einwand der mangelnden Schutzfähigkeit § 10, 19 ff.
Einzelanteile, Bekanntgabe an Miterfinder § 12, 31 f., 35, 38
elektronische Form § 5, 35
–, s. im Übr. Schriftform
E-Mail § 5, 36.1, § 16, 29
Empfangsbote § 5, 18
Engineering, Lieferung von § 9, 92.2, 241 f
Entdeckung § 2, 3
Entfallen s. Wegfall
Entnahme, widerrechtliche s. Widerrechtliche Entnahme
Entwicklung, geschichtliche **Einl.** 1
Entwicklungsabteilung, Anteilsfaktor § 9, 282
–, Aufgabenerfindung § 4, 26 f.
–, Erfahrungserfindung § 4, 45
Entwicklungsauftrag, s. Forschungs- und Entwicklungsauftrag
Entwicklungskosten § 9, 229
Entwurf einer Schutzrechtsanmeldung als Erfindungsmeldung § 5, 37, 42
Erbe, § 1, 146 ff.
–, Arbeitsverhältnis § 26, 7 f.
–, Auslandsfreigabe § 14, 22
–, Klage § 39, 4
–, Konkurs des Arbeitgebers § 27, 27, 42
–, Schiedsstellenverfahren § 28, 15
–, Vergütungsanspruch § 9, 8; § 10, 6
Erfahrungserfindung, Begriff § 4, 35 ff.
–, Beweislast § 4, 46
–, Kausalität § 4, 42 ff.
Erfahrungen des Betriebes § 4, 36 ff.; § 5, 79
Erfassbarer betrieblicher Nutzen RL Nr. 12
–, s. Betrieblicher Nutzen

Erfinder, freier s. Freier Erfinder
Erfinderberater § 21
–, Aufgaben § 21, 19 ff.
–, Befugnisse § 21, 26
–, Bestellung § 21, 15 ff.
–, Betriebsvereinbarung § 21, 5 f., 12 ff.
–, Einigungsstelle § 21, 7
–, Erfindungsmeldung § 21, 20 f.
–, Geheimhaltungspflicht § 21, 28; § 24, 49
–, Haftung § 21, 29 ff.
–, Initiativrecht des Betriebsrates § 21, 7
–, Leitende Angestellte § 21, 11
–, öffentlicher Dienst § 21, 3, 36
–, Pflichten § 21, 27 f.
–, Vergütungsermittlung § 21, 23
–, Streitigkeit über § 28, 16; § 37, 5
Erfinderbenennung § 6, 64; § 7, 26; § 13, 40; § 17, 60
Erfinderberatung, Geheimhaltungspflicht § 24, 49
Erfinderberatungsstelle § 21, 33 f.
Erfinderbetreuer § 21, 32
Erfinderehre § 7, 25
–, s. auch Erfinderpersönlichkeitsrecht
Erfindereigenschaft, Anerkennung § 6, 7
–, Bestreiten § 10, 21
–, s. auch Miterfinder
Erfindergemeinschaft § 4, 50; § 5, 52 f.
–, Zuständigkeit des Betriebsrats **Anh. zu §§ 20, 21,** 6
–, s. auch Bruchteilsgemeinschaft, Miterfinder
Erfinderpersönlichkeitsrecht § 2, 3; § 3, 25; § 7, 24 ff.; **Anh. zu § 27,** 7
Erfinderprinzip § 4, 4
–, gerichtliche Zuständigkeit § 39, 10
Erfindervergütung – s. Vergütung, Vergütungsanspruch, Vergütungsbemessung, Fälligkeit der Vergütung, Vergütungsrichtlinien
Erfinderzentren § 21, 34
Erfindung § 2
–, Abgrenzung zur Entdeckung § 2, 3
–, Begriff § 2, 2 ff.

Sachregister

–, nach Arbeitsverhältnis § 1, 29, 77; § **26**, 2, 22
–, vor Arbeitsverhältnis § **4**, 11, 17
–, Gebrauchsmusterfähigkeit § **2**, 9 ff.
–, vor In-Kraft-Treten des ArbEG § **43**, 1 ff.
–, Beweislast § **4**, 18, 32, 46
–, DDR **Einl.**, 31 ff.
–, Doppelarbeitsverhältnis § **1**, 19 ff.
–, Erfindungsgemeinschaft (s. auch Miterfinder) § **4**, 50
–, faktisches Arbeitsverhältnis § **1**, 12 f.
–, Fertigstellung § **4**, 10, 16 ff.; § **5**, 26 f.; § **26**, 2, 22
–, freie s. freie Erfindung
–, Freigabe, s. dort
–, Freiwerden (s. auch dort) § **8**, 1 ff.
–, Freiwerden, Anmelderecht d. Arbeitnehmers § **13**, 72 ff.
–, Freiwerden, Wegfall der Anmeldepflicht § **13**, 32
–, Geheimhaltungspflicht (s. dort) § **24**
–, Freistellung § **4**, 12
–, gekündigtes Arbeitsverhältnis § **1**, 29 f.
–, gerichtliche Zuständigkeit, s. dort
–, Hochschulwissenschaftler (s. Hochschullehrer) § **42**
–, Inanspruchnahme s. dort
–, Inanspruchnahme angemessener Beteiligung § **40**, 15 ff.
–, Konkurs § **27**, 6 ff.
–, Leiharbeitsverhältnisse § **1**, 58
–, mehrere, Vergütungsfestsetzung § **12**, 51
–, mehrere Arbeitgeber § **1**, 13, 20 f.
–, Meinungsverschiedenheiten § **4**, 52 ff.
–, Meldung s. dort
–, nicht ausschließliches Benutzungsrecht (s. auch dort) § **7**, 29 ff.; § **14**, 45 ff.; § **16**, 77 ff.; § **19**, 12 ff.
–, nicht verwertete § **9**, 210 ff.
–, Patentfähigkeit § **2**, 6 f.
–, Pensionäre § **1**, 79
–, Pflicht zur Entwicklung § **4**, 25 ff.; § **25**, 25 f.

–, Rechtsstreitigkeit über § **39**, 9 ff.
–, Rechtsübergang (s. auch Inanspruchnahme) § **7**, 5 ff.
–, Ruhen des Arbeitsverhältnisses § **4**, 14
–, schlüssige Überleitung § **6**, 61 ff.
–, Schlussurlaub § **4**, 12
–, Schutzfähigkeit nach deutschem Recht § **2**, 1
–, Streik und Aussperrung § **26**, 3 ff.
–, Unbilligkeit von Vereinbarungen – s. Unbilligkeit
–, Unterlassene Erfindungstätigkeit § **4**, 16
–, Urlaub § **4**, 15
–, Vermutung bei Schutzrechtsanmeldung nach Ausscheiden § **4**, 18; § **26**, 2, 22
–, Zwangsvollstreckung **Anh. zu** § **27**, 4 ff.
–, s. auch Betriebsgeheime Erfindung; Diensterfindung, Freie Erfindung

Erfindungen, mehrere
–, Doppelerfindung § **5**, 29, 59 f.
–, Gesamterfindungswert § **9**, 128 ff.
–, Lizenzaustauschverträge § **9**, 237
–, Vergütungsbemessung § **1**, 128 ff.
–, Vergütungsfestsetzung § **12**, 51
–, Zusammenlegung § **7**, 8; § **13**, 43; § **16**, 13

Erfindungsbesitz § **7**, 16 f.
Erfindungsgehilfe § **5**, 80
Erfindungshöhe § **2**, 6, 9
Erfindungskomplex § **9**, 128 ff.
–, s. auch Gesamterfindungswert
Erfindungsmeldung
–, s. Meldung
Erfindungsmitteilung
–, s. Mitteilung
Erfindungsrechte, Zwangsvollstreckung **Anh. zu** § **27**, 4ff.
Erfindungstätigkeit. Unterlassen der § **4**, 16
–, Vereinbarung § **4**, 24; § **25**, 25 f. **Erfindungsverkauf,**
Erfindungswert § **9**, 75 ff.; § **9**, 251 f.; 101 ff., **RL Nr. 3-29; RL Nr. 16**
–, Abstaffelung – s. dort

Sachregister

–, Ausbaupatent § 9, 203 ff.; RL Nr. 21
–, Auslandsnutzung § 9, 15 f., 245 ff.; RL Nr. 26
–, Austauschvertrag § 9, 236 ff.; RL Nr. 17
–, Berechnungsmethoden § 9, 103 ff. (s. auch Betrieblicher Nutzen, Lizenzanalogie, Schätzung des Erfindungswertes)
–, beschränkte Inanspruchnahme § 10, 31 ff.; RL Nr.25
–, betrieblicher Nutzen § 9, 110 f., 161 ff.; RL Nr. 12
–, betriebsgeheime Erfindung § 17, 59; RL Nr. 27
–, Bezugsgröße § 9, 125 f.
–, Checkliste-Lizenzanalogie § 9, 124
–, Eigennutzung, betriebliche § 9, 101 ff.
–, Engineering § 9, 92, 241 f.
–, Ermittlung § 9, 86 ff.; RL Nr. 3 ff.
–, Formel § 9, 292; RL Nr. 39
–, gebrauchsmusterfähige Erfindung § 9, 80, 249 f.; RL Nr. 28
–, Gesamterfindungswert § 9, 128 f.
–, Grundsatz § 9, 86 ff.
–, Höchstbelastbarkeit § 9, 129 f.
–, Kartellrecht § 9, 136 ff.
–, Kaufpreisanalogie § 9, 123, 306
–, Know How-Einnahmen § 9, 226; RL Nr. 14, 15
–, Kontrollrechnung § 9, 113
–, Konzernutzung § 1, 131 f.; § 9, 185 ff.
–, Lizenzanalogie § 9, 105 ff., 121 ff.; RL Nr. 6-11
–, Lizenzaustausch § 9, 236 ff.
–, Lizenzeinnahmen § 9, 221 ff.; RL Nr. 14, 15
–, Lizenzsatz § 9, 121, 124, 131 ff.
–, Nettolizenzeinnahme § 9, 226 ff.; RL Nr. 14, 15
–, nicht ausschließliches Benutzungsrecht § 10, 31 ff.; § 14, 65; § 19, 28; RL Nr. 25
–, nicht verwertbare Erfindungen § 9, 211; RL Nr. 22
–, nicht verwertete Erfindungen § 9, 210 ff.; RL Nr. 20 ff.
–, Schätzung § 9, 104, 176 ff.; RL Nr. 13
–, Schutzrechtskomplexe § 9, 128 ff.; RL Nr. 19
–, Sperrpatente § 9, 201 ff.; RL Nr. 18
–, tatsächliche Verwertung § 9, 90 ff.
–, technische Verbesserungsvorschläge § 20, 40 ff.; RL Nr. 29
–, Teilwiderspruch § 12, 79
–, Vergütungsanpassung § 12, 131
–, Vergütungsfestsetzung § 12, 52 f.
–, Verkauf der Erfindung § 9, 251 f.; RL Nr. 16
–, Vorratspatent § 9, 201 ff.; RL Nr. 21
–, wirtschaftliche Verwertbarkeit § 9, 86 ff., 210 f.; RL Nr. 23, 24
–, s. auch Betrieblicher Nutzen, Bezugsgröße, Gesamterfindungswert, Lizenzanalogie, Schätzung des Erfindungswertes, Vergütung, Vergütungsbemessung

»Erforderlich« (Erfindungsmeldung) § 5, 77

Erfüllung des Vergütungsanspruchs § 9, 37, 66; § 16, 18 ff.
–, durch Dritte § 9, 4 ff.

Erfüllungsort, Vergütung § 9, 54

Ergänzung der Meldung § 5, 84 ff., 89

Erklärungsbote § 5, 18

Erlassvertrag, Vergütung § 9, 37

Erlaubnisscheininhaber § 31, 5; § 33, 37

Erlöschen des Vergütungsanspruchs § 9, 33 ff., 37; § 10, 14 ff.; § 17, 69; § 20, 33 ff.

Erlösschmälerung § 9, 125

Ermäßigung des Lizenzsatzes
–, s. Abstaffelung

Erprobung der Erfindung § 9, 93, 212
–, s. auch Versuche

Ersatzvornahme bei Inlandsschutzrechtsanmeldungen § 3, 24; § 13, 61 ff.

Erschöpfung des Patentrechts bei Auslandsfreigabe § 14, 36.5, 37, 48
–, und Vergütung § 9, 186, 188; § 10, 9

1341

Sachregister

Erschweren, unbilliges § 7, 37, 39 ff.; § 14, 52; § 16, 85
Erstattung
–, Auslagen des Arbeitnehmers § 25, 9 f.
–, Forschungskosten § 9, 198, 229
–, s. im übrigen Kosten
Erteilungsrisiko, Nullfall § 9, 324
–, vorläufige Vergütung § 12, 66 ff.
–, s. im übrigen Risikoabschlag
Erteilungsverfahren – s. Schutzrechtsanmeldung, Schutzrechtserteilungsverfahren
Erträge, betrieblicher Nutzen § 9, 163.1
–, Beteiligung des Dienstherrn § 40, 15 ff.; § 42, 30 f.
Ertragssteuer RL Nr. 14
Erweiterung der Erfindung s. Verbesserungen der Erfindung
Erweiterung der Schiedsstelle, Antrag auf § 32
Erzeugung, Vergütung § 9, 125
Erzeugnispatent, Vergütung § 9, 91.3
Europäische Patentanmeldung § 14, 7, 36.1
–, Anmeldeunterlagen § 15, 19
–, Beteiligung des Arbeitnehmers § 14, 44
–, Erfindernennung § 7, 19
–, Erteilungsverfahren § 2, 12
–, als Inlandsanmeldung § 13, 27
–, Prüfungsantrag § 13, 17
–, Schutzrechtsaufgabe § 16, 8
Europäisches Arbeitnehmererfinderrecht Einl., 10; § 1, 35
Europäisches Patent, Schutzfähigkeit § 2, 1, 6 ff., 12, 25
–, widerrechtliche Entnahme § 7, 16, 22
–, Zuordnung nach nationalem Recht § 1, 37
Europäisches Patentrecht, Zuordnung einer Diensterfindung § 1, 35, 37
–, zwischenstaatl. Verträge § 14, 29
exceptio pacti § 25, 42 f., 50

F

Fachhochschule § 42, 7 f.
Fälligkeit der Vergütung § 9, 20 ff.; § 12, 55 ff.
–, Begriff § 9, 20
–, Bekanntmachung der Patentanmeldung § 12, 59
–, Benutzungsaufnahme § 9, 24; § 12, 60 ff.
–, beschränkte Inspruchnahme § 10, 73; § 12, 73
–, Festsetzung § 12, 55 ff.
–, Gebrauchsmuster § 12, 71 f.
–, Nutzungsaufnahme § 9, 24; § 12, 60 ff.
–, qualifizierter technischer Verbesserungsvorschlag § 20, 32
–, unbeschränkte Inanspruchnahme § 12, 57 ff.
–, bei Vergütungsregelung § 9, 23
–, bei Verwertung nach Patenterteilung § 12, 70
–, bei Verwertung vor Patenterteilung § 12, 58 ff., 70
–, Verzug § 9, 26
–, Vorbehalt eines Benutzungsrechts § 14, 63; § 16, 91
–, trotz Widerspruchs § 12, 75, 87
–, s. auch Risikoabschlag, Vorläufige Vergütung
Faktisches Arbeitsverhältnis § 1, 11 ff., 33; § 26, 13
Faktisches Beamtenverhältnis § 41, 10
Fallenlassen der Anmeldung
–, s. Schutzrechtsaufgabe
Fertigstellung der Diensterfindung § 4, 16 f.
–, nach Arbeitsverhältnis § 1, 29, 77; § 26, 2, 22
–, vor Arbeitsverhältnis § 4, 11, 17; Einl. vor §§ 9-12, 14
–, Beweislast § 4, 18
–, Meldung § 5, 26 f.
–, Neue Bundesländer Einl., 36
–, Versuche § 4, 17
Festlegung der Vergütung § 12, 3
Festsetzung der Vergütung
–, s. Vergütungsfestsetzung

Sachregister

–, Verzicht § 8, 46
–, Vorbenutzungsrecht § 8, 59
–, Wirkung für den Arbeitgeber § 8, 58 ff.
–, Zeitpunkt § 8, 19 f.
–, s. auch Freigabe-Ausland, Schutzrechtsaufgabe, Beschränkte Inanspruchnahme, Frei gewordene Diensterfindung, Freiwerden

Freigabe-Ausland § 14
–, Abgrenzung zur Aufgabe und zum Freiwerden § 8, 4 ff.; § 16, 1 ff.
–, Abkauf § 14, 71
–, Anmelderecht d Arbeitnehmer § 14, 9, 36 f.
–, Anfechtung § 14, 17
–, Anspruch des Arbeitnehmers auf § 14, 20 ff.
–, Betriebsgeheimnis § 14, 38; § 17, 60
–, Erbe § 1, 151; § 14, 22
–, Erschöpfung d. Patentrechts § 4, 37
–, Form § 14, 24 f.
–, Geheimhaltungspflicht § 24, 37
–, Inhalt § 14, 26
–, Initiativpflicht des Arbeitgebers § 14, 32
–, Kosten § 14, 42 f.
–, Miterfinder § 14, 36.3, 82
–, Mitwirkungspflicht des Arbeitgebers zum Schutzrechtserwerb § 14, 39 ff.
–, Rechtsnatur § 14, 15 f.
–, Rückfall § 14, 36.2
–, Rücknahme § 14, 19
–, Rücksichtnahmeverlangen § 14, 53 ff.
–, Schadensersatz § 14, 81
–, schutzrechtsfreie Zone § 14, 34, 60 f., 73
–, Übertragung der Diensterfindung § 14, 21, 51
–, Umfang § 14, 33 ff.
–, unbilliges Erschweren § 14, 52
–, Vergütungspflicht bei Vorbehaltsrechten § 14, 60 ff.
–, Verletzung § 14, 81
–, Verzicht des Arbeitnehmers auf § 14, 71

–, Vorbehalt eines Benutzungsrechts § 14, 46 ff.
–, Wirkung § 14, 33 ff.
–, Zeitpunkt § 14, 27 ff.
–, Zugang § 14, 25, 30

Frei gewordene Diensterfindung § 8
–, Allgemeine Anordnungen § 40, 35 ff.
–, Anmelderecht des Arbeitnehmers § 13, 72 ff.
–, Anteilsfaktor § 6, 67.1; § 8, 63; **Einl. vor §§ 9-12, 12; § 9, 10**
–, Eigenverwertungsrecht Arbeitnehmer § 8, 52 f.; § 25, 41
–, Geheimhaltungspflicht § 7, 38; § 8, 55, 61 ff.; § 24, 4, 20 f., 35 ff., 41
–, Schiedsstellenverfahren § 28, 22
–, Schutzrechtsaufgabe § 16, 6
–, stillschweigende Übertragung auf Arbeitgeber § 6, 59 ff.; § 9, 10
–, Vergütung § 6, 67.1; § 8, 57, 60, 63; **Einl. vor §§ 9-12, 12; § 9, 9 f.; § 20, 9**
–, **Verwertung durch Arbeitgeber § 7, 28 ff., 36 ff., 38; § 8, 58 ff., § 20, 9**
–, Verwertung durch Arbeitnehmer § 7, 69 f.; § 8, 48 ff.; § 25, 40 f.; § 20, 12
–, Verwertungsbeschränkungen im öffentl. Interesse § 40, 35 ff.
–, Wegfall der Meldepflicht § 5, 31
–, Wegfall der Anmeldepflicht § 13, 32
–, Zwangsvollstreckung **Anh. zu § 27,** 5
–, s. auch Beschränkte Inanspruchnahme, Freigabe, Freiwerden, Schutzrechtsaufgabe

Freilizenz s. Lizenz, kostenlose
Freistellung, Diensterfindung während § 4, 12
Freizeit, erfinderische Tätigkeit § 4 15; § 25, 10

Freiwerden der Diensterfindung § 8
–, Anfechtung § 8, 39 f.
–, Bedeutung § 8, 4 ff.
–, Betriebsgeheimnis § 17, 19, 22, 33
–, durch Fristablauf § 6, 55, 72; § 8, 31 ff.
–, Rechtsfolgen § 8, 46 ff.

1345

Sachregister

–, Schutzrechtsanmeldung § 8, 48 ff.
–, und unbillige Erschwerung § 7, 54 ff.
–, Umfang § 6, 55; § 8, 46
–, Vergütung bei Berufen auf § 12, 75
–, Verhältnis zur Freigabe und Aufgabe § 8, 4 ff.; § 16, 1, 3 ff.
–, Verzicht § 8, 46
–, Wirkung § 8, 4 ff., 46 ff.
–, zwischenbetriebl. Kooperation § 13, 32
–, s. auch Beschränkte Inanspruchnahme, Freigabe, Frei gewordene Diensterfindung, Schutzrechtsaufgabe

Frist, Auslandsfreigabe § 14, 27 ff.
–, Belehrungspflicht d. Arbeitgebers über § 6, 56; § 12, 82; § 16, 39; § 25, 20
–, Bestreiten freier Erfindung § 18, 38 ff.
–, betriebsgeheime Erfindung, Anerkenntnis § 17, 31
–, freie Erfindung, Angebotsannahme § 19, 52 ff.
–, Freigabe § 8, 19
–, Gegenäußerung im Schiedsstellenverfahren § 31, 16
–, Inanspruchnahme § 5, 85, 92 ;. § 6, 40 ff., 70; § 8, 31
–, Meldung durch Arbeitnehmer § 5, 26 ff.
–, Meldungbeanstandung § 5, 88
–, Mitteilung der Aufgabeabsicht § 16, 34
–, Schutzrechtsanmeldung § 13, 4 ff., 61 f.
–, Übertragungsanspruch bei Schutzrechtsaufgabe § 16, 38 ff.
–, Unbilligkeit, Geltendmachung § 23, 29 ff.
–, Unterbrechung durch Anrufung d. Schiedsstelle § 31, 18 f.
–, Vergütungsfeststellung § 12, 22 ff., 55 ff.
–, Vergütungsfestsetzung § 12, 55 ff., 74
–, Wahlrecht bei unbilliger Erschwerung § 7, 52 f.

–, Widerspruch gegen Einigungsvorschlag § 34, 30
–, Widerspruch gegen Vergütungsfestsetzung § 12, 81 f.
–, s. auch Ausschlussfrist

Fristablauf, Freiwerden der Diensterfindung § 8, 31 ff.
–, nachträgliche »Inanspruchnahme« § 6, 59 ff.

Fristverlängerung, Ausschlussfrist § 6, 47

Fürsorgepflicht § 24, 25 ff.; § 25, 11 ff.
–, Nachwirken § 26, 31 f.

G

Gebrauchsmusteranmeldung § 13, 10 f., 33.4
–, s. im übrigen Inlandsschutzrechtsanmeldung, Schutzrechtsanmeldung, Schutzrechtserteilungsverfahren

Gebrauchsmusterfähige Erfindung § 2
–, Abzweigung § 13, 11.1
–, Anerkenntnis durch Arbeitgeber § 17, 29
–, ArbEG-Rückwirkung § 43, 7 f.
–, Begriff § 2, 9 ff.
–, Betriebsgeheimnis § 17, 11, 29
–, Erfindungswert § 9, 165, 250
–, Fälligkeit der Vergütung § 12, 71 f.
–, Feststellung der Schutzfähigkeit § 2, 13 f.
–, Hilfsanmeldung § 2, 11; § 13, 11.1
–, Hinterlegung § 13, 10 ff., 24
–, Laufdauer § 13, 14
–, Meldung § 5, 68
–, nicht verwertete § 9, 250
–, parallele Patentanmeldung § 12, 71
–, Schutzbereich § 9, 91
–, Schutzrechtsaufgabe § 16, 8, 13
–, Vergütung § 9, 80, 165, 250; § 12, 71 f.; **RL Nr. 28**
–, Wahlrecht d. Arbeitgebers bei Anmeldung § 13, 10 f.

Gedankenerfindung § 9, 279.2

Sachregister

Gefolgschaftsmitglieder, Durchführungsverordnung zur Verordnung über die Behandlung von **Erfindungen von Einl. 1;** § **46,** 1
–, Richtlinien für die Vergütung von § **11,** 3; § **46,** 2
–, Verordnung über die Behandlung von Erfindungen von **Einl. 1;** § **46,** 1
Gegenäußerung vor der Schiedsstelle § **31,** 16; § **35,** 4
Gehaltsanhebung als Vergütung § **9,** 62 ff., 324; § **22,** 21
–, Ausscheiden des Arbeitnehmers § **9,** 67 f.; § **12,** 109
–, vollständige Erfüllung der Vergütung, § **9,** 66
–, s. auch Vergütung, Vergütungsbemessung
Geheimerfindung – s. Betriebsgeheime Erfindung
Geheimhaltungspflicht § 24
–, *des Arbeitgebers* § **7,** 38; § **8,** 61 f.; § **17,** 39 ff.; § **24,** 3 f., 20 ff.
–,– beschränkte Inanspruchnahme § **24,** 21
–,– Dauer § **24,** 14 ff.
–,– frei gewordene Erfindung § **8,** 55, 61; § **24,** 4, 20
–,– freie Erfindung § **24,** 4, 9, 20 f.
–,– aus Fürsorgepflicht § **24,** 25 ff.
–,– Inhalt § **24,** 4 ff.
–,– Konzern § **24,** 8
–,– Lizenzvergabe § **24,** 10 f.
–,– nicht ausschließliches Benutzungsrecht § **7,** 38
–,– Schutzrechtsanmeldung § **24,** 16 f.,20
–,– techn. Verbesserungsvorschlag § **20,** 21, 35; § **24,** 2
–,– Übertragung der Diensterfindung § **24,** 18
–,– Verletzung § **24,** 23 f.
–,– Verzicht § **24,** 15
–,– Vorkehrungen zur Sicherstellung § **25,** 17
–,– zwischenbetriebl. Kooperation § **24,** 12

–,– *des Arbeitnehmers* § **8,** 55.; § **17,** 39 ff.; § **24,** 28 ff.
–,– arbeitsrechtliche § **24,** 43; § **26,** 34 ff.
–,– Auslandsfreigabe § **24,** 37
–,– Dauer § **24,** 35 ff.
–,– freie Erfindung § **18,** 6; § **24,** 29
–,– frei gewordene Diensterfindung § **8,** 55
–,– Inhalt § **24,** 29 ff.
–,– Miterfinder § **24,** 34, 50
–,– Treuepflicht § **24,** 29, 38 ff.
–,– Verletzung § **24,** 44 ff.
–,– Betriebsrat **Anh. zu** §§ **20,21,** 18
–,– Betriebsgeheimnis, Verletzung § **17,** 33, 41 f.; § **24,** 38 ff.; § **26,** 35 f.
–,– Dritter § **24,** 47 ff.
–,– Erfinderberater § **21,** 28; § **24,** 48
–,– Konkursverwalter § **24,** 49
–,– nachvertragliche § **24,** 14, 25, 43; § **26,** 34 ff., 38 ff.
–,– Offenbarung an zur Geheimhaltung Verpflichtete § **24,** 8, 13, 24, 32 f.
–,– sonstige Personen § **24,** 47 ff.
–,– technischer Verbesserungsvorschlag § **3,** 31 f.; § **20,** 21, 35; § **24,** 2
Geheimnisverrat § **17,** 33, 41 f.; § **24,** 38 ff.; § **26,** 35 f.
Geltungsbereich des ArbEG, Neue Bundesländer **Einl.,** 31
–, persönlicher § **1,** 7 ff.
–, räumlicher § **1,** 142
–, sachlicher § **1,** 2 ff.; § **4,** 6
–, zeitlicher § **1,** 141; § **43,** 1 ff.; § **49,** 1
Gemeinkosten § **9,** 78
Gemeinsame Meldung § **5,** 54 ff.
Gemeinschuldner – s. Konkurs
Gepräge, kennzeichnendes § **9,** 126
Gerichtliche Zuständigkeit § **39**
–, arbeitnehmerähnliche Person § **1,** 27
–, Arbeitsgericht § **39,** 2, 11, 16 f., 27 f.
–, Aufrechnung § **39,** 19
–, Auslandsschutzrechte § **39,** 14
–, Auskunftsanspruch § **39,** 10
–, Entscheidungen der Schiedsstelle im Schiedsstellenverfahren § **33,** 33, 35
–, funktionelle § **39,** 7

1347

Sachregister

–, Miterfinderschaft § 39, 10, 18
–, Neue Bundesländer § 37, 1.2
–, Öffentlicher Dienst § 39, 4, 30
–, örtliche § 39, 21 ff.
–, Rechtsstreitigkeiten über Erfindungen § 39, 9 ff.
–, Patentstreitkammern § 12, 76; § 39, 7, 22 f.
–, sachliche § 39, 6 ff.
–, Streit über Schutzfähigkeit § 10, 24 ff.; § 39, 12 f., 31 ff.
–, technischer Verbesserungsvorschlag § 20, 64; § 39, 20, 27 ff., 31 ff.
–, Vergütungsklage § 38, 6; § 39, 15 ff.
–, Verwaltungsgericht § 38, 6; § 39, 2, 11, 16 f., 27 ff.; § 41, 15, 25
–, Widerklage § 39, 19
–, s. auch Klage, Sachliche Zuständigkeit
Gerichtliches Verfahren § 39, 25 f.
Gesamtabfindung
–, s. Pauschalabfindung
Gesamtanlage, Bezugsgröße § 9, 125.1; RL Nr. 8
Gesamterfindungswert § 9, 128 ff.; RL Nr. 19
–, Höchstlizenzgrenze § 9, 129 f.
–, Miterfinderschaft § 9, 312
Gesamtrechtsnachfolge § 1, 127 f.; § 4, 47
–, s. Betriebsinhaberwechsel, Erbe
Gesamtschuldner, mehrere Arbeitgeber als § 1, 107, 114
Gesamtumsatz, Abstaffelung § 9, 146
Gesamtvergütung, Bekanntgabe bei Miterfindern § 12, 35 ff., 54
Gesamtvollstreckungsverfahren § 27, 4
Gesamtvorrichtung, Abstaffelung § 9, 148
Geschäftsbetrieb, Begriff § 27, 23 f.
–, Veräußerung im Konkurs § 27, 21 f.
–, s. auch Betrieb, Unternehmen
Geschäftsführer als Erfinder § 1, 68 ff.
Geschäftsgrundlage, Wegfall der § 12, 97 ff.
Geschäftspapiere, Herausgabe bei Ausscheiden § 26, 33

Geschäftsgeheimnis, s. Betriebsgeheime Erfindung, Betriebsgeheimnis
Geschmacksmuster § 1, 5; § 2, 27 ff.
Gesellschaft, bürgerlich-rechtl. § 5, 52 f.; § 6, 75
Gesellschafter § 1, 68 ff.
–, s. auch Freier Erfinder, Organmitglied
Gesetzesänderung, Vergütungsanpassung § 12, 141
Gesetzgebungskompetenz vor §§ 40-42, 3
Gesetzlicher Vertreter § 1, 68 ff.
–, s. auch Organmitglied
Gesetzliches Schuldverhältnis § 1, 160; § 7, 5
Gesonderte Meldung § 5, 40
–, Vergütungsfestlegung, Miterfinder § 12, 29, 54
Gewerkschaften § 11, 1, 3; § 20, 33 f.; § 21, 33; § 30, 10 f.
–, s. auch Betriebsrat, Personalrat
Gewinn
–, geringer § 9, 2.3; § 12, 136
–, Lizenzsatz, Einfluss auf § 9, 134
–, s. auch Betrieblicher Nutzen
Gewissenskonflikt § 25, 6
Gewohnheitsrecht, Unabdingbarkeit des ArbEG § 22, 9
Gleichbehandlungsgrundsatz § 12, 29; § 25, 21
Gleichstellungsgrundsatz, öffentl. Dienst § 11, 12; Einl. vor §§ 40-42, 4 ff.; § 41, 1, 14
»**Gleichzeitig**« § 14, 47; § 16, 77, 86 ff.
Gratifikationen § 9, 62 ff.; § 25, 8
Gratislizenz s. Lizenz, kostenlose
Gruppenarbeitsverhältnis § 1, 135
Gütliche Einigungs - s. Schiedsstellenverfahren
Gutachten der Schiedsstelle § 10, 26; § 28, 6, 26; § 39, 33

Sachregister

H

Haftung, Erfinderberater § 21, 29 ff.
–, Schiedsstellenmitglied § 30, 16
–, s. auch Schadensersatz
Halbleitererzeugnisse § 1, 52
Handelsvertreter § 1, 50 ff.; § 28, 13
Hemmung Verjährung § 31, 19
Herausgabe, Anmeldeunterlagen § 7, 12; § 15, 25; § 16, 49 f.
–, Geschäftspapiere § 12, 175; § 26, 33
Herstellung, Vergütung § 9, 125
Hilfsmittel, technische § 9, 279
Hochschulassistent § 42
–, Begriff § 42, 11 ff.
–, Doktorand § 1, 41
–, freie Erfindung § 42, 2, 11 ff.
–, wissenschaftlicher Mitarbeiter § 42, 12
Hochschule, Fachhochschule § 42, 7 f.
–, technische Verbesserungsvorschläge § 42, 29
–, wissenschaftliche § 42, 6 ff.
Hochschullehrer § 42,
–, Auskunftspflicht § 42, 32 f.
–, Begriff § 42, 5 f.
–, Beteiligung des Dienstherrn am Ertrag § 42, 30 ff.
–, Fachhochschule § 42, 7 f.
–, Forschungsauftrag § 42, 19 ff.
–, freie Erfindung § 42, 2, 5 ff., 24 ff.
–, freie Verfügungsbefugnis § 42, 2, 24 ff.
–, freier Mitarbeiter § 1, 46; § 42, 4, 12
–, Klage § 42, 28, 29
–, Miterfinder § 42, 23
–, Mitteilungspflicht § 42, 24 f., 32 f.
–, Neue Bundesländer § 42, 31
–, Schiedsstelle § 42, 28
–, technischer Verbesserungsvorschlag § 42, 29
–, Treuepflicht § 42, 27
–, Unbilligkeit von Vereinbarungen § 42, 26
–, Vereinbarungen § 42, 26 f.
Höchstlizenzgrenze § 9, 129 f.

I

Inanspruchnahme einer angemessenen Beteiligung § 40, 15 ff.
Inanspruchnahme der Diensterfindung §§ 6, 7
–, Abgrenzung unbeschränkte/beschränkte § 6, 9 ff.
–, angemessene Beteiligung § 40, 15 ff.
–, Ausscheiden des Arbeitnehmers § 4, 16, 18; § 6, 19; § 26, 24
–, Ausschlussfrist § 6, 44 ff.
–, Bedingungsfeindlichkeit § 6, 7
–, beschränkte § 6, 10; § 7, 28 ff.
–, betriebsgeheime Erfindung § 6, 39 f.; § 17, 20, 50 f.
–, Erklärung s. Inanspruchnahmeerklärung
–, freie Erfindung § 4, 48, 51 f.; § 6, 23; § 18, 35
–, Form § 6, 27 ff.
–, Freigabe § 8, 24 ff., 29 ff.
–, Frist § 5, 85, 92 f.; § 6, 40 ff.; § 8, 31
–, Fristverlängerung § 6, 47
–, Gegenstand § 6, 19 ff.
–, Konkursverwalter § 27, 20, 36
–, Miterfinder § 6, 70 ff.
–, nachträgliche § 6, 44, 55 f., 59; § 7, 39 ff., 49 ff.
–, nachträgliche Verfügungen des Arbeitnehmers § 7, 67 f.
–, nachträglicher Wechsel § 6, 15; § 8, 30
–, Neue Bundesländer § 6, 4
–, durch Nutzung § 6, 38
–, öffentlicher Dienst § 6, 76; § 40, 15 ff.
–, Persönlichkeitsrecht § 7, 24 ff.
–, Rechtsnatur § 6, 5 ff.
–, Rechtsstellung des Arbeitgebers § 7, 6 ff.
–, schlüssige § 6, 35 ff.; § 7, 18; § 18, 35
–, durch Schutzrechtsanmeldung § 6, 37 ff.
–, »sobald wie möglich« § 6, 41 ff.
–, Stellvertretung § 6, 29 f.
–, teilweise § 6, 13, 22
–, Umfang § 6, 20

1349

Sachregister

—, Umschreibung der Patentanmeldung § 7, 12
—, unbeschränkte § 6, 9 ff.; § 7, 5 ff.
—, unbillige Erschwerung § 7, 39 ff.
—, Verfügungen des Arbeitnehmers § 7, 60 ff.
—, Verfügungsbeschränkung des Arbeitnehmers § 7, 60 ff.
—, Vergütung, s. dort
—, Vertretung § 6, 6, 29 f.
—, Verzicht auf § 6, 16; § 8, 9 f.
—, Verzicht auf Schriftform § 6, 31 ff., 51
—, vorherige Verwertungshandlungen des Arbeitnehmers § 7, 69; § 25, 38
—, vorsorgliche § 6, 13, 23
—, Wahlrecht des Arbeitgebers § 6, 13 f.; § 40, 15 ff.
—, Wechsel der § 6, 15; § 8, 30
—, widerrechtliche Entnahme § 7, 15 ff.; § 13, 46 f.
—, Wirkung § 7, 5 ff.
—, Zwangsvollstreckung **Anh.** zu § 27, 7
—, Zweifel an Eigenschaft als Diensterfindung, s. dort
—, Zweifel an Schutzfähigkeit, s. dort
—, s. auch Beschränkte Inanspruchnahme, Unbeschränkte Inanspruchnahme, Vertragsabsprachen, Zwischenbetriebliche Kooperation

Inanspruchnahmeerklärung, Anfechtung § 6, 68 f.
—, Auslegung § 6, 10, 12
—, Frist § 6, 40 f., 70
—, Form § 6, 27 ff.
—, Inhalt § 6, 9 ff.
—, mehrere Diensterfindungen § 6, 21
—, Miterfinder § 6, 22, 70 f.
—, verspätete § 6, 55
—, Zugang § 6, 54; § 7, 2 ff.

Informationspflicht
—, *Arbeitgeber*
—,— Auslandsfreigabe § 14, 32, 43, 56
—,— Schutzrechtsanmeldung § 15, 12 ff.
—,— Schutzrechtsaufgabe § 16, 4, 22, 35, 41
—,— Vergütungsanpassung § 12, 145
—,— Vergütungsanspruch § 12, 162 ff.
—, *Arbeitnehmer*
—,— freie Erfindung § 18, 6
—, s. auch Auskunftspflicht, Mitteilung

Informationsrecht, Betriebsrat **Anh.** zu §§ 20, 21, 14 ff.

In-Kraft-Treten des ArbEG § 49

Inland, Begriff § 13, 24
—, s. auch Ausland, DDR

Inlandsschutzrechtsanmeldung § 13
—, durch Arbeitgeber § 13, 2 ff., 38 ff.
—, durch Arbeitnehmer § 4, 18, 52; § 7, 11 ff., 15 ff., 19 ff., 63; § 13, 46, 61 ff., 72 ff.; § 18, 14
—, Aufgabe der § 16, 5 ff.
—, Ausnahme von der Anmeldepflicht § 13, 31 ff.
—, betriebsgeheime Erfindung § 13, 36 f.; § 17, 44 f.
—, durch Dritte § 7, 21
—, Eingriff des Arbeitnehmers § 13, 46 f.
—, Ersatzvornahme durch Arbeitnehmer § 3, 24; § 13, 61 ff.
—, Frist § 13, 4 f., 61 f.
—, Gebrauchsmuster (s. auch Gebrauchsmusteranmeldung) § 13, 11
—, internationale als § 13, 28
—, Kosten § 13, 20 ff., 49 f., 64 ff.
—, Organisationsmängel § 13, 8 ff.
—, Patent- oder Gebrauchsmuster § 13, 10 f.
—, Pflicht des Arbeitgebers § 13, 2 ff.
—, Pflichtverletzung durch Arbeitgeber § 13, 58 ff.
—, prioritätsbegründende Auslandsanmeldung § 13, 25 ff.
—, Rücknahme § 2, 24; § 16, 72; § 17, 44
—, Schutzumfang § 13, 10
—, Übertragung der Erfindungsrechte auf Dritte § 13, 3
—, Verzicht des Arbeitnehmers § 13, 33 ff.; § 22, 26
—, vergütungspflichtiger Schutzumfang § 9, 91.1; § 12, 110, 116 f.

Sachregister

–, Wahl zwischen Patent u. Gebrauchsmuster § 13, 11 ff
–, Wegfall der Geheimhaltungspflicht § 24, 16 f.
–, widerrechtliche durch Arbeitnehmer § 7, 15 ff., 19 ff., 68; § 13, 46 f.
–, Zeitpunkt § 13, 4 ff.
–, zwischenbetriebl. Kooperation § 13, 3.1
–, s. auch Auslandsschutzrechte, Auslandsschutzrechtsanmeldung, Internationale Anmeldung, Schutzrechtsanmeldung, Schutzrechtserteilungsverfahren

Innerbetriebliche Priorität § 5, 29, 59 f.
Innerbetrieblicher Stand der Technik
 - s. Stand der Technik
Innere Priorität § 5, 50; § 6, 20; § 13, 11.2, 14
Insolvenzrecht § 27 a.F. und § 27 n.F.
–, Reform § 27, 1; § 27 n.F., 1 f.
–, s. im übrigen Insolvenzverfahren, Konkurs
Insolvenzverfahren § 27 n.F.
–, angemessene Abfindung § 27 n.F., 99 f.
–, Aufgabe Schutzrechte § 27 n.F., 118 ff.
–, Aufrechnung Vergütungsanspruch § 27 n.F., 83 ff., 133
–, betriebsgeheime Erfindung § 27 n.F., 126
–, Diensterfindung § 27 n.F., 20 ff.
–, Eröffnung § 27 n.F., 16 ff.
–, freie Erfindung § 27 n.F., 24
–, Geschäftsbetrieb § 27 n.F., 49 f.
–, Insolvenzmasse § 27 n.F., 19 ff.
–, Insolvenzverwalter § 27 n.F., 31 ff.
–, techn. Verb.Vorschläge § 27 n.F., 22
–, Veräußerung Diensterfindung § 27 n.F., 12
–, Vergütungspflicht § 27 n.F., 55 ff., 89 ff., 113 f., 140 f., 145 ff.
–, Verwertung Diensterfindung § 27 n.F., 41 ff.
–, Vorkaufsrecht § 27 n.F., 66 ff., 75 ff.

Interessenkollision § 25, 36
Internationale Anmeldung § 14, 8, 36.1
–, Beteiligung des Arbeitnehmers § 14, 44
–, als Inlandsanmeldung § 13, 28
Internationales Privatrecht (Arbeitsrecht) § 1, 33 ff., 38 f., 108 ff.
Investitionskosten,
–, betriebl. Nutzen § 9, 164
–, Schätzung des Erfindungswertes § 9, 178
Irrtum, beiderseitiger § 12, 107, 156; § 23, 18
–, Erfindungscharakter § 5, 25
–, Fristablauf § 6, 45; § 12, 81
–, Kalkulationsirrtum § 12, 20, 106
–, Schutzfähigkeit § 6, 68 f.; § 8, 37 f.; § 12, 20, 116; § 17, 27; § 20, 12
–, Vergütungsfeststellung § 12, 20, 105 f.
–, Verhältnis zur Vergütungsanpassung § 12, 105 ff.
–, Verwertbarkeit § 14, 17
–, s. auch Anfechtung

J

Jahresgebühren, Erstattung s. Arbeitgeber-Kostenerstattung
–, Nichtzahlung als Schutzrechtsaufgabe § 16, 11
–, Vergütungsbemessung bei Vorratspatenten § 9, 207
Job Pairing § 1, 86
Job Sharing § 1, 86
Joint-Venture § 9, 190
Juristische Personen, Vertreter von § 1, 69 ff.
–, s. auch Öffentlicher Dienst

K

Kaizen § 3, 8, 22
Kalkulationsirrtum § 12, 20, 106
Karenzentschädigung § 9, 3
Kartellrecht § 9, 2.2, 136 ff.; § 19, 30, 56; § 25, 43, 46

1351

Sachregister

Kaufmännischer Angestellter § 4, 30; § 9, 283; RL Nr. 36
Kaufpreisanalogie § 9, 123, 306
Kausalität, Diensterfindung § 4, 25, 33 f., 42 ff.
–, Miterfinderschaft § 5, 48 f.
–, Vergütung § 9, 2, 95
Kausalitätsverschiebung, Abstaffelung (s. auch dort) § 9, 141, 166, 242
Kenntlichmachung, Erfindungsmeldung § 5, 41 ff.
–, Mitteilung freier Erfindung § 18, 22
Kennzeichnendes Gepräge der Erfindung § 9, 126
Klage §§ 37, 38
–, Antrag unbezifferter § 38, 3 ff.
–, auf angemessene Bedingungen § 19, 62 ff.
–, aufgrund Vereinbarung § 37, 11 f.
–, ausgeschiedener Arbeitnehmer § 39, 25
–, Gerichtskosten § 39, 25 f.
–, Neue Bundesländer § 37, 1.1
–, Prozesskostenhilfe § 37, 2.1; § 37, 3 ff., 15 f.
–, Schutzfähigkeit § 10, 24 ff.; § 17, 57
–, Streitwert § 38, 2; § 39, 25 f.
–, Vergütung § 12, 45, 76, 85; § 38, 3 ff., 10
–, Vorverfahren im öffentl. Dienst § 28, 32; § 41, 15
–, s. auch Gerichtliche Zuständigkeit, Stufenklage
Klageerhebung § 37
–, Anordnung §37, 28
Know-how, Anteilsfaktor § 9, 278
–, Erfindungswert bei Know-how-Vertrag § 9, 226.1 f.
–, Minderung des Erfindungswertes wegen § 9, 124, 133, 226, 242, 252
Körperschaften § 40, 9
Kollegenhinweise, Anteilsfaktor § 9, 272, 278
Kollektivrechtliche Regelungen, einfache techn. Verbesserungsvorschläge § 20, 53 ff.
–, Unabdingbarkeit des ArbEG § 22, 7
Kollusives Zusammenwirken § 26, 53

Kombinationserfindungen § 9, 91
Kommissionsagent § 1, 53
Kommissionsvertreter § 1, 53
Konferenzen, Anteilsfaktor bei Kenntnissen aus § 9, 272, 278
Konkludente Vergütungsvereinbarung s. Vergütungsvereinbarung
Konkludente Überleitung einer Diensterfindung § 6, 61 ff.
Konkretisierung der Vergütung, s. Vergütungsfestsetzung, Vergütungsfeststellung
Konkurrenztätigkeit des Arbeitnehmers § 8, 53; § 25, 37;§ 26, 35
–, s. auch Wettbewerbsverbot
Konkurs des Arbeitgebers § 27
–, Auswirkungen auf Arbeitsverhältnis § 1, 126; § 26, 5
–, Betriebsinhaberwechsel § 1, 126
–, Erben § 27, 27, 42
–, Erwerb der Diensterfindung durch Dritte § 27, 3
–, freie Erfindung § 27, 10, 19, 33
–, Insolvenzrechtsreform § 27, 1
–, Konkursmasse § 27, 6 ff
–, Leiharbeitsverhältnis § 27, 4
–, Miterfinder § 27, 31
–, nach Konkurseröffnung in Anspruch genommene Diensterfindung § 27, 20, 36
–, Neue Bundesländer § 27, 4
–, technischer Verbesserungsvorschlag § 27, 8, 19, 33
–, Veräußerung des Geschäftsbetriebs § 27, 21 ff.
–, Verwertung der Diensterfindung nach Konkurseröffnung § 27, 36
–, Vorkaufsrecht für Diensterfindung § 27, 2, 18 ff.
–, Vorrecht für Vergütung § 27, 32 ff.
Konkursverwalter § 1, 69, 114, 126; § 24, 49; § 27, 13 ff.
–, Schiedsstellenverfahren § 28, 14
Konstruktionszeichnung, Erfindungsmeldung § 5, 43, 76
–, tatsächliche Verwertung § 9, 92 f.
–, Urheberrecht § 1, 4

Sachregister

–, Vergütung bei Verkauf § 5, 241 f.
–, s. auch Technische Zeichnung
Kontrollberechnung, Erfindungswert
 § 9, 113
Kontroll- und Informationsrechte,
 Betriebsrat/Personalrat **Anh. zu**
 §§ 20, 21, 7 ff.
Konzern § 1, 71, 129 ff.
–, Abordnung § **26,** 17
–, Arbeitgeber § 1, 129
–, Arbeitnehmerüberlassung § **1,** 57
–, Betriebsgeheimnis § **17,** 10
–, Erfindungswert bei Nutzung im
 § 1, 131; § **9,** 185 ff.
–, Geheimhaltungspflicht § **24,** 8
–, Lizenzvergabe § 1, 132
–, nicht ausschließliches Benutzungsrecht § **16,** 80
–, Vergütungspflicht § **7,** 7; § **9,** 185 f.
–, Verwendbarkeit freier Erfindung im
 § **18,** 28; § **19,** 38
Kooperation, zwischenbetriebliche s.
 Zwischenbetriebliche Kooperation
Kosten, Erfindungsentwicklung § 9,
 198, 229, 274, 279; § **40,** 27 f.; § **42,**
 30 f.; **RL Nr. 32**
–, Erfindungswert nach betriebl. Nutzen § 9, 163
–, Erstattung § **13,** 22 f.; § **16,** 42,
 53 ff.; § **25,** 9 f.
–, Freigabe – Ausland § **14,** 42 f.
–, Lizenzvergabe § **9,** 226 ff.; **RL**
 Nr. 14
–, Patent- und Lizenzverwaltung **RL**
 Nr. 14
–, Schiedsstellenverfahren § 36
–, Schutzrechtserteilungsverf. § **13,**
 20 ff., 49 f., 64 ff.
–, Übernahme bei freier Erfindung
 § **19,** 27
–, Unterstützungspflicht des Arbeitnehmers § **15,** 33
Kündigung d. Arbeitsverhältnisses
 § 1, 29; § **5,** 97; § **22,** 31; § **24,** 46;
 § **26,** 5, 19
–, s. im übrigen Ausgeschiedener Arbeitnehmer, Ausscheiden

Kündigungsschutzklage § 1, 29; § **26,**
 5; § **39,** 19
Kundenhinweise, Aufgabenstellung
 § **9,** 272, 278
–, Erfahrungserfindung § **4,** 39
Kurzarbeit § **4,** 15
KVP, s. Kaizen

L

Landesanstalt für Gewässerkunde und
 Gewässerschutz NW § **40,** 49
–, für Immissions- und Bodennutzungsschutz in NW § **40,** 49
Laufdauer des Schutzrechts,
–, Gebrauchsmuster § **13,** 14
–, Höchstbelastbarkeit § **9,** 129.3
–, mittlere § **9,** 59.1; § **13,** 14
–, Patent § **13,** 14
–, Vergütung § **9,** 16.1, 33, 59; § **17,** 68;
 § **20,** 33; **RL Nr. 42**
Lehrling - s. Auszubildender
Leiharbeitnehmer § **1,** 56 ff., 133 f.
–, Diensterfindung § **1,** 58, 60 f.
–, Konkurs § **27,** 3.2;
–, technischer Verbesserungsvorschlag
 § **1,** 60 f.
Leiharbeitsverhältnis, Arbeitgeberstellung § **1,** 133 ff.
–, echtes § **1,** 57 f., 133 ff.
–, Konkurs § **27,** 3.2
–, Konzern § **1,** 57
–, unechtes § **1,** 59 ff., 133 ff.
–, Zwischenbetriebl. Kooperation § 1,
 57
Legalitätsprinzip, Schiedsstellenverfahren § **33,** 22
Leistung, schöpferische § **9,** 79
–, wiederkehrende § **9,** 23
Leistungsklage, unbezifferte § **38,** 3 ff.
Leistungszeit, Vergütung § **9,** 55
Leitende Angestellte § **1,** 64 ff.; § **9,**
 283; **RL Nr. 35, 36**
–, Erfinderberater § **21,** 11
–, Zuständigkeit des Betriebsrates
 Anh. zu §§ 20, 21, 4 f.

1353

Sachregister

–, Zuständigkeit des Sprecherausschusses (s. auch dort) **Anh. zu §§ 20, 21,** 2, 4
–, s. auch Arbeitnehmer
Liquidation § 1, 126.2
Lizenz, einfache § 7, 29 ff.; § 14, 51; § 16, 79; § 19, 13
–, Fortbestand bei Übertragung § 7, 35; § 16, 62
–, kostenlose § 1, 132; § 9, 187, 197, 236, 240; § 12, 117
–, Vergabe durch Arbeitnehmer § 7, 61, 66; § 8, 51, 54, 65; § 19, 13
–, vorläufige Vergütung § 12, 66
–, s. auch Nicht ausschließliches Benutzungsrecht
Lizenzanalogie § 9, 109 f., 121 ff.; **RL Nr. 6-11**
–, abstrakte § 9, 121, 124
–, beschränkte Inanspruchnahme § 10, 35 ff.
–, Bezugsgröße § 9, 125 ff.; **RL Nr. 8**
–, branchenüblicher Lizenzsatz § 9, 121, 124, 131 ;ff.; **RL Nr. 10**
–, Checkliste § 9, 134
–, konkrete § 9, 122, 124, 304
–, Vergütung qualifizierter technischer Verbesserungsvorschlag § 20, 41 ff.
–, Vergütungsfestsetzung § 12, 52
–, Vorbehalt eines Benutzungsrechts § 14, 64
–, Wahl der Lizenzsätze § 9, 134
–, s. auch Erfindungswert, Vergütung, Vergütungsbemessung
Lizenzaustauschvertrag
–, Auslandsfreigabe § 14, 33, 54
–, Geheimhaltung § 24, 11
–, Konzern § 9, 187
–, Vergütung § 9, 236 ff.; **RL Nr. 17**
Lizenzbereitschaftserklärung § 7, 63; § 8, 51; § 9, 240; § 16, 35, 41
Lizenzeinnahmen
–, Abstaffelung (s. dort) § 9, 227
–, Auskunftsanspruch des Arbeitnehmers § 12, 174
–, Konzern § 9, 187
–, Risikoabschlag § 12, 69.1

–, bei technischem Verbesserungsvorschlag § 20, 46
–, bei unwirksamem Lizenzvertrag § 9, 2.2
–, Schutzzertifikat § 12, 141
–, Vergütung § 9, 221 f.; **RL Nr. 14, 15**; § 16, 21
–, s. auch Bruttolizenzeinnahme, Erfindungswert, Know-How-Vertrag, Nettolizenzeinnahme
Lizenzsatz, branchenüblicher § 9, 121, 124, 131 ff.; **RL Nr. 10**
–, Bezugsgröße § 9, 125.1, 133
–, Checkliste § 9, 134
–, Ermäßigung – s. Abstaffelung
–, Faustregeln § 9, 134
–, Gebrauchsmuster § 9, 249 f.; **RL Nr. 28**
–, Gewinnbezogenheit § 9, 134
–, Höchstlizenzgrenze § 9, 129 f.
–, Marktsituation § 9, 134
–, Massenartikel § 9, 134
–, übliche § 9, 131 ff.
–, Vergütungsfestsetzung § 12, 52
–, Wahl § 9, 124
Lizenzvertrag, Abschluss durch Arbeitgeber § 7, 6, 33; § 16, 81 f.
–, Abschluss durch Arbeitnehmer § 7, 61, 66; § 8, 51, 54, 65
–, zw. Arbeitgeber und Arbeitnehmer § 8, 51, 57; § 19, 55 ff.
–, Auskunftsanspruch des Arbeitnehmers § 12, 171
–, Auswirkung bei Schutzrechtsaufgabe § 16, 21, 62 f.
–, Begriff § 9, 222
–, Betriebserwerber § 1, 120.1
–, Betriebsgeheime Erfindung § 17, 40
–, Erfindungswert § 9, 221 ff.; **RL Nr. 14, 15**
–, freie Arbeitnehmererfindung § 19, 9, 55
–, Geheimhaltungspflicht § 24, 10
–, Kartellrecht § 9, 136 f.
–, Konzern § 1, 132; § 9, 187
–, Unwirksamkeit § 9, 2.2, 138 f.
–, Vergütungsbemessung § 9, 224 ff.

Sachregister

–, s. auch Lizenz, Lizenzaustauschvertrag, Nicht ausschließliches Benutzungsrecht
Löschungsklage § 25, 42 ff.; § 26, 54
–, Vergütungsanspruch § 9, 16, 33 f.; § 10, 22, 24 f.; § 12, 117
–, s. auch Nichtigkeitsklage
Lösung der Aufgabe, Anteilsfaktor § 9, 274 ff.
–, Erfindungsmeldung § 5, 71
Lohnfertigung durch Dritte § 16, 83
Lohnpfändung Anh. zu § 27, 8 ff.
Lohnzahlungspflicht § 25, 8
–, s. auch Gehaltsanhebung
Lump sum § 9, 229

M

»Mängel«, Anteilsfaktor § 9, 272
Mahnverfahren § 37, 3
Mangelnde Schutzfähigkeit
–, s. Schutzfähigkeit, Schutzunfähigkeit
Marken § 1, 6
Maschinenüberlassungsvertrag § 1, 135
Massenartikel,
–, Abstaffelung § 9, 143
–, Lizenzsatz § 9, 134
»maßgeblich beruhen« § 4, 42 ff.
Max-Planck-Institut § 40, 10; § 42, 10
Maximalvergütung § 12, 50; § 22, 26
Mehrere Arbeitgeber § 1, 19 ff., 106 f.; § 6, 74
–, s. auch Konzern, Zwischenbetriebliche Kooperation
Mehrere Erfinder – s. Miterfinder
Mehrere Erfindungen, s. Erfindungen, mehrere
Meinungsverschiedenheiten, angemessene Bedingungen bei freier Erfindung § 19, 58 ff.
–, s. im übrigen Streitfall, Widerspruch, Zweifel an Schutzfähigkeit, Zweifel an Eigenschaft als Diensterfindung

Meldepflicht bei Diensterfindung § 5
–, Abgrenzung zur Mitteilungspflicht § 5, 3, 22 ff.; § 18, 6 f., 26
–, Bedeutung § 5, 1
–, Betriebsinhaberwechsel § 1, 114; § 5, 9
–, Betriebsvereinbarung § 5, 15
–, Entfallen § 5, 30 ff.
–, Erfindungsverbesserungen § 5, 21
–, Frist § 5, 28 f.
–, Gebrauchsmuster § 5, 68
–, Gegenstand § 5, 20 f.
–, »gemacht« § 5, 26 f.
–, mehrere Arbeitgeber § 5, 9, 58
–, Miterfinder § 5, 54 ff.
–, nachträgliche Änderungen § 5, 21
–, Neue Bundesländer § 5, 3.1
–, Personenkreis § 5, 7 f.
–, Verletzung § 5, 21 a, 83, 94 ff.
–, Zeitpunkt § 5, 26 ff.
–, Zweifel an Erfindungseigenschaft § 5, 24 ff.
–, Zwischenbetriebliche Kooperation § 5, 9
–, s. auch Mitteilungspflicht
Meldung der Diensterfindung § 5
–, Adressat § 5, 9
–, Ausscheiden des Arbeitnehmers § 5, 7; § 26, 21 f.
–, Beanstandungsfrist § 5, 88
–, Beanstandungsrecht und Unterstützungspflicht des Arbeitgebers § 5, 84 ff.
–, Beschreiben § 5, 68
–, Bestätigung durch Arbeitgeber § 5, 61 ff.
–, betriebliche Doppelerfindung § 5, 59 f.
–, betriebliche Organisation § 5, 15 f.
–, an Bevollmächtigte § 5, 14 ff.
–, Darstellungsumfang § 5, 65 ff., 70 ff.
–, an Dritte § 5, 18 f.
–, Entwurf einer Schutzrechtsanmeldung als § 5, 37, 42
–, Ergänzung § 5, 63, 89
–, erneute § 5, 21.1
–, fehlerhafte § 5, 29, 94 f.
–, bei freier Erfindung § 18, 48

1355

Sachregister

–, Form (s. auch Schriftform) § 5, 33 ff.
–, Formular § 5, 39, 67; § 22, 38
–, Gegenstand § 5, 20 f.
–, Geheimhaltungspflicht – s. dort
–, gemeinschaftliche § 5, 54 ff.
–, gesonderte § 5, 40
–, Inanspruchnahmefrist § 5, 4; § 6, 40, 50 f.; § 8, 31 f.
–, Inhalt § 5, 65 ff.
–, Kenntlichmachung § 5, 41 ff.
–, Konstruktionszeichnung als § 5, 43
–, Laborbericht als § 5, 43
–, Lösung § 5, 71
–, Mitarbeiter § 5, 73, 80 f.
–, Miterfinder § 5, 54 ff.; § 12, 32.3
–, mündliche § 5, 38 f.
–, Pflicht zur Inlandsanmeldung § 5, 4; § 13, 5 f.
–, Prioritätsverlust § 5, 29, 59 f.
–, Rechtsfolgen § 5, 4
–, Rechtsnatur § 5, 5 f.
–, Richtlinien, dienstliche § 5, 78
–, Schiedsstellenanrufung § 5, 37
–, Schutzrechtsanmeldung § 13, 5, 46
–, technische Aufgabe § 5, 70
–, Übermittlungsrisiko § 5, 13, 16
–, Unabdingbarkeit des ArbEG – s. dort
–, Unterschrift § 5, 35 ff., 39
–, Unterstützung durch Arbeitgeber § 5, 90 f.
–, Unterstützung durch Erfinderberater § 21, 20 f.
–, unverzüglich § 5, 28 f.
–, Unvollständigkeit § 5, 83
–, als Verbesserungsvorschlag § 5, 39, 43
–, Vereinbarungen vor § 22, 5 ff., 40
–, als Vergütungsgrundlage § 9, 83 ff.
–, Verzicht auf § 5, 30
–, Verzicht auf Schriftform § 5, 38 f.
–, vorhandene Aufzeichnungen § 5, 76 f.
–, Weisungen, dienstliche § 5, 78
–, Zeitpunkt der § 5, 26 ff.
–, Zeitpunkt der Vergütungsfeststellung § 12, 22

–, Zugang § 5, 10 ff.
–, Zulässigkeit von Vereinbarungen nach § 22, 32, 34 ff.
–, Zustandekommen der Erfindung § 5, 72 f.
–, zwischenbetriebl. Kooperation § 5, 9.1
–, s. auch Meldepflicht, Mitteilung, Mitteilungspflicht
Merkmalanalyse bei Miterfinderanteil § 12, 31 f.
Messvorrichtungen § 9, 176
»Mindestens ein nicht ausschließl. Recht z. Benutzung« § 19, 12 ff.
Mindestvergütung § 9, 69; § 22, 27
Missbrauch, Arbeitgeberposition § 23, 17, 23
Mitarbeiter § 5, 80 f.; § 9, 279
–, freier § 1, 15, 44 ff.
–, s. auch Freier Erfinder, Freier Mitarbeiter
Mitbenutzungsrecht, s. Nicht ausschließliches Benutzungsrecht
Mitbestimmungsrecht, Betriebsrat § 21, 4 ff.; **Anh. zu §§ 20, 21**, 7 ff.
–, Personalrat § 21, 36; **Anh. zu §§ 20, 21**, 2, 31 ff.
–, s. auch Betriebsrat, Gewerkschaften, Personalrat
Miterfinder §§ 5, 12
–, Anbietungspflicht § 19, 78 ff.
–, Anrufung der Schiedsstelle § 31, 3; § 32, 4
–, Anteilsbestimmungen § 5, 51.1; § 9, 312; § 12, 30 ff.
–, Anteilsfaktor § 9, 266, 273
–, Aufgabe des Schutzrechts § 16, 93 ff.
–, Aufgabenerfindung § 4, 38
–, Aufgabenstellung, Anteilsfaktor § 9, 273
–, Auslandsfreigabe § 14, 36.3, 82
–, Auswahlerfindung § 5, 47
–, Begriff § 5, 44 ff.
–, Bekanntgabe der Einzelanteile § 12, 31 f., 35, 38
–, Bekanntgabe der Gesamtvergütung § 12, 35 ff.

Sachregister

–, Bestätigung der Meldung § 5, 64
–, Beweislast § 5, 51.2
–, Freigabe § 8, 66 ff.; § 14, 36.3, 82
–, Geheimhaltungspflicht § 24, 34
–, gemeinsame Meldung § 5, 54 ff.
–, gerichtliche Zuständigkeit § 39, 10
–, Gesamterfindungswert § 9, 312
–, Gleichbehandlung § 25, 21
–, Hochschule § 42, 23
–, Inanspruchnahme § 6, 21 f., 70 ff.
–, innerbetriebliche Priorität § 5, 60
–, Insolvenzverfahren § 27 n.F., 79
–, Konkurs d. Arbeitgebers § 27, 31
–, Meldepflicht § 5, 54 ff.
–, Mitarbeiter § 5, 80
–, Miterfinderanteil s. dort
–, Mitteilungspflicht freier Erf. § 18, 15
–, nachträgliches Auftauchen § 5, 56; § 12, 94, 106, 110
–, Quotenwiderspruch § 12, 90
–, Rechtsbeziehungen § 5, 52 f.
–, Rechtsstreit § 39, 10
–, Schiedsstellenverfahren § 23, 16, 19; § 31, 3; § 32, 4; § 34, 26; § 35, 13 ff.
–, Schutzrechtsaufgabe § 16, 93 ff.
–, Schutzrechtszusammenlegung § 13, 43
–, Streitgenossenschaft § 35, 15
–, sukzessive § 5, 50; § 6, 20
–, technischer Verbesserungsvorschlag § 3, 30; § 20, 48 f., 61.3
–, Unbilligkeit von Vereinbarungen § 23, 7.1, 27
–, Vereinbarung über § 5, 51.1, 82; § 12, 32.2 f.; § 23, 7.1
–, Vergütung § 9, 311 ff.
–, Vergütung bei Schutzrechtsaufgabe § 16, 98
–, Vergütungsanpassung § 12, 106, 110
–, Vergütungsbemessung § 9, 312
–, Vergütungsfestsetzung § 12, 54 ff.
–, Vergütungsfeststellung § 12, 28 ff.
–, Vergütungsformel § 9, 312; § 12, 34
–, Vermittlungsfunktion des Arbeitgebers § 25, 17
–, Verwirkung § 5, 51.3
–, Widerspruch gegen Vergütungsfestsetzung § 12, 54, 88 ff.

–, und Zusammenlegung mehrerer Diensterfindungen § 7, 8; § 13, 43
–, zwischenbetriebliche Kooperation § 9, 314
–, s. auch Bruchteilsgemeinschaft, Doppelarbeitsverhältnis, Erfindereigenschaft, Erfindergemeinschaft, Mehrere Arbeitgeber, Zwischenbetriebliche Kooperation

Miterfinderanteil § 9, 312 ff.; § 12, 30 ff.
–, Änderungen des Schutzumfangs § 12, 33
–, Anfechtung Anteilsvereinbarung § 12, 32.3
–, Beanstandung der Meldung § 12, 32.2
–, Bekanntgabe Einzelanteile § 12, 35, 38
–, Bekanntgabe Gesamtvergütung § 12, 35 ff.
–, Berechnung § 12, 34
–, Bestimmung § 12, 30 ff.
–, Bestimmung, Zeitpunkt § 12, 33
–, Erfindungsmeldung § 5, 82
–, Einigung der Miterfinder § 5, 51.1
–, Merkmalanalyse § 12, 31 f.
–, Realteilung § 5, 53.1
–, Unteranspruch § 12, 32.1
–, Vereinbarung über § 5, 51.1, 82; § 12, 32.2 f.; § 23, 7.1
–, Vergütungsanpassung § 12, 110
–, Vergütungsfestsetzung § 12, 53, 54
–, Wechsel der Benutzungsform § 12, 32.1, 110
–, Widerspruch gegen Festsetzung § 12, 79, 90

Mitglieder der Schiedsstelle, Stellung § 30, 14 ff.
–, s. auch Schiedsstelle, Schiedsstellenverfahren

Mitteilung
–, *Aufgabeabsicht*
–,– Frist § 16, 34
–,– Inhalt § 16, 27 ff.
–,– Zugang § 16, 28 f., 36
–, *freie Erfindung* § 18
–,– Adressat § 18, 3, 18

1357

Sachregister

- –,– Bestreiten durch Arbeitgeber § 18, 32 ff.
- –,– Darstellungsumfang § 18, 24 ff.
- –,– Form § 18, 21 ff.
- –,– Gegenstand § 18, 8 ff.
- –,– gleichzeitiges Angebot § 19, 46 ff.
- –,– Inhalt § 18, 24 ff.
- –,– Rechtsfolgen § 18, 6
- –,– Rechtsnatur § 18, 7
- –,– Schriftform § 18, 21
- –,– Unabdingbarkeit des ArbEG § 22, 15, 34
- –,– Unterstützung durch Erfinderberater § 21, 20 f.
- –,– unverzügliche § 18, 19
- –,– Verzicht § 22, 27
- –,– Zeitpunkt § 18, 19
- –,– Zugang § 18, 18, 38
- –,– Zulässigkeit von Vereinbarungen nach § 22, 34 ff.
- –,– Zweck § 18, 3
- –,– Zweifel an Erfindungseigenschaft § 18, 32 ff.
- –,– s. auch Meldung, Mitteilungspflicht
- –, Schiedsstellenverfahren; Beendigung § 35, 17 f.
- –, der Schutzrechtsaufgabe § 16, 22
- –, des techn. Verbesserungsvorschlags § 3, 28 ff.

Mitteilungspflicht (freie Erfindungen) § 18
- –, Arbeitsbereich des Betriebes § 18, 28 ff.
- –, ausgeschiedener Arbeitnehmer § 18, 10, 14; § 26, 21 f.
- –, Ausnahmen von § 18, 4, 27 ff.
- –, Begriff § 18, 6 ff.
- –, Betriebsbegriff § 18, 28
- –, freier Erfinder § 18, 17
- –, Hochschullehrer § 42, 24 f., 32 f.
- –, Inhalt § 18, 24 ff.
- –, Konzern § 18, 28
- –, Miterfinder § 18, 15
- –, nachvertragliche § 26, 51
- –, öffentlicher Dienst § 18, 12
- –, offensichtliche Nichtverwendbarkeit § 18, 30 f.
- –, Personenkreis § 18, 12 ff.
- –, Schutzrechtsanmeldung unmittelbar nach Ausscheiden § 18, 14
- –, Störungen § 25, 33
- –, techn. Verbesserungsvorschlag § 3, 28 ff.
- –, Verbesserung der Erfindung § 25, 36
- –, Verletzung § 18, 45 ff.
- –, Zeitpunkt § 18, 19 f.
- –, Zweck § 18, 3
- –, zwischenbetr. Kooperation § 18, 28
- –, s. auch Meldepflicht, Meldung, Mitteilung

Mittelbare Patentnutzung § 9, 92.1
Mittelbare Vorteile, Erfindung § 9, 95
Mittlere Laufdauer s. Laufdauer
Miturheberschaft b. techn. Verbesserungsvorschlag § 3, 30; § 20, 48 f.
Mitwirkungsrechte, Betriebsrat § 21, 4 ff.; **Anh. zu §§ 20, 21,** 1 ff.
- –, Personalrat § 21, 36; **Anh. zu §§ 20, 21,** 2 ff., 31 ff.
- –, s. auch Betriebsrat, Gewerkschaften, Personalrat

Monopolprinzip Einl. vor § 9, 9 f.; § 9, 303, 322; § 10, 20; § 12, 62; § 20, 1, 5
Montage § 1, 36, 56, 135

N

Nachvertragliches Wettbewerbsverbot § 26, 40 ff.
Nachzahlung des Risikoabschlags § 12, 65.1, 69, 115; § 16, 66, 69
NATO, zivile Arbeitskräfte § 41, 21
ne ultra petita § 33, 43
Nebentätigkeit § 4, 28; § 25, 37; § 40, 14; § 41, 14
Nettolizenzeinnahme § 9, 224; RL Nr. 14, 15; § 12, 13
- –, s. auch Lizenzvertrag

Nettoverkaufspreis § 12, 13
Neue Bundesländer Einl. 31 ff.; § 3, 2.1; § 4, 2.1; § 5, 3.1; § 6, 4; § 8, 3.1; § 9, 1.1; § 10, 5.1; § 11, 7; § 13, 1; § 14, 4; § 16, 4.1; § 17, 1.1; § 18, 4.1;

Sachregister

§ 23, 3; § 25, 3.1; § 26, 2.1; § 27, 4; § 28, 34 ff.; § 37, 1.1; vor §§ 40-42, 9; § 42, 3.1
Neuervorschläge, DDR § 3, 2.1
Neuerung, techn. § 1, 2; § 2, 4; § 3, 4 ff.
Neuheit § 2, 2, 6; § 3, 5, 12
Neuheitsschonfrist § 7, 38; § 24, 7
Neuregelung der Vergütung wegen veränderter Umstände § 12, 95 ff.
–, s. auch Vergütungsanpassung
Nichtangriffsabrede § 25, 42 f., 50
Nichtanmeldung § 13 Abs. 2 Nr. 2
–, schlüssige Zustimmung § 13, 33
–, teilweise § 13, 33.2
–, Zustimmung zur § 13, 33 f.
Nicht ausschließliches Benutzungsrecht § 7, 29 ff.; § 14, 45 ff.; § 16, 77 ff.; § 19, 16
–, angemessene Bedingungen § 19, 20 ff., 59 ff.
–, Ausland § 7, 36 f.; § 14, 51 f.
–, Auslandsfreigabe § 14, 45 ff.
–, bei beschränkter Inanspruchnahme § 7, 29 ff.
–, Betriebsgebundenheit § 7, 31; § 14, 51; § 16, 80 ff.
–, Betriebsübergang § 1, 119.1
–, Fortbestand bei Rechtsübertragung § 7, 35; § 14, 51; § 16, 79
–, bei freier Erfindung § 19, 12 ff.
–, Frist für Geltendmachung § 6, 40 ff.; § 14, 46 f.; § 16, 86 ff.; § 19, 52 ff.
–, Geheimhaltung § 7, 38
–, Inhalt § 7, 29 ff.; § 16, 79 ff.
–, Konkurs § 27, 12
–, Konzern § 16, 80
–, Lohnfertigung durch Dritte § 16, 83
–, Pfändbarkeit § 7, 33; Anh. zu § 27, 7
–, Rechtsnatur § 7, 29 f.; § 14, 51; § 16, 79 f.; § 19, 13
–, bei Schutzrechtsaufgabe § 16, 77 ff.
–, Unterlizenzvergabe § 7, 33; § 14, 72; § 16, 81 ff.
–, Vergütung § 10; § 14, 60 ff.; § 16, 90 ff.; § 19, 20 ff.
–, Verzicht auf § 8, 9; § 14, 70
–, Vorbehalt b. Auslandsfreigabe § 14, 51 f.

–, Vorbehalt b. Schutzrechtsübertragung § 16, 77 ff.
–, Wegfall § 14, 70
–, Zwangsvollstreckung § 7, 33; Anh. zu § 27, 7
Nichtigkeit, Arbeitsverhältnis § 1, 11 ff.; § 26, 13; § 41, 10
–, Einigungsvorschlag § 34, 7, 35 ff.
–, Vereinbarungen § 22, 28 ff.; § 23, 33 f.
–, s. im übrigen Anfechtung, Unwirksamkeit
Nichtigkeitsklage § 25, 42 ff.; § 26, 54
–, ausgeschiedener Arbeitnehmer § 25, 45; § 26, 54
–, Auswirkung auf Vergütungsanspruch § 9, 16; 33 f.; § 10, 24 f.; § 12, 117
–, Lizenzvertrag zur Vermeidung § 9, 230
–, Risikoabschlag § 9, 35
–, Strohmann § 25, 45
–, Unterrichtung über § 15, 8
–, Verzicht auf Patentverletzungsansprüche § 9, 240
–, Zulässigkeit § 25, 44 ff.
Nicht schutzfähige technische Neuerung, Freigabe § 8, 42 ff.
–, s. im übrigen Schutzfähigkeit, Schutzunfähigkeit
Nichtverwertbarkeit der Erfindung RL Nr. 22
Nicht verwertete Erfindung § 9, 210 ff.; RL Nr. 20-24
Niederlassung § 1, 39, 108
Nullfall § 9, 321 ff.; § 12, 43, 68.2, 72 a; RL Nr. 38
–, Beispiele § 9, 324
–, Beweislast § 9, 326
–, Vergütungsfestsetzung § 12, 43, 72.1
Nutzen, betrieblicher, s. Betrieblicher Nutzen
Nutzung, ausbleibende, vor Schutzrechtserteilung § 12, 72
Nutzungsaufnahme, Fälligkeit der Vergütung § 10, 13; § 12, 60 ff.
–, s. auch Benutzung, Verwertbarkeit, Verwertung

1359

Sachregister

Nutzungsrecht des Arbeitgebers im Ausland § 7, 6, 36 f.; § 14, 2, 4 ff., 51 f.

O

Oberste Dienstbehörde, Allgemeine Anordnung § 40, 43 ff.
Obliegende Tätigkeit § 4, 22 ff.; § 9, 267 ff.
–, s. auch Anteilsfaktor
Obliegenheitserfindung, s. Aufgabenerfindung
Öffentliche Betriebe § 40, 6
Öffentlicher Auftraggeber, Forschungs- und Entwicklungskooperation § 40, 56f.
Öffentlicher Dienst § 1, 136 ff.; §§ 40-42
–, Abgrenzung zum privaten Dienst § 1, 8; § 40, 4
–, Allgemeine Anordnungen, s. dort
–, Anstalt § 40, 10
–, Anteilsfaktor § 9, 284
–, Anwendbarkeit des ArbEG § 40, 12 ff.
–, ArbEG als Dienstrecht **Einl** 2
–, Arbeitgeber § 1, 137; § 40, 5 ff.
–, Arbeitnehmer § 1, 138; § 40, 3 ff.
–, arbeitsrechtliche Verpflichtungen § 25, 4
–, Beamte, s. dort
–, Betriebe § 40, 6
–, betriebliche Übung § 25, 22
–, Dienstvereinbarung – s. dort
–, eigene Schiedsstellen § 40, 51 ff.
–, Erfinderberater § 21, 3, 36
–, Ertragsbeteiligung, s. Angemessene Beteiligung
–, Forschungseinrichtungen § 9, 344
–, Forschungskooperation § 40, 56 ff.
–, Fürsorgepflicht § 25, 14
–, gerichtliche Zuständigkeit § 39, 3, 6 ff.
–, Grundsatz der Gleichstellung **Einl.** vor §§ 40-42, 4 ff.
–, Hochschullehrer, s. dort
–, Inanspruchnahme der Diensterfindung § 6, 76
–, Inanspruchnahme angemessener Beteiligung § 40, 15 ff.
–, Klage § 38, 6; § 39, 2.4, 30
–, Körperschaft § 40, 9
–, Mitteilungspflicht freier Erf. § 18, 12
–, Mitwirkungsrechte des Personalrates, s. Personalrat
–, Nebentätigkeitsrecht § 40, 14; § 41, 14
–, Neue Bundesländer **Einl.** vor §§ 40-42, 9; § 42, 3.1
–, Pensionäre s. dort
–, persönlicher Geltungsbereich § 40, 3 ff.
–, Schiedsstellenverfahren § 28, 31 f.
–, Schutzrechtsaufgabe § 16, 25 Soldaten, s. dort
–, Stiftung § 40, 11
–, technische Verbesserungsvorschläge § 20, 7, 67 ff.; § 40, 30 ff.
–, Treuepflicht § 25, 30; § 40, 47; § 41, 14, 23
–, Unabdingbarkeit des ArbEG § 22, 8
–, Vergütung § 9, 341 ff.; § 11, 12; **Anh. 2 zu § 11 (RL 1960)**
–, Vergütung für technische § 20, 69
–, Vergütungsanspruch, Verjährung § 9, 42
–, Vergütungsfestlegung § 12, 10
–, Vergütungsklage § 38, 6
–, Vergütungsrichtlinien § 11, 12; **Anh. 2 zu § 11**; § 40, 14
–, Verwaltungen § 40, 7 f.
–, Verwertungsbeschränkungen im öffentlichen Interesse § 40, 34 ff.
–, Vorverfahren § 28, 32
–, Zentralisierung § 40, 5
–, Zuständigkeit der Patentstreitkammer § 39, 4; § 41, 15
–, Zuständigkeit der Schiedsstelle § 28, 31 f.; § 41, 15
–, Zuständigkeit der Verwaltungsgerichte § 28, 8; § 33, 32; § 39, 16, 30; § 40, 41

Sachregister

Öffentliche Verwaltung § 4, 21; § 40, 7 f.
—, Schiedsstellenverfahren § 33, 20 f.
Öffentliches Interesse
—, an der Erfindung, Vergütung § 9, 79
—, Verwertungsbeschränkungen im öffentlichen Dienst § 40, 44
Öffnungsklausel, Erfindungskomplex § 9, 130.1
Örtliche Zuständigkeit, Patentstreitkammern § 39, 21 ff.
—, Vereinbarungen über § 39, 24
Offenbare Unbilligkeit - s. Unbilligkeit
»Offensichtlich« § 18, 31
Optionsrecht § 1, 55; § 6, 8
ordre public § 1, 110
Organmitglied § 1, 68 ff., 96
—, Meldepflicht § 5, 8
—, Schiedsstellenverfahren § 28, 13
—, Vergütung § 1, 76
—, s. auch Arbeitgeberähnl. Person

P

Papierner Stand der Technik § 20, 19
Parallelwertung in der Laiensphäre § 6, 32
Parteivernehmung § 33, 36
Patentabteilung, Erfindungsmeldung § 5, 16, 37
—, Geheimhaltungspflicht § 24, 8, 49
Patentanmeldung, europäische § 13, 27; § 14, 7
—, internationale § 13, 28; § 14, 8, 44
—, parallele Patentanmeldung neben Gebrauchsmuster § 12, 71
—, Wahl zw. Gebrauchsmuster- und Patentanmeldung § 13, 11 ff.
—, s. auch Auslandsschutzrechte, Auslandsschutzrechtsanmeldungen, Inlandsschutzrechtsanmeldung, Schutzrechtsanmeldung, Schutzrechtserteilungsverfahren
Patentanwalt, Erfindungsmeldung an § 5, 16, 37, 39
—, Geheimhaltungspflicht § 24, 8, 49

—, Schiedsstellenverfahren § 31, 5; § 33, 37
—, s. auch Rechtsanwalt
Patentaustauschvertrag § 9, 236 ff.; § 14, 54
Patentdauer § 9, 33, 59.1; § 13, 14
—, s. a. Laufdauer d. Schutzrechts
Patenterteilungsrisiko, Risikoabschlag § 12, 68
—, s. auch Vergütung, Vergütungsanspruch, Vorläufige Vergütung
Patentfähigkeit § 2, 6 f.
—, s. auch Erfindung, Schutzfähigkeit
Patentinformationszentren § 21, 34
Patentkategorie, Schutzrechtsanmeldung § 13, 10
—, Vergütung § 9, 91.3
Patent- und Lizenzverwaltung, Kosten § 9, 222; RL Nr. 14
Patentrolle, Umschreibung § 13, 75
—, s. im übrigen Umschreibung
Patentstreitkammern § 1, 27; § 12, 76; § 13, 51; § 19, 63; § 39, 1, 7, 18 f., 22 ff.; § 41, 15, 25
Patentverletzung, Verzicht des Arbeitgebers auf Geltendmachung § 9, 240
—, Ansprüche d. Arbeitnehmers gegen Arbeitgeber § 7, 36 f.; § 8, 58 f.; § 14, 36.5, 51 ff.
Patentversagung, s. Schutzrechtsversagung
Pauschalabfindung, § 9, 57 ff.; RL Nr. 40; § 12, 17, 20;§ 26, 28
—, im Anstellungsvertrag § 22, 21
—, Auskunftsanspruch § 12, 165; § 26, 28
—, Ausscheiden des Arbeitnehmers § 26, 27
—, als Erfüllung d. Vergütungsanspruches § 16, 19
—, Dauer § 12, 18.3
—, Festsetzung § 12, 50, 52
—, Höhe § 9, 59
—, techn. Verbesserungsvorschlag § 20, 40
—, Unwirksamkeit § 22, 21, 26; § 23, 20 ff.

Sachregister

–, Verbindung mit laufender Zahlung § 9, 58
–, Vergütungsanpassung (s. auch dort) § 12, 111 f., 114, 131; § 26, 27
–, s. auch Vergütung
PCT-Anmeldung, s. Internationale Anmeldung
Pensionäre § 1, 77 ff., § 18, 13; § 22, 16; § 26, 29; § 28, 13; § 37, 18; § 39, 5
–, s. auch Ausgeschiedener Arbeitnehmer, Ausscheiden
Persönlicher Geltungsbereich des ArbEG § 1, 7 ff.
–, s. auch Arbeitgeber, Arbeitnehmer, Beamter
Persönlichkeitsrecht, s. Erfinderpersönlichkeitsrecht
Personalakte, Einsichtsrecht BR Anh. zu §§ 20, 21, 26
Personalführungsgesellschaft § 1, 134
Personalrat,
–, Geheimhaltungspflicht Anh. zu §§ 20, 21, 33
–, Informationsrecht Anh. zu §§ 20, 21, 7 ff.
–, Kontrollrechte Anh. zu §§ 20, 21, 7 ff.
–, Mitbestimmungsrecht Anh. zu §§ 20, 21, 31 ff.
–, Mitbestimmungsrecht bei technischen Verbesserungsvorschlägen § 20, 67 ff.; § 40, 30 ff.
–, Mitwirkungsrecht Anh. zu §§ 20, 21, 1 ff.
–, Vergütungsbemessung Anh. zu §§ 20, 21, 32
–, s. auch Betriebsrat, Betriebsvereinbarung, Dienstvereinbarung
Personengesamtheit § 1, 70 ff.
Pfändung, Erfindungsrechte Anh. zu § 27, 4 ff.
–, Inanspruchnahmerecht § 6, 8
–, nicht ausschließliches Benutzungsrecht § 7, 33; Anh. zu § 27, 7
–, Vergütungsanspruch § 9, 8; § 10, 6; Anh. zu § 27, 8 ff.
Pflanzenschutz s. Sortenschutz

Prämien, Verbesserungsvorschlag § 20, 60 ff.
Praktikant § 1, 83; § 42, 16
Praktisches Studienjahr § 1, 83.1
Preisbildung bei öffentlichen Aufträgen § 9, 163, RL Nr. 12
prima-facie-Beweis § 4, 18
Priorität, Grundsatz der innerbetrieblichen § 5, 29, 59 f.
–, Verlust der § 5, 29
–, innere, s. auch Innere Priorität
Prioritätssicherung § 13, 2 f., 16 f.
–, durch Auslandsanmeldung § 13, 25 ff.
Privater Dienst, Abgrenzung zum öffentlichen § 1, 8; § 40, 4
Privatrecht, internationales § 1, 33 ff., 108 ff.
Probearbeitsverhältnis § 1, 85
Produkthaftung § 12
Professor, s. Hochschullehrer
Prorogation § 39, 6, 24
Prozesskostenhilfe § 36, 6; § 37, 2
Prozessvoraussetzung, Schiedsstellenverfahren als § 37, 3, 7, 10 ff.
Prüfungsantrag § 9, 212; § 13, 16, 41.1, 61 ff.; § 16, 11, 41
Prüfung der Erfindung, s. Erprobung
Prüfvorrichtung § 9, 176

Q

Qualifizierter technischer Verbesserungsvorschlag § 20
–, Anteilsfaktor § 9, 262; § 20, 47
–, Auskunftsanspruch § 12, 163, 164; § 20, 3
–, Auslandsnutzung § 20, 40
–, und Auslandsschutzrecht § 2, 25 f.; § 9, 15 f.; § 20, 14
–, Begriff § 20, 10 ff.
–, Betriebsgeheimnis § 17, 56; § 20, 16, 21
–, Beweislast § 20, 37
–, Geheimhaltungspflicht § 20, 21, 35

Sachregister

-, kollektivrechtliche Regelungen § 3, 30; § 20, 31, 50
-, Lizenzvergabe § 20, 41, 46
-, Mitbestimmungsrecht des Betriebsrates § 3, 30; § 20, 50
-, Miterfinder § 3, 30 f.; § 20, 48 f.
-, Mitteilungspflicht § 3, 30; § 20, 10
-, Rechtsweg § 39, 28
-, Schiedsstellenverfahren § 20, 63; § 28, 21
-, Stand der Technik § 20, 19
-, Sonderleistung § 20, 65 f.
-, Verbesserung vorhandener Produkte § 20, 19, 22
-, Vereinbarungen über § 22, 11, 34; § 23, 5
-, Vergütung § 20, 24 ff.; **RL Nr. 29**
-,- Art der § 20, 40
-,- Anpassung § 20, 32
-,- Ausscheiden des Arbeitnehmers § 20, 15, 36
-,- Bezugsgröße § 20, 42
-,- Dauer § 20, 33 ff.
-,- erfassbarer betrieblicher Nutzen § 20, 41, 44
-,- Erfindungswert § 20, 41 ff.
-,- Fälligkeit § 20, 32
-,- Lizenzanalogie § 20, 41 ff.
-,- Pauschalvergütung § 20, 40
-,- Pflichtenkreis des Arbeitnehmers § 20, 10, 47
-,- Rückforderungsverbot § 20, 32
-,- steuerliche Begünstigung § 20, 40
-,- tatsächliche Verwertung als Voraussetzung § 20, 24 ff.
-,- Vergütungsbemessung § 20, 39 ff.
-,- Vergütungsfestlegung § 12, 9; § 20, 32
-,- Verjährung § 20, 38
-,- Verwirkung § 20, 38
-, Verwertung § 20, 25 ff.
-, Voraussetzungen § 3, 3 ff.; § 20, 11 ff.
-, Vorzugsstellung § 20, 11 ff.
-, Zuordnung zum Arbeitgeber § 3, 26 f.; § 6, 24
-, s. auch Technischer Verbesserungsvorschlag

Quotenanteil - s. Miterfinderanteil
Quoten-Widerspruch bei Vergütungsfestsetzung § 12, 32, 90

R

Rechenfehler § 12, 20, 160
Rechnungslegungsanspruch § 12, 166 ff.
-, Wirtschaftsprüfervorbehalt § 12, 173
-, s. im übrigen Auskunftsanspruch
Rechtliches Gehör, Schiedsstellenverfahren § 33, 11 f.; § 34, 34
Rechtsanwalt
-, Erfindungsmeldung an § 5, 16
-, Geheimhaltungspflicht § 24, 8, 49
-, Kosten § 36, 3, 5
-, Schiedsstellenverfahren § 31, 5; § 33, 37 f.
-, s. auch Patentanwalt
Rechtsbehelfsbelehrung, Einigungsvorschlag § 34, 23
Rechtsentwicklung, ArbEG Einl. 1
Rechtsform, Wechsel § 1, 127
Rechtshängigkeit § 44, 2
Rechtshandlung, Erfindungsmeldung als § 5, 5
-, Erfindungsmitteilung als § 18, 7
Rechtslage, Änderung § 12, 141
Rechtsmissbrauch, Anrufung d. Schiedsstelle § 28, 24 ff.
-, Auskunftsanspruch § 12, 167
-, Beendigung des Arbeitsverhältnisses § 1, 30
-, Berufung auf Ausschlussfrist § 6, 49
-, Berufung auf mangelnde Schutzfähigkeit § 2, 15, 24
-, Einspruchsverfahren § 25, 50
-, faktisches Arbeitsverhältnis § 1, 13
-, Freigabe gegenüber einzelnen Miterfindern § 8, 69
-, Inanspruchnahmefrist § 5, 17; § 6, 49; § 8, 35, 40
-, Meldepflicht § 5, 17, 91
-, Nichtigkeitsklage § 25, 44, 46

1363

Sachregister

–, Rückforderungsverbot § 9, 18; § 12, 160
–, und Unabdingbarkeit § 22, 33
–, unbillige Erschwerung bei Schutzrechtsaufgabe § 16, 85
–, Vergütungsanspruch § 9, 17, 46; § 10, 18
–, Verwertung der techn. Neuerung § 7, 6; § 10, 10; § 20, 31
–, s. auch Verwirkung
Rechtsnachfolge bei Aufgabe § 16, 3
–, Betriebsinhaberwechsel § 1, 127 ff.
–, bei Erfindungsübertragung § 7, 7; § 9, 4 ff.
–, bei Freigabe § 8, 6 f.; § 14, 16, 21
–, aufgrund Inanspruchnahme § 7, 5 ff.
–, s. auch Erbe, Übertragung, Verkauf
Rechtsprechung, Änderung § 12, 142
Rechtsscheinhaftung § 1, 98
Rechtsstreit, s. Klage
Rechtswahl § 1, 34 f., 110 ff.
Rechtsweg, s. Gerichtliche Zuständigkeit
»Rechtzeitig« § 14, 30
»reformatio in peius«, Festsetzung § 12, 84
Rentner, s. Ausgeschiedener Arbeitnehmer, Pensionär, Ruhegeld
Richtlinien, dienstliche, zur Meldung § 5, 78
–, für Gefolgschaftsmitglieder, s. Gefolgschaftsmitglieder
–, für Vergütung, s. Vergütungsrichtlinien
–, für das Vorschlagswesen in der Bundesverwaltung § 20, 68; § 40, 31; Anh. 3
Risikoabschlag § 12, 67 ff.
–, betriebsgeheime Erfindung § 17, 59
–, Höhe § 12, 68
–, Lizenzvergabe § 12, 69.1
–, Nachzahlung bei Patenterteilung § 12, 65.1, 69
–, Nichtigkeitsklage § 9, 35
–, Nullfall § 9, 324; § 12, 68.2, 72.1
–, Vergütung bei beschränkter Inanspruchnahme § 10, 36

–, Verkauf der Erfindung § 12, 69.2
–, s. auch Vorläufige Vergütung
Rückfall von Anmelderechten § 13, 67; § 14, 36.2
Rückforderungsverbot,
–, Abschlagszahlung § 9, 55
–, allgemeine Bedeutung § 12, 158
–, bei Anfechtung § 12, 47
–, Aufrechnung § 12, 161
–, Ausschluss des § 9, 18; § 12, 157 f.; § 19, 72; § 20, 32
–, beschränkte Inanspruchnahme § 10, 29
–, nachträgliches Auftreten von Miterfindern § 12, 94
–, qualifizierter techn. Verbesserungsvorschlag § 20, 32
–, Rechtsmissbrauch § 9, 18; § 12, 160
–, Vergütungsanpassung § 12, 153 ff.
–, Verrechnung, s. Aufrechnung
–, Vorschusszahlung § 12, 158
–, bei Widerspruch gegen Vergütungsfestsetzung § 12, 75
Rücksichtnahme auf Auslandsverträge § 14, 53 f.; § 16, 8
–, Vergütung § 14, 67 ff.
–, Verrechnung, s. Aufrechnung
Rügelose Einlassung § 37, 24 ff.
Ruhegeld § 1, 79; § 9, 3, 68, 72
Ruhen des Arbeitsverhältnisses § 26, 14 ff.
Ruhestandsverhältnis, s. Ausgeschiedener Arbeitnehmer, Pensionär
Rundfunkanstalten § 40, 10

S

Saarland § 48
Sachleistungen, Vergütung § 9, 68
Sachlicher Anwendungsbereich, ArbEG § 1, 2ff.
Sachliche Zuständigkeit, Landgericht § 39, 6 ff.
–, Schiedsstelle § 28, 12 ff.
–, s. auch Gerichtliche Zuständigkeit, Schiedsstelle

1364

Sachregister

Sachverständige, Hinzuziehung durch Betriebsrat **Anh. zu §§ 20, 21,** 21 ff.
–, Hinzuziehung durch Gericht § 39, 33
–, Kostentragung § 36, 3 f.
–, im Schiedsstellenverfahren § 33, 34 ff.
Säumnis, Schiedsstellenverfahren § 33, 48
Schadensersatz, Berechnung nach Vergütungsgrundsätzen § 9, 330 f.
–, Betriebsgeheime Erfindung § 17, 22, 39 ff.
–, bei fehlerhafter Schutzrechtsanmeldung § 13, 15
–, Formularklauseln § 22, 41
–, gerichtliche Zuständigkeit § 39, 10
–, Haftung des Konkursverwalters § 27, 30
–, bei unberechtigter Schutzrechtsanmeldung § 7, 23; § 13, 49
–, bei unberechtigter Schutzrechtsaufgabe § 16, 70 ff.
–, bei unzulässiger Auslandsanmeldung § 14, 12
–, *bei Verletzung* der Anbietungspflicht § 19, 73 ff.
–,– Anmeldepflicht § 13, 66, 68 ff.
–,– Anmelderechts § 7, 23; § 13, 49 f.; § 14, 12
–,– Freigabepflicht – Ausland § 14, 81
–,– Fürsorgepflicht § 25, 15
–,– Geheimhaltungspflicht § 24, 23 f.; 42, 44 f., 56
–,– Meldepflicht § 5, 95 f.
–,– Mitteilungspflicht § 18, 45 ff.
–,– Rücksichtnahmepflicht Ausland § 14, 59
–,– Schutzrechtsaufgabe § 16, 70 f.
–,– Treuepflicht § 25, 31
–,– Unterstützungspflicht § 15, 36
–,– Vergütungsberechnung § 12, 160
–,– Wettbewerbsverbot § 26, 51
–, Verwertung frei gewordener Diensterfindungen durch Arbeitgeber § 8, 61 f.
–, Zuständigkeit der Schiedsstelle § 28, 23

Schätzung des Erfindungswertes § 9, 176 ff.; **RL Nr.13**
–, Abstaffelung § 9, 177
–, Anhaltspunkte § 9, 178
–, Einzelfälle § 9, 177
–, Investitionskosten § 9, 178
–, bei »kostenloser« Lizenzvergabe § 1, 132; § 9, 185, 240
–, Laufdauer des Patentes § 9, 59
–, Vergütung für qualifizierte techn. Verbesserungsvorschläge § 20, 45
–, Verhältnis zu anderen Berechnungsmethoden § 9, 103 ff., 176
Schaltung § 2, 9
Schiedsgerichtsvereinbarung § 39, 36
Schiedsstelle §§ 28-36
–, Adresse § 29, 1; § 47, 3
–, Anrufung (s. Anrufung d. Schiedsstelle) § 31
–, Anrufung bei Betriebsgeheimnis § 17, 46 ff.
–, Antrag auf Erweiterung § 32
–, Antragsbindung § 33, 43
–, Auskunft § 28, 6
–, Behördeneigenschaft § 28, 7; § 29, 2
–, Beisitzer § 30, 8 ff.
–, Berlin § 49
–, Beschlüsse § 34, 2 f.
–, Besetzung § 30; § 32; § 40, 50
–, Betriebsrat § 28, 16
–, Bundesbahn § 40, 51 f.
–, Dienstaufsicht § 30, 5, 14
–, eigene des öffentlichen Dienstes § 40, 51 ff.
–, eigene Ermittlungen § 33, 14 f.
–, Einlassung, § 35, 1, 3 ff.; § 37, 24 ff.
–, Entscheidung bei Betriebsgeheimnis § 17, 54 ff.
–, Erfindungsmeldung durch Anrufung § 5, 37
–, erneute Anrufung § 28, 25; § 31, 22; § 34, 34; § 35, 4
–, Errichtung § 29
–, erweiterte Besetzung § 30, 10 ff.; § 32; § 45, 1
–, Feststellung angemessener Bedingungen für Nutzung freier Erfindung § 19, 58 ff.

1365

Sachregister

–, Feststellung der Schutzfähigkeit § 10, 28; § 17, 54 ff.
–, Fristunterbrechung durch Anrufung § 31, 18 f.
–, Geheimhaltungspflicht § 24, 49
–, Gutachten § 10, 26; § 28, 6, 26; § 39, 33
–, mangelnde Zuständigkeit § 35, 10
–, Nichteinlassung § 35, 3 ff.
–, öffentlicher Dienst § 28, 31 f.; § 40, 50 ff.
–, örtliche Zuständigkeit § 28, 11; § 47, 4 ff.
–, sachliche Zuständigkeit § 28, 12 ff.
–, Sitz § 29; § 47, 3 ff.
–, Stellung der Mitglieder § 30, 14 ff.
–, Überprüfung allgemeiner Anordnung § 40, 46
–, Verfahren (s. Schiedsstellenverfahren) § 33
–, Verhältnis zur Einigungsstelle **Anh. zu §§ 20, 21,** 30
–, Verhältnis zum Widerspruchsverfahren § 28, 32
–, Vertreter des Vorsitzenden § 30, 4 ff.
–, Vorschlagslisten für Besetzung § 30, 12 ff.; § 40, 50
–, Vorsitzender § 1, 93; § 30, 4 ff., 14
–, Zuständigkeit § 28, 11 ff.
–,– Ablehnung § 28, 8 f.
–,– arbeitnehmerähnliche Personen § 1, 27; § 28, 13
–,– ausgeschiedene Arbeitnehmer § 28, 13
–,– Auslandsberührung § 28, 19
–,– Beteiligungsansprüche des Dienstherrn § 42, 38
–,– betriebsgeheime Erfindung § 17, 35, 46 ff.
–,– Betriebsrat § 28, 16
–,– Beweislast § 28, 33
–,– einfache technische Verbesserungsvorschläge § 20, 63; § 28, 22
–,– Erben § 28, 15
–,– freie Erfindung § 19, 60 f., 71
–,– freier Mitarbeiter § 28, 13
–,– frei gewordene Erfindung § 28, 22
–,– Handelsvertreter § 28, 13

–,– Hochschullehrer § 42, 28
–,– Miterfinderstreit § 28, 16, 19
–,– Neue Bundesländer § 28, 34 ff.
–,– öffentl. Dienst § 28, 31; § 40, 52 f.; § 41, 15, 25
–,– Organmitglieder § 28, 13
–,– Pensionäre § 28, 13
–,– Rechtnachfolger § 28, 14 f.
–,– Rechtsverhältnisse außerhalb des ArbEG § 28, 19 f., 22
–,– Schadensersatzansprüche § 28, 23
–,– Überprüfung eines Einigungsvorschlags § 28, 22
–,– Vereinbarung § 1, 93; § 28, 17
Schiedsstelle Berlin ;§ 47, 3 ff.
–, Adresse § 47, 3
–, Besetzung § 47, 12 f.
–, Errichtung § 47, 3
–, Sitz § 29, 3; § 47, 3 ff.
–, Verfahren § 47, 14
–, Verordnung, Erste **Anh.** 1
–, Zuständigkeit § 47, 4 ff.
Schiedsstellenspruch, Beschluss § 34, 2 ff.
–, Unwirksamkeit § 34, 7
–, Verwaltungsakt § 28, 8; § 33, 45; § 34, 10; § 35, 10
Schiedsstellenverfahren § 33
–, Ablehnung der Anrufung § 28, 8 f.
–, Ablehnung eines Mitglieds § 33, 31 ff.
–, Abtrennung § 33, 10
–, Akteneinsicht § 33, 21
–, Anhängigkeit § 31, 1; § 33, 5
–, Anordnung der Klageerhebung § 37, 28
–, Anrufung – s. dort
–, Antragsrücknahme § 31, 20 ff.
–, Antragszustellung § 31, 14 ff.
–, Arrest und einstw. Verfügung § 37, 27
–, Ausscheiden des Arbeitnehmers während § 37, 17 f.
–, Aussetzung § 33, 47
–, Beendigung § 33, 6; § 35, 1 ff., 9 ff.
–, Beendigungsmitteilung § 35, 17 f.
–, Beschleunigungsgrundsatz § 33, 18 f.

Sachregister

- –, Beschluss § 34, 2 ff.
- –, Beschlussfassung § 34, 4 ff., 14 ff.
- –, Besonderheiten im öffentlichen Dienst § 40, 50 ff.
- –, betriebsgeheime Erfindung § 17, 35, 46 ff.
- –, Betriebsnachfolge § 28, 14
- –, Bevollmächtigte § 31, 5; § 33, 37 f.
- –, Beweiserhebung § 33, 13 ff., 34 f., 42
- –, Bindung an Anträge § 33, 44
- –, Dauer § 33, 5 f. 19
- –, Einigungsvorschlag (s. Einigungsvorschlag) § 34
- –, Einlassung des Antragsgegners § 35, 1, 3 ff.
- –, Einleitung § 31; § 33, 5
- –, Einstellung § 35, 12
- –, Einstweilige Verfügung § 33, 49
- –, Erfolglose Beendigung § 35
- –, freie Erfindung § 19, 60 f.
- –, Gegenäußerung des Antragsgegners § 31, 16; § 35, 4
- –, Gegenstand § 33, 7 f.
- –, Gestaltung § 33, 30 ff., 39 ff.
- –, Kosten § 36
- –, Legalitätsprinzip § 33, 22
- –, mehrere Beteiligte § 35, 13 ff.
- –, Miterfinder § 28, 16, 19; § 31, 3; § 32, 4; § 34, 26; § 35, 13 ff.
- –, mündliche Verhandlung § 33, 17, 40
- –, Neue Bundesländer § 28, 34 ff.
- –, Nichteinlassung des Antragsgegners § 35, 3 ff.
- –, Nichtöffentlichkeit § 33, 20 f.
- –, öffentlicher Dienst § 28, 31 f.; § 40, 50 ff.
- –, Parteivernahme § 33, 36
- –, als Prozessvoraussetzung § 37, 3, 7, 10 ff., 15 f., 19 ff
- –, rechtliches Gehör § 33, 11 f.; § 34
- –, Rechtsnatur § 28, 5 ff.; § 33, 2 f.
- –, Sachverständige § 33, 15, 18, 34 ff.
- –, Säumnis § 33, 48
- –, schriftliches Verfahren § 33, 40
- –, Streitfall § 28, 18 ff.
- –, Streit über die Wirksamkeit des Einigungsvorschlages § 34, 39
- –, Streitgenossenschaft § 34, 26; § 35, 13 ff.
- –, Unmittelbarkeit § 33, 16 f.
- –, Unterbrechung § 33, 46
- –, Untersuchungsgrundsatz § 33, 13 ff.
- –, Unwirksamkeit von Beschlüssen § 34, 7
- –, Unwirksamkeit des Einigungsvorschlages § 34, 7, 35 ff.
- –, Unzulässigkeit § 35, 10
- –, Verbandsvertreter § 31, 5; § 33, 37
- –, Verbindlichkeit des Einigungsvorschlages § 34, 26 ff.
- –, Vereinbarte Zuständigkeit § 28, 17
- –, Verfahrensgegenstand § 33, 7 f., 43; § 34, 16 § 35, 7
- –, Verfahrensgestaltung § 33, 39 ff.
- –, Verfahrensgrundsätze § 33, 11 ff.
- –, Verfahrensvoraussetzungen § 28, 9 ff.
- –, vertraglicher Ausschluss § 37, 19 ff.
- –, Verwaltungsakte § 28, 7; § 33, 45; § 34, 10; § 35, 10
- –, Verwaltungsverfahrensgesetz § 33, 2
- –, Verzicht auf § 37, 24 ff.
- –, Verzögerung § 37, 15 f.
- –, Vorteile **Einl. vor** § 28, 1 f.
- –, Widerspruch gegen Einigungsvorschlag § 34, 29 ff.; § 35, 8
- –, Wiedereinsetzung § 34, 1, 40 ff.
- –, Wiederholung § 34, 41
- –, Zeugenvernehmung § 33, 15, 18, 34 ff.
- –, Zulässigkeit § 28, 9 ff.
- –, Zusammenfassung mehrerer § 33, 10
- –, Zustellung des Anrufungsantrages § 31, 14 ff.
- –, Zustellung des Einigungsvorschlages § 34, 25
- –, Zweck **Einl. vor** § 28, 1 ff.
- –, Zwischenbescheid § 33, 11, 44 f.
- –, s. auch Einigungsvorschlag, Schiedsstelle,

Schiedsverfahren, s. Schiedsstelle, Schiedsstellenverfahren

1367

Sachregister

Schiedsvertrag, § 1, 93; § 22, 26; § 28, 17; § 39, 36
Schlüssiges Verhalten,
–, Inanspruchnahme § 6, 35 ff.
–, Überleitung einer Diensterf. § 6, 61 ff.
–, Unbilligkeit § 23, 9
–, Vereinbarungen nach Meldung § 22, 37
–, Vergütung § 6, 67.1; **Einl. vor §§ 9-12,** 16 ff.; **§ 12,** 18
–, Verzicht auf Schriftform § 5, 38 f.
Schlussurlaub, Diensterfindung im § 4, 12
Schöpferischer Beitrag, Miterfinderschaft § 5, 46 ff.
Schöpferische Leistung § 2, 2 f.; § 3, 8, 10; § 5, 46 f.; § 9, 79
Schriftform, Anbietung freier Erfindung § 19, 43
–, Anrufung der Schiedsstelle § 31, 3 ff.
–, Bestreiten bei freier Erfindung § 18, 37
–, Einigungsvorschlag § 34, 18 ff.
–, elektronische Form § 5, 35
–, Erfindungsmeldung § 5, 35 ff.
–, Freigabe § 8, 17; § 14, 24
–, Geltendmachung der Unbilligkeit § 23, 28
–, Inanspruchnahme § 6, 27 ff.
–, Mitteilung der Aufgabeabsicht § 16, 28
–, Mitteilung der erfolglosen Beendigung des Schiedsstellenverfahrens § 35, 17
–, Mitteilung der freien Erfindung § 18, 21, 23
–, Textform § 5, 36.1
–, Vergütungsfestsetzung § 12, 49
–, Vergütungsfeststellung § 12, 18
–, Verzicht auf § 5, 30, 37, 38 f.; § 6, 31 ff.; § 22, 27; § 25, 22
–, Widerspruch gegen Vergütungsfestsetzung § 12, 80
–, s. auch Form
Schriftwechsel, Einsicht § 15, 23 ff.
Schüler § 1, 91
–, s. auch Umschüler

Schuldner, Arbeitsvertrag
–, DDR-Vergütung **Einl.** 40
–, Vergütungsanspruch § 9
Schuldverhältnis, gesetzliches s. gesetzliches Schuldverhältnis
Schuldübernahme § 1, 130; § 7, 7; § 9, 6
Schutzbereich, s. Schutzumfang
Schutzdauer, Ablauf § 3, 20; § 9, 16.1, 33
–, mittlere Laufzeit § 9, 59
–, s. auch Laufdauer des Schutzrechts
Schutzfähigkeit der Erfindung § 2
–, Anerkenntnis (s. auch dort) § 2, 15; § 6, 7, 17; § 7, 1; § 17, 26 ff.
–, Anknüpfung des ArbEG an die theoretische § 2, 16 ff.
–, ausländisches Recht (s. auch Auslandsschutzrecht) § 2, 25 f.; § 12, 63; § 14, 4; § 16, 7, 9
–, Bestreiten durch Arbeitgeber bei Betriebsgeheimnis § 17, 43 ff.
–, deutsches Recht § 2, 1
–, Einwand der mangelnden § 2, 15, 16 ff., 24; § 10, 19 ff.
–, Erfindungshöhe § 2, 6, 9
–, Feststellung der § 2, 12 ff.; § 10, 28; § 17, 46 ff.
–, Feststellung der mangelnden § 6, 18; § 10, 24 ff.
–, Freigabe § 8, 2.1, 42 ff., 72
–, Irrtum § 6, 68 f.; § 8, 37 f.; § 12, 20, 116; § 17, 27; § 20, 12
–, technischer Fortschritt § 2, 6, 9
–, Vereinbarung über § 2, 14 f.; § 17, 26 ff.; § 39, 13
–, Wegfall und Vergütung § 3, 20; § 9, 34, 36; § 10, 22; § 12, 113 f.
–, Zweifel s. Zweifel an Schutzfähigkeit
–, s. auch Gebrauchsmusterfähige Erfindung, Patentfähigkeit, Schutzrechtsversagung
Schutzgesetz, ArbEG als **Einl.**, 3
Schutzrechtsänderung, Vergütungsanpassung § 12, 113 ff.
–, s. auch Schutzumfang, Wegfall des Schutzrechts

Sachregister

Schutzrechtsanmeldung §§ 13, 14
−, Arbeitgeber als Berechtigter § 13, 38 ff.
−, durch Arbeitnehmer § 4, 18, 52; § 7, 11 ff.; 15 ff., 63; § 8, 48 ff.; § 13, 46, 72; § 18, 14
−, Aufgabe der § 16, 5 ff.
−, Ausland § 14 (s. dort)
−, beschränkte Inanspruchnahme § 10, 11
−, Beschränkung bei § 16, 12 ff.
−, eingeschränkte § 13, 33.1
−, europäische § 13, 27
−, Gebrauchsmuster, s. dort
−, nach Freigabe § 8, 48 ff., 59
−, Neue Bundesländer § 13, 1
−, Rücknahme § 2, 24; § 16, 72; § 17, 44
−, Schutzumfang § 9, 91.1; § 12, 110, 116 f.; § 13, 10
−, widerrechtliche Entnahme durch Arbeitnehmer § 7, 15 ff., 19 ff., 68; § 13, 46 f.; § 14, 9 ff.
−, s. im übrigen Anmeldepflicht, Auslandsschutzrechtsanmeldung, Inlandsschutzrechtsanmeldung, Prüfungsantrag, Schutzrechtserteilungsverfahren, Zustimmung z. Nichtanmeldung

Schutzrechtsaufgabe § 16
−, Abgrenzung zur Freigabe § 8, 4 ff.; § 16, 3 ff.
−, Abkauf d. Übertragungsanspruchs § 16, 1
−, Auslandsschutzrecht § 16, 7
−, Begriff § 16, 10 ff.
−, betriebsgeheime Erfindung § 17, 35
−, Erfüllung des Vergütungsanspruchs § 16, 18 ff.
−, freie Erfindung § 16, 6
−, Gebrauchsmuster § 16, 8, 13
−, Gegenstand § 16, 5 ff.
−, Informationspflicht des Arbeitgebers § 16, 22
−, Konkurs des Arbeitgebers § 27, 22
−, bei Miterfindern § 16, 93 ff.
−, Mitteilung der Aufgabeabsicht (s. auch Aufgabeabsicht) § 16, 27 ff.
−, Neue Bundesländer § 16, 4.1
−, Nutzungsrecht des Arbeitgebers nach § 16, 64 f.
−, Rechtsübertragung auf Arbeitnehmer § 16, 44 ff.
−, Schutzrechtsübertragung auf Dritte § 16, 4
−, Sperrpatent § 16, 20
−, teilweise § 16, 8, 12 ff.
−, *Vergütungsanspruch*
−,− für Nutzungshandlungen nach Aufgabe § 16, 24
−,− für Nutzungshandlungen nach Aufgabe § 16, 66
−,− vollständige Erfüllung § 16, 18 ff.
−,− Vorbehalt eines Benutzungsrechts § 16, 90 ff.
−, im Verhältnis zur Erteilungsbehörde § 16, 11, 76
−, Verkauf der Diensterfindung § 7, 7
−, Verletzung § 16, 70 ff.
−, Vermögensverfall des Arbeitgebers § 16, 26
−, Verwertungsrecht des Arbeitnehmers § 16, 60 ff.
−, Vorratspatent § 16, 20
−, Übernahmeverzicht des Arbeitnehmers § 16, 1, 25, 36
−, Übertragungsanspruch des Arbeitnehmers § 16, 36 ff.
−, Unterlagen § 16, 49 ff.
−, Wirkungen § 16, 23 ff.
−, Zuständigkeit der Schiedsstelle § 28, 21 f.
−, s. auch Aufgabeabsicht, Freigabe, Freigabe-Ausland, Schutzrechtsübertragung

Schutzrechtsbeschränkungen, Vergütungsanpassung § 12, 117

Schutzrechtserteilungsverfahren,
−, Akteneinsichtsrecht des Arbeitnehmers § 13, 45; § 15, 37
−, Anfechtung im § 7, 14
−, Aufgabe des § 16, 5 ff.
−, betriebsgeheime Erfindung § 13, 31, 36 f.; § 17, 44 ff.
−, Durchführung durch Arbeitgeber § 7, 10 ff.; § 13, 16 ff.

1369

Sachregister

—, Einschränkungen im § 7, 14, 63; § 12, 30, 68.6, 117 f.; § 16, 12 f.
—, Fälligkeit der Vergütung § 12, 58 ff.
—, Fortführungspflicht des Arbeitgebers § 13, 3, 16 ff.; § 16, 1, 41
—, Informationspflicht des Arbeitgebers § 15, 12 ff.
—, Kosten § 13, 20 ff., 49 f., 64 ff.
—, Prüfungsantrag, Vergütungspflicht § 9, 212
—, Rechtsstellung des Arbeitgebers im § 7, 10 ff.; § 13, 41 f.
—, Rechtsstellung des Arbeitnehmers § 7, 11 f., 15 ff., 19 ff.,63
—, Risikoabschlag, s. dort
—, Schriftwechseleinsicht des Arbeitnehmers § 15, 23 ff.
—, Schutzrechtsversagung, s. dort
—, Übermittlung von Anmeldeunterlagen an Arbeitnehmer § 15, 15 ff.
—, Umschreibung Patentrolle § 13, 75
—, Unterrichtungspflicht § 15, 21 f.
—, Unterstützungspflicht § 15, 6 ff., 27 ff.
—, Vergütungsanpassung § 12, 113 ff.
—, und Vergütungsanspruch bei beschränkter Inanspruchnahme § 10, 11 f., 35 ff.
—, und Vergütungsanspruch bei unbeschränkter Inanspruchnahme § 12, 56, 59 ff.
—, vorläufige Vergütung, s. Risikoabschlag

Schutzrechtsfreie Zone im Ausland § 14, 34, 60, 73

Schutzrechtskomplexe, Vergütung § 9, 128 ff.; **RL Nr. 19**

Schutzrechtsübertragung auf Arbeitnehmer, Rechtsfolgen § 16, 44 ff.
—, Aushändigung der Unterlagen § 16, 49 ff.
—, Auswirkung auf Lizenzverträge § 16, 62 f.
—, Auswirkung auf Wettbewerbsverbot § 16, 60
—, Kostenerstattung § 16, 53 ff.
—, Vergütungsanspruch § 16, 66

—, s. auch Schutzrechtsaufgabe, Übertragung der Diensterfindung, – der Erfindung, Verkauf der Erfindung

Schutzrechtsverletzung, Vergütung § 9, 9, 239 ff.
—, Verpflichtung zur Abwehr § 25, 18
—, s. auch Patentverletzung

Schutzrechtsversagung § 2, 12 ff., 22 ff.
—, Freigabe § 8, 42
—, Vergütungsanpassung § 12, 113 ff.
—, Vergütungsanspruch § 9, 36; § 10, 24 f.; § 12, 61, 65.1, 68.5
—, s. auch Schutzfähigkeit, Wegfall des Vergütungsanspruchs

Schutzumfang, Bestimmung d. Miterfinderanteils § 12, 30 f.
—, Einschränkungen im Erteilungsverfahren § 7, 14; § 9, 83 f.; § 13, 10, 43; § 16, 12 ff.
—, Irrtum über § 12, 116
—, Schutzrechtsanmeldung § 13, 10
—, Veränderungen § 12, 110, 117 f.; § 13, 43
—, Vergütungsbemessung § 9, 85, 90 ff.
—, Verbot des Doppelschutzes § 16, 8

Schutzunfähigkeit, Feststellung § 2, 16 ff., 22 ff.; § 8, 42 ff., 72; § 10, 24 f.; § 17, 43 ff.

Schutzzertifikat § 12, 141; § 16, 11.1

Sklavischer Nachbau § 3, 31

Skonto § 12, 13

»Sobald wie möglich« § 6, 41 f.; § 8, 19

Soldat, Begriff § 1, 139; § 41, 17 ff.
—, Erfindung von § 4, 49; § 41
—, gerichtliche Zuständigkeit § 39, 4, 30; § 41, 25
—, Zuständigkeit der Schiedsstelle § 41, 25
—, s. auch Beamter, Wehrpflichtiger

Sonderformen der Vergütungsberechnung § 9, 301 ff.

Sonderleistung, Organmitglied § 1, 76
—, technischer Verbesserungsvorschlag als § 20, 65 f.
—, Vergütungspflicht bei § 9, 245, 332 f.

Sachregister

Sonderleistungsprinzip Einl. vor §§ 9-12, 9; § 20, 66
Sonderzahlungen § 9, 62 ff.; § 23, 22.3; § 25, 8, 22
Sortenschutz § 2, 8; § 20, 13.1
Sozialplan § 9, 3; § 27, 40
Sozialversicherung § 9, 3
Sperrpatent, § 9, 201 ff.; RL Nr. 18
–, Schutzrechtsaufgabe § 16, 20
–, Vergütung § 9, 201 ff., RL Nr. 18
–, Vergütungsanpassung § 12, 132
Spezialvorrichtung, Abstaffelung § 9, 143
Sphärentheorie § 1, 20, 23, 29, 71, 90; § 42, 20
Spielzeugindustrie § 13, 14
Spitzenorganisationen § 11, 1, 3; § 30, 13
Sprecherausschuss Anh. zu §§ 20, 21, 2, 4
–, Kontrollrecht Anh. zu §§ 20, 21, 14
–, Unterstützung des Angestellten Anh. zu §§ 20, 21, 24
Staffel, s. Abstaffelung
Stand der Technik, äußerer § 3, 11; § 7, 38; § 9, 134, 164; § 20, 19
–, innerer § 3, 11 f.; § 4, 36 f. 42; § 8, 55; § 9, 164, 278, 321
Stellung der Aufgabe, Anteilsfaktor § 9, 267 ff.; RL Nr. 31
Stellung im Betrieb § 9, 280 ff.; RL Nr. 33-36
Steuerrechtliche Vorschriften § 9, 64, 350 ff.; § 20, 40, 61.3
Stiftung § 40, 11
Streik § 26, 9
Streitfälle aufgrund ArbEG § 28, 18 ff.
Streitgegenstand, Schiedsstellenverfahren § 33, 43; § 34, 16; § 35, 7
Streitgenossenschaft, Miterfinder § 34, 26; § 35, 13 ff.
Streitwert § 38, 2; § 39, 25
Strohmann § 8, 53; § 25, 45
Student § 1, 84; § 42, 16 – s. auch Werkstudent
Stücklizenz § 9, 122
–, Abstaffelung § 9, 147

Stufenklage, Auskunftsanspruch § 12, 168; § 38, 8
Stufenverhältnis bei einfachem u. qualifiziertem techn. Verbesserungsvorschlag § 20, 52
–, bei Erfindung u. techn. Verbesserungsvorschlag § 2, 8
Sukzessive Miterfinderschaft § 5, 50.1; § 6, 20

T

Tabelle, Abstaffelung § 9, 145, 149 ff.; RL Nr. 11
–, Anteilsfaktor § 9, 291; RL Nr. 37
Tantiemeleistungen § 9, 62 ff.; § 25, 8,
–, s. auch Sonderzahlung
Tarifverträge, Ausschlussfristen § 9, 51
–, einfache technische Verbesserungsvorschläge § 20, 53 ff.
–, und Unabdingbarkeit § 22, 7
Tatsächliche Verwertung § 9, 90 ff.; § 10, 7 ff.; § 12, 60; § 14, 62 f.; § 16, 91; § 20, 25 ff.
Technik, Begriff § 2, 4
Technische Aufgabe § 5, 70; § 9, 267 ff.
Technische Hilfsmittel § 9, 279
Technische Neuerung, mangelnde Schutzfähigkeit § 3, 21 f.
–, Oberbegriff § 1, 2; § 2, 4; § 3, 4 ff.
Technische Zeichnung § 1, 4; § 3, 22,
–, s. auch Konstruktionszeichnung
Technischer Fortschritt § 2, 6, 9; § 3, 13
Technischer Verbesserungsvorschlag §§ 3, 20
–, als Auffangtatbestand § 2, 20; § 3, 8; § 12, 63; § 20, 9
–, aufgrund Absprache § 2, 14, 20; § 3, 19
–, Auskunftsanspruch § 12, 163, 164; § 20, 3
–, Auslandsnutzung § 20, 40
–, Auslandsschutz § 2, 25; § 3, 19; § 9, 245; § 16, 9; § 20, 14
–, Beauftragter § 20, 57; § 21, 10
–, Begriff § 3, 3 ff., 17; § 20, 10

1371

Sachregister

–, Berufungsausschuss § 20, 62.1
–, betriebliche Übung § 25, 22
–, Betriebsbezogenheit § 3, 11 ff.
–, Betriebsübergang § 1, 121; § 20, 46
–, Betriebsvereinbarung über § 20, 31, 50, 53 ff.
–, Beweislast § 20, 37, 61.2
–, Bewertungsausschuss § 20, 62
–, bei bloßem Auslandsschutz § 2, 25; § 3, 19; § 20, 13 ff.
–, DDR § 3, 2.1
–, Dienstvereinbarung § 40, 30 ff.
–, Differenzierungstheorie § 3, 15, 29
–, Einzelfälle § 3, 18 ff.
–, Erfindungsmeldung § 5, 39, 43.1
–, Erfindungswert § 20, 41 ff.
–, freier § 3, 15, 29; § 20, 10
–, Geheimhaltungspflicht § 3, 31 f.; § 24, 2
–, gebundener § 20, 10
–, gerichtliche Überprüfung § 20, 62.3, 64
–, gerichtliche Zuständigkeit § 39, 20, 27 ff.
–, Hochschule § 42, 29
–, vor In-Kraft-Treten des ArbEG § 43, 9
–, Insolvenzverfahren § 27 n.F., 22
–, Konkurs § 27, 7 f., 19, 33
–, Leiharbeitnehmer § 1, 60 f.,
–, Lizenzanalogie § 20, 41 ff.
–, mehrere Arbeitnehmer § 3, 30; § 20, 48 f.
–, Mitbestimmungsrecht des Betriebsrats § 20, 50, 53 ff.
–, Miterfinderschaft § 3, 30; § 20, 48 f.
–, Mitteilungspflicht des Arbeitnehmers § 3, 28 ff.
–, Neue Bundesländer § 3, 2.1
–, Neuheit § 3, 12
–, öffentlicher Dienst § 20, 7, 67 ff.; § 40, 30 ff.
–, Persönlichkeitsrecht § 3, 25
–, qualifizierter – s. Qualifizierter techn. Verbesserungsvorschlag
–, Richtlinien über das Vorschlagswesen § 40, 31; **Anh. 3**
–, Schiedsgutachtervertrag § 20, 62.2
–, Schiedsstellenverfahren § 20, 63; § 28, 21 f.
–, Schutz § 3, 31 f.
–, schutzunfähige Diensterfindung § 6, 18
–, Sonderleistung § 20, 65 f.
–, steuerliche Behandlung § 20, 40, 61.3
–, Stufenverhältnis § 2, 8; § 20, 52
–, Unabdingbarkeit des ArbEG § 22, 14
–, Unbilligkeit von Vereinbarungen § 23, 5, 8
–, Unternehmensbezogenheit § 3, 11 ff.
–, Vergütung § 2, 20; § 20, 24 ff., 60 ff., **RL Nr. 29**
–, Vergütungsanpassung § 20, 32
–, Vergütungsbemessung § 20, 39 ff., 61, 69
–, Vergütungsdauer § 20, 33 ff.
–, Vergütungsfestlegung § 20, 32
–, Verhältnis zur schutzfähigen Erfindung § 2, 20; § 3, 8, 9 f.
–, Verwertung § 20, 25 f.
–, Voraussetzungen § 3, 3 ff.
–, Wettbewerbsverstoß § 3, 31 f.
–, Zulässigkeit von Vereinbarungen über § 1, 94; § 3, 30; § 22, 34
–, Zuordnung zum Arbeitgeber § 3, 26 f.; § 6, 24
–, s. auch Zweifel-Schutzfähigkeit
–, einfacher § **20 Abs. 2**
–,– Anteilsfaktor § 20, 61.3
–,– Anwendbarkeit des ArbEG § 20, 4, 51
–,– Begriff § 20, 52
–,– Betriebsvereinbarung § 20, 53 ff.
–,– Bewertungsausschuss § 20, 62
–,– Bundesbahn, – post § 20, 68; § 40, 31
–,– Dienstvereinbarung § 40, 30 ff.
–,– kollektivrechtliche Regelungen § 20, 53 ff.; § 40, 30 ff.
–,– Mitbestimmungsrecht d. Betriebsrates § 20, 53, 55 ff.
–,– Mitbestimmungsrecht d. Personalrates § 20, 67; § 40, 30 ff.

Sachregister

–,– Miterfinderanteil § 20, 61.3
–,– Prämierung § 20, 58 f., 61 f.
–,– Schiedsstellenverfahren § 22, 63; § 28, 22
–,– Steuerbegünstigung § 20, 61.3
–,– Vergütung § 20, 60 ff.
Teileinigung, Vergütung § 12, 17
Teileinigungsvorschlag, Schiedsstellenverfahren § 34, 9
Teilerfindungswert § 9, 125–127
Teilnichtigkeit § 22, 28
Teilung Patent § 13, 50.1
Teilwiderspruch § 12, 79, 84
Teilzeitbeschäftigung § 1, 86
Telefax § 5, 36.1, § 6, 28; § 12, 80
Textform § 5, 36.1
Territorialitätsprinzip, Betriebsverfassungsrecht § 1, 113; **Anh. zu §§ 20, 21,** 3
–, Patentrecht § 7, 36; § 14, 51
Tod,
–, Arbeitgeber § 1, 146 f.; § 25, 8
–, Arbeitnehmer § 1, 148 f., § 26, 7
–, s. auch Erbe
Treuepflicht § 24, 38 ff.; § 25, 28 ff.
–, Nachwirken § 25, 31 ff.
–, öffentlicher Dienst § 25, 32; § 41, 14, 23
–, Prüfungsantrag d. Arbeitnehmers § 13, 41
–, Übertragung frei gewordener Diensterf. § 7, 35; § 8, 57
–, Verwertung frei gewordener Diensterf. § 8, 52 f.

U

Übergang von unbeschränkter zu beschränkter Inanspruchnahme § 6, 15
–, von beschränkter zu unbeschränkter Inanspruchnahme § 6, 15
Übergangserfindungen § 43, 5
Übermittlungsrisiko, Erfindungsmeldung § 5, 13
Überstunden § 15, 3; § 25, 10

Übertragbarkeit, Diensterfindung § 7, 6 f., 61 f.
–, frei gewordene Erfindung § 8, 51, 54
–, freie Erfindung § 4, 48; § 18, 5; § 19, 4
–, Freigabeanspruch § 14, 22
–, Inanspruchnahmerecht § 6, 8
–, nicht ausschließliches Benutzungsrecht § 7, 33; § 16, 81
–, Vergütungsanspruch § 9, 8; § 10, 6
Übertragung der Diensterfindung, rechtsgeschäftliche § 6, 57 ff., 61 ff.; § 9, 9
–, Forschungs- und Entwicklungsauftrag § 9, 196 ff.
–, Freigabe – Ausland § 14, 21
–, Geheimhaltungspflicht § 24, 18
–, im Konkurs § 27, 3
–, im Konzern § 1, 130 ff.
–, Rechtsfolgen für Erwerber Einl. 8; § 7, 7, 35; § 9, 6 f.; § 13, 3; § 14, 21, 51; § 16, 4; § 27, 3
–, Schutzrechtsanmeldung § 13, 3
–, s. auch Schutzrechtsaufgabe, Verkauf
Übertragung der Erfindung, Erfindungswert § 9, 251 f.; **RL Nr. 16**
–, freie § 18, 5; § 19, 17
Übertragungsanspruch bei Schutzrechtsaufgabe § 16, 36 ff.
Übung, betriebliche s. Betriebliche Übung
Umrechnungsfaktor § 9, 166
–, s. auch Unternehmerlohn
Umsatz als Bezugsgröße § 9, 121, 125; **RL Nr. 7**
Umschüler § 1, 87 – s. auch Schüler
Umschreibung b. Erteilungsbehörde § 6, 11 ff.; § 7, 12; § 13, 21, 49, 75; § 16, 45 f.
Umstände, wesentlich geänderte, Neuregelung § 12, 95 ff.
–, s. im übrigen Vergütungsanpassung
Umwandlung des Unternehmens § 1, 127 f.
Unabdingbarkeit des ArbEG § 22
–, Begriff § 22, 6, 17 ff.

1373

Sachregister

–, Beurteilungszeitpunkt § 22, 22
–, Einschränkungen § 22, 34 ff.
–, Einzelfälle § 22, 25 ff.
–, erneute Vereinbarung nach Meldung § 22, 32
–, Erfindungsmeldung als Zeitpunkt § 22, 15, 32, 34 ff.
–, Fehlen der Erfindungsmeldung § 22, 40
–, Geltungsbereich § 22, 7 ff.
–, Hochschule § 42, 26 f.
–, Rechtsfolgen § 22, 28 ff.
–, zuungunsten des Arbeitnehmers § 22, 17 ff.
–, Zweck § 22, 1
–, zweischneidige Regelung § 22, 23
–, s. auch Unwirksamkeit
Unabwendbarer Zufall, Wiedereinsetzung in Schiedsstellenverfahren § 34, 41
Unausgenutzte Verwertbarkeit § 9, 86 ff.
–, Vergütung § 9, 210 ff.
Unbeschränkte Inanspruchnahme §§ 6, 7
–, Abgrenzung zur beschränkten § 6, 9 ff.
–, Bedeutung § 6, 5 ff.
–, Fälligkeit der Vergütung § 12, 57 ff.
–, Form § 6, 27
–, Frist § 6, 40 ff.
–, Gegenstand § 6, 19 ff.
–, Geheimhaltungspflicht § 24, 18
–, mehrere Arbeitgeber § 6, 74 f.
–, mehrere Arbeitnehmer § 6, 70 ff.
–, Optionsrecht § 6, 8
–, Rechtsnatur § 6, 5 ff.
–, Vergütung bei § 9,
–, Vergütungsfestsetzung § 12, 57 ff.
–, Verzicht § 6, 16
–, Wahlrecht § 6, 13 f; § 40, 15 f.
–, Wechsel zur beschränkten Inanspruchnahme § 6, 15
–, Wirkungen § 7, 5 ff.
–, s. auch Beschränkte Inanspruchnahme, Inanspruchnahme der Diensterfindung, Inanspruchnahmeerklärung

Unbezifferter Klageantrag § 38
Unbilliges Erschweren § 7, 37, 39 ff.; § 14, 52; § 16, 85
Unbilligkeit § 23
–, Ausschlussfrist § 23, 29 f.; § 26, 26
–, Begriff § 23, 10 ff.
–, beiderseitiger Irrtum § 23, 18
–, betriebsgeheime Erfindung § 17, 35
–, Beurteilungsmaßstab § 23, 11 ff.
–, Beurteilungszeitpunkt § 23, 20
–, Beweislast § 23, 26
–, Erheblichkeit § 23, 13 f.
–, Erschweren der Verwertung frei gewordener Dienstferf., s. Unbilliges Erschweren
–, freie Erfindung § 19, 86 f.
–, Geltungsbereich § 23, 4 ff.
–, Hochschullehrer § 42, 26
–, Missbrauch von Positionen § 23, 17, 23
–, Miterfinder § 23, 7.1, 27
–, Neue Bundesländer § 23, 3
–, nachvertragliche Vereinbarungen § 23, 8.1; § 26, 55
–, Pauschalabfindung § 12, 74.4; § 23, 20, 22.4
–, Rechtsfolgen § 23, 33 f.
–, stillschweigende Vereinbarung § 23, 9
–, Vereinbarung § 23, 4 ff.; § 42, 26
–, Vergleich § 23, 7, 18
–, Vergütungsregelung § 12, 74.4; § 23, 7, 21 ff., 34
–, Verhältnis zu anderen Vorschriften § 23, 6 f., 35
–, Verhältnis zur Vergütungsanpassung § 12, 101, 103 f.; § 23, 20
–, Verjährung § 23, 37 f.
–, vertragliche Überleitung von Diensterf. § 6, 59
–, Verwirkung § 23, 32
Ungerechtfertigte Bereicherung § 12, 159
Universität, s. Hochschule, Hochschullehrer
Unkosten, s. Kosten-Erstattung
Unteranspruch, Miterfinderanteil § 12, 32.1, 110

Sachregister

Unterbrechung, Schiedsstellenverfahren § 33, 46
–, Verjährung s. Hemmung
Unterlagen, Schutzrechtsaufgabe § 16, 49f.
–, s. auch Auskunftspflicht, Betriebsrat, Meldung
Unterlassen von Erfindungstätigkeit § 4, 16
Unterlassungsanspruch, Schutzrechtsanmeldung durch Arbeitnehmer § 7, 23
–, s. auch Schadensersatz
Unterlizenzvergabe § 7, 33; § 16, 81
–, s. auch Lizenzvertrag
Unternehmen § 1, 101 ff.; § 4, 20, 38; § 27 n.F., 108
–, verbundene § 1, 129 ff.
–, Vergütungsrichtlinien, eigene § 11, 13 ff.
–, s. auch Betrieb
Unternehmensbezogenheit, Nutzungsrecht § 7, 31; § 10, 2; § 14, 51; § 16, 80 ff.
–, Verbesserungsvorschläge § 3, 11 ff.
–, Verwertbarkeit d. Erfindung § 9, 87 f., 211
Unternehmerlohn, kalkulatorischer/Umrechnungsfaktor
–, Betrieblicher Nutzen § 9, 163.3, 165; § 20, 44
–, Lizenzeinnahmen § 9, 224
–, Schätzung des Erfindungswertes § 9, 177
–, Verkauf der Erfindung § 9, 252
Unterschrift, s. Schriftform
Unterstützungspflicht
–, *des Arbeitgebers* b. Auslandsschutzrechtsanmeldungen § 14, 39 ff.
–,– b. Erfindungsmeldung § 5, 90 f.
–,– b. Forschungsarbeiten § 25, 17
–, *des Arbeitnehmers* im Erteilungsverfahren § 15, 27 ff.
–,– Wegfall bei Ausscheiden § 26, 33
–,– Wegfall bei Freiwerden § 8, 57
Untersuchungsgrundsatz, Schiedsstellenverfahren § 33, 13 ff.

»Unverzüglich« § 5, 28 f., 89; § 13, 7 ff.; § 18, 19; § 22, 23
Unwirksamkeit, DDR-Vergütungsregelung § 23, 3
–, Freigabe § 8, 36 ff.
–, Inanspruchnahme § 6, 42, 45, 68
–, Lizenzvertrag § 9, 2.2, 139
–, Schiedsstellenspruch § 34, 7, 35 ff.
–, Verfügungen des Arbeitnehmers § 7, 60 ff.; § 8, 6
–, Vergütungsfeststellung § 12, 19 f.
–, Vergütungsfestsetzung § 12, 74.4
–, Vergütungsregelung und Rückforderung § 12, 157
–, vertragliche Vereinbarungen §§ 22, 23
–, s. im übrigen Anfechtung, Nichtigkeit, Unabdingbarkeit, Unbilligkeit
Unzumutbarkeit, Vergütungsanspruch § 9, 35, 321 ff.; § 10, 16 ff.; § 12, 110
–, s. auch Nullfall
Unzulässige Rechtsausübung s. Rechtsmissbrauch, Verwirkung
Unzulässigkeit von Vereinbarungen §§ 22, 23
–, s. im übrigen Unabdingbarkeit, Unbilligkeit, Unwirksamkeit
Urheberrecht § 1, 3 f.; § 2, 27 ff.; § 3, 27
Urlaub § 4, 15; § 25, 10
Ursächlichkeit, s. Kausalität

V

Veränderungen, Meldung nachträglicher § 5, 21
–, Mitteilung nachträglicher § 18, 9
–, Vergütungsanpassung, s. dort
–, s. auch Verbesserungen der Erfindung
Veräußerung, der Erfindung, s. Übertragung, Verkauf
–, des Geschäftsbetriebs im Konkurs § 27, 21 ff.
–, des Unternehmens, s. Betriebsinhaberwechsel
Verbandsvertreter § 31, 5; § 33, 37

1375

Sachregister

Verbesserungen der Erfindung § 5, 21, 32; § 6, 20; § 9, 91.2, 130.1; § 12, 110, 132; § 18, 9; § 20, 13, 22; § 24, 43; § 25, 36
Verbesserungsvorschlag
–, nichttechnischer § 3, 22
–, s. Qualifizierter techn. Verbesserungsvorschlag, Technischer Verbesserungsvorschlag
Verbesserungsvorschlagswesen § 20, 51, 57 ff.
–, Richtlinien in der Bundesverwaltung § 40, 31; **Anh. 3**
Verbindlichkeit des Einigungsvorschlags § 34, 26 ff.,
–, Vergütungsfestsetzung § 12, 74 ff.
Verbindung mehrerer Schiedsstellenverfahren § 33, 10
Verbot der Doppelberücksichtigung § 9, 82, 281; **RL Nr. 2 Abs. 2**
–, des Doppelschutzes § 16, 8
–, der Rückforderung § 12, 154 ff.; § 20, 32
Verbrauch des Patentrechts, s. Erschöpfung
Verbundene Unternehmen § 1, 129 ff.
–, s. auch Konzern
Verein § 1, 70
Vereinbarungen, Hochschullehrer § 42, 26 f.
–, Kartellrecht § 9, 137 f.
–, Miterfinderanteile § 5, 51.1, 82; § 12, 32.2 f.
–, Schutzfähigkeit § 2, 14 f.; § 17, 26 ff.; § 39, 13
–, stillschweigende § 22, 37; § 23, 9
–, Überleitung d. Diensterfindung § 6, 47, 57 ff., 61; § 9, 9
–, Zulässigkeit von §§ 22, 23
–, s. auch Unabdingbarkeit, Unbilligkeit, Vergütungsfeststellung
Verfahrensgegenstand, Schiedsstellenverfahren § 33, 7 f., 43; § 34, 16; § 35, 7
Verfahrenspatent, Vergütung § 9, 91.3
Verfahrensvoraussetzungen, Schiedsstellenverfahren § 28, 9 ff., 29

Verfassungsbeschwerde, Einigungsvorschlag § 34, 39
Verfassungsgemäßheit ArbEG **Einl.**, 6
Verfallklausel, s. Ausschlussfrist
Verfügung des Arbeitnehmers, nach Inanspruchnahme § 7, 67 f.
–, vor Inanspruchnahme § 7, 21, 60 ff.; § 8, 6, 57; § 18, 5
–, freie Erfindung § 18, 5
–, bei Freigabe § 8, 51 ff.; § 25, 40 f.
–, s. auch Übertragung, Verkauf
Vergleich
–, Schiedsstellenverfahren § 33, 44; § 34, 12, 39
–, Unbilligkeit § 23, 7, 18
–, Vergütung § 9, 61; § 12, 20, 111
Vergleichsverfahren, Arbeitgeber **Anh. zu § 27, 1 ff.**
Vergütung §§ 9, 10, 20; **RLn. 1959, 1960 (Anh. 1, 2 zu § 11)**
–, Abrechnungsrhythmus § 9, 55
–, Abschlagszahlung § 9, 55.2, 65; § 12, 158
–, Absehen von Verletzungsansprüchen gegen Dritte § 9, 240
–, Abstaffelung (s. auch dort) § 9, 141 ff.; **RL Nr. 11**
–, Allgemeiner Vergütungsgrundsatz § 9, 2
–, Angemessenheit § 9, 69 ff.; § 10, 33; § 11, 5 f.; § 40, 15 f.; § 42, 35 f.
–, Anrechnung von Arbeitsentgelt § 25, 8
–, Anteilsfaktor (s. auch dort) § 9, 261 ff.; **RL Nr. 30 ff.**
–, Art der § 9, 52 ff.; § 12, 12, 50; **RL Nr. 40**
–, Äquivalente § 9, 91
–, Aufgabenstellung § 9, 271
–, Aufrechnung § 9, 37; § 12, 161
–, Ausbaupatent § 9, 203, 207; **RL Nr. 21**
–, ausbleibende Verwertung § 9, 201 ff., 210 ff., 249; § 12, 72
–, Ausgleichsquittung § 26, 56 ff.
–, Auskunftsanspruch (s. auch dort) § 12, 162 ff.

Sachregister

–, Auslandsnutzung § 9, 15 ff., 245 ff.; RLNr. 26
–, Auslandsschutzrecht bei mangelnder Inlandsschutzfähigkeit § 2, 25 f.; § 3, 19; § 8, 45; § 9, 15 f., 247; § 14, 4; § 16, 9, 90; § 20, 14
–, Auslandsverträge § 14, 67 ff.
–, Austauschvertrag § 9, 236 ff.; RLNr. 17
–, Auswirkung der Schutzrechtsversagung § 2, 22 ff.; § 9, 36; § 12, 65, 113
–, bei beschränkter Inanspruchnahme § 10; RL Nr. 25
–,– Anteilsfaktor § 10, 38
–,– Bemessung § 10, 31 ff.
–,– Bezugsgröße § 10, 32
–,– Dauer § 10, 14 ff.
–,– Entstehung des Anspruchs § 10, 7 ff.
–,– Erfindungswert § 10, 31 ff.
–,– Fälligkeit § 10, 13; § 12, 73
–,– Festlegung § 10, 3, 13; § 12, 73
–,– Höhe § 10, 31 ff.; RL Nr.25
–,– Neue Bundesländer Einl. 40 ff.; § 10, 5.1
–,– Offenkundigwerden § 10, 18
–,– Risikoabschlag § 10, 36
–,– Schutzrechtserteilungsverfahren § 10, 11 f., 19 f., 35 f.
–,– Schutzunfähigkeit § 10, 24 ff.
–,– Unzumutbarkeit § 10, 19 ff.
–,– Verjährung § 10, 30
–,– Verwirkung § 10, 30
–,– Wegfall § 10, 14 ff., 22
–, Bekanntgabe der Gesamtvergütung b. Miterfindern § 12, 35 ff.
–, Bemessung (s. Vergütungsbemessung) § 9, 69 ff.
–, Berechnungsfehler § 12, 160
–, Berechnungsformel § 9, 292; RL Nr. 39
–, Berechnungsmethoden § 9, 103 ff., 301 ff.
–, beruflich geläufige Überlegungen § 9, 277
–, Berufliche Beförderung § 9, 53
–, betriebliche Arbeiten § 9, 278
–, betriebliche Übung § 25, 22
–, betrieblicher Anteil, s. Anteil des Betriebes, Anteilsfaktor
–, betrieblicher Nutzen, s. dort
–, betriebsgeheime Erfindung; § 9, 81; RL Nr.27; § 17, 59 ff.
–, Betriebsrat Anh. zu §§ 20, 21, 9, 12, 19
–, Betriebsübergang § 1, 115, 117, 119; § 9, 7, 253
–, Beweislast § 9, 299 f.
–, Dauer § 9, 31 ff.; § 10, 14 ff; § 12, 13.1; §17, 68 f.; § 20, 33 ff.
–, DDR Einl., 32 ff.; § 10, 5.1; § 11, 7
–, Einnahmen aus Schutzrechtsverletzungen Dritter § 9, 239 ff.
–, Einspruchsverfahren § 9, 36; § 12, 65, 68.6
–, Engineering § 9, 92, 241 f.
–, Erfinderberater § 21, 23
–, Erfindung vor Arbeitsverhältnis § 4, 11; Einl. vor §§ 9-12, 12; § 9, 334
–, Erfindungsmeldung, Einfluss § 9, 83 ff.
–, Erfindungswert (s. dort) § 9, 75 ff.; RL Nr. 3-29
–, Erfüllungsort § 9, 54
–, Erprobung § 9, 93, 212
–, bei Erstattung von Forschungskosten § 9, 198, 229
–, Fälligkeit § 9, 20 ff.; § 12, 55 ff.; § 20, 32
–, falsche Berechnung § 12, 160
–, Festlegung § 12, 3 ff.
–, Festsetzung (s. Vergütungsfestsetzung) § 12, 5, 40 ff.
–, Feststellung (s. Vergütungfeststellung) § 12, 4, 14 ff.
–, Forschungseinsatz d. Erf. § 9, 93. 2
–, Forschungs- und Entwicklungsauftrag (s. auch Zwischenbetriebliche Kooperation) § 9, 6, 196 ff.
–, Forschungseinrichtung § 9, 102
–, freie Erfindung § 4, 11; Einl. vor §§ 9-12, 12; § 19, 28 f.
–, frei gewordene Diensterfindung § 8, 57, 60, 63; Einl. vor §§ 9-12, 12; § 9, 9; § 20, 9

1377

Sachregister

—, Freizeitbetätigung § 25, 10
—, gebrauchsmusterfähige Erfindung § 9, 80, 165, 250; RL Nr. 28; § 12, 71 f.
—, Gehaltsanhebung § 9, 62 ff., 324; § 12, 109; § 22, 21
—, Gesamterfindungswert § 9, 128 ff., 312; RL Nr. 19
—, Gleichbehandlung § 25, 21 f.
—, Gratifikationen § 9, 62 ff.; § 25, 8
—, Herstellung § 9, 125
—, Höchstbelastbarkeit mit Lizenzen § 9, 129 f.
—, Höhe (s. auch Vergütungsbemessung) § 9, 69 ff.; § 10, 33; § 12, 13; § 17, 59 ff.; § 20, 39 ff.
—, immaterielle Vorteile § 9, 53
—, Insolvenzverfahren § 27 n.F., 55 ff.
—, Kartellrecht, Einfluss des § 9, 136 f.
—, Kausalität § 9, 2, 95
—, Klagearten § 12, 45, 76; § 38, 10 f.
—, Klage auf angemessene Vergütung § 12, 45, 76, 85; § 38, 3 ff.; § 39, 15 ff.
—, Klage auf Vergütungsfestsetzung § 12, 45; § 38, 10 f.
—, Know-how – s. dort
—, Kombinationserfindungen § 9, 91
—, Konkursvorrecht § 27, 32 ff.
—, Konstruktionszeichnungen § 9, 92, 241 f.
—, Konzernumsatz § 1, 129 ff.; § 9, 185 ff.
—, kostenlose Lizenzvergabe § 1, 132; § 9, 185 f., 236, 240
—, laufende Zahlung § 9, 45 f.
—, Lizenzanalogie (s. auch dort) § 9, 105 ff., 121 ff.; § 10, 34 f.; RL Nr. 6-11; § 20, 41 ff.
—, Lizenzaustausch § 9, 236 ff.; RL Nr. 17
—, Lizenzbereitschaft § 9, 240
—, Lizenzeinnahmen § 9, 2.2, 221 ff.; RL Nr. 14, 15
—, Miterfinder (s. auch dort) § 9, 311 ff.; § 12, 28 ff., 88 ff., 110
—, Miterfinderanteil s. dort

—, Maximalvergütung § 12, 50; § 22, 26
—, Mindestvergütung § 9, 69; § 22, 27
—, mittelbare Vorteile d. Erfindung § 9, 95
—, Monopolprinzip Einl. vor §§ 9-12, 9 ff.
—, Neue Bundesländer Einl., 34 f., 37 ff.; § 10, 5.1; § 11, 7
—, Neuregelung – s. Vergütungsanpassung
—, nicht ausgenutzte Verwertbarkeit § 9, 86 ff., 210 f.
—, nichtausschließliches Benutzungsrecht § 10; § 14, 60 ff.; § 16, 90 ff.; § 19, 20 ff.
—, nicht verwertbare Erfindungen § 9, 211; RL Nr.22
—, nicht verwertete Diensterfindungen § 9, 210 ff., 249; RL Nr. 20-24
—, Nullfall § 9, 321 ff.; § 12, 43, 68.2, 72 a; RL Nr. 38
—, öffentlicher Dienst § 9, 341 ff.; § 11, 12; Anh. 2 zu § 11 (RL 1960); § 12, 10; § 20, 69; § 40, 14
—, Pauschalabfindung (s. auch dort) § 9, 57 ff.; RL Nr. 40; § 12, 111 f., 114, 131
—, Prüfung der Diensterf. § 9, 93, 212
—, qualifizierter technischer Verbesserungsvorschlag (s. auch dort) § 20, 24 ff.; RL Nr. 29
—, rechnerische Ermittlung § 9, 292; RL Nr. 39
—, Rechnungslegung (s. auch Rechnungslegungsanspruch) § 12, 166 ff.
—, Rechtsmissbrauch (s. auch Verwirkung) § 9, 17 f., 46
—, Richtlinien, s. Vergütungsrichtlinien
—, Risikoabschlag (s. auch dort) Einl. vor §§ 9-12, 7; § 10, 36; § 12, 67 ff.
—, Rückforderungsanspruch b. Rechtsmissbrauch § 9, 18; § 12, 160
—, Rückforderungsverbot (s. auch dort) § 12, 153 f.; § 20, 32
—, Rücksichtnahme auf Auslandsverträge § 14, 67 ff.
—, Ruhegeld § 9, 3, 68
—, Sachleistungen § 9, 68

1378

Sachregister

–, Schadensberechnung nach Vergütungsgrundsätzen § 9, 330 f.
–, Schadensersatzleistungen Dritter § 9, 239 ff.
–, Schätzung des Erfindungswertes (s. auch Erfindungswert) § 9, 104, 176 ff.; **RL Nr. 13**; § 20, 45
–, Schutzrechtserteilungsverfahren § 9, 324; § 12, 64 ff.
–, schutzrechtsfreie Zone § 14, 35, 60 f., 67 ff.
–, Schutzrechtskomplexe § 9, 128 ff.; **RL Nr. 19**
–, Schutzrechtsverletzungen, Einnahmen aus § 9, 239 f.
–, Schutzrechtsversagung § 9, 36; § 10, 24 f.; § 12, 61, 65.1
–, Schutzumfang § 9, 85, 90 ff.
–, Sonderformen der Berechnung § 9, 301 ff.
–, Sonderleistung § 9, 332 f.; § 20, 65 f.
–, Sonderleistungsprinzip **Einl. vor §§ 9-12**, 9
–, Sonderzahlungen § 9, 62 ff.
–, Sperrpatente § 9, 201 ff.; **RL Nr. 18**; § 12, 132
–, steuerliche Behandlung § 9, 64, 350 f.
–, tarifvertragliche Ausschlussfristen § 9, 51
–, tatsächliche Verwertung § 9, 90 ff.; § 10, 7 ff.; § 12, 60; § 14, 62 f.; § 16, 91; § 20, 25 ff.
–, technische Hilfsmittel § 9, 279
–, technische Verbesserungsvorschläge (s. auch dort) § 20, 24 ff. 60 ff.; **RL Nr. 29**
–, Teileinigung § 12, 17
–, Übertragung einer Diensterfindung § 9, 9 f.
–, Unabdingbarkeit des ArbEG § 22, 12, 21, 26
–, unbeschränkte Inanspruchnahme § 9; § 12, 57 ff.
–, unbezifferte Leistungsklage § 38, 3 ff.
–, Unbilligkeit § 23, 7, 21 ff., 34

–, Verbesserung vorhandener Erfindungen § 9, 91.2, 129; § 12, 110, 132; § 20, 13, 22
–, Verbot der Doppelberücksichtigung § 9, 82; **RL Nr. 2 Abs. 2**
–, Vereinbarung über (s. auch Vergütungsfeststellung) § 9, 9; § 12, 14 ff.; § 22, 12, 21, 26; § 23, 11 ff.
–, Vergleich § 9, 61; § 12, 20, 111
–, Verkauf der Erfindung § 9, 251 f.; **RL Nr. 16**; § 19, 17
–, bei Verlust § 9, 2.3
–, Versuche § 9, 93
–, Vertrag zugunsten Dritter § 9, 6.1
–, vertragliche Zuordnung der Diensterfindung § 6, 67.1; **Einl. vor §§ 9-12**, 12; § 9, 9 f.
–, Verwertung vor Inanspruchnahme § 9, 11
–, Verwertung vor Patenterteilung § 12, 58 ff.
–, Verzicht § 9, 37; § 12, 96; § 23, 21
–, Verzug § 12, 46
–, vollständige Erfüllung § 9, 37, 66; § 16, 18 ff.
–, Vorbereitungshandlungen § 9, 93; § 10, 9
–, vorläufige, s. Vorläufige Vergütung
–, Vorratspatent § 9, 203 ff.; **RL Nr. 21**
–, Wechsel der Benutzungsform u. Miterfinderanteil § 12, 32.1, 110
–, wirtschaftliche Verwertbarkeit § 9, 86 ff., 210
–, Zwangslizenzen § 9, 240; § 12, 117
–, Zwangsvollstreckung **Anh. zu § 27**, 8 ff.
–, Zweifel an der Schutzfähigkeit § 2, 18, 20; § 9, 14; § 10, 19 ff.; § 12, 43.1, 60 ff.
–, zwischenbetriebliche Kooperation § 1, 106 f.; § 9, 191 ff., 314
–, s. auch Anteilsfaktor, Erfindungswert, Fälligkeit, Vergütungsanpassung, -anspruch, -bemessung, -festsetzung, -festlegung; -richtlinien, Vorläufige Vergütung

1379

Sachregister

Vergütungsanpassung § 12 Abs. 6; § 19 Abs. 4
- –, Abänderungsklage § 12, 96.3, 147
- –, Abstaffelung § 12, 132, 151
- –, Anteilsfaktor § 12, 106
- –, Anwendungsbereich § 12, 95 ff.; § 16, 19; § 19, 69 ff.; § 20, 32
- –, Auskunftsanspruch § 12, 162 ff.
- –, Ausscheiden § 12, 109; § 26, 27 f.
- –, beschränkte Inanspruchnahme § 10, 37
- –, betriebsgeheime Erfindung § 17, 62
- –, Beurteilungsmaßstäbe für veränderte Umstände § 12, 98 ff.
- –, Durchsetzung § 12, 146 ff.
- –, Einzelprobleme § 12, 108 ff.
- –, freie Erfindung § 19, 69 ff.
- –, Gesetzesänderung § 12, 141
- –, Gewinnrückgang § 12, 136
- –, Hinzutreten produktbezogener Erfindungen § 12, 132
- –, Informationspflicht des Arbeitgebers § 12, 145
- –, Irrtum über Schutzfähigkeit § 12, 116
- –, Irrtum bei Vergütungsfestlegung § 12, 105 ff.
- –, Klage auf Einwilligung § 12, 147
- –, Kriterien § 12, 149 ff.
- –, Miterfinderschaft § 12, 33, 106, 110
- –, Nichtigkeitsverfahren § 12, 117
- –, Pauschalabfindung § 12, 111 f., 114, 131
- –, qualifizierter techn. Verbesserungsvorschlag § 20, 32
- –, Rechtsänderung § 12, 141 f.
- –, Rechtsprechungswandel § 12, 142
- –, Rechnungslegung § 12, 166 ff.
- –, Rückforderungsverbot (s. auch dort) § 12, 153 ff.; § 20, 32
- –, Schutzrechtsänderung § 12, 113 ff.
- –, Schutzrechtsaufgabe § 16, 19
- –, Schutzrechtsbeschränkungen § 12, 117
- –, Schutzrechtswegfall § 12, 68, 113
- –, Schutzzertifikat § 12, 141
- –, Sperrpatent § 12, 132
- –, Stand der Technik § 12, 132
- –, technischer Verbesserungsvorschlag § 20, 32
- –, Veränderung d. Erfindungswerts § 12, 131
- –, Verbesserung. d. Erfindung § 12, 110, 132
- –, Verhältnis zur Unbilligkeit § 12, 101, 103 f.; § 23, 20
- –, Verjährung § 12, 96.2
- –, Verwirkung § 12, 96.2
- –, Verzicht auf § 12, 96.1; § 22, 26
- –, Vorbenutzungsrecht Dritter § 12, 117
- –, Vorratspatent § 9, 207; **RL Nr. 21**
- –, Wegfall der Geschäftsgrundlage § 12, 97
- –, wirtschaftliche Veränderungen § 12, 131 ff.
- –, Zeitpunkt der § 12, 99, 153
- –, Zwangslizenz § 12, 117

Vergütungsanspruch §§ 9, 10, 14 Abs. 3, 16 Abs. 3, 20
- –, Angemessenheit § 9, 69 ff.
- –, Arbeitsvergütung § 25, 8
- –, Aufwendungsersatz § 25, 9 f.
- –, Auskunftserteilung § 12, 162 ff.
- –, Berufen auf Freiwerden der Erfindung § 12, 75
- –, Betriebsaufspaltung § 1, 123
- –, Betriebsübergang § 1, 115, 117, 119 f.; § 9, 7
- –, Beweislast § 9, 299 f.
- –, Dauer § 9, 31 ff.; § 10, 14 ff.; **RL Nr. 42 f.**; § 17, 68 ff.; § 20, 33 ff.
- –, Einzelrechtsnachfolge § 9, 4 f.
- –, Entstehen § 9, 11
- –, Erfindungsmeldung als Grundlage § 9, 83 ff.
- –, Erfindungswert § 9, 75 ff.
- –, Erfüllung § 9, 37, 66; § 16, 18 ff.
- –, Erlöschen § 9, 33 ff.; § 10, 14 ff.; § 17, 69; § 20, 33 ff.
- –, Erzeugnispatent § 9, 91.3
- –, Fälligkeit § 9, 20; § 12, 55 ff.
- –, freier Erfinder § 1, 49; 76; § 9, 313
- –, freigegebene Diensterfindung § 8, 57, 60, 63; **Einl. vor §§ 9-12**, 12; § 9, 9 f.

1380

Sachregister

–, Grundlage **Einl. vor §§ 9-12**, 9 f.
–, Haftung Dritter § 7, 7; § 9, 4 ff.
–, innerbetrieblicher Stand d. Technik § 9, 164
–, Insolvenzverfahren **§ 27 n.F.**, 55 ff., 89 ff., 113 f., 140 f., 145 f.
–, Karenzentschädigung § 9, 3
–, Konkretisierung (s. Vergütungsfestsetzung, -feststellung) § 12
–, Konkurs § 27, 32 ff.
–, Löschungsverfahren § 9, 34; § 10, 22, 24 f.; § 12, 117
–, Lösung der Aufgabe § 9, 274 ff.; **RL Nr. 32**
–, Mindestvergütung § 9, 69
–, Neuregelung bei veränderten Umständen (s. auch Vergütungsanpassung) § 12, 95 ff.; § 19, 69 ff. § 20, 32
–, nicht verwertete Erfindungen § 9, 210 ff., 249; **RL Nrn. 20-24**
–, Nichtigkeitsverfahren § 9, 34; § 10, 24 f.; § 12, 117
–, bei Nutzung frei gewordener Erfindung § 8, 60, 63; **Einl. vor §§ 9-12**; § 9, 9 f.
–, bei Nutzung vor Inanspruchnahme § 9, 11
–, öffentl. Auftragsvergabe § 40, 57
–, öffentl. Dienst § 9, 42, 341 ff.; § 11, 12; **Anh. 2 zu § 11 (RL 1960)**; § 12, 10; § 20, 69; § 40, 14
–, Patentkategorie § 9, 91.3
–, Pfändbarkeit § 9, 8; **Anh. zu § 27**, 8 ff.
–, und Prüfungsantrag § 9, 212
–, qualifizierter technischer Verbesserungsvorschlag (s. auch dort) § 20, 10 ff.
–, Rechnungslegung § 12, 166 ff.
–, Rechtsmissbrauch § 9, 17 f.
–, Rechtsnatur § 9, 3 ff.
–, Schuldner § 9, 4 ff.
–, Schuldübernahme durch Dritte § 9, 6
–, Schutzrechtsaufgabe § 16, 14, 18 ff., 24
–, Schutzrechtsübertragung § 5, 9, 251 f.; **RL Nr. 16**; § 16, 66; § 19, 17

–, Schutzrechtsversagung § 2, 22 ff.; § 3, 20; § 9, 36; § 10, 22, 24 f.; § 12, 61, 65.1
–, Schutzumfang § 9, 85, 91 f.
–, Sonderleistung § 9, 332 f.; § 20, 65 f.
–, Sonderzahlung § 9, 62 f.
–, Sozialplan § 9, 3
–, Sozialversicherung § 9, 3
–, tarifvertragliche Ausschlussfristen § 9, 51
–, technische Verbesserungsvorschläge, einfache (s. auch dort) § 20, 65 f.
–, Übertragbarkeit § 9, 8; § 10, 6
–, Unzumutbarkeit (s auch Nullfall) § 9, 35, 321 ff.; § 10, 16 ff.; § 17, 69
–, Vererblichkeit § 9, 8; § 10, 6
–, Verfahrenspatent § 9, 91.3
–, Verjährung § 9, 39 ff.; § 10, 30; § 20, 38; § 23, 34
–, bei Verlust § 9, 2.3
–, Vermögensübernahme § 9, 7
–, Vermögensvorteile des Arbeitgebers ohne Rechtsgrund § 9, 2.2
–, Verwertbarkeit § 9, 86 ff., 210 f., 249
–, Verwirkung § 9, 46 ff.; § 10, 30; § 12, 86, 96; § 20, 38
–, Verzicht auf § 9, 37; § 12, 96; § 23, 21
–, Verzug § 12, 46
–, vollständige Erfüllung § 9, 37, 66; § 16, 18 ff.
–, Vorbenutzungsrecht § 9, 333; § 12, 117
–, Vorbereitungshandlungen § 9, 93
–, Wegfall § 9, 33 ff.; § 10, 14 ff.; § 12, 65; § 17, 68 ff.; § 20, 33 ff.
–, Zwangsvollstreckung **Anh. zu § 27**, 8 ff.
–, s. auch Vergütung, Vergütungsanpassung, Vergütungsbemessung

Vergütungsbemessung, Angemessenheit § 9, 69 ff.
–, Aufgaben und Stellung im Betrieb § 9, 280 ff.; **RL Nr. 33-36**
–, betrieblicher Nutzen – s. dort

1381

Sachregister

—, betriebsgeheime Erfindung § 17, 59 ff.
—, Erfinderberater § 21, 23
—, Erfindungsmeldung § 9, 83 f.
—, Erfindungswert § 9, 75 ff.
—, Ersatzteile § 9
—, Kartellrecht § 9, 136 ff.
—, Maximalvergütung § 12, 50; § 22, 26
—, Mindestvergütung § 9, 69
—, Miterfinder § 9, 312 ff.; § 12, 30 ff.
—, Neuregelung § 12, 95 ff.
—, öffentlicher Dienst § 9, 341 ff.; § 11, 12; **Anh. 2 zu § 11 (RL 1960); § 40,** 14
—, öffentliches Interesse an der Erfindung § 9, 79
—, Orientierung am Gewinn § 9, 2.3, 134
—, Prinzip der § 9, 54 ff.
—, Quotenwiderspruch § 12, 90
—, rechnerische Ermittlung § 9, 292; **RL Nr. 39**
—, Risikoabschlag (s. auch dort) § 12, 67 ff.
—, Schadensersatz bei Fehlern § 12, 160
—, und schöpferische Leistung (als solche) § 9, 79
—, Sonderformen der § 9, 301 ff.
—, Stellung im Betrieb § 9, 280 ff.; **RL Nr. 33-36**
—, technische Verbesserungsvorschläge § 20, 39 ff., 61, 69
—, Übertragung frei gewordener Diensterfindung auf Arbeitgeber § 6, 67.1; § 8, 57, 60, 63; **Einl. vor §§ 9-12,** 12; § 9, 9f.
—, Unbilligkeit § 23, 6 f., 21 ff.
—, Vergütungsrichtlinien s. dort
—, Verhältnis der Berechnungsmethoden zueinander § 9, 103 ff.
—, volkswirtschaftliche Bedeutung d. Erfindung § 9, 79
—, Wahl der Berechnungsmethode § 9, 107 f.
—, Zwischenprodukte § 9
—, s. auch Abstaffelung, Anteilsfaktor, Betrieblicher Nutzen, Erfindungswert, Lizenzanalogie, Miterfinderanteil, Nullfall, Vergütung, Vergütungsanspruch

Vergütungsfestlegung § 12, 3
Vergütungsfestsetzung § 12,
—, Abstaffelung § 12, 52
—, Änderung § 12, 18.4, 74.3
—, Anfechtung § 12, 47, 74.1
—, bei Anpassung § 12, 146
—, Anteilsfaktor § 12, 52 f., 54
—, Art der Vergütung § 12, 50
—, Bedingung § 12, 47
—, Befristung § 12, 47
—, Begriff § 12, 5
—, Begründung § 12, 52 f.
—, bei beschränkter Inanspruchnahme § 10, 3, 13; § 12, 73
—, Bevollmächtigte § 12, 47
—, Endtermine der § 12, 26, 56
—, Erfindungswert § 12, 52 f.
—, erneute § 12, 85
—, Fälligkeit § 12, 55 ff., 75 f.
—, Form § 12, 49
—, Frist zur § 12, 55 ff.
—, Gesamthöhe Vergütung § 12, 54
—, Ingangsetzen der Widerspruchsfrist § 12, 54
—, Inhalt § 12, 50 ff., 74.1 ff.
—, Klage auf § 12, 45; § 38, 10 f.
—, Lizenzanalogie § 12, 52
—, Maximalvergütung § 12, 50
—, mehrere Diensterfindungen § 12, 51
—, Miterfinder § 12, 54 ff., 88 ff.
—, nicht ausschließliches Benutzungsrecht § 14, 61; § 16, 91
—, Nullfall § 12, 43, 72 a.
—, öffentlicher Dienst § 12, 10
—, Pauschalabfindung (s. auch dort) § 12, 50, 52
—, Pflicht des Arbeitgebers § 12, 5, 40 ff.
—, Quotenwiderspruch § 12, 75, 88 ff.
—, Rechtsfolgen bei Unterlassung § 12, 44 ff.
—, Rechtsnatur § 12, 47 f.
—, Risikoabschlag, s. dort
—, Rückforderungsverbot (s. auch dort) § 12, 153 ff.

Sachregister

–, Schutzrechtserteilungsverfahren § 12, 60 ff.
–, techn. Verbesserungsvorschlag § 20, 32
–, Teilwiderspruch § 12, 79, 84
–, bei unbeschränkter Inanspruchnahme § 12, 57 ff.
–, Umsatz § 12, 52
–, Unbilligkeit § 12, 74.4; § 23, 6, 7.2, 21 ff., 34
–, Unwirksamkeit § 12, 53, 74.4
–, Verbesserungsvorschlag § 20, 32
–, Verbindlichkeit § 12, 74 ff.
–, für Vergangenheit § 12, 74.1
–, Verzug § 12, 45 f
–, Vollständigkeit § 12, 52 f.
–, vorläufige Vergütung § 12, 64 ff.
–, Widerspruch des/der Arbeitnehmer (s. auch Widerspruch gg. Vergütungsfestsetzung) § 12, 77 ff., 88 ff.
–, Zahlungspflicht § 12, 75 f., 87
–, Zeitpunkt § 12, 53, 55
–, Zweck § 12, 2, 40
–, Zweifel an Schutzfähigkeit § 12, 43.1

Vergütungsfeststellung § 12
–, Änderung § 12, 18.4
–, Anfechtung § 12, 20 f.
–, bei Anpassung § 12, 146
–, Begriff § 12, 4
–, Bekanntgabe d. Gesamtvergütung u. Einzelanteile § 12, 35 ff.
–, Dauer § 12, 17
–, Form § 12, 18
–, Frist § 12, 22 ff.
–, Inhalt § 12, 17 f.
–, Miterfinder § 12, 28 ff.
–, Rechtsnatur § 12, 4, 14, 17
–, Rückforderungsverbot (s. auch dort) § 12, 153 ff.
–, techn. Verbesserungsvorschlag § 20, 32
–, Unbilligkeit § 23, 6 f., 21 ff., 34
–, Unwirksamkeit § 12, 19 ff.
–, Verbindlichkeit § 12, 4, 14
–, Vergleich § 12, 20
–, Widerspruchsrecht § 12, 19
–, Zeitpunkt § 12, 4, 22 ff.

Vergütungsgrundsatz, allgemeiner § 9, 2
Vergütungsklage, Arten § 12, 45 f., 76 f.; § 38, 10 f.; § 39, 15 ff.
Vergütungspflicht, arbeitsrechtliche § 25, 8 ff.
–, beschränkte Inanspruchnahme § 10
–, nicht ausschließliches Benutzungsrecht § 10; § 14, 60 ff.; § 16, 90 f.; § 19, 20 ff.
–, unbeschränkte Inanspruchnahme §§ 9, 12
Vergütungsrichtlinien, Abweichung von § 11, 5 f.; RL Nr. 1
–, Änderung § 11, 2
–, Bedeutung § 11, 4, 7; RL Nr. 1
–, betrieblicher Nutzen (s. auch dort) § 9, 161 ff.; RL Nr. 12
–, betriebseigene § 11, 13 ff.; § 25, 21
–, für Gefolgschaftsmitglieder § 11, 3; § 46, 2
–, Gleichbehandlung § 25, 21
–, Inhaltsübersicht § 11, 8 ff.
–, Lizenzanalogie (s. auch dort) § 9, 109 f., 121 ff.; RL Nr. 6-11
–, Neue Bundesländer § 11, 7
–, öffentlicher Dienst § 11, 12; **Anh. 2 zu § 11 (RL 1960)**; § 40, 14
–, Rechtsnatur § 11, 5
–, Rückwirkung § 43, 6
–, Sondermethoden § 9, 301 ff.
–, steuerrechtliche Bedeutung § 11, 7
–, Text **Anh. 1, 2 zu § 11**
–, Unabdingbarkeit § 22, 12
–, Verbot der Doppelberücksichtigung § 9, 82; RL Nr. 2
–, und Vergütungsbemessung (s. auch dort) § 9, 73; § 11, 4 ff.
–, Verhältnis der Berechnungsmethoden zueinander § 9, 103 ff.
–, Wahl der Berechnungsmethode § 9, 107 f.
–, s. auch Abstaffelung, Anteilsfaktor, Erfindungswert, Nullfall, Vergütung

Vergütungsvereinbarung
–, Änderung § 12, 18.4
–, Diensterfindung, s. Vergütungsfeststellung

1383

Sachregister

—, freie Erfindung **Einl. Vor §§ 9-12, 12; § 19,** 28 f.
—, konkludente **§ 12,** 18
—, Unbilligkeit **§ 23,** 7, 21 ff.
—, s. auch Vereinbarung, Vergütungsfeststellung
Verhandlung, mündliche vor Schiedsstelle **§ 33,** 40
Verjährung, Anpassungsanspruch **§ 12,** 96.2
—, Auskunftsanspruch **§ 12,** 183
—, DDR-Erfindungen **Einl.** 54
—, Hemmung durch Anrufung der Schiedsstelle **§ 31,** 19
—, Schuldrechtsreform **§ 9,** 39 ff.; **§ 23,** 37
—, Übergangsrecht **§ 9,** 44 ff.
—, Unbilligkeit **§ 23,** 29, 37 f.
—, Vergütungsanspruch **§ 9,** 39 ff.; **§ 10,** 30; **§ 19,** 29; **§ 20,** 38; **§ 23,** 34
—, s. auch Verwirkung
Verkauf der Erfindung, Auskunftsanspruch **§ 12,** 175
—, Erfindungswert **§ 9,** 251 f.; **RL Nr. 16; § 19,** 17
—, Insolvenzverfahren **§ 27 n.F.,** 47 ff., 67 ff.
—, Rechtsfolgen für Erwerber **Einl.,** 8; **§ 7,** 7, 35, 61; **§ 9,** 6 f., 147; **§ 27 n.F.,** 89 ff.
—, Risikoabschlag **§ 12,** 69.2
—, s. auch Übertragung
Verlangen bei unbilliger Erschwerung **§ 7,** 49 ff.
Verlängerte Werkbank § 9, 101; **§ 16,** 83
Verlust, Erfindungsmeldung **§ 5,** 13
—, Vergütung bei **§ 9,** 2.3
Vermögensübernahme,
—, Betriebsübergang **§ 1,** 124
—, Vergütungsanspruch **§ 9,** 7
Vermögensübertragung § 1, 127
Vermögensverfall,
Schutzrechtsaufgabe **§ 16,** 26
—, s. im übrigen Konkurs, Vergleichsverfahren
Vernichtbarkeit des Schutzrechts, Vergütung **§ 9,** 35

Verordnung (VO) zur Durchführung des ArbEG, Erste **§ 47; Anh.** 1
—, zur Durchführung des ArbEG, Zweite **Anh.** 2
Verpackungskosten § 12, 13
Verpflichtungen aus dem Arbeitsverhältnis § 25
—, s. auch Arbeitgeber, Arbeitnehmer, Arbeitsverhältnis
Verrechnung, Verg.Anspruch **§ 12,** 161
Verschmelzung § 1, 127 f.
Verschwiegenheitspflicht, Arbeitgeber **§ 7,** 38; **§ 8,** 61 f.; **§ 17,** 39 ff.; **§ 24,** 3, 25 ff.
—, Arbeitnehmer **§ 8,** 55; **§ 17,** 39 ff.; **§ 24,** 38 ff.; **§ 26,** 34 ff.
—, s. auch Geheimhaltungspflicht
Versicherungskosten § 12, 13
Versuche § 4, 17; **§ 9,** 93, 279; **§ 10,** 9; **§ 20,** 28; **§ 25,** 10
Vertrag zugunsten Dritter, Vergütung **§ 9,** 6.1
Vertragsabsprachen, über Anwendbarkeit des ArbEG **§ 1,** 73 ff., 92 ff.
—, freie Erfindungen **§ 19**
—, Schutzfähigkeit **§ 2,** 14
—, Überleitung der Diensterfindung **§ 6,** 57 ff.; **§ 9,** 9 f.; **§ 22,** 26
—, Unabdingbarkeit (s. auch dort) **§ 22**
—, Unbilligkeit (s. auch dort) **§ 23**
Vertragsfreiheit, Beschränkungen **§§ 22, 23**
—, internationales Arbeitsrecht **§ 1,** 34 f., 109 f.
—, Vereinbarung d. ArbEG **§ 1,** 93
—, s. auch Kartellrecht, Zwingendes Recht
Vertreter, gesetzlicher **§ 1,** 68 ff.
—, s. auch Bevollmächtigter
Verwaltungen, öffentliche **§ 4,** 21; **§ 40,** 7 f.
Verwaltungsakt, Maßnahmen im Bereich des Erfinderrechts als **§ 41,** 15
—, Schiedsstelle **§ 28,** 7 f. **§ 33,** 45; **§ 34,** 10; **§ 35,** 10
Verwaltungsgericht, Zuständigkeit **§ 38,** 6; **§ 39,** 2, 11, 16 f., 27 ff.; **§ 41,** 15, 25

1384

Sachregister

Verwendbarkeit im Arbeitsbereich
§ 18, 29ff.; § 19, 38 ff.
Verwertbarkeit, unausgenutzte § 9, 86 ff., 210 f.
–, wirtschaftliche § 9, 86 ff., 210 f., 249
–, s. auch Erfindungswert
Verwertung, Beschränkungen im öffentlichen Interesse § 40, 34 ff.
–, Bewertungskommission/Ent-scheidung über § 20, 31
–, Diensterfindung durch Arbeitnehmer vor Inanspruchnahme § 7, 69; § 25, 38
–, Entscheidungsrecht des Arbeitgebers § 7, 6; § 25, 18
–, Fälligkeit der Vergütung § 12, 58 ff., 70 ff.; § 20, 32 f
–, freie Erf. durch Arbeitnehmer § 18, 5, 43; § 19, 4, 27, 33 ff.
–, frei gewordene Erf. durch Arbeitgeber § 8, 58 ff.
–, frei gewordene Erf. durch Arbeitnehmer § 8, 16, 48 ff.; § 25, 40 f.; § 40, 34 ff.
–, Interessenkollision § 25, 36
–, Möglichkeiten § 9, 86 f., 211
–, nach Inanspruchnahme § 7, 6 f., 69
–, nach Konkurseröffnung § 27, 36
–, nach Schutzrechtsaufgabe durch Arbeitgeber § 16, 64 f.
–, nach Schutzrechtsaufgabe durch Arbeitnehmer § 16, 60 f.
–, qualifizierter techn. Verbesserungsvorschlag § 20, 25 ff.
–, tatsächliche § 9, 91 ff.; § 10, 8 f.; § 20, 25 ff.
–, techn. Verbesserungsvorschlag durch Arbeitnehmer § 3, 32; § 8, 43
–, unbillige Erschwerung § 7, 39 ff.; § 14, 52; § 16, 85
–, Veränderungen § 12, 110, 132
–, Vereinbarungen über Erfindungsverwertung duch Arbeitnehmer § 22, 26
–, s. auch Auslandsnutzung, Vorbereitungshandlungen

Verwertungsbeschränkung des Arbeitnehmers § 7, 60 ff.; § 8, 52 ff.; § 18, 5; § 25, 40 f.
–, öffentlicher Dienst § 40, 34 ff.
–, durch Vereinbarung § 8, 16
–, s. auch Verwertung, Wettbewerbsverbot
Verwirkung
–, Anpassungsanspruch § 12, 96.2
–, Auskunftsanspruch § 12, 167
–, Berufung auf Freiwerden § 6, 34
–, Inanspruchnahme § 6, 56
–, Miterfinderschaft § 5, 51.3
–, Unbilligkeit § 23, 32
–, Vergütungsanspruch § 9, 46 ff.; § 20, 38
–, Widerspruch gegen Vergütungsfestsetzung § 12, 86
–, s. auch Rechtsmissbrauch
Verzicht
–, Anpassungsanspruch § 92, 96.1
–, Auslandsschutzrechte § 14, 14, 51; § 22, 27
–, Benutzungsrecht § 8, 9; § 14, 70
–, Freigabe § 8, 46
–, Geheimhaltung § 24, 15, 20, 36, 55
–, in Anspruch genommene Diensterfindung, s. Schutzrechtsaufgabe
–, Inanspruchnahmerecht § 6, 16; § 8, 10, 29; § 22, 27
–, Meldung § 5, 30
–, Mitteilung freier Erfindung § 22, 27
–, nicht ausschließliches Benutzungsrecht § 8, 9, 24 f.; § 14, 70
–, gegenüber Patentamt § 7, 14, 63; § 16, 11 f.
–, Schiedsstellenverfahren § 37, 24 ff.
–, Schriftform § 5, 30, 37, 38 f.; § 6, 31 f.; § 22, 27; § 25, 22
–, Schutzrechtsanmeldung § 13, 33 ff.; § 22, 26, 27
–, Schutzrechtsübertragung § 16, 1, 25, 36; § 22, 26
–, Vergütung § 9, 37; § 12, 96.1; § 23, 21
–, Vergütungsanpassungsanspruch § 12, 96.1

1385

Sachregister

–, Widerspruch gegen Einigungsvorschlag § 34, 30
–, Zulässigkeit § 22, 26, 35, 37
Verzug, Vergütung § 9, 26 ff.
–, Zinsen § 9, 28.3
–, Zuständigkeit Schiedsstelle § 28, 22
Vollmacht, s. Bevollmächtigter
Vollstreckung, Einigungsvorschlag § 34, 13
Volontäre § 1, 88
Vorausverfügung über Erfindungsrechte § 1, 48, 55, 73 ff.; § 22, 10, 26
Vorbehalt eines nichtausschließlichen Benutzungsrechts § 14, 51 f.; § 16, 77 ff.
–, Vergütung § 14, 60 ff.; § 16, 90 ff.
–, s. auch Beschränkte Inanspruchnahme, Nichtausschließliches Benutzungsrecht
Vorbenutzungsrecht, Arbeitgeber b. frei gewordener Diensterfindung § 8, 59; § 9, 32
–, Arbeitgeber b. betriebsgeheimer Erfindung § 17, 66
–, Arbeitnehmer § 7, 69
–, b. unterlassener Erfindungsmeldung § 5, 97.3
–, Vergütungsanpassung § 12, 117
–, Vergütungspflicht § 9, 333
Vorbereitungshandlungen, Vergütung § 9, 93; § 10, 9
–, s. auch Versuche, Verwertung
Vorhandene Aufzeichnungen § 5, 76
Vorhandener/vorbereiteter Arbeitsbereich § 19, 38 ff.
Vorkaufsrecht, Abgrenzung zur Anbietungspflicht § 19, 10
–, freie Erfindung § 19, 77
–, Insolvenz d. Arbeitgebers § 27 n.F., 66 ff, 75 ff.
–, Konkurs des Arbeitgebers § 27, 18 ff.,27 ff.
Vorläufige Vergütung § 12, 64 ff.
–, Auslandsschutzrecht § 12, 63, 69
–, Dauer § 12, 65
–, Einspruchsverfahren § 12, 65, 68.6
–, Höhe § 12, 66 ff.

–, Nachzahlung § 12, 65.1, 69; § 16, 66, 69
–, Risikoabschlag (s. auch dort) § 12, 67 ff.
–, nach Schutzrechtsversagung § 12, 61, 67, 68.4
–, Vorbehalt eines Benutzungsrechts § 14, 65; § 16, 92
–, als technischer Verbesserungsvorschlag § 2, 20; § 3, 8; § 12, 63
Vorratspatent, Vergütung § 9, 203 ff.; **RL Nr. 21**
–, Ausland § 9, 246.4
–, Schutzrechtsaufgabe § 16, 20
Vorschlagslisten, Schiedsstellenbesetzung § 30, 12 f.; § 40, 50
Vorschlagswesen, betriebliches § 20, 56 ff.; § 25, 22
–, Bundesverwaltung § 20, 68 f.; § 40, 31; **Anh. 3**
–, s. im übrigen Technischer Verbesserungsvorschlag
Vorschusszahlungen, Rückforderungsverbot § 12, 158
–, Vergütung § 9, 55.2, 65
Vorsitzender der Schiedsstelle
–, Anordnungen § 34, 3
–, Bestellung § 30, 4 ff.
–, Dienstaufsicht § 30, 14
–, Unabhängigkeit § 30, 6, 16
Vorsorgliche Inanspruchnahme § 6, 13, 23
Vorstandsmitglied, s. Organmitglied
Vorverfahren - s. Widerspruchsverfahren
Vorzugsstellung, qualifizierter technischer Verbesserungsvorschlag § 20, 11 ff.
–, Wegfall § 20, 33 ff.

W

Wahlrecht *des Arbeitgebers,* Art der Inanspruchnahme § 6, 13 f.
–,– Auskunftsanspruch § 12, 173
–,– bei unbilliger Erschwerung anderweitiger Verwertung § 7, 51

Sachregister

–,– Lizenzsatz f. Lizenzanalogie § 9, 124
–,– zwischen Patent- u. Gebrauchsmusteranmeldung § 13, 11 ff.
–,–Vergütungsberechnungsmethode § 9, 108
–, *des Arbeitnehmers,* Angebot bei freier Erfindung § 19, 18
–,– bei Schutzrechtsaufgabe § 16, 36
Warenzeichen § 1, 6
Wechsel
–, des Betriebsinhabers, s. Betriebsinhaberwechsel
–, Art der Inanspruchnahme § 6, 15; § 8, 30
–, Benutzungsform, Miterfinderanteil § 12, 32.1, 110
Wegfall der Anmeldepflicht § 13, 31 f.
–, der Geschäftsgrundlage § 12, 96.1, 97 ff.
–, der Meldepflicht § 5, 30 ff.
–, nachträglicher der Schutzfähigkeit, Vergütung § 10, 22, 24 ff.
–, nicht ausschließl. Benutzungsrecht § 14, 70
–, des Schutzrechts, Vergütungsanpassung § 12, 113 ff.
–, des Vergütungsanspruchs § 9, 34, 36; § 10, 14 ff., 22; § 14, 61, 70.1; § 17, 68 ff.; § 20, 33 ff.
–, s.auch Schutzrechtsversagung
Wehrpflichtiger § 1, 89 f.; § 4, 49; § 41, 18 f.
–, s. auch Soldat
Weisungen
–, Befugnisse des Arbeitgebers § 25, 6
–, dienstliche § 5, 78
–, obliegende Tätigkeit § 4, 22 ff.
–, s. auch Anteilsfaktor
Weiterbeschäftigungsanspruch § 26, 5
Weiterentwicklungen s. Verbesserungen d. Erfindung
Werkvertrag § 1, 46, 48
Werkstudent § 1, 91
–, s. auch Student
Wesentliche Änderung der Umstände § 12, 97 ff.
–, s. Vergütungsanpassung

Wettbewerbsverbot § 25, 37
–, Auswirkung einer Schutzrechtsübertragung § 16, 60
–, freie Erfindung § 18, 5
–, frei gewordene Dienstérf. § 8, 52
–, Handelsvertreter § 1, 55
–, kollusives Zusammenwirken § 26, 53
–, nachvertragliches § 26, 34 ff., 40 ff.
–, Pensionär § 1, 79, 82
–, und unbilliges Erschweren § 7, 48
–, Vereinbarung § 26, 40 ff.
–, Verletzung § 26, 51 ff.
Wettbewerbsverhältnis, eingeschränkter Auskunftsanspruch § 12, 172 f.
–, Verwertungsbeschränkungen für Arbeitnehmer § 8, 53; § 18, 5; § 25, 41
Widerklage § 39, 19
Widerrechtliche Entnahme durch Arbeitgeber § 8, 59; § 13, 52, 76
–, durch Arbeitnehmer § 4, 12; § 7, 13.1, 15 ff., 19 ff., 67; § 13, 46 f.; § 14, 9 ff.
–, durch Dritte § 7, 21
Widerspruch *gegen Einigungsvorschlag* § 34, 29 ff.; § 35, 8
–,– Belehrung § 34, 23 f.
–,– Form § 34, 32
–,– Frist § 34, 31
–,– Inhalt § 34, 33
–,– Verzicht § 34, 30
–, *gegen Vergütungsfestsetzung* § 12, 77 ff.
–,– Form § 12, 80
–,– Frist § 12, 54, 81
–,– Inhalt § 12, 79
–,– Miterfinder § 12, 88 ff.
–,– nachträgliches Berufen auf Unbilligkeit der Festsetzung § 23, 7.2
–,– Neubemessung § 12, 93
–,– Rechtsfolgen § 12, 83 ff.
–,– Rechtsnatur § 12, 72
–,– »reformatio in peius« § 12, 84
–,– Rückforderungsverbot § 12, 75
–,– Teilwiderspruch § 12, 79, 84
–,– Verwirkung § 12, 86

1387

Sachregister

–,– Zahlungspflicht des Arbeitgebers § 12, 75, 87
–,– Zugang § 12, 77, 78
Widerspruchsverfahren, öffentl. Dienst § 28, 32
Wiedereinsetzung, Schiedsstellenverfahren § 34, 1, 40 ff.
Wiedereinsetzungsanspruch des Arbeitnehmers bei Schutzrechtsaufgabe § 16, 76
Wiederkehrende Leistung
–, s. Leistung
Wirtschaftliche Veränderungen § 12, 131 ff.
–, s. im übrigen Vergütungsanpassung
Wirtschaftpatent Einl., 48 ff.; § 4, 2.1
Wirtschaftsprüfervorbehalt § 12, 173; § 26, 28
Wissenschaftlicher Assistent/Mitarbeiter
–, s. Hochschulassistent

Z

Zahlung, laufende § 9, 55 f.; § 12, 13, 50
Zahlungspflicht des Arbeitgebers trotz Festsetzungswiderspruchs § 12, 75 f., 87
Zeichnungen, technische § 1, 4
–, als Erfindungsmeldung § 5, 43 bei Erfindungsmeldung § 5, 69, 76 f.
Zeitlicher Geltungsbereich d. ArbEG § 1, 141; § 43, 1 ff.; § 49, 1
Zentrale Patentabteilung s. Patentabteilung
Zeugenvernehmung, Schiedsstellenverfahren § 33, 34 ff.
–, Kostentragung § 36, 3 f.
Zeugnisanspruch § 25, 21
Zielsetzung ArbEG Einl., 3 ff.
Zinsen § 9, 28.3
Zivilbedienstete, Bundeswehr § 41, 20
–, NATO § 41, 21
Zivildienst § 1, 90; § 41, 26
Zufall, unabwendbarer § 34, 41

Zugang, Angebot freier Erfindung § 19, 9, 52
–, Antrag auf erweiterte Schiedsstellenbesetzung § 32, 3
–, Beanstandung d. Meldung § 5, 88
–, Bestreiten freier Erfindung § 18, 33
–, Erfindungsmeldung § 5, 10 ff.
–, Fiktion in Formularen des Arbeitgebers § 22, 41
–, Freigabeerklärung § 8, 14; § 14, 25, 30
–, Geltendmachung der Unbilligkeit § 23, 29
–, Geltendmachung der unbilligen Erschwerung § 7, 52
–, Inanspruchnahmeerklärung § 6, 54; § 7, 2 ff.
–, Meldung § 5, 10 ff.
–, Mitteilung, Aufgabeabsicht § 16, 27, 29, 36
–, Mitteilung freier Erfindung § 18, 7, 18, 38
–, Vorbehalt eines nichtausschließlichen Benutzungsrechts § 14, 57; § 16, 88
–, Widerspruch gegen Einigungsvorschlag § 34, 32
–, Widerspruch gegen Vergütungsfestsetzung § 12, 81, 88
Zurückbehaltungsrecht
–, des Arbeitnehmers § 25, 39
–, des Arbeitgebers § 9, 29; § 12, 183
–, Mitteilungspflicht § 18, 20
Zusammenlegung mehrerer Diensterfindungen § 7, 8; § 13, 43
Zusatzpatent § 5, 21; § 6, 14; § 9, 32.1
Zustandekommen der Erfindung § 5, 72 f.
–, s. auch Anteilsfaktor
Zuständigkeit, s. Gerichtliche Zuständigkeit, Patentstreitkammer, Sachliche Zuständigkeit, Schiedsstelle – Zuständigkeit
Zustellung
–, des Anrufungsantrages § 31, 14 ff.
–, des Einigungsvorschlages § 34, 25

Sachregister

Zustimmung
-, zur Nichtanmeldung § 13, 33 f.
-, zur eingeschränkten Schutzrechtsanmeldung § 13, 33.1
Zwangslizenz, Vergütung § 9, 240
-, Vergütungsanpassung § 12, 117
Zwangsvollstreckung, Erfindungsrechte § 7, 61; Anh. zu § 27, 4 ff.
-, Vergütungsansprüche Anh. zu § 27, 8 ff.
Zweckdienlichkeit, Gebrauchsmusteranmeldung § 13, 13 f.
Zweckübertragungsgrundsatz § 1, 4, 48; § 6, 12; § 19, 19
Zweifel *an Eigenschaft als Diensterfindungsfreie Erfindung* § 4, 51 f.; § 18, 32, 41 f.
-,- Bestreiten freier Erfindung § 18, 32, 41
-,- Erfindungsmeldung § 5, 24 f.
-,- Inanspruchnahme § 6, 23; § 18, 32 f., 35
-,- Schutzrechtsanmeldung § 13, 51 f.
-, *an Schutzfähigkeit* § 2, 16 ff.; § 3, 23 f.
-,- Anmeldung § 13, 11 f., 53 f., 74
-,- betriebsgeheime Erfindung § 17, 26, 43 ff.
-,- Freigabe § 8, 2.1 37, 42 ff., 49
-,- freie Erfindung § 18, 49 f.
-,- gerichtliche Zuständigkeit bei § 39, 12 f., 31 ff.
-,- Inanspruchnahme § 6, 17 f.; § 8, 2.1
-,- Meldung § 5, 22 ff., 39
-,- Mitteilung als freie Erfindung § 18, 36

-,- Schutzrechtsaufgabe § 16, 9
-,- Vereinbarung § 2, 14 f.
-,- Vergütung § 2, 18, 20; § 9, 14; § 10, 19 ff.; § 12, 60 ff.
-, Vergütungsfortsetzung § 12, 43.1
Zwingendes Recht § 22, 35; § 23, 2; § 27, 2
Zwischenbescheid, Schiedsstellenverfahren § 33, 11, 44 f.
Zwischenbetriebliche Kooperation § 1, 106 ff.
-, Abordnung zur § 25, 24; § 26, 15
-, Arbeitgeber § 1, 106 f.; § 26, 15 f.
-, Arbeitnehmerüberlassung § 15, 107
-, Beendigung § 1, 107 a,
-, Betriebsgeheimnis § 17, 10
-, Diensterfindung § 4, 14.1
-, Doppelerfindung § 5, 9.4
-, Erfindungswert § 9, 191 ff.
-, freie Erfindung § 18, 28
-, Freiwerden d. Diensterf. § 13, 32
-, Geheimhaltungspflicht § 24, 12, 50
-, Inanspruchnahme § 6, 74; § 7, 5.1
-, Meldepflicht § 5, 9.1 ff., 57
-, Miterfinder § 9, 314
-, öffentlicher Auftraggeber § 40, 56 ff.
-, Schutzrechtsanmeldung § 13, 3.1, 33.5
-, Schutzrechtsaufgabe § 16, 100
-, Vergütung § 1, 106 f.; § 9, 191 ff., 314 f.
-, Verwendbarkeit freier Erfindung § 18, 28
Zwischenprodukt, Vergütung § 9
Zwischenstaatliche Verträge § 14, 29

1389

Das Parallelwerk zu diesem Buch:

Arbeitnehmererfindervergütung
Kommentar zu den Amtlichen Richtlinien für die Vergütung von Arbeitnehmererfindungen

Von Rechtsanwalt Dr. iur. Kurt Bartenbach
und Dr. iur. Franz-Eugen Volz

2., neubearbeitete Auflage
1999. XII, 867 Seiten. Leinen € 149,–
ISBN 3-452-24316-8

»Den Verfassern ist es gelungen, für alle praktisch relevant gewordenen und künftig streitig werdenden Fragen klare und praktisch nützliche Antworten zu geben. Hervorzuheben ist die auch für den Nichtjuristen leicht verständliche Sprache, die Abschichtung von Einzelproblemen und die Anführung von Fallbeispielen und Rechnungsbeispielen. ... Die Veröffentlichung gehört in die Hand jedes Praktikers, der sich mit Fragen der Arbeitnehmererfindervergütung befasst. Ihm wird eine nach Form und Inhalt erstklassige Information zur Verfügung gestellt.«

Prof. Dr. Winfried Tilmann, RA in Düsseldorf, in:
Mitteilungen der deutschen Patentanwälte, 4/5/2000

»Die 2. Auflage ist die aktuellste und ausführlichste Darstellung nicht nur der Richtlinien, sondern des Vergütungsanspruchs des Arbeitnehmers überhaupt. Diejenigen, die auf dem Gebiet des Arbeitnehmererfinderrechts tätig sind, werden auf die Benutzung des Werkes nicht verzichten können.«

Gereon Rother, RA in Düsseldorf, in:
GRUR, 7/2000

»Zu der Kommentierung sei festgestellt, dass sie wohl an keinem bereits aufgetretenen oder denkbaren Problem vorbeigeht. Angesichts der lückenlosen Berücksichtigung der Rechtsprechung und der Einigungsvorschläge der Schiedsstelle wird sie für jeden, der sich mit Arbeitnehmererfindungen beschäftigt, zu einem unverzichtbaren Arbeitsmittel.«

Prof. Dr. Joseph Straus, zur 1. Auflage, in:
GRUR Int., 6/1997

Carl
Heymanns
Verlag